本書榮獲

第五屆國家圖書獎

第四屆國家辭書獎一等獎

王力主編

王力古漢語字典

編者 王力 唐作藩 郭錫良 曹先擢 何九盈 蔣紹愚 張雙棣

中華書局

圖書在版編目(CIP)數據

王力古漢語字典/王力主編. －北京:中華書局,2000.6
(2010.4 重印)
ISBN 978－7－101－01219－4

Ⅰ.王… Ⅱ.王… Ⅲ.漢語－古代－字典 Ⅳ.
H163

中國版本圖書館 CIP 數據核字(2000)第 12035 號

責任編輯: 劉尚慈

王力古漢語字典
王 力 主編
*
中 華 書 局 出 版 發 行
(北京市豐臺區太平橋西里 38 號 100073)
http://www.zhbc.com.cn
E-mail:zhbc@zhbc.com.cn
北京瑞古冠中印刷廠印刷
*
850×1168 毫米 1/32·60½印張·2763 千字
2000 年 6 月第 1 版 2010 年 4 月北京第 7 次印刷
印數:49201－55200 册 定價:98.00 元

ISBN 978－7－101－01219－4

目　録

序

編寫一部字典,這是我的宿願。四十多年前我就寫了理想的字典一文,並發表了了一小字典的樣品。六十年代,我又和商務印書館訂約編寫一部古漢語字典,後因"文化大革命"耽擱,没有編成。寫出的稿子五十多頁也被抄家抄走了。去年四月,我應中華書局之約,編寫一部古漢語字典,預計分四册,四年完成,每寫完一册,即先出版一册。值此第一册即將付印之際,我特爲本書寫一篇序文。

本書有八個特點,分别敘述如下。

第一是擴大詞義的概括性。一般字典辭書總嫌義項太多,使讀者不知所從,其實許多義項都可以合併爲一個義項,一個是本義,其餘是引申義。本書以近引申義合併,遠引申義另列,假借義也另列。這樣,義項就大大減少,反而容易懂了。下面舉兩個例子。

(1) 囚。

辭源:㊀拘禁。書蔡仲之命:"囚蔡叔于郭鄰。"㊁俘虜。詩魯頌泮水:"在泮獻囚。"㊂罪犯。禮月令仲夏之月:"挺重囚,益其食。"唐白居易長慶集二歌舞詩:"豈知閿鄉獄,中有凍死囚。"

本書:拘繫,拘禁。書蔡仲之命:"～蔡叔于郭鄰。"引申爲被拘禁的人,被俘虜的人。詩魯頌泮水:"在泮獻～。"左傳成公九年:"晉侯觀于軍府,見鍾儀,問之曰:'南冠而縶者誰也?'有司對曰:'鄭人所獻楚～也。'"又爲被拘禁在監牢内的罪犯。禮記月令仲夏之月:"挺重～,益其食。"

(2) 介。

辭源:㊀疆界,邊際。楚辭屈原九章哀郢:"哀州土之平樂兮,悲江介之遺風。"㊁間隔,隔開。漢書七五翼奉傳:"前鄉(向)崧高,後介大河。"㊂處於二者之間。見"介居㊀"。㊃傳賓主之言的人叫介。古時主有儐相迎賓,賓有隨從通傳叫介。禮聘義:"聘禮,上公七介,侯伯五介,子男三介。"後用作聯繫、接洽之意。漢書八五谷永傳:"永斗筲之才,質薄學朽,無一日之雅,左右之介。"㊄憑藉,依賴。左傳文六年:"介人之寵,非勇也。"㊅佐助。見"介壽"。㊆副手。禮檀弓下:"滕成公之喪,使子叔敬叔弔,進書,子服惠伯爲介。"後來因以指傳信的人。也作"价"。宋陽枋字溪集四辭平舟聘禮書:"腆儀不敢祇拜,敬就來介回納。"㊇孤獨,耿直。莊子庚桑楚:"夫函車之獸,介而離山,則不免於罔罟之患。"孟子盡心上:"柳下惠不以三公易其介。"㊈大。見"介圭"、"介弟"等。㊉披甲。通"甲"。左傳成二年:"不介馬而馳之。"也指有甲殼的蟲類和水族。禮月令孟冬之月:"其蟲介。"⑪廬舍。詩小雅甫田:"攸介攸止,烝我髦士。"箋:"介,舍也。"⑫通"芥"。見"一介㊀"。⑬通"個"①。見"一介㊂"。⑭古戲曲用語。劇本中關於動作、表情、效果的舞臺指示。如"飲酒介""笑介"。與元雜劇劇本中的"科"同。⑮姓。春秋晉國有介之推。

本書:❶疆界。詩周頌思文:"無此疆爾~。"(今本作"界",唐石經作"介"。)引申爲居於二者之間。左傳襄公九年:"~居二大國之間。"史記十二諸侯年表:"楚~江淮。"又爲通傳賓主之言的人。禮記聘義:"聘禮,上公七~,侯伯五~,子男三~。"又爲紹介,即介紹。戰國策趙策三:"東國有魯仲連先生,其人在此,勝請爲紹~而見之於將軍。"又爲邊界。楚辭戰國屈原九章哀郢:"悲江~之遺風。"王逸注:"介,一作界。"又爲間隔。漢書翼奉傳:"前鄉崧高,後~大河。"❷助。詩豳風七月:"爲此春酒,以~眉壽。"鄭箋:"介,助也。"引申爲聘者弔者的副職。左傳昭公元年:"春,楚公子圍聘于鄭,伍舉爲~。"杜預注:"介,副也。"禮記檀弓下:"滕成公之喪,使子叔敬叔弔,進書,子服惠伯爲~。"又爲借助,依賴。左傳文公六年:"~人之寵,非勇也。"❸孤獨。莊子庚桑楚:"夫函車之獸,~而離山,則不免於罔罟之患。"文選漢張衡思玄賦:"孑不羣而~立。"引申爲耿介,有操守,不趨時。孟子盡心上:"柳下惠不以三公易其~。"❹大。詩大雅崧高:"錫以~圭。"又小雅楚茨:"報以~福,萬壽無疆。"❺甲。指甲冑的甲。左傳成公二年:"不~馬而馳之。"禮記曲禮上:"~者不拜。"楚辭戰國宋玉九辯:"既驕美而伐武兮,負左右之耿~。"王逸注:"恃怙衆士被甲兵也。"也指甲蟲的殼。禮記月令孟冬之月:"其蟲~。"❻戲曲用語(晚起義)。劇本

① 當云通"个"。

中關於動作、表情、效果的舞臺指示。如“見～”、“笑～”、“飲酒～”、“鷄鳴～”。

第二是僻義歸入備考欄。所謂僻義,指的是古書上只見一次的詞義。這種詞義,後人不再用了,而且往往不大可靠。所以我把它們歸入備考欄,以免它們和正常的詞義混在一起,給讀者添麻煩。下面舉九個例子。

(1) 介。

[備考]㊀廬舍。詩小雅甫田:“攸～攸止。”鄭箋:“介,舍也。”朱熹集傳:“介,大。”與鄭箋異。㊁〔一介〕①通“一个”。書秦誓:“如有一介臣。”禮記大學作“若有一个臣”。②通“一芥”。孟子萬章上:“非其義也,非其道也,一介不以與人,一介不以取諸人。”王引之經義述聞通説以爲“介”即“个”字。

(2) 亟。

[備考]愛。方言一:“亟,愛也。”

(3) 丸。

[備考]卵。吕氏春秋本味:“丹山之南,有鳳之～。”高誘注:“丸,古卵字也。”

(4) 並。

[備考]通“傍”。史記秦始皇本紀:“自榆中～河以東,屬之陰山。”南朝宋裴駰集解引服虔:“並音傍。傍,依也。”

(5) 且。

[備考]㊀多的樣子。詩大雅韓奕:“籩豆有～。”鄭箋:“且,多貌。”㊁同“俎”。説文:“且,薦也。”

(6) 倉。

[備考]㊀通“蒼”。禮記月令孟春之月:“駕～龍。”㊁通“滄”。漢揚雄甘泉賦:“東燭～海,西耀流沙。”㊂〔倉兄〕叠韻聯緜字。同“愴怳”。悲惘的樣子。詩大雅桑柔:“不殄心憂,倉兄填兮。”

(7) 名。

[備考]目上,眉睫之間。詩齊風猗嗟:“猗嗟～兮,美目清兮。”毛傳:“目上爲名,目下爲清。”朱熹集傳:“名,猶稱也,言其威儀技藝之可名也。”與毛傳異。

(8) 善。

[備考]㊀大。詩大雅桑柔："覆背～詈。"鄭箋："善，猶大也。"朱熹集傳："及其反背也，則又工爲惡言，以詈君子。"與鄭箋異。㊁愛惜。荀子彊國："故～日者王，～時者霸。"楊倞注："善，謂愛惜不怠棄也。"

(9) 喜。

[備考]通"饎"。酒食。詩豳風七月："田畯至～。"鄭箋："喜讀爲饎。饎，酒食也。"朱熹集傳："治田早而用力齊，是以田畯至而喜之也。"與鄭箋異。

第三是樹立歷史觀點，注意詞義的時代性。試舉"趾"字爲例。康熙字典引爾雅釋言："趾，足也。"舉例是易賁卦："賁其趾。"詩豳風七月："四之日舉趾。"禮記曲禮："請衽何趾。"這都是對的。舊辭源開始錯了。它説"足指曰趾"，舉例是詩"四之日舉趾"。這是大錯。舊辭海始分"足"和"足指"爲二義。後者舉例是文選左思吴都賦："足趾之所不蹈。"義項對了，但是"足指"一義所舉的例子不對。這是把"足指"一義産生的時代提得太早了。吴都賦的"足趾"是同義詞連用，不是"足指"的意思。蹈地只能用足，不能用足指。足指本衹寫作"指"。史記高祖本紀："漢王傷匈，乃捫足曰：'虜傷吾指！'""指"是脂部字，"趾"是之部字。南北朝以前，脂之不能通假。"趾"假爲"指"，當在唐代以後。佩文韻府引紺珠集："孟景休至孝，大寒葬親，足趾皆墮。"這纔是足指的"趾"。但紺珠集已是宋代的書了。

第四是標明古韻部。這有兩個好處：一個好處是便於讀上古韻文，如詩經楚辭等；另一個好處是便於辨認叠韻聯緜字。

第五是注明聯緜字。這對讀者瞭解詞義很有幫助。聯緜字實際上是一個雙音詞，其組成部分不能拆開來講。例如"辟易"一詞，它是叠韻聯緜字(古韻錫部)，表示驚退的樣子，其詞義與開辟的"辟"、更易的"易"無關。史記項羽本紀："赤泉侯人馬俱驚，辟易數里。"正義云："言人馬俱驚，開張易舊處，乃至數里。"這種解釋是錯誤的。又如"壹鬱"一詞，它是雙聲聯緜字(同屬影母)，表示憂悶的樣子，其詞義與專壹的"壹"無關。所以字又作"抑鬱"，甚至倒過來作"鬱抑"、"鬱邑"、"鬱悒"、"鬱伊"、"鬱紆"。新辭源於"壹鬱"條注云："壹，閉塞；鬱，積滯。"這種解釋是錯誤的。有些雙音詞必須認爲是聯緜字然後好懂。例如"妥帖"是雙聲聯緜字(同屬透母)，其詞義與碑帖的"帖"無關，所以又寫作"妥貼"。又如"孅趨"是雙聲聯緜字(同屬清母)，是巧佞的意思,其詞義與孅細的“孅”、步趨的“趨”都没有關係。由此看來,聯緜字的注明,是有助於詞義的正確瞭解的。

第六是在每部的前面先寫一篇部首總論(有些小部除外)。例如人部前面有一篇人部總論,説明人部的字多與人事有關。大致可以分爲三類。第一類是關於人的行爲的,如“作、企、俯、仰、依、倚、僵、仆、偃、伏”等。第二類是關於人的德性的,如“仁、偉、倨、傲、偷、佻、儉、侈”等。第三類是關於人倫、人品的,如“伯、仲、仇、偶、伴、侶、儒、仙、佛、僧、優、伶、僮、僕”等。這樣提綱挈領講一講,對讀者是有益的。

第七是辨析同義詞。本書對於意義相近的字提出來加以辨析。例如(1)“之、適、如、赴、往”;(2)“予、余、吾、我、朕”;(3)“軍、士、卒、兵”;(4)“亡、死”等等。這對讀者深入瞭解詞義是有幫助的。

第八是列舉一些同源字。所謂同源字,是一些音近義通的字。例如(1)“右、佑、祐”;(2)“頂、顛、槙、天、定(顁)、題”;(3)“踞、倨”;(4)“家、居、嫁”;(5)“賏、嬰、瓔、纓、紻、鞅”等等。同源字的舉例,是爲了給予讀者一些語源學知識。

上述八個特點,這是字典革新的嘗試。希望這樣一部字典能比一般字典給予讀者更大的便利。

*　　　　*　　　　*　　　　*

我寫這一部書,還有一個目的,就是糾正一些字典辭書的錯誤。目前最重要的一種古漢語詞典是辭源修訂本。這一部書材料豐富,令人欽佩。這是我寫本書時最重要的一部參考書,例句多從這書中採用。在詞義的解釋中,這書也有許多優點。但是,書中也有不少錯誤。或者是本義不明;或者是時代錯誤;或者是沿用前人的謬説;或者是誤解古注。這裡試舉出大量的例子。

(一) 羹。

辭源:㊀和味的湯。詩魯頌閟宫:“毛炰胾羹。”左傳隱元年:“小人有母,皆嘗小人之食矣,未嘗君之羹。請以遺之。”

按,羹是肉,不是湯。爾雅釋器:“肉謂之羹。”太平御覽引爾雅舊注:“肉有汁曰羹。”儀禮士昏禮釋文引字林:“臛,肉有汁也。”可見羹是帶汁的肉。左傳隱公元年:“潁考叔…有獻於公。公賜之食。食舍肉。公問之。對曰:‘小人有母,…未嘗君之羹。’”前面説“肉”,後面説“羹”,可見羹就是肉。後漢書陸續傳:“因食餉羹,識母所自調和…母嘗截肉未嘗不方,斷葱以寸爲度,是以知之。”這也可見羹就是肉。桂馥云:“古之羹有二。一爲肉腌,儀禮膷臐膮是也;一爲肉汁,太羹湆不和是也。”這兩種羹都不是湯。

(二) 眼。

辭源:㊀目,眼睛。莊子盜跖:“比干剖心,子胥抉眼,忠之禍也。”

按,“眼”與“目”在上古不同義。“目”是今所謂眼睛,“眼”是今所謂眼球(眼珠子)。眼是目的主要組成部分。戴侗六書故云:“眼,目中黑白也。易曰:‘爲多白眼。’合黑白與匡謂之目。”這是“眼”的正確解釋。釋名釋形體:“眼,限也,童子限限而出也。”童子也就是眼珠子。子胥抉眼,是挖出眼珠子。阮籍能爲青白眼,也講的是眼珠子。大約到唐代以後,“眼”纔變爲“目”的同義詞。

(三) 稍。

辭源:㊁小。見“稍事”。引申爲稍微、略爲。史記周勃世家:“勃恐,不知置辭。吏稍侵辱之。”㊂逐漸。史記項羽紀:“項王乃疑范增與漢有私,稍奪之權。”㊃甚,頗。文選南朝梁江文通(淹)恨賦:“紫臺稍遠,關山無極。”唐李白李太白詩三前有樽酒行之一:“落花紛紛稍覺多,美人欲醉朱顔酡。”

按,“稍”字用作副詞,唐代以前都是逐漸的意思。周勃世家“吏稍侵辱之”,是説獄吏們漸漸欺負他,不是説略爲欺負他。恨賦“紫臺稍遠”,是越去紫臺越遠,仍是漸的意思,不是甚的意思。李白詩“落花紛紛稍覺多”是漸覺多的意思,不是甚覺多的意思。“稍”字當略爲講,大約在宋代以後。朱熹送郭拱辰序:“世之傳神寫照者能稍得其形似,正得稱爲良工。”至於當甚字講,則從來不曾有過。

(四) 睡。

辭源:㊀睡覺。漢書四八賈誼傳陳政事疏:“將吏被介胄而睡。”㊁倦而閉目,瞌睡。史記六八商君傳:“(秦)孝公既見衛鞅,語事良久,孝公時時睡,弗聽。”

按,説文:“睡,坐寐也。”坐寐就是坐着打盹,瞌睡。左傳宣公二年:“坐而假寐。”注:“不解衣冠而睡。”“睡”的本義是坐着打盹,應爲第一義。引申爲睡覺,則是後起義。辭源所舉的例子“將吏被介胄而睡”不合適。被甲胄而睡正是不解衣冠而睡,是假寐,不是睡覺。睡覺的意義大約産生在唐代以後。杜甫彭衙行:“衆雛爛漫睡,喚起霑盤飧。”

(五) 伯。

辭源:古代妻稱夫也叫伯。詩衛風伯兮:"伯也執殳,爲王前驅。"

按,這是大錯。詩衛風伯兮:"伯兮朅兮,邦之桀兮。"箋:"伯,君子字也。"疏:"伯仲叔季,長幼之字。而婦人所稱云伯也,宜呼其字,不當言其官也。"朱注:"伯,婦人目其夫之字也。"這都可以說明,衛風伯兮是伯仲叔季的"伯",是婦人呼其夫之字,並非稱夫爲伯。

(六) 低。

辭源:下,與"高"相對。

按,"低"的本義是低頭(動詞),與"昂(仰)"相對。莊子盜跖:"據軾低頭。"楚辭遠遊:"服偃蹇以低昂兮。"司馬相如大人賦:"低卬夭蟜据以驕驁兮。"潘岳西征賦:"軏踦驅以低昂。""低"字都用作動詞。楊惲報孫會宗書:"奮袖低昂。"也都是低頭的意思。高低的"低"是低頭的引申義,是後起義。

(七) 作。

辭源:㊀興起。易乾:"聖人作而萬物覩。"㊄及。書無逸:"作其即位。"㊈始。通"乍"。書益稷:"萬邦作乂。"荀子致士:"故土之與人也,道之與法也者,國家之本作也。"

按,說文:"作,起也。""作"的本義是起,但不就是興起。詞的本義一般是具體的意義,而不是抽象的意義。擊壤歌:"日出而作,日入而息。"這種"作"字纔是"作"的本義。㊄及的意義是錯誤的。書無逸:"作其即位。"鄭注:"作,起也。"㊈始,通"乍"也是錯誤的。特别是不能說是通"乍",並讀"乍"音(zhà)。書益稷:"萬邦作乂。"傳:"言天下由此爲治本。"蔡傳:"萬邦興起治功。"或者解作"爲",或者解作"興起",没有解作"始"的。詩魯頌駉:"思馬斯作。"傳:"作,始也。"但是朱熹詩集傳云:"作,奮起也。"並不解作"始"。荀子致士:"國家之本作也。"楊倞注:"本作猶本務也。"也並不解作"始"。辭源根據王念孫之說,解"作"爲"始",不可信。王念孫未言通"乍",也没有說讀作"乍"音,辭源這樣說,尤其是錯誤的。

(八) 何。

辭源:〔何其〕多麽。用疑問表示程度。詩小雅庭燎:"夜如何其,夜未央。"左傳僖十五年:"二三子何其感也。"

按,〔何其〕的定義是對的,左傳的例子也是對的,但詩小雅庭燎的例子則是錯誤的。“夜如何其。”釋文:“其,音基,辭也。”“其”是語氣詞。辭源316頁“其”㈦居之切。疑問代詞後的助詞。詩小雅庭燎:“夜如何其? 夜未央。”那是對的,與此處有矛盾。

(九) 佷。

辭源:㈠狠,殘忍。本作“很”。國語晉九:“宣子曰:‘宵也佷。’對曰:‘宵之佷在面,瑶之佷在心。’”注:“佷,佷戾不從人也。”補音本佷作“很”。韓非子亡徵:“佷剛而不和,愎諫而好勝。”本亦作“很”。

按,以“佷”爲“狠”,這是大錯。辭海釋爲毒辣,狠,同樣也是錯誤的。説文:“很,不聽從也。”“很、佷”都是不聽話(犟)的意思,不是狠毒的意思。國語注云:“佷,佷戾不從人也。”這是正解。辭海所引後漢書蔡邕傳:“然卓多自佷用。”這是説董卓愚而好自用,不聽蔡邕的話,自以爲是。

(十) 僆。

辭源:㈠吝惜。後漢書五二崔駰傳附崔實:“(崔)烈時因傅母入錢五百萬,得爲司徒。…帝顧謂親幸者曰:‘悔不小靳,可至千萬。’”注:“靳,固惜之也。靳或作‘僆’。説文:‘僆,引爲價也。’音一建反。”

按,“僆”解作吝惜,這是誤解。“靳”可以解作吝惜,“僆”不可以解作吝惜。説文:“僆,引爲賈也。”段注:“引猶張大之;賈者今之價字。”朱駿聲曰:“謂張大其價也。”“僆”就是擡價。

(十一) 什。

辭源:㈠通“十”。見“什一”。

按,“什”與“十”不是同義詞。“什”衹用於十分或十倍。一般數字不用“什”。例如“七十二”不能寫成“七什二”。

(十二) 代。

辭源:㈢世代,時代。論語八佾:“周監於二代。”指夏與殷。

按,時代和世代應分爲二義。時代指朝代,這是上古的意義,例如“夏商周三代”;世代指世系相傳的輩數,這是唐以後的意義,例如“祖孫三代”。後者在上古只稱“世”,不稱“代”。

(十三) 倡,唱。

辭源:倡㈣唱。荀子禮論:“清廟之歌,一倡而三歎也。”唱㈠倡導。通“倡”。詩鄭風蘀兮:“叔兮伯兮,倡予和女。”釋文:“本又作唱。”荀子正論:“主者,民之唱也。”㈢歌,吟。唐杜甫杜工部草堂詩箋九悲陳陶:"仍唱胡歌飲東市。"

按,"倡、唱"的本義是領唱。詩蘀兮"叔兮伯兮,倡予和女",是説"叔伯帶頭唱,我來應和你們"。荀子禮論"一倡而三歎",是説"一個人帶頭唱,三個人贊歎而應和之"。由領唱引申爲倡導,又爲歌唱(後起義)。辭源把"倡予和女"的"倡"解作倡導,是不對的。把"一倡而三歎"的"倡"解作唱,也是不對的。

(十四) 併。

辭源:㊀競,一齊。漢書四八賈誼傳:"天下殽亂,高皇帝與諸公併起。"

按,解作一齊是對的;解作競是不對的。

(十五) 傅。

辭源:㊀輔佐。左傳僖二八年:"鄭伯傅王。"

按,左傳僖公二八年:"鄭伯傅王。"注:"傅,相也。"王筠以爲就是儐相。解作輔佐是不恰當的。

(十六) 于。

辭源:㊂取。詩豳風七月:"晝爾于茅,宵爾索綯。"

按,這是誤解古注。"于"字没有取的意思。荀子大略:"晝爾于茅。"注:"于茅,往取茅也。"這是釋"于"爲往,不是釋"于"爲取。

(十七) 主。

辭源:㊀家長。左傳襄二七年:"保家之主也。"

按:"主"當釋爲君主。廣雅釋詁一:"主,君也。"釋爲家長是錯誤的。左傳:"保家之主也。""家"是邦家的家,不是家族的家。天子諸侯稱國,大夫稱家。

(十八) 乳。

辭源:〔乳狗〕㊀幼狗。荀子榮辱:"乳狗不遠遊,不忘其親也。"㊁育子的母狗。資治通鑑周紀一威烈王二三年論:"譬如乳狗搏人,人得而制之。"

按,乳狗就是育子的母狗,不應歧爲二義。幼狗的義項是不能成立的。荀子榮辱:"乳彘觸虎,乳狗不遠遊,不忘其親也。"不忘其親衹是惦念其子的意思。乳彘是育子的母豬,乳狗自當是育子的母狗。

(十九) 家。

辭源:㊀家族,家庭。詩周頌桓:"克定厥家。"箋:"能定其家先王之業。”

按，這裏遺漏了一個重要的義項，即卿大夫的封邑。天子諸侯曰國，大夫曰家。論語季氏：“丘也聞有國有家者，不患寡而患不均，不患貧而患不安。”孟子梁惠王上：“王曰：‘何以利吾國？’大夫曰：‘何以利吾家？’”

（二十）匍。

辭源：〔匍匐〕㊀伏地而行。詩大雅生民：“誕實匍匐，克岐克嶷，以就口食。”孟子滕文公上：“赤子匍匐將入井，非赤子之罪也。”㊁盡力。詩邶風谷風：“凡民有喪，匍匐救之。”

按，“匍匐”不應解作盡力。這是誤解古注。詩邶風谷風：“凡民有喪，匍匐救之。”箋：“匍匐，言盡力也。”這是説，伏地而行，表示盡力，不是説“匍匐”這個詞有盡力的意思。朱熹云：“匍匐，手足並行，急遽之甚也。”這是正解。

（二十一）厝。

辭源：㊂停柩待葬。三國志蜀二主妃子傳：“園陵將成，安厝有期。”按孝經喪親“卜其宅兆而安措之”清阮元校勘記：“鄭注本作厝。…厝措義別，而古多通用。”

按，“厝”就是葬，不是停柩待葬。葬的意義由安置的意義引申而來。孝經的“安措”是安葬，三國志的“安厝”也是安葬。舊辭海：“㊁葬也。文選潘岳寡婦賦：‘痛存亡之殊制兮，將遷神而安厝。’翰注：‘謂遷柩歸葬也。’按厝即措，置也，謂安置柩於兆穴而葬之也。今停柩待葬者亦曰厝。”這是正確的解釋。

（二十二）台。

辭源：㊂何。書湯誓：“今汝其曰夏罪其如台。”史記殷紀作：“女其曰有罪其奈何。”如台，猶言奈何。

按，“台”“何”音不近，不能相通。史記是譯文，不足爲憑。書湯誓：“今汝其曰夏罪其如台。”傳：“今汝其復言桀惡如我所聞之言。”蔡傳：“湯又舉衆言，桀雖暴虐，其如我何！”皆釋“台”爲我。

（二十三）呴。

辭源：㊀吐出。莊子刻意：“吹呴呼吸。”釋文：“況于反。字亦作煦。”見“呴濡”。㊃鳥鳴聲。淮南子要略：“（齊景公）族鑄大鐘，撞之庭下，郊雉皆呴。”注：“呴，鳴也。”

按,"呴"不是吐出,而是嘘氣使温或潤。集韻:"呴,氣以温之也。"莊子刻意:"吹呴呼吸,吐故納新。"疏:"吹冷呼而吐故,呴暖吸而納新。"又大宗師:"相呴以濕,相濡以沫。"疏:"於是吐沫相濡,呴氣相濕。"鳥鳴聲當作雊鳴。通"雊"。

(二十四) 咫。

辭源:㊀周尺八寸叫咫。

按,釋義不明確。説文:"咫,中婦人手長八寸謂之咫。周尺也。"據此,應解作:"八寸。周以八寸爲尺,叫做咫。"或者簡單地解作"八寸"亦可。

(二十五) 唯。

辭源:㊂以,因爲。左傳昭二十年:"唯不信,故質其子。"

按,"唯"無因爲義。左傳"唯不信"的"唯"仍應解作唯獨,意思是没有别的原因。

(二十六) 售。

辭源:㊀賣。詩邶風谷風:"賈用不售。"

按,説文新附:"售,賣去手也。"賣去手就是賣脱手,也就是賣得出去。"不售"是賣不出去,而不是不賣。引申爲賣(後起義)。劉子新論:"售藥者欲人之疾。"

(二十七) 固。

辭源:㊀堅固。論語季氏:"今夫顓臾固而近於費。"戰國策秦一:"大王之國,…東有肴函之固。"注:"固,牢堅,難攻易守也。"也泛稱物體堅固。

按,"固"的本義應是地勢險要,難攻易守。説文:"固,四塞也。"辭源所舉論語戰國策兩個例子也都是這個意義。周禮夏官序掌固條鄭注:"固,國所依阻者也。國曰固,野曰險。"堅固的"固"衹是引申義。

(二十八) 器。

辭源:㊀用具,工具。易繫辭上:"備物致用,立成器以爲天下利。"又下:"弓矢者,器也。"

按,"器"的本義爲陶器。説文:"器,皿也。"老子:"埏埴以爲器。"韓非子難一:"東夷之陶者,器苦窳,舜往陶焉,期年而器牢。"用具衹是引申義。

(二十九) 堵。

辭源：㊀土牆。詩小雅鴻雁："百堵皆作。"古垣牆之制，五版直累爲堵。版寬二尺，積高五版爲一丈。

按，"堵"的本義是量詞。牆五版爲一堵。土牆是其引申義。

（三十）否。

辭源：㊄穢濁。易鼎："鼎顛趾，利出否。"

按，易鼎："鼎顛趾，利出否。"王弼注："否，謂不善之物也。"不善之物就是惡，與臧否的"否"同義，不應另立穢濁一義。

（三十一）域。

辭源：㊂居住。孟子公孫丑下："域民不以封疆之界。"引申爲存在。公孫龍子堅白論："堅白域於石，惡乎離。"

按，孟子公孫丑下："域民不以封疆之界。""域"字亦是疆域的"域"作動詞用。朱熹集注："域，界限也。"這是正解。趙岐注："域民，居民也。"這是誤解，不可從。公孫龍子"堅白域於石"，也應解作以石爲域，不應解作存在。

（三十二）塘。

辭源：㊀堤。築土防水叫塘。莊子達生："被髮行歌，而游於塘下。"㊁水池。古時圓的叫池，方的稱塘。國語周下："陂塘汙庳，以鍾其美。"文選三國魏劉公幹（楨）贈徐幹詩："細柳夾道生，方塘含清源。"

按，"塘"的本義是堤，水池是後起義。國語周語下："陂唐汙庳以鍾其美。"注："畜水曰陂。唐，堤也。"辭源舉爲水池一義的例子，是錯誤的。國語原文是"唐"字，辭源誤引爲"塘"。

（三十三）墟。

辭源：本作"虛"。㊀大丘。吕氏春秋貴直："使人之朝爲草而國爲墟。"注："墟，丘墟也。"參見"虛㊀"。

按，大丘之義當舉詩鄘風定之方中"升彼虛矣"爲例。吕氏春秋貴直"使人之朝爲草而國爲墟"的"墟"不是大丘，而是廢墟的意思。高注爲丘墟，"丘墟"也就指的是廢墟。

（三十四）墠。

辭源：㊀郊外的土地。詩鄭風東門之墠："東門之墠，茹藘在阪。"箋："城東門之外有墠，墠邊有阪，茅蒐生焉。"

按，這是望文生義。鄭箋説"城東門之外有墠"，並不是説郊外土地叫墠。毛傳:"墠,除地町町者。"意思是除草的平地。這是正解。

(三十五) 壞。

辭源:㊀毀敗,衰敗。商君書修權:"蠹衆而木折,隙大而牆壞。"漢書六三司馬遷傳報任安書:"考之行事,稽其成敗興壞之理。"

按,"壞"的本義是房屋倒塌。詩大雅板:"無俾城壞。"春秋文公十三年:"大室屋壞。"商君書修權:"隙大而牆壞。"衰敗是屋壞的引申義,應另立一個義項。

(三十六) 壽。

辭源:㊀長久。詩小雅天保:"如南山之壽,不騫不崩。"莊子人間世:"是不材之木也,無所可用,故能若是之壽。"㊁年紀長,壽命。書洪範:"九,五福,一曰壽。"楚辭屈原天問:"延年不死,壽何所止?"

按,㊀㊁應併爲一個義項。"壽"的本義是活的歲數大,長命。說文:"壽,久也。"那是聲訓,不能照搬。

(三十七) 夜。

辭源:㊁夜間行走。初學記四唐蘇味道正月十五夜詩:"金吾不禁夜,玉漏莫相催。"

按,這是誤解古書。"金吾不禁夜"不必解作金吾不禁夜行,而可以解作金吾不禁之夜。這個義項應取消。

(三十八) 夭。

辭源:㊂屈,摧折。詩小雅正月:"民今之無禄,天夭是椓。"㊃ǎo,少壯而死。

按,詩小雅正月:"天夭是椓。"釋文:"夭,於兆反,又於遥反。災也。"朱熹集解:"夭,禍。"當解作災禍。辭源解作屈、摧折是錯誤的。㊃釋爲少壯而死是對的,但讀 ǎo 是錯誤的。當讀 yǎo,於兆切。

(三十九) 奸。

辭源:2. jiān。集韻居顔切。通"姦"。㊂犯淫,私通。參見"姦㊂"。㊃自私,詐僞。管子重令:"奸邪得行,毋能上通。"

按,此條大錯。說文:"奸,犯婬也。"集韻引說文作"犯也",無"婬"字。集韻是。姦淫、姦詐,古但作"姦",不作"奸"。直到近代,纔寫作"奸"。辭源引管子是誤引。查管子原文作"姦",不作"奸"。辭源引集韻居顔切,亦誤。查集韻居顔切有"姧"無"奸"。"姧"是"姦"的異體字。

（四十）姦。

辭源：通"奸"。也作"姧"。㊀邪惡不正。墨子辭過："是以其民饑寒並至，故爲姦衺。"商君書開塞："故以刑治則民威，民威則無姦，無姦則民安其所樂。"

按，辭源説"姦"通"奸"是大錯。古代"奸"讀古寒切，是干犯的意思，"姦"怎能通"奸"？古代姦邪的意義決不寫作"奸"。即以近代而論，也衹能説"奸"通"姦"（姦邪），不能説"姦"通"奸"。

（四十一）好。

辭源：㊀美，善。詩鄭風叔于田："不如叔也，洵美且好。"

按，美與善不是一回事。美是"好"的本義，善是引申義，不能混爲一談。"好"釋爲美還不够明確，必須釋爲貌美，纔不至於令人誤解。説文："好，美也。"段玉裁改爲"媄也"。説文："媄，色好也。"段云："好本謂女子，引申爲凡美之稱。"方言二："自關而西，秦晉之間，凡美色或謂之好。"

（四十二）如。

辭源：㊀隨從，依照。左傳宣十二年："有律以如己也。"

按，這是呆板地依照説文。説文："如，从隨也。从女，从口。"段注："從隨，即隨從也。隨從必以口。从女者，女子從人者也。"説甚迂曲，不可據信。左傳宣公十二年："有律以如己也。"注："如，從也。法行則人從法，法敗則法從人。"説亦迂曲。楊伯峻注云："有法制號令者，以其能指揮三軍如一人，猶如自己指揮自己。"説較通暢。

（四十三）姻。

辭源：㊀男女嫁娶稱婚姻。詩小雅我行其野："不思舊姻，求爾新特。"

按，釋義與例子不合。"姻"的本義是婿之父。詩小雅我行其野："不思舊姻。"箋："壻之父曰姻。"男女嫁娶爲婚姻，這是現代漢語的詞義，不能用來解釋古書。

（四十四）嫋。

辭源：〔嫋嫋〕㊀微細貌。楚辭屈原九歌湘夫人："嫋嫋兮秋風，洞庭波兮木葉下。"㊁輕盈柔美貌。文選晉左太沖（思）吴都賦："藹藹翠幄，嫋嫋素女。"㊂悠揚。宋蘇軾經進東坡文集事略一前赤壁賦："餘音嫋嫋，不絶如縷。"

按,悠揚一義應刪。前赤壁賦“餘音嫋嫋”,仍是長弱貌。惟其長弱,所以不絕如縷;如果餘音悠揚,就不會不絕如縷了。

(四十五) 加。

辭源:㊀增加。左傳隱五年:“叔父有憾於寡人,寡人弗敢忘,葬之加一等。”㊁超越。史記八七李斯傳:“雖申韓復生,不能加也。”㊂侵陵。論語公冶長:“我不欲人之加諸我也,吾亦欲無加諸人。”㊃施於,安放。孫子九地:“威加於敵,故其城可拔,其國可隳。”儀禮鄉射禮:“乃復求矢加于福。”㊄擔任。孟子公孫丑上:“夫子加齊之卿相…則動心否乎?”

按,把一物放在另一物的上面叫“加”。這是“加”的本義。左傳昭公八年:“加絰於顙而逃。”莊子馬蹄:“夫加之以衡軛。”引申爲把某種行爲施於别人身上。論語公冶長:“我不欲人之加諸我也,吾亦欲無加諸人。”朱注:“子貢言我不欲人加於我之事,我亦不欲以此加之於人。”辭源釋作侵陵,非是。又爲授與爵位於人。孟子公孫丑上:“夫子加齊之卿相。”“加”是被加的意思。辭源釋作擔任,非是。

(四十六) 便。

辭源:㊅副詞。1.就。莊子達生:“若乃乎没人,則未嘗見舟而便操之也。”

按,例子舉得不合。這裏莊子的“便”字是熟練的意思,不是“就”的意思。成疏:“謂津人便水,没入水下,猶如鴨鳥没水,因而捉舟。”可以爲證。

以上列舉四十六個例子,以見一斑。

我寫這一部字典,力求釋義明確,特别注意詞義的時代性,以及本義與引申義的關係。但也難免有缺點錯誤,希望讀者批評指教。

王 力

一九八五年十月

凡　例

一　收字與立條

1．本字典參照辭源收古籍中通用漢字一萬二千五百餘個。僻字一般不收；現代新産生的字如氫、氧、碳、腺等不收。

2．按單字立條。有的字條下酌收複字條，以聯緜字爲主，如嚅唲等。也收少量的不能拆開來講的雙音詞，如妭徒等。複字條以〔〕表示。

3．字形。字頭涉及新舊字形問題的，分三種情況處理：①新舊字形的形體無大差别，筆畫也相同，用新字形，如“雪”（不作“雪”）、角（不作角）。②新舊字形的形體無大差别，但筆畫不同，如果辭源採用的是舊字形，本字典也用舊字形。如“喏”（九畫）、滑（十畫）。③新舊字形的形體差别較大，如為/爲，妍/姸，温/溫等，則一般立兩個字頭。有的字形屬隸定與隸變的不同，如䨮/雪，聑/聃，叜/叟等，辭源有的只收隸變，如雪，叟；有的既收隸變又收隸定，如搜/挍，叜/叜，聃/聑等。本字典從辭源，不作改變。

4．字頭按辭源的 214 個部首排列，同部首的，以筆畫多少爲序。部首前大都有“部首總論”。

二　注　音

5．注音分三部分：①現代音，一般根據廣韻音系的演變規律推定，並參照現代漢語詞典，用漢語拼音注音。僻字酌注直音。②中古音，注出反切以及聲調、韻目、聲母。③上古音，只注出韻部。例如：

　　一　yī　於悉切，入，質韻，影。質部。

　　怩　ní　女夷切，音尼，平，脂韻，娘。脂部。

6．今音僅一讀，廣韻有兩個以上反切，又不辨義，一般只取其相應的某一切語，例如“芒”，廣韻有莫郎切與武方切，今讀 máng，本字典取莫郎切，不用武方切。

7．今音僅一讀，古反切不同，字義有别，則分别注出。例如：

夏 1. xià 胡雅切,上,馬韻,匣。魚部。

❶古代漢族人自稱爲“夏”。❷大。❸朝代名。❹國號。❺五色。

2. xià 胡駕切,去,禡韻,匣。魚部。

❻四季的第二季。

8. 今音與廣韻、集韻反切不合的,視情況加注“今讀如某”。例如“孌”luán 力兖切,上,獮韻,來。今讀如鸞。“況”kuàng 許訪切,去,漾韻,曉。今讀如曠。

9. 關於舊讀。舊讀指舊有的讀音,一般符合反切演變規律,有歷史根據,但與現代普通話的實際讀音不合,用括號標注在今讀之後。例如“危”wēi(舊讀 wéi),魚爲切;“俱”jù(舊讀 jū),舉朱切。又本有兩音兩義,今音合流,其中一音爲舊讀。例如“三”1. sān 蘇甘切。2. sān(舊讀 sàn),蘇暫切。

舊讀一般依據增注中華新韻(中國大辭典編纂處編,商務印書館)。

10. 有的字有文白異讀,本字典一般只注文讀音,不注白讀音。如剥,注 bō,不注 bāo;削,注 xuē,不注 xiāo;血,注 xuè,不注 xiě。也有採用白讀的,如北,注 běi。

11. 反切以廣韻爲準,廣韻没有的字,用集韻的反切。例如:“宎”yǎo 集韻伊鳥切,音杳,上,篠韻,影。宵部。

廣韻反切不合今音,在其後加注集韻的反切。一般屬廣韻唇音、舌音的類隔切,補出集韻的音和切。例如:

丕 pī 敷悲切,集韻攀悲切,平,脂韻,幫。

媺 měi 無鄙切,集韻母鄙切,音美,上,旨韻,明。

樁 zhuāng 都江切,集韻株江切,平,江韻,知。

12. 中古音聲母採 36 字母,字母中正齒音分兩組:照$_{二}$穿$_{二}$牀$_{二}$審$_{二}$;照$_{三}$穿$_{三}$牀$_{三}$審$_{三}$。不作莊初崇生;章昌船(神)書。禪、日二母都是三等字,逕作禪、日,不作禪$_{三}$日$_{三}$。喻母分三、四等,寫作喻$_{三}$喻$_{四}$。喻$_{三}$不歸匣。

13. 上古韻部爲王力的三十部。

14. 廣韻集韻未收的字,多屬後起字或晚起字。爲表明今讀的來源,儘可能從龍龕手鑑(鏡)、五音集韻、古今韻會舉要(簡稱韻會)、洪

武正韻、字彙、正字通、音韻闡微等韻書、字書中找適當的反切資料,不標調、韻、聲,或僅取直音資料。如:

丟 diū 篇海丁羞切。 奶 nǎi 正字通音乃。

韻書、字書中找不到反切的,必要時在拼音後加一直音。例如"嫖","2. piáo,音瓢。""嫚","2. yuān 音蜎。元部。"

15. 通假字的注音。分爲兩類。一類是專爲通假字設立音項。如:"信"通"伸"。

信 1. xìn 息晉切。2. shēn 集韻升人切,平,真韻,審三。真部。㊃通"伸"。

另一類是在義項中注明通假。如"僞"通"爲"。

僞 wěi 危睡切(舊讀 wèi),去,寘韻,疑。歌部。❶欺詐。❷通"爲"。人爲的。

三 釋 義

16. 字義分析。注重字義的概括性。按意義的不同分立義項。有本義、引申義、假借義。近引申義合併,遠引申義另立,假借義也另立。義項用數碼❶❷❸等表示。

在同一義項中,有引申義關係的意義,分别用"引申"、"比喻"、"又"等給予説明。例如:

土:❶土壤,泥土。……引申爲土地,田地。……又爲國土,領土。……又爲鄉土。❷社神,土地之神。❸量度,測量。

複字詞如果要分項表示不同的意義,則用阿拉伯數碼①②③等表示。如:〔委蛇〕叠韻聯緜字。①莊重而又從容自得的樣子。②綿延曲折的樣子。③蛇名。〔姁姁〕①怡然自得的樣子。②和好貌。

17. 對字形的説明。牽涉到所有義項的,放在第一義項的序號之前。如:

丐 本作"匃"、"匄"。❶乞,求。❷給予,施給。

凱 字亦作"愷"。❶和樂。❷戰勝獻俘時所奏的樂。

如果是對其中一個或幾個義項的説明,則放在該義項下。如:

剛 ❶堅硬,與"柔"相對。❷名詞,剛鐵(後起義)。這個意義後來寫作“鋼”。㊂公牛。字本作“犅”。

18．義項排列的順序。大致是：

本義在前，引申義在後。如：好　㊀貌美。㊁美。

通用義在前，非通用義在後。如：女　㊀女性。㊁女兒。㊂星宿名。

實詞義在前，虚詞義在後。如：孰　㊀煮熟。㊁疑問代詞。

古義在前，後起義在後。如：捐　㊀捨棄。㊁除去。㊂捐助，獻納。㊃賦税（晚起義）。

如果是一個多音字，不同音項下的義項序號順延。如：

告　1.gào　古到切，去，号韻，見。覺部。

㊀告訴。上告訴下，下告訴上，都叫告。

2.gù　古沃切，入，沃韻，見。覺部。

㊁告訴，請求。在某些地方讀入聲。

3.kù　集韻枯沃切，音酷，入，沃韻，溪。

㊂官吏休假。

19．同與通。“同”一般用於異體字。“同”後面的是習用字。如“埜，同‘野’”。讀者通常是通過習用字來認識非習用字的，因此“同×”也兼有釋義的作用。如“姉，同‘姊’。戰國策韓策二：‘（聶）政姉聞之。’”有時注“同×”後仍須申説，如“匡　㊀同‘筐’。飯器。”“妬　同‘妒’。妒忌。”

“通”用於通假字。

20．後起義與晚起義。魏晋至唐宋這一段産生的詞義爲後起義，元明以後産生的詞義爲晚起義。注明詞義的時代性是有選擇的，視對詞義注釋有無必要而定。例如“好”：㊃用作補語，表示事情的完畢（後起義）。唐韓偓無題詩：“粧好方長嘆，歡餘卻淺嚬。”㊄副詞。很（晚起義）。紅樓夢四二回：“説的好可憐見兒的。”

詞義發展是漸變的。所謂後起義、晚起義是指新産生的某詞義在這個時期已有較普遍的應用，而不一定指某詞義始見於這個時期。

21．後起字和晚起字。指字形是後（晚）起的，詞也是後（晚）起的。如“塑”：“後起字。用泥土造人、物的形象”；“另”：“晚起字。另外。”如果字形是舊的，詞是新産生的，如“哥”字，在説文中已有，注爲

"聲也"。到唐代,"哥"用指兄。這樣在"哥"下注:"後起詞。兄。"有時詞是古已有之的,而字形是新產生的。如"鶉"注爲:"鳥鶉卵。字本作孚。"前者爲同字異詞,後者爲同詞異字。

22. 參見和見。本條已作注釋,爲提示讀者可作進一步瞭解,則用"參見"。如:

〔嫵媚〕雙聲聯緜字。形態美的樣子。史記作"娬媚"。參見"娬"字條。

如果本條無注釋,注釋設在另一條中,則用"見"。如:"娜"

〔婀娜〕叠韻聯緜字。見"婀"字條。

有時採用爾雅、説文、廣韻等書的釋義,也用"見"。如:

辰,㊀震。見説文。

23. 符號。

～　替代號。例證中替代被釋的單字,不替代複字詞。複字詞條目,例證中出被釋的字詞。

﹏﹏　書名號、篇名號。

——　人名號、地名號、朝代名號。

(　)　夾注號。用在作補充説明的地方。

〔　〕　條目號。用在複字詞,主要是聯緜字和少量的複合詞。

24. 欄目。

字典設五種欄目。①[部首總論],對同一部的字從意義上作必要的分類和説明。②[備考],僻義歸入此欄目。義項號自成起訖。備考的位置在相應的音項下。③[辨],將意義相近或相關的字提出來進行辨析,説明其異同。④[同源字],從語源學角度説明一組同源字其音近義通的歷史根據。⑤按,分兩種情況。一種放在義項裏的,内容不固定,是爲了對注釋作補充;一種放在字條的最後,多爲交代説文的收録情況,也有作其他方面説明的。

25. 附録。本字典收附録兩種:(一)中國歷代紀元表。(二)中國歷代度量衡制演變簡表。

部首目録

漢語拼音檢字表

子　集

一　部

一　yī 於悉切,入,質韻,影。質部。

㊀數目。書文侯之命:"用賚爾秬鬯一卣,彤弓一,彤矢百,盧弓一,盧矢百,馬四匹。"引申爲純一。書大禹謨:"惟精惟一,允執厥中。"又爲一樣。莊子逍遥遊:"能不龜手一也;或以封,或不免於洴澼絖。則所用之異也。"又爲一概,全部。用作狀語。詩邶風北門:"政事一埤益我。"又爲一旦,一經。左傳成公二年:"蔡許之君一失其位,不得列於諸侯。"又爲專一。禮記禮運:"欲一以窮之。"㊁副詞。竟,乃。戰國策齊策一:"靖郭君之於寡人,一至此乎!"〔一何〕副詞。何其,多麽。戰國策燕策一:"此一何慶弔相隨之速也!"文選古詩十九首:"上有絃歌聲,音響一何悲!"唐杜甫石壕吏詩:"吏呼一何怒,婦啼一何苦!"

[辨]一,壹。一是數詞,壹是形容詞。意義不同。荀子解蔽:"不以夫一害此一,謂之壹。"一句之中,"一、壹"並用,可見"一"與"壹"是有分别的。"壹"的意義是專一。專一的意義可以寫作"一",但數目不能寫作"壹"。後人在單據上爲了防人塗改,才用"壹"代"一"。詩召南騶虞:"壹發五豝。"本是"一發五豝"。數目壹貳叁肆等字,皆唐武后時所改。

[同源字]殪,一,壹。見"殪"字條。

一　畫

丁　1. dīng 當經切,平,青韻,端。耕部。

㊀天干的第四位。古人以干支紀日。書召誥:"越三日丁巳,用牲于郊。"又多方:"惟五月丁亥,王來自奄,至于宗周。"又顧命:"越翼日丁丑,王崩。"㊁當。詩大雅雲漢:"寧丁我躬。"後漢書岑彭傳:"我喜我生獨丁斯時。"後世"丁憂"、"丁艱"本此。㊂成年男子(後起義)。唐白居易新豐折臂翁詩:"無何天寶大徵兵,户有三丁點一丁。"

[備考]通"釘"。晉書陶侃傳:"及桓温伐蜀,又以侃所貯竹頭作丁裝船。"世説新語政事作"釘"。

2. zhēng 側莖切,平,耕韻,照二。耕部。

㊃〔丁丁〕伐木聲。詩小雅伐木:"伐木丁丁。"

按,説文丁字在丁部。

七　qī 親吉切,入,質韻,清。質部。

㊀數目。詩召南摽有梅:"摽有梅,其實七兮。"㊁文體之一種。漢枚乘有七發,三國魏曹植有七啟,晉張協有七命。

按,説文七字在七部。

二　畫

三　1. sān 蘇甘切,平,談韻,心。侵部。

㊀數目。詩魏風碩鼠:"三歲貫女,莫我肯顧。"

[備考]終。漢揚雄太玄進:"三歲不還。"范望注:"三,終也。"

2. sān(舊讀 sàn)蘇暫切,去,闞韻,心。侵部。

❷副詞。多次，再三。論語公冶長：“季文子～思而後行。”

［辨］三，參。見“參”字條。

按，説文三字在三部。

下 1. xià 胡雅切，上，馬韻，匣。魚部。

❶下面。詩召南殷其靁：“在南山之～。”引申爲下屬、卑輩。國語周語上：“～事上，少事長，所以爲順人。”又爲下等。戰國策齊策一：“能謗議於市朝，聞寡人之耳者，受～賞。”史記孫子吴起列傳：“今以君之～駟與彼上駟，取君上駟與彼中駟，取君中駟與彼～駟。”

2. xià 胡駕切，去，禡韻，匣。魚部。

❷降落。詩大雅鳧鷖：“公尸燕飲，福禄來～。”孟子梁惠王上：“沛然～雨。”漢書周勃傳：“諸侯聞之，以爲將軍從天而～也。”引申爲下達，發布。史記秦本紀：“孝公～令國中曰：‘賓客羣臣有能出奇計彊秦者，吾且尊官，與之分土。’”又爲向下行。史記淮陰侯列傳：“常山王背項王歸於漢王，漢王借兵而東～。”❸攻下。史記高祖本紀：“楚軍去而攻定陶，定陶未～。”❹居人下，謙下。易屯：“以貴～賤，大得民也。”左傳宣公十二年：“其君能～人。”按，下字用作名詞、形容詞時，讀上聲；用作動詞時，讀去聲。今普通話無别，一律讀去聲。

［備考］去掉。周禮秋官司民：“歲登～其死生。”鄭玄注：“～猶去也。”

按，説文下字在上部，作二，篆文作丅。

万 1. wàn 無販切，去，願韻，微。

❶同“萬”。古書中罕見。

2. mò 莫北切，音墨，入，德韻，明。

❷〔万俟〕複姓（俟音其）。宋有万俟卨。

丈 zhàng 直兩切，上，養韻，澄。陽部。

❶十尺爲丈。墨子備城門：“渠長～六尺。”引申爲量地，丈量。左傳襄公九年：“巡～城。”杜預注：“丈，度也。”❷〔丈人〕老人。論語微子：“子路從而後，遇丈人以杖荷蓧。”

按，説文丈字在十部，作支，云：“十尺也。从又持十。”

上 1. shàng 時亮切，去，漾韻，禪。陽部。

❶上面。易涣：“風行水～，涣。”引申爲前面。商君書開塞：“～不及虞夏之時，而下不修湯武。”又爲在上者。管子君臣下：“民之制於～，猶草木之制於時也。”又河岸也叫上。詩鄘風桑中：“期我乎桑中，要我乎上宫，送我乎淇之～矣。”又爲上等。戰國策齊策一：“能面刺寡人之過者，受～賞。”❷特指皇帝。史記高祖本紀：“趙相國陳豨反代地。～曰：‘豨嘗爲吾使，甚有信。…’”又孝文本紀：“～曰：‘趙幽王幽死，朕甚憐之。’”

［備考］通“尚”。詩魏風陟岵：“～慎旃哉！”

2. shàng 時掌切，上，養韻，禪。陽部。

❸升，登。易需：“雲～於天。”莊子逍遥遊：“摶扶摇而～者九萬里。”引申爲向前。戰國策秦策二：“三鼓之而卒不～。”❹獻上。莊子説劍：“宰人～食。”按，上字用作名詞、形容詞時，讀去聲；用作動詞時，讀上聲。今普通話無别，一律讀去聲。

［辨］尚，上。見“尚”字條。

按，説文上字在上部，作二，篆文作丄。

三　畫

丏 1. gài 古太切，音蓋，去，泰韻，見。月部。

2. gě 古達切，音葛，入，曷韻，見。月部。本作“匃”、“匄”。見“匃”條。

不 1. bù 分勿切，入，物韻，非。今讀逋骨切，没韻，幫。職部。

❶副詞。表示否定。書君奭：“天命～易。”

2. fǒu 方久切，上，有韻，非。之部。

❷否。史記袁盎鼂錯列傳：“上問曰：‘道軍所來，聞鼂錯死，吴楚罷～？’”漢書于定國傳：“公卿有防其未然救其已然者～？”

3. fōu 甫鳩切，平，尤韻，非。之部。

㊂否。讀平聲。樂府詩集陌上桑："使君謝羅敷，寧可共載～？"

[備考]花萼。詩小雅常棣："常棣之華，鄂～韡韡。"鄭箋："承華者曰鄂。不當作拊，拊，鄂足也。"

按，說文不字在不部。

丑 chǒu 敕九切，上，有韻，徹。幽部。

㊀地支的第二位。古人以干支紀日。書顧命："越翼日乙～，王崩。"㊁十二時辰之一。指夜裏一點鐘到三點鐘的時間。㊂戲劇裏的角色（晚起義）。

[辨]醜，惡，丑。見"醜"字條。

按，說文丑字在丑部。

四　畫

丙 bǐng 兵永切，上，梗韻，幫。陽部。

天干的第三位。古人以干支紀日。書召誥："三月，惟～午朏。"

[備考]魚尾。爾雅釋魚："魚尾謂之丙。"

按，說文丙字在丙部。

世 shì 舒制切，去，祭韻，審三。月部。

㊀三十年爲一世。論語子路："如有王者，必～而後仁。"引申爲父子相繼的世代。孟子離婁下："君子之澤，五～而斬。"㊁人世，當代。楚辭戰國屈原九章懷沙："舉～皆濁，而我獨清。"史記項羽本紀："力拔山兮氣蓋～。"㊂時代。詩大雅蕩："殷鑒不遠，在夏后之～。"㊃一生。論語衛靈公："君子疾没～而名不稱焉。"

[辨]世，代。見"代"字條。

按，說文世字在卅部。

丕 pī 敷悲切，集韻攀悲切，平，脂韻，滂。之部。

㊀大。書大禹謨："嘉乃～績。"㊁乃。書禹貢："三危既宅，三苗～敍。"

且 1. qiě 七也切，上，馬韻，清。魚部。

㊀連詞。而且。詩小雅魚麗："君子有酒，旨～多。"引申爲又。兩個且字連用，表示兩件事同時進行，等於說"一面…一面…"。史記李將軍列傳："～引～戰。"㊁副詞。尚且。易乾："天～弗違，而況於人乎？"㊂副詞。姑且。詩鄭風溱洧："～往觀乎。"又唐風山有樞："～以喜樂。"㊃副詞。將。列子湯問："北山愚公者，年～九十。"戰國策秦策："城～拔矣。"㊄連詞。表示更進一層說。論語季氏："～爾言過矣。"〔且夫〕連詞。表示更進一層說。莊子逍遥遊："且夫水之積也不厚，則其負大舟也無力。"

[備考]㈠此。詩周頌載芟："匪～有～。"毛傳："且，此也。"㈡取。老子："舍慈～勇。"王弼注："且，取也。"

2. jū 子魚切，平，魚韻，精。魚部。

㊅語氣詞。詩鄭風褰裳："狂童之狂也～。"

[備考]㈠多的樣子。詩大雅韓奕："籩豆有～。"鄭箋："且，多貌。"㈡同"俎"。說文："且，薦也。"

按，說文且字在且部。

丘 qiū 去鳩切，平，尤韻，溪。之部。

㊀小土山。書禹貢："是降～宅土。"㊁墳墓。周禮春官冢人："以爵等爲～封之度。"司馬遷報任安書："僕以口語遭遇此禍，重爲鄉黨所戮笑，以汙辱先人，亦何面目復上父母之～墓乎？"㊂廢墟。楚辭戰國屈原九章哀郢："曾不知夏之爲～兮。"管子八觀："衆散而不收，則國爲～墟。"㊃劃分土地的單位。周禮地官小司徒："九夫爲井，四井爲邑，四邑爲～。"後人因避孔子諱，改"丘"爲"邱"，或省筆作"𠀉"。

[辨]陵，阜，阿，丘，山。見"陵"字條。

[同源字]虚，丘。見"虚"字條。

按，說文丘字在丘部。

五　畫

丞 chéng 署陵切，平，蒸韻，禪。蒸部。

輔佐。呂氏春秋介立："有龍于飛，周徧

天下，五蛇從之，爲之～輔。"引申爲官吏的副職。史記陳涉世家："陳守令皆不在，獨守～與戰譙門中。"〔丞相〕官名。是最高的行政長官。史記李斯列傳："尊主爲皇帝，以斯爲丞相。"

[備考]㊀通"承"。史記酷吏列傳張湯："於是～上指，請造白金及五銖錢。"㊁通"拯(zhěng)"。漢揚雄羽獵賦："～民乎農桑。"

按，説文丞字在廾部，作[illegible]。

八　畫

並 bìng 蒲迥切，上，迥韻，並。陽部。

副詞。一齊，一併。詩齊風還："～驅從兩肩兮。"莊子齊物論："昔者十日～出。"戰國策燕策二："兩者不肯相舍，漁者得而～禽之。"引申爲動詞。平列。荀子儒效："俄而～於堯禹。"漢揚雄解嘲："僕誠不能與此數子～，故默然獨守吾太玄。"

[備考]通"傍"。史記秦始皇本紀："自榆中～河以東，屬之陰山。"南朝宋裴駰集解引服虔："並音傍。傍，依也。"

[辨]併，并，並。見"併"字條。

按，説文並字在竝部。

丨　部

丨 gǔn 古本切，上，混韻，見。文部。

説文："丨，上下通也。"

二　畫

个 gè 古賀切，去，箇韻，見。歌部。

❶量詞。左傳昭公三年："又弱一～焉。"儀禮大射儀："司射入于次，搢三，挾一～。"史記貨殖列傳："竹竿萬～。"❷正堂兩旁的側室。禮記月令孟春之月："天子居青陽左～。"

按，説文無个字。

丫 yā 於加切，平，麻韻，影。

後起字。廣韻麻韻："丫，象物開之形。"

三　畫

中 1. zhōng 陟弓切，平，東韻，知。冬部。

❶裏面，中間，中央。書金縢："乃納册于金縢之匱～。"孫子九地："擊其～則首尾俱至。"詩秦風蒹葭："遡游從之，宛在水～央。"引申爲中等。書禹貢："厥賦惟上上，厥田惟～～。"老子："上士聞道，勤而行之；～士聞道，若存若亡；下士聞道，大笑之。"又爲動詞，表示星宿在中天。詩鄘風定之方中："定之方～，作于楚宫。"吕氏春秋孟春紀："孟春之月，日在營室，昏參～，旦尾～。"

2. zhòng 陟仲切，去，送韻，知。冬部。

❶射中。左傳桓公五年："祝聃射王，～肩。"孟子公孫丑上："射者正己而後發，發而不～，不怨勝己者，反求諸己而已矣。"引申爲料中，猜中。論語先進："賜不受命，而貨殖焉，億則屢～。"又爲適應，適合，對應。論語微子："言～倫，行～慮。"莊子養生主："莫不～音，合於桑林之舞，乃～經首之會。"又盜跖："音～黄鐘。"

丰 fēng 敷容切，平，鍾韻，敷。東部。

❶草木茂盛。〔丰茸〕叠韻聯緜字。茂盛的樣子。漢司馬相如長門賦："羅丰茸之遊樹兮。"❷豐滿。詩鄭風丰："子之～兮，俟我乎巷兮。"

[辨]丰，豐。見"豐"字條。

[同源字]菶，芃，丰，豐。見"菶"字條。

按，説文丰字在生部。

四　畫

丱 guàn 古患切，音慣，去，諫韻，見。元部。

兒童束髮成兩角的樣子。詩齊風甫田："總角～兮。"

按，說文無丱有卝，在石部，爲磺之古文。段玉裁注："卝本說文卵字，古音如關，引申爲'總角卝兮'之卝。"

六　畫

串 1. guàn 古患切，音慣，去，諫韻，見。元部。

❶習慣。荀子大略："國法禁拾遺，惡民之～以無分得也。"南史宗慤傳："宗軍人～噉粗食。"❷〔串夷〕古代西南民族名。詩大雅皇矣："串夷載路。"

［備考］〔親串〕親狎之人。南朝宋謝惠連秋懷詩："因歌遂成賦，聊用布親串。"

2. chuàn 洪武正韻樞絹切，穿去聲。

❸後起詞。物相連貫叫串。

按，說文無串字，但患字從串。串當是毌（貫）的別體。見段玉裁說文解字注"患"字條。

七　畫

弗 chǎn 初限切，音鏟，上，產韻，穿二。

後起字。烤肉器。唐韓愈贈張籍詩："試將詩義授，如以肉貫～。"

丶　部

丶 zhǔ 知庾切，上，麌韻，知。侯部。

說文："丶，有所絶止，丶而識之也。"

二　畫

丸 wán 胡官切，平，桓韻，匣。元部。

❶彈丸。左傳宣公二年："從臺上彈人，而觀其避～也。"引申爲圓形之物。三國志吳書吳主傳注引江表傳："糧食乏盡，婦女或～泥而吞之。"又爲藥丸。三國魏曹植善哉行："仙人王喬，奉藥一～。"抱朴子極言："不知過之在己，而反云道之無益，故捐～散而罷吐納矣。"❷〔丸丸〕高大挺直的樣子。詩商頌殷武："陟彼景山，松柏丸丸。"

［備考］卵。呂氏春秋本味："丹山之南，有鳳之～。"高誘注："丸，古卵字也。"

按，說文丸字在丸部。

三　畫

丹 dān 都寒切，平，寒韻，端。元部。

❶硃砂。書禹貢："礪砥砮～。"詩秦風終南："顏如渥～。"引申爲硃砂的顏色，赤色（丹淺於赤）。春秋莊公二十三年："秋，～桓宮楹。"國語吳語："皆赤裳赤旟～甲朱羽之矰，望之如火。"❷丹藥（後起義）。南朝梁沈約華山舘爲國家營功德詩："～方緘洞府，河清時一傳。"

［辨］赤，朱，丹，絳，紅。見"赤"字條。

按，說文丹字在丹部。

四　畫

主 zhǔ 之庾切，上，麌韻，照三。侯部。

❶主人。①君主對人民稱主。廣雅釋詁一："主，君也。"書多方："天惟時求民～。"②對奴隸、奴僕稱主。書武成："爲天下逋逃～。"③對賓客稱主。孟子萬章下："迭爲賓～。"❷供奉先人的牌位，俗稱神主。穀梁傳文公二年："作僖公～。"史記周本紀："爲文王木～，載以車。"❸動詞。主持，主管。孟子萬章上："使之～事而事治。"❹動詞。以爲主，着重。論語學而："～忠信。"又八佾："射不～皮。"孫子九地："兵之情～速。"❺公主的簡

稱。史記外戚世家:“～見所侍美人,上不說。”後漢書荀淑傳:“今漢承秦法,設尚～之儀。”㊅〔主臣〕表示惶恐之辭。史記陳丞相世家:“平謝曰:‘主臣!陛下不知其駑下,使待罪宰相。’”㊆〔主父〕複姓。漢有主父偃。

丿 部

丿 piē 普蔑切,入,屑韻,滂。月部。

說文:“丿,右戾也,象左引之形。”

一 畫

乂 yì 魚肺切,去,廢韻,疑。月部。

㊀治理。書堯典:“有能俾～。”〔乂安〕太平。史記平津侯主父列傳:“是時,漢興六十餘載,海内乂安,府庫充實。”㊁〔俊乂〕俊傑。書皋陶謨:“俊乂在官。”

[備考]割草。說文:“乂,芟草也。”按,即刈字。

乃 nǎi 奴亥切,上,海韻,泥。之部。

㊀代詞。你的。書盤庚中:“既勞～祖～父。”又君牙:“惟～祖～父,世篤忠貞。”又康王之誥:“雖爾身在外,～心罔不在王室。”漢書陳勝項籍傳:“吾翁即汝翁,必欲亨～翁,幸分我一盃羹。”㊁副詞。①於是。書舜典:“玄德升聞,～命以位。”②然後,才。堯典:“試可～已。”史記晉世家:“待我二十五年不來,～嫁。”③却,倒反。詩鄘風山有扶蘇:“不見子都,～見狂且。”④用在判斷句中,表示“即”。戰國策齊策四:“孟嘗君怪之,曰:‘此誰也?’左右曰:‘～歌夫長鋏歸來者也。’”史記高祖本紀:“吕公女,～吕后也。”

[同源字]汝,爾,而,乃,若。見“汝”字條。

按,說文乃字在乃部。

二 畫

久 jiǔ 舉有切,上,有韻,見。之部。時間長。詩邶風旄丘:“何其～也!必有以也。”〔久要〕舊約。論語憲問:“久要不忘平生之言。”

[備考]㊀通“灸”。說文:“久,从後灸之。”(依段注本)儀禮士喪禮:“冪用疏布～之。”鄭玄注:“久,讀爲灸,謂以蓋塞鬲口。”㊁等待。左傳昭公二十四年:“寡君以爲盟主之故,是以～子。”

[同源字]韭,久。見“韭”字條。

按,說文久字在久部。

三 畫

之 zhī 止而切,平,之韻,照三。之部。

㊀到…去。論語公冶長:“～一邦。”又憲問:“～三子告。”莊子田子方:“因～舍,公使人視之。”史記孫子吴起列傳:“齊使以爲奇,竊載與～齊。”㊁人稱代詞。他,她,它(或複數)。書皋陶謨:“安民則惠,黎民懷～。”論語學而:“學而時習～,不亦説乎!”㊂指示代詞。這,此。詩周南桃夭:“～子于歸,宜其室家。”莊子逍遥遊:“～二蟲又何知?”又庚桑楚:“～數物者,不足以厚民。”㊃介詞。①表示隸屬、領有。詩衛風碩人:“齊侯～子,衛侯～妻,東宮～妹,邢侯～姨。”②表示修飾、限制。詩小雅正月:“哀今～人,胡爲虺蜴?”③變主謂結構爲詞組。書五子之歌:“懔乎若朽索～馭六馬。”又秦誓:“人～有技,若己有之。”

[備考]㊀與。書立政:“其勿誤于庶獄,惟有司～牧夫。”㊁於。禮記大學:“人,～其所親愛而辟焉。”

[辨]之,適,如,赴,往。“之”與“適”、

"如"同義。"之齊"也可以説成"適齊"、"如齊"。"赴"的意義是將身投入,往往指投入水火。例如莊子刻意:"枯槁赴淵者之所好也。""往"是不及物動詞,在上古漢語裏,"往"字不能帶直接賓語,故"之齊"不能説成"往齊"。"之"字必須帶直接賓語。"往"字只能帶間接賓語。孟子梁惠王上:"牛何之?""何"是直接賓語;又離婁上:"天下之父歸之,其子焉往?""焉"字是間接賓語。中古以後,"往"字才可以帶直接賓語。

按,説文之字在之部,作㞢。

四　畫

乏 fá 房法切,入,乏韻,奉。葉部。

❶形容詞。貧乏,生活困難。左傳僖公三十年:"行李之往來,共其~困。"吕氏春秋季春紀:"命有司發倉窌,賜貧窮,振~絶。"注:"行無資曰~,居而無食曰絶。"引申爲乏力,疲勞(後起義)。新唐書朱滔傳:"步馬~頓。"又爲動詞。缺乏,缺少。唐杜甫贈李白詩:"苦~大藥資。"❷空乏,空缺。左傳成公二年:"敢告不敏,攝官承~。"杜預注:"攝承空~。"

[備考]㊀古射禮唱獲者,蔽以禦矢之具。周禮春官車僕:"大射共三~。"㊁廢。莊子天地:"子往矣,無~吾事。"

按,説文乏字在正部,作𤴓,云:"春秋傳曰:'反正爲~。'"

乎 hū 户吴切,平,模韻,匣。魚部。

❶語氣詞。①表示疑問。書堯典:"嚚訟可~?"②用在形容詞後面,表示感嘆或贊嘆。書五子之歌:"鬱陶~予心!"論語泰伯:"洋洋~盈耳哉!"③用在人名的後面,表示呼告。論語里仁:"參~! 吾道一以貫之。"④表示停頓。左傳僖公十五年:"秦於是~輸粟于晉。"❷介詞。於。書皋陶謨:"何憂~驩兜? 何遷~有苗?"

按,説文乎字在兮部。

乍 zhà 鋤駕切,去,禡韻,牀二。鐸部。

❶忽然。孟子公孫丑上:"今人~見孺子將入於井,皆有怵惕惻隱之心。"唐杜甫倦夜詩:"稀星~有無。"❷初,剛(後起義)。宋柳永滿朝歡詞:"巷陌~晴。"

[備考]作。商周青銅器銘文"作"字多作"乍"。

按,説文乍字在亾部。

五　畫

丢 diū 篇海丁羞切。

後起字。❶抛棄,扔掉。元曲李逵負荆:"把煩惱都也波~,都~在腦背後。"❷丢失。紅樓夢一一九回:"你同二叔在一起,怎麽他就~了?"

七　畫

乖 guāi 古懷切,平,皆韻,見。支部。

❶背離,抵觸,不一致。左傳昭公三十年:"楚執政衆而~。"論衡薄葬:"今墨家非儒,儒家非墨,各有所持,故~不合。"❷乖巧,機靈(晚起義)。西遊記一五回:"行者的眼~。"

按,説文乖字在𦫳部,作𠦜。

九　畫

乘 1. chéng 食陵切,平,蒸韻,牀三。蒸部。

❶乘坐,駕。詩邶風二子乘舟:"二子~舟,汎汎其景。"引申爲登上。詩豳風七月:"亟其~屋,其始播百穀。"又爲趁。孟子公孫丑上:"雖有智慧,不如~勢。"❷壓。左傳宣公十二年:"遂疾進師,車馳,卒奔,~晉軍。"引申爲戰勝。書序:"周人~黎。"❸算術運算方法之一。

[備考]計。周禮夏官槀人:"~其事,試其弓弩。"鄭玄注:"鄭司農云:'~,計也。'"

2. shèng 實證切,去,證韻,牀三。蒸部。

❹車輛。一車四馬爲一乘。詩小雅六

月："元戎十～，以啓先行。"孟子梁惠王上："萬～之國，弑其君者必千～之家。"引申爲馬。左傳僖公二年："晉荀息請以屈產之～與垂棘之璧假道於虞以伐虢。"又爲四。孟子離婁下："發～矢而後反。"按，乘字用作動詞時，讀平聲；用作名詞時，讀去聲。詩鄭風大叔于田："大叔于田，乘～馬。"上乘字讀平聲，下乘字讀去聲。

［備考］㊀古井田制九夫爲井，十六井爲丘，四丘爲乘。㊁晉國史書名。孟子離婁下："晉之～，楚之檮杌，魯之春秋，一也。"

［同源字］騰，登，乘，升。見"騰"字條。

按，説文乘字在桀部，作椉（𠓡）。

乙　部

乙 yǐ 於筆切，入，質韻，影。質部。

天干第二位。古人以干支紀日。書召誥："越六日～未，王朝步自周，則至于豐。"又顧命："越翼日～丑，王崩。"

［備考］㊀讀書記止處的符號。史記滑稽列傳："人主從上方讀之，止，輒～其處。"㊁魚的頰骨。禮記内則："魚去～。"

乚 yà 集韻乙黠切，黠韻，影。月部。

玄鳥。見説文。

按，説文乚字在乚部。

一　畫

乜 miē 彌也切，上，馬韻，明。

後起字。〔乜斜〕眼微張。元曲望江亭："着鬼祟醉眼乜斜。"

九 jiǔ 舉有切，上，有韻，見。幽部。

數目。書堯典："克明俊德，以親～族。"

按，説文九字在九部。

二　畫

也 yě 羊者切，上，馬韻，喻四。歌部。

❶語氣詞。①表示判斷，論斷。論語八佾："起予者商～。"又學而："不好犯上而好作亂者，未之有～。"②表示停頓。論語學而："其爲人～孝弟，而好犯上者，鮮矣。"又公冶長："賜～何敢望回。回～聞一以知十，賜～聞一以知二。"❷副詞。亦（後起義）。唐岑參赴北庭度隴思家詩："西向輪臺萬里餘，～知鄉信日應疎。"

按，説文也字在乁部。

乞 1. qǐ 去訖切，入，迄韻，溪。物部。

❶乞求。左傳僖公十三年："晉荐饑，使～糴于秦。"

2. qì 去既切，去，未韻，溪。物部。

❷給予。漢書朱買臣傳："妻自經死，買臣～其夫錢，令葬。"

按，説文無乞字。

五　畫

乩 jī 集韻堅奚切，平，齊韻，見。

問卜。

按，説文作卟，在口部。

七　畫

乳 rǔ 而主切，上，麌韻，日。侯部。

❶生子。説文："人及鳥生子曰～，獸曰產。"按，獸生子亦得稱乳。莊子盜跖："聲如～虎。"荀子榮辱："～彘觸虎，～狗不遠遊。"漢書趙皇后傳："（許美人）元延二年懷子，其十一月～。"論衡氣壽："婦人疏字者子活，數～者子死。"❷哺乳。左傳宣公四年："䢵夫人使棄諸夢中，虎～之。"引申爲乳房。史記倉公列傳："意告之後百餘日，果爲疽發～上。"

又爲奶汁(後起義)。魏書王琚傳:"常飲牛～。"

按,説文乳字在乙部。

十 畫

乾 1. qián 渠焉切,平,仙韻,羣。元部。

❶八卦之一。易乾:"～,元亨利貞。"

2. gān 古寒切,平,寒韻,見。元部。

❷乾燥,濕之反。詩王風中谷有蓷:"暵其～矣。"引申爲枯竭。左傳僖公十五年:"張脈僨興,外彊中～。"

[同源字]熯,暵,乾,蔫,旱。見"熯"字條。

十 二 畫

亂 luàn 郎段切,去,换韻,來。元部。

❶不治,不太平,與"治"相對。書周官:"制治于未～,保邦于未危。"又説命:"惟治～在庶官。"引申爲叛亂,造反。書湯誓:"非台小子敢行稱～。"論語學而:"不好犯上,而好作～者,未之有也。"❷不整齊,没有條理。左傳莊公十年:"吾視其轍～。"引申爲心緒不定。楚辭戰國屈原卜居:"心煩意～,不知所從。"又爲擾亂。韓非子五蠹:"儒以文～法。"又爲神志昏亂。書胤征:"沈～于酒。"論語鄉黨:"唯酒無量,不及～。"又爲混雜。韓非子喻老:"～之楮葉之中而不可别也。"❸樂曲的最後一章。論語泰伯:"師摯之始,關雎之～,洋洋乎盈耳哉!"引申爲辭賦最後一段總括的話。楚辭戰國屈原離騷:"～曰:已矣哉!國無人,莫我知兮,又何懷乎故都!既莫足以爲美政兮,吾將從彭咸之所居。"

[備考]㊀治。亂臣,即治臣。書泰誓中:"予有～臣十人。"㊁横渡。書禹貢:"～于河。"詩大雅公劉:"涉渭爲～。"

乿 yì 於筆切,入,質韻,影。質部。

貪。方言十二:"乿,嗇,貪也。"

按,説文無乿字。

亅 部

亅 jué 其月切,入,月韻,羣。月部。

説文:"鉤逆者謂之亅。"

一 畫

了 liǎo 盧鳥切,上,篠韻,來。宵部。

❶了結。後漢書仲長統傳:"人遠則難綏,事總則難～。"引申爲完了。唐杜甫縛雞行:"雞蟲得失無～時。"又爲動詞詞尾,表示完成貌(後起義)。五代史平話晉史:"把二人謀議的事,從頭説～一遍。"又爲語氣詞,表示已成事實,等於文言的"矣"。五代史平話晉史:"使敬瑭偷了好馬一疋騎坐逃去～。"❷副詞。完全。抱朴子外篇審舉:"假令不能必盡得賢,要必愈於～不試也。"❸明白。晉書杜預傳:"臣心實～。"世説新語雅量:"雖神氣不變,而心～其故。"

按,説文了字在了部。

三 畫

予 1. yǔ 余吕切,上,語韻,喻四。魚部。

❶給予,賜予。詩小雅采菽:"君子不朝,何錫～之?"❷贊許。荀子大略:"言味者～易牙,言音者～師曠。"漢書外戚傳:"春秋～之。"

2. yú 以諸切,平,魚韻,喻四。魚部。

❸余,我。書牧誓:"今～發惟恭行天之罰。"詩小雅六月:"將伯助～。"

[辨]予,余,吾,我,朕。"予"、"余"同音

同義。"吾、我"與"余、予"亦同義，惟"吾"字不能用於動詞後面作賓語，莊子齊物論"今者吾喪我"不能説成"今者我喪吾"。中古以後，"吾"字也可以用於動詞後面作賓語了。"朕"字在先秦與"我"同義，秦始皇以後，"朕"字爲皇帝的自稱。

按，説文予字在予部。

七　畫

事 shì 鉏吏切，去，志韻，牀二。之部。

❶事情。詩召南采蘩："于以用之，公侯之～。"引申爲職務，工作。論語學而："道千乘之國，敬～而信。"又爲動詞。作，從事於。論語顔淵："回雖不敏，請～斯語矣。"商君書農戰："～商賈，爲技藝。"❷侍奉，服事。易蠱："不～王侯。"論語學而："～父母能竭其力，～君能致其身。"

［備考］zì 側吏切，去，志韻，照二。通"剚"，插入。漢書蒯通傳："所以不敢～刃於公之腹者，畏秦法也。"

按，説文事字在史部。

二　部

二 èr 而至切，去，至韻，日。脂部。

數目。詩邶風二子乘舟："～子乘舟，汎汎其景。"

［備考］通"貳"。副。禮記坊記："故君子有君不謀仕，唯卜之日稱二君。"

［辨］①二，兩。見"兩"字條。

②貳，二。見"貳"字條。

一　畫

亍 chù 丑玉切，入，燭韻，徹。屋部。

〔彳亍〕見"彳"字條。

按，説文亍在彳部。

于 yú 羽俱切，平，虞韻，喻三。魚部。

❶介詞。義同"於"。①表示在於。書禹貢："既修太原，至～岳陽。"對人亦可用于。書洪範："王訪～箕子。"②表示甚於，勝於。書泰誓中："惟受罪浮～桀。"❷語氣副詞，常用於動詞前面。詩周南葛覃："黄鳥～飛。"桃夭："之子～歸。"

［備考］鍾脣。周禮冬官梟氏："銑間謂之～。"

［辨］于，於。"于、於"不同音（于，羽俱切；於，央居切），但義得相通。在表示至于某地時，多用"于"；在表示甚於時（荀子勸學："冰，水爲之，而寒於水。"）和表示被動時（孟子滕文公上："勞力者治於人。"），多用"於"。但並不嚴格。

按，説文于字在亏部。

二　畫

亓 qí 集韻渠之切，平，之韻，羣。之部。

"其"的古字，亦作"丌"。墨子公孟："～父死，～長子嗜酒而不葬。"

按，説文無亓字。

井 jǐng 子郢切，上，静韻，精。耕部。

❶水井。易井："改邑不改～。"❷井田。孟子滕文公上："方里而～，～九百畝，其中爲公田。"❸〔井井〕有條理的樣子。荀子儒效："井井兮其有理也。"

［同源字］穽（阱），井。見"穽"字條。

按，説文井字在井部，作丼。

云 yún 王分切，平，文韻，喻三。文部。

❶曰，説。論語學而："詩～：'如切如磋，如琢如磨。'"又子張："子夏～何？"❷代詞。如此。左傳襄公二十八年："子之言～，又焉

用盟?"論語述而:"其爲人也,發憤忘食,樂以忘憂,不知老之將至～爾。"㊂語氣副詞。詩小雅正月:"有皇上帝,伊誰～憎?"左傳僖公十五年:"歲～秋矣。"

[備考]㊀雲的古字。㊁旋。詩小雅正月:"昏姻孔～。"

按,説文以云爲雲的古文,在雨部。

五 wǔ 疑古切,上,姥韻,疑。魚部。

數目。詩鄘風干旄:"素絲組之,良馬～之。"

[辨]五,伍。見"伍"字條。

按,説文五字在五部。

互 hù 胡誤切,去,暮韻,匣。魚部。

㊀交錯。漢書谷永傳:"百官盤～。"晉左思吴都賦:"飛甍舛～。"㊁副詞。互相。三國魏何晏論語集解序:"所見不同,～有得失。"

[備考]㊀掛肉的架子。周禮地官牛人:"凡祭祀共其牛牲之～。"㊁攔人的障礙物。周禮秋官修閭氏:"掌比國中宿～㰓者。"

按,説文以互爲笪的省文,在竹部。

四　畫

亙 gèn (舊讀 gèng) 古鄧切,去,嶝韻,見。蒸部。

或誤作"亘"。從頭到尾,連貫。漢班固西都賦:"北彌明光而～長樂。"漢張衡西京賦:"～雄虹之長梁。"

按,説文以亙爲桓的古文,在木部。

六　畫

亞 yà 衣嫁切,去,禡韻,影。魚部。

㊀次。國語吴語:"吴公先歃,晉侯～之。"引申爲次一等的。左傳文公六年:"先君是以愛其子,而仕諸秦,爲～卿焉。"史記陳丞相世家:"以平爲～將,屬於韓王信。"㊁〔姻亞〕姊妹的丈夫相互間的稱呼。詩小雅節南山:"瑣瑣姻亞。"

按,説文亞字在亞部。

亟 1. jí 紀力切,入,職韻,見。職部。

㊀形容詞。急。詩豳風七月:"～其乘屋。"又大雅靈臺:"經始勿～,庶民子來。"

2. qì 去吏切,去,志韻,溪。職部。

㊁副詞。屢次。左傳隱公元年:"～請於武公,公弗許。"孟子離婁下:"仲尼～稱於水曰:'水哉!水哉!'"

[備考]愛。方言一:"亟,愛也。"

[同源字]棘,亟,㥛,革,急。見"棘"字條。

些 1. suò 蘇箇切,去,箇韻,心。歌部。

㊀句末語氣詞。楚辭戰國宋玉招魂:"魂兮歸來,南方不可以止～。"此爲戰國楚方言詞。

2. xiē 寫邪切,平,麻韻,心。

㊁小點兒,少許(晚起義)。唐元稹答友封見贈詩:"扶牀小女君先識,應爲～～似外翁。"宋陳亮祝英臺近九月一日壽俞德載詞:"世間萬寶都成,～兒無欠,只待與黄花爲地。"

按,説文無些字,新附有之,在此部。

亠　部

亠 tóu 龍龕手鑑徒侯反,音頭。

義闕。

按,説文無亠字。篇海始用作部首。

一　畫

亡 wáng 武方切,平,陽韻,微。陽部。

❶逃亡。左傳宣公二年:"子爲正卿,～不越竟,反不討賊。"國語楚語上:"子牟有罪而～。"史記陳涉世家:"今～亦死,舉大計亦死。"引申爲不在,外出。論語陽貨:"孔子時其～也,而往拜之。"又爲遺失。易旅:"射雉一矢～。"❷滅亡。墨子非攻中:"入北郭,徙大内,圍王宫,而吴國以～。"引申爲不存在。荀子天論:"天行有常,不爲堯存,不爲桀～。"❸死。周禮春官大宗伯:"以喪禮哀死～。"❹無。詩邶風谷風:"何有何～,黽勉求之;凡民有喪,匍匐救之。"論語八佾:"夷狄之有君,不如諸夏之～也。"按,此義後人讀如"無"音,但廣韻、集韻無此音,經典釋文亦無此音。

[備考]通"忘"。詩邶風緑衣:"心之憂矣,曷維其～。"

[辨]亡,死。"亡"的本義是逃亡,不是死。史記陳涉世家:"今～亦死。"可見"亡"與"死"不同義。古人諱死,因此以死爲逃亡。"亡"是"死"的委婉語。説文亡字段玉裁注:"孝子不忍死其親,但疑親之出～耳。"段氏的話是對的。

按,説文亡字在亡部,作亾(亾)。

二　畫

亢 1. gāng 古郎切,平,唐韻,見。陽部。

❶頸,喉嚨。漢書張耳陳餘傳:"絶～而死。"又婁敬傳:"夫與人鬬,不搤其～,拊其背,未能全勝。"❷二十八宿之一。蒼龍七宿的第二宿。

2. kàng 苦浪切,去,宕韻,溪。陽部。

❸抵禦。左傳宣公十三年:"罪我之由,我則爲政,以～大國之討。"引申爲庇護。左傳昭公元年:"吉不能～身,焉能～宗?"❹舉。通"抗"。楚辭戰國屈原卜居:"寧與騏驥～軛乎?"❺高。易乾:"～龍有悔。"莊子人間世:"故解之以牛之白顙者,與豚之～鼻者,與人有痔病者,不可以適河。"

按,説文亢字在亢部。

四　畫

交 jiāo 古肴切,平,肴韻,見。宵部。

❶交叉。詩秦風小戎:"～韔二弓。"禮記王制:"南方曰蠻,雕題～趾。"引申爲交接。易泰:"天地～而萬物通也。"又爲交媾。禮記月令仲冬之月:"虎始～。"又爲名詞。相交接的時間。左傳僖公五年:"其九月十月之～乎!"❷結交,交往。論語學而:"與朋友～,而不信乎?"戰國策秦策三:"王不如遠～而近攻。"❸副詞。互相,俱。孟子梁惠王上:"上下～征利而國危矣。"國語越語下:"君臣上下～得其志。"

按,説文交字在交部,作[古字],云:"～脛也。从大,象交形。"

亦 yì 羊益切,入,昔韻,喻四。鐸部。

❶人的腋窩。説文:"亦,人之臂亦也。"這個意義後來寫作"腋"。❷副詞。也,也是。左傳成公三年:"臣不任受怨,君～不任受德。"吕氏春秋察今:"病萬變,藥～萬變。"史記陳涉世家:"今亡～死,舉大計～死,等死,死國可乎!"❸語氣詞。不過,只是。孟子滕文公上:"堯舜之治天下,豈無所用其心哉?～不用於耕耳。"吕氏春秋貴直:"～有君不能耳,士何弊之有?"❹語氣詞。無義。書盤庚上:"予～拙謀,作乃逸。"詩召南草蟲:"～既見止,～既覯止,我心則降。"

[備考]大。爾雅釋詁:"亦,大也。"詩周頌噫嘻:"～服爾耕,十千維耦。"鄭箋:"亦,大。"

亥 hài 胡改切,上,海韻,匣。之部。

十二地支的末位,用以紀年紀日(或與天干相配)。爾雅釋天:"太歲在～曰大淵獻。"此紀年。左傳僖公五年:"五年春王正月辛～朔,日南至。"此紀日。亦用來紀月。晉書樂志上:“十月之辰謂爲～。”又指十二時辰的最後一個,即晚九時至十一時。又指十二生肖的豕。論衡物勢:“～,水也,其禽豕也。”

按,説文亥在亥部,云:“荄也。”段玉裁注:“荄,根也。”

五　　畫

亨 1. hēng 許庚切,平,庚韻,曉。陽部。

❶通。易乾:“乾,元～利貞。”又坤:“品物咸～。”

2. xiǎng 許兩切,上,養韻,曉。陽部。

❷同“享”。易大有:“公用～於天子。”

3. pēng 撫庚切,集韻披庚切,平,庚韻,滂。陽部。

❸同“烹”。詩小雅楚茨:“或剥或～。”

按,説文無亨字,但有“亯”字,篆文作[illegible],即“亨”字。説文亦無“烹”字。蓋“亨、享、烹”古同字。

六　　畫

享 xiǎng 許兩切,上,養韻,曉。陽部。

❶供獻。指把祭品、珍品進獻給祖先、鬼神或天子。詩小雅天保:“是用孝～。”又周頌載見:“率見昭考,以孝以～。”又商頌殷武:“昔有成湯,自彼氐羌,莫敢不來～。”穀梁傳昭公三十二年:“諸侯不～覲。”引申爲宴請。左傳定公十年:“齊侯將～公。”❷鬼神享受祭品。左傳僖公五年:“如是則非德,民不和,神不～矣。”孝經孝治章:“祭則鬼～之。”按,供獻與享受祭品,是一件事的兩方面。引申爲享受,享用。左傳僖公二十三年:“保君父之命,而～其生禄。”

[同源字]獻,享,饗。見“獻”字條。

按,説文享字在亯部,作[illegible](亯)。

京 jīng 舉卿切,平,庚韻,見。陽部。

❶高丘。詩大雅公劉:“迺陟南岡,乃覯于～。”❷京師,京都。詩大雅文王:“裸將于～。”❸大。左傳莊公二十二年:“八世之後,莫之與～。”❹數目。十兆爲京。

[備考]大囷。管子輕重丁:“有新成囷～者二家。”尹知章注:“大囷曰～。”又:“萬民聞之,舍其作業,而爲囷～以藏菽粟五穀者過半。”

[同源字]京,鯨,麠。見“鯨”字條。

按,説文京字在京部。

七　　畫

亭 tíng 特丁切,平,青韻,定。耕部。

行人停留宿食之館。秦漢制度,十里一亭,十亭爲鄉。漢書高帝紀:“及壯試吏,爲泗上～長。”注:“～,謂停留行旅宿食之館。”

[備考]平,均調。史記酷吏列傳:“～疑法。”裴駰集解引李奇:“亭,平也。”漢書張湯傳:“～疑法。”師古曰:“亭,均也,調也。言平均疑法。”史記秦始皇本紀:“决河～水。”正義:“亭,平也。”淮南子原道:“味者,甘立而五味～矣。”注:“亭,平也。”

按,説文亭字在高部。

亮 liàng 力讓切,去,漾韻,來。陽部。

❶信。書舜典:“～采惠疇。”傳:“亮,信;惠,順也。”❷通“諒”。詩鄘風柏舟:“母也天只,不～人只。”❸明。後漢書蘇竟傳:“且火德承堯,雖昧必～”。三國魏嵇康雜詩:“皎皎～月,麗於高隅。”

按,説文無亮字。

八　　畫

亳 bó 傍各切,入,鐸韻,並。鐸部。

地名。史記殷本紀:“湯始居亳。”

按,説文亳字在高部。

十 一 畫

亶 dǎn 多旱切,上,旱韻,端。元部。

副詞。信,誠。詩小雅常棣:“是究是圖,～其然乎?”又祈父:“～不聰。”

［備考］㊀厚。國語周語下："～厥心。"㊁袒。荀子議兵："彼可詐者，怠慢者也，路～者也。"楊倞注："路，暴露也。亶，讀爲袒。"按，此注未必對。郝懿行以爲亶通"癉"。㊂盡。漢揚雄太玄玄瑩："君子所以～表也。"注："亶，盡也。"

按，說文亶字在㐭部。

十九畫

亹 1. wěi 無匪切，上，尾韻，微。微部。

❶〔亹亹〕勤勉不倦的樣子。詩大雅文王："亹亹文王，令聞不已。"易繫辭上："探賾索隱，鉤深致遠，以定天下之吉凶，成天下之亹亹者，莫大乎蓍龜。"引申爲不倦的樣子。南朝梁鍾嶸詩品："詞旨葱蒨，音韻鏗鏘，使人味之亹亹不倦。"

2. mén 莫奔切，平，魂韻，明。文部。

❷峽中對峙如門的地方。詩大雅鳧鷖："鳧鷖在～，公尸來止熏熏。"

人　部

［人部總論］

人部的字，多與人事有關。大致可分爲三類。

(一)是關於人的行爲的。例如：作　企　俯　仰　依　倚　偃　仆　偃　僨　伏　佗　何　儋　任　保　俟　候　佇　偕　俱　停　住　侵　代　係　俘

(二)是關於人的德性的。例如：仁　假　傀　偉　健　儉　侈　傲　倨　傷　佻　偷　僞

(三)是關於人倫、人品的。例如：伯　仲　仇　偶　伴　侶　傅　佐　儒　仙　佛　僧　俳　優　倡　伶　僮　僕

後人改"儋"爲"擔"，改"何"爲"荷"，改"係"爲"繫"，改"佻"爲"恌"，改"偷"爲"愉"（說文以"愉"爲正字，其實當以"偷"爲正字），改"倡"爲"娼"，等等，這就失了人部的原意了。

人 rén 如鄰切，平，真韻，日。真部。

❶人。詩鄭風東門之墠："其室則邇，其～甚遠。"引申爲別人，人家。書大禹謨："舍己從～。"又秦誓："～之有技，若己有之。"詩鄘風柏舟："母也天只，不諒～只。"莊子逍遙遊："吾有大樹，～謂之樗。"❷古書中的"民"字，因避唐太宗諱，往往被改爲"人"。書堯典："敬授～時。"古本作"民時"。

二畫

仄 zè 阻力切，入，職韻，照二。職部。

❶傾側。周禮考工記車人："行澤者反輮，行山者～輮。"❷仄聲，與平相對。上去入三聲爲仄聲。

［備考］通"側"。旁邊。漢書段會宗傳："何必勤功昆山之～？"

按，說文仄字在厂部。

今 jīn 居吟切，平，侵韻，見。侵部。

現在。詩魯頌有駜："自～以始，歲其有。"書湯誓："～朕必往。"引申爲現代，與古相對。孟子梁惠王下："～之樂，猶古之樂也。"

按，説文今字在亼部。

从 cóng 疾容切，平，鍾韻，從。東部。

同“從”。

按，説文从字在从部，云：“相聽也。”从部另有從字，云：“隨行也。”

介 jiè 古拜切，去，怪韻，見。月部。

❶疆界。詩周頌思文：“無此疆爾～。”今本作“界”，唐石經作“介”。引申爲居於二者之間。左傳襄公九年：“～居二大國之間。”史記十二諸侯年表：“楚～江淮。”又爲通傳賓主之言的人。禮記聘義：“聘禮，上公七～，侯伯五～，子男三～。”又爲紹介，即介紹。戰國策趙策三：“東國有魯仲連先生，其人在此，勝請爲紹～而見之於將軍。”又爲邊界。楚辭戰國屈原九章哀郢：“悲江～之遺風。”王逸注：“介，一作界。”又爲間隔。漢書翼奉傳：“前鄉崧高，後～大河。”❷助。詩豳風七月：“爲此春酒，以～眉壽。”鄭箋：“介，助也。”引申爲聘者弔者的副職。左傳昭公元年：“冬，楚公子圍將聘於鄭，伍舉爲～。”杜預注：“介，副也。”禮記檀弓下：“滕成公之喪，使子叔敬叔弔，進書，子服惠伯爲～。”又爲借助，依賴。左傳文公六年：“～人之寵，非勇也。”❸孤獨。莊子庚桑楚：“夫函車之獸，～而離山，則不免於罔罟之患。”文選漢張衡思玄賦：“孑不羣而～立。”引申爲耿介，有操守，不趨時。孟子盡心上：“柳下惠不以三公易其～。”❹大。詩大雅崧高：“錫爾～圭。”又小雅楚茨：“報以～福，萬壽無疆。”❺甲。指甲冑的甲。左傳成公二年：“不～馬而馳之。”禮記曲禮上：“～者不拜。”楚辭戰國宋玉九辯：“既驕美而伐武兮，負左右之耿～。”王逸注：“恃怙衆士被甲兵也。”也指甲蟲的殼。禮記月令孟冬之月：“其蟲～。”❻戲曲用語（晚起義）。劇本中關於動作、表情、效果的舞臺指示。如“見～”、“笑～”、“飲酒～”、“鷄鳴～”。

［備考］㊀廬舍。詩小雅甫田：“攸～攸止。”鄭箋：“介，舍也。”朱熹集傳：“介，大。”與鄭箋異。㊁［一介］①通“一个”。書秦誓：“如有一介臣。”禮記大學作“若有一个臣”。②通“一芥”。孟子萬章上：“非其義也，非其道也，一介不以與人，一介不以取諸人。”王引之經義述聞通説以爲“介”即“个”字。

按，説文介字在八部。

仁 rén 如鄰切，平，真韻，日。真部。

❶古代的一種道德觀念。主要是人與人的關係。仁者愛人。詩鄭風叔于田：“不如叔也，洵美且～。”❷果核中的種子部分（後起義）。太平御覽卷九六五劉根别傳：“可服棗核中～二十七枚。”❸［不仁］手足痿痺。素問痺論：“皮膚不營，故爲不仁。”

［備考］㊀通“人”。論語雍也：“雖告之曰‘井有～焉’，其從之乎？”㊁存。禮記仲尼燕居：“郊社之義，所以～鬼神也。”鄭玄注：“仁，猶存也。”

什 shí 是執切，入，緝韻，禪。緝部。

❶集體名詞。軍隊十人爲什。禮記祭義：“軍旅～伍，同爵則尚齒。”孔穎達正義：“五人爲伍，二伍爲什。”史記秦始皇本紀：“躡足行伍之間，而崛起～伯之中。”户籍十家爲什。管子立政：“十家爲～。”詩雅頌十篇爲什。如鹿鳴之什、清廟之什等。十倍爲什。老子：“小國寡民，使有～伯之器而不用。”孟子滕文公上：“或相倍蓰，或相～百。”十分亦爲什。孟子滕文公上：“夏后氏五十而貢，殷人七十而助，周人百畝而徹，其實皆～一也。”❷［什器］日用器具。史記五帝本紀：“（舜）作什器於壽丘。”

［辨］十，什。“十、什”同音不同義。“十”是數詞，“什”是集體名詞。凡軍隊、户籍、十倍、十分，都寫作“什”。説十分時，有時候寫作“十”。淮南子人間：“近塞之人死者十九。”唐韓愈應科目時與人書：“然其窮涸不能自致乎水，爲獱獺之笑者，蓋十八九矣。”但數目字决不能寫作“什”。例如“七十二人”，不能寫作“七什二人”。

仃 dīng 當經切，平，青韻，端。

後起字。〔伶仃〕叠韻聯緜字。孤獨的樣子。宋陸游幽居遣懷詩："斜陽孤影歎伶仃。"

仆 pū 蒲北切，入，德韻，並。屋部。

向前跌倒。史記項羽本紀："樊噲側其盾以撞，衛士～地。"

［辨］偃，僵，仆，踣，斃，跌。見"跌"字條。

仂 lè 盧則切，入，德韻，來。職部。

餘數，零數。禮記王制："祭用數之～。"

按，説文無仂字。

仇 qiú 巨鳩切，平，尤韻，羣。幽部。

㊀匹偶，指二人的配合。詩周南兔罝："赳赳武夫，公侯好～。"左傳昭公二年："嘉偶曰妃，怨偶曰～。"按，嘉偶亦得稱仇。三國魏曹植浮萍篇："結髮辭嚴親，來爲君子～。"㊁仇敵。詩秦風無衣："脩我戈矛，與子同～。"引申爲仇視，結怨。書五子之歌："萬姓～予。"

［辨］仇，讎。二字不同音，義則相近。"仇讎"二字連用，是同義詞連用。左傳成公十三年："君之仇讎，而我之昏姻也。"但仇匹的"仇"則不能説成"讎匹"；"校讎"的"讎"則不能説成"校仇"。按，"仇"之今音除姓外，均唸作 chóu，與"讎"同音，並作爲"讎"的簡化字。

仉 zhǎng 諸兩切，上，養韻，照三。陽部。

姓。相傳孟子的母親姓仉。

按，説文無仉字，爪部有𠂁字，或以爲仉即𠂁之形變。

仍 réng 如乘切，平，蒸韻，日。蒸部。

㊀動詞。因襲，不改。書顧命："華玉～几。"僞孔傳："仍，因也。因生時几，不改作。"論語先進："～舊貫，如之何？何必改作？"引申爲副詞。仍然（後起義）。唐杜甫奉送韋中丞之晉赴湖南詩："王室～多故，蒼生倚大臣。"㊁形容詞。用作狀語。重複，頻繁。國語周語下："晉～無道而鮮胄，其將失之矣。"注："仍，數也。"又用作謂語。唐李商隱代僕射濮陽公遺表："光陰荏苒，遷授頻～。"又動詞。連續。楚辭戰國屈原九章悲回風："觀炎氣之相～兮。"

以 yǐ 羊已切，上，止韻，喻四。之部。

㊀動詞。用。書立政："繼自今立政，其勿～憸人。"論語爲政："視其所～，觀其所由。"㊁名詞。緣故。詩邶風旄丘："何其久也？必有～也。"唐李白春夜宴桃李園序："古人秉燭夜遊，良有～也。"引申爲介詞。因爲。左傳僖公三十年："晉侯秦伯圍鄭，～其無禮於晉，且貳於楚也。"㊂介詞。①拿，把，用。左傳僖公二十三年："醒，～戈逐子犯。"孟子滕文公上："許子～釜甑爨，～鐵耕乎？"②表示事情發生的時間。左傳桓公二年："其弟～千畝之戰生，命之曰成師。"③表示時間、地點、數量的界限。左傳隱公九年："凡雨，自三月～往爲霖。"史記孟嘗君列傳："文～五月五日生。"㊃以爲，認爲。戰國策齊策："臣之妻私臣，臣之妾畏臣，臣之客欲有求於臣，皆～美於徐公。"㊄通"已"。孟子公孫丑下："三月無君則弔，不～急乎？"

［備考］㊀與。儀禮鄉射禮："各～其耦進。"㊁及。易小畜："富～其鄰。"㊂而。書金縢："天大雷電～風。"大戴禮記曾子制言："富～苟，不如貧～譽；生～辱，不如死～榮。"

按，説文以字在巳部，作㠯（目）。

三　畫

令 1. lìng 力政切，去，勁韻，來。耕部。

㊀發出命令。詩齊風東方未明："倒之顛之，自公～之。"引申爲名詞。命令。書冏命："發號施～，罔有不臧。"又爲法令。史記酷吏列傳杜周："前主所是著爲律，後主所是疏爲～。"又爲文體之一種。文選有南朝梁任昉宣德皇后令。㊁官名。秦漢時縣官轄萬户以上稱令。㊂善，好。詩大雅卷阿："如圭

如瑋，～聞～望。”㊃詞調、曲調名(後起義)。如調笑令、如夢令、雙調新水令。

2. lìng (舊讀 líng)吕貞切，平，清韻，來。耕部。

㊄使。史記孫子吴起列傳：“君弟重射，臣能～君勝。”㊅假使，如果。史記魏其武安侯列傳：“今我在也，而人皆藉吾弟；～我百歲後，皆魚肉之矣。”

［辨］令，命。見“命”字條。

按，説文令字在卩部。

仝 tóng 徒紅切，平，東韻，定。

後起字。同“同”。

仕 shì 鉏里切，上，止韻，牀二。之部。

做官。論語公冶長：“令尹子文三～爲令尹，無喜色。”孟子梁惠王上：“使天下～者皆欲立於王之朝。”

［備考］㊀察。詩小雅節南山：“弗問弗～，勿罔君子。”鄭箋：“仕，察也。”(按，朱熹集傳：“仕，事。”)㊁事。詩小雅四月：“盡瘁以～。”鄭箋：“仕，事也。”

付 fù 方遇切，去，遇韻，非。侯部。

給與，交付。書梓材：“皇天既～中國民。”又康王之誥：“皇天用訓厥道，～畀四方。”

［備考］通“祔”。周禮春官大祝：“付，練，祥，掌國事。”

代 dài 徒耐切，去，代韻，定。之部。

㊀替代。書臯陶謨：“天工人其～之。”莊子逍遥遊：“庖人雖不治庖，尸祝不越樽俎而～之矣。”引申爲遞。楚辭戰國屈原離騷：“春與秋其～序。”㊁朝代。論語八佾：“周監於二～。”〔三代〕夏商周。荀子王制：“道不過三代，法不貳後王。”引申爲世代、時代(後起義)。唐人因避唐太宗諱，改“世”爲“代”。杜甫寄薛三郎中璩詩：“乃知蓋～手，才力老益神。”㊂戰國時國名。

［辨］世，代。上古漢語“世”、“代”不同義。父子相傳爲一世，朝代相替爲一代。“三世”指祖孫三世，“三代”指夏商周三代。唐人避唐太宗諱，遇“世”字多改用“代”字，甚至世宗亦改稱代宗。從此以後，“代”字變爲“世”的同義詞。

他 tā 託何切，平，歌韻，透。歌部。

㊀别的，其他的。詩王風葛藟：“謂～人父，亦莫我顧。”小雅小旻：“人知其一，莫知其～。”孟子梁惠王下：“王顧左右而言～。”㊁第三人稱代詞。他(後起義)。唐元稹遣悲懷詩：“泥～沽酒拔金釵。”

按，説文無他字。

仞 rèn 而振切，去，震韻，日。文部。

測量單位。八尺爲仞(一説七尺)。書旅獒：“爲山九～，功虧一簣。”論語子張：“夫子之牆數～。”引申爲動詞。測量。左傳昭公三十二年：“計丈數，揣高卑，度厚薄，～溝洫。”

［備考］㊀通“認”。淮南子人間：“非其事勿～也。”漢書孟喜傳：“喜因不肯～。”㊁通“牣”。充滿。漢司馬相如上林賦：“虚宫觀而勿～。”㊂通“韌”。易革王弼注：“牛之革堅～不可變也。”

仔 1. zī 子之切，平，之韻，精。之部。

㊀〔仔肩〕負擔的重任。詩周頌敬之：“佛時仔肩。”

2. zǐ 即里切，止韻，精。

㊁〔仔細〕後起義。同“子細”。唐杜甫九日藍田崔氏莊詩：“醉把茱萸仔細看。”

仙 xiān 相然切，平，仙韻，心。元部。

仙人。釋名釋長幼：“老而不死曰仙。”字本作“僊”。史記封禪書：“黄帝且戰且學僊。”

［辨］神，仙，佛。三字不同義。神指天神，又正直的人死而爲神。仙是道家所謂長生不老的人。佛是佛教的得道者。一般説來，儒家稱神，道家稱仙，釋家稱佛。

按，説文仙字作僊。

仡 yì 魚迄切，入，迄韻，疑。物部。

〔仡仡〕①勇壯的樣子。書泰誓："仡仡勇夫，射御不違。"亦作"仡然"。公羊傳宣公六年："仡然從乎趙盾而入。"②高大的樣子。詩大雅皇矣："崇墉仡仡。"

〔備考〕摇頭。漢司馬相如大人賦："沛艾赳螑～以佁儗兮。"

按，説文無仡字。

仟 qiān 蒼先切，平，先韻，清。真部。

㊀集體名詞。千的整數。①指千人。史記陳涉世家："躡足行伍之間，俛仰～佰之中。"索隱："仟佰，謂千人百人之長也。"②指千錢。漢書食貨志上："而商賈大者積貯倍息，小者坐列販賣…無農夫之苦，有～佰之得。"㊁〔仟伯〕通"阡陌"。田間道路。㊂〔仟仟〕通"芊芊"。草木茂盛的樣子。晉潘岳在懷縣作詩："稻栽肅仟仟，黍苗何離離。"㊃〔仟眠〕①同"芊綿"。草木叢生的樣子。楚辭漢王逸九思悼亂："蘿莑兮仟眠。"②暗昧不明的樣子。楚辭漢王褒九懷通路："遠望兮仟眠。"

四　畫

企 qǐ 丘弭切，上，紙韻，溪。支部。

踮起脚跟。漢書高帝紀："日夜～而望歸。"

仿 1. fǎng 妃兩切，上，養韻，敷。陽部。

㊀相似，模仿。〔仿佛〕雙聲聯緜字。大體相像。漢司馬相如子虛賦："若神仙之仿佛。"

2. páng 集韻符方切，平，陽韻，奉。今讀如旁。陽部。

㊁〔仿偟〕叠韻聯緜字。徘徊。國語吴語："屏營仿偟於山林之中。"

伉 kàng 苦浪切，去，宕韻，溪。陽部。

㊀高的樣子。詩大雅緜："臯門有～。"引申爲高尚、强健、剛直。淮南子齊俗："敖世輕物，不汙於俗，士之～行也。"史記趙世家："至於後世，且有～王。"又汲黯列傳："黯～厲守高，不能屈。"又仲尼弟子列傳："子路性鄙，好勇力，志～直。"漢書朱博傳："～俠好交。"又宣帝紀："選郡國吏三百石～健習騎射者皆從軍。"㊁通"抗"。抵抗，對抗。戰國策秦策："天下莫之能～。"漢書陸賈傳："今足下欲以區區之越與天子～衡爲敵國。"㊂〔伉儷〕配偶，指妻。左傳昭公二年："非伉儷也。"昭公三年："未有伉儷。"

伈 xǐn 斯甚切，上，寑韻，心。

〔伈伈〕後起詞。恐懼的樣子。唐韓愈祭鱷魚文："刺史雖駑弱，亦安肯爲鱷魚低首下心，伈伈晛晛，爲吏民羞，以偷活於此邪？"

伎 1. jì 渠綺切，上，紙韻，羣。支部。

㊀通"技"。才能。書秦誓："無他～。"陸德明釋文："本亦作伎。"老子："人多～巧，奇物滋起。"㊁通"妓"。歌女，舞女。新唐書元載傳："名姝異～，雖禁中不逮。"

2. qí 巨支切，平，支韻，羣。支部。

㊂〔伎伎〕奔走舒徐的樣子。詩小雅小弁："鹿斯之奔，惟足伎伎。"朱熹集傳："伎伎，舒貌。宜疾而舒，留其群也。"

伍 wǔ 疑古切，上，姥韻，疑。魚部。

集體名詞。軍隊五人爲伍。左傳桓公五年："爲魚麗之陣，先偏後～。"户籍五家爲伍。逸周書大聚："五户爲～。"引申爲士兵的行列。孟子公孫丑下："一日而三失～。"又譬喻同伙。史記淮陰侯列傳："生乃與噲等爲～。"

〔辨〕五，伍。"五"是數詞，"伍"是集體名詞。"行伍"不能寫成"行五"，"羞與爲伍"不能寫成"羞與爲五"。

休 xiū 許尤切，平，尤韻，曉。幽部。

㊀人在樹陰下休息。詩周南漢廣："南有喬木，不可～思。"引申爲泛指休息。詩大雅民勞："民亦勞止，汔可小～。"又爲休假。後漢書蔡邕傳："臣屬吏張宛長～百日。"又爲休止。三國魏曹丕典論論文："下筆不能自

～。”㊁美善，喜慶。書洪範：“曰～徵…曰咎徵。”又大甲中：“實萬世無疆之～。”又冏命：“萬邦咸～。”㊂勿，莫(後起義)。唐杜甫諸將詩：“洛陽宫殿化爲烽，～道秦關百二重。”㊃〔休休〕①安閒的樣子。詩唐風蟋蟀：“良士休休。”②氣量大的樣子。書秦誓：“其心休休焉，其如有容。”

〔備考〕樹陰。漢書孝武班倢伃傳：“依松栢之餘～。”顔師古注：“休，蔭也。”

按，説文休字在木部，云：“息止也。从人依木。”

仳 1. pǐ 匹婢切，上，紙韻，滂。脂部。

㊀〔仳離〕離别。詩王風中谷有蓷：“有女仳離，嘅其歎矣。”

2. pí 房脂切，集韻頻脂切，平，脂韻，並。脂部。

㊀〔仳倠〕叠韻聯緜字。古醜女名。淮南子脩務：“雖粉白黛黑，弗能爲美者，嫫母、仳倠也。”

似 sì 詳里切，上，止韻，邪。之部。

㊀類似，好像。論語鄉黨：“孔子於鄉黨，恂恂如也，～不能言者。”㊁通“嗣”。詩小雅斯干：“～續妣祖。”毛傳：“似，嗣也。”又大雅卷阿：“～先公酋矣。”毛傳：“似，嗣也。”又江漢：“召公是～。”毛傳：“似，嗣也。”又小雅裳裳者華：“維其有之，是以～之。”毛傳：“似，嗣也。”

仰 yǎng 魚兩切，上，養韻，疑。陽部。

抬頭，與“俯”相對。易繫辭：“～以觀於天文。”莊子秋水：“於是鴟得腐鼠，鵷鶵過之，～而視之曰：‘嚇！’”

伅 dùn 集韻杜本切，上，混韻，定。

〔倱伅〕見“倱”字條。

按，説文無伅字。

伐 fá 房越切，入，月韻，奉。月部。

㊀砍伐。詩召南甘棠：“蔽芾甘棠，勿翦勿～。”又魏風伐檀：“坎坎～檀兮。”引申爲敲擊。詩小雅采芑：“～鼓淵淵。”又爲刺擊。書牧誓：“不愆于四～，五～，六～，七～。”㊁征伐，出兵攻打。書武成：“越翼日癸巳，王朝步自周，于征～商。”左傳僖公五年：“晉侯復假道於虞以～虢。”㊂誇耀自己。書大禹謨：“汝惟不矜，天下莫與汝争能；汝惟不～，天下莫與汝争功。”論語雍也：“孟之反不～。”又公冶長：“願無～善，無施勞。”引申爲功勞。左傳莊公二十九年：“且旌君～。”

〔備考〕盾的别名。詩秦風小戎：“蒙～有苑。”

〔辨〕伐，侵，襲，征，討。左傳莊公二十九年：“凡師有鐘鼓曰伐，無曰侵，輕曰襲。”這是“伐，侵、襲”三字的分别。“征”的本義是行，所以往往不帶賓語。書胤征：“胤后承王命徂征。”僞孔傳：“奉辭罰罪曰征。”孟子盡心下：“征者，上伐下也。敵國不相征也。”可見“征”與“伐”不同義。“討”與“征”義相近。征伐有罪叫討。書皋陶謨：“天討有罪。”孟子告子下：“是故天子討而不伐，諸侯伐而不討。”“討”與“伐”是有分别的。“討賊”不能説成“伐賊”。

〔同源字〕閥，伐。見“閥”字條。

伇 yì 營隻切，入，昔韻，喻四。錫部。

同“役”。漢書匈奴傳：“近不過旬月之～。”

按，説文以伇爲役的别體，在殳部。

伋 jí 居立切，入，緝韻，見。緝部。

人名。孔子之孫子思名伋。

伏 1. fú 房六切，入，屋韻，奉。職部。

㊀趴。詩大雅靈臺：“麀鹿攸～。”禮記曲禮上：“寢毋～。”引申爲潛伏。詩小雅正月：“潛雖～矣，亦孔之炤。”又爲埋伏。左傳莊公十年：“懼有～焉。”又爲屈服。左傳隱公十一年：“許既～其罪矣。”又爲慴服。史記項羽本紀：“籍所擊殺數十百人，一府中皆慴～，

莫敢起。"又:"項王乃馳,復斬漢一都尉,殺數十百人。復聚其騎,亡其兩騎耳。乃謂其騎曰:'何如?'騎皆～曰:'如大王言!'"㊁時令名。史記留侯世家:"每上冢～臘,祠黄石。"漢書東方朔傳:"～日,詔賜從官肉。"

[備考]㊀去掉。國語晉語:"宵静女德,以～蠱慝。"韋昭注:"伏,去也。"㊁處。左傳定公四年:"所獲所～。"杜預注:"伏,猶處也。"㊂車軾。史記酷吏列傳周陽由:"同車未嘗敢均茵～。"

2. fù 扶富切,去,宥韻,奉。職部。

㊀孵卵。莊子庚桑楚:"越雞不能～鵠卵。"淮南子説林:"乳狗之噬虎也,～雞之搏狸也,恩之所加,不量其力。"

[同源字]䳕,伏。見"䳕"字條。

伊 yī 於脂切,平,脂韻,影。脂部。

㊀水名。書禹貢:"導洛,自熊耳,東北會于澗瀍,又東會于伊,又東北入于河。"㊁句首、句中語氣詞。詩鄭風溱洧:"～其相謔,贈之以勺藥。"又小雅正月:"～誰云憎?"又都人士:"匪～垂之,帶則有餘。"〔伊人〕猶言彼人。詩秦風蒹葭:"所謂伊人,在水一方。"朱熹集傳:"伊人,猶言彼人也。"㊂人稱代詞。他(後起義)。世説新語品藻:"勿學汝兄,汝兄自不如～。"㊃〔伊威〕雙聲聯緜字。昆蟲名。詩豳風東山:"伊威在室,蠨蛸在户。"

伃 yú 以諸切,平,魚韻,喻四。魚部。

見"倢伃"。

仲 zhòng 直衆切,去,送韻,澄。冬部。

古代兄弟排行,行二爲仲。詩小雅何人斯:"伯氏吹壎,～氏吹篪。"引申爲每季的第二月。如仲春、仲夏、仲秋、仲冬。書堯典:"日中星鳥,以殷～春;…日永星火,以正～夏;…宵中星虚,以殷～秋;…日短星昴,以正～冬。"

[備考]古樂器名。爾雅釋樂:"大籥謂之産,其中謂之～。"

份 bīn 府巾切,集韻悲巾切,平,真韻,幫。文部。

同"彬"。説文:"份,文質備也。"

价 jiè 古拜切,去,怪韻,見。月部。

㊀〔价人〕善人。詩大雅板:"价人維藩。"毛傳:"价,善也。"一説被甲之人。鄭箋:"价,甲也。"又朱熹集傳:"价,大也。"㊁使者(後起義)。來价,指來使。

伀 zhōng 職容切,平,鍾韻,照三。東部。

㊀夫之父。釋名釋親屬:"俗或謂舅曰章,又曰伀。"㊁〔征伀〕見"征"字條。

仵 wǔ 疑古切,上,姥韻,疑。魚部。

㊀逆,違背。管子心術上:"自用則不虚,不虚則～於物矣。"㊁同。莊子天下:"以堅白同異之辯相訾,以觭偶不～之辭相應。"㊂〔仵作〕(後起詞)。以檢驗死傷、代人殮葬爲業的人。

件 jiàn 其輦切,上,獮韻,羣。元部。

量詞。舊唐書刑法志:"一狀所犯十人以上,所斷罪二十～以上,爲大。"

[備考]分。説文:"件,分也。"

任 1. rén 如林切,平,侵韻,日。侵部。

㊀抱。詩大雅生民:"是～是負。"毛傳:"任,猶抱也。"國語齊語:"負～儋何。"韋昭注:"任,抱也。"引申爲負擔。詩小雅黍苗:"我～我輦。"又爲勝任,堪,經得起。史記白起傳:"是時武安君病,不～行。"唐杜甫風疾舟中伏枕書懷詩:"葛洪尸定解,許靖力還～。"

2. rèn 汝鴆切,去,沁韻,日。侵部。

㊁任用,委任。書大禹謨:"～賢勿貳,去邪勿疑。"又咸有一德:"～官惟賢材。"㊂任憑,隨便(後起義)。唐杜甫詠懷詩:"井竈～塵埃。"又屏跡詩:"失學從兒懶,長貧～婦愁。"㊃名詞。負擔。論語泰伯:"～重而道遠。"引申爲責任。論語泰伯:"仁以爲己～。"又爲行李。孟子滕文公上:"門人治～將歸。"

又爲承擔責任。孟子萬章上："其自～以天下之重如此。"

［備考］大。詩邶風燕燕："仲氏～只。"毛傳："任,大。"孔穎達疏："言仲氏有大德行也。"鄭箋："任者,以恩相親信也。"與傳不同。

［辨］負,任,担,荷。見"負"字條。

按,任字用作動詞時讀平聲,用作名詞時讀去聲。但任用、委任、承擔責任的"任"也讀去聲。

五　畫

佘 shé 集韻時遮切,麻韻,禪。

後起字。姓。廣韻作"余",音視遮切。

余 yú 以諸切,平,魚韻,喻四。魚部。

我。詩邶風谷風："不念昔者,伊～來塈。"楚辭戰國屈原離騷："皇覽揆～初度兮,肇錫～以嘉名。名～曰正則兮,字～曰靈均。"

［備考］㈠四月爲余。見爾雅釋天。㈡通"餘"。周禮地官委人："凡其～聚以待頒賜。"

［辨］①予,余,吾,我,朕。見"予"字條。

②余,餘。見"餘"字條。

按,說文余字在八部。

佇 zhù 直呂切,上,語韻,澄。魚部。

久立。詩邶風燕燕："～立以泣。"字亦作"竚"。

佗 1. tuó 徒何切,平,歌韻,定。歌部。

㊀加。詩小雅小弁："舍彼有罪,予之～矣。"引申爲負荷。漢書趙充國傳："以一馬自～,負三十日食。"㊁［佗佗］體態優美的樣子。詩鄘風君子偕老："委委佗佗,如山如河。"

2. tuō 託何切,平,歌韻,透。歌部。

㊂同"他"。其他,別的。左傳隱公元年："制,巖邑也,虢叔死焉,～邑唯命。"

位 wèi 于愧切,去,至韻,喻三。微部。

朝廷中站立的位置。書顧命："卿士邦君麻冕蟻裳,入即～。"蔡沈注："入即位者,各就其位也。"又特指帝位。書堯典："朕在～七十載。"引申爲爵位,職位。書蔡仲之命："惟周公～冢宰。"書序："王命蔡仲踐諸侯～。"又爲方位。周禮天官冢宰："辨方正～。"又特指鬼神的靈位。禮記喪服："爲～而哭。"

住 1. zhù 中句切,去,遇韻,知。侯部。

㊀停步。後漢書薊子訓傳："見者呼之曰：'薊先生小～。'"㊁通"駐"。世說新語方正："羊去數里～馬。"後漢書鄧禹傳："輒停車～節。"

2. zhù 持遇切,去,遇韻,澄。

㊂居住(後起義)。唐杜甫贈蜀僧閭邱師兄詩："我～錦官城。"

［同源字］紸,駐,住。見"紸"字條。

按,說文無住字,但注中有之。例如："立,住也。"

佞 nìng 乃定切,去,徑韻,泥。耕部。

有口才,能說善道。書呂刑："非～折獄,惟良折獄。""佞"字多用於貶義。論語先進："是故惡夫～者。"又衛靈公："放鄭聲,遠～人。鄭聲淫,～人殆。"史記佞幸列傳："嫣善騎射,善～。"〔不佞〕没有才能,自謙之辭。左傳成公十三年："寡人不佞。"

按,說文佞字在女部。

佖 bì 毗必切,入,質韻,並。質部。

〔佖佖〕威儀的樣子。詩小雅賓之初筵："威儀怭怭。"說文引作"威儀佖佖"。

伴 bàn 蒲旱切,上,緩韻,並。元部。

㊀〔伴奐〕叠韻聯緜字。大的樣子。詩大雅卷阿："伴奐爾游矣。"毛傳："伴奐,廣大有文章也。"㊁伴侶。楚辭戰國屈原九章惜誦："衆駭遽以離心兮,又何以爲此～也?"

伻 pēng 普耕切,平,耕韻,滂。耕部。

㊀使。書立政："乃～我有夏。"㊁使者。書洛誥："～來,以圖及獻卜。"

按，説文無伻字。

佉 qū 丘伽切，平，戈韻，溪。

梵文譯音字。〔佉盧〕佛教所傳造字的人。其書左行。

征 zhēng 諸盈切，平，清韻，照三。耕部。

〔征伀〕雙聲聯緜字。驚惶失措的樣子。見方言一〇。

按，説文無征字。

估 gǔ 公户切，上，姥韻，見。

後起字。❶物價。新唐書陸長源傳："乃高鹽直，賤帛～。"❷通"賈"。商人。北史邢巒傳："商～交入。"魏書作"商賈交入"。

按，説文無估字。估價的"估"，古作"辜"。後漢書孝靈帝紀："豪右辜搉，馬一匹至二百萬。"

何 1. hè 胡可切，上，哿韻，匣。歌部。

❶負荷。詩小雅無羊："～蓑～笠。"又曹風候人："彼候人兮，～戈與祋。"又魯頌玄鳥："殷受命咸宜，百禄是～。"鄭箋："謂將儋負天之多福。"按，儋何的"何"，後作"荷"。古讀平聲(胡歌切，玄鳥"宜、何"協韻)，後人爲了區别於疑問詞的"何"，改讀上聲(胡可切)，後又改讀去聲。

2. hé 胡歌切，平，歌韻，匣。歌部。

❷疑問代詞。什麽。詩小雅何草不黄："～草不黄，～日不行？～人不將？經營四方。"論語公冶長："於予與～誅？"❸〔何其〕副詞。多麽。左傳僖公十五年："二三子何其感也？"〔一何〕多麽。戰國策燕策："此一何慶弔相隨之速也？"亦省作"何"。漢書東方朔傳："～無禮也！"

体 bèn 蒲本切，上，混韻，並。

後起字。〔体夫〕抬運靈柩的人伕。資治通鑑唐咸通十二年："賜酒百斛，餅餤四十槖駝，以飼体夫。"

佐 zuǒ 則箇切，集韻子我切，上，哿韻，精。歌部。

輔佐。周禮天官大宰："以～王治邦國。"又爲名詞。輔助的人，副職。左傳襄公三十年："有趙孟以爲大夫，有伯瑕以爲～。"

［備考］勸。國語晉語："召之使～食。"韋昭注："佐猶勸也。"

按，説文無佐字。"左"下云："手相左助也。""左"即"佐"字。

［同源字］①左，佐。説文："𠂇，𠂇手也。"又："左，手相左助也。"助人以手，故"左，佐"同源。史記陳丞相世家："乃解衣躶而佐刺船。"這是"佐"的本義。

②佐，贊。見"贊"字條。

伾 pī 敷悲切，集韻攀悲切，平，脂韻，滂。之部。

〔伾伾〕有力的樣子。詩魯頌駉："以車伾伾。"毛傳："伾伾，有力也。"

佑 yòu 于救切，去，宥韻，喻三。之部。

助。書湯誥："上天孚～下民。"引申爲保佑。禮記中庸："受禄于天，保～命之。"

［同源字］右，佑，祐。説文："又，手也。""又"即"右"字。又："右，助也。""右"即"佑"字。助人以手，故"右、佑"同源。説文："祐，助也。"徐灝云："右祐古今字。"神助爲祐，故從示。

按，説文無佑字。"右"下云："助也。""右"即"佑"字

佈 bù 博故切，去，暮韻，幫。

後起字。〔佈施〕同"布施"。施捨。

佀 sì 集韻象齒切，上，止韻，邪。之部。

"似"本字。漢書"似"皆作"佀"。

佛 1. bì 集韻薄宓切，入，質韻，並。物部。

❶輔助。詩周頌敬之："～時仔肩。"鄭箋："佛，輔也。時，是也。仔肩，任也。"後來寫作"弼"。

2. fú 集韻敷勿切，入，物韻，敷。物部。

❷〔仿佛〕大體相像。見"仿"字條。

3. fó 符弗切，入，物韻，奉。

❸"佛陀"的簡稱。佛教徒稱釋迦牟尼爲佛陀，省稱佛。

〔備考〕㊀通"拂"。乖戾。禮記學記："其施之也悖，其求之也～。"㊁通"勃"。荀子非十二子："～然平世之俗起焉。"

〔辨〕仙，佛，神。見"仙"字條。

伺 sì 相吏切，去，志韻，心。之部。

守候，偵察。吕氏春秋制樂："臣請伏於陛下，以～候之。"史記伍子胥列傳："且嚭使人微～之。"

伽 qié 求迦切，平，戈韻，羣。歌部。

梵文譯音字。梵文僧伽藍摩的略稱，意譯爲"衆園"或"僧院"。後來佛寺也叫"伽藍"。北魏楊衒之著有洛陽伽藍記。

〔備考〕同"茄"。漢揚雄蜀都賦："盛冬育筍，舊菜增～。"

佔 chān 集韻癡廉切，平，鹽韻，徹。談部。

視。〔佔畢〕禮記學記："今之教者，呻其佔畢。"鄭玄注："佔，視也。簡謂之畢。…言今之師自不曉經之義，但吟誦其所視簡之文。"

按，説文無佔字。

佋 zhāo 市昭切，平，宵韻，禪。

"佋"即昭穆的"昭"。晉人避司馬昭諱，改"昭"爲"佋"。

按，説文佋字段玉裁注："此篆…必晉人所竄入。"

但 dàn 徒旱切，上，旱韻，定。元部。

副詞。只，只是。史記劉敬叔孫通列傳："匈奴匿其壯士肥牛馬，～見老弱及羸畜。"三國魏曹丕與吴質書："公幹有逸氣，～未遒耳。"唐杜甫佳人詩："～見新人笑，那聞舊人哭。"

〔備考〕通"袒"。説文："但，裼也。"

伸 shēn 失人切，平，真韻，審三。真部。

伸直，與"屈"相對，易繫辭上："引而～之。"莊子秋水："蹢躅而屈～。"引申爲申理，使屈者得直。宋史韓絳傳："小事尚不～，況大事乎？"又爲申述，訴説。唐杜甫兵車行："長者雖有問，役夫敢～恨？"

佃 1. tián 徒年切，平，先韻，定。真部。

❶打獵。易繫辭下："以～以漁。"這個意義也寫作"田"、"畋"。❷耕作。史記蘇秦列傳："北有棗栗之利，民雖不～作而足於棗栗矣。"

2. diàn 堂練切，去，霰韻，定。

❸租種田地(後起義)。新五代史周行逢世家："歲時衣青裾押～户送租入城。"

伶 líng 郎丁切，平，青韻，來。耕部。

❶伶人，樂官。國語周語："二十四年，鐘成，～人告和。""伶人"也寫作"泠人"。左傳成公九年："問其族。對曰：'泠人也。'"❷〔伶倫〕人名。傳説黄帝時的樂官。吕氏春秋古樂："昔黄帝令伶倫作爲律。"❸〔伶仃〕見"仃"字條。

你 nǐ 集韻乃里切，上，止韻，泥。

後起字。"尔"的轉音。隋書五行志："狐截尾，～欲除我我除～。"

佚 yì 夷質切，入，質韻，喻四。質部。

❶通"逸"。安逸，與"勞"相對。孟子盡心上："以～道使民，雖勞不怨。"莊子大宗師："夫大塊載我以形，勞我以生，～我以老，息我以死。"❷放蕩。論語季氏："樂～遊。"漢書刑法志："男女淫～。"❸遺棄。孟子公孫丑上："遺～而不怨。"

〔備考〕㊀過失。書盤庚上："惟予一人有～罰。"僞孔傳："佚，失也。"㊁美。楚辭戰國屈原離騷："見有娀之～女。"王逸注："佚，美也。"㊂通"軼"。超過。南朝宋鮑照蕪城賦："故能奓秦法，～周令。"

［同源字］逸，佚，軼。見“逸”字條。

作 zuò則洛切，入，鐸韻，精。鐸部。

❶起，站起來。論語先進：“舍瑟而～。”又子罕：“子見齊衰者、冕衣裳者與瞽者，雖少，必～。”引申爲起床。禮記檀弓：“孔子蚤～。”又爲興起。易乾：“聖人～而萬物覩。”孟子公孫丑上：“由湯至於武丁，聖賢之君六七～。”❷製作，造。詩周頌天作：“天～高山。”孟子梁惠王上：“始～俑者，其無後乎！”引申爲創作，著作。書益稷：“帝庸～歌。”論語述而：“述而不～。”又爲做，作爲。書説命上：“若濟大川，用汝～舟楫；若歲大旱，用汝～霖雨。”

［備考］㊀通“詛”。詩大雅蕩：“侯～侯祝。”㊁削。禮記内則：“肉曰脱之，魚曰～之。”

佟 tóng徒冬切，平，冬韻，定。

姓。

按，説文無佟字。

伯 bó博陌切，入，陌韻，幫。鐸部。

❶古代兄弟排行，行一爲伯。詩小雅何人斯：“～氏吹壎，仲氏吹篪。”古人以伯仲叔季爲字。詩衛風伯兮：“～兮朅兮，邦之桀兮。～也執殳，爲王前驅。”朱熹集傳：“伯，婦人目其夫之字也。”［伯父］父之兄。禮記曾子問：“已祭而見伯父、叔父。”顔氏家訓風操：“古人皆呼伯父、叔父，而今世多單呼伯、叔。”❷州長，地方的長官。禮記王制：“千里以外設方～。…二百一十國以爲州，州有～。”❸古代五等爵之一。五等爵是公侯伯子男。伯是第三等。左傳隱公十一年：“秋七月，公會齊侯、鄭～伐許。”❹諸侯之長叫“伯”，讀如“霸”。荀子成相：“穆公任之，强配五～六卿施。”❺通“佰”。集體名詞。漢書食貨志上：“亡農夫之苦，有仟～之得。”

［備考］神名。天駟房星之神。詩小雅吉日：“既～既禱。”

低 dī都奚切，平，齊韻，端。脂部。

動詞。低頭，與“昂”（卬、仰）相對。莊子盗跖：“據軾～頭，不能出氣。”楚辭戰國屈原遠遊：“服偃蹇以～昂兮。”漢司馬相如大人賦：“～卬夭蟜據以驕驁兮。”字亦作“氐”。漢書食貨志：“封君皆～首仰給。”引申爲形容詞。低下，與“高”相對。唐杜甫陪鄭廣文遊何將軍山林詩：“卑枝～結子，接葉暗巢鶯。”

按，説文無低字。

伾 kuā苦瓜切，平，麻韻，溪。魚部。

斜，不正。周禮夏官形方氏鄭玄注：“正之使不～邪離絶。”

按，説文無伾字。

佁 1. yǐ羊己切，上，止韻，喻四。之部。

❶癡呆的樣子。説文：“佁，癡皃。”

2. chì丑吏切，去，志韻，徹。之部。

❷［佁儗（yì）］叠韻聯緜字。停滯不前。漢司馬相如大人賦：“沛艾赳螑以佁儗兮。”

3. sì象齒切，上，止韻，邪。之部。

❸深思的樣子。管子侈靡：“～美然後有煇。”尹知章注：“佁，深思貌。”

六　畫

來 lái洛哀切，平，咍韻，來。之部。

❶麥。詩周頌思文：“貽我～牟。”朱熹集傳：“來，小麥；牟，大麥也。”❷到來，與“往”相對。書武成：“王～自商。”

按，説文來字在來部。

侖 lún力迍切，集韻盧昆切，平，魂韻，來。文部。

同“崙”。崑崙亦作“昆侖”。

按，説文亼部有侖字，云：“思也。”

侘 chà丑亞切，去，禡韻，徹。鐸部。

［侘傺］雙聲聯緜字。失意的樣子。楚辭戰國屈原離騷：“忳鬱邑余侘傺兮，吾獨窮困乎此時也。”

按，説文無侘字。

佼 1. jiǎo 古巧切，上，巧韻，見。宵部。

㊀美。詩陳風月出："月出皎兮，佼人僚兮。"禮記月令仲夏之月："養壯～。"墨子尚賢中："面目～好。"

2. jiāo 古肴切，平，肴韻，見。宵部。

㊀通"交"。管子明法："如此，則羣臣皆忘主而趨私～矣。"

［同源字］姣，佼，嬌。見"姣"字條。

依 yī 於希切，平，微韻，影。微部。

㊀倚。詩小雅小弁："靡瞻匪父，靡～匪母。"左傳僖公五年："諺所謂'輔車相～，脣亡齒寒'者，其虞虢之謂也。"引申爲憑藉，依靠。書君陳："無～勢作威。"論語述而："～於仁，遊於藝。"又爲依從，與"違"相對。詩小雅小旻："謀之其臧，則具是違；謀之不臧，則具是～。"㊁〔依依〕茂盛的樣子。詩小雅采薇："昔我往矣，楊柳依依。"㊂〔依稀〕也作〔依俙〕叠韻聯緜字。隱約不清晰的樣子。又爲仿佛、類似。

［備考］㊀愛。詩周頌載芟："思媚其婦，有～其士。"鄭箋："依之言愛也。"㊁上聲，通"扆"。儀禮士虞禮："佐食無事則出户負～南面。"鄭玄注："户牖之間謂之依。"㊂譬喻。禮記學記："不學博～，不能安詩。"鄭玄注："博依，廣譬喻也。"

［辨］依，倚。見"倚"字條。

［同源字］椅，倚，依。見"椅"字條。

佽 cì 七四切，去，至韻，清。脂部。

㊀排比。詩小雅車攻："決拾既～，弓矢既調。"㊁幫助。詩唐風杕杜："人無兄弟，胡不～焉？"

佯 yáng 與章切，平，陽韻，喻四。陽部。

㊀假裝。孫子軍爭："～北勿從，鋭卒勿攻。"荀子非十二子："利心無足，而～無欲者也。"史記宋微子世家："（箕子）乃被髮～狂而爲奴。"㊁〔倘佯〕見"倘"字條。㊂〔儴佯〕見"儴"字條。

按，説文無佯字。

侅 gāi 古哀切，平，咍韻，見。之部。

〔奇侅〕非常。亦作"奇賌、奇咳、奇胲"。淮南子兵略："明於星辰日月之運，刑德奇賌之數，背鄉左右之便，此戰之助也。"史記扁鵲倉公列傳："受其脈書上下經、五色診、奇咳術。"漢書藝文志五行家有五音奇胲用兵二三卷。

［備考］飲食至咽。莊子盜跖："～溺於馮氣。"釋文："飲食至咽爲侅，一云徧也。"

併 bìng 卑政切，去，勁韻，幫。耕部。

並排。禮記祭義："行肩而不～。"引申爲合併。孫子行軍："兵非益多也，惟無武進，足以～力，料敵，取人而已。"又爲副詞。一齊，一起。漢書賈誼傳："天下殽亂，高皇帝與諸公～起。"

［備考］通"屏"。荀子彊國："～己之私欲。"楊倞注："併讀曰屏。"

［辨］併，并，並。三字同義不同音。併，卑政切；并，卑盈切。二字古韻耕部。並，蒲迥切，古韻在陽部。説文作"竝"。説文："併，竝也。""竝，併也。"二字互訓。説文："并，相從也。"朱駿聲曰："按，合一爲并，對峙爲併。""兼并"作"并"；"併肩"作"併"。副詞一般寫作"並"，如"並包"、"並出"。但這些區别並不嚴格。

侇 yí 集韻延知切，平，脂韻，喻四。脂部。

安放。儀禮士喪禮："士舉男女，奉尸～于堂。"鄭玄注："今文～作夷。"

按，説文無侇字。

侀 xíng 户經切，平，青韻，匣。耕部。

成形之物。禮記王制："刑者，～也。～者，成也。一成而不可變，故君子盡心焉。"

按，説文無侀字。

佳 jiā 古膎切，平，佳韻，見。支部。

美，好。楚辭戰國屈原大招："姱修滂浩，麗以～只。"晉陶潛飲酒詩："山氣日夕～，飛鳥相與還。"

侍 shì 時吏切,去,志韻,禪。之部。

陪從於尊長之側。論語公冶長:"顏淵子路～。"引申爲侍候。三國魏陳琳飲馬長城窟行:"善～新姑嫜。"

[備考]進言。史記趙世家:"荀欣～以選練舉賢,任官使能。"

佶 jí 巨乙切,入,質韻,羣。質部。

㊀壯健的樣子。詩小雅六月:"四牡既～,既～且閑。"㊁〔佶屈聱牙〕後起詞。形容文句艱澀生硬,讀起來不順口。唐韓愈進學解:"周誥殷盤,佶屈聱牙。"

使 1. shǐ 疎士切,上,止韻,審二。之部。

㊀派遣,使令。左傳桓公六年:"鄭伯～祭足勞王。"論語學而:"～民以時。"引申爲致使。詩鄭風狡童:"維子之故,～我不能餐兮。"左傳隱公元年:"無～滋蔓。"㊁假使。論語泰伯:"如有周公之才之美,～驕且吝,其餘不足觀也已。"

2. shǐ(舊讀 shì)疎吏切,去,志韻,審二。之部。

㊂出使,代表國家到外國去。論語雍也:"子華～於齊。"又子路:"～於四方,不辱君命。"引申爲使者,使臣。左傳成公九年:"兵交,～在其間可也。"論語憲問:"使者出,子曰:'～乎!～乎!'"

佴 èr 仍吏切,去,志韻,日。之部。

㊀貳。爾雅釋言:"佴,貳也。"㊁次。漢司馬遷報任安書:"李陵既生降,隤其家聲,而僕又～之蠶室,重爲天下觀笑。"說文:"佴,佽也。"徐鍇本作"次也"。

供 1. gōng 九容切,平,鍾韻,見。東部。

㊀供給。書無逸:"文王不敢盤于遊田,以庶邦惟正之～。"國語周語上:"事之～給,於是乎在。"字亦作"共"。左傳僖公四年:"貢之不入,寡君之罪也,敢不～給?"

[備考]通"恭"。荀子修身:"行而～冀,非漬淖也。"楊倞注:"供,恭也。"

2. gòng 居用切,去,用韻,見。東部。

㊁陳設。漢班固東都賦:"内撫諸夏,外接百蠻,乃盛禮樂～帳,置乎雲龍之庭。"引申爲祭祀時奉獻的物品。㊂受審者陳述案情,供認(後起義)。宋陳襄州縣提綱面審所供:"吏輩責～,多不足憑。"

侙 chì 耻力切,入,職韻,徹。職部。

惕。說文:"侙,惕也。春秋國語曰:'於其心侙然。'"今本吴語作"於其心也戚然"。

侉 1. kuā 集韻枯瓜切,平,麻韻,溪。魚部。

㊀疲憊。說文:"侉,憊詞。"㊁通"夸"、"誇"。書畢命:"驕淫矜～,將由惡終。"

2. è 集韻安賀切,去,箇韻,影。

㊂痛呼。見玉篇。

例 lì 力制切,去,祭韻,來。月部。

事類,事例。公羊傳僖公元年:"臣子一～也。"晉杜預春秋序:"故發傳之體有三,而爲～之情有五。"引申爲規程,條例。漢書何武傳:"欲除吏,先爲科～,以防請託。"又爲副詞。照例。唐韓愈柳子厚墓誌銘:"遇用事者得罪,～出爲刺史;未至,又～貶永州司馬。"

佰 bǎi 集韻博陌切,入,陌韻,幫。鐸部。

集體名詞。軍隊百人爲佰。史記陳涉世家:"俯仰仟～之中。"

[同源字]①百,佰。見"百"字條。

②霸,佰。見"霸"字條。

侑 yòu 于救切,去,宥韻,喻三。之部。

勸(飲、食)。詩小雅楚茨:"以爲酒食,以享以祀,以妥以～,以介景福。"周禮天官膳夫:"以樂～食。"鄭玄注:"侑,猶勸也。"

[備考]同"宥"。管子法法:"文有三～,武毋一赦。"

佷 hěn 玉篇户懇切。文部。

同"很"。不聽從,觕。國語晉語九:"宣

子曰：'宵也～。'對曰：'宵之～在面，瑤之～在心。'"韋昭注："佷，佷戾不從人也。"韓非子亡徵："～剛而不和，愎諫而好勝。"後漢書蔡邕傳："然(董)卓多自～用，邕恨其言少從。"

按，說文無佷字。

佌 cǐ 雌氏切，上，紙韻，清。支部。

〔佌佌〕小的樣子。詩小雅正月："佌佌彼有屋。"

按，說文佌作㑪，引詩"㑪㑪彼有屋"。

侗 1. tóng 徒紅切，平，東韻，定。東部。

❶愚，無知，幼稚。書顧命："在後之～，敬迓天威。"蔡沈注："侗，愚也，成王自稱。"論語泰伯："狂而不直，～而不愿。"莊子山木："～乎其識。"釋文："侗，無知貌。"〔倥侗〕見"倥"字條。

2. tōng 他紅切，平，東韻，透。東部。

❷大貌。

侶 lǚ 力舉切，上，語韻，來。魚部。

同伴，同伙。文選漢王褒四子講德論："於是相與結～，携手俱遊。"顏氏家訓省事："揚朱之～，世謂冷腸。"又爲結爲伴侶。抱朴子外篇安貧："交結狹者，～跛鱉以沈泳。"

按，說文無侶字，新附有之，云："徒侶也。"

侰 qiòng 集韻去仲切，去，送韻，溪。東部。

細小的樣子。漢張衡思玄賦："～顓頊而宅幽。"

按，說文無侰字。

侃 kǎn 空旱切，上，旱韻，溪。元部。

〔侃侃〕和樂的樣子。論語鄉黨："朝，與下大夫言，侃侃如也。"

佪 huí 户恢切，平，灰韻，匣。微部。

❶〔俳佪〕同"徘徊"。見"俳"字條。❷〔佪佪〕糊塗。潛夫論救邊："佪佪潰潰，當何終極！"

按，說文無佪字。

佺 quán 此緣切，平，仙韻，清。元部。

〔偓佺〕仙人名。見"偓"字條。

佾 yì 夷質切，入，質韻，喻四。質部。

古代樂舞的行列。八人爲一行，叫一佾。六十四人爲八行，叫八佾。論語八佾："孔子謂季氏八～舞於庭，是可忍也，孰不可忍也？"

佻 1. tiāo 吐彫切，平，蕭韻，透。宵部。

❶苟且，偷薄。說文引詩"視民不～"，今本詩小雅鹿鳴作"恌"。左傳昭公十年："獻俘，始用人於亳社。臧武仲在齊，聞之，曰：'…詩曰："德音孔昭，視民不～。"～之謂甚矣！而壹用之，將誰福哉？'"❷竊取。國語周語中："而郤至～天之功，以爲己力，不亦難乎！"

2. tiáo 徒聊切，平，蕭韻，定。宵部。

❸〔佻佻〕獨行的樣子。詩小雅大東："佻佻公子，行彼周行。"

〔備考〕讀如"姚"。寬緩。荀子王霸："～其期日而利其巧任。"

侏 zhū 章俱切，平，虞韻，照三。侯部。

〔侏儒〕叠韻聯緜字。身材特别矮小的人。國語晉語四："侏儒不可使援。"荀子王霸："俳優侏儒婦女之請謁而悖之。"亦作"朱儒"。左傳襄公四年："我君小子，朱儒是使。"

按，說文無侏字。

侁 shēn 所臻切，平，臻韻，審二。文部。

❶〔侁侁〕往來的聲音。楚辭戰國宋玉招魂："豺狼從目，往往侁侁些。"❷〔有侁氏〕古國名。即有莘氏。吕氏春秋本味："有侁氏女子采桑，得嬰兒于空桑之中。"高誘注："侁，讀曰莘。"

佸 huó 户括切，入，末韻，匣。月部。

相會。詩王風君子于役："君子于役，不日不月，曷其有～？"毛傳："佸，會也。"

侚 xùn 辭閏切，去，稕韻，邪。真部。

疾速。南唐徐鍇説文解字繫傳引史記:“黄帝幼而～齊。”今本史記五帝本紀作“徇”。

侈 chǐ尺氏切,上,紙韻,穿。歌部。

❶張大。詩小雅巷伯:“哆兮～兮,成是南箕。”引申爲大。國語吴語:“伯父秉德已侈大哉!”晉左思三都賦序:“～言無驗,雖麗非經。”又爲闊。周禮春官典同:“～則筰,弇則鬱。”漢書王莽傳中:“莽爲人～口蹷頤,露眼赤睛。”❷奢侈,浪費。韓非子解老:“多費之謂～。”漢班固西都賦:“窮泰而極～。”

佹 guǐ過委切,上,紙韻,見。歌部。

詭異。荀子賦篇:“請陳～詩。”〔僪佹〕見“僪”字條。

按,説文無佹字。

佩 pèi蒲昧切,去,隊韻,並。之部。

古代結於衣帶上的飾物。詩鄭風子衿:“青青子～。”毛傳:“佩,佩玉也。”又女曰雞鳴:“知子之來之,雜～以贈之。”毛傳:“雜佩者,珩璜琚瑀衝牙之類。”楚辭戰國屈原離騷:“紉秋蘭以爲～。”引申爲動詞。佩帶。左傳閔公二年:“公衣之偏衣,～之金玦。”

侐 xù火季切,去,至韻,曉。質部。

清静。詩魯頌閟宫:“閟宫有～。”

侜 zhōu張流切,平,尤韻,知。幽部。

欺騙,説謊。詩陳風防有鵲巢:“誰～予美?”毛傳:“侜張,誑也。”〔侜張〕雙聲聯緜字。説謊。

侔 móu莫浮切,平,尤韻,明。幽部。

❶相等。韓非子五蠹:“超五帝,～三王者,必此法也。”❷通“牟”。求得,謀取。管子宙合:“知道之不可行,則沈抑以辟罰,静默以～免。”鹽鐵論本議:“萬物并收,則物騰躍。騰躍,則商賈～利。”

七　畫

俎 zǔ側吕切,上,語韻,照二。魚部。

❶禮器。似几,所以載牲體。詩小雅楚茨:“爲～孔碩。”論語衛靈公:“～豆之事,則嘗聞之矣。”❷切肉的砧板。史記項羽本紀:“如今人方爲刀～,我爲魚肉。”

按,説文俎字在且部。

信 1. xìn息晉切,去,震韻,心。真部。

❶言語真實,不説謊。老子:“～言不美,美言不～。”穀梁傳僖公二十二年:“所以爲言者～也。言而不～,何以爲言?”左傳襄公九年:“～者,言之端也。”又二十七年:“志以發言,言以出～。”引申爲誠實不欺,守信用。論語學而:“與朋友交而不～乎?”又:“主忠～。”又爲相信,信任。論語公冶長:“聽其言而～其行。”又顏淵:“足食足兵,民～之矣。”又爲形容詞。真的,的確。論語憲問:“～乎,夫子不言,不笑,不取乎?”❷使者。三國志魏書武帝紀:“馬超等屯渭南,遣～求割河以西請和。”晉書王濬傳:“濬將至秣陵,王渾遣～要令暫過論事。”古詩爲焦仲卿妻作:“自可斷來～,徐徐更謂之。”送書信的人也叫“信”。世説新語雅量:“外啓～至,而無兒書。”又:“謝公與人圍棊,俄而謝玄淮上～至,看書竟,默然無言。”❸書信(後起義)。唐元稹紙詩:“不忍拈將等閒用,半封京～半題詩。”唐賈島題朱慶餘所居詩:“寄～船一隻,隔鄉山萬重。”

2. shēn集韻升人切,平,真韻,審三。真部。

❹通“伸”。易繫辭下:“尺蠖之屈,以求～也。”荀子天論:“老子有見於詘,無見於～。”三國志蜀書諸葛亮傳:“孤不度德量力,欲～大義於天下。”

[辨]誠,信,訊。見“誠”字條。

按,説文信字在言部。

俍 1. liáng集韻吕張切,平,陽韻,來。陽部。

❶善。莊子庚桑楚:“夫工乎天而～乎人者,惟全人能之。”成玄英疏:“俍,善也。”

2. lǎng盧黨切,上,蕩韻,來。陽部。

❷〔俍倡〕叠韻聯緜字。通“踉蹡”。楚辭

戰國宋玉九辯："然潢洋而不遇兮。"王逸注："佷佪後時，無所逮也。"

按，説文無佷字。

便 1. biàn 婢面切，去，線韻，並。元部。

❶有利，適宜。戰國策秦策二："或謂救之～。"商君書更法："治世不一道，～國不必法古。"〔便宜〕①對國家有利。史記鼂錯列傳："還，因上便宜事。"②相機行事。史記汲黯列傳："臣謹以便宜，持節發河南倉粟以振貧民。"❷快捷。莊子應帝王："猨狙之～。"淮南子兵略："虎豹～捷，熊羆多力。"引申爲熟練。莊子達生："若乃夫没人，則未嘗見舟而～操之也。"三國志魏書吕布傳："布～弓馬。"❸大小便。漢書張安世傳："郎有醉小～殿上。"❹副詞。就，即(後起義)。三國志魏書王粲傳："善屬文，舉筆～成。"世説新語文學："未三十，～用爲荆州治中。"

2. pián 房連切，集韻毗連切，平，仙韻，並。元部。

❺安。墨子天志中："百姓皆得煖衣飽食，～寧無憂。"❻有口才。論語季氏："友～佞，損矣。"何晏注："便，辯也。"〔便便〕言語流暢的樣子。論語鄉黨："其在宗廟朝廷，便便言，唯謹爾。"❼〔便便〕肚子飽滿的樣子。後漢書邊韶傳："邊孝先，腹便便。"

俉 wù 集韻五故切，去，暮韻，疑。魚部。

逄，遇。史記天官書："鬼哭若呼，其人逄～。"

按，説文無俉字。

俅 qiú 巨鳩切，平，尤韻，羣。幽部。

〔俅俅〕冠飾華美的樣子。詩周頌絲衣："載弁俅俅。"

俠 xiá 胡頰切，入，怗韻，匣。葉部。

言必信，行必果，見義勇爲，助人爲樂的人。韓非子五蠹："儒以文亂法，～以武犯禁。"史記季布欒布列傳："爲氣任～。"如淳曰："相與信爲任，同是非爲俠。"又游俠列傳："魯人皆以儒教，而朱家用～聞。"

［備考］通"夾"。淮南子道應："兩蛟～繞其船。"

俓 jìng 古定切，去，徑韻，見。耕部。

同"徑"。史記司馬相如列傳："～陖赴險。"

按，説文無俓字。

俑 yǒng 余隴切，上，腫韻，喻四。東部。

殉葬的木偶或陶偶。孟子梁惠王上："始作～者，其無後乎。"

侵 qīn 七林切，平，侵韻，清。侵部。

❶越境進犯。左傳莊公二十九年："夏，鄭人～許。凡師有鐘鼓曰伐，無曰～。"公羊傳莊公十年："二月，公～宋。曷爲或言侵，或言伐？觕者曰侵，精者曰伐。"引申爲侵凌，欺負。史記游俠列傳："豪暴～凌孤弱。"又爲侵蝕。北齊書邢邵傳："加以風雨稍～，漸致虧墜。"❷〔侵尋〕叠韻聯緜字。漸進的樣子。史記武帝本紀："是歲，天子始巡郡縣，侵尋於泰山矣。"

［備考］荒年。穀梁傳襄公二十四年："五穀不升，謂之大～。"

［辨］侵，伐，襲，征，討。見"伐"字條。

［同源字］襲，侵。見"襲"字條。

侯 hóu 户鉤切，平，侯韻，匣。侯部。

❶箭靶。詩小雅賓之初筵："大～既抗，弓矢斯張。"❷君。易屯："利居貞，利建～。"❸五等爵的第二位。左傳文公十七年："於是晉～不見鄭伯。"

［備考］㊀美。詩鄭風羔裘："羔裘如濡，洵直且～。"㊁句首、句中語氣詞。詩小雅正月："瞻彼中林，～薪～蒸。"又六月："～誰在矣？張仲孝友。"又大雅文王："上帝既命，～于周服。"又蕩："～作～祝。"又周頌載芟："～主～伯，～亞～旅，～彊～以。"

按，説文侯作矦，在矢部。

侷 jú 渠玉切，入，燭韻，羣。

〔侷促〕同“局促”。見“局”字條。

按，說文無侷字。

俏 1. qiào 七肖切，去，笑韻，清。

後起字。㊀俊俏，體態輕盈美好。宋柳永小鎮西詞：“芳顏二八，天然～。”

2. xiào 集韻仙妙切，去，笑韻，心。

㊁同“肖”。相似。列子力命：“佹佹成者，～成者也，初非成也；佹佹敗者，～敗者也，初非敗也。”

俔 qiàn 苦甸切，去，霰韻，溪。元部。

譬喻。詩大雅大明：“大邦有子，～天之妹。”

〔備考〕船上用來測風的羽毛。淮南子齊俗：“譬若～之見風也，無須臾之間定矣。”

俚 lǐ 良士切，上，止韻，來。之部。

鄙俗。漢書司馬遷傳贊：“辨而不華，質而不～。”

〔備考〕〔無俚〕無聊。漢書季布傳贊：“其畫無俚之至耳。”顔師古注引晉灼曰：“此爲其計畫無所聊賴至於自殺耳。”說文：“俚，聊也。”

保 bǎo 博抱切，上，晧韻，幫。幽部。

㊀抱。書召誥：“夫知～抱攜持厥婦子，以哀籲天。”引申爲保養。書康誥：“若～赤子。”又爲保安。書無逸：“懷～小民。”又爲保佑。書召誥：“天迪格～。”㊁守衛，保護。詩大雅崧高：“南土是～。”㊂名詞。師保。禮記文王世子：“入則有～，出則有師。”〔太保〕三公之一。書召誥：“惟太保先周公相宅。”傳：“太保，三公官名。”㊃名詞。傭工。史記季布欒布列傳：“窮困，賃傭於齊，爲酒人～。”㊄城堡，小城。莊子盜跖：“所過之邑，大國守城，小國入～。”㊅〔褓保〕褓褓。後漢書桓榮傳：“昔成王幼小，越在褓保。”

〔辨〕緥，保。見“緥”字條。

俋 yì 集韻乙及切，入，緝韻，影。緝部。

〔俋俋〕耕人行貌。莊子天地：“俋俋乎耕而不顧。”

按，說文無俋字。

促 cù 七玉切，入，燭韻，清。屋部。

㊀迫近。史記淳于髡列傳：“日暮酒闌，合尊～坐。”晉左思蜀都賦：“合樽～席，引滿相罰。”㊁短促。晉陸機擬古詩：“長歌赴～節，哀響逐高徽。”引申爲縮短。抱朴子廣譬：“大川不能～其涯以適速濟之情，五岳不能削其峻以副陟者之欲。”㊂催促。古多作“趣”。史記陳涉世家：“趣趙兵亟入關。”司馬貞索隱：“上音促，促謂催促也。”唐杜甫湖城東遇孟雲卿復歸劉顥宅宿宴飲詩：“劉侯歎我攜客來，置酒張燈～華饌。”㊃〔偓促〕見“偓”字條。

俁 yǔ 虞矩切，上，麌韻，疑。魚部。

〔俁俁〕大的樣子。詩邶風簡兮：“碩人俁俁。”朱熹集傳：“碩，大也。俁俁，大貌。”

修 xiū 息流切，平，尤韻，心。幽部。

字亦作“脩”。㊀修飾，修理。書禹貢：“四海會同，六府孔～。”周禮隸僕：“祭祀，脩寢。”楚辭戰國屈原九歌湘君：“美要眇兮宜脩。”王逸注：“脩，飾也。”引申爲修養身心。書皋陶謨：“慎厥身～。”又爲培養品德。論語述而：“德之不～，學之不講。”㊁長，高。詩小雅六月：“四牡～廣。”戰國策齊策一：“鄒忌脩八尺有餘。”

〔備考〕月在丙。見爾雅釋天。

〔辨〕修，脩。修是修飾，脩是肉脯。漢隸以後，修飾的“修”多混作“脩”，但肉脯的“脩”決不作“修”。

按，說文修字在彡部。

俘 fú 芳無切，平，虞韻，敷。幽部。

戰爭中活捉的敵人。左傳僖公二十二年：“楚子使師縉示之～馘。”杜預注：“俘，所得囚；馘，所截耳。”又二十八年：“丁未，獻楚～於王。”又襄公二十五年：“子美入，數～而出。”又莊公六年：“齊人來歸衛～。”

［備考］取。書序："～厥寶玉。"王筠曰："亦以軍所獲而名之。"

侳 zuò 則卧切，去，過韻，精。歌部。

㊀安。見説文。㊁辱。淮南子説山："故君子不入獄，爲其傷恩也；不入市，爲其～廉也。"

俆 1. xú 似魚切，平，魚韻，邪。魚部。

㊀緩。説文："俆，緩也。"徐鍇曰："與徐字義同。"

2. shū 集韻商居切，平，魚，審。魚部。

㊁〔俆州〕地名。史記齊太公世家："田常執簡公于俆州。"司馬貞索隱："俆音舒，其字從人。左氏作'舒'。"

俙 1. xiē 集韻休皆切，平，皆韻，曉。微部。

㊀當面對質。説文："俙，訟面相是也。"廣韻作"㑶"，云："訟也。"

2. xī 香衣切，平，微韻，曉。

㊁〔依俙〕同"依稀"。

侻 1. tuò 他括切，入，末韻，透。月部。

㊀簡易。淮南子本經："其行～而順情。"三國志魏書王粲傳："表以粲貌寢而體弱通～，不甚重也。"裴松之注："通侻者，簡易也。"㊁適合，符合。法言君子："荀卿非數家之書，～也。"

2. tuì 集韻吐外切，去，泰韻，透。月部。

㊂恰好，相宜。文選戰國宋玉神女賦："～薄裝。"李善注："侻，好也。…又可也，言薄裝正相堪可。"

按，説文無侻字。

俗 sú 似足切，入，燭韻，邪。屋部。

㊀習俗，風俗。書君陳："敗常亂～。"史記李斯列傳："孝公用商鞅之法，移風易～。"㊁世俗，當代人。孟子梁惠王下："寡人非能好先王之樂也，直好世～之樂耳。"商君書更法："論至德者不和於～。"莊子駢拇："彼其所殉仁義也，則～謂之君子；其所殉貨財也，則～謂之小人。"又刻意："刻意尚行，離世異～。"引申爲庸俗，與"雅"相對(後起義)。三國志蜀書諸葛亮傳裴松之注引襄陽記："儒生～士，豈識時務？"南朝齊孔稚珪北山移文："請回～士駕，爲君謝逋客。"

侹 tǐng 他鼎切，上，迥韻，透。耕部。

㊀長的樣子。唐韓愈答張徹詩："石梁平～～。"㊁代。方言："侹，更，佚，代也。齊曰佚，江淮陳楚之間曰侹。"

俈 kù 集韻枯沃切，入，沃韻，溪。覺部。

同"嚳"。史記三代世表有帝俈，爲黄帝曾孫。

按，説文無俈字。

俄 é 五何切，平，歌韻，疑。歌部。

㊀傾斜的樣子。詩小雅賓之初筵："側弁之～，屢舞傞傞。"㊁須臾，頃刻之間，不久。公羊傳桓公二年："～而可以爲其有矣。"何休注："謂須臾之間，創得之頃也。"世説新語識鑒："～而齊王敗。"周書庾信傳："～拜洛州刺史。"

侮 wǔ 文甫切，上，麌韻，微。侯部。

輕慢，陵辱，欺負。詩大雅烝民："不～矜寡，不畏彊禦。"豳風鴟鴞："今女下民，或敢～予？"

俛 1. miǎn 亡辨切，集韻美辨切，上，獮韻，明。元部。

㊀俯，低頭。左傳成公二年："韓厥～定其右。"杜預注："俛，俯也。"釋文："俛音勉。"㊁〔僶俛〕見"僶"字條。

［備考］通"勉"。勤勞貌。禮記表記："～焉日有孳孳。"

2. fǔ 方矩切，上，麌韻，非。

㊂同"俯"。唐韓愈應科目時與人書："若～首帖耳，摇尾而乞憐者，非我之志也。"

按，説文俛字是"頫"的重文，在頁部。

伸 shēn 失人切，平，真韻，審三。真部。

懷孕。見廣雅釋詁四。

［備考］神名。見説文。

［同源字］身，娠，侲。見"娠"字條。

侊 1. guàng 求往切，上，養韻，羣。陽部。

㊀〔侊侊〕遑遽貌。楚辭漢劉向九歎思古："魂侊侊而南行兮。"

2. kuáng 集韻渠王切，平，陽韻，羣。陽部。

㊁〔侊攘〕叠韻聯緜字，紛擾不安的樣子。楚辭戰國宋玉九辯："逢此世之侊攘。"

係 xì 古詣切，集韻胡計切，去，霽韻，匣。脂部。

束縛，綑綁。易坎："～用徽纆。"國語越語："若以越國之罪爲不可赦也，將焚宗廟，～妻孥。"韋昭注："係，繫也。"孟子梁惠王下："～累其子弟。"漢賈誼過秦論："百粵之君，俛首～頸，委命下吏。"引申爲係屬。易隨："六二，～小子，失丈夫。"孔穎達疏："係屬初九，故云係小子。"

［辨］係，系，繫。"係、系"同音，可以通用。説文"系，繫也。""系、繫"也可以通用。但"世系"不作"世係"或"世繫"，"繫辭"不作"係辭"或"系辭"。

俊 jùn 子峻切，去，稕韻，精。文部。

才德出衆。説文："俊，才過千人也。"書皋陶謨："～乂在官。"孔穎達疏引鄭曰："才德過千人爲～，百人爲乂。"書太甲："旁求～彦。"孟子公孫丑上："尊賢使能，～傑在位。"

［同源字］駿，俊，峻。見"駿"字條。

俟 1. sì 牀史切，上，止韻，牀二。之部。

㊀等候。詩邶風静女："静女其姝，～我於城隅。"

［備考］〔俟俟〕獸行貌。詩小雅吉日："儦儦俟俟，或羣或友。"

2. qí 渠希切，平，微韻，羣。

㊁〔万俟〕複姓。見"万"字條。

八　畫

倉 cāng 七岡切，平，唐韻，清。陽部。

㊀穀倉。詩小雅甫田："乃求千斯～，乃求萬斯箱。"又大雅公劉："迺積乃～，乃裹餱糧。"引申爲船艙（後起義）。宋楊萬里日苦熱詩："船～周圍各五尺。"㊁〔倉卒〕〔倉猝〕雙聲聯緜字。①匆促。漢書王嘉傳："臨事倉卒迺求，非所以明朝廷也。"論衡逢遇："倉猝之業，須臾之名。"②動亂。漢劉歆移書讓太常博士："遭巫蠱倉卒之難。"㊂〔倉庚〕叠韻聯緜字。黄鶯。詩豳風東山："倉庚于飛，熠耀其羽。"

［備考］㊀通"蒼"。禮記月令孟春之月："駕～龍。"㊁通"滄"。漢揚雄甘泉賦："東燭～海，西耀流沙。"㊂〔倉兄〕叠韻聯緜字。同"愴怳"。悲憫的樣子。詩大雅桑柔："不殄心憂，倉兄填兮。"

［同源字］艙，倉。見"艙"字條。

按，説文倉字在倉部。

倌 guān 古丸切，平，桓韻，見。元部。

〔倌人〕小臣，主駕者。詩鄘風定之方中："命彼倌人，星言夙駕，説于桑田。"

倥 1. kōng 苦紅切，平，東韻，溪。東部。

㊀〔倥侗〕叠韻聯緜字。蒙昧無知的樣子。漢書揚雄傳下："天降生民，倥侗顓蒙。"

2. kǒng 康董切，上，董韻，溪。東部。

㊁〔倥偬〕叠韻聯緜字。困苦或事繁的樣子。楚辭漢劉向九歎思古："悲余生之無歡兮，愁倥偬於山陸。"後漢書卓茂傳："斯固倥偬不暇給之日。"

按，説文無倥字。

倍 bèi 薄亥切，上，海韻，並。之部。

㊀背向。周髀算經下："～正南方。"注："倍猶背也。"戰國策趙策三："天子弔，主人必將～殯柩。"史記淮陰侯列傳："兵法右～山陵，前左水澤。"引申爲背棄。禮記大學："上恤孤而民不～。"鄭玄注："民不倍，不相倍棄也。"孟子滕文公上："師死而遂～之。"㊁加倍，倍數。易説卦："爲近利市三～。"孟子滕

文公上："或相～蓰，或相什百。"

倞 1. jìng 渠敬切，去，映韻，羣。陽部。

㊀同"競"。强。見廣雅釋詁一。詩大雅抑："無競維人。"桑柔："秉心無競。"唐石經皆作"倞"。

2. liàng 集韻力讓切，去，漾韻，來。陽部。

㊁索取。禮記郊特牲："祊之爲言～也。"鄭玄注："倞，猶索也。"

倣 fǎng 分网切，上，養韻，非。陽部。

仿效。淮南子要略："故言道而不明終始，則不知可～依。"潛夫論浮侈："邊遠下土，亦競相～傚。"

按，説文無倣字。

倅 cuì 七内切，去，隊韻，清。物部。

副。〔倅車〕副車。周禮夏官戎僕："戎僕掌馭戎車，掌王倅車之政。"〔倅馬〕副馬。漢書趙充國傳："發郡騎及屬國胡騎伉健各千，倅馬什二。"

按，説文無倅字，新附有之。

俯 fǔ 方矩切，上，麌韻，非。侯部。

低頭。與"仰"相對。易繫辭上："仰以觀於天文，～以察於地理。"

［備考］伏。禮記月令："蟄蟲咸～在内。"荀子賦篇："三～三起，事乃大起。"楊倞注："俯，謂卧而不食。"

按，説文無俯字，"頫"下云："低頭也。""頫"即"俯"。

倓 tán 徒甘切，平，談韻，定。談部。

安。荀子仲尼："～然見管仲之能足以託國也。"楊倞注："倓，安也，安然不疑也。"

倦 juàn 渠卷切，去，線韻，羣。元部。

疲勞。書大禹謨："耄期～於勤。"引申爲厭倦。論語述而："學而不厭，誨人不～。"

［備考］蹲踞。淮南子道應："方～龜殼，而食蛤梨。"高誘注："楚人謂倨爲倦。"

倀 chāng 褚羊切，平，陽韻，徹。

㊀〔倀倀〕無所適的樣子。禮記仲尼燕居："瞽者無相，倀倀乎其何之？"荀子修身："人無法則倀倀然。"㊁迷信傳説被老虎咬死的人變成的鬼，它引虎食人（後起義）。成語有"爲虎作～"。

倩 1. qiàn 倉甸切，去，霰韻，清。耕部。

㊀微笑的樣子。詩衛風碩人："巧笑～兮，美目盼兮。"㊁士的美稱。漢書朱邑傳："陳平雖賢，須魏～而後進。"顔師古注："倩，士之美稱。"

2. qiàn 七政切，去，勁韻，清。耕部。

㊂女婿。史記倉公列傳："黄氏諸～見(石)建家京下方石，即弄之。"裴駰集解："倩，女婿也。"㊃請人替自己做事叫倩。漢劉向列女傳魯漆室女："鄰人女奔隨人亡，其家～吾兄行追之。"

俵 biào 方廟切，集韻彼廟切，去，笑韻，幫。

後起詞。分給。宋孫光憲北夢瑣言卷一八劉皇后笞父："闕下諸軍困乏，以至妻子餓殍，宰相請出内庫～給。"

按，説文無俵字。

俸 fèng 扶用切，去，用韻，奉。東部。

官吏所得的俸禄。韓非子姦劫弑臣："立名譽以取尊官厚～。"

按，説文無俸字。徐鉉云："俸，本只作奉。"韓非子的俸字，疑爲後人所改。

倢 jiē 即葉切，入，葉，精。葉部。

〔倢仔〕漢女官名。漢書昭帝紀："母曰趙倢仔。"亦作"婕妤"。

倖 xìng 胡耿切，上，耿韻，匣。耕部。

㊀通"幸"。親幸，寵幸。後漢書黄香傳："寵遇甚盛，議者譏其過～。"又蓋勳傳："～臣子弟擾之。"㊁〔僥倖〕見"僥"字條。

按，説文無倖字。

倛 qī 集韻丘其切，平，之韻，溪。之部。

通“頬”。貌醜。淮南子精神：“視毛嬙西施，猶～醜也。”〔蒙倛〕驅疫的神像。四眼者爲方相，兩眼者爲蒙倛。荀子仲尼：“仲尼之狀，面如蒙倛。”

按，説文有頬字，無倛字。

借 jiè 子夜切，去，禡韻，精。鐸部。

❶借入，借出。左傳定公九年：“盡～邑人之車。”論語衛靈公：“有馬者，～人乘之。”❷假使，假令。詩大雅抑：“～曰未知，亦既抱子。”

［備考］助。漢書朱雲傳：“少時通輕俠，～客報仇。”

偌 ruò 音若。

後起字。如此，這般。〔偌大〕這麼大。

值 zhí 直吏切，去，志韻，澄。職部。

❶逢，遇。史記酷吏列傳義縱：“寧見乳虎，無～寧成之怒。”❷物價（後起義）。唐元稹旱災自咎貽七縣宰詩：“未蒙所償～。”按，價值的“值”，本只作“直”。

［備考］持。詩陳風宛丘：“～其鷺羽。”毛傳：“值，持也。”

倳 zì 側吏切，去，志韻，照二。之部。

插入。管子輕重甲：“春有以～耜。”史記張耳陳餘列傳：“然而慈父孝子莫敢～刃公之腹中者，畏秦法耳。”

按，説文無倳字。

倆 liǎng 集韻里養切，上，養韻，來。

〔伎倆〕技能。今多用於貶義。

按，説文無倆字。

倈 lái 里之切，集韻郎才切，平，咍韻，來。之部。

通“來”。漢書董仲舒傳：“綏之斯～。”楚辭漢嚴忌哀時命：“往者不可扳援兮，～者不可與期。”

按，説文無倈字。

俴 jiàn 慈演切，上，獮韻，從。元部。

淺。詩秦風小戎：“小戎～收。”毛傳：“俴，淺也。”又“～駟孔羣。”鄭箋：“俴，淺也。”

［同源字］淺，俴，賤。見“淺”字條。

倚 yǐ 於綺切，上，紙韻，影。歌部。

靠着。論語衛靈公：“在輿則見其～於衡也。”史記刺客列傳：“（荆）軻自知事不就，～柱而笑。”引申爲倚仗。書君陳：“無依勢作威，無～法以削。”又爲偏。禮記中庸：“中立而不～。”

［辨］依，倚。説文：“依，倚也。”又：“倚，依也。”二字互訓。書君陳：“無依勢作威，無倚法以削。”二字互文。可見“依”與“倚”是同義詞。但“倚門”，一般作“倚”不作“依”；“不偏不倚”不能説成“不偏不依”。“依”和“倚”還是有分别的。

［同源字］椅，倚，依。見“椅”字條。

俺 1. yàn 於驗切，去，豔韻，影。談部。

❶大。見説文。徐鍇云：“按詩‘俺有龜蒙’，是大有之也。”今詩作“奄”。

2. ǎn 正字通阿罕切。

❷後起詞。我。宋辛棄疾夜游宫苦俗客：“且不罪，俺略起，去洗耳。”

倒 1. dǎo 都晧切，上，晧韻，端。宵部。

❶仆，倒下。漢司馬相如上林賦：“弓不虚發，應聲而～。”

2. dào 都導切，去，号韻，端。宵部。

❷顛倒，倒轉。詩齊風東方未明：“東方未明，顛～衣裳。”書武成：“前徒～戈。”引申爲傾出，斟出（後起義）。宋邵雍天津感事詩：“芳罇～盡人歸去。”

按，説文無倒字，新附有之。

倨 jù 居御切，去，御韻，見。魚部。

❶傲慢，不客氣。戰國策秦策一：“嫂何前～而後卑也？”莊子漁父：“夫子猶有～傲之

容。"❷微曲。禮記樂記："～中矩，句中鉤。"❸通"踞"。蹲坐。莊子天運："老聃方將～堂。"成玄英疏："倨，踞也。"

［同源字］踞，倨。踞是没有禮貌的行爲，倨是對人没有禮貌，故二字同源。

倔 jué 衢物切，入，物韻，羣。物部。

❶〔倔强〕强硬不屈於人。鹽鐵論論功："倔强倨傲，自稱老夫。"亦作"屈强"。史記匈奴列傳："楊信爲人剛直屈强。"❷〔倔起〕同"崛起"。突然興起。史記秦始皇本紀："躡足行伍之間，而倔起什伯之中。"

按，説文無倔字。

倘 1. tāng 集韻他郎切，平，唐韻，透。陽部。

❶驚疑的樣子。莊子在宥："～然止。"

2. tǎng 集韻坦朗切，上，蕩韻，透。

❷倘或，倘使，假設之詞(後起義)。北周庾信寄徐陵詩："故人～思我，及此平生時。"

3. cháng 音常。陽部。

❸〔倘佯〕叠韻聯綿字。同"徜徉"。徘徊。戰國宋玉風賦："然後倘佯中庭，北上玉堂。"

按，説文無倘字。

俶 1. chù 昌六切，入，屋韻，穿三。覺部。

❶始。詩大雅既醉："令終有～。"孔穎達疏："俶，始，釋詁文。"朱熹集傳："俶，始也。"又周頌載芟："～載南畝。"朱熹集傳："俶，始也。"書胤征："～擾天紀。"僞孔傳："俶，始也。"❷善。經傳多以"淑"爲之。

按，説文："俶，善也。从人，叔聲。詩曰：'令終有俶。'一曰始也。"王筠云："案，既云令矣，令者善也，不當云'善終有善'。竊疑此句('一曰始也')在引詩上，抑或'一曰'二字爲俶之譌，引詩而説之也。"王説是。

2. tì 集韻他歷切，入，錫韻，透。覺部。

❸〔俶儻〕雙聲聯綿字。卓異不凡。漢書司馬遷傳報任安書："唯俶儻非常之人稱也。"文選作"倜儻"。

倬 zhuō 竹角切，入，覺韻，知。藥部。

大，明。詩大雅棫樸："～彼雲漢。"毛傳："倬，大也。"又桑柔："～彼昊天。"鄭箋："倬，明大貌。"又小雅甫田："倬彼甫田。"毛傳："倬，明貌。"

俱 jù (舊讀 jū)舉朱切，平，虞韻，見。侯部。

動詞。偕同，陪同。莊子天運："道可載而與之～也。"戰國策齊策二："衍吾讎也，而儀與之～。"漢書蘇武傳："募士斥候百餘人～。"引申爲副詞。皆，都。孟子盡心上："父母～存。"又告子上："雖與之～學，弗若之矣。"

［辨］①俱，具。俱，舉朱切，平聲；具，其遇切，去聲。二字不同音，亦不同義。"俱"字用作動詞時，不能説成"具"。"與之俱"不能説成"與之具"。用作副詞時，古多説成"具"。如詩小雅節南山："民具爾瞻。"頍弁："兄弟具來。"後來"俱、具"有了分工：二人以上同做一事叫"俱"，一人把一切事物都處理了叫"具"。"俱"指主語的範圍，"具"指賓語的範圍。史記項羽本紀："項伯乃夜馳之沛公軍，私見張良，具告以事，欲呼張良與俱去，曰：'毋從俱死也。'"這裏"具告以事"不能説成"俱告以事"，"俱去、俱死"不能説成"具去，具死"。故"俱、具"不是同義詞。

②偕，皆，俱。見"偕"字條。

倮 luǒ 集韻魯果切，上，果韻，來。歌部。

同"裸"。赤體。禮記月令："其蟲～。"淮南子説林："西方之～國，鳥獸弗辟，與爲一也。"

［同源字］倮，裸，羸，臝，露。見"裸"字條。

按，説文無倮字。裸爲臝之重文，在衣部。

倡 1. chāng 尺良切，平，陽韻，穿三。陽部。

❶歌舞藝人。史記滑稽列傳："優旃者，秦～，侏儒也。"又趙世家："趙王遷，其母～也。"漢書東方朔傳："有幸～郭舍人。"

［備考］〔倡狂〕同“猖狂”。莊子山木：“倡狂妄行，乃蹈乎大方。”

2. chàng 尺亮切，去，漾韻，穿三。陽部。

㊁帶頭唱，領唱。詩鄭風蘀兮：“叔兮伯兮，～予和女。”禮記樂記：“壹～而三歎。”鄭玄注：“倡，發歌句也。”引申爲倡導，提倡。漢書陳勝傳：“今誠以吾衆爲天下～，宜多應者。”

傷 yì 以豉切，去，寘韻，喻四。錫部。

相輕慢。說文：“傷，輕也。”廣韻：“傷，相輕慢也。”經傳皆以“易”爲之。

個 gè 古賀切，去，箇韻，見。歌部。

量詞。通“个”。儀禮士虞禮：“俎釋三个。”鄭玄注：“个，猶枚也。今俗或名枚曰～，音相近。”

按，說文無個字。

候 hòu 胡遘切，去，候韻，匣。侯部。

㊀伺望。國語晉語八：“～遮扞衛不行。”韋昭注：“候，候望。”〔候人〕①道路上迎送賓客的官吏。詩曹風候人：“彼候人兮，何戈與祋。”②伺望敵人的人。左傳宣公十二年：“豈敢辱候人？”杜預注：“候人，謂伺候望敵者。”候人又省稱“候”。國語周語中：“～不在疆。”韋昭注：“候，候人，掌送迎賓客者。”引申爲斥候，邊疆伺望敵人的哨所。後漢書光武帝紀：“築亭～，修烽燧。”㊁探望，問候。漢書張禹傳：“上臨～禹。”㊂時令。五日爲一候。禮記王制：“獺祭魚，然後虞人入澤梁。”鄭玄注：“取物必順時～也。”

倏 shū 式竹切，入，屋韻，審三。覺部。

㊀〔倏忽〕快速，指極短的時間。戰國策楚策四：“倏忽之間，墜於公子之手。”亦省作“倏”。魏書崔挺傳：“别卿以來，～焉二載。”㊁〔倏眒〕雙聲聯緜字。奔逐快速的樣子。晉左思蜀都賦：“鷹犬倏眒。”

按，說文倏字在犬部。韻會引說文云：“犬走疾也。”

倫 lún 力迍切，平，諄韻，來。文部。

㊀輩，類。禮記曲禮下：“儗人必於其～。”漢書甘延壽傳：“投石超距，絶於等～。”〔人倫〕人的等級關係。孟子滕文公上：“使契爲司徒，教以人倫，父子有親，君臣有義，夫婦有别，長幼有叙，朋友有信。”亦省稱“倫”。論語微子：“欲潔其身，而亂大～。”㊁道理。詩小雅正月：“維號斯言，有～有脊。”論語微子：“言中～，行中慮。”

［備考］掄。儀禮少牢饋食禮：“雍人倫膚九，實于一鼎。”鄭玄注：“倫，擇也。”

［同源字］類，倫。見“類”字條。

俳 pái 步皆切，平，皆韻，並。微部。

㊀諧戲，滑稽劇。漢書枚臯傳：“詼笑類～倡。”又廣川惠王越傳：“令倡～羸戲坐中。”又霍光傳：“擊鼓歌吹作～倡。”㊁〔俳佪〕叠韻聯緜字。同“徘徊”。漢書高后傳：“俳佪往來。”

倕 chuí 是爲切，平，支韻，禪。歌部。

人名。莊子胠篋：“攦工～之指，而天下始人有其巧矣。”釋文：“工倕，堯時巧者也。”吕氏春秋離謂：“周鼎著～而齕其指。”高誘注：“倕，堯之巧工。”字本作“垂”。書堯典：“帝曰：俞！咨垂，汝共工。”蔡沈注：“垂，臣名，有巧思。莊子曰‘攦工倕之指’，即此也。”

按，說文無倕字。

倭 1. wēi 於爲切，平，支韻，影。歌部。

㊀〔倭遲〕迂回遥遠的樣子。詩小雅四牡：“周道倭遲。”毛傳：“倭遲，歷遠之貌。”朱熹集傳：“倭遲，回遠之貌。”

2. wō 烏禾切，平，戈韻，影。歌部。

㊁古代對日本人的稱謂。漢書地理志下：“樂浪海中有～人，分爲百餘國。”

3. wǒ 烏果切，上，果韻，影。歌部。

㊂〔倭墮〕叠韻聯緜字。婦女髮髻的一種式樣。玉臺新詠日出東南隅行：“頭上倭墮髻，耳中明月珠。”

俷 fèi 集韻父沸切，去，未韻，奉。微部。

背。史記三王世家燕王策："毋作怨，毋～德。"

按，説文無俷字。

倜 tì 他歷切，入，錫韻，透。覺部。

㊀〔倜然〕疏遠、遠離的樣子。荀子非十二子："則倜然無所歸宿。"楊倞注："倜然，疏遠貌。"又彊國："則倜倜然其不及遠矣。"㊁〔倜儻〕雙聲聯緜字。卓異不凡。漢司馬遷報任安書："唯倜儻非常之人稱焉。"

按，説文無倜字，新附有之。

倱 hùn 胡本切，上，混韻，匣。

〔倱伅〕疊韻聯緜字。人名。傳説遠古帝鴻氏之子。玉篇："帝鴻氏有不才子，天下之民謂之倱伅。"左傳文公十八年作"渾敦"，史記五帝本紀作"渾沌"。

按，説文無倱字。

倠 suī 許維切，平，脂韻，曉。微部。

〔仳倠〕見"仳"字條。

倪 1. ní 五稽切，平，齊韻，疑。支部。

㊀〔旄倪〕老幼。孟子梁惠王下："王速出令，反其旄倪。"㊁分際。莊子齊物論："何謂和之以天～？"郭象注："天倪者，自然之分也。"〔端倪〕頭緒。莊子大宗師："反覆終始，不知端倪。"

2. nì 集韻研計切，去，霽韻，疑。支部。

㊂通"睨"。斜視。爾雅釋魚："左～不類，右～不若。"〔俾倪〕見"俾"字條。

〔同源字〕睨，晲，倪。見"睨"字條。

俾 1. bǐ 並弭切，上，紙韻，幫。支部。

㊀使。詩魯頌閟宫："～爾熾而昌。"書堯典："有能～乂。"

〔備考〕從。書武成："罔不率～。"

2. pì 集韻匹計切，去，霽韻，滂。支部。

㊁〔俾倪〕疊韻聯緜字。①城上的短牆。墨子備城門："俾倪廣三尺，高二尺五寸。"②同"睥睨"。斜視。史記魏公子列傳："侯生下見其客朱亥，俾倪故久立。"

九　畫

停 tíng 特丁切，平，青韻，定。耕部。

停止，停留。莊子德充符："平者，水～之盛也。"成玄英疏："停，止也。"

按，説文無停字，新附有之。

偯 yǐ 於豈切，上，尾韻，影。微部。

哭的尾聲。禮記雜記下："童子哭不～。"又閒傳："三曲而～。"鄭玄注："聲餘從容也。"

按，説文無偯字。

偏 piān 芳連切，集韻紕延切，平，仙韻，滂。真部。

㊀不正，偏斜。書洪範："無～無陂。"僞孔傳："偏，不平；陂，不正。"吕氏春秋貴公引書作"無～無頗"。引申爲側，邊。左傳隱公十一年："鄭伯使許大夫百里奉許叔以居許東～。"又爲半。左傳閔公二年："衣身之～。"莊子盗跖："禹～枯。"又爲佐。左傳襄公三十年："且司馬，令尹之～。"又襄公三年："舉其～，不爲黨。"㊁語氣副詞。出乎尋常或意外（後起義）。南朝陳徐陵走筆戲書應令詩："秋來應瘦盡，～自着腰身。"

〔備考〕戰車二十五乘爲偏。左傳桓公五年："先～後伍。"

〔同源字〕頗，偏。見"頗"字條。

傞 suō 素何切，平，歌韻，心。歌部。

〔傞傞〕醉舞的樣子。詩小雅賓之初筵："側弁之俄，屢舞傞傞。"

偆 chǔn 尺尹切，上，準韻，穿三。文部。

㊀蠢動。漢班固白虎通五行："春之爲言～。～，動也。"㊁〔偆偆〕喜樂的樣子。漢董仲舒春秋繁露陽尊陰卑："春之爲言，猶偆偆也。…偆偆者，喜樂之貌也。"

偪 1. bī 彼側切，入，職韻，幫。職部。

㊀侵迫,逼迫。左傳隱公十一年:"實~處此。"孟子滕文公上:"禽獸~人。"引申爲迫近,窄。荀子賦篇:"入郄穴而不~者歟?"〔偪仄〕叠韻聯緜字。迫近,密集的樣子。漢張衡西京賦:"麀鹿麌麌,駢田偪仄。"

〔備考〕綁腿。禮記内則:"~屨著綦。"鄭玄注:"偪,行縢。"

2. fú 方六切,入,屋韻,非。職部。

㊁〔偪陽〕國名。春秋襄公十年:"夏五月甲午,遂滅偪陽。"

〔同源字〕楅,偪(逼)。見"楅"字條。

按,説文無偪字。

偠 yǎo 烏皎切,上,篠韻,影。宵部。

〔偠紹〕叠韻聯緜字。姿容美麗的樣子。文選漢張衡南都賦:"偠紹便娟。"亦作"要紹"。又西京賦:"要紹脩態。"薛綜注:"要紹,謂嬋娟作姿容也。"

按,説文無偠字。

做 zuò 集韻臧祚切,去,暮韻,精。

後起字。作。宋邵雍和人留題張相公庵詩:"~了三公更引年。"

按,"做"就是"作"字。廣韻去聲暮韻:"作,造也,臧祚切。"集韻:"作,宗祚切,造也,俗作做。"今普通話讀入過韻。

偕 xié(舊讀 jiē)古諧切,平,皆韻,見。脂部。

動詞。在一起。詩魏風陟岵:"兄曰嗟,予弟行役,夙夜必~。"又小雅杕杜:"卜筮~止。"左傳莊公七年:"星隕如雨,與雨~也。"引申爲副詞。一同,一道。詩秦風無衣:"與子~行。"又邶風擊鼓:"與子~老。"左傳僖公二十四年:"與女~隱。"

〔備考〕㊀〔偕偕〕强壯的樣子。詩小雅北山:"偕偕士子,朝夕從事。"㊁徧。詩周頌豐年:"降福孔皆。"毛傳:"皆,徧也。"左傳襄公二年引詩作"降福孔~"。

〔辨〕偕,皆,俱。説文:"俱,偕也。"又:"偕,一曰俱也。"又:"皆,俱詞也。"三字同義。但在具體應用上有所不同。"偕、俱"都能用作動詞,"皆"字不能。"與之俱"不能説成"與之皆","與雨偕"不能説成"與雨皆"。"皆"只能用作副詞,所以説文説:"皆,俱詞也。""詞"就是虚詞的意思。"偕、皆、俱"都能用作副詞,書湯誓"予及汝皆亡",孟子梁惠王上引作"予及汝偕亡"。但"皆"字的用途,不但能修飾動詞,還能修飾形容詞、數詞等。例如"皆什一也",不能説成"偕什一也"。"偕"字是一同、一道的意思,也不能修飾一切動詞。例如"天下之民皆引領而望之",不能説成"偕引領而望之"。

偃 yǎn 於幰切,上,阮韻,影。元部。

倒下,仰倒,仰面卧倒。詩小雅北山:"或息~在牀,或不已於行。"左傳定公八年:"與一人俱斃,~,且射子鉏。"論語顔淵:"草上之風必~。"引申爲停止,停息。書武成:"乃~武修文。"

〔備考〕㊀通"堰"。築土以堵水。左傳襄公二十五年:"規~豬。"㊁通"鼴"。莊子逍遥遊:"~鼠飲河,不過滿腹。"㊂入厠處。莊子庚桑楚:"又適其~焉。"郭象注:"偃,謂屏厠。"㊃〔偃然〕安然。荀子儒效:"偃然如固有之。"楊倞注:"偃然,猶安然。"

〔辨〕偃,僵,仆,踣,斃,跌。見"跌"字條。

偭 miǎn 彌兖切,上,獮韻,明。元部。

㊀面向。説文引禮記少儀:"尊壺者~其鼻。"今本禮記少儀作"面"。㊁背向。漢賈誼弔屈原賦:"~蟂獺以隱處兮,夫豈從蝦與蛭螾?"引申爲違背。楚辭戰國屈原離騷:"固時俗之工巧兮,~規矩而改錯。"

〔同源字〕面,偭。見"面"字條。

偄 nuò 奴亂切,集韻奴卧切,去,過韻,泥。元部。

懦弱。荀子大略:"~弱易奪,似仁而非。"

［同源字］軟，輭，蝡，愞，耎，偄，媆，懦。見“軟”字條。

按，說文：“偄，弱也。”“偄”即今之“懦”字。集韻過韻以“愞、偄、懦”爲同字，音奴卧切。

健 jiàn 渠建切，去，願韻，羣。元部。

❶强，有力。荀子王制：“材技股肱～勇爪牙之士。”引申爲剛强，有力量。易乾：“天行～，君子以自强不息。”又爲健康。三國志魏書華佗傳：“好自將愛，一年便～。”❷善於，甚（後起義）。唐白居易偶作寄朗之詩：“老來多～忘。”

假 1. jiǎ 古疋切，上，馬韻，見。魚部。

❶借。書伊訓：“皇天降災，～手于我有命。”左傳僖公二年：“～道於虞以伐虢。”孟子公孫丑上：“以力～仁者霸。”又盡心上：“久～不歸。”引申爲憑藉。荀子勸學：“～輿馬者，非利足也，而致千里。”〔假令〕藉令，假如。史記管晏列傳贊：“假令晏子而在，予雖爲之執鞭，所忻慕焉。”❷暫攝職務爲假。史記項羽本紀：“乃相與共立羽爲～上將軍。”張守節正義：“未得懷王命也。假，攝也。”又陳涉世家：“乃以吴叔爲～王。”又淮陰侯列傳：“齊，僞詐多變反覆之國也，…不爲～王以鎮之，其勢不定，願爲～王便。…漢王…因復駡曰：‘大丈夫定諸侯，即爲真王耳，何以～爲？’乃遣張良往立信爲齊王。”引申爲非真的，僞的（後起義）。後漢書東平憲王蒼傳：“今送光烈皇后～紒帛巾各一。”

［備考］大。詩大雅思齊：“烈～不瑕。”毛傳：“假，大也。”

2. jià 古訝切，去，禡韻，見。

❸假期，給假（後起義）。三國志魏書梁習傳裴松之注引魏略苛吏傳：“時有吏父病篤，近在外舍，自白求～。”

［備考］㊀通“遐”。禮記曲禮下：“告喪，曰天王登～。”㊁通“格”。至。說文引虞書曰：“～于上下。”今堯典作“格”。

偋 1. bìng 防正切，集韻毗正切，去，勁韻，並。耕部。

❶隱僻。見廣韻。

2. bǐng 集韻必郢切，上，静韻，幫。耕部。

❷〔偋倖〕密貌。見集韻。❸通“屏”。排除。荀子榮辱：“恭儉者，～五兵也。”楊倞注：“偋當爲屏，卻也。”

按，說文無偋字。

偉 wěi 于鬼切，上，尾韻，喻三。微部。

偉大。莊子大宗師：“～哉！夫造物者。”引申爲盛。史記留侯世家：“衣冠甚～。”又爲特異。漢張衡思玄賦：“～關雎之戒女。”

偓 wò 於角切，音握，入，覺韻，影。屋部。

❶〔偓佺〕仙人名。漢司馬相如上林賦：“偓佺之倫，暴於南榮。”❷〔偓促〕叠韻聯緜字。拘愚的樣子。楚辭漢劉向九歎憂苦：“偓促談於廊廟兮。”

偝 bèi 蒲昧切，去，隊韻，並。職部。

背向。荀子非相：“鄉則不若，～則謾之。”禮記投壺：“毋～立。”鄭玄注：“偝，不正鄉前也。”引申爲背棄。禮記坊記：“利禄先死者而後生者，則民不～。”

按，說文無偝字。

僎 zhuàn 士戀切，音饌，去，線韻，牀二。元部。

具備。說文：“僎，具也。…虞書曰：‘旁救僎功。’”今本堯典作“方鳩僝功”。

偵 zhēn（舊又讀 zhēng）丑貞切，平，清韻，徹。耕部。

偵伺，偵察，偵探。後漢書清河孝王慶傳：“内使御者～伺得失。”又烏桓傳：“爲漢～察匈奴動静。”三國志魏書牽招傳：“使備鞍馬，遠遣～候。”

［備考］丑鄭切，問。禮記緇衣引易“恒其德～”，鄭玄注：“偵，問也。”今易恒作“恒其德貞”。

按，說文無偵字，新附有之，云：“偵，問

也。”

側 cè阻力切,入,職韻,照二。今讀如“測”。職部。

㊀旁邊。詩召南殷其靁:“在南山之～。”又魏風伐檀:“坎坎伐輻兮,寘之河之～兮。”㊁傾斜。詩小雅賓之初筵:“～弁之俄。”引申爲偏,不正。書洪範:“無反無～,王道正直。”㊂〔側陋〕隱僻鄙陋的地方,意指微賤之人。書堯典:“明明揚側陋。”孔穎達疏:“汝當明白舉其明德之人於僻隱鄙陋之處。”蔡沈傳:“上明,謂明顯之;下明,謂已在顯位者。揚,舉也。側陋,微賤之人也。”

[備考]㊀獨,特。儀禮聘禮:“公～襲受玉於中堂。”鄭玄注:“側,猶獨也。”禮記曲禮上:“有憂者～席而坐。”鄭玄注:“側,猶特也。”㊁伏。淮南子原道:“～谿谷之間。”高誘注:“側,伏也。”

偶 ǒu五口切,上,厚韻,疑。侯部。

㊀木偶,土偶。戰國策齊策:“有土～人與桃梗相與語。”㊁對偶。荀子修身:“～視而先俯。”楊倞注:“偶視,對視也。”史記秦始皇本紀:“有敢～語詩書,棄市。”裴駰集解:“偶,對也。”南朝齊孔稚珪北山移文:“～吹草堂。”李善注:“偶,匹對之名。”引申爲偶數,與“奇”相對。莊子天下:“以觭～不仵之辭相應。”禮記郊特牲:“鼎俎奇而籩豆～。”又爲配偶。魏書劉昞傳:“(郭)瑀有女始笄,妙選良～。”又爲同輩。史記黥布列傳:“迺率其曹～,亡之江中爲羣盜。”司馬貞索隱:“曹,輩也;偶,類也。”㊂偶然,偶合。列子楊朱:“鄭國之治,～耳;非子之功也。”史記范睢(雎)列傳贊:“然士亦有～合。”

[備考]配。書君奭:“曰汝明勗,～王在亶。”孔穎達疏:“勗,勉也。偶,配也。亶,信也。”蔡沈傳:“且曰汝當明勉輔孺子,如耕之有偶也。”

偈 1. jiē集韻丘傑切,入,薛韻,溪。月部。

㊀疾馳的樣子。詩檜風匪風:“匪車～兮。”

2. jié渠列切,入,薛韻,羣。月部。

㊁勇武的樣子。詩衛風伯兮:“伯兮朅兮。”玉篇引詩作“偈”。

3. jì其憩切,去,祭韻,羣。

㊂後起詞。佛經中的頌詞。高僧傳鳩摩羅什:“從師受經,日誦千～。”

[備考]通“憩(qì)”。漢書揚雄傳上甘泉賦:“度三巒兮～棠黎。”顏師古注:“偈讀曰憩。”

按,説文無偈字。

偲 1. cāi倉才切,平,咍韻,清。之部。

㊀多鬚的樣子。詩齊風盧令:“其人美且～。”朱熹集傳:“偲,多鬚之貌。”按,毛傳:“偲,才也。”説文:“偲,彊力也。”當以朱熹集傳爲是。

2. sī息兹切,音思,平,之韻,心。之部。

㊁〔偲偲〕互相勉勵規勸的樣子。論語子路:“朋友切切偲偲。”

偘 kǎn音侃。

後起字。同“侃”。隋書房彥謙傳:“詞氣～然。”

偎 wēi烏恢切,平,灰韻,影。微部。

後起詞。緊貼,挨着。唐温庭筠南湖詩:“野船著岸～春草。”

[備考]愛。山海經海内經:“其人水居,～人愛人。”郭璞注:“偎亦愛也。”

按,説文無偎字。

偁 chēng處陵切,平,蒸韻,穿三。蒸部。

揚。説文:“偁,揚也。”

御 jué其虐切,入,藥韻,羣。

勞。廣雅釋詁一:“御,勞也。”字亦作“䢼”。史記司馬相如列傳:“徼䢼受詘。”

偷 tōu託侯切,平,侯韻,透。侯部。

㊀澆薄,不厚道。論語泰伯:“故舊不遺,

則民不～。”引申爲苟且，怠惰。國語晉語：“其下～以幸。”管子權修：“有無積而徒食者，則民～幸。”韓非子難二：“夫賞無功，則民～幸而望於上。”㊁盜竊。淮南子道應：“楚有善爲～者，往見曰：‘聞君求技道之士，臣～也。’”

按，説文無偷字。

傀 1. guī 公回切，平，灰韻，見。微部。

㊀大。莊子列禦寇：“達生之情者～。”注：“傀然大恬解之貌。”㊁〔傀然〕獨立的樣子。荀子性惡：“天下不知之，則傀然獨立天地之間而不畏，是上勇也。”㊂〔傀俄〕傾頹的樣子。世説新語容止：“其醉也，傀俄若玉山之將崩。”

〔備考〕怪。周禮春官大司樂：“大～異烖。”鄭玄注：“傀，猶怪也。”

2. kuǐ 口猥切，上，賄韻，溪。

㊃〔傀儡〕後起詞。疊韻聯縣字。木偶戲。

偩 fù 房久切，音負，上，有韻，奉。之部。

㊀依順。禮記樂記：“禮樂～天地之情。”鄭玄注：“偩，猶依象也。”史記樂書作“禮樂順天地之情”。㊁同“負”。淮南子詮言：“好勇則輕敵而簡備，自～而辭助。”高誘注：“自偩，自恃也。”

按，説文無偩字。

偬 zǒng 作孔切，音總，上，董韻，精。東部。

〔倥偬〕見“倥”字條。

按，説文無偬字。

偟 huáng 胡光切，音皇，平，唐韻，匣。陽部。

㊀暇。爾雅釋言：“偟，暇也。”郭注引詩小雅四牡“不遑啓處”。㊁〔仿偟〕見“仿”字條。㊂〔偉偟〕見“偉”字條。

按，説文無偟字。

偊 yǔ 集韻王矩切，音禹，上，麌韻，喻三。魚部。

㊀〔偊偊〕同“踽踽”。獨行無伴的樣子。列子力命：“汝奚往而反，偊偊而步，有深愧之色邪？”㊁〔偊旅〕疊韻聯緜字。身體彎曲的樣子。漢書東方朔傳：“行步偊旅。”

按，説文無偊字。

傁 sǒu 集韻蘇后切，上，厚韻，心。幽部。

同“叟”。老人。左傳宣公十二年：“趙～在後。”杜預注：“傁，老稱也。”

按，説文無傁字。

偫 zhì 集韻丈里切，上，止韻，澄。之部。

儲備。國語周語中：“～而畚挶。”韋昭注：“偫，具也。”文選漢揚雄羽獵賦：“儲積共～。”李善注：“偫，具事也。”漢書外戚傳：“主見所～美人。”顔師古注：“偫，儲偫也。”

偰 xiè 私列切，音泄，入，薛韻，心。月部。

人名。相傳是殷的始祖。説文：“偰，高辛氏之子，堯司徒，殷之先。”字本作“契”。書舜典：“禹拜稽首，讓于稷契暨皋陶。”

十　畫

傘 sǎn 蘇旱切，上，旱韻，心。

雨具。秦帛書中已有傘字。

按，説文無傘字。參見“繖”字條。

傛 róng 餘封切，音容，平，鍾韻，喻四。東部。

〔傛華〕漢女官名。漢書外戚傳序：“至武帝制倢伃、娙娥、傛華、充依，各有爵位。”

傍 1. páng 步光切，音旁，平，唐韻，並。陽部。

㊀旁邊。史記淳于髡列傳：“執法在～，御史在後。”世説新語夙惠：“(桓)玄應聲慟哭，酸感～人。”唐杜甫新婚别詩：“嫁女與征夫，不如棄路～。”又乾元中寓居同谷縣作詩：“安得送我置汝～。”又九日藍田崔氏莊詩：“笑倩～人爲正冠。”按，旁邊的意義古多作“傍”。

2. bàng 蒲浪切，去，宕韻，並。陽部。

㊁依傍，接近。説文：“傍，近也。”晉書王

彪之傳："公阿衡國家，便當倚～先代耳。"唐杜甫春宿左省詩："星臨萬户動，月～九霄多。"又絶句漫興詩："沙上鳧雛～母眠。"

傠 fá 集韻房越切，音伐，入，月韻，並。月部。

同"伐"。漢揚雄太玄斷："勇休之～。"范望注："無道爲休，反義爲傠。"

按，説文無傠字。

傚 xiào 胡教切，音效，去，效韻，匣。宵部。

效法，學樣。詩小雅鹿鳴："君子是則是～。"又角弓："爾之教矣，民胥～矣。"

按，説文無傚字。詩"君子是則是傚"，左傳昭公七年引作"效"；"民胥傚矣"，左傳昭公六年引作"效"。

傓 shàn 式戰切，音扇，去，線韻，審三。元部。

熾盛。説文："傓，熾盛也。…詩曰：'豔妻～方處。'"今本詩小雅十月之交作"豔妻煽方處"。

傕 jué 古岳切，音覺，入，覺韻，見。

人名。東漢董卓部將有李傕。

按，説文無傕字。

傔 qiàn 苦念切，音歉，去，㮇韻，溪。談部。

❶滿足。吕氏春秋知士："揆吾家苟可以～劑貌辨者，吾無辭爲也。"高誘注："傔，足也。"❷後起詞。侍從。舊唐書職官志二："凡諸軍鎮使、副使以下，皆有～人。"

按，説文無傔字。新附有之，云："從也。"

傌 mà 集韻莫駕切，音罵，去，禡韻，明。魚部。

漢代刑罰之一種。漢書賈誼傳："而令與衆庶同黥劓髡刖笞～棄市之法。"

按，説文無傌字。

傃 sù 桑故切，音素，去，暮韻，心。

向。晉陸機演連珠："是以寸管下～，天地不能以氣欺。"

按，説文無傃字。

傋 gòu 集韻居候切，音構，去，候韻，見。侯部。

〔傋霿〕疊韻聯緜字。鄙吝，愚昧。漢書五行志中之上："不敬而傋霿之所致也。""傋霿"又作"溝瞀"、"㲉霿"。荀子儒效："愚陋溝瞀。"集韻："㲉霿，鄙吝也。"

按，説文無傋字，但有佝字，云："務也。"段氏改作"佝瞀也"。

傲 ào 五到切，去，号韻，疑。宵部。

驕傲。書堯典："象～。"又益稷："無若丹朱～。"

［辨］驕，傲。見"驕"字條。

傅 1. fù 方遇切，去，遇韻，非。魚部。

❶師傅。禮記内則："十年，出就外～。"〔太傅〕三公之一。書周官："立太師、太傅、太保。"僞孔傳："傅，傅相天子。"引申爲儐相。左傳僖公二十八年："鄭伯～王。"❷附着。左傳僖公十四年："皮之不存，毛將安～？"

2. fū 集韻芳無切，音敷，平，虞韻，敷。魚部。

❸通"敷"。布陳，分布。荀子成相："禹～土，平天下。"史記夏本紀："命諸侯百姓興人徒以～土。"書禹貢作"敷"。

［同源字］扶，俌，傅，輔，賻。見"輔"字條。

備 bèi 平秘切，去，至韻，並。之部。

❶預備，準備。書説命中："有～無患。"引申爲警戒，戒備。左傳成公十六年："申宫儆～，設守而後行。"❷具備，齊備，全。詩周頌有瞽："既～乃奏，簫管～舉。"左傳僖公二十八年："險阻艱難，～嘗之矣。"

［備考］㈠長的兵器。左傳昭公二十一年："齊致死莫如去～。"杜預注："備，長兵也。"㈡後牆。淮南子齊俗："則必有穿窬拊楗抽箕踰～之姦。"許慎注："備，後垣也。"㈢〔備家〕富足之家。荀子禮論："故雖備家，必踰日然後能殯。"楊倞注："備，豐足也。"

按，説文有"葡、備"二字，"葡"下云："具也。”“備”下云：“慎也。”

傎 diān 都年切，音顛，平，先韻，端。真部。

顛倒。穀梁傳僖公二十八年：“以爲晉文公之行事爲已～矣。”范甯注：“以臣召君，傎倒上下。”

按，説文無傎字。

健 1. liàn 郎甸切，音練，去，霰韻，來。元部。

❶雞雛。爾雅釋畜：“未成雞，健。”

2. liǎn 力展切，上，獮韻，來。元部。

❷〔健子〕雙生子。方言二：“陳楚之間凡人獸乳而雙産謂之釐孳，秦晉之間謂之健子。”

按，説文無健字。

傉 rù 内沃切，入，沃韻，泥。

人名。東晉時南凉國君有秃髮傉檀。北魏崔鴻十六國春秋南凉：“秃髮～檀，利鹿孤弟也。”

按，説文無傉字。

傞 cī 集韻叉宜切，平，支韻，穿二。讀如參差的差。歌部。

〔傞池〕叠韻聯緜字。參差。文選漢司馬相如上林賦：“傞池茈虒，旋還乎後宫。”史記司馬相如列傳作“柴池”，也作“傞傂”、“柴虒”。

按，説文無傞字。

傒 xī 胡雞切，音奚，平，齊韻，匣。支部。

❶通“奚”。用於人名。春秋莊公二十二年：“秋七月丙申，及齊高～盟于防。”百里奚，史記秦本紀作百里傒。左傳祁奚，史記晉世家作祁傒。❷繫，捆綁。淮南子本經：“～人之子女。”高誘注：“傒，繫囚之繫，讀若雞。”

按，説文無傒字。

傖 cāng（舊讀 chéng）助庚切，平，庚韻，牀二。

後起詞。吴人駡中州人爲“傖”。世説新語雅量：“昨有一～父來寄亭中。”

按，説文無傖字。

傜 yáo 餘昭切，音摇，平，宵韻，喻四。宵部。

勞役。史記李斯列傳：“賦斂愈重，戍～無已。”晉潘岳河陽縣作詩：“昔倦都邑游，今掌河朔～。”字亦作“徭”、“繇”。

按，説文無傜字。

傑 jié 渠列切，入，薛韻，群。月部。

才過萬人曰傑。孟子公孫丑上：“尊賢使能，俊～在位。”荀子非相：“古者桀紂長巨姣美，天下之～也。”楊倞注：“倍萬人曰傑。”

傂 chí 直離切，音池，平，支韻，澄。歌部。

〔傞傂〕叠韻聯緜字。參差。漢揚雄甘泉賦：“傞傂參差。”參看“傞”字條。

按，説文無傂字。

十 一 畫

僉 qiān 七廉切，音籤，平，鹽韻，清。談部。

❶皆。書舜典：“～曰：‘伯禹作司空。’”又大禹謨：“詢謀～同。”❷〔僉壬〕小人。本作“憸壬”。參看“憸”字條。❸〔僉事〕後起詞。官名。宋代各州府的幕僚。

［備考］打穀器。方言五：“僉，宋魏之間謂之欇殳。”郭璞注：“僉，今連枷，所以打穀者。”

按，説文僉字在亼部。

傽 zhāng 集韻諸良切，音章，平，陽韻，照三。陽部。

〔傽偟〕〔傽遑〕叠韻聯緜字。驚慌失措的樣子。漢趙曄吴越春秋夫差内傳：“臣聞‘章’者，戰不勝，敗者走傽偟也。”楚辭漢王逸九思逢尤：“遽傽遑兮驅林澤。”亦作“獐徨”。集韻：“獐徨，行不正。”

按，説文無傽字。

傹 jìng 集韻渠映切，音競，去，映韻，群。陽部。

同“倞”。集韻以“傹”爲“倞”的别體，引説文：“彊也。”亦同“競”。詩周頌執競：“執競武王。"鄭箋:"競,彊也。"周禮春官鍾師鄭玄注:"繁,遏,執傹也。"釋文:"傹,音競,詩作競。"

按,説文有倞無傹。

傭 1. chōng 丑凶切,寵平聲,鍾韻,徹。東部。

❶均,直。詩小雅節南山:"昊天不～,降此鞠訩。"毛傳:"傭,均也。"釋文:"傭,勑龍反。"

2. yōng 餘封切,音庸,平,鍾韻,喻四。東部。

❷受雇爲人勞動。史記陳涉世家:"陳涉少時,嘗與人～耕。"又季布欒布列傳:"窮困賃～於齊,爲酒人保。"❸通"庸"。平凡。荀子非相:"遠舉則病繆,近世則病～。"後漢書劉盆子傳:"卿所謂鐵中錚錚,～中佼佼者也。"

債 zhài 側賣切,去,卦韻,照二。錫部。

欠人錢財。管子問:"邑之貧人～而食者幾何家?"字本作"責"。史記孟嘗君列傳:"問左右何人可使收～於薛者。"戰國策齊策作"責"。

[辨]責,債。見"責"字條。

按,説文無債字。

僞 yàn 於建切,音堰,去,願韻,影。元部。

❶擡價。後漢書崔駰傳附崔寔:"(崔)烈時因傅母入錢五百萬,得爲司徒。…帝顧謂親倖者曰:'悔不小靳,可至千萬。'"李賢注:"靳或作僞。説文:'僞,引爲賈也。'音一建反。"段玉裁説文注:"引猶張大之;賈者今之價字。"朱駿聲説文通訓定聲曰:"謂張大其價也。"❷通"鄢"。地名。漢書地理志上:"陳留郡…縣十七…～。"顔師古注引應劭:"鄭伯克段于鄢是也。"

傳 1. chuán 直攣切,平,仙韻,澄。元部。

❶傳授。論語學而:"～不習乎?"莊子德充符:"寡人～國焉。"引申爲留傳。莊子養生主:"指窮於爲薪,火～也。"又爲傳達。孟子公孫丑上:"速於置郵而～命。"又爲流傳。唐杜甫解悶詩:"復憶襄陽孟浩然,清詩句句盡堪～。"又爲傳聞。唐杜甫聞官軍收河南河北詩:"劍外忽～收薊北,初聞涕泪滿衣裳。"

[備考]移。禮記内則:"父母舅姑之衣衾簟席枕几不～。"鄭玄注:"傳,移也。"

2. zhuàn 直戀切,去,線韻,澄。元部。

❷驛車。左傳成公五年:"晉侯以～召伯宗。"李商隱籌筆驛詩:"徒令上將揮神筆,終見降王走～車。"❸符信。韓非子説林上:"鴟夷子皮負～而從。"漢書文帝紀:"除關無用～。"❹解經的文字。如毛亨的詩故訓傳,省稱毛傳。

[辨]傳,遞。見"遞"字條。

傴 yǔ 於武切,迂上聲,麌韻,影。侯部。

曲背。左傳昭公七年:"一命而僂,再命而～,三命而俯,循牆而走。"〔傴僂〕叠韻聯緜字。①鞠躬,恭敬貌。漢賈誼新書官人:"柔色傴僂。"②駝背。淮南子精神:"子求行年五十有四,而病傴僂。"

傈 piào 匹妙切,音票,去,笑韻,滂。宵部。

輕。荀子議兵:"輕利～速。"楊倞注:"傈亦輕也。"又修身:"怠慢～弃。"楊倞注:"傈,輕也,謂自輕其身也。"〔傈狡〕叠韻聯緜字。輕捷勇猛。後漢書班彪傳班固西都賦:"雖輕迅與傈狡,猶愕眙而不敢階。"

僊 xiān 相然切,音仙,平,仙韻,心。元部。

❶〔僊僊〕①高舉身體的樣子。詩小雅賓之初筵:"屢舞僊僊。"朱熹集傳:"僊僊,軒舉之狀。"②坐起的樣子。莊子在宥:"僊僊乎歸矣。"❷升天。莊子天地:"千歲厭世,去而上～,乘彼白雲,至於帝鄉。"引申爲名詞。仙人。史記封禪書:"安期生～者。"這個意義後來寫作"仙"。

僅 1. jǐn (舊讀 jìn)渠遴切,去,震韻,羣。文部。

❶纔,只,不過。國語周語中:"今天降禍災於周室,余一人～能守府。"戰國策秦策二:

"故楚之土壤士民非削弱，～以救亡者，計失於陳軫，過聽於張儀。"高誘注："僅猶裁。"

2. jìn 渠遴切，去，震韻，羣。

㊁用於數詞的前面，表示幾乎達到，多到。唐杜甫泊岳陽城下詩："江國踰千里，山城～百層。"唐韓愈張中丞傳後敘："初守睢陽時，士卒～萬人。"

傾 qīng 去營切，平，清韻，溪。耕部。

㊀傾斜，不正。老子："高下相～。"釋文："傾，不正貌。"引申爲傾覆，顛覆。詩大雅瞻卬："哲夫成城，哲婦～城。"又蕩："曾是莫聽，大命以～。"又爲倒出。晉潘岳笙賦："～縹瓷以酌酃。"又爲傾倒，佩服。漢書司馬相如傳："一坐盡～。"㊁竭盡。史記魏公子列傳："天下士復往歸公子，公子～平原君客。"

僇 lù 力竹切，音戮，入，屋韻。覺部。

㊀通"戮"。殺戮。書甘誓："弗用命，戮于社。"史記作"僇"。引申爲羞辱。史記楚世家："～越大夫常壽過。"司馬貞索隱："僇，辱也。"又范睢(雎)列傳："賓客飲者醉，更溺睢，故～辱以懲後，令無妄言者。"㊁〔僇力〕通"戮力"。史記商君列傳："僇力本業，耕織致粟帛多者復其身。"

僂 lǚ 力主切，上，麌韻，來。侯部。

㊀曲背。左傳昭公四年："顧而見人，黑而上～。"又昭公七年："一命而～。"史記荆軻列傳："(田光)～行見荆軻。"〔傴僂〕見"傴"字條。㊁〔僂句〕叠韻聯緜字。龜的別名。左傳昭公二十五年："臧會竊其寶龜僂句。"

［備考］疾，速。公羊傳莊公二十四年："夫人不～，不可使入。"何休注："僂，疾也。齊人語。"荀子儒效："彼寶也者，衣之不可衣也，食之不可食也，賣之不可～售也。"楊倞注："僂，疾。"

僈 màn 集韻莫晏切，音慢，去，諫韻，明。元部。

怠慢。荀子不苟："君子寬而不～。"韓非子難三："廣廷嚴居，衆人之所肅也；晏室獨處，曾史之所～也。"

按，說文無僈字。集韻以"僈"爲"慢"的別體。

儽 1. lěi 集韻魯猥切，音儡，上，賄韻，來。微部。

㊀〔儽然〕〔儽儽〕頹喪的樣子。史記趙世家："見其長子章儽然也。"論衡骨相："儽儽若喪家之狗。"

2. lěi 集韻魯水切，音壘，上，旨韻，來。微部。

㊁〔無儽〕姓。公羊傳莊公三十二年："飲之無儽氏。"集韻："儽，姓也。春秋傳：'飲之無儽氏。'"

倗 péng 集韻蒲登切，音朋，平，登韻，並。蒸部。

姓。漢書王尊傳有倗宗。

按，說文無倗字。

催 cuī 倉回切，平，灰韻，清。微部。

後起詞。催促。梁簡文帝從軍行："將軍號令密，天子璽書～。"唐杜甫陪諸貴公子丈八溝詩："片雲頭上黑，應是雨～詩。"又秋興詩："寒衣處處～刀尺，白帝城高急暮砧。"

按，說文："催，相擣也。…詩曰：'室人交徧催我。'"今詩邶風北門作"摧"。毛傳："摧，沮也。"不是催促的意思。催促的"催"古但作"趣"。

傷 shāng 式羊切，平，陽韻，審三。陽部。

㊀創傷，受傷。書說命上："若跣勿視地，厥足用～。"左傳成公二年："郤克～於矢。"引申爲妨害。論語先進："何～乎？亦各言其志也。"又爲詆毀，中傷。呂氏春秋舉難："人～堯以不慈之名。"㊁悲傷。詩周南卷耳："維以不永～。"

傺 chì 丑例切，去，祭韻，徹。月部。

〔侘傺〕見"侘"字條。

按，説文無傺字。

傱 sǒng 息拱切，音聳，上，腫韻，心。東部。

〔傱傱〕①前進的樣子。漢書揚雄傳甘泉賦："風傱傱而扶轄兮。"顔師古注："傱傱，前進之意也。"②衆多的樣子。漢書禮樂志郊祀歌："騎沓沓，般傱傱。"顔師古注："傱傱，衆也。"

按，説文無傱字。

像 xiàng 徐兩切，上，養韻，邪。陽部。

模仿。易繫辭下："象也者，～此者也。"引申爲名詞。圖像。後漢書應劭傳："並下諸官府郡國，各上前人～贊。"又爲榜樣。楚辭戰國屈原九章橘頌："行比伯夷，置以爲～兮。"

十二畫

僰 bó 蒲北切，入，德韻，並。職部。

我國西南民族名。又名"僰中"。史記司馬相如列傳："會唐蒙使略通夜郎西～中。"司馬貞索隱："夜郎、僰中，文穎曰皆西（南）夷。"漢書食貨志："散幣於邛～以輯之。"

僒 jiǒng 渠殞切，音窘，上，軫韻，群。文部。

急迫。漢書賈誼傳鵩鳥賦："愚士繫俗，～若囚拘。"文選作"窘"。廣韻謂"僒"同"窘"。

按，説文無僒字。

僮 tóng 徒紅切，平，東韻，定。東部。

㊀童子，未成年的人。左傳哀公十一年："公爲與其嬖～汪錡乘，皆死，皆殯。"釋文："僮，本亦作童。"㊁僮僕。史記司馬相如列傳："而卓王孫家～八百人。"

［備考］〔僮然〕無知貌。漢揚雄太玄經童："物僮然，咸未有知。"

［同源字］童，僮，瞳。見"瞳"字條。

僦 jiù 即就切，去，宥韻，精。覺部。

租賃。淮南子氾論："今夫～載者，救一車之任，極一牛之力，爲軸之折也。"漢書王莽傳："實貨皆重，則～載煩費。"

按，説文無僦字，新附有之。

僧 sēng 蘇增切，平，登韻，心。

後起詞。和尚。僧伽（samgha）的簡稱。唐杜甫和裴迪登新津寺詩："老夫貪佛日，隨意宿～房。"

按，説文無僧字，新附有之，云："浮屠道人也。"

僁 qiān 去乾切，平，仙韻，溪。元部。

同"愆"。罪過。史記三王世家齊王策："厥有～不臧，乃凶於而國。"漢書武五子傳作"愆"。

按，説文無僁字。廣韻作"愆"的俗字。

僥 1. yáo 五聊切，音堯，平，蕭韻，疑。宵部。

㊀〔焦僥〕叠韻聯緜字。傳説中的矮人國名。説文："南方有焦僥，人長三尺，短之極也。"字亦作"僬僥"。參見"僬"字條。

2. jiǎo 集韻吉了切，上，篠韻，見。宵部。

㊁〔僥倖〕求利不止，冒險而希望幸免於禍。莊子在宥："此以人之國僥倖也。幾何僥倖而不喪人之國乎？"

僖 xī 許其切，音熙，平，之韻，曉。之部。

樂。見説文。古只用作帝王諸侯的謚號，僖王、僖公等。周僖王、魯僖公、晉僖公、齊僖公，史記皆作"釐"。

僨 fèn 方問切，音糞，去，問韻，非。文部。

㊀倒覆，僵仆。左傳隱公三年："鄭伯之車～於濟。"又昭公十三年："牛雖瘠，～於豚上，其畏不死？"㊁〔僨興〕緊張，興奮。左傳僖公十五年："張脈僨興，外强中乾。"杜預注："僨，動也。"

僛 qī 去其切，音欺，平，之韻，溪。之部。

〔僛僛〕醉舞的樣子。詩小雅賓之初筵："屢舞僛僛。"

僭 jiàn 子念切,去,㮇韻,精。侵部。

差錯,亂。詩小雅鼓鐘:"以雅以南,以籥不～。"孔穎達疏:"此三者皆不僭差。"朱熹集傳:"僭,亂也。"引申爲過分。詩商頌殷武:"不～不濫。"朱熹集傳:"僭,賞之差也;濫,刑之過也。"左傳襄公二十六年:"賞～則懼及淫人,刑濫則懼及善人。若不幸而過,寧～無濫。"又爲超過身份,如濫用名號,濫用職權。公羊傳昭公二十五年:"諸侯～於天子。"漢書師丹傳:"故定陶太后造稱～號,甚悖義理。"

僚 1. liáo 落蕭切,平,蕭韻,來。宵部。

㊀官。書皋陶謨:"百～師師。"詩大雅板:"及爾同～。"小雅大東:"百～是試。"㊁奴隸的一級。左傳昭公七年:"故王臣公,公臣大夫,大夫臣士,士臣皁,皁臣輿,輿臣隸,隸臣～,～臣僕,僕臣臺。"

2. liǎo 力小切,上,小韻,來。宵部。

㊂貌美的樣子。詩陳風月出:"佼人～兮。"

僪 jué 字彙補居月切,音厥。月部。

同"蹶"。仆倒。吕氏春秋辯土:"見風則～。"高誘注:"僪,仆也。"

按,說文無僪字。

僩 xiàn 下赧切,上,潸韻,匣。元部。

武猛的樣子。說文:"僩,武皃。"詩衛風淇奥:"瑟兮～兮。"朱熹集傳:"瑟,矜莊貌。僩,威嚴貌。"荀子榮辱:"陋者俄且～也。"楊倞注:"僩與撊同,猛也。"

[備考]通"瞯"。論衡薄葬:"璵璠,寶物也,魯人用斂,奸人～之,欲心生矣。"

僎 1. zhuàn 士戀切,音撰,去,線韻,牀二。元部。

㊀具備。論語先進:"異乎三子者之～。"釋文:"撰,鄭作僎。"

2. zūn 將倫切,音遵,平,諄韻,精。元部。

㊁鄉飲酒輔主人者。禮記少儀:"介爵,酢爵,～爵,皆居右。"疏:"僎,謂鄉人來觀禮副主人者也。"

僝 1. zhuàn 士限切,上,産韻,牀二。元部。

㊀具備。書堯典:"共工方鳩～功。"馬融注:"僝,具也。"字亦作"孱"。說文:"孱,具也。…虞書曰:'旁救孱功。'"晉左思魏都賦:"～拱木於林衡。"

[備考]見。書堯典:"共工方鳩～功。"僞孔傳:"僝,見也。歎共工能方方聚見其功。"徐灝曰:"二見字疑皆具之誤。"

2. chán 士山切,平,山韻,牀二。

㊁[僝僽]後起雙聲聯緜字。埋怨,折磨。宋黄庭堅宴桃源詞:"天氣把人僝僽,落絮絲時候。"

僪 jué 集韻古穴切,音決,入,屑韻,見。質部。

㊀日旁氣。吕氏春秋明理:"其日有鬬蝕,有倍～,有暈珥。"高誘注:"在兩旁反出爲倍,在上反出爲僪。"淮南子覽冥作"背譎",漢書天文志作"背穴"。㊁[僪佹]雙聲聯緜字。神奇,怪異。楚辭天問漢王逸章句:"見楚有先王之廟及公卿祠堂,圖畫天地山川神靈,琦瑋僪佹。"

按,說文無僪字。

僓 1. tuǐ 吐猥切,音腿,上,賄韻,透。微部。

㊀嫺,長。見說文。

2. tuí 集韻徒回切,音穨,平,灰韻,定。微部。

㊁[僓然]放任不矜的樣子。莊子外物:"於是乎有僓然而道盡。"成玄英疏:"僓然,放任不矜之貌。"

僤 dàn 徒案切,音憚,去,翰韻,定。元部。

厚。詩大雅桑柔:"我生不辰,逢天～怒。"毛傳:"僤,厚也。"

僕 pú 蒲木切,入,屋韻,並。屋部。

㊂奴隸，奴僕。詩小雅正月："民之無辜，并其臣～。"引申爲自謙之詞。漢司馬遷報任安書："～少負不羈之才。"㊃駕車的人。詩小雅正月："屢顧爾～。"論語子路："子適衛，冉有～。"

［備考］附着。詩大雅既醉："景命有～。"毛傳："僕，附也。"

按，説文僕字在菐部。

僢 chuǎn 尺尹切，上，準韻，穿三。文部。

字本作"舛"。足相向而卧。禮記王制："雕題交趾。"鄭玄注："交趾，足相鄉然。浴則同川，卧則～。"

按，説文無僢有舛，在舛部。

僞 wěi（舊讀 wèi）危睡切，去，寘韻，疑。歌部。

㊀欺詐。書周官："作～心勞日拙。"周禮地官大司徒："以五禮防萬民之～而教之。"引申爲假，與"真"相對。莊子齊物論："道惡乎隱而有真～？"㊁人爲的。荀子性惡："人之性惡，其善者～也。"楊倞注："僞，爲也，矯也。矯其本性也。凡非天性而人作爲之者，皆謂之僞。"

［同源字］爲，僞。見"爲"字條。

僑 qiáo 巨嬌切，平，宵韻，群。宵部。

㊀高。見説文。左傳文公十一年："敗狄于鹹，獲長狄～如。"㊁寄居異地。韓非子亡徵："羈旅～士，重帑在外。"

僬 1. jiāo 即消切，音焦，平，宵韻，精。宵部。

㊀〔僬僥〕叠韻聯緜字。傳説中的矮人國名。列子湯問："從中州以東四十萬里，得僬僥國，人長一尺五寸。"

［備考］〔僬眇〕叠韻聯緜字。文選漢馬融長笛賦："僬眇睢維。"李善注："目開合之貌。"

2. jiào 子肖切，去，笑韻，精。宵部。

㊁〔僬僬〕行走急促貌。禮記曲禮下："庶人僬僬。"

按，説文無僬字。"僬僥"作"焦僥"。

十三畫

僿 shì 式吏切，音試，去，志韻，審三。職部。

不忠誠。史記高祖本紀贊："文之敝，小人以～，故救～莫若以忠。"集韻："僿，無悃誠皃。"

按，説文無僿字。

億 yì 於力切，入，職韻，影。職部。

㊀數詞。十萬，萬萬。禮記内則："降德於衆兆民。"孔穎達疏："算法，億之數有大小二法。其小數以十爲等，十萬爲億，十億爲兆也；其大數以萬爲等，萬至萬，是萬萬爲億。"詩魏風伐檀："不稼不穡，胡取禾三百～兮。"又小雅楚茨："我倉既盈，我庾維～。"又："永錫爾極，時萬時～。"又周頌豐年："亦有高廩，萬～及秭。"㊁預料，猜測。論語先進："～則屢中。"又憲問："不逆詐，不～不信。"㊂安。左傳隱公十一年："寡人唯是一二父兄不能共～。"杜預注："億，安也。"又昭公二十一年："心～則樂。"注："億，安也。"

［備考］通"噫"。歎詞。易震："～喪貝。"孔穎達疏："億，辭也。"程頤易傳："億字未詳。"

儃 1. tán 徒干切，音壇，平，寒韻，定。元部。

㊀〔儃佪〕〔儃回〕徘徊的樣子。楚辭戰國屈原九章惜誦："欲儃佪以干傺兮。"又涉江："入溆浦余儃佪兮，迷不知吾所如。"又惜誓："壽冉冉而日衰兮，固儃回而不息。"

2. tǎn 集韻儻旱切，音坦。上，旱韻，透。元部。

㊁〔儃儃〕〔儃僈〕舒閒的樣子。莊子田子方："有一史後至者，儃儃然不趨。"漢賈誼新書勸學："然則舜僶俛而加志，我儃僈而弗省耳。"

3. shàn 集韻時戰切，音膳，去，線韻，禪。元部。

㊂通"禪"。禪讓。法言問明："允喆堯～

舜之重，則不輕於由矣。”

儀 yí 魚羈切，平，支韻，疑。歌部。

㊀容止儀表。詩大雅烝民：“令～令色。”又邶風柏舟：“威～棣棣。”引申爲禮儀，行禮的儀式。詩小雅楚茨：“獻醻交錯，禮～卒度。”禮記中庸：“禮～三百，威～三千。”又爲法度，準則。三國志蜀書諸葛亮傳：“諸葛亮之爲相國也，撫百姓，示～軌。”又爲動詞。取法。詩大雅文王：“～刑文王。”又爲儀器。後漢書明帝紀：“正～度。”李賢注：“儀謂渾儀。”㊁匹配。詩鄘風柏舟：“髧彼兩髦，實維我～。”爾雅釋詁：“儀，匹也。”

僵 jiāng 居良切，平，陽韻，見。陽部。

㊀向後倒下。吕氏春秋貴卒：“鮑叔御公子小白～。”㊁不活動。靈樞經癲狂：“癲疾始作，先(而)反～，因而脊痛。”

［辨］偃，僵，仆，踣，斃，跌。見“跌”字條。

價 jià 古訝切，去，禡韻，見。魚部。

物品的價值。漢焦贛易林屯之革：“長錢善～。”字本作“賈”。論語子罕：“求善賈而沽諸？”

按，説文無價字，新附有之。

儆 jǐng 居影切，音警，上，梗韻，見。耕部。

戒備。書大禹謨：“～戒無虞。”左傳成公十六年：“申宫～備。”

［同源字］驚，警，讝，儆，憼，憼，敬。見“警”字條。

僸 1. jìn 居蔭切，音禁，去，沁韻，見。侵部。

㊀音樂名。〔僸佅兜離〕古代四方少數民族音樂名。文選漢班固東都賦：“僸佅兜離，罔不具集。”李善注引孝經鉤命訣：“東夷之樂曰佅，南夷之樂曰任，西夷之樂曰林離，北夷之樂曰僸。”

2. yǐn 牛錦切，上，寢韻，疑。侵部。

㊀仰頭。漢書司馬相如傳大人賦：“～祲尋而高縱兮。”史記作“噞”。集韻：“僸，仰頭也。或作噞。”

按，説文無僸字。

僻 pì 普擊切，入，錫韻，滂。錫部。

偏僻。吕氏春秋慎行：“晉之霸也，近於諸夏；而荆～也，故不能與争。”楚辭戰國屈原九章涉江：“苟余心其端直兮，雖～遠之何傷？”

僶 mǐn 武盡切，集韻弭盡切，上，軫韻，明。陽部。

〔僶俛〕雙聲聯緜字。①勤奮的樣子。漢賈誼新書勸學：“然則舜僶俛而加志。”②猶言俯仰之間，形容時間的短暫。文選南朝宋顔延年秋胡詩：“孰知寒暑積，僶俛見榮枯。”注：“僶俛，猶俯俛也。”

按，説文無僶字。

儂 nóng 奴冬切，音農，平，冬韻，泥。

後起字。㊀我。古代吴人自稱。晉書會稽王道子傳：“道子頷曰：‘～知～知。’”㊁你。樂府詩集尋陽樂：“雞亭故～去，九里新～還。”㊂他。猶言渠儂。樂府詩集吴聲歌曲有懊儂歌。

按，説文無儂字。

儇 xuān 許緣切，平，仙韻，曉。元部。

㊀便捷。詩齊風還：“揖我謂我～兮。”㊁輕薄巧慧。荀子非相：“今世俗之亂君，鄉曲之～子，莫不美麗姚冶。”楊倞注：“儇子，輕薄巧慧之子也。”楚辭戰國屈原九章惜誦：“妄～娟以背衆兮，待明君其知之。”王逸注：“儇，佞也。”

僾 ài 烏代切，音愛，去，代韻，影。物部。

㊀呼吸不順，嗚咽。詩大雅桑柔：“如彼遡風，亦孔之～。”毛傳：“僾，唈。”〔唈僾〕見“唈”字條。㊁彷彿。禮記祭義：“～然必有見乎其位。”

儈 kuài 古外切，音檜，去，泰韻，見。月部。

買賣的居間人。漢書貨殖傳：“節駔～。”

顔師古注:"儈者,會合二家交易者也。"後漢書逢萌傳:"~牛自隱。"

按,説文無儈字,新附有之。

儉 jiǎn 巨險切,上,琰韻,群。談部。

❶節約。與"奢"相對。書大禹謨:"惟汝賢,克勤於邦,克~於家。"論語八佾:"禮與其奢也寧~。"❷歲歉。逸周書糴匡:"年~歲不足。"後漢書陳寵傳:"荆揚稻收~薄。"

[備考]〔儉然〕謙遜的樣子。荀子非十二子:"儉然,侈然。"楊倞注:"自謙卑之貌。"

儋 1. dān 都甘切,音擔,平,談韻,端。談部。

❶肩挑。國語齊語:"負任~何。"韋昭注:"背曰負,肩曰儋。任,抱也。何,揭也。"這個意義後來寫作"擔"。

2. dàn 集韻都濫切,擔去聲,闞韻,端。談部。

❷量詞。一人之所負擔爲一擔。漢書貨殖傳:"漿千~。"顔師古注:"儋,人儋之也。"又蒯通傳:"守~石之禄者,闕卿相之位。"顔師古注:"儋者,一人之所儋也。"明方以智通雅卷四〇算數云:"漢書'一石爲石,再石爲儋',言人儋之也。"這個意義後來寫作"擔"。

儁 jùn 集韻祖峻切,音駿,去,稕韻,精。文部。

同"俊"。左傳莊公十一年:"得~曰克。"釋文:"本或作俊。"後漢書袁紹傳:"英才~逸。"世説新語容止:"~爽有風姿。"

按,説文無儁字。

儌 jiǎo 古了切,上,篠韻,見。宵部。

〔儌倖〕同"徼倖"。莊子盜跖:"使天下學士不反其本,妄作孝弟,而儌倖於封侯富貴者也。"參見"徼倖"。

按,説文無儌字。

十 四 畫

儜 níng 女耕切,平,耕韻,娘。

後起字。弱。宋書明恭王皇后傳:"后在家爲~弱婦人,不知今段遂能剛正如此。"

儐 1. bìn 必刃切,去,震韻,幫。真部。

❶導。周禮春官大宗伯:"王命諸侯則~。"鄭玄注:"儐,進之也。"管子小問:"桓公令~者延而上。"尹知章注:"儐,謂贊引賓客者也。"❷陳列。詩小雅常棣:"~爾籩豆,飲酒之飫。"❸擯斥。戰國策趙策二:"大王收率天下以~秦。"

2. bīn 必鄰切,音賓,平,真韻,幫。真部。

❹敬。禮記禮運:"山川,所以~鬼神也。"皇侃注:"儐,敬也。"

[備考]通"顰"。古文苑漢枚乘梁王菟園賦:"~笑連便。"

[同源字]賓,儐,殯。見"賓"字條。

儕 chái 士皆切,音豺,平,皆韻,牀二。脂部。

等,輩。左傳宣公十一年:"吾~小人。"又成公二年:"況吾~乎?"又僖公二十三年:"晉鄭同~。"杜預注:"儕,等也。"

[備考]耦。漢書揚雄傳:"~男女,使莫違。"顔師古注:"儕,耦也。"

儒 rú 人朱切,平,虞韻,日。侯部。

❶學者。周禮天官冢宰:"~以道得民。"鄭玄注:"儒,諸侯保氏有六藝以教民者。"論語雍也:"女爲君子~,無爲小人~。"❷孔子的學派。孟子盡心下:"逃墨必歸於楊,逃楊必歸於~。"漢書藝文志:"~家者流,蓋出於司徒之官。"❸〔侏儒〕見"侏"字條。

[備考]㊀懦弱。荀子修身:"勞苦之事則偷~轉脱。"楊倞注:"偷謂苟避於事,儒亦謂儒弱畏事,皆懶惰之義。"㊁順。素問皮部論:"少陰之陰,名曰樞~。"王冰注:"儒,順也。"按,"樞儒"是叠韻聯緜字,王注不可靠。

儔 chóu 直由切,音綢,平,尤韻,澄。幽部。

同輩,伴侣。漢張衡思玄賦:"魂懺惘而無~。"引申爲相比。唐杜甫陪王侍御同登東山頂宴姚通泉詩:"姚公美政誰與~?"

[備考]誰。法言修身:"~克爾?"

［同源字］儔，疇，雔，讎，讐。見“讎”字條。

儓 1. tái 徒哀切，音臺，平，咍韻，定。之部。

㊀奴隸的最低一級。左傳昭公七年：“僕臣臺。”玉篇引作“僕臣～”。

2. tài 他代切，去，代韻，透。

㊁〔儓儗〕叠韻聯緜字。癡呆的樣子。唐張說開元正歷握乾符頌：“先生獨宴默書閣，含翰詞林，奚其爲儓儗也。”

按，説文無儓字。

儚 méng 集韻彌登切，平，登韻，明。蒸部。

㊀〔儚儚〕昏昧的樣子。爾雅釋訓：“儚儚洄洄，惛也。”㊁〔儚僜〕叠韻聯緜字。半睡半醒的樣子。唐元稹紀懷贈李六户曹崔二十功曹詩：“有時鞭款段，盡日醉儚僜。”

按，説文無儚字。

儗 1. nǐ（第二聲）魚紀切，音擬，上，止韻，疑。之部。

㊀比擬。禮記曲禮下：“～人必於其倫。”這個意義後來寫作“擬”。㊁〔儗儗〕同“薿薿”。茂盛的樣子。漢書食貨志上：“故其詩曰：‘或芸或芓，黍稷儗儗。’”今詩小雅甫田作“黍稷薿薿”。

［備考］〔儗㤞〕疑惑慚愧。荀子儒效：“無所儗㤞。”

2. yì 魚記切，去，志韻，疑。之部。

㊀〔佁儗〕見“佁”字條。

3. ài 五溉切，去，代韻，疑。之部。

㊀〔儓儗〕見“儓”字條。

儘 jǐn 字彙子忍切。

後起字。儘量。字本作“盡”。禮記曲禮上：“虛坐盡後，食坐盡前。”宋人詩詞用“儘”字，當“儘管”講。宋劉克莊乍歸詩：“～教人貶駁，唤作嶺南詩。”

儑 án 集韻吾含切，平，覃韻，疑。談部。

不慧。荀子不苟：“通則驕而偏，窮則棄而～。”

按，説文無儑字。

儛 wǔ 文甫切，音舞，上，麌韻，微。魚部。

同“舞”。莊子在宥：“鼓歌以～之。”

按，説文無儛字。廣韻以儛爲舞的别體。

十五畫

儦 biāo 甫嬌切，集韻悲嬌切，平，宵韻，幫。宵部。

〔儦儦〕行走的樣子。詩齊風載驅：“行人儦儦。”説文：“行皃。”又小雅吉日：“儦儦俟俟。”毛傳：“趨則儦儦，行則俟俟。”釋文：“儦，趨也。”廣雅云：“行也。”

［備考］〔儦儦〕衆貌。見詩“行人儦儦”毛傳。

儥 yù 余六切，音育，入，屋韻，喻四。覺部。

賣。周禮地官司市：“以量度成賈而徵～。”字亦作“鬻”。

優 yōu 於求切，平，尤韻，影。幽部。

㊀豐，多，充裕。詩小雅信南山：“既～既渥，既霑既足。”引申爲寬。詩大雅瞻卬：“天之降罔，維其～矣。”鄭箋：“優，寬也。”㊁戲謔。左傳襄公六年：“宋華弱與樂轡少相狎，長相～。”引申爲名詞。扮演雜戲的人，優伶。左傳襄公二十八年：“陳氏、鮑氏之圉人爲～。”㊂優勝。漢書王貢兩龔鮑傳贊：“王貢之材，～於龔鮑。”

［備考］㊀優柔寡斷。管子小匡：“人君惟～與不敏爲不可。”尹知章注：“優，謂倭隨不斷。”㊁調和。淮南子原道：“其德～天地而和陰陽。”

償 cháng 市羊切，平，陽韻，禪。陽部。

報償，償還。左傳僖公十五年：“西鄰責言，不可～也。”漢書雋不疑傳：“或誤持同舍郎金去，同舍郎疑不疑，不疑買金～之。”引申爲酬報。史記蘇秦列傳：“及得富貴，以百金～之。”

儢 lǚ 力舉切，音吕，上，語韻，來。魚部。

〔儢儢〕不勉力的樣子。荀子非十二子:“勞苦事業之中,則儢儢然。”楊倞注:“儢儢,不勉彊之貌。”集韻:“儢儢,不欲爲也。”

按,説文無儢字。

儤 bào 字彙布耗切,音報。

〔儤直〕官吏連日值宿。宋王禹偁贈浚儀朱學士詩:“何時儤直來相伴?”

儩 cì 斯義切,音賜,去,寘韻,心。

後起字。盡。新唐書李密傳:“敖庾之藏,有時而～。”字亦作“賜”。隋侯白啓顔録:“山東人謂盡爲賜。”

儬 sù 正字通蘇谷切,音速。

〔儬佷〕漢代西域國名。後漢書杜篤傳:“獲昆彌,虜儬佷。”李賢注:“字書無儬字,諸家並音儬佷爲粟犢。”

儽 1. léi 魯回切,音雷,平,灰韻,來。微部。

㊀敗壞。淮南子俶真:“孔墨之弟子,皆以仁義之術教導於世,然而不免於～身。”高誘注:“身不見用,儽儽然也。”晉潘岳西征賦:“寮位～其隆替。”李善注:“儽,敗壞之貌。”又寡婦賦:“容貌～以頓顇兮。”〔儽儽〕沮喪的樣子。漢班固白虎通壽命:“儽儽如喪家之狗。”

2. lěi 落猥切,音壘,上,賄韻,來。

㊁〔傀儽〕見“傀”字條。

十 六 畫

儭 chèn 初覲切,音櫬,去,震韻,穿二。

㊀櫬。唐白居易見紫薇花憶微之詩:“一藂暗淡將何比?淺碧籠裙～紫巾。”㊁〔儭錢〕布施給僧人的錢。南齊書張融傳:“孝武起新安寺,僚佐多儭錢帛,融獨～百錢。”

按,説文無儭字。

儱 lǒng 力董切,上,董韻,來。

〔儱侗〕①未成器者。見廣韻。②含糊,不分明,不具體。同“籠統”。宋朱熹答張敬夫書:“只是儱侗地見得箇大本達道底影象。”③直的樣子。宋釋普濟五燈會元休禪師:“瓠子曲彎彎,冬瓜直儱侗。”

按,説文無儱字。

儲 chǔ 直魚切,平,魚韻,澄。魚部。

積蓄。淮南子主術:“二十七年而有九年之～。”

〔備考〕㊀等待。漢張衡東京賦:“～乎廣庭。”㊁〔儲與〕叠韻聯緜字。①不舒展貌。楚辭漢嚴忌哀時命:“衣攝葉以儲與。”②無所主之貌。淮南子本經:“陰陽儲與。”

儵 shū 式竹切,音叔,入,屋韻,審三。覺部。

㊀黑色。見廣雅釋器。㊁通“倏”。忽然。楚辭戰國屈原九歌少司命:“～而來兮忽而逝。”

按,説文儵字在黑部,云:“青黑繒發白色也。”

十 七 畫

儴 1. ráng 汝陽切,平,陽韻,日。陽部。

㊀因襲。爾雅釋詁下:“儴,仍,因也。”漢陸賈新語至德:“～道者衆歸之。”

2. xiāng 集韻思將切,音襄,平,陽韻,心。陽部。

㊁〔儴佯〕叠韻聯緜字。逍遥的樣子。文選漢司馬相如上林賦:“招摇乎儴佯。”李善注本及史記、漢書皆作“襄羊”。字亦作“儴徉”。集韻:“儴徉,逍遥也。一曰行皃。”

按,説文無儴字。

儳 1. chán 士咸切,音讒,平,咸韻,牀二。談部。

㊀不整齊。左傳僖公二十二年:“聲盛致志,鼓～可也。”杜預注:“儳巖,未整陳。”國語周語中:“夫戎翟冒没輕～。”韋昭注:“儳,上下進退無列也。”引申爲苟且不嚴肅。禮記表記:“君子不以一日使其躬～焉如不終日。”

2. chàn 楚鑒切,音懺,去,鑑韻,穿二。談部。

㊁〔儳道〕捷徑。後漢書何進傳:“進驚,

馳從儳道歸營。”李賢注：“廣雅曰：‘儳，疾也。’”❸雜。〔儳言〕别人説話未完，搶着説話。禮記曲禮上：“長者不及，毋儳言。”〔儳和〕插話。後漢書孔僖傳：“鄰房生梁郁儳和之曰：‘如此，武帝亦是狗耶？’”

十九畫

儷 lì 郎計切，音麗，去，霽韻，來。歌部。

配耦。左傳成公十一年：“鳥獸猶不失～。”杜預注：“儷，耦也。”參見“伉儷”條。引申爲成對的。〔儷皮〕成對的鹿皮。儀禮士昏禮：“納徵，玄纁，束帛，儷皮，如納吉禮。”又爲副詞。偕，並。淮南子繆稱：“是與俗～走。”

［同源字］驪，儷，麗。見“驪”字條。

儺 nuó 諾何切，音挪，平，歌韻，泥。歌部。

❶行有節度。詩衛風竹竿：“佩玉之～。”毛傳：“儺，行有節度。”❷古時驅除疫鬼的一種儀式。論語鄉黨：“鄉人～，朝服而立於阼階。”

儼 yǎn 魚埯切，上，儼韻，疑。談部。

❶莊重的樣子。詩陳風澤陂：“有美一人，碩大且～。”毛傳：“儼，矜莊貌。”禮記曲禮上：“～若思。”鄭玄注：“儼，矜莊貌。”論語子張：“望之～然。”❷〔儼然〕①整齊的樣子（後起義）。晉陶潛桃花源記：“屋舍儼然。”②宛然，好像真的（後起義）。唐李羣玉黄陵廟詩：“小姑洲北浦雲邊，二女容華自儼然。”

儹 zuǎn 作管切，上，緩韻，精。

聚。文選南朝梁江淹詣建平王上書：“莫不浸仁沐義。”李善注引揚雄覈靈賦：“文王之始起，浸仁漸義，會賢～智。”説文：“儹，最也。”廣韻：“儹，聚也。”

［同源字］瓚，欑，儹，纘，讚。見“瓚”字條。

二十畫

儻 tǎng 他朗切，上，蕩韻，透。陽部。

❶自失的樣子。莊子田子方：“文侯～然終日不言。”❷倘若，或者。史記伯夷列傳：“～所謂天道，是邪？非邪？”這個意義後來寫作“倘”。❸〔倜儻〕〔俶儻〕見“倜”字條及“俶”字條。❹〔儻朗〕叠韻聯緜字。暗昧不明的樣子。文選晉潘岳射雉賦：“畏映日之儻朗。”李善注：“儻朗，不明之狀。”

儿部

儿 rén 集韻而鄰切，音人，平，真韻，日。真部。

古文“人”字。見説文。

一畫

兀 wù 五忽切，入，没韻，疑。物部。

❶刖一足。莊子德充符：“魯有～者王駘。”成玄英疏：“刖一足曰兀。”❷無知的樣子。文選晉孫綽遊天台山賦：“～同體於自然。”李善注：“兀，無知之貌也。”❸〔突兀〕叠韻聯緜字。高聳的樣子。唐杜甫茅屋爲秋風所破歌：“何時眼前突兀見此屋？”❹光秃。唐杜牧阿房宫賦：“蜀山～，阿房出。”

二畫

元 yuán 愚袁切，平，元韻，疑。元部。

❶頭。左傳僖公三十三年：“（先軫）免胄入狄師，死焉。狄人歸其～，面如生。”哀公十一年：“公使大史固歸國子之～。”孟子滕文公下：“勇士不忘喪其～。”❷始。公羊傳隱公元年：“～年者何？君之始年也。”❸首，長，大。書益稷：“～首起哉！”詩魯頌閟宫：“建爾～

子。”毛傳：“元，首也。”詩小雅六月：“～戎十乘。”采芑：“方叔～老。”毛傳：“元，大也。”書金滕：“即命於～龜。”馬融注：“元龜，大龜也。”㊃通“原”。原來(後起義)。唐杜甫奉送魏六丈佑少府之交廣詩：“長卿久病渴，武帝～同時。”㊄避諱字。同“玄”。宋人因避始祖玄朗諱，遇玄字改作元。清聖祖名玄燁，清人也避諱，改玄爲元。如果不改字，也可以把“玄”字省末筆。寫作“玄”。

按，説文元字在一部。

允 yǔn 余準切，上，準韻，喻四。文部。

㊀信，誠。詩小雅車攻：“～矣君子。”鄭箋：“允，信也。”禮記緇衣：“～也君子。”鄭玄注：“允，信也。”引申爲副詞。信然，誠然。書堯典：“～恭～讓。”僞孔傳：“允，信也。”皋陶謨：“庶尹～諧。”孔穎達疏引鄭注：“允，信也。”㊁公平，得當。後漢書虞詡傳：“祖父經爲郡縣獄吏，案法平～。”㊂允許(後起義)。唐韓愈上鄭尚書相公啟：“不蒙察～，遽以慚歸。”

［備考］佞。見爾雅釋詁。

三　畫

兄 xiōng 許榮切，平，庚韻，曉。陽部。

哥哥。書康誥：“～亦不念鞠子哀，大不友于弟。”詩小雅常棣：“～弟既翕，和樂且湛。”

［備考］音況。㊀茲，滋。詩大雅召旻：“職～斯引。”毛傳：“兄，茲也。”朱熹集傳：“兄，怳同。”桑柔：“倉～填兮。”傳：“兄，滋也。”朱熹集傳：“倉兄，與愴怳同。”㊁更加。墨子非攻下：“王～自縱也。”㊂況且。管子大匡：“雖得天下，吾不生也，～與我齊國之政也！”

四　畫

充 chōng 昌終切，平，東韻，穿三。東部。

㊀塞。詩衛風淇奥：“～耳琇瑩。”邶風旄丘：“褎如～耳。”引申爲滿。孟子梁惠王下：“而君之倉廩實，府庫～。”〔充斥〕雙聲聯緜字。衆多，到處都是。左傳襄公三十一年：“寇盜充斥。”杜預注：“充滿斥見，言其多。”按，杜注以充斥二字拆開來講，非是。㊁充任(晚起義)。清朱彝尊翰林院侍讀喬君墓表：“～順天鄉試同考官。”

［備考］㊀肥。儀禮特牲饋食禮：“宗人視牲告～。”㊁洪亮。淮南子說山：“鍾之與磬也，近之則鍾音～，遠之則磬音章。”

光 guāng 古黄切，平，唐韻，見。陽部。

名詞。日光，光耀，光輝。墨子尚賢中：“若日之～，若月之明。”莊子在宥：“吾與日月參～。”左傳昭公二十八年：“～可以鑑。”引申爲榮耀。詩大雅韓奕：“百兩彭彭，八鸞鏘鏘，丕顯其～。”

［備考］㊀廣。書堯典：“～被四表。”左傳昭公二十八年：“～有天下。”㊁大。易坤：“含萬物而化～。”王弼注：“光，大也。”

［同源字］煌，晃，熿，光。見“煌”字條。

按，説文光字在火部，作炗。

兆 zhào 治小切，上，小韻，澄。宵部。

㊀古人灼龜甲以占吉凶，其裂痕叫做“兆”。禮記月令孟冬之月：“命大史釁龜筴占～。”戰國策秦策一：“襄主錯龜，數策占～。”引申爲預兆。左傳襄公八年：“～云詢多。”漢書谷永傳：“畏此上天之威怒，深懼危亡之徵～。”又爲表現。老子：“我獨泊兮其未～。”㊁數詞。十萬爲億，十億爲兆。書五子之歌：“予臨～民，懔乎若朽索之馭六馬。”㊂墓域。左傳哀公二年：“素車樸馬，無入于～。”杜預注：“兆，葬域。”孝經喪親：“卜其宅～而安措之。”唐玄宗注：“宅，墓穴也。兆，塋域也。”

［備考］始。左傳哀公元年：“能布其德，而～其謀。”杜預注：“兆，始也。”

按，説文兆字在卜部，作𠨘。兆是𠨘的古文。

先 1. xiān 蘇前切,平,先韻,心。文部。

❶副詞。時間在前面的,與"後"相對。易同人:"～號咷而後笑。"論語先進:"～進於禮樂,野人也;後進於禮樂,君子也。"引申爲祖先。漢司馬遷報任安書:"僕之～非有剖符丹書之功。"又爲首要的事情。漢書敍傳:"厥初生民,食貨惟～。"

2. xiān (舊讀 xiàn)蘇佃切,去,霰韻,心。文部。

❷動詞。先行,先做某事。詩小雅小弁:"相彼投兔,尚或～之。"朱熹集傳:"先,去聲。"又大雅緜:"予言有～後。"朱熹集傳:"先,去聲。"引申爲先容,事先致意。莊子秋水:"莊子釣於濮水,楚王使大夫二人往～焉,曰:'願以境内累矣。'"

[備考]先生的簡稱。史記袁盎鼂錯列傳:"學申商刑名於軹張恢～所。"

按,説文先字在先部。

兇 xiōng 許容切,平,鍾韻,曉。東部。

❶騷動恐懼。左傳僖公二十八年:"曹人～懼。"定公十年:"齊人將遷郈民,衆～懼。"〔兇兇〕騷動不安。漢書翟方進傳:"羣下兇兇。"三國志魏書孫禮傳:"今社稷將危,天下兇兇。"❷兇惡。唐李白預章行:"豈惜戰鬬死,爲君掃～頑。"唐杜甫北遊詩:"羣～逆未定,側佇英俊翔。"

[辨]凶,兇。凶是吉凶的凶,兇是兇懼的兇,二字不同義。"吉凶"不能寫成"吉兇","兇懼"可以寫成"凶懼"。在兇惡的意義上"凶、兇",可以通用。"羣兇"也可以寫成"羣凶"。唐杜甫即事詩:"羣凶猶索戰。"但也要依照習慣,例如殺人的"兇手"不能寫成"凶手","行兇"不能寫成"行凶"。

按,説文兇字在凶部。

五　畫

兑 1. duì 杜外切,去,泰韻,定。月部。

❶卦名。八卦之一。❷直。詩大雅皇矣:"松柏斯～。"❸通。詩大雅緜:"行道～矣。"❹穴。老子:"塞其～,閉其門。"❺换(後起義)。唐丁仙芝餘杭醉歌:"十千～得餘杭酒,二月春城長命盃。"

2. yuè 集韻欲雪切,音悦,入,薛韻,喻四。月部。

❻通"説(悦)"。禮記文王世子:"兑命曰:'念終始典於學。'"今書作"説命"。

3. ruì 集韻俞芮切,音鋭,去,祭韻,喻四。月部。

❼通"鋭"。荀子議兵:"～則若莫邪之利鋒。"史記天官書:"三星隨北端～。"漢書天文志作"鋭"。

克 kè 苦得切,入,德韻,溪。職部。

❶能。書堯典:"～明俊德,以親九族。"大禹謨:"～勤于邦,～儉于家。"❷勝。左傳莊公十年:"彼竭我盈,故～之。"引申爲克制。論語顔淵:"～己復禮爲仁。"又爲好勝。論語憲問:"～伐怨欲不行焉,可以爲仁矣。"❸〔克日〕〔克期〕約定日期。三國志魏書武帝紀:"公乃與克日會戰。"又公孫瓚傳注引典略:"克期會合。"這個意義也寫作"剋"。

[備考]治。書洪範:"二曰剛～,三曰柔～。"僞孔傳:"和柔能治。"蔡沈注:"克,治也。"

[辨]克,剋。二字同義。但在"能"的意義上,作"克"不作"剋"。"克勤克儉"不作"剋勤剋儉"。在"勝"的意義上,一般也只作"克"。

按,説文克字在克部。

免 1. miǎn 亡辨切,集韻美辨切,上,獮韻,明。元部。

❶除去,脱掉。左傳成公十六年:"～胄而趨風。"引申爲逃脱,免禍。禮記曲禮上:"臨難毋苟～。"論語爲政:"民～而無恥。"又爲解除。論語陽貨:"子生三年,然後～於父母之懷。"又爲解除職務。史記吕后本紀:"王

陵遂病～歸。”又爲除去刑罰，免刑。周禮秋官鄉士：“若欲～之，則王會其期。”

［備考］㈠通“娩、挽”。生孩子。國語越語上：“將～者以告。”㈡通“勉”。漢書薛宣傳：“二人視事數月而兩縣皆治，宣因移書勞～之。”

2. wèn 亡運切，音問，去，問韻，微。

㊀喪冠。禮記檀弓上：“公儀仲子之喪，檀弓～焉。”

按，説文無免字。

六　畫

兕 sì 徐姊切，上，旨韻，邪。脂部。

獸名。説文云：“如野牛而青。”爾雅釋獸：“～似牛。”郭璞注：“一角，青色，重千斤。”詩小雅何草不黄：“匪～匪虎，率彼曠野。”又周南卷耳：“我姑酌彼～觥。”論語季氏：“虎～出於柙。”

按，説文兕字在舄(𤉡)部，兕是舄的重文。

兔 tù 湯故切，去，暮韻，透。魚部。

獸名。詩小雅巧言：“躍躍毚～，遇犬獲之。”又周南兔罝：“肅肅～罝，椓之丁丁。”

［備考］古代車子横軸上的附件，又叫“伏兔”。周禮考工記輈人：“參分其～圍，去一以爲頸圍。”

按，説文兔字在兔部。

兒 1. ér 汝移切，平，支韻，日。支部。

㊀孩子。一切經音義引三蒼：“女曰嬰，男曰兒。”莊子天地：“怊乎若嬰～之失其母也。”凡未成年都得稱“兒”。漢書項籍傳：“外黄令舍人～年十三。”張湯傳：“湯爲～守舍。”㊁詞尾(後起義)。玉臺新詠南朝梁沈約領邊綉詩：“縈絲飛鳳子，結縷坐花～。”

2. ní 五稽切，音倪，平，齊韻，疑。支部。

㊂姓。漢有御史大夫兒寬。

［同源字］齯，麑，鯢，麛，兒。見“齯”字條。

七　畫

兗 yǎn 以轉切，上，獮韻，喻四。元部。

州名。九州之一。書禹貢：“濟河惟～州。”字亦作“沇”。史記夏本紀：“濟河惟沇州。”

按，説文無兗有沇。

八　畫

党 dǎng 集韻底朗切，上，蕩韻，端。陽部。

㊀姓。㊁［党項］民族名。漢西羌的一支。

按，説文無党字。

九　畫

兜 dōu 當侯切，平，侯韻，端。侯部。

㊀［兜鍪］叠韻聯緜字。頭盔。見説文。古稱胄，秦漢以後稱兜鍪。後漢書袁紹傳：“紹脱兜鍪抵地。”㊁轎子的一種(後起義)。宋史占城國傳：“國人皆乘象，或軟布～。”

十二畫

兢 jīng 居陵切，平，蒸韻，見。蒸部。

〔兢兢〕①堅强的樣子。詩小雅無羊：“爾羊來思，矜矜兢兢，不騫不崩。”毛傳：“矜矜兢兢，以言堅彊也。”②小心謹慎的樣子。詩小雅小旻：“戰戰兢兢，如臨深淵，如履薄冰。”

按，説文兢字在兄部。

入 部

入 rù 人執切，入，緝韻，日。緝部。

❶進去，進來，與“出”相對。春秋隱公二年：“夏五月，莒人～向。”論語先進：“由也升堂矣，未～於室也。”引申爲使入，納。戰國策秦策四：“～其社稷之臣於秦。”❷四聲之一。入聲。

［辨］入，進。“入”是進去，“進”是向前走，二字不同義。“入室”不能說成“進室”，“進退”不能說成“入退”。

二 畫

内 1. nèi 奴對切，去，隊韻，泥。物部。

❶裏面。書康王之誥：“王出在應門之～。”論語顔淵：“四海之～，皆兄弟也。”引申爲室，内室。詩唐風山有樞：“子有廷～，弗灑弗掃。”漢書鼂錯傳：“先爲築室家，有一堂二～。”又爲正室。禮記檀弓上：“非疾也，不晝夜居於～。”又爲内心。論語里仁：“見不賢而～自省也。”❷女色，宫人。左傳僖公十七年：“齊侯好～。”又襄公四年：“浞行媚於～。”杜預注：“内，宫人。”又妻亦稱内。玉臺新詠有徐悱贈内詩。

［備考］戈戟刀下接柄之處。周禮考工記冶氏：“戈廣二寸，～倍之。”

2. nà 集韻諾答切，音納，入，合韻，泥。緝部。

❸納。孟子萬章上：“有不被堯舜之澤者，若己推而～之溝中。”荀子富國：“婚姻娉～，送逆無禮。”楊倞注：“内，讀曰納，納幣也。”史記漢書多以“内”爲“納”。

［辨］納，内。見“納”字條。

四 畫

全 quán 疾緣切，平，仙韻，從。元部。

❶完備，完全。墨子辭過：“其爲舟車也，～固輕利。”莊子庚桑楚：“夫工乎天而俍乎人者，唯～人能之。”又天地：“天下之非譽，無益損焉，是謂～德之人哉！”引申爲整個。莊子養生主：“始臣之解牛之時，所見無非牛者；三年之後，未嘗見～牛也。”❷保全，保持，保存。莊子養生主：“可以保身，可以～生。”孫子謀攻：“凡用兵之法，～國爲上，破國次之；～軍爲上，破軍次之。”禮記曲禮上：“君子不盡人之歡，不竭人之忠，以～交也。”引申爲使瀕於死亡的人維持其生命。漢書成帝紀：“水旱爲災，…務有以～活之。”

［備考］通“痊”。周禮天官醫師：“十～爲上。”

按，説文作仝字，以全爲仝的重文。

六 畫

兩 1. liǎng 良獎切，上，養韻，來。陽部。

❶數詞。凡二物配對者叫作兩。詩鄘風柏舟：“髧彼～髦，實維我儀。”易繫辭上：“是故易有太極，是生～儀。”莊子讓王：“身亦重於～臂。”二物相對立者也叫做兩。書吕刑：“～造具備。”禮記中庸：“執其～端，用其中於民。”“兩”又用作狀語，表示兩者承受同一的行爲。莊子盜跖：“盜跖大怒，～展其足。”荀子勸學：“目不能～視而明，耳不能～聽而聰。”引申爲二。史記陳軫列傳：“～虎方且食牛。”又爲量詞。①車有兩輪，故車一乘叫做一兩。詩召南鵲巢：“之子於歸，百～御之。”朱熹集傳：“兩，如字，又音亮。”書牧誓序：“武王戎車三百～。”②屨一雙叫做一兩。詩齊風南山：“葛屨五～。”③布帛以二丈雙行，故布帛一匹叫做一兩。左傳閔公二年：“重錦三十～。”④重量單位。黄鍾重十二銖，

兩倍得二十四銖,爲一兩。漢書律曆志:"二十四銖爲～,十六兩爲斤。"

[備考]㊀軍隊二十五人爲兩。周禮地官小司徒:"乃會萬民之卒伍而用之。五人爲伍,五伍爲～。"㊁技。吕氏春秋簡選:"晉文公造五～之士五乘。"高誘注:"兩,技也,五技之人。"㊂〔罔兩〕叠韻聯緜字。同"魍魎"。漢劉向説苑辨物:"木之怪夔罔兩。"

2. liàng 力讓切,音亮,去,漾韻,來。陽部。

㊁詩"葛屨五～"的兩、"百～御之"的兩,舊讀去聲,但也可以讀上聲,見朱熹詩集傳。

[辨]二,兩。上古時代,"兩"和"二"不同義。"二"字用於基數和序數均可;"兩"字只用於成雙成對的事物。漢以後,"兩、二"變成了同義詞,但序數不能用"兩","第二"不能説成"第兩",春天的二月不能説成"兩月"。基數如果是兩位數以上,也不能用兩。例如"二十三"不能説成"兩十三","三十二"不能説"三十兩"。"兩百、兩千、兩萬"在現代漢語裏説了,但古人只説"二百、二千、二萬"。

按,説文分爲"㒳、兩、緉"三個字。"㒳、兩"在㒳部。"緉"在糸部。㒳下云:"再也。"那是數詞的兩。兩下云:"二十四銖爲一兩。"那是斤兩的兩。緉下云:"履兩枚也。"那是"葛屨五兩"的兩。

七 畫

俞 1. yú 羊朱切,平,虞韻,喻四。侯部。

㊀應答之辭。書堯典:"帝曰:'～!予聞,如何?'"

2. yù 集韻勇主切,上,麌韻,喻四。侯部。

㊁副詞。更加。國語越語下:"辭～卑,禮～尊。"

[備考]安,從容自得的樣子。莊子天道:"無爲則～～。"郭象注:"俞俞,從容自得之貌。"吕氏春秋知分:"古聖人不以感私傷神,～然而以待耳。"高誘注:"俞,安。"

按,説文俞字在舟部。

八 部

八 bā 博拔切,入,黠韻,幫。質部。

數詞。書舜典:"～音克諧。"

二 畫

六 liù 力竹切,入,屋韻,來。覺部。

數詞。書堯典:"朞三百有～旬有～日。"

兮 xī 胡雞切,平,齊韻,匣。支部。

句中句尾語氣詞。詩小雅蓼莪:"父～生我,母～鞠我。"楚辭戰國屈原離騷:"帝高陽之苗裔～,朕皇考曰伯庸。"

按,説文兮字在兮部。

公 gōng 古紅切,平,東韻,見。東部。

㊀五等爵的第一位。詩小雅白駒:"爾～爾侯,逸豫無期。"春秋僖公四年:"～會齊侯、宋～、陳侯、衛侯、鄭伯、許伯、曹伯侵蔡。"㊁公事。詩召南采蘩:"夙夜在～。"㊂公正無私。墨子尚賢上:"舉～義,辟私怨。"韓非子五蠹:"背厶(私)爲～。"㊃對人的尊稱。史記留侯世家:"吾求～數歲,～辟逃我。"又親屬的稱謂。①祖父。吕氏春秋異同:"子之～不有恙乎?"②父親。戰國策魏策一:"其子陳應止其～之行。"③夫之父。淮南子氾論:"宋人嫁子,若～知其盜也,逐而去之。"

[備考]功。詩小雅六月:"以奏膚～。"毛傳:"公,功也。"

四 畫

共 1. gòng 渠用切,去,用韻,羣。東部。

㊀動詞。同，同有。書盤庚中："惟喜康～。"蔡沈傳："惟喜與汝同安耳。"論語公冶長："願車馬，衣輕裘，與朋友～。"墨子非攻下："幣帛不足則～之。"又副詞。共同。莊子天道："夫天地者，古之所大也，而黄帝堯舜之所～美也。"商君書修權："法者，君臣之所～操也。"

2.gōng 九容切，音恭，平，鍾韻，見。東部。

㊁通"恭"。敬。左傳僖公二十七年："公卑杞，杞不～也。"釋文："共音恭。本亦作恭。"㊂通"供"。供給。左傳僖公四年："爾貢包茅不入，王祭不～，無以縮酒。"釋文："共音恭。本亦作供。"

3.gǒng 集韻古勇切，音拱。上，腫韻，見。東部。

㊃環抱，拱衛。論語爲政："譬如北辰，居其所而衆星～之。"

按，説文共字在共部。

五　畫

兵

bīng 甫明切，集韻晡明切，平，庚韻，幫。陽部。

兵器。左傳隱公元年："繕甲～，具卒乘。"孟子梁惠王上："兵刃既接，棄甲曳～而走。"荀子議兵："古之～，戈矛弓矢而已矣。"引申爲軍事。左傳隱公三年："有寵而好～。"又爲軍隊。左傳襄公元年："敗徒～於洧上。"戰國策趙策："必以長安君爲質，～乃出。"

[辨]兵，卒，軍，士。見"卒"字條。

按，説文兵字在廾部，作𠬞，云："械也。从廾持斤。"

六　畫

其

1.qí 渠之切，平，之韻，羣。之部。

㊀領位的人稱代詞。詩周南桃夭："桃之夭夭，灼灼～華。之子於歸，宜～室家。"㊁指示代詞。指意之所屬的那個。史記項羽本紀："今欲舉大事，將非～人不可。"漢司馬遷報任安書："僕誠已著此書，藏之名山，傳之～人。"㊂副詞。①表示揣測語氣。易繫辭下："易之興也，～在中古乎？"②表示祈使語氣。左傳隱公三年："吾子～無廢先君之功。"③表示强調。左傳僖公五年："一之謂甚，～可再乎？"④用來足句。詩邶風北風："北風～凉，雨雪～雱。"

2.jī 居之切，音基，平，之韻，見。之部。

㊃句末語氣詞。詩小雅庭燎："夜如何～？夜未央。"

3.jì 集韻居吏切，音記，去，志韻，見。之部。

㊄〔彼其〕他。詩鄭風羔裘："彼其之子，舍命不渝。"

按，説文其字爲箕的重文，在箕部。

具

jù 其遇切，去，遇韻，羣。侯部。

㊀供置，陳設。書盤庚中："～乃貝玉。"引申爲具備，備辦。詩小雅無羊："三十維物，爾牲則～。"左傳隱公元年："～卒乘。"史記留侯世家："使人先行，爲五萬人～食。"㊁酒饌，宴席。禮記内則："則佐長者視～。"鄭玄注："具，饌也。"史記魏其武安侯列傳："將軍昨日幸許過魏其，魏其夫婦治～。"漢書何武傳："壽爲～召武弟顯。"㊂副詞。全都。詩小雅節南山："民～爾瞻。"史記項羽本紀："良乃入，～告沛公。"㊃器具，工具。史記酷吏列傳："法令者，治之～。"引申爲量詞。史記貨殖列傳："旃席千～。"㊄才能，才具(後起義)。晉書王羲之傳："吾素無廊廟～。"唐杜甫自京赴奉先縣詠懷詩："當今廊廟～，構廈豈云缺？"

[辨]俱，具。見"俱"字條。

按，説文具字在廾部。

典

diǎn 多殄切，上，銑韻，端。文部。

㊀經典，典籍。左傳昭公十二年："是能讀三墳五～，八索九丘。"注："皆古書名。"引申爲法典，法制。詩周頌維清："維清緝熙，文王之～。"傳："典，法也。"㊁常道。書舜典：

“慎徽五～。”㊂主管。周禮天官冢宰有“～婦功”。注：“典，主也。”漢有“典屬國”，官名。㊃典當，抵押（後起義）。杜甫曲江詩：“朝回日日～春衣，每日江頭盡醉歸。”

按，說文典字在丌部。典管的典寫作“敟”，在攴部。

八畫

兼 jiān 古甜切，平，添韻，見。談部。

同時並有。同時具備。易繫辭下：“～三才而兩之。”孟子公孫丑上：“宰我子貢善爲說辭，閔子顏淵善言德行，孔子～之。”引申爲副詞。並。儀禮士冠禮：“筮人執筴，抽上韇，～執之。”鄭玄注：“兼，並也。”又爲倍。論語先進：“由也～人，故退之。”孟子公孫丑下：“王餽～金一百而不受。”趙岐注：“其價兼倍於常者。”又爲兼并，吞并。左傳昭公八年：“孺子長矣，而相吾室，欲～我也。”史記秦始皇本紀：“南～漢中，西舉巴蜀。”

按，說文兼字在秝部。

十四畫

冀 jì 几利切，去，至韻，見。脂部。

㊀九州之一。冀州。書禹貢：“～州既載。”㊁希望，期望。楚辭戰國屈原離騷：“～枝葉之峻茂兮。”

按，說文冀字在北部。

冂　部

冂 jiōng 集韻涓熒切，音扃，平，青韻，見。耕部。

“坰”的本字。說文：“邑外謂之郊，郊外謂之野，野外謂之林，林外謂之冂。”

二畫

冃 mào 莫報切，音冒，去，号韻，明。幽部。

“帽”本字。說文：“冃，小兒蠻夷頭衣也。”

三畫

冉 rǎn 而琰切，音染，上，琰韻，日。談部。

㊀〔冉冉〕①漸進的樣子。楚辭戰國屈原離騷：“老冉冉其將至兮，恐修名之不立。”②柔弱下垂的樣子。三國魏曹植美女篇：“柔條紛冉冉，落葉何翩翩。”㊁龜甲的邊。漢書食貨志下：“元龜岠～，長尺二寸。”

按，說文冉字作冄，在冄部。

冊 cè 楚革切，入，麥韻，穿二。錫部。

㊀簡策。書金縢：“史乃～祝。”孔穎達疏引鄭注：“冊，謂簡書也。”㊁符命，策命。書顧命：“太史秉書，由賓階隮，御王～命。”

［備考］通“策”。計策。漢書趙充國傳：“此全師保勝安邊之～。”

按，說文冊字在冊部。

四畫

再 zài 作代切，去，代韻，精。之部。

數詞。兩次。書大禹謨：“朕言不～。”左傳莊公十年：“一鼓作氣，～而衰，三而竭。”論語公冶長：“季文子三思而後行。子聞之曰：‘～斯可矣。’”引申爲第二次。唐杜甫洛陽詩：“龍髯幸～攀。”又爲又一次（晚起義）。三國志通俗演義張遼大戰逍遥津：“主公可約馬退後些，～放馬向前跳。”

［辨］再，復。二字不同義。“再”是數詞，限於二次。“復”是副詞，没有數量的限制。

“再來”是來兩次，“復來”是又來。直到近代“再”才當“復”字講，“再來”等於“復來”。

按，説文再字在冓部，云：“一舉而二也。”

五　畫

冋 jiǒng 俱永切，上，梗韻，見。陽部。

字本作囧。㊀明亮。文選南朝梁江淹雜體詩：“～～秋明月。”㊁鳥飛的樣子。文選晉木華海賦：“～然鳥逝。”按，書有冋命篇，是周穆王命伯冋爲太僕正的誥命。

按，説文冋字在囧部。

七　畫

冒 1. mào 莫報切，去，号韻，明。幽部。

㊀覆蓋。詩邶風日月：“日居月諸，下土是～。”㊁貪。左傳文公十八年：“貪於飲食，～於貨賄。”又成公十二年：“諸侯貪～，侵欲不忌。”國語鄭語：“虢叔恃勢，鄶仲恃險，是皆有驕侈怠慢之心，而加之以貪～。”㊂冒犯，衝擊。史記秦本紀：“於是岐下食善馬者三百人馳～晉軍，晉軍解圍。”漢書霍去病傳：“直～漢圍。”㊃假冒。漢書衛青傳：“故青～姓爲衛氏。”

［備考］㊀通“媢”。嫉妒。書泰誓：“人之有技，～疾以惡之。”吕氏春秋明理：“夫妻相～。”㊁通“帽”。漢書雋不疑傳：“著黄～。”

2. mò 莫北切，音墨，入，德韻，明。幽部。

㊄［冒頓］人名。秦末漢初匈奴單于。

［同源字］冒，帽，鍪，霧，蒙，幪，雺，夢，瞢，冥，暝，濛，朦，盲，矇，眊，瞀。這些字都是和蒙冒的意思有關。天蒙冒則爲霧，爲冥；目蒙冒則爲盲，爲眊，爲矇；頭蒙冒則爲帽，爲鍪。故諸字同源。

按，説文冒字在冃部。

胄 zhòu 直祐切，音宙，去，宥韻，澄。幽部。

字從冃，由聲，與肉部的“胄”同音不同義。頭盔。詩魯頌閟宫：“公徒三萬，貝～朱綅。”左傳僖公三十三年：“（先軫）免～入狄師。”

按，説文胄字在冃部。

八　畫

冓 1. gòu 集韻居候切，音構，去，候韻，見。侯部。

㊀交積的木材。見説文。

2. gōu 古侯切，音溝，平，侯韻，見。侯部。

㊁數名。十秭曰冓。見廣韻。

［同源字］冓，遘，覯，構，篝。見“覯”字條。

按，説文冓字在冓部。

冔 xǔ 況羽切，音煦，上，麌韻，曉。魚部。

殷冠。詩大雅文王：“常服黼～。”毛傳：“冔，殷冠也。”禮記郊特牲：“周弁，殷～，夏收。”

按，説文無冔字。

九　畫

冕 miǎn 亡辨切，集韻美辨切，音免，上，獮韻，明。元部。

大夫以上的冠。後來專指皇冠。書太甲中：“惟三祀十有二月朔，伊尹以～服奉嗣王歸於亳。”顧命：“一人～執鉞，立於西堂。”

按，説文冕字在冃部。

冖部

冖 mì 莫狄切,音覓,入,錫韻,明。錫部。

說文:"冖,覆也。"集韻冖同冪。

二畫

冘 1. yín 餘針切,音淫,平,侵韻;喻四。侵部。

❶行貌。漢書揚雄傳羽獵賦:"窮～閼與。"孟康曰:"冘,行也。"

2. yóu 以周切,音由,平,尤韻,喻四。

❷〔冘豫〕雙聲聯緜字。同"猶豫"。遲疑不定的樣子。後漢書馬援傳:"計冘豫未决。"來歙傳:"故久冘豫不决。"伏隆傳:"冘豫未决。"盧植傳:"未有冘豫奪常者也。"

按,說文冘字在冂部。

六畫

罙 mí 武移切,集韻民卑切,音彌,平,支韻,明。脂部。

冒。詩商頌殷武:"奮伐荆楚,～入其阻。"鄭箋:"罙,冒也。…出兵伐之,冒入其險。"

[備考]深。詩商頌殷武:"～入其阻。"毛傳:"罙,深。"

七畫

冠 1. guān 古丸切,平,桓韻,見。元部。

❶古代的一種帽子。詩檜風素冠:"庶見素～兮。"論語鄉黨:"羔裘玄～不以弔。"

2. guàn 古玩切,音貫,去,换韻,見。元部。

❷戴冠。古人二十歲開始戴冠,行冠禮,算是成年。論語先進:"～者五六人,童子六七人,浴乎沂,風乎舞雩。"❸爲首的,位居第一的。史記魏其武安侯列傳:"身荷戟,馳入不測之吴軍,身被數十創,名～三軍。"

[辨]冠,帽。見"帽"字條。

八畫

冢 zhǒng 知隴切,上,腫韻,知。東部。

❶墳。說文:"冢,高墳也。"後來寫作"塚"。❷山頂。詩小雅十月之交:"百川沸騰,山～崒崩。"❸長,大。〔冢宰〕周代官名。六卿之首。書周官:"冢宰掌邦治,統百官。"

按,說文冢字在勹部。

冥 míng 莫經切,音銘,平,青韻,明。耕部。

❶幽昧,昏晦。詩小雅斯干:"噲噲其正,噦噦其～。"毛傳:"冥,窈也。"又無將大車:"維塵～～。"朱熹集傳:"冥冥,昏晦也。"楚辭戰國屈原九歌山鬼:"杳～～兮羌晝晦。"引申爲愚昧無知。唐韓愈祭鱷魚文:"不然則是鱷魚～頑不靈。"❷迷信所謂的"陰間"(後起義)。舊唐書蕭至忠傳:"韋庶人又爲亡弟贈汝南王洵與至忠亡女爲～婚,合葬。"

[備考]海。莊子逍遥遊:"北～有魚。"

[同源字]冒,帽,鍪,霧,蒙,幪,霿,夢,瞢,冥,瞑,濛,朦,盲,矇,眊,瞀。見"冒"字條。

按,說文冥字在冥部。

冤 yuān 於袁切,平,元韻,影。元部。

冤枉。史記淮陰侯列傳:"～哉亨也!"論衡調時:"無過而受罪,世謂之～。"

按,說文冤字在兔部。

十四畫

冪 mì 莫狄切,音覓,入,錫韻,明。錫部。

遮蓋食物的巾。儀禮鄉飲酒禮:"尊綌～,賓至徹之。"字亦作"冪"。周禮天官冪人:"冪人掌共巾冪。"字又作"幎"。見"幎"字條。

[同源字]鼏,冪,幎,幦。見"鼏"字條。

按,說文作幎,在巾部。

冫 部

冫 bīng 筆陵切，平，蒸韻，幫。蒸部。

“冰”本字。篆作仌。

三 畫

冬 dōng 都宗切，平，冬韻，端。冬部。

四季之末。書堯典：“日短星昴，以正仲～。”詩邶風谷風：“我有旨蓄，亦以御～。”

四 畫

沍 hù 胡誤切，音互，去，暮韻，匣。魚部。

同“沍”。見“沍”字條。

冰 bīng 筆陵切，平，蒸韻，幫。蒸部。

冰，水凝結成的固體。易坤：“履霜堅～至。”詩小雅小旻：“戰戰兢兢，如臨深淵，如履薄～。”

按，説文以仌爲冰，以冰爲凝。

五 畫

冷 lěng 魯打切，上，梗韻，來。耕部。

涼。莊子則陽：“夫凍者假衣於春，暍者反冬乎～風。”唐杜甫遊龍門奉先寺詩：“天闕象緯逼，雲卧衣裳～。”引申爲閒散。唐杜甫醉時歌：“諸公袞袞登臺省，廣文先生官獨～。”

［辨］①冷，寒，涼。三字義近，但有微別。説文：“冷，寒也。”徐灝曰：“冷與寒微有別。”字林：“涼，微寒也。”從寒冷的程度説，微寒爲涼。詩邶風“北風其涼”，不等於“北風其寒”。唐杜甫詩：“雲卧衣裳～”，更不是“雲卧衣裳寒”。古代漢語的“寒”，等於現代漢語的“冷”，古代漢語的“冷”，等於現代漢語的“涼”。

②冷，泠。見“泠”字條。

冶 yě 羊者切，上，馬韻，喻四。魚部。

㊀熔鍊金屬。莊子大宗師：“今之大～鑄金。”㊁豔麗。易繫辭上：“慢藏誨盜，～容誨淫。”

［同源字］冶，鎔，融。見“融”字條。

六 畫

冽 liè 良薛切，音列，入，薛韻，來。月部。

寒冷。詩小雅大東：“有～氿泉。”〔冽冽〕寒冷的樣子。文選晉左思雜詩：“秋風何冽冽。”

八 畫

清 qìng 七政切，去，勁韻，清。耕部。

涼。禮記曲禮上：“凡爲人子之禮，冬温而夏～。”

凌 líng 力膺切，平，蒸韻，來。蒸部。

㊀積冰。詩豳風七月：“二之日鑿冰沖沖，三之日納于～陰。”毛傳：“凌陰，冰室也。”㊁冒。楚辭戰國屈原九歌國殤：“～余陣兮躐余行。”九章哀郢：“～陽侯之氾濫兮。”引申爲凌駕。史記司馬相如列傳：“飄飄有～雲之氣。”又爲踰越。吕氏春秋論威：“雖有江河之險則～之。”

按，説文有勝字，以凌爲勝的别體。

凍 dòng 多貢切，去，送韻，端。東部。

土遇冷凍結。禮記月令：“水始冰，地始～。”韓非子解老：“冬日之閉～也不固，則春夏之長草木也不茂。”引申爲因衣服不足而受寒。孟子梁惠王上：“父母～餓。”

凋 diāo 都聊切，音刁，平，蕭韻，端。幽部。

草木枯落。易林："早～被霜，花葉不長。"文選晉成公綏嘯賦："發徵則隆冬熙蒸，騁羽則嚴霜夏～。"引申爲衰敗。史記酷吏列傳尹齊傳："吏民益～敝。"

[辨]雕，彫，琱，凋。見"彫"字條。

凖 zhǔn 之尹切，上，準韻，照三。文部。

㊀取平的工具。吕氏春秋君守："有～不以平，有繩不以正。"㊁鼻子。戰國策中山策："若乃其眉目～頞權衡，犀角偃月，彼乃帝主之后，非諸侯之姬也。"鮑彪注："凖，鼻。"㊂箭靶，引申爲標準。梁書鍾嶸傳："諠譁競起，～的無依。"㊃唐宋以後公文用語，有比照、依據的意思。宋渾王廟牒載中書劄子："令太常禮院檢會施行劄付丹州，～此。"

按，説文無凖字。

十　畫

凔 cāng 七岡切，音倉，平，唐韻，清。陽部。寒冷。逸周書周祝："天地之間有～熱。"[同源字]凔，滄。見"滄"字條。

十 二 畫

凘 sī 息移切，音斯，平，支韻，心。支部。流水。楚辭戰國屈原九歌河伯："與女游兮河之渚，流～紛兮將來下。"

十 三 畫

凜 lǐn 力稔切，上，寑韻，來。侵部。

㊀〔凜凜〕寒冷的樣子。文選古詩十九首："凜凜歲雲暮。"引申爲恐懼的樣子。三國志蜀書法正傳："先主每入，衷心常凜凜。"㊁〔凜然〕嚴肅的樣子。孔子家語致思："夫子凜然曰：'美哉德也。'"

十 四 畫

凝 níng 魚陵切，平，蒸韻，疑。蒸部。

㊀液體漸結爲固體。易坤："履霜堅冰，陰始～也。"詩衛風碩人："膚如～脂。"引申爲固定。莊子達生："用志不分，乃～於神。"㊁成。書皋陶謨："庶積其～。"

几　部

几 jī（舊讀 jǐ）居履切，上，旨韻，見。脂部。

㊀矮桌子。古人席地而坐，所以用几。書顧命："憑玉～。"孟子公孫丑下："隱～而卧。"㊁〔几几〕①短羽鳥飛貌。説文几部："几，鳥之短羽飛几几也。"②盛貌。詩豳風狼跋："赤舄几几。"疏："几几然盛服以行禮。"

一　畫

凡 fán 符芝切，平，凡韻，奉。侵部。

㊀概括之詞。所有的，一切的。書微子："～有辜罪，乃罔恒獲。"莊子達生："～有貌象聲生者，皆物也。"㊁名詞。大概，大凡。漢書揚雄傳長楊賦："僕嘗倦談，不能一二其詳，請略舉～，而客自覽其切焉。"㊂平庸，平凡。新語辨惑："夫流言之並至，雖真聖不敢自安，況～人乎？"文選三國魏曹冏六代論："委天下之重於～夫之手。"引申爲俗的，與"仙"相對（後起義）。唐李中寄廬山簡寂觀重道者詩："似醒一夢歸～世。"

按,説文凡字在二部。

六 畫

凭 píng 扶冰切,集韻皮冰切,平,蒸韻,並。蒸部。

倚靠。説文:"凭,依几也。…周書:'凭玉几。'"今書顧命作"憑"。唐杜甫贈王二十四侍御契詩:"長歌敲柳癭,小睡～藤輪。"又遣悶詩:"哀箏猶～几,鳴笛竟霑裳。"

[辨]凭,憑。"凭""憑"本同一字。後來有了分工。"凭"字多指具體的行爲(倚靠);"憑"字兼有抽象的意義(憑藉)。"凭"字古又讀去聲,必須是指具體的行爲,而且不能寫作"憑"。例如"小睡凭藤輪"不能寫成"小睡憑藤輪"。"憑"字不讀去聲。

九 畫

凰 huáng 胡光切,音皇,平,唐韻,匣。陽部。

鳳凰,鳥名。本作"鳳皇"。見"鳳"字條。

按,説文無凰字。

十 畫

凱 kǎi 苦亥切,上,海韻,溪。微部。

字亦作"愷"。㊀和樂。〔凱風〕和風,南風。詩邶風凱風:"凱風自南。"毛傳:"凱風謂之南風。"㊁戰勝獻俘時所奏的樂。周禮春官眂瞭:"賓射,皆奏其鍾鼓;鼜愷獻亦如之。"大司樂:"王師大獻,則令奏愷樂。"後漢書蔡邕傳:"城濮捷而晉～入。"〔凱旋〕得勝歸來。宋書謝靈運傳撰征賦:"遲華鑾之凱旋。"

按,説文有愷字,無凱字。

十 二 畫

凳 dèng 都鄧切,去,嶝韻,端。

後起字。坐具。

凵 部

凵 kǎn 丘犯切,上,范韻,溪。談部。

張口。説文:"凵,張口也。象形。"

二 畫

凶 xiōng 許容切,平,鍾韻,曉。東部。

㊀不吉利,與"吉"相對。易乾:"與鬼神合其吉～。"㊁惡。左傳昭公二年:"作～事,爲～人。"引申爲荒年。墨子七患:"三穀不收謂之～。"孟子梁惠王上:"樂歲終身飽,～年免於死亡。"又:"河内～,則移其民於河東。"

[備考]通"兇"。恐懼。國語晉語一:"敵入而～,救敗不暇,誰能退敵?"

[辨]①凶,兇。見"兇"字條。

②閔,凶。見"閔"字條。

按,説文凶字在凶部。

三 畫

凷 kuài 苦對切,音塊,去,隊韻,溪。微部。

土塊。同"塊"。漢書律曆志下引左傳:"壄人舉～而與之。"今左傳僖公二十三年作"野人與之塊"。

按,説文凷字在土部,塊是凷的或體。

凸 tū 陀骨切,音突,入,没韻,定。

中間高出。神異經北方荒經:"北方荒中有石湖,…其湖無～凹。"

按,説文無凸字。

凹 āo 烏洽切,集韻於交切,音坳,平,肴韻,影。

中間低,周圍高。南朝梁江淹青苔賦:"悲～嶮兮,唯流水而馳騖。"

按，說文無凹字。

出 1. chū 赤律切，入，術韻，穿三。物部。

❶由内到外，與“入”相對。易說卦：“萬物～乎震。”論語季氏：“虎兕～於柙。”引申爲支出。禮記王制：“量入以爲～。”又爲超出。論語鄉黨：“祭肉不～三日。”又爲發出。孟子公孫丑上：“王速～令。”又爲出現。晉書禮志上：“臣猶謂卷多文煩，類皆重～。”❷逐出，與妻斷絶夫妻關係。這是封建禮教所允許的。孟子離婁下：“～妻屏子。”❸男子謂姊妹之子曰出。見爾雅釋親。左傳莊公二十二年：“陳厲公，蔡～也。”❹花瓣（後起義）。南朝梁任昉述異記：“東海郡尉于台有杏一株，花雜五色，六～。”❺戲曲一個段落爲一出（後起義）。宋釋道原景德傳燈録雲巖曇晟禪師：“藥山又問：‘聞汝解弄師子，是否？’師曰：‘是。’曰：‘弄得幾～？’師曰：‘弄得六～。’”這個意義後來寫作“齣”。

2. chuì 尺類切，去，至韻，穿三。物部。

❻使出。詩小雅雨無正：“哀哉不能言，匪舌是～，維躬是瘁。”朱熹集傳：“出，出之也。”釋文：“出，尺遂反。”

按，說文出字在出部。

六　畫

函 hán 胡男切，平，覃韻，匣。侵部。

❶含，容。詩周頌載芟：“播厥百穀，實～斯活。”朱熹集傳：“函，含。”淮南子詮言：“夫～牛之鼎沸。”許慎注：“受一牛之鼎也。”❷鎧甲。周禮考工記：“燕無～。”孟子公孫丑上：“矢人豈不仁於～人哉？矢人惟恐不傷人，～人惟恐傷人。”❸信的封套、書的封套（後起義）。信一封、書一套也叫一函。三國志魏書劉曄傳注引傅子：“每有疑事，輒以～問曄。”❹匣（後起義）。北周庾信周車騎大將軍賀婁公神道碑：“龜轉印～，蛇盤綬笥。”

按，說文作圅，在马部。

刀　部

［刀部總論］

刀部的字差不多全是動詞，表示用刀的動作。例如“切、割、刻、削、刺”等。有些字，似乎和用刀的動作無關，其實是有關的。例如“剪”字，說文作𠝣，从刀，歬聲，云：“齊斷也。”“前”就是“翦”（剪）的本字。又如“副”字，說文云：“判也。”引周禮“副辜祭”。只有少數形容詞是關於刀的質量的。例如“利”、“剛”。

刀 dāo 都牢切，平，豪韻，端。宵部。

❶兵器之一種，又泛指斬、切、削、割的工具。書顧命：“赤～、大訓、弘璧、琬琰在西序。”論語陽貨：“殺雞焉用牛～？”❷古錢幣名。荀子榮辱：“餘～布。”注：“刀布皆錢也。”漢書食貨志下：“錯～，以黄金錯其文，曰：‘一～直五千。’”❸小船。詩衛風河廣：“誰謂河廣？曾不容～。”這個意義後來寫作“舠”。

刁 diāo 都聊切，平，蕭韻，端。宵部。

❶〔刁刁〕動摇的樣子。莊子齊物論：“厲風濟則衆竅爲虚，而獨不見之調調之刁刁乎？”❷〔刁斗〕行軍用具。擊刁斗略似後代的打更。史記李將軍列傳：“不擊刁斗以自衛。”裴駰集解：“孟康曰：‘以銅作鐎器，受一斗，晝炊飲食，夜擊持行，名曰刁斗。’”司馬貞索隱：“刁音貂。案荀悦云：‘刁斗，小鈴，如宫中傳夜鈴也。’蘇林曰：‘形如鋗，以銅作之，無緣，

受一斗，故云刁斗。鐎即銗也。'"唐高適燕歌行："殺氣三時作陣雲，寒聲一夜傳刁斗。"

按，説文無刁字。

一 畫

刃 rèn 而振切，去，震韻，日。文部。

刀鋒，刀口。書費誓："礪乃鋒～。"引申爲刀。莊子秋水："白～交於前，視死若生者，烈士之勇也。"

二 畫

切 1. qiē 千結切，入，屑韻，清。質部。

❶用刀切開，切斷。禮記内則："～葱若薤，實諸醯以柔之。"❷把骨器加工。詩衛風淇奥："如～如磋，如琢如磨。"

2. qiè 千結切，入，屑韻，清。質部。

❸急。論語子張："～問而近思。"皇侃疏："切，急也。"❹近。荀子勸學："詩書故而不～。"楊倞注："詩書但論先王故事，而不委曲切近於人。"❺要。漢書揚雄傳："而客自覽其～焉。"顔師古注："切，要也。"❻深。漢書霍光傳："光聞之，～讓王莽。"（王莽，光時天水人。）顔師古注："切，深也。"❼按脈。史記倉公列傳："意治病人，必先～其脈乃治之。"

3. qì 集韻七計切，去，霽韻，清。

❽階。漢書外戚傳："～皆銅沓黄金塗。"文選漢張衡西京賦："設～厓隒。"字亦作"砌"。

分 1. fēn 府文切，平，文韻，非。文部。

❶分開，與"合"相對。左傳文公十六年："～爲二隊。"論語泰伯："三～天下有其二。"引申爲分給。左傳莊公十年："衣食所安，弗敢專也，必以～人。"又昭公十四年："～貧濟窮。"杜預注："分，與也。"又爲分辨，辨别。論語微子："四體不勤，五穀不～。"又春分、秋分亦省稱"分"。左傳僖公五年："凡～至啟閉，必書雲物。"又昭公十七年："日過～而未至。"❷一半。公羊傳莊公四年："師喪～焉。"何休注："分，半也，師喪亡其半。"❸量詞。寸的十分之一。漢書律曆志上："十～爲寸，十寸爲尺。"度的六十分之一。後漢書律曆志："（金星）日行一度二十二～。"

2. fèn 扶問切，去，問韻，奉。文部。

❹職務，地位，本分。禮記禮運："男有～，女有歸。"鄭玄注："分，猶職也。"孟子盡心上："君子所性，雖大行不加焉，雖窮居不損焉，～定故也。"莊子天下："易以道陰陽，春秋以道名～。"❺〔自分〕自己認爲。文選三國魏曹植上責躬應詔詩表："自分黄耇，永無執珪之望。"李善注："分，謂甘愜也。"

按，説文分字在八部。

刈 yì 魚肺切，去，廢韻，疑。月部。

用鐮刀割取。説文丿部："乂，芟艸也。刈，乂或从刀。"詩周南葛覃："是～是濩。"引申爲名詞。鐮刀。國語齊語："時雨既至，挾其槍～耨鎛，以旦暮從事於田野。"

三 畫

刊 kān 苦寒切，平，寒韻，溪。元部。

❶砍掉。書益稷："隨山～木。"禮記雜記上："畢用桑，長三尺，～其柄與末。"❷改定。晉杜預春秋左氏傳集解序："其教之所存，文之所害，則～而正之。"❸刻石。文選漢班固封燕然山銘："乃遂封山～石，昭銘盛德。"引申爲刻版。宋史畢士安傳："真宗然之，遂命～刻。"

刌 cǔn 倉本切，上，混韻，清。文部。

❶切斷。儀禮特牲饋食禮："～肺三。"❷調節。漢書元帝紀贊："自度曲，被歌聲，分～節度，窮極幼眇。"

四 畫

刑 xíng 户經切，平，青韻，匣。耕部。

❶刑罰。書大禹謨："～期于無～。"又專

指肉刑，死刑。書吕刑：“五～之疑有赦。五罰之疑有赦。”引申爲殺。戰國策魏策一：“～白馬以盟於洹水之上。”吕氏春秋順説：“隳人之城郭，～人之父子也。”高誘注：“刑，殺也。”㊂儀型，典型。詩大雅文王：“儀～文王，萬邦作孚。”朱熹集傳：“儀，象。刑，法。”又蕩：“雖無老成人，尚有典～。”朱熹集傳：“典刑，舊法也。”這個意義後來寫作“型”。引申爲效法。禮記禮運：“～仁講讓，示民有常。”㊂鑄造器物的模子。荀子彊國：“～笵正，金錫美，工冶巧，火齊得，剖～而莫邪已。”這個意義後來寫作“型”。㊃盛羹的器皿。史記太史公自序：“啜土～。”

［備考］成。禮記學記：“教之不～，其此之由乎？”鄭玄注：“刑，成也。”

按，説文分爲“刑、荆”二字。“刑”在刀部，云：“剄也。”“荆”在井部，云：“罰辠也。”

刓 wán 五丸切，平，桓韻，疑。元部。

削，截。楚辭戰國屈原九章懷沙：“～方以爲圜兮。”引申爲雕刻。蘇舜欽高山别鄰兒詩：“器成必雕～。”

［備考］通“玩”。史記酈生陸賈列傳：“爲人刻印，～而不能授。”

列 liè 良薛切，入，薛韻，來。月部。

㊀分解，分裂。管子五輔：“是故博帶梨，大袂～。”這個意義後來寫作“裂”。㊁行列，位次。論語季氏：“陳力就～。”左傳僖公十五年：“入而未定～。”荀子議兵：“聚則成卒，散則成～。”引申爲動詞。陳列，羅列。文選漢揚雄長楊賦：“羅千乘於林莽，～萬騎於山隅。”

［備考］㈠遮列。禮記玉藻：“山澤～而不賦。”鄭玄注：“列之言遮列也。”㈡同“烈”。史記賈生列傳鵩鳥賦：“貪夫徇財兮，～士徇名。”文選作“烈士”。

㓳 guì 古對切，去，隊韻，見。物部。

劌，刺。字亦作“刏”。周禮秋官士師：“凡～珥，則奉犬牲。”山海經中山經：“㓳一牝羊，獻血。”

划 huá 户花切，音華，平，麻韻，匣。

後起字。以槳撥水。宋張鎡崇德道中詩：“破艇争～忽罷喧。”

刖 yuè 魚厥切，音月，入，月韻，疑。月部。

古代的一種肉刑。斷足。莊子德充符：“～者之屨，無爲愛之。”韓非子和氏：“王以和爲誑，而～其左足。”

按，説文分爲“刖、䟅”二字。“刖”在刀部，云：“絶也。”“䟅”在足部，云：“斷足也。”

刎 wěn 武粉切，音吻，上，吻韻，微。文部。

割頸，抹脖子（自殺）。史記廉頗藺相如列傳：“卒相與驩，爲～頸之交。”漢書蘇武傳：“伏劍自～。”

按，説文無刎字。

五　畫

判 1. pàn 普半切，去，换韻，滂。元部。

㊀一分爲二。墨子備穴：“令陶者爲月明，長二尺五寸，六圍，中～之，合而施之穴中。”漢書翟方進傳：“天地～合，乾坤序德。”引申爲分。左傳莊公三年：“紀於是乎始～。”杜預注：“判，分也。言分爲附庸始於此。”又爲半。周禮地官媒氏：“掌萬民之～。”又爲分辨。國語晉語一：“則上下既～矣。”㊁裁决獄訟（後起義）。宋書許昭先傳：“叔父肇之坐事繫獄，七年不～。”

2. pān 平聲，音潘。

㊂同“拚”。豁出去。吴越春秋勾踐伐吴外傳：“一士～死兮而當百夫。”唐杜甫曲江值雨詩：“縱飲久～人共棄。”將赴成都草堂途中有作詩：“先～一飲醉如泥。”

刜 fú 敷勿切，音拂，入，物韻，敷。物部。

用刀砍。左傳昭公二十六年：“苑子～林雍，斷其足。”

刮 diàn 集韻都念切，音店，去，㮇韻，端。侵部。

同"玷"。缺點。説文引詩："白圭之～。"今詩大雅抑作"白圭之玷"。

别 1. bié 彼列切，入，薛韻，幫。月部。

㊀分别。禮記樂記："好惡著則賢不肖～矣。"荀子君道："知國之安危臧否，若～白黑。"引申爲分出。書禹貢："岷山導江，東～爲沱。"韓非子定法："韓者，晉之～國也。"㊁另外。史記高祖本紀："使沛公項羽～攻城陽。"

2. bié 皮列切，入，薛韻，並。月部。

㊂離别。楚辭戰國屈原離騷："余既不難夫離～兮。"唐杜甫贈衛八處士詩："昔～君未婚，兒女忽成行。"

按，説文作𠛬，在冎部。云："分解也。"段玉裁注："分别、離别皆是也。今人分别則彼列切，離别則憑列切，古無是也。"

利 lì 力至切，去，至韻，來。質部。

㊀鋭利，快。墨子明鬼下："勇力强武，堅甲～兵。"孟子公孫丑下："兵革非不堅～也。"㊁財利，錢財方面的好處。書仲虺之誥："不邇聲色，不植貨～。"論語里仁："君子喻於義，小人喻於～。"引申爲有利。書金縢："公將不～於孺子。"又爲利益，與"害"相對。戰國策秦策一："西有巴蜀漢中之～。"又爲順利，吉利。史記項羽本紀："時不～兮騅不逝。"㊂利潤。史記趙世家："逐什一之～。"㊃痢疾。淮南子地形："輕土多～。"這個意義後來寫作"痢"。

刨 páo 集韻蒲交切，平，爻韻，並。

削。見玉篇。

按，説文無刨字。

删 shān 所姦切，平，删韻，審二。元部。

删除。漢書律曆志上："故～其僞辭，取正義著於篇。"

六　畫

初 chū 楚居切，平，魚韻，穿二。魚部。

㊀始。易既濟："～吉終亂。"引申爲從前。左傳隱公元年："遂爲母子如～。"又爲時(後起義)。詩詞中常用之。唐杜甫彭衙行："憶昔避賊～，北走經險艱。"登兖州城樓："東郡趨庭日，南樓縱目～。"㊁副詞。强調否定。"初不"等於"並不"(後起義)。世説新語德行："那得～不見君教兒？"

刻 kè 苦得切，入，德韻，溪。職部。

㊀雕刻。春秋莊公二十四年："～桓宫桷。"杜預注："刻，鏤也。"疏引爾雅釋器："金謂之鏤，木謂之刻。"吕氏春秋察今："楚人有涉江者，其劍自舟中墜於水，遽～其舟。"㊁深(指刑法)。史記李斯列傳："嚴法而～刑。"漢書藝文志："及～者爲之，則無教化，去仁愛，專任刑法。"㊂計時的單位。古代以銅漏計時，一晝夜分爲一百刻。後漢書律曆志："冬至晝漏～四十五，夜漏～五十五。"

[辨]刻，彫，鏤、鋟。見"鋟"字條。

[同源字]鍥，鍥，契，刻。見"鍥"字條。

券 quàn 去願切，去，願韻，溪。元部。

契據。古代的券分爲兩半，雙方各執其一作爲憑證。戰國策齊策四："載～契而行。"

[備考]分。莊子庚桑楚："～内者行乎無名，～外者志乎期會。"郭象注："券，分也。"釋文："券，字又作卷。"

刱 chuàng 初亮切，音創，去，漾韻，穿二。陽部。

開創。戰國策秦策三："大夫種爲越王墾草～邑。"這個意義一般寫作"創"。

[辨]説文有刱、創二字。刱在井部，云："造法刱業也。"創爲刅的重文，在刀部，云："傷也。"

刵 èr 仍吏切，而去聲，志韻，日。之部。

肉刑之一種。割去耳朵。書康誥："無或劓～人。"

[同源字]耳，珥，刵。耳是耳朵，珥是塞耳的裝飾品，刵是斷耳的肉刑。最初應是同音，後來耳讀上聲，珥刵讀去聲。今音無别。

刲 kuī 苦圭切，平，齊韻，溪。支部。

刺殺(羊)。易歸妹:"士～羊。"國語楚語下:"必自射牛,～羊,擊豕。"韋昭注:"刲,刺也。"儀禮少牢饋食禮:"司馬～羊,司士擊豕。"注:"刲擊皆謂殺之。"

刣 qià 恪八切,入,黠韻,溪。

後起字。剝。唐韓愈征蜀聯句:"䂁膚浹瘡痍,敗面碎剠～。"

刺 cì 七賜切,去,寘韻,清。錫部。

㊀用刀刺。春秋僖公二十八年:"公子買戍衛,不卒戍,～之。"孟子梁惠王上:"是何異於～人而殺之?"引申爲名詞。物之尖端。淮南子氾論:"古之兵,弓劍而已矣,槽矛無擊,修戟無～。"漢書霍光傳:"若有芒～在背。"㊁指責,諷刺。戰國策齊策一:"能面～寡人之過者,受上賞。"詩魏風葛屨:"維是褊心,是以爲～。"㊂撑(船)。莊子漁父:"乃～船而去。"史記陳丞相世家:"乃解衣躶而佐～船。"㊃於中採取。史記封禪書:"而使博士諸生～六經中作王制。"㊄名片。論衡骨相:"通～倪寬,結膠漆之交。"

[備考]㊀絶。荀子富國:"～屮殖穀。"楊倞注:"刺,絶也。"㊁探候。漢書丙吉傳:"至公車～取。"顔師古注:"謂探候之也。"

刳 kū 苦胡切,音枯,平,模韻,溪。魚部。

挖空(腹)。書泰誓上:"焚炙忠良,～剔孕婦。"易繫辭下:"～木爲舟。"戰國策秦策:"～腹折頤。"吕氏春秋順説:"～人之腹。"

到 dào 都導切,去,号韻,端。宵部。

㊀抵達,達到。詩大雅韓奕:"靡國不～。"戰國策齊策一:"雖隆薛之城～于天。"史記李斯列傳:"功施～今。"㊁顛倒。莊子外物:"草木之～植者過半。"這個意義後來寫作"倒"。

[備考]欺。史記韓世家:"不如出兵以～之。"司馬貞索隱:"到,欺也。"

[辨]至,到。二字同義。"至"字一般用作不及物動詞。"到"字一般用作及物動詞,例如"靡國不到"。"至"的目的地往往是不言而喻的,"到"的目的地必須指明。到了後代,這種區别不復存在,"至"變爲文言詞,"到"變爲白話詞。

按,説文到字在至部,云:"从至,刀聲。"

刷 shuā 數刮切,入,鎋韻,審二。月部。

㊀打掃乾净。爾雅釋詁:"刷,清也。"郭璞注:"掃刷所以爲潔清。"周禮天官凌人:"夏頒冰掌事,秋～。"鄭玄注:"刷,清也。秋涼冰不用。可以清除其室。"引申爲用布擦乾净。常用於譬喻。史記楚世家:"王雖東取地於越,不足以～耻。"漢書武帝紀:"欲～耻改行。"顔師古注:"刷,除也。"又梁孝王傳:"爲宗室～汙亂之耻。"顔師古注:"刷,謂拭刷除之也。"又貨殖傳:"～會稽之耻。"顔師古注:"刷,謂拭除之也。"又爲用刷子刷乾净。文選晉左思魏都賦:"洗兵海島,～馬江州。"㊁刷子(後起義)。文選三國魏嵇康養生論:"勁～理鬢,醇醴發顔。"注引通俗文:"所以理髮謂之刷也。"

按,説文分爲刷、㕞二字,刷在刀部,云:"刮也。"㕞在又部,云:"拭也。"

制 zhì 征例切,去,祭韻,照三。月部。

㊀裁(衣)。詩豳風東山:"～彼裳衣。"韓非子難二:"管仲善～割,賓胥無善削縫,隰朋善純緣,衣成,君舉而服之。"引申爲制作。孟子梁惠王上:"可使～梃以撻秦楚之堅甲利兵矣。"趙岐注:"制,作也。"㊁節制,控制,制止。商君書畫策:"衣服有～,飲食有節。"淮南子修務:"(馬)翹尾而走,人不能～。"史記項羽本紀:"吾聞先即～人,後則爲人所～。"㊂制度。左傳隱公元年:"今京不度,非～也。"㊃人君的教令。禮記曲禮下:"士死～。"鄭玄注:"制謂君教令。"引申爲皇帝的命令。史記秦始皇本紀:"命爲～,令爲詔。"㊄禮喪服有四制。後來以守父母之喪爲"守制"。

[備考]一丈八尺。儀禮既夕禮:"贈用～

幣。"注:"丈八尺曰制。"

［辨］制，製。見"製"字條。

刮 guā 古頽切，入，鎋韻，見。月部。

磨。周禮考工記:"～摩之工五。"禮記明堂位:"～楹。"疏:"刮，摩也。楹，柱也。以密石摩柱。"史記太史公自序:"采椽不～，茅茨不翦。"唐杜甫前苦寒行:"寒～肌膚北風利。"唐韓愈進學解:"～垢磨光。"

剁 duò 都唾切，去，過韻，端。

後起字。斫，砍。杜甫閿鄉姜七少府設鱠戲贈長歌:"有骨已～觜春葱。"

七　畫

前 qián 昨先切，平，先韻，從。元部。

動詞。進，走上前去。莊子寓言:"脱屨户外，膝行而～。"盗跖:"孔子下車而～。"韓愈左遷至藍關示姪孫湘詩:"雪擁藍關馬不～。"引申爲走在前面。儀禮特牲饋食禮:"尸謖祝～。"又爲名詞。前面，與"後"相對。書武成:"～徒倒戈。"莊子秋水:"白刃交於～。"又指時間在前。孟子梁惠王下:"而孟子之後喪踰～喪。"

［備考］淺黑色。周禮春官巾車:"木路～樊鵠纓。"鄭玄注:"前，讀爲緇翦之翦。"

按，説文作歬，在止部，云:"不行而進也。"刀部另有前字，作﨓，云:"齊斷也。"則是"翦"的本字。

剃 tì 他計切，去，霽韻，透。脂部。

剃去毛髮。淮南子説山:"刀便～毛，至伐大木，非斧不剋。"字亦作"鬄、鬀"。

按，説文有鬀無剃。

剌 là 盧達切，音辣，入，曷韻，來。月部。

乖戾。文選司馬遷報任少卿書:"今少卿乃教以推賢進士，無乃與僕私心～繆乎?"鹽鐵論刺復:"是以鑿枘～戾而不合。"

按，説文剌字在朿部。

剋 kè 苦得切，音克，入，德韻，溪。職部。

㊀通"克"。取勝。韓非子初見秦:"夫一人奮死，可以對十，十可以對百，百可以對千，千可以對萬，萬可以～天下矣。"㊁〔剋期〕限定日期。文選三國魏陳琳檄吴將校部曲文:"萬里剋期，五道並入。"

［辨］克，剋。見"克"字條。

按，説文無剋字。

刺 cì 集韻七賜切，音刺，去，寘韻，清。錫部。

同"刺"。集韻:"刺，俗作刺。"刺繡。論衡量知:"繡之未～，錦之未織，恒絲庸帛何以異哉?"

剄 jǐng 古挺切，上，迥韻，見。耕部。

用刀割頸。左傳定公十四年:"而辭曰:'二君有治，臣奸旗鼓，不敏於君之行前，不敢逃刑，敢歸死。'遂自～也。"

［同源字］頸，剄。頸是脖子，剄是斷頸，二字同源。

削 1. xuē 息約切，入，藥韻，心。藥部。

㊀用刀削。墨子魯問:"公輸子～竹木以爲䧍。"引申爲國土削減。孟子離婁上:"暴其民甚，則身弑國亡；不甚，則身危國～。"又告子下:"再不朝則～其地。"韓非子孤憤:"是以國地～而私家富。"又爲鏟除。莊子盗跖:"子自謂才士聖人邪? 則再逐於魯，～迹於衛。"㊁曲刀，用來削竹簡。周禮考工記築氏:"築氏爲～，長尺，博寸，合六而成規。"引申爲簡札。漢王褒僮約:"書～代牘。"

2. qiào（舊讀 xiào）集韻仙妙切，去，笑韻，心。藥部。

㊂刀劍的套。方言九:"劍～，自河而北，燕趙之間謂之室；自關而東或謂之廓，或謂之～。"一切經音義引三國魏曹植寶刀賦:"豐光溢～。"這個意義後來寫作"鞘"。

3. shào 集韻所教切，音稍，去，效韻，審二。藥部。

㊃王畿三十里以内大夫食邑。周禮天官

太宰：“四曰家～之賦。”這個意義說文寫作“鄖”。

則 zé 子德切，入，德韻，精。職部。

㊀法則。詩豳風伐柯：“伐柯伐柯，其～不遠。”鄭箋：“則，法也。”書五子之歌：“有典有～，貽厥子孫。”僞孔傳：“則，法也。”左傳僖公九年：“唯～令國。”杜預注：“則，法也。”引申爲效法。易繫辭上：“河出圖，洛出書，聖人～之。”㊁副詞。表示肯定。孟子梁惠王下：“若夫成功～天也。”㊂連詞。①表示因果。論語學而：“行有餘力，～以學文。”②表示對比。論語學而：“弟子入～孝，出～弟。”孟子公孫丑上：“仁～榮，不仁～辱。”③表示發現。論語微子：“使子路反見之，至～行矣。”孟子公孫丑上：“其子趨而往視之，苗～槁矣。”㊃量詞。文一條爲一則(後起義)。

[備考]㊀采邑。周禮春官大宗伯：“五命賜～。”鄭玄注：“則，地未成國之名。”㊁等。漢書敍傳：“坤作地勢，高下九～。”顏師古注：“劉德曰：‘九則，九州土地上中下九等也。’”㊂連詞。①表示轉折。左傳昭公三年：“寡人願事君朝夕不倦，將奉質幣以無失，～國家多難，是以不獲。”②表示假設。左傳定公八年：“公子～往，羣臣之子敢不皆負羈絏以從！”㊃副詞。①即。漢書項籍傳：“於是至～圍王離。”②僅，只。荀子勸學：“口耳之間～四寸耳。”

剉 cuò 麤卧切，音挫，去，過韻，清。歌部。

折傷。吕氏春秋必己：“廉則～。”高誘注：“剉，缺傷。”莊子山木：“廉則挫。”釋文：“本亦作剉。”〔剉碓〕古代一種刑具。魏書汝南王悦傳：“悦爲大剉碓置於州門，盗者便欲斬其手。”

八　畫

剜 wān 一丸切，平，桓韻，影。元部。

刻，挖。尚書大傳西伯戡耆：“望釣得玉璜，～曰：‘姬受命，吕佐檢，德合於今昌來提。’”聶夷中傷田家詩：“二月賣新絲，五月糶新穀。醫得眼前瘡，～卻心頭肉！”

按，說文無剜字。新附有之。

剖 pōu (舊讀 pǒu)普后切，上，厚韻，滂。侯部。

破開，中分。書泰誓下：“斮朝涉之脛，～賢人之心。”左傳襄公十四年：“我先君惠公有不腆之田，與女～分而食之。”韓非子解老：“自天地之～判以至於今。”引申爲剖析，辨析。文選漢張衡思玄賦：“通人闇於好惡兮，豈昏惑而能～？”

剠 qíng 渠京切，平，庚韻，羣。陽部。

同“黥”。墨刑。易林睽賁：“～刖髡劓，人所賤棄。”

按，說文作剽，爲黥的重文。

剟 liè 集韻力蘖切，音列，入，薛韻，來。

割裂。文選晉潘岳射雉賦：“前～重膺，旁截疊翮。”又笙賦：“～生幹，裁熟簧。”又馬汧督誄：“～以長塹。”

按，說文無剟字。集韻以“剟”爲“列”的別體，引說文云：“分解也。”

剡 yǎn 以冉切，上，琰韻，喻四。談部。

削之使鋭。易繫辭下：“～木爲楫。”又：“～木爲矢。”釋文引字林：“剡，鋭也。”引申爲鋭利。楚辭戰國屈原九章橘頌：“曾枝～棘，圓果摶兮。”文選漢張衡東京賦：“乘鑾輅而駕蒼龍，介馭閒以～耜。”又爲鋒芒。國語晉語二：“喪亂有小大。大喪，大亂之～也，不可犯也。”韋昭注：“剡，鋒也。”

[備考]㊀舉起。荀子彊國：“案欲～脛而以蹈秦之腹。”㊁纖。淮南子人間：“男子不得脩農畝，婦人不得～麻考縷。”

剄 yā 於加切，音鴉，平，麻韻，影。魚部。

刎，剄。國語吴語：“自～於客前以酬客。”

按，說文無剄字。

剚 zì 側吏切，去，志韻，照二。之部。

同"倳"。刺。文選漢張衡思玄賦："梁叟患夫黎丘兮，丁厥子而～刃。"五臣本作"倳刃"。

按，説文無剚字。

剒 1. cuò 倉各切，音錯，入，鐸韻，清。鐸部。

㊀雕刻。爾雅釋器："犀謂之～。"玉篇引爾雅作"錯"。宋周邦彦汴都賦："～犀劘玉。"

2. zhuó 音斮。

㊁通"斮"。斬。北齊書幼主紀："刳～被於忠良，禄位加於犬馬。"

按，説文無剒字。

剗 chǎn 初限切，音鏟，上，產韻，穿二。元部。

動詞。鏟。戰國策齊策一："～而類，破吾家。"齊民要術耕田注："養苗之道，鋤不如耨，耨不如鏟。…以～地除草。"

［同源字］鏟，剗，翦。見"鏟"字條。

按，説文無剗字。

剞 jī 居綺切，集韻居宜切，平，支韻，見。歌部。

〔剞劂〕雙聲聯緜字。雕刻用的曲刀。楚辭漢嚴忌哀時命："握剞劂而不用兮，操規榘而無施。"淮南子俶真："鏤之以剞劂。"説文作"剞剧"。

剟 duō 丁括切，入，末韻，端。月部。

㊀删削。商君書定分："有敢～定法令，損益一字以上，罪死不赦。"㊁刺。史記張耳陳餘列傳："吏治榜笞數千，刺～。"㊂割取。漢書賈誼傳："盗者～寢户之簾。"

剧 jué 九勿切，入，物韻，見。物部。

〔剞剧〕雙聲聯緜字。同"剞劂"。雕刻用的曲刀。淮南子本經："公輸王爾無所錯其剞剧削鋸。"

㓵 nǎo 奴晧切，音腦，上，晧韻，泥。宵部。

同"腦"。周禮考工記弓人："夫角之末蹙於～而休於氣，是故柔。"釋文："㓵，本又作腦。"

按，説文無㓵有𡿺，在匕部。

剛 gāng 古郎切，平，唐韻，見。陽部。

㊀堅硬。與"柔"相對。易雜卦："乾～坤柔。"老子三七章："柔弱勝～强。"引申爲性情的剛强。論語公冶長："吾未見～者。"孟子公孫丑上："其爲氣也至大至～。"又爲體質的剛强。論語季氏："及其壯也，血氣方～。"㊁名詞。剛鐵（後起義）。北齊書綦毋懷文傳："又造宿鐵刀，其法燒生鐵精以重柔鋌，數宿則成～。"這個意義後來寫作"鋼"。㊂公牛。詩魯頌閟宫："白牡騂～。"字本作"犅"。公羊傳文公十二年："魯公用騂犅。"

［同源字］鉅，剛，鋼。見"鉅"字條。

剔 1. tī 他歷切，音踢，入，錫韻，透。錫部。

㊀分解骨肉。書泰誓上："刳～孕婦。"引申爲剔除。詩大雅皇矣："攘之～之，其檿其柘。"又爲疏導。淮南子要略："～河而道九岐。"

2. tì 集韻他計切，音替，去，霽韻，透。錫部。

㊁剃。莊子馬蹄："燒之～之。"釋文："剔，敕歷反。字林云：剃也。"文選漢司馬遷報任少卿書："其次～毛髮，嬰金鐵受辱。"

［備考］通"惕"。驚。文選晉潘岳射雉賦："邪眺旁～。"李善注："剔與惕古字通。"

按，説文無剔字，新附有之。

剮 guǎ 古瓦切，音寡，上，馬韻，見。

説文作冎，在冎部，云："剔人肉，置其骨也。"宋代以後，分解人體的酷刑叫"剮"，即凌遲。

剕 fèi 扶沸切，去，未韻，奉。微部。

刖足。古代五刑之一。書吕刑："～辟疑赦。"

按，説文作跸，在足部。

剝 1. bō 北角切，音駁，入，覺韻，幫。屋部。

㊀削，剥皮。詩小雅信南山：“疆埸有瓜，是～是菹。”又楚茨：“或～或亨。”周禮秋官柞氏：“冬日至，令～陰木而水之。”引申爲傷害。書泰誓中：“～喪元良。”㊁割裂。左傳昭公十二年：“君王命～圭以爲鏚柲。”杜預注：“破圭玉以飾斧柄。”㊂脱落，侵蝕。莊子人間世：“夫柤梨橘柚果蓏之屬，實熟則～。”漢書五行志中之下：“李梅當～落，今反華實。”水經注穀水：“基前有碑，文字～缺，不復可識。”

2. pū 集韻普木切，入，屋韻，滂。屋部。

㊃通“攴”。擊。詩豳風七月：“八月～棗。”

九　畫

劅 duó 徒落切，音鐸，入，鐸韻，定。鐸部。

砍木，治木。爾雅釋器：“木謂之～。”郭璞注引左傳：“山有木，工則～之。”今左傳隱公十一年作“度”。

副 1. pì 芳逼切，集韻拍逼切，入，職韻，滂。職部。

㊀剖裂。詩大雅生民：“不坼不～，無菑無害。”孔穎達疏：“其生之時，不坼割，不副裂其母，故其母無災殃，無患害。”禮記曲禮上：“爲天子削瓜者～之。”吕氏春秋行論：“～之以吴刀。”字亦作“疈”。説文引周禮“副辜祭”，今周禮春官大宗伯作“以疈辜祭四方百物”。

2. fù 敷救切，去，宥韻，敷。職部。

㊁副貳，位居第二，與“正”相對。史記留侯世家：“良與客狙擊秦始皇博浪沙中，誤中～車。”書籍文獻的複本也叫“副”。史記太史公自序：“藏之名山，～在京師。”漢書高惠高后文功臣表：“～在有司。”注：“副，貳也，副貳之本。”㊂相稱。後漢書黄瓊傳：“盛名之下，其實難～。”㊃量詞。器物一套叫一～（後起義）。

剭 wū 烏谷切，音屋，入，屋韻，影。屋部。

誅（大臣）。漢書叙傳下：“雕落洪支，底～鼎臣。”顔師古注引服虔曰：“底，致也。周禮有屋誅，誅大臣於屋下，不露也。”

［同源字］屋，剭。誅大臣於屋下爲剭，故“屋”、“剭”同源。

按，説文無剭字。

剬 1. duān 多官切，音端，平，桓韻，端。元部。

㊀斷齊。説文：“剬，斷齊也。”大徐讀旨兖切，小徐讀顛懽切。

2. tuán 旨兖切，專上聲，獮韻，照三。今讀如團。

㊁同“剸”。割，截。

3. zhì 音制。

㊂通“制”。史記五帝本紀：“依鬼神以～義。”張守節正義：“剬，古制字。”法言淵騫：“魯仲連傷而不～，藺相如～而不傷。”

㓶 qiè 集韻詰結切，音挈，入，屑韻，溪。

同“鍥”。刻。荀子勸學：“鍥而舍之，朽木不折；鍥而不舍，金石可鏤。”晉書虞溥傳引作“㓶”。

十　畫

割 gē 古達切，入，曷韻，見。月部。

用刀割。左傳襄公三十一年：“猶未能操刀而使～也。”論語陽貨：“～雞焉用牛刀？”引申爲割讓，把土地分給别國。戰國策秦策四：“三國之兵深矣，寡人欲～河東而講。”又爲分。唐杜甫望嶽詩：“陰陽～昏曉。”又爲奪取土地。書湯誓：“率～夏邑。”史記殷本紀作“率奪夏國”。

［備考］害。書堯典：“湯湯洪水方～。”僞孔傳：“割，害也。”又大誥：“天降～于我家。”蔡沈傳：“天降害於周家。”

［同源字］犍，虔，犗，割。見“犍”字條。

剴 kǎi（舊讀 ái）五來切，平，咍韻，疑。微部。

㊀大鐮，切地以芟刈者。見說文。字亦作"鐖"。史記淮南衡山王傳："非直適戍之衆，鐖鑿棘矜也。"㊁〔剴切〕①琢磨，切磋。漢書賈山傳："賈山自下劘上，…然卒免刑戮者，以其言正也。"顏師古注："孟康曰：'劘，謂剴切之也。'"②切實。新唐書魏徵傳："凡二百餘奏，無不剴切當帝心者。"㊂規諷。周禮春官大司樂："以樂語教國子興道。"鄭玄注："道讀若導。導者，言古以～今也。"

［同源字］鐖，剴。見"鐖"字條。

創 1. chuāng 初良切，平，陽韻，穿二。陽部。

㊀名詞。傷。荀子禮論："～巨者其日久，痛甚者其瘉遲。"戰國策燕策三："秦王復擊軻，軻被八～。"引申爲瘡。禮記曲禮上："頭有～則沐。"又爲動詞。傷害。漢書薛宣傳："賕客楊明，欲令～咸面目，使不居位。"

2. chuàng 初亮切，去，漾韻，穿二。陽部。

㊁首創，開創。論語憲問："爲命，裨諶草～之。"孟子梁惠王下："君子～業垂統，爲可繼也。"㊂懲。書益稷："予～若時。"僞孔傳："創，懲也。"漢書匈奴傳："兵連禍結三十餘年，中國罷耗，匈奴亦～艾。"

［辨］創，刱。見"刱"字條。

剩 shèng 實證切，去，證韻，牀三。

本作"賸"。多餘。魏書前廢帝廣陵王紀："～員非才，他轉之。"

劓 yì 集韻魚器切，去，至韻，疑。

同"劓"。割鼻。

按，說文以劓爲劓的重文。

十一畫

剺 lí 里之切，音釐，平，之韻，來。之部。

割，劃。文選漢揚雄長楊賦："分～單于，磔裂屬國。"漢書揚雄傳作"分梨"。

［同源字］劙，剺。見"劙"字條。

剸 tuán 度官切，音團，平，桓韻，定。元部。

割，截。禮記文王世子："其刑罪，則纖～。"鄭玄注："纖，讀爲殲。殲，刺也。剸，割也。"淮南子修務："雖水斷龍舟，陸～犀甲，莫之服帶。"漢書王褒傳："陸～犀革。"後漢書杜篤傳："燔魚～蛇。"

［備考］通"專"。荀子榮辱："信而不見敬者，好～行也。"漢書蕭何傳："上以此～屬任何關中事。"史記蕭相國世家作"專"。

按，說文以剸爲𣃔的重文。𣃔在首部。

剽 1. piào 匹妙切，音票，去，笑韻，滂。宵部。

㊀搶劫。史記酷吏列傳："攻～爲羣盜。"又梁孝王世家："昏暮私與其奴、亡命少年數十人，行～殺人，取財物以爲好。"漢書賈誼傳："白晝大都之中，～吏而奪之金。"㊁〔剽剥〕攻擊。史記老子韓非列傳："然善屬書離辭，指事類情，用剽剥儒墨。"㊂輕疾，輕捷。史記留侯世家："楚人～疾，願上無與楚人爭鋒。"漢書陳湯傳："且其人～悍，好戰伐。"㊃削除。後漢書賈復傳："乃與高密侯鄧禹～甲兵，敦儒學。"

2. piáo 符霄切，集韻紕招切，音瓢，平，宵韻，並。宵部。

㊄鐘的一種。爾雅釋樂："大鐘謂之鏞，其中謂之～，小者謂之棧。"

3. biāo 集韻卑遥切，音飈，平，宵韻，幫。宵部。

㊅標志。周禮春官肆師"表齍盛"鄭玄注："故書表爲～。～表皆徽識也。"

4. biǎo 集韻俾小切，音表，上，小韻，幫。宵部。

㊆末梢。莊子庚桑楚："有長而无本～者，宙也。"荀子賦："長其尾而鋭其～者邪？"

剿 jiǎo 集韻子小切，上，小韻，精。宵部。

同"勦"。絶。書甘誓："天用～絶其命。"馬本作"勦"。

按，說文作劋字，云："絶也。"

十二畫

劕 chōng 尺容切，音衝，平，鍾韻，穿三。東部。

刺。戰國策楚策四："臣請爲君～其胸殺之。"

按，説文無劃字。

劂 jué 居月切，音厥，入，月韻，見。月部。

〔剞劂〕雙聲聯緜字。見"剞"字條。

劀 guā 古滑切，入，黠韻，見。質部。

刮。説文："劀，刮去惡創肉也。"周禮天官瘍醫："瘍醫掌腫瘍、潰瘍、金瘍、折瘍之祝藥，～殺之齊。"

劃 huà 胡麥切，入，麥韻，匣。錫部。

㊀用錐刀刻。見説文。引申爲割裂。文選南朝宋鮑照蕪城賦："～崇墉，刳濬洫。"㊁忽然（後起義）。唐杜甫苦雨奉寄隴西公詩："～見公子面，超然懽笑同。"

〔同源字〕畫，劃。見"畫"字條。

劁 qiáo 昨焦切，音樵，平，宵韻，從。

割刈。北魏賈思勰齊民要術收種："選好穗純色者，～刈高懸之。"

按，説文無劁字。

十 三 畫

劈 pī 普擊切，入，錫韻，滂。錫部。

破開。見説文。唐白居易自蜀江至洞庭湖有感而作詩："長波逐若瀉，連山鑿如～。"

劇 jù 奇逆切，入，陌韻，羣。鐸部。

㊀甚。荀子非十二子："猶然而材～志大，聞見雜博。"漢書鮑宣傳："今奈何反覆～於前乎？"文選漢揚雄劇秦美新："二世而亡，何其～與！"李善注："劇，甚也，言促甚也。"唐杜甫送李校書詩："小來習性懶，晚節慵轉～。"㊁繁忙，辛苦。後漢書曹世叔妻傳："執務私事，不辭～易。"北堂書鈔郭璞辭尚書表："以無用之才，管繁～之任。"文選晉陸機苦寒行："～哉行役人，慊慊恒苦寒。"㊂嬉戲。唐李白長干行："妾髮初覆額，折花門前～。"引申爲戲劇（後起義）。宋朱敦儒念奴嬌詞："雜～打了，戲衫脱與獃底。"

按，説文無劇字，新附有之。説文有勮字，在力部，其據切，云："務也。"文選晉陸機苦寒行李善注引説文："劇，甚也。"可見劇字本作勮。

劌 guì 居衛切，去，祭韻，見。月部。

刺傷。老子："是以聖人方而不割，廉而不～。"

〔備考〕會。漢揚雄太玄玄告："天地相對，日月相～。"范望注："劌之言會也。"

劋 jiǎo 子了切，上，篠韻，精。宵部。

滅絶。説文："劋，絶也。…周書曰：'天用～絶其命。'"今書甘誓作"勦"。漢書王莽傳下："如黠賊不解散，將使大司空將百萬之師，征伐～絶之矣。"

劊 guì（舊讀 kuài）古外切，去，泰韻，見。月部。

斷。見説文。易困："劓刖，困于赤紱。"京房本作"劓～"。〔劊子〕執行死刑的人。司馬光涑水紀聞一一："因召劊子，令每日執劍待命於庭下。"

劍 jiàn 居欠切，去，梵韻，見。談部。

兵器之一種。墨子公孟："昔者晉文公大布之衣，牂羊之裘，韋以帶～，以治其國，其國治。"又用作動詞。用劍殺人。文選晉潘岳馬汧督誄序："有司馬叔持者，白日於都市手～父讎。"

〔備考〕挾。禮記曲禮上："負～辟咡詔之。"鄭玄注："負謂置之於背；劍謂挾之於旁。"

按，説文劍字在刃部。

劉 liú 力求切，平，尤韻，來。幽部。

兵器名。書顧命："一人冕執～，主于東堂。"引申爲殺。書盤庚上："重我民，無盡～。"

〔備考〕㊀爆爍而希。詩大雅桑柔："捋

采其～，瘼此下民。”毛傳：“劉，爆爍而希也。”孔穎達疏：“及其捋而采之，則劉然爆爍而稀疏，不復蔽陰炎日，則病此其下所息之民矣。”朱熹集傳：“劉，殘也。”㊁木名。爾雅釋木：“劉，劉杙。”郭璞集傳：“劉子生山中，實如梨，酢甜核堅，出交趾。”

按，說文無劉字。

十 四 畫

劑 jì 在詣切，去，霽韻，從。脂部。

❶契券，大的叫質，小的叫劑，相當於現在的合同。周禮地官司市：“以質～結信而止訟。”❷調節，調和。後漢書劉梁傳：“和如羹焉，酸苦以～其味。”❸藥劑。三國志魏書華佗傳：“又精方藥，其療疾，合湯不過數種，心解分～，不復稱量。”

［備考］切，割。漢賈誼新書諭誠：“豫讓～面而變容，吞炭而爲啞。”

㓧 1. jiān 古銜切，音監，平，銜韻，見。

❶細切，見廣韻。

2. jiàn 胡黤切，音檻，上，檻韻，匣。

❷鋭利。戰國策楚策四：“被礛磻，引微繳，折清風而抎矣。”鮑注本“礛”作“㓧”。

按，說文無㓧字。

劏 xiào 集韻先弔切，音嘯，去，嘯韻，心。

❶割。見集韻。❷一種烹調法。南史茹法珍傳：“俗間以細剉肉，糅以薑桂曰～。”

按，說文無劏字。

劓 yì 魚器切，去，至韻，疑。月部。

五刑之一。割鼻。易睽：“其人天且～。”書盤庚中：“我乃～殄滅之。”

按，說文以劓爲臬的重文。

十 六 畫

𠠗 yīng 烏莖切，音罌，平，耕韻，影。

刊木。見集韻。北魏賈思勰齊民要術耕田：“其林木大者～殺之。”

按，說文無𠠗字。

十 七 畫

劖 chán 鋤銜切，平，銜韻，牀二。談部。

鑿。見徐鍇說文解字繫傳。唐韓愈酬司門盧四兄雲夫院長望秋作詩：“若使乘酣騁雄怪，造化何以當鐫～？”

十 九 畫

劘 mó 莫婆切，音磨，戈韻，明。歌部。

❶削。見玉篇。❷通“磨”。論衡明雩：“砥石～厲，欲求銛也。”漢書賈山傳贊：“賈山自下～上。”顔師古注：“劘謂剴切之也。”引申爲切近。唐羅隱鎮海軍使院記：“左界飛樓，右～嚴城。”

按，說文無劘字。

劗 zuān 借官切，音鑽，平，桓韻，精。元部。

翦。淮南子齊俗：“中國冠笄，越人～髮，其於服一也。”

［同源字］翦，鬋，劗。見“鬋”字條。

按，說文無劗字。

二十一畫

劙 lí 吕支切，音離，平，支韻，來。支部。

分割，分解。方言一三：“劙，解也。”荀子彊國：“剥脱之，砥厲之，則～盤盂，刎牛馬，忽然耳。”

［同源字］𠠲，劙。二字不同音（𠠲在之部，劙在支部）。段玉裁云：“劙與𠠲雙聲義近。”

按，說文無劙字。

力　部

［力部總論］

凡與力氣、力量有關的事物多从力。勞動用力，故“勞、動、勤、勉、勱”等字都从力。以力助人爲“助”，勸人努力爲“�”，并力爲“勠”，力能勝任爲“勝”，勞動的成果爲“功、勳”。這些字从力的意義是很明顯的。

力 lì 林直切，入，職韻，來。職部。

❶力氣。詩邶風簡兮：“有～如虎。”引申爲能力，威力，力量。國語晉語八：“可以利公室，～有所能，無不爲忠也。”商君書開塞：“湯武致强，而征諸侯，服其～也。”論語季氏：“陳～就列，不能者止。”又爲功勞。論語憲問：“桓公九合諸侯，不以兵車，管仲之～也。”❷管役，力役。國語魯語下：“任～以夫而議其老幼。”韋昭注：“力謂繇役。”又役於人者亦稱力。南史陶潛傳：“今遣此～，助汝薪水之勞。”❸動詞。盡力，努力。詩大雅烝民：“古訓是式，威儀是～。”戰國策秦策五：“今～田疾作，不得煖衣餘食。”

三　畫

功 gōng 古紅切，平，東韻，見。東部。

❶工作。包括農事、勞役、文事、武事等。詩豳風七月：“上入執宫～。”又：“載纘武～。”又大雅崧高：“世執其～。”引申爲成績、成就。孟子公孫丑上：“故事半古之人，而～必倍之。”荀子勸學：“駑馬十駕，～在不舍。”又爲事業。孟子公孫丑上：“管仲晏子之～，可復許乎？”又爲功勞，功勳。史記項羽本紀：“勞苦而～高如此，未有封侯之賞。”❷喪服名。大功喪期九月，小功喪期五月。

加 jiā 古牙切，平，麻韻，見。歌部。

❶把一物放在另一物的上面。左傳昭公八年：“～經於顙而逃。”莊子馬蹄：“夫～之以衡軛。”引申爲把某種行爲施於别人身上。論語公冶長：“我不欲人之～諸我也，吾亦欲無～諸人。”朱熹注：“子貢言我不欲人加於我之事，我亦不欲以此加之於人。”馬融注：“加，陵也。”按，朱注是，馬注非。又爲授予爵禄於人。孟子公孫丑上：“夫子～齊之卿相。”這“加”是被加的意思。趙岐注：“加，猶居也。”非是。又施恩或施刑於某人身上也叫做“加”。戰國策魏策：“大王～惠。”宋歐陽修瀧岡阡表：“逢國大慶，必～寵錫。”文選司馬遷報任少卿書：“及罪至罔～。”唐韓愈送李愿歸盤谷序：“刀鋸不～。”❷增加。論語述而：“～我數年，五十以學易，可以無大過矣。”又子路：“既富矣，又何～焉？”南朝梁昭明太子文選序：“蓋踵其事而增華，變其本而～厲。”❸副詞。更。孟子梁惠王上：“鄰國之民不～少，寡人之民不～多。”宋王安石遊褒禪山記：“則其至又～少矣。”

［同源字］駕，架，枷，加。見“駕”字條。

四　畫

劣 liè 力輟切，入，薛韻，來。月部。

❶弱。見説文。書洪範：“六曰弱。”僞孔傳：“尫劣。”孔穎達疏：“志力尫劣也。”引申爲學行不如人。法言學行：“顔其～乎。”又爲德不如人。論衡儒增：“夫德～故用兵，犯法故施刑。”❷副詞。僅，稍（後起義）。宋書劉懷順傳：“德願善御車，嘗立兩柱，使其中～通車軸，乃於百餘步上，振轡長驅。”梁書鍾嶸傳：

“學謝朓～得‘黄鳥度青枝’。”

五　畫

劫 jié 居怯切，入，業韻，見。葉部。

❶威脅。左傳莊公八年：“遇賊於門，～而束之。”禮記儒行：“～之以衆。”❷搶劫。漢書王尊傳：“勠～良民。”❸佛經謂天地的形成到毁滅爲一劫。〔劫火〕佛家語。指世界毁滅時的大火。〔浩劫〕巨劫。引申爲大災難。

劭 1. shào 寔照切，音邵，去，笑韻，禪。宵部。

❶勸勉。説文：“劭，勉也。”漢書成帝紀：“先帝～農，薄其租税。”❷自强。三國志魏書韓暨傳：“年逾八十，守道彌固，可謂純篤，老而益～者也。”

2. shào 集韻時饒切，平，宵韻，禪。今讀如邵。

❸美好。文選晉潘岳河陽縣作詩：“誰謂邑宰輕，令名患不～？”

助 zhù 牀據切，去，御韻，牀二。魚部。

幫助。詩小雅正月：“將伯～予。”左傳襄公三十年：“使～爲政，辭以老。”

〔備考〕殷代的賦名。孟子滕文公上：“殷人七十而～。”

劬 qú 其俱切，音衢，平，虞韻，羣。侯部。

辛苦。詩小雅鴻雁：“之子于征，～勞于野。”又蓼莪：“哀哀父母，生我～勞。”引申爲動詞。慰勞。禮記内則：“食子者三年而出，見於公宫，則～。”

努 nǔ 奴古切，上，姥韻，泥。魚部。

❶〔努力〕勉力。文選古辭長歌行：“少壯不努力，老大徒傷悲。”❷〔努目〕瞪眼。宋龐元英談藪：“金剛努目，所以降伏四魔。”

按，説文無努字。

六　畫

効 xiào 胡教切，去，效韻，匣。宵部。

俗“效”字。見“效”字條。

劾 hé 胡得切，入，德韻，匣。職部。

❶窮究罪狀。急就篇：“誅罰詐僞～罪人。”漢代問罪謂之鞫，斷獄謂之劾。❷彈劾。後漢書張儉傳：“時中常侍侯覽家在防東，殘暴百姓，所爲不軌。儉舉～覽及其母罪惡，請誅之。”

券 juàn 集韻逵眷切，去，綫韻，羣。元部。

同“倦”。説文：“券，勞也。”漢涼州刺史魏元丕碑：“施舍弗～，求善不厭。”

劻 kuāng 去王切，音匡，平，陽韻，溪。

〔劻勷〕叠韻聯緜字。惶遽的樣子。唐韓愈劉統軍碑：“新師不牢，劻勷將逋。”

按，説文無劻字。

劼 jié 恪八切，入，黠韻，溪。質部。

〔劼毖〕叠韻聯緜字。謹慎。書酒誥：“汝劼毖殷獻臣。”

七　畫

勃 bó 蒲没切，入，没韻，並。物部。

❶〔勃然〕①突然。莊子天地：“蕩蕩乎，忽然出，勃然動。”②興起的樣子。文子上禮：“賢聖勃然而起。”③發怒的樣子。孟子萬章下：“王勃然變乎色。”❷〔勃如〕矜莊的樣子。論語鄉黨：“君召使擯，色勃如也。”

〔備考〕㈠盛貌。文選漢馬融長笛賦：“氣噴～以布覆兮。”㈡通“悖”。荀子脩身：“不由禮則～亂提僈。”淮南子説山：“病而不就醫，則～矣。”

勅 chì 恥力切，入，職韻，徹。

同“敕”。見“敕”字條。

勁 jìng 居正切，去，勁韻，見。耕部。

堅强有力。墨子節葬下：“手足不～强。”孫子軍事：“百里而争利，則擒三將軍，～者先，疲者後。”

勇 yǒng 余隴切，上，腫韻，喻四。東部。

勇敢，有膽量。書仲虺之誥："天乃錫王～智。"論語爲政："見義不爲，無～也。"又憲問："卞莊子之～。"

勉 miǎn 亡辨切，集韻美辨切，上，獮韻，明。元部。

㊀盡力。論語子罕："喪事不敢不～。"左傳閔公二年："子其～之。"〔勉强〕强迫自己去做。禮記中庸："或勉强而行之。"㊁勸勉，鼓勵。左傳宣公十二年："王巡三軍，拊而～之，三軍之士皆如挾纊。"

[同源字]黽，勉，忞。見"黽"字條。

八　畫

勍 qíng 渠京切，音擎，平，庚韻，羣。陽部。

强。左傳僖公二十二年："～敵之人，隘而不列，天贊我也。"

勬 juàn 渠卷切，去，線韻，群。元部。

同"倦"。疲勞。莊子應帝王："學道不～。"

勑 1. lài 洛代切，來去聲，代韻，來。之部。

㊀慰勞，勸勉。字本作"來"。孟子滕文公上："勞之來之。"清段玉裁說文解字注："來皆勑之省，俗作徠。"

2. chì 集韻蓄力切，入，職韻，徹。職部。

㊁同"敕"。整飭。易噬嗑："先王以明罰～法。"㊂詔命。北齊書宋遊道傳："～至，市司猶不許。"

九　畫

勘 kān 苦紺切，去，勘韻，溪。

後起字。㊀校對。唐白居易題詩屏風絶句："相憶采君詩作部，自書自～不辭勞。"㊁審問。舊唐書來俊臣傳："請付來俊臣推～，必獲實情。"

按，說文無勘字，新附有之。

勒 lè 盧則切，入，德韻，來。職部。

㊀馬絡頭。有嚼口的叫勒，没有的叫羈。儀禮既夕禮："纓轡貝～。"引申爲動詞。拉繮止馬（後起義）。㊁約束，統率。史記項羽本紀："每吴中有大繇役及喪，項梁嘗爲主辦，陰以兵法部～賓客及弟子。"後漢書光武紀："親～六軍，大陳戎馬。"㊂强制（後起義）。北齊書宋遊道傳："勑至，市司猶不許。遊道杖市司，～使速付。"㊃雕刻。禮記月令："物～工名，以考其誠。"唐杜甫奉酬薛十二丈判官見贈詩："欲學鴟夷子，待～燕山銘。"

[辨]勒，銜，鑣。見"鑣"字條。

勔 miǎn 彌兖切，音緬，上，獮韻，明。元部。

勉力。後漢書張衡傳思玄賦："～自强而不息兮。"

按，爾雅釋詁："勔，勉也。"說文無勔字。心部："愐，勉也。""愐"即"勔"的别體。

務 1. wù 亡遇切，去，遇韻，微。侯部。

㊀致力，從事。論語學而："君子～本，本立而道生。"左傳隱公四年："於是乎不～令德，而欲以亂成，必不免矣。"引申爲必須。左傳隱公三年："君人者將禍是～去。"又隱公六年："見惡，如農夫之～去草焉。"㊁事務。易繫辭上："夫易開物成～。"㊂收稅處（後起義）。文獻通考征榷："宋朝…凡州縣皆置～。"

2. wǔ 集韻罔甫切，音武，上，麌韻，微。

㊃通"侮"。詩小雅常棣："兄弟鬩于牆，外禦其～。"

勖 xù 許玉切，音旭，入，燭韻，曉。覺部。

勉勵。書牧誓："～哉夫子！"字亦作"勗"。詩邶風燕燕："先君之思，以勗寡人。"

動 dòng 徒揔切，上，董韻，定。東部。

㊀摇動，振動。詩豳風七月："五月斯螽～股。"引申爲活動，與"静"相對。論語雍也："知者～，仁者静。"又爲勞動。孟子滕文公

上:"使民盻盻然將終歲勤～。"又爲行動,舉動。國語晉語三:"是以君子省衆而～。"左傳襄公三十一年:"～作有文,言語有章。"又爲觸動,激動。吕氏春秋具備:"説與治不誠,其～人心不神。"㊁副詞。輒,動不動,常常(後起義)。三國蜀諸葛亮後出師表:"論安言計,～引古人。"

十畫

勞 1.láo 魯刀切,平,豪韻,來。宵部。

㊀辛苦,勞苦。易兑:"説以先民,民忘其～。"詩小雅蓼莪:"哀哀父母,生我劬～。"引申爲疲勞。左傳僖公三十二年:"～師以襲遠,非所聞也。"㊁功勞。詩大雅民勞:"無棄爾～,以爲王休。"論語公冶長:"願無伐善,無施～。"㊂憂愁。詩邶風燕燕:"瞻望弗及,實～我心。"文選三國魏曹丕與吴質書:"雖書疏往返,未足解其～結。"

2.lào 郎到切,去,号韻,來。宵部。

㊃慰勞。左傳桓公五年:"鄭伯使祭足～王。"

[備考]㊀通"遼"。廣闊。詩小雅漸漸之石:"山川悠遠,惟其～矣。"鄭箋:"勞,廣闊。"孔穎達疏:"當從遼遠之遼,而作勞字者,以古之字少,多相假借。"按,朱熹集傳:"將帥出征,經歷險遠,不堪勞苦。"與此異。㊁用得太多。管子小匡:"犧牲不～,則牛馬育。"尹知章注:"過用謂之勞。"

勛 xūn 許云切,音熏,平,文韻,曉。文部。

"勳"的古字。見"勳"字條。

勝 1.shèng (舊讀 shēng) 識蒸切,平,蒸韻,審三。蒸部。

㊀力能擔任,經得起。詩商頌玄鳥:"武王靡不～。"論語鄉黨:"執圭,鞠躬如也,如不～。"韓非子揚權:"枝大本小,將不～春風。"㊁副詞。盡。孟子梁惠王上:"不違農時,穀不可～食也。"

2.shèng 詩證切,去,證韻,審三。蒸部。

㊂打勝仗。孟子公孫丑下:"戰必～矣。"孫子謀攻:"上下同欲者～。"引申爲制服。國語晉語四:"尊明～患,智也。"㊃勝過(後起義)。唐杜甫北征詩:"平生所嬌兒,顔色白～雪。"㊄事物優越美好的叫勝。地方優美的叫勝。唐王勃滕王閣序:"～地不常,盛筵難再。"㊅婦女首飾。山海經西山經:"(西王母)蓬髮戴～。"郭璞注:"勝,玉勝也。"

十一畫

勣 jī 則歷切,音績,入,錫韻,精。

通"績"。功。

按,説文無勣字。

勢 shì 舒制切,去,祭韻,審三。月部。

㊀權力,威力。書君陳:"無依～作威。"莊子盗跖:"故～爲天子,未必貴也。"荀子議兵:"劫之以～。"㊁情勢,形勢,趨勢。莊子秋水:"當堯舜而天下無窮人,非知得也;當桀紂而天下無通人,非知失也。時～適然。"孟子公孫丑上:"雖有智慧,不如乘～;雖有鎡基,不如待時。"㊂姿勢,姿態。易坤:"地～坤。"詩話總龜苦吟門:"賈島初赴舉…於驢上吟哦,引手作推敲之～。"㊃雄性生殖器。太平御覽引尚書緯:"割者,丈夫淫,割其～也已。"夢溪筆談雜誌一:"六畜去～。"

按,説文無勢字。新附有之。

勤 qín 巨斤切,平,欣韻,羣。文部。

㊀勞,辛苦。詩周頌賚:"文王既～止。"毛傳:"勤,勞也。"論語微子:"四體不～,五穀不分。"墨子兼愛下:"然即敢問今歲有癘疫,萬民多有～苦凍餒,轉死溝壑中者,既已衆矣。"孟子滕文公上:"使民盻盻然,將終歲～動,不得以養其父母。"㊁盡力做事,勤奮。與"惰"相對。書蔡仲之命:"克～無怠。"左傳宣公十二年:"民生在～,～則不匱。"

[備考]憂。吕氏春秋不廣:"～天子之

難。”高誘注：“勤，憂也。”

募 mù 莫故切，去，暮韻，明。鐸部。

㊀廣泛徵求。墨子號令：“～民欲財物粟米，以貿易凡器者，卒以賈予。”荀子議兵：“招延～選。”又王制：“謹～選閲材俊之士。”注：“募，招也。”史記商君列傳：“～民有徙置北門者，予十金。”三國志魏書曹洪傳：“就（陳）温～兵，得廬江上甲二千人。”㊁通“膜”。素問奇病論：“治之以膽～俞。”注：“胸腹曰募，背脊曰俞。”

勠 lù 力竹切，音戮，入，屋韻，來。覺部。

力求切，音流，平，尤韻，來。

〔勠力〕合力，并力。國語齊語：“與諸侯勠力同心。”韋昭注：“勠，并也。”戰國策中山策：“勠力同憂。”高誘注：“勠力，勉力也。”文選晉陸機文賦：“非余力之所勠。”按，此“勠”字讀力求切，與“流、求”爲韻。字通作“戮力”。書湯誥：“聿求元聖，與之戮力。”左傳成公十三年：“昔逮我獻公及穆公相好，戮力同心。”

勦 1. jiǎo 子小切，上，小韻，精。宵部。

㊀勞。左傳宣公十二年：“無及於鄭而～民，焉用之？”又昭公九年：“焉用速成，其以～民也？”㊁通“剿”。字亦作“剿、劋”。滅絶。書甘誓：“天用～絶其命。”

2. chāo（舊讀 cháo）鉏交切，平，肴韻，牀二。宵部。

㊂〔勦説〕抄襲别人的言論。禮記曲禮上：“毋勦説，毋雷同。”㊃〔勦捷〕輕捷。三國志吴書孫策傳注引吴録：“聞卿能坐躍，勦捷不常。”

［辨］鈔，抄，勦。見“鈔”字條。

十二畫

勩 yì 餘制切，音曳，去，祭韻，喻四。月部。

勞。詩小雅雨無正：“莫知我～。”

十三畫

勯 dān 集韻多寒切，音單，平，寒韻，端。元部。

力竭。吕氏春秋重己：“使烏獲疾引牛尾，尾絶力～，而牛不可行，逆也。”

按，説文無勯字。

勱 mài 莫話切，音邁，去，夬韻，明。月部。

勉力。書立政：“其惟吉士，用～相我國家。”

勰 xié 胡頰切，音協，入，怗韻，匣。葉部。

和諧。説文作“劦”，云：“同思之和。”梁書劉勰字彦和。

勮 jù 其據切，音遽，去，御韻，羣。魚部。

用力太甚。説文：“勮，務也。”這個字後來寫作“劇”。文選漢王粲詠史詩：“同知埋身劇，心亦有所施。”李善注：“説文曰：‘劇，甚也。’”

十四畫

勳 xūn 許云切，平，文韻，曉。文部。

功勞。説文：“勳，能成王功也。”爾雅釋詁：“勳，功也。”周禮夏官司勳：“王功曰～。”鄭玄注：“輔成王業，若周公。”書大禹謨：“爾尚一乃心力，其克有～。”史記高祖功臣侯者年表：“古者人臣功有五等，以德立宗廟定社稷曰～。”

十五畫

勵 lì 力制切，去，祭韻，來。月部。

勉勵。書皋陶謨：“惇敘九族，庶明～翼。”僞孔傳：“衆庶皆明其教，而自勉勵翼戴上命。”

按，説文無勵字。“勱”下云：“勉力也…讀與厲同。”“勱”當即“勵”。後來“勱”讀如邁，遂歧爲二字。

十七畫

勷 ráng 汝陽切，平，陽韻，日。

〔劻勷〕見"劻"字條。

十八畫

勸 quàn 去願切，去，願韻，溪。元部。

❶鼓勵，奬勵。與"懲"、"沮"相對。書大禹謨："～之以九歌。"孔穎達疏："勸帝使長爲善也。"左傳成公三年："所以懲不敬而～有功也。"又成公十四年："懲惡而～善。"引申爲受到鼓勵。論語爲政："舉善而教不能，則～。"莊子胠篋："雖有軒冕之賞弗能～。"又逍遥遊："且舉世而譽之而不加～，舉世而非之而不加沮。"又爲受到鼓勵而做事。管子輕重乙："若是則田野大闢，而農夫～其事矣。"❷勸阻，規勸（後起義）。後漢書彭寵傳："建武二年春，徵召寵，…而其妻素剛，不堪抑屈，固～無受召。"❸勸説，説明道理使人聽從（後起義）。唐王維渭城曲："～君更盡一杯酒，西出陽關無故人。"

勹　部

勹 bāo 布交切，音包，平，肴韻，幫。幽部。

裹。説文："勹，裹也。"正字通："勹，包本字。"

一　畫

勺 1. sháo（舊讀 shuò）市若切，入，藥韻，禪。藥部。

❶飲器。周禮考工記："梓人爲飲器，～一升。"禮記明堂位："夏后氏以龍～，殷以疏～，周以蒲～。"❷量名。孫子算經："十撮爲一抄，十抄爲一～，十～爲一合。"❸〔勺藥〕叠韻聯緜字。花草名。詩鄭風溱洧："維士與女，伊其相謔，贈之以勺藥。"後來寫作"芍藥"。

2. zhuó 之若切，音酌，入，藥韻，照三。藥部。

❹通"酌"。舀取。漢書禮樂志郊祀歌："～椒漿，靈已醉。"引申爲所酌之物，即酒。楚辭戰國宋玉招魂："瑶漿蜜～，實羽觴些。"❺樂舞名。禮記内則："十有三年，學樂，誦詩，舞～。"

［同源字］勺，酌。"勺"與"酌"是名詞和動詞的關係。舀酒的飲器叫做"勺"；舀酒的動作叫做"酌"。

按，説文勺字在勺部。

二　畫

匀 yún 羊倫切，平，諄韻，喻四。

調匀，均匀。後起義。唐杜甫麗人行："肌理細膩骨肉～。"

按，説文匀是均的或體。

勿 wù 文弗切，入，物韻，微。物部。

副詞，表示戒止。不要。詩大雅行葦："敦彼行葦，牛羊～踐履。"書大禹謨："任賢～貳，去邪～疑，疑謀～成。"論語學而："過則～憚改。"引申爲不。多指不應有或不願做的事。左傳文公十五年："襄仲欲～哭。"論語雍也："雖欲～用，山川其舍諸？"

［備考］無。詩豳風東山："～士行枚。"鄭箋："勿，猶無也。"

［辨］勿，毋（無）。"勿"和"毋"（無）都是表示戒止的副詞。但是"勿"字後面的動詞不帶賓語，"毋"（無）字後面的動詞如果是及物動詞，必須帶賓語。例如論語學而："無友不如己者。過則勿憚改。"

按，説文勿字在勿部。

勾 1. gōu 古今韻會舉要居侯切,音鉤。

"句"俗字。"句"讀居侯切時俗作"勾",以别於章句的"句"。㊀鉤形符號,表示着重點或塗掉。宋韓元吉南澗甲乙集跋司馬公倚几銘:"~注塗改甚多。"宋史范仲淹傳:"一筆~之甚易。"㊁〔勾引〕引誘。唐杜甫風雨看舟前落花戲爲新句:"影遭碧水潛勾引,風妬紅花却倒吹。"引申爲串通。北史蠻僚傳:"勾引梁兵,圍逼晉壽。"㊂捉拿。明史刑法志:"其實犯死罪免死充軍者,以著伍後所生子孫替役,不許~原籍子孫。"

2. gòu 音够。

㊃〔勾當〕①辦理。北史序傳:"事無大小,士彦一委仲舉,推尋勾當,絲髮無遺。"②事情。水滸傳一六回:"夫人處分付的勾當,你三人自理會。"㊄通"彀"。圈套。元典選關漢卿望江亭:"則怕反落他~中,夫人還是不去的是。"㊅通"够"。宋秦觀淮海詞滿園花:"從今後,休道共我,夢見也不能得~。"

三　　畫

匄 1. gài 古太切,音蓋,去,泰韻,見。月部。

亦作"匃"。㊀乞求。左傳昭公六年:"不强~。"又昭公十六年:"毋或~奪。"

2. gě 古達切,音葛,入,曷韻,見。月部。

㊁給與。漢書西域傳:"我~若馬。"顔師古注:"匄,乞與也。"

按,説文作匃,在亡部。今字作丐。

包 bāo 布交切,平,肴韻,幫。幽部。

㊀裹。詩召南野有死麕:"野有死麕,白茅~之。"引申爲量詞。後漢書楊由傳:"五官掾獻橘數~。"㊁包管(晚起義)。元曲選陳州糶糧:"~你没事便了。"

[備考]㊀叢生。書禹貢:"草木漸~。"僞孔傳:"包,叢生。"按,馬融注:"相包裹也。"㊁通"庖(páo)"。集韻爻韻:"庖,通作包。"易姤:"~有魚。"虞翻注:"或以爲庖厨。"

按,説文包字在包部,作㔺,云:"象人裹妊,巳在中,象子未成形也。"

四　　畫

匈 xiōng 許容切,平,鍾韻,曉。東部。

㊀"胸"本字。説文:"匈,膺也。"史記高祖本紀:"伏弩射中漢王,漢王傷~。"㊁〔匈匈〕①吵嚷聲。莊子在宥:"自三代以下者,匈匈焉終以賞罰爲事。"②動亂的樣子。史記項羽本紀:"天下匈匈數歲者,徒以吾兩人耳。"㊂〔匈奴〕古代我國北方民族之一。

六　　畫

匊 jū 居六切,音菊,入,屋韻,見。覺部。

兩手捧物。詩唐風椒聊:"椒聊之實,蕃衍盈~。"毛傳:"兩手曰匊。"又小雅采緑:"終朝采緑,不盈一~。"毛傳:"兩手曰匊。"後來寫作"掬"。

匌 hé 集韻曷閤切,大徐説文侯閤切,音合,入,合韻,匣。

説文:"匌,帀也。"〔匒匌〕叠韻聯緜字。重叠的樣子。文選晉木華海賦:"磊匒匌而相豗。"李善注:"匒匌,重叠也。"

匋 táo 徒刀切,音陶,平,豪韻,定。幽部。

瓦器。後來寫作"陶"。

按,説文匋字在缶部。

七　　畫

匍 pú 薄胡切,音蒲,平,模韻,並。魚部。

〔匍匐〕雙聲聯緜字。伏地而行。詩大雅生民:"誕實匍匐,克岐克嶷。"孟子滕文公上:"赤子匍匐將入於井,非赤子之罪也。"又形容手足並用,盡力而爲。詩邶風谷風:"凡民有喪,匍匐救之。"

九　　畫

匏 páo 薄交切,音庖,平,肴韻,並。幽部。

葫蘆之屬，即瓠。詩邶風匏有苦葉：“～有苦葉，濟有深涉。”論語陽貨：“吾豈～瓜也哉？焉能繫而不食？”笙等一類的樂器用匏做座，故匏爲八音之一。國語周語下：“～竹利制。”漢應劭風俗通聲音：“音者，土曰塤，～曰笙。”

〔辨〕瓠，匏。見“瓠”字條。

按，説文匏字在包部。

匐 fú 房六切，音服，入，屋韻，奉。職部。

〔匍匐〕見“匍”字條。

十　畫

匒 è 烏合切，入聲，合韻，影。

後起字。〔匒葉〕婦女髻飾花。唐杜甫麗人行：“頭上何所有？翠微匒葉垂鬢脣。”〔匒綵〕同“匒葉”。

匒 dá 集韻德合切，音荅，入，合韻，端。

〔匒匌〕見“匌”字條。

按，説文無匒字。

十 四 畫

匑 gōng 龍龕手鑑音弓。冬部。

廣韻作“匑”。〔匑匑〕恭謹的樣子。史記魯周公世家：“還政成王，北面就臣位，匑匑如畏然。”

按，説文無匑字。

匕　部

匕 bǐ 卑履切，音比，上，旨韻，幫。脂部。

㊀食器。曲柄淺斗，狀如今之羹匙。詩小雅大東：“有饛簋飧，有捄棘～。”〔匕首〕短劍。頭像匕，故名。史記刺客列傳：“曹沫執匕首劫齊桓公。”㊁箭頭。左傳昭公二十六年：“射之中楯瓦，…～入者三寸。”

匕 huà 呼霸切，音化，去，禡韻，曉。歌部。

説文：“匕，變也，从到人。”

二　畫

化 huà 呼霸切，去，禡韻，曉。歌部。

變化。禮記中庸：“動則變，變則～。”禮記月令季春之月：“田鼠～爲鴽。”周禮春官大宗伯：“以禮樂合天地之～。”鄭玄注：“凡能生非類曰化。”〔造化〕大自然的創造化育。莊子大宗師：“今一以天地爲大鑪，以造化爲大冶。”

按，説文化字在匕部。

三　畫

北 běi 博墨切，入，德韻，幫。職部。

㊀方位名。北面。詩邶風北風：“～風其涼，雨雪其雱。”引申爲動詞。向北行。吕氏春秋孟春紀：“候雁～。”㊁打敗仗。左傳桓公九年：“以戰而～。”史記項羽本紀：“身七十餘戰，所當者破，所擊者服，未嘗敗～。”

〔備考〕背。書舜典：“庶績咸熙，分～三苗。”釋文：“北，如字，又音佩。”孔穎達疏：“北，背也。善留惡去，使分背也。”

〔同源字〕北，背。説文：“北，乖也，从二人相背。”徐灝云：“古者宫室皆南向，故以所背爲北。”朱駿聲云：“人坐立皆面明背闇，故以背爲南北之北。”

按，説文北字在北部。

九　畫

匙 chí 是支切，平，支韻，禪。支部。

舀物的器具。説文：“匙，匕也。”方言一三：“匕謂之匙。”晉王隱晉書瑞異記：“一杯食，有兩～；石勒死，人不知。”

匚 部

匚 fāng 府良切,音方,平,陽韻,非。陽部。

受物之器。見説文。

三 畫

匜 yí 弋支切,音移,平,支韻,喻四。歌部。

古代盛水洗手的用具。左傳僖公二十三年:“奉～沃盥。”

匝 zā 古今韻會舉要作荅切,簪入聲。緝部。

廣韻作“帀”。環繞一周叫一匝。史記高祖本紀:“圍宛城三～。”

按,説文有帀無匝。

四 畫

匡 kuāng 去王切,平,陽韻,溪。陽部。

❶同“筐”。飯器。引申爲盛物用具。禮記檀弓下:“蠶則績而蟹有～。”❷正。詩小雅楚茨:“既齊既稷,既～既敕。”朱熹集傳:“匡,正。”引申爲糾正。詩小雅六月:“王于出征,以～王國。”論語憲問:“管仲相桓公,霸諸侯,一～天下。”孝經:“～救其惡。”又爲輔助使正。左傳哀公十六年:“王孫若安靖楚國,～正王室,而後庇焉,啓之願也。”國語晉語九:“今范中行氏之臣不能～相其君,使至於難。”漢書宣帝紀:“以～朕之不逮。”❸眼眶。史記淮南王列傳:“涕滿～而横流。”

[備考]㊀彎曲。周禮考工記輪人:“察其菑蚤不齵,則輪雖敝不～。”鄭衆注:“匡,枉也。”㊁虧損。國語越語下:“日困而還,月盈而～。”韋昭注:“匡,虧也。”朱駿聲曰:“按,猶曲也。”㊂畏懼。禮記禮器:“是故年雖大殺,衆不～懼。”

匠 jiàng 疾亮切,去,漾韻,從。陽部。

木工。孟子梁惠王下:“工師得大木,則王喜,以爲能勝其任也。～人斲而小之,則王怒,以爲不勝其任矣。”莊子馬蹄:“～人曰:‘我善治木,曲者中鉤,直者應繩。’”又逍遥遊:“吾有大樹,人謂之樗。其大本擁腫而不中繩墨,其小枝卷曲而不中規矩。立之塗,～者不顧。”引申爲技工的通稱。論衡量知:“能斲削柱梁,謂之木～;能穿鑿穴埳,謂之土～;能彫琢文書,謂之史～。”

五 畫

匣 xiá 胡甲切,入,狎韻,匣。葉部。

盛物的器具。匣子。史記刺客列傳:“而秦舞陽奉地圖～,以次進。”

八 畫

匪 fěi 府尾切,上,尾韻,非。微部。

❶同“篚”。竹器。周禮春官肆師:“共設～罋之禮。”❷非。詩衛風木瓜:“～報也,永以爲好也。”

[備考]㊀彼。詩檜風匪風:“～風發兮,～車偈兮。”王引之曰:“言彼風之動發發然,彼車之驅偈偈然也。”㊁通“斐”。有文采的樣子。詩衛風淇奥:“有～君子,如切如磋。”禮記大學引作“斐”。

[同源字]非,匪,微。見“非”字條。

九 畫

匭 guǐ 居洧切,音軌,上,旨韻,見。幽部。

同“簋”。盛黍稷的用具。説文:“簋,黍稷方器也。…匭,古文簋或从軌。”

[備考]匣。書禹貢:“包～菁茅。”僞孔傳:“匭,匣也。”孔穎達疏引鄭玄曰:“匭,猶纏

結也。”

按，説文以匴爲篋的古文，在竹部。

十一畫

滙 huì 胡罪切，上，賄韻，匣。微部。

河流相會合。書禹貢：“東～澤爲彭蠡。”

十二畫

匴 quán 此緣切，音詮，平，仙韻，清。文部。

〔匴璇〕古代的一種棋。方言五：“簙，…或謂之匴璇，或謂之棋。”郭璞注：“或曰竹器，所以整頓簙者。”

按，説文無匴字。

匱 guì 求位切，音櫃，去，至韻，羣。微部。

㊀櫃子。書金縢：“乃納册于金縢之～中。”莊子胠篋：“將爲胠篋探囊發～之盜。”㊁竭乏。詩大雅既醉：“孝子不～，永錫爾類。”韓非子外儲説右下：“上有積財，則民臣必～乏於下。”此義今讀 kuì。

〔備考〕通“簣(kuì)”。盛土的畚。漢書王莽傳：“綱紀咸張，成在一～。”顔師古注：“論語云：‘譬如爲山，未成一匱。’”今論語作“簣”。

匰 dān 都寒切，音單，平，寒韻，端。元部。

宗廟安放神主的器具。周禮春官司巫：“祭祀則共～主。”

十三畫

匳 lián 力鹽切，音廉，平，鹽韻，來。

後起字。又寫作“奩”。㊀盛香器。㊁鏡匣。唐杜甫往在詩：“鏡奩換粉黛，翠羽猶葱朧。”後來稱嫁妝爲“粧匳”。

按，説文無匳字。

十四畫

匴 suǎn 蘇管切，上，緩韻，心。元部。

古代行冠禮時盛冠弁的竹器。儀禮士冠禮：“爵弁、皮弁、緇布冠各一～。”

十五畫

匵 dú 徒谷切，音讀，入，屋韻，定。屋部。

櫃子。論語子罕：“有美玉於斯，韞～而藏諸？求善賈而沽諸？”

〔同源字〕櫝，匵。見“櫝”字條。

十八畫

匶 jiù 巨救切，音舊，去，宥韻，羣。幽部。

同“柩”。裝了屍的棺材。周禮春官喪祝：“及朝，御～，乃奠。”

匸 部

匸 xì 胡禮切，上，薺韻，匣。支部。

説文：“匸，衺徯有所俠藏也。”用作部首。篆作匸，與匚異。

二畫

匹 pǐ 譬吉切，入，質韻，滂。質部。

㊀量詞。①布帛四丈爲一匹。史記叔孫通列傳：“迺賜叔孫通帛二十～。”②計算馬的單位。左傳莊公十八年：“皆賜玉五瑴，馬三～。”公羊傳僖公三十二年：“～馬隻輪無反者。”㊁〔匹夫〕①庶人，平民。左傳僖公二十四年：“國君而讎匹夫，懼者甚衆矣。”韓非子有度：“刑過不避大臣，賞善不遺匹夫。”②獨夫，帶有輕蔑的意思。孟子梁惠王下：“此匹夫之勇，敵一人者也。”史記淮陰侯列傳：“項

王喑噁叱咤，千人皆廢，然不能任屬賢將，此特匹夫之勇耳。”㊂對等，匹偶。左傳僖公二十三年：“秦晉～也，何以卑我？”杜預注：“匹，敵也。”楚辭戰國屈原九章懷思：“懷質抱情，獨無～兮。”王逸注：“匹，雙也。”引申爲對比。莊子逍遥遊：“而彭祖乃今以久特聞，衆人～之，不亦悲乎！”

五　畫

医 yì於計切，音翳，去，霽韻，影。支部。

盛弓弩矢的器具。説文：“医，盛弓弩矢器也。…國語曰：‘兵不解医。’”今本國語齊語作“兵不解翳”。

七　畫

匽 yǎn於幰切，音偃，上，阮韻，影。元部。

㊀路厠，庭院中排泄雨水的溝。周禮天官宫人：“爲其井～。”鄭衆注：“匽，路厠也。”戰國策燕策：“爲諸侯之策，使侍屏～。”㊁通“偃”。倒伏。漢書王吉傳：“冬則爲風寒之所～薄。”引申爲停止。漢書禮樂志郊祀歌：“海内安寧，興文～武。”

八　畫

匿 1. nì女力切，入，職韻，娘。職部。

㊀隱藏。書盤庚上：“不～厥指。”史記留侯世家：“良乃更名姓，亡～下邳。”

2. tè集韻惕得切，音忒，入，德韻，透。職部。

㊁通“慝”。惡。逸周書大戒：“克禁淫謀，衆～乃雍。”

九　畫

匾 biǎn方典切，集韻補典切，上，銑韻，幫。

門户上的題額。字本作“扁”。説文：“扁，署也。…署門户之文也。”

區 1. qū豈俱切，平，虞韻，溪。侯部。

㊀藏隱。左傳昭公七年：“作僕～之法。”服虔注：“僕，隱也。區，匿也。”荀子大略：“言之信者在乎～蓋之間。”楊倞注：“區，藏物處。”㊁區分。論語子張：“譬諸草木，～以別矣。”引申爲區域。漢書揚雄傳：“有田一壥，有宅一～。”

2. ōu烏侯切，音歐，平，侯韻，影。侯部。

㊂量名。四豆爲區。左傳昭公三年：“齊舊器量，豆～釜鍾。”㊃姓。

3. gōu集韻居侯切，音鉤，平，侯韻，見。侯部。

㊄〔區萌〕同“句萌”。草木抽芽。管子五行：“然則冰解而凍釋，草木區萌。”

4. kòu集韻丘堠切，音寇，去，候韻，溪。侯部。

㊅〔區霿〕疊韻聯緜字。昏昧。漢書五行志下之上：“貌言視聽，以心爲主。四者皆失，則區霿無識。”

十　部

十 shí是執切，入，緝韻，禪。緝部。

數詞。書泰誓中：“予有亂臣～人，同心同德。”

［辨］十，什。見“什”字條。

一　畫

廿 niàn人執切，入，緝韻，日。今讀如念。

同“廿”。見“廿”字條。

千 qiān 蒼先切，平，先韻，清。真部。

數詞。書牧誓："～夫長，百夫長。"

二畫

廿 niàn 人執切，入，緝韻，日。今讀如念。緝部。

二十的合音。說文："廿，二十并也。"唐李賀公無出門詩："鮑焦一世披草眠，顏回～九鬢毛斑。"

卅 sà 蘇合切，入，合韻，心。緝部。

三十的合音。字本作"卌"。說文："卌，三十并也。"書無逸："肆祖甲之享國三十有三年。"唐石經作"～有三年。"

午 wǔ 疑古切，上，姥韻，疑。魚部。

❶地支的第七位。書泰誓中："惟戊～，王次于河朔。"❷日中爲午。唐聶夷中憫農詩："鋤禾日當～，汗滴禾下土。"

［備考］㊀一縱一橫爲午。儀禮大射："度尺而～。"㊁逆。禮記哀公問："～其衆以伐有道。"

按，說文午字在午部。

升 shēng 識蒸切，平，蒸韻，審三。蒸部。

❶容量單位。十合爲升，十升爲斗。莊子外物："君豈有斗～之水而活我哉？"❷上升，登。詩小雅天保："如月之恒，如日之～。"易坎："天險不可～也。"❸通"登"。收成。吕氏春秋孟夏紀："農乃～麥。"禮記月令作"農乃登麥"。穀梁傳襄公二十四年："五穀不～爲大饑。"

［備考］布八十縷爲升。禮記雜記："朝服十五～。"儀禮喪服："冠六～。"鄭玄注："布八十縷爲升。"

［辨］登，升。見"登"字條。

［同源字］騰，登，乘，升。見"騰"字條。

按，說文升字在斗部，作𠙻。

三畫

半 bàn 博漫切，去，换韻，幫。元部。

整體中分，各爲一半。書説命下："惟斅學～。"論語鄉黨："必有寢衣，長一身有～。"

［備考］大片。漢書李陵傳："令軍士人持二升糒，一～冰。"資治通鑑作"一片冰"。這個意義集韻作普半切，讀 pàn。

四畫

卌 sà 蘇合切，入，合韻，心。

同"卅"。見"卅"字條。

卉 huì 許貴切，去，未韻，曉。微部。

草的總名。詩小雅四月："山有嘉～。"又出車："春日遲遲，～木萋萋。"

按，說文卉字在艸部，作𣎴。

卌 xì 先立切，入，緝韻，心。

四十的合音。漢石經論語殘字："子曰：'年卌見惡焉。'"今論語陽貨作"四十"。

六畫

卒 1. zú 臧没切，入，没韻，精。物部。

❶步兵。左傳僖公二十八年："子玉收其～而止，故不敗。"❷編制的單位。①春秋時軍隊組織，一百人爲卒。左傳隱公十一年："鄭伯使～出豭，行出犬雞，以詛射潁考叔者。"又二百人爲卒。管子小匡："四里爲連，故二百人爲～。"②居民的編制，三百家爲卒。國語齊語："制鄙三十家爲邑，邑有司，十邑爲～。"

2. zú 子聿切，入，術韻，精。物部。

❸終。詩邶風日月："父兮母兮，畜我不～。"引申爲盡。國語魯語上："饑饉薦降，民羸幾～。"韋昭注："卒，盡也。"又爲死。禮記曲禮下："大夫死曰～。"按，諸侯死也叫卒。左傳僖公三十二年："冬，晉文公～。"又爲副

詞。終於。孟子盡心下："晉人有馮婦者，善搏虎，～爲善士。"史記魯仲連鄒陽列傳："左右不明，～從吏訊。"

3. cù 倉没切，入，没韻，清。物部。

㊃匆促的樣子。戰國策燕策三："羣臣驚愕，～起不意，盡失其度。"[倉卒]雙聲聯緜字。見"倉"字條。

[備考]㊀崔嵬，山高。詩小雅漸漸之石："漸漸之石，維其～矣。"鄭箋："卒者，崔嵬也，謂出巔之末也。"㊁集韻取内切，讀 cuì，同"倅"。副職。禮記燕義："庶子官職諸侯卿大夫士之庶子之～。"

[辨]軍，士，卒，兵。"軍"是集體名詞，與"士、卒、兵"都不同。"士"和"卒"的分别是：作戰時，士在戰車上面，卒則徒步。上古"卒"和"兵"有很大的分别："卒"是戰士，而"兵"一般是指器械。左傳文公七年："訓卒利兵。"卒是人，所以要訓練；兵是戈矛之類，所以要利。

按，説文卒字在衣部，作卒，云："隸人給事者，衣爲卒，卒，衣有題識者。"

協 xié 胡頰切，入，怗韻，匣。葉部。

㊀和。書堯典："～和萬邦。"僞孔傳："協，合也。"又洪範："～用五紀。"僞孔傳："協，和也。"㊁軍隊的編制（晚起義）。清代末年，改軍制，以三營爲一標，兩標爲一協，約當於後來的旅。

[同源字]諧，洽，合，協。見"洽"字條。

按，説文協字在劦部。

卓 zhuō 竹角切，入，覺韻，知。藥部。

㊀高。論語子罕："如有所立～爾。"皇疏："卓，高遠貌。"〔卓犖〕叠韻聯緜字。高超出衆的樣子。文選晉左思詠史詩："弱冠弄柔翰，卓犖觀羣書。"引申爲遠。楚辭漢王逸九思逢尤："世既～兮遠眇眇。"注："卓，遠也。"㊁〔卓子〕桌子（後起義）。宋釋普濟五燈會元卷二〇："敘語未終，公推倒卓子。"

[辨]卓，踔，逴，趠。見"踔"字條。

按，説文卓字在匕部，作阜。

卑 bēi 府移切，集韻賓彌切，平，支韻，幫。支部。

㊀低，不高。與"高"相對。詩小雅正月："謂山蓋～，爲岡爲陵。"禮記中庸："譬如登高必自～。"引申爲賤，與"尊"相對。易繫辭上："天尊地～。"國語晉語四："秦晉匹也，何以～我？"又爲衰微。國語周語上："王室其將～乎？"韋昭注："卑，微也。"㊁通"俾（bǐ）"。使。荀子宥坐："～民不迷。"楊倞注："卑讀爲俾。"

按，説文卑字在𠂇（左）部，作卑，云："賤也，執事也。从𠂇甲。"

七　畫

南 nán 那含切，平，覃韻，泥。侵部。

方位名，與"北"相對。詩周南樛木："～有樛木，葛藟纍之。"邶風凱風："凱風自～，吹彼棘心。"引申爲動詞。向南行。墨子貴義："～之人不得北，北之人不得～。"

[備考]樂舞名。詩小雅鼓鐘："以雅以～，以籥不僭。"毛傳："南夷之樂曰南。"朱熹集傳："南，二南也。"與毛傳異。

按，説文南字在𣎵部，作南。

十　畫

博 bó 補各切，入，鐸韻，幫。鐸部。

㊀廣大。詩魯頌泮水："戎車孔～。"朱熹註："博，廣大也。"引申爲廣博，與"約"相對。論語雍也："君子～學於文。"又子罕："～我以文，約我以禮。"㊁古代一種棋局。論語陽貨："不有～弈者乎？"㊂博取，换取（後起義）。宋書索虜傳："我往揚州住，且可～與土地。"注："傖人謂换易爲博。"

卜　部

卜 bǔ 博木切，入，屋韻，幫。屋部。

古人用火灼龜甲取兆，以預測吉凶，叫卜。書召誥："太保朝至于洛，～宅。"左傳桓公十一年："～以決疑，不疑何～？"引申爲以己意推測。文選嵇康與山巨源絶交書："自～己審，若道盡塗窮，則已耳。"

［備考］賜予。詩小雅楚茨："～爾百福。"鄭箋："卜，予也。"又天保："君曰～爾。"毛傳："卜，予也。"朱熹集傳："卜猶期也。"與毛傳異。

二　畫

卞 biàn 皮變切，音弁，去，線韻，並。元部。

㊀法度。書顧命："臨君周邦，率循大～。"㊁〔卞急〕急躁。左傳定公三年："莊公卞急而好潔。"杜預注："卞，躁疾也。"

［備考］徒手搏鬬。漢書哀帝紀贊："雅性不好聲色，時覽～射武戲。"顔師古注："應劭曰：'卞射，皮卞而射也。'蘇林曰：'手搏爲卞，角力爲武戲也。'"

按，説文無卞字。

丱 guàng 乎瞢切，集韻古猛切，上，梗韻，見。陽部。

礦。周禮地官丱人："丱人，掌金玉錫石之地。"

按，説文以丱爲礦的古文，在石部，云："銅鐵樸石也。"

三　畫

占 1. zhān 職廉切，平，鹽韻，照三。談部。

㊀占卜。視兆以知吉凶。書洪範："卜五，～用二。"楚辭戰國屈原離騷："命靈氛爲予～之。"

2. zhàn 章豔切，去，豔韻，照三。談部。

㊁據有（後起義）。晉書食貨志："男子一人～田七十畝。"這個意義後來寫作"佔"。㊂估計。史記平準書："各以其物自～。"漢書宣帝紀："流民自～八萬餘口。"顔師古注："占者，謂自隱度其户口而著名籍也。"㊃口授。後漢書袁安傳附袁敞："（張）俊自獄中～獄吏上書自訟。"〔口占〕不用起草而隨口成文。漢書朱博傳："閤下書佐入，博口占檄文。"

五　畫

卣 yǒu 與久切，音酉，上，有韻，喻四。幽部。

禮器，中型酒尊。詩大雅江漢："秬鬯一～。"書洛誥："予以秬鬯二～，曰明禋。"

按，説文無卣字。

六　畫

卦 guà 古賣切，音挂，去，卦韻，見。支部。

占卜的記號。古人揲蓍以占叫筮，卦是筮得的爻。周易有八卦，八八相乘得六十四卦。易繫辭上："聖人設～，觀象繫辭焉而明吉凶。"

卩　部

卩 jié 玉篇子結切，音節。

瑞信。本作卪，今作節。見玉篇。

一　畫

卩 jié 子結切，音節，入，屑韻，精。質部。

説文："卩，瑞信也。守國者用玉卩，守都鄙者用角卩，使山邦者用虎卩，土邦者用人卩，澤邦者用龍卩，門關者用符卩，貨賄用璽卩，道路用旌卩。"這個意義後來寫作"節"。

二　畫

卬 1. áng 五剛切，音昂，平，唐韻，疑。陽部。

㊀我。詩邶風匏有苦葉："人涉～否，～須我友。"㊁通"昂"。文選漢司馬相如長門賦："意慷慨而自～。"漢書食貨志下："萬物～貴。"

2. yǎng 魚兩切，音仰，上，養韻，疑。陽部。

㊂同"仰"。莊子天地："爲圃者～而視之，曰：'奈何？'"漢書司馬遷傳："迺欲～首信眉，論列是非。"

［備考］迎。國語晉語四："若川然，有原以～浦，而後大。"韋昭注："卬，迎也。"

按，説文卬字在匕部。

三　畫

卯 mǎo 莫飽切，上，巧韻，明。幽部。

地支的第四位。書洛誥："予惟乙～朝至于洛師。"又顧命："丁～，命作册度。"

印 yìn 於刃切，去，震韻，影。真部。

圖章，印信。史記封禪書："使各佩其信～。"唐杜甫惜别行："麒麟圖畫鴻雁行，紫極出入黄金～。"

按，説文印字在印部。

四　畫

邲 bì 集韻薄宓切，音弼，質韻，並。質部。

同"弼"。説文："邲，輔信也。…虞書曰：'～成五服。'"今書益稷作"弼"。

危 wēi（舊讀 wéi）魚爲切，平，支韻，疑。支部。

㊀高。論語憲問："邦有道，～言～行。"鄭玄注："危猶高也。"禮記緇衣："可言也，不可行，君子弗言也；可行也，不可言，君子弗行也。則民言不～行，行不～言矣。"鄭玄注："危猶高也。言不高於行，行不高於言，言行相應也。"莊子田子方："嘗與汝登高山，履～石。"又盜跖："去其～冠。"㊁危險，與"安"相對。論語憲問："見利思義，見～授命。"又泰伯："～邦不入，亂邦不居。"莊子則陽："安～相易，禍福相生。"引申爲動詞。①使危。戰國策齊策一："能～山東者，强秦也。"②以爲危。戰國策西周策："竊爲君～之。"㊂星宿名。禮記月令："仲夏之月，旦～中。"又："孟冬之月，昏～中。"

［備考］屋脊。史記魏世家："（范）痤因上屋騎～。"

按，説文危字在危部。

卮 zhī 章移切，音支，平，支韻，照三。支部。

㊀今字亦作"巵"。圓形酒器，容量四升。史記項羽本紀："項王曰：'壯士！賜之卮酒！'則與斗卮酒。"段玉裁説文解字注："斗卮者，卮之大者也。"漢書高帝紀："上奉玉卮。"顔師古注："卮，飲酒圓器也。"㊁植物名。花可提製胭脂。史記貨殖列傳："巴蜀亦沃野，地饒卮、薑、丹沙、石、銅、鐵、竹、木之器。"裴駰集解引徐廣："卮，煙支也，紫赤色也。"

按，説文卮字在卮部。

五　畫

却 què 集韻乞約切，入，藥韻，溪。鐸部。

同"卻"。退。史記項羽本紀："秦軍數～。"漢書項籍傳作"卻"。

［辨］郤，郄，卻（却）。見"郤"字條。

即 jí 集韻節力切，入，職韻，精。

同"卽"。見"卽"字條。

卲 shào 寔照切，去，笑韻，禪。宵部。

高。見説文。法言修身："公儀子、董仲舒之才之～也。"注："卲，高也。"

卵 1. luǎn 盧管切，上，緩韻，來。元部。

㊀蛋。左傳哀公十六年："(白公)勝如～，余翼而長之。"㊁睾丸。靈樞經脈："故脈弗榮則筋急，筋急則引舌與～。"

2. kūn 集韻公渾切，音昆，平，魂韻，見。

㊂魚子。禮記内則："濡魚，～醬實蓼。"鄭玄注："卵讀爲鯤。鯤，魚子。"

按，説文卵字在卵部。

六 畫

卷 1. quán 巨員切，音拳，平，仙韻，羣。元部。

㊀曲。詩大雅卷阿："有～者阿，飄風自南。"莊子逍遥遊："～曲而不中規矩。"引申爲髮曲。詩陳風澤陂："有美一人，碩大且～。"又小雅都人士："彼君子女，～髮如蠆。"這個意義也作"鬈"。詩齊風盧令："其人美且鬈。"集韻："鬈，説文髮好也，引詩：'其人美且鬈。'一曰髮曲。"

2. juǎn 居轉切，音捲，上，獮韻，見。元部。

㊁捲起來。詩邶風柏舟："我心匪席，不可～也。"論語衛靈公："邦有道則仕，邦無道則可～而懷之。"這個意義後來寫作"捲"。

3. juàn 居倦切，音眷，去，線韻，見。元部。

㊂書卷。書分爲若干部分，每一部分爲一卷。法言學行："一～之書，不勝異説焉。"引申爲考卷(後起義)。宋史選舉志一："試～，内臣收之。"

［備考］㊀通"衮"。集韻古本切。禮記王制："制三公一命～。"㊁通"拳"。禮記中庸："今夫山，一～石之多。"

［同源字］卷，拳，鬈，踡，蜷，捲，觠。見"踡"字條。

巹 jǐn 居隱切，音謹，上，隱韻，見。文部。

字本作"𢀩"。古代行婚禮時所用的酒器，以瓢爲之。［合巹］行婚禮時夫婦飲交杯酒。禮記昏儀："共牢而食，合巹而酳。"

按，説文巹字在己部，云："謹身有所承也。从己、丞。"合巹之"巹"作"𧯷"，在豆部，云："蠡也。"

卸 xiè 司夜切，音瀉，去，禡韻，心。魚部。

舍車解馬。見説文。引申爲除下，脱去。唐岑參虢州西山亭子送范端公詩："驄馬勸君皆～卻，使君家醖舊來濃。"

卹 xù 辛聿切，音戌，入，術韻，心。質部。

同"恤"。㊀憂念，憫惜。莊子德充符："寡人～焉，若有亡也。"成玄英疏："卹，憂也。"漢書項籍傳："今不～士卒而徇私，非社稷之臣也。"史記項羽本紀作"恤"。㊁救濟。後漢書張奮傳："贍～宗親，雖至傾匱而施與不怠。"

按，説文卹字在血部。

七 畫

卼 wù 五忽切，音兀，入，没韻，疑。物部。

［䡇卼］見"䡇"字條。

郤 què 去約切，入，藥韻，溪。鐸部。

字亦作"却"。㊀退。戰國策秦策一："棄甲兵，怒戰慄而～。"又："義救亡趙，威～强秦。"㊁推辭不受。孟子萬章下："～之～之爲不恭。"㊂放在動詞後面，表示去掉。唐杜甫曲江詩："一片花飛減～春。"又一百五日夜對月詩："斫～月中桂，清光應更多。"㊃副詞，放在動詞前面，表示輕微的轉折。唐李白把酒問月詩："人攀明月不可得，月行～與人相隨。"唐杜甫聞官軍收河南河北詩："～看妻子愁何在，漫卷詩書喜欲狂。"

［辨］退，郤。見"退"字條。

卽 jí 子力切，入，職韻，精。職部。

字亦作"即"。㊀就食。引申爲就，靠近。詩衛風氓："來～我謀。"戰國策秦策三："是以杜口裹足，莫肯～秦耳。"［卽位］就位。孟子滕文公上："卽位而哭。"儀禮士冠禮："主人玄冠朝服，緇帶素韠，卽位于門東西面。"又特指登上帝位。書無逸："作其卽位，乃或亮陰，三年不言。"㊁當前。〔卽日〕當天。史記項羽本紀："項王卽日因留沛公與飲。"〔卽夜〕當夜。漢書高帝紀："項伯許諾，卽夜復去。"〔卽時〕立卽。漢書原涉傳："喪家子卽時刺殺言者。"㊂就在，就地。史記項羽本紀："～其帳中斬宋義頭。"㊃副詞。①加强肯定語氣。左傳襄公八年："民死亡者，非其父兄，～其子弟。"史記項羽本紀："梁父～楚將項燕。"②便，就。史記李將軍列傳："度不中不發，發～應弦而倒。"又項羽本紀："先～制人，後則爲人所制。"③如果。公羊傳莊公三十二年："寡人～不起此病，吾將焉致乎魯國？"戰國策秦策一："～復之楚，願王殺之。"

按，說文卽字在皀部。

九 畫

卿 qīng 去京切，平，庚韻，溪。陽部。

㊀官名。周制，宗周及諸侯皆有卿，位在大夫之上，或曰上大夫爲卿。左傳桓公十一年："祭封人仲足有寵於(鄭)莊公，莊公使爲～。"又僖公二十七年："命趙衰爲～。"周禮有六卿。說文："六卿，天官冢宰，地官司徒，春官宗伯，夏官司馬，秋官司寇，冬官司空。"秦漢有九卿，即太常，光禄勳，衛尉，廷尉，太僕，大鴻臚，宗正，大司農，少府。㊁對人的敬稱。如荀子稱荀卿，衛人稱荆軻爲慶卿。後來稱平輩或卑輩爲"卿"。三國志吴書魯肅傳："國家區區本以土地借～家者，～家軍敗遠來，無以爲資故也。"

［辨］郎，卿。見"郎"字條。

按，說文卿字在卯部。

十 一 畫

㲉 xī 息七切，音悉，入，質韻，心。質部。

"膝"本字。史記商君列傳："衛鞅復見孝公，公與語，不自知～之前於席也。"

十 六 畫

䙴 qiān 七然切，音遷，平，仙韻，清。元部。

古"遷"字。漢書律曆志下："周人～其行序，故易不載。"

按，說文䙴爲䙴的别體，在舁部，云："升高也。"徐灝曰："䙴、遷古今字。"

厂 部

厂 hǎn 呼旱切，音罕，上，旱韻，曉。元部。

山崖。說文："厂，山石之崖巖，人可居。"

二 畫

厄 è 於革切，音扼，入，麥韻，影。錫部。

說文作"戹"。㊀隘。說文："戹，隘也。"孫臏兵法八陣："易則多其車，險則多其騎，～則多其弩。"㊁困。穀梁傳僖公二十二年："(宋)襄公曰：'君子不推人危，不攻人～。'"楚辭漢王逸九思遭厄："悼屈子遭～。"引申爲使困。史記季布列傳："高祖急，顧丁公曰：'兩賢豈相～哉？'"

［備考］烏蠋，蟲名。詩大雅韓奕："鞗革金～。"毛傳："厄，烏蠋也。"孔穎達疏："毛以厄爲厄蟲，則金厄者，以金接轡之端，如厄蟲然也。"鄭箋："以金爲小環，往往纏搤之。"説與毛傳異。

［同源字］隘，厄(戹)，阸。"隘"、"厄"同屬影母，古韻錫部。"隘"讀去聲，用作名詞；

“厄”讀入聲，多用作形容詞和動詞。

按，說文戹字在户部。

五　畫

厎 dǐ（舊讀 zhǐ）職雉切，上，旨韻，照三。脂部。

“厎”从厂，與“底”别。❶磨刀石。漢書梅福傳：“故爵禄束帛者，天下之～石，高祖所以厲世摩鈍也。”又蕭望之傳：“願竭區區，～厲鋒鍔。”這個意義後來寫作“砥”。❷致。書皋陶謨：“朕言惠，可～行。”又旅獒：“西旅～貢厥獒。”❸至。詩小雅小旻：“我視謀猶，伊于胡～？”

［備考］青蒲。書顧命：“敷重～席。”僞孔傳：“厎，蒻苹。”釋文引馬融：“青蒲也。”

［辨］砥，厎，厲，礪。見“砥”字條。

六　畫

厓 yá 五佳切，音涯，平，佳韻，疑。支部。

山邊。見說文。水邊也叫“厓”。玉篇：“厓，水邊也。”詩魏風伐檀：“寘之河之干兮。”傳：“干，厓也。”後來山邊的意義寫作“崖”，水邊的意義寫作“涯”。

［同源字］崖，涯，厓。見“涯”字條。

七　畫

厗 tí 杜奚切，音題，平，齊韻，定。脂部。

❶古“銻”字，見玉篇。❷〔厗奚〕叠韻聯緜字。地名。漢縣，屬漁陽郡。

厙 shè 始夜切，音舍，去，禡韻，審三。

姓。後漢書竇融傳有金城太守厙鈞。

按，說文無厙字。

厖 máng 莫江切，平，江韻，明。東部。

❶大。爾雅釋詁：“厖，大也。”〔厖洪〕〔厖鴻〕叠韻聯緜字。廣大。漢書司馬相如傳封禪文：“湛恩厖洪。”文選作“厖鴻”。❷雜亂。書周官：“推賢讓能，庶官乃和，不和政～。”

［備考］厚。詩商頌長發：“爲下國駿～。”毛傳：“駿，大；厖，厚。”朱熹集傳：“駿厖之義未詳。”

［同源字］牻，厖，尨，駹，哤。見“牻”字條。

厚 hòu 胡口切，上，厚韻，匣。侯部。

❶厚。與“薄”相對。莊子養生主：“彼節者有間，而刀刃者無～。”引申爲重，大，多，深。左傳宣公二年：“～斂以雕牆。”戰國策秦策一：“大王又并軍而致與戰，非能～勝之也。”高誘注：“厚，大也。”吕氏春秋審應：“魏王雖無以應，韓之爲不義愈益～也。”又辨士：“必～其轊。”高誘注：“深也。”莊子逍遥遊：“水之積也不～，則其負大舟也無力。”又爲濃厚。韓非子揚權：“～酒肥肉。”又爲富裕。韓非子有度：“毁國之～，以利其家。”又爲勢力雄厚。左傳隱公元年：“～將得衆。”❷忠厚，厚道。論語學而：“慎終追遠，民德歸～矣。”

按，說文厚字在㫗部，作垕。㫗，厚也；垕，山陵之厚也。

八　畫

厝 cuò 倉各切，入，鐸韻，清。鐸部。

❶磨刀石。說文：“厝，厲石也。…詩曰：‘他山之石，可以爲～。’”今詩小雅鶴鳴作“錯”。❷通“措”。安置。漢書賈誼傳：“夫抱火～之積薪之下，而寢其上。”顔師古注：“厝，置也。”後漢書隗囂傳：“一旦敗壞，大王幾無所～。”引申爲安葬。孝經喪親：“卜其宅兆而安措之。”鄭注本作“厝”。三國志蜀書甘皇后傳：“園陵將成，安～有期。”後來停柩待葬也叫“厝”。

厞 féi 集韻符非切，音肥，平，微韻，奉。微部。

屋角隱蔽之處。儀禮士虞禮：“几在南，～用席。”鄭玄注：“厞，隱也。于厞隱之處，從其幽闇。”又特牲饋食禮：“～用筵。”鄭玄注：“厞，隱也。”

厜 zuī 姊規切，平，支韻，精。歌部。

〔厜㕒〕叠韻聯縣字。嵯峨。山高峻的樣子。説文："厜，厜㕒，山顛也。"宋晁補之披榛亭賦："厜㕒之顛，翠微之顏。"

原 yuán 愚袁切，平，元韻，疑。元部。

㊀水源。左傳昭公九年："猶衣服之有冠冕，木水之有本～。"引申爲根本，本原。禮記孔子閒居："必達於禮樂之～。"又爲窮究其本原。易繫辭下："易之爲書也，～始要終。"又爲窮究其原理。吕氏春秋有原亂，淮南子有原道，韓愈有原道、原毁等。又爲原諒，追原别人的過失而予以諒解。後漢書范丹傳："詔書特～不理罪。"㊁平原。詩小雅常棣："脊令在～。"左傳僖公二十八年："～田每每。"國語魯語："故大者陳之～野，小者致之市朝。"㊂再，兩次。禮記文王世子："命膳宰曰：未有～。"鄭玄注："末，猶勿也。原，再也。勿有所再進。"〔原蠶〕第二次孵化的蠶。周禮夏官馬質："禁原蠶者。"淮南子泰族："原蠶一歲再收。"〔原廟〕正廟以外别立之廟。史記高祖本紀："以沛宫爲高祖原廟。"裴駰集解："謂原者，再也。先既已立廟，今又再立，故謂之原廟。"

按，説文作原，爲厵的别體，在灥部。平原的原作邍，在辵部。

十　畫

厥 jué 居月切，入，月韻，見。月部。

代詞。其。書禹貢："～土黑墳。"又無逸："自時～後。"詩大雅生民："～初生民，時維姜嫄。"又瞻卬："懿～哲婦，爲梟爲鴟。"

［備考］㊀石。荀子大略："和之璧，井里之～也。"楊倞注："厥也，未詳。或曰，石也。"㊁掘。山海經海外北經："相柳之所抵～，爲澤谿。"郭璞注："抵，觸；厥，掘也。"㊂豎。莊子達生："吾處身也，若～株拘。"釋文："李云：厥，豎也。"㊃通"瘚"。素問五藏生成篇："凝於足者爲～。"

厒 kè 苦盍切，音磕，入，盍韻，溪。葉部。

山旁洞穴。文選漢張衡南都賦："潧～洞出。"李善注："厒，山傍穴也。言水洞出此穴。"

按，説文無厒字。

十 二 畫

厭 1. yàn 於豔切，去，豔韻，影。談部。

㊀飽。書洛誥："萬年～于乃德。"馬融注："厭，飫也。"唐杜甫醉時歌："甲第紛紛～粱肉，廣文先生飯不足。"這個意義後來又寫作饜。引申爲滿足。左傳隱公元年："姜氏何～之有？"論語述而："學而不～，誨人不倦。"又爲心服。漢書景帝紀："諸獄疑，若雖文致於法，而於人心不～者，輒讞之。"㊁厭棄，嫌。左傳隱公十一年："天而既～周德矣，吾其能與許争乎？"論語雍也："予所否者，天～之！天～之！"又鄉黨："食不～精，膾不～細。"

［備考］㊀美的樣子。詩周頌載芟："有～其傑。"毛傳："言傑苗厭然特美也。"朱熹集傳："厭，受氣足也。"與毛傳異。㊁通"魘"。惡夢。山海經西山經："有鳥焉，…名曰鵸鵌，服之使人不～。"

2. yā 於葉切，入，葉韻，影。葉部。

㊂塞，掩，壓，抑。荀子修身："～其源，開其瀆，江河可竭。"又解蔽："～目而視者，視一以爲兩。"楊倞注："厭，指按也。"漢書五行志下之上："惠帝二年正月，地震隴西，～四百餘家。"又翼奉傳："東～諸侯之權。"

厬 guǐ 居洧切，音軌，上，旨韻，見。幽部。

㊀側出泉。説文："厬，仄出泉也。"字亦作"氿"。詩小雅大東："有冽氿泉。"㊁水乾涸。爾雅釋水："水醮曰厬。"

十 三 畫

㕒 wēi 魚爲切，音危，平，支韻，疑。歌部。

〔厜㕒〕見"厜"字條。

厲 lì 力制切,去,祭韻,來。月部。

❶磨刀石。詩大雅公劉:"取～取鍛。"史記高祖功臣侯年表:"使河如帶,泰山若～。"字亦作"礪"。書禹貢:"礪砥砮丹。"引申爲動詞。磨礪。荀子性惡:"鈍金必將待礱～然後利。"左傳哀公十六年:"勝自～劍。"❷惡。書金縢:"惟爾元孫某遘～虐疾。"詩大雅民勞:"無縱詭隨,以謹醜～。"鄭箋:"厲,惡也。"❸惡鬼。左傳成公十年:"晉侯夢大～。"❹癩病。史記刺客列傳:"豫讓又漆身爲～,吞炭爲啞。"❺危險。易乾:"君子終日乾乾,夕惕若,～無咎。"❻嚴肅,嚴厲。論語子張:"聽其言也～。"❼帶之垂者。詩小雅都人士:"垂帶而～。"毛傳:"厲,帶之垂者。"左傳桓公二年:"鞶～游纓。"杜預注:"厲,大帶之垂者。"❽連衣涉水。詩邶風匏有苦葉:"深則～,淺則揭。"這個意義説文作"砅"。引申爲名詞。深水可涉處。詩衛風有狐:"有狐綏綏,在彼淇～。"毛傳:"厲,深可厲之者。"

〔辨〕砥,厎,厲,礪。見"砥"字條。

厱 1. lán 集韻盧甘切,音藍,平,談韻,來。談部。

❶〔厱諸〕磨玉的石。説文:"厱,治玉石也。"淮南子説林作"礛諸"。

2. qiān 苦咸切,平,咸韻,溪。

❷山穴間。文選晉郭璞江賦:"獱獺睒瞲乎～空。"

厶　部

厶 sī 息夷切,音私,平,脂韻,心。脂部。

古"私"字。説文:"厶,姦衺也。韓非曰:'蒼頡作字,自營爲厶。'"今韓非子五蠹作:"古者蒼頡之作書也,自環者謂之厶,背厶謂之公。"

二　畫

厷 gōng 集韻姑弘切,平,登韻,見。蒸部。

古"肱"字。上臂。漢書王莽傳:"日德元～右,司徒典致文瑞。"

按,説文厷字在又部,作𠂇。

厹 qiú 巨鳩切,音求,平,尤韻,羣。幽部。

〔厹矛〕三棱矛。詩秦風小戎:"厹矛鋈錞。"

按,説文厹字在口部,作厹。

厸 lín 集韻離珍切,平,真韻,來。真部。

同"鄰"。漢書敘傳上班固幽通賦:"東～虐而殲仁兮。"文選作"鄰"。

按,説文無厸字。

三　畫

去 1. qù 丘倨切,去,御韻,溪。魚部。

❶離開。詩大雅生民:"鳥乃～矣,后稷呱矣。""去"字常用作及物動詞,指離開某地。墨子親士:"桓公～國而霸諸侯。"又指離開某人。詩魏風碩鼠:"逝將～女,適彼樂土。"莊子德充符:"～寡人而行,寡人卹焉。"❷距離。穀梁傳莊公三十二年:"梁丘在曹邾之間,～齊八百里。"

2. qù (舊讀 qū)羌舉切,上,語韻,溪。魚部。

❸除掉。書大禹謨:"任賢勿貳,～邪勿疑。"釋文:"去,起呂反。"左傳隱公六年:"爲國家者見惡,如農夫之務～草焉。"釋文:"去,起呂反。"

3. jǔ 集韻苟許切,音舉,上,語韻,見。魚部。

❹藏。左傳昭公十九年:"紡焉以度而～之。"漢書蘇武傳:"掘野鼠～屮實而食之。"顏

師古注："屮，古草字。去，謂藏之也。"

［辨］往，去。見"往"字條。

按，說文去字在去部。

四 畫

厽 lìn 良刃切，去，震韻，來。文部。

同"吝"。廣韻震韻："吝，俗作厽。"管子牧民："～於財者失所親。"

按，說文無厽字。

九 畫

參 1. sān 蘇甘切，平，談韻，心。侵部。

㊀三分。左傳隱公元年："先王之制，大都不過～國之一，中五之一，小九之一。"釋文："參，七南反，又音三。"又昭公三年："民～其力，二入於公，而衣食其一。"引申爲與二物並列爲三。墨子非攻下："使貴爲天子，富有天下，名～乎天地(與天地並列爲三)。"莊子在宥："吾與日月～光(與日月並列爲三)。"荀子臣道："功～天地，澤被生民。"又解蔽："明～日月，大滿八極。"又非相："堯舜～牟子。"楊倞注："謂有二瞳並也。"

2. cān 倉含切，平，覃韻，清。侵部。

㊁考察，驗證。荀子勸學："君子博學而～省乎己，則知明而行無過矣。"又解蔽："～稽治亂而通其度。"楊倞注："參，驗也。"韓非子顯學："無～驗而必之者，愚也。"㊂參與，參加。後漢書郎顗傳："每有選用，輒～之掾屬。"又班彪傳："所上章奏，誰與～之？"

3. shēn 所今切，音森，平，侵韻，審二。侵部。

㊃星宿名。西方白虎七宿的第七宿。詩召南小星："嘒彼小星，維～與昴。"㊄藥名。人參。急就篇："遠志續斷～土瓜。"

4. cēn 楚簪切，平，侵韻，穿二。侵部。

㊅［參差］雙聲聯緜字。①不齊的樣子。詩周南關雎："參差荇菜，左右流之。"②洞簫。楚辭戰國屈原九歌湘君："望夫君兮未來，吹參差兮誰思？"王逸注："參差，洞簫也。"

5. càn 七紺切，去，勘韻，清。

㊆鼓曲。後漢書禰衡傳："衡方爲漁陽～撾。"李賢注："參撾是擊鼓之法。"

［備考］通"糝"。雜。儀禮大射："～七十。"鄭玄注："參讀爲糝。糝，雜也。"

［辨］三，參。"三"是數名，一般數目作"三"。"參"表示三分或並列成三。兩字有時通用(通用時"參"讀作"三")，但"三"表示次數時不能作"參"，"參"表示並列成三時也不作"三"。

按，說文參爲曑的别體，在晶部。

十 三 畫

毚 qūn 七倫切，音逡，平，諄韻，清。文部。

狡兔名。漢劉向新序雜事："昔者齊有良兔曰東郭～，蓋一旦而走五百里。"戰國策齊策作"東郭逡"。

按，說文無毚字，新附有之，在兔部。

又 部

［又部總論］

"又"是古"右"字，本義是右手。說文作ヨ，云："手也，象形。""又"既是手，所以又部的字多與手有關。"取"是拿來；"叔"是拾；"反"是覆其掌(朱駿聲說)；"及"是追及(戴侗說)，所以都从又(手)。"受"字說文在𠬪部，其實是从兩隻手，甲骨文作𠬪，作授受之形，今歸又部也是合理的。

又 yòu 于救切，去，宥韻，喻三。之部。

❶手。説文："又，手也。象形。"❷副詞，復，一般略帶感歎語氣。左傳莊公二十六年："秋，虢人侵晉。冬，虢人～侵晉。"莊公十四年："且寡人出，伯父無裏言，入～不念寡人，寡人憾焉。"孟子公孫丑上："非徒無益，而～害之。"

［備考］通"宥"。禮記王制："王三～，然後制刑。"鄭玄注："又當作宥。"

一　畫

叉 chā 初牙切，平，麻韻，穿二。歌部。

本義爲手指相交錯。見説文。引申爲交叉，交錯。三國志魏書鄧艾傳："使劉禪君臣面縛，～手屈膝。"

二　畫

友 yǒu 云久切，上，有韻，喻三。之部。

❶朋友。詩小雅常棣："雖有兄弟，不如～生。"論語學而："與朋～交，而不信乎？"鄭玄注："同門曰朋，同志曰友。"引申爲動詞。結交朋友。論語學而："無～不如己者。"❷兄弟相親愛。書君陳："惟孝～于兄弟。"又康誥："大不～于弟。"引申爲親愛。詩周南關雎："琴瑟～之。"孟子滕文公上："出入相～。"

［備考］順。書洪範："彊弗～剛克。"僞孔傳："友，順也。"

反 1. fǎn 府遠切，上，阮韻，非。元部。

❶覆，翻轉。詩周南關雎："輾轉～側。"孟子公孫丑上："以齊王，由～手也。"❷回來，回去。論語子罕："吾自衛～魯。"左傳僖公二十三年："公子若～晉國，何以報不穀？"莊子逍遥遊："適莽蒼者三飡而～。"這個意義後來寫作"返"。❸反面，相反。莊子天運："故譬三皇五帝之禮義法度，其猶柤梨橘柚邪？其味相～，而皆可於口。"❹背叛，造反。戰國策齊策一："若是者信～。"史記秦始皇本紀："戍卒陳勝等～故荆地。"❺反省。孟子公孫丑上："自～而縮。"淮南子氾論："紂居於宣室而不～其過。"❻副詞。倒反。史記封禪書："及到三神山，～居水下。"

2. fān 孚袁切，音翻，平，元韻，敷。元部。

❼翻案，平反。史記平準書："杜周治之，獄少～者。"

［備考］㈠〔反反〕集韻方願切。慎重。詩小雅賓之初筵："其未醉止，威儀反反。"鄭箋："反反，言重慎也。"集韻："難也。"朱熹集傳："反反，顧禮也。"與鄭箋異。㈡販。荀子儒效："積～貨而爲商賈。"楊倞注："反讀爲販。"㈢傾覆。漢書張安世傳："何以知其不～水漿邪？"顔師古注："反讀曰翻。"

［同源字］反，返。見"返"字條。

及 jí 其立切，入，緝韻，羣。緝部。

❶追上，趕上。詩大雅棫樸："周王于邁，六師～之。"朱熹集傳："六師之衆追而及之。"左傳成公二年："故不能推車而～。"引申爲及到，達到。詩邶風燕燕："瞻望靡～，佇立以泣。"論語公冶長："非爾所～也。"又爲來得及。詩王風中谷有蓷："啜其泣矣，何嗟～矣！"又爲趕得上時代。論語衛靈公："吾猶～史之闕文也。"又爲等到某時候。論語季氏："少之時，血氣未定，戒之在色；～其壯也，血氣方剛，戒之在鬭；～其老也，血氣既衰，戒之在得。"又爲説到，提及。論語衛靈公："羣居終日，言不～義。"又爲比得上。戰國策齊策一："君美甚，徐公何能～君也？"❷與。詩豳風七月："七月亨葵～菽。"左傳桓公元年："夏四月丁未，公～鄭伯盟于越。"

［備考］繼。荀子儒效："周公屏成王而～武王屬天下。"楊倞注："屏，蔽；及，繼；屬，續也。"

六　畫

取 1. qǔ 七庾切，上，麌韻，清。侯部。

❶捕取。説文："取，捕取也。从又从耳。

周禮:'獲者取左耳。'司馬法曰:'載獻聝。'聝者,耳也。"按,金文"取"字作𢱧,象手有所持,不从耳。❷拿來,拿到手。與"舍"相對。左傳隱公三年:"四月,鄭祭足帥師~温之麥。秋,又~成周之禾。"論語憲問:"義然後~,人不厭其~。"又季氏:"今不~,後世必爲子孫憂。"孟子萬章上:"一介不以與人,一介不以~諸人。"引申爲採取,擇取。論語公冶長:"由也好勇過我,無所~材。"孟子離婁下:"夫尹公之他端人也;其~友必端矣。"又告子下:"士無世官,官事無攝,~士必得。"

2. qǔ(舊讀 qù)經典釋文七喻反。侯部。

❸娶。詩齊風南山:"~妻如之何?必告父母。"釋文:"取,七喻反。"又豳風伐柯:"~妻如何?匪媒不得。"釋文:"取,七喻反,本亦作娶。"這個意義後來寫作"娶"。

[同源字]取,娶。見"娶"字條。

叕 chuò 陟劣切,音輟,入,薛韻,知。月部。

❶綴聯。見説文。❷短。淮南子人間:"聖人之思脩,愚人之思~。"

[同源字]①踞,屈,裾,崛,叕,黜,窡。見"踞"字條。

②餟,綴,叕。見"餟"字條。

叔 shū 式竹切,入,屋韻,審三。覺部。

❶拾取。詩豳風七月:"九月~苴。"❷古代兄弟排行,行三爲叔。儀禮士冠禮:"曰伯某甫,仲~季惟其所當。"古人有名有字,字常有排行,例如羊舌肸字叔向。左傳襄公二十五年:"使叔向告于諸侯。"亦省稱叔。詩鄭風叔于田:"~于田,巷無居人。豈無居人?不如~也,洵美且仁。"朱熹集傳:"叔,莊公弟共叔段也。"〔叔父〕父之弟。釋名釋親屬:"仲父之弟曰叔父。"孟子告子上:"敬叔父乎?敬弟乎?"又周天子稱同姓諸侯爲叔父。左傳成公二年:"今叔父克遂有功于齊。"後來省稱叔。❸夫之弟。爾雅釋親:"夫之弟爲叔。"戰國策秦策一:"嫂不以我爲~。"

[備考]通"菽"。莊子列禦寇:"衣以文繡,食以芻~。"釋文:"叔,大豆也。"

受 shòu 殖酉切,上,有韻,禪。幽部。

❶接受。詩小雅巷伯:"投畀有北,有北不~。"論語鄉黨:"康子饋藥,拜而~之。"❷承受,容納。國語楚語:"顓頊~之。"韋昭注:"受,承也。"易咸:"君子以虚~人。"

[備考]㈠取藏。周禮春官司干:"既舞則~之。"鄭玄注:"受,取藏之。"㈡用。吕氏春秋贊能:"舜得皋陶而舜~之。"高誘注:"受,用也。"㈢應。吕氏春秋圜道:"此所以無不~也。"高誘注:"受,亦應也。"㈣取。管子海王:"釜十五吾~,而官出之以百。"尹知章注:"受,取也。"

按,説文受字在𠬪部。

七　畫

叛 pàn 薄半切,去,换韻,並。元部。

背叛,造反。春秋襄公二十六年:"衛孫林父入于戚以~。"左傳隱公四年:"衆~親離,難以濟矣。"

[備考]㈠〔叛衍〕叠韻聯緜字。漫衍,連綿無極的樣子。文選晉左思蜀都賦:"叛衍相傾。"李善注:"叛衍,猶漫衍也。"㈡〔叛换〕叠韻聯緜字。跋扈貌。文選晉左思魏都賦:"雲撤叛换。"張載注:"叛换,猶恣睢也。"㈢焕。文選漢張衡西京賦:"~赫戲以輝煌。"薛綜注:"叛,猶焕也。"㈣亂。文選漢班固幽通賦:"~迴穴其若兹兮。"李善注:"叛,亂也。"

按,説文叛字在半部。

叚 jiǎ 古疋切,上,馬韻,見。魚部。

借。説文:"叚,借也。"段注:"凡云假借當作此字。"管子輕重甲:"然後可以通財交~也。"後來寫作"假"。但"真假"的"假"不作"叚"。

叟 1. sǒu 蘇后切,上,厚韻,心。幽部。

❶老年男子。孟子梁惠王上:"王曰:'~!不遠千里而來,亦將有以利吾國乎?'"

趙岐注："叟，長老之稱也，猶父也。"

2. sōu 集韻疎鳩切，平，尤韻，審二。幽部。

㊀漢代稱蜀地的一些少數民族爲"叟"。見華陽國志。後漢書董卓傳："吕布軍有～兵内反。"李賢注："～兵，即蜀兵也。漢代謂蜀爲叟。"㊁〔叟叟〕淘米聲。詩大雅生民："釋之叟叟，烝之浮浮。"毛傳："釋，淅米也。叟叟，聲也。"

按，説文叟作叜。

叙 xù。

見"敍"字條。

十四畫

叡 ruì 以芮切，音鋭，去，祭韻，喻四。月部。

同"睿"。明智，通達。易繫辭上："古之聰明～知，神武而不殺者夫？"莊子天地："齧缺之爲人也，聰明～知。"

按，説文叡字在𣦼部。

十六畫

叢 cóng 徂紅切，平，東韻，從。東部。

㊀聚集。書無逸："亂罰無罪，殺無辜，怨有同，是～于厥身。"又引申爲衆多，繁雜。漢書酷吏傳贊："張湯死後，罔密事～。"㊁灌木，叢生的樹木。孟子離婁上："爲～毆爵者，鸇也。"

按，説文叢字在丵部。

丑 集

口 部

［口部總論］

口部的字多與口有關。仔細分析，可以分爲下列四類：

(一)口及其各部分。例如：口　噣　喙　吻　咽　喉

(二)口的動作。例如：喫　啜　咀　嚼　含　吞　噬　咥　哺　吮　唾

(三)與口有關的行爲。例如：呼　吸　吹　嘘　喟　喘　吟　唱　哭　噱　召　咨　問　喧　叫

(四)與口有關的象聲詞。例如：噫　嘻　嗟　唧　喤喤　喈喈

口 kǒu 苦后切，上，厚韻，溪。侯部。

嘴。詩小雅正月："好言自～，莠言自～。"左傳定公四年："勺飲不入～者七日。"又一個人爲一口。孟子梁惠王上："百畝之田，勿奪其時，八～之家可以無飢矣。"又某些物件一件也稱一口(後起義)。晉書劉曜載記："獻劍一～。"宋釋道原景德傳燈録五："並賜…寶鉢一～。"

二　畫

古 gǔ 公户切，上，姥韻，見。魚部。

往昔，舊時。書堯典："曰若稽～帝堯，曰放勳。"論語述而："述而不作，信而好～。"

［同源字］詁，古，故。見"詁"字條。

按，説文古字在古部。

可 1. kě 枯我切，上，哿韻，溪。歌部。

❶可以，行。書盤庚上："若火之燎于原，不～嚮邇，其猶～撲滅。"又堯典："試～乃已。"左傳襄公三年："赤也～。"❷副詞。表示大約的數目。韓非子外儲説左上："～數百步，以馬爲不進，盡釋車而走。"史記高祖本紀："遇剛武侯，奪其軍～四千餘人，并之。"

2. kè 字彙補苦格切。

❸［可汗］古代鮮卑、突厥等民族最高統治者的稱號。樂府詩集木蘭詩："昨夜見軍帖，可汗大點兵。"

［辨］能，可。在能願式中，"能"表示主動，"可"表示被動。例如"能食"表示能够吃；"可食"表示可以被吃。"能行"表示能做事；"可行"表示可以被實行。

按，説文可字在可部。

叵 pǒ 普火切，音頗，上，果韻，滂。歌部。

"不可"的合音，不可以。説文解字敍："雖～見遠流，其詳可得略説也。"三國志魏書吕布傳："是兒最～信者。"

［備考］遂。後漢書隗囂傳："帝知其終不爲用，～欲討之。"李賢注："叵，猶遂也。"

按，説文叵字在可部，云："不可也。从反可。"

右 1. yòu (舊讀 yǒu) 云久切，上，有韻，喻三。之部。

㊁右邊。易豐："折其～肱。"論語鄉黨："褻裘長，短～袂。"〔車右〕古時戰車位於御者右邊的武士。省稱右。左傳成公二年："邴夏御齊侯，逢丑父爲～。"㊂古以右爲尊，故稱所尊重者爲右。史記田叔列傳："上盡召見，與語，漢廷臣毋能出其～者。"

2. yòu 于救切，音又，去，宥韻，喻三。之部。

㊀助。詩大雅大明："保～命爾，燮伐大商。"毛傳："右，助。"釋文："右，音佑。字亦作佑。"左傳襄公十年："王叔陳生與伯輿争政，王～伯輿。"杜預注："右，助。"釋文："右，音又。"

［同源字］右，佑，祐。見"佑"字條。

按，説文右字在口部，又在又部，重出。

司 sī 息兹切，平，之韻，心。之部。

主管，管理。詩鄭風羔裘："邦之～直。"毛傳："司，主也。"左傳僖公二十一年："實～大皞與有濟之祀。"杜預注："司，主也。"〔有司〕官吏。書大禹謨："兹用不犯于有司。"孟子梁惠王下："有司莫以告。"

［備考］通"伺（sì）"。漢書灌夫傳："太后亦已使人候～，具以語太后。"

召 1. zhào 直照切，去，笑韻，澄。宵部。

㊀呼唤，叫來。詩小雅出車："～彼僕夫。"引申爲導致。荀子勸學："故言有～禍也，行有招辱也。"

2. shào 寔照切，音邵，去，笑韻，禪。宵部。

㊁古地名。周初召公奭的封地。詩召南甘棠："蔽芾甘棠，勿翦勿伐，～伯所茇。"

［辨］召，招。以口曰召，以手曰招。

［同源字］詔，招，召。見"詔"字條。

叶 xié 胡頰切，音協，入，怗韻，匣。葉部。

同"協"。後漢書律曆志中："遂覲東后，～時月正日。"

按，説文叶是協的重文，在劦部。

叮 dīng 當經切，平，青韻，端。

後起字。〔叮嚀〕疊韻聯緜字。再三囑咐。唐鮑溶范真傳侍御有寄詩："叮嚀一語宜深聽，信筆題詩勿太工。"

号 hào 胡到切，去，号韻，匣。宵部。

痛聲。見説文。古書都作"號"。書大禹謨："日號泣于旻天，于父母。"

［同源字］號，譹，号，號，嚎，嗥，虠，哮。見"譹"字條。

按，説文号字在号部，云："痛聲也。"又："號，呼也。"二字不同義。

叩 kòu 苦后切，集韻丘候切，音寇，去，候韻，溪。侯部。

㊀擊。論語憲問："以杖～其脛。"禮記學記："～之以小者則小鳴，～之以大者則大鳴。"史記袁盎列傳："夫一旦有急～門。"〔叩頭〕以頭擊地。史記田叔列傳："叔叩頭對曰：'是乃孟舒所以爲長者也。'"㊁〔叩馬〕拉住馬頭。史記伯夷列傳："伯夷叔齊叩馬而諫。"㊂詢問。論語子罕："我～其兩端而竭焉。"

按，説文無叩字，但手部有扣，云："牽馬也。"攴部有敂，云："擊也。"

另 lìng 五音集韻郎定切，音令。

晚起字。分居，割開。見金韓道昭五音集韻。又爲另外。紅樓夢第七回："有祖宗時，都～眼相待。"

叨 tāo 土刀切，音滔，平，豪韻，透。宵部。

㊀同"饕"。貪。莊子漁父："好經大事，變更易常，以挂功名，謂之～。專知擅事，侵人自用，謂之貪。"後漢書黨錮傳："以貪～誅死。"㊁忝。謙詞（後起義）。唐陳子昂爲副大總管蘇將軍謝罪表："臣妄以庸才，謬～重任。"

按，説文叨是饕的重文，在食部。

叫 jiào 古弔切，去，嘯韻，見。幽部。

大呼，喊。詩小雅北山："或不知～號，

或慘慘劬勞。”引申爲鳴。文選漢馬融長笛賦:“鼯鼠夜～。”

[同源字]訆,叫,嘂。見“訆”字條。

叱 chì 昌栗切,入,質韻,穿三。質部。

大聲呵斥。公羊傳莊公十二年:“仇牧聞君弑,趨而至,遇之于門,手劍而～之。”左傳昭公二十六年:“子囊帶從野洩,～之。”引申爲呼喝。唐白居易賣炭翁詩:“迴車～牛牽向北。”〔叱咤〕怒斥聲。史記淮陰侯列傳:“項王喑噁叱咤,千人皆廢。”

只 zhǐ 諸氏切,上,紙韻,照三。支部。

㊀語氣詞。詩鄘風柏舟:“母也天～,不諒人～!”又周南樛木:“樂～君子,福履綏之。”㊁副詞。祇,僅(後起義)。世說新語任誕劉孝標注引晉陽秋:“我～見汝送人作郡,何以不見人送汝作郡?”

按,説文只字在只部。

史 shǐ 疎士切,上,止韻,審二。之部。

㊀官名。殷代有史,爲駐守邊疆的武官。周禮春官之屬有内史,爲太宰的副職。史又爲掌管法典和記事的官。左傳宣公二年:“董狐,古之良～也。”又昭公十二年:“左～倚相趨過。”㊁史書,歷史。論語衛靈公:“吾猶及～之闕文也。”

按,説文史字在史部。

句 1. gōu 古侯切,音鉤,平,侯韻,見。侯部。

㊀曲。禮記月令季春之月:“～者畢出,萌者盡達。”㊁〔句股〕不等腰直角三角形中較短的直角邊爲句,較長的直角邊爲股,斜邊爲弦。

2. jù 九遇切,去,遇韻,見。侯部。

㊂句子。漢書揚雄傳:“雄少而好學,不爲章～。訓詁通而已。”文心雕龍章句:“因字而生～,積～而成章,積章而成篇。”

3. gòu 古候切,音够,去,候韻,見。侯部。

㊃通“彀”。引滿弓。詩大雅行葦:“敦弓既～,既挾四鍭。”釋文:“句,古豆反。説文作彀。”

[備考]通“絇”。履頭的裝飾品。周禮天官屨人:“青～,素屨,葛屨。”釋文:“句,音劬。”

[同源字]句,鉤,枸,軥,笱,朐,痀,曲。見“枸”字條。

按,説文句字在句部。

厹 qiú 巨鳩切,音求,平,尤韻,羣。幽部。

高氣。見説文。

台 1. yí 與之切,音怡,平,之韻,喻四。之部。

㊀我。書湯誓:“非～小子敢行稱亂。”又仲虺之誥:“予恐來世以～爲口實。”又湯誥:“肆～小子將天命相威。”又説命上:“朝夕納誨,以輔～德。”㊁通“怡”。悦。史記太史公自序:“唐堯遜位,虞舜不～。”

2. tái 土來切,平,咍韻,透。之部。

㊂〔三台〕星名。上台、中台、下台,共六星。晉書天文志上:“在人曰三公,在天曰三台。”㊃通“鮐”。〔台背〕駝背。詩大雅行葦:“黄耇台背,以引以翼。”

[備考]何。書湯誓:“今汝其曰夏罪其如～。”孫星衍尚書今古文注疏:“如,奈也。台,何聲之轉。”按,僞孔傳:“今汝其復言桀惡其亦如我所聞之言。”與孫注異。“台”、“何”音不近,“台”不能轉音爲“何”。

[辨]臺,台。見“臺”字條。

三　畫

吉 jí 居質切,入,質韻,見。質部。

㊀善。書皋陶謨:“寬而栗,柔而立,愿而恭,亂而敬,擾而毅,直而温,簡而廉,剛而塞,彊而義,彰厥有常,～哉。”僞孔傳:“吉,善也。”詩小雅天保:“～蠲爲饎,是用孝享。”毛傳:“吉,善也。”㊁吉利。與“凶”相對。易繫辭上:“聖人設卦觀象,繫辭焉而明～凶。”左

傳莊公二十二年："其妻占之曰～。"

吏 lì 力置切，去，志韻，來。之部。

❶古代百官的通稱。書胤征："天～逸德，烈于猛火。"左傳成公二年："王使委於三～。"杜預注："三吏，三公也。"❷漢代以後，官位低微者稱吏。漢司馬遷報任安書："見獄～則頭搶地，視徒隸則心惕息。"唐柳宗元捕蛇者說："悍～之來吾鄉，叫囂乎東西，隳突乎南北。"

按，説文吏字在一部。

吁 xū 況于切，平，虞韻，曉。魚部。

歎詞。書堯典："～！嚚訟，可乎？"又益稷："皋陶曰：'～，如何？'"又吕刑："王曰：'～！來！'"

［備考］憂。詩周南卷耳："云何～矣。"毛傳："吁，憂也。"朱熹注："吁，憂歎也。爾雅注引此作盱，張目遠望也。詳見何人斯篇。"按，何人斯作"云何其盱"。

按，説文吁字在口部，又在于部，重出。

吐 1. tǔ 他魯切，音土，上，姥韻，透。魚部。

❶從口中吐出。詩大雅烝民："柔則茹之，剛則～之。"史記魯世家："周公一飯三～哺。"引申爲發言。漢書劉向傳："發明詔，～德音。"南朝梁慧皎高僧傳釋慧遠："席上談～，精義簡要。"又爲吐蕊，開花。文選漢王延壽魯靈光殿賦："發秀～榮，菡萏披敷。"

2. tù 湯故切，音兔，去，暮韻，透。

❷嘔吐。晉書王舒傳："慮(王)敦疑己，便于卧處大～。"

同 tóng 徒紅切，平，東韻，定。東部。

❶同樣，一樣。與"異"相對。書舜典："～律度量衡。"左傳襄公二十九年："棄～即異，是謂離德。"論語述而："君取於吴爲～姓。"引申爲偕同，共同。詩豳風七月："～我婦子，饁彼南畝。"論語憲問："公叔文子之臣大夫僎與文子～升諸公。"❷齊，聚。詩小雅車攻："我車既攻，我馬既～。"又吉日："獸之所～，麀鹿麌麌。"

［備考］㊀爵之一種。書顧命："上宗奉～瑁。"僞孔傳："同，爵名。"㊁鐘。周禮春官大司樂："掌六律六～之和。"鄭玄注："故書同作銅。"漢書郊祀志下作"六律六鐘"。㊂方百里。左傳昭公二十三年："土不過～。"杜預注："方百里爲一同。"

按，説文同字在冃部。

吃 1. chī（舊讀 jì）居乞切，入，迄韻，見。物部。

❶口吃。史記韓非列傳："非爲人口～，不能道説，而善著書。"又張丞相列傳："(周)昌爲人口～，又盛怒曰：'臣口不能言，然臣期期知其不可。'"❷同"喫"。宋孟元老東京夢華録："士女往往夜遊，～茶于彼。"

2. qī 集韻欺訖切，音乞，入，迄韻，溪。

❸〔吃吃〕笑聲。飛燕外傳："笑吃吃不絶。"

［備考］同"齕"。賈誼新書耳痺："越王之窮，至於～山草。"

吒 zhà 陟駕切，去，禡韻，知。鐸部。

怒聲。楚辭漢王逸九思疾世："～增歎兮如雷。"字亦作"咤"。史記淮陰侯列傳："項王喑噁叱咤，千人皆廢。"司馬貞索隱："咤，或作吒。"

合 1. hé 侯閤切，入，合韻，匣。緝部。

❶合起來。與"分"相對，又與"開"相對。左傳昭公十七年："其以丙子若壬午作乎！水火所以～也。"戰國策燕策二："蚌方出曝，而鷸啄其肉，蚌～而拑其喙。"引申爲配合。詩大雅大明："天作之～。"又爲和合。詩小雅常棣："妻子好～，如鼓瑟琴。"又爲適合。莊子養生主："～於桑林之舞，乃中經首之會。"又爲會合，聚合。左傳僖公二十年："宋襄公欲～諸侯。"論語憲問："桓公九～諸侯。"又爲對合。戰國策齊策四："使吏召諸民當償者悉來～券。"❷兩軍接觸(交戰)。左傳成公二

年:"自始～而矢貫余手及肘。"史記蕭相國世家:"臣等身披堅執鋭,多者百餘戰,少者數十～。"㊂全(後起義)。舊唐書陸德明傳:"～朝賞歎。"㊃應當(後起義)。唐張彦遠法書要録:"卿家多書,～有右軍遺跡。"

2. gě 集韻葛合切,入,合韻,見。

㊄量詞。十合爲一升。漢書律曆志:"合龠爲～。"

[備考]答。左傳宣公二年:"既～而來奔。"杜預注:"合,猶答也。"

[同源字]洽,詥,合,協。見"洽"字條。

按,説文合字在亼部。

名 míng 武并切,集韻彌并切,平,清韻,明。耕部。

㊀名稱。易繫辭下:"其稱～也,雜而不越。"引申爲動詞。指稱。論語泰伯:"蕩蕩乎民無能～焉。"又爲人名。左傳隱公元年:"莊公寤生,驚姜氏,故～曰寤生。"又爲名譽。莊子養生主:"爲善無近～,爲惡無近刑。"㊁文字。儀禮聘禮:"百～以上書於策。"

[備考]目上,眉睫之間。詩齊風猗嗟:"猗嗟～兮,美目清兮。"毛傳:"目上爲名,目下爲清。"朱熹注:"名,猶稱也。言其威儀技藝之可名也。"與毛傳異。

各 gè 古落切,入,鐸韻,見。鐸部。

各自。書湯誥:"～守爾典。"易繫辭下:"交易而退,～得其所。"

向 xiàng 許亮切,去,漾韻,曉。陽部。

㊀北窗。詩豳風七月:"塞～墐户。"㊁朝向,面向。戰國策燕策三:"北～迎燕。"引申爲方向。國語周語上:"明利害之～。"又爲歸向。後漢書班超傳:"莫不～化。"又爲向某方面發展。後漢書段熲傳:"今適朞年,所耗未半,而餘寇殘燼,將～殄滅。"晉陶潛歸去來辭:"木欣欣以～榮,泉涓涓而始流。"㊂從前,舊時。與"今"相對。穀梁傳成公二年:"今之屈,～之驕也。"莊子寓言:"若～也俯,而今也仰。"

[辨]窗,牖,向,鄉,闢。見"窗"字條。

按,説文向字在宀部。

后 hòu 胡口切,音厚,上,厚韻,匣。侯部。

㊀君主。天子和諸侯都稱后。書仲虺之誥:"徯予～,～來其蘇。"㊁帝王之妻。左傳宣公六年:"定王使子服求～于齊。"㊂通"後"。禮記大學:"知止而～有定。"

按,説文后字在后部。

吅 xī 虚器切,集韻馨夷切,平,脂韻,曉。脂部。

〔唸吅〕見"唸"字條。

四　畫

吝 lìn 良刃切,去,震韻,來。文部。

慳吝,吝嗇,捨不得花錢。論語泰伯:"如有周公之才之美,使驕且～,其餘不足觀也已。"又堯曰:"猶之與人也,出納之～,謂之有司。"

吞 tūn 吐根切,平,痕韻,透。文部。

㊀不嚼就嚥下去。莊子庚桑楚:"～舟之魚,碭而失水,則蟻能苦之。"史記豫讓列傳:"豫讓又漆身爲厲,～炭爲啞。"㊁吞併。戰國策西周策:"兼有～周之意。"管子霸形:"楚欲～宋鄭。"

吾 1. wú 五乎切,平,模韻,疑。魚部。

㊀我。書泰誓上:"～有民有命。"論語學而:"～日三省～身。"

[備考]禦。漢書百官公卿表上:"中尉,秦官。…武帝太初元年更名執金～。"顔師古注:"應劭曰:'吾,禦也。掌執金革以禦非常。'"

2. yú 集韻牛居切,音魚,平,魚韻,疑。魚部。

㊁〔吾吾〕疎遠的樣子。國語晉語二:"暇豫之吾吾,不如烏烏。"注:"吾,讀如魚。吾吾,不敢自親之貌也。"

［辨］予，余，吾，我，朕。見“予”字條。

否 1. fǒu 方久切，上，有韻，非。之部。

❶不，不是的。詩周南葛覃：“害澣害～。”又小雅甫田：“嘗其旨～。”公羊傳隱公四年：“隱公曰：‘～。’”

2. pǐ 符鄙切，集韻部鄙切，音痞，上，旨韻，並。之部。

❷閉塞，不通。與“泰”相對。易序卦：“泰者通也。物不可以終通，故受之以～。”文選晉潘岳西征賦：“豈地勢之安危，信人事之～泰。”

3. pǐ 集韻補美切，音鄙，上，旨韻，幫。今讀如痞。之部。

❸惡。與“臧”相對。易鼎：“顛趾，利出～。”注：“否，謂不善之物也。”❹通“鄙”。書堯典：“～德，忝帝位。”史記五帝本紀作“鄙德”。

按，說文否字在口部，又在不部，重出。

君 jūn 舉云切，平，文韻，見。文部。

❶君主。書大禹謨：“奄有四海，爲天下～。”詩大雅假樂：“宜～宜王。”儀禮喪服：“～，至尊也。”鄭玄注：“天子諸侯及卿大夫有地者皆曰君。”引申爲動詞。君臨，統治。荀子王霸：“合天下而～之。”❷對人的敬稱。戰國策齊策四：“今～有一窟，未得高枕而卧也。”史記張丞相列傳申屠嘉傳：“上曰：‘～勿言，吾私之。’”

吭 háng 胡郎切，音杭，平，唐韻，匣。

同“亢”。咽喉。文選晉左思蜀都賦：“其中則有鴻儔鵠侶，…雲飛水宿，弄～清渠。”

按，說文有亢無吭。

咂 zā 子荅切，音帀，入，合韻，精。

後起字。吸吮。洞冥記：“有升藻鴨，赤色，每止於芙蕖上，不食五穀，唯～葉上垂露。”唐白居易蚊蟇詩：“～膚拂不去，遶耳薨薨聲。”

呆 1. bǎo 博抱切，上，晧韻，幫。幽部。

❶古“保”字。說文人部：“呆，古文保。”

2. dāi 戴平聲。又 ái 音皚。

❷癡（晚起義）。古今雜劇死生交范張雞黍：“申生飲鴆而亡則是～。”

吡 bǐ（舊讀 pǐ）匹婢切，音庀，上，紙韻，滂。脂部。

詆毀。莊子列禦寇：“中德也者，有以自好也，而～其所不爲者也。”注：“吡，訾也。”

按，說文無吡字。

呀 xiā 許加切，音蝦，平，麻韻，曉。魚部。

❶大空的樣子。後漢書班固傳兩都賦：“建金城其萬雉，～周池而成淵。”〔谽呀〕雙聲聯緜字。大的樣子。史記司馬相如傳上林賦：“谽呀豁閜。”❷張口。唐柳宗元永州崔中丞萬石亭記：“抉其穴，則鼻口相～。”〔呀呀〕張口的樣子。唐韓愈月蝕詩：“月蝕於汝頭，汝口開呀呀。”

按，說文無呀字，新附有之。

吠 fèi 符廢切，去，廢韻，奉。月部。

狗叫。詩召南野有死麕：“無使尨也～。”

呃 è 於革切，入，麥韻，影。

說文作“啞”。❶〔呃喔〕雙聲聯緜字。鳥鳴聲。文選晉潘岳射雉賦：“良遊呃喔，引之規裏。”❷〔呃逆〕喉間氣逆作聲。

呟 hóng 户萌切，音宏，平，耕韻，匣。蒸部。

❶〔噌呟〕叠韻聯緜字。見“噌”字條。❷同“宏”。文選漢司馬相如難蜀父老：“必將崇論～議，創業垂統，爲萬世規。”

［同源字］泓，弘，宏，閎，呟，谹。見“谹”字條。

按，說文無呟字。

吷 xuè 許劣切，入，薛韻，曉。月部。

小聲。莊子則陽：“吹劍首者，～而已矣。”

按，說文吷是歠的重文，在㱃部，云：“歠

也。"

吵 chǎo 初爪切，上，巧韻，穿二。

後起字。叫嚷。敦煌變文董永變文："暫時～鬧有何妨？"

按，説文無吵字。訬下云："訬擾也。"徐注楚交切。或云訬即吵字。

［辨］訬，吵。見"訬"字條。

吼 hǒu 呼后切，上，厚韻，曉。

後起字。咆哮。南齊書顧歡傳："在鳥而鳥鳴，在獸而獸～。"

［同源字］犼，㖃，吼。見"犼"字條。

按，説文無吼字。但"嗷"下云："吼也。"后部另有㖃字，云："厚怒聲。"㖃即吼的本字。

呥 rán 汝鹽切，音髯，平，鹽韻，日。談部。

〔呥呥〕咀嚼的樣子。荀子榮辱："亦呥呥而嚨，鄉鄉而飽已矣。"

按，説文無呥字。

呐 1. nè 女劣切，入，薛韻，娘。物部。

㊀言語遲鈍，不流暢。荀子非相："其辯不如其～也。"漢書李廣傳："廣～口少言。"史記作"訥"。

2. nà 音納。

㊁〔呐喊〕大聲呼喊。三國演義四五回："鳴鼓呐喊而進。"

按，説文有訥無呐。

吴 wú 五乎切，平，模韻，疑。魚部。

㊀國名。左傳成公七年："巫臣請使於～。"三國時孫權據江南，稱吴。三國志蜀書先主傳："秋七月，遂帥諸軍伐～。"五代時楊行密據淮南稱吴。㊁地名。東漢時有吴郡。

［備考］譁。詩周頌絲衣："不～不敖。"毛傳："吴，譁也。"釋文："吴，舊如字。説文作吴。吴，大言也。何承天云：吴字誤，當爲吴。從口下大，故魚之大口者名吴，胡化反，此音恐驚俗也。音話。"朱熹注："吴，音話。"詩魯頌泮水："不～不揚。"鄭箋："吴，譁也。"釋文："吴，鄭如字，譁也。又王音誤，作吴，音話同。"朱熹注："吴，音話。"

按，説文吴字在夨部。

吟 1. yín 魚金切，平，侵韻，疑。侵部。

㊀歎。戰國策楚策一："晝～宵哭。"楚辭戰國屈原漁父："行～澤畔。"㊁吟咏。莊子德充符："倚樹而～。"唐杜甫過宋員外之問舊莊詩："～詩許更過。"〔噤吟〕見"噤"字條。㊂通"唫"。口吃。後漢書梁冀傳："口～舌言。"

2. jìn 音禁。

㊃通"噤"。閉口。史記淮陰侯列傳："雖有舜禹之智，～而不言，不如瘖聾之指麾也。"司馬貞索隱："吟，鄒氏音拒蔭反，又音琴。"

吩 fēn 音分。

晚起字。〔吩咐〕囑託，安排。三國演義九五回："孔明將安營之法一一吩咐與楊儀。"

㕮 fǔ 方矩切，上，麌韻，非。魚部。

〔㕮咀〕嚼。靈樞經壽夭剛柔："凡四種，皆㕮咀，漬酒中。"

按，説文無㕮字。

吽 1. ōu 集韻魚侯切，平，侯韻，疑。之部。

㊀〔吽牙〕雙聲聯緜字。犬相争鬭時的叫聲。漢書東方朔傳："狋吽牙者，兩犬争也。"

2. hǒu 呼后切，上，厚韻，曉。

㊁同"吼"。元曲選李逵負荆："那老兒，一會家便怒～～在那柴門外。"

3. hōng 音哄。

㊂梵文經咒中多用吽字。佛教密宗密言十七字之一。

按，説文無吽字。

呈 chéng 直貞切，平，清韻，澄。耕部。

㊀顯現，顯露。列子天瑞："而味味者未嘗～。"釋文："呈，示見也。"文選三國魏曹植洛神賦："延頸秀項，皓質～露。"㊁通"程"。衡量的標準。史記秦始皇本紀："上至以衡石量書，日夜有～，不中～不得休息。"㊂下級交

給上級叫呈(後起義)。周書宗懍傳:“使制龍川廟碑,一夜便就,詰朝～上。”

吸 xī 許及切,入,緝韻,曉。緝部。

㊀吸氣入内。莊子逍遥遊:“～風飲露。”吕氏春秋求人:“飲露～氣之民。”㊁飲。廣雅釋詁四:“吸,飲也。”楚辭戰國屈原九章悲回風:“～湛露之浮涼兮,漱凝霜之雰雰。”唐杜甫飲中八仙歌:“飲如長鯨～百川。”

吹 1. chuī 昌垂切,平,支韻,穿三。歌部。

㊀撮口出氣,吹噓。詩小雅何人斯:“伯氏～壎,仲氏～篪。”引申爲風吹。詩鄭風蘀兮:“風其～女。”

2. chuì 尺僞切,去,寘韻,穿三。歌部。

㊁名詞。樂器的吹奏。禮記月令仲秋之月:“上丁,命樂正入學習～。”唐杜甫滕王亭子詩:“尚思歌～入,千騎把霓旌。”

按,説文吹字在口部,又在欠部,重出。

吻 wěn 武粉切,上,吻韻,微。文部。

脣的兩邊。周禮考工記梓人:“鋭喙决～。”

吕 lǚ 力舉切,上,語韻,來。魚部。

字亦作“呂”。㊀脊骨。急就篇:“尻髖脊膂腰背～。”顔師古注:“吕,脊骨也。”㊁古樂,陰律叫吕。十二律中的陰律爲大吕、夾鐘、中吕、林鐘、南吕、應鐘。漢書律曆志上:“登降運行,列爲十二,而律～和矣。”

按,説文吕字在吕部。

吪 é 五禾切,音訛,平,戈韻,疑。歌部。

㊀動。見説文。詩王風兔爰:“尚寐無～。”㊁化。詩豳風破斧:“周公東征,四國是～。”

听 yǐn 牛謹切,上,隱韻,疑。文部。

〔听然〕笑的樣子。史記司馬相如列傳子虛賦:“亡是公听然而笑曰:‘楚則失矣,而齊亦未爲得也。’”

吮 shǔn 食尹切,上,準韻,牀三。文部。

用口含吸。韓非子備内:“醫善～人之傷,含人之血。”史記吴起列傳:“卒有病疽者,起爲～之。”

含 1. hán 胡男切,平,覃韻,匣。侵部。

㊀口含。莊子馬蹄:“～哺而熙。”引申爲包含。

2. hàn 胡紺切,去,勘韻,匣。侵部。

㊁古喪禮,放在死人嘴裏的玉或珠貝。春秋文公五年:“王使榮叔歸～且賵。”公羊傳:“～者何,口實也。”何休注:“孝子所以實親口也。緣生以事,死不忍虚其口。天子以珠,諸侯以玉,大夫以碧,士以貝。”這個意義後來寫作“琀”、“唅”。

告 1. gào 古到切,去,号韻,見。覺部。

㊀告訴。上告訴下,下告訴上,都叫告。書甘誓:“王曰:‘嗟,六事之人,予誓～汝。’”又康王之誥:“敢敬～天子。”後來特指下告上。論語憲問:“以吾從大夫之後,不敢不～也。”又微子:“子路行以～。”又平輩相告也叫告。戰國策秦策三:“犀首～臣。”引申爲請求。國語魯語上:“國有饑饉,卿出～糴,古之制也。”又爲揭發,控訴。史記佞幸列傳:“有人～鄧通盜出徼外鑄錢。”

2. gù 古沃切,入,沃韻,見。覺部。

㊁告訴,請求。在某些地方讀入聲。易蒙:“初筮～,再三瀆,瀆則不～。”詩大雅既醉:“令終有俶,公尸嘉～。”禮記曲禮上:“夫爲人子者,出必～,反必面。”論語顔淵:“忠～而善道之。”

3. kù 集韻枯沃切,音酷,入,沃韻,溪。

㊂官吏休假。漢書嚴延年傳:“取～至長安。”

［備考］通“鞫”。集韻居六切,音菊。審問。禮記文王世子:“其刑罪則纖剸,亦～于甸人。”鄭玄注:“告,讀爲鞫。”

［辨］①告,誥,詔。見“誥”字條。

②告，訴。見"訴"字條。

按，説文告字在告部。

五　畫

呃 è 於革切，音厄，入，麥韻，影。

同"呃"。見"呃"字條。

咇 1. bié 蒲結切，音鷩，入，屑韻，並。質部。

㊀〔咇茀〕雙聲聯緜字。香味濃。漢書司馬相如傳上林賦："晻薆咇茀。"顏師古注："晻薆咇茀，皆香芳意也。"

2. bì 鄙密切，音筆，入，質韻，幫。質部。

㊁〔咇嘟〕叠韻聯緜字。出聲的樣子。文選漢王褒洞簫賦："啾咇嘟而將吟兮。"李善注："咇嘟，聲出貌。"

按，説文無咇字。

咏 yǒng 爲命切，去，映韻，喻三。陽部。

同"詠"。歌詠。禮記檀弓下："人喜則斯陶，陶則～。"

〔同源字〕詠，咏，永。見"詠"字條。

按，説文咏是詠的重文，在言部。

味 wèi 無沸切，去，未韻，微。微部。

味道，滋味。論語述而："子在齊聞韶，三月不知肉～。"引申爲意味。晉書成公簡傳："潛心～道。"

呿 qū 丘伽切，集韻丘於切，平，魚韻，溪。魚部。

張口。莊子秋水："公孫龍口～而不合，舌舉而不下。"

按，説文無呿字。

呵 1. hē 虎何切，平，歌韻，曉。歌部。

㊀大聲喝斥。韓非子外儲説左上："關市～難之。"這個意義也寫作"訶"。

2. hè 呼箇切，去，箇韻，曉。

㊁嘘氣。關尹子二柱："衣搖空得風，氣～物得水。"

〔辨〕訶，呵。見"訶"字條。

按，説文有訶無呵。

呞 zā 龍龕手鑑子荅反，音匝。

同"咂"。吸吮。

呗 fá 集韻房越切，音伐，入，月韻，奉。月部。

古兵器，即盾。戰國策韓策一："革抉～芮，無不備具。"字亦作"瞂"、"戫"。

按，説文無呗字。

咈 fú 符弗切，入，物韻，奉。物部。

違戾。書堯典："吁！～哉！"又大禹謨："罔～百姓以從己之欲。"又伊訓："從諫弗～。"又微子："～其耇長。"

呢 ní 女夷切，音尼，平，脂韻，娘。

後起字。〔呢喃〕雙聲聯緜字。①小聲多言。見玉篇。②燕子鳴聲。唐劉兼春燕詩："多時窗外語呢喃，只要佳人捲繡簾。"

按，説文無呢字。

呫 1. tiè 他協切，音帖，入，怗韻，透。葉部。

㊀嘗。玉篇引穀梁傳莊公二十七年："未嘗有～血之盟也。"今本作"歃"。

2. chè 集韻尺涉切，入，葉韻，穿三。葉部。

㊁〔呫囁〕叠韻聯緜字。附耳小語聲。史記魏其武安侯列傳："今日長者爲壽，乃效女兒呫囁耳語！"〔呫呫〕絮絮叨叨。唐柳宗元讀韓愈所著毛穎傳後題："猶呫呫然動其喙。"

按，説文無呫字。

咀 jǔ 慈吕切，音沮，上，語韻，從。魚部。

〔咀嚼〕〔咀嚥〕雙聲聯緜字。嚼。史記司馬相如傳上林賦："咀嚼菱藕。"漢書司馬相如傳大人賦："咀嚥芝英兮嘰瓊華。"

呾 dá 當割切，音怛，入，曷韻，端。

呵責。唐韓愈故幽州節度判官贈給事中清河張君墓誌銘："我銘以貞之，不肖者之～也。"

按，説文無呾字。

呷 xiā 呼甲切,入,狎韻,曉。葉部。

吸。史記司馬相如列傳子虛賦:"噏～萃蔡。"文選晉木華海賦:"猶尚呀～,餘波濁湧。"李善注:"呀呷,波相吞之貌。"

呻 shēn 失人切,音申,平,真韻,審三。真部。

❶誦讀。禮記學記:"～其佔畢。"❷〔呻吟〕①誦讀。莊子列禦寇:"鄭人緩也,呻吟裘氏之地,祇三年而緩爲儒。"釋文:"呻,音申,吟也,謂吟咏學問之聲也。"②因痛苦而發出的聲音。吕氏春秋大樂:"民人呻吟。"三國志魏書華佗傳:"佗聞其呻吟,駐車往視。"

呹 ǎng 烏朗切,上聲,蕩韻,影。

〔呹咽(yē)〕雙聲聯緜字。①悲。見廣韻。②水流堵塞不通。文選晉左思魏都賦:"泉流迸集而呹咽。"李善注:"呹咽,流不通也。呹,烏朗反。"

按,説文無呹字。

呪 zhòu 職救切,去,宥韻,照三。

字亦作"詶"、"咒"。❶呪詛,祈禱希望神降禍於人。唐書則天皇后傳:"麟德初,后召郭行真入禁中爲蠱～。"❷梵語陀羅尼,義譯爲呪,又曰真言。唐盧綸送恒操上人歸江外覲省詩:"持～過龍廟,翻經化海人。"

〔同源字〕祝,呪,咒。見"祝"字條。

按,説文無呪有詶,在言部。

咒 zhòu。

同"呪"。正字通口部:"呪,呪與咒形體小變,其義則一也。"

〔同源字〕祝,呪,咒。見"祝"字條。

按,説文無咒字。

呬 xì 虚器切,去,至韻,曉。脂部。

息。文選漢張衡思玄賦:"～河林之蓁蓁兮,偉關雎之戒女。"

咄 duō 當没切,入,没韻,端。物部。

❶呵叱。管子形勢解:"烏集之交,初雖相驩,後必相～。"論衡論死:"病困之時,仇在其旁,不能～叱。"❷〔咄咄〕感歎聲。後漢書嚴光傳:"咄咄子陵,不可相助爲理邪?"

咼 1. wāi 苦緺切,平,佳韻,溪。歌部。

❶嘴歪。説文:"咼,口戾不正也。"

2. hé 音和。

❷〔咼氏〕即和氏。淮南子説山:"咼氏之璧,夏后之璜。"高誘注:"咼,古和字。"

3. wō 音倭。

❸〔咼墮〕叠韻聯緜字。即倭墮。古代髮髻之一種。唐白居易寄微之詩:"何處琵琶絃似語,誰家咼墮髻如雲?"

呼 hū 荒烏切,平,模韻,曉。魚部。

❶叫喊。詩大雅蕩:"式號式～,俾晝作夜。"❷叫唤。左傳哀公十一年:"武叔～而問戰焉。"莊子山木:"一～而不聞,再～而不聞。"❸出氣,與"吸"相對。素問離合真邪論:"候～引鍼,～盡乃去。"文選晉郭璞江賦:"～吸萬里,吐納靈潮。"

〔備考〕歎詞。左傳文公元年:"江芈怒曰:'～,役夫!'"釋文:"呼,好貨反。"禮記檀弓上:"曾子聞之,瞿然曰:'～!'"鄭玄注:"呼,虚憊之聲。"釋文:"呼音虚,吹氣聲也。一音況于反。"

〔同源字〕呼,評,謼,虖,嘑,歑。見"謼"字條。

按,説文呼吸的呼作"呼",在口部;呼唤的呼作"評",在言部。

呹 yì 集韻弋質切,音逸,入,質韻,喻四。

〔呹肸〕叠韻聯緜字。疾速的樣子。文選漢揚雄甘泉賦:"薌呹肸以棍批兮。"

按,説文無呹字。

咋 1. zé 側革切,音責,入,麥韻,照二。鐸部。

❶大聲。周禮考工記鳧氏:"侈則柞。"鄭玄注:"柞讀爲咋咋然之咋,聲大外也。"

2. zé 鋤陌切，入，陌韻，牀二。鐸部。

㊁同"齚"。齧。漢書東方朔傳答客難："譬由鼱鼩之襲狗，孤豚之～虎，至則靡耳。"後漢書馬援傳："豈有知其無成，而但萎腇～舌，叉手從族乎？"

3. zhà 集韻助駕切，音乍，去，禡韻，牀二。鐸部。

㊂通"乍"。突然。左傳定公八年："桓子～謂林楚曰：'而先皆季氏之良也，爾以是繼之。'"

按，説文無咋字。

咆 páo 薄交切，音庖，平，肴韻，並。幽部。

野獸嗥叫。淮南子覽冥："虎豹襲穴而不敢～。"〔咆烋〕叠韻聯緜字。嗥叫。文選晉左思魏都賦："剋翦方命，吞滅咆烋。"字本作"炰烋"。詩大雅蕩："女炰烋于中國。"〔咆哮〕叠韻聯緜字。嗥叫。抱朴子清鑒："咆哮者不必勇，淳淡者不必怯。"李白公無渡河詩："黄河西來決崑崙，咆哮萬里觸龍門。"

呴 1. xù 香句切，音煦，去，遇韻，曉。侯部。

㊀嘘氣使温或潤。集韻："呴，氣以温之也。"莊子刻意："吹～呼吸，吐故納新。"釋文："呴，況于反，字亦作煦。"成玄英疏："吹冷呼而吐故，呴暖吸而納新。"又大宗師："相～以濕，相濡以沫。"釋文："呴，況于、況付二反。"成玄英疏："於是吐沫相濡，呴氣相濕。"

2. hǒu 呼后切，音吼，上，厚韻，曉。侯部。

㊁同"吼"。楚辭漢王褒九懷尊嘉："熊羆兮～嗥。"

3. gòu 集韻居候切，音構，去，候韻，見。侯部。

㊂同"雊"。雉鳴。淮南子要略："族鑄大鐘，撞之庭下，郊雉皆～。"高誘注："呴，鳴也。"

按，説文無呴字。

咐 fù 音付。

〔吩咐〕見"吩"字條。

呱 gū 古胡切，音孤，平，模韻，見。魚部。

小兒哭聲。詩大雅生民："鳥乃去矣，后稷～矣。"書益稷："啓～～而泣。"

咍 hāi 呼來切，平，咍韻，曉。之部。

嗤笑。楚辭戰國屈原九章惜誦："行不羣以巔越兮，又衆兆之所～。"

按，説文無咍字，新附有之。

呶 náo 女交切，音鐃，平，肴韻，娘。魚部。

喧鬧聲。詩小雅賓之初筵："賓既醉止，載號載～。"

呦 yōu 於虯切，音幽，平，幽韻，影。幽部。

〔呦呦〕①鹿鳴聲。詩小雅鹿鳴："呦呦鹿鳴，食野之苹。"②悲哭聲（後起義）。唐白居易新豐折臂翁詩："萬人冢上哭呦呦。"

命 mìng 眉病切，去，映韻，明。耕部。

㊀差使，使令。書堯典："乃～羲和，欽若昊天。"左傳隱公元年："～子封帥車二百乘以伐京。"引申爲名詞。命令，使命。易姤："后以施～誥四方。"左傳隱公元年："制，巖邑也。虢叔死焉，佗邑唯～。"又桓公二年："十年十一戰，民不堪～。"孟子滕文公上："然友反～。"㊁命運，天命。論語雍也："亡之！～矣夫！"又爲政："五十而知天～。"㊂生命。論語先進："有顔回者好學，不幸短～死矣。"又憲問："見利思義，見危授～。"㊃命名。史記伍子胥列傳："因～曰胥山。"

［辨］命，令。在命令的意義上，"命"和"令"是同義詞。朱駿聲云："按，在事爲令，在言爲命，散文相通，對文則别。""令"是指示别人做某事或不做某事，"命"是差使别人做某事，意義稍有不同。例如：左傳僖公二十八年："令無入僖負羈之宮。"不能説成"命無入僖負羈之宮"。

和 1. hé 户戈切，平，戈韻，匣。歌部。

㊀聲音相應。詩鄭風蘀兮："叔兮伯兮，

倡予～女。"引申爲樂音相應,諧和。書舜典:"律～聲。"國語鄭語:"～六律以聰耳。"又周語:"樂從～。"韋昭注:"八音克諧也。"又爲調和。左傳昭公二十年:"～如羹焉,水火醯醢鹽梅以烹魚肉。"又爲和順。易乾:"保合大～。"又爲和睦。論語季氏:"蓋均無貧,～無寡,安無傾。"又爲和平。戰國策趙策:"故不若亟割地求～。"❷車鈴。詩小雅蓼蕭:"～鸞雝雝。"❸小笙。爾雅釋樂:"大笙謂之巢,小者謂之～。"❹軍門。周禮夏官大司馬:"以旌爲左右～之門。"鄭玄注:"今謂之壘門,立兩旌以爲之。"❺棺材兩頭的木板。吕氏春秋開春:"見棺之前～。"文選謝惠連祭古冢文:"中有二棺,正方,兩頭無～。"❻副詞。連(後起義)。宋晏幾道阮郎歸詞:"夢魂縱有也成虚,那堪～夢無!"引申爲與。元曲選陳州糶米:"咱～你且歸私宅中去來。"

2. hè 胡卧切,去,過韻,匣。歌部。

❼跟着唱。易中孚:"鳴鶴在陰,其子～之。"管子白心:"人不倡不～。"唐杜甫夔府書懷詩:"哀歌欲～誰?"

[同源字]盉,和,龢。見"盉"字條。

按,説文和作咊。

咎

1. jiù 其九切,音舅,上,有韻,羣。幽部。

❶災禍。書大禹謨:"天降之～。"左傳莊公二十一年:"鄭伯效尤,其亦將有～。"❷過失,罪過。詩小雅伐木:"寧適不來,微我有～。"毛傳:"咎,過也。"又北山:"或湛樂飲酒,或慘慘畏～。"鄭箋:"咎,猶罪過也。"引申爲追究過失。論語八佾:"既往不～。"

2. gāo 古勞切,音高,平,豪韻,見。幽部。

❸〔咎繇〕人名,即皋陶。舜臣。楚辭戰國屈原離騷:"湯禹嚴而求合兮,摯咎繇而能調。"漢書百官公卿表:"咎繇作士。"

[備考]㊀惡。書西伯戡黎序:"殷始～周。"僞孔傳:"咎,惡。"釋文:"馬云:'咎周者,爲周所咎。'"孔穎達疏:"咎是過之别名,以彼過而憎惡之,故咎爲惡也。"按,據此,則此"咎"字仍是過義,非另有惡義。㊁〔咎鼓〕即"鼛鼓"。大鼓。後漢書馬融傳廣成頌:"伐咎鼓。"

按,説文咎字在人部,云:"災也,从人,从各。各者,相違也。"

周

zhōu 職流切,平,尤韻,照三。幽部。

❶密。左傳襄公二十六年:"具車徒以受地必～。"杜預注:"周,密也。"又昭公四年:"其藏之也～。"杜預注:"周,密也。"又二十年:"清濁、小大、短長、疾徐、哀樂、剛柔、遲速、高下、出入、～疏,以相濟也。"杜預注:"周,密也。"引申爲固。左傳哀公十二年:"盟所以～信也。"杜預注:"周,固也。"又爲至,最。論語堯曰:"雖有～親,不如仁人。"又爲合。楚辭戰國屈原離騷:"雖不～於今之人兮。"王逸注:"周,合也。"淮南子原道:"貴其～于數而合于時。"❷遍。易繫辭上:"知～乎萬物,而道濟天下。"左傳隱公十一年:"瑕叔盈又以蝥弧登,～麾而呼曰:'君登矣!'"引申爲匝,周圍,環繞。周語晉語五:"齊師大敗,逐之,三～華不注之山。"又爲循環。漢書禮樂志郊祀歌:"～而復始。"❸救濟。詩大雅雲漢:"靡人不～。"論語雍也:"君子～急不繼富。"這個意義後來寫作"賙"。❹朝代名。①武王滅商,建周。②南北朝時,宇文覺建立北周。③唐武后稱帝,國號周。④五代時,郭威繼後漢稱帝,國號周,即後周。

[備考]㊀曲。詩唐風有杕之杜:"有杕之杜,生于道～。"釋文:"周,曲也。"朱駿聲云:"韓詩,'周,右也。'則謂借爲右。右周聲近。"㊁忠信。詩小雅都人士:"行歸于～,萬民所望。"毛傳:"周,忠信也。"朱熹注:"周,鎬京也。"與毛傳異。

六　畫

哀

āi 烏開切,平,咍韻,影。微部。

❶悲傷。詩豳風破斧:"～我人斯,亦孔

之將。”又小雅蓼莪:“～～父母,生我劬勞。”㊁父母之喪(後起義)。宋書張敷傳:“居～毀滅,孝道淳至。”

［備考］通“愛”。吕氏春秋報更:“人主胡可以不務～士?”高誘注:“哀,愛也。”

咨 zī 即夷切,音資,平,脂韻,精。脂部。

㊀咨詢,商量。書舜典:“～十有二牧。”詩小雅皇皇者華:“周爰～諏。”毛傳:“訪問於善爲咨。”又周頌臣工:“來～來茹。”鄭箋:“咨,謀也。”㊁歎詞。書堯典:“帝曰:‘～!汝羲暨和!’”僞孔傳:“咨,嗟也。”詩大雅蕩:“文王曰～!”毛傳:“咨,嗟也。”㊂公文之一種(後起義)。

哉 zāi 祖才切,平,咍韻,精。之部。

㊀語氣詞。①表示感歎。易乾:“大～乾元!”書益稷:“股肱喜～!元首起～!百工熙～!”論語先進:“孝～閔子騫!”②表示祈使。書舜典:“往～汝諧!”又益稷:“帝其念～!”③和疑問代詞或疑問副詞相應,表示疑問或反詰。詩邶風北門:“天實爲之,謂之何～?”論語衛靈公:“夫何爲～?”孟子滕文公下:“陳仲子豈不誠廉士～?”㊁始。［哉生明］陰曆每月初三日。書武成上:“厥四月哉生明,王來自商,至于豐。”［哉生魄］陰曆每月十六日。書康誥:“惟三月哉生魄,周公初基,作新大邑于東國洛。”

咫 zhǐ 諸氏切,音紙,上,紙韻,照三。支部。

八寸。國語魯語下:“有隼集于陳侯之庭而死,楛矢貫之,石砮,其長尺有～。”左傳僖公九年:“天威不違顔～尺。”

［備考］連詞。則。漢賈誼新書連語:“器薄～亟毁,酒薄～亟酸。”

按,説文咫字在尺部。

呰 1. zǐ 將此切,音紫,上,紙韻,精。支部。

字亦作“訾”。㊀詆毁。這個意義又寫作“訿”、“呲”。禮記喪服四制:“訿之者,是不知禮之所由生也。”鄭玄注:“口毁曰訿。”莊子列禦寇:“呲其所不爲者也。”向秀注:“呲,訿也。”㊁弱,劣。［呰窳］苟且,懶惰。史記貨殖列傳:“地埶饒食,無飢饉之患,以故呰窳偷生,無積聚而多貧。”裴駰集解:“呰,弱也。”

2. cì 集韻才支切,平,支韻,從。支部。

㊂通“疵”。病。漢書敘傳:“閻尹之訾,穢我明德。”

按,説文呰字在口部,訾字在此部,訿字在言部。

吒 1. zhà 陟駕切,去,禡韻,知。鐸部。

㊀［叱吒］怒聲。見“叱”字條。㊁進食時口中作聲。禮記曲禮上:“毋～食。”㊂奠爵。書顧命:“王三宿,三祭,三～。”這個意義説文作“詫”。

2. chà 音詫。

㊃通“詫”。誇。後漢書王符傳:“窮極麗靡,轉相誇～。”

按,説文無吒字。

咬 1. yǎo 集韻五巧切,上,巧韻,疑。

㊀上下牙齒用力對着,齧。唐杜甫彭衙行:“癡女飢～我。”又桃竹杖引:“噫!風塵澒洞兮,豺虎～人。”這個意義説文作“齩”。

2. jiāo 古肴切,音交,平,肴韻,見。

㊁［咬咬］鳥鳴聲。文選漢禰衡鸚鵡賦:“采采麗容,咬咬好音。”樂府詩集古辭長歌行:“黄鳥飛相追,咬咬弄音聲。”

按,説文無咬有齩,在齒部。

咳 1. hái 户來切,音孩,平,咍韻,匣。之部。

㊀小兒笑。禮記内則:“父執子之右手,～而名之。”這個意義又寫作“孩”。孟子盡心上:“孩提之童無不愛其親者。”

2. kài 玉篇苦代切,音慨。之部。

㊁通“欬”。咳嗽。禮記内則:“不敢噦噫嚏～。”

咲 xiào 集韻仙妙切,音笑,去,笑韻,心。宵部。

同“笑”。漢書外戚傳下引易曰:“鳥焚其

巢,旅人先～後號咷。"

哇 wā 於佳切,音娃,平,佳韻,影。支部。

㊀吐。孟子滕文公下:"出而～之。"㊁咽喉進出氣不暢。莊子大宗師:"屈服者,其嗌言若～。"㊂靡曼的音樂。法言吾子:"中正則雅,多～則鄭。"㊃小兒哭聲(後起義)。宋王安石董伯懿示裴晉公平淮右題名碑詩:"空城豎子已可縛,中使尚作啀兒～。"

咡 èr 仍吏切,去,志韻,日。之部。

口吻,口旁。禮記曲禮上:"負劍辟～詔之。"鄭玄注:"辟咡詔之,謂傾頭與語也。"管子弟子職:"既食乃飽,循～覆手。"

按,説文無咡字。

咺 xuǎn 況晚切,上,阮韻,曉。元部。

㊀小兒哭泣不止。説文:"咺,朝鮮謂兒泣不止曰咺。"㊁顯著的樣子。詩衛風淇奧:"赫兮～兮。"毛傳:"咺,威儀容止宣著也。"

哂 shěn 式忍切,上,軫韻,審三。真部。

微笑。論語先進:"夫子～之。"

按,説文無哂字。欠部有弞字,云:"笑不壞顔曰弞。"

哄 1. hōng 集韻呼公切,平,東韻,曉。

後起字。㊀衆聲。元丁鶴年長嘯篇:"韓信出胯下,市井皆～笑。"

2. hǒng。

㊁騙。京本通俗小説錯斬崔寧:"他豈有～你説是典來身價之理!"引申爲勸誘。紅樓夢六回:"板兒便躲在他背後,百般的～他出來作揖,他死也不肯。"

哎 āi 音哀。

後起字。感歎詞。元曲選陳州糶米:"～!量米又量的不平。"

咥 1. xì 丑栗切,集韻許既切,去,未韻,曉。質部。

㊀大笑的樣子。詩衛風氓:"兄弟不知,～其笑矣。"毛傳:"咥咥然笑。"

2. dié 徒結切,音迭,入,屑韻,定。質部。

㊁齧,咬。易履:"是以履虎尾,不～人,亨。"

咢 è 五各切,音鄂,入,鐸韻,疑。鐸部。

㊀徒手擊鼓。詩大雅行葦:"或歌或～。"㊁〔咢咢〕①直言。漢書韋賢傳:"睮睮諂夫,咢咢黄髮。"文選漢韋孟諷諫詩作"諤諤"。②高的樣子。後漢書張衡傳思玄賦:"冠咢咢其映蓋兮。"李賢注:"一作岌。"㊂通"鍔"。刀鋒。漢書王襃傳:"越砥斂其～。"㊃屋稜。晉書赫連勃勃載記:"飛簷舒～,似翔鵬之矯翼。"

按,説文作咢,在吅部。

品 pǐn 丕飲切,上,寑韻,滂。侵部。

㊀衆多。易乾:"～物流形。"㊁按質量區分的種類。書禹貢:"厥貢惟金三～。"僞孔傳:"金銀銅也。"引申爲官吏的等級、官階。國語周語中:"外官不過九～。"又爲物類的等級。漢書匈奴傳上:"故約漢常遣翁主給繒絮食物有～以和親。"顔師古注:"品,謂等差也。"

按,説文品字在品部。

咽 1. yān 烏前切,音烟,平,先韻,影。真部。

㊀喉嚨。漢書息夫躬傳:"～已絶,血從鼻耳出。"顔師古注:"咽,喉嚨。"

2. yàn 於甸切,音燕,去,霰韻,影。真部。

㊁吞。孟子滕文公下:"三～,然後耳有聞,目有見。"這個意義也寫作"嚥"。

3. yē 烏結切,音噎,入,屑韻,影。質部。

㊂聲塞。後漢書董祀妻傳悲憤詩:"含哀～兮涕沾頸。"引申爲充塞。新序雜事:"雲霞充～,則奪日月之明。"

哈 1. shà 集韻色洽切,入,洽韻,審二。緝部。

㊀同"歃"。用脣啜飲。淮南子氾論："嘗一～水而甘苦知矣。"

2. hā。

㊁〔哈哈〕笑聲。景德傳燈録臨濟禪師："黄蘗哈哈大笑。"

按，説文無哈字。

咷 1. táo 徒刀切，音桃，平，豪韻，定。宵部。

㊀〔號咷〕叠韻聯緜字。哭聲。易同人："同人先號咷而後笑。"

2. tiào 他弔切，音糶，去，嘯韻，透。宵部。

㊁〔噭咷〕叠韻聯緜字。①哭不止。説文："楚謂兒泣不止曰噭咷。"②歌聲。漢書韓延壽傳："望見延壽車，噭咷楚歌。"顔師古注："咷音它釣反。"

咮 zhòu 陟救切，音晝，去，宥韻，知。侯部。

㊀同"噣"。鳥口。詩曹風候人："維鵜在梁，不濡其～。"㊁星宿名。即柳宿。爾雅釋天："～謂之柳。"左傳襄公九年："是故～爲鶉火。"柳宿位於朱鳥之口，故名。

按，説文有咮噣二字，同在口部。咮下云："鳥口也。"噣下云："喙也。"

哃 1. huá 下刮切，入，鎋韻，匣。月部。

㊀喘息。廣雅釋詁二："哃，息也。"楚辭漢王逸九思逢尤："悒殟絶兮～復蘇。"

2. shì 洪武正韻善指切，音舐。支部。

㊁同"舐"。以舌取食，舔。莊子人間世："～其葉，則口爛而爲傷。"管子地數："十口之家，十人～鹽。"

按，説文無哃字。

哆 chǐ 尺氏切，上，紙韻，穿三。歌部。

㊀張口的樣子。詩小雅巷伯："～兮侈兮，成是南箕。"〔哆嚱〕見"嚱"字條。㊁〔哆然〕人心涣散。穀梁傳僖公四年："齊人者齊侯也。其'人'之何也？於是哆然外齊侯也。"范寧注："哆然，衆有不服之心。"

〔備考〕〔邪哆〕同"邪侈"。放蕩。法言吾子："述正道而稍邪哆者有矣，未有述邪哆而稍正也。"

哅 hōng 集韻呼公切，音烘，平，東韻，曉。東部。

〔哅哅〕大聲。荀子解蔽："掩耳而聽者，聽漠漠而以爲哅哅。"

按，説文無哅字。

咻 xiū 許尤切，音休，平，尤韻，曉。幽部。

喧嚷。孟子滕文公下："一齊人傅之，衆楚人～之。"趙岐注："咻之者，讙也。"

按，説文無咻字。

咱 zá（又讀 zán）字彙莊加切。

後起字。㊀我。宋柳永玉樓春詞："你若無意向～行，爲甚夢中頻相見？"㊁語氣詞。元曲選關漢卿玉鏡臺："將琴過來，教小姐操一曲～。"

咿 yī 於脂切，音伊，平，脂韻，影。

㊀〔咿喔〕雙聲聯緜字。①强笑聲。唐韓愈納涼聯句："危行無低徊，正言免咿喔。"②雉鳴聲。唐儲光羲射雉詞："遠聞咿喔聲，時見雙飛起。"㊁〔咿呦〕〔咿嚘〕雙聲聯緜字。①人語聲。唐韓愈征蜀聯句："迫脅聞雜驅，咿呦叫冤跀。"又遠遊聯句："貉謡衆猥欵，巴語相咿嚘。"②鹿鳴聲。宋歐陽修和梅龍圖公儀謝鵰詩："咿呦山鹿鳴，格磔野鳥啼。"③歎息聲。唐韓愈赴江陵途中詩："親逢道邊死，佇立久咿嚘。"㊂〔咿咿〕蟲鳴聲。唐劉禹錫秋聲賦："草蒼蒼兮人寂寂，樹槭槭兮蟲咿咿。"㊃〔咿啞（yǎ）〕雙聲聯緜字。①轆轤聲。唐李賀美人梳頭歌："轆轤咿啞轉鳴玉，驚起芙蓉睡新足。"②摇槳聲。唐韓偓南浦詩："應是石城艇子來，兩槳咿啞過花塢。"③小兒語聲。宋蘇軾和中秋見月詩："卷簾推户寂無人，窗下咿啞惟楚老。"楚老，蘇軾孫。㊄〔咿軋〕雙聲聯緜字。也作"伊軋"、"咿喞"。①車船摇動聲。宋陸游天竺曉行："筍輿咿軋水雲間。"②水車轉動聲。宋陸游觀蔬圃詩："晚風咿喞桔

榫聲。”③紡織機聲。宋陸游東窗小酌詩:“咿軋繅車隔短牆。”

按,説文無咿字。

呴 1. hǒu 呼后切,上,厚韻,曉。侯部。

❶怒聲。説文:“呴,厚怒聲。”

2. hòu 呼漏切,去,候韻,曉。侯部。

❷耻辱。大戴禮武王踐阼:“皇皇惟敬,口生~。”盧辯注:“呴,耻也。”

[同源字]狗,呴,吼。見“狗”字條。

咸 xián 胡讒切,音鹹,平,咸韻,匣。侵部。

❶皆。書堯典:“庶績~熙。”引申爲同。詩魯頌閟宫:“克~厥功。”鄭箋:“咸,同也。”❷周遍。國語魯語:“小賜不~。”莊子知北遊:“周,徧,~,三者異名同實,其指一也。”

[備考]和。左傳僖公二十四年:“昔周公弔二叔之不~。”孔穎達疏:“咸,和也。”楊伯峻注:“咸,終也。”

七 畫

唐 táng 徒郎切,平,唐韻,定。陽部。

❶廟中路。詩陳風防有鵲巢:“中~有甓。”毛傳:“中,中庭也。唐,堂塗也。”爾雅釋宫:“廟中路謂之唐。”❷唐蒙,即菟絲草。詩鄘風桑中:“爰采~矣,沬之鄉矣。”❸隄。吕氏春秋尊師:“治~圃,疾灌寖,務種樹。”高誘注:“唐,隄,以壅水。”❹〔荒唐〕叠韻聯緜字。見“荒”字條。❺〔唐庨〕見“庨”字條。❻朝代名。①陶唐氏,即堯的部落名,後人以爲朝代名。②李淵建。公元618—907年。③李存勗建。史稱後唐。公元923—936年。④李昪建。史稱南唐。公元937—975年。❼諸侯國名。周成王封弟叔虞於唐。

[備考]㊀通“螗”。蟬的一種。大戴禮夏小正:“~蜩鳴。”㊁空,徒然。百喻經爲婦貿鼻喻:“~使其婦大受痛苦。”㊂烘焙。〔唐花〕在暖房裏培育的花(晚起義)。也叫“堂花”。

[辨]防,坊,隄,堤,唐,隨,塘,墳,坋。見“防”字條。

哥 gē 古俄切,平,歌韻,見。歌部。

後起詞。兄。唐白居易祭浮梁大兄文:“再拜跪奠大~于座前。伏惟~孝友慈惠,和易謙恭。”

[備考]即歌。史記燕召公世家:“召公卒,而民人思召公之政,懷棠樹不敢伐,~詠之,作甘棠之詩。”

按,説文哥字在可部,云:“聲也。从二可,古文以爲謌字。”

哲 zhé 陟列切,入,薛韻,知。月部。

明智。書皋陶謨:“知人則~。”詩大雅抑:“其維~人,告之話言。”又下武:“下武維周,世有~王。”又瞻卬:“~夫成城,~婦傾城。”引申爲名詞。明智的人。左傳成公八年:“夫豈無辟王,賴前~以免也。”

[備考]通“折”。〔哲獄〕同“折獄”。審理案件,决獄。漢書于定國傳贊:“于定國父子哀鰥哲獄。”

唇 1. zhēn 職鄰切,音真,平,真韻,照三。文部。

❶驚。見説文。

2. chún 集韻船倫切,平,諄韻,牀三。文部。

❷俗“脣”字。論衡率性:“揚~吻之音,聒聖賢之耳。”

哿 gě 古我切,上,哿韻,見。歌部。

可。詩小雅正月:“~矣富人,哀此惸獨。”毛傳:“哿,可也。”

[備考]讀如加。通“珈”。婦女首飾。漢揚雄太玄誉:“男子折笄,婦人易~。”范望注:“哿,笄飾也。”

按,説文哿字在可部。

哰 láo 魯刀切,音勞,平,豪韻,來。幽部。

❶〔嘮哰〕雙聲聯緜字。見“嘮”字條。❷〔哰哰〕象聲詞(後起義)。宋穆修殘春病醒

詩："風簾窣窣燕哶哶，卧對殘芳起鬱陶。"

按，説文無哶字。

唁 yàn 魚變切，音彦，去，線韻，疑。元部。

❶對失國的人表示慰問。詩鄘風載馳："載馳載驅，歸～衛侯。"毛傳："弔失國曰唁。"春秋昭公二十五年："齊侯～公于野井。"穀梁傳："弔失國曰～。～公不得入於魯也。"❷對遭遇不幸的人表示慰問。詩小雅何人斯："胡逝我梁，不入～我！"又特指對遭遇喪事的人表示慰問。

［同源字］諺，唁，喭。見"諺"字條。

哢 lòng 盧貢切，音弄，去，送韻，來。

後起字。鳥鳴聲。晉陶潛癸卯歲始春懷古田舍詩："鳥～歡新節，冷風送餘善。"

哮 xiāo 許交切，平，肴韻，曉。幽部。

同"虓"。漢服虔通俗文："虎聲謂之～唬。"引申爲猛獸發怒。文選三國魏曹植七啟："～闞之獸，張牙奮鬣。"〔咆哮〕叠韻聯緜字。見"咆"字條。

［備考］豕驚聲。見説文。

［辨］哮，虓。見"虓"字條。

［同源字］謼，譹，号，號，嚎，嗥，虓，哮。見"譹"字條。

哺 bǔ（舊讀 bù）薄故切，去，暮韻，並。魚部。

❶口中所含食物。莊子馬蹄："含～而熙，鼓腹而遊。"漢書匈奴傳："稚子咽～。"顔師古注："哺，謂所食在口者也。"❷喂食。漢書賈誼傳："抱～其子。"顔師古注："哺，飤也。"引申爲鳥飼其雛。漢書東方朔傳："聲謷謷者，鳥～鷇也。"

哽 gěng 古杏切，音梗，上，梗韻，見。陽部。

食物塞在喉部下不去。韓非子内儲説下："女欲寡人之～邪？奚爲以髮繞炙？"後漢書明帝紀："祝～在前，祝噎在後。"引申爲塞。莊子外物："壅則～。"釋文："哽，塞也。"〔哽咽〕悲歎而氣結喉塞。後漢書袁紹傳下："聞之哽咽。"文選晉劉琨扶風歌："揮手長相謝，哽咽不能言。"

［同源字］梗，骾，哽。見"梗"字條。

咩 miē 集韻母野切，音乜，上，馬韻，明。

後起字。羊叫。

哳 zhā 陟鎋切，入，鎋韻，知。月部。

〔啁哳〕〔嘲哳〕見"啁"字條。

按，説文無哳字。

哤 máng 莫江切，音尨，平，江韻，明。東部。

言語雜亂。國語齊語一："四民者，勿使雜處。雜處則其言～。"

［同源字］狵，厖，尨，駹，哤。見"狵"字條。

唧 jī 子力切，音即，入，職韻，精。

〔唧唧〕①歎息聲。木蘭詩："唧唧復唧唧，木蘭當户織。"②贊歎聲。北魏楊衒之洛陽伽藍記四："飛梁跨閣，高樹出雲，咸皆唧唧。"③雀鳴聲。唐王維青雀歌："猶勝黄雀争上下，唧唧空倉復若何？"④蟲鳴聲。宋歐陽修秋聲賦："但聞四壁蟲聲唧唧，如助余之歎息。"

哨 1. qiào 七肖切，音俏，去，笑韻，清。宵部。

❶口不正。禮記投壺："某有枉矢～壺。"鄭玄注："哨，不正貌。"

2. jiào 集韻才笑切，去，笑韻，從。宵部。

❷狹小。後漢書馬融傳廣成頌："夫鷙獸毅蟲，倨牙黔口，大匈～後。"周禮考工記梓人："大胷燿後。"鄭玄注："燿讀爲哨。哨，頃小也。"

3. shào 集韻所教切，去，效韻，審二。

❸軍隊巡邏叫放哨，防守之處也叫哨（後起義）。元史李楨傳："憲宗命楨率師，巡～襄樊。"❹軍隊的編制單位。宋史宋琪傳："左右～各十指揮。"

員 1. yuán 王權切，平，仙韻，喻三。文部。

㊀官員，人員。周禮夏官庾人："正校人～選。"史記平原君列傳："願君即以遂備～而行矣。"㊁通"圓"。孟子離婁上："不以規矩，不能成方～。"

2. yún 王分切，音云，平，文韻，喻三。文部。

㊂增益。詩小雅正月："無棄爾輔，～于爾輻。"㊃通"云"。語氣詞。詩鄭風出其東門："縞衣綦巾，聊樂我～。"㊄人名。春秋時有伍員。

按，說文員字在員部。

唄 bài 薄邁切，音敗，去，夬韻，並。

梵音的歌咏。唐段成式寺塔記："～讚未畢，滿地現舍利。"

哭 kū 空谷切，入，屋韻，溪。屋部。

悲痛出聲。論語先進："顏淵死，子～之慟。"

[辨]哭，泣，號，啼。有聲有淚叫哭；無聲有淚叫泣（書益稷"啟呱呱而泣"是例外）；哭而有言叫號；啼是號哭的同義詞，後人多用於小兒哭。

按，說文哭字在哭部。

唈 yì 於汲切，音邑，入，緝韻，影。緝部。

〔唈僾〕〔嗚唈〕雙聲聯緜字。悲哀氣塞。荀子禮論："祭者，志意思慕之情也。愅詭唈僾，而不能無時至焉。"江淹泣賦："泣嗚唈兮染裳。"

按，說文無唈字。

哫 zú 即玉切，音足，入，燭韻，精。屋部。

〔哫訾〕雙聲聯緜字。阿諛逢迎。楚辭戰國屈原卜居："將哫訾栗斯，喔咿儒兒，以事婦人乎？"洪興祖補注："哫訾，以言求媚也。"

按，說文無哫字。

唅 hàn 胡紺切，含去聲，勘韻，匣。侵部。

以玉貝放在死人口中叫唅，也作"含"、"琀"。荀子禮論："飯以生稻，～以槁骨。"槁骨，白色的貝。

唏 xī 虛豈切，集韻香依切，平，微韻，曉。微部。

哀歎。淮南子說山："紂爲象箸而箕子～。"漢張衡思玄賦："慨含～而增愁。"

[備考]笑。見說文。

哦 é 五何切，音鵝，平，歌韻，疑。

後起字。吟唱。唐韓愈藍田縣丞廳壁記："對樹二松，日～其間。"宋梅堯臣招隱堂寄題樂郎中詩："日～招隱寺，日誦歸田賦。"

按，說文無哦字，新附有之。

唌 1. xián 集韻徐連切，平，仙韻，邪。元部。

㊀同"涎"。口液。文選晉郭璞江賦："噴浪飛～。"李善注："唌，沫也。"

[備考]歎。說文："唌，語唌嘆也。"

2. yán 集韻夷然切，音延，平，仙韻，喻四。

㊁〔唌唌〕讒言捷急的樣子。後漢書梁鴻傳："競舉枉兮措直，咸先佞兮唌唌。"李賢注："唌，讒言捷急之貌。"集韻："唌唌，讒急皃。"

唆 suō 蘇禾切，音梭，平，戈韻，心。

後起字。教唆，指使別人做壞事。三國演義二四回："量你是個醫人，安敢下毒害我？必有人～使你來。"

[備考]〔嗢唆〕叠韻聯緜字。小兒相應聲。見玉篇。

唉 āi 烏開切，音哀，平，咍韻，影。之部。

象聲詞。①應聲。莊子知北遊："狂屈曰：'～，予知之。'"②歎聲。史記項羽本紀："～！豎子不足與謀。"

八　畫

啇 dī 都歷切，音滴，入，錫韻，端。錫部。

本。見廣韻。正字通："木根、果蒂、獸蹄，皆曰啇。"

按，說文啻字作偏旁時，楷書作啇，例如"敵、摘、適"等。

商 shāng 式羊切，平，陽韻，審三。陽部。

❶商度，估計。書費誓："我～賚汝。"蔡沈傳："我商度多寡以賞汝。"引申爲商量，研究。後漢書宦者傳論："成敗之來，先史～之久矣。"李賢注："商，謂商略。"❷販賣貨物的人。左傳宣公十二年："～農工賈不敗其業。"❸五音之一。宫商角徵羽謂之五音。文選戰國宋玉對楚王問："引～刻羽，雜以流徵。"❹星宿名。即心宿。左傳昭公元年："故辰爲～星。"❺朝代名。左傳莊公三十二年："故有得神以興，亦有以亡，虞夏～周皆有之。"

［辨］商，賈。見"賈"字條。

按，説文商字在㕯部。

啟 qǐ 康禮切，上，薺韻，溪。脂部。

❶開。又特指開門。左傳昭公十九年："～西門而出。"又隱公元年："夫人將～之。"引申爲開導。書太甲上："旁求俊彦，～迪後人。"論語述而："不憤不～，不悱不發。"又爲開拓。左傳昭公四年："～其疆土。"韓非子有度："齊桓公并國三十，～地三千里。"❷陳述，告訴。商君書開塞："非明主莫有能聽也，今日願～之以效。"古詩爲焦仲卿妻作："府吏得聞之，堂上～阿母。"❸文體之一種。下級給上級的書信。文選有任彦昇奉答七夕詩啟。南朝梁劉勰文心雕龍奏啟："至魏國箋記，如云～聞；奏事之末，式謹密～。"❹〔啟處〕〔啟居〕安居休息。詩小雅四牡："王事靡盬，不遑啟處。"毛傳："啟，跪；處，居也。"又小雅出車："王事多難，不遑啟居。"

［備考］軍隊的左翼。左傳襄公二十三年："～，牢成御襄罷師。"杜預注："左翼曰啟。"

［同源字］開，闓，啟。見"開"字條。

按，説文啟字在攴部。

問 wèn 亡運切，去，問韻，微。文部。

❶詢問，質問。論語八佾："子入太廟，每事～。"引申爲審訊。詩魯頌泮水："淑～如皋陶，在泮獻囚。"又爲聘問。儀禮聘禮："小聘曰～。"周禮春官大宗伯："時聘曰～。"又爲問候。論語雍也："伯牛有疾，子～之。"❷送禮。詩鄭風女曰雞鳴："知子之順之，雜佩以～之。"左傳成公十六年："楚子使工尹襄～之以弓。"又哀公十一年："使～弦高以琴。"論語鄉黨："～人於他邦，再拜而送之。"❸音訊。漢書匈奴傳："漢不知(谷)吉音～。"晉書陸機傳："既而羈寓京師，久無家～。"❹通"聞"。聲譽。詩大雅文王："宣昭義～。"文選漢李陵答蘇武書："榮～休暢。"

［備考］㊀命令。左傳莊公八年："期戍，公～不至。"杜預注："問，命也。"楊伯峻注："問，音訊也。"㊁告。戰國策齊策三："或以～孟嘗君。"高誘注："問，告也。"

［辨］問，訊，詰。見"詰"字條。

唼 1. shà 集韻色甲切，入，狎韻，審二。緝部。
zā 作答切，音匝，合韻，精。緝部。

❶水鳥或魚吃食。楚辭戰國宋玉九辯："鳧鴈皆～夫粱藻兮。"〔唼喋〕叠韻聯緜字。水鳥或魚吃食。史記司馬相如列傳上林賦："唼喋菁藻，咀嚼菱藕。"西京雜記一："唼喋荷荇，出入蒹葭。"❷通"歃"。漢書王陵傳："始與高帝～血而盟。"史記呂后本紀作"啑血"。

2. qiè 集韻七接切，入，葉韻，清。緝部。

❸〔唼佞〕讒言。漢書揚雄傳上反離騷："靈修既信椒蘭之唼佞兮，吾纍忽焉而蚤睹？"顔師古注："唼佞，譖言也。唼，音妾。"

按，説文無唼字。

啍 1. tūn 徒渾切，集韻他昆切，平，魂韻，透。文部。

❶〔啍啍〕重遲的樣子。詩王風大車："大車啍啍。"毛傳："啍啍，重遲之貌。"字亦作"噋"，見廣韻。

2. zhūn 集韻朱倫切，音諄，平，諄韻，照三。文部。

❷多言。荀子哀公："無取口～。"〔啍啍〕以己誨人的樣子。莊子胠篋："釋夫恬淡無

爲，而悦夫哼哼之意，哼哼已亂天下矣。”向秀注：“哼哼，以己誨人也。”按，哼同諄，見集韻。

啐 cuì 七内切，去，隊韻，清。物部。

嘗，飲。禮記雜記下：“主人之酢也，嚌之；衆賓兄弟則皆～之。”鄭玄注：“嚌，至齒；啐，入口。”鄉飲酒義：“～酒，成禮也。”

［備考］驚，見説文。

唳 lì 郎計切，音麗，去，霽韻，來。

後起字。鶴鳴。晉書陸機傳：“華亭鶴～，豈可復聞乎？”又謝玄傳：“聞風聲鶴～，皆以爲王師已至。”

按，説文無唳字，新附有之。

啖 dàn 徒敢切，音淡，上，敢韻，定。談部。

❶吃。論衡調時：“倉卒之世，穀食乏匱，人民飢餓，自相～食。”蘇軾食荔枝詩：“日～荔枝三百顆，不妨長作嶺南人。”引申爲給吃。漢書王吉傳：“吉婦取棗以～吉。”❷利誘。史記穰侯列傳：“秦割齊以～晉楚。”新唐書劉晏傳：“其有口舌者，率以利～之。”

［備考］通“淡”。史記叔孫通列傳：“吕后與陛下攻苦食～。”裴駰集解：“啖，一作淡。”

唪 1. běng 蒲蠓切，上，董韻，並。東部。

❶［唪唪］多實的樣子。詩大雅生民：“瓜瓞唪唪。”毛傳：“唪唪然多實也。”説文引詩作“菶菶”。

［備考］大笑，見説文。

2. fěng。

❶誦。念經叫唪經（晚起義）。紅樓夢二五回：“命他去抄金剛經咒～誦。”

唼 1. shà 所甲切，入，狎韻，審二。葉部。

❶［唼喋］叠韻聯緜字。水鳥和魚吃食。宋沈遼德相送荆公詩：“所居養鵞雁，菰蒲觀唼喋。”❷［唼血］通“歃血”。史記吕太后本紀：“始與高帝唼血盟。”漢書王陵傳作“喢血”。

2. dié 音蝶。

❶通“喋”。［唼血］蹀血而行，極言殺人多。史記孝文本紀：“今已誅諸吕，新唼血京師。”漢書文帝紀作“喋血”。

按，説文無唼字。

唭 qì 去吏切，去，志韻，溪。之部。

［唭嶷］叠韻聯緜字。①無聞見。見廣韻。②有聲無辭。漢揚雄太玄唫：“唭嶷，唫無辭。”范望注：“唭嶷，有聲而無辭也。”

按，説文無唭字。

啞 1. è 於革切，音厄，入，麥韻，影。鐸部。

❶［啞啞］笑聲。易震：“笑言啞啞。”也作“啞然”。吴越春秋越王無余外傳：“禹乃啞然而笑。”

2. yǎ 烏下切，上，馬韻，影。魚部。

❶口不能言。戰國策趙策一：“又吞炭爲～，變其音。”

3. yà 衣嫁切，音亞，去，禡韻，影。魚部。

❶歎詞。韓非子難一：“～！是非君人者之言也。”

4. yā 集韻於加切，音鴉，平，麻韻，影。魚部。

❶［啞啞］象聲詞。①烏鴉叫聲。淮南子原道：“烏之啞啞，鵲之唶唶，豈嘗爲寒暑燥溼變其聲哉？”②車聲。宋陸游滄灘詩：“嘔嘔啞啞車轉急。”

唶 1. zé 側伯切，音責，入，陌韻，照二。鐸部。

❶大聲。見説文。［嚄唶］叠韻聯緜字。見“嚄”字條。❷［唶唶］象聲詞。①鳥鳴聲。爾雅釋鳥：“行鳸，唶唶。”李巡注：“唶唶，嘖嘖鳥聲貌也。”淮南子原道：“烏之啞啞，鵲之唶唶。”②讚歎聲。慎子外篇：“野人負薪而越之，不留趾而達，觀者唶唶。”

2. shuò 音朔。

❶吮吸。史記鄧通列傳：“文帝嘗病癰，鄧通常爲～吮之。”漢書作“嗽吮”。顔師古注：“嗽，山角反。”

按，説文啨是譜的重文，在言部。

啚 bǐ方美切，集韻補美切，音鄙，上，旨韻，幫。之部。

吝嗇。説文："啚，嗇也。"在㐭部。

［辨］鄙，啚。見"鄙"字條。

啄 1.zhuó竹角切，音卓，入，覺韻，知。屋部。

㊀鳥用嘴取食。詩小雅黄鳥："無～我粟。"

2.zhòu洪武正韻職救切，音晝。屋部。

㊀通"噣"。鳥嘴。韓詩外傳七："鳥之美羽句～者，鳥畏之。"漢書東方朔傳："尻益高者，鶴俛～也。"顔師古注："啄，鳥嘴也。"㊁〔啄啄〕①叩門聲。唐韓愈剥啄行："剥剥啄啄，有客至門。"②雞呼食聲。唐韓愈嗟哉董生行："雞來哺其兒，啄啄庭中拾蟲蟻。"

［備考］咬。楚辭戰國宋玉招魂："虎豹九關，～害下人些。"王逸注："啄，齧也。"

啜 chuò昌悦切，入，薛韻，穿三。月部。

㊀吃。爾雅釋言："啜，茹也。"禮記檀弓："～菽飲水。"荀子天論："君子～菽飲水，非愚也。"引申爲飲。史記魏世家："彼勸太子戰攻，欲～汁者衆。"唐杜甫重過何氏詩："落日平臺上，春風～茗時。"㊁泣的樣子。詩王風中谷有蓷："有女仳離，～其泣矣。"毛傳："啜，泣貌。"

［同源字］歠，啜。見"歠"字條。

唅 hán集韻胡南切，音含，平，覃韻，匣。侵部。

〔唅呣〕雙聲聯緜字。鼓腮作氣，含怒的樣子。文選漢王褒洞簫賦："形旖旎以順吹兮，瞋唅呣以紆鬱。"

按，説文無唅字。

唬 1.xià呼訝切，去，禡韻，曉。魚部。

㊀虎聲。見説文。㊁號哭。漢郎中鄭固碑："俯哭誰訴？卬～焉告？"

2.hǔ音虎。

㊂嚇（晚起義）。元曲選關漢卿竇娥冤："自藥死親爺，今日～嚇誰？"

啅 1.zhuó竹角切，入，覺韻，知。

後起字。㊀通"啄"。鳥啄食。唐杜甫曲江陪鄭八丈南史飲詩："雀～江頭黄柳花。"㊁衆口紛雜的樣子。集韻："啅，衆口皃。"宋王禹偁答鄭褒書："而僧之不樂吾者，復以前事～吠。"

2.zhào集韻陟教切，音罩，去，效韻，知。

㊀鳥鳴。唐杜甫枯㯶詩："啾啾黄雀～。"

唱 chàng尺亮切，去，漾韻，穿三。陽部。

㊀領唱，帶頭唱。詩鄭風蘀兮："叔兮伯兮，倡予和女。"釋文："倡，本又作唱。"引申爲歌，吟（後起義）。唐杜甫悲陳陶詩："仍～胡歌飲東市。"又爲倡導。史記陳涉世家："今誠以吾衆詐自稱公子扶蘇、項燕，爲天下～，宜多應者。"司馬貞索隱："漢書作倡，倡謂先也。"㊁前後呼應。莊子齊物論："前者～于，而隨者～喁。"

喎 wāi苦緺切，平，佳韻，溪。今讀如歪。歌部。

嘴歪。三國志魏書武帝紀注引曹瞞傳："後逢叔父於路，乃陽敗面～口。"靈樞經經脉："汗出鼽衄，口～脣胗。"引申爲歪斜（後起義）。宋梅堯臣依韻和許發運游泗州草堂寺之作詩："醒論時事正，醉戴野巾～。"

按，説文喎作咼，云："口戾不正也。"

唸 diàn都甸切，去，霰韻，端。侵部。

〔唸吚〕呻吟。詩大雅板："民之方殿屎。"説文引作"唸吚"。

唫 1.jìn渠飲切，音噤，上，寑韻，羣。侵部。

㊀閉口不言。墨子親士："臣下重其爵位而不言，近臣則喑，遠臣則～。"㊁吸。漢揚雄太玄玄攡："嘘則流體，～則凝形。"范望注："嘘謂呼也，唫猶噏也。"

2.yín魚金切，音吟，平，侵韻，疑。侵部。

㊁同"吟"。嗟歎。楚辭戰國屈原九章悲回風:"孤子～而抆淚兮,放子出而不還。"

[備考]同"崟"。山巖。穀梁傳僖公三十三年:"必於殽之巖～之下。"釋文:"唫,本作崟。"

啣 xián 音銜。

後起字。同"銜"。口含。舊唐書音樂志二:"～葉而嘯。"引申爲懷在心裏。清蒲松齡聊齋志異金陵女子:"趙～恨遽出。"

唾 tuò 湯卧切,去,過韻,透。歌部。

口液。説文:"唾,口液也。"引申爲吐唾沫,表示鄙棄。左傳僖公三十三年:"不顧而～。"戰國策趙策四:"老婦必～其面。"

[備考]吐。韓非子外儲説左上:"魯人有自喜者,見長年飲酒,不能釂則～之,亦效而～之。"

啁 1. zhāo 陟交切,平,肴韻,知。幽部。

㊀〔啁哳〕雙聲聯緜字。①鳥聲。楚辭戰國宋玉九辯:"鵾雞啁哳而悲鳴。"②樂歌聲。唐白居易琵琶行:"豈無山歌與村笛?嘔啞啁哳難爲聽。"

[備考]通"嘲"。漢書東方朔傳:"與枚皋、郭舍人俱在左右,詼～而已。"

2. zhōu 張流切,平,尤韻,知。幽部。

㊀〔啁噍〕鳥聲。荀子禮論:"小者是燕爵猶有啁噍之頃焉。"㊁〔啁啾〕①雀叫聲。唐王維黄雀癡詩:"到大啁啾解游颺,各自東西南北飛。"②樂器聲。唐杜甫渼陂行:"絲管啁啾空翠來。"

啕 táo 徒刀切,音陶,平,豪韻,定。

後起字。〔嚎啕〕見"嚎"字條。

啗 dàn 徒敢切,音淡,上,敢韻,定。談部。

同"啖",見廣韻。㊀食。詩鄭風東門之墠鄭箋:"栗,人所～食。"引申爲使食,給吃。國語晉語二:"主孟～我。"㊁利誘。史記吴王濞列傳:"漢使人以利～東越。"

按,説文分啖啗爲二字。啖下云:"噍啖也。"啗下云:"食也。"朱駿聲云:"自食爲啖,食人爲啗。"

唯 1. wěi 以水切,上,旨韻,喻四。微部。

㊀答應聲。論語里仁:"曾子曰:'～!'"

2. wéi 以追切,音惟,平,脂韻,喻四。微部。

㊀獨,只。易乾:"知進退存亡而不失其正者,其～聖人乎!"論語爲政:"父母～其疾之憂。"㊁語氣副詞。①表示希望。左傳僖公三十年:"闕秦以利晉,～君圖之。"②加强語氣。論語述而:"與其進也,不與其退也。～何甚!"

[備考]雖。墨子尚同:"～毋欲與我同,將不可得也。"

[辨]維,惟,唯。見"維"字條。

唲 1. ér 汝移切,音兒,平,支韻,日。支部。

㊀〔嚅唲〕雙聲聯緜字。强笑順從的樣子。參見"嚅"字條。

2. wā 集韻於佳切,音娃,平,佳韻,影。支部。

㊀〔唲嘔(ōu)〕雙聲聯緜字。小兒語聲。荀子富國:"垂事養民,拊循之,唲嘔之。"

3. ní 音倪。支部。

㊀〔唲齵〕雙聲聯緜字。交錯的樣子。淮南子要略:"氾論者,所以箴縷縩緵之間,攕揳唲齵之郄也。"高誘注:"唲齵,錯梧也。"

按,説文無唲字。

啎 wǔ 五故切,音悟,去,暮韻,疑。今讀如五。魚部。

同"忤",見廣韻。字亦作"啎"。逆。吕氏春秋明理:"夫亂世之民,長短頡啎百疾。"高誘注:"啎,逆也。"文選戰國宋玉高唐賦:"陬互横～,背穴偃蹠。"王逸注:"啎,逆也。"

[備考]符合。管子七臣七主:"事無常而法令申,不啎則國失勢。"尹知章注:"啎,謂耦合也。"

[同源字]迕,逜,啎,忤,逆。見"迕"字條。

按,説文啎字在午部。

售 shòu 承呪切,去,宥韻,禪。幽部。

賣得出去。詩邶風谷風:"既阻我德,賈用不～。"説文新附:"售,賣去手也。詩曰:'賈用不～。'"字亦作"讎"。史記高祖本紀:"每酤留飲酒,讎數倍。"裴駰集解引如淳:"讎亦售。"漢書宣帝紀:"所賣餅家輒大讎。"顔師古注:"讎讀曰售。"引申爲賣(後起義)。北齊劉勰新論:"～藥者欲人之疾。"

[備考]行。文選漢張衡西京賦:"挾邪作蠱,於是不～。"薛綜注:"售,猶行也。"

[辨]賣,鬻,售。"鬻"與"賣"是同義詞。"鬻",説文作"儥"(余六切),云:"賣也。""售"與"賣"不是同義詞。説文新附:"售,賣去手也。"賣得出手才叫"售"。"賈用不售"不能説成"賈用不賣"。杜甫負薪行:"更遭喪亂嫁不售。"不能説成"更遭喪亂嫁不賣"。韓愈祭虞部張員外文:"各以文售,幸皆少年。"不能説成"各以文賣,幸皆少年"。

按,説文無售字,新附有之。

九　畫

啻 chì (舊讀 shì)施智切,去,寘韻,審三。支部。

但,只。書秦誓:"不～若自其口出。"又多士:"爾不～不有爾土,予以致天之罰于爾躬。"僞孔傳:"不但不得還本土而已。"又無逸:"不～不敢含怒。"鄭玄注:"不但不敢含怒。"唐杜甫投簡成華兩縣諸子詩:"飢卧動即向一旬,弊衣何～聯百結!"字亦作"翅"。孟子告子下:"取食之重者與禮之輕者而比之,奚翅食重?"

善 shàn 常演切,上,獮韻,禪。元部。

❶好,與"惡"相對。論語八佾:"子謂韶,盡美矣,又盡～也。"引申爲名詞。好人,好事。書畢命:"彰～癉惡。"論語爲政:"舉～而教不能,則勸。"又公冶長:"願無伐～,無施勞。"又爲動詞。認爲好。孟子梁惠王下:"王如～之,則何爲不行?"又爲副詞。好好地。論語雍也:"～爲我辭焉。"❷善於,擅長。論語公冶長:"晏平仲～與人交。"❸友好。戰國策秦策二:"齊楚之交～。"

[備考]㊀大。詩大雅桑柔:"覆背～詈。"鄭箋:"善,猶大也。"朱熹注:"及其反背也,則又工爲惡言,以詈君子。"與鄭箋異。㊁愛惜。荀子彊國:"故～日者王,～時者霸。"楊倞注:"善,謂愛惜不怠棄也。"

[同源字]膳,善。見"膳"字條。

按,説文善作譱,在誩部。

喜 xǐ 虚里切,上,止韻,曉。之部。

❶喜悦,高興。詩鄭風風雨:"既見君子,云胡不～?"❷吉慶的事。周禮秋官大行人:"賀慶以贊諸侯之～。"❸喜愛,愛好。詩小雅彤弓:"我有嘉賓,中心～之。"這個意義也寫作"憙"。讀去聲。

[備考]通"饎"。酒食。詩豳風七月:"田畯至～。"鄭箋:"喜讀爲饎。饎,酒食也。"朱熹注:"治田早而用力齊,是以田畯至而喜之也。"與鄭箋異。

按,説文喜字在喜部。

喆 zhé 陟列切,入,薛韻,知。月部。

同"哲"。智慧。漢書敘傳答賓戲:"是以聖～之治,棲棲皇皇。"

按,説文無喆字。

喪 1. sàng 蘇浪切,去,宕韻,心。陽部。

❶失去。書舜典:"帝乃殂落,百姓如～考妣。"左傳成公二年:"綦毋張～車。"

2. sāng 息郎切,音桑,平,唐韻,心。陽部。

❷死亡。左傳僖公八年:"王人來告～。"引申爲哀悼死者的禮儀。論語八佾:"居上不寬,爲禮不敬,臨～不哀,吾何以觀之哉?"

按,説文喪字在哭部。

呰 1. zǐ 將此切,音紫,上,紙韻,精。支部。

㊀〔呰窳〕苟且懶惰。漢書地理志下:"果蓏蠃蛤,食物常足,故呰窳媮生,而亡積聚。"參見"呰"字條。

2. cī 集韻才支切,平,支韻,從。

㊁疵病。漢書敘傳:"闒尹之~,穢我明德。"顏師古注:"呰與疵同。"

按,說文分呰呰爲二字。呰在口部,呰在此部。

喧 xuān 況袁切,平,元韻,曉。元部。

諠譁,鬧聲。晉陶潛飲酒詩:"結廬在人境,而無車馬~。"

[備考]㊀同"咺"、"烜"。顯赫的樣子。禮記大學:"赫兮~兮者,威儀也。"詩衛風淇奧作"咺"。㊁哭不止。漢書孝武李夫人傳:"悲愁於邑,~不可止兮。"顏師古注:"朝鮮之間謂小兒泣不止名爲喧,音許遠反。"

[同源字]歡,懽,讙,諠,喧。見"讙"字條。

按,說文無喧字。

咠 jí 阻立切,音戢,入,緝韻,精。緝部。

衆口,見說文。

喀 kè 苦格切,音客,入,陌韻,溪。

〔喀喀〕嘔吐聲。列子說符:"兩手據地而歐之,不出,喀喀然遂伏而死。"

按,說文無喀字。

啼 tí 杜奚切,平,齊韻,定。支部。

痛哭。禮記喪大記:"始卒,主人~,兄弟哭,婦人哭踊。"鄭玄注:"悲哀有深淺也。"引申爲叫,鳴。左傳莊公八年:"豕人立而~。"唐杜甫乾元中寓居同谷縣作詩:"林猿爲我~清晝。"又江畔獨步尋花絕句:"留連戲蝶時時舞,自在嬌鶯恰恰~。"

[辨]啼,哭,泣,號。見"哭"字條。

按,說文啼作嗁,云:"號也。"

喑 1. yīn 於金切,音音,平,侵韻,影。侵部。

㊀緘默不言。墨子親士:"臣下重其爵位而不言,近臣則~,遠臣則唫。"說苑正諫:"無言則謂之~。"㊁通"瘖"。啞。管子入國:"聾盲、~啞、跛躄、偏枯、握遞,不耐自生者,上收而養之疾。"後漢書袁閎傳:"遂稱風疾,~不能言。"

2. yìn 於禁切,音蔭,去,沁韻,影。侵部。

㊂〔喑噁〕雙聲聯緜字。發怒聲。史記淮陰侯列傳:"項王喑噁叱咤,千人皆廢。"司馬貞索隱:"喑,於鳩反。"

[備考]宋齊謂兒泣不止曰喑,見說文。

喭 yàn 魚變切,音彥,去,線韻,疑。元部。

㊀跋扈。論語先進:"由也~。"㊁同"唁"。見集韻。三國志魏書荀彧傳注引晉陽秋:"(荀粲)婦病亡,未殯,傅嘏往~粲。"㊂通"諺"。諺語。後漢書虞詡傳:"~曰:'關西出將,關東出相。'"

[同源字]諺,唁,喭。見"諺"字條。

按,說文無喭字。

嗟 jiē(又讀 juē)子邪切,平,麻韻,精。歌部。

歎詞。①表示感歎。詩周南卷耳:"~我懷人,寘彼周行。"②表示呼喚。書秦誓:"~!我士,聽無譁!"禮記檀弓下:"~!來食!"③表示贊歎。文選三國魏曹植洛神賦:"~佳人之信脩。"

按,說文無嗟字。

諶 dàn 集韻徒感切,上,感韻,定。侵部。

〔諶諶〕豐厚的樣子。漢書禮樂志郊祀歌:"羣生諶諶,惟春之祺。"

喃 nán 女咸切,平,咸韻,娘。

㊀〔呢喃〕雙聲聯緜字。見"呢"字條。㊁〔喃喃〕①低語聲。北史隋房陵王勇傳:"乃向西北奮頭,喃喃細語。"②讀書聲。唐寒山子詩集寒山詩:"仙書一兩卷,樹下讀喃喃。"③鳥啼聲。五代釋貫休讀吴越春秋詩:"野花香徑鳥喃喃。"

按,說文無喃字。

啂 hú 集韻洪孤切，音胡，平，模韻，匣。

〔唅啂〕雙聲聯緜字。見“唅”字條。

按，説文無啂字。

喛 yān 集韻因蓮切，音煙，平，先韻，影。真部。

噎。山海經中山經：“其上有木焉，名曰天楄，方莖而葵狀，服者不～。”

按，説文無喛字。

喓 yāo 於霄切，音腰，平，宵韻，影。宵部。

〔喓喓〕蟲聲。詩召南草蟲：“喓喓草蟲，趯趯阜螽。”

按，説文無喓字。

喋 1. dié 徒協切，音蝶，入，帖韻，定。葉部。

㊀〔喋喋〕多言的樣子。史記匈奴列傳：“嗟土室之人，顧無多辭，令喋喋而佔佔，冠固何當？”㊁〔喋血〕踏血，形容殺人流血之多。史記淮陰侯列傳：“虜魏王，禽夏説，新喋血閼與。”漢書文帝紀：“今已誅諸吕，新喋血京師。”顔師古注：“喋音大頰反，本字當作蹀，蹀謂履涉之耳。”

2. zhá 丈甲切，入，狎韻，澄。葉部。

㊂〔唼喋〕〔唼喋〕見“唼”字條及“唼”字條。〔喋呷〕叠韻聯緜字。水鳥唼食聲。明劉基題牧豀和尚千雁圖詩：“眠沙卧草鳴且翻，喋呷藻荇亂蓬蒿。”

按，説文無喋字。

喈 jiē 古諧切，音皆，平，皆韻，見。脂部。

㊀〔喈喈〕①鳥鳴聲。詩周南葛覃：“黄鳥于飛，…其鳴喈喈。”又鄭風風雨：“風雨凄凄，鷄鳴喈喈。”②樂器聲。詩小雅鼓鐘：“鼓鐘喈喈。”又大雅烝民：“八鸞喈喈。”㊁風疾的樣子。詩邶風北風：“北風其～，雨雪其霏。”

唔 1. wěn 集韻武粉切，上，吻韻，微。文部。

㊀同“吻”。口邊。吕氏春秋精諭：“口～不言，以精相告。”

2. hūn 音昏，文部。

㊁〔唔唔〕目所不見。法言問神：“著古昔之唔唔，傳千里之忞忞者，莫如書。”注：“唔唔，目所不見；忞忞，心所不了也。”

按，説文無唔字。

喔 wō 於角切，音握，入，覺韻，影。屋部。

㊀〔喔喔〕鷄鳴聲。唐張籍羈旅行：“晨雞喔喔茆屋傍。”㊁〔喔咿〕雙聲聯緜字。①强笑貌。楚辭戰國屈原卜居：“將哫訾栗斯，喔咿嚅唲，以事婦人乎？”②聲音含糊的樣子。初學記漢王延壽王孫賦：“聲歷鹿而喔咿。”③雞鳴聲。唐韓愈天星送楊凝郎中賀正詩：“天星牢落雞喔咿。”㊂〔喔躖〕叠韻聯緜字。拘束、局促的樣子。文選漢司馬相如難蜀父老：“豈特委瑣喔躖，拘文牽俗，修誦習傳，當世取説云爾哉？”史記、漢書司馬相如傳作“握躖”。參見“齷齪”條。

嘅 kài 苦愛切，去，代韻，溪。物部。

歎聲。詩王風中谷有蓷：“有女仳離，～其歎矣！”

喁 yóng 魚容切，音顒，平，鍾韻，疑。東部。

㊀魚口露出水面。韓詩外傳一：“水濁則魚～，令苛則民亂。”〔喁喁〕①衆人向慕，如魚口向上。史記司馬相如列傳喻巴蜀檄：“延頸舉踵，喁喁然皆争歸義。”②隨聲附和。史記日者列傳：“公之等喁喁者也，何知長者之道乎？”③象聲詞。漢揚雄太玄經飾：“蛁鳴喁喁。”㊁應和聲。莊子齊物論：“前者唱于，而隨者唱～。”

按，説文無喁字。

嗢 wà 烏没切，入，没韻，影。物部。

㊀〔嗢噦〕雙聲聯緜字。調理一下嗓子。文選晉潘岳笙賦：“援鳴笙而將吹，先嗢噦以理氣。”李善注：“言將欲吹笙，咽中先噦而理氣也。”按，“嗢噦”是聯緜字，不應拆開來講。王筠云：“案嗢噦蓋連語，謂作聲以利喉也。猶之‘嗢噱’，皆以兩字成義，未必如李善所説。”王説是。㊁〔嗢噱〕大笑。三國志魏書

鍾繇傳注引曹丕報鍾繇書："執書嗢噱，不能離手。"文選三國魏嵇康琴賦："留連瀾漫，嗢噱終日。"㊂〔嗢咽（yē）〕雙聲聯緜字。噎，氣塞。唐陸龜蒙奉酬襲美先輩吴中苦雨詩："低頭增歎詫，到口復嗢咽。"

喟 kuì 丘愧切，去，至韻，溪。物部。

長歎。楚辭戰國屈原九章懷沙："曾傷爰哀，永歎～兮。"〔喟然〕長歎的樣子。論語先進："夫子喟然歎曰：'吾與點也。'"漢書高帝紀："喟然大息。"顔師古注："喟，歎息貌。大息，言其歎息之大。"

喝 1. yè 於犗切，去，夬韻，影。月部。

㊀嘶。字亦作"嗄"。莊子庚桑楚："兒子終日嗥而嗌不嗄。"崔本作"喝"。史記司馬相如列傳子虛賦："榜人歌，聲流～。"論衡氣壽："兒生號啼之聲鴻朗高暢者壽，嘶～溼下者夭。"㊁〔陰喝〕雙聲聯緜字。噎塞。後漢書竇憲傳："憲陰喝不得對。"李賢注："陰喝，猶噎塞也。"

2. hè 許葛切，入，曷韻，曉。月部。

㊂恐嚇。戰國策趙策二："是故横人日夜務以秦權恐～諸侯，以求割地。"㊃訶責。晉書劉毅傳："（劉）裕厲聲～之。"㊄呼（後起義）。宋歐陽修回丁判官書："吏人連呼姓名，～出使拜。"

單 1. dān 都寒切，平，寒韻，端。元部。

㊀單一，單獨。荀子正名："～足以喻則～，～不足以喻則兼。"㊁單層的。管子山國軌："春縑衣，夏～衣。"

［備考］没有多餘的兵卒。詩大雅公劉："其軍三～。"鄭箋："丁夫適滿三軍之數。單者，無羡卒也。"釋文："單，音丹。"朱熹注："單音丹。三軍，未詳。"

2. dǎn 集韻黨旱切，上，緩韻，端。元部。

㊂同"亶"。誠實，厚道。詩周頌昊天有成命："成王不敢康，…～厥心。"國語周語下引詩作"亶"。

3. chán 市連切，音蟬，平，仙韻，禪。元部。

㊃〔單閼〕卯年的别稱。爾雅釋天："太歲…在卯曰單閼。"㊄〔單于〕漢時匈奴稱其君長爲單于。史記匈奴列傳："匈奴單于曰頭曼。"

4. shàn 常演切，音善，上，獮韻，禪。元部。

㊅〔單父〕地名。又複姓。㊆姓。

［同源字］禪，單。見"禪"字條。

按，説文單字在吅部。

咠 niè 而涉切，入，葉韻，日。葉部。

多言，見説文。

按，説文咠字在品部。與山部咠字别爲一字。

喌 zhōu 職流切，音州，平，尤韻，照三。幽部。

呼雞聲，見説文。

按，説文喌字在吅部。

喘 chuǎn 昌兖切，音舛，上，獮韻，穿三。元部。

喘氣，呼吸急促。史記倉公列傳："令人～，逆氣，不能食。"〔喘喘〕呼吸急促的樣子。莊子大宗師："俄而子來有病，喘喘然將死。"

嗗 wā 烏八切，入，黠韻，影。

後起字。飲聲。唐孟郊與韓愈征蜀聯句："嗽姦何嗗～！"

唼 shà 山輒切，入，治韻，審二。

〔唼血〕①同"歃血"。後漢書臧洪傳："昔張景明登壇唼血。"②喋血。後漢書馮衍傳："唼血昆陽，長驅武關。"

按，説文無唼字。

喻 yù 羊戍切，去，遇韻，喻四。侯部。

㊀明白，知道。論語里仁："君子～於義，小人～於利。"引申爲使知道，曉喻。禮記學記："可謂善～矣。"又爲講明白，説明。荀子正名："單足以～則單，單不足以～則兼。"㊁

比喻。孟子梁惠王上:"王好戰,請以戰～。"

[備考]通"愉(yú)"。愉快。莊子齊物論:"自～適志與?"釋文:"李云:喻,快也。"成玄英疏:"喻,曉也。"與釋文異。

[辨]諭,喻。見"諭"字條。

按,説文無喻字。

唵 ān 集韻吾含切,平,覃韻,疑。

❶〔唵囈〕雙聲聯緜字。夢中語聲。列子周穆王:"眠中唵囈呻呼,徹旦息焉。"❷〔唵呀〕鳥鳴聲。唐柳宗元乞巧文:"抽黄對白,唵呀飛走。"❸〔唵默〕緘默不言。新唐書楊瑒傳:"公卿唵默唯唯,獨瑒抗議。"

按,説文無唵字。

喊 hǎn 呼覽切,上,敢韻,曉。侵部。

❶嘗味。法言問神:"狄牙能～,狄牙不能齊不齊之口。"宋蘇軾洞酌亭詩:"以瀹以烹,衆～莫齊。"❷大聲呼叫(後起義)。宋陳亮答朱元晦書:"見人説得不切事情,便～一響。"

按,説文無喊字。

啾 jiū 即由切,平,尤韻,精。幽部。

象聲詞。文選漢班固答賓戲:"夫～發投曲,感耳之聲。"李善注:"啾,口吟也。"〔啾啾〕象聲詞。楚辭戰國屈原離騷:"鳴玉鸞之啾啾。"又九歌山鬼:"猨啾啾兮狖夜鳴。"文選漢揚雄羽獵賦:"啾啾蹌蹌。"唐杜甫兵車行:"新鬼煩冤舊鬼哭,天陰雨濕聲啾啾。"〔啾嘈〕叠韻聯緜字。象聲詞。文選晉潘岳藉田賦:"簫管嘲哳以啾嘈兮。"〔啾唧〕雙聲聯緜字。象聲詞。西京雜記枚乘柳賦:"鎗鍠啾唧,蕭條寂寥。"

[備考]小兒聲,見説文。

喙 huì 許穢切,去,廢韻,曉。月部。

❶獸嘴。左傳昭公四年:"深目而豭～。"易説卦:"艮…爲黔～之屬。"漢書匈奴傳:"以摧餓虎之～。"引申爲人嘴。莊子秋水:"今吾無所開吾～。"又爲鳥嘴。戰國策燕策三:"蚌方曝而鷸啄其肉,蚌合而拑其～。"❷疲困。詩大雅緜:"維其～矣。"毛傳:"喙,困也。"廣韻引詩作"昆夷瘃矣",云:"困極也。"國語晉語五:"余病～。"韋昭注:"喙,短氣貌。"

喚 huàn 火貫切,去,换韻,曉。

呼。世説新語方正:"於是先～周侯丞相入。"又任誕:"桓子野每聞清歌,輒～奈何。"宋陸游細雨詩:"美睡常嫌鶯～起。"

按,説文無喚字,新附有之。

喤 1. huáng 户盲切,平,庚韻,匣。陽部。

❶〔喤喤〕小兒啼聲。段玉裁云:"啾謂小兒小聲,喤謂小兒大聲也。"詩小雅斯干:"其泣喤喤。"朱熹注:"喤,大聲也。"引申爲響亮的聲音。詩周頌執競:"鐘鼓喤喤。"

2. huáng 虎横切,平,庚韻,曉。

❷〔喤呷〕雙聲聯緜字。象聲詞。文選晉左思吴都賦:"諠譁喤呷。"

喉 hóu 户鉤切,平,侯韻,匣。侯部。

喉嚨。詩大雅烝民:"出納王命,王之～舌。"左傳文公十一年:"富父終甥摏其～以戈,殺之。"

喫 chī(舊讀 qī)苦擊切,入,錫韻,溪。

後起字。食,飲。世説新語任誕:"友聞白羊肉美,一生未曾得～。"唐杜甫送李校書二十六韻詩:"對酒不能～。""喫"字今寫作"吃"。

按,説文無喫字,新附有之。

喬 qiáo 巨嬌切,音橋,平,宵韻,羣。宵部。

❶高。書禹貢:"厥木惟～。"詩周南漢廣:"南有～木,不可休息。"又周頌時邁:"懷柔百神,及河～嶽。"❷假裝(後起義)。宋西湖老人繁勝録雜戲著録有喬謝神、喬做親、喬迎酒、喬教學等。❸無賴,狡詐(後起義)。元曲選楊景賢劉行首:"這先生好～也!"

[備考]㊀矛柄懸毛羽處。詩鄭風清人:

"二矛重～。"鄭箋："喬，矛矜近上及室題所以縣毛羽。"毛傳："重喬，累荷也。"孔穎達疏："二矛同高，其高復有等級，故謂之重高。傳解稱高之意，故言累荷。"與鄭箋異。㊁通"驕"。禮記表記："～而野。"釋文："喬音驕。"㊂木名。尚書大傳梓材："南山之陽有木名～，…～者父道也。南山之陰有木名梓，…梓者子道也。"

[同源字]高，喬，嶠，蹻，驕。見"高"字條。

按，説文喬字在夭部。

䂮 lüè 離灼切，音略，入，藥韻，來。

鋭利。爾雅釋詁："剡，䂮，利也。"字本作"略"。詩周頌載芟："有略其耜，俶載南畝。"

按，説文以䂮爲剠的籀文，在刀部。

十　畫

嗀 hù 許角切，入，覺韻，曉。屋部。

嘔吐。左傳哀公二十五年："臣有疾異於人，若見之，君將～之。"今本左傳作"㱿"。

嗸 áo 五勞切，平，豪韻，疑。宵部。

同"嗷"。見"嗷"字條。

嗇 sè 所力切，音色，入，職韻，審二。職部。

㊀收穫。禮記郊特牲："蜡之祭也，主先～而祭司～也。"孔穎達疏："種曰稼，斂曰嗇。"這個意義又寫作"穡"。引申爲農事。史記殷本紀："舍我～事。"漢書成帝紀："服田力～。"㊁節省。老子："治人事天莫若～。"韓非子解老："少費之謂～。"引申爲慳吝。戰國策韓策一："公仲～於財。"又爲愛惜。吕氏春秋先己："凡事之本，必先治身，～其大寶。"高誘注："嗇，愛也。"㊂不通暢，不連屬。史記倉公列傳："診其脈時，切之腎脈也，～而不屬。"

按，説文嗇字在嗇部。

嗙 bēng 甫盲切，集韻晡横切，音祊，平，庚韻，幫。陽部。

〔嗙喻〕舞名。説文："嗙，謌聲嗙喻也。…司馬相如説淮南宋蔡舞嗙喻也。"

嗃 1. hè 呼各切，音壑，入，鐸韻，曉。藥部。

㊀〔嗃嗃〕嚴酷的樣子。易家人："九三，家人嗃嗃。"孔穎達疏："嗃嗃，嚴酷之意也。"

2. xiāo 許交切，音哮，平，肴韻，曉。宵部。

㊁吹管聲。莊子則陽："夫吹筦也，猶有～也。"陸德明釋文："嗃，許交反，管聲也。"

3. xiào 呼教切，音孝，去，效韻，曉。宵部。

㊂大聲號呼。文選漢馬融長笛賦："錚鐄譬～。"

按，説文無嗃字，新附有之。

嗛 1. xián 集韻乎監切，音銜，平，銜韻，匣。談部。

㊀通"銜"。口有所銜。史記大宛列傳："烏～肉，蜚其上。"引申爲含恨。史記外戚世家："景帝恚，心～之而未發。"

2. qiǎn 苦簟切，上，忝韻，溪。談部。

㊁猿鼠之類頰中藏食處。爾雅釋獸："寓鼠曰～。"郭璞注："頰裏貯食處。"廣韻："嗛，猿藏食處。"

3. qiàn 音歉。談部。

㊂通"歉"。歉收。穀梁傳襄公二十四年："一穀不升謂之～。"〔嗛嗛〕微小。國語晉語一："嗛嗛之德，不足就也。…嗛嗛之食，不足狃也。"引申爲不足的樣子。潛夫論交際："呼吸陽露，曠旬不食，其意尚猶嗛嗛如也。"

4. qiān 集韻苦兼切，音謙，平，沾韻，溪。談部。

㊃通"謙"。荀子仲尼："故知者之舉事也，主信愛之，則謹慎而～。"

5. qiè 集韻詰叶切，入，怗韻，溪。葉部。

㊄通"慊"。滿足，快意。莊子盗跖："口～於芻豢醪醴之味。"戰國策魏策二："齊桓公夜半不～。"高誘注："嗛，快也。"

[同源字]歉，慊，嗛。見"歉"字條。

嗌 1. yì 伊昔切，音益，入，昔韻，影。錫部。

㊀咽喉。穀梁傳昭公十九年："哭泣歠飦粥，～不容粒。"

2. ài 集韻烏懈切，音隘，去，卦韻，影。錫部。

㊁噎。莊子庚桑楚："兒子終日嗥而～不嗄。"成玄英疏："嗌，喉塞也。"按，若解作噎，則"嗌"上當有"不"字。釋文："嗌，音益，崔云喉也。司馬云咽也，李音厄，謂噎也。一本作'而不嗌'。案，如李音，有不字。"

嗉 sù 桑故切，音素，去，暮韻，心。魚部。

㊀鳥喉下盛食物的囊。爾雅釋鳥："亢，鳥嚨，其粻，～。"㊁星宿名，即張宿。字亦作"素"。史記天官書："張素爲厨，主觴客。"

按，説文無嗉字。

嗷 áo 五勞切，音敖，平，豪韻，疑。宵部。

㊀〔嗷嗷〕衆怨愁聲。詩小雅鴻雁："鴻雁于飛，哀鳴嗷嗷。"今本詩經作"嗸嗸"。引申爲衆聲。漢書劉向傳："無罪無辜，讒口嗷嗷。"顔師古注："嗷嗷，衆聲也。"㊁〔嗷咷(tiào)〕叠韻聯緜字。樂器聲。南朝齊謝朓三日侍宴曲水代人應詔詩："寥亮琴瑟，嗷咷塤篪。"㊂〔嗷嘈〕叠韻聯緜字。喧譁聲。唐杜甫荆南兵馬使太常卿趙公大食刀歌："太常樓船聲嗷嘈。"

嗊 hǒng 呼孔切，上，董韻，曉。

後起字。〔嗊嗃〕雙聲聯緜字。不誠實。太上靈寶元陽妙經聖行："四者不嗊嗃妄語。"

嗜 shì 常利切，音視，去，至韻，禪。脂部。

㊀愛好。書五子之歌："甘酒～音。"詩小雅楚茨："神～飲食。"孟子梁惠王上："不～殺人者能一之。"㊁貪。國語楚語下："吾聞國家將敗，必用姦人而～其疾味。"韋昭注："嗜，貪也。"宋書顔延之傳："廉～之性不同。"

嗑 1. hé 胡臘切，音盍，入，盍韻，匣。葉部。

㊀〔噬嗑〕頤中有物。易噬嗑："頤中有物曰噬嗑。"

2. xiā 集韻迄甲切，音呷，入，狎韻，曉。葉部。

㊁〔嗑然〕笑聲。莊子天地："則嗑然而笑。"釋文："嗑，許甲反。"

3. gě 古盍切，入，盍韻，見。

㊂〔嗑嗑〕多言。孔叢子儒服："子路嗑嗑。"

嗒 tà 吐盍切，音榻，入，盍韻，透。緝部。

〔嗒焉〕解體貌。莊子齊物論："仰天而嘘，嗒焉似喪其偶。"今本作"荅焉"。釋文："荅焉，本又作嗒。…解體貌。"又寫作"嗒然"。唐白居易隱几贈客詩："有時猶隱几，嗒然無所偶。"

按，説文無嗒字。

嗔 1. tián 徒年切，音田，平，先韻，定。真部。

㊀〔嗔嗔〕盛貌。説文引詩："振旅嗔嗔。"云："盛氣也。"今詩小雅采芑作"振旅闐闐"。

2. chēn 昌真切，平，真韻，穿三。

㊁怒，生氣。世説新語德行："丞相見長豫輒喜，見敬豫輒～。"唐杜甫麗人行："慎莫近前丞相～。"

嗝 gé 古核切，音隔，入，麥韻，見。錫部。

鳥鳴。〔嗝報〕雞鳴報曉。新語資質："夫窮澤之民，據犁嗝報之士，或懷不羈之才。"

按，説文無嗝字。

嗕 rù 而蜀切，音辱，入，燭韻，日。屋部。

古代部族名。羌的别種。漢書匈奴傳上："匈奴前所得西～居左地者，…遂南降漢。"

按，説文無嗕字。

嗄 1. shà 所嫁切，音厦，去，禡韻，審二。魚部。

㊀聲音嘶啞。老子："終日號而不～，和之至也。"㊁語氣詞(晚起義)。紅樓夢一〇四回："就是他死，也該叫我見見，説個明白，他死了也不抱怨我～！"

2. á 音啊。

㊂歎詞。表示驚訝。五燈會元臨濟義玄禪師："光瞪目曰：～！"清翟灝通俗編語辭引龐居士傳："龐婆走田中，告其子龐大曰：'汝父死矣。'龐大曰：'～！'"

3. xià 音下。

㊃〔嗄飯〕後起詞。下飯的菜肴。宋吴自牧夢粱録天曉諸人出市："買賣細色異品菜蔬，諸般嗄飯。"

按，説文無嗄字。

嗓 sǎng 集韻寫朗切，音顙，上，蕩韻，心。

〔嗓子〕後起詞。紅樓夢五四回："老祖宗喫一口潤潤嗓子。"

嗋 xié 虚業切，音脅，入，業韻，曉。葉部。

合。莊子天運："予口張而不能～。"

按，説文無嗋字。

嗩 suǒ 音鎖。

〔嗩吶〕後起詞。吹奏樂器名。

嗣 sì 祥吏切，去，志韻，邪。之部。

㊀繼承。書洪範："鯀乃殛死，禹乃～興。"左傳襄公二十五年："其弟～書而死者二人。"又襄公三十年："子産而死，誰其～之？"㊁後嗣，子孫。書大禹謨："罰弗及～，賞延于世。"

按，説文嗣字在冊部。

嗤 chī 赤之切，音蚩，平，之韻，穿三。之部。

譏笑。尹文子大道上："則智不能得夸愚，好不能得～醜。"後漢書樊宏傳："嘗欲作器物，先種梓漆，時人～之。"

按，説文無嗤字。

嗅 xiù 許救切，去，宥韻，曉。幽部。

用鼻子辨别氣味。論語鄉黨："三～而作。"韓非子外儲説左下："樹橘柚者，食之則甘，～之則香。"

［辨］臭，齅，殠，嗅。見"臭"字條。

按，説文嗅作齅。

嗥 háo 胡刀切，音豪，平，豪韻，匣。宵部。

字亦作"嘷"、"獋"。㊀野獸叫。左傳襄公十四年："狐狸所居，豺狼所～。"㊁通"號"。號哭。莊子庚桑楚："兒子終日～而嗌不嗄。"

［同源字］謕，譹，号，號，嚎，嗥，唬，哮。見"譹"字條。

嗚 wū 哀都切，音烏，平，模韻，影。魚部。

㊀〔嗚呼〕叠韻聯緜字。歎詞。書五子之歌："嗚呼曷歸？予懷之悲！"又旅獒："嗚呼！明王慎德，四夷咸賓。"左傳哀公十六年："嗚呼哀哉，尼父！"宋歐陽修新五代史伶官傳序："嗚呼！盛衰之理，雖曰天命，豈非人事哉！"㊁〔嗚嗚〕象聲詞。①歌呼聲。史記李斯列傳："夫擊甕叩缶，彈筝搏髀，而歌呼嗚嗚快耳目者，真秦之聲也。"字亦作"烏烏"。漢楊惲報孫會宗書："酒後耳熱，仰天拊缶，而呼烏烏。"②撫兒聲。唐杜牧遣興詩："浮生長勿勿，兒小且嗚嗚。"亦省作"嗚"。世説新語惑溺："兒見充喜踊，充就乳母手中嗚之。"㊂〔嗚咽〕雙聲聯緜字。象聲詞。①悲泣聲。後漢書董祀妻傳悲憤詩："觀者皆歔欷，行路亦嗚咽。"②水流聲。唐杜甫前出塞詩："磨刀嗚咽水，水赤刃傷手。"唐温庭筠過華清宫詩："至今湯殿水，嗚咽縣前流。"㊃〔嗚唈〕雙聲聯緜字。悲哀氣塞。東觀漢記梁竦傳："雖離讒以嗚唈兮，卒暴誅於兩觀。"字亦作"於邑"。㊄〔噫嗚〕雙聲聯緜字。哀歎。後漢書袁安傳："及與公卿言國家事，未嘗不噫嗚流涕。"

按，説文無嗚字。

嗁 tí 杜奚切，音題，平，齊韻，定。支部。

同"啼"。號，大聲哭。後漢書第五倫傳："坐法徵，老小攀車叩馬，～呼相隨。"

十一畫

嘉 jiā 古牙切，音加，平，麻韻，見。歌部。

㊀善，美。詩豳風東山："其新孔～。"楚辭戰國屈原離騷："皇覽揆余初度兮，肇錫余

以～名。"引申爲贊美,表彰。書大禹謨:"～乃丕績。"㊁吉慶,幸福。漢書禮樂志:"休～砰隱溢四方。"

[備考]樂。禮記禮運:"以～魂魄。"注:"嘉,樂也。"

按,説文嘉字在壴部。

噉 dàn 徒敢切,音淡,上,敢韻,定。談部。

同"啖"、"啗"。食。説文:"啖,噍啖也。一曰噉。"世説新語排調:"顧長康～甘蔗,先食尾。"

按,説文有啖、啗,無噉字。

嘏 jiǎ 古疋切,音假,上,馬韻,見。魚部。

福。詩魯頌閟宫:"天錫公純～。"鄭箋:"純,大也。受福曰嘏。"禮記禮運:"脩其祝～。"

[備考]大。爾雅釋詁:"嘏,大也。"説文:"嘏,大遠也。"方言一:"戎秦晉之間,凡物壯大謂之嘏。"

按,説文嘏字在古部。

嘗 cháng 市羊切,音常,平,陽韻,禪。陽部。

㊀口辨味。詩小雅瓠葉:"君子有酒,酌言～之。"又甫田:"～其旨否。"論語鄉黨:"丘未達,不敢～。"引申爲食。左傳隱公元年:"小人有母,皆～小人之食矣,未～君之羹。"又爲喫了苦頭。左傳僖公二十八年:"險阻艱難,備～之矣。"㊁試探。左傳襄公十八年:"諸侯方睦於晉,臣請～之。"又隱公九年:"使勇而無剛者～寇而速去之。"引申爲試一試。孟子梁惠王上:"我雖不敏,請～試之。"㊂副詞。曾經。左傳昭公十二年:"吾～學此矣。"論語衛靈公:"俎豆之事,則～聞之矣。"㊃秋祭曰嘗。詩小雅天保:"禴祠烝～。"毛傳:"秋曰嘗。"

[辨]曾,嘗。見"曾"字條。

按,説文嘗字在旨部。

嗾 sǒu 蘇后切,音藪,上,厚韻,心。屋部。

用口作聲指揮狗。左傳宣公二年:"公～夫獒焉。"

嘒 huì 呼惠切,去,霽韻,曉。月部。

㊀微貌。詩召南小星:"～彼小星,三五在東。"毛傳:"嘒,微貌。"㊁衆星貌。詩大雅雲漢:"有～其星。"毛傳:"嘒,衆星貌。"㊂〔嘒嘒〕①樂管聲。詩商頌那:"嘒嘒管聲。"②車上鸞鈴聲。詩小雅采菽:"鸞聲嘒嘒。"③蟲鳴聲。詩小雅小弁:"鳴蜩嘒嘒。"

[同源字]鏏,槥,嘒。見"鏏"字條。

嘖 1. zé 士革切,音賾,入,麥韻,牀二。錫部。

㊀呼聲。説文:"嘖,大呼也。"引申爲争吵的樣子。荀子正名:"故愚者之言,芴然而粗,～然而不類。"左傳定公四年:"會同難,～有煩言。"

2. zé 側革切,音責,入,麥韻,照二。錫部。

㊁〔嘖嘖〕象聲詞。①鳥蟲鳴聲。爾雅釋鳥:"宵扈嘖嘖。"唐李賀南山田中行:"塘水漻漻蟲嘖嘖。"②咂嘴聲,表示贊歎。飛燕外傳:"音詞舒閒清切,左右歎賞之嘖嘖。"

[備考]通"賾"。幽深。易繫辭上:"聖人有以見天下之賾。"釋文:"賾,京本作嘖。"三國魏范式碑:"探～研機,罔深不入。"

嘮 láo 魯刀切,平,豪韻,來。幽部。

〔嘮嘈〕叠韻聯緜字。大聲。漢王延壽夢賦:"耳嘮嘈而外即,忽屈申而覺寤。"文選晉成公綏嘯賦:"衆聲繁奏,若笳若簫。磞硠震隱,訇磕嘮嘈。"

嘕 xiān 許延切,平,仙韻,曉。元部。

笑的樣子。楚辭大招:"靨輔奇牙,宜笑～只。"

嘈 cáo 昨勞切,音曹,平,豪韻,從。幽部。

㊀喧鬧。北堂書鈔三國魏楊修許昌宫賦:"謦蹕～而響起。"〔嘈啐〕〔嘈囐〕〔嘈雜〕〔嘈囋〕雙聲聯緜字。喧鬧聲。文選漢馬融長笛賦:"啾咋嘈啐似華羽兮。"文選漢張衡東京

賦："奏嚴鼓之嘈囋。"抱朴子外篇刺驕："管絃嘈雜。"文選晉陸機文賦："或奔放以諧合，務嘈囋而妖冶。"〔嘈嘈〕喧鬧聲。文選漢王延壽魯靈光殿賦："耳嘈嘈以失聰。"唐白居易琵琶行："嘈嘈切切錯雜彈，大珠小珠落玉盤。"㊁〔嘈嗷〕叠韻聯緜字。象聲詞。①鳥鳴聲。西京雜記中山王文木賦："紛紜翔集，嘈嗷鳴啼。"②樂器聲。玉臺新詠晉王鑒七夕觀織女詩："雲韶何嘈嗷！"

按，説文無嘈字。

嘔 1. ǒu 烏后切，上，厚韻，影。侯部。

㊀嘔吐。左傳哀公二年："吾伏弢～血，鼓音不衰。"這個意義説文作"歐"。

2. ōu 烏侯切，音歐，平，侯韻，影。侯部。

㊁通"謳"。歌唱。漢書朱買臣傳："數止買臣毋歌～道中。"㊂〔嘔啞(yǎ)〕雙聲聯緜字。象聲詞。①小兒説話聲。唐白居易念金鑾子詩："嘔啞初學語。"②管絃聲。唐杜牧阿房宫賦："管絃嘔啞，多於市人之言語。"③舟車聲。唐曹鄴四怨詩："手推嘔啞車，朝朝暮暮耕。"唐李咸用江行詩："瀟湘無事後，征棹復嘔啞。"④鳥鳴聲。宋歐陽修贈無爲軍李道士詩："李師一彈鳳凰聲，空山百鳥停嘔啞。"⑤水車踏車聲。宋王安石山田久欲拆詩："龍骨已嘔啞，田家真作苦！"㊃〔嘔軋〕雙聲聯緜字。象聲詞。①推門聲。唐司空圖馮燕歌："故故推門掩不開，似教嘔軋傳言語。"②櫓撥水聲。唐李羣玉送處士自番禺東遊便歸蘇臺別業詩："嘔軋暮江上，櫓聲摇落心。"

3. xū 集韻匈于切，音吁，平，虞韻，曉。侯部。

㊄〔嘔嘔〕言語和悦的樣子。史記淮陰侯列傳："項王見人，恭敬慈愛，言語嘔嘔。"漢書韓信傳作"姁姁"。

按，説文無嘔字。

嘌 piāo 撫招切，集韻紕招切，音漂，平，宵韻，滂。宵部。

疾速。詩檜風匪風："匪風飄兮，匪車～兮。"

嗽 1. sòu 蘇奏切，去，候韻，心。屋部。

㊀咳嗽。周禮天官疾醫："冬時有～，上氣疾。"㊁通"漱"。漱口。史記倉公列傳："即爲苦參湯，日～三升。"

2. shuò 所角切，音朔，入，覺韻，審二。屋部。

㊂吮吸。論衡驗符："民～吮之，甘如飴蜜。"這個意義説文作"欶"。

按，説文無嗽字。

嘆 tàn 他旦切，去，翰韻，透。元部。

㊀感歎。詩王風中谷有蓷："有女仳離，嘅其～矣。"㊁贊歎。文選漢孔融論盛孝章書："孝章要爲有天下大名，九牧之人所共稱～。"

按，説文有嘆歎二字。嘆下云："吞歎也，从口，歎省聲，一曰太息也。"歎下云："吟也。"

嗼 1. mò 慕各切，音莫，入，鐸韻，明。鐸部。

㊀〔啾嗼〕同"寂寞"。説文："嗼，啾嗼也。"〔嗼寂〕寂寞。楚辭漢嚴忌哀時命："嗼寂默而無聲。"〔嗼然〕無聲的樣子。吕氏春秋首時："飢馬盈厩嗼然，未見芻也。"

2. mò 莫白切，音陌，入，陌韻，明。

㊁〔嗼嗼〕相視的樣子。廣韻引古詩："盈盈一水間，嗼嗼不得語。"今文選古詩十九首作"脈脈"。

嘎 gā 古黠切，入，黠韻，見。

後起字。〔嘎嘎〕鳥鳴聲。唐李山甫方干隱居詩："咬咬嘎嘎水禽聲。"

嘐 1. xiāo 許交切，平，肴韻，曉。幽部。

㊀〔嘐嘐〕志大言大的樣子。孟子盡心下："何以是嘐嘐也！言不顧行，行不顧言。"

2. jiāo 古肴切，音交，平，肴韻，見。

㊁〔嘐嘐〕象聲詞。①雞叫聲。唐元稹江邊詩："犬驚狂浩浩，雞亂響嘐嘐。"②鼠咬物聲。宋蘇軾黠鼠賦："嘐嘐聱聱，聲在橐中。"

㊂〔嘐嗄〕雙聲聯緜字。鳥鳴聲。宋蘇軾犍爲王氏書樓詩:"野鳥嘐嗄巖花春。"

嘑 1. hū 荒烏切,平,模韻,曉。魚部。

㊀同"呼"。周禮春官雞人:"夜~旦以嘂百官。"漢書息夫躬傳:"仰天大~。"

2. hù 集韻荒故切,去,暮韻,曉。魚部。

㊁〔嘑爾〕很没有禮貌叫喊别人的樣子。孟子告子上:"嘑爾而與之,行道之人弗受。"

[同源字]呼,評,謼,虖,嘑,歑。見"謼"字條。

按,説文分嘑呼爲二字。嘑下云:"號也。"呼下云:"外息也。"

嘂 jiào 古弔切,音叫,去,嘯韻,見。幽部。

㊀高聲,大呼。説文:"嘂,高聲也。一曰大呼也。…春秋公羊傳曰:'魯昭公~然而哭。'"今本公羊傳昭公二十四年作"噭"。周禮秋官銜枚氏:"禁~呼歎鳴於國中者。"又春官雞人:"夜嘑旦以~百官。"㊁樂器名。爾雅釋樂:"大塤謂之~。"

[同源字]訆,叫,嘂。見"訆"字條。

按,説文嘂字在㗊部。

嗺 yá 集韻宜佳切,音崖,平,佳韻,疑。支部。

狗欲咬時發出的聲音。管子戒:"東郭有狗~~,且暮欲齧我。"字又作"啀"、"犽"。見集韻。

按,説文無嗺字。

嗺 1. zuī 玉篇子雖切,平,脂韻,精。微部。

㊀撮口,見玉篇。引申爲撮口作聲。淮南子主術:"聾者可令~筋而不可使聞也。"

2. zuī 集韻祖回切,平,灰韻,精。微部。

㊁嗟歎。詩大雅雲漢:"先祖于摧。"箋:"摧當作嗺。嗺,嗟也。"釋文:"鄭作嗺,子雷反。"

3. suī 素回切,平,灰韻,心。

㊂催人飲酒。集韻:"嗺,促飲也。"宋葉夢得石林燕語卷五:"公宴合樂,每酒行一終,伶人必唱~酒,然後樂作。此唐人送酒之辭。"

按,説文無嗺字。

噆 tǎn 他感切,上,感韻,透。侵部。

衆人飲食聲。詩周頌載芟:"有~其饁。"朱注:"噆,衆飲食聲也。"

噭 jiāo 集韻堅堯切,平,蕭韻,見。宵部。

説文作"噭",集韻引説文作"嘄"。㊀叫喊。漢書息夫躬傳:"如使狂夫~嘑於東崖。"顔師古注:"噭,古叫字。"㊁〔噭噭〕雙聲聯緜字。高亢的聲音。史記樂書:"噭噭之聲興而士奮。"㊂〔噭呱〕雙聲聯緜字。歡笑聲。漢揚雄太玄樂:"噭呱啞咋,號咷倚户。"范望注:"噭呱啞咋,皆歡笑之聲也。"㊃〔噭陽〕獸名。淮南子氾論:"山出噭陽。"高誘注:"噭陽,山精也。"漢書揚雄傳校獵賦:"蹈飛豹,羂噭陽。"

嘈 cù 子六切,音蹙,入,屋韻,精。覺部。

〔嘈咨〕雙聲聯緜字。忸怩,羞慚。方言一〇:"忸怩,慚歰也。楚郢江淮之間謂之忸怩,或謂之嘈咨。"

按,説文無嘈字。

嗥 háo 胡刀切,平,豪韻,匣。

同"嘷"。見"嘷"字條。

十 二 畫

嘷 háo 集韻胡刀切,音豪,平,豪韻,匣。

同"嘷"。見"嘷"字條。

噇 chuáng 宅江切,音幢,平,江韻,澄。

後起字。喫,喝。唐張鷟朝野僉載五:"~却!作箇飽死鬼去。"元曲選康進之李逵負荆:"你看這厮,到山下去~了多少酒!"

噈 cù 子六切,音蹙,入,屋韻,精。覺部。

〔歋噈〕口相就。見廣韻。

按,説文噈是歋的重文,在欠部。

嘮 1. chāo 敕交切,平,肴韻,徹。宵部。

㊀〔嘮呶〕疊韻聯緜字。喧譁聲。説文:“嘮呶,讙也。”

2. láo 集韻郎刀切,音勞,平,豪韻,來。

㊁〔嘮叨〕後起詞。言語囉唆。紅樓夢二四回:“賈芸聽了,嘮叨的不堪,便起身告辭。”

噂 zǔn 茲損切,上,混韻,精。文部。

聚語。〔噂沓〕相對談語。詩小雅十月之交:“噂沓背憎。”鄭箋:“噂噂沓沓,相對談語。”朱熹注:“噂噂沓沓,多言以相説,而背則相憎。”〔噂噂〕紛紛談論。漢焦延壽易林乾之困:“噂噂所言,莫知我垣。”

噌 chēng 楚耕切,平,耕韻,穿二。耕部。

〔噌吰〕疊韻聯緜字。鐘鼓聲。文選漢司馬相如長門賦:“聲噌吰而似鐘音。”宋蘇軾石鐘山記:“噌吰如鐘鼓不絶。”

按,説文無噌字。

噎 yē 烏結切,入,屑韻,影。質部。

食塞咽喉。詩王風黍離:“行邁靡靡,中心如~。”

嘵 xiāo 許幺切,平,蕭韻,曉。宵部。

〔嘵嘵〕恐懼聲。詩豳風鴟鴞:“予室翹翹,風雨所漂摇,予維音嘵嘵。”

噠 dá 集韻當割切,音怛,入,曷韻,端。

〔嚈噠〕西夷國名。

按,説文無噠字。

嘻 xī 許其切,音熙,平,之韻,曉。之部。

歎詞。禮記檀弓:“~! 其甚也!”左傳定公八年:“從者曰:‘~! 速駕!’”〔噫嘻〕疊韻聯緜字。歎詞。詩周頌噫嘻:“噫嘻成王!”史記魯仲連列傳:“噫嘻! 亦太甚矣,先生之言也!”〔嘻嘻〕歡笑聲。易家人:“婦子嘻嘻,終吝。”漢書揚雄傳河東賦:“嘻嘻旭旭,天地稠㟁。”也單説“嘻”。漢揚雄太玄樂:“人~鬼~。”

〔辨〕誒,嘻。見“誒”字條。

按,説文無嘻字。

噴 1. pēn 普魂切,平,魂韻,滂。文部。

㊀激射。莊子秋水:“子不見夫唾者乎?~則大者如珠,小者如霧。”

2. pèn 普悶切,去,慁韻,滂。文部。

㊁鼓鼻。戰國策楚策四:“驥於是俛而~,仰而鳴。”〔噴鼻〕撲鼻。唐劉禹錫西山蘭若試茶歌:“悠揚噴鼻宿酲散。”

噁 wù 烏路切,烏去聲,暮韻,影。鐸部。

〔喑噁〕雙聲聯緜字。發怒聲。參見“喑”字條。

按,説文無噁字。

嘶 sī 先稽切,平,齊韻,心。支部。

㊀聲音沙啞。漢書揚雄傳:“露眼赤睛,大聲而~。”㊁馬鳴。北周庾信伏聞遊獵詩:“馬~山谷響,弓寒桑柘鳴。”

按,説文無嘶字。

嘲 cháo 陟交切,平,肴韻,知。

調笑,開玩笑。三國志吴書韋曜傳:“以~弄侵克,發擿私短以爲歡。”文選南朝梁任昉出郡傳舍哭范僕射詩:“兼復相~謔。”〔嘲哳〕見〔啁哳〕。

按,説文無嘲字,新附有之。

噆 1. zā 子答切,音匝,入,合韻,精。緝部。

㊀口含。説文:“噆,嗛也。”一切經音義二〇引作“銜也”。淮南子覽冥:“~味含甘。”

2. cǎn 七感切,音慘,上,感韻,清。侵部。

㊁咬,叮。莊子天運:“蚊虻~膚,則通昔不寐矣。”

嘹 liáo 落蕭切,音聊,平,蕭韻,來。

後起字。㊀〔嘹亮〕雙聲聯緜字。聲音響亮。南朝梁劉孝綽三日侍華光殿曲水宴詩:“妍歌已嘹亮,妙舞復紆餘。”㊁〔嘹唳〕雙聲聯緜字。聲音淒清。南朝齊謝朓從戎曲:“嘹噀清笳轉，蕭條邊馬煩。”

按，説文無嘹字。

噊 yù 餘律切，音聿，入，術韻，喻四。物部。

危。見爾雅釋詁，又見説文。

嚍 huá 胡麥切，音劃，入，麥韻，匣。

㊀〔嚍嘖〕叠韻聯緜字，叫呼聲。漢蔡邕短人賦："嚍嘖怒語，與人相距。"㊁〔嚍嚍〕鳥鳴聲。宋蘇軾涪州得山胡詩："誰知聲嚍嚍？亦自意重重。"

按，説文無嚍字。

噀 xùn 龍龕手鑑蘇困反。音迅。

噴。後漢書欒巴傳："徵拜尚書。"唐李賢注引神仙傳："又飲酒，西南～之。"

按，説文無噀字。

嘘 xū 朽居切，音虚，平，魚韻，曉。魚部。

緩慢呼氣。玉篇引魏李登聲類："出氣急曰吹，緩曰～。"莊子齊物論："南郭子綦隱几而坐，仰天而～。"

嘿 mò 莫北切，音墨，入，德韻，明。職部。

同"默"。閉口不説話。晏子春秋内篇諫上："臣聞之，近臣～，遠臣瘖，衆口鑠金。"〔嘿然〕不作聲的樣子。荀子不苟："君子至德，嘿然而喻。"

按，説文嘿作默。

嘬 chuài 楚夬切，去，夬韻，穿二。月部。

㊀一口喫下去。禮記曲禮上："毋～炙。"鄭玄注："嘬，謂一舉盡臠。"㊁咬，叮。孟子滕文公上："狐狸食之，蠅蚋姑～之。"

按，説文無嘬字。

噴 kuì 丘愧切，去，至韻，溪。微部。

同"喟"。〔噴然〕歎息的樣子。晏子春秋内篇雜上："退朝而乘，噴然而歎。"

按，説文噴是喟的重文。

嘽 1. tān 他干切，音灘，平，寒韻，透。元部。

㊀〔嘽嘽〕①喘氣的樣子。詩小雅四牡："四牡騑騑，嘽嘽駱馬。"傳："嘽嘽，喘息之貌。"②衆盛的樣子。詩小雅采芑："戎車嘽嘽。"朱熹集傳："嘽嘽，衆也。"又大雅崧高："徒御嘽嘽。"朱熹集傳："嘽嘽，衆盛也。"又常武："王旅嘽嘽。"朱熹集傳："嘽嘽，衆盛貌。"

2. chǎn 昌善切，音闡，上，獮韻，穿三。元部。

㊁聲緩。禮記樂記："其樂心感者，其聲～以緩。"

噅 huī 許爲切，平，支韻，曉。歌部。

〔哆噅〕叠韻聯緜字。口不正，醜。淮南子脩務："啳睽哆噅，籧篨戚施。"

噏 xī 許及切，音吸，入，緝韻，曉。緝部。

㊀收斂。老子："將欲～之，必固張之。"㊁通"吸"。漢書揚雄傳甘泉賦："～清雲之流瑕兮，飲若木之露英。"㊂〔噏呷〕雙聲聯緜字。衣裳張起的聲音。史記司馬相如列傳子虚賦："扶與猗靡，噏呷萃蔡。"裴駰集解："噏呷，衣裳張起也。"

［備考］〔噏噏〕同"潝潝"。相和的樣子。荀子脩身："詩曰：'噏噏呰呰，亦孔之哀。'"今詩小雅小旻作"潝潝訿訿"。朱熹注："潝潝，相和也。訿訿，相詆也。"

按，説文無噏字。

嘸 fǔ 集韻斐父切，音撫，上，麌韻，敷。魚部。

〔嘸然〕驚訝的樣子。漢書韓信傳："諸將皆嘸然，陽應曰：'諾！'"

按，説文無嘸字。

噍 1. jiào 才笑切，去，笑韻，從。宵部。

㊀嚼。荀子榮辱："亦呥呥而～，鄉鄉而飽矣。"〔噍類〕活人。漢書高帝紀上："(項羽)嘗攻襄城，襄城無噍類，所過無不殘滅。"顔師古注："無復有活而噍食者也。"

2. jiāo 即消切，音焦，平，宵韻，精。宵部。

㊁〔噍殺〕聲音急促。禮記樂記："是故志

微，噍殺之音作，而民思憂。”㊂〔噍噍〕鳥鳴聲。漢書揚雄傳校獵賦：“羣娭乎其中，噍噍昆鳴。”

嘰 jī居依切，音機，平，微韻，見。微部。

㊀小食。説文：“嘰，小食也。”史記司馬相如列傳大人賦：“噍咀芝英兮～瓊華。”㊁唏，悲歎。淮南子繆稱：“紂爲象箸而箕子～。”

［同源字］幾，璣，嘰。見“璣”字條。

十三畫

噩 è五各切，音愕，入，鐸韻，疑。鐸部。

㊀驚愕。〔噩夢〕惡夢。周禮春官占夢：“占六夢之吉凶，一曰正夢，二曰噩夢。”鄭玄注：“杜子春云：‘噩當爲驚愕之愕，謂驚愕而夢。’”㊁〔作噩〕叠韻聯緜字。酉年。爾雅釋天：“太歲在酉曰作噩。”㊂〔噩噩〕嚴正的樣子。漢揚雄法言問神：“虞夏之書渾渾爾，商書灝灝爾，周書噩噩爾。”

按，説文無噩字。

噫 1. yī於其切，音醫，平，之韻，影。之部。

㊀歎詞。論語子張：“顔淵死，子曰：‘～！天喪予！天喪予！’”〔噫嘻〕叠韻聯緜字。歎詞。見“嘻”字條。

2. ài烏界切，去，怪韻，影。之部。

㊁出氣。莊子齊物論：“夫大塊～氣，其名爲風。”釋文：“噫，乙戒反。”

［備考］通“抑”。易繫辭下：“～亦要存亡吉凶，則居可知矣。”王引之經傳釋詞：“噫亦，即抑亦也。”

噰 yōng於容切，音雍，平，鍾韻，影。東部。

〔噰噰〕鳥和鳴聲。爾雅釋詁：“關關噰噰，音聲和也。”文選戰國宋玉九辯：“雁噰噰而南遊兮，鵾雞啁哳而悲鳴。”楚辭九辯作“廱廱”。王逸注：“雌雄和樂，羣戲行也。”

按，説文無噰字。

噢 yǔ於武切，音傴，上，麌韻，影。

〔噢咻〕撫慰病痛者的聲音。唐陸贄奉天請罷瓊林大盈二庫狀：“瘡痛呻吟之聲，噢咻未息；忠勤戰守之效，賞賚未行。”字本作“燠休”。左傳昭公四年：“民人痛疾，而或燠休之。”

按，説文無噢字。

嚆 hāo集韻虚交切，平，肴韻，曉。宵部。

〔嚆矢〕矢之鳴聲，響箭。莊子在宥：“焉知曾史之不爲桀跖嚆矢也？”成玄英疏：“嚆箭，鏃有吼猛聲也。…曾史爲桀跖利用猛箭，故云然也。”後人因謂事物之始爲“嚆矢”，取箭未到而聲先到之意。

按，説文無嚆字。

嚄 huò胡伯切，音獲，入，陌韻，匣。鐸部。

象聲詞。史記外戚世家：“武帝下車泣曰：‘～！大姊何藏之深也！’”〔嚄唶〕叠韻聯緜字。多言的樣子。史記魏公子列傳：“晉鄙嚄唶宿將。”司馬貞索隱：“嚄唶，謂多詞句也。”

按，説文無嚄字。

噤 jìn巨禁切，去，沁韻，羣。侵部。

㊀口閉。楚辭漢劉向九歎思古：“口～閉而不言。”史記鼂錯列傳：“且臣恐天下之士～口，不敢復言也。”㊁〔噤吟〕叠韻聯緜字。曲頤的樣子。漢書揚雄傳解嘲：“蔡澤雖噤吟而笑唐舉。”

噱 jué其虐切，入，藥韻，羣。鐸部。

大笑。見説文。漢書敍傳：“談笑大～。”

［備考］口内的上下。漢書揚雄傳校獵賦：“遥～虖紘中。”顔師古注：“口内之上下名爲噱。”

噳 yǔ虞矩切，上，麌韻，疑。魚部。

〔噳噳〕衆多的樣子。詩大雅韓奕：“麀鹿噳噳。”字亦作“麌麌”。詩小雅吉日：“麀鹿麌麌。”按，當是專指麇鹿衆多。説文：“噳，麇鹿羣口相聚皃。”

噦 1. huì 呼會切,去,泰韻,曉。月部。

❶〔噦噦〕①有節奏的車鈴聲。詩魯頌泮水:"鸞聲噦噦。"②深廣的樣子。詩小雅斯干:"噦噦其冥。"朱熹集傳:"噦噦,深廣之貌也。"

2. yuě 於月切,入,月韻,影。月部。

❶氣逆,乾嘔。禮記內則:"不敢～噫嚏咳。"引申爲聲濁惡。素問寶命全形論:"病深者,其聲～。"

嘴 zuǐ 集韻祖委切,上,紙韻,精。

後起字。本作"觜"。鳥嘴。五音集韻:"觜,喙也。嘴,同上。"後泛指人與動物的口。元明雜劇元關漢卿裴度還帶一:"看了你這般～臉,也不能彀發跡。"

器 qì 去冀切,去,至韻,溪。脂部。

❶器皿,陶器。説文:"器,皿也。"老子:"埏埴以爲～。"韓非子難一:"東夷之陶者,～苦窳,舜往陶焉,期年而～牢。"引申爲器具,器用。左傳哀公元年:"～不彤鏤。"論語衛靈公:"工欲善其事,必先利其～。"又爲重器,古代標誌名位、爵號的器物,如鐘鼎之類。左傳成公二年:"唯～與名不可以假人。"孟子梁惠王下:"毁其宗廟,遷其重～。"❷器量,度量。論語八佾:"管仲之～小哉!"❸才能,本領。禮記王制:"瘖聾、跛躃、斷者、侏儒、百工,各以其～食之。"三國志蜀書諸葛亮傳:"亮之～能政理,抑亦管蕭之亞匹也。"引申爲器重,重視。漢書疏廣傳:"廣繇是見～重,數受賞賜。"後漢書陳寵傳:"朝廷～之。"

〔辨〕械,器。見"械"字條。

噪 zào 蘇到切,去,号韻,心。今讀如躁。

鳥叫。説文作"喿",云:"鳥羣鳴也。"南朝梁江淹無錫縣歷山集詩:"落葉下楚水,别鶴～吴田。"引申爲嘈雜。隋薛道衡奉和月夜聽軍樂應詔詩:"笳聲諠隴水,鼓曲～漁陽。"

𠹗 tà 他合切,音塔,入,合韻,透。葉部。

説文作"誻"。不細嚼而吞咽。禮記曲禮上:"毋～羹。"鄭玄注:"𠹗爲不嚼菜。"

噣 1. zhòu 陟救切,音晝,去,宥韻,知。屋部。

❶鳥嘴。史記趙世家:"中衍人面鳥～。"字亦作"咮"。詩曹風候人:"不濡其咮。"玉篇引詩作"噣"。❷星宿名。即柳宿。詩召南小星:"嘒彼小星,三五在東。"毛傳:"三心五～。"釋文引爾雅:"噣謂之柳。"今爾雅釋天作"咮"。

2. zhuó 竹角切,音琢,入,覺韻,知。屋部。

❸同"啄"。鳥啄食。戰國策楚策四:"黄雀因是以俯～白粒,仰棲茂樹。"

噬 shì 時制切,音誓,去,祭韻,禪。月部。

咬。易噬嗑:"～腊肉。"戰國策楚策一:"狗惡之,當門而～之。"

〔備考〕通"逝"。詩唐風有杕之杜:"～肯適我。"釋文:"韓詩作逝。逝,及也。"朱熹集傳:"噬,發語辭。"

㗊 zhì 阻瑟切,音櫛,入,櫛韻,照二。質部。

〔㖷㗊〕叠韻聯緜字。見"㖷"字條。

按,説文無㗊字。

噞 yǎn 魚檢切,上,琰韻,疑。談部。

❶魚口露出水面呼吸。淮南子主術:"夫水濁則魚～,政苛則民亂。"〔噞喁(yóng)〕雙聲聯緜字。魚口露出水面呼吸的樣子。文選晉左思吴都賦:"泝洄順流,噞喁沈浮。"❷猛。文選左思魏都賦:"抗旍則威～秋霜,摛翰則華縱春葩。"

按,説文無噞字,新附有之,云:"噞喁,魚口上見也。"

噲 kuài 苦夬切,音快,去,夬韻,溪。月部。

❶〔噲噲〕寬敞明亮的樣子。詩小雅斯干:"噲噲其正。"鄭箋:"噲噲,猶快快也。正,晝也。"孔穎達疏:"快快爲宫室寬明之貌。"❷

〔噲然〕愉快的樣子。淮南子精神："當此之時，噲然得卧，則親戚兄弟歡然而喜。"㊂喙，鳥獸嘴。淮南子俶真："蠉飛蝡動，蚑行～息。"

〔備考〕下咽。説文："噲，咽也。"

嚵 zhān 職廉切，音瞻，平，鹽韻，照三。談部。

多言。荀子非相："然而口舌之均，～唯則節。"

按，説文嚵作詹，云："多言也。"

噭 1. jiào 古弔切，音叫，去，嘯韻，見。宵部。

㊀號叫聲。禮記曲禮上："毋～應。"鄭玄注："噭，號呼之聲也。"孔穎達疏："噭，謂聲響高急。"㊁哭聲。公羊傳昭公二十五年："昭公於是～然而哭。"〔噭噭〕悲哭聲。莊子至樂："人且偃然寢於巨室，而我噭噭然隨而哭之。"㊂〔噭咷〕叠韻聯緜字。見"咷"字條。

2. qiào 集韻詰弔切，音竅，去，嘯韻，溪。宵部。

㊃口。漢書貨殖傳："馬蹄～千。"顏師古注："蹄與口共千，則爲二百也。"

十 四 畫

嚀 níng 奴丁切，音寧，平，青韻，泥。

後起字。㊀〔叮嚀〕叠韻聯緜字。見"叮"字條。㊁〔嚶嚀〕見"嚶"字條。

嚌 1. jì 在詣切，音劑，去，霽韻，從。脂部。

㊀嘗。書顧命："太保受同，祭～。"僞孔傳："太保既拜而祭，既祭受福，嚌至齒，則王亦至齒。"蔡沈傳："以酒至齒曰嚌。"禮記雜記下："小祥之祭，主人之酢也，～之；衆賓兄弟則皆啐之。"鄭玄注："嚌、啐，皆嘗也。嚌至齒，啐入口。"

2. jiē 集韻居諧切，音皆，平，皆韻，見。脂部。

㊁〔嚌嚌〕象聲詞。①鳥鳴聲。文選漢班彪北征賦："鴈邕邕以羣翔兮，鵾雞鳴以嚌嚌。"②管絃聲。漢揚雄太玄樂："鐘鼓喈喈，管絃嚌嚌。"

嚎 háo 字彙補壺高切。

後起字。説文作"號"。鳴叫。宋梅堯臣九月五日夢歐陽永叔："鷄～天欲白，向者猶疑真。"〔嚎啕〕叠韻聯緜字。大聲哭叫。西遊記九回："小姐忙向前認看，認得是丈夫的屍首，一發嚎啕大哭不已。"

〔同源字〕謕，譹，号，號，嚎，嗥，虠，哮。見"譹"字條。

嚅 rú 人朱切，音儒，平，虞韻，日。侯部。

㊀〔嚅唲〕雙聲聯緜字。强笑順從的樣子。文選戰國屈原卜居："將呢訾慄斯，喔咿嚅唲，以事婦人乎？"楚辭卜居作"儒兒"。㊁〔囁嚅〕雙聲聯緜字。見"囁"字條。

按，説文無嚅字。

嚏 tì 都計切，去，霽韻，端。質部。

打噴嚏。詩邶風終風："願言則～。"禮記月令："季秋行夏令，民多鼽～。"

嚇 hè 呼格切，音赫，入，陌韻，曉。鐸部。

㊀怒聲。莊子秋水："鴟得腐鼠，鵷鶵過之，仰而視之曰：'～！'"釋文："馬云：嚇怒其聲，恐其奪己也。"文選南朝宋鮑照蕪城賦："飢鷹厲吻，寒鴟～雛。"李善注引毛詩箋："口拒人曰嚇。"按，"寒鴟嚇雛"當是用莊子的典故，"雛"指鵷鶵。素問風論："心風之狀，多汗惡風，焦絶，善怒～。""善怒嚇"就是愛發脾氣。㊁張開。文選晉郭璞江賦："或～鰓乎巖間。"

按，説文無嚇字。

嚂 1. hǎn 呼覽切，音喊，上，敢韻，曉。談部。

㊀同"喊"。呼聲。戰國策楚策四："今夫橫人～口利機，上干主心，下牟百姓。"鮑彪注："嚂，聲也。言聲説所利之事。"

2. làn 盧瞰切,音濫,去,闞韻,來。談部。

㊁貪吃。淮南子齊俗:"芻豢黍粱,荆吴芬馨,以～其口。"

按,説文無嚂字。

嶷 1. yì 魚力切,入,職韻,疑。職部。

㊀小兒有知識的樣子。説文:"嶷,小兒有知也。…詩曰:'克岐克～。'"今詩大雅生民作"克岐克嶷"。

2. yì 魚記切,去,志韻,疑。之部。

㊁〔哄嶷〕叠韻聯緜字。見"哄"字條。

嘯 xiào 蘇弔切,去,嘯韻,心。幽部。

撮口發出長而清越的聲音。説文:"嘯,吹聲也。"詩召南江有汜:"其～也歌。"鄭箋:"嘯,蹙口而出聲。"引申爲獸類發出長而尖的聲音。楚辭招隱士:"猿狖羣～兮虎豹嘷。"

〔備考〕通"叱(chì)"。禮記内則:"不～不指。"鄭玄注:"嘯讀爲叱。"釋文:"嘯依注音叱,尺失反。"

嚁 dí 集韻亭歷切,音敵,入,錫韻,定。

〔激嚁〕叠韻聯緜字。象聲詞。清厲的聲音。文選晉成公綏嘯賦:"音要妙而流響,聲激嚁而清厲。"

按,説文無嚁字。

嚊 pì 匹備切,去,至韻,滂。質部。

喘息聲。文選漢揚雄羽獵賦:"飛廉雲師,吸～潚率。"李善注引埤蒼:"嚊,喘息聲也。"

按,説文無嚊字。

噆 zá 字彙補從納切,音雜。葉部。

〔噆喋〕叠韻聯緜字。深算。淮南子覽冥:"至虚無純一,而不噆喋苛事也。"高誘注:"噆喋,猶深算也。"

按,説文無噆字。

嘅 yè 集韻益涉切,入,葉韻,影。

〔嘅噠〕古民族名,國名。魏書明帝紀:"神龜二年,吐谷渾、宕昌、嘅噠等國遣使來貢。"

按,説文無嘅字。

十五畫

噏 xī 集韻迄及切,音吸,入,緝韻,曉。緝部。

〔噏嘱〕叠韻聯緜字。衆聲疾速的樣子。文選漢王褒洞簫賦:"噏嘱曄踕,跳然復出。"

按,説文無噏字。

嚘 yōu 於求切,音憂,平,尤韻,影。幽部。

㊀〔嚘咿〕雙聲聯緜字。象聲詞。①猪叫聲。潛夫論貿難:"豕俛仰嚘咿。"②小兒語聲。宋蘇軾寄蘄簟與蒲傳正詩:"孤舟兒女自嚘咿。"㊁〔嚘嚶〕雙聲聯緜字。雜聲。唐韓愈送窮文:"屏息潛聽,如聞音聲。若嘯若啼,砉欻嚘嚶。"

〔備考〕語未定貌,見説文。

嚜 1. mèi 明祕切,音媚,去,至韻,明。職部。

㊀〔嚜杘〕叠韻聯緜字。狡猾。方言一〇:"凡小兒多詐而獪,謂之央亡,或謂之嚜杘。"

2. mò 集韻密北切,音墨,入,德韻,明。職部。

㊁同"默"。戰國策齊策四:"左右～然莫對。"字亦作"嘿"。

按,説文無嚜字。

嚗 bō 北角切,音剥,入,覺韻,幫。藥部。

象聲詞。①物着落聲。莊子知北遊:"神農隱几擁杖而起,～然放杖而笑。"成疏:"嚗然,放杖聲也。"②迸裂聲。唐段成式酉陽雜俎諾皋記上:"初如拳如椀,驚顧之際,已如盤矣,～然分爲兩扇。"

按,説文無嚗字。

嚚 yín 語巾切,音銀,平,真韻,疑。真部。

愚,惡。廣雅釋詁:"嚚,愚也。"一切經音義二二引蒼頡:"嚚,惡也。"書堯典:"～訟可乎?"僞孔傳:"言不忠信爲嚚。"又:"父頑母～。"左傳僖公二十四年:"耳不聽五聲之和爲聾,目不别五色之章爲昧,心不則德義之經爲頑,口不道忠信之言爲～。"

[備考]語聲。見説文。

按,説文嚚字在㗊部。

十 六 畫

嚭 pǐ 匹鄙切,上,旨韻,滂。之部。

大。説文:"嚭,大也。从喜,否聲。春秋傳吴有太宰～。"

按,説文嚭字在喜部。

嚫 chèn 初覲切,音襯,去,震韻,穿二。

後起字。布施,施捨財物給僧尼。法苑珠林四一引梁高僧傳:"昔廬山慧遠嘗以一袈裟遺(法)進,進即以爲～。"

嚨 lóng 盧紅切,音籠,平,東韻,來。東部。

喉,見説文。爾雅釋鳥:"亢,鳥～。"郭璞注:"嚨,謂喉嚨。"

嚥 yàn 於甸切,音燕,去,霰韻,影。元部。

同"咽"。吞。論衡效力:"淵中之魚遞相吞食,度口所能容,然後～之。"

按,説文無嚥字。

嚪 dàn 集韻杜覽切,音淡,上,敢韻,定。談部。

同"啗"。利誘。史記樂毅列傳:"令趙～秦以伐齊之利。"

按,説文無嚪字。

嚬 pín 符真切,集韻毗賓切,音頻,平,真韻,並。真部。

同"顰"。皺眉。韓非子內儲説上:"吾聞明主之愛,一～一笑。～有爲～,而笑有爲笑。"

按,説文無嚬有顰,在瀕部。

嚮 1. xiàng 許亮切,音向,去,漾韻,曉。陽部。

❶向着,面向。書盤庚上:"若火之燎于原,不可～邇。"史記滑稽列傳:"～河立待良久。"引申爲將近。易隨:"君子以～晦入宴息。"又説卦:"聖人南面而聽天下,～明而治。"❷從前,原來。吕氏春秋察今:"病變而藥不變,～之壽民,今爲殤子矣。"❸北窗。荀子君道:"人主之所以窺遠收衆之門户牖～也。"字本作"向"。詩豳風七月:"塞向墐户。"

2. xiǎng 許兩切,音享,上,養韻,曉。陽部。

❹通"享"、"饗"。享受,享受祭祀。荀子解蔽:"故～萬物之美而不能嗛也。"漢書宣帝紀:"上帝嘉～,海内承福。"❺通"響"。回聲。易繫辭上:"其受命也如～。"莊子在宥:"若形之於影,聲之於～。"荀子議兵:"下之和上也如影～。"

[備考]勸。書洪範:"九曰～用五福。"僞孔傳:"言天所以嚮勸人用五福。"孔穎達疏:"福者人之所慕,皆嚮望之。"據孔疏則"嚮"爲嚮望之意。

按,説文無嚮字。

十 七 畫

嚲 duǒ 丁可切,上,哿韻,端。歌部。

❶虚弱。靈樞經口問:"黄帝曰:'人之～者,何氣使然?'岐伯曰:'胃不實則諸脈虚,…氣不能復,故爲～。'"❷下垂的樣子。唐岑參送郭乂雜言詩:"朝歌城邊柳～地。"❸躲。五代史平話梁史上:"霍存白守信諕得走上樹～了。"

按,説文無嚲字。

嚷 rǎng 音壤。

晚起字。叫喊。西遊記三回:"直～到森羅殿。"

嚽 chuò 音啜。月部。

同"啜"。食。荀子富國："墨子雖爲之衣褐帶索，～菽，飲水，烏能足之乎？"

按，説文無𡁯字。

囒 lán 落干切，音蘭，平，寒韻，來。元部。

〔囒哰〕雙聲聯緜字。語不可解。方言一〇："囒哰，…挐也。東齊周晉之鄙曰囒哰。"廣韻寒韻："囒，囒哰，儓挐，語不可解。"

按，説文無囒字。

𡁯 xī 香義切，集韻虚宜切，音羲，平，支韻，曉。

後起字。歎詞。明徐時琪緑綺新聲琴學須知："～然有嘆息之音。"

嚶 yīng 烏莖切，音鸚，平，耕韻，影。耕部。

鳥鳴聲。説文："嚶，鳥鳴聲也。"詩小雅伐木："～其鳴矣，求其友聲。"〔嚶嚶〕鳥鳴聲。詩小雅伐木："伐木丁丁，鳥鳴嚶嚶。"〔嚶喔〕雙聲聯緜字。鳥鳴聲。藝文類聚晉傅玄啄木詩："嚶喔嚶喔聲正悲。"〔嚶呦〕雙聲聯緜字。鳥鳴聲。宋蘇軾將如終南太平宫詩："我欲走南澗，春禽始嚶呦。"〔嚶嚀〕叠韻聯緜字。鳥鳴聲。宋梅堯臣寄題絳守園池詩："風蟲日鳥聲嚶嚀。"

［同源字］罌，嚶。見"罌"字條。

嚴 yán 語𩑈切，平，嚴韻，疑。談部。

❶教命急。見説文。禮記月令："申～號令。"引申爲緊急。孟子公孫丑下："事～，虞不敢請。"趙岐注："事嚴，喪事急。"❷威嚴。詩小雅六月："有～有翼。"朱熹集傳："嚴，威；翼，敬也。"❸尊敬。禮記學記："凡學之道，～師爲難。"孝經聖治："孝莫大於～父。"史記游俠列傳："諸公以故～重之。"❹整飭。古詩爲焦仲卿妻作："雞鳴外欲曙，新婦起～妝。"後漢書清河孝王慶傳："常夜分～裝，衣冠待明。"

［備考］裝，妝。漢明帝名劉莊。"裝、妝"避諱作"嚴"。後漢書陳紀傳："不復辦～，即時之郡。"又祭祀志下："具盥水，陳～具。"

按，説文嚴字在吅部。

嚵 chán 鋤銜切，平，銜韻，牀二。談部。

❶嘗，小飲。古文苑漢黄香九宫賦："粉白沙而～定容。"章樵注："嚵，説文曰：'小啐（啐）也。'謂吸之將盡。"❷〔裹嚵〕漢侯國名。

嚳 kù 苦沃切，音酷，入，沃韻，溪。覺部。

古帝名。禮記祭法："殷人禘～而郊冥。"

［備考］急告之甚。見説文。

十八畫

㘖 yán 集韻牛姦切，音顔，平，删韻，疑。元部。

〔㘖㘖〕争鬭的樣子。韓非子揚權："一棲兩雄，其鬭㘖㘖。"

按，説文無㘖字。

囁 niè 而涉切，入，葉韻，日。葉部。

〔囁嚅〕雙聲聯緜字。①竊竊私語。楚辭漢東方朔七諫怨世："改前聖之法度兮，喜囁嚅而妄作。"②欲言而又止。唐韓愈送李愿歸盤谷序："足將進而趑趄，口將言而囁嚅。"

按，説文無囁字。

囀 zhuàn 知戀切，音轉，去，線韻，知。

宛轉發聲。文選三國魏繁欽與魏文帝牋："能喉～引聲，與笳同音。"南朝梁何遜七召聲色："聽促柱之方遒，聞度聲之始～。"引申爲鳥鳴宛轉。北周庾信春賦："新年鳥聲千種～，二月楊花滿路飛。"

按，説文無囀字。

嚾 huān 集韻呼官切，音歡，平，桓韻，曉。元部。

呼，叫。後漢書禮儀志中："因作方相與十二獸儛，～呼周徧。"抱朴子彈禰："猶梟鳴狐～，人皆不喜。"〔嚾嚾〕喧囂的樣子。荀子非十二子："世俗之溝猶瞀儒，嚾嚾然不知其非也。"

按，説文嚾作䜈（囂），在㗊部。

嚻 1. xiāo 許嬌切，音枵，平，宵韻，曉。宵部。

㊀喧譁。左傳成公十六年："在陳而～。"杜預注："嚻，喧譁也。"又昭公三年："湫隘～塵。"杜預注："嚻，聲。"

2. áo 集韻牛刀切，音敖，平，豪韻，疑。宵部。

㊁〔嚻嚻〕衆聲盛的樣子。詩小雅車攻："之子于苗，選徒嚻嚻。"朱熹集傳："嚻，音翺。嚻嚻，衆聲盛也。"引申爲衆多的樣子。詩小雅十月之交："無罪無辜，讒口嚻嚻。"朱熹集傳："嚻，衆多貌。"

按，説文嚻字在㗊部。

嚼 jiáo（舊讀 jué）在爵切，入，藥韻，從。藥部。

用牙齒磨碎食物。文選漢司馬相如上林賦："咀～菱藕。"

按，説文嚼是噍的重文。

十 九 畫

囊 náng 奴當切，平，唐韻，泥。陽部。

盛物的袋子。詩大雅公劉："迺裹餱糧，于槖于～。"毛傳："小曰槖，大曰囊。"朱熹集傳："無底曰槖，有底曰囊。"漢書王吉傳："所載不過～衣。"顔師古注："有底曰囊，無底曰槖。"

按，説文囊字在㯻部。

囈 yì 魚祭切，音藝，去，祭韻，疑。

〔㖂囈〕雙聲聯緜字。見"㖂"字條。

按，説文無囈字。

囅 chǎn 集韻丑展切，上，獮韻，徹。元部。

〔囅然〕笑的樣子。莊子達生："桓公囅然而笑。"

按，説文無囅字。

囋 zá 才割切，入，曷韻，從。月部。

多言。荀子勸學："故不問而告謂之傲，問一而告二謂之～。"〔嘈囋〕雙聲聯緜字。見"嘈"字條。

按，説文無囋字。

二 十 畫

囏 jiān 古閑切，音間，平，山韻，見。文部。

同"艱"。周禮地官遺人："鄉里之委積以恤民之～阨。"

按，説文囏是艱的籀文，在堇部。

囐 1. zá 才割切，入，曷韻，從。月部。

㊀〔嘈囐〕雙聲聯緜字。見"嘈"字條。

2. yàn 集韻牛偃切，去願疑。

㊁〔囐噠〕古國名。即嚈噠。周書異域傳下："囐噠國，大月氏之種類，在于闐之西。"

按，説文無囐字。

二十一畫

囓 niè 篇海類編延結切，音臬。

後起字。同"齧"。咬。後漢書孔融傳："至於輕弱薄劣，猶昆蟲之相～，適足還害其身。"

囑 zhǔ 之欲切，音燭，入，燭韻，照三。

囑託，叮囑。後漢書卓茂傳："亭長爲從汝求乎？爲汝有事～之而受乎？"

按，説文無囑字。囑託的意義古但作屬。

囗 部

〔囗部總論〕

"囗"是古"圍"字。説文："囗，回也，象回帀之形。"凡有圍繞、周圍的意義的字多从口。“回”字古文作，表示環繞。凡表示圓形的字多从口，如“圜”、“團”、“圓”等。圓形的用具也从口，如“囷”。國的四面有疆界，所以“國”字从口。園囿圃的周圍有藩籬或圍墻，所以“園”、“囿”、“圃”从口。圈溷也有圍墻，所以“圈”、“溷”从口。囹圄也有圍墻，所以“囹”、“圄”也从口。囚犯關在囹圄裏，所以“囚”字从口。“固”的本義是四塞，所以“固”字从口。衹有“圖”、“因”等字从口是不大好解釋的。

口 wéi 雨非切，音違，平，微韻，喻三。微部。

古“圍”字。説文：“口，回也，象回帀之形。”

二　畫

四 sì 息利切，去，至韻，心。脂部。

數名。書堯典：“以閏月定～時，成歲。”

［同源字］四，駟，牭。見“駟”字條。

按，説文四字在四部。

囚 qiú 似由切，平，尤韻，邪。幽部。

拘繫，拘禁。書蔡仲之命：“～蔡叔于郭鄰。”引申爲被拘繫的人，被俘虜的人。詩魯頌泮水：“在泮獻～。”左傳成公九年：“晉侯觀于軍府，見鍾儀。問之曰：‘南冠而縶者誰也？’有司對曰：‘鄭人所獻楚～也。’”又爲被拘禁在監牢内的罪犯。禮記月令仲夏之月：“挺重～，益其食。”

三　畫

因 yīn 於真切，平，真韻，影。真部。

❶憑藉，依靠。左傳僖公三十年：“～人之力而敝之，不仁。”孟子離婁上：“爲高必～丘陵，爲下必～川澤。”史記衛青列傳：“～前使絶域功，封（張）騫博望侯。”引申爲原因。史記鄒陽列傳：“故無～至前，雖出隨侯之珠，夜光之璧，猶結怨而不見德。”又爲連詞。因爲（晚起義）。紅樓夢六二回：“這些人～賈母王夫人不在家，没了管束，便任意作樂。”❷沿襲。左傳昭公二十年：“昔爽鳩氏始居此地，季萴～之，有逢伯陵～之，蒲姑氏～之，而後太公～之。”論語爲政：“殷～於夏禮。”❸佛教語“因緣”的簡稱。宋蘇軾予以事繫御史監獄…故作二詩以遺子由：“與君世世爲兄弟，更結來生未了～。”❹副詞。於是，因此就。穀梁傳僖公二十八年：“天子免之，～與之會。”戰國策齊策四：“以責賜諸民，～燒其券。”

［備考］猶如。戰國策楚策四：“夫雀其小者也，黄鵠～是以（已）。”

回 huí 户恢切，平，灰韻，匣。微部。

❶旋轉。詩大雅雲漢：“倬彼雲漢，昭～于天。”毛傳：“回，轉也。”楚辭九章悲回風：“悲～風之摇蕙兮。”這個意義也寫作“迴”。爾雅釋天：“迴風爲飄。”唐杜甫登高詩：“渚清沙白鳥飛迴。”引申爲掉轉。楚辭戰國屈原離騷：“～朕車以復路兮，及行迷之未遠。”又爲返回，回歸（後起義）。唐杜甫鄭駙馬池臺喜遇鄭廣文同飲詩：“燃臍郿塢敗，握節漢臣～。”❷邪僻。詩小雅小旻：“謀猶～遹。”朱熹集傳：“回，邪；遹，辟。”又鼓鐘：“淑人君子，其德不～。”朱熹集傳：“回，邪也。”又大雅大明：“厥德不～，以受方國。”朱熹集傳：“回，邪也。”❸量詞。一次叫一回（後起義）。唐杜甫上白帝城詩：“江城含變態，一上一～新。”又絶句漫與詩：“漸老逢春能幾～？”

［備考］違。詩大雅常武：“徐方不～。”鄭箋：“回，猶違也。”

［辨］回，迴。見“迴”字條。

［同源字］①韋，違，回。見“韋”字條。

②沄，囩，運，回。見“沄”字條。

囟 xìn 息晉切，音信，去，震韻，心。真部。

囟門，嬰兒頭頂骨未合縫的地方。禮記内則：“男角女羈。”鄭玄注：“夾～曰角。”孔穎達疏："囟是首腦之上縫。"

按，說文囟字在囟部。

四　畫

园 wán 五丸切，平，桓韻，疑。元部。

同"刓"。削使圓。莊子齊物論："五者～而幾向方矣。"後漢書孔融傳："豈有員～委屈可以每其生哉？"注："园，即刓字。"

［同源字］沄，园，運。見"沄"字條。

按，說文园作刓，在刀部。

困 kùn 苦悶切，去，慁韻，溪。文部。

㊀艱難，窘迫。書盤庚中："汝不憂朕心之攸～。"禮記中庸："事前定則不～。"引申爲使窘。史記申屠嘉列傳："文帝度丞相已～(鄧)通。"㊁貧乏。左傳僖公三十年："行李之往來，共其乏～。"史記宋微子世家："歲饑民～，吾誰爲君？"㊂勞倦。後漢書耿純傳："昨夜～乎？"

囤 dùn 徒損切，上，混韻，定。

儲存糧食的器具。魏書孝文紀："諸倉～穀麥充積者出賜平民。"

［同源字］笹，屯，囤。見"笹"字條。

按，說文囤作笹，在竹部。

囧 jiǒng 俱永切，上，梗韻，見。陽部。

窗透明。說文："囧，窗牖麗廔闓明也。"引申爲大明。一切經音義五："囧，大明也，亦章也。"

按，說文囧字在囧部。

圀 hú 字彙户骨切，音忽。

後起字。〔圀圇〕完整，渾然一體。朱子語類三四："道理也是一箇有條理底物事，不是圀圇一物。"

囮 é 五禾切，音訛，平，戈韻，疑。歌部。

鳥媒。說文："率鳥者繫生鳥以來之，名曰囮。讀若譌。"

囱 1. chuāng 楚江切，音窗，平，江韻，穿二。東部。

㊀同"窗"。說文："在牆曰牖，在屋曰囱。"

按，囱的本義是天窗。後來與"牖"同義。

2. cōng 倉紅切，音聰，平，東韻，清。

㊁竈突。見玉篇。即煙囱。

按，說文囱字在囱部。

五　畫

囹 líng 郎丁切，音零，平，青韻，來。耕部。

〔囹圄〕〔囹圉〕監牢。禮記月令："命有司省囹圄。"史記秦始皇本紀："虛囹圉而免刑戮。"

囷 qūn 去倫切，平，真韻，溪。文部。

圓倉。詩魏風伐檀："不稼不穡，胡取禾三百～兮？"

固 gù 古暮切，去，暮韻，見。魚部。

㊀地勢險要，難攻易守。說文："固，四塞也。"塞，讀爲邊塞的塞。周禮夏官掌固鄭玄注："固，國所依阻者也。國曰固，野曰險。"戰國策秦策一："東有肴函之～。"姚宏注："固，牢堅，難攻易守也。"論語季氏："今夫顓臾～而近於費。"漢賈誼過秦論："秦孝公據殽函之～。"漢書婁敬傳："且夫秦地被山帶河，四塞以爲～。"㊁堅。詩小雅天保："天保定爾，亦孔之～。"毛傳："固，堅也。"引申爲鞏固，牢實。論語學而："君子不重則不威，學則不～。"㊂頑固，固執。論語子罕："毋意，毋必，毋～，毋我。"又憲問："非敢爲佞也，疾～也。"孟子告子下："～哉高叟之爲詩也！"㊃鄙陋。禮記曲禮下："君子謂之～。"注："固，陋也。"論語述而："奢則不孫，儉則～。"㊄副詞。①堅決。書舜典："禹拜稽首～辭。"②本來。論語子罕："～天縱之將聖，又多能也。"孟子梁惠王上："臣～知王之不忍也。"

六　畫

囿 yòu 于救切，音又，去，宥韻，喻三。職部。

有圍牆的動物園。詩大雅靈臺:"王在靈~,麀鹿攸伏。"引申爲有圍牆的園子。大戴禮夏小正:"~,有韭~也。"又:"~有見杏。"又爲動詞。局限,拘泥。莊子徐无鬼:"辨士無談説之序則不樂,察士無凌誶之事則不樂,皆~於物者也。"

七　畫

圁 yín 語巾切,音銀,平,真韻,疑。元部。

水名。史記匈奴列傳:"晉文公攘戎翟,居于河西~洛之間。"

按,説文圁作訚,在言部。參閲段玉裁"訚"字注。

圃 pǔ 博古切,上,姥韻,幫。今讀如普。魚部。

種植果木瓜菜的園地。詩豳風七月:"九月築場~。"引申爲種菜的人。論語子路:"吾不如老~。"

[備考]大。國語周語中:"藪有~草。"韋昭注:"圃,大也。必有茂大之草以備財用也。"

圄 yǔ 魚巨切,音語,上,語韻,疑。魚部。

監牢。晏子春秋諫下:"景公藉重而獄多,拘者滿~,怨者滿朝。"〔图圄〕見"图"字條。引申爲囚禁。左傳宣公四年:"~伯嬴於轑陽而殺之。"

圂 hùn 胡困切,去,慁韻,匣。文部。

猪圈。説文:"圂,厠也。从囗,象豕在囗中也。"漢書五行志中之下:"豕出~。"

八　畫

圈 1. juàn 渠篆切,上,獮韻,羣。元部。

❶養獸之所。淮南子主術:"故夫養虎豹犀象者爲之~檻。"史記張釋之列傳:"從行登虎~。"

2. quān 集韻驅圓切,平,僊韻,溪。元部。

❷屈木所製的器皿。禮記玉藻:"母没而杯~不能飲焉。"字本作"棬"。孟子告子上:"性猶杞柳也,義猶桮棬也。"❸圓圈,圈子(後起義)。朱子語類訓門人:"某不是要教人步步相循,都來入這~套。"

圊 qīng 七情切,音清,平,清韻,清。耕部。

厠所。爾雅釋宫:"圊,厠也。"三國志蜀書諸葛亮傳注引袁子:"所至營壘、井竈、~溷、藩籬、障塞,皆應繩墨。"

[同源字]清,浄,圊。見"清"字條。

按,説文無圊字。

圉 yǔ 魚巨切,音語,上,語韻,疑。魚部。

❶養馬。左傳僖公二十八年:"不有行者,誰扞牧~?"引申爲養馬的人。左傳昭公七年:"馬有~,牛有牧。"❷邊境。左傳隱公十一年:"亦聊以固吾~也。"❸監牢。漢書王褒傳聖主得賢臣頌:"昔周公躬吐捉之勞,故有~空之隆。"文選作"圄"。〔图圉〕見"图"字條。❹通"敔"。樂器名,狀如伏虎。詩周頌有瞽:"鞉磬柷~。"

[同源字]籞,圉。見"籞"字條。

按,説文圉字在㚔部。

國 guó 古或切,入,德韻,見。職部。

❶國家。書無逸:"肆高宗之享~五十有九年。"諸侯國亦得稱"國"。左傳僖公七年:"~危矣,請下齊以救~。"封地、食邑亦得稱國。戰國策齊策四:"孟嘗君就~於薛。"❷國都。書金縢:"管叔及其羣弟乃流言于~。"左傳隱公元年:"先王之制,大都不過參~之一。"文選戰國宋玉對楚王問:"客有歌於郢中者,其始曰下里巴人,~中屬而和者數千人。"

[辨]①邑,都,國。見"邑"字條。

②邦,國。見"邦"字條。

圇 lún 字彙龍春切,音倫。

〔囫圇〕見"囫"字條。

九 畫

圍 wéi 雨非切,平,微韻,喻三。微部。

❶包圍。左傳襄公十二年:"莒人伐我東鄙,～台。"引申爲周圍,範圍。易繫辭上:"範～天地之化而不過。"孔穎達疏:"範,謂模範;圍,謂周圍。"〔九圍〕九州。詩商頌長發:"帝命式於九圍。"毛傳:"九圍,九州也。"❷量詞。計量圓周的單位。莊子人間世:"見櫟社樹,其大蔽數千牛,絜之百～。"釋文:"李云徑尺爲圍,蓋十丈也。"又:"三～四～,求高名之麗者斬之。"釋文:"崔云圍環八尺爲一圍。"一說合抱爲一圍。❸打獵的圍場(後起義)。隋書禮儀志:"百官戎服騎從,鼓行入～。"

［備考］守。説文:"圍,守也。"公羊傳莊公十年:"～不言戰。"何休注:"以兵守城曰圍。"

圔 yā 乙鎋切,入,鎋韻,影。

後起字。駱駝叫聲。唐韓愈征蜀聯句:"椎肥牛呼牟,載實駝鳴～。"

圌 1. chuán 市緣切,平,仙韻,禪。元部。

❶竹製圓形盛穀器。見釋名釋宮。

2. tuán 音團。元部。

❷通"團"。圓形。論衡變動:"夫以果蓏之細,員～易轉。"

3. chuí 是爲切,音垂,平,支韻,禪。

❸山名。廣韻:"圌,山名,在吴都。"

按,説文圌作篅,在竹部。

十 畫

園 yuán 雨元切,平,元韻,喻三。元部。

❶有籬笆圍繞種植蔬果的地方。詩鄭風將仲子:"無踰我～。"引申爲花園,别墅,供遊息的地方。世説新語簡傲:"王子敬自會稽經吴,聞顧辟疆有名～。"❷帝王的墓地。史記叔孫通列傳:"先帝～陵寢廟,羣臣莫能習。"

圔 yà 烏洽切,入,洽韻,影。

〔窊圔〕形容樂聲低迴。文選漢馬融長笛賦:"惆悵怨懟,窊圔窴赧。"

圓 yuán 王權切,平,仙韻,喻三。文部。

方圓的圓,圓形。墨子法儀:"百工爲方以矩,爲～以規。"孟子離婁上:"不以規矩,不能成方～。"

十 一 畫

圝 wān 集韻烏關切,音彎,平,删韻,影。

〔圝潫〕叠韻聯緜字。水勢回旋的樣子。文選晉郭璞江賦:"泓汯泂澋,涒鄰圝潫。"李善注:"皆水勢回旋之貌。"

按,説文無圝字。

團 tuán 度官切,平,桓韻,定。元部。

❶圓。説文:"團,圜也。"南朝梁吴均八公山賦:"桂皎月而常～,雲望空而自布。"〔團團$_1$〕圓貌。文選漢班婕妤怨歌行:"裁爲合歡扇,團團似明月。"〔團欒$_1$〕〔團圞$_1$〕叠韻聯緜字。圓貌。南朝宋謝靈運登永嘉緑嶂山詩:"澹瀲結寒姿,團欒潤霜質。"〔團圓$_1$〕叠韻聯緜字。圓貌。唐元稹高荷詩:"颭閃碧雲扇,團圓青玉叠。"❷聚集,聚合。漢崔寔四民月令:"齊人呼寒食爲冷節,以麵爲蒸餅様,～棗附之。"唐張説東都酺宴詩:"争馳羣鳥散,鬬伎百花～。"〔團團$_2$〕凝聚貌。南朝梁江淹雜體劉文學感懷詩:"蒼蒼山中桂,團團霜露色。"〔團欒$_2$〕〔團圞$_2$〕團聚。唐杜荀鶴亂後山中作詩:"兄弟團欒樂,羈孤遠近歸。"〔團圓$_2$〕團聚。唐李羣玉湖寺清明夜遣懷詩:"久向饑寒抛弟妹,每因時節憶團圓。"❸軍隊編制單位名。隋書禮儀志:"又步卒八十隊,分爲四～。"

圖 tú 同都切,平,模韻,定。魚部。

❶謀畫。詩小雅常棣:"是究是～。"引申爲設法對付。左傳隱公元年:"無使滋蔓,蔓難～也。"又爲謀取。戰國策秦策四:"韓

魏從而天下可～也。”㊁圖畫。莊子田子方：“宋元君將畫～。”又特指地圖。周禮夏官職方氏：“職方氏掌天下之～。”又特指河圖。文選漢蔡邕郭有道碑：“遂考覽六經，探綜～緯。”

［備考］通“度(dù)”，法度。楚辭戰國屈原九章懷沙：“章畫志墨兮，前～未改。”王逸注：“圖，法也。”史記屈原列傳作“度”。

十三畫

圜 1. yuán 王權切，音圓，平，仙韻，喻三。元部。

㊀同“圓”。圓形。楚辭戰國宋玉九辯：“～鑿而方枘兮，吾固知其鉏鋙而難入。”吕氏春秋圜道：“何以説天道之～也？”又特指天體。易説卦：“乾爲天，爲～。”楚辭戰國屈原天問：“～則九重，孰營度之？”

2. huán 户關切，音還，平，删韻，匣。元部。

㊀環繞。列子説符：“有懸水三十仞，～流九十里。”漢書高五王傳：“迺割臨菑東～悼惠王冢園邑，盡以予菑川。”

十九畫

圝 luán 落官切，音鸞，平，桓韻，來。

後起字。〔團圝〕同〔團欒〕〔團圞〕。見“團”字條。

二十三畫

圞 luán 音鸞。

〔團圞〕見“團”字條。

土部

［土部總論］

凡與土有關的字多从土。大致可以分爲下列七類：

(一)土的種類。例如：地 壤 埴 墣 塊 塵 埃

(二)地形。例如：壟 塍 堤 塘 堰 坎 塹 埂 坻

(三)土器。例如：型 壎 圭

(四)建築物。例如：堂 城 壘 塔 墳 墓 塋 塒 墠 壇 場

(五)房屋的部分。例如：基 址 垣 墉 堵 壁 堞 垝 坫 埒 墀

(六)疆界，區域。例如：境 埸 塞 垂 域 垓 埏

(七)與泥土有關的行爲。例如：墐 堊 圬 埽 培 壅 埋

土 tǔ 他魯切，上，姥韻，透。魚部。

㊀土壤，泥土。書禹貢：“厥貢惟～五色。”引申爲土地，田地。書禹貢：“桑～既蠶，是降丘宅～。”荀子富國：“今是～之生五穀也，人善治之。”又爲國土，領土。禮記大學：“有人此有～。”國語晉語一：“今晉國之方，偏侯也，其～又小。”又爲鄉土。後漢書班超傳：“超自以久在絶域，年老思～。”㊁社神，土地之神。公羊傳僖公三十一年：“諸侯祭～。”何休注：“土謂社也。”㊂量度，測量。周禮地官大司徒：“以土圭～其地而制其域。”

［備考］居。詩大雅緜：“民之初生，自～沮漆。”毛傳：“土，居也。”朱熹集傳：“土，地也。”與毛傳異。

［同源字］社，土。見“社”字條。

一 畫

圠 yà 烏黠切，音軋，入，黠韻，影。

❶山曲。見玉篇。❷〔坱圠〕雙聲聯緜字。見"坱"字條。

按，説文無圠字。

三 畫

圩 wū 哀都切，音汙，平，模韻，影。魚部。

泥鏝，塗牆壁的工具。〔圩人〕塗牆的工人。左傳襄公三十一年："圩人以時塓館宫室。"圩又用作動詞，表示塗牆。史記仲尼弟子列傳："糞土之牆不可～也。"論語公冶長作"杇"。

按，説文圩作杇，在木部。

圭 guī 古攜切，平，齊韻，見。支部。

❶土圭，古代用來測影定四時和測量地形的器具。周禮地官大司徒："以土～之法測土深，正日景，以求地中。"又春官典瑞："土～致日月四時，封國則以土地。"又考工記玉人："土～尺有五寸，以致日，以土地。"❷古代帝王、諸侯舉行隆重儀式時所用的玉製禮器，上尖下方。書禹貢："禹錫玄～，告厥成功。"又顧命："太保承介～。"❸〔圭田〕卿大夫士供祭祀用的田地。禮記王制："夫圭田無征。"孟子滕文公上："卿以下必有圭田，圭田五十畝。"❹量名。六十四黍爲圭，四圭爲撮。漢書律曆志上："量多少者不失～撮。"

圯 yí 與之切，音頤，平，之韻，喻四。之部。

橋。説文："圯，東楚謂橋爲圯。"史記留侯世家："良嘗閒從容步游下邳～上，有一老父，衣褐，至良所，直墮其履～下。"

圮 pǐ 符鄙切，集韻部鄙切，上，旨韻，並。之部。

毁。書堯典："方命～族。"文選漢張衡東京賦："漢初弗之宅，故宗緒中～。"

地 dì 徒四切，去，至韻，定。歌部。

❶土地，田地，地面。書泰誓上："惟天～萬物父母。"又説命上："若跣弗視～，厥足用傷。"周禮地官大司徒："諸公之～，封疆方五百里。"❷地位。孟子離婁下："禹、稷、顔子，易～則皆然。"❸質地，底子（後起義）。三國志魏書東夷傳："今以絳～交龍錦五匹，絳～縐粟罽十張，…答汝所獻貢直。"論語八佾"繪事後素"朱熹注："謂先以粉～爲質，而後施五彩。"❹副詞詞尾（後起義）。唐李白越女詞："相看月未墮，白～斷肝腸。"唐杜甫陪栢中丞觀宴將士詩："幾時來翠節，特～引紅粧。"此義今讀輕聲 de。

［備考］㊀居。書盤庚下："用永～於新邑。"僞孔傳："用長居新邑。"㊁通"第"。①但。漢書丙吉傳："西曹～忍之。"②門第。世説新語假譎："已覓得婚處，門～粗可。"

在 zài 昨宰切，上，海韻，從。之部。

存在。易乾："見龍～田。"春秋昭公三十年："公～乾侯。"國語晉語四："與從者謀於桑下，蠶妾～焉，莫知其～也。"論語學而："父～觀其志，父没觀其行。"引申爲在於。易乾："是故居上位而不驕，～下位而不憂。"荀子勸學："駑馬十駕，功～不舍。"

［備考］㊀察。書舜典："～璿璣玉衡，以齊七政。"僞孔傳："在，察也。"禮記文王世子："必～視寒暖之節。"鄭玄注："在，察也。"㊁存問。左傳襄公二十六年："吾子獨不～寡人。"杜預注："在，存問之。"

四 畫

坊 1. fáng 符方切，音房，平，陽韻，奉。陽部。

❶堤防。禮記郊特牲："祭～與水庸。"孔穎達疏："坊者所以畜水，亦以鄣水；庸者所以受水，亦以泄水。"引申爲防衛的工事。戰國策秦策一："長城鉅～，足以爲基。"❷防範。

禮記坊記："故君子禮以～德，刑以～淫，命以～欲。"

2. fāng 府良切，音方，平，陽韻，非。

㊂别屋。文選三國魏何晏景福殿賦："屯～列署，三十有二。"㊃城市里巷的通稱。舊唐書食貨志上："在邑居者爲～，在田野者爲村。"唐杜甫西郊詩："時出碧雞～，西郊向草堂。"㊄官署名稱。如唐有太子左右春～。㊅工場。如酒坊。㊆店舖。㊇牌坊。

［備考］土型。淮南子齊俗："鑪、橐、埵、～設，非巧冶不能以冶金。"高誘注："坊，土刑也。"

［辨］防，坊，隄，堤，唐，隮，塘，墳，坋。見"防"字條。

按，説文無坊字，新附有之，云："邑里之名。"

坑

kēng 客庚切，平，庚韻，溪。陽部。

㊀地上深陷處。楚辭漢東方朔七諫："死日將至兮，與麋鹿同～。"㊁活埋。論衡語增："～儒士，起自諸生爲妖言，見坑者四百六十七人。"字本作"阬"。史記項羽本紀："於是楚軍夜擊阬秦卒二十餘萬人新安城南。"

按，説文坑作阬，在阜部。

坒

bì 毗至切，音鼻，去，至韻，並。脂部。

相次比。見説文。漢揚雄太玄經一："陰陽～參。"范望注："坒，比也。"亦作"坐"。文選晉左思吴都賦："士女佇眙，商賈駢坒。"

坂

bǎn 府遠切，集韻部版切，上，潸韻，並。今讀如板。元部。

山坡。後漢書梁冀傳："又廣開園囿，採土築山，十里九～，以像二崤。"漢荀悦前漢紀一："此猶以下～而走丸也。"漢書蒯通傳作"阪"。

按，説文坂作阪。

坏

1. pī 集韻鋪枚切，音胚，平，灰韻，滂。之部。

㊀土丘。説文："坏，丘再成者也。"字亦作"伓"。爾雅釋山："山一成，伓。"宋范成大長安閘詩："千車擁孤隧，萬馬盤一～。"㊁未燒的陶器。説文："坏，…一曰瓦未燒。"

2. péi 集韻蒲枚切，音裴，平，灰韻，並。

㊂用泥塗塞空隙。禮記月令孟秋之月："脩宫室，～牆垣，補城郭。"釋文："坏，步回反。"㊃屋的後牆。漢書揚雄傳解嘲："故士或自盛以橐，或鑿～以遁。"顔師古注："蘇林曰：坏，音陪。"

址

zhǐ 諸市切，上，止韻，照三。之部。

基。文選晉左思吴都賦："霸王之所根柢，開國之所基～。"

［辨］趾，止，址，阯。見"趾"字條。

按，説文址是阯的重文，在阜部。

坅

qǐn 丘甚切，上，寢韻，溪。侵部。

地洞。儀禮既夕禮："甸人築～坎。"鄭玄注："穿坎之名，一曰坅。"

按，説文無坅字。

坋

fèn 房吻切，音憤，上，吻韻，奉。文部。

㊀塵。見説文。㊁將粉末敷在他物上。漢書貨殖傳"濁氏以胃脯而連騎"顔師古注："晉灼曰：今太官常以十月作沸湯燖羊胃，以末椒薑～之，暴使燥是也。"後漢書東夷傳："並以丹朱～身，如中國之用粉也。"

［辨］防，坊，隄，堤，唐，隮，塘，墳，坋。見"防"字條。

坹

jiá 古黠切，音戛，入，黠韻，見。

垢。山海經西山經"錢來之山其上多松，其下多洗石"郭璞注："澡洗可以磢體，去垢～。"

按，説文無坹字。

毦

hào 音耗。

同"耗"。〔毦土〕瘠薄的土地。孔子家語執轡："毦土之人醜。"王肅注："毦，耗字也。"大戴禮易本命作"耗土"。

按，説文無毦字。

均 1. jūn 居匀切，平，諄韻，見。真部。

❶平均，均匀。詩小雅節南山："秉國之～。"毛傳："均，平也。"又北山："大夫不～，我從事獨賢。"論語季氏："不患貧而患不～。"❷調和，調節。詩小雅皇皇者華："我馬維駰，六轡既～。"禮記月令仲夏之月："～琴瑟管簫。"荀子禮論："笙竽具而不和，琴瑟張而不～。"❸同。左傳僖公五年："～服振振。"杜預注："戎事上下同服。"引申爲副詞。皆。國語晉語："～是惡也。"韋昭注："均，同也。"❹同"鈞"。陶工使用的轉輪。管子七法："不明於則而欲出號令，猶立朝夕於運～之上。"❺漢代量酒的單位。漢書食貨志下："令官作酒，以二千五百石爲一～。"

2. yùn 集韻王問切，音運，去，問韻，喻三。文部。

❻音樂術語。我國古代十二律中，以任何一律爲宫，在其上建立的音階，叫"均"。如黄鐘均，南吕均。楚辭漢賈誼惜誓："二子擁瑟而調～兮，余因稱乎清商。"❼同"韻"。文選晉成公綏嘯賦："音～不恒，曲無定制。"李善注："均，字也。"

［辨］鈞，均。見"鈞"字條。

坍 tān 集韻他甘切，平，談韻，透。

後起字。水壞岸。見集韻。引申爲江水冲壞淹没田地。又爲倒塌。

圾 jí 集韻逆及切，音岌，入，緝韻，疑。緝部。

同"岌"。危。莊子天地："殆哉～乎天下！"釋文："圾，本又作岌。"

按，説文無圾字。今"垃圾"之圾讀 jī。

坎 kǎn 苦感切，上，感韻，溪。談部。

❶地面低陷的地方。易説卦："～，陷也。"引申爲墓穴。禮記檀弓下："往而觀其葬焉，其～深不至於泉。"又爲祭祀用的坑穴。禮記祭法："四～壇，祭四方也。"❷〔坎廩〕〔坎壈〕叠韻聯緜字。不平貌，喻遭遇不順利。楚辭戰國宋玉九辯："坎廩兮，貧士失職而志不平。"又漢劉向九歎："惟鬱鬱之憂毒兮，志坎壈而不違。"〔坎坷〕〔坎軻〕雙聲聯緜字。不平貌，坑坑窪窪。漢書揚雄傳河東賦："濊南巢之坎坷兮，易豳岐之夷平。"又喻遭遇不順利。三國志蜀書劉劭傳注引毌丘儉詩："壯士志未伸，坎軻多辛酸。"❸擊物聲。詩陳風宛丘："～其擊鼓。"又："～其擊缶。"❹〔坎坎〕①象聲詞。砍伐或槌擊的聲音。詩魏風伐檀："坎坎伐檀兮。"又小雅伐木："坎坎鼓我，蹲蹲舞我。"②空貌。漢揚雄太玄窮："其腹坎坎。"③喜悦。爾雅釋訓："坎坎，壿壿，喜也。"梁簡文帝馬寶頌："懷情坎坎，譬草木之值春風。"④不平。唐柳宗元弔屈原文："哀余衷之坎坎兮，獨藴憤而增傷。"

［同源字］陷，坎。見"陷"字條。

圻 1. qí 渠希切，音祈，平，微韻，羣。文部。

❶同"畿(jī)"。天子都城周圍千里之地叫"圻"。左傳襄公二十五年："且昔天子之地一～。"引申爲地方千里。左傳昭公二十三年："今土數～，而郢是城，不亦難乎？"❷曲岸。文選南朝宋謝靈運富春渚詩："遡流觸驚急，臨～阻參錯。"李善注："埤蒼曰：圻，曲岸頭也。"

2. yín 語斤切，音齦，平，欣韻，疑。文部。

❸同"垠"。邊際。淮南子俶真："四達無境，通于無～。"

按，説文圻是垠的重文。

坳 mò 集韻莫勃切，音没，入，没韻，明。物部。

同"歿"、"殁"。史記王翦列傳："偷合取容，以至～身。"

坻 zhǐ 諸氏切，音紙，上，紙韻，照三。支部。

❶説文："坻，箸也。"❷止。徐鍇説文繫傳引左傳："物乃～伏。"今左傳昭公二十九年作"坻伏"，杜預注："坻，止也。"段玉裁説文解字注云："此坻字見於經者，而開成石經譌作坻，其義迥異。楚金所見左傳故不誤。"

坐 1. zuò 徂果切，上，果韻，從。歌部。

㊀古人席地而坐，雙膝跪地，臀部靠在脚後跟上。書太甲上："～以待旦。"

2. zuò 徂卧切，音座，去，過韻，從。歌部。

㊁坐位。韓非子外儲説左上："鄭人有欲買履者，先自度其足而置之其～。"三國志魏書王粲傳："車騎填巷，賓客盈～。"這個意義後來寫作"座"。㊂被罪。史記商君列傳："商君之法，舍人無驗者～之。"漢書賈誼傳："古者大臣有～不廉而廢者。"㊃因爲，由於。樂府詩集陌上桑："來歸相怒怨，但～觀羅敷。"唐杜牧山行詩："停車～愛楓林晚，霜葉紅於二月花。"㊄副詞。①自然而然。管子輕重甲："北海之衆無得聚庸而煮鹽，則鹽必～長而十倍。"三國志蜀書諸葛亮傳注引出師表："今歲不戰，明年不徵，使孫策～大，遂并江東。"文選晉張華雜詩："朱火青無光，蘭膏～自凝。"李善注："無故自凝曰坐。"②空，徒然。南朝梁江淹望荆山詩："玉柱空掩露，金樽～含霜。"③遂，即將。唐柳宗元早梅詩："寒英～銷落，何用慰遠客？"④正，恰好。唐杜甫答揚梓州詩："悶到房公池水頭，～逢揚子鎮東州。"

［備考］㊀守。左傳桓公十二年："楚人～其北門，而覆諸山下。"杜預注："坐，猶守也。"㊁對質。左傳昭公二十三年："使與邾大夫～。"杜預注："坐，訟曲直。"又僖公二十八年："衛侯與元咺訟，甯武子爲輔，鍼莊子爲～。"

［辨］①跪，坐，拜，跽。見"跪"字條。

②蹲，踞，坐。見"蹲"字條。

坌 bèn 蒲悶切，去，慁韻，並。文部。

㊀塵。見廣韻。金元好問戊戌十月山陽夜雨詩："霏霏散浮煙，靄靄積微～。""坌"又用作動詞，表示飛塵落於物體上。左傳昭公二十五年"季氏介其雞"孔穎達疏："擣芥子爲末，播其雞翼，可以～郈氏雞目。"唐元稹説劍詩："古今困泥滓，我亦～塵垢。"㊁並。史記司馬相如列傳哀二世賦："登陂阤之長阪兮，～入曾宮之嵯峨。"

按，説文無坌字。

五　畫

坪 píng 符兵切，集韻蒲兵切，音平，平，庚韻，並。耕部。

地平。見説文。多用于地名。唐温庭筠觀棋詩："閒對楸枰傾一壺，黄華～上幾成盧。"

坷 kě 枯我切，音可，上，哿韻，溪。歌部。

〔坎坷〕〔埳坷〕〔壈坷〕雙聲聯緜字。見"坎"字條和"埳"字條及"壈"字條。

坩 gān 苦甘切，平，談韻，溪。今讀如甘。

土器。世説新語賢媛："陶公（侃）少時作魚梁吏，嘗以～鮓餉母。"

按，説文無坩字。

坯 pī 芳杯切，集韻鋪枚切，平，灰韻，滂。之部。

㊀丘一成爲坯。爾雅釋山："山三襲，陟；再成，英；一成，坯。"㊁未燒的陶器。淮南子精神："夫造化既以我爲～矣，將無所違之矣。"

按，説文坯作坏。

坺 bá 蒲撥切，音跋，入，末韻，並。月部。

㊀一臿土謂之坺。見説文。段玉裁注："一臿所起之土謂之坺，今人云'坺頭'是也。"㊁通"旆"。詩商頌長發："武王載旆。"説文引作"武王載坺"。㊂塵貌。見説文。

坲 fú 符弗切，入，物韻，奉。物部。

〔坲坲〕塵埃飛揚的樣子。楚辭漢劉向九歎遠逝："飄風蓬龍，埃坲坲兮。"亦省作"坲"。唐韓愈山南鄭相公樊員外酬答詩："帝咨女予往，牙纛前坌～。"

按，説文無坲字。

坡 pō 滂禾切，平，戈韻，滂。歌部。

㊀地形傾斜的地方。説文："坡，阪也。"

三國魏阮籍詠懷詩:"朝登洪～顛,日夕望西山。"㊁〔坡陀〕叠韻聯緜字。山勢不平坦的樣子。唐杜甫八哀詩:"坡陀青州血,蕪没汶陽瘞。"

坫 1. diàn 都念切,音店,去,㮇韻,端。談部。

㊀古代設於堂中兩楹間的土臺。低者用來供諸侯相會飲酒後置放空杯,叫反坫;高者用來置放來會諸侯所餽贈的玉圭等物,叫崇坫。禮記明堂位:"反～出尊,崇～康圭。"論語八佾:"邦君爲兩君之好,有反～。"㊁古代靠近厨房置放食物的土臺。禮記内則:"大夫於閣三,士於～一。"

2. zhēn 知林切,音砧,平,侵韻,知。

㊂人死入棺後淺埋以待改葬。廣韻:"坫,權安厝也。"

坦 tǎn 他但切,上,旱韻,透。元部。

㊀平坦。易履:"履道～～。"世説新語言語:"其地～而平。"㊁直率,開朗。論語述而:"君子～蕩蕩。"㊂裸露。世説新語雅量:"唯有一郎在東牀上～腹卧,如不聞。"

坤 kūn 苦昆切,平,魂韻,溪。文部。

八卦之一,象地。説文:"坤,地也,易之卦也。"易繫辭上:"天尊地卑,乾～定矣。"又指女性。易繫辭上:"乾道成男,～道成女。"

坱 ǎng 烏朗切,上,蕩韻,影。陽部。

㊀塵。見説文。唐柳宗元法華寺石門精室詩:"潛軀委韁鎖,高步謝塵～。"㊁〔坱圠〕〔坱軋〕雙聲聯緜字。彌漫的樣子。漢書賈誼傳鵩鳥賦:"大鈞播物,坱圠無垠。"史記賈誼列傳作"坱軋"。

坰 jiōng 古螢切,平,青韻,見。耕部。

郊野,遠郊。詩魯頌駉:"駉駉牡馬,在～之野。"毛傳:"坰,遠野也。邑外曰郊,郊外曰野,野外曰林,林外曰坰。"

[同源字]坰,泂,迥。見"泂"字條。

按,説文坰是冂的重文。古文作冋。

坶 mù 集韻莫六切,音牧,入,屋韻,明。職部。

地名。説文:"坶,朝歌南七十里地。周書:'武王與紂戰於坶野。'"今書牧誓作"武王伐紂,戰於牧野",玉篇引作"坶野"。尚書大傳:"武王與紂戰於～野。"

垺 hū 集韻荒胡切,平,模韻,曉。魚部。

繁細。淮南子要略:"窮逐終始之化,嬴～有無之精。"高誘注:"垺,靡煩。"

坿 1. fù 符遇切,音附,去,遇韻,奉。侯部。

㊀通"附"。增益,附加。吕氏春秋十月:"～城郭。"高誘注:"坿,益也,令高固也。"

2. fú 防無切,音扶,平,虞韻,奉。

㊁白石英。史記司馬相如傳子虚賦:"其土則丹青赭堊,雌黄白～。"

坻 1. chí 直尼切,音遲,平,脂韻,澄。脂部。

㊀渚,小洲,水中高地。詩秦風蒹葭:"遡游從之,宛在水中～。"又小雅甫田:"曾孫之庾,如～如京。"

2. zhǐ 諸氏切,音紙,上,紙韻,照三。脂部。

㊁止。左傳昭公二十九年:"物乃～伏,鬱湮不育。"按,這個意義當作"坁"。參看"坁"字條。㊂浮土。方言六:"坻,坥,場也。"方言一一:"蚍蜉其場謂之坻。"文選晉潘岳藉田賦:"～場染屨。"㊃殿基。文選三國魏何晏景福殿賦:"肅～鄂之鏘鏘。"李善注:"坻,殿基也。"

3. dǐ 都禮切,音底,上,薺韻,端。脂部。

㊄同"阺"。山坡。廣韻:"坻,隴坂也。"文選漢張衡西京賦:"右有隴～之隘,隔閡華戎。"

[辨]洲,渚,沚,坻。見"洲"字條。

坼 chè 丑格切,入,陌韻,徹。鐸部。

㊀裂。詩大雅生民:"不～不副,無菑無害。"易解:"雷雨作而百果草木皆甲～。"淮南

子本經:"天旱地～。"㊁灼龜甲時甲殼上出現的裂紋。周禮春官占人:"史占墨,卜人占～。"鄭玄注:"坼,兆璺也。"

按,說文坼作㙐。

坳 ào(舊讀 āo)於交切,音凹,平,肴韻,影。幽部。

低凹。莊子逍遥遊:"覆杯水於～堂之上,則芥爲之舟。"引申爲名詞。低凹的地方。唐杜甫茅屋爲秋風所破歌:"高者挂罥長林梢,下者飄轉沈塘～。"

垂 chuí 是爲切,平,支韻,禪。歌部。

㊀邊疆。說文:"垂,遠邊也。"爾雅釋詁:"疆,界,邊,衛,圉,垂也。"公羊傳宣公十二年:"寡人無良,邊～之臣,以干天禍。"戰國策秦策四:"今大國之地半天下,有二～。"注:"西北二邊。"荀子臣道:"邊境之臣處,則疆～不喪。"楊倞注:"垂與陲同。"引申爲旁邊。莊子逍遥遊:"其翼若～天之雲。"崔注:"垂,猶邊也。"史記司馬相如列傳:"家累千金,坐不～堂。"樂彦曰:"垂,邊也。"文選漢王粲詠史詩:"妻子當門泣,兄弟哭路～。"㊁下垂。詩小雅都人士:"彼都人士,～帶而厲。"引申爲留傳後代。書微子之命:"功加於時,德～後裔。"史記鄒陽列傳:"～名當世。"㊂副詞。將近。後漢書何進傳:"今董卓～至,諸君何不早各就國?"唐杜甫垂老别詩:"四郊未寧静,～老不得安。"

[同源字]陲,垂。見"陲"字條。

六　畫

垞 chá 集韻直加切,音茶,平,麻韻,澄。

後起字。㊀土丘。唐王維南垞詩:"輕舟南～去,北～森難即。"㊁〔垞城〕地名。水經注泗水:"泗水又逕留縣而南,逕垞城東。"

垓 gāi 古哀切,音該,平,咍韻,見。之部。

㊀八極。說文:"垓,兼垓(晐)八極地也。國語曰:'天子居九垓之田。'"桂馥義證:"(爾雅)釋地以四方爲四極,加以四隅,故稱八極。"今本國語作"畡"。鄭語:"天子居九畡之田,收經入以食兆民。"韋昭注:"九畡,九州之極數也。"㊁重,層。史記孝武本紀:"壇三～。"裴駰集解引李奇曰:"垓,重也,三重壇也。"㊂數名。太平御覽引風俗通:"十萬謂之億,十億謂之兆,十兆謂之經,十經謂之～。"

城 chéng 是征切,平,清韻,禪。耕部。

城牆。左傳僖公四年:"以此攻～,何～不克?"引申爲動詞。築城。詩小雅出車:"天子命我,～彼朔方。"又爲城邑。史記藺相如列傳:"秦王以十五～請易寡人之璧。"

[辨]城,郭,郛。見"郭"字條。

垣 yuán 雨元切,音袁,平,元韻,喻三。元部。

㊀圍牆。書梓材:"若作室家,既勤～墉。"馬注:"卑曰垣,高曰墉。"詩大雅板:"大師維～。"毛傳:"垣,牆也。"左傳襄公三十一年:"子產使盡壞其館之～而納車馬焉。"㊁星次。史記天官書"衡,太微,三光之庭"張守節正義:"太微宫～十星。"〔三垣〕太微垣,紫微垣,天市垣。㊂官署的代稱(後起義)。唐杜甫春宿左省詩:"花隱掖～暮,啾啾棲鳥過。"

垤 dié 徒結切,音迭,入,屑韻,定。質部。

㊀蟻塚。蟻洞口的小土堆。詩豳風東山:"鸛鳴於～。"毛傳:"垤,螘冢也。"㊁小土丘。孟子公孫丑上:"泰山之於丘～,河海之於行潦,類也。"韓非子六反:"不躓於山而躓於～。"吕氏春秋慎小:"不蹷於山而蹷於～。"高誘注:"垤,土之小高處。"

型 xíng 户經切,音形,平,青韻,匣。耕部。

鑄造器物的模子。用木作的叫模,用竹作的叫範,用土做的叫型。淮南子脩務:"明鏡之始下～,曚然未見形容。"

[辨]型,法,模,範,鎔。見"鎔"字條。

按,說文型作型。

垠 yín 語斤切,音狺,平,欣韻,疑。文部。

㊀邊際。楚辭戰國屈原遠遊："其小無内兮，其大無～。"㊁形迹。淮南子覽冥："進退屈伸，不見朕～。"高誘注："朕，兆朕也。垠，形狀也。"

垗 zhào 治小切，音兆，上，小韻，澄。宵部。

㊀祭壇四周土牆以內的區域。説文："垗，畔也。爲四時界，祭其中。…周禮曰：'～五帝於四郊。'"今周禮春官小宗伯作"兆"。㊁葬地。見廣雅釋邱。

垎 hé 胡格切，入，陌韻，匣。鐸部。

土乾。見廣韻。説文："垎，水乾也。…一曰堅也。"北魏賈思勰齊民要術耕田："凡下田停水處，燥則堅～，濕則汙泥。"

垝 1. guǐ 過委切，音詭，上，紙韻，見。支部。

㊀壞牆。説文："垝，毀垣也。"詩衛風氓："乘彼～垣。"毛傳："垝，毁也。"管子霸形："東山之西，水深滅～。"注："垝，敗牆也。"㊁〔垝遇〕横射。廣雅釋天："刈草爲防，歐而射之，不題禽，不垝遇。"王念孫疏證："垝遇，謂旁射也。"亦作"詭遇"。孟子滕文公下："吾爲之範我馳驅，終日不獲一，爲之詭遇，一朝而獲十。"趙岐注："横而射之曰詭遇。"

2. guì 詭僞切，去，寘韻，見。支部。

㊂坫，放東西的土臺。爾雅釋宫："垝謂之坫。"

垜 1. duǒ 徒果切，集韻都果切，音朵，上，果韻，端。歌部。

㊀建築物突出的部分。説文："垜，堂塾也。"段玉裁注："今俗謂門兩邊伸出小牆曰垜頭，其遺語也。"㊁射垜，土築的箭靶。唐元稹江邊詩："羅灰倚欒竈，築～開弓弰。"

2. duò 音剁。

㊂堆積的禾麥。清蒲松齡聊齋志異夜中怪："麥既登倉，禾藍雜遝，翁命收積爲～。"這個意義也作"稞"。見集韻。

垘 fú 蒲北切，集韻房六切，音伏，入，屋韻，奉。職部。

土壅。見集韻。史記天官書："川塞谿～。"

按，説文無垘字。

垢 gòu 古厚切，上，厚韻，見。侯部。

污穢的東西。説文："垢，濁也。"莊子大宗師："芒然彷徨乎塵～之外。"引申爲恥辱。左傳宣公十五年："國君含～。"

［備考］惡。後漢書崔駰傳附崔寔政論："政令～翫，上下怠懈。"李賢注："垢，惡也。"

［同源字］垢，訽，詬。見"詬"字條。

垡 fá 房越切，音伐，入，月韻，奉。

耕地翻土。唐韓愈送文暢師北游詩："余期報恩後，謝病老耕～。"

按，説文垡作坺。

七　畫

垽 yìn 吾靳切，去，焮韻，疑。文部。

澱，泥渣。爾雅釋器："澱謂之垽。"明李時珍本草綱目序例上："澄去～濁。"

垸 huán 胡官切，音桓，平，桓韻，匣。元部。

㊀用漆摻和骨灰塗抹器物。説文："垸，以桼和灰而鬃也。"㊁轉。淮南子時則："規之爲度也，轉而不復，員而不～。"高誘注："垸，轉也。"㊂量名。周禮考工記冶氏："冶氏爲殺矢，刃長寸，圍寸，鋌十之，重三～。"

垿 xù 集韻象吕切，音序，上，語韻，邪。

反坫。詳"坫"字條。廣雅釋言："反坫謂之垿。"

按，説文無垿字。

埌 làng 來宕切，音浪，去，宕韻，來。陽部。

㊀墳墓。方言一三："冢，秦晉之間謂之墳，…或謂之埌。"㊁〔壙埌〕叠韻聯緜字。見"壙"字條。

按，説文無埌字。

埂 1. gēng 古行切,音庚,平,庚韻,見。陽部。

❶坑。説文:"埂,秦謂坑爲埂。…讀若井汲綆。"大徐説文注古杏切,廣韻古行切。

2. gěng 古杏切,音梗,上,梗韻,見。

❶田塍。元方回歲除夜過白土市詩:"～塍或斷缺,下有不測淤。"

堲 jí 資悉切,入,質韻,精。質部。

❶疾,憎惡。書舜典:"朕～讒説殄行。"❷燒土。〔堲周〕古時燒土爲磚,放於棺材的四周。禮記檀弓上:"夏后氏堲周。"鄭玄注:"火熟曰堲,燒土冶以周於棺也,或謂之土周。"一説用燒土爲棺,即土棺。淮南子氾論:"夏后氏堲周。"高誘注:"夏后氏禹世無棺椁,以瓦廣二尺,長四尺,側身累之以蔽土,曰堲周。"❸燭燼。禮記檀弓上:"夏后氏～周。"鄭玄注引弟子職:"右手折～。"釋文:"即,周本又作堲。管子云:'左手執燭,右手折即。'即,燭頭燼也。"

按,説文無堲字。

垻 bà 必駕切,音霸,去,禡韻,幫。

後起字。❶平川。宋黄庭堅謝楊履道送銀茄詩:"君家水茄白銀色,殊勝～裏紫彭亨。"❷同"壩"。

埋 mái 莫皆切,平,皆韻,明。之部。

藏在土中。左傳昭公十三年:"既乃與巴姬密～璧於大史之庭。"引申爲埋葬。釋名釋喪制:"葬不如禮曰～。"又譬喻不得顯達。北朝北周庾信哀江南賦:"功業夭枉,身名～没。"

按,説文埋作薶,在艸部,云:"瘞也。"

埒 liè 力輟切,音劣,入,薛韻,來。月部。

❶矮牆。急就篇:"頃町界畝畦～封。"顔師古注:"埒者,田間堳道也。一説謂庳垣也。今之圃,或爲短牆,蓋埒之謂也。"三國志魏書鮑勛傳:"時營壘未成,但立標～。"❷界限。爾雅釋丘:"水潦所還,～丘。"郭璞注:"謂丘邊有界埒,水環繞之。"淮南子精神:"休息于無委曲之隅,而游敖于形～之野。"引申爲田塍。南朝宋謝靈運山居賦:"阡陌縱横,塍～交經。"❸山上的水流。釋名釋山:"山上水流曰～。"列子湯問:"一源分爲四～,注於山下。"❹齊等。史記平準書:"故吴諸侯也,以即山鑄錢,富～天子。"

垺 1. póu 集韻蒲侯切,平,侯韻,並。侯部。

❶大,盛。莊子秋水:"夫精,小之微也;～,大之殷也。"

2. pī 集韻鋪枚切,音坯,平,灰韻,滂。

❶陶器範。見集韻。清翁方綱甘泉宫瓦歌:"丸鉛浄擣咸陽泥,拊～四轉無角圭。"

3. fū 集韻芳無切,音敷,平,虞韻,敷。

❶郛,外城。見玉篇。字本作"郛"。説文:"郛,郭也。"

埄 1. bèng 字彙蒲蠓切。

❶同"堸"。見"堸"字條。

2. gěng 音梗。

❶作爲田界的土堆。文獻通考田賦:"凡田方之角,立土爲～。"

埆 què 苦角切,音確,入,覺韻,溪。屋部。

❶土地多石瘠薄。詩王風丘中有麻"丘中有麻"毛傳:"丘中墝～之處。"❷堅實。引申爲核實。風俗通五嶽:"嶽者,～功考德,黜陟幽明也。"

按,説文埆作确,在石部。

埏 1. shān 式連切,音羶,平,仙韻,審三。元部。

❶以水和土。老子第十一章:"～埴以爲器。"

2. yán 以然切,音延,平,仙韻,喻四。元部。

❶大地的邊際。史記司馬相如列傳:"上暢九垓,下泝八～。"裴駰集解:"埏,若八埏,地之際也。"❷墓道。文選晉潘岳哀永逝文:

“棺冥冥兮～窈窕。”

按，説文無埏字，新附有之。

埃 āi烏開切，音哀，平，咍韻，影。之部。

塵。莊子逍遥遊：“野馬也，塵～也，生物之以息相吹也。”

埊 dì集韻徒二切，音地，去，至韻，定。歌部。

同“地”。集韻：“地，籀作墬，墜，或作埊，唐武后作埊。”管子山權數：“而農夫敬事力作，故天毁～凶旱水泆，民無入於溝壑乞請者也。”

坄 yì螢隻切，音役，入，昔韻，喻四。錫部。

瓦竈。禮記喪大記：“甸人爲～於西牆下。”

按，説文坄作坄，云：“陶竈窻也。”

八　畫

埿 1. ní奴低切，音泥，平，齊韻，泥。

㊀塗。集韻：“泥，塗也。通作泥。”

2. bàn蒲鑑切，去，鑑韻，並。

㊁同“湴”。泥淖。宋沈括夢溪筆談湴河：“湴，字亦作埿。按，古文埿，深泥也。”

按，説文無埿字。

堃 kūn音坤。

同“坤”。見字彙。

培 1. péi薄回切，音陪，平，灰韻，並。之部。

㊀壅土。禮記中庸：“故栽者～之，傾者覆之。”鄭玄注：“培，益也。”老子：“或～或墮。”

［備考］重。莊子逍遥遊：“而後乃今～風。”釋文：“培音裴，重也。”王念孫云：“培之言馮也。馮，乘也。風在鵬下，故言負；鵬在風上，故言馮。”

2. pǒu蒲口切，上，厚韻，並。之部。

㊁［培塿］［附婁］［部婁］叠韻聯緜字（當以“附婁”爲正字）。小山丘。集韻引博雅：“培塿，冢也。”左傳襄公二十四年：“部婁無松柏。”説文：“附婁，小土山也。…春秋傳曰：‘附婁無松柏。’”文選晉左思魏都賦注引左傳作“培塿”。唐柳宗元始得西山宴遊記：“然後知是山之特出，不與培塿爲類。”㊂壁壘。國語晉語九：“趙簡子使尹鐸爲晉陽，曰：‘必墮其壘～，吾將往焉。’”㊃田側。吕氏春秋辯士：“奪陂則埒，見風則㒧，高～則拔。”

3. pēi音胚。之部。

㊄屋後牆。淮南子齊俗：“顔闔，魯君欲相之而不肯，使人以幣先焉，鑿～而遁之。”字本作“坏”。莊子庚桑楚：“正晝爲盜，日中穴坏。”釋文：“裴云：坏，牆也。”

埻 1. zhǔn之尹切，音準，準韻，照三。文部。

㊀射的，箭靶。周禮天官司裘“皆設其鵠”鄭玄注：“以虎熊豹麋之皮飾其側，又方制之以爲𩏑，謂之鵠，箸於侯中。”“𩏑”即埻的假借字。東觀漢紀齊武王傳：“莽素震其名，大懼，使畫伯升像于～，旦起射之。”［埻的］標準。潛夫論交際：“平議無埻的。”

2. guō古博切，音郭，入，鐸韻，見。鐸部。

㊁［埻端］傳説中的古國名。山海經海内東經：“國在流沙中者，埻端、璽㬇。”

執 zhí之入切，入，緝韻，照三。緝部。

㊀拿着。詩邶風簡兮：“左手～籥，右手秉翟。”書顧命：“一人冕，～鋭，立於側階。”引申爲執管。周禮天官小宰：“～邦之九貢、九賦、九式之貳，以均財節邦用。”又爲執行。周禮春官大史：“大喪，～法以涖勸防。”又爲固執，堅持。漢書外戚傳：“書奏，上以問光。光～不許。”㊁捉拿，拘捕。左傳僖公五年：“遂襲虞，滅之，～虞公。”公羊傳閔公元年：“莊公存之時，樂曾淫於宫中，子般～而鞭之。”㊂好友，至交。禮記曲禮上：“見父之～，不謂之進，不敢進。”唐杜甫贈衛八處士詩：“怡然敬父～，問我來何方？”

［辨］執，持，秉，操，握。“持”是總名，凡

拿着任何東西都叫持;“執”常有抓的意思,所以引申爲堅持,固執;“秉”除一般意義外,常帶莊重的意味(如“秉彝”、“秉常”);“操”是把持,有緊握的意思,所以引申爲操守;“握”是拿住不放,説文云:“握,搤持也。”“握”字與“執、持、秉、操”的意義相差較遠。

[同源字]執,贄,摯。見“贄”字條。

按,説文執字在㚔部。

埶 1. yì 魚祭切,音藝,去,祭韻,疑。月部。

❶種植。説文:“埶,種也。从坴丮,持而種之。詩曰:‘我~黍稷。’”今詩小雅楚茨作“藝”。

2. shì 字彙始制切,音世。

❷權勢,形勢。荀子正名:“不治觀者之耳目,不賂貴者之權~。”又議兵:“兵之所以貴者~利也。”

按,説文埶字在丮部。

埢 quān 集韻驅圓切,音圈,平,僊韻,溪。元部。

圍牆。漢書揚雄傳甘泉賦:“登降峛崺,單~垣兮。”

按,説文無埢字。

埲 běng 蒲蠓切,上,董韻,並。

塵。見集韻。〔塕埲〕叠韻聯緜字。見“塕”字條。

按,説文無埲字。

堵 1. dǔ 當古切,音賭,上,姥韻,端。魚部。

❶量詞。牆五版爲一堵。説文:“堵,垣也,五版爲一堵。”左傳隱公元年“都城過百雉,國之害也”杜預注:“方丈曰~,三~曰雉,一雉之長三丈,高一丈。”詩小雅鴻雁:“百~皆作。”引申爲泛指牆。漢書高帝紀:“吏民皆按~如故。”應劭曰:“堵,牆堵也。”

2. zhě 章也切,音者,上,馬韻,照三。

❷水名。

[備考]懸鐘磬的名稱。周禮春官小胥:“凡縣鐘磬,半爲~,全爲肆。”鄭玄注:“鐘磬者,編縣之,二八十六枚而在一虡,謂之堵。鐘一堵,磬一堵,謂之肆。”

埴 zhí 常職切,音植,入,職韻,禪。職部。

黏土。書禹貢:“厥土赤~墳。”老子:“埏~以爲器。”莊子馬蹄:“我善治~。”

域 yù 雨逼切,入,職韻,喻三。職部。

❶疆界,境地。詩商頌玄鳥:“肇~彼四海。”荀子議兵:“齊桓、楚莊、吴闔閭、越句踐,是皆和齊之兵也,可謂入其~矣。”引申爲邦國,封邑。漢書韋玄成傳:“無婧爾儀,以保爾~。”注:“域,謂封邑也。”又爲動詞。界限,限制在疆域之内。孟子公孫丑下:“~民不以封疆之界。”朱熹注:“域,界限也。”❷墓地。詩唐風葛生:“葛生蒙棘,蘞蔓于~。”朱熹集傳:“域,塋域也。”

按,説文域是或的重文,在戈部。

埼 qí 集韻渠羈切,音奇,平,支韻,羣。歌部。

曲岸。史記司馬相如列傳上林賦:“觸穹石,激堆~。”

按,説文無埼字。

埽 sǎo 蘇老切,音嫂,上,皓韻,心。幽部。

打掃,掃除。詩豳風東山:“灑~穹窒。”字亦作“掃”。

埭 dài 徒耐切,音代,去,代韻,定。

以土壅水,土壩。晉書謝玄傳:“堰吕梁水,樹柵,立七~爲派,擁二岸之流,以利運漕。”

按,説文無埭字。

堀 kū 苦骨切,音窟,入,没韻,溪。物部。

❶穴。説文:“堀,突也。詩曰:‘蜉蝣~閲。’”今詩曹風蜉蝣作“掘”。左傳昭公二十七年:“光伏甲於~室而享王。”墨子節用中:“古者人之始生,未有宫室之時,因陵丘~穴而處焉。”引申爲動詞。穿穴。荀子法行:“夫魚鼈黿鼉,猶以淵爲淺而~其中。”字亦作“窟”。❷揚起。文選戰國宋玉風賦:“~堁揚

塵。”

埧 jù 其遇切,音具,去,遇韻,羣。

堤塘,見廣韻。

按,説文無埧字。

堁 kè 苦卧切,音課,去,過韻,溪。歌部。

塵土。文選戰國宋玉風賦:“夫庶人之風,塕然起於窮巷之間,堀～揚塵。”淮南子主術:“不直之於本,而事之於末,譬猶揚～而弭塵,抱薪以救火也。”

按,説文無堁字。

埸 yì 羊益切,音亦,入,昔韻,喻四。錫部。

田界。詩小雅信南山:“疆～翼翼,黍稷彧彧。”引申爲邊界。晉書載記序:“邊～既伏,境内以安。”

按,説文無埸字,新附有之。

堌 gù 正字通公悟切,音固。

土堡。多用作地名。新唐書宰相世系:“築～以居,世號劉堌。”

按,説文無堌字。

堝 guō 古禾切,音鍋,平,戈韻,見。

❶〔甘堝〕鎔鍊金銀之器。見玉篇。❷低窪地。遼史營衛志中:“四面皆沙～,多榆柳杏林。”

按,説文無堝字。

堊 è 烏各切,音惡,入,鐸韻,影。鐸部。

白土,用來飾牆。韓非子十過:“四壁～墀。”引申爲泥土。山海經北山經:“其中多黄～。”又爲動詞。用白土塗刷。韓非子説林下:“宫有～,器有滌,則潔矣。”爾雅釋宫:“牆謂之～。”郭璞注:“白飾牆也。”

埰 1. cài 倉代切,音菜,去,代韻,清。之部。

❶卿大夫的封地,食邑。字本作“采”。

2. cǎi 集韻此宰切,上,海韻,清。之部。

❷冢,葬地。方言一三:“冢,秦晉之間謂之墳,…或謂之埰。”郭璞注:“古者卿大夫有采地,死葬之,因名。”

按,説文無埰字。

埝 diàn 都念切,音店,去,㮇韻,端。侵部。

地面凹陷。方言一三:“埝,下也。”注:“謂陷下也。”

按,説文無埝字。

埵 duǒ 丁果切,音朵,上,果韻,端。歌部。

❶聚土。見字林。❷堤防。淮南子齊俗:“狟狢得～防,弗去而緣。”高誘注:“埵,水防隄埒也。”❸冶爐的吹風鐵管。淮南子本經:“鼓橐吹～,以銷銅鐵。”高誘注:“埵,銅橐口鐵筒,埵入火中吹火也。”

[備考]堅土。見説文。

堋 1. bèng 方隥切,集韻逋鄧切,去,嶝韻,幫。蒸部。

❶葬時下棺於土。字亦作“窆”。説文:“堋,喪葬下土也。春秋傳曰:‘朝而～。’禮謂之封,周官謂之窆。虞書曰:‘～淫於家。’”今左傳昭公十二年作“塴”,書益稷作“朋”。

2. péng 步崩切,音朋,平,登韻,並。

❷分水的堤壩。北魏酈道元水經注江水:“李冰作大堰於此,壅江作～。”❸掛箭靶的矮牆。北周庾信北園射堂新成詩:“轉箭初調筈,横弓先望～。”

[辨]窆,堋(塴),封。見“窆”字條。

堍 tù 音兔。

後起字。橋畔,兩端向平地傾斜的部分。宋吴文英西子妝詞:“笑拈芳草不知名,乍凌波,斷橋西～。”

埳 kǎn 苦感切,音坎,上,感韻,溪。談部。

❶同“坎”。地面凹陷處,坑穴。墨子節葬:“滿～無封。”〔埳井〕壞井,廢井。莊子秋水:“子獨不聞乎埳井之鼃乎?”❷〔埳軻〕〔埳坷〕雙聲聯緜字。本指道路不平,引申爲境遇不順利。楚辭漢東方朔七諫怨世:“年既已過太半兮,然埳軻而留滯。”論衡宣漢:“夷埳

坷爲均平，化不賓爲齊民，非太平而何？”

按，説文無培字。

堆 duī 都回切，平，灰韻，端。微部。

小丘。漢書司馬相如傳上林賦：“激～埼。”顔師古注：“堆，高阜也。”地名也用“堆”字。楚辭漢王逸九思疾世：“踰隴～兮渡漠。”注：“隴堆，山名。”唐劉禹錫竹枝詞：“城西門前灔澦～，年年波浪不能摧。”引申爲土墩。又指累叠在一起的東西。唐韓愈廣宣上人頻見過詩：“天寒古寺遊人少，紅葉窗前有幾～？”又爲動詞。累叠成堆。唐杜甫渼陂行：“波濤萬頃～琉璃。”

按，説文堆作𠂤，在𠂤部，云：“小阜也。”

埤 1. pí 符支切，集韻頻彌切，音脾，平，支韻，並。支部。

㊀增加。詩邶風北門：“政事一～益我。”㊁矮牆。唐杜甫題省中院壁詩：“掖垣竹～梧十尋，洞門對雪常陰陰。”

2. bēi 集韻部靡切，音被，上，紙韻，並。支部。

㊂低濕的地方。國語晉語八：“拱木不生危，松柏不生～。”

3. pì 集韻匹計切，去，霽韻，滂。支部。

㊃〔埤堄〕叠韻聯緜字。女牆，城上有孔的矮牆。墨子號令：“其兩旁高丈爲埤堄。”

埠 bù 字彙薄故切，音步。

晚起字。停船的碼頭。字本作“步”。

［同源字］浦，步，埠。見“浦”字條。

堄 nì 五計切，去，霽韻，疑。支部。

〔埤堄〕女牆。見“埤”字條。

按，説文無堄字。

堅 jiān 古賢切，平，先韻，見。真部。

㊀硬，牢固。易坤：“履霜～冰至。”詩大雅行葦：“敦弓既～，四鍭既均。”㊁剛强。後漢書馬援傳：“窮當益～，老當益壯。”㊂堅持，固執。宋歐陽修論杜衍范仲淹等罷政事狀：“及陛下～不許辭，方敢受命。”

按，説文堅字在臤部。

基 jī 居之切，平，之韻，見。之部。

地基，牆脚。詩周頌絲衣：“自堂徂～。”毛傳：“基，門塾之基。”引申爲根基，根本。詩小雅南山有臺：“樂只君子，邦家之～。”又爲開始。説文：“基，牆始也。”詩周頌昊天有成命：“夙夜～命宥密。”毛傳：“基，始也。”

堇 1. qín 巨斤切，平，真韻，羣。文部。

㊀黏土。見説文。

2. jǐn 集韻渠吝切，去，稕韻，羣。文部。

㊁〔堇堇〕僅僅。史記貨殖列傳：“豫章出黄金，長沙出連錫，然堇堇物之所有，取之不足以更費。”

［備考］誠。管子五行：“修槩水上，以待乎天～。”尹知章注：“堇，誠也。”

埜 yě 集韻以者切，音也，上，馬韻，喻四。魚部。

同“野”。吕氏春秋外篇重而異者：“及莊公陳武夫，尚勇力，欲辟勝干邪，而嬰不能禁，故退而～處。”

按，説文無埜字。玉篇以埜爲古文野。

堂 táng 徒郎切，平，唐韻，定。陽部。

㊀古代宫室，前爲堂，後爲室。堂是正廳。書顧命：“立於西～。”疏引鄭玄注：“序内半以前曰堂。”論語八佾：“奚取於三家之～？”又先進：“由也升～矣，未入於室也。”㊁同祖的親屬稱堂，如堂兄弟(後起義)。按，晉人稱同祖兄弟爲同堂，至唐省去同字稱堂兄弟。㊂山之寬平處。詩秦風終南：“終南何有？有紀有～。”㊃高。文選漢張衡西京賦：“刊層平～。”〔堂堂〕①巨大的樣子。史記滑稽列傳：“以楚國堂堂之大，何求不得？”②高敞的樣子。文選三國魏何晏景福殿賦：“建高基之堂堂。”③形容儀表壯偉。論語子張：“堂堂乎張也。”④强大的樣子。孫子軍爭：“勿擊堂堂之陳。”

九　畫

堷 yìn 字彙補於禀切，音窨。侵部。

埋藏地中。管子侈靡：“巨瘞～，所以使貧民也。”

堩 gèng 古鄧切，去，嶝韻，見。蒸部。

道路。儀禮既夕禮：“惟君命止柩於～，其餘則否。”禮記曾子問：“葬引至於～。”鄭玄注：“堩，道也。”

按，說文無堩字。

報 1. bào 博秏切，去，号韻，幫。幽部。

❶報答，報復。詩衛風木瓜：“投我以木瓜，～之以瓊琚。”史記范雎(睢)列傳：“一飯之德必償，睚眦之怨必～。”❷回來報告。戰國策齊策四：“廟成，還～孟嘗君。”❸下淫。左傳宣公三年：“文公～鄭子之妃曰陳嬀。”❹祭名。詩周頌良耜序：“良耜，秋～社稷也。”國語魯語上：“有虞氏～焉。”韋昭注：“報，報德，謂祭也。”❺判罪。說文：“報，當罪人也。”韓非子五蠹：“聞死刑之～，君爲流涕。”史記張湯列傳：“訊鞫論～。”❻果報。種因而得果曰報。說苑貴德：“夫有陰德者必有陽～。”

2. fù 集韻芳遇切，音赴，去，遇韻，敷。

❼疾速。禮記少儀：“毋拔來，毋～往。”鄭玄注：“報讀爲赴疾之赴。拔、赴，皆疾也。”

按，說文報字在㚔部。

堯 yáo 五聊切，平，蕭韻，疑。宵部。

❶高。見說文。❷古帝陶唐氏之號。

堛 pì 芳逼切，集韻拍逼切，入，職韻，滂。職部。

土塊。說文：“堛，凷也。”爾雅釋言：“塊，堛也。”

堙 yīn 於真切，音因，平，真韻，影。真部。

❶堵塞。字本作“垔”。說文：“垔，塞也。尚書曰：‘鯀垔洪水。’”今書洪範作“陻”。國語晉語六：“夷竈～井。”韋昭注：“夷，平也。堙，塞也。”❷堆土爲山，用來攻城。左傳襄公六年：“甲寅，～之環城，傅於堞。”公羊傳宣公十五年：“於是使司馬子反乘～而闚宋城，宋華元亦乘～而出見之。”❸沈没。通“湮”。國語周語下：“絶後無主，～替隸圉。”引申爲埋没。史記封禪書：“故其儀闕然～滅，其詳不可得而記聞云。”❹〔堙鬱〕雙聲聯緜字。憂悶，氣不舒暢。史記屈原賈生列傳弔屈原賦：“獨堙鬱兮其誰語？”漢書作“壹鬱”。

［同源字］堙，湮，陻，垔，闉。見“湮”字條。

堰 yàn 於建切，去，願韻，影。

後起字。擋水的低壩。集韻：“堰，障水也。”文選南朝梁沈約三月三日率爾成篇詩：“東出千金～，西臨鴈鶩陂。”又用作動詞，擋水。唐盧照鄰行路難詩：“誰家能～東流水？”字亦作“隁”。見“隁”字條。

堪 kān 口含切，平，覃韻，溪。侵部。

❶經得起。詩周頌小毖：“未～家多難。”左傳隱公元年：“今京不度，非制也，君將不～。”引申爲可，能。韓非子難三：“君令不二，除君之惡，惟恐不～。”北周庾信鏡詩：“試挫淮南竹，～能見四鄰。”❷〔堪輿〕文選漢揚雄甘泉賦：“屬堪輿以壁壘兮。”注引淮南子許慎注：“堪，天道也，輿，地道也。”漢書揚雄傳注引張晏曰：“堪輿，天地總名也。”史記日者列傳：“孝武帝時聚合占家問之，某日可取婦乎？五行家曰可，堪輿家曰不可。”後世稱相地看風水的職業者爲堪輿家。

［備考］說文：“堪，地突也。”

堞 dié 徒協切，音疊，入，怗韻，定。葉部。

女牆，城上如齒狀的矮牆。左傳襄公六年：“甲寅，堙之環城，傅於～。”

堶 tuó 徒和切，平，戈韻，定。

後起字。磚塊，用來作飛磚遊戲的。集韻：“堶，飛甎戲也。”宋梅堯臣依韻和禁煙近事之什詩：“窈窕踏歌相把袂，輕浮賭勝各飛～。”清李斗揚州畫舫録一：“里人於清明時，壙上放紙鳶，擲瓦礫於翁仲帽上，以卜幸獲，謂之飛～。”

堧 ruán 而緣切，平，仙韻，日。元部。

隙地。漢書申屠嘉傳：“鼂錯穿太上皇廟～垣。”顔師古注：“堧者外垣之内，内垣之外。”指廟垣外的隙地。漢書翟方進傳：“奏請一切增賦，税城郭～及園田。”指城下的隙地。漢書溝洫志：“故盡河～棄地，民茭收其中耳。”指河邊的隙地。

按，説文堧作䙴，在田部，云：“城下田也。”

堳 méi 集韻旻悲切，音眉，平，脂韻，明。脂部。

〔堳埒〕壇四周的矮牆。周禮地官大司徒“設其社稷之壝而樹之田主”鄭玄注：“壝，壇與堳埒也。”孫詒讓正義：“堳埒者，其壇外周帀之卑垣。”

按，説文無堳字。

塈 jì 具冀切，去，至韻，羣。微部。

㊀以泥塗屋。書梓材：“若作室家，既勤垣墉，惟其塗～茨。”馬融注：“塈，堊色。”㊁取。詩召南摽有梅：“摽有梅，頃筐～之。”毛傳：“塈，取也。”㊂休息。詩邶風谷風：“不念昔者，伊余來～。”又大雅假樂：“不解於位，民之攸～。”又泂酌：“豈弟君子，民之攸～。”

按，説文塈作墍。云：“仰塗也。”

堤 dī 都奚切，音低，平，齊韻，端。支部。

擋水的建築物。左傳襄公二十六年：“宋芮司徒生女子，赤而毛，棄諸～下。”

〔備考〕瓶類的底座。淮南子詮言：“瓶甌有～。”高誘注：“堤，瓶甌下安也。”

〔辨〕防，坊，隄，堤，唐，隮，塘，墳，坋。見“防”字條。

按，説文：“堤，滯也。”丁禮切。這不是堤防的堤。堤防的堤説文作隄，在阜部，云：“唐也。”

場 cháng 直良切，音長，平，陽韻，澄。陽部。

㊀平整的場地。詩豳風七月：“九月築～圃。”又：“十月滌～。”引申爲祭神的場地。漢書郊祀志上：“能知四時犧牲，壇～上下，氏姓所出者，以爲宗。”顔師古注：“積土爲壇，平地爲場。”又爲多數人聚集的地方。文選漢揚雄劇秦美新：“遥集乎文雅之囿，翱翔乎禮樂之～。”㊁量詞。一事起訖的時間爲一場（後起義）。唐高適邯鄲少年行：“千～縱博家仍富，幾處報讎身不死。”

堨 1. è 烏葛切，音遏，入，曷韻，影。月部。

㊀遏水的土堰。三國志魏書劉馥傳：“興治芍陂及茹（一本作“茄”）陂七門吴塘諸～，以溉稻田。”北魏酈道元水經注濟水：“以竹籠石，葺土而爲～。”

2. ài 集韻於蓋切，去，泰韻。月部。

㊀塵土，塵埃。淮南子兵略：“曳梢肆柴，揚塵起～。”

〔備考〕説文：“堨，壁間隙也。讀若謁。”

堿 kǎn 龍龕手鑑苦感反，音坎。侵部。

同“壏（坎）”。堤岸。淮南子主術：“若發～決唐，故循流而下，易以至。”高誘注：“堿，水堿也；唐，隄也。皆所以畜水。”

堮 è 五各切，音鄂，入，鐸韻，疑。鐸部。

厓岸，邊際。宋歐陽修上胥學士偃啓：“虹蜺遠映，拂霄～而垂光。”〔垠堮〕邊際。淮南子俶真：“萌兆芽蘖，未有形埒垠堮。”

按，説文無堮字。

堷 cè 初戢切，入，緝韻，穿二。

〔堷堞〕叠韻聯緜字。前後相次，重叠。文選晉左思魏都賦：“瓌才巨世，堷堞參差。”

按，説文作㞕㞓，在尸部。

堠 hòu 胡遘切，音候，去，候韻，匣。

㊀瞭望敵情的土堡。三國志吴書孫韶傳：“常以警疆埸遠斥～爲務。”字本作“候”。後漢書光武紀：“築亭候。”李賢注：“亭候，伺候望敵之所。”㊁記里程的土堆。北史韋孝寬傳：“先是，路側一里置一土～。”一般五里爲

一堠。唐韓愈路傍堠詩："堆堆路傍～，一雙復一隻。"

按，説文無堠字。

堡 bǎo 博抱切，音保，上，晧韻，幫。

土築的小城。晉書苻登載記："各聚衆五千，據險築～以自固。"字本作"保"。禮記檀弓："遇負杖入保者息。"鄭玄注："保，縣邑小城。"

按，説文無堡字。

塊 kuài 苦對切，去，隊韻，溪。微部。

㊀土塊。左傳僖公二十三年："（重耳）乞食於野人，野人與之～。"儀禮喪服："居倚廬，寢苫枕～。"㊁孤獨。楚辭戰國宋玉九辯："～獨守此無澤兮，仰浮雲而永歎。"〔塊然〕孤獨的樣子。莊子應帝王："塊然獨以其形立。"史記滑稽列傳："今世之處士，時雖不用，崛然獨立，塊然獨處。"㊂量詞（後起義）。宋史瀛國公紀："我忍死艱關至此者，正爲趙氏一～肉爾。"

［備考］安。穀梁傳僖公五年："～然受諸侯之尊己，而立乎其位，是不子也。"楊士勛疏："塊然，安然也。"

按，説文塊作凷，云："墣也。"

堥 1. móu 莫浮切，音謀，平，尤韻，明。侯部。

㊀〔堥敦〕前高後平的小丘。文選漢班固答賓戲："欲從堥敦而度高乎泰山。"㊁土釜。字亦作"牟"。禮記内則"敦、牟、卮、匜"孔穎達疏引隱義曰："堥，土釜也。"

2. wǔ 集韻罔甫切，上，麌韻，微。

㊂瓦器。古時用黄堥合藥。見周禮天官瘍醫"以五毒攻之"賈公彦疏。

按，説文無堥字。

十　畫

塗 1. tú 同都切，平，模韻，定。魚部。

㊀泥。書禹貢："厥土惟～泥。"又仲虺之誥："有夏昏德，民墜～炭。"莊子秋水："寧其死爲留骨而貴乎？寧其生而曳尾於～中乎。"引申爲染污。莊子讓王："其竝乎周以～吾身也，不如避之以絜吾行。"㊁粉飾，以顔色、油漆塗在房屋器物的表面。書梓材："若作梓材，既勤樸斲，惟其～丹雘。"穀梁傳襄公二十四年："臺榭不～。"㊂道路。論語陽貨："孔子時其亡也而往拜之，遇諸～。"這個意義也寫作"涂"、"途"。㊃用筆抹去（後起義）。唐李商隱韓碑："點竄堯典舜典字，～改清廟生民詩。"

2. dù 集韻徒故切，去，暮韻，定。魚部。

㊄鍍。漢書外戚傳趙皇后："切皆銅沓，黄金～。"顔師古注："塗，以金塗銅上也。"

［辨］途，塗，涂。見"途"字條。

按，説文無塗字，新附有之。

塞 1. sāi（舊讀 sè）蘇則切，入，德韻，心。職部。

㊀堵塞。詩豳風七月："～向墐户。"引申爲充實，充滿。書舜典："濬哲文明，温恭允～。"孟子公孫丑上："以直養而無害，則～於天地之間。"又爲通的反面，困厄。三國志魏書公孫度傳注引吴書："季末凶荒，乾坤否～。"唐韓愈駑驥詩："孰云時與命，通～皆自由？"㊁彌補，補救。漢書于定國傳："將欲何施，以～此咎？"

2. sài 先代切，音賽，去，代韻，心。職部。

㊂邊界，險要之處。禮記月令孟冬之月："備邊竟，完要～。"荀子彊國："若是，則兵不復出於～外，而令行於天下矣。"㊃古代一種賭博游戲。莊子駢拇："問穀奚事，則博～以游。"管子四稱："流於博～。"這個意義後來寫作"簺"。㊄酬神。韓非子外儲説右："殺牛～禱。"漢書郊祀志上："冬～禱祠。"顔師古注："塞，謂報其所祈也。"字亦作"賽"。集韻："賽，報也。"史記封禪書："冬賽祠。"

［同源字］簺，塞。見"簺"字條。

塋 yíng 余傾切，音營，平，清韻，喻四。耕部。

墓。漢書哀帝紀:“太皇太后詔外家王氏田非冢～,皆以賦貧民。”顔師古注:“塋,冢域也。”

［備考］通“營”。度量。禮記月令孟冬之月:“審棺槨之薄厚,～丘壟之大小。”

塑 sù桑故切,音素,去,暮韻,心。

後起字。用泥土造成人、物形象。集韻:“塑,埏土象物也。”宋蘇軾鳳翔八觀維摩像詩:“今觀古～維摩像,病骨磊嵬如枯龜。”

塘 táng徒郎切,平,唐韻,定。陽部。

❶堤。莊子達生:“被髮行歌,而游於～下。”字本作“唐”。説文:“隄,唐也。”國語周語下:“陂唐汙庳,以鍾其美。”韋昭注:“畜水曰陂。唐,堤也。”❷池(後起義)。文選漢劉楨贈徐幹詩:“細柳夾道生,方～含清源。”

［辨］防,坊,隄,堤,唐,隮,塘,墳,坋。見“防”字條。

按,説文無塘字,新附有之。

塚 zhǒng集韻展勇切,上,腫韻,知。

同“冢”。墳墓。説文:“冢,高墳也。”唐杜甫曲江詩:“苑邊高～卧麒麟。”一本作“冢”。

塓 mì莫狄切,音覓,入,錫韻,明。錫部。

塗刷。左傳襄公三十一年:“圬人以時～館宮室。”杜預注:“塓,塗也。”

按,説文無塓字,新附有之。

塉 jí秦昔切,音籍,入,昔韻,從。錫部。

瘠薄的土地。管子地員:“五殖之狀,甚澤以疏,離坼以臞～。”後漢書秦彭傳:“每於農月,親度頃畝,分别肥～,差爲三品。”

按,説文無塉字。

塥 gé正字通各額切,音革。錫部。

土地堅硬,瘠薄。管子地員:“五位之狀,不～不灰。”尹知章注:“塥,謂堅不相著。”

按,説文無塥字。碥下云:“石地恶也。”段玉裁注:“管子‘沙土之坎曰五塥’,塥疑同碥。”

墓 mù莫故切,去,暮韻,明。鐸部。

墳墓。古時封土隆起的叫墳,平的叫墓。禮記檀弓上:“吾聞之,古也～而不墳。”左傳僖公三十二年:“中壽,爾～之木拱矣。”

塔 tǎ吐盍切,入,盍韻,透。

後起字。佛教建築物。梵語“窣堵波”,又稱浮屠,浮圖。唐杜甫贈秘書監江夏李公邕詩:“龍宮～廟湧,浩劫浮雲衛。”

按,説文無塔字,新附有之,云:“西域浮屠也。”

㙶 gōng龍龕手鑑音恭。

人名。清初有李㙶。

填 1. tián徒年切,平,先韻,定。真部。

❶填塞。説文:“填,塞也。”戰國策趙策四:“願及未～溝壑而託之。”漢書溝洫志:“令從臣羣官皆負薪～河。”引申爲填寫。按一定格式填入文字,如“填詞”。❷象聲詞。〔填然〕孟子梁惠王上:“填然鼓之。”〔填填〕楚辭戰國屈原九歌山鬼:“靁填填兮雨冥冥。”隋書音樂志中:“鞉鼓填填。”

2. zhèn陟刃切,音鎮,去,震韻,知。真部。

❸通“鎮”。安定。史記吴王濞列傳:“上患吴會稽輕悍,無壯士以～之。”漢書高帝紀下:“～國家,吾不如蕭何。”史記高祖本紀作“鎮”。❹星名。填星,即土星。史記天官書:“曆斗之會以定～星之位。”

［備考］㊀集韻池鄰切,音塵。久。詩大雅瞻卬:“孔～不寧,降此大厲。”㊁集韻徒典切,音殄。盡。詩小雅小宛:“哀我～寡,宜岸宜獄。”毛傳:“填,盡。”朱熹集傳:“填,音顛,與瘨同,病也。”與毛傳異。

塒 shí市之切,音時,平,之韻,禪。之部。

雞窩。説文:“雞棲垣爲塒。”爾雅釋宫:“雞棲於弋爲榤,鑿垣而棲爲塒。”詩王風君子于役:"雞棲于～。"

塌 tā 集韻託盍切,入,盍韻,透。

後起字。坍倒,下陷。唐杜甫蘇端薛復筵簡薛華醉歌:"忽憶雨時秋井～,古人白骨生青苔。"

堽 gāng 古郎切,音剛,平,唐韻,見。

同"岡"。山脊。晉陸雲答車茂安書:"結罝繞～,密罔彌山。"

塤 xūn 況袁切,平,元韻,曉。文部。

同"壎"。古樂器。管子輕重己:"吹～篪之風,鑿動金石之音。"

按,說文塤作壎。

塏 kǎi 苦亥切,音凱,上,海韻,溪。微部。

高燥。見說文。左傳昭公三年:"子之宅近市,湫隘囂塵,不可以居,請更諸爽～者。"杜預注:"爽,明;塏,燥。"

塕 wěng 烏孔切,上,董韻,影。東部。

❶〔塕然〕風起貌。文選戰國宋玉風賦:"夫庶人之風,塕然起於窮巷之間。"❷塵(後起義)。宋陳傅良送國子監丞顏幾聖提舉江東詩:"方將屬耆英,高舉出埃～。"〔塕埲〕叠韻聯緜字。塵起貌。見廣韻。宋王禹偁寄題陝府南溪兼簡孫何兄弟詩:"日夕塵塕埲。"

按,說文無塕字。

塢 wù 安古切,上,姥韻,影。魚部。

❶土堡,小城。後漢書馬援傳:"繕城郭,起～候。"李賢注引字林:"塢,小障也,一曰小城。"又董卓傳:"又築～於郿,高厚七丈,號曰萬歲～。"❷四面高中間低的谷地(後起義)。唐羊士諤山閣聞笛詩:"臨風玉管吹參差,山～春深日又遲。"

按,說文塢作隝,在𨸏部,云:"小障也,一曰庳城也。"

塯 liù 力救切,音溜,去,宥韻,來。幽部。

盛飯的瓦器。墨子節用中:"飯於土～,啜於土形。"史記秦始皇本紀:"吾聞之韓子曰:'堯舜采椽不刮,茅茨不翦,飯土～,啜土形。'"

按,說文無塯字。

塍 chéng 食陵切,音乘,平,蒸韻,牀三。蒸部。

田埂。文選漢班固西都賦:"溝～刻鏤,原隰龍鱗。"唐劉禹錫插田歌:"田～望如綫,白水光參差。"又爲小堤。文選晉左思蜀都賦:"峻岨～埒,長城豁險。"李善注引劉逵曰:"大曰隄,小曰塍。"

十一畫

塾 shú 殊六切,音熟,入,屋韻,禪。覺部。

❶宫門外兩側房屋。書顧命:"先輅在左～之前,次輅在右～之前。"❷家學。禮記學記:"古之教者,家有～,黨有庠,術有序,國有學。"

按,說文無塾字,新附有之,云:"門側堂也。"

塺 méi 莫杯切,音梅,平,灰韻,明。歌部。

塵。見說文。楚辭漢劉向九歎惜賢:"竢時風之清激兮,愈氛霧其如～。"〔塺塺〕塵土飛揚的樣子。楚辭漢王褒九懷陶壅:"浮雲鬱兮晝昏,霾土忽兮塺塺。"

塵 chén 直珍切,平,真韻,澄。真部。

❶塵埃,飛散的細土。左傳成公十六年:"甚囂,且～上矣。"引申爲動詞。塵污。詩小雅無將大車:"無將大車,祇自～兮。"又爲踪迹。文選晉左思魏都賦:"先王之桑梓,列聖之遺～。"❸塵俗,世俗。南朝齊孔稚珪北山移文:"瀟灑出～之想。"佛教稱人間爲"塵"。

[備考]㊀極小的計量單位。周髀算經小數:"纖,十沙;沙,十～。"㊁久。文選漢張衡思玄賦:"美襞積以酷烈兮,允～邈而難虧。"劉良注:"塵,久;邈,遠。"

按,說文塵作䴤,在麤部。

境 jìng 居影切，上，梗韻，見。今讀如竟。陽部。

疆界。商君書墾令："五民者不生於～内，則草必墾矣。"字本作"竟"。左傳宣公二年："亡不越竟，反不討賊。"引申爲地域。晉陶潛飲酒詩："結廬在人～，而無車馬喧。"又爲境界。世説新語排調："顧長康噉甘蔗，先食尾。人問所以。云：漸至佳～。"

[同源字]界，疆，境（竟）。見"界"字條。

按，説文無境字，新附有之。

墌 zhí 之石切，入，昔韻，照三。

後起字。㊀基址。見玉篇。㊁地名字。舊唐書太宗紀："太宗又爲元帥以擊仁杲，相持於折～城。"

墉 yōng 餘封切，音庸，平，鍾韻，喻四。東部。

城牆。詩大雅皇矣："以伐崇～。"毛傳："墉，城也。"引申爲牆壁。詩召南行露："誰謂鼠無牙；何以穿我～？"

墊 diàn 都念切，音店，去，㮇韻，端。侵部。

㊀淹没，下陷。書益稷："洪水滔天，浩浩懷山襄陵，下民昏～。"漢書王莽傳："武功中水鄉民三舍～爲池。"顔師古注："墊，陷也。"㊁下濕之疾。山海經中山經首山："多䭾鳥…食之已～。"㊂〔墊隘〕委頓，困苦。左傳成公六年："民愁則墊隘。"杜預注："墊隘，羸困也。"又襄公九年："夫婦辛苦墊隘，無所底告。"杜預注："墊隘，猶委頓也。"

[備考]掘。莊子外物："人之所用容足耳。然則厠足而～之，致黄泉，人尚有用乎？"釋文："墊，丁念反，司馬崔云：下也。本又作塹，七念反，掘也。"按，寫作"塹"時纔解作"掘"，寫作墊字仍解作"下"（使下陷）。

塼 zhuān 集韻朱遄切，音專，平，仙韻，照三。元部。

土塊已燒者爲塼，未燒者爲墼。集韻："塼，燒墼也。"詩小雅斯干"載弄之瓦"毛傳："瓦，紡～也。"宋書王彭傳："鄉里並哀之，乃各出夫力助作～。"字也作"甎"，俗又作"磚"。

[備考]集韻徒官切。通"摶"。荀子正論："譬之是猶以～涂塞江海也。"楊倞注："塼涂，以涂壘塼也。"盧文弨曰："塼，俗字。荀書當本作摶。摶塗泥而塞江海，必無用矣。"

按，説文塼作專。專下云："六寸簿也。一曰專，紡專。"

墐 1. jìn 渠遴切，去，震韻，羣，文部。

㊀用泥土塗塞。説文："墐，涂也。"詩豳風七月："塞向～户。"㊁通"殣"。掩埋。詩小雅小弁："行有死人，尚或～之。"㊂溝上的道路。國語齊語："陸阜陵～井田疇均，則民不憾。"韋昭注："墐，溝上之道也。"

2. qín 巨巾切，平，真韻，羣。

㊃通"堇"。黏土。舊五代史劉守光傳："又以～泥作錢，令部内行使。"

墆 1. dié 徒結切，音迭，入，屑韻，定。月部。

㊀貯，止。管子法法："財無砥～。"尹知章注："墆，欠積也。"

2. dì 特計切，音第，去，霽韻，定。月部。

㊁〔墆翳〕叠韻聯緜字。障蔽的樣子。楚辭漢劉向九歎遠逝："舉霓旌之墆翳兮。"王逸注："墆翳，蔽隱貌。"㊂底。論衡超奇："如與俗人相料，泰山之巔～，長狄之項跖，不足以喻。"

[備考]堤。一切經音義引埤蒼："長沙謂隄爲墆。"

按，説文無墆字。

墀 chí 直尼切，音遲，平，脂韻，澄。脂部。

塗飾地面。説文："墀，涂地也。"又爲塗色的地。漢書梅福傳："故願壹登文石之陛，涉赤～之塗。"顔師古注："以丹淹泥塗殿上也。"文選晉左思魏都賦："丹～臨猋。"劉逵注："丹墀，以丹與蔣離合用塗地也。"引申爲塗色的階。文選漢班固西都賦："於是玄～釦砌，玉階彤庭。"五臣注："玄墀，以漆飾墀。

墀，階也。”又漢張衡西京賦：“青瑣丹～。”五臣注：“丹墀，階也，以丹漆塗之。”

塿 lǒu 郎斗切，上，厚韻，來。侯部。

〔培塿〕叠韻聯緜字。小山丘。見“培”字條。

［備考］説文：“塿，𡒊土也。”廣雅釋地：“塿，土也。”

墁 màn 莫半切，音漫，去，换韻，明。元部。

❶粉飾過的牆壁。孟子滕文公下：“有人於此，毁瓦畫～。”朱熹集注：“墁，牆壁之飾也。”❷塗抹。宋蘇軾新渡寺席上詩：“平生魏公箒，忽斵郢人～。”

按，説文無墁字。鏝下云：“鐵杇也。”母官切。朱駿聲説文通訓定聲：“字亦作墁。”引孟子“毁瓦畫墁”。

塴 bèng 集韻逋鄧切，去，嶝韻，幫。蒸部。

葬時下棺入土。左傳昭公十二年：“毁之，則朝而～；弗毁，則日中而～。”杜預注：“塴，下棺。”説文土部引作“堋”。

墖 tǎ 音塔。

同“塔”。唐皎然題報德寺清幽上人西峰詩：“雙～寒林外，三陵暮雨間。”

城 cè 七則切，入，德韻，清。覺部。

階級。文選漢班固西都賦：“於是左～右平，重軒在階。”宋宋祁集海雲鴻慶院詩：“嶺挾樓梯峻，巖牽殿～斜。”

按，説文無城字。

墋 chěn 初朕切，上，寑韻，穿二。

❶沙土。梁書沈約傳郊居賦：“寧方割於下墊，廓重氛於上～。”❷不清澄。文選晉陸機漢高祖功臣頌：“芒芒宇宙，上～下黷。”李善注：“墋，不清澄之貌也。”

按，説文無墋字。

塹 qiàn 七豔切，去，豔韻，清。談部。

坑。説文：“塹，阬也。”引申爲壕溝。墨子備城門：“～中深丈五，廣比扇。”史記高祖本紀：“使高壘深～，勿與戰。”司馬貞索隱：“塹，繞城水也。”又爲動詞。挖坑。左傳昭公十七年：“環而～之及泉。”杜預注：“塹，溝塹也。”史記秦始皇本紀：“除道，道九原抵雲陽，～山堙谷直通之。”

墅 shù 承與切，上，語韻，禪。

❶農村簡陋的房子。三國魏曹植泰山梁甫行：“劇哉邊海民，寄身於草～。”❷别館，供遊樂休養的園林房屋。晉書謝安傳：“又於土山營～，樓館林竹甚盛。”

按，説文無墅字。

十二畫

墟 xū 去魚切，平，魚韻，溪。魚部。

❶大丘。字本作“虚”。詩鄘風定之方中：“升彼虚矣，以望楚矣。”釋文：“虚，本或作墟。”❷廢墟，遺址。吕氏春秋貴直：“使人之朝爲草而國爲～。”文選晉潘岳西征賦：“窺秦～於渭城，冀闕緬其堙盡。”李善注：“聲類曰：墟，故所居也。”唐王勃滕王閣序：“蘭亭已矣，梓澤坵～。”字亦作“虚”。左傳僖公二十八年：“晉侯登有莘之虚以觀師。”漢書賈誼傳：“凡十三歲而社稷爲虚。”引申爲動詞。使成廢墟。荀子解蔽：“此其所以喪九牧之地，而～宗廟之國也。”❸農村市集（後起義）。宋陸游溪行詩：“逢人問～市，計日買薪蔬。”

［辨］虚，墟。見“虚”字條。

按，説文墟作虚，在丘部，云：“大丘也。”

墯 duò 音惰。歌部。

❶同“墮”。史記張儀列傳：“張儀至秦，詳失綏～車，不朝三月。”❷通“惰”。韓非子顯學：“無饑饉疢疾禍罪之殃，獨以貧窮者，非侈則～也。”

按，説文無墯字。

墩 dūn 都昆切，音敦，平，魂韻，端。

土堆。唐李白登金陵冶城西北謝安墩

詩:“冶城訪古跡,猶有謝安～。”字亦作“敦”。爾雅釋丘:“丘一成爲敦丘。”郭璞注:“江東呼堆爲敦。”

按,説文無墩字。

增 zēng 作滕切,平,登韻,精。蒸部。

❶增加。詩小雅天保:“如川之方至,以莫不～。”❷〔增增〕衆多的樣子。詩魯頌閟宫:“烝徒增增。”傳:“增增,衆也。”

[備考]通“層(céng)”。字彙補徂棱切。重叠。楚辭戰國宋玉招魂:“～冰峨峨,飛雪千里些。”王逸注:“言北方常寒,其冰重累,峨峨如山。”

墝 qiāo 口交切,音敲,肴韻,溪。宵部。

土地瘠薄。與“肥”相對。墨子親士:“～埆者,其地不育。”荀子儒效:“相高下,視～肥,序五種,君子不如農人。”字亦作“磽”、“墽”。孟子告子上:“則地有肥磽,雨露之養,人事之不齊也。”淮南子墬形:“察水陸肥墽高下之宜。”

按,説文墝作磽、墽。磽下云:“磐石也。”墽下云:“磽也。”朱駿聲説文通訓定聲説墽當爲磽的重文。

墳 1. fén 符分切,平,文韻,奉。文部。

❶大防,高的堤岸。詩周南汝墳:“遵彼汝～,伐其條枚。”楚辭戰國屈原九章哀郢:“登大～以望遠兮,聊以舒吾憂心。”南朝宋謝惠連西陵遇風獻康樂詩:“零雨潤墳澤,落雪灑林丘。”❷墓。禮記檀弓上:“古也墓而不～。”鄭玄注:“土之高者曰墳。”

[備考]㊀大。詩小雅苕之華:“牂羊～首。”毛傳:“墳,大也。”㊁順。管子君臣下:“～然若一父之子。”尹知章注:“墳,順貌。”㊂分。楚辭戰國屈原天問:“地方九則,何以～之?”注:“墳,分也。”

2. fèn 房吻切,音憤,上,吻韻,奉。文部。

❸土質肥沃。書禹貢:“厥土黑～。”❹高起。左傳僖公四年:“公祭之地,地～。”釋文:“墳,扶粉反。”

[辨]防,坊,隄,堤,唐,隋,塘,墳,坋。見“防”字條。

[同源字]濱,頻,瀕,濆,墳,邊。見“濱”字條。

墱 dèng 集韻丁鄧切,音凳,去,嶝韻,端。

石級,自低處向高處的坡道。後漢書班彪傳附班固西都賦:“陵～道而超西墉。”

按,説文無墱字。段玉裁以爲隥同墱。

墢 bō 集韻北末切,音撥,入,末韻,幫。月部。

耕地起土。集韻:“墢,發土也。”國語周語上:“王耕一～,班三之,庶民終於千畝。”韋昭注:“王耕一墢,一畝之發也。”

按,説文無墢字。

墠 shàn 常演切,音善,上,獮韻,禪。元部。

除草的平地。説文:“墠,野土也。”段玉裁注:“野者,郊外也。野土者,於野治地除艸。”詩鄭風東門之墠:“東門之～,茹藘在阪。”毛傳:“墠,除地町町者。”書金滕:“爲三壇同～。”僞孔傳:“壇,築土;墠,除地。”爲供祭祀用而清除整潔的平地也叫“墠”。禮記祭法:“是故王云七廟,一壇一～。”鄭玄注:“封土曰壇,除地曰墠。”

墣 pū 普木切,入,屋韻,滂。屋部。

土塊。説文:“墣,塊也。”國語吴語:“王寐,疇枕王以～而去之。”韋昭注:“墣,塊也。”淮南子説林:“土勝水者,非以一～塞江也。”

墦 fán 附袁切,音煩,平,元韻,奉。元部。

墳墓。孟子離婁下:“卒之東郭～間之祭者,乞其餘。”趙岐注:“墦間,郊外冢間也。”

按,説文無墦字。

壄 yě 集韻以者切,音也,上,馬韻,喻四。魚部。

同“野”。楚辭戰國屈原九歌國殤:“嚴

殺盡兮棄原～。”又宋玉九辯：“泊莽莽與～草同死。”

按，説文埜是野的重文，在里部。

埜 yín 集韻魚巾切，音銀，平，諄韻，疑。文部。

同“垠”。界限，岸。集韻：“埜，地垺也，岸也。”淮南子俶真：“蘆苻之厚，通於無～。”

按，説文埜作垠。

墜 zhuì 直類切，去，至韻，澄。微部。

落。書仲虺之誥：“有夏昏德，民～塗炭。”楚辭戰國屈原九歌國殤：“矢交～兮士争先。”引申爲失。國語晉語二：“知禮可使，敬不～命。”

按，説文無墜字，新附有之。説文：“隊，從高隊也。”隊即墜字。

墮 1. duò 徒果切，音惰，上，果韻，定。歌部。

㊀落。史記留侯世家：“有一老父衣褐，至良所，直～其履圯下。”〔墮顛〕脱髮，秃頂。新序雜事五：“夫士亦華髮墮顛而後可用耳。”墨子修身作“華髮隳顛”。㊁通“惰”。荀子宥坐：“亂其教，繁其刑，其民迷而～焉。”淮南子兵略：“動無～容，口無虛言。”大戴禮記子張問入官：“～怠者，時之所以後也。”

2. huī 許規切，平，支韻，曉。歌部。

㊂毁壞。書益稷：“萬事～哉。”釋文：“墮，許規反。”春秋定公十二年：“叔孫州仇帥師～郈。”左傳僖公三十二年：“～軍實而長寇仇。”字亦作“墒”。漢書刑法志：“周道衰，法度墒。”顔師古注：“墒即墮字。墮，毁也，音火規反。”字又作“隳”。文選漢賈誼過秦論：“一夫作難而七廟隳。”

［備考］布，輸。左傳昭公四年：“寡君將～幣焉。”釋文：“墮，許規反，布也。服云：輸也。”

按，徒果切的墮説文作陊，云：“落也。”許規切的墮説文作隓，重文墒，云：“敗城阜曰隓。”説文無墮字。

墬 dì 集韻徒二切，音地，去，至韻，定。歌部。

“地”的籀文。見説文。淮南子墬形：“～形之所載，六合之間，四極之内。”

墨 mò 莫北切，入，德韻，明。職部。

㊀書畫所用的黑色顔料。説文：“墨，書墨也。”晉傅玄太子少傅箴：“故近朱者赤，近～者黑。”引申爲墨綫。〔繩墨〕木工用以測定直綫的工具。孟子盡心上：“大匠不爲拙工改廢繩墨。”又爲黑色，臉上晦暗的容色。孟子滕文公上：“面深～。”左傳哀公十三年：“肉食者無～。”又爲墨刑，即黥刑。書伊訓：“臣下不匡，其刑～。”又爲貪污，不廉潔。左傳昭公十四年：“貪以敗官爲～。”㊁指墨家。孟子滕文公上：“～者夷之因徐辟而求見孟子。”韓非子顯學：“孔～之後，儒分爲八，～離爲三。”

［備考］㈠占卜時灼龜甲裂開的紋路。禮記玉藻：“史定～。”鄭玄注：“墨，兆坼也。”㈡五尺爲墨。國語周語下：“不過～丈尋常之間。”韋昭注：“五尺爲墨，倍墨爲丈。”㈢通“默”。荀子解蔽：“故口可劫而使～云。”漢書李陵傳：“陵～不應。”㈣繩索。文選漢揚雄解嘲：“徽以糾～。”李善注：“墨，索也。”

［同源字］煤，黴，墨。見“煤”字條。

十 三 畫

墺 yù 於六切，音郁，入，屋韻，影。覺部。

可以定居的地方。説文：“墺，四方土可居也。”玉篇引夏書：“四～既宅。”今書禹貢作“隩”。漢書地理志上：“四奧既宅。”顔師古注：“奧，讀曰墺，謂土之可居者也。”

［同源字］隩，澳，墺，奧。見“隩”字條。

壅 yōng 於容切，音雍，平，鍾韻，影。東部。

㊀堵塞。左傳宣公十二年：“川～爲澤。”又成公十二年：“交贄往來，道路無～。”引申

爲防止。國語晉語一："苟可以攜，其入也必甘，受逞而不知，胡可～也？"又爲障蔽，蒙蔽。韓非子難四："夫日兼照天下，一物不能當也；人君兼照一國，一人不能～也。"又主道："臣閉其主曰～，臣制財利曰～，臣擅行令曰～，臣得行義曰～，臣得樹人曰～。"㊂用土壤或肥料培育植物的根部。文選三國魏曹冏六代論："雖～之以黑墳，暖之以春日，猶不救於枯槁，何暇繁育哉？"

按，說文無壅字。

壇 1. tán 徒干切，平，寒韻，定。元部。

㊀祭場。說文："壇，祭場也。"漢蔡邕獨斷卷上："～，謂築土起堂。"朱駿聲說文通訓定聲："除地曰場，曰墠，於墠築土曰壇。"書金縢："爲三～同墠。"馬融注："壇，土堂也。"禮記祭法："燔柴於泰～，祭天也。"引申爲國君至他國受郊勞的土堂。左傳襄公二十八年："子產相鄭伯以如楚，舍不爲～。"

［備考］中庭。淮南子說林："腐鼠在～。"高誘注："楚人謂中庭爲壇。"

2. dàn 集韻徒案切，音憚，去，换韻，定。元部。

㊁〔壇曼〕叠韻聯緜字。寬廣的樣子。史記司馬相如列傳子虛賦："登降陁靡，案衍壇曼。"字亦作"壇漫"。文選揚雄甘泉賦："平原唐其壇漫兮。"

壈 lǎn 盧感切，上，感韻，來。侵部。

〔坎壈〕叠韻聯緜字。見"坎"字條。

壏 kǎn 集韻苦感切，音坎，上，感韻，溪。

〔壏坷〕雙聲聯緜字。同〔坎坷〕。不平，比喻不得志。

按，說文無壏字。

墽 qiāo 苦幺切，平，蕭韻，溪。宵部。

同"墝"。土地瘠薄。說文："墽，磽也。"淮南子泰族："察陵陸水澤肥～高下之宜。"又要略："韓，晉別國也，地～民險，而介於大國之間。"

墼 jī 古歷切，音擊，入，錫韻，見。錫部。

㊀磚。說文："墼，瓴適也。"㊁磚坯。說文："一曰未燒者。"後漢書周紆傳："紆廉潔無資，常築～以自給。"

壁 bì 北激切，入，錫韻，幫。錫部。

㊀牆。說文："壁，垣也。"儀禮特牲饋食禮："饎爨在西～。"引申爲陡峭如牆的山崖（後起義）。隋書豆盧勣傳："其山絶～千尋。"㊁軍壘。史記高祖本紀："晨馳入張耳韓信～，而奪之軍。"㊂星名。二十八宿之一。

墾 kěn 康很切，音懇，上，很韻，溪。文部。

耕，開發土地。國語周語上："土不備～，辟在司寇。"管子治國："民事農則田～，田～則粟多，粟多則國富。"

［備考］頓傷。周禮考工記旊人："凡陶旊之事，髻～、薜暴不入市。"鄭玄注："墾，頓傷也。"

按，說文無墾字，新附有之，寫作墾，云："耕也。"

十 四 畫

壍 qiàn 七豔切，去，豔韻，清。談部。

同"塹"。坑，壕溝。史記匈奴列傳："因邊山險～谿谷可繕者治之。"引申爲動詞。挖坑。唐韓愈烏氏廟碑："～原累石，綿四百里，深高皆三丈。"

按，說文壍作塹，云："阬也。"

壐 xǐ 斯氏切，音徙，上，紙韻，心。支部。

同"璽"。說文："壐，王者印也。"睡虎地秦墓竹簡爲吏之道："口者，關；舌者，符～也。"

壕 háo 胡刀切，音豪，平，豪韻，匣。

後起字。護城河。集韻："壕，城下池也。"唐杜甫新安吏詩："掘～不到水，牧馬役亦輕。"

壖 ruán 集韻而宣切,平,仙韻,日。元部。

同"堧"。隙地。史記鼂錯列傳:"内史府居太上廟～中。"張守節正義:"壖者,廟内垣外游地也。"又河渠書:"五千頃故盡河～棄地。"漢書食貨志上:"田其宫～地。"

按,説文壖作畂,在田部,云:"城下田也。"

壔 dǎo 都晧切,音島,上,晧韻,端。幽部。

土堡。説文:"墕(壔),保也,高土也。"九章算術商功:"今有方堢～。"劉徽注:"堢者,堢城也。壔,謂以土擁木也。"

壒 ài 於蓋切,音藹,去,泰韻,影。月部。

塵。後漢書班彪傳附班固西都賦:"軼埃～之混濁,鮮顥氣之清英。"文選西都賦作"堨"。唐韓愈秋雨聯句:"白日懸大野,幽泥化輕～。"

按,説文無壒字,新附有之。

壏 xiàn 胡黤切,上,檻韻,匣。談部。

堅土。管子地員:"五忩之狀,廩焉如～。"尹知章注:"壏,猶彊也。"

按,説文無壏字。

壋 1. chì 集韻勑立切,入,緝韻,徹。緝部。

㊀低窪地。説文:"壋,下入也。"

2. zhí 直立切,音蟄,入,緝韻,澄。緝部。

㊁〔埱壋〕叠韻聯緜字。見"埱"字條。

壎 xūn 況袁切,平,元韻,曉,今讀如勳。文部。

古樂器。説文:"壎,樂器也,以土爲之,六孔。"詩小雅何人斯:"伯氏吹～,仲氏吹篪。"字亦作"塤"。

壓 yā 烏甲切,音鴨,入,狎韻,影。葉部。

從上向下加以重力。國語魯語下:"夫棟折而榱崩,吾懼～焉。"引申爲迫近。左傳襄公二十六年:"楚晨～晉軍而陳。"又爲以權威或暴力使屈服。公羊傳文公十四年:"子以大國～之,則未知齊晉孰有之也。"又爲凌駕,超越。唐柳宗元與蕭翰林俛書:"才不能喻同列,聲不能～當世。"

〔備考〕殺。戰國策齊策三:"且臣聞齊衛先君刑馬～羊。"姚宏注:"壓,亦殺也。"

壑 hè (舊讀 huò)呵各切,入,鐸韻,曉。鐸部。

溝。詩大雅韓奕:"實墉實～。"釋文"壑,城池也。"又土坑。禮記郊特牲:"水歸其～。"鄭玄注:"壑,猶坑也。"孟子滕文公上:"其親死,則舉而委之於～。"趙岐注:"壑,路旁坑壑也。"引申爲坑谷。文選漢張衡西京賦:"陵巒超～。"李善注:"壑,坑谷也。"

按,説文壑作叡,在𣦼部。

十五畫

壙 kuàng 苦謗切,音曠,去,宕韻,溪。陽部。

㊀墓穴。禮記檀弓下:"弔於葬者必執引,若從柩及～,皆執紼。"列子天瑞:"望其～,睪如也。"殷敬順釋文:"壙,墓穴也。"㊁曠野。孟子離婁上:"民之歸仁也,猶水之就下,獸之走～也。"〔壙埌〕叠韻聯緜字。原野空曠的樣子。莊子應帝王:"而遊無何有之鄉,以處壙埌之野。"〔壙壙〕廣大的樣子。漢賈誼新書修政語下:"天下壙壙,一人有之。"字亦作"曠曠"。史記日者列傳:"天地曠曠。"㊂通"曠"。曠廢。管子七法:"不失天時,毋～地利。"荀子議兵:"敬謀無～,敬事無～,敬吏無～,敬衆無～,敬敵無～。"楊倞注:"無壙,言不敢須臾不敬。"

〔備考〕久。漢書孝武李夫人傳:"託沈陰以～久兮,惜蕃華之未央。"

壘 1. lěi 力軌切,音累,上,旨韻,來。微部。

㊀軍營牆壁或防守工事。禮記曲禮上:"四郊多～,此卿大夫之辱也。"管子制分:"故善用兵者,無溝～而有耳目。"

2. lěi 集韻倫追切，音纍，平，脂韻，來。微部。

㊁重疊。〔壘壘〕重積貌。文選三國魏曹丕善哉行："遠望故鄉，鬱何壘壘！"晉張載七哀詩："北芒何壘壘，高陵有四五。"㊂捆綁。通"累"。荀子大略："氐羌之虜也，不憂其係～也，而憂其不焚也。"

3. lěi 集韻魯猥切，上，賄韻，來。微部。

㊃〔峴壘〕叠韻聯緜字。①山名。②曲折盤旋貌。論衡雷虛："校軫之狀，鬱律峴壘之類也。"

4. lèi 集韻盧對切，去，隊韻，來。微部。

㊄推石自高而下。見集韻。漢書李陵傳："單于遮其後，乘隅下～石。"

5. lǜ 集韻劣戌切，音律，入，術韻，來。物部。

㊅〔鬱壘〕叠韻聯緜字。神名。見"鬱"字條。

壝 wěi 以水切，上，旨韻，喻四。微部。

祭壇四周的土牆。周禮地官封人："掌詔王之社～。"宋孟元老東京夢華録："三更，駕詣郊壇行禮，有三重～牆。"

按，説文無壝字。

十 六 畫

壟 lǒng 力踵切，上，腫韻，來。東部。

字也作"壠"。㊀墳墓。戰國策齊策四："有敢去柳下惠～五十步而樵采者，死不赦。"後漢書和帝紀："朕望長陵東門，見二臣之壠。"㊁田地分界的土堆，田埂。史記陳涉世家："輟耕之～上。"

按，説文壟作壠。

壞 1. huài 胡怪切，去，怪韻，匣。微部。

㊀房屋等建築物倒塌。詩大雅板："無俾城～。"春秋文公十三年："大室屋～。"商君書修權："蠹衆而木折，隙大而牆～。"引申爲拆毁。左傳成公十年："～大門及寢門而入。"又襄公三十一年："子産使盡～其館之垣而納車馬焉。"史記秦始皇本紀："墮～城郭。"張守節正義："壞，拆也。自頹曰壞。"孟子滕文公下："～宫室以爲汙池。"㊁衰敗。左傳襄公二十四年："諸侯貳則晉國～，晉國貳則子之家～。"漢書司馬遷傳："考之行事，稽其成敗興～之理。"

2. huì 篇海類編胡罪切。微部。

㊂〔壞木〕傷病的木。詩小雅小弁："譬彼壞木，疾用無枝。"毛傳："壞，瘣也，謂傷病也。"這個意義説文作"瘣"。瘣下云："病也。"引詩"譬彼瘣木"。

［同源字］虺，隤（虺隤），壞，瘣。見"虺"字條。

壚 lú 落胡切，音盧，平，模韻，匣。魚部。

㊀黑剛土。書禹貢："下土墳～。"漢書地理志下："下土墳～。"顏師古注："壚，謂土之剛黑者也。"㊁酒店安放酒瓮的土臺子，又指酒店。世説新語傷逝："經黄公酒～下過。"字亦作"鑪"。史記司馬相如列傳："盡賣其車騎，買一酒舍，而令文君當鑪。"

［同源字］盧，旅，驢，臚，獹，瀘，壚。見"盧"字條。

壛 yán 余廉切，音鹽，平，鹽韻，喻四。談部。

㊀同"閻"。見集韻。説文："閻，里中門。"㊁同"檐"、"簷"。〔步壛〕走廊。楚辭大招："曲屋步壛，宜擾畜只。"字亦作"步櫚"、"步檐"。史記司馬相如列傳上林賦："步櫚周流，長途中宿。"文選南朝宋謝莊宋孝武宣貴妃誄："巡步檐而臨蕙路。"

按，説文壛作閻。

壜 tán 徒含切，音潭，平，覃韻，定。

後起字。一種小口大肚的圓形陶器。唐許渾夜歸驛樓詩："窗下覆棊殘局在，橘邊沽酒半～空。"

十 七 畫

壤 1. rǎng 如兩切，上，養韻，日。陽部。

㊁柔土。見說文。書禹貢："厥土惟白～。"又："厥土惟黄～。"引申爲土地。周禮地官大司徒："辨十有二～之物，而知其種，以教稼穡樹藝。"鄭玄注："壤，亦土也。"〔天壤〕指天地。戰國策齊策六："故業與三王争流，名與天壤相敝也。"㊂地區，地域。漢書武帝紀："兩國接～。"文選晉束皙補亡詩："芒芒九～。"㊂〔壤壤〕往來紛錯貌。吕氏春秋知接："孰之壤壤也，可以爲之莽莽也。"史記貨殖列傳："天下壤壤，皆爲利往。"字亦作"攘攘"。

2. ráng 音穰。陽部。

㊃通"穰"。五穀豐收。莊子庚桑楚："居三年，畏壘大～。"列子天瑞："一年而給，二年而足，三年大～。"

士　部

［士部總論］

說文士部只有"士壻壯壿"四個字。"士"是男子的美稱。"壻"是夫，故從士。士大爲"壯"，故從士。"壿"是士舞，故從士。《康熙字典》士部另收"壬、壺、壹、壼、壽"等字，那就亂了。

士 shì 鉏里切，上，止韻，牀二。之部。

㊀男子的美稱。詩鄭風女曰鷄鳴："女曰鷄鳴，～曰昧旦。"孔穎達疏："士者，男子之大號。"又指未婚的男子。詩小雅甫田："以穀我～女。"荀子非相："處女莫不願得以爲～。"㊁最低級的貴族階層。書多士："用告商王～。"又酒誥："厥誥毖庶邦庶～。"㊂四民之一，讀書人。穀梁傳成公元年："古者有四民：有～民，有商民，有農民，有工民。"漢書食貨志上："～農工商，四民有業。學以居位曰～。"㊃掌刑獄之官。書舜典："皋陶，…汝作～，五刑有服。"㊄兵士。楚辭戰國屈原九歌國殤："旌蔽日兮敵若雲，矢交墜兮～争先。"吕氏春秋簡選："鋭卒千人。"高誘注："在車曰～，步曰卒。"

［備考］通"事"。詩豳風東山："制彼裳衣，勿～行枚。"毛傳："士，事也。"朱熹集傳："勿士行枚，未詳其義。"

［辨］軍，士，卒，兵。見"卒"字條。

一　畫

壬 rén 如林切，平，侵韻，日。侵部。

㊀天干的第九位。古人用以記日，漢以後也用以紀年。書武成："惟一月～辰，旁死魄。"又畢命："越三日～申，王朝步自宗周，至於豐。"㊁大。爾雅釋詁："壬，大也。"詩小雅賓之初筵："百禮既至，有～有林。"毛傳："壬，大；林，君也。"朱熹集傳："壬，大；林，盛也。"㊂奸佞。書皋陶謨："何畏乎巧言令色孔～！"漢書元帝紀："是故～人在位而吉士雍蔽。"顔師古注引服虔："壬人，佞人也。"

按，說文壬字在壬部。

四　畫

壯 zhuàng 側亮切，去，漾韻，照二。陽部。

㊀壯年。禮記曲禮上："三十曰～，有室。"管子小問："苗，始其少也，眴眴乎何其孺子也；及其～也，莊莊乎何其士也！"宋辛棄疾鷓鴣天詞："～歲旌旗擁萬夫。"㊁强壯，雄壯。易大壯："大～，利貞。"孔穎達疏："壯者，强盛之名。"左傳宣公十二年："楚師方～。"漢書東方朔傳："拔劍割肉，壹何～也！"㊂醫用艾灸，一灼稱爲一壯。三國志魏書華佗傳："若當灸，不過一兩處，每處七八～，病亦應除。"

九 畫

壹 yī 於悉切,音一,入,質韻,影。質部。

❶專一。左傳昭公二十年:“若琴瑟之專～。”引申爲均一。國語晉語七:“鎮静者修之則～。”韋昭注:“壹,均一也。”又爲一致,統一。商君書賞刑:“所謂～刑者,刑無等級。”又爲一概。漢書曹參傳:“舉事無所變更,～遵何之約束。”又爲一旦。漢書燕刺王劉旦傳:“大王～起國中,雖女子皆奮臂隨大王。”❷數詞。通“一”。詩召南騶虞:“～發五豝。”管子輕重戊:“六月而～見。”❸副詞。表示强調。禮記檀弓下:“子之哭也,～似重有憂者。”漢書東方朔傳:“拔劍割肉,～何壯也!”❹〔壹鬱〕雙聲聯緜字。憂悶的樣子。漢書賈誼傳弔屈原賦:“國其莫吾知兮,子獨壹鬱其誰語?”史記作“壹鬱”。

[辨]一,壹。見“一”字條。

[同源字]殪,一,壹。見“殪”字條。

按,説文壹字在壹部。

壺 hú 户吴切,平,模韻,匣。魚部。

❶器名。深腹,斂口,用以盛酒漿或糧食。公羊傳昭公二十五年:“國子執～漿。”孟子梁惠王下:“簞食～漿以迎王師。”❷古代投矢所用的器具。左傳昭公十二年:“晉侯以齊侯宴,中行穆子相,投～。”❸通“瓠”。瓠瓜。詩豳風七月:“八月斷～。”

按,説文壺字在壺部。

壻 xù 蘇計切,去,霽韻,心。魚部。

❶女之夫。爾雅釋親:“女子之夫爲壻。”左傳桓公十五年:“祭仲專,鄭伯患之,使其～雍糾殺之。”❷妻稱夫也叫“壻”。樂府陌上桑:“東方千餘騎,夫～居上頭。”又:“座中千餘人,皆言夫～殊。”後代也寫作“婿”。

十 畫

壼 kǔn 苦本切,上,混韻,溪。文部。

宫中的道路。爾雅釋宫:“宫中衖謂之壼。”詩大雅既醉:“其類維何?室家之～。”朱熹集傳:“壼,宫中之巷也。言深遠而嚴肅也。”

[備考]廣。詩大雅既醉:“室家之～。”毛傳:“壼,廣也。”箋:“壼之言捆也。”

按,説文作□(□),在口部。

十 一 畫

壽 shòu 殖酉切,上,有韻,禪。幽部。

❶活的歲數大,長命。詩小雅天保:“如南山之～,不騫不崩。”又大雅棫樸:“周王～考。”❷向人敬酒或用財物贈人,祝他長壽。史記項羽本紀:“沛公奉巵酒爲～。”又高祖本紀:“高祖奉玉巵,起爲太上皇～。”又刺客列傳:“嚴仲子奉黄金百鎰,爲聶政母～。”

按,説文壽作□,在老部。

夊 部

夊 zhǐ 豬几切,上,旨韻,知。脂部。

從後至。見説文。

四 畫

夆 féng 符容切,音逢,平,鍾韻,奉。東部。

❶牽拖。爾雅釋訓:“甹夆,掣曳也。”❷通“豐(fēng)”。豐厚。馬王堆漢墓帛書老子乙本·德經:“修之國,其德乃～。”今本老子五四章作“豐”。

[備考]牾。見説文。

夊 部

夊 suī 息遺切,音綏,平,脂韻,心。微部。

行遲貌。見玉篇。玉篇引詩"雄狐夊夊",今詩齊風南山作"綏綏"。

六 畫

㚇 zōng 子紅切,平,東韻,精。東部。

❶鳥飛時把脚收斂起來。説文:"㚇,斂足也。鵲鵙醜,其飛也㚇。"爾雅釋鳥作"翪"。❷馬頭的飾具。後漢書馬融傳廣成頌:"揚金～而拖玉瓖。"李賢注:"金㚇者,馬冠也。"

复 fù 房六切,入,屋韻,奉。覺部。

走老路。説文:"复,行故道也。"

七 畫

夏 1. xià 胡雅切,上,馬韻,匣。魚部。

❶古代漢族自稱爲"夏"。説文:"夏,中國人也。"書舜典:"蠻夷猾～。"僞孔傳:"夏,華夏。"❷大。方言一:"自關而西,秦晉之間,凡物之壯大者而愛偉之,謂之夏。"詩秦風權輿:"於我乎～屋渠渠。"毛傳:"夏,大也。""夏屋"又簡稱爲"夏"。楚辭戰國屈原九章哀郢:"曾不知～之爲丘兮。"王逸注:"夏,大殿也。"後來寫作"廈"。集韻:"廈,大屋。"❸朝代名,即夏后氏。論語衛靈公:"行～之時,乘殷之輅,服周之冕。"❹國號。①東晉末,匈奴族所建王國。②隋末竇建德所建王國。❺五色。周禮天官染人:"秋染～。"賈公彦疏:"秋染夏者,夏謂五色,至秋氣凉可以染五色也。"〔夏翟〕羽毛五色的野雞。書禹貢:"羽畎夏翟。"

[備考]樂歌名。詩周頌時邁:"肆於時～。"鄭箋:"樂歌大者稱夏。"朱熹集傳:"夏,中國也。"與鄭箋異。

2. xià 胡駕切,去,禡韻,匣。魚部。

❻四季的第二季,四月、五月、六月爲夏。書洪範:"日月之行,則有冬有～。"詩小雅四月:"四月維～。"

3. jiǎ 集韻舉下切,音假,上,馬韻,見。魚部。

❼通"榎"。〔夏楚〕古代學校的體罰用具。禮記學記:"夏楚二物,收其威也。"鄭玄注:"夏,槄也;楚,荆也。"

[同源字]夏,廈。見"廈"字條。

十 七 畫

夔 kuí 渠追切,音逵,平,脂韻,羣。微部。

❶神話獸名。莊子秋水:"～憐蚿,蚿憐蛇,蛇憐風。"釋文:"夔,求龜反,一足獸也。"❷山林中的精怪。國語魯語下:"木石之怪曰～,蝄蜽。"韋昭注:"木石,謂山也。"❸人名。舜時的樂官。書舜典:"伯拜稽首,讓於～龍。"❹春秋時國名。在今湖北秭歸縣東。左傳僖公二十六年:"楚人滅～,以夔子歸。"❺〔夔夔〕莊敬悚懼貌。書大禹謨:"夔夔齊慄,瞽亦允若。"孟子萬章上:"祇載見瞽瞍,夔夔齊慄,瞽瞍亦允若。"史記五帝本紀:"往朝父瞽叟,夔夔唯謹,如子道。"

夕 部

夕 xī 祥易切,入,昔韻,邪。鐸部。

❶日暮,傍晚。詩王風君子于役:"日之～矣,牛羊下來。"引申爲夜。後漢書第五倫傳:"竟～不眠。"❷動詞。傍晚時朝見君王。與"朝"相對。左傳成公十二年:"百官承事,朝而不～。"又昭公十二年:"右尹子革～。"❸一個月的最後一旬爲月之夕,一年的最後一季爲歲之夕。見尚書大傳洪範五行傳鄭玄注。荀子禮論:"月～卜宅。"楊倞注:"月夕,月末也。"

[備考]㈠西向。周禮秋官司儀:"凡行人之儀,不朝不～。"鄭玄注:"不正東鄉,不正西鄉。"㈡斜,不正。吕氏春秋明理:"是正坐於～室也,其所謂正乃不正矣。"高誘注:"言其室斜夕不正,徒正其坐也。"

[辨]夕,暮,夜。"夕"與"暮"是同義詞,但"暮"不引申爲夜義。從傍晚到星出叫"夕",從昏至旦叫"夜",有時也混用。

[同源字]夕,昔,夜,汐。"夕""昔""夜"叠韻;"夕""汐"同音,"汐"本作"夕"。

二 畫

外 wài 五會切,去,泰韻,疑。月部。

❶外面,與"内"相對。易否:"内陰而～陽,内柔而～剛。"引申爲置之於外,疏遠。易泰:"内君子而～小人。"管子明法:"所以禁過而～私也。"又爲除外。淮南子精神:"身至親矣,而棄之淵;～此,其餘無足利矣。"又爲外表。法言修身:"其爲中也弘深,其爲～也肅括。"李軌注:"外者,威儀也。"❷不同姓的親戚爲"外"。爾雅釋親:"女子子之子爲～孫。"漢書司馬遷傳:"遷～孫平通侯楊惲祖述其書。"❸妻稱夫爲"外"。梁徐悱妻劉令嫻有答外詩,見玉臺新詠六。❹戲劇的角色之一種。元劇於外旦、外末外,又有外。

三 畫

多 duō 得何切,平,歌韻,端。歌部。

❶數量大,與"少""寡"相對。詩邶風柏舟:"覯閔既～,受侮不少。"易謙:"君子以裒～益寡。"❷推重,贊揚。韓非子五蠹:"以其犯禁也罪之,而～其有勇也。"漢書灌夫傳:"士亦以此～之。"❸適足,只。論語子張:"人雖欲自絶,其何傷於日月乎?～見其不知量也。"左傳定公十五年:"事楚何爲?～取費焉。"

按,説文多字在多部。

夙 sù 息逐切,音宿,入,屋韻,心。覺部。

❶早。詩衛風氓:"～興夜寐,靡有朝矣。"又鄘風定之方中:"星言～駕,説于桑田。"❷舊,平素。後漢書郭伋傳:"伋知盧芳～賊。"李賢注:"夙,舊也。"又劉虞傳:"遠近豪俊～僭奢者,莫不改操而歸心焉。"宋史蘇轍傳:"吕大防劉摯患之,欲稍引用,以平～怨。"

[備考]肅。詩大雅生民:"載震載～,載生載育。"鄭箋:"夙之言肅也。"

按,説文夙作㑛。

五 畫

夜 yè 羊謝切,去,禡韻,喻四。鐸部。

從天黑到天亮的一段時間。與"日""晝"相對。詩鄭風女曰雞鳴:"子興視～,明星有爛。"左傳莊公七年:"辛卯～,恒星不見。"孔穎達疏:"夜者,自昏至旦之總名。"論語子罕:"逝者如斯夫!不舍晝～。"孟子離婁下:"仰而思之,～以繼日。"

［辨］夕，暮，夜。見“夕”字條。

［同源字］夕，昔，夜，汐。見“夕”字條。

姓 qíng 疾盈切，音情，平，清韻，從。耕部。

古“晴”字。説文：“姓，雨而夜除，星見也。”徐灝箋：“晝晴曰啓，夜晴曰姓，今通謂之晴。”

八　畫

夠 gòu 古侯切，集韻居候切，去，候韻，見。

多。見廣韻。字亦作“够”。文選晉左思魏都賦：“繁富夥够，非可單究。”後來稱滿足爲够。

按，説文無夠字。

十一畫

夢 1.mèng 莫鳳切，去，送韻，明。蒸部。

㊀睡眠中的幻象，做夢。詩齊風雞鳴：“甘與子同～。”左傳僖公二十八年：“晉侯～與楚子搏。”莊子齊物論：“昔者莊周～爲胡蝶。”㊁楚人稱澤爲夢。楚辭戰國宋玉招魂：“與王趨～兮課後先。”〔雲夢〕澤名。周禮夏官職方：“正南曰荆州，…其澤藪曰雲曹。”爾雅釋地作雲夢。唐孟浩然臨洞庭上張丞相詩：“氣蒸雲夢澤，波撼岳陽城。”

2.méng 莫中切，平，東韻，明。蒸部。

㊂不明。見説文。〔夢夢〕昏亂。詩小雅正月：“視天夢夢。”又大雅抑：“視爾夢夢，我心慘慘。”

［同源字］夢，冒，冥，帽，鍪，霧，蒙，幪，霿，瞢，瞑，濛，朦，盲，矇，眊，瞀。見“冒”字條。

夥 huǒ 胡果切，上，果韻，匣。今讀如火。

多。字亦作“錁”。説文：“齊謂多爲錁。”方言一：“凡物盛多謂之寇，齊宋之郊、楚魏之際曰夥。”文選漢司馬相如上林賦：“萬物衆～。”晉左思魏都賦：“繁富～够。”後漢書張衡傳：“不恥禄之不～。”唐書突厥傳序：“秦地曠而人寡，晉地狹而人～。”〔夥頤〕驚歎詞。表示驚訝或驚羨。史記陳涉世家：“見殿屋帷帳，客曰：‘夥頤！涉之爲王沈沈者。’”索隱引服虔：“楚人謂多爲夥，又言頤者，助聲之詞也。”

按，説文錁字在多部。

夤 yín 翼真切，音寅，平，真韻，喻四。真部。

㊀敬。説文：“夤，敬惕也。”漢書叙傳：“中宗明明，～用刑名。”顔師古注引鄧展：“夤，敬也。”㊁夾脊肉。通“胂”。集韻：“胂，夾脊肉也。通作夤。”易艮：“列其～。”釋文：“夤，引真反。馬云：夾脊肉也。鄭本作胂。”㊂〔夤緣〕雙聲聯緜字。攀附。文選晉左思吴都賦：“夤緣山嶽之岊，冪歷江海之流。”李善注：“夤緣，布藤上貌。”舊唐書令狐楚牛僧孺傳贊：“喬松孤立，蘿蔦夤緣。”引申爲比喻攀附權要，以求仕進。宋史神宗紀：“詔察富民與妃嬪家婚姻，夤緣得官者。”㊃〔夤夜〕深夜（晚起義）。三國演義二一回：“國舅夤夜至此，必有事故。”

大　部

［大部總論］

“大”是古文“人”字。小徐本説文：“大，天大、地大、人亦大焉，象人形。古文人也。”林義光曰：“𠆢（人）象側立，大（大）象正立。”所以説文大部的字多與人有關。例如：奎，兩髀之間。　夾，持也，从大挾二人會意。　夷，平也，从大，从弓，東方之人。

也有一些字與大小的大有關。例如：奄，覆也，大有餘也。　夸，奢也，从大，于聲。　契，大約也。

説文另有亣(大)部，云："籀文大改古文，亦象人形。"這個亣部的字多與大小的大有關。例如：奕，大也，从大，亦聲。　奘，駔大也，从大，从壯，壯亦聲。　奰(贔)，壯大也，从三大，三目。

這個亣部有個"奚"字，説文云："大腹也。"其實"奚"的本義是奴隸，从大也就是从人。

康熙字典大部有些字不屬於説文大部，這裏不討論。

大 1. dà 徒蓋切，去，泰韻，定。月部。

㊀大的，與"小"相對。詩大雅行葦："酌以～斗，以祈黄耇。"孟子梁惠王上："以小易～，彼惡知之？"引申爲動詞。以爲大，重視。荀子天論："～天而思之，孰與物畜而制之？"公羊傳隱公元年："何言乎王正月？～一統也。"又用作狀語，表示範圍或程度的廣深，大大地。詩魯頌泮水："～賂南金。"朱熹集傳："賂，遺也。"書甘誓："～戰于甘。"禮記檀弓下："齊～饑。"莊子天地："～惑者終身不解，～愚者終身不靈。"㊁〔大夫〕古職官名。又爵位名。

2. dài 徒蓋切，去，泰韻，定。

㊂通"代"。世代。唐李陵變文："陵家歷～爲軍將，世世從軍爲國征。"㊃通"待"。等待。元關漢卿拜月亭第三折："安排香桌兒去，我～燒炷夜香咱。"㊄〔大夫〕醫生。見紅樓夢。

3. tài 集韻他蓋切，去，泰韻，透。月部。

㊅同"太"。詩魯頌閟宫："后稷之孫，實維～王。"左傳莊公二十八年："使～子居曲沃。"又定公十四年："～子奔宋。"

一　畫

天 tiān 他前切，平，先韻，透。真部。

㊀地面的上空。與"地"相對。詩唐風綢繆："三星在～。"引申爲天神。古人認爲天是有意志的神，是萬物的主宰。書泰誓上："～祐下民，作之君，作之師。"詩大雅大明："～監在下，有命既集。"天命、命運也叫天。孟子梁惠王下："吾之不遇魯侯，～也。"〔天子〕君主。詩大雅常武："徐方既同，天子之功。"仰賴以生存者稱天。史記酈食其列傳："王者以民人爲～，民以食爲～。"又爲天氣。禮記月令季春之月："行秋令，則～多沈陰。"唐杜甫佳人詩："～寒翠袖薄，日暮倚修竹。"㊁人的頭頂。説文："天，顛也。"山海經海外西經："刑～與帝至此争神，帝斷其首，葬之常羊之山。乃以乳爲目，以臍爲口，操干戚以舞。"刑天頭被砍去，故名刑天。引申爲鑿頂之刑。易睽："其人～且劓。"釋文："天，剠也。馬云：剠鑿其額曰天。"

［同源字］頂，巔，顛，槙，天，定，題。見"巔"字條。

按，説文天字在一部。

夫 1. fū 甫無切，平，虞韻，非。魚部。

㊀成年男子的通稱。詩周南兔罝："赳赳武～。"又小雅車攻："射～既同。"㊁女子的配偶。易小畜："～妻反目。"左傳桓公十五年："父與～孰親？"㊂古代井田，一夫受田百畝，故以百畝爲夫。周禮地官小司徒："九～爲井。"漢書食貨志上："六尺爲步，步百爲晦，晦百爲～。"

2. fú 防無切，音扶，平，虞韻，奉。魚部。

㊃指示代詞。①用作主語，等於"彼"。左傳襄公二十六年："～不惡女乎？"又："～獨無族姻乎？"②用作定語，等於"彼"或"此"。左傳僖公二十四年："～袪猶在，汝其行乎！"

論語陽貨:"食～稻,衣～錦,於女安乎?"左傳僖公三十年:"微～人之力不及此。"論語先進:"～人不言,言必有中。"㊄語氣詞。①用在句首,表示要發議論。左傳隱公四年:"～兵,猶火也。"孟子離婁上:"～人必自侮,然後人侮之。"商君書更法:"且～有高人之行者,必見非於世。"史記項羽本紀:"～搏牛之蝱,不可以破蟣蝨。"②用在句末,表示感歎。論語述而:"用之則行,舍之則藏,惟我與爾有是～!"又子罕:"逝者如斯～! 不舍晝夜。"孟子告子上:"率天下之人而禍仁義者,必子之言～!"

按,說文夫字在夫部。

太 tài 他蓋切,去,泰韻,透。月部。

㊀極大。廣雅釋詁一:"太,大也。"段玉裁說文"泰"字注:"凡言大而以爲形容未盡,則作太。如大宰俗作太宰,大子俗作太子,周大王俗作太王是也。"引申爲極,最。荀子正論:"～古薄葬。"禮記郊特牲:"～古冠布。"鄭玄注:"唐虞以上曰太古也。"韓非子說疑:"是故禁姦之法,～上禁其心,其次禁其言,其次禁其事。"㊁副詞。過分(後起義)。唐杜甫新婚別詩:"暮婚晨告别,無乃～匆忙。"

按,說文太是泰的重文,在水部。

夬 guài 古邁切,去,夬韻,見。月部。

分決。見說文。易夬:"～,決也,剛決柔也。"

按,說文夬作 𠀐,在又部。

夭 1. yāo 於喬切,音妖,平,宵韻,影。宵部。

㊀盛貌。書禹貢:"厥草惟～,厥木惟喬。"僞孔傳:"少長曰夭。"漢書地理志上:"屮～木喬。"顔師古注:"夭,盛貌也。"〔夭夭〕①盛貌。詩周南桃夭:"桃之夭夭。"毛傳:"夭夭其少壯也。"朱熹集傳:"夭夭,少好之貌。"禮記大學:"桃之夭夭。"鄭玄注:"夭夭,美盛貌。"詩邶風凱風:"棘心夭夭。"毛傳:"夭夭,盛貌。"朱熹集傳:"夭夭,少好之貌。"②體貌和舒的樣子。論語述而:"子之燕居,申申如也,夭夭如也。"皇侃疏:"夭夭者,貌舒也。"㊁災禍。詩小雅正月:"民今之無禄,天～是椓。"釋文:"夭,於兆反,又於遥反,災也。"朱熹集傳:"夭,禍。"

2. yāo 於兆切,上,小韻,影。宵部。

㊂短折,短命,早死。廣雅釋詁一:"夭,折也。"左傳昭公十九年:"札瘥～昏。"杜預注:"短折曰夭。"管子形勢:"壽～貧富,無徒歸也。"字又作"殀"。集韻:"殀,少殁也。"楚辭戰國屈原離騷:"終然殀乎羽之野。"王逸注:"蚤死曰殀。"

3. ǎo 烏晧切,音媪,上,晧韻,影。宵部。

㊃初生的草木。國語魯語上:"澤不伐～。"亦指初生的鳥獸。禮記王制:"不殺胎,不殀～。"淮南子時則:"毋覆巢,殺胎～。"

按,說文夭字在夭部。

二　畫

夯 1. hāng 字彙呼講切。

後起字。㊀用力扛。宋朱熹答吕子約書:"又被杜撰扛～作壞了。"禪林寶訓:"自家閨閣中物,不肯放下,返累及他人擔～。"

2. bèn。

㊁通"笨"。西遊記三一回:"你這饢糠的～貨,你去便罷了,怎麼罵我?"儒林外史四六回:"小兒蠢～,自幼失學。"

央 1. yāng 於良切,平,陽韻,影。陽部。

㊀中間。詩秦風蒹葭:"遡游從之,宛在水中～。"㊁已,盡。詩小雅庭燎:"夜如何其? 夜未～。"釋文引說文:"央,一曰久也,已也。"楚辭戰國屈原離騷:"時亦猶其未～。"㊂懇求(後起義)。唐曹唐小遊仙詩:"無～公子停鸞轡,笑泥嬌妃索玉鞭。"

2. yīng 集韻於驚切,音英,平,庚韻,影。陽部。

㊃〔央央〕鮮明貌。詩小雅出車:"出車彭彭,旂旐央央。"又六月:"白旆央央。"

按，説文央字在冂部。

失 shī 式質切，入，質韻，審三。質部。

❶遺失，喪失。與“得”相對。左傳莊公十二年：“得一夫而～一國。”引申爲做事不合適，失當。左傳文公二年：“君子以爲～禮。”又宣公十二年：“行人～辭。”又爲犯錯誤。荀子彊國：“夫桀紂何～，而湯武何得也？”也用作名詞。錯誤，過失。荀子大略：“治民者表亂，使人無～。”又爲錯過。書泰誓上：“時哉不可～。”❷不自禁，忍不住（後起義）。三國志吴書步騭傳注引吴録：“每讀步騭表，輒～笑。”唐宋之問牛女詩：“～喜先臨鏡，含羞未解羅。”唐杜甫遠遊詩：“似聞胡騎走，～喜問京華。”

［備考］yì（集韻弋質切）㈠通“逸”。奔。荀子哀公：“其馬將～。”楊倞注：“失，讀爲逸，奔也。”㈡通“泆”。放蕩。國語周語下：“虞於湛樂，淫～其身。”

［辨］遺，失。見“遺”字條。

按，説文失字在手部，作𡗜。

三　畫

夷 yí 以脂切，平，脂韻，喻四。脂部。

❶我國古代對東方各民族的泛稱。書禹貢：“島～皮服。”論語八佾：“～狄之有君，不如諸夏之無也。”❷平坦，平易。老子：“大道甚～，而民好徑。”列子湯問：“未嘗覺山谷之險，原隰之～。”詩周頌天作：“彼徂矣，岐有～之行。”毛傳：“夷，易也。”朱熹集傳：“夷，平；行，路也。”引申爲情緒平和，喜悦。詩鄭風風雨：“既見君子，云胡不～？”鄭箋：“夷，説（悦）也。”朱熹集傳：“夷，平也。”又召南草蟲：“亦既見止，亦既覯止，我心則～。”朱熹集傳：“夷，平也。”又爲削平。左傳成公十六年：“將塞井～竈而爲行也。”史記項羽本紀：“遂北燒～齊城郭宫室。”國語周語下：“是以人～其宗廟。”又爲平輩。禮記曲禮上：“在醜～不爭。”史記留侯世家：“今諸將皆陛下故等～。”❸創傷。通“痍”。易明夷：“～于左股。”左傳成公十六年：“子反命軍吏察～傷。”❹伸腿箕踞而坐。論語憲問：“原壤～俟。”邢昺疏：“夷，踞也；俟，待也。”引申爲傲慢。荀子修身：“不由禮則～固僻違。”楊倞注：“夷，倨也。”❺［夷猶］［夷由］雙聲聯緜字。遲疑不前，猶豫。楚辭戰國屈原九歌湘君：“君不行兮夷猶。”後漢書馬融傳廣成頌：“或夷由未殊，顛狽頓躓。”李賢注：“夷由，不行也。”

［備考］㈠通“彝”。常道。詩大雅烝民：“民之秉彝，好是懿德。”孟子告子上注引作“秉夷”。書洪範：“是彝是訓。”史記宋微子世家引作“是夷是訓”。㈡鋤類。管子小匡：“惡金以鑄斤斧鉏～鋸欘。”㈢陳列，安放。禮記喪大記：“奉尸～於堂。”

夸 kuā 苦瓜切，音誇，平，麻韻，溪。魚部。

❶奢侈。説文：“夸，奢也。”荀子仲尼：“貴而不爲～。”楊倞注：“夸，奢侈也。”❷自大，炫耀。吕氏春秋下賢：“富有天下而不騁～。”高誘注：“夸，詑而自大也。”史記韓長孺列傳：“驅馳國中，以～諸侯。”

［備考］㈠美。文選漢傅毅舞賦：“埒材角妙，～容乃理。”李善注：“夸，猶美也。”㈡弱。淮南子脩務：“曼頰皓齒，形～骨佳。”高誘注：“夸，弱也。”㈢通“跨（kuà）”。兼有。漢書諸侯王表：“而藩國大者～州兼郡，連城數十。”顔師古注：“夸，音跨。”

四　畫

夾 jiā 古洽切，入，洽韻，見。葉部。

❶從左右挾持。左傳僖公二十六年：“昔周公大公股肱周室，～輔成王。”儀禮既夕禮：“圉人～牽之。”鄭玄注：“在左右曰夾。”禮記檀弓下：“使吾二婢子～我。”［夾室］古代房屋制度，中央爲正室，正室左右爲房，房外爲序，序外爲夾室。釋名釋宫室：“夾室在堂兩頭，故曰夾室。”禮記雜記下：“夾室皆用雞。”亦省稱“夾”。書顧命：“西～南嚮。”❷近。書

多方："爾曷不～介乂我周王，享天之命?"又梓材："先王既勤用明德，懷爲～。"釋文："夾，近也。"㊂夾物的器具。周禮夏官射鳥氏："矢有侯高，則以并～取之。"鄭玄注："并夾，鍼箭具。"

［備考］㊀jiá（集韻吉協切）通"鋏"。劍柄。莊子說劍："天子之劍，以燕谿石城爲鋒，齊岱爲鍔，晉魏爲脊，周宋爲鐔，韓魏爲～。"㊁xiá通"狹"。後漢書東夷傳："其地東西～，南北長。"

［同源字］頰，胠，脅，夾。見"頰"字條。

五　畫

奊 xié胡結切，入，屑韻，匣。質部。

㊀觳奊，頭不正的樣子。說文："奊，頭衺觳奊態也。"㊁〔奊詬〕雙聲聯緜字。没有節操的樣子。漢書賈誼傳："頑頓亡恥，奊詬亡節。"顏師古注："奊詬，謂無節分也。奊音胡結反，詬音后。"

按，說文奊字在夨部。

奉 fèng扶隴切，上，腫韻，奉。東部。

㊀恭敬地捧着。禮記曲禮上："長者與之提攜，則兩手～長者之手。"韓非子和氏："楚人和氏得玉璞楚山中，～而獻之厲王。"引申爲奉獻。周禮地官大司徒："祀五帝，～牛牲。"又爲給予。左傳僖公三十三年："秦違蹇叔，而以貪勤民，天～我也。"又爲侍奉。孟子告子上："爲宫室之美，妻妾之～，所識窮乏者得我與?"又爲事奉。左傳僖公十一年："鄭伯使許大夫百里～許叔以居許東偏。"㊁俸禄。戰國策趙策四："位尊而無功，～厚而無勞。"這個意義後來寫作"俸"。

按，說文奉字在収（廾）部，作𡙸，云："承也。从手，从廾，丰聲。"

奈 nài奴帶切，去，泰韻，泥。月部。

本作"柰。"㊀〔奈何〕如何。書召誥："曷其奈何弗敬?"楚辭戰國屈原九歌大司命："愁人兮奈何。"亦作"奈…何"。國語晉語二："伯氏不出，奈吾君何?"又省作"奈"。淮南子兵略："唯無形者無可奈也。"唐杜甫贈蘇徯詩："爲郎未爲賤，其奈疾病攻。"㊁通"耐"。禁得起，受得住（後起義）。唐杜甫月詩："斟酌姮娥寡，天寒～九秋。"唐司空圖退居漫題詩："鶯喧～細聽。"㊂對付（後起義）。宋黄庭堅和文潛舟中所題詩："誰～離愁得？村醪或可尊。"後來也説成"奈何"。元曲選岳伯川鐵拐李："張千！休教走了這老子，等我慢慢的奈何他。"

按，說文無奈字。"奈何"的"奈"本當作"柰"。

奇 1. qí渠羈切，平，支韻，羣。歌部。

㊀奇異，不平常。周禮天官閽人："～服怪民不入宫。"鄭玄注："奇服，衣非常。"禮記曲禮上："國君不乘～車。"史記周昌傳："君之史趙堯年雖少，然～才也。"引申爲出人意外，變幻莫測。與"正"相對。老子："以正治國，以～用兵。"又爲動詞。以爲奇。史記淮陰侯列傳："滕公～其言。"又爲副詞。非常，很。世説新語賢媛："許允婦是阮衛尉女，德如妹，～醜。"

2. jī居宜切，音羈，平，支韻，見。歌部。

㊀單數，與"耦"相對。易繫辭下："陽卦～，陰卦耦。"〔數奇〕比喻命運不好。史記李將軍列傳："以爲李廣老，數奇，毋令當單于。"㊁零數。易繫辭上："歸～於扐以象閏。"漢書食貨志下："改作貨布，長二寸五分，廣一寸，首長八分有～。"顏師古注："奇音居宜反，謂有餘也。"

［辨］異，奇。見"異"字條。

［同源字］奇，畸，踦。見"踦"字條。

按，說文奇字在可部。

奄 1. yǎn衣檢切，音掩，上，琰韻，影。談部。

㊀覆蓋，包括。詩周頌執競："自彼成康，～有四方。"又魯頌閟宫："～有下國。"鄭

箋："奄，猶覆也。"淮南子脩務："萬物至衆，而知不足以～之。"高誘注："奄，蓋也。"㊁急遽。方言二："奄，遽也。"文選南朝梁任昉齊竟陵文宣王行狀："天不慭遺，～見薨落。"〔奄忽〕急遽貌。文選漢馬融長笛賦："奄忽滅没。"引申爲比喻死亡。後漢書趙岐傳："卧蓐七年，自慮奄忽。"

2. yān 集韻於贍切，去，豔韻，影，今讀如淹。談部。

㊂通"閹"。太監。周禮天官序官："酒人，～十人。"鄭玄注："奄，精氣閉藏者，今謂之宦人。"㊃〔奄留〕同"淹留"。久留。漢書禮樂志郊祀歌："神奄留。"顏師古注："奄，讀曰淹。"㊄〔奄奄〕氣息微弱的樣子。晉李密陳情表："氣息奄奄，人命危淺。"

［備考］久。詩周頌臣工："～觀銍艾。"鄭箋："奄，久也。"

奅 pào 匹皃切，去，效韻，滂。幽部。

㊀大。見説文。㊁地名。史記建元以來侯者年表有南奅侯公孫賀。㊂同"礮"。礮石。唐韓愈征蜀聯句："投～鬧碻礐。"注："奅與礮同。"

六　畫

奕 yì 羊益切，音亦，入，昔韻，喻四。鐸部。

㊀大。見説文。〔奕奕〕①大貌。詩大雅韓奕："奕奕梁山，維禹甸之。"毛傳："奕奕，大貌。"又小雅巧言："奕奕寢廟。"毛傳："奕奕，大貌。"②憂愁的樣子。廣雅釋訓："奕奕，憂也。"詩小雅頍弁："未見君子，憂心奕奕。"毛傳："奕奕然無所薄也。"③神采焕發的樣子（後起義）。北齊書琅邪王儼傳："琅邪王眼光奕奕，數步射人。"㊁〔奕世〕〔奕葉〕累世，一代接一代。國語周語上："奕世載德，不忝前人。"三國魏曹植王仲宣誄："伊君顯考，奕葉佐時。"

［備考］㊀閑。詩商頌那："萬舞有～。"毛傳："奕奕然閑也。"朱熹集傳："奕奕然有次序也。"與毛傳異。㊁〔奕奕〕姣美。詩魯頌閟宫："新廟奕奕。"鄭箋："奕奕，姣美也。"

奏 zòu 則候切，去，候韻，精。侯部。

㊀進。書舜典："敷～以言。"又益稷："播～庶艱食鮮食。"奏，謂進於民。又："帝不時，敷同日～罔功。"僞孔傳："帝用臣不是，則遠近布同，而日進於無功。"引申爲特指向皇帝進言。史記蕭相國世家："爲法令約束，立宗廟、社稷、宫室、縣邑，輒～上。"㊁爲，做成。詩小雅六月："薄伐玁狁，以～膚公。"毛傳："奏，爲；膚，大；公，功也。"㊂奏樂。書胤征："瞽～鼓。"詩周頌有瞽："既備乃～，簫管備舉。"

［備考］㊀通"走（zǒu）"。詩大雅緜："予曰有奔～。"釋文："奏，如字。本亦作走，音同。"㊁通"腠（còu）"。儀禮公食大夫禮："載體進～。"鄭玄注："奏，謂皮膚之理也。"㊂會合。周禮夏官合方氏鄭注："津梁相～。"

按，説文奏字在夲部，作𡙸。

奎 kuí 苦圭切，平，齊韻，溪，今讀如逵。支部。

㊀胯，兩髀之間。説文："奎，兩髀之間。"莊子徐无鬼："～蹏曲隈、乳間股脚，自以爲安室利處。"引申爲張開兩腿。文選漢張衡西京賦："～踽盤桓。"薛綜注："奎踽，開足也。"㊁星宿名。二十八宿之一。西方十六星，象兩髀，故曰奎。

奔 bēn 博昆切，平，魂韻，幫。文部。

㊀急走，跑。詩周頌清廟："駿～走在廟。"㊁逃亡。左傳僖公五年："晉滅虢，虢公醜～京師。"又莊公八年："管夷吾召忽奉公子糾來～。"㊂女子不經媒妁而私與男子結合。周禮地官媒氏："中春之月，令會男女，於是時也，～者不禁。"國語周語上："恭王遊於涇上，密康公從，有三女～之。"韋昭注："奔，不由媒氏也。"

［辨］行，走，奔，跑。見"走"字條。

按,説文奔字在夭部。

奓 1. zhā 陟加切,平,麻韻,知。魚部。

❶張開,開。集韻:"奓,陟加切,張也。"莊子知北遊:"妸荷甘日中～户而入。"釋文引司馬彪:"奓,開也。"

2. shē 集韻詩車切,音賒,平,麻韻,審三。

❷同"奢"。奢侈。文選漢張衡西京賦:"紛瑰麗以～靡。"

3. chǐ 集韻敞尒切,音侈,上,紙韻,穿三。

❸同"侈"。文選漢張衡西京賦:"有憑虚公子者,心～體忲。"李善注引聲類:"奓,侈字也,昌氏切。"

按,説文以奓爲奢的籀文。

奐 huàn 火貫切,音唤,去,换韻,曉。元部。

衆多,盛大。禮記檀弓下:"美哉輪焉,美哉～焉。"鄭玄注:"奐,言衆多。"漢書韋玄成傳:"既耇致位,惟懿惟～。"顔師古注:"奐,盛也。"〔奐衍〕叠韻聯緜字。衆多的樣子。文選三國魏嵇康琴賦:"叢集累積,奐衍於其側。"劉良注:"奐衍,多貌。"

按,説文奐字在収(廾)部,作䙵。

契 1. qì 苦計切,去,霽韻,溪。月部。

❶古代在龜甲獸骨上灼刻文字。詩大雅緜:"爰始爰謀,爰～我龜。"其灼刻文字的工具也叫"契"。周禮春官菙氏:"菙氏掌共燋～。"鄭玄注:"契謂契龜之鑿也。"引申爲刻。吕氏春秋察今:"遽～其舟。"❷契約。周禮地官質人:"掌稽市之書～。"鄭玄注:"書契,取予市物之券也。"❸情投意合(後起義)。三國魏曹植玄暢賦:"上同～於稷离,降合穎於伊望。"❹〔契丹〕我國古民族名。

2. qiè 苦結切,音挈,入,屑韻,溪。月部。

❺〔契闊〕雙聲聯緜字。①勤苦。詩邶風擊鼓:"死生契闊。"毛傳:"契闊,勤苦也。"鄭箋:"死也,生也,相與處勤苦之中。"後漢書傅毅傳:"契闊夙夜。"魏書慕容白曜傳:"辛勤於戎旅之際,契闊於矢石之間。"②久别的情愫。後漢書范冉傳:"行路倉卒,非陳契闊之所,可共到前亭宿息,以叙分隔。"

3. xiè 私列切,音泄,入,薛韻,心。月部。

❻人名。傳説中商的始祖。書舜典:"帝曰:'～!百姓不親,五品不遜,汝作司徒,敬敷五教,在寬。'"字亦作"偰""离"。

[同源字]鍥,鍥,契,刻。見"鍥"字條。

七　畫

奃 tào 集韻叨号切,去,号韻,透。

後起字。本作"奃"。❶地曲。集韻:"奃,地曲。後唐與梁人戰于胡盧奃。"❷罩在外面的東西。❸俗套。❹照樣模仿。紅樓夢一七回:"李太白鳳凰臺之作,全～黄鶴樓。"❺量詞。元王實甫西厢記一本二折:"穿一～縞素衣裳。"

奘 zàng 徂朗切,上,蕩韻,從。陽部。

❶壯大。説文:"奘,駔大也。"方言一:"秦晋之間,凡人之大謂之奘,或謂之壯。"❷〔玄奘〕唐僧。

奚 xī 胡雞切,音兮,平,齊韻,匣。支部。

❶奴隸。周禮天官序官:"～三百人。"鄭玄注:"古者從坐男女没入縣官爲奴,其少才知以爲奚。"❷疑問詞。何,爲何。論語子路:"衛君待子而爲政。子將～先?"莊子駢拇:"問臧～事,則挾筴讀書;問穀～事,則博塞以遊。"韓非子和氏:"天下之刖者多矣,子～哭之悲也?"❸民族名。南北朝時稱庫莫奚。

[備考]大腹。見説文。

八　畫

奢 shē 式車切,音賒,平,麻韻,審三。魚部。

奢侈,不節儉。與"儉"相對。論語八佾:"禮,與其～也,寧儉。"引申爲夸矜僭上。左傳隱公三年:"驕～淫泆,所自邪也。"孔穎達疏:"奢謂夸矜僭上。"又爲過分。老子:"是以聖人去甚,去~,去泰。"

九　畫

奠 diàn 堂練切,音殿,去,霰韻,定。文部。

❶祭,向鬼神獻上祭品。詩召南采蘋:"于以~之,宗室牖下。"❷獻。儀禮士昏禮:"主人升,西面;賓升,北面,~鴈,再拜稽首。"❸安放,置。禮記内則:"~之,而後取之。"❹定。書禹貢:"~高山大川。"

〔備考〕停。周禮考工記匠人:"凡行~水,磬折以參伍。"鄭玄注引鄭司農:"奠讀爲停。"

按,説文奠字在丌部。

奡 ào 五到切,音傲,去,号韻,疑。宵部。

❶同"傲"。傲慢。書益稷:"無若丹朱傲。"釋文:"五報反,字又作奡。"❷人名。夏代寒浞子。論語憲問:"羿善射,奡盪舟。"❸〔排奡〕矯健貌。唐韓愈薦士詩:"妥貼力排奡。"

按,説文奡字在夰部。

缺 quē 音缺。月部。

同"缺"。老子:"大成若~,其用不弊。"

按,説文無缺字。段玉裁"缺"字注:"俗誤作缺。"朱駿聲説文通訓定聲泰部"缺"字注:"字亦作缺,因誤作缺。"

㚟 chuò 丑略切,入,藥韻,徹。藥部。

獸名,似兔。山海經中山經:"其獸多閭麈麢~。"注:"㚟,似兔而鹿脚。"

按,説文作㲋,在㲋部,云:"獸也。似兔,青色而大。象形,頭與兔同,足與鹿同。"

奧 1. ào 烏到切,去,号韻,影。覺部。

❶室西南隅曰奧。古時尊長居之,也是祭神的方位。爾雅釋宫:"西南隅謂之奧。"論語八佾:"與其媚於~,寧媚於竈。"楚辭戰國宋玉招魂:"經堂入~。"❷含義深,不好懂。尚書序:"雅誥~義,其歸一揆。"❸濁。後漢書班固傳典引:"有沈而~,有浮而清。"李賢注引蔡邕:"奧,濁也。"〔奧渫〕污濁。漢書王褒傳:"去卑辱奧渫而升本朝。"顔師古注引張晏:"奧,幽也;渫,狎也,污也。"王念孫廣雅疏證云:"案奧者濁也;渫,污也。"❹〔奧草〕荒草。國語周語中:"民無縣耜,野無奧草。"唐柳宗元永州韋使君新堂記:"有石焉,翳於奧草;有泉焉,伏於土塗。"

2. yù 集韻乙六切,音郁,入,屋韻,影。覺部。

❺通"燠"。煖。詩小雅小明:"昔我往矣,日月方~。"❻通"澳""隩"。水邊深曲處。詩衛風淇奧:"瞻彼淇~。"毛傳:"奧,隈也。"

〔同源字〕隩,澳,奧。見"隩"字條。

按,説文奧字在宀部,作奧。

十 一 畫

奫 yūn 集韻紆倫切,平,諄韻,影。

後起字。〔奫潫〕雙聲聯緜字。水深廣的樣子。集韻:"奫潫,水深廣皃。"文選晉左思吴都賦:"泓澄奫潫澒溶沆瀁。"李善注:"奫潫,迴復之貌。"〔奫淪〕叠韻聯緜字。水深廣的樣子。唐柳宗元招海賈文:"其外大泊泙奫淪。"又省稱"奫"。宋晁補之謁岱祠即事詩:"又怪玉女井,高絶何由~?"

奩 lián 力鹽切,音廉,平,鹽韻,來。

後起字。亦作"匳"。廣韻鹽韻:"匳,俗作奩。"古代婦女梳妝用的鏡匣。後漢書光烈陰皇后紀:"(帝)從席前伏御牀,視太后鏡~中物,感動悲涕。"引申爲匣子。南史王彧傳:"方與客棊,思行争劫竟,斂子内~畢。"

按,説文奩作籢,在竹部,云:"鏡籢也。"

奪 duó 徒活切,入,末韻,定。月部。

❶强取。書吕刑:"~攘矯虔。"詩大雅瞻卬:"人有民人,女覆~之。"引申爲剥奪。左傳桓公五年:"王~鄭伯政。"❷失。書舜典:"八音克諧,無相~倫。"蔡沈傳:"乃以其

聲被之八音而爲樂，則無不諧和，而不相侵亂，失其倫次。”荀子富國：“無～農時。”楊倞注：“奪，失也。”引申爲脱漏。校書時發現漏字叫“奪”。

［備考］㊀亂。禮記仲尼燕居：“給～慈仁。”鄭玄注：“奪，猶亂也。”㊁狹路。禮記檀弓下：“齊莊公襲莒于～。”

［同源字］褫，奪。見“褫”字條。

按，失義的奪，説文作奪，在奞部，云：“手持隹失之也。”强取的奪，説文作敓，在攴部，云：“彊取也。”

奬 jiǎng 即兩切，上，養韻，精。陽部。

㊀勸勉。方言六：“自關而西，秦晉之間，相勸曰聳，或曰奬。”左傳昭公二十二年：“無亢不衷，以～亂人。”引申爲誇奬，稱贊。三國志魏書曹爽傳注：“先帝以臣肺腑遺緒，～飾拔擢。”㊁輔助。左傳僖公二十八年：“皆～王室，無相害也。”

按，説文作將，在犬部，云：“嗾犬厲之也。”

十二畫

奭 shì 施隻切，音釋，入，昔韻，審三。鐸部。

㊀赤貌。詩小雅采芑：“路車有～。”㊁惱怒。漢書竇嬰傳：“有如兩宫～將軍，則妻子無類矣。”顔師古注：“奭，怒貌也。”㊂〔奭然〕無礙的樣子。莊子秋水：“无南无北，奭然四解。”成玄英疏：“四方八極，奭然無礙。”

按，説文奭字在皕部。

十三畫

奯 huò 呼括切，入，末韻，曉。月部。

空大。見説文。引申爲大眼睛。玉篇：“奯，空也，大目也。”宋羅泌路史後記：“太昊伏羲氏…山準日角，～目珠衡。”

奮 fèn 方問切，去，問韻，非。文部。

㊀鳥類振羽展翅。詩邶風柏舟：“静言思之，不能～飛。”毛傳：“不能如鳥奮翼而飛去。”淮南子時則：“鳴鳩～其羽。”㊁動。易豫：“雷出地～。”引申爲振作。詩大雅常武：“王～厥武，如震如怒。”文選漢賈誼過秦論上：“及至始皇，～六世之餘烈。”

按，説文奮字在奞部。

十五畫

奰 bèi 平祕切，音備，去，至韻，並。質部。

怒。詩大雅蕩：“内～乎中國。”毛傳：“奰，怒也。不醉而怒曰奰。”

按，説文篆作𡚁，从三大，三目。

女　部

［女部總論］

女部的字，大致可以分爲下列六類：

(一)親屬。例如：妻　婦　妣　姑　姊　妹　娣　姒　姪　姨　姐

(二)階級，地位，行業，年齡。例如：奴　婢　妃　嬪　婕妤　媒　妁　嫗　媪

(三)姓氏。古人因生以爲姓，上古帝王及春秋諸侯的姓多从女。例如：姜　姬　姞　嬴　姚　嬀　妘

(四)婚姻，妊娠。例如：嫁　娶　婚　姻　媾　妊　娠　娩

(五)女容。例如：好　姝　媛　嫣　姣　嬌　姸　媸　妧　嫵　媚　婉　嫻

妖 姿 娉婷

(六)貶義詞。古人重男輕女,故凡不良的德行和行爲多从女。例如:姦 嬖 嫉 妒 媟 嫚 嬾 媮 妨 妄 嫌 婬 姘

女部有少數字,如"如""始""委"等字之所以从女,不得其解。説文:"如,從隨也,从女,从口。"段玉裁注:"隨從必以口;从女者,女子從人者也。"説文:"始,女之初也。从女,台聲。"又:"委,委隨也。从女从禾。"徐鍇曰:"按,春秋左傳曰:'女子從人者也。'"這些解釋都很勉强,尤其是徐鍇對"委"字的解釋牽强附會,不可信從。

女 1. nǚ 尼吕切,上,語韻,娘。魚部。

❶女性。與"男"相對。詩周南關雎:"窈窕淑~,君子好逑。"❷女兒。與"子"相對。左傳襄公二十五年:"叔孫還納其~於靈公。"❸星宿名。二十八宿之一,又稱"婺女"。禮記月令孟夏之月:"旦,婺女中。"

2. nǜ 尼據切,去,御韻,娘。魚部。

❹以女嫁人。國語越語上:"請句踐女~於王,大夫女~於大夫,士女~於士。"孟子萬章下:"堯之於舜也,…二女~焉。"

3. rǔ 集韻忍與切,音汝,上,語韻,日。魚部。

❺通"汝"。你,你們。詩魏風碩鼠:"三歲貫~,莫我肯顧。"又鄭風蘀兮:"叔兮伯兮,倡予和~。"

[辨]女,婦。未婚爲女,已婚爲婦。泛指女性時,包括已婚未婚,都可稱女,如"男女有别"、"男女授受不親"。未婚絶不可以稱婦。

二 畫

奶 nǎi 正字通俗讀乃。

晚起字。❶乳房,乳汁。紅樓夢一一九回:"我的血變了~,奶的長這麽大。"❷〔奶奶〕舊時對女主人的稱呼。宋柳永正宫玉女摇仙佩詞:"願奶奶蘭心蕙性。"

奴 nú 乃都切,平,模韻,泥。魚部。

奴隸,奴僕。論語微子:"微子去之,箕子爲之~,比干諫而死。"引申爲自己的謙稱(後起義)。宋史陸秀夫傳:"楊太妃垂簾,與羣臣語,猶自稱~。"

三 畫

妄 1. wàng 巫放切,音望,去,漾韻,微。陽部。

❶胡亂。説文:"妄,亂也。"左傳哀公二十五年:"彼好專利而~。"❷虚妄,不實。荀子儒效:"見之而不知,雖識必~。"法言問神:"無驗而言之謂~。"

2. wáng 集韻武方切,平,陽韻,微。陽部。

❸通"亡"。無。禮記儒行:"今衆人之命儒也~常。"鄭玄注:"妄之言無也。"

奸 1. gān 古寒切,音干,平,寒韻,見。元部。

❶犯。左傳宣公十二年:"事不~矣。"杜預注:"奸,犯也。"又襄公十四年:"君制其國,臣敢~之。"杜預注:"奸,猶犯也。"又昭公元年:"~國之紀。"史記龜策列傳:"寒氣不和,賊氣相~。"漢書溝洫志:"使神人各得其所,而不相~。"又劉向傳:"數~死亡之誅。"引申爲干求,求仕。莊子天運:"以~者七十二君。"史記穰侯列傳:"以此時~説秦昭王。"

2. jiān 集韻居顔切,音姦,平,删韻,見。

❷通"姦"。奸邪,奸詐(後起義)。三國志通俗演義卷一:"子治世之能臣,亂世之~雄也。"三國志魏書武帝紀注作"亂世之姦雄"。

[備考]犯淫。説文:"奸,犯婬也。"按,集韻引説文作"犯也",無婬字。集韻是。

[辨]奸,姦。二字在上古時代音義皆不同。"奸",古寒切,是干犯的意思;"姦",古顔切,是姦詐的意思。後來由於"姦"又作"奸",

所以又演變爲“奸”，與干犯的“奸”變爲同字。（辭源引管子重令“奸邪得行”爲例，是誤引。查管子原文作“姦”，不作“奸”。）

妐 yì 與職切，音翼，入，職韻，喻四。職部。

婦官。見説文。廣韻：“妐，婦官也。漢有鉤妐夫人，居鉤妐宫。”今漢書外戚傳作“弋”。後周皇后下有妃、妐、御媛、御婉等稱。見隋書禮儀志二。

妃 1. fēi 芳非切，平，微韻，敷。微部。

❶配偶。左傳桓公二年：“嘉耦曰～，怨耦曰仇。”釋文：“妃，芳非反。”又隱公元年：“惠公元～孟子。”孔穎達疏：“妃者名通適妾。”後來特指皇帝的妾，太子、王、侯的妻。引申爲對神女的尊稱。文選晉郭璞游仙詩：“靈～顧我笑，粲然啓玉齒。”

2. pèi 滂佩切，音配，去，隊韻，滂。微部。

❷通“配”。婚配。左傳文公十四年：“子叔姬～齊昭公，生舍。”〔妃耦〕配偶。左傳昭公三十二年：“天有三辰，地有五行，體有左右，各有妃耦。”詩衛風有狐序：“衛之男女失時，喪其妃耦焉。”

〔同源字〕配，妃。見“配”字條。

好 1. hǎo 呼晧切，上，晧韻，曉。幽部。

❶貌美，特指女子長得好看。説文：“好，美也。”段玉裁説文解字注改作“媄也”，云：“好本謂女子，引申爲凡美之稱。”方言二：“自關而西，秦晉之間，凡美色或謂之好。”戰國策趙策三：“鬼侯有子而～，故入之於紂。”史記滑稽列傳：“當其時，巫行視人家女～者，云是當爲河伯婦。”文選漢王褒四子講德論：“毛嬙西施，善毁者不能蔽其～。”淮南子脩務：“不待脂粉，西施陽文也。”許慎注：“陽文，楚之～人也。”❷美好，良好，善。詩鄭風緇衣：“緇衣之～兮，敝予又改造兮。”又周南關雎：“窈窕淑女，君子～逑。”❸副詞。便於，適宜（後起義）。唐杜甫聞官軍收河南河北詩：“青春作伴～還鄉。”❹用作補語，表示事情的完畢（後起義）。唐韓偓無題詩：“粧～方長歎，歡餘却淺嚬。”❺副詞。很（晚起義）。紅樓夢四二回：“説的～可憐見兒的。”

2. hào 呼到切，音耗，去，号韻，曉。幽部。

❻喜愛。詩小雅彤弓：“我有嘉賓，中心～之。”毛傳：“好，説（悦）也。”左傳僖公九年：“夷吾弱不～弄。”論語子罕：“吾未見～德如～色者也。”❼名詞。親善。左傳隱公二年：“春，公會戎于潛，修惠公之～也。”❽璧孔。爾雅釋器：“肉倍～，謂之璧。”郭璞注：“肉，邊；好，孔。”引申爲錢孔。漢書食貨志下：“卒鑄大錢，文曰‘寶貨’，肉～皆有周郭。”

如 rú 人諸切，平，魚韻，日。魚部。

❶往。左傳僖公二十八年：“宋人使門尹般～晉師告急。”又隱公五年：“公將～棠觀魚者。”❷似，像。詩鄭風大叔于田：“執轡～組，兩驂～舞。”又王風采葛：“一日不見，～三秋兮。”史記項羽本紀：“猛～虎，很～羊，貪～狼，彊不可使者，皆斬之。”引申爲及，比得上。管子小匡：“臣之所不～管夷吾者五。”史記項羽本紀：“夫被堅執鋭，義不～公；坐而運策，公不～義。”❸連詞。如果，假使。論語述而：“～不可求，從吾所好。”史記李將軍列傳：“～令子當高帝時，萬户侯豈足道哉！”❹〔如何〕①怎樣。詩小雅庭燎：“夜如何其？夜未央。”②奈何。詩秦風晨風：“如何如何！忘我實多。”論語子罕：“天之未喪斯文也，匡人其如予何？”左傳襄公二十四年：“將如君何？”❺形容詞詞尾。易屯：“屯～邅～，乘馬班～。”論語八佾：“樂其可知也。始作，翕～也；從之，純～也，皦～也，繹～也，以成。”

〔備考〕㊀不如。左傳僖公二十二年：“若愛重傷，則～勿傷。”孔穎達疏：“如，猶不如。”王引之經傳釋詞以爲“如猶當也”。㊁或。論語先進：“方六七十，～五六十。”王引之以爲此“如”字當訓與。㊂從，隨。説文：“如，從隨也。”左傳宣公十二年：“有律以～己也。”杜預注：“如，從也。”孔穎達疏：“釋詁云：‘如，往也。'往是相從之義，故訓爲從也。"楊伯峻注："有法制號令者，以其能指揮三軍如一人，猶如自己指揮自己。"與舊注異。列子力命："胥～志也。"殷敬順釋文："如，隨也。"

［辨］之，適，如，赴，往。見"之"字條。

［同源字］然，爾，而，如，若。見"然"字條。

奼 chà 集韻丑亞切，音詫，去，禡韻，徹。鐸部。

少女。見說文。美女。見玉篇。嬌奼。見廣韻。字亦作"姹"。參見"姹"字條。

妁 shuò 市若切，音勺，入，藥韻，禪。藥部。

〔媒妁〕媒人。孟子滕文公下："不待父母之命，媒妁之言。"

四　畫

妝 zhuāng 側羊切，音莊，平，陽韻，照二。陽部。

妝飾，打扮。說文："妝，飾也。"後漢書梁冀傳："妻作愁眉啼～。"唐白居易琵琶行："～成每被秋娘妒。"引申爲妝飾用品。樂府詩集木蘭詩："阿姊聞妹來，當户理紅～。"唐杜甫新婚別詩："羅襦不復施，對君洗紅～。"

［辨］妝，裝。二字同音，用時稍有分別。妝飾的"妝"有時寫作"裝"，但服裝、行裝的"裝"不寫作"妝"，裝卸的"裝"也不寫作"妝"。

［同源字］裝，裝，妝，糚。見"裝"字條。

妥 tuǒ 他果切，上，果韻，透。歌部。

❶安坐。詩小雅楚茨："以～以侑。"毛傳："妥，安坐也。"儀禮士相見禮："～而後傳言。"引申爲安，穩定。漢書武五子傳："薰鬻徙域，北州以～。"❷〔妥帖〕〔妥貼〕雙聲聯緜字。①穩當，合適。文選晉陸機文賦："或妥帖而易施，或岨峿而不安。"資治通鑑唐貞元二年："泌曰：'易帥之際，軍中煩言，乃其常理，泌到，自妥貼矣。"②安定。唐杜甫故司徒李公光弼詩："擁兵鎮河汴，千里初妥帖。""妥帖"亦省稱"妥"。

［備考］墮。唐杜甫重過何氏詩："花～鶯捎蝶，溪喧獺趁魚。"

按，說文無妥字，偏旁有之。

妨 fāng 敷方切，音芳，平，陽韻，敷。陽部。

損害。說文："妨，害也。"國語周語下："用物過度，～於時。"又越語下："王若行之，將～於國家。"引申爲阻礙。漢書王尊傳："其不中用，趣自避退，毋久～賢。"唐杜甫雨晴詩："今朝好晴景，久雨不～農。"

妒 dù 當故切，去，暮韻，端。魚部。

嫉妒，妒忌。字亦作"妬"。左傳襄公二十一年："叔向之母妬叔虎之母美而不使。"楚辭戰國屈原離騷："各興心而嫉妬。"

［備考］乳癰。釋名釋疾病："乳癰曰妬。"

按，說文妒字，段玉裁注改爲"妬"。云："各本作户聲，篆亦作妒，今正。户非聲也。"段說可從。

妍 yán 五堅切，音研，平，先韻，疑。元部。

字本作"姸"。貌美，特指女子的貌美。與"媸"(蚩)相對。方言一："娥、嬴，好也…自關而西，秦晉之故都，謂好曰姸。"關尹子三極篇："日無不照，有～有醜。"又："貌雖至殊，不離姸醜。"文選晉陸機文賦："混姸蚩而成體，累良質而爲瑕。"抱朴子文行："屬辭比義之～媸。"

妘 yún 王分切，音雲，平，文韻，喻三。文部。

姓。說文："妘，祝融之後，姓也。"左傳襄公十年："偪陽，～姓也。"

妓 jì 渠綺切，音技，上，紙韻，羣。支部。

歌舞女藝人。後漢書梁冀傳："因行道路，發取～女御者。"後來專指娼妓。

［備考］說文："妓，婦人小物也。"

妣 bǐ 卑履切，音比，上，旨韻，幫。脂部。

母親。與"考"相對。爾雅釋親："父爲考，母爲妣。"書舜典："二十有八載，帝乃殂落，百姓如喪考～。”祖母以上的女性祖先也稱“妣”。詩小雅斯干：“似續～祖。”鄭箋：“妣，先妣姜嫄也。”後來專指亡母。説文：“妣，歿母也。”禮記曲禮下：“生曰父，曰母，曰妻；死曰考，曰～，曰嬪。”

妤 yú 以諸切，音余，平，魚韻，喻四。魚部。

［婕妤］漢女官名。又作“倢伃”。參見“婕”“倢”字條。

按，説文妤作伃。

妙 miào 彌笑切，去，笑韻，明。宵部。

微妙，神妙，奥妙。老子：“故常無欲，以觀其～。”王弼注：“妙者，微之極也。”引申爲美妙。後漢書邊讓傳：“～舞麗於陽阿。”

［備考］細微，小。吕氏春秋審分：“所知者～矣。”

［同源字］渺，眇，杪，秒，妙，藐。見“渺”字條。

按，説文無妙字，在解釋中有之。散下云：“妙也。”

妠 1. nàn 奴紺切，去，勘韻，泥。

㊀集韻：“妠，女字；一曰取也，入也。”廣雅釋詁：“選、納、妠，入也。”王念孫曰：“妠亦納也，方俗語轉耳。”後漢書順烈梁皇后紀：“順烈梁皇后諱～。”李善注引聲類：“妠，娶也。”按，娶的意義今又讀 nà。廣韻奴荅切。

2. nà 女刮切，入，鎋韻，娘。

㊁［婠妠］見“婠”字條。

按，説文無妠字。

姒 sì 詳里切，音似，上，止韻，邪。之部。

㊀同夫的妾，年長者爲姒。爾雅釋親：“女子同出，謂先生爲姒，後生爲娣。”郭璞注：“同出，謂俱嫁事一夫。”新唐書竇皇后傳：“諸～娣皆畏，莫敢侍。”㊁兄妻爲姒，弟妻爲娣，兄弟之妻互相稱姒。左傳成公十一年：“穆姜曰：‘吾不以妾爲～。’”

［備考］姊。列女傳魯公乘姒：“魯公乘～者，魯公乘子皮之～也。”

按，説文無姒字。

妎 xì 胡計切，音系，去，霽韻，匣。月部。

妒忌。説文：“妎，妒也。”路史有巢氏：“人無～物之心，而物亦無傷人之意。”

妗 jìn 集韻巨禁切，去，沁韻，羣。侵部。

舅母。集韻：“俗謂舅母曰妗。”

按，説文有妗字，云：“婆妗也，一曰善笑皃。”火占切，音 xiān。

妢 fén 符分切，音焚，平，文韻，奉。文部。

〔妢胡〕古國名。周禮考工記：“妢胡之笴，吴粤之金錫，此材之美者也。”鄭玄注：“妢胡，胡子之國，在楚旁。”

按，説文無妢字。

妐 zhōng 職容切，音鍾，平，鍾韻，照三。東部。

㊀夫之父。吕氏春秋遇合：“姑～知之，曰：‘爲我婦而有外心，不可畜。’”㊁夫之姊。禮記昏義：“和於室人。”鄭玄注：“室人，謂女～、女叔、諸婦也。”孔穎達疏：“女妐謂壻之姊也，女叔謂壻之妹。”

妊 rèn 汝鴆切，音任，去，沁韻，日。侵部。

懷孕。説文：“妊，孕也。”字亦作“姙”、“妷”。論衡吉驗：“傳言黄帝妊二十月而生。”後漢書章帝紀：“令諸懷妷者，賜胎養穀，人三斛。”

妖 yāo 於喬切，平，宵韻，影。宵部。

㊀豔麗，嫵媚。史記司馬相如列傳上林賦：“若夫青琴宓妃之徒，絶殊離俗，～冶嫺都。”三國魏曹植美女篇：“美女～且閑，採桑歧路間。”㊁反常怪異的事物。左傳宣公十五年：“天反時爲災，地反物爲～。”禮記中庸：“國家將亡，必有～孽。”引申爲邪惡的。漢書淮南王安傳：“營惑百姓，背辟宗廟，妄作～言。”

［同源字］訞，祅，妖。見“訞”字條。

按，説文妖冶的妖作媄，妖孽的妖作祅，在示部。

五　畫

妾 qiè 七接切，入，葉韻，清。葉部。

❶女奴隸。書費誓："臣～逋逃。"僞孔傳："役人賤者，男曰臣，女曰妾。"❷小妻，側室。穀梁傳僖公九年："毋以～爲妻。"孟子離婁下："齊人有一妻一～而處室者。"引申爲婦女自稱的謙詞。文選戰國宋玉高唐賦："～，巫山之女也。"又三國魏曹植雜詩："～身守空閨，良人行從軍。"

妻 1. qī 七稽切，平，齊韻，清。脂部。

❶男子的配偶。詩衛風碩人："齊侯之子，衛侯之～。"易繫辭下："入于其宫，不見其～。"

2. qì 七計切，音砌，去，霽韻，清。

❷嫁給。左傳僖公二十三年："以叔隗～趙衰，生盾。"論語公冶長："子謂公冶長可～也。…以其子～之。"

委 1. wěi 於詭切，上，紙韻，影。歌部。

❶付託。左傳成公二年："王使～於三吏。"戰國策齊策一："願～之於子。"❷放棄。孟子公孫丑下："～而去之。"❸推卸。晉書石季龍載記："此政之失和，朕之不德，而欲～咎守宰，豈禹湯罪己之義邪？"❹堆積。文選漢揚雄甘泉賦："瑞穰穰兮～如山。"❺水的下游。禮記學記："或源也，或～也。"❻確知。晉王羲之雜帖五："未～幾人？"資治通鑑大業十二年："臣非所司，不～多少。"胡三省注："委，悉也。"高僧傳竺法蘭："不～，可問西域人。"引申爲副詞。確實。宋樵川樵叟慶元黨禁："必欲書'～不是僞學'五字於後。"❼〔委瑣〕叠韻聯緜字。拘小節的樣子。史記司馬相如列傳難蜀父老："且夫賢君之踐位也，豈特委瑣握躪，拘文牽俗，循誦習傳，當世取說云爾哉？"❽衰頹。周禮考工記梓人："則必頹爾如～矣。"〔委頓〕極度疲乏。世説新語排調："通夜委頓。"〔委靡〕叠韻聯緜字。頹喪的樣子。唐韓愈送高閑上人序："頹墮委靡，潰敗不可收拾。"

2. wēi 於爲切，音逶，平，支韻，影。歌部。

❾〔委蛇〕叠韻聯緜字。①莊重而又從容自得的樣子。詩召南羔羊："退食自公，委蛇委蛇。"也寫作"委佗"。詩鄘風君子偕老："委委佗佗，如山如河。"②緜延曲折的樣子。楚辭戰國屈原離騷："駕八龍之婉婉兮，載雲旗之委蛇。"引申爲斜行，曲折前進。史記蘇秦列傳："嫂委蛇蒲服，以面掩地而謝。"③蛇名。莊子達生："請問委蛇之狀何如？"

［同源字］骩，委，萎，骫。見"骩"字條。

姅 bàn 博漫切，音半，去，换韻，幫。元部。

指女性月經。説文："姅，婦人污也。漢律曰：'見姅變不得侍祠。'"清蒲松齡聊齋志異庚娘："既暮，曳女求懽，女託體～。"

妹 mèi 莫佩切，去，隊韻，明。微部。

女弟。詩衛風碩人："東宫之～，邢侯之姨。"

妺 mò 莫撥切，音末，入，末韻，明。月部。

〔妺喜〕人名。有施氏之女。夏桀攻有施氏，有施氏把妺喜嫁給桀，爲桀所寵。見國語晉語一。楚辭天問作妹嬉，吕氏春秋慎大作末嬉，荀子解蔽、史記外戚世家、漢書外戚傳作末喜。

按，説文無妺字。

妸 1. ē 烏何切，音阿，平，歌韻，影。歌部。

❶女字。見説文。❷〔妸荷甘〕人名。見莊子知北遊。

2. ě 烏可切，上，哿韻，影。

❸〔妸娜〕叠韻聯緜字。同"婀娜"。見"婀"字條。

姏 mán 武酣切，集韻謨甘切，平，談韻，明。

後起字。老年婦女。晉書會稽王道子傳："時孝武帝不親萬機，但與道子酣歌爲務，～姆尼僧，尤爲親暱。"

姑 gū 古胡切，平，模韻，見。魚部。

❶父親的姊妹。詩邶風泉水："問我諸～，遂及伯姊。"毛傳："父之姊妹稱姑。"又夫的妹妹稱小姑。❷丈夫的母親。國語晉語下："吾聞之先～。"唐杜甫新婚别詩："妾身未分明，何以拜～嫜？"❸副詞。姑且。詩周南卷耳："我～酌彼金罍。"❹〔姑洗〕古代十二樂律之一。禮記月令季春之月："其音角，律中姑洗。"

［備考］通"盬"。咀。孟子滕文公上："蠅蚋～嘬之。"一説"蚋姑"即螻蛄。

嫛 wǎn 集韻委遠切，音宛，上，阮韻，影。元部。

❶婉。見説文。❷〔嫛胡〕獸名。山海經東山經："有獸焉，其狀如麋而魚目，名曰嫛胡。"

娃 tǒu 天口切，上，厚韻，透。侯部。

女字。見説文。又人名。左傳昭公二十一年："華～居於公里。"

姉 zǐ 脂部。

同"姊"。戰國策韓策二："（聶）政～聞之。"

按，説文姊本从㞢聲，隸定作𠂔，或作市。

妬 dù 當故切，去，暮韻，端。鐸部。

同"妒"。妒忌。參看"妒"字條。

妮 nī（舊讀 ní）集韻女夷切，平，脂韻，娘。

後起字。❶女字。見集韻。❷〔妮子〕對少女的暱稱。新五代史晉高祖皇后李氏傳："吾有梳頭妮子，竊一藥囊，以奔於晉。"元關漢卿緋衣夢："這妮子好不幹事也！"

妲 dá 當割切，入，曷韻，端。月部。

〔妲己〕人名。有蘇氏女，商王紂妃。

按，説文無妲字，新附有之，云："妲，女字，紂妃。"史記外戚世家索隱云："己，姓也；妲，字也。"

姐 1. jiě 兹野切，上，馬韻，精。魚部。

❶母親。説文："蜀謂母曰姐。"字亦作"毑"。❷姊（後起義）。〔姐姐〕宋洪邁夷堅志賈廉訪："當時遣僕馳白姐姐及賈郎。"

2. jù 集韻將豫切，去，御韻，精。魚部。

❸同"嫭"。驕。潛夫論述赦："孺子可令～。"文選三國魏嵇康幽憤詩："恃愛肆～，不訓不師。"

妯 1. chōu 丑鳩切，音抽，平，尤韻，徹。幽部。

❶動，不平静。詩小雅鼓鐘："憂心且～。"毛傳："妯，動也。"

2. zhóu 直六切，音軸，入，屋韻，澄。

❷兄弟之妻的合稱。廣雅釋親："妯娌娣姒，先後也。"北史崔休傳："欲令姊妹爲～娌。"

姌 rǎn 而琰切，音染，上，琰韻，日。談部。

字本作"姅"。弱長貌。見説文。〔姌嫋〕雙聲聯緜字。細長柔弱的樣子。史記司馬相如列傳上林賦："嫵媚姌嫋。"文選作"姌弱"。文選漢傅毅舞賦："婑蛇姌嫋。"李善注："姌嫋，長貌。"

姎 āng 烏郎切，平，唐韻，影。陽部。

❶婦女自稱。説文："姎，女人自稱我也。"❷〔姎徒〕漢代南方少數民族稱渠帥爲精夫，相呼爲姎徒。見後漢書南蠻傳。

姆 mǔ 莫補切，上，姥韻，明。之部。

女師。見説文。禮記内則："～教婉娩聽從。"鄭玄注："婦人五十無子，出不復嫁，以婦道教人，若今時乳母也。"

姓 xìng 息正切，去，勁韻，心。耕部。

標誌家族系統的稱號。論語述而："君取於吴爲同～。"

［同源字］生，性，姓。見"生"字條。

姪 zhí 直一切，音秩，入，質韻，澄。

同"姪"。唐韓愈人日城南登高詩:"親交既許來,子~亦可從。"

按,說文無妷字。

妑 bāo 音包。

女媧又稱妑媧。宋羅泌路史後記二:"女皇氏妑媧,雲姓。"清王士禛和田綸霞郎中移居詩:"牽蘿補屋絶代子,慎莫無匹悲妑媧。"

按,說文無妑字。

妳 nǎi 奴蟹切,上,蟹韻,泥。

字亦作"嬭"。後起字。乳。晉書桓玄傳:"~媪每抱詣溫。"

姁 1. xǔ 況羽切,音詡,上,麌韻,曉。侯部。

㊀嫗。見說文。

2. qú 其俱切,音劬,平,虞韻,羣。侯部。

㊁〔姁姁〕①怡然自得的樣子。吕氏春秋諭大:"燕雀爭善處於一室之下,子母相哺也,姁姁焉相樂也。"②和好貌。漢書韓信傳:"項王見人恭謹,言語姁姁。"

3. xū 況于切,音訏,平,虞韻,曉。侯部。

㊂女人名字。漢高祖吕后名雉,字娥姁。見史記吕太后本紀索隱。漢書義縱傳:"縱有姊~。"顏師古注:"姁音許于反。"㊃〔姁媮〕疊韻聯緜字。美態。文選漢傅毅舞賦:"姣服極麗,姁媮致態。"

姗 1. shàn 集韻所晏切,音訕,去,諫韻,審二。元部。

㊀訕,譏笑。漢書諸侯王表:"~笑三代。"又石顯傳:"顯恐天下學士~己。"顏師古注:"姗,古訕字。"

2. shān 蘇干切,平,寒韻,心。元部。

㊁〔姗姗〕緩步的樣子。漢書外戚傳:"立而望之,偏何姗姗其來遲!"按,這個意義舊讀蕭前切,音先。見集韻。

姊 zǐ 將几切,上,旨韻,精。脂部。

女兄。爾雅釋親:"先生爲姊,後生爲妹。"詩邶風泉水:"問我諸姑,遂及伯~。"

始 shǐ 詩止切,上,止韻,審三。之部。

㊀開始,最初。與"終""末"相對。易乾:"大哉乾元,萬物資~。"詩豳風七月:"其~播百穀。"禮記月令仲春之月:"桃~華。"引申爲初時,當初。史記蕭相國世家:"參~微時,與蕭何善。"〔未始〕未嘗。莊子齊物論:"有以爲未始有物者。"㊁副詞。方才。玉臺新詠古詩爲焦仲卿妻作:"年~十八九,便言多令才。"

六　畫

姤 nuǒ 奴果切,上,果韻,泥。歌部。

㊀〔婐姤〕疊韻聯緜字。柔弱姣美的樣子。廣雅釋詁一:"姤,好也。"集韻:"婐姤,好皃。"說文:"姤,婐姤也,一曰弱也。"王筠曰:"案,婐姤俗作婀娜,揣知說文原本必是'婐姤,弱好也。'"㊁小。漢揚雄太玄六瞢:"次六,瞢瞢之離,不宜熒且~。"注:"姤,小貌也。"

姿 zī 即夷切,音資,平,脂韻,精。脂部。

㊀容貌,姿態。說文:"姿,態也。"後漢書皇后紀序:"~色端麗,合法相者,載選後宫。"世說新語容止:"嵇康身長七尺八寸,風~特秀。"㊁通"資"。資質,才能。漢書谷永傳:"陛下天然之性,疏通聰敏,上主之~也。"鹽鐵論相刺:"所謂文學高第者,智略能明先王之術,而~質足以履行其道。"

姜 jiāng 居良切,平,陽韻,見。陽部。

姓。說文:"姜,神農居姜水,以爲姓。"詩大雅生民:"厥初生民,時維~嫄。"毛傳:"姜,姓也。"

威 wēi 於非切,平,微韻,影。微部。

㊀威力,威風。書洪範:"惟辟作~。"詩周頌我將:"畏天之~。"引申爲動詞。以威示人。戰國策齊策一:"吾三戰而三勝,聲~天

下。"孟子公孫丑下:"～天下不以兵革之利。"又爲欺凌。漢趙曄吳越春秋勾踐入臣外傳:"～人者滅,服從者昌。"後漢書杜詩傳:"唯匈奴未譬聖德,～侮二垂。"❷畏。詩小雅常棣:"死喪之～,兄弟孔懷。"毛傳:"威,畏也。"

[同源字]威,畏。有威則可畏,故"威、畏"同源。左傳襄公三十一年:"有威而可畏謂之威。"漢賈誼新書容經:"有威而可畏謂之威。"釋名釋言語:"威,畏也,可畏懼也。"

姙 rèn 集韻如鴆切,音任,去,沁韻,日。

同"妊"。懷孕。後漢書獻帝伏皇后紀:"(曹)操誅(董)承而求貴人殺之,帝以貴人有～,累爲請,不能得。"

按,說文無姙字。

奼 chà 集韻丑下切,上,馬韻,徹。鐸部。

❶同"妊"。集韻引說文:"妊,少女也。"〔奼女〕①少女。後漢書五行志桓帝時童謡:"車班班,入河間,河間奼女工數錢,以錢爲室金爲堂。"②道家鍊丹,稱水銀爲奼女。周易參同契上之下:"河上奼女,靈而最神。得火則飛,不見埃塵。"❷誇。漢書司馬相如傳子虛賦:"子虛過～烏有先生。"顔師古注:"奼,誇誑之也。"史記作"詫"。字又作"侘"。史記韓長孺列傳:"即欲以侘鄙縣。"裴駰集解:"侘音丑亞反,誇也。"❸〔婭奼〕叠韻聯緜字。見"婭"字條。

姣 1. jiāo (舊讀 jiǎo)古巧切,上,巧韻,見。宵部。

❶貌美。說文:"姣,好也。"方言一:"娥、嬿,好也。自關而東,河濟之間,或謂之姣。"孟子告子上:"至於子都,天下莫不知其～也。"列子楊朱:"豐屋美服,厚味～色。"慎子威德:"毛嬙西施,天下之至～也。"

2. xiáo 胡茅切,平,肴韻,匣。宵部。

❷淫亂。左傳襄公九年:"棄位而～,不可謂貞。"杜預注:"姣,淫之别名。"釋文:"姣,户交反。"

[同源字]姣,佼,嬌。詩陳風月出:"佼人僚兮。"朱熹集傳:"佼人,美人也。"釋文:"佼,字又作'姣',古卯反,凡好謂之姣。"說文新附:"嬌,姿也。""姣、佼"實同一詞。

姟 gāi 古哀切,音該,平,咍韻,見。之部。

數名。十兆曰經,十經曰姟。見集韻。一説萬萬兆曰姟。國語鄭語:"計億事,材兆物,收經入,行～極。"韋昭注:"姟,備也,數極於姟也。萬萬兆曰姟。"參見"垓"字條。

按,說文無姟字。

姘 pīn 普丁切,平,青韻,滂。

字本作"姘"。廣韻引蒼頡篇:"男女私合曰姘。"說文:"姘,除也。漢律,齊民與妻婢姦曰姘。"(依段注本)今謂非夫婦而同居爲姘。

姸 yán 五堅切,平,先韻,疑。

同"妍"。見"妍"字條。

娀 sōng 息弓切,音嵩,平,東韻,心。冬部。

〔有娀〕古國名。詩商頌長發:"有娀方將。"毛傳:"有娀,契母也。將,大也。"鄭箋:"有娀氏之國亦始廣大。"孔穎達疏:"有娀,契母之姓,古人以姓爲字。"

姨 yí 以脂切,平,脂韻,喻四。脂部。

❶妻的姊妹。爾雅釋親:"妻之姊妹同出爲姨。"詩衛風碩人:"東宫之妹,邢侯之～。"❷母親的姊妹。釋名釋親屬:"母之姊妹曰姨。"左傳襄公二十三年:"繼室以其姪,穆姜之～子也。"杜預注:"姪,穆姜姨母之子,與穆姜爲姨昆弟。"

娃 wá 於佳切,平,佳韻,影。支部。

貌美。方言二:"娃…豔,美也。吳楚衡淮之間曰娃。"廣雅釋詁一:"娃,好也。"引申爲名詞。美女。漢書揚雄傳反離騷:"資娵～之珍髢兮。"顔師古注:"娵、娃,皆美女也。"又爲少女(後起義)。唐白居易城上夜宴詩:"詩聽越客吟何苦!酒被吳～勸不休。"

姥 1. mǔ 莫補切,上,姥韻,明。魚部。

㊀老婦。晉書王羲之傳:"又嘗在蕺山見一老~,持六角竹扇賣之。"㊁丈夫的母親。玉臺新詠古詩爲焦仲卿妻作:"便可白公~,及時相遣歸。"

2.lǎo 音老。

㊂北方方言稱外祖母或尊稱年老的婦人爲姥姥。

按,説文無姥字。

姮 héng 集韻胡登切,音恒,平,登韻,匣。

後起字。〔姮娥〕字本作"恒娥"。神話中的月中女神。淮南子覽冥:"羿請不死之藥於西王母,恒娥竊以奔月。"後因避漢文帝諱,改稱常娥;後人又加女旁爲嫦娥。

姱 kuā 苦瓜切,音誇,平,麻韻,溪。魚部。

貌美。集韻:"姱,好也。"楚辭戰國屈原九歌禮魂:"~女倡兮容與。"王逸注:"姱,好皃。"又宋玉招魂:"~容脩態,絙洞房些。"引申爲美好。楚辭戰國屈原離騷:"苟余情其信~以練要兮,長顑頷亦何傷?"

[同源字]誇,姱。見"誇"字條。

按,説文無姱字。

姪 zhí 直一切,入,質韻,澄。質部。

婦女對兄弟的子女稱姪。爾雅釋親:"女子謂晜弟之子爲姪。"儀禮喪服傳:"謂吾姑者,吾謂之~。"左傳襄公十九年:"齊侯娶于魯,曰顔懿姬,無子,其~鬷聲姬生光。"杜預注:"兄子曰姪。"又二十三年:"臧宣叔娶于鑄,生賈及爲而死,繼室以其~,生紇。"杜預注:"女子謂兄弟之子爲姪。"又僖公十五年:"~其從姑。"春秋時代,婦女對兄弟的子女稱姪,男子對兄弟的子女不稱姪;戰國以後,男子對兄弟的子女也稱姪。吕氏春秋疑似:"梁北有黎邱部,有奇鬼焉,喜效人之子~昆弟之狀。"史記魏其武安侯列傳:"往來侍酒,魏其跪起如子~。"

姻 yīn 於真切,平,真韻,影。真部。

壻家,指壻父。説文:"姻,壻家也,女之所姻,故曰姻。"爾雅釋親:"壻之父爲姻,婦之父母、壻之父母相謂爲婚姻,壻之黨爲姻兄弟。"詩小雅我行其野:"不思舊~。"鄭箋:"壻之父曰姻。"又節南山:"瑣瑣~亞。"鄭箋:"壻之父曰姻。"毛傳:"兩壻相謂曰亞。"左傳昭公二十五年:"昏媾~亞。"杜預注:"壻父曰姻。"定公十三年:"荀寅,范吉射之~也。"杜預注:"壻父曰姻,荀寅子娶吉射女。"

姚 yáo 餘昭切,音摇,平,宵韻,喻四。宵部。

㊀姓。相傳虞舜居姚墟,因以爲姓。左傳哀公元年:"(少康)逃奔有虞,…虞思於是妻之以二~。"杜預注:"姚,虞姓。"㊁貌美。方言一三:"姚,好也。"荀子非相:"莫不美麗~冶。"楊倞注引説文:"姚,美好皃。"按,説文云:"姚,…或爲姚嬈也。"字亦作"窕"。荀子禮論:"故其立文飾也,不至於窕冶。"楊倞注:"窕讀爲姚。姚冶,妖美也。"

[備考]通"遥"。荀子榮辱:"其流長矣,其温厚矣,其功盛~遠矣。"楊倞注:"姚與遥同。"

姝 shū 昌朱切,音樞,平,虞韻,穿三。侯部。

貌美。詩邶風静女:"静女其~。"毛傳:"姝,美色也。"樂府詩集上山采蘼蕪:"新人雖言好,未若故人~。"引申爲名詞。美女。文選戰國宋玉登徒子好色賦:"此郊之~,華色含光。"樂府詩集陌上桑:"使君遣吏往,問是誰家~。"

侁 1.shēn 集韻疏臻切,平,臻韻,審二。文部。

㊀古氏族名,又國名。左傳昭公元年:"夏有觀扈,商有~邳。"杜預注:"~邳二國,商諸侯。"竹書紀年外壬元年:"邳人~人叛。"字又作"侁""莘"。吕氏春秋本味:"有侁氏以伊尹媵女。"孟子萬章上:"伊尹耕於有莘之野。"

2.xiān 集韻蕭前切,音先,平,先韻,心。文部。

㊁〔媥侁〕叠韻聯緜字。見"媥"字條。

姡 huó 户括切,音活,入,末韻,匣。月部。

㊀面見人之貌。集韻引説文:"姡,面醜也。"段玉裁、桂馥、朱駿聲皆云當爲"面靦也"。詩小雅何人斯"有靦面目"毛傳:"靦,姡也。"孔穎達疏:"靦與姡皆面見人之貌也。"㊁狡詐。方言二:"㛤,楚鄭或曰姡。"集韻引方言:"姡,獪也。"

㛊 1. chǐ 尺氏切,音侈,上,紙韻,穿三。歌部。

㊀美女。見説文。〔㛊㛊〕貌美的樣子。漢書敘傳:"㛊㛊公主,迺女烏孫。"

2. shí 是支切,音匙,平,支韻,禪。歌部。

㊁方言六:"南楚瀑洭之間,…謂婦妣曰母㛊,稱婦考曰父㛊。"

姽 guǐ 過委切,音詭,上,紙韻,見。支部。

〔姽嫿〕疊韻聯緜字。静好貌。文選戰國宋玉神女賦:"既姽嫿於幽静兮,又婆娑乎人間。"

姙 rèn 音任。

同"妊"。孕。三國魏曹植行女哀辭:"或華髮以終年,或懷～而逢災。"

按,説文有妊無姙。

姤 gòu 古候切,音構,去,候韻,見。侯部。

易卦名。六十四卦之一,巽下乾上。易姤:"彖曰:～,遇也。"古本作"遘"。

[備考]善。管子地員:"士女皆好,其民工巧,其泉黄白,其人夷～。"注:"夷,平也;姤,好也。言均善也。"

按,説文無姤字,新附有之,云:"偶也。"

姦 jiān 古顔切,平,删韻,見。元部。

㊀邪惡。左傳僖公二十四年:"耳不聽五聲之和爲聾;目不别五色之章爲昧;心不則德義之經爲頑;口不道忠信之言爲嚚。狄皆則之,四～具矣。"又七年:"子父不奸之謂禮,守命共時之謂信。違此二者,～莫大焉。"墨子辭過:"是以其民饑寒並至,故爲～衺。"商君書開塞:"故以刑治則民威,民威則無～,無～則民安其所樂。"㊁私通。左傳莊公二年:"夫人姜氏會齊侯于禚,書～也。"㊂通"奸"。干犯。韓非子定法:"賞存乎慎法,而罰加乎～令者也。"淮南子主術:"各守其職,不得相～。"

[辨]奸,姦。見"奸"字條。

奸 jiān 集韻居顔切,平,删韻,見。元部。

㊀同"姦"。㊁〔奸蘭〕犯禁走私。史記匈奴列傳:"漢使馬邑下人聶翁壹奸蘭出物與匈奴交。"集解:"奸音干。干蘭,犯禁私出物也。"漢書匈奴傳作"閒闌"。

七畫

娑 1. suō 素何切,平,歌韻,心。

㊀〔婆娑〕疊韻聯緜字。見"婆"字條。㊁〔娑娑〕飄動的樣子。後漢書張衡思玄賦:"脩初服之娑娑兮,長余珮之參參。"

2. suǒ 蘇可切,上,哿韻,心。

㊂〔馺娑〕雙聲聯緜字。迅疾貌。

3. suò 字彙蘇箇切。

㊃〔邏娑〕疊韻聯緜字。一種琵琶名。

娘 niáng 女良切,平,陽韻,娘。

後起字。㊀婦女的通稱,多指青年婦女。樂府詩集子夜歌:"見～喜容媚,願得結金蘭。"又黄竹子歌:"一船使兩槳,得～還故鄉。"㊁母親。太平廣記劉公信妻引法苑珠林"母語女言:'汝還努力爲吾寫經。'女云:'～欲寫何經?'"

娣 dì 徒禮切,音弟,上,薺韻,定。脂部。

女弟,同嫁一夫之妹。公羊傳莊公十九年:"媵者何?諸侯娶一國,則二國往媵之,以姪～從。"詩大雅韓奕:"諸～從之,祁祁如雲。"朱熹集傳:"諸娣,諸侯一娶九女,二國媵之,皆有娣姪也。"易歸妹:"歸妹以～。"國語晉語一:"獻公伐驪戎,…獲驪姬以歸,立以爲夫人,生奚齊。其～生卓子。"韋昭注:"女子同生,謂後生爲娣。"

［同源字］弟，娣，悌。見"悌"字條。

㛐 sǎo 蘇老切，上，晧韻，心。

同"嫂"。古文苑漢酈炎遺令書："加供養謝～，以老母相託。"集韻："嫂，或从叟，俗从更。"非是。

按，説文無㛐字。

娱 yāo 集韻於喬切，平，宵韻，影。

同"妖㊀"。見説文。

姬 jī 居之切，音基，平，之韻，見。之部。

㊀姓。相傳黄帝居姬水，因姓姬。左傳僖公二十四年："於諸～爲近。"㊁婦女的美稱。漢趙曄吴越春秋王僚使公子光傳："於是莊王棄其秦～越女，罷鐘鼓之樂。"㊂妾。史記秦始皇本紀："莊襄王爲秦質子於趙，見吕不韋～，悦而取之。"㊃漢時宫中女官，秩比二千石，位在婕妤下，在八子上。見漢書文帝紀"母曰薄～"注。

娠 shēn 失人切，音身，平，真韻，審三。真部。

懷孕。左傳哀公元年："后緡方～。"

［同源字］①身，娠，傳。"身"的本義是人的軀幹。金文作𠂇，∈象人腹。説文："娠，女妊身動也。"詩大雅大明："大任有身。"毛傳："身重也。"鄭箋："重謂懷孕也。"廣雅釋詁一："娠，傳也。""娠""傳"實同一詞。

②振，震，娠。見"震"字條。

娙 xíng 户經切，音形，平，青韻，匣。耕部。

女子身長貌美。説文："娙，長好也。"唐韓愈城南聯句："海嶽錯口腹，趙燕錫媌～。"〔娙娥〕漢女官名。漢書外戚傳上："昭儀位視丞相，爵比諸侯王；倢伃視上卿，比列侯；娙娥視中二千石，比關内侯。"

娓 wěi 無匪切，音尾，上，尾韻，微。微部。

㊀美。詩陳風防有鵲巢"誰侜予美"釋文："韓詩作娓，音尾。娓，美也。"㊁〔娓娓〕勤勉不倦的樣子。宋書樂志王珣歌太宗簡文皇帝："娓娓心化，日用不言。"

娜 nuǒ 奴可切，上，哿韻，泥。

〔婀娜〕叠韻聯緜字。見"婀"字條。〔嫋娜〕雙聲聯緜字。見"嫋"字條。〔娜娜〕輕柔的樣子。宋梅堯臣依韻和永叔子履："到時春恰恰，萬柳枝娜娜。"宋蘇轍次韻王鞏元日："春風娜娜還吹霰，歲事駸駸已發機。"

按，説文無娜字。

娌 lǐ 良士切，音里，上，止韻，來。之部。

〔妯娌〕見"妯"字條。

按，説文無娌字。

娉 1. pìng 匹正切，音聘，去，勁韻，滂。耕部。

㊀問名。古代婚制六禮之一。荀子富國："婚姻～内，送逆無禮。"楊倞注："娉，問名也。"三國志魏書武帝紀："天子～公三女爲貴人。"字本作"聘"。禮記内則："聘則爲妻。"左傳成公十一年："聲伯之母不聘。"杜預注："不聘，無媒禮。"

2. pīng 音韻闡微披經切，音娉，平，青韻，滂。

㊁〔娉婷〕叠韻聯緜字。姿態美的樣子。玉臺新詠羽林郎："不意金吾子，娉婷過我廬。"唐白居易昭君怨詩："明妃風貌最娉婷。"

娖 chuò 測角切，入，覺韻，穿二。屋部。

㊀同"婌"。謹慎。説文："婌，謹也。"〔娖娖〕矜持拘謹的樣子。史記申屠嘉列傳："娖娖廉謹，爲丞相備員而已。"㊁整齊。後漢書中山簡王焉傳："今五國各官騎百人，稱～前行。"注："稱娖，猶齊整也。"宋梅堯臣題知儀州太保蒲中書詩："厨架整～齊籤牙。"

按，説文無娖有婌。

娱 yú 遇俱切，平，虞韻，疑。魚部。

歡樂。詩鄭風出其東門："縞衣茹藘，聊可與～。"文選漢張衡南都賦："斯乃遊觀之好，耳目之～。"

娑 suō 蘇禾切，音梭，平，戈韻，心。

女子的名字。周穆王女名叔娑。穆天子

傳六："盛姬之喪，叔～爲主。"

按，説文無姓字。

娥 é 五何切，音俄，平，歌韻，疑。歌部。

貌美。方言一："娥、嬿，好也。秦曰娥。"説文："秦晉謂好曰娙娥。"引申爲美女。文選晉陸機擬古詩："齊僮梁甫吟，秦～張女彈。"

娒 1. mǔ 集韻滿補切，音姥，上，姥韻，明。之部。

㊀女師。見説文。字亦作"姆"。參見"姆"字條。

2. wǔ 集韻罔甫切，上，麌韻，微。之部。

㊁同"侮"。漢書張良傳："四人年老矣，皆以上嫚～士，故逃匿山中。"史記留侯世家作"慢侮"。

娟 juān 於緣切，平，仙韻，影。元部。

㊀〔嬋娟〕叠韻聯綿字。見"嬋"字條。〔娟娟〕形態美的樣子。唐杜甫寄韓諫議詩："美人娟娟隔秋水，濯足洞庭望八荒。"㊁〔娟嬛〕相傳爲古時善釣者。見淮南子原道。

按，説文無娟字，新附有之，云："嬋娟也。"

娗 1. tǐng 徒鼎切，上，迥韻，定。耕部。

㊀女出病。見説文。明趙宧光曰："方書，女婦下疾陰～。"

2. tíng 特丁切，音庭，平，青韻，定。耕部。

㊁貌美。廣韻："娗，好皃。"廣雅釋訓："娗娗，容也。"

3. tiǎn 集韻他典切，音腆，上，銑韻，透。

㊂欺慢。見集韻。方言一〇："眠娗、脉蜴，…皆欺謾之語也。"

娩 1. wǎn 無遠切，音晚，上，阮韻，微。元部。

㊀〔婉娩〕叠韻聯綿字。柔順的樣子。集韻："婉娩，容順。"禮記内則："姆教婉娩聽從。"鄭玄注："娩之言媚也，謂容貌也。"

2. miǎn 亡辨切，集韻美辨切，音免，上，獮韻，明。

㊁分娩，婦女生孩子。字亦作"挽"。

按，説文無娩字。分娩的娩作挽。

娭 xī 許其切，音熙，平，之韻，曉。之部。

嬉戲。楚辭戰國屈原九章惜往日："國富强而法立兮，屬貞臣而日～。"王逸注："委政忠良而游息也。"漢書禮樂志安世房中歌："神來宴～，庶幾是聽。"

八　畫

婆 pó 薄波切，平，戈韻，並。歌部。

㊀〔婆娑〕叠韻聯綿字。舞貌。詩陳風東門之枌："子仲之子，婆娑其下。"朱熹集傳："婆娑，舞貌。"引申爲盤旋，徘徊。文選戰國宋玉神女賦："既姽嫿於幽静兮，又婆娑乎人間。"漢班固答賓戲："婆娑乎術藝之場。"又爲枝葉扶疏，紛披。爾雅釋木："如松柏曰茂。"郭璞注："枝葉婆娑。"唐張籍新桃詩："桃生葉婆娑，枝葉四面多。"㊁母稱(後起義)。廣韻："婆，老母稱也。"集韻："婆，一曰老女稱。"樂府詩集折楊柳枝歌："阿～不嫁女，那得孫兒抱?"引申爲丈夫的母親(晚起義)。清吴敬梓儒林外史三回："～媳兩個都來坐着喫了飯。"

按，説文無婆字。婆娑的婆説文作媻。

娶 qǔ 七句切，去，遇韻，清，今讀如取。侯部。

把女子接過來成親。書益稷："～于塗山。"左傳隱公元年："鄭武公～于申，曰武姜。"字亦作"取"。論語述而："君取於吴爲同姓。"

〔同源字〕取，娶。説文："娶，取婦也。从女，从取，取亦聲。"凡言"亦聲"，都是同源字。王筠曰："以取釋娶，明娶爲取之分别文。"

婪 lán 盧含切，音嵐，平，覃韻，來。侵部。

貪。楚辭戰國屈原離騷："衆皆競進而貪～兮，憑不厭乎求索。"

〔辨〕貪，婪。見"貪"字條。

婀 1. ē 烏何切，音阿，平，歌韻，影。

㊁〔婘嫈〕雙聲聯緜字。見"婘"字條。

2. ē（舊讀 ě）集韻倚可切，上，哿韻，影。

㊁〔嫈娜〕叠韻聯緜字。同"婀娜"。見"婀"字條。

婁 1. lóu 落侯切，音樓，平，侯韻，來。侯部。

㊀星宿名。二十八宿之一，西方白虎七宿的第二宿。

2. lǘ 力朱切，平，虞，來。侯部。

㊁牽，曳。集韻："婁，牽也。"詩唐風山有樞："子有衣裳，弗曳弗～。"毛傳："婁，亦曳也。"釋文："婁，力俱反。馬云：牽也。"

3. lǚ 集韻隴主切，上，麌韻，來。侯部。

㊂繫。公羊傳昭公二十五年："牛馬維～。"何休注："繫馬曰維，繫牛曰婁。"釋文："婁，力主反。"

4. lǜ 集韻龍遇切，去，遇韻，來。侯部。

㊃通"屢"。詩周頌桓："綏萬邦，～豐年。"毛傳："婁，亟也。"釋文："婁，力住反。亟，欺冀反，數也。"漢書食貨志上："然～敕有司，以農爲務。"顔師古注："婁，古屢字也。"

5. lǒu 集韻朗口切，上，厚韻，來。

㊄〔培婁〕同"培塿"。見"培"字條。

婓 fēi 芳非切，音妃，平，微韻，敷。微部。

〔婓婓〕往來貌。楚辭漢劉向九歎惜賢："佩江蘺之婓婓。"漢書揚雄傳反離騷："昔仲尼之去魯兮，婓婓遲遲而周邁。"

婠 1. wān 一丸切，音剜，平，桓韻，影。元部。

㊀體態美。廣韻引説文："婠，體態好也。"廣雅釋詁一："婠，好也。"

2. wā 烏八切，入，黠韻，影。

㊁〔婠妠〕叠韻聯緜字。體態美的樣子。唐韓愈征蜀聯句："邛文裁婓亹，巴豔收婠妠。"注："上烏八切，下女刮切。"

婉 wǎn 於阮切，音宛，上，阮韻，影。元部。

㊀貌美的樣子。詩齊風猗嗟："猗嗟孌兮，清揚～兮。"傳："婉，好眉目也。"〔婉孌〕叠韻聯緜字。貌美的樣子。詩齊風甫田："婉兮孌兮，總角丱兮。"漢書敍傳："婉孌董公，惟亮天功。"顔師古注："婉孌，美貌。"㊁柔順。左傳昭公二十六年："姑慈而從，婦聽而婉。"〔婉娩〕叠韻聯緜字。柔順的樣子。禮記内則："姆教婉娩聽從。"㊂委宛，曲折。左傳成公十四年："～而成章。"杜預注："婉，曲也。謂屈曲其辭，有所辟諱，以示大順而成篇章。"〔婉約〕雙聲聯緜字。委宛的樣子。國語吴語："夫固知君王之蓋威以好勝也，故婉約其辭，以從逸王志。"

〔備考〕親愛。文選三國魏阮瑀爲曹公作書與孫權："～彼二人，不忍加罪。"李善注："婉，猶親愛也。"

婘 1. quán 巨員切，音拳，平，仙韻，羣。元部。

㊀貌美。廣雅釋詁一："婘，好也。"詩齊風還"揖我謂我儇兮"釋文："儇，許全反。韓詩作婘，音權，好貌。"

2. juàn 集韻古倦切，音眷，去，線韻，見。元部。

㊁通"眷"。集韻："婘，親也。"史記樊噲列傳："高后崩，大臣誅諸吕，吕須～屬。"

按，説文無婘字。

婧 jìng 疾正切，音浄，去，勁韻，從。耕部。

貌美。文選漢張衡思玄賦："舒訬～之纖腰兮。"注引説文："婧，妍婧也。"

娬 wǔ 集韻罔甫切，音武，上，麌韻，微。魚部。

同"嫵"。〔娬媚〕雙聲聯緜字。姿態美的樣子。史記司馬相如列傳上林賦："娬媚姌嫋。"漢書、文選作"嫵媚"。

按，説文娬作嫵。

婕 jié 即葉切，音接，入，葉韻，精。葉部。

〔婕妤〕宫中女官，漢武帝時置。史記外戚世家有尹婕妤。字亦作"倢伃"。漢書外戚傳上："倢伃視上卿，比列侯。"

婞 xìng 胡頂切,上,迥韻,匣。耕部。

剛愎自用,不聽話。説文:"婞,很也。"楚辭戰國屈原離騷:"鮌～直以亡身兮。"王逸注:"婞,很也。"又九章惜誦:"行～直而不豫兮。"王逸注:"婞,很也。"引申爲剛直。文選南朝宋王僧達祭顔光禄文:"性～剛潔。"

娅 yà 衣嫁切,音亞,去,禡韻,影。

後起字。㊀姊妹之夫相稱爲娅,連襟。字本作"亞"。爾雅釋親:"兩壻相謂爲亞。"後漢書酷吏傳序:"而閹人親～侵虐天下。"新唐書李傑傳:"長孫昕素惡傑,遇於道,内恃玄宗～婿,與所親楊仙玉共毆辱之。"㊁〔娅姹〕叠韻聯緜字。①明媚的樣子。唐黄滔贈鄭明府詩:"垂柳五株春娅姹,鳴琴一弄水潺湲。"宋陸游春愁曲:"蜀姬雙鬟娅姹嬌,醉看恐是海棠妖。"②象聲詞。宋王安石黄鸝詩:"娅姹不知緣底事,背人飛過北山前。"

娵 jū 子于切,平,虞,精。侯部。

㊀〔娵訾〕雙聲聯緜字。①十二星次之一。其位置相當於現代天文學上的雙魚宫。左傳襄公三十年:"及其亡也,歲在娵訾之口。"歲指木星。②古史相傳帝嚳之妃。見史記五帝本紀、漢書古今人表。㊁〔娵隅〕叠韻聯緜字。古時西南少數民族稱魚爲娵隅。世説新語排調:"娵隅躍清池。"

按,説文無娵字。

娸 qī 去其切,音欺,平,之韻,溪。之部。

醜。説文引杜林説:"娸,娸醜。"引申爲詆毁。漢書枚皋傳:"故其賦有詆～東方朔。"顔師古注:"娸,醜也。"又敍傳:"安昌貨殖,朱雲作～。"顔師古注:"朱雲廷言欲斬張禹,是爲醜惡之娸。"

媌 máo 莫交切,音茅,平,肴韻,明。宵部。

貌美。方言一:"秦晉之間,凡好而輕者,謂之娥。自關而東,河濟之間,謂之媌。"列子周穆王:"簡鄭衛之處子娥～靡曼者。"唐韓愈城南聯句:"海嶽錯口腹,趙燕錫～婭。"

婼 1. ruò 人賒切,平,麻韻,日。鐸部。

㊀〔婼羌〕漢西域國。見漢書西域傳。

2. chuò 丑略切,入,藥韻,徹。鐸部。

㊁人名。左傳昭公二十三年:"叔孫～如晉。"

婦 fù 房久切,上,有韻,奉。之部。

㊀已嫁的女子。詩大雅思齊:"思媚周姜,京室之～。"㊁妻。詩衛風氓:"三歲爲～,靡室勞矣。"又豳風七月:"同我～子,饁彼南畝。"玉臺新詠日出東南隅行:"使君自有～,羅敷自有夫。"㊂子之妻,兒媳婦。爾雅釋親:"子之妻爲婦。"莊子外物:"室無空虛,則～姑勃谿。"

〔辨〕女,婦。見"女"字條。

婀 ē (舊讀 ě)烏可切,上,哿韻,影。

同"娿"。也作"妸"。廣韻哿韻:"妸,妸娜。亦作婀。"〔婀娜〕叠韻聯緜字。①柔美貌。三國魏曹植洛神賦:"華容婀娜,令我忘餐。"②摇曳貌。玉臺新詠古詩爲焦仲卿妻作:"四角龍子幡,婀娜隨風轉。"抱朴子外篇君道:"嘉穗婀娜而盈箱。"

婐 wǒ 烏果切,上,果韻,影。

〔婐妮〕叠韻聯緜字。義同"婀娜"。柔美的樣子。梁武帝江南弄遊女曲:"珠珮婐妮戲金闕。"唐韓愈元和聖德詩:"日君月妃,焕赫婐妮。"參見"妮"字條。

婫 hùn 集韻户衮切,上,混韻,匣。

後起字。覆蓋。資治通鑑梁太平元年:"(陳)霸先命炊米煮鴨,人人以荷葉裹飯,～以鴨肉數臠。"胡三省注:"以鴨肉蓋飯上曰婫。今江東人猶謂以物蒙頭曰婫。"

娼 chāng 集韻蚩良切,音昌,平,陽韻,穿三。

後起字。女樂。引申爲妓女。唐盧照鄰長安古意詩:"妖童寶馬鐵連錢,～婦盤龍金屈膝。"

婟 hù 胡誤切，音護，去，暮韻，匣。

㊀〔婟澤〕鳥名。爾雅釋鳥："鷘，澤虞。"郭璞注："今婟澤鳥，似水鴞，蒼黑色，常在澤中，見人輒鳴喚不去。"㊁〔婟嫪〕奸夫。舊時謂婦人所私之人曰婟嫪。正字通："又倡妓謂游壻曰婟嫪。"

婥 chuò 昌約切，音綽，入，藥韻，穿三。藥部。

〔婥約〕叠韻聯緜字。貌美。集韻："婥約，好也。"史記司馬相如列傳上林賦："靚莊刻飭，便嬛婥約。"字亦作"綽約"。文選漢傅毅舞賦："綽約閑靡，機迅體輕。"五臣本作"婥"。

媧 wā 古蛙切，平，佳韻，見。歌部。

〔女媧〕傳説中的古帝王。説文："媧，古之神聖女，化萬物者也。"禮記明堂位："女媧之笙簧。"鄭玄注："女媧，三皇承宓羲者。"

婩 1. àn 魚旰切，音岸，去，翰韻，疑。元部。

㊀貌美。集韻引博雅："婩，好也。"方言一〇："婩、嫧、鮮，好也。"

2. nüè 集韻逆約切，音虐，入，藥韻，疑。

㊁〔婩斫〕叠韻聯緜字。不解悟貌。見集韻。列子力命："巧佞愚直，婩斫便辟，四人相與遊於世，胥如志也。"張湛注："婩斫，不解悟之貌。"

按，説文無婩字。

婣 yīn 於真切，音因，平，真韻，影。真部。

同"姻"。壻父。引申爲親於外親。周禮地官大司徒："二曰六行：孝友睦～任恤。"鄭玄注："婣者，親於外親。"又爲姻親。唐范攄雲溪友議："吾輩與韋族，其～舊矣。"

按，説文以婣爲姻之籀文。

婬 yín 餘針切，音淫，平，侵韻，喻四。侵部。

姦邪放縱。説文："婬，私逸也。"段玉裁改"私"爲"厶"，云："厶音私，姦衺也；逸者失也，失者縱逸也。婬之字，今多以淫代之，淫行而婬廢矣。"

婑 wǒ 集韻鄔果切，上，果韻，影。

〔婑媠〕叠韻聯緜字。同"婐妮"，義同"婀娜"。柔美的樣子。列子楊朱："(公孫)穆之後庭，比房數十，皆擇稚齒婑媠者以盈之。"

按，説文無婑有婐。

婤 zhōu 職流切，音周，平，尤韻，照三。幽部。

女字。説文："婤，女字也。"左傳昭公七年："衛襄公夫人姜氏無子，嬖人～始生孟縶。"

婢 bì 便俾切，上，紙韻，並。支部。

女奴，女僕，丫頭。墨子七患："馬不食粟，～妾不衣帛。"世説新語文學："(鄭玄)嘗使一～，不稱旨，將撻之。"

婗 ní 五稽切，音倪，平，齊韻，疑。

〔嫛婗〕叠韻聯緜字。嬰兒。見"嫛"字條。

婚 hūn 呼昆切，平，魂韻，曉。文部。

子婦的父親。爾雅釋親："婦之父爲婚。"又："婦之黨爲婚兄弟。"又："婦之父母，壻之父母相謂爲婚姻。"按，爾雅釋親："子之妻爲婦。"故知"婦之父"是子婦的父親。引申爲婚姻關係。史記屈原列傳："時秦昭王與楚～，欲與懷王會。"

九　畫

婺 wù 亡遇切，音務，去，遇韻，微。幽部。

㊀〔婺女〕星宿名，即女宿。二十八宿之一，玄武七宿之第三宿。又名䪪女。廣雅釋天："䪪女謂之婺女。"左傳昭公十年："有星出於婺女。"禮記月令孟夏之月："旦，婺女中。"吕氏春秋有始："北方曰玄天，其星婺女、虚、危、營室。"㊁〔婺州〕州名。〔婺水〕水名。〔婺源〕縣名。

嫂 sǎo 蘇老切,音掃,上,晧韻,心。幽部。

"嫂"本字。説文:"嫂,兄妻也。"後漢書馬援傳:"敬事寡~,不冠不入廬。"

婷 tíng 集韻唐丁切,音亭,平,青韻,定。

〔娉婷〕叠韻聯緜字。見"娉"字條。〔婷婷〕義同"娉婷"。姿態美的樣子。宋陳師道黄梅詩:"冉冉梢頭緑,婷婷花下人。"

按,説文無婷字。

媥 piān 芳連切,集韻紕延切,音篇,平,仙韻,滂。真部。

身輕。説文:"媥,輕皃。"廣韻:"媥,身輕便貌。"〔媥姺〕叠韻聯緜字。同"蹁躚"。輕盈飄舞的樣子。史記司馬相如列傳上林賦:"媥姺徶循,與世殊服。"裴駰集解:"郭璞曰:衣服婆娑貌。"漢書及文選均作"便珊嫳屑"。

媊 qián 集韻才先切,音前,平,先韻,從。元部。

〔女媊〕星名。説文:"媊,甘氏星經曰:太白上公妻曰女媊,女媊居南斗,食厲。天下祭之,曰明星。"

婹 yǎo 烏皎切,音杳,上,篠韻,影。

後起字。〔婹褭〕叠韻聯緜字。輕盈柔美的樣子。唐李賀惱公詩:"陂陁梳碧鳳,婹褭帶金蟲。"

媒 1. méi 莫杯切,平,灰韻,明。之部。

㊀説合婚姻的人。詩衛風氓:"匪我愆期,子無良~。"㊁中介。引申爲原因。文選漢枚乘七發:"洞房清宫,命曰寒熱之~。"文中子魏相:"見譽而喜者,佞之~也。"

2. mèi 集韻莫佩切,音妹,去,隊韻,明。之部。

㊂〔媒媒〕晦貌。見集韻。莊子知北遊:"媒媒晦晦,無心而不可與謀。"

媟 xiè 私列切,音泄,入,薛韻,心。月部。

狎慢,不恭。漢書賈山傳至言:"古者大臣不~。"漢賈誼新書道術:"接遇慎容謂之恭,反恭爲~。"

媠 1. tuǒ 他果切,音妥,上,果韻,透。

㊀貌美。集韻:"媠,好也。"〔婑媠〕叠韻聯緜字。見"婑"字條。〔媠服〕華美的衣服。文選三國魏曹植七啟:"收亂髮兮拂蘭澤,形媠服兮揚幽若。"

2. duò 集韻徒卧切,音惰,去,過韻,定。歌部。

㊁同"惰"。漢書孝武李夫人傳:"婦人貌不修飾,不見君父。妾不敢以燕~見帝。"

按,説文媠是憜的重文,在心部。

媔 mián 集韻彌延切,音緜,平,仙韻,明。元部。

目美貌。見集韻。楚辭大招:"青色直眉,美目~只。"

媆 1. ruǎn 集韻乳兖切,音軟,上,獮韻,日。元部。

㊀貌美。説文:"媆,好貌。"段玉裁注:"此謂柔耎之好也。"廣雅釋詁一:"媆,好也。"

2. nèn 奴困切,音嫩,去,慁韻,泥。

㊁"嫩"本字。

[同源字]軟,輭,蝡,愞,耎,偄,媆,懦。見"軟"字條。

婚 hūn 集韻呼昆切,音昏,平,魂韻,曉。

同"婚"。

按,説文無婚有婚。

婿 xù 集韻思計切,去,霽韻,心。

同"壻"。左傳文公八年:"且復致公壻池之封。"釋文:"壻音細,俗作婿。"

[同源字]諝,胥,壻,婿。見"諝"字條。

按,説文婿是壻的或體,在士部。

媚 mèi 明祕切,去,至韻,明。脂部。

㊀討好,逢迎,巴結。書冏命:"無以巧言令色,便辟側~。"論語八佾:"與其~於奧,寧~於竈。"史記佞幸列傳序:"非獨女以色~,

而士宦亦有之。”引申爲愛戴，喜歡。詩大雅思齊：“思～周姜。”毛傳：“媢，愛也。”又假樂：“～于天子。”又下武：“～兹一人。”又卷阿：“～于庶人。”朱熹集傳：“媢于庶人，順愛于民也。”左傳宣公三年：“以蘭有國香，人服～之如是。”㊁美，嫵媚。小爾雅廣詁：“媢，美也。”廣雅釋詁一：“媢，好也。”文選晉陸機文賦：“石韞玉而山輝，水懷珠而川～。”舊唐書柳公權傳：“公權初學王書，遍閱近代筆法，體勢勁～，自成一家。”

媞 1. tí 杜奚切，音提，平，齊韻，定。支部。

㊀〔媞媞〕①人貌美的樣子。楚辭漢東方朔七諫：“西施媞媞而不得見兮，嫫母勃屑而日侍。”王逸注：“媞媞，好貌也。”②安舒。爾雅釋訓：“媞媞，安也。”郭璞注：“好人安祥之容。”字亦作“提提”。詩魏風葛屨：“好人提提。”毛傳：“提提，安諦也。”朱熹集傳：“提提，安舒之意。”

2. shì 承紙切，音是，上，紙韻，禪。文部。

㊁母親。説文：“江淮之間謂母曰媞。”

［備考］草子名。爾雅釋草：“蕍侯莎，其實媞。”

媢 mào 莫報切，音冒，去，号韻，明。幽部。

嫉妒。禮記大學引書秦誓：“人之有技，～疾以惡之。”鄭玄注：“媢，妬也。”今書秦誓作“冒疾”。逸周書皇門解：“是人斯乃讒賊～嫉，以不利於厥家國。”漢書五行志中之下：“劉向以爲時夫人有淫齊之行，而桓有妬～之心。”注：“媢，謂夫妬婦也。”

媦 wèi 于貴切，音胃，去，未韻，喻三。微部。

妹。説文：“楚人謂女弟曰媦。”公羊傳桓公二年：“若楚王之妻～，無時焉可也。”何休注：“媦，妹也。”新唐書姚璹傳：“少孤，撫昆～友愛。”又李密傳：“往依～壻雍丘令丘君明。”

媪 ǎo 烏晧切，音襖，上，晧韻，影。幽部。

老年的婦人。戰國策趙策四：“老臣竊以爲～之愛燕后賢於長安君。”又爲婦女的通稱。史記衛將軍列傳：“其父鄭季爲吏，給事平陽侯家，與侯妾衛～通，生青。”司馬貞索隱：“媪，婦人老少通稱。”

媛 1. yuàn 王眷切，音院，去，線韻，喻三。元部。

㊀美女。詩鄘風君子偕老：“展如之人兮，邦之～也。”

2. yuán 雨元切，音袁，平，元韻，喻三。元部。

㊁〔嬋媛〕叠韻聯緜字。見“嬋”字條。

媮 1. tōu 託侯切，音偷，平，侯韻，透。侯部。

㊀通“偷”。苟且，薄。國語晉語三：“～居幸生。”漢書賈山傳至言：“是以道諛～合苟容。”又韓信傳：“衆庶莫不輟作怠惰，靡衣～食。”顔師古注：“媮與偷字同。偷，苟且也。”漢書刑法志：“～薄之政自是滋矣。”引申爲鄙薄，輕視。左傳襄公三十年：“晉未可～也。…其朝多君子，其庸可～乎?”杜預注：“媮，薄也。”

2. yú 集韻容朱切，音俞，平，虞韻，喻四。侯部。

㊁快樂。楚辭戰國屈原離騷：“奏九歌而舞韶兮，聊假日以～樂。”文選漢韋孟諷諫詩：“庶民以匱，我王以～。”

媕 ān 烏含切，音庵，平，覃韻，影。侵部。

〔媕婀〕雙聲聯緜字。依違隨人，没有主見。廣韻：“媕婀，不决。”唐韓愈石鼓歌：“中朝大官老於事，詎肯感激徒媕婀?”

媥 pián 房連切，集韻毗連切，平，仙韻，並。

〔媥娟〕叠韻聯緜字。①美麗的樣子。集韻：“媥娟，美麗貌。”樂府詩集南朝宋沈約湘夫人詩：“揚蛾一含睇，媥娟好且脩。”字亦作“便娟”、“便嬛”。楚辭大招：“豐肉微骨，體便娟只。”史記司馬相如列傳上林賦：“便嬛綽約。”②回環曲折的樣子。文選漢王延壽魯靈光殿賦：“旋室媥娟以窈窕。”

按，説文無媥字。

嫂 sǎo 蘇老切，上，晧韻，心。幽部。

兄妻。爾雅釋親："女子謂兄之妻爲嫂。"按，男子謂兄之妻亦爲嫂。莊子盜跖："昔者桓公小白殺兄入～。"

按，説文嫂作㛐。

媿 kuì 俱位切，音愧，去，至韻，見。微部。

慚愧。説文："媿，慙也。"楚辭戰國屈原九章思美人："欲變節以從俗兮，～易初而屈志。"漢書文帝紀："以不敏不明，而久撫臨天下，朕甚自～。"字亦作"愧"。

十　畫

嫈 yīng 烏莖切，音鶯，平，耕韻，影。耕部。

㊀〔嫈嫇〕叠韻聯緜字。羞怯貌。唐韓愈孟郊城南聯句："彩伴飄嫈嫇。"注引廣韻："嫈嫇，新婦貌。"㊁女字。聶政之姊名嫈。見戰國策。㊂地名用字。史記東越列傳："封橫海校尉福爲繚～侯。"

嫛 xī 許其切，音熙，平，之韻，曉。之部。

喜悦。説文："嫛，説樂也。"

〔備考〕同"妃"。漢揚雄太玄内："謹于～執，始女貞也。"范望注："嫛執，古妃仇字。"

嫫 mó 集韻蒙晡切，音模，平，模韻，明。

同"嫫"。見"嫫"字條。

媵 yìng 以證切，音孕，去，證韻，喻四。蒸部。

古諸侯女出嫁時隨嫁或陪嫁的人。公羊傳莊公十九年："～者何？諸侯娶一國，則二國往～之，以姪娣從。"吕氏春秋本味："有侁氏喜，以伊尹～女。"史記殷本紀："阿衡欲奸湯而無由，乃爲有莘氏～臣。"引申爲陪送。楚辭戰國屈原九歌河伯："波滔滔兮來迎，魚隣隣兮～予。"

按，説文媵作㑞，在人部，云："送也。吕不韋曰：'有侁氏以伊尹㑞女。'"

媻 1. pán 薄官切，音盤，平，桓韻，並。元部。

㊀〔媻姍〕〔媻珊〕叠韻聯緜字。蹣跚。漢書司馬相如傳子虛賦："媻姍勃窣上金隄。"顔師古注："媻姍，謂行於叢薄之中也。"史記作"媻珊"。

2. pó 集韻蒲波切，音婆，平，戈韻，並。

㊁〔媻娑〕叠韻聯緜字。同"婆娑"。見"娑"字條。

嫁 jià 古訝切，去，禡韻，見。魚部。

女子適人。與"娶"相對。詩大雅大明："自彼殷商，來～于周。"引申爲適，往。列子天瑞："國不足，將～於衛。"張湛注："自家而出謂之嫁。"又爲轉移。史記趙世家："韓氏所以不入於秦者，欲～其禍於趙也。"

〔同源字〕家，居，嫁。家是給人居住的，故"家""居"同源。説文："家，居也。"易家人釋文："人所居稱家。"古人以爲女子出嫁纔算有家，故"嫁""家"同源。説文："嫁，女適人也。"詩鄭風丰序箋："謂嫁娶之禮。"疏："嫁，謂女適夫家。"漢班固白虎通嫁娶："嫁者，家也。婦人外成，以出適人爲家。"

嫉 jí 秦悉切，音疾，入，質韻，從。質部。

妒忌。楚辭戰國屈原離騷："羌内恕己以量人兮，各興心而～妒。"又："衆女～余之蛾眉兮，謡諑謂余以善淫。"引申爲憎惡。史記荀卿列傳："荀卿～濁世之政。"

按，説文嫉是嫉的重文，在人部。

嫇 míng 莫經切，音冥，平，青韻，明。

〔嫈嫇〕叠韻聯緜字。見"嫈"字條。

嫌 xián 户兼切，平，添韻，匣。談部。

㊀疑。禮記坊記："夫禮，坊民所淫，章民之別，使民無～。"墨子小取："處利害，決～疑。"㊁憎惡。荀子正名："其累百年之欲，易一時之～。"引申爲仇怨。三國志蜀書先主傳："（張）松兄廣漢太守肅懼禍逮己，白（劉）

璋發其謀，於是璋收斬松，～隙始構矣。"新唐書尉遲敬德傳："丈夫以意氣相許，小～不足置胸中。"㊂不滿意（後起義）。百喻經愚人食鹽喻："主人與食，～淡無味。"

［備考］近。吕氏春秋貴直："出若言非平論也，將以救敗也，固～於危。"高誘注："嫌，猶近也。"

媽 mǔ 莫補切，音姥，上，姥韻，明。

後起字。母。見廣雅釋親。

媾 gòu 古候切，音構，去，候韻，見。侯部。

㊀重婚，重叠交互爲婚姻。易屯："匪寇婚～。"釋文："媾，古后反。馬云：'重婚。'"左傳隱公十一年："如舊昏～。"杜預注："重昏曰媾。"㊁講和。史記虞卿列傳："不如發重使爲～。"裴駰集解："求和曰媾。"司馬貞索隱："媾亦講，講亦和也。"㊂交媾，交合。唐李白草創大還贈柳宫迪詩："造化合元符，交～騰精魄。"字本作"構"。易繫辭下："男女構精，萬物化生。"

［備考］厚，寵。詩曹風候人："不遂其～。"毛傳："媾，厚也。"朱熹集傳："媾，寵也。"朱駿聲以爲假借爲"遘"。云："按，猶遭遇也。"

嫫 mó 莫胡切，音模，平，模韻，明。魚部。

〔嫫母〕古代傳説中的醜女。荀子賦："嫫母力父，是之喜也。"注："嫫母，醜女，黄帝時人。"字亦作"蓦母"、"嬤母"、"嫫姆"。楚辭戰國屈原九章惜往日："妬佳冶之芬芳兮，蓦母姣而自好。"漢書古今人表："嬤母，黄帝妃，生倉林。"文選漢王褒四子講德論："嫫姆倭傀，善譽者不能掩其醜。"

按，説文嫫作蓦。

嫄 yuán 愚袁切，音原，平，元韻，疑。元部。

女字。〔姜嫄〕帝嚳元妃，后稷之母。詩大雅生民："厥初生民，時維姜～。"

嬝 niǎo 奴鳥切，上，篠韻，泥。藥部。

〔㛲嬝〕雙聲聯緜字。細長柔弱的樣子。見"㛲"字條。〔嬝嬝〕①長弱貌。楚辭戰國屈原九歌湘夫人："嬝嬝兮秋風，洞庭波兮木葉下。"洪興祖補注："嬝，長弱貌。"宋蘇軾前赤壁賦："餘音嬝嬝，不絶如縷。"②輕盈柔美貌。文選晉左思吴都賦："藹藹翠幄，嬝嬝素女。"〔嬝娜〕雙聲聯緜字。摇曳貌。唐杜甫桔柏渡詩："連笮動嬝娜，征衣颯飄飖。"唐白居易别柳枝詩："兩枝楊柳小樓中，嬝娜多年伴醉翁。"也省作"嬝"，用作動詞。唐白居易答元八宗簡同遊曲江詩："水禽翻白羽，風荷～翠莖。"

媪 ǎo 音襖。

"媪"本字。

嬍 měi 無鄙切，集韻母鄙切，音美，上，旨韻，明。微部。

美，善。周禮地官大司徒："以本俗六安萬民，一曰～宫室。"又春官天府："季冬，陳玉，以貞來歲之～惡。"

按，説文無嬍字。

媸 chī 赤之切，音蚩，平，之韻，穿三。之部。

醜。與"妍"相對。史通史官建置："向使世無竹帛，時闕史官，…則善惡不分，妍～永滅者矣。"字本作"蚩"。晉陸機文賦序："妍蚩好惡可得而言。"後漢書趙壹傳："孰知辨其蚩妍？"

按，説文無媸字。

嫐 chú 仕于切，音雛，平，虞韻，牀二。侯部。

㊀懷孕。説文："嫐，婦人妊身也。周書曰：'至于嫐婦。'"今書梓材作"屬婦"。㊁貌美。廣雅釋詁一："嫐，好也。"集韻："嬼婦謂之嫐。崔子玉曰：'惠於～孀。'"嬼，美也。三國魏崔琰清河王誄："惠於～孀。"清王鳴盛蛾術篇説字曰："嫐是妊身，孀是無夫，皆婦人可憐憫者，故竝言之。"説與集韻異。

媱 yáo 餘昭切，音摇，平，宵韻，喻四。宵部。

曲肩行貌。見説文。〔要嫢〕叠韻聯緜字。舞的樣子。楚辭漢王逸九思傷時:"聲嗷誂兮清和,音晏衍兮要嫢。"注:"要嫢,舞容也。"

媳 xí 字彙思積切。

後起字。兒婦。宋劉跂穆府君墓誌銘:"女嫁唐涌,我姑之～。"〔媳婦〕①兒婦。續傳燈録明辯禪師:"莫怪下房媳婦觸忤大人好。"字本作"息婦"。②妻。紅樓夢三回:"這是你先前珠大哥的媳婦珠大嫂子。"也泛指少婦。

媲 pì 匹詣切,去,霽韻,滂。脂部。

配偶。説文:"媲,妃也。"詩大雅皇矣:"天立厥配。"毛傳:"配,媲也。"引申爲匹敵,比得上。唐韓愈醉贈張祕書詩:"險語破鬼膽,高詞～皇墳。"

十一畫

嫠 lí 里之切,音釐,平,之韻,來。之部。

寡婦。左傳襄公二十五年:"～也何害?"又昭公十九年:"莒有婦人,莒子殺其夫,已爲～婦。"宋蘇軾前赤壁賦:"泣孤舟之～婦。"

按,説文無嫠字,新附有之。

嫢 guī 集韻均窺切,音規,平,支韻,見。之部。

細腰。見集韻。方言二:"嫢,細也。自關而西,秦晉之間,凡細而有容,謂之嫢。"

按,説文:"嫢,媞也。从女,規聲,讀若癸。秦晉謂細爲嫢。"小徐本作"秦晉謂細要曰嫢"。桂馥朱駿聲皆從小徐本,桂作"細腰",朱作"細要"。

嫛 yī 烏奚切,平,齊韻,影。支部。

〔嫛婗〕叠韻聯緜字。嬰兒。朱駿聲説文通訓定聲解部"婗"字注云:"即嫛兒之音轉。"又履部"嫛"字注:"嫛婗,雙聲連語,猶言嬰兒也。"

嫜 zhāng 集韻諸良切,音章,平,陽韻,照三。

後起字。丈夫的父親。唐杜甫新婚别詩:"妾身未分明,何以拜姑～?"字本作"章"。玉臺新詠陳琳飲馬長城窟行:"善事新姑章,時時念我故夫子。"

嫡 dí 都歷切,入,錫韻,端。錫部。

正妻。與"庶"相對。詩召南江有汜序:"勤中無怨,～能悔過也。"釋文:"嫡,都狄反,正夫人也。"〔嫡子〕正妻所生的兒子。國語吴語:"臣觀吴王之色,類有大憂,小則嬖妾嫡子死,不則國有大難。"也省作"適"。公羊傳昭公五年:"匿～之名也。"

按,説文:"嫡,孎也。"不是嫡庶的嫡。段玉裁注:"嫡庶字古衹作適。凡今經傳作嫡者,蓋皆不古。"

嫮 hù 集韻胡故切,音護,去,暮韻,匣。

同"嫭"。美的樣子。楚辭戰國屈原(或言景差)大招:"～目宜笑,娥眉曼只。"引申爲動詞。自誇美好。漢書韓安國傳:"車旗皆帝所賜,即以～鄙小縣。"顔師古注引服虔:"嫮,夸好也。"

按,説文無嫮字,亦無嫭字。

嫣 yān 於乾切,音焉,平,仙韻,影。元部。

㊀長美貌。見玉篇。説文:"嫣,長皃。"㊁笑貌。文選戰國宋玉登徒子好色賦:"～然一笑。"注引王逸:"嫣,笑皃。"字亦作"嘕"。楚辭戰國屈原(或言景差)大招:"宜笑嘕只。"㊂〔嫣紅〕姣艷的紅色。唐李商隱河陽詩:"百尺相風插重屋,側近嫣紅伴柔緑。"

嫥 zhuān 集韻朱遄切,音專,平,仙韻,照三。元部。

㊀專一。説文:"嫥,壹也。"㊁〔嫥捖〕叠韻聯緜字。調和。淮南子俶真:"提挈陰陽,嫥捖剛柔。"高誘注:"嫥捖,和調也。"

嫩 nèn 奴困切,去,慁韻,泥。

後起字。初生而柔弱。集韻:"嫩,少弱也。"梁武帝遊鍾山大愛敬寺詩:"蘿短未中攬，葛～不任牽。"

按，説文嫩作㜁。

嫖 1. piāo 撫招切，集韻紕招切，音飄，平，宵韻，滂。宵部。

㊀輕。見説文。〔嫖姚〕叠韻聯緜字。輕疾的樣子。漢霍去病爲嫖姚校尉。見史記建元以來王子侯者年表。唐杜甫後出塞詩："借問大將誰，恐是霍嫖姚。"史記衛將軍列傳作"剽姚"。漢書霍去病傳作"票姚"。字亦作"彯摇"。文選南朝齊王融三月三日曲水詩序："彯摇武猛，扛鼎揭旗之士。"

2. piáo 音瓢。

㊁狎妓（晚起義）。明沈德符禁嫖賭飲酒："專以～賭致錢。"

嫗 1. yù 衣遇切，紆去聲，遇韻，影。侯部。

㊀婦人。多指老婦。説文："嫗，母也。"史記高祖本紀："有一老～夜哭。"漢書蔡義傳："短小無須眉，貌似老～。"又嚴延年傳："東海莫不賢知其母，號曰：'萬石嚴～。'"

2. yǔ 集韻委羽切，上，麌韻，影。侯部。

㊁以體使温煖。禮記樂記："煦～覆育萬物。"鄭玄注："以氣曰煦，以體曰嫗。"詩小雅巷伯："哆兮侈兮，成是南箕。"毛傳："婦人曰：'子何不若柳下惠然？～不逮門之女，國人不稱其亂。'"

嫕 yì 於計切，音翳，去，霽韻，影。

柔順。集韻："嫕，婉嫕，順從也。"文選戰國宋玉神女賦："澹清静其愔～兮，性沈詳而不煩。"李善注引説文："嫕，静也。"今説文作"瘱"，云："瘱，静也。"漢書孝平皇后傳："爲人婉瘱有節操。""婉瘱"即"婉嫕"。

按，説文無嫕字。

嫪 lào 郎到切，去，号韻，來。幽部。

㊀戀惜。唐玄應一切經音義引魏李登聲類："嫪，惜也，謂戀不能去也。"唐韓愈薦士詩："念將决焉去，感物增戀～。"㊁姓。秦時有嫪毐。

嫦 cháng 字彙市羊切，音常。

後起字。〔嫦娥〕月中女神。本作"恒娥"。後因避漢文帝諱，改"恒"爲"常"，後來又加女旁爲"嫦"。見晋干寶搜神記一四。唐元稹月詩："漸減嫦娥面，徐收楚練機。"

嫭 hù 胡誤切，音護，去，暮韻，匣。魚部。

同"嫮"。貌美。楚辭戰國屈原（或言景差）大招："朱脣皓齒，～以姱只。"王逸注："嫭姱，好皃也。"漢書禮樂志郊祀歌："衆～並，綽奇麗，顔如荼，兆逐靡。"又揚雄傳反離騷："知衆～之嫉妒兮，何必颺纍之蛾眉？"

按，説文無嫭字，亦無嫮字。

嫚 1. màn 謨晏切，音慢，去，諫韻，明。元部。

㊀輕侮，不以禮相待。左傳昭公二十年："其言僭～于鬼神。"漢書高帝紀下："陛下～而侮人。"史記作"慢"。〔嫚易〕①同"嫚"。漢書佞幸傳："戲侮許后，嫚易無不言。"鹽鐵論論功："君臣嫚易，上下無禮。"②和緩。漢書禮樂志："闡諧嫚易之音作。"顔師古注："嫚易，言不急刻也。"㊁懈怠。漢書刑法志："刑蕃而民愈～。"淮南子主術："是以器械不苦，而職事不～。"

2. yuān 音蜎。元部。

㊂〔嫚嫚〕同"嬛嬛"。柔美貌。文選漢司馬相如上林賦："柔橈嫚嫚。"李善注引郭璞："柔橈，嫚嫚，皆體耎弱長豔貌也。"史記司馬相如列傳作"嬛嬛"。

嫘 léi 力追切，音纍，平，脂韻，來。微部。

〔嫘祖〕古代傳説我國最早養蠶的人。史記五帝本紀："黄帝居軒轅之丘，而娶於西陵之女，是爲嫘祖。"

十二畫

嬀 guī 居爲切，平，支韻，見。歌部。

㊀水名。書堯典："釐降二女于～汭，嬪

于虞。”㊁姓。説文：“虞舜居～汭，因以爲氏。”

墮 duò 集韻徒卧切，音惰，去，過韻，定。

同“惰”。見集韻。〔墮羿〕鳥名。爾雅釋鳥：“鸛鶇鶝鶔。”郭璞注：“一名墮羿。”邢昺疏：“墮，古以爲懈惰字。羿，古之善射者。此言鳥捷勁，雖羿之善射，亦懈惰不敢射也。”

嫳 piě 普蔑切，音瞥，入，屑韻，滂。月部。

㊀易怒。説文：“嫳，易使怒也。”廣雅釋詁二：“嫳，怒也。”㊁〔嫳屑〕叠韻聯緜字。衣服婆娑的樣子。漢書司馬相如傳上林賦：“便姍嫳屑，與世殊服。”史記作“徶循”。集解引郭璞：“衣服婆娑貌。”

嬃 xū 相俞切，音須，平，虞韻，心。侯部。

㊀楚人謂姊爲嬃。見説文引賈逵説。㊁女字。楚辭戰國屈原離騷：“女～之嬋媛兮，申申其詈予。”王逸注：“女嬃，屈原姊也。”史記吕太后本紀：“太后女弟吕～。”索隱：“樊噲妻。”

嬈 1. rǎo 而沼切，上，小韻，日。宵部。

㊀煩擾。説文：“嬈，苛也。”淮南子原道：“其魂不躁，其神不～。”漢書鼂錯傳：“除苛解～。”唐書循吏傳：“革苛～之風。”

2. ráo 韻會如招切，音饒，平，宵韻，日。

㊁〔嬈嬈〕柔弱貌。文選漢王褒洞簫賦：“風鴻洞而不絶兮，優嬈嬈以婆娑。”㊂〔妖嬈〕叠韻聯緜字。嬌媚的樣子。三國魏曹植感婚賦：“顧有懷兮妖嬈，用搔首兮屏營。”

嬉 xī 許其切，音熙，平，之韻，曉。之部。

遊戲，玩耍。史記律書：“自年六七十翁，亦未嘗至市井，游敖～戲如小兒狀。”又孔子世家：“～戲常陣俎豆。”又司馬相如列傳上林賦：“若此輩者數千百處，～游往來。”文選漢王褒洞簫賦：“春禽羣～，翱翔乎其顛。”又漢張衡歸田賦：“追漁父以同～。”

按，説文嬉作娭，云：“戲也。”

嫴 gū 古胡切，音姑，平，模韻，見。魚部。

擔保。説文：“嫴，保任也。”通作“辜”。急就篇：“疻痏保辜謕呼號。”顔師古注：“毆人皮膚腫起曰疻，毆傷曰痏。保辜者，各隨其狀輕重，令毆者以日數保之，限内致死，則坐重辜也。”

嫽 liáo 落蕭切，平，蕭韻，來。宵部。

貌美。方言二：“釥、嫽，好也。青徐海岱之間曰釥，或謂之嫽。”字亦作“僚”。詩陳風月出：“佼人僚兮。”釋文：“僚，本亦作嫽，同音了。”

按，説文嫽作僚，云：“好皃。”

嫿 huà 集韻忽麥切，入，麥韻，曉。錫部。

㊀静美。説文：“嫿，静好也。”文選三國魏嵇康琴賦：“輕行浮彈，明～瞭慧。”〔婠嫿〕叠韻聯緜字。見“婠”字條。㊁〔徽嫿〕雙聲聯緜字。奔馳貌。後漢書馬融傳廣成頌：“徽嫿霍奕，别騖分奔。”

嫺 xián 户間切，音閑，平，山韻，匣。元部。

字亦作“嫻”。文雅。説文：“嫺，雅也。”史記司馬相如列傳上林賦：“絶殊離俗，妖冶～都。”論衡定賢：“或骨體～麗，面色稱媚。”後漢書馬援傳：“辭言～雅。”

嫷 duò 徒果切，音惰，上，果韻，定。歌部。

貌美。説文：“南楚之外謂好曰嫷。”方言二：“嫷，美也，南楚之外曰嫷。”文選戰國宋玉神女賦：“～被服。”

嬋 chán 市連切，音蟬，平，仙韻，禪。元部。

㊀〔嬋媛〕叠韻聯緜字。牽引、牽連的樣子。楚辭戰國屈原離騷：“女嬃之嬋媛兮。”注：“嬋媛，猶牽引也。”又九章哀郢：“心嬋媛而傷懷兮。”注：“嬋媛，猶牽引也。”文選漢張衡南都賦：“結根竦本，垂條嬋媛。”注：“枝相連也。”〔嬋連〕叠韻聯緜字。牽連的樣子。楚辭漢劉向九歎逢紛：“云余肇祖于高陽兮，惟楚懷之嬋連。”王逸注：“嬋連，族親也。”洪興

祖補注："嬋連，猶牽連也。"㊁〔嬋娟〕叠韻聯緜字。形態美的樣子。文選漢張衡西京賦："嚼清商而却轉，增嬋娟以此豸。"唐孟郊嬋娟篇："花嬋娟，泛春泉；竹嬋娟，籠曉烟；妓嬋娟，不長妍；月嬋娟，真可憐。"也用作名詞。宋蘇軾水調歌頭詞："但願人長久，千里共嬋娟。"

按，說文無嬋字。

嫵 wǔ 文甫切，音武，上，麌韻，微。

〔嫵媚〕雙聲聯緜字。形態美的樣子。漢書司馬相如傳上林賦："嫵媚纖弱。"史記作"娬媚"。參見"娬"字條。

嬌 jiāo 舉喬切，平，宵韻，見。

㊀嫵媚可愛。唐杜甫宿昔詩："花～迎雜樹。"㊁寵愛。唐杜甫北征詩："平生所～兒，顏色白勝雪。"

〔備考〕㊀女字。集韻："禹娶塗山之女，謂之女～。"㊁通"驕"。文選漢朱浮爲幽州牧與彭寵書："内聽～婦之失計，外信讒邪之諛言。"

〔同源字〕姣，佼，嬌。見"姣"字條。

按，說文無嬌字，新附有之，云："姿也。"

嫶 qiáo 集韻慈焦切，音樵，平，宵韻，從。宵部。

同"憔"。〔嫶妍〕憂傷瘦損。漢書孝武李夫人傳："嫶妍太息，嘆稚子兮。"

按，說文無嫶字。

十 三 畫

嬴 yíng 以成切，平，清韻，喻四。耕部。

㊀滿，有餘。與"縮、絀"相對。管子勢："成功之道，～縮爲寶。"荀子非相："緩急～絀。"楊倞注："嬴，餘也。嬴絀，猶言伸屈也。"㊁勝。史記蘇秦列傳："困則使太后弟穰侯爲和，～則兼欺舅與母。"㊂姓。說文："嬴，少昊氏之姓。"春秋時秦徐江黄郯莒都是嬴姓國。

嬖 bì 博計切，音閉，去，霽韻，幫。錫部。

寵愛。左傳襄公二十五年："叔孫還，納其女於靈公，～，生景公。"又隱公三年："公子州吁，～人之子也。"釋文："嬖，必計反，親幸也。"

嬗 shàn 時戰切，音禪，去，線韻，禪。元部。

㊀通"禪"。傳位，禪讓。漢書王莽傳："予之皇始祖考虞舜受～於唐。"又律曆志下："堯～以天下。"引申爲更替。史記秦楚之際月表："五年之間，號令三～。"司馬貞索隱："古禪字，音市戰反。三嬗，謂陳涉、項氏、漢高祖也。"㊁演變，蛻化。史記賈生列傳鵩鳥賦："形氣轉續兮，化變而～。"文選作"蟺"。

嬙 1. qiáng 在良切，音牆，平，陽韻，從。陽部。

㊀婦官。左傳昭公三年："齊侯使晏嬰請繼室於晉，以備嬪～。"杜預注："嬪嬙，婦官。"

2. sè 所力切，音色，入，職韻，審二。職部。

㊁女字。莊子齊物論："毛～、麗姬，人之所美也。"

嬛 1. qióng 集韻葵營切，音瓊，平，清韻，羣。耕部。

㊀〔嬛嬛〕孤獨無依。詩周頌閔予小子："遭家不造，嬛嬛在疚。"字亦作"煢"。左傳哀公十六年："煢煢余在疚。"

2. yuān 於緣切，音蜎，平，仙韻，影。元部。

㊁〔嬛嬛〕輕盈美麗貌。史記司馬相如列傳上林賦："柔橈嬛嬛，娬媚姌嫋。"司馬貞索隱："柔橈嬛嬛，皆骨體耎弱長艷貌也。"〔便嬛〕叠韻聯緜字。輕麗的樣子。司馬相如上林賦："靚粧刻飭，便嬛綽約。"

嬐 1. xiān 集韻思廉切，平，監韻，心。談部。

㊀敏疾。見說文。㊁莊敬。見說文。

2. yǐn 集韻牛錦切，上，寑韻，疑。談部。

㊂仰頭。見集韻。史記司馬相如列傳大人賦："～侵潯而高縱兮，紛鴻涌而上厲。"司馬貞索隱："漢書嬓作僥。僥，仰也。"

嬓 jiào 集韻吉弔切，音叫，去，嘯韻，見。宵部。

人名。史記田單列傳贊："莒人求湣王子法章，得之太史～之家。"史記田敬仲完世家作太史敫。

嬝 niǎo。

正字通："嬝，同嫋。"〔嬝娜〕雙聲聯緜字。又作"嫋娜"。摇曳貌。梁簡文帝贈張纘詩："洞庭枝嬝娜，澧浦葉參差。"藝文類聚引作"褭娜"。

十 四 畫

嬰 yīng 於盈切，平，清韻，影。耕部。

㊀頸飾。見説文。又用作動詞。荀子富國："是猶使處女～寶珠。"注："嬰，繫於頸也。"引申爲纏繞。文選三國魏曹植責躬詩："咨我小子，頑凶是～。"李善注引説文："嬰，繞也。"樂府豫章行："遠節～物淺，近情能不深？"注引説文："嬰，繞也。"謝惠連秋懷詩："平生無志意，少小～憂患。"注引説文："嬰，繞也。"漢書司馬遷傳："其次鬄毛髮、～金鐵受辱。"晉陸機赴洛道中詩："世網～我身。"引申爲環繞。漢書蒯通傳："～城自守。"顔師古注："以城自繞。"後漢書卓茂傳："～城者相望。"李賢注："嬰城，言以城自環繞。"㊁初生的女孩。玉篇引蒼頡篇："男曰兒，女曰～。"老子："專氣致柔，能～兒乎？"

［備考］通"纓"。國語晉語二："亡人之所懷挾～纕。"韋昭注："嬰，馬纓。"

［同源字］賏，嬰，瓔，纓，缺，鞅。説文："賏，頸飾也。"又："嬰，頸飾也。"朱駿聲曰："嬰實與賏同。"廣韻："瓔，瓔珞。"瓔珞即頸飾。説文："纓，冠系也。"文選漢張衡西京賦："咸龍旂而繁纓。"薛注："纓，馬鞅也。"説文："缺，纓卷也。"類篇："纓謂之缺。"王筠曰："革部'鞅，頸靼也'。缺亦在頸，故同從央聲。"説文："鞅，頸靼也。"釋名釋車："鞅，嬰也。喉下稱嬰，言纓絡之也。"

嬲 niǎo 奴鳥切，上，篠韻，泥。

戲相擾。見集韻。文選三國魏嵇康與山巨源絶交書："足下若～之不置，不過欲爲官得人，以益時用耳。"

按，説文嬲作嬈，云："一曰擾戲弄也。"

嬪 pín 符真切，集韻毗賓切，音頻，平，真韻，並。真部。

㊀帝王的女兒出嫁叫嬪。書堯典："釐降二女于嬀汭，～于虞。"㊁宫廷内的女官。禮記昏義："古者天子后立六宫，三夫人，九～。"左傳昭公三年："以備～嬙。"杜預注："嬪嬙，婦官。"㊂妻死後之稱。禮記曲禮下："生曰父，曰母，曰妻；死曰考，曰妣，曰～。"

［備考］衆多貌。漢書王莽傳上："～然成行。"

嬷 mā（舊讀 mō）字彙忙果切，音麽。

〔嬷嬷〕乳母或老婦的通稱。元曲選武漢臣生金閣："我家中有個嬷嬷。"紅樓夢第三回："賈母命兩個老嬷嬷帶了黛玉去見兩個舅舅去。"

嬭 1. nǎi 奴蟹切，上，蟹韻，泥。

㊀乳。宋書何承天傳："承天年已老，而諸佐郎並名家年少，潁川荀伯子嘲之，常呼爲～母。"

2. nǐ 奴禮切，上，薺韻，泥。

㊀楚人呼母。見廣韻。

按，説文無嬭字。

嬥 diào 徒了切，上，篠韻，定。宵部。

㊀細腰貌美。説文："嬥，直好皃。"桂馥義證轉引魏李登聲類："嬥，細腰貌。"〔嬥嬥〕廣雅釋訓："嬥嬥，好也。"詩小雅大東："佻佻公子，行彼周行。"釋文："韓詩作嬥嬥，往來

貌。”㊁〔孀歌〕巴人歌。見廣韻。文選晉左思魏都賦：“或明發而孀歌，或浮泳而卒歲。”

十五畫

嬸 shěn 集韻式荏切，音審，上，寑韻，審三。

後起字。㊀叔母。集韻：“俗謂叔母曰嬸。”宋吴自牧夢粱録育子：“抱兒徧謝諸親坐客，及抱入姆～房中。”㊁弟婦。水滸傳四九回：“只見外面走入顧大嫂來，…孫立道：‘～子，你正是害什麽病？’”

嬻 dú 徒谷切，音讀，入，屋韻，定。屋部。

狎褻。説文：“嬻，媟嬻也。”國語周語中：“棄其伉儷妃嬪，而帥其卿佐以淫于夏氏，不亦～姓矣乎？”

嬽 yuān 於緣切，平，仙韻，影。元部。

貌美。説文：“嬽，好也。”〔嬽嬽〕輕盈美麗貌。漢書司馬相如傳上林賦：“柔橈嬽嬽。”史記作“嫚嫚”。

十六畫

嬲 niǎo 奴鳥切，上，篠韻，泥。

美。見集韻。

嬾 lǎn 落旱切，音懶，上，旱韻，來。元部。

“懶”本字。懶惰。説文：“嬾，懈也，怠也。”文選三國魏嵇康與山巨源絶交書：“簡與禮相背，～與慢相成。”

〔同源字〕賴，嬾，懶。見“賴”字條。

嬿 yàn 於甸切，音燕，去，霰韻，影。元部。

美。文選漢枚乘七發：“～服而御。”〔嬿婉〕雙聲聯緜字。貌美的樣子。詩邶風新臺：“燕婉之求。”韓詩作“嬿婉”。毛傳：“好貌。”文選漢張衡西京賦：“捐衰色，從嬿婉。”李善注：“嬿婉，好皃。”南朝宋沈約麗人賦：“嬿婉如春。”引申爲美好。後漢書邊讓傳章華賦：“設長夜之歡飲兮，展中情之嬿婉。”

十七畫

孽 niè 集韻魚列切，音孽，入，薛韻，疑。月部。

㊀妖怪。莊子庚桑楚：“步仞之丘陵，巨獸無所隱其軀，而～狐爲之祥。”史記龜策列傳：“妖～數見。”張守節正義引説文：“衣服歌謠草木之怪謂之妖，禽獸蟲蝗之怪謂之孽。”今説文作“蠥”。又用作動詞。國語吴語：“出則罪吾衆，撓亂百度，以妖～吴國。”字亦作“孼”。禮記中庸：“國家將亡，必有妖孽。”㊁〔孽妾〕庶妾。漢書賈誼傳：“天子之后以緣其領，庶人孽妾緣其履。”注：“孽，庶賤者。”

孁 mí 集韻民卑切，音彌，平，支韻，明。

後起字。齊人呼母曰孁。見玉篇。唐李商隱李賀小傳：“欻下榻叩頭，言阿～老且病，賀不願去。”

孃 niáng 女良切，音娘，平，陽韻，娘。

通“娘”。母親。樂府詩集木蘭詩：“旦辭爺～去，暮宿黄河邊。”

按，説文：“孃，煩擾也，一曰肥大也。”與爺孃的“孃”不同。

孀 shuāng 色莊切，音霜，平，陽韻，審二。

寡婦。集韻：“孀，嫠也。”列子湯問：“鄰人京城氏之～妻有遺男。”淮南子脩務：“弔死問疾，以養孤～。”

按，説文無孀字。

孅 1. xiān 息廉切，平，鹽韻，心。談部。

㊀細。説文：“孅，鋭細也。”桂馥云：“細謂細腰。”漢書司馬相如傳上林賦：“嫵媚～弱。”顔師古注：“孅，細也。”字亦作“纖”。文選戰國宋玉神女賦：“襛不短，纖不長。”又三國魏曹植洛神賦：“襛纖得中。”又漢張衡思玄賦：“舒訬婧之纖腰兮。”引申爲細微。漢書食貨志上：“古之治天下，至～至悉也。”又楚孝王囂傳：“～介之過未嘗聞。”又貨殖傳：“然

其嬴得過當,痡於～嗇。”顏師古注:“孅,細也。”

2. qiān 集韻千廉切,音簽,平,監韻,清。

㊁〔孅趨〕雙聲聯緜字。巧佞。見集韻。史記日者列傳:“卑疵而前,孅趨而言。”

十 九 畫

孊 mǐ 集韻母被切,音靡,上,紙韻,明。歌部。

㊀女字。漢書孝成許皇后傳:“先是廢后姊～寡居。”顏師古注:“孊者,后姊之名。”㊁〔孊密〕雙聲聯緜字。美好安詳的樣子。三國魏曹植靜思賦:“性通暢以聰惠,行孊密而妍詳。”

孋 1. lí 吕支切,音離,平,支韻,來。

㊀國名,人名。集韻:“孋姬,晉獻公伐孋戎所獲女。”今左傳史記皆作“驪戎”、“驪姬”。

2. lì 集韻郎計切,音麗,去,霽韻,來。

㊀伉儷。後漢書后妃傳贊:“祁祁皇～,言觀貞淑。”李賢注:“言諸后皆示其貞淑,配皇爲儷。”

孌 1. luán 力兖切,上,獮韻,來。今讀如鸞。元部。

㊀貌美的樣子。詩邶風泉水:“～彼諸姬。”毛傳:“孌,好貌。”又齊風甫田:“婉兮～兮,總角丱兮。”毛傳:“婉孌,少好皃。”又曹風候人:“婉兮～兮,季女斯飢。”

2. liàn 集韻龍眷切,去,線韻,來。今讀如練。元部。

㊀同“戀”。説文:“孌,慕也。”

按,婉孌的孌,説文作嫋,孌是嫋的籀文,云:“順也。”另出孌字,云:“慕也。”

二十一畫

孏 lǎn 集韻魯旱切,上,緩韻,來。

同“嬾”、“懶”。後漢書王丹傳:“每歲農時,輒載酒肴於田間,候勤者而勞之,其憧～者恥不致丹,皆兼功自厲。”李賢注:“孏與嬾同,音力亶反。”

寅　集

子　部

［子部總論］

子部的字大致可以分爲三類。

(一)有關生育的概念。例如：孕　挽(娩)　孳　孿　字(乳也)　㝅(乳也)　孚(孵)

(二)有關孩子的概念。例如：子　孫　孺　孩　孤(幼而無父)

(三)有關人倫的概念。例如：孟(長子)　季(幼子)　孽(庶子)

子 zǐ 即里切，上，止韻，精。之部。

❶兒女。詩大雅生民："居然生～。"又衛風碩人："齊侯之～，衛侯之妻。"論語公冶長："以其～妻之。"後來專指兒子。史記孝文本紀："孝文皇帝，高祖中～也。"❷爵位之一種。禮記王制："王者之制爵禄，公、侯、伯、～、男，凡五等。"左傳宣公三年："楚～伐陸渾之戎。"❸對男子尊稱。如孔子、荀子、韓非子。也用作對話時的敬稱。左傳僖公三十年："吾不能早用～，今急而求～。"論語爲政："～奚不爲政？"❹地支的第一位。書牧誓："時甲～昧爽，王朝至于商郊牧野。"❺詞尾。釋名釋形體："瞳～。…～，小稱也。"史記項羽本紀："舜目蓋重瞳～，又聞項羽亦重瞳～。"

［備考］公侯居喪時的稱號。左傳僖公九年："凡在喪，王曰小童，公侯曰～。"

［同源字］滋，孳，子，字，牸。見"滋"字條。

孑 jié 居列切，入，薛韻，見。月部。

❶單獨，孤單。文選漢孔融論盛孝章書："單～獨立，孤危愁苦。"又晉李密陳情表："煢煢～立，形影相弔。"〔孑孑〕①特出貌。詩鄘風干旄："孑孑干旄，在浚之郊。"②孤單貌。唐韓愈食曲河驛詩："而我抱重罪，孑孑萬里程。"③小謹貌。唐韓愈原道："彼以煦煦爲仁，孑孑爲義，其小之也則宜。"❷遺留，剩餘。方言二："孑，蓋，餘也。"詩大雅雲漢："周餘黎民，靡有～遺。"❸戟。左傳莊公四年："楚武王荆尸，授師～焉，以伐隨。"❹〔孑孓〕雙聲聯緜字。井中小蟲。見廣韻。也指蚊的幼蟲。淮南子説林："孑孑爲蟁。"孑孑，即孑孓。

［備考］無右臂。見説文。

按，説文孑字在了部。

孓 jué 居月切，入，月韻，見。月部。

〔孑孓〕雙聲叠韻聯緜字。見"孑"字條。

［備考］㊀無左臂。見説文。㊁〔孑孓〕短。見廣雅釋詁二。讀九勿切。

按，説文孓字在了部。

一　畫

孔 kǒng 康董切，上，董韻，溪。東部。

❷甚。書皋陶謨："何畏乎巧言令色～壬。"僞孔傳："孔，甚也。"詩周南汝墳："父母～邇。"毛傳："孔，甚也。"❸大，空，深。老子："～德之容。"河上公注："孔，大也。"王弼注："孔，空也。"淮南子精神："～乎莫知其所終極。"高誘注："孔，深貌。"❹穴，窟窿。爾雅釋詁："孔，間也。"郭璞注："孔，穴也。"山海經海外西經："一臂國，在其北，一臂，一目，一鼻～。"漢班固白虎通情性："山亦有金石累積，亦有～穴。"

[備考]孔雀。漢書司馬相如傳上林賦："其上則有宛雛～鸞，騰遠射干。"顔師古注："孔，孔雀。"

[同源字]空，孔，鋻，腔。見"空"字條。

按，說文孔字在乙部。

二　畫

孕 yùn 以證切，去，證韻，喻四。蒸部。

懷胎。易漸："夫征不復，婦～不育。"書泰誓上："焚炙忠良，刳剔～婦。"

三　畫

字 zì 疾置切，去，志韻，從。之部。

❶生子。易屯："女子貞不～，十年乃～。"山海經中山經："其上有木焉，…其實如蘭，服之不～。"郭璞注："字，生也。"漢書嚴安傳："六畜遂～。"顔師古注："字，生也。"論衡氣壽："所産子死，所懷子凶者，～乳亟數，氣薄不能成也。"❷愛。詩大雅生民："誕寘之隘巷，牛羊腓～之。"毛傳："腓，辟；字，愛也。"書康誥："于父，不能～厥子，乃疾厥子。"左傳成公四年："楚雖大，非吾族也，其肯～我乎？"杜預注："字，愛也。"❸文字。許慎說文解字敍："倉頡之初作書，蓋依類象形，故謂之文；其後形聲相益，即謂之～。"❹表字。古人有名有字，字與名有意義上的關係。如孔丘字仲尼，仲由字子路。楚辭戰國屈原離騷："名余曰正則兮，～余曰靈均。"禮記曲禮上："男子二十冠而～，…女子許嫁，笄而～。"後人稱女子未許嫁爲"待字"。字是對人的敬稱。儀禮士冠禮："冠而～之，敬其名也。"禮記檀弓上："幼，名；冠，～。"孔穎達疏："人年二十，有爲人父之道，朋友等類，不可復呼其名，故冠而加字。"

[同源字]滋，孳，子，字，牸。見"滋"字條。

存 cún 徂尊切，平，魂韻，從。文部。

❶想念，省問。詩鄭風出其東門："雖則如雲，匪我思～。"戰國策秦策五："無一介之使以～之。"漢曹操短歌行："越陌度阡，枉用相～。"引申爲撫恤。禮記月令仲春之月："是月也，安萌牙，養幼少，～諸孤。"❷存在，生存。與"亡"相對。公羊傳隱公三年："有天子～。"何休注："存，在也。"莊子德充符："死生～亡，…是事之變，命之行也。"引申爲保全。易繫辭下："龍蛇之蟄，以～身也。"後漢書蓋勳傳："先出家糧以率衆，～活者千餘人。"

孖 zī 子之切，平，之韻，精。

後起字。雙生子。見廣韻。

四　畫

孛 bèi 蒲昧切，去，隊韻，並。物部。

❶變臉色的樣子。說文："孛，… 人色也。"論語曰："色～如也。"今論語鄉黨作"勃如"。❷光芒四射的樣子，因即以爲彗星的別稱。公羊傳昭公十七年："有星～于大辰。～者何，彗星也。"

按，說文孛字在宋部。

孝 xiào 呼教切，去，效韻，曉。宵部。

善事父母爲孝。書堯典："克諧以～。"論語學而："弟子入則～，出則弟。"引申則居父母喪爲孝(後起義)。北史崔暹傳附崔儦："崔九作～，風吹即倒。"又喪服也叫"孝"(晚起義)。水滸傳二六回："原來這婆娘自從藥死了武大，那裏肯帶～？"

按,説文孝字在老部。

孜 zī 子之切,音滋,平,之韻,精。之部。

〔孜孜〕勤勉不怠。書益稷:"予思日孜孜。"

按,説文孜字在支部。

孚 fū 芳無切,音敷,平,虞韻,敷。幽部。

❶鳥伏卵。説文:"孚,孵也。"一切經音義二引通俗文:"卵化曰孚。"國語魯語上:"鳥翼鷇卵。"韋昭注:"未～曰卵。"這個意義後來寫作"孵"。❷信用。詩大雅下武:"永言配命,成王之～。"左傳莊公十年:"小信未～。"杜預注:"孚,大信也。"這個意義今讀如扶(fú)。

[備考]㊀通"浮"。禮記聘義:"～尹旁達。"鄭玄注:"孚讀爲浮。"㊁通"稃"。種子的外皮。禮記月令孟春之月:"其日甲乙。"鄭玄注:"時萬物皆解～甲,自抽軋而出,因以爲日名焉。"

按,説文孚字在爪部。

五　畫

孟 mèng 莫更切,去,映韻,明。陽部。

子女居長者爲"孟",也稱"伯"。詩鄭風有女同車:"彼美～姜,洵美且都。"毛傳:"孟姜,齊之長女。"引申爲季節之首。禮記月令:"～春之月。"鄭玄注:"孟,長也。"春季第一月爲孟春,夏季第一月爲孟夏,秋季第一月爲孟秋,冬季第一月爲孟冬。楚辭戰國屈原九章懷沙:"滔滔～夏兮,草木莽莽。"古詩十九首之十七:"～冬寒氣至,北風何慘慄!"

[備考]㊀大。管子任法:"莫敢高言～行以過其情。"尹知章注:"孟,大也。"㊁勉。爾雅釋詁:"孟,勉也。"〔孟晉〕勉力進取。文選漢班固幽通賦:"盍孟晉以迨羣兮,辰儵忽其不再。"

孤 gū 古胡切,平,模韻,見。魚部。

❶幼而喪父。孟子梁惠王下:"幼而無父曰～。"左傳哀公元年:"親巡其～寡,而共其乏困。"❷古代王侯的謙稱。左傳桓公十三年:"楚子曰:'～之罪也。'"僖公三十三年:"～違蹇叔以辱二三子,～之罪也;不替孟明,～之過也。"❸單獨。晉陶潛歸去來辭:"撫～松而盤桓。"❹辜負。後漢書朱儁傳:"國家西遷,必～天下之望。"文選漢李陵答蘇武書:"陵雖～恩,漢亦負德。"三國志蜀書先主傳:"常恐殞没,～負國恩。"❺戲劇中扮演官吏的脚色(晚起義)。明朱權太和正音譜上詞林須知:"～,當場裝官者。"

[備考]官名。書周官:"少師、少傅、少保曰三～。"僞孔傳:"孤,特也。言卑於公,尊於卿,特置此三者。"〔孤卿〕指少師、少傅、少保三孤。周禮秋官朝士:"朝士掌建邦外朝之灋(法),左九棘,孤卿大夫位焉。"

季 jì 居悸切,去,至韻,見。脂部。

兄弟排行最幼者。伯仲叔季是排行的次序。段玉裁説文解字注:"叔季皆謂少者,而季又少於叔。"詩魏風陟岵:"嗟予～行役,夙夜無寐。"引申爲季節之末。三月爲季春,六月爲季夏,九月爲季秋,十二月爲季冬。禮記月令:"～春之月,日在胃,昏七星中,旦牽牛中。"漢司馬遷報任安書:"今少卿抱不測之罪,涉旬月,迫～冬。"又爲末。左傳昭公四年:"此～世也。吾弗知,齊其爲陳氏矣。"又隱公元年:"惠公之～年,敗宋師于黄。"

孥 nú 乃都切,平,模韻,泥。魚部。

❶子女。詩小雅常棣:"宜爾室家,樂爾妻～。"宋秦觀贈張潛道詩:"獨攜三尺琴,笑别妻與～。"詞義擴大,包括妻,兼指妻與子女。孟子梁惠王下:"澤梁無禁,罪人不～。"趙岐注:"孥,妻、子也。"有時可寫作"帑"。參見"帑"字條。❷通"奴"。書甘誓:"用命賞于祖,弗用命戮于社,予則～戮汝。"唐顔師古匡謬正俗二:"孥戮者,或以爲奴,或加刑戮,無有所赦耳。此非孥子之孥。"宋蘇轍次韻子瞻遊孤山詩:"翩然獨往不攜～。"

六 畫

孩 hái 户來切,平,咍韻,匣。之部。

㊀小兒笑。老子:"我獨泊兮其未兆,如嬰兒之未～。"孟子盡心上:"～提之童無不知愛其親者。"趙岐注:"孩提,二三歲之間,在繈褓知孩笑,可提抱者也。"㊁幼童。國語吴語:"今王播棄黎老,而～童焉比謀。"唐杜甫百憂集行:"憶年十五心尚～。"

按,説文孩是咳的重文,在口部。

七 畫

挽 miǎn 亡辨切,集韻美辨切,音免,上,獮韻,明。元部。

分挽。説文:"挽,生子免身也。"漢劉向列女傳霍夫人顯:"婦人～乳大故,十死一生。"北史尒朱榮傳:"言看皇后～難。"後來也寫作"娩"。

孫 1. sūn 思渾切,平,魂韻,心。文部。

㊀子之子。爾雅釋親:"子之子爲孫,孫之子爲曾孫,曾孫之子爲玄孫。"詩周南螽斯:"螽斯羽,詵詵兮;宜爾子～,振振兮。"又召南何彼襛矣:"平王之～,齊侯之子。"㊁植物的再生或孳生者。宋蘇軾煮菜詩:"蘆菔生兒芥有～。"〔孫竹〕竹根末端所生的嫩枝。周禮春官大司樂:"孫竹之管,空桑之琴瑟,咸池之舞。"鄭玄注:"孫竹,竹枝根之末生者。"

2. xùn 集韻蘇困切,去,慁韻,心。文部。

㊂説文作"愻"。謙讓,恭順。論語述而:"奢則不～。"這個意義後來寫作"遜"。引申爲出奔,逃亡。春秋莊公元年:"三月,夫人～于齊。"杜預注:"夫人,莊公母也。魯人責之,故出奔。内諱奔,謂之孫、猶孫讓而去。"釋文:"孫,本作遜。"

按,説文孫字在系部。

八 畫

孰 shú 殊六切,入,屋韻,禪。覺部。

㊀煮熟。禮記禮運:"腥其俎,～其殽。"引申爲穀物成熟。荀子富國:"高者不旱,下者不水,寒暑和節,而五穀以時～。"史記樂書:"五穀時～。"又爲考慮成熟。荀子議兵:"凡慮事欲～。"這個意義後來寫作"熟"。㊁疑問代詞。誰,什麽。論語微子:"四體不勤,五穀不分,～爲夫子?"又八佾:"是可忍也,～不可忍也?"

[辨]誰,孰。用來指人時,"孰"與"誰"是同義詞。但"孰"又指物,"誰"不指物。"孰"字常用於選擇問。例如左傳文公七年:"趙衰趙盾孰賢?"桓公十五年:"父與夫～親?"論語公冶長:"女與回也孰愈?"這種選擇問用"孰"不用"誰"。到了後代,也可以用"誰"。

按,説文孰作䅷,在丮部,云:"食飪也。"

九 畫

孳 1. zī 子之切,音滋,平,之韻,精。之部。

㊀繁殖,滋生。列子湯問:"不夭不病,其民～阜亡數。"文選南朝宋鮑照蕪城賦:"～貨鹽田,鏟利銅山。"李善注:"聲類曰:孳,蕃也。孳滋古字通也。"㊁〔孳孳〕不懈怠的様子。孟子盡心上:"雞鳴而起,孳孳爲善者,舜之徒也。"史記夏本紀:"予思日孳孳。"書益稷作"孜孜"。

2. zì 疾置切,音字,去,志韻,從。之部。

㊂乳化,生子。〔孳尾〕書堯典:"鳥獸孳尾。"僞孔傳:"乳化曰孳,交接曰尾。"

[同源字]滋,孳,子,字,牸。見"滋"字條。

孱 chán 士山切,平,山韻,牀二。元部。

㊀狹窄。説文:"孱,迮也。"段玉裁注:"按此迮當爲窄,今之窄字也。"引申爲淺陋。宋宋祁授龍圖閣謝恩表:"伏念臣識局庸淺,術學膚～。"又爲迫促。南朝宋王僧達七夕月下詩:"節氣既已～,中宵振綺羅。"㊁謹小慎微。大戴禮曾子立事:"君子博學而～守

之。"盧辯注："孱，小貌，不務大。"㊂懦弱，衰弱。史記張耳陳餘列傳："吾王～王也。"宋陸游寄别李德遠詩："中原亂後儒風替，黨禁興來士氣～。"㊃〔孱顔〕叠韻聯緜字。同"巉巖"。高峻的樣子。史記司馬相如列傳大人賦："放散畔岸，驤以孱顔。"司馬貞索隱："服虔曰：'馬仰頭，其口開，正孱顔也。'"唐李華含元殿賦："峥嶸孱顔，下視南山。"

十　畫

㝅 gòu 古候切，音够，去，候韻，見。屋部。

哺乳。説文："㝅，乳也。"論語公冶長"令尹子文三仕爲令尹"何晏注："孔安國曰：'姓鬬，名㝅，字於菟。'皇氏曰："楚人謂乳爲㝅，謂虎於菟。此兒爲虎所乳，故名之曰㝅於菟也。"字本作"穀"。左傳莊公三十年："鬬穀於菟爲令尹。"釋文："楚人謂乳曰穀，字或作㝅。"

㝃 1. yǐ 魚紀切，上，止韻，疑。之部。

㊀盛。説文："㝃，盛皃。"

2. yì 羊入切，入，緝韻，喻四。

㊁〔㝖㝃〕叠韻聯緜字。衆多貌。參見"㝖"字條。

十 一 畫

孵 fū 芳無切，音敷，平，虞韻，敷。

鳥伏卵。字本作"孚"。説文："孚，卵孚也。"

十 三 畫

學 xué 胡覺切，入，覺韻，匣。覺部。

㊀學習。論語學而："～而時習之，不亦説乎！"㊁學校。禮記學記："古之教者，家有塾，黨有庠，術有序，國有～。"㊂學問，學説，學派。莊子天下："百家之～，時或稱而道之。"漢書丁寬傳："王孫授施讎孟喜梁丘賀，繇是易有施孟梁丘之～。"

〔同源字〕學，斆（斅），效，教，校。廣雅釋詁三："學，效也。"書盤庚上："盤庚斆于民。"僞孔傳："斆，教也。"説文："教，上所施，下所效也。"孟子滕文公上："庠者養也；校者教也；序者射也。"

按，説文學是斆的重文，在攴部。

十 四 畫

孺 rú 而遇切，去，遇韻，日。今讀如"儒"。侯部。

小兒。書金縢："公將不利于～子。"孟子公孫丑上："今人乍見～子將入於井。"〔孺人〕大夫之妻的稱號。禮記曲禮下："天子之妃曰后，諸侯曰夫人，大夫曰孺人，士曰婦人，庶人曰妻。"引申爲妻的通稱。文選南朝梁江淹恨賦："左對孺人，右顧稚子。"

〔備考〕屬。詩小雅常棣："兄弟既具，和樂且～。"毛傳："孺，屬也。"鄭箋："屬者，以昭穆相次序。"朱熹集傳："孺，小兒之慕父母也。"與毛傳鄭箋異。

十 六 畫

孽 niè 魚列切，入，薛韻，疑。月部。

㊀庶子。非嫡妻所生之子。公羊傳襄公二十七年："夫負羈縶，執鈇鑕，從君東西南北，則是臣僕庶～之事也。"㊁災害，妖禍。書太甲中："天作～，猶可違；自作～，不可逭。"莊子人間世："心和而出，且爲聲爲名，爲妖爲～。"㊂通"業"。〔孽障〕佛教稱過去所作惡事造成的不良後果爲業障，也寫成"孽障"，成爲駡人的話。紅樓夢三五回："你等處分那'孽障'。"

〔同源字〕孽，櫱，糱。見"櫱"字條。

十 九 畫

孿 luán 生患切，音涮，去，諫韻，審二。今讀如"鸞"。元部。

雙生子。説文:"孿,一乳兩子也。"戰國策韓策三:"夫～子之相似者,唯其母知之而已。"

宀 部

[宀部總論]

宀部的字多與房屋有關,大致可以分爲四類。

(一)直接指稱房屋者。例如:家　室　宅　宧(室之東北隅)　宸(屋宇)宇(屋邊)　宗(祖廟)　宮

(二)關於房屋的形容詞。例如:寬　寒　宏(屋深)　寂(無人聲)

(三)關於房屋的動詞。例如:寄　寓

(四)與房屋意義距離較遠者。例如:實　富　客　寡　察　容　安

宀 mián 集韻彌延切,音棉,平,仙韻,明。元部。

交覆深屋。見説文。

二　畫

宁 zhù 直吕切,上,語韻,澄。魚部。

❶貯。段玉裁云:"宁與貯蓋古今字。"文選晉孫綽遊天台山賦:"惠風佇芳于陽林。"李善注:"宁,猶積也。宁與佇同。"❷門屏之間。爾雅釋宮:"門屏之間謂之宁。"國語楚語上:"在輿有旅賁之規,位～有官師之典。"韋昭注:"中庭之左右謂之位,門屏之間謂之宁。"

按,説文宁字在宁部,篆作𡦹。

宂 rǒng 而隴切,上,腫韻,日。東部。

俗作"冗"。❶多餘,閒散。漢書申屠嘉傳:"(鼂)錯所穿非真廟垣,迺外堧垣,故～官居其中。"漢荀悦申鑒時事:"必也正貪禄,省閑～。"❷凡庸,低劣。後漢書蔡邕傳:"臣之愚～,職當咎患。"宋書劉穆之傳:"廕籍高華,人品～末。"❸逃散。後漢書光武紀上:"妻子裸袒,流～道路。"❹繁忙(後起義)。宋劉宰走筆謝王去非詩:"知君束裝～,不敢折簡致。"

它 tā (舊讀 tuō)託何切,音拖,平,歌韻,透。歌部。

别的,其他。詩小雅鶴鳴:"～山之石,可以爲錯。"釋文:"它,古他字。"荀子不苟:"君子養心莫善於誠,至誠則無～事矣。"

[備考]㊀古"蛇"字。見説文。㊁〔橐它〕駱駝。漢書揚雄傳長楊賦:"歐橐它。"

[同源字]它,蛇。見"蛇"字條。

按,説文它字在它部,篆作𠃉,以蛇爲它的重文。

宄 guǐ 居洧切,音軌,上,旨韻,見。幽部。

姦。書舜典:"寇賊姦～。"僞孔傳:"在外曰姦,在内曰宄。"盤庚下:"暫遇姦～。"僞孔傳:"爲姦於外,爲宄於内。"字亦作"軌"。左傳成公十七年:"臣聞亂在外爲姦,在内爲軌。"釋文:"軌,本又作宄。"

三　畫

宇 yǔ 王矩切,音雨,上,麌韻,喻三。魚部。

❶屋檐。説文:"宇,屋邊也。"易繫辭下:"後世聖人易之以宫室,上棟下～,以待風雨。"引申爲屋,宅。詩大雅緜:"爰及姜女,聿來胥～。"朱熹集傳:"宇,宅也。"楚辭戰國宋玉招魂:"高堂邃～。檻層軒些。"又爲四境,界域。左傳昭公四年:"或無難以喪其國,失其守～。"杜預注:"於國則四垂爲宇。"荀子

儒效："君子言有壇～。"王先謙集解："壇，堂基也；宇，屋邊也。言有壇宇，猶言有界域。"㊁〔宇宙〕①空間與時間。莊子庚桑楚："有實而無乎處者，～也；有長而無本剽者，宙也。"淮南子齊俗："往古來今謂之宙，四方上下謂之～。"②天地。莊子讓王："余立于宇宙之中。"後漢書馮衍傳："遊精宇宙，流目八紘。"李賢注："尹文子曰：四方上下曰宇。蒼頡篇曰：舟輿所届曰宙。"③屋檐和棟梁。淮南子覽冥："鳳皇之翔，至德也，…而燕雀佼之，以爲不能與之争於宇宙之間。"高誘注："宇，屋檐也；宙，棟梁也。"㊂風度，器宇。莊子庚桑楚："～泰定者，發乎天光。"釋文："王云：宇，器宇也。謂器宇閒泰則静定也。"文選晉袁宏三國名臣序贊："淵哉泰初，～量高雅。"泰初，夏侯玄字。

守 1. shōu 書九切，上，有韻，審三。幽部。

㊀防守，守衛。與"攻"相對。易坎："王公設險以～其國。"史記蕭相國世家："何～關中。"㊁掌管。左傳昭公二十年："山林之木，衡鹿～之；澤之萑蒲，舟鮫～之。"衡鹿、舟鮫，皆官名。㊂保持。易繫辭下："聖人之大寶曰位，何以～位曰仁。"㊃遵守，奉行。商君書更法："夫常人安於故習，學者溺於所聞，此兩者所以居官而～法，非所以論於法之外也。"㊄節操，操守。書洪範："凡厥庶民，有猷，有爲，有～，汝則念之。"

2. shòu 舒救切，音獸，去，宥韻，審三。幽部。

㊅職守，官職。孟子公孫丑下："有官～者不得其職則去。"引申爲郡守，一郡的長官。史記李斯列傳："丞相長男李由爲三川～。"㊆暫攝，署理（後起義）。唐代以品級較低的人任職位較高的官叫守某官。

宅 zhái 場伯切，音澤，入，陌韻，澄。鐸部。

㊀住所。易剥："上以厚下安～。"左傳昭公三年："子之～近市。"引申爲居住。書禹貢："四隩既～。"又："桑土既蠶，是降丘～土。"史記夏本紀作"於是民得下丘居土"。又爲居某官職。書舜典："有能奮庸熙帝之載，使～百揆。"蔡沈傳："使居百揆之位。"㊁葬地，墓穴。禮記雜記上："大夫卜～與葬日。"疏："宅，謂葬地。"孝經喪親："卜其～兆而安措之。"唐玄宗注："宅，墓穴也；兆，塋域也。"

〔備考〕居順，安定。書康誥："亦惟助王～天命，作新民。"僞孔傳："亦所以惟助王者居順天命。"蔡沈傳："所以助王安定天命。"

安 ān 烏寒切，平，寒韻，影。元部。

㊀安全，安穩。與"危"相對。易繫辭下："是以君子～而不忘危。"荀子儒效："～則慮危。"引申爲安樂，舒服。詩小雅谷風："將～將樂，女轉棄予。"又爲逸樂，安逸。左傳僖公二十三年："懷與～，實敗名。"又爲感到安適，習慣於。荀子脩身："身勞而心～，爲之；利少而義多，爲之。"漢書藝文志："～其所習，毁所不見。"㊁安放，安置（後起義）。宋陸游東陽道中詩："先～筆硯對溪山。"㊂疑問代詞。①哪裏。詩小雅小弁："天之生我，我辰～在？"②什麽。禮記檀弓："泰山其頽，則吾將～仰？"③怎麽。左傳宣公十二年："暴而不戢，～能保大？"史記淮陰侯列傳："吾亦欲東耳，～能鬱鬱久居此乎？"

〔同源字〕安，焉，烏，惡。見"焉"字條。

四　畫

完 wán 胡官切，平，桓韻，匣。元部。

㊀完整，完好，完全。孟子離婁上："城郭不～。"荀子大略："食則饘粥不足，衣則豎褐不～。"世説新語言語："大人豈見覆巢之下復有～卵乎？"唐杜甫石壕吏詩："有孫母未去，出入無～裙。"引申爲使完好，修繕。詩大雅韓奕："溥彼韓城，燕師所～。"左傳隱公元年："大叔～聚，繕甲兵。"孟子萬章上："父母使舜～廩。"又爲保全。莊子讓王："非所以～身養生也。"史記蔡澤列傳："子胥智而不能～吴。"㊁古代一種輕刑。漢書惠帝紀："皆～

之。”顔師古注：“完，不加肉刑髡鬍也。”刑法志：“～者使守積。”顔師古注：“完，謂不虧其體，但居作也。”㊂交納租稅（晚起義）。清趙進美冬日田家詩：“八口飽新粒，未冬～官稅。”㊃完畢，完了（晚起義）。紅樓夢三七回：“若看～了還不交卷，是要罰的。”

［備考］堅好。周禮考工記輪人：“輪敝，三材不失職，謂之～。”鄭玄注：“謂輪雖敝盡而轂輻與牙不動也。”

宋 sòng 蘇統切，去，宋韻，心。冬部。

㊀古國名。左傳隱公十一年：“鄭伯以虢師伐～。”㊁朝代名。①晉末劉裕稱帝，國號宋。②五代末趙匡胤稱帝，國號宋。

宏 hóng 户萌切，平，耕韻，匣。蒸部。

大，廣。爾雅釋詁：“宏，大也。”書盤庚下：“各非敢違卜，用～兹賁。”僞孔傳：“宏、賁，皆大也。”周禮考工記梓人：“其聲大而～。”文選晉陸機弔魏武帝文：“丕大德以～覆，援日月而齊暉。”李善注：“宏，普也。”

［同源字］泓，弘，宏，閎，吰，谹。見“谹”字條。

宎 yǎo 集韻伊鳥切，音杳，上，篠韻，影。宵部。

㊀室之東南隅。莊子徐无鬼：“吾未嘗爲牧，而牂生於奥；未嘗好田，而鶉生於～。”字又作“窔”、“穾”。㊁竅聲。莊子齊物論：“大木百圍之竅穴，…叫者，譹者，～者，咬者，前者唱于，而隨者唱喁。”

五　畫

宓 mì 彌畢切，音密，入，質韻，明。質部。

安寧。説文：“宓，安也。”淮南子覽冥：“～穆休於太祖之下。”高誘注：“宓，寧；穆，和；休，息也。”

宗 zōng 作冬切，平，冬韻，精。冬部。

㊀祖廟。詩大雅鳧鷖：“既燕于～。”書大禹謨：“受命于神～。”僞孔傳：“神宗，文祖之宗廟。”引申爲祖先。左傳成公三年：“若不獲命，而使嗣～職。”杜預注：“嗣其祖宗之位職。”㊁宗族。書五子之歌：“荒墜厥緒，覆～絶祀。”左傳僖公五年：“晉吾～也。”昭公三年：“肸之～十一族。”㊂朝見，歸往。周禮春官大宗伯：“春見曰朝，夏見曰～。”書禹貢：“江漢朝～于海。”㊃尊崇。書洛誥：“惇～將禮，稱秩元祀。”僞孔傳：“厚尊大禮，舉秩大祀。”詩大雅雲漢：“上下奠瘞，靡神不～。”㊄本原，主旨。國語晉語四：“禮賓矜窮，禮之～也。”荀子非十二子：“～原應變，曲得其宜。”㊅派别。佛教有南北宗，又有華嚴宗、天台宗等（後起義）。唐許渾冬日開元寺贈元孚上人詩：“一鉢事南～，僧儀稱病容。”

宍 ròu 如六切，音肉，入，屋韻，日。覺部。

俗“肉”字。墨子迎敵祠：“狗彘豚雞，食其～。”字亦作“宂”。

定 1. dìng 徒徑切，去，徑韻，定。耕部。

㊀安定，平定。書金縢：“用能～爾子孫于下地。”易家人：“正家而天下～矣。”㊁留，止。書洛誥：“公～，予往已。”詩小雅采薇：“豈敢～居？一月三捷。”鄭玄箋：“定，止也。”㊂規定，制定。書堯典：“以閏月～四時成歲。”引申爲決定，肯定。書大禹謨：“朕志先～，詢謀僉同。”禮記王制：“論～，然後官之。”又爲約定。穀梁傳宣公七年：“來盟，前～也。”㊃副詞。①一定。史記項羽本紀：“項梁聞陳王～死，召諸别將會薛計事。”唐杜甫送張二十參軍赴蜀州詩：“皇華吾善處，於汝～無嫌。”②究竟，到底（後起義）。唐李白新林浦阻風寄友人詩：“歲物忽如此，我來～幾時？”

2. dìng 丁定切，音訂，去，徑韻，端。耕部。

㊄星宿名，即營室。詩鄘風定之方中：“～之方中，作于楚宫。”㊅額。詩周南麟之趾：“麟之定，振振公姓。”毛傳：“定，題也。”

[同源字]頂,顛,巔,槙,天,定(頟),題。説文:"頂,顛也。"又:"顛,頂也。"廣韻:"巔,山頂也。"説文:"槙,木頂也。"又:"天,顛也。"廣雅釋言:"天,顛也。"易睽:"其人天且劓。"虞翻注:"黥頟爲天。"爾雅釋言:"頟,題也。"釋文:"頟,本作定。"詩周南麟之趾:"麟之定。"毛傳:"定,題也。"廣雅釋親:"題,頟也。"

宕 dàng 徒浪切,去,宕韻,定。陽部。

❶流動。文選晉皇甫謐三都賦序:"雷同影附,流～忘反,非一時也。"❷放蕩,不受拘束。後漢書孔融傳:"發辭偏～,多致乖忤。"

[備考]㊀過。㊁洞屋。均見説文。

宊 jì 集韻前歷切,音寂,入,錫韻,從。

同"寂"。楚辭戰國屈原遠遊:"野寂漠其無人。"王逸注:"寂,一作宊。"

宜 yí 魚羈切,平,支韻,疑。歌部。

❶合適,相稱。詩周南桃夭:"之子于歸,～其室家。"荀子正名:"約定俗成謂之～。"宋蘇軾飲湖上初晴後雨詩:"欲把西湖比西子,淡粧濃抹總相～。"❷應當。史記酈生列傳:"不～倨長者。"三國蜀諸葛亮出師表:"不～妄自菲薄。"❸副詞。殆,大概。左傳成公六年:"視流而行速,不安其位,～不能久。"孟子滕文公下:"枉尺而直尋,～若可爲也。"

[備考]祭名。祭社曰宜。書泰誓上:"～于冢土。"僞孔傳:"祭社曰宜。冢土,社也。"

[同源字]宜,誼,義。見"誼"字條。

官 guān 古丸切,平,桓韻,見。元部。

❶朝廷辦事處,官府。禮記玉藻:"凡君召,…在～不俟屨,在外不俟車。"鄭玄注:"官,謂朝廷治事處也。"引申爲官職。左傳成公二年:"敢告不敏,攝～承乏。"孟子公孫丑上:"不卑小～。"❷官吏。書武成:"建～惟賢,位事惟能。"❸器官。耳目口鼻心爲人的五官。孟子告子上:"耳目之～不思,…心之～則思。"莊子養生主:"～知止而神欲行。"

[備考]㊀主。管子宙合:"不～於物而旁通於道。"尹知章注:"官,主也。"㊁事。禮記樂記:"天地～矣。"孔穎達疏:"官猶事也。謂各得其事也。"㊂法。禮記禮運:"其～於天地。"鄭玄注:"官猶法也。"㊃公。史記孝文本紀:"五帝～天下。"司馬貞索隱:"官猶公也。"㊄魏晉六朝稱天子曰官。見稱謂録。

按,説文官字在𠂤部。

宙 zhòu 直祐切,去,宥韻,澄。幽部。

❶〔宇宙〕見"宇"字條。❷天空。唐王勃七夕賦:"霜凝碧～,水瑩丹霄。"

宛 1. wǎn 於阮切,上,阮韻,影。元部。

❶屈曲。周禮考工記弓人:"欲～而無負弦。"漢書揚雄傳解嘲:"是故欲談者～舌而固聲。"❷彷彿,好像。詩秦風蒹葭:"遡游從之,～在水中央。"

2. yuān 於袁切,平,元韻,影。元部。

❸地名。史記高祖本紀:"漢王從其計,出軍～葉間。"張守節正義:"宛,於元反。"

[備考]小貌。詩小雅小宛:"～彼鳴鳩,翰飛戾天。"

[同源字]宛,蜿。見"蜿"字條。

六　畫

窔 1. yǎo 集韻伊鳥切,音杳,上,篠韻,影。宵部。

❶室之東南隅。見爾雅。儀禮既夕禮:"比奠,舉席埽室,聚諸～。"荀子非十二子:"奥～之間。"文選漢班固答賓戲:"守～奥之熒燭。"

2. yào 集韻一叫切,杳去聲,嘯韻,影。宵部。

❷幽深隱暗之處。文選漢司馬相如上林賦:"巖～洞房。"

按,説文於室之東南隅一義作宧,在宀部,云:"户樞聲也。室之東南隅。"於幽深一義作窔,在穴部,云:"冥也。"

宣 xuān 須緣切,平,仙韻,心。元部。

㊀佈散。書皋陶謨:"日～三德。"引申爲宣揚,發揚。詩大雅崧高:"四國于蕃,四方于～。"國語周語下:"歌以詠之,匏以～之。"又爲疏散,疏通。左傳昭公元年:"於是乎節～其氣。"又:"～汾洮。"㊁宣召,天子召唤(後起義)。北魏酈道元水經注江水:"或王命急～,有時早發白帝,暮到江陵。"

[備考]㊀量詞。長一尺三又三分之一寸。周禮考工記車人:"半矩謂之～。"㊁璧之一種。爾雅釋器:"璧大六寸謂之～。"這個意義後來寫作"瑄"。

宦 huàn胡慣切,音患,去,諫韻,匣。元部。

㊀僕隸。國語越語下:"(越王),與范蠡入～於吴。"韋昭注:"宦,爲臣隸也。"㊁出遊學仕。左傳宣公二年:"～三年矣,未知母之存否。"引申爲做官(後起義)。文選三國魏應璩與從弟君苗君胄書:"且～無金張之援,遊無子孟之資。"㊂太監。史記吕不韋列傳:"拔其鬚眉爲～者。"後漢書黄瓊傳:"諸梁秉權,豎～充朝。"

宧 yí與之切,音頤,平,之韻,喻四。之部。

㊀室之東北隅。爾雅釋宫:"東北隅謂之宧。"㊁通"頤"。説文:"宧,養也。"爾雅釋詁:"頤,養也。"

宥 yòu于救切,音又,去,宥韻,喻三。之部。

㊀寬。詩周頌昊天有成命:"夙夜基命～密。"毛傳:"宥,寬也。"引申爲寬恕,赦免。易解:"君子以赦過～罪。"左傳成公十八年:"～罪戾。"杜預注:"宥,寬也。"㊁通"侑"。勸食。左傳莊公十八年:"虢公晉侯朝王,王饗醴,命之～。"孔穎達疏:"命之以幣物,所以助歡也。宥,助。"周禮春官大司樂:"王大食,三～,皆命奏鐘鼓。"㊂通"囿"。①區域。莊子天下:"接萬物以别～爲始。"成玄英疏:"宥,區域也。"②局限。吕氏春秋去宥:"夫人有所～者,固以晝爲昏,以白爲黑,以堯爲桀。"

宬 chéng是征切,音成,平,清韻,禪。耕部。

㊀屋所容受。見説文。㊁藏書室。後指收藏歷代帝王手筆、實録、祕典的地方。明代皇宫有皇史宬。明黄宗羲談孺木墓表:"皇～烈焰,國滅而史亦隨滅。"

室 shì式質切,入,質韻,審三。質部。

㊀古代房屋,前面的一間大廳叫堂,後面中間一間叫室,室的東西兩間叫房。論語先進:"由也,升堂矣,未入於～也。"引申爲房屋的通稱。易繫辭下:"上古穴居而野處,後世聖人易之以宫～。"㊁家。左傳桓公十八年:"女有家,男有～。"詩周南桃夭:"之子于歸,宜其～家。"引申爲妻。禮記曲禮上:"三十曰壯,有～。"又爲爲子娶妻或以女嫁人。國語魯語下:"公父文伯之母欲～文伯。"左傳宣公十四年:"衛人以爲成勞,復～其子。"㊂墳墓,壙穴。詩唐風葛生:"百歲之後,歸于其～。"朱熹集傳:"室,壙也。"㊃星宿名。二十八宿之一,玄武七宿的第六宿。又叫"營室"。國語周語中:"營～之中,土功其始。"㊄劍鞘。史記春申君列傳:"趙使欲夸楚,爲玳瑁簪,刀劍～以珠玉飾之。"又刺客列傳荆軻:"(秦王)拔劍,劍長,操其～。"

宗 jì前歷切,音寂,入,錫韻,從。覺部。

"寂"本字。説文:"宗,無人聲。"〔宗漠〕同"寂寞"。楚辭戰國宋玉九辯:"燕翩翩其辭歸兮,蟬宗漠而無聲。"

客 kè苦格切,入,陌韻,溪。鐸部。

來賓,客人。易需:"有不速之～三人來。"引申爲門客,食客。寄食於豪門貴族的人。史記魏公子列傳:"諸侯以公子賢,多～,不敢加兵謀魏十餘年。"又爲旅居他鄉作客。文選漢王延壽魯靈光殿賦:"予～自南鄙,觀藝於魯。"唐杜甫登高詩:"萬里悲秋常作～,百年多病獨登臺。"

[辨]賓,客。見"賓"字條。

七畫

宮 gōng 居戎切,平,東韻,見。冬部。

❶古代房屋的通稱。爾雅釋宮:"宮謂之室,室謂之宮。"詩豳風七月:"上入執～功。"易繫辭下:"上古穴居而野處,後世聖人易之以～室。"後來專指帝王的住所。西漢有未央宮。❷我國古代五聲音階的第一音級。莊子徐无鬼:"鼓～～動,鼓角角動,音律同矣。"❸古代曆法以周天三十度爲一宮,即周天三百六十度的十二分之一。❹古代五刑之一。宮刑,又稱腐刑。這是一種破壞生殖機能的酷刑。書吕刑:"～辟疑赦。"僞孔傳:"宮,淫刑也。男子割勢,婦人幽閉。"

[備考]㊀廟。詩召南采蘩:"于以用之,公侯之～。"毛傳:"宮,廟也。"㊁圍繞。爾雅釋山:"大山宮小山,霍。"

宰 zǎi 作亥切,上,海韻,精。之部。

❶古代奴隸主家中掌管家務的總管。韓非子説難:"伊尹爲～,百里奚爲虜,…此二人者,皆聖人也,然猶不能無役身以進,如此其汙也。"❷官吏的通稱。周禮有家宰、大宰、小宰、宰夫、内宰、里宰。❸卿大夫的家臣。論語雍也:"原思爲之～。"又采邑的長官。論語雍也:"季氏使閔子騫爲費～。"❹主宰。莊子齊物論:"若有真～,而特不得其眹。"❺屠宰,殺牲。漢書宣帝紀:"其令太官損膳省～。"顔師古注:"宰爲屠殺也。"

[備考]墳墓。公羊傳僖公三十三年:"若爾之年者,～上之木拱矣。"

宧 láng 魯當切,音郎,平,唐韻,來。

〔康宧〕叠韻聯緜字。宮室空貌。見廣韻。也作〔㝩宧〕,見"㝩"字條。

害 1. hài 胡蓋切,去,泰韻,匣。月部。

❶傷害。易節:"節以制度,不傷財,不～民。"引申爲妨害。書旅獒:"不作無益～有益,功乃成。"❷災害,禍患。左傳隱公元年:"都城過百雉,國之～也。"墨子尚同中:"將以爲萬民興利除～。"❸妒忌。史記屈原列傳:"上官大夫與之同列,争寵,而心～其能。"

2. hé 集韻何葛切,音曷,入,曷韻,匣。月部。

❹通"曷"。何。詩周南葛覃:"～澣～否,歸寧父母。"孟子梁惠王上:"時日～喪。"書湯誓作"時日曷喪"。

宸 chén 植鄰切,音臣,平,真韻,禪。真部。

❶屋邊。國語越語上:"君若不忘周室,而爲弊邑～宇,亦寡人之願也。"韋昭注:"宸,屋霤;宇,邊也。"❷北極星所居,因以指帝王的宫殿,又引申爲王位、帝王的代稱。文選漢班固典引:"是以高光二聖～居其域。"藝文類聚一三晉劉琨勸進表:"(陛下)誠宜遺小禮,存大務,援據圖録,居正～極。"

家 jiā 古牙切,平,麻韻,見。魚部。

❶家庭。詩大雅緜:"未有～室。"又周南桃夭:"宜其室～。"❷古代的卿大夫的采邑,叫做家。論語八佾:"三～者以雍徹。"又季氏:"丘也聞有國有～者,不患寡而患不均,不患貧而患不安。"❸夫妻互稱爲家。孟子滕文公下:"女子生而願爲之有～。"此稱夫。左傳僖公十五年:"逃歸其國,而棄其～。"杜預注:"家,謂子圉婦懷嬴。"此指妻。❹學派。漢書藝文志:"儒～者流,蓋出於司徒之官。"又:"道～者流,蓋出於史官。"

[同源字]家,居,嫁。見"嫁"字條。

宵 xiāo 相邀切,音消,平,宵韻,心。宵部。

❶夜。書堯典:"～中星虚。"僞孔傳:"宵,夜也。"詩豳風七月:"晝爾于茅,～爾索綯。"毛傳:"宵,夜。"唐杜甫閣夜詩:"天涯霜雪霽寒～。"❷小。禮記學記:"～雅肄三,官其始也。"宵雅即小雅。史記三王世家:"毋邇～人。"宵人即小人。

[備考]㊀通"綃"。絲織品之一種。儀禮特牲饋食禮:"主婦纚笄～衣。"鄭玄注:"宵,

綺屬也。"㊁通"肖"。相似。漢書刑法志:"夫人～天地之須。"顏師古注:"宵,義與肖同。須,古貌字。"

宴 yàn 於甸切,去,霰韻,影。元部。

❶安逸,逸樂。詩邶風谷風:"～爾新昏。"毛傳:"宴,安也。"左傳閔公元年:"～安酖毒,不可懷也。"又成公二年:"衡父不忍數年之不～。"注:"宴,樂也。"❷以酒肉款待賓客,宴會。左傳成公二年:"～于季氏。"又宣公十六年:"王饗有體薦,～有折俎。"

容 róng 餘封切,音庸,平,鍾韻,喻四。今讀如茸。東部。

❶容受,容納。禮記投壺:"(壺)～斗五升。"❷寬容。書君陳:"有～,德乃大。"史記淮南衡山列傳:"兄弟二人不能相～。"❸可以,允許。左傳昭公元年:"五降之後,不～彈矣。"❹容貌,儀容。孟子萬章上:"舜見瞽瞍,其～有蹙。"唐白居易長恨歌:"玉～寂寞淚闌干。"❺副詞。①或者,也許。漢書李固傳:"宫省之内～有陰謀。"後漢書楊厚傳:"諸王子在京,～有非常。"世説新語方正:"彼～不相知也。"②通"庸"。豈。三國志魏書辛毗傳:"昔周文王以紂遺武王,惟知時也;苟時未可,～得已乎?"❻〔容與〕雙聲聯緜字。①安逸自得貌。楚辭戰國屈原九歌湘夫人:"時不可兮驟得,聊逍遥兮容與。"晉陶潛閑情賦:"擁勞情而罔訴,步容與於南林。"②遲緩不前貌。楚辭戰國屈原九章涉江:"船容與而不進兮,淹回水而疑滯。"③同"猶豫"。遲疑不定貌。楚辭戰國屈原九章思美人:"固朕形之不服兮,然容與而狐疑。"④放縱。莊子人間世:"因案人之所感,以求容與其心。"成玄英疏:"容與,猶放縱也。"

[備考]小曲屏風。周禮夏官射人:"王以六耦射三侯,三獲三～。"古代行射禮,用皮革作屏風,作爲隱蔽。爾雅釋宫:"容謂之防。"郭璞注:"形如今之牀頭小曲屏風。"

[辨]容,貌。見"貌"字條。

八　畫

密 mì 美畢切,入,質韻,明。質部。

❶稠密。易小畜:"～雲不雨。"引申爲貼近。書太甲上:"～邇先王其訓。"左傳文公十七年:"以陳蔡之～邇於楚,而不敢貳焉。"❷静。易繫辭上:"聖人以此洗心,退藏於～。"管子大匡:"夫詐～而後動者勝。"尹知章注:"密,静。"孟子萬章上:"四海遏～八音。"趙岐注:"密,無聲也。"❸安。詩大雅公劉:"止旅乃～。"毛傳:"密,安也。"❹秘密,保密。易繫辭上:"幾事不～則害成。"韓非子説難:"夫事以～成,語以泄敗。"❺周到,精密。荀子儒效:"其知慮多當矣,而未周～也。"❻〔密勿〕叠韻聯緜字。①通"黽勉"。勉力。詩小雅十月之交:"黽勉從事,不敢告勞。"漢書劉向傳:"故其詩曰:'密勿從事,不敢告勞。'"②機要,機密。三國志魏書杜恕傳:"與聞政事密勿大臣,寧有懇懇憂此者乎?"❼古國名。①即密須。詩大雅皇矣:"～人不恭。"②周初姬姓之國。國語周語上:"康公不獻,一年,王滅～。"

[備考]山形如堂者。爾雅釋山:"山如堂者,密。"

[同源字]比,密,篦。見"比"字條。

按,説文密字在山部,云:"山如堂者。"

寇 kòu 苦候切,音叩,去,候韻,溪。侯部。

劫取。書費誓:"無敢～攘。"鄭玄注:"寇,劫取也。"引申爲名詞。盜賊。書舜典:"～賊姦宄。"僞孔傳:"羣行攻劫曰寇。"又爲外國入侵。左傳文公七年:"兵作於内爲亂,於外爲～。"吕氏春秋壅塞:"左右有言秦～之至者。"又用於譬喻。莊子人間世:"山木自～也,膏火自煎也。"

[備考]物盛多。方言卷一:"齊宋之間,…凡物盛多謂之寇。"

按,説文寇字在攴部,云:"暴也。从攴,从完。"

寁 zǎn 子感切，上，感韻，精。談部。

速。詩鄭風遵大路："無我惡兮，不～故也。"

寅 yín 翼真切，平，真韻，喻四。真部。

㊀十二支的第三位。古人用以紀日。書召誥："越五日甲～，位成。"楚辭戰國屈原離騷："惟庚～吾以降。"又以紀年月時。爾雅釋天："太歲在～曰攝提格。"㊁敬。爾雅釋詁："寅，敬也。"書堯典："～賓出日。"僞孔傳："寅，敬；賓，導。"又舜典："夙夜惟～。"又無逸："嚴恭～畏。"字又作"夤"。説文："夤，敬惕也。"

按，説文寅字在寅部。

寄 jì 居義切，去，寘韻，見。歌部。

㊀寓居，客居。左傳襄公十四年："齊人以郲～衛侯。"唐杜甫自京赴奉先詠懷五百字："老妻～異縣。"引申爲依附。戰國策齊策四："齊人有馮諼者，貧乏不能自存，使人屬孟嘗君，願～食門下。"㊁委託。論語泰伯："可以託六尺之孤，可以～百里之命。"引申爲託人帶信（後起義）。唐杜甫月夜憶舍弟詩："～書長不達，況乃未休兵！"

［備考］古代翻譯東方民族語言的官。禮記王制："東方曰～。"孔穎達疏："通傳東方之語官謂之曰寄，言傳寄外内言語。"

寂 jì 前歷切，入，錫韻，從。覺部。

㊀静，無聲。老子："～兮寥兮。"王弼注："寂者無音聲；寥者空無形。"唐常建題破山寺後禪院詩："萬籟此俱～，惟餘鐘磬音。"〔寂寥〕叠韻聯緜字。静寂空洞的樣子。楚辭戰國屈原九歌惜賢："聲噭噭以寂寥兮。"王逸注："寂寥，空無人民之貌也。"引申爲孤單冷清的樣子。唐杜甫閣夜詩："人事音書漫寂寥。"〔寂歷〕叠韻聯緜字。意同"寂寥"。文選南朝梁江淹雜體詩："寂歷百草晦，欻吸鷴雞悲。"〔寂寞〕寂寥。楚辭漢劉向九歎憂苦："幽空虚以寂寞。"文選南朝梁江淹别賦："造分手而銜涕，感寂寞而傷神。"㊁安静。易繫辭上："～然不動。"莊子大宗師："其容～。"

按，説文作宋字。

寀 cǎi 倉宰切，音采，上，海韻，清。之部。

官地。爾雅釋詁："寀、寮，官也。"郭璞注："官地爲寀。"邢昺疏："寀，謂寀地。主事者必有寀地。寀，采也。采取賦以供己有。"字本作"采"。〔僚寀〕即"寮寀"。同僚。晉書王戎傳："雖位總鼎司，而委事僚寀。"

宿 1. sù 息逐切，入，屋韻，心。覺部。

㊀住宿。詩邶風泉水："出～于泲。"引申爲住所。周禮地官遺人："三十里有～，～有路室。"㊁隔夜的。論語顔淵："子路無～諾。"史記淮陰侯列傳："師不～飽。"㊂老成的。史記魏公子列傳："晉鄙嚄唶～將。"漢書翟方進傳："是時～儒有清河胡常，與方進同經。"㊃副詞。平素，一向。論衡逢遇："學而不～習，無以明名。"後漢書劉陶傳："靈帝～聞其名，數引納之。"

［備考］安。左傳昭公二十九年："官～其業。"杜預注："宿，猶安也。"

2. xiù 息救切，音秀，去，宥韻，心。覺部。

㊄星座，指二十八宿。列子天瑞："天果積氣，日月星～不當墜邪？"

九　畫

寒 hán 胡安切，平，寒韻，匣。元部。

㊀天氣冷。書君牙："冬祁～。"易繫辭上："日月運行，一～一暑。"引申爲冷。荀子勸學："冰，水爲之，而～於水。"又爲冷却。孟子告子上："一日暴之，十日～之。"又用作譬喻。左傳哀公十二年："今吾子曰必尋盟，若可尋也，亦可～也。"文選戰國宋玉高唐賦："孤子寡婦，～心酸鼻。"㊁貧困。史記范雎（睢）蔡澤列傳："范叔一～如此哉！"晉書熊遠傳："今朝廷法吏多出於～賤。"

［辨］冷，寒，涼。見"冷"字條。

蹇 jiǎn 集韻紀偃切,上,阮韻,見。

❶單獨擊磬。爾雅釋樂:"徒鼓磬謂之蹇。"❷姓。

寍 níng 奴丁切,音寧,平,青韻,泥。耕部。

安寧。説文:"寍,安也。"今字作"寧"。

富 fù 方副切,去,宥韻,非。職部。

多財。與"貧"相對。論語學而:"貧而無諂,～而無驕。"引申爲充裕,豐富。史記曹相國世家:"悼惠王～於春秋。"晉書夏侯湛傳:"湛幼有盛才,文章宏～。"

[同源字]富,福。富、福都是古入聲字。"富"屬長入,後來變爲去聲。古人以富爲福,故"富、福"同源。詩大雅瞻卬:"何神不富?"毛傳:"富,福也。"又召旻:"維昔之富不如時。"鄭箋:"富,福也。"禮記郊特牲:"富也者,福也。"釋名釋言語:"福,富也。"

寔 shí 常職切,入,職韻,禪。錫部。

按,大徐説文讀常隻切,是。

實,是。詩召南小星:"～命不猶。"毛傳:"寔,是也。"釋文:"韓詩作實,云:有也。"大雅韓奕:"實墉實壑。"鄭箋:"實當作寔。趙魏之東,實寔同聲。寔,是也。"

[辨]寔,實。見"實"字條。

寓 yù 牛具切,音遇,去,遇韻,疑。侯部。

❶寄居。墨子非儒下:"何爲舍其家室而託～也?"禮記郊特牲:"諸侯不臣～公。"❷寄託。莊子寓言:"～言十九。"釋文:"寓,寄也。"晉陶潛歸去來辭:"已矣乎!～形宇内復幾時!"〔寓目〕觀看,過目。左傳僖公二十八年:"君馮軾而觀之,得臣與寓目焉。"

寐 mèi 彌二切,去,至韻,明。微部。

入睡,睡着。詩衛風氓:"夙興夜～。"又周南關雎:"寤～求之。"

[辨]寢,寐,卧,眠,睡。在牀睡覺叫"寢"(包括睡着、睡不着);入睡叫"寐"。國語晉語一:"歸寢不寐。"隱几(趴在几上)叫"卧",後來躺下也叫"卧"。合目叫"眠";坐寐叫"睡"(打瞌睡);不脱冠帶而眠叫"假寐"。"睡"與"假寐"同義。

按,説文寐字在㝱部。㝱即夢字。

寎 bìng 集韻皮命切,音病,去,映韻,並。陽部。

❶卧驚病。見説文。❷三月的别名。爾雅釋天:"三月爲寎。"

寑 qǐn 七稔切,上,寑韻,清,侵部。

❶同"寢"。睡覺。國語晉語一:"今夕君～不寐。"❷通"寖"。漸。後漢書李固傳:"刑罰不能復禁,化導以之～壞。"

寓 yǔ 集韻王矩切,音禹,上,麌韻,喻三。魚部。

同"宇"。荀子賦:"精微乎毫毛,而大盈乎大～。"

十　畫

寖 1. jìn 子鴆切,音浸,去,沁韻,精。侵部。

❶滲透。漢書谷永傳:"毋聽～潤之譖愬。"

2. qīn 集韻千尋切,音侵,平,侵韻,清。侵部。

❶漸。漢書禮樂志:"恩愛～薄。"〔寖淫〕叠韻聯緜字。逐漸。漢書齊悼王肥傳:"事寖淫聞於上。"〔寖尋〕叠韻聯緜字。逐漸達到。漢書郊祀志上:"上始巡幸郡縣,寖尋於泰山矣。"

按,説文作濅,在水部。

寘 zhì 支義切,去,寘韻,照三。脂部。

放置,安置。詩周南卷耳:"～彼周行。"魏風伐檀:"～之河之干兮。"左傳隱公元年:"遂～姜氏于城潁。"又十一年:"凡而器用財賄無～於許。"

[辨]寘,置。寘,支義切;置,陟吏切。"寘""置"不同字。"寘"指具體的行爲,"置"

則兼有抽象的意義。設置的"置"不作"寘"。左傳"寘""置"區別甚嚴。左傳僖公十五年:"置官司焉。"不能説成"寘官司焉"。宣公二年:"宰夫胹熊蹯不熟,殺之,寘諸畚。"也不說成"置之畚"。

按,説文無寘字,新附有之。

十一畫

寐 kāng 苦岡切,音康,平,唐韻,溪。陽部。

〔寐宸〕叠韻聯緜字。房屋空虚貌。説文:"寐,屋寐宸也。"徐鍇繫傳引長門賦:"委參差以寐宸。"文選漢司馬相如長門賦作"槺梁"。

寧 1.níng 奴丁切,平,青韻,泥。耕部。

㊀説文作"寍"。安。易乾:"首出庶物,萬國咸～。"左傳桓公十八年:"不敢～居。"〔歸寧〕女子回娘家省視父母。詩周南葛覃:"歸寧父母。"左傳莊公二十七年:"冬,杞伯姬來,歸寧也。"杜預注:"寧,問父母安否。"

〔備考〕在家居喪。漢書哀帝紀:"博士弟子父母死,予～三年。"顔師古注:"寧,謂處家持喪服。"

2.nìng 集韻乃定切,音佞,去,徑韻,泥。耕部。

㊁副詞。①寧願,寧可。左傳襄公二十六年:"與其殺不辜,～失不經。"論語八佾:"與其奢也,～儉。"②豈,難道。史記陸賈列傳:"居馬上得之,～可以馬上治之乎?"③乃,竟。詩小雅正月:"民之訛言,～莫之懲。"字又作"甯"。

按,説文寧字在丂部,云:"所願也。"

寨 zhài 豺夬切,去,夬韻,牀二。

後起字。防衛用的栅欄,營壘。陳書熊曇朗傳:"時巴山陳定亦擁兵立～。"字又作"柴"、"砦"。

寞 mò 慕各切,音莫,入,鐸韻,明。鐸部。

〔寂寞〕見"寂"字條。

按,説文無寞字。

寡 guǎ 古瓦切,上,馬韻,見。魚部。

㊀少。與"多"相對。易謙:"君子以裒多益～。"論語季氏:"不患～而患不均。"〔寡人〕寡德之人。古代王侯自謙之辭。左傳隱公十一年:"寡人若朝于薛,不敢與諸任齒。"㊁婦人無夫。管子入國:"婦人無夫曰～。"詩小雅鴻鴈:"哀此鰥～。"男子喪妻亦得稱寡。左傳襄公二十七年:"齊崔杼生成及彊而～。"後來只有婦人喪夫稱寡。

寥 liáo 落蕭切,音聊,平,蕭韻,來。幽部。

㊀空虚寂静。老子:"寂兮～兮,獨立而不改。"王弼注:"寥者,空無形。"莊子知北遊:"～已吾志。"郭象注:"寥然虚寂者吾之志。"㊁〔寥寥〕①空闊。吕氏春秋情欲:"九竅寥寥,曲失其宜。"文選晉潘岳寡婦賦:"仰神宇之寥寥兮,瞻靈衣之披披。"②稀少。唐劉長卿過鄭山人所居詩:"寂寂孤鶯啼杏園,寥寥一犬吠桃源。"㊂〔寥戾〕〔寥唳〕雙聲聯緜字。聲音清遠的樣子。文選漢王褒四子講德論:"故虎嘯而風寥戾,龍起而致雲氣。"南朝齊謝朓從戎曲:"黄沙萬里昏,寥戾清笳轉。"文選南朝宋謝靈運秋懷詩:"蕭瑟含風蟬,寥唳度雲雁。"㊃〔寥亮〕雙聲聯緜字。聲音清徹響亮。晉向秀思舊賦序:"鄰人有吹笛者,發聲寥亮。"㊄〔寥落〕雙聲聯緜字。①寂寞。唐高適苦雪詩:"寥落一室中,悵然慚百靈。"唐元稹行宫詩:"寥落古行宫,宫花寂寞紅。"②稀疏。文選南朝齊謝朓京路夜發詩:"曉星正寥落,晨光復泱漭。"㊅〔寥廓〕①空闊。楚辭戰國屈原遠遊:"下峥嵘而無地兮,上寥廓而無天。"②器量寬洪。漢書鄒陽傳:"今欲使寥廓之士籠於威重之權,脅於位勢之貴。"顔師古注:"寥廓,遠大之度也。"

按,説文無寥字。

窶 jù 玉篇瞿庚切,大徐説文其榘切。侯部。

㊀貧居無禮。説文:"窶,無禮居也。"字

亦作“寠”。詩邶風北門：“終寠且貧。”毛傳：“寠者，無禮也。貧者困於財。”㊁〔寠藪〕叠韻聯緜字。藪亦作“數”。①戴在頭上用來頂物的環形草墊。漢書東方朔傳：“是寠藪也。”顏師古注：“寠數，戴器也。以盆盛物戴於頭者，則以寠數薦之。”②局縮。釋名釋姿容：“寠數，猶局縮，皆小意也。”

寣 hù 呼骨切，音忽，入，没韻，曉。物部。

㊀卧驚。説文：“寣，卧驚也。”㊁睡醒。廣雅釋詁四：“寣，覺也。”

按，説文寣字在㝱部。

寤 wù 五故切，音悟，去，暮韻，疑。魚部。

睡醒。詩衛風考槃：“獨寐～言，永矢弗諼。”又周南關雎：“～寐求之。”毛傳：“寤，覺也。”引申爲醒悟。淮南子要略：“欲一言而～，則尊天而保真。”

［同源字］寤，悟。睡醒叫“寤”，覺悟叫“悟”。覺悟的“悟”來源於睡醒的“寤”，並且常寫作“寤”。

按，説文寤字在㝱部。

寢 qǐn 七稔切，上，寑韻，清。侵部。

㊀睡覺。詩小雅斯干：“乃～乃興。”論語公冶長：“宰予晝～。”引申爲物體横躺着。荀子解蔽：“見～石，以爲伏虎也。”㊁内堂，卧室。逸周書皇門解：“予獨服在～。”孔晁注：“寢，室也。”㊂皇家宗廟後殿藏祖先衣冠之處。詩小雅巧言：“奕奕～廟。”禮記月令仲春之月：“～廟畢備。”鄭玄注：“凡廟，前曰廟，後曰寢。”㊃帝王陵墓上的正殿。漢書韋玄成傳：“又園中各有～、便殿。”顏師古注：“寢者，陵上正殿。”㊄停止，平息。漢書禮樂志：“其議遂～。”又：“漢典～而不著。”顏師古注：“寢，息也。”又刑法志：“三代之盛，至於刑錯兵～者，其本末有序，帝王之極功也。”㊅貌醜。漢趙曄吴越春秋勾踐陰謀外傳：“不以鄙陋～容，願納以供箕箒之用。”

［辨］寢，寐，卧，眠，睡。見“寐”字條。

按，説文作寑字。

實 shí 神質切，入，質韻，牀三。質部。

㊀財物。左傳文公十八年：“聚斂積～。”杜預注：“實，財也。”襄公二十八年：“以其内～遷於盧蒲嫳氏。”杜預注：“内實，實物妻妾也。”又三十一年：“其輸之，則君之府～也。”禮記哀公問：“好～無厭。”鄭玄注：“實，富也。”又表記：“恥費輕～。”鄭玄注：“實，財貨也。”引申爲物資，器用。左傳莊公二十二年：“庭～旅百。”又宣公十二年：“無日不討軍～而申儆之。”杜預注：“軍實，軍器。”㊁果實。左傳僖公十五年：“歲云秋矣，我落其～。”論語子罕：“苗而不秀者有矣夫，秀而不～者有矣夫。”㊂堅實，充實。與“虚”相對。孫子虚實：“兵之形，避～而擊虚。”管子權修：“輕地利而求田野之辟，食廩之～，不可得也。”戰國策齊策四：“狗馬～外廄，美人充下陳。”㊃事實，實際。莊子德充符：“今吾聞至人之言，恐吾無其～。”又知北遊：“異名同～，其指一也。”後漢書臧宫傳：“傳聞之事，恒多失～。”引申爲副詞。實在。左傳莊公八年：“我～不德。”㊄通“寔”。是。詩邶風燕燕：“瞻望弗及，～勞我心。”毛傳：“實，是也。”㊅數學名詞。被乘數或被除數叫實。晉劉徽注九章算術一：“以人數爲法，錢數爲～。”㊆〔實沈〕星次名。

［辨］實，寔。“實”“寔”不同音，除解作“是”時可以通用外，餘不通用。清朱駿聲曰：“（實）與寔字音義俱别。”“異名同實”不能説成“異名同寔”，“秀而不實”不能説成“秀而不寔”。

察 chá 初八切，入，黠韻，穿二。月部。

㊀觀察。易繫辭上：“仰以觀於天文，俯以～於地理。”引申爲考察，考核。論語衛靈公：“衆惡之，必～焉。衆好之，必～焉。”又爲考察後予以提拔。後漢書班彪傳：“後～司徒廉爲望都長，吏民愛之。”㊁昭著，明顯。禮記中庸：“詩云：‘鳶飛戾天，魚躍于淵。’言其上

下～也。"

[辨]督，察。見"督"字條。

十 二 畫

寬 kuān 苦官切，平，桓韻，溪。元部。

❶闊。説文："寬，屋寬大也。"唐宋之問奉和九日幸臨渭亭登高應制詩："御氣雲霄近，乘高宇宙～。"❷寬容，不嚴。書大禹謨："臨下以簡，御衆以～。"史記廉頗藺相如列傳："鄙賤之人，不知將軍～之至此也。"❸鬆，不急，不緊。史記老子韓非列傳："～則寵名譽之人，急則用介冑之士。"宋柳永蝶戀花："衣帶漸～終不悔。"

[備考]愛。禮記表記："以德報怨，則～身之仁也。"鄭玄注："寬，猶愛也。"

[辨]闊，寬。見"闊"字條。

寮 liáo 落蕭切，音聊，平，蕭韻，來。宵部。

❶同官。左傳文公七年："同官爲～。吾嘗同～，敢不盡心乎？"字通作"僚"。書酒誥："百僚庶尹。"❷小窗。文選漢張衡西京賦："交綺豁以疏～。"李善注："蒼頡篇曰：寮，小窗也。"❸僧舍（後起義）。北宋釋道誠釋氏要覽住持："言寮者，唐韻云：同官曰寮。今禪居意取多人同居，共司一務，故稱寮也。"宋陸游貧居詩："屋窄似僧～。"

按，説文無寮字。

㝅 hān 火含切，平，覃韻，曉。

後起字。不脱衣服睡覺。廣韻："㝅，不脱冠帶而寐也。"集韻："㝅，寢不褫衣。"明劉基大熱遣懷詩："慨彼征戍卒，荷戟忘寢～。"

審 shěn 式荏切，上，寢韻，審三。侵部。

❶詳知，知悉。荀子彊國："然而其禁暴也察，其誅不服也～。"又用作副詞。詳盡地。禮記中庸："博學之，～問之，慎思之，明辨之，篤行之。"引申爲仔細觀察。荀子非相："欲知億萬，則～一二。"史記秦始皇本紀："察盛衰之理，～權勢之宜。"❷審定。論語堯曰："謹權量，～法度。"❸慎重，審慎。韓非子存韓："兵者凶器也，不可不～用也。"吕氏春秋音律："～民所終。"高誘注："審，慎。終，卒。"❹果真，確實。漢書霍光傳："～此人不可，何不建白太后更選賢而立之？"又王商傳："～有内亂殺人，怨懟之端，宜窮考問。"❺訊問犯人（後起義）。宋史劉敞傳："敞移府問何以不經～訊。"

按，説文以審爲宷的重文，在釆部，云："悉也，知宷諦也。"

寫 1. xiě 悉姐切，上，馬韻，心。魚部。

❶移置，以此注彼。禮記曲禮上："器之溉者不～，其餘皆～。"鄭玄注："寫者，傳己器中乃食之也。"❷宣洩，排除。詩邶風泉水："駕言出遊，以～我憂。"毛傳："寫，除也。"小雅蓼蕭："既見君子，我心～兮。"鄭箋："我心寫者，舒其情意，無留恨也。"❸描摹，模仿。韓非子十過："子爲我聽而～之。"史記秦始皇本紀："秦每破諸侯，～放其宫室，作之咸陽北阪上。"國語越語下："王令金工以良金～范蠡之狀而朝禮之。"❹謄抄，抄録。漢書藝文志："於是建藏書之策，置～書之官。"晉書左思傳："三都賦成，競相傳～。"引申爲書寫，寫字（後起義）。朱子語類："横渠作正蒙時，中夜有得，亦須起～。"

2. xiè 集韻四夜切，音卸，去，禡韻，心。魚部。

❺通"卸"。古文苑石鼓文："宫車其～，秀弓時射。"後漢書皇甫規傳："有旋車完封，～之權門。"

[辨]書，寫。"書"是今所謂寫，"寫"是今所謂抄。"書""寫"不同義。到了中古以後，"書"與"寫"才成爲同義詞。

[同源字]瀉，寫。見"瀉"字條。

寪 wěi 韋委切，上，紙韻，喻三。歌部。

❶〔闊寪〕叠韻聯緜字。開闊的樣子。楚辭漢淮南小山招隱士："谿谷嶄巖兮水曾波。"王逸注："崎嶇闊寪，嶮阻僓也。"❷姓。左傳

隱公十一年："公館于～氏。"

［備考］屋貌。見説文。

十三畫

寰 huán 户關切，音還，平，删韻，匣。元部。

京都周圍千里以内的地，即王畿。穀梁傳隱公元年："～内諸侯，非有天子之命，不得出會諸侯。"後漢書孔融傳："又嘗奏宜準古王畿之制，千里～内不以封建諸侯。"引申爲宇内，天下。後漢書逸民傳序："自致～區之外。"北齊書文宣帝紀："功浹～宇，威稜海外。"

按，説文無寰字，新附有之。

寯 jùn 子峻切，音俊，去，稕韻，精。

同"俊"。

十四畫

寱 yì 魚祭切，音藝，去，祭韻，疑。月部。

囈語，説夢話。説文："寱，瞑言也。"字又作"囈"。

十六畫

寵 chǒng 丑隴切，上，腫韻，徹。東部。

㊀光寵，榮耀。易師："在師中吉，承天～也。"鄭玄注："寵，光耀也。"國語楚語上："赫赫楚國，而君臨之，撫征南海，訓及諸夏，其～大矣。"韋昭注："寵，榮也。"引申爲尊崇。國語楚語下："～神其祖，以取威於民。"韋昭注："寵，尊也。"㊁寵愛。左傳隱公三年："公子州吁，嬖人之子也，有～而好兵。"㊂驕。文選漢張衡東京賦："好殫物以窮～，忽下叛而生憂也。"李善注："寵，驕也。"

十七畫

寶 bǎo 博抱切，上，晧韻，幫。幽部。

珍寶。詩大雅崧高："錫爾介圭，以作爾～。"毛傳："寶，瑞也。"國語魯語上："以其～來奔。"韋昭注："寶，玉也。"秦李斯諫逐客書："今陛下致昆山之玉，有隨和之～。"又用作動詞。珍愛，以爲寶。書旅獒："不～遠物，則遠人格；所～惟賢，則邇人安。"

［辨］珍，寶。見"珍"字條。

十八畫

寢 mèng 莫鳳切，音夢，去，送韻，明。

"夢"的本字。廣韻引周禮："以日月星辰占六～之吉凶。"今本周禮作"夢"。

寸部

寸 cùn 倉困切，去，慁韻，清。文部。

㊀長度單位。十分爲寸，十寸爲尺。左傳昭公二十六年："匕入者三～。"㊁經脈部位名稱。中醫診脈部位在腕部橈動脈處，正對橈骨莖突處爲關，關之前爲寸，關之後爲尺。

三畫

寺 sì 祥吏切，音嗣，去，志韻，邪。之部。

㊀奄人，宦官，太監。詩大雅瞻卬："匪教匪誨，時維婦～。"朱熹集傳："寺，奄人也。"又秦風車鄰："未見君子，～人之令。"毛傳："寺人，内小臣也。"清顧炎武曰："三代以上，凡言寺者，皆奄竪之名。"㊁官舍，官署。漢代以太常、光禄勳、衛尉、太僕、廷尉、大鴻臚、宗正、大司農、少府爲九寺。清顧炎武曰："自秦以宦者任外廷之職，而官舍通謂之寺。"㊂佛寺，僧衆供佛、居住之所。漢明帝遣使西域求佛經時，白馬馱經來止於鴻臚寺，因於城外置精舍以處西人，即號曰白馬寺。唐杜甫大雲

寺贊公房詩："梵放時出～，鍾殘仍殷牀。"

［辨］①寺，廟，觀，庵。四字不同義。佛寺叫寺；神廟叫廟；道教供仙之所叫觀（去聲）；尼姑所居叫庵。

②閣，寺。見"閣"字條。

六　畫

封 fēng 府容切，平，鍾韻，非。東部。

❶帝王分給諸侯的土地。書蔡仲之命："肆予命爾侯于東土，往即乃～，敬哉！"又用作動詞。墨子尚賢中："裂地以～之。"史記周本紀："～尚父於營丘，曰齊。"❷疆界。左傳僖公三十年："既東～鄭，又欲肆其西～。"❸冢，土堆。禮記檀弓上："吾見～之若堂者矣。"鄭玄注："封，築土爲壟。"列子楊朱："聚酒千鍾，積麴成～。"又用作動詞。壅土，培植。左傳昭公二年："宿敢不～殖此樹？"引申爲聚土築墳。易繫辭上："古之葬者，…不～不樹。"左傳文公三年："～殽尸而還。"❹封閉。史記項羽本紀："籍吏民，～府庫，以待將軍。"❺量詞（後起義）。唐杜甫述懷詩："自寄一～書，今已十月後。"❻帝王築壇祭天。大戴禮保傅："是以～泰山而禪梁甫，朝諸侯而一天下。"❼富厚。國語楚語上："是聚民利以自～而瘠民也。"❽大。左傳昭公二十八年："貪惏無厭，忿纇無期，謂之～豕。"定公四年："吴爲～豕、長蛇，以荐食上國。"楚辭戰國屈原離騷："又好射夫～狐。"又天問："～豨是射。"

［辨］窆，堋（塴），封。見"窆"字條。

按，説文封字在土部。

七　畫

尃 fū 芳無切，音敷，平，虞韻，敷。魚部。

通"敷"。分布。説文："尃，布也。"史記司馬相如列傳封禪書："旁魄四塞，雲～霧散。"漢書和文選皆作"布"。

射 1. shè 神夜切，去，禡韻，牀三。鐸部。

❶用弓發箭。左傳成公二年："～其左，越于車下。～其右，斃于車中。"

2. yè 羊謝切，音夜，去，禡韻，喻四。鐸部。

❷〔僕射〕官名。

3. yì 羊益切，音亦，入，昔韻，喻四。鐸部。

❸〔無射〕①同"無斁"。無厭。詩小雅車舝："式燕且譽，好爾無射。"鄭箋："射，厭也。"禮記大傳引詩作"無斁"。②十二律之一。吕氏春秋季秋："季秋之月，…其音商，律中無射。"③周景王所鑄鐘名。國語周語下："王將鑄無射。"

按，説文射是䠶的重文，在矢部。

八　畫

專 zhuān 職緣切，平，仙韻，照三。元部。

單純，專一。易繫辭上："夫乾，其静也～。"孟子告子上："夫弈之爲數，小數也。不～心致志，則不得也。"引申爲專擅，獨斷獨行。左傳桓公十五年："祭仲～，鄭伯患之。"

將 1. jiāng 即良切，平，陽韻，精。陽部。

❶扶，扶進。詩小雅無將大車："無～大車，祇自塵兮。"鄭箋："將，扶進也。"引申爲扶助。詩周南樛木："福履～之。"朱熹集傳："將，扶助也。"又爲送。詩召南鵲巢："百兩～之。"毛傳："將，送也。"又爲奉行。詩大雅烝民："肅肅王命，仲山甫～之。"書胤征："奉～天罰。"又爲進。詩周頌敬之："日就月～。"又爲奉養。詩小雅四牡："王事靡盬，不遑～父。"毛傳："將，養也。"又爲攜帶。左傳桓公九年："楚子使道朔～巴客以聘於鄧。"後漢書蔡邕傳："遂攜～家屬逃入深山。"又爲順從，隨從。孝經事君："～順其美，匡救其惡。"莊子庚桑楚："備物以～形。"郭象注："因其自備而順其成形。"漢書禮樂志郊祀歌："九夷賓～。"顔師古注："將，猶從也。"❷副詞。將要。論語述而："發憤忘食，樂以忘憂，不知老

之～至云爾。"史記伍子胥列傳："闔廬病創，～死。"❸介詞。以。荀子王霸："安之者必～道也。"戰國策秦策一："蘇秦始～連橫説秦惠王。"❹連詞。抑或。楚辭戰國屈原卜居："寧與黄鵠比翼乎？～與雞鶩争食乎?"❺共，與(後起義)。北周庾信春賦："眉～柳而争緑，面共桃而競紅。"❻詞尾。表示處置式(後起義)。唐白居易長恨歌："惟將舊物表深情，鈿合金釵寄～去。"

［備考］㊀壯。詩小雅北山："嘉我未老，鮮我方～。"毛傳："將，壯也。"㊁大。詩商頌長發："有娀方～，帝立子生商。"毛傳："將，大也。"又烈祖："我受命溥～。"朱熹集傳："將，大也。"㊂側。詩大雅皇矣："居岐之陽，在渭之～。"毛傳："將，側也。"㊃長。楚辭漢嚴忌哀時命："哀余壽之弗～。"朱熹集注："將，猶長也。"

2. jiàng 子亮切，音醬，去，漾韻，精。陽部。

❼率領。左傳桓公五年："王爲中軍。虢公林父～右軍，蔡人衛人屬焉。周公黑肩～左軍，陳人屬焉。"引申爲名詞。將帥。史記項羽本紀："王召宋義與計事而大悦之，因置以爲上將軍。項羽爲魯公，爲次～。范增爲末～。"

3. qiāng 集韻千羊切，音槍，平，陽韻，清。陽部。

❽請。詩衛風氓："～子無怒，秋以爲期。"又鄭風將仲子："～仲子兮，無踰我里，無折我樹杞。"又小雅正月："載輸爾載，～伯助予。"❾〔將將〕①嚴正貌。詩大雅緜："迺立應門，應門將將。"②象聲詞。鏘鏘。詩鄭風有女同車："佩玉將將。"

尉 1. wèi 於胃切，音畏，去，未韻，影。物部。

❶官名。軍尉，武職。左傳閔公二年："羊舌大夫爲～。"杜預注："尉，軍尉。"秦漢以太尉掌軍事，廷尉掌刑獄。郡有都尉，縣有縣尉。史記陳涉世家："陳勝自立爲將軍，吴廣爲都～。"漢書百官公卿表上："太～，秦官。"顔師古注引應劭："自上安下曰尉，武官悉以爲稱。"❷安慰。漢書車千秋傳："思欲寬廣上意，～安衆庶。"

2. yùn (舊讀 wèi)於胃切，去，未韻，影。物部。

❸熨平布帛。資治通鑑陳太建十二年："(李)穆使渾奉～斗於(楊)堅曰：'願執威柄以～安天下。'"這個意義後來寫作"熨"。

3. yù 紆物切，音鬱，入，物韻，影。

❹〔尉遲〕複姓。唐有尉遲恭。

按，説文尉作㷉，在火部，云："从上案下也。从𡰥持火以尉申繒也。"

九　畫

尊 zūn 祖昆切，平，魂韻，精。文部。

❶酒器。古代用作祭祀的禮器。禮記明堂位："～用犧、象、山、罍。"鄭玄注："尊，酒器也。"後來寫作"樽"、"罇"。晉陶潛歸去來辭："攜幼入室，有酒盈樽。"❷高。與"卑"相對。易繫辭上："天～地卑，乾坤定矣。"引申爲地位高或輩份高。孟子滕文公下："長幼卑～皆薛居州也。"韓非子有度："法審則上～而不侵。"禮記喪服小記："養～者必易服。"鄭玄注："尊者，謂父兄。"❸尊重，重視。論語子張："君子～賢而容衆。"孟子公孫丑上："莫如貴德而～士。"❹量詞。用於佛像(後起義)。高僧傳義解篇："苻堅遣使送…金縷繡像織成像各一～。"

按，説文作䔿，在酉部。

尌 shù 常句切，音樹，去，遇韻，禪。侯部。

樹立，建立。説文："尌，立也。"易緯乾坤鑿度下："庖犧氏曰：上山增艮，定風～信。"

按，説文尌字在壴部。

尋 xún 徐林切，平，侵韻，邪。侵部。

❶長度單位。八尺爲尋。詩魯頌閟宮："是斷是度，是～是尺。"鄭箋："八尺曰尋。"

〔尋常〕①指短距離或小面積。左傳成公十二年："諸侯貪冒，侵欲不忌，争尋常以盡其民。"杜預注："八尺曰尋，倍尋曰常。"國語周語下："其察色也，不過墨丈尋常之間。"韋昭注："八尺曰尋，倍尋曰常。"莊子庚桑楚："夫尋常之溝，巨魚無所還其體。"②普通，平常（後起義）。唐杜甫曲江詩："酒債尋常行處有，人生七十古來稀。"唐劉禹錫烏衣巷詩："舊時王謝堂前燕，飛入尋常百姓家。"❷尋覓，探求（後起義）。晉陶潛桃花源記："太守即遣人隨其往，～向所誌。"❸副詞。不久以後。三國志蜀書魏延傳："延～悔，追之已不及矣。"後漢書陳寔傳："家貧，復爲郡西門亭長，～轉功曹。"

［備考］㊀重。左傳哀公十二年："今吾子曰必～盟。若可～也，亦可寒也。"杜預注："尋，重也。寒，歇也。"㊁用。左傳莊公二十八年："先君以是舞也，習戎備也。今令尹不～諸仇讎，而於未亡人之側，不亦異乎？"

十一畫

對 duì 都隊切，去，隊韻，端。物部。

❶答。詩大雅桑柔："聽言則～。"鄭箋："對，答也。"引申爲奏對，對策。文體的一種。南朝梁劉勰文心雕龍議對："公孫（弘）之～簡而未博。"❷面向，朝着。史記萬石張叔列傳："子孫有過失，不譙讓，爲便坐，～案不食。"❸對手。三國志吴書陸遜傳："劉備天下知名，曹操所憚，今在境界，此强～也。"❹配偶。後漢書梁鴻傳："同縣孟氏有女…擇～不嫁。至年三十。"❺對偶，對仗。南朝梁劉勰文心雕龍麗辭："言～爲易，事～爲難。反～爲優，正～爲劣。"❻量詞。雙（後起義）。

按，説文對是對的重文，在丵部。

十三畫

導 dǎo 徒到切，去，号韻，定。幽部。

❶疏通。書禹貢："～河積石。"國語周語上："爲川者決之使～。"引申爲開。國語周語上："夫王人者，將～利而布之上下者也。"韋昭注："導，開也。"❷引導。墨子非儒下："其學不可以～衆。"孟子離婁下："有故而去，則君使人～之出疆。"引申爲引髮入冠幘的器具。晉書桓玄傳："玄拔頭上玉～與之。"❸擇。文選漢司馬相如封禪文："～一莖六穗於庖。"李善注："鄭玄曰：導，擇也。"史記作"稟"。後漢書光武紀："豫養～擇之勞。"李賢注："導亦擇也。"

小部

小 xiǎo 私兆切，上，小韻，心。宵部。

❶細，微。與"大"相對。左傳桓公二年："本大而末～，是以能固。"又莊公十年："～惠未徧，民弗從也。"引申爲小看，認爲小。左傳桓公四年："秦師侵芮，敗焉，～之也。"孟子盡心上："孔子登東山而～魯，登太山而～天下。"又爲稍微，略，暫。詩大雅民勞："民亦勞止，汔可～康。"孟子盡心下："其爲人也～有才。"後漢書蓟子訓傳："蓟先生～住。"❷小人。詩邶風柏舟："憂心悄悄，愠于羣～。"鄭箋："羣小，衆小人在君側者。"漢書劉向傳："衆～在位而從邪議。"世説新語容止："見羣～滿屋，都無相避意。"

一畫

少 1. shǎo 書沼切，上，小韻，審三。宵部。

❶數量小。與"多"相對。詩邶風柏舟："覯閔既多，受侮不～。"引申爲差少，欠缺。史記平原君列傳："今～一人，願君即以遂備員而行矣。"❷輕視。莊子秋水："且夫我嘗聞

～仲尼之聞而輕伯夷之義者。"史記蘇秦列傳:"顯王左右素習知蘇秦,皆～之。"㊂副詞。①稍微。國語周語下:"其何德之修,而～光王室,以逆天休。"韋昭注:"少猶裁也。"②少頃,不多時。孟子萬章上:"始舍之,圉圉焉,～則洋洋焉,攸然而逝。"

2. shào 失照切,去,笑韻,審三。宵部。

㊃年幼,年輕。與"老"相對。左傳襄公三十一年:"子皮欲使尹何爲邑,子產曰:'～,未知可否。'"墨子貴義:"今有人於此,負粟息於路側,欲起而不能,君子見之,無長～貴賤必起之。"三國魏曹丕與吴質書:"～壯真當努力;年一過往,何可攀援?"㊄副貳。書周官:"立太師、太傅、太保,兹惟三公。…～師、～傅、～保曰三孤,貳公弘化。"

二　畫

尒 ěr 兒氏切,上,紙韻,日。支部。

同"爾"。用作虚詞。説文:"尒,詞之必然也。"字亦作"尔"。

按,説文尒字在八部。

尔 ěr。

同"尒"、"爾"。

三　畫

尖 jiān 子廉切,平,鹽韻,精。

後起字。㊀物體細小而鋭利的末端。南朝梁江淹江上之山賦:"嵯峨兮～出。"㊁尖鋭,鋭利。唐賈島客思詩:"促織聲～～似針,更深刺著旅人心。"㊂新穎。唐姚合和座主相公西亭秋日即事詩:"酒濃盃稍重,詩冷語多～。"

尗 shū 集韻式竹切,音叔,入,屋韻,審三。覺部。

同"菽"。豆。説文:"尗,豆也。"

按,説文尗字在尗部。

五　畫

尚 1. shàng 時亮切,去,漾韻,禪。陽部。

㊀在上,超過。論語里仁:"好仁者,無以～之。"孟子公孫丑下:"今天下地醜德齊,莫能相～。"後漢書楊秉傳:"居法王公,富擬國家。…雖季氏專魯,穰侯擅秦,何以～兹?"引申爲副詞。在上代,在古代。孟子萬章下:"以友天下之善士爲未足,又～論古之人。…是～友也。"又爲上位。孟子萬章下:"舜～見帝。"㊁尊重,崇尚。論語憲問:"君子哉若人!～德哉若人!"又陽貨:"君子～勇乎?"荀子成相:"堯舜～賢身辭讓。"㊂久遠。吕氏春秋古樂:"樂所由來者～也。"㊃主管,特指掌管帝王私人事務。史記吕太后本紀:"襄平侯通～符節。"㊄匹配,多用於匹配帝王之女。史記司馬相如列傳:"卓王孫喟然而歎,自以得使女～司馬長卿晚。"又李斯列傳:"諸男皆～秦公主。"又絳侯世家:"公主者,孝文帝女也,勃太子勝之～之。"㊅副詞。①還,猶。詩大雅抑:"白圭之玷,～可磨也;斯言之玷,不可爲也。"史記張儀列傳:"視吾舌～存否。"②尚且。史記李將軍列傳:"今將軍～不得夜行,何乃故也?"③庶幾,差不多。左傳昭公十三年:"靈王卜曰:'余～得天下。'"杜預注:"尚,庶幾。"④表示祈求、勸勉或命令。書湯誓:"爾～輔予一人。"又大禹謨:"爾～一乃心力,其克有勳。"

2. cháng 市羊切,音常,平,陽韻,禪。陽部。

㊆〔尚羊〕叠韻聯緜字。同"徜徉"。逍遥。楚辭漢賈誼惜誓:"託回飆乎尚羊。"㊇〔尚書〕官名。唐詩中"尚書"的"尚"都讀平聲。杜甫散愁詩:"聞道并州鎮,尚書訓士齊。"唐白居易燕子樓詩:"今春有客洛陽迴,曾到尚書墓上來。"

〔辨〕尚,上。"尚"字多用於抽象意義,與方位詞的"上"多用於具體意義不同。"天上"

不能寫成“天尚”,“水上”不能寫成“水尚”,“馬上”不能寫成“馬尚”,“上下“不能寫成“尚下”,等等。

九 畫

尞 liáo。

同“燎”。漢書禮樂志郊祀歌:“靁電～,獲白麟。”顏師古注:“尞,古燎字。”

㝹 nóu 集韻奴侯切,平,侯韻,泥。

兔子。字亦作“䨲”、“𪊺”。集韻:“山東呼兔子爲䨲,或作㝹。”

十 畫

尟 xiǎn 息淺切,上,獮韻,心。元部。

少,罕。説文:“尟,是少也。”字本作“鮮”。爾雅釋詁:“鮮,罕也。”易繫辭上:“故君子之道鮮矣。”釋文:“鄭作‘尟’。”

按,説文尟字在是部。

尠 xiǎn 息淺切,上,獮韻,心。

“尟”俗字。潛夫論交際:“(孔子)又稱知德者～。”論語衛靈公作“知德者鮮矣”。

尢 部

尢 wāng 烏光切,音汪,平,唐韻,影。陽部。

字亦作“尣”。説文:“尢,尳,曲脛也。”

一 畫

尤 yóu 羽求切,平,尤韻,喻三。之部。

㊀罪過,過失。易賁:“匪寇婚媾,終無～也。”詩小雅四月:“廢爲殘賊,莫知其～。”鄭箋:“尤,過也。”論語爲政:“多聞闕疑,慎言其餘,則寡～。”引申爲動詞。責過,歸咎。詩鄘風載馳:“許人～之,衆穉且狂。”論語憲問:“不怨天,不～人。”㊁異。説文:“尤,異也。”左傳昭公二十八年:“夫有～物,足以移人。”後漢書陳重傳:“舉～異。”㊂副詞。格外,更加。史記五帝本紀:“余并論次,擇其言～雅者,故著爲本紀書首。”世説新語仇隙:“王右軍素輕藍田,藍田晚節論譽轉重,右軍～不平。”

按,説文尤字在乙部。

四 畫

尨 1. máng 莫江切,平,江韻,明。東部。

㊀多毛犬。説文:“尨,犬之多毛者。”詩召南野有死麕:“無使～也吠。”㊁雜色。左傳閔公二年:“衣之～服,遠其躬也。”杜預注:“尨,雜色。”

2. méng 集韻謨逢切,音蒙,平,東韻,明。東部。

㊂〔尨茸〕叠韻聯緜字。雜亂的樣子。左傳僖公五年:“狐裘尨茸,一國三公,吾誰適從?”

3. páng。

㊃通“龐”。〔尨然〕高大的樣子。唐柳宗元三戒黔之驢:“虎見之,尨然大物也。”

〔同源字〕牻,厖,尨,駹,哤。見“牻”字條。

按,説文尨字在犬部。

尪 wāng 烏光切,音汪,平,唐韻,影。陽部。

骨骼彎曲症。吕氏春秋盡數:“苦水所多～與傴人。”高誘注:“尪,突胸仰向疾也。”引申爲孱弱。抱朴子外篇自叙:“洪秉性～羸,兼之多疾。”

按,説文尪是尢的重文。

尬 gà 古拜切,去,怪韻,見。

〔尴尬〕雙聲聯緜字。見"尴"字條。

五　畫

尮 bǒ 布火切,上,果韻,幫。

〔尮尯〕叠韻聯緜字。跛行貌。明楊基贈跛奚詩:"立如鷺聯拳,行類鱉尮尯。"

尯 zuǒ 臧可切,音左,上,哿韻,精。

〔尮尯〕叠韻聯緜字。見"尮"字條。

九　畫

就 jiù 疾僦切,去,宥韻,從。覺部。

❶趨向。易乾:"水流溼,火～燥。"孟子梁惠王上:"民歸之,由水之～下。"引申爲往那裏去,歸於,走近。論語學而:"～有道而正焉。"國語齊語:"處工～官府,處商～市井,處農～田野。"孟子梁惠王上:"望之不似人君,～之而不見所畏焉。"❷留,不去。與"去"相對。莊子秋水:"言察乎安危,寧於禍福,謹於去～,莫之能害也。"❸成就。詩周頌敬之:"日～月將,學有緝熙於光明。"荀子富國:"事必不～,功必不立。"❹連詞。即使。三國志魏書辛毗傳:"～與孫劉不平,不過令我不作三公而已。"也說"就使"。孟子告子下:"魯欲使慎子爲將軍。"趙岐注:"～使慎子能爲魯一戰取齊南陽之地,且猶不可。"

〔備考〕㊀一周,一匝。禮記禮器:"太路繁纓一～。"疏:"一帀曰就。"㊁能。左傳哀公十一年:"有子曰:'～用命焉。'"杜預注:"雖年少,能用命。"

按,說文就字在京部。

尰 zhǒng 時宂切,上,腫韻,禪。東部。

足腫。詩小雅巧言:"既微且～,爾勇伊何!"毛傳:"骭瘍爲微,腫足爲尰。"

按,說文尰作尰,爲瘇的重文,在疒部。云:"脛氣足腫也。"引詩"既微且瘇"。

十　畫

尲 gān 古咸切,平,咸韻,見。

〔尲尬〕雙聲聯緜字。行不正。今字作"尴尬"。見"尴"字條。

十 四 畫

尴 gān 篇海類編古咸切。

〔尴尬〕雙聲聯緜字。本作"尲尬"。唐韻:"尲尬,行不正也。"引申爲行爲不正,鬼鬼祟祟。京本通俗小說西山一窟鬼:"這個開酒店的漢子又尴尬,也是鬼了!"又爲處境困難,事情棘手。梨園樂府王伯成哨遍:"家私分外,活計尴尬。"儒林外史二三回:"除非你說他程家那話頭來,才不尴尬。"

尸　部

[尸部總論]

尸部的字大致可以分爲三類。

(一)人體和身體的部分。例如:尸　屍　尻　尾

(二)履屣一類的東西。例如:履　屩　屐　屫　屝　屧(屟)　屣

按,履屩屐屫等字說文在履部,但履部亦從尸,今歸入尸部是合理的。

(三)有關房屋的字(尸象屋形)。例如:屋　層(重屋)　屏

此外如居(踞)、屠等字,其意義都與尸有關,這裏不詳加討論了。

尸 shī 式脂切,平,脂韻,審三。脂部。

❶代表死者受祭的活人。詩小雅楚茨:"神具醉止,皇~載起。鼓鐘送~,神保聿歸。"儀禮士虞禮:"祝迎~。"鄭玄注:"尸,主也。孝子之祭,不見親之形象,心無所繫,立尸而主意焉。"❷通"屍"。屍體。左傳成公二年:"襄老死於邲,不獲其~。"禮記曲禮下:"在牀曰~,在棺曰柩。"引申爲以屍體示衆。左傳桓公十五年:"祭仲殺雍糾,~諸周氏之汪。"國語晉語六:"殺三郤而~諸朝。"又爲像屍體一樣躺直。論語鄉黨:"寢不~。"❸主持。詩召南采蘋:"誰其~之?有齊季女。"引申爲居其位而無所事。書五子之歌:"太康~位,以逸豫滅厥德。"

一 畫

尹 yǐn 余準切,音允,上,準韻,喻四。文部。

❶治理。書多方:"~爾多方。"左傳定公四年:"以~天下。"❷官名。書皋陶謨:"庶~允諧。"史記夏本紀作"百官信諧"。楚有令尹,漢代有京兆尹。

按,說文尹字在又部。

尺 chǐ 昌石切,入,昔韻,穿三。鐸部。

長度單位。十寸爲尺。孟子滕文公下:"且志曰'枉~而直尋',宜若可爲也。"又公孫丑上:"~地莫非其有也。"引申爲量長度的器具。古詩爲焦仲卿妻作:"左手持刀~,右手執綾羅。"又爲經脈的部位。醫家以人手高骨爲關,關前爲寸脈,後爲尺脈。

按,說文尺字在尺部。

二 畫

尼 1. ní 女夷切,平,脂韻,娘。脂部。

❶安寧。宋洪适隸釋漢山陽太守祝睦後碑:"竟界~康。"❷梵文 Bhikṣuṇī(比丘尼)的省稱。尼姑,信佛出家的女子。北魏楊衒之洛陽伽藍記胡統寺:"入道爲~,遂居此寺。"

2. nì 集韻尼質切,入,質韻,娘。今讀尼去聲。質部。

❸阻止。孟子梁惠王下:"行或使之,止或~之。"❹近。通"昵"。尸子下:"悅~而來遠。"

尻 kāo 苦刀切,平,豪韻,溪。幽部。

臀部,脊骨末端。莊子大宗師:"浸假而化予之~以爲輪,以神爲馬。"禮記内則:"兔去~,狐去首。"

[辨]尻,臀。二字不同義。段玉裁云:"尻,今俗云溝子是也;脽(臀),今俗云屁股是也。"

四 畫

局 jú 渠玉切,入,燭韻,羣。屋部。

❶曲,卷。詩小雅正月:"謂天蓋高,不敢不~。"毛傳:"局,曲也。"又采緑:"予髮曲~。"毛傳:"局,卷也。"❷〔局促〕叠韻聯緜字。狹隘,拘束,窘迫。抱朴子外篇崇教:"以千門萬户爲局促。"後漢書仲長統傳:"六合之内,恣心所欲,人事可遺,何爲局促?"唐杜甫夢李白詩:"告歸常局促,苦道來不易。"❸棋盤。史記吴王濞列傳:"皇太子引博~提吴太子殺之。"漢班固弈旨:"~必方正,像地羽也。"引申爲量詞。下棋比賽一次叫一局。唐白居易因夢有悟詩:"款曲數杯酒,從容一~碁。"❹部分。禮記曲禮上:"進退有度,左右有~。"注:"局,部分也。"❺人的胸襟器量。後漢書袁紹傳:"紹外寬雅有~度。"❻近。文選三國魏曹丕與吴質書:"塗路雖~,官守有限。"

按,說文局字在口部。

尾 wěi 無匪切,上,尾韻,微。微部。

❶尾巴。易履:"履虎~。"引申爲副詞。在後面。後漢書岑彭傳:"(隗)囂出兵~擊諸營。"李賢注:"尾,謂尋其後而擊之。"❷鳥獸交配。書堯典:"鳥獸孳~。"僞孔傳:"乳化曰

孳,交接曰尾。”㊂量詞。指魚的數量。唐柳宗元游黄溪記:“有魚數百～,方來會石下。”㊃星宿名。二十八宿之一。東方蒼龍七宿的第六位。晉書天文志上:“天漢起東方,經～箕之間,謂之漢津。”

[備考]㊀好,美。詩邶風旄丘:“瑣兮～兮,流離之子。”毛傳:“瑣尾,少好之貌。”朱熹集傳:“瑣,細;尾,末也。”與毛傳異。㊁底。爾雅釋水:“瀵,大出尾下。”郭璞注:“尾猶底也。”

按,説文尾字在尾部。

五　　畫

屆 jiè 古拜切,音介,去,怪韻,見。質部。

㊀至,極。書大禹謨:“惟德動天,無遠弗～。”詩小雅小弁:“不知所～。”又大雅蕩:“靡～靡究。”毛傳:“屆,極。”又小雅節南山:“君子如～。”毛傳:“屆,極。”又采菽:“君子所～。”鄭箋:“屆,極也。”又大雅瞻卬:“靡有夷～。”鄭箋:“屆,極也。”㊁量詞,次,回(後起義)。

居 1. jū 九魚切,平,魚韻,見。魚部。

㊀處,住。詩邶風擊鼓:“爰～爰處,爰喪其馬。”易繫辭下:“上古穴～而野處。”引申爲坐下。論語陽貨:“～! 吾語女。”又爲止息,停留。易繫辭下:“變動不～,周流六虚。”又爲處於。書伊訓:“～上克明,爲下克忠。”史記汲黯列傳:“陛下用羣臣如積薪耳,後來者～上。”㊁囤積。書益稷:“懋遷有無化～。”國語晉語八:“略則行志,假貸～賄。”史記呂不韋列傳:“此奇貨可～。”㊂估數量。禮記王制:“其有中士、下士者,數各～其上之三分。”㊃平時。論語先進:“～則曰‘不吾知也’。”老子:“君子～則貴左,用兵則貴右。”

2. jī 居之切,音姬,平,之韻,見。

㊄語助詞。莊子齊物論:“何～乎? 形固可使如槁木,心固可使如死灰乎?”釋文:“何居,如字。又音姬。”左傳成公二年:“誰～? 後之人必有任是夫!”

[同源字]家,居,嫁。見“嫁”字條。

按,説文:“居,蹲也。”重文“踞”。居處的居説文作凥,在几部,云:“處也。”

屈 1. qū 區勿切,入,物韻,溪。物部。

㊀彎曲,不直。易繫辭下:“尺蠖之～,以求信也。”㊁屈服。孟子滕文公下:“富貴不能淫,貧賤不能移,威武不能～。”㊂委屈,冤屈。史記淳于髡列傳:“滑稽多辯,數使諸侯,未嘗～辱。”

[備考]治。詩魯頌泮水:“順彼長道,～此羣醜。”鄭箋:“屈,治;醜,惡也。”朱熹集傳:“屈,服;醜,衆也。”與鄭箋異。

2. jué 衢物切,入,物韻,羣。物部。

㊃竭,窮盡。莊子天運:“目知窮乎所欲見,力～乎所欲逐。”荀子王制:“使國家足用,而財物不～。”㊄[屈彊][屈强]雙聲聯緜字。倔强,不順從。史記陸賈列傳:“迺欲以新造未集之越,屈彊於此。”漢書作“屈强”。史記匈奴列傳:“楊信爲人剛直屈彊。”㊅[屈橋][屈矯]雙聲聯緜字。壯健貌。漢書揚雄傳上河東賦:“千乘霆亂,萬騎屈橋。”顔師古注:“屈,音其勿反。橋,其召反。”唐杜甫朝獻太清宫賦:“鳳凰威遲而不去,鯨魚屈矯以相吸。”㊆[屈奇]雙聲聯緜字。奇異。漢書廣川惠王越傳:“謀屈奇,起自絶。”顔師古注:“屈奇,奇異也。屈音其勿反。”淮南子詮言:“聖人無屈奇之服,無瑰異之行。”

[同源字]①掘,屈,𧝓,崛,𡚒,𪍿,窟。見“掘”字條。

②絀,黜,詘,屈。見“絀”字條。

③屈,詘,謳。見“詘”字條。

六　　畫

屏 1. píng 薄經切,平,青韻,並。耕部。

㊀當門的小牆。亦稱塞門,又叫蕭牆,即今所謂照壁。國語吴語:“王背～而言,夫人向～。”韋昭注:“屏,寢門内屏。”荀子大略:

"天子外～,諸侯内～。"引申爲屏障,障蔽之物。詩大雅板:"大邦維～。"❷屏風。唐杜甫李監宅詩:"～開金孔雀,褥隱繡芙蓉。"

2. bǐng 必郢切,音餅,上,静韻,幫。耕部。

❸藏。書金縢:"爾不許我,我乃～璧與珪。"❹掩蔽。左傳昭公二十七年:"～王之耳目,使不聰明。"❺除去。詩大雅皇矣:"作之～之,其菑其翳。"❻退避。禮記曲禮上:"左右～而待。"

3. bīng 府盈切,集韻卑盈切,音并,平,清韻,幫。耕部。

❼〔屏營〕叠韻聯緜字。徬徨。國語吴語:"王親獨行,屏營仿偟於山林之中。"引申爲惶恐貌。用於對上級的謙詞。文選南朝梁任昉到大司馬記室牋:"不勝荷戴屏營之情。"

4. bìng 集韻卑正切,音併,去,勁韻,幫。

❽〔屏當〕收拾,料理。世説新語雅量:"人有詣祖,見料視財物,客至,屏當未盡。"

屎 1. shǐ 式視切,上,旨韻,審三。脂部。

❶糞。莊子知北遊:"(道)在～溺。"

2. xī 喜夷切,平,脂韻,曉。脂部。

❷〔殿屎〕呻吟。詩大雅板:"民之方殿屎。"

按,説文無屎字。屎溺的屎,説文作菡。殿屎,説文作唸㕧。

屍 shī 式脂切,平,脂韻,審三。脂部。

死人的身體。國語齊語:"殺而以其～授之。"

屋 wū 烏谷切,入,屋韻,影。屋部。

❶房屋。詩秦風小戎:"在其板～,亂我心曲。"❷用布帛作的覆蓋之物。禮記雜記上:"素錦以爲～而行。"史記項羽本紀:"紀信乘黄～車。"

[辨]翳,蓋,屋。見"翳"字條。

[同源字]①屋,幄。"屋"的本義是幄。後來屋指房屋,另造"幄"字。這是典型的同源字。詩大雅抑:"尚不愧于屋漏。"毛傳:"屋,小帳也。"説文:"屋,居也。"徐灝曰:"古宫室無屋名。古之所謂屋,非今之所謂屋也。"

②屋,剭。見"剭"字條。

七　畫

展 zhǎn 知演切,上,獮韻,知。元部。

❶轉。説文:"展,轉也。"〔展轉〕雙聲叠韻聯緜字。①反覆。韓非子存韓:"韓則居中國,展轉不可知。"②轉動不定的樣子。文選三國魏曹丕雜詩:"展轉不能寐,披衣起徬徨。"字亦作"輾轉"。❷伸張,開展。國語晉語二:"民疾君之侈也,是以遂於逆命,今嘉其夢,侈必～。"韋昭注:"展,申也。"唐元稹遣悲懷詩:"唯將終夜常開眼,報答平生未～眉。"引申爲放寬,延長。史記酷吏列傳王温舒:"嗟乎!令冬月益～一月,足吾事矣。"❸陳列,展示。左傳襄公三十一年:"百官之屬各～其物。"引申爲陳述。左傳哀公二十年:"寡君之老無恤,使陪臣隆敢～謝其不共。"❹審察。國語周語下:"和～百事,俾莫不任肅純恪也。"韋昭注:"展,審也。"周禮夏官祭僕:"凡祭祀致福者,～而受之。"❺誠然,確實。詩邶風雄雉:"～矣君子,實勞我心。"又小雅車攻:"允矣君子,～也大成。"❻古代后妃和命婦的一種禮服。詩鄘風君子偕老:"瑳兮瑳兮,其子～也。"毛傳:"禮有展衣者,以丹縠爲之。"朱熹集傳:"展衣者,以禮見於君,及見賓客之服也。"

屑 xiè 先結切,入,屑韻,心。質部。

❶碎末。儀禮既夕禮:"醯醢～。"❷瑣屑。書多方:"大淫圖天之命,～有辭。"〔屑然〕雜碎衆多的樣子。荀子儒效:"屑然藏千溢之寶。"楊倞注:"屑然,雜碎衆多貌。"❸清潔,美潔。詩邶風谷風:"宴爾新婚,不我～以。"又鄘風君子偕老:"鬒髮如雲,不～髢也。"毛傳:"屑,絜也。"❹顧惜,介意。後漢書馬援傳:"盡心納忠,不～毁譽。"❺忽然。漢

書外戚傳："～兮不見。"顔師古注："屑然，疾意也。"

[同源字]碎，屑。見"碎"字條。

屓 xì 虛器切，去，至韻，曉。

〔屓屭〕叠韻聯緜字。强勁有力的樣子。唐韓愈月蝕詩："森森萬木夜僵立，寒氣屓屭頑無風。"

屐 jī 奇逆切，入，陌韻，羣。錫部。

木屐，木底有齒的鞋子。漢書爰盎傳："～步行七十里。"晉書謝安傳："心喜甚，不覺～齒之折。"

按，説文屐字在履部。

八 畫

屠 1. tú 同都切，音圖，平，模韻，定。魚部。

㊀宰殺牲畜。戰國策韓策二："(聶)政乃市井之人，鼓刀以～。"史記樊酈滕灌列傳："以～狗爲事。"引申爲宰殺牲畜的人。戰國策韓策二："客游以爲狗～。"又爲殘殺人命。史記高祖本紀："令～沛。"

2. chú 直魚切，音除，平，魚韻，澄。魚部。

㊁〔休屠〕①地名。休屠本爲匈奴屬王之號，其領土在今甘肅武威縣北。史記大宛列傳："置居延休屠，以衛酒泉。"②湖澤名。

屙 ē 玉篇烏何切，音阿。

後起字。拉屎。玉篇："屙，上厠也。"宋釋道原景德傳燈録大安禪師："喫潙山飯，～潙山屎，不學潙山禪。"

屝 fèi 扶沸切，去，未韻，奉。微部。

㊀草鞋。玉篇："屝，草屨也。"左傳僖公四年："共其資糧～屨。"杜預注："屝，草屨。"㊁皮鞋。釋名釋衣服："齊人謂韋屨曰屝。屝，皮也，以皮作之。"

屜 tì 他計切，音替，去，霽韻，透。

㊀履中薦。集韻以之爲"屟"的别體。㊁抽屜。北周庾信鏡賦："暫設粧匳，還抽鏡～。"

九 畫

屟 xiè 蘇協切，音燮，入，怗韻，心。葉部。

履中薦。見説文。段玉裁注："即今婦女鞵下所施高底。其字本音他頰切，轉爲他計切。今簌匱有抽屜，本即屟字。"

十 一 畫

屢 lǚ 良遇切，去，遇韻，來。侯部。

多次。書益稷："～省乃成。"論語先進："回也其庶乎，～空。賜不受命，而貨殖焉，億則～中。"

屣 xǐ 所綺切，上，紙韻，審二。今讀如徙。支部。

㊀鞋子。吕氏春秋觀表："視舍天下若舍～。"㊁穿鞋而足不著鞋跟。莊子讓王："原憲華冠縰履。"釋文："聲類或作屣。通俗文云：'履不著跟曰屣。'"後漢書王符傳："衣不及帶，～履出迎。"

按，説文無屣字。足部躧下云："舞履也。"革部�下云："鞮屬。"

十 二 畫

層 céng 昨棱切，平，登韻，從。蒸部。

重屋。見説文。引申爲重叠。楚辭戰國宋玉招魂："～臺累榭，臨高山些。"唐王勃滕王閣序："～巒聳翠，上出重霄。"又爲量詞。老子："九～之臺，起於累土。"

屧 xiè 蘇協切，音燮，入，怗韻，心。

同"屟"。履中薦。古代鞋中的木底。南齊書江泌傳："泌少貧，晝日斫～，夜讀書隨月光。"引申爲鞋。唐杜甫遭田父泥飲詩："步～隨春風，村村自花柳。"

按，説文作屟字。

履 lǚ 力几切，上，旨韻，來。脂部。

㊀踩，踏。易履："～虎尾。"詩小雅小旻："戰戰兢兢，如臨深淵，如～薄冰。"左傳文公十三年："～士會之足於朝。"引申爲領土。左傳僖公四年："賜我先君～。"杜預注："所踐履之界。"㊁鞋。莊子山木："衣弊～穿，貧也，非憊也。"引申爲動詞。穿鞋。史記留侯世家："良業爲取履，因長跪～之。"㊂施行，執行。禮記表記："處其位而不～其事，則亂也。"鄭玄注："履，猶行也。"

［備考］祿。詩周南樛木："樂只君子，福～綏之。"毛傳："履，祿。"

［辨］①屨，履，鞋。見"屨"字條。

②履，踐，蹈，躡。見"躡"字條。

按，説文履字在履部。

十四畫

屨 jù 九遇切，音句，去，遇韻，見。侯部。

鞋。詩魏風葛屨："糾糾葛～，可以履霜。"左傳昭公三年："～賤踊貴。"孟子滕文公上："皆衣褐捆～織席以爲食。"

［辨］屨，履，鞋（鞵）。屨、履、鞋是同一物，時代不同，名稱亦異。段玉裁説文解字注："古曰屨，今曰履；古曰履，今曰鞵。名之隨時不同者也。"又曰："晉蔡謨曰：'今時所謂履者，自漢以前皆名屨。左傳屨賤踊貴，不言履賤；禮記户外有二屨，不言二履；賈誼曰冠雖敝不以苴屨，亦不言苴履。詩曰糾糾葛屨，可以履霜。屨舄者一物之别名；履者足踐之通稱。'按，蔡説極精。易、詩、三禮、春秋傳、孟子皆言屨不言履；周末諸子、漢人書乃言履。詩易凡三履，皆謂踐也。然則履本訓踐，後以爲屨名，古今語異耳。"

按，説文屨字在履部。

十五畫

屩 jué 居勺切，音脚，入，藥韻，見。藥部。

草鞋。史記范睢（雎）列傳："夫虞卿躡～檐簦，一見趙王，賜白璧一雙，黄金百鎰。"

按，説文屩字在履部。

十八畫

屬 1. zhǔ 之欲切，音燭，入，燭韻，照三。屋部。

㊀連接。書禹貢："涇～渭汭。"孔穎達疏："屬謂相連屬。"史記魏公子列傳："平原君使者冠蓋相～於魏。"漢書郊祀志上："使者存問共給，相～於道。"引申爲綴句成文。漢書賈誼傳："年十八，以能誦詩書～文稱於郡中。"㊁佩，繫。左傳僖公二十三年："若不獲命，其左執鞭弭，右～櫜鞬，以與君周旋。"㊂集合，集會。孟子梁惠王下："乃～其耆老而告之。"國語齊語："兵車之～六，乘車之會三。"韋昭注："屬亦會也。"㊃附着，專注。詩小雅小弁："耳～于垣。"左傳定公十四年："師～之目。"漢書蓋寬饒傳："坐者皆～目卑下之。"顔師古注："屬猶注也。"㊄託付。左傳隱公三年："宋穆公疾，召大司馬孔父而～殤公焉。"這個意義後來寫作"囑"。㊅副詞。①適，恰好。左傳成公二年："下臣不幸，～當戎行。"又昭公四年："～有宗祧之事於武城。"②剛才。史記留侯世家："天下～安定，何故反乎？"

2. shǔ 市玉切，音蜀，入，燭韻，禪。屋部。

㊆種類，等輩。易説卦："艮爲山，…爲黔喙之～。"史記留侯世家："陛下起布衣，以此～取天下。"㊇部屬，家屬。書周官："六卿分職，各率其～。"孟子離婁下："夫章子豈不欲有夫妻子母之～哉？"㊈歸屬，隸屬。莊子駢拇："且夫～其性乎仁義者。"史記項羽本紀："項羽始爲諸侯上將軍，諸侯皆～焉。"

［辨］連，聯，屬，綴。見"連"字條。

按，説文屬字在尾部。

二十一畫

屭 xì 集韻虚器切，去，至韻，曉。

〔贔屭〕疊韻聯緜字。見"贔"字條。

屮　部

屮 1. chè 丑列切，音徹，入，薛韻，徹。月部。

㊀草木初生。見説文。

2. cǎo 集韻采早切，音草，上，晧韻，清。幽部。

㊁古"艸"字。同"草"。荀子富國："辟之若～木，枝葉必類本。"漢書禮樂志郊祀歌："～木零落。"顔師古注："屮，古草字。"

一　畫

屯 1. zhūn 陟綸切，平，諄韻，知。文部。

㊀艱難。易屯："～，剛柔始交而難生。"莊子外物："慰暋沈～。"釋文："張倫反。司馬云：'屯，難也。'"〔屯邅〕雙聲聯緜字。難行不進貌。比喻處境困難。易屯："～如邅如。"文選晉左思詠史詩："英雄有屯邅，由來自古昔。"㊁〔屯屯〕謹厚貌。漢董仲舒春秋繁露五行相生："(孔子)爲魯司寇，斷獄屯屯。"

2. tún 徒渾切，音臀，平，魂韻，定。文部。

㊂聚。莊子寓言："火與日，吾～也。"釋文："屯，徒門反，聚也。"楚辭戰國屈原離騷："飄風～其相離兮，帥雲霓而來御。"㊃駐守。管子輕重乙："請以令發師，置～籍農。"史記傅靳蒯成列傳傅寬："徙爲代相國，將～。"舊唐書郭子儀傳："詔子儀以步騎五萬自河中移～涇陽。"

［同源字］笆，屯，囤。見"笆"字條。

山　部

［山部總論］

山部的字，大致可以分爲四類。

(一)山的名稱。例如：岱　狢　嶧　嵎　嶷　岷　崵　崞　嵩　岐　岍

(二)山的種類。例如：嶽　岵　屺　岨　巒　峽　岑

(三)山的部分。例如：崗　嶺　岫　巖　嵒　峯

(四)山的形狀。例如：崇　峻　崛　嵯峨　崔嵬　岌　峭

山 shān 所間切，平，山韻，審二。元部。

地面上由土石構成的隆起部分。書禹貢："禹敷土，隨～刊木。"詩小雅節南山："節彼南～，維石巖巖。"

［辨］①山，嶺。見"嶺"字條。

②陵，阜，阿，丘，山。見"陵"字條。

二　畫

屴 lì 林直切，音力，入，職韻，來。

〔屴崱〕疊韻聯緜字。山峯高聳貌。元貢師泰題顔輝山水詩："蒼龍渡海成叠嶂，屴崱西來勢何壯！"

三　畫

屼 wù 五忽切，音兀，入，没韻，疑。

字亦作"岏"。山秃貌。文選晉左思吴都賦："嵬嶷嶢～。"

按，説文無屼字。

屺 qǐ 墟里切，音起，上，止韻，溪。之部。

不長草木的山。説文："屺，山無草木也。"詩魏風陟岵："陟彼～兮，瞻望母兮。"

岌 jí 魚及切，入，緝韻，疑。今讀如及。緝部。

山高貌。爾雅釋山："小山岌大山，峘。"郭璞注："岌謂高過。"宋孔平仲二十二日大風發長蘆詩："側看岸旋轉，白浪若山～。"〔岌岌〕①高聳貌。楚辭戰國屈原離騷："高余冠之岌岌兮，長余佩之陸離。"②危險貌。孟子萬章上："於斯時也，天下殆哉岌岌乎！"

按，説文無岌字，新附有之。

屹 yì 魚迄切，入，迄韻，疑。

山勢高峻貌。文選漢王延壽魯靈光殿賦："～山峙以紆鬱。"〔屹崒〕叠韻聯緜字。高峻貌。文選晉郭璞江賦："虎牙嵥豎以屹崒，荆門闕竦而磐礴。"

按，説文無屹字。

四　畫

岊 jié 昨結切，音截，入，屑韻，從。

字亦作"𡵅"。㊀山高峻貌。見集韻。字亦作"節"。詩小雅節南山："節彼南山。"㊁山曲。文選晉左思吴都賦："夤緣山嶽之～，冪歷江海之流。"

按，説文作𡵅，云："陬隅高山之節。"

岏 wán 五丸切，平，桓韻，疑。元部。

〔巑岏〕叠韻聯緜字。峻峭的山峰。楚辭漢劉向九歎："登巑岏以長企兮。"王逸注："巑岏，鋭山也。"文選戰國宋玉高唐賦："盤岸巑岏。"張銑注："巑岏，山之峻大貌。"

按，説文無岏字。

岍 qiān 苦堅切，音牽，平，先韻，溪。元部。

山名。在今陜西隴縣西南。書禹貢："導～及岐。"

按，説文無岍字。

岐 qí 巨支切，音奇，平，支韻，羣。支部。

㊀山名。在今陜西岐山縣東北。書禹貢："導岍及～。"㊁岔道。釋名釋道："二達曰岐旁。物兩爲岐，在邊曰旁。"後漢書鄧彪傳："統之，方軌易因，險途難御，故昔人明慎於所受之分，遲遲於～路之間也。"字亦作"歧"。列子説符："鄰人曰：'多歧路。'"

［備考］知意。詩大雅生民："誕實匍匐，克～克嶷。"毛傳："岐，知意也；嶷，識也。"朱熹集傳："岐嶷，峻茂之狀。"與毛傳異。

按，説文岐是郊的重文，在邑部，云："周文王所封，在右扶風美陽中水鄉。从邑，支聲。岐，郊或从山，支聲，因岐山以名之也。"

岈 xiā 許加切，音蝦，平，麻韻。曉。

谷中大空貌。見集韻。唐柳宗元始得西山宴游記："其高下之勢，～然洼然，若垤若穴。"

按，説文無岈字。

岑 cén 鋤針切，平，侵韻，牀二。侵部。

㊀小而高的山。爾雅釋山："山小而高曰岑。"説文："岑，山小而高也。"引申爲高山。唐杜甫阻雨不得歸瀼西甘林詩："草堂亂元圃，不隔崑崙～。"〔岑崟〕叠韻聯緜字。山峻險貌。漢書司馬相如傳子虚賦："岑崟參差，日月蔽虧。"㊁岸。莊子徐无鬼："未始離於～。"郭象注："岑，岸也。"㊂〔岑寂〕冷清，寂寞。文選南朝宋鮑照舞鶴賦："去帝鄉之岑寂。"唐杜甫樹間詩："岑寂雙甘樹，婆娑一院香。"

［備考］鋭。楚辭漢劉向九歎逢紛："觸～石兮。"王逸注："岑，鋭也。"

岉 wù 文弗切，音物，入，物韻，微。

〔崛岉〕叠韻聯緜字。高貌。文選漢王延壽魯靈光殿賦："隆崛岉於青雲。"

按，説文無岉字。

岔 chà。

晚起字。㊁山脈分岐的地方。明方以智通雅諺原："山岐曰岔，水岐曰汊。"也指道路分岐的地方。水滸傳三二回："地名喚做瑞龍鎮，却是個三～路口。"㊂轉移話題。紅樓夢七一回："平兒把眼圈一紅，拿別的話～過去。"

五　畫

岡 gāng 古郎切，音剛，平，唐韻，見。陽部。

山脊。詩周南卷耳："陟彼高～，我馬玄黄。"

岢 kě 枯我切，音可，上，哿韻，溪。

〔岢嵐〕山名。又縣名。

按，説文無岢字。

岸 àn 五旰切，去，翰韻，疑。元部。

㊀水邊高起之地。詩衛風氓："淇則有～，隰則有泮。"㊁高，雄偉。漢書江充傳："充爲人魁～，容貌甚壯。"引申爲風度嚴峻。新唐書仇士良傳："李石輔政，稜稜有風～。"㊂〔岸幘〕掀起頭巾，露出前額。表示態度洒脱，不拘束。晉書謝奕傳："(桓)温辟爲安西司馬，猶推布衣好。在温坐，岸幘笑咏，無異常日。"

［備考］通"犴"。牢獄。詩小雅小宛："宜～宜獄。"釋文："韓詩作犴，音同。鄉亭之繫曰犴，朝廷曰獄。"

岩 yán 音巖。

同"巖"。三國魏曹子建洛神賦："覩一麗人，於～之畔。"文選作"巖"。

岪 fú 符弗切，音弗，入，物韻，奉。

字亦作"岪"。㊀〔岪鬱〕〔鬱岪〕〔岪蔚〕叠韻聯緜字。山貌。集韻："岪鬱，山皃。"史記司馬相如列傳子虚賦："其山則盤紆岪鬱。"文選注引埤蒼："岪鬱，山皃。"文選晉左思吴都賦："嶁溟鬱岪。"漢王延壽魯靈光殿賦："下岪蔚以璀錯，上崎巇而重注。"李善注："岪蔚，特起貌。"㊁山曲。楚辭漢淮南小山招隱士："坱兮軋，山曲～。"

按，説文無岪字。

峵 duì 集韻徒外切，音兑，去，泰韻，定。

〔嶜峵〕叠韻聯緜字。見"嶜"字條。

按，説文無峵字。

岷 mín 武巾切，集韻眉貧切，音閩，平，真韻，明。真部。

山名。在今四川松潘縣北。書禹貢："～山導江。"又："～山之陽，至于衡山。"傳："岷山，江所出，在梁州。"

按，説文作㟭字。段玉裁注："俗作㟭，作岷。"

岧 tiáo 徒聊切，音條，平，蕭韻，定。宵部。

字亦作"岹"。㊀〔岧岧〕高貌。文選漢張衡西京賦："狀亭亭以岧岧。"㊁〔岧嶢〕叠韻聯緜字。山高峻貌。三國魏曹植九愁賦："踐蹊隧之危阻，登岧嶢之高岑。"㊂〔岧嵽〕雙聲聯緜字。高遠貌。文選漢王延壽魯靈光殿賦："浮柱岧嵽以星懸。"

按，説文無岧字。

岥 bō 集韻逋禾切，音波，平，戈韻，幫。

〔岥陀〕叠韻聯緜字。同"陂陀"。傾斜不平貌。文選晉潘岳西征賦："覓陛殿之餘基，裁岥陀以隱嶙。"

按，説文無岥字。

岠 jù 玉篇其吕切，音巨。魚部。

㊀大山。見玉篇。㊁通"距"。去，至。爾雅釋地："～齊州以南戴日爲丹穴。"郭璞注："岠，去也。"漢書食貨志下："元龜～冉長尺二寸。"顔師古注引孟康："冉，龜甲緣也。岠，至也。"

按，説文無岠字。

岨 1.jū 七余切，音蛆，平，魚韻，清。魚部。

㊀戴土的石山。説文："岨，石戴土也。…詩'陟彼～矣'。"今詩周南卷耳作"陟彼砠

矣"。毛傳："石山戴土曰砠。"

2.zū 集韻壯所切，音阻，上，語韻，照二。魚部。

㊁同"阻"。險要。文選漢司馬相如上書諫獵："今陛下好凌～險，射猛獸。"

3.jǔ。

㊂〔岨峿〕同"齟齬"。不相當，抵觸。文選晉陸機文賦："或妥帖而易施，或齟齬而不安。"

岫 xiù 似祐切，音袖，去，宥韻，邪。幽部。

㊀山穴。見說文。晉陶潛歸去來辭："雲無心以出～。"㊁峰巒。南朝齊謝朓郡内高齋閑望詩："窗中列遠～，庭際俯喬林。"

岬 jiā 集韻古狎切，音甲，入，狎韻，見。

兩山之間。北魏酈道元水經注江水上引淮南子："徬徨於山～之旁"。今本淮南子原道作"仿洋於山峽之旁。"文選晉左思吳都賦："傾藪薄，倒～岫。"

按，說文無岬字。

岟 yǎng 於兩切，上，養韻，影。陽部。

㊀山足。見集韻。漢揚雄太玄增："崔嵬不崩，賴彼～崥。"㊁深邃。文選晉左思魏都賦："山林幽～，川澤迴繚。"

按，說文無岟字。

岭 líng 郎丁切，音零，平，青韻，來。耕部。

㊀山深貌。見廣韻。〔岭嶒〕疊韻聯緜字。山深貌。漢書揚雄傳甘泉賦："岭嶒嶙峋，洞亡厓兮。"㊁〔岭嶙〕雙聲聯緜字。石聲。漢揚雄蜀都賦："卬巖岭嶙。"

按，說文無岭字。

岵 hù 侯古切，音户，上，姥韻，匣。魚部。

有草木的山。說文："岵，山有草木也。"詩魏風陟岵："陟彼～兮，瞻望父兮。"

岝 zuó 在各切，音昨，入，鐸韻，從。

㊀〔岝崿〕疊韻聯緜字。①山高貌。文選晉左思吳都賦："雖有石林之岝崿，請攘臂而靡之。"②山名。在今江蘇吳縣西南。㊁〔岝峉〕〔岝嶺〕疊韻聯緜字。山勢不齊貌。文選漢張衡南都賦："岝峉𡼏嵬。"李善注引埤蒼："岝峉，山不齊也。"晉木華海賦："啟龍門之岝嶺。"

按，說文無岝字。

岣 gǒu 古厚切，音狗，上，厚韻，見。

〔岣嶁〕疊韻聯緜字。山名。在今湖南衡陽市北。

按，說文無岣字。

岳 yuè 五角切，入，覺韻，疑。屋部。

㊀同"嶽"。高大的山，泰山、華山、衡山、恒山、嵩山爲五岳。書舜典："五月南巡守，至于南岳。"㊁妻的父親稱岳丈或岳父，妻的母親稱岳母(後起義)。高則誠琵琶記下："女婿要同歸，～丈意何如?"宋曾慥高齋漫録："再娶之夕，～母陋之。"㊂姓。宋有岳飛。

［辨］嶽，岳。"五嶽"亦作"五岳"，但"四岳"(官名)不作"四嶽"，"岳父"不作"嶽父"。岳飛不作"嶽飛"。

按，說文以岳爲嶽的古文，篆作[illegible]。

岱 dài 徒耐切，音代，去，代韻，定。之部。

泰山的别名。說文："岱，太山也。"書禹貢："海～惟青州。"舜典："歲二月，東巡守，至于～宗。"唐杜甫望嶽詩："～宗夫如何？齊魯青未了。"

六　畫

峐 gāi 古哀切，音該，平，咍韻，見。之部。

無草木的山。爾雅釋山："山無艸木曰峐。"

按，說文無峐字。

峙 zhì 直里切，上，止韻，澄。之部。

屹立，聳立。文選漢張衡西京賦："通天訬以竦～。"

［備考］儲備。書費誓："～乃糗糧。"詩

大雅崧高："以～其粻。"朱熹集傳："峙，積。"

［同源字］跱，峙，峙。見"跱"字條。

按，説文無峙字。

峘 huán 胡官切，音桓，平，桓韻，匣。元部。

高過大山的小山。爾雅釋山："小山岌大山，峘。"郭璞注："岌謂高過。"邢昺疏："小山與大山相併，而小山高於大山者名峘。"

按，説文無峘字。

峛 lǐ 力紙切，上，紙韻，來。月部。

〔峛崺〕猶"邐迤"。山連續不斷的樣子。漢揚雄法言吾子："升東嶽而知衆山之峛崺也。"

按，説文無峛字。

峌 dié 集韻徒結切，音迭，入，屑韻，定。

〔峌峴〕叠韻聯緜字。高貌。文選晉木華海賦："則有崇島巨鼇，峌峴孤亭。"

按，説文無峌字。

峒 1. tóng 徒紅切，音同，平，東韻，定。

㊀〔崆峒〕叠韻聯緜字。見"崆"字條。

2. dòng 徒弄切，音洞，去，送韻，定。

㊁舊時對我國貴州廣西少數民族聚居地方的泛稱。唐柳宗元柳州峒氓詩："青箬裹鹽歸～客，綠荷包飯趁虚人。"宋陸游遊卧龍寺詩："～人争趁五更市，我亦來追六月涼。"

按，説文無峒字。

峗 yáng 五江切，平，江韻，疑。

〔崆峗〕叠韻聯緜字。見"崆"字條。

按，説文無峗字。

峋 xún 相倫切，音荀，平，諄韻，心。真部。

〔嶙峋〕叠韻聯緜字。見"嶙"字條。

按，説文無峋字，新附有之。

七　畫

峾 yín 集韻魚巾切，音銀，平，諄韻，疑。

〔峾淪〕叠韻聯緜字。水回旋貌。文選晉郭璞江賦："峾淪溛瀤，乍浥乍堆。"

峷 xiāo。

〔峷嵺〕叠韻聯緜字。高峻貌。唐杜甫朝享太廟賦："鳥不敢飛，而玄甲峷嵺以岳峙。"〔峷豁〕雙聲聯緜字。高峻貌。唐柳宗元行路難詩："羣材未成質已夭，突兀峷豁空巖巒。"字亦作"庨豁"。宫室高貌。見集韻。

按，説文無峷字。

峵 mǎng 模朗切，音莽，上，蕩韻，明。陽部。

〔嵣峵〕叠韻聯緜字。見"嵣"字條。

按，説文無峵字。

峽 xiá 侯夾切，音狹，入，洽韻，匣。葉部。

兩山夾水處。長江有巫峽等三峽。文選晉左思蜀都賦："經三～之峥嶸。"世説新語言語："桓公入～，絶壁天懸，騰波迅急。"也指兩山之間。淮南子原道："逍遥于廣澤之中，而仿洋于山～之旁。"唐王維桃源行："～裏誰知有人事？世中遥望空雲山。"

［同源字］陜，峽，狹，㾝，陿。見"陜"字條。

按，説文作陜字。

峿 1. wú 五乎切，音吾，平，模韻，疑。

㊀山名。㊁臺名。

2. yǔ 集韻偶舉切，音語，上，語韻，疑。

㊂〔岨峿〕叠韻聯緜字。見"岨"字條。

按，説文無峿字。

巠 1. xíng 户經切，音形，平，青韻，匣。耕部。

㊀谷。見説文。漢揚雄法言吾子："山～之蹊，不可勝由矣。"

2. kēng 口莖切，音鏗，平，耕韻，溪。

㊁谷名。徐鍇説文繫傳："驪山下谷，秦阬儒處。"廣韻："巠，或作硎，谷名，在麗山，昔秦密種瓜處。"段玉裁説文解字注："按，秦冬月種瓜谷中温處，瓜實，因使諸生往視説之，發機阬諸生。事見尚書正義所引衛宏詔定古

文官書序。"

峮 qūn 集韻區倫切，平，諄韻，溪。文部。

字亦作"峮"。〔峮嶙〕叠韻聯緜字。山相連貌。文選漢張衡南都賦："或峮嶙而纚連，或豁爾而中絶。"

按，説文無峮字。

峭 qiào 七肖切，音俏，去，笑韻，清。宵部。

❶陡直。楚辭戰國屈原九章悲回風："上高巖之～岸兮。"韓非子五蠹："故十仞之城，樓季弗能踰者，～也。"又内儲説上："見深澗～如牆。"❷嚴酷，苛刻。史記鼂錯列傳："錯爲人～直刻深。"❸尖利（後起義）。唐姚合除夜詩："寒猶近北～，風漸向東生。"

按，説文作陗，在阜部。

峴 xiàn 胡典切，上，銑韻，匣。

❶小而險的山。文選南朝宋謝靈運從斤竹澗越嶺溪行詩："逶迤傍隈隩，苕遞陟陘～。"❷山名。在今湖北襄陽縣南。

按，説文無峴字。

峪 yù 集韻俞玉切，音欲，入，燭韻，喻四。

後起字。山谷。元王渾沁水道中詩："蒼巔互出縮，～勢曲走蛇。"

峆 hán 火含切，平，覃韻，曉。

大谷。見廣韻。〔峆岈〕雙聲聯緜字。谷中大空貌。南朝梁元帝玄覽賦："峆岈豁開，背原面野。"

按，説文無峆字。

峻 jùn 私閏切，去，稕韻，心。今讀如俊。文部。

❶高。見説文。書五子之歌："～宇雕牆。"國語晉語九："高山～原，不生草木。"引申爲大。禮記大學："克明～德。"又爲長大。楚辭戰國屈原離騷："冀枝葉之～茂兮。"❷嚴峻，嚴厲。史記酷吏列傳張湯："吏務爲嚴～。"

［同源字］駿，俊，峻。見"駿"字條。

峨 é 五何切，音鵝，平，歌韻，疑。歌部。

高山峻嶺。字亦作"峩"。南朝宋謝靈運山居賦："庚宅壘以葆和，輿陟～而善狂。"〔峨嵋〕山名。在四川峨嵋縣西南，因山峰相對如蛾眉，故名。又作"峨眉"。〔峨然〕特立出衆的樣子。世説新語賞譽："庾子嵩目和嶠。"劉孝標注引晉諸公贊："嶠常慕其舅夏侯玄爲人，故於朝士中峨然不羣。"〔嵯峨〕叠韻聯緜字。見"嵯"字條。

峯 fēng 敷容切，音峰，平，鍾韻，敷。東部。

山頂。説文："峯，山耑也。"文選晉左思蜀都賦："松柏蓊鬱於山～。"字亦作"峰"。

島 dǎo 都晧切，上，晧韻，端。宵部。

海洋中的陸地。説文作"㠀"，云："海中往往有山可依止曰㠀。"書禹貢："～夷皮服。"史記田儋列傳："田横懼誅，而與其徒屬五百餘人入海，居～中。"

峳 yóu 集韻夷周切，音由，平，尤韻，喻四。幽部。

〔峳峳〕傳説中的獸名。山海經東山經："有獸焉，其狀如馬而羊目，四角，牛尾，其音如獆狗，其名曰峳峳。"

按，説文無峳字。

峱 náo 奴刀切，平，豪韻，泥。幽部。

山名。詩齊風還："子之還兮，遭我乎～之間兮。"

八　畫

崈 chóng 鋤弓切，音崇，平，東韻，牀二。冬部。

同"崇"。漢書郊祀志下："莽遂～鬼神淫祀。"顔師古注："崈，古崇字。"

崇 chóng 鋤弓切，平，東韻，牀二。冬部。

❶高。詩周頌良耜："其～如墉，其比如櫛。"鄭箋："以言積之高大且相比迫也。"晉王

羲之蘭亭集序:"此地有～山峻嶺,茂林修竹。"引申爲高貴。左傳宣公十二年:"子良,鄭之良也;師叔,楚之～也。"又爲增長。左傳成公十八年:"今將～諸侯之姦。"❷尊重。論語顔淵:"子張問～德辨惑。"禮記王制:"上賢以～德,簡不肖以絀惡。"❸充。儀禮鄉飲酒禮:"北面再拜～酒。"唐柳宗元送薛存義之任序:"柳子載肉於俎,～酒於觴,追而送之江滸,飲食之。"❹終。〔崇朝〕終朝,一個上午。詩衛風河廣:"誰謂宋遠,曾不崇朝。"❺古國名。國語周語下:"其在有虞,有～伯鮌。"韋昭注:"崇,鮌國。伯,爵也。"史記周本紀:"伐～侯虎。"張守節正義:"虞夏商周皆有崇國,崇國蓋在豐鎬之間。"

[備考]飾。國語周語中:"容貌有～,威儀有則。"韋昭注:"崇,飾也,容止可觀也。"

崆 kōng 苦紅切,音空,平,東韻,溪。

❶〔崆峒〕叠韻聯緜字。①山名。②古人認爲北極居天之中,斗極之下爲空桐(崆峒)。洛陽居地之中,因以崆峒指洛陽。唐李賀仁和里雜敘皇甫湜詩:"明朝下元復西道,崆峒敘别長如天。"③山洞。"峒"讀去聲。唐高適赴彭州山行之作詩:"峭壁連崆峒,攢峯叠翠微。"❷〔崆峗〕叠韻聯緜字。山高峻貌。文選漢張衡南都賦:"其山則崆峗嶱嵑。"

按,説文無崆字。

崞 guō 古博切,音郭,入,鐸韻,見。鐸部。

山名。説文:"崞,山在鴈門。"

崒 1. zú 慈卹切,入,術韻,從。

字亦作"崪"。❶高峻而危險。説文:"崒,危高也。"文選南朝宋鮑照蕪城賦:"崪若斷岸。"〔崒兀〕叠韻聯緜字。險峻貌。唐杜甫自京赴奉先縣詠懷詩:"羣水從西下,極目高崒兀。"

2. cuì。

❷通"萃"。聚,集。文選戰國宋玉高唐賦:"崪中怒而特高兮。"李善注:"崪,聚也。"漢書賈誼傳鵩鳥賦:"異物來崪,私怪其故。"文選作"萃"。

崝 zhēng 士耕切,平,耕韻,牀二。耕部。

峻峭。淮南子繆稱:"城峭者必崩,岸～者必陀。"〔崝嶸〕叠韻聯緜字。同"崢嶸"。①高峻貌。見玉篇。②深險貌。文選戰國宋玉高唐賦:"俯視崝嶸,窐寥窈冥,不見其底。"

崨 jié 疾葉切,音捷,入,葉韻,從。葉部。

〔崨嶫〕叠韻聯緜字。高峻貌。文選漢張衡西京賦:"嵯峨崨嶫,罔識所則。"

按,説文無崨字。

崚 líng 力膺切,音陵,平,蒸韻,來。

〔崚嶒〕叠韻聯緜字。山貌。見集韻。南朝齊謝朓遊山詩:"堅崿既崚嶒,迴流復宛澶。"

崧 sōng 息躬切,音嵩,平,東韻,心。東部。

山大而高。爾雅釋山:"山大而高,崧。"詩大雅崧高:"～高維嶽,駿極於天。"

按,説文無崧字。

崍 lái 落哀切,音來,平,咍韻,來。

山名。即邛崍山。在今四川省西部岷江和大渡河間。

按,説文無崍字。

崖 yá 五佳切,平,佳韻,疑。今讀如牙。支部。

山邊。文選漢馬融長笛賦:"于終南之陰～。"引申爲岸邊。荀子勸學:"淵生珠而～不枯。"又爲邊際。莊子山木:"君其涉於江而浮於海,望之而不見其～。"

[同源字]涯,崖,厓。見"涯"字條。

按,説文作厓,在厂部,云:"山邊也。"

崎 qí 去奇切,平,支韻,溪。歌部。

傾側貌。文選戰國宋玉高唐賦:"磐石險峻,傾～崕隤。"〔崎嶇〕雙聲聯緜字。山道險阻不平的樣子。文選漢張衡南都賦:"上平衍而曠蕩，下蒙蘢而崎嶇。”也用來比喻處境困難。史記燕召公世家：“燕北迫蠻貉，内措齊晉，崎嶇彊國之間。”

按，説文無崎字。

崦 yān 央炎切，音淹，平，鹽韻，影。談部。

〔崦嵫〕山名。在今甘肅天水縣西。古代神話説是日入之處。山海經西山經：“鳥鼠同穴之山西南三百六十里曰崦嵫之山。”郭璞注：“日没所入山也。”楚辭戰國屈原離騷：“吾令羲和弭節兮，望崦嵫而勿迫。”

按，説文無崦字。

崌 jū 九魚切，音居，平，魚韻，見。魚部。

山名。山海經中山經：“又東一百五十里曰～山，江水出焉。”文選郭璞江賦：“源二分於～崍，流九派乎潯陽。”

按，説文無崌字。

崛 jué 衢物切，入，物韻，羣。物部。

高起，突出。説文：“崛，山短高也。”文選漢揚雄甘泉賦：“洪臺～其獨出兮。”漢蔡邕玄文先生李子材銘：“雄俊豪傑往往～出。”

［同源字］掘，屈，䘿，崛，𡖐，𪓔，窟。見“掘”字條。

崗 gāng 古郎切，平，唐韻，見。

後起字。同“岡”。唐杜甫上後園山脚詩：“小園背高～，挽葛上崎崟。”

婐 kuī 集韻苦猥切，上，賄韻，溪。

同“嵬”。高峻貌。文選漢王延壽魯靈光殿賦：“瞻彼靈光之爲狀也，則嵯峨嶵嵬，峞巍𡼏～。”

按，説文無婐字。

崑 kūn 古渾切，音昆，平，魂韻，見。文部。

字亦作“崐”。〔崑崘〕叠韻聯緜字。山名。

［備考］高。後漢書荀爽傳：“察法於地，則崐山象夫，卑澤象妻。”李賢注：“崐猶高也。”

按，説文無崑字，新附有之。

崘 lún 盧昆切，音論，平，魂韻，來。文部。

字亦作“崙”。❶〔崑崘〕叠韻聯緜字。山名。❷〔崘菌〕叠韻聯緜字。同“輪囷”。屈曲盤結貌。文選漢王延壽魯靈光殿賦：“崘菌踡嶙。”

按，説文無崘字，新附有之。

崟 yín 魚金切，音吟，平，侵韻，疑。侵部。

字亦作“崯”。高。廣雅釋詁四：“崟，高也。”〔岑崟〕叠韻聯緜字。説文：“崟，山之岑崟也。”山高貌。漢書司馬相如傳子虛賦：“岑崟參差，日月蔽虧。”〔崟崟〕①高偉奇特貌。楚辭漢淮南小山招隱士：“狀貌崯崯兮峨峨。”②繁茂貌。楚辭漢王逸九思憫上：“叢林兮崯崯。”

崢 zhēng 士耕切，平，耕韻，牀二。耕部。

高峻。戰國策楚策一：“於是嬴糧潛行，上～山，踰深谿。”〔崢嶸〕叠韻聯緜字。①高峻貌。文選漢揚雄蜀都賦：“似紫宮之崢嶸。”唐李白蜀道難詩：“劍閣崢嶸而崔嵬，一夫當關，萬夫莫開。”②深邃貌。楚辭漢劉向九歎遠遊：“下崢嶸而無地兮，上寥廓而無天。”

按，説文崢作竫，云：“嶸也。”

崤 xiáo 胡茅切，音肴，平，肴韻，匣。宵部。

山名，在今河南洛寧縣北，西北接陝縣界。字本作“殽”。左傳僖公三十二年：“晉人禦師必於殽。”文選漢賈誼過秦論：“秦孝公據殽函之固。”李善注：“韋昭曰：殽謂二殽；函，函谷關也。”

按，説文無崤字。

崩 bēng 北滕切，平，登韻，幫。蒸部。

字亦作“塴”。❶倒塌。説文：“塴，山壞也。”詩小雅十月之交：“百川沸騰，山冢崒～。”春秋成公五年：“梁山～。”引申爲敗壞。詩魯頌閟宫：“不虧不～。”鄭箋：“虧、崩，皆謂毁壞也。”論語陽貨：“君子三年不爲禮，禮必壞;三年不爲樂,樂必～。”㊁古人諱言尊者之死,曰崩。戰國策趙策四:“一旦山陵～,長安君何以自託於趙?”後來專指皇帝的死。禮記曲禮下:“天子死曰～。”史記高祖本紀:“四月甲辰,高祖～長樂宫。”

[辨]阤,崩。見“阤”字條。

崣 1. wēi 集韻鄔毁切,音委,上,紙韻,影。

㊀〔㠑崣〕叠韻聯緜字。見“㠑”字條。

2. wēi 音逶。

㊀〔崣崺〕叠韻聯緜字。同“逶迤”。漢枚乘梁王菟園賦:“崣路崣崺。”

按,説文無崣字。

崔 1. cuí 昨回切,平,灰韻,從。微部。

㊀山高。説文:“崔,大高也。”集韻引作“山高也”。〔崔崔〕山高大貌。詩齊風南山:“南山崔崔。”〔崔嵬〕叠韻聯緜字。有石的土山。詩周南卷耳:“陟彼崔嵬。”毛傳:“土山之戴石者。”

2. cuī 倉回切,音催,平,灰韻,清。微部。

㊀地名。春秋齊地。左傳襄公二十七年:“(崔)成請老于～。”㊁姓。

崌 niè 集韻倪結切,音臬,入,屑韻,疑。

㊀〔峌崌〕叠韻聯緜字。見“峌”字條。㊁〔崌屼〕雙聲聯緜字。同“鯢卼”。不安貌。唐李白梁甫吟:“風雪感會起屠釣,大人崌屼當在之?”

按,説文無崌字。

崥 pí 部迷切,音鼙,平,齊韻,並。

〔崥崹〕叠韻聯緜字。山形漸平貌。見集韻。文選晉張協七命:“既乃瓊巘嶒崚,金岸崥崹。”

按,説文無崥字。

嵫 zī 集韻莊持切,音菑,平,之韻,照二。之部。

〔嵫嶷〕叠韻聯緜字。參差不齊的樣子。文選漢王延壽魯靈光殿賦:“岑崟嵫嶷,駢巃嵸兮。”

按,説文無嵫字。

九　畫

嵃 yǎn 魚蹇切,上,獮韻,疑。

險峻貌。文選晉潘岳西征賦:“金墉鬱其萬雉,峻～峭以繩直。”

按,説文無嵃字。

崹 tí 杜奚切,音題,平,齊韻,定。

〔崥崹〕叠韻聯緜字。見“崥”字條。

按,説文無崹字。

嵅 yǐ 移爾切,上,紙韻,喻四。歌部。

〔峛嵅〕叠韻聯緜字 。見 “峛”字條。

按,説文無嵅字。

崷 qiú 自秋切,音酋,平,尤韻,從。幽部。

字亦作“崒”。〔崷崒〕雙聲聯緜字。高峻貌。文選漢班固西征賦:“巖峻崷崒,金石峥嶸。”唐杜甫白水縣崔少府十九翁高齋詩:“煙氛藹崒崒,魍魎森慘戚。”

按,説文無崷字。

嵫 zī 子之切,音兹,平,之韻,精。之部。

㊀〔崦嵫〕見“崦”字條。㊁〔嵫釐〕叠韻聯緜字。險峻貌。文選漢王延壽魯靈光殿賦:“崱屴嵫釐。”

按,説文無嵫字。

嵁 kān 口含切,音堪,平,覃韻,溪。侵部。

〔嵁巖〕高低不平的山。集韻:“嵁巖,不平。”莊子在宥:“故賢者伏處大山嵁巖之下,而萬乘之君憂慄乎廟堂之上。”唐柳宗元永州新堂記:“將爲穹谷嵁巖淵池於郊邑之中。”亦省稱“嵁”。南朝齊謝脁遊山詩:“鼯狖叫層～,鷗鳧戲沙衍。”

按,説文無嵁字。

嵌 1. qiān 口銜切,平,銜韻,溪。談部。

㊀開張貌。文選漢揚雄甘泉賦:“～巖巖

其龍鱗。”〔嵌巖〕叠韻聯緜字。山洞（後起義）。唐盧照鄰五悲詩：“因嵌巖以爲室，就芬芳以列筵。”㊁深陷。唐岑參江上阻風雨詩：“積浪成高丘，盤渦爲～窟。”引申爲深洞。前蜀韋莊李氏小池亭詩：“引泉疏地脈，掃絮積山～。”

2. qiàn 音欠。

㊂填嵌（後起義）。紅樓夢三回：“頭上戴着束髮～寶紫金冠。”清蒲松齡聊齋志異鳳仙：“珠～錦繡，工巧殊絶。”

按，説文無嵌字，新附有之，云：“山深皃。”

崴 wēi 乙皆切，平，皆韻，影。微部。

〔崴嵬〕〔崴㠢〕〔崴磈〕〔崴硊〕叠韻聯緜字。不平貌。楚辭戰國屈原九章抽思：“軫石崴嵬。”文選晉左思吴都賦：“隱賑崴㠢。”史記司馬相如列傳大人賦：“洞出鬼谷之崫礨崴磈。”文選漢司馬相如上林賦：“崴磈嵔廆。”

按，説文無崴字。

嵋 méi 武悲切，集韻旻悲切，音眉，平，脂韻，明。

〔峨嵋〕山名。

按，説文無嵋字。

崱 zè 士力切，入，職韻，牀二。職部。

〔崱屴〕叠韻聯緜字。山貌。見廣韻。文選漢王延壽魯靈光殿賦：“崱屴嶬𡾊。”

按，説文無崱字。

崵 1. yáng 與章切，音陽，平，陽韻，喻四。陽部。

㊀山名。即首陽山，在今山西永濟縣南。

2. dàng 徒朗切，音蕩，上，蕩韻，定。陽部。

㊁山名。即碭山，在今安徽碭山縣東南。

嵑 1. kě 苦曷切，音渴，入，曷韻，溪。月部。

㊀山貌。見集韻。文選漢張衡南都賦：“其山則崆峣嶱～。”

2. jié 音竭。

㊁通“碣”。圓形石碑。後漢書竇憲傳載班固燕然山銘：“封神丘兮建隆～。”李賢注：“方者謂之碑，員者謂之碣。嵑，亦碣也。”

按，説文無嵑字。

崽 zǎi 山皆切，平，皆韻，審二。今讀如宰。

兒子。方言一〇：“崽者，子也。湘沅之會，凡言是子者謂之崽，若東齊言子矣。”郭璞注：“聲如宰。”

按，説文無崽字。

崿 è 五各切，音鄂，入，鐸韻，疑。鐸部。

山崖。文選漢張衡西京賦：“坻～鱗眴。”

按，説文無崿字。

嵔 wěi 於鬼切，上，尾韻，影。微部。

㊀〔嵔廆〕叠韻聯緜字。高峻貌。文選漢司馬相如上林賦：“崴磈嵔廆。”㊁〔嵔壘〕叠韻聯緜字。曲折盤旋貌。論衡雷虚：“刻尊爲雷之形，一出一入，一屈一伸，爲相校軫則鳴。校軫之狀，鬱律嵔壘之類也。”

按，説文無嵔字。

嵎 yú 遇俱切，音愚，平，虞韻，疑。侯部。

㊀山名。説文：“嵎，封嵎之山也，在吴楚之間，汪芒之國。”國語魯語下：“客曰：‘防風何守也？’仲尼曰：‘汪芒氏之君也，守封～之山者也。’”㊁〔嵎夷〕地名。書堯典：“分命羲仲，宅嵎夷，曰暘谷。”又禹貢：“嵎夷既略。”禹貢説在青州，説文作“堣夷”，説在冀州。㊂〔嵎谷〕傳説日入處。列子湯問：“夸父不量力，欲追日影，逐之於嵎谷之際。”㊃山曲。孟子盡心下：“虎負～，莫之敢攖。”

嵒 yán 五咸切，平，咸韻，疑。侵部。

㊀巖。説文：“嵒，山巖也。”前蜀韋莊李氏小池亭詩：“遲客登高閣，題詩遶翠～。”㊁〔岑嵒〕叠韻聯緜字。山險峭的樣子。文選三國魏嵇康琴賦：“且其山川形勢，盤紆隱深，確嵬岑嵒。”李善注：“岑嵒，危險之形。”南朝

梁江淹翡翠賦："峰岑嵒而蔽日，樹静瞑而臨泉。"

嵏 zōng 子紅切，平，東韻，精。東部。

❶山名。説文："九嵏山在馮翊谷口。"史記司馬相如列傳上林賦："九～巀嶭。"❷數峰相連的山。漢書揚雄傳校獵賦："爾乃虎路三～。"顔師古注："三嵏，三峯聚之山也。"

嵐 lán 盧含切，音婪，平，覃韻，來。

山林中的霧氣。集韻："嵐，山氣。"唐王維送方尊師歸嵩山詩："瀑布杉松常帶雨，夕陽彩翠忽成～。"唐杜牧陸州雨霽詩："水聲侵笑語，～翠撲衣裳。"

按，説文無嵐字，新附有之。

嵂 lǜ 集韻劣戌切，音律，入，術韻，來。物部。

〔嵂崒〕叠韻聯緜字。高峻貌。史記司馬相如列傳子虛賦："其山則盤紆岪鬱，隆崇嵂崒。"文選作"崣崒"。

按，説文無嵂字。

嵇 jī 胡鷄切，平，齊韻，匣。今讀如稽。

❶山名。❷姓。三國魏有嵇康。

按，説文無嵇字，新附有之。

十　畫

嵯 cuó 昨何切，平，歌韻，從。歌部。

〔嵯峨〕叠韻聯緜字。山高峻貌。楚辭漢淮南小山招隱士："山氣巃嵸兮石嵯峨。"史記司馬相如列傳上林賦："於是乎崇山巃嵸，崔巍嵯峨。"

嵱 yǒng 集韻尹竦切，音勇，上，腫韻，喻四。東部。

〔嵱嵷〕叠韻聯緜字。山峯貌。見集韻。漢書揚雄傳甘泉賦："陵高衍之嵱嵷兮。"

按，説文無嵱字。

嵩 sōng 息弓切，平，東韻，心。冬部。

❶通"崧"。高大。漢書揚雄傳河東賦："瞰帝唐之～高兮。"❷山名。原名崇高，又名嵩高。史記封禪書："中嶽，～高也。"漢書武帝紀："翌日登崇高。"宋祁曰："新本作登嵩高。"

按，説文無嵩字，新附有之，云："嵩，中岳嵩高山也。"

㟐 dàng 徒朗切，音蕩，上，蕩韻，定。陽部。

〔㟐㟙〕叠韻聯緜字。山貌。見集韻。文選漢張衡南都賦："其山則崆峣嶱嵑，㟐㟙嵺剌。"

按，説文無㟐字。

嵮 tián 字彙亭年切，音填。真部。

填塞。荀子大略："望其壙，皋如也，～如也，鬲如也。"楊倞注："嵮與填同，謂土填塞也。"

按，説文無嵮字。

嵬 wéi 五灰切，平，灰韻，疑。微部。

〔崔嵬〕叠韻聯緜字。見"崔"字條。〔嵬峩〕雙聲聯緜字。同"巍峨"。高大雄偉貌。文選漢張衡西京賦："狀嵬峩以岌嶪。"

〔備考〕怪。荀子非十二子："吾語汝學者之嵬容。"又："是學者之嵬也。"朱駿聲以爲假借爲"怪"。

按，説文嵬字在嵬部，云："高不平也。"

嵊 shèng 實證切，音乘，去，證韻，牀三。

山名。在今浙江嵊縣東。

按，説文無嵊字。

嵥 jié 渠列切，音傑，入，薛韻，羣。

高聳貌。文選晉郭璞江賦："虎牙～豎以屹崒。"

按，説文無嵥字。

嵲 niè 五結切，入，屑韻，疑。

〔嵽嵲〕見"嵽"字條。

按，説文無嵲字。

嵞 tú 同都切,音途,平,模韻,定。魚部。

山名。説文:"嵞,會稽山也,一曰九江當涂也。…虞書曰:'予娶嵞山。'"今書益稷作"娶于塗山"。楚辭天問:"焉得彼嵞山女而通之于台桑?"

按,説文嵞字在屾部。

十 一 畫

嶅 1. áo 五勞切,平,豪韻,疑。宵部。

㊀多小石的山。説文:"嶅,山多小石也。"字亦作"嶨"。文選晉木華海賦:"或掛罥於岑嶨之峯。"唐李白鳴皋歌送岑徵君:"峯崢嶸以路絶,挂晨辰於巖嶨。"㊁山名。在今山東新泰市東南。

2. ào 集韻魚到切,音傲,去,号韻,疑。

㊂動摇貌。見集韻。〔嵎嶨〕叠韻聯緜字。見"嵎"字條。

嶂 zhàng 之亮切,音障,去,漾韻,照三。

山之高險者。見集韻。文選南朝宋沈約鍾山詩:"鬱律構丹巘,峻嶒起青～。"

[同源字]障,墇,鄣,嶂。見"障"字條。

按,説文無嶂字。

嶄 1. zhǎn 集韻疾染切,上,琰韻,從。今讀如斬。

㊀山高貌。唐韓愈柳子厚墓志銘:"雖少年已自成人。能取進士第,～然見頭角。"

2. chán 集韻鋤銜切,平,銜韻,牀二。談部。

㊁同"巉"。〔嶄巖〕叠韻聯緜字。高峻貌。史記司馬相如列傳上林賦:"深林鉅木,嶄巖參嵯。"楚辭漢淮南小山招隱士:"谿谷嶄巖兮水曾波。"

按,説文無嶄字。

嵞 tū 他胡切,平,模韻,透。

山名。在今浙江嵊縣北。文選南朝梁江淹雜體詩:"今行～嵊外,銜思至海濱。"

按,説文無嵞字。

嶁 biǎo 方小切,集韻俾小切,上,小韻,幫。

山頂。文選晉郭璞江賦:"驪虯摎其址,梢雲冠其～。"

按,説文無嶁字。

嶛 láo 集韻郎刀切,音勞,平,豪韻,來。

〔嶛嶆〕叠韻聯緜字。山險。見集韻。文選晉張協七命:"溟海渾濩涌其後,嶰谷嶛嶆張其前。"

按,説文無嶛字。

嶉 cuǐ 子罪切,集韻取猥切,上,賄韻,清。微部。

〔嶉崣〕叠韻聯緜字。山高貌。史記司馬相如列傳上林賦:"嶉崣崛崎。"〔嶉嶊〕同"嶉崣"。漢書揚雄傳甘泉賦:"於是大夏雲譎波詭,嶉嶊而成觀。"

按,説文無嶉字。

嵽 dié 徒結切,音迭,入,屑韻,定。

〔嵽嵲〕叠韻聯緜字。高峻的樣子。唐杜甫自京赴奉先縣詠懷詩:"凌晨過驪山,御榻在嵽嵲。"

按,説文無嵽字。

嶇 qū 豈俱切,音區,平,虞韻,溪。侯部。

〔崎嶇〕雙聲聯緜字。見"崎"字條。〔嶇嶔〕〔嶇崯〕雙聲聯緜字。山高險的樣子。文選漢王褒洞簫賦:"徒觀其旁山側兮,則嶇嶔巋崎。"文選三國魏嵇康琴賦:"岝㟧嶇崯。"

按,説文崎嶇作䧢㔐。

嵺 liáo 集韻憐蕭切,音僚,平,蕭韻,來。幽部。

〔嵺廓〕空曠,高遠。楚辭戰國宋玉九辯:"年洋洋以日往兮,老嵺廓而無處。"漢書司馬相如傳大人賦:"下崢嶸而無地兮,上嵺廓而無天。"

按,説文無嵺字。

嶁 1.lǚ 力主切，音縷，上，麌韻，來。

㊀〔峋嶁〕叠韻聯緜字。見"峋"字條。

2.lǒu 郎斗切，音簍，上，厚韻，來。侯部。

㊁山頂。也作"嶁"。後漢書馬融傳廣成頌："㞼疏嶁領，犯歷嵩巒。"

按，説文無嶁字。

嶵 lěi 落猥切，音磊，上，賄韻，來。微部。

〔嶵嵔〕叠韻聯緜字。山高峻貌。漢劉向説苑雜言："夫山巃嵸嶵嵔，萬民之所觀仰。"

按，説文作㠥字。

嶉 zuǐ 遵誄切，上，旨韻，精。微部。

〔摧嶉〕叠韻聯緜字。見"摧"字條。

按，説文無嶉字。

嶈 qiāng 七洋切，音槍，平，陽韻，清。陽部。

㊀山高貌。見廣韻。㊁〔嶈嶈〕激流衝擊山石聲。文選漢班固西都賦："揚波濤於碣石，激神岳之嶈嶈。"

按，説文無嶈字。

嵷 sǒng 集韻筍勇切，音聳，上，腫韻，心。東部。

字亦作"嵸"。〔嵱嵷〕叠韻聯緜字。見"嵱"字條。〔巃嵸〕叠韻聯緜字。見"巃"字條。

按，説文無嵷字。

嵾 cēn 楚簪切，平，侵韻，穿二。侵部。

字亦作"嵾"。〔嵾嵳〕雙聲聯緜字。同"參差"。不齊貌。楚辭漢東方朔七諫怨世："世沈淖而難論兮，俗岭峨而嵾嵳。"史記司馬相如列傳上林賦："深林鉅木，嶄巖嵾嵳。"漢書作"參差"。字又作"嵾差"。漢書揚雄傳甘泉賦："增宮嵾差，駢嵳峨兮。"

按，説文無嵾字。

十 二 畫

嶞 duò 徒果切，音惰，上，果韻，定。歌部。

山形狹長貌。説文："嶞，山之嶞嶞者。"爾雅釋山："巒山嶞。"郭璞注："謂山形長狹者。"詩周頌般："～山喬嶽。"毛傳："嶞山，山之嶞嶞小者也。"

嶟 zūn 祖昆切，音尊，平，魂韻，精。文部。

〔嶟嶟〕山高貌。漢書揚雄傳甘泉賦："洪臺掘其獨出兮，𢱢此極之嶟嶟。"

按，説文無嶟字。

嶒 céng 疾陵切，音層，平，蒸韻，從。蒸部。

〔崚嶒〕叠韻聯緜字。見"崚"字條。〔嶒崚〕叠韻聯緜字。同"崚嶒"。山貌。文選晉張協七命："既乃瓊巘嶒崚，金岸崥崹。"〔嶒竑〕叠韻聯緜字。深空貌。文選漢王延壽魯靈光殿賦："鬱坱圠以嶒竑。"

按，説文無嶒字。

嶙 lín 力珍切，音鄰，平，真韻，來。真部。

〔嶙峋〕叠韻聯緜字。山厓重深貌。見集韻。漢書揚雄傳甘泉賦："岭巆嶙峋，洞亡厓兮。"唐韓愈送惠師詩："遂登天台望，衆壑皆嶙峋。"

按，説文無嶙字，新附有之，云："嶙峋，深崖貌。"

嶢 yáo 五聊切，音堯，平，蕭韻，疑。宵部。

也作"嶤"。高貌。文選漢張衡西京賦："正紫宮於未央，表～闕於閶闔。"〔焦嶢〕〔嶕嶢〕説文："焦嶢，山高貌。"漢書揚雄傳解難："泰山之高不嶕嶢，則不能浡滃雲而散歊烝。"〔嶢屼〕雙聲聯緜字。山高險貌。文選晉左思吴都賦："爾其山澤，則嵬嶷嶢屼，嶼冥鬱岪。"〔嶢峴〕〔嶢嵲〕雙聲聯緜字。危高貌。文選漢王延壽魯靈光殿賦："漂嶢峴而枝柱。"唐柳宗元招海賈文："舟航軒昂兮上下飄鼓，騰趠嶢嵲兮萬里一覩。"〔嶢嶢〕高貌。漢書揚雄傳甘泉賦："直嶢嶢以造天兮。"後也比喻人的高傲剛直。後漢書黄瓊傳："嶢嶢者易缺，皦皦者易汙。"〔嶢辥〕雙聲聯緜字。高峻貌。文選晉左思魏都賦："抗旗亭之嶢辥。"

㠇 zhàn 士限切,音棧,上,產韻,牀二。元部。

危高貌。見玉篇。説文:"㠇,尤高也。"引申爲特别高的山。唐元結演興詩:"大淵蘊蘊兮,絶～岌岌。"

嵚 qín 昨淫切,平,侵韻,從。侵部。

〔嵚崟〕叠韻聯緜字。高鋭貌。漢書揚雄傳校獵賦:"玉石嵚崟,眩耀青熒。"顔師古注:"玉石,石之似玉者也。嵚崟,高鋭貌。"也作"嵚岑"。文選漢張衡南都賦:"幽谷嵚岑,夏含霜雪。"

按,説文無嵚字。

嶡 1. jué 集韻居月切,音厥,入,月韻,見。月部。

㊀俎名。古代祭神陳列犧牲的木器。有四足,足間有横距。禮記明堂位:"俎,有虞氏以梡,夏后氏以～。"

2. guì 集韻姑衛切,去,祭韻,見。

㊁山貌。見集韻。

按,説文無嶡字。

嶚 liáo 落蕭切,音僚,平,蕭韻,來。宵部。

字亦作"嵺"。㊀高貌。文選晉左思魏都賦:"劍閣雖～,憑之者蹶。"李善注:"廣雅曰:嶚巢,高也。"㊁〔嵺剌〕雙聲聯緜字。山高而相戾。文選漢張衡南都賦:"其山則崆峣嶱嵑,嵣嶙嵺剌。"

按,説文無嶚字。

嵹 jiàng 集韻其亮切,去,漾韻,羣。

〔嵹臺〕山名。即青海西傾山。

按,説文無嵹字。

嶝 dèng 都鄧切,音凳,去,嶝韻,端。

登山的小道。南朝宋沈約從軍行:"雲縈九折～,風卷萬里波。"

〔同源字〕登,蹬,隥,磴,嶝,鐙。見"蹬"字條。

按,説文作隥,在阜部。

嶔 qīn 去金切,音欽,平,侵韻,溪。侵部。

㊀山高險。公羊傳僖公三十三年:"爾即死,必於殽之～巖。"〔嶔岑〕〔嶔崟〕叠韻聯緜字。高險貌。楚辭漢淮南小山招隱士:"嶔岑碕礒兮。"文選漢張衡思玄賦:"嘉曾氏之歸耕兮,慕歷阪之嶔崟。"〔嶔崎〕雙聲聯緜字。高峻貌。漢王延壽王孫賦:"生深山之茂林,處嶄巖之嶔崎。"又以比喻人的傑出不羣。世説新語容止:"周伯仁道桓茂倫嶔崎歷落可笑人。"㊁高峻的山峰。唐張九齡赴使瀧峽詩:"谿路日幽深,寒空入兩～。"

按,説文無嶔字。

嶓 bō 博禾切,音波,平,戈韻,幫。歌部。

〔嶓冢〕山名。在今陝西寧强縣北。書禹貢:"嶓冢導漾,東流爲漢。"

按,説文無嶓字。

嶠 jiào 渠廟切,音轎,去,笑韻,羣。宵部。

㊀尖鋭的高山。爾雅釋山:"山小而高,岑;鋭而高,嶠。"文選南朝宋顔延之和謝監靈運詩:"跂予間衡～,曷月瞻秦稽。"㊁特指五嶺。後漢書鄭弘傳:"弘奏開零陵桂陽～道,於是夷通,至今遂爲常路。"李賢注:"嶠,嶺也。"又馬援傳:"～南悉平。"李賢注:"嶠,嶺嶠也。"

〔同源字〕高,喬,嶠,蹻,驕。見"高"字條。

按,説文無嶠字,新附有之。

嶕 jiāo 昨焦切,平,宵韻,從。宵部。

〔嶕嶢〕叠韻聯緜字。高聳貌。漢書揚雄傳解難:"泰山之高不嶕嶢,則不能浡滃雲而散歊烝。"也作"嶣嶤"。晉陶潛擬挽歌辭:"四面無人居,高墳正嶣嶤。"

按,説文無嶕字。

嶫 jié 集韻疾葉切,音捷,入,葉韻,從。葉部。

〔嶫嶪〕叠韻聯緜字。山高峻貌。漢書司馬相如傳上林賦:"嵯峨嶫嶪,刻削峥嵘。"史記作"礏碟"。

按，說文無嵘字。

十 三 畫

巘 yǐ 魚倚切，上，紙韻，疑。歌部。

〔崎巘〕叠韻聯緜字。高峻陡險貌。文選漢王延壽魯靈光殿賦："上崎巘而重注。"李善注："崎巘，危險貌。"

按，說文無巘字。

嶱 kě 集韻丘葛切，音渴，入，曷韻，溪。月部。

〔嶱嵑〕叠韻聯緜字。高峻貌。文選漢張衡南都賦："其山則崆峣嶱嵑。"

按，說文無嶱字。

嶧 yì 羊益切，音亦，入，昔韻，喻四。鐸部。

❶山名。即鄒山，又名鄒嶧山、邾嶧山。在今山東鄒縣東南。史記秦始皇本紀："始皇東行郡縣，上鄒～山立石。"❷山名。即葛嶧山，又名嶧陽山、邳嶧山。說文："嶧，葛嶧山也。在東海下邳。…夏書曰：嶧陽孤桐。"段玉裁注："按，今在江蘇省淮安府邳州西北六里，非山東兖州府鄒縣東南二十五里之繹山也。"書禹貢："～陽孤桐。"僞孔傳："孤，特也。嶧山之陽特生桐，中琴瑟。"❸相連接的山。爾雅釋山："屬者嶧。"邢昺疏："言山形相連屬，駱驛然不絶者名嶧。"

嶵 zuì 徂賄切，音罪，上，賄韻，從。微部。

〔嶊嶵〕叠韻聯緜字。見"嶊"字條。〔嶵嵬〕叠韻聯緜字。高峻貌。文選漢張衡南都賦："峗峉嶵嵬。"漢王延壽魯靈光殿賦："瞻彼靈光之爲狀也，則嵯峨嶵嵬。"字亦作"嶵巍"。世說新語言語："孫(楚)云：'其山嶵巍以嵯峨。'"又作"嶂隗"。文選漢揚雄甘泉賦："崰嶂隗乎其相嬰。"

按，說文嶵作辠，云："山皃。"

嶪 yè 魚怯切，音業，入，業韻，疑。葉部。

❶〔岌嶪〕〔嶪岌〕叠韻聯緜字。高峻貌。文選漢張衡西京賦："狀巍峨以岌嶪。"南朝梁蕭統玄圃講詩："穿池狀浩汗，築峰形嶪岌。"❷〔嶪嶪〕高峻貌。亦作"嶫嶫"。文選漢何晏景福殿賦："峨峨嶫嶫，罔識所居。"〔嶪峩〕雙聲聯緜字。高峻貌。唐韓愈元和聖德詩："濆鬼濛鴻，嶽祇嶪峩。"

嶒 huì 集韻黄外切，音會，去，太韻，匣。月部。

〔嶒蛻〕叠韻聯緜字。深平貌。文選漢馬融長笛賦："嶰壑嶒蛻。"

按，說文無嶒字。

嶮 xiǎn 虚檢切，上，琰韻，曉。

同"險"。文選三國魏王粲雜詩："褰衽欲從之，路～不得征。"〔嶮巇〕險峻貌。文選三國魏嵇康琴賦："丹崖嶮巇，青壁萬尋。"

按，說文無嶮字。

嶭 è 五割切，入，曷韻，疑。月部。

〔巀嶭〕叠韻聯緜字。說文："嶭，巀嶭，山也。"參見"巀"字條。〔嶢嶭〕雙聲聯緜字。見"嶢"字條。

嶰 xiè 胡買切，音蟹，上，蟹韻，匣。錫部。

❶山間溝壑，無水叫嶰，有水叫澗。後漢書馬融傳廣成頌："窮浚谷，底幽～。"❷山谷名。〔嶰谷〕崑崙山北谷。

按，說文無嶰字。

十 四 畫

嶸 róng 永兵切，音榮，平，庚韻，喻三。耕部。

〔崢嶸〕叠韻聯緜字。說文："嶸，崝嶸也。"見"崢"字條。

嶻 duì 集韻徒對切，音隊，去，隊韻，定。

高峻貌。文選晉左思魏都賦："～若崇山崫起以崔嵬。"

按，說文無嶻字。

嶷 1.yí 語其切,音疑,平,之韻,疑。之部。

㊀〔九嶷〕山名。在今湖南寧遠縣南。説文:"嶷,九嶷山也,舜所葬,在零陵營道。"字本作"九疑"。

2.nì 魚力切,入,職韻,疑。職部。

㊁高峻貌。詩大雅生民:"克岐克～。"按,説文作"㠭",云:"小兒有知也。"引詩"克岐克㠭"。世説新語賞譽下:"世目周侯(顗)～如斷山。"

嶺 lǐng 良郢切,音領,上,静韻,來。

㊀山坡。見廣韻。又爲山峯。晉王羲之蘭亭集序:"此地有崇山峻～。"㊁五嶺的簡稱。唐杜甫秋日荆南述懷詩:"秋水漫湘竹,陰風過～梅。"字本作"領"。漢書嚴助傳:"入越地,輿轎而隃領。"

[辨]山,嶺。嶺是山的一部分,凡泛稱山時,一般不作"嶺"。如"山水"不作"嶺水","河山"不作"河嶺"。特指五嶺時,不能稱"山"。

按,説文無嶺字,新附有之。

嶼 yǔ 徐吕切,音叙,上,語韻,邪。今讀如與。

海中的山。集韻:"嶼,山在水中。"文選晉左思吴都賦:"島～緜邈,洲渚馮隆。"

按,説文無嶼字。

嶽 yuè 五角切,音岳,入,覺韻,疑。屋部。

高峻的大山。詩大雅崧高:"崧高維～,駿極于天。"特指五嶽。説文:"嶽,東岱,南靃,西華,北恒,中泰室,王者之所以巡狩所至。"古但稱四嶽。左傳昭公四年:"四～、三塗、陽城、大室、荆山、中南,九州之險也。"杜預注:"東嶽岱,西嶽華,南嶽衡,北嶽恒。"大室即嵩山,不在四嶽之列。

[辨]嶽,岳。見"岳"字條。

十 五 畫

巀 zá 才割切,入,曷韻,從。月部。

〔巀嶭〕叠韻聯緜字。①高峻貌。漢書司馬相如傳上林賦:"九嵕巀嶭,南山峩峩。"字亦作"巀嶭"。文選漢張衡南都賦:"坂坻巀嶭而成巘。"②山名。在今陝西涇陽三原淳化三縣交界處。説文:"巀嶭山也,在左馮翊池陽。"段玉裁注:"巀嶭嵳峩,語音之轉。本謂山巖皃,因以爲山名也。"

巆 è 集韻鄂格切,音額,入,陌韻,疑。

〔峉巆〕叠韻聯緜字。山勢不齊貌。文選晉木華海賦:"啟龍門之峉巆。"

按,説文無巆字。

巂 1.guī 户圭切,平,齊韻,匣。集韻均規切。今讀如規。支部。

㊀鳥名。即"子規"。爾雅釋鳥:"巂周。"郭璞注:"子規鳥,出蜀中。"㊁車輪轉一周爲一巂。禮記曲禮上:"立視五～。"釋文:"車輪轉一周爲巂。一周,丈九尺八寸也。"

2.suǐ 息委切,音髓,上,紙韻,心。

㊂〔越巂〕郡名。唐改爲巂州。在今四川西昌地區。

按,説文巂字在隹部,云:"周燕也。从隹,屮象其冠也,㕯聲。一曰蜀王望帝婬其相妻,慙,亡去爲子巂鳥,故蜀人聞子巂鳴,皆起云:'望帝。'"

十 六 畫

巙 huái 户乖切,音懷,平,皆韻,匣。

〔嵗巙〕叠韻聯緜字。見"嵗"字條。

按,説文無巙字。

巃 lóng 盧紅切,音籠,平,東韻,來。東部。

〔巃嵸〕叠韻聯緜字。山高貌。見集韻。文選漢司馬相如上林賦:"於是乎崇山矗矗,巃嵸崔巍。"楚辭漢淮南小山招隱士:"山氣巃嵸兮石嵯峨。"引申爲高聳貌。唐杜甫乾元中寓居同谷縣作歌:"古木巃嵸枝相樛。"

十七畫

嶝 hōng 集韻呼宏切，音轟，平，耕韻，曉。耕部。

㊀〔岭嶝〕叠韻聯緜字。見"岭"字條。㊁大聲。見集韻。文選戰國宋玉高唐賦："～震天之磕磕。"

巇 xī 許羈切，音羲，平，支韻，曉。

㊀〔嶮巇〕雙聲聯緜字。見"嶮"字條。㊁罅隙。鬼谷子抵巇："巇者，罅也。"唐柳宗元乞巧文："變情徇勢，射利抵～。"

按，説文無巇字。

嚶 yǐng 烟涬切，上，迥韻，影。

〔嚶冥〕晦暗貌。文選晉左思吴都賦："爾其山澤，則嵬嶷嶢岏，嚶冥鬱岪。"李善注："山氣暗昧之狀。"字亦作"嬰冥"。後漢書馮衍傳顯志賦："神雀翔於鴻崖兮，玄武潛於嬰冥。"李賢注："嬰冥，猶晦昧，所謂幽都也。"

按，説文無嚶字。

巍 wéi 語韋切，平，微韻，疑。微部。

高。見説文。〔巍巍〕高大貌。論語泰伯："巍巍乎！舜禹之有天下也，而不與焉。"〔巍峩〕雙聲聯緜字。高大貌。文選漢張衡西京賦："疏龍首以抗殿，狀巍峩以岌嶪。"

按，説文巍字在嵬部。

巉 chán 鋤銜切，平，銜韻，牀二。談部。

〔巉巖〕叠韻聯緜字。高險貌。文選戰國宋玉高唐賦："登巉巖而下望兮。"唐李白蜀道難詩："問君西遊何時還，畏途巉巖不可攀。"

按，説文無巉字。

十八畫

巋 1. kuī 丘追切，平，脂韻，溪。微部。

㊀小山羅列貌。爾雅釋山："小而衆，巋。"郭璞注："小山叢羅。"

2. kuǐ 丘軌切，上，旨韻，溪。微部。

㊀〔巋然〕屹立貌。莊子天下："巋然而有餘。"文選漢王延壽魯靈光殿賦："自西京未央建章之殿皆見隳壞，而靈光巋然獨存。"㊁〔巋崔〕叠韻聯緜字。高大貌。文選漢王延壽魯靈光殿賦："彤彤靈宫，巋崔穹崇。"㊂〔巋崎〕雙聲聯緜字。崎嶇。文選漢王褒洞簫賦："徒觀其旁山側兮，則嶇嶔巋崎。"

按，説文無巋字。

十九畫

巔 diān 都年切，音顛，平，先韻，端。真部。

山頂。詩唐風采苓："采苓采苓，首陽之～。"

〔備考〕殞。楚辭戰國屈原九章惜誦："行不羣以～越兮。"王逸注："巔，殞；越，墜。"

〔同源字〕頂，顛，巔，槙，天，定（顁），題。七字同源。説文："頂，顛也。"又："顛，頂也。"廣韻："巔，山頂也。"説文："槙，木頂也。"又："天，顛也。"廣雅釋言："天，顛也。"易睽："其人天且劓。"虞翻注："黥額爲天。"爾雅釋言："顁，題也。"詩周南麟之趾："麟之定。"毛傳："定，題也。"廣雅釋親："題，頟也。"

按，説文無巔字。

巑 cuán 在丸切，平，桓韻，從。元部。

〔巑岏〕叠韻聯緜字。峻峭的山峰。楚辭漢劉向九歎憂苦："登巑岏以長企兮。"王逸注："巑岏，鋭山也。"

按，説文無巑字。

巒 luán 落官切，音鸞，平，桓韻，來。元部。

小而鋭，狹而長的山。説文："巒，山小鋭。"爾雅釋山："巒，山墮。"郭璞注："謂山形長狹者。"楚辭戰國屈原九章悲回風："登石～以遠望兮。"文選晉左思蜀都賦："崗～糺紛，觸石吐雲。"李善注："巒，山長而狹也。"引申爲山的泛稱。史記司馬相如列傳封禪書："依類託寓，諭以封～。"裴駰集解引漢書音義："巒，山也。"

二十畫

巘 yǎn 語偃切,上,阮韻,疑。元部。

大小成兩截的山。廣韻:"巘,山形如甑。"詩大雅公劉:"陟則在~,復降在原。"毛傳:"巘,小山别於大山也。"

按,説文無巘字。

巖 yán 五銜切,平,銜韻,疑。談部。

❶崖岸。説文:"巖,岸也。"漢書揚雄傳校獵賦:"探~排碕。"顔師古注:"巖,水岸嶔巖之處也。"❷石窟。楚辭漢東方朔七諫哀命:"穴~石而窟伏。"王逸注:"巖,穴也。"❸殿下小屋。戰國策齊策六:"~下有貫珠者。"漢書董仲舒傳:"遊於~郎之上。"顔師古注:"巖郎,殿下小屋也。"❹險要。廣韻:"巖,險也。"左傳隱公元年:"制,~邑也。"❺高峻。廣雅釋詁:"巖,高也。"〔巖巖〕高峻貌。廣雅釋訓:"巖巖,高也。"詩魯頌閟宫:"泰山巖巖。"又小雅節南山:"節彼南山,維石巖巖。"毛傳:"巖巖,積石貌。"又用於比喻。世説新語容止:"嵇叔夜之爲人也,巖巖若孤松之獨立。"

二十一畫

巕 niè 五結切,音齧,入,屑韻,疑。月部。

〔屹巕〕雙聲聯緜字。山貌。見集韻。文選漢張衡南都賦:"嶮巇屹巕。"

按,説文無巕字。

巛部

巛 1. chuān。

❶川本字。漢揚雄太玄難:"大車川川。"司馬光集注:"宋陸王本'川川'作'巛巛'。吴曰:'巛,古川字。'"

2. kūn 苦昆切,音坤,平,魂韻,溪。

❷同"坤"。後漢書輿服志:"黄帝堯舜垂衣裳而天下治,蓋取諸乾~。乾~有文,故上衣玄,下衣黄。"

川 chuān 昌緣切,平,仙韻,穿。元部。

❶河流。書禹貢:"奠高山大~。"左傳襄公二十三年:"跋涉山~。"❷平野,平地(後起義)。唐崔顥黄鶴樓詩:"晴~歷歷漢陽樹,芳草萋萋鸚鵡洲。"新五代史周德威傳:"平~廣野,騎兵之所長也。"

三畫

州 zhōu 職流切,平,尤韻,照三。幽部。

❶行政區域。書禹貢:"海岱惟青~。"左傳襄公四年:"芒芒禹跡,畫爲九~。"❷古代民户編制,五黨爲州,共二千五百家。

[備考]㊀水中可居之地。説文:"水中可居曰州。…詩:'在河之州。'"今詩周南關雎作"洲"。㊁聚。國語齊語:"羣萃而~處。"㊂竅,尻。爾雅釋畜:"白州,驠。"郭璞注:"州,竅。"邢昺疏:"謂馬之白尻者名驠。"

巡 xún 詳遵切,平,諄韻,邪。文部。

❶周行視察。書舜典:"歲二月,東~守,至于岱宗。"又周官:"王乃時~,考制度于四岳。"❷徧,周遭。左傳桓公十二年:"三~數之。"杜預注:"巡,徧也。"

[備考]依次銜接。讀如延。禮記祭義:"陰陽長短,終始相~。"鄭玄注:"巡,讀如沿漢之沿,謂更相從道。"

按,説文巡字在辵部。

八畫

巢 cháo 鉏交切,平,肴韻,牀二。宵部。

㈣樹上的鳥窠。詩召南鵲巢："維鵲有～，維鳩居之。"引申爲盜賊藏身的地方。晉書宣帝紀："賊大衆在此，則～窟虚矣。"新唐書杜牧傳："必覆賊～。"㈤樂器名。爾雅釋樂："大笙謂之～。"㈥古國名。在今安徽巢縣。見左傳文公十二年、昭公二十四年。爲吴所滅。

按，説文巢字在巢部。

工部

工 gōng 古紅切，平，東韻，見。東部。

㈠工人，手工業勞動者。左傳隱公十一年："山有木，～則度之。"論語衛靈公："～欲善其事，必先利其器。"引申爲樂工，樂人。儀禮鄉飲酒禮："～歌鹿鳴、四牡、皇皇者華。"㈡擅長。韓非子五蠹："～文學者非所用，用之則亂法。"㈢巧妙，精巧。史記虞卿列傳："虞卿料事揣精，爲趙畫策，何其～也！"後漢書蔡倫傳："監作祕劍及諸器械，莫不精～堅密，爲後世法。"

［備考］㊀官。書堯典："允釐百～，庶績咸熙。"㊁通"功"。書皋陶謨："天～人其代之。"

二畫

巧 qiǎo 苦絞切，上，巧韻，溪。幽部。

㈠技藝高明。墨子魯問："公輸子自以爲至～。"孟子盡心下："梓匠輪輿能與人規矩，不能使人～。"㈡美好貌。詩衛風碩人："～笑倩兮，美目盼兮。"

［備考］欺。淮南子本經："飾智以驚愚，設詐以～上。"高誘注："巧，欺也。"

巨 jù 其吕切，上，語韻，羣。魚部。

大。孟子梁惠王下："爲～室則必使工師求大木。"莊子庚桑楚："其才固有～小也。"

［備考］㊀豈。漢書高帝紀上："沛公不先破關中兵，公～能入乎？"顔師古注："巨讀曰詎，詎猶豈也。"㊁"矩"本字。説文："巨，規巨也。"

左 zuǒ 臧可切，上，哿韻，精。歌部。

方位名。左邊，左方。詩唐風有杕之杜："有杕之杜，生於道～。"又用作動詞。史記項羽本紀："～，乃陷大澤中。"

［備考］説文以𠂇爲左的本字，左爲佐的本字。左下云："手相左助也。"在左部。

［同源字］左，佐。見"佐"字條。

四畫

巫 wū（舊讀 wū）武夫切，平，虞韻，微。魚部。

古代稱能以舞降神的人。國語楚語下："在男曰覡，在女曰～。"韋昭注："覡見鬼者也。周禮男亦曰巫。"左傳成公十年："晉侯夢大厲，被髮及地。…公覺，召桑田～，～言如夢。"

［辨］覡，巫。見"覡"字條。

按，説文巫字在巫部。

七畫

差 1. chā 初牙切，平，麻韻，穿二。歌部。

㈠差别。荀子榮辱："故先王案爲之制禮義以分之，使有貴賤之等，長幼之～。"引申爲差錯。史記太史公自序："故易曰：'失之豪釐，～以千里。'"㈡副詞。比較，略微。後漢書光武帝紀："今軍士屯田，糧儲～積。"

2. chà 集韻楚嫁切，去，禡韻，穿二。

㈢奇異（後起義）。梁書劉顯傳："（沈約）於坐策顯經史十事，顯對其九。…顯問其五，約對其二。陸倕聞之，歎曰：'劉郎可謂～

人！'"

3. chāi 楚皆切，平，皆韻，穿二。歌部。

㊃選擇。詩小雅吉日："吉日庚午，既～我馬。"㊄派遣。三國志吴書陸遜傳："前乞精兵三萬，而至者循常，未肯～赴。"引申爲差事，公務（後起義）。唐白居易論王鍔欲除官事宜狀："不恤凋殘，唯務～税。"

4. chài 楚懈切，去，卦韻，穿二。歌部。

㊅病愈。方言三："差，愈也。南楚病愈者謂之差。"三國志魏書華佗傳："故督郵頓子獻得病已～，詣佗視脈。"這個意義也寫作"瘥"。

5. cī 楚宜切，平，支韻，穿二。歌部。

㊆等級。孟子滕文公上："之則以爲愛無～等。"又萬章下："庶人在官者，其禄以是爲～。"引申爲區别等級。荀子大略："列官職，～爵禄。"楊倞注："差謂制等級也。"㊇〔參差〕雙聲聯緜字。見"參"字條。㊈〔差池〕叠韻聯緜字。不齊貌。詩邶風燕燕："燕燕于飛，差池其羽。"

6. cuō。

㊉同"蹉"。跌。〔差跌〕比喻失誤。漢書陳遵傳："苦身自約，不敢差跌。"

己　部

己 jǐ 居理切，上，止韻，見。之部。

㊀天干的第六位。左傳莊公三十二年："十月～未，共仲使圉人犖賊子般于黨氏。"僖公二十八年："～酉，王享醴。"㊁自己。書大禹謨："舍～從人。"論語學而："不患人之不～知，患不知人也。"

已 yǐ 羊己切，上，止韻，喻四。之部。

㊀停止。詩鄭風風雨："風雨如晦，雞鳴不～。"鄭箋："已，止也。"史記扁鵲倉公列傳："病旋～。"引申爲罷免（職務）。論語公冶長："令尹子文三仕爲令尹，無喜色；三～之，無愠色。"皇侃疏："已，謂黜止也。"㊁副詞。①太。左傳襄公二十九年："其細～甚，民弗堪也。"②已經。史記高祖本紀："老父～去，高祖適從旁舍來。"③隨後，旋即。史記夏本紀："迺召湯而囚之夏臺；～而釋之。"又項羽本紀："韓王成無軍功，項王不使之國，與俱至彭城，廢以爲侯；～又殺之。"㊂通"以"。用於"已上"、"已下"等語裏。孫子兵法作戰："故車戰，得車十乘～上，賞其先得者。"㊃語氣詞。略等於"矣"。書洛誥："公定，予往～。"史記范睢（雎）蔡澤列傳："雖舜禹復生，弗能改～。"

［備考］歎詞。書大誥："～！予惟小子。"僞孔傳："已，發端歎辭也。"

［同源字］止，已。見"止"字條。

按，説文已巳爲一字，在巳部。

巳 sì 詳里切，音似，上，止韻，邪。之部。

地支的第六位。書武成："越翼日癸～，王朝步自周。"又召誥："越三日丁～，用牲于郊。"

按，説文巳字在巳部。

一　畫

巴 bā 伯加切，平，麻韻，幫。魚部。

㊀大蛇。説文："巴，蟲也。或曰食象蛇。"山海經海内南經："～蛇食象，三年而出其骨。"文選晉左思吴都賦："屠～蛇，出象骼。"㊁古國名。在今四川省東部一帶。爲秦惠文王所滅，置巴蜀和漢中郡。墨子兼愛下："又有君大夫之遠使於～、越、齊、荆。"戰國策秦策一："大王之國，西有巴蜀漢中之利。"

按，説文巴字在巴部。

二　畫

㠯 yǐ 羊己切，音以，上，止韻，喻四。之部。

古"以"字。漢書"以"字皆作"㠯"。

按，説文㠯字在巳部。

四　畫

巵 zhī 集韻章移切，音支，平，支韻，照三。支部。

同"卮"。見"卮"字條。

按，説文巵字在卮部。

六　畫

巷 xiàng 胡絳切，去，絳韻，匣。東部。

里中的道路，胡同。詩鄭風叔于田："叔于田，～無居人。"毛傳："巷，里塗也。"孔疏："里内之塗道也。"易睽："遇主于～。"論語雍也："一簞食，一瓢飲，在陋～。"

按，説文巷是𨛜的重文，在𨛜部，篆作𨞚。

九　畫

巽 xùn 蘇困切，去，慁韻，心。文部。

㊀八卦之一。㊁通"遜"。讓。書堯典："汝能庸命，～朕位。"

按，説文巽是𢁉的重文，在丌部。

巾　部

[巾部總論]

絲麻織品和布製的物品多从巾。例如：布　帛　幣　巾　帨　帶　帬(裙)　幘　幞　帳　幕　帷　幄　帡　幪　常(旗)　幟　幡　幢　帆

巾 jīn 居銀切，平，真韻，見。真部。

㊀佩巾，擦抹用布。儀禮士冠禮："沐～一。"鄭玄注："巾，所以拭汗垢。"禮記内則："盥卒，授～。"鄭玄注："巾以帨手。"引申爲用巾包裹。莊子天運："盛以篋衍，～以文繡。"又秋水："吾聞楚有神龜，死已三千歲矣，王～笥而藏之廟堂之上。"㊁冠的一種，頭巾。後漢書鮑永傳："悉罷兵，但幅～，與諸將及同心客百餘人詣河内。"李賢注："謂不着冠，但幅巾束首也。"

一　畫

巿 fú 分勿切，音弗，入，物韻，非。月部。

"韍"本字。蔽膝。説文："巿，韠也。上古衣蔽前而已，巿以象之。"

按，説文巿字在巿部。

帀 zā 子答切，入，合韻，精。緝部。

周。環繞一周叫一帀。莊子秋水："孔子遊於匡，宋人圍之數～。"漢書高帝紀："圍漢王三～。"字亦作"匝"。

按，説文帀字在帀部。

二　畫

市 shì 時止切，上，止韻，禪。之部。

㊀集中的買賣場所。易繫辭下："日中爲～。"戰國策秦策一："臣聞争名者於朝，争利者於～。"㊁買。論語鄉黨："沽酒，～脯不食。"國語齊語："～賤鬻貴。"

按，説文市字在冂部。

布 bù 博故切，去，暮韻，幫。魚部。

㊀古代麻葛織品稱布。後來有了棉花，棉織品也稱布。孟子滕文公上：“許子必織～然後衣乎！”㊁古代貨幣。詩衛風氓：“氓之蚩蚩，抱～貿絲。”周禮天官外府：“掌邦～之入出。”鄭玄注：“布，泉也。”㊂陳列。書康王之誥：“皆～乘黃朱。”僞孔傳：“諸侯皆陳四黄馬朱鬣以爲庭實。”引申爲陳述。左傳昭公十六年：“僑若獻玉，不知所成，敢私～之。”又爲宣佈，公佈。史記商君列傳：“令既具，未～。”

［同源字］鋪，布，敷。見“鋪”字條。

三　畫

帆 1. fán 符咸切，音凡，平，凡韻，奉。侵部。

㊀船桅上利用風力行船的布篷。後漢書馬融傳廣成頌：“然後方餘皇，連舼舟，張雲～，施蜺幬。”

2. fàn 扶泛切，去，梵韻，奉。

㊁張帆行駛。唐韓愈除官赴闕至江州詩：“不枉故人書，無因～江水。”

按，説文無帆字。大徐本説文颿字下云：“馬疾步也。从馬風聲。徐鉉曰：‘舟船之颿本用此字，今别作帆，非是。符嚴切。’”

四　畫

帊 pà 普駕切，音怕，去，禡韻，滂。

帛三幅曰帊。三國志魏書王粲傳：“棊者不信，以～蓋局，使更以他局爲之。”

按，説文無帊字，新附有之，云：“帛三幅曰帊。”

希 xī 香衣切，平，微韻，曉。微部。

㊀稀少，稀疏。老子：“知我者～，則我者貴。”論語公冶長：“不念舊惡，怨是用～。”又先進：“鼓瑟～。”㊁仰慕，希望，企求。後漢書趙壹傳：“仰高～驥，歷年滋多。”文選晉左思詠史詩：“吾～段干木，偃息藩魏君。”㊂迎合。商君書農戰：“今上論材能知慧而任之，則知慧之人～主好惡，使官制物以適主心。”

按，説文無希字。

五　畫

帘 lián 力鹽切，音廉，平，鹽韻，來。

後起字。酒家用作店招的旗幟。廣韻：“帘，青帘，酒家望子。”唐劉禹錫魚復江中詩：“風檣好住貪程去，斜日青～背酒家。”

帚 zhǒu 之九切，上，有韻，照三。幽部。

掃帚。禮記曲禮上：“凡爲長者糞之禮，必加～於箕上，以袂拘而退。”

帗 fú 分勿切，音弗，入，物韻，非。月部。

㊀五色帛製成的舞具。周禮春官樂師：“凡舞，有～舞，有羽舞。”㊁通“韍”。蔽膝。穆天子傳一：“天子大服，冕褘～帶。”

［備考］一幅巾。見説文。讀北末切。

帔 1. pì 披義切，去，寘韻，滂。歌部。

㊀裙。方言四：“帬，陳魏之間謂之帔。自關而東或謂之襬。”

2. pī 集韻攀糜切，音披，平，支韻，滂。

㊁披肩。釋名釋衣服：“帔，披也；披之肩背，不及下也。”南史任昉傳：“西華冬月著葛～練裙。”

［同源字］被，皮，披，帔。見“被”字條。

帖 1. tiè 他協切，入，怗韻，透。葉部。

㊀帛製的書籤。説文：“帖，帛書署也。”段玉裁注：“木爲之謂之檢，帛爲之則謂之帖。皆謂幖題，今人所謂籤也。”

2. tiě。

㊁一種文告。樂府詩集木蘭詩：“昨夜見軍～，可汗大點兵。”唐杜甫新安吏詩：“府～昨夜下，次選中男行。”

3. tiē。

㊂安定。世説新語假譎：“後觀其意轉～。”隋書河間王弘傳：“州境～然。”㊃黏，貼。樂府詩集木蘭詩：“當窗理雲鬢，對鏡～花黄。”

［辨］貼，帖，怗。見“貼”字條。

帙 zhì 直一切，音秩，入，質韻，澄。質部。

書套。又作“袟”。說文：“帙，書衣也。”文選晉潘岳楊仲武誄：“披～散書，屢覩遺文。”引申爲量詞。書一套爲一帙。唐陸德明經典釋文序：“輒撰集五典孝經論語及老莊爾雅等音，合爲三袟，三十卷。”

帕 1. mò 莫鎋切，入，鎋韻，明。

❶束髮的頭巾。又稱“帕頭”。三國志吴書孫策傳注引江表傳：“昔南陽張津爲交州刺史，…常著絳～頭。”

2. pà 集韻普駕切，去，禡韻，滂。

❷巾，佩巾。唐杜甫驄馬行：“赤汗微生白雪毛，銀鞍却覆香羅～。”

按，說文無帕字，新附有帊字，即帕字。

帛 bó 傍陌切，入，陌韻，並。鐸部。

絲織物的總稱。左傳閔公二年：“衛文公大布之衣，大～之冠。”杜預注：“大帛，厚繒。”孟子梁惠王上：“五十者可以衣～矣。”

帑 1. tǎng 他朗切，音儻，上，蕩韻，透。魚部。

❶國庫，國庫所藏的金帛。說文：“帑，金幣所藏也。”漢書匈奴傳下：“建平四年，單于上書願朝。…以問公卿，亦以爲虛費府～，可且勿許。”後漢書鄭弘傳：“人食不足，而～藏殷積。”

2. nú 乃都切，音奴，平，模韻，泥。魚部。

❷兒子。詩小雅常棣：“宜爾家室，樂爾妻～。”又兼指妻子。左傳文公六年：“賈季奔狄，宣子使臾駢送其～。”孔穎達疏：“帑，妻子也。”

［備考］鳥尾。左傳襄公二十八年：“以害鳥～。”杜預注：“鳥尾曰帑。”

六　畫

帝 dì 都計切，去，霽韻，端。錫部。

❶最高的天神，上帝。書洪範：“～乃震怒，不畀洪範九疇。”詩商頌長發：“～命不違。”也指專主一方的神。莊子應帝王：“南海之～爲儵，北海之～爲忽，中央之～爲渾沌。”❷君主的稱號，皇帝。左傳僖公二十五年：“今之王，古之～也。”戰國策趙策三：“秦所以急圍趙者，前與齊湣王争强爲～。”

按，說文帝字在上部。

帟 yì 羊益切，音亦，入，昔韻，喻四。鐸部。

小帳幕，幄中座上的承塵。周禮天官幕人：“掌帷幕幄～綬之事。”鄭玄注：“帟，王在幕若幄中坐上承塵。”

按，說文無帟字，新附有之，云：“在上曰帟。”

帣 juàn 居倦切，音眷，去，線韻，見。元部。

❶有底的囊。說文：“帣，囊也。今鹽官三斛爲一帣。”❷通“絭”。斂衣袖。史記滑稽列傳：“髡～韝鞠䠞。”裴駰集解引徐廣：“帣，收衣褏也。”

帠 lì 力制切，音例，去，祭韻，來。

帛餘。見玉篇。引申爲餘。文選晉左思魏都賦：“漢罪流禦，秦餘徙～。”

按，說文無帠字。

帡 píng 集韻傍經切，音屏，平，青韻，並。耕部。

〔帡幪〕帷幄，帳幕。在旁曰帡，在上曰幪。引申爲覆蓋。漢揚雄法言吾子：“震風陵雨，然後知夏屋之爲帡幪也。”

按，說文無帡字。

帢 qià 苦洽切，音恰，入，洽韻，溪。

古代士人戴的一種帽子。集韻：“弁缺四隅謂之帢。”三國志魏書武帝紀注引傅子：“魏太祖以天下凶荒，資財乏匱，擬古皮弁，裁縑帛以爲～，合於簡易隨時之義，以色别其貴賤。”又引曹瞞傳：“（太祖）時或冠～帽以見賓客。”世說新語方正：“山公大兒著短～，車中倚。”

按，說文無帢字。

帥 1. shuài 所律切，入，質韻，審二。物部。

❶同"率"。帶領。左傳成公十三年："我文公～諸侯及秦圍鄭。"又隱公元年："命子封～車二百乘以伐京。"引申爲帶頭。論語顏淵："子～以正，孰敢不正？"❷遵循。禮記王制："命鄉簡不～教者以告。"

［備考］㊀聚。漢書揚雄傳甘泉賦："～爾陰閉，霅然陽開。"顏師古注引晉灼："帥，聚也。"㊁佩巾。見説文。按，這是以帥爲帨。帨是帥的重文。

2. shuài 所類切，去，至韻，審二。物部。

❶將帥，元帥。左傳僖公三十三年："文嬴請三～。"論語子罕："三軍可奪～也；匹夫不可奪志也。"

［同源字］率，逵，衛，帥。見"率"字條。

帤 rú 女余切，平，魚韻，娘。今讀如。魚部。

❶大巾。説文："帤，巾帤也。"方言四："大巾謂之帉，嵩嶽之南、陳穎之間謂之帤。"❷破舊的巾。説文："帤，…一曰敝巾。"宋張君房雲笈七籤黄庭内景經隱影章："人間紛紛臭～如。"❸弓幹上的襯木。周禮考工記弓人："厚其～則木堅，薄其～則需。"

七　畫

席 xí 祥易切，入，昔韻，邪。鐸部。

❶供坐卧舖墊的用具。孟子滕文公上："其徒數十人，皆衣褐，捆屨織～以爲食。"引申爲宴會上的席位。詩大雅行葦："肆筵設～。"❷宴會，筵席(後起義)。後漢書戴憑傳："時詔公卿大會，羣臣皆就～。"文選南朝宋沈約應詔樂遊苑餞吕僧珍詩："戎車出細柳，餞～樽上林。"❸職位(後起義)。唐劉禹錫奉和吏部楊尚書詩："步武離台～，徊翔集帝梧。"❹憑藉。漢書劉向傳："吕産吕禄～太后之寵，據將相之位。"唐錢起和范郎中宿直中書詩："～寵雖高位，流謙乃素襟。"

［辨］筵，席。見"筵"字條。

帬 qún 渠云切，平，文韻，羣。文部。

"裙"本字。説文："帬，下裳也。"宋書羊欣傳："欣著新絹～，晝寢，(王)獻之書～數幅而去。"

帨 shuì 舒芮切，音税，去，祭韻，審三。月部。

佩巾。詩召南野有死麕："無感我～兮，無使尨也吠。"

按，説文帨是帥的重文。

帩 qiào 七肖切，音俏，去，笑韻，清。宵部。

古代男子束髮的頭巾。樂府詩集陌上桑："少年見羅敷，脱帽著～頭。"

按，説文無帩字。

帪 mú 集韻蒙晡切，音模，平，模韻，明。

同"嫫"。漢書古今人表："～母，黄帝妃。"注："即嫫母也。"

按，説文作𡝧，在女部，云："𡝧母，古帝妃都醜也。"

師 shī 疏夷切，平，脂韻，審二。脂部。

❶古代軍隊編制以二千五百人爲師。引申爲泛指軍隊。詩秦風無衣："王于興～，脩我戈矛。"左傳僖公三十二年："勞～以襲遠，非所聞也。"❷教師。論語爲政："温故而知新，可以爲～矣。"引申爲效法。書微子："卿士～～非度。"孔穎達疏："言相師效而爲非度之事也。"❸有專門知識技藝的人。孟子梁惠王下："爲巨室，則必使工～求大木。"❹［師子］獅子。漢書西域傳："烏弋地暑熱，…而有桃拔，師子，犀牛。"

［備考］㊀長。書益稷："州十有二師。"釋文引鄭玄："師，長也。"按，孔穎達疏云："每州用十有二師，各用三萬人也。"與鄭説異。㊁衆。左傳哀公五年："師乎師乎，何黨之乎？"杜預注："師，衆也。"

［辨］軍，師。見"軍"字條。

按，説文師字在帀部。

八 畫

帶 dài 當蓋切,去,泰韻,端。月部。

❶束衣的帶子。古有革帶,有大帶。詩曹風鳲鳩:"淑人君子,其~伊絲。"鄭箋:"其帶伊絲,謂大帶也。大帶用素絲,有雜色飾焉。"衛風有狐:"之子無~。"毛傳:"帶,所以申束衣。"引申爲佩帶。史記項羽本紀:"(樊)噲即~劍擁盾入軍門。"又爲圍繞。戰國策魏策一:"前~河,後被山。"❷連帶在一起(後起義)。文選南朝齊孔稚珪北山移文:"風雲悽其~憤,石泉咽而下愴。"唐李白清平調:"名花傾國兩相歡,長得君王~笑看。"引申爲兼領。梁書曹景宗傳:"復以爲征虜中兵參軍,~馮翊太守。"

[備考]蛇。莊子齊物論:"蝍蛆甘~,鴟鴉耆鼠。"釋文引崔云:"帶,蛇也。"

常 cháng 市羊切,平,陽韻,禪。陽部。

❶常道。左傳莊公十四年:"人棄~則妖興,故有妖。"荀子天論:"天行有~。"楊倞注:"天自有常行之道也。"引申爲副詞。常常,經常。左傳襄公二十九年:"故罕氏~掌國政,以爲上卿。"❷倫常,綱常。管子幼官:"明法審數,立~備能,則治。"尹知章注:"常,謂五常也。"❸古旗幟名。周禮春官司常:"王建太~,諸侯建旂。"鄭玄注:"王畫日月,象天明也。"❹長度單位名。國語周語下:"其察色也,不過墨丈尋~之間。"韋昭注:"五尺爲墨,倍墨爲丈;八尺爲尋,倍尋爲常。"❺普通,平常。史記商君列傳:"~人安於故俗,學者溺於所聞。"❻通"嘗"。史記高祖本紀:"高祖爲亭長時,~告歸之田。"漢書高祖紀作"嘗"。

[備考]常棣的簡稱。詩小雅采薇:"彼爾維何?維~之華。"毛傳:"常,常棣也。"

[同源字]裳,常。見"裳"字條。

帵 wān 一丸切,音剜,平,桓韻,影。

後起字。布帛剪裁後剩下的零頭。廣韻:"帵子,裁餘。"

帳 zhàng 知亮切,去,漾韻,知。陽部。

❶帷幕。在上曰帳,在旁曰帷。後漢書班彪傳附班固東都賦:"乃盛禮樂供~,置乎雲龍之庭。"引申爲牀上的帳子。釋名:"帳,張也,張施於牀上也。"❷錢物出入的記録(後起義)。隋書高祖紀下:"凡是軍人,可悉屬州縣,墾田籍~,一與民同。"這個意義後來寫作"賬"。

[同源字]漲,張,脹,帳,掌。見"漲"字條。

帾 1. dǔ 當古切,音賭,上,姥韻,端。

❶幡。廣韻:"帾,幡也。標記物之處也。"

2. chǔ 魚部。

❷覆棺的赤色布。荀子禮論:"無~絲歶縷翣,其貇以象菲帷幬尉也。"楊倞注:"帾與褚同。"

按,説文無帾字。

幓 1. jiǎn 即淺切,音翦,上,獮韻,精。元部。

❶狹窄。周禮考工記鮑人:"若苟自急者先裂,則是以博爲~也。"鄭玄注:"幓,讀爲翦。謂以廣爲狹也。"

2. jiān 則前切,音箋,平,先韻,精。

❷小兒的墊布。廣韻:"幓,小兒藉也。"引申爲墊席。晉書張方傳:"於是軍人便亂入宮閣,爭割流蘇武帳而爲馬~。"

[備考]説文:"幓,帬也,一曰帗也,一曰婦人脅衣。"所八切,音殺。

帷 wéi 洧悲切,平,脂韻,喻三。微部。

帳幕。説文:"帷,在旁曰帷。"戰國策齊策一:"臨淄之途,…連衽成~,舉袂成幕,揮汗成雨。"

帢 qià 苦洽切,音恰,入,洽韻,溪。

同"帢"。晉書輿服志:"漢儀,立秋日獵,服緗幘。入江左,哀帝從博士曹弘之等議,立秋御讀令,改用素白~。"

按，說文無帕字。

九　畫

幂 mì 集韻莫狄切，音覓，入，錫韻，明。錫部。

❶覆蓋，以巾覆物。周禮天官幂人："祭祀，以疏布巾～八尊，以畫布巾～六彝。"❷巾。儀禮鄉飲酒禮："尊綌～，賓至徹之。"字亦作"冪"。

按，說文作冖，在冖部，云："覆也。"

幝 kūn 古渾切，音昆，平，魂韻，見。

字亦作"褌"。褲子。段玉裁說文解字注："今之套褲，古之絝也；今之滿襠褲，古之褌也。"世說新語任誕："我以天地爲棟宇，屋室爲～衣。"

幅 1. fú 方六切，音福，入，屋韻，非。職部。

❶布帛的寬度。說文："幅，布帛廣也。"左傳襄公二十八年："且夫富，如布帛之有～焉。"漢書食貨志下："布帛廣二尺二寸爲～。"引申爲量詞。唐韓愈桃源圖詩："流水盤迴山百轉，生綃數～垂中堂。"〔幅員〕廣狹稱幅，周圍稱員，故稱疆域爲幅員。亦作"幅隕"。詩商頌長發："幅隕既長。"

2. bī 彼側切，音逼，入，職韻，幫。職部。

❶綁腿布。詩小雅采菽："赤芾在股，邪～在下。"左傳桓公二年："帶裳～舄。"

幃 wéi 雨非切，音圍，平，微韻，喻三。微部。

❶佩帶的香囊。說文："幃，囊也。"玉篇："幃，香囊也。"楚辭戰國屈原離騷："椴又欲充夫佩～。"王逸注："幃，盛香之囊。"又："蘇糞壤以充～兮，謂申椒其不芳。"❷裙的正面一幅。國語鄭語："王使婦人不～而譟之。"韋昭注："裳正幅曰幃。"❸帳子。史記文帝本紀："令衣不得曳地，～帳不得文繡，以示敦朴。"古詩十九首之十九："明月何皎皎！照我羅牀～。"

帡 píng 音瓶。

後起字。同"屏"。唐元稹江陵三夢詩："分張碎針線，襵疊故～幃。"

幄 wò 於角切，音握，入，覺韻，影。屋部。

篷帳。左傳襄公二十四年："二子在～。"周禮天官幕人："掌帷幕～帟綬之事。"鄭玄注："帷幕皆以布爲之。四合象宮室曰幄。"

［同源字］屋，幄。見"屋"字條。

按，說文無幄字。

幀 zhèng 集韻豬孟切，去，映韻，知。

後起字。畫幅。明湯顯祖牡丹亭寫真："偶成一詩，暗藏春色，題於～首之上，何如？"引申爲量詞。正字通："今人以一幅爲幀。"

帽 mào 莫報切，去，号韻，明。

帽子。後漢書耿弇傳："安得惶恐，走出門，脱～，抱馬足降。"

［辨］冠，帽。說文以冠爲弁冕之總名，帽爲小兒蠻夷頭衣，可見冠帽不同義。"帽"一般指便帽，"冠"一般指冠冕。

按，說文作冃，在冃部。

十　畫

幏 jià 古訝切，音嫁，去，禡韻，見。魚部。

我國漢代西南地區少數民族所織的布名。說文："幏，南郡蠻夷賨布也。"後漢書南蠻傳："其民户出～布八丈二尺。"文選晉左思魏都賦："賨～積墆，琛幣充牣。"

幪 méng 莫紅切，音蒙，平，東韻，明 。東部。

字亦作"幪"。說文："幪，蓋衣也。"見"幪"字條。

幎 mì 莫狄切，音覓，入，錫韻，明。錫部。

以巾覆物。說文："幎，幔也。周禮有幎人。"今周禮作"幂人"。鄭玄注："以巾覆物曰幂。"引申爲泛指覆蓋。淮南子原道："夫道者，…舒之～於六合，卷之不盈於一握。"

［備考］均匀貌。周禮考工記輪人："望而眡其輪，欲其～爾而下迆也。"鄭玄注："幎，

均致貌也。”

[同源字]幂，冪，幎，幦。見“幂”字條。

㡘 lián 力鹽切，音廉，平，鹽韻，來。談部。

❶布制的簾子。説文：“㡘，帷也。”段玉裁注：“按與竹部簾異物；㡘以布爲之，簾以竹爲之。”急就篇三：“承塵户～條繢總。”顔師古注：“户㡘，户上之幔也。”❷細密的絹。宋書禮樂志：“雖爲將帥，皆著～巾。”

[同源字]簾，㡘。見“簾”字條。

㡛 máng 集韻謨郎切，音芒，平，唐韻，明。陽部。

〔㡛氏〕漂絲設色的工匠。周禮考工記㡛氏：“㡛氏湅絲以涚水，漚其絲七日。”又總序：“設色之工：畫，繢，鍾，筐，～。”

按，説文㡛作[巾巟]，云：“設色之工，治絲練者。”

幌 huàng 胡廣切，上，蕩韻，匣。

❶帷幔，窗簾。文選晉張協七命：“重殿疊起，交綺對～。”南朝宋謝靈運燕歌行：“對酒不樂淚沾纓，闢窗開～弄秦箏。”❷酒店的招子。唐陸龜蒙和初冬偶作詩：“小壚低～還遮掩，酒滴灰香似去年。”❸搖晃（晚起義）西遊記三回：“那猴王惱起性來，耳躲中掣出寶貝，～一～，碗來粗細。”

按，説文無幌字。

幐 téng 徒登切，音騰，平，登韻，定。蒸部。

囊。説文：“幐，囊也。”楚辭戰國屈原離騷：“蘇糞壤以充幃兮。”王逸注：“幃謂之幐，幐，香囊也。”段玉裁曰：“按，凡囊皆曰幐，王望文爲説耳。”戰國策趙策一：“贏～負書擔囊。”

十一畫

幕 1. mù 莫各切，音莫，入，鐸韻，明。今讀如暮。鐸部。

❶帳幕，帷幕。在上曰幕，在旁曰帷。左傳成公十六年：“張～矣。”又襄公二十九年：“猶燕之巢於～上。”〔幕府〕將帥的營帳。軍旅無固定住所，以帳幕爲府署，故稱幕府。史記李廣列傳：“大將軍使長史急責廣之幕府對簿。”後也稱衙署爲幕府。唐杜甫宿府詩：“清秋幕府井梧寒。”❷覆蓋。易井：“井收，勿～。”莊子則陽：“見辜人焉，推而强之，解朝服而～之。”

[備考]㊀古代作戰用的臂甲或腿甲。史記蘇秦列傳：“當敵則斬堅甲鐵～。”司馬貞索隱引劉氏：“謂以鐵爲臂脛之衣。”㊁殻。宋書天文志：“天形穹隆如雞子～。”

2. mò 音莫。

❸通“漠”。沙漠。史記匈奴列傳：“(趙)信教單于益北絶～。”又霍去病列傳：“常以爲漢兵不能度～輕留。”

[備考]音幔。錢幣的背面。漢書西域傳：“以金銀爲錢，文爲騎馬，～爲人面。”

幛 zhàng 章去聲。

晚起字。舊時作爲慶弔禮物的布帛。如喜幛、壽幛，題字置其上而懸之。

幘 zé 側革切，音責，入，麥韻，照二。錫部。

包頭巾。初爲民間所服，至西漢末上下通行。説文：“幘，髮有巾曰幘。”獨斷：“元帝額有壯髮，不欲使人見，始進～服之。”

[備考]齒上下相值。左傳定公九年：“晳～而衣貍製。”杜預注：“幘，齒上下相值。”釋文：“説文作䶦。”説文：“䶦，齒相值也。…春秋傳曰‘晳䶦。’”

幔 màn 莫半切，滿去聲，換韻，明。元部。

帳幕。説文：“幔，幕也。”墨子非攻下：“～幕帷蓋，三軍之用。”

幗 guó 古對切，去，隊韻，見。今讀如國。

婦女的首飾。三國志魏書明帝紀“諸葛亮出斜谷”裴松之注引魏氏春秋：“亮既屢遣使交書，又致巾～婦人之飾，以怒宣王。”

按，説文無幗字，新附有之。

幓 shēn 集韻疏簪切，音森，平，侵韻，審二。侵部。

❶旌旗的旒。史記司馬相如列傳大人賦："垂旬始以爲～兮。"裴駰集解引漢書音義："旬始氣如雄雞，縣於葆下以爲旒也。"❷〔幓頭〕束髮巾。❸〔幓纚〕雙聲聯緜字。車飾下垂貌。漢書揚雄傳甘泉賦："灕乎幓纚。"

按，說文無幓字。

十 二 畫

幣 bì 毗祭切，音敝，去，祭韻，並。月部。

❶古代以束帛爲祭祀或餽贈的禮物，叫做幣。說文："幣，帛也。"左傳隱公二年："宋公使公孫壽來納～。"又莊公二十五年："於是乎用～于社。"❷財。管子國蓄："以珠玉爲上～，以黃金爲中～，以刀布爲下～。"引申爲貨幣。史記吳王濞列傳："亂天下～。"漢書武帝紀："日者有司以～輕多姦。"

〔備考〕通"敝"。管子輕重乙："器以時靡～。"

幢 1. chuáng 宅江切，平，江韻，澄。東部。

❶作儀仗用的以羽毛爲飾的一種旗幟。漢書王莽傳："帥持～，稱五帝之使。"❷佛教的經幢（後起義）。在長筒圓形綢繖上寫經的叫經幢，在石柱上刻經的叫石幢。❸軍隊編制名。資治通鑑宋元嘉七年："賜（豆）代田爵井陘侯，加散騎常侍，右衛將軍，領内都～將。"胡三省注："百人爲幢，幢有帥，柔然之法也。"

2. zhuàng 直絳切，音撞，去，絳韻，澄。東部。

❹張掛於舟車上的帷幕。後漢書班彪傳附班固西都賦："撫鴻～，御矰繳。"隋書禮樂志："皇后重翟車，…其箱飾以重翟羽，青油～朱裏。"集韻："幢，后妃之幰曰幢。"

3. tóng 音童。

❺〔幢幢〕摇曳貌。三國志魏書管輅傳："有飄風高三尺餘，從申上來，在庭中幢幢回轉。"

按，說文無幢字，新附有之，云："旌旗之屬。"

幟 zhì 昌志切，去，志韻，穿三。今讀如志。職部。

旗幟。史記淮陰侯列傳："拔趙～，立漢赤～。"

〔備考〕標記。後漢書虞詡傳："又潛遣貧人能縫者傭作賊衣，以采綖縫其裾爲～。"

〔同源字〕職，識，幟，志。見"職"字條。

按，說文無幟字，新附有之，云："旌旗之屬。"

幩 fén 集韻符分切，音墳，平，文韻，奉。文部。

馬飾，裝在馬口旁鐵上用以扇汗。說文："幩，馬纏鑣扇汗也。"詩衛風碩人："四牡有驕，朱～鑣鑣。"毛傳："幩，飾也。人君以朱纏鑣扇汗，且以爲飾。"

㡤 sǎn 蘇旱切，音散，上，旱韻，心。

同"繖"、"傘"。晉書輿服志："功曹吏主簿並騎從，～扇幢麾各一騎。"

按，說文無㡤字。

幜 jǐng 玉篇居永切。

後起字。帛製的大衣，貴族婦女出門時所服。隋書禮儀志四："後齊皇帝納后之禮，…皇后服大嚴繡衣，帶綬珮，加～。"

㡩 chǎn 昌善切，上，獮韻，穿三。元部。

〔㡩㡩〕破舊的樣子。說文："㡩，車敝皃。"詩小雅杕杜："檀車㡩㡩。"毛傳："㡩㡩，敝貌。"

幞 pú 房玉切，入，燭韻，奉。今讀如僕。

頭巾。〔幞頭〕一種頭巾。有四帶，二帶垂腦後，二帶反繫頭上，令曲折附頂。新唐書車服志："幞頭起於後周，便武事者也。"

按，說文無幞字，新附有之，云："帊也。"

幡 fān 孚袁切，音翻，平，元韻，敷。元部。

㊀古時兒童在木板上學寫字，寫後用布抹去，這種布塊叫幡。説文："幡，書兒拭觚布也。"徐鍇曰："觚，八棱木，於其上學書已，以布拭之。"㊁旗幟。史記司馬相如列傳大人賦："垂絳～之素蜺兮，載雲氣而上浮。"字亦作"旛"。㊂〔幡幡〕①翻動貌。詩小雅瓠葉："幡幡瓠葉，采之亨之。"②反覆貌。詩小雅巷伯："捷捷幡幡，謀欲譖言。"③不莊重貌。詩小雅賓之初筵："曰既醉止，威儀幡幡。"㊃〔幡然〕變動貌。荀子大略："君子之學如蜕，幡然遷之。"楊倞注："幡與翻同。"

幠 hū 荒烏切，音呼，平，模韻，曉。魚部。

㊀覆蓋。説文："幠，覆也。"儀禮士喪禮："士喪禮：死于適室，～用斂衾。"㊁大。爾雅釋詁："幠，大也。"詩小雅巧言："無罪無辜，亂如此～。"字亦作"憮"。㊂怠慢。禮記投壺："毋～毋敖。"

十 三 畫

幦 mì 莫狄切，音覓，入，錫韻，明。錫部。

蓋在車軾上遮蔽風塵的帷席。説文："幦，鬆布也。"公羊傳昭公二十五年："以～爲席。"何休注："幦，車覆笭。"禮記少儀："拖諸～。"孔穎達疏："幦，車覆闌也。"

〔同源字〕幂，幕，幎，幦。見"幂"字條。

幧 qiāo 七遥切，平，宵韻，清。宵部。

〔幧頭〕束髮的巾。方言四："絡頭，帞頭也，…自河以北趙魏之間曰幧頭。"玉臺新詠日出東南隅行："少年見羅敷，脱帽著幧頭。"

按，説文無幧字，新附有之，云："斂髮也。"

幨 chān 處占切，平，鹽韻，穿三。談部。

㊀車帷。後漢書蔡茂傳："敕行部去～帷，使百姓見其容服。"字亦作"襜"。唐王勃滕王閣序："襜帷暫駐。"㊁衣襟。管子揆度："列大夫豹～。"尹知章注："襟謂之幨。"

十 四 畫

幫 bāng 博旁切，平，唐韻，幫。

後起字。也寫作"幇""帮"。㊀鞋的邊緣部分。集韻："幫，治履邊也。"宋蔣捷柳梢青詞："柳雨花風，翠鬆裙褶，紅膩鞵～。"㊁幫助。水滸傳七四回："偷走下山，特來～你。"㊂攔住。水滸傳一九回："阮小二便去～住杜遷，阮小五便～住宋萬，阮小七～住朱貴。"西遊記五八回："他二人果各～一個。"㊃量詞。伙，羣。清阮元瀛舟書記序："其時閩浙海盜，…鳳尾、水澳、蔡牽三～，各六七十艘。"

幬 1. chóu 直由切，音儔，平，尤韻，澄。幽部。

㊀牀帳。説文："幬，襌帳也。"文選戰國宋玉神女賦："褰余～而請御兮，願盡心之惓惓。"㊁車帷。史記禮書："大路之素～也。"

2. dào 徒到切，去，号韻，定。幽部。

㊂覆蓋。左傳襄公二十九年："如天之無不～也，如地之無不載也。"釋文："幬，徒報反。"

幪 1. méng 莫紅切，音蒙，平，東韻，明。東部。

㊀巾。公羊傳襄公二十九年疏引尚書大傳："唐虞之象刑，上刑，赭衣，不純；中刑，雜屨；下刑，墨～。"㊁〔帲幪〕見"帲"字條。

2. měng 集韻母總切，上，董韻，明。東部。

㊂〔幪幪〕茂盛貌。詩大雅生民："麻麥幪幪。"

〔同源字〕冒，帽，鍪，霧，蒙，幪，雺，夢，瞢，冥，瞑，濛，朦，盲，矇，眊，瞀。見"冒"字條。

十 五 畫

幭 miè 莫結切，音蔑，入，屑韻，明。月部。

以帷或虎皮覆蓋車軾之上，叫幭。説文："幭，蓋幭也。"詩大雅韓奕："鞹鞃淺～。"毛傳："淺，虎皮淺毛也。幭，覆式(軾)也。"

十 六 畫

㦒 xiǎn 虚偃切，上，阮韻，曉。

干 部

干 gān 古寒切，平，寒韻，見，元部。

❶盾。書牧誓："稱爾戈，比爾～。"詩大雅公劉："～戈戚揚。"❷岸。詩魏風伐檀："坎坎伐檀兮，寘之河之～兮。"❸犯。左傳文公四年："君辱貺之，其敢～大禮以自取戾？"❹求。書大禹謨："罔違道以～百姓之譽。"論語爲政："子張學～禄。"❺〔干支〕天干地支的合稱。甲乙丙丁戊己庚辛壬癸爲天干；子丑寅卯辰巳午未申酉戌亥爲地支。❻〔若干〕指未知數。禮記曲禮下："始服衣若干尺矣。"❼關涉，發生關係(後起義)。宋李清照鳳凰臺上憶吹簫詞："非～病酒，不是悲秋。"

［辨］盾，㪍，干。見"盾"字條。

二 畫

平 1. píng 符兵切，集韻蒲兵切，平，庚韻，並。耕部。

❶平坦。易泰："無～不陂，無往不復。"❷整治，平定。書大禹謨："地～天成。"詩小雅常棣："喪亂既～。"❸均等。易乾："雲行雨施，天下～也。"❹講和。春秋宣公十五年："宋人及楚人～。"❺豐年。漢書食貨志上："再登曰～。…三登曰泰～。"❻四聲之一。

2. pián 房連切，集韻毗連切，平聲，仙韻，並。元部。

❼〔平平〕治理有序的樣子。書洪範："無黨無偏，王道平平。"詩小雅采菽："平平左右，亦是率從。"❽〔平章〕辨别章明。書堯典："九族既睦，平章百姓。"僞孔傳："百姓，百官，言化九族而平和章明。"史記五帝本紀作"便章"。尚書大傳作"辨章"。

［同源字］評，平。見"評"字條。

按，説文平字在亏部。

三 畫

幵 jiān 古賢切，音堅，平，先韻，見。元部。

漢時羌族的别種名。漢書趙充國傳："先零、罕、～乃解仇作約。"顔師古注："罕、幵，羌之别種也。"

按，説文幵字在幵部，云："平也。"

年 nián 奴顛切，平，先韻，泥。真部。

❶年成。五穀熟曰年。春秋宣公十六年："冬大有～。"❷歲。爾雅釋天："夏曰歲，商曰祀，周曰年。"邢昺疏："年者禾熟之名。每歲一熟，故以爲歲名。"左傳僖公二十八年："晉侯在外十九～矣。"❸年齡，壽命。書高宗肜日："降～有永有不永。"論語陽貨："～四十而見惡焉，其終也已。"

［辨］祀，年，歲，載。見"祀"字條。

按，説文作秊，在禾部。

五 畫

幷 1. bìng 畀政切，去，勁韻，幫。耕部。

❶兼併。戰國策中山策："魏～中山。"引申爲合併。漢書藝文志："漢興，閭里書師合倉頡爰歷博學三篇，…～爲倉頡篇。"文選南朝宋謝靈運擬魏太子鄴中集詩序："天下良辰、美景、賞心、樂事，四美難～。"

［備考］㊀專。禮記檀弓下："行～植於晉國。"鄭玄注："幷，猶專也。"㊁除棄。莊子天

運：“至貴，國爵～焉。”郭象注：“并，除棄之謂也。”

2. bīng 府盈切，集韻卑盈切，平，清韻，幫。耕部。

㊀古州名。①九州之一。其地包括今河北保定、正定，山西太原、大同等地。②漢置并州，其地在今內蒙古、山西大部及河北之一部。㊁〔并閭〕即椶櫚。史記司馬相如列傳子虛賦：“留落胥餘，仁頻并閭。”

〔辨〕併，并，並。見“併”字條。

按，説文并字在从部，云：“相從也。”

幸 xìng 胡耿切，上，耿韻，匣。耕部。

㊀逢凶化吉。左傳昭公十八年：“～而不亡，猶可説也。不～而亡，君雖憂之，亦無及也。”引申爲幸運。論語述而：“丘也～，苟有過，人必知之。”又爲慶幸。史記越王句踐世家：“長男即自入室取金持去，獨自歡～。”㊁希望。楚辭戰國宋玉九辯：“心尚～其弗濟。”漢書灌夫傳：“(竇)嬰乃使昆弟子上書言之，～得召見。”㊂皇帝親臨爲幸。史記孝文本紀：“帝初～甘泉。”爲帝王所寵愛也稱幸。史記項羽本紀：“今入關，財物無所取，婦女無所～。”

按，説文幸字在夭部，云：“吉而免凶也。”

十　畫

幹 1. gàn 古案切，去，翰韻，見。元部。

㊀能做事。集韻：“幹，能事也。”易乾：“貞固足以～事。”㊁草木的莖。易乾：“貞者事之～也。”王弼注：“幹，木之身而枝葉所依以立者也。”引申爲體。楚辭戰國宋玉招魂：“魂兮歸來！去君之恒～，何爲四方些？”王逸注：“恒，常也；幹，體也。”器物之本亦曰幹。周禮考工記弓人：“凡爲弓，冬析～而春液角。”

〔備考〕脇。公羊傳莊公元年：“搚～而殺之。”釋文：“幹，脇也。”

2. hán 集韻河干切，音韓，平，寒韻，匣。元部。

㊂井欄。莊子秋水：“出跳梁乎井～之上，入休乎缺甃之崖。”

按，説文無幹字。井幹的幹，説文作韓，云：“井垣也。”

幺　部

幺 yāo 於堯切，平，蕭韻，影。

小，細。漢蔡邕短人賦：“其餘尪～。”文選晉陸機文賦：“猶絃～而徽急，故雖和而不悲。”

一　畫

幻 huàn 胡辨切，集韻胡辨切，去，襇韻，匣。元部。

㊀詐惑。説文：“幻，相詐惑也。周書曰：‘無或譸張爲～。’”今書無逸作“民無或胥譸張爲～”。㊁變化。文選漢張衡西京賦：“奇～倏忽，易貌分形。”㊂虛幻(後起義)。唐李嶠宣州大靈寺碑：“蒙埃塵於夢～之境。隔視聽於神明之域。”

按，説文幻字在予部，篆作𢆯，云：“从反予。”

二　畫

幼 1. yòu 伊謬切，去，幼韻，影。幽部。

㊀年少。書呂刑：“伯父、伯兄、仲叔、季弟、～子、童孫，皆聽朕言。”左傳僖公三十三年：“王孫滿尚～，觀之，言於王曰：‘秦師輕而無禮，必敗。’”引申爲小孩。晉陶潛歸去來辭：“携～入室，有酒盈樽。”

［備考］蠶眠。宋陸游幽居初夏詩："婦喜蠶三～，兒誇雨一犂。"自注："鄉中謂蠶眠爲幼。"

2. yào 集韻一笑切，音要，去，笑韻，影。幽部。

㈡〔幼妙〕叠韻聯緜字。微妙曲折。文選漢司馬相如長門賦："聲幼妙而復揚。"㈢〔幼眇〕叠韻聯緜字。①細弱纏綿。文選漢揚雄長楊賦："憎聞鄭衛幼眇之聲。"李善注引禮記曰："鄭衛之音，亂世之音也。"②美好的樣子。漢書孝武李夫人傳："念窮極之不還兮，惟幼眇之相羊。"顔師古注："幼眇，猶窈窕也。"

六 畫

幽 1. yōu 於虯切，平，幽韻，影。幽部。

㈠昏暗。易困："～，不明也。"書舜典："三考黜陟～明。"楚辭戰國屈原離騷："路～昧以險隘。"㈡深。詩小雅伐木："出自～谷，遷于喬木。"㈢隱。荀子正論："上～險，則下漸詐矣。"楊倞注："幽，隱也。"㈣僻静。唐杜甫有客詩："～棲地僻經過少。"引申爲幽雅。唐杜甫江村詩："長夏江村事事～。"㈤囚禁，關閉。漢司馬遷報任少卿書："深～囹圄之中。"漢劉向新序雜事："後宫多～女者，下民多曠夫。"㈥地下，陰間。文選三國魏曹植王仲宣誄："嗟乎夫子，永安～冥。"㈦幽州，九州之一。三國魏曹植白馬篇："借問誰家子，～并遊俠兒。"

2. yǒu 集韻於糾切，上，黝韻，影。幽部。

㈧通"黝"。黑色。詩小雅隰桑："隰桑有阿，其葉有～。"毛傳："幽，黑色也。"禮記玉藻："一命緼韍～衡，再命赤韍～衡。"鄭玄注："幽讀爲黝，黑謂之黝。"

按，說文幽字在𢆶部，云："隱也。"

九 畫

幾 1. jī 居依切，音機，平，微韻，見。微部。

㈠微。易繫辭上："夫易，聖人之所以極深而研～也。"引申爲事的跡兆。易繫辭下："君子見～而作，不俟終日。"㈡副詞。幾乎。易小畜："月～望。"莊子盜跖："疾走料虎頭，編虎須，～不免虎口哉！"㈢危。書顧命："疾大漸，惟～。"左傳宣公十二年："利人之～，而安人之亂。"杜預注："幾，危也。"

［備考］㈠期。詩小雅楚茨："卜爾百福，如～如式。"毛傳："幾，期也。"㈡察。禮記玉藻："御瞽～聲之上下。"鄭玄注："幾，猶察也。"

2. jǐ 居狶切，上，尾韻，見。微部。

㈣疑問詞。多少。左傳文公十七年："畏首畏尾，身其餘～？"孟子離婁上："子來～日矣？"

3. jì 集韻几利切，音冀，去，至韻，見。微部。

㈤通"冀"。希望。左傳哀公十六年："國人望君，如望歲焉，日月以～。"釋文："幾，音冀，本或作冀。"

4. qí 集韻渠希切，音祈，平，微韻，羣。微部。

㈥器物上的凹凸紋。禮記郊特牲："丹漆雕～之美。"鄭玄注："幾，謂漆飾沂鄂也。"

［備考］通"豈"。荀子榮辱："～直夫芻豢稻粱之縣糟糠爾哉？"楊倞注："幾，讀爲豈"。

［同源字］①汔，幾。見"汔"字條。

②幾，璣，嘰。見"璣"字條。

按，說文幾字在𢆶部，云："微也，殆也。"

广 部

［广部總論］

广部的字多與房屋有關，大致可以分爲兩類。

(一)房屋的種類。例如：府　庫　庠　廟　廬　廛　廐　庾

(二)房屋的部分。例如：庭　廇　廡　序　廊　廂　庖　廚　廁

广 yǎn 魚埯切，音儼，上，儼韻，疑。

❶因巖架成的屋。廣韻：“广，因巖爲屋。”唐韓愈遊湘西兩寺詩：“剖竹走泉源，開廊架崖～。”❷小屋。元袁桷次韻瑾子過梁山濼詩：“土屋危可緣，草～突如峙。”

二　畫

庀 pǐ 匹婢切，上，紙韻，滂。脂部。

❶具備。左傳襄公五年：“季文子卒，…宰～家器，爲葬備。”又襄公九年：“官～其司。”杜預注：“庀，具也，使具其官屬。”❷治理。國語魯語下：“内朝，子將～季氏之政焉。”

按，説文無庀字。

四　畫

床 chuáng 士莊切，平，陽韻，牀二。

同“牀”。見廣韻。

庋 guǐ 過委切，音詭，上，紙韻，見。

❶置放食物。集韻：“庋，閣藏食物也。”禮記内則“大夫七十而有閣”鄭玄注：“閣以板爲之，～食物也。”引申爲泛指收藏。新唐書牛仙客傳：“前後錫與，緘～不敢用。”❷置放器物的架子。宋洪邁夷堅志丁志蔡河秀才：“見床内小板～上，烏紗帽存。”

按，説文無庋字。

庌 yǎ 五下切，音雅，上，馬韻，疑。魚部。

廡。説文：“庌，廡也。周禮曰：‘夏～馬。’”周禮夏官圉師：“夏～馬。”鄭玄注：“(鄭)玄謂庌，廡也。廡，所以庇馬者也。”徐鍇曰：“周禮注：廡以涼馬。”

序 xù 徐吕切，上，語韻，邪。魚部。

❶隔開正堂東西夾室的牆。説文：“序，東西牆也。”爾雅釋宫：“東西牆謂之序。”大戴禮王言：“曾子懼，退負～而立。”又東西廂也叫序。書顧命：“西～東嚮。”僞孔傳：“東西廂謂之序。”❷學校。孟子滕文公上：“設爲庠～學校以教之。…夏曰校，殷曰～，周曰庠。”❸次序。荀子君子：“長幼有～。”楚辭戰國屈原離騷：“春與秋其代～。”王逸注：“序，次也。”引申爲季節。一年四季謂之“四序”(後起義)。唐韓偓登南神光寺塔院詩：“四～有花長見雨，一冬無雪却聞雷。”❹序言。評介作品的文字。如杜預春秋序，皇甫謐三都賦序。這個意義也寫作“敘”。如許慎説文解字敘。引申爲贈序。這是臨別贈言的文章(後起義)。如唐韓愈送孟東野序，柳宗元送薛存義序。

庇 bì 必至切，去，至韻，幫。脂部。

庇覆，庇蔭，庇護。説文：“庇，蔭也。”左傳文公七年：“公族，公室之枝葉也。若去之，則本根無所～蔭矣。”又襄公三十一年：“大官大邑，身之所～也。”唐杜甫茅屋爲秋風所破歌：“安得廣廈千萬間，大～天下寒士俱歡顔！”

五　畫

庚 gēng 古行切，音羹，平，庚韻，見。陽部。

❶天干的第七位。書武成：“越三日～戌，柴望。”又畢命：“六月～午朏。”❷年齡。同年謂之“同庚”(後起義)。

[備考]㊀道路。左傳成公十八年：“今將崇諸侯之姦，而披其地，以塞夷～。”杜預注：“夷庚，吴晉往來之要道。”㊁賠償。禮記檀弓下：“季子皋葬其妻，犯人之禾。申祥以告。曰：‘請～之。’”鄭玄注：“庚，償也。”

按，説文庚字在庚部。

店 diàn 都念切，去，㮇韻，端。

後起字。㊀商店，鋪子。晉崔豹古今注都邑："店，所以置貨鬻之物也。"南齊書劉休傳："明帝令休於宅後開小～。"㊁旅館，客棧。唐岑參漢川山行詩："山～雲迎客，江村犬吠船。"

庖 páo 薄交切，平，肴韻，並。幽部。

㊀厨房。説文："庖，廚也。"詩小雅車攻："大～不盈。"孟子梁惠王上："～有肥肉。"㊁厨師。莊子養生主："良～歲更刀，割也。"

府 fǔ 方矩切，上，麌韻，非。侯部。

㊀國家儲藏財物或文書的地方。説文："府，文書藏也。"一切經音義九引三蒼："府，文書財物藏也。"禮記曲禮下："在官言官，在～言～，在庫言庫，在朝言朝。"鄭玄注："府，謂寶藏貨賄之處也。"漢書郊祀志上："史書而臧之～。"顔師古注："府，臧書之處。"引申爲臟腑。素問熱論："五藏已傷，六～不通。"這個意義後來寫作"腑"。㊁官署的通稱。周禮天官大宰："以八法治官～。"鄭玄注："百官所居曰府。"引申爲官僚貴族的住宅。北周庾信哀江南賦："誅茅宋玉之宅，穿徑臨江之～。"㊂行政區域名。

底 dǐ 都禮切，上，薺韻，端。脂部。

㊀最下部，底層。列子湯問："有大壑焉，實惟無～之谷。"㊁至。詩小雅祈父："靡所～止。"毛傳："底，至也。"又小旻："伊于胡～？"鄭箋："底，至也。"引申爲止，停滯。左傳昭公元年："勿使有所壅閉湫～。"服虔注："底，止也。"杜預注："底，滯也。"㊂何，甚麽（後起義）。樂府詩集子夜四時歌："寒衣尚未了，郎喚儂～爲？"唐杜甫寄邛州崔録事詩："久待無消息，終朝有～忙？"㊃的（後起義）。宋釋道原景德傳燈録圓智禪師："有病～，有不病～。"宋楊萬里玉井寺觀白蓮詩："紅芙蕖雜白芙蕖，紅～終稠白～疎。"

六 畫

庠 xiáng 似羊切，音祥，平，陽韻，邪。陽部。

鄉學名。孟子滕文公上："設爲～序學校以教之。"禮記王制："耆老皆朝於～。"鄭玄注："此庠謂鄉學也。"

庤 zhì 直里切，上，止韻，澄。今讀如治。之部。

儲備。詩周頌臣工："命我衆人，～乃錢鎛。"毛傳："庤，具也。"

度 1. dù 徒故切，去，暮韻，定。鐸部。

㊀計量長短的標準。書舜典："同律～量衡。"引申爲法度，制度。書大禹謨："罔失法～。"左傳隱公元年："今京不～，非制也。"又昭公四年："～不可改。"又爲限度。左傳昭公二十年："徵斂無～。"國語周語下："用物過～妨於時。"㊁器量，胸懷。史記高祖本紀："常有大～，不事家人生産作業。"㊂渡過。漢書賈誼傳："若夫經制不定，是猶～江河亡維楫。"唐李白蜀道難詩："猿猱欲～愁攀援。"引申爲使人離俗出家。新唐書食貨志一："納錢～道士僧尼萬人。"㊃鍍。南齊書高帝紀上："馬乘具不得金銀～。"㊄量詞。次，回（後起義）。易晉"晝日三接"孔穎達疏："一晝之間，三～接見也。"唐杜甫江南逢李龜年詩："岐王宅裏尋常見，崔九堂前幾～聞。"

2. duó 徒落切，音鐸，入，鐸韻，定。鐸部。

㊅動詞。量。左傳隱公十一年："山有木，工則～之。"引申爲揣測，估計。詩小雅巧言："他人有心，予忖～之。"史記李將軍列傳："其射，見敵急，非在數十步之内，～不中不發。"

[辨]度，渡。見"渡"字條。

按，説文度字在又部，云："法制也。从又，庶省聲。"

庢 zhì 陟栗切，入，質韻，知。質部。

㊀阻礙。説文："庢，礙止也。"文選漢枚

乘七發："發怒～沓。"㊁〔盩庢〕雙聲聯緜字。縣名，屬右扶風。宋樂史太平寰宇記："山曲曰盩，水曲曰庢。"今作"周至"。

庛
cì 七賜切，音刺，去，寘韻，清。支部。

耒木下端穿插耜的部分。周禮考工記車人："車人爲耒，～長尺有一寸。"鄭玄注："庛讀爲棘刺之刺，耒下前曲接耜。"

按，說文無庛字。

庥
xiū 許尤切，音休，平，尤韻，曉。幽部。

庇蔭。爾雅釋言："庇、庥，廕也。"郭璞注："今俗語呼樹廕爲庥。"唐柳宗元石渠記："其側皆詭石、怪木、奇卉、怪箭，可列坐而～焉。"

按，說文庥是休的重文，在木部，云："息止也。"

七畫

庫
kù 苦故切，去，暮韻，溪。魚部。

藏甲兵戰車的房屋。禮記曲禮下："在府言府，在～言～。"鄭玄注："謂車馬兵甲之處也。"又樂記："車甲衅而藏之府～。"唐王勃滕王閣序："紫電清霜，王將軍之武～。"引申爲泛指藏財物的房屋。禮記檀弓："管～之士。"鄭玄注："庫，物所藏。"

庮
yóu 以周切，音由，平，尤韻，喻四。幽部。

朽木的臭味。說文："庮，久屋朽木。"周禮天官内饔："辨腥臊羶香之不可食者，牛夜鳴則～。"鄭玄注："鄭司農云：庮，朽木臭也。"禮記内則："牛夜鳴則～。"鄭玄注："庮，惡臭也。春秋傳曰：'一薰一庮。'"今左傳僖公四年作"一薰一蕕"。

庪
guǐ 過委切，音詭，上，紙韻，見。支部。

㊀〔庪縣〕祭山之禮。爾雅釋天："祭山曰庪縣。"郭璞注："或庪或縣，置之於山。"把祭品埋在地下叫庪，把牲幣掛在山上叫縣。㊁五架之屋，中脊爲棟，棟南北各兩架，與棟相接之架爲楣。楣前接簷之架爲庪。儀禮鄉射禮"序則物當棟，堂則物當楣"鄭玄注："是制五架之屋也。正中曰棟，次曰楣，前曰庪。"

按，說文無庪字，新附有之，云："祭山曰庪縣。"

座
zuò 徂臥切，去，過韻，從。

後起字。坐具，坐位。文選三國魏吳質答東阿王書："塤篪激於華屋，靈鼓動於～右。"字本作"坐"。韓非子外儲說左上："鄭人有且置履者，先自度其足而置之其坐。"引申爲器物的底托(晚起義)。元史忙兀台傳："立砲～十有二。"

庭
1. tíng 特丁切，平，青韻，定。耕部。

㊀堂前之地，院子。詩魏風伐檀："不狩不獵，胡瞻爾～有縣貆兮？"論語八佾："八佾舞於～。"㊁廳堂。禮記檀弓上："孔子哭子路於中～。"鄭玄注："寢中庭也。"㊂通"廷"。朝廷。易夬："揚于王～。"孔穎達疏："王庭是百官所在之處。"

［備考］直。詩小雅大田："播厥百穀，既～且碩。"毛傳："庭，直也。"

2. tìng 集韻他定切，去，徑韻，透。耕部。

㊃〔逕庭〕叠韻聯緜字。偏激。

［同源字］庭，廷。見"廷"字條。

八畫

庱
chēng 丑升切，平，蒸韻，徹。

〔庱亭〕地名。在今江蘇丹陽縣東。

按，說文無庱字。

庶
1. shù 商署切，音恕，去，御韻，審三。鐸部。

㊀衆多。詩大雅卷阿："君子之車，既～且多。"論語子路："子適衛，冉有僕。子曰：'～矣哉！'"㊁〔庶人〕平民。論語季氏："天下有道，則庶人不議。"國語周語上："庶人工商，各守其業。"也省稱"庶"。左傳昭公三十二年："三后之姓，於今爲～。"唐杜甫丹青引：

“將軍魏武之子孫，於今爲～爲清門。”㊂庶子，妾的兒子。與“嫡”相對。左傳文公十八年：“殺適立～。”㊃〔庶幾〕也許可以，差不多，表示希望或揣測。孟子梁惠王下：“王之好樂甚，則齊國其庶幾乎！”又：“吾王庶幾無疾病與？”又公孫丑下：“王庶幾改之，予日望之！”也省作“庶”。詩大雅江漢：“四方既平，王國～定。”左傳昭公十六年：“宣子喜曰：‘鄭其～乎！’”

2. zhù 集韻章恕切，去，御韻，照三。鐸部。

㊄〔庶氏〕官名。周禮秋官庶氏：“庶氏掌除毒蠱。”鄭玄注：“毒蠱，蟲物而病害人者。”釋文：“庶，章預反。”

庵 ān 烏含切，平，覃韻，影。

圓形草屋。釋名釋宫室：“草圓屋曰蒲，…又謂之庵。”字亦作“菴”。後漢書皇甫規傳：“軍中大疫，死者十三四，規親入菴廬，巡視將士。”引申爲書齋名。宋陸游有老學庵。又爲尼姑所居的寺廟。紅樓夢九三回：“且説水月～中小女尼女道士等初到～中。”

按，説文無庵字。

康 1. kāng 苦岡切，平，唐韻，溪。陽部。

㊀安樂，安寧。詩唐風蟋蟀：“無已大～，職思其居。”毛傳：“康，樂。”文選戰國屈原離騷：“日～娱而自忘兮。”王逸注：“康，安也。”㊁豐盛。詩周頌臣工：“明昭上帝，迄用～年。”淮南子天文：“故三歲而一饑，六歲而一衰，十二歲一～。”㊂廣大。爾雅釋宫：“五達謂之康，六達謂之莊。”史記騶奭列傳：“爲開第～莊之衢。”

〔備考〕㊀褒揚，稱頌。易晉：“是以～侯用錫馬蕃庶。”王弼注：“康，美之名也。”禮記祭統：“～周公，故以賜魯也。”注：“康，猶褒大也。”㊁空，荒。詩小雅賓之初筵：“酌彼～爵。”鄭箋：“康，空也。”朱熹集傳：“康，安也。”與鄭箋異。穀梁傳襄公二十四年：“四穀不升謂之～。”

2. kàng 集韻口浪切，音抗，去，宕韻，溪。陽部。

㊃舉。集韻：“康，舉置也。”古代賓主相見，將賓客所奉獻的圭玉舉於土臺之上，叫做“康圭”。禮記明堂位：“崇坫，～圭，疏屏，天子之廟飾也。”鄭玄注：“康，讀爲亢龍之亢。又爲高坫亢所受圭，奠於上焉。”

按，説文康是穅的重文，在禾部，云：“穀之皮也。”

庸 yōng（舊讀 yóng）餘封切，平，鍾韻，喻四。東部。

㊀用。書堯典：“疇咨若時登～。”僞孔傳：“疇，誰；庸，用也。”多用於否定。書大禹謨：“無稽之言勿聽，弗詢之謀勿～。”左傳隱公元年：“無～，將自及。”㊁功勞。書益稷：“明庶以功，車服以～。”國語晉語七：“無功～者不敢居高位。”韋昭注：“國功曰功，民功曰庸。”㊂平常。易乾：“～言之信，～行之謹。”引申爲平凡。史記秦始皇本紀過秦論：“藉使子嬰有～主之材，僅得中佐，山東雖亂，秦之地可全而有。”㊃勞動力，受僱傭的勞動者。韓非子外儲説左上：“夫賣～而播耕者，主人費家而美食。”又五蠹：“澤居苦水者，買～而決竇。”史記周勃世家：“～知其盗買縣官器。”㊄隋唐時代替力役的賦税。㊅副詞。①豈，難道。左傳宣公十二年：“其君能下人，必能信用民矣，～可幾乎？”漢書南粤王傳：“雖王之國，～獨利乎？”〔庸詎〕①豈，何以，怎麽。莊子齊物論：“庸詎知吾所謂知之非不知邪？庸詎知吾所謂不知之非知邪？”②乃。書益稷：“帝～作歌。”㊆古國名。曾隨同周武王滅商，春秋時爲楚所滅。左傳文公十六年：“～人帥羣蠻以叛楚。”

〔備考〕㊀通“墉”。城。詩大雅崧高：“因是謝人，以作爾～。”毛傳：“庸，城也。”鄭箋：“庸，功也。”與毛傳異。㊁通“鏞”。大鐘。詩商頌那：“～鼓有斁。”

按，説文庸字在用部，云：“用也。”

庾 yǔ 以主切，上，麌韻，喻四。侯部。

㊀露天的穀倉。詩小雅楚茨："我～維億。"毛傳："露積曰庾。"又甫田："曾孫之～。"鄭箋："庾，露積穀也。"史記孝文本紀："發倉～以振貧民。"裴駰集解引胡廣："在邑曰倉，在野曰庾。"㊁量名，十六斗爲一庾。左傳昭公二十六年："粟五千～。"㊂〔庾弓〕射力較弱宜於近射的弓。周禮夏官司弓矢："夾弓、庾弓，以授射豻侯鳥獸者。"

庳 1. bì 便俾切，上，紙韻，並。支部。

㊀低下。左傳襄公三十一年："宮室卑～。"㊁矮。周禮地官大司徒："其民豐肉而～。"鄭玄注："庳，猶短也。"

2. bì 集韻毗至切，去，至韻，並。

㊂〔有庳〕古地名。相傳舜封其弟象於此。字亦作"有鼻"。漢書昌邑哀王傳："舜封象於有鼻。"

〔備考〕通"毗(pí)"。輔佐。荀子宥坐引詩："四方是維，天子是～。"楊倞注："庳讀爲毗，輔也。"今詩小雅節南山作"毗"。

九　畫

廊 láng 魯當切，音郎，平，唐韻，來。陽部。

室外有頂的過道。史記司馬相如列傳上林賦："高～四注，重坐曲閣。"又竇嬰列傳："所賜金，陳之～廡下。"

按，説文無廊字，新附有之，云："東西序也。"

庿 miào 眉召切，去，笑韻，明。宵部。

"廟"古文，見説文。儀禮士冠禮："筮于～門。"

廂 xiāng 息良切，音相，平，陽韻，心。陽部。

㊀正房兩側的房屋。樂府詩集相逢狹路間："鶴鳴東西～。"字本作"箱"。儀禮公食大夫禮："公揖退於箱。"史記張丞相列傳附周昌："呂后側身於東箱聽。"㊁靠近城鎮地區。㊂旁，邊(晚起義)。西遊記三回："果然那～有座城池。"

按，説文無廂字，新附有之。

廁 1. cè (舊讀 cì) 初吏切，去，志韻，穿二。職部。

㊀廁所。左傳成公十年："(晉侯)將食，張，如～，陷而卒。"㊁豬圈。漢書燕刺王旦傳："～中豕群出。"顔師古注："廁，養豕圂也。"㊂雜置，參加。史記樂毅列傳："先王過舉，～之賓客之中。"急就篇卷一："分别部居不雜～。"

2. cè 集韻札色切，音側，入，職韻，照二。職部。

㊃通"側"。旁邊。漢書汲黯傳："大將軍(衛)青侍中，上踞～視之。"顔師古注引孟康："廁，牀邊側也。"〔廁足〕側足，置足。莊子外物："天地非不廣且大也，人之所用容足耳。然則廁足而墊之，致黄泉，人尚有用乎？"後用爲插足、置身之意。魏書宗欽傳："竊名華省，廁足丹墀。"

庽 yù 牛具切，音遇，去，遇韻，疑。侯部。

同"寓"。見説文。

十　畫

廋 sōu 所鳩切，平，尤韻，審二。幽部。

㊀隱藏。論語爲政："視其所以，觀其所由，察其所安，人焉～哉！人焉～哉！"〔廋辭〕隱語，謎語。國語晉語五："有秦客廋辭於朝，大夫莫之能對也。"㊁通"搜"。搜索。漢書趙廣漢傳："直突入其門，～索私屠酤。"㊂〔廋人〕官名。周禮夏官之屬，爲帝王掌馬廄之政。見周禮夏官司馬。

〔備考〕限。楚辭漢劉向九歎憂苦："步從容於山廋。"王逸注："廋，限也。…廋，一作庾，一作藪。"

按，説文無廋字。

廆 1. guī 集韻姑回切，平，灰韻，見。微部。

㊀山名。山海經中山經："又西四十里曰～山。"

2. wěi 集韻五賄切，上，賄韻，疑。

㊁人名用字。晉有慕容廆。

按，説文無廆字。

㢘 lián 力鹽切，平，鹽韻，來。談部。

㊀堂的側邊。漢書賈誼傳："～遠地，則堂高。"顔師古注："廉，側隅也。"㊁棱角。老子下："是以聖人方而不割，～而不劌。"禮記儒行："砥厲～隅。"引申爲品性端方不苟。楚辭戰國屈原卜居："誰知吾之～貞。"㊂不苟取。與"貪"相對。孟子離婁下："可以取，可以無取，取傷～。"㊃便宜(後起義)。宋王禹偁黄岡竹樓記："以其價～，而工省也。"㊄考察，查訪。漢書高帝紀下："且～問有不如吾詔者，以重論之。"又何武傳："武使從事～得其罪。"㊅姓。戰國趙有廉頗。

㿉 ē 安盍切，入，盍韻，影。葉部。

㊀藏。漢揚雄太玄闔："輔其折，～其缺。"㊁山旁穴。唐顔真卿鮮于氏離堆記："其右有小石～焉。"

按，説文無㿉字。

㣍 shà (舊讀 xià)胡雅切，上，馬韻，匣。魚部。

大屋。楚辭戰國宋玉招魂："冬有突～。"王逸注："㣍，大屋也。"淮南子本經："大～曾加。"高誘注："大㣍，大屋也。"字本作"夏"。楚辭戰國屈原九章哀郢："曾不知夏之爲丘兮。"王逸注："夏，大殿也。"

［同源字］夏，㣍。"夏"由大義演變爲大屋義。詩秦風權輿："於我乎夏屋渠渠。"毛傳："夏，大也。""夏"字本身本無屋義，後來受"屋"字影響，也變爲大屋的意思了。後人加"广"作"㣍"，以别於華夏的"夏"。今音也有别。

按，説文無㣍字，新附有之。

廌 zhài 宅買切，上，蟹韻，澄。支部。

［解廌］叠韻聯緜字。獸名。説文："廌，解廌，獸也。似山牛，一角。古者决訟，令觸不直。"漢書司馬相如傳："弄解廌。"顔師古注："解廌似鹿而一角，人君刑罰得中則生於朝廷，主觸不直者。"

按，説文廌字在廌部。

廇 liù 力救切，去，宥韻，來。幽部。

中庭。見説文。楚辭漢劉向九歎愍命："刜讒賊於中～兮。"

［同源字］流，漏，溜，扁，霤，廇，餾。見"流"字條。

十一畫

廓 kuò 苦郭切，音擴，入，鐸韻，溪。鐸部。

㊀大，廣闊。詩大雅皇矣："上帝耆之，憎其式～。"毛傳："廓，大也。"文選晉孫綽遊天臺山賦："太虚遼～而無閡。"引申爲擴大，開展。荀子脩身："狹隘褊小，則～之以廣大。"淮南子原道："～四方，柝八極。"又爲空。楚辭戰國宋玉九辯："悲憂窮戚兮獨處～。"㊁［輪廓］外部，外周。唐王度古鏡記："辰畜之外，又置二十四字，周遶輪廓。"

按，説文無廓字。

廒 áo 字彙五牢切，音敖。

後起字。糧倉。文獻通考市糴社倉："得息米造成倉～。"

廑 1. jǐn (舊讀 jìn)渠遴切，去，震韻，羣。文部。

㊀僅，纔。漢書賈誼傳："諸公幸者乃爲中涓，其次～得舍人。"顔師古注："廑與僅同。廑，劣也。言纔得舍人。"

2. qín 集韻渠斤切，音勤，平，欣韻，群。文部。

㊁通"勤"。勤勞。漢書揚雄傳長楊賦："三旬有餘，其～至矣。"顔師古注："廑，古勤字。"

廣 1. guǎng 古晃切，上，蕩韻，見。陽部。

㊀寬闊。詩周南漢廣："漢之～矣，不可泳思。"引申爲擴大。荀子王制："論禮樂，正身行，～教化。"史記淮南衡山列傳："～長楡，開朔方。"又爲寬慰。史記屈原賈生列傳："自以爲壽不得長，傷悼之，乃爲賦以自～。"㊁古廣州的省稱。玉臺新詠古詩爲焦仲卿妻作："雜綵三百疋，交～市鮭珍。"

2.guàng 集韻古曠切，去，宕韻，見。陽部。

㊂春秋時楚國軍制，兵車十五乘爲一廣。左傳宣公十二年："其君之戎，分爲二～。"又："楚子爲乘，～三十乘，分爲左右。"㊃横。〔廣輪〕寬長，猶言廣袤。周禮地官大司徒："以天下土地之圖，周知九州之地域廣輪之數。"孔穎達疏："東西爲廣，南北爲輪。"〔廣運〕猶廣袤。國語越語上："句踐之地，…廣運百里。"韋昭注："東西爲廣，南北爲運。"

3.kuàng 正字通音曠。

㊄即"曠"。漢書五行志中之上："師出過時，茲謂～。"顔師古注："李奇曰：'廣音曠。'韋昭曰：'謂怨曠也。'"

［同源字］曠，廣，荒。見"曠"字條。

廜 tú 同都切，音屠，平，模韻，定。

〔廜廯〕叠韻聯緜字。①草舍。廣雅釋宫："廜廯，庵也。"元袁桷次韻繼學途中竹枝詞："土屋苫草成廜廯，前牀翁媪後小姑。"②酒名。即"屠蘇"。

按，説文無廜字。

廫 1.liào 力救切，集韻力弔切，音料，去，嘯韻，來。幽部。

㊀姓。漢有廫顗。

2.liáo 落蕭切，音遼，平，蕭韻，來。幽部。

㊁人名用字。左傳莊公二十七年："王使召伯廫賜齊侯命。"

按，説文無廫字，新附有之。

廕 yìn 於禁切，去，沁韻，影。侵部。

㊀庇。戰國策趙策四："昔者堯見舜於草茅之中，席隴畝而～庇桑。"論衡指瑞："夫孔甲之入民室也，偶遭雨而～庇也。"㊁因祖先的官職功勞而得官叫做廕（後起義）。新唐書章挺傳附韋武："年十一，～補右千牛，累遷長安丞。"

按，説文無廕字。

廙 yì 與職切，音翼，入，職韻，喻四。職部。

㊀可搬動的房子。説文："廙，行屋也。"段玉裁注："行屋，所謂幄也。…帳有梁柱可移徙，如今之蒙古包之類。"㊁〔廙廙〕同"翼翼"。恭敬的樣子。晉書樂志上："廙廙大君，民之攸塈。"

廔 lóu 落侯切，音樓，平，侯韻，來。侯部。

㊀〔麗廔〕雙聲聯緜字。窗牖通明貌。説文："廔，屋麗廔也。"徐鍇繫傳："窗疏之屬麗廔，猶玲瓏也。漏明之象。"朱駿聲説文通訓定聲："窗牖通明之貌。"㊁同"耬"。農具。

廎 qǐng 集韻犬穎切，音頃，上，静韻，溪。耕部。

小堂。見説文。

按，説文廎是高的重文，在高部。

廐 jiù 居祐切，音救，去，宥韻，見。幽部。

同"廏"。馬棚。詩小雅鴛鴦："乘馬在～，摧之秣之。"

按，説文作廏字。

廏 jiù 居祐切，音救，去，宥韻，見。幽部。

馬棚。説文："廏，馬舍也。"周禮夏官校人："六繫爲～，～一僕夫。"論語鄉黨："～焚。子退朝，曰：'傷人乎？'不問馬。"

十 二 畫

廚 chú 直誅切，平，虞韻，澄。侯部。

㊀廚房。孟子梁惠王上："是以君子遠庖～也。"㊁櫃子（後起義）。世説新語巧藝注引續晉陽秋："（顧）愷之尤好丹青，妙絶於時，

曾以一～畫寄桓玄。”

廝 1. sī 息移切，音斯，平，支韻，心。支部。

❶幹粗雜活的奴僕。公羊傳宣公十二年：“～役扈養死者數百人。”戰國策韓策一：“料大王之卒，悉之不過三十萬，而～徒負養在其中矣。”❷輕蔑的稱呼，猶言奴才(後起義)。宋京本通俗小説錯斬崔寧：“原來我的丈夫也吃這～殺了。”❸相，互相(後起義)。水滸傳三八回：“又在這裏和人～打。”

2. sī 集韻山宜切，平，支，審二。支部。

❹分開。史記河渠書：“乃～二渠，以引其河。”新唐書李頻傳：“按故道～水溉田。”

按，説文無廝字。

廟 miào 眉召切，去，笑韻，明。宵部。

供祀祖宗的房屋。詩大雅思齊：“雝雝在宫，肅肅在～。”引申爲祀神的房屋。段玉裁説文解字注：“古者廟以祀先祖，凡神不爲廟也。爲神立廟者，始三代以後。”史記封禪書：“而雍有日月參辰，…諸布、諸嚴、諸逑之屬，百有餘～。”

［辨］①祧，廟。見“祧”字條。

②寺，廟，觀，庵。見“寺”字條。

廢 fèi 方肺切，去，廢韻，非。月部。

❶崩壞，倒塌。淮南子覽冥：“往古之時，四極～，九州裂。”❷壞亂，衰敗。與“興”相對。孟子離婁上：“國之所以～興存亡者亦然。”禮記學記：“此六者，教之所由～也。”❸疲乏走不動。禮記中庸：“半塗而～。”鄭玄注：“廢，猶罷止也。”論語雍也：“力不足者，中道而～。”引申爲癱瘓。史記淮陰侯列傳：“千人皆～。”〔廢疾〕癱瘓病。廢亦作癈。周禮地官小司徒：“辨其貴賤老幼癈疾。”鄭玄注：“癈疾，謂癃病也。”❹廢除，停止。老子：“大道～，有仁義。”引申爲廢黜。史記魏其武安侯列傳：“孝景七年，栗太子～。”

［備考］㊀墮。左傳定公三年：“～於鑪炭。”杜預注：“廢，墮也。”㊁置。莊子徐无鬼：“於是爲之調瑟，～一於堂，～一於室。”釋文：“廢，置也。”㊂賣出。〔廢居〕商人賤買貴賣。史記越王句踐世家：“復約要父子耕畜，廢居，候時轉物，逐什一之利。”

廠 chǎng 昌兩切，上，養韻，穿三。

後起字。❶小屋。廣韻：“廠，露舍也。”集韻：“廠，屋無壁也。”北魏賈思勰齊民要術養鷄：“别築牆匡，開小門，作小～，令鷄避雨日。”❷製造器物的工場(晚起義)。明史食貨志五：“正德十四年，廣州置鐵～。”❸明代稅收機關之一。明史食貨志六：“水陸行數十里，即樹旗建～，視商賈懦者肆爲攘奪，没其貲。”❹明代的一種特務機構。有東廠，西廠。

廛 chán 直連切，音纏，平，仙韻，澄。元部。

❶一家所居的房地。説文：“廛，一畝半，一家之居。”王筠句讀曰：“一畝半當作二畝半。此二畝半在邑，廬之二畝半在田。”詩魏風伐檀：“不稼不穡，胡取禾三百～兮？”毛傳：“一夫之居曰廛。”釋文：“古者一夫田百畝，别受都邑五畝之地居之，孟子云‘五畝之宅’是也。”孟子滕文公上：“願受一～而爲氓。”❷公家所建供商人儲存貨物的房舍。禮記王制：“市，～而不稅。”鄭玄注：“廛，市物邸舍，稅舍不稅其物。”孟子公孫丑上：“市，～而不征。”

廞 1. xīn 許金切，音歆，平，侵韻，曉。侵部。

❶陳列。説文：“廞，陳輿服於庭也。”周禮天官司裘：“大喪，～裘飾皮車。”又春官笙師：“大喪，～其樂器。”引申爲陳述。周禮春官大師：“大喪，帥瞽而～作匱謚。”鄭玄注引鄭司農：“陳其生時行迹爲作謚。”❷淤塞(後起義)。新唐書薛大鼎傳：“無棣渠久～塞，大鼎浚治。”又于頔傳：“部有湖陂，異時溉田三千頃，久～廢。”

［備考］怒貌。漢揚雄太玄衆：“虎虓振～。”

2. qiān 集韻丘廉切，平，鹽韻，溪。

❸深貌。舊唐書史思明傳：“姿瘦，少鬚

髮，鳶肩傴背，～目側鼻。”

廡 1. wǔ 文甫切，音舞，上，麌韻，微。魚部。

❶堂下周圍的走廊。説文：“廡，堂下周屋。”史記魏其武安侯列傳：“所賜金，陳之廊～下。”

［備考］同“甒”。酒器。荀子禮論：“甕～虛而不實。”

2. wú 集韻微夫切，音無，平，虞韻，微。魚部。

❷〔蕃廡〕草木茂盛貌。書洪範：“庶草蕃廡。”國語晉語四：“黍不爲黍，不能蕃廡。”韋昭注：“廡，豐也。”文選漢張衡東京賦：“草木蕃廡。”李善注：“廡，盛也。”

十三畫

廩 lǐn 力稔切，上，寢韻，來。侵部。

糧倉。詩周頌豐年：“豐年多黍多稌，亦有高～，萬億及秭。”孟子萬章上：“父母使舜完～。”荀子富國：“垣窌倉～，財之末也。”楊倞注：“穀藏曰倉，米藏曰廩。”引申爲糧食。管子問：“問死事之寡，其餼～何如？”又爲儲藏，積聚。管子山國軌：“民之且所用者，君已～之矣。”素問皮部論：“～於腸胃。”

［備考］㊀〔廩然〕傾動貌。左傳哀公十五年：“以水潦之不時，無乃廩然隕大夫之尸。”杜預注：“廩然，傾動貌。”㊁通“凜”。楚辭戰國宋玉九辯：“竊獨悲此～秋。”文選作“凜秋”。

［同源字］稟，亩，廩。見“稟”字條。

按，説文廩是亩的重文，在亩部。

廑 jǐn（舊讀 jìn）集韻渠吝切，去，稕韻，群。文部。

同“僅”。只。禮記射義：“蓋～有存者。”釋文：“廑，音勤；又音覲，少也。”

按，説文作僅字。

廧 qiáng 在良切，音牆，平，陽韻，從。陽部。

❶同“牆”。垣牆。墨子經説上：“～外之利害，未可知也。”管子地員：“地潤數毀，難以立邑置～。”引申爲築牆，屏障。戰國策趙策一：“公宫之垣，皆以狄蒿苫楚～之。”又楚策一：“請効列城五，請悉楚國之衆也，以～於齊。”❷〔廧咎如〕赤狄别種。左傳僖公二十三年：“狄人伐廧咎如，獲其二女叔隗季隗。”

按，説文無廧字。

廥 guài 古外切，去，泰韻，見。月部。

堆積秣草的房舍。説文：“廥，芻稾之藏也。”韓非子内儲説下：“昭奚恤之用荆也，有燒倉～窌（窌）者而不知其人。”史記趙世家：“邯鄲～燒。”

廨 jiè 古隘切，去，卦韻，見。今讀 xiè。錫部。

官署，官舍。論衡感虛：“星之在天也，爲日月舍，猶地有郵亭，爲長吏～也。”晉書范寧傳：“牽曳百姓，營起～舍。”

按，説文無廨字。

十六畫

廬 lú 力居切，平，魚韻，來。今讀如盧。魚部。

❶田中屋。説文：“廬，寄也。秋冬去，春夏居。”詩小雅信南山：“中田有～。”鄭箋：“中田，田中也。農人作廬焉，以便其田事。”漢書食貨志：“餘二十畮以爲～舍。”顔師古注：“廬，田中屋也。”引申爲旅舍，古代沿途迎候賓客的房舍。周禮地官遺人：“十里有～，～有飲食。”又爲官員值宿所住的屋子。漢書金日磾傳：“日磾小疾卧～。”顔師古注：“殿中所止曰廬。”❷國名。國語周語中：“～由荆嬀。”韋昭注：“廬，嬀姓之國。”❸矛戟柄。周禮考工記：“秦無～。”鄭玄注：“廬，…謂矛戟柄。”

廯 sū 素姑切，音蘇，平，模韻，心。

〔廜廯〕叠韻聯緜字。見“廜”字條。

按，説文無廯字。

十七畫

廮 yǐng 於郢切，上，静韻，影。耕部。

❶安止。見説文。❷〔廮陶〕縣名。漢置，屬鉅鹿郡。後漢書孝桓帝紀："勃海王悝謀反，降爲廮陶王。"

十八畫

廱 yōng 於容切，音雍，平，鍾韻，影。東部。

❶〔廱廱〕和樂貌。爾雅釋訓："廱廱優優，和也。"楚辭戰國宋玉九辯："雁廱廱而南遊兮。"❷〔辟廱〕周王朝爲貴族所設的大學，亦爲大射行禮之處。詩大雅靈臺："於論鼓鐘，於樂辟廱。"字亦作"辟雍"。

［備考］通"壅"。漢書五行志下之上："成公五年夏，梁山崩。穀梁傳曰：'～河三日不流。'"今穀梁傳成公五年作"壅遏"。

二十二畫

廳 tīng 他丁切，平，青韻，透。

後起字。❶廳堂。集韻："古者治官處謂之'聽事'，後語省，直曰聽，故加广。"後來私宅的堂屋也叫廳。❷清制在府下設州縣，有的又設廳。

廴 部

廴 yǐn 余刃切，音引，上，軫韻，喻四。真部。

部首。説文："廴，長行也。从彳引之。"

四 畫

廷 tíng 特丁切，音亭，平，青韻，定。耕部。

❶朝廷。帝王布施政令、接受朝見之所。説文："廷，朝中也。"莊子漁父："～無忠臣，國家昏亂。"韓非子有度："數至能人之門，不壹至主之～。"史記吕太后本紀："於今面折～争，臣不如君。"❷通"庭"。院子。詩唐風山有樞："子有廷内，弗洒弗埽。"

［同源字］廷，庭。説文："廷，朝中也。"又："庭，宫中也。"二字同音，實同一詞。詩唐風山有樞："子有廷内。"鄭箋："廷，音庭。"文選漢張衡東京賦："龍輅充庭。"薛綜注："庭，朝廷。"

延 yán 以然切，平，仙韻，喻四。元部。

❶伸展，引長，繼續。書大禹謨："罰不及嗣，賞～於世。"左傳成公十三年："君亦悔禍之～。"❷引進，接待。書顧命："逆子釗於南門之外，～入翼室。"漢書公孫弘傳："於是起客館，開東閣，以～賢人。"

［備考］㊀通"綖"。冕上的蓋。禮記玉藻："天子玉藻十有二旒，前後邃～。"鄭玄注："言皆出冕前後而垂也。"㊁通"埏"。墓道。左傳隱公元年"隧而相見"杜預注："隧，若今～道。"

［同源字］衍，演，引，延。見"衍"字條。

六 畫

建 jiàn 居萬切，去，願韻，見。元部。

❶建立，設置。易比："比，先王以～萬國，親諸侯。"書武成："～官惟賢，位事惟能。"❷樹立。周禮春官巾車："～大麾以田，以封蕃國。"史記秦始皇本紀："下可以～五丈旗。"❸建築。北魏酈道元水經注廬江水："其水歷澗，逕龍泉精舍南，太元中，沙門釋慧遠所～也。"❹星名。禮記月令仲春之月："日在奎，昏弧中，旦～星中。"鄭玄注："建星在斗上。"❺北斗星斗柄所指的方位叫建。十二月建即斗柄所指十二辰的方位。如正月建寅，

二月建卯等。夏曆正月建寅,殷曆正月建丑,周曆正月建子。

廾部

廾 gǒng 居悚切,音拱,上,腫韻,見。東部。

部首。説文:"廾,竦手也。"

一畫

廿 niàn 人執切,入,緝韻,日。今讀如念。緝部。

二十。説文:"廿,二十併也。"字亦作"廾"。

二畫

弁 biàn 皮變切,音卞,去,線韻,並。元部。

❶冠名。古代男子穿禮服時所戴的一種冠。吉禮之服用冕,通常禮服用弁。有皮弁,有爵弁。皮弁用於田獵戰伐,爵弁用於祭祀。左傳襄公二十五年:"不説~而死於崔氏。"引申爲動詞。戴弁。書金縢:"王與大夫盡~。"又爲加冠的通稱。詩齊風甫田:"突而~兮。"❷武官稱弁(晚起義)。

[備考]㊀急。禮記玉藻:"~行。"釋文:"弁,急也。"㊁發抖。漢書嚴延年傳:"吏皆股~。"顔師古注:"股戰若弁,弁謂撫手也。"㊂搏鬥。漢書甘延壽傳:"試~,爲期門,以才力愛幸。"顔師古注:"弁,手搏。"

三畫

异 yì 羊吏切,音異,去,志韻,喻四。之部。

古"異"字。列子湯問:"重囚纍梏,何以~哉?"注:"异,異也。古字。"

[備考]舉。説文:"异,舉也。虞書曰:'岳曰异哉。'"書堯典:"岳曰:~哉!試可乃已。"僞孔傳:"异,已;已,退也。"與説文異。蔡沈傳:"异義未詳,疑是已廢而後强舉之之意。"

四畫

弃 qì 詰利切,音棄,去,至韻,溪。質部。

同"棄"。左傳隱公三年:"若~德不讓,是廢先君之舉也。"

按,説文弃是棄的重文,在華部。

弄 nòng (舊讀 lòng)盧貢切,去,送韻,來。東部。

❶玩弄。詩小雅斯干:"載~之璋。"引申爲玩耍,遊戲。左傳僖公九年:"夷吾弱不好~。"杜預注:"弄,戲也。"又爲作弄,愚弄。左傳襄公四年:"愚~其民。"❷樂一曲爲一弄(後起義)。世説新語任誕劉孝標注引續晉陽秋:"既吹一~,乃放笛。"❸百戲樂舞中稱扮演角色或表演節目爲弄(後起義)。唐代有"弄參軍"、"弄蘭陵王"等。宋代有"弄椀"、"弄懸絲傀儡"等。❹小巷(後起義)。南史齊廢帝鬱林王紀:"(帝)出西~,遇弑。"此義讀lòng,不讀 nòng。

弅 fèn 房吻切,音憤,上,吻韻,奉。文部。

〔隱弅〕叠韻聯緜字。丘高起貌。見集韻。莊子知北遊:"登隱弅之丘。"

按,説文無弅字。

五畫

弆 qǔ 羌舉切,上,語韻,溪。

藏。字本作"去"。左傳昭公十九年"紡焉以度而去之"孔穎達疏:"去,即藏也。字書去作弆,羌莒反。"

按,説文無弆字。

六　畫

弈 yì 羊益切，音亦，入，昔韻，喻四。鐸部。

❶圍棋。説文："弈，圍棊也。"論語陽貨："不有博～者乎？爲之猶賢乎已。"左傳襄公二十五年："今甯子視君，不如～棋。"❷通"奕"。奕弈音同義别，但古籍多混用。

弇 1. yǎn 依儉切，音掩，上，琰韻，影。談部。

❶遮蔽。説文："弇，蓋也。"爾雅釋天："～日爲蔽雲。"墨子耕柱："是猶～其目而祝於叢社也。"❷器之口小而腹大。周禮考工記鳧氏："(鐘)～則鬱。"❸深。吕氏春秋仲冬："其器宏以～。"高誘注："宏，大；弇，深。"❹狹路。左傳襄公二十五年："行及～中，將舍。"❺相襲，相合。荀子賦："法舜禹而能～迹者邪？"楊倞注："弇，襲也。"

2. yān 音淹。談部。

❻〔弇兹〕①神名。山海經大荒西經："西海陼中有神，人面鳥身，珥兩青蛇，踐兩赤蛇，名曰弇兹。"②山名。穆天子傳三："升於弇山。"郭璞注："弇，弇兹山，日入所也。"也作崦嵫山。

八　畫

𦱳 mán 母官切，音瞞，平，桓韻，明。元部。

❶平行。説文㒳部："𦱳，平也，从廿…讀若蠻。"❷〔𦱳胡〕密合的樣子。周禮天官鱉人"掌取互物"。鄭玄注引鄭衆云："互物，謂有甲𦱳胡，龜鼈之屬。"孫詒讓正義："𦱳胡、漫胡、曼胡、漫沍，皆形容之語，聲義並同。"

［辨］𦱳，㒼。見艸部"㒼"字條。

十二畫

弊 1. bì 毗祭切，去，祭韻，並。月部。

❶仆，向前倒下。周禮夏官大司馬："質明～旗。"❷破，敗壞。莊子山木："衣～履穿。"戰國策秦策一："黑貂之裘～。"❸疲困。戰國策西周策："兵～於周。"後漢書耿弇傳："時軍士疲～，遂大敗奔還。"❹弊害，與"利"相對。宋洪邁容齋隨筆一六："夫用門地族望爲選舉低昂，乃晉宋以來～法。"

［備考］㊀裁斷，決定。周禮天官大宰："八曰官計，以～邦治。"㊁通"蔽"。韓非子姦劫弑臣："爲姦利以～人主。"

2. bá 音跋。月部。

❺〔弊撥〕混雜。淮南子俶真："獨浮游無方之外，不與物相弊撥。"高誘注："弊撥，猶雜揉。弊音跋涉之跋，撥讀楚人言殺。"

按，説文無弊字。或以爲獘即弊，在犬部。

弋　部

弋 yì 與職切，音翼，入，職韻，喻四。職部。

❶今作"杙"。小木樁。説文："弋，橜也。"爾雅釋宫："雞棲於～爲榤。"❷以繩繫矢而射。詩鄭風女曰雞鳴："將翱將翔，～鳧與雁。"❸取。書多士："非我小國敢～殷命。"僞孔傳："弋，取也。"❹通"黓"。黑色。漢書文帝紀贊："身衣～綈。"顔師古注："弋，黑色也。綈，厚繒。"

三　畫

式 shì 賞職切，入，職韻，審三。職部。

❶法，榜樣。説文："式，法也。"詩大雅下武："下土之～。"毛傳："式，法也。"書微子之命："世世享德，萬邦作～。"❷通"軾"。車前扶手横木。周禮考工記輿人："以揉其～。"孔穎達疏："式，謂人所馮依而式敬。"引

申爲動詞。憑軾示敬。書武成："釋箕子囚，封比干墓，～商容閭。"❸發語詞。詩大雅蕩："～號～呼，俾晝作夜。"

按，説文式字在工部。

九　畫

弑 shì 式吏切，音試，去，志韻，審三。職部。

臣殺君，子殺父母曰弑。易坤："臣～其君，子～其父，非一朝一夕之故。"左傳宣公二年："趙盾～其君。"

［辨］誅，殺，弑。見"誅"字條。

按，説文弑字在殺部，云："臣殺君也。易曰：'臣～其君。'從殺省，式聲。"

弓　部

［弓部總論］

弓部的字多與弓的意義有關，大致可以分爲四類。

（一）弓的種類。例如：弓　弩　弧（木弓）　弰（角弓）　弤（雕弓）　弭（弓無緣）

（二）弓的部分。例如：弦　彄（弓弩的兩端繫弦處）　弢（弓袋）

（三）弓的性質。例如：彊（弓有力）　弸（弓强貌）

（四）關於用弓的動作。例如：張（施弓弦）　弛（放鬆弓弦）　引（開弓）　弨（鬆弓弦）　彀（張弩）　彍（張滿弓弩）　彈（射）　彈（用彈丸射）

弓 gōng 居戎切，平，東韻，見。蒸部。

❶射箭的武器。詩魯頌閟宫："二矛重～。"又大雅公劉："～矢斯張，干戈戚揚。"引申爲支撑車蓋的弓形木架。周禮考工記輪人："～鑿廣四枚。"鄭玄注："弓，蓋橑也。"❷丈量地畝的工具和計算單位。五尺爲一弓，即一步，三百六十弓爲一里，二百四十方弓爲一畝。

一　畫

引 yǐn 余忍切，上，軫韻，喻四。真部。

❶開弓。莊子田子方："列禦寇爲伯昏无人射，～之盈貫。"唐盧綸和張僕射塞下曲："將軍夜～弓。"引申爲拉、牽。易繫辭下："服牛乘馬，～重致遠，以利天下。"❷延長。詩小雅楚茨："子子孫孫，勿替～之。"易繫辭上："～而伸之。"❸引導，帶領。管子法法："～而使之，民不敢轉其力。"史記魏公子列傳："公子～侯生坐上坐。"❹引進，推薦。後漢書隗囂傳："國師劉歆～囂爲士。"❺引用。魏書刑罰志："今～以盗律之條，處以和掠之罪，原情究律，實爲乖當。"❻長度單位。十丈爲一引。見漢書律曆志一上。又爲重量單位（後起義）。元有茶引，明清有鹽引。❼柩車的繩索。禮記檀弓下："吊於葬者必執～。"❽樂曲體裁之一，有序曲之意。文選漢馬融長笛賦："故聆曲～者，觀德於節奏。"引申爲文體之一，大略如序而稍爲簡短。唐王勃滕王閣序："敢竭鄙誠，恭疏短～。"

［備考］㊀正。左傳昭公元年："～其封疆。"杜預注："引，正也。正封界。"㊁續。後漢書班固傳："固又作典～篇述叙漢德。"李賢注："典，謂堯典；引，猶續也。漢承堯後，故述漢德以續堯典。"

［同源字］衍，演，引，延。見"衍"字條。

弔 1. diào 多嘯切,音釣,去,嘯韻,端。藥部。

❶慰問喪家或受到災禍的人。莊子至樂:"莊子妻死,惠子～之。"左傳莊公十一年:"秋,宋大水,公使～焉。"引爲悲傷,憐憫。詩檜風匪風:"顧瞻周道,中心～兮。"❷善。詩小雅節南山:"不～昊天,不宜空我師。"鄭箋:"不善乎昊天,愬之也。"左傳昭公二十六年:"帥羣不～之人以行亂於王室。"❸舊時錢一千文叫一弔(晚起義)。

2. dì 都歷切,音的,入,錫韻,端。藥部。

❹至。書盤庚下:"非廢厥謀,～由靈。"僞孔傳:"弔,至;靈,善也。"詩小雅天保:"神之～矣,詒爾多福。"釋文:"弔,都歷反,至也。"

按,説文弔篆作㐰,在人部。至義的弔作迅,在辵部。

二　　畫

弗 fú 分勿切,入,物韻,非。物部。

不。"弗"字在上古一般只修飾動詞,而且動詞後面不帶賓語。書堯典:"九載績用～成。"左傳隱公元年:"公～許。"又隱公三年:"寡人～敢忘。"

[備考]通"祓"。祭名。祭以祓除不祥。詩大雅生民:"克禋克祀,以～無子。"鄭箋:"弗之言祓也。"

按,説文弗字在丿部。

弘 hóng 胡肱切,平,登韻,匣。蒸部。

大。書君牙:"～敷五典。"詩小雅節南山:"喪亂～多。"引申爲動詞。使大。論語衛靈公:"人能～道,非道～人。"

[同源字]泓,弘,宏,閎,呟,谹。見"谹"字條。

三　　畫

弛 chí (舊讀 shǐ)施是切,上,紙韻,審三。歌部。

放鬆弓弦。與"張"相對。説文:"弛,弓解也。"禮記曲禮上:"張弓尚筋,～弓尚角。"引申爲解除,緩和。左傳昭公三十二年:"～周室之憂,徼文武之福。"又爲鬆懈。商君書靳令:"物多末衆,農～奸勝,則國必削。"又爲減弱。史記呂不韋列傳:"以色事人者,色衰而愛～。"又爲延緩。呂氏春秋開春:"請～期更日。"

[備考]㊀棄忘。禮記坊記:"君子～其親之過而敬其美。"鄭玄注:"弛,猶棄忘也。"㊁毁壞。國語魯語上:"文公欲～孟文子之宅。"㊂落。淮南子説林:"枝格之屬,有時而～。"高誘注:"弛,落也。"

四　　畫

弟 1. dì 徒禮切,上,薺韻,定。脂部。

❶同父母後生的男子。詩邶風谷風:"宴爾新昏,如兄如～。"〔弟子〕門生。論語雍也:"弟子孰爲好學?"妹也得稱弟。孟子萬章上:"彌子之妻與子路之妻兄～也。"史記陳丞相世家:"樊噲…且又乃呂后弟呂嬃之夫。"

2. dì 特計切,音第,去,霽韻,定。脂部。

❷弟對兄的敬愛。論語學而:"其爲人也孝～。"這個意義後來寫作"悌"。今普通話讀 tì。❸次第。呂氏春秋原亂:"亂必有～。"高誘注:"弟,次也。"這個意義後來寫作"第"。❹副詞。但,只管,儘管。史記孫子吳起列傳:"君～重射,臣能令君勝。"又袁盎鼂錯列傳:"君～去,臣亦且亡。"

[同源字]弟,娣,悌。見"悌"字條。

按,説文弟在弟部,云:"韋束之次弟也。"

弝 bà 必駕切,音霸,去,禡韻,幫。魚部。

❶弓中央執手處。漢焦贛易林乾之明夷:"弓矢俱張,～彈折弦。"❷柄(後起義)。唐李賀申胡子觱篥歌:"朔客騎白馬,劍～懸蘭纓。"

按,説文無弝字。

弞 shěn 式忍切，上，軫韻，審三。文部。

同"哂"。微笑。說文："弞，笑不壞顔曰弞。"宋書王弘傳："昔孫叔未進，優孟見～。"

按，說文弞字在欠部。

五　畫

弦 xián 胡田切，平，先韻，匣。真部。

❶弓弦。儀禮鄉射禮："有司左執弣，右執～而授弓。"引申爲樂器上的絃。禮記樂記："昔者舜作五～之琴，以歌南風。"這個意義後來寫作"絃"。又爲月半圓。月半圓時，狀如弓弦，故曰弦。論衡四諱："猶八日月中分謂之～。"陰曆初七八日爲上弦；二十二三日爲下弦。❷直角三角形的斜線。❸中醫謂病人脈象急者爲弦。史記扁鵲倉公列傳："脈長而～。"❹古國名。左傳僖公五年："楚人滅～。"

［辨］絃，弦。見"絃"字條。

按，說文弦字在弦部。

弢 tāo 土刀切，音滔，平，豪韻，透。宵部。

❶弓袋。說文："弢，弓衣也。"左傳成公十六年："與之兩矢，使射吕錡，中項，伏～。"❷通"韜"。掩藏。文選晉陸機漢高祖功臣頌："彭越觀時，～迹匿光。"

弨 chāo 尺招切，平，宵韻，穿三。宵部。

❶放鬆弓弦。詩小雅彤弓："彤弓～兮，受言藏之。"毛傳："弨，弛貌。"❷弓。唐韓愈雪後寄崔二十六丞公詩："腦脂遮眼卧壯士，大～掛壁無由彎。"

弛 chí（舊讀 shǐ）集韻賞是切，上，紙韻，審三。歌部。

同"弛"。放鬆弓弦。管子戒："～弓脱釬而迎之。"

弣 fǔ 芳武切，音撫，上，麌韻，敷。侯部。

弓把中部。禮記曲禮上："凡遺人弓者，…右手執簫，左手承～。"鄭玄注："弣，把中。"按，說文無弣字。

弤 dǐ 都禮切，音底，上，薺韻，端。脂部。

雕弓。孟子萬章上："干戈，朕；琴，朕；～朕。"趙岐注："弤，彫弓也。"

按，說文無弤字。

弧 hú 户吴切，音狐，平，模韻，匣。魚部。

木弓。說文："弧，木弓也。"易繫辭下："弦木爲～，剡木爲矢。"引申爲張旗的竹弓。禮記明堂位："是以魯君孟春乘大路，載～韣。"孔穎達疏："弧，以竹爲之，其形爲弓，以張縿之幅。"又爲星名。即弧矢。楚辭漢王逸九思守志："彀天～兮肰姦。"史記天官書："下有四星曰～，直狼。"張守節正義："弧九星，在狼東南，天之弓也。"

［備考］戾。楚辭漢東方朔七諫謬諫："邪説飾而多曲兮，正法～而不公。"王逸注："弧，戾也。"

弩 nǔ 奴古切，奴上聲，姥韻，泥。魚部。

用機械發射的弓。說文："弩，弓有臂者。周禮四～：夾～，庾～，唐～，大～。"史記孫武列傳附孫臏："於是令齊軍善射者萬～，夾道而伏。"

六　畫

弮 1. quān 丘圓切，音圈，平，仙韻，溪。

❶古縣名。見廣韻。

2. quān 居倦切，去，線韻，見。今讀如圈。元部。

❶弩弓。漢書司馬遷傳："張空～，冒白刃，北首争死敵。"字亦作"桊"。

按，說文無弮字。

弭 mǐ 綿婢切，上，紙韻，明。支部。

❶没有裝飾的弓。爾雅釋器："弓有緣者謂之弓，無緣者謂之～。"左傳僖公二十三年："若不獲命，其左執鞭～，右屬櫜鞬，以與君周旋。"❷弓弰，弓的末端。詩小雅采薇："四壯

翼翼,象～魚服。"鄭箋:"弭,弓反末彆者,以象骨爲之。"㊂停止。左傳襄公二十五年:"自今以往,兵其少～矣。"又成公十六年:"憂猶未～。"㊃安定,順服。史記田敬仲完世家:"夫治國家而～人民,皆在其中。"後漢書吴漢傳:"北州震駭,城邑莫不望風～從。"李賢注:"弭,猶服也。"

七　畫

弱 ruò 而灼切,入,藥韻,日。藥部。

㊀强的反面。左傳襄公十一年:"楚～於晉。"禮記祭義:"强不犯～,衆不暴寡。"㊁年少。左傳僖公九年:"夷吾～不好弄。"又文公十二年:"有寵而～。"杜預注:"弱,年少也。"㊂喪亡。左傳昭公三年:"又～一個焉,姜其危哉!"㊃不足,略少。晉書天文志上:"黄道,日之所行也。…與赤道東交於角五少～。"

[同源字]柔,揉,睬,輮,鍒,韖,煣,擾,弱。見"柔"字條。

按,說文弱字在彡部,篆作𢑡。

硝 shāo 所交切,音梢,平,肴韻,審二。

後起字。弓的末端。北周庾信擬詠懷詩:"輕雲飄馬足,明月動弓～。"

弲 yuān 烏玄切,音淵,平,先韻,影。元部。

鑲角的弓。說文:"弲,角弓也。洛陽名弩曰弲。"段玉裁注:"角弓,謂弓之傅角者也。"

八　畫

弶 jiàng 其亮切,去,漾韻,羣。

捕捉鳥獸的器械。竺法護鹿母經:"時生二子,捨行求食,煢悸失措,墮獵～中。"

按說文無弶字。

張 1. zhāng 陟良切,平,陽韻,知,陽部。

㊀拉緊弓弦。與"弛"相對。說文:"張,施弓弦也。"詩小雅吉日:"既～我弓,既挾我矢。"引申爲緊張。禮記雜記下:"～而不弛,文武弗能也。"㊁大,强。詩大雅韓奕:"四牡奕奕,孔脩且～。"毛傳:"脩,長;張,大。"左傳昭公十四年:"臣欲～公室也。"杜預注:"張,强也。"㊂展開,擴大。與"翕"相對。老子:"將欲歙之,必固～之。"荀子議兵:"代翕代～,代存代亡。"㊃陳,設。楚辭戰國宋玉招魂:"蒻阿拂壁,羅幬～些。"王逸注:"張,施也。"史記商君列傳:"勞不坐乘,暑不～蓋。"又孝武本紀:"～羽旗,設供具。"㊄設網捕捉。公羊傳隱公五年:"百金之魚,公～之。"後漢書王喬傳:"於是候鳧至,舉羅～之。"㊅量詞。左傳昭公十三年:"子産以幄幕九～行。"㊆星宿名。二十八宿之一,朱雀七宿的第五宿。史記律書:"西至於～。"㊇窺望(晚起義)。水滸傳四回:"(兩個門子)只在門縫裏～時,見智深搶到山門下。"

2. zhàng 知亮切,去,漾韻,知。陽部。

㊈自大。左傳桓公六年:"隨～,必棄小國。"㊉膨脹。左傳成公十年:"將食,～,如廁,陷而卒。"杜預注:"張,腹滿也。"後作"脹"。

[同源字]漲,張,脹,帳,掌。見"漲"字條。

強 1. qiáng 巨良切,平,陽韻,羣。陽部。

字亦作"强"。㊀蟲名。說文:"強,蚚也。"爾雅釋蟲:"強醜捋。"郭璞注:"以脚自摩捋。"㊁通"彊"。弱的反面。孟子梁惠王上:"晉國,天下莫～焉。"荀子富國:"觀國之～弱貧富有徵。"㊂有餘,略多。唐杜甫春水生詩:"一夜水高二尺～。"

2. qiǎng 集韻巨兩切,上,養韻,羣。陽部。

㊃勉力,勉強。孟子滕文公上:"～而後可。"又梁惠王下:"～爲善而已矣。"

[備考]㈠固。戰國策齊策一:"謝病～辭。"高誘注:"強,猶固。"㈡〔強葆〕襁褓。史記魯周公世家:"成王少,在強葆之中。"

［同源字］畺，薑，強，彊。見"畺"字條。

按，說文強字在虫部。勉強的強作勥。

弸 péng 薄萌切，平，耕韻，並。蒸部。

㊀强勁的弓。說文："弸，弓彊貌。"漢揚雄太玄止："絶～破車。"㊁充滿。廣雅釋詁一："弸，滿也。"法言君子："或問：'君子言則成文，動則成德，何以也？'曰：'以其～中而彪外也。'"㊂〔弸彋〕叠韻聯縣字。風吹帷幕聲。文選漢揚雄甘泉賦："帷弸彋其拂汨兮。"

九 畫

弼 bì 房密切，集韻薄宓切，入，質韻，並。質部。

輔正。書益稷："予違汝～，汝無面從，退有後言。"僞孔傳："我違道，汝當以義輔正我。"引申爲名詞，指輔佐之人。書說命上："夢帝賚予良～。"

［備考］違背。漢書韋賢傳："其夢如何？夢争王室。其争如何？夢我王～。"顏師古注："弼，戾也。言夢争王室之事，王違戾我言也。"

按，說文作弻，在弜部。

弲 yuān 集韻縈玄切，音淵，平，先韻，影。

弓限，見集韻。弓的兩端叫簫，中央叫弣，簫弣之間叫弲。見釋名釋兵。

按，說文無弲字。

十 畫

彀 gòu 古候切，音够，去，候韻，見。侯部。

張滿弓弩。孟子告子上："羿之教人射，必志於～。"射者也稱彀者。史記廉頗藺相如列傳："～者十萬人。"引申爲弓弩射程所及的範圍。莊子德充符："遊於羿之～中。"

［備考］足够。元明雜劇呂蒙正風雪破窰記："你駡得我～也！"

十 一 畫

彄 kōu 恪侯切，平，侯韻，溪。侯部。

㊀弓弩兩端繫弦處。說文："彄，弓弩耑弦所居也。"漢蔡邕黄鉞銘："弓不受～。"㊁〔彄環〕指環之類。西京雜記卷一："戚姬以百鍊金爲彄環，照見指骨。"

彃 bì 卑吉切，音畢，入，質韻，幫。質部。

射。說文："彃，䠶也。"楚辭戰國屈原天問："羿焉～日。"

十 二 畫

彈 1. tán 徒干切，平，寒韻，定。元部。

㊀用彈弓發射彈丸。說文："彈，行丸也。"左傳宣公二年："從臺上～人，而觀其辟丸也。"㊁彈奏。禮記檀弓上："孔子既祥，五日～琴而不成聲。"㊂彈劾。漢書翟方進傳："據法以～(陳)咸等，皆罷退之。"

2. dàn 徒案切，音憚，去，翰韻，定。元部。

㊃彈弓。莊子山木："執～而留之。"㊄彈丸（後起義）。南朝宋徐陵紫騮馬詩："角弓連兩兔，珠～落雙鴻。"

十 三 畫

彊 1. qiáng 巨良切，音強，平，陽韻，群。陽部。

通作"強"。㊀弓有力。見說文。六韜："太～必折，太張必缺。"史記絳侯世家："材官引～。"裴駰集解："能引彊弓官，如今挽彊司馬也。"㊁弱的反面。書洪範："身其康～。"詩周頌載芟："侯～侯以。"㊂有餘（後起義）。樂府詩集木蘭詩："策勳十二轉，賞賜百千～。"

2. qiǎng 其兩切，上，養韻，羣。陽部。

㊃勉強，勉力。管子牧民："不求不可得者，不～民以其所惡也。"淮南子脩務："名可務立，功可～成。"

3. jiàng 居亮切，去，漾韻，見。陽部。

㊄倔強，不隨和。史記絳侯周勃世家：

"勃爲人木～敦厚。"

4. jiāng 集韻居良切，音姜，平，陽韻，見。陽部。

㊅〔彊彊〕鳥群飛相隨貌。詩鄘風鶉之奔奔："鶉之奔奔，鵲之彊彊。"釋文："彊，音姜。"

〔同源字〕薑，疆，強，彊。見"薑"字條。

弸 hóng 户萌切，音宏，平，耕韻，匣。蒸部。

〔弸弸〕叠韻聯緜字。見"弸"字條。

按，説文無弸字。

十四畫

彌 1. mí 武移切，集韻民卑切，平，支韻，明。脂部。

㊀遍，滿。周禮春官大祝："國有大故天烖，～祀社稷禱祠。"鄭玄注："彌，猶遍也。"史記司馬相如列傳上林賦："於是乎離宫别館，～山跨谷。"㊁終，極。詩大雅卷阿："豈弟君子，俾爾～爾性。"毛傳："彌，終也。"文選漢張衡西京賦："橦末之伎，態不可～。"薛綜注："彌，猶極也。"㊂水滿貌。詩邶風匏有苦葉："有～濟盈。"㊃蓋，補合。左傳僖公二十六年："桓公是以糾合諸侯而謀其不協，～縫其闕，而匡救其災。"㊄副詞。益，更。論語子罕："仰之～高，鑽之～堅。"老子："其出～遠，其知～少。"

〔備考〕㊀久。逸周書謚法："彌，久也。"㊁遠。左傳哀公二十三年："以肥之得備～甥也。"杜預注："彌，遠也。"

2. mǐ 集韻母婢切，音弭，上，紙韻，明。脂部。

㊅通"弭"。止息。周禮春官小祝："～烖兵，遠辠疾。"

十五畫

彍 kuò 虚郭切，集韻闊鑊切，音擴，入，鐸韻，溪。鐸部。

拉滿弓。孫子勢："勢如～弩，節如發機。"唐韓愈送窮文："駕塵～風，與電争先。"

按，説文作彉字，云："弩滿也。"

十九畫

彎 wān 烏關切，平，删韻，影。元部。

㊀開弓。説文："彎，持弓關矢也。"史記司馬相如列傳上林賦："～繁弱，滿白羽。"繁弱，夏時良弓名。唐駱賓王途中有懷詩："涸鱗驚煦轍，墜羽怯虚～。"㊁灣。北周庾信應令詩："望别非新館，開舟即舊～。"㊂彎曲。宋張耒西山寒溪詩："午登西山去，路作九曲～。"

二十畫

彏 jué 居縛切，入，藥韻，見。鐸部。

急張弓。説文："彏，弓急張也。"漢書揚雄傳河東賦："～天狼之威弧。"

彐部

彐 jì 居例切，去，祭韻，見。月部。

本作"彑"。説文："彑，豕之頭，象其鋭而上見也。"今作"彐"，用作部首。

六畫

彖 tuàn 通貫切，去，换韻，透。元部。

周易中概括一卦之辭。易履："彖曰。"王弼注："凡彖者，言乎一卦之所以爲主也。"

八　畫

彗 huì(舊讀 suì)祥歲切,去,祭韻,邪。月部。

㊀掃帚。禮記曲禮上:"國中以策～卹勿驅。"鄭玄注:"彗,竹帚。"史記孟子荀卿列傳:"燕王擁～先驅。"引申爲掃。後漢書班彪傳附班固東都賦:"元戎竟野,戈鋋～雲。"㊁星名。亦稱孛星,俗名掃帚星。左傳昭公十七年:"冬,有星孛于大辰,西及漢。申須曰:'～所以除舊布新也。'"公羊傳文公十四年:"孛者何?～星也。"

[備考]曝曬。六韜文韜守土:"日中不～,是謂失時。"

按,説文彗字在又部,篆作彗云:"埽竹也。"

九　畫

彘 zhì 直例切,音滯,去,祭韻,澄。月部。

㊀豬。説文:"彘,豕也。"方言八:"豬,…關東西或謂之彘。"孟子盡心上:"五母雞,二母～。"㊁地名。國語周語上:"三年,乃流王於～。"

十　畫

彙 huì 于貴切,去,未韻,喻三。物部。

㊀獸名,刺蝟。説文:"彙,蟲似豪豬者。"爾雅釋獸:"彙,毛刺。"郭璞注:"今蝟,狀似鼠。"㊁類。易泰:"拔茅茹以其～。"文選晉左思吴都賦:"蕫～非一。"

[備考]盛。漢書叙傳幽通賦:"柯葉～而靈茂。"顔師古注:"彙,盛也。"

十五畫

彝 yí 以脂切,音夷,平,脂韻,喻四。脂部。

㊀古代青銅祭器的通稱。説文:"彝,宗廟常器也。"左傳襄公十九年:"且夫大伐小,取其所得以作～器。"㊁常道。詩大雅烝民:"民之秉～,好是懿德。"書洪範:"我不知其～倫攸叙。"

按,説文彝字在糸部。

二十二畫

彟 huò 胡麥切,入,麥韻,匣。鐸部。

尺度,法度。楚辭戰國屈原離騷:"曰勉陞降以上下兮,求榘～之所同。"王逸注:"矱,一作彟。"淮南子氾論:"故通於禮樂之情者能作音,有本主於中而以知榘～之所周者也。"高誘注:"榘,方也。彟,度法也。"

按,説文彟爲蒦之或體,蒦在萑部。

彡　部

彡 1. shān 所銜切,音衫,平,銜韻,審二。侵部。

㊀毛飾畫文。見説文。

2. xiǎn 集韻纖琰切,纖上聲,琰韻,心。侵部。

㊀姓。漢有西羌彡姐。見漢書馮奉世傳、後漢書西羌傳。

四　畫

彣 wén 無分切,平,文韻,微。文部。

同"文"。説文:"彣,鹹也。"鹹同"郁"。論語八佾:"郁郁乎文哉。"

按,説文彣字在彣部。

形 xíng 户經切,平,青韻,匣。耕部。

形象,形體。易繫辭上:"在天成象,在地成～。"引申爲形狀,容貌。荀子非相:"故相～不如論心。"又爲形勢。史記秦本紀:"問其地～與其兵勢盡晉。"又爲顯露,表現。戰國策趙策三:"趙王不悦,～於顔色。"

［備考］㊀通"鉶"。盛羹器。史記秦始皇本紀:"飯土增,啜土～。"又李斯列傳作"啜土鉶"。㊁通"型"。模子。左傳昭公十二年:"～民之力,而無醉飽之心。"杜預注:"言國之用民當隨其力任,如金冶之器,隨器而製形。"㊂通"刑"。刑罰。荀子成相:"衆人貳之,讒夫棄之,～是詰。"楊倞注:"形當爲刑。無德化,唯刑戮是詰。"

彤 tóng 徒冬切,平,冬韻,定。冬部。

❶朱紅色。説文:"彤,丹飾也。"詩小雅彤弓:"～弓弨兮。"毛傳:"彤弓,朱弓也。"又邶風静女:"貽我～管。"鄭箋:"彤管,筆赤管也。"左傳哀公元年:"器不～鏤。"杜預注:"彤,丹也。"釋文:"丹漆也。"❷彤管(筆)的簡稱。文選南齊王融三月三日曲水詩序:"書笏珥～,紀言事於仙室。"

按,説文彤字在丹部。

六　畫

彥 yàn 魚變切,音諺,去,線韻,疑。元部。

美士,才德傑出的人。書太甲上:"旁求俊～。"孔傳:"美士曰彥。"詩鄭風羔裘:"彼其之子,邦之～兮。"

按,説文彥字在彣部。

七　畫

彧 yù 於六切,音郁,入,屋韻,影。

❶説文作"戫",云:"有文章也。"三國魏荀彧字文若。字亦作"郁"。論語八佾:"郁郁乎文哉!"❷〔彧彧〕茂盛貌。詩小雅信南山:"疆埸翼翼,黍稷彧彧。"毛傳:"彧彧,茂盛貌。"

［備考］生長貌。尚書大傳虞夏傳:"夏伯之樂舞謾～。"鄭玄注:"彧,長貌。言象物之滋曼彧然也。"

按,説文無彧字。戫字在有部。

八　畫

彬 bīn 府巾切,集韻悲巾切,平,真韻,幫。文部。

〔彬彬〕文質兼備貌。論語雍也:"文質彬彬,然後君子。"

按,説文作份,在人部。

彪 biāo 甫烋切,集韻悲幽切,平,幽韻,幫。今讀如標。幽部。

❶虎身斑紋。説文:"彪,虎文也。"又用於譬喻。法言君子:"以其弸中而～外也。"引申爲虎。北周庾信枯樹賦:"熊～顧盼,魚龍起伏。"彪,一本作"虎"。又譬喻身體魁梧(後起義)。北史斛律金傳附斛律光:"馬面～身,神爽雄傑。"❷光彩顯明,文彩焕發。漢書禮樂志郊祀歌:"景星顯見,信星～列。"文選晉左思蜀都賦:"符采～炳,暉麗灼爍。"❸隊(晚起義)。水滸傳六〇回:"只見柳林中飛出一～人馬來,約有七八百人。"

按,説文彪字在虎部。

彩 cǎi 倉宰切,上,海韻,清。之部。

❶光彩,色彩。文選南朝梁江淹别賦:"日下壁而沈～,月上軒而飛光。"字本作"采"。❷文彩,風度。宋書顔延之傳:"延之與陳郡謝靈運俱以詞～齊名。"南朝宋謝莊爲尚書八座封皇子郡王奏:"第某皇弟等器～明敏,令識穎悟。"❸競賽中赢得的物品,賭博得勝所獲的賭注(後起義)。唐元稹春六十韻詩:"偏憐打毬～,頻得鑄錢銅。"唐李白送外甥鄭灌從軍詩:"大博争雄好～來,全盤一擲萬人開。"

按,説文無彩字,新附有之。

彫 diāo 都聊切，音刁，蕭韻，端。幽部。

㊀雕刻。説文："彫，琢文也。"孟子梁惠王下："今有璞玉於此，雖萬鎰，必使玉人～琢之。"莊子大宗師："刻～衆形而不爲巧。"㊁修飾。左傳宣公二年："厚斂以～牆。"㊂通"凋"。凋零，凋殘。論語子罕："歲寒然後知松柏之後～也。"左傳昭公八年："今宫室崇侈，民力～盡。"

［辨］①雕，彫，凋，琱。雕的本義是鳥名；彫的本義是彫琢；凋的本義是凋零；琱是彫琢的專用字。在彫刻的意義上，彫可通作雕；在凋零的意義上，凋可以作彫。其餘不通。

②鏤，鏤，刻，彫。見"鏤"字條。

九　畫

彭 1. péng 薄庚切，平，庚韻，並。陽部。

㊀古國名。書牧誓："嗟我友邦冢君…及庸蜀羌髳微盧～濮人，稱爾戈，比爾干，立爾矛。"㊁春秋時地名。詩鄭風清人："清人在彭，駟介旁旁。"毛傳："彭，衛之河上，鄭之郊也。"

2. bāng 集韻逋旁切，平，唐韻，幫。陽部。

㊂［彭彭］①盛多貌。詩齊風載驅："行人彭彭。"又小雅出車："出車彭彭。"②行進貌。詩大雅烝民："四牡彭彭。"

3. páng 集韻蒲光切，音旁，平，唐韻，並。陽部。

㊃通"旁"。易大有："匪其～，無咎。"孔穎達疏："匪，非也；彭，旁也。"釋文："彭，步郎反。子夏作旁。"㊄［彭考］笞擊拷問。後漢書戴就傳："每上彭考，因止飯食不肯下。"

4. pēng 音烹。陽部。

㊅［彭湃］雙聲聯縣字。同"澎湃"。波浪衝擊。漢書司馬相如傳上林賦："沸乎暴怒，洶涌彭湃。"

按，説文彭字在壴部。

十 一 畫

彰 zhāng 諸良切，音章，平，陽韻，照三。陽部。

顯明。書皋陶謨："～厥有常，吉哉！"僞孔傳："彰，明；吉，善也。"莊子齊物論："是非之～也，道之所以虧也。"

彯 1. piāo 撫招切，集韻紕招切，音飄，平，宵韻，滂。

㊀［彯摇］叠韻聯緜字。同"嫖姚"。輕捷貌。文選南齊王融三月三日曲水詩序："彯摇武猛，扛鼎揭旗之士。"㊁［彯彯］輕飄貌。文選晉左思魏都賦："清塵彯彯。"

2. piào 匹妙切，音票，去，笑韻，滂。

㊂彯畫，畫飾。見廣韻集韻。

按，説文無彯字。

十 二 畫

影 yǐng 於丙切，上，梗韻，影。陽部。

㊀人或物體因擋住光線而投射的暗像，或因反射而顯現的虚像。書大禹謨："惠迪吉，從逆凶，惟～響。"莊子漁父："人有畏～惡迹而去之走者。"㊁像，圖像（後起義）。南史長沙宣武王懿傳附蕭猷："盡歡極醉，神～亦有酒色。"紅樓夢三〇回："老太太和舅母那日想是纔拜了～回來。"㊂隱隱現出（晚起義）。水滸傳一六回："只見對面松林裏～着一個人在那裏舒頭探腦價望。"

按，説文無影字。

十 九 畫

彲 chī 丑知切，平，支韻，徹。歌部。

同"螭"。獸名。傳説爲無角的龍。史記齊太公世家："所獲非龍非～，非虎非羆。"司馬貞索隱："餘本亦作螭字。"

按，説文無彲字，但作螭。

彳部

［彳部總論］

彳部的字多與行路有關。例如：往 復 徂 征 循 從 徒(步行) 徙 徯 待 徐(安行) 微(隱行) 徑(步道) 徘徊 彷徨

彳 chì 丑亦切，入，昔韻，徹。鐸部。

小步。見説文。文選晉潘岳射雉賦李善注引張衡舞賦："～兮中輣。"〔彳亍〕小步走，欲行又止貌。文選晉潘岳射雉賦："彳亍中輣。"唐柳宗元答周君巢書："彳亍而無所趨，拳拘而不能肆。"

三畫

彴 1. bó 集韻弼角切，入，覺韻，並。藥部。

㊀〔彴約〕叠韻聯緜字。流星。爾雅釋天："奔星爲彴約。"

2. zhuó 之若切，音酌，入，藥韻，照三。

㊁獨木橋。集韻："横木渡水曰彴。"唐劉禹錫裴祭酒尚書見示春歸城南詩："野～渡春水，山花映巖扉。"

按，説文無彴字。

四畫

彷 1. fǎng 妃兩切，音仿，上，養韻，敷。陽部。

㊀〔彷彿〕雙聲聯緜字。大概，相似。楚辭戰國宋玉九辯："柯彷彿而萎黄。"唐李白贈崔郎中之金陵詩："登高望浮雲，彷彿如舊丘。"

2. páng 步光切，音旁，平，唐韻，並。陽部。

㊁〔彷徨〕叠韻聯緜字。徘徊。莊子逍遥遊："彷徨乎無爲其側，逍遥乎寢卧其下。"文選三國魏曹丕雜詩："展轉不能寐，披衣起彷徨。"

按，説文無彷字。

彸 zhōng 職容切，音鍾，平，鍾韻，照三。東部。

〔征彸〕雙聲聯緜字。驚惶失措貌。文選漢王褒四子講德論："百姓征彸，無所措其手足。"

按，説文無彸字。

役 yì 營隻切，入，昔韻，喻四。錫部。

㊀服兵役，戍守邊疆。詩王風君子于役："君子于～，不知其期。"國語晉語一："棄政而～。"韋昭注："役，服戎役也。"引申爲服戎役的人，即士卒。詩小雅漸漸之石序："乃命將率東征，～久病於外。"毛傳："役，謂士卒也。"㊁勞役。莊子人間世："上有大～，則支離以有常疾不受功。"㊂事。國語晉語五："國有大～。"引申爲特指戰爭。左傳昭公五年："邲之～，楚無晉備，以敗於鄢。"㊃僕役。左傳定公元年："季孫使～如闞。"南史陶潛傳："家貧無～。"又特指門徒。莊子庚桑楚："老聃之～有庚桑楚者偏得老聃之道。"㊄驅使。荀子正名："夫是之謂以己爲物～矣。"晉陶潛歸去來辭："既自以心爲形～，奚惆悵而獨悲？"

［備考］列。詩大雅生民："禾～穟穟。"鄭箋："役，列也。"

五畫

往 1. wǎng 于兩切，上，養韻，喻三。陽部。

㊀"來"的反面。到那裏去。説文："往，

之也。”論語陽貨：“佛肸召，子欲～。”在上古漢語裏，“往”字不帶賓語。引申爲過去。論語微子：“～者不可諫，來者猶可追。”易繫辭下：“夫易彰～而察來。”又爲以後；以下。易繫辭下：“過此以～，未之或知也。”論語八佾：“禘自既灌而～者，吾不欲觀之矣。”又借喻死。左傳僖公九年：“送～事居。”杜預注：“往，死者；居，生者。”

2. wàng 集韻于放切，去，漾韻，喻三。陽部。

㊀歸向。穀梁傳莊公三年：“其曰王者，民之所歸～也。”史記孔子世家贊：“雖不能至，然心嚮～之。”在這個意義上，“往”字可以帶賓語。

[辨]①往，去。“往”是到某地去，“去”是離開某地，詞義正相反。直到近代，“去”才有“往”義。

②之，適，如，赴，往。見“之”字條。

征 zhēng 諸盈切，平，清韻，照三。耕部。

㊀行。詩召南小星：“肅肅宵～。”又小雅小宛：“我日斯邁，而月斯～。”毛傳：“邁，征，皆行也。”㊁征伐。荀子議兵：“以守則固，以～則强。”㊂抽税。孟子梁惠王下：“關市譏而不～。”又用作名詞。左傳文公十一年：“宋公於是以門賞耏班，使食其～。”杜預注：“門，關門。征，税也。”

[辨]侵，伐，征，襲，討。見“伐”字條。

按，説文以征爲延的重文，在辵部。

彿 fú 敷勿切，音拂，入，物韻，敷。物部。

〔彷彿〕雙聲聯緜字。見“彷”字條。

按，説文無彿字。

彼 bǐ 甫委切，集韻補靡切，上，紙韻，幫。歌部。

代詞。㊀那，那個。與“此”相對。詩小雅十月之交：“～月而微，此日而微。”又周南卷耳：“嗟我懷人，寘～周行。”㊁他，他們。與“我”相對。左傳莊公十年：“～竭我盈。”穀梁傳僖公三十三年：“～不死則我死矣。”

徂 cú 昨胡切，平，模韻，從。魚部。

㊀往。詩豳風東山：“我～東山，慆慆不歸。”又大雅桑柔：“自西～東，靡所定處。”㊁死亡。古人諱死，則謂之徂。史記伯夷列傳：“于嗟～兮，命之衰矣！”這個意義又寫作“殂”。

[備考]始。詩小雅四月：“四月維夏，六月～暑。”鄭箋：“徂，猶始也。四月立夏矣，至六月乃始盛暑。”朱熹集傳：“徂，往也。”與鄭箋異。

[同源字]殂，徂。見“殂”字條。

按，説文以徂爲退的重文，在辵部。

六　畫

徉 yáng 與章切，音羊，平，陽韻，喻四。陽部。

〔彷徉〕叠韻聯緜字。徘徊遊蕩貌。文選戰國宋玉招魂：“彷徉無所倚，廣大無所極些。”〔徜徉〕叠韻聯緜字。見“徜”字條。

按，説文無徉字。

待 dài 徒亥切，上，海韻，定。之部。

㊀等待。左傳隱公元年：“多行不義必自斃，子姑～之。”㊁對待。論語微子：“以季孟之間～之。”穀梁傳桓公九年：“以～人父之道～人之子。”引申爲待遇。史記蘇秦列傳：“皆終歸齊，齊善～之。”㊂招待，款待（後起義）。元關漢卿謝天香第四折：“相公前廳～客，請夫人哩。”㊃將要，正要（晚起義）。水滸傳三回：“（金老）便～出門，店小二攔住道：‘金公那裏去？’”

[辨]等，待。見“等”字條。

[同源字]竢，待。見“竢”字條。

律 lǜ 吕卹切，入，術韻，來。物部。

㊀定音或候氣的律管。書舜典：“聲依永，～和聲。”孟子離婁上：“師曠之聰，不以六～，不能正五音。”禮記月令孟春之月：“～中太蔟。”鄭玄注：“律，候氣之管，以銅爲之。”㊁

法令，法律。易師："師出以～。"漢書刑法志："於是相國蕭何攈摭秦法，取其宜於時者，作～九章。"㊂戒律。梵語毗尼，意譯爲律。㊃律詩的簡稱，如五律，七律，排律。

［備考］㊀爵命的等級。禮記王制："有功德於民者，加地進～。"㊁理髮。荀子禮論："不沐則濡櫛三～而止。"楊倞注："律，理髮也。"

很 hěn 胡墾切，上，很韻，匣。文部。

㊀不聽從。説文："很，不聽從也。"左傳襄公二十六年："大子痤美而～。"服虔注："很，戾不從教。"國語吳語："今王將～天而伐齊。"韋昭注："很，違也。"莊子漁父："見過不更，聞諫愈甚，謂之～。"史記項羽本紀："猛如虎，～如羊，貪如狼，彊不可使者，皆斬之。"㊁副詞。甚(晚起義)。紅樓夢六回："劉老老只聽見咯噹咯噹的響聲，～似打羅篩麪的一般。"

［備考］争訟。禮記曲禮上："很毋求勝。"

徊 huí 户恢切，音回，平，灰韻，匣。微部。

旋轉。文選戰國宋玉神女賦："～腸傷氣，顛倒失據。"〔徘徊〕叠韻聯緜字。見"徘"字條。

按，説文無徊字。

徇 1. xùn 辭閏切，音殉，去，稕韻，邪。真部。

㊀示衆。史記司馬穰苴列傳："遂斬莊賈以～三軍。"㊁奪取。史記項羽本紀："廣陵人召平於是爲陳王～廣陵，未能下。"㊂迅疾。〔徇齊〕敏慧。史記五帝本紀："弱而能言，幼而徇齊。"裴駰集解："徇，疾；齊，速也。言聖德幼而疾速也。"㊃通"殉"。漢書司馬遷傳："常思奮不顧身以～國家之急。"

2. xún 集韻松倫切，音旬，平，諄韻，邪。真部。

㊄通"巡"。巡行。書泰誓中："王乃～師而誓。"㊅使。莊子人間世："夫～耳目内通而外於心知。"㊆順從，曲從。左傳文公十一年："郕大子朱儒自安於夫鐘，國人弗～。"杜預注："徇，順也。"史記項羽本紀："今不恤士卒而～其私，非社稷之臣也。"㊇環繞。後漢書班固傳西都賦："～以離殿别寢，承以崇臺閒館。"

按，説文作㣂，云："行示也。司馬法，斬以㣂。"

後 hòu 胡口切，上，厚韻，匣。侯部。

㊀走在後面，遲到。説文："後，遲也。"論語雍也："非敢～也，馬不進也。"又微子："子路從而～。"老子："知人之不可先也，故～之。"㊁位置在後。與"前"相對。論語子罕："瞻之在前，忽焉在～。"㊂時間較晚。與"先"相對。詩邶風谷風："我躬不閱，遑恤我～？"㊃後代，子孫。詩大雅瞻卬："無忝皇祖，式救爾～。"

七　畫

徒 tú 同都切，平，模韻，定。魚部。

㊀步行。易賁："舍車而～。"㊁步兵。詩魯頌閟宫："公～三萬。"左傳隱公九年："彼～我車，懼其侵軼我也。"㊂服勞役的人。周禮天官冢宰："胥十有二人，～百有二十人。"㊃衆。書仲虺之誥："簡賢附勢，實繁有～。"㊄同類的人。墨子所染："其友皆好仁義，…則段干木、禽子、傅説之～是也。"㊅弟子、門人。論語微子："是魯孔丘之～與？"㊆副詞。①但，僅。莊子徐无鬼："非～知具茨之山，又知大隗之所存。"孟子離婁上："～善不足以爲政，～法不能以自行。"②空，徒然。古詩爲焦仲卿妻作："妾不堪驅使，～留無所施。"

按，説文作辻，在辵部，云："步行也。"

徑 jìng 古定切，去，徑韻，見。耕部。

㊀小路。説文："徑，步道也。"論語雍也："有澹臺滅明者，行不由～。"史記高祖本紀："前有大蛇當～。"引申爲動詞。取道。史記

高祖本紀："高祖被酒，夜～澤中。"㊁數學名詞。直徑。周髀算經上："其～者，圜中之直者也。"史記田敬仲世家："若寡人國小也，尚有～寸之珠照車前後各十二乘者十枚。"㊂捷速。荀子脩身："莫～由禮。"楊倞注："徑，捷速也。"㊃直接。三國志吳書孫策傳注引江表傳："策～到壽春見袁術。"㊄即，就。史記淳于髡列傳："髡恐懼俯伏而飲，不過一斗～醉矣。"㊅〔徑廷〕叠韻聯緜字。偏激。文選南朝梁劉孝標辨命論："如使仁而無報，奚爲修善立名乎？斯徑廷之辭也。"李善注引司馬彪曰："徑廷，激過之辭也。"

徐 xú 似魚切，平，魚韻，邪。魚部。

㊀緩慢。與"疾"相對。左傳昭公二十年："清濁大小，短長疾～，…以相濟也。"戰國策趙策四："入而～趨。"㊁古九州之一。書禹貢："海岱及淮惟～州。"㊂古諸侯國名。春秋莊公二十六年："齊人伐～。"又昭公三十年："冬十有二月，吳滅～，～子章羽奔楚。"

［備考］皆。公羊傳成公十五年："魯人～傷歸父之無後也。"何休注："～者，皆共之辭也。關東語。"

［辨］遲，徐。見"遲"字條。

後 qūn 集韻七倫切，平，諄韻，清。文部。

同"逡"，退。見集韻。漢書王莽傳："～儉隆約。"顔師古注："後，退也。"

按，說文後作逡。

八　畫

徘 pái 薄回切，平，灰韻，並。今讀若排。微部。

〔徘徊〕叠韻聯緜字。往返回旋貌。荀子禮論："則必徘徊焉，鳴號焉。"楊倞注："徘徊，回旋飛翔之貌。"文選戰國宋玉風賦："徘徊於桂椒之間。"史記呂太后本紀："欲爲亂，殿門弗得入，徘徊往來。"

按，說文無徘字。

徛 jì 居義切，音寄，去，寘韻，見。歌部。

石橋。說文："徛，舉脛有渡也。"爾雅釋宫："石杠謂之徛。"郭璞注："聚石水中，以爲步渡彴也。"

徠 1. lái 洛哀切，音來，平，咍韻，來。之部。

㊀同"來"。楚辭大招："魂魄歸～，無遠遥只。"漢書禮樂志郊祀歌："天馬～，從西極。"㊁〔徂徠〕山名。在今山東泰安市東南。

2. lài 洛代切，去，代韻，來。之部。

㊂通"勑"。慰勞。隋書律曆志中："於是高祖引孝孫、胄玄等，親自勞～。"

按，說文無徠字。

徜 cháng 市羊切，音常，平，陽韻，禪。陽部。

〔徜徉〕叠韻聯緜字。徘徊，徬徨。淮南子人間："徜徉乎虹蜺之間。"文選漢張衡思玄賦："會帝軒之未歸兮，悵徜徉而延佇。"

徙 xǐ 斯氏切，上，紙韻，心。支部。

遷，移。論語述而："聞義不能～。"史記秦始皇本紀："～天下豪富於咸陽十二萬户。"又商君列傳："乃立三丈之木於國都市南門，募民有能～置北門者，予十金。"〔徙邊〕流放有罪的人到邊遠地區。漢書陳湯傳："其免湯爲庶人，徙邊。"

［辨］遷，徙，迻，移。見"遷"字條。

按，說文作辿，在辵部。

得 dé 多則切，入，德韻，端。職部。

㊀取得，獲得。與"失"相對。詩周南關雎："求之不～，寤寐思服。"孟子告子上："求則～之，舍則失之。"引申爲貪得。論語季氏："戒之在～。"㊁滿意，得意。史記晏嬰列傳："意氣揚揚，甚自～也。"㊂適合，契合。漢書王褒傳："聚精會神，相～益章。"㊃能，可。韓詩外傳二："不能勤苦，焉～行此？"漢書昭帝紀："三輔、太常郡～以叔（菽）粟當賦。"㊄必須（晚起義）。紅樓夢九四回："這件事還～你去才弄的明白。"這個意義今讀 děi。

[備考]通“德”。孟子告子上：“爲宫室之美，妻妾之奉，所識窮乏者～我與？”

從 1. cóng 疾容切，平，鍾韻，從。東部。

❶跟隨。論語微子：“子路～而後。”❷聽從。左傳隱公元年：“公～之。”❸參與其事。詩小雅十月之交：“黽勉～事，不敢告勞。”論語微子：“已而已而，今之～政者殆而！”❹介詞，由。左傳宣公二年：“～臺上彈人。”

2. zòng 疾用切，去，用韻，從。東部。

❺隨行。左傳莊公十年：“戰則請～。”釋文：“從，才用反。”引申爲名詞。隨從者。書冏命：“其侍御僕～罔匪正人。”釋文：“從，才用反。”❻同宗。〔從父〕伯父叔父的通稱。三國志蜀書諸葛亮傳：“從父玄爲袁術所署豫章太守。”這個意義舊讀似用切，見集韻。❼共犯。主謀的人爲首，隨從的人爲從。唐律疏議五：“共犯罪者謂二人以上共犯，以造意者爲首，餘並爲～。”❽次副。官品有正～。由～一品至～九品。魏書官氏志：“前世職次皆無～品，魏氏始置之。”

3. zōng 集韻將容切，音蹤，平，鍾韻，精。東部。

❾直。南北曰從，東西曰横。詩齊風南山：“蓺麻如之何？衡～其畝。”這個意義後來寫作“縱”。❿通“蹤”。蹤迹。史記刺客列傳：“今乃以妾尚在之故，重自刑以絶～。”

4. cōng 七恭切，平，鍾韻，清。東部。

⓫〔從容〕叠韻聯緜字。①舒緩，不急迫。書君陳：“寬而有制，從容以和。”釋文：“從，七容反。”莊子秋水：“鯈魚出遊從容，是魚之樂也。”史記留侯世家：“良嘗閒從容步遊下邳圯上。”②舉動。禮記緇衣：“長民者衣服不貳，從容有常。”孔穎達疏：“從容，謂舉動有其常度。”楚辭戰國屈原九章懷沙：“重華不可遌兮，孰知余之從容？”王逸注：“從容，舉動也。”③調解，斡旋。漢書酈陸朱劉叔孫傳贊：“(陸賈)從容平勃之間，附會將相以彊社稷。”

5. sǒng 音聳。東部。

⓬〔從容〕叠韻聯緜字。慫慂。史記衡山王列傳：“日夜從容王密謀反事。”

6. zǒng 集韻祖動切，音總，上，董韻，精。東部。

⓭〔從從〕高大貌。禮記檀弓上：“爾毋從從爾。”鄭玄注：“從從，謂大高。”釋文：“從音總，高也。一音崇，又仕江反。”

[同源字]蹤，踪，從。見“蹤”字條。

按，説文從字在从部，作𨒪。

九　　畫

徧 biàn 方見切，集韻卑見切，去，霰韻，幫。真部。

字亦作“遍”。❶全面，遍及。書舜典：“望於山川，～於羣神。”詩邶風北門：“我入自外，室人交～讁我。”❷量詞。三國志魏書王肅傳注引魏略：“人有從學者，(董)遇不肯教，而云：‘必當讀百～。’言讀書百～而義自見。”

假 1. jiǎ 古疋切，音假，上，馬韻，見。魚部。

❶至。説文：“假，至也。”方言一：“假，狢，…至也。”經傳通作“假”。書堯典：“假於上下。”

2. xiá 集韻何加切，音霞，平，麻韻，匣。魚部。

❷通“遐”。遠。漢書禮樂志郊祀歌：“沇沇四塞，～狄合處。”

御 1. yù 牛倨切，去，御韻，疑。魚部。

❶駕馭車馬。説文：“御，使馬也。”左傳閔公二年：“狐突～戎。”論語子罕：“執～乎？執射乎？”引申指駕馭車馬的人。詩小雅車攻：“徒～不驚。”❷統治，治理。書大禹謨：“～衆以寬。”國語周語上：“百官～事。”❸侍奉。書五子之歌：“厥弟五人～其母以從。”商君書更法：“孝公平畫，公孫鞅甘龍杜摯三大夫～於君。”❹進用，奉進。楚辭戰國屈原九章涉江：“腥臊並～，芳不得薄兮。”禮記曲禮

上："～食於君。"鄭玄注："勸侑曰御。"❺女官，侍從的近臣。國語周語上："王～不參一族。"韋昭注："御，婦官也。"又吴語："一介嫡男，奉槃匜，以隨諸～。"韋昭注："御，近臣宦御之屬。"❻指與皇帝有關的事物。漢書王莽傳："陛下春秋尊，久衣重練，減～膳。"❼通"禦"。抵禦。詩邶風谷風："我有旨酒，亦以～冬。"史記五帝本紀："乃流四凶族，遷於四裔，以～螭魅。"

2. yà 集韻魚駕切，音訝，去，禡韻，疑。魚部。

❽迎。詩召南鵲巢："之子於歸，百兩～之。"釋文："御，五嫁反。本作訝，又作迓。"

［辨］馭，御。見"馭"字條。

復 1. fù 房六切，入，屋韻，奉。覺部。

❶返回。説文："復，往來也。"易泰："無往不～。"❷告，回答。書説命上："説～於王。"❸報復。左傳定公四年："我必～楚國。"❹免除賦税或勞役。荀子議兵："中試，則～其户，利其田宅。"史記商君列傳："僇力本業，耕織致粟帛多者，～其身。"❺通"複"。史記秦始皇本紀："爲～道，自阿房渡渭，屬之咸陽。"

2. fù 扶富切，去，宥韻，奉。覺部。

❻又。左傳僖公五年："晉侯～假道於虞以伐虢。"

［辨］再，復。見"再"字條。

［同源字］複，復。見"複"字條。

徨 huáng 胡光切，音皇，平，唐韻，匣。陽部。

❶〔徨徨〕心神不定貌。漢書揚雄傳甘泉賦："徒回回以徨徨兮，魂固眇眇而昏亂。"❷〔徬徨〕叠韻聯緜字。見"徬"字條。

按，説文無徨字。

循 xún 詳遵切，音旬。平，諄韻，邪。文部。

❶順着走。説文："循，行順也。"左傳昭公二十三年："～山而南。"又昭公七年："～牆而走。"引申爲依照，遵守。禮記射義："卿大夫以～法爲節。"❷通"巡"。巡行。漢書宣帝紀："遣大中大夫彊等十二人～行天下。"❸撫摩。淮南子原道："是故視之不見其形，聽之不聞其聲，～之不得其身。"漢書李廣傳："熟視而自～其髮。"

［辨］遵，循。見"遵"字條。

十　畫

徬 1. bàng 蒲浪切，音傍，去，宕韻，並。陽部。

❶依附。説文："徬，附行也。"周禮地官牛人："共其兵車之牛，與其牽～，以載公任器。"鄭玄注："牽徬，在轅外輓牛也。人御之，居其前曰牽，居其旁曰徬。"

2. páng 集韻蒲光切，音旁，平，唐韻，並。陽部。

❷〔徬徨〕叠韻聯緜字。徘徊不定貌。文選漢班固西都賦："既懲懼於登望，降周流以徬徨。"

徆 xiè 集韻先結切，音屑，入，屑韻，心。質部。

〔徶徆〕叠韻聯緜字。見"徶"字條。

按，説文無徆字。

微 wēi（舊讀 wéi）無非切，平，微韻，微。微部。

❶小，細，少。書大禹謨："道心惟～。"荀子非相："葉公子高～小短瘠，行若將不勝其衣然。"禮記祭義："雖有奇邪而不治者則～矣。"鄭玄注："微，猶少也。"❷衰敗。詩邶風式微："式～式～，胡不歸？"史記高祖功臣年表："始未嘗不欲固其根本，而枝葉稍陵夷衰～也。"❸卑賤。書舜典："虞舜側～。"僞孔傳："爲庶人，故微賤。"史記曹相國世家："參始～時，與蕭何善。"❹幽深，精妙。易繫辭下："君子知～知彰，知柔知剛。"漢書食貨志下："而斂之甚～，爲利甚厚。"顔師古注："微，謂精妙也。"❺隱匿。左傳哀公十六年："白公

奔山而縊，其徒～之。”杜預注：“微，匿也。”❻暗中察訪。漢書郭解傳：“使人～知賊處。”引申爲暗暗地。史記魏公子列傳：“與其客語，～察公子。”❼非。詩小雅伐木：“寧適不來，～我弗顧。”論語憲問：“～管仲，吾其被髮左衽矣。”

［備考］小腿生濕瘡。詩小雅巧言：“既～且尰。”毛傳：“骭瘍爲微。”

［同源字］非，匪，微。見“非”字條。

徭 yáo 字彙餘招切，音姚。宵部。

勞役。韓非子備内：“～役多則民苦。”後漢書第五倫傳：“倫後爲鄉嗇夫，平～賦。”

按，説文徭作傜。

徯 xī 胡雞切，平，齊韻，匣。支部。

❶等待。説文：“徯，待也。”書五子之歌：“～于洛之汭。”又仲虺之誥：“～予后，后來其蘇。”❷小路。禮記月令孟冬之月：“謹關梁，塞～徑。”

十二畫

徹 chè 丑列切，入，薛韻，徹。月部。

❶通，透。莊子外物：“目～爲明，耳～爲聰。”左傳成公十六年：“潘尪之黨與養由基蹲甲而射之，～七札焉。”❷道。爾雅釋訓：“不～，不道也。”詩小雅十月之交：“天命不～。”毛傳：“徹，道也。”鄭箋：“不道者，言王不循天之政教。”❸毁壞。詩小雅十月之交：“～我牆屋。”❹剥取。詩豳風鴟鴞：“～彼桑土。”毛傳：“徹，剥也。桑土，桑根也。”❺治，開發。詩大雅公劉：“～田爲糧。”又江漢：“～我疆土。”❻徹除。左傳宣公十二年：“雖諸侯相見，軍衛不～，警也。”❼周代的田税制度。論語顔淵：“盍～乎？”何晏注：“周法十一而税，謂之徹。”孟子滕文公上：“周人百畝而～。”

按，説文徹字在攴部，云：“通也。”

德 dé 多則切，入，德韻，端。職部。

❶道德，德行。易乾文言：“君子進～修業。”❷恩惠。書盤庚上：“汝克黜乃心，施實～於民。”左傳成公三年：“無怨無～，不知所報。”論語憲問：“以直報怨，以～報～。”引申爲感德。左傳僖公二十四年：“王～狄人。”左傳成公三年：“然則～我乎？”

徶 biè 集韻蒲結切，入，屑韻，並。月部。

〔徶徆〕叠韻聯緜字。衣服飄舞貌。史記司馬相如列傳上林賦：“媥姺徶徆，與世殊服。”裴駰集解引郭璞云：“衣服婆娑貌。”

按，説文無徶字。

徵 1. zhēng 陟陵切，平，蒸韻，知。蒸部。

❶召。左傳宣公九年：“王使來～聘。”杜預注：“徵，召也。”宣公十七年：“～會於齊。”杜預注：“徵，召也。”戰國策楚策四：“於是使人發騶卒～莊辛於趙。”史記周本紀：“幽王舉烽火～兵，兵莫至。”❷求。史記貨殖列傳：“故物賤之～貴，貴之～賤，各勸其業，樂其事。”司馬貞索隱：“徵者，求也。謂此處物賤，求彼貴賣之。”❸問，詢。左傳僖公四年：“包茅不入，王祭不共，無以縮酒，寡人是～。”❹迹象。荀子富國：“觀國之强弱貧富有～。”史記項羽本紀：“兵未戰而先見敗～。”❺證驗，證明。書胤征：“聖有謨訓，明～定保。”論語八佾：“夏禮吾能言之，杞不足～也。”

2. zhǐ 陟里切，上，止韻，知。

❻五音之一。禮記月令孟夏之月：“其蟲羽，其音～。”

［備考］通“懲（chéng 集韻持陵切）”。荀子正論：“凡刑人之本，禁暴惡惡，且～其未也。”楊倞注：“徵讀爲懲。未，謂將來。”

［同源字］徵，證，症。見“證”字條。

按，説文徵字在壬部。

十三畫

徼 1. jiào 古弔切，音叫，去，嘯韻，見。宵部。

❶巡察，巡邏。漢書趙敬肅王彭祖傳：

"常夜從走卒行～邯鄲中。"又百官公卿表上："中尉，秦官，掌～循京師。"❷邊界。史記司馬相如列傳："南至牂柯爲～。"❸微妙。老子："故常無欲以觀其妙，常有欲以觀其～。"

2. jiǎo 集韻吉了切，音皎，上，筱韻，見。宵部。

❹〔徼幸〕同"儌倖"。左傳哀公十六年："以險徼幸者，其求無饜。"

3. jiāo 古堯切，音驍，平，蕭韻，見。宵部。

❺抄襲。論語陽貨："惡～以爲知者。"

4. yāo 集韻伊消切，音邀，平，宵韻，影。宵部。

❻招致，要求。左傳昭公三年："～福於大公丁公。"❼遮。史記司馬相如列傳封禪書："然後囿騶虞之珍羣，～麋鹿之怪獸。"

十四畫

𢕧 cè 初戢切，入，緝韻，穿二。緝部。

❶行貌。見說文。❷〔𢕧𢔪〕疊韻聯緜字。聲音紛繁。文選三國魏嵇康琴賦："紛𢕧𢔪以流漫。"李善注："聲多也。"

𢔵 méi 音眉。

〔𢔵𢔵〕相隨貌。楚辭漢王逸九思怨上："鴛鴦兮噰噰，狐狸兮𢔵𢔵。"注："相隨貌。"

按，說文無𢔵字。

徽 huī 許歸切，音揮，平，微韻，曉。微部。

❶美，善。書舜典："慎～五典。"僞孔傳："徽，美也，善也。"詩大雅思齊："大姒嗣～音。"鄭箋："徽，美也。"❷繩索。易坎："係用～纆。"釋文："劉云：三股曰～，兩股曰纆。"引申爲束，綁。文選漢揚雄解嘲："～以糾墨。"❸琴徽，繫弦的繩。漢書揚雄傳下："高張急～。"後以爲琴面識點之稱。引申爲彈奏。淮南子主術："鄒忌一～，而威王終夕悲感於憂。"

按，說文徽字在糸部。

十七畫

𢕟 xiāng 息良切，音相，平，陽韻，心。

〔𢕟徉〕同"相羊"。疊韻聯緜字。徘徊。楚辭戰國屈原離騷："聊逍遥以相羊。"玉篇引作"聊逍遥以𢕟徉。"

按，說文無𢕟字。

二十畫

𢖍 què 丘縛切，入，藥韻，溪。鐸部。

行貌。見集韻。漢揚雄太玄養："燕食扁扁，其志傴傴。"集韻引太玄作"其志𢖍𢖍"。

按，說文無𢖍字。

卯集

心部

[心部總論]

心部的字多與心的意義有關。大致可分爲三類。

(一)名詞。例如:心 志 意 態 性 情 恩 惠 惡 愆

(二)形容詞。例如:忠 恕 恭 慎 愿 慤 慈 愚 戇 懦 悍 怠 惰 懈 慢

(三)動詞。例如:思 惟 想 念 懷 慕 怙 恃 忖 忘 悔 憾 恨 憬 悟 憂 患 愁 慚 愧 怍 懲 䛂 愛 憐 愍 恤 悼 感 憎 忌 怨 懟 恚 忿 怒 慍 憤 懣 悶 忍 快 愷 愜 恬 懽 慰 怡 悦 懼 慶 悲 惻 怛 懼 憚 怵 惕 惶 悸 惴 慴 懵 慊慨 惆悵 憔 悴 悽愴 忸怩

心 xīn 息林切,平,侵韻,心。侵部。

❶心臟。書泰誓下:"斮朝涉之脛,剖賢人之~。"❷思想、意念、感情的通稱。易繫辭上:"二人同~,其利斷金。"詩小雅巧言:"他人有~,予忖度之。"❸星宿名。二十八宿之一,東方蒼龍七宿的第五位。

一　畫

必 bì 卑吉切,入,質韻,幫。質部。

❶副詞。①一定。詩邶風旄丘:"何其久也? ~有以也。"②果真。史記藺相如列傳:"王~無人,臣願奉璧往使。"❷肯定、決定。韓非子顯學:"無參驗而~之者,愚也。"漢馬融圍棋賦:"深念遠慮兮,勝乃可~。"

[備考]組索。周禮考工記玉人:"天子圭中~。"鄭玄注:"必…謂以組約其中央,爲執之以備失隊。"

按,説文必字在八部。

二　畫

忉 dāo 都牢切,音刀,平,豪韻,端。宵部。

❶〔忉忉〕憂念貌。詩齊風甫田:"無思遠人,勞心忉忉。"唐白居易寄獻北都留守裴令公詩:"動人名赫赫,憂國意忉忉。"❷〔忉怛〕雙聲聯緜字。哀傷貌。楚辭漢王逸九思怨上:"佇立兮忉怛,心結縎兮折摧。"文選三國魏王粲登樓賦:"心悽愴以感發兮,音忉怛而憯惻。"

按,説文無忉字。

䛂 yì 魚肺切,音刈,去,廢韻,疑。月部。

懲,接受教訓。説文:"䛂,懲也。"詩周頌小毖:"予其懲而。"鄭箋:"懲,艾也。"釋文:"艾音刈,字或作䛂。"晉書地理志上:"始皇初併天下,懲~戰國,削罷列侯,分天下爲三十

六郡。"

三　畫

忘 wàng 巫放切，去，漾韻，微。陽部。

忘記。説文："忘，不識也。"不識，不記得。詩小雅隰桑："中心藏之，何日～之？"

［備考］〔忘其〕連詞。抑或，還是。戰國策趙策二："不識三國之憎秦而愛懷邪？忘其憎懷而愛秦邪？"字亦作"亡其"。趙策三："秦之攻趙也，倦而歸乎？亡其力尚能進，愛王而不攻乎？"

忙 máng 莫郎切，平，唐韻，明。

後起字。㊀慌忙，急迫。樂府詩集木蘭詩："出門看火伴，火伴皆驚～。同行十二年，不知木蘭是女郎。"唐李咸用題陳正字山居詩："幾日憑欄望，歸心自不～。"㊁事多。與"閒"相對。唐白居易觀刈麥詩："田家少閒月，五月人倍～。"

忓 1. gān 古寒切，音干，平，寒韻，見。元部。

㊀觸犯。國語魯語下："以歜之家，而主猶績，懼～季孫之怨(怒)也。"唐白居易夢遊春詩："危言詆閣詩，直氣～鈞軸。"

2. hàn 集韻侯旰切，音汗，去，翰韻，匣。元部。

㊁善，好。方言一："自關而西，秦晉之故都曰～。好，其通語也。"廣雅釋詁一："～，善也，又好也。"

忖 cǔn 倉本切，上，混韻，清。文部。

揣測，思量。詩小雅巧言："他人有心，予～度之。"文選漢禰衡鸚鵡賦："～陋體之腥臊，亦何勞於鼎俎。"

［備考］通"刌"。切割。禮記玉藻："瓜祭上環。"鄭玄注："上環頭，～也。"孔穎達疏："～，切。謂切瓜頭，切去疐。"

按，説文無忖字，新附有之，云："度也。"

忕 1. shì 時制切，音誓，去，祭韻，禪。月部。

字也作"愢"、"忲"。㊀習慣。管子小匡："曹孫宿其爲人也，小廉而苛忲。"尹知章注："忲，習也。"苛，一作"苛"。史記漢興以來諸侯王年表："諸侯或驕奢，～邪臣計謀爲淫亂。"百衲本作"忕"。

2. tài 他蓋切，音太，去，泰韻，透。

㊁驕奢。廣韻："忕，奢也。"

按，説文無忕字。

忣 jí 居立切，音急，入，緝韻，見。緝部。

同"急"。淮南子繆稱："～於不己知者，不自知也。"高誘注："忣，急也。"漢賈誼新書匈奴："人人～～，唯恐其後來至也。"注："忣忣與急急同。"

按，説文作㤂，隸變爲急。

忔 1. xì 許訖切，入，迄韻，曉。物部。

㊀喜。見廣雅。㊁同"仡"。壯勇貌。史記周本紀："弃爲兒時，～如巨人之志。"

2. yì 集韻魚乙切，入，迄韻，疑。物部。

㊂心不欲。史記倉公列傳："數～飲食。"

按，説文無忔字。

忑 tè 五音集韻他得切，音忒，入，德韻，透。

後起字。〔忐忑〕雙聲聯緜字。見"忐"字條。

志 zhì 職吏切，去，志韻，照三。之部。

㊀志向。書舜典："詩言～。"引申爲動詞。立志。論語爲政："吾十有五而～於學。"㊁記載。莊子逍遥遊："齊諧者，～怪者也。"引申爲記事的書。周禮春官小史："掌邦國之～。"漢書有天文志、地理志等。㊂旗幟。史記劉敬叔孫通列傳："設兵張旗～。"㊃痣。梁書沈約傳："約左目重瞳子，腰有紫～。"

［辨］記，載，志。見"載"字條。

［同源字］職，識，幟，志。見"職"字條。

忒 tè 他德切，入，德韻，透。職部。

㊀差誤。易豫："天地以順動，故日月不

過,而四時不～。”詩魯頌閟宮:“春秋匪解,享祀不～。”㊁副詞。太(後起義)。宋楊萬里題張垣夫腴莊圖詩:“不分腴莊最無賴,一時奄有～傷廉。”

忌 jì 渠記切,去,志韻,羣。之部。

㊀猜忌,嫉妒。書秦誓:“惟古之謀人,則曰未就予～。”左傳僖公九年:“～則多怨,又焉能克?”㊁顧忌,忌憚。書多方:“爾尚不～於凶德。”左傳成公十二年:“諸侯貪冒,侵欲不～。”㊂禁忌,忌諱。易夬:“君子以施祿及下,居德則～。”國語越語下:“子將助天爲虐,不～其不祥乎?”〔忌日〕父母死亡之日爲忌日。禮記祭義:“君子有終身之喪,忌日之謂也。”後凡祖先生日死日統稱忌日。㊃助詞。詩鄭風大叔于田:“叔善射～,又良御～。”

[同源字]忌,諅,戒,誡。見“諅”字條。

忍 rěn 而軫切,上,軫韻,日。真部。

㊀容忍,忍耐。書湯誥:“爾萬方百姓罹其凶害,弗～荼毒。”論語八佾:“是可～也,孰不可～也?”㊁殘酷,忍心。賈誼新書道術:“惻隱憐人謂之慈,反慈爲～。”史記項羽本紀:“君王爲人不～。”唐杜甫丹青引:“～使驊騮氣凋喪!”

[備考]抑制。荀子儒效:“志～私,然後能公;行～情性,然後能脩。”

忐 tǎn 五音集韻吐敢切,音坦。

後起字。〔忐忑〕雙聲聯緜字。心神不定。清洪昇長生殿偵報:“那祿山見了此本呵,也不免脚兒跌,口兒嗟,意兒中忐忑,心兒裏怯。”

四　畫

忞 1. mín 武巾切,集韻眉貧切,平,真韻,明。文部。

㊀自强。說文:“忞,彊也。周書曰:‘在受德～。’”今書立政作“暋”。

2. wěn 集韻武粉切,音吻,上,吻韻,微。文部。

㊁〔忞忞〕蒙昧貌。漢揚雄法言問神:“著古昔之昬昬,傳千里之忞忞者,莫如書。”李軌注:“忞忞,心所不了也。”

[同源字]黽,勉,忞。見“黽”字條。

忭 biàn 皮變切,音弁,去,線韻,並。

喜樂。南朝宋謝莊謝賜貂裘表:“臣歡～自歌,而同委衮之澤。”

按,說文無忭字。日部昪下云:“喜樂也。”當即忭。

忼 kǎng 苦朗切,康上聲,蕩韻,溪。陽部。

〔忼慨〕雙聲聯緜字。意氣風發,心情激動。楚辭戰國屈原九章哀郢:“憎愠惀之脩美兮,好夫人之忼慨。”史記項羽本紀:“於是項王乃悲歌忼慨。”字亦作“慷慨”。

忱 chén 氏任切,平,侵韻,禪。侵部。

㊀誠。書湯誥:“尚克時～。”僞孔傳:“忱,誠也。”大誥:“越天棐～。”僞孔傳:“忱,誠也。”㊁信。詩大雅大明:“天難～斯。”毛傳:“忱,信也。”

忨 wán 五丸切,平,桓韻,疑。元部。

貪。說文:“忨,貪也。…春秋傳曰:‘～歲而潵日。’”今左傳昭公元年作“翫歲而愒日”。國語晉語八:“今～日而潵歲,怠偷甚矣。”

[同源字]玩,翫,忨。見“玩”字條。

忮 zhì 支義切,去,寘韻,照三。支部。

㊀忌恨。詩邶風雄雉:“不～不求,何用不臧?”毛傳:“忮,害。”鄭箋:“不疾害,不求備於一人,其行何用爲不善?”㊁違逆,剛愎。莊子天下:“不～於衆。”又齊物論:“大勇不～。”

忳 1. tún 徒渾切,音屯,平,魂韻,定。文部。

㊀憂傷。楚辭戰國屈原離騷:“～鬱邑余侘傺兮,吾獨窮困乎此時也。”

2. zhūn 集韻朱倫切,音諄,平,諄韻,照三。文部。

㊁〔忳忳〕誠懇貌。楚辭戰國宋玉九辯：“紛忳忳之願忠兮，妒被離而鄣之。”補注本作“純純”。

按，說文無忳字。

忕 tài 集韻他蓋切，音太，去，泰韻，透。月部。

奢。文選漢張衡西京賦：“心奓體～。”晉書何曾傳：“劉毅等數劾奏曾侈～無度。”

按，說文無忕字。

快 kuài 苦夬切，去，夬韻，溪。月部。

㊀喜歡，高興，愉快。說文：“快，喜也。”孟子梁惠王上：“抑王興甲兵，危士臣，構怨於諸侯，然後～於心與？”史記魏公子列傳：“公子行數里，心不～。”引申爲舒適，暢快。文選戰國楚宋玉風賦：“有風颯然而至，王乃披襟而當之曰：‘～哉此風！’”㊁快速（後起義）。晉書王湛傳：“此馬雖～，然力薄不堪苦行。”宋蘇軾王維吳道子畫詩：“當其下手風雨～，筆所未到氣已吞。”㊂鋒利（後起義）。唐杜甫戲題王宰畫山水圖歌：“焉得并州～剪刀，剪取吳松半江水！”㊃能，善於（後起義）。唐白居易有感詩：“馬肥～行走，妓長能歌舞。”元虞集蘇武慢詞：“道先生～寫能吟。”㊄州縣衙門專管緝捕的役卒（晚起義）。如馬快，捕快。

〔備考〕放肆。荀子大略：“賤師而輕傅，則人有～。”楊倞注：“人有肆意。”

〔辨〕迅，速，快，疾。見“速”字條。

忸 niǔ 女六切，入，屋韻，娘。覺部。

慚愧。〔忸怩〕雙聲聯緜字。慚愧，不好意思的樣子。書五子之歌：“顏厚有忸怩。”孔穎達疏：“羞不能言，心慚之狀。”

〔備考〕通“狃”。習慣。荀子議兵：“～之以慶賞。”楊倞注：“戰勝則與之慶賞，使習之以爲常。”

按，說文作怇，云：“慙也。”

忡 chōng 敕中切，平，東韻，徹。冬部。

憂慮不安貌。說文：“忡，憂也。”詩邶風擊鼓：“不我以歸，憂心有～。”〔忡忡〕①憂愁貌。詩召南草蟲：“未見君子，憂心忡忡。”字亦作“爞”。楚辭戰國屈原九歌東皇太一：“思夫君兮太息，極勞心兮爞爞。”②飾物下垂貌。詩小雅蓼蕭：“既見君子，鞗革忡忡。”鄭箋：“忡忡，垂飾貌。”

忿 fēn 字彙補非奔切，音紛。

紛亂。列子黃帝：“～然而封戎。”張湛注：“忿，音紛。”莊子應帝王作“紛而封哉”。釋文：“忿，芳云反。崔云：亂貌。”

按，說文無忿字。

忪 1. zhōng 職容切，音鍾，平，鍾韻，照三。

㊀心動貌。見廣韻。㊁〔怔忪〕雙聲聯緜字。見“怔”字條。

2. sōng 音鬆。

㊀〔惺忪〕雙聲聯緜字。見“惺”字條。

按，說文無忪字。

忤 wǔ（舊讀 wù）五故切，去，暮韻，疑。魚部。

違逆，抵觸。淮南子人間：“故聖人先～而後合，衆人先合而後～。”漢書蕭望之傳：“繇是大與高、恭、顯～。”新唐書李義府傳：“凡～忽者，皆中傷之。”

〔同源字〕迕，逜，啎，忤，逆。見“迕”字條。

按，說文忤作啎，云：“逆也。”

忺 xiān 古今韻會舉要虛嚴切。

後起字。適意，高興。唐韋應物寄二嚴詩：“絲竹久已懶，今日遇君～。”宋沈端節如夢令：“乍報一番秋，晚簟秋涼如水。～睡，～睡。”

忻 xīn 許斤切，音欣，平，欣韻，曉。文部。

同“欣”。喜。史記周本紀：“姜原出野，見巨人跡，心～然說，欲踐之。”又管晏列傳贊：“假令晏子而在，余雖爲之執鞭，所～慕焉。”

〔備考〕開導。說文：“闓也。…司馬法

曰：'善者～民之善，閉民之惡。'"

［辨］訢，欣，忻。見"訢"字條。

按，說文另有訢字，在言部，云："喜也。"又有欣字，在欠部，云："笑喜也。"

悉 ài 烏代切，去，代韻，影。物部。

"愛"本字。說文："悉，惠也。"

忠 zhōng 陟弓切，平，東韻，知。冬部。

忠誠，盡心竭力。論語學而："爲人謀而不～乎？"荀子大略："比干子胥～而君不用。"

念 niàn 奴店切，去，㮇韻，泥。侵部。

❶思念，懷念。說文："念，常思也。"詩秦風小戎："言～君子，温其如玉。"唐杜甫遣興詩："客子～故宅，三年門巷空。"❷愛憐（後起義）。唐白居易弄龜羅詩："物情少可～，人意老多慈。"❸心緒，念頭。晉陶潛閑情賦："悃悃不寐，衆～徘徊。"❹同"廿"。二十。

忿 fèn 匹問切，集韻芳問切，去，問韻，敷。侵部。

憤怒，怨恨。書君陳："爾無～疾于頑。"論語顔淵："一朝之～，忘其身，以及其親。"

忝 tiǎn 他玷切，上，忝韻，透。談部。

羞辱，有愧於。說文："忝，辱也。"詩小雅小宛："夙興夜寐，無～爾所生。"書堯典："否德，～帝位。"後多用作自謙之詞。後漢書楊賜傳："臣受恩偏特，～任師傅。"

忽 hū 呼骨切，入，没韻，曉。物部。

❶忽略，不經心。書周官："怠～荒政。"僞孔傳："怠惰忽略，必亂其政。"韓非子存韓："願陛下幸察愚臣之計，毋～。"❷迅速，突然。左傳莊公十一年："桀紂罪人，其亡也～焉。"唐白居易琵琶行："～聞水上琵琶聲，主人忘歸客不發。"❸極小的量度單位名。孫子算經上："度之所起，起於～。欲知其～，蠶吐絲爲～。十～爲一絲，十絲爲一毫，十毫爲一釐，十釐爲一分。"漢書叙傳："産氣黄鐘，造計秒～。"

［備考］滅。詩大雅皇矣："是絶是～。"

五　畫

怭 bì 毗必切，音弼，入，質韻，並。質部。

〔怭怭〕輕佻，不莊重。詩小雅賓之初筵："曰既醉止，威儀怭怭。"毛傳："怭怭，媟慢也。"

按，說文無怭字。人部佖下云："威儀也。"引詩"威儀佖佖"。

怦 pēng 普耕切，平，耕韻，滂。耕部。

❶心急。見玉篇。〔怦怦〕心跳貌。清江藩國朝漢學師承記汪中："心怦怦動，夜不成寐。"❷〔怦怦〕忠謹貌。楚辭戰國宋玉九辯："私自憐兮何極？心怦怦兮諒直。"

按，說文無怦字。

怔 1. zhēng 諸盈切，音征，平，清韻，照三。耕部。

❶〔怔忪〕雙聲聯緜字。惶恐貌。文選漢王褒四子講德論："百姓怔忪，無所措其手足。"〔怔忡〕①心悸。②病名。患者的心臟加速跳動。

2. zhèng 音正。

❶發呆，發愣（晚起義）。紅樓夢三二回："林黛玉聽了，～了半天。"

按，說文無怔字。

怯 qiè 去劫切，入，業韻，溪。葉部。

膽小，畏縮。與"勇"相對。商君書去强："～民使以刑必勇。"史記范雎（睢）列傳："民～於私鬬而勇於公戰，此王者之民也。"引申爲害怕（晚起義）。元曲選吴昌齡東坡夢："你不～我師父，我師父也不～你。"

按，說文以怯爲㹤的重文，在犬部，云："多畏也。"

怵 1. chù 丑律切，入，術韻，徹。物部。

❶恐懼。說文："怵，恐也。"書冏命："～

惕惟厲。”孟子公孫丑上：“今人乍見孺子將入於井，皆有～惕惻隱之心。”文選晉陸機文賦：“雖杼軸於予懷，～他人之我先。”❸悲傷。禮記祭統：“心～而奉之以禮。”

2. xù 集韻雪律切，音戌，入，術韻，心。

❸通“訹”。利誘。説文：“訹，誘也。”管子心術上：“是以君子不～乎好，不迫乎惡。”史記賈誼列傳：“～迫之徒兮，或趨西東。”

［辨］訹，怵。見“訹”字條。

怲 bǐng 兵永切，音丙，上，梗韻，幫。陽部。

憂。説文：“怲，憂也。”〔怲怲〕憂甚貌。詩小雅頍弁：“未見君子，憂心怲怲。”

怙 hù 侯古切，音户，上，姥韻，匣。魚部。

依靠，倚仗。説文：“怙，恃也。”詩小雅蓼莪：“無父何～？無母何恃？”左傳宣公十五年：“～其儁才而不以茂德，兹益罪也。”

怖 bù 普故切，去，暮韻，滂。今讀如布。魚部。

害怕。韓非子喻老：“昔者紂爲象箸而箕子～。”淮南子詮言：“福至則喜，禍至則～。”引申爲恐嚇。後漢書第五倫傳：“其巫祝有依託鬼神，詐～愚民，皆案論之。”

［同源字］怖，怕。“怕”是保存了“怖”的古音。“怖”的上古音正是［p‘ua］。

按，説文以怖爲悑的重文，云：“惶也。”

怴 xù 許聿切，入，術韻，曉。月部。

狂。公羊傳桓公五年：“正月甲戌，己丑，陳侯鮑卒。曷爲以二日卒之？～也。”何休注：“怴者，狂也。齊人語。”

按，説文無怴字。

怫 1. fú 符弗切，入，物韻，奉。物部。

❶説文：“怫，鬱也。”〔怫鬱〕叠韻聯緜字。心情不舒暢的樣子。字林：“怫鬱，心不安也。”楚辭漢東方朔七諫：“心怫鬱而内傷。”漢書鄒陽傳：“太后怫鬱泣血。”文選漢曹操苦寒行：“我心何怫鬱！思欲一東歸。”❷忿貌。莊子天地：“謂己諛人，則～然作色。”

2. fèi 扶沸切，去，未韻，奉。物部。

❸〔怫悁〕叠韻聯緜字。①忼慨。漢班固車騎將軍竇北征頌：“士怫悁以争先。”②心情不舒暢。文選三國魏嵇康琴賦：“怫悁煩冤。”

3. bèi 集韻蒲昧切，去，隊韻，並。物部。

❹通“悖”。違反。史記太史公自序：“五家之文～異。”索隱：“怫音悖。…言金木水火土五家之文各相悖異不同也。”

怩 ní 女夷切，音尼，平，脂韻，娘。脂部。

〔忸怩〕雙聲聯緜字。見“忸”字條。

按，説文無怩字，新附有之，云：“忸怩，慙也。”

怊 chāo 敕宵切，音超，平，宵韻，徹。宵部。

失意貌。莊子天地：“～乎若嬰兒之失其母也。”釋文引字林：“怊，悵也。”〔怊悵〕雙聲聯緜字。惆悵，失意貌。文選戰國宋玉高唐賦：“悠悠忽忽，怊悵自失。”

按，説文無怊字。

怪 guài 古壞切，去，怪韻，見。之部。

❶奇異。説文：“怪，異也。”莊子齊物論：“恢恑憰～。”又名詞。奇異的事物。論語述而“子不語～力亂神。”莊子逍遥遊：“齊諧者，志～者也。”❷責備，埋怨。荀子正論：“今世俗之爲説者，不～朱象而非堯舜，豈不過甚矣哉！”唐白居易新春江次詩：“莫～珂聲碎，春來五馬驕。”❸副詞。很，非常（晚起義）。紅樓夢一九回：“我～悶的，來瞧瞧你作什麽呢。”

怗 1. tiē 他協切，音貼，入，怗韻，透。葉部。

❶平定。公羊傳僖公四年：“桓公救中國而攘夷狄，卒～荆。”何休注：“卒，盡也。怗，服也。荆，楚也。”❷妥貼。南齊書劉系宗傳：“百姓安～。”

2. chān 處占切，平，鹽韻，穿三。談部。

❸〔怗懘〕雙聲聯緜字。不和諧。禮記樂

記:"宫爲君,商爲臣,角爲民,徵爲事,羽爲物,五者不亂,則無怗懘之音矣。"

[辨]貼,帖,怗。見"貼"字條。

按,說文無怗字。

怛 dá 當割切,入,曷韻,端。月部。

㊀悲傷,慘痛。說文:"怛,憯也。"詩檜風匪風:"顧瞻周道,中心~兮。"㊁驚。莊子大宗師:"避,無~化!"引申爲恐懼。唐獨孤及代書寄上李廣州詩:"推誠魚鼈信,持正魑魅~。"又爲恐嚇。唐柳宗元三戒臨江之麋:"群犬垂涎,揚尾皆來。其人怒,~之。"

怚 1. jù 將豫切,去,御韻,精。魚部。

㊀驕傲。說文:"怚,驕也。"

2. cū 集韻聰徂切,音粗,平,模韻,清。魚部。

㊁粗心。集韻:"怚,心不精也。"史記王翦列傳:"夫秦王~而不信人。"裴駰集解引徐廣:"怚,一作粗。"

怞 1. chóu 直由切,音儔,平,尤韻,澄。幽部。

㊀動,不平静。說文"怞"引詩:"憂心且~。"今詩小雅鼓鐘作"妯"。毛傳:"妯,動也。"

2. yóu 集韻夷周切,音由,平,尤韻,喻四。幽部。

㊁〔怞怞〕憂愁貌。楚辭漢王褒九懷危俊:"永余思兮怞怞。"

怏 yàng 於亮切,去,漾韻,影。陽部。

㊀〔怏然〕〔怏怏〕因不滿或不服氣而顯出不高興的樣子。戰國策趙策三:"辛垣衍怏然不悦。"史記白起列傳:"白起之遷,其意尚怏怏不服。"又絳侯世家:"此怏怏者非少主臣也。"㊁〔怏悒〕雙聲聯緜字。鬱鬱不樂貌。唐杜甫早發射洪縣南途中作詩:"汀州稍疏散,風景開怏悒。"

怳 huǎng 許昉切,上,養韻,曉。陽部。

㊀〔怳忽〕雙聲聯緜字。也作"怳惚"。①模糊不清。老子:"道之爲物,惟怳惟忽。"淮南子原道:"游微霧,騖怳忽。"高誘注:"怳忽,無之象也。"文選戰國宋玉登徒子好色賦:"於是處子怳若有望而不來,忽若有來而不見。"②心神不定。文選漢宋玉神女賦序:"精神怳忽,若有所喜。"字亦作"怳怳"。文選漢司馬相如長門賦:"登蘭臺而遥望兮。神怳怳而外淫。"③指極短的時間。文選南朝宋鮑照升天行:"翩翻類迴掌,怳惚似朝榮。"吕延濟注:"翩翻、怳惚,謂須臾間也。"㊁失意貌。楚辭戰國屈原九歌少司命:"望美人兮未來,臨風~兮浩歌。"〔愴怳〕叠韻聯緜字。見"愴"字條。㊂〔怳爾〕忽然。晉書劉伶傳:"兀然而醉,怳爾而醒。"

恖 xì 集韻許異切,去,志韻,曉。質部。

㊀喜悦。集韻:"恖,忻也。"㊁休息。文選漢張衡思玄賦:"~河林之蓁蓁兮,偉關雎之戒女。"

按,說文無恖字。

怜 1. líng 郎丁切,音靈,平,青韻,來。

㊀機靈。廣韻:"怜,心了黠貌。"〔怜悧〕雙聲聯緜字。聰明,機靈。宋朱淑真自責詩:"添得情懷轉蕭索,始知怜悧不如癡。"

2. lián 落賢切,音憐,平,先韻,來。

㊁同"憐"。憐愛。太平御覽九〇五引續搜神記:"晉太和中廣陵人楊生養狗,甚~愛之。"

按,說文無怜字。

性 xìng 息正切,去,勁韻,心。耕部。

㊀人的本性。論語陽貨:"~相近也,習相遠也。"荀子正名:"生之所以然者謂之~。"引申爲事物的本質,特點。孟子告子上:"是豈水之~哉?"又爲性情,脾氣。韓非子觀行:"西門豹之~急,故佩韋以自緩。"㊁生命,生機。左傳昭公八年:"怨讟並作,莫保其~。"文選漢枚乘七發:"皓齒娥眉,命曰伐~之

斧。"

［同源字］生，性，姓。見"生"字條。

怢 tū 集韻他骨切，音突，入，没韻，透。質部。

忽視，忽略。集韻："怢，忽忘也。"文選漢王褒四子講德論："故美玉蘊於碔砆，凡人視之，～焉。"

按，説文無怢字。

怍 zuò 在各切，入，鐸韻，從。鐸部。

慚愧。説文："怍，慙也。"論語憲問："其言之不～，則爲之也難。"孟子盡心上："仰不愧於天，俯不～於人。"字亦作"𢜩"。荀子儒效："卒然起一方，則舉統類而應之，無所儗𢜩。"

怐 kòu 苦候切，音扣，去，候韻，溪。侯部。

〔怐愗〕叠韻聯緜字。愚昧貌。楚辭戰國宋玉九辯："直怐愗而自苦。"

按，説文無怐字。

怕 1. bó 普伯切，集韻白各切，音泊，入，鐸韻，並。鐸部。

❶恬淡。説文："怕，無爲也。"文選漢司馬相如子虛賦："～乎無爲。"漢書司馬相如傳作"泊"。

2. pà 普駕切，去，禡韻，滂。

❷畏懼(後起義)。唐元稹俠客行："俠客不～死，～死事不成。"❸豈，難道(晚起義)。元曲選關漢卿趙氏孤兒："那屠岸賈若見這孤兒呵，～不就連皮帶筋撚成齏粉！"❹表示疑慮或猜測(晚起義)。儒林外史二二回："只～弟一出去，船就要開，不得奉候。"

［同源字］怕，怖。見"怖"字條。

怡 yí 與之切，音頤，平，之韻，喻四。之部。

❶和悦。説文："怡，和也。"國語晉語九："(新稚)狗之事大矣，而主之色不～，何也？"唐杜甫贈衛八處士詩："～然敬父執，問我來何方。"❷喜樂。國語周語下："晉國有憂，未嘗不戚；有慶，未嘗不～。"

怓 náo 女交切，平，肴韻，娘。魚部。

亂。見説文。〔惛怓〕諠譁貌。詩大雅民勞："無縱詭隨，以謹惛怓。"

怭 1. bì 房密切，集韻薄宓切，音弼，入，質韻，並。物部。

❶同"弼"。見玉篇。

2. fú。

❷通"髴"。漢書禮樂志郊祀歌："靈之至，慶陰陰；相放～，震澹心。"顔師古注："放怭，猶髣髴也。"

按，説文弼作弻。

思 1. sī 息兹切，平，之韻，心。之部。

❶想念。詩鄭風褰裳："子惠～我，褰裳涉溱。"引申爲思考，想問題。論語爲政："學而不～則罔，～而不學則殆。"又爲傷感。文選晉張華勵志詩："吉士～秋，實感物化。"❷語助詞。詩魯頌泮水："～樂泮水。"又大雅文王有聲："無～不服。"又周南漢廣："漢之廣矣，不可泳～。"

2. sī(舊讀 sì)相吏切，去，志韻，心。

❸名詞。心緒，情懷。唐柳宗元登柳州城樓詩："城上高樓接大荒，海天愁～正茫茫。"

3. sāi 集韻桑才切，音腮，平，咍韻，心。之部。

❹〔于思〕多鬚貌。左傳宣公二年："于思，于思，棄甲復來。"

怎 zěn 五音集韻子吽切。

後起字。如何，怎麽。宋李清照聲聲慢詞："梧桐更兼細雨，到黄昏點點滴滴，這次第，～一箇愁字了得！"

怤 fū 芳無切，音敷，平，虞韻，敷。侯部。

❶思。見説文。❷悦。見玉篇。

怱 cōng 倉紅切，音聰，平，東韻，清。東部。

同"悤"。急遽。參見"悤"字條。

按，説文怱作悤，在囱部。

急 jí 居立切,入,緝韻,見。緝部。

❶疾速。與“緩”相對。荀子彊國:“非不以此爲務也,疾養緩～之有相先者也。”史記秦始皇本紀:“項羽～擊秦軍。”❷緊急,迫切。孟子滕文公下:“未嘗聞仕如此其～。”引申爲急需。韓非子和氏:“夫珠玉人主之所～也。”❸危急。左傳宣公十五年:“宋人使樂嬰齊告～於晉。”❹急躁。韓非子觀行:“西門豹之性～,故佩韋以自緩。”引申爲着急(晚起義)。儒林外史六回:“把個趙氏在屏風後～得像熱鍋上螞蟻一般。”❺緊,緊縮。三國志魏書吕布傳:“縛太～,小緩之!”北魏賈思勰齊民要術種桃柰:“桃性皮～。”❻休假。晉令,急假者一月五急。一年之中,以六十日爲限。宋書謝靈運傳:“出郭游行,或一日百六七十里,經旬不歸,既無表聞,又不請～。”

[同源字]棘,亟,慳,革,急。見“棘”字條。

怨 yuàn 於願切,去,願韻,影。元部。

❶不高興,埋怨。説文:“怨,恚也。”詩大雅思齊:“神罔時～。”鄭箋:“神明無是怨恚。”又衛風氓:“及爾偕老,老使我～。”商君書戰法:“王者之政,勝而不驕,敗而不～。”❷名詞。怨恨,仇恨。論語里仁:“放於利而行,多～。”孟子梁惠王上:“搆～於諸侯。”又動詞。恨。荀子堯問:“禄厚者民～之,位尊者君恨之。”史記魏其武安侯列傳:“武安由是大～灌夫魏其。”

[備考]通“藴(yùn)”。積蓄。荀子哀公:“富有天下而無～財。”楊倞注:“怨讀爲藴。”

怠 dài 徒亥切,上,海韻,定。之部。

❶懈怠,懶惰。書大禹謨:“無～無荒,四夷來王。”史記商君列傳:“事末利及～而貧者,舉以爲收孥。”❷疲倦。史記司馬相如列傳子虚賦:“～而後發,游於清池。”

[備考]通“怡(yí)”。易雜卦:“謙輕而豫～也。”釋文:“怠,漢虞(翻)作怡。”

怒 nù 乃故切,去,暮韻,泥。魚部。

發怒,動氣。詩邶風柏舟:“薄言往愬,逢彼之～。”引申爲譴責。禮記内則:“若不可教而後～之。”又形容氣勢强盛。莊子外物:“春雨日時,草木～生。”唐杜甫茅屋爲秋風所破歌:“八月秋高風～號,卷我屋上三重茅。”又爲奮發。莊子逍遥遊:“～而飛,其翼若垂天之雲。”

[同源字]獳,怒。見“獳”字條。

六　畫

恔 xiào 集韻後教切,音效,去,效韻,匣。宵部。

滿意,稱心。方言三:“恔,快也。東齊海岱之間曰恔。”孟子公孫丑下:“且比化者,無使土親膚,於人心獨無～乎?”趙岐注:“恔,快也。”

按,説文無恔字。

恲 pēng 撫庚切,集韻披庚切,音烹,平,庚韻,滂。耕部。

❶流露,形於顔色。淮南子齊俗:“仁發～以見容。”高誘注:“恲,色也。”❷慷慨。文選三國魏王粲從軍詩:“夙夜自～性,思逝若抽縈。”❸〔恲恲〕忠實貌。楚辭漢東方朔七諫怨世:“思比干之恲恲兮,哀子胥之慎事。”王逸注:“恲恲,忠實之貌。”洪興祖補注:“忼慨也。”

按,説文無恲字。

恢 hài 胡槩切,去,代韻,匣。之部。

愁苦。説文:“恢,苦也。”韓非子存韓:“秦之有韓,若人之有心腹之病也,虚處則～然,若居溼地。”

恇 kuāng 去王切,音匡,平,陽韻,溪。陽部。

❶害怕,驚慌。説文:“恇,狯(怯)也。”後漢書張步傳:“内外～懼。”❷怯弱貌。素問

通評虚實論："尺虚者行步～然。"

恃 shì 時止切，上，止韻，禪。之部。

依靠，憑藉。説文："恃，賴也。"詩小雅蓼莪："無父何怙？無母何～？"左傳僖公二十六年："室如縣罄，野無青草，何～而不恐？"

忕 chì 恥力切，音飭，入，職韻，徹。之部。

〔忕忕〕憂懼不安。顔氏家訓雜藝："卜得惡卦，反令忕忕。"

按，説文忕作伏，在人部，云："惕也。"

恅 lǎo 盧晧切，音老，上，晧韻，來。幽部。

〔懆恅〕叠韻聯緜字。見"懆"字條。

恓 xī 音西。脂部。

〔恓恓〕惶惶不安貌。論衡指瑞："聖人恓恓憂世。"唐白居易傷友詩："陋巷孤寒士，出門苦恓恓。"〔恓惶〕煩惱不安貌。唐高適同羣公題鄭少府田家詩："鄭侯應恓惶，五十頭盡白。"唐張籍送韋評事歸華陰詩："老大誰相識？恓惶又獨歸。"

恢 huī 苦回切，平，灰韻，溪。今讀如灰。微部。

廣大，寬廣。説文："恢，大也。"荀子非十二子："～然如天地之苞萬物。"引申爲擴大。左傳襄公四年："武不可重，用不～于夏家。"漢書叙傳："～我疆宇，外博四荒。"

〔備考〕備。吕氏春秋君守："有識則有不備矣，有事則有不～矣。"高誘註："恢亦備也。"

恒 1. héng 胡登切，平，登韻，匣。蒸部。

字亦作"恆"。❶經常。説文："恆，常也。"詩小雅小明："無～安處。"晉書陶潛傳："性嗜酒，而家貧不能～得。"❷恒心。論語子路："人而無～，不可以作巫醫。"❸平常，普通。莊子大宗師："是～物之大情也。"論衡恢國："微病，恒醫皆巧；篤劇，扁鵲乃良。"

2. gèng 集韻居鄧切，音亙，去，隥韻，見。蒸部。

❹上弦。詩小雅天保："如月之～，如日之升。"鄭箋："月上弦而就盈。"❺遍及。詩大雅生民："～之秬秠。"毛傳："恒，徧。"謂遍種秬秠。❻通"亙"。綿延。漢書叙傳上："～以年歲。"

恨 hèn 胡艮切，去，恨韻，匣。文部。

❶怨恨。説文："恨，怨也。"國語周語下："今財亡民罷，莫不怨～。"荀子堯問："禄厚者民怨之，位尊者君～之。"❷後悔，遺憾。荀子成相："不知戒，必有～。"史記商君列傳："寡人～不用公叔痤之言也。"

恊 xié 集韻檄頰切，音協，入，怗韻，匣。葉部。

和。説文："恊，同心之和。"

恍 huǎng 集韻虎晃切，上，蕩韻，曉。陽部。

同"怳"。❶〔恍惚〕〔恍忽〕雙聲聯緜字。①模糊不清。韓非子忠孝："恍惚之言，恬淡之學，天下之惑術也。"史記司馬相如列傳上林賦："芒芒恍忽，視之無端，察之無崖。"②神志不清。後漢書董祀妻傳悲憤詩："見此崩五内，恍惚生狂癡。"❷〔恍然〕後起詞。①猛然領悟。朱熹中庸章句序："一旦恍然，似有以得其要領者。"②好像，仿佛。宋范成大吴船録下："恍然如隔世焉。"

按，説文無恍字。

恫 1. tōng 他紅切，音通，平，東韻，透。東部。

❶痛苦，哀痛。説文："恫，痛也。"書盤庚上："乃奉其～。"詩大雅思齊："神罔時怨，神罔時～。"

2. dòng 集韻徒弄切，音洞，去，送韻，定。東部。

❷恐懼。史記燕世家："國大亂，百姓～恐。"

恛 huí 集韻胡隈切，音回，平，灰韻，匣。微部。

㊁〔恛恛〕昏亂貌。漢揚雄太玄疑："疑恛恛。"㊂〔恛惶〕雙聲聯緜字。惶恐。唐柳宗元禮部爲百官上尊號第二表："此臣等所以兢惕失圖，恛惶無措。"

恉 zhǐ 職雉切，音旨，上，旨韻，照三。脂部。

旨意，目的。說文："恉，意也。"漢許慎說文解字敘："究洞聖人之微～。"

恌 tiāo 吐彫切，音挑，平，蕭韻，透。宵部。

同"佻"。苟且。詩小雅鹿鳴："視民不～。"

按，說文恌作佻，在人部，云："愉(偷)也。"引詩"視民不佻"。

恡 lìn 集韻良刃切，去，稕韻，來。文部。

同"吝"。鄙吝。逸周書寤敬："不驕不～，時乃無敵。"三國志魏書荀彧傳："行己謹儉，而與有功者無所～惜。"

恰 qià 苦洽切，入，洽韻，溪。

後起字。適當，正好。唐杜甫南鄰詩："秋水纔深四五尺，野航～受兩三人。"

按，說文無恰字，新附有之，云："用心也。"不可解。

恬 tián 徒兼切，音甜，平，添韻，定。談部。

安。說文："恬，安也。"書梓材："引養引～。"傳："能長養民，長安民。"莊子繕性："古之治道者，以～養知。"引申爲安然，恬淡。荀子富國："進事長功，輕非譽而～失民。"楊倞注："恬，安也。言不顧下之毁譽，而安然忘於失民也。"晉書謝鯤傳："莫不服其遠暢，而～于榮辱。"

恂 xún 相倫切，平，諄韻，心。今讀如旬。文部。

㊀誠信，相信。說文："恂，信心也。"書立政："迪知忱～于九德之行。"列子周穆王："且～士師之言可也。"㊁〔恂恂〕①恭謹貌。論語鄉黨："孔子於鄉黨，恂恂如也。"漢書李廣傳贊："李將軍恂恂如鄙人。"②耽心貌。唐柳宗元捕蛇者說："吾恂恂而起，視其缶，而吾蛇尚存，則弛然而卧。"③通"循循"。南史王琳傳："觀其誠信感物，雖李將軍之恂恂善誘，殆無以加焉。"㊂恐懼。莊子齊物論："木處則惴栗～懼，猨猴然乎哉？"又徐无鬼："衆狙見之，～然棄而走。"㊃暢通。莊子知北遊："思慮～達，耳目聰明。"㊄通"眴"。眨眼，轉瞬。列子黃帝："今汝怵然有～目之志。"張湛注："吴人呼瞬目爲恂目。"

恟 xiōng 許容切，音胸，平，鍾韻，曉。

恐懼。唐韓愈張籍會合聯句："謫夢意猶～。"〔恟恟〕騷擾貌。宋范仲淹答趙元昊書："昔在唐末，天下恟恟。"

按，說文恟作兇，在凶部，云："擾恐也。"

恤 xù 辛聿切，音戌，入，術韻，心。物部。

字亦作"卹"。㊀憂慮。說文："恤，憂也。"書舜典："惟刑之～哉！"釋文："恤，憂也。"詩小雅小弁："我躬不閱，遑～我後？"鄭箋："恤，憂也。"引申爲顧惜。戰國策秦策五："戰勝宜陽，不～楚交，忿也。"高誘注："恤，顧。"㊁救濟。禮記月令孟冬之月："～孤寡。"㊂體恤。國語周語上："勤～民隱而除其害。"

恪 kè 苦各切，入，鐸韻，溪。鐸部。

恭敬。詩商頌那："温恭朝夕，執事有～。"

按，說文恪作愙，云："敬也。"

恀 chǐ 尺氏切，音侈，上，紙韻，穿三。歌部。

依賴。爾雅釋言："恀，怙，恃也。"荀子非十二子："儉然，～然。"楊倞注："儉然，自卑謙之貌；恀然，恃尊長之貌。"

恑 guǐ 過委切，音詭，上，紙韻，見。歌部。

變詐。說文："恑，變也。"一切經音義三引作"變詐也"。莊子齊物論："恢～憰怪。"成玄英疏："恑，奇變之稱。"

恈 móu 莫浮切，音謀，平，尤韻，明。幽部。

〔恈恈〕貪愛貌。集韻："恈，愛也。"荀子榮辱："恈恈然唯利飲食之見，是猶彘之勇也。"楊倞注："恈恈，愛欲之貌。"

恙 yàng 餘亮切，音様，去，漾韻，喻四。陽部。

憂。説文："恙，憂也。"爾雅釋詁："恙，憂也。"郭璞注："今人云無恙，謂無憂也。"戰國策齊策四："歲亦無～耶？民亦無～耶？王亦無～耶？"史記平津侯主父列傳："君不幸罹霜露之病，何～不已？"漢書公孫弘傳："何～不已？"顔師古注："言何憂於疾不止也。"引申爲疾病（後起義）。宋秦觀答張文潛病中見寄詩："君其專精神，微～不足論。"

恣 zì 資四切，去，至韻，精。脂部。

放縱。説文："恣，縱也。"孟子滕文公下："聖王不作，諸侯放～。"荀子成相："吏敬法令莫敢～。"引申爲聽任，任憑。戰國策趙策四："～君之所使之。"〔恣睢〕雙聲聯緜字。①放縱暴戾貌。荀子非十二子："縱情性，安恣睢，禽獸行。"史記伯夷列傳："暴戾恣睢。"②放任無拘束貌。莊子大宗師："汝將何以遊夫遥蕩恣睢轉徙之塗乎？"

恝 jiá 集韻訖黠切，入，黠韻，見。月部。

無愁貌。孟子萬章上："夫公明高以孝子之心爲不若是～。"

按，説文無恝字。説文忿下云："忽也。"引孟子"孝子之心不若是忿。"

恚 huì（舊又讀 wèi）於避切，去，寘韻，影。支部。

憤怒，怨恨。説文："恚，恨也。"廣雅釋詁二："恚，怒也。"淮南子主術："故夫養虎豹犀象者，爲之圈檻，供其嗜欲，適其飢飽，違其怒～。"漢書東方朔傳："舍人～曰：'朔擅詆欺天子從官，當棄市。'"

恥 chǐ 敕里切，上，止韻，徹。之部。

㊀羞愧之心。書説命下："其心愧～。若撻于市。"論語子路："行己有～。"㊁恥辱，可恥的事情。説文："恥，辱也。"宋岳飛滿江紅詞："靖康～，猶未雪。"引申爲使人蒙受恥辱，侮辱。左傳昭公五年："～匹夫，不可以無備，況～國乎？"

［辨］羞，恥，辱。見"辱"字條。

恐 kǒng 丘隴切，上，腫韻，溪。東部。

害怕。説文："恐，懼也。"左傳僖公二十六年："室如縣罄，野無青草，何恃而不～？"引申爲擔心。論語季氏："吾～季孫之憂不在顓臾，而在蕭牆之内也。"又爲使懼，恫嚇。漢書淮陽王欽傳："令弟光～云：王遇大人益解，博欲上書爲大人乞骸骨去。"

［備考］通"共"。楚辭戰國屈原離騷："惟此黨人之不諒兮，～嫉妬而折之。"王逸注："共嫉妬我正直。"

［辨］畏，恐，懼。見"畏"字條。

恭 gōng 九容切，平，鍾韻，見。東部。

㊀肅敬，有禮貌。説文："恭，肅也。"書皋陶謨："愿而～。"禮記曲禮上："是以君子～敬撙節。"孔穎達疏引何胤："在貌爲恭，在心爲敬。"㊁奉，奉行。書甘誓："今予惟～行天之罰。"

恧 nǜ 女六切，入，屋韻，娘。覺部。

慚愧。説文："恧，慙也。"史記司馬相如列傳封禪書："以登介丘，不亦～乎？"漢書王莽傳："敢爲激發之行，處之不慙～。"字也作"忸"。

恩 ēn 烏痕切，平，痕韻，影。真部。

㊀德惠。説文："恩，惠也。"孟子梁惠王上："今～足以及禽獸，而功不至於百姓者，獨何與？"㊁情愛。詩豳風鴟鴞："～斯勤斯，鬻子之閔斯。"

惢 suō 蘇禾切，音梭，平，戈韻，心。

〔惢題〕漢縣名，屬清河郡。在今河北棗强縣南。

忥 xì 集韻迄及切，音吸，入，緝韻，曉。緝部。

合。見集韻。漢揚雄太玄廓:"陰氣瘱而～之。"

息 xī 相即切,入,職韻,心。職部。

❶氣息,呼吸,喘息。説文:"息,喘也。"莊子逍遥遊:"野馬也,塵埃也,生物之以～相吹也。"❷歇止,休息。易乾:"天行健,君子以自强不～。"詩召南殷其靁:"何敢違斯?莫敢遑～。"❸滅。易明夷:"箕子之貞,明不可～也。"莊子逍遥遊:"日月出矣,而爝火不～。"❹繁殖。周禮地官司徒:"以保～六養萬民。"鄭玄注:"保息,謂安之使蕃息也。"漢書高惠高后文景功臣表:"流民既歸,户口亦～。"❺子息。戰國策趙策四:"老臣賤～舒祺最少,不肖,而臣衰,竊愛憐之。"❻利息。周禮地官泉府:"凡民之貸者,與有司辨而授之,以國服爲之～。"史記孟嘗君列傳:"歲餘不入,貸錢者多不能與其～。"❼周諸侯國名。左傳隱公十一年:"～侯伐鄭。"杜預注:"息國,汝南新息縣。"

[備考]慰勞。儀禮鄉飲酒禮:"乃～司正。"鄭玄注:"息,勞也。"

[同源字]①熄,息。見"熄"字條。

②瘜,息。見"瘜"字條。

恁 1. rèn 如甚切,音任,上,寑韻,日。

❶思,念。後漢書班彪傳附班固典引:"宜亦勤～旅力,以充厥道。"❷這様,如此(後起義)。宋歐陽修玉樓春詞:"已去少年無計奈,且願芳心長～在。"

2. nín。

❸通"您"(晚起義)。元王實甫西厢記二本楔子:"我從來斬釘截鐵常居一,不似～惹草拈花没掂三。"

恕 shù 商署切,音庶,去,御韻,審三。魚部。

❶恕道。孔子提倡的一種倫理道德。論語衛靈公:"子貢問曰:'有一言而可以終身行之者乎?'子曰:'其～乎!己所不欲,勿施於人。'"❷寬恕,寬容。楚辭戰國屈原離騷:"羌内～己以量人兮,各興心而嫉妒。"戰國策趙策四:"竊自～,而恐太后玉體之有所郄也。"

[備考]通"庶"。幾乎,差不多。文選三國魏嵇康養生論:"若此以往,～可與羨門比壽,王喬争年。"

七 畫

悢 1. liàng 力讓切,音亮,去,漾韻,來。

❶惆悵。文選晉趙至與嵇茂齊書:"臨書～然,知復何云。"❷[悢悢]①悲恨。文選三國魏嵇康與山巨源絶交書:"顧此悢悢,如何可言!"李周翰注:"悢悢,悲恨也。"②眷念。後漢書陳蕃傳:"天之於漢,悢悢無已。"

2. lǎng 集韻里黨切,音朗,上,蕩韻,來。

❸[懭悢]叠韻聯緜字。見"懭"字條。

悌 tì 徒禮切,上,薺韻,定。脂部。

❶敬愛兄長。墨子兼愛下:"友兄～弟。"❷[愷悌]叠韻聯緜字。見"愷"字條。

[同源字]弟,娣,悌。弟是兄弟的弟,娣是女弟,悌是弟道,三字同源。

按,説文無悌字,新附有之,云:"善兄弟也。"

悅 yuè 弋雪切,入,薛韻,喻四。月部。

喜歡。孟子梁惠王下:"取之而燕民～,則取之。"字本作"説"。論語學而:"學而時習之,不亦説乎?"

按,説文無悅字。

悈 1. jiè 古拜切,音戒,去,怪韻,見。職部。

❶警戒。説文:"悈,飾也。司馬法曰:有虞氏悈於中國。"今本司馬法作"戒"。

2. jí 紀力切,音亟,入,職韻,見。職部。

❷急。爾雅釋言:"悈,褊,急也。"

悖 1. bèi 蒲昧切,去,隊韻,並。物部。

❶違反,逆亂。易頤:"十年勿用,道之大～也。"禮記中庸:"道並行而不相～。"❷謬誤。荀子王霸:"不能治近,又務治遠;不能察

明，又務見幽；不能當一，又務正百，是～者也。”戰國策秦策二：“故曰計有一二者，難～也。”高誘注：“悖，誤也。”❸惑。史記太史公自序：“愍學者之不達其意而師～。”張守節正義：“悖，惑。”❹遮蔽。莊子胠篋：“故上～日月之明。”

2. bó 蒲没切，音勃，入，没韻，並。物部。

❺通“勃”。盛貌。左傳莊公十一年：“禹湯罪己，其興也～焉。”

按，説文悖作誖，云：“亂也。”

悚 sǒng 息拱切，音聳，上，腫韻，心。東部。

恐懼。韓非子内儲説上：“吏以昭侯爲明察，皆～懼其所而不敢爲非。”

按，説文悚作愯，云：“懼也。”

悟 wù 五故切，去，暮韻，疑。魚部。

覺悟。説文：“悟，覺也。”書顧命：“今天降疾殆，弗興弗～。”引申爲領會。唐杜甫自京赴奉先縣詠懷詩：“以兹～生理，獨恥事干謁。”

［備考］㊀通“忤”。吕氏春秋蕩兵：“國無刑罰，則百姓之～相侵也立見。”㊁通“晤”。文選南朝宋謝靈運酬從弟惠連詩：“～對無厭歇，聚散成分離。”

［同源字］寤，悟。見“寤”字條。

悄 qiǎo 親小切，上，小韻，清。宵部。

❶憂愁貌。説文：“悄，憂也。”詩陳風月出：“勞心～兮。”〔悄悄〕憂愁貌。詩邶風柏舟：“憂心悄悄，愠于羣小。”❷寂静貌。唐白居易琵琶行：“東船西舫～無言，唯見江心秋月白。”〔悄悄〕寂静貌。唐韋應物曉至園中憶諸弟詩：“山郭恒悄悄，林月亦娟娟。”

悍 hàn 侯旰切，音汗，去，翰韻，匣。元部。

❶勇猛，勇敢。説文：“悍，勇也。”史記郭解列傳：“解爲人短小精～。”漢書韓信傳：“王自料勇～仁强孰與項王？”❷蠻横。荀子富國：“不威不彊之不足以禁暴勝～也。”❸猛烈，急劇。淮南子兵略：“故水激則～，矢激則遠。”

［同源字］馯，悍。見“馯”字條。

悝 1. kuī 苦回切，平，灰韻，溪。之部。

❶嘲戲，詼諧。文選漢張衡東京賦：“由余以西戎孤臣，而～繆公於宫室。”李善注：“悝猶嘲也。與詼同。”❷人名。春秋時有孔悝，戰國時有李悝。

2. lǐ 良士切，音里，上，止韻，來。之部。

❸憂愁。詩大雅雲漢：“瞻印昊天，云如何里。”釋文：“本亦作瘇，爾雅作悝，並同。”

悒 yì 於汲切，音邑，入，緝韻，影。緝部。

憂鬱，不安。説文：“悒，不安也。”楚辭戰國屈原天問：“武發殺殷，何所～？”

悁 1. yuān 於緣切，平，仙韻，影。元部。

❶忿怒。説文：“悁，忿也。”戰國策趙策六：“秦雖僻遠，然而心忿～含怒之日久矣。”❷憂愁（後起義）。元袁桷觀圖書詩：“寸心獨悲～。”

2. juàn 集韻規掾切，去，線韻，見。

❸〔悁急〕急躁。宋史晏殊傳：“奉養清儉，累典州，吏民頗畏其悁急。”

悞 wù 五故切，去，暮韻，疑。

同“誤”。錯誤。周書寇儁傳：“惡木之陰，不可暫息；盗泉之水，無容～飲。”

悃 kǔn 苦本切，上，混韻，溪。文部。

誠懇，誠實。説文：“悃，愊也。”楚辭漢劉向九歎愍命：“親忠正之～誠兮。”漢書劉向傳：“發憤～愊，有憂國之心。”〔悃款〕雙聲聯緜字。忠誠的樣子。楚辭戰國屈原卜居：“寧悃悃款款朴以忠乎？”

［同源字］款，懇，悃，惓，拳。見“款”字條。

㥏 pī 匹夷切，平，脂韻，滂。脂部。

同“誰”。錯誤。文選漢揚雄解嘲：“故有造蕭何之律於唐虞之世，則～矣。”

按，説文無㥏字。

悕 xī 香衣切，音希，平，微韻，曉。微部。

悲傷。公羊傳成公十六年："在招丘～矣。"何休注："悕，悲也。"

按，説文無悕字。

悇 tū 他胡切，平，模韻，透。魚部。

〔悇憛〕雙聲聯緜字。憂愁貌。楚辭漢東方朔七諫謬諫："心悇憛而煩冤兮。"

按，説文無悇字。

悔 huǐ 呼罪切，上，賄韻，曉。之部。

㊀後悔。説文："悔，悔恨也。"詩召南江有汜："不我以，其後也～。"楚辭戰國屈原離騷："亦余心之所善兮，雖九死其猶未～。"㊁災禍。公羊傳襄公二十九年："天苟有吴國，尚速有～於予身。"㊂易卦的上體，即上三爻。書洪範："曰貞曰～。"僞孔傳："内卦曰貞，外卦曰悔。"

悗 1. mán 母官切，音瞞，平，桓韻，明。元部。

㊀迷惑。吕氏春秋審分："夫説以智通，而實以過～。"㊁煩悶。靈樞經五亂："清濁相干，亂于胷中，是謂大～。"

2. měn 集韻母本切，上，混韻，明。元部。

㊂無心貌。莊子大宗師："～乎忘其言也。"

按，説文無悗字。

悛 1. quān 此緣切，平，仙韻，清。文部。

㊀悔改，改過。説文："悛，止也。"方言六："悛，改也。"左傳隱公六年："長惡不～，從自及也。"㊁次序。左傳哀公三年："自大廟始，外内以～。"杜預注："悛，次也。"

2. xún 集韻須倫切，音荀，諄韻，心。文部。

㊂同"恂"。〔悛悛〕謹厚貌。史記李將軍列傳："余睹李將軍悛悛如鄙人。"

悊 zhé 陟列切，音哲，入，薛韻，知。月部。

㊀敬。説文："悊，敬也。"㊁同"哲"。明智。漢書刑法志："聖人既躬明～之性，必通天地之心。"

恿 yǒng 余隴切，音勇，上，腫韻，喻四。東部。

㊀勇氣。説文作"勈"，云："氣也。"㊁〔慫恿〕叠韻聯緜字。同"慫慂"。見"慫"字條。

患 huàn 胡慣切，去，諫韻，匣。元部。

㊀憂慮。説文："患，憂也。"論語季氏："不～寡而～不均。"㊁憂患，禍害。書説命中："有備無～。"㊂生病，病。晉書桓石虔傳："時有～瘧疾者。"南史江蒨傳："蒨有眼～。"

悉 xī 息七切，音膝，入，質韻，心。質部。

㊀全部。書盤庚上："王命衆～至于庭。"㊁知道。南朝梁蕭統文選序："隨時變改，難可詳～。"㊂詳盡。漢書張釋之傳："對上所問禽獸簿甚～。"

按，説文悉字在釆部，云："詳盡也。"

悠 yōu 以周切，平，尤韻，喻四。今讀如憂。幽部。

㊀憂思。説文："悠，憂也。"詩周南關雎："～哉～哉！輾轉反側。"㊁遠，長。詩周頌訪落："於乎～哉！朕未有艾。"晉書涼武昭王傳："江山～隔。"㊂閑適貌。晉陶潛飲酒詩："采菊東籬下，～然見南山。"

怍 zuò 集韻疾各切，入，鐸韻，從。鐸部。

同"怍"。慚愧。荀子儒效："卒然起一方，則舉統類而應之，無所儗～。"漢賈誼新書官人："脩身正行，不～於鄉曲。"

按，説文怍作怍，云："慙也。"

您 nín 字彙補女禁切。

晚起字。你。元曲選張國賓合汗衫："～言冬至我疑春。"近代戲曲小説中常見。後用作"你"的敬稱。

悤 cōng 集韻麤叢切，音匆，平，東韻，清。東部。

急遽，匆促。史記龜策列傳："～～疾疾，通而不相擇。"唐杜甫新婚别："暮婚晨告别，無乃太～忙。"

［備考］㊀〔悤悤〕明白貌。吕氏春秋下賢："悤悤乎其心之堅固也。"高誘注："悤悤，明貌。"㊁聰明。漢書郊祀志下："陛下聖德，～明上通。"

惁 tì 他歷切，音惕，入，錫韻，透。錫部。

同"惕"。戒懼。漢書王商傳："於是退（周）勃使就國，卒無怵～憂。"〔惁惁〕憂懼貌。楚辭戰國屈原九章悲回風："吾怨往昔之所冀兮，悼來者之惁惁。"

按，說文作惕字，云："敬也。"

八畫

惉 chān 集韻處占切，平，鹽韻，穿三。談部。

〔惉懘〕雙聲聯緜字。聲音不諧和。史記樂書："宫爲君，商爲臣，角爲民，徵爲事，羽爲物。五者不亂，則無惉懘之音矣。"裴駰集解："惉懘，弊敗不和之貌。"

按，說文無惉字。

悹 guàn 古玩切，音貫，去，换韻，見。元部。

㊀憂。說文："悹，憂也。"漢賈誼新書匈奴："天子不怵，人民～之。"㊁〔悹悹〕集韻："無依也。"廣韻："憂無告也。詩傳云：'悹悹無所依。'"

惌 1. yuān 於袁切，音冤，平，元韻，影。元部。

㊀同"怨"。恚恨。

2. wǎn 於阮切，音宛，上，阮韻，影。元部。

㊀小孔貌。周禮考工記函人："凡察革之道，眡其鑽空，欲其～也。"

按，說文無惌字。

惢 suǒ 蘇果切，音鎖，上，果韻，心。歌部。

心疑貌。說文："惢，心疑也。"文選晉左思魏都賦："有覥瞢容，神～形茹。"

按，說文惢字在惢部。

悾 kōng 苦紅切，音空，平，東韻，溪。東部。

〔悾悾〕誠懇貌。論語泰伯："狂而不直，侗而不願，悾悾而不信，吾不知之矣。"〔悾款〕雙聲聯緜字。誠懇貌。南朝梁任昉勸進表："實有愚誠，不任悾款。"

按，說文無悾字。

悰 cóng 藏宗切，平，冬韻，從。冬部。

歡樂。說文："悰，樂也。"文選南朝齊謝朓游東田詩："戚戚苦無～，攜手共行樂。"

惋 wǎn 烏貫切，去，换韻，影。今讀如宛。元部。

悵恨，歎息。韓非子亡徵："外内悲～，而數行不法者，可亡也。"戰國策秦策二："受欺於張儀，王必～之。"

按，說文無惋字。

惇 dūn 都昆切，音敦，平，魂韻，端。文部。

㊀敦厚，篤實。說文："惇，厚也。"書舜典："柔遠能邇，～德允元。"國語晉語四："行年五十矣，守學彌～。"㊁崇尚，重視。書武成："～信明義，崇德報功。"㊂勤勉。漢書翼奉傳："奉～學不仕。"

悴 cuì 秦醉切，音萃，去，至韻，從。物部。

㊀憂傷。說文："悴，憂也。"方言一："悴，傷也。"文子上德："有榮華者必有愁～。"㊁衰。晉書郭璞傳："支離其神，蕭～其形。"又用於使動。文選三國魏曹植朔風詩："繁華將茂，秋霜～之。"

惓 1. quán 集韻逵員切，音權，平，仙韻，羣。元部。

㊀〔惓惓〕同"拳拳"。懇切貌。文選戰國楚宋玉神女賦："願盡心之惓惓。"論衡明雩："區區惓惓，冀見答享。"

2. juàn 集韻逵眷切，音倦，去，線韻，羣。元部。

㊁病危。淮南子人間："患至而後憂之，是猶病者已～而索良醫也。"

［同源字］款，懇，悃，惓，拳。見"款"字條。

按，説文無惓字。

惔 1. tán 徒甘切，音談，平，談韻，定。談部。

㊀焚燒。詩小雅節南山："憂心如～。"

2. dàn 徒濫切，去，敢韻，定。談部。

㊁安静。莊子刻意："虚无恬～，乃合天德。"

悷 lì 郎計切，音麗，去，霽韻，來。質部。

〔惏悷〕雙聲聯緜字。見"惏"字條。

按，説文無悷字。

悱 fěi 敷尾切，音菲，上，尾韻，敷。微部。

想説而不能恰當説出來的樣子。集韻："悱，心欲也。"論語述而："不憤不啟，不～不發。"

按，説文無悱字，新附有之。

情 qíng 疾盈切，平，清韻，從。耕部。

㊀感情，情緒。荀子正名："性之好惡喜怒哀樂謂之～。"引申爲事物的本性。孟子滕文公上："夫物之不齊，物之～也。"㊁情況，實情。左傳莊公十年："小大之獄，雖不能察，必以～。"㊂愛情。後漢書烏桓傳："其嫁娶則先略女通～。"唐白居易長恨歌："唯將舊物表深～，鈿合金釵寄將去。"㊃情趣(後起義)。唐段成式題谷隱蘭若詩："村～山趣頓忘機。"

悵 chàng 丑亮切，去，漾韻，徹。陽部。

失意，懊惱。禮記問喪："心～焉愴焉。"楚辭戰國屈原九歌山鬼："怨公子兮～忘歸。"〔惆悵〕雙聲聯緜字。見"惆"字條。

悻 xìng 集韻下耿切，音幸，上，耿韻，匣。耕部。

〔悻悻〕惱怒貌。孟子公孫丑下："諫於其君而不受，則怒，悻悻然見於其面。"

按，説文無悻字。

惏 líng 力膺切，音陵，平，蒸韻，來。蒸部。

驚怖。鶡冠子備知："昔之登高者，下人代之～，手足爲之汗出。"陸佃注："惏，怖也。"

按，説文無惏字。

惜 xī 思積切，入，昔韻，心。鐸部。

㊀可惜。論語顔淵："～乎！夫子之説君子也，駟不及舌。"㊁哀傷，痛惜。楚辭漢賈誼惜誓："～余年老而日衰兮，歲忽忽而不反。"㊂愛惜，捨不得。文選漢李陵答蘇武書："子卿視陵，豈偷生之士而～死之人哉？"

悽 qī 七稽切，音妻，平，齊韻，清。脂部。

悲傷。説文："悽，痛也。"楚辭戰國屈原遠遊："心愁～而增悲。"〔悽切〕雙聲聯緜字。悲傷。文選三國魏嵇康與山巨源絶交書："吾新失母兄之歡，意常悽切。"〔悽愴〕雙聲聯緜字。悲傷。禮記祭義："霜露既降，君子履之，必有悽愴之心。"

惏 1. lán 盧含切，平，覃韻，來。侵部。

㊀同"婪"。貪。説文："惏，河内之北謂貪曰惏。"左傳昭公二十八年："貪～無饜，忿纇無期，謂之封豕。"

2. lín 集韻犂針切，音林，平，侵韻，來。侵部。

㊁〔惏悷〕雙聲聯緜字。悲傷貌。文選戰國楚宋玉高唐賦："於是調謳，令人惏悷憯悽，脅息增欷。"

悈 jí 紀力切，音亟，入，職韻，見。職部。

急。説文："悈，疾也。"列子力命："墨㰨、情露、謇悈、淩誶四人相與游於世。"張湛注："謇，吃也。悈，急也。謂語急而吃。"淮南子覽冥："安之不～。"高誘注："悈，急也。"

［同源字］棘，亟，悈，革，急。見"棘"字條。

惙 chuò 陟劣切，入，薛韻，知。月部。

㊀憂愁。説文："惙，憂也。"〔惙惙〕憂貌。詩召南草蟲："未見君子，憂心惙惙。"㊁疲

乏。魏書任城王澄傳："雖復忠～，豈敢有辭！"

［備考］通"輟"。莊子秋水："絃歌不～。"釋文："惙，本又作輟。"

惝 chǎng 集韻齒兩切，音敞，上，養韻，穿三。陽部。

❶悵惘。莊子則陽："客出，而君～然若有亡焉。"❷〔惝怳〕叠韻聯緜字。①失意貌。楚辭戰國屈原遠遊："怊惝怳而乖懷。"②模糊不清。楚辭戰國屈原遠遊："視儵忽而無見兮，聽惝怳而無聞。"

［備考］通"敞"。漢書揚雄傳甘泉賦："正瀏濫以弘～兮，指東西之漫漫。"

按，説文無惝字。

悼 dào 徒到切，音盜，去，号韻，定。藥部。

❶傷感。詩衛風氓："静言思之，躬自～矣。"追念死者也叫"悼"。晉潘岳有悼亡詩。❷恐懼，戰慄。莊子山木："振動～慄。"文選漢張衡西京賦："怵～慄而聳兢。"三國志魏書文帝紀注引魏王令："心慄手～，書不成字，辭不宣心。"

［備考］年幼的人。禮記曲禮上："七年曰～。"

惘 wǎng 文兩切，青網，上，養韻，微。陽部。

失意貌。文選晉潘岳西征賦："～輟駕而容與。"〔惘惘〕失意貌。楚辭戰國屈原九章悲回風："超惘惘而遂行。"

按，説文無惘字。

惧 tiǎn 他典切，上，銑韻，透。文部。

慚愧。説文："惧，青徐謂慙曰惧。"宋曾鞏代皇子延安郡王謝皇太后表："宜兼獎渥，屬在親賢，誤及幼冲，倍深兢～。"

惕 tì 他歷切，音踢，入，錫韻，透。錫部。

警惕，戒慎。説文："惕，敬也。"易乾："君子終日乾乾，夕～若厲，無咎。"左傳襄公二十二年："無日不～，豈敢忘職？"

［備考］疾速。國語吳語："一日～，一日留，以安步王志。"韋昭注："惕，疾也；留，徐也。"

怙 hù 集韻後五切，音户，上，姥韻，匣。魚部。

同"怙"。依靠。漢揚雄太玄争："嚇河之臞，何可～也？"

悸 jì 其季切，去，至韻，羣。質部。

❶恐懼，心跳。説文："悸，心動也。"楚辭漢王逸九思悼亂："惶～兮失氣。"❷通"痵"。病名。怔忡。漢書田延年傳："(霍)光因舉手自撫心曰：'使我至今病～。'"

［備考］帶下垂貌。詩衛風芄蘭："垂帶～兮。"

惆 chóu 丑鳩切，平，尤韻，徹。幽部。

❶失意貌。説文："惆，失意也。"荀子禮論："案屈然已，則其於志意之情者～然不嗛。"〔惆悵〕雙聲聯緜字。失意，懊惱。楚辭戰國宋玉九辯："惆悵兮而私自憐。"❷悲痛。文選晉陸機歎逝賦："雖不寤其可悲，心～焉而自傷。"

惚 hū 呼骨切，音忽，入，没韻，曉。物部。

〔惚怳〕雙聲聯緜字。模糊不清。老子："惚兮怳兮，其中有象。"文選晉潘岳西征賦："寥廓惚怳，化一氣而甄三才。"〔怳惚〕見"怳"字條。

按，説文無惚字。

惟 wéi 以追切，平，脂韻，喻四。微部。

❶思維，思考。説文："惟，凡思也。"楚辭戰國屈原九章抽思："數～蓀之多怒兮。"字亦作"維"。詩大雅生民："載謀載維。"❷語助詞。①用於判斷。書益稷："萬邦黎獻，共～帝臣。"又禹貢："厥土～白壤。"②用於句首。書泰誓："～十有一年，武王伐殷。"❸副詞。唯獨，只有。孟子梁惠王上："無恒產而有恒心者，～士爲能。"

［備考］雖。史記淮陰侯列傳："～信亦爲大王不如也。"

［辨］維，惟，唯。見"維"字條。

惛

hūn 呼昆切，音昏，平，魂韻，曉。文部。

㊀［惛怓］讙亂，争吵。詩大雅民勞："無縱詭隨，以謹惛怓。"㊁神志不清，糊塗。孟子梁惠王上："吾～，不能進於是矣。"㊂［惛惛］①專一。荀子勸學："無惛惛之事者，無赫赫之功。"②糊塗，心中昏昧不明。楚辭戰國楚宋玉九辯："忳惛惛而愁約。"③幽暗。管子四時："五漫漫，六惛惛，孰知之哉？"尹知章注："惛惛，微暗貌。"

［備考］讀若悶。愁悶。吕氏春秋本生："下爲匹夫而不～。"高誘注："惛讀憂悶之悶，義亦然也。"

按，説文惛作怋，云："怓也。"

悲

bēi 府眉切，集韻逋眉切，平，脂韻，幫。微部。

哀痛，傷心。説文："悲，痛也。"詩豳風七月："女心傷～，殆及公子同歸。"引申爲懷念。史記高祖本紀："游子～故鄉。"又爲憐憫。大智度論二七："大～憐愍衆生苦。"唐柳宗元捕蛇者説："余～之，且曰：'若毒之乎？'"

惠

huì 胡桂切，去，霽韻，匣。脂部。

㊀仁慈，仁愛。説文："惠，仁也。"詩小雅節南山："昊天不～，降此大戾。"書皋陶謨："安民則～，黎民懷之。"僞孔傳："惠，愛也。"㊁恩惠。書蔡仲之命："惟～之懷。"國語晉語四："未報楚～而抗宋，我曲楚直。"引申爲賜，贈（後起義）。宋書庾悦傳："豈能以殘炙見～？"㊂柔順。詩邶風燕燕："終温且～。"［惠風］和風。晉王羲之蘭亭集序："天朗氣清，惠風和暢。"㊃通"慧"。聰明。後漢書孔融傳："將不早～乎？"㊄三棱矛。書顧命："二人雀弁執～。"

惡

1. è 烏各切，入，鐸韻，影。鐸部。

㊀罪過。與"善"相對。説文："惡，過也。"易大有："君子以遏～揚善。"引申爲兇惡。墨子七患："時年歲凶，則民吝且～。"又爲壞人。書康誥："元～大憝。"㊁醜，劣。與"美"，"好"相對。左傳昭公二十八年："昔賈大夫～，取妻而美。"論語里仁："士志於道，而恥～衣～食者，未足與議也。"㊂疾病。左傳成公六年："郇瑕氏土薄水淺，其～易覯。"杜預注："惡，疾疢也。"㊃污穢。左傳成公六年："有汾澮以流其～。"杜預注："惡，垢穢。"也指糞便。吴越春秋句踐入臣外傳："太宰嚭奉溲～以出。"

2. wù 烏路切，去，暮韻，影。鐸部。

㊄憎恨，討厭。左傳隱公元年："莊公寤生，驚姜氏，故名曰寤生，遂～之。"又隱公三年："周鄭交～。"㊅誹謗，詆毁。戰國策燕策一："人有～蘇秦於燕王者。"

3. wū 哀都切，音烏，平，模韻，影。魚部。

㊆疑問代詞。怎，如何，何。戰國策趙策三："先生又～能使秦王烹醢梁王？"㊇歎詞。孟子公孫丑上："～！是何言也。"

［辨］醜，惡，丑。見"醜"字條。

［同源字］①安，焉，烏，惡。見"焉"字條。②亞，惡。見"亞"字條。

惎

jì 渠記切，音忌，去，志韻，羣。之部。

㊀毒害，毒亂。説文："惎，毒也。"左傳定公四年："管蔡啟商，～間王室。"杜預注："惎，毒也。周公攝政，管叔蔡叔開道紂子禄父，以毒亂王室。"㊁憎恨。左傳哀公二十七年："趙襄子由是～智伯。"㊂教。左傳宣公十二年："晉人或以廣隊不能進，楚人～之脱扃。"引申爲啟發，教導。文選漢張衡西京賦："天啟其心，人～之謀。"

悳

dé 多則切，音得，入，德韻，端。職部。

古"德"字。見説文。

惑

huò 胡國切，音或，入，德韻，匣。職部。

㊀迷亂。説文："惑，亂也。"論語顔淵："既欲其生，又欲其死，是～也。"引申爲疑惑。

論語爲政："四十而不～。"又爲使人迷惑。荀子解蔽："内以自亂，外以～人。"㊁佛教稱煩惱爲惑。文選南朝梁王巾頭陀寺碑文："存軀者～，理勝則～亡。"

悶 1. mèn 莫困切，去，慁韻，明。文部。

㊀煩悶。説文："悶，懣也。"易乾："遯世無～。"宋張先滿江紅初春："多少恨，今猶昨；愁和～，都忘却。"㊁〔悶悶〕愚昧渾噩貌。老子："俗人察察，我獨悶悶。"

2. mén 集韻謨奔切，音門，平，魂韻，明。文部。

㊂沉默貌。莊子德充符："～然而後應。"㊃不爽貌，氣不通暢。素問風論："閉則熱而～。"

惄 nì 奴歷切，音溺，入，錫韻，泥。覺部。

憂貌。詩周南汝墳："未見君子，～如調飢。"毛傳："惄，飢意也。"又小雅小弁："我心憂傷，～焉如擣。"

惒 dá 當割切，入，曷韻，端。月部。

同"怛"。哀傷。漢書王吉傳引詩："顧瞻周道，中心～兮。"顔師古注："惒，古怛字，傷也。"今詩檜風匪風作"怛"。

恿 yǒng 音勇。

俗"慂"字。見"慫慂"。

九　畫

愙 kè 苦各切，入，鐸韻，溪。鐸部。

同"恪"。敬。説文："愙，敬也。春秋傳曰：'以陳備三～。'"今左傳襄公二十五年作"恪"。古鐘鼎有愙鼎、愙敦。

意 yì 於記切，去，志韻，影。之部。

㊀意思。易繫辭上："書不盡言，言不盡～。"引申爲意圖。楚辭卜居："用君之心，行君之～。"又爲意味（後起義）。南唐李煜浪淘沙詞："簾外雨潺潺，春～闌珊。"㊁料想，猜測。商君書修權："廢尺寸而～長短。"史記項羽本紀："然不自～能先入關破秦。"

［備考］㊀通"抑"。莊子盜跖："知不足耶？～知而不能行耶？"㊁通"噫"。歎詞。莊子在宥："～！治人之過也。"

［辨］義，意。見"義"字條。

愔 yīn 挹淫切，平，侵韻，影。侵部。

㊀〔愔愔〕安和貌。見集韻。左傳昭公十二年："祈招之愔愔，式昭德音。"文選三國魏嵇康琴賦："愔愔琴德，不可測兮。"㊁〔愔嫕〕〔愔翳〕雙聲聯緜字。安静貌。文選戰國楚宋玉神女賦："澹清静其愔嫕兮，性沈詳而不煩。"唐柳宗元夢歸賦："質舒解以自恣兮，息愔翳而愈微。"

惲 yùn 於粉切，上，吻韻，影。今讀如韞。文部。

㊀重厚。見説文。段玉裁以爲即渾厚的"渾"。㊁姓。清有惲敬。

惼 biǎn 方典切，集韻補典切，上，銑韻，幫。元部。

心胸狹隘。莊子山木："方舟而濟於河，有虚船來觸舟，雖有～心之人，不怒。"

按，説文無惼字。

愜 qiè 苦協切，入，怗韻，溪。葉部。

㊀稱心，滿意。論衡藝增："毁人不益其惡，則聽者不～於心。"㊁恰當。晉書李重傳論："李重言因革之利，駁田産之制，詞～事當。"㊂〔愜愜〕憂懼。文選晉潘岳馬汧督誄："愜愜窮城，氣若無假。"李善注："王逸楚辭曰：'愜愜，畏罹患禍者也。'"

按，説文愜作㥦，云："快也。"

愊 bì 芳逼切，集韻拍逼切，入，職韻，滂。職部。

㊀至誠。説文："愊，誠志也。"後漢書章帝紀："安静之吏，悃～無華。"新唐書劉瑑傳："言多懇～。"㊁〔愊憶〕〔愊億〕〔愊抑〕叠韻聯緜字。鬱結。後漢書馮衍傳顯志賦："心愊

憶而紛紜。”漢書陳湯傳：“策慮愊億，義勇奮發。”文選晉潘岳夏侯常侍誄：“愊抑失聲，迸涕交揮。”

愖 wǔ 文甫切，音武，上，麌韻，微。侯部。

撫愛。説文：“愖，撫也。”爾雅釋詁：“愖，愛也。”

愖 1. chén 氏任切，音忱，平，侵韻，禪。侵部。

㊀〔斟愖〕叠韻聯緜字。遲疑貌。後漢書馮衍傳顯志賦：“意斟愖而不澹兮。”

2. dān 集韻都含切，音耽，平，覃韻，端。侵部。

㊁逸樂。説文作“媅”。大戴禮少間：“優以繼～，政出自家門，此之謂失政也。”

慄 dié 徒協切，音叠，入，怗韻，定。葉部。

恐懼貌。後漢書班固傳東都賦：“（西都賓）～然意下，捧手欲辭。”

按，説文無慄字。

愅 gé 集韻各核切，音革，入，麥韻，見。職部。

變更。〔愅詭〕雙聲聯緜字。變動貌。荀子禮論：“祭者，志意思慕之情也，愅詭悒僾，而不能無時至焉。”楊倞注：“愅，變也。詭，異也。皆謂變異感動之貌。”

按，説文愅作諽。

惰 duò 徒果切，上，果韻，定。歌部。

㊀懈怠，懶惰。書益稷：“股肱～哉。”韓非子顯學：“侈而～者貧。”㊁不敬。左傳僖公十一年：“受玉～。”又哀公三十一年：“滕成公來會葬，～而多涕。”杜預注：“惰，不敬也。”

〔備考〕通“墮”。衰敗。墨子脩身：“雄而不脩者，其後必～。”

按，説文以惰爲憜的重文，云：“不敬也。”

愞 nuò 乃卧切，去，過韻，泥。侯部。

同“懦”。軟弱，怯懦。漢書武帝紀：“秋，匈奴入鴈門，太守坐畏～棄市。”

〔同源字〕軟，輭，蝡，愞，耎，偄，媆，懦。見“軟”字條。

按，説文無愞字。

愇 wěi 于鬼切，音偉，上，尾韻，喻三。微部。

同“韙”。是。漢書叙傳上幽通賦：“豈余身之足殉兮，～世業之可懷。”顔師古注：“愇字與韙同。韙，是也。”

按，説文以愇爲韙的重文。

慨 kài 苦蓋切，去，代韻，溪。物部。

㊀感慨。禮記檀弓下：“既葬，～焉若不及其反而息。”文選漢張衡東京賦：“望先帝之舊墟，～長思而懷古。”㊁激昂，憤激。後漢書范滂傳：“滂登車攬轡，～然有澄清天下之志。”

惻 cè 初力切，音測，入，職韻，穿二。職部。

㊀憂傷，悲痛。説文：“惻，痛也。”易井：“井渫不食，爲我心～。”㊁〔惻惻〕誠懇貌。後漢書張酺傳：“誾誾惻惻，出於誠心。”

愓 1. dàng 徒朗切，音蕩，上，蕩韻，定。陽部。

㊀放蕩。荀子榮辱：“～悍憍暴，以偷生反側於亂世之間。”

2. shāng 集韻尸羊切，音傷，平，陽韻，審三。陽部。

㊁〔愓愓〕形容走路身直而步快。集韻：“愓愓，行直疾皃。”禮記玉藻：“凡行容愓愓。”

按，説文愓作像，云：“放也。”

惺 xīng 桑經切，音星，平，青韻，心。

後起字。㊀清醒。抱朴子極言：“始皇～悟，信世間之必有仙道。”〔惺鬆〕〔惺忪〕雙聲聯緜字。清醒貌。宋楊萬里風花詩：“花如中酒不惺鬆。”明湯顯祖牡丹亭鬧殤：“不隄防你後花園閑夢銃，不分明再不惺忪。”㊁〔惺惺〕①機警。明劉基醒齋銘：“昭昭生於惺惺，而憒憒出於冥冥。”②指聰明的人。元王實甫西廂記第一本第三折：“方信道惺惺自古惜惺惶。"

愒 1. qì 去例切，去，祭韻，溪。月部。

❶休息。說文："愒，息也。"詩大雅民勞："民亦勞止，汔可小～。"字亦作"憩"。

2. kài 苦蓋切，去，泰韻，溪。月部。

❷荒廢。左傳昭公元年："翫歲而～日。"❸急。廣韻泰韻："公羊傳云：'不及時而葬曰愒。'愒，急也。"今公羊傳隱公三年作"不及時而日，渴葬也"。

愕 è 五各切，入，鐸韻，疑。鐸部。

❶吃驚。戰國策燕策三："荆軻逐秦王，秦王還柱而走，羣臣驚～。"❷通"諤"。直言。後漢書陳蕃傳："謇～之操。"〔愕愕〕直言貌。鹽鐵論國疾："今辯訟愕愕然。"

按，說文愕作遻，在辵部，云："相遇驚也。"

惴 1. zhuì 之睡切，去，寘韻，照三。歌部。

❶恐懼。說文："惴，憂懼也。"孟子公孫丑上："自反而不縮，雖褐寬博，吾不～焉。"〔惴惴〕恐懼貌。詩秦風黄鳥："臨其穴，惴惴其慄。"又小雅小宛："惴惴小心，如臨于谷。"

2. chuǎn 經典釋文川兖反，音喘。元部。

❷〔惴耎〕叠韻聯緜字。蟲蠕動貌。莊子胠篋："惴耎之蟲，肖翹之物，莫不失其性。"

愉 1. yú 羊朱切，音俞，平，虞韻，喻四。侯部。

❶快樂。詩唐風山有樞："宛其死矣，他人是～。"朱熹集傳："愉，樂也。"引申爲和。論語鄉黨："私覿，～～如也。"

2. tōu 集韻他侯切，音偷，平，侯韻，透。侯部。

❷同"偷"。苟且。周禮地官大司徒："以俗教安，則民不～。"

愎 bì 符逼切，集韻弼力切，入，職韻，並。覺部。

任性，執拗。左傳哀公二十七年："知伯貪而～，故韓魏反而喪之。"

按，說文無愎字。

愀 qiǎo 親小切，音悄，上，小韻，清。幽部。

容色變。見廣韻。荀子修身："見不善，～然必以自省也。"史記司馬相如列傳："於是二子～然改容，超若自失。"

惸 qióng 渠營切，音瓊，平，清韻，羣。耕部。

字亦作"煢"。❶〔惸惸〕愁思貌。詩小雅正月："憂心惸惸，念我無禄。"毛傳："惸惸，憂意也。"❷本謂無兄弟，引申爲孤獨無依之稱。周禮秋官大司寇："～獨老幼。"鄭玄注："無兄弟曰惸，無子孫曰獨。"詩小雅正月："哿矣富人，哀此～獨。"

按，說文無惸字。

惶 huáng 胡光切，音皇，平，唐韻，匣。陽部。

恐懼。說文："惶，恐也。"史記萬石君列傳："(石)建…甚～恐。"〔惶惶〕恐懼貌。世說新語言語："戰戰惶惶，汗出如漿。"

愧 kuì 俱位切，去，至韻，見。今讀如喟。微部。

羞慚。詩大雅抑："相在爾室，尚不～于屋漏。"孟子盡心上："仰不～於天，俯不怍於人。"

按，說文愧作媿，在女部，云："慙也。"

惱 nǎo 奴晧切，上，晧韻，泥。

❶怒，恨。大智度論釋初中菩薩："我心歡喜，不～不没。"❷〔懊惱〕叠韻聯緜字。煩惱。唐李咸用塘上行："却把金釵打緑荷，懊惱露珠穿不得。"引申爲撩撥，使人懊惱。唐杜甫奉陪鄭駙馬韋曲詩："韋曲花無賴，家家～殺人。"宋王安石夜直詩："春色～人眠不得，月移花影上欄干。"

按，說文惱作㛴，在女部，云："有所恨也。今汝南人有所恨曰㛴。"

慈 cí 疾之切，平，之韻，從。之部。

㊁愛。説文:“慈,愛也。”左傳文公十八年:“宣～惠和。”孔穎達疏:“慈者,愛出於心,恩及於物也。”新書道術:“親愛利子謂之～。”又:“惻隱憐人謂之～。”㊂指對父母的孝敬奉養。禮記内則:“父子皆異宮,昧爽而朝,～以旨甘。”

惷 chǔn 尺尹切,音蠢,上,準韻,穿三。文部。

㊀動亂。説文:“惷,亂也。”引春秋傳:“王室日～～焉。”今左傳昭公二十四年作“蠢蠢”。㊁愚笨。戰國策魏策一:“寡人～愚,前計失之。”

[同源字]蠢,惷。見“蠢”字條。

悘 qiè 苦協切,入,怗韻,溪。葉部。

滿意。説文:“悘,快也。”漢書文帝紀:“天下人民未有～志。”

惹 rě 人者切,上,馬韻,日。

後起字。㊀沾染。南朝梁何遜九日侍宴樂游苑詩:“晴軒連瑞氣,同～御香芬。”㊁招引。唐白居易晚歲詩:“～愁隨世網,治苦賴空門。”㊂通“偌”。如此(晚起義)。明高則誠琵琶記二本十一折:“媒婆挑着～多東西做甚麽?”

想 xiǎng 息兩切,上,養韻,心。陽部。

㊀思索,思考。楚辭戰國屈原九章悲回風:“入景響之無應兮,聞省～而不可得。”㊁懷念,想象。文選漢李陵答蘇武書:“望風懷～,能不依依?”史記孔子世家贊:“余讀孔氏書,～見其爲人。”㊂希望,料想。文選晉劉琨勸進表:“四海～中興之美,羣生懷來蘇之望。”又答盧諶詩並書:“久廢則無次,～必欲其一反。”

𢝊 yōu 集韻於求切,平,尤韻,影。幽部。

“憂”本字。説文:“𢝊,愁也。”

感 1. gǎn 古禫切,上,感韻,見。侵部。

㊀感動。説文:“感,動人心也。”書大禹謨:“至誠～神,矧兹有苗!”禮記樂記:“樂也者聖人之所樂也,而可以善民心,其～人深。”引申爲感應。易咸:“天地～而萬物化生。”㊁觸着。莊子山木:“～周之顙,而集於栗林。”㊂感觸,感慨。南朝梁江淹別賦:“是以行子腸斷,百～悽惻。”㊃感激,感謝。文選晉張華答何劭詩:“是用～嘉貺,寫出心中誠。”

2. hàn 集韻胡紺切,去,勘韻,匣。侵部。

㊄通“撼”。動摇。詩召南野有死麕:“舒而脱脱兮,無～我帨兮。”㊅通“憾”。左傳昭公十一年:“王貪而無信,唯蔡於～。”釋文:“感,户暗反。”

愗 mào 莫侯切,音茂,去,候韻,明。幽部。

〔怐愗〕叠韻聯緜字。見“怐”字條。

愍 mǐn 眉殞切,音閔,上,軫韻,明。真部。

㊀憂傷。説文:“愍,痛也。”楚辭戰國屈原九章惜誦:“惜誦以致～兮,發憤以抒情。”㊁哀憐。三國志蜀書郤正傳:“嗟道義之沈塞,～生民之顛沛。”㊂禍亂。漢書敘傳上幽通賦:“考遭～以行謡。”文選注:“考,父也。言父遭亂猶行歌謡。”

[同源字]閔,憫,愍。見“閔”字條。

愚 yú 遇俱切,平,虞韻,疑。侯部。

㊀蠢笨,無知。説文:“愚,戇也。”詩大雅抑:“人亦有言,靡哲不～。”㊁欺騙。左傳襄公四年:“～弄其民而虞羿于田。”杜預注:“欺罔之。”㊂自稱的謙詞。史記劉敬列傳:“～以爲匈奴不可擊也。”

愛 ài 烏代切,去,代韻,影。微部。

㊀喜愛,愛好。與“惡”“憎”相對。詩小雅隰桑:“心乎～矣,遐不謂矣。”引申爲情愛。左傳隱公三年:“兄～弟敬。”論語陽貨:“予也有三年之～於其父母乎?”又爲愛護,加惠。商君書更法:“法者所以～民也。”㊁吝嗇。老子:“甚～必大費,多藏必厚亡。”孟子梁惠王上:“百姓皆以王爲～也。”

[備考]通“薆”“僾”。隱蔽貌。詩邶風

静女:"～而不見,搔首踟蹰。"馬瑞辰通釋:"愛而,猶薆然也。"鄭箋孔疏並釋爲愛悦的愛,與此異。

按,説文愛作炁,云:"惠也。"

愠 yùn 於問切,去,問韻,影。文部。

同"慍"。見"慍"字條。

愈 yù 以主切,上,麌韻,喻四。侯部。

㊀更加。詩小雅小明:"曷云其還,政事～蹙。"左傳昭公六年:"國人～懼。"㊁勝過。論語公冶長:"女與回也孰～?"孟子告子下:"丹之治水也～於禹。"㊂病好了。孟子公孫丑下:"昔日疾,今日～。"説文作"瘉",云:"病瘳也。"

[備考]通"愉"。荀子君子:"執至重,形至佚,心至～。"

按,説文無愈字。

愁 chóu 士尤切,平,尤韻,牀二。幽部。

憂愁。説文:"愁,憂也。"左傳襄公二十九年:"哀而不～,樂而不荒。"引申爲悲哀。廣雅釋詁三:"愁,悲也。"左傳襄公八年:"夫人～痛,不知所庇。"唐陳子昂宿襄河驛浦詩:"卧聞塞鴻斷,坐聽峽猿～。"又形容景象的慘淡。漢班婕妤擣素賦:"佇風軒而結睇,對～雲之浮沈。"

[同源字]騷,慅,愁,慓。見"騷"字條。

惣 zǒng 作孔切,上,董韻,精。東部。

"總"的異體字。潛夫論考績:"三公～統,典和陰陽。"

愆 qiān 去乾切,平,仙韻,溪。元部。

㊀罪過,過失。説文:"愆,過也。"書伊訓:"惟兹三風十～,卿士有一于身,家必喪。"㊁超過。書牧誓:"今日之事,不～于六步七步。"㊂喪失。左傳昭公二十六年:"王昏不若,用～厥位。"㊃患惡疾。左傳昭公二十六年:"王～于厥身。"杜預注:"愆,惡疾也。"

十　畫

慂 yǒng 余隴切,音勇,上,腫韻,喻四。東部。

〔慫慂〕叠韻聯緜字。見"慫"字條。

按,説文無慂字。

慉 xù 許竹切,音畜,入,屋韻,曉。覺部。

㊀通"畜"。養。詩邶風谷風:"不我能～,反以我爲讎。"毛傳:"慉,養也。"朱熹集傳:"慉與畜同。"㊁通"蓄"。蘊蓄,鬱積。三國魏應瑒慜驥賦:"牽縶轡而增制兮,心～結而槊紆。"後漢書馬融傳廣成頌:"疏越蘊～。"

[同源字]畜,蓄,慉。見"畜"字條。

慊 1. xián 集韻賢兼切,音嫌,平,沾韻,匣。談部。

㊀嫌疑。説文:"慊,疑也。"漢書趙充國傳:"媮得避～之便。"顔師古注:"慊亦嫌字。"

2. qiǎn 苦簟切,上,忝韻,溪。談部。

㊁憾,恨,不滿足。孟子公孫丑下:"彼以其爵,我以吾義,吾何～乎哉?"淮南子齊俗:"衣若縣衰而意不～。"高誘注:"慊,恨。"

3. qiè 集韻詰叶切,入,怗韻,溪。葉部。

㊂滿足,愜意。莊子天運:"今取猨狙而衣以周公之服,彼必齕齧挽裂,盡去而後～。"郭璞注:"慊,苦牒反,足也。"

[同源字]歉,慊,嗛。見"歉"字條。

愫 sù 集韻蘇故切,音素,去,暮韻,心。魚部。

誠意,真情。漢書鄒陽傳:"披心腹,見情～。"

按,説文無愫字。

慌 1. huǎng 呼晃切,上,蕩韻,曉。陽部。

㊀〔慌忽〕〔慌惚〕雙聲聯緜字。同"怳惚"。不明白,不真切。文選戰國屈原九歌湘夫人:"慌忽兮遠望,觀流水兮潺湲。"後漢書明德馬皇后紀:"母藺夫人悲傷發疾慌惚。"

指神志不清。唐韓愈南海神廟碑:"海之百靈祕怪,慌惚畢出。"指形象不真切。

2. huāng 集韻呼光切,平,唐韻,曉。

㊀急迫,恐懼。〔慌張〕叠韻聯緜字。恐懼,忙亂。元曲選薛仁貴:"諕的我戰戰兢兢,慌慌張張。"

慅 cǎo 采老切,音草,上,晧韻,清。幽部。

〔慅恅〕叠韻聯緜字。①寂静。文選漢王褒洞簫賦:"慅恅瀾漫,亡耦失疇。"李善注:"埤蒼曰:嘷嘐,寂静也。嘷嘐與慅恅音義同。"②心亂,見廣韻。

慄 lì 力質切,音栗,入,質韻,來。質部。

恐懼。詩秦風黄鳥:"臨其穴,惴惴其~。"〔慄慄〕①畏懼貌。書湯誥:"慄慄危懼,若將隕於深淵。"②寒冷貌。宋王禹偁和馮中允爐邊偶作詩:"春日雨絲暖融融,人日雪花寒慄慄。"

按,説文無慄字。

慎 shèn 時刃切,去,震韻,禪。真部。

㊀謹慎,小心。説文:"慎,謹也。"書益稷:"~乃在位。"詩小雅巷伯:"~爾言也。"㊁千萬。表示禁戒。史記吴王濞列傳:"然天下同姓爲一家也,~無反!"唐杜甫潼關吏詩:"請囑防關將,~勿學哥舒!"

[辨]謹,慎。見"謹"字條。

惄 nì 奴歷切,音溺,入,錫韻,泥。藥部。

憂愁。通"怒"。説文:"惄,憂也。"詩周南汝墳:"怒如調飢。"釋文:"怒,韓詩作惄,音同。"

慅 1. cǎo 采老切,音草,上,晧韻,清。幽部。

㊀憂愁。詩陳風月出:"勞心~兮。"釋文:"慅,七老反,憂也。"㊁〔慅嬰〕古代罪犯冠上加草帶,以示羞辱。慅,"草"的假借字。嬰,通"纓"。荀子正論:"治古無肉刑而有象刑,墨黥,慅嬰。"

2. sāo 蘇遭切,音騷,平,豪韻,心。

㊀騷動。隋書李德林傳:"軍中~~,人情大異。"

[同源字]騷,慅,愁,慒。見"騷"字條。

愷 kǎi 苦亥切,音凱,上,海韻,溪。微部。

㊀和樂。説文:"愷,樂也。"莊子天道:"中心物~。"宣穎注:"與物同樂。"〔愷悌〕和樂簡易。左傳僖公十二年:"愷悌君子,神所勞矣。"㊁通"凱"。古代軍樂,凱旋獻俘時奏之。周禮夏官大司馬:"若師有功,則左執律,右秉鉞以先,~樂獻於社。"左傳僖公二十八年:"秋七月丙申,振旅~以入於晉。"

按,説文愷字兼入心、豈兩部,重出。

慆 tāo 土刀切,音韜,平,豪韻,透。幽部。

㊀喜悦。説文:"慆,説(悦)也。"尚書大傳三:"師乃~,前歌後舞。"鄭玄注:"慆,喜也。"㊁怠慢。書湯誥:"無即~淫。"蔡沈傳:"慆,慢也。…慆淫,指逸樂言。"國語魯語下:"夜儆百工,使無~淫,而後即安。"㊂可疑。左傳昭公二十七年:"天命不~久矣。"杜預注:"慆,疑也。"㊃掩藏。左傳昭公三年:"君日不悛,以樂~憂。"孔穎達疏:"言以音樂樂身,埋藏憂愁於樂中。"㊄逝去。詩唐風蟋蟀:"今我不樂,日月其~。"㊅〔慆慆〕①長久。詩豳風東山:"我徂東山,慆慆不歸。"②紛亂貌。文選漢班固幽通賦:"安慆慆而不萉兮,卒隕身乎世禍。"

愴 1. chuàng 初亮切,音創,去,漾韻,穿二。陽部。

㊀悲傷。説文:"愴,傷也。"

2. chuǎng 初兩切,上,養韻,穿二。陽部。

㊀〔愴怳〕叠韻聯緜字。失意貌。楚辭戰國宋玉九辯:"愴怳懭悢兮,去故而就新。"

愾 1. kài 苦愛切,音慨,去,代韻,溪。微部。

㊀歎息。詩曹風下泉:"~我寤歎,念彼周京。"㊁憤怒。左傳文公四年:"諸侯敵王所~而獻其功。"

2. xì 許既切,去,未韻,曉。微部。

㊂通“迄”。到。禮記哀公問：“身以及身，子以及子，妃以及妃，君行此三者，則～乎天下矣。”釋文：“愾，許乞反，又許氣反，至也。”

慥 zào（舊讀 cào）七到切，去，号韻，清。幽部。

㊀〔慥慥〕言行相顧貌。見集韻。禮記中庸：“言顧行，行顧言，君子胡不慥慥爾。”㊁〔慥然〕猝然。越絶書七：“越王慥然避位。”

㥮 zhòu 集韻楚絞切，上，巧韻，穿二。

後起字。固執，剛愎。金董解元西厢記諸宫調三：“奈老夫人情性～，非草草。”

㥶 yì 於計切，音翳，去，霽韻，影。月部。

㊀安静。㊁〔厭㥶〕雙聲聯緜字。深邃貌。文選漢王褒洞簫賦：“其妙聲則清静厭㥶。”㊂通“翳”。隱匿。漢揚雄太玄晬：“冥駮冒晬，中自～也。”注：“㥶，隱也。”

按，説文㥶作瘱，云：“静也。”

愬 1. sù 桑故切，音素，去，暮韻，心。魚部。

㊀告訴，訴説。詩邶風柏舟：“薄言往～，逢彼之怒。”㊁誹謗。論語憲問：“公伯寮～子路於季孫。”㊂通“遡”。向着。文選晉潘岳西征賦：“～黄巷以濟潼。”六臣本作“遡”。

2. sè 山責切，入，麥韻，審二。鐸部。

㊃恐懼。公羊傳宣公六年：“靈公望見趙盾，～而再拜。”何休注：“愬者，驚貌。”〔愬愬〕驚懼貌。易履：“九四，履虎尾，愬愬，終吉。”

〔同源字〕訴，𧥄，愬，泝，溯，遡。見“訴”字條。

按，説文以愬爲訴的重文，在言部。

慤 què 苦角切，音確，入，覺韻，溪。屋部。

誠謹。説文：“慤，謹也。”荀子非十二子：“其容～。”楊倞注：“謹敬。”史記孝文本紀：“法正則民～。”

愿 yuàn 魚怨切，音願，去，願韻，疑。元部。

誠謹，善良。説文：“愿，謹也。”書皋陶謨：“～而恭。”孔穎達疏：“愿者，慤謹良善之名。”左傳襄公三十一年：“～，吾愛之。”

愻 xùn 蘇困切，音遜，去，慁韻，心。文部。

謙恭，馴順。説文：“愻，順也。”引書“五品不～”。今書舜典作“五品不遜”。説苑臣術：“君親而近之，致敏以～。”

慁 hùn 胡困切，去，慁韻，匣。文部。

㊀驚動，打擾。左傳昭公六年：“舍不爲暴，主不～賓。”㊁混亂。文心雕龍議對：“煩而不～者，事理明也。”

慇 yīn 於斤切，音殷，平，欣韻，影。文部。

㊀〔慇慇〕憂傷貌。説文：“慇，痛也。”詩小雅正月：“念我獨兮，憂心慇慇。”又大雅桑柔：“憂心慇慇，念我土宇。”㊁〔慇懃〕叠韻聯緜字。情意懇切。文選漢司馬遷報任少卿書：“趣舍異路，未嘗銜盃酒，接慇懃之餘懽。”

態 tài 他代切，去，代韻，透。之部。

㊀狀態，容貌。楚辭戰國屈原離騷：“寧溘死以流亡兮，余不忍爲此～也。”又招魂：“容～好比，順彌代些。”㊁情狀。文選漢司馬相如上林賦：“睨部曲之進退，覽將帥之變～。”

慍 yùn 於問切，去，問韻，影。文部。

字亦作“愠”。惱怒。詩邶風柏舟：“憂心悄悄，～於羣小。”毛傳：“慍，怒也。”論語學而：“人不知，而不～。”

十一畫

慞 zhāng 諸良切，音章，平，陽韻，照三。

〔慞惶〕叠韻聯緜字。慌張。文選晉潘岳哀永逝文：“嫂姪兮慞惶，慈姑兮垂矜。”

按，説文無慞字。

慷 kǎng 苦朗切，上，蕩韻，溪。陽部。

〔慷慨〕雙聲聯緜字。意氣風發，情緒激昂。楚辭戰國宋玉九辯：“憯悽愴之脩美兮，好夫人之慷慨。”文選漢司馬相如長門賦：“貫歷覽其中操兮，意慷慨而自卬。”字亦作“忼慨”、“慷愾”。

按，説文作忼。

慵 yōng 蜀庸切，平，鍾韻，禪。今讀如庸。

後起字。懶。唐杜甫送李校書詩：“晚節～轉劇。”唐白居易詠懷詩：“有琴～不彈，亦與無弦同。”

慠 ào 集韻魚到切，去，号韻，疑。宵部。

同“傲”。驕傲。呂氏春秋侈樂：“勇者凌怯，壯者～幼，從此生矣。”

按，説文慠作傲。

慓 piào 匹妙切，去，笑韻，滂。宵部。

〔慓悍〕輕疾勇猛。説文：“慓，疾也。”漢書高帝紀上：“項羽爲人，慓悍禍賊。”

慱 tuán 度官切，音團，平，桓韻，定。元部。

〔慱慱〕憂勞貌。詩檜風素冠：“庶見素冠兮，棘人欒欒兮，勞心慱慱兮。”毛傳：“慱慱，憂勞也。”

按，説文無慱字。

慚 cán 昨甘切，平，談韻，從。

同“慙”。見“慙”字條。

慬 1. qín 巨斤切，音勤，平，欣韻，羣。文部。

❶勇。淮南子説山：“立～者，非學鬭爭，～立而生不讓。”列子説符：“此而不報，無以立～於天下。”張湛注：“慬，勇。”唐柳宗元睢陽廟碑序：“所以出奇以恥敵，立～以怒寇。”注：“慬，勤謹二音，勇也。”

2. jìn 集韻巨靳切，近去聲，焮韻，羣。文部。

❶通“僅”。僅僅。公羊傳定公八年：“既駕，公斂處父帥師而至，～然後得免。”

按，説文無慬字。

慲 mán 母官切，音瞞，平，桓韻，明。元部。

糊塗，不省事。説文：“慲，忘也。慲兜也。”淮南子俶真：“於是萬民乃始～觟離跂，各欲行其知僞。”

慳 qiān 苦閑切，平，山韻，溪。

後起字。❶省儉，吝嗇。宋書王玄謨傳：“劉秀之儉吝，常呼爲老～。”❷欠缺。宋陸游懷昔詩：“澤國氣候晚，仲冬雪猶～。”

慼 qī 倉歷切，音戚，入，錫韻，清。覺部。

悲傷。説文：“慼，憂也。”漢書王商傳：“居喪哀～。”世説新語方正：“魏文帝受禪，陳羣有～容。”字亦作“慽”。

憀 liáo 落蕭切，音聊，平，蕭韻，來。幽部。

❶賴。説文：“憀，憀然也。”玉篇：“憀，賴也。”淮南子兵略：“上下不相寧，吏民不相～”。〔無憀〕同“無聊”。唐温庭筠菩薩蠻詞：“時節欲黄昏，無憀獨倚門。”❷悲思。唐陸龜蒙自遣詩：“誰使寒鴉意緒嬌，雲晴山晚動情～。”

慴 zhé 之涉切，入，葉韻，照三。葉部。

恐懼。説文：“慴，懼也。”莊子達生：“死生驚懼，不入乎其胸中，是故遻物而不～。”史記項羽本紀：“籍所擊殺數十百人，一府中皆～伏，莫敢起。”

慢 màn 謨晏切，去，諫韻，明。元部。

❶怠慢，傲慢。説文：“慢，惰也。”易繫辭上：“上～下暴，盜思伐之矣。”史記淮陰侯列傳：“王素～無禮，今拜大將如呼小兒耳。”❷輕忽。商君書墾令：“上不費粟，民不～農，則草必墾矣。”❸遲緩。説文作“趨”。詩鄭風大叔于田：“叔馬～忌。”毛傳：“慢，遲。”❹唐宋雜曲的一種曲調。因曲詞舒緩而得名。如聲聲慢、木蘭花慢等。

〔備考〕通“墁”。塗抹。莊子徐无鬼：“郢人堊～其鼻端若蠅翼，使匠石斲之。”初學記一六、文選三國魏嵇康贈秀才入軍詩注引莊子並作“墁”。

慺 lóu 落侯切，音樓，平，侯韻，來。

〔慺誠〕恭敬。抱朴子尚博：“於是以其所

不解者爲虚誕，慺誠以爲爾，未必違情以傷物也。”注：“慺，敬也。”〔慺慺〕謹敬貌。後漢書楊震傳：“豈敢愛惜垂没之年，而不盡其慺慺之心哉！”李賢注：“慺慺，猶勤勤也。”

按，説文無慺字。

慣 guàn 古患切，去，諫韻，見。

習慣。本作“貫”。説文作“摜”、“遦”。宋書宗慤傳：“宗軍人，～噉麤食。”引申爲縱容，放任。宋晏幾道鷓鴣天詞：“夢魂～得無拘檢，又踏楊花過謝橋。”

［同源字］貫，毌，慣，關。見“貫”字條。

慟 tòng 徒弄切，去，送韻，定。今讀如痛。東部。

極其悲痛，大哭。説文：“慟，大哭也。”論語先進：“顔淵死，子哭之～。”世説新語傷逝：“公往臨殯，一～幾絶。”

按，説文無慟字，新附有之。

憁 còng 音韻闡微措甕切。

〔憁恫〕也作“愡恫”。叠韻聯緜字。①鹵莽，無知貌。文心雕龍程器：“仲宣輕脆以躁競，孔璋憁恫以麤疏。”②奔走，鑽營。抱朴子自敍：“憁恫官府之間，以窺掊尅之益。”

慘 cǎn 七感切，上，感韻，清。侵部。

㊀狠毒。説文：“慘，毒也。”荀子議兵：“～如蠭蠆。”引申爲殘酷。後漢書周紆傳：“然苛～失中，數爲有司所奏。”㊁悲痛，悽慘。説文作“憯”，云：“痛也。”楚辭戰國屈原九章哀郢：“～鬱鬱而不通兮，蹇侘傺而含慼。”唐李華弔古戰場文：“傷心～目，有如是耶？”引申爲喪事。晉書王忱傳：“婦父嘗有～，忱乘醉弔之。”㊂〔慘慘〕①憂愁貌。詩小雅正月：“憂心慘慘，念國之爲虐。”②昏暗貌。文選三國魏王粲登樓賦：“風蕭瑟而並興兮，天慘慘而無色。”晉陶潛答龐參軍詩：“慘慘寒日，肅肅其風。”㊃副詞。曾。左傳昭公二十年引詩：“～不畏明。”今本詩大雅民勞作“憯不畏明”。傳：“憯，曾也。”

慶 1. qìng 丘敬切，去，映韻，溪。陽部。

㊀祝賀。説文：“慶，行賀人也。”國語周語中：“晉既克楚於鄢，使郤至告～于周。”㊁奬賞。詩小雅裳裳者華：“維其有章矣，是以有～矣。”孟子告子下：“入其疆，土地辟，田野治，養老尊賢，俊傑在位，則有～。”趙岐注：“慶，賞也。”㊂幸福。易履：“元吉在上，大有～也。”又坤：“積善之家，必有餘～。”㊃善。書吕刑：“一人有～，兆民賴之。”

2. qiāng 集韻墟羊切，音羌，平，陽韻，溪。陽部。

㊄通“羌”。發語詞。漢書敘傳幽通賦：“恐罔蜽之責景兮，～未得其云已。”李賢注：“慶，發語詞，讀與羌同。”

［備考］通“卿”。慶士，即卿士。禮記祭統：“作率～士。”鄭玄注：“慶，善也。士之言事也。”孫希旦集解：“慶士，卿士也。”

慧 huì 胡桂切，去，霽韻，匣。月部。

㊀聰明，有才智。説文：“慧，儇也。”左傳成公十八年：“周子有兄而無～，不能辨菽麥。”杜預注：“不慧，蓋世所謂白癡。”孟子公孫丑上：“雖有智～，不如乘勢。”㊁狡黠。三國志蜀書董允傳：“(黄)皓便僻佞～。”

惷 chōng 丑江切，平，江韻，徹。東部。

愚蠢。説文：“惷，愚也。”禮記哀公問：“寡人～愚冥煩。”淮南子氾論：“愚夫～婦皆能論之。”高誘注：“惷亦愚，無知之貌。”

慹 1. zhí 之入切，音執，入，緝韻，照三。緝部。

㊀畏懼。説文：“慹，悑也。”莊子齊物論：“喜怒哀樂，慮嘆變～。”漢書朱博傳：“以是豪强～服。”

2. zhé 之涉切，入，葉韻，照三。緝部。

㊁不動貌。莊子田子方：“～然似非人。”

慝 tè 他德切，音忒，入，德韻，透。職部。

㊀同“忒”。過差。詩鄘風柏舟：“之死

矢靡～。”㊁邪惡。書大禹謨：“負罪引～，祗載見瞽瞍。”僞孔傳：“慝，惡也。”㊂陰氣。左傳莊公二十五年：“唯正月之朔，～未作。”㊃災害。國語晉語八：“蠱之～，穀之飛，實生之。”

按，説文無慝字。

慙 cán 昨甘切，平，談韻，從。談部。

字亦作“慚”。羞愧。説文：“慙，媿也。”書仲虺之誥：“成湯放桀於南巢，惟有～德，曰：‘予恐來世以台爲口實。’”史記陸賈列傳：“高帝不懌而有～色。”世説新語言語：“寄人國土，心常懷慚。”

慕 mù 莫故切，去，暮韻，明。鐸部。

思念，依戀。孟子萬章上：“人少則～父母。”引申爲羡慕。淮南子原道：“誘～於名位。”

慸 dì 特計切，音第，去，霽韻，定。月部。

〔慸葪〕疊韻聯緜字。也作“慸介(芥)”。鯁刺，比喻想不通，或心懷嫌隙。史記賈誼列傳鵩鳥賦：“細故慸葪兮，何足以疑。”索隱引張揖云：“遰介，鯁刺也。”

按，説文：“慸，高也；一曰極也，一曰困劣也。”

慼 qī 倉歷切，音戚，入，錫韻，清。覺部。

憂愁，悲傷。説文作“慽”，云：“憂也。”書盤庚上：“盤庚遷于殷，民不適有居，率籲衆～，出矢言。”

憂 yōu 於求切，平，尤韻，影。幽部。

㊀憂慮，憂傷。詩大雅瞻卬：“人之云亡，心之～矣。”論語述而：“發憤忘食，樂以忘～。”㊁疾病。禮記曲禮下：“君使士射，不能，則辭以疾。言曰：‘某有負薪之～。’”孟子公孫丑下：“有采薪之～，不能造朝。”趙岐注：“憂，病也。”㊂居父母之喪。書説命上：“王宅～，亮陰三祀。”孔穎達疏：“言王居父憂。”梁書劉杳傳：“自居母～，便長斷腥羶，持齋蔬食。”

按，説文憂作𢝊，云：“愁也。”夊部另出憂字，云：“和之行也。”引詩“布政憂憂”。今詩商頌長發作“敷政優優”。

慰 wèi 於胃切，去，未韻，影。物部。

安慰。説文：“慰，安也。”詩邶風凱風：“有子七人，莫～母心。”

慮 1. lǜ 良倨切，去，御韻，來。魚部。

㊀思考，謀畫。説文：“慮，謀思也。”書太甲下：“弗～胡獲？弗爲胡成？”論語衛靈公：“人無遠～，必有近憂。”楚辭戰國屈原卜居：“心煩～亂，不知所從。”㊁憂愁，憂慮。唐杜甫羌村詩：“蕭蕭北風勁，撫事煎百～。”㊂大概。粗計大數曰“亡慮”、“無慮”，省作“慮”。漢書賈誼傳：“若此諸王，雖名爲臣，實皆有布衣昆弟之心，～亡不帝制而天子自爲者。”顔師古注：“慮，大計也。”

〔備考〕結綴。莊子逍遥遊：“今子有五石之瓠，何不～以爲大樽，而浮于江湖？”郭象注：“慮，猶結綴也。”

2. lú 集韻龍珠切，平，虞韻，來。

㊃〔慮虒〕縣名。漢置，屬太原郡。

3. lù 音録。

㊄〔慮囚〕訊察記録囚犯的罪狀。漢書後漢書作“録囚”，唐書五代史作“慮囚”。舊唐書職官志：“凡禁囚，五日一～。”

慾 yù 余蜀切，音欲，入，燭韻，喻四。屋部。

慾望，嗜好。論語公冶長：“棖也～，焉得剛？”吕氏春秋仲冬：“去聲色，禁嗜～。”

慫 sǒng 息拱切，音聳，上，腫韻，心。東部。

㊀驚。見説文。〔慫兢〕驚慌。文選漢張衡西京賦：“將乍往而未半，怵悼慄而慫兢。”㊁〔慫慂〕疊韻聯緜字。從旁勸説鼓勵。方言一〇：“慫慂，勸也。南楚凡己不欲喜，而旁人説之；不欲怒，而旁人怒之，謂之食閻，或謂之慫慂。”宋王安石和吴沖卿雪詩：“填空忽汗漫，造物誰慫慂？”

十 二 畫

憲 xiàn 許建切,去,願韻,曉。元部。

❶法令。書説命下:"監于先王成～,其永無愆。"管子立政:"～既布,有不行～者,謂之不從令,罪死不赦。"❷效法。詩大雅崧高:"王之元舅,文武是～。"❸布告。周禮地官鄉大夫:"正歲,令羣吏考法于司徒以退,各～之於其所治國。"❹屬吏稱上司爲憲,如稱"大憲"、"憲臺"。

憝 duì 徒對切,音隊,去,隊韻,定。物部。

❶怨恨。説文:"憝,怨也。"書康誥:"暋不畏死,罔弗～。"❷惡。逸周書世俘:"武王遂征四方,凡～國九十有九國。"孔晁注:"憝,惡也。"

懟 duì 徒對切,音隊,去,隊韻,定。物部。

❶同"憝"。憎惡,怨恨。漢揚雄法言重黎:"楚～羣策而自屈其力。"❷〔懟溷〕叠韻聯緜字。煩亂貌。文選戰國楚宋玉風賦:"故其風中人,狀直懟溷鬱邑。"

憧 1. chōng 尺容切,音衝,平,鍾韻,穿三。東部。

❶往來不絶貌。説文:"憧,意不定也。"玉篇:"憧,行意,往來不定貌。"〔憧憧〕易咸:"憧憧往來,朋從爾思。"王肅注:"憧憧,往來不絶貌。"引申爲搖曳不定貌。鹽鐵論刺復:"心憧憧若涉大川。"晉書后妃傳上:"夜耿耿而不寐兮,魂憧憧而至曙。"

2. zhuàng 直絳切,音撞,去,絳韻,澄。東部。

❷愚。史記三王世家:"臣青翟、臣湯等宜奉義遵職,愚～而不逮事。"

憱 cù 玉篇初又切。今讀如蹙。覺部。

不悦貌。韓非子外儲説左下:"及獄決罪定,公～然不悦,形於顔色。"

按,説文無憱字。

憦 lào 集韻郎到切,勞去聲,號韻,來。

〔懊憦〕叠韻聯緜字。見"懊"字條。

按,説文無憦字。

憐 lián 落賢切,平,先韻,來。真部。

❶矜憐,同情。説文:"憐,哀也。"商君書兵守:"壯男壯女過老弱之軍,則老使壯悲,弱使强～。悲～在心,則使勇民更慮,而怯民不戰。"唐韓愈寄三學士詩:"上～民無食,征賦半已休。"❷愛慕,喜愛。莊子秋水:"夔～蚿,蚿～蛇。"文選晉歐陽建臨終詩:"下顧所～女,惻惻心中酸。"

憎 zēng 作滕切,平,登韻,精。蒸部。

厭惡。説文:"憎,惡也。"詩齊風雞鳴:"會且歸矣,無庶予子～。"禮記曲禮上:"愛而知其惡,～而知其善。"

憢 xiāo 許幺切,平,蕭韻,曉。宵部。

❶害怕。説文以憢爲曉的重文,云:"懼也。"❷〔憢悍〕同"驍悍"。勇猛。淮南子兵略:"憢悍遂過,不可正喻。"高誘注:"憢,勇急也。"

憘 xī 集韻虚其切,音嬉,平,之韻,曉。

同"嘻"。歎聲。後漢書蔡邕傳:"～!以樂召我而有殺心,何也?"

按,説文無憘字。

憤 fèn 房吻切,上,吻韻,奉。文部。

❶忿懣。説文:"憤,懣也。"楚辭戰國屈原九章惜誦:"惜誦以致愍兮,發～以抒情。"❷憋悶。論語述而:"不～不啓,不悱不發。"朱熹集注:"憤者,心求通而未得之意。"

憓 huì 胡桂切,音惠,去,霽韻,匣。質部。

順從。史記司馬相如列傳封禪文:"陛下仁育羣生,義征不～。"漢書作"不譓"。文選晉左思魏都賦:"荆南懷～,朔北思韙。"

按,説文無憓字。

憛 tán 他紺切,集韻徒南切,音潭,平,覃韻,定。侵部。

㊁憂意。見集韻。㊂〔憚悇〕雙聲聯緜字。貪欲貌。淮南子脩務:"則雖王公大人有嚴志頡頏之行者,無不憚悇癢心,而悅其色矣。"

按,説文無憚字。

憯 cǎn 七感切,音慘,上,感韻,清。侵部。

㊀慘痛。説文:"憯,痛也。"禮記表記:"中心～怛,愛人之仁也。"楚辭戰國宋玉九辯:"中～惻之悽愴兮,長太息而增欷。"㊁慘毒。通"慘"。説文:"慘,毒也。"管子形勢:"冤暴之令加於百姓,～毒之使施於天下。"漢書董仲舒傳:"又好用～酷之吏,賦斂亡度。"㊂語氣副詞。曾。詩小雅節南山:"民言無嘉,～莫懲嗟。"

憭 1. liǎo 盧鳥切,音了,上,篠韻,來。宵部。

㊀明白。説文:"憭,慧也。"三國吳韋昭國語解叙:"其所發明,大義略舉,爲已～矣。"

2. liáo 落蕭切,音聊,平,蕭韻,來。宵部。

㊁〔憭慄〕雙聲聯緜字。淒涼貌。楚辭戰國宋玉九辯:"憭慄兮若在遠行,登山臨水兮送將歸。"字亦作"憀慄"。文選晉潘岳秋興賦:"憀慄兮若在遠行,登山臨水送將歸。"

懎 huò 呼麥切,入,麥韻,曉。

㊀暗昧不明。南史范泰傳:"(曄)在獄爲詩:'…在生已可知,來緣～無識。'"㊁文雅。三國志蜀書王平傳:"遵履法度,言不戲謔,從朝至夕,端坐徹日,～無武將之體。"

按,説文無懎字。

憫 mǐn 眉殞切,音閔,上,軫韻,明。真部。

㊀憤懣。孟子公孫丑上:"阨窮而不～。"㊁哀憐。唐柳宗元謝李中丞安撫崔簡戚屬啓:"儻非至仁厚德,深加～恤,則流散轉死,期在須臾。"

〔同源字〕閔,憫,愍。見"閔"字條。

按,説文無憫字。

憪 1. xián 户閒切,音閑,平,山韻,匣。元部。

㊀安閑自適。説文:"憪,愉也。"唐柳宗元酬韶州裴曹長使君詩:"循省誠知懼,安排祗自～。"

2. xiàn 下赧切,上,潸韻,匣。元部。

㊁不安貌。史記文帝本紀:"朕既不能遠德,故～然念外人之有非。"

憸 chǎng 昌兩切,音敞,上,養韻,穿三。陽部。

㊀失意貌。列子湯問:"(周穆王)既反周室,慕其國,～然自失。"〔憸惘〕叠韻聯緜字。失意貌。文選漢張衡思玄賦:"仰矯首以遥望兮,魂憸惘而無儔。"㊁〔憸怳〕叠韻聯緜字。迷惘,恍惚。文選晉潘岳寡婦賦:"怛驚悟兮無聞,超憸怳兮慟懷。"

〔備考〕説文無憸字。

憬 jǐng 俱永切,上,梗韻,見。陽部。

遠行貌。詩魯頌泮水:"～彼淮夷,來獻其琛。"毛傳:"憬,遠行貌。"

〔備考〕説文:"憬,覺寤也。"引詩"～彼淮夷"。

憒 kuì 古對切,去,隊韻,見。微部。

昏亂。説文:"憒,亂也。"戰國策齊策四:"文倦於事,～於憂。"

憚 1. dàn 徒案切,音蛋,去,翰韻,定。元部。

㊀畏難,有所顧忌。説文:"憚,忌難也。"詩小雅緜蠻:"豈敢～行,畏不能趨。"論語學而:"過則勿～改。"引申爲畏懼。禮記中庸:"小人無忌～也。"

2. dàn 集韻得案切,音旦,去,换韻,端。元部。

㊁通"癉"。勞苦。詩小雅小明:"心之憂矣,～我不暇。"

3. dá 集韻當割切，音怛，入，曷韻，端。月部。

㊂通"怛"。驚。周禮考工記矢人："則雖有疾風，亦弗之能～矣。"釋文："憚音怛。"

憣 fān 音翻。正字通符山切。

〔憣校〕變易。列子周穆王："憣校四時，冬起雷，夏造冰。"釋文："顧野王讀作'翻交四時'。"

按，說文無憣字。

憮 wǔ 文甫切，音舞，上，麌韻，微。魚部。

㊀愛。說文："憮，愛也。韓鄭曰憮。"方言一："憮，愛也。宋衛邠陶之間曰憮。"㊁失意貌。論語微子："夫子～然。"何晏注："憮然猶悵然。"孟子滕文公上："夷子～然。"趙岐注："憮然，茫然自失之貌。"㊂通"嫵"。媚好貌。漢書張敞傳："又爲婦畫眉，長安中傳張京兆眉～。"

憍 jiāo 舉喬切，音驕，平，宵韻，見。宵部。

通"驕"。驕傲，驕矜。大戴禮記武王踐阼："觴豆之銘曰：'…戒之～，～則逃。'"楚辭戰國屈原九章抽思："～吾以其美好兮，覽余以其脩姱。"

按，說文無憍字。

憔 qiáo 昨焦切，音樵，平，宵韻，從。宵部。

〔憔悴〕雙聲聯緜字。瘦弱萎靡貌。楚辭戰國屈原漁父："顏色憔悴，形容枯槁。"引申爲困苦。孟子公孫丑上："民之憔悴於虐政，未有甚於此時者也。"字亦作"憔瘁"、"憔顇"。戰國策燕策一："民憔瘁，士罷弊。"三國志魏書于禁傳："鬚髮皓白，形容憔顇。"

［同源字］焦，燋，憔。見"焦"字條。

按，說文無憔字。

憑 píng 扶冰切，集韻皮冰切，平，蒸韻，並。蒸部。

㊀靠。書顧命："相被冕服，～玉几。"㊁依仗，倚託。唐杜甫至後詩："愁極本～詩遣興，詩成吟咏轉凄涼。"引申爲依據。唐顏師古封禪議："委巷浮說，不足～據。"㊂任憑，隨便（晚起義）。紅樓夢三〇回："你要打要罵，～你怎麼樣，千萬别不理我。"

［備考］滿。楚辭戰國屈原離騷："衆皆競進以貪婪兮，～不厭乎求索。"王逸注："楚人名滿曰憑。"

［辨］凭，憑。見"凭"字條。

按，說文作凭，云："依几也。"引周書"凭玉几"。

憙 xǐ 虛里切，上，止韻，曉。之部。

動詞。喜歡，愛好。說文："憙，說（悦）也。"荀子堯問："楚莊王以憂，而君以～。"史記周本紀："無不欣～。"漢書郊祀志："天子心獨～。"又地理志下："～爲商賈，不好仕宦。"

按，說文在喜部。

憨 hān 呼談切，平，談韻，曉。

後起字。傻氣。文心雕龍程器："文舉傲誕以速誅，正平狂～以致戮。"唐虞世南應詔嘲司花女詩："學畫鴉黄半未成，垂肩嚲袖太～生。"

憖 1. yìn 魚覲切，去，震韻，疑。真部。

㊀願，寧，且。詩小雅十月之交："不～遺一老。"鄭箋："憖者，心不欲而自强之辭。"左傳哀公十六年："旻天不弔，不～遺一老。"杜預注："憖，且也。"又昭公二十八年："～使吾君聞勝與臧之死也，以爲快。"㊁損傷。左傳文公十二年："兩君之士皆未～也。"㊂〔憖憖〕①驚疑貌。唐柳宗元三戒黔之驢："（虎）稍出近之，憖憖然莫相知。"②崛强貌。宋岳珂桯史逆亮辭怪："金主亮…好爲詩詞，語出輒崛彊憖憖，有不爲人下之意。"

2. xìn 集韻香靳切，去，焮韻，曉。真部。

㊃笑貌。文選漢張衡思玄賦："戴勝～其既歡兮，又誚余之行遲。"

3. yín 集韻魚巾切，音銀，平，諄韻，疑。真部。

㊄古地名。春秋昭公十一年："會於厥～。"

憋 biē 并列切，音鼈，入，薛韻，幫。月部。

急躁。後漢書董卓傳："敝腸狗態。"李賢注："續漢書敝作憋。方言云：'憋，惡也。'郭璞曰：'憋忕，急性也。'"

按，説文無憋字。

憩 qì 去例切，去，祭韻，溪。月部。

字亦作"憇"、"愒"。休息。詩召南甘棠："蔽芾甘棠，勿翦勿敗，召伯所～。"

按，説文憩作愒，云："息也。"

憊 bèi 蒲拜切，去，怪韻，並。職部。

疲乏，困頓。通俗文："疲極曰憊。"易既濟："三年克之，～也。"莊子讓王："七日不火食，藜羹不糝，顏色甚～。"

按，説文憊作㒲，云："㷉也。"

十 三 畫

憶 yì 於力切，入，職韻，影。

㊀思念。古樂府飲馬長城窟行："上言加餐飯，下言長相～。"㊁回憶。北周庾信奉和永豐殿下言志詩："還思建鄴水，終～武昌魚。"㊂記住。梁書昭明太子統傳："讀書數行並下，過目皆～。"

按，説文無憶字。

懍 lǐn 力稔切，上，寑韻，來。侵部。

懼貌。書五子之歌："予臨兆民，～乎若朽索之馭六馬。"荀子議兵："殺戮無時，臣下～然莫必其命。"楊倞注："懍然，悚栗之貌。"

按，説文無懍字。

懂 dǒng 古今韻會舉要覩動切。

晚起字。明白。古今小説四〇："你説的是甚麽説話？我一些不～。"

憾 hàn 胡紺切，去，勘韻，匣。侵部。

㊀恨。左傳隱公五年："請君釋～于宋。"杜預注："釋四年再見伐之恨。"㊁心感不足，感到遺憾。左傳襄公二十九年："美哉，猶有～。"論語公冶長："願車馬，衣輕裘，與朋友共，敝之而無～。"

按，説文無憾字。

懅 jù 强魚切，集韻其據切，音遽，去，御韻，羣。

㊀羞愧。後漢書王霸傳："霸慚～而退。"李賢注："懅亦慙也。"㊁懼。後漢書徐登傳："主人見之驚～。"

按，説文無懅字。

憹 náo 集韻奴刀切，平，豪韻，泥。幽部。

〔懊憹〕叠韻聯緜字。見"懊"字條。

按，説文無憹字。

懆 cǎo 采老切，音草，上，晧韻，清。宵部。

〔懆懆〕憂愁貌。説文："懆，愁不安也。"詩小雅白華："念子懆懆，視我邁邁。"

［同源字］騷，慅，愁，懆。見"騷"字條。

懌 yì 羊益切，音亦，入，昔韻，喻四。鐸部。

歡喜，快樂。詩小雅頍弁："既見君子，庶幾説～。"史記廉頗藺相如列傳："於是秦王不～，爲一擊缻。"

按，説文無懌字，新附有之，云："説也。"

懁 xuān 古縣切，去，霰韻，見。今讀如儇。元部。

性急。説文："懁，急也。"莊子列禦寇："有順～而達。"史記貨殖列傳："民俗～急。"裴駰集解引徐廣："懁，急也。"

［同源字］狷，獧，懁，趯。見"狷"字條。

憴 shéng 食陵切，音繩，平，蒸韻，牀三。蒸部。

〔憴憴〕戒慎。爾雅釋訓三："憴憴，戒也。"

憸 xiān 息廉切，平，鹽韻，心。談部。

姦邪。説文："憸，憸詖也。憸利於上，佞

人也。"書立政:"國則罔有立政用～人。"馬融注:"憸利佞人也。"又盤庚上:"相時～民。"馬融注:"憸利小小見事之人也。"唐韓愈苦寒詩:"賢能日登御,黜彼傲與～。"〔憸壬〕姦佞小人。新唐書后妃傳上論:"左右附之,憸壬甚之。"

憺 dàn 徒敢切,音淡,上,敢韻,定。談部。

㊀安然,澹泊。説文:"憺,安也。"楚辭戰國屈原九歌東君:"羌聲色兮娱人,觀者～兮忘歸。"文選漢司馬相如子虚賦:"怕乎無爲,～乎自持。"㊁憂慮。楚辭戰國宋玉九辯:"心煩～兮忘食事。"㊂通"憚"。畏懼。漢書李廣傳:"是以名聲暴於夷貉,威稜～乎鄰國。"

懈 xiè 古隘切,去,卦韻,見。支部。

鬆弛,懈怠。説文:"懈,怠也。"孝經引詩:"夙夜匪～,以事一人。"今詩大雅烝民作"解"。淮南子脩務:"勞形盡慮,爲民興利除害而不～。"

[同源字]解,懈。見"解"字條。

懊 1. ào 烏到切,音奥,去,号韻,影。幽部。

㊀悔恨,煩惱。宋書顧覬之傳:"綽～歎彌日。"唐韓愈薦士詩:"善善不汲汲,後時徒悔～。"〔懊惱〕〔懊憹〕〔懊憹〕叠韻聯緜字。悔恨,煩惱,煩悶。樂府詩集懊儂歌:"懊惱奈何許!"集韻:"懊憹,悔也。"素問元正紀大論:"目赤心熱,甚則瞀悶懊憹。"

2. yù 於六切,音郁,入,屋韻,影。

㊁〔懊咿〕雙聲聯緜字。悲傷貌。文選三國魏嵇康琴賦:"含哀懊咿,不能自禁。"李善注引字林:"懊咿,内悲也。"

按,説文無懊字。

悽 yú 集韻羊諸切,音余,平,魚韻,喻四。魚部。

〔悽悽〕安詳貌。漢書叙傳:"長倩悽悽,覿霍不舉。"

按,説文無悽字。

儌 1. jiāo 古堯切,平,蕭韻,見。宵部。

㊀僥倖。説文:"儌,幸也。"

2. jī 集韻吉歷切,音激,入,錫韻,見。

㊁疾速。集韻:"儌,疾也。"

應 1. yīng 於陵切,平,蒸韻,影。蒸部。

㊀應當。説文:"應,當也。"詩周頌賚:"文王既勤止,我～受之。"毛傳:"應,當。"引申爲料想理當如此。南朝陳徐陵走筆戲書應令詩:"秋來～瘦盡,偏自著腰身。"㊁副詞。隨即。三國志吴書朱桓傳:"桓督諸將周旋赴討,～皆平定。"㊂古國名。左傳僖公二十四年:"邘晉～韓,武之穆也。"

2. yìng 於證切,去,證韻,影。蒸部。

㊃應對,答應。莊子列禦寇:"或聘於莊子,莊子～其使曰:'子不見夫犧牛乎?'"後漢書齊武王縯傳:"伯升笑而不～。"引申爲應和。易乾文言:"同聲相～,同氣相求。"又爲適應。世説新語雅量:"射誤中柂工,～絃而倒。"㊄小鼓。詩周頌有瞽:"～田縣鼓,鞉磬柷圉。"毛傳:"應,小鞞;田,大鼓也。"㊅樂器。長五尺六寸,其中有椎,擊以應樂。周禮春官笙師:"笙師掌教龡竽笙塤籥簫篪篴管舂牘～雅。"〔應鐘〕古樂十二律中的第十二律。國語周語下:"六閒應鐘,均利器用,俾應復也。"㊆星名。即歲星(木星)。史記天官書:"歲星一曰攝提,曰重華,曰～星,曰紀星。"

懃 qín 巨斤切,音勤,平,欣韻,羣。文部。

㊀同"勤"。勞苦。韓非子存韓:"則陷鋭之卒～於野戰;負任之旅罷於内攻。"㊁殷勤,懇切。文選晉潘岳西征賦:"心翹～以仰止,不加敬而自祗。"〔懃懃懇懇〕殷勤懇切。文選漢司馬遷報任少卿書:"意氣懃懃懇懇。"㊂愁苦。楚辭漢東方朔七諫自悲:"居愁～其誰告兮,獨永思而憂悲。"

按,説文無懃字。

憼 jǐng 居影切,音警,上,梗韻,見。耕部。

字亦作"儆"。㊀敬。説文:"憼,敬也。"

㊁通“儆”。戒備。荀子賦：“無私罪人，～革貳兵。”楊倞注：“懋與儆同，備也。”

［同源字］驚，警，讖，儆，憼，儆，敬。見“警”字條。

懋 mào 莫候切，音茂，去，候韻，明。幽部。

㊀勉。説文：“懋，勉也。”引書“時惟～哉”。書舜典：“汝平水土，惟時～哉！”㊁盛，美。書大禹謨：“予～乃德，嘉乃丕績。”後漢書章帝紀論：“嗚呼～哉！”㊂〔懋遷〕貿易。書益稷：“懋遷有無化居。”㊃喜悦。文選漢張衡東京賦：“四靈～而允懷。”李善注：“懋，悦也。”

懇 kěn 康很切，上，很韻，溪。

誠。三國志吴書陸凱傳：“乃心公家，義形於色，表疏皆指事不飾，忠～内發。”唐薛逢題籌筆驛詩：“出師表上留遺～，猶自千年激壯夫。”〔懇切〕誠摯。後漢書東平憲王蒼傳：“其後數陳乞，辭甚懇切。”

［同源字］款，懇，悃，惓，拳。見“款”字條。

按，説文無懇字，新附作懇，云：“悃也。”

十四畫

懣 1. mèn 莫困切，去，慁韻，明。元部。

㊀煩悶。説文：“懣，煩也。”禮記問喪：“悲哀志～氣盛，故袒而踊之。”漢書霍光傳：“（昌邑王）即位，行淫亂，光憂～。”

2. mén 音門。

㊁輩，們（晚起義）。宋何薳春渚紀聞隴州鸚歌：“娘子～更各自好將息。”

懘 chì 尺制切，去，祭韻，穿三。

〔怗懘〕雙聲聯緜字。見“怗”字條。

按，説文無懘字，新附有之，云：“惉懘也。”

儜 nuò 音懦。侯部。

懦弱。戰國策齊策四：“文倦於事，憒於憂，而性～愚。”鮑彪注：“儜當爲儜，集韻：弱也。”

懠 qí 徂奚切，音齊，平，齊韻，從。脂部。

怒。詩大雅板：“天之方～，無爲夸毗。”毛傳：“懠，怒也。”

按，説文無懠字。

懩 yǎng 集韻以兩切，音養，上，養韻，喻四。

心所欲。見集韻。文選晉潘岳射雉賦：“徒心煩而技～。”

按，説文無懩字。

懦 nuò 集韻奴臥切，去，過韻，泥。侯部。按，本讀人朱切，音儒。今讀奴臥切。

㊀畏怯軟弱。説文：“懦，駑弱者也。”左傳僖公二年：“～而不能强諫。”杜預注：“懦，弱也。”㊁柔軟。晉夏侯湛玄鳥賦：“拾柔草以自藉，採～毛以爲蓐。”

［同源字］軟，輭，蝡，愞，耎，偄，媆，懦。見“軟”字條。

懥 zhì 陟利切，音致，去，至韻，知。質部。

怒貌。禮記大學：“身有所忿～，則不得其正。”鄭玄注：“懥，怒貌也。”

按，説文無懥字。

懛 dāi 丁來切，平，咍韻，端。

後起字。癡呆。明陸容菽園雜記卷一二：“蘇州人謂無智術者爲獃，杭州以爲～。”

按，説文：“儓，遲鈍也。”段玉裁以爲即懛字。

懤 chóu 直由切，音籌，平，尤韻，澄。幽部。

〔懤懤〕憂愁貌。楚辭漢王褒九懷危俊：“泱莽莽兮究志，懼吾心兮懤懤。”

按，説文無懤字。

懞 1. méng 集韻謨蓬切，音蒙，平，東韻，明。東部。

㊀慤厚貌。見集韻。管子五輔：“敦～純

固，以備禍亂。"

2. mĕng 集韻母揔切，上，董韻，明。

㊁〔懞懂〕叠韻聯緜字。昏昧，糊塗（晚起義）。元陳元靚歲時廣記："元日五更初，猛呼他人，他人應之，即告之曰：'賣與爾懞懂。'"

懜 1. mèng 武亘切，集韻母亘切，去，隥韻，明。蒸部。

㊀不明。見説文。漢賈誼新書道術："行充其宜謂之義，反義爲～。"

2. mĕng 集韻母揔切，上，董韻，明。

㊁無知貌。見集韻。

懨 yān 音淹。

〔懨懨〕精神不振貌（後起義）。宋歐陽修定風波詞："把酒送春惆悵甚，年年三月病懨懨。"元王實甫西厢記二本一折："懨懨瘦損，早是傷神，那值殘春！"

懝 ài 五溉切，音礙，去，代韻，疑。之部。

㊀癡呆。説文："懝，騃也。"㊁恐懼。説文："懝，一曰惶也。"漢揚雄太玄文："高明足以覆照，制刻足以竦～。"

懕 yān 一鹽切，厭平聲，鹽韻，影。談部。

安詳貌。説文："懕，安也。"引詩"～～夜飲"。今詩小雅湛露作"厭厭"。

懟 duì 直類切，集韻徒對切，音隊，去，隊韻，定。微部。

怨恨。説文："懟，怨也。"詩大雅蕩："彊禦多～，流言以對。"穀梁傳莊公三十一年："財盡則怨，力盡則～。"

懡 mŏ 亡果切，集韻母果切，上，果韻，明。

〔懡㦟〕叠韻聯緜字。①羞慚。集韻："懡㦟，慙也。"宋趙叔向肯綮録："羞慚曰懡㦟。"宋王明清揮麈後録九："（王）世修懡㦟而退。""懡㦟"即"懡㦟"。②稀少。宋楊萬里小溪至新田詩："人煙懡㦟不成村。"

十 五 畫

懭 kuăng 集韻苦晃切，上，蕩韻，溪。陽部。

〔懭悢〕叠韻聯緜字。失意貌。楚辭戰國宋玉九辯："愴怳懭悢兮，去故而就新。"又漢劉向九歎惜賢："心懭悢以冤結兮，情舛錯以曼憂。"

懬 kuàng 丘晃切，集韻苦謗切，音曠，去，宕韻，溪。陽部。

通"曠"。空。説文："懬，闊也，一曰廣也，大也，一曰寬也。"漢書元帝紀："衆僚久～。"顔師古注："懬，古曠字。曠，空也。不得其人，則職事空廢。"

懱 miè 莫結切，音蔑，入，屑韻，明。月部。

㊀輕侮。説文："懱，輕易也。"㊁〔懱爵〕鳥名。即鷦鷯。方言八："桑飛，…自關而西謂之桑飛，或謂之懱爵。"

懮 1. yŏu 於柳切，上，有韻，影。幽部。

㊀舒遲貌。〔懮受〕叠韻聯緜字。舒遲貌。見集韻。詩陳風月出："舒懮受兮，勞心慅兮。"

2. yōu 集韻於求切，音憂，平，尤韻，影。幽部。

㊁同"憂"。〔懮懮〕憂愁貌。楚辭戰國屈原九章抽思："數惟蓀之多怒兮，傷余心之懮懮。"

按，説文無懮字。

懪 báo 蒲角切，音雹，入，覺韻，並。藥部。

〔懪懪〕煩悶。爾雅釋訓："懪懪，悶也。"

按，説文無懪字。

懫 zhì 陟利切，集韻脂利切，去，至韻，照三。質部。

忿戾。書多方："亦惟有夏之民叨～。"

按，説文無懫字。

懰 1. liŭ 力久切，音柳，上，有韻，來。幽部。

㊀美好。詩陳風月出:"月出皓兮,佼人～兮。"

2. liú 力求切,音劉,平,尤韻,來。幽部。

㊁〔懰慄〕雙聲聯緜字。憂傷貌。楚辭漢王褒九懷昭世:"志懷逝兮心懰慄。"漢書孝武李夫人傳:"懰慄不言,倚所恃兮。"㊂宿留。文選晉潘岳笙賦:"～檄羅以奔邀。"李善注引埤蒼:"懰,宿留也。"

按,說文無懰字。

懲 chéng 直陵切,音澄,平,蒸韻,澄。蒸部。

㊀懲罰,懲戒。說文:"懲,忩也。"詩魯頌閟宮:"戎狄是膺,荆舒是～。"左傳襄公十二年:"於是乎有京觀以～淫慝。"也指自己受創而知戒。詩周頌小毖:"予其～而毖後患。"㊁苦於。列子湯問:"～山北之塞,出入之迂也。"

〔備考〕騰。文選漢張衡思玄賦:"屬箕伯以函風兮,～澒涊而爲清。"李善注:"懲,騰也。"

十 六 畫

懷 huái 户乖切,平,皆韻,匣。微部。

㊀思念。說文:"懷,念思也。"詩周南卷耳:"嗟我～人,寘彼周行。"引申爲留戀,愛惜。楚辭戰國屈原九歌東君:"長太息兮將上,心低佪兮顧～。"三國魏曹植白馬篇:"棄身鋒刃端,性命安可～?"㊁胸前,胸懷。詩小雅谷風:"將恐將懼,寘予于～。"論語陽貨:"子生三年,然後免於父母之～。"㊂懷藏。禮記曲禮上:"賜果於君前,其有核者～其核。"㊃包圍。書堯典:"蕩蕩～山襄陵。"㊄歸向。書大禹謨:"黎民～之。"㊅安撫。左傳僖公七年:"招攜以禮,～遠以德。"

〔備考〕㊀至。詩小雅鼓鐘:"淑人君子,～允不忘。"鄭箋:"懷,至也。"朱熹集傳:"懷,思也。"與鄭箋異。㊁來。詩齊風南山:"既曰歸止,曷又～止?"鄭箋:"言文姜既曰嫁於魯侯矣,何復來爲乎?"朱熹集傳:"懷,思也。"與鄭箋異。

懶 lǎn 落旱切,上,旱韻,來。

怠惰。宋書范曄傳:"吾少～學問,晚成人。"唐杜甫晦日尋崔戢李封詩:"興來不暇～,今晨梳我頭。"

〔同源字〕賴,孏,懶。見"賴"字條。

按,說文懶作孏,云:"懈也,怠也。"

懵 1. měng 武亘切,集韻母亘切,去,隥韻,明。

㊀不明。文選南朝宋謝莊月賦:"昧道～學,孤奉明恩。"㊁欺詐(晚起義)。清陳森書品花寶鑑三:"你瞧他南邊人老實,不懂你那～勁兒,你就～開了。"

2. měng 莫孔切,上,董韻,明。

㊂無知貌。唐白居易與元九書:"除讀書屬文外,其他～然無知。"

按,說文無懵字。

懸 xuán 胡涓切,平,先韻,匣。元部。

㊀掛。說文作縣,云:"繫也。"易繫辭上:"縣象著明,莫大乎日月。"孟子公孫丑上:"民之悦之,猶解倒～也。"㊁懸掛鐘磬等樂器的架。文選漢馬融長笛賦:"瓠巴聑柱,磬襄弛～。"引申爲指律吕,音樂。文心雕龍樂府:"荀勗改～,聲節哀急。"㊂遠。南齊書陸厥傳:"一人之思,遲速天～。"

懇 miǎo 集韻墨角切,入,覺韻,明。藥部。

㊀美。見說文。㊁陵越。後漢書馮衍傳:"沮先聖之成論兮,～名賢之高風。"㊂遠。後漢書橋玄傳:"幽靈潛翳,～哉緬矣!"

十 七 畫

懹 ràng 人樣切,音讓,去,漾韻,日。陽部。

畏憚。方言七:"懹,憚也。"

按,說文無懹字。

懺 chàn 楚鑒切,去,鑑韻,穿二。

後起字。梵語懺摩,懺悔。南齊蕭子良

淨住子修理六根門:"前已～其重惡,則三業俱明。"引申爲僧侶爲人禮禱懺悔。梁書庾詵傳:"宅内立道場,環繞禮～,六時不輟。"所誦之經也叫懺。

十八畫

慑 shè 之涉切,入,葉韻,照三。今讀如攝。葉部。

恐懼,喪氣。説文:"慑,失氣也。"禮記樂記:"柔氣不～。"鄭玄注:"慑,猶恐懼也。"又曲禮:"貧賤而知好禮,則志不～。"鄭玄注:"慑,猶怯惑也。"史記項羽本紀:"諸將皆～服。"

懽 1. huān 呼官切,音歡,平,桓韻,曉。元部。

㊀同"歡"。莊子盜跖:"怵惕之恐,欣～之喜,不監於心。"

2. guàn 古玩切,音貫,去,換韻,見。元部。

㊁〔懽懽〕憂懼無所訴。爾雅釋訓:"懽懽愮愮,憂無告也。"

［同源字］歡,懽,讙,諠,喧。見"讙"字條。

懼 1. jù 其遇切,去,遇韻,羣。魚部。

㊀恐懼。説文:"懼,恐也。"詩小雅谷風:"將恐將～,維予與女。"

2. qú 集韻權俱切,音劬,平,虞韻,羣。魚部。

㊁驚惶失措貌。莊子庚桑楚:"南榮趎～然顧其後。"漢書惠帝紀贊:"聞叔孫通之諫則～然,納曹相國之對而心説。"顔師古注:"懼讀曰瞿。瞿然,失守貌。"

［辨］畏,恐,懼。見"畏"字條。

［同源字］瞿,懼,矍,矆,戄。見"瞿"字條。

㦀 tóng 徒冬切,音彤,平,冬韻,定。冬部。

〔㦀㦀〕憂貌。楚辭戰國屈原九歌雲中君:"思夫君兮太息,極勞心兮㦀㦀。"又漢嚴忌哀時命:"魂眇眇而馳騁兮,心煩冤之㦀㦀。"

按,説文無㦀字。

㦗 xié 户圭切,音擕,平,齊韻,匣。支部。

離貳,二心。説文:"㦗,有二心也。"廣韻:"㦗,離心也。"國語晉語一:"～民,國移心焉。"韋昭注:"㦗,離也。"又楚語下:"民之精爽不～貳者。"韋昭注:"㦗,離也。貳,二也。"字亦作"攜"。

㦝 sǒng 集韻筍勇切,音聳,上,腫韻,心。東部。

㊀恐懼。説文作愯,云:"懼也。"漢書刑法志:"故悔之以忠,～之以行。"左傳昭公六年作"聳之以行"。㊁聳立。宋劉敞雪意詩:"林林～羣木,栗栗抱寒魄。"

懿 yì 乙冀切,去,至韻,影。脂部。

㊀美。説文:"懿,專久而美也。"易小畜:"君子以～文德。"文選南朝宋王僧達祭顔光禄文:"惟君之～,早歲飛聲。"㊁深。詩豳風七月:"女執～筐,遵彼微行,爰求柔桑。"

［備考］歎聲。詩大雅瞻卬:"～厥哲婦,爲梟爲鴟。"鄭箋:"懿,有所痛傷之聲也。"孔穎達疏:"懿與噫字雖異,音義同。"按,懿、噫古不同音。朱熹集傳:"懿,美也。"與鄭箋孔疏異。

十九畫

㦬 luǒ 來可切,上,哿韻,來。

〔㦖㦬〕疊韻聯緜字。見"㦖"字條。

按,説文無㦬字。

戁 nǎn 奴板切,音赧,上,潸韻,泥。元部。

恐懼。詩商頌長發:"不～不竦,百禄是總。"毛傳:"戁,恐也。"

戀 liàn 力卷切,去,線韻,來。

後起字。愛慕不捨。三國魏嵇康思親

詩："日遠邁兮思予心，～所生兮淚不禁。"唐李白杭州送裴大澤詩："去割辭親～，行憂報國心。"

二十畫

憕 tǎng 他朗切，上，蕩韻，透。陽部。

〔憕慌〕叠韻聯緜字。失意貌。楚辭漢劉向九歎逢紛："心憕慌其不我與兮，躬速速其不吾親。"唐韓愈瀧吏詩："胡爲此水邊，神色久憕慌？"字亦作"憕怳"。宋陸游夜寒起坐待旦詩："憕怳不成寐，攬衣寒夜中。"

按，説文無憕字。

戄 jué 具籰切，入，藥韻，羣。鐸部。

震驚貌。戰國策魏策三："秦王～然。"史記管晏列傳："晏子～然，攝衣冠謝。"

［同源字］瞿，懼，矍，矆，戄。見"瞿"字條。

按，説文無戄字。

二十四畫

戇 zhuàng 陟降切，去，絳韻，知，東部。

剛直而愚。説文："戇。愚也。"荀子大略："悍～好鬬，似勇而非。"史記汲黯列傳："甚矣，汲黯之～也！"

戈　部

［戈部總論］

戈部的字多與兵器或武事有關。

(一)其與兵器有關者。

1. 名詞。例如：戈　戟　戣　戉(鉞)　戚

2. 動詞。例如：截(𢧵)　戕　戮

(二)其與武事有關者。

1. 名詞。例如：戎

2. 動詞。例如：戍　戰　戡　戢

戈 gē 古禾切，平，戈韻，見。歌部。

㊀我國青銅器時代的主要兵器。説文："戈，平頭戟也。"書牧誓："稱爾～，比爾干。"㊁古國名。左傳襄公四年："處澆于過，處豷于～。"注："過戈皆國名。…戈在宋鄭之間。"

一　畫

戊 wù 莫候切，去，候韻，明。今讀如務。幽部。

天干的第五位。詩小雅吉日："吉日維～，既伯既禱。"書泰誓中："惟～午王次于河朔。"

按，説文戊字在戊部。

戉 yuè 王伐切，入，月韻，喻三。月部。

㊀兵器，似大斧。後作"鉞"。説文："戉，斧也。"㊁星名。漢書天文志："東井西曲星曰～。"史記天官書作"鉞"。

二　畫

戍 shù 傷遇切，去，遇韻，審三。侯部。

防守，守邊。説文："戍，守邊也。"左傳莊

公八年："齊侯使連稱管至父～葵丘。"引申爲守邊士卒。左傳定公元年："城三旬而畢，乃歸諸侯之～。"又爲邊防的營壘。晉書庾亮傳："其謝尚王愆期等，悉令還據本～。"北齊書武成帝紀："詔司空斛律光督五營軍士築～於軹關。"

戌 xū 辛聿切，入，術韻，心。物部。

❶地支的第十一位。爾雅釋天："太歲…在～曰閹茂。"❷十二時辰之一。❸〔戌削〕①衣服合身的樣子，也作"卹削"。史記司馬相如傳："揖獨繭之褕袘，眇閻易之戌削。"②清瘦的樣子。李白上雲樂："巉巖容儀，戌削風骨。"

戎 róng 如融切，平，東韻，日。冬部。

❶兵器的總稱。說文："戎，兵也。"詩大雅常武："整我六師，以脩我～。"引申爲軍隊。易同人："伏～於莽。"又指戰車。詩小雅六月："元～十乘，以先啟行。"❷戰争，征伐。書說命中："惟甲胄起～。"又泰誓中："～商必克。"❸大。詩周頌烈文："念兹～功。"❹代詞。汝，汝等。詩大雅民勞："～雖小子，而式弘大。"又崧高："周邦咸喜，～有良翰。"❺助。詩小雅常棣："每有良朋，烝也無～。"鄭箋："猶相助己者。"❻泛指我國西部的少數民族。禮記王制："西方曰～。"史記鄒陽列傳："是以秦用～人由余而霸中國。"❼古國名。春秋隱公二年："公會～于潛。"

成 chéng 是征切，平，清韻，禪。耕部。

❶成就，完成。說文："成，就也。"詩大雅靈臺："庶民攻之，不日～之。"引申爲變成，成爲。易繫辭上："在天～象，在地～形，變化見矣。"荀子勸學："積土～山，風雨興焉。"又爲成熟，茂盛。吕氏春秋明理："五穀萎敗不～。"又先己："松柏～，而塗之人已蔭矣。"高誘注："成，盛。"又爲肥腯。孟子滕文公下："犧牲不～，粢盛不絜。"趙岐注："不成，不實肥腯也。"❷和解，講和。詩大雅緜："虞芮質厥～。"左傳桓公六年："楚武王侵隨，使薳章求～焉。"❸平定。春秋桓公二年："公會齊侯陳侯鄭伯于稷，以～宋亂。"杜預注："成，平也。"❹必，定。國語吴語："夫一人善射，百夫決拾，勝未可～也。"❺重，層。爾雅釋丘："丘一～爲敦丘，再～爲陶丘。"吕氏春秋音初："爲之九～之臺。"❻樂曲一終爲一成。書益稷："簫韶九～，鳳凰來儀。"❼古稱地方十里爲一成。左傳哀公元年："有田一～，有衆一旅。"杜預注："方十里爲成。"❽〔成漢〕朝代名。東晉時十六國之一。

按，說文成字在戊部。

三　畫

戒 jiè 古拜切，去，怪韻，見。職部。

❶防備，警戒。說文："戒，警也。"易萃："君子以除戎器，～不虞。"詩小雅采薇："豈不日～？玁狁孔棘。"❷戒除。論語季氏："少之時血氣未定，～之在色。"❸命令，告請。儀禮聘禮："既圖事，～上介亦如之。"鄭玄注："戒，猶命也。"左傳宣公十二年："軍政不～而備。"杜預注："戒，勑令也。"儀禮士冠禮："主人～賓。"❹齋戒。莊子達生："十日～，三日齊。"❺佛教的戒律。❻文體之一種。南朝梁蕭統文選序："次則箴興於補闕，～出於弼匡。"

[備考]至。詩商頌烈祖："亦有和羹，既～既平。"鄭箋："戒，至。"朱熹集傳："戒，夙戒也。"與鄭箋異。

[同源字]忌，誋，戒，誡。見"誋"字條。

按，說文戒字在廾部。

我 wǒ 五可切，上，哿韻，疑。歌部。

自稱。說文："我，施身自謂也。"詩邶風柏舟："～心匪鑒，不可以茹。"又小雅采薇："昔～往矣，楊柳依依；今～來思，雨雪霏霏。"引申爲泛指我方。左傳隱公八年："庚寅，～入祊。"

[辨]予，余，吾，我，朕。見"予"字條。

四畫

或 huò 胡國切，入，德韻，匣。職部。

❶代詞。有人，有的。詩豳風鴟鴞："今女下民，～敢侮予。"論語爲政："～謂孔子曰：'子奚不爲政？'"史記陳丞相世家："奇計～頗祕，世莫能聞也。"易繫辭上："君子之道，～出～處，～默～語。"詩小雅北山："～燕燕居息，～盡瘁事國，～息偃在牀，～不已於行。"❷有。詩召南殷其靁："何斯違斯，莫敢～遑。"❸又。詩小雅賓之初筵："既立之監，～佐之史。"❹也許。左傳宣公三年："天～啟之，必將爲君。"❺語氣副詞。詩小雅天保："如松柏之茂，無不爾～承。"❻通"惑"。迷惑。孟子告子上："無～乎王之不智也。"漢書霍去病傳："而前將軍廣、右將軍食其軍别從東道，～失道。"顔師古注："或，迷也。"

㦰 kān 口含切，音堪，平，覃韻，溪。侵部。

❶殺，平定。説文："㦰，殺也。商書曰：'西伯既～黎。'"今書西伯戡黎作"戡"。❷古"堪"字。漢書五行志下之上引左傳："今鍾摦矣，王心弗㦰，其能久乎？"顔師古注引孟康："古堪字。"今左傳昭公二十一年作"堪"。

戔 1. cán 昨干切，音殘，平，寒韻，從。元部。

❶通"殘"。説文："戔，賊也。"段玉裁注："此與殘音義皆同。"周禮地官稾人："掌豢祭祀之犬。"鄭玄注："雖其潘瀾～餘，不可褻也。"釋文："戔，本亦作殘。"

2. jiān 集韻將先切，音箋，平，先韻，精。元部。

❷〔戔戔〕①衆多貌。易賁："賁於丘園，束帛戔戔。"唐白居易秦中吟詩："灼灼百朵紅，戔戔五束素。"②顯現貌。南朝梁江淹劉僕射東山集學騷詩："木瑟瑟兮氣芬蒀，石戔戔兮水成文。"③少貌。清蒲松齡聊齋志異小官人："戔戔微物，想太史亦當無所用，不如即賜小人。"

戕 qiāng 在良切，平，陽韻，從。今讀如槍。陽部。

殘害。書盤庚中："汝共作我畜民，汝有～則在乃心。"僞孔傳："戕，殘也。"春秋宣公十八年："邾人～鄫子于鄫。"説文："他國臣來弑君曰戕。"

［同源字］殘，戕。見"殘"字條。

六畫

戙 dòng 徒弄切，音洞，去，送韻，定。

船板木。見玉篇。

按，説文無戙字。

七畫

戛 jiá 古黠切，入，黠韻，見。質部。

❶戟。説文："戛，戟也。"文選漢張衡東京賦："立戈迤～。"❷常禮，常法。爾雅釋言："戛，禮也。"書康誥："不率大～，矧惟外庶子訓人。"孔穎達疏："戛，猶楷也。言爲楷模之常。"❸打擊，敲打。書益稷："～擊鳴球，搏拊琴瑟以詠。"❹刮。文選晉木華海賦："～巖嶅，偃高濤。"李周翰注："戛，歷刮也。"❺〔戛戛〕難貌。唐韓愈答李翊書："戛戛乎其難哉！"

戚 1. qī 倉歷切，入，錫韻，清。覺部。

❶斧。説文："戚，戉也。"詩大雅公劉："弓矢斯張，干戈～揚。"毛傳："戚，斧也。"戚又用於樂舞。禮記明堂位："朱干玉～，冕而舞大武。"❷憂患，悲哀。詩小雅小明："心之憂矣，自詒伊～。"論語八佾："喪，與其易也寧～。"❸親戚，親屬。孟子梁惠王下："將使卑踰尊，疏踰～，可不慎與？"❹古地名。左傳文公元年："公孫敖會晉侯於～。"杜預注："戚，衛邑。"

2. cù 集韻趨玉切，音促，入，燭韻，清。

❺通"促"。疾速。周禮考工記序官：

"不微至,無以爲～速也。"鄭玄注:"齊人有名疾爲戚者。"

八畫

戟 jǐ 几劇切,入,陌韻,見。鐸部。

❶古兵器名。合戈矛爲一體,可以直刺和横擊。説文:"戟,有枝兵也。"詩秦風無衣:"脩我矛～,與子偕作。"❷刺激(後起義)。唐柳宗元與崔饒州論石鍾乳書:"泄火生風,～喉癢肺。"

九畫

戡 kān 口含切,音堪,平,覃韻,溪。侵部。

❶刺。説文:"戡,刺也。"字亦作"揕"。史記刺客列傳:"臣左手把其袖,右手揕其胷。"司馬貞索隱:"揕,謂以劍刺其胷也。"❷通"戋"。平定,克。書西伯戡黎:"西伯既～黎。"

戣 kuí 渠追切,音逵,平,脂韻,羣。脂部。

古兵器名。戟屬。説文:"戣,兵也。"書顧命:"一人冕執～,立于東垂。"

戢 jí 阻立切,入,緝韻,照二。緝部。

❶收藏。説文:"戢,藏兵也。"詩周頌時邁:"載～干戈。"左傳隱公四年:"夫兵,猶火也。弗～,將自焚也。"引申爲收斂。詩小雅鴛鴦:"鴛鴦在梁,～其左翼。"❷止息(後起義)。南史虞寄傳:"願將軍少～雷霆。"❸聚集。國語周語上:"夫兵～而時動,動則威。"韋昭注:"戢,聚也。"

戥 děng 音等。

後起字。本作"等"。〔戥子〕一種用來稱量金銀藥物等的小型桿秤。紅樓夢五一回:"麝月便拏了一塊銀,提起戥子來問寶玉:'那是一兩的星麼?'"

戤 gài 音蓋。

後起字。❶抵押。明許自昌水滸記傳奇六:"老身情願把親生女兒或～在押司那裏,或就賣與押司做妾。"❷倚靠。清蘧園負曝閑談四:"趕忙把手裏的雨傘往紅木炕床旁邊牆角上一～。"❸工商業中冒牌圖利的稱爲"戤"。

十畫

截 jié 昨結切,入,屑韻,從。月部。

字本作"㦰"。❶割斷。説文:"㦰,斷也。"史記蘇秦列傳:"皆陸斷牛馬,水～鵠鴈。"❷整齊,整治。詩商頌殷武:"有～其所,湯孫之緒。"鄭箋:"更自敕整,截然齊壹。"又大雅常武:"～彼淮浦,王師之所。"❸阻攔。後漢書烏桓鮮卑傳:"烏桓寇雲中,遮～道上商賈車牛千餘輛。"❹直渡。文選晉郭璞江賦:"鼓帆迅越,趠漲～洞。"❺量詞。段(後起義)。宋朱熹朱子語類性理:"譬如水,若一些子凝,便成兩～。"

[同源字]絶,截,斷。見"絶"字條。

戫 yù 集韻越逼切,音域,入,職韻,喻三。

疾貌。見集韻。

按,説文無戫字。

戩 jiǎn 即淺切,音翦,上,獮韻,精。真部。

❶福。爾雅釋詁下:"戩,福也。"〔戩穀〕福禄。詩小雅天保:"天保定爾,俾爾戩穀。"毛傳:"戩,福;穀,禄。"❷滅。説文:"戩,滅也。"引詩"實始～商。"今詩魯頌閟宫作"翦"。

戧 1. chuāng 集韻初良切,平,陽韻,穿二。

❶同"創"。傷。見集韻。

2. qiāng 音槍。

❷逆,反方向。清郁永河海上紀略:"隨風順行,可以脱禍;若仍行～風,鮮不敗者。"❸決裂。清吴敬梓儒林外史五四回:"兩個人説～了,揪着領子,一頓亂打。"

3. qiàng。

❹推動,撑。清焦循雕菰集神風蕩寇後

記:"時夜半,風浪並怒,不得登,賊船隨浪~出。"㊄在器物上填嵌金銀等飾物。元鄭光祖王粲登樓:"扶侍着萬萬歲,當今帝,則願的穩坐蟠龍~金椅。"

按,説文無戧字。

十一畫

戮 lù 力竹切,音陸,入,屋韻,來。覺部。

㊀殺。説文:"戮,殺也。"書甘誓:"用命賞于祖,弗用命~于社。"引申爲陳尸示衆。國語魯語下:"防風氏後至,禹殺而~之。"韋昭注:"陳尸爲戮也。"㊁侮辱,罪責。左傳文公六年:"夷之蒐,賈季~臾駢。"㊂〔戮力〕并力。書湯誥:"聿求元聖,與之戮力。"左傳成公十三年:"昔逮我獻公及穆公相好,戮力同心。"

十二畫

戰 zhàn 之膳切,去,線韻,照三。元部。

㊀打仗。書甘誓:"大~于甘。"㊁恐懼,發抖。吕氏春秋審應:"公子沓相周,申向説之而~。"高誘注:"戰,懼也。"戰國策楚策四:"顏色變作,身體~慄。"法言吾子:"見豺而~。"

十三畫

戲 1. xì 香義切,去,寘韻,曉。歌部。

㊀開玩笑,嘲弄。論語陽貨:"前言~之耳。"國語晉語九:"智襄子~韓康子而侮段規。"㊁遊戲,逸樂。史記孔子世家:"孔子爲兒嬉~,常陳俎豆,設禮容。"㊂歌舞,雜技。史記孔子世家:"優倡侏儒爲~而前。"㊃角力。國語晉語九:"少室周爲趙簡子之右,聞牛談有力,請與之~,弗勝,致右焉。"

2. xī 許羈切,音羲,平,支韻,曉。歌部。

㊄通"羲"。"伏羲"也作"伏戲"。荀子成相:"基必施,辨賢罷,文武之道同伏戲。"㊅通"巇"。險峻。楚辭漢東方朔七諫怨世:"何周道之平易兮,然蕪穢而險~。"㊆古地名。國語魯語上:"幽滅于~。"

3. huī 集韻吁爲切,音麾,平,支韻,曉。歌部。

㊇通"麾"。大將之旗。史記淮陰侯列傳:"不至十日,而兩將之頭可致於~下。"

4. hū 荒烏切,音呼,平,模韻,曉。

㊈通"呼"。〔於戲〕同"嗚呼"。歎詞。禮記大學:"詩云:'於戲,前王不忘。'"今詩周頌烈文作"於乎"。

十四畫

戴 dài 都代切,去,代韻,端。之部。

㊀加在頭上,或用頭頂着。孟子梁惠王上:"頒白者不負~於道路矣。"㊁尊奉。書大禹謨:"衆非元后何~?"㊂值其下。爾雅釋地:"南~日爲丹穴,北~斗極爲空桐。"㊃棺束,棺飾之一種。以其數目與顏色表示喪者的地位。禮記喪服大記:"士~,前纁後緇,二披用纁。"㊄春秋時國名。春秋隱公十年:"宋人,蔡人,衛人伐~,鄭伯伐取之。"

按,説文戴字在異部。

戳 chuō 字彙側角切。

後起字。㊀用尖端觸擊,刺。宋史刑法志:"蘇州民張朝之從兄以一槍~死朝父,逃去。"引申爲刺激。紅樓夢六〇回:"一句話~了他娘的心。"㊁豎立。〔戳燈〕長柄有底座,可以豎立在地上的燈。紅樓夢一四回:"兩邊一色戳燈,照如白晝。"㊂印章。儒林外史四五回:"他自己做稿子,你替他謄真,用個~子。"

十八畫

戵 qú 其俱切,音瞿,平,虞韻,羣。

古兵器。廣韻:"戵,戟屬,古謂四出矛爲戵。"字本作"瞿"。書顧命:"一人冕執瞿,立于西垂。"孔穎達疏引鄭玄:"瞿,蓋今三鋒矛。"

按,説文無戵字,新附有鑺字,在金部,云:"兵器也。"

户 部

［户部總論］

户部的字多與門户有關。例如:户,半門也。扉,户扇也。扇,扉也。扆,户牖之間謂之扆。扃,外閉之關也。房字從户。段玉裁引焦循曰:"房必有户以達於室;又必有户,以達於東夾西夾;又必有户,以達於北堂。"王筠曰:"古之房屋皆用户,廟門大門始用門。"

户 hù 侯古切,上,姥韻,匣。魚部。

❶單扇的門。詩小雅斯干:"築室百堵,西南其～。"又豳風七月:"塞向墐～。"引申爲蟲類的洞穴。禮記月令仲春之月:"蟄蟲咸動,啓～始出。"❷住户,一家爲一户。易訟:"人三百～。"❸阻止,把守。左傳宣公十二年:"屈蕩～之。"漢書王嘉傳:"坐～殿門失闌,免。"❹指酒量(後起義)。唐白居易久不見韓侍郎詩:"～大嫌甜酒,才高笑小詩。"

［辨］門,户。見"門"字條。

一 畫

戹 è 於革切,音扼,入,麥韻,影。錫部。

字亦作"厄"。❶狹隘,險要。説文:"戹,隘也。"也作"阸"。❷受困,爲難。孟子盡心下:"君子之～於陳蔡之間,無上下之交也。"史記季布列傳:"兩賢豈相～哉!"❸困苦,災難。楚辭漢王逸九思遭厄:"悼屈子兮遭厄。"後漢書馬融傳:"伏見元年以來,遭值～運。"

三 畫

戺 shì 鉏里切,音士,上,止韻,牀二。之部。

字亦作"启"。❶門軸。爾雅釋宫:"樞達北方謂之落時,落時謂之启。"❷堂前階石的兩端。書顧命:"四人綦弁,執戈上刃夾兩階～。"

按,説文以戺爲戺的重文,在臣部。

四 畫

戽 hù 荒故切,暮韻,曉。

以戽斗或龍骨車汲水。唐貫休宿深村詩:"黄昏見客合家喜,月下取魚～塘水。"〔戽斗〕汲水灌田之器。宋陸游喜雨詩:"水車罷踏戽斗藏,家家買酒歌時康。"

房 1. fáng 符方切,平,陽韻,奉。陽部。

❶住室。古代堂的内中爲正室,正室的左右爲房。後來泛稱住室。詩王風君子陽陽:"左執簧,右招我由～。"引申爲物體分成間隔狀的各個部分。淮南子氾論:"而蜂～不容鵠卵,小形不足以包大體也。"唐杜甫秋興詩:"波漂菰米沈雲黑,露冷蓮～墜粉紅。"又爲官署單位名。唐制政事堂列吏房、樞機房、兵房、户房、刑禮房等。❷家族的分支。新唐書宰相世系表李氏分隴西趙郡二支,隴西有四房,趙郡有六房。❸星宿名。東方蒼龍七宿的第四宿。

2. páng 步光切,音旁,平,唐韻,並。陽部。

❹〔阿房〕秦宫名。見集韻。❺〔房皇〕叠韻聯緜字。同"徬徨"。史記禮書論:"房皇周

浹。”司馬貞索隱：“房音旁，房皇猶徘徊也。”

戾 1. lì 郎計切，音麗，去，霽韻，來。質部。

❶乖背，違反。荀子榮辱：“果敢而振，猛貪而～。”楊倞注：“戾，乖背也。”淮南子覽冥：“舉事～蒼天，發號逆四時。”高誘注：“戾，反也。”❷罪惡，暴行。左傳文公四年：“今陪臣來繼舊好，君辱貺之，其敢干大禮以自取～？”杜預注：“戾，罪也。”荀子儒效：“殺管叔，虛殷國，而天下不稱～焉。”楊倞注：“戾，暴也。”❸勁疾。文選晉潘岳秋興賦：“勁風～而吹帷。”李善注：“戾，勁疾之貌。”❹安定。詩大雅桑柔：“民之未～，職盜爲寇。”毛傳：“戾，定也。”書康誥：“今惟民不静，未～厥心。”僞孔傳：“假令今天下民不安，未定其心。”❺至。詩周頌有瞽：“我客～止，永觀厥成。”又大雅旱麓：“鳶飛～天，魚躍于淵。”又小雅采菽：“優哉游哉，亦是～矣。”毛傳：“戾，至也。”

2. liè 練結切，入，屑韻，來。

❻轉。文選晉潘岳射雉賦：“～翳旋把，縈隨所歷。”李善注：“戾，轉也。力結切。”

［同源字］沴，戾。見“沴”字條。

按，説文戾字在犬部。

所 suǒ 疎舉切，上，語韻，審二。魚部。

❶處所。詩鄭風叔于田：“襢裼暴虎，獻于公～。”春秋僖公二十八年：“公朝於王～。”論語爲政“譬如北辰，居其～而衆星共之。”引申爲量詞。計房屋之數。文選漢班固西都賦：“離宫别館三十六～。”❷代詞。作爲前置的賓語。書泰誓上：“民之～欲，天必從之。”論語爲政：“視其～以，觀其～由，察其～安。”引申爲動詞的詞頭，表示被動。禮記檀弓：“世子申生爲驪姬～譖。”漢書霍光傳：“衛太子爲江充～敗。”❸連詞。假若。多用於誓詞。左傳僖公二十四年：“～不與舅氏同心者，有如白水。”又文公十三年：“～不歸爾帑者，有如河。”論語雍也：“余～否者，天厭之！天厭之！”❹詞尾。用於數詞後面，表示約數。史記留侯世家：“父去里～，復還。”又李將軍列傳：“前，未到匈奴陳二里～，止。”

［同源字］處，所。見“處”字條。

按，説文所字在斤部。

五　畫

扂 diàn 徒玷切，上，忝韻，定。

門閂。唐韓愈進學解：“根闑～楔。”廖瑩中注：“扂，門關牡也。”

按，説文無扂字。

扁 1. biǎn 方典切，集韻補典切，上，銑韻，幫。真部。

❶匾額。説文：“扁，署也。”宋楊萬里真州重建壯觀亭記：“爲之賦，且大書其～。”這個意義後來寫作“匾”。❷物體寬而薄，扁形的。後漢書東夷傳：“兒生欲令其頭～，皆押之以石。”

2. piān 集韻紕延切，音篇，仙韻，滂。真部。

❸［扁舟］小船。史記貨殖列傳：“乃乘扁舟浮於江湖。”宋蘇軾前赤壁賦：“駕一葉之扁舟，舉匏樽以相屬。”

按，説文扁字在冊部。

扃 1. jiōng 古螢切，平，青韻，見。耕部。

❶自外關閉門户用的門栓。説文：“扃，外閉之關也。”禮記曲禮上：“入户奉～。”引申爲門户。文選南朝齊孔稚珪北山移文：“雖情投於魏闕，或假步於山～。”又爲關閉。文選南朝宋顔延之陽給事誄：“金柝夜擊，和門晝～。”❷車前横木。左傳宣公十二年：“楚人惎之脱～。”釋文引服虔注：“扃，車前横木也。”文選漢張衡西京賦：“旗不脱～。”❸貫通鼎上兩耳的舉鼎横木。儀禮公食大夫禮：“設～鼏。”鄭玄注：“扃，鼎扛，所以舉之者也。”

2. jiǒng 集韻犬迥切，上，迥韻，溪。耕部。

❹［扃扃］明察貌。左傳襄公五年：“詩曰：‘周道挺挺，我心扃扃。’”杜預注：“逸詩也。挺挺，正直也；扃扃，明察也。”

六　畫

扆 yǐ 於豈切，衣上聲，尾韻，影。微部。

户牖間畫有斧形的屏風。説文："扆，户牖之間謂之扆。"書顧命："狄設黼～綴衣。"荀子儒效："周公…負～而坐，諸侯趨走堂下。"

扇 1. shàn 式戰切，去，線韻，審三。元部。

❶竹類編製的門。也泛指門。禮記月令："是月也，耕者少舍，乃脩闔～。"鄭玄注："用木曰闔，用竹葦曰扇。"❷障塵蔽日用具。南史鄱陽忠烈王恢傳："便編發人丁，使檐腰輿～繖等物，不限士庶。"❸扇子，用以拂塵取涼等。方言五："扇，自關而東謂之箑，自關而西謂之扇。"世説新語輕詆："大風揚塵，王（導）以～拂塵。"❹布巾。文選晉潘岳射雉賦："候～舉而清叫，野聞聲而應媒。"李善注："扇，布也。形如手巾。"❺量詞。唐白居易長恨歌："釵留一股合一～。"京本通俗小説碾玉觀音："只見兩～門關着，一把鎖鎖着。"❻通"騸"。閹割。新五代史郭崇韜傳："至於～馬，亦可不騎。"

2. shān 式連切，平，仙韻，審三。元部。

❼摇扇生風。淮南子人間："左擁而右～之，而天下懷其德。"❽熾盛。梁書謝舉傳論："逮乎江左此道亦～。"

［辨］闔，扇，扉。見"闔"字條。

扅 yí 弋支切，音移，平，支韻，喻四。

〔扊扅〕雙聲聯緜字。見"扊"字條。

按，説文無扅字。

七　畫

扈 hù 侯古切，音户，上，姥韻，匣。魚部。

❶古國名。説文："扈，夏后同姓所封戰於甘者。"書序："啟與有～戰于甘之野。"左傳昭公元年："夏有觀～。"杜預注："扈在始平鄠縣。"❷地名。春秋時鄭邑。左傳莊公二十三年："公會齊侯盟于～。"❸隨從，侍從。史記司馬相如列傳上林賦："孫叔奉轡，衛公驂乘，～從横行，出乎四校之中。"❹養馬的僕役。公羊傳宣公十二年："廝役～養死者數百人。"何休注："養馬者曰扈，炊亨者曰養。"❺披，帶。楚辭戰國屈原離騷："～江離與辟芷兮，紉秋蘭以爲佩。"王逸注："扈，被也。楚人名被爲扈。"❻制止。左傳昭公十七年："九～爲九農正，～民無淫者也。"杜預注："扈，止也。"❼廣大，寬闊。禮記檀弓上："爾毋從從爾，爾毋～～爾。"孔穎達疏："女造髽時無得從從而大高，又無得扈扈而大廣。"

按，説文扈字在邑部。

八　畫

扊 yǎn 以冉切，鹽上聲，琰韻，喻四。

〔扊扅〕雙聲聯緜字。門栓。唐陸龜蒙襲美先輩…詩："輕若脱鉗釱，豁如抽扊扅。"

按，説文無扊字。

扉 fēi 甫微切，音非，平，微韻，非。微部。

門扇。左傳襄公二十八年："子尾抽桷擊～三。"杜預注："扉，門闔也。"

［辨］闔，扇，扉。見"闔"字條。

手　部

〔手部總論〕

手部的字多與手有關。大致可以分爲名詞動詞兩類。

（一）名詞指手的部分。例如：手　掌　拳　指　拇

(二)動詞指手的動作,此類的字很多。例如:把　握　操　持　提　攜　挈　扶　排　推　擠　控　捋　捫　扼　撫　摩　打　擊　搏　挹　拾　掇　擲　撥　抽　拔　擢　揠　攀　援　揚　扛　插　接　搖　振　揖　拜　拱　承

手 shǒu 書九切,上,有韻,審三。幽部。

❶人體上肢的總稱,一般指腕以下持物的部分。詩邶風擊鼓:"執子之～,與子偕老。"引申爲動詞,表示手的動作。①取。詩小雅賓之初筵:"賓載～仇,室人入又。"②執持。公羊傳莊公十三年:"莊公升壇,曹子～劍而從之。"③打擊。漢書司馬相如傳子虛賦:"～熊羆,足壄羊。"又爲狀語。親手。晉書紀瞻傳:"好讀書,或～自抄寫。"❷專精一藝或專司某業的人。北齊書崔季舒傳:"季舒大好醫術,天保中,於徒所無事,更鋭意研精,遂爲名～。"宋書黄回傳:"明寶啟太宗使回募江西楚人,得快射～八百。"

才 cái 昨哉切,平,咍韻,從。之部。

❶才能。詩魯頌駉:"思無期,思馬斯～。"毛傳:"才,多材也。"論語先進:"～不～,亦各言其志也。"❷通"材"。資質,品質。孟子告子上:"富歲子弟多賴,凶歲子弟多暴,非天之降～爾殊也。"❸通"纔"。副詞。方始,僅。晉書謝安傳附謝混:"～小富貴,便豫人家事。"

[備考]通"裁"。裁奪。戰國策趙策一:"今有城市之邑七十,願拜内之於王,唯王～之。"

[同源字]材,財,才。木有用叫做"材",物有用叫做"財",人有用叫做"才",三字同源。

按,説文才字在才部。

一　畫

扎 1. zhā 側八切,入,黠韻,照二。

❶拔。孔子家語觀周:"毫末不～,將尋斧柯。"❷刺(後起義)。金董解元西廂記諸宫調二:"不問箇是和非,覷僧人便～。"紅樓夢二四回:"談講些這一個綉的好,那一個～的精。"❸張開。紅樓夢四一回:"只見劉老老～手舞脚的仰卧在床上。"❹〔扎扎〕象聲詞。唐白居易繚綾詩:"絲細繰多女手疼,扎扎千聲不盈尺。"

2. zhá。

❺手寫。米芾魯公仙跡記:"即～書付之。"❻駐紮。水滸傳第二回:"如今近日上面添了一伙强人,～下一個山寨。"❼停止。紅樓夢一四回:"賈珍急命前面執事～住。"

3. zā。

❽捆紮。水滸傳三三回:"家家門前～起燈棚。"

按,説文無扎字。

二　畫

打 dǎ 德冷切,上,梗韻,端。今普通話讀 dǎ。

❶擊。唐杜甫漫興九絶:"啣泥點污琴書内,更接飛蟲～著人。"引申爲攻打,毆打。梁書侯景傳:"北～賀拔勝,破葛榮。"高僧傳安清:"正值市中有亂,相～者誤著高頭。"又作某些動作代稱。如"打魚"、"打水"。❷自,從(晚起義)。元曲選殺狗勸夫:"我～這曲巷裏去,也略避些風雪。"

按,説文無打字,新附有之,云:"擊也。"

扐 lè 盧則切,音勒,入,德韻,來。職部。

❶手指之間。古代筮法,數蓍草以卜吉凶,每次數剩零餘挂在指間稱扐。説文:"易筮再扐而後卦。"易繫辭上:"歸奇於～以象閏,五歲再閏,故再～而後掛。"❷漢代地名。漢書高五王傳:"濟南王辟光以扐侯立。"

[同源字]阞,朸,泐,扐,肋。見"阞"字

條。

扔 1.rèng 而證切，仍去聲，證韻，日。蒸部。

❶牽引，拉。老子：“上禮爲之而莫之應，則攘臂而～之。”❷摧毁。後漢書馬融傳廣成頌：“窴伏～輪，發作梧轊。”李賢注引聲類：“扔，摧也。”

2.rēng。

❸抛擲。紅樓夢九三回：“(賈璉)便從韡掖兒裏頭拿出那個揭帖來，～與他瞧。”引申爲抛棄。紅樓夢第八回：“只寫了三箇字，～下筆就走了。”

扑 pū 普木切，入，屋韻，滂。屋部。

字亦作“撲”。❶擊。戰國策楚策一：“吾將深入吴軍，若～一人，若捽一人。”❷戒尺，鞭子。書舜典：“～作教刑。”傳：“扑，榎楚也。”左傳文公十八年：“歜以～抶職。”杜預注：“扑，箠也。”❸全身猛然向前壓上去(晚起義)。清吴敬梓儒林外史三八回：“又盡力往上一～，離郭孝子只有一尺遠。”❹通“仆”。倒。史記周本紀：“秦破韓魏，～師武。”裴駰集解引徐廣：“扑，一作仆。”唐韓愈納涼聯句：“危檐不敢憑，朽機懼傾～。”

按，説文無扑字。

扒 1.bài 博怪切，音拜，去，怪韻，幫。

❶拔。詩召南甘棠：“勿翦勿拜。”廣韻引作“扒”。元包經孟陰巽：“拔岊～氐。”

2.bā。

❷攀援。古今雜劇玉通和尚：“又像俺們寶塔上的階梯，從一二層～將八九。”

3.pá。

❸撥動。西遊記一四回：“你小時不曾在我面前～柴？”❹伏地而行。古今雜劇漁陽三弄：“不想道屈身軀，～出他們胯。”

按，説文無扒字。

三　畫

扞 1.hàn 侯旰切，音汗，去，翰韻，匣。元部。

字亦作“捍”。❶護衛，遮擋。左傳文公六年：“親帥～之，送致諸竟。”荀子議兵：“若手臂之～頭目而覆胸腹也。”❷抵禦。史記韓長孺列傳：“孝王使安國及張羽爲將，～吴兵於東界。”❸臂衣，古代射者所著之皮質袖套。韓非子説林下：“羿執鞅持～。”❹觸犯。史記游俠列傳序：“雖時～當世之文罔，然其私義廉絜退讓，有足稱者。”

2.gǎn 集韻古旱切，干上聲，旱韻，見。元部。

❺同“擀”。使物舒展，碾壓。集韻：“扞，以手伸物。”説文：“碾，以石～繒也。”

扜 1.yū 憶俱切，平，虞韻，影。魚部。

❶指揮。説文：“扜，指麾也。”❷播揚。方言一二：“扜，揄，揚也。”❸引，張。山海經大荒南經：“有人方～弓射黄蛇，名曰蜮人。”

2.wū 音汙。魚部。

❹〔扜彌〕我國古代西域城國名。漢書西域傳：“扜彌國，王治扜彌城。”

扛 1.gāng 古雙切，平，江韻。見。東部。

❶雙手舉重物。説文：“扛，橫關對舉也。”段注：“凡大物而兩手舉之曰扛。項羽力能扛鼎，謂鼎有關橫貫鼎耳而舉其兩耑也。”史記項羽本紀：“力能～鼎，才氣過人。”後來泛指舉重。後漢書費長房傳：“又令十人～之，猶不舉。”

2.gàng。

❷硌，碰損。後西遊記二六：“好妖精！你想要吃我們哩！吃倒好吃，只怕有些～牙。”

［辨］舡，扛。見“舡”字條。

扤 wù 五忽切，入，没韻，疑。物部。

動，摇。説文：“扤，動也。”詩小雅正月：“天之～我，如不我克。”毛傳：“扤，動也。”文選漢司馬相如上林賦：“揚翠葉，～紫莖。”

扡 1.chǐ 集韻丑豸切，上，紙韻，徹。歌部。

㊀順木紋剖析。詩小雅小弁："伐木掎矣，析薪～矣。"毛傳："析薪者隨其理。"

2. tuō 集韻湯河切，平，戈韻，透。歌部。

㊁曳，引。説文作拕，云："曳也。"禮記少儀："僕者右帶劍，負良綏，申之面，～諸幦。"

按，説文無扡字。

扠 chā 集韻初加切，音叉，平，麻韻，穿二。歌部。

㊀用扠刺取。唐柳宗元同劉二十八院長述舊詩："野鶩行看弋，江魚或恐～。"又用作名詞。刺魚鱉之具。周禮天官鼈人："以時簎魚鼈龜蜃凡貍物。"鄭玄注引鄭衆："簎謂以～刺泥中搏取之。"㊁打，交手較量。水滸傳二回："你敢和我～一～麽？"㊂交叉。西遊記第二回："（悟空）～手道：'師父，這就是飛舉騰雲了。'"㊃樹枝。唐韓偓詠手詩："後園笑向同行道，摘得蘼蕪又一～。"

按，説文無扠字。

扱 1. chā 楚洽切，音插，入，洽韻，穿二。緝部。

㊀插。禮記問喪："親始死，雞斯徒跣，～上衽。"㊁舉，引。漢劉向説苑政理："夫～綸錯餌，迎而吸之者，陽橋也。"

2. xī 集韻乞及切，入，緝韻，溪。緝部。

㊂斂取。禮記曲禮上："其塵不及長者，以箕自鄉而～之。"鄭玄注："扱讀曰吸，謂收糞時也。"

3. yì 集韻逆及切，入，緝韻，疑。緝部。

㊃拜手至地。見集韻。儀禮士昏禮："婦拜～地。"鄭玄注："手至地也。"

扣 1. kǒu 苦后切，音口，上，厚韻，溪。侯部。

㊀牽馬使停。説文："扣，牽馬也。"左傳哀公十八年："齊侯駕，將走郵棠，大子與郭榮～馬。"字亦作"叩"。史記伯夷列傳："伯夷叔齊叩馬而諫。"

2. kòu 苦候切，音寇，去，候韻，溪。侯部。

㊁敲擊。荀子法行："～以其聲清揚而遠聞。"這個意義説文作"敂"。㊂捆綁（後起義）。明馮夢龍醒世恒言蔡瑞虹忍辱報仇："把兩個人一齊～下船來。"㊃除去（晚起義）。明馮夢龍醒世恒言賣油郎獨占花魁："從明日爲始，逐日將本錢～出。"㊄結子（晚起義）。元王實甫西厢記五本一折："紐結丁香，掩過芙蓉～。"

扦 qiān 正字通倉先切，音千。

後起字。插。元周密癸辛雜識白蠟："樹葉類茱萸葉，生水傍，可～而活。"

扢 1. gǔ 古忽切，音骨，入，没韻，見。物部。

㊀摩拭。漢書禮樂志郊祀歌："～嘉壇，椒蘭芳。"顔師古注："謂摩拭其壇，加以椒蘭之芳。"

2. qì 集韻其訖切，音迄，入，迄韻，羣。物部。

㊁奮舞貌。見集韻。莊子讓王："子路～然執干而舞。"

3. gē。物部。

㊂〔扢秃〕突起的頭瘡。淮南子齊俗："親母爲其子治扢秃。"

按，説文無扢字。

托 tuō 集韻闥各切，入，鐸韻，透。

後起字。㊀用手掌附着或承着。唐韓偓詠手詩："依稀曾見～金車。"引申爲襯托。韓偓屐子詩："白羅繡屧紅～裹。"又爲承托物品的器皿。宋程大昌演繁露托子："～始於唐，前世無有也。"㊁通"託"。①寄託。晉陶潛讀山海經詩："衆鳥欣有～，吾亦愛吾廬。"②囑託。宋辛棄疾瑞鶴仙賦梅："瑶池舊約，鱗翁更仗誰～？"

［辨］託，侂，托。見"託"字條。

四　畫

抖 dǒu 當口切，音斗，上，厚韻，端。

後起字。㊁〔抖擻〕叠韻聯緜字。①抖動，振動。唐白居易答州民詩："宦情抖擻隨塵去，鄉思銷磨逐日無。"②振作，奮發。清龔自珍己亥雜詩："我勸天公重抖擻，不拘一格降人才。"③佛教語。頭陀的别稱。法苑珠林頭陀："西云頭陀，此云抖擻。…如衣抖擻能去塵垢，是故從喻爲名。"㊂哆嗦。水滸傳四一回："艄公戰～～的道：小人去説。"

抃 biàn 皮變切，音卞，去，線韻，並。元部。

鼓掌表示歡欣。字本作"拚"。説文："拚，拊手也。"吕氏春秋古樂："帝嚳乃令人～。"高誘注："兩手相擊曰抃。"

抗 kàng 苦浪切，去，宕韻，溪。陽部。

㊀捍衛，救。説文："抗，扞也。"國語晉語四："未報楚惠而～宋，我曲楚直。"㊁違抗。荀子臣道："有能～君之命。"㊂高出，相敵。史記秦始皇本紀："適戍之衆，非～於九國之師。"㊃舉。詩小雅賓之初筵："大侯既～，弓矢斯張。"㊄收藏。周禮夏官服不氏："賓客之事則～皮。"鄭玄注引鄭衆："謂賓客來朝，聘布皮帛者，服不氏主舉藏之。"㊅高。淮南子説山："申徒狄負石自沈於淵，而溺者不可以爲～。"高誘注："抗，高也。"

抆 wěn 武粉切，音吻，上，吻韻，微。文部。

拭，揩。楚辭戰國屈原九章悲回風："孤子唫而～淚兮，放子出而不還。"

按，説文無抆字。

扰 1. zhěn 都感切。集韻陟甚切，上，寑韻，知。侵部。

㊀擊，刺。説文："扰，深擊也。"列子黄帝："攩拯挨～，亡所不爲。"段玉裁曰："刺客列傳：'左手把其袖，右手揕其匈。'揕即扰字。"

2. yóu 以周切，音由，平，尤韻，喻四。

㊁舀。周禮地官司徒："女舂～二人。"鄭玄注："女舂扰，女奴能舂與扰者。扰，抒臼也。"

抎 yǔn 云粉切，雲上聲，吻韻，喻三。文部。

㊀亡失，墜落。説文："抎，有所失也。"引春秋傳："～子辱矣。"今左傳成公二年作"隕"。墨子天志下："國家滅亡，～失社稷。"㊁敲擊。漢揚雄法言先知："籩豆不陳，玉帛不分，琴瑟不鏗，鐘鼓不～，則吾無以見聖人矣。"

扶 1. fú 防無切，平，虞韻，奉。魚部。

㊀攙扶，支持。論語季氏："危而不持，顛而不～。"荀子勸學："蓬生麻中，不～自直。"引申爲支援，幫助。戰國策宋衛策："若～梁伐趙，以害趙國，則寡人不忍也。"㊁古度法，併四指的寬度爲一扶。禮記投壺："籌，室中五～，堂上七～，庭中九～。"

〔備考〕旁。淮南子人間："夫鵲先識歲之多風也，去高木而巢～枝。"高誘注："扶，旁也。"

2. pú 集韻蓬逋切，音蒲，平，模韻，並。魚部。

㊂〔扶伏〕雙聲聯緜字。同"匍匐"。伏地爬行。左傳昭公二十一年："扶伏而擊之，折軫。"字亦作"扶服"。禮記檀弓下："詩云：'凡民有喪，扶服救之。'"今詩邶風谷風作"匍匐"。

〔同源字〕扶，俌，傅，輔，賻。見"輔"字條。

抏 wán 五丸切，平，桓韻，疑。元部。

㊀消耗。史記司馬相如列傳上林賦："罷車馬之用，～士卒之精。"㊁通"玩"。荀子王霸："齊桓公閨門之内，縣樂奢泰游～之脩。"

按，説文無抏字。

技 jì 渠綺切，上，紙韻，羣。支部。

㊀技藝，本領。説文："技，巧也。"書秦誓："人之有～，若己有之。"㊁工匠。荀子富國："故百～所成，所以養一人也。"楊倞注："技，工也。"

抪 pō 普活切，音潑，入，末韻，滂。月部。

推擊。玉篇引說文："抪，推也。"淮南子說林："游者以足蹷，以手～。"

找 1. huá 集韻胡瓜切，音華，平，麻韻，匣。

後起字。❶撥槳推船前進。同"划"。集韻："舟進竿謂之划。"

2. zhǎo。

❷退有餘，補不足（晚起義）。紅樓夢四三回："等不彀了，我再～給你。"❸尋找（晚起義）。紅樓夢三一回："這可丢了，往那裏～去？"

抔 póu 薄侯切，平，侯韻，並。之部。

以雙手捧物。禮記禮運："汙尊而～飲。"鄭玄注："抔飲，手掬之也。"

按，說文抔作捊，云："引取也。"

扼 è 集韻乙革切，入，麥韻，影。錫部。

❶掐住。漢書李廣傳附李陵："力～虎，射命中。"❷據守。唐樊衡爲幽州長史薛楚玉破契丹露布："～據峻嶺。"❸駕於牛馬頸上之木。通"軛"。莊子馬蹄："夫加之以衡～，齊之以月題。"

［備考］欹器。漢揚雄法言重黎："或問持滿，曰～。"李軌注："扼，欹器。"

按，說文扼作搹，云："把也。"

抒 shū 神與切，上，語韻，牀三。今讀如書。魚部。

❶表達，發泄。墨子小取："以名舉實，以辭～意。"楚辭戰國屈原九章惜誦："惜誦以致愍兮，發憤以～情。"❷通"紓"。解除。左傳文公六年："有此四德者，難必～矣。"

［同源字］舒，紓，抒。見"紓"字條。

抉 jué 古穴切，音決，入，屑韻，見。月部。

❶挖，挑出。說文："抉，挑也。"莊子盜跖："比干剖心，子胥～眼。"史記吴太伯世家："～吾眼置之吴東門，以觀越之滅吴也。"❷托舉。左傳襄公十年："縣門發，郰人（叔梁）紇～之，以出門者。"❸戳，穿。左傳襄公十七年："（臧堅）以杙～其傷而死。"❹古時射箭用具。〔抉拾〕抉即扳指，用棘或骨製成，戴在拇指上，用以鉤弦。拾以革製成，戴於左臂，用以護臂。周禮夏官繕人："掌王之用：弓弩，矢箙，矰弋，抉拾。"字也作"決拾"。

扭 niǔ 女九切，上，有韻，娘。

後起字。❶擰，轉動。元王實甫西廂記五本一折："倘或水浸雨溼休便～，我只怕乾時節熨不開褶皺。"水滸傳一三回："楊志聽得弓弦響，～回身。"❷違拗。水滸傳九回："自此途中被魯智深要行便行，要歇便歇，那裏敢～他。"❸揪住。明戚繼光練兵實紀車兵："如有前項損失，即～前班之人赴該營查究。"❹手銬。後漢書蔡邕傳論："當伯喈抱鉗～，徙幽裔。"

把 1. bǎ 搏下切，上，馬韻，幫。魚部。

❶執，握。說文："把，握也。"戰國策秦策四："無～銚推耨之勞，而有積粟之實。"又燕策三："臣左手～其袖，右手揕其胸。"引申爲量詞。物一握爲一把。孟子告子上："拱～之桐梓，人苟欲生之，皆知所以養之者。"三國志吴書陸遜傳："乃敕各持一～茅，以火攻拔之。"❷看守（後起義）。宋楊萬里松關詩："竹林行盡到松關，分付雙松爲～門。"❸將，以（後起義）。宋蘇軾飲湖上初晴後雨詩："欲～西湖比西子，淡粧濃抹總相宜。"❹表示約數（晚起義）。清吴敬梓儒林外史二回："怕不一年要尋千～銀子。"❺給（晚起義）。京本通俗小説拗相公："轎夫只許你兩個，…却要～四個人的夫錢。"❻被（晚起義）。元曲選殺狗勸夫二："這明明是天賜我兩個横財，不取了他的，倒～別人取了去。"

2. bà 音韻闡微布亞切，去，禡韻，幫。

❼柄。隋書五行志上："金作掃帚玉作～，淨掃殿屋迎西家。"

3. pá 集韻蒲巴切，平，麻韻，並。

❽通"爬"。搔。見集韻。後漢書戴就

傳:"以大鍼刺指爪中,使以～土,爪悉墮落。"

[同源字]柄,秉,把。見"秉"字條。

抄 chāo 楚交切,平,肴韻,穿二。

❶劫掠。後漢書郭伋傳:"時匈奴數～郡界,邊境苦之。"又宋均傳附宋意:"臣察鮮卑侵伐匈奴,正是利其～掠。"❷斜行而出其前,從側面走近路。〔抄襲〕①繞到敵後進行突擊。晉書閻鼎傳:"流人謂北道近河,懼有抄襲。"②剽竊他人著作以爲己作。紅樓夢八四回:"不能出自心裁,每多抄襲。"❸用匙箸取食物。唐杜甫與鄠縣源大少府宴渼陂詩:"飯～雲子白,瓜嚼水精寒。"❹没收。清平山堂話本錯認屍:"凶身俱以身死,將家私～扎入官。"❺謄寫。抱朴子論仙:"夫作金皆在神仙集中,淮南王～出以作鴻寶中書。"世説新語巧藝:"范讀書亦讀書,范～書亦～書。"❻古量名。孫子算經:"十撮爲一～,十～爲一勺,十勺爲一合,十合爲一升。"

[辨]鈔,抄,勦。見"鈔"字條。

按,説文無抄字。

扯 chě 正字通昌者切,車上聲。

後起字。❶拉,牽。宋華岳田家詩:"良人猶恐催耕早,自～蓬窗看曉星。"元曲選魯齋郎:"休把我衣服～住。"❷撕裂。元楊果仙吕翠裙腰曲:"把一封寄來書都～做紙條兒。"

扫 hú 户骨切,入,没韻,匣。質部。

❶發掘。荀子堯問:"深～之,而得甘泉焉。"❷翻攪使渾濁。吕氏春秋本生:"夫水之性清,土者～之,故不得清;人之性壽,物者～之,故不得壽。"

按,説文無扫字。

批 pī 匹迷切,平,齊韻,滂。脂部。

❶手擊。説文作"㧗",云:"手擊也。"左傳莊公十二年:"(宋萬)遇仇牧于門,～而殺之。"❷排除。戰國策秦策三:"正亂～患,折難廣也。"❸削,薄切。唐杜甫房兵曹胡馬詩:"竹～雙耳峻,風入四蹄輕。"❹批示。唐黄滔寄獻梓橦山侯侍郎詩:"賜衣僧脱去,奏表主～還。"❺評判。元姚桐壽樂郊私語:"(楊廉夫)遂運筆～選,止取鮑恂張翼顧文煜金炯四首。"

扮 1. fèn 房吻切,音憤,上,吻韻,奉。文部。

❶握,并。説文:"扮,握也。"戰國策魏策二:"恐其伐秦之疑也,又身自醜於秦,～之,請焚天下之秦符者,臣也。"鮑彪注:"扮,并也,握也。言合諸國。"

2. bàn 晡幻切,去,襇韻,幫。

❶打扮,裝扮(後起義)。元王實甫西厢記二本二折:"夜來老夫人説,著紅娘來請我,…我打～着等他。"

扴 jiá 古黠切,入,黠韻,見。月部。

刮。見説文。唐韓愈征蜀聯句:"公歡鐘晨撞,室宴絲曉～。"

抛 pāo。

同"拋"。見"拋"字條。

投 tóu 度侯切,平,侯韻,定。侯部。

❶擲,扔。詩小雅巷伯:"取彼譖人,～畀豺虎。"引申爲投贈。詩衛風木瓜:"～我以木瓜,報之以瓊琚。"又爲以身投入。莊子讓王:"因自～清泠之淵。"❷投奔。文選晉張協雜詩:"述職～邊城,羈束戎旅間。"❸投遞。東觀漢記崔篆傳:"遂～劾歸。"❹投合。楚辭大招:"二八接舞,～詩賦只。"宋王安石得書知二弟附陳師道舟上汴詩:"兒童聞太丘,邂逅兩心～。"❺到。宋王明清揮麈録王俊首岳侯狀:"～他人馬來到這裏時,我已到襄陽府了也。"❻骰子。漢班固奕旨:"夫博懸於～,不專在行。"注:"投,今作骰。"

抈 yuè 魚厥切,音月,入,月韻,疑。月部。

❶折斷。説文:"抈,折也。"漢揚雄太玄羨:"車軸折,其衡～。"❷動摇。國語晉語八:"其爲德也深矣,其置本也固矣,故不可～

也。"

抑 yì 於力切,入,職韻,影。職部。

❶按捺。説文作𢑏,云:"按也。"老子:"高者～之,下者舉之。"❷克制。書無逸:"厥亦惟我周太王王季克自～畏。"史記屈原列傳懷沙:"撫情效志兮,俛詘以自～。"❸遏止。荀子成相:"禹有功,～下鴻。"戰國策秦策一:"約縱散横,以～强秦。"❹貶退。墨子尚賢中:"不肖者～而廢之。"❺俯。戰國策韓策二:"公仲且～首而不朝。"❻冤枉。國語晉語九:"乃斷獄之日,叔魚～邢侯。"❼連詞。①表示轉折。左傳昭公元年:"子皙信美矣,～子南夫也。"②表示選擇。論語學而:"夫子至於是邦也,必聞其政。求之與,～與之與?"❽助詞。用于句首。詩鄭風大叔于田:"～磬控忌,～縱送忌。"左傳昭公十三年:"～齊人不盟,若之何?"❾歎詞。通"噫"。表示讚美。詩小雅十月之交:"～此皇父,豈曰不時。"

拼 1. xī 玉篇星歷切,音錫。錫部。

❶通"析"。分離。漢揚雄太玄玄攡:"常變錯,故百事～。"注:"四時雜亂,故曰百事分拼。"

2. zhé。

❷通"折"。折散。元包經太陽剥:"輿之～。"傳:"輿之拼,車之脱也。"

按,説文無拼字。

扻 jié 集韻子結切,音節,入,屑韻,精。質部。

理髮。集韻:"扻,治髮也。"莊子庚桑楚:"簡髮而～,數米而炊。"

按,説文無扻字。

抍 zhěng 集韻蒸上聲,拯韻,照三。蒸部。

❶上舉,見説文。易渙:"用拯馬壯。"説文引作"易曰～馬壯。"❷賑濟。周禮天官職幣:"振掌事者之餘財。"鄭玄注:"振,～也。"賈公彦疏:"以財與之謂之抍。"

抵 zhǐ 諸氏切,音紙,上,紙韻,照三。支部。

❶擊,拍。説文:"抵,側擊也。"〔抵掌〕擊掌。戰國策秦策一:"(蘇秦)見語趙王於華屋之下,抵掌而談,趙王大悦。"❷抛擲。文選漢張衡東京賦:"藏金於山,～璧於谷。"

折 1. zhé 旨熱切,入,薛韻,照三。月部。

❶折斷。詩鄭風將仲子:"無～我樹杞。"❷曲折。禮記玉藻:"周還中規,～還中矩。"淮南子覽冥:"河九～至於海。"❸屈。史記吕太后本紀:"於今面～廷争,臣不如君。"❹挫敗。文選漢班彪北征賦:"～吴濞之逆邪。"❺毁掉。後漢書樊宏傳論:"若乃樊重之～契止訟,其庶幾君子之富乎!"❻虧損。易林艮之恒:"賈市無盈,～亡爲患。"❼〔折獄〕斷獄,判案。書吕刑:"非佞折獄,惟良折獄。"論語顔淵:"片言可以折獄者,其由也與?"❽抵當,折合。宋蘇軾上神宗皇帝書:"買絹未嘗不～鹽,糧草未嘗不～鈔。"❾封土爲祭處。禮記祭法:"瘞埋於泰～,祭地也。"❿古代葬具。形如牀,無足。儀禮既夕禮:"陳明器於乘車之西,～横覆之。"⓫元雜劇結構的一個段落(晚起義)。每戲大都四折,每折一韻到底。

2. tí 杜奚切,音提,平,齊韻,定。月部。

⓬〔折折〕安舒貌。禮記檀弓上:"喪事欲其縱縱爾,吉事欲其折折爾。"

扳 1. bān 布還切,音班,平,删韻,幫。元部。

❶引。見集韻。公羊傳隱公元年:"隱長又賢,諸大夫～隱而立之。"❷背轉。新唐書則天武皇后傳:"后城宇深,痛柔屈不恥,以就大事,帝謂能奉己,故～公議立之。"

2. pān 普班切,平,删韻,滂。

❸通"攀"。①攀登。莊子馬蹄:"可攀援而窺。"釋文:"攀,本又作扳。"②攀折。琵琶記三:"香徑裏～殘草色,雕闌畔折損花容。"

抓 1. zhāo 側交切,平,肴韻,照二。宵部。

❶用手或爪取物。文選漢枚乘上書諫吳王："夫十圍之木，始而生蘖，足可搔而絕，手可擢而～。"李善注引字林："抓，壯交切。"漢書枚乘傳作"拔"。❷搔。唐杜牧讀韓杜集詩："杜詩韓集愁來讀，似倩麻姑癢處～。"

2.zhuā。

❸逮捕，捉（晚起義）。明更生氏雙紅記傳奇服暴："浄：'何人擊鼓？'衆：'薛爺差官。'浄：'～進來！'"

［同源字］爪，抓，搔。見"爪"字條。

按，説文無抓字。集韻引博雅："抓，搔也。"

承 1.chéng 署陵切，平，蒸韻，禪。蒸部。

❶奉，受。説文："承，奉也，受也。"左傳成公十六年："使行人執榼～飲。"易歸妹："女～筐無實。"❷順從，奉承。詩大雅抑："子孫繩繩，萬民靡不～。"❸接受，擔任。國語齊語："余敢～天子之命。"❹接續，繼承。詩小雅天保："如松柏之茂，無不爾或～。"鄭箋："如松柏之枝葉常茂盛，青青相承，無衰落也。"三國志吴書魯肅傳："孤～父兄餘業，思有桓文之功。"❺次第，順序。左傳昭公十三年："及盟，子産争～。"杜預注："承，貢賦之次。"孔穎達疏："言所出貢賦多少之次，當承何國之下。"❻抵禦。詩魯頌閟宫："戎狄是膺，荆舒是懲，則莫我敢～。"❼輔佐。左傳哀公十八年："使帥師而行，請～。"❽通"懲"。左傳哀公四年："諸大夫恐其又遷也，～。"

2.zhěng 集韻蒸上聲，拯韻，照三。

❾通"拯"。救。列子黄帝："使弟子並流而～之。"

五　畫

抲 tuō 託何切，音拖，平，歌韻，透。歌部。

"拖"的本字。牽引。説文："抲，曳也。"漢書嚴助傳："輿轎而隃領，～舟而入水。"

拌 1.pān 普官切，音潘，平，桓韻，滂。元部。

❶捨棄。方言一〇："拌，棄也。楚凡揮棄物謂之拌。"❷表露。唐李商隱又效江南曲："乖期方積思，臨醉欲～嬌。"拌嬌，撒嬌。

2.pàn 音判。元部。

❸同"判"。分開，剖開。吕氏春秋古樂："瞽叟乃～五弦之瑟，作以爲十五弦之瑟。"

3.bàn。

❹攪和（後起義）。宋朱肱北山酒經上："著水無多少，～和黍麥，以匀爲度。"❺〔拌嘴〕口角，争吵（晚起義）。金瓶梅二四回："兩箇正拌嘴。"

按，説文無拌字。

拉 lā 盧合切，入，合韻，來。今讀 lā。緝部。

❶摧折。説文："拉，摧也。"史記齊太公世家："齊襄公與魯君飲，醉之，使力士彭生抱上魯君車；因～殺魯桓公。"晉書苻堅載記："臣奏陛下神筭，擊垂亡之虜，若摧枯～朽，何足慮也？"❷牽引（後起義）。唐劉禹錫花下醉中聯句："誰能～花住，争换得春回？"

拄 zhǔ 知庾切，上，麌韻，知。侯部。

❶支撑。戰國策齊策六："大冠若箕，修劍～頤。"❷譏刺，折服。漢書朱雲傳："既論難，連～五鹿君。"

按，説文無拄字。

抋 bì 集韻簿必切，入，質韻，並。質部。

擊刺。集韻："抋，刺也，擊也。"方言一〇："抋、扰，推也。南楚凡相推搏曰抋。"文選漢張衡西京賦："徒搏之所撞～。"

按，説文無抋字。

抨 1.pēng 披耕切，平，耕韻，滂。耕部。

❶彈。説文："抨，撣也。"段玉裁注引小徐本作"彈也"。唐杜甫自閬州領妻子却赴蜀山行："轉石驚魑魅，～弓落狖鼯。"❷拂過。梁書沈約傳郊居賦："翅～流而起沫，翼鼓浪而成珠。"

2.bēng 集韻悲萌切，平，耕韻，幫。耕部。

㊁支使。漢書揚雄傳反離騷："～雄鳩以作媒兮，何百離而曾不壹耦？"

抹 1. mǒ 莫撥切，入，末韻，明。

㊀搽，塗抹。唐杜甫北征詩："學母無不爲，曉粧隨手～。"㊁閃過。宋蘇軾玉樓春詞："佳人猶唱醉翁詞，四十三年如電～。"

2. mò。

㊂輕按，奏絃樂的一種指法。唐白居易琵琶行："輕攏慢撚～復挑，初爲霓裳後六幺。"㊃用手按着移動（晚起義）。西遊記五二回："你看他更不取下，轉往上～了兩～，緊緊的勒在肐膊上。"此義今讀 mā。

按，説文無抹字。

抾 qiè 去劫切，入，業韻，溪。葉部。

執取。漢書揚雄傳校獵賦："～靈蠵。"後漢書馬融傳廣成頌："～封狶。"李賢注："抾音劫，古字通。"

按，説文無抾字。

拒 1. jù 其吕切，上，語韻，羣。魚部。

㊀拒絶，抵禦。論語子張："可者與之，其不可者～之。"荀子君道："將内以固城，外以～難。"

2. jǔ 集韻果羽切，上，噳韻，見。魚部。

㊁方陣。左傳桓公五年："鄭子元請爲左～，以當蔡人衛人；爲右～，以當陳人。"

［辨］距，歫，拒。見"距"字條。

按，説文無拒字。

拑 qián 巨淹切，音鉗，平，鹽韻，羣。談部。

通"鉗"、"箝"。夾持。墨子魯問："夫鬼神豈惟擢季～肺之爲欲哉！"〔拑口〕因有所顧慮而閉口不言。史記秦始皇本紀："故使天下之士傾耳而聽，重足而立，拑口而不言。"

［同源字］詌，拑，鉗，箝。見"詌"字條。

按，説文拑作箝，云："籋也。"

抴 yè 羊列切，音曳，入，薛韻，喻四。月部。

字也作"拽"。㊀拉，拖。晉常璩華陽國志蜀志："見一大蛇入穴中，一人攬其尾掣之，不禁，至五人相助，大呼～蛇。"㊁槳枻，矯正弓弩之器。一説短槳，船工也用以接引乘客登舟。荀子非相："故君子之度己則以繩，接人則用～。"楊倞注："抴，牽引也。或曰抴當作枻。枻，楫也。言如以楫櫂進舟船也。"

按，説文無抴字。

拔 1. bá 蒲八切，入，黠韻，並。月部。

㊀擢。説文："拔，擢也。"易泰："～茅茹，以其彙。"㊁選擢，提拔。論衡累害："夫采玉者破石～玉，選士者棄惡取善。"漢書李尋傳："閉絶私路，～進英儁。"㊂攻克。莊子則陽："衍請受甲二十萬，爲君攻之，…然後～其國。"韓非子初見秦："乃復悉士卒以攻邯鄲，不能～也。"㊃變動。易乾："樂則行之，憂則違之，確乎其不可～。"㊄超出。孟子公孫丑上："出乎其類，～乎其萃。"㊅疾速。禮記少儀："毋～來，毋報往。"鄭玄注："拔，報，皆疾也！"史記黥布列傳贊："身被刑法，何其～興之暴也！"司馬貞索隱："拔，白曷反，疾也。"㊆矢括，箭的末端。詩秦風駟驖："公曰左之，舍～則獲。"

2. bèi 集韻蒲蓋切，去，泰韻，並。月部。

㊇木生枝葉貌。見集韻。詩大雅緜："柞棫～矣，行道兑矣。"

拓 1. zhí 之石切，音隻，入，昔韻，照三。鐸部。

㊀同"摭"。拾取。説文："拓，拾也，陳宋語。"後漢書張衡傳思玄賦："～若華而躊躇。"李賢注："拓，猶折也。"文選作"摭"。

2. tuò 他各切，入，鐸韻，透。

㊁舉，推。廣韻："拓，手承物也。"集韻："拓，手推物。"列子説符："孔子之勁，能～國門之關，而不肯以力聞。"

3. tà。

㊂用紙摹印金石器物上的文字。隋書經籍志一："其相承傳～之本猶在祕府。"

抪 bū 博孤切，音逋，平，模韻，幫。魚部。

散布。集韻：“捬，展舒也。”漢書中山靖王勝傳：“塵埃～覆，昧不〔見〕泰山。”

按，説文無捬字。

抛 pāo 匹交切，平，肴韻，滂。

後起字。❶丢棄。集韻：“抛，棄也。”後漢書安成孝侯賜傳：“賜與（兄）顯子信賣田宅，同～財産。”❷投擲。唐李羣玉讀賈誼傳詩：“卑濕長沙地，空～出世才。”

拂 1. fú 敷勿切，入，物韻，敷。物部。

❶撣，除去塵垢。儀禮士昏禮：“主人～几授校。”❷掠過。楚辭大招：“長袂～面，善留客只。”淮南子天文：“日出於暘谷，浴於咸池，～於扶桑。”❸擊。史記楚世家：“若夫泗上十二諸侯，左縈而右～之，可一旦而盡也。”❹振動。文選晉郭璞江賦：“鯈鳙～翼而掣耀。”❺逆，違背。詩大雅皇矣：“四方以無～。”國語吴語：“吾將許越成，而無～吾慮。”❻農具名，即連枷。漢書王莽傳中：“予之北巡，必躬載～。”顔師古注：“拂音佛，所以擊治禾者也。今謂之連枷。”

2. bì 集韻薄宓切，音弼，入，質韻，並。物部。

❼通“弼”。矯正。孟子告子下：“入則無法家～士，出則無敵國外患者，國恒亡。”史記秦始皇本紀贊引賈誼過秦論：“然所以不敢盡忠～過者，秦俗多忌諱之禁，忠言未卒於口，而身爲戮没矣。”

披 1. pī 集韻攀糜切，平，支韻，滂。歌部。

❶劈開。史記五帝本紀：“～九山，通九澤。”漢書枚乘傳：“臣乘願～腹心而效愚忠。”引申爲翻開，披閲。後漢書班固傳兩都賦白雉詩：“啟靈篇兮～瑞圖。”梁書張纘傳：“兄緬有書萬餘卷，晝夜～讀。”❷分。左傳昭公五年：“殺適立庶，又～其邑。”❸覆蓋或搭衣於肩背。文選三國魏曹丕雜詩：“展轉不能寐，～衣起彷徨。”❹裂，折。戰國策秦策三：“木實繁者～其枝，～其枝者傷其心。”史記魏其武安侯列傳：“此所謂枝大於本，脛大於股，不折必～。”

2. bì 集韻彼義切，去，寘韻，幫。歌部。

❺古喪具。用帛做成，用來牽挽柩車，以防顛覆。集韻：“披，柩夾引棺者。”儀禮既夕禮：“設～。”禮記檀弓上：“置翣，設～。”

［同源字］被，皮，披，帔。見“被”字條。

招 1. zhāo 止遥切，平，宵韻，照三。宵部。

❶以手示意召之使來，招致。説文：“招，手呼也。”書説命下：“旁～俊乂。”荀子勸學：“登高而～，臂非加長也，而見者遠。”引申爲導致。書大禹謨：“滿～損，謙受益。”❷羈絆。孟子盡心下：“如追放豚，既入其苙，又從而～之。”趙岐注：“苙，欄也；招，罥也。”❸箭靶。吕氏春秋本生：“萬人操弓，共射其一～，～無不中。”❹供認罪行（後起義）。舊唐書哀帝紀：“勑僞稱官階人泉州晉江縣應鄉貢明經陳文巨～伏罪款，付河南府決殺。”❺〔招摇〕叠韻聯緜字。①張揚。史記孔子世家：“靈公與夫人同車，宦者雍渠參乘，出，使孔子爲次乘，招摇市過之。”②山名。山海經南山經：“南山經之首曰䧿山，其首曰招摇之山。”吕氏春秋本味：“陽樸之薑，招摇之桂。”③星名。在北斗杓端。禮記曲禮上：“招摇在上，急繕其怒。”釋文：“北斗第七星。”

2. qiáo 集韻祁堯切，音翹，平，宵韻，羣。宵部。

❻揭示，提出。莊子駢拇：“自虞氏～仁義以撓天下也，天下莫不奔命於仁義。”國語周語下：“立於淫亂之國，而好盡言以～人過，怨之本也。”

3. sháo 集韻時饒切，音韶，平，宵韻，禪。宵部。

❼通“韶”。樂名。史記五帝本紀：“於是禹乃興九～之樂。”司馬貞索隱：“招音韶，即舜樂簫韶。九成，故曰九招。”❽〔招摇〕叠韻聯緜字。①逍遥貌。史記司馬相如列傳上林賦：“招摇乎襄羊。”②摇動貌。漢書禮樂志

郊祀歌天門："體招搖若永望。"顏師古注："招搖，申動之貌。…招音韶。"

［辨］召，招。見"召"字條。

［同源字］詔，招，召。見"詔"字條。

担 1. jiē 集韻丘傑切，入，薛韻，溪。月部。

㊀〔担撟〕雙聲聯緜字。高舉，放縱，引申爲所願高遠。楚辭戰國屈原遠遊："欲度世以忘歸兮，意恣睢以担撟。"王逸注："縱心肆志，所願高也。"

2. dǎn 多旱切，旱韻，端。元部。

㊁擊。見廣雅釋詁。㊂拂。見玉篇。

［辨］負，任，担，荷。見"負"字條。

按，説文無担字。

押 1. yā 烏甲切，音壓，入，狎韻，影。

㊀押署，在文書契據上署名或畫記號，以爲憑信。三國志魏書齊王紀注引世語及魏氏春秋，稱優人雲午等唱"青頭雞"促曹芳押詔書殺司馬師。青頭雞爲鴨。取與"押"同音。㊁按。見集韻。新唐書百官志："（中書舍人）以六員分～尚書六曹。"㊂督率，拘留。南齊書高帝紀下："若四州士庶，本鄉淪陷，簿籍不存，尋校無所，可聽州郡保～，從實除奏。"册府元龜九八七："是月殿直崔處納～契丹僞定州刺史羽厥律以下一百七十人至。"㊃通"壓"。①上加重力。後漢書韓國傳："兒生，欲令其頭扁，皆～之以石。"②詩賦用韻，也叫"壓韻"。宋晏幾道六幺令："昨夜詩有回紋，韻險還慵～。"③鎮簾之物。南朝陳徐陵玉臺新詠序："玉樹以珊瑚作枝，珠簾以玳瑁爲～。"㊄抵押，典當（晚起義）。紅樓夢七二回："叫平兒把我那兩個金項圈拿出去，暫且～四百兩銀子。"

2. xiá 音狎。葉部。

㊅接連。漢書息夫躬傳："軍書交馳而輻湊，羽檄重迹而～至。"顏師古注引文穎："押音狎習之狎。"師古曰："押至，言相因而至也。"㊆通"匣"。魏略曹丕與鍾繇書："鄴騎既到，寶玦初至，捧～跪發，五内震駭。"

按，説文無押字。

抽 chōu 丑鳩切，平，尤韻，徹。幽部。

㊀引，拔出，拔除。字也作"擂"。説文："擂，引也。"以"抽"爲重文。詩鄭風清人："左旋右～，中軍作好。"毛傳："右抽，抽矢以射。"詩小雅楚茨："楚楚者茨，言～其棘。"引申爲提拔。後漢書范滂傳："顯薦異節，～拔幽陋。"㊁植物發芽。文選晉束皙補亡詩由庚："木以秋零，草以春～。"㊂從全部中提取一部分（後起義）。唐元稹織婦詞："今年絲税～徵早。"㊃抽打（晚起義）。元王實甫西厢記四本一折："今日箇嫩皮膚倒將麄棍～。"

拐 guǎi 音韻闡微古買切，上，蟹韻，見。

後起字。㊀同"枴"。拄杖。宋惠洪冷齋夜話劉跛子説二范詩："劉跛子，青州人，拄一～。"㊁跛行。西遊記一回："猴王縱身跳起，～呀～的走了兩遍。"㊂轉彎，拐彎。清平山堂話本簡貼和尚："從裹面交（教）～將過來，兩個獄子押出一個罪人來。"㊃誘騙人口。元關漢卿魯齋郎："推整壺缾生巧計，～他妻子走如飛。"

拈 1. nián 奴兼切，平，添韻，泥。談部。

㊀以指取物。説文："拈，掫也。"廣韻："拈，指取物也。"唐杜甫漫興九絶："舍西柔桑葉可～，江邊細麥復纖纖。"

2. diān。

㊁用手估量輕重。景德傳燈録義玄禪師："黄蘗將钁钁地曰：'我遮钁，天下人～掇不起，還有人～得起麽？'"

拙 zhuō 職悦切，入，薛韻，照三。物部。

笨。與"巧"相對。説文："拙，不巧也。"書周官："作僞，心勞日～。"老子："大直若屈，大巧若～，大辯若訥。"引申爲謙詞（後起義）。如稱自己的妻爲"拙荆"，稱自己的文章爲"拙作"。

拇 mǔ 莫厚切，音母，上，厚韻，明。之部。

手足的大指。説文："拇，將指也。"國語

楚語上:"有首領股肱,至于手~毛脈。"韋昭注:"拇,大指也。"莊子駢拇:"駢~枝指,出乎性哉,而侈於德。"釋文:"拇,音母,足大指也。"

拎 lìng 郎丁切,音靈,平,青韻,來。

後起字。以手提物。玉篇:"拎,手懸撚物也。"明路惠期鴛鴦縧遣妁:"老身只用一隻手~着他眼扎毛,就順手牽羊一般牽將來了。"

抮 zhěn 集韻止忍切,音軫,上,軫韻,照三。文部。

旋轉。淮南子原道:"目觀掉羽武象之樂,耳聽滔朗奇麗激~之音。"

按,說文無抮字。

抶 chì 丑栗切,入,質韻,徹。質部。

鞭打。說文:"抶,笞擊也。"左傳文公十年:"命夙駕載燧,宋公違命,無畏~其僕以徇。"

拖 tuō 託何切,平,歌韻,透。歌部。

字亦作"拕"、"扡"。❶曳行。說文:"拕,曳也。"論語鄉黨:"東首加朝服~紳。"唐石經作"扡"。❷奪取。淮南子人間:"秦牛缺徑於山中而遇盜,…~其衣被。"許注:"拖,奪也。"❸拖延(後起義)。宋歐陽修言青苗錢第一劄子:"若連遇三兩料水旱,則青苗錢積壓~欠數多,若纔遇豐熟却須一併催納,則農民永無豐歲矣。"

拃 zhà。

後起字。同"搾"。新唐書西域傳摩揭它:"太宗遣使取熬糖法,即詔揚州上諸蔗,~瀋如其劑。"

抱 bào 簿浩切,上,晧韻,並。幽部。

❶兩臂合圍持物。詩召南小星:"~衾與裯。"莊子天地:"~甕而出灌。"引申爲名詞。兩臂合圍的距離。史記司馬相如列傳子虛賦:"欃檀木蘭,豫章女貞,長千仞,大連~。"❷扶持,撫育。公羊傳成公十五年:"公子遂謂叔仲惠伯曰:'君幼,如之何？願與子慮之。'叔仲惠伯曰:'吾子相之,老夫~之。'"❸持守。禮記儒行:"~義而處。"❹懷抱,胸懷。文選晉盧諶贈劉琨一首並書:"謹貢詩一篇,抑不足以揄揚弘美,亦以攄其所~而已。"❺環繞。文選漢張衡西京賦:"~杜含鄠,欲澧吐鎬。"唐杜甫江村詩:"清江一曲~村流。"

按,說文抱作裦,云:"褱也。"

拘 1. jū 舉朱切,平,虞韻,見。侯部。

❶逮捕,拘禁。易隨:"~係之,乃從。"左傳僖公三十三年:"武夫力而~諸原。"❷限制,拘泥。莊子漁父:"故聖人法天貴真,不~於俗。"商君書更法:"三代不同禮而王,五霸不同法而霸。故知者作法,而愚者制焉;賢者更禮,而不肖者~焉。"

2. gōu 集韻居侯切,音鉤,平,侯韻,見。侯部。

❸取。禮記曲禮上:"若僕者降等,則撫僕之手,然則自下~之。"鄭玄注:"自下拘之,由僕手下取之也。"釋文:"拘,古侯反,又音俱。"❹遮蔽。禮記曲禮上:"必加帚於箕上,以袂~而退,其塵不及長者。"釋文:"拘,古侯反,徐音俱。"❺曲,痙攣,不能伸直。淮南子泰族:"夫指之~也,莫不事申也。"

按,說文拘字在句部,云:"止也。"

拊 1. fǔ 芳武切,音撫,上,麌韻,敷。侯部。

❶輕擊。說文:"拊,揗也。"書益稷:"予擊石~石,百獸率舞。"左傳襄公二十五年:"公~楹而歌。"❷通"撫"。撫循,撫慰。詩小雅蓼莪:"~我畜我。"左傳宣公十二年:"王巡三軍,~而勉之。"❸通"撫"。撫摸。公孫龍子堅白論:"視不得其所堅,而得其所白者,無堅也;~不得其所白,而得其所堅者,無白也。"❹樂器,即拊搏。周禮春官小師:"大祭祀,登歌擊~。"❺柄。禮記少儀:"刀卻刃授穎,削授~。"此指刀柄。又:"弓則以左手屈韣執~。"此指弓中央把手處。字亦作"弣"。

2. fū 集韻風無切,音夫,平,虞韻,非。

❻黃帝時有醫者俞拊。見漢書藝文志

注。

拍 1. pāi 普伯切,入,陌韻,滂。鐸部。

❶輕擊。說文作拍,云:"拊也。"韓非子功名:"一手獨~,雖疾無聲。"文選晉郭璞遊仙詩:"左挹浮丘袖,右~洪崖肩。"❷樂曲的節拍。如東漢蔡琰有胡笳十八拍。❸樂器。用紫檀板四片,以絃合三片爲一束,執一片拍之。見清通典樂四。❹古時投擲石塊或火種的武器。陳書侯瑱傳:"將戰,有微風至自東南,衆軍施~縱火。"

2. bó。鐸部。

❺肩胛。周禮天官醢人:"饋食之豆,其實葵菹,…豚~,魚醢。"鄭玄注:"鄭大夫、杜子春皆以拍爲膊,謂脅也。"

抵 1. dǐ 都禮切,上,薺韻,端。脂部。

❶排擠。說文:"抵,擠也。"漢書揚雄傳解嘲:"激卬萬乘之主,界涇陽,~穰侯而代之,當也。"❷抵賴。漢書田延年傳:"丞相議奏延年主守盜三千萬,不道。…延年~曰:'本出將軍之門,蒙此爵位,無有是事。'"❸價值相當。周禮地官泉府:"買者各從其~。"唐杜甫春望詩:"烽火連三月,家書~萬金。"❹拜謁,投靠。吕氏春秋無義:"續經與之俱如衛,~公孫與。"❺到達。史記秦始皇本紀:"道九原,~雲陽。"漢書禮樂志:"~冬霜降。"❻抵償。韓非子内儲説下:"是將以濟陽君~罪於齊矣。"史記高祖本紀:"殺人者死,傷人及盜~罪。"❼擲,扔。後漢書禰衡傳:"時衡出,還見之,開省未周,因毁以~地。"❽什麽(後起義)。唐温庭筠西州詞:"去帆不安幅,作~使西風?"

2. zhǐ 集韻掌氏切,音紙,上,紙韻,照三。脂部。

❾同"抵"。擊。戰國策秦策一:"~掌而談,趙王大悦。"

[辨]觝,牴,抵。見"觝"字條。

拆 chāi 集韻恥格切,入,陌韻,徹。鐸部。

❶分裂,裂開。説文作㨆,云:"裂也。"字亦作"坼"。詩大雅生民:"不~不副,無菑無害。"❷打開,拆散(後起義)。唐韓愈寄皇甫湜詩:"~書放牀頭,涕與淚垂四。"

扼 è 於革切,音扼,入,麥韻,影。錫部。

把握。説文作搹,云:"把也。"字亦作"扼"。漢書郊祀志下:"元鼎元封之際,燕齊之間方士瞋目~掔,言有神僊祭祀致福之術者以萬數。"

拚 1. biàn 皮變切,音卞,去,線韻,並。元部。

❶拊手,鼓掌。説文:"拚,拊手也。"字亦作"抃"。宋書何承天傳:"宜其歌~就路,視遷如歸。"

2. fān 集韻孚袁切,音翻,平,元韻,敷。元部。

❷同"翻"。飛。詩周頌小毖:"肇允彼桃蟲,~飛維鳥。"韓詩作"翻飛"。

3. fèn 方問切,音糞,去,問韻,非。元部。

❸掃除。説文作叁,云:"掃除也。"禮記少儀:"埽席前曰~。"釋文:"拚,弗運反,又作播。"

4. pān。

❹捨棄。字本作"拌"。集韻引方言:"楚人凡揮棄物謂之拌。"並云:"俗作拚非是。"唐詩多作"判"。俗語有"拚命",讀 pīn。

抬 1. chī 集韻超之切,音癡,平,之韻,徹。

❶鞭打。説文作笞,云:"擊也。"

2. tái 音臺。

字本作"擡"。❷舉,以肩承舉(後起義)。西遊記三回:"猴王漸覺酒醒,忽~頭觀看。"京本通俗小説碾玉觀音:"叫兩個當直的轎番,~一頂轎子。"

拗 1. ǎo 於絞切,上,巧韻,影。幽部。

❶折斷。尉繚子制談:"~矢折矛抱戟。"樂府詩集折楊柳枝歌:"上馬不捉鞭,反~楊柳枝。"

2. ào 音韻闡微倚教切，去，效韻，影。

㊁不順口。唐元稹哭女樊四十韻詩：“和蠻歌字～，學妓舞腰輕。”自注：“乙教反。”

3. yù 集韻乙六切，音郁，入，屋韻，影。

㊂抑制。集韻：“抝，抑也。”後漢書班彪傳附班固兩都賦：“乃～怒而少息。”李賢注：“抝，猶抑也。音於六反。”

按，説文無抝字。

拜 bài 博怪切，去，怪韻，幫。月部。

㊀表示恭敬的一種禮節。古之拜，惟拱手彎腰而已，如今之揖。後來指屈膝頓首，兩手着地或叩頭及地爲拜。左傳文公十三年：“周公～乎前，魯公～乎後。”㊁拜訪，拜謝。論語陽貨：“孔子時其亡也，而往～之。”㊂授官。史記淮陰侯列傳：“至～大將乃韓信也。”㊃拔。詩召南甘棠：“蔽芾甘棠，勿翦勿～。”㊄植物名。爾雅釋草：“拜，蔏藋。”

［辨］坐，拜，跪，跽。見“跪”字條。

按，説文作“𢷎”，以“拜”爲重文。

拏 ná 女加切，音拿，平，麻韻，娘。魚部。

㊀牽引。説文：“拏，牽引也。”文選漢馬融長笛賦：“挼～捘臧，遞相乘邅。”注：“蒼頡篇曰：拏，捽也，引也。奴家切。”㊁握，執持。明馮夢龍警世通言萬秀娘仇報山亭兒：“婆婆不問事由，～起一條拄杖，看着尹宗落夾背便打。”這個意義今寫作“拿”。㊂拘捕。京本通俗小説菩薩蠻：“教人分付臨安府差人去靈隱寺～可常和尚。”這個意義也寫作“拿”。

六　畫

拳 1. quán 巨員切，平，仙韻，羣。元部。

㊀拳頭。説文：“拳，手也。”玉篇：“拳，屈手也。”朱駿聲曰：“張之爲掌，卷之爲拳。”後漢書皇甫嵩傳：“雖僮兒可使奮～以致力，女子可使褰裳以用命。”㊁力氣。詩小雅巧言：“無～無勇，職爲亂階。”㊂拳法，拳術。北史齊高祖紀：“語爾高王，元家兒～正如此。”㊃屈曲。莊子人間世：“仰而視其細枝，則～曲而不可以爲棟梁。”漢書孝武鉤弋趙倢伃傳：“女兩手皆～。”㊄［拳拳］牢握不舍貌。禮記中庸：“得一善則拳拳服膺而弗失之矣。”引申爲懇切。漢司馬遷報任安書：“拳拳之忠，終不能自列。”

2. quān。元部。

㊅通“弮”。弓弩。漢書李陵傳：“士張空～，冒白刃，北首争死敵。”司馬遷傳作“弮”。

［同源字］①款，懇，悃，惓，拳。見“款”字條。

②卷，拳，鬈，跧，蜷，捲，眷。見“跧”字條。

挈 1. qiè 苦結切，入，屑韻，溪。月部。

㊀懸持，提起。説文：“挈，縣持也。”墨子兼愛中：“譬若～太山越河濟也。”㊁舉出。荀子富國：“有掎～伺詐，權謀傾覆。”楊倞注：“挈，舉其過。”㊂提攜，率領。公羊傳襄公二十七年：“公子鱄～其妻子而去之。”㊃缺，絶。史記司馬相如列傳：“～三神之驩，缺王道之儀。”

2. qì 集韻詰計切，音契，去，霽韻，溪。月部。

㊄通“契”。刻。集韻：“挈，鑽龜也。”説文作“栔”，云：“刻也。”漢書敘傳幽通賦：“旦算祀于～龜。”顔師古注：“挈，刻也。詩大雅緜緜之篇曰‘爰挈我龜’。”今詩大雅緜作“契”。

按 1. àn 烏旰切，去，翰韻，影。元部。

㊀抑，向下壓。説文：“按，下也。”段注：“以手抑之使下也。”管子霸言：“～彊助弱。”水滸傳三一回：“那婦人被～壓在地上。”引申爲撫。史記蘇秦列傳：“～劍仰天太息。”㊁依照。禮記月令孟冬之月：“命工師效功，陳祭器，～度程。”㊂擊。文選戰國宋玉招魂：“陳鐘～鼓，造新歌些。”劉良注：“按，猶擊也。”㊃巡行。史記衛青列傳：“遂西定河南地，～榆谿舊塞。”㊄審察。漢書賈誼傳：“驗之往古，

～之當今之務。"㈥〔按堵〕同"安堵"。安居，安定。漢書高帝紀："吏民皆按堵如故。"顔師古注："應劭曰：'按，按次第；堵，牆堵也。'師古曰：'言不遷動也。'"

2. è 集韻阿葛切，音遏，入，曷韻，影。

㈦通"遏"。遏止。詩大雅皇矣："以～徂旅，以篤于周祜。"毛傳："按，止也。"釋文："按，安旦反，本又作遏，安葛反。此二字皆訓止也。"孟子梁惠王下引詩作"以遏徂旅"。朱熹詩集傳逕云"按"音遏。

挖 wā。

晚起字。掘，掏。明湯顯祖牡丹亭回生："敢太歲頭上動土，向小姐脚跟～窟。"

挍 jiào 集韻居效切，音教，去，效韻，見。

㈠報。見集韻。㈡避諱字。明熹宗名由校，明人避諱省作"挍"。

拼 1. pīn 北萌切，平，耕韻，幫。

㈠連合，貼近。水滸傳二三回："把虎皮縫做衣裳，緊緊～在身上。"㈡同"拚"。不顧一切地幹。清吴趼人二十年目睹之怪現狀一八回："你老子是發了財的人，你今天没有，就～一個你死我活。"

2. pēng 集韻披耕切，平，耕韻，滂。

㈢彈。見慧琳一切經音義五二。

按，説文無拼字。

持 chí 直之切，平，之韻，澄。之部。

㈠執，握。説文："持，握也。"莊子秋水："莊子～竿不顧。"引申爲扶持。論語季氏："危而不～，顛而不扶，則將焉用彼相矣？"又爲扶助。荀子解蔽："鮑叔甯戚隰朋仁知且不蔽，故能～管仲，而名利福禄與管仲齊。"楊倞注："持，扶翼也。"又爲支持。莊子漁父："左手據膝，右手～頤以聽。"又爲制約，挾制。荀子正名："以正道而辨姦，猶引繩以～曲直。"史記甯成列傳："爲任俠，～吏長短。"㈡主持，保持。韓非子五蠹："夫仁義辯智，非所以～國也。"㈢矜持，持重。文選戰國宋玉神女賦："頩薄怒以自～兮，曾不可犯干。"李善注："捉顔色而自矜持也。"

〔辨〕執，持，秉，操，握。見"執"字條。

挂 guà 古賣切，音卦，去，卦韻，見。支部。

㈠懸。字亦作"掛"。儀禮少牢饋食禮："實于左袂，～于季指。"世説新語任誕："阮宣子常步行，以百錢～杖頭。"㈡牽掛。荀子榮辱："胠於沙而思水，則無逮矣；～於患而欲謹，則無益矣。"三國魏曹植責躬詩："舉～時網，動亂國經。"㈢鉤取。莊子漁父："變更易常以～功名謂之叨。"㈣區分。淮南子氾論："伯余之初作衣也，緂麻索縷，手經指～，其成猶網羅。"㈤登記(後起義)。宋蘇軾次韻范純父涵星硯月石風林屏詩："上書～名豈待我？獨立自可當雷霆。"

〔同源字〕詿，挂。見"詿"字條。

拮 1. jié 古屑切，音結，入，屑韻，見。質部。

㈠〔拮据〕雙聲聯緜字。指鳥之築巢，口足勞苦。詩豳風鴟鴞："予手拮据。"毛傳："拮据，撠挶也。"鄭箋引韓詩云："口足爲事曰拮据。"説文："拮，手口共有所作也。詩曰：'予手拮挶。'"後來用以比喻艱難困頓，或處境窘迫。唐杜甫秋日荆南送石首薛明府詩："文物陪巡狩，親賢病拮据。"蔡夢弼箋："謂皇子流離多辛苦也。"

2. jiá 集韻訖黠切，入，黠韻，見。質部。

㈡同"戛"。逼迫。戰國策秦策三："大夫種…以禽勁吴，成霸功，勾踐終～而殺之。"高誘注："拮，戛同，擽也，蓋逼之。"

拷 kǎo 集韻苦浩切，音考，上，晧韻，溪。

後起字。鞭打。魏書高祖紀："自今月至來年孟夏，不聽～問罪人。"

拱 gǒng 居悚切，上，腫韻，見。東部。

㈠抱拳，斂手。説文："拱，斂手也。"論語微子："子路～而立。"㈡兩手合圍。左傳僖公三十二年："爾何知！中壽，爾墓之木～矣。"㈢環繞。樂府詩集晉傅玄明君篇："衆星～北辰。”字亦作“共”。論語爲政：“譬如北辰，居其所而衆星共之。”❹用身體頂動，撞開（後起義）。唐杜甫北征詩：“鴟鳥鳴黄桑，野鼠～亂穴。”西遊記六七回：“把嘴～開土，埋在地下。”❺隆起，彎曲（晚起義）。西遊記三〇回：“八戒低着頭，～着嘴。”又六〇回：“座上衆精聞言，都～身對老龍作禮。”

［備考］執。國語吴語：“擁鐸～稽。”韋昭注：“拱，執也。”

挋 zhèn 章刃切，音振，去，震韻，照三。真部。

拭。禮記喪大記：“浴用絺巾，～用浴衣。”鄭玄注：“挋，拭也。”

［備考］給。見説文。桂馥以爲即賑濟的“賑”。

拭 shì 賞職切，音式，入，職韻，審三。職部。

擦，揩。儀禮聘禮：“賈人北面坐，～圭。”鄭玄注：“拭，清也。”

按，説文正文無拭字，説解中有之。

挃 zhì 陟栗切，入，質韻，知。質部。

❶〔挃挃〕象聲詞。收割穀物的聲音。説文：“挃，穫禾聲也。”詩周頌良耜：“穫之挃挃，積之栗栗。”❷擣，撞。淮南子兵略：“夫五指之更彈，不若捲手之一～。”高誘注：“挃，擣也。”

挎 kū 苦胡切，音枯，平，模韻，溪。魚部。

❶執持。儀禮鄉飲酒禮：“～越内弦。”鄭玄注：“挎，持也。”❷剖分而挖空。字亦作“刳”。易繫辭下：“刳木爲舟。”釋文：“本作挎。”

按，説文無挎字。

拫 hén 户恩切，音痕，平，痕韻，匣。

排斥，排擠。唐柳宗元與裴塤書：“十薦賢幸乃一售，不得者譸張排～。”

按，説文無拫字。

拯 zhěng 蒸上聲，拯韻，照三。蒸部。

❶舉起。説文作“抍”，云：“上舉也。”引易：“抍馬壯吉。”今易涣作“拯”。易艮：“艮其腓，不～其隨。”馬本作“抍”，云：“抍，舉也。”❷援救。左傳宣公十二年：“目於眢井，而～之。”孟子梁惠王下：“民以爲將～己於水火之中也。”

拽 yè 羊列切，音曳，入，薛韻，喻四。

字亦作“抴”。拉。唐李商隱韓碑詩：“長繩百尺～碑倒，麄砂大石相磨治。”引申爲拖帶。宋歐陽修御帶花詞：“～香摇翠，稱執手行歌，錦街天陌。”

按，説文無拽字。

挏 tóng 徒紅切，音同，平，東韻，定。東部。

推拉，拌。漢書禮樂志：“給大官～馬酒。”顔師古注引李奇：“以馬乳爲酒，撞挏乃成也。”

指 zhǐ 職雉切，上，旨韻，照三。脂部。

❶手指。説文：“指，手指也。”孟子告子上：“今有無名之～屈而不信，非疾痛害事也。”亦可指脚趾，參見“拇”字條。引申爲動詞。用手指。詩鄘風蝃蝀：“蝃蝀在東，莫之敢～。”又爲指斥。漢書王嘉傳：“千人所～，無病而死。”又爲指向。史記天官書：“攝提者，直斗杓所～，以建時節。”又爲上指，豎起。吕氏春秋必己：“孟賁瞋目而視船人，髮植，目裂，鬢～。”❷意指，意向。書盤庚上：“王播告之脩，不匿厥～。”

［備考］美好。荀子大略：“不時宜，不敬交，不驩欣，雖～，非禮也。”

挑 1. tiāo 吐彫切，平，蕭韻，透。宵部。

❶取。淮南子人間：“夫鵲…嬰兒過之則～其卵。”❷揀選（晚起義）。紅樓夢二五回：“你不嫌不好，～兩塊去就是了。”❸用肩擔（後起義）。宋陸游自題傳神：“擔～雙草履，壁倚一烏藤。”❹通“佻”。偷薄。荀子彊國：“入境，觀其風俗，…其服不～。”楊倞注：“挑，偷也。不爲奇異之服。”

2. tiǎo 徒了切，上，篠韻，定。宵部。

㈤挑撥，撥動。左傳宣公十二年："請～戰，弗許。"引申爲挑逗，勾引。史記司馬相如列傳："而以琴心～之。"㈥彈奏絃樂器的一種指法。順手下撥叫抹，反手回撥叫挑。唐白居易琵琶行："輕攏慢撚抹復～，初爲霓裳後六幺。"這裏"挑"字讀平聲。㈦掛（晚起義）。元馬致遠岳陽樓："將酒望兒～起來。"

3. tāo 土刀切，音滔，平，豪韻，透。宵部。

㈧〔挑達〕雙聲聯緜字。往來貌。詩鄭風子衿："挑兮達兮，在城闕兮。"毛傳："挑達，往來相見貌。"

拴 shuān。

晚起字。㈠結，綁。古今雜劇元孫仲章勘頭巾："我下馬來，把馬～在樹下。"㈡上閂。元王實甫西廂記三本二折："我將這角門兒也不曾牢～。"也指門閂。水滸傳第四回："門子只得捻脚捻手把～拽了。"

拾 1. shí 是執切，入，緝韻，禪。緝部。

㈠拾取，撿起。說文："拾，掇也。"莊子盜跖："晝～橡栗，暮棲木上，故命之曰有巢氏之民。"㈡收，斂。論衡别通："蕭何入秦，收～文書。"㈢射韝，古代射箭時用的護袖，用皮革製成。詩小雅車攻："決～既佽，弓矢既調。"㈣"十"的大寫。白居易論行營狀請勒魏博等四道兵馬却守本界事："況其軍一月之費，計實錢貳～柒捌萬貫。"

2. jié 集韻極業切，入，業韻，羣。緝部。

㈤更遞，輪流。禮記投壺："左右告矢具，請～投。"鄭玄注："拾，更也。"

3. shè 集韻實攝切，音涉，入，葉韻，牀三。

㈥躡足而上。集韻："拾，躡足升也。"禮記曲禮上："～級聚足，連步以上。"鄭玄注："拾當爲涉，聲之誤也。級，等也。涉等聚足，謂前足躡一等，後足從之併。"

括 kuò 古活切，入，末韻，見。今讀如闊。月部。

㈠結紮，捆束。說文："括，絜也。"朱駿聲曰："絜者，束也。"莊子寓言："向也～，而今也被髮。"㈡約束，包容。文選晉劉琨答盧諶詩："昔在少壯，未嘗檢～。"漢賈誼過秦論："有席卷天下，包舉宇内，囊～四海之意，并吞八荒之心。"㈢搜求。北史孫搴傳："時大～人爲軍士。"㈣到來，會合。詩王風君子于役："日之夕矣，羊牛下～。"毛傳："括，至也。"又小雅車舝："匪飢匪渴，德音來～。"毛傳："括，會也。"㈤箭的末端。書太甲上："若虞機張，往省～于度，則釋。"孔穎達疏："括，謂矢末。"

拸 1. chí 集韻陳知切，音池，平，支韻，澄。歌部。

㈠拆。見集韻。莊子庚桑楚："介者～畫。"

2. yí 集韻余支切，音移，平，支韻，喻四。

㈡加。廣雅釋詁："拸，加也。"

按，說文無拸字。

拶 1. zá 姊末切，入，末韻，精。

後起字。㈠逼。唐韓愈辛卯年雪詩："崩騰相排～，龍鳳交橫飛。"

2. zǎn。

㈡一種酷刑。用繩聯小木棍五根，套入手指而緊收。明凌濛初二刻拍案驚奇一二："就用嚴刑拷他，討～來～指。"

拲 gǒng 居悚切，音拱，上，腫韻，見。東部。

兩手同械。見說文。周禮秋官掌囚："凡囚者，上罪梏～而桎。"鄭玄注引鄭司農："拲者，兩手共一木也。"

𢫨 zì 疾智切，去，寘韻，從。支部。

積。說文："𢫨，積也"。引詩"助我舉～"。今詩小雅車攻作"柴"。毛傳："柴，積也。"

拿 ná。

後起字。本作"拏"。㈠執持。宋王之道春雪和袁望回詩："老夫僵不掃，稚子走争～。"㈡逮捕。明馮夢龍醒世恒言勘皮靴單證二郎神："又着落緝捕使臣，～下任一郎問過。”❸裝腔，擺架子。紅樓夢六回：“他家的二小姐，着實爽快會待人的，倒不～大。”❹把，將。紅樓夢二〇回：“就～今日天氣比，分明冷些。”

挐 1. rú 女余切，平，魚韻，娘。魚部。

❶糾纏，紛亂。楚辭戰國宋玉九辯：“葉菸邑而無色兮，枝煩～而交橫。”王逸注：“挐，柯條糾錯而崱㠑也。”淮南子本經：“巧僞紛～以相摧錯。”高誘注：“挐讀如上谷茹縣之茹。”❷雜糅。文選戰國宋玉招魂：“稻粢穱麥，～黄粱些。”

2. ráo 音饒。

❶通“橈”。槳。莊子漁父：“方將杖～而引其船。”釋文：“挐，… 司馬云：‘橈也，音饒。’”

[備考]說文：“挐，持也。”女加切，蓋即今之“拿”字。集韻以爲同“拏”。

七　畫

捖 wán 胡官切，音完，平，桓韻，匣。

刮摩。集韻：“捖，摩工治玉也。”周禮考工記：“刮摩之工五。”鄭玄注：“刮作捖。鄭司農云：‘捖摩之工，謂玉工也。’”

按，說文無捖字。

挱 1. suō 素何切，平，歌韻，心。

❶撫摸。字亦作挲。〔摩挲〕叠韻聯緜字。亦作“摩莎”“摩娑”。①揉搓。禮記郊特牲“汁獻涚于醆酒”。鄭玄注：“摩莎泲之。”②撫摸。後漢書方術傳下：“與一老公共摩挲銅人。”

2. shā 集韻師加切，音沙，平。麻韻，審二。

❶〔挓挱〕叠韻聯緜字。開貌。見集韻。

按，說文無挱字。

拚 pān 音潘。

俗“拌”字。捨棄，不顧一切。花間集五代前蜀牛嶠菩薩蠻詞：“須作一生～，盡君今日歡。”宋梅堯臣昭亭潭上別弟詩：“須～一日醉，便作數年期。”唐詩多作“判”。

捝 1. tuō 他括切，音脱，入，末韻，透。月部。

❶解脱。說文：“捝，解捝也。”❷捶打。穀梁傳宣公十八年：“邾人戕繒子于繒。戕，猶殺也，～殺也。”范甯注：“捝謂捶打殘賊而殺。”

2. shuì 集韻輸芮切，音税，去，祭韻，審三。月部。

❶拭，擦。儀禮鄉飲酒禮：“坐～手，遂祭酒。”鄭玄注：“捝，拭也。”

[同源字]蜕，脱，捝，税。見“蜕”字條。

捄 1. jū 舉朱切，音拘，平，虞韻，見。幽部。

❶盛土於器。說文：“捄，盛土於梩中也。”徐鍇曰：“梩，盛土之器也。”詩大雅緜：“～之陾陾。”

2. qiú 巨鳩切，音求，平，尤韻，羣。幽部。

❶曲貌。詩小雅大東：“有～棘匕。”

3. jiù 集韻居又切，音救，去，宥韻，見。幽部。

❶同“救”。見集韻。拯救。戰國策秦策五：“諸侯必懼，懼而相～。”詩小雅谷風：“匍匐救之。”漢書谷永傳引詩作“捄”。

[同源字]虯(虬)，觩(觓)，捄。見“虯”字條。

捕 bǔ 薄故切，去，暮韻，並。今讀上聲。魚部。

❶捕捉，捉拿。說文：“捕，取也。”莊子秋水：“騏驥驊騮，一日而馳千里，～鼠不如狸狌。”史記魏其武安侯列傳：“遣吏分曹逐～諸灌氏支屬。”❷舊時捕役的總稱。

[辨]逮，捕，捉。見“逮”字條。

挾 1. xié 胡頰切，音協，入，帖韻，匣。葉部。

❶夾持。說文：“挾，俾持也。”段玉裁注：“俾持，謂俾夾而持之也。”國語齊語：“時雨既至，～其槍刈耨鎛，以旦暮從事於田野。”韋昭注：“在腋曰挾。”儀禮鄉射禮：“取弓于階西，兼～乘矢。”賈公彦疏：“挾，持矢于二指之

閒。"引申爲脅持。戰國策秦策一:"～天子以令天下,天下莫敢不聽。"❷擁有,懷抱。史記鄒陽列傳:"～伊管之辯,懷龍逢比干之意。"❸從旁夾住。後漢書班固傳西都賦:"～酆霸,據龍首。"李賢注:"在旁曰挾,在上曰據也。"文選三國魏王粲登樓賦:"～清漳之通浦兮,倚曲沮之長洲。"❹倚仗。孟子盡心上:"～貴而問,～賢而問,～長而問,…皆所不答也。"

2. jiā 集韻訖洽切,音夾,入,洽韻,見。葉部。

❺同"夾"。見集韻。夾取。新五代史盧文紀傳:"以筯～之,首得文紀。"❻私藏,夾帶。宋沈遼德相惠新茶詩:"函封趣北道,驛使互防～。"❼箸,筷子。管子弟子職:"左執虛豆,右執～匕。"

3. jiè 集韻即協切,音浹,入,怗韻,精。葉部。

❽通達,周匝。詩大雅大明:"天位殷適,使不～四方。"毛傳:"挾,達也。"釋文:"挾,子燮反,一作子協反。"朱熹集傳:"挾,有也。"與毛傳異。荀子王霸:"制度以陳,政令以～。"楊倞注:"挾讀爲浹,洽也。"

振 1. zhèn 章刃切,去,震韻,照三。文部。

❶舉起。説文:"振,舉救也。"一切經音義四引作"舉也"。國語晉語七:"逮鰥寡,～廢淹。"韋昭注:"振,起也。"文選漢賈誼過秦論:"～長策而御宇内。"❷摇動。詩豳風七月:"六月莎雞～羽。"引申爲抖。楚辭戰國屈原漁父:"新沐者必彈冠,新浴者必～衣。"❸奮起。詩周頌振鷺:"～鷺于飛,于彼西雝。"禮記月令孟春之月:"東風解凍,蟄蟲始～。"❹開放。左傳文公十六年:"自廬以往,～廩同食。"杜預注:"振,發也。"南朝梁劉勰文心雕龍情采:"夫水性虛而淪漪結,木體實而花萼～。"❺救濟。後來寫作"賑"。禮記月令季春之月:"命有司發倉廩,賜貧窮,～乏絶。"❻整頓。書大禹謨:"班師～旅。"僞孔傳:"兵入曰振旅,言整衆。"❼消除。左傳昭公十八年:"祓禳於四方,～除火災。"杜預注:"振,棄也。"❽通"震"。震動。戰國策燕策三:"燕王誠～畏,慕大王之威,不敢興兵以拒大王。"史記魏公子列傳:"公子威～天下。"

2. zhēn 集韻之人切,音真,平,真韻,照三。文部。

❾〔振振〕①仁厚貌。詩周南麟之趾:"振振公子。"②盛貌。左傳僖公五年:"均服振振,取虢之旂。"

3. zhěn。文部。

❿通"袗"。單衣。禮記玉藻:"～絺綌不入公門。"

[同源字]振,震,娠。見"震"字條。

挪 nuó 諾何切,平,歌韻,泥。

後起字。❶搓挪。見集韻。❷移用。字本作"那"。宋歐陽修乞放行牛皮膠鰾:"兼更使用不足,須至減料那融。"宋李心傳建炎以來繫年要録:"本路歲用和買本錢七十三萬餘緡,悉是無可～撥。"

捂 wǔ 五故切,去,暮韻,疑。魚部。

❶抵觸。南朝宋裴駰史記集解序:"人心不同,聞見異辭,班氏所謂'疏略抵～'者,依違不悉辯也。"❷逆,對面。儀禮既夕禮:"若無器,則～受之。"❸支撑。宋朱熹朱子語類論治道:"到得這家計壞了,更支～不住。"

挶 jū 居玉切,入,燭韻,見。屋部。

❶執,持。説文:"挶,戟持也。"漢書揚雄傳下:"則不能撠膠葛。"唐顔師古注:"撠,～也。"❷運土的器具。左傳襄公九年:"陳畚～,具綆缶。"杜預注:"挶,土輿。"❸耳疾。吕氏春秋盡數:"精不流則氣鬱,…處耳則爲～爲聾。"

捃 jùn 居運切,去,問韻,見。文部。

拾取。説文作"攈"。云:"拾也。"史記十二諸侯年表:"及如荀卿、孟子、公孫固、韓非之徒,各往往～摭春秋之文以著書,不可勝紀。"

捎 1. shāo 所交切,音梢,平,肴韻,審二。宵部。

❶選擇。說文:“自關已西,凡取物之上者爲橋捎。”廣雅釋詁一:“捎,擇也。”❷拂掠。史記司馬相如列傳上林賦:“拂翳鳥,～鳳皇。”❸芟,殺。史記龜策列傳:“以夜～兔絲去之。”文選漢張衡東京賦:“～魑魅,斮獝狂。”❹順便捎帶(晚起義)。元白樸東牆記三:“我臨來時,他又與了箇簡帖來～與姐姐哩。”

2. xiāo 相邀切,音消,平,宵韻,心。宵部。

❺消除。周禮考工記輪人:“以其圍之防～其藪。”

捍 1. hàn 侯旰切,音翰,去,翰韻,匣。元部。

❶同“扞”。保衛,抵禦。商君書賞刑:“千乘之國,若有～城者,攻將凌其城。”禮記祭法:“能～大患則祀之。”引申爲古代射者所著的一種革製袖套,又名拾,遂。禮記内則:“右佩玦、～、管、遰、大觿、木燧。”鄭玄注:“捍,謂拾也,言可以捍弦也。”❷堅實貌。管子地員:“壤土之次曰五浮。五浮之狀,～然如米。”尹知章注:“捍,堅貌。其土屑碎如米。”❸通“悍”。勇猛,强悍。史記貨殖列傳:“而民雕～少慮。”裴駰索隱:“人雕悍,言如雕性之捷捍也。”

2. gǎn。

❹碾壓(晚起義)。清平山堂話本快嘴李翠蓮記:“你可急急走出門,饒你幾下～麵杖。”

按,說文無捍字,但作扞。

捏 niē 奴結切,入,屑韻,泥。

❶用手指將軟的東西捻成一定形狀。唐馮贄雲仙雜記七:“房琯少時,曾至洲渚上,團沙～成睡嵇康。”❷握。古今雜劇元鄭德輝㑳梅香一:“俺～住這玉佩慢慢的行將去。”❸一種按摩手法。慧琳一切經音義一八:“人自摩自～,申縮手足,除勞去煩,名爲導引。”❹虚構,僞造。晉干寶搜神記二:“刺史陰謀欲奪我馬,私～人訴,意欲殺我。”宋宋慈宋提刑洗寃集録:“州縣司吏,通行～合虚套。”

按,說文無揑字。

挹 1. yì 伊入切,音邑,入,緝韻,影。緝部。

❶舀,酌取。說文:“挹,抒也。”徐鍇曰:“從上酌之也。”詩小雅大東:“維北有斗,不可以～酒漿。”又大雅泂酌:“泂酌彼行潦,～彼注兹。”❷牽引,援引。文選晉郭璞遊仙詩:“左～浮丘袖,右拍洪崖肩。”新唐書李頻傳:“(姚)合大加獎～,以女妻之。”❸抑制,謙下。荀子宥坐:“富有四海,守之以謙,此所謂～而損之之道也。”文選漢朱浮爲幽州牧與彭寵書:“(耿)俠遊謙讓,屢有降～之言。”

2. yī。緝部。

❹通“揖”。作揖。荀子議兵:“拱～指麾,而彊暴之國莫不趨使。”又富國作“揖”。

捌 bā 百鎋切,入,鎋韻,幫。月部。

❶農具名。急就篇三:“捃穫秉把插～杷。”顔師古注:“無齒爲捌,有齒爲杷。”❷裂,破,用手分開。漢崔寔政論:“摧拉～裂,亦無可奈何矣。”❸“八”的大寫。唐白居易論行營狀請勒魏博等四道兵馬却守本界事:“況其軍一月之費,計實錢貳拾柒～萬貫。”

捐 juān 與專切,平,仙韻,喻四。元部。

❶捨棄。說文:“捐,棄也。”莊子山木:“吾願君去國～俗。”史記魏其武安侯列傳:“侯自我得之,自我～之,無所恨。”❷除去。孟子萬章上:“父母使舜完廩,～階。”❸捐助,獻納。史記貨殖列傳:“唯無鹽氏出～千金貸。”❹賦税(晚起義)。清會典事例二四:“江北設立釐～總局。”❺車環。爾雅釋器:“環謂之～。”

捉 zhuō 側角切,入,覺韻,照二。屋部。

❶握,持。說文:“捉,搤也。”左傳僖公二

十八年："叔武將沐，聞君至，喜，～髮走出。"漢書王褒傳聖主得賢臣頌："昔周公躬吐～之勞。"顏師古注："一飯三吐飡，一沐三捉髮。"三國志 蜀書宗預傳："孫權～預手涕泣而別。"引申爲掌管，把住。新唐書食貨志五："置京諸司公廨本錢，～以令史、府史、胥士。"水滸傳一六回："爬將起來，兀自～脚不住。"㊁捕拿。三國志蜀書馬超傳："超負其多力，陰欲突前～曹公。"宋趙令畤侯鯖録六："今日～將官裏去，這回斷送老頭皮。"㊂趁（晚起義）。京本通俗小説錯斬崔寧："明日～個空，便一逕到臨安府前叫起屈來。"㊃捉弄。金董解元西厢記諸宫調七："道張珙新來受了別人家～。"

［辨］逮，捕，捉。見"逮"字條。

捆 kŭn 集韻苦本切，上，混韻，溪。文部。

㊀叩擊使牢固。孟子滕文公上："皆衣褐，～屨織席以爲食。"趙岐注："捆，猶叩椓也。織屨欲使堅，故叩之也。"㊁織具，像後來的梭。漢劉向列女傳一："持交而不失，出入不絕者，～也。"㊂捆綁（晚起義）。紅樓夢七回："賈蓉忍不住，便罵了幾句，叫人：'～起來！'"

按，説文無捆字。

捋 luō 郎括切，入，末韻，來。月部。

㊀以手握物，順移脱取。説文："捋，取易也。"詩周南芣苢："采采芣苢，薄言～之。"引申爲順手撫摩。古樂府日出東南隅行："行者見羅敷，下擔～髭鬚。"㊁低劣（晚起義）。元睢玄明要孩兒詠鼓曲："這廝則嫌樂器低，却不道本事～。"

捊 póu 薄侯切，平，侯韻，並。幽部。

引聚。説文："捊，引取也。"段玉裁改爲"引堅也。"並云："堅義同聚。"〔捊治〕聚土耕種。禮記禮運："人情以爲田。"鄭玄注："田，人所捊治也。"孔穎達疏："捊，謂以手捊聚，即耕種耘鋤也。"

挼 1. ruó 集韻奴禾切，平，戈韻，泥。歌部。

㊀揉搓。説文作捼，云："推也，一曰兩手相切摩也。"晉書劉毅傳："（劉裕）因～五木久之。…四子俱黑，其一子轉躍未定，裕厲聲喝之，即成盧焉。"

2. huī 集韻翾規切，平，支韻，曉。歌部。

㊁祭食。見集韻。〔挼祭〕尸未食前之祭。儀禮特牲饋食禮："祝命挼祭。"鄭玄注："命，詔尸也。挼祭，祭神食也。"

捈 tú 同都切，音圖，平，模韻，定。魚部。

引，抒。説文："捈，卧引也。"段玉裁注："卧引，謂横而引之也。"法言問神："～中心之所欲，通諸人之嚍嚍者，莫如言。"

挫 1. cuò 則卧切，去，過韻，精。歌部。

㊀摧折，折斷。説文："挫，摧也。"周禮考工記輪人："凡揉牙，外不廉而内不～。"鄭玄注："廉，絕也。挫，折也。"㊁屈辱，受挫折。孟子公孫丑上："思以一毫～於人，若撻之於市朝。"管子五輔："是以小者兵～而地削，大者身死而國亡。"㊂打擊。後漢書史弼傳："弼爲政，特～抑彊豪。"

2. zuò 集韻徂卧切，音座，去，過韻，從。歌部。

㊃提起。老子："或～或隳。"釋文："挫，作卧反，搦也。"

捁 jiǎo 集韻吉巧切，音絞，上，巧韻，見。

擾亂。説文作攪，云："亂也。"引詩："祇攪我心。"後漢書馬融傳廣成頌："散毛族，～羽羣。"李賢注："案字書，捁從手，即古文攪字，謂攪擾也。"唐韓愈曹成王碑："蹐隨光化，～其州。"

挺 1. tǐng 徒鼎切，上，迥韻，定。耕部。

㊀拔出，引拔。説文："挺，拔也。"戰國策魏策四："～劍而起。"漢書師丹傳："乃者以～力田議改幣章示君。"顏師古注："挺，引拔也。謂特拔異力田之人，優寵之也。"㊁撑直，伸

直。荀子勸學："雖有槁暴不復～者，輮使之然也。"㊂特出，突出。三國志蜀書吕凱傳："今諸葛丞相英才～出，深覩未萌。"㊃寬待。禮記月令仲夏之月："～重囚，益其食。"鄭玄注："挺，猶寬也。"㊄動摇。吕氏春秋忠廉："雖名爲諸侯，實有萬乘，不足以～其心矣。"高誘注："挺，猶動也。"㊅量詞。儀禮鄉飲酒禮："薦脯五～。"釋文："本亦作脡。"唐韓愈藍田縣丞廳壁記："南牆鉅竹千～，儼立若相持。"㊆不屈服（晚起義）。元曲選魔合羅三："將你個賽隨何、欺陸賈、～曹司、翻舊案，赤瓦不剌海猢猻頭，嘗我那明晃晃勢劍銅鍘。"

2. tíng 特丁切，音庭，平，青韻，定。

㊇舊縣名。在今山東萊陽南。

［同源字］梃，杖，棖，莛，珽，脡，挺。見"梃"字條。

捔 1. jué 古岳切，音角，入，覺韻，見。屋部。

㊀競力。法苑珠林一六："太子至年十歲，與兄弟～力。"㊁暗昧。淮南子説林："黂燭～，膏燭澤也。"高誘注："燭光捔澤，喻光明有明昧也。"

2. zhuó 士角切，入，覺韻，牀二。屋部。

㊂刺取。文選漢張衡西京賦："叉簇之所攙～。"李善注："攙捔，皆貫刺之。"

按，説文無捔字。

挽 wǎn 無遠切，音晚，上，阮韻，微。元部。

㊀拉，牽引。説文作輓，云："引之也。"莊子天運："今取猨狙而衣以周公之服，彼必齕齧～裂，盡去而後慊。"新唐書安禄山傳："晚益肥，腹緩及膝，奮兩臂若～牽者乃能行。"㊁捲起。宋蘇軾送周朝議守漢州詩："召還當有詔，～袖謝鄰里。"㊂哀悼死者。後來寫作"輓"。新唐書承天皇帝倓傳："（李）泌爲～詞二解，追述倓志，命～士唱。"

［同源字］輓，挽。見"輓"字條。

挻 shān 式連切，平，仙韻，審三。元部。

㊀揉和。字亦作"埏"。老子："挻埴以爲器。"釋文本作"埏"。淮南子説山："譬猶陶人爲器也，揲～其土。"㊁延伸。梁書高帝紀上："皇家不造，遘此凶昏，禍～動植，虐被人鬼。"㊂篡取，奪取。漢書賈誼傳："主上有敗，則因而～之矣。"

［備考］説文："挻，長也。"

挼 zùn 子寸切，尊去聲，慁韻，精。文部。

㊀擠，推。説文："挼，推也。"左傳定公八年："將歃，涉佗～衛侯之手及捥。"杜預注："挼，擠也，血至捥。"㊁捏（後起義）。宋楊無咎永遇樂詞："折一枝釵頭未插，應把手～頻嗅。"㊂搓，團弄（晚起義）。西遊記三九回："是那裏土塊～的，這等容易？"

挨 1. ǎi 於駭切，上，駭韻，影。之部。

㊀擊，推。説文："挨，擊背也。"列子黄帝："既而狎侮欺詒，攩拯～扰，亡所不爲。"張湛注："挨，烏駭反，推也。"

2. āi。

㊁靠着（後起義）。宋王禹偁新秋即事詩："石～苦竹旁抽筍，雨打戎葵卧放花。"㊂依次（晚起義）。明實録五六："～次給假回還原籍。省親祭祖。"

3. ái。

㊃遭受，忍受（晚起義）。元曲選合汗衫："我如今無舖無蓋，教我冷難～。"㊄拖延（後起義）。宋朱熹朱子語類一〇八："今世士大夫惟以苟且逐旋～去爲事，～得過時且過。"

八　畫

控 1. kòng 苦貢切，去，送韻，溪。東部。

㊀引弓，開弓。説文："控，引也。"唐白居易宣州試射中正鵠賦："在乎矢不虚發，弓不再～。"㊁控制，操縱。詩鄭風大叔于田："抑磬～忌，抑縱送忌。"毛傳："止馬曰控。"穀梁傳僖公五年："桓～大國，扶小國。"㊂走告。詩鄘風載馳："～于大邦，誰因誰極？"毛傳："控，引。"朱熹集傳："控，持而告之也。"㊃投。

莊子逍遥遊："時則不至而～於地而已矣。"

2. qiāng 苦江切，音腔，平，江韻，溪。東部。

㊄打。見集韻。莊子外物："儒以金椎～其頤。"

捥 wàn 烏貫切，去，换韻，影。元部。

同"腕"。手腕。説文作"掔"。左傳定公八年："涉佗捘衛侯之手及～。"史記刺客列傳："樊於期偏袒搤～而進。"裴駰索隱："捥，古腕字。"

掊 1. póu 薄侯切，平，侯韻，並。之部。

㊀用手扒土。史記封禪書："見地如鉤狀，～視得鼎。"㊁通"抔"。掬，以手捧物。論衡調時："河決千里，塞以一～之土，能勝之乎？"㊂〔掊克〕搜括，聚斂。詩大雅蕩："曾是彊禦，曾是掊克。"也指搜括民財的人。孟子告子下："遺老失賢，掊克在位。"

[備考]説文："掊，把也（一作杷也），令鹽官入水取鹽爲掊。"

2. pǒu 集韻彼口切，上，厚韻，幫。之部。

㊃擊破，打擊。莊子逍遥遊："吾爲其無用而～之。"又胠篋："～擊聖人，縱舍盗賊，而天下始治矣。"

3. bó。

㊄通"踣"。倒覆。史記吕后本紀："乃顧麾左右執戟者～兵罷去。"

接 1. jiē 即葉切，入，葉韻，精。葉部。

㊀交接，接觸。説文："接，交也。"孟子梁惠王上："兵刃既～，棄甲曳兵而走。"㊁接近。儀禮聘禮："公揖入，主于中庭，賓立～西塾。"鄭玄注："接，猶近也。"㊂接待。孟子萬章下："其交也以道，其～也以禮。"史記屈原列傳："出則～遇賓客，應對諸侯。"㊃會合。國語吴語："兩君偃兵～好，日中爲期。"韋昭注："接，合也。"㊄承受。禮記曲禮上："由客之左，～下承弣。"孔穎達疏："接客左手之下而取弓。"㊅連續，繼承。儀禮聘禮："～聞命。"鄭玄注："接，猶續也。"史記平準書："漢興，～秦之獘。"㊆〔反接〕反縛雙手。史記陳丞相世家："武士反接之。"

2. jié 集韻疾葉切，音捷，入，葉韻，從。葉部。

㊇迅速。荀子大略："先事慮事謂之～，～則事優成。"楊倞注："接讀爲捷，速也。"

[同源字]椄，接。見"椄"字條。

探 tàn 他含切，音貪，平，覃韻，透。舊讀平聲。侵部。

㊀摸取。説文："探，遠取之也。"書多方："則惟爾多方，～天之威，我則致天之罰。"論語季氏："見善如不及，見不善如～湯。"㊁試探。穀梁傳隱公元年："已～先君之邪志，而遂以與桓。"㊂尋求。漢書董仲舒傳："春秋深～其本，而反自貴者始。"㊃預先。唐姚合武功縣中作："每旬常乞假，隔月～支錢。"宋陸游初秋即事詩："却愧鄰家常作苦，～租黄犢待寒耕。"㊄向前伸出（晚起義）。清吴敬梓儒林外史二八回："只見那姓諸葛的在那裏～頭～腦的望。"

掠 lüè 離灼切，音略，入，藥韻，來。鐸部。

㊀擄掠，奪取。字亦作"略""剠"。左傳襄公十一年："納斥候，禁侵～。"㊁笞擊，拷問。禮記月令仲春之月："毋肆～，止獄訟。"鄭玄注："掠，謂捶治人。"後漢書章帝紀："律云：'～者唯得榜、笞、立。'"李賢注："掠，問也。"㊂砍伐。穆天子傳五："命虞人～林除藪，以爲百姓材。"㊃拂過（後起義）。唐韓愈戲題牡丹詩："雙燕無機還拂～，游蜂多思正經營。"宋蘇軾後赤壁賦："有孤鶴横江東來，…～予舟而西也。"㊄梳理（後起義）。宋辛棄疾瑞鶴仙賦梅："溪匳照梳～，想含香弄粉，豔妝難學。"金董解元西廂記諸宫調三："鏡兒裏不住照，把鬢鬟～了重～。"

[同源字]略，掠。見"略"字條。

按，説文無掠字，新附有之，云："奪取也。"

捽 zuó 昨没切，入，没韻，從。物部。

❶揪住。説文："捽，持頭髮也。"戰國策楚策一："吾將深入吴軍，若扑一人，若～一人。"鮑彪注："捽，持髮也。"淮南子氾論："至其溺也，則～其髮而拯。"❷抵觸，衝突。國語晉語："戎夏交～。"韋昭注："捽，交對也。"莊子列禦寇："齊人之井，飲者相～也。"❸拔。漢書貢禹傳："農夫父子暴露中野，不避寒暑，～屮(草)杷土，手足胼胝。"

掖 1. yè 羊益切，入，昔韻，喻四。鐸部。

❶挾持，拉人手臂。説文："掖，以手持人臂也。"左傳僖公二十五年："二禮從國子巡城，～以赴外，殺之。"❷扶持，引導。詩陳風衡門序："故作是詩以誘～其君也。"❸通"腋"。胳肢窩。史記商君列傳："千羊之皮，不如一狐之～。"引申爲兩旁。〔掖門〕宫中的旁門。漢書高后紀："(劉)章從(周)勃請卒千人，入未央宫掖門。"注："非正門而在兩旁，若人之臂掖也。"❹袖。禮記儒行："丘少居魯，衣逢～之衣。"鄭玄注："逢猶大也。大掖之衣，大袂禪衣也。"

2. yē。

❺塞進(晚起義)。紅樓夢五一回："你來把我這邊的被～～罷。"

掂 1. diān 字彙丁廉切。

晚起字。❶量物輕重。紅樓夢五一回："麝月聽了，便放下戥子，揀了一塊，～了一～。"❷計較。紅樓夢五五回："你這小蹄子兒，要～多少過兒纔罷。"❸跌落，跌斷。元曲選元白樸牆頭馬上三："呀！玷叮噹～做了兩三截。"

2. diǎn 音點。

❹同"踮"。以脚尖着地。元曲選鐵拐李四："有德行的吾師恰到來，我這裏～脚舒腰拜。"

捩 1. liè 練結切，入，屑韻，來。

後起字。❶拗折，扭轉。晉書安平獻王孚傳："阿皮～吾指，奪吾璽綬，不可不殺。"唐杜甫義鶻行："斗上～孤影，噭哮來九天。"

2. lì 郎計切，音麗，去，霽韻，來。

❶琵琶的撥子。梁簡文帝詠内人晝眠詩："攀鉤落綺障，插～舉琵琶。"

掮 qián。

晚起字。用肩扛東西。明李素甫元宵鬧傳奇四："他是個啞道童，有些蠻力，故爾用他～些行頭。"

捲 1. juǎn 居轉切，上，獮韻，見。

❶同"卷"。把東西捲成筒狀。北周庾信詠畫屏風詩："玉柙珠簾～，金鉤翠幔懸。"

2. quán 巨員切，音權，平，仙韻，羣。元部。

❶通"拳"。拳頭。史記孫子吴起列傳："夫解雜亂紛糾者不控～。"司馬貞索隱："捲即拳也。"

［備考］説文："捲，氣勢也。…一曰捲收也。"

［同源字］卷，拳，鬈，踡，蜷，捲，觠。見"踡"字條。

掞 1. shàn 舒贍切，去，豔韻，審三。

❶舒展。文選晉左思蜀都賦："幽思絢道德，摛藻～天庭。"

2. yǎn 集韻以冉切，上，琰韻，喻四。談部。

❷通"剡"。鋭利。淮南子俶真："撢～挺挏世之風俗。"高誘注："掞，利也。"

3. yàn 集韻以贍切，去，豔韻，喻四。談部。

❸通"焱"。光芒。漢書禮樂志郊祀歌："長麗前～光耀明。"顔師古注引晉灼："掞即光炎字也。"

捧 pěng 敷奉切，上，腫韻，敷。東部。

❶兩手承托。古多作"奉"。莊子達生："則～其首而立。"後漢書朱浮傳："此猶河濱之人～土以塞孟津，多見其不知量也。"❷扶

擁。唐元稹鶯鶯傳："俄而紅娘～崔氏而至。"

按，說文捧作奉，云："承也。"

掛 guà 古賣切，去，卦韻，見。支部。

同"挂"。㊀懸挂。易繫辭上："分而爲二以象兩，～一以象三。"三國志魏書裴潛傳注引魏略："嘗作一胡牀，及其去也，留以～柱。"㊁登記(晚起義)。〔掛號〕按次序登記。明張居正奏疏三："撰述官用關防掛號。"

按，說文掛作挂。

捷 1. jié 疾葉切，入，葉韻，從。葉部。

㊀勝利。說文："捷，獵也，軍獲得也。"詩小雅采薇："豈敢定居？一月三～。"戰利品也稱捷。春秋莊公三十一年："齊侯來獻戎～。"引申爲成功。左傳宣公十二年："事之不～，惡有所分？"㊁敏疾，迅速。吕氏春秋貴卒："吴起之智，可謂～矣。"韓非子難言："～敏辯給，繁於文采，則見以爲史。"㊂抄行便道。左傳成公五年："待我，不如～之速也。"杜預注："捷，邪出。"㊃重量單位。小爾雅廣衡："二十四銖曰兩，兩有半曰～。"

［備考］㊀及。漢書揚雄傳反離騷："鳳皇翔於蓬陼兮，豈駕鵝之能～？"顏師古注引晉灼："捷，及也。"㊁養。吕氏春秋論威："其藏於民心，～於肌膚也，深痛執固。"高誘注："捷，養也。"

2. qiè 集韻七接切，入，葉韻，清。葉部。

㊄〔捷捷〕巧辯貌。詩小雅巷伯："捷捷幡幡，謀欲譖言。"

［同源字］疾，捷。見"疾"字條。

㨨 liǎng 集韻里養切，音兩，上，養韻，來。

整飾。左傳宣公十二年："御下，兩馬掉鞅而還。"釋文引徐邈："或作㨨。"集韻亦引作㨨，云："飾也。"

按，說文無㨨字。

掫 zōu 子侯切，平，侯韻，精。侯部。

㊀巡夜打更。說文："掫，夜戒守有所擊。"左傳昭公二十年："賓將～，主人辭。"㊁地名。後漢書劉玄傳："更始使王匡、陳牧、成丹、趙萌屯新豐。李松軍～以拒之。"注："續漢志曰：'新豐有鴻門亭。'掫城即此也。"

措 1. cuò 倉故切，去，暮韻，清。鐸部。

㊀安放。說文："措，置也。"論語子路："刑罰不中，則民無所～手足。"莊子田子方："～杯水其肘上。"㊁施與，施行。易繫辭上："舉而～之天下之民，謂之事業。"禮記中庸："故時～之宜也。"鄭玄注："時措，言得其時而用也。"引申爲置辦。㊂棄置。禮記中庸："有弗學，學之弗能，弗～也。"孔穎達疏："措，置也。言學不至於能，不措置休廢。"㊃交錯，夾雜。史記燕世家："燕外迫蠻貉，内～齊晉。"司馬貞索隱："措，交雜也。又作錯。"

2. zé 集韻側格切，入，陌韻，照二。鐸部。

㊄夾住。史記梁孝王世家："平王襄及任王后遮止，閉門，李太后與争門，～指。"司馬貞索隱："謂爲門扇所笮。"㊅追捕。見集韻。漢書王莽傳下："亟進所部州郡兵凡十萬衆，迫～前隊醜虜。"

掝 1. huō 呼麥切，入，麥韻，曉。

㊀裂。見廣雅釋詁。

2. huò 字彙穫北切，音或。職部。

㊁通"惑"。〔掝掝〕迷惑。荀子不苟："其誰能以己之潐潐，受人之掝掝者哉？"

按，說文無掝字。

掗 1. yǎ 集韻倚下切，音啞，上，馬韻，影。

後起字。㊀摇。見集韻。水滸傳一三回："～着金蘸斧，立馬在陣前。"㊁推開。金董解元西廂記諸宫調四："朱扉半～，驀覷伊向西廂下。"

2. yà 字彙依架切，音亞。

㊂强人接受。明馮夢龍醒世恒言賣油郎獨占花魁："美娘道：'説那裏話？'將銀子～在秦重袖内。"㊃〔掗靶〕叠韻聯緜字。把持。琵琶記幾言諫父："不想道相掗靶，這做作難禁架。"㊄用力壓。清黄六鴻福惠全書三一："若

用手摇磨,針孔～緊,水可良久不消。”

捱 1. ái 集韻宜佳切,音崖,平,佳韻,疑。

後起字。❶熬,遭受。元曲選殺狗勸夫一:“把我趕在破瓦窑中～凍餒。”又四:“公廳上～杖子,胡攀亂指。”❷拖延。宋朱熹朱子語類三九:“曾子魯鈍難曉,只是他不肯放過,直是～得到透徹了方住。”

2. āi。

通“挨”。❸依次。平妖傳四:“(嚴)半仙～次流水般看去。”❹挪動。古今雜劇荆楚臣重對玉梳三:“盼郵亭,巴堠子,一步～一步。”

捺 nà 奴曷切,入,曷韻,泥。

後起字。❶向下按。唐張文成遊仙窟:“先須～後脚,然後勒前腰。”唐張鷟朝野僉載高崔嵬:“唐散樂高崔嵬善弄癡,太宗命給使～頭向水下。”❷漢字向右斜下的筆畫。

掎 jǐ 居綺切,上,紙韻,見。歌部。

❶拖住。説文:“掎,偏引也。”周禮秋官翨氏:“掌攻猛鳥,各以其物爲媒而～之。”鄭玄注:“置其所食之物於絹中,鳥來下則掎其脚。”漢書敘傳:“昔秦失其鹿,劉季逐而～之。”李賢注:“掎,偏持其足也。”引申爲牽制。後漢書袁紹傳:“大軍汎黄河以角其前,荆州下宛葉而～其後。”❷發射。後漢書班彪傳附班固兩都賦:“機不虚～,弦不再控。”❸支撑。詩小雅小弁:“伐木～矣,析薪扡矣。”孔穎達疏:“掎者,倚也。謂以物倚其巔峰也。”

掩 yǎn 衣儉切,上,琰韻,影。談部。

❶遮蓋。説文:“掩,斂也。”左傳僖公三十三年:“且吾不以一眚～大德。”荀子解蔽:“～耳而聽者,聽漠漠而以爲哅哅。”❷隱匿,包庇。左傳文公十八年:“毁則爲賊,～賊爲藏。”杜預注:“掩,匿也。”❸關閉(後起義)。南史袁粲傳:“席門常～,三徑裁通。”❹盡,遍及。淮南子主術:“故先王之法,畋不～羣。”高誘注:“掩,猶盡也。”漢書敘傳:“～有東土,自岱徂海。”❺乘其不備而襲取之。史記彭越列傳:“於是上使使～梁王,梁王不覺,捕梁王,囚之雒陽。”

豩 zhuó 竹角切,入,覺韻,知。屋部。

❶擊。説文作豥,云:“擊也。”❷挑撥。吕氏春秋愼行:“慶封又欲殺崔杼而代之相,於是～崔杼之子,令之争後。”

据 1. jū 九魚切,音居,平,魚韻,見。魚部。

❶〔拮据〕雙聲聯緜字。見“拮”字條。

2. jù 魚部。

❷通“據”。依據。漢書酷吏傳贊:“趙禹～法守正。”❸通“倨”。〔据傲〕傲慢。吕氏春秋懷寵:“子之在上無道据傲,荒怠貪戾,虐衆恣睢自用也。”

掘 1. jué 其月切,入,月韻,羣。物部。

❶挖。説文:“掘,搰也。”易繫辭下:“斷木爲杵,～地爲臼。”❷竭盡。老子:“天地之間,其猶橐籥乎?虚而不～,動而愈出。”❸通“崛”。特起。漢書揚雄傳甘泉賦:“洪臺～其獨出兮。”文選作“崛”。

2. kū 集韻苦骨切,入,没韻,溪。物部。

❹通“窟”。洞穴。戰國策秦策一:“且夫蘇秦特窮巷～門桑户棬樞之士耳。”吴師道補注:“掘即窟,古字通。”

3. wù。

❺通“兀”。静止貌。莊子田子方:“向者先生形體～若槁木。”

掇 1. duó 丁括切,入,末韻,端。月部。

❶拾取。説文:“掇,拾取也。”詩周南芣苢:“采采芣苢,薄言～之。”引申爲摘,選取。漢書董仲舒傳:“～其切當世,施朝廷者著于篇。”❷端起(後起義)。宋楊萬里火閣午睡起負暄詩:“覺來一陣寒無奈,自～胡牀負太陽。”❸抄掠,奪取。史記張儀列傳:“中國無事,秦得燒～焚杅君之國。”司馬貞索隱:“謂焚燒而侵掠。”❹折轉,回轉(晚起義)。明王世貞鳴鳳記傳奇:“那時我就～身轉來,就如奉承嚴家一般奉承他了。”❺通“剟”。削。漢

書王嘉傳:"上於是定(息夫)躬、(孫)寵告東平(王雲)本章,～去宋弘,更言因董賢以聞。"顏師古注:"掇讀曰剟。剟,削也,削去其名也。"

2. zhuō 集韻朱劣切,入,薛韻,照三。

㊅通"拙"。短。莊子秋水:"知量無窮,證曏今故,故遥而不悶,～而不跂。"

3. chuò。

㊆止。通"輟"。文選晉左思魏都賦:"剞劂罔～,匠斲積習。"

掃 sǎo 蘇老切,上,晧韻,心。幽部。

㊀掃除塵穢。説文作埽,云:"棄也。"詩唐風山有樞:"子有廷内,弗灑弗～。"引申爲清除,消滅,文選漢張衡東京賦:"～項軍於垓下,紲子嬰於軹塗。"㊁畫,抹(後起義)。唐張祜集靈臺詩:"却嫌脂粉汙顏色,淡～蛾眉朝至尊。"㊂掠過。唐李白大獵賦:"千騎飈～,萬衆雷奔。"㊃盡其所有。史記項羽本紀:"埽境内而專屬於將軍,國家安危,在此一舉。"

捫 mén 莫奔切,音門,平,魂韻,明。文部。

㊀持,握。説文:"捫,撫持也。"詩大雅抑:"莫～朕舌,言不可逝矣。"㊁撫摸。史記高祖本紀:"漢王傷匈,乃～足曰:'虜中吾指。'"

排 1. pái 步皆切,平,皆韻,並。微部。

㊀推移,排擠。説文:"排,擠也。"墨子貴義:"爲義而不能必無～其道,譬若匠人之斲,而不能無～其繩。"莊子在宥:"人心～下而進上。"㊁批,分開。漢書賈誼傳:"屠牛坦一朝解十二牛,而芒刃不頓者,所～擊剥割,皆衆理解也。"㊂疏通。孟子滕文公上:"決汝漢,～淮泗而注之江。"㊃調解,排除。戰國策趙策:"所貴於天下之士者,爲人～患釋難解紛亂而無所取也。"㊄推擠。漢書朱買臣傳:"坐中驚駭,白守丞,相推～陳列中庭拜謁。"㊅編排,編次(後起義)。唐白居易編集拙詩成一十五卷詩:"莫怪氣麤言語大,新～十五卷詩成。"㊆排演,張設。宋釋文瑩湘山野録上:"頃有眉守初視事,三日,大～,樂人獻口號。"大排謂大合樂。金元好問喜春來曲:"春宴～,齊唱喜春來。"㊇兵器,即盾牌。周書劉雄傳:"大將軍韓歡與(段)孝先戰不利,雄身負～,率所部二十餘人,據塹力戰,孝先等乃止。"

2. bài。

㊈鼓風吹火的工具。後漢書杜詩傳:"造作水～,鑄爲農器。"李賢注:"排,音蒲拜反。冶鑄者爲排以吹炭,今激水以鼓之也。"

掆 gāng 古郎切,音剛,平,庚韻,見。

㊀舉。文選晉潘岳閑居賦"太夫人乃御版輿"注引周遷輿服雜事記:"步輿,方四尺,素木爲之,以皮爲襻～之。"㊁頂住(晚起義)。西遊記五六回:"獃子慌了,往山坡下築了有三尺深,下面都是石脚石根,～住耙齒。"

按,説文無掆字。

掍 hùn 胡本切,音混,上,混韻,匣。文部。

混同。集韻引博雅:"掍,同也。"文選漢班固西都賦:"～建章而連外屬。"又漢王褒洞簫賦:"帶以象牙,～其會合。"李善注:"言以象牙飾其會合之際,言巧密也。"

按,説文無掍字。

掫 zhào 集韻直紹切,音趙,上,小韻,澄。幽部。

刺。周禮冬官考工記"粤無鎛"鄭玄注引詩:"其鎛斯～。"今詩周頌良耜作"趙"。

按,説文無掫字。

抻 1. chēn 集韻癡鄰切,平,真韻,徹。

後起字。㊀用手把東西拉長。集韻:"抻,手伸物也。"

2. tiǎn。

㊁挺出(晚起義)。元張養浩朱履曲:"～着胸登要路,睁着眼履危機。"㊂推,撑。古今小説臨安里錢婆留發跡:"將頭巾望上一～,二十餘人一齊發作。"水滸傳三七回:"一個公

人便將水火棍～開了船。"㊃撥。明馮夢龍醒世恒言賣油郎獨占花魁："專等女兒出門，～開鎖鑰。"㊄輕手輕脚而入。水滸傳五六回："看看天色黑了，時遷～入班門裏面。"

掉 diào 徒弔切，去，嘯韻，定。藥部。

㊀摇擺。說文："掉，摇也。"左傳昭公十一年："尾大不～。"國語楚語上："譬之如牛馬，處暑之既至，蝱蟹之既多，而不能～其尾。"漢書蒯通傳："酈生一士，伏軾～三寸舌，下齊七十餘城。"顔師古注："掉，摇也。"引申爲顫動（後起義）。宋蘇洵送石昌言使北引："及明，視道上馬跡，尚心～不自禁。"㊁交。三國志魏書典韋傳："會（吕）布救兵至，三面～戰。"㊂正。左傳宣公十二年："～鞅而還。"杜預注："掉，正也；鞅，羈也。示閒暇。"㊃拋棄，落下（後起義）。唐韓愈元和聖德詩："～棄兵甲，私集篋箧。"宋黄庭堅贈劉静翁頌詩："艱難常向途中覓，～却甜桃摘醋梨。"㊄回轉（晚起義）。紅樓夢八五回："這裏襲人已～背臉往裏回去了。"㊅在動詞後，表示動作的完成（晚起義）。元曲選東堂老二："多喒又被那兩個光棍弄～了。"

［同源字］榣，摇，掉。見"榣"字條。

揹 kèn。

後起字。卡，扣，留難。宋朱熹延和奏劄三："若府州只勦見米～定人口抄劄糶濟，則所及不廣，必致人口流離餓殍，上勞聖慮。"古今雜劇燕青博魚："你將俺這小本經紀來～。"

授 shòu 承呪切，去，宥韻，禪。幽部。

㊀給予，付與。說文："授，予也。"詩鄭風緇衣："還予～子之粲兮。"引申爲除官，任命。漢書翟方進傳："遣使者持黄金印，…即軍中拜～。"㊁數。左傳僖公二十八年："獻俘～馘，飲至大賞。"杜預注："授，數也。"㊂傳授。史記仲尼弟子列傳："子夏居西河教～，爲魏文侯師。"漢書儒林傳序："自魯商瞿子木受易孔子，以～魯橋庇子庸，子庸～江東馯臂子弓。"

採 cǎi 倉宰切，上，海韻，清。之部。

㊀摘取。說文作采，云："捋取也。"史記孫叔敖列傳："秋冬則勸民山～。"引申爲發掘（後起義）。宋蘇軾上皇帝書："～礦伐炭。"㊁選擇，搜集。後漢書周榮傳："屬文著辭，有可觀～。"㊂拔，扯（晚起義）。清平山堂話本快嘴李翠蓮記："若是惱咱性兒起，揪住耳朵～頭髮。"元曲選陳州糶米："張千，將楊金吾～上前來。"

［備考］同"睬"。答理，理會。北齊書後主穆后傳："后既以陸爲母，提婆爲家，更不～輕霄。"

掙 zhèng 字彙側迸切，音諍。

晚起字。㊀用力支持或擺脱。明湯顯祖牡丹亭婚走："俺强～作軟咍咍，重嬌養起這嫩孩孩。"西遊記六九回："那呆子左～右～，～不得脱手，被行者拿定多時。"㊁修飾。金董解元西廂記諸宫調二："梳裹箱兒裏取明鏡，把臉兒～得光瑩。"㊂發怔。金董解元西廂記諸宫調一："瞥然一見如風的，有甚心情更待隨喜？立～了渾身森地！"㊃撑開。元曲選陳州糶米："你～着口袋，我量與你麽。"

捻 niē 奴協切，入，怗韻，泥。

後起字。㊀撚，以指推轉。北魏賈思勰齊民要術四："作白李法，…手～之，令褊。"㊁拈取。唐杜牧杜秋娘詩："金階露新重，閑～紫簫吹。"㊂按，捏。梁簡文帝箏賦："照瓊環而俯～，度玉爪而徐牽。"㊃閉塞。晉書五行志中："百姓謡云：'昔年食白飯，今年食麥麩。天公誅謫汝，教汝～嚨喉。'"㊄修飾，漂亮。金董解元西廂記諸宫調四："身分即村，衣服兒忒～。"㊅量詞，把。宋毛滂粉蝶兒詞："褪羅衣楚腰一～。"

捦 qín 巨金切，平，侵韻，羣。侵部。

捉。說文："捦，急持衣衿也。"字本作禽，後來寫作"擒"。唐玄應一切經音義一一引三蒼:"捡,手捉物也。"又引埤蒼:"捡,捉也。今皆作擒也。"

捨 shě 書冶切,上,馬韻,審三。魚部。

㊀釋手,放棄。說文:"捨,釋也。"三國志魏書明帝紀注引魏略:"馬不～鞍,士不釋甲。"文選晉盧諶覽古詩:"～生豈不易?處死誠獨難。"字本作"舍"。孟子告子上:"二者不可得兼,舍生而取義者也。"㊁施捨。梁書到溉傳:"初與弟洽共居一齋。洽卒後,便～爲寺。"

[同源字]捨,赦。見"赦"字條。

掄 1. lún 盧昆切,平,魂韻,來。文部。

㊀選擇。說文:"掄,擇也。"周禮地官山虞:"凡邦工入山林而～材,不禁。"國語晉語八:"君～賢人之後,有常位於國者而立之。"

2. lūn。

㊁用力揮動(晚起義)。朝野新聲太平樂府七元曾瑞鬭鵪鶉風情曲:"～的柄銅鍬分外里險。"㊂屈指計算(晚起義)。元曲選元王曄桃花女:"我這孩兒也說道會起課,常常在手兒上～～掐掐,胡言亂話的。"

捶 chuí 之累切,上,紙韻,照三。歌部。

㊀棒打。說文:"捶,以杖擊也。"荀子正論:"詈侮捽搏,～笞臏脚。"論衡變動:"張儀遊於楚,楚相掠之,被～流血。"㊁舂,擣。禮記內則:"欲乾肉,則～而食之。"㊂通"錘"。鍛鍊。莊子大宗師:"夫无莊之失其美,據梁之失其力,黄帝之亡其知,皆在鑪～之間耳。"釋文:"捶,本又作錘。"成玄英疏:"鑪,竈也。捶,鍛也。"㊃通"箠"。杖,鞭。莊子天下:"一尺之～,日取其半,萬世不竭。"

[同源字]箠,棰,捶,椎。見"箠"字條。

挼 nuó 奴禾切,平,戈韻,泥。微部。

揉搓。說文:"挼,推也;一曰兩手相切摩也。"〔挼莎〕叠韻聯緜字。兩手摩搓,指洗手。禮記曲禮上"共飯不澤手"鄭玄注:"澤謂挼莎也。"

掭 tiàn。

晚起字。㊀撥動。明劉侗帝京景物略三:"跡聲所縷發而穴斯得。乃～以尖草,不出,灌以筒水,(蟋蟀)躍出矣。"㊁以筆蘸墨。西遊記三回:"那判官慌忙捧筆,飽～濃墨。悟空拿過簿子,把猴屬之類,但有名者,一概勾去。"

掤 bīng 筆陵切,音冰,平,蒸韻,幫。蒸部。

箭筒蓋。說文:"掤,所以覆矢也。"詩鄭風大叔于田:"抑釋～忌,抑鬯弓忌。"毛傳:"掤,所以覆矢。"

掬 jū 居六切,音菊,入,屋韻,見。覺部。

雙手捧取。說文作匊,云:"在手曰匊。"左傳宣公十二年:"中軍下軍爭舟,舟中之指可～也。"杜預注:"兩手曰掬。"又用作量詞。小爾雅廣量:"一手之盛謂之溢,兩手謂之～。"唐杜甫佳人詩:"摘花不插髮,采柏動盈～。"

掏 tāo 徒刀切,平,豪韻,定。今讀如滔。

後起字。㊀挖。唐顔真卿浪跡先生玄真子張志和碑:"吏人嘗呼爲～河夫。"㊁探取。元曲選元張國賓薛仁貴:"則去撲蝻蚱,摸螃蟹,～蚯蚓。"

掐 qiā 苦洽切,入,洽韻,溪。

後起字。㊀抓,用指甲刺入。世説新語雅量:"以爪～掌,血流沾褥。"㊁摘,用指甲切斷。顔氏家訓風操:"居家唯以～摘供厨。"㊂撫,用手指輕按。三國志魏書蘇則傳:"侍中傅巽～則曰:'不謂卿也。'"㊃用拇指點别指,暗記或計算。宋晏幾道六幺令詞:"新翻曲妙,暗許閒人帶偷～。"元張可久滿庭芳詞:"數前程～得箇婦藏卦,夢到山家。"㊄比喻數量之微。宋曾覿鵲橋仙詞:"溫柔伶俐總天然,没半～教人看破。"元曲選元喬吉金錢記一:"這嬌娃是誰家?尋包彈,覓破綻,敢則無纖～。"

推 tuī 他回切，平，灰韻，透。微部。

❶用手向外擠物移動。説文："推，排也。"左傳襄公十四年："夫二子者，或輓之，或～之，欲無入得乎？"莊子漁父："孔子～琴而起。"引申爲遷移。易繫辭下："寒暑相～而歲成焉。"又爲排去。詩大雅雲漢："旱既太甚，則不可～。"❷舉薦，推崇。書周官："～賢讓能，庶官乃和。"南史任昉傳："其爲士友所～如此。"❸推辭。世説新語方正："遂送樂器，紹～却不受。"❹推算，追究。淮南子本經："星月之行，可以曆～得也。"三國志魏書管寧傳附王烈"未至，卒於海表"注引先賢行狀："遂使人～之，乃昔時盜牛人也。"❺推託。宋辛棄疾臨江仙簪花屢墮戲作："一枝簪不住，～道帽簷長。"

抳 1. nǐ 研啟切，上，薺韻，疑。支部。

❶比擬，模擬。漢揚雄太玄玄抳："～，擬也，圖象也。"

2. nì 集韻研計切，去，霽韻，疑。支部。

❷捉。見集韻。❸拳曲。莊子庚桑楚："（兒子）終日握而手不～，共其德也。"

3. niè。

❹編造（晚起義）。雍熙樂府一七元汪元亨醉太平："但新詞雅曲閑編～。"明王一鶚總督四鎮奏議五："稽其貫籍，多屬詭～。"

按，説文無抳字。

捭 bǎi 北買切，音擺，上，蟹韻，幫。支部。

❶兩手排擊。説文："捭，兩手擊也。"段玉裁注："謂左右兩手横開旁擊也。"文選晉左思吴都賦："莫不衂鋭挫芒，拉～摧藏。"❷通"擘（bò）"。分開。禮記禮運："燔黍～豚。"〔捭闔〕猶言開合。戰國時縱横家游説的方法。鬼谷子有捭闔篇，其中有云："～之者，開也，言也，陽也；闔之者，閉也，默也，陰也。"又云："此天地陰陽之道，而説人之法也。"唐尹知章鬼谷子序："蘇秦張儀往事之，受捭闔之術十有二章。"

掀 xiān 虚言切，平，元韻，曉。文部。

❶舉出。説文："掀，舉出也。"左傳成公十六年："乃～公以出於淖。"❷翻動（後起義）。唐李咸用廬山詩："有覺南方重，無疑厚地～。"❸鍬屬，鏟土工具（晚起義）。元曲選元張國賓合汗衫三："誰肯着半～兒家土埋？"

掔 1. qiān 苦閑切，平，山韻，溪。真部。

❶堅固。説文："掔，固也，讀若詩'赤舄掔掔'。"今詩豳風狼跋作"几几"。❷牽。史記鄭世家："楚王入自皇門，鄭襄公肉袒～羊以迎。"❸除去。莊子徐无鬼："君將黜耆欲，～好惡，則耳目病矣。"

2. wàn。

❹通"腕"。手腕。墨子大取："斷指以存～。"漢書郊祀志下："燕齊之間方士瞋目扼～，言有神僊祭祀致福之術者以萬數。"史記孝武本紀作"腕"。

掌 zhǎng 諸兩切，上，養韻，照三。陽部。

❶手心。説文："掌，手中也。"論語八佾："其如示諸斯乎，指其～。"引申爲動物之足。孟子告子上："魚我所欲也，熊～亦我所欲也。"又爲以掌擊。漢書揚雄傳校獵賦："蹶松柏，～疾棃。"❷主管。國語晉語七："使～公族大夫。"

［備考］水停處，澤。釋名釋水："水泆出所爲澤曰掌。水停處如手掌中也。"

［同源字］漲，張，脹，帳，掌。見"漲"字條。

掣 chè 尺制切，去，祭韻，穿三。月部。

❶拉牽。文選晉潘岳西征賦："～三牽兩。"引申爲抽取。晉書王獻之傳："七八歲時學書，羲之密從後～其筆不得。"❷牛角一俯一仰。説文："觢，一角仰也。易曰：'其牛觢。'"今易睽作"其牛～"。

按，説文無掣字。

九　畫

掺 sōu 所鳩切，平，尤韻，審二。幽部。

同"搜"。說文:"挍,衆意也,一曰求也。詩曰:'束矢其挍。'"今詩魯頌泮水作"束矢其搜"。毛傳:"搜,衆意也。"朱熹集傳:"搜,矢疾聲也。"與毛傳異。

揎 xuān 須緣切,音宣,平,仙韻,心。

後起字。捋袖出臂。唐路德延小兒詩:"頭衣蒼鶻裹,袖學柘枝~。"宋蘇軾四時詞:"玉腕半~雲碧袖,樓前知有斷腸人。"

揥 1. tì 集韻他計切,音替,去,霽韻,透。錫部。

❶可用以篦髮的一種首飾。詩鄘風君子偕老:"玉之瑱也,象之~也。"又魏風葛屨:"佩其象~。"

2. dì 集韻丁計切,音帝,去,霽韻,端。

❷捐棄。文選晉陸機文賦:"意徘徊而不能~。"

按,說文無揥字。

揮 huī 許歸切,平,微韻,曉。微部。

❶振去水。禮記曲禮:"飲玉爵者弗~。"注:"振去餘酒曰揮。"❷湔污,揮濺。左傳僖公二十三年:"奉匜沃盥,既而~之。"杜預注:"揮,湔也。"孔穎達疏:"以溼手揮之,使水湔污其衣。"❸散發。文選晉張協詠史詩:"~金樂當年,歲暮不留儲。"❹舞動,摇動。文選三國魏陳琳爲曹洪與魏文帝書:"一人~戟,萬夫不得進。"又晉劉琨扶風歌:"~手長相謝,哽咽不能言。"

[備考]通"徽"。旗幟。文選漢陳琳爲袁紹檄豫州文:"揚素~以啓降路。"李善注:"廣雅曰:'徽,幡也',徽與揮古通用。"

揃 jiǎn 即淺切,音翦,上,獮韻,精。元部。

❶剪下。儀禮士喪禮:"蚤~如他日。"鄭玄注:"斷爪揃髮也。"史記魯周公世家:"周公乃自~其蚤沈之河,以祝於神。"蚤通爪。〔揃搣〕說文:"揃,搣也。"急就篇:"沐浴揃搣寡合同。"顔師古注:"揃搣,謂鬋拔眉髮也,蓋去其不齊整者。"❷分割。史記西南夷列傳:"西夷後~,剽分二方,卒爲七郡。"❸翦滅。魏書明亮傳:"卿欲爲朕拓定江表,~平蕭衍。"

揍 1. còu 集韻千候切,音湊,去,候韻,清。侯部。

❶通"腠"。皮膚的紋理。淮南子兵略:"動必順時,解必中~。"高誘注:"揍,理也。"❷通"湊"。聚集,補足(後起義)。朱熹奏救荒事宜畫一狀:"奏爲本路災傷,已蒙聖慈支降錢三十萬貫,更乞~作二百萬貫。"

2. zòu 音奏。

❸打(晚起義)。清李寶嘉官場現形記四九回:"要是有人說話,標下亦不答應他,一定~他。"

按,說文無揍字。

揳 1. jiá 集韻訖黠切,入,黠韻,見。月部。

❶打擊。楚辭戰國宋玉招魂:"鏗鍾摇簴,~梓瑟些。"史記貨殖列傳:"今夫趙女鄭姬,設形容,~鳴琴。"

2. xié。月部。

❷猜度,計量。荀子非相:"故事不揣長,不~大,不權輕重,亦將志乎爾。"楊倞注:"揳與絜同,約也。謂約計其大小也。"

按,說文無揳字。

揀 jiǎn 古限切,音簡,上,産韻,見。元部。

選擇。說文作柬,云:"分别簡之也。"漢趙曄吴越春秋闔閭内傳:"後三月,~練士卒,遂之吴。"三國志吴書賀齊傳:"~其精健爲兵。"

揶 yé。魚部。

字亦作"捓"。〔揶揄〕雙聲聯緜字。戲弄。東觀漢紀一〇:"市人皆大笑。舉手揶揄之。"

按,說文無揶字。

揕 zhèn 知鴆切,去,沁韻,知。侵部。

刺。史記荆軻列傳:"因左手把秦王之袖,而右手持匕首~之。"司馬貞索隱:"揕,謂以劍刺其胸也。”

按,説文無揕字。

描 miáo 武瀌切,集韻眉鑣切,平,宵韻,明。

後起字。依樣摹畫。唐白居易小童薛陽陶吹觱篥歌:“緩聲展引長有條,有條直直如筆～。”

掿 nuò 字彙奴各切。

晚起字。捏,握持。清平山堂話本簡貼和尚:“皇甫殿直～得拳頭没縫。”七國春秋平話上:“手～宣花月斧,腰懸打將鐵鞭。”

搹 gé 集韻各核切,音革,入,麥韻,見。職部。

更改。漢揚雄太玄玄數:“逢遭並合,～繫其名而極命焉。”范望注:“革,更也。手有所改更,故字從手也。”

揠 yà 烏黠切,入,黠韻,影。月部。

拔起。説文:“揠,拔也。”孟子公孫丑上:“宋人有閔其苗之不長而～之者。”

揲 1. shé 食列切,音舌,入,薛韻,牀三。葉部。

❶以蓍草卜卦,用蓍草五十,先取其一,餘四十九分爲兩疊,然後四根一數,以定陽爻或陰爻。易繫辭上:“～之以四,以象四時。”❷取。史記扁鵲列傳:“～荒爪幕,湔浣腸胃。”司馬貞索隱:“揲音舌。荒,膏荒也。”❸積。〔揲貫〕積累。淮南子俶真:“横廓六合,揲貫萬物。”❹摺疊。樂府詩集長門怨:“閒～舞衣歸未得,夜來砧杵六宫秋。”

2. yè。葉部。

❺葉。管子弟子職:“執其膺～,厥中有帚。”此指箕舌。❻椎之使薄。淮南子説山:“譬猶陶人爲器也,～挺其土而不益厚,破乃愈疾。”

揸 zhā。

晚起字。抓。水滸傳三八回:“大把價～來只顧喫。”

揳 ruò 如劣切,入,薛韻,日。月部。

染,浸。儀禮特牲饋食禮:“尸左執觶,右取菹～于醢。”鄭玄注:“揳醢者,染於醢。”

按,説文無揳字。

摡 1. gài 古代切,去,代韻,見。微部。

❶洗滌。説文:“摡,滌也。”引詩:“～之釜鬵”。今詩檜風匪風作“溉”。周禮天官世婦:“帥女宮而濯～。”

2. xì 許既切,去,未韻,曉。

❷取。集韻引博雅:“取也。”玉篇引詩:“摽有梅,傾筐～之。”今詩召南摽有梅作“塈”。

摒 bìng 界政切,音併,去,勁韻,幫。

❶排除。集韻引博雅:“除也。”字亦作“屏”。❷〔摒當〕同“屏當”。收拾,整理(晚起義)。也作“摒擋”。清張潮虞初新志一八:“若將貢物摒擋,俟到王宫,以次陳設,似無不可。”

揉 róu 耳由切,音柔,平,尤韻,日。幽部。

❶使木變形,直木使曲,曲木使直。易繫辭下:“斲木爲耜,～木爲耒。”漢書公孫弘傳:“臣聞～曲木者不累日。”顔師古注:“揉謂矯而正之也。”❷順服。詩大雅崧高:“～此萬邦,聞于四國。”鄭玄箋:“揉,順也。”❸以手摩擦(後起義)。唐王建照鏡詩:“暖手～雙目,看圖引四肢。”❹通“糅”。雜亂。楚辭戰國宋玉九辯:“惟其紛糅而將落兮。”王逸注:“糅,一作揉。”宋錢惟演春雪賦:“纔衮衮而紛～,更霏霏而交錯。”

［同源字］柔,睬,鍒,鞣,煣,輮,揉,擾,弱。見“柔”字條。

按,説文正篆無揉字。揉木的揉,説文作煣,云:“屈申木也。”

揆 kuí 求癸切,上,旨韻,群。今讀如葵。脂部。

❶測度,度量。詩鄘風定之方中:“～之

以日，作于楚室。"毛傳："揆，度也。"㊁掌管，管理。左傳文公十八年："以～百事，莫不時序。"後因稱宰相的職位爲揆。晉書禮志上："桓温居～，政由己出。"㊂尺度。準則。孟子離婁下："先聖後聖，其～一也。"

揵 1. qián 渠焉切，音乾，平，仙韻，群。元部。

㊀舉起。史記司馬相如列傳上林賦："～鰭擢尾，振鱗奮翼。"㊁豎立。後漢書馮衍傳："～六枳而爲籬兮，築蕙若而爲室。"㊂用肩扛。後漢書輿服志上："～弓韣九鞬。"

2. jiàn 音建。元部。

㊃閉塞，堵塞。莊子庚桑楚："夫外韄者不可繁而捉，將内～；内韄者不可繆而捉，將外～。"成玄英疏："揵者，關閉之目。"漢書溝洫志："是時東郡燒草，以故薪柴少，而下淇園之竹以爲～。"顏師古注："樹竹塞水決之口，…謂之揵。"㊄建立封界。漢書賈誼傳："淮陽包陳之南，～之江。"顏師古注："揵謂立封界也。或曰，揵，接也。"

按，説文無揵字。

握 wò 於角切，入，覺韻，影。屋部。

㊀執持，攥。説文："握，搤持也。"詩小雅小宛："～粟出卜，自何能穀？"引申爲捲手。莊子庚桑楚："終日～而手不掜，共其德也。"釋文引李頤："捲手曰握。"又爲掌握。唐李子卿功成作樂賦："我高祖神堯皇帝歷數在躬，鈞樞初～。"㊁一把之量或大小長短，都叫握。詩陳風東門之枌："視爾如荍，貽我～椒。"禮記王制："宗廟之牛，角～。"鄭玄注："握謂長不出膚。"孔穎達疏："四指曰扶，扶則膚也。"穀梁傳昭公八年："流旁～。"范甯注："握，四寸也。"㊂〔握躪〕〔握齱〕叠韻聯緜字。器量局狹貌。史記司馬相如列傳難蜀父老："且夫賢君之踐位也，豈特委瑣握躪，拘文牽俗，循誦習傳，當世取説云爾哉？"史記酈生陸賈列傳："酈生聞其將皆握齱，好苛禮自用。"

［辨］執，持，秉，操，握。見"執"字條。

提 1. tí 杜奚切，平，齊韻，定。支部。

㊀垂手拿着。説文："提，挈也。"國語越語下："范蠡乃左～鼓，右援枹，以應使者。"㊁舉。周禮夏官田僕："凡田，王～馬而走，諸侯晉，大夫馳。"鄭玄注："提，猶舉也。"史記黥布列傳："大王～空名以鄉楚，而欲厚自託，臣竊爲大王不取也。"㊂舊時凡屬提調、領官的文武職官，多以提爲名，如"提學"、"提刑"、"提督"（後起義）。㊃擲擊。戰國策燕策三："是時侍醫夏無且以藥囊～（荆）軻。"㊄鼓名。周禮夏官大司馬："師帥執～。"鄭玄注："謂馬上鼓。"

2. shí 是支切，音匙，平，支韻，禪。支部。

㊅〔提提〕群飛貌。詩小雅小弁："弁彼鸒斯，歸飛提提。"釋文："提提，是移反，群飛貌。"

揖 1. yī 伊入切，入，緝韻，影。緝部。

㊀拱手爲禮。公羊傳僖公二年："獻公～而進之。"㊁謙讓。漢書王莽傳上："公惟國家之統，～大福之恩，事事謙退，動而固辭。"顏師古注："揖謂讓而不當也。"後漢書劉祐傳："延陵高～，華夏仰風。"

2. jí 集韻即入切，入，緝韻，精。緝部。

㊂通"輯"。聚集。史記秦始皇本紀："普天之下，摶心～志。"〔揖揖〕群集貌，衆多貌。詩周南螽斯："螽斯羽，揖揖兮。"毛傳："揖揖，會聚也。"

揚 yáng 與章切，平，陽韻，喻四。陽部。

㊀飛起。升高。説文："揚，飛舉也。"詩小雅沔水："鴥彼飛隼，載飛載～。"禮記曲禮上："將上堂，聲必～。"㊁掀起。楚辭戰國屈原漁父："舉世皆濁，何不淈其泥而～其波？"㊂傳播，稱頌。書堯典："明明～側陋。"荀子不苟："君子崇人之德，～人之美。"㊃指眉毛及其上下部分。詩齊風猗嗟："清～婉兮。"毛傳："婉，好眉目也。"又鄘風君子偕老："～且之皙也。"毛傳："揚，眉上廣。"㊄〔揚揚〕得意貌。史記晏嬰列傳："意氣揚揚，甚自得也。"㊅鉞的别稱。詩大雅公劉："弓矢斯張，

干戈戚～。"㊆古九州之一。書禹貢:"淮海惟～州。"

[辨]颺,揚。見"颺"字條。

揭 1.jiē 居竭切,入,月韻,見。月部。

㊀高舉。說文:"揭,高舉也。"詩小雅大東:"維北有斗,西柄之～。"戰國策齊策四:"於是乘其車,～其劍,過其友曰:'孟嘗君客我。'"㊁蹶起,顯露。詩大雅蕩:"人亦有言,顛沛之～。"毛傳:"揭,見根貌。"戰國策韓策二:"脣～者其齒寒。"㊂標識。文選晉郭璞江賦:"峨嵋爲泉陽之～。"㊃〔揭揭〕長貌,高貌。詩衛風碩人:"葭菼揭揭。"毛傳:"揭揭,長也。"楚辭漢劉向九歎遠遊:"服覺晧以殊俗兮,貌揭揭以巍巍。"王逸注:"揭揭,高貌也。"

2.qì 去例切,去,祭韻,溪。月部。

㊄掀起衣服。詩邶風匏有苦葉:"深則厲,淺則～。"毛傳:"揭,褰衣也。"

[同源字]①竭,揭。見"竭"字條。

②訐,揭。見"訐"字條。

揌 sāi 集韻桑才切,音腮,平,咍韻,心。

後起字。通"塞"。填入,堵住。西遊記三回:"他將那寶貝顛在手中,叫'小!小!小!'即時就小做一個繡花針兒相似,可以～在耳朵裏面藏下。"

揣 1.chuāi 初委切,上,紙韻,穿二。歌部。

㊀量度。說文:"揣,量也。"左傳昭公三十二年:"士彌牟營成周,計丈數,～高卑,度厚薄。"杜預注:"度高曰揣。"孟子告子下:"不～其本,而齊其末。"㊁忖度,揣測。史記陸賈列傳:"陳平曰:'生～我何念?'"引申爲試探。三國志蜀書魏延傳:"(楊)儀令(費)禕往～延意指。"

2.zhuī 集韻朱惟切,平,脂韻,照三。歌部。

㊂擊。老子:"～而棁之,不可長保。"

3.tuán 集韻徒官切,音團,平,桓韻,定。元部。

㊃積聚貌。文選漢馬融長笛賦:"秋潦漱其下趾兮,冬雪～封乎其枝。"

4.chuāi。

㊄懷藏(晚起義)。元曲選救風塵四:"馬～駒了。"指馬懷駒。西遊記一一回:"懷～一本生死簿,注定存亡。"㊅〔揣與〕給與,强加於人。元曲選倩女離魂四:"不甫能盼得音書至,倒揣與我箇悶弓兒。"又殺狗勸夫四:"他道俺哥哥公門踪跡何曾至,平空的揣與這個罪名兒。"

揩 kāi 口皆切,平,皆韻,溪。脂部。

摩擦,擦拭。文選漢張衡西京賦:"～枳落,突棘藩。"李善注:"揩,摩也。"唐釋道世法苑珠林日月震雷:"譬如樹枝相～,即有火出。"

按,說文無揩字。

援 1.yuán 雨元切,音袁,平,元韻,喻三。元部。

㊀攀緣,引。說文:"援,引也。"詩大雅皇矣:"以爾鉤～,與爾臨衝。"朱熹集傳:"鉤援,鉤梯也,所以鉤引上城,所謂雲梯者也。"孟子公孫丑上:"～而止之而止者。"引申爲執持。左傳成公二年:"(郤克)左并轡,右～枹而鼓。"又爲引進。荀子仲尼:"～賢博施。"又爲引據,類推。墨子小取:"～也者,曰,子然,我奚獨不可以然也?"孫詒讓注:"援,引也,謂引彼以例此。"㊁戈之直刃。周禮考工記冶氏:"戈廣二寸,内倍之,胡三之,～四之。"鄭玄注引鄭司農:"援,直刃也。"

2.yuán (舊讀 yuàn)王眷切,音院,去,線韻,喻三。元部。

㊂助。左傳襄公元年:"晉侯衛侯次于戚,以爲之～。"

[同源字]蝯,猿,猨,援。見"蝯"字條。

揄 1.yú 羊朱切,音俞,平,虞韻,喻四。侯部。

㊀引。說文:"揄,引也。"漢書禮樂志郊

祀歌:"神之～,臨壇宇。"顏師古注:"揄,引也,言神引來降臨之也。"㊁手揮。莊子漁父:"被髮～袂。"史記貨殖列傳:"～長袂,躡利屣。"㊂〔揄揚〕雙聲聯緜字。①揮揚,揚起。楚辭漢劉向九歎逢紛:"揄揚滌盪,漂流隕往,觸崟石兮。"②宣揚。文選漢班固兩都賦序:"雍容揄揚,著於後嗣,抑亦雅頌之亞也。"

2. yóu 以周切,音由,平,尤韻,喻四。侯部。

㊃舀取。詩大雅生民:"或舂或～,或簸或蹂。"毛傳:"揄,抒臼也。"抒臼,從臼中清除出舂過的穀物。

3. yáo 音摇。

㊄〔揄狄〕古王后從王祭先公之服。周禮天官内司服:"掌王后之六服,褘衣,揄狄。"鄭玄注:"狄當爲翟。翟,雉也。…從王祭先王則服褘衣,祭先公則服揄狄。"禮記玉藻:"王后褘衣,夫人揄狄。"鄭玄注:"揄讀如摇。"

揜 yǎn 衣儉切,音掩,上,琰韻,影。談部。

㊀覆而取之,捕取。穀梁傳昭公八年:"～禽旅。"范甯注:"揜取衆禽。"史記司馬相如列傳子虛賦:"罔雲罕,～群雅,悲伐檀,樂樂胥。"司馬貞索隱:"揜,捕也。"㊁奪去。淮南子氾論:"怯者夜見立表,以爲鬼也;見寢石,以爲虎也。懼～其氣也。"高誘注:"揜,奪也。"㊂掩蓋。禮記聘義:"瑕不～瑜,瑜不～瑕,忠也。"㊃承襲。荀子儒效:"教誨開導成王,使諭於道,而能～迹於文武。"楊倞注:"揜,襲也。"㊄困迫。禮記表記:"君子慎以辟禍,篤以不～,恭以遠恥。"鄭玄注:"揜,猶困迫也。"

〔備考〕説文:"自關以東,謂取曰揜。"

揪 jiū 字彙即尤切,酒平聲。

後起字。㊀聚斂。新唐書孫佺傳:"佺～聚軍中幣萬餘匹,悉袍帶並與之。"㊁抓住,扭住(晚起義)。水滸傳一三回:"牛二緊～住楊志。"

插 chā 楚洽切,入,洽韻,穿二。葉部。

㊀刺入。説文:"插,刺肉也。"當依小徐本改作"刺内也"。文選南朝宋謝靈運田南樹園激流植援詩:"激澗代汲井,～槿當列墉。"引申爲栽植(後起義)。宋陸游大雨詩:"緜地千里間,四月秧盡～。"㊁刺土之器。通"鍤"。戰國策齊策六:"坐而織蕢,立則杖～。"

〔同源字〕鍤,臿,插,䟕。見"鍤"字條。

揝 1. zǎn 集韻子感切,上,感韻,精。

㊀手動。見集韻。

2. zuàn。

㊁同"攥"。緊握,揑住(晚起義)。元曲選秋胡戲妻:"我這裏便破步撩衣,走向前來,～住羅裳。"

換 huàn 胡玩切,去,换韻,匣。元部。

㊀互易,交易。説文:"换,易也。"晉書阮籍傳:"嘗以金貂～酒。"㊁更易,變易。後漢書朱浮傳:"而間者守宰數見～易,迎新相代,疲勞道路。"

掾 yuàn 以絹切,去,線韻,喻四。元部。

官名。古代屬官的通稱。史記項羽本紀:"乃請蘄獄～曹咎書抵櫟陽獄～司馬欣。"後漢書馬援傳:"此丞～之任,何足相煩?"

〔備考〕説文:"掾,緣也。"

搜 1. sōu 所鳩切,平,尤韻,審二。幽部。

㊀查索,尋求。説文作按。莊子秋水:"於是惠子恐,～於國中,三日三夜。"梁書孔休源傳:"時太子詹事周舍撰禮疑義,自漢魏至于齊梁,並加～採。"㊁象聲詞。矢疾聲。詩魯頌泮水:"角弓其觩,束矢其～。"

2. shāo 集韻山巧切,上,巧韻,審二。

㊂〔搜攪〕叠韻聯緜字。攪亂(後起義)。唐韓愈岳陽樓别竇司直詩:"炎風日搜攪,幽怪多冗長。"

揘 huáng 集韻呼横切,平,庚韻,曉。陽部。

擊。見集韻。〔揑畢〕撞擊，文選漢張衡西京賦："但觀置羅之所羂結，竿殳之所揑畢。"畢，五臣本作"䍯"。

按，說文無揑字。

掔 wàn 烏貫切，去，換韻，影。元部。

手腕。說文："掔，手掔也。"儀禮士喪禮："設決，麗於～。"鄭玄注："掔，手後節中也。"字亦作"腕"、"捥"。

掔 yán 集韻倪堅切，音研，平，先韻，疑。元部。

研摩，研究。說文："掔，摩也。"易繫辭上："夫易，聖人之所以極深而研幾也。"釋文："研，蜀本作掔。"

揱 shuò 所角切，音朔，入，覺韻，審二。藥部。

長臂貌。說文："揱，人臂貌。"引周禮"輻欲其～"。今周禮考工記輪人："望其輻，欲其～爾而纖也。"鄭玄注："揱纖，殺小貌也。"

揫 jiū 即由切，平，尤韻，精。幽部。

聚集。說文："揫，束也。"引詩"百祿是～"。今詩商頌長發作"遒"。毛傳："遒，聚也。"後漢書馬融傳廣成頌："～斂九藪之動物。"

搥 1. duī 集韻都回切，音堆。平，灰韻，端。微部。

❶投擲，扔掉。法言問道："及～提仁義，絶滅禮學，吾無取焉耳。"

2. chuí。

❶敲，擊。三國志蜀書馬超傳注引典略："超～胸吐血。"

按，說文無搥字。

十　畫

搴 qiān 集韻丘虔切，平，仙韻，溪。元部。

❶拔取。楚辭戰國屈原九歌湘君："采薜荔兮水中，～芙蓉兮木末。"❷通"褰"。揭起。唐盧照鄰釋疾文："於是裹糧尋師，～裳訪古。"一作"褰"。

按，説文搴作攐。

搒 1. péng 蒲庚切，音彭，平，庚韻，並。

❶笞擊。後漢書朱暉傳："各言官無見財，皆當出民，～掠割剥，彊令充足。"

2. bàng 補曠切，去，宕韻，幫。

❶同"榜"。撑船。宋書朱百年傳："輒自～船送妻還孔氏。"

［備考］按，説文："搒，掩也。"

搪 táng 徒郎切，音唐，平，唐韻，定。

後起字。❶〔搪揬〕雙聲聯緜字。同"唐突"。冒犯，抵觸。南齊謝赫古畫品録姚曇度："豈有棟梁蕭艾，可搪揬璵璠者哉！"也作"搪突"。唐杜甫敬寄族弟唐十八使君詩："我能汎中流，搪突鼉獺嗔。"❷〔搪挨〕逼近，接連。宋王安石和王微之登高齋詩："魏王兵馬接踵出，旗纛千里相搪挨。"❸抵擋（晚起義）。西遊記一五回："鬬不數合，小龍委實難～。"

搐 chù 集韻敕六切，音畜，入，屋韻，徹。覺部。

牽動。漢賈誼新書大都："一二指～，身固無聊也。"痙攣曰抽搐（晚起義）。紅樓夢八四回："看着是～風的來頭，只還没搐出來呢。"

搉 què 苦角切，音確，入，覺韻，溪。藥部。

❶敲擊。説文："搉，敲擊也。"漢書五行志中之上："先是高后鴆殺如意，支斷其母戚夫人手足，～其眼，以爲人彘。"❷引證。漢書叙傳："揚～古今，監世盈虚。"顔師古注："搉，引也。"❸專。文選漢班固答賓戲："逢蒙絶技於弧矢，般輸～巧於斧斤。"李善注："搉，猶專也。"❹商討。北史崔孝芬傳："商～古今，間以嘲謔，聽者忘疲。"❸❹字亦作"榷"。

搧 shān 集韻尸連切，扇平聲，仙韻，審三。

後起字。❶批，用手掌打人面。集韻：

"搧,批也。"㊁扇動。宋李石擣練子詞:"扇兒～,瞥見些。"㊂施(貶義)。清蒲松齡聊齋志異紅玉:"宋官御史,坐行賕免,居林下,大～威虐。"

搓 1.cuō 七何切,平,歌韻,清。

㊀揉搓,捫摸。唐韓偓大慶堂賜宴詩:"緑～楊柳緜初軟,紅暈櫻桃粉未乾。"宋蘇軾寒具詩:"纖手～來玉數尋,碧油輕蘸嫩黄深。"㊁急迫。元袁桷播州宣撫楊資德詩:"填詞鶯囀切,促軫雁聲～。"

2.zhà。

㊂斫,砍。後漢書馬融傳廣成頌:"冒樧柘,～棘枳。"李賢注:"搓,斫也,音仕雅反。"

[同源字]磋,搓。見"磋"字條。

按,説文無搓字。

搠 shuò 集韻色角切,音朔,入,覺韻,審二。

後起字。㊀刺,戳(晚起義)。京本通俗小説錯斬崔寧:"連～一兩刀,血流在地。"㊁〔搠包兒〕即掉包,以壞物暗換人好物。元曲選漁樵記二:"旦兒云:'由你寫,或是跳牆,驀圈,剪柳,搠包兒,做上馬强盗,白晝搶奪。'"

搤 è 於革切,音扼,入,麥韻,影。錫部。

㊀掐住,捉住。説文:"搤,捉也。"史記劉敬傳:"今陛下入關而都,案秦之故地,此亦～天下之亢而拊其背也。"漢書揚雄傳長楊賦:"～熊羆,拕豪豬。"㊁握持。史記周本紀:"養由基怒,釋弓～劍曰:'客安能教我射乎?'"

搆 gòu 集韻居候切,去,候韻,見。侯部。

通"構"。交結,結合。孟子告子下:"吾聞秦楚～兵,我將見楚王,説而罷之。"莊子齊物論:"其寐也魂交,其覺也形開,與接爲～,日以心鬬。"成玄英疏:"搆,合也。"

按,説文搆作構。

搮 suǒ 集韻色窄切,入,陌韻,審二。鐸部。

求,取。字本作"索"。集韻:"索,博雅取也,一曰求也。通作搮。"漢揚雄太玄玄數:"昆侖天地而産著,參珍睟精以～數。"

按,説文無搮字。

搏 bó 補各切,音博,入,鐸韻,幫。鐸部。

㊀對打,搏鬬。左傳僖公二十八年:"晉侯夢與楚子～。"杜預注:"搏,手搏。"荀子富國:"是猶烏獲與焦僥～也。"㊁捕捉。莊子山木:"覩一蟬方得美蔭而忘其身,螳蜋執翳而～之。"周禮夏官環人:"～諜賊。"㊂攫取。史記李斯列傳:"～必隨手刑,則盗跖不～百鎰。"㊃擊。史記灌夫列傳:"夫與長樂衛尉竇甫飲,輕重不得,夫醉,～甫。"司馬貞索隱:"搏,音博,謂擊之。"

[備考]説文:"搏,索持也;一曰至也。"

搹 è 集韻乙革切,入,麥韻,影。錫部。

同"扼"、"掟"。把,握。説文:"搹,把也。"儀禮喪服:"苴絰大～。"鄭玄注:"盈手曰搹。搹,扼也。中人之搹,圍九寸。"

搕 1.è 烏合切,入,合韻,影。

後起字。㊀用手覆蓋。廣韻:"搕,用手盍也。"㊁〔搕𢶍〕叠韻聯緜字。糞便,垃圾。宋釋道元景德傳燈録二二:"大海不容塵,小溪多搕𢶍。"

2.kè 集韻克盍切,入,盍韻,見。

㊂取。見集韻。

3.kè 字彙克合切,堪入聲。

㊃擊。見字彙。

搘 zhī 字彙旨而切,音支。

後起字。支撑,拄持。唐李賀春晝詩:"越婦～機,吴蠶作繭。"宋楊萬里贈臨川嚴泰伯秀才詩:"臨汝嚴夫子,～筇扣敝廬。"

摙 liǎn 力展切,音輦,上,獮韻,來。

後起字。負擔。見集韻。南史何遠傳:"盛夏,遠患水温,每以錢買人井寒水。不取錢者,則～水還之。"

搭 dā 集韻德合切,入,合韻,端。

後起字。㊀擊。北齊書神武紀上:"有款

軍門者，…訪之，則以力聞，常於并州市～殺人者。”㊁掛，披。唐白居易石楠樹詩：“傘蓋低垂金翡翠，薰籠亂～繡衣裳。”㊂架設。宋李光論移蹕措置事宜劄子：“仍令本府量度人數，先次～蓋蓆屋，方得移屯。”㊃乘。宋蘇軾論高麗進奉狀：“仍與限日却差船送至明州，令～附因便海舶歸國。”㊄配合，夾雜。宋史食貨志下：“收易舊會，品～入輸。”明賀仲軾兩宮鼎見記中：“均匀～配，務俾足用。”㊅〔搭扶〕攙。水滸傳四二回：“又有二百餘人把莊門開了，將我搭扶上轎。”㊆按。清平山堂話本快嘴李翠蓮：“只得含淚寫了休書，兩邊～了手印。”㊇接觸。西遊記五一回：“他兩個～上手，却纔賭鬬。”㊈塊，處。唐盧仝月蝕詩：“摧環破璧眼看盡，當天一～如煤炲。”水滸傳一四回：“鬢邊一～硃砂記，上面生一片黑黄毛。”㊉短衣。宋林逋深居雜興詩：“中有病夫披白～，瘦行清坐詠遺篇。”

搽 chá 音茶。

晚起字。敷，塗抹。元曲選馬致遠漢宫秋：“將兩葉賽宫樣眉兒畫，把一個宜梳裹臉兒～。”

搷 tián 徒年切，音田，平，先韻，定。真部。

㊀擊。楚辭戰國宋玉招魂：“竽瑟狂會，～鳴鼓些。”㊁揚。方言一二：“抎，搷，揚也。”

按，説文無搷字。

搣 miè 亡列切，集韻莫列切，音滅，入，薛韻，明。月部。

拔。廣韻：“搣，手拔。”〔揃搣〕見“揃”字條。

〔備考〕説文：“搣，批也。”

搋 zhì 陟利切，音致，去，至韻，知。質部。

㊀刺。説文：“搋，刺也。”㊁至。方言一三：“摵，搋，到也。”漢書揚雄傳甘泉賦：“～北極之嶟嶟。”

搢 jìn 即刃切，音晉，去，震韻，精。真部。

㊀插。〔搢紳〕插笏於帶間。古時仕宦者垂紳搢笏，因稱士大夫爲搢紳。莊子天下：“其在於詩書禮樂者，鄒魯之士，搢紳先生，多能明之。”史記封禪書：“其語不經見，搢紳者不道。”㊁振，摇。國語吴語：“被甲帶劍，挺鈹～鐸。”

按，説文無搢字，新附有之。

搧 shǎn 集韻失冉切，音閃，上，琰韻，審三。

後起字。疾動貌。見集韻。文選晉潘岳射雉賦：“～降丘以馳敵，雖形隱而草動。”李善注：“～，疾貌也。言雉雊於高丘之頂，搧然降下向敵，不見其形，而見草動也。”

搦 nuò 女角切，入，覺韻，娘。藥部。

㊀按抑。説文：“搦，按也。”文選晉左思魏都賦：“～秦起趙，威振八蕃。”㊁握持。後漢書臧洪傳：“撫弦～矢，不覺流涕之覆面也。”㊂摩。文選漢班固答賓戲：“當此之時，～朽摩鈍。鉛刀皆能一斷。”㊃挑惹（後起義）。古今雜劇虎牢關三戰吕布三：“下將戰書，單～張飛與某厮殺。”

搔 1. sāo 蘇遭切，音騷，平，豪韻，心。宵部。

㊀撓。説文：“搔，括也。”詩邶風静女：“愛而不見，～首踟蹰。”唐杜甫春望詩：“白頭～更短，渾欲不勝簪。”㊁通“騷”。擾亂。淮南子兵略：“殘殺天下，萬人～動。”

2. zhǎo。

㊀通“爪”。指爪。儀禮士虞禮：“沐浴櫛～翦。”鄭玄注：“搔，當爲爪。”

〔同源字〕爪，抓，搔。見“爪”字條。

搚 lā 盧合切，入，合韻，來。葉部。

摧折。説文：“搚，摧也。”公羊傳莊公元年：“於其乘焉，～幹而殺之。”

搡 sǎng。

晚起字。用力推人。儒林外史三八回：“提着郭孝子的領子，一路推～出門。”

搨 tà 集韻託合切，音塔，入，合韻，透。

㊁用紙、墨摹印出石碑銅器等的文字或圖畫。唐王建原上新居詩："古碣憑人～，閒詩任客吟。"㊂描摹字畫。唐張彦遠書法要録三："帝命供奉～書人…等四人各～數本，以賜皇太子諸王近臣。"㊂吴語謂漫不經心而作書畫爲搨。清凌濛初初刻拍案驚奇一："先將禮物求了名人詩畫，免不得是沈石田文衡山祝枝山～了幾筆。"㊃垂下。文選三國魏陳琳爲袁紹檄豫州文："方畿之内，簡練之臣，皆垂頭～翼，莫所憑恃。"㊄〔搨藏〕囤積。元周密齊東野語一七："薪茗搨藏，香椒積壓，與商賈争微利。"㊅〔搨地錢〕貨物的存棧費。新唐書食貨志四："諸道置邸以收税，謂之搨地錢。"

按，説文無搨字。

損

sǔn 蘇本切，上，混韻，心。文部。

㊀減少，與"益"相對。説文："損，減也。"易損："～下益上，其道上行。"老子："爲學日益，爲道日～。"引申爲損害，有害處，與"益"相對。論語季氏："益者三友，～者三友。"㊁損失。晉書杜預傳："若或有成，則開太平之基；不成，不過費～日月之間。"㊂謙抑。史記晏嬰列傳："其後夫自抑～。"三國志魏書管輅傳："謙則裒多益寡，壯則非禮不履。未有～己而不光大，行非而不傷敗。"

搰

1. hú 户骨切，入，没韻，匣。物部。

㊀掘出。説文："搰，掘也。"國語吴語："夫諺曰：'狐埋之而狐～之。'是以無成功。"

2. kū 集韻苦骨切，入，没韻，溪。物部。

㊁〔搰搰〕用力貌。見集韻。莊子天地："搰搰然用力甚多而見功寡。"

搖

yáo 餘昭切，平，宵韻，喻四。宵部。

㊀擺動。説文："搖，動也。"周禮考工記矢人："是故夾而～之，以眡其豐殺之節也。"荀子解蔽："水動而景～。"㊁騷擾。左傳成公十三年："帥我蝥賊，以來蕩～我邊疆。"㊂上升。漢書禮樂志天馬歌："天馬徠，執徐時，將～舉，誰與期？"

［同源字］①鷂，搖。見"鷂"字條。

②榣，搖，掉。見"榣"字條。

搯

tāo 土刀切，音韜，平，豪韻，透。幽部。

㊀抽，探取。唐韓愈貞曜先生墓誌銘："鉤章棘句，～擢胃腎。"廖瑩中注："搯，搯也，刮也。"字亦作"掏"。㊁叩，擊。國語魯語下："請無瘠色，無洵涕，無～膺，無憂容。"

［備考］説文："搯，搯也。从手，舀聲。周書曰：'師乃搯。'搯者，拔兵刃以習擊刺。詩曰：'左旋右搯。'"

搶

1. qiāng 七羊切，音槍，平，陽韻，清。陽部。

㊀觸，撞。莊子逍遥遊："我決起而飛，～榆枋。"戰國策魏策四："布衣之怒，亦免冠徒跣，以頭～地爾。"漢書司馬遷傳："當此之時，見獄吏則頭～地。"㊁逆，擋。晉庾闡揚都賦："艇子～風，榜人逸浪。"

2. qiǎng 字彙七兩切，上。

㊂争奪，劫奪（晚起義）。水滸傳二一回："宋江便～在手裏。"又七三回："你把劉太公的女兒～的那裏去了？"

3. qiàng。

㊃推搡，拉扯（晚起義）。元曲選燕青博魚楔子："小僂儸，將燕青～出去。"

4. chéng 集韻鋤庚切，平，庚韻，牀二。陽部。

㊄〔搶攘〕叠韻聯緜字。亂貌。漢書賈誼傳："本末舛逆，首尾衡決，國制搶攘，非甚有紀，胡可謂治？"唐柳宗元弔屈原文："支離搶攘兮，遭世孔疚。"

按，説文無搶字。

搊

1. chōu 楚鳩切，平，尤韻，穿二。

㊀撥弄樂器。唐劉肅大唐新語八："劉希夷…善～琵琶。"㊁抽，束緊。唐陸龜蒙新夏東郊閒泛有懷詩："經略彴時冠暫亞，佩笭箵後帶頻～。"㊂〔搊搜〕叠韻聯緜字。凶狠，勇

悍。金董解元西厢記諸宫調二:“細端詳,見法聰生得搊搜相。”

2. zhōu 側九切,上,有韻,照三。

㊃捉,揪。宋米芾寶晉英光集七:“顯公覺師舉止異常,向前~定叫賊。”

按,説文無搊字。

搗 dǎo。

後起字。㊀捶,舂。北周庾信夜聽搗衣詩:“秋夜~衣聲,飛度長門城。”唐杜甫雨詩:“柴扉臨野碓,半濕~香杭。”㊁〔搗鬼〕暗中搗亂,耍花招(晚起義)。元曲選青衫淚:“我劉一郎何曾搗鬼?”

摓 féng 集韻符容切,音逢,平,鍾韻,奉。東部。

㊀同“縫”。見集韻。㊁大。莊子盜跖:“縫衣淺帶。”釋文作“摓”。㊂兩手分而數之。史記龜策列傳:“夫~策定數,灼龜觀兆,變化無窮。”司馬貞索隱:“摓謂兩手執蓍分而扐之,故云摓策。”字亦作“搻”。

按,説文無摓字。

搊 1. chōu 丑鳩切,音抽,平,尤韻,徹。幽部。

㊀同“抽”。引出。説文:“搊,引也。”

2. liù 集韻力救切,去,宥韻,來。幽部。

㊁築牆布土。見集韻。詩小雅斯干“椓之橐橐”鄭箋:“椓,謂~土也。”

搬 bān。

後起字。㊀挪動,遷移。宋釋普濟五燈會元一○:“師見僧~土次,乃以一塊土放僧擔上。”㊁扮演。元明雜劇遇上皇一:“搽灰抹粉學~唱,剃頭削髮爲和尚。”

十 一 畫

撒 1. sà 叠割切,音撒,入,曷韻,心。月部。

㊀側手擊。見集韻。公羊傳莊公十二年:“(宋)萬臂~仇牧,碎其首。”㊁〔抹撒〕叠韻聯緜字。掃滅,勾消。唐韓愈貞曜先生墓誌銘:“唯其大翫於詞而與世抹撒。”

2. sǎ 集韻師駭切,上,駭韻,審二。

㊂擺撒,抖搜。見集韻。

按,説文無撒字。

摩 mó 莫婆切,平,戈韻,明。歌部。

㊀摩擦。説文:“摩,研也。”易繫辭上:“是故剛柔相~,八卦相盪。”引申爲摸,撫。陳書徐陵傳:“寶誌手~其頂。”㊁切磋,研究。禮記學記:“相觀而善之謂~。”鄭玄注:“摩,相切磋也。”戰國策秦策一:“得太公陰符之謀,伏而誦之,簡練以爲揣~。”㊂迫近,接近。左傳宣公十二年:“吾聞致師者,御靡旌,~壘而還。”三國魏曹植野田黄雀行:“飛飛~蒼天,來下謝少年。”㊃磨滅,磨練。莊子徐无鬼:“反古而不窮,循古而不~。”漢書董仲舒傳:“漸民以仁,~民以誼,節民以禮。”顔師古注:“摩,謂砥礪之也。”

摮 áo 五勞切,音敖,平,豪韻,疑。宵部。

擊。公羊傳宣公六年:“熊蹯不熟,公怒,以斗~而殺之。”何休注:“摮,猶擊也。摮謂旁擊頭項。”

按,説文無摮字。

摯 zhì 脂利切,音至,去,至韻,照三。質部。

㊀握持。見説文。㊁懇切,誠懇。詩周南關雎“關關雎鳩”毛傳:“鳥~而有別。”㊂至。書西伯戡黎:“大命不~,今王其如台!”㊃通“贄”。見面禮物。周禮春官大宗伯:“以禽作六~,以等諸臣。”鄭玄注:“摯之言至,所執以自致。”㊄通“鷙”。凶猛。禮記曲禮上:“前有~獸,則載貔貅。”孔穎達疏:“摯獸猛而能擊,謂虎狼之屬也。”㊅古諸侯國名。詩大雅大明:“~仲氏任,自彼殷商,來嫁于周。”毛傳:“摯國任姓之中女也。”

[同源字]執,贄,摯。見“贄”字條。

摰 niè 集韻倪結切,音臬,入,屑韻,疑。月部。

危，不堅牢。説文作隉，云："危也。"周禮考工記輪人："轂小而長則柞，大而短則～。"鄭玄注引鄭衆："摯讀爲槷，謂輻危槷也。"

摘 1. zhāi 陟革切，入，麥韻，知。錫部。

㊀採取，摘下。唐孟浩然裴司士見訪詩："厨人具雞黍，稚子～楊梅。"㊁選取。漢蔡邕琅邪王傅蔡朗碑："包洞典籍，刊～沈祕。"㊂指斥。宋曾鞏寄王介卿詩："羣兒困不酬，呫嗫聚譏～。"

2. tì 他歷切，入，錫韻，透。

㊃發，動。唐元稹黄明府詩："便邀連榻坐，兼共～船行。"指發船。元熊朋來瑟賦："立擲卧～，竹軋木搕。"指彈瑟。㊄騷擾。後漢書隗囂傳："西侵羌戎，東～濊貊。"注："摘，擾也。"

摛 chī 丑知切，平，支韻，徹。歌部。

舒展。説文："摛，舒也。"後漢書班固傳西都賦："若～錦布繡，燭燿乎其陂。"引申爲傳布。文選漢揚雄劇秦美新："宜命賢哲作帝典一篇，…～之罔極。"

摭 zhí 之石切，入，昔韻，照三。鐸部。

拾取。説文作拓，云："拾也，陳宋語。"禮記禮器："君子之於禮也，有直而行也，…有順而～也。"漢書司馬遷傳贊："至於采經～傳，分散數家之事，甚多疏略。"

摝 lù 盧谷切，音鹿，入，屋韻，來。屋部。

振動。周禮夏官大司馬："三鼓～鐸，羣吏弊旗，車徒皆坐。"

按，説文無摝字。

摔 shuāi。

晚起字。㊀用力往下扔，丢開。古今名劇元康進之李逵負荆一："盛醅甕～破了碎磁甌。"紅樓夢六六回："那三姐一～手便自去了。"㊁跌，摔倒。

摏 chōng 書容切，音舂，平，鍾韻，審三。今讀如衝。東部。

衝撞。左傳文公十一年："敗狄於鹹，獲長狄僑如，富父終甥～其喉以戈，殺之。"

按，説文無摏字。

摫 guī 居隋切，音規，平，支韻，見。支部。

裁衣。方言二："鋠，摫，裁也。梁益之間，裁木爲器曰鋠，裂帛爲衣曰～。"文選晉左思蜀都賦："藏鏹巨萬，鋠～兼呈。"

按，説文無摫字。

摶 1. tuán 度官切，音團，平，桓韻，定。元部。

㊀以手揑之成團。説文："摶，圜也。"集韻："謂以手圜之。"禮記曲禮上："毋摶飯。"引申爲回旋，盤旋。莊子逍遥遊："～扶摇而上者九萬里。"又爲圓形。楚辭戰國屈原九章橘頌："曾枝剡棘，圜果～兮。"王逸注："摶，圜也。"㊁持，憑藉。文選漢司馬相如長門賦："～芬若以爲枕兮，席荃蘭而茝香。"

2. zhuàn 持兖切，音篆，上，獮韻，澄。元部。

㊂百羽爲束曰摶。周禮地官羽人："十羽爲審，百羽爲～。"

3. zhuān 集韻朱遄切，音專，平，仙韻，照三。元部。

㊃通"專"。專一，集中。管子内業："一意～心，耳目不淫。"商君書農戰："然後國家可富而民可～也。"㊄猶言統率。史記田敬仲完世家："（韓）馮因～三國之兵，乘屈丐之弊，南割於楚。"

4. chuán。

㊅捲之使緊。周禮考工記鮑人："卷而～之，欲其無迆也。"鄭玄注引鄭衆："摶，讀爲'縳一如瑱'之縳。"

摲 chàn 楚鑒切，去，鑑韻，穿二。談部。

芟除。禮記禮器："君子之於禮也。有直而行也，…有～而播也。"鄭玄注："摲之言芟也，謂芟殺有所與也。"引申爲掃蕩。漢書揚雄傳長楊賦："所麾城～邑，下將降旗，一日之戰,不可殫記。"

按,説文作揅,讀昨甘切。

擗 pì。

"副"的俗字。字亦作"疈"。割。〔擗痤〕割治毒瘡。韓非子顯學:"不擗痤則寖益。"

攄 chū 丑居切,平,魚韻,徹。魚部。

〔攄蒲〕疊韻聯緜字。①博戲名。以擲骰決勝負。漢馬融有攄蒲賦。②宋時蜀地織綾。其紋有兩尾尖削,中間寬廣者。既不像花,又非禽獸。名爲攄蒲。③海產名。即海蛇,又名水母、石鏡。

按,説文無攄字,新附有之。

摽 1. biào 符少切,集韻婢小切,上,小韻,並。宵部。

❶擊。説文:"摽,擊也。"左傳哀公十二年:"長木之斃,無不～也。"❷落。詩召南摽有梅:"～有梅,其實七兮。求我庶士,迨其吉兮。"❸捶胸貌。詩邶風柏舟:"静言思之,寤辟有～。"毛傳:"辟,拊心;摽,拊心貌。"

2. biāo 音標。宵部。

❹揮去,棄。孟子萬章下:"～使者出諸大門之外。"趙岐注:"摽,麾也。"公羊傳莊公十三年:"已盟,曹子～劍而去之。"❺高舉貌。管子侈靡:"～然若秋雲之遠。"尹知章注:"摽,高舉貌。"❻通"標"。①〔摽搒〕同"標榜"。稱揚。後漢書黨錮傳:"海内希風之流,遂共相摽搒。"②〔摽幟〕同"標識"。標記。後漢書皇甫嵩傳:"皆著黄巾爲摽幟。"❼〔摽末〕刀末,喻微末。漢書王莽傳:"乃至(衛)青(公孫)戎,摽末之功,一言之勞,然猶皆蒙丘山之賞。"

摸 mō 慕各切,入,鐸韻,明。

❶以手接觸或輕摩物體。後漢書蔡邕傳:"邕讀曹娥碑,能手～其文讀之。"〔摸索〕疊韻聯緜字。等於説摸。唐劉餗隋唐嘉話中:"卿自難記,若是何(遜)劉(孝綽)沈(約)謝(朓),暗中摸索著,亦可識。"❷同"摹"。描摹。新唐書李靖傳:"又敕～詔本,還賜(李)彦芳。"

按,説文無摸字。

捧 bài 博怪切,去,怪韻,幫。月部。

古"拜"字。見説文。周禮春官大祝:"辨九～。"

摳 kōu 恪侯切,平,侯韻,溪。侯部。

❶撩起。禮記曲禮上:"～衣趨隅,必慎唯諾。"❷投,擲。列子黄帝:"以瓦～者巧,以鉤～者憚,以黄金～者惛。"❸用手挖(晚起義)。西遊記二回:"～眼睛,捻鼻子。"

〔備考〕説文:"摳,繑也。…一曰摳衣升堂。"

掔 qiān 集韻輕烟切,音牽,平,先韻,溪。真部。

牽。漢書揚雄傳羽獵賦:"鉤赤豹,～象犀。"顔師古注:"掔,古牽字。"文選羽獵賦五臣本作"牽"。

摦 huà 胡化切,去,禡韻,匣。魚部。

寬,横大。漢書五行志下之上引左傳:"小者不窕,大者不～。"今左傳昭公二十一年作"槬"。

按,説文無摦字,新附有之,云:"横大也。"

撦 chě 昌者切,上,馬韻,穿三。

後起字。裂開,撕破。唐段成式光風亭夜宴妓有醉毆者詩:"擲履仙鳧起,～衣蝴蝶飛。"

擏 shè 山責切,入,麥韻,審二。

後起字。殞落貌。文選晉潘岳秋興賦:"庭樹～以灑落兮,勁風戾而吹帷。"

摕 dì 都計切,音帝,去,霽韻,端。月部。

攝取,捎取。説文:"摕,攝取也。"文選漢張衡西京賦:"超殊榛,～飛鼯。"薛綜注:"摕,捎取之也。"

摺 1. zhé 之涉切，入，葉韻，照三。葉部。

㊀摺疊。北周庾信鏡賦："始～屏風，新開户扇。"㊁曲折。宋米芾海岳名言："石曼卿作佛號，都無回互轉～之勢。"

2. lā 盧合切，入，合韻，來。葉部。

㊂同"拉"。摧折。史記魯周公世家："使公子彭生抱魯桓公，因命彭生～其脅，公死于車。"又范睢（雎）列傳："魏齊大怒，使舍人笞擊睢（雎），折脅～齒。"司馬貞索隱："摺，音力答反，謂打折其脅而又拉折其齒也。"

［備考］説文："摺，敗也。"

摎 1. jiū 集韻居尤切，音鳩，平，尤韻，見。幽部。

㊀絞死。説文："摎，縛殺也。"㊁纏繞，糾結。漢書五行志中之下："天雨草而葉相～結，大如彈丸。"顔師古注："摎，繞也。"㊂求。後漢書張衡傳思玄賦："～天道其焉如？"

2. liú 力求切，音流，平，尤韻，來。幽部。

㊃姓。漢代有摎樂、摎廣德。

3. jiǎo 集韻吉巧切，音狡，上，巧韻，見。幽部。

㊄〔摎蓼〕叠韻聯緜字。搜索。文選漢張衡西京賦："摎蓼浶浪，乾池滌藪。"李善注："摎蓼浶浪，謂徧搜索也。"

摣 zhā 集韻莊加切，平，麻韻，照二。魚部。

抓，捕捉。文選漢張衡西京賦："摣狒猬，批窳狻。"

按，説文無摣字。

摟 1. lóu 落侯切。音樓，平，侯韻，來。侯部。

㊀曳，牽引。説文："摟，曳聚也。"段玉裁注："此當作曳也，聚也。"孟子告子下："五霸者，～諸侯以伐諸侯者也。"又："踰東家牆而～其處子。"

2. lǒu。

㊁攬，抱（晚起義）。紅樓夢三回："（黛玉）正欲下拜，早被外祖母抱住，～入懷中。"

摑 guó 古獲切，入，麥韻，見。

後起字。打耳光。集韻："摑，批也。"唐盧仝示添丁詩："父憐母惜～不得，却生癡笑令人嗟。"宋葉夢得避暑録話下："執之十字路口，痛與百～。"

撂 liào。

晚起字。放置，擱。紅樓夢一六回："我的東西還没處～呢，希罕你們鬼鬼祟祟的！"

摞 luò 魯過切，去，過韻，來。

理。集韻引博雅："摞，理也。"後漢書輿服志下幘："漢興，續其顔，卻～之。…喪幘卻～反本，禮也。"

按，説文無摞字。

摧 1. cuī 昨回切，平，灰韻，從。微部。

㊀排擠。説文："摧，擠也。"易晉："晉如～如，貞吉。"孔穎達疏："摧，退也。"㊁譏刺。詩邶風北風："我入自外，室人交徧～我。"鄭箋："摧者，刺譏之言。"㊂毁滅，崩壞。詩大雅雲漢："胡不相畏？先祖于～。"史記孔子世家："泰山壞乎！梁柱～乎！哲人萎乎！"㊃挫敗，挫折。韓非子存韓："今伐韓未可一年而滅，拔一城而退，則權輕於天下，天下～我兵矣。"㊄傷痛。文選漢蘇武詩四首之二："長歌正激烈，中心愴以～。"

2. cuò 寸卧切，去，過韻，清。微部。

㊅通"莝"。鍘草。詩小雅鴛鴦："乘馬在廄，～之秣之。"

摜 guàn 古患切，音慣，去，諫韻，見。元部。

㊀習慣。説文："習也。"引春秋傳："摜瀆鬼神。"今左傳昭公二十六年作"貫"。字亦作"慣"。㊁穿着。抱朴子博喻："～甲纓胄，非廟堂之飾。"㊂擲，摔（晚起義）。水滸傳二六回："把那婦人頭望西門慶臉上～將來。"

摿 yáo。宵部。

摇動。淮南子兵略："推其～～，擠其揭揭，此謂因勢。"高誘注："摿摿，欲仆也。"摿，當爲"搖"。搖,古"摇"字。見王念孫讀書雜志。

按,説文無搖字。

摻 1. shān 所咸切,平,咸韻,審二。侵部。

㊀〔摻摻〕纖細貌。詩魏風葛屨:"摻摻女手,可以縫裳。"

2. shǎn 所斬切,上,豏韻,審二。侵部。

㊁執持。詩鄭風遵大路:"遵大路兮,～執子之手兮。"墨子耕柱:"今有燎者於此,一人奉水,將灌之;一人～火,將益之。"

3. sēn 集韻疏簪切,音森,平,侵韻,審二。

㊂衆多貌。後漢書馬融傳廣成頌:"旃旝～其如林,錯五色以摛光。"

4. càn 正字通七鑒反。

㊃〔摻撾〕擊鼓的調子。世説新語言語:"(禰)衡揚枹爲漁陽摻撾。"宋蘇軾病中夜讀朱博士詩:"巧笑在頞頻,哀音餘摻撾。"

按,説文作攕,云:"好手貌。"引詩"攕攕女手"。

摠 zǒng 集韻祖動切,音總,上,董韻,精。東部。

同"總"。書大禹謨:"汝惟不怠,～朕師。"

摐 chuāng 楚江切,音窗,平,江韻,穿二。東部。

㊀撞,打。史記司馬相如列傳子虛賦:"～金鼓,吹鳴籟。"㊁高聳。漢揚雄太玄四:"喬木維～,飛鳥過之或降。"㊂〔摐摐〕①景物衆多貌。唐陸龜蒙和憶洞庭觀步十韻詩:"聞君遊静境,雅具更摐摐。"②象聲詞。唐王建霓裳詞:"絃索摐摐隔彩雲,五更初發滿宮聞。"

按,説文無摐字。

摷 1. jiǎo 子小切,上,小韻,精。宵部。

㊀拘擊。見説文。段玉裁注:"拘止而擊之也。"

2. zhāo 側交切,平,肴韻,照二。宵部。

㊁取。文選漢張衡西京賦:"～鯤鮞,殄水族。"薛綜注:"摷,殄,言盡取之。"

摹 mó 莫胡切,音模,平,模韻,明。魚部。

㊀規畫。説文:"摹,規也。"漢書高帝紀下:"雖日不暇給,規～弘遠矣。"顔師古注:"鄧展曰:'若畫工規模物之摹。'韋昭曰:'…摹者,如畫工未施采事摹之矣。'"㊁效法,照樣做。漢書仲長統傳昌言:"若是,三代不足～,聖人未可師也。"㊂描寫。文選南朝梁江淹别賦:"誰能～暫離之狀,寫永訣之情者乎?"

十 二 畫

擙 qiān 集韻九件切,上,獮韻,見。元部。

拔取。説文:"擙,拔取也,南楚語。"引楚辭"朝～阰之木蘭"。今楚辭離騷作"搴"。參見"搴"字條。

撞 1. zhuàng (舊讀 chuáng)宅江切,平,江韻,澄。東部。

㊀擊,衝擊。説文:"撞,卂擣也。"段注:"卂者,疾也。"戰國策秦策一:"寬則兩軍相攻,迫則杖戟相～。"漢書樊噲傳:"乃持盾入,營衛止噲,噲直～入。"顔師古注:"謂以盾撞擊人。"

2. zhuàng 直絳切,去,絳韻,澄。

㊁碰,相遇。元王實甫西廂記五本四折:"你～著箇水浸老鼠的姨夫。"

[同源字]①鐘,鐲,撞。見"鐘"字條。

②衝,撞。見"衝"字條。

撤 chè 丑列切,音徹,入,薛韻,徹。月部。

㊀去掉。論語鄉黨:"不～薑食。"㊁解消。文選三國魏王粲公讌詩:"涼風～蒸暑,清雲却炎暉。"

按,説文無撤字。

撙 zǔn 兹損切,上,混韻,精。文部。

㊀節制,節省。管子五輔:"節飲食,～衣

服,則財用足。”㊁壓抑。荀子儒效:“不卹是非然不然之情,以相薦～,以相恥怍,君子不若惠施鄧析。”

按,說文無撙字。

撈 lāo 魯刀切,平,豪韻,來。

後起字。水中取物。集韻:“沈取曰撈。”唐元稹酬樂天東南行詩:“泥浦喧～蛤,荒郊險鬬貙。”

撎 yì 乙冀切,去,至韻,影。質部。

揖,拱手禮。周禮春官大祝“九曰肅拜”鄭玄注引鄭司農:“肅拜,但俯下手,今時～是也。”釋文:“撎,於立反,即今之揖。”文選晉潘岳西征賦:“肅天威之臨顏,率軍禮以長～。”

按,說文:“撎,舉手下手也。”段玉裁注改爲:“揲舉首下手也。”

撓 1. náo(舊讀 nǎo)奴巧切,上,巧韻,泥。宵部。

㊀攪擾。說文:“撓,擾也。”左傳成公十三年:“～亂我同盟,傾覆我國家。”引申爲攪和。荀子議兵:“以桀詐堯,譬之若以卵投石,以指～沸。”㊁彎曲。易大過:“棟～,本末弱也。”引申爲屈服。戰國策魏策四:“秦王色～,長跪而謝之。”㊂奸邪。吕氏春秋知度:“法則之用植矣,枉辟邪～之人退矣。”㊃弱。潛夫論考績:“夫劍不試則利鈍闇,弓不試則勁～誣。”

2. náo。

㊄抓,搔(晚起義)。西遊記一回:“一個個伸頭縮頸,抓耳～腮。”

撢 tàn 他紺切,去,勘韻,透。侵部。

探。說文:“撢,探也。”〔撢人〕官名。其職爲探取帝王意旨,以告國人。周禮夏官序官:“撢人中士四人,史四人,徒八人。”鄭玄注:“撢人主撢序王意,以語天下。”

撠 jǐ 几劇切,入,陌韻,見。鐸部。

㊀擊刺。史記孫子吳起列傳:“夫解雜亂紛糾者不控捲,救鬬者不搏～。”司馬貞索隱:“撠,以手撠刺人。”㊁接觸。漢書揚雄傳解難:“不階浮雲,翼疾風,虛舉而上升,則不能～膠葛,騰九閎。”

按,說文無撠字。

撶 huá。

後起字。通“划”。舟進漿。唐陸龜蒙和胥門閒泛詩:“細漿輕～下白蘋,故城花謝緑陰新。”

撕 1. xī 先稽切,音西,平,齊韻,心。支部。

㊀〔提撕〕叠韻聯緜字。扯拉。詩大雅抑:“匪面命之,言提其耳。”鄭箋:“我非但對面語之,親提撕其耳。”

2. sī 集韻相支切,音斯,平,支韻,心。

㊁用手裂物(晚起義)。紅樓夢三一回:“晴雯果然接過來,嗤的一聲,～了兩半。”

按,說文無撕字。

撒 1. sǎ 集韻桑葛切,入,曷韻,心。

後起字。㊀散布。唐韓愈月蝕詩:“星如～沙出,攢集争强雄。”㊁散落,灑(晚起義)。古今小說新橋市韓五賣春情:“～出來的都是血水。”

2. sā。

㊂放開,張開(晚起義)。元揭傒斯漁父:“夫前～網如飛輪,婦後搖櫓青衣裙。”㊃施展(晚起義)。如“撒嬌”,“撒野”。

撅 1. jué 居月切,音厥,入,月韻,見。月部。

㊀拔起。韓詩外傳二:“草木根荄淺,未必～也。飄風興,暴雨墜,則～必先矣。”㊁掘。論衡效力:“鑿所以入木者,槌叩之也;鍤所以能～者,跖蹈之也。”㊂擊。新唐書褚遂良傳:“昔侯君集李靖皆庸人爾,猶能～高昌,縲突厥。”

〔備考〕說文:“撅,从手有所把也。”

2. guì 集韻姑衛切,去,祭韻,見。月部。

㊃揭起衣服。墨子公孟:“子以三年之喪非三日之喪,是猶倮謂～者不恭也。”禮記內

則:"不涉不～,褰衣衾不見裏。"鄭玄注:"撅,揭衣也。"

3. juē。

㊄翹起脣(晚起義)。清孔尚任桃花扇四:"(鄭妥娘)～嘴介:'我老妥又不妥了。'"

撩 1. liáo 落蕭切,平,蕭韻,來。宵部。

㊀料理。說文:"撩,理也。"玄應一切經音義卷十四引通俗文:"理亂謂之撩理。"今字作"料",讀去聲。㊁抛擲。三國志魏書典韋傳:"但持長矛～戟。"㊂挑,撥。北齊書陸法和傳:"凡入取果,宜待熟時,不～自落。"㊃招引。北周庾信結客少年場行:"歌～李都尉,果擲潘河陽。"唐元稹酬東川李相公詩:"戇直～忌諱,科儀懲傲頑。"

2. liao。

㊄掀起(晚起義)。元曲選秋胡戲妻四:"我這裏便破步～衣,走向前來,揝住羅裳。"

3. liào。

㊅通"撂"。放下(晚起義)。明凌濛初二刻拍案驚奇一九:"(寄兒)料道非夢,便把鍥刀草蓆一～。"

撏 xín 徐林切,音尋,平,侵韻,邪。

後起字。拔取。唐賈島原居即事言懷詩:"鑷～白髮斷,兵阻尺書傳。"

撊 xiàn 集韻下赧切,上,潸韻,匣。元部。

㊀忿貌。見集韻。左傳昭公十八年:"今執事～然授兵登陴,將以誰罪?"㊁遮禁。管子五行:"其氣不足,則發～瀆盜賊。"尹知章注:"撊,謂遮禁也。"

按,說文無撊字。

撋 ruán 而緣切,平,仙韻,日。

後起字。以兩手相摩擦。宋黃庭堅跛奚移文:"搔癢抑痛,炙手～凍。"

撰 1. zhuàn 雛鯇切,上,潸韻,牀二。元部。

㊀數。謂陰陽變化的自然規律。易繫辭上:"陰陽合德,而剛柔有體,以體天地之～。"王弼注:"撰,數也。"㊁具。論語先進:"異乎三子者之～。"㊂持。禮記曲禮上:"君子欠伸,～杖屨。"楚辭戰國屈原九歌東君:"～余轡兮高駝翔。"㊃編集。三國魏曹丕與吴質書:"頃～其遺文,都爲一集。"㊄著作。唐杜甫洗兵馬詩:"隱士休歌紫芝曲,詞人解～河清頌。"

2. xuǎn 集韻須兗切,音選,上,獮韻,心。元部。

㊅通"選"。選擇。周禮夏官大司馬:"群吏～車徒。"文選漢班昭東征賦:"時孟春之吉日兮,～良辰而將行。"

按,說文無撰字。

撌 fèi 集韻父沸切,去,未韻,奉。物部。

搏擊。見集韻。淮南子俶真:"且人之情,耳目應感動,心志知憂樂,手足之～疾蓋,辟寒暑,所以與物接也。"晉書張載傳附張協七命:"蹴封豨,～馮豕。"文選七命作"僨"。

按,說文無撌字。

撜 1. zhěng 蒸上聲,拯韻,照。蒸部。

㊀救。淮南子齊俗:"子路～溺而受牛謝。"

2. chéng 集韻徐庚切,平,庚韻,澄。

㊁通"振"。接觸。唐韓愈石鼎聯句:"豈比俎豆古,不爲手所～。"

按,說文撜爲抍的重文,同"拯"。

撥 1. bō 北末切,入,末韻,幫。月部。

㊀治理。說文:"撥,治也。"詩商頌長發:"玄王桓～。"㊁分開,挑動。禮記曲禮上:"衣毋～。"文選南朝宋謝惠連祭古冢文序:"以物棖～之,應手灰滅。"㊂彈撥弦樂器。唐白居易琵琶行:"轉軸～絃三兩聲,未成曲調先有情。"㊃斷絶,折。詩大雅蕩:"枝葉未有害,本實先～。"㊄除去,廢除。史記太史公自序:"秦～去古文,焚滅詩書。"㊅發放(後起義)。宋史河渠志七:"今欲建一牐,約費二萬餘緡,乞詔兩浙運使於窠名錢内支～。"㊆不

正。戰國策西周："弓～矢鉤，一發不中。"荀子正論："不能以～弓曲矢中。"❽紼，拉棺的大繩。禮記檀弓下："孺子䩶之喪，哀公欲設～。"❾梳具。婦女用以理鬢。梁簡文帝戲贈麗人詩："同安鬟裏～，異作額間黄。"

2. fá。

❿大盾。史記孔子世家："於是旍旄羽袚矛戟劍～鼓噪而至。"司馬貞索隱："撥音伐，謂大楯也。"

撱 1. wěi 羊捶切，上，紙韻，喻四。

❶抛棄。廣韻："撱，撱棄。"

2. tuǒ 字彙吐火切，音妥。

❷長圓形。使成長圓形。史記平準書："故白金三品…三曰復小，～之，其文龜，直三百。"司馬貞索隱："謂長而方，去四角也。"漢書食貨志下作"橢"。

撇 1. piē 普蔑切，入，屑韻，滂。月部。

說文作擎。❶擊。文選漢王褒四子講德論："故膺騰～波而濟水，不如乘舟之逸也。"❷拂。文選漢揚雄甘泉賦："浮蠛蠓而～天。"❸漢字向左斜掠的筆畫叫撇。

2. piě。

❹丢，抛棄。宋陳德武沁園春詞："怎～下，這兩字相思，萬里虛名？"水滸傳三回："智深雖然酒醉，却認得是長老，～了棒，向前來打箇問訊。"

撐 chēng 集韻中庚切，平，庚韻，知。陽部。

字亦作"撑"。❶抵住，支持。文選漢司馬相如長門賦："羅丰茸之遊樹兮，離樓梧而相～。"唐杜甫自京赴奉先縣詠懷詩："河梁幸未拆，支～聲窸窣。"❷以篙進船。唐李白下涇縣陵陽溪至澀灘："漁子與舟人，～折萬張篙。"❸斜支柱。字亦作"樘"。唐韓愈城南聯句："浮虛有新斸，摧扼饒孤～。"❹美，漂亮（晚起義）。金董解元西廂記諸宮調一："便是月殿裏嫦娥，也没恁地～。"

按，說文無撐字。

撮 1. cuō 倉括切，入，末韻，清。月部。

❶抓取，摘取。說文："撮，一曰兩指撮也。"桂馥曰："兩指當爲三指。"莊子秋水："鴟鵂夜～蚤，察毫末；晝出瞋目而不見山丘。"史記太史公自序："～名法之要。"禮記中庸："今夫地，一～土之多。"❷聚集。詩小雅都人士："彼都人士，臺笠緇～。"孔子家語始誅："其居處足以～徒成黨。"❸容量單位。說文："撮，四圭也。"漢書律曆志上："量多少者不失圭～。"

2. zuān 集韻祖官切，平，桓韻，精。

❹乘載器。尸子下："行險以～，行沙以軌。"

撣 1. dǎn。元部。

❶〔撣撣〕敬禮貌。漢揚雄太玄三："何福滿肩，提禍撣撣。"范望注："撣撣然，敬也。"❷拂（晚起義）。紅樓夢六七回："看見那邊葡萄架底下有人拿着～子，在那裏～什麽呢？"

2. tán 集韻唐干切，音壇，平，寒韻，定。

❸古國名。其地爲今緬甸撣邦。今讀 shàn。❹通"彈"（晚起義）。水滸傳二三回："一頓拳脚，打得那大蟲動～不得。"

撌 wèi 音胃。物部。

排除。淮南子要略："當此之時，燒不暇～，濡不給扢。"高誘注："撌，排去也，音謂。"

撾 zhuā 集韻張瓜切，平，麻韻，知。

打，擊。三國志蜀書張飛傳："卿刑殺既過差，又日鞭～健兒，而令在左右，此取禍之道也。"

按，說文無撾字。

撲 pū 普木切，入，屋韻，滂。屋部。

❶擊。說文作攴，云："小擊也。"書盤庚上："若火之燎于原，不可嚮邇，其猶可～滅。"淮南子說林："蔭不祥之木，爲雷電所～。"❷拂過。唐杜甫大曆三年春白帝城放船詩："石苔凌几杖，空翠～肌膚。"❸直衝。續傳燈録

二九:"不是一番寒徹骨,争得梅花～鼻香?"水滸傳二三回:"武松見大蟲～來。"❹[撲地]滿地,遍地。文選南朝宋鮑照蕪城賦:"廛閈撲地,歌吹沸天。"❺通"仆"。倒下。唐韓愈納凉聯句:"危簷不敢憑,朽机懼傾～。"❻賭。宋孟元老東京夢華録七:"有以一笏～三十笏者,以至車馬地宅歌姬舞女,皆約以價而～之。"

撝

huī 許爲切,音麾,平,支韻,曉。歌部。

❶裂。破開。説文:"撝,裂也。"後漢書馬融傳廣成頌:"脰完瓶,～介鮮。"❷通"麾"。指揮。公羊傳宣公十二年:"左右～軍舍七里。"後漢書班彪傳附班固典引:"有于德不台淵穆之讓,靡號師矢敦奮～之容。"李賢注:"撝亦麾也。"❸謙遜。易謙:"無不利～謙。"王弼注:"指撝皆謙,不違則也。"後因稱謙遜爲撝謙。清蒲松齡聊齋志異棊鬼:"公禮之,乃坐,亦殊～謙。"

搭

dā 都合切,音答,入,合韻,端。

後起字。同"搭"。❶打。魏書李彪傳:"南臺中取我木手去,～奴肋折。"北齊書神武紀上:"常於并州市～殺人者。"❷附掛。唐司空圖歌者詩:"鵪鷺花香～槿籬,枕前蛩迸酒醒時。"

播

1. bō(舊讀 bò)補過切,去,過韻,幫。歌部。

❶布種。説文:"播,穜也;一曰布也。"書大誥:"厥父菑,厥子乃弗肯～,矧肯穫?"詩豳風七月:"其始～百穀。"引申爲分布。書禹貢:"又北～九河,同爲逆河,入于海。"又爲傳布。書盤庚上:"王～告之脩,不匿厥指。"傳:"王布告人以所修之政。"左傳昭公四年:"～於諸侯,焉用之?"❷流蕩,遷徙。書大誥:"予惟以爾庶邦,于伐殷逋～臣。"孔穎達疏:"往伐殷逋亡播蕩之臣。"❸棄。書多方:"爾乃屑～天命。"楚辭漢劉向九歎思古:"～規榘以背度兮,錯權衡而任意。"

2. bǒ 集韻補火切,上,果韻,幫。歌部。

❹摇,揚。論語微子:"～鼗武,入於漢。"莊子人間世:"鼓筴～精,足以食十人。"郭象注:"播,揚土,簡精麤也。"

撬

qiào。

晚起字。❶舉起,翹起。紅樓夢八八回:"論家事,這裏是踩一頭兒～一頭兒的,連珍大爺也彈壓不住。"❷撥開,挑開。西遊記二五回:"衆仙～開門板,着手扯下牀來,也只是不醒。"

撫

fǔ 芳武切,上,虞韻,敷。魚部。

❶摸,撫摩。左傳襄公十九年:"宣子盥而～之曰:'事吴敢不如事主!'"❷按。孟子梁惠王下:"夫～劍疾視曰:'彼惡敢當我哉!'此匹夫之勇也。"❸撫慰。書泰誓:"～我則后,虐我則讎。"❹據有,占有。左傳襄公十三年:"～有蠻夷。"禮記文王世子:"西方有九國焉,君王其終～諸?"❺拍。三國志魏書武帝紀注引曹瞞傳:"公聞(荀)攸來,跣出迎之,～掌笑曰:'子卿遠來,吾事濟矣!'"

[備考]説文:"撫,安也,一曰循也。"

撟

jiǎo 居夭切,音矯,上,小韻,見。宵部。

❶舉起。説文:"撟,舉手也。"史記扁鵲列傳:"中庶子聞扁鵲之言,目眩然而不瞚,舌～然而不下。"漢書揚雄傳甘泉賦:"仰～首而高視兮,目冥眴而亡見。"❷使屈服。荀子臣道:"率群臣百吏而相與彊君～君,君雖不安,不能不聽。"❸[撟掇]拾取。淮南子要略:"乃始攬物引類,覽取撟掇。"❹揉。周禮考工記弓人:"～幹欲孰於火而無贏。"❺通"矯"。糾正。漢書燕刺王旦傳:"方今寡人欲～邪防非。"❻假託。周禮秋官士師:"掌士之八成:…五曰～邦令。"鄭玄注:"稱詐以有爲者。"❼剛强。荀子臣道:"～然剛折端志而無傾側之心。"

撚

niǎn 乃殄切,上,銑韻,泥。元部。

❶執,以手指持物。説文:"撚,執也。"唐

杜牧重送詩："手～金僕姑，腰懸玉轆轤。"㊁搓。唐杜甫喜觀即到復題短篇詩："應論十年事，～絶始星星。"㊂彈奏琵琶的一種指法。唐白居易琵琶行："輕攏慢～抹復挑。"㊃踐踏。淮南子兵略："前後不相～，左右不相干。"㊄通"撵"。趕走(晚起義)。元曲選殺狗勸夫："小的每～這厮出去。"

十 三 畫

擅 shàn 時戰切，去，線韻，禪。元部。

㊀獨斷專行。說文："擅，專也。"鄧析子無厚："下不得自～，上操其柄而不理者，未之有也。"韓非子孤憤："當塗之人～事要，則外内爲之用矣。"又用作狀語。擅自，任意。墨子號令："諸吏卒民，非其部部界，而～入他部者，輒收。"㊁專長。文選南朝梁任昉宣德皇后令："文～彫龍，而成輒削藁。"㊂佔有。莊子秋水："且夫～一壑之水，而跨跱埳井之樂，此亦至矣。"戰國策趙策四："趙攻中山，取扶柳，五年以～呼沱。"㊃通"禪"。〔擅讓〕禪讓。荀子正論："世俗之爲說者曰：'堯舜擅讓'，是不然。"

擁 yōng (舊讀 yǒng)於隴切，上，腫韻，影。東部。

㊀抱，持。說文作擁，云："抱也。"禮記玉藻："肆束及帶，勤者有事則收之，走則～之。"孔穎達疏："擁，謂抱之於懷也。"莊子知北遊："神農隱几～杖而起。"引申爲擁有，領有。三國志蜀書諸葛亮傳："今操已～百萬之衆。"又爲圍裹。南史陶潛傳："敗絮自～。"㊁遮蓋，壅塞。禮記内則："女子出門，必～蔽其面。"唐韓愈左遷至藍關示姪孫湘詩："雲横秦嶺家何在？雪～藍關馬不前。"㊂阻止，積壓。南史梁武帝紀："或遇事～，日儻移中，便嗽口以過。"唐李翱河南府司録參軍盧君墓誌銘："其爲户曹，決斷精速，曹不～事。"㊃保護。漢書匈奴傳："是貪一夫之得而失一國之心，～有罪之臣而絶慕義之君也。"後漢書虞延傳："天下大亂，延常嬰甲冑，～衛親族。"

撻 tà 他達切，入，曷韻，透。月部。

㊀笞。說文："鄉飲酒，罰不敬，～其背。"書益稷："侯以明之，～以記之。"傳："當行射侯之禮，以明美惡之教，～不是者，使記識其過。"儀禮鄉射禮："射者有過，則～之。"㊁疾速。詩商頌殷武："～彼殷武，奮伐荆楚。"毛傳："撻，疾意也。"㊂箭溜。大如錢，以皮骨或金玉爲之，嵌入弓把之側，以别上下。儀禮既夕禮："設以～焉。"㊃〔撻末〕叠韻聯緜字。蛺蝶的别名。晉崔豹古今注魚蟲："蛺蝶，一名野蛾，一名風蝶，江東呼爲撻末。色白背青者是也。"元薩都剌快雪軒詩："門外青山不得青，刮地東風翻撻末。"

擀 gǎn 集韻古旱切，上，旱韻，見。

後起字。以手伸物，或用棍棒碾軋。太平廣記大餅引北夢瑣言："有能造大餅，每三斗麵～一枚，大於數間屋。"

擂 1. léi 玉篇力推切。

後起字。㊀研磨。玉篇："擂，研物也。"字亦作"攂"，見集韻。

2. lèi。

㊁擊打。前蜀韋莊秦婦吟："忽看門外起紅塵，已見街中～金鼓。"字亦作"攂"。集韻："攂，急擊鼓。"㊂守城用的木材工事。水滸傳九二回："一面準備～木砲石，强弓硬弩，火箭火器，堅守城池，以待救兵。"

擈 pò 普麥切，入，麥韻，滂。

〔擈㩧〕叠韻聯緜字。射中物聲。文選漢張衡西京賦："飛罕潚箾，流鏑擈㩧。"

擖 1. jiá 古鎋切，入，鎋韻，見。月部。

㊀刮。見說文。

2. yè 集韻弋涉切，音葉，入，葉韻，喻四。

㊁箕舌。禮記少儀："拚席不以鬣，執箕膺～。"

擏 1. qíng 音檠。耕部。

㊀檠正弓弩之器。淮南子說山："～不正，而可以正弓。"高誘注："檠，弓之掩牀，讀曰檠。"

2. jǐng 集韻舉影切，音景，上，梗韻，見。

㊁同"儆"。見集韻。說文："儆，戒也。"

撼 hàn 胡感切，上，感韻，匣。侵部。

搖動。唐韓愈調張籍詩："蚍蜉～大樹，可笑不自量。"

按，說文撼作摵，云："搖也。"

擗 bì 房益切，集韻毗亦切，入，昔韻，並。錫部。

㊀撫心，搥胸。玉篇"擗"引詩"寤～有標"。今詩邶風柏舟作"辟"。〔擗踊〕搥胸頓足。孝經喪親："擗踊哭泣，哀以送之。"㊁析。楚辭戰國屈原九歌湘夫人："罔薜荔兮爲帷，～蕙櫋兮既張。"

按，說文無擗字。

擋 1. dàng 丁浪切，去，宕韻，端。

後起字。㊀摒。見廣韻。

2. dǎng。

㊁阻攔（晚起義）。水滸傳一一一回："二十個偏將都被～住在城邊。"

據 jù 居御切，去，御韻，見。魚部。

㊀依靠。詩邶風柏舟："亦有兄弟，不可以～。"毛傳："據，依也。"莊子德充符："倚樹而吟，～槁梧而瞑。"㊁處於，佔有。戰國策齊策三："猿獮猴錯木～水，則不若魚鼈。"史記廉頗藺相如列傳："先～北山上者勝，後至者敗。"㊂抓，拏。老子："毒蟲不螫，猛獸不～。"史記呂后本紀："見物如蒼犬，～高后掖。"㊃憑證。爾雅郭璞序："事有隱滯，援～徵之。"引申爲作爲憑證的文件。金史百官志一："中選者試官給～，以名報有司。"

［備考］說文："據，杖持也。"段玉裁注："謂倚杖而持之也。"

［辨］馮，據。見"馮"字條。

擄 lǔ 郎古切，音魯，上，姥韻，來。

後起字。同"虜"。掠取。宋司馬光涑水記聞一三："～婦女小弱者七八萬口。"

操 1. cāo 七刀切，平，豪韻，清。宵部。

㊀執持，拿着。說文："操，把持也。"楚辭戰國屈原九歌國殤："～吴戈兮被犀甲。"引申爲掌握，控制。商君書算地："主～名利之柄而能致功名者，數也。"史記酷吏列傳："爲人上，～下如束溼薪。"又爲應用。左傳成公九年："使與之琴，～南音。"

2. cāo（舊讀 cào）七到切，音燥，去，号韻，清。宵部。

㊁志節，品行。孟子滕文公下："充仲子之～，則蚓而後可者也。"㊂琴曲名。如猗蘭操，龜山操。

［辨］執，持，秉，操，握。見"執"字條。

擇 zé 場伯切，入，陌韻，澄。鐸部。

挑選。說文："擇，柬選也。"墨子尚同中："是故～其國之賢者，置以爲左右將軍大夫。"引申爲區別。孟子梁惠王上："王若隱其無罪而就死地，則牛羊何～焉？"

［辨］選，擇。見"選"字條。

擐 1. guān 古還切，音關，平，删韻，見。元部。

㊀貫，穿。說文："擐，貫也。"左傳成公十三年："文公躬～甲冑，跋履山川。"

2. xuān 集韻荀緣切，音宣，平，僊韻，心。元部。

㊁通"揎"。捋起。禮記王制"嬴股肱"鄭玄注："謂～衣出其臂脛，使之射御決勝負，見勇力。"

擉 chuò 測角切，入，覺韻，穿二。屋部。

刺。莊子則陽："冬則～鼈於江，夏則休乎山樊。"唐韓愈祭鱷魚文："昔先王既有天下，列山澤，罔繩～刃，以除蟲蛇惡物爲民害者，驅而出之四海之外。"

按，說文無擉字。

擛 shé 集韻食列切，音舌，入，薛韻，牀三。

月部。

同"揲"。持點數目。漢書揚雄傳下:"～之以三策,…文之以五行。"

擒 qín 巨金切,平,侵韻,羣。侵部。

古作"禽"。捕捉。國語吴語:"(伍)員不忍稱疾辟易,以見王之親爲越之～也。"

[備考]説文:"捦,急持衣衿也。"或以爲即擒字。

撿 1. liǎn 良冉切,音斂,上,琰韻,來。談部。

❶拱手。説文:"撿,拱也。"

2. jiǎn 集韻居奄切,音檢,上,琰韻,見。談部。

❷約束。漢書黄霸傳:"郡事皆以義法令～式,毋得擅爲條教。"❸查考。宋王明清揮麈録前録二:"弟草兄麻,太平美事,禁中已～見韓絳故事矣。"

擔 1. dān 都甘切,平,談韻,端。談部。

❶用肩挑。説文作儋,云:"何也。"戰國策秦策一:"負書～橐。"

2. dàn 都濫切,去,闞韻,端。談部。

❷所負的責任。左傳莊公二十二年:"赦其不閑於教訓,而免於罪戾,弛於負～,君之惠也。"❸擔子。宋辛棄疾鵲橋仙詞:"轎兒排了,～兒裝了,杜宇一聲催起。"❹量詞。百斤爲擔。漢班彪王命論:"饑寒道路,思有短褐之褻,～石之蓄,所願不過一金。"又一挑物品爲一～(晚起義)。水滸傳一六回:"夫人也有一～禮物另送與府中寶眷。"

3. shàn 集韻時豔切,去,豔韻,禪。談部。

❺假借。儀禮喪服:"無爵而杖者何?～主也。"鄭玄注:"擔,猶假也,無爵者假之杖,尊其爲主也。"

撽 qiào 苦弔切,音竅,去,嘯韻,溪。宵部。

旁擊。説文作擊,云:"旁擊也。"莊子至樂:"莊子之楚,見空髑髏,髐然有形,～以馬捶。"

擊 1. jī 古歷切,入,錫韻,見。錫部。

❶打,敲。説文:"擊,攴也。"書益稷:"予～石拊石。"詩邶風擊鼓:"～鼓其鏜,踊躍用兵。"引申爲殺,刺。儀禮少牢饋食禮:"司馬刲羊,司士～豕。"左傳昭公元年:"子南知之,執戈逐之,及衝,～之以戈。"又爲攻打。左傳僖公二十二年:"既陳而後～之,宋師敗績。"又爲碰撞,接觸。戰國策齊策一:"臨淄之途車轚～,人肩摩。"

[備考]鐵刃。淮南子氾論:"古之兵,弓劍而已矣,槽矛無～,脩戟無刺。"高誘注:"槽,柔木;矛無擊,無鐵刃也。"

2. xí 集韻刑狄切,入,錫韻,匣。錫部。

❷通"覡"。男巫。荀子王制:"主攘擇五卜,知其吉凶妖祥,傴巫跛～之事也。"楊倞注:"擊,讀爲覡,男巫也。古者以廢疾之人主卜筮巫祝之事,故曰傴巫跛覡。"

[同源字]轚,擊。見"轚"字條。

擎 qíng 渠京切,平,庚韻,群。耕部。

舉,向上托。莊子人間世:"～跽曲拳,人臣之禮也。"世説新語紕漏:"婢～金澡盤盛水。"

按,説文無擎字。

擘 1. bò 博厄切,入,麥韻,幫。錫部。

❶分剖,分裂。玉篇:"擘,裂也。"禮記内則:"炮之,塗皆乾,～之。"史記刺客列傳專諸:"既至王前,專諸～魚,因以匕首刺王僚。"

2. bò (舊讀 bì)集韻蒲歷切,入,錫韻,並。錫部。

❷大拇指。爾雅釋魚:"蝮虺,博三寸,首大如～。"孟子滕文公下:"於齊國之士,吾必以仲子爲巨～焉。"

[備考]説文:"擘,撝也。"

擊 qiào 苦弔切,音竅,去,嘯韻,溪。宵部。

旁擊。説文:"擊,旁擊也。"公羊傳宣公六年"公怒,以斗擊而殺之"何休注:"擊猶擊也。擎謂旁擊頭項。"字亦作"撽"。莊子至樂:"撽以馬捶。"

十 四 畫

擰 1. níng。

晚起字。❶扭。金瓶梅一一回:"(春梅)一隻手～着秋菊的耳朵,一直往前邊來。"

2. nǐng。

❷相反,錯誤。清文康兒女英雄傳三五回:"張姑娘纔覺得這句話是説～了。"

3. nìng。

❸倔强。清文康兒女英雄傳四〇回:"玉格這孩子真個的這麽～啊!"

擯 bìn 必刃切,賓去聲,震韻,幫。真部。

❶排除,抛棄。戰國策趙策二:"六國從親以～秦,秦必不敢出兵於函谷關,以害山東矣。"史記主父偃列傳:"齊諸儒生相與排～,不容於齊。"❷通"儐"。導引賓客。論語鄉黨:"君召使～,色勃如也,足躩如也。"

按,説文以擯爲儐的重文,在人部。

擦 cā。

晚起字。❶摩擦。西遊記三回:"那塊鐵,…挨挨兒皮破,～～兒觔傷。"❷揩,拭。紅樓夢四〇回:"看着老婆子丫頭們掃那些落葉,並～抹桌椅。"

擿 1. zhì 直炙切,入,昔韻,澄。錫部。

❶搔,撓。説文:"擿,搔也。"列子黄帝:"斫撻無傷痛,指～無痟癢。"❷通"擲",投擲。莊子胠篋:"～玉毁珠,小盗不起。"釋文:"擿,持赤反,義與擲字同。"崔云:"猶投棄之也。"史記刺客列傳荆軻:"荆軻廢,乃引其匕首以～秦王。"❸簪股。後漢書輿服志下:"簪以瑇瑁爲～。"

2. tì 集韻他歷切,音踢,入,錫韻,透。錫部。

❹挑,撥。漢書宣帝紀:"其令三輔毋得以春夏～巢探卵,彈射飛鳥。"❺開。淮南子本經:"～蚌蜃。"高誘注:"開以求珠也。"❻指使。漢書谷永傳:"衛將軍(王)商密～永令發去。"

3. zhé 集韻陟革切,入,麥韻,知。

❼通"摘"。選取。舊唐書姚璹傳:"披文～句,方資審論之勤。"

擠 jǐ 子計切,去,霽韻,精。脂部。

❶排,推。説文:"擠,排也。"廣雅釋詁三:"擠,推也。"左傳昭公十三年:"小人老而無子,知～于溝壑矣。"史記項羽本紀:"漢軍却,爲楚所～。"❷排斥,陷害。莊子人間世:"故其君因其修而～子。"❸擁聚(晚起義)。紅夢樓四三回:"老的,少的,上的,下的,烏壓壓～了一屋子。"❹壓榨(晚起義)。清吴敬梓儒林外史一四回:"～的乾乾净净,抖了包,只～的出九十二兩銀子來。"

擡 tái 徒哀切,平,咍韻,定。

後起字。❶合力扛舉。五代後周王仁裕開元天寶遺事上:"上令侍御者～步輦召學士來。"引申爲量詞。扛擡之物一件爲一擡。明吴應箕樓山堂集一八:"請告歸籍,止用肩輿一乘,行李二～而已。"❷提起,提高。唐王建宮詞:"金砌雨來行步滑,兩人～起隱花裙。"文選通考一六征榷三:"以鈔折兑糧草,有虚～邊糴之患。"❸仰,起。後周王仁裕開元天寶遺事上:"若立身於矮屋中,使人～頭不得。"宋朱熹朱子語類一七:"先生略～身,露開兩手,如閃出之狀。"

擣 dǎo 都晧切,音島,上,晧韻,端。幽部。

字亦作"搗"。❶舂,捶。説文:"擣,一曰築也。"漢書孝成趙王后傳:"(趙)昭儀懟,以手自～。"注:"擣,築也。"唐李白子夜吴歌:"長安一片月,萬户～衣聲。"❷衝擊。史記孫子吴起列傳:"批亢～虚,形格勢禁,則自爲解耳。"❸腹痛。詩小雅小弁:"我心憂傷,惄焉如～。"❹〔擣蓍〕叢生的蓍草。史記龜策列傳:"上有擣蓍,下有神龜。"

擩 1. rǔ 集韻縈主切，音乳，上，麌韻，日。侯部。

❶沾染。說文："擩，染也。"儀禮公食大夫禮："賓升席坐，取韭菹以辯，～于醢上豆之閒祭。"鄭玄注："擩，猶染也。"唐韓愈清河郡公房公墓碣銘："生長食息，不離典訓之内，目～耳染，不學以能。""目擩耳染"之"擩"，後寫作"濡"，音儒。

2. ruán 集韻而宣切，平，僊韻，日。

❷摩挲。新唐書文藝傳序上："大曆貞元間，美才輩出，～嚌道真，涵泳聖涯。"

3. nòu 奴豆切，去，候韻，泥。

❸〔搆擩〕叠韻聯緜字。不解事。見集韻。

擥 lǎn 集韻魯敢切，音覽，上，敢韻，來。談部。

同"攬"。❶執，持。說文作擎，云："提持也。"漢書息夫躬傳："嗟若是兮欲何留？撫神龍兮～其須。"又王莽傳中："故務自～衆事。"❷引取。漢書五行志上："是以～仲舒，别向歆，傳載眭孟夏侯勝京房谷永李尋之徒所陳行事。"

按，說文無擥字。

擫 yè 集韻益涉切，入，葉韻，影。葉部。

❶以指按捺。說文作壓，云："一指按也。"文選漢張衡南都賦："彈琴～籥，流風徘徊。"唐李商隱柳枝序："吹葉嚼蕊，調絲～管。"❷壓制。新唐書蕭瑀傳："然帝素意伐遼，又銜瑀以謀～其機。"

擢 zhuó 直角切，入，覺韻，澄。藥部。

❶抽，拔。說文："擢，引也。"徐鍇曰："謂拔擢也。"韓非子姦劫弒臣："卓齒之用齊也，～湣王之筋，懸之廟梁。"❷選拔。戰國策燕策二："先王過舉，～之乎賓客之中，而立之乎羣臣之上。"

［備考］去掉。禮記少儀："不角，不～馬。"鄭玄注："擢，去也。"

擱 1. gē。

後起字。❶放置。宋畢仲游西臺集一一："舊詩數百首悉焚去，～筆不復論詩。"紅樓夢一六回："况且我又年輕，不壓人，怨不得不把我～在眼裏。"❷停頓。紅樓夢七〇回："接着過年過節，許多雜事，竟將詩社～起。"

2. gé。

❸禁受，承受。紅樓夢一六回："不過是臉軟心慈，～不住人求兩句罷了。"

擭 1. wò 一虢切，入，陌韻，影。鐸部。

❶捕取。文選漢張衡西京賦："杪木末，～獑猢。"

［備考］說文："擭，擘擭也，一曰布擭也，一曰握也。"

2. hù 胡誤切，去，暮韻，匣。

❷布擭，遍滿。見廣韻。

3. huò 胡郭切，音穫，入，鐸韻，匣。鐸部。

❸捕獸機檻。逸周書周祝："故虎之猛也而陷於～。"禮記中庸："驅而納諸罟～陷阱之中，而莫之知辟也。"

擬 nǐ 魚紀切，上，止韻，疑。之部。

❶揣度，估量。說文："擬，度也。"易繫辭上："聖人有以見天下之賾，而～諸其形容，象其物宜，是故謂之象。"❷計畫，打算。文心雕龍情采："夫能設謨以位理，～地以置心。"唐杜甫丈人山詩："丈人祠西佳氣濃，緣雲～住最高峰。"❸比劃。漢書蘇建傳附蘇武："復舉劍～之，武不動。"❹比，類似。荀子不苟："言己之光美～於舜禹。"漢書公孫弘傳："且臣聞管仲相齊有三歸，侈～於君。"❺仿效。文選晉潘岳寡婦賦序："昔阮瑀既歿，魏文悼之，並命知舊作寡婦之賦，余遂～之，以敘其孤寡之心焉。"

擈 bó 蒲角切，入，覺韻，並。屋部。

擊，撲。漢揚雄太玄格："郭其目，觤其角，不庳其體～。"

按，説文無攢有撲。

擥 lǎn 盧敢切，音覽，上，敢韻，來。談部。

㊀執，持。説文："擥，撮持也。"楚辭戰國屈原離騷："～木根以結茝兮。"史記袁盎列傳："文帝從霸陵上，欲西馳下峻阪。袁盎騎，並車～轡。"㊁〔擥涕〕揩乾眼淚。楚辭戰國屈原九章思美人："思美人兮，擥涕而竚眙。"

擪 yè 於葉切，入，葉韻，影。葉部。

以指按捺。説文："擪，一指按也。"莊子外物："接其鬢，～其顪。"晉夏侯湛笙賦："～拈捏按，同覆互移。"

十 五 畫

擴 kuò 集韻闊鑊切，音廓，入，鐸韻，溪。鐸部。

張大，推廣。孟子公孫丑上："凡有四端於我者，知皆～而充之矣。"

按，説文無擴字。

擝 shěn 音審。

後起字。擝酒，用擝木汁釀成的酒。宋書謝靈運傳山居賦："苦以朮成，甘以～熟。"注："朮，朮酒；擝，擝酒，味甘。並至美，兼以療病。"

擲 zhì 直炙切，入，昔韻，澄。

説文作擿。㊀投。世説新語任誕："殷洪喬作豫章郡，臨去，都下人因附百許函書，既至石頭，悉～水中。"㊁跳躍。世説新語假譎："(袁)紹遑迫自～出。"唐段成式酉陽雜俎續集七："中路忽遇虎，吼～而前。"

攆 niǎn。

晚起字。驅逐，趕走。金瓶梅二一回："你趁早與我出去，我不着丫頭～你。"

擷 xié 胡結切，入，屑韻，匣。

用衣襟兜物。説文作襭，云："以衣衽扱物謂之襭。"引申爲摘取(後起義)。唐宋之問秋蓮賦序："芳心未成，採～都盡。"唐杜牧將赴湖州留題亭菊詩："遥知渡江日，正是～芳時。"

擾 rǎo 而沼切，上，小韻，日。幽部。

㊀攪亂。書胤征："俶～天紀。"左傳襄公四年："各有攸處，德用不～。"引申爲侵掠(後起義)。新唐書秦宗權傳："遂圍陳州，樹壁相望，～敚梁宋間。"又爲受人財物飲食(後起義)。宋司馬光書儀五："凡弔及送喪葬者，必助其喪事而勿～也。"清吴敬梓儒林外史三二回："昨日～了世兄這一席酒，我心裏快活極了。"㊁馴服，安撫。書皋陶謨："～而毅。"又周官："司徒掌邦教，敷五典，～兆民。"引申爲指牲畜，家禽。周禮夏官職方氏："其畜宜六～。"鄭玄注："六擾，馬，牛，羊，犬，豕，雞。"

［同源字］柔，睬，鍒，鞣，煣，揉，輮，擾，弱。見"柔"字條。

按，説文擾作擾。

攉 huī 集韻呼韋切，音揮，平，微韻，曉。微部。

説文作揮。揮動，移動。漢揚雄太玄玄攡："～而散之者，人也。"又玄告："天渾而～，故其運不已。"范望注："攉，猶移也。"

擈 bó 蒲角切，入，覺韻，並。

後起字。㊀擲擊。晉書石勒載記下："石季龍攻陷徐龕，送之襄國，勒囊盛於百尺樓，自上～殺之。"㊁投落。唐陸龜蒙闕元寺樓看雨詩："垂簾珂珮喧，～瓦珠璣濺。"

擂 lèi 盧對切，去，隊韻，來。

後起字。㊀急擊鼓。宋史禮志："馳馬爭擊，旗下～鼓。"㊁從高處推下木石等物打擊敵人以防守。新唐書李光弼傳："乃徹民屋爲～石車，車二百人挽之，石所及，輒數十人死。"

攄 shū 丑居切，平，魚韻，徹。今讀如舒。魚部。

㊀散布，抒發。集韻引博雅："攄，舒也。"淮南子泰族："故～道以被民而民弗從者，誠心弗施也。"文選漢班固西都賦："願賓～懷舊之蓄念，發思古之幽情。"㊁騰躍。後漢書張衡傳思玄賦："僕夫儼其正策兮，八乘～而超驤。"

按，說文無攄字。

擻 sǒu 蘇后切，上，厚韻，心。

後起字。〔抖擻〕叠韻聯緜字。見"抖"字條。

擺 bǎi 北買切，上，蟹韻，幫。歌部。

㊀分開，排除。文選漢張衡西京賦："置互～牲，頒賜獲鹵。"唐杜甫橋陵三十韻呈縣内諸官詩："何當～俗累，浩蕩乘滄溟。"㊁搖晃。唐杜牧歎花詩："如今風～花狼藉，緑葉成陰子滿枝。"㊂排列(晚起義)。水滸傳八七回："你～九宫八卦陣，待要瞞誰?"西遊記四七回："兩邊～了三張桌，請他三位坐。"㊃擺布(晚起義)。清吴敬梓儒林外史四回："把劉先生貶爲青田縣知縣，又用毒藥～死了。"㊄通"捭"。兩手擊。晉書張協傳七命："鉤爪摧，踞牙～。"文選七命作"鉤牙捭"。李善注："說文曰：捭，兩手擊也。補買切。"

按，說文無擺字。

擽 lüè 離灼切，音略，入，藥韻，來。藥部。

㊀擊。三國志魏書董卓傳注引獻帝紀："復遣船收諸不能渡者，皆爭攀船，船上人以刃～斷其指。"㊁衝擊。三國志吴書周瑜傳："瑜親跨馬～陳。"㊂堅貌。荀子王霸："～然扶持心國，且若是其固也。"楊倞注："石貌也。"

按，說文無擽字。

擸 1. liè 良涉切，音獵，入，葉韻，來。葉部。

㊀執，持。說文："擸，理持也。"段玉裁注："謂分理而持之也。"儀禮聘禮："降筵北面，以柶兼諸觶尚～，坐啐醴。"言執觶坐而飲之。

2. là 盧盍切，音臘，入，盍韻，來。

㊁折。見廣韻。㊂〔擸撒〕叠韻聯緜字。撒，音 sà。不乾浄。清顧禄吴趨風土録："若冬至晴，則主年夜雨雪，道途泥濘。諺云：'乾浄冬至擸撒年。'"

攀 pān 普班切，平，删韻，滂。元部。

㊀牽挽，抓牢。說文作𠬜，云："引也。"漢書朱雲傳："御史將雲下，雲～殿檻，檻折。"㊁依附。後漢書寇恂傳："今聞大司馬劉公，…尊賢下士，士多歸之，可～附也。"

十 六 畫

攐 qiān 集韻丘虔切，平，仙韻，溪。元部。

同"褰"。以手提衣。說文："攐，摳衣也。"

攏 lǒng 力董切，上，董韻，來。

㊀湊合。文選晉郭璞江賦："聿經始於洛沫，～萬川乎巴梁。"㊁靠近。樂府詩集江南曲："知郎舊時意，且請～船頭。"㊂梳理。唐韓偓春悶偶成詩："有意通情處，無言～鬢時。"㊃彈奏絃樂的一種指法。唐白居易琵琶行："輕～慢撚抹復挑，初爲霓裳後緑腰。"

按，說文無攏字。

攟 jùn 居運切，去，問韻，見。文部。

拾取。說文："攟，拾也。"字亦作"捃"。〔攟摭〕摘採，採取。漢書刑法志："於是相國蕭何攟摭秦法，取其宜於時者，作律九章。"

攉 1. huò 虚郭切，音霍，入，鐸韻，曉。

㊀手反覆，見集韻。

2. què。

㊁專利，壟斷。漢書王莽傳下："如令豪吏猾民辜而～之，小民弗蒙，非予意也。"㊂〔揚攉〕同"揚推"。約略，舉其大概。淮南子俶真："物豈可謂無大揚攉乎?"

按，說文無攉字。

攌 huǎn 集韻户版切，上，潸韻，匣。元部。

木欄。見集韻。史記屈原賈生列傳鵩鳥賦:"拘士繫俗兮,～如囚拘。"

十七畫

攓 qiān 集韻丘虔切,平,仙韻,溪。元部。

❶取。方言一:"撏、攓、摭、挻,取也。南楚曰攓。"莊子至樂:"列子行食於道從,～蓬而指之。"❷簡慢。淮南子齊俗:"望我而笑,是～也。"高誘注:"攓,慢也。"❸通"褰"。以手提衣。淮南子人間:"江水之始出於岷山也,可～衣而越也。"

按,説文無攓字。

攘 1. ráng 汝陽切,平,陽韻,日。陽部。

❶排斥。説文:"攘,推也。"國語魯語下:"彼無亦置其同類,以服東夷,而大～諸夏。"韋昭注:"攘,却也。"楚辭漢東方朔七諫沉江:"正臣端其操行兮,反離謗而見～。"❷侵奪。國語齊語:"西征,～白翟之地。"漢書嚴助傳:"南夷相～,使邊騷然不安。"❸偷竊。墨子非攻上:"至～人之犬豕雞豚者,其不義又甚入人園圃竊桃李。"❹揎,捋。三國魏曹植美女篇:"～袖見素手,皓腕約金環。"❺容忍。楚辭戰國屈原離騷:"屈心而抑志兮,忍尤而～詬。"❻通"禳"。祈禳。禮記月令季春之月:"九門磔～,以畢春風。"

2. rǎng 如兩切,上,養韻,日。陽部。

❼擾亂。淮南子兵略:"此四君者,皆有小過而莫之討也,故至於～天下,害百姓。"

3. ràng。

❽通"讓"。謙讓。漢書蕭望之傳:"踞慢不遜～。"顔師古注:"攘,古讓字。"

4. xiàng 集韻式亮切,去,漾韻,審三。陽部。

❾通"餉"、"饟"。饋食。詩小雅甫田:"～其左右,嘗其旨否。"

攔 lán 落干切,平,寒韻,來。

後起字。❶阻擋。唐杜甫兵車行:"牽衣頓足～道哭,哭聲直上干雲霄。"❷當,對準(晚起義)。紅樓夢八一回:"倒像背地裏有人把我～頭一棍,疼的眼睛前頭漆黑。"

[同源字]闌,閑,欄,攔。見"闌"字條。

攖 yīng 於盈切,音嬰,平,清韻,影。耕部。

❶觸犯。孟子盡心下:"有衆逐虎,虎負嵎,莫之敢～。"❷擾亂。莊子庚桑楚:"不以人物利害相～。"

按,説文無攖字。

攕 shān 所咸切,平,咸韻,審二。談部。

手美貌。説文引詩:"～～女手。"今詩魏風葛屨作"摻摻"。

攙 1. chán 士咸切,平,咸韻,牀二。談部。

❶刺。文選漢張衡西京賦:"叉蔟之所～捔,徒搏之所撞挌。"❷[攙搶]彗星名。又名"天攙","天搶"。史記司馬相如列傳大人賦:"攬攙搶以爲旌兮,靡屈虹而爲綢。"張守節正義引天官書:"天攙長四丈,末鋭;天搶長數丈,兩頭鋭,其形類彗也。"

2. chān 楚銜切,平,銜韻,初。

❸扶,牽挽(後起義)。宋沈遼禪僧巖詩:"吾身久病苦下溼,復畏神怪來相～。"又方夔後梁父吟:"片言誤相酬,～我手不釋。"❹混雜(後起義)。宋蘇軾答李端叔書:"妄論利害,～説得失。"又蘇軾滿庭芳詞:"莫上孤峰盡處,縈望眼雲水相～。"

按,説文無攙字,新附有之,云:"刺也。"

十八畫

攛 cuàn 集韻取亂切,音竄,去,換韻,清。

後起字。❶擲。見集韻。❷跳躍。西遊記三八回:"那獃子…背在身上,～出水面。"❸[攛掇]慫恿,勸誘。宋朱熹答陳同甫書:"奉告老兄,且莫相攛掇。"水滸傳三九回:"黄文炳就攛掇蔡九知府寫了家書。"

攟 jùn。文部。

說文作攟。拾取。淮南子要略:"然而伏羲爲之六十四變,周室增以六爻,所以原測淑清之道,而~逐萬物之祖也。"

攝 1.shè 書涉切,入,葉韻,審三。葉部。

㊀提起,牽引。說文:"攝,引持也。"論語鄉黨:"~齊升堂,鞠躬如也。"攝齊,提起衣襟。㊁執持。左傳成公十六年:"臨事而食言,不可謂暇,請~飲焉。"杜預注:"攝,持也。"㊂收攏,集聚。莊子胠篋:"將爲胠篋探囊發匱之盜而爲守備,則必~緘縢,固扃鐍。"三國志蜀書劉焉傳:"在犍爲東界,~斂吏民得千餘人。"㊃吸引。唐顧況廣陵白沙大雲寺碑:"磁石~鐵,不~鴻毛。"㊄拘捕。漢書敘傳:"諸所賓禮皆名豪,懷恩醉酒,共諫(班)伯宜頗~録盜賊。"㊅代理。左傳隱公元年:"春,王正月,不書即位,~也。"又僖公二十八年:"舟之僑先歸,士會~右。"杜預注:"權代舟之僑也。"㊆整頓。儀禮士冠禮:"再醮~酒。"鄭玄注:"攝,猶整也。"㊇輔佐。詩大雅既醉:"朋友攸~,~以威儀。"㊈保養。老子:"蓋聞善~生者,陸行不遇兕虎,入軍不被甲兵。"世説新語任誕:"君飲太過,非~生之道。"㊉夾處。論語先進:"千乘之國,~乎大國之間。"

2.zhé 集韻質涉切,入,葉韻,照三。葉部。

⑪通"慴",畏懼。左傳哀公三十一年:"不然,則武震以~威之。"史記刺客列傳荆軻:"吾曩者目~之。"

3.niè 奴協切,入,怗韻,泥。

⑫安定貌。漢書嚴助傳:"天下~然,人安其生。"

攜 xié 户圭切,平,齊韻,匣。支部。

字亦作"携","擕"、"擕"、"攜"。㊀提,帶。說文:"攜,提也。"詩大雅板:"如取如~。"莊子讓王:"於是夫負妻戴,~子以入於海,終身不反也。"㊁牵,挽。詩邶風北風:"惠而好我,~手同行。"㊂連接。史記天官書:"杓~龍角,衡殷南斗。"㊃離。左傳僖公七年:"招~以禮,懷遠以德。"又襄公四年:"我德則睦,否則~貳。"韓非子亡徵:"如是則國~,國~者,可亡也。"

㩐 sǒng 集韻筍勇切,上,腫韻,心。

後起字。㊀挺,直立。唐杜甫畫鷹詩:"~身思狡兔,側目似愁胡。"㊁推(晚起義)。明馮夢龍醒世恒言賣油郎獨占花魁:"將美娘~下了湖船,方纔放手。"

十九畫

攟 jùn 集韻俱運切,去,焮韻,見。文部。

同"捃"、"攈"。拾取。說文作"攈",云:"拾也。"國語魯語上:"收~而蒸,納要也。"

攠 mí 集韻忙皮切,平,支韻。明。歌部。

㊀鐘擊處。見集韻。周禮考工記鳧氏:"鳧氏爲鐘。兩欒謂之銑,銑間謂之于,…于上之~謂之隧。"鄭玄注:"攠,所擊之處。"㊁滅。後漢書杜篤傳:"東~烏桓,蹂轔濊貊。"

按,說文無攠字。

攡 chī 集韻抽知切,平,支韻,徹。歌部。

舒張。說文作摛,云:"舒也。"漢揚雄太玄玄攡:"玄者,幽~萬類而不見形者也。"題注:"攡,張也。言張舒其大目也。"

攦 lì 集韻郎計切,音麗,去,霽韻,來。支部。

㊀折斷。莊子胠篋:"毁絶鉤繩,而棄規矩,~工倕之指,而天下始人有其巧矣。"㊁〔攦脱〕擺脱(晚起義)。明馮夢龍醒世恒言一文錢小隙造奇冤:"這些家人媳婦見家主走了,各要攦脱逃走。"

按,說文無攦字。

攤 tān 他干切,平,寒韻,透。

後起字。㊀鋪開,展開。唐杜甫又示宗武詩:"覓句新知律,~書解滿牀。"㊁分擔。唐白居易自到郡齋僅經旬日詩:"削使科條簡，～令賦役均。”㊂攤子，陳設售物處（晚起義）。明馬佶人荷花蕩傳奇七：“不免在書鋪廊外擺個書～，賺他幾貫何如？”

擷 diān。

晚起字。㊀跌，摔。水滸傳七回：“這夥人不三不四，又不肯近前來，莫不要～洒家？”㊁頓。古今小説史弘肇龍虎君臣會：“三轉身，兩～脚。”

攢 1. cuán 在玩切，去，換韻，從。元部。

㊀聚集。墨子備城門：“城上爲～火。”史記司馬相如列傳上林賦：“～立叢倚，連卷累佹。”㊁停放棺柩，暫時不葬（後起義）。宋史哲宗孟皇后傳：“遺命擇地～殯，俟軍事寧，歸葬園陵。”

2. zǎn。

㊂積蓄（晚起義）。西遊記七六回：“我前日曾聞得沙僧説，他～了些私房。”㊃趕快（晚起義）。元曲選孟漢卿魔合羅二：“小人是蕭令史，正在司房裏～造文書。”

3. zuān 集韻祖官切，平，桓韻，精。元部。

㊄通“鑽”。穿孔。禮記内則：“柤梨曰～之。”釋文：“本又作鑽。”

按，説文無攢字。

攣 1. luán 吕員切，平，仙韻，來。元部。

㊀聯繫，牽繫。説文：“攣，係也。”易小畜：“有孚～如，富以其鄰。”孔穎達疏：“攣者，相牽擊不絶之名也。”漢書敍傳：“既繫～於世教矣，何用大道爲自眩曜？”㊁卷曲而不能伸。史記蔡澤列傳：“先生曷鼻，巨肩，魋顔，蹙齃，膝～。”㊂抽搐。素問皮部論：“寒多則筋～骨痛。”

2. liàn。

㊃通“戀”。〔攣攣〕愛戀不忘。漢書孝武李夫人傳：“上所以攣攣顧念我者，乃以平生容貌也。”

二 十 畫

攩 1. tǎng 他朗切，上，蕩韻，透。

㊀擊。列子黄帝：“既而狎侮欺詒，～拯挨抌，亡所不爲。”

2. dǎng 集韻底朗切，音黨，上，蕩韻，端。陽部。

㊁通“黨”。朋黨。説文：“攩，朋羣也。”㊂抵擋（晚起義）。西遊記七回：“他看大聖縱横，掣金鞭近前～住。”

攫 jué 居縛切，入，藥韻，見。鐸韻。

用手抓取。韻會引説文：“攫，爪持也。”戰國策齊策六：“徐子之狗猶將～公孫子之腓而噬之也。”引申爲奪取。列子説符：“昔齊人有欲金者，適鬻金者之所，～其金而去。”

攪 jiǎo 古巧切，上，巧韻，見。覺部。

擾亂。説文：“攪，亂也。”詩小雅何人斯：“胡逝我梁，祇～我心。”引申爲拌和（後起義）。唐張彦遠歷代名畫記三：“凡煮糊必去筋，稀緩得所，～之不停，自然調熟。”

二十一畫

攬 lǎn 盧敢切，音覽，上，敢韻，來。談部。

㊀把持。説文作擥，云：“撮持也。”文選戰國楚宋玉登徒子好色賦：“遵大路兮～子袪。”引申爲主持。後漢書光武帝紀下：“故能明慎政體，總～權綱，量時度力。”㊁收攏，引取。莊子在宥：“而欲爲人國者，此～乎三王之利，而不見其患者也。”引申爲招引，拉攏。三國志蜀書諸葛亮傳：“總～英雄，思賢如渴。”㊂採摘。楚辭戰國屈原離騷：“朝搴阰之木蘭兮，夕～洲之宿莽。”

攦 lì 字彙力霽切，音例。支部。

分判貌。荀子賦：“忽兮其極之遠也，～兮其相逐而反也。”楊倞注：“攦兮，分判貌。”王念孫謂攦爲雲氣旋轉之貌。見讀書雜志。

二十二畫

攮 nǎng 字彙乃黨切，音曩。

後起字。❶推，搡。見字彙。❷扎，刺。儒林外史六回："半夜裏不見了鎗頭子，～到賊肚裏。"

支 部

支 zhī 章移切，平，支韻，照三。支部。

❶枝條。詩衛風芄蘭："芄蘭之～，童子佩觿。"❷一本旁出，或一源分流曰支。詩大雅文王："文王孫子，本～百世。"新唐書驃國傳："海行五日至佛代國，有江，～流三百六十。"❸支持。左傳定公元年："天之所壞，不可～也。"❹給付（後起義）。宋史兵志八："每歲寒食端午冬至有特～，特～有大小差，亦有非時給者。"❺度量，計算。大戴禮保傅："燕～地計衆，不與齊均也。"❻地支的簡稱。史記曆書"焉逢攝提格太初元年"司馬貞索隱："歲陰者，子丑寅卯辰巳午未申酉戌亥十二～是也。"

二 畫

㩻 guì 集韻居僞切，去，寘韻，見。

疲極。三國志魏書蔣濟傳："弊～之民，儻有水旱，百萬之衆，不爲國用。"

六 畫

攲 1. qī 去奇切，平，支韻，溪。歌部。

❶〔攲嶇〕雙聲聯緜字。同"崎嶇"。傾斜不平。説文在危部，云："攲嶇也。"北周庾信小園賦："攲嶇兮狹室，穿漏兮茅茨。"

2. guì 詭僞切，去，寘韻，見。

❷同㩻。疲極。見集韻。

敊 zhī 章移切，平，支韻，照三。支部。

多。文選漢張衡西京賦："炙炰夥，清酤～。"

八 畫

攱 qī 去奇切，平，支韻，溪。支部。

傾斜。荀子宥坐："孔子觀於魯桓公之廟，有～器焉。"

［備考］説文："攱，持去也。"

十 二 畫

㪗 xún 集韻徐心切，音尋，平，侵韻，邪。

長。後漢書馬融傳廣成頌："陵喬松，履修欂。踔～枝，杪標端。"

攴 部

［攴部總論］

説文："攴，小擊也。從又，卜聲。凡攴之屬皆從攴。"徐灝曰："從攴之字多非擊義。"今按攴部的字，確是此種情況。徐氏又云："疑本象手有執持之形，故凡舉手作事之義皆從之。"此説近是，如"救、收"等字皆符此例。然此説亦未能概括一切，只好存疑。

攴 pū 普木切，入，屋韻，滂。屋部。

小擊。段玉裁說文解字注："按此字從又，卜聲。又者手也。經典隸變作扑。"集韻亦以"攴、扑"爲同字。

二　畫

攷 kǎo 苦浩切，音考，上，晧韻，溪。幽部。

❶敲擊。說文："攷，敂也。"字亦作"考"。詩唐風山有樞："子有鐘鼓，弗鼓弗～。"❷考核。周禮夏官大司馬："以待～而賞誅。"按，攷核的"攷"通作"考"；惟壽考的"考"不通作"攷"。

收 shōu 式洲切，平，尤韻，審三。幽部。

❶拘捕。說文："收，捕也。"詩大雅瞻卬："此宜無罪，女反～之。"世說新語言語："孔融被～，中外惶怖。"❷收成，取。易井："井～，勿幕有孚。"孔穎達疏："凡物可收成者，則謂之收，如五穀之有收也。"墨子七患："一穀不～謂之饉。"左傳隱公元年："大叔又～貳以爲己邑。"❸止息，結束。禮記月令仲秋之月："雷始～聲。"文選三國魏應璩與廣川長岑文瑜書："今者，雲重積而復散，雨垂落而復～。"❹整齊。禮記學記："夏楚二物，～其威也。"鄭玄注："收謂收斂整齊之。"❺車箱下的横木。也叫軫。詩秦風小戎："小戎俴～。"❻古冠名。儀禮士冠禮："周弁，殷冔，夏～。"

三　畫

攻 gōng 古紅切，平，東韻，見。東部。

❶進攻。說文："攻，擊也。"孫子計："～其無備，出其不意。"❷指責過失。論語先進："非吾徒也，小子鳴鼓而～之可也。"❸治療。周禮天官瘍醫："凡療瘍，以五毒～之。"❹從事某事，進行某項工作。詩大雅靈臺："庶民～之，不日成之。"周禮考工記："凡～木之工七，～金之工六，～皮之工五。"論語爲政："～乎異端，斯害也已。"唐韓愈師說："聞道有先後，術業有專～。"❺堅固。詩小雅車攻："我車既～，我馬既同。"❻通"工"。善於。戰國策西周策："是～用兵，又有天命也。"

改 gǎi 古亥切，上，海韻，見。之部。

變更，改正。說文："改，更也。"詩豳風七月："曰爲～歲，入此室處。"易益："君子以見善則遷，有過則～。"

［辨］變，更，改。見"變"字條。

［同源字］改，革，更。見"更"字條。

攸 yōu 以周切，平，尤韻，喻四。幽部。

❶水流貌。說文："攸，行水也。"段注："按，當作'行水攸攸也'。行水順其性，則安流攸攸而入於海。"❷疾走貌。孟子萬章上："少則洋洋焉，～然而逝。"趙岐注："攸然，迅走水趣深處也。"❸所。易坤："君子有～往。"❹是。詩小雅斯干："風雨～除，鳥鼠～去，君子～芋。"❺助詞。書盤庚："女不憂朕心之～困。"又洪範："予～好德。"

四　畫

放 1. fàng 甫妄切，去，漾韻，非。陽部。

❶放逐。說文："放，逐也。"書舜典："～驩兜於崇山。"楚辭戰國屈原漁父："屈原既～，遊於江潭，行吟澤畔。"❷放縱，放任。書武成："歸馬于華山之陽，～牛于桃林之野。"孟子滕文公下："葛伯～而不祀。"趙岐注："放縱無道，不祀先祖。"❸釋放，開放（後起義）。唐白居易七德舞詩："怨女三千～出宫，死囚四百來歸獄。"元曲選關漢卿謝天香："你種的桃花～，砍的竹竿折。"❹放置，放下。淮南子兵略："～乎九天之上。"三國志魏書高貴鄉公紀注引魏末傳："兵交，帝曰：'～仗！'大將軍士皆～仗。"❺發放（晚起義）。紅樓夢三九回："這個月的月錢，連老太太、太太還没～呢。"

2. fǎng 分罔切，音仿，上，養韻，非。陽部。

㊅依據。論語里仁："～於利而行，多怨。"國語晉語四："君定王室，而殘其姻族，民將焉～？"韋昭注："放，依也。"㊆通"倣"。仿效。漢書貢禹傳："後世爭爲奢侈，轉轉益甚，臣下亦相～效。"㊇至。禮記祭義："推而～諸東海而準。"列子楊朱："伯夷非亡欲，矜清之郵，以～餓死。"

3. fāng 集韻分房切，音方，平，陽韻，非。陽部。

㊈併船。荀子子道："不～舟，不避風，則不可涉也。"楊倞注："放，讀爲方。"説文："方，併船也。"

按，説文放字在放部。

五　畫

政 1. zhèng 之盛切，去，勁韻，照三。耕部。

㊀政治。論語學而："夫子至於是邦也，必聞其～。"引申爲政權。論語季氏："天下有道，則～不在大夫。"㊁通"正"。恰好，只。墨子節葬："上稽之堯舜禹湯文武之道，而～逆之；下稽之桀紂幽厲之事，猶合節也。"世説新語規箴："殷覬病困，看人～見半面。"

2. zhēng 諸盈切，音征，平，清韻，照三。耕部。

㊂通"征"。①徵税。周禮地官均人："均人掌均地～。"鄭玄注："政，讀爲征。地征，謂地守地職之税也。"②征伐。大戴禮記用兵："諸侯力～，不朝於天子。"

故 gù 古暮切，去，暮韻，見。魚部。

㊀原故，原因。説文："故，使爲之也。"段玉裁注："今俗云原故是也。"左傳莊公三十二年："惠王問諸内使過曰：'是何～也？'"㊁事，變故。國語鄭語："王室多～，余懼及焉。"㊂故事，成例。商君書更法："苟可以彊國，不法其～。"㊃故意。書大禹謨："宥過無大，刑～無小。"傳："不忌故犯，雖小必行。"㊄舊。論語爲政："温～而知新。"㊅死亡(晚起義)。明馮夢龍古今小説窮馬周遭際賣䭔媪："前年趙三郎已～了，他老婆在家守寡。"㊆副詞。①原來，本來。荀子性惡："凡禮義者，是生於聖人之僞，非～生於人之性也。"楊倞注："故，猶本也。"②仍舊。抱朴子内篇對俗："江淮間居人，爲兒時以龜枝牀，至後老死，家人移牀而龜～生。"③必定。戰國策秦策三："吴不亡越，越～亡吴。"㊇連詞。因此，所以。論語先進："求也退，～進之；由也兼人，～退之。"

［同源字］詁，古，故。見"詁"字條。

战 diān 丁兼切，平，添韻，端。

後起字。〔战敠〕雙聲聯緜字。用手估量物體輕重。廣韻："战敠，稱量。"字亦作"战掇"。集韻："战掇，以手稱物。"又作"點掇"，指粗略。宋朱熹答吴宜之書："然此書體面與他經不同，只得如此點掇説過，多著言語便説殺了。"也泛指忖度事情的輕重利弊。紅樓夢四一回："劉姥姥聽了，心下战敠道：'我方才不過是説趣話取笑兒，誰知他果真竟有！'"

敂 kòu 古厚切，集韻丘堠切，音叩，去，候韻，溪。侯部。

同"叩"。説文："敂，擊也。"

六　畫

效 xiào 胡教切，去，效韻，匣。宵部。

㊀摹仿，效法。説文："效，象也。"易繫辭上："天地變化，聖人～之。"㊁致，授，獻。戰國策秦策四："楚王揚言與秦遇，魏王聞之，～上洛於秦。"禮記曲禮上："～馬～羊者右牽之，～犬者左牽之。"鄭玄注："效，猶呈見。"史記淮陰侯列傳："顧恐臣計未必足用，願～愚忠。"㊂徵驗，效果。戰國策秦策一："願大王少留意，臣請奏其～。"高誘注："效，驗也。"淮南子脩務："夫歌者，樂之徵也；哭者，悲之～也。"

敉 mǐ 綿婢切，上，紙韻，明。支部。

安撫，安定。説文："敉，撫也。"書洛誥："四方迪亂，未定于宗禮，亦未克～公功。"

七 畫

教 1. bó 蒲没切,音勃,入,没韻,並。物部。

❶排除,推倒。說文作勃,云:"排也。"淮南子俶真:"夫疾風～木而不能拔毛髮。"❷盛貌。梁書鍾嶸傳:"太康中,三張二陸兩潘一左～爾復興,踵武前王,風流未沫。"

2. bèi。

❸通"悖"。悖逆。後漢書史弼傳:"昔周襄王恣甘昭公,孝景帝驕梁孝王,而二弟階寵,終用～慢。"

敖 1. áo 五勞切,平,豪韻,疑。宵部。

❶遊玩。說文:"敖,出遊也。"詩邶風柏舟:"微我無酒,以～以遊。"❷地名。詩小雅車攻:"搏獸於～。"鄭箋:"敖,鄭地,今近滎陽。"

2. ào。

❸通"傲"。傲慢。詩邶風終風:"謔浪笑～,中心是悼。"孔穎達疏:"戲謔調笑而傲慢。"禮記曲禮上:"～不可長,欲不可從。"

按,說文敖字在放部。

教 1. jiào 古孝切,去,效韻,見。宵部。

❶教化,教育。說文:"教,上所施,下所效也。"書舜典:"汝作司徒,敬敷五～。"❷文體之一種。爲上對下的告諭。文選有南朝宋傅亮爲宋公修張良廟教。❸宗教。如佛教,道教。❹動詞。傳授。左傳襄公三十一年:"～其不知,而恤其不足。"按,這個意義今普通話讀平聲。

2. jiāo 古肴切,音交,平,肴韻,見。

❺令,使,讓。唐金昌緒春怨詩:"打起黄鶯兒,莫～枝上啼。"

[辨]誨,教。見"誨"字條。

[同源字]學,斆(斅),效,教,校。見"學"字條。

救 jiù 居祐切,去,宥韻,見。幽部。

❶阻止。說文:"救,止也。"論語八佾:"季氏旅於泰山。子謂冉有曰:'女弗能～與?'"周禮地官司救:"司救掌萬民之衺惡過失,而誅讓之,以禮防禁而～之。"❷援助,救護。詩邶風谷風:"凡民有喪,匍匐～之。"引申爲救治。吕氏春秋勸學:"是～病而飲之以堇也。"❸鞋頭的裝飾。爾雅釋器:"絇謂之～。"郭璞注:"救絲以爲絇。"

敕 chì 恥力切,入,職韻,徹。職部。

❶告誡。說文:"敕,誡也。"史記樂書:"余每讀虞書,至於君臣相～,維是幾安。"世說新語賢媛:"不從母～,以至今日。"南北朝以後,專稱君主的詔令。❷備。韓非子主道:"賢者～其材,君因而任之,故君不窮於能。"

敔 yǔ 魚巨切,音語,語韻,疑。魚部。

古樂器名。說文:"敔,禁也。一曰樂器。"形如伏虎,在雅樂結束時擊奏。書益稷:"下管鼗鼓,合止柷～。"

敗 bài 薄邁切,去,夬韻,並。月部。

❶毁壞。說文:"敗,毁也。"書大禹謨:"侮慢自賢,反道～德。"左傳僖公十五年:"涉河,侯車～。"❷腐爛,味變壞。論語鄉黨:"魚餒而肉～,不食。"❸戰敗,失利。書湯誓:"夏師～績,湯遂從之。"僞孔傳:"大崩曰敗績。"引申爲事不成功。史記淮陰侯列傳:"夫功者難成而易～,時者難得而易失也。"又指歉年。穀梁傳莊公二十八年:"豐年補～。"范甯注:"敗,謂凶年。"❹衰敗。唐許渾秋晚雲陽驛西亭蓮花池詩:"心憶蓮池秉燭遊,葉殘花～尚維舟。"

敘 xù 徐吕切,上,語韻,邪。魚部。

字亦作"敍"。❶次序,次第。說文:"敘,次第也。"書舜典:"納於百揆,百揆時～。"孔穎達疏:"皆得次序。"荀子致士:"德以～位,能以授官。"引申爲按等級次第以進職或獎功。周禮天官宫伯:"行其秩～。"鄭玄注:"敘,才等也。"晉書張軌傳:"陳寔等冒險遠至,宜蒙銓～。"❷陳述,敘談。國語晉語三:

"紀言以～之,述意以導之。"三國志魏書臧洪傳:"述～禍福,公私切至。"❸序文。許慎有說文解字叙。古人序文放在卷末,後人序文放在卷首。

[辨]敍,述,陳,說。見"述"字條。

敏 mǐn 眉殞切,上,軫韻,明。之部。

❶敏捷。說文:"敏,疾也。"詩小雅甫田:"曾孫不怒,農夫克～。"❷聰慧。論語顔淵:"回雖不～,請事斯語矣。"❸勤勉。禮記中庸:"人道～政,地道～樹。"鄭玄注:"敏,猶勉也。"論語公冶長:"～而好學,不恥下問。"❹材能。國語齊語:"盡其四支之～,以從事於田野。"❺足大指。詩大雅生民:"履帝武～。"鄭箋:"敏,拇也。"

八畫

敦 1. dūn 都昆切,平,魂韻,端。文部。

❶敦厚,篤厚。易臨:"～臨,吉,无咎。"老子:"～兮其若樸,曠兮其若谷。"❷〔敦牂〕古稱太歲在午之年曰敦牂。淮南子天文:"太陰在午,歲名曰敦牂。"❸督促,勉勵。孟子公孫丑下:"使虞～匠事。"三國魏曹植贈徐幹詩:"親交義在～,申章復何言?"

2. duī 都回切,音堆,平,灰韻,端。微部。

❹治理。詩魯頌閟宫:"～商之旅,克咸厥功。"❺投擲。詩邶風北門:"王事～我,政事一埤遺我。"鄭箋:"敦,猶投擲也。"❻孤獨貌。詩豳風東山:"～彼獨宿,亦在車下。"

[備考]說文:"敦,怒也,詆也,一曰誰何也。"

3. duì 集韻都内切,音對,去,隊韻,端。微部。

❼盛黍稷之器。上下合成圓球形,似彝有足。禮記明堂位:"有虞氏之兩～。"❽通"憝"。怨。荀子議兵:"有離俗不順其上,則百姓莫不～惡。"

4. dùn 都困切,去,慁韻,端。文部。

❾竪。莊子列禦寇:"伯昏瞀人北面而立,～杖蹙之乎頤。"❿〔困敦〕叠韻聯緜字。太歲在子之年叫困敦。史記天官書:"困敦歲:歲陰在子,星居卯。"⓫〔敦丘〕一層之丘。爾雅釋丘:"丘一成爲敦丘,再成爲陶丘。"

5. tún。

⓬通"屯"。布陳,屯聚。詩大雅常武:"鋪～淮濆,仍執醜虜。"漢書揚雄傳甘泉賦:"～萬騎於中營兮。"

6. tuán 度官切,音團,平,桓韻,定。文部。

⓭聚攏。詩大雅行葦:"～彼行葦,牛羊勿踐履。"⓮通"團"。圓形。詩豳風東山:"有～瓜苦。"釋文:"敦,徒丹反。"

7. diāo 集韻丁聊切,音雕,平,蕭韻,端。

⓯通"雕"。〔敦弓〕畫弓。見集韻。詩大雅行葦:"敦弓既堅。"〔敦琢〕治玉。詩周頌有客:"敦琢其旅。"

8. dào 集韻大到切,去,號韻,定。

⓰覆蓋。周禮春官司几筵:"每～一几。"鄭玄注:"敦,讀曰燾。燾,覆也。"

敢 gǎn 古覽切,上,敢韻,見。談部。

❶無畏,有膽量。詩小雅緜蠻:"豈～憚行?畏不能趨。"書多士:"非我小國～弋殷命。"引申爲謙詞,表示冒昧。論語先進:"～問死。曰:'未知生,焉知死?'"又表示反問,等於說"豈敢"。左傳莊公二十二年:"～辱高位?"杜預注:"敢,不敢也。"❷莫非,大約(晚起義)。元曲選竇娥冤一:"你～是不肯,故意將錢鈔哄我?"

按,說文敢作𠭖,在𠬪部。

散 1. sàn 蘇旰切,去,翰韻,心。元部。

❶分散,散布。易說卦:"雷以動之,風以～之。"書武成:"～鹿臺之財,發鉅橋之粟。"引申爲紛亂。淮南子原道:"不與物～,粹之至也。"高誘注:"散,亂。"❷排遣。鮑昭蜀四賢詠:"玄經不期賞,蟲篆～憂樂。"❸罷休。後漢書王龔傳:"會赦,事得～。"

2. sǎn 蘇旱切,上,旱韻,心。

㊃不自檢束。荀子勸學："不隆禮，雖察辯，～儒也。"楊倞注："散，謂不自檢束。"㊄閑散。宋書孔覬傳："其後職任閑～，用人漸輕。"㊅酒尊名。禮記禮器："貴者獻以爵，賤者獻以～。"鄭玄注："凡觴一升曰爵，…五升曰散。"㊆屑狀藥。三國志魏書華陀傳："針藥所不能及，當須刳割者，便飲其麻沸～，須臾便如醉死無所知，因破取。"㊇琴曲名。晉書嵇康傳："(康)索琴彈之，曰：'廣陵～於今絶矣！'"

按，説文散作𢿀，在肉部，云："雜肉也。"

敠 duō 丁括切，入，末韻，端。

〔敁敠〕疊韻聯緜字。見"敁"字條。

敝 bì 毗祭切，去，祭韻，並。月部。

㊀破舊。詩鄭風緇衣："緇衣之宜兮，～予又改爲兮。"㊁疲。左傳襄公九年："許之盟而還師，以～楚人。"杜預注："敝，罷也。罷音皮。"㊂棄。禮記郊特牲："冠而～之可也。"㊃謙稱。〔敝邑〕謙稱自己的國家。左傳僖公二十六年："寡君聞君親舉玉趾，將辱於敝邑，使下臣犒執事。"

〔備考〕通"蔽"。蔽塞。周禮考工記弓人："凡爲弓，方其峻而高其柎，長其畏而薄其～。"鄭玄注引鄭司農云："蔽，讀爲蔽塞之蔽，謂弓人所握持者。"

按，説文敝字在㡀部。

敞 chǎng 昌兩切，上，養韻，穿三。陽部。

㊀寬廣，開朗。漢書郊祀志下："泰山東北阯古時有明堂處，處險不～。"文選晉潘岳西征賦："厭紫極之閑～，甘微行以遊盤。"㊁張開。清蒲松齡聊齋志異采薇翁："～衣露腹。"㊂〔敞怳〕疊韻聯緜字。模糊，不真切。漢書司馬相如傳大人賦："視眩泯而亡見兮，聽敞怳而亡聞。"顔師古注："敞怳，耳不諦也。"

〔備考〕説文："敞，平治高土，可以遠望也。"

敤 kě 苦果切，上，果韻，溪。歌部。

㊀研治。見説文。㊁〔敤首〕〔敤手〕人名。舜妹。説文作敤首，漢書古今人表作敤手。

敜 niè 奴協切，入，怗韻，泥。緝部。

填塞。説文："敜，塞也。"書費誓："～乃穽。"僞孔傳："穽，穿地陷獸，當以土窒敜之。"

九　畫

敷 dù 徒古切，音杜，上，姥韻，定。魚部。

閉。見説文。

敬 jìng 居慶切，去，映韻，見。耕部。

㊀恭敬，嚴肅，認真。説文："敬，肅也。"易坤："君子～以直内，義以方外。"論語子路："居處恭，執事～，與人忠。"㊁尊敬，尊重。論語先進："門人不～子路。"㊂警戒。詩大雅常武："既～既戒，惠此南國。"鄭箋："敬之言警也。警戒六軍之衆。"

〔同源字〕驚，警，儆，儆，憼，儆，敬。見"警"字條。

敭 yáng 與章切，音羊，平，陽韻，喻四。陽部。

古"揚"字。宋書武帝紀："其降承嘉策，對～朕命。"

十　畫

敲 qiāo 口交切，平，肴韻，溪。宵部。

㊀擊。説文："敲，横擿也。"左傳定公二年："邾莊公與夷射姑飲酒，私出，閽乞肉焉，奪之杖以～之。"引申爲叩。唐賈島題李凝幽居詩："鳥宿池邊樹，僧～月下門。"㊁短杖。文選漢賈誼過秦論："履至尊而制六合，執～扑以鞭笞天下。"李善注："臣瓚以爲，短曰敲，長曰扑。"

敳 ái 五來切，平，咍韻，疑。微部。

❶有所治。見説文。❷通“獃”。癡呆(後起義)。宋王安石擬寒山拾得詩：“被我入棚中，昨日親看來。方知棚外人，擾擾一場～。”

十 一 畫

敵 dí 徒歷切，入，錫韻，定。錫部。

❶仇敵。説文：“敵，仇也。”墨子七患：“以七患守城，～至國傾。”左傳僖公三十三年：“一日縱～，數世之患也。”❷對抗。孟子梁惠王下：“此匹夫之勇，～一人者也。”❸對等，相當。左傳成公二年：“蕭同叔子非他，寡君之母也，若以匹～，則亦晉君之母也。”戰國策秦策五：“四國之兵～。”高誘注：“敵，强弱等也。”

敷 fū 芳無切，平，虞韻，敷。魚部。

❶施，布。説文：“敷，施也。”詩小雅小旻：“旻天疾威，～于下土。”書君牙：“弘～五典，式和民則。”❷徧。詩周頌般：“～天之下，裒時之對，時周之命。”❸鋪陳，擴展。穆天子傳六：“～筵席，設几。”文心雕龍鎔裁：“引而申之，則兩句～爲一章；約而貫之，則一章删成兩句。”❹塗抹(晚起義)。東周列國志八八回：“龐涓假意啼哭，以刀瘡藥～(孫)臏之膝。”❺足够(晚起義)。三國演義三〇回：“若遷延日月，糧草不～，事可憂矣。”

[同源字]鋪，布，敷。見“鋪”字條。

敺 1. qū 豈俱切，平，虞韻，溪。侯部。

❶古“驅”字。孟子離婁上：“故爲淵～魚者獺也，爲叢～爵者鸇也。”漢書郊祀志下：“先～失道。”注：“敺與驅字同。”

2. ōu 烏后切，上，厚韻，影。侯部。

❷通“毆”。擊，打。漢書文三王傳：“後數復～傷郎。”顔師古注：“敺，捶擊。音一口反。”

按，説文以敺爲驅的重文。

敹 liáo 落蕭切，音聊，平，蕭韻，來。宵部。

縫綴。書費誓：“善～乃甲冑。”孔穎達疏：“鄭云：敹，謂穿徹之。謂甲繩有斷絶，當使敹理穿治之。”

[備考]説文：“敹，擇也。”

數 1. shù 色句切，去，遇韻，審二。侯部。

❶數目。莊子秋水：“號物之～謂之萬。”漢書律曆志上：“～者，一、十、百、千、萬也。”❷幾個。一個以上不確定的數目。莊子逍遥遊：“我世世爲洴澼絖，不過～金。”孟子盡心下：“堂高～仞，榱題～尺。”❸算術。古六藝之一。周禮地官大司徒：“三曰六藝：禮、樂、射、御、書、～。”❹技藝，技術。孟子告子上：“今夫弈之爲～，小～也。”❺道理，禮教。韓非子孤憤：“夫以疏遠與近愛信争，其～不勝也。”文選晉應貞晉武帝華林園集詩：“貽宴好會，不常厥～。”李善注：“數，猶禮也。”❻命運。史記李將軍列傳：“以爲李廣老，～奇，毋令當單于。”後漢書烏桓鮮卑傳贊：“將天之冥～，以至於是乎？”

2. shǔ 所矩切，上，麌韻，審二。侯部。

❼計算，查點。説文：“數，計也。”左傳隱公五年：“歸而飲至，以～軍實。”莊子秋水：“噴則大者如珠，小者如霧，雜而下者不可勝～也。”❽責備，數説。左傳昭公二年：“使吏～之。”杜預注：“責數其罪。”

3. shuò 所角切，音朔，入，覺韻，審二。屋部。

❾屢次，多次。論語里仁：“朋友～，斯疏矣。”史記伍子胥列傳：“吾～諫王，王不用。”❿疾，速。禮記曾子問：“不知其已之遲～，則豈如行哉？”

4. cù 集韻趨玉切，音促，入，燭韻，清。屋部。

⓫細密。孟子梁惠王上：“～罟不入洿池，魚鼈不可勝食也。”趙岐注：“數罟，密網也。”

敻 xiòng 休正切，去，勁韻，曉。耕部。

❶遠。穀梁傳文公十四年：“～入千乘之

國。"范甯注:"敻,猶遠也。"史記司馬相如列傳哀二世賦:"～邈絶而不齊兮,彌久遠而愈休。"❷營求。見説文。

按,説文敻字在夏部。

十二畫

整 zhěng 之郢切,上,静韻,照三。耕部。

❶整齊。説文:"整,齊也。"左傳隱公九年:"戎輕而不～,貪而無親。"引申爲嚴肅。世説新語德行:"華歆遇子弟甚～。"❷整備,整理。詩大雅常武:"～我六師,以修我戎。"❸齊備,完全。隋盧思道後周興亡論:"器械完～,貨財充實。"不帶零頭的數也叫整。三國志蜀書諸葛亮傳裴松之注:"亮以建興五年抗表北伐,自傾覆至此～二十年。"

敿 jiǎo 居夭切,音矯,上,小韻,見。宵部。

繫連。見説文。書費誓:"～乃干。"孔穎達疏:"干是楯也。…如綴而小,繫於楯以持之。"

十三畫

斁 1. yì 羊益切,音亦,入,昔韻,喻四。鐸部。

❶厭。説文引詩"服之無～"注云:"斁,厭也。"詩周南葛覃:"爲絺爲綌,服之無～。"❷盛貌。詩商頌那:"庸鼓有～,萬舞有奕。"

2. dù 當故切,音妒,去,暮韻,端。鐸部。

❸敗壞。書洪範:"彝倫攸～。"

斂 liǎn 良冉切,上,琰韻,來。談部。

❶收聚。説文:"斂,收也。"詩小雅大田:"彼有不穫穉,此有不～穧。"書洪範:"～時五福,用敷錫厥庶民。"❷斂藏。殯殮之殮,經傳皆作斂。爲死者易衣曰小斂,入棺曰大斂。❸賦税。孟子盡心上:"易其田疇,薄其税～。"❹約束,節制。漢陸賈新語:"秦始皇帝設爲車裂之誅,以～姦邪。"❺減少。史記趙世家:"去沙丘鉅鹿～三百里。"張守節正義:"斂,減也。"

十四畫

斃 bì 毗祭切,音敝,去,祭韻,並。月部。

仆倒。説文作獘,云:"頓仆也。"左傳隱公元年:"多行不義必自～。"杜預注:"斃,踣也。"禮記表記:"俛焉有孳孳,～而後已。"鄭玄注:"斃,仆也。"引申爲死。國語晉語二:"驪姬與犬肉,犬～。"

[辨]偃,僵,仆,踣,斃,跌。見"跌"字條。

十六畫

斆 xiào 胡教切,音效,去,效韻,匣。覺部。

❶教。書盤庚上:"盤庚～於民。"又説命下:"惟～學半。"❷效驗。大戴禮記禮察:"夫用仁義禮樂爲天下者,行五六百歲猶存;用法令爲天下者,十餘年即亡。是非明～大驗乎?"

[備考]説文:"斆,覺悟也。"

[同源字]學,斆(斅),效,教,校。見"學"字條。

十七畫

斖 ráng 汝陽切,平,陽韻,日。陽部。

古"攘"字。説文:"攘,推也。"亢倉子君道:"以耳目取人,人皆～敓以買譽。"

文 部

文 1. wén 無分切,平,文韻,微。文部。

❶彩色交錯。説文:"文,錯畫也。"易繫

辭下:"物相雜,故曰～。"禮記樂記:"五色成～而不亂。"引申爲文采,常與"質"或"野"對稱。論語雍也:"質勝～則野,～勝質則史。"❷紋理,花紋。左傳隱公元年:"仲子生而有～在其手,曰'爲魯夫人'。"史記平準書:"故自金三品,其一曰重八兩,圜～,其～龍。"❸文字,文辭。孟子萬章上:"故說詩者不以～害辭。"韓非子五蠹:"儒以～亂法,俠以武犯禁。"❹禮樂制度。論語子罕:"文王既没,～不在兹乎?"朱熹集注:"道之顯者謂之文,蓋禮樂制度之謂。"❺法令條文。史記酷吏列傳張湯傳:"與趙禹共定諸律令,務在深～,拘守職之吏。"❻美,善。禮記樂記:"禮減而進,以進爲～;樂盈而反,以反爲～。"❼非軍事的,與"武"相對。國語周語中:"武不可覿,～不可匿。"❽南北朝以來,稱錢一枚爲一文。宋書徐羨之傳:"可以錢二十八～埋宅四角。"北魏酈道元水經注漸江水:"漢世劉寵作郡有政績,將解任去治,此溪父老持百錢出送,寵各受一～。"❾紡織品量詞。後漢書輿服志下:"凡先合單紡爲一系,四系爲一扶,五扶爲一首,五首爲一～。"

2. wèn 集韻文運切,音問,去,問韻,微。文部。

❿文飾。論語子張:"小人之過也必～。"

[同源字]文,紋,雯。見"雯"字條。

六　畫

𢼸 wéi 無非切,平,微韻,微。微部。

❶同"微"。渺小,細微。❷伺察。墨子號令:"期盡匿不占,占不悉,令吏卒～得,皆斷。"

按,說文𢼸字在人部。

八　畫

斌 bīn 府巾切,集韻悲巾切,平,真韻,幫。文部。

文質兼全。說文作份,云:"文質備也。"同彬。史記儒林列傳序:"自此以來,則公卿士大夫吏～～多文學之士矣。"

斑 bān 布還切,音班,平,删韻,帮。元部。

❶雜色,斑點。說文作辬,云:"駁文也。"楚辭戰國屈原離騷:"紛總總其離合兮,～陸離其上下。"文選三國魏曹植七啟:"批熊碎掌,拉虎摧～。"李善注:"斑,虎文也。"唐宋之問晚泊湘江詩:"唯餘望鄉淚,更染竹成～。"❷頭髮花白。唐獨孤及和張大夫秋夜書情即事詩:"方知秋興作,非惜二毛～。"

斐 1. fěi 敷尾切,上,尾韻,敷。微部。

❶五色相錯,文采貌。說文:"斐,分别文也。"詩小雅巷伯:"萋兮～兮,成是貝錦。"論語公冶長:"吾黨之小子狂簡,～然成章,不知所以裁之。"❷地名。春秋鄭邑。公羊傳文公十三年:"鄭伯會公於～。"左傳作"棐"。

2. féi 集韻匪微切,平,微韻,非。

❸姓。春秋晉有斐豹,見左傳襄公二十三年。

九　畫

斒 bān 方閑切,集韻逋閑切,平,山韻,幫。

後起字。〔斒斕〕叠韻聯緜字。色彩錯雜鮮明。唐元稹臺中鞫獄憶開元觀舊事詩:"以我文章卷,文章甚斒斕。"

十七畫

斕 lān 力閑切,平,山韻,來。

〔斕斑〕〔斕斒〕叠韻聯緜字。色彩錯雜貌。唐白居易郡中春宴因贈諸客詩:"闇淡緋衫故,斕斑白髮新。"唐柳宗元酬韶州裴曹長史君詩:"食貧甘莽鹵,被褐謝斕斒。"

斗　部

斗 dǒu 當口切,上,厚韻,端。侯部。

❶量器,也是量名。說文:"斗,十升也。"莊子胠篋:"掊~折衡,而民不争。"漢書律曆志:"十升爲~。"❷古酒器,有柄,用以酌酒。詩大雅行葦:"酌以大~,以祈黄考。"引申爲星名,即北斗。詩小雅大東:"維南有箕,不可以簸揚;維北有~,不可以挹酒漿。"或謂此指南斗。其所以説北者,因南斗在箕宿之北。説見朱熹詩集傳。又指熨斗(後起義)。晉書韓伯傳:"母方爲作襦,令伯捉熨~。"❸通"陡"。史記封禪書:"成山~入海。"注:"斗入海,謂斗絶曲入海也。"❹突然(後起義)。唐韓愈答張十一功曹詩:"吟君詩罷看雙鬢,~覺霜毛一半加。"❺通"枓"。〔斗拱〕我國建築特有的一種結構。在立柱和横梁交接處加的弓形承重結構叫拱。墊在拱與拱之間的斗形木塊叫斗。❻通"抖"。〔斗擻〕叠韻聯緜字。①摇動。唐白居易驃國樂詩:"珠纓炫轉星宿摇,花鬘斗擻龍蛇動。"②擺脱。唐白居易贈鄰里往還詩:"但能斗擻人間事,便是逍遥地上仙。"

六　畫

料 1. liào 力弔切,去,嘯韻,來。宵部。

❶估計數量。説文:"料,量也。"國語楚語上:"楚師可~也。"韋昭注:"料,數也。"史記孔子世家:"嘗爲季氏吏,~量平。"❷忖度,估量。史記仲尼弟子列傳:"孤嘗不~力,乃與吴戰,困於會稽。"❸照料,料理。三國志吴書陸遜傳:"將家屬來者,使就~事。"❹唐宋職官俸禄以外另加的物品。唐白居易詠所樂詩:"官優有禄~,職散無羈縻。"❺泛指可供使用的物件。唐高適留别鄭三韋九兼洛下諸公詩:"羈旅雖同白社遊,詩書已作青雲~。"❻以多數物品爲一個計算單位,謂之一料。玉海兵制劍戟刀:"命軍器所造雁翎刀,以三千柄爲一~。"

2. liáo 落蕭切,音聊,平,蕭韻,來。宵部。

❼觸動。莊子盜跖:"疾走~虎頭,編虎須,幾不免虎口哉!"釋文:"料音聊。"❽古樂器名。爾雅釋樂:"大簸謂之麻,小者謂之~。"郭璞注:"料者,聲清而不亂。簸,桃;料,聊。"

斛 hú 集韻胡谷切,入,屋韻,匣。

同"斛"。説文:"斛,十斗也。"晉書胡奮傳附胡烈:"烈屯於萬~堆,爲虜所圍。"

七　畫

𣁎 dǒu 當口切,上,厚韻,端。侯部。

同"斗"。漢書平帝紀:"民捕蝗詣吏,以石~受錢。"

斜 1. xié 似嗟切,平,麻韻,邪。魚部。

❶不正。文選漢王延壽魯靈光殿賦:"枝掌杈枒而~據。"

[備考]説文:"斜,杼也。"

[辨]邪,斜。二字作不正的意義時,古本通用。禮記樂記:"中正無邪。"釋文:"邪,字又作斜。"後人加以區别:人不正爲邪,物不正爲斜。

2. yé 以遮切,音耶,平,麻韻,喻四。

❷山谷名。在梁州。南口曰褎,北口曰斜。

斛 1. hú 胡谷切,入,屋韻,匣。屋部。

❶量器名,亦量名。説文:"斛,十斗也。"莊子胠篋:"爲之斗~以量之,則並與斗~而竊之。"古代以十斗爲一斛,南宋末年改爲五

斗一斛,兩斛爲一石。

2. jiào。

㊁通"斠"。較量。漢揚雄太玄棿:"日月相～,星辰不相觸。"范望注:"斛,量也。日月之行,更相量度,或合或離,故曰相斛也。"

八 畫

斝 jiǎ 古疋切,集韻舉下切,音假,上,馬韻,見。魚部。

古代銅制酒器,似爵而較大,有三足,兩柱,圓口平底,盛行於商代。說文:"斝,玉爵也。夏曰琖,殷曰斝,周曰爵。或說斝受六升。"詩大雅行葦:"或獻或酢,洗爵奠～。"

九 畫

斟 zhēn 職深切,音針,平,侵韻,照三。侵部。

㊀羹勺。說文:"斟,勺也。"史記張儀列傳:"厨人進～,因反斗以擊代王,殺之。"司馬貞索隱:"斟謂羹勺,故名羹曰斟。"㊁調和,和羹。方言:"斟,協汁也。"郭璞注:"謂和協也。"楚辭戰國屈原天問:"彭鏗～雉帝何饗?"王逸注:"彭鏗,彭祖也。好和滋味,善斟雉羹,能事帝堯。"㊂注,倒。吕氏春秋任數:"孔子窮乎陳蔡之間,藜羹不～。"〔斟酌〕雙聲聯緜字。①酌酒。文選漢班固西都賦:"騰酒車以斟酌。"晉陶潛移居詩:"過門更相呼,有酒斟酌之。"②考慮可否。國語周語:"而後王斟酌焉。"三國蜀諸葛亮出師表:"至於斟酌損益,進盡忠言,則攸之、禕、允之任也。"㊃古國名,又姓。國語鄭語:"～姓無後。"

[辨]斟,酌。見"酌"字條。

十 畫

斠 jiào 古岳切,入,覺韻,見。屋部。

㊀古時平斗斛的工具。說文:"斠,平斗斛也。"㊁通"校"。校正。書名如說文解字斠詮等,皆取此義。

斡 1. wò 烏括切,入,末韻,影。月部。

㊀旋轉。史記屈原賈生列傳鵩鳥賦:"～流而遷兮,或推而還。"裴駰集解:"如淳曰:'斡,轉也。'應劭曰:'斡音筦。筦,轉也。'"司馬貞索隱:"斡,轉也,烏活反。"

2. guǎn 集韻古緩切,音管,上,緩韻,見。元部。

㊁掌管。漢書食貨志下:"浮食奇民欲擅～山海之貨,以致富羡。"顔師古注:"斡謂主領也,讀與管同。"史記平準書作"管"。

十 三 畫

斞 jū 舉朱切,音拘,平,虞韻,見。幽部。

㊀舀取。說文:"斞,挹也。"詩小雅大東:"維北有斗,不可以挹酒漿。"毛傳:"挹,～也。"文選漢張衡思玄賦:"～白水以爲漿。"㊁舀水器。禮記喪大記"君喪,虞人出木角"鄭玄注:"角以爲～。"釋文:"斞音俱,水斗也。"

斤 部

[斤部總論]

"斤"的本義是斧子一類的工具,故凡與斧字有關的字都從斤。名詞有"斧""斨"(方孔的斧)等。動詞有"斯"(析木)、"斮"(斬)、"斷"等。"斬"字說文在車部,其實也可以入斤部。"所"(今收在户部)"新"二字似與斧無關,但說文云:"所,伐木聲也。"又云:"新,取木也。"仍講到斧斤的意義上去。

斤 jīn 舉欣切,平,欣韻,見。文部。

❶錛子。孟子梁惠王上:"斧～以時入山林。"莊子徐无鬼:"匠石運～成風。"❷重量單位名。舊制十六兩爲一斤。墨子雜守:"重五～已上諸林木渥水中,無過一茷。"❸〔斤斤〕聰明鑒察。詩周頌執競:"自彼成康,奄有四方,斤斤其明。"漢書叙傳:"平津斤斤,晚躋金門。"引申爲拘謹或過分計較細事。後漢書吴漢傳:"及在朝廷,斤斤謹實,形於體貌。"

［同源字］斤,釿。見"釿"字條。

一　畫

斥 1. chì 昌石切,入,昔韻,穿三。鐸部。

❶驅逐,擯斥。漢書武帝紀:"與聞國政而無益於民者～。"顔師古注:"斥謂棄逐之。"❷開拓,擴大。史記司馬相如列傳:"除邊關,關益～。"司馬貞索隱引張揖:"斥,廣也。"❸指出。詩周頌雝"假哉皇考"鄭箋:"～文王也。"❹斥責。穀梁傳僖公五年:"目晉侯～殺,惡晉侯也。"❺偵察。史記白起列傳:"趙軍士卒犯秦～兵。"❻鹽碱地。書禹貢:"厥土白墳,海濱廣～。"僞孔傳:"斥謂地鹹鹵。"❼大。後漢書馬融傳廣成頌:"暴～虎,搏狂兕。"

2. chǐ。

❽通"尺"。〔斥鴳〕即鶴鶉。莊子逍遥遊:"斥鴳笑之曰:'彼且奚適也?'"斥,本作尺,古字通。

按,說文斥作㡿,在广部。

四　畫

斨 qiāng 七羊切,音槍,平,陽韻,清。陽部。

方孔的斧。詩豳風七月:"蠶月條桑,取彼斧～。"毛傳:"斨,方銎也。"

斧 fǔ 方矩切,上,麌韻,非。魚部。

❶斫木的工具。詩齊風南山:"析薪如之何?匪～不克。"又用作動詞。漢曹操苦寒行:"～冰持作糜。"❷兵器。漢書王訢傳:"繡衣御史暴勝之使持～逐捕盜賊。"

［同源字］黼,斧。見"黼"字條。

五　畫

斫 zhuó 之若切,入,藥韻,照三。鐸部。

❶斧刃。墨子備穴:"斧(以)金爲～。"❷斧砍。文選漢枚乘七發:"使琴摯～斬以爲琴。"

［同源字］櫡,椓,欘,斫,斮,斵,斸。見"櫡"字條。

斪 qú 其俱切,音劬,平,虞韻,羣。侯部。

〔斪斸〕古農具名。爾雅釋器:"斪斸謂之定。"釋文:"斪斸,一名定。郭云:'鋤屬'。李巡曰:'鋤别名也。'"

［備考］說文:"斪,斫也。"段玉裁改爲:"斪斸,所以斫也。"玉篇:"斪,鋤屬。"

七　畫

斬 zhǎn 側減切,上,豏韻,照二。談部。

❶砍,殺。墨子非攻下:"芟刈其禾稼,～其樹木。"國語吴語:"～有罪者以徇。"❷斷絶。詩小雅節南山:"國既卒～,何用不監?"孟子離婁下:"君子之澤,五世而～。"❸喪服不縫衣旁和下邊。左傳襄公十七年:"齊晏桓子卒,晏嬰麤縗～。"

八　畫

斮 zhuó 側略切,入,藥韻,照二。鐸部。

❶斬。說文:"斮,斬也。"書泰誓下:"～朝涉之脛。"戰國策趙策:"東藩之臣田嬰齊後至,則～之。"❷擊。文選漢張衡東京賦:"捎魑魅,～獝狂。"薛綜注:"斮,擊也。"

［同源字］櫡,椓,欘,斫,斮,斵,斸。見"櫡"字條。

斯 sī 息移切,平,支韻,心。支部。

❷析。説文："斯，析也。"詩陳風墓門："墓門有棘，斧以～之。"❸距離。列子黄帝："不知～齊國幾千里也。"張湛注："斯，離也。"❹此。論語子罕："有美玉於～。"❺連詞。則，乃。孟子滕文公下："如知其非義，～速已矣，何待來年？"❻助詞。書金縢："周公居東二年，則罪人～得。"詩大雅思齊："大姒嗣徽音，則百～男。"❼句尾語氣詞。詩小雅何人斯："彼何人～？其心孔艱。"

［備考］㊀白色。詩小雅瓠葉："有兔～首，炮之燔之。"鄭箋："斯，白也。"王引之曰："斯，語助也。"鄭箋以斯首爲白首，非。㊁卑賤。後漢書左雄傳："鄉官部吏，職～禄薄。"李賢注："斯，賤也。"

［同源字］析，斯。見"析"字條。

九　畫

新 xīn 息鄰切，平，真韻，心。真部。

❶初次出現的。與"舊"相對。莊子刻意："吐故納～。"引申爲剛做的事。荀子不苟："～浴者振其衣，～沐者彈其冠。"又爲更新。書胤征："舊染污俗，咸與維～。"僞孔傳："皆與更新。"❷朝代名。漢王莽封新都侯，後稱帝，國號曰新。

十一畫

斲 zhuó 竹角切，音卓，入，覺韻，知。屋部。

❶砍，削。説文："斲，斫也。"孟子梁惠王下："匠人～而小之。"❷雕飾。禮記檀弓上："是故竹不成用，瓦不成味，木不成～。"孔穎達疏："斲，雕飾也。"

［同源字］槠，椓，欘，斫，斮，斲，斸。見"槠"字條。

十三畫

斶 chù 集韻樞玉切，音觸，入，燭韻，穿三。屋部。

用作人名。戰國策齊策四："齊宣王見顔～。"

十四畫

斷 1. duàn 徒管切，上，緩韻，定。元部。

❶截斷，折斷。易繫辭下："～木爲杵。"唐杜甫自京赴奉先詠懷詩："霜嚴衣帶～，指直不得結。"引申爲隔絶。北周庾信擬詠懷詩："榆關～音信，漢使絶經過。"又爲戒除。梁書劉杳傳："自居母憂，便長～腥羶，持齋蔬食。"

2. duàn 丁貫切，去，换韻，端。元部。

❶判斷，決斷。易繫辭上："繫辭焉以～其吉凶。"禮記樂記："臨事而屢～。"鄭玄注："斷，猶決也。"❷〔斷不〕決不（晚起義）。元王實甫西廂記二本二折："聘財斷不争，婚姻自有成。"

［同源字］①絶，截，斷。見"絶"字條。②段，斷。見"段"字條。

二十一畫

斸 zhú 陟玉切，入，燭韻，知。屋部。

❶〔斪斸〕鋤屬。參見"斪"字條。❷斫。説文："斸，斫也。"唐皮日休公齋四詠詩："欻從山之幽，～斷雲根移。"❸掘取。唐杜甫路逢襄陽楊少府詩："歸來稍暄暖，當爲～青冥。"

［同源字］槠，椓，欘，斫，斮，斲，斸。見"槠"字條。

方　部

［方部總論］

方部的字，除"斻"字外，多屬説文㫃部的字。説文："㫃，旌旗之游㫃蹇之貌。""旌旗"二字即从㫃，不从方。其他常見的字有"旂，旄"等。即如"施"字，説文也收入㫃部，云："旗皃。"

方 1. fāng 府良切，平，陽韻，非。陽部。

❶併船。見説文。也指竹木編成的筏。詩周南漢廣："江之永矣，不可～思。"毛傳："方，泭也。"引申爲併。儀禮鄉射禮："不～足。"鄭玄注："方猶併也。"❷方圓的方。周禮考工記輿人："圜者中規，～者中矩。"❸方向，方位。詩齊風雞鳴："東～明矣，朝既昌矣。"引申爲祭名，指四方之祭。詩小雅甫田："以我齊名，與我犧羊，以社以～。"毛傳："迎四方氣於郊也。"又爲方面。漢書終軍傳："臣年少材下，孤於外宫，不足以亢一～之任。"又爲屬類。論語雍也："可謂仁之～也已。"❹古代用以書寫的木板。禮記中庸："文武之道，布在～策。"鄭玄注："方，版也。策，簡也。"❺藥方，單方。莊子逍遥遊："客聞之，請買其～百金。"❻古代計算面積的術語。如縱横各百里叫方百里。論語先進："～六七十，如五六十。"❼比擬。漢書衛青霍去病傳贊："票騎亦～此意，爲將如此。"❽佔有。詩召南鵲巢："維鵲有巢，維鳩～之。"毛傳："方，有之也。"❾違抗。書堯典："～命圮族。"❿適宜，等同。左傳閔公二年："敬教勸學，授～任能。"杜預注："方，百事之宜也。"周禮考工記梓人："梓人爲侯，廣與崇～。"⓫指穀生未結實。詩小雅大田："既～既皁，既堅既好。"鄭箋："方，房也，謂孚甲始生而未合時也。"⓬副詞。①一併。書微子："小民～興，相爲讎敵。"②周遍。書立政："～行天下，至於海表。"③正好，正當。詩小雅正月："民今～殆，視天夢夢。"漢書楊敞傳附楊惲："惲家～隆盛時，乘朱輪者十人。"⓭地名。詩小雅六月："侵鎬及方，至於涇陽。"

2. páng 集韻蒲光切，音旁，平，唐韻，並。陽部。

⓮同"彷"。〔方羊〕叠韻聯緜字。徘徊。左傳哀公十七年："如魚竀尾，衡流而方羊裔焉。"

3. fáng 符方切，音房，平，陽韻，奉。

⓯〔方與〕縣名。屬山陽郡。

4. wǎng 集韻文紡切，音罔，上，養韻。陽部。

⓰〔方良〕叠韻聯緜字。傳説中的山精鬼怪名。周禮夏官方相氏："及墓，入壙，以戈擊四隅，敺方良。"字亦作"魍魎"。

二　畫

㫃 yǎn 於幰切，音偃，上，阮韻，影。元部。

旌旗飄揚貌。説文以爲部首，云："旌旗之游㫃蹇之貌。"

四　畫

斻 háng 集韻寒剛切，音杭，平，唐韻，匣。陽部。

兩船相併。説文："斻，方舟也。"引申爲以舟渡水。後漢書杜篤傳："造舟於渭，北～涇流。"李賢注："斻，舟度也。"

於 1. wū 哀都切，音烏，平，模韻，影。魚部。

❶古"烏"字。穆天子傳三："比徂西土，爰居其野。虎豹爲群，～鵲與處。"郭璞注："於讀曰烏。"❷感歎詞。書堯典："僉曰：'～！鯀哉！'"〔於乎〕〔於戲〕叠韻聯緜字。同"嗚呼"。感歎詞。詩周頌烈文："於乎！前王不忘。"禮記大學引作"於戲"。❸〔於菟〕即虎。左傳宣公四年："楚人謂乳穀，謂虎於菟。"又作"於檡"。參見"檡"字條。

2. yú 央居切，平，魚韻，影。魚部。

❹居。〔相於〕相依以居。三國魏曹植

當來日大難:"廣情故,心相於。"㊄介詞。①通"于"。在,從,到,對。論語憲問:"子路宿～石門。"老子:"千里之行始～足下。"莊子逍遥遊:"海運則將徙～南冥。"論語衛靈公:"己所不欲,勿施～人。"②被。左傳成公二年:"郤克傷～矢。"③比。禮記檀弓下:"苛政猛～虎也。"

[辨]于,於。見"于"字條。

按,説文以於爲烏的重文,在烏部。

五　畫

施 1. shī 式支切,平,支韻,審三。歌部。

㊀散布。易乾:"雲行雨～,品物流形。"㊁推行。論語衛靈公:"己所不欲,勿～於人。"㊂給予。國語吴語:"～民所欲,去民所惡。"㊃陳尸示衆。國語晉語三:"秦人殺冀芮而～之。"㊄恩惠。易乾:"見龍在田,德～普也。""施"字用作名詞時,舊讀去聲施智切。㊅尺度名。管子地員:"夫管仲之匡天下也,其～七尺。"尹知章注:"施者,大尺之名也。共長七尺。"

2. yì 集韻以豉切,去,寘韻,喻四。歌部。

㊆移,延。詩周南葛覃:"葛之覃兮,～於中谷。"引申爲延續。莊子在宥:"～及三王,而天下大駭矣。"

3. yí 集韻余支切,音移,平,支韻,喻四。歌部。

㊇逶迤。孟子離婁下:"蚤起,～從良人之所之。"

4. chí (舊讀 shǐ) 集韻賞是切,上,紙韻,審三。歌部。

㊈通"弛"。棄置,改易。論語微子:"君子不～其親。"

[同源字]設,施。見"設"字條。

斿 1. liú 集韻力求切,平,尤韻,來。幽部。

㊀古代旌旗的下垂飾物。周禮春官巾車:"建大常,十有二～。"釋文:"斿,音留。"㊁古代帝王諸侯冠冕前後懸垂的玉串。周禮夏官弁師:"諸侯之繅～九就。"

2. yóu 以周切,音由,平,尤韻,喻四。幽部。

㊂通"游"。〔斿車〕帝王田獵或巡行所乘的車。周禮春官司常:"道車載旞,斿車載旌。"㊃〔斿貢〕周九貢的一種。周禮天官大宰:"以九貢致邦國之用。一曰祀貢,…八曰斿貢,九曰物貢。"鄭玄注:"斿貢,燕好珠璣琅玕也。"

六　畫

旁 1. páng 步光切,平,唐韻,並。陽部。

㊀側,旁邊。儀禮公食大夫禮:"～四列,西北上。"漢書黄霸傳:"食於道～。"引申爲横。史記大宛列傳:"安息…畫革～行,以爲書記。"司馬貞索隱引韋昭:"外夷書皆旁行。"又爲别的(後起義)。南朝宋鮑照代别鶴操:"心自有所存,～人那得知?"㊁普遍。書説命下:"～招俊乂,列於庶位。"㊂輔佐。楚辭戰國屈原九章惜誦:"吾使厲神占之兮,曰有志極而無～。"王逸注:"旁,輔也。"㊃邪。荀子議兵:"～辟曲私之屬爲之化而公。"

2. bàng。

㊄通"傍"。依,近。莊子齊物論:"～日月,挾宇宙。"逸周書王會:"～天子而立於堂上。"

[同源字]普,溥,旁。見"普"字條。

按,説文旁作㫄,在上部,云:"溥也。"

旆 pèi 蒲蓋切,去,泰韻,並。月部。

俗作"旆"。㊀古代旐末形如燕尾的垂旒。詩小雅六月:"織文鳥章,白～央央。"㊁旗幟的通稱。詩商頌長發:"武王載～,有虔秉鉞。"

㫄 fǎng 集韻甫兩切,上,養韻,非。陽部。

揑土製作瓦器。周禮考工記:"摶埴之工二。…摶埴之工:陶,～。"鄭玄注:"摶之言拍也;埴,黏土也。"

按，說文旊作瓬，在瓦部，云：“周家搏埴之工也。”“搏”，小徐本作“摶”。

旄 1. máo 莫袍切，音毛，平，豪韻，明。宵部。

❶旄牛尾。荀子王制：“西海則有皮革文～焉。”楊倞注：“旄，旄牛尾。文旄，謂染之爲文綵也。”❷竿頂用旄牛尾爲飾的旗。詩鄘風干旄：“孑孑干～，在浚之郊。”❸〔旄丘〕前高後低的山丘。爾雅釋丘：“前高旄丘，後高陵丘。”詩邶風旄丘：“旄丘之葛兮，何誕之節兮。”

2. mào。

❹通“耄”。年老。禮記射儀：“～期稱道不亂。”鄭玄注：“八十、九十曰旄。”史記春申君列傳：“後制於李園，～矣。”

［辨］髦，旄。見“髦”字條。

旃 zhān 諸延切，音氈，平，仙韻，照三。元部。

❶赤色曲柄的旗。左傳昭公二十年：“～以招大夫。”漢書田蚡傳：“前堂羅鐘鼓，立曲～。”❷毛織物，即氈。史記匈奴列傳：“自君主以下，咸食畜肉，衣其皮革，被～裘。”❸助詞。“之焉”的合音。詩唐風采苓：“舍～舍～。”鄭箋：“旃之言焉也。舍之焉，舍之焉。”左傳襄公二十八年：“天其殃之也，其將聚而殲～。”杜預注：“旃，之也。”

旅 lǚ 力舉切，上，語韻，來。魚部。

❶軍隊編制單位。說文：“旅，軍之五百人爲旅。”左傳哀公元年：“有田一成，有衆一～。”杜預注：“五百人曰旅。”引申爲泛指軍隊。書大禹謨：“班師振～。”❷衆。左傳昭公三年：“敢煩里～。”杜預注：“旅，衆也。”引申爲衆子弟。詩周頌載芟：“侯亞侯～。”❸客。易復：“先王以至日閉關，商～不行。”釋文：“鄭曰：資貨而行曰商。旅，客也。”❹共同。禮記樂記中：“今夫古樂，進～退～。”鄭玄注：“旅，猶俱也。俱進俱退，言其齊一也。”❺陳列。詩小雅賓之初筵：“籩豆有楚，殽核維～。”❻次序。儀禮燕禮：“賓以～酬於西階上。”鄭玄注：“旅，序也。以次序勸卿大夫飲酒。”❼寄旅，客居。左傳莊公二十二年：“羈～之臣。”又襄公二十八年：“歲棄其次，而～於明年之次。”❽祭山。書禹貢：“蔡蒙～平。”論語八佾：“季氏～於泰山。”❾通“膂”。三國志魏書典韋傳：“形貌魁梧，～力過人。”

旂 qí 渠希切，平，微韻，群。文部。

上畫交龍，竿頭繫鈴的旗。說文：“旂，旗有衆鈴以令衆也。”詩大雅韓奕：“王錫韓侯，淑～綏章。”周禮春官司常：“日月爲常，交龍爲～。…王建大常，諸侯建～。”引申爲旗幟的通稱。左傳桓公二年：“三辰～旗，昭其明也。”孔穎達疏：“旂旗是九旗之總名。”

七 畫

旋 1. xuán 似宣切，平，仙韻，邪。元部。

❶回旋，旋轉。莊子達生：“工倕～而蓋規矩。”禮記玉藻：“周～中規，折～中矩。”❷還歸。易履：“視履考祥，其～元吉。”三國魏曹植朔風詩：“昔我初遷，朱華未希；今我～止，素雪云飛。”❸頃刻，不久。史記倉公列傳：“則刺其足心各三所，案之無出血，病～已。”❹懸鐘之環。周禮考工記鳧氏：“鐘縣謂之～。”❺小便。左傳定公三年：“夷射姑～焉。”

2. xuàn 辭戀切，去，線韻，邪。元部。

❻圓圈形回旋。〔旋風〕回旋的風。北齊書權會傳：“忽有旋風，瞥然吹雪入户。”❼温酒（晚起義）。水滸傳五回：“那莊客～了一壺酒，拿了一隻盞子，篩下酒與智深喫。”

［同源字］還，環，旋。見“還”字條。

旎 nǐ 女氏切，上，紙韻，娘。脂部。

〔旖旎〕叠韻聯緜字。見“旖”字條。

旍 jīng 子盈切，音精，平，清韻，精。耕部。

同“旌”。逸周書月令：“載～旐。”禮記

月令季秋之月作“旌”。

旌 jīng 子盈切，音精，平，清韻，精。耕部。

❶用旄牛尾和彩色鳥羽作竿飾的旗。周禮春官司常：“全羽爲旞，析羽爲～。”孟子滕文公下：“昔齊景公田，招虞人以～。”引申爲旗幟的通稱。儀禮鄉射禮：“～各以其物。”鄭玄注：“旌，總名也。”楚辭戰國屈原九歌國殤：“～蔽日兮敵若雲，矢交墜兮士爭先。”❷表彰。左傳莊公二十八年：“且～君伐。”國語周語上：“故爲車服旗章以～之。”韋昭注：“旌，表也。”

族 1. zú 昨木切，入，屋韻，從。屋部。

❶有血緣關係之親屬的合稱。詩周南麟趾：“麟之角，振振公～。”毛傳：“公族，公同祖也。”左傳昭公八年：“陳，顓頊之～也。”❷品類。書堯典：“方命圮～。”僞孔傳：“族，類也。”國語魯語上：“非是～也，不在祀典。”❸聚結，集中。莊子在宥：“雲氣不待～而雨，草木不待黄而落。”釋文引司馬彪：“未聚而雨，言澤少。”淮南子泰族許慎注：“泰言古今之道，萬物之指，～於一理，明其所謂也。”❹衆，群。莊子養生主：“～庖月更刀，折也。”逸周書程典：“工不～居。”孔晁注：“族謂群也。”❺刑及父母妻子曰族。史記項羽本紀：“毋妄言！～矣！”

2. zòu 集韻則候切，音奏，去，候韻，精。屋部。

❻通“奏”。節奏。漢書嚴安傳：“調五聲使有節～，雜五色使有文章。”顔師古注：“蘇林曰：～音奏。”

3. còu 集韻千候切，音湊，去，候韻，清。屋部。

❼通“蔟”。樂律名。漢書律曆志上：“律以統氣類物，一曰黄鐘，二曰太～。”顔師古注：“族音千豆反。”

[同源字]湊，輳，簇，族，聚。見“湊”字條。

旉 fū 字彙芳無切，音孚。魚部。

古“敷”字。易説卦：“震爲雷，爲龍，爲玄黄，爲～。”孔穎達疏：“爲旉，取其春時氣至，草木皆吐，旉布而生也。”

八　畫

旐 zhào 治小切，音兆，上，小韻，澄。宵部。

❶上畫龜蛇的旗。詩大雅桑柔：“四牡騤騤，旟～有翩。”❷魂幡。出喪時爲棺柩引路的旗。禮記檀弓上：“孔子之喪，…綢練設～，夏也。”文選晉潘岳寡婦賦：“飛～翩以啟路。”

九　畫

旒 liú 力求切，音流，平，尤韻，來。幽部。

❶古旗幟下邊懸垂的飾物。詩商頌長發：“受小球大球，爲下國綴～。”鄭箋：“旒，旌旗之垂者也。”禮記明堂位：“旂十有二～。”❷冠冕前後懸垂的玉串。禮記禮器：“天子之冕，朱緑藻，十有二～。”

旓 shāo 所交切，音梢，平，肴韻，審二。宵部。

旌旗旒。文選漢揚雄甘泉賦：“建光耀之長～兮，昭華覆之威威。”李善注引埤蒼：“旓，旌旗斿也。”

十　畫

旗 qí 渠之切，平，之韻，群。之部。

❶上畫熊虎的旗。釋名釋兵：“九～之名，…熊虎爲～，軍將所建，象其猛如虎。”也泛指旗幟。周禮春官司常：“司常掌九～之物名。”引申爲表識。左傳閔公二年：“佩，衷之～也。”杜預注：“旗，表也，所以表明其中心。”❷星名。史記天官書：“東宫蒼龍，房，心。…東北曲十二星曰～。”

旖 yǐ 於綺切，音倚，上，紙韻，影。歌部。

〔旖旎〕準叠韻聯緜字。①旌旗從風貌。見集韻。史記司馬相如列傳上林賦："旖旎從風。"司馬貞索隱引張揖："旖旎，阿那也。"按，旖旎、阿那一聲之轉。②繁盛貌。楚辭戰國宋玉九辯："竊悲夫蕙華之曾敷兮，紛旖旎乎都房。"

十四畫

旛 fān 孚袁切，音翻，平，元韻，敷。元部。

長幅下垂的旗。説文："旛，幅胡也，謂旗幅之下垂者。"（依段注本）

十五畫

旜 zhān 諸延切，音氈，平，仙韻，照三。元部。

同"旃"。赤色曲柄的旗。周禮春官司常："通帛爲～。"

旞 suì 徐醉切，音遂，去，至韻，邪。微部。

導車所載用五彩鳥羽作裝飾的旗。周禮春官司常："道車載～，斿車載旌。"

旝 kuài 古外切，去，泰韻，見。月部。

旌旗的一種。左傳桓公五年："～動而鼓。"杜預注："旝，旃也，通帛爲之，蓋今大將之麾也。"後漢書馬融傳廣成頌："旃～摻其如林。"

〔備考〕説文："旝，建大木置石其上，發以機以追敵也。"

旟 yú 以諸切，平，魚韻，喻四。魚部。

❶繪有鳥隼圖像的旗。詩鄘風干旄："孑孑干～，在浚之都。"周禮春官司常："鳥隼爲～。…州里建～。"❷飛揚貌。詩小雅都人士："匪伊卷之，髮則有～。"毛傳："旟，揚也。"

无部

无 wú 武夫切，平，虞韻，微。魚部。

同"無"。今易"無"字皆作"无"。易乾："君子終日乾乾，夕惕若厲，～咎。"莊子亦多作"无"。莊子逍遥遊："至人～己，神人～功，聖人～名。"

按，説文以无爲無的重文，在亡部。

五畫

旡 jì。

同"既"。

七畫

既 1. jì 居豙切，去，未韻，見。微部。

❶盡，日全蝕。春秋桓公三年："日有食之，～。"公羊傳桓公三年："～者何？盡也。"又用作動詞。盡。莊子應帝王："吾與汝～其文，未～其實。"❷已，已經。書堯典："九族～睦，平章百姓。"

2. xì 集韻許既切，去，未韻，曉。

❸通"餼"。米糧。〔既稟〕古代官府所發的給養。禮記中庸："日省月試，既稟稱事，所以勸百工也。"

〔同源字〕訖，迄，汔，既。見"訖"字條。

按，説文既字在皀部。

九畫

旤 huò 胡果切，上，果韻，見。歌部。

同"禍"。荀子仲尼："故知者之舉事也，滿則慮嗛，平則慮險，安則慮危，曲重其豫，猶恐及其～，是以百舉而不陷也。"

按，説文作𣄾，在无部。

辰集

日部

［日部總論］

日部字大多數與太陽或時間有關，大致可以分作四類：

(一)有關太陽的名詞。例如：日　晴　晏　景　暉

(二)有關太陽的形容詞。例如：旭　昱　昭　昧　咄

(三)表示時間的詞。例如：旦　昃　昳　昏　時　春

(四)與太陽或時間關係較遠的詞。例如：昆　舂　是　晉

與太陽或時間無關的詞，這些字本來不从日。例如：旨　易

日 rì人質切，入，質韻，日。質部。

❶太陽。詩衛風伯兮："其雨其雨，杲杲出～。"書湯誓："時～曷喪，予及女偕亡。"引申爲晝，白天。孟子離婁下："周公思兼三王，以施四事，其有不合者，仰而思之，夜以繼～。"又引申爲一晝夜，一天。書洪範："一曰歲，二曰月，三曰～。"疏："從夜半以至明日夜半，周十二辰爲一日。"又用作狀語，指每天，一天天。左傳桓公十一年："鄖人軍其郊，必不誡，且～虞四邑之至也。"吕氏春秋至忠："今有樹於此，而～伐其根，則必無活樹矣。"又貴當："如此者，國～安，主～尊，天下～服。"❷往日，從前。左傳文公七年："～衛不睦，故取其地。"杜預注："日，往日。"又指他日。列子湯問："～以俱來，吾與若俱觀之。"張湛注："日，謂别日。"❸時間，光陰。左傳昭公元年："莒魯争鄆，爲～久矣。"吕氏春秋上農："故敬時愛～，非老不休，非疾不息，非死不舍。"❹指日辰禁忌。論衡譏日："世俗既信歲時，而又信～。"唐柳宗元三戒永某氏之鼠："永有某氏者，畏～，拘忌異甚。"

一　畫

旦 dàn得按切，去，翰韻，端。元部。

❶天亮，清晨。書太甲上："先王昧爽丕顯，坐以待～。"左傳僖公五年："丙子～，日在尾，月在策。"引申爲日，天。戰國策燕策二："人有賣駿馬者，比三～立市，人莫之知。"〔一旦〕有一天。戰國策趙策四："一旦山陵崩，長安君何以自託於趙？"❷〔旦旦〕①天天。孟子告子上："其所以放其良心者，亦猶斧斤之於木也，旦旦而伐之，可以爲美乎？"莊子外物："投竿東海，旦旦而釣，期年不得魚。"②誠懇的樣子。詩衛風氓："言笑晏晏，信誓旦旦。"鄭箋："言其懇惻款誠。"❸舊戲中演女子的角色，如小旦、老旦等(後起義)。宋文瑩玉壺野史一〇："往往時出外齋，與賓客生～雜處。"

按，説文旦字在旦部。

二　畫

早 zǎo子晧切，上，晧韻，精。幽部。

㊀早晨。説文："早，晨也。"韓非子忠孝："某子之親，夜寢～起，强力生財以養子孫臣妾。"又外儲説左上："故人至暮不來，起不食待之。明日～，令人求故人。"㊁在一定時間之前。左傳宣公二年："盛服將朝，尚～，坐而假寐。"吕氏春秋情欲："秋～寒則冬必煗矣，春多雨則夏必旱矣。"㊂本來，已經(後起義)。宋秦觀阮郎歸詞："日長～被酒禁持，那堪更别離。"㊃通"阜(zào)"。柞實。周禮地官大司徒："一曰山林，其物宜毛物，其植物宜～物。"鄭玄注引鄭司農曰："阜物，柞實之屬。今世間謂柞實爲阜斗。"釋文："早音阜，本或作阜。"

叶 xié 集韻檄頰切，音協，入，怗韻，匣。葉部。

和，合。漢書五行志上："次四曰～用五紀。"顔師古注："叶讀曰叶，和也。"又引應劭曰："叶，合也。"

按，説文無叶字。

旨 zhǐ 職雉切，上，旨韻，照三。脂部。

㊀味美。詩小雅鹿鳴："我有～酒，以燕樂嘉賓之心。"禮記學記："雖有嘉肴，弗食，不知其～也。"又指美味。論語陽貨："夫君子之居喪，食～不甘，聞樂不樂，居處不安。"又泛指美好，美好的事物。書説命中："王曰：'～哉！説乃言惟服。'"僞孔傳："旨，美也，美其所言，皆可服行。"唐柳宗元與李睦州論服氣書："流聲譽於無窮，垂功烈而不刊，不亦～哉！"㊁意義，意思。易繫辭下："其～遠，其辭文，其言曲而中。"又指意見、主張、命令。淮南子主術："古聖王出言以嗣情，發號以明～。"後漢書曹褒傳："今承～而殺之，是逆天心，順府意也。"又特指帝王的詔書、命令。漢書孔光傳："數使録冤獄，行風俗，振贍流民，奉使稱～。"

按，説文旨字在甘部。

旬 1. xún 詳遵切，平，諄韻，邪。真部。

㊀十天。書堯典："朞，三百有六～有六日。"孟子梁惠王下："以萬乘之國伐萬乘之國，五～而舉之。"又指十年(後起義)。唐白居易偶吟自慰兼呈夢得詩："且喜同年滿七～，莫嫌衰病莫嫌貧。"㊁滿，整。漢書翟方進傳："方進～歲間免兩司隸，朝廷由是憚之。"顔師古注："旬，徧也，滿也。旬歲猶言滿歲也。"論衡程材："説一經之生，治一曹之事，～月能之；典一曹之吏，學一經之業，一歲不能立也。"㊂時間。文選晉左思魏都賦："量寸～，涓吉日，陟中壇，即帝位。"李善注："司馬法曰：'明不寶咫尺之玉，而愛寸陰之旬。'旬，時也。"

2. jūn 集韻規倫切，平，諄韻，見。真部。

㊃均平。易豐："初九，遇其配主，雖～無咎。"王弼注："旬，均也。"釋文："旬，荀作均。"

［備考］治。廣雅釋詁三："旬，治也。"

旭 xù 許玉切，入，燭韻，曉。覺部。

㊀日始出。説文："旭，日旦出皃。"詩邶風匏有苦葉："雝雝雁鳴，～日始旦。"毛傳："旭，日始出。"又指始出的太陽。南朝齊謝朓宋海陵王墓銘："西光已謝，東～又良。"㊁〔旭旭〕①日始出貌。新書脩政語下："君子將入其職，則其於民也，旭旭然如日之始出也。"②自得貌。漢書揚雄傳河東賦："嘻嘻旭旭，天地稠嶅。"顔師古注："嘻嘻旭旭，自得之貌。"㊂陽光。説文："旭，明也。"段玉裁注："明，謂日之明。"晉書郭璞傳："熙冰之采不羨～晞。"又引申爲一般的光明。唐佚名張興墓誌銘："玄門一掩，寒燈無～。"

［備考］〔旭卉〕雙聲聯緜字。文選漢揚雄甘泉賦："上天之縡，杳旭卉兮。"李善注："旭卉，幽昧之貌。"漢書揚雄傳顔師古注："旭卉，疾速也。"

［同源字］熙，熹，煦，旭，昫。見"熙"字條。

三　畫

旰 1. gàn 古案切，去，翰韻，見。元部。

㊀晚，天色晚。説文："旰，晚也。"左傳襄公十四年："衛獻公戒孫文子、甯惠子食，皆服而朝，日～不召，而射鴻於囿。"後漢書儒林傳："(尹敏)與班彪親善，每相遇，輒日～忘食，夜分不寢。"

2. hàn 集韻侯旰切，去，翰韻，匣。元部。

㊁〔旰旰〕盛貌。史記河渠書："瓠子決兮將奈何，晧晧旰旰兮閭殫爲河。"此指水勢盛。藝文類聚九晉郭璞鹽池賦："揚赤波之焕爛，光旰旰以晃晃。"此指光彩盛。

旱 hàn 胡笴切，上，旱韻，匣。元部。

㊀乾旱，久晴不雨。説文："旱，不雨也。"詩大雅雲漢："～既大甚，藴隆蟲蟲。"吕氏春秋慎大："盡行伊尹之盟，不避～殃。"㊁陸地，與水相對(後起義)。宋司馬光進五規狀遠謀："今夫市井裨販之人猶知～則資車，水則資舟。"㊂山名。詩大雅旱麓："瞻彼～麓，榛楛濟濟。"毛傳："旱，山名也。"

〔備考〕通"悍"。迅猛。吕氏春秋去宥："夫激矢則遠，激水則～。"淮南子兵略、鶡冠子世兵作"水激則悍，矢激則遠"。

〔同源字〕熯，暵，乾，蔫，旱。見"熯"字條。

的 dì 集韻丁歷切，入，錫韻，端。藥部。

明顯。這個意義後多寫作"的"。説文："的，明也。易曰：爲～顙。"〔的的〕顯明貌。淮南子説林："的的者獲，提提者射。"高誘注："的的，明也。"

四　畫

昔 xī 思積切，入，昔韻，心。鐸部。

㊀從前，往日。與"今"相對。詩小雅采薇："～我往矣，楊柳依依。今我來思，雨雪霏霏。"引申爲久，久遠。詩陳風墓門："知而不已，誰～然矣。"毛傳："昔，久也。"孔穎達疏："昔是久遠之事，故爲久也。"周禮天官酒正："辨三酒之物，一曰事酒，二曰～酒，三曰清酒。"賈公彦疏："昔酒者，久釀乃熟，故以昔酒爲名。"又指昨日。莊子齊物論："未成乎心而有是非，是今日適越而～至也。"㊁通"夕"。夜。莊子天運："蚊虻噆膚，通～不寐矣。"釋文："昔，夜也。"〔今昔〕昨夜。吕氏春秋博志："今昔臣夢受之。"史記龜策列傳："今昔壬子，宿在牽牛。"

〔備考〕㊀終。吕氏春秋任地："孟夏之～，殺三葉而穫大麥。"高誘注："昔，終也。"㊁乾肉。説文："昔，乾肉也。"逸周書器服："焚菜膾五～。"

〔同源字〕夕，昔，夜，汐。見"夕"字條。

旻 mín 武巾切，集韻眉貧切，平，真韻，明。文部。

㊀天空。晉張華命將出征歌："豺狼染牙爪，羣生號穹～。"〔旻天〕①上天。詩小雅小旻："旻天疾威，敷于下土。"孟子萬章上："舜往于田，號泣于旻天。"②秋天。楚辭漢王逸九思哀歲："旻天兮清涼，玄氣兮高朗。"㊁秋天。説文："旻，秋天也。"

〔備考〕通"閔"。哀憐。釋名："旻，閔也。物就枯落可閔傷也。"詩大雅召旻序："～，閔也，閔天下無如召公之臣也。"

昈 hù 侯古切，上，姥韻，匣。魚部。

㊀明白。漢書揚雄傳羽獵賦："羽騎營營，～分殊事，繽紛往來，轠轤不絶。"顔師古注引蘇林曰："昈，明也。"㊁〔昈昈〕文采、光耀貌。方言晉郭璞注："昈昈，文采貌。"文選漢張衡西京賦："漸臺立於中央，赫昈昈以弘敞。"

按，説文無昈字，新附有之，云："明也。"

旺 wàng 于放切，去，漾韻，喻三。陽部。

㊀光美。説文作"暀"，云："光美也。"㊁旺盛，興旺。三國蜀諸葛亮治軍："以衆待寡，以～待衰。"紅樓夢六五回："雀兒揀着～處飛。"㊂〔旺相〕叠韻聯緜字。①得時，運氣好。論衡命禄："春夏囚死，秋冬旺相。"②旺盛。明湯顯祖牡丹亭婚走："數日之間，稍覺

精神旺相。”

昊 hào胡老切，上，晧韻，匣。宵部。

上天，廣大的天。詩小雅巷伯：“有北不受，投畀有～。”毛傳：“昊，昊天也。”三國魏曹植升天行：“中心陵蒼～，布葉蓋天涯。”〔昊天〕①天，上天。書堯典：“乃命羲和，欽若昊天，曆象日月星辰，敬授民時。”②指一定季節或一定方向的天。爾雅釋天：“夏爲昊天。”詩王風黍離疏引尚書歐陽生說：“春曰昊天。”此指季節言。吕氏春秋有始：“西方曰顥天。”顥與昊通。淮南子天文景宋本作“昊天”。楚辭天問王逸注：“九天，東方皞天…”皞與昊通。

按，説文昊作昦，在夰部，云：“春爲昦天，元氣昦昦也。”詩黍離毛傳：“元氣廣大則稱昊天。”毛、許皆釋昊爲廣大。

昃 zè阻力切，入，職韻，照二。職部。

太陽偏西。易離：“日～之離，何可久也。”春秋定公十五年：“日下～，乃克葬。”字又作昗。易豐：“日中則昗。”説文作“⿸厂日”，云：“日在西方時側也。”

昌 chāng尺良切，平，陽韻，穿三。陽部。

㊀美善，正當。説文：“昌，美言也。”爾雅釋詁下：“昌，當也。”書皋陶謨：“禹拜～言，曰：‘俞。’”僞孔傳：“以皋陶言爲當，故拜受而然之。”漢書揚雄傳上：“圖纍承彼洪族兮，又覽纍之～辭。”顔師古注：“昌，美也。”㊁美好貌。詩齊風猗嗟：“猗嗟～兮，頎而長兮。”鄭箋：“昌，佼好貌。”㊂昌盛。書仲虺之誥：“推亡固存，邦其乃～。”左傳莊公二十二年：“五世其～。”㊃〔昌披〕衣帶不整貌，喻狂亂。文選戰國屈原離騷：“何桀紂之昌披兮，夫唯捷徑以窘步。”易林五：“心志無良，昌披妄行。”

［備考］物。莊子在宥：“今夫百～皆生於土而反於土。”釋文引司馬云：“百昌，猶百物也。”

昆 1. kūn古渾切，平，魂韻，見。今讀如坤。文部。

㊀同，共同。説文：“昆，同也。”漢揚雄太玄攡：“理生～羣，兼愛之謂仁也。”漢書揚雄傳校獵賦：“羣娭虖其中，噍噍～鳴。”㊁兄。這個意義又寫作“晜”。詩王風葛藟：“終遠兄弟，謂他人～。”毛傳：“昆，兄也。”莊子徐无鬼：“聞人足音跫然而喜矣，又況乎～弟親戚之謦欬其側者乎？”㊂後，與“先”相對。爾雅釋言：“昆，後也。”書大禹謨：“禹，官占，惟先蔽志，～命于元龜。”僞孔傳：“昆，後也。”引申指後嗣。國語晉語二：“天降禍於晉國，讒言繁興，延及寡君之紹續～裔。”文選晉左思吳都賦：“虞魏之～，顧陸之裔。”㊃衆。荀子富國：“然後～蟲萬物生其間。”大戴禮記夏小正：“～小蟲抵蚳。昆者，衆也。”㊄〔昆侖〕山名。淮南子原道：“經紀山川，蹈騰昆侖。”高誘注：“昆侖，山名也。”

2. hún集韻胡昆切，平，魂韻，匣。文部。

㊅〔昆侖〕疊韻聯緜字。混沌不分貌。漢揚雄太玄中：“昆侖旁薄。”范望注：“昆，渾也；侖，淪也。天之象也。”字亦作“渾淪”。列子天瑞：“太初者，氣之始也；太始者，形之始也；太素者，質之始也。氣形質具而未相離，故曰渾淪。渾淪者，言萬物相渾淪而未相離也。”

昐 fēn集韻方文切，音分，平，文韻，非。文部。

㊀日光。見玉篇。㊁姓。見山海經大荒北經。

按，説文無昐字。

明 míng武兵切，集韻眉兵切，平，庚韻，明。陽部。

㊀明亮，光明。詩齊風鷄鳴：“東方～矣。”荀子天論：“在天者莫～於日月。”又泛指抽象的光明、清明。詩大雅皇矣：“貊其德音，其德克～。”孟子公孫丑上：“及是時，～其政刑。”㊁顯明。易繫辭下：“因貳以濟民行，以～得失之報。”禮記大學：“大學之道，在～明德，在親民，在止於至善。”鄭玄注：“明明

德,謂顯明其至德也。”㊂明白。荀子天論:“故～於天人之分,則可謂至人矣。”又明白地。孟子梁惠王上:“願夫子輔吾志,～以教我。”㊃眼力,視力。孟子梁惠王上:“～足以察秋毫之末,而不見輿薪。”文選漢司馬遷報任安書:“左丘失～,厥有國語。”引申爲眼力好,看得清楚。論語季氏:“視思～。”荀子勸學:“目不能兩視而～。”吕氏春秋本生:“天全,則神和矣,目～矣,耳聰矣。”㊄聰明,英明。老子第三十三章:“知人者智,自知者～。”吕氏春秋慎人:“信賢而任人,君之～也。”㊅〔明明〕①明察貌。詩大雅常武:“赫赫明明,王命卿士。”小雅小明:“明明上天,照臨下土。”②同黽黽,勉力。詩魯頌有駜:“夙夜在公,在公明明。”漢書楊惲傳報孫會宗書:“明明求仁義,常恐不能化民者,卿大夫之義也。”㊆今之次。論語微子:“～日,子路行,以告。”左傳昭公七年:“其～月,子産立公孫泄及良止以撫之。”㊇指與祭祀有關之物。如祭神所穿之衣爲明衣,祭祀所用之水爲明水。論語鄉黨:“齊必有～衣。”周禮秋官司烜氏:“以鑑取～水於月。”㊈朝代名。朱元璋所建。

[備考]㊀成。爾雅釋詁下:“明,成也。”㊁盛。淮南子説林:“石生而堅,蘭生而芳,少有其質,長而愈～。”高誘注:“明,盛也。”

按,説文明字在明部。

昜 1.yì羊益切,入,昔韻,喻四。錫部。

㊀交换,交易。左傳宣公十五年:“敝邑～子而食,析骸而爨。”孟子滕文公上:“以粟～械器者,不爲厲陶冶。”引申爲改變,易繫辭下:“上古穴居而野處,後世聖人～之以宫室。”㊁書名。論語述而:“孔子曰:‘加我數年,五十以學～,可以無大過矣。’”今有周易。㊂通“埸”。疆界。荀子富國:“觀國之治亂臧否,至於疆～而端已見矣。”漢書禮樂志:“吾～久遠,燭明四極。”顔師古注引晉灼:“易,疆易也。”

2.yì以豉切,去,寘韻,喻四。錫部。

㊃容易,與“難”相對。論語憲問:“上好禮,則民～使也。”孟子公孫丑上:“飢者～爲食,渴者～爲飲。”引申爲輕視,輕慢。左傳僖公二十二年:“國無小,不可～也。”吕氏春秋審應:“今有人於此,無禮慢～而求敬,…雖黄帝猶若困。”㊄和悦。詩小雅何人斯:“爾還而入,我心～也。”毛傳:“易,説。”㊅路平坦。吕氏春秋長攻:“夫吴之與越,接土鄰境,道～人通。”淮南子兵略:“～則用車,險則用騎。”許慎注:“易,平地也。”㊆整治田畝,芟除草穢。詩小雅甫田:“禾～長畝,終善且有。”毛傳:“易,治也。”孟子滕文公上:“夫以百畝之不～爲已憂者,農夫也。”吕氏春秋辯土:“農夫知其田之～也,不知其稼之疏而不適也。”高誘注:“易,治也。”㊇蔓延。左傳隱公六年:“惡之～也,如火之燎于原,不可鄉邇,其猶可撲滅?”

[備考]㊀説文:“易,蜥易,蝘蜓,守宫也。”㊁亦。素問骨空論:“扁骨有滲理湊,無髓孔,～髓無空。”王冰注:“易,亦也。”

按,説文易字在易部。

昒 hū呼骨切,音忽,入,没韻,曉。物部。

天色將明未明之時。説文:“昒,尚冥也。”〔昒昕〕拂曉天色將明時。文選漢班固幽通賦:“昒昕寤而仰思兮,心矇矇猶未察。”〔昒爽〕天色未明之時。漢書郊祀志上:“十一月辛巳朔旦冬至,昒爽,天子始郊拜泰一。”

昂 áng五剛切,平,唐韻,疑。陽部。

擡頭。楚辭戰國屈原遠遊:“服偃蹇以低～兮,驂連蜷以驕驁。”引申爲擡起,擡高。論衡變動:“故穀價低～,一貴一賤矣。”〔昂昂〕志向品行高超貌。楚辭戰國屈原卜居:“寧昂昂若千里之駒乎,將氾氾若水中之鳧乎?”〔昂藏〕叠韻聯緜字。高峻,軒昂。北魏酈道元水經注九淇水:“水出壺關東沾臺下,石壁崇高,昂藏隱天。”晉陸機晉西平將軍孝侯周處碑:“汪洋廷闕之傍,昂藏寮寀之上。”

按,説文無昂字,新附有之。

昪 shēng 識蒸切，平，蒸韻，審三。蒸部。

❶太陽上升。南朝梁江淹石劫賦："日照水而東～，山出波而隱沒。"❷登上。楚辭漢王逸九思哀歲："～車兮命僕，將馳兮四荒。"唐韓愈山石詩："～堂坐階新雨足，芭蕉葉大支子肥。"❸升官，晉級。舊唐書馬周傳："欲有擢～宰相，必先試以臨人。"❹〔昪平〕太平。唐柳宗元代裴中丞賀分淄青爲三道節度表："復昪平之土宇，拔妖孽之根源。"

按，説文無昪字，新附有之。

昕 xīn 許斤切，音欣，平，欣韻，曉。文部。

黎明。説文："昕，旦明，日將出也。"禮記文王世子："天子視學，大～鼓徵，所以警衆也。"三國魏曹植藉田説："日殄没而歸館，晨未～而即野。"引申爲明亮。初學記一二引揚雄太僕箴："檀車孔夏，四騵孔～。"〔昕昕〕明亮。北周衛元嵩元包經："埜芔芔，昦昕昕。"唐劉禹錫有僧言羅浮事詩："咿喔天雞鳴，扶桑色昕昕。"

［備考］高低貌，音軒。〔昕天〕舊説天體北高南低，謂之昕天。爾雅釋天邢昺疏："四曰昕天。昕讀爲軒，言天北高南下，若車之軒。"

昄 bǎn 布綰切，音版，上，潸韻，幫。元部。

大。説文："昄，大也。"詩大雅卷阿："爾土宇～章，亦孔之厚也。"毛傳："昄，大也。"

昏 hūn 呼昆切，平，魂韻，曉。文部。

字也作昬。❶天剛黑，傍晚。詩陳風東門之揚："昬以爲期，明星煌煌。"吕氏春秋孟春："孟春之月，日在營室，昏參中，旦尾中。"引申爲昏暗，黑暗。文選晉左思吴都賦："揮袖風飄，而紅塵晝～。"漢魏伯陽周易參同契："～久則昭明。"又引申爲社會混亂。文選晉劉琨勸進表："永嘉之際，氛厲彌～。"❷糊塗，昏亂。左傳襄公二十五年："君～不能匡，危不能救。"國語晉語四："童～不可使謀。"〔昏昏〕①糊塗貌。孟子盡心下："賢者以其昭昭使人昭昭，今以其昏昏使人昭昭。"②無爲貌。莊子在宥："至道之極，昏昏默默。"❸目不明。唐韓愈與崔羣書："目視昏花，尋常間便不分人顔色。"❹昏迷，失去知覺。三國志吴書賀邵傳："偶有逆迕，～醉之言耳。"水滸傳二六回："打的皮開肉綻，鮮血迸流，～暈去了三四次。"❺結婚。左傳隱公七年："鄭公子忽在王所，故陳侯請妻之。鄭伯許之，乃成～。"詩邶風谷風："宴爾新昏，如兄如弟。"此義後來一般寫作"婚"。❻通"暋(mǐn)"。努力，盡力。書盤庚上："惰農自安，不昬作勞。"釋文："本或作'暋'，音敏，爾雅昬暋皆訓强。"三國志魏書武帝紀："穡人～作，粟帛滯積。"

［備考］出生不足三月而死。左傳昭公十九年："寡君之二三臣，札、瘥、夭、昏。"孔穎達疏："子生三月，父名之。未名之曰昏，謂未三月而死也。"

五　畫

昶 1. chǎng 丑兩切，上，養韻，徹。

❶白天時間長。説文新附："昶，日長也。"

2. chàng 丑亮切，去，漾韻，徹。

❷通"暢"。舒暢，通暢。文選三國魏嵇康琴賦："雅～唐堯，終詠微子。"又晉陸機五等論："譬猶衆目營方，則天綱自～。"

按，説文無昶字。

春 chūn 昌脣切，平，諄韻，穿三。文部。

❶春季。荀子王制："～耕，夏耘，秋收，冬藏。"公羊傳隱公元年："～者何？歲之始也。"又泛指一年。三國魏曹植雜詩六首："自期三年歸，今已歷九～。"唐杜甫往在詩："千～薦陵寢，永永傳無窮。"唐高適人日寄杜二拾遺詩："一卧東山三十～。"又因斗柄指東天下皆春，故以春代東。文選漢張衡東京賦："飛雲龍於～路，屯神虎於秋方。"李善注引薛綜曰："春路，東方道也。"❷男女之情欲。詩召南野有死麕："有女懷～，吉士誘之。"南齊王融詠琵琶詩："絲中傳意緒，花裏見～情。"❸唐人稱酒爲春。唐司空圖詩品典雅："玉

壺買～，賞雨茆屋。"唐李白哭宣城善釀紀叟詩："紀叟黄泉裏，還應釀老～。"

[備考]通"蠢(chǔn)"。動。周禮考工記梓人："張皮侯而棲鵠，則～以功。"鄭玄注："春讀爲蠢。蠢，作也，出也。"

按，説文春字在艸部。

昚 shèn 時刃切，音慎，去，震韻，禪。真部。

古"慎"字。小心，謹慎。叔夷鐘："～中氒罰。"

按，説文昚是慎的重文，在心部。

昱 yù 余六切，入，屋韻，喻四。職部。

❶明亮，照耀。淮南子本經："焜～錯眩，照耀煇煌。"漢揚雄太玄告："日以～乎晝，月以～乎夜。"注："昱，明也。"〔昱昱〕明亮貌。藝文類聚引晉傅玄紫華賦："涣涣昱昱，而奪人目精。"❷明日。大徐本説文："昱，明日也。"段玉裁注改作"日明也"，又云："日無日不明，故自今日言下一日謂之明日，亦謂之昱日。昱之字古多叚借翌字爲之。"

昡 xuàn 集韻熒絹切，去，霰韻，匣。真部。

❶日光。見集韻。❷〔昡曜〕惑亂貌。楚辭戰國屈原離騷："世幽昧以昡曜兮，孰云察余之善惡？"王逸注："昡曜，惑亂皃。"

按，説文無昡字。

昧 mèi 莫佩切，音妹，去，隊韻，明。物部。

❶暗，昏暗。説文："昧，闇也。"楚辭戰國屈原離騷："惟黨人之偷樂兮，路幽～以險隘。"漢書司馬相如傳下："使疏逖不閉，曶爽闇～得耀乎光明。"引申爲目視不明。左傳僖公二十四年："目不别五色之章爲～。"❷〔昧昧〕①昏暗貌。楚辭戰國屈原九章懷沙："進路北次兮，日昧昧其將暮。"②沉思貌。書秦誓："昧昧我思之。"蔡沈集傳："昧昧而思者，深潛而静思也。"③純厚貌。淮南子俶真："至伏羲氏，其道昧昧芒芒然。"高誘注："昧昧，純厚也。"❸〔昧旦〕〔昧明〕〔昧爽〕天未全明，黎明。詩鄭風女曰鷄鳴："女曰鷄鳴，士曰昧旦。"國語吴語："昧明，王乃秉枹，親就鳴鐘鼓、丁寧、錞于、振鐸。"書太甲上："先王昧爽丕顯，坐以待旦。"荀子哀公："君昧爽而櫛冠，平明而聽朝。"❹愚昧，迷亂。左傳宣公十二年："兼弱攻～，武之善經也。"戰國策趙策二："愚者～於成事，智者見於未萌。"引申爲貪昧。左傳襄公二十六年："晉、楚將平，諸侯將和，楚王是故～於一來。"漢書叙傳上："而苟～於權利，…則必保喪家之主。"顔師古注："昧，貪也。"❺冒昧。韓非子初見秦："臣～死，願望見大王，言所以破天下之從。"❻〔昧莫〕雙聲聯緜字。廣大貌。文選晉左思吴都賦："相與聊浪乎昧莫之坰。"

[備考]㊀古樂名。禮記明堂位："～，東夷之樂也。"周禮韎師作"韎"，文選漢班固東都賦作"佅"。㊁割。公羊傳襄公二十七年："苟有履衛地食衛粟者，～雉彼視。"何休注："昧，割也。"釋文："昧，舊音刎，割也。"

是 shì 承紙切，上，紙韻，禪。支部。

❶正確，與"非"相對。論語陽貨："偃之言～也。"吕氏春秋察傳："辭多類非而～，多類～而非。"又用作動詞。認爲正確。墨子尚同上："國君之所～，必皆～之。"❷此，這。論語述而："子於～日哭，則不歌。"孟子梁惠王上："～何異於刺人而殺之。"用來複指前置賓語。詩小雅節南山："秉國之均，四方～維。"左傳僖公五年："將虢～滅，何愛於虞。"〔是以〕因此，所以。左傳隱公十一年："既無德政，又無威刑，是以及邪。"❸繫詞。是。論衡死僞："余～所嫁婦人之父也。"世説新語寵禮："參軍～袁、伏之袁，復何所疑？"❹凡是（後起義）。唐賈島送孫逸人："～藥皆諳性，令人漸信仙。"

[備考]直，正。説文："是，直也。"段玉裁注："以日爲正則曰是。"

[同源字]是，諟。見"諟"字條。

按，説文是字在是部。

昞 bǐng 兵永切，音丙，上，梗韻，幫。陽部。

光明。法言先知："知其道者其如視，忽眇悧作～。"唐孫文才石碑像銘："建毫倫於額上，～萬字於胸衿。"

按，説文無昞字。

昺 bǐng 兵永切，音丙，上，梗韻，幫。

同"昞"。光明。抱朴子外篇行品："文彪～而備體，獨澄見以入神者，聖人也。"

按，説文無昺字。

昜 yáng 與章切，平，陽韻，喻四。陽部。

古"陽"字。漢書地理志下交趾郡有曲昜縣。顔師古注："昜，古陽字。"段玉裁説文解字注云："此陰陽正字也。陰陽行而侌昜廢矣。"甲骨文、金文多有昜字。

按，説文昜字在勿部。

昭 zhāo 止遥切，平，宵韻，照三。宵部。

㊀明，光明。詩大雅既醉："君子萬年，介爾～明。"吕氏春秋任數："目之見也藉於～。"引申爲顯示，彰明。左傳襄公十九年："以作彝器，銘其功烈，以示子孫，～明德而懲無禮也。"三國蜀諸葛亮出師表："論其刑賞，以～陛下平明之理。"㊁〔昭昭〕①明亮貌。楚辭戰國屈原九歌雲中君："靈連蜷兮既留，爛昭昭兮未央。"史記天官書："昭昭有光，利行兵。"②明白貌。老子第二十章："俗人昭昭，我獨昏昏。"孟子盡心下："賢者以其昭昭使人昭昭，今以其昏昏使人昭昭。"㊂〔昭穆〕古代宗廟制度，始祖居中，以下依輩分左右相次，居左者爲昭，居右者爲穆。左傳僖公五年："大伯、虞仲，大王之昭也；…虢仲、虢叔，王季之穆也。"穀梁傳文公二年："無昭穆則是無祖也。"

［同源字］照，燿，耀，曜，昭。見"照"字條。

昵 nì 尼質切，入，質韻，泥。質部。

親近。書説命中："官不及私～，惟其能。"韓非子難言："身執鼎俎，爲庖宰，～近習親，而湯乃僅知其賢而用之。"

［備考］㊀通"禰(nǐ)"。父廟。書高宗肜日："典祀無豐于～。"釋文："馬云：'昵，考也。謂禰廟也。'"㊁黏，膠。周禮考工記弓人："凡～之類不能方。"

按，説文以昵爲暱的重文。

昲 fèi 芳未切，音費，去，未韻，敷。物部。

㊀曬，曬乾。方言十："昲，曬，乾物也。"列子周穆王："視其前，則酒未清，肴未～。"㊁〔昲悦〕鬱結。晉陸雲南征賦："曜靈翕赫以增熾，憤氣昲悦而凌煙。"

按，説文無昲字。

映 yìng 於敬切，去，映韻，影。陽部。

㊀照耀。文選漢張衡思玄賦："冠咢咢其～蓋兮，珮綝纚以煇煌。"晉郭璞山海經圖贊："光彩流～，氣如虹霞。"㊁倒映。文選晉潘岳閑居賦："長楊～沼，芳枳樹籬。"㊂隱蔽，遮蔽。文選南朝宋顔延年應詔觀北湖田收詩："樓觀眺豐穎，金駕～松山。"李善注："映，猶蔽也。"

按，説文無映字，新附有之。

昢 pò 普没切，入，没韻，滂。物部。

〔昢昢〕日月始出光明未盛貌。楚辭漢王逸九思疾世："時昢昢兮旦旦，塵莫莫兮未晞。"王逸注："日月始出光明未盛爲昢。"

按，説文無昢字。

星 xīng 桑經切，平，青韻，心。耕部。

㊀星星。詩召南小星："嘒彼小～，三五在東。"漢曹操短歌行："月明～稀，烏鵲南飛。"又專指二十八宿中之星宿。晉成公綏天地賦："玄龜匿首於女虚，朱鳥奮翼於～張。"又泛指天文。文選漢司馬遷報任安書："文史～曆，近乎卜祝之間。"又指占星術。漢書藝文志："然～事殑悍，非湛密者弗能由也。"㊁指細碎如星之物（後起義）。唐劉禹錫秋螢引詩："紛綸暉映互明滅，金爐～噴鐙花發。"又指少，零星。唐李羣玉仙明洲口號："半浦夜歌聞盪槳，一～幽火照叉魚。"元孫仲章勘頭

巾:“可怎生無半點塵絲,一～兒土漬?”㊂秤杆上記數的點(後起義)。唐賈島贈牛山人詩:“鑿石養蜂休買蜜,坐山秤藥不争～。”㊃〔星星〕①指星辰。唐李賀感諷之五:“桂露對仙娥,星星下雲逗。”②如言點點。唐皮日休病孔雀詩:“盡日春風吹不起,鈿毫金鏤一星星。”

[同源字]星,晶,晴。見“晴”字條。

按,説文星字在晶部,作曐,或省作星。

昳 1. dié 徒結切,音迭,入,屑韻,定。質部。

㊀午後日偏斜。素問藏氣法時論:“脾病者,日～慧,日出甚,下晡静。”漢書游俠傳:“諸客奔走市買,至日～皆會。”

2. yì 音佚。質部。

㊁〔昳麗〕漂亮,美麗。戰國策齊策一:“鄒忌脩八尺有餘,身體昳麗。”

按,説文無昳字,新附有之。

昨 zuó 在各切,入,鐸韻,從。鐸部。

㊀昨天,前一天。莊子外物:“周～來,有中道而呼者。”韓非子内儲説下:“～日,中大夫夷射立於此。”引申指過去。晉陶潛歸去來兮辭:“實迷途其未遠,覺今是而～非。”㊁〔昨席〕昨通“酢”。帝王受酢之席。周禮春官司几筵:“祀先王昨席,亦如之。”鄭玄注:“玄謂昨讀曰酢。”

昝 zǎn 子感切,上,感韻,精。

㊀姓。晉書中有昝堅。㊁同“咱”。元王實甫西厢記第二本楔子:“你那裏問小僧敢去也那不敢,我這裏啟大師用～也不用～。”

昫 xū 香句切,音煦,去,遇韻,曉。侯部。

日出温暖。説文:“昫,日出温也。”引申泛指温暖。玉篇:“昫,暖也。”三國志吴主傳裴松之注引魏略:“少蒙卵翼～伏之恩。”

[同源字]煕,熹,煦,旭,昫。見“煕”字條。

昴 mǎo 莫飽切,音卯,巧韻,明。幽部。

星宿名,二十八宿之一。書堯典:“日短星～,以正仲冬。”吕氏春秋有始:“西方曰顥天,其星胃、～、畢。”

六　畫

晉 jìn 即刃切,去,震韻,精。真部。

㊀進。易晉:“～,進也。”孔穎達疏:“古之晉字,即以進長爲義。”文選漢班固幽通賦:“盍孟～以迨羣兮,辰倏忽其不再。”李善注引曹大家曰:“孟,勉也;晉,進也。”㊁周易卦名。㊂通“搢”。插。周禮春官典瑞:“王～大圭,執鎮圭。”㊃周代諸侯國名。周成王弟叔虞始封于唐,其子燮父改稱爲晉。㊄朝代名。①司馬炎代魏稱帝,國號晉。②五代時石敬瑭滅後唐稱帝,國號晉,史稱後晉。

按,説文晉作晉。

晏 yàn 烏澗切,去,諫韻,影。元部。

㊀天清無雲。説文:“晏,天清也。”吕氏春秋誣徒:“志氣不和,取舍數變,固無恒心,若～陰喜怒無處。”淮南子繆稱:“暉日知～,陰諧知雨。”許慎注:“晏,無雲也。”㊁鮮艷。詩鄭風羔裘:“羔裘～兮,三英粲兮。”毛傳:“晏,鮮盛貌。”㊂〔晏晏〕①和柔,温和。詩衛風氓:“言笑晏晏,信誓旦旦。”毛傳:“晏晏,和柔也。”後漢書何敞傳:“今國家秉聰明之弘道,明公履晏晏之純德。”李賢注:“晏晏,温和也。”②盛貌。楚辭戰國宋玉九辯:“被荷裯之晏晏兮,然潢洋而不可帶。”王逸注:“晏晏,盛貌也。”㊃〔晏如〕安然。史記南越王尉佗傳:“今吕嘉、建德等反,自立晏如。”漢書諸侯王表:“高后女主攝位,而海内晏如。”顔師古注:“晏如,安然也。”㊄晚。論語子路:“冉有退朝,子曰:‘何～也?’”吕氏春秋制樂:“於是早朝～退,問疾弔喪,務鎮撫百姓。”

晈 jiǎo 古了切,上,篠韻,見。宵部。

㊀同“皎”。集韻筱韻:“晈,或从日。”〔晈晈〕潔白明亮貌。楚辭戰國屈原九歌東君:

"撫余馬兮安驅，夜皎皎兮既明。"王逸注："皎，一作皎。"㊁明白。抱朴子外篇博喻："達人偉士，不變～察於流俗之中。"

按，説文無皎字。

晐 gāi 古哀切，平，咍韻，見。之部。

具備。説文："晐，兼晐也。"今此義多寫作該、賅。國語吴語："勾踐請盟，一介嫡女，執箕箒，以～姓於王宫。"韋昭注："晐，備也。"

時 shí 市之切，平，之韻，禪。之部。

㊀季，季節。指春夏秋冬四季。説文："時，四時也。"書堯典："厤象日月星辰，敬授人～。"左傳桓公六年："謂其三～不害，而民和年豐也。"㊁時間，光陰。吕氏春秋首時："天不再與，～不久留。"又表示時候。論語季氏："少之～，血氣未定，戒之在色。"莊子養生主："始臣之解牛之～，所見無非牛者。"又指當時。三國志吴書周瑜傳："～曹公軍衆已有疾病。"魏書夏侯玄傳："與曹爽共興駱谷之役，～人譏之。"又指時辰。舊唐書吕才傳："若依葬書，多用乾艮二～，並是近半夜。"㊂時代。吕氏春秋察今："世易～移，變法宜矣。"韓非子心度："～移而治不易者亂。"㊃時機，機會。論語陽貨："好從事而亟失～，可謂知乎？"史記淮陰侯列傳："～者難得而易失。"㊄按時。論語學而："學而～習之，不亦説乎？"莊子秋水："秋水～至，百川灌河。"引申爲時常（後起義）。唐岑參函谷關歌送劉評事使關西詩："請君～憶關外客，行到關西多致書。"㊅伺，窺伺。論語陽貨："陽貨欲見孔子，孔子不見。歸孔子豚。孔子～其亡也而往拜之。"㊆此。詩秦風駟驖："奉～辰牡，辰牡孔碩。"鄭箋："時，是。"㊇栽種，後寫作"蒔"。書舜典："汝后稷播～百穀。"鄭玄注："時讀曰蒔。"

［備考］善。詩小雅頍弁："爾酒既旨，爾殽既～。"毛傳："時，善也。"

晒 shài 正字通所賣切。

後起字。"曬"的俗字。正字通日部："曬，俗作晒。"曬，曬乾。唐李商隱自桂林奉使江陵途中感懷寄獻尚書詩："亂鴉銜～網，寒女簇遥碪。"

晟 shèng 承正切，音盛，去，勁韻，禪。

光明。説文新附："晟，明也。"元郝經原古上元學士詩："昂頭冠三山，俯瞰旭日～。"

晃 1. huǎng 胡廣切，上，蕩韻，匣。陽部。

㊀明亮。藝文類聚引晉郭璞鹽池賦："爛然漢明，～爾霞赤。"〔晃朗〕叠韻聯緜字，明亮貌。文選晉潘岳秋興賦："天晃朗以彌高兮，日悠揚而侵微。"抱朴子外篇喻蔽："守燈燭之宵曜，不識三光之晃朗。"〔晃晃〕明亮貌。晉傅玄日昇歌詠："逸景何晃晃，旭日照萬方。"晉郭璞鹽池賦："揚赤波之焕爛，光旰旰以晃晃。"㊁閃耀。三國魏曹植宜男花頌："光采～曜，配彼朝日。"北周庾信鏡賦："朝光～眼，早風吹面。"㊂一閃而過（後起義）。宋王禹偁西暉亭詩："隙～歸巢燕，簷拖截澗虹。"

2. huàng。

㊃摇擺。唐張説山夜聽鐘詩："前聲既春容，後聲復～盪。"

［同源字］煌，爌，晃，光。見"煌"字條。

按，説文晃作晄，云："明也。"段玉裁注："晃，各本篆作晄。"

晁 1. cháo 直遥切，平，宵韻，澄。宵部。

㊀同"鼂"。姓。漢有御史大夫晁錯。漢書景帝紀："斬御史大夫～錯，以謝七國。"本傳作鼂。

2. zhāo。

㊁同"朝"。早晨。文選漢揚雄羽獵賦："於是天子乃以陽～，始出乎玄宫。"又漢馬融長笛賦："山鷄晨羣，壄雉～雊。"李善注："晁，古朝字。"

按，説文無晁字。

晌 shǎng 字彙始兩切，音賞。

後起字。❷中午。紅樓夢七三回："一時，賈母歇～，大家散去。"〔晌午〕中午。元曲桃花女楔子："到今蚤日將晌午，方纔着我開舖面。"❸一天内的一段時間，或指片刻。李煜浪淘沙："夢裏不知身是客，一～貪歡。"王實甫西厢記："櫻桃紅綻，玉粳白露，半～恰方言。"❹田畝單位。清代東北地區計地或以一日所耕爲晌，或以六畝爲晌，或以十畝、十二畝爲晌。清俞正燮癸巳存稿卷九："壯丁領買者，限以五～，計三十畝。"清楊賓柳邊紀略卷三："寧古塔地不計畝而計～。～者，盡一日所種之地也。"

七　畫

晢 zhé 旨熱切，音折，入，薛韻，照三。月部。

❶明亮，光亮。說文："晢，昭晣，明也。"〔晢晢〕明亮貌。詩陳風東門之楊："昏以爲期，明星晢晢。"毛傳："晢晢，猶煌煌。"文選漢張衡東京賦："夏正三朝，庭燎晢晢。"❷明智，明哲。書洪範："從作乂，明作～。"

晝 zhòu 陟救切，去，宥韻，知。侯部。

❶白天。詩豳風七月："～爾于茅，宵爾索綯。"易繫辭上："剛柔者，～夜之象也。"〔晝日〕①整個白天，白天。易晉："是以康侯用錫馬蕃庶，晝日三接。"吕氏春秋博志："蓋聞孔丘、墨翟晝日諷誦習業，夜親見文王、周公旦而問焉。"②太陽。韓詩外傳九："虛之與虛，如薄冰之見晝日。"❷古地名。孟子公孫丑下："孟子去齊，宿於～。"

按，說文晝字在畫部。

晜 kūn 古渾切，音昆，平，魂韻，見。今讀如坤。文部。

❶兄。爾雅釋親："晜，兄也。"又云："父之晜弟，先生爲世父，後生爲叔父。"這個意義又寫作"昆"。❷〔晜孫〕五世孫。爾雅釋親："玄孫之子爲來孫，來孫之子爲晜孫。"

按，說文無晜字。

晦 bèi 集韻蒲昧切，音悖，去，隊韻，並。

暗。集韻："晦，暗也。"見"晻晦"條。

按，說文無晦字。

晡 bū 博孤切，音逋，平，模韻，幫。魚部。

申時，指下午三時至五時。淮南子天文："(日)至於悲谷，是謂～時。"漢書天文志："跌至～，爲黍。"又武五子傳："賀發，～時至定陶。"引申爲傍晚。唐杜甫白帝城放船四十韻："絶島容煙霧，環洲納曉～。"

按，說文無晡字。

晣 zhé 旨熱切，音折，入，薛韻，照三。月部。

同"晢"。光明。文選戰國宋玉高唐賦："其少進也，～兮若姣姬揚袂障日，而望所思。"〔晣晣〕光明貌。詩小雅庭燎："夜如何其？夜未艾，庭燎晣晣。"

晨 chén 植鄰切，平，真韻，禪。文部。

❶早晨。詩小雅庭燎："夜如何其？夜鄉～。"引申指雄鷄報曉。書牧誓："古人有言曰：'牝雞無～。'"〔晨明〕黎明。淮南子天文："日出于暘谷，浴于咸池，拂于扶桑，是謂晨明。"❷星宿名，指房宿。見說文。

按，說文"早晨"義作"晨"，云："早昧爽也。"在晨部。"房宿"義作"農"，或省作"晨"，云："房星，爲民田時者。"在晶部。隸變後皆作"晨"。

晤 wù 五故切，音誤，去，暮韻，疑。魚部。

❶遇見，見面。詩陳風東門之池："彼美淑姬，可與～言。"南朝梁元帝關山月："夜長無與～，衣單誰爲裁？"宋王安石答司馬諫議書："無由會～。"❷通"悟"。覺悟。說文："晤，明也。"段玉裁注："晤者，啟之明也。"唐孟郊壽安西渡奉别鄭相公："病深理方～，悔至心自燒。"引申爲聰慧。唐李儼道因法師碑："侍中以才～之奇，飛芳晉牒。"新唐書循吏傳附李至遠："少秀～，能治尚書、左氏春秋。"

晛 xiàn 胡典切，音現，上，銑韻，匣。元部。

日光。詩小雅角弓："雨雪瀌瀌，見～曰消。"引申指日光明亮。明楊基春風行："今朝棠梨開一花，天氣自佳日色～。"

晞 xī 香衣切，平，微韻，曉。微部。

❶乾，乾燥。説文："晞，乾也。"詩小雅湛露："湛湛露斯，匪陽不～。"秦風蒹葭："蒹葭萋萋，白露未～。"淮南子説山："上食～堁，下飲黃泉。"引申爲曬，曬乾。漢揚雄方言七："～，暴也。暴五穀之類，東齊北燕海岱之郊謂之～。"楚辭戰國屈原九歌少司命："與女沐兮咸池，～女髮兮陽之阿。"晉嵇含悅晴："翔鳳～輕翮，應龍暴纖鬐。"❷天色微明。詩齊風東方未明："東方未～，顛倒裳衣。"孔穎達疏："晞，謂將旦之時。"唐錢起奉和聖製登朝元閣詩："拂曙鑾輿上，～陽瑞雪晴。"

［備考］通"稀"。消散。楚辭漢王逸九思疾世："時咄咄兮旦旦，塵莫莫兮未～。"王逸注："晞，消也。"

晙 jùn 子峻切，音俊，去，稕韻，精。文部。

早，明。爾雅釋詁下："晙，早也。"郭璞注："早，亦明也。"

按，説文無晙字，新附有之，云："明也。"

晧 hào 胡老切，上，晧韻，匣。幽部。

❶光明。詩陳風月出："月出～兮，佼人懰兮。"楚辭漢劉向九歎遠遊："服覺～以殊俗兮，貌揭揭以巍巍。"引申爲潔白。史記司馬相如列傳上林賦："～齒粲爛，宜笑的皪。"❷〔晧旰〕雙聲聯緜字。①明亮貌。楚辭漢劉向九歎遠逝："曳彗星之晧旰兮，撫朱爵與鵔鸃。"②盛大貌。文選三國魏曹植七啟："丹旗曜野，戈殳晧旰。"字亦作澔旰，詳該條。

［同源字］顥，皎，皦，皠，晧。見"顥"字條。

晦 huì 荒内切，去，隊韻，曉。之部。

❶農曆每月的最後一天。左傳僖公二十四年："己丑～，公宫火。"莊子逍遥遊："朝菌不知～朔，蟪蛄不知春秋。"❷昏暗。詩鄭風風雨："風雨如～，雞鳴不已。"楚辭戰國屈原九章涉江："山峻高以蔽日兮，下幽～以多雨。"引申指夜晚。左傳昭公元年："～淫惑疾，明淫心疾。"杜預注："晦，夜也。"漢袁康越絶書越絶内經九術："晝書不倦，～誦竟旦。"❸隱晦，含蓄。左傳成公十四年："春秋之稱，微而顯，志而～，婉而成章。"引申爲隱藏。南朝釋慧皎高僧傳五："少出家，貞正有學業，而～迹隱智，人莫能知。"隋書高祖紀："高祖甚懼，深自～匿。"❹〔晦氣〕運氣不好，倒霉（後起義）。宋張鎡園步雜興詩："從此五行無晦氣，一聞成就萬篇詩。"水滸傳四二回："宋江道：'却不又是晦氣，這遭必被擒捉。'"

［備考］霧。爾雅釋天："霧謂之晦。"

晚 wǎn 無遠切，上，阮韻，微。元部。

❶日暮，傍晚。説文："晚，莫也。"段玉裁注："莫者，日且冥也。"韓非子外儲説左上："然至日～必歸饟者，塵飯塗羹，可以戲而不可食也。"漢書天文志："其伏見蚤～，邪正存亡，虛實闊陿。"世説新語政事："從師家受書還，不覺日～。"引申指夜晚。北周庾信對燭賦："～星没，芳無歇，還持照夜遊，詎滅西園月。"❷後，遲，比規定或適當的時間靠後。老子第四十一章："大器～成，大音希聲。"荀子法行："刑已至而呼天，不亦～乎？"引申爲事物的最後一段時間。史記孔子世家："孔子～而喜易。"此指晚年。淮南子本經："～世之時，帝有桀紂。"此指末世。

八　畫

普 pǔ 滂古切，上，姥韻，滂。魚部。

普遍，全面。易乾："見龍在田，德施～也。"孟子萬章上："～天之下，莫非王土。"又指廣大。墨子尚賢中："聖人之德，若天之高，若地之～。"

［備考］日無色。説文："普，日無色也。"

［同源字］普，溥，旁。孟子萬章下："普天之下。"趙岐注："普，遍也。"漢書揚雄傳下："地普而深。"顔師古注："普，遍也。"説文："溥，大也。"詩大雅召旻："溥斯害矣。"鄭箋："溥猶徧也。"説文："旁，溥也。"史記五帝本紀："旁羅日月星辰。"張守節正義："旁羅，猶徧布也。"普、溥同音，普與旁，滂並旁紐，魚陽對轉。在普遍、廣大的意義上，普、溥、旁三字同源。

晳 xī 先擊切，入，錫韻，心。錫部。

❶同"皙"。人膚色白。詩鄘風君子偕老："揚且之～也。"毛傳："晳，白晳。"論衡死僞："湯～以長，頤而髯。"也泛指白色。左傳定公九年："有先登者，臣從之，～幘而衣貍製。"❷同"晣"。清楚，明白。論衡刺孟："操見於衆，昭～議論。"南朝梁劉勰文心雕龍正緯："孝論昭～，而鉤讖葳蕤。"❸［晳晳］明亮貌。唐楊炯庭菊賦："其在夕也，言庭燎之晳晳。"唐徐敞白露爲霜詩："馴星初晳晳，葭菼復蒼蒼。"

［辨］晳，皙。見"皙"字條。

按，説文無晳字。

晼 wǎn 於阮切，音婉，上，阮韻，影。元部。

［晼晚］叠韻聯緜字。日偏西，將暮。楚辭戰國宋玉九辯："白日晼晚其將入兮，明月銷鑠而減毁。"又比喻人年老，遲暮。文選晉陸機嘆逝賦："時飄忽其不再，老晼晚其將及。"劉良注："晼晚，日暮也，比人年老也。"［晼晼］日暮。魏明帝燕歌行："白日晼晚忽西傾，霜露慘悽塗階庭。"

按，説文無晼字。

晾 liàng 字彙補里樣切。

後起字。把東西放在陰凉通風處使乾燥，或者放在太陽下曬。元石君寶秋胡戲妻三："脱下我這衣服來，我試～一～咱。"明谷子敬城南柳一："似這等風吹日～，雪壓霜欺。"

晬 zuì 子對切，去，隊韻，精。物部。

❶滿一周期。靈樞經壽夭剛柔："每漬必～其日，乃出乾。"❷嬰兒出生一周歲。唐韓愈中大夫陝府左司馬李公墓誌銘："岌爲蜀州晉原尉，生公，未～以卒。"［晬日］嬰兒周歲。唐顔真卿茅山玄靖先生廣陵李君碑銘："先生孩提則有殊異，晬日獨取孝經如捧讀焉。"❸［晬時］周時，整天。靈樞經上膈："下膈者，食晬時乃出。"北魏賈思勰齊民要術煮膠："經宿晬時，勿令絶火。"

按，説文無晬字，新附有之。

晴 qíng 疾盈切，平，清韻，從。耕部。

雨停天清無雲。文選晉潘岳閑居賦："微雨新～，六合清朗。"抱朴子外篇廣譬："翠蓋不設於～朗，朱輪不施於涉川。"

［同源字］①晶，星（曐），晴（姓、精、暒）。説文："晶，精光也。"徐灝曰："晶即星之象形文。"朱駿聲曰："精光者，姓光也。姓光者，星光也。"説文："曐，萬物之精，上爲列星。星，曐或省。"説文："姓，雨而夜除，星見也。"徐鉉曰："今俗作晴。"徐鍇曰："此即今日作晴日。"段玉裁曰："衛風：'靈雨既零，命彼倌人，星言夙駕。'韓詩曰：'星者，精也。'按，精者，今晴字。史記：'天精而見景星。'漢書作'天暒'。孟康曰：'暒者，精明也。'漢書亦作精。韋昭曰：'精者，清朗也。'郭璞注三蒼云：'暒者，雨止無雲也。'古姓、暒、精皆今之晴，而詩作星。韓非子曰：'荆伐陳，吴救之，軍間三十里，雨十日，夜星。'夜星即夜晴也。雨夜止，星見，謂之姓。姓星叠韻。引申爲晝晴之稱。故其字又作暒。"徐灝曰："晝晴曰啓，夜晴曰姓，今通謂之晴。"數字皆爲耕部，又皆爲精組旁紐，故得同源。

②精，清，晴。見"精"字條。

按，説文晴作姓，在夕部。

景 1. jǐng 居影切，上，梗韻，見。陽部。

❶日光。後漢書班固傳："嶽脩貢兮川效

珍,吐金～兮歊浮雲。”文選南朝梁江淹別賦:“日出天而耀～,露下地而騰文。”又指一般的光明。荀子解蔽:“故濁明外～,清明內～。”㊁景物,景色。漢書梅福傳:“陰盛陽微,金鐵爲飛,此何～也!”南朝宋鮑照舞鶴賦:“雰昏夜歇,～物澄廓。”㊂仰慕。後漢書劉愷傳:“今愷～仰前修,有伯夷之節。”李賢注:“景,猶慕也。”南朝齊王融求自試表:“竊～前修,敢蹈輕節。”㊃大。詩周頌潛:“以享以祀,以介～福。”隋書煬帝紀上:“朕嗣膺～業,傍求雅訓。”又爲祥瑞。淮南子天文:“虎嘯而谷風生,龍舉而～雲屬。”宋書符瑞志下:“休珍雜沓,～瑞畢臻。”

[備考]出門禦塵的外衣。儀禮士昏禮:“婦乘以几,姆加～,乃驅。”鄭玄注:“景之制,蓋如明衣,加之以爲行道禦塵,令衣鮮明也。”

2. yǐng 集韻於境切,上,梗韻,影。陽部。

㊄影子。周禮地官大司徒:“以土圭之法測土深,正日～。”淮南子原道:“經霜雪而無迹,照日光而無～。”這個意義漢張平子碑始加彡作影。

[同源字]景,鑑,鏡,監。見“鏡”字條。

睬 mào。

〔睬睬〕求知貌。淮南子俶真:“而知乃始昧昧睬睬,皆欲離其童蒙之心,而覺視於天地之間。”高誘注:“睬睬,欲所知之貌也。”

按,舊字書無此字。王念孫以睬爲楙字之誤,字彙補據明俗刻本音睬爲林,繆。

晰 xī 集韻先的切,入,錫韻,心。錫部。

明白,清楚。後漢書張衡傳:“死生錯而不齊兮,雖司命其不～。”南朝梁劉勰文心雕龍明詩:“驅辭逐貌,唯取昭～之能。”引申爲辨明,分析。明徐宏祖徐霞客遊記滇游日記四:“余散步村北,遥～此塢東北自牧養北梁王山西支分界。”醫宗金鑒內治雜證法:“若夫損傷雜證論中不及備載者,俱分門～類,詳列於後。”〔晰晰〕明晰光亮貌。唐權德輿祇役江西路上以詩代書寄內:“晰晰窺曉星,塗塗踐朝露。”

按,說文無晰字。

晻 1. àn 集韻烏紺切,去,勘韻,影。談部。

㊀天色昏暗。說文:“晻,不明也。”漢書五行志下之下:“大風起,天無雲,日光～。”顏師古注:“晻與闇同。”又用於抽象意義,指世道或人的昏暗。荀子不苟:“是姦人將以盜名於～世者也。”漢書元帝紀:“今朕～于王道,夙夜憂勞,不通其理。”〔晻哼〕昏暗貌。文選晉左思吳都賦:“宵露霮䨴,旭日晻哼。”

2. ǎn 烏感切,上,感韻,影。談部。

㊁〔晻濭〕〔晻藹〕雙聲聯緜字。①雲氣陰暗貌。漢書禮樂志郊祀歌:“露夜零,晝晻濭。”楚辭戰國屈原離騷:“揚雲霓之晻藹兮,鳴玉鸞之啾啾。”②盛貌。文選三國魏曹植王仲宣誄:“榮曜當世,芳風晻藹。”吕延濟注:“晻藹,盛貌。”

3. yǎn 衣儉切,上,琰韻,影。談部。

㊂〔晻晻〕日無光。楚辭漢劉向九歎惜賢:“孰契契而委棟兮,日晻晻而下頹。”漢班彪北征賦:“日晻晻其將暮兮,覩牛羊之下來。”

[備考]陰雨。吕氏春秋務本引詩:“有～淒淒,興雲祁祁。”高誘注:“晻,陰雨也。”今本詩小雅大田作“渰”,毛傳:“雲興貌。”

[同源字]晻,暗,闇,陪。見“闇”字條。

晫 zhuó 竹角切,入,覺韻,知。藥部。

明盛。廣雅釋詁四:“晫,明也。”玉篇:“晫,明盛皃。”詩大雅雲漢“倬彼雲漢”,韓奕“有倬其道”,釋文:“倬,韓詩作晫。”

按,說文無晫字。

晶 jīng 子盈切,平,清韻,精。耕部。

㊀明亮,光亮。說文:“晶,精光也。”唐杜甫前苦寒行二:“楚人四時皆麻衣,楚天萬里無～輝。”唐岑參至大梁却寄匡城主人:“四郊陰氣閉,萬里無～光。”㊁晴朗。唐宋之問明河篇:“八月涼風天氣～,萬里無雲河漢明。”

［備考］太陽。北周衛元嵩元包明夷："～冥炎潛，冏映晛苦。"李江注："晶，日也。"

［同源字］晶，星，晴。見"晴"字條。

按，説文晶字在晶部。

晷 guǐ 居洧切，音軌，上，旨韻，見。幽部。

❶日影。説文："晷，日景也。"文選漢張衡西京賦："白日未及移其～。"引申指光陰、時間。文選晉潘尼贈陸機詩："寸～惟寶，豈無璵璠。"❷指日晷，測日影以定時刻的儀器。漢書律曆志上："乃定東西，立～儀，下漏刻。"晉書魯勝傳："以冬至之後，立～測影，準度日月星。"❸通"軌"。軌道。漢書叙傳下："應天順民，五星同～。"

晲 nǐ 研啟切，上，薺韻，疑。支部。

日過午西偏。明劉侗帝京景物略功德寺："每日西～，山東陰，肩鍤者，鍤掛畚者，仰笠者，野歌而歸。"〔曬晲〕，見"曬"字條。

［同源字］晲，睨，倪。晲爲日斜偏西，倪亦爲日西斜。吕氏春秋序意："以日倪而西望知之。"睨爲斜視。禮記中庸："睨而視之。"晲、睨、倪均爲疑母支部，三字同源。

按，説文無晲字。

暀 wàng 于放切，音旺，去，漾韻，喻三。陽部。

同"旺"。光美。説文："暀，光美也。"〔暀暀〕美盛貌。爾雅釋詁上："暀暀，皇皇…美也。"

智 zhì 知義切，去，寘韻，知。支部。

❶聰明，智慧。老子第十九章："絶聖棄～，民利百倍。"吕氏春秋貴公："人之少也愚，其長也～，故～而用私，不如愚而用公。"又指有智慧的人。戰國策燕策三："仁不輕絶，～不輕怨。"❷通"知"。知道。墨子耕柱："豈能～數百歲之後哉！"

［同源字］知，智。見"知"字條。

按，説文智字在㿝(zì)部。

九　畫

暋 1. mǐn 眉殞切，音敏，上，軫韻，明。真部。

❶努力，勉力。書盤庚上"不昏作勞"，孔疏："鄭玄讀昏爲暋，訓爲勉也。"宋書何尚之傳："遂使歲月增貴，貧室日虚，～作肆力之氓，徒勤不足以供贍。"❷强悍。爾雅釋詁上："暋，强也。"書康誥："凡民自得罪，寇攘姦宄，殺越人于貨，暋不畏死，罔弗憝。"僞孔傳："暋，强也。"

2. mín 集韻眉貧切，平，真韻，明。真部。

❸煩悶。莊子外物："心若縣於天地之間，慰～沈屯。"釋文："暋，悶也。"

按，説文支部有敃，云："彊也。"另有暋字，云："冒也。"玉篇、廣韻以暋爲敃之重文。

暄 xuān 況袁切，平，元韻，曉。元部。

温暖。素問五運行大論："在藏爲肝，其性爲～。"南齊書東夷傳："四時～暖，無霜雪。"

按，説文無暄字。

暗 àn 烏紺切，去，勘韻，影。侵部。

❶光不足，昏暗。説文："暗，日無光也。"吕氏春秋精論："桓公雖不言，若～夜而燎燭。"韓非子解志："以爲～乎，其光昭昭。"〔暗曖〕雙聲聯緜字。昏暗不明貌。文選漢張衡思玄賦："繽連翩兮紛暗曖，儵眩眃兮反常閭。"❷昏亂，愚昧。荀子天論："上～而政險，則是雖無一至者，無益也。"吕氏春秋勿躬："衰、～、倦，三者非君道也。"❸遮蔽，隱蔽。劉孝威妾薄命："嚴霜封碣石，驚沙～井陘。"唐白居易琵琶行："尋聲～問彈者誰？"〔暗暗〕①幽隱。漢書揚雄傳甘泉賦："帷弸彋其拂汨兮，稍暗暗而靚深。"②暗中，私下。金董解元西廂記諸宮調四："似恁淒凉何時是了，心頭暗暗疑猜。"❹〔暗藹〕雙聲聯緜字。①衆盛貌。文選漢揚雄甘泉賦："繽暗藹兮降清壇，瑞穰穰兮委如山。"李善注："暗藹，衆盛貌也。"②遥遠貌。文選漢張衡思玄賦："據開陽而頫眡兮，臨舊鄉之暗藹。"

［同源字］暗，闇，晻，陪。見"闇"字條。

暈 yùn 王問切，去，問韻，喻三。文部。

❶日月周圍的光圈。韓非子備内："故日月～圍於外，其賊在内。"吕氏春秋明理："其日有鬬蝕，有倍僪，有～珥。"高誘注："倍僪暈珥，皆日旁之危氣也。"引申爲光影、色澤四周模糊的部分。唐韓愈宿龍宫灘詩："夢覺燈生～，殘宵雨送涼。"宋蘇軾墨花詩："花心起墨～，春色散毫端。"❷眩暈，眼花（後起義）。唐姚合閑居詩："頭風春飲苦，眼～夜書多。"唐陸龜蒙奉酬襲美先輩吴中苦雨一百韻："看花雖眼～，見酒忘肺渴。"

按，説文無暈字，新附有之，云："日月氣也。"

暉 huī 許歸切，平，微韻，曉。微部。

❶光，日光。説文："暉，光也。"易未濟："君子之光，其～吉也。"漢揚雄太玄差："其亡其亡，將至于～光。"唐韓愈宿神龜招李二十八馮十七："荒山野水照斜～。"❷明，昌明。莊子天下："不侈於後世，不靡於萬物，不～於數度。"北魏楊衒之洛陽伽藍記宣忠寺："及北海敗散，國道重～。"

［辨］輝，煇，暉。見"輝"字條。

暆 yí 弋支切，音移，平，支韻，喻四。歌部。

❶日徐行貌。説文："暆，日行暆暆也。"史記屈原賈生列傳："庚子日施兮，服集予舍。"段玉裁曰："施即説文暆字也，暆暆，迤邐徐行之意。"又指日西斜。明楊慎藝林伐山日斜曰暆："越絶漁父歌：'日昭昭，浸以～。'日斜也。"❷〔東暆〕漢代縣名，見漢書地理志下。

暑 shǔ 舒吕切，上，語韻，審三。魚部。

炎熱，也指炎熱的夏季。説文："暑，熱也。"易繫辭上："日月運行，一寒一～。"文選漢張衡西京賦："日北至而含凍，此焉清～。"淮南子人間："民春以力耕，～以强耘，秋以收斂，冬間無事以伐林而積之。"

［辨］暑，熱。見"熱"字條。

暕 jiǎn 古限切，音簡，上，産韻，見。

明亮。見玉篇。又爲連續陰雨後忽晴見日。見廣韻。

按，説文無暕字。

暎 yìng 於敬切，去，映韻，影。

同"映"。❶照，映照。西京雜記二："衡乃穿壁引其光，以書～光讀之。"三國魏曹植大暑賦："～扶桑之高熾，燎九日之重光。"❷影，光影。文選三國魏王粲七哀詩二："山崗有餘～，巖阿增重陰。"

按，説文無暎字。

暖 nuǎn 乃管切，上，緩韻，泥。元部。

同"暖"。温暖。文選漢班固答賓戲："孔席不～，墨突不黔。"李善注引韋昭曰："暖，温也。"宋陸游局中春興詩："微～已迎新到燕，輕陰猶護欲殘花。"

按，説文無暖字。

暇 1. xiá（舊讀 xià）胡駕切，去，禡韻，匣。魚部。

❶空閒，閒暇。説文："暇，閒也。"詩小雅何草不黄："哀我征夫，朝夕不～。"唐韓愈與祠部陸員外書："以其耕之～，讀書而爲文。"又指閒散，不作事。書酒誥："成王畏相，惟御事厥棐有恭，不敢自～自逸。"僞孔傳："不敢自寬～自逸豫。"又指悠閑，從容。世説新語任誕："謝便起舞，神意甚～。"

2. jiǎ 音假。魚部。

❷贊美壯大之物。方言一："秦晉之間，凡物之壯大者而愛偉之謂之夏，周鄭之間謂之～。"郭璞注："音賈。"❸通"假"。借。文選三國魏王粲登樓賦："登兹樓以四望兮，聊～日以銷憂。"李善注："暇或爲假。"

暐 wěi 于鬼切，上，尾韻，喻三。

光盛。南朝梁江淹蕭被尚書敦勸重讓表："不謂過延渥洽，謬攀河漢，榮宗葍茲，寵華～映。"〔暐暐〕光彩貌。三國魏曹植車渠椀賦："豐玄素之暐暐，帶朱榮之葳蕤。"〔暐暐〕雙聲聯緜字。光彩貌。文選晉左思吳都賦："崇臨海之崔嵬，飾赤烏之暐曄。"唐張鷟游仙窟："羅綺繽紛，丹青暐曄。"

按，說文無暐字。

暌 kuí 玉篇去圭切。

❶背離，分離。南朝梁劉勰文心雕龍雜文："或文麗而義～，或理粹而辭駁。"南朝宋鮑照採蓮歌三："～闊逢暄新，悽怨值妍華。"宋蘇軾續歐陽子朋黨論："疎者易間，而親者難～也。"❷〔暌暌〕通"睽睽"。衆目注視貌。宋司馬光上謹習疏："是以在上者惴惴焉畏其下，在下者暌暌焉伺其上。"

按，說文無暌字。

㬈 wēn 集韻烏昆切，平，魂韻，影。文部。

日出而温。見集韻。〔㬈㬈〕和暖。易緯乾鑿度上："燭龍行東時肅清，行西時㬈㬈。"〔曛㬈〕，見"曛"字條。

按，說文無㬈字。

暘 yáng 與章切，平，陽韻，喻四。陽部。

❶日出。說文："暘，日出也。"〔暘谷〕日出之處。書堯典："分命羲仲，宅嵎夷，曰暘谷，寅賓出日。"淮南子天文："日出于暘谷，浴于咸池。"又指出太陽的晴天。書洪範："曰雨、曰～、曰燠、曰寒。"僞孔傳："雨以潤物，～以乾物。"論衡寒温："雨，旦～反寒；～，旦雨反温。"又指太陽。宋蔡襄自漁梁驛至衢州大雪有懷："薄吹消春凍，新～破曉晴。"❷明亮。南朝梁江淹丹砂可學賦："故從師而問道，冀幽路之或～。"

㬊 huǎn 胡管切，上，緩韻，匣。

❶明。見玉篇。❷姓。晉有西中郎將㬊清。

按，說文無㬊字。

暖 1. nuǎn 乃管切，上，緩韻，泥。元部。

❶温暖。墨子節用中："冬服紺緅之衣，輕且～。"吕氏春秋季秋："行春令，則～風來至，民氣解墮，師旅必興。"唐韓愈苦寒詩："侵鑪不覺～，熾炭屢已添。"

2. xuān 集韻許元切，平，元韻，曉。元部。

❷〔暖姝〕自許貌。莊子徐无鬼："所謂暖姝者，學一先生之言，則暖暖姝姝而私自說也，自以爲足矣。"成玄英疏："暖姝，自許之貌也。"

按，說文無暖字。

暒 qíng 集韻慈盈切，平，清韻，從。耕部。

同"晴"。雨止，無雲。漢書天文志："天～而見景星。"

按，說文無暒字。

暍 yè 於歇切，入，月韻，影。月部。

❶中暑。說文："暍，傷暑也。"荀子富國："使民夏不宛～，冬不凍寒。"淮南子人間："武王蔭～人於樾下，左擁而右扇之，而天下懷其德。"漢書武帝紀："夏，大旱，民多～死。"顔師古注："中熱而死也。"❷暑熱，熱。唐語林補遺代宗："時屬炎～，熱病有加。"〔暍暍〕熱盛。素問刺瘧："足太陽之瘧，…先寒後熱，熇熇暍暍然。"王冰注："暍暍，熱盛也。"❸變色。北魏賈思勰齊民要術雜說："日曝書，令書色～。"

暥 huàn 集韻呼玩切，去，换韻，曉。元部。

❶光明貌。漢司隸校尉魯峻碑："永傳啻(億)齡，～矣昀昀。"❷〔璽暥〕古國名。山海經海内東經："璽暥在昆侖虚東南。"

按，說文無暥字。

十　畫

暨 jì 其冀切，去，至韻，羣。物部。

❶與，同。書堯典："帝曰：'咨汝羲～和。'"❷至，到。莊子列禦寇："列子提屨，跣而走，～乎門。"南朝梁劉勰文心雕龍明詩："自商～周，雅頌圓備。"❸〔暨暨〕果敢剛毅

貌。禮記玉藻:“戎容暨暨,言容詻詻。”鄭玄注:“暨暨,果毅貌。”

[備考]太陽初出。説文:“暨,日頗見也。”段玉裁云:“日頗見者,見而不全也。”王筠云:“頗見者,略見也。”

按,説文暨字在旦部。

暠 1. gǎo 古老切,音槀,上,晧韻,見。

❶〔暠暠〕明亮貌。南朝梁江淹待罪江南思北歸賦:“上暠暠以臨月,下淫淫而愁雨。”

2. hào 集韻下老切,上,晧韻,匣。宵部。

❷白,潔白。漢書司馬相如傳大人賦:“~然白首戴勝而穴處兮,亦幸有三足烏爲之使。”文選晉潘岳懷舊賦:“晨風淒以激冷,夕雪~以掩路。”

按,説文無暠字。

暝 1. míng 莫經切,平,青韻,明。耕部。

❶昏暗。漢書五行志下之上:“至成公十六年六月甲午晦,正晝皆~。”宋歐陽修醉翁亭記:“若夫日出而林霏開,雲歸而岩穴~。”〔暝曚〕雙聲聯緜字。幽暗不明貌。宋毛滂夜行船詞:“明日煙江□暝曚,扁舟繫,一行蝳蝀。”

2. míng (舊讀 mìng)莫定切,去,徑韻,明。耕部。

❷天黑,日暮。古詩爲焦仲卿妻作:“晻晻日欲~,愁思出門啼。”南朝宋謝靈運石壁精舍還湖中作:“林壑斂~色,雲霞收夕霏。”❸〔暝暝〕寂寞貌。南朝劉孝綽春宵詩:“誰能對雙燕,暝暝守空牀。”

按,説文無暝字。

晉 jìn 音晉。真部。

春秋國名,即晉國。吕氏春秋悔過:“使其三臣丙也,術也,視也,於東邊候~之道。”高誘注:“晉,晉國也。”南朝宋謝靈運述祖德詩之一:“弦高犒~師,仲連却秦軍。”

按,説文無晉字。

暢 chàng 丑亮切,去,漾韻,徹。陽部。

❶通暢,通達。易坤:“美在其中,而~於四支。”韓非子説林上:“登臺四望,三面皆~。”引申爲舒展。淮南子人間:“故交晝不~,連環不解。”又引申爲心情舒暢。莊子則陽:“舊國舊都,望之~然。”釋文:“暢然,喜悦貌。”晉書劉輿傳:“皆人人歡~,莫不悦附。”❷旺盛。孟子滕文公上:“草木~茂,禽獸繁殖。”論衡道虚:“案草木之生,動摇者傷而不~。”❸長。詩秦風小戎:“文茵~轂,駕我騏馵。”毛傳:“暢轂,長轂也。”朱熹集傳:“暢,長也。”❹盡情。晉王羲之蘭亭集序:“雖無絲竹管絃之盛,一觴一詠,亦足以~叙幽情。”❺很,甚(晚起義)。金董解元西厢記諸宫調四:“青衫忒離俗,裁得~可體。”

[備考]㊀通“鬯”。香草,多用于祭祀。大戴禮記夏小正:“初歲祭耒,始用~也。”論衡恢國:“成王之時,越裳獻雉,倭人貢~。”㊁通“觴”。斟酒自飲。史記刺客列傳:“嚴仲子至門前,數反,然後具酒自~聶政母前。”

按,説文無暢字。

暡 wěng 烏孔切,上,董韻,影。

〔暡曚〕叠韻聯緜字。日光不明貌。元戴良出遊聯句:“宿期凌沆瀣,晨集侵暡曚。”〔暡曖〕雙聲聯緜字。昏暗貌。全唐詩寒山詩四四:“室中雖暡曖,心裏絶喧囂。”

按,説文無暡字。

十一畫

暬 xiè 私列切,音紲,薛韻,心。月部。

同“褻”。親近而不莊重,輕慢。説文:“暬,日狎習相嫚也。”〔暬御〕近侍小臣。詩小雅雨無正:“曾我暬御,憯憯日瘁。”毛傳:“暬御,侍御也。”

暫 zàn 藏濫切,去,闞韻,從。談部。

❶忽然,突然。左傳僖公三十三年:“武夫力而拘諸原,婦人~而免諸國。”杜預注:

"暫,猝也。"史記李將軍列傳:"廣～騰而上胡兒馬。"晉陶潛與子儼等疏:"五六月中北窗下卧,遇凉風～至,自謂是羲皇上人。"㊁一時,短時間。說文:"暫,不久也。"段玉裁注:"今俗云霎時間即此字也。"文選漢張衡西京賦:"～勞永逸,無爲而治。"晉劉琨答盧諶書:"排終身之積慘,求數刻之～歡。"㊂初,剛。論衡禍虚:"始聞～見,皆以爲然;熟考論之,虚妄言也。"

暮 mù 莫故切,去,暮韻,明。鐸部。

"莫"的後起字。傍晚,日落時。國語晉語五:"范文子～退於朝。"莊子齊物論:"狙公賦芧,曰:'朝三而～四。'衆狙皆怒。"荀子儒效:"朝食於戚,～宿於百泉。"引申爲晚,末。吕氏春秋謹聽:"夫自念斯學,德未～。"高誘注:"暮,晚。"素問移精變氣論:"～世之治病也則不然,治不本四時,不知日月,不審逆從。"又指年老。楚辭戰國屈原離騷:"惟草木之零落兮,恐美人之遲～。"

[辨]夕,夜,暮。見"夕"字條。

暴 1. bào 薄報切,去,号韻,並。藥部。

㊀急,猛。詩邶風終風:"終風且～,顧我則笑。"吕氏春秋孟冬:"行夏令,而國多～風,方冬不寒。"引申爲突然。晏子春秋内篇諫上:"景公使圉人養所愛馬,～死。"史記扁鵲倉公列傳:"太子病血氣不時,交錯而不得泄,～發於外,則爲中害。"㊁凶惡。易繫辭上:"上慢下～,盗思伐之矣。"書泰誓上:"沈湎冒色,敢行～虐。"㊂欺凌,輕慢。莊子盗跖:"自是之後,以强凌弱,以衆～寡。"吕氏春秋至忠:"何其～而不敬也。"韓非子八説:"人主輕下曰～。"㊃損害,糟踏。禮記王制:"田不以禮,曰～天物。"孔穎達疏:"若田獵不以其禮,殺傷過多,是暴害天之所生之物。"㊄棄車搏擊。詩小雅小旻:"不敢～虎,不敢馮河。"論語述而:"～虎馮河,死而無悔者,吾不與也。"

2. pù 蒲木切,入,屋韻,並。藥部。

㊅曬。孟子滕文公上:"江漢以濯之,秋陽以～之。"吕氏春秋知接:"戎人見～布者而問之,曰:'何以爲之莽莽也?'"引申爲暴露,顯露。吕氏春秋禁塞:"故～骸骨無量數,爲京丘若山陵。"史記淮陰侯列傳:"～其所長於燕,燕必不敢不聽從。"

3. bó 集韻北角切,入,覺韻,幫。藥部。

㊆器物鼓起,不牢固。周禮考工記旊人:"凡陶旊之事,髻墾薜～不入市。"鄭玄注:"暴,墳起不堅致也。"

[同源字]①暴,瀑。說文:"瀑,疾雨也。"暴亦爲疾。且二字同音。故得同源。

②曝,暴。見"曝"字條。

按,說文暴分爲㬥、暴二字,薄報切作㬥,在夲部;蒲木切作暴,在日部。

暵 hàn 呼旰切,去,翰韻,曉。元部。

乾旱。說文:"暵,乾也,耕暴田曰暵。"周禮春官女巫:"旱～則舞雩。"也特指翻晒田地。北魏賈思勰齊民要術大小麥:"大小麥皆須五月六月～地。"

[備考]枯萎。詩王風中谷有蓷:"中谷有蓷,～其乾矣。"毛傳:"暵,菸皃。"朱傳:"暵,燥也。"

[同源字]熯,暵,乾,蔫,旱。見"熯"字條。

暱 nì 尼質切,入,質韻,泥。質部。

親近。左傳隱公元年:"不義不～,厚將崩。"又襄公二年:"若背之,是棄力與言,其誰～我?"又指親近的人。國語晉語六:"怠教而重斂,大其私～。"韋昭注:"私暱,謂嬖臣。"

[備考]日近。說文:"暱,日近也。"

曃 dài 他代切,去,代韻,透。質部。

〔曖曃〕叠韻聯緜字。見"曖"字條。

按,說文無曃字。

暹 xiān 息廉切,平,鹽韻,心。

太陽升起。宋王安石和平甫舟中望九華山詩:"卧送秋月没,起看朝日～。"宋徽宗復以前韻又賜太師:"共欣奠玉烟初達,争奉回鷟日已～。”

按，説文無暹字。

十二畫

曄 yè 筠輒切，入，葉韻，喻三。葉部。

❶光輝燦爛貌。説文：“曄，光也。”楚辭戰國屈原遠游：“恐天時之代序兮，耀靈～而西征。”朱熹注：“曄，閃光貌。”文選漢張衡思玄賦：“豐隆軯其震霆兮，列缺～其照夜。”唐韓愈答李翊書：“膏之沃者其光～。”❷美盛貌。文選戰國宋玉神女賦序：“須臾之間，美貌横生，～兮如華，温乎如瑩。”李善注：“曄，盛貌。”後漢書馮衍傳下：“華芳～其發越兮，時恍惚而莫貴。”

曆 lì 郎擊切，入，錫韻，來。錫部。

厤、歷的後起字。❶歷法。左傳哀公十二年：“今火猶西流，司～過也。”漢書律曆志下：“～數之起上矣。”也指制定歷法的人或歷書。莊子齊物論：“自此以往，巧～不能得，而況其凡乎！”❷數。管子海王：“吾子食鹽二升少半，此其大～也。”尹知章注：“曆，數。”也指年數、壽數。漢書諸侯王表序：“周過其～，秦不及期。”南朝宋鮑照過銅山掘黄精：“寶餌緩童年，命藥駐衰～。”

按，説文無曆字，新附有之，云：“曆，厤象也。”

𣈆 jìn 即刃切，去，震韻，精。真部。

“晉”的本字，見説文。

瞳 tóng 徒紅切，平，東韻，定。

〔瞳瞳〕①日出漸明貌。唐盧綸臘日觀咸寧王部曲娑勒擒豹歌：“山頭瞳瞳日將出，山下獵圍照初日。”②明亮貌。唐張籍相和歌辭董逃行：“洛陽城頭火瞳瞳，亂兵燒我天子宫。”〔瞳曚〕叠韻聯緜字。日初出漸明貌。宋梅堯臣曆陽過杜挺之詩：“汀沙沮洳潮新落，山日瞳曚霧始開。”〔瞳曨〕叠韻聯緜字。日初出漸明貌。唐權德輿奉和韋曲莊言懷貽東曲外族諸弟：“騶馭出國門，晨曦正瞳曨。”也指文思漸明。文選晉陸機文賦：“情瞳曨而彌鮮，物昭晰而互進。”

按，説文無瞳字，新附有之，云：“瞳，瞳曨，日欲明也。”

暾 tūn 他昆切，平，魂韻，透。文部。

❶日初升貌，因而代指初升的太陽。楚辭戰國屈原九歌東君：“～將出兮東方，照吾檻兮扶桑。”王逸注：“謂日始出東方，其容暾暾而盛大也。”南朝梁沈約南郊登歌二：“～既明，禮告成。”❷〔暾暾〕明亮熾盛貌。楚辭漢劉向九嘆遠遊：“日暾暾其西舍兮，陽焱焱而復顧。”宋叶適中大夫趙公墓誌銘：“富矣啟霞，金碧暾暾，四獸維之，中可一棺。”❸漸出貌。文選晉潘岳射雉賦：“～出苗以入場，愈情駭而神悚。”吕向注：“暾，漸出貌。言（雉）漸出草苗以入射場。”

按，説文無暾字。

曇 tán 徒含切，平，覃韻，定。

❶雲氣密布，也指密布的雲氣。元曾瑞卿駡玉郎漁父：“暮雲～，曉山嵐，六合爲我一茅庵。”明楊慎雨後見月詩：“雨氣斂青靄，月華揚彩～。”〔曇曇〕烏雲密布貌。三國魏陳琳柳賦：“蔚曇曇其杳藹，象翠蓋之葳蕤。”晉陸雲愁霖賦：“雲曇曇而叠結兮，雨淫淫而未散。”❷佛經譯音字。

按，説文無曇字，新附有之，云：“曇，雲布也。”

曀 yì 於計切，去，霽韻，影。質部。

❶天陰有風，天陰沉。説文：“曀，陰而風也。”詩邶風終風：“終風且～。”毛傳：“陰而風曰曀。”楚辭漢劉向九歎惜賢：“欲俟時於須臾兮，日陰～其將暮。”引申爲一般的昏暗不明。晉書禮志上：“時無明后，道～不行。”〔曀曀〕陰沉昏暗貌。詩邶風終風：“曀曀其陰，虺虺其靁。”朱熹集傳：“曀曀，陰貌。”南朝宋鮑照學劉公幹體詩之二：“曀曀寒野霧，蒼

蒼陰山柏。”㊁遮蔽。宋史五行志五：“端拱二年，京師暴風起東北，塵沙～日。”

［同源字］曀，壇，翳。此三字都有因遮蔽而陰暗之意。釋名釋天：“曀，翳也，言雲氣掩翳日光使不明也。”説文：“壇，天陰塵也，詩曰：‘壇壇其陰。’”今本作曀。方言一三：“翳，掩也。”廣雅釋詁二：“翳，蔽也。”楚辭離騷“百神翳其備降兮”，王逸注：“翳，蔽也。”且三字同音，故得同源。

曉 xiǎo 馨皛切，上，篠韻，曉。宵部。

㊀天明。説文：“曉，明也。”段玉裁注：“此亦謂旦也，俗云‘天曉’是也。”後漢書馬援傳：“～夕號泣，婉轉塵中。”世説新語文學：“真長延之上坐，清言彌日，因留宿至～。”引申爲一般的明亮。莊子天地：“冥冥之中，獨見～焉。”㊁知道，明瞭。荀子王制：“百姓～然皆知夫爲善於家而取賞於朝也。”漢司馬遷報任安書：“明主不深～，以爲僕沮貳師，而爲李陵游説。”論衡變虚：“人不～天所爲，天安能知人所行？”引申爲通曉，精通。漢書尹翁歸傳：“～習文法，喜擊劍，人莫能當。”又引申爲告知。漢書元后傳：“未～大將軍。”

曏 xiàng 許亮切，去，漾韻，曉。陽部。

㊀從前，以往。説文：“曏，不久也。”儀禮士相見禮：“～者，吾子辱使某見，請還摯於將命者。”鄭玄注：“曏，曩也。”吕氏春秋觀表：“～者，右宰穀臣之觴吾子也甚歡。”㊁面對，朝着。儀禮鄉射禮“主人以觶適西階上酬大夫”，賈公彦疏：“其既實觶進西南面立，～所酬。”

［備考］明。莊子秋水：“證～今故，故遥而不悶，掇而不跂。”郭象注：“曏，明也。”釋文：“崔云：‘往也。’”

十 三 畫

曙 shǔ 常恕切，去，御韻，禪。魚部。

㊀曉，天明。楚辭戰國屈原九章悲回風：“涕泣交而淒淒兮，思不眠以至～。”梁簡文帝守東平中華門開詩：“薄雲初啟雨，～色始成霞。”㊁〔一曙〕一旦。形容時間短。吕氏春秋重己：“一曙失之，終身不復得。”

按，説文無曙字，新附有之，云：“曙，曉也。”

曖 ài 烏代切，去，代韻，影。物部。

昏暗不明。文選漢張衡思玄賦：“繽連翩兮紛暗～，儵眩眃兮反常閭。”南朝梁沈約夜夜曲：“孤鐙～不明，寒機曉猶織。”引申爲遮蔽。後漢書周燮傳贊：“韜伏明姿，甘是堙～。”李賢注：“曖，翳也。”〔曖曖〕昏暗不明貌。楚辭戰國屈原離騷：“時曖曖其將罷兮，結幽蘭而延佇。”〔曖曃〕叠韻聯緜字。昏暗不明貌。楚辭戰國屈原遠遊：“時曖曃其曭莽兮，召玄武而奔屬。”

［備考］温暖。文選南朝齊王儉褚淵碑文：“～有餘暉，遥然留想。”李善注：“曖，温貌。”

按，説文無曖字。

曬 1. shài。

㊀俗“曬”字，晾曬。晉嵇含南方草木狀甘藷：“秋熟收之，蒸～切如米粒，倉圖貯之。”唐王建簇蠶辭：“場寬地高風且多，不向中庭～蒿草。”

2. shà。

㊀甚，很。敦煌變文集維摩詰經講經文：“習種性根～浮淺。”㊁雖然。金董解元西厢記諸宫調卷三：“這書房裏往日～曾來，不曾見這般物事。”

十 四 畫

曜 yào 弋照切，去，笑韻，喻四。藥部。

㊀日光。詩檜風羔裘：“羔裘如膏，日出有～。”引申爲一般的光亮、光芒。文選漢張衡西京賦：“飾華榱與璧璫，流景～之韡曄。”薛綜注：“曜，光也。”㊁照耀。漢書中山靖王

傳:"明月～夜,蟊蝱宵見。"劉楨贈五官中郎將詩:"明鐙～閨中。"❸炫耀,顯示。國語吳語:"若無越,則吾何以春秋～吾軍士?"漢揚雄太玄賦:"伯姬～名,焚厥身兮。"❹泛指日月星辰。素問天元紀大論:"九星懸朗,七～周旋。"宋書律曆志下:"冲之曰:'臣以爲辰極居中,而列～貞觀。'"

［同源字］照,昭,燿,耀,曜。見"照"字條。

按,説文無曜字。

㬭 duì 集韻徒對切,去,隊韻,定。物部。

茂盛貌。文選戰國宋玉高唐賦:"其始出也,～兮若松榯。"李善注:"㬭,茂貌。"

按,説文無㬭字。

曚 méng 莫孔切,集韻謨蓬切,平,東韻,明。

［曚昧］雙聲聯緜字。模糊不分貌。晉書紀瞻傳:"太極者,蓋謂混沌之時,曚昧未分。"［曚曨］日光不明貌。唐李咸用隴頭吟:"薄日曚曨秋,怨氣陰雲結。"［晻曚］見"晻"字條。

按,説文無曚字。

曛 xūn 許云切,平,文韻,曉。真部。

落日時餘光。文選南朝宋謝靈運晚出西射堂詩:"曉霜楓葉丹,夕～嵐氣陰。"引申爲落日時,黄昏。南朝宋鮑照冬日詩:"～霧蔽窮天,久陰晦寒地。"南朝梁江淹蕭驃騎讓封第三表:"肅奉驚懔,～曉如失。"

［備考］赤黄色。素問六元正紀大論:"少陰所至爲高明,焰爲～。"王冰注:"曛,赤黄色也。"

按,説文無曛字。

十 五 畫

曠 kuàng 苦謗切,去,宕韻,溪。陽部。

❶明亮。説文:"曠,明也。"後漢書竇融傳:"義士則～若發曚。"南朝宋謝靈運富春渚詩:"懷抱既昭～,外物徒龍蠖。"❷廣大,空闊。詩小雅何草不黄:"匪兕匪虎,率彼～野。"楚辭招魂:"幸而得脱,其外～宇些。"王逸注:"曠,大也。"［曠曠］廣大貌。淮南子繆稱:"不言之用者,曠曠乎大哉!"［曠蕩］叠韻聯緜字。空闊無邊貌。文選漢張衡南都賦:"上平衍而曠蕩,下蒙籠而崎嶇。"［曠瀁］叠韻聯緜字。寬闊貌。文選漢馬融長笛賦:"彷徨縱肆,曠瀁敞罔。"❸空着。孟子離婁上:"～安宅而弗居,舍正路而不由。"北魏楊衒之洛陽伽藍記平等寺:"宸極不可以～,神器豈容無主?"❹廢,荒廢。吕氏春秋無義:"以義動,則無～事矣。"高誘注:"曠,廢也。"禮記王制:"無～土,無游民。"❺久歷時日。漢賈誼過秦論:"去就有緒,變化因時,故～日長久而社稷安矣。"抱朴子外篇時難:"高勳之臣,～代而一。"也指地域的遥遠。晉陸機擬涉江采芙蓉詩:"故鄉一何～,山川阻且難。"❻［曠夫］無妻的成年男子。孟子梁惠王下:"當是時也,内無怨女,外無曠夫。"［曠女］無夫的成年女子。抱朴子詰鮑:"内聚曠女,外多鰥男。"

［同源字］曠,廣,荒。三字皆有廣大義。詩唐風蟋蟀毛傳:"荒,大也。"漢書鄒陽傳顔注:"曠,廣也。"且三字同韻,旁紐,故爲同源。

曝 pù 蒲木切,入,屋韻,並。藥部。

同"暴"。晾晒。戰國策燕策二:"蚌方出～,而鷸啄其肉。"東觀漢紀高鳳傳:"妻嘗之田,～麥于庭。"引申爲一般的暴露。孔子家語曲禮子夏問:"送而以寶玉,是猶～尸於中原也。"顔氏家訓書證:"案字書,古者暴曬字與暴疾字相似唯下少異,後人專輒加傍日耳。"

十 六 畫

曨 lóng 盧紅切,平,東韻,來。

［曨曨］天色微明貌。唐張祜車遥遥詩:"東方曨曨車軋軋,地色不分新去轍。"［曨曈］日初明貌。唐白居易和夢得冬日晨興詩:"帳

下從容起，窗間曨聰明。”又〔曈曨〕叠韻聯緜字。見“曈”字條。

按，説文無曨字，新附有之，云：“曈曨也。”

曦 xī 許羈切，平，支韻，曉。

陽光。晉陸雲四言失題詩：“沉～含輝，芳烈如蘭。”也指太陽。北魏酈道元水經注江水二：“自非亭午夜分，不見～月。”

按，説文無曦字。

暥 yàn 於甸切，去，霰韻，影。元部。

晴朗無雲。説文作“䨻”，云：“星無雲也。”〔暥晛〕日出。韓詩外傳四：“詩曰：‘雨雪瀌瀌，暥晛聿消。’”陳喬樅引釋文曰：“暥晛，日出也。”〔暥嘔〕日出而暖。史記封禪書：“至中山，暥嘔，有黄雲蓋焉。”

十七畫

曩 nǎng 奴朗切，上，蕩韻，泥。陽部。

從前，以往。説文：“曩，曏也。”左傳襄公二十四年：“～者，志入而已，今則怯也。”韓非子外儲説左下：“寡人～不知子，今知矣。”

十九畫

曬 shài 所賣切，去，卦韻，審二。支部。

㊀曬物使乾。説文：“曬，暴也。”北魏賈思勰齊民要術收種：“將種前二十許日開出水淘，即～令燥。”世説新語任誕：“七月七日，北阮盛～衣，皆紗羅錦綺。”引申爲日光放射，照耀。漢書中山靖王傳：“白日～光，幽隱皆照。”前蜀韋莊夜雪泛舟游南溪詩：“一灘明月～銀砂。”㊁甚，極。敦煌變文集醜女緣起：“大王夫人歡喜～，因兹特地送資財。”

二十畫

曭 tǎng 他朗切，上，蕩韻，透。陽部。

〔曭莽〕叠韻聯緜字。晦暗矇矓貌。楚辭屈原遠遊：“時曖曃其曭莽兮，召玄武而奔屬。”〔曭朗〕叠韻聯緜字。日光不明貌。南朝梁何遜七召：“地不寒而蕭瑟，日無雲而曭朗。”南朝梁蕭子雲玄圃園講賦：“朝曭朗而戒旦，雲依霏而卷簇。”

按，説文無曭字。

曮 yǎn 魚埯切，上，儼韻，疑。談部。

〔曮晛〕雙聲聯緜字。日行，或日行度次。淮南子要略：“所以使人不妄没於勢利，不誘惑於事態，有符曮晛。”

按，説文無曮字。

曰部

［曰部總論］

曰部字，情况較複雜。一部分來自説文的曰部，“曰”爲出氣詞，一般與説話或虚詞有關，例如：曰，曶，曷，曹。其他字各有不同的來歷，例如：説文曲在曲部，更在攴部，書在聿部等。

曰 yuē 王伐切，入，月韻，喻三。月部。

㊀説。易乾：“子～：‘同聲相應，同氣相求。’”孟子梁惠王下：“國人皆～可殺，然後察之，見可殺焉，然後殺之。”引申爲叫做，稱爲。左傳莊公二十九年：“凡師，有鐘鼓～伐，無～侵，輕～襲。”㊁句首、句中語氣詞。詩小雅采薇：“～歸～歸，歲亦莫止。”又豳風七月：

“嗟我婦子，～爲改歲，入此室處。”

［辨］謂，曰。見“謂”字條。

二　畫

曲 qū 丘玉切，入，燭韻，溪。屋部。

❶彎曲。論語述而：“飯疏食飲水，～肱而枕之，樂亦在其中矣。”荀子勸學：“木直中繩，其～中規。”引申爲理屈。左傳僖公二十八年：“師直爲壯，～爲老。”史記廉頗藺相如列傳：“趙予璧而秦不予趙城，～在秦。”又爲邪曲、不正派。戰國策秦策五：“趙王之臣有韓倉者，以～合於趙王。”高誘注：“曲，邪。”❷深隱，偏僻之處。詩秦風小戎：“在其板屋，亂我心～。”莊子秋水：“～士不可以語於道者，束於教也。”漢司馬遷報任安書：“僕少負不羈之行，長無鄉～之譽。”❸局部，一部分。荀子解蔽：“凡人之患，蔽於一～，而闇於大理。”淮南子繆稱：“察一～者，不可與言化。”亦有遍、盡義。荀子禮論：“～容備物之謂道矣。”吕氏春秋情欲：“血脈壅塞，九竅寥寥，～失其宜。”❹蠶薄。吕氏春秋季春：“具栚～籧筐。”高誘注：“曲，薄也。青徐謂之曲。”説文：“或説，曲，蠶薄也。”❺歌曲，樂曲(此義今讀作 qǔ)。國語周語上：“使公卿至於列士獻詩，瞽獻～，史獻書。”文選戰國宋玉對楚王問：“是其～彌高，其和彌寡。”又專指一種文體，如元曲。

［同源字］曲，句，鉤，枸，軥，笱，朐，痀。見“枸”字條。

按，説文曲字在曲部。

曳 yè 餘制切，去，祭韻，喻四。月部。

❶拉，牽引。左傳襄公十八年：“使乘車者左實右僞，以旆先，輿～柴而從之。”孟子梁惠王上：“棄甲～兵而走，或百步而後止，或五十步而後止。”❷困頓。後漢書馮衍傳：“貧而不衰，賤而不恨，年雖疲～，猶庶幾名賢之風。”李賢注：“曳，猶頓也。”❸踰越。文選漢王褒洞簫賦：“狀若捷武，超騰踰～，迅漂巧兮。”李善注：“曳，亦踰也。”

按，説文曳字在申部。

三　畫

更 1. gēng 古行切，平，庚韻，見。陽部。

❶改，改變。説文：“更，改也。”論語子張：“過也，人皆見之；～也，人皆仰之。”何晏注：“更，改也。”❷更换，替代。左傳襄公二十八年：“公膳日雙雞，饔人竊～之以鶩。”吕氏春秋仲春：“祀不用犧牲，用圭璧，～皮幣。”高誘注：“更，代也，以圭璧代犧牲也。”引申爲交替。漢書萬石君傳：“九卿～進用事。”❸經歷，經過。韓非子外儲説左上：“～日久則塗乾而椽燥。”史記大宛列傳：“道必～匈奴中。”❹抵償。史記平準書：“悉巴蜀租賦不足以～之。”❺古代夜間計時單位。一更約爲兩小時。顔氏家訓書證：“或問：一夜何故五～？”

2. gèng 古孟切，去，映韻，見。陽部。

❻另，再。左傳僖公五年：“在此行也，晉不～舉矣。”唐王之涣登鸛雀樓：“欲窮千里目，～上一層樓。”❼更加。史記管仲傳：“吾嘗爲鮑叔謀事，而～窮困。”唐柳宗元行路難：“開口抵掌～笑喧。”

［辨］變，更，改。見“變”字條。

［同源字］改，革，更。三字同源，都有改變義。説文：“改，更也。”易革卦鄭玄注：“革，改也。”説文：“更，改也。”三字皆爲見母，改，革爲之職對轉，更、改爲陽之旁對轉。

按，説文更字在攴部。

四　畫

曶 hū 呼骨切，音忽，入，没韻，曉。物部。

❶迅疾。文選漢傅毅舞賦：“蜲蛇姌嫋，雪轉飄～。”李善注：“飄曶，如風之急也。”〔曶曶〕迅疾貌。楚辭戰國屈原九章悲回風：“歲曶曶其若頽兮，時亦冉冉其將至。”〔曶霍〕雙聲聯緜字。迅疾貌。漢書揚雄傳上甘泉賦：“翕赫曶霍，霧集蒙合兮，半散照爛，粲以成

章。"㊁輕視。漢書揚雄傳贊:"用心於内,不求於外,於時人皆～之。"顔師古注:"曶與忽同,謂輕也。"㊂"笏"的古字。大臣朝見君主時拿的手版。説文:"曶,一曰佩也。"穆天子傳一:"搢～夾佩,奉璧南面立于寒下。"郭璞注:"曶,長三尺,杼上椎頭,亦謂之大圭。"

[備考]極小的數量單位。後漢書律曆志中:"夫數出於杪～,以成毫氂,毫氂積累,以成分寸。"

五　畫

曷 1.hé 胡葛切,入,曷韻,匣。月部。

㊀何,何故。説文:"曷,何也。"書盤庚中:"～虐朕民?"又西伯戡黎:"天～不降威?"引申爲何時。詩王風君子于役:"君子于役,不知其期,～至哉?"左傳昭公元年:"吾子其～歸?"㊁何不。詩唐風有杕之杜:"中心好之,～飲食之。"

2.è 集韻阿葛切,入,曷韻,影。月部。

㊂通"遏"。遏止。詩商頌長發:"如火烈烈,則莫我敢～。"朱熹集傳:"曷、遏通。"

[備考]通"蝎"。蝎子。史記蔡澤傳:"先生～鼻,巨肩。"司馬貞索隱:"曷鼻,謂鼻如蝎蟲也。"

六　畫

書 shū 傷魚切,平,魚韻,審三。魚部。

㊀寫,記載。論語衛靈公:"子張～諸紳。"左傳宣公二年:"大史～曰:'趙盾弑其君。'"㊁文字。易繫辭下:"上古結繩而治,後世聖人易之以～契。"荀子解蔽:"故好～者衆矣,而蒼頡獨傳者,壹也。"又指字體或書法。漢書藝文志:"六體者,古文、奇字、篆～、隸～、繆篆、蟲～。"唐孫過庭書譜:"自漢魏以來,論～者多矣,妍蚩雜糅,條目糾紛。"㊂書籍。論語先進:"何必讀～,然後爲學?"史記老子韓非列傳:"申子、韓非皆著～,傳于後世。"又特指尚書。論語爲政:"～云:'孝乎惟孝。'"㊃書信。左傳昭公六年:"叔向使詒子産～。"戰國策齊策四:"封～謝孟嘗君曰。"又:"～未發。"㊄文書。漢書刑法志:"晝斷獄,夜理～。"

[辨]書,寫。見"寫"字條。

按,説文書字在聿部。

七　畫

曼 màn 無販切,集韻莫半切,去,换韻,明。元部。

㊀長。詩魯頌閟宫:"孔～且碩,萬民是若。"〔曼曼〕久遠貌。楚辭戰國屈原離騷:"路曼曼其脩遠兮,吾將上下而求索。"又九章悲回風:"終長夜之曼曼兮,掩此哀而不去。"㊁延長,擴展。楚辭戰國屈原九章哀郢:"～余目以流觀兮,冀壹反之何時。"〔曼衍〕叠韻聯緜字。①變化無窮貌。莊子齊物論:"和之以天倪,因之以曼衍。"釋文:"司馬云:曼衍,無極也。"②連緜不絶。漢書晁錯傳:"土山丘陵,曼衍相屬。"顔師古注:"曼衍,猶聯延也。"〔曼羡〕叠韻聯緜字。擴大散布貌。文選漢司馬相如封禪文:"大漢之德,逢涌原泉,沕潏曼羡。"㊂柔美,細膩。韓非子揚權:"～理皓齒説情而損精。"淮南子氾論:"裘不可以藏者,非能具綈綿～帛温暖於身也。"㊃〔曼漶〕叠韻聯緜字。模糊不清貌。漢書揚雄傳下:"爲其泰曼漶而不可知,故有首、衝…十一篇。"顔師古注:"曼漶,不分别貌。"

[備考]㊀突。莊子馬蹄:"馬知介倪,闉扼,鷙～,詭銜,竊轡。"釋文:"李云:'曼,突也。'司馬云:'一云鷙曼,旁出也。'"㊁無。法言五百:"周之人多行,秦之人多病;行有之也,病～之也。"李軌注:"行有之者,周有德也;病曼之者,秦無道也。"

按,説文曼字在又部。

曹 cáo 昨勞切,平,豪韻,從。幽部。

㊀訴訟的雙方,即原告和被告。説文:"曹,獄之兩曹也。"段玉裁注:"兩曹,今俗所

謂原告、被告也。"㊁偶,對。楚辭戰國宋玉招魂:"分～並進,遒相迫些。"王逸注:"曹,偶也。"㊂羣,成羣。詩大雅公劉:"乃造其～,執豕于牢。"左傳昭公十二年:"周原伯絞虐其輿臣,使～逃。"杜預注:"曹,羣也。"㊃輩,類。吕氏春秋知度:"貪得僞詐之～遠矣。"漢書霍光傳:"女～不務奉大將軍餘業。"㊄左右曹,加官的一種。漢書霍光傳:"稍遷諸～侍中。"李廣蘇建傳:"復爲右～典屬國。"引申爲尚書省的各部門。後漢書百官志:"成帝初置尚書四人,分爲四～。"㊅周代國名。

八　畫

曾 1.zēng 作滕切,平,登韻,精。蒸部。

㊀竟,乃。詩衛風河廣:"誰謂河廣?～不容刀;誰謂宋遠?～不崇朝。"論語爲政:"有酒食先生饌,～是以爲孝乎?"㊁重,指中間隔兩代的親屬,祖之父爲曾祖,孫之子爲曾孫。又孫之子以下皆可謂曾孫。左傳昭公七年:"余將命而子苟與孔烝鉏之～孫相元。"㊂增加。孟子告子下:"所以動心忍性,～益其所不能。"

2.céng 昨棱切,平,登韻,從。蒸部。

㊃曾經。吕氏春秋順民:"失民心而立功名者,未之～有也。"史記孟嘗君列傳:"孟嘗君～待客夜食。"㊄通"層"。重疊。文選戰國宋玉高唐賦:"巫山赫其無疇兮,道互折而～累。"淮南子本經:"大厦～加,擬於昆侖。"

[備考]㊀高舉。楚辭戰國屈原九歌東君:"翾飛兮翠～,展詩兮會舞。"王逸注:"曾,舉也。"淮南子覽冥:"～逝萬仞之上,翱翔四海之外。"高誘注:"曾,猶高也。"㊁〔曾臣〕末臣。左傳襄公十八年:"曾臣彪將率諸侯以討焉。"杜預注:"曾臣,猶末臣也。"孔穎達疏:"曾臣猶末臣,謙卑之意耳。"

[辨]曾,嘗。二字在曾經的意義上同義,但古代多用嘗而少用曾。其他意義則不相同。

按,説文曾字在八部。

朁 tì 他計切,去,霽韻,透。質部。

㊀廢棄。説文:"朁,廢。"爾雅釋言:"朁,廢也。"書大誥:"予惟小子,不敢～上帝命。"僞孔傳:"不敢廢天命。"左傳僖公三十三年:"不～孟明。"㊁衰落,衰敗。漢書叙傳:"上～下陵,姦軌不勝,猛政横作。"諸葛亮答法正書:"君臣之道,漸以陵～。"㊂代替(後起義)。樂府詩集木蘭詩:"願爲市鞍馬,從此～爺征。"宋書廬陵王義真傳:"高祖遣將軍朱齡石～義真鎮關中。"㊃屜,抽屜(後起義)。南史后妃傳上宋孝武宣貴妃:"及薨,帝常思見之,遂爲通～棺,欲見輒引～覩屍。"

[備考]僭的古字。〔朁差〕越分。漢書王子侯表序:"至于孝武,以諸侯王畺土過制,或朁差失軌,而子弟爲匹夫。"顔師古注:"朁,古僭字也。"

按,説文朁字在竝部。

最 zuì 祖外切,去,泰韻,精。月部。

㊀冒犯而取之。説文:"犯而取也。"㊁古代考核政績或軍功的等級,以上等爲"最",下等爲"殿"。史記絳侯周勃世家:"攻槐里、好畤,～。"漢書宣帝紀:"課殿～以聞。"㊂極,最。莊子天下:"然惠施之口談,自以爲～賢。"商君書外内:"故農之用力～苦。"晉束皙餅賦:"充虚解戰,湯餅爲～。"㊃聚合。管子禁藏:"冬,收五藏,～萬物。"尹知章注:"最,聚。"史記殷本紀:"大～樂戲於沙丘。"㊄總要,總計。漢劉歆與揚雄書:"索代語、童謡、歌戲,欲得其～目。"史記衛將軍驃騎列傳:"～大將軍青凡七出擊匈奴,斬捕首虜五萬餘級。"

[辨]①最,冣。説文爲二字,最在冃部,犯而取也;冣在冖部,積也。音亦不同。最音祖外切,冣音才句切。然二字南北朝時已相混,冣字多用最爲之。其後之字書、韻書亦混。上述意義,除第一義當作最,其餘意義,皆當以冣爲正。

②最，至。二字都是程度副詞，都有達到頂點的意思。但先秦時多用"至"而少用"最"。

九 畫

會 1. huì 黄外切，去，泰韻，匣。月部。

❶會合，聚會。說文："會，合也。"爾雅釋詁上："會，合也。"書禹貢："雷、夏既澤，灉、沮～同。"史記項羽本紀："五人共～其體，皆是。"又特指盟會，會見。孟子告子下："葵丘之～，諸侯束牲載書而不歃血。"左傳隱公九年："冬，公～齊侯于防，謀伐宋也。"❷相合，符合。管子法禁："上明陳其制，則下皆～其度矣。"淮南子俶真："足蹀陽阿之舞，而手～緑水之趨。"❸時機，機會。論衡命禄："逢時遇～。"後漢書周章傳論："將從反常之事，必資非常之～。"❹領悟，理解。晉陶潛五柳先生傳："好讀書，不求甚解。每有～意，便欣然忘食。"❺恰巧，適逢。戰國策趙策三："適～魏公子無忌奪晉鄙軍以救趙擊秦。"史記陳涉世家："～天大雨，道不通。"❻應當，一定。古詩爲焦仲卿妻作："吾已失恩義，～不相從許。"唐李白行路難："長風破浪～有時，直掛雲帆濟滄海。"

[備考]㊀食器的蓋子。儀禮士虞禮："命佐食啟～。"鄭玄注："會，合也，謂敦蓋也。"㊁通"繪"。五彩的圖案。書益稷："日月星辰山龍華蟲作～。"僞孔傳："會，五采也。以五采成此畫焉。"

2. kuài 古外切，去，泰韻，見。今讀如膾。月部。

❼年終結賬，也泛指一般的結賬。周禮天官職幣："歲終則～其出入。"鄭玄注："會，計也。"〔會計〕〔計會〕核算，算賬。周禮地官舍人："歲終則會計其政。"戰國策齊策四："誰習計會，能爲文收責於薛者乎？"

[備考]㊀弁中之縫。詩衛風淇奥："有匪君子，充耳琇瑩，～弁如星。"鄭箋："會謂弁中之縫也。"㊁〔會撮〕集韻古活切，今讀 kuò。莊子人間世："肩高於頂，會撮指天。"釋文："崔云：'會撮，項椎也。'司馬云：'會撮，髻也。'"成玄英疏："會撮，高髻貌。"

[辨]會，適。二字都用作副詞，義爲恰巧。可以連用，連用時一般適字在前。

[同源字]會，繪。見"繪"字條。

按，說文會字在會部。

十 畫

㲋 yìn 羊晉切，音胤，去，震韻，喻四。真部。

小鼓名。周禮春官大師："下管，播樂器，令奏鼓～。"鄭玄注引鄭司農云："㲋，小鼓也。"

按，說文㲋字在申部。

朅 1. qiè 丘竭切，入，薛韻，溪。月部。

❶離去。說文："朅，去也。"吕氏春秋士容："富貴弗就而貧賤弗～。"高誘注："朅，去也。"楚辭戰國宋玉九辯："車既駕兮～而歸，不得見兮心傷悲。"❷勇武壯大貌。詩衛風碩人："庶姜孽孽，庶士有～。"毛傳："朅，武壯貌。"〔朅朅〕勇武貌。唐韓愈胡良公墓神道碑："朅朅胡公，既果以方。"

2. hé。月部。

❸通"曷"。何。吕氏春秋貴因："膠鬲曰：'～至？'武王曰：'將以甲子至殷郊。'"高誘注："朅，何也。"

按，說文朅字在去部。

月　部

［月部總論］

月的字大多數與月亮和時間有關。

(一)有關月亮的名詞,例如：月

(二)有關月亮的形容詞,例如：朗　朧

(三)有關時間的詞,例如：朔　望　期　朝

(四)與月亮、時間無關的詞,例如：有　服　朋　朕

月 yuè魚厥切,入,月韻,疑。月部。

❶月亮。詩邶風日月："日居～諸,照臨下土。"陳風月出："～出皎兮,佼人僚兮。"❷計時單位,從朔至晦爲一月,大月三十日,小月二十九日。書洪範："一曰歲,二曰～。"孔穎達疏："從朔至晦大月三十日,小月二十九日。"左傳隱公元年："夏五～,鄭伯克段于鄢。"又指每月,月月。孟子滕文公下："～攘一雞,以待來年然後已。"❸形象像月亮的(後起義)。如月餅、月琴等。宋周密武林舊事蒸作從食："～餅,餶子、炙焦…。"

二　畫

有 1. yǒu云久切,上,有韻,喻三。之部。

❶有,與"無"相對。詩小雅大東："東～啟明,西～長庚。"左傳隱公元年："姜氏何厭之～?"❷詞頭,無義。書君奭："惟文王尚克修和我～夏。"詩小雅六月："～嚴～翼,共武之服。"

2. yòu集韻尤救切,去,宥韻,喻三。之部。

❸通"又"。復。易蠱："終則～始,天行也。"王弼注："終則復始,若天之行用四時也。"詩邶風終風："終風且曀,不日～曀。"鄭箋："有,又也。"❹用於整數與零數之間。書堯典："朞,三百～六旬～六日。"論語爲政："吾十～五而志于學。"

［備考］州域。詩商頌玄鳥："方命厥后,奄有九～。"毛傳："九有,九州也。"韓詩作九域。

按,說文有字在有部。

四　畫

服 1. fú房六切,入,屋韻,奉。職部。

❶從事,做。書盤庚上："若農～田力穡,乃亦有秋。"韓非子五蠹："是故～事者簡其業,而游學者日衆,是世之所以亂也。"又指擔當,承受。論語爲政："有事弟子～其勞。"孟子離婁上："故善戰者～上刑。"❷駕,駕車。戰國策楚策四："夫驥之齒至矣,～鹽車而上太行。"吕氏春秋慎大："馬弗復乘,牛弗復～。"又用作名詞,指在中間駕車的馬。古代車單轅,居中夾轅的兩匹馬叫服。詩鄭風大叔于田："兩～上襄,兩驂鴈行。"鄭箋："兩服,中央夾轅者。"淮南子泰族："驂欲馳,～欲步。"許慎注："服,車中馬也。"❸穿戴。韓非子外儲說左上："齊桓公好～紫,一國盡～紫。"漢書王莽傳上："周公～天子之冕。"又爲佩帶。荀子勸學："蘭槐之根是爲芷,其漸之滫,君子不近,庶人不～。"論衡儒增："～瑞應之物,不能致福。"又用作名詞,指衣服。論語先進："莫春者,春～既成。"楚辭戰國屈原離騷："退將復修吾初～。"特指喪服。禮記檀弓下："故爲服姊妹之～。"也指服喪期。史記魏

其武安侯列傳："會仲孺有～。"❹吃，服用藥物。山海經中山經："其實如楝，～之不忘。"史記扁鵲倉公列傳："即令更～丸藥，出入六日，病已。"❺執持。國語吴語："夜中，乃令～兵擐甲。"韋昭注："服，執也。"❻服從，歸順。論語爲政："舉直錯諸枉，則民服。"又季氏："故遠人不服，則修文德以來之。"又爲制服，降服。吕氏春秋慎大："賢良鬱怨，殺彼龍逢，以～群凶。"韓非子守道："～虎而不以柙，禁姦而不以法。"又爲信服，佩服。吕氏春秋順説："辯矣，客之以説～寡人也。"史記淮陰侯列傳："諸將皆～，曰：'善！非臣所及也。'"❼習慣，適應。楚辭戰國屈原九章橘頌："后皇嘉樹，橘徠～兮。"王逸注："服，習也。"漢書鼂錯傳："～習以成，勿令遷徙。"❽上古王畿之外，五百里爲一服，共有五服，即：甸服、侯服、綏服、要服、荒服。書禹貢："五百里甸～。"史記五帝本紀："方五千里，至於荒～。"❾盛箭的器具。詩小雅采薇："四牡翼翼，象弭魚～。"國語齊語："弢無弓，～無矢。"此義後來寫作"箙"。❿鳥名。史記賈誼列傳服鳥賦："庚子日施兮，～集予舍。"文選字作"鵩"。論衡指瑞："賈誼爲長沙太傅，～鳥集舍。"

2. fù 集韻扶缶切，上，有韻，奉。

⓫量詞。中藥一劑稱一服(後起義)。宋蘇軾聖散子後序："所用皆中下品藥，略計每千錢即得千～。"

3. bì 集韻弼力切，入，職韻，並。職部。

⓬〔服臆〕叠韻聯緜字。心氣鬱結，悲憤貌。史記扁鵲倉公列傳："言未卒，因嘘唏服臆，…悲不能自止。"

〔辨〕裳，衣，服。見"裳"字條。

按，説文服字在舟部。

朋 péng 步崩切，平，登韻，並。蒸部。

❶古代貨幣單位。或以五貝爲一朋，或以五貝爲一系，二系爲一朋。詩小雅青青者莪："既見君子，錫我百～。"鄭箋："古者貨幣，五貝爲朋。"淮南子道應："大貝百～。"❷朋友。易兑："君子以～友講習。"孔穎達疏："同門曰朋，同志曰友。"論語學而："有～自遠方來，不亦樂乎？"❸結成朋黨。楚辭戰國屈原離騷："世並舉而好～兮，夫何甇獨而不予聽。"❹羣，羣聚。書益稷："～淫于家，用殄厥世。"隋書柳彧傳："每以正月望夜，充街塞陌，聚戲～遊。"❺同，齊。山海經北山經："有鳥焉，羣居而～飛。"後漢書李固杜喬傳贊："李杜司職，～心合力。"李賢注："朋，猶同也。"❻比，倫比。詩唐風椒聊："彼其之子，碩大無～。"

按，説文以朋爲鳳字重文。

五畫

朏 fěi 敷尾切，上，尾韻，敷。物部。

❶月初生未大明貌。説文："朏，月未盛之明。"因月初生未大明正是每月初三日的月相，故亦作初三日的代稱。書畢命："惟十有二年，六月庚午～。"僞孔傳："康王即位十二年六月三日庚午。"漢書律曆志下："古文月采篇曰：三日曰～。"又泛指星月出現。南朝梁江淹愛遠山："臨星～兮樹闇，看日爍兮霞淺。"❷〔朏明〕天將明。淮南子天文："日登于扶桑，爰始將行，是謂朏明。"高誘注："朏明，將明也。"

六畫

朗 lǎng 盧黨切，上，蕩韻，來。陽部。

❶明亮。説文："朖(朗)，明也。"詩大雅既醉："昭明有融，高～令終。"晉王羲之蘭亭集序："天～氣清，惠風和暢。"❷高明，穎悟。文選晉袁宏三國名臣序贊："公達潛～，思同蓍蔡。"晉書温羡傳："羡少以～寤見稱。"❸聲音響亮。論衡氣壽："兒生，號啼之聲鴻～高暢者壽。"文選晉張協七命："音～號鐘，韻清繞梁。"〔朗朗〕①明亮貌。世説新語容止："時人目夏侯太初朗朗如日月之入懷。"②聲音響亮清晰。唐韓愈奉使常山早次太原呈副使吴

朗中詩："朗朗聞街鼓，晨起似朝時。"

朔 shuò 所角切，入，覺韻，床二。鐸部。

❶農曆每月初一日。左傳桓公十七年："冬十月～，日有食之。"論語八佾："子貢欲去告～之餼羊。"❷初始。禮記禮運："皆從其～。"鄭玄注："朔，亦初也。"❸北方。爾雅釋訓："朔，北方也。"書堯典："申命和叔，宅～方。"僞孔傳："北稱朔。"三國魏曹植朔風詩："仰彼～風，用懷魏都。"

朕 zhèn 直稔切，上，寢韻，澄。侵部。

❶第一人稱代詞，我。說文："朕，我也。"爾雅釋詁下："朕，我也。"書皋陶謨："皋陶曰：'～言惠，可厎行。'"楚辭戰國屈原離騷："～皇考曰伯庸。"自秦始皇始爲皇帝自稱。史記秦始皇本紀："天子自稱曰～。"❷徵兆，形迹。莊子應帝王："體盡无窮，而遊无～。"成玄英疏："朕，迹也。"淮南子詮言："行無迹，遊無～。"許慎注："朕，兆。"

［備考］舟縫，泛指縫隙。段玉裁說文解字注云："朕在舟部，其解當曰舟縫。戴先生曰：舟之縫理曰朕，故札續之縫亦謂之朕。本訓舟縫，引申爲凡縫之稱。"周禮考工記函人："眡其～，欲其直也。"孫詒讓正義："朕，謂甲之縫也。"

［辨］予，余，吾，我，朕。見"予"字條。

按，說文朕字在舟部。

朒 nǜ 女六切，入，屋韻，娘。覺部。

❶農曆初一前後月亮出現於東方。文選南朝宋謝莊月賦："～朓警闕，朏魄示沖。"❷虧缺，不足。九章算術"盈不足"晉劉徽注："盈者謂之朓，不足者謂之～。"

按，說文大徐本作肭，段注本改作朒，云"朔而月見東方謂之縮朒"。

朓 tiǎo 土了切，上，篠韻，透。宵部。

❶農曆月末月亮出現在西方。說文："朓，晦而月見西方謂之朓。"漢揚雄太玄告："聖人察乎～、側匿之變，而律乎日月雄雌之序。"范望注："晦而月見西方爲朓。"❷盈餘。九章算術"盈不足"晉劉徽注："盈者謂之～。"

七　畫

望 wàng 巫放切，去，漾韻，微。陽部。

❶遠望。詩鄘風定之方中："升彼虛矣，以～楚矣。"左傳莊公十年："吾視其轍亂，～其旗靡。"又用作名詞，指望的邊界。吕氏春秋下賢："精充天地而不竭，神覆宇宙而無～。"❷古祭名，遥望山川日月星辰而祭。書舜典："～于山川，徧于羣神。"淮南子人間："郊～禘嘗。"許慎注："望，祭日月星辰山川也。"❸期望，盼望。孟子梁惠王上："王如知此，則無～民之多於鄰國也。"吕氏春秋懷寵："故義兵至，則鄰國之民歸之若流水，誅國之民～之若父母。"❹瞻望，景仰。詩小雅都人士："行歸于周，萬民所～。"❺名望，聲望。詩大雅卷阿："如圭如璋，令聞令～。"又指有名望，聲望的人或物。左傳昭公十二年："吾子，楚國之～也。"爾雅釋山："梁山，晉～也。"❻月中之時日月相望，故月滿爲望，大月十六日，小月十五日。書召誥："惟二月既～。"文選漢枚乘七發："將以八月之～，與諸侯遠方交遊兄弟，並往觀濤乎廣陵之曲江。"❼怨恨，責怪。史記魏其武安侯列傳："武安負貴而好權，杯酒責～，陷彼兩賢。"文選漢司馬遷報任安書："若～僕不相師，而用流俗人之言。"❽〔望洋〕仰視貌。莊子秋水："於是焉河伯始旋其面目，望洋向若而嘆。"字又作"望羊"，"望陽"。晏子春秋諫上："晏子朝，杜扃望羊待于朝。"論衡骨相："文王四乳，武王望陽。"

［辨］觀，望，覽。見"觀"字條。

按，說文分望、朢爲二字，望在亡部，云："出亡在外，望其還也。"朢在壬部，云："月滿與日相望，以朝君也。"

八　畫

期 1. qī 渠之切，平，之韻，羣。之部。

❶約會。説文:"期,會也。"詩鄘風桑中:"～我乎桑中,要我乎上宫。"吕氏春秋懷寵:"信與民～,以奪敵資。"❷一定的時間,期限。詩衛風氓:"匪我愆～,子無良媒。"吕氏春秋貴因:"吾已令膠鬲以甲子之～報其主矣。"又指限度。吕氏春秋懷寵:"徵斂無～,求索無厭。"❸期望,要求。韓非子五蠹:"是以聖人不～修古,不法常可。"吕氏春秋察今:"良劍～乎斷,不～乎鏌铘。"❹必,必定。左傳哀公十六年:"～死,非勇也。"杜預注:"期,必也。"史記滑稽列傳:"今父老子弟雖患苦我,然百歲後～令父老子孫思我言。"❺[期期]形容口吃,言語蹇澀貌。史記張丞相列傳:"昌爲人吃,又盛怒,曰:'臣口不能言,然期期知其不可;陛下雖欲廢太子,臣期期不奉詔。'"

2. jī 集韻居之切,平,之韻,見。之部。

❻周期。指一周年,一整月,一晝夜。論語陽貨:"鑽燧改火,～可已矣。"此指周年。左傳昭公二十三年:"叔孫旦而立,～焉。"杜預注:"從旦至旦爲期。"〔期年〕一周年。左傳僖公十四年:"期年將有大咎,幾亡國。"吕氏春秋士容:"齊有善相狗者,其鄰假以買取鼠之狗,期年乃得之。"〔期月〕①一整月。禮記中庸:"擇乎中庸,而不能期月守也。"②一周年。論語子路:"苟有用我者,期月而已可也。"❼喪服"期服"的簡稱("期服"是齊衰爲期一年的喪服),也指穿這種喪服服喪。墨子公孟:"伯父、叔父、兄弟,～。"李密陳情表:"外無～功强近之親,内無應門五尺之僮。"

[備考]㊀常。史記萬石張叔列傳:"常衣敝補衣溺袴,～爲不絜清,以是得幸。"張守節正義:"期,猶常也。"㊁語氣詞。詩小雅頍弁:"有頍者弁,實爲何～?"鄭箋:"期,辭也。"

朞 jī 居之切,平,之韻,見。之部。

字本作期。❶周期,一周年。書堯典:"～,三百有六旬有六日。"僞孔傳:"匝四時曰朞。"❷朞服的簡稱。漢書丹師傳:"故爲所後服斬衰三年,降其父母～。"

按,説文無朞字。

朝 1. zhāo 陟遥切,平,宵韻,知。宵部。

❶早晨。説文:"朝,旦也。"爾雅釋詁下:"朝,早也。"詩小雅何草不黄:"哀我征夫,～夕不暇。"論語里仁:"～聞道,夕死可也。"

2. cháo 直遥切,平,宵韻,澄。宵部。

❷臣朝見君主。左傳宣公二年:"盛服將～。"戰國策趙策三:"率天下諸侯而～周。"也泛指拜見,會見。吕氏春秋求人:"昔者,堯～許由於沛澤之中。"史記司馬相如傳:"臨邛令繆爲恭敬,日往～相如。"❸朝廷。論語公冶長:"赤也,束帶立於～,可使與賓客言也。"孟子梁惠王上:"使天下仕者皆欲立於王之～。"❹官府的廳堂。後漢書劉寵傳:"山谷鄙生,未嘗識郡～。"晉書劉琨傳:"琨翦除荆棘,收葬枯骸,造府～,建市獄。"❺朝代。指整個王朝或某一皇帝統治的時期。晉傅咸贈何劭王濟詩:"赫赫大晉～,明明闢皇闈。"唐韓愈柳子厚墓誌銘:"曾伯祖奭爲唐宰相,…死高宗～。"❻對着,向着(後起義)。唐李白江西送友人之羅浮詩:"桂水分五嶺,衡山～九嶷。"水滸傳二一回:"看女兒時,也～着别處。"

[備考]㊀聚會。禮記王制:"耆老皆～于庠。"鄭玄注:"朝,會也。"㊁召。楚辭戰國屈原遠逝:"～四靈於九濱。"王逸注:"朝,召也。"

[同源字]朝,潮。見"潮"字條。

按,説文朝字在倝部。

十 畫

肮 huǎng 呼晃切,上,蕩韻,曉。

見〔朦肮〕。

按,説文無肮字。

十 一 畫

膍 cōng。

〔䁔朧〕叠韻聯緜字。明亮貌。唐柴宿初日照華清宫詩:“璇題生烱晃,珠綴引䁔朧。”

按,説文無䁔字。

十二畫

朣 tóng 集韻徒東切,平,東韻,定。東部。

〔朣朦〕叠韻聯緜字。①蒙昧不明貌。後漢書張衡傳:“吉凶紛錯,人用朣朦。”李賢注:“朣朦,言未晤也。”②將明貌。唐陶翰宿天竺寺詩:“湖色濃蕩漾,海光漸朣朦。”〔朣朧〕叠韻聯緜字。似明不明貌。文選晉潘岳秋興賦:“月朣朧以含光兮,露凄清以凝冷。”李善注引埤蒼:“朣朧,欲明也。”

按,説文無朣字。

十四畫

朦 méng 莫紅切,平,東韻,明。

㊀〔朦朧〕叠韻聯緜字。月光似明不明貌。説文新附:“朦,月朦朧也。”唐來鵠寒食山舘書情詩:“楚魂吟後月朦朧。”引申爲一般的模糊不清貌。唐李嶠早發苦竹舘詩:“合沓巖嶂深,朦朧烟霧曉。”㊁遮掩(晚起義)。王實甫西厢記一本四折:“把一個發慈悲的臉來～着。”引申爲蒙蔽,欺瞞。元典章兵部三:“如此～蔽上下,俱無可見。”清黄六鴻福惠全書錢穀户口總催税:“以欠作完,～官取咎。”

［同源字］冒,冥,帽,鍪,霧,蒙,幪,雺,夢,瞢,冥,瞑,濛,朦,盲,曚,眊,眘。見“冒”字條。

十六畫

朧 lóng 盧紅切,平,東韻,來。

㊀見〔朦朧〕。㊁微明貌。新論兵術:“是以列宿滿天,不及～月。”唐元稹嘉陵驛詩:“野花撩亂月～明。”㊂〔朧朧〕①明亮貌。文選晉潘岳悼亡詩:“歲寒無與同,朗月何朧朧。”②暗淡貌。晉侯湛秋可哀賦:“月翳翳以隱雲,星朧朧而没光。”

按,説文無朧字,新附有之。

二十畫

矘 tǎng 他郎切,上,蕩韻,透。

〔矘朚〕叠韻聯緜字。月不明貌。見廣韻。

按,説文無矘字。

木 部

［木部總論］

木部的字大多與樹木有關,大致可以分爲:

(一)有關樹木的名詞:

1. 關於樹的種類的,例如:杜 李 杞 杏 桃 杶 松 柏 柘 楊 柳

2. 關於樹的部位的,例如:末 本 枝 杈 杪 柯 朵 果

3. 關於用木料製成的器物的,例如:宋 杇 杖 枑 杯 杷 杵 杸 柤 案

(二)有關樹木的動詞,例如:析 架 栽 栞 椄 植 槎 構

(三)有關樹木的形容詞,例如:朽 枉 枯 枵 槀 槮

另有些字,似與樹木關係不大,例如:未 東 杭 梟 染 杳

有的,又似乎有些關係,如:“樂”字从木,大概是早期的樂器是木製的緣故。

木 mù 莫卜切，入，屋韻，明。屋部。

❶樹木。詩周南漢廣："南有喬～，不可休思。"論語子張："譬若草～，區以別矣。"❷木材，木料。孟子梁惠王下："爲巨室，則必使工師求大～。"吕氏春秋别類："～尚生，加塗其上，必將撓。"引申爲木料製的器物。左傳僖公二十三年："我二十五年矣，又如是而嫁，則就～焉。"此指棺槨。莊子列禦寇："爲外刑者，金與～也。"此指刑具。❸質樸，樸實。論語子路："剛毅～訥，近仁。"史記絳侯周勃世家："勃爲人～彊敦厚。"❹五行之一。書洪範："五行，一曰水，二曰火，三曰～，四曰金，五曰土。"吕氏春秋應同："～氣盛，故其色尚青。"❺八音之一。周禮春官大師："皆播之以八音，金、石、土、革、絲、～、匏、竹。"吕氏春秋侈樂："爲～革之聲則若雷，爲金石之聲則若霆。"

[辨]木，樹。此二字本不同義，且詞性不同。木是名詞，指樹木；樹是動詞，指種植。到戰國初期，樹也有名詞樹木的意義了，這樣樹和木就同義了。但是木的質樸等引申義和樹的豎立等引申義還是不相通的。

一　畫

未 wèi 無沸切，去，未韻，微。物部。

❶還没有，不曾。詩周南汝墳："～見君子，惄如調飢。"論語學而："不好犯上，而好作亂者，～之有也。"❷不。詩周頌小毖："～堪家多難，予又集于蓼。"左傳莊公十年："肉食者鄙，～能遠謀。"❸表示疑問，相當於"否"。史記魏其武安侯列傳："君除吏盡～？吾亦欲除吏。"後漢書劉表傳："言出子口而入吾耳，可以言～？"❹十二地支之一，亦爲十二辰之一。

[備考]滋味。説文："未，味也。"
按，説文未字在未部。

末 mò 莫撥切，入，末韻，明。月部。

❶樹梢。説文："末，木上曰末。"左傳昭公十一年："～大必折。"吕氏春秋先己："是故百仞之松，本傷於下而～槁於上。"引申爲物的端、尾。孟子梁惠王上："明足以察秋毫之～，而不見輿薪。"又引申爲末尾，最後的。易繫辭下："其當殷之～世，周之盛德邪？"史記韓長孺傳："非初不勁，～力衰也。"❷非根本的，不重要的事。論語子張："抑～也，本之則無。"淮南子泰族："治之所以爲本者，仁義也；所以爲～者，法度也。"又特指工商。吕氏春秋上農："民舍本而事～則不令。"❸微小，淺薄。吕氏春秋精諭："淺智者之所争則～矣。"漢司馬遷報任安書："嚮者僕常廁下大夫之列，陪外庭～議。"❹無。論語子罕："雖欲從之，～由也已。"邢昺疏："末，無也。"漢書外戚傳序："人能弘道，～如命何？"顏師古注："末，無也。"❺粉末。説文："麪，麥末也。"晉書鳩摩羅什傳："乃以五色絲作繩結之，燒爲灰～。"唐李白酬張司馬贈墨詩："上黨碧松煙，夷陵丹砂～。"

[備考]㈠四肢。左傳昭公元年："風淫～疾，雨淫腹疾。"杜預注："末，四支也。"㈡脊。淮南子地形："其人面～僂，脩頸卬行。"高誘注："末，猶脊也。"

[同源字]末，蔑，靡，無。四字都有"無"義。詩大雅板"喪亂蔑資"毛傳："蔑，無也。"爾雅釋言："靡，無也。"四字都是明母，蔑、末，月部疊韻，無、靡，魚歌通轉，靡、蔑，歌月對轉。

朮 1. zhú 直律切，入，術韻，澄。物部。

❶藥草名。爾雅釋草："朮，山薊。"疏："生平地者爲薊，生山地者爲～。"説文作茶。

2. shú 食聿切，入，術韻，牀三。物部。

❶黏穀子。説文："秫，稷之黏者，或省禾。"廣韻術韻："秫，穀名。朮，上同。"

本 běn 布忖切，上，混韻，幫。文部。

❶樹根，樹幹。詩大雅蕩："枝葉未有

害，～實先撥。”國語晉語八：“枝葉益長，～根益茂。”❷事物的根本，基礎。論語學而：“君子務～，～立而道生。”吕氏春秋適音：“黄鐘之宫，音之～也。”又特指農桑。荀子天論：“彊～而節用，則天不能貧。”❸起始，本原。吕氏春秋大樂：“音樂之所由來者遠矣，生於度量，～於太一。”又用作副詞，本來，原來。史記項羽本紀：“都尉董翳者，～勸章邯降楚。”❹依據。易乾：“～乎天者親上，～乎地者親下。”唐柳宗元答韋中立論師道書：“～之書，以求其質。”❺自己一邊的，當今的。吕氏春秋處方：“～不審，雖堯舜不能以治。”高誘注：“本，身。”淮南子氾論：“立之于～朝之上，倚之于三公之位。”高誘注：“國朝也。”❻本錢（後起義）。唐韓愈柳子厚墓誌銘：“子～相侔，則没爲奴婢。”元馬致遠青衫淚一折：“權做這場折～買賣。”❼版本。梁書劉之遴傳：“案古～漢書稱‘永平十六年五月二十一日己酉，郎班固上’，而今～無上書年月日字。”❽量詞。用於草木，猶棵、叢、撮等。北魏賈思勰齊民要術種蒔：“率七八支爲一～。”

［辨］本，柢，根。見“柢”字條。

札 zhā 側八切，入，黠韻，照二。月部。

❶書寫用的小木片。説文：“札，牒也。”史記司馬相如列傳：“上許，令尚書給筆～。”❷書信。文選古詩十九首之一七：“客從遠方來，遺我一書～。”南朝宋顏延之贈王太常：“遥懷具短～。”❸鎧甲上的葉片。左傳成公十六年：“蹲甲而射之，徹七～焉。”吕氏春秋愛士：“擊繆公之甲，中之者已六～矣。”❹疫病。因瘟疫而死。周禮地官大司徒：“大荒大～，則令邦國移民通財。”鄭玄注：“大札，大疫病也。”列子湯問：“土氣和，亡～厲。”❺〔札札〕象聲詞，機杼聲。文選古詩十九首之十：“纖纖擢素手，札札弄機杼。”❻刺（晚起義）。元馬致遠薦福碑：“揀你那不痛處，我～一刀子。”

二　畫

朿 cì 七賜切，音刺，去，寘韻，清。錫部。

木芒，後寫作“刺”。説文朿部：“朿，木芒也。”

按，説文朿字在朿部。

朾 1. chéng 宅耕切，音橙，平，耕韻，澄。耕部。

❶撞擊。説文：“朾，撞也。”新唐書五行志二：“三度徵兵馬，傍道～騰騰。”❷〔朾螘〕大赤蟻。爾雅釋蟲：“蠪，朾螘。”釋文：“朾，本又作虰。”

2. chēng 集韻癡貞切，平，清韻，徹。耕部。

❸春秋時宋國地名。公羊傳僖公元年：“公會齊侯、宋公、鄭伯、曹伯、邾婁人于～。”

朽 xiǔ 許久切，上，有韻，曉。幽部。

❶腐爛。詩周頌良耜：“荼蓼～止，黍稷茂止。”論語公冶長：“～木不可雕也。”❷衰老。後漢書陳蕃傳：“願惟陛下哀臣～老，戒之在得。”晉書張忠傳：“年～髮落，不堪衣冠。”

［備考］㈠若有若無的氣味。吕氏春秋孟冬：“其味鹹，其臭～。”高誘注：“水之臭味也，凡鹹朽者皆屬焉。氣之若有若無者爲朽也。”㈡臭氣。列子周穆王：“視白以爲黑，饗香以爲～。”錢大昕曰：“古人香與朽對，取其相反，猶味有甘苦也。”

按，説文朽作㱙，在歺部，朽爲或體。

朸 lè 盧則切，入，德韻，來。職部。

❶樹木的紋理。説文：“朸，木之理也。”❷棱角。詩小雅斯干：“如矢斯棘。”毛傳：“棘，棱廉也。”釋文：“棘，韓詩作朸，朸，隅也。”段玉裁説文解字注：“韓朸爲正字，毛棘爲假借字。毛韓異辭，而意一也。”❸地名。漢書地理志平原郡有朸縣。

［同源字］朸，阞，泐，扐，肋。見“阞”字

條。

朴 1. pò 匹角切，入，覺韻，滂。屋部。

㊀樹皮。説文："朴，木皮也。"文選漢王褒洞簫賦："秋蜩不食，抱～而長吟兮。"漢書司馬相如傳上林賦："亭柰厚～。"顔師古注："朴，木皮也。此藥以皮爲用，而皮厚，故呼厚朴云。"

2. pǔ 匹角切，入，覺韻，滂。屋部。

㊁大。楚辭戰國屈原天問："恒秉季德，焉得乎～牛。"王逸注："朴，大也。"又指大木材。楚辭戰國屈原九章懷沙："材～委積兮，莫知余之所有。"王逸注："條直爲材，壯大爲朴。"㊂通"樸"。質樸。莊子胠篋："焚符破璽，而民～鄙。"荀子性惡："今人之性，生而離其～。"楊倞注："朴，質也。"

3. pū 集韻普木切，入，屋韻，滂。屋部。

㊃通"扑"。擊。史記刺客列傳："舉筑～秦皇帝，不中。"索隱："朴，擊也。"又指擊人的器具。史記陳涉世家："執敲～以鞭笞天下。"

［備考］未曬乾的鼠肉。戰國策秦策三："周人謂鼠未腊者～。"

杊 jiū 居虯切，平，幽韻，見。幽部。

樹木向下彎曲。爾雅釋木："下句曰杊。"文選戰國宋玉高唐賦："雙椅垂房，～枝還會。"詩周南樛木"南有樛木"釋文："木下句曰樛。馬融韓詩本並作杊，音同。"

［備考］高木。説文："杊，高木也。"

朳 bā 博拔切，入，黠韻，幫。

農具，無齒耙。方言五"杷"郭璞注："無齒爲朳。"北魏賈思勰齊民要術種棗："以～聚而復散之。"

按，説文無朳字。

朼 bǐ 卑履切，上，旨韻，幫。脂部。

大木匙。祭祀時用之挑出鼎中牲體置於俎上，或用之盛出甑甗中的飯食。儀禮士喪禮："乃～載，載兩髀於兩端。"

按，説文無朼字。

机 jī 居履切，上，旨韻，見。脂部。

㊀樹名。説文："机，木也。"段玉裁注："机，蓋即榿木也。"山海經北山經："北山經之首，曰單狐之山，多～木。"文選漢揚雄蜀都賦："春～楊柳，褭弱蟬杪。"㊁通"几"。矮小的桌子。左傳昭公五年："設～而不倚，爵盈而不飲。"莊子齊物論："南郭子綦隱～而坐。"

朹 1. qiú 巨鳩切，平，尤韻，羣。幽部。

㊀樹名。爾雅釋木："朹，檕梅。"郭璞注："朹樹，狀似梅，子如指頭，赤色，似小柰，可食。"

2. guǐ 居洧切，音軌，上，旨韻，見。幽部。

㊁同"簋"。古代祭祀時用以盛黍稷的器皿。漢董仲舒春秋繁露祭義："宗廟之祭，…秋上～實。"

按，説文朹爲簋的古文，在竹部。

朱 zhū 章俱切，平，虞韻，章。侯部。

㊀樹名。説文："朱，赤心木，松柏屬。"㊁大紅色。詩豳風七月："我～孔陽，爲公子裳。"吕氏春秋孟夏："乘～輅，駕赤騮。"引申爲紅色的物品。文選戰國宋玉登徒子好色賦："著粉則太白，施～則太赤。"此指胭脂類。晉書夏侯湛傳："被～佩紫，耀金帶白。"此指朱衣。㊂硃砂。隋書西域傳高昌："出赤鹽如～，白鹽如玉。"

［備考］樹幹。郭沫若金文叢考："朱乃株之初文，金文於木中著圓點以示其處。"徐灝説文解字注箋："戴氏侗曰：'朱，榦也。木中曰朱。榦以朱數，别作株。'案：戴説是也，朱、株，蓋相承增偏旁。"

［辨］朱，赤，丹，紅，絳。見"赤"字條。

朵 duǒ 丁果切，上，果韻，端。歌部。

㊀樹木枝葉花實下垂貌。説文："朵，樹木垂朵朵也。"段玉裁注："凡枝葉華實之垂者皆曰朵朵。"特指花朵。唐杜甫題新津北橋樓詩："白花簷外～，青柳檻前梢。"㊁量詞。指花的數量。唐杜甫江畔獨步尋花詩："千～萬

～壓枝低。”㊂〔朵頤〕鼓腮嚼食。易頤：“觀我朵頤。”王弼注：“朵頤者，嚼也。”孔穎達疏：“朵是動義，今動其頤，故知嚼也。”

三　畫

宋 máng 莫郎切，平，唐韻，明。陽部。

屋棟，架在房中間的横向大木。説文：“宋，棟也。”爾雅釋宫：“宋廇謂之梁。”郭璞注：“屋大梁也。”唐韓愈進學解：“夫大木爲～，小木爲桷。”

束 shù 書玉切，入，燭韻，審三。屋部。

㊀捆，綁縛。詩鄘風牆有茨：“牆有茨，不可～兮。”呂氏春秋悔過：“過天子之城，宜櫜甲～兵，左右皆下，以爲天子禮。”引申爲約束，限制。莊子秋水：“曲士不可以語於道者，～於教也。”商君書畫策：“辨之以章，～之以令。”㊁量詞。捆兒，把兒。詩小雅白駒：“生芻一～，其人如玉。”呂氏春秋報更：“乃復賜之脯二～，與錢百，而遂去之。”淮南子氾論：“訟而不勝者，出一～箭。”高誘注：“箭十二爲束也。”㊂聚集。漢書食貨志下：“故貨寶於金，利於刀，流於泉，布於布，～於帛。”顔師古注引李奇曰：“束，聚也。”

［辨］①束，縛。二字都有捆，綁縛的意思。但束多用於物，呂氏春秋束二次用於捆綁義，都是指物。韓非子一次用於捆綁義，也是指物。且束作量詞，也是指物。這是因爲量詞束是從動詞演變而來。縛多用於人，呂氏春秋縛二次用於捆綁義，都是指人。韓非子二次用於捆綁義，也都是指人。如果束縛連用，則主要是縛起作用，指人。呂氏春秋束縛連用五次，用於捆綁義，都是指人。韓非子連用三次，也都是指人。

②束，申。見“申”字條。

按，説文束字在束部。

杆 1. gàn 古案切，去，翰韻，見。

㊀樹名。玉篇：“杆，檀木也。”廣雅釋木：“杆，柘也。”

2. gān 集韻居寒切，平，寒韻，見。元部。

㊁長木棍。論衡變動：“旌旗垂旒，旒綴於～。”

3. gǎn。

㊂器物上像棍子的細長部分（晚起義）。元馬致遠薦福碑三：“遮莫是箭～雨，過雲雨。”

［同源字］竿，杆，秆。見“竿”字條。

按，説文無杆字。

杅 yú 羽俱切，平，虞韻，喻三。魚部。

㊀盛湯漿的食器。儀禮既夕禮：“用器弓矢、耒耜、兩敦、兩～、槃匜。”鄭玄注：“此皆常用之器也，杅盛湯漿。”公羊傳宣公十二年：“古者～不穿，皮不蠹。”何休注：“杅，飲水器。”㊁浴盆。禮記玉藻：“浴用二巾，上絺下綌，出～，履蒯席。”鄭玄注：“杅，浴器也。”㊂〔杅杅〕富足貌。荀子儒效：“是杅杅亦富人已，豈不貧而富矣哉！”楊倞注：“杅杅，即于于也，自足之貌。”

［備考］牽制。史記張儀列傳：“秦得燒掇焚～君之國。”司馬貞索隱：“焚杅音煩、烏二音。按，焚揉而牽制也。”

按，説文無杅字。

杇 wū 哀都切，平，模韻，影。魚部。

㊀泥抹子，塗飾墻壁的工具。説文：“杇，所以涂也。秦謂之杇，關東謂之槾。”㊁塗飾，抹。論語公冶長：“朽木不可雕也，糞土之墻不可～也。”

杠 gāng 古雙切，平，江韻，見。東部。

㊀牀前横木。説文：“杠，牀前横木也。”鹽鐵論散不足：“古者無～樠之寢、牀移之案。”㊁旗竿、車蓋柄等竹木竿。儀禮士喪禮：“竹～長三尺，置於宇西階上。”廣雅釋天：“天子～高九仞。”㊂橋。孟子離婁下：“歲十一月，徒～成；十二月，輿梁成，民未病涉也。”唐柳宗元興州江運記：“～梁以成，人不履危。”

㊃星名。晉書天文志上："蓋下九星曰～。"

杜 dù徒古切，上，姥韻，定。魚部。

㊀樹名，即杜梨、棠梨。詩唐風杕杜："有杕之～，其葉湑湑。"北魏賈思勰齊民要術種梨："插法用棠～。"㊁香草名。即杜衡。爾雅釋草："杜，土鹵。"郭璞注："杜衡也，似葵而香。"南朝梁沈約早發定山詩："忘歸屬～蘭，懷禄寄芳荃。"北魏楊衒之洛陽伽藍記城内："嘉樹夾牖，芳～匝階。"〔杜衡〕香草名，又稱杜。楚辭戰國屈原離騷："雜杜衡與芳芷。"㊂堵塞，杜絶。墨子備城門："以柴木土稍～之。"國語晉語一："讒言益起，狐突～門不出。"㊃〔杜撰〕没有根據的臆造。宋朱熹朱子語類八〇："因論詩，歷言小序大無義理，皆是後人杜撰。"

村 cūn此尊切，平，魂韻，清。

村莊。陶潛歸田園詩："暧暧遠人～。"又桃花源記："～中聞有此人，咸來問訊。"引申爲粗俗(晚起義)。元王實甫西厢記一本四折："老的小的，～的俏的，没顛没倒，勝似鬧元宵。"又爲樸實(晚起義)。元張昱古村爲曹迪賦詩："魏國南來有子孫，至今人物古而～。"

按，説文無村字。

材 cái昨哉切，平，咍韻，從。之部。

㊀木材，木料。説文："材，木梃也。"墨子雜守："～木不能盡入者燔之。"左傳僖公十五年："我落其實而取其～，所以克也。"又特指用木材作成的棺材。禮記檀弓上："既殯，旬而布～與明器。"鄭玄注："材，棺材也。"㊁原料，材料。周禮天官大宰："五曰百工，飭化八～。"左傳隱公五年："其～不足以備器用，則君不舉焉。"㊂才能，資質。書金縢："予仁若考，能多～多藝，能事鬼神。"禮記中庸："故天之生物，必因其～而篤焉。"又指有才能的人。書咸有一德："任官惟賢～。"㊃通"裁"。安排。國語晉語四："官師之所～也，戚施直鎛。"韋昭注："材，古裁字。"荀子富國："治萬變，～萬物，養萬民。"楊倞注："材，與裁同。"㊄通"財"。財物。睡虎地秦墓竹簡爲吏之道："臨～見利，不敢句(苟)富；臨難見死，不敢句(苟)免。"

［備考］果實。周禮地官委人："掌斂野之賦斂，薪芻，凡疏～木材，凡畜聚之物。"鄭玄注："凡疏材，草木有實者也。"賈公彦疏："疏是草之實，材是木之實。"

［同源字］材，財，才。見"才"字條。

杙 yì與職切，入，職韻，喻四。職部。

㊀樹名。爾雅釋木："劉，劉杙。"郭璞注："劉子生山中，實如梨，酢甜，核堅，出交趾。"説文："杙，劉，劉杙。"㊁小木樁，短木棍。左傳襄公十七年："以～抉其傷而死。"莊子人間世："其拱把而上者，求狙猴之～者斬之。"又用作動詞，繫物於木樁。唐劉禹錫救沈志："維以修絆，～於崇丘。"

杕 1. dì特計切，音第，去，霽韻，定。月部。

㊀樹木挺立貌。説文："杕，樹皃。"段玉裁注："樹當作特。"詩唐風杕杜："有～之杜，其葉湑湑。"毛傳："杕，特皃。"

2. duò集韻待可切，音舵，上，哿韻，定。月部。

㊁同"柁"。船尾梢木。淮南子説林："心所説，毀舟爲～。"高誘注："杕，舟尾。"

杖 zhàng直兩切，上，養韻，澄。陽部。

㊀手杖，拐杖。論語憲問："以～叩其脛。"吕氏春秋仲秋："是月也，養衰老，授几～。"㊁棍棒或棍狀物。吕氏春秋貴卒："中山之人多力者曰吾丘鴆，衣鐵甲操鐵～以戰。"又指兵器。漢書西域傳："(烏弋)以金銀飾～。"顔師古注："杖謂所執兵器也。"又指刑具。魏書刑罰志："檢～之小大，鞭之長短。"㊂執，持。書牧誓："王左～黄鉞，右秉白旄以麾。"左傳哀公十五年："既食，孔伯姬～戈而先。"㊃依憑。左傳襄公八年："完守以老楚，

～信以待晉,不亦可乎?”漢書李尋傳:“近臣以不足～也。”

[同源字]梃,杖,棖,莛,珽,脡,挺。見“梃”字條。

杌 wù 五忽切,入,没韻,疑。物部。

㊀〔杌隉〕雙聲聯緜字。不安定。書秦誓:“邦之杌隉,曰由一人。”僞孔傳:“杌隉,不安,言危也。”字也作杌棿。漢揚雄太玄闔:“圜方杌棿,内相失也。”范望注:“杌棿,不安。”㊁摇,摇動。史記司馬相如列傳上林賦:“揚翠葉,～紫莖。”裴駰集解引郭璞注:“杌,摇也。”文選漢馬融長笛賦:“摇演其山,動～其根者,歲五六而至焉。”李善注:“張揖注漢書上林賦曰:‘杌,摇也。’”㊂樹木無枝。三國志魏書高堂隆傳:“由枝幹既～,本實先拔也。”㊃小凳子(後起義)。北魏賈思勰齊民要術種桑柘:“春採者,必須長梯高～。”宋史丁謂傳:“左右欲設墩,謂顧曰:‘有旨復平章事。’乃更以～進。”㊄〔杌杌〕癡呆貌。史記魏其武安侯列傳張守節正義:“今俗云人不辦事,駡云杌杌若木人也。”

按,説文無杌字。

杞 qǐ 墟里切,上,止韻,溪。之部。

㊀樹名。①枸杞。説文:“杞,枸杞也。”詩小雅四牡:“翩翩者鵻,載飛載止,集于苞～。”毛傳:“杞,枸檵也。”左傳昭公十二年:“我有之圃,生之～乎!”杜預注:“杞,世所謂枸杞也。”②杞柳。詩鄭風將仲子:“將仲子兮,無踰我里,無折我樹～。”孟子告子上:“性猶～柳也,義猶桮棬也。”㊁地名兼國名。周武王封夏禹後代於杞。吕氏春秋慎大:“下轝,命封夏后之後於～。”論語八佾:“夏禮吾能言之,～不足徵也。”

杝 1. yí 弋支切,平,支韻,喻四。歌部。

㊀樹名,即椴木。禮記檀弓上:“～棺一,梓棺二。”鄭玄注引爾雅:“椴,杝。”孔穎達疏:“杝即椴木。鄭引爾雅曰‘椴,杝’,一物又名,名椴又名杝也。”今爾雅作椸。

2. lí 集韻鄰知切,平,支韻,來。歌部。

㊁籬笆。説文:“杝,落也。”北魏賈思勰齊民要術序:“～落不完,垣墻不牢。”玄應一切經音義一四引通俗文:“柴垣曰杝,木垣曰栅。”

3. zhì 池爾切,上,紙韻,澄。歌部。

㊂順着木材的紋理劈開。詩小雅小弁:“伐木掎矣,析薪～矣。”

4. duò 音舵。按,集韻作“柂”,待可切,上,哿韻,定。

㊃通“舵”。又作“柂”,船舵。後漢書趙壹傳:“奚異涉海之失～,積薪而待燃。”李賢注:“杝,可以正船也。音徒我反。”

李 lǐ 良士切,上,止韻,來。之部。

㊀果樹名。説文:“李,果也。”詩小雅南山有臺:“南山有杞,北山有～。”又指李樹果實。詩大雅抑:“投我以桃,報之以～。”㊁通“理”。獄官,法官。管子大匡:“國子爲～,隰朋爲東國。”尹知章注:“李,獄官也。”又法法:“臯陶爲～。”㊂〔行李〕外交使節。左傳僖公三十年:“行李之往來,共其乏困。”

[備考]懲治。鶡冠子王鈇:“逆言過耳,兵甲相～。”陸佃解:“李者,治也。”

杈 1. chā 初牙切,平,麻韻,穿二。歌部。

㊀樹的分岔。説文:“杈,枝也。”方言二:“江東謂樹歧曰杈椏。”〔杈枒〕樹枝參差歧出貌。文選漢王延壽魯靈光殿賦:“芝栭攢羅以戢孴,枝牚杈枒而斜據。”李善注:“參差之貌。”又作“枒杈”。見“枒”字條。㊁叉形用具。周禮天官鼈人“以時簎魚鼈龜蜃凡貍物”鄭玄注引鄭司農曰:“簎謂以～刺泥中搏取之。”此指魚叉。明徐光啟農政全書二二:“杈,簎禾具也。”此指農具。

2. chà 集韻楚嫁切,去,禡韻,穿二。

㊂官府前用來攔人馬的木架。宋孟元老東京夢華録御街:“路心又安朱漆～子兩行。”

极 jí 其輒切,入,葉韻,羣。緝部。

驢背上用以馱物的架子。今所謂馱鞍。説文:"极,驢上負也。"

按,极非極的簡體。

杏 xìng 何梗切,上,梗韻,匣。陽部。

樹名,又指其果實。説文:"杏,果也。"山海經中山經:"又東北三百里,曰靈山,其木多桃、李、梅、~。"禮記祭法:"夏礿用~。"〔杏壇〕孔子講學處。莊子漁父:"孔子遊乎緇帷之林,休坐乎杏壇之上,弟子讀書,孔子絃歌鼓琴。"

杓 1. biāo 甫遥切,集韻卑遥切,平,宵韻,幫。宵部。

㊀勺子柄。説文:"杓,枓柄也。"段玉裁注:"枓柄者,勺柄也。勺謂之枓,勺柄謂之杓。"特指北斗七星的第五至第七顆星。淮南子天文:"斗~爲小歲。"高誘注:"斗第一至第四爲魁,第五至第七爲杓。"史記天官書:"~攜龍角,衡殷南斗,魁枕參首。"㊁引,拉。淮南子道應:"孔子勁,~國門之關,而不肯以力聞。"許慎注:"杓,引也。"㊂擊。淮南子兵略:"故凌人者勝,待人者敗,爲人~者死。"許慎注:"杓,擊也。"

2. sháo 市若切,入,藥韻,禪。藥部。

㊃同"勺"。舀東西的器具。韓詩外傳卷八:"譬猶渴操壺~,就江海而飲之。"漢書息夫躬傳:"霍顯之謀將行于杯~。"顏師古注:"杓,所以抒挹也。字與勺同,音上灼反。"

3. dí 都歷切,入,錫韻,端。藥部。

㊄標的,標準。莊子庚桑楚:"今以畏壘之細民,而竊竊焉欲俎豆予于賢人之間,我其~之人邪?"郭象注:"不欲爲物標杓也。"

杉 shān 所咸切,平,咸韻,審二。

樹名。唐杜甫詠懷古蹟五首之四:"古廟~松巢水鶴。"唐杜牧題池州弄水亭詩:"~樹碧爲幢,花駢紅作堵。"

按,説文無杉字。

四　畫

東 dōng 德紅切,平,東韻,端。東部。

㊀東方。詩召南小星:"嘒彼小星,三五在~。"書禹貢:"南至于華陰,~至于底柱。"用作動詞,向東。左傳僖公三十二年:"秦師遂~。"㊁主人(後起義)。唐杜甫偪仄行贈畢曜:"~家蹇驢許借我,泥滑不敢騎朝天。"明凌濛初二刻拍案驚奇一七:"欲問夫人高門姓氏,與敝~何親?"㊂〔東籠〕披靡潰散貌。荀子議兵:"圜居而方止,則若磐石然,觸之者角摧,案角鹿埵、隴種、東籠而退耳。"楊倞注:"鹿埵、隴種、東籠,皆摧敗披靡之貌。"㊃〔東丁〕雙聲聯緜字。象聲詞。宋陸游老學庵筆記六:"黄魯直題詩云:'古人題作東丁水,自古東丁直到今。'"

按,説文東字在東部。

杰 jié 渠列切,入,薛韻,羣。

後起字。多用於人名,今以杰爲傑的簡化字。

枓 1. zhǔ 之庾切,上,麌韻,照三。侯部。

㊀勺子,舀水用具。説文:"枓,勺也。"儀禮少牢饋食禮:"司宫設罍水於洗東,有~。"鄭玄注:"枓,剩水器也。"禮記喪大記:"浴水用盆,沃水用~。"孔穎達疏:"用枓酌盆水沃尸。"

2. dǒu 當口切,上,厚韻,端。

㊁〔枓栱〕屋柱上方的木塊。唐段穀市中狂吟:"任狂風吹,連簷破碎,枓栱斜攲,看著倒也。"爾雅釋宫郝懿行義疏:"栱之言拱,柱上枓栱,所以拱持梁棟。"

枋 1. fāng 府良切,平,陽韻,非。陽部。

㊀樹名。説文:"枋,木。可作車。"莊子逍遥遊:"我決起而飛,搶榆~。"管子地員:"其榆其桑,其杞其~,羣木數大,條直以長。"㊁以木偃魚。方言:"蜀人以木偃魚曰枋。"也指木椿築成的堰。北魏酈道元水經注淇水

引晉盧諶征艱賦："後背洪～巨堰，深渠高堤者也。"

2. fāng 集韻甫妄切，去，漾韻，非。

㊂同"舫"。竹木筏。後漢書岑彭傳："公孫述遣其將任滿、田戎、程汎將數萬人乘～箄下江關。"李賢注："枋箄，以木材爲之，浮於水上。"

3. bìng 集韻陂病切，去，映韻，幫。陽部。

㊃通"柄"。器物的把兒。儀禮士冠禮："賓受醴於户東，加柶面～。"又用於抽象義，權柄。周禮春官內史："內史掌王之八～之法。"

杭

háng 胡郎切，平，唐韻，匣。陽部。

㊀渡。詩衛風河廣："誰謂河廣，一葦～之。"又指渡船。楚辭戰國屈原九章惜誦："昔余夢登天兮，魂中道而無～。"史記司馬相如傳大人賦："～絶浮渚而涉流沙。"㊁〔杭莊〕平坦寬闊的大道。管子輕重丁："請以令決瀷洛之水，通之杭莊之間。"王念孫云："杭莊即康莊。"㊂地名。見玉篇。

按，說文杭爲抗的或體，云："抗，扞也。"

枕

1. zhěn 章荏切，上，寢韻，照三。侵部。

㊀枕頭。說文："枕，卧所薦首者。"詩唐風葛生："角～粲兮，錦衾爛兮。"吕氏春秋順民："身不安～席，口不甘厚味。"㊁頭上橫骨。內經素問骨空論："頭橫骨爲～。"爾雅釋魚："魚～謂之丁。"郭璞注："枕在魚頭骨中，形似篆書丁字。"㊂車橫木。方言九："軫謂之枕。"

2. zhèn 之任切，去，沁韻，照三。侵部。

㊃以頭枕物。論語述而："曲肱而～之。"墨子節葬下："縗絰垂涕，處倚廬，寢苫～甴。"㊄臨近，靠近。漢書嚴助傳："會稽東接於海，南近諸越，北～大江。"顏師古注："枕，臨也。"唐王勃滕王閣序："臺隍～夷夏之交。"

枉

wǎng 紆往切，上，養韻，影。陽部。

㊀彎曲。荀子王霸："辟之是猶立直木而求其景之～也。"淮南子本經："矯～以爲直。"引申爲邪曲，不正直。論語爲政："舉直錯諸～，則民服。"吕氏春秋知度："法則之用植矣，～辟邪撓之人退矣。"㊁歪曲法律，審判不公。商君書定分："天下之吏民，雖有賢良辯慧，不能開一言以～法。"吕氏春秋仲秋："命有司申嚴百刑，斬殺必當，無或～橈。"引申爲冤屈。三國志吴書朱異傳："爲孫綝所～害。"㊂屈就，屈尊就卑。戰國策韓策二："不遠千里，～車騎而交臣。"漢揚雄解嘲："或～千乘於陋巷。"㊃徒然，白白地。唐杜甫歲晏行詩："汝休～殺南飛鴻。"宋朱熹朱子語類三二："不知務民之義，褻近鬼神，只是～費心力。"㊄〔枉攘〕叠韻聯緜字。紛亂貌。楚辭漢嚴忌哀時命："摡塵垢之枉攘兮，除穢累而反真。"王逸注："枉攘，亂貌。"

杬

yuán 愚袁切，平，元韻，疑。元部。

㊀樹名。文選晉左思吴都賦："緜～杶櫨。"劉逵注："杬，大樹也。…其皮厚，煎訖以藏衆果，使不爛敗。"南史卞彬傳："彬性好飲酒，以瓠壺瓢勺～皮爲具。"㊁通"芫"。草名。爾雅釋木："杬，魚毒。"

按，說文無杬字。

枎

fú 防無切，平，虞韻，奉。魚部。

㊀樹名。管子地員："五沃之土，…宜彼羣木，桐、柞、～、櫄。"㊁〔枎疏〕枝葉繁茂四處分布貌。說文："枎，枎疏，四布也。"段玉裁注："枎之言扶也，古書多作扶疏，同音假借也。扶疏謂大木枝柯四布。"參見"扶疏"字條。

柿

fèi 芳吠切，去，廢韻，敷。月部。

削木片。說文："柿，削木朴也。"詩小雅伐木"伐木許許"毛傳："許許，柿貌。"文選晉潘岳馬汧督誄："爨陳焦之麥，～梠桷之松。"又指削下的木片。晉書王濬傳："王濬造船于蜀，其木～蔽江而下。"資治通鑑陳長城公禎明元年："使投其～於江。"

［辨］柿與果樹之"柹"形近，而義音迥異，不可混同。

枝 zhī 章移切，平，支韻，照三。支部。

❶樹的枝條。說文："枝，木別生條也。"詩檜風隰有萇楚："隰有萇楚，猗儺其～。"莊子山木："莊子行於山中，見大木～葉盛茂。"❷歧出的，分支。莊子駢拇："駢拇～指，出乎性哉。"吕氏春秋慎行："盡殺崔杼之妻子及～屬。"❸肢體，四肢。吕氏春秋圜道："感而不知，則形體四～不使矣。"韓非子難言："吴起收泣於岸門，痛西河之爲秦，卒～解於楚。"❹支撐，支持。左傳桓公五年："蔡、衞不～，固將先奔。"杜預注："不能相枝持也。"馬王堆漢墓帛書戰國縱横家書蘇秦謂陳軫："不救寡人，寡人弗能～。"引申爲抵禦，抗拒。漢劉向新序善謀上："而勁齊、韓、魏之彊，足以～於秦。"〔枝梧〕①抗拒。史記項羽本紀："諸將皆慴服，莫敢枝梧。"②支撐。北魏酈道元水經注漯水："以木爲圓基，令互相枝梧。"❺量詞（後起義）。南朝梁費昶華光省中夜聞城外搗衣詩："衣熏百和屑，鬢摇九～花。"唐白居易長恨歌："梨花一～春帶雨。"

［備考］〔折枝〕孟子梁惠王上："爲長者折枝，語人曰我不能。"趙岐注："按摩手節也。"朱熹集注："以長者之命，折草木之枝。"

林 lín 力尋切，平，侵韻，來。侵部。

❶成片的樹木、竹子。詩召南野有死麕："～有樸樕，野有死鹿。"孟子梁惠王上："斧斤以時入山～，材木不可勝用也。"❷指人或物會聚處。文選漢司馬遷報任安書："然後可以託於世，而列於君子之～矣。"南朝梁蕭統文選序："歷觀文苑，泛覽辭～。"❸〔林林〕衆多貌。史記律書："林鍾者，言萬物就死，氣林林然。"唐柳宗元貞符："惟人之初，揔揔而生，林林而羣。"〔林離〕雙聲聯緜字。衆多貌。史記司馬相如列傳大人賦："滂濞泱軋，灑以林離。"

［備考］君。爾雅釋詁："林，君也。"詩小雅賓之初筵："百禮既至，有壬有～。"毛傳："林，君也。"朱熹集傳："林，盛也。"

按，說文林字在林部。

枑 hù 胡誤切，去，暮韻，匣。魚部。

官府前用木頭交叉構成的障礙物，也稱行馬。說文："枑，行馬也。"文選晉潘岳藉田賦："封人壝宮，掌舍設～。"南朝宋顏延之三月三日曲水詩序："旌門洞立，延帷接～。"

杶 chūn 丑倫切，平，諄韻，徹。文部。

樹名，即香椿。說文："杶，木也。"書禹貢："厥貢羽毛齒革，惟金三品，～、幹、栝、柏。"文選晉左思吴都賦："木則楓柙櫲章…緜杬～櫨。"

枒 1. yē 集韻余遮切，平，麻韻，喻四。魚部。

❶樹名。即椰樹。說文："枒，木也。"文選晉左思蜀都賦："其樹則有…椶、～、楔、樅。"李善注："枒，音邪。"後作"梛"、"椰"。集韻麻韻："枒，或从邪，从耶。"

2. yā 五加切，平，麻，疑。

❷〔枒杈〕叠韻聯緜字。樹枝參差歧出貌。元王惲趙邈齪虎圖行："巔崖老樹纏冰雪，石觜枒杈横積鐵。"又作"杈枒"。

枕 yóu 羽求切，平，尤韻，喻三。

樹名。太平御覽九六〇引交州記："～，赤色，堪作船作牀。"

按，說文無枕字。

杯 bēi 布回切，平，灰韻，幫。之部。

桮的俗字。❶飲器。莊子逍遥遊："覆～水於坳堂之上，則芥爲之舟。"史記滑稽列傳："履舄交錯，～盤狼藉。"❷用作量詞。孟子告子上："今之爲仁者，猶以一～水救一車薪之火也。"

［辨］閜，杯。見"閜"字條。

按，說文無杯有桮。

杼 1. zhù 直吕切，上，語韻，澄。魚部。

❶織布機的梭子。說文："杼，機之持緯者。"詩小雅大東："小東大東，～柚其空。"戰國策秦策二："其母懼，投～踰墻而走。"❷削

薄,削尖。周禮考工記輪人:"凡爲輪,行澤者欲～。"鄭玄注:"杼,謂削薄其踐地者。"又玉人:"大圭長三尺,～上終葵首。"

2. shù 神與切,上,語韻,牀三。魚部。

㊂樹名。爾雅釋木:"栩,杼。"郭璞注:"柞樹。"莊子山木:"衣裘褐,食～栗。"㊃通"抒"。排除污垢。管子禁藏:"～井易水,所以去兹毒也。"又爲抒發。楚辭戰國屈原九章惜誦:"惜誦以致愍兮,發憤以～情。"

杷 1. pá 蒲巴切,平,麻韻,並。魚部。

㊀農具名,杷子。説文:"杷,收麥器。"漢王褒僮約:"屈竹作～,削治鹿盧。"北魏賈思勰齊民要術作豉:"䅀訖,以～平豆。"引申爲用杷疏理。北魏賈思勰齊民要術耕田:"耕荒畢,以鐵齒鎇楱再徧～之。"㊁用手挖土。漢書貢禹傳:"農夫父子暴露中野,不避寒暑,捽屮～土,手足胼胝。"顏師古注:"杷,手掊之也。"

2. bà 集韻必駕切,去,禡韻,幫。

㊂器物的柄。晉書王濛傳:"劉惔以犀～麈尾置棺中。"

杻 1. niǔ 女久切,上,有韻,娘。幽部。

㊀樹名。爾雅釋木:"杻,檍。"詩唐風山有樞:"山有栲,隰有～。"山海經西山經:"其上多穀柞,其下多～橿。"

2. chǒu 敕久切,上,有韻,徹。

㊁手銬。唐杜甫草堂詩:"眼前列～械,背後吹笙竽。"舊唐書刑法志:"又繫囚之具,有枷、～、鉗、鏁。"

按,説文無杻字。集韻誤以杽之古文爲杻。

杪 miǎo 亡沼切,集韻弭沼切,上,小韻,明。宵部。

㊀樹梢。説文:"杪,木標末也。"史記司馬相如傳上林賦:"夭蟜枝格,偃蹇～顛。"後漢書馬融傳:"～標端,尾蒼蜼。"李賢注:"杪、標並木末也。"引申爲末端,末尾。禮記王制:"冢宰制國用,必於歲之～。"漢書王莽傳:"同時斷斬,懸頭竿～。"㊁微小,細微。方言二:"杪,小也。"後漢書馮衍傳:"闊略～小之禮,蕩佚人間之事。"〔杪曶〕極小的量度單位。後漢書律曆志中:"夫數出於杪曶,以成毫氂。"字又作"杪忽"。形容極少,甚微。宋歐陽修憎蒼蠅賦:"所希杪忽,過則難勝。"

[同源字]標,杪,秒。三字均有末梢,末端義。且皆爲宵部,杪、秒同明母,標與杪秒,爲幫明旁紐,音亦近,故爲同源。説文:"標,木杪末也。""秒,禾芒也。"段玉裁注:"禾芒曰秒,猶木末曰杪。"參見"渺"字條。

杫 1. sì 斯義切,去,寘韻,心。之部。

㊀切肉的案子。方言五:"俎,几也,西南蜀、漢之郊曰杫。"後漢書鍾離意傳:"家貧爲郎,常獨直臺上,無被,枕～,食糟糠。"李賢注:"杫謂俎几也。"

2. xǐ 集韻想氏切,上,紙韻,心。

㊁樹名,見集韻。

按,説文無杫字。

枏 nán 集韻那含切,平,覃韻,泥。談部。

同柟、楠。樹名。説文:"枏,梅也。"墨子公輸:"荆有長松、文梓、楩～、豫章。"莊子山木:"王獨不見夫騰猿乎,其得～梓、豫章也,攬蔓其枝而王長其間,雖羿、蓬蒙不能眄睨也。"郭象注:"枏,音南,木名。"

按,説文所云梅也,爲枏的别稱,與酸果之梅(亦作楳)爲二物。

杳 yǎo 烏皎切,上,篠韻,影。宵部。

㊀昏暗。説文:"杳,冥也。"楚辭戰國屈原九歌山鬼:"～冥冥兮羌晝晦,東風飄兮神靈雨。"㊁深遠,高遠。漢書揚雄傳上:"上天之縡,～旭卉兮。"顏師古注:"杳,高遠也。"〔杳杳〕深遠幽暗貌。楚辭戰國屈原九章懷沙:"眴兮杳杳,孔静幽默。"王逸注:"深冥貌也。"〔杳眇〕叠韻聯緜字。深遠貌。史記司馬相如傳上林賦:"俛杳眇而無見,仰攀橑而捫

天。"〔杳篠〕幽深貌。文選漢班固西都賦："步甬道以縈紆，又杳篠而不見陽。"㊂不見踪影(後起義)。宋林景熙仙壇寺西林詩："古壇仙鶴～，野鹿自成羣。"

枘 ruì 而銳切，去，祭韻，日。月部。

榫子，榫頭。莊子天下："鑿不圍～。"成玄英疏："枘，内孔中之木也。"楚辭戰國屈原離騷："不量鑿而正～兮，固前修以葅醢。"

按，說文無枘字。

枇 1. pí 房脂切，集韻頻脂切，平，脂韻，並。脂部。

㊀〔枇杷〕雙聲聯緜字。樹名。說文："枇，枇杷木也。"史記司馬相如傳上林賦："枇杷橪柿，楟柰厚朴。"㊁同"琵琶"。樂器名。釋名釋樂器："枇杷，本出於胡中，馬上所鼓也。"

2. bǐ 卑履切，上，旨韻，幫。脂部。

㊂祭祀時用的大木匙。禮記雜記："～以桑，長三尺，或曰五尺。"鄭玄注："枇，所以載牲體者。此謂喪祭，吉祭枇用棘。"孔穎達疏："枇者所以載牲體，從鑊以枇升入於鼎，從鼎以枇載之於俎。"

3. bì 毗至切，去，至韻，並。脂部。

㊃篦子。廣雅釋器："枇，櫛也。"用作動詞，篦頭。後漢書濟北惠王壽傳："頭不～沐，體生瘡腫。"

枍 yì 於計切，音翳，去，霽韻，影。支部。

〔枍詣〕漢宮殿名。文選漢班固西都賦："經駘盪而出馺娑，洞枍詣以與天梁。"李善注引關中記建章宮有馺娑、駘盪、枍詣、承光四殿。又泛指宮殿。唐徐堅初學記引隋江總侍宴瑶泉殿詩："水亭通枍詣，石路接堂皇。"

按，說文無枍字。

枌 fén 符分切，平，文韻，奉。文部。

㊀樹名，即白榆。說文："枌，榆也。"爾雅釋木："枌，白榆。"詩陳風東門之枌："東門之～，宛丘之栩。"禮記内則："堇、荁、～、榆。"鄭玄注："榆白曰枌。"㊁通"棼"。閣樓的棟。文選晉張協七命："頳素炳煥，～栱嵯峨。"李善注："說文曰：'棼，複屋棟也。'棼與枌古字通。"

松 sōng 祥容切，平，鍾韻，邪。東部。

樹名。說文："松，木也。"詩鄭風山有扶蘇："山有喬～，隰有游龍。"論語子罕："歲寒，然後知～柏之後彫也。"

〔備考〕通"從"。隨從。墨子號令："隨而行，～上不隨下。"王引之云："松，讀爲從，言從上不隨下也。"

杵 chǔ 昌與切，上，語韻，穿三。魚部。

㊀舂米、捶衣、築土用的棒槌。說文："杵，舂杵也。"易繫辭下："斷木爲～，掘地爲臼。"孟子盡心下："以至仁伐至不仁，而何其血之流～也？"漢班昭擣素賦："於是投香～，扣玟砧。"唐張籍築城詞："築城處，千人萬人齊把～。"又指杵形的兵器。宋史呼延贊傳："作破陣刀、降魔～。"㊁搗，砸。漢賈誼新書春秋："舂築者不相～。"南朝宋謝惠連擣衣詩："楹長～聲哀。"

枚 méi 莫杯切，平，灰韻，明。微部。

㊀樹幹。說文："枚，榦也。"詩大雅旱麓："莫莫葛藟，施于條～。"㊁行軍時，士卒銜在口中防止喧譁的小棍，狀如筷子。周禮夏官大司馬："遂鼓行，徒銜～而進。"又秋官銜枚氏："軍旅田役，令銜～。"㊂量詞。墨子備城門："二步積石，石重千鈞以上者五百～。"史記貨殖列傳："木器髤者千～。"㊃一一，逐個。北史恩幸傳序："其間盜官賣爵，汙辱宮闈者多矣，亦何可～舉哉！"㊄長度單位，一分。周禮考工記輪人："十分寸之一謂之～。"鄭玄注："枚，一分。"㊅〔枚枚〕細密貌。詩魯頌閟宮："閟宮有侐，實實枚枚。"毛傳："枚枚，礱密也。"

〔備考〕㊀鐘乳，鐘上突起的飾物，狀若乳頭。周禮考工記鳧氏："鍾帶謂之篆，篆間謂之～。"鄭玄注引鄭司農曰:"枚,鍾乳也。"孫詒讓正義:"枚,隆起如乳,故曰鍾乳。"㊂左傳襄公二十一年:"還於門中,識其～數。"焦循補疏云:"門闔之上,以鐵釘布之,有如鍾乳,故以名枚。"按,左傳襄公十八年:"還於門中,以枚數闔。"杜預注:"枚,馬檛也。闔,門扇也。"此與二十一年所述爲同一事,"枚"字義當同,然"以枚數闔","識其枚數"二句,"枚"字義迥異,姑存備考。

杴 xiān 虛嚴切,平,嚴韻,曉。

農具名,形似鍬。北魏賈思勰齊民要術作豉法:"以～東西作壠,耩豆,如穀壠形,令稀穊均調。"宋朱輔溪蠻叢笑舞杴:"醉後以長柄木～跳舞。"

按,說文無杴字。

杸 shū 市朱切,平,虞韻,禪。侯部。

一種兵器。說文:"杸,軍中士所持殳也。司馬法曰:'執羽從殳。'"

[同源字]杸,殳。見"殳"字條。

按,說文杸字在殳部。

枂 xī 先擊切,入,錫韻,心。錫部。

"析"的俗字。剖開,劈開。楚辭戰國屈原九章惜誦:"令五帝以～中兮,戒六神以嚮服。"韓詩外傳二:"易子而食之,～骸而爨之。"

杹 huà 呼霸切,去,禡韻,曉。

樹名,即木芙蓉。廣韻:"杹,木名,皮可爲索。"本草綱目木部三:"木芙蓉,～木。"

按,說文無杹字。

枊 àng 五浪切,去,宕韻,疑。陽部。

❶繫馬的柱子。說文:"枊,馬柱。"三國志蜀書先主傳:"解綬繫其頸著馬～。"❷斗栱。文選三國魏何晏景福殿賦:"飛～鳥踊,雙轅是荷。"資治通鑑唐高宗總章二年:"窗櫺楣柱,～楶枅栱,皆法天地陰陽之律數。"

[備考]堅。說文:"枊,一曰堅也。"

杮 1. shì 鉏里切,上,止韻,牀二。

❶同柿。柿樹的果實。廣韻:"杮,果名。"禮記內則:"棗、栗、榛、～、瓜、桃、李、梅。"

2. fèi。

❷同柿。削下的木片。龍龕手鑑:"杮,斫木斥零杮也。"

按,說文字作柿。

析 xī 先擊切,入,錫韻,心。錫部。

❶劈開。說文:"析,破木也。"詩齊風南山:"～薪如之何,匪斧不克。"左傳宣公十五年:"敝邑易子而食,～骸而爨。"❷離散。論語季氏:"邦分崩離～而不能守也。"莊子漁父:"～交離親謂之賊。"❸分析,辨析。莊子天下:"判天地之美,～萬物之理。"史記平準書:"三人言利事～秋毫矣。"❹解(酒)。文選戰國宋玉風賦:"清清泠泠,愈病～酲。"李善注引應劭曰:"析,解也。"漢書禮樂志:"泰尊柘漿,～朝酲。"

[備考]草名,似燕麥。漢書司馬相如傳子虛賦:"其高燥則生葴～苞荔。"顏師古注引張揖曰:"析,似燕麥。"引蘇林曰:"析,音斯。"按,文選字作菥。

[同源字]析,斯。二字同爲心母。析,錫部;斯,支部,錫支對轉。古音相通。析是破木,斯與析同義。說文:"斯,析也。"詩陳風墓:"斧以斯之。"毛傳:"斯,析也。"

板 bǎn 布綰切,上,潸韻,幫。元部。

❶片狀的木頭,木板。詩秦風小戎:"在其～屋,亂我心曲。"特指築墻用的夾板。左傳宣公十一年:"分財用,平～榦,稱畚築。"史記黥布列傳:"項王伐齊,身負～築,以爲士卒先。"裴駰集解引李奇曰:"板,墻板也。"❷詔板,指帝王的詔書或官府的文件。後漢書竇武傳:"召尚書官屬,脅以白刃,使作詔～。"引申爲以板授官。南齊書豫章文獻王嶷傳:"太祖出頓新亭壘,～嶷爲寧朔將軍。"又褚炫傳:

"宋義陽王昶爲太常，～炫補五品。"㊂笏板，手板。後漢書禮儀傳："八能士各書～言事。"梁書王僧孺傳："不得奉～中涓。"㊃印板(後起義)。朱子語類二七："千部萬部印去，只是一箇印～。"㊄刑具(後起義)。元曲選元闕漢卿金綫池四："這四十～便饒了。"㊅板結，結成硬塊(後起義)。明宋應星天工開物一："遇大雨～土，則不復活。"㊆〔板板〕邪僻，反常。詩大雅板："上帝板板，下民卒癉。"毛傳："板板，反也。"孔穎達疏："釋訓曰：'板板，僻也。'邪僻即反戾之義，故爲反也。"

按，説文無板字。

杲 gǎo 古老切，上，晧韻，見。宵部。

㊀光明，明亮。説文："杲，明也。"〔杲杲〕日出明亮貌。詩衛風伯兮："其雨其雨，杲杲出日。"南朝梁劉勰文心雕龍物色："杲杲爲出日之容。"㊁高遠。玉篇："杲，高也。"管子内業："～乎如登高山。"

果 1. guǒ 古火切，上，果韻，見。歌部。

㊀果實。説文："果，木實也。"易説卦："爲～蓏。"釋文引應劭云："木實曰果，草實曰蓏。"吕氏春秋貴信："華不盛，則～實不生。"㊁充實，飽。莊子逍遥遊："適莽蒼者，三飡而反，腹猶～然。"㊂果敢，有決斷。書周官："惟克～斷，乃罔後艱。"孔穎達疏："惟能果敢決斷，乃無有後日艱難。"國語晉語九："彊毅～剛則賢。"㊃成爲事實，實現。孟子梁惠王下："嬖人有臧倉者沮君，君是以不～來也。"禮記檀弓下："於是弗～用。"史記孟子荀卿列傳："適梁，梁惠王不～所言。"㊄果真。莊子人間世："此～不材之木也。"吕氏春秋異寶："孫叔敖死，王～以美地封其子。"㊅終于，終究。左傳僖公二十八年："晉侯在外十九年矣，而～得晉國。"吕氏春秋忠廉："吴王不能止，～伏劍而死。"㊆事情的結局，結果。南史范雲傳附范縝："貴賤雖復殊途，因～竟在何處？"

2. wǒ。歌部。

㊇通"婐"。女侍。孟子盡心下："及其爲天子也，被袗衣，鼓琴，二女～，若固有之。"趙岐注："果，侍也。"説文女部婐字下引孟子作"婐"。

［備考］㊀通"贏"。裸露。周禮春官龜人："東龜曰～屬。"鄭玄注："杜子春讀果爲贏。"㊁通"祼"。酌酒澆地以祭祀。周禮春官大宗伯："大賓客，則攝而載～。"鄭玄注："果，讀爲祼。"

五　畫

柒 qī 親吉切，入，質韻，清。質部。

㊀同"漆"。樹名。山海經西山經："又西百二十里，曰剛山，多～木。"㊁數目字。

按，説文無柒字。

染 rǎn 而琰切，上，琰韻，日。談部。

㊀使絲帛等物着色。周禮天官染人："染人掌～絲帛。"墨子所染："～於蒼則蒼，～於黄則黄。"也用於比喻義，熏陶，熏染。吕氏春秋當染："舜～於許由、伯陽。"㊁浸染。左傳宣公四年："子公怒，～指於鼎，嘗之而出。"㊂傳染，感染(疾病)。晉書庾袞傳："始疑疫癘之不相～也。"唐薛用弱集異記補編李楚賓："母嘗～疾，晝常無苦，至夜即發。"㊃〔荏染〕柔弱貌。詩小雅巧言："荏染柔木，君子樹之。"

［備考］豉醬。吕氏春秋當務："於是具～而已。"高誘注："豉醬也。"

按，説文染字在水部。

柬 jiǎn 古限切，上，産韻，見。元部。

㊀選擇，挑選。説文："柬，分别簡之也。"爾雅釋詁："柬，擇也。"荀子修身："安燕而血氣不惰，～理也。"楊倞注："言柬擇其事理所宜。"新唐書褚遂良傳："公等爲我～賢者保傅之。"㊁柬帖(後起義)。唐皮日休魯望以竹夾膝見寄因次韻酬謝詩："大勝書客裁成～。"明徐宏祖徐霞客遊記滇遊日記六："莘野乃翁沈君具～邀余同悉壇諸僧侣。"

［辨］柬，簡。見“簡”字條。

按，説文柬字在東部。

某 1. méi 集韻謨杯切，平，灰韻，明。之部。

❶酸果，即梅子。説文：“某，酸果也。”徐灝注箋：“‘某’即今酸果‘梅’字。因假借爲‘誰某’，而爲借義所專，遂假‘梅’爲之。”

2. mǒu 莫厚切，上，厚韻，明。之部。

❷代詞。指代不明説的或失傳的人或事物。書金縢：“惟爾元孫～，遘厲虐疾。”僞孔傳：“某，名。臣諱君，故曰某。”漢書項籍傳：“～時～喪，使公主～事，不能辦，以故不任公。”後漢書南匈奴傳：“單于居車兒立二十五年薨，子～立。”李賢注：“凡言某者，史失其名，故稱某以記之。”又用於自稱，表示謙虚。禮記曲禮下：“君使士射，不能，則辭以疾，言曰：‘～有負薪之憂。’”宋王安石答曾公立書：“則～之所論，無一字不合於法。”

柁 duò 徒可切，上，哿韻，定。歌部。

同“舵”。船舵。釋名釋船：“其尾曰柁。柁，拕也。在後見拕曳也，且弼正船，使順流不使他戾也。”唐劉禹錫楚望賦：“～綸往復，馴鷗相逐。”唐張説同趙侍御乾湖作詩：“欹帆側～弄風口。”又用作量詞，計算船隻。新唐書東夷傳高麗：“新羅數請援，乃下吴船四百～輸糧。”

按，説文無柁字。

柱 1. zhù 直主切，上，麌韻，澄。侯部。

❶支撑房架的立柱。説文：“柱，楹也。”莊子人間世：“以爲～則蠹。”史記刺客列傳：“秦王環～而走。”又泛指像房柱的東西。莊子盜跖：“水至不去，抱梁～而死。”淮南子天文：“怒而觸不周之山，天～折，地維絶。”❷瑟上繫絃的小木塊。史記廉頗藺相如列傳：“王以名使括，若膠～而鼓瑟耳。”

2. zhǔ 知庾切，上，麌韻，知。侯部。

❸支撑。潛夫論釋難：“故大屋移傾，則下之人不待告令，各争其～之。”三國志魏書鍾會傳：“内人共舉机以～門。”

［備考］塞。莊子徐无鬼：“藜藋～乎鼪鼬之逕。”成玄英疏：“柱，塞也。”郭慶藩集釋：“極謂其高也。”

柲 bì 兵媚切，去，至韻，幫。質部。

❶柄，兵器之柄。左傳昭公十二年：“君王命剥圭以爲鏚～。”杜預注：“柲，柄也。”周禮考工記廬人：“戈～六尺有六寸。”鄭玄注：“柲，猶柄也。”❷弓檠，保護弓的器具。儀禮既夕禮：“弓…有～。”鄭玄注：“柲，弓檠。”

［備考］刺。方言一二：“柲，刺也。”錢繹箋疏：“以穫刺物謂之柲。”

柈 pán 薄官切，平，桓韻，並。元部。

同“槃”、“盤”。盤子。論衡無形：“冶者用銅爲～杅。”抱朴子外篇應嘲：“土～之盈案，無益於腹虚也。”唐杜甫十月一日詩：“焦糖幸一～。”

按，説文無柈字。

枰 píng 符兵切，集韻蒲兵切，平，庚韻，並。耕部。

❶樹名。文選漢司馬相如上林賦：“沙棠櫟櫧，華楓～櫨。”郭璞注：“枰，平仲木也。”❷棋局，棋盤。方言五：“所以投簙謂之～。”晉書杜預傳：“時帝與中書令張華圍棊，而預表適至，華推～斂手。”❸獨坐的板牀。唐徐堅初學記二五引通俗文：“牀三尺五曰榻，板獨坐曰～。”釋名釋牀帳：“枰，平也，以板作之，其體平正也。”

柰 nài 奴帶切，去，泰韻，泥。月部。

❶果樹名，也指其果實。説文：“柰，果也。”三國魏曹植謝賜柰表：“賜臣等冬～一奩。”文選晉左思蜀都賦：“素～夏成。”❷〔柰何〕〔柰…何〕怎麽，怎麽辦。書召誥：“嗚呼，曷其柰何弗敬。”漢劉向説苑貴德：“武王克殷，召太公而問曰：‘將柰其士衆何？’”也單用柰字。淮南子兵略：“唯無形者，無可柰也。”

枿 niè 五割切，入，曷韻，疑。物部。

❷樹木砍伐後剩下的木樁。爾雅釋詁下："枿，餘也。"郝懿行義疏："枿者，説文作櫱，或作蘖，云：伐木餘也。"北魏酈道元水經注沅水："今洲上猶有陳根餘～，蓋其遺也。"唐柳宗元與蕭翰林俛書："雖朽～腐敗，不能生植，猶足蒸出芝菌，以爲瑞物。"也用於比喻義，指餘孽。宋陳亮上光宗皇帝鑒成箴："登崇俊良，斥退姦～。"❸樹木砍伐後復生的枝條或新芽。文選漢張衡東京賦："山無槎～。"薛綜注："斬而復生曰枿。"北魏賈思勰齊民要術種葵："令根上～生者柔輭至好。"

按，説文無枿字。

柜 jǔ 居許切，上，語韻，見。魚部。

❶樹名，即欅樹。説文："柜，木也。"孟子告子上"性猶杞柳也"趙岐注："杞柳，柜柳也。"後漢書馬融傳廣成頌："其植物則…椿梧栝柏，～柳楓楊。"❷通"矩"。畫方的用具。馬王堆漢墓帛書經法四度："規之内曰員，～之内曰(方)。"引申爲法度。宋洪适隸釋漢成陽靈臺碑："幼有中質，遵～蹈矩。"

柯 kē 古俄切，平，歌韻，見。歌部。

❶斧柄。説文："柯，斧柄也。"詩豳風伐柯："伐～如何，匪斧不克。"毛傳："柯，斧柄也。"國語晉語八："今若大其～，去其枝葉，絶其本根，可以少間。"韋昭注："柯，斧柄，所操以伐木。"❷草木的枝莖。禮記禮器："貫四時而不改～易葉。"文選漢張衡西京賦："濯靈芝以朱～。"薛綜注："朱柯，朱草莖赤色也。"❸碗、盂之類的器物。方言五："盌謂之盂，…盂謂之柯。"荀子正論："故魯人以榶，衛人用～。"❹樹名，見本草綱目。

柄 bǐng 陂病切，去，映韻，幫。集韻補永切，上，梗韻，幫。陽部。

❶斧柄，泛指器物的柄或柄狀物。説文："柄，柯也。"詩小雅大東："維北有斗，西～之揭。"墨子備城門："長斧，～長八尺。"世説新語簡傲："東吴有長～壺盧，卿得種來不？"❷權柄。周禮天官大宰："以八～詔王馭羣臣。"漢陳琳爲袁紹檄豫州："曩者强秦弱主，趙高執～。"❸根本。易繫辭下："謙，德之～也。"國語齊語："治國家不失其～。"❹執掌。戰國策韓策二："公仲～得秦師，故敢捍楚。"新唐書東夷傳："大臣乙祭～國。"

[同源字]柄，秉，把。見"秉"字條。

柑 1. gān 古三切，平，談韻，見。

❶果樹名，也指其果實。唐杜甫樹間詩："岑寂雙～樹，婆娑一院香。"唐劉肅大唐新語諧謔："益州每歲進～子，皆以紙裹之。"

2. qián 集韻其淹切，平，鹽韻，羣。談部。

❶通"拑"。以木銜馬口。公羊傳宣公十四年："圍者～馬而秣之。"何休注："柑者，以木銜其口，不欲令食粟。"引申爲閉。漢書五行志中之上："君炕陽而暴虐，臣畏刑而～口。"

按，説文無柑字。

枯 kū 苦胡切，平，模韻，溪。魚部。

❶草木枯槁。説文："枯，槀也。"易大過："～楊生稊。"吕氏春秋孟夏："行冬令，則草木早～。"又指枯槁的草木。國語晉語二："人皆集於苑，己獨集於～。"漢書異姓諸侯王表："鐫金石者難爲功，摧～朽者易爲力。"又泛指一般的乾枯，乾涸。莊子外物："曾不如早索我於～魚之肆。"荀子勸學："淵生珠而崖不～。"❷憔悴。荀子修身："勞勌而容貌不～。"淮南子原道："終身運～形於連嶁列埒之間。"❸古代酷刑，棄市暴屍。荀子正論："捶笞臏脚，斬斷～磔。"楊倞注："枯，棄市暴屍也。"

[備考]樹名。説文："枯，夏書曰：'唯箘輅枯。'木名也。"今尚書作楛。

[辨]枯，槀(槁)。二字在草木枯槁的意義上同義。但槁字可用作動詞。段玉裁曰："凡潤其枯槁曰槁。"又謂犒師、犒勞字當作槀，今作犒者是漢代依當時通行字改之。枯没有這個意義。

[同源字]槀(槁)，枯，涸，竭，渴(渴)。見"涸"字條。

枻 1. yì 餘制切，去，祭韻，喻四。月部。

㊀船舷。楚辭戰國屈原漁父："漁父莞爾而笑，鼓～而去。"王逸注："叩船舷也。"唐李白江上吟詩："木蘭之～沙棠舟。"㊁船槳。史記司馬相如傳子虛賦："浮文鷁，揚桂～。"司馬貞集解引韋昭曰："栧，檝也。"引申爲用槳劃。淮南子道應："佽非謂～船者曰。"許慎注："栧，櫂。"㊂泛指船。南朝齊孔稚珪褚先生伯玉碑："先生攀途躋阻，宿～涉圻。"

2. xiè。

㊃矯正弓弩的器具。荀子非相："故君子之度己則以繩，接人則用～。"楊倞注："韓侍郎云：'栧者，檠栧也，正弓弩之器也。'"

按，說文無栧字。

柩 jiù 巨救切，去，宥韻，羣。之部。

裝有死屍的棺材。說文："柩，棺也。"段玉裁注："棺柩義別，虛者爲棺，實者爲柩。"左傳僖公三十二年："出絳，～有聲如牛。"禮記曲禮下："在牀曰尸，在棺曰～。"

柘 zhè 之夜切，去，禡韻，照三。鐸部。

㊀樹名，葉可喂蠶，材可制弓。詩大雅皇矣："攘之剔之，其檿其～。"周禮考工記弓人："弓人取榦之道，～爲上。"㊁通"蔗"。甘蔗。楚辭招魂："胹鼈炮羔，有～漿些。"王逸注："柘，藷蔗也。"文選漢司馬相如子虛賦："諸～巴苴。"李善注引張揖曰："諸柘，甘柘也。"

柸 1. bēi 音杯。之部。

㊀同"杯"。飲器。山海經海内北經："有一女子，方跪進～食。"漢王褒僮約："滌～整桉。"

2. fú。之部。

㊁同"棓"。杖。山海經海内北經："蛇巫之山，上有人操～而東向立。"郭璞注："柸，或作棓，字同。"郝懿行云："柸即棓之異文。"

［備考］〔柸治〕淮南子道應："乃止駕，止柸治，悖若有喪也。"許慎注："楚人謂恨不得爲柸治。"俞樾云："王氏念孫謂'止柸治'之'止'，乃'心'字之誤，是也。柸治之義，其實即不怡也。"

按，說文無柸字。

柫 fú 分勿切，入，物韻，非。物部。

脫粒用的農具，連枷。說文："柫，擊禾連枷也。"方言五："僉，自關而西謂之棓，或謂之柫。"郭璞注："今連枷，所以打穀者。"漢書王莽傳："予之北巡，必躬載～。"顔師古注："柫音佛，所以擊治禾者也。今謂之連枷。"

柅 nǐ 女履切，上，旨韻，泥。脂部。

㊀樹名，果實如梨。說文："柅，木也，實如梨。"㊁止車木塊。易姤："繫於金～。"王弼注："柅者，制動之主。"孔穎達疏引馬融曰："柅者，在車之下，所以止輪，令不動者也。"引申爲遏止。新唐書牛徽傳："徽治以剛明，～杜干請，法度復振。"㊂〔柅柅〕草木茂盛貌。文選晉左思蜀都賦："總莖柅柅，裛葉蓁蓁。"劉逵注："柅柅、蓁蓁，盛茂貌也。"

柀 bǐ 甫委切，集韻補靡切，上，紙韻，幫。歌部。

㊀樹名。或說爲杉樹，或說爲榧樹。說文："柀，檆也。"爾雅釋木："柀，煔。"郭璞注："煔似松，生江南，可以爲船及棺材，作柱，埋之不腐。"㊁離析，破裂。說文："柀，一曰析也。"段玉裁注："柀析字見經傳極多，而版本皆譌爲手旁之披，披行而柀廢矣。"銀雀山漢墓竹簡孫臏兵法禽龐涓："環涂軷～其後，二大夫可殺也。"

枷 1. jiā 古牙切，平，麻韻，見。歌部。

㊀打穀脫粒的農具。說文："枷，柫也。"國語齊語："權節其用，耒耜～芟。"㊁刑具名。廣韻："枷，項械也。"隋書刑法志："撾鼓千聲，釋～鎖焉。"又用作動詞，後漢書馬融傳廣成頌："～天狗，緤墳羊。"唐語林政事下："有軍士犯禁，杖而～之。"

2. jià 集韻居迓切，去，禡，見。歌部。

㊂通"架"。衣架。禮記曲禮下："男女不

雜坐，不同椸～。"釋文："枷，本又作架。"

[同源字]駕，架，枷，加。見"駕"字條。

查 1. chá 鉏加切，平，麻韻，牀二。

❶木筏。晉王嘉拾遺記唐堯："堯登位三十年，有巨～浮於西海。"北齊書文苑傳："乘～至於河漢，唯覩牽牛。"❷樹查。隋書楊約傳："在童兒時，嘗登樹墮地，爲～所傷。"❸考察（晚起義）。見正字通。❹〔查牙〕突出貌。唐李賀馬詩之六："飢卧骨查牙，粗毛刺破花。"唐孫樵出蜀賦："嵌嵒嵒而查牙兮，上攢羅而戞天。"

2. zhā 集韻莊加切，平，麻韻，照二。

❺同"樝"、"楂"。山楂。宋孟元老東京夢華録飲食果子："河陽～子、～條。"❻〔查滓〕提取精華後的廢棄物（晚起義）。朱子語類五八："直是無纖毫查滓。"明高啟清言室記："得養生之理，吐查滓而納清虛。"

按，說文無查字。

柤 1. zhā 側加切，平，麻韻，照二。魚部。

❶木栅欄。說文："柤，木閑也。"❷果樹名，也指其果實。山海經中山經："綸山，其木多梓枏，多桃枝，多～栗橘櫾。"郭璞注："柤似梨而酢濇。"莊子人間世："夫～梨橘柚果蓏之屬，實熟則剝。"❸渣滓。宋蘇軾辨道歌："腸中澄結無餘～。"

2. zǔ 集韻壯所切，上，語韻，照二。魚部。

❹同"俎"。祭祀時盛牛羊的禮器。宋洪适隸釋漢魯相韓敕造孔廟禮器碑："爵鹿～梪。"

柙 1. xiá 胡甲切，入，狎韻，匣。葉部。

❶關野獸的木籠。說文："柙，檻也。"論語季氏："虎兕出於～，龜玉毀於櫝中，是誰之過與？"韓非子守道："服虎而不以～，禁姦而不以法。"也指關人用的囚籠，用囚籠押解。管子小匡："於是魯君乃不殺，遂生束縛而～以予齊。"❷匣子，匱子。史記刺客列傳："秦舞陽奉地圖～，以次進。"司馬貞索隱："柙，亦函也。"漢書平帝紀："乙未，義陵寢神衣在～中。"顔師古注："柙，匱也。"又用作動詞，放在柙中。莊子刻意："夫有干、越之劍者，～而藏之，不敢用也，寶之至也。"

2. jiǎ 集韻古狎切，入，狎韻，見。

❸樹名。文選晉左思吴都賦："木則楓、～、櫲樟。"李善注："楓、柙，皆香木名。"

[同源字]柙，檻。見"檻"字條。

柛 shēn 失人切，平，真韻，審三。真部。

樹木自倒。爾雅釋木："木自獘，柛。"郭璞注："獘，踣。"邢昺疏："自獘者，生木自倒。"

按，說文無柛字。

柚 1. yòu 余救切，去，宥韻，喻四。幽部。

❶果樹名，也指其果實。書禹貢："厥包橘～錫貢。"吕氏春秋本味："果之美者，雲夢之～。"文選漢司馬相如子虛賦："橘～芬芳。"

2. zhú 直六切，入，屋韻，澄，覺部。

❷織布機上纏經綫的圓軸。詩小雅大東："小東大東，杼～其空。"

枏 1. nán 那含切，平，覃韻，泥。談部。

❶樹名，即楠木。墨子公輸："荆有長松文梓，楩～豫章。"漢書司馬相如傳子虛賦："其北則有陰林巨樹，楩～豫章。"顔師古注："枏音南，今所謂楠木。"

2. rán 汝鹽切，平，鹽韻，日。談部。

❷果樹名，果實即梅子。爾雅釋木："梅，枏。"郭璞注："似杏實酢。"

按，說文無枏字。

枵 xiāo 許嬌切，音囂，平，宵韻，曉。宵部。

樹大中空貌。說文："枵，木皃。"段玉裁注："木大皃，…木大則多空穴。"莊子逍遥遊："非不呺然大也。"文選南朝宋謝靈運之郡初發都李善注引莊子作"枵"，引司馬注："枵然，大貌。"引申爲空虛。宋歐陽修再和聖俞見答詩："腹雖～虛氣豪横。"〔枵如〕空虛貌。宋洪邁夷堅志盱江丁僧："室已虛矣，四壁枵如。"

枳 zhǐ 諸氏切，上，紙韻，照三。支部。

❶果樹名,果似橘而酸。説文:"枳,木似橘。"周禮考工記序官:"橘踰淮而北爲~。"山海經西山經:"其實如~,食之宜子孫。"❷通"疻"。傷害。小爾雅廣言:"枳,害也。"孔叢子刑論:"率過以小罪謂之~。"宋咸注:"枳,一作疻,猶傷也。"

柍 1. yǎng 於兩切,上,養韻,影。陽部。

❶樹名。文選漢張衡南都賦:"~柘檍檀。"❷屋宇中央。文選漢揚雄甘泉賦:"日月纔經於~桭。"李善注引服虔曰:"柍,中央也。"

2. yàng 集韻於亮切,去,漾韻,影。陽部。

❸打穀脱粒的農具。方言五:"僉,齊楚江淮之間謂之柍。"郭璞注:"僉,今連枷,所以打穀者。"

柷 zhù 之六切,入,屋韻,照三。覺部。

打擊樂器名。樂曲開始時先擊柷。詩周頌有瞽:"應田縣鼓,鞉磬~圉。"吕氏春秋仲夏:"調竽笙壎篪,飭鍾磬~敔。"

枱 sì 集韻象齒切,上,止韻,邪。之部。

❶鍬、臿一類的挖土農具。説文:"枱,臿也。"三國魏曹植藉田賦:"尊趾勤于耒~。"❷運土的器具。説文:"枱,一曰徙土輂,齊人語也。"

柺 guǎi 乖買切,上,蟹韻,見。

後起字。木杖,柺杖。新五代史漢高祖紀:"賜以木~。"

柶 sì 息利切,去,至韻,心。質部。

禮器,角制,似勺。周禮天官玉府:"共含玉,復衣裳,角枕,角~。"新唐書禮樂志七:"盥手洗觶,酌醴,加~覆之。"

柮 duò 當没切,入,没韻,端。

〔榾柮〕見"榾"字條。

柣 1. zhì 直一切,入,質韻,澄。質部。

❶門檻。爾雅釋宫:"柣謂之閾。"郭璞注:"閾,門限。"明宋濂燕書:"樗,散木也,…爲~爲棖且不可,況爲負任器耶?"

2. dié 集韻徒結切,入,屑韻,定。質部。

❷〔桔柣〕見"桔"字條。

按,説文無柣字。

柂 1. yí 集韻餘支切,平,支韻,喻四。歌部。

❶樹名,即椵木。爾雅釋木:"椵,柂。"郭璞注:"柂,白椵也,樹似白楊。"

〔備考〕斜。墨子經説下:"木~,景短大;木正,景長小。"

2. duò 集韻待可切,上,哿韻,定。

❷同"柁"。船舵。文選晉郭璞江賦:"淩波縱~,電往杳溟。"南史朱修之傳:"泛海,未至東萊,舫~折。"❸引,導。文選南朝宋鮑照蕪城賦:"~以漕渠,軸以崐岡。"李善注引廣雅:"柂,引也。"

按,説文無柂字。

柞 1. zuò 在各切,入,鐸韻,從。鐸部。

❶樹名。柞樹。説文:"柞,木也。"段玉裁注:"柞,柞木也。"詩小雅采菽:"維~之枝,其葉蓬蓬。"宋書符瑞志下:"武平界有~櫟二樹,合爲一體。"又指櫟樹。詩大雅緜:"~棫拔矣,行道兑矣。"鄭箋:"柞,櫟也。"山海經西山經:"大時之山,上多榖~。"

〔備考〕回敬主人,酬酢。戰國策趙策一:"參分趙國壤地,著之盤盂,屬之讎~。"鮑彪注:"讎柞,酬酢同。"金正煒曰:"柞當作酢,形聲並近而譌也。"

2. zé 集韻側格切,入,陌韻,照二。鐸部。

❶砍伐樹木。詩周頌載芟:"載芟載~,其耕澤澤。"毛傳:"除木曰柞。"文選漢張衡西京賦:"芟萊平場,~木翦棘。"❷狹窄。周禮考工記輪人:"轂小而長則~。"鄭玄注引鄭司農曰:"柞,謂輻間柞狹也。"

〔備考〕聲音大。周禮考工記梟氏:"侈則~,弇則鬱。"鄭玄注:"柞讀爲咋咋然之咋,聲大外也。"

枸 1. jǔ 俱雨切，上，麌韻，見。侯部。

❶樹名，即枳枸。詩小雅南山有臺："南山有～，北山有楰。"毛傳："枸，枳枸。"❷樹名，其果實可作醬。出蜀中。說文："枸，木也，可爲醬，出蜀。"史記西南夷傳："南越食蒙蜀～醬。"

2. gǒu 古厚切，上，厚韻，見。侯部。

❸〔枸檵〕〔枸杞〕樹名，其果實可入藥。爾雅釋木："杞，枸檵。"郭璞注："今枸杞也。"左傳昭公十二年"我有圃，生之杞乎"杜預注："杞，世所謂枸杞也。"

3. gōu 古侯切，平，侯韻，見。侯部。

❹彎曲。荀子性惡："故～木必將待檃栝烝矯然後直。"楊倞注："枸，讀爲鉤，曲也。"也指盤曲的樹根。山海經海内經："名曰建木，百仞無枝，上有九欘，下有九～。"

［同源字］句，鉤，枸，軥，笱，朐，痀，曲。這些字都有彎曲的意義。說文："句，曲也。""鉤，曲也。""軥，軛下曲也。""笱，曲竹捕魚具也。""痀，曲背也。"公羊傳昭公二十五年何休注："屈曰朐，申曰脡。"並且，這些字聲音也相近，曲爲屋部，其餘都是侯部，侯屋對轉；聲母也是見、溪、羣旁紐，所以爲同源。

枹 1. fú 縛謀切，平，尤韻，奉。幽部。

❶鼓槌。說文："枹，擊鼓杖也。"左傳成公二年："左并轡，右援～而鼓。"國語齊語："執～鼓立於軍門，使百姓皆加勇焉。"

2. bāo 布交切，平，肴韻，幫。幽部。

❷樹名，一種叢生的樸木。詩大雅棫樸"芃芃棫樸"毛傳："樸，～木也。"爾雅釋木："樸，枹者。"郭璞注："樸屬叢生者爲枹。"

柵 zhà 楚革切，入，麥韻，穿二。錫部。

柵欄。說文："柵，編豎木也。"莊子天地："内支盈於柴～。"後漢書段熲傳："乃遣千人於西縣結木爲～。"

柎 1. fū 甫無切，平，虞韻，非。侯部。

❶鐘鼓架子的足，也泛指一般器物的足。說文："柎，闌足也。"急就篇"鍛鑄鉛錫鐙錠鐎"顔師古注："有～者曰鐙，無～者曰錠。"❷花蕚或子房。山海經西山經："有木焉，員葉而白～。"郭璞注："今江東人呼草木子房爲柎。一曰柎，花下鄂。"南朝梁沈約八詠詩："氛氳桃李花，青～含素蕚。"❸斗栱上的横木。文選漢王延壽魯靈光殿賦："狡兔跧伏於～側，猨狖攀椽而相追。"

2. fū 集韻芳無切，平，虞韻，敷。侯部。

❹同"泭"、"桴"。木筏。管子小匡："方舟投～，乘桴濟河，至于石沈。"楚辭惜往日王逸注："編竹木曰泭，楚人曰～。"

3. fǔ 集韻斐父切，上，麌韻，敷。侯部。

❺通"弣"。弓把的中部。周禮考工記弓人："凡爲弓，方其峻而高其～。"賈公彦疏："柎，把中。"

4. fù 集韻符遇切，去，遇韻，奉。侯部。

❻木板。左傳昭公二十五年："唯是楄～所以藉幹者。"此指棺中墊屍的木板。晉書衛恒傳："每書輒削而焚其～。"此指書寫的木板。❼通"坿"。涂附。儀禮士冠禮："素積白屨，以魁～之。"鄭玄注："魁，蜃蛤。柎，注也。"賈公彦疏："以蛤灰塗注於上使色白也。"

［同源字］①跗，柎。見"跗"字條。

②稃（粰），柎，麩，膚。見"稃"字條。

柏 bǎi 博陌切，入，陌韻，幫。鐸部。

❶樹名。常緑喬木。詩小雅天保："如松～之茂，無不爾或承。"論語子罕："歲寒，然後知松～之後彫。"❷〔柏車〕山行大車。周禮考工記車人："柏車，轂長一柯。"鄭玄注："柏車，山車。"釋名釋車："柏車，柏，伯也；伯，大也。"❸通"迫"。迫近。史記河渠書："魚沸鬱兮～冬日。"裴駰集解引徐廣曰："柏，猶迫也。"

柢 dǐ 都禮切，上，薺韻，端。脂部。

樹的主根，也泛指樹根。說文："柢，木根也。"老子第五十九章："是謂深根固～，長生久視之道。"韓非子解老："～也者，木之所以建生也。"引申爲事物的根基。文選漢司馬相如封禪文："導一莖六穗於庖，犧雙觡共～之獸。"李善注引服虔曰："柢，本也。"晉左思吳都賦："霸王之所根～，開國之所基址。"

［備考］通"氐"。大體，大略。莊子天下："惠施日以其知與人之辯，特與天下之辯者爲怪，此其～也。"成玄英疏："柢，體也。"俞樾云："柢與氐通，此其柢也，猶云此其略也。"

［辨］根，柢，本。三字指樹根同義，細分則柢指樹的主根，根指樹的旁根，本是樹根的通稱。朱駿聲說文通訓定聲云："蔓根曰根，直根曰柢。"

［同源字］柢，蔕。徐鍇說文繫傳云："華葉之根曰蔕，樹之根曰柢。"二字義相因，音也相近，都是端母，脂錫通轉，故爲同源。

柳 liǔ力久切，上，有韻，來。幽部。

❶樹名。說文："柳，小楊也。"段玉裁注："楊之細莖小葉者曰柳。"詩齊風東方未明："折～樊圃，狂夫瞿瞿。"❷星宿名，二十八宿之一。吕氏春秋有始："南方曰炎天，其星輿鬼、～、七星。"❸通"瘤"。瘤子。莊子至樂："俄而～生其左肘。"

［備考］棺飾。周禮天官縫人："衣翣～之材。"鄭司農注："棺飾。"

柝 tuò他各切，入，鐸韻，透。鐸部。

❶巡夜所敲的木梆。易繫辭下："重門擊～，以待暴客。"釋文："馬云：柝，兩木相擊以行夜。"孟子萬章下："抱關擊～。"❷開拓。淮南子原道："廓四方，～八極。"高誘注："柝，開也。"

按，說文柝作㰊。

柧 gū古胡切，音孤，平，模韻，見。魚部。

棱角。說文："柧，棱也。"段玉裁注引通俗文曰："木四方爲棱，八棱爲柧。"也指有棱角的木。銀雀山漢墓竹簡孫臏兵法陳忌問壘："將戰書～，所以哀正也。"〔柧棱〕殿堂上最高之處。說文："又柧棱，殿堂上最高之處也。"後漢書班固傳西都賦："設璧門之鳳闕，上柧棱而棲金雀。"

［辨］柧，棱。見"棱"字條。

枱 sì詳里切，音耜，上，止韻，邪。之部。

耒下端入土的部分。起初耒、枱相連皆木制，後枱用金屬，所以字或从木作枱，也从金作鈶。說文："枱，耒耑也。鈶，或从金。"段玉裁注："許意上曰耒，下曰枱。枱，今經典之耜。"

柔 róu耳由切，平，尤韻，日。幽部。

❶木可曲可直之性，柔韌。說文："柔，木曲直也。"段玉裁注："凡木曲者可直，直者可曲曰柔。"詩小雅巧言："荏染～木，君子樹之。"❷草木初生，柔嫩。詩豳風七月："遵彼微行，爰求～桑。"小雅采薇："采薇采薇，薇亦～止。"毛傳："柔，始生也。"❸柔軟，柔弱。易說卦："立地之道，曰～與剛。"詩大雅烝民："人亦有言，～則茹之，剛則吐之。"〔柔橈〕雙聲聯緜字。骨體軟弱長豔貌。史記司馬相如傳上林賦："柔橈嫚嫚，嫵媚姌嫋。"司馬貞索隱引郭璞曰："柔橈、嫚嫚，皆骨體軟弱長豔皃也。"❹温和，温順。詩大雅抑："敬爾威儀，無不～嘉。"管子四時："～風甘雨乃至。"❺安撫，懷柔。詩大雅民勞："～遠能邇，以定我王。"左傳文公七年："服而不～，何以示懷？"杜預注："柔，安也。"

［同源字］柔，睬，鍒，鞣，煣，輮，擾，揉，弱。這一組字都有柔軟，柔弱，柔順的意思。說文："睬，和田也。""鍒，鐵之耎（軟）也。""鞣，耎也。""煣，屈申木也。""輮，車網也。"王力曰："揉木爲輪，故車輞稱輮。"淮南原道高誘注："弱，柔也。"廣雅釋詁一："擾，柔也。"這組字聲音也相近，聲紐都是日母，除弱字外，都是幽部，弱是沃部，也有旁對轉的關係。所以同源。

架 jià古訝切，去，禡韻，見。歌部。

❶架子，承物的器具。文選南朝梁江淹雜體詩："風散松～險，雲鬱石道深。"晉書王

嘉傳:“衣服在～,履杖猶存。”❷搭設,承架。韓詩外傳八:“有鳥於此,～巢於葭葦之顛。”詩召南鵲巢鄭箋:“鵲之作巢,冬至～之,至春乃成。”唐徐賢妃諫太宗息兵罷役疏:“雖復因山藉水,非無～築之勞;損之又損,頗有工力之費。”❸通“駕”。凌駕,超越。南朝齊孔稚珪北山移文:“籠張、趙於往圖,～卓、魯於前籙。”南朝梁鍾嶸詩品总論:“陵積細微,專相陵～。”

[同源字]駕,架,枷,加。見“駕”字條。

按,說文無架字。

枲 xǐ 胥里切,上,止韻,心。之部。

不結籽的大麻。儀禮喪服:“牡麻者,～麻也。”玉篇:“麻有子曰苴,無子曰～。”也泛指麻。爾雅釋草:“枲,麻也。”說文:“枲,麻也。”書禹貢:“岱畎絲～。”孔穎達疏:“枲,麻也。”漢劉向說苑談叢:“蓬生～中,不扶自直。”

按,說文枲字在𣏟部。

六　畫

案 àn 烏旰切,去,翰韻,影。元部。

❶有短腿放食物的木托盤。周禮考工記玉人:“～十有二寸。”史記萬石君列傳:“對～不食。”後漢書梁鴻傳:“每歸,妻爲具食,不敢於鴻前仰視,舉～齊眉。”❷憑依、坐憩用的小几。周禮天官掌次:“王大旅上帝,則張氊～。”賈公彥疏:“案,謂牀也。”又指長方形的短桌。三國志吴書周瑜傳:“權拔刀斫前奏～。”❸官府的文書、案卷。南朝齊謝朓落日悵望詩:“情嗜幸非多,～牘偏爲寡。”三國魏嵇康與山巨源絶交書:“堆～盈机。”❹向下壓、摁。史記魏其武安侯列傳:“～灌夫項,令謝。”莊子盜跖:“～劍瞋目,聲如乳虎。”引申爲壓抑,按下不用。荀子王制:“偃然～兵無動,以觀夫暴國之相卒也。”史記淮陰侯列傳:“莫如～甲休兵。”❺考察。戰國策趙策二:“臣竊以天下地圖～之,諸侯之地,五倍於秦。”吕氏春秋仲秋:“乃命宰祝巡行犧牲,視全具,～芻豢。”引申爲審理,查辦。史記魏其武安侯列傳:“灌夫家在潁川,横甚,民苦之,請～。”秦始皇本紀:“於是使御使悉～問諸生。”❻依照,按照。荀子不苟:“國亂而治之者,非～亂而治之之謂也。”楊倞注:“案,據也。”韓非子孤憤:“人臣循令而從事,～法而治官。”❼則,於是。荀子臣道:“是～曰是,非～曰非,是事忠君之義也。”又王制:“權謀傾覆之人退,則賢良知聖之士～自進矣。”❽〔案衍〕叠韻聯緜字。①低窪貌。史記司馬相如傳上林賦:“其南則有平原廣澤,登降陁靡,案衍壇曼。”司馬貞索隱引司馬彪曰:“案衍,窳下。”②不平貌。文選三國魏嵇康琴賦:“清和條昶,案衍陸離。”李善注:“案衍,不平貌。”

[備考]界畔。國語齊語:“參國起案,以爲三官。”韋昭注:“案,界也。”

桊 juàn 居倦切,去,線韻,見。元部。

穿在牛鼻子中供套繩用的環。說文:“桊,牛鼻中環也。”唐玄應一切經音義四:“今江以北皆呼牛拘,以南皆曰桊。”

栔 qì 苦計切,去,霽韻,溪。月部。

❶刻。說文:“栔,刻也。”字又作契、鍥、㓶,見各字。❷〔栔栔〕憂苦。廣雅釋訓:“栔栔,憂也。”字又作“契契”。

按,說文栔字在㓞部。

栞 kān 苦寒切,平,寒韻,溪。元部。

❶砍削以作標誌。說文古文作栞,篆文作栞,云:“槎識也。”史記夏本紀:“行山～木。”漢書地理志:“九山～旅。”❷訂正。北魏韓顯宗上書陳時務:“永垂百世,不～之範。”

栽 1. zài 昨代切,去,代韻,從。之部。

❶築墻用的立板。說文:“栽,築墻長版也。”又用作動詞,樹版築墻。左傳莊公二十九年:“水昏正而～。”杜預注:“定星昏而中,於是樹板幹而興作。”又定公元年:“孟懿子會城成周,庚寅,～。”杜預注:“栽,設版築。”

2. zāi 祖才切，平，咍韻，精。之部。

㊁種植。禮記中庸："故～者培之。"鄭玄注："栽，猶殖也。今時人名草木之殖曰栽。"北魏賈思勰齊民要術栽樹："凡～一切樹木，欲記其陰陽，不令轉易。"㊂幼苗，秧苗。論衡初禀："朱草之莖如鍼，紫芝之～如豆。"北魏賈思勰齊民要術種椒："以刀子圓劚椒～，合土移之於坑中，萬不失一。"

栗 1. lì 力質切，入，質部，來。質部。

㊀樹名，也指其果實，即板栗。説文："栗，木也。"詩鄭風東門之墠："東門之～，有踐家室。"周禮天官籩人："饋食之籩，其實棗、～、桃、乾藤，榛實。"㊁籽實飽滿。詩大雅生民："實堅實好，實穎實～。"朱熹集傳："栗，不秕也。"㊂堅實。禮記聘義："縝密以～，知也。"鄭玄注："栗，堅貌。"荀子法行："夫玉者，君子比德焉，温潤而澤，仁也；～而理，知也。"㊃謹敬，嚴肅。書舜典："直而温，寬而～。"孔穎達疏："栗者，謹敬也。"㊄戰栗，發抖。論語八佾："殷人以柏，周人以栗，曰使民戰～。"漢書楊惲傳報孫會宗書："衆毁所歸，不寒而～。"㊅〔栗栗〕①衆多貌。詩周頌良耜："穫之挃挃，積之栗栗。"鄭箋："栗栗，衆多也。"②恐懼貌。韓非子初見秦："戰戰栗栗，日慎一日。"㊆〔栗烈〕雙聲聯緜字。寒冷貌。詩豳風七月："一之日觱發，二之日栗烈。"毛傳："栗烈，寒氣也。"

2. liè 集韻力孽切，入，薛韻，來。月部。

㊇通"裂"。劈開，裂開。詩豳風東山："有敦瓜苦，烝在～薪。"鄭箋："栗，析也。"

［備考］〔栗階〕周代下見上登階之禮的一種。儀禮燕禮："凡栗階，不過二等。"賈公彦疏："栗階，左右足各一發而升堂。"

按，説文栗作㮚，在卤部。

桉 àn 集韻於旰切，去，翰韻，影。元部。

㊀同"案"。几案。後漢書王渙傳："渙喪西歸，道經弘農，民庶皆設槃～於路。"新唐書劉禕之傳："翰就館，以筆紙置於～。"㊁考察，查驗。後漢書楊終傳："臣竊～春秋水旱之變，皆應暴急，惠不下流。"宋王安石信州興造記："公從賓佐～行隱度。"

［備考］於是。戰國策趙策四："秦桉兵攻魏，取安邑，是秦之一舉也。秦行是計也，君桉救魏。"一本桉作按。王念孫云："（桉兵，）兵字後人所加也，秦按攻魏者，按，語詞，猶言於是也。"王引之曰："秦按攻魏，言秦於是攻魏也。"

按，説文無桉字。

校 1. jiào 古孝切，去，效韻，見。宵部。

㊀木制刑具，枷械類的總稱。易噬嗑："屨～滅趾，無咎。"王弼注："校者以木絞校也，即械也。校取其通名也。"㊁木栅欄，栅欄。周禮夏官校人："六廐成～。"墨子備穴："爲鐵～，衛穴四。"〔校獵〕用木栅欄獵捕野獸。漢書司馬相如傳子虚賦："於是乎背秋涉冬，天子校獵。"顔師古注："校獵者，以木相貫穿，總爲欄校，遮止禽獸而獵取之。"㊂較量，對抗。戰國策秦策四："韓、魏之强足以～秦矣。"高誘注："校，亢也。"引申爲計較。論語泰伯："有若無，實若虚，犯而不～。"朱熹集注："校，計校也。"㊃考核。荀子君道："日月積久，～之以功。"又："～之以禮，而觀其能安敬也。"㊄考訂，核對書籍。國語魯語下："昔正考父～商之名頌十二篇於周太師。"漢班固答賓戲序："永平中爲郎，典～秘書。"㊅計數。荀子彊國："威彊乎湯武，廣大乎舜禹，然而憂患不可勝～也。"楊倞注："校，計。"漢書食貨志上："京師之錢累百鉅萬，貫朽而不可～。"顔師古注："校謂計數也。"

2. xiào 胡教切，去，效韻，匣。宵部。

㊆學校。左傳襄公三十一年："鄭人游於鄉～。"孟子滕文公上："夏曰～，殷曰序，周曰庠。"㊇軍隊的建制。史記衛將軍驃騎列傳："常護軍，傅～獲王。"司馬貞索隱引顧祕監云："五百人謂之校。"漢書趙充國傳："步兵八～，吏士萬人。"又指軍隊武官職。後漢書順

帝紀:"任爲將～各一人。"❾通"效"。仿效。管子牧民:"不敬宗廟則民乃上～。"尹知章注:"校,效也。"

[備考]㊀jiǎo 集韻吉巧切。疾,急速。周禮考工記弓人:"引之則縱,釋之則不～。"鄭玄注:"校,疾也。"㊁qiāo 集韻丘交切。器物的腿。儀禮士昏禮:"主人拂几授～。"鄭玄注:"校,几足。"禮記祭統:"夫人薦豆執～。"鄭玄注:"校,豆中央直者也。"

[同源字]學,斅(斆),效,教,校。見"學"字條。

核

hé 下革切,入,麥韻,匣。職部。

❶果核。禮記曲禮上:"賜果於君前,其有～者懷其核。"又指有核的果品。詩小雅賓之初筵:"籩豆有楚,殽～維旅。"孔穎達疏:"籩實有桃梅之屬,故稱核也。"❷核心。論衡量知:"物實無中核者謂之郁,…文吏不學,世之教無～也。"❸真實。漢書司馬遷傳贊:"其文直,其事～,不虛美,不隱惡。"❹考查,核查。論衡問孔:"～道實義,證定是非。"漢書刑法志:"其審～之,務準古法。"

[備考]通"荄"。草根。漢書五行志中之上:"入地則孕毓根～,保藏蟄蟲。"顏師古注:"核,亦荄字也。草根曰荄。"

[同源字]①核,覈。見"覈"字條。
②骸,核。見"骸"字條。

桋

1. yí 以脂切,平,脂韻,喻四。脂部。

❶樹名。又名赤楝。說文:"桋,赤楝也。"爾雅釋木:"桋,赤楝。"詩小雅四月:"山有蕨薇,隰有杞～。"

2. tí 杜奚切,音題,平,齊韻,定。脂部。

❷[桋桑]初生的嫩桑條,又稱女桑。爾雅釋木:"女桑,桋桑。"郭璞注:"今俗呼桑樹小而條長者爲女桑樹。"

栻

shì 集韻設職切,入,職韻,審三。職部。

推算時日的用具。漢書王莽傳下:"天文郎桉～於前。"顏師古注:"栻,所以占時日。"

按,說文無栻字。

桂

guì 古惠切,去,霽韻,見。支部。

樹名,指肉桂、菌桂。說文:"桂,江南木,百藥之長。"山海經南山經:"招摇之山臨於西海之上,多～。"楚辭戰國屈原離騷:"雜申椒與菌～兮。"又指桂花樹。楚辭戰國屈原遠遊:"麗～樹之冬榮。"

桔

1. jié 古屑切,入,屑韻,見。質部。

❶[桔梗]一種多年生草本植物,根可入藥。說文:"桔,桔梗,藥名。"戰國策齊策三:"今求柴胡、桔梗於沮澤,則累世不得一焉。"莊子徐无鬼:"藥也,其實堇也,桔梗也,雞廱也,豕零也,是時爲帝者也。"❷[桔槔]一種井上汲水的工具。莊子天運:"且子獨不見夫桔槔者乎,引之則俯,舍之則仰。"

2. xié 集韻奚結切,入,屑韻,匣。質部。

❸[桔柣]春秋時鄭國遠郊城門名。左傳莊公二十八年:"秋,子元以車六百乘伐鄭,入於桔柣之門。"杜預注:"桔柣,鄭遠郊之門也。"

栳

lǎo 盧皓切,上,皓韻,來。

[栲栳]叠韻聯緜字。見"栲"字條。

按,說文無栳字。

栲

kǎo 苦皓切,上,皓韻,溪。幽部。

❶樹名,即山樗。爾雅釋木:"栲,山樗。"詩小雅南山有臺:"南山有～,北山有杻。"毛傳:"栲,山樗。"❷[栲栳]叠韻聯緜字。用柳條編成的盛物器具。北魏賈思勰齊民要術作酢法:"量飯著盆中或栲栳中。"唐盧延讓樊川寒食詩:"栲栳量金買斷春。"❸通"拷"。拷打。周書蘇綽傳:"然後～訊以法,不苛不暴。"宋歐陽修論燕度勘滕宗諒事張皇太過札子:"所行～掠,皆是無罪之人。"

按,說文栲作梓。

桓

huán 胡官切,平,桓韻,匣。元部。

❶作爲標誌的柱子,後世稱華表。說文:

"桓,亭郵表也。"漢書尹賞傳:"便輿出,瘞寺門~東。"〔桓楹〕天子、諸侯安葬時下棺的柱子。禮記檀弓下:"三家視桓楹。"❷樹名。山海經中山經:"栘簡之山,其上多松柏机~。"❸〔桓桓〕威武貌。書牧誓:"勗哉夫子,尚桓桓。"僞孔傳:"桓桓,武貌。"詩魯頌泮水:"桓桓于征,狄彼東南。"❹盤桓。莊子應帝王:"鯢~之審爲淵。"釋文引簡文云:"桓,盤桓也。"郭象注、成玄英疏亦釋爲盤桓。❺憂。方言一:"桓,憂也。"又見廣雅釋詁。

[備考]詩商頌長發:"玄王~撥。"毛傳:"桓,大。"朱熹集傳:"桓,武。"

栖 1. qī 先稽切,平,齊韻,心。脂部。

同"棲"。❶鳥類棲息於林木。莊子至樂:"夫以鳥養養鳥者,宜~之深林。"南史吴慶之傳:"則是蓄魚於樹,~鳥於泉耳。"又泛指一般的止息。莊子盜跖:"晝拾橡栗,暮~木上,故命之曰有巢氏之民。"北魏酈道元水經注鮑丘水:"窟内有水,淵而不流,~薄者取給焉。"❷〔栖遲〕叠韻聯緜字。遊居。漢書叙傳:"栖遲於一丘,則天下不易其樂。"

2. xī。

❸〔栖栖〕忙碌不安貌。論語憲問:"丘何爲是栖栖者與?"〔栖屑〕雙聲聯緜字。奔忙不安貌。魏書裴安祖傳:"且京師遼遠,實憚於栖屑耳。"

栮 ěr 集韻忍止切,上,止韻,日。

木耳。宋陸游思蜀詩:"~美傾筠籠,茶香出土鐺。"

按,説文無栮字。

栱 gǒng 居悚切,上,腫韻,見。東部。

木建築物中,主柱與横梁間成弓形的承重結構。爾雅釋宫:"欂謂之杙,大者謂之栱。"文選三國魏何晏景福殿賦:"欂櫨各落以相承,欒~夭蟜而交結。"

按,説文無栱字。

栵 liè 良薛切,入,薛韻,來。月部。

❶樹名。説文:"栵,栭也。"爾雅釋木:"栵,栭。"郭璞注:"樹以槲樕而庳小,子如細栗可食。"❷成行生的小樹。詩大雅皇矣:"脩之平之,其灌其~。"朱熹集傳:"灌,叢生者也;栵,行生者也。"

栭 ér 如之切,平,之韻,日。之部。

❶木結構建築,柱頂上承托的小方木,也稱枓。説文:"栭,屋枅上標。"爾雅釋宫:"栭謂之楶。"文選漢張衡西京賦:"雕楹玉碣,繡~雲楣。"薛綜注:"栭,斗也。"❷樹名,即茅栗。爾雅釋木:"栵,栭。"郭璞注:"今江東呼爲栭栗。"❸菌類。禮記内則:"芝~蔆椇,棗栗榛柿。"孔穎達疏引王肅曰:"無華而實者名栭,皆芝屬也。"

栫 jiàn 在甸切,音荐,去,霰韻,從。文部。

❶用柴木堵塞。説文:"栫,以柴木壅也。"左傳哀公八年:"囚諸樓臺,~之以棘。"杜預注:"栫,雍也。"文選晉郭璞江賦:"~澱爲涔,夾漈羅筌。"❷籬笆。廣雅釋宫:"栫,杝也。"王念孫疏證:"杝,今籬字也。"

栯 1. yǒu 云久切,上,有韻,喻三。之部。

❶樹名。山海經中山經:"泰室之山,其上有木焉,葉狀如梨而赤理,其名曰~木。"

2. yù 於六切,入,屋韻,影。

❷〔栯李〕果樹名,即郁李。廣韻:"栯,栯李。"唐白居易有惜栯李花詩。

按,説文無栯字。

桎 zhì 之日切,入,質韻,照三。質部。

❶足械,脚鐐。説文:"桎,足械也。"易蒙:"利用刑人,用説~梏。"孔穎達疏:"在足曰桎,在手曰梏。"吕氏春秋仲春:"省囹圄,去~梏。"又用作動詞。吕氏春秋士容:"欲其取鼠也,則~之。"❷束縛,窒碍。晉書束皙傳:"徒以曲畏爲梏,儒學自~。"

枅 jī 古奚切,音稽,平,齊韻,見。脂部。

房架中柱上方木。説文:"枅,屋櫨也。"

莊子齊物論："大木百圍之竅穴，似鼻，似口，似耳，似～，似圈，似臼。"淮南子主術："短者以爲朱儒～櫨。"

［備考］掛秤衡木。南齊書王敬則傳："步行，從市過，見屠肉～。"

根 gēn 古痕切，平，痕韻，見。文部。

❶草木的根。左傳隱公六年："絶其本～，勿使能殖。"韓非子解老："～者，書之所謂柢也。"引申爲物體的下基(後起義)。北周庾信明月山銘："風生石洞，雲出山～。"唐白居易早春詩："滿庭田地濕，薺葉生墻～。"❷事物的本源。老子六章："玄牝之門，是謂天地～。"淮南子精神："精神入其門，而骨骸反其～，我尚何存?"❸根除，徹底清除。管子君臣下："審知禍福之所生，是故慎小事微，違非索辯以～之。"後漢書西羌傳："羌雖外患，實深内疾，若攻之不～，是養疾疴於心腹也。"❹量詞(後起義)。北魏賈思勰齊民要術種槐柳楸梓梧柞："一畝，二千一百六十～。"北魏酈道元水經注沁水："廟側有攢柏數百～。"

［辨］根，柢，本。見"柢"字條。

［同源字］根，跟。二字同音，同爲文部見母。根爲樹根，跟爲足跟。釋名釋形體云："足後曰跟，在下方著地，一體任之，象木根也。"

栩 xǔ 況羽切，上，麌韻，曉。魚部。

❶樹名，即櫟樹。詩唐風鴇羽："肅肅鴇羽，集于苞～。"孔穎達疏引陸璣云："今柞櫟也。"詩陳風東門之枌："東門之枌，宛丘之～。"❷〔栩栩〕欣喜歡暢貌。莊子齊物論："昔者莊周夢爲胡蝶，栩栩然胡蝶也。"成玄英疏："栩栩，忻暢貌也。"

桄 1. guàng 古曠切，去，宕韻，見。陽部。

❶充滿。説文："桄，充也。"爾雅釋言："桄，充也。"❷船、車、門、牀等物上的横木。廣雅釋地："艡謂之桄。"此謂船前横木。舊唐書薛仁貴傳："遂登門～叫呼，以驚宫内。"此指門上横木。

2. guāng 古黄切，平，唐韻，見。

❸〔桄榔〕〔桄桹〕樹名，常緑喬木。文選晉左思蜀都賦："布有橦華，麪有桄榔。"後漢書西南夷傳："句町縣有桄桹木，可以爲麪，百姓資之。"

栧 yì 集韻以制切，去，祭韻，喻四。月部。

船槳。文選漢司馬相如子虛賦："浮文鷁，揚旌～。"又漢張衡西京賦："齊～女，縱櫂歌。"李善注引韋昭曰："栧，楫也。"

按，説文無栧字。

桐 tóng 徒紅切，平，東韻，定。東部。

❶樹名。古多指梧桐。詩鄘風定之方中："樹之榛栗，椅～梓漆，爰伐琴瑟。"孟子告子上："拱把之～梓，人苟欲生之，皆知所以養之者。"吕氏春秋季春："～始華。"因以桐木制琴瑟，故又爲琴瑟代稱。唐李賀公莫舞歌："華筵鼓吹無～竹。"❷古地名。書太甲上："太甲既立，不明，伊尹放諸～。"僞孔傳："湯葬地也。"

［備考］㊀通"僮"。〔桐子〕僮子，兒童。法言學行："師哉！師哉！桐子之命也。"㊁通"通"。通達。漢書禮樂志："～生茂豫，靡有所詘。"顔師古注："桐讀爲通。言草木皆通達而生，美悦光澤，各無所詘，皆伸遂也。"㊂輕脱貌。漢書廣陵厲王胥傳："毋～好逸，毋邇宵人，惟法惟則。"顔師古注："桐，輕脱之貌也。"

栓 shuān 山員切，平，仙韻，審二。

木釘，後指器物上可以開關的部件。玉篇："栓，木釘也。"唐皮日休藍田關銘："千巖作鎖，萬嶂爲～。"

按，説文無栓字。

柗 1. gé 古沓切，音閤，入，合韻，見。緝部。

❶劍鞘。説文："柗，劍柙也。"廣雅釋器："柗，劍削也。"莊子刻意"柙而藏之"，玉篇引作"柗而藏之"。

2. hé 侯閤切，入，合韻，匣。

㊀〔栝㮧〕樹名，即合歡樹。見類篇。

株 zhū 陟輸切，平，虞韻，知。侯部。

㊀露出地面的樹根，樹樁。説文："株，木根也。"韓非子五蠹："宋人有耕田者，田中有～，兔走觸～，折頸而死。"〔株拘〕叠韻聯緜字。枯樹根。莊子達生："吾處身也，若厥株拘。"列子黄帝作"株駒"。㊁泛指草木。漢焦贛易林五："澤枯無魚，山童無～。"㊂量詞。世説新語言語："齋前種一～松，恒自手壅治之。"三國志蜀書諸葛亮傳："成都有桑八百～。"㊃牽連，株連（後起義）。新唐書鬱林王恪傳："自天授後，宗室賢者多～翦。"

［備考］鬬雞勝者爲株。史記平準書："相引數千人，命曰～送徒。"司馬貞索隱引文穎曰："凡鬬雞勝者爲株。"

栴 zhān 諸延切，平，仙韻，照三。

〔栴檀〕香木名，即檀香。觀佛三昧海經一："牛頭栴檀雖生此林，未成就，故不能發香。"唐玄奘大唐西域記憍賞彌國："親觀妙用，雕刻栴檀。"

按，説文無栴字。

栝 1. kuò（舊讀 guō）古活切，入，末韻，見。今讀如括。月部。

㊀樹名，即檜樹。書禹貢："杶榦～柏。"僞孔傳："柏葉松身曰栝。"文選漢張衡西京賦："木則樅～椶柟，梓棫楩楓。"薛綜注："栝，柏葉松身。"㊁箭末扣弦處。説文："桰，一曰矢桰，檃弦處。"莊子齊物論："其發若機～。"淮南子兵略："夫～，淇衛箘簵，載以銀錫。"許慎注："栝，箭栝。"㊂説文："桰，檃也。"〔檃栝〕，見"檃"字條。

2. tiǎn 他玷切，上，忝韻，透。侵部。

㊃撥火棍。説文："栝，炊竈木也。"

按，説文桰、栝爲二字，後混而爲一。讀古活切之栝，實即説文之桰。

桅 wéi 五灰切，平，灰韻，疑。

桅杆。玉篇："桅，船上檣竿。"南朝梁何遜初發新林詩："～檣迴不進，沓浪高難拒。"唐韓愈憶昨行和張十一詩："大帆夜劃窮高～。"

按，説文有桅字，云："黄木可染者。"桂馥、段玉裁、王筠等皆從韻會引作栀，當是。

栒 1. xún 集韻須倫切，平，諄韻，心。真部。

㊀樹名。山海經中山經："蛇山，其上多黄金，其下多堊，其木多～，多豫章。"

2. sǔn 思尹切，上，準韻，心。真部。

㊁懸掛鐘磬木架上的横木。詩大雅靈臺"虡業維樅"毛傳："植者曰虡，横者曰～。"鄭箋："虡也、栒也，所以懸鐘鼓也。"孔穎達疏引郭璞曰："懸鐘磬者兩端有植木，其上有横木，謂直立者爲虡，謂横牽者爲栒。"〔栒虡〕懸掛鐘磬的木架。隋書音樂志引南朝梁沈約禋雅曲就燎："雲孤清引，栒虡高懸。"

按，説文無栒字。

栘 yí 弋支切，平，支韻，喻四。歌部。

樹名。説文："栘，棠棣也。"爾雅釋木："唐棣，栘。"郭璞注："似白楊，江東呼夫栘。"漢書揚雄傳甘泉賦："皷桂椒，鬱～楊。"顔師古注："栘，唐棣也。"

栙 xiáng 下江切，平，江韻，匣。冬部。

〔栙雙〕叠韻聯緜字。用篛席作的船帆。説文："栙，栙雙也。"朱駿聲説文通訓定聲："栙，栙雙，叠韻連語。如今糧艘以篛席爲帆。"

格 1. gé 古伯切，入，陌韻，見。鐸部。

㊀至，來。爾雅釋詁："格，至也。"釋言："格，來也。"儀禮士冠禮："孝友時格，永乃保之。"鄭玄注："格，至也。"書湯誓："～，爾衆庶。"㊁糾正，匡正。書冏命："繩愆糾謬，～其非心。"孟子離婁上："惟大人爲能～君心之非。"趙岐注："格，正也。"引申爲推究。禮記大學："致知在～物。"㊂準的，箭靶。淮南子兵略："夫射，儀度不得，則～的不中。"許慎

注："格，射之椹質也。"引申爲法式、標準。禮記緇衣："言有物而行有～也。"鄭玄注："格，舊法也。"又特指法律，法律條文。舊唐書刑法志："武德二年，頒新～五十三條。"新唐書刑法志："唐之刑書有四：曰律、令、～、式。"㊃擊，鬭。逸周書武偁："窮寇不～。"孔晁注："格，鬭也。"史記司馬相如傳上林賦："～瑕蛤，鋋猛氏。"引申爲抗拒。荀子議兵："服者不禽，～者不舍。"史記田敬仲完世家："五國已亡，秦兵卒入臨淄，民莫敢～者。"㊄樹的長枝條。説文："格，木長皃。"史記司馬相如傳上林賦："夭蟜枝～，偃蹇杪顛。"北周庾信小園賦："草木混淆，枝～相交。"㊅支架。吕氏春秋過理："糟丘酒池，肉圃爲～。"此爲烤肉的支架。周禮地官牛人鄭玄注："互，若今屠家縣肉～。"此指掛肉的架子。由烤肉的架子用來烤人，則成爲刑具。史記周本紀："西伯乃獻洛西之地，以請紂去炮～之刑。"吕氏春秋過理高誘注："格，以銅爲之，布火其下，以人置上，人爛墮火而死。"㊆木栅欄。唐杜甫潼關吏詩："連雲列戰～，飛鳥不能踰。"引申爲阻隔。宋賀鑄野步詩："水落孤村～嫩沙。"錢鍾書注："格，阻隔。"

2. luò 集韻歷各切，入，鐸韻，來。鐸部。

㊇村落。史記酷吏列傳王温舒傳："置伯～長以牧司姦盗賊。"裴駰集解引徐廣曰："古村落字亦作格。"

栿 fú 房六切，入，屋韻，奉。

房梁。廣韻："栿，梁栿。"北魏酈道元水經注穀水："二門衡～之上，皆刻雲龍風虎之狀。"

按，説文無栿字。

栰 fá 房越切，入，月韻，奉。月部。

渡水用的竹木排。論語公冶長"乘桴浮於海"何晏集解引馬融曰："桴，編竹木，大曰栰，小曰桴。"魏書奚康生傳："遂便應募，縛～積柴。"

按，説文無栰字。

桁 1. héng 户庚切，音衡，平，庚韻，匣。陽部。

㊀屋梁上或門、窗框上的横木。玉篇："桁，屋桁也。"文選三國魏何晏景福殿賦："～梧複疊，勢合形離。"李善注："桁，梁上所施也。"又用作動詞。在横木上懸掛。北魏賈思勰齊民要術種蒜："葉黄鋒出，則辦于屋下風涼之處～之。"

[備考]葬具。集韻庚韻："桁，葬具。"儀禮既夕禮："甒二，醴酒，冪用功布，皆木～久之。"鄭玄注："桁，所以庪苞筲甕甒也。"

2. háng 胡郎切，平，唐韻，匣。陽部。

㊁夾在犯人頸上、小腿上的大型刑具，也用作動詞。隋書刑法志："流罪已上加杻械，死罪者～之。"〔桁楊〕夾在頸、脛上的大刑具。莊子在宥："桁楊者相推也，刑戮者相望也。"成玄英疏："桁楊者，械也。夾脚及頸，皆名桁楊。"㊂浮橋。北魏酈道元水經注涔水："城北水舊有～。"晉書温嶠傳："嶠討王敦，燒朱雀～以挫其鋒。"

3. hàng 集韻下浪切，去，宕韻，匣。

㊃衣架。宋書樂志東門行："還視～上無懸衣。"唐韓愈寄崔二十六立之詩："～掛新衣裳。"

[同源字]衡，横，桁，珩。見"衡"字條。

按，説文無桁字。

桃 táo 徒刀切，平，豪韻，定。宵部。

㊀果樹名，也指其果實。詩周南桃夭："～之夭夭，灼灼其華。"大雅抑："投我以～，報之以李。"㊁春秋魯地名，在今山東汶上縣。左傳襄公十七年："秋，齊侯伐我北鄙，圍～。"㊂〔桃李〕由種桃李得其蔭而引申指門生。唐劉禹錫宣上人遠寄賀禮部王侍郎放牓後詩因而繼和："一日聲名遍天下，滿城桃李屬春官。"

桑 sāng 息郎切，平，唐韻，心。陽部。

樹名，葉可養蠶。説文："桑，蠶所食葉

木。”詩曹風鳲鳩：“鳲鳩在～，其子七兮。”孟子梁惠王上：“五畝之宅，樹之以～，五十者可以衣帛矣。”又用作動詞。採桑。詩魏風十畝之間：“十畝之間兮，～者閑閑兮。”呂氏春秋上農：“后妃率九嬪蠶於郊，～於公田。”〔桑梓〕皆宅旁常種之樹，漢以後常代指故鄉。文選漢張衡南都賦：“永世克孝，懷桑梓焉。”

按，說文桑字在叒部。

柴 1. chái 士佳切，平，佳韻，牀二。支部。

㊀小的零散木頭。說文：“柴，小木散材。”左傳襄公十八年：“使乘車者左實右僞，以旆先，輿曳～而從之。”呂氏春秋季冬：“乃命四監，收秩薪～。”引申爲燒柴祭天。書武成：“庚戌，～望，大告武成。”僞孔傳：“燔柴，郊天；望，祀山川。”禮記大傳：“～于上帝。”孔穎達疏：“謂燔柴以告天。”

2. zhài 集韻仕懈切，去，卦韻，牀二。支部。

㊁編木而成的柵欄，營寨。莊子天地：“内支盈於～柵，外重纆繳。”三國志吴書甘寧傳：“羽聞之，住不渡，而結～營。”又用作動詞，以柴柵保護。淮南子道應：“表商容之閭，～箕子之門。”㊂堵塞，關閉。莊子天地：“且夫趣舍聲色以～其内。”三國志吴書吴主傳：“分遣三百人～斷險路。”後漢書楊震傳：“於是～門絶賓客。”

3. cī 集韻叉宜切，平，支韻，穿二。支部。

㊃〔柴池〕〔柴虒〕參差不齊貌。史記司馬相如列傳上林賦：“柴池茈虒，旋還乎後宮。”索隱引張揖曰：“柴池，參差也。”漢書揚雄傳甘泉賦：“柴虒參差，魚頡而鳥䀜。”顔師古注：“柴虒參差，不齊貌也。”

〔備考〕積聚。詩小雅車攻：“射夫既同，助我舉～。”毛傳：“柴，積也。”朱熹集傳：“謂積禽也。”

〔辨〕薪，蕘，柴，樵。見“薪”字條。

〔同源字〕柴，祡。柴指木柴，祡是燒木柴祭天的典禮。本亦寫作“柴”，後來爲區別于木柴，寫作祡。說文：“柴，小木散材也。”說文：“祡，燒柴燎以祭天神。”字本作柴。禮記大傳：“柴於上帝。”鄭玄注：“柴，燔柴以祀天也。”

桀 jié 渠列切，入，薛韻，羣。月部。

㊀小木樁。詩王風君子于役：“雞棲于～。”墨子備梯：“城希裾門而直～。”㊁突出，特出。呂氏春秋下賢：“～乎其必不渝移也。”高誘注：“桀，特也。”北魏酈道元水經注河水：“其間百二十里，河中竦石～出。”又指傑出的有才能的人。詩衛風伯兮：“伯兮朅兮，邦之～兮。”呂氏春秋孟秋：“天子乃命將帥，選士厲兵，簡練～儁。”㊂凶悍，凶暴。韓非子亡徵：“官吏弱而人民～，如此則國躁。”史記貨殖列傳：“～黠奴，人之所患也。”三國志魏書楊阜傳：“汝背父之逆子，殺君之～賊。”㊃舉起。左傳成公二年：“齊高固入晉師，～石以投人。”㊄〔桀桀〕草木茂盛貌。詩齊風甫田：“無田甫田，維莠桀桀。”毛傳：“桀桀，猶驕驕也。”㊅夏代的最後一位君主。詩商頌長發：“韋顧既伐，昆吾夏～。”史記夏本紀：“帝發崩，子帝履癸立，是爲～。”

按，說文桀字在桀部。

條 tiáo 徒聊切，平，蕭韻，定。幽部。

㊀樹名，山楸。詩秦風終南：“終南何有？有～有梅。”毛傳：“條，槄。”鄭箋：“條，山榎也。”一說爲柚。爾雅釋木：“柚，條。”郭璞注：“似橙實酢，生江南。”㊁細長的枝條。說文：“條，小枝也。”詩周南汝墳：“遵彼汝墳，伐其～枚。”毛傳：“枝曰條。”楚辭漢王褒九懷蓄英：“秋風兮蕭蕭，舒芳兮振～。”㊂長。書禹貢：“厥草惟繇，厥木惟～。”僞孔傳：“條，長也。”孔穎達疏：“繇是茂之貌，條是長之體。”淮南子詮言：“故木之大者害其～，水之大者害其深。”㊃通達。淮南子俶真：“若夫神無所掩，心無所載，通洞～達，恬漠無事，無所凝滯。”漢書律曆志上：“指顧取象，然後陰陽萬物，靡不～鬯該成。”㊄條理。書盤庚：“若網

在網,有～而不紊。”僞孔傳:“有條理而不亂也。”〔條條〕有條理,有次序。漢董仲舒春秋繁露如天之爲:“其在人者,亦宜行而無留,若四時之條條然也。”❻條款,條目。戰國策秦策一:“科～既備,民多僞態。”漢書劉向傳:“比類相從,各有～目。”❼量詞。漢書刑法志:“今大辟之刑千有餘～。”唐張鷟朝野僉載:“與之繩萬～,以爲錢貫。”

[備考]通“絛”。絲繩。周禮春官巾車:“～纓五就。”鄭玄注:“條讀爲絛,其樊及纓以絛絲飾之。”禮記雜記上:“喪冠～屬,以别吉凶。”孔穎達疏:“謂取一條繩,屈之爲武,垂下爲纓以著冠,故云條屬也。”

七　畫

梁 liáng 吕張切,平,陽韻,來。陽部。

❶橋。說文:“梁,水橋也。”詩大雅大明:“造舟爲～,不顯其光。”孟子離婁下:“十二月,輿～成,民未病涉也。”❷水中築起的捕魚的堰。詩邶風谷風:“毋逝我～,毋發我笱。”毛傳:“梁,魚梁。”周禮天官𢼸人:“𢼸人,掌以時𢼸爲～。”鄭玄注引鄭司農曰:“梁,水偃也。”又指隄堰,河隄。爾雅釋宫:“隄謂之梁。”北魏酈道元水經注濟水一:“梁,水隄也。”❸房梁。爾雅釋宫:“宋廇謂之梁。”郭璞注:“屋大梁也。”莊子人間世:“夫仰而視其細枝,則拳曲而不可以爲棟～。”後漢書陳寔傳:“有盗夜入其室,上於～上。”

[備考]冠上横脊。後漢書輿服志下:“公侯三～。”

[辨]橋,梁。二字都有橋梁的意義,然而上古只用梁字。上古橋指井上汲水的用具桔槔,漢代以後才産生河上橋梁的意義。說文“橋,水梁也”,是用漢代的意義,並非橋的本義。

桬 shā 所加切,平,麻韻,審二。歌部。

〔桬棠〕樹名。玉篇:“桬,桬棠,華赤,實味如李,無核。”太平御覽九六一引山海經:“桬棠木出崑崙山,黄色赤實,味如李。”今本山海經作沙棠。吕氏春秋本味、司馬相如上林賦字亦作沙棠。

按,說文無桬字。

桫 suō 素何切,平,歌韻,心。

〔桫欏〕叠韻聯緜字,樹名。見廣韻。

按,說文無桫字。

桊 zhēn 側詵切,音臻,平,臻韻,照二。真部。

同“榛”。樹名。說文:“桊,實如小栗。春秋傳曰:‘女摯不過桊栗。’”段玉裁注:“周禮籩人,禮記曲禮、内則,左傳,毛詩,字皆作榛。”

梡 1. huán 胡官切,音桓,平,桓韻,匣。元部。

❶完整的木柴。說文:“梡,棞木薪也。”徐鍇繫傳:“棞,混也,不破之木也。”❷樹名。玉篇:“梡,木名。”南方草木狀訶梨勒:“訶梨勒,樹似木～。”❸刮摩。法言吾子:“斷木爲棊,～革爲鞠。”宋咸注:“梡,刮摩也。”

2. kuǎn 苦管切,上,緩韻,溪。元部。

❹帶四足的俎案。禮記明堂位:“俎,有虞氏以～。”鄭玄注:“斷木爲四足而已。”

梓 zǐ 即里切,上,止韻,精。之部。

❶樹名,即楸樹。說文:“梓,楸也。”詩鄘風定之方中:“樹之榛栗,椅桐～漆。”山海經南山經:“虖勺之山,其上多～枏。”❷木工。周禮考工記序:“攻木之工,輪輿弓廬匠車～。”鄭玄注引鄭司農曰:“此七者,攻木之工官别名也。”墨子節用中:“陶冶～匠,使各從事其所能。”❸刻版,又指刻版印刷(後起義)。宋周密志雅堂雜抄書史:“未暇入～,而國事異矣。”明吴應箕答陳定生書:“今以原稿附上,幸即付～也。”

梳 shū 所葅切,平,魚韻,審二。魚部。

❶梳子。說文:“梳,所以理髮也。”唐虞

世南北堂書鈔一三六引漢崔寔正論："是猶不畜～而欲髮之理也。"新唐書吴兢傳："朝有諷諫，猶髮之有～。"㊁梳理頭髮。文選漢揚雄長楊賦："頭蓬不暇～，飢不及餐。"引申爲一般的疏理，疏導。唐韓愈送鄭尚書序："蜂屯蟻雜，不可爬～。"

[辨]梳，篦(比)。均爲梳頭用具。梳子齒稀，篦子齒密。説文："櫛，梳比之總名也。"史記匈奴傳索隱引蒼頡篇："靡者爲比，麄者爲梳。"

[同源字]梳，疏。見"疏"字條。

桹 láng 魯當切，音郎，平，唐韻，來。陽部。

㊀高大的樹木。説文："桹，高木也。"段玉裁注："此泛言高木謂之桹。"㊁〔桄桹〕樹名，見"桄"字條。㊂漁人繫在船舷上敲擊以驅魚入網的長木棒。文選晉潘岳西征賦："纖經連白，鳴～厲響。"李善注："鳴長桹於後，所以驚魚令入網也。"〔桹桹〕木相擊發出的聲音。唐元結訟木魅："榫兮桹桹可屈。"宋梅堯臣送師厚歸南陽詩："桹桹殘夜木魚響。"

梯 tī 土雞切，平，齊韻，透。脂部。

㊀梯子，登高的器具。説文："梯，木階也。"孫子九地："如登高而去其～。"墨子公輸："聞子爲～，將以攻宋。"又用作動詞，攀登。唐杜甫奉贈太常張卿垍二十韻："碧海真難涉，青雲不可～。"又用於抽象意義，指產生某事的因由。國語越語下："無曠其衆，以爲亂～。"㊁憑依。山海經海内北經："西王母～几而戴勝。"郭璞注："梯，謂馮也。"

棁 1. tuō 他括切，音脱，入，末韻，透。月部。

㊀木棍。説文："棁，木杖也。"淮南子主術："無異於執彈而來鳥，捭～而狎犬也。"後漢書文苑傳下："衡乃著布單衣，疎巾，手持三尺～杖。"

[備考]通"脱"。疏略。荀子禮論："凡禮始乎～，成乎文，終乎悦校。"史記禮書作"脱"。

2. zhuó 職悦切，入，薛韻，照三。月部。

㊁梁上短柱。論語公冶長："臧文仲居蔡，山節藻～。"邢昺疏："棁，梁上短柱也。"漢書叙傳："楶～之材不荷棟梁之任。"

3. ruì 集韻俞芮切，去，祭韻，喻四。月部。

㊂通"鋭"。尖鋭。老子第九章："揣而～之，不可長保。"王弼注："既揣末令尖，又鋭之令利。"

械 xiè 胡介切，去，怪韻，匣。職部。

㊀器械。説文："械，器之總名。"墨子公輸："公輸盤爲楚造雲梯之～。"孟子滕文公上："以粟易～器，不爲厲陶冶。"又特指兵器。周禮天官司農："以知民之財，器～之數。"賈公彦疏："器謂禮樂之器，械謂兵器。"㊁桎梏之類的刑具。説文："械，桎梏也。"文選漢司馬遷報任安書："淮陰，王也，受～於陳。"李善注："械，謂桎梏也。"漢書公孫賀傳："斜谷之木不足爲我～。"顔師古注："械，謂桎梏也。"

[辨]械，器。此二字都可以用來指各種器物。説文："械，器之總名。""器，皿也。"段玉裁注："皿專謂食器，器乃凡器統稱。"吕氏春秋上農："農攻粟，工攻器，賈攻貨。"淮南子齊俗："工爲奇器，歷歲而後成，不周於用。"析言之，器一般多指容器，而械一般多指攻守之具、刑具及非容器的器具。段玉裁説文解字注："有所盛曰器，無所盛曰械。"另外器可用于抽象義，才能、氣度等，械没有這類意義。

梂 qiú 巨鳩切，音求，平，尤韻，羣。幽部。

㊀櫟實。説文："梂，櫟實。"爾雅釋木："櫟，其實梂。"㊁鑿柄。説文："梂，一曰鑿首。"

桲 bó 蒲没切，音勃，入，没韻，並。物部。

打穀脱粒的器具。方言五："僉，齊楚江淮之間謂之柍，或謂之桲。"

按，説文無桲字。

梪 dòu 田候切，去，候韻，定。侯部。

㊀同"豆"。古代食器、禮器。説文："梪，

木豆謂之梪。"漢魯相韓勑造孔廟禮器碑:"爵鹿梪～。"唐韓愈南山詩:"或纍若盆甖,或揭若豋～。"❷量器單位。廣雅釋器:"合十曰升,升四曰梪。"

按,説文梪字在豆部。徐灝説文解字注箋云:"梪即豆之重文,因豆假爲尗豆,故增偏旁耳。"

棟 sù 桑谷切,音速,入,屋韻,心。屋部。

❶短椽。説文:"棟,短椽也。"宋李誡營造法式椽:"短椽,其名有二:一曰～,二曰禁褊。"❷樹名。木紋色白。爾雅釋木:"棟,赤棟,白者棟。"邢昺疏引陸璣曰:"棟葉如柞,皮薄而白,其木理赤者爲赤棟,一名桋,白者爲棟,其木皆堅韌。"

梗 gěng 古杏切,上,梗韻,見。陽部。

❶樹名,即山榆。説文:"梗,山枌榆,有朿。"因山榆有刺故引申爲有刺的草木。文選漢張衡西京賦:"～林爲之靡拉。"吕延濟注:"木有刺曰梗。"又引申爲草木刺人。方言三:"凡草木刺人,自關而東或謂之～。"❷植物的枝莖。戰國策齊策三:"有土偶人與桃～相與語。"宋沈括夢溪筆談二四:"捘芋～傅之則愈。"❸强硬,正直。爾雅釋詁:"梗,直也。"楚辭戰國屈原九章橘頌:"淑離不淫,～其有理兮。"王逸注:"梗,强也。…梗然堅强。"商君書賞刑:"强～焉,有常刑而不赦。"〔梗梗〕正直剛强貌。三國志吴書陸凱傳:"陸凱忠壯質直,皆節槩梗梗,有大丈夫格業。"❹阻塞。管子四時:"謹禱幣～。"北魏酈道元水經注河水:"其山雖闢,尚～湍流。"宋書鄧琬傳:"糧運～塞,當如此何?"❺〔梗概〕雙聲聯緜字。大略,粗略。文選漢張衡東京賦:"不能究其精詳,故粗爲賓言其梗概如此。"又晉左思吴都賦:"略舉其梗概。"後漢書文苑傳上:"故略其梗概,不敢具陳。"李賢注:"梗概猶粗略也。"

［備考］病,災害。詩大雅桑柔:"誰生厲階,至今爲～。"毛傳:"梗,病也。"

［同源字］梗,骾,哽。三字同音,且都有塞的意義。説文:"骾,食骨留咽中也。""哽,語爲舌所介也。"莊子外物:"壅則哽。"釋文:"哽,塞也。"所以三字同源。

桭 zhēn 職鄰切,音真,平,真韻,照三。文部。

屋檐。漢書揚雄傳甘泉賦:"列宿乃施於上榮兮,日月纔經於柍～。"顔師古注引服虔曰:"桭,屋梠也。"

按,説文無桭字。

梧 1. wú 五乎切,平,模韻,疑。魚部。

❶樹名,即梧桐。説文:"梧,梧桐木。"孟子告子上:"今有場師,舍其～檟,養其樲棘,則爲賤場師焉。"禮記雜記上:"暢臼以椈,杵以～。"〔梧桐〕樹名。詩大雅卷阿:"梧桐生矣,于彼朝陽。"淮南子説山:"梧桐斷角,馬氂截玉。"❷屋梁上的斜柱,支柱。文選漢司馬相如長門賦:"羅丰茸之遊樹兮,離樓～而相撐。"李善注引臣瓚曰:"邪柱爲梧。"又三國魏何晏景福殿賦:"桁～複疊,勢合形離。"李善注:"梧,柱也。"引申爲支撑。後漢書方術傳下:"炳乃故升茅屋,～鼎而爨。"李賢注:"梧,支也。"又漢馬融傳廣成頌:"竄伏扔輪,發作～轊。"李賢注:"梧,支梧也,謂支著車也。"又引申爲抵觸。漢書司馬遷傳贊:"甚多疏略,或有抵～。"

2. wù 集韻五故切,去,暮韻,疑。

❸〔魁梧〕高大貌。見"魁"字條。〔梧岸〕雙聲聯緜字。雄偉貌。南朝梁江淹學梁王兔園賦:"崩石梧岸,㟧岉藏陰。"

梵 1. fàn 扶泛切,去,梵韻,奉。

❶梵語詞,潔,净行。見葛洪字苑。法華經序品:"常修～行。"❷與印度、佛教有關的常冠以梵字。南朝梁沈約均聖論:"雖葉書横字,華～不同。"梁書張纘傳南征賦:"經法王之～宇。"

2. péng 房戎切,集韻蒲蒙切,平,東韻,並。侵部。

㊂〔梵梵〕通“芃芃”。穀物長得茂盛的樣子。漢都鄉正衛彈碑：“梵梵黍稷。”

按，說文無梵字，新附有之。

梛 yē 集韻余遮切，平，麻韻，喻四。

同“枒”“椰”。樹名，又指其果。唐柳宗元同劉二十八院長寄…贈二君子詩：“御寒衾用罽，挹水勺仍～。”

按，說文無梛有枒字。

梜 jiā 古洽切，入，洽韻，見。葉部。

㊀筷子。禮記曲禮上：“羹之有菜者用～，其無菜者不用～。”鄭玄注：“梜，猶箸也。”管子弟子職：“左執虛豆，右執～匕。”㊁護書的夾板。說文：“梜，檢柙也。”徐鍇繫傳：“謂書封函之上，恐磨滅文字，更以一版於上柙護之。”

桮 bēi 布回切，平，灰韻，幫。之部。

盛羹及酒之類的器皿。晏子春秋雜上三：“晏子奉～血，仰天嘆曰。”史記項羽本紀：“沛公不勝～杓。”又泛指盤盞之類。大戴禮記曾子事父母：“執觴觚～豆而不醉。”盧辯注：“桮，盤盎盆盞之總名也。”

桶 tǒng 他孔切，上，董韻，透。東部。

㊀量器名。說文：“桶，木方，受六升。”段玉裁注：“疑當作方斛，受六升。”吕氏春秋仲春：“鈞衡石，角斗～，正權概。”史記商君列傳：“平斗～權衡丈尺。”㊁容器。急就篇顔師古注：“椭，小～也，所以盛鹽豉。”

梫 qǐn 七稔切，音寑，上，寑韻，清。侵部。

樹名，桂的一種。說文：“梫，桂也。”爾雅釋木：“梫，木桂。”文選晉左思蜀都賦：“其樹則有木蘭～桂。”劉逵注：“梫桂，木桂也。”

桾 jūn 舉云切，平，文韻，見。

〔桾櫏〕果樹名。文選晉左思吴都賦：“平仲桾櫏松梓古度。”

按，說文無桾字。

梮 1. jū 居玉切，入，燭韻，見。屋部。

㊀登山的器具。漢書溝洫志：“山行則～。”顔師古注引韋昭：“梮，木器，如今轝牀，人轝以行也。”引如淳曰：“梮，謂以鐵爲椎頭，長半寸，施之履下，以上山，不蹉跌也。”

2. jū 集韻居六切，入，屋韻，見。屋部。

㊁擡土的工具。國語周語中：“收而場功，偫而畚～。”韋昭注：“梮，轝土之器。”

按，說文無梮字。

梢 1. shāo 所交切，平，肴韻，審二。宵部。

㊀樹木喬竦而無旁枝。爾雅釋木：“梢，梢櫂。”郭璞注：“謂木無枝柯，梢櫂長而殺者。”郝懿行義疏：“木喬竦無旁枝謂之梢，亦謂之梢櫂。”㊁竿子，木棍。漢書禮樂志郊祀歌天門：“飾玉～以舞歌，體招搖若永望。”淮南子兵略：“曳～肆柴，揚塵起堨。”許慎注：“梢，小柴也。”㊂樹枝的末端(後起義)。唐杜甫送韋郎司直歸成都：“爲問南溪竹，抽～合過墻。”引申爲事物的末端。宋史宋琪傳上：“陣～不可輕動，蓋防横騎奔衝。”此指陣尾。唐柳宗元遊朝陽巖遂登西亭詩：“所賴山水客，扁舟枉長～。”此指船舵尾。㊃桶(晚起義)。宋君山鐵梢款：“孟府十位鑄到鐵～壹樣貳隻。”清陸增祥跋：“梢，即桶也。”㊄通“箾”。擊。文選戰國宋玉風賦：“蹷石伐木，～殺林莽。”李善注引韋昭曰：“梢，擊也。”漢書揚雄傳甘泉賦：“～夔魖而抶獝狂。”顔師古注：“梢，擊也。”㊅通“捎”。捎帶(晚起義)。元石君寶曲江池二折：“怎麽書信也不～一封來。”㊆〔梢梢〕①形容風聲。南朝宋鮑照野鵝賦：“風梢梢而過樹，月蒼蒼而照臺。”②挺拔貌。文選南朝齊謝朓酬王晉安詩：“梢梢枝早勁，塗塗露晚晞。”吕向注：“梢梢，樹枝勁彊無葉之貌。”

2. xiāo 集韻思邀切，平，宵韻，心。宵部。

㊇沖激。周禮考工記匠人：“～溝三十里而廣倍。”

［同源字］梢，艄。二字同音。集韻引說

文:"梢,木枝末也。"徐鍇繫傳:"按,梢,樹枝末也。"集韻:"艄,船尾。"字本作梢,廣韻:"梢,船舵尾也。"後易木旁爲舟旁。

桯 1. tīng 他丁切,音聽,平,青韻,透。耕部。

㊀牀前几。說文:"桯,牀前几也。"方言五:"榻前几,江沔之間曰桯。"㊁横木。元佚名盆兒鬼三折:"被門～絆我一個合撲地。"此指門檻。明徐光啟農政全書農具:"耙～長可五尺。"此指耙上横木。

2. yíng 集韻怡成切,平,清韻,喻四。耕部。

㊂車蓋柄下節。周禮考工記輪人:"輪人爲蓋,達常圍三寸,～圍倍之,六寸。"賈公彦疏:"達常是上節,此蓋柄下節。"

梩 sì 詳里切,音耜,上,紙韻,邪。之部。

"枱"的異體。鍬臿一類的工具。方言五:"臿,東齊謂之～。"孟子滕文公上:"蓋歸反虆～以掩之。"趙岐注:"虆梩,籠臿之屬,可以取土者也。"

按,說文梩爲枱的重文。

梘 jiǎn 集韻吉典切,上,銑韻,見。

後起字。過水的竹木管子。宋楊萬里桑茶坑道中:"溪面祇消横一～,水從空裏過如飛。"明宋應星天工開物水利:"挽水入筒,一一傾於～内。"也用作動詞,用槽輸水。明宋應星天工開物鐘:"從槽道中～注而下。"

梱 1. kǔn 苦本切,上,混韻,溪。文部。

㊀門限,門橜。說文:"梱,門橛也。"朱駿聲通訓定聲:"横界于門下者爲閾,亦曰切;直豎于門中者爲梱,亦曰闑。凡横者直者皆所以爲限。"禮記曲禮上:"外言不入於～,内言不出於～。"鄭玄注:"梱,門限也。"史記循吏列傳:"王必欲高車,臣請教閭里使高其～。"㊁叩,敲擊。晏子春秋諫下:"吾將左手擁格,右手～心,立餓枯樹而死。"淮南子脩務:"蔡之幼女,衛之稚質,～纂組,雜奇彩。"高誘注:"梱,叩椓。"

[備考]至。儀禮大射禮:"中離維綱,揚觸～復。"鄭玄注:"梱復,謂矢至侯不著而復還。"王引之曰:"注内至字正釋梱字。"

2. kùn 集韻苦悶切,去,慁韻,溪。文部。

㊂平齊。儀禮大射禮:"既拾,取矢～之。"鄭玄注:"梱,齊等之也。"

[備考]户昆切,古韻文部。未劈開的木頭。爾雅釋木:"髡,梱。"郝懿行義疏:"梱,與棞聲義近。說文:'棞,梡木未析也。'"

梠 lǚ 力舉切,上,語韻,來。魚部。

㊀屋檐。說文:"梠,楣也。"方言一三:"屋梠謂之櫺。"郭璞注:"即屋檐也。"文選三國魏何晏景福殿賦:"槐～緣邊,周流四極。"又晉潘岳馬汧督誄序:"爨陳焦之麥,柿～桷之松。"㊁野果。晉書殷仲堪傳:"頃聞抄掠所得,多皆採～飢人,壯子欲以救子,少者志在存親。"宋宋祁和賈相公覽杜工部北征篇詩:"採～拾橡填飢喉。"

梣 cén 鋤針切,平,侵韻,牀二。侵部。

樹名,皮色青,可治目疾。說文:"梣,青皮木。"淮南子俶真:"夫～木色青翳,而蠃瘉蝸睆,此皆治目之藥也。"

梐 bì 傍禮切,上,薺韻,並。脂部。

㊀〔梐枑〕阻攔人馬通過的栅欄,又叫行馬。說文:"梐,梐枑也。"周禮天官掌舍:"設梐枑再重。"鄭玄注引杜子春云:"梐枑,謂行馬。"㊁牢籠。廣雅釋宫:"梐,牢也。"漢趙曄吴越春秋七:"幸來涉我壤土,入吾～梱。"

桴 fú 縛謀切,平,尤韻,奉。幽部。

㊀房屋的前梁。段玉裁說文解字注:"桴,眉棟也。"爾雅釋宫:"棟謂之桴。"文選漢班固西都賦:"列棼橑以布翼,荷棟～而高驤。"又三國魏何晏景福殿賦:"雙枚既脩,重～乃飾。"㊁用竹木編成的小筏子。論語公冶長:"道不行,乘～浮於海。"國語齊語:"乘～濟河,至于石枕。"韋昭注:"編木曰泭,小泭曰

桴。”㊁鼓槌。韓非子功名：“至治之國，君若～，臣若鼓。”後漢書第五種傳：“～鼓不鳴。”李賢注：“桴，擊鼓杖也。”

[備考]㊀通“孵”。孵化。大戴禮記夏小正：“鷄～粥。粥也者，相粥之時也。或曰：桴，嫗伏也；粥，養也。”孔廣森補注：“桴，讀爲孚。説文曰：‘孚，卵孚也。’”㊁樹外層的粗皮。詩小雅角弓“如塗塗附”鄭箋：“附，木～也。”孔穎達疏：“桴，謂木表之麤皮也。”

[同源字]桴，泭，浮。見“泭”字條。

桵 ruí 儒隹切，平，脂韻，日。微部。

樹名。説文：“桵，白桵，棫也。”爾雅釋木：“棫，白桵。”郭璞注：“桵，小木，叢生有刺，實如耳璫，紫赤可啖。”

梌 tú 同都切，平，模韻，定。

㊀樹名，即楸樹。見類篇。宋洪邁容齋三筆一一：“潭、衡、道、永、鼎之～、柟、櫧。”㊁樹名，即楓樹。畿輔通志輿地：“北方人謂楓曰～。”

按，説文無梌字。

梐 zhèn 集韻直刃切，音陣，去，稕韻，澄。

樹名，汁可釀酒。梁書劉杳傳：“有人餉昉～酒而作榐字。昉問杳：‘此字是不？’杳對曰：‘葛洪字苑作木旁丢。’”

按，説文無梐字。

桼 qī 親吉切，音七，入，質韻，清。質部。

㊀漆的本字。樹汁，可以黏物。説文：“桼，木汁，可以髼物。”漢書賈山傳：“冶銅錮其内，～塗其外。”引申爲出産這種汁的樹，桼樹。段玉裁説文解字注曰：“木汁曰桼，因名其木曰桼。”漢書貨殖傳：“陳、夏千畝～。”㊁通“七”。數詞。段玉裁説文解字注曰：“漢人多叚桼爲七字。”漢揚雄太玄攡：“運諸～政。”范望注：“桼政，日月五星也。”

按，説文桼字在桼部。

梆 bāng 博江切，平，江韻，幫。

㊀樹名。見廣韻。㊁梆子，敲打的響器。水滸二回：“三四百史家莊户，聽得～子響。”西遊記七四回：“照依他敲着～，摇着鈴。”

按，説文無梆字。

梃 tǐng 徒鼎切，上，迥韻，定。耕部。

㊀直的竹、木棒。孟子梁惠王上：“殺人以～與刃，有以異乎？”吕氏春秋簡選：“鋤耰白～，可以勝人之長銚利兵。”引申爲挺直。荀子勸學：“木直中繩，輮以爲輪，其曲中規，雖有槁暴不復～者，輮使之然也。”㊁量詞，棍狀物計量單位。魏書李孝伯傳：“駿奉酒二器，甘蔗百～。”

[同源字]梃，莛，珽，脡，杖，棖，挺。此七字都有直挺的意義，梃爲直的木棒，莛爲草的直莖，説文：“莛，莖也。”朱駿聲云：“草曰莛，木曰梃。”珽爲直的玉笏板，廣雅釋器：“珽，笏也。”脡爲直的肉，公羊傳昭公二十五年“與四脡脯”，何休注：“屈曰朐，申曰脡。”杖是拐杖，棖也是杖，説文：“棖，杖也。”挺是動詞，挺直的意思。而且此七字音也相近，梃、莛、杖、棖、挺都是定母，珽、脡是透母，定透旁紐；梃、挺、珽、脡、莛都是耕部，杖是陽部，耕陽可旁轉。此七字音義都相近，所以是同源。參見“鋌”字條。

梏 1. gù 古沃切，入，沃韻，見。覺部。

㊀刑具名，木制手銬。説文：“梏，手械也。”易蒙：“利用刑人，用説桎～。”孔穎達疏：“在足曰桎，在手曰梏。”吕氏春秋仲春：“命有司省囹圄，去桎～。”引申爲械繫，拘囚。左傳莊公三十年：“鬭射師諫，則執而～之。”山海經海内西經：“帝乃～之疏屬之山。”

2. jué 古岳切，入，覺韻，見。覺部。

㊀正直。爾雅釋詁下：“梏，直也。”郭璞注：“梏，正直也。”禮記射義“發而不失正鵠者”鄭玄注：“鵠之言梏也；梏，直也，言人正直乃能中也。”

[備考]㊀大。禮記緇衣：“詩云：‘有梏德行。’”鄭玄注：“梏，大也，直也。”孔穎達疏：

"梏，大也，言賢者有大德行。"㊁攪。後漢書馬融傳："散毛族，～羽羣。"李賢注："字書梏从手，古文攪字，謂攪擾也。"王念孫讀書雜志："梏讀爲礐，廣雅曰：'礐，分也。'…散、梏皆分也。"

梅 méi 莫杯切，平，灰韻，明。之部。

㊀樹名，即楠木。爾雅釋木："梅，枏。"詩秦風終南："終南何有，有條有～。"毛傳："梅，枏也。"又陳風墓門："墓門有～，有鴞萃止。"㊁果樹名，果實即酸梅。詩召南摽有梅："摽有～，其實七兮。"左傳昭公二十年："水火醯醢鹽～以烹魚肉。"孔穎達疏："梅，果實似杏而酢。"㊂節候名。唐歐陽詹薛舍人雨晴到所居既霽先呈即事："江皋昨夜雨收～。"自注："江南夏雨曰梅。"㊃〔梅梅〕昏暗貌。禮記玉藻："色容顛顛，視容瞿瞿梅梅。"孔穎達疏："梅梅，猶微微，謂微昧也。"

按，段玉裁云："某爲酸果正字，凡酸果之字作梅，皆假借也。"梅的本義爲楠樹。

桻 1. fēng 敷容切，音峰，平，鍾韻，敷。

㊀樹梢。玉篇："桻，木上也。"廣雅釋詁一："桻，末也。"

2. fèng。

㊁〔桻子〕肩負竹簍的商販。唐張讀宣室志一："師當備食於商山逆旅中，遇桻子即犒而於商山餽焉。"

按，說文無桻字。

桷 jué 古岳切，入，覺韻，見。屋部。

方形的椽子。說文："桷，榱也，椽方曰桷。"詩魯頌閟宮："松～有舄，路寢孔碩。"毛傳："桷，榱也。"春秋莊公二十四年："刻桓宫～。"比喻平直如桷的樹枝。易漸："鴻漸于木，或得其～。"

［備考］槌。廣雅釋器："桷，槌也。"

梴 chān 丑延切，平，仙韻，徹。元部。

㊀木長貌。說文："梴，長木也。"徐鍇繫傳："梴，木長也。"詩商頌殷武："松桷有～，旅楹有閑。"毛傳："梴，長貌。"〔梴梴〕木長貌。唐元結演興訟木魅詩："將封灌乎善木，令橚橚以梴梴。"㊁通"筵"。墊席。墨子節葬下："必多爲屋幕鼎鼓几～壺濫。"

按，段玉裁認爲說文梴字爲後人誤加，商頌梴本作挻。

梬 yǐng 以整切，音郢，上，静韻，喻四。耕部。

果樹名，其果實即黑棗。說文："梬，棗也，似柹。"史記司馬相如傳子虛賦："樝梸～栗，橘柚芬芳。"又上林賦："～棗楊梅。"文選晉左思蜀都賦："其園則有林檎枇杷，橙柿～楟。"

梔 zhī 章移切，音支，平，支韻，照三。支部。

字也作栀。樹名，果實可染黃色。說文新附："梔，木，實可染。"唐柳宗元鞭賈："鬻之黃者，梔也。"又用作動詞，染上黃色，涂飾。唐柳宗元鞭賈："今之梔其貌，蠟其言，以求賈技於朝。"

［備考］桑樹的一種。爾雅釋木："桑辨有葚梔。"郭璞注："辨，半也。"釋文引舍人云："桑樹一半有葚一半無葚名梔也。"

按，說文有桅字，段玉裁謂爲梔之誤字。

梭 suō 蘇禾切，平，戈韻，心。

梭子。織布機上引緯線的工具。晉書陶侃傳："網得一織～，以挂於壁。"唐李咸用夜吟詩："落筆思成虎，懸～待化龍。"又用作量詞，指梭子往來的次數。唐王建織錦曲："一～聲盡重一～。"

［備考］樹名。說文："梭，木也。"此義集韻音須閏切。

梨 lí 力脂切，平，脂韻，來。

同棃。見"棃"字條。

梟 xiāo 古堯切，平，蕭韻，見。宵部。

㊀猛禽名，即猫頭鷹。詩大雅瞻卬："懿厥哲婦，爲～爲鴟。"抱朴子外篇彈禰："～鳴

狐嚾，人皆不喜。”引申爲雄健，勇猛。史記留侯世家：“九江王黥布，楚～將。”漢書高帝紀上：“北貉、燕人來致～騎助漢。”顔師古注引應劭曰：“梟，健也。”引張晏曰：“梟，勇也。”❷魁首。淮南子原道：“其魂不躁，其神不嬈，湫漻寂寞，爲天下～。”論衡别通：“東成令董仲綏，知爲儒～，海内稱通。”❸斬首懸而示衆。史記高祖本紀：“～故塞王欣頭櫟陽市。”漢曹操讓縣自明本志令：“幸而破紹，～其二子。”❹頂。管子地員：“其山之～，多桔符榆。”尹知章注：“梟，猶顛也。”❺等級。隋書食貨志：“墾租皆依貧富爲三～。上～輸遠處，中～輸次遠，下～輸當州倉。”❻古代博弈的采名。韓非子外儲説左下：“博者貴～，勝者必殺～。”❼〔梟梟〕諠鬧聲。論衡論死：“青青之色，猶梟梟之聲也。”

［備考］撓。荀子非十二子：“假今之世，飾邪説，文姦言，以～亂天下。”

八　畫

棄 qì 詰利切，去，至韻，溪。質部。

❶拋棄。説文：“棄，捐也。”詩小雅谷風：“將安將樂，～我如遺。”孟子梁惠王上：“兵刃既接，～甲曳兵而走。”引申爲廢棄，廢除。左傳昭公二十九年：“水官～矣，故龍不生得。”杜預注：“棄，廢也。”國語周語上：“及夏之衰也，～稷不務。”韋昭注：“棄，廢也。謂啟子太康廢稷之官，不復務農也。”❷忘記。爾雅釋言：“棄，忘也。”左傳昭公十三年：“南蒯子仲之憂，其庸可～乎！”杜預注：“棄，猶忘也。”

［備考］古代放逐刑罰名。易離：“九四，突如其來如，焚如，死如，～如。”周禮秋官掌戮賈公彥疏：“棄如，流宥之刑。”

按，説文棄字在華部。

椉 1. chéng 食陵切，平，蒸韻，牀三。蒸部。

❶“乘”的本字。駕馭，乘坐。楚辭戰國屈原離騷：“吾令豐隆～雲兮，求宓妃之所在。”漢武帝内傳：“或駕龍虎，或～獅子。”

2. shèng 集韻石證切，去，證韻，禪。蒸部。

❷車輛。楚辭戰國宋玉九辯：“前輊輬之鏘鏘兮，後輜～之從從。”

按，説文椉字在桀部。乘即椉字隸定後的變體。

棨 qǐ 康禮切，上，薺韻，溪。脂部。

❶木製的符信。説文：“棨，傳，信也。”後漢書百官志二：“若外人以事當入，本官長史爲封～傳。”漢書文帝紀“除關無用傳”顔師古注：“棨者，刻木爲合符也。”❷有衣之戟。古代官吏用爲出行儀仗。漢書韓延壽傳：“建幢～，植羽葆。”顔師古注：“棨，有衣之戟也。”

棗 zǎo 子晧切，上，晧韻，精。幽部。

果樹名，也指其果實。詩豳風七月：“八月剥～，十月獲稻。”論衡量知：“地性生草，山性生木，故地種葵韭，山樹～栗。”

按，説文棗字在朿部。

棘 jí 紀力切，入，職韻，見。職部。

❶果樹名，落葉灌木，有刺，其果實爲酸棗。説文：“棘，小棗叢生者。”詩魏風園有桃：“園有～，其實之食。”又泛指草木的刺或帶刺的草木。詩小雅楚茨：“楚楚者茨，言抽其～。”淮南子人間：“師之所處，生以～楚。”❷草木刺人，刺傷。方言三：“凡草木刺人…自關而西謂之刺，江湘之間謂之～。”宋黄庭堅龍眼操三章：“爲我直兮～余趾。”❸通“急”。急迫。詩小雅出車：“王事多難，維其～矣。”又采薇：“豈不日戒，玁狁孔～。”鄭箋：“棘，急也。”❹通“戟”。兵器名。左傳隱公十一年：“穎考叔挾輈以走，子都拔～以逐之。”杜預注：“棘，戟也。”漢書徐樂傳：“奮～矜，偏袒大呼。”顔師古注：“棘，戟也。矜者，戟之把也。”❺通“瘠”。瘠薄。吕氏春秋任地：“～者欲肥，肥者欲～。”高誘注：“棘，羸瘠也。”

［備考］棱角。詩小雅斯干：“如矢斯

～。"毛傳："𣗥，棱廉也。"鄭箋："𣗥，戟也。"朱熹集傳："𣗥，急也。"

［同源字］𣗥，亟，悈，革，急。此五字都有急的意義。詩邶風北風"既亟只且"毛傳："亟，急也。"說文："悈，急也。"禮記檀弓上"夫子之病革矣"鄭玄注："革，急也。"而且𣗥、亟、悈、革雙聲兼叠韻，皆爲見母職部，急也是見母，緝部則職緝通轉。五字音義皆近，所以可爲同源。

按，說文𣗥字在朿部。

棊 qí 渠之切，平，之韻，羣。之部。

"棋"的本字。博弈的用具，也指它的棊子。說文："棊，簙棊。"淮南子說林："行一～不足以見智。"文選晉左思吴都賦："屯營櫛比，廨署～布。"

棸 1. zōu 直尤切，平，尤韻，澄。侯部。

㊀姓。詩小雅十月之交："棸子内史，蹶維趣馬。"鄭箋："棸，氏。"

2. zōu 集韻甾尤切，平，尤韻，照二。

㊁樹名，見玉篇。集韻尤韻："棸，甾尤切，木名，又姓。"

按，說文無棸字。

棻 fēn 撫文切，平，文韻，敷。文部。

㊀香樹名。見說文，說文作棼。㊁草木茂盛貌。後漢書班固傳西都賦："五穀垂穎，桑麻敷～。"李賢注："棻，茂盛也。"文選李善注謂"棻與紛古字通，紛，盛皃也。"

椗 dìng 音定。

㊀木墊。莊子馬蹄"編之以阜棧"成玄英疏："棧，編木爲～，安馬脚下，以去其濕，所謂馬牀也。"㊁同"碇"。繫船的石礅或鐵錨。清魏源道光洋艘征撫記上："其國貨船，先後起～揚帆。"㊂〔椗花〕即山礬，見本草綱目。

棺 guān 古丸切，平，桓韻，見。元部。

棺材。說文："棺，關也，所以掩屍。"孟子梁惠王下："謂～椁衣衾之美也。"史記秦始皇本紀："～載轀涼車中。"又用作動詞，以棺殮屍（音 guàn，古玩切）。左傳僖公二十八年："爲其所得者，～而出之。"

［同源字］棺，關。關是關閉，棺是關閉屍體的地方，意義相因，而且都是見母、元部，音也相近。所以二字同源。

椌 1. qiāng 苦江切，音腔，平，江韻，溪。東部。

㊀樂器名，即柷。說文："椌，柷，樂也。"禮記樂記："然後聖人作爲鞉、鼓、～、楬、壎、篪。"鄭玄注："椌、楬，謂柷、敔也。"

2. kōng 苦紅切，音空，平，東韻，溪。

㊁塔下之室。宋李誡營造法式總釋上："塔下室謂之龕，龕謂之～。"

椀 wǎn 烏管切，音碗，上，緩韻，影。

"盌"的俗體。盛食物的器皿。今作"碗"。三國魏曹植車渠椀賦："惟斯～之所生，于涼風之浚濱。"世說新語排調："王公與朝士共飲酒，舉瑠璃～謂伯仁曰。"（本亦作盌。）又用作量詞。晉書殷仲堪傳："仲堪食常五～。"

按，說文無椀字，皿部有盌字。

棓 1. bàng 步項切，音棒，上，講韻，並。東部。

㊀"棒"的正字。棍棒。說文："棓，棁也。"段玉裁注："棓，棒，正俗字。"淮南子詮言："羿死於桃～。"許慎注："棓，大杖也。"三國志魏書鍾會傳："會已作大坑，白～數千。"又用作動詞，以杖擊人。戰國策秦策三："句踐終～而殺之。"㊁打穀的農具。方言五："僉，自關而西謂之～。"郭璞注："今連枷，所以打穀者。"

2. pǒu 集韻普后切，上，厚韻，滂。侯部。

㊂懸絶不平處的跳板。公羊傳成公二年："蕭同姪子者，齊君之母也，踊于～而窺客。"何休注："凡無高下，有絶，加躡板，曰棓。"

椄 1. jiē 即葉切，音接，入，葉韻，精。葉部。

㊀嫁接花木。説文："椄，續木也。"段玉裁注："今栽華植果者，以彼枝移椄此樹而華果同彼樹矣。椄之言接也，今接行而椄廢。"

2. jié 集韻疾葉切，入，葉韻，從。葉部。

㊁〔椄槢〕桎、梏間的小木梁。莊子在宥："吾未知聖知之不爲桁楊椄槢也。"釋文："椄槢，桎梏梁也。"

［同源字］接，椄。接爲接續，椄爲接續花木。二字義相因，而且同音，所以同源。

椁 guǒ 古博切，入，鐸韻，見。鐸部。

外棺。左傳定公元年："范獻子去其柏～。"墨子七患："死又厚爲棺～，多爲衣衾。"

［備考］測度。周禮考工記輪人："～其漆内而中詘之。"鄭玄注引鄭司農曰："椁者，度兩漆之内相距之尺寸也。"

［同源字］郭，椁（槨），鞹（鞟），革。此四字都有在外部的意思。郭爲外城，説文："郭，外城也。"椁爲外棺，革、鞹都指獸類的皮，身體最外部的。説文："革，獸皮治去其毛。"論語顔淵"虎豹之鞹"孔注："皮去毛曰鞹。"而且此四字音也相近，革、郭、棺爲見母，鞹爲溪母，見溪旁紐；鞹、郭、椁爲鐸部，革爲職部，鐸職旁轉。音義皆近，故爲同源。

椋 liáng 吕張切，音凉，平，陽韻，來。陽部。

樹名，又名即來，椋子木。説文："椋，即來也。"段玉裁注："彖評曰即來，單評曰來。唐本艸謂之椋子木。"爾雅釋木："椋，即來。"郝懿行義疏引唐本草注："葉似柿，兩葉相當，子細圓，如牛李子，生青熟黑，其木堅重，煮汁赤色。"

棜 yù 依倨切，音飫，去，御韻，影。魚部。

承放酒樽及牲體的禮器。儀禮既夕禮："設～於東堂下。"禮記禮器："大夫士～禁。"孔穎達疏："大夫用棜，士用禁。棜長四尺，廣二尺四寸，深五寸，無足。"

按，説文無棜字。

棎 chán 視占切，音蟾，平，鹽韻，禪。

果樹名，也指其果實。文選晉左思吴都賦："龍眼橄欖，～榴禦霜。"劉逵注引晉薛瑩荆揚已南異物志："棎，棎子樹也。生山中，實似梨，冬熟，味酸，丹陽諸郡皆有之。"

按，説文無棎字。

棬 1. quān 丘圓切，平，仙韻，溪。元部。

㊀屈木而製成的盂。字又作圈、桊。孟子告子上："子能順杞柳之性，而以爲桮～乎？"

2. juàn 集韻古倦切，去，線韻，見。元部。

㊁同"桊"。牛鼻環。吕氏春秋重己："使五尺豎子引其～，而牛恣所以之，順也。"

3. quán 音拳。元部。

㊂〔棬棬〕用力貌。吕氏春秋離俗："棬棬乎后之爲人也，葆力之士也。"莊子讓王作捲捲，釋文云："用力貌。"

［同源字］蜷，卷，捲，棬，拳，鬈，踡，痓。見"蜷"字條。

按，説文無棬字。

棪 yǎn 以冉切，音琰，上，琰韻，喻四。談部。

樹名。説文："棪，遫其也。"爾雅釋木："棪，櫨其。"郭璞注："棪，實似柰，赤，可食。"山海經南山經："又東三百里，曰堂庭之山，多～木。"

栟 bīng 府盈切，集韻卑盈切，平，清韻，幫。耕部。

樹名，即棕櫚。説文："栟，栟櫚也。"唐韓愈城南聯句："遠苞樹蕉～。"〔栟櫚〕棕櫚。文選漢張衡南都賦："楈枒栟櫚，柍柘檍檀。"又晉左思吴都賦："木則楓柙櫲樟，栟櫚枸根。"李善注引異物志曰："栟櫚，椶也，皮可作索。"

棒 bàng 步項切，上，講韻，並。

"棓"的俗體。棍棒。抱朴子外篇酒誡："於是白刃抽而忘思難之慮，～杖奮而罔顧乎前後。"三國志魏書武帝紀"除洛陽北部都尉"裴松之注："造五色～，縣門左右各十餘枚。"又用作動詞，棒打。北齊書琅玡王儼傳:"其或遲違,則赤棒～之。"

棲 1. qī 先稽切,平,齊韻,心。脂部。

❶鳥類停留、歇息。詩王風君子于役:"雞～于塒。"漢書揚雄傳河東賦:"神爵～其林。"引申爲禽類停留的地方。戰國策秦策一:"諸侯不可一,猶連雞之不能俱止於～亦明矣。"鮑彪注:"棲,雞所宿也。"文選晉潘岳寡婦賦:"雀羣飛而赴楹兮,雞登～而斂翼。"李善注:"棲,雞宿處。"又引申爲獸類棲息或人的停留、居住。莊子山木:"夫豐狐文豹,～於山林。"國語越語上:"越王句踐～於會稽之上。"❷〔棲遲〕叠韻聯緜字。遊息。詩陳風衡門:"衡門之下,可以棲遲。"毛傳:"棲遲,遊息也。"文選漢張衡思玄賦:"淹棲遲以恣欲兮,耀靈忽其西藏。"

2. xī 集韻千西切,平,齊韻,清。脂部。

❸〔棲屑〕雙聲聯緜字。奔波往來貌。北史裴駿傳:"但京師遼遠,實憚於棲屑耳。"〔棲棲〕忙碌不安貌。詩小雅六月:"六月棲棲,戎車既飭。"朱熹集傳:"棲棲,猶皇皇不安之貌。"漢書叙傳:"是以聖喆之治,棲棲皇皇,孔席不煖,墨突不黔。"

〔備考〕牀。孟子萬章上:"二嫂使治朕～。"趙岐注:"棲,牀也。"

按,説文棲爲西部西字的重文。

棖 chéng 直庚切,平,庚韻,澄。陽部。

❶門兩旁的立柱。禮記玉藻:"大夫中～與闑之間。"鄭玄注:"棖,門楔也。"孔穎達疏:"謂門之兩旁長木。"❷觸動。抱朴子外篇疾謬:"不～人之所諱,不犯人之所措。"文選南朝宋謝惠連祭古冢文序:"初開,見悉是人形,以物～撥之,應手灰滅。"李善注:"南人以物觸物爲棖。"❸同"橙"。橙子。宋梅堯臣述釀賦:"漬以椒桂,侑以～橘。"宋丘崈水調歌頭爲趙漕德莊壽詞:"～黄橘緑,可人風物是深秋。"

〔備考〕方言三:"棖,法也。"説文:"棖,一曰法也。"

〔同源字〕梃,杖,棖,莛,珽,脡,挺。見"梃"字條。

棱 léng 魯登切,平,登韻,來。蒸部。

❶四方的木頭。唐玄應一切經音義引通俗文:"木四方爲～。"後漢書班固傳:"設璧門之鳳闕,上柧～而棲金雀。"引申爲棱角。玄應引通俗文:"八～爲柧。"唐韓愈秋懷詩:"清曉卷書坐,南山見高～。"❷嚴厲。後漢書王允傳:"允性剛～疾惡。"❸威勢。後漢書班固傳:"目中夏而布德,瞰四裔而抗～。"❹〔棱層〕叠韻聯緜字。①山勢高峻的樣子。岑參出關經華嶽寺訪法華雲公詩:"開門對西嶽,石壁青棱層。"②面目猙獰的樣子。唐道世法苑珠林九:"體貌清鄙,每懷瞋毒,棱層可畏。"

按,説文:"棱,柧也。"與通俗文小異,説文渾言之。

楮 chǔ 丑吕切,音褚,上,語韻,徹。魚部。

❶樹名,皮可造紙。説文:"楮,穀也。"山海經西山經:"西南二百里曰鳥危之山,其陽多磬石,其陰多檀～。"郭璞注:"楮即穀木。"韓非子喻老:"宋人有爲其君以象爲～葉者,三年而成。"❷紙。唐劉知幾史通暗惑:"猖狂生態,正復躍見～墨間。"宋蘇軾書鄢陵王主簿所畫折枝詩之二:"若人富天巧,春色入毫～。"❸紙幣。宋周必大二老堂雜志:"不知何人目爲～幣。"宋史常楙傳:"值水災,捐萬～以振之。"引申爲爲死人燒的紙錢。楊文奎兒女團圓第二折:"不强如焚錢烈～,滅罪消災。"

棟 dòng 多貢切,去,送韻,端。東部。

房屋正中的大梁。易繫辭下:"後世聖人易之以宫室,上～下宇,以待風雨。"淮南子説山:"郢人有買屋～者,求大三圍之木。"又用於比喻義,喻重要的人或事。左傳襄公三十一年:"子於鄭國,～也。"國語晉語一:"太子,國之～也。"

棫 yù 雨逼切,入,職韻,喻三。職部。

樹名，即白桵，叢生，有刺。爾雅釋木：“棫，白桵。”郭璞注：“桵，小木叢生有刺，實如耳璫，紫赤，可啖。”詩大雅緜：“柞～拔矣，行道兑矣。”山海經西山經：“又西七里，曰𡹔次之山…其上多～橿。”

椏 yā 於加切，平，麻韻，影。

後起字。草木分叉處。玉篇：“椏，木椏杈。”唐皮日休寂上人院聯句：“經笥安巖匼，缾囊掛樹～。”

棋 qí 集韻渠之切，平，之韻，羣。之部。

棊的俗字。博弈的用具。左傳襄公二十五年：“今甯子視君不如弈～，其何以免乎？”又指棋子。左傳襄公二十五年：“弈者舉～不定，不勝其耦。”

［備考］㊀通“琪”。玉名。山海經中山經：“其上有石焉，名曰帝臺之～，五色而文，其狀如鶉卵。”㊁集韻居之切，音 jī，根基。史記律書：“箕者，言萬物根～，故曰箕。”

棷 1. zōu 子侯切，平，侯韻，精。侯部。

❶木柴。說文：“棷，木薪也。”❷麻秆。漢書五行志下之上：“民驚走，持稾或～一枚，傳相付與，曰行詔籌。”顔注引如淳曰：“棷，麻幹也。”

［備考］樹名。山海經中山經：“風雨之山，…其木多～椫。”

2. sǒu 集韻蘇后切，上，厚韻，心。侯部。

❸通“藪”。水澤。禮記禮運：“鳳皇麒麟，皆在郊～。”鄭玄注：“棷，聚草也。”釋文：“棷，澤也，本或作藪。”

植 zhí 常職切，入，職韻，禪。職部。

❶關門用的直木。說文：“植，户植也。”墨子非儒下：“季孫與邑人争門關，決～。”淮南子本經：“縣聯房～，橑檐榱題。”高誘注：“植，户植也。”又泛指木柱。墨子備城門：“城上百步一樓，樓四～。”又指架蠶箔的柱子。禮記月令：“具曲～籧筐。”鄭玄注：“植，槌也。”❷樹立，豎立。周禮夏官田僕：“令獲者～旌及獻比禽。”鄭玄注：“植，樹也。”吕氏春秋知度：“凡朝也者，相與召理義也，相與～法則也。”❸栽種，種植。戰國策燕策二：“薊丘之植，～於汶篁。”文選漢張衡東京賦：“～華平於春圃。”引申指草木。上引戰國策前“植”字。南朝梁范縝神滅論：“漸而生者，動～是也。”又指草木生長。淮南子主術：“甘雨時降，五穀蕃～。”❹古代軍隊中主持工程的將領。左傳宣公二年：“宋城，華元爲～，巡功。”❺放置。書金縢：“～璧秉珪。”鄭玄注：“植，古置字。”漢賈誼吊屈原文：“賢聖逆曳兮，方正倒～。”

［備考］㊀剛强。禮記檀弓下：“行并～於晉國。”孔穎達疏：“植，謂剛也。”㊁心志。管子法法：“上無固～，下有疑心。”

［同源字］植，殖。二字同音，皆爲禪母職部。二字義亦同。左傳襄公三十年：“我有田疇，子産殖之。”杜預注：“殖，生也。”又昭公元年：“其生不殖。”杜預注：“殖，長也。”莊子外物：“草木之倒植者過半。”成玄英疏：“植，生也。”淮南子主術：“五穀蕃植。”高誘注：“植，長也。”故植、殖同源。

森 sēn 所今切，平，侵韻，審二。侵部。

❶樹木高聳繁茂的樣子。說文：“森，木多皃。”一切經音義引作“多木長貌也”。晉左思蜀都賦：“彈言鳥於～木。”引申爲衆盛的樣子。後漢書張衡傳思玄賦：“百神～其備從兮，屯騎羅而星布。”李賢注：“森，衆皃也。”文選晉潘岳藉田賦：“～奉璋以階列，望皇軒而肅震。”李善注：“森，盛貌也。”〔森森〕①繁密的樣子。文選晉陸機文賦：“播芳蕤之馥馥，發青條之森森。”又晉張協雜詩之四：“翳翳結繁雲，森森散雨足。”②高聳的樣子。世說新語賞譽：“庾子嵩目和嶠森森如千丈松。”又引申爲高聳，聳起。宋范成大青青澗生松：“松～上曾雲，柏踴抱幽石。”宋辛弃疾生查子簡吴子似縣尉詞：“高人千丈崖，太古儲冰雪，六月火雲時，一見～毛髮。”❷〔森衰〕雙聲聯緜

字。下垂的樣子。文選晉郭璞江賦:“蝴蛣森衰以垂翹,玄蠣磈磥而碨硊。”李善注:“森衰,垂貌。”

按,說文森字在林部。

棧 zhàn 士諫切,去,諫韻,牀二。元部。

㊀棚車,即用竹木條横編成車厢的輕便車。說文:“棧,棚也,竹木之車曰棧。”詩小雅何草不黄:“有～之車,行彼周道。”〔棧車〕棚車。韓非子外儲說左下:“孫叔敖相楚,棧車牝馬,糲餅菜羹。”㊁飼養牲畜用的竹木編成的格子。莊子馬蹄:“連之以羈馽,編之以阜～。”釋文:“編木作靈(櫺)似牀曰棧,以禦濕也。”成玄英疏:“棧,編木爲椗,安馬脚下,以去其濕,所謂馬牀也。”戰國策齊策一:“章子之母啟得罪其父,其父殺之而埋馬～之下。”㊂在山崖上用木材架起的路。戰國策秦策三:“～道千里於蜀漢,使天下皆畏秦。”史記留侯世家:“王何不燒絶所過～道,示天下無還心。”又指連接樓閣的複道。淮南子本經:“延樓～道,雞棲井榦。”

[備考]㊀〔棧木〕樹名。爾雅釋木:“棧木,乾木。”郭璞注:“橿木也,江東呼木觡。”㊁集韻阻限切,音 zhǎn,小鐘。爾雅釋樂:“大鐘謂之鏞,…小者謂之～。”

棽 chēn 丑林切,音琛,平,侵韻,徹。侵部。

〔棽麗〕枝條茂密的樣子。文選漢班固東都賦:“鳳蓋棽麗,龢鑾玲瓏。”說文:“棽,木枝條棽儷皃。”“儷”與“麗”同。

按,說文棽字在林部。

棼 fén 符分切,平,文韻,奉。文部。

㊀閣樓的棟。說文:“棼,複屋棟也。”文選漢班固西都賦:“列～橑以布翼,荷棟桴而高驤。”又漢張衡西京賦:“增桴重～,鍔鍔列列。”㊁紛亂。左傳隱公四年:“臣聞以德和民,不聞以亂。以亂猶治絲而～之也。”〔棼棼〕紛亂的樣子。書吕刑:“民興胥漸,泯泯棼棼。”

[備考]麻布。周禮春官巾車:“素車～蔽。”鄭玄注:“棼,讀爲薠,薠麻以爲蔽。”

按,說文棼字在林部。

椅 1. yī 於離切,平,支韻,影。歌部。

㊀樹名,梓屬,落葉喬木。爾雅釋木:“椅,梓。”說文:“椅,梓也。”詩鄘風定之方中:“樹之榛栗,～桐梓漆。”毛傳:“椅,梓屬。”按,段玉裁說文解字注:“釋木曰‘椅,梓’,渾言之也。衛風傳曰‘椅,梓屬’,析言之也。椅與梓有别,故詩言‘椅桐梓漆’;其分别甚微也,故爾雅、說文渾言之。”

2. yǐ 於綺切,上,紙韻,影。

㊁〔椅柅〕木弱的樣子。南朝齊謝朓芳樹詩:“椅柅芳若斯,葳蕤紛可結。”㊂椅子(晚起義)。字本作“倚”。新五代史景延廣傳:“延廣所進器服鞍馬,茶牀～榻,皆裹金銀。”

[同源字]椅,倚,依。椅,倚二字同音,皆爲影母歌部。依、倚同爲影母,微歌旁轉。說文:“依,倚也。”“倚,依也。”正字通:“椅,坐具後有倚者。”故椅與倚、依同源。(詩中椅梓之椅當爲另一字。)參見“輢”字條。

椓 zhuó 竹角切,入,覺韻,知。屋部。

㊀擊打,捶打。說文:“椓,擊也。”詩周南兔罝:“肅肅兔罝,～之丁丁。”又小雅斯干:“約之閣閣,～之橐橐。”引申爲打擊,殘害。詩小雅正月:“民今之無禄,天夭是～。”毛傳:“在位椓之。”朱熹集傳:“椓,害。”㊁一種酷刑,即宫刑。書吕刑:“殺戮無辜,爰始淫爲劓、刵、～、黥。”孔穎達疏:“椓陰,即宫刑也。”又指閹人。詩大雅召旻:“昏～靡共。”鄭箋:“昏、椓皆奄人也。…椓,椓毁陰者也。”㊂攻訐,毁謗。左傳哀公十七年:“衛侯辭以難,大子又使～之。”

[同源字]①椓,築。二字端母雙聲,屋部叠韻。說文:“椓,擊也。”詩小雅斯干:“椓之橐橐。”孔穎達疏:“既投土於版,以杵椓築之,皆橐橐然用力。勤力而築,則墻牢固也。”說文:“築,擣也。”儀禮既夕禮:“甸人築坅坎。”

鄭玄注:"築,實土其中堅之。"

②槸,椓,欘,斫,新,斲,斸。見"槸"字條。

棣 1. dì 特計切,去,霽韻,定。質部。

㊀樹名,又名常棣,果實似櫻桃。説文:"棣,白棣也。"爾雅釋木:"常棣,棣。"詩小雅常棣:"常～之華,鄂不韡韡。"毛傳:"常棣,棣也。"漢司馬相如上林賦:"隱夫薁～,荅遝離支。"

2. dài 集韻待戴切,去,代韻,定。質部。

㊁〔棣棣〕文静閑雅貌。詩邶風柏舟:"威儀棣棣,不可選也。"毛傳:"富而閑習也。"

3. tì 集韻他計切,去,霽韻,透。質部。

㊂〔棣通〕通達。漢書律曆志上:"正月,乾之九三,萬物棣通。"

極 jí 渠力切,入,職韻,羣。職部。

㊀房屋的脊標。説文:"極,棟也。"徐鍇繫傳:"極,屋脊之棟也。"莊子則陽:"孔子之楚,舍於蟻丘之漿,其鄰有夫妻臣妾登～者。"漢書天文志:"後流星下燕萬載宫～,東去。"引申指井梁。文選漢枚乘上書諫吴王:"泰山之霤穿石,單～之絨斷幹。"㊁頂點,終極。詩唐風鴇羽:"悠悠蒼天,曷其有～。"吕氏春秋制樂:"聖人所獨見,衆人焉知其～。"引申爲到達極點。文選漢枚乘上書諫吴王:"今欲～天命之上壽,弊無窮之樂。"史記李斯列傳:"物～則衰。"又引申爲至,到達。詩大雅崧高:"崧高維嶽,駿～於天。"國語魯語:"齊朝駕則夕～於魯國。"㊂中正,準則。書君奭:"作汝民～。"詩商頌殷武:"商邑翼翼,四方之～。"鄭箋:"極,中也。商邑之禮俗翼然可則效,乃中方之中正也。"又用作動詞,以爲準則。詩大雅江漢:"匪疚匪棘,王國來～。"又特指北極星。淮南子齊俗:"夫乘舟而惑者,不知東西,見斗～則寤矣。"漢揚雄太玄玄瑩:"天圜地方,～植中央。"㊃副詞。最,非常(後起義)。論衡本性:"徒謂中人,不指～善～惡也。"㊄疲困,疲勞。史記淮陰侯列傳:"能千里而襲我,亦已罷～。"漢書王褒傳:"匈喘膚汗,人～馬倦。"㊅通"亟"。急。荀子賦:"出入甚～,莫知其門。"楊倞注:"極讀爲亟,急也。"淮南子精神:"隨其天資而安之不～。"

[備考]㊀通"殛"。誅罰。詩小雅菀柳:"俾予靖之,後予～焉。"毛傳:"極,至也。"鄭箋:"極,誅也。"朱熹集傳:"極,求之盡也。"㊁套於手指而利於放弦的器具。儀禮大射:"贊設決,朱～三。"鄭玄注:"極,猶放也,所以韜指利放弦也。"

椐 jū 九魚切,平,魚韻,見。魚部。

㊀樹名,即靈壽樹。説文:"椐,樻也。"詩大雅皇矣:"啟之辟之,其檉其～。"三國吴陸璣毛詩草木鳥獸蟲魚疏:"椐,樻。節中腫,似扶老,今靈壽是也。今人以爲馬鞭及杖。"山海經北山經:"又北三百八十里曰虢山,其上多漆,其下多桐～。"㊁〔椐椐〕相隨貌。文選漢枚乘七發:"顒顒卬卬,椐椐彊彊。"李善注:"椐椐、彊彊,相隨之貌。"

棳 zhuō 集韻朱劣切,入,薛韻,照三。月部。

㊀梁上的短柱,即"棁"。玉篇:"棳,梁上楹也。"宋李誡營造法式侏儒柱:"侏儒柱,其名有六:…四曰～。"〔棳儒〕梁上短柱。釋名釋宫室:"棳儒,梁上短柱也。"㊁連接。敦煌變文集大目乾連冥間救母變文:"此獄東西數百里,罪人亂走肩相～。"

[備考]説文:"棳,木也。"段玉裁注:"未詳。"

椒 jiāo 即消切,平,宵韻,精。幽部。

樹名,即花椒樹。詩唐風椒聊:"～聊之實,蕃衍盈升。"楚辭戰國屈原離騷:"雜申～與菌桂兮,豈維紉夫蕙茝?"王逸注:"椒,香木也。"又指其子實。詩陳風東門之枌:"視爾如荍,貽我握～。"

[備考]山頂。漢書外戚傳上:"釋輿馬於山～兮,奄修夜之不陽。"宋葉適梁父吟:"泰山之～既風雨又艱險兮,乃登封以告類。"

按，説文無椒字，有茮字，在艸部。

棹 1. zhào 直教切，去，效韻，澄。藥部。

㊀船槳，"櫂"的或體。説文新附："櫂，所以進船也，从木翟聲，或从卓。"漢曹操船戰令："整持櫓～，戰士各持兵器就船。"文選南朝宋謝靈運登臨海嶠與從弟惠連詩："隱汀絶望舟，騖～逐驚流。"引申爲用槳划船。文選晉陶潛歸去來兮辭："或命巾車，或～孤舟。"

2. zhuō 類篇直角切。

㊁樹名。晉嵇含南方草木狀卷中："棹，棹樹，幹葉俱似椿。"㊂桌子（晚起義）。朱子語類卷九〇："同人在旅中遇有私忌，於所舍設～，炷香可否？"

椇 jǔ 俱雨切，上，麌韻，見。侯部。

㊀樹名，即枳椇，也指其果實。禮記曲禮下："婦人之摯，～、榛、脯、脩、棗、栗。"鄭玄注："椇，枳也，有實。"㊁放祭品的禮器，似俎。禮記明堂位："俎，有虞氏以梡，夏后氏以嶡，殷以～，周以房俎。"

按，説文無椇字。

棍 1. hùn 胡本切，上，混韻，匣。文部。

㊀捆束。漢書揚雄傳上："～申椒與菌桂兮，赴江湖而漚之。"顔師古注："棍，大束也。"㊁混同。漢書揚雄傳下："形之美者，不可～於世俗之目。"顔師古注："棍，亦同也。"

2. gùn 正字通古困切。

㊂棍棒（晚起義）。元紀君祥趙氏孤兒三："是那一個實丕丕將着䴥～敲。"

3. gǔn 一切經音義古本反。

㊃能轉動的旋紐，可用以纏繞繩弦。唐玄應一切經音義卷一："棍，轉也。謂筌篌上轉繩也。"又卷三："棍，謂轉絃者也。"

按，説文無棍字。

棵 1. kuǎn 苦管切，音款，上，緩韻，溪。

㊀斷木。見廣韻。字亦作"梡"，見集韻。

2. kě 集韻苦果切，上，果韻，溪。

㊁俎案。廣雅釋器："棵，几也。"集韻："棵，俎名。"

3. kē。

㊂量詞。多用于植物（晚起義）。西遊記一九回："掣釘鈀，把一～九叉樹鈀倒。"

按，説文無棵字。

棡 gāng 集韻居郎切，平，唐韻，見。

㊀樹名，俗稱青棡。篇海類編："棡，高木。"㊁相對舉物。唐玄應一切經音義卷一一引文字集略："相對舉物曰棡也。"㊂〔棡鼓〕一種有蓋的小鼓。隋書音樂志下："棡鼓一曲十二變。"

按，説文無棡字。

棌 cǎi 集韻此宰切，上，海韻，清。之部。

樹名，即柞木。漢書司馬遷傳："茅茨不翦，～椽不斲。"顔師古注："棌，柞木也。"

按，説文無棌字。

楕 xiáo 胡茅切，平，肴韻，匣。

楕桃，即梔子。見廣雅釋木、玉篇。

按，説文無楕字。

棯 rěn 如甚切，上，寢韻，日。侵部。

樹名，也指其果實。爾雅釋木："還味，棯棗。"

按，説文無棯字。

棅 bǐng 陂病切，去，映韻，幫。陽部。

"柄"的異體。説文："柄，或从秉。"莊子天道："天下奮～而不與之偕。"釋文引司馬云："威權也。"

棰 chuí 集韻主蘂切，上，紙韻，照三。歌部。

㊀同"捶"。以杖擊。荀子儒效："笞～暴國，齊一天下。"㊁杖，棍棒。莊子天下："一尺之～，日取其半，萬世不竭。"司馬彪注："棰，杖也。"論衡訂鬼："病者困劇身體痛，則謂鬼持～杖歐擊之。"又指鞭子，馬鞭。韓非子姦劫弒臣："無～策之威，銜橛之備，雖造父不能以服馬。"漢書路温舒傳上："～楚之下，何求

而不得？"

[同源字]箠，棰，搥，椎。見"箠"字條。

按，說文無棰字。

桥 tiàn 他念切，去，桥韻，透。

同"栝"。撥火棍。廣韻："桥，火杖。"說文作"栝"，參見"栝"字條。

㭝 jū 居六切，入，屋韻，見。覺部。

樹名，即柏樹。爾雅釋木："柏，㭝。"禮記雜記上："暢臼以～，杵以梧。"

按，說文無㭝字。

棚 péng 薄庚切，平，庚韻，並。蒸部。

㊀用竹木架起的樓閣或木格。說文："棚，棧也。"蒼頡篇："棚，樓閣也。"隋書柳彧傳："高～跨路，廣幕陵雲。"唐陸龜蒙江南秋懷寄華陽山人："餓鳥窺食案，鬬鼠落書～。"㊁朋黨。唐封演封氏聞見記貢舉："在舘諸生更相造詣，互結朋黨以相漁奪，號之爲'～'，推聲望者爲'～頭'。"

[同源字]棚，輣。此二字古音相同，均爲並母蒸部。說文："棚，棧也。"又："棧，棚也，竹木之車曰棧。"廣雅釋室："棚，閣也。"說文："輣，兵車也。"史記淮南衡山列傳："作輣車鏃矢。"集解引徐廣："輣車，戰車也。"後漢書光武紀上："衝輣橦城。"李賢注引說文："輣，樓車也。"

椆 chóu 直由切，平，尤韻，澄。幽部。

㊀樹名。說文："椆，木也。"山海經中山經："又東三十里，曰虎首之山，多苴～椐。"宋李誡營造法式鋸作："～、檀、櫪木每五十尺一功。"㊁水名。莊子讓王："乃自投～水而死。"

椎 1. chuí 直追切，平，脂韻，澄。微部。

㊀捶擊的用具。段玉裁說文解字注："椎，所以擊也。"墨子備城門："門者皆無得挾斧、斤、鑿、鋸、～。"淮南子說林："～固有柄，不能自椓。"引申爲用椎擊人。戰國策齊策六："君王后引椎～破之。"史記魏公子列傳："朱亥袖四十斤鐵椎，～殺晉鄙。"又泛指打擊。爾雅釋訓"辟，拊心"郭璞注："椎胸。"元關漢卿救風塵一："拳～脚踢，打的你哭啼啼。"㊁樸實，魯鈍。史記絳侯周勃世家："勃不好文學，每招諸生說士，東鄉坐而責之：'趣爲我語。'其～少文如此。"宋蘇軾六國論："其力耕以奉上，皆～魯無能爲者。"

2. zhuī 集韻朱惟切，平，脂韻，照三。微部。

㊂脊椎骨。素問刺熱篇："三～下間主胸中熱。"王冰注："脊節謂之椎。"

[同源字]箠，棰，搥，椎。見"箠"字條。

棿 1. ní 集韻研奚切，平，齊韻，疑。支部。

㊀"輗"的或體。說文："輗，大車轅耑持衡者，或从木。"㊁通"掜(nǐ)"。比擬。漢揚雄太玄棿："～，擬也。"范望注："準擬其事，取象而作之也。"

2. niè 集韻倪結切，入，屑韻，疑。

㊂〔杌棿〕不安貌。見"杌"字條。

棉 mián 武延切，集韻彌延切，平，仙韻，明。

㊀樹名，即木棉。見廣韻。㊁草本植物，棉花，從印度傳入我國。元成廷珪夜泊青蒲邨："薺菜登盤甘似蜜，蘆花紉被暖如～。"㊂綿薄，微薄(晚起義)。近人徐珂清稗類鈔棍騙類："吾力～，未能爲子有所籌，謀之不臧。"

按，說文無棉字。

椑 1. pí 部迷切，平，齊韻，並。支部。

㊀橢圓形盛酒器。說文："椑，圜榼也。"史記大宛列傳"以其頭爲飲器"裴駰集解引韋昭曰："飲器，～榼也。"引申爲橢圓形。周禮考工記廬人："是故句兵～，刺兵摶。"鄭玄注："椑，隋圜也。"

2. bì 房益切，集韻毗亦切，入，昔韻，並。錫部。

㊁內棺，櫬屍棺。禮記檀弓上："君即位而爲～。"鄭玄注："椑，謂杝棺親屍者。"釋文："椑，櫬屍棺。"

3. bēi 府移切，集韻賓彌切，平，支韻，幫。

㊂樹名。柹的一種。宋書謝靈運傳："椹梅流芬於回巒，～柹被實於長浦。"宋王安石甘棠梨："柑～與橙栗，在口亦云可。"

楰 yú 羊朱切，平，虞韻，喻四。侯部。

樹名，即苦楸。又名鼠梓。說文："楰，鼠梓木。"詩小雅南山有臺："南山有枸，北山有～。"毛傳："鼠梓也。"陸璣疏："其樹葉木理如楸，山楸之異者，今人謂之苦楸。"

棠 táng 徒郎切，平，唐韻，定。陽部。

㊀樹名，有赤白二種。詩召南甘棠："蔽芾甘～，勿翦勿伐。"山海經西山經："（中皇之山）其下多蕙、～。"郭璞注："彤棠之屬也。"㊁通"橖"。車橖，車兩邊控制車進退的横木。急就篇卷三："蓋轑俾倪枙縛～。"顏師古注："棠，蹀也，在車兩旁，以蹀距櫖，使不得以崎也。"

棐 fěi 府尾切，上，尾韻，非。微部。

㊀輔助。說文："棐，輔也。"書洛誥："朕教汝于～民彝。"文選漢班固幽通賦："觀天網之紘覆兮，實～諶而相訓。"㊁菲薄。漢書武五子傳："悉爾心，毋作怨，毋作～德，毋乃廢備。"顏師古注引服虔曰："棐，薄也。"㊂樹名，其木可作几。晉書王羲之傳："嘗詣門生家，見～几滑净，因書之，真草相半。"㊃通"篚"。橢圓形竹器。漢書食貨志上："禹平洪水，定九州，制土田，各因所生遠近，賦入貢～。"顏師古注引應劭曰："棐，竹器也，所以盛。方曰筐，隋曰棐。"

［備考］通"匪"。不。書吕刑："明明～常，鰥寡無蓋。"僞孔傳："皆以明明大道，輔行常法。"朱駿聲説文通訓定聲："棐，假借爲匪。"墨子尚賢中引作"明明不常，鰥寡不蓋"。

梨 lí 力脂切，平，脂韻，來。脂部。

㊀果樹名，也指其果實。說文："梨，果名。"莊子人間世："夫柤～橘柚，果蓏之屬。"禮記内則："桃李梅杏，楂～薑桂。"㊁年老。方言一："梨，老也。燕代之北鄙曰梨。"郭璞注："言面色如凍梨。"釋名釋長幼："九十曰鮐背，或曰凍梨。皮有斑點如凍梨之色也。"㊂剖分，割裂。淮南子齊俗："伐楩枏豫樟而剖～之。"許慎注："梨，分。"後漢書耿弇傳："匈奴聞秉卒，舉國號哭，或至～面流血。"

［備考］草名。山海經中山經："又東南十里，曰太山，有草焉，名曰～。"

［同源字］梨，黧，黎。三字皆爲來母脂部，雙聲兼叠韻，且黎黧同音。玉篇："黧，黑也。"楚辭漢劉向九歎逢紛："顏黴黧以沮敗兮。"王逸注："黧，黑也。"廣雅釋器："黎，黑也。"書堯典："黎民於變時雍。"蔡傳："黎，黑也，民首皆黑，故曰黎民。"釋名釋長幼："九十曰鮐背，或曰凍梨，皮有斑點如凍梨色也。"凍梨亦黑色也。

九　畫

楶 jié 子結切，音節，入，屑韻，精。質部。

柱上斗拱。說文："楶，欂櫨也。"今通作"楶"。爾雅釋宫："栭謂之楶。"邢昺疏："謂斗拱也。"法言學行："吾未見好斧藻其德若斧藻其～者也。"漢書叙傳上："～棁之材不荷棟梁之任。"顏師古注："楶即薄櫨。"

楟 tíng 特丁切，平，青韻，定。耕部。

樹名，山梨，也指其果實。文選晉左思蜀都賦："其園則有林檎枇杷，橙柹梬～。"李善注引張揖："楟，山梨。"〔楟柰〕山梨。史記司馬相如列傳："楟柰厚朴。"司馬貞索隱引張揖："楟柰，山梨。"

按，説文無楟字。

椸 yí 集韻余支切，平，支韻，喻四。歌部。

㊀衣架。說文新附："椸，衣架也。"禮記曲禮上："男女不雜坐，不同～枷。"釋文："椸，衣架也。"唐柳宗元三戒永某氏之鼠："某氏室無完器，～無完衣。"㊁牀前几案。方言五：

"榻前几,江、沔之間曰桯,趙魏之間謂之榹。"

榜 tuò 他各切,入,鐸韻,透。鐸部。

❶判木爲榜。說文:"榜,判也。"段玉裁注:"土裂曰墲,木判曰榜。"❷巡夜打更敲擊的木梆。漢書貨殖傳序:"自天子公侯卿大夫士至于皁隸抱關擊～者。"顏師古注:"擊榜,守夜擊木以警衆也。"

榫 1. hún 户昆切,平,魂韻,匣。文部。

❶三爪犁,即一種三行的播種耬。一說指犁上的曲木。說文:"六叉犁,一曰犁上曲木,犁轅。"段玉裁改"叉"爲"叉",即"爪"字。又注云:"叉各本誤叉。廣韻二三魂曰:'三爪犁曰榫。'此謂一犁而三爪也。許云六爪犁者,謂爲三爪犁者二,而二牛並行,如人耦耕也。"

2. huī 許歸切,平,微韻,曉。微部。

❷釘在墻上的木橛。爾雅釋宫:"樴謂之杙,在墻者謂之榫。"禮記内則:"男女不同椸枷,不敢縣於夫之～椸。"鄭玄注:"榫,杙也。"

梆 láng 魯當切,平,唐韻,來。

❶樹名。〔梆榆〕榆樹的一種。明李時珍本草綱目梆榆:"梆榆八月生莢。"〔檳梆〕見"檳"字條。❷用來敲擊船舷的木棒。唐李白送殷淑詩:"惜别耐取醉,鳴～且長謡。"宋史達祖湘江静:"漁～四起,沙鷗未落。"

按,說文無梆字。

楄 pián 部田切,平,先韻,並。真部。

❶方木。說文:"楄,楄部,方木也。春秋傳:'楄部薦幹。'"〔楄柎〕字又作楄部,古時棺中墊屍的長方木板。左傳昭公二十五年:"唯是楄柎所以藉幹者。"杜預注:"楄柎,棺中笭牀也。"❷方形短椽。文選三國魏何晏景福殿賦:"爰有禁～,勒分翼張。"李善注:"楄附陽馬之短桷也。"❸木屐的底板。宋書五行志一:"舊爲屐者,齒皆達～上,名曰'露卯'。"❹樹名。廣韻:"楄,木名,食之不咽。"山海經中山經:"(堵山)其上有木焉,名曰天～,方莖而葵狀,服者不啞。"

楢 yóu 以周切,平,尤韻,喻四。幽部。

樹名,木質堅韌,可作車輪。說文:"楢,柔木也。工官以爲耎輪。"山海經中山經:"几山,其木多～檀杻。"古人亦用此木取火。周禮夏官司爟"四時變國火"鄭玄注:"秋取柞～之火。"

楔 xiē 先結切,入,屑韻,心。月部。

❶樹名。①櫻桃。爾雅釋木:"楔,荆桃。"郭璞注:"今櫻桃。"文選漢張衡南都賦:"其木則檉松～樱。"②似松而有刺者。文選晉左思蜀都賦:"杞櫹椅桐,椶枒～樅。"劉逵注:"楔,似松有刺也。"❷門兩旁的立柱。爾雅釋宫:"棖謂之楔。"郭璞注:"門兩旁木。"唐韓愈進學解:"欂櫨侏儒,椳闑扂～,各得其宜。"❸楔子,釘入縫隙或空洞中的一頭扁鋭一頭平厚的木块。說文:"楔,櫼也。"段玉裁注:"今俗語曰楔子。"淮南子主術:"大者以爲舟航柱梁,小者以爲楫～。"又用如動詞,插入楔形物。禮記檀弓上:"復～齒、綴足、飯。"孔穎達疏:"楔,柱也,招魂之後用角柶柱亡人之齒,令開,使含時不閉也。"

榛 1. còu 倉奏切,去,候韻,清。屋部。

❶果樹名,也指其果實,橘類。文選漢司馬相如上林賦:"於是乎盧橘夏熟,黄甘橙～。"李善注引張揖:"榛,小橘也。出廣陵。"又晉張協七命:"商山之果,漢皐之～。"

2. zòu 才奏切,去,候韻,從。

❷〔鍋榛〕叠韻聯緜字。鐵齒耙子。北魏賈思勰齊民要術耕田:"耕荒畢,以鐵齒鍋榛再徧杷之。"

按,說文無榛字。

椿 chūn 丑倫切,平,諄韻,徹。文部。

❶傳説中樹名。莊子逍遥遊:"上古有大～者,以八千歲爲春,八千歲爲秋。"後因以椿指長壽。唐杜甫寄劉峽州伯華使君四十韻:"但求～壽永,莫慮杞天崩。"唐錢起柏崖老

人命予賦詩："帝力言何有？～年喜漸長。"又代指父親，唐牟融送徐浩詩："知君此去情偏切，堂上～萱雪滿頭。"㊁樹名，即香椿。後漢書馬融傳："～梧栝柏，柜柳楓楊，豐彤對蔚，崟領槮爽。"明李時珍本草綱目椿樗："香者名椿，集韻作櫄，夏書作杶，左傳作櫄。"

按，説文無椿字。

楝 liàn 郎甸切，去，霰韻，來。元部。

樹名，又名苦楝，落葉喬木。説文："楝，木也。"淮南子時則："七月官庫，其樹～。"山海經中山經："歷兒之山，其上多橿，多櫔木…其實如～。"

楅 bī 彼則切，入，職韻，幫。職部。

㊀捆在牛角上以防觸人的横木。説文："楅，以木有所逼束也。"徐鍇繫傳："楅衡以防牛觸人，故以一木横於角耑也。"詩魯頌閟宫："秋而載嘗，夏而～衡。"周禮地官封人："飾其牛牲，設其～衡。"㊁古代插箭的器具。儀禮鄉射禮："命弟子設～。"又大射："衆弓矢不挾，總衆弓矢～，皆適次而俟。"鄭玄注："楅，承矢器。"

［同源字］楅，偪(逼)。二字同音，皆幫母職部。爾雅釋言："逼，迫也。"國語鄭語："不可偪也。"韋昭注："偪，迫也。"説文："楅，以木有所逼束也。"詩魯頌閟宫："夏而楅衡。"釋文："楅，逼也。"

椰 yē 以遮切，平，麻韻，喻四。

同"枒"。果樹名，也指其果實，即椰子。文選晉張協七命："析龍眼之房，剖～子之殼。"又晉左思吴都賦："檳榔無柯，～葉無陰。"

按，説文作枒字。

椹 1. zhēn 知林切，平，侵韻，知。侵部。

㊀砧板，墊板。爾雅釋宫："椹謂之榩。"郭璞注："斫木櫍也。"戰國策秦策三："今臣之胸不足以當～質。"㊁箭靶。周禮夏官司弓矢："王弓弧弓，以授射甲革～質者。"鄭玄注："樹椹以爲射正，射甲與椹，試弓習武也。"

2. shèn 集韻食荏切，上，寑韻，牀三。

㊂桑葚，桑樹的果實。唐柳宗元聞黄鸝詩："閉聲迴翅歸務速，西林紫～行當熟。"唐韓愈賽神詩："麥苗含穟桑生～，共向田頭樂社神。"㊃一種樹菌。晉張華博物志三："江南諸山郡中大樹斷倒者，經春夏生菌，謂之～。"北周庾信對雨詩："濕楊生細～，爛草變初螢。"

按，説文無椹字。

楪 1. yè 與涉切，入，葉韻，喻四。葉部。

㊀窗户。玉篇："楪，牖也。"㊁〔楪榆〕地名，在今雲南大理一帶。史記西南夷列傳："其外西自同師以東，北至楪榆，名爲嶲、昆明。"

2. dié 集韻達協切，入，怗韻，定。

㊂放食物的小盤。宋袁文甕牖閒評卷六："古者椀～以木爲之，故椀楪字皆从木。"又用作量詞。唐白居易七年元日對酒詩："三盃藍尾酒，一～膠牙餳。"

按，説文無楪字。

楛 1. hù 侯古切，上，姥韻，匣。魚部。

㊀樹名，叢生，莖似荆條，可作箭幹。説文："楛，木也。"詩大雅旱麓："瞻彼旱麓，榛～濟濟。"晉陸機文賦："彼榛～之勿翦，亦蒙榮於集翠。"

2. kǔ 字彙孔五切。魚部。

㊁粗惡，不精細或不堅固。荀子王霸："則百工莫不忠信而不～矣。"楊倞注："楛，謂器惡不牢固也。"又指態度惡劣或粗疏。荀子勸學："問～者，勿告也。"楊倞注："惡也。"又榮辱："其定取舍～僈，是其所以危也。"

楠 nán 那含切，平，覃韻，泥。談部。

"枏"的俗字。樹名。戰國策宋衛策："荆有長松文梓，楩～豫章。"宋陸游烏夜啼："簷角～陰轉日，樓前荔子吹花。"

楩 ruǎn 而兖切，上，獮韻，日。元部。

果樹名，也指其果實，梬棗。文選漢司馬相如子虛賦"樝梨梬栗"李善注引説文曰："梬，棗，似柿而小，名曰梗。"

按，説文無梗字。

椷 1. jiān 集韻居咸切，平，咸韻，見。侵部。

❶杯、篋等容器。説文："椷，篋也。"方言五："椷，杯也，自關而東趙魏之間曰椷，或曰盞。"❷信函（晚起義）。元鄭東和郭熙仲詩："麻姑相許寄銀～。"

2. hán 集韻胡南切，平，覃韻，匣。侵部。

❸通"函"。容納，包容。史記天官書："兔過太白，間可～劍。"裴駰集解引蘇林："椷，音函。函，容也，其間可容一劍。"

椷 wēi 於非切，平，微韻，影。微部。

受尿器。説文："椷，椷窬，褻器也。"史記萬石張叔列傳集解引賈逵解周官曰："椷，虎子也。窬，行清也。"段玉裁説文解字注："虎子所以小便也，行清所以大便。"朱駿聲説文通訓定聲："受尿之器曰椷，受菌之具曰窬，曰厠，亦曰行清。"清袁枚隨園詩話卷六："置～窬於大門，設尊罍於卧寢。"

楚 chǔ 創舉切，上，語韻，穿二。魚部。

❶樹名，落葉灌木，即牡荆。詩周南漢廣："翹翹錯薪，言刈其～。"吕氏春秋應同："師之所處，必生棘～。"又指灌木叢。南朝齊謝朓宣城郡内登望詩："寒城一以眺，平～正蒼然。"❷責罰人用的箠杖。儀禮鄉射禮："～扑長如笴，刊本尺。"漢書韓延壽傳："吏無追捕之苦，民無箠～之憂。"引申爲用杖打。後漢書史弼傳："命左右引出，～捶數百。"新唐書嚴郢傳："入獄～掠。"❸痛苦。史記孝文本紀："何其～痛而不德也。"文選晉陸機於承明作與士龍詩："俯仰悲林薄，慷慨含辛～。"❹排列整齊貌。詩小雅賓之初筵："籩豆有～，殽核維旅。"毛傳："楚，列貌。"❺鮮豔，華美。南朝梁沈約少年新婚爲之詠詩："腰肢既軟弱，衣服亦華～。"〔楚楚〕①鮮明華美貌。詩曹風蜉蝣："蜉蝣之羽，衣裳楚楚。"毛傳："楚楚，鮮明貌。"後漢書王充傳："楚楚衣服，戒在窮賒。"②茂盛貌。詩小雅楚茨："楚楚者茨，言抽其棘。"朱熹集傳："楚楚，盛密貌。"③淒苦貌。唐元稹聽庾及之彈烏夜啼引詩："後人寫出烏啼引，吴調哀弦聲楚楚。"❻粗俗。晉陸雲與兄平原書："張公語雲云，兄文故自～。"宋書長沙王道憐傳："道憐素無才能，言音甚～，舉止施爲，多諸鄙拙。"❼戰國七雄之一，楚國。

［辨］楚，荆。見"荆"字條。

按，説文楚字在林部。

楂 1. chá 鉏加切，平，麻韻，牀二。

❶木筏。南朝梁何遜南還道中送贈劉諮議別："游魚上急水，獨鳥赴行～。"宋錢易洞微志："何必乘～泛五湖。"❷〔楂枒〕叠韻聯緜字。錯雜不齊貌。宋方岳雪後梅邊："半身蒼蘚雪楂枒，直到頂頭纔數花。"❸〔楂楂〕喜鵲叫聲。唐韓愈雜詩："鵲鳴聲楂楂。"

2. zhā 音韻闡微菑雅切。魚部。

❹通"樝"。果樹名，又指其果實，山楂。説文木部："樝，果似梨而酢。"桂馥義證："樝，字又作楂。"管子地員："其陰則生之～棃。"禮記内則："～梨薑桂。"唐柳宗元贈劉禹錫張署詩："傖父饋酸～。"

按，説文無楂字。

楙 mào 莫候切，去，候韻，明。幽部。

❶草木茂盛。説文："楙，木盛也。"文選漢司馬相如上林賦："夸條直暢，實葉葰～。"漢書律曆志上："助蕤賓君主種物使長大～盛也。"顔師古注："楙，古茂字也。"引申爲美。漢書郊祀志上："今年豐～未報，鼎曷爲出哉？"顔師古注："楙，美也，言稼穡美也。"又鼂錯傳："是以大禹能亡失德，夏以長～。"顔師古注："楙，美也。"❷果樹名，也指其果實，即木瓜。爾雅釋木："楙，木瓜。"郭璞注："實如小瓜，酢，可食。"❸通"貿"。貿易，交换。漢書食貨志上："～遷有無，萬國作乂。"

按，說文楙字在林部。

楗 1. jiàn 其偃切，上，阮韻，羣。元部。

❶關門的木栓。老子第二七章："善閉，無關～而不可開。"呂氏春秋孟冬："修～閉，慎關籥。"❷河中用以堵水的柱樁。史記河渠書："以故薪柴少，而下淇園之竹以爲～。"裴駰集解引如淳曰："樹竹塞水決之口，稍稍布插接樹之，水稍弱，補令密，謂之楗。"引申爲堵塞。墨子兼愛中："以～東土之水，以利冀州之民。"

[備考]骨骼名。素問骨空論："輔骨上，横骨下爲～。"

2. jiǎn 集韻紀偃切，上，阮韻，見。元部。

❸通"蹇"。行走困難。周禮考工記輈人："終日馳騁，左不～。"鄭玄注引杜子春："楗讀爲蹇。"

[同源字]楗(鍵)，關，管。此三字皆爲元部，關、管同爲見母，關管與楗爲見羣旁紐。禮記檀弓下："管庫之士。"鄭玄注："管，鍵也。"月令："慎管籥。"孔穎達疏："管是鍵之伴類。"說文："關，以木横持門户也。"方言一二："關，閉也。"說文："楗，歫門也。"(依段注本)文選戰國宋玉風賦："衝孔動楗。"李善注引字林："楗，拒門也。"顏氏家訓書證引蔡邕月令章句："鍵，關牡也，所以止扉。"

椵 jiǎ 古疋切，上，馬韻，見。魚部。

果樹名。爾雅釋木："櫠，椵。"郭璞注："椵柚屬也。"唐陸龜蒙和襲美謝友人惠人參詩："五葉初成～樹陰，紫團峰外即雞林。"

[備考]集韻居牙切，音 jiā。漢代枷狗的器具。周禮地官封人"設其楅衡"鄭玄注："楅設於角，衡設於鼻，如椵狀也。"賈公彦疏："漢時有置於犬之上，謂之椵。"

楈 xū 相居切，平，魚韻，心。魚部。

〔楈枒〕樹名，即椰子樹。文選漢張衡南都賦："楈枒栟櫚。"李善注引郭璞上林賦注："楈枒，似栟櫚，皮可作索。"字上林賦作"胥邪"，史記作"胥餘。"

楣 méi 武悲切，集韻旻悲切，平，脂韻，明。脂部。

❶門上的横梁。爾雅釋宮："楣謂之梁。"郭璞注："門户上横梁。"楚辭戰國屈原九歌湘夫人："桂棟兮蘭橑，辛夷～兮葯房。"王逸注："以作户楣。"❷房屋的第二道梁。儀禮鄉射禮："序則物當棟，堂則物當～。"鄭玄注："正中曰棟，次曰楣。"❸屋檐椽端的横板。說文："楣，秦名屋櫋聯也。齊謂之檐，楚謂之梠。"宋書謝靈運傳："因丹霞以赬～，附碧雲以翠椽。"

[同源字]眉，楣，湄，梍，櫋。五字同源。眉、楣、湄三字同音，楣、梍明並旁紐，脂部叠韻；楣、櫋明母雙聲。說文："眉，目上毛也。"說文："楣，秦名屋櫋聯也。"徐鍇云："謂門上横梁也。"說文："梍，梠也。"說文："櫋，屋櫋聯也。"說文："湄，水艸交爲湄。"

楫 jí 即葉切，入，葉韻，精。緝部。

船槳。說文："楫，舟櫂也。"詩衛風竹竿："淇水滺滺，檜～松舟。"毛傳："楫，所以櫂舟也。"朱熹集傳："楫，所以行舟也。"易繫辭下："刳木爲舟，剡木爲～。"引申爲用槳划船。詩大雅棫樸："淠彼涇舟，烝徒～之。"毛傳："楫，櫂也。"

[備考]㊀通"輯"。聚集。漢書兒寬傳："陛下躬發聖德，統～群元。"顏師古注引張晏曰："楫，聚也。"㊁林木。呂氏春秋明理："有若水之波，有若山之～。"高誘注："楫，山林也。"

⿰木冒 mào 莫報切，去，号韻，明。幽部。

門框上的横梁。說文："⿰木冒，門樞之横梁。"唐元結初祀詩："木孫爲桷兮木母榱，雲纓爲～兮愚木楯。"

楊 yáng 與章切，平，陽韻，喻四。陽部。

❶樹名，落葉喬木，與柳同科異屬，枝上挺。詩陳風東門之楊："東門之～，其葉牂

泮。"〔楊柳〕樹名，又叫垂柳、蒲柳。詩小雅采薇："昔我往矣，楊柳依依。"毛傳："楊柳，蒲柳也。"㊁〔楊梅〕果樹名，也指其果實。史記司馬相如傳："樗棗楊梅，櫻桃蒲陶。"司馬貞索隱引荆揚異物志："其實外肉著核，熟時正赤，味甘酸。"

［備考］㊀草名。爾雅釋草："楊，枹薊。"郭璞注："似薊而肥大，今時之馬薊。"㊁楊桃。南朝宋謝靈運山居賦："～勝所拮，秋冬藴獲。"自注："楊，楊桃也。"

楬 1. jié 其謁切，入，月韻，群。月部。

㊀用爲標誌的小木樁。周禮秋官蜡氏："若有死於道路者，則令埋而置～焉。"鄭玄注引鄭衆："楬，欲令其識取之，今時楬櫫是也。"漢書尹賞傳："數日壹發視，皆相枕藉死，便輿出，瘞寺門桓東，～著其姓名。"顔師古注："楬，杙也。"

2. qià 枯鎋切，入，鎋韻，溪。月部。

㊁用以止樂的木制樂器，即敔。禮記樂記："然後聖人作爲鞉鼓椌～壎篪。"鄭玄注："椌、楬，謂柷、敔也。"

［備考］〔楬豆〕祭器，不加修飾的木豆。禮記明堂位："夏后氏以楬豆。"鄭玄注："楬，無異物之飾也。"

椳 wēi 烏恢切，平，灰韻，影。微部。

承托門軸的門臼。爾雅釋宫："樞謂之椳。"説文："椳，門樞謂之椳。"唐韓愈進學解："欂櫨侏儒，～闑扂楔，各得其宜。"

楨 zhēn (舊讀 zhēng)陟盈切，平，清韻，知。耕部。

㊀樹名，即女貞。山海經東山經："又東二百里，曰太山，上多金玉、～木。"郭璞注："女楨也，葉冬不凋。"文選晉左思吴都賦："緜杬杶櫨，文欀～橿。"㊁古代築墻時夾板兩頭立的木柱。書費誓："峙乃～榦。"僞孔傳："題曰楨，旁曰榦。"漢揚雄太玄廓："金榦玉～，廓于城。"又用於比喻義，指國家社稷的支柱。詩大雅文王："王國克生，維周之～。"〔楨榦〕築墻時所立的木柱。史記魯周公世家："峙爾芻茭、糗糧、楨榦，無敢不逮。"用作比喻義，指國家的支柱或起决定作用的人物。漢書匡衡傳："朝廷者，天下之楨榦也。"唐柳宗元先侍御史府君神道表："以爲刑法者，軍旅之楨榦。"又用作動詞，支撑。後漢書皐陵質王延傳："昔周之爵封千有八百，而姬姓居半者，所以楨榦王室也。"

［備考］剛木。説文："楨，剛木也。"段玉裁注："此謂木之剛者爲楨，非謂木名。"

楞 1. léng 魯登切，平，登韻，來。

後起字。㊀棱角。禮記儒行"毁方而瓦合"孔穎達疏："圭角，謂圭之鋒鋩有～角。"此義説文作"棱"。㊁〔楞層〕叠韻聯緜字。面貌猙獰、嚴峻。大唐三藏取經詩話上："見法門上左右金剛，精神猛烈，氣象生獰，古貌楞層，威風凜冽。"㊂〔楞伽〕梵文 Laṅkā 的譯音。山名，相傳佛曾在此講經。宋王安石化城閣詩："楞伽海中山，杳出霄漢上。"㊃量詞。二刻拍案驚奇卷二八："忙把鋤頭鋤開一～地來。"

2. lèng。

㊄失神，發楞。晉干寶搜神記四："班驚～，逡巡未答。"㊅猛。元關漢卿四春園三："批頭棍大腿上十分～，不由他怎不招承。"

楷 1. jiē 古諧切，平，皆韻，見。脂部。

㊀樹名，落葉喬木，木質黄色，堅硬，又名黄連木。説文："楷，木也。孔子冢蓋樹之者。"唐段成式酉陽雜俎木篇："孔子墓上特多～木。"引申爲品格剛直。三國魏劉劭人物志體别："彊～堅勁，用在楨榦，失在專固。"

2. kǎi 苦駭切，上，駭韻，溪。脂部。

㊁法式，楷模。老子第六五章："常知～式，是謂玄德。"禮記儒行："今世行之，後世以爲～。"孔穎達疏："楷，法式也。"又用作動詞，取法，效法。後漢書黨錮傳序："天下～模李元禮。"晉書齊王攸傳："能屬文，善尺牘，爲世所～。"㊂漢字書體的一種，即楷書。晉書衛

恒傳："上谷王次仲始作～法。"

楥 1. xuàn 虚願切，去，願韻，曉。元部。

㊀木鞋楦。説文："楥，履法也。"字俗作"楦"。

2. yuán 集韻于元切，平，元韻，喻三。元部。

㊁樹名。爾雅釋木："楥，柜柳。"郭璞注："未詳。或曰柳當爲柳，柜柳似柳，皮可煮作飲。"南齊書祥瑞志："蕭惠基園～樹二株連理。"㊂柵欄。唐韓愈守戒："今人有宅於山者，知猛獸之爲害，則必高其柴～而外施窞穽以待之。"

楰 yú 羊朱切，平，虞韻，喻四。侯部。

㊀樹名，落葉喬木。説文："楰，白枌。"詩唐風山有樞："山有樞，隰有～。"莊子逍遥遊："我決起而飛，搶～枋。"㊁星名。漢樂府隴西行："天上何所有，歷歷種白～。"

［備考］㊀通"輸"。瀉。太玄瑩："～漏率刻。"范望注："楰，猶寫也。"㊁通"摇"。摇動。素問骨空論："折使～臂齊肘。"王冰注："楰，讀爲摇。"

椶 zōng 子紅切，音鬃，平，東韻，精。東部。

樹名，即棕櫚。説文："椶，栟櫚也。"山海經西山經："又西三百五十里曰天常之山，上多～栟。"文選漢張衡西京賦："木則樅栝～栟，梓棫楩楓。"

楸 qiū 七由切，平，尤韻，清。幽部。

樹名，落葉喬木，木質細密，可造船等。莊子人間世："宋有荆氏者，宜～、柏、桑。"楚辭戰國屈原九章哀郢："望長～而太息兮。"因楸木常用來製作棋盤，故常代指棋盤。唐段成式觀棊："閒對弈～傾一壺，黄羊坪上幾成都。"

楹 yíng 以成切，平，清韻，喻四。耕部。

㊀柱子，特指廳堂前部的柱子。説文："楹，柱也。"詩小雅斯干："殖殖其庭，有覺其～。"春秋莊公二十三年："丹桓宫～。"㊁量詞（後起義）。唐陸龜蒙甫里先生傳："先生之居，有地數畝，屋三十～。"

楓 fēng 方戎切，平，東韻，非。冬部。

㊀樹名，落葉喬木，即楓香樹。爾雅釋木："楓，欇欇。"郭璞注："楓樹似白楊，葉員而岐，有脂而香。"説文："楓，木也。"楚辭戰國宋玉招魂："湛湛江水兮上有～。"文選漢張衡西京賦："木則樅栝椶栟，梓棫楩～。"㊁〔楓陛〕指朝廷。唐陳元光示珦詩："恩銜楓陛渥，策向桂淵泓。"

椴 duàn 徒玩切，去，换韻，定。元部。

㊀樹名。①椴樹。爾雅釋木："椴，柂。"郭璞注："白椴也，樹似白楊。"②木槿。爾雅釋草："椴，木槿。"㊁放在淺水中捕小魚及蝦蟹的魚具。宋陸游冬晴閑步東村由故塘還舍作詩之二："水落枯萍黏蟹～，雲開寒日上魚梁。"

［備考］小木椿。方言五："橛，燕之東北、朝鮮洌水之間謂之椴。"廣雅釋宫："椴，杙也。"

按，説文無椴字。

楩 pián 房連切，集韻毗連切，平，仙韻，並。元部。

樹名。墨子公輸："荆有長松、文梓、～、柟、豫章。"淮南子齊俗："伐～柟豫章而剖梨之。"

按，説文無楩字。

楖 1. zhì 阻瑟切，音櫛，入，櫛韻，照二。質部。

㊀同"櫛"。篦梳的總稱。見集韻。又用作動詞，梳頭。莊子庚桑楚："簡髮而楖。"釋文："亦作櫛。"㊁〔楖人〕刮摩木器的人。周禮考工記有"楖人"。又單稱"楖"，周禮考工記叙："刮摩之工：玉、～、雕、矢、磬。"

2. jí 資悉切，入，質韻，精。

㊂〔楖栗〕叠韻聯緜字。樹名。見廣韻。

木可作杖,故代指杖。唐賈島送空公往金州詩:"七百里山水,手中楖栗粗。"宋范成大丙午新正書懷詩之二:"病憐楖栗隨身慣,老覺屠蘇到手遲。"

按,説文無楖字。

槌 1. zhuì 馳僞切,去,寘韻,澄。微部。

❶懸掛蠶箔的木柱。説文:"槌,關東謂之槌,關西謂之㭙。"方言五:"宋魏陳楚江淮之閒謂之植,自關而西謂之槌。"郭璞注:"槌,絲蠶薄柱也。"北魏賈思勰齊民要術種桑柘:"一～得安十箔。"

2. chuí 直追切,平,脂韻,澄。微部。

❷捶擊的器具。論衡效力:"鑿所以入木者,～叩之也。"世説新語簡傲:"康揚～不輟,傍若無人。"引申爲動詞,敲擊。古詩爲焦仲卿妻作:"阿母得聞之,～牀便大怒。"文選南朝梁江淹詣建平王上書:"此少卿所以仰天～心,泣盡而繼之以血也。"

艘 sōu(舊讀 sāo)蘇遭切,平,豪韻,心。幽部。

船的總名。説文:"𣘦(艘),船總名。"又用作量詞,一船爲一艘。漢書溝洫志:"謁者二人發河南以東漕船五百～。"顔師古注:"一船爲一艘。"魏晉以後字作"艘"。

楀 yǔ 王矩切,上,麌韻,喻三。魚部。

❶樹名。説文:"楀,木也。"❷姓。詩小雅十月之交:"～維師氏。"鄭箋:"楀,氏。"

楯 1. shǔn 食尹切,音吮,上,準韻,牀三。文部。

❶欄杆的横木。説文:"楯,闌檻也。"史記司馬相如列傳:"奔星更於閨闥,宛虹拖於～軒。"楚辭戰國宋玉招魂"檻層軒些",王逸注:"檻,～也,從曰檻,横曰楯。"❷同"盾"。盾牌。左傳成公二年:"狄卒皆抽戈～冒之,以入于衛師。"韓非子難一:"楚人有鬻～與矛者。"此義今讀爲 dùn。

2. chūn 集韻敕倫切,平,諄韻,徹。文部。

❸通"輴"。裝載靈柩的車。莊子達生:"生有軒冕之尊,死得於腞～之上。"❹泥路上用的一種交通工具。淮南子齊俗:"譬若舟車～𨋸窮廬,故有所宜也。"許慎注:"泥地宜楯。"

[備考]拔擢。淮南子俶真:"引楯萬物,羣美萌生。"高誘注:"引楯,拔擢也。"

椽 chuán 直攣切,平,仙韻,澄。元部。

椽子,檁上架瓦的木條。説文:"椽,榱也。"左傳桓公十四年:"以大宫之～歸,爲盧門之～。"釋文:"圓曰椽,方曰桷。"漢書藝文志:"茅屋采～,是以貴儉。"又用作量詞,指房屋的間數(晚起義)。宋陸游夜雨之二:"寒雨連三夕,幽居只數～。"

[備考]木梯。管子侈靡:"～能踰,則～於踰。"尹知章注:"椽,猶梯也。"

椔 zī 側持切,平,之韻,照二。之部。

枯死而未倒的樹。爾雅釋木:"木自獘,柛;立死,～。"唐韓愈燕喜亭記:"輩糞壤,燔～翳。"字亦作"菑",詩大雅皇矣:"作之屏之,其菑其翳。"毛傳:"木立死曰菑。"

按,説文無椔字。

楘 mù 莫卜切,入,屋韻,明。覺部。

車轅上加固用的革帶,也作爲裝飾品。説文:"楘,車歷録束文也。"詩秦風小戎:"小戎俴收,五～梁輈。"毛傳:"五,五束也;楘,歷録也。一輈五束,束有歷録。"孔穎達疏:"五楘是轅上之飾,故以五爲五束,言以皮革五處束之。"

[備考]通"柔"。睡虎地秦墓竹簡秦律十八種司空:"令縣及都官取柳及木～可用書者,方之以書,毋方者乃用版。"

㮚 lì 力質切,入,質韻,來。質部。

❶果樹名,也指其果實,即栗子。字後來寫作"栗"。周禮天官籩人:"加籩之實,蔆、芡、～、脯。"陸德明釋文:"㮚,古栗字。"國語

魯語上："夫婦贄不過棗～。"❷戰慄，恐懼。漢書敍傳上："郡中震～，咸稱神明。"❸古代金工的一種。周禮考工記序："攻金之工：築、冶、鳧、～、段、桃。"

業 yè 魚怯切，入，業韻，疑。葉部。

❶懸掛鐘磬的架子上作裝飾用的木板，上面刻有鋸齒形。說文："業，大版也，所以飾縣鍾鼓。"詩大雅靈臺："虡～維樅，賁鼓維鏞。"又周頌有瞽："設～設虡，崇牙樹羽。"又指築牆用的夾板。爾雅釋器："大版謂之業。"郭璞注："築牆版也。"又指書册的夾板。禮記曲禮上："請～則起。"鄭玄注："謂篇卷也。"❷事務。易繫辭上："盛德大～，至矣哉！"孟子梁惠王上："君子創～垂統爲可繼也。"此指事業，功業。國語周語上："庶人工商，各守其～。"韓非子五蠹："是故服事者簡其～，而游學者日衆。"此指職業。韓非子飾邪："家有常～，雖飢不餓。"此指産業，家業。孟子告子下："願留而受～於門。"唐韓愈進學解："先生之～可謂勤矣。"此指學業。❸創始。國語齊語："擇其善者而～用之。"韋昭注："業猶創也。"史記太史公自序："項梁～之，子羽接之。"又指繼承。左傳昭公元年："昔金天氏有裔子曰昧，爲玄冥師，生允格、臺駘。臺駘能～其官。"❹次序，次第。爾雅釋詁："業，敍也。"郭璞注："謂次序。"國語晉語四："信於事，則民從事有～。"韋昭注："業，猶次也。"❺已經。史記留侯世家："良～爲取履，因長跪履之。"又司馬相如列傳："相如欲諫，～已建之，不敢。"❻〔業業〕①畏懼貌。詩大雅雲漢："兢兢業業，如霆如雷。"三國志吴書陸凱傳："百姓業業，天下苦之。"②高大雄壯貌。詩小雅采薇："戎車既駕，四牡業業。"

［備考］危。詩商頌長發："昔在中葉，有震且～。"毛傳："業，危也。"

按，説文業字在丵部。

十 畫

槀 1. gǎo（舊讀 kǎo）苦浩切，上，晧韻，溪。宵部。

❶草木乾枯。説文："槀，木枯也。"引申爲乾枯。禮記曲禮下："～魚曰商祭。"又爲乾枯之物。左傳哀公三年："於是乎去表之～，道還公宫。"❷草率，粗略。後漢書馬援傳："援妻孥惶懼，不敢以喪還舊塋，裁買城西數畝地～葬而已。"李賢注："槀，草也，以不歸舊塋，時權葬，故稱槀。"

［備考］㊀箭幹。周禮夏官序："～人。"鄭玄注引鄭司農云："箭幹謂之槀。"㊁竹名。文選漢馬融長笛賦："特箭～而莖立兮，獨聆風於極危。"李善注："箭、槀，二竹名也。"

2. kào 音犒。宵部。

❸犒勞，犒賞。周禮地官序："槀人。"鄭玄注引鄭司農云："槀讀爲犒師之犒。"書舜典："帝釐下土，方設居方，别生分類，作汩作、九共九篇、～飫。"僞孔傳："槀，勞也。"按，清毛際盛説文解字述誼："説文牛部無'犒'字，…古槀字高在上，後易在右，…而轉從牛旁，則始於漢時。"

［辨］槀，枯。見"枯"字條。

［同源字］槀（槁），枯，涸，竭，渴，灂（渴）。見"涸"字條。

槎 chá 鉏加切，平，麻韻，牀二。歌部。

❶斜砍。説文："槎，衺斫也。"國語魯語上："且夫山不～蘖，澤不伐夭。"後漢書馬融傳："冒欃柘，～棘枳。"❷竹木筏。晉張華博物志三："年年八月有浮～，去來不失期。"北周庾信楊柳歌："流～一去上天池，織女支機當見隨。"❸樹杈，樹枝。唐盧照鄰行路難："君不見長安城北渭橋邊，枯木横～卧古田。"❹〔槎牙〕叠韻聯緜字。交錯不齊貌。宋蘇軾江上看山詩："前山槎牙忽變態，後嶺雜沓如驚奔。"宋陸游鄰曲相過："扶行足蹣跚，半落齒槎牙。"

槊 shuò 所角切，入，覺韻，審二。

❶兵器名，似長矛。説文新附："槊，矛也。"魏書楊律傳："利～堅城，惟畏楊公鐵

星。"宋蘇軾前赤壁賦:"釃酒臨江,横～賦詩。"㊁古代博戲的一種。唐韓愈示兒詩:"酒食罷無爲,棊～以相娱。"

榮 róng 永兵切,平,庚韻,喻三。耕部。

㊀樹名,桐樹。爾雅釋木:"榮,桐木。"郭璞注:"即梧桐。"説文:"榮,桐木。"㊁草本植物的花,也泛指花。爾雅釋草:"木謂之華,草謂之～。"楚辭戰國屈原橘頌:"緑葉素～,紛其可喜兮。"又用作動詞,指開花。吕氏春秋仲夏:"木堇～。"㊂繁榮,茂盛。荀子富國:"陵謹盡察,是～國已。"素問四氣調神大論:"天地俱生,萬物以～。"㊃光采,榮耀。與"辱"相對。莊子逍遥遊:"定乎内外之分,辯乎～辱之境。"吕氏春秋孝行:"人主孝,則名章～,下服聽。"㊄屋檐兩端翹起的部分。説文:"一曰屋梠之兩頭起者爲榮。"儀禮士冠禮:"夙興,設洗直於東～。"鄭玄注:"榮,屋翼也。"㊅〔榮衛〕中醫指人體的營養、血氣等。素問湯液醪醴論:"今精壞神去,榮衛不可復收。"

[備考]㊀棄。列子周穆王:"～汝之糧,不若遄歸也。"張湛注:"榮,棄也。"㊁通"營"。迷惑。韓非子内儲説下:"乃遺之屈産之乘,垂棘之璧,女樂二八,以～其意而亂其政。"

穀 gǔ 古禄切,入,屋韻,見。屋部。

樹名,又名楮,構。詩小雅鶴鳴:"爰有樹檀,其下維～。"孔穎達疏:"今江南人績其皮以爲布,又擣以爲紙。"山海經中山經:"又西四十里,曰霍山,其木多～。"

榦 1. gàn 古案切,去,翰韻,見。元部。

㊀築牆時立在兩邊的木柱。説文:"榦,築牆耑木也。"書費誓:"峙乃楨～。"㊁樹幹,主幹。淮南子主術:"故枝不得大於～。"又用於抽象意義。淮南子原道:"是故柔弱者,生之～也。"㊂樹名,柘樹。書禹貢:"杶～栝柏。"僞孔傳:"榦,柘也。"

[備考]詩大雅韓奕:"～不庭方,以佐戎辟。"朱熹集傳:"榦,正也。"清俞樾云:"榦與爲同訓,是榦亦語詞矣。"

2. hán 集韻河干切,平,寒韻,匣。元部。

㊃井欄。莊子秋水:"出跳梁乎井～之上。"成玄英疏:"榦,井欄也。"

榕 róng 集韻餘封切,平,鍾韻,喻四。

樹名。常緑喬木。晉嵇含南方草木狀:"～葉如木麻,其蔭十畝。"唐柳宗元柳州二月榕葉落盡偶題詩:"山城過雨百花盡,～葉滿庭鶯亂啼。"

按,説文無榕字。

榨 zhà 側駕切,去,禡韻,照二。

後起字。擠壓物體汁液的器具。宋穆脩和秀江墅幽居好詩之五:"酒釀新出～,魚活旋離鉤。"引申爲擠壓。宋周邦彦汴都賦:"土怪畏～壓而妥貼。"

榜 1. péng 薄庚切,音彭,平,庚韻,並。陽部。

㊀矯正弓弩的器具。説文:"榜,所以輔弓弩。"韓非子外儲説右下:"椎鍛平夷,～檠矯直。"㊁古代的一種刑罰,捶擊或者鞭打。史記張耳陳餘列傳:"吏治～笞數千,刺剟,身無可擊者。"漢書孫寶傳:"～掠將死,卒無一言。"

2. bèng 北孟切,去,映韻,幫。陽部。

㊂摇船的工具,船槳。楚辭戰國屈原九章涉江:"乘舲船余上沅兮,齊吴～以擊汰。"文選晉郭璞江賦:"舟子於是搦棹,涉人於是檥～。"也代指船。文選漢司馬相如子虛賦:"摐金鼓,吹鳴籟,～人歌,聲流喝。"李善注引張揖曰:"榜,船也。"唐李賀馬詩之十:"催～渡烏江,神騅泣向風。"引申爲划船。宋書朱百年傳:"輒自～船送妻還孔氏,天晴復迎之。"

3. bǎng 北朗切,上,蕩韻,幫。

㊃公開張貼的文書,告示,或特指公布應試録取名單的告示。後漢書崔駰傳:"靈帝時,開鴻都門～賣官爵。"唐杜牧及第復寄長

安故人詩:“東都放～未花開,三十三人走馬迴。”㊄木片,木板(後起義)。宋書鄧琬傳:“會琬送五千片～供胡軍用。”又指扁額。世說新語巧藝:“魏明帝起殿,欲安～,使仲將登梯題之。”

槁 1. gǎo(舊讀 kǎo)苦浩切,上,晧韻,溪。宵部。

“槀”的俗體。㊀草木乾枯。莊子齊物論:“形固可使如～木,而心固可使如死灰乎?”國語晉語二:“夫堅樹在始,始不固本,終必～落。”又指乾枯的草木。荀子王霸:“及以燕趙起而攻之,若振～然。”引申爲一般的乾枯。墨子耕柱:“舍今之人而譽先王,是譽～骨也。”孟子滕文公下:“夫蚓上食～壤,下飲黄泉。”㊁敲打。文選晉潘岳河陽縣作二首之一:“熲如～石火,瞥若截道飈。”李善注:“槁,與‘考’古字通。”

2. kào 集韻口到切,去,号韻,滂。宵部。

㊂犒勞。周禮秋官小行人:“若國師役,則令～禬之。”鄭玄注:“謂犒師也。”

[辨]槁,枯。見“枯”字條。

榱 cuī 所追切,平,脂韻,審二。微部。

椽子,放在房檁上架瓦的木條。説文:“榱,秦名爲屋椽,周謂之榱。”左傳襄公三十一年:“棟折～崩,僑將厭焉。”孟子盡心下:“堂高數仞,～題數尺,我得志,弗爲也。”

榤 jí 秦悉切,入,質韻,從。質部。

栱,立柱與横梁之間成弓形的承重結構。爾雅釋宮:“閞謂之榤。”郭璞注:“柱上欂也。亦名枅。”

按,説文無榤字。

榶 táng 徒郎切,平,唐韻,定。陽部。

碗。荀子正論:“故魯人以～,衛人用柯。”楊倞注:“盌謂之榶,盂謂之柯。”

按,説文無榶字。

榷 què(舊讀 jué)苦岳切,入,覺韻,見。藥部。

㊀架在水上的横木,獨木橋。説文木部:“榷,水上横木,所以渡者也。”㊁專賣,專利。漢書武帝紀:“初～酒酤。”顔師古注引韋昭:“謂禁民酤釀,獨官開置,如道路設木爲榷,獨取利也。”又車千秋傳:“桑弘羊爲御史大夫八年,自以爲國家興～筦之利。”㊂商榷,商討(後起義)。北史崔孝芬傳:“商～古今,間以嘲謔,聽者忘疲。”

榾 gǔ 古忽切,入,没韻,見。

㊀樹名,枸榾樹。見玉篇、廣韻。㊁短木樁。唐元稹縛戎人詩:“古墓深林盡株～。”〔榾柮〕木柴塊,樹根疙瘩。㊂〔榾榾〕用力貌。唐杜甫鹽井詩:“汲井歲榾榾,出車日連連。”

按,説文無榾字。

構 gòu 古候切,去,候韻,見。侯部。

㊀構架房屋。説文:“構,蓋也。”書大誥:“厥子乃弗肯堂,矧肯～?”僞孔傳:“子乃不肯爲堂基,況肯～立屋乎?”淮南子氾論:“築土～木,以爲宮室。”高誘注:“構,架也。謂材木相乘架也。”引申指房屋。晉陸雲歲暮賦:“悲山林之杳靄兮,痛華～之丘荒。”陳書宣帝紀:“梁氏之季,兵火荐臻,承華焚蕩,頓無遺～。”㊁交合,連接。易繫辭下:“男女～精,萬物化生。”孟子梁惠王上:“抑王興甲兵,危士臣,～怨於諸侯,然後快於心與?”引申爲造成,構成。詩小雅四月:“我日～禍,曷云能穀?”毛傳:“構,成。”㊂挑撥,離間。左傳僖公三十三年:“彼實～吾二君,寡君若得而食之,不厭。”㊃圖謀,謀劃。淮南子説林:“紂醢梅伯,文王與諸侯～之。”高誘注:“構,謀也。”又指設謀陷害。左傳桓公十六年:“宣姜與公子朔～急子。”㊄通“購”。懸賞。墨子號令:“若告之吏,皆～之。”㊅通“篝”。篝火。漢書陳勝傳:“又間令廣之次所旁叢祠中,夜～火,狐鳴呼曰:‘大楚興,陳勝王。’”

[備考]牛羊乳汁曰構。漢書叙傳“楚人謂乳穀”顔師古注引如淳曰:“牛羊乳汁曰

～。"

［同源字］冓，遘，覯，構，篝。見"覯"字條。

榛 zhēn 側詵切，平，臻韻，照二。真部。

❶樹名，落葉灌木，果實可食。説文："榛，木也。"詩邶風簡兮："山有～，隰有苓。"毛傳："榛，木名。"也指其果實。禮記曲禮下："婦人之摯：椇～脯脩棗栗。"❷叢生的樹木。淮南子原道："隱於～薄之中。"高誘注："藂木曰榛。"〔榛榛〕草木叢生貌。史記司馬相如傳："觀衆樹之塕薆兮，覽竹林之榛榛。"漢書揚雄傳："枳棘之榛榛兮，蝯狖擬而不敢下。"

槈 nòu 奴豆切，去，候韻，泥。屋部。

同"耨"、"鎒"。鋤草的器具。説文："槈，薅器也。"段玉裁注："槈者，所以披去之器也。槈刃廣六寸，柄長六尺。"國語齊語："時雨既至，挾其槍、刈、～、鎛，以旦暮從事於田野。"

槤 1. liǎn 集韻力展切，上，獮韻，來。元部。

❶祭祀時放黍稷的禮器。説文："槤，胡槤也。"今古籍"胡槤"多作"瑚璉"。

2. lián 力延切，平，仙韻，來。元部。

❶樹名。玉篇："槤，木名。"文選晉郭璞江賦："楊～森嶺而羅峰。"李善注："楊、槤，亦二木名也。"❷樓閣邊的小屋。玉篇："槤，簃也。"字亦作"連"。爾雅釋宫："連謂之簃。"邢昺疏："樓閣邊相連小屋名也。"

榬 yuán 雨元切，平，元韻，喻三。元部。

❶繞絲的器具。方言五："籰，榬也。兗、豫、河、濟之間謂之榬。"郭璞注："所以絡絲也。"❷懸掛鐘磬的器具。管子霸形："於是令之縣鍾磬之～，陳歌舞竽瑟之樂。"

按，説文無榬字。

楮 zhī 章移切，平，支韻，照三。脂部。

柱子的底基。説文："楮，柱砥也。古用木，今以石。"朱駿聲曰："楮，柱底也…今以石，蘇俗謂之柱磉石。"引申爲支撑。爾雅釋言："楮，柱也。"郭璞注："相楮柱。"抱朴子内篇仙藥："未得作丹，且可服之，以自楮持耳。"宋王禹偁謫居感事詩："山翠樓頻上，雲生杖獨～。"

榼 kē 苦盍切，入，盍韻，溪。葉部。

盛酒或貯水的容器。説文："榼，酒器也。"左傳成公十六年："使行人執～承飲。"淮南子氾論："今夫霤水足以溢壺～，而江河不能實漏卮。"又泛指盒類容器。北史魏彭城王勰傳："馬腦～，容三升，玉縫之。"

［備考］刀劍套。禮記少儀"加夫襓與劍焉"孔穎達疏："謂以木爲劍衣者，若今刀～。"

槅 1. gé 古核切，入，麥韻，見。錫部。

❶大車軛。説文："槅，大車枙。"文選漢張衡西京賦："商旅聯～，隱隱展展。"釋名釋車："槅，扼也，所以扼牛頸也。"

2. hé 集韻下革切，入，麥韻，匣。

❶通"核"。指帶核的果品。文選晉左思蜀都賦："金罍中坐，肴～四陳。"李善注："槅與核義同。"

榑 fú 防無切，平，虞韻，奉。魚部。

説文："榑，榑桑，神木，日所出也。"〔榑桑〕傳説中的神樹，日出的地方。淮南子覽冥："朝發榑桑，日入落棠。"高誘注："榑桑，日所出也。"字又作"榑木"。吕氏春秋求人："禹東至榑木之地。"淮南子時則："東至日出之次，榑木之地。"高誘注："榑木，榑桑。"

構 bèi 平祕切，去，至韻，並。職部。

樹名。山海經中山經："又西五十里曰橐山，其木多樗，多～木。"郭璞注："今蜀中構木，七八月中吐穗，穗成，如有鹽粉著狀，可以酢羹。"

按，説文無構字。

榙 dā 都合切，入，合韻，端。緝部。

〔棔檏〕果名，似李。史記司馬相如列傳：“隱夫薁棣，棔檏荔枝，羅乎後宮，列乎北園。”裴駰集解引郭璞注：“棔檏，似李。”説文作“棔檏”。漢書、文選作“荅遝”。

榧 fěi 府尾切，上，尾韻，非。

樹名，果實名榧子，可食。唐李德裕平泉山居草木記：“木之奇者，有天台之金松、琪樹，稽山之海棠、～、檜。”宋葉適蜂兒榧歌：“平林常～啖俚蠻，玉山之產升金盤。”

按，説文無榧字。

榎 jiǎ 古疋切，上，馬韻，見。魚部。

“檟”的異體。樹名，楸屬。爾雅釋木：“槐小葉曰榎。大而皵，楸；小而皵，榎。”郭璞注：“槐當爲楸。楸細葉者榎。”榎木多用作笞罰的刑具。三國志魏書孫禮傳：“老者不可以加～楚。”

按，説文無榎字。

楔 xiè 先結切，入，屑韻，心。

㊀門檻。説文作“楔”，云：“限也。”㊁〔楔子〕木楔。水滸傳七五回：“阮小七便去拔了楔子，叫一聲：‘船漏了。’”

椮 shí 市之切，平，之韻，禪。之部。

樹木直立貌。文選戰國宋玉高唐賦：“其始出也，㬳兮若松～。”

榻 tà 吐盍切，入，盍韻，透。葉部。

㊀狹長而低的坐卧用具。後漢書徐穉傳：“蕃在郡不接賓客，唯穉來特設一～，去則縣之。”古詩爲焦仲卿妻作：“移我琉璃～，出置前窗下。”㊁摹印，描摹。唐張懷瓘書斷購蘭亭序：“帝命供奉～書人趙模、韓道政、馮承素、諸葛貞等四人，各～數本，以賜皇太子、諸王近臣。”

按，説文無榻字，新附有之。

榥 huàng 胡廣切，上，蕩韻，匣。

窗櫺。文選晉張協七命：“重殿疊起，交綺對～。”晉書孝友傳贊：“揮泗凋柏，對～巢鷹。”又用作量詞。元王實甫西厢記第二本第四折：“都只是一層紅紙，幾～兒疏櫺。”

〔備考〕讀書牀。見玉篇。

按，説文無榥字。

稷 jì 子力切，入，職韻，精。職部。

樹名，即水松。説文：“稷，細理木也。”山海經西山經：“又西四百里曰底陽之山，其木多～、枏、豫章。”郭璞注：“稷似松，有刺，細理。”文選漢張衡南都賦：“其木則檉松楔～。”

榩 qián 渠焉切，平，仙韻，群。元部。

斫木砧。爾雅釋宮：“椹謂之榩。”郭璞注：“斫木櫍也。”

按，説文無榩字。

榿 qī 古今韻會舉要丘奇切。

樹名，落葉喬木。唐杜甫憑何十一少府邕覓榿木栽詩：“飽聞～木三年大，與致溪邊十畝陰。”

按，説文無榿字。

榽 xī 胡雞切，平，齊韻，匣。支部。

〔榽橀〕樹名。爾雅釋木：“魄，榽橀。”郭璞注：“魄，大木細葉似檀，今江東多有之。齊人諺曰：‘上山斫檀，榽橀先殫。’”

按，説文無榽字。

槍 1. qiāng 七羊切，平，陽韻，清。陽部。

㊀兩頭尖的木棍，可以作爲武器，也可以作爲工具。一切經音義二引三蒼曰：“木兩端鋭曰槍。”墨子備城門：“～二十枚。”國語齊語：“時雨既至，挾其～、刈、耨、鎛，以旦暮從事於田野。”韋昭注：“槍，椿也。”後代指長柄尖頭的武器。舊五代史王彥章傳：“少從軍，隸太祖帳下，以饒勇聞，…常持鐵～，衝堅陷陣。”㊁觸，碰撞。莊子逍遥遊：“我決起而飛，～榆枋而止。”文選漢司馬遷報任安書：“見獄吏則頭～地，視徒隸則心惕息。”㊂〔槍欀〕叠韻聯緜字。紛亂不安貌。説文：“槍，一曰槍欀也。”字亦作搶攘。漢書賈誼傳：“本末舛

道，首尾衡決，國制搶攘。”顏師古注引蘇林曰：“不安貌也。”引晉灼曰：“亂貌。”

2. chēng 楚庚切，平，庚韻，穿二。陽部。

㊃星名，即彗星。管子輕重丁：“國有～星，其君必辱。”史記天官書：“天一、～、矛、盾動摇，角大，兵起。”又名“欃槍”。文選漢揚雄甘泉賦：“左欃槍而右玄冥兮。”

榘

jǔ 俱雨切，上，麌韻，見。魚部。

“矩”的異體。規則，法度。廣雅釋詁一：“榘，方也。”楚辭戰國宋玉九辯：“何時俗之工巧兮，滅規～而改鑿。”〔榘矱〕規則，法度。楚辭戰國屈原離騷：“勉陞降以上下兮，求榘矱之所同。”“矱”亦有作蒦者。淮南子氾論：“有本主於中，而以知榘蒦之所周者也。”

按，説文榘爲工部巨字或體。

榭

xiè 辝夜切，去，禡韻，邪。鐸部。

高臺上構築的木屋，多用於遊觀。左傳襄公三十一年：“宫室卑庳，無觀臺～。”吕氏春秋重己：“其爲宫室臺～也，足以辟燥濕而已矣。”又用作講武之所。左傳成公十七年：“三郤將謀於～。”杜預注：“榭，講武堂。”國語楚語上：“故先王之爲臺榭也，～不過講軍實，臺不過望氛祥。”

按，説文無榭字，新附有之，云：“臺有屋也。”

槐

huái 户乖切，平，皆韻，匣。微部。

樹名，槐樹。説文：“槐，木也。”莊子外物：“水中有火，乃焚大～。”吕氏春秋過理：“乃觸廷～而死。”

［備考］草名，即續斷。宋鄭樵通志昆蟲草木一：“續斷，…曰～…。”

槔

gāo 古勞切，平，豪韻，見。幽部。

桔槔，汲水器。莊子天地：“鑿木爲機，後重前輕，挈水若抽，數如泆湯，其名爲～。”成玄英疏：“即今之所用桔槔也。”

按，説文無槔字，新附有之，云：“桔槔，汲水器也。”

榣

yáo 餘昭切，平，宵韻，喻四。宵部。

㊀樹名，大樹。國語晉語八：“～木不生危，松柏不生埤。”韋昭注：“榣木，大木也。”山海經西山經：“槐江之山，…其陰多～木之有若。”郭璞注：“榣木，大木也。”㊁樹木摇動。説文：“榣，樹動也。”

［同源字］榣，摇，掉。三字均爲宵部，摇榣喻母，掉定母，喻定鄰紐。説文：“摇，動也。”“榣，樹動也。”徐鍇繫傳：“物之易摇無易於木，故木之動摇自爲一字也。”段玉裁注：“榣之言摇也。”榣、摇實同一詞。説文：“掉，摇也。”左傳昭公十一年：“尾大不掉。”漢書蒯通傳：“掉三寸舌。”顏師古注：“掉，摇也。”

榌

pí 房脂切，集韻頻脂切，平，脂韻，並。脂部。

屋檐前板。説文：“榌，梠也。”文選張衡西京賦：“三階重軒，鏤檻文～。”又三國魏何晏景福殿賦：“～梠緣邊，周流四極。”

［同源字］眉，楣，湄，榌，橅。見“楣”字條。

榤

jié 渠列切，入，薛韻，羣。月部。

同“桀”。雞棲息的木樁。爾雅釋宫：“雞棲於弋爲榤。”

按，説文無榤字。

榴

liú 力求切，平，尤韻，來。

果樹名，也指其果實，即石榴。文選晉左思蜀都賦：“蒲陶亂潰，若～競裂。”唐韓愈題張十一旅舍三詠詩：“五月～花照眼明，枝間時見子初成。”

按，説文無榴字。

榹

sī 息移切，平，支韻，心。支部。

㊀承水的盤子。説文：“榹，槃也。”急就篇三：“槫榼椑～匕箸籫。”㊁〔榹桃〕果樹名，也指其果實，即山桃。爾雅釋木：“榹桃，山桃。”郭璞注：“實如桃而小，不解核。”文選晉左思蜀都賦：“榹桃函列，梅李羅生。”

槃 pán 薄官切,平,桓韻,並。元部。

❶承水的木盤。説文:“槃,承槃也。”禮記内則:“進盥,少者奉～,長者奉水。”鄭玄注:“槃,承盥水者。”墨子尚賢下:“故書之竹帛,琢之～盂,傳以遺後世子孫。”❷環繞,彎曲。山海經大荒北經:“大荒之中…有～木千里。”後漢書虞詡傳:“不過～根錯節,何以別利器乎?”〔槃散〕叠韻聯緜字。行走不穩貌。史記平原君列傳:“民家有躄者,槃散行汲。”字亦作“槃跚”。〔槃桓〕叠韻聯緜字。徘徊,流連。漢書種岱傳:“若不槃桓難進,等輩皆已公卿矣。”❸犂轅前可轉動的部分。唐陸龜蒙耒耜經:“横於犂轅之前末曰～,言可轉也。”

［備考］快樂。詩衛風考槃:“考～在澗,碩人之寬。”毛傳:“槃,樂也。”朱熹集傳:“槃,槃桓之意,言成其隱處之室也。”

十一畫

樟 zhāng 諸良切,平,陽韻,照三。陽部。

樹名,即樟木,又名豫樟。〔豫樟〕戰國策宋衛策:“荆有長松、文梓、楩、柟、豫樟。”高誘注:“皆大木也。”字多作“章”。史記司馬相如列傳:“楩枏豫章。”

按,説文無樟字。

樀 1. dí 都歷切,入,錫韻,端。錫部。

❶屋檐。爾雅釋宫:“檐謂之樀。”郭璞注:“屋梠也。”説文:“樀,户樀也。”段玉裁注:“户樀謂門檐也。”

2. zhí 集韻直炙切,入,昔韻,澄。

❷磨牀。太平御覽七六二引通俗文:“磨牀曰樀。”

槨 guō 古博切,入,鐸韻,見。鐸部。

同“椁”。外棺。莊子人間世:“散木也,以爲舟則沉,以爲棺～則速腐。”淮南子氾論:“殷人用～。”

按,説文無槨字。

樚 lù 集韻盧谷切,入,屋韻,來。

❶〔樚櫨〕即轆轤,井上汲水器的圓轉木。北周庾信和張侍中述懷詩:“道險卧樚櫨,身危累素㲉。”❷〔樚木〕醉魚草的別稱。見明李時珍本草綱目草部六。

按,説文無樚字。

槺 kāng 苦岡切,平,唐韻,溪。陽部。

〔槺梁〕叠韻聯緜字。虚空貌。文選漢司馬相如長門賦:“施瑰木之欂櫨兮,委參差以槺梁。”王念孫讀書雜志一六:“槺梁,叠韻也,槺梁者,中空之貌。”字亦作“㝩㝗”。

按,説文無槺字。

樆 lí 吕支切,平,支韻,來。歌部。

果樹名,即山梨。爾雅釋木:“梨,山樆。”邢昺疏:“在山之名則曰樆。”玉篇:“樆,山梨也。”

按,説文無樆字。

樣 1. xiàng 集韻似兩切,上,養韻,邪。陽部。

❶橡子。説文:“樣,栩實也。”古籍多寫作“橡”。

2. yàng 集韻弋亮切,去,漾韻,喻四。

❷式樣。隋書何稠傳:“凡有所爲,何稠先令亘、衮立～,當時工人皆稱其善,莫能有所損益。”❸形狀。唐杜甫楊監又出畫鷹十二扇詩:“近時馮紹正,能畫鷙鳥～。”❹量詞,一種稱一樣。唐王建宫詞之一六:“新衫一～殿頭黄。”宋范成大晚步西園詩:“一種東風兩～心。”

樗 chū 集韻抽居切,平,魚韻,徹。魚部。

樹名,即臭椿。説文:“樗,木也。”詩豳風七月:“采荼薪～,食我農夫。”毛傳:“樗,惡木也。”莊子逍遥遊:“吾有大樹,人謂之～。”

槥 huì 祥歲切,去,祭韻,邪。月部。

小棺材。説文:“槥,棺櫝也。”漢書高帝紀:“令士卒從軍死者爲～,歸其縣。”顔師古注引應劭曰:“小棺也,今謂之櫝。”又成帝紀:“其爲水所流壓死,不能自葬,令郡國給～櫝葬埋。”

［同源字］槽,嘈,錯。見“錯”字條。

椿 zhuāng 都江切,集韻株江切,平,江韻,知。

後起字。❶埋在土中的木橛。説文新附:“椿,橛杙也。”唐李白大獵賦:“下整高頯,深平險谷,擺～栝,開林叢。”❷儲存,儲備。續資治通鑑宋高宗紹興三十年:“除劉寶私財還寶外,餘並～充軍須。”❸量詞,事一件稱一椿。元曲楊顯之酷寒亭:“相公,小人有幾～事稟相公知道。”❹賭博時頭家稱作椿。元關漢卿謝天香三折:“我可便做～兒三個五。”

槻 guī 居隋切,平,支韻,見。

樹名,木可作弓。南齊書祥瑞志:“山陽縣界若邪村有一～木,合爲連理。”

槷 1. niè 五結切,入,屑韻,疑。月部。

❶觀測日影的木杆。周禮考工記匠人:“置～以縣,眡以景,爲規識日出之景與日入之景。”❷箭靶的中心。小爾雅廣器:“射有張皮謂之侯,侯中者謂之鵠,鵠中者謂之正,正方二尺,正中者謂之～,～方六寸。”❸門橛。穀梁傳昭公八年:“置旃以爲轅門,以葛覆質以爲～。”釋文:“槷,門橜也。”❹〔槷刖〕叠韻聯緜字。危貌。文選漢馬融長笛賦:“巔根跱之槷刖兮,感迴飆而將頹。”李善注:“槷刖,危貌。”

2. xiè 集韻私列切,入,薛韻,心。月部。

❺木楔。周禮考工記輪人:“牙得則無～而固,不得則有～必足見也。”又用作動詞,楔入。明徐光啟農政全書卷二〇:“小者～之,大者楅之。”

按,説文無槷字。

槫 1. tuán 集韻徒官切,平,桓韻,定。元部。

❶圓形。字彙:“槫,楚人謂圓爲槫。”楚辭戰國屈原九章橘頌:“曾枝剡棘,圓果～兮。”王逸注:“槫,圜也,楚人名圜爲槫。槫,一本作摶。”❷結聚。銀雀山漢墓竹簡孫臏兵法十陣:“圓陳者,所以～也。”❸屋棟。北魏賈思勰齊民要術種槐柳楸梓梧柞:“十年,中椽,可雜用;二十歲,中屋～。”

2. shuàn 集韻豎兗切,上,獮韻,禪。

❹載棺柩的車子。見集韻。

槧 qiàn 七豔切,去,豔韻,清。談部。

❶尚未書寫的書版。説文:“槧,牘樸也。”段玉裁注:“樸,素也。牘,書版也。槧謂書版之素未書者也。”漢揚雄答劉歆書:“雄常把三寸弱翰,齎油素四尺,以問其異語,歸即以鉛摘次之於～。”後指刻成的書籍或版本。宋黄伯思東觀餘論下跋洛陽所得杜少陵詩後:“于法堂壁間弊篋中得此帙,所録杜子美詩,頗與今行～本小異。”❷簡札,文書。宋王令贈别晏成績懋父太祝:“幸因西南風,時作寄我～。”

槽 cáo 昨勞切,平,豪韻,從。幽部。

❶餵牲畜時盛飼料的器皿。説文:“槽,畜獸之食器。”後漢書馬援傳:“更欲低頭與小兒曹共～櫪而食。”晉書宣帝紀:“又嘗夢三馬同食一～。”引申爲似槽的器具(後起義)。文選晉劉伶酒德頌:“先生於是方捧甖承～,銜杯漱醪。”此指酒槽。宋王安石道光泉詩:“雲涌浴～朝自暖。”此指浴漕。❷水道,渠道。唐元稹酬劉猛見送詩:“雲勢正横壑,江流初滿～。”宋史孟珙傳:“水跨九阜,建通天～八十有三丈,溉田十萬頃。”

標 biāo 甫遥切,集韻卑遥切,平,宵韻,幫。宵部。

❶樹梢。説文:“標,木杪末也。”莊子天地:“上如～枝,民如野鹿。”文選晉盧諶贈劉琨詩:“緜緜女蘿,施於松～。”引申爲事物的末節或表面。管子霸言:“大本而小～。”素問標本病傳論:“病有～本,刺有逆從,奈何?”❷頂端。楚辭戰國屈原九章悲回風:“上高巖

之峭岸兮,處雌蜺之～顛。”❸樹立。文選晉袁宏三國名臣序贊:“先生～之,振起清風。”世説新語文學:“卓然～新理於二家之表,立異義於衆賢之外。”❹標誌,標記。文選晉孫綽遊天台山賦:“赤城霞起而建～,瀑布飛流以界道。”引申爲表明,寫明。文選南朝梁任昉王文憲集序:“汝郁之幼挺淳至,黄琬之早～聰察。”又晉孫綽遊天台山賦:“故事絶於常篇,名～於奇紀。”❺標準,規範。高誘吕氏春秋序:“然此書所尚,以道德爲～的,以無爲爲綱紀。”晉書王楨之傳:“亡叔一時之～,公是千載之英。”

[同源字]標,杪,秒。見“杪”字條。

槲 sù 桑谷切,入,屋韻,心。屋部。

説文:“槲,樸槲,木。”見“樸”字條“樸槲”。

槱 yǒu 與久切,上,有韻,喻四。幽部。

堆柴燃燒。説文:“槱,積木燎之也。”(依段注本)詩大雅棫樸:“芃芃棫樸,薪之～之。”文選漢張衡東京賦:“颺～燎之炎煬,致高煙乎太一。”引申爲柴。唐柳宗元南嶽彌陀和尚碑:“或值之崖谷,羸形垢面,躬負薪～。”

模 mó 莫胡切,平,模韻,明。魚部。

❶製作器物的木製模型。説文:“模,法也。”段玉裁注:“以木曰模,以金曰鎔,以土曰型,以竹曰笵,皆法也。”論衡物勢:“陶冶者,初埏埴作器,必～範爲形。”文選晉左思魏都賦:“儕拱木於林衡,授全～於梓匠。”又用於抽象意義,指規範,楷模。文選漢張衡歸田賦:“揮翰墨以奮藻,陳三皇之軌～。”又晉左思詠史詩之八:“巢林棲一枝,可爲達士～。”又用作動詞,模仿,傚法。北史莫含傳:“後道武欲廣宫室,規度平城四方數十里,將～鄴、洛、長安之制,運材數百萬根。”❷〔模胡〕叠韻聯緜字。不分明貌。宋梅堯臣和江鄰幾詠雪二十韻:“庭槐高臃腫,屋蓋素模胡。”字亦作“模糊”。

[辨]鎔,模,法,型,笵。見“鎔”字條。

槿 jǐn 居隱切,上,隱韻,見。文部。

樹名,即木槿。爾雅釋草:“椴,木槿;櫬,木槿。”郭璞注:“别二名也。似李樹,華朝生夕隕,可食,或呼日及,亦曰王蒸。”詩鄭風有女同車“顔如舜華”毛傳:“舜,木槿也。”文選南朝宋謝靈運田南樹園激流植援詩:“激澗代汲井,插～當列墉。”唐王維積雨輞川莊作詩:“山中習静觀朝～,松下清齋折露葵。”

按,説文無槿字。

樠 mán 母官切,平,桓韻,明。元部。

❶樹名,松心木。説文:“樠,松心木。”左傳莊公四年:“王遂行,卒於～木之下。”漢書西域傳烏孫國:“山多松～。”顔師古注:“樠,木名,其心似松。”❷汁液滲出貌。莊子人間世:“以爲門户則液～,以爲柱則蠹。”釋文引司馬彪曰:“樠,謂脂出樠樠然也。”

樞 1. shū 昌朱切,平,虞韻,穿三。侯部。

❶户樞,門軸。説文:“樞,户樞也。”莊子讓王:“蓬户不完,桑以爲～。”吕氏春秋盡數:“流水不腐,户～不螻。”❷事物的關鍵或中心。易繫辭上:“言行,君子之～機。”戰國策秦策三:“今夫韓魏,中國之處,而天下之～也。”❸星名,也稱“天樞”。吕氏春秋有始:“當～之下無晝夜。”

2. ōu 集韻烏侯切,平,侯韻,影。侯部。

❹樹名,即刺榆。詩唐風山有樞:“山有～,隰有榆。”孔穎達疏引郭璞曰:“今之刺榆也。”

[備考]始,本原。淮南子原道:“經營四隅,還反於～。”高誘注:“樞,本也。”漢揚雄太玄事:“事在～。”范望注:“樞,始也。”

槭 1. qī (舊讀 zú)子六切,入,屋韻,精。覺部。

❶樹名。説文:“槭,槭木,可作大車輮。”唐蕭穎士江有楓:“想彼～矣,亦類其楓。”

2. sè 古今韻會舉要色責切。

❷樹枝光秃,樹葉凋落貌。文選晉潘岳

秋興賦："庭樹～以灑落兮，勁風戾而吹帷。"李善注："槭，枝空之貌。"又射雉賦："初莖蔚其曜新，陳柯～以改舊。"李善注引徐爰："槭，彫柯貌也。所鬲切。"㊂〔槭槭〕象聲詞，風吹樹葉搖動聲。唐劉禹錫秋聲賦："樹槭槭兮蟲咿咿。"

槬

huà 釋文户化切。魚部。

橫大，洪大。左傳昭公二十一年："小者不窕，大者不～，則和於物。"杜預注："槬，橫大不入。"

按，說文無槬字。

樛

jiū 居虯切，平，幽韻，見。幽部。

❶樹木向下彎曲。說文："樛，下句曰樛。"詩周南樛木："南有～木，葛藟纍之。"毛傳："木下曲曰樛。"漢書叙傳："葛緜緜於～木兮，詠南風以爲綏。"引申爲彎曲。唐陸龜蒙耒耜經："前如桯而～者曰轅。"〔樛流〕叠韻聯緜字。曲折貌。文選漢揚雄甘泉賦："覽樛流於高光兮，溶方皇於西清。"李善注："樛流，高曲之貌。"又漢班彪北征賦："涉長路之緜緜兮，遠紆回以樛流。"李善注："樛流，曲折貌也。"㊁糾結。儀禮喪服："故殤亡絰不～垂，蓋未成人也。"鄭玄注："不樛垂，不絞其帶之垂者。"唐杜甫乾元中同谷縣作歌之六："南有龍兮在山湫，古木巃嵸枝相～。"

［備考］求。文選漢張衡思玄賦："黃靈詹而訪命兮，～天道其焉如？"李善注引舊注："樛，求也。"按，後漢書張衡傳字作"摎"，李賢注引爾雅云："摎，求也。"

槢

xí 似入切，音習，入，緝韻，邪。緝部。

❶樹名，槢木。說文："槢，木也。"唐元結訟木魅詩："～橈橈兮未堅，樟根根兮可屈。"㊁楔。文選三國魏何晏景福殿賦："楯類騰蛇，～似瓊英。"李善注："凡楔皆謂之槢。"

橖

1. chēng 丑庚切，平，庚韻，徹。陽部。

❶支柱。說文："橖，袤柱也。"段玉裁注："橖，柱也，各本'柱'上有'袤'字。…橖字，或作牚，或作撐，皆俗字耳。"

2. táng 玉篇達郎切，音堂。

㊁車橖。見玉篇。㊂〔橖突〕冒犯，字多作"唐突"。唐杜甫課伐木詩序："山有虎，知禁，若恃爪牙之利，必昏黑橖突。"

樝

zhā 側加切，平，麻韻，照二。魚部。

果樹名，山楂類。說文："樝，果似棃而酢。"文選漢司馬相如子虛賦："～棃梬栗，橘柚芬芳。"李善注引張揖曰："樝，似棃而甘也。"唐李賀追和柳惲："江頭～樹香，岸上蝴蝶飛。"

樓

lóu 落侯切，平，侯韻，來。侯部。

❶設在高處的建築，多用作瞭望。左傳宣公十五年："(解揚)登諸～車，使呼宋而告之。"墨子備城門："三十步置坐候～，～出於堞四尺。"㊁兩層以上的房屋。說文："樓，重屋也。"孟子告子上："方寸之木可使高於岑～。"朱熹集注："岑樓，樓之高銳似山者。"史記封禪書："乃立神明臺，井幹～。"

槾

1. mán 母官切，平，桓韻，明。元部。

❶抹牆的工具。說文："槾，杇也。"荀子禮論："抗折，其額以象～茨番閼也。"楊倞注："槾，杇也。"字又作鏝，墁。爾雅釋器："鏝謂之杇。"釋文："鏝，本或作槾，又作墁。"

2. màn 集韻莫半切，去，換韻，明。元部。

㊁屋檐。釋名釋宮室："梠，或謂之槾。"宋李誡營造法式大木作制度二："檐，其名有十四，…十二曰～。"

3. wàn 集韻無販切，去，願韻，微。元部。

㊂樹名，即荆木。文選漢張衡南都賦："其木則樫松楔㯶，～柏杻橿。"李善注引郭璞曰："槾，荆也。"

樏

1. léi 力追切，平，脂韻，來。微部。

❶登山的器具。吕氏春秋慎勢："水用舟，陸用車，塗用輴，沙用鳩，山用～，因其勢也。"說文作"欙"，下引虞書曰"山行乘欙"。史記夏本紀作"山行乘檋"。唐劉禹錫九華

山歌："乘～不來廣樂絶，獨與猿鳥愁青熒。"

2. lěi 力委切，上，紙韻，來。

㊁器物名，似盤，中有隔。世説新語雅量："族人大怒，便舉～擲其面。"玉篇："扁榼謂～。"

樧 shā 所八切，入，黠韻，審二。月部。

草名，似茱萸而小。説文："樧，似茱萸，出淮南。"爾雅釋木："椒、樧，醜菉。"郭璞注："樧，似茱萸而小，赤色。"楚辭戰國屈原離騷："椒專佞以慢謟兮，～又欲充其佩幃。"王逸注："樧，茱萸也。"

［備考］木楔。周禮考工記輪人"牙得則無槷而固"鄭玄注引鄭司農曰："槷，～也。蜀人言～曰槷。"

樊 fán 附袁切，平，元韻，奉。元部。

㊀籬笆。詩小雅青蠅："營營青蠅，止于～。"又用作動詞，編籬笆用來圍繞。詩齊風東方未明："折柳～圃，狂夫瞿瞿。"㊁關鳥獸的籠子。莊子養生主："澤雉十步一啄，百步一飲，不蘄畜乎～中。"郭象注："樊，所以籠雉也。"唐白居易贖雞："喔喔十四鷄，罩縛同一～。"㊂傍，邊際。莊子則陽："冬則擉鼈於江，夏則休乎山～。"釋文引李云："樊，傍也。"淮南子精神："體本抱神，以游於天地之～。"高誘注："樊，崖也。"㊃［樊然］紛雜貌。莊子齊物論："自我觀之，仁義之端，是非之塗，樊然殽亂。"㊄馬負過重，止而不前。説文："樊，騺不行也。"（依段注本）三國魏阮瑀駕出北郭城行："駕出北郭門，馬～不肯馳。"㊅馬腹帶。周禮春官巾車："～纓十有再就。"

［同源字］樊，藩。二字元部叠韻，幫並旁紐。易大壯："羝羊觸藩。"陸德明釋文引馬注："藩，籬落也。"後漢書楊震傳："同茲在藩。"李賢注："藩，樊也。"詩小雅青蠅："止于～。"毛傳："樊，藩也。"

按，説文樊字在𠬜部，林部有"棥"字云："藩也。"當是古籀中之"樊"字。

槮 1. sǎn 桑感切，上，感韻，心。侵部。

㊀在水中積柴以捕魚的工具。爾雅釋器："槮謂之涔。"郭璞注："今之作槮者，聚積柴木於水中，魚得寒，入其裏藏隱，因以簿圍捕取之。"宋王安石次韻昌叔歲暮詩："～密魚雖暖，巢危鶴更陰。"

2. sēn 所今切，平，侵韻，審二。侵部。

㊁［櫹槮］見"櫹"字條。

槲 hú 胡谷切，入，屋韻，匣。

樹名，即柞櫟樹。本草圖經："～木高丈餘，與櫟相類。"唐李賀高平縣東私路："侵侵～葉香，木花滯寒雨。"

按，説文無槲字。

概 gài 古代切，去，代韻，見。物部。

㊀量米粟時刮平斗斛的器具。吕氏春秋仲春："角斗桶，正權～。"韓非子外儲説左上："～者，平量也。"引申爲動詞，刮平。管子樞言："釜鼓滿，則人～之。"㊁大略，大概。史記伯夷列傳："余以所聞由、光義至高，其文辭不少～見，何哉？"司馬貞索隱："概是梗概，謂略也。"南朝梁蕭統文選序："蓋乃事美一時，語流千載，～見墳籍，旁出子史。"張銑注："概，謂梗概，謂大略也。"㊂節操，風度。漢楊惲報孫會宗書："凛然皆有節～，知去就之分。"晉書桓温傳："温豪爽有風～。"㊃景象，狀況。唐杜甫奉留贈集賢院崔于二學士詩："故山多藥物，勝～憶桃源。"

［備考］㊀酒器。周禮春官鬯人："凡祼事用～。"鄭玄注引鄭司農曰："脩、蜃、概、散皆漆尊也。"㊁關涉。史記范雎（睢）蔡澤列傳："意者臣愚而不～於王心邪？"司馬貞索隱："戰國策作'關'，謂關涉於王心也。"

按，説文作槩字，今經典多作概。

樅 cōng 七恭切，平，鍾韻，清。東部。

㊀樹名，樹幹高數丈。爾雅釋木："樅，松葉柏身。"文選漢張衡西京賦："木則～栝椶

柟,梓棫楩楓。”❷懸鐘磬的木架上所刻鋸齒狀物。詩大雅靈臺:“虡業維～,賁鼓維鏞。”毛傳:“樅,崇牙也。”

樔 1.cháo 鉏交切,平,肴韻,牀二。宵部。

❶鳥巢,也指遠古人在樹上架設的住處。禮記禮運:“昔者先王未有宮室,冬則居營窟,夏則居橧～。”文選漢班昭東征賦:“諒不登～而椓蠡兮,得不陳力而相追。”❷田野中用作守望的草樓。説文:“澤中守艸樓。”南唐徐鍇繫傳:“謂其高若鳥巢也,今田中守稻屋然。”

2.zhāo 集韻莊交切,平,肴韻,照二。宵部。

❸魚網。詩小雅南有嘉魚“烝然汕汕”毛傳:“汕汕,樔也。”鄭箋:“樔者,今之撩罟也。”

3.jiǎo 正韻子小切。宵部。

❹截斷。漢書孝武李夫人傳:“美連娟以脩嫮兮,命～絶而不長。”

槳 jiǎng 即兩切,上,養韻,精。

划船的工具。南朝梁劉孝威采蓮曲:“金～木蘭船,戲採江南蓮。”宋蘇軾赤壁賦:“桂櫂兮蘭～,擊空明兮泝流光。”

按,説文無槳字。

樂 1.yuè 五角切,入,覺韻,疑。藥部。

❶音樂。説文:“樂,五聲八音總名。”易豫:“先王以作～崇德。”吕氏春秋古樂:“故～之所由來者尚矣,非獨爲一世之所造也。”引申爲奏樂。禮記曲禮下:“歲凶,年穀不登,…士飲酒不～。”孔穎達疏:“士平常飲酒奏樂,今凶年猶許飲酒,但不奏樂也。”❷樂工,演奏音樂的人。論語微子:“齊人歸女～,季桓子受之。”❸樂器。韓非子解老:“竽也者,五聲之長者也。故竽先則鍾瑟皆隨,竽唱則諸～皆和。”

2.lè 盧各切,入,鐸韻,來。藥部。

❹愉快,快樂。詩小雅常棣:“兄弟既具,和～且孺。”左傳隱公元年:“其～也融融。”

3.yào 五教切,去,效韻,疑。藥部。

❺喜好,喜愛。論語雍也:“知者～山,仁者～水。”晉書阮籍傳:“籍平生曾游東平,～其風土。”

4.luò。

❻〔樂託〕叠韻聯緜字。指行爲不拘小節,放蕩不羈。世説新語賞譽:“王脩載樂託之性,出自門風。”字亦作“落拓”。

〔備考〕通“㽾(liào)”。治療。詩陳風衡門:“泌之洋洋,可以～飢。”鄭箋:“泌之水流洋洋然,飢者見之,可飲以𤻲飢。”釋文:“樂,本又作㽾。”一説“快樂”,毛傳:“樂飢,可以樂道忘飢。”朱熹集傳:“泌水雖不可飽,然亦可以既樂而忘飢也。”

十 二 畫

檥 yì 類篇宜寄切,去,寘韻,疑。

周穆王駿馬名。列子周穆王:“右驂赤驥而左白～。”集韻作“𣝔”。

橤 ruǐ 集韻乳捶切,上,紙韻,日。歌部。

❶花蕊。唐白居易牡丹芳:“黄金～綻紅玉房。”❷〔橤橤〕垂落貌。文選晉盧諶時興詩:“摵摵芳葉零,橤橤芬華落。”吕延濟注:“橤橤,垂落貌。”

按,説文無橤字。

橦 1.chuáng 宅江切,平,江韻,澄。東部。

❶木竿,木柱。文選漢張衡西京賦:“烏獲扛鼎,都盧尋～。”後漢書馬融傳:“建雄虹之旌夏,揭鳴鳶之修～。”此指旗竿。文選晉木華海賦:“决帆摧～,戕風起惡。”此指桅竿。説文:“橦,帳柱也。”此指支撑帷帳的主柱。

2.chōng 集韻昌容切,平,鍾韻,穿三。東部。

❷刺,擊。戰國策秦策一:“寬則兩軍相

攻,迫則杖戟相～。”高誘注:“橦,刺。”❸通“艟”。衝鋒陷陣的戰車。宋書索虜傳:“虜以～攻城,㸊募人力,於城上係大磨石堆之。”

3.tóng 徒紅切,平,東韻,定。

❹樹名。文選晉左思蜀都賦:“布有～華,麪有桄榔。”劉逵注引張揖曰:“橦華者,樹名橦,其花柔毳,可績爲布也。”

4.zhōng 集韻諸容切,平,鍾韻,照三。

❺量詞,用於木頭的計量。集韻:“橦,木一截也。”資治通鑑唐太宗貞觀十四年:“尚書左丞韋悰句司農木～價貴於民間,奏其隱没。”

樴

zhí 之翼切,入,職韻,照三。職部。

小木樁,木樁。爾雅釋宫:“樴謂之杙。”郭璞注:“橜也。”説文:“樴,弋也。”墨子備城門:“縣火,四尺一鉤～。”唐段成式酉陽雜俎禮異:“婦入門,先拜諸～及竈。”

橀

xī 呼雞切,平,齊韻,曉。支部。

〔榽橀〕樹名。見“榽”字條。

按,説文無橀字。

樽

1.zūn 祖昆切,平,魂韻,精。文部。

❶盛酒器。莊子逍遥遊:“庖人雖不治庖,尸祝不越～俎而代之矣。”文選漢張衡西京賦:“振朱屣於盤～。”

2.zǔn 音撙。文部。

❷通“撙”。抑止。淮南子要略:“～流遁之觀,節養性之和。”許慎注:“樽,止也。”明郎瑛七修類稿天地五:“土尅水,水盛則喜土尅,是爲～節隄防。”

按,説文無樽字,字本作尊,木傍爲後人所加。

橉

1.lìn 良刃切,去,震韻,來。

❶樹名。文選晉郭璞江賦:“～杞稹薄於潯涘,栛槤森嶺而羅峰。”李善注:“橉、杞,二木名。”

2.lǐn 良忍切,上,軫韻,來。真部。

❷門檻。淮南子氾論:“枕户～而卧者,鬼神蹠其首。”

按,説文無橉字。

樻

suì 徐醉切,去,至韻,邪。物部。

樹名。詩秦風晨風:“山有苞棣,隰有樹～。”毛傳:“樻,赤羅也。”三國吴陸璣毛詩草木鳥獸蟲魚疏:“一名山梨,今人謂之楊樻,實如梨,但小耳。”

〔備考〕深邃。荀子禮論:“疏房～貌越席牀笫几筵,所以養體也。”楊倞注:“或曰:樻,讀爲邃。”

橧

1.zēng 作滕切,平,登韻,精。蒸部。

❶堆積草木而成的住處。禮記禮運:“冬則居營窟,夏則居～巢。”

2.céng 疾陵切,平,蒸韻,從。蒸部。

❷豬圈。爾雅釋獸:“(豕)所寢,～。”方言八:“豬,其檻及蓐曰～。”

按,説文無橧字。

樲

èr 而至切,去,至韻,日。脂部。

樹名,即酸棗。爾雅釋木:“樲,酸棗。”郭璞注:“樹小實酢。”説文:“樲,酸棗也。”孟子告子上:“舍其梧檟,養其～棘。”

橈

1.náo 集韻尼交切,平,爻韻,泥。宵部。

❶曲木。見説文。❷彎曲。易大過:“棟～,凶。”釋文:“橈,曲折也。”列子湯問:“鉤不伸,竿不～。”引申爲屈從,屈服。荀子榮辱:“重死持義而不～,是士君子之勇也。”又引申爲枉屈。吕氏春秋仲秋:“斬殺必當,無或枉～。”❸挫敗。左傳成公二年:“畏君之震,師徒～敗。”引申爲削弱。史記留侯世家:“漢王恐憂,與酈食其謀～楚權。”❹攪亂。易説:“動萬物者,莫疾乎雷;～萬物者,莫疾乎風。”❺〔橈桃〕疊韻聯緜字。宛轉,輾轉。莊子大宗師:“孰能登天遊霧,橈桃無極,相忘以生,無所終窮。”

2.ráo 如招切,平,宵韻,日。宵部。

❻船槳。楚辭戰國屈原九歌湘君:“薜荔柏兮蕙綢,蓀～兮蘭旌。”王逸注:“橈,船小

楫也。”淮南子主術：“夫七尺之～而制船之左右者，以水爲資。”又指摇槳，划船。唐蔣吉石城詩：“江人～艇子，將謂莫愁來。”又指小船。唐殷堯藩還京口詩：“北府市樓聞舊酒，南橋官柳識歸～。”

橄 gǎn 古覽切，上，敢韻，見。

〔橄欖〕果樹名。文選晉左思吴都賦：“龍眼橄欖，棎榴禦霜。”

按，説文無橄字。

樹 shù 常句切，去，遇韻，禪。侯部。

❶種植。詩小雅巧言：“荏染柔木，君子～之。”孟子梁惠王上：“五畝之宅，～之以桑，五十者可以衣帛矣。”❷樹立，建立。書泰誓下：“～德務滋，除惡務本。”史記李斯列傳：“建翠鳳之旗，～靈鼉之鼓。”❸樹木。左傳昭公二年：“有嘉～焉，宣子譽之。”吕氏春秋盡數：“集於～木，與爲茂長。”引申爲量詞，稱數樹木。北魏賈思勰齊民要術序：“種甘橘千～。”❹門屏風。爾雅釋宫：“屏謂之樹。”郭璞注：“小牆當門中。”禮記郊特牲：“臺門而旅～。”鄭玄注：“屏謂之樹，樹所以蔽行道。”

〔備考〕牀前横木。方言五：“牀，其杠，北燕朝鮮之間謂之樹。”

〔辨〕樹，木。見“木”字條。

〔同源字〕樹，豎。見“豎”字條。

橐 1. tuó 他各切，入，鐸韻，透。鐸部。

❶盛物的口袋。説文：“橐，囊也。”詩大雅公劉：“迺裹餱糧，于～于囊。”戰國策秦策一：“負書擔～。”又用作動詞，用口袋盛、裝。吕氏春秋悔過：“過天子之城，宜～甲束兵。”❷風箱。老子第五章：“天地之間，其猶～籥乎？”王弼注：“橐，排橐也。”墨子備穴：“具鑪～，橐以牛皮。”❸〔橐橐〕象聲詞。詩小雅斯干：“約之閣閣，椓之橐橐。”

2. luò 集韻歷各切，入，鐸韻，來。鐸部。

❹〔橐駞〕即駱駝。史記匈奴列傳：“其畜之所多則馬、牛、羊，其奇畜則橐駞、驢、蠃、駃騠。”字又作橐駝、橐佗，亦單用橐字。漢書百官公卿表：“又牧橐、昆蹏令丞皆屬焉。”顔師古注：“應劭曰：‘橐，橐佗。’牧橐，言牧養橐佗也。”

橝 tán 徒含切，平，覃韻，定。侵部。

❶屋檐。説文：“橝，屋梠前也。”段玉裁注：“梠與霤之間曰橝。”宋李誡營造法式大木作制度二：“檐，其名有十四…九曰～。”❷樹名。見玉篇。

〔備考〕㊀養蠶用的槌。説文：“一曰蠶槌。”段玉裁注：“方言言蠶槌備矣，獨無橝字。”㊁長。楚辭漢嚴忌哀時命：“擥瑶木之～枝兮，望閬風之板桐。”王逸注：“言己既登崑崙，復欲引玉樹之枝。”洪興祖補注：“橝，木名。”

横 1. héng 户盲切，平，庚韻，匣。陽部。

❶門前的欄木。説文：“横，闌木也。”段玉裁注：“闌，門遮也。凡以木闌之，皆謂之横也。”❷横的方向。與“縱”相對。淮南子覽冥：“從～間之，舉兵而相角。”引申爲横向，横放着。左傳僖公二十八年：“原軫、郤溱以中軍公族～擊之。”吕氏春秋貴直：“行人燭過免胄～戈而進。”又特指戰國時期的一種政治主張，要六國分别與秦結盟。因秦國與六國處於横的方向上，所以稱這種主張爲横。吕氏春秋離謂：“失從之意，又失～之事。”戰國策秦策一：“蘇秦始將連～説秦惠王。”❸交錯。孟子滕文公上：“當堯之時，天下猶未平，洪水～流，氾濫於天下。”楚辭漢劉向九歎憂苦：“長嘘吸以於悒兮，涕～流而成行。”❹充溢。禮記祭義：“置之而塞乎天地，溥之而～乎四海。”吕氏春秋適音：“以蕩聽鉅則耳不容，不容則～塞。”

2. hèng 户孟切，去，映韻，匣。陽部。

❺專横，暴虐。孟子萬章下：“～政之所出，～民之所止，不忍居也。”史記吴王濞列傳：“文帝寬，不忍罰，以此吴王日益～。”❻出乎意料。淮南子詮言：“内脩極而～禍至者，

皆天也，非人也。"文選漢楊惲報孫會宗書："懷禄貪勢，不能自退，遂遭變故，～被口語。"

［備考］通"黌"。學校。後漢書朱浮傳："宫室未備，干戈未休，而先建太學，進立～舍。"李賢注："横，學也，或作黌。"

［同源字］衡，横，珩，桁。見"衡"字條。

橚 1. sù 息逐切，入，屋韻，心。覺部。

㊀樹木高挺貌。說文："橚，長木皃。"〔橚矗〕樹木挺直貌。文選晉左思吳都賦："橚矗森萃，蓊茸蕭瑟。"〔橚爽〕草木茂盛貌。文選漢張衡西京賦："鬱蓊薆薱，橚爽櫹槮。"李善注："皆草木盛貌也。"

2. qiū 集韻雌由切，平，尤韻，清。幽部。

㊁樹名，即楸樹。山海經中山經："其草多藷萸，多苦辛，其狀如～。"郭璞注："橚，即楸字也。"

樾 yuè 王伐切，入，月韻，喻三。月部。

樹蔭。淮南子人間："武王蔭暍人於～下，左擁而右扇之，而天下懷其德。"引申爲成蔭的樹木。新唐書太平公主傳："自興安門設燎相屬，道～爲枯。"

按，說文無樾字。

楛 gū 古胡切，平，模韻，見。魚部。

樹名。玉篇："楛，木名。"周禮秋官壺涿氏："若欲殺其神，則以牡～午貫象齒而沉之。"

按，說文無楛字。

橑 liǎo 盧晧切，上，晧韻，來。宵部。

㊀屋椽。說文："橑，椽也。"楚辭戰國屈原九歌湘夫人："桂棟兮蘭～，辛夷楣兮葯房。"淮南子本經："～檐榱題，雕琢刻鏤。"㊁車傘蓋的支架，傘弓子。大戴禮記保傅："古之爲路車也，蓋圓以象天，二十八～以象列星。"盧辯注："橑，蓋弓也。"淮南子說林："蓋非～不能蔽日，輪非輻不能追疾。"㊂薪柴。管子侈靡："故嘗至味而罷至樂，而雕卵然後瀹之，雕～然後爨之。"尹知章注："橑，薪也。"論衡書虛："析～，斧斬其足，卒爲守者。"

［同源字］橑，轑。見"轑"字條。

橛 jué 其月切，入，月韻，羣。月部。

字亦作橜。㊀短木樁，樹樁子。說文："橜，弋也。"莊子達生："吾處身也，若橜株駒。"又指門前豎立的作爲隔阻的短木。爾雅釋宫："橛謂之闑。"郭璞注："門閫。"儀禮士冠禮"布席于門中闑西"鄭玄注："闑，門～。"㊁馬口所銜的横木。韓非子姦劫弑臣："無捶策之威，銜～之備，雖造父不能以服馬。"史記司馬相如列傳："且夫清道而後行，中路而後馳，猶時有銜～之變。"㊂敲擊。山海經大荒東經："黄帝得之，以其皮爲鼓，～以雷獸之骨，聲聞五百里。"郭璞注："橛，猶擊也。"

［備考］俎几。見廣雅釋器。

橘 jú 居聿切，入，術韻，見。質部。

㊀果樹名，也指其果實，橘子。說文："橘，果，出江南。"書禹貢："厥包～柚。"吕氏春秋本味："果之美者，…江浦之～，雲夢之柚。"㊁古代紀月的名稱。爾雅釋天："月在甲曰畢，在乙曰橘。"

橢 tuǒ 他果切，上，果韻，透。歌部。

字亦作隋。狹長，長圓形。爾雅釋魚："蟦，小而橢。"郭璞注："橢，謂狹而長。"楚辭戰國屈原天問："南北順隋，其衍幾何？"淮南子脩務："今夫救火者汲水而趍之，或以甕瓴，或以盆盂，方員鋭～不同，盛水各異，其於滅火鈞也。"又指長圓形器皿。急就篇三："～杅槃案桮問盌。"顔師古注："橢，小桶也，所以盛鹽豉。"

檊 xún 徐林切，平，侵韻，邪。

傳說中大樹。文選晉左思吳都賦："西蜀之於東吳，小大之相絶也，亦猶棘林螢燿而與夫～木龍燭也。"

按，說文無檊字。

樨 xī 字彙先齊切。

後起字。木樨,桂花的别稱。字彙:"樨,木名。桂花,俗名木樨花。"元張憲李嵩宋宫觀潮圖詩:"木～花開秋可數,紞紞靈鼉振天鼓。"

橙 1. chéng 宅耕切,平,耕韻,澄。蒸部。

❶果樹名,也指其果實。説文:"橙,橘屬。"文選漢司馬相如上林賦:"盧橘夏熟,黄甘～榛。"

2. dèng 都鄧切,去,嶝韻,端。

❷坐具,凳子。晉書王獻之傳:"魏時陵雲殿榜未題,而匠者誤訂之,不可下,仍使韋仲將懸～書之。"

樺 huà 胡化切,去,禡韻,匣。

樹名,即白樺。玉篇:"皮可以爲燭。"魏書禮志一:"後所立～木生長成林,其民益神奉之。"唐白居易行簡初授拾遺同早朝入閤因示十二韻詩:"宿雨沙堤潤,秋風～燭香。"

按,説文無樺字。

樻 kuì 求位切,去,至韻,群。物部。

樹名,又名靈壽木。爾雅釋木:"椐,樻。"郭璞注:"腫節可以爲杖。"説文:"樻,椐也。"

樿 shàn 旨善切,上,獮韻,照三。元部。

樹名,木可製梳櫛。説文:"樿,木也,可以爲櫛。"山海經中山經:"風雨之山,…其木多椒、～。"禮記玉藻:"櫛用～櫛。"

檛 zhuā 陟瓜切,平,麻韻,知。歌部。

❶馬箠。急就篇三:"鐵錘～杖棁柲杸。"顔師古注:"麤者爲檛,細者爲杖。"左傳文公十年"贈之以策"杜預注:"策,馬～。"❷擊,敲擊。後漢書方術傳:"生到葭萌,與民争度,津吏～破從者頭。"三國志魏書齊王芳傳:"道路但當期於通利,聞乃～捶老小。"

[備考]笙兩側管。文選晉潘岳笙賦:"脩～内辟,餘簫外逶。"李善注:"脩檛,長管也。"

按,説文無檛字。

樸 1. pǔ 匹角切,入,覺韻,滂。屋部。

❶未加工成器的木料。説文:"樸,木素也。"老子第二十八章:"～散則爲器。"論衡量知:"無刀斧之斷者謂之～。"引申爲凡未曾加工、訓練過的都稱樸。左傳哀公十二年:"素車～馬。"荀子臣道:"若御～馬。"楊倞注:"樸馬,未調習之馬。"❷本質,本性。老子第十九章:"見素抱～,少私寡欲。"吕氏春秋論人:"故知知一,則復歸於～。"高誘注:"樸,本也。"❸淳樸,質樸。莊子漁父:"甚矣由之難化也,湛於禮義有間矣,而～鄙之心至今未去。"吕氏春秋上農:"民農則～,～則易用。"

2. pú 蒲木切,入,屋韻,並。屋部。

❹叢生的樹木。詩大雅棫樸:"芃芃棫～,薪之槱之。"朱熹集傳:"樸,叢生也。"〔樸樕〕叢生的小樹。詩召南野有死麕:"林有樸樕,野有死鹿。"毛傳:"樸樕,小木也。"

[備考]〔樸屬〕依附,附著。周禮冬官考工記序:"凡察車之道,欲其樸屬而微至。"鄭玄注:"樸屬,猶附著堅固貌也。"

橉 tà 吐盍切,入,盍韻,透。

同"榻"。牀。唐道世法苑珠林九二十惡邪婬感應緣:"便令坐對～上,陳説語言,奇妙非常。"

按,説文無橉字。

橁 xún 相倫切,平,諄韻,心。真部。

樹名,即香椿。説文:"橁,杶也。"段玉裁注:"此杶木别名,非即杶字也。"左傳襄公十八年:"孟莊子斬其～以爲公琴。"杜預注:"橁,木名。"

橇 qiāo 起囂切,平,宵韻,溪。宵部。

在泥中行走的工具。史記夏本紀:"陸行乘車,水行乘船,泥行乘～。"裴駰集解引孟康曰:"橇形如箕,擿行泥上。"

按,説文無橇字。

橅 mó 莫胡切,平,模韻,明。魚部。

同"模"。法式,規範。漢書蕭望之傳:"今將軍規～云若管晏而休,遂行日仄至周召乃留乎?"

按,説文無橅字。

橋 1. qiáo 巨嬌切,平,宵韻,羣。宵部。

❶桔槔,井上提水工具,亦指桔槔上的衡木。禮記曲禮上:"奉席如～衡。"鄭玄注:"橋,井上㮮槔。"淮南子主術:"～直植立而不動,俛仰取制焉。"高誘注:"橋,桔槔上衡也。"❷器物上的横梁。儀禮士昏禮:"笲緇被纁裹,加于～。"❸橋梁。説文:"橋,水梁也。"史記秦本紀:"初作河～。"

[備考]㊀樹名。尚書大傳梓材:"南山之陽有木名～,南山之陰有木名梓。"㊁通"喬"。高聳;一説通"槁",枯槁。詩鄭風山有扶蘇:"山有～松,隰有游龍。"釋文:"橋,本亦作喬。毛作橋,其驕反,王云:'高也。'鄭作槁,苦老反,枯槁也。"

2. jiǎo 集韻舉夭切,上,小韻,見。宵部。

❹山行的工具。史記河渠書:"山行即～。"

[備考]㊀通"矯"。糾正。荀子儒效:"行法至堅,好修正其所聞,以～飾其情性。"楊倞注:"橋與矯同。"㊁勁疾。莊子則陽:"欲惡去就,於是～起。"釋文:"王云:高勁,言所起之勁疾也。"

[辨]梁,橋。見"梁"字條。

橡 xiàng 徐兩切,上,養韻,邪。陽部。

櫟樹的果實。莊子盜跖:"晝拾～栗,暮栖木上。"吕氏春秋恃君:"夏日則食蔆芡,冬日則食～栗。"

按,説文無橡字。

橪 1. rǎn 人善切,上,獮韻,日。元部。

❶樹名,也指其果實,酸小棗。説文:"橪,酸小棗。"史記司馬相如列傳:"枇杷～柿,亭奈厚朴。"司馬貞索隱引徐廣曰:"橪,棗也。"淮南子兵略:"伐～棗而爲矜,周錐鑿而爲刃。"許慎注:"橪棗,酸棗也。"

2. yān 烏前切,平,先韻,影。元部。

❷[橪支]香草名,一説樹名。楚辭漢劉向九歎惜賢:"搴薜荔於山野兮,采橪支於中洲。"王逸注:"橪支,香草也。"洪興祖補注引郭璞曰:"橪支,木也。"

樵 qiáo 昨焦切,平,宵韻,從。宵部。

❶薪柴。左傳桓公十二年:"輕則寡謀,請無扞采～者以誘之。"杜預注:"樵,薪也。"史記貨殖列傳:"諺曰:百里不販～。"又指打柴。詩小雅白華:"～彼桑薪,卬烘于煁。"戰國策齊策曰:"有敢去柳下季壟五十步而～采者,死不赦。"引申指打柴的人。唐李白古風之五八:"荒淫竟淪没,～牧徒悲哀。"❷通"譙"。譙樓。漢書趙充國傳:"爲塹壘木～,校聯不絶。"顔師古注:"樵,與譙同,謂爲高樓以望敵也。"

[備考]焚燒。公羊傳桓公七年:"焚之者何?～之也。～之者何?以火攻也。"何休注:"樵,薪也,以樵燒之,故因謂之樵之。樵之,齊人語。"

[辨]薪,蕘,柴,樵。見"薪"字條。

機 jī 居依切,平,微韻,見。微部。

❶弩機,弩上發箭的裝置。説文:"機,主發謂之機。"書太甲上:"若虞～張,往省括於度,則釋。"僞孔傳:"機,弩牙也。"吕氏春秋察微:"夫弩～差以米則不發。"引申指各種機械。戰國策宋衛策:"公輸般爲楚設～,將以攻宋。"此指雲梯之類。莊子山木:"夫豐狐文豹,棲於山林,伏於巖穴,然且不免於罔羅～辟之患。"此指捕野獸的機關。又特指織布機。史記酈生陸賈列傳:"農夫釋耒,工女下～。"❷事情的關鍵。韓非子三守:"因傳柄移籍,使殺生之～,奪予之要在大臣。"漢書谷永傳:"安危之～,聖王所至慎也。"又指事務。漢書霍光傳:"光自後元秉持萬～。"❸事情的原由或徵兆。素問離合真邪論:"知～道者,不可挂以髮。"三國志蜀書先主傳:"睹其～兆。"❹機巧,智巧。莊子天地:"有機械者,必有～事,有～事者,必有～心。"世説新語言

語:"此子珪璋特達,～警有鋒。"❺時機,機會。南朝梁江革爲蕭僕射與袁昂書:"夫禍福無門,興亡有數,天之所棄,人孰能匡,～來不再,圖之宜早。"舊唐書李靖傳:"兵貴神速,～不可失。"

[備考]㊀危。淮南子原道:"處高而不～,持盈而不傾。"高誘注:"機,危也。"㊁股骨與髖骨相結合處。素問骨空論:"坐而膝痛,治其～。"

十 三 畫

槃 jì 古詣切,去,霽韻,見。錫部。

❶〔槃梅〕果樹名。爾雅釋木:"朹,槃梅。"❷桔槔的横木。説文:"槃,繘耑木也。"段玉裁注:"繘,汲井綆也。綆耑木者,下耑有罋,上耑有木以爲硾,槃之言系也。"

檠 1.qíng 渠京切,平,庚韻,群。耕部。

❶正弓弩的器具。説文作"檄"。韓非子外儲説左上:"夫工人張弓也,伏～三旬而蹈弦,一日犯機。"淮南子脩務:"故弓待～而後能調。"又用作動詞,矯正弓弩。漢書蘇武傳:"武能網紡繳,～弓弩。"顔師古注:"檠,謂輔正弓弩也。"❷燈架,也指燈。北周庾信對燭賦:"還却燈～下燭盤。"又:"蓮帳寒～窗拂曙。"

2.jìng 渠敬切,去,映韻,羣。

❸有脚的盤碟。漢書地理志下"其田民飲食以籩豆",顔師古注:"以竹曰籩,以木曰豆,若今之～也。"北魏楊衒之洛陽伽藍記法雲寺:"金瓶銀瓮百餘口,甌～盤盒稱是。"

檍 yì 於力切,入,職部,影。職部。

樹名。爾雅釋木:"杻,檍。"郭璞注:"關西呼杻子,一名土橿。"周禮考工記弓人:"凡取幹之道七,柘爲上,～次之。"文選漢張衡南都賦:"楈枒栟櫚,柍柘～檀。"

檀 tán 徒干切,平,寒韻,定。元部。

❶樹名。説文:"檀,木也。"詩魏風伐檀:"坎坎伐～兮,寘之河之干兮。"山海經西山經:"鳥危之山,其陽多磬石,其陰多～楮。"❷淺紅色,淺赭色。五代吴越羅隱牡丹詩:"艷多煙重欲開難,紅蕊當心一抹～。"唐韓偓余作探使以繚綾手帛子寄賀因而有詩:"黛眉印在微微緑,～口消來薄薄紅。"❸〔檀欒〕叠韻聯緜字。秀美貌,多用來形容竹。漢枚乘梁王菟園賦:"脩竹檀欒,夾池水,旋兔園,並馳道。"

檥 yǐ 魚倚切,上,紙韻,疑。歌部。

❶立木。説文:"檥,榦也。"❷調整船只使之靠岸。史記項羽本紀:"於是項王乃欲東渡烏江,烏江亭長～船待。"裴駰集解引如淳曰:"南方人謂整船向岸曰檥。"

橿 jiāng 居良切,平,陽韻,見。陽部。

❶樹名。説文:"橿,枋也。"山海經西山經:"羭次之山,其上多棫～,其下多竹箭。"文選漢張衡南都賦:"其木則檉松楔㮨,槾柘杻～。"❷鋤柄。説文:"橿,一曰鉏柄名。"釋名釋用器:"鋤…齊人謂其柄曰橿。"鹽鐵論論勇:"然陳勝無士民之資,甲兵之用,鉏耰棘～,以破衝隆。"

檦 biǎo 正字通比矯切,音表。宵部。

木柱。淮南子本經:"～株欂櫨,以相支持。"一本作"標"。引申爲立柱以爲表記。魏書禮志四之四:"列步騎,内外爲四重,列～建旌,通門四達,五色車旗各處其方。"一本作"標"。

按,説文無檦字,檦是標的俗體。

檟 jiǎ 古疋切,上,馬韻,見。魚部。

❶樹名,山楸。説文:"檟,楸也。"左傳襄公二年:"穆姜使擇美～,以自爲櫬。"孟子告子上:"今有場師,舍其梧～,養其樲棘,則爲賤場師焉。"❷樹名,茶樹。爾雅釋木:"檟,苦荼。"郭璞注:"樹小似梔子,冬生葉,可煮作羹飲。今呼早采者爲荼,晚取者爲茗。"郝懿行義疏:"今荼字古作荼。…至唐陸羽茶經始減

一筆作茶字。”

檉 chēng 丑貞切，平，清韻，徹。耕部。

樹名。説文：“檉，河柳也。”詩大雅皇矣：“啟之辟之，其～其椐。”毛傳：“檉，河柳也。”唐杜甫傷秋：“白蔣風飈脆，殷～曉夜稀。”

檋 jú 集韻拘玉切，入，燭韻，見。屋部。

山行用具。史記夏本紀：“山行乘～。”裴駰集解引如淳曰：“檋車，謂以鐵如錐頭，長半寸，施之履下，以上山不蹉跌也。”

按，説文無檋字。

檣 qiáng 在良切，平，陽韻，從。

桅杆。漢王粲從軍詩之二：“拊襟倚舟～，眷眷思鄴城。”文選晉郭璞江賦：“舳艫相屬，萬里連～。”又借指船。宋書謝靈運傳：“靈～千艘，雷輜萬乘。”

按，説文無檣字。

檝 jí 即葉切，入，葉韻，精。緝部。

船槳，説文作“楫”。荀子勸學：“假舟～者，非能水也，而絶江河。”管子兵法：“歷水谷不須舟～。”淮南子主術：“舟～所通，莫不賓服。”

檡 1. zhái 場伯切，入，陌韻，澄。鐸部。

㊀〔檡棘〕樹名。儀禮士喪禮：“決用正，王棘若檡棘。”鄭玄注：“王棘與檡棘，善理堅刃者，皆可以爲決。”

2. tū 集韻同都切，平，模韻，定。魚部。

㊁〔於檡〕叠韻聯緜字。同“於菟”。虎。漢書叙傳上：“楚人謂乳‘穀’，謂虎‘於檡’。”顏師古注：“檡字或作菟，並音塗。”

按，説文無檡字。

檎 qín 巨金切，平，侵韻，羣。侵部。

〔林檎〕叠韻聯緜字。果樹名。玉篇：“檎，林檎，果似柰。”文選晉左思蜀都賦：“其園則有林檎枇杷，橙柿梬楟。”

按，説文無檎字。

檢 jiǎn 居奄切，上，琰韻，見。談部。

㊀法式，法度。荀子儒效：“禮者，人主之所以爲羣臣寸尺尋丈～式也。”文選魏文帝典論論文：“譬諸音樂，曲度雖均，節奏同～。”李善注引蒼頡篇曰：“檢，法度也。”引申爲節操，品行。三國志蜀書向朗傳：“初，朗少時雖涉獵文學，然不治素～，以吏能見稱。”㊁約束，限制。書伊訓：“與人不求備，～身若不及。”孟子梁惠王上：“狗彘食人食而不知～。”㊂查看，查驗。漢書食貨志下：“均官有以考～厥實，用其本賈取之，毋令折錢。”漢曹操收租調令：“郡國守相～察之。”㊃封書題簽。説文：“檢，書署也。”後漢書公孫瓚傳：“矯刻金玉，以爲印璽，每有所下，輒皁囊施～，文稱詔書。”

〔備考〕等同，齊比。爾雅釋言：“檢，同也。”管子山權數：“北郭有掘闕而得龜者，此～數百里之地也。”尹知章注：“檢，猶比也。以此龜爲用者，其數可比百里之地。”

檜 guì 古外切，去，泰韻，見。月部。

㊀樹名，即檜柏。説文：“檜，柏葉松身。”詩衛風竹竿：“淇水滺滺，～楫松舟。”㊁棺蓋上的裝飾。左傳成公二年：“棺有翰～。”杜預注：“翰，旁飾；檜，上飾。”

檐 1. yán 余廉切，平，鹽韻，喻四。談部。

㊀屋檐。説文：“檐，梍也。”段玉裁注：“檐之言隒也，在屋邊也。”禮記明堂位：“復廟，重～。”文選漢張衡西京賦：“反宇業業，飛～巘巘。”引申爲器物的檐。唐陸龜蒙晚渡詩：“各樣蓮船逗村去，笠～蓑袂有殘聲。”一本作簷。簷爲檐的俗字。

2. dàn 集韻都濫切，去，闞韻，端。談部。

㊁舉，擔。管子七法：“不明於則，而欲出號令，猶立朝夕於運均之上，～竿而欲定其末。”尹知章注：“檐，舉也。”㊂量詞，石。吕氏春秋異寶：“荆國之法，得五員者，爵執圭，禄萬～，金千鎰。”高誘注：“萬檐，萬石。”

檞 jiě 佳買切，上，蟹韻，見。

樹名。玉篇："檞，松樠也。"唐温庭筠商山早行詩："～葉落山路，枳花滿驛牆。"

按，説文無檞字。

檇 zuì 將遂切，去，至韻，精。物部。

〔檇李〕古地名。在今浙江省嘉興西南。春秋定公十四年："於越敗吴于檇李。"

〔備考〕以木捶物。説文："檇，以木有所擣也。"

檄 xí 胡狄切，入，錫韻，匣。藥部。

用作徵召、聲討的文書。史記張耳陳餘列傳："誠聽臣之計，可不攻而降城，不戰而略地，傳～而千里定。"漢書高帝紀："吾以羽～徵天下兵。"又用作動詞，用文書徵召、聲討。晉書王雅傳："少知名，州～主簿。"唐劉知幾史通疑古："陳琳爲袁檄魏。"

〔備考〕樹木無枝。見爾雅釋木。

檓 huǐ 許委切，上，紙韻，曉。微部。

樹名，即椒樹。爾雅釋木："檓，大椒。"郭璞注："今椒樹叢生，實大者名曰檓。"

按，説文無檓字。

檗 bò 博厄切，入，麥韻，幫。錫部。

樹名。説文："檗，黄木也。"文選漢司馬相如子虛賦："桂椒木蘭，～離朱楊。"

檃 yǐn 於謹切，上，隱韻，影。文部。

〔檃栝〕矯正曲木的工具。荀子性惡："故枸木必將待檃栝烝矯然後直。"尚書大傳："檃栝之旁多曲木。"字亦作檃括。淮南子脩務："木直中繩，揉以爲輪，其曲中規，檃括之力。"引申爲修改剪裁文章。南朝梁劉勰文心雕龍鎔裁："蹊要所司，職在鎔裁，檃括情理，矯揉文采也。"

十 四 畫

檾 qǐng 去潁切，音頃，上，静韻，溪。耕部。

麻類植物。説文："檾，枲屬。詩曰：'衣錦檾衣。'"今本詩經作"褧"。

按，説文檾字在林部。

檿 hǎn 呼覽切，音喊，上，敢韻，曉。談部。

堅土。周禮地官草人："凡糞種，彊～用蕡。"鄭玄注："彊檿，彊堅者。"禮記月令"美土彊"鄭玄注："土彊，强～之地。"

按，説文無檿字。

檳 bīn 必鄰切，平，真韻，幫。

〔檳榔〕樹名，果實可入藥。文選晉左思吴都賦："檳榔無柯，椰葉無陰。"

按，説文無檳字。

櫅 jī 祖稽切，平，齊韻，精。脂部。

❶果樹名，棗的一種。爾雅釋木："櫅，白棗。"郭璞注："即今棗子，白熟。"❷樹名，榆樹的一種。説文："櫅，木也，可以爲大車軸。"古文苑漢揚雄蜀都賦："枇～枎櫧。"章樵注："櫅，榆屬。"

檽 1. nòu 集韻乃豆切，音耨，去，候韻，泥。

❶樹名。玉篇："檽，木名，皮可染。"後漢書王符傳："今者京師貴戚，必欲江南～、梓、豫章之木。"

2. ruǎn 集韻乳兖切，音軟，上，獮韻，日。

❷果樹名，即今黑棗。宋孫光憲北夢瑣言卷三："庭有～棗樹，婆娑異常。"

按，説文無檽字。

檷 nǐ 奴禮切，上，薺韻，泥。脂部。

絡絲的工具。説文："檷，絡絲柎也。"（依段注本）段玉裁注："絡絲柎者，若今絡絲架子。"

檴 tuò 類篇闥各切，音橐。鐸部。

巡夜打更敲的梆子。同"柝"，"欜"。周禮夏官挈壺氏："凡軍事，縣壺以序聚～。"鄭玄注："鄭司農云：'以次更聚擊檴，備守也。'玄謂擊檴，兩木相敲，行夜時也。"

按，説文無檴字。

檮 1. táo 徒刀切，音桃，平，豪韻，定。幽部。

❶〔檮杌〕①傳説中凶惡之獸名。神異經西荒經："西方荒中有獸焉，其狀如虎而犬毛，長二尺，人面虎足，猪口牙，尾一丈八尺，攪亂荒中，名檮杌。"②傳説中惡人"四凶"之一。左傳文公十八年："舜臣堯，賓于四門，流四凶族，渾敦、窮奇、檮杌、饕餮。"③楚史名。孟子離婁下："晉之乘，楚之檮杌，魯之春秋，一也。"❷〔檮昧〕愚昧無知貌。郭璞爾雅序："璞不揆檮昧，少而習焉。"邢昺疏："檮，謂檮杌，無知之貌。"宋歐陽修南省試策第五道："猥惟檮昧之微，舉皆管淺之説。"

2. dǎo 都晧切，上，晧韻，端。幽部。

❸通"擣"。舂。楚辭戰國屈原九章惜誦："～木蘭以矯蕙兮，糳申椒以爲糧。"

［備考］説文："檮，斷木也。"

檴 huò 胡郭切，音穫，入，鐸韻，匣。鐸部。

樹名。爾雅釋木："檴，落。"郭璞注："可以爲杯器素。"邢昺疏："檴，一名落。某氏曰：'可作杯圈，皮韌，繞物不解。'"

按，説文檴是樗的或體。

櫃 guì 求位切，去，至韻，羣。物部。

本指小匣，後泛指存放衣物、書籍等的器具。韓非子外儲説左上："楚人有賣其珠於鄭者，爲木蘭之～，薰以桂椒，綴以珠玉，飾以玫瑰，輯以翡翠。"唐白居易題文集櫃詩："破柏作書～，～牢柏復堅。"

按，説文無櫃字。

檻 1. jiàn 胡黤切，上，檻韻，匣。談部。

❶關野獸或牲畜的栅欄。説文："檻，櫳也。一曰圈。"莊子天地："而虎豹在於囊～，亦可以爲得矣。"淮南子主術："故夫養虎豹犀象者，爲之圈～。"❷囚禁犯人的檻車。史記陳丞相世家："即反接載～車，傳詣長安。"又用作動詞。吕氏春秋順説："管子得於魯，魯束縛而～之。"❸欄杆。楚辭戰國屈原九歌東君："暾將出兮東方，照吾～兮扶桑。"漢書朱雲傳："御史將雲下，雲攀殿～，～折。"❹艦船。文選晉左思吴都賦："弘舸連軸，巨～接艫。"❺〔檻檻〕車行的聲音。詩王風大車："大車檻檻。"鄭箋："檻檻，車行聲也。"

2. kǎn 音坎。

❻門檻。明史太宗紀一："移兵兩河，破其藩，拔潼關而守之，扼其户～。"紅樓夢第七回："只見小丫頭豐兒坐在房門～兒上。"

［同源字］①柙，檻。二字同爲匣母，盍談對轉。説文："柙，檻也。"論語季氏："虎兕出於柙。"説文："檻，櫳也。"廣雅釋器："檻，牢也。"

②檻，艦。二字同音。玉篇："艦，版屋船。"文選晉陸機辨亡論下："舳艫千里，前驅不過百～。"一本作檻。晉左思吴都賦："巨檻接艫。"劉逵注："船上下四方施版者，檻也。"在艦船的意義上，檻，艦實同一詞。

櫂 1. zhào 直教切，去，效韻，澄。藥部。

❶船槳。説文新附："櫂，所以進船也。"楚辭戰國屈原九歌湘君："桂～兮蘭枻，斲冰兮積雪。"又借指船。唐韓愈答柳柳州食蝦蟇詩："哀哉思慮深，未見許迴～。"又指摇槳，划船。後漢書張衡傳："號馮夷俾清津兮，～龍舟以濟予。"

2. dí 集韻亭歷切，入，錫韻，定。藥部。

❷盂。方言五："盂，宋楚魏之間或謂之盌，…盌謂之櫂。"

檼 1. yìn 於靳切，去，焮韻，影。文部。

❶屋棟。説文："檼，棼也。"宋李誡營造法式大木作制度二："棟，其名有九…三曰～。"

2. yǐn 集韻倚謹切，上，隱韻，影。文部。

❷同"櫽"。〔檼栝〕矯正曲木的器具。鹽鐵論申韓："故設明法，陳嚴刑，防非矯邪，若檼栝輔檠之正弧刺也。"

櫡 1. zhuó 張略切，入，藥韻，知。鐸部。

❶斧鋤之類的工具。説文："櫡，斫謂之

櫡。”段玉裁注：“凡斫木之斤，斫地之欘，皆謂之櫡。”

2. zhù 集韻遲據切，去，御韻，澄。魚部。

㊁筷子。史記絳侯周勃世家：“景帝居禁中，召條侯賜食。獨置大胾，無切肉，又不置～。”司馬貞索隱：“漢書作‘箸’，箸，食所用也。”淮南子齊俗：“糟邱生乎象～。”

[同源字]櫡，椓，欘，斫，斮，斲，斸。櫡、斫、斮同爲鐸部，櫡、斫端照準雙聲，斫、斮照三、照二鄰紐。櫡與斲、椓、斸、欘端母雙聲，鐸屋旁轉。説文：“斫，擊也。”説文：“斮，斬也。”書泰誓下：“斮朝涉之脛。”説文：“櫡，斫謂之櫡。”説文：“斲，斫也。”左傳宣公十年：“斲子家之棺。”説文：“椓，擊也。”説文：“斸，斫也。”説文：“欘，斫也。”

橁 chūn 丑倫切，平，諄韻，徹。文部。

樹名，即椿樹。説文爲“杶”的或體。山海經中山經：“成侯之山，其上多～木。”郭璞注：“似樗樹，材中車轅。”

棉 mián 玉篇彌連切，音綿。

樹名，即杜仲。宋唐慎微政和證類本草杜仲：“江南人謂之～。”

按，説文無棉字。

檵 jì 古詣切，去，霽韻，見。錫部。

樹名，即枸杞。説文：“檵，枸杞也。”〔枸檵〕樹名，枸杞。詩小雅四月“集于苞杞”，毛傳：“杞，枸檵也。”

檿 yǎn 於琰切，上，琰韻，影。談部。

樹名，即柞桑。説文：“檿，山桑也。”詩大雅皇矣：“攘之剔之，其～其柘。”毛傳：“檿，山桑也。”書禹貢：“厥篚～絲。”周禮考工記弓人：“凡取幹之道七：柘爲上，檍次之，～桑次之。”

十 五 畫

櫧 zhū 章魚切，平，魚韻，照三。魚部。

樹名。山海經中山經：“前山，其木多～。”文選漢司馬相如上林賦：“沙棠櫟～。”郭璞注：“櫧似柃，葉冬不落。”

按，説文無櫧字。

橫 huǎng 胡廣切，上，蕩韻，匣。陽部。

㊀支擱物品的器具。説文：“橫，所以几器。”段玉裁注：“謂所以庋閣物之器也。”㊁帷幔之類，亦指窗櫺。説文：“橫，一曰帷屏風之屬。”文選晉左思吴都賦：“房櫳對～，連閣相經。”

櫝 dú 徒谷切，入，屋韻，定。屋部。

㊀木匣。論語季氏：“虎兕出於柙，龜玉毁於～中，是誰之過與？”韓非子外儲説左上：“楚人有賣其珠於鄭者，爲木蘭之～。”又指函套。禮記少儀：“劍則啟～。”鄭玄注：“櫝謂劍函也。”又用作動詞，用櫝收藏。國語鄭語：“龍亡而漦在，～而藏之。”唐獨孤郁上禮部權侍郎書：“有照乘之珍而密～之。”㊂棺材。左傳昭公二十九年：“衛侯來獻其乘馬曰啟服，塹而死。公將爲之～。”

[備考]㊀樹名。説文：“櫝，一曰木名。”㊁盛飯菜的食盒。説文：“櫝，又曰大梡也。”

[同源字]櫝，匵。二字同音，意義也同。説文：“櫝，匱也。”段玉裁注：“此與匚部匵字音義皆同。”説文：“匵，匱也。”論語子罕：“韞匵而藏諸？”皇侃疏：“匵，謂匣匵也。”釋文：“匵，本又作櫝。”故二字同源。

櫜 gāo 古勞切，平，豪韻，見。幽部。

收藏甲衣及弓箭的袋子。左傳昭公元年：“伍舉知其有備也，請垂～而入。”杜預注：“櫜，弓衣也。”國語齊語：“諸侯之使垂～而入，稛載而歸。”韋昭注：“櫜，囊也。”又用作動詞，將弓箭裝入袋裏。詩小雅彤弓：“彤弓弨兮，受言～之。”

櫔 lì 力制切，去，祭韻，來。月部。

樹名。山海經中山經：“歷兒之山，其上多橿，多～木。是木也，方莖而圓葉，黄華而毛,其實如楝,服之不忘。"

按,説文無檲字。

櫌 yōu 於求切,平,尤韻,影。幽部。

碎土平田的農具。説文:"櫌,摩田器也。"吕氏春秋簡選:"鋤~白梃,可以勝人之長銚利兵。"一本作"耰"。又用作動詞,播種後用櫌平土,覆蓋種子。説文引論語曰:"~而不輟。"今本論語作"耰"。

櫚 lǘ 力居切,平,魚韻,來。

〔椶櫚〕樹名,常緑喬木,即棕櫚。唐杜甫枯棕詩:"蜀門多椶櫚,高者十八九。"〔花櫚〕樹名,熱帶常緑喬木。明李時珍本草綱目櫚木:"木性堅,紫紅色,亦有花紋者,謂之花櫚木,可作器皿,扇骨諸物。"

按,説文無櫚字。

櫢 sōu 字彙補蘇偶切。

〔櫢檽〕叠韻聯緜字。樹木茂盛貌。古文苑漢黄香九宫賦:"即蹴縮以櫢檽,坎娗援以湝湯。"章樵注:"櫢檽,木之茂盛也。"

按,説文無櫢字。

櫑 1. léi 魯回切,平,灰韻,來。微部。

㊀盛酒器。字又作罍,䍣。説文:"櫑,龜目酒尊,刻木作雲靁象,象施不窮也。"又指盛食物的器具。宋黄庭堅題校書圖後:"懶几三,揞頤一,酒榼、果~十五。"

2. lěi 落猥切,上,賄韻,來。微部。

㊁〔櫑具〕劍名。漢書雋不疑傳:"不疑冠進賢冠,帶櫑具劍。"

櫛 zhì 阻瑟切,入,櫛韻,照二。質部。

㊀梳篦的總稱。説文:"櫛,梳比之總名也。"詩周頌良耜:"其崇如墉,其比如~。"左傳僖公二十二年:"寡君之使婢子侍執巾~,以固子也。"又用作動詞,梳理頭髮。莊子庚桑楚:"簡髮而~,數米而炊。"㊁〔櫛櫛〕排列繁密貌。唐李賀秦王飲酒詩:"酒酣喝月使倒行,銀雲櫛櫛瑶殿明。"

[備考]燭盡。管子弟子職:"~之遠近,乃承厥火。"尹知章注:"櫛,謂燭盡,察其將盡之遠近,乃更以燭承取火也。"

櫓 lǔ 郎古切,上,姥韻,來。魚部。

㊀大盾牌。説文:"櫓,大盾也。"左傳襄公十年:"狄虒彌建大車之輪,而蒙之以甲,以爲~。"杜預注:"櫓,大楯。"吕氏春秋貴直:"簡子乃去犀蔽屏~,而立於矢石之所及。"㊁望樓。文選漢司馬相如上林賦:"江河爲阹,泰山爲~。"李善注引郭璞曰:"櫓,望樓。"三國志魏書袁紹傳:"紹爲高~,起土山,射營中,營中皆蒙楯。"㊂比槳長大的划船工具。三國志吴書吕蒙傳:"蒙至尋陽,盡伏其精兵䑸䑽中,使白衣摇~,作商賈人服,晝夜兼行。"唐劉禹錫步出武陵東亭臨江寓望詩:"戍摇旗影動,津晚~聲促。"

[備考]一種戰車。六韜軍用:"陷堅陳,敗强敵,武翼大~…提翼小~。"

櫋 mián 名延切,音棉,平,仙韻,明。元部。

屋檐板。楚辭戰國屈原九歌湘夫人:"罔薜荔兮爲帷,擗蕙~兮既張。"

[同源字]眉,楣,湄,槐,櫋。見"楣"字條。

按,説文無櫋字。

櫍 zhì 之日切,去,質韻,照三。

㊀器物的腿。説文新附:"櫍,柎也。"㊁砧木或墊木。廣雅釋器:"櫍,椹也。"字多作"質",作"鑕"。

櫞 yuán 與專切,平,仙韻,喻四。

樹名,即枸櫞。宋蘇軾和劉柴桑詩:"黄~出舊枿,紫茗抽新畬。"

按,説文無櫞字。

櫟 lì 郎擊切,入,錫韻,來。藥部。

㊀樹名,即柞樹。詩秦風晨風:"山有苞~,隰有六駮。"山海經西山經:"白於之山,上多松柏,下多~檀。"郭璞注:"櫟,即柞。"㊁欄

杆。史記滑稽列傳:"建章宫後閣重～中有物出焉,其狀似麋。"司馬貞隱索:"重櫟,欄楯之下有重欄處也。"㊂刮器物使發聲。史記楚元王世家:"叔與客來,嫂詳爲羹盡,～釜,賓客以故去。"司馬貞隱索:"謂以杓歷釜旁,使爲聲。"㊃搏擊。文選漢司馬相如上林賦:"射游梟,～飛遽。"李善注:"櫟,梢也。"晉潘岳射雉賦:"～雌妬異,倏來忽往。"

[備考]傳説中鳥名。山海經西山經:"(天帝之山)有鳥焉,其狀如鶉,黑文而赤翁,名曰～。"

欐 liè 良涉切,入,葉韻,來。

樹名。爾雅釋木"欇,虎櫐"郭璞注:"今虎豆纏蔓林樹而生,莢有毛刺,今江東呼爲～。"

按,説文無欐字。

十 六 畫

櫬 1. chèn 初覲切,去,震韻,初。真部。

㊀棺材。説文:"櫬,棺也。"左傳僖公六年:"許男面縛銜璧,大夫衰絰,士輿～。"杜預注:"櫬,棺也。"文選晉陸機挽歌詩:"歎息重～側,念我疇昔時。"㊁樹名,即梧桐。爾雅釋木:"櫬,梧。"郭璞注:"今梧桐。"

2. qìn 集韻七刃切,去,震韻,清。真部。

㊂樹名,即木槿。爾雅釋草:"櫬,木槿。"

櫳 lóng 盧紅切,平,東韻,來。東部。

㊀關禽獸的牢籠。説文:"櫳,檻也。"文選漢禰衡鸚鵡賦:"順～檻以俯仰,闚户牖以踟躕。"一切經音義引三蒼:"櫳,所以盛禽獸。"㊁窗櫺。説文作"櫜"。漢書班倢伃傳:"廣室陰兮帷幄暗,房～虚兮風泠泠。"文選南朝宋鮑照翫月城西門解中詩:"蛾眉蔽珠～,玉鈎隔瑣窗。"

[備考]〔櫳樅〕一種利用機械發射的弓弩。墨子備城門:"播以射衝及櫳樅。"

按,櫳、櫜二字説文異義。説文:"櫳,檻也。""櫜,房室之疏也。"古籍中二字多混用。

櫰 1. huái 户乖切,平,皆韻,匣。微部。

㊀樹名,槐樹類。爾雅釋木:"櫰,槐大葉而黑。"郭璞注:"槐樹葉大色黑者名爲櫰。"漢書西域傳上:"罽賓地平,温和,有目宿,雜草奇木,檀、～、梓、竹。"

2. guī 公回切,平,灰韻,見。微部。

㊁樹名。山海經西山經:"中曲之山,…有木焉,其狀如棠,而員葉赤實,實大如木瓜,名曰～木,食之多力。"

按,説文無櫰字。

橐 tuò 他各切,音拓,入,鐸韻,透。鐸部。

巡夜打更的木梆。説文:"橐,夜行所擊也。易曰:'重門擊橐。'"今本周易作"柝"。橐、柝同。字亦作"榛"。

櫪 lì 郎擊切,入,錫韻,來。錫部。

㊀樹名。同"櫟"。文選漢張衡南都賦:"其木則樫松楔㮨,㮕柏杻橿,楓柙櫨～,帝女之桑。"李善注:"櫪,與櫟同。"唐韓愈山石詩:"山紅澗碧紛爛漫,時見松～皆十圍。"㊁馬槽。漢曹操步出夏門行龜雖壽:"老驥伏～,志在千里。"吕氏春秋權勳"猶取之内皁而著之外皁也"高誘注:"皁,～也。"

[備考]〔櫪㯚〕一種絞指的刑具。説文:"櫪,櫪㯚,柙指也。"("柙"本作"椑",今依段注改。)段玉裁注:"柙指,如今之拶指。"

櫲 yù 集韻羊茹切,去,御韻,余。

〔櫲樟〕樹名,字亦作豫章。文選晉左思吴都賦:"木則楓柙櫲樟。"

按,説文無櫲字。

櫩 yán 余廉切,平,鹽韻,喻四。談部。

㊀屋檐,同"檐"。淮南子主術:"修者以爲～榱,短者以爲朱儒枅櫨。"高誘注:"櫩,屋垂。"文選三國魏何晏景福殿賦:"飛～翼以軒翥,反宇轍以高驤。"㊁〔步櫩〕走廊。文選漢司馬相如上林賦:"步櫩周流,長途中宿。"

李善注:"步櫚,步廊也。"

按,説文無櫚字。

𣟴 xiāo 集韻先彫切,平,蕭韻,心。幽部。

㊀〔𣟴椮〕準雙聲聯緜字。①草木彫零貌。楚辭戰國宋玉九辯:"萷𣟴椮之可哀兮,形銷鑠而瘀傷。"王逸注:"華葉已落,莖獨立也。"②草木茂盛貌。文選漢張衡西京賦:"鬱蓊薆薱,橚爽𣟴椮。"㊁樹名。文選晉左思蜀都賦:"其樹則有木蘭梫桂,杞~椅桐。"

按,説文無𣟴字。

櫨 lú 落胡切,平,模韻,來。魚部。

㊀果名。吕氏春秋本味:"果之美者…箕山之東,青鳥之所,有甘~焉。"㊁樹名,即黄櫨。文選漢司馬相如上林賦:"華楓枰~。"又漢張衡南都賦:"其木則楓柙~櫪。"㊂柱頭承托大梁的方木。説文:"櫨,欂櫨也。"(依段注本)淮南子主術:"短者以爲朱儒枅~。"梁書沈約傳郊居賦:"千~嵯嶪,百栱相持。"

櫱 niè 魚列切,入,薛韻,疑。月部。

樹木砍伐後,木樁上重新長出的枝條。書盤庚:"若顛木之有由~。"引申作開始之稱。廣雅釋詁:"櫱,始也。"字亦作"蘖"。

[同源字]櫱,蘖,孼。見"蘖"字條。

按,説文櫱爲巘的或體。

欅 jǔ 居許切,上,語韻,見。

樹名,又名欅柳。唐杜甫田舍詩:"~柳枝枝弱,枇杷樹樹香。"

按,説文無欅字。

十 七 畫

欀 xiāng 息良切,平,陽韻,心。

㊀樹名。文選晉左思吴都賦:"(木則)文~楨橿。"李善注引劉逵曰:"欀木,樹皮中有如白米屑者,乾擣之,以水淋之,可作餅,似麪。"㊁支撑屋架的部件。唐張説之唐玉泉寺大通禪師碑:"~崩梁壞,雷動雨泣。"

按,説文無欀字。

櫺 líng 郎丁切,音靈,平,青韻,來。耕部。

㊀窗户或欄杆上雕花的木格。説文:"櫺,楯間子也。"文選漢班固西都賦:"舍~檻而卻倚,若顛墜而復稽。"又三國魏曹植雜詩:"飛觀百餘尺,臨牖御~軒。"㊁屋檐。廣雅釋宫:"櫺,梠也。"營造法式大木作制度二:"檐,其名有十四…七曰~。"

欂 bó 補各切,入,鐸韻,幫。鐸部。

〔欂櫨〕準叠韻聯緜字。立柱上端承受大梁的方木。淮南子本經:"標株欂櫨,以相支持。"文選漢司馬相如長門賦:"施瑰木之欂櫨兮,委參差以槺梁。"字亦作"薄櫨"。文選漢揚雄甘泉賦:"香芬茀以穹隆兮,擊薄櫨而將榮。"

欄 1. liàn 集韻郎甸切,音練,去,霰韻,來。元部。

㊀樹名。説文:"欄,欄木也。"(依段注本)段玉裁注:"欄俗作楝,乃用欄爲闌檻俗字,欄實曰金鈴子,可用浣衣。"周禮考工記㡃氏:"湅帛以~爲灰。"鄭玄注:"以欄木之灰漸釋其帛也。"

2. lán 落干切,平,寒韻,來。元部。

㊁養牲畜的栅欄,墨子非攻上:"至入人~厩,取人牛馬者,其不仁義,又甚攘人犬豕雞豚。"又天志下:"踰人之~牢竊人之馬牛者,與入人之場園竊人之桃李瓜薑者,數千萬矣。"㊂欄杆。後漢書奚延傳:"昔朱雲廷折~檻,今侍中面稱朕違,敬聞闕矣。"宋辛棄疾摸魚兒:"休去倚危~,斜陽正在,煙柳斷腸處。"

[同源字]闌,閑,欄,攔。見"闌"字條。

櫻 yīng 烏莖切,平,耕韻,影。耕部。

果樹名,亦指其果實,即櫻桃。文選漢司馬相如上林賦:"~桃蒲陶。"又晉潘岳閑居賦:"三桃表~胡之别,二柰曜丹白之色。"

按,説文無櫻字,新附有之。

櫾 yòu 余救切,音柚,去,宥韻,喻四。幽部。

果樹名，亦指其果實。同“柚”。山海經中山經：“曰荆山，…其草多竹，多橘～。”郭璞注：“櫾似橘而大也，皮厚而酸。”又：“綸山，其木多梓枏，多桃枝，多柤栗橘～。”列子湯問：“吴楚之國有大木焉，其名爲～。碧樹而冬生，實丹而味酸。”

［備考］説文：“櫾，崐崘河隅之長木也。”

櫼 jiān 集韻將廉切，平，鹽韻，精。談部。

❶木楔。説文：“櫼，楔也。”段玉裁注：“木工於鑿枘相入處，有不固，則斫木札楔入固之，謂之櫼。”❷屋上弓形短梁。文選三國魏何晏景福殿賦：“～櫨各落以相承，欒栱夭蟜而交結。”李善注：“櫼，即枊也。”

欃 chán 士咸切，平，咸韻，牀二。談部。

❶〔欃檀〕檀樹的别稱。文選漢司馬相如上林賦：“欃檀木蘭。”郭璞注引孟康曰：“欃檀，檀别名也。”❷〔欃槍〕彗星名。爾雅釋天：“彗星爲欃槍。”淮南子俶真：“欃槍衡杓之氣，莫不彌靡而不能爲害。”高誘注：“欃槍，彗孛也。”

按，説文無欃字。

十 八 畫

權 quán 巨員切，平，仙韻，羣。元部。

❶稱錘。論語堯曰：“謹～量，審法度，脩廢官，四方之政行焉。”吕氏春秋仲春：“日夜分，則同度量，鈞衡石，角斗桶，正～概。”高誘注：“稱錘曰權。”又用作動詞，稱量。孟子梁惠王上：“～，然後知輕重。”荀子王霸：“～物而稱用。”❷衡量。比較。吕氏春秋舉難：“且人固難全，～而用其長者，當舉也。”又用作均平。周禮考工記弓人：“九和之弓，角與幹～。”又用作重於。戰國策齊策三：“齊之所以敢多割地者，挾太子也。今已得地而求不止者，以太子～王也。”高誘注：“權，重也。”❸權力，權勢。左傳襄公二十三年：“既有利～，又執民柄，將何懼焉？”荀子議兵：“～出一者强，～出二者弱。”❹權變，權謀。孟子離婁上：“嫂溺援之以手者，～也。”淮南子主術：“任輕者易～。”高誘注：“權，謀也。”❺暫且，姑且。文選晉左思魏都賦：“～假日以餘榮。”南齊書劉善明傳：“凡諸土木之費，且可～停。”❻代理，攝守官職。唐李翺韓吏部行狀：“入爲～知國子博士。～知三年，改真博士。”❼〔權輿〕起始。爾雅釋詁：“權輿，始也。”詩秦風權輿：“今也每食無餘，于嗟乎！不承權輿。”

［備考］㊀樹名。爾雅釋木：“權，黄英。”説文：“權，黄華木也。”㊁草名。爾雅釋草：“權，黄華。”

［辨］權，衡。此二字都指稱輕重的工具，也有差别，權指秤（秤錘），衡指天平。其他意義更不相同了。

欇 shè 書涉切，入，葉韻，審三。葉部。

❶植物名，虎櫐，即紫藤。爾雅釋木：“欇，虎櫐。”郭璞注：“今虎豆，纏蔓林樹而生，莢有毛刺。”郝懿行義疏：“虎櫐，今紫藤。”❷〔欇欇〕樹名，即楓樹。爾雅釋木：“楓，欇欇。”

按，説文欇作㰈，云：“木葉榣白也。”

欋 qú 其俱切，平，虞韻，羣。魚部。

❶農具名，即四齒杷。釋名釋道：“齊魯謂四齒杷爲～。”資治通鑑唐長壽元年：“～推侍御史。”❷樹根盤錯。淮南子説林：“木大者根～，山高者基扶。”

按，説文無欋字。

十 九 畫

欐 lí 吕支切，平，支韻，來。歌部。

❶籬笆，同“籬”。釋名釋宫室：“欐，離也，以柴竹作之。”晉書潘岳傳：“長楊映沼，芳枳樹～。”❷客棧。晉書潘岳傳：“十里一官～，使老小貧户守之，又差吏掌主，依客舍收錢。”

按，説文無欐字。

欐 lì 郎計切，去，霽韻，來。支部。

㊀屋梁。列子湯問:"昔韓娥東之齊,匱糧,過雍門,鬻歌假食。既去,而餘音繞梁~,三日不絶。"㊁小船。三國魏曹植盤石篇:"呼吸吞船~,澎濞戲中鴻。"三國志魏書王朗傳"策以儒雅,詰讓而不害"裴松之注引獻帝春秋:"獨與老母,共乘一~。"㊂〔欐欐〕衆多貌。漢枚乘梁王兔園賦:"欐欐若飛雪之重弗麗也。"章樵注:"欐欐,多貌。"

按,説文無欐字。

欏 luó 魯何切,平,歌韻,來。

㊀樹名。宋周密齊東野語腹笥:"大殿皆~木爲之,經數百年,略不欹傾。"㊁〔杪欏〕叠韻聯緜字。樹名,見廣韻。

按,説文無欏字。

欑 cuán 集韻徂丸切,平,桓韻,從。元部。

㊀聚集。禮記喪大記:"君殯用輴,~至于上。"鄭玄注:"欑,菆也。"文選漢王延壽魯靈光殿賦:"芝栭~羅以戢孴。"李善注引蒼頡篇曰:"欑,聚也。"㊁暫停靈柩以待葬。宋徐夢莘三朝北盟會編卷四九:"因患身故,州司以京于崇教寺之側拘~。"

[備考]説文:"欑,積竹杖也。"

[同源字]欑,攢,饡,儹,讚。見"攢"字條。

欒 luán 落官切,平,桓韻,來。元部。

㊀樹名,即欒華。説文:"欒,欒木,似欄。禮:天子樹松,諸侯柏,大夫欒。"山海經大荒南經:"雲雨之山有木名曰~。禹攻雲雨,有赤石焉生~,黄本,赤枝,青葉。"㊁鐘口的兩角。周禮考工記鳧氏:"兩~謂之銑。"賈公彦疏:"欒、銑一物,俱謂鐘兩角。"㊂房屋立柱頭上承梁的曲木。文選漢張衡西京賦:"峙遊極於浮柱,結重~以相承。"李善注:"欒,柱上曲木,兩頭受櫨者。"又晉左思魏都賦:"枌橑複結,~櫨疊施。"㊃〔欒欒〕身體瘦瘠貌。詩檜風素冠:"庶見素冠兮,棘人欒欒兮,勞心慱慱兮。"毛傳:"欒欒,瘠貌。"㊄通"孿"。雙生子。韓非子外儲説右上:"薛公知之,故與二~博。"㊅通"鑾"。皇帝車駕所用的鈴,也指皇帝的車駕。史記封禪書:"木禺龍~車一駟。"

二十畫

欓 1. dǎng 多朗切,上,蕩韻,端。

㊀果樹名,即食茱萸。廣雅釋木:"欓,茱萸也。"北魏賈思勰齊民要術炙法:"薑、橘、椒、葱、胡芹、小蒜、蘇、~,細切段,鹽豉酢和,以漬魚。"

2. tǎng 集韻坦朗切,上,蕩韻,透。

㊀盛物的器具,木桶。北魏酈道元水經注穀水引張璠漢記:"於是發使天竺,寫致經像,始以榆~盛經,白馬負圖,表之中夏,故以白馬爲寺名,此榆~後移在城内愍懷太子浮圖中。"

按,説文無欓字。

二十一畫

欛 bà 必駕切,去,禡韻,幫。

㊀器物的柄。廣韻:"欛,刀柄名。"敦煌曲子詞酒泉子:"三尺青蛇,斬新鑄就鋒刃剛,沙魚裹~用銀裝,寶見七星光。"㊁農具名,即耙。元曲選張國賓薛仁貴第三折:"偏不肯拽~扶犁,常只是抛了農器演武藝。"

按,説文無欛字。

欖 lǎn 盧敢切,上,敢韻,來。

〔橄欖〕見"橄"字條。

欘 zhú 陟玉切,入,燭韻,知。屋部。

㊀鋤類農具。説文:"欘,斫也。齊謂之鎡錤。"管子小匡:"美金以鑄戈劍矛戟,試諸狗馬;惡金以鑄斤斧鉏夷鋸~,試諸木土。"㊁樹枝彎曲。山海經海内經:"有鹽長之國,…有木,青葉紫莖,玄華黄實,名曰建木,百仞無枝,有九~,下有九枸,其實如麻,其葉如芒。"郭璞注:"枝回曲也。"

[備考]斧鋤之類的柄,一説測量角度的單位。周禮考工記車人:"半矩謂之宣,一宣有半謂之～。"賈公彦疏:"斫木之斤,斫土之鉏,其柄形同句曲,故並有句欘之稱,據下先鄭注引蒼頡篇柯欘,則此經所云自以斤柄爲是。"清陳澧東塾讀書記周禮:"一矩者九十度角也,一宣者四十五度角也,一欘者六十七度三十分之角也。"

[同源字]欋,椓,欘,斫,斮,斲,斸。見"欋"字條。

櫐 léi 力追切,平,脂韻,來。微部。

山行用具。説文:"櫐,山行所乘者。虞書:'山行乘櫐。'"字亦作"樏",參見"樏"字條。

欚 lǐ 盧啟切,音禮,上,薺韻,來。支部。

㊀船。説文:"欚,江中大船名。"方言九:"凡船大者謂之舸,小舸謂之艖。…東南丹陽、會稽間謂艖爲～。"按,欚,王煦云:"廣雅作艬,云舟也,是欚當爲船之通稱。"㊁捕鳥獸的網。廣雅釋器:"罜、罯,兔罟也。其罥謂之～。"王念孫疏證:"欚之言羅也。"

欠　部

[欠部總論]

欠字是倦時張口舒氣,欠部字多與氣息有關,例如:欨,欬,歐,欽,歎,歕,歗,欷,歔,歂,歊,歙,歛,歒等;因倦時舒氣有一種舒服感,因此有些字與歡欣有關,例如:欣,歡等;還有些字與張口的動作有關,例如:欱,歃,歍,歐,歠等;有少數字與此無關,例如:欶等。

欠 qiàn 去劍切,去,梵韻,溪。談部。

㊀打呵欠,即倦時張口舒氣。説文:"欠,張口气悟也。"儀禮士相見禮:"君子～伸。"鄭玄注:"志倦則欠,體倦則伸。"靈樞經九鍼:"脾主呑,腎主～。"㊁缺少(後起義)。唐白居易寒食夜詩:"忽因時節驚年幾?四十如今～一年。"宋陸游老學庵筆記:"甚妙,但似～四字耳。"引申爲虧欠。舊唐書宣宗紀:"今後凡隱盜～負,請如官典犯贓例處分。"

二　畫

次 1. cì 七四切,去,至韻,清。脂部。

㊀次序,位次。左傳桓公十三年:"楚屈瑕伐羅,及鄢,亂～以濟,遂無次,且不設備。"引申爲依次,按次序排列。左傳成公三年:"若不獲命,而使嗣宗職,～及於事,而帥偏師以脩封疆,雖遇執事,其弗敢違。"吕氏春秋季冬:"乃命太史～諸侯之列。"㊁次序在後的,或差一等的。孫子謀子:"凡用兵之法,全國爲上,破國～之。"又:"故上兵伐謀,其～伐交,其～伐兵,其下攻城。"周禮夏官司馬:"大國三軍,～國二軍,小國一軍。"㊂臨時駐紮,停留。左傳僖公四年:"師退,～于召陵。"書泰誓:"王～於河朔。"㊃處所。國語魯語上:"故大者陳之原野,小者致之市朝,五刑三～,是無隱也。"韋昭注:"次,處也,三處,野、朝、市也。"特指居父母喪時所居之處。儀禮既夕禮:"衆主人出門哭止,闔門,主人揖,衆主乃就～。"鄭玄注:"次,倚盧也。"又特指太陽運行中所止之處。吕氏春秋季冬:"是月也,日窮于～,月窮于紀,星回于天。"㊄至,及。史記酷吏列傳:"外寬,内深～骨。"司馬貞索隱:"次,至也。"㊅量詞,動作的次數(後

起義)。唐張籍祭退之詩:"三～論諍退,其志亦剛强。"

2. zī 集韻津私切,平,脂韻,精。脂部。

❼〔次且〕雙聲聯緜字。欲進不前貌。易夬:"臀无膚,其行次且。"孔穎達疏:"次且,行不前進也。"❽〔次次〕不安貌。漢揚雄太玄養:"次次,一日三饟。"范望注:"次次,次睢不安貌。"

四畫

欣 xīn 許斤切,平,欣韻,曉。文部。

❶喜悦,高興。爾雅釋詁上:"欣,樂也。"説文:"欣,笑喜也。"左傳昭公元年:"諸侯其誰不～焉望楚而歸之。"吕氏春秋大樂:"歡～生於平,平生於道。"引申爲喜愛,擁戴。國語晉語一:"昔者之伐也,興百姓,以爲百姓也,是以民能～之。"韋昭注:"欣,欣戴也。"❷〔欣欣〕①喜悦貌。楚辭戰國屈原九歌東皇太一:"五音紛兮繁會,君欣欣兮樂康。"王逸注:"欣欣,喜貌。"②草木茂盛貌。文選晉陶潛歸去來兮辭:"木欣欣以向榮。"宋范成大寒食郊行書事之二:"隴麥欣欣緑,山桃寂寂紅。"

［備考］通"睎"。望,測量。墨子耕柱:"譬若築牆然,能築者築,能實壤者實壤,能～者～,然後牆成也。"王念孫讀書雜志引王引之曰:"欣當讀爲睎。説文:'睎,望也。'"

［辨］訢,欣,忻。見"訢"字條。

五畫

欨 xū 況于切,音吁,平,虞韻,曉。侯部。

❶喜笑貌。説文:"欨,一曰笑意。"李善文選注引作"笑貌"。〔欨愉〕叠韻聯緜字。喜悦貌。文選三國魏嵇康琴賦:"其康樂者聞之,則欨愉懽釋,抃舞踊溢。"❷吹。説文:"欨,吹也。"

六畫

欬 kài 苦愛切,去,代韻,溪。之部。

咳嗽。左傳昭公二十四年:"余左顧而～,乃殺之。"吕氏春秋季夏:"穀實解落,國多風～,人乃遷徙。"又順説:"康王蹀足謦～。"

欭 yì 乙冀切,去,至韻,影。質部。

❶氣逆。説文:"欭,嚘也。"❷〔欭嚘〕嘆氣聲。宋周邦彦汴都賦:"搏壤歌咢者萬井,未聞欭嚘而告痡。"

欱 hē 呼合切,入,合韻,曉。緝部。

歠,吸吮。説文:"欱,歠也。"段玉裁注:"欱與吸意相近,與歕爲反對。"文選漢班固東都賦:"吐燗生風,～野歕山。"〔欱納〕吮納。唐柳宗元晉問:"呀呷欱納,摧雜失墜。"

［備考］合。漢揚雄太玄告:"下～上～,出入九虚。"范望注:"欱,猶合也。"

七畫

欲 yù 余蜀切,入,燭韻,喻四。屋部。

❶貪欲,欲望。説文:"欲,貪欲也。"詩大雅文王有聲:"匪棘其～,遹追來孝。"孫子謀攻:"上下同～者勝。"吕氏春秋情欲:"天生人而使有貪有～。"❷希望,想要。論語子張:"無～速,無見小利,～速則不達,見小利則大事不成。"左傳昭公三十一年:"或求名而不得,或～蓋而名章,懲不義也。"❸將要(後起義)。唐許渾咸陽城東樓詩:"溪雲初起日沉閣,山雨～來風滿樓。"

［備考］婉順貌。禮記祭義:"其薦之也敬以～。"鄭玄注:"欲,婉順貌。"

［同源字］欲,覦。喻四雙聲,侯屋對轉。説文:"覦,欲也。"廣韻:"覦,覬覦欲得也。"説文:"欲,貪欲也。"

欷 xī 香衣切,平,微韻,曉。微部。

嘆泣聲。説文:"欷,歔也。"楚辭戰國宋玉九辯:"中憯惻其悽愴兮,長太息而增～。"漢書中山靖王勝傳:"悲者不可爲累～。"〔欷歔〕雙聲聯緜字。嘆泣聲。三國志蜀書楊戲傳:"揚威才干,欷歔文武。"三國魏曹植卞太后誄:"百姓欷歔,嬰兒號慕。"

欸 1. āi 烏開切,音埃,平,咍韻,影。之部。

❶呵斥。説文:"欸,訾也。"段玉裁注:"訾者,呰字之誤…呰者,訶也。"❷歎息。楚辭戰國屈原九章涉江:"乘鄂渚而反顧兮,～秋冬之緒風。"王逸注:"欸,歎也。"

2. ǎi 於改切,上,海韻,影。之部。

❸應答聲。方言一〇:"欸、瞖,然也。南楚凡言然者,曰欸,或曰瞖。"❹〔欸乃〕叠韻聯緜字。行船摇櫓聲。唐柳宗元漁翁詩:"煙銷日出不見人,欸乃一聲山水緑。"又指划船時唱的歌聲。宋陸游南定樓過急雨詩:"人語朱離逢峒獠,櫂歌欸乃下吴舟。"

八　畫

欻 xū 許勿切,入,物韻,曉。物部。

忽然,迅疾。字亦作"歘"。文選漢張衡西京賦:"神山崔巍,～從背見。"薛綜注:"欻之言忽也。"梁書范縝傳:"夫～而生者必～而滅,漸而生者必漸而滅。"〔欻吸〕雙聲聯緜字。迅疾貌。文選南朝梁江淹雜體詩:"寂歷百草晦,欻吸鵾鷄悲。"李善注:"欻吸,疾貌。"宋蘇軾攓雲篇:"道逢南山雲,欻吸如電過。"

按,説文:"欻,有所吹起,从欠,炎聲,讀若忽。"段玉裁注:"此篆久譌,从炎,非聲。蓋本从'𠦍'聲,譌而爲'炎'…倘去'聲'字,説以从炎會意,亦恐非也。"

款 kuǎn 苦管切,上,緩韻,溪。元部。

❶真誠,誠懇。荀子修身:"愚～端愨,則合之以禮樂。"楊倞注:"款,誠款也。"漢書王莽傳:"非有～誠,豈可虚致?"❷叩,敲。吕氏春秋愛士:"廣門之官夜～門而謁。"史記商君列傳:"由余聞之,～關請見。"引申爲到。文選漢張衡西京賦:"掩長楊而聯五柞,繞黄山而～牛首。"又引申爲招待,款待(後起義)。宋戴復古汪見可約遊青原詩:"一茶可～從僧話,數局争先對客棋。"❸緩慢(後起義)。後漢書馬援傳:"乘下澤車,御～段馬。"李賢注:"款,猶緩也。言形段遲緩也。"唐元稹冬白紵詩:"吴宫夜長宫漏～,簾幕四垂燈焰暖。"❹〔款款〕①忠實誠懇貌。漢書司馬遷傳:"僕竊不自料其卑賤,見主上慘愴怛悼,誠欲效其款款之愚。"字亦作"欵欵"。楚辭戰國屈原卜居:"吾寧悃悃欵欵朴以忠乎,將送往勞來斯無窮乎?"②行動徐緩貌。唐杜甫曲江詩之二:"穿花蛺蝶深深見,點水蜻蜓款款飛。"❺空,不真實。爾雅釋器:"款足者謂之鬲。"段玉裁説文注:"古款與窾通用,窾者,空也。款亦訓空。"漢書司馬遷傳:"～言不聽,姦迺不生。"顔師古注引服虔曰:"款,空也。"❻〔款識〕鐘鼎彝器上鑄刻的文字。史記孝武本紀:"鼎大異於衆鼎,文鏤毋～識。"裴駰集解引韋昭曰:"款,刻也。"漢書郊祀志下:"今此鼎細小,又有～識。"

〔同源字〕款,懇(㦤、豤),悃,惓,拳。款與懇(㦤、豤)、悃,溪母雙聲,元文旁轉;款與惓,拳,溪羣旁紐,元部叠韻。説文新附:"懇,悃也。"廣雅釋詁一:"懇,信也。"漢書司馬遷傳:"意氣懃懃懇懇。"吕氏春秋下賢:"豤乎其誠自有也。"畢沅曰:"豤即懇字。"廣韻:"悃,至誠也。"屈原卜居:"悃悃款款,朴以忠乎?"漢書劉向傳:"發憤悃愊。"顔師古注引張晏曰:"悃,誠也。"漢書司馬遷傳:"拳拳之忠。"顔師古注:"拳拳,忠謹之貌。"又劉向傳:"猶不忘君惓惓之義也。"顔師古注:"惓惓,忠謹之意。"廣雅釋詁一:"款,誠也。"史記司馬相如傳:"謁款天神。"裴駰集解引漢書音義:"款,誠也。"

欺 qī 去其切,平,之韻,溪。之部。

❶欺騙,欺詐。説文:"欺,詐也。"論語子罕:"吾誰～,～天乎?"吕氏春秋貴因:"西伯將何之?無～我也。"❷欺負,欺凌。新書解縣:"匈奴～侮侵掠,未知息時。"唐杜甫茅屋爲秋風所破歌:"南村羣童～我老無力,忍能對面爲盜賊。"❸勝過,超過(後起義)。唐杜

牧張好好詩：“飄然集仙客，諷賦～相如。”宋蘇軾徐大正閑軒詩：“早眠不見燈，晚食或～午。”㊃〔欺猥〕叠韻聯緜字。面醜貌。文選漢王延壽魯靈光殿賦：“仡欺猥以雕䀹，䫜顤顟而睽睢。”李周翰注：“欺猥，面狹也…胡人醜形面狹。”

［備考］誤。吕氏春秋有度：“有度而以聽，則不可～矣。”高誘注：“欺，誤也。”

欹 1. qī 集韻丘奇切，平，支韻，溪。歌部。

㊀傾斜。荀子宥坐：“吾聞宥坐之器者，虛則～，中則正。”北周庾信哀江南賦：“入～斜之小徑，掩蓬藋之荒扉。”引申爲斜依，斜靠。唐杜甫重題鄭氏東亭詩：“崩石～山樹，清漣曳水衣。”

2. yī 於離切，平，支韻，影。

㊁歎辭。見玉篇、廣韻。

按，説文無欹字。

欽 1. qīn 去金切，平，侵韻，溪。侵部。

㊀敬佩，仰慕。爾雅釋詁下：“欽，敬也。”書盤庚上：“不匿厥指，王用丕～。”文選三國魏嵇康琴賦：“慕老童于騩隅，～泰容之高吟。”㊁對皇帝所行之事的敬稱（晚起義），如欽賜、欽差。元曲選張國賓薛仁貴第四折：“因爲薛仁貴征遼有功，～賜衣錦還鄉去了。”㊂〔欽欽〕①憂思貌。詩秦風晨風：“未見君子，憂心欽欽。”②鐘聲。詩小雅鼓鐘：“鼓鐘欽欽，鼓瑟鼓琴。”㊃彎曲貌。後漢書周燮傳：“燮生而～頤折頞，醜狀駭人。”李賢注：“欽頤，曲頷也。”唐王琚射經下：“開弓發矢，要～身弝外。”

2. yín 集韻魚音切，平，侵韻，疑。侵部。

㊄通“吟”。呻吟。山海經西山經：“其狀人面獸身，一足一手，其音如～。”郭璞注：“欽，亦吟字假音。”

［備考］疲倦時張口打呵欠貌。説文：“欽，欠皃。”段玉裁注：“欽者，倦而張口之皃也。”

欿 kǎn 胡感切。集韻苦感切，上，感韻，溪。談部。

㊀貪得，貪婪。説文：“欿，欲得也。”玉篇：“貪惏曰欿。”㊁不自滿。孟子盡心上：“如其自視～然，則過人遠矣。”㊂憂愁貌。楚辭漢嚴忌哀時命：“～愁悴而委惰兮，老冉冉而逮之。”王逸注：“欿，愁貌也。”㊃同“坎”。坑。左傳襄公二十六年：“至則～，用牲，加書徵之。”

九　畫

歆 xīn 許金切，平，侵韻，曉。侵部。

㊀鬼神享用祭品的香氣。詩大雅生民：“其香始升，上帝居～。”史記孝文本紀：“朕既不德，上帝神明未～享。”引申爲一般的宴饗。國語周語上：“膳夫贊王，王～大牢，班嘗之。”韋昭注：“歆，饗也。”㊁欣喜，悦服。國語周語下：“以言德於民，民～而德之，則歸服焉。”韋昭注：“歆，猶嘉服也。”史記遊俠列傳：“然終不伐其能，～其德，諸所嘗施，唯恐見之。”㊂貪圖。國語楚語上：“楚師可料也，在中軍王族而已。若易中下，楚必～之。”韋昭注：“歆，貪也。”引申爲羡慕。新唐書王綝傳：“士人～其寵。”

［備考］詩大雅生民：“履帝武敏，～。”毛傳：“歆，饗。”鄭箋：“履其拇指之處，心體歆歆然。”朱熹集傳：“歆，動也，猶驚異也。”馬瑞辰傳箋通釋：“歆之言忻，即史記所云心忻然欲踐之也。”

歇 xiē 許竭切，入，月韻，曉。月部。

㊀竭，盡。爾雅釋詁下：“歇，竭也。”左傳宣公十二年：“得臣猶在，憂未～也。”杜預注：“歇，盡也。”又襄公二十九年：“齊國之政，將有所歸，未獲所歸，難未～也。”杜預注：“歇，盡也。”㊁休息。説文：“歇，息也。”段玉裁注：“息者，鼻息也，息之義引申爲休息。”唐白居易賣炭翁詩：“牛困人飢日已高，市南門外泥中～。”引申爲止息，停止。世説新語假譎：“江郎莫來，女哭詈彌甚，積日漸～。”㊂散發，消散。説文：“歇，一曰气越泄。”文選南朝宋

顔延之和謝監靈運詩:“芬馥～蘭若,清越奪琳珪。”世説新語惑溺:“聞壽有奇香之氣,是外國所貢,一著人則歷月不～。”

［同源字］涸,枯,稾(槁),渴,瀫,竭,歇。見“涸”字條。

歂 1.chuǎn 市兖切,上,獮韻,禪。元部。

㊀同“喘”。呼吸急促。説文:“歂,口气引也。”

2.chuán 市緣切,平,仙韻,禪。元部。

㊁姓。左傳莊公十一年有魯臣歂孫,僖公二十八年有衛臣歂犬。

歈 yú 羊朱切,平,虞韻,喻四。侯部。

歌謡,歌曲。説文新附:“歈,歌也。”楚辭戰國宋玉招魂:“吴～蔡謳,奏大吕些。”王逸注:“歈、謳,皆歌也。”

歃 shà 山洽切,音霎,入,洽韻,審二。葉部。

飲,特指盟誓時飲血示誠。説文:“歃,歠也。春秋傳曰:‘歃而忘。’”左傳襄公二十八年:“晏子仰天嘆曰:‘嬰所不唯忠于君利社稷者是與,有如上帝。’乃～。”國語晉語八:“宋之盟,楚人固請先～。”〔歃血〕盟誓時,殺牲而口飲或含其血以示誠信。穀梁傳莊公二十七年:“衣裳之會十有一,未嘗有歃血之盟也。”淮南子齊俗:“故胡人彈骨,越人契臂,中國歃血也,所由各異,其於信一也。”

十 畫

歊 xiāo 許嬌切,音囂,平,宵韻,曉。宵部。

㊀氣上升貌。説文:“歊,歊歊,气出皃。”文選漢班固東都賦:“嶽脩貢兮川效珍,吐金景兮～浮雲。”李善注引説文:“歊,氣上出貌。”〔歊歊〕氣盛貌。漢書叙傳下:“曲陽歊歊,亦朱其堂。”㊁炎熱。唐柳宗元再至界圍巖水簾遂宿巖下詩:“～陽訝垂冰,白日驚雷雨。”

歉 qiàn 苦簟切,上,忝韻,溪。談部。

㊀食不足,引申爲一般的不足,缺乏。説文:“歉,歉食不滿。”唐李商隱行次西郊作一百韻:“健兒立霜雪,腹～衣裳單。”〔歉歉〕不自足貌。宋司馬光投梅聖俞詩:“平生未相識,歉歉不自足。”㊁年成欠收。廣雅釋天:“一穀不升曰歉。”唐黄滔壬癸歲書情詩:“江頭寒夜宿,壟上～年耕。”宋史黄廉傳:“是使民遇豐年思～歲也。”

［同源字］歉,慊,嗛。三字同音。廣雅釋詁曰:“慊,貧也。”孟子公孫丑下:“吾何慊乎哉?”趙岐注:“慊,少也。”穀梁傳襄公二十四年:“一穀不升謂之嗛。”范寧注:“嗛,不足貌。”荀子仲尼:“滿則慮嗛,平則慮險。”楊倞注:“嗛,不足也。”廣雅釋詁三:“歉,少也。”又釋天:“一穀不升曰歉。”荀子仲尼:“主信愛之則謹慎而～。”楊倞注:“歉,不足也。”

歌 gē 古俄切,平,歌韻,見。歌部。

㊀按一定的樂曲或節拍歌唱。説文:“歌,詠也。”詩魏風園有桃:“心之憂矣,我～且謡。”毛傳:“曲合樂曰歌。”論語微子:“楚狂接輿～而過孔子。”㊁能唱的歌曲或詩。詩大雅桑柔:“雖曰匪予,既作爾～。”吕氏春秋音初:“乃作爲‘破斧’之～,實始爲東音。”又用作動詞,作歌。詩陳風墓門:“夫也不良,～以訊之。”引申爲歌頌,頌揚。文選漢班固兩都賦序:“故臯陶～虞,奚斯頌魯。”

［辨］謳,歌,謡。見“謳”字條。

歋 xié 虚業切,入,業韻,曉。葉部。

屏氣,閉住氣息。説文:“歋,翕气也。”宋梅堯臣初冬夜坐憶相城山行詩:“馬行聞虎氣,豎耳鼻息～。”

歍 wū 哀都切,平,模韻,影。魚部。

㊀惡心,嘔吐。説文:“歍,心有所惡若吐也。”山海經大荒北經:“食于九土,其所～所尼,即爲源澤。”漢揚雄太玄竈:“脂牛歐～,不絜志也。”㊁〔歍唈〕抽泣失聲。淮南子覽冥:“孟嘗君爲之增欷歍唈,流涕狼戾不可止。”高誘注:“歍唈,失聲也。”文選南朝齊謝

眺拜中軍記室辭隨王牋："皐壤摇落，對之惆悵，歧路西東，或以歍唈。"

㰦 yí 弋支切，音移，平，支韻，喻四。支部。

〔㰦歈〕雙聲聯緜字。戲弄，嘲笑。説文："㰦，人相笑相㰦瘉。"唐薛用弱集異記王涣之："涣之即㰦歈二子曰：'田舍奴，我豈妄哉！'因大諧笑。"

十一畫

歎 tàn 他旦切，去，翰韻，透。元部。

㊀歎息。詩豳風東山："鸛鳴于垤，婦～于室。"論語先進："夫子喟然～曰：'吾與點也。'"又用作贊歎，贊美。禮記郊特牲："賓入大門而奏肆夏，示易以敬也，卒爵而樂闋，孔子屢～之。"鄭玄注："美此禮也。"後漢書馬融傳："文舉盛～鴻豫名實相副。"㊁唱和，隨聲應和。吕氏春秋適音："清廟之瑟，朱弦而疏越，一唱而三～，有進乎音者矣。"引申爲吟誦，歌唱。説文："歎，吟也。"文選漢王褒四子講德論："有二人焉，乘輅而歌，倚輗而聽之，詠～中雅，轉運中律。"晉陸機日出東南隅行："冶容不足詠，春遊良可～。"

歐 1. ǒu 烏后切，上，厚韻，影。侯部。

㊀嘔吐。説文："歐，吐也。"山海經海外北經："歐絲之野，在大踵東，一女子跪，據樹～絲。"郭璞注："言噉桑而吐絲。"史記張丞相列傳："嘉謂長史曰：'吾悔不先斬錯，乃先請之，爲錯所賣。'至舍，因～血而死。"㊁擊，打。漢書張良傳："顧謂良曰：'孺子下取履！'良愕然，欲～之。"顔師古注："歐，擊也。"顔氏家訓勉學："疑其不信，～捶服之。"

2. ōu 烏侯切，平，侯韻，影。侯部。

㊂謳歌。漢三公山碑："百姓～歌，得我惠君。"㊃通"敺"。驅趕，驅使。漢應劭風俗通祀典："～爵簸揚，田農之事也。"大戴禮記禮察："或導之以德義，或～之以法令。"

〔同源字〕歐，歍。二字影母雙聲，侯魚旁轉。説文："歐，吐也。"漢書丙吉傳："吉馭吏耆酒，數逋蕩，嘗從吉出，醉歐丞相車上。"顔師古注："歐，吐也。"説文："歍，心有所惡若吐也。"

歔 hū 荒烏切，音呼，平，模韻，曉。魚部。

㊀出氣，呵氣。説文："歔，温吹也。"玉篇："歔，出氣息也。"㊁〔歍歔〕疊韻聯緜字。同"嗚呼"。嘆詞。漢仲秋下旬碑："歍歔悢哉！"

〔同源字〕呼，評，謼，虖，嘑，歔。見"謼"字條。

歙 yǐn 於錦切，音飲，上，寑韻，影。侵部。

古"飲"字。説文："歙，歠也。"段玉裁注："隸作飲。"玉篇："歙，古文飲。"今本古籍多作"飲"字。

十二畫

歕 pēn 普魂切，音噴，平，魂韻，滂。文部。

㊀吹氣。説文："歕，吹氣也。"㊁同"噴"。噴射。穆天子傳卷五："黄之池，其馬～沙，皇人威儀；黄之澤，其馬～玉，皇人受穀。"文選漢班固東都賦："吐燗生風，欲野～山。"

歗 xiào 蘇弔切，去，嘯韻，心。幽部。

撮口出長聲。字亦作"嘯"。説文："歗，吟也。"詩王風中谷有蓷："有女仳離，條其～矣。"宋朱熹登面山亭詩："長～天風來，雲散空宇碧。"

歔 xū 朽居切，平，魚韻，曉。魚部。

㊀出氣。説文："歔，一曰出气也。"老子第二十九章："故物或行或隨，或～或吹。"㊁〔歔欷〕雙聲聯緜字。歎息或抽泣聲。楚辭戰國屈原離騷："曾歔欷余鬱邑兮，哀朕時之不當。"字亦作"嘘唏"。

按，歔，欷二字雙聲，意同。説文："欷，歔也。""歔，欷也。"

歙 1. xī 許及切，音吸，入，緝韻，曉。緝部。

㊀吸氣，吸進。說文：“歙，縮鼻也。”南朝宋鮑照石帆銘：“吐湘引漢，～蠡吞沱。”㊁收斂，收縮。與“張”相對。老子第三十六章：“將欲～之，必固張之。”淮南子兵略：“用兵之道…爲之以～，而應之以張。”㊂喜悅貌。漢書鮑宣傳：“發覺孫寵、息夫躬過惡，免官遣就國，衆庶～然，莫不說喜。”㊃〔歙歙〕①無所偏執貌。老子第四十九章：“聖人在天下，歙歙爲天下渾其心。”②互相附和貌。漢書楚元王傳：“衆小在位而從邪議，歙歙相是而背君子。”

2. shè 書涉切，入，葉韻，審三。緝部。

㊄同“攝”。捉持。世說新語輕詆：“彪以手～叔虎云：‘酷吏！’詞色甚彊。”㊅縣名。在今安徽省東南部。說文欠部：“歙，丹陽有歙縣。”

十 三 畫

歜 1. chù 尺玉切，音觸，入，燭韻，穿三。屋部。

㊀盛怒。說文：“歜，盛气怒也。”宋吴潛賀新郎和趙丞相見壽：“虚舟飄瓦何煩～。”

2. zǎn 徂感切，上，感韻，從。侵部。

㊁〔昌歜〕昌蒲葅。左傳僖公三十年：“冬，王使周公閱來聘，饗有昌歜。”杜預注：“昌歜，昌蒲葅。”字亦作“歜”。集韻感韻：“歜，昌蒲葅也，或从艸。”

歛 liǎn。

同“斂”。收聚。睡虎地秦墓竹簡爲吏之道：“賦～毋度。”淮南子覽冥：“馬爲整齊而～諧，投足調均。”

十 四 畫

歟 yú 以諸切，平，魚韻，喻四。魚部。

句末語氣詞，表示疑問或感歎。字本作“與”。史記屈原列傳：“子非三閭大夫～？”漢曹操論吏士行能令：“論者之言，一似管窺虎～？”

按，說文：“歟，安气也。”

十 五 畫

歠 chuò 昌悅切，音啜，入，薛韻，穿三。月部。

飲，喝。說文：“歠，歠也。”楚辭戰國屈原漁父：“衆人皆醉，何不餔其糟而～其釃？”文選漢枚乘七發：“小飰大～，如湯沃雪。”又用作名詞，指飲用之物。戰國策燕策一：“即酒酣樂，進熱～，即因反斗擊之。”

〔同源字〕歠，啜。二字同音。說文：“啜，嘗也。”墨子節用中：“飯於土塯，啜於土形。”荀子非相：“然而君子啜其羹，食其胾。”說文：“歠，歠也。”

十 七 畫

歔 chuī 昌垂切，音吹。平，支韻，穿三。藥部。

同“吹”。周禮春官籥師：“籥師掌教國子舞羽～籥。”

按，說文無歔字。

十 八 畫

歡 huān 呼官切，平，桓韻，曉。元部。

㊀喜悅，高興。說文：“歡，喜樂也。”左傳襄公八年：“～以承命，何時之有？”呂氏春秋大樂：“大樂，君臣、父子、長少之所～欣而說也。”引申爲交好。史記田敬仲完世家：“陽生素與乞～。”㊁樂府詩中相愛男女之稱。樂府詩集莫愁詩：“聞～下揚州，相送楚山頭。”又子夜歌：“～愁儂亦慘，郎笑儂更喜。”

〔同源字〕歡，懽，讙，諠，喧。見“讙”字條。

止　部

止 zhǐ 諸市切，上，紙韻，照三。之部。

❶足，脚。儀禮士昏禮："御衽于奥，媵衽良席在東，皆有枕，北～。"鄭玄注："止，足也。"漢書刑法志："當斬左～者，笞五百。"顔師古注："止，足也。"此義後來寫作"趾"。引申爲基址，基礎。説文："止，下基也。"❷棲息，居住。詩秦風黄鳥："交交黄鳥，～于桑。"又商頌玄鳥："邦畿千里，維民所～。"引申爲留，留住。論語微子："～子路宿。"❸停止。易艮："時～則～，時行則行，動静不失其時。"又蒙："山下有險，險而～。"引申爲阻止，禁止。左傳桓公六年："少師歸，請追楚師，隨侯將許之，季梁～之。"韓非子有度："～詐僞，莫如刑。"❹容止。詩鄘風相鼠："相鼠有齒，人而無～；人而無～，不死何俟！"鄭箋："止，容止。"❺副詞。僅，只。莊子天運："～可以一宿，而不可以久處。"唐杜甫無家别："内顧無所攜，近行～一身。"❻語氣詞。詩召南草蟲："亦既見～，亦既覯～。"毛傳："止，辭也。"

［備考］擊柷的椎子。爾雅釋樂："所以鼓柷謂之止。"

［辨］趾，止，址，阯。見"趾"字條。

［同源字］止，已。照喻旁紐，之部叠韻。詩鄭風風雨："鷄鳴不已。"毛傳："已，止也。"史記項羽本紀："以故事得已。"裴駰集解引應劭曰："已，止也。"廣韻："止，停也，休也。"

一　畫

正 1. zhèng 之盛切，去，勁韻，照三。耕部。

❶不偏，不斜。論語鄉黨："席不～不坐。"荀子君道："儀～而景～。"用作動詞，表示使正。論語堯曰："君子～其衣冠。"引申爲正當，合適。又子路："名不～則言不順。"❷作風正派，正直。論語憲問："晉文公譎而不～，齊桓公～而不譎。"管子權修："凡牧民者，欲民之～也。欲民之～，則微邪不可不禁也。"❸正法，治罪。周禮夏官大司馬："賊殺其親，則～之。"鄭玄注："正之者，執而治其罪。"❹君長，官長。書説命下："昔先～保衡，作我先王。"儀禮大射："樂～命大師曰。"引申爲嫡長。穀梁傳隱公四年："諸侯與～不與賢也。"又引申爲正副之正。隋書經籍志："補續殘缺～副二本，藏於宫中。"❺正值，對着。書堯典："日永星火，以～仲夏。"論語陽貨："其猶～牆面而立也歟？"❻恰好，正好。論語述而："～唯弟子不能學也。"世説新語德行："後賊追至，王欲舍所攜人，歆曰：'本所以疑，～爲此耳。'"❼［正正］整齊貌。孫子軍争："無邀正正之旗，勿擊堂堂之陳。"

2. zhēng 諸盈切，平，清韻，照三。耕部。

❽農曆每年第一個月。左傳隱公十年："十年春，王～月，公會齊侯、鄭伯于中丘。"亦泛指曆法。書甘誓："怠棄三～。"❾通"征"。賦税。周禮夏官司勳："惟加田無國～。"鄭玄注引鄭司農曰："正謂税也。"釋文："正，本亦作征。"❿箭靶中心。詩齊風猗嗟："終日射侯，不出～兮。"⓫［正營］惶恐貌。漢書王莽傳："人民正營，無所措手足。"

［備考］白晝。詩小雅斯干："噲噲其～，噦噦其冥。"毛傳："正，晝也。"朱熹集傳："正，向明之處。"

按，説文正字在正部。

二　畫

此 cǐ 雌氏切，上，紙韻，清。支部。

這，這個。詩小雅黄鳥："～邦之人，不我肯穀。"孟子公孫丑下："彼一時，～一時也。"

[備考]則，就。禮記大學："有德～有人，有人～有土，有土～有財，有財～有用。"清王引之經傳釋詞謂"此"猶"則也，即也"。

三 畫

步 bù 薄故切，去，暮韻，並。鐸部。

❶步行，行走。書武成："王朝～自周。"莊子田子方："夫子～亦～，夫子趨亦趨。"引申爲脚步，步伐。楚辭戰國屈原離騷："夫唯捷徑以窘～。"❷量詞，舉足兩次爲步。孟子梁惠王上："或百～而後止，或五十～而後止。"荀子勸學："不積跬～無以致千里。"又以六尺爲步。國語周語下："夫目之察度也，不過～武尺寸之間。"韋昭注："六尺爲步。"史記秦始皇本紀："輿六尺，六尺爲～。"❸水邊停船處（後起義）。唐柳宗元永州鐵爐步志："江之滸，凡舟可縻而上下者曰～。永州北郭有～曰鐵爐步。"

[同源字]浦，步，阜。見"浦"字條。

按，說文步字在步部。

四 畫

武 wǔ 文甫切，上，麌韻，微。魚部。

❶與軍事、戰争有關的事。書武成："偃～脩文。"孫子行軍："故令之以文，齊之以～。"亦指有關戰争的一種道德。左傳僖公三十年："以亂易整，不～。"❷勇武，勇猛。詩鄭風羔裘："羔裘豹飾，孔～有力。"後漢書孝安帝紀："舉～猛堪將帥者各五人。"❸士。淮南子覽冥："勇～一人，爲三軍雄。"高誘注："武，士也。江淮間謂士爲武。"史記淮南衡山列傳："即使辯～隨而說之。"裴駰集解引徐廣曰："淮南人名士爲武。"❹足迹。爾雅釋訓："武，迹也。"詩大雅生民："履帝～敏，歆。"毛傳："武，迹也。"楚辭戰國屈原離騷："忽奔走以先後兮，及前王之踵～。"❺繼承。詩大雅下武："下～維周，世有哲王。"毛傳："武，繼也。"❻半步爲武。國語周語下："夫目之察度也，不過步～尺寸之間。"韋昭注："賈君以半步爲武。"❼周代樂曲。論語八佾："子謂韶，盡美矣，又盡善也。謂～，盡美矣，未盡善也。"亦稱爲"大武"。

按，說文武字在戈部。

歧 qí 巨支切，平，支韻，羣。支部。

岔路。吕氏春秋疑似："故墨子見～道而哭之。"列子說符："～路之中又有～焉，吾不知所之，所以反也。"文選晉左思蜀都賦："羲和假道於峻～，陽烏迴翼乎高標。"引申爲叉開，分叉。後漢書張堪傳："桑無附枝，麥穗兩～。"

按，說文無歧字。

五 畫

歫 jù 其吕切，上，語韻，羣。魚部。

❶抗拒，阻止。說文："歫，止也。"段玉裁注："許無拒字，歫即拒也。"❷超越。漢書揚雄傳上："騰空虛，～連卷。"顔師古注："歫即距字也。"又爲至，距。漢書叙傳下："自兹～漢，北亡八支。"

[辨]距，歫，拒。見"距"字條。

六 畫

峙 1. chí 集韻陳知切，平，支韻，澄。之部。

❶[峙崌]雙聲聯緜字。徘徊不前貌。文選漢張衡四愁詩："路遠莫致倚峙崌，何爲懷憂心煩紆。"字亦作"峙躇"。宋書樂志引古詞豔歌羅敷行："使君從南來，五馬立峙躇。"

2. zhì 直里切，上，語韻，澄。之部。

❷儲備。爾雅釋詁下："峙，具也。"郭璞注："謂備具。"史記魯周公世家："魯人三郊三隧，～爾芻茭、糗糧、楨榦，無敢不逮。"裴駰集解引孔安國曰："皆當儲峙汝糧，使足食，多積芻茭，供軍牛馬。"

[同源字]跱，峙，峙。見"跱"字條。

九　畫

歲 suì 相鋭切，去，祭韻，心。月部。

❶木星，即歲星。説文："歲，木星也。"左傳襄公二十八年："～在星紀。"又指假想的歲星，即太歲。吕氏春秋序意："維秦八年，～在涒灘。"❷年。歲星運行一次爲一歲，後泛一年爲一歲。書堯典："朞，三百有六旬有六日，以閏月定四時成～。"詩王風采葛："一日不見，如三～兮。"又指光陰，時間。論語陽貨："日月逝矣，～不我與。"❸表示年齡的單位。詩魯頌閟宫："萬有千～，眉壽無有害。"吕氏春秋制樂："今夕熒惑其徙三舍，君延年二十一～。"又泛指年齡。唐韓愈入關詠馬詩："～老豈能充上駟？力微當自慎前程。"❹收成，年景。左傳昭公三十二年："閔閔焉如農夫之望～。"吕氏春秋制樂："～害則民飢，民飢必死。"

［辨］歲，祀，年，載。見"祀"字條。

十　畫

歰 sè 色立切，音澀，入，緝韻，審二。緝部。

❶不滑，苦澀。説文："歰，不滑也。"楚辭大招："四酎并孰，不～嗌止。"王逸注："飲之醲滑，入口稍釋不苦歰。"洪興祖補注："歰，不滑也。"❷口吃。方言一〇："讓，極，吃也。楚語也，或謂之軋，或謂之歰。"楚辭漢東方朔七諫初放："言語訥～兮，又無彊補。"王逸注："歰者，難也。"

［同源字］歰，澀，譅。見"譅"字條。

十二畫

歷 lì 郎擊切，入，錫韻，來。錫部。

❶經過，經歷。説文："歷，過也。"書君奭："故殷禮陟配天，多～年所。"漢書異姓諸侯年表："殷周之王，乃繇卨稷，修仁行義，～十餘世，至于湯武，然後放殺。"引申爲超過。孟子離婁下："禮，朝廷不～位而相與言，不踰階而相揖也。"吕氏春秋安死："孔子徑庭而趨，～級而上。"❷盡，遍。書盤庚下："今予其敷心腹腎腸，～告爾百姓于朕志。"❸依次列出。吕氏春秋季冬："令宰～卿大夫至于庶民土田之數，而賦之犧牲，以供山林名川之祀。"❹選擇，推算。文選戰國屈原離騷經："靈氛既告余以吉占兮，～吉日乎吾將行。"李周翰注："歷，選也。"又漢司馬相如上林賦："於是～吉日以齋戒。"李善注引張揖曰："歷，筭也。"❺歷法，歷算。易革："君子以治～明時。"大戴禮記曾子天圓："聖人慎守日月之數，以察星辰之行，以序四時之順逆，謂之～。"❻察看。爾雅釋詁下："歷，相也。"禮記郊特牲："簡其車賦，而～其卒伍。"❼稀疏。文選戰國宋玉登徒子好色賦："其妻蓬頭攣耳，齞脣～齒。"李善注："歷，猶疎也。"❽馬厩，後作櫪。漢書梅福傳："伏～千駟，臣不貪也。"❾通"鬲"。釜鬲。史記滑稽列傳："以壠竈爲椁，銅～爲棺。"司馬貞索隱："歷，即釜鬲也。"

十四畫

歸 1. guī 舉韋切，平，微韻，見。微部。

❶女子出嫁。説文："歸，女嫁也。"詩周南桃夭："之子于～，宜其室家。"春秋莊公元年："王姬～于齊。"❷返回。詩小雅杕杜："女心悲止，征夫～止。"孫子軍爭："避其鋭氣，擊其惰～。"❸歸還。春秋文公十三年："所不～爾帑者，有如河！"史記藺相如列傳："城不入，臣請完璧～趙。"❹歸附。詩大雅泂酌："豈弟君子，民之所～。"吕氏春秋懷寵："故義兵至，則鄰國之民～之若流水。"❺結局，歸宿。易繫辭下："天下同～而殊塗。"管子形勢："異趣而同～，古今一也。"

2. kuì 集韻求位切，去，至韻，羣。微部。

❻饋贈。春秋隱公元年："天王使宰咺來～惠公、仲子之賵。"論語陽貨："陽貨欲見孔子，孔子不見，～孔子豚。"

[備考]通“愧”。慚愧。戰國策秦策一：“面目犂黑，狀有～色。”高誘注：“歸，當作愧，愧，慚也。”

[同源字]歸，饋。見“饋”字條。

歹 部

[歹部總論]

歹爲去肉殘骨，故歹部之字多與死亡、凶災等有關，例如：歺，死，歿，殀，歾，殂，殊，殍，殞，殣，殤，殪，殭，殧，殃，殘，殨，殆，殑，殯，殮等等。個别字與死亡凶災關係不大，例如：殖，殰，殢等。

歹 1. è 五割切，入，曷韻，疑。月部。

字本作𣦵，俗作歹。㊀剔去肉以後的殘骨。説文：“歹，𠛱骨之殘也。”

2. dǎi 字彙歹部多改切，戴上聲。

㊁壞，“好”的反面。元曲選關漢卿竇娥冤：“地也，你不分好～何爲地?”又李文蔚燕青博魚：“您兄弟不是～人。”

二　畫

歺 1. xiǔ 許久切，上，有韻，曉。幽部。

㊀腐爛。説文：“歺，腐也。”墨子尚同上：“腐～餘財，不以相分。”

2. guǎ 音寡。

㊁剔肉。列子湯問：“楚之南有炎人之國，其親戚死，～其肉而棄之，然後埋其骨，迺爲孝子。”殷敬順釋文：“歺，本作冎，音寡，剔肉也。”

死 sǐ 息姊切，上，旨韻，心。脂部。

㊀死亡，生命終結。與“生”相對。論語爲政：“生，事之以禮；～，葬之以禮。”老子第七十四章：“民不畏～，奈何以～懼之。”又指屍體。左傳哀公十六年：“白公奔山而縊，其徒微之。生拘白乞而問白公之～焉。”吕氏春秋離謂：“鄭之富人有溺者，人得其～者。”㊁熄滅，止息。莊子齊物論：“形固可使如槁木，而心固可使如～灰乎?”荀子大略：“流言止焉，惡言～焉。”又指不動。銀雀山漢墓竹簡孫臏兵法地葆：“北注之水，～水；不流，～水也。”㊂失去知覺，壞死(後起義)。唐杜甫乾元中寓居同谷縣作歌：“中原無書歸不得，手脚凍皴皮肉～。”唐柳宗元捕蛇者説：“永州之野産異蛇，…可以已大風、攣踠、瘻癘、去～肌，殺三蟲。”㊃表示極度(後起義)。元曲選楊文奎兒女團圓：“父親喜歡～他。”

[辨]亡，死。見“亡”字條。

四　畫

歿 1. mò 莫勃切，入，没韻，明。物部。

㊀同“歾”。死。國語晉語四：“管仲～矣，多讒在側。”吕氏春秋誠廉：“二子西行如周，至於岐陽，則文王已～矣。”引申爲終，盡。國語晉語七：“公使祁午爲軍尉，～平公，軍無秕政。”墨子非命上：“古者湯封於亳，…未～其世，而王天下。”㊁落。玉篇：“歿，落也。”三國魏曹植升天行：“日出登東幹，既夕～西枝。”

2. wěn 音吻。

㊂通“刎”。刎頸。吕氏春秋離俗：“三日不得，却而自～。”

[同源字]歿，没。二字同音。説文：“没，沈也。”荀子議兵：“若赴水火，入焉焦没耳。”説文：“歾，終也，歿，歾或从𠬧。”廣韻：“歿，死也。”字本作没，左傳僖公二十二年：“楚王其

不没乎！”杜預注：“不以壽終。”古人用沈没比喻死亡，没是死的委婉説法，後來易水旁爲歹旁，作歿。

按，説文歿爲歿之或體。

殉 xiōng 許容切，平，鍾韻，曉。東部。

凶惡。吕氏春秋審時：“四衛變强，～氣不入，身無苛殃。”漢書藝文志：“然星事～悍，非湛密者弗能由也。”顔師古注：“殉，讀與凶同。”

按，説文無殉字。

殀 yāo 於兆切，上，小韻，影。宵部。

❶短命，夭折。孟子盡心上：“～壽不貳，修身以俟之，所以立命也。”楚辭戰國屈原離騷：“曰鮌婞直以亡身兮，終然～乎羽之野。”王逸注：“蚤死曰殀。”❷摧折，斬殺。禮記王制：“不殺胎，不～夭。”

按，説文無殀字。

歿 1. mò 莫勃切，音没，没韻，明。物部。

❶死。説文：“歿，終也。”左傳僖公二十二年：“叔詹曰：‘楚王其不～乎？’”引申爲盡。漢揚雄太玄叜：“詘其節，執其術，共所～。”范望注：“歿，盡也。”

2. wěn 集韻武粉切，上，吻韻，微。文部。

❷通“刎”。刎頸。荀子彊國：“人知貴生樂安而棄禮義，辟之是猶欲壽而～頸也。”

五　畫

殂 cú 昨胡切，平，模韻，從。魚部。

死。説文：“殂，往死也。”王筠句讀：“殂之言徂也。徂，往也，此謂不忍死其君者，諱而言殂也。”書舜典：“二十有八載，帝乃～落。”孔穎達疏引郭璞曰：“乃死謂之殂落者，蓋殂爲往也，言人命盡而往；落者，若草木葉落也。”三國志蜀書諸葛亮傳：“先帝創業未半而中道崩～。”

［同源字］殂，徂。二字同音。爾雅釋詁：“徂，往也。”書大禹謨：“汝徂征。”僞孔傳：“徂，往也。”殂亦往也，諱言死而言往，例見上。

殃 yāng 於良切，平，陽韻，影。陽部。

災禍，災害。左傳莊公二十年：“哀樂失時，～咎必至。”吕氏春秋孟春：“是月也，不可以稱兵，稱兵必有天～。”又用作動詞，殘害。孟子告子下：“不教民而用之，謂之～民。”

殆 dài 徒亥切，上，海韻，定。之部。

❶危險。説文：“殆，危也。”老子第三十三章：“知止可以不～。”孫子謀攻：“知彼知己，百戰不～。”又用作動詞，危害。荀子彊國：“威動海内，彊～中國。”❷近乎，幾乎。荀子王制：“若是，則大事～乎弛，小事～乎遂。”禮記檀弓下：“哀哉，死者而用生者之器也，不～於用殉乎哉？”❸大概，恐怕。左傳僖公二十三年：“離外之患，而天不靖晉國，～將啟之。”孟子盡心下：“國人皆以爲夫子將復爲發棠，～不可復。”❹通“怠”。懈殆。詩商頌玄鳥：“商之先后，受命不～。”商君書農戰：“農者～則土地荒。”

［同源字］紿，詒，殆。見“紿”字條。

殄 tiǎn 徒典切，上，銑韻，定。文部。

❶盡。爾雅釋詁上：“殄，盡也。”説文：“殄，盡也。”書畢命下：“商俗靡靡，利口惟賢，餘風未～，公其念哉？”淮南子本經：“上掩天光，下～地財。”高誘注：“殄，盡也。”又用作滅絶，消滅。書盤庚中：“我乃劓～滅之。”史記秦始皇本紀：“武～暴逆，文復無罪。”❷疲敝。國語魯語上：“鑄名器，藏寶財，固民之～病是待。”

［備考］詩邶風新臺：“燕婉之求，籧篨不～。”毛傳：“殄，絶也。”鄭箋：“殄當作腆，腆，善也。”

六　畫

殊 shū 市朱切，平，虞韻，禪。侯部。

❶死。説文：“殊，死也。”莊子在宥：“今世～死者相枕也。”漢書淮南王安傳：“太子自

到，不～。”❷繼絶。爾雅釋詁下：“殊，斷也。”左傳昭公二十三年：“武城人塞其前，斷其後之木而弗～。”❸異，不同。易繫辭下：“天下同歸而～塗。”吕氏春秋貴當：“此賢者不肖之所以～也。”引申爲區分。史記太史公自序：“法家不别親疏，不～貴賤，一斷於法。”❹特殊，出衆。吕氏春秋侈樂：“夏桀、殷紂作爲侈樂，大鼓鐘磬管簫之音，以鉅爲美，以衆爲觀，俶詭～瑰，耳所未嘗聞，目所未嘗見。”漢書王莽傳：“高皇帝褒賞元功，相國蕭何邑户既倍，又蒙～禮。”引申爲超過。後漢書梁竦傳：“母氏年～七十。”李賢注：“殊，猶過也。”❺副詞。極，根本。戰國策趙策四：“老臣今者～不欲食。”吕氏春秋去宥：“～不見人，徒見金耳。”

殉 xùn 辭閏切，去，稕韻，邪。真部。

❶用人陪葬。左傳文公六年：“秦伯任好卒，以子車氏之三子奄息、仲行、鍼虎爲～。”墨子節葬：“天子殺～，衆者數百，寡者數十。”❷爲追求道義、理想或某種事物而死。莊子盜跖：“小人～財，君子～名。”戰國策燕策一：“將軍市被，死以～國。”❸追求，營求。晉陸機豪士賦序：“游子～高位於生前，志士思重名於身後。”❹通“徇”。巡行。後漢書李固傳：“南陽人董班亦往哭固，而～尸不肯去。”李賢注：“殉，巡也。”

按，説文無殉字。

殈 xù 呼昊切，入，錫韻，曉。質部。

鳥卵未孵成而破裂。禮記樂記：“胎生者不殰，而卵生者不～。”鄭玄注：“殈，裂也。”釋文：“鳥坼不成曰殈，猶裂也。”

按，説文無殈字。

七　畫

殑 1. qíng 其矜切，平，蒸韻，羣。

❶〔殑祾〕叠韻聯緜字。疲困貌。唐元稹紀懷贈李六户曹崔二十功曹五十韻：“荒居鄰鬼魅，羸馬步殑祾。”

2. jìng 集韻居陵切，平，蒸，見。

❷欲死。明劉基贈道士蔣玉壺長歌：“洞見曛朗眩遥瞪，瘁肌砭髓魂欲～。”

按，説文無殑字。”

殍 piǎo 平表切，上，小韻，並。幽部。

餓死的人。孟子盡心下：“用其二而民有～。”漢仲長統昌言損益：“立望餓～之滿道。”

按，説文無殍字。

八　畫

祾 1. líng 力膺切，平，蒸韻，來。

❶〔祾殑〕叠韻聯緜字。鬼魂出行貌。玉篇：“祾，祾殑，鬼出皃。”唐柳宗元祭李中明文：“魂鬼以行，中道祾殑兮。”

2. lèng 魯鄧切，去，嶝韻，來。

❷〔祾殩〕困病貌。見集韻。

殖 zhí 常職切，入，職韻，禪。職部。

❶繁殖，生長。國語晉語四：“同姓不婚，惡不～也。”荀子堯問：“草木～焉，鳥獸育焉。”❷種植。書吕刑：“稷降播種，農～嘉穀。”左傳襄公三十年：“我有田疇，子産～之。”引申爲樹立。國語周語下：“上得民心，以～義方。”韋昭注：“殖，立也。”❸貨殖，經商。列子楊朱：“子貢～于衛。”張湛注：“殖，貨殖。”❹〔殖殖〕平正貌。詩小雅斯干：“殖殖其庭，有覺其楹。”毛傳：“殖殖，平正也。”

〔同源字〕植，殖。見“植”字條。

殘 cán 昨干切，平，寒韻，從。元部。

❶殺，傷害。説文：“殘，賊也。”周禮夏官大司馬：“放弑其君，則～之。”鄭玄注：“殘，殺也。”吕氏春秋權勳：“故小利，大利之～也。”❷消滅，毁滅。莊子胠篋：“殫～天下之聖法，而民始可與議論。”戰國策中山策：“魏文侯欲～中山。”高誘注：“殘，滅之也。”❸殘廢，殘缺。文選漢司馬遷報任安書：“顧自以爲身～處穢。”又楚元王傳：“猶欲保～守缺，挾恐見破之私意。”引申爲剩餘。列子湯問：“甚矣，

汝之不惠，以～年餘力，曾不能毀山之一毛。”㊃凶暴，凶暴的人。書泰誓：“取彼凶～。”孟子梁惠王下：“～賊之人，謂之一夫。”

［備考］雕鑿。莊子馬蹄：“故純樸不～，孰爲犧尊。”成玄英疏：“不殘，未雕也。”

［同源字］①殘，戕。從母雙聲，陽元通轉。小爾雅廣言：“戕，殘也。”詩小雅十月之交：“曰予不戕。”鄭箋：“戕，殘也。”説文：“殘，賊也。”

②殘，歺。二字同音。説文：“歺，禽獸之所食餘也。”玉篇：“殘，食餘也。”

殗 yè 於業切，入，業韻，影。葉部。

㊀［殗殜］叠韻聯緜字。小病。方言二：“自關而西，秦晉之間，凡病而不甚曰殗殜。”郭璞注：“病半卧半起也。”㊁重叠。文選晉左思吳都賦：“重葩～葉。”李善注：“殗，重也，葉重叠貌。”

按，説文無殗字。

殛 jí 紀力切，入，職韻，見。職部。

誅殺。爾雅釋言：“殛，誅也。”書湯誓：“有夏多罪，天命～之。”左傳僖公二十八年：“有渝此盟，明神～之。”

矮 wēi 於爲切，平，支韻，影。微部。

病。説文：“矮，病也。”又指植物枯萎。鹽鐵論未通：“樹木數徙則～。”

殙 1. hūn 呼昆切，平，魂韻，曉。文部。

字本作“殙”。㊀神志昏亂。莊子達生：“以瓦注者巧，以鉤注者憚，以黄金注者殙。”成玄英疏：“用黄金賭者，既是極貴之物，矜而惜之，故心智昏亂而不中也。”

2. mèn 集韻莫困切，去，恨韻，明。文部。

㊀氣絶。吕氏春秋論威：“知其不可久處，則知所免起鳧舉死～之地矣。”高誘注：“殙，讀氣絶之悶。”

九　畫

殜 dié 直葉切，入，葉韻，澄。葉部。

㊀［殗殜］見“殗”字條。㊁［殜殜］氣息微弱貌。唐張鷟朝野僉載卷二：“又令諸司百官射，箭如蝟毛，仍氣殜殜然微動。”

按，説文無殜字。

十　畫

殫 cuō 昨何切，平，歌韻，從。

小疫病。玉篇：“殫，小疫也。”唐柳宗元奉寄澧州張員外使君詩：“渚行狐作孽，林宿鳥爲～。”

按，説文無殫字。

殟 wēn 烏渾切，平，魂韻，影。文部。

㊀突然失去知覺。楚辭漢王逸九思逢尤：“仰長歎兮氣餶結，悒～絶兮呫復蘇。”㊁［殟殁］舒緩貌。文選漢傅毅舞賦：“超趨鳥集，縱弛殟殁。”李善注：“殟殁，舒緩貌。”

按，説文：“殟，胎敗也。”段玉裁改爲“殟，暴無知也。”並注云：“各本作‘胎敗也’，誤同‘殰’解，玄應書卷八、卷十三、十四皆引説文：‘殟，暴無知也。’聲類：‘烏殟，欲死也。’今據正。”

殞 yǔn 于敏切，上，軫韻，喻三。文部。

㊀死亡。史記漢興以來諸侯年表：“大者叛逆，小者不軌於法，以危其命，～身亡國。”三國志蜀書先主傳：“歷年未效，常恐～没。”㊁落，墜落。荀子賦：“列星～墜，旦暮晦盲。”淮南子泰族：“聞者莫不～涕。”

［同源字］殞，隕，霣，磒。見“隕”字條。

按，説文無殞字。

殠 chòu 尺救切，音臭，去，宥韻，穿三。幽部。

腐朽的氣味。説文：“殠，腐氣也。”漢書楊敞傳：“冒頓單于得漢美食好物，謂之～惡。”又楊王孫傳：“昔帝堯之葬也，其穿下不露泉，上不泄～。”

［辨］臭，嗅，齅，殠。見“臭”字條。

十一畫

殥 yín 字彙補翼真切。真部。

荒遠之地。淮南子地形:"九州之外,乃有八～。"高誘注:"殥,猶遠也。"

按,説文無殥字。

殣 jìn 渠遴切,去,震韻,羣。文部。

㊀餓死的人。左傳昭公三年:"道～相望。"杜預注:"餓死爲殣。"大戴禮記千乘:"道無～者。"㊁葬,掩埋。荀子禮論:"刑餘罪人之喪,不得飾棺,不得晝行,以昏～,凡緣而往埋之。"

[備考]通"覲"。覲見。漢書禮樂志:"神裴回若留放,～冀親以肆章。"顔師古注:"孟康曰:'殣音覲。'言神靈裴回,留而不去,故我得覲見。"

按,説文:"殣,道中死人,人所覆也。"國語楚語下:"道～相望。"韋昭注:"道冢曰殣。"與杜預左傳注異。

殢 tì 他計切,音替,去,霽韻,透。

滯留。唐李白峨嵋山月歌送蜀僧晏詩:"我似浮雲～吴越,君逢聖主遊丹闕。"五代吴越羅隱西京崇德里居詩:"進乏梯媒退又難,長隨豪貴～長安。"引申爲糾纏,沉緬。唐李山甫柳十首之九:"～着春風別有情。"唐許渾送別詩:"莫～酒杯閒過日。"

按,説文無殢字。

殤 shāng 式羊切,平,陽韻,審三。陽部。

㊀未成年而死。儀禮喪服:"年十九至十六爲長～,十五至十二爲中～,十一至八歲爲下～,不滿八歲以下,皆爲無服之～。"又指未成年人的葬禮。禮記檀弓下:"魯人欲勿～重汪踦。"㊁指戰死者。楚辭屈原九歌有國殤,王逸注:"國殤,謂死於國事者。"

十二畫

殪 yì 於計切,去,霽韻,影。質部。

㊀射死。詩小雅吉日:"發彼小豝,～此大兕。"毛傳:"殪,一發而死。"左傳定公八年:"籍丘子鉏擊之,與一人俱斃。偃,且射子鉏,中頰,～。"又泛指死。説文:"殪,死也。"左傳隱公九年:"衷戎師前後擊之,盡～。"吕氏春秋決勝:"若鷙鳥之擊也,搏攫則～,中木則碎。"㊁仆倒。後漢書光武帝紀上:"莽兵大潰,走者相騰踐,奔～百餘里間。"李賢注:"殪,仆也。"

[備考]同"瘞"。埋。儀禮覲禮"祭川沈,祭地瘞"鄭玄注:"古文瘞作殪。"

[同源字]殪,一,壹。一壹同音,與殪雙聲兼疊韻。禮記禮運:"欲一以窮之。"孔穎達疏:"一,謂專一。"説文:"壹,專一也。"儀禮士相見禮:"君答壹拜。"鄭玄注:"古文壹作一。"國語晉語八:"昔吾先君唐叔射兕于徒林,殪,以爲大甲。"韋昭注:"一發而死曰殪。"

殫 dān 都寒切,平,寒韻,端。元部。

㊀盡。莊子胠篋:"～殘天下之聖法,而民始可與議論。"吕氏春秋本味:"不謀而親,不約而信,相爲～智竭力,犯危行苦,志驩樂之。"㊁通"憚"。懼。文選漢班固西都賦:"六師發逐,百獸駭～。"

十三畫

殭 jiāng 居良切,平,陽韻,見。陽部。

㊀死而不朽。玉篇:"殭,死不朽也。"引申爲僵硬。唐盧仝月蝕詩:"森森萬木夜～立。"㊁仆倒。三國志魏書武文世王公傳評裴松之注引魏氏春秋:"故語曰:'百足之蟲,死而不～。'以扶之者衆也。"用作使動。潛夫論忠貴:"掊死深穽,銜刀都市,～屍破家,覆宗滅族者,皆無功於民氓者也。"

按,説文無殭字。

殮 liàn 力驗切,去,豔韻,來。

給死人穿衣入棺。"斂"的後起字。南史任昉傳:"雜木爲棺,浣衣以～。"

按,説文無殗字。

十 四 畫

殯 bìn 必刃切,去,震韻,幫。真部。

停柩待葬。説文:"殯,死在棺,將遷葬柩,賓遇之。"論語鄉黨:"朋友死,無所歸,曰:'于我～。'"禮記檀弓上:"夏后氏～於東階之上。"也指靈柩。左傳昭公五年:"以書使杜洩告於～。"杜預注:"告叔孫之柩。"

[備考]通"賓"。賓客。禮記曾子問:"而後辭於～,遂脩葬事。"鄭玄注:"殯,當爲賓,聲之誤也。"

[同源字]賓,儐,殯。見"賓"字條。

十 五 畫

殰 dú 徒谷切,入,屋韻,定。屋部。

胎未出生而死。説文:"殰,胎敗也。"禮記樂記:"胎生者不～。"鄭玄注:"内敗曰殰。"漢書匈奴傳:"匈奴孕重墮～,罷極苦之。"

十 七 畫

殲 jiān 子廉切,平,鹽韻,精。談部。

殺盡,滅盡。爾雅釋詁下:"殲,盡也。"春秋莊公十七年:"齊人～於遂。"後漢書王允傳:"卓既～滅,自謂無復患難。"引申爲死。玉篇:"殲,死也。"唐杜甫詠懷古跡之五:"運移漢祚終難復,志決身～軍務勞。"

[備考]刺。禮記文王世子"則纖剸",鄭玄注:"纖讀爲殲,殲,刺也。"

殳 部

[殳部總論]

殳部字大多與擊、殺之義有關,例如:段,殺,毄,敲,毆等,有些字本不在殳部,與擊、殺義無關,例如:豰,瞉等。

殳 shū 市朱切,音殊,平,虞韻,禪。侯部。

兵器名,以竹木製成,一端有棱而無刃。詩衛風伯兮:"伯也執～,爲王前驅。"毛傳:"殳長丈二而無刃。"左傳昭公二十一年:"張匄抽～而下,射之,折股。"杜預注:"殳長丈二,在車邊。"

[同源字]殳,杸。説文:"殳,以杸殊人也。""杸,軍士所執殳也。"徐灝注箋:"古通作殳,後增木旁作杸也。"説文以杸爲名詞,以殳爲動詞,是强生分别。

五 畫

投 zhù 字彙補朱遇切,音注。侯部。

下賭注。吕氏春秋去尤:"以瓦～者翔,以鉤～者戰,以黄金～者殆。"

按,説文無投字。

段 duàn 徒玩切,去,换韻,定。元部。

❶錘擊。説文:"段,椎物也。"周禮考工記輈人有"～氏爲鎛器",段氏即指鍛鑄工。此義後來寫作"鍛"。❷截斷,分開。銀雀山漢墓竹簡孫臏兵法擒龐涓:"於是～齊城、高唐爲兩,直將蟻傅平陵。"又用作量詞。晉書鄧遐傳:"遐揮劍截蛟數～而出。"❸〔段脩〕經捶治並加薑桂的干肉。禮記昏義:"婦執笲、棗、栗、段脩以見。"釋文:"段,本又作腶,或作鍛,同。…加薑桂曰段脩。"此義後來寫作"腶脩"。❹卵孵未成。管子五行:"然則羽卵者不～。"此義後來寫作"毈"。❺錦緞。唐杜甫戲爲雙松圖歌:"我有一匹黄素絹,重之不減錦繡～。"此義後來寫作"緞"。

[同源字]①段，斷。二字雙聲兼叠韻。説文："斷，截也。"通常寫作"斷"。易繫辭下："斷木爲杵。"釋文："斷，斷絶。"釋名釋言語："斷，段也，分爲異段也。"廣韻："段，分段也。"

②段，碫，鍛，腶。見"碫"字條。

六　畫

殷 1. yīn 於斤切，平，欣韻，影。文部。

❶樂盛。説文："殷，作樂之盛稱殷。"段玉裁注："此殷之本義也。"❷盛大，衆多。易豫："先王以作樂崇德，～薦之上帝。"詩鄭風溱洧："士與女，～其盈矣。"毛傳："殷，衆也。"引申爲深。文選三國魏阮籍詠懷詩："感物懷～憂，悄悄令人悲。"〔殷轔〕繁盛貌。文選漢揚雄甘泉賦："八神奔而警蹕兮，振殷轔而軍裝。"李善注："殷轔，言盛多也。"❸富足。史記蘇秦列傳："家～人足，志高氣揚。"又文帝紀："是以海内～富。"❹正當，正值。書堯典："日中星鳥，以～仲春。"僞孔傳："殷，正也。"史記天官書："杓攜龍角，衡～南斗，魁枕參首。"司馬貞索隱引宋均曰："殷，當也。"❺〔殷殷〕①憂傷貌。詩邶風北門："出自北門，憂心殷殷。"②衆多貌。吕氏春秋慎人："丈夫女子，振振殷殷，無不戴説。"

2. yān 烏閑切，平，山韻，影。文部。

❻黑紅色。左傳成公二年："左輪朱～。"杜預注："今人謂赤黑色爲殷。"

3. yǐn 集韻倚謹切，上，隱韻，影。文部。

❼雷聲。詩召南殷其雷："～其靁，在南山之陽。"毛傳："殷，雷聲也。"引申爲震動。文選漢司馬相如上林賦："車騎雷起，～天動地。"郭璞注："殷，猶震也。"唐杜甫自京赴奉先縣詠懷五百字："君臣留懽娱，樂動～膠葛。"

七　畫

殺 1. shā 所八切，入，黠韻，審二。月部。

❶殺死，殺戮。説文："殺，戮也。"詩豳風七月："朋酒斯饗，曰～羔羊。"論語衛靈公："志士仁人，無求生以害仁，有～身以成仁。"引申爲滅除。禮記月令："燒薙行水，利以～草。"❷草木枯死。吕氏春秋應同："及禹之時，天先見草木秋冬不～。"又指收割。吕氏春秋圜道："大而成，成乃衰，衰乃～，～乃藏。"❸用在詞尾，表示極度。文選古詩十九首之一四："白楊多悲風，蕭蕭愁～人。"❹收尾，結束。晉書衛瓘傳："杜氏～字甚安，而書體微瘦。"

2. shài 所拜切，去，怪韻，審二。月部。

❺減省。周禮地官廩人："若食不能人二鬴，則令邦移民就穀，詔王～邦用。"鄭玄注："殺，猶減也。"公羊傳僖公二十二年："春秋辭繁而不～者，正也。"何休注："殺，省也。"❻衰，衰微。儀禮士冠禮："德之～也。"吕氏春秋長利："是故地日削，子孫彌～。"❼等差，等級。禮記中庸："親親之～，賢賢之等，禮所生也。"

[備考]掩藏屍體下肢的布袋。儀禮士喪禮："冒，緇質長與手齊，䞓～掩足。"鄭玄注："冒，韜尸者，制如直囊，上曰質，下曰殺。"

3. sà 集韻桑葛切，入，曷韻，心。月部。

❽顔色暗淡。史記扁鵲倉公列傳："故傷脾之色也，望之～然黄，察之如死青之兹。"

[辨]誅，殺，弒。見"誅"字條。

八　畫

殻 qiào 苦角切，入，覺韻，溪。屋部。

堅硬的外皮。論衡超奇："有實核於内，有皮～於外。"後漢書張衡傳："玄武縮於～中兮，螣蛇蜿而自糾。"李賢注："殻，龜甲也。"

按，説文作㱿字。

殽 1. xiáo 胡茅切，平，肴韻，匣。宵部。

❶混雜。説文："殽，相雜錯也。"莊子齊物論："仁義之端，是非之塗，樊然～亂，吾惡能知其辯。"漢書食貨志下："鑄作錢布，皆用銅，～以連錫。"❷通"肴"。肉，菜肴。詩小雅正月："彼有旨酒，又有嘉～。"左傳宣公十六年："定王享之，原襄公相禮，～烝。"杜預注：

“烝,升也。升殽於俎。”㊂山名。左傳僖公三十二年:“晉人禦師必於~。”

2. xiào 集韻後教切,去,效韻,匣。宵部。

㊃通“效”。效法。禮記禮運:“是故夫禮,必本於天,~於地。”釋文:“殽,法也。”

九　畫

毄 1. jī 集韻吉歷切,入,錫韻,見。錫部。

㊀擊打,攻擊。周禮考工記廬人:“~兵同强。”賈公彥疏:“以殳長丈二而無刃,可以毄打人,故云毄兵。”馬王堆漢墓帛書戰國縱横家書蘇秦謂齊王:“宋以淮北與齊講,王功(攻)之,~夕信。”㊁拂拭。周禮考工記弓人:“和弓~摩。”鄭玄注:“毄,拂也。”

2. jì 集韻吉詣切,去,霽韻,見。錫部。

㊂飼養。漢書景帝紀:“郡國或磽陿,無所農桑~畜。”顔師古注:“毄謂食養之。”

按,説文作毄字。

殿 diàn 堂練切,去,霰韻,定。文部。

㊀行軍走在最後。論語雍也:“孟之反不伐,奔而~。”左傳襄公二十六年:“晉人寘諸戎車之~以爲謀主。”引申爲末等。史記絳侯周勃世家:“擊章邯車騎,~。”裴駰集解引孫檢曰:“一説上功曰最,下功曰殿。”㊁鎮守。詩小雅采菽:“樂只君子,~天子之邦。”毛傳:“殿,鎮也。”左傳成公二年:“此車一人~之,可以集事。”㊂高大的房屋。莊子説劍:“莊子入~門不趨,見王不拜。”戰國策魏策四:“倉鷹擊於~上。”

[備考]擊聲。説文:“殿,擊聲也。”段玉裁注:“此字本義未見。”

毀 huǐ 許委切,上,紙韻,曉。微部。

㊀破壞,毀壞。説文:“毀,缺也。”詩豳風鴟鴞:“既取我子,無~我室。”孫子謀攻:“~人之國,而非久也。”特指居喪過於哀傷而毀壞身體。孝經喪親:“教民無以死傷生,~不滅性,此聖人之政也。”韓非子内儲説上:“宋崇門之巷人,服喪而~,甚瘠。”㊁誹謗,毀謗。論語衛靈公:“吾之於人也,誰~誰譽?”吕氏春秋察今:“天下之學者多辯,言利辭倒,不求其實,務以相~,以勝爲故。”

十　畫

毃 qiāo 苦角切,入,覺韻,溪。藥部。

擊頭,擊。説文:“毃,擊頭也。”段玉裁注:“吕氏春秋曰:‘死而操金椎以葬,曰下見六王五伯,將~其頭矣。’按毃今本譌毃。”按,段引吕氏春秋見仲冬紀當務,畢沅校本已改“毃”爲“毃”。字後來寫作“敲”。左傳定公二年:“奪之杖以敲之。”釋文:“敲,説文作毃。”

十一畫

毅 yì 魚既切,去,未韻,疑。物部。

㊀堅定,果斷。説文:“毅,一曰有決也。”論語泰伯:“士不可以不弘~。”何晏注:“毅,强而能斷也。”左傳宣公二年:“殺敵爲果,致果爲~。”㊁殘酷,嚴酷。韓非子内儲説上:“殷之法,棄灰于公道者斷其手,子貢曰:‘棄灰之罪輕,斷手之罰重,古人何太~也?’”舊注:“毅,酷也。”

[備考]盛怒。説文:“毅,妄怒也。”段玉裁注:“凡氣盛曰妄。”

毆 1. ōu 烏侯切,平,侯韻,影。侯部。

㊀捶擊,擊打。史記留侯世家:“良鄂然,欲~之。”論衡訂鬼:“病者困劇,身體痛,則謂鬼持捶杖~擊之。”

2. qū 集韻虧于切,平,虞韻,溪。侯部。

㊁驅趕,驅使。文選戰國宋玉風賦:“~温致濕。”李善注:“毆,古驅字。”漢書食貨志上:“今~民而歸之農,皆著於本,使天下各食其力。”顔師古注:“毆,亦驅字。”

3. ǒu 烏后切,上,厚韻,影。

㊂通“嘔”。嘔吐。晉常璩華陽國志後賢志:“囚稷,欲以送皓,稷~血死。”

十 二 畫

磬 sháo 市昭切,音韶,平,宵韻,禪。宵部。

同"韶"。舜樂舞名。周禮春官大司樂:"以樂舞教國子,舞雲門、大卷、大咸、大～、大夏、大濩、大武。"鄭玄注:"大磬,舜樂也。"

按,説文爲韶字籀文。

毀 huǐ 許委切,音毁,上,紙韻,曉。微部。

❶舂米使精。説文:"毀,米一斛舂爲八斗也。"淮南子主術:"大羹之和,粢食不～。"高誘注:"毀,細也。"❷粥。廣雅釋器:"毀,饘也。"

毈 duàn 徒玩切,去,换韻,定。元部。

卵不能孵出小鳥。説文:"毈,卵不孚也。"吕氏春秋明理:"鷄卵多～。"淮南子原道:"獸胎不䏈,鳥卵不～。"高誘注:"卵不成鳥曰毈。"

十 三 畫

彀 què 苦角切,音確,入,覺韻,溪。

卵。晉束晳近遊賦:"貰雞～於歲首。"唐韓愈孟郊納涼聯句:"筐實摘林珍,盤肴饋禽～。"

按,説文無彀字。

十 四 畫

毉 yī 於其切,音醫,平,之韻,影。之部。

同"醫"。醫治。漢揚雄太玄常:"疾其疾,能自～也。"漢書蘇武傳:"衛律驚,自抱持武,馳召～。"

按,説文無毉字。

毋 部

毋 1. wú 武夫切,平,虞韻,微。魚部。

❶不要,表示禁止。詩小雅角弓:"～教猱升木。"鄭箋:"毋,禁辭。"史記項羽本紀:"～妄言,族矣!"❷不,表示否定。吕氏春秋直諫:"寡人與大夫能皆～忘夫子之言,則齊國之社稷幸于不殆矣。"史記張儀列傳:"秦攻楚之西,韓梁攻其北,社稷安得～危?"❸無,没有。韓非子顯學:"儒俠～軍勞。"史記秦始皇本紀:"身自持築臿,脛～毛。"

2. móu 集韻迷浮切,平,侯韻,明。魚部。

❹〔毋追〕夏代冠名。禮記郊特牲:"毋追,夏后氏之道也。"鄭玄注:"常所服以行道之冠也。"

[辨]勿,毋。見"勿"字條。

毌 guàn 古玩切,去,换韻,見。

❶古"貫"字。❷姓。由毌丘複姓分出。

[同源字]貫,毌,慣,關。見"貫"字條。

一 畫

母 mǔ 莫厚切,上,厚韻,明。之部。

❶母親。詩小雅蓼莪:"無父何怙,無～何恃?"又指女性長輩,如祖母、伯母,見爾雅釋親。又泛指老年婦女。史記淮陰侯列傳:"信釣於城下,諸～漂,有一～見信飢,飯信。"❷養育,哺育。説文:"母,牧也。"段玉裁注:"牧者,養牛人也,以譬人之乳子。"史記淮南衡山列傳:"吏奉厲王詣上,上悔,令吕后～之。"❸雌性的。孟子盡心上:"五～雞,二～彘。"❹稱貨幣中大的重的爲母,反之爲子。國語周語下:"民患輕,則爲作重幣以行之,於是有～權子而行,民皆得焉。"韋昭注:"重曰母,輕曰子。"又指經商或借貸的本錢,利息稱子。唐柳宗元道州文宣王廟碑:"權其子～,嬴且不竭。"❺根本,本源。老子第一章:"無名,天地之始;有名,萬物之～。"商君書説民:"慈仁,過之～也。"

按，說文母字在女部。

三　畫

每 1. měi 武罪切，集韻母罪切，上，賄韻，明。之部。

❶草盛貌。說文："每，艸盛上出也。"〔每每〕草盛貌。左傳僖公二十八年："聽輿人之誦曰：'原田每每，舍其舊而新是謀。'"杜預注："喻晉軍美盛，若原田之草每每然。"❷每次，每個。詩秦風權輿："於我乎，夏屋渠渠，今也～食無餘。"論語八佾："子入太廟，～事問。"❸雖然。詩小雅常棣："～有良朋，況也永歎。"❹〔每每〕常常，往往。晉陶潛雜詩五："值歡無復娛，每每多憂慮。"❺表多數(晚起義)。元關漢卿竇娥冤："滿望你鰥寡孤獨，無捱無靠，母子～到白頭。"

2. mèi 集韻莫佩切，去，隊韻，明。之部。

❻〔每每〕昏亂貌。莊子胠篋："故天下每每大亂，罪在於好知。"釋文引李奇："每每，猶昏昏也。"

〔備考〕㊀當。吕氏春秋貴直："～斮者，以吾參夫二子者乎！"高誘注："每，猶當也。"㊁貪。漢書賈誼傳："夸者死權，品庶～生。"顔師古注引孟康："每，貪也。"史記作"馮生"，司馬貞索隱："服虔云：每念生也。"

按，說文每字在屮部。

四　畫

毐 ǎi 於改切，上，海韻，影。之部。

男子品行不端。說文："毐，人無行也。从士，从毋。賈侍中說。秦始皇母與嫪毐淫，坐誅，故世駡淫曰嫪毐。"

五　畫

毒 1. dú 徒沃切，入，沃韻，定。覺部。

❶有害之物。易噬嗑："六三，噬腊肉，遇～。"又用作動詞，放毒。左傳僖公四年："太子祭于曲沃，歸胙于公。公田，姬寘諸宮六日，公至，～而獻之。"又指毒殺。山海經西山經："其名曰礜，可以～鼠。"❷禍害。書盤庚上："乃不畏戎～于遠邇。"又指危害，傷害。左傳僖公二十八年："莫余～也已。"唐柳宗元捕蛇者説："孰知賦斂之～，有甚是蛇者乎？"❸痛恨，憎恨。後漢書馮衍傳："惡叢巧之亂世兮，～縱横之敗俗。"李賢注："毒，恨也。"

2. dài 集韻待戴切，去，代韻，定。覺部。

❹〔毒冒〕即"玳瑁"，一種大鼈。漢書地理志下："粤地，…處近海，多犀、象、毒冒。"

〔備考〕易師："剛中而應，行險而順，以此～天下，而民從之。"王弼注："毒，猶役也。"釋文："毒，徒篤反，役也。馬云：治也。"

十　畫

毓 yù 余六切，入，屋韻，喻四。覺部。

養育。周禮地官大司徒："以蕃鳥獸，以～草木。"文選漢班固東都賦："豐圃草以～獸。"又用於抽象意義，産生。國語晉語四："怨亂～災。"

〔辨〕毓，育。見"育"字條。

按，說文毓爲育的或體。

比　部

比 1. bì 毗至切，去，至韻，並。脂部。

❶並列。書牧誓："稱爾戈，～爾干。"吕氏春秋觀世："千里而有一士，～肩也。"引申爲細密，緻密。詩周頌良耜："其崇如墉，其～如櫛。"吕氏春秋達鬱："肌膚欲其～也，血脈欲其通也。"又引申爲親近。周禮夏官形方氏："使小國事大國，大國～小國。"❷勾結。

論語爲政：“君子周而不～，小人～而不周。”〔比周〕偏義復詞，只有“比”義。吕氏春秋喻大：“父子兄弟相與比周於一國，㚷㚷焉相樂也，以危其社稷。”❸接連。戰國策燕策二：“人有賣駿馬者，～三旦立市，人莫之知。”史記吕太后本紀：“吕后用事，春秋高，聽諸吕，擅廢帝更主，又～殺三趙王。”又用作皆，都。戰國策齊策五：“夫中山，千乘之國也，而敵萬乘之國二，再戰～勝。”〔比比〕接連，頻頻。漢書哀帝紀：“郡國比比地動。”引申爲處處。宋陸游上殿劄子：“帥臣監司之加職者又比比而有。”❹及。國語齊語：“～至，三釁三浴之。”孟子梁惠王下：“～其反也，則凍餒其妻子。”〔比及〕及，等到。左傳莊公十二年：“比及宋，手足皆見。”論語先進：“比及三年，可使足民。”❺合。莊子逍遥遊：“故夫知效一官，行～一鄉，德合一君，而徵一國者，其自視也亦若此矣。”釋文引李云：“比，合也。”漢書劉歆傳：“與二三君子～意同力，冀得廢遺。”❻篦子。後來寫作“篦”。急就篇三：“鏡籢疏～各異工。”顔師古注：“櫛之大而麤，所以理鬢者謂疏，言其齒稀疏也；小而細，所以去蟣虱者謂之比，言其齒比密也。”

2. bǐ 卑履切，上，旨韻，幫。脂部。

❼順從，和順。詩大雅皇矣：“王此大邦，克順克～。”毛傳：“擇善而從曰比。”❽比較。周禮天官内宰：“～其小大與其麤良，而賞罰之。”引申爲考校，考核。周禮地官小司徒：“及三年，則大～。”❾比照，依照。韓非子内儲説上：“人之救死者，～死敵之賞。”戰國策齊策四：“爲之駕，～門下之車客。”❿詩六義之一，比喻。詩大序：“故詩有六義焉，一曰風，二曰賦，三曰～，四曰興，五曰雅，六曰頌。”周禮大師鄭玄注：“比者，比方於物也。”⓫古代基層行政編制，五家爲比。周禮地官大司徒：“令五家爲比，使之相保；五～爲閭，使之相受。”

［同源字］①比，密，篦。比、篦同音，比、密，並明旁紐，脂質對轉。説文：“比，密也。”左傳文公十七年：“比陳蔡之密邇於楚。”杜預注：“密邇，比近也。”説文：“櫛，梳比之總名也。”顔師古急就篇注：“櫛…小而細，所以去蟣蝨者謂之比，言其齒密比也。”篦爲比後起區别字。

②頻，比。見“頻”字條。

五　畫

毗 pí 房脂切，集韻頻脂切，平，脂韻，並。脂部。

字也作“毘”。❶輔助。書微子之命：“永綏厥位，～予一人。”三國志蜀書諸葛亮傳：“亮～佐危國，負阻不賓。”❷〔毗劉〕樹木枝葉稀疏貌。爾雅釋詁下：“毗劉，暴樂也。”郭璞注：“謂樹木葉缺落蔭疏。”邢昺疏：“木枝葉稀疎不均爲暴樂。”

［備考］㊀廢。方言一三：“毗，廢也。”莊子在宥：“人大喜邪？～於陽；大怒邪？～於陰。”㊁厚，一説輔。詩小雅節南山：“天子是毗，俾民不迷。”毛傳：“毗，厚也。”鄭箋：“毗，輔也。”

按，説文毗作𣬈，云：“人臍也。”

毖 bì 兵媚切，去，至韻，幫。質部。

❶謹慎，慎重。説文：“毖，慎也。”詩周頌小毖：“予其懲，而～後患。”書洛誥：“予沖子夙夜～祀。”❷告誡，教導。書酒誥：“厥誥～庶邦庶士。”❸勞苦。書大誥：“無～于恤，不可不成乃寧考圖功。”孔穎達疏：“言無勞于征伐之憂也。”❹通“泌”。泉水涌出貌。詩邶風泉水：“～彼泉水，亦流于淇。”毛傳：“泉水始出毖然流也。”文選晉左思魏都賦：“温泉～涌而自浪。”

十三畫

毚 chán 士咸切，音饞，平，咸韻，牀二。談部。

狡兔。説文：“毚，狡兔也。”詩小雅巧言：“躍躍～兔，遇犬獲之。”毛傳：“毚兔，狡兔也。”

毛 部

毛 máo 莫袍切,平,豪韻,明。宵部。

❶動物體表的絲狀物。説文:"毛,眉髮之屬及獸毛也。"左傳僖公十四年:"皮之不存,～將焉附?"又特指人的眉、髮。左傳僖公二十二年:"君子不重傷,不禽二～。"❷地表生長的草木。左傳隱公三年:"苟有明信,澗谿沼沚之～,蘋蘩薀藻之菜…可薦於鬼神,可羞於王公。"公羊傳宣公十二年:"賜之不～之地。"❸無。後漢書馮衍傳:"飢者～食,寒者裸跣。"

四 畫

毢 fēn 府文切,平,文韻,非。

〔毰毢〕見"毰"字條。

按,説文無毢字。

六 畫

毦 ěr 仍吏切,音餌,去,志韻,日。

❶用鳥羽獸毛製的裝飾物。説文新附:"毦,羽毛飾也。"後漢書單超傳:"金銀罽～,施於犬馬。"李賢注:"毦,以羽毛爲飾。"❷草花。文選晉郭璞江賦:"揚皜～,擢紫茸。"李善注:"毦與茸,皆草花也。"

毣 1. mù 莫卜切,音木,入,屋韻,明。宵部。

❶好貌。方言一三:"毣,好也。"郭璞注:"毣毣,小好皃,音沐。"❷〔毣毣〕①蒙昧貌。一説謹願貌。漢書鮑宣傳:"願賜數刻之間,極竭毣毣之思,退入三泉,死亡所恨。"顔師古注:"毣,音沐,沐沐猶蒙蒙也。如淳曰:'謹願之貌。'"②風吹動貌。唐柳宗元上帝近攝王遠知易總:"台人既辭去,舟回如飛羽,但覺風毣毣而過,明日至登州。"

2. mào 集韻莫報切,去,号韻,明。

❸眼睛昏花。集韻号韻:"毦,説文'目少精也',或作毣。"

按,説文無毣字,毦字下段玉裁注:"毦毦,或作毣毣。"

毨 xiǎn 蘇典切,上,銑韻,心。文部。

鳥獸羽毛更生整齊貌。書堯典:"厥民夷,鳥獸毛～。"僞孔傳:"毨,理也,毛更生整理。"孔穎達疏:"毨者,毛羽美悦之狀,故爲理也。夏時毛羽稀少,今則毛羽復生。夏改而少,秋更生多,故言更生整理。"

七 畫

毫 háo 胡刀切,平,豪韻,匣。宵部。

❶長而尖細的毛。孟子梁惠王上:"明足以察秋～之末,而不見輿薪。"荀子賦:"精微乎～毛。"比喻極細微之物。老子第六十四章:"合抱之木,生於～末。"❷毛筆。文選晉陸機文賦:"或操觚以率爾,或含～而邈然。"宋黄庭堅病起荆州亭即事詩:"對客揮～秦少游。"❸長度單位。孫子算經上:"十絲爲一～,十～爲一氂。"大戴禮記保傅:"正其本,萬物理,失之～氂,差之千里。"

[同源字]豪,毫。見"豪"字條。

按,説文無毫字。

毬 qiú 巨鳩切,平,尤韻,群。

一種遊戲用具。今一般寫作"球"。説文新附:"毬,鞠丸也。"唐白居易洛橋寒日作詩:"蹴～塵不起,潑火雨新晴。"又用作動詞,擊毬。唐封演封氏聞見記打毬:"臣部曲有善～者,請與漢敵。"又泛指球形物體。唐姚合對月詩:"一片黑雲何處起,皂羅籠却水精～。"

八 畫

毰 péi 薄回切,音裴,平,灰韻,並。

〔毰毸〕疊韻聯緜字。①鳥羽張開貌。唐儲光羲射雉詞:"冪䍥疏蒿下,毰毸深叢里。"唐劉禹錫飛鳶操:"樸遬危巢向暮時,毰毸飽腹蹲枯枝。"②飛舞貌。宋王安石集禧觀上詠野鵝詩:"池上野鵝無數好,晴天鏡裏雪毰毸。"

按,說文無毰字。

毯 tǎn 吐敢切,上,敢韻,透。

一種細軟厚實的毛織物。字亦作"毤"。晉書張軌傳:"軌即遣參軍杜勳獻馬五百匹,～皮三萬匹。"唐白居易紅線毯詩:"太原～澀毛縷硬。"棉傳入我國後,亦以棉爲之。

按,說文無毯字。

毳 1. cuì 此芮切,音脆,去,祭韻,清。月部。

❶鳥獸的細毛。說文:"毳,獸細毛也。"周禮天官掌皮:"共其～毛爲氈,以待邦事。"漢劉向新序雜事一:"夫腹下之～,背上之毛,增去一把,飛不能高下。"❷通"脆"。脆弱,不堅韌。荀子議兵:"是事小敵～,則偷可用也;事大敵堅,則涣然離耳。"又指甘脆美食。史記刺客列傳:"可以旦夕得甘～以養親。"漢書丙吉傳:"數奏甘～食物。"

2. qiāo 集韻租悦切,入,薛韻,精。月部。

❸通"橇"。在泥路上行走的工具。史記河渠書:"泥行蹈～,山行即橋。"漢書溝洫志:"泥行乘～。"

九 畫

毻 tuò 湯卧切,音唾,去,過韻,透。歌部。

鳥獸换毛。方言一三:"毻,易也。"郭璞注:"謂解毻也。"廣韻過韻:"毻,鳥易毛也。"文選晉郭璞江賦:"産～積羽,往來勃碣。"李善注:"字書曰:毤,落毛也。毤與毻同。"北周庾信老子廟應詔:"～毛新鵠小,盤根古樹低。"

按,說文無毻字。

毷 mào 集韻莫報切,去,号韻,明。

〔毷氉〕疊韻聯緜字。煩悶,煩惱。唐李肇唐國史補下:"不捷而醉飽,謂之打毷氉。"五代前蜀韋莊買酒不得詩:"停尊待爾怪來遲,手挈空瓶毷氉歸。"

按,說文無毷字。

毼 1. hé 胡葛切,入,曷韻,匣。月部。

❶毛織的布。廣雅釋器:"毼,罽也。"漢書高祖紀顔師古注:"罽,織毛若今～及氍毹之類也。"新唐書突厥傳上:"牧馬之童,乘羊之隸,賫毳～邀利者,相錯於路。"❷同"鶡"。鶡雞。後漢書西南夷傳:"有五角羊、麝香、輕毛～雞。"

2. kě 集韻丘葛切,入,曷韻,溪。月部。

❸不加彩飾。儀禮士喪禮:"角觶木柶,～豆兩。"鄭玄注:"毼,白也。"

3. dā 字彙得合切。

❹〔毾毼〕見"毾"字條。

按,說文無毼字。

毹 shū 山芻切,平,虞韻,審二。

〔氍毹〕見"氍"字條。

毿 sōu 玉篇音搜。

字亦作"毯"。〔氀毿〕見"氀"字條。

按,說文無毿字。

毽 jiàn。

晚起字。毽子,一種脚踢的玩具。明劉侗帝京景物略春場:"楊柳兒死,踢～子。"

毸 sāi 素回切,集韻桑才切,平,咍韻,心。

〔毰毸〕見"毰"字條。

十 畫

毾 tà 吐盍切,音榻,入,盍韻,透。

〔毾㲪〕有文彩的細毛毯。說文新附:

"毹,毹毲也。"後漢書西域傳:"又有細布、好毹毲。"

毾 tà

〔毾㲪〕同"毾毲"。樂府古辭:"氍毹毾㲪五木香。"

按,説文無毾字。

十一畫

氂 1. máo 莫袍切,平,豪韻,明。宵部。

㊀牦牛尾。説文:"氂,犛牛尾。"也指馬尾。淮南子説山:"執而不釋,馬~截玉。"高誘注:"氂,馬尾也。"㊁長毛。列子湯問:"昌以~懸蝨於牖,南面而望之,旬日之間浸大也,三年之後如車輪焉。"又指强韌而卷曲的毛。漢書王莽傳:"好厚履高冠,以~裝衣。"顔師古注:"毛之强曲者曰氂。"㊂通"犛"。牦牛。漢書郊祀志上:"殺一~牛以爲俎豆牢具。"顔師古注:"西南夷長尾髦之牛也。"

[備考]毛氈類織物。爾雅釋器:"氂,罽也。"

2. lí 里之切,平,之韻,來。

㊃長度單位,十氂爲分。字後來寫作"釐"。禮記經解:"易曰:'君子慎始,差若豪~,繆以千里。'此之謂也。"釋文:"氂,本又作釐。"漢賈誼新書六術:"十~爲分,十分爲寸。"

氀 lǘ 力朱切,平,虞韻,來。

〔氀毼〕氈類毛織物。後漢書烏桓傳:"婦人能刺韋作文繡,織氀毼。"

按,説文無氀字。

毿 sān 蘇含切,平,覃韻,心。

㊀〔毿毿〕毛髮或枝條等細長貌。唐白居易寄元微之詩:"鬢毛不覺白毿毿,一事無成百不堪。"唐孟浩然高陽池送朱二詩:"澄波澹澹芙蓉發,緑岸毿毿楊柳垂。"㊁〔毰毿〕見"毰"字條。

按,説文無毿字。

十二畫

氃 tóng 集韻徒東切,平,東韻,定。

〔氃氋〕叠韻聯緜字。毛羽松散貌。世説新語排調:"昔羊叔子有鶴善舞,嘗向客稱之,客試使驅來,氃氋而不肯舞。"字亦作"氋氃",見集韻。

按,説文無氃字。

氄 rǒng 而隴切,音冗,上,腫韻,日。東部。

鳥獸貼身的細絨毛。書堯典:"厥民隩,鳥獸~毛。"僞孔傳:"鳥獸皆生耎毳細毛以自温焉。"孔穎達疏:"氄毛,謂附肉細毛。"宋梅堯臣涷禽詩:"將棲立傍巢,已振窺落~。"

按,説文作毴,云"毛盛也",引書作"鳥獸毴髦。"又:"氄"今簡化作"毧"。集韻平聲東韻,有而融切一讀。亦可讀作 róng。

毲 dēng 都滕切,平,登韻,端。

〔毹毲〕見"毹"字條。

按,説文無毲字。新附有之。

氅 chǎng 昌兩切,上,養韻,穿三。

㊀鶖鳥的羽毛。玉篇:"氅,鶖毛。"㊁用羽毛製成的外衣。世説新語企羨:"嘗見王恭乘高輿,被鶴~裘。"㊂儀仗中用鳥羽裝飾的旗幡之類。説文新附:"氅,析鳥羽爲旗纛之屬。"新唐書儀衛志上:"第一行,長戟,六色~,領軍衛赤~。"

氆 pǔ 字彙北朗切,音榜。今讀如普。

〔氆氌〕藏語音譯。字亦作"毾"、"毰"。西部少數民族出產的一種毛織物。正字通"氌"字注:"氆氌,西番羢毛織者,吐蕃貢霞氈,即今紅氆氌。"明宋應星天工開物褐氈:"其氍毹、氆氌等名稱,皆華夷各方語所命。"字亦作"氆魯"。明湯顯祖紫釵記三〇:"俺帽結朝霞,袍穿氆魯。"

按,説文無氆字。

十三畫

氈 zhān 諸延切,平,仙韻,照三。元部。

氈子,用羊毛等物碾製成的像毯子一類的東西。説文:"氈,撚毛也。"周禮天官掌皮:"共其毳毛爲～,以待邦事。"北魏賈思勰齊民要術養羊:"凡作～,不須厚大,唯緊薄均調乃佳耳。"

毴 sāo 玉篇蘇到切。

〔毰毴〕見"毰"字條。

按,説文無毴字。

十四畫

䎽 néng 乃庚切,平,庚韻,泥。

犬多毛貌。廣韻:"䎽,犬多毛皃。"南史袁粲傳:"此兒死後,靈慶常見兒騎大～狗戲如平常。"〔䎽䎽〕多毛垢結貌。南齊書卞彬傳:"澡刷不謹,澣沐失時,四體䎽䎽,加以臭穢,故葦席蓬纓之間,蚤虱猥流。"

按,説文無䎽字。

毻 bīn。

〔毻毨〕聯緜字。紛繁凌亂貌。宋周邦彦汴都賦:"飛仙降真之縹緲,翔鵷鵜鸝之毻毨。"

按,説文無毻字。

氎 rán 玉篇汝占切。

〔氎毵〕叠韻聯緜字。毛羽散垂貌。宋朱熹淳熙甲辰仲春精舍閒居戲作武夷櫂歌之五:"四曲東西兩石巖,巖花垂露碧氎毵。"

按,説文無氎字。

𣯷 méng 集韻謨蓬切,平,東韻,明。

〔氋𣯷〕見"氋"字條。

按,説文無𣯷字。

十五畫

氇 lū 字彙郎何切,音羅。今讀如魯。

〔氆氇〕見"氆"字條。

按,説文無氇字。

十八畫

氍 qú 其俱切,平,虞韻,羣。

〔氍毹〕叠韻聯緜字。毛織的地毯。古樂府隴西行:"請客北堂上,坐客氈氍毹。"〔氍毲〕亦作"氍毯",即氍毹。三國蜀諸葛亮答李恢書:"行當離別,以爲惆悵,今致氍毲,以達心也。"

二十二畫

氎 dié 徒協切,入,怗韻,定。

細毛布,細棉布。玉篇:"氎,毛布也。"唐杜甫大雲寺贊公房詩之四:"細軟輕絲履,光明白～中。"新唐書南蠻傳:"古貝,草也,緝其花爲布,粗曰貝,精曰～。"

按,説文無氎字。

氏　部

氏 1. shì 承紙切,上,紙韻,禪。支部。

❶同姓貴族的不同分支。左傳隱公八年:"天子建德,因生以賜姓,胙之土而命之～。"按,自漢代以後,姓氏合一。❷遠古部族及其首領均稱以氏。吕氏春秋古樂:"昔古朱襄～之治天下也,多風而陽氣畜積。"又如古有伏犧氏、神農氏等。❸對已婚婦女稱氏。左傳隱公元年:"莊公寤生,驚姜～。"❹世業職官稱氏。周禮中有師氏、保氏、媒氏、職方氏等。❺對學有專長者的尊稱。漢孔安國尚

書序："左～傳曰。"

2. zhī 章移切，平，支韻，照三。支部。

❻〔月氏〕漢代西域國名。漢書張騫傳："騫以郎應募，使月氏。"

一 畫

民 mín 彌鄰切，平，真韻，明。真部。

❶人，人類。詩大雅生民："厥初生～，時維姜嫄。"吕氏春秋當賞："～無道知天，～以四時寒暑日月星辰之行知天。"❷百姓，庶民。詩小雅節南山："弗躬弗親，庶～弗信。"國語周語上："防～之口，甚於防川。"

［備考］奴隸。近人郭沫若甲骨文字研究："周人初以敵囚爲民時，乃盲其左目以爲奴徵。"近人梁啟超太古及三代載記："民之本義爲奴隸。"

氏 1. dǐ 集韻典禮切，上，薺韻，端。脂部。

❶根柢，根本。詩小雅節南山："尹氏大師，維周之～。"毛傳："氏，本也。"❷至，抵達。説文："氏，至也。"段玉裁注："氏之言抵也。"史記律書："～者言萬物皆至也。"❸大略，大抵。史記秦始皇本紀："自關以東，大～盡畔秦吏應諸侯。"漢書禮樂志："大～皆因秦舊事焉。"

2. dī 都奚切，平，齊韻，端。脂部。

❹古部族名。詩商頌殷武："自彼～羌，莫敢不來享，莫敢不來王。"鄭箋："氐、羌，夷狄國，在西方者也。"❺星宿名。吕氏春秋有始："中央曰鈞天，其星角、亢、～。"❻低，低下。後來寫作"低"。漢書食貨志下："封君皆～首仰給焉。"顔師古注："氐首，猶俯首也。"又："其賈～賤減平者，聽民自相與市。"顔師古注："貴即爲卬，賤則爲～。"

四 畫

氓 méng 莫耕切，平，耕韻，明。陽部。

民，百姓。説文："氓，民也。"詩衛風氓："～之蚩蚩，抱布貿絲。"毛傳："氓，民也。"管子八觀："～家無積而衣服修。"又特指外來的百姓。孟子公孫丑上："則天下之民皆悦，而願爲之～。"

［同源字］甿，氓。見"甿"字條。

气 部

气 qì 去既切，去，未韻，溪。物部。

雲氣。説文："气，雲气也。"段玉裁注："气、氣古今字。自以'氣'爲雲气字，乃又作'餼'爲廩氣字矣。"

四 畫

氛 fēn 撫文切，平，文韻，敷。文部。

❶指預示吉凶的雲氣，多指凶兆之氣。左傳襄公二十七年："楚～甚惡，懼難。"國語楚語上："故先王之爲臺榭也，榭不過講軍實，臺不過望～祥。"韋昭注："凶氣爲氛，吉氣爲祥。"❷霧氣。禮記月令："～霧冥冥，雷乃發聲。"❸〔氛氳〕叠韻聯綿字。盛貌。文選南朝宋謝惠連雪賦："其爲狀也，散漫交錯，氛氳蕭索。"李善注引王逸："氛氳，盛貌。"

六 畫

氣 1. qì 去既切，去，未韻，溪。物部。

❶氣，氣體。列子天瑞："虹蜺也，雲霧也，風雨也，四時也，此積～之成乎天者也。"又特指氣息，即呼吸時出入之氣。論語鄉黨："攝齊升堂，鞠躬如也，屏～似不息者。"莊子人間世："獸死不擇音，～息茀然，於是並生心厲。"引申爲力氣。史記周本紀："少焉～衰力

倦。”㊁自然界陰陽風雨等現象。左傳昭公元年：“天有六～。”杜預注：“謂陰陽風雨晦明也。”又古人以十五日爲一氣。素問六節藏象論：“五日謂之候，三候謂之～，六氣謂之時，四時謂之歲。”㊂氣味。大戴禮記四代：“食爲味，味爲～。”文選三國魏曹植洛神賦：“～若幽蘭。”㊃人的精神狀態，指勇氣、怒氣等。左傳莊公十年：“夫戰，勇～也。”戰國策趙策四：“太后盛～而揖之。”㊄古代哲學中指構成萬物的本原。荀子王制：“水火有～而無生。”呂氏春秋盡數：“精～之集也，必有入也。”又古代醫學指人體生存要素之一。呂氏春秋盡數：“精不流則～鬱。”

2. xì 許既切，去，未韻，曉。物部。

㊅“餼”的本字。贈送別人的糧食或飼料。說文：“氣，饋客芻米也。春秋傳曰：‘齊人來氣諸侯。’”按，今本左傳桓公十年作“餼”字。

氤 yīn 於真切，平，真韻，影。

〔氤氲〕雙聲聯緜字。①古代指陰陽二氣交合的狀態。漢班固白虎通嫁娶引易：“天地氤氲，萬物化淳。”今本易繫辭下作“絪緼”。南朝陳徐陵勸進梁元帝表：“自氤氲混沌之世，驪連、栗陸之君，卦起龍圖，文因鳥迹。”②瀰漫貌，氣盛貌。北魏酈道元水經注沮水：“漢武帝獲寶鼎於汾陽，將薦之甘泉。鼎至中山，氤氲有黄雲蓋焉。”唐張九齡湖口望盧山瀑布詩：“靈山多秀色，空水共氤氲。”

按，說文無氤字。

十　畫

氲 yūn 於云切，平，文韻，影。

㊀〔氲氛〕叠韻聯緜字。盛貌。李白觀元丹丘巫山屏風詩：“水石潺潺萬壑分，煙光草色俱氲氛。”㊁〔氤氲〕見“氤”字條。

按，說文無氲字。

巳　集

水　部

［水部總論］

水部的字多數是表示水的性狀（如“清”、“深”）、水的運動（如“涌”、“沸”）、與水有關的事物（如“波”、“澤”）以及人所進行的與水有關的動作（如“泳”、“洗”）等等。還有一些是河流湖泊的名稱（如“淮”、“滎”）。這些字説文都在水部。水部中也包括説文中“林”部中的一些字（如“流”、“涉”）、“永”部中的字（如“永”）和説文中“瀕”部的字（“瀕”），這些字也和水有關。但也有些字（如“求”）與水無關。

水 shuǐ 式軌切，上，旨韻，審三。微部。

㊀水。孟子盡心上：“民非～火不生活。”㊁古代以水爲五行之一。書洪範：“五行：一曰～，二曰火，三曰木，四曰金，五曰土。”㊂河流。詩衛風氓：“淇～湯湯，漸車帷裳。”泛指江湖河海。國語越語上：“陸人居陸，～人居～。”㊃游水。荀子勸學：“假舟檝者，非能～也，而絶江河。”㊄水災。漢書食貨志上：“故堯禹有九年之～，湯有七年之旱。”㊅水星，即二十八宿中的室宿。左傳莊公二十九年：“～昏正而栽。”注意：古人所説的“水”是恒星，不是九大行星中的水星。

一　畫

永 yǒng 于憬切，上，梗韻，喻三。陽部。

㊀水流長。詩周南漢廣：“江之～矣，不可方思。”毛傳：“永，長。”㊁時間長久。書高宗肜日：“降年有～有不～。”㊂距離長、遠。三國魏阮籍咏懷詩之一七：“出門臨～路，不見行車馬。”㊃通“詠”。歌。詩魏風碩鼠：“誰之～號。”鄭箋：“歌也。”書舜典：“詩言志，歌～言。”漢書禮樂志作“歌詠言”。

［同源字］詠，咏，永。見“詠”字條。

按，説文永字在永部。

二　畫

汁 1. zhī 之入切，入，緝韻，照三。緝部。

㊀液。説文：“汁，液也。”多指食物中的汁液。左傳哀公三年：“北土呼～爲瀋。”後漢書邊讓傳：“函牛之鼎以亨鷄，多～則淡而不可食，少～則熬而不可熟。”

2. xié 集韻檄頰切，入，怗韻，匣。緝部。

㊁通“叶”。和協，協調。文選晉左思吴都賦：“皆與謡俗～協。”李善注：“汁，猶叶也。”文選漢張衡西京賦：“五緯相～，以旅於東井。”

3. shí 集韻質入切，音十，入，緝韻，禪。緝部。

㊂［汁方］地名，即什邡，漢代侯國名，在今四川省。

［辨］汁，液。説文：“汁，液也。”“液，盡也。”“汁”多指食物中的汁，“液”多指津液。

［同源字］汁，瀋。“汁”爲照三，緝部；

"㵘"爲穿三,侵部。兩字旁紐,緝侵對轉。説文:"㵘,汁也。"左傳哀公三年:"無備而官辦者,猶拾㵘也。"釋文:"北土呼汁爲㵘。""汁"、"㵘"兩字同源,只是方言的區别。

汀 1. tīng 他丁切,平,青韻,透。耕部。

❶水面平。説文:"汀,平也。"段玉裁注:"謂水之平也。水平謂之汀,因之洲渚之平謂之汀。"引申爲水邊平地,小洲。文選南朝宋謝靈運登臨海嶠初發彊中作與從弟惠連見羊何共和之詩:"隱~絶望舟,騖棹逐驚流。"楚辭戰國屈原九歌湘夫人:"搴~洲兮杜若,將以遺兮遠者。"

2. tìng 他定切,去,徑韻,透。

❷〔汀瀅〕叠韻聯緜字。①小水流。抱朴子内篇極言:"不測之淵起於汀瀅,陶朱之資必積百千。"②水清澈貌。唐韓愈奉酬盧給事云夫四兄曲江荷花行見寄…詩:"玉山前却不復來,曲江汀瀅水平盃。"

3. dǐng 集韻待鼎切,上,迥韻,定。耕部。

❸〔汀濘〕叠韻聯緜字。泥淖,爛泥。漢張升與任彦堅書:"今將老弱,處於窮澤,漸漬汀濘,當何聊賴。"

氾 1. fàn 孚梵切,音泛,去,梵韻,敷。談部。

❶水漲溢横流。漢書武帝紀:"河水決濮陽,~郡十六。"〔氾濫〕①水漫溢。孟子滕文公上:"洪水横流,氾濫於天下。"②浮沉。楚辭漢劉向九嘆憂苦:"折鋭摧矜,凝氾濫兮。"王逸注:"凝,止也。氾濫,猶浮沉也。"❷普遍,廣泛。莊子天下:"~愛萬物,天地一體也。"❸摇動,漂浮貌。楚辭戰國宋玉招魂:"光風轉蕙,~崇蘭些。"國語晉語三:"是故~舟於河,歸糴於晉。"韋昭注:"氾,浮也。"〔氾氾〕動摇不定貌。楚辭戰國屈原卜居:"寧昂昂若千里之駒乎?將氾氾若水中之鳧,與波上下,偷以全吾軀乎?"

2. fán 符芝切,平,凡韻,奉。談部。

❹古地名。春秋鄭邑。有南氾和東氾兩地。南氾在今河南省襄城縣南。左傳僖公二十四年:"王出適鄭,處于~。"杜預注:"鄭南氾也。"東氾在今河南省中牟縣。左傳僖公三十年:"晉軍函陵,秦軍~南。"杜預注:"此東氾也。"❺姓。漢代有氾勝之。

[辨]氾,汎,泛。見"泛"字條。

汃 1. bīn 府巾切,集韻悲巾切,音斌,平,真韻,幫。文部。

❶水名。又爲古國名。説文:"汃,西極之水也。…爾雅曰:西至汃國,謂四極。"今本爾雅釋地作"邠國",釋文本作"豳"。

2. pà 集韻普八切,入,黠韻,滂。物部。

❷〔砏汃〕雙聲聯緜字。波濤相激之聲。文選漢張衡南都賦:"砏汃輣軋。"又作"澎汃"。唐韓愈征蜀聯句:"漢棧罷囂闐,獠江息澎汃。"

氿 guǐ 居洧切,音軌,上,旨韻,見。幽部。

❶〔氿泉〕從旁流出的泉水。詩小雅大東:"有冽氿泉,无浸穫薪。"爾雅釋水:"氿泉穴出。穴出,仄出也。"郭璞注:"從旁出也。"❷水邊乾土。説文:"氿,水厓枯土也。…爾雅曰:'水醮曰氿。'"今本爾雅釋水作"水醮曰厬"。郭璞注:"謂水醮盡。"郝懿行義疏:"醮當作潐。説文:'潐,盡也。'"

求 qiú 巨鳩切,平,尤韻,羣。幽部。

❶尋求,要求。詩小雅伐木:"嚶其鳴矣,~其友聲。"書君陳:"無~備于一夫。"❷終。詩大雅下武:"王配于京,世德作~。"鄭箋:"求,終也。…以其世世積德,庶爲終成其大功。"爾雅釋詁下:"求,終也。"邢昺疏:"皆謂終盡也。"

[備考]㊀通"逑"。聚。詩小雅桑扈:"彼交匪敖,萬福來~。"馬瑞辰通釋:"王尚書曰:'求讀與逑同。逑,聚也。謂福禄來聚。'其説是也。"㊁通"仇"。匹,配。書康誥:"我時其惟殷先哲王德,用康乂民作~。"王國維與友人論詩書中成語書二:"求者,仇之假借字。仇,匹也。作求,猶書言'作匹'、'作配',

詩言‘作對’也。”

[辨]尳,求。見“尳”字條。

按,説文以求爲裘的古體,在裘部。

三　畫

汒 1. máng 莫郎切,音茫,平,唐韻,明。陽部。

❶曠遠,不清楚。莊子天地:“～乎諄備哉!”又:“莌也～若於夫子之所言矣。”釋文:“本或作芒。”

2. mǎng 集韻莫浪切,去,宕韻,明。

❷同“漭”。汒浪,水大貌。集韻宕韻:“漭浪,水大貌。或从亡。”

按,説文無汒字。

汗 1. hàn 侯旰切,去,翰韻,匣。元部。

❶汗。戰國策齊策一:“舉袂成幕,揮～成雨。”❷〔汗漫〕叠韻聯緜字。曠遠無邊。淮南子俶真:“甘瞑於溷澖之域,而徙倚於汗漫之宇。”後引申爲不着邊際之意。新唐書選舉志上:“因以謂按其聲病,可以爲有司之責,捨是則汗漫而無所守。”

2. hán 胡安切,音寒,平,寒韻,匣。元部。

❸〔可汗〕古代我國西北少數民族稱其君主爲“可汗”。參見“可”字條。

汙 1. wū 哀都切,平,模韻,影。魚部。

亦作“污”。❶不流動的水。左傳隱公三年:“潢～行潦之水。”孔穎達疏:“服虔云:畜小水謂之潢,水不流謂之汙。”❷惡濁,不潔。書胤征:“舊染～俗,咸與惟新。”比喻勞苦之事。左傳昭公元年:“若子之羣吏,處不辟～,出不逃難,其何患之有?”杜預注:“汙,勞事。”孔穎達疏:“言事之勞身若穢之汙物也。”❸玷汙。史記絳侯周勃世家:“怒而上變告子,事連～條侯。”❹低下。荀子非相:“鄙夫反是,好其實不恤其文,是以終身不免埤～傭俗。”楊倞注:“汙,下也。”晉潘岳西征賦:“憑高望之陽限,體川陸之～隆。”

2. yū 羽俱切,平,虞韻,影。魚部。

❺通“紆”。迂曲。左傳成公十四年:“婉而成章,盡而不～。”杜預注:“謂直言其事,盡其事實,無所汙曲。”釋文:“汙,憂于反。”

3. wā 集韻烏瓜切,音蛙,平,麻韻,影。魚部。

❻鑿地爲坑。禮記禮運:“～尊而抔飲。”鄭玄注:“汙尊,鑿地爲尊也。抔飲,手掬之也。”

[同源字]汙,洿,洼,窪,穢。“汙”、“洿”同音,均爲影母魚部,都有“濁水不流”之義,實同一詞。“洼”、“窪”爲低下積水之處,影母,支部,與“汙”、“洿”魚支旁轉。“汙”、“洿”由“濁水不流”引申爲汙穢,與“穢”同義。“穢”影母月部,魚月通轉。五字同源。

江 jiāng 古雙切,平,江韻,見。東部。

先秦專指長江。書禹貢:“～漢朝宗於海。”後來引申爲江河的通稱。唐杜甫哀江頭詩:“～頭宫殿鎖千門,細柳新蒲爲誰緑?”

汏 1. dài 徒蓋切,去,泰韻,定。月部。

也作“汰”。❶淘,冲洗。説文:“汏,淅瀟也。”儀禮士喪禮“祝淅米於堂”鄭玄注:“淅,～也。”〔洮汏〕去掉不好的。淮南子要略:“辭雖壇卷連漫絞紛遠援,所以洮汏滌蕩至意,使之無凝竭底滯捲握而不散也。”後來寫作“淘汰”,“汰”今音讀 tài。❷水波。楚辭戰國屈原九章涉江:“乘舲船余上沅兮,齊吴榜以擊汰。”王逸注:“汰,水波也。”

2. tài 他蓋切,去,泰韻,透。月部。

❸過。左傳宣公四年:“伯棼射王,～輈,及鼓跗,著於丁寧。又射,～輈,以貫笠轂。”杜預注:“汏,過也。箭過車轅上。”釋文及唐石經皆作“汏”。❹通“泰”。驕奢,過度。禮記檀弓上:“～哉叔氏,專以禮許人。”釋文:“汏,本又作大,音泰,自矜大。”

汜 sì 詳里切,音似,上,止韻,邪。之部。

㊀水分岔流出後又回到主流叫"汜"。詩召南江有汜："江有～，之子歸，不我以。"毛傳："決復入爲汜。"㊁不流通的水。爾雅釋丘："窮瀆，汜。"㊂通"涘"。水邊。淮南子道應："(公孫龍)至於河上，而航在一～。使善呼者呼之，一呼而航來。"高誘注："汜，水厓也。"㊃水名。在今河南省滎陽縣西(舊有汜水縣)。

汊 chà 集韻楚嫁切，去，禡韻，穿二。

後起字。分岔的小河。唐韓愈曹成王碑："行趾～川，還不膊。"

按，說文無汊字。

汲 jí 居立切，入，緝韻，見。緝部。

㊀從井裏打水。莊子至樂："綆短者不可以～深。"也泛指打水。引申爲引進。漢書楚元王傳："禹稷與皋陶傳相～引，不爲比周。"㊁〔汲汲〕急切貌。禮記問喪："其往送也，望望然，汲汲然，如有追而弗及也。"

汕 shàn 所晏切，去，諫韻，審二。元部。

㊀〔汕汕〕魚游水貌。說文："汕，魚游水貌。"詩小雅南有嘉魚："南有嘉魚，烝然汕汕。"毛傳："汕汕，樔也。"鄭箋："樔者，今之撩罟也。"與許說異。㊁捕魚的網。爾雅釋器："罺謂之汕。"郭璞注："今之撩罟。"又爲動詞。用汕捕魚。唐韓愈崔十六少府攝伊陽以詩及書見投因酬三十韻："況住洛之涯，魴鱒可罩～。"

汔 qì 許訖切，音迄，入，迄韻，曉。物部。

㊀庶幾。詩大雅民勞："民亦勞止，～可小康。"鄭箋："汔，幾也。"㊁竭盡。廣雅釋詁一："汔，盡也。"王念孫疏證："汔之言訖也。"吕氏春秋聽言："老弱凍餒夭瘠，壯狡～盡窮屈。"楊樹達積微居讀書記："'汔盡'連言，汔亦盡也。"

[同源字]①汔，幾。"汔"曉母物部，"幾"見母微部，曉見旁紐，物微對轉。兩字音近義同，是同源字。②訖，迄，汔，既。見"訖"字條。

按，說文汔作汽，引詩曰："汽可小康。"

汋 1. zhuó 士角切，音酌，入，覺韻，牀二。藥部。

㊀激水之聲。說文："汋，激水聲也。"

2. zhuó 集韻職略切，入，藥韻，照三。藥部。

㊁通"酌"。舀，挹取。穀梁傳僖公八年："鄭伯乞盟，以向之逃歸乞之也。…乞者，處其所而請與也，蓋～之也。"范甯集解："汋血而與之。"公羊傳"汋"作"酌"。

3. yuè 集韻弋灼切，入，藥韻，喻四。

㊂通"瀹"。短時間的煮，涮。集韻藥韻："鬻，說文：'内肉及菜湯中薄出之。'通作'瀹'、'汋'。"爾雅釋天"夏祭曰礿"郭璞注："新菜可～。"釋文："汋，秦弱反，爓菜也。"

4. chuò 集韻尺約切，入，藥韻，穿三。藥部。

㊃〔汋約〕叠韻聯緜字。美好貌。楚辭戰國屈原九章哀郢："外承歡之汋約兮，諶荏弱而難持。"王逸注："汋音綽。"

汛 xùn 息晉切，音迅，去，震韻，心。真部。

㊀灑水。新唐書房玄齡傳："玄齡敕子弟～掃庭唐。"引申爲掃蕩，廢棄。文選漢揚雄劇秦美新："況盡～掃前聖數千載功業，專用己之私而能享祐者哉！"㊁有季節性的漲水(晚起義)。宋吴文英水龍吟："怕煙江渡後，桃花又～，宫溝上，春流緊。"㊂〔汛地〕明清稱軍隊防守之地。

汍 wán 胡官切，音丸，平，桓韻，匣。元部。

〔汍瀾〕〔汍蘭〕叠韻聯緜字。流淚貌。後漢書馮衍傳："淚汍瀾而雨集兮，氣滂渟而雲披。"宋洪适隸釋漢金鄉長侯成碑："泣涕汍蘭。"

按，說文無汍字，新附有之，云："泣淚皃。"

汎 1. fàn 孚梵切，音泛，去，梵韻，敷。侵部。

㊀漂浮。詩邶風柏舟:"～彼柏舟,亦～其流。"〔汎汎〕漂浮的樣子。詩小雅采菽:"汎汎楊舟,紼纚維之。"㊁普遍,廣泛。論語學而:"～愛衆而親仁。"㊂浮泛。南朝梁劉勰文心雕龍總術:"昔陸氏文賦,號爲曲盡;然～論纖悉,而實體未該。"

2. féng 房戎切,音馮,平,東韻,奉。冬部。

㊃〔汎淫〕浮游不定貌。史記司馬相如列傳:"汎淫泛濫,隨風澹淡。"司馬貞索隱:"汎音馮。"

3. fá 扶法切,入,乏韻,奉。緝部。

㊄〔汎渫〕微小貌。一曰波浪急流聲。文選漢王褒洞簫賦:"又似流波,泡溲汎渫,趨巇道兮。"李善注:"汎渫,微小貌。又云:波急之聲。"

〔辨〕氾,汎,泛。見"泛"字條。

汐 xī 祥易切,入,昔韻,邪。鐸部。

晚潮。管子度地:"天地湊～。"梁書張纘傳:"青溢赤岸,控～引潮。"

〔同源字〕夕,昔,夜,汐。見"夕"字條。

按,説文無汐字,經籍多寫作"夕"。

池 1. chí 直離切,平,支韻,澄。歌部。

㊀護城河。左傳僖公四年:"楚國方城以爲城,漢水以爲～。"㊁池塘。孟子梁惠王上:"數罟不入洿～。"㊂承霤。房檐上安的接雨水用的長水槽。漢書宣帝紀:"金芝九莖産於函德殿銅～中。"顔師古注:"銅池,承霤是也。以銅爲之。"引申爲葬車的一種棺飾。禮記檀弓上:"～視重霤。"孔穎達疏:"池者,柳車之池也。…而生時既屋有重霤以行水,死時柳車亦象宫室,而在車覆鼈甲之下,牆帷之上,織竹爲之,形如籠,衣以青布,以承鼈甲,名之爲池,以象重霤。"㊃衣服邊緣的鑲飾。玉臺新詠晉左思嬌女詩:"衣被皆重～,難與沉水碧。"

2. tuó 徒河切,音陀,平,歌韻,定。歌部。

㊄〔陂池〕叠韻聯緜字。見"陂"字條。

〔辨〕①池,沼。見"沼"字條。②隍,池。見"隍"字條。

按,大徐本説文無池字,段注本據初學記引説文補。

汝 rǔ 人渚切,上,語韻,日。魚部。

㊀你。書舜典:"～陟帝位。"㊁水名。①源出河南省魯山縣大盂山,流入淮河。②古盱水,也稱撫河。源出江西省廣昌南,主流入鄱陽湖。

〔同源字〕汝,爾,而,乃,若。這些都是上古的第二人稱代詞。"汝"、"爾"、"而"、"若"均爲日母,"乃"爲泥母,日泥準雙聲。"汝"爲魚部,"爾"爲脂部,魚脂通轉;"而"、"乃"均爲之部,魚之旁轉;"若"爲鐸部,魚鐸對轉。這是一組同源字。

四　畫

汴 biàn 皮變切,去,線韻,並。元部。

㊀水名。流經今河南、安徽兩省入淮。㊁開封府的别稱。開封在戰國時爲大梁,後世亦簡稱梁。唐代置汴州,簡稱汴。五代梁、晉、漢、周及北宋定都於此,人稱汴京。金元以後稱汴梁。

按,説文汴作汳。

沆 hàng 胡朗切,上,蕩韻,匣。陽部。

㊀〔沆瀣〕雙聲聯緜字。北方夜半之氣。楚辭戰國屈原遠遊:"餐六氣而飲沆瀣兮,漱正陽而含朝霞。"王逸注:"陵陽子明經曰:'沆瀣者,北方夜半氣也。'"㊁〔沆漭〕叠韻聯緜字。水波浩渺貌。後漢書馬融傳:"瀇瀁沆漭,錯紾槃委。"㊂大澤貌。説文:"沆,莽沆,大水也。…一曰大澤貌。"

汸 1. fāng 府良切,音方,平,陽韻,非。陽部。

㊀同"方"。併船。説文:"方,併船也。汸,方或从水。"

2. pāng 洪武正韻普郎切。音滂。陽部。

㊁〔汸汸〕通"滂滂"。水流通貌。荀子富

國：“則財貨渾渾如泉源，汸汸如河海，暴暴如丘山。”楊倞注：“汸讀爲傍，水多貌也。”

按，說文以汸爲方的别體。

汶 1. wèn 亡運切，音問，去，問韻，微。文部。

❶水名。在今山東省境内。

2. mín 武巾切，集韻眉貧切，平，真韻，明。真部。

❷水名。即泯江，在今四川省境内。

3. mén 集韻謨奔切，音門，平，魂韻，明。文部。

❸〔汶汶〕污垢。楚辭戰國屈原漁父：“安能以身之察察，受物之汶汶者乎？”王逸注：“蒙垢塵也。”

沈 1. chén 直深切，平，侵韻，澄。侵部。

也作“沉”。❶没於水中。詩小雅菁菁者莪：“汎汎楊舟，載～載浮。”引申爲滅。漢劉向新序卷三：“然則荆軻之沉七族，要離燔妻子，豈足爲大王道哉！”❷溺於所好。書胤征：“～亂於酒，畔官離次。”❸潛伏。國語周語下：“氣不～滯，而亦不散越。”韋昭注：“沈，伏也。滯，積也。”❹深。文選三國魏曹植雜詩之二：“去去莫復道，～憂令人老。”❺沉淪。文選晉左思咏史詩：“世胄躡高位，英俊～下僚。”❻重（晚起義）。紅樓夢四〇回：“那劉老老入了座，拿起箸來，～甸甸的不伏手。”

2. shěn 式荏切，上，寑韻，審三。侵部。

❼通“瀋”。汁。禮記檀弓下：“爲榆～，故設撥。”釋文：“沈，本又作審，同，昌審反。”❽春秋時國名。❾姓。

3. tán 徒南切，音譚，平，覃韻，定。侵部。

❿〔沈沈〕宫室深邃貌。史記陳涉世家：“入宫，見殿屋帷帳，客曰：‘夥頤！涉之爲王沈沈者！’”裴駰集解引應劭：“沈沈，宫室深邃之貌也。”

沉 chén 直深切，平，侵韻，澄。侵部。

同“沈”❶。廣韻侵韻：“沈，没也。”“沉，俗。”

沁 qìn 七鴆切，去，沁韻，清。侵部。

❶水名，黄河支流。❷滲透。唐唐彦謙咏竹詩：“醉卧涼陰～骨清，石牀冰簟夢難成。”❸以物探水。唐韓愈（與孟郊）同宿聯句：“義泉雖至近，盗索不敢～。”

汪 1. wāng 烏光切，平，唐韻，影。陽部。

❶大貌，深廣貌。説文：“汪，深廣也。”國語晉語二：“～是土也，苟違其違，誰能懼之。”韋昭注：“汪，大貌。”淮南子俶真：“天地未剖，陰陽未判，四時未分，萬物未生，～然平静，寂然清澄，莫見其形。”❷池。説文：“一曰汪，池也。”左傳桓公十五年：“祭仲殺雍糾，尸諸周氏之～。”又指小水坑。一切經音義四：“通俗文：‘亭水曰汪。’池之泥濁者也。”❸〔汪汪〕①深廣貌。漢蔡邕郭有道碑：“浩浩焉，汪汪焉，奥乎不可測已。”②眼淚盈眶貌。唐盧綸與張擢對酌：“張老聞此詞，汪汪淚盈目。”③犬吠聲。陽春白雪元鮮于樞八聲甘州曲：“時復竹籬旁，犬吠汪汪。”❹〔汪洋〕叠韻聯緜字。深廣貌。文選漢王褒九懷蓄英：“臨淵兮汪洋，顧林兮忽荒。”❺〔汪濊〕雙聲聯緜字。深廣貌。漢書司馬相如傳：“湛恩汪濊。”

2. wǎng 紆往切，音枉，上，養韻，影。陽部。

❻〔汪陶〕漢代縣名。在今山西省山陰縣東。漢書地理志作“洼”，王先謙補注：“官本引宋祁曰：洼，景本作汪，音枉。”

汧 qiān 苦堅切，平，先韻，溪。

同“汧”。見“汧”字條。

沄 yún 王分切，音云，平，文韻，喻三。文部。

水流貌。後漢書張衡傳：“揚芒熛而絳天兮，水泫～而涌濤。”李賢注：“泫音胡犬反，沄音户昆反，並水流貌也。”〔沄沄〕水流浩蕩貌。漢董仲舒春秋繁露一六山川頌：“水則源泉混混沄沄，晝夜不竭。”唐杜甫次空靈岸詩：“沄沄逆素浪，落落展清眺。”又可用以形容名聲遠揚。唐元結元次山集大唐中興頌："能令大君，聲容沄沄。"

［同源字］沄，园，運，回。説文："回，轉也。"廣雅釋詁四："運，轉也。"説文："沄，轉流也。"又："园，回也。"段玉裁注："凡从云之字，皆有回轉之意。"四字均有回轉之義。四字均爲匣母，沄、园、運聲韻皆同，僅有聲調之别。"沄""园""運"文部，"回"微部，微文對轉。

沅 yuán 愚袁切，平，元，疑。元部。

水名。流經湖南省西部。楚辭戰國屈原九歌湘夫人："～有茝兮澧有蘭。"

沛 1. pèi 普蓋切，去，泰韻，滂。月部。

㊀水盛貌。孟子盡心下："若決江河，～然莫之能禦也。"泛指盛貌。孟子離婁上："故～然德教溢乎四海。"㊁疾速貌。楚辭戰國屈原九歌湘君："～吾乘兮桂舟。"㊂〔沛澤〕水草多的沼澤。孟子滕文公下："沛澤多而禽獸至。"㊃通"旆"。幡幔之類。易豐："豐其～，日中見沬。"王弼注："沛，幡幔，所以御盛光也。"

2. pèi 博蓋切，去，泰韻，幫。月部。

㊄古郡名。漢代的沛郡郡治爲相縣，故址在今安徽省濉溪縣西北。

［同源字］沛，霈。兩字同音。玉篇："霈，大雨。""霈"是"沛"的分别字，只表示水盛，不表示"沛"的其他意義。

沔 miǎn 彌兖切，上，獮韻，明。元部。

㊀水名。漢水的上游。書禹貢："浮于潛，逾于～。"僞孔傳："漢上曰沔。"㊁水盛滿貌。詩小雅沔水："～彼流水，朝宗于海。"毛傳："沔，水流滿也。"㊂通"湎"。沉迷。史記樂書："陵遲以至六國，流～沈佚，遂往不返。"

沏 1. qiè 千結切，音切，入，屑韻，清。

㊀衝擊。文選晉木華海賦："飛澇相磢，激勢相～。"李善注："沏，摩也。楚乙反。"

2. qī 字彙音七。

㊁以開水冲茶(晚起義)。紅樓夢二六回："紫鵑，把你們的好茶～碗我喝。"

按，説文無沏字。

沌 1. dùn 徒損切，音盾，上，混韻，定。文部。

㊀〔混沌〕叠韻聯緜字。見"混"字條。㊁〔沌沌〕無知貌。老子第二十章："我愚人之心也哉，沌沌兮！"

2. tún 徒渾切，音屯，平，魂韻，定。文部。

㊂形容水勢。廣韻："沌，水勢。"集韻："水流貌。"〔沌沌〕波浪相隨貌。文選漢枚乘七發："沌沌渾渾，狀如奔馬。"

3. zhuàn 持兖切，音篆，上，獮韻，澄。

㊃水名。在今湖北省。宋陸游入蜀記卷五："晚泊通濟口，自此入～。～讀如篆。"

按，説文無沌字。

沐 mù 莫卜切，入，屋韻，明。屋部。

㊀洗髮。左傳僖公二十八年："叔武將～，聞君至，捉髮走出。"㊁整治。禮記檀弓下："孔子之故人曰原壤，其母死，夫子助之～槨。"㊂芟除。管子輕重丁："請以令～途旁之樹枝，使無尺寸之陰。"㊃潤澤。後漢書明帝紀："京師冬無宿雪，春不燠～。"㊄古代稱官員休假爲休沐，亦單作沐。南朝梁沈約酬謝宣城朓："晨趨朝建禮，晚～卧郊園。"㊅米汁。史記外戚世家："姊去我西時，與我決於傳舍中，丐～沐我，請食飯我，乃去。"司馬貞索隱："沐，米潘也。謂后乞潘爲弟沐。"㊆〔沐猴〕獼猴。史記項羽本紀："人言楚人沐猴而冠耳，果然！"

［辨］洗，盥，沬，沐，浴，洒。見"洗"字條。

汰 tài 他蓋切，去，泰韻，透。

"汏"之俗字。見"汏"字條。

按，説文無汰字。

汓 liú 力求切，平，尤韻，來。幽部。

古文"流"字。荀子榮辱："其～長矣，其温厚矣，其功盛姚遠矣，非順孰修爲之君子，莫之能知也。"公羊傳成公五年："梁山崩，壅河三日不～。"

按，説文無沗字。

沋 yóu 羽求切，音尤，平，尤韻，喻三。之部。

❶水名。段玉裁謂即治水。❷〔沋沋〕亂動貌。文選漢枚乘七發："魚鼈失勢，顛倒偃側，沋沋湲湲，蒲伏連延。"李善注："沋沋湲湲，魚鼈顛倒之貌也。"

浤 hóng 集韻乎萌切，音宏，平，耕韻，匣。

❶集韻："浤浤，迅流也，或从宏。"❷〔浤汩〕水勢浩翰貌。藝文類聚七八南朝梁陶弘景水仙賦："淼漫八海，浤汩九河。"

按，説文無浤字。

沍 1. hù 集韻胡故切，音互，去，莫韻，匣。魚部。

❶凍結，凝結。莊子齊物論："大澤焚而不能熱，河漢～而不能寒。"昭明太子集蕭綱序："玄冥戒節，～陰在歲。"

2. hú 集韻洪孤切，音胡，平，模韻，匣。

❷形容水流過滿。集韻："沍，漫沍，水皃。"元劉致折桂令樵："雲暗山腰，水～溪橋。"

按，説文無沍字。

決 1. jué 古穴切，入，屑韻，見。月部。

❶排除壅塞，引導水流。孟子滕文公上："～汝漢，排淮泗，而注之江。"引申爲決堤。漢書武帝紀："河水～濮陽，泛十六郡。"❷斷絶。禮記曲禮上："濡肉齒～，乾肉不齒～。"鄭玄注："決猶斷也。"❸決斷。楚辭戰國屈原卜居："余有所疑，願因先生～之。"又爲果斷。唐孟郊遊俠行："壯士性剛～，火中見石裂。"❹判決。史記燕世家："召公巡行鄉邑，有棠樹，～獄政事其下。"❺處死。三國志魏書倉慈傳："（倉）慈躬往省閱，料簡輕重，自非殊死，但鞭杖遣之，一歲～刑曾不滿十人。"❻辭別，告別。史記外戚世家："姊去我西時，與我～於傳舍中。"❼副詞。必定。史記廉頗藺相如列傳："相如度秦王雖齋，～負約不償城。"❽〔決拾〕決，扳指；拾，臂衣。古代射箭時用。詩小雅車攻："決拾既佽，弓矢既調。"

2. xuè 呼決切，音血，入，屑韻，曉。月部。

❾迅疾貌。莊子逍遥遊："我～起而飛，搶榆枋而止。"

3. quē 集韻苦穴切，入，屑韻，溪。月部。

❿通"缺"。破，殘破。史記李斯列傳："夫人生居世間也，譬猶騁六驥過～隙也。"北魏酈道元水經注河水二："尚有二十六人，衣履穿～。"

〔辨〕訣，決。見"訣"字條。

〔同源字〕闕，決，玦，缺。見"闕"字條。

沑 nǜ 女六切，音恧，入，屋韻，娘。覺部。

〔踧沑〕水紋集聚。晉木華海賦："葩華踧沑，沏濘潗漕。"

沙 1. shā 所加切，平，麻韻，審二。歌部。

❶沙粒。山海經北山經："白沙山廣員三百里，盡～也。"又爲丹砂。楚辭戰國宋玉招魂："紅壁～板，玄玉梁些。"王逸注："沙，丹沙也。"❷水邊沙地。詩大雅鳧鷖："鳧鷖在～，公尸來燕來宜。"毛傳："沙，水旁也。"❸沙漠。漢書匈奴傳下："幕北地平，少草木，多大～。"❹一種紡織物，即紗。周禮天官内司服："掌王后之六服：褘衣、揄狄、闕狄、鞠衣、展衣、緣衣，素～。"孫詒讓正義："沙、紗古今字。…吕飛鵬云：'古無紗字，至漢時始有之。'"❺〔沙汰〕淘汰。三國志吴書朱璩傳："是時選曹尚書暨豔疾貪汙在位，欲沙汰之。"❻語氣詞（晚起義）。元曲選石君寶曲江池一："不因你有個小名兒～，他怎肯誤入桃源？"❼聲音嘶啞。周禮天官内饔："鳥皫色而～鳴。"鄭玄注："沙，澌也。"這個意義又讀所加反（shà）。釋文："沙如字，一音所嫁反。"

2. suō 集韻蘇禾切，平，戈韻，心。歌部。

❽〔沙劘〕叠韻聯緜字。撫摩。楚辭漢王褒九懷株昭："修潔處幽兮，貴寵沙劘。"也作"摩抄"或"摩挲"。

沚 zhǐ 渚市切,上,止韻,照三。之部。

水中小洲。詩秦風蒹葭:"溯游從之,宛在水中～。"毛傳:"小渚曰沚。"

[辨]洲,渚,沚,坻。見"洲"字條。

汨 mì 莫狄切,音覓,入,錫韻,明。陽部。

水名。汨羅江的上游。史記屈原賈生列傳:"(屈原)於是懷石自投～羅以死。"裴駰集解引應劭曰:"汨水在羅,故曰汨羅也。"按,"羅"爲羅縣,在今湖南省。

汩 1. gǔ 古忽切,音骨,入,没韻,見。物部。

㊀治理,疏通。楚辭戰國屈原天問:"不任～鴻,師何以尚之?"王逸注:"汩,治也。鴻,大水也。"國語周語下:"決～九川。"韋昭注:"汩,通也。"㊁擾亂。書洪範:"我聞在昔,鯀陻洪水,～陳其五行。"㊂淹没。唐韓愈雜説四首之一:"感震電,神變化,水下土,～陵谷。"〔汩没〕沉没,埋没。唐杜甫贈陳二補闕詩:"世儒多汩没,夫子獨聲名。"㊃〔汩汩〕水流急貌。淮南子原道:"源流泉滂,沖而徐盈,混混汩汩,濁而徐清。"又爲水急流聲。文選晉木華海賦:"崩雲屑雨,浤浤汩汩。"也可作"汩活"。文選漢馬融長笛賦:"争湍苹縈,汩活澎濞。"

2. yù 于筆切,入,質韻,喻三。物部。

㊄迅疾貌。楚辭戰國屈原離騷:"～余若將不及兮,恐年歲之不吾與。"

3. hú 集韻胡骨切,入,没韻。物部。

㊅涌出的泉水。莊子達生:"與齊俱入,與～偕出。"郭象注:"回伏而涌出者,汩也。"

沖 chōng 直弓切,平,東韻,澄。冬部。

也作"冲"。㊀水湧動。説文:"沖,涌摇也。"引申爲沖洗,沖刷(晚起義)。清黄肇敏黄山紀遊:"此處古有橋名聖泉,乾隆間爲蛟水～塌。"㊁空虚。老子:"大盈若～,其用不窮。"引申爲謙虚。晉書恭帝紀:"大司馬明德懋親,…雅尚～挹,四門弗闢。"㊂幼小。書盤庚:"肆予～人,非廢厥謀,弔由靈。"㊃直飛而上。韓非子喻老:"雖無飛,飛必～天。"

汭 ruì 而鋭切,去,祭韻,日。月部。

㊀河流彎曲處。左傳莊公四年:"且請爲會於漢～而還。"㊁古水名。①涇水支流。在豳地,今陝西省境内。周禮夏官職方氏:"其川涇～。"鄭玄注:"汭在豳地。"②黄河支流。在今山西省永濟縣境。北魏酈道元水經注河水四:"(歷山)有舜井,嬀～二水出焉。"

沘 bǐ 卑履切,音比,上,旨韻,幫。脂部。

水名。①即今河南省泌陽河。古稱沘水,也稱泌水。②淠水的古稱,在今安徽省。

按,説文無沘字。

泛 1. fàn 孚梵切,去,梵韻,敷。談部。

㊀漂浮。漢武帝秋風辭:"～樓船兮濟汾河。"㊁泛濫。北魏酈道元水經注河水:"河水盛溢,～侵瓠子。"㊂廣泛,普遍。漢書遊俠傳序:"觀其温良～愛,振窮周急,亦皆有絶異之姿。"引申爲浮泛。漢書原涉傳:"素善强弩將軍孫建,莽疑建藏匿,～以問建。"〔泛泛〕①漂浮貌。漢書禮樂志郊祀歌:"泛泛滇滇從高斿,殷勤此路臚所求。"②廣大貌。莊子秋水:"泛泛乎其若四方之無窮,其無所畛域。"

2. fěng 方勇切,上,腫韻,非。談部。

㊃通"覂"。覆,翻。史記吕太后本紀:"太后酒恐,自起～孝惠卮。"

[辨]氾,汎,泛。三字均爲敷母,"氾"、"泛"在談部,"汎"在侵部,三字音近。説文:"氾,濫也。""汎,浮皃。""泛,浮也。"但三字實際上用法相同,只是通"覂"時只寫作"泛"。

汾 fén 符分切,平,文韻,奉。文部。

水名,黄河支流,在今山西省。

汽 qì 起毅切,去,未韻,溪。

水氣。見集韻。

[備考]説文:"汽,水涸也。或曰泣下。从水,气聲。詩曰:'汽可小康。'"按,今本詩大雅民勞作"汔可小康"。

沃 wò 烏酷切，入，沃韻，影。藥部。

❶澆，灌。禮記内則："少者奉槃，長者奉水，請～盥。"❷肥美。國語魯語："～土之民不材。"又爲茂盛。詩小雅隰桑："隰桑有阿，其葉有～。"

［辨］沃，澆。説文："浂，溉灌也。""澆，浂也。"兩字互訓。段玉裁以爲"沃爲澆之大，澆爲沃之細"。從文獻實際用例看並非如此。但"沃盥"多用"沃"，不用"澆"。"沃"和"澆"其他義項都不相通。

按，説文沃作浂。

㳄 xián 夕連切；平，仙韻，邪。元部。

同"涎"。口液，口水。説文："慕欲口液也。"典籍中多作"涎"。

按，説文㳄字在㳄部。

汮 jūn 居勻切，音均，平，諄韻，見。真部。

古水名，亦作均水，漢水支流。上、中游即今河南省的淅川，下游爲匯合淅川以後的丹江。

按，説文無汮字。

沕 1. wù 文弗切，音物，入，物韻，微。物部。

❶〔沕穆〕雙聲聯緜字。深微貌。史記屈原賈生列傳："沕穆無窮兮，胡可勝言！"司馬貞索隱："沕穆，深微之貌。"

2. mì 美筆切，音密，入，質韻，明。物部。

❷潛藏貌。史記屈原賈生列傳："襲九淵之神龍兮，～深潛以自珍。"❸〔沕潏〕叠韻聯緜字。泉流貌。史記司馬相如列傳："大漢之德，逢涌原泉，沕潏漫衍，旁魄四塞。"

［備考］廣韻質韻："塵濁。"

按，説文無沕字。

没 1. mò 莫勃切，入，没韻，明。物部。

❶沉没。史記滑稽列傳："水來漂～，溺其人民。"又爲潛入水中。莊子列禦寇："其子～於淵，得千金之珠。"引申爲埋没。唐李華弔古戰場文："積雪～脛。"❷盡。論語陽貨："舊穀既～，新穀既升。"又爲覆没。史記衛將軍驃騎列傳："遂～其軍。"❸没收。唐韓愈柳子厚墓志銘："子本相侔，則～爲奴婢。"❹死。論語子罕："文王既～，文不在兹乎？"

2. mò 集韻母果切，上，果韻，明。

❺疑問代詞（後起義）。敦煌變文集李陵變文："緣～不攢身入草，避難南皈？"〔甚没〕〔什没〕〔拾没〕疑問代詞。又李陵變文："單于問：'是甚没人？'"又佛説阿彌陀經講經文："生前爲什没不修行？"集韻："没，不知而問曰'拾没'。"

3. méi 字彙音媚。

❻無，没有（後起義）。唐王建酬從姪再看詩本："眼暗～功夫，慵來翦刻麤。"

［同源字］没，歿。見"歿"字條。

沜 pàn 普半切，音判，去，换韻，滂。

❶水流。集韻："沜，水流也。"❷水邊。廣韻："沜，水涯。"宋吴汝弌遊石仙分韻得觀字詩："何不葬山原，不然棄江～。"

按，説文無沜字。

汦 zhǐ 諸氏切，上，紙韻，照三。支部。

❶有所附着而停止。説文："汦，著止也。"段玉裁注："有所著而止也。"❷〔汦汦〕齊貌。後漢書蔡邕傳："皇道惟融，帝猷顯丕。汦汦庶類，含甘吮滋。"

泲 jǐ 集韻子禮切，音擠，上，薺韻，精。脂部。

❶水名。即濟水。①四瀆之一。説文作"泲"。發源於今河南省濟源縣西王屋山，流經今山東省入海。後下游爲黄河所奪。②發源於今河北省贊皇山，注入寧晋泊。説文作"濟"。元、明、清之時稱"泲"。今名午河。❷過濾使清。詩大雅鳧鷖"爾酒既湑，爾殽伊脯"鄭箋："湑，酒之～者也。"❸擠。宋彭大雅黑韃事略："馬之初乳，日則聽其駒之食，夜則聚之以～，貯以革器。"徐霆疏證："泲之之法，先令駒子啜，教乳路來，即趕了駒子，人即用

手～下皮桶中。"

沂 1. yí 魚衣切,平,微韻,疑。微部。

㊀水名。①源出沂山(在今山東省),注入駱馬湖(在今江蘇省)。②源出曲阜東南的尼山,注入泗水。論語先進:"浴乎～。"㊁山名。又稱東泰山。在今山東省臨朐縣南,沂水所出。

2. yín 集韻魚巾切,音銀,平,諄韻,疑。文部。

㊂古樂器名。爾雅釋樂:"大篪謂之沂。"㊃通"垠"。岸邊。漢書敘傳:"齊甯激聲於康衢,漢良受書於邳～。"顔師古注:"晉灼曰:'沂,崖也。下邳水之崖也。'"

汳 biàn 芳萬切,集韻皮變切,去,綫韻,並。元部。

古水名。在今河南省境内。後寫作"汴"。説文:"汳,水,受陳留浚儀陰溝,至蒙爲雝水,東入於泗。"段玉裁注:"漢志作'卞',後漢書作'汴'。按'卞'者,'弁'之隸變也。變'汳'爲'汴',未知起於何代。"

沇 1. yǎn 以轉切,上,獮韻,喻四。元部。

㊀古水名。發源於今河南省濟源縣西王屋山,爲濟水的上流。字又作"渷"。

2. wěi 集韻愈水切,上,旨韻,喻四。微部。

㊁〔沇沇〕盛多貌。文選漢揚雄羽獵賦:"沇沇溶溶,遥噱乎紘中。"〔沇溶〕雙聲聯縣字。盛多貌。文選漢揚雄羽獵賦:"萃從沇溶,淋離廓落。"

沝 1. zhuǐ 之壘切,上,紙韻,照三。微部。

㊀説文:"沝,二水也。"

2. zǐ 音子。

㊁灘磧相湊之處。如長江上游有石桅沝、折桅沝等。明楊慎譚苑醍醐蜀江水路險名:"灘磧相湊曰沝。"自注:"音子。今有石沝(按,當爲"危"字之誤)子、折危子。"

〔備考〕類篇:"閩人謂水曰沝。"

按,説文沝字在沝部。

沓 1. tà 徒合切,入,合韻,定。緝部。

㊀重合,重叠。楚辭戰國屈原天問:"天何所～?"王逸注:"沓,合也,言天與地合會何所?"文選漢枚乘七發:"壁壘重堅,～雜似軍行。"㊁〔沓沓〕①語多貌。孟子離婁上:"詩曰:'天之方蹶,無然泄泄。'泄泄猶沓沓也。"②疾行貌。漢書禮樂志郊祀歌:"神之行,旌容容,騎沓沓,般縱縱。"

2. tà 集韻達合切,入,合韻,定。緝部。

㊂貪黷。國語鄭語:"其民～貪而忍,不可因也。"韋昭注:"沓,黷也。"㊃量詞(後起義)。世説新語任誕:"(羅友)在益州,語兒云:'我有五百人食器。'家人大驚其由來清而忽有此物,定是二百五十～烏樏。"

〔同源字〕錔,沓。見"錔"字條。

按,説文沓字在曰部。

五　画

泬 1. jué 集韻古穴切,音決,入,屑韻,見。質部。

㊀古水名。又稱潏水,爲渭河支流。㊁通"遹"。邪辟。

2. xuè 呼決切,音血,入,屑韻,曉。質部。

㊂〔泬寥〕空曠貌。文選戰國宋玉九辯:"泬寥兮天高而氣清。"

沱 1. tuó 徒河切,平,歌韻,定。歌部。

㊀長江支流的通名。詩召南江有汜:"江有～。"毛傳:"沱,江之别者。"書禹貢荆梁二州皆有沱。據漢書地理志和水經注,梁州沱水有二,其一爲今郫江前身。荆州沱水在今湖北省枝江縣東。㊁涕淚紛下貌。易離:"出涕～若。"㊂見〔滂沱〕。

2. duò 徒可切,音舵,上,哿韻,定。歌部。

㊃同"沲"。見〔淡沲〕。

泣 qì 去急切,入,緝韻,溪。緝部。

❶無聲或低聲地哭。戰國策趙策四:"媪之送燕后也,持其踵爲之~。"❷眼淚。史記呂太后本紀:"孝惠帝崩,發喪,太后哭,~不下。"

[備考]㊀sè。血流不通暢。素問六節藏象論:"凝於脈者爲~。"王冰注:"泣謂血行不利。"㊁lì。風疾貌。集韻緝韻:"泣,力入切,猋泣,疾貌。"漢書揚雄傳上:"虓虎之陳,從横膠輵,猋~雷厲,驞駍駖磕。"顔師古注:"泣,猋風疾貌也。"按,文選漢揚雄羽獵賦作"猋拉"。李善注:"鄧展曰:'拉音獵。'…拉,風聲也。"

[辨]哭,泣,號,啼。見"哭"字條。

注 1. zhù 之戍切,去,遇韻,照三。侯部。

❶灌注,流入。詩大雅泂酌:"挹彼~兹,可以餴饎。"❷放置,附著。爾雅釋天:"~旄首曰旌。"又爲聚集。周禮天官獸人:"及弊田,令禽~於虞中。"賈公彦疏:"注,猶聚也。"❸注釋。世説新語文學:"鄭玄欲~春秋傳。"這個意義後來寫作"註"。❹記載。三國志蜀書後主傳:"國不置史,~記無官。"這個意義後來寫作"註"。❺用來賭博的財物。宋史寇準傳:"博者輸錢欲盡,乃罄所有出之,謂之孤~。"❻屋檐滴水處。漢司馬相如上林賦:"高廊四~,重坐曲閣。"

2. zhòu 集韻陟救切,音晝,去,宥韻,知。侯部。

❼通"味"。鳥類或昆蟲的嘴。周禮考工記梓人:"以~鳴者,…謂之小蟲之屬。"又爲星名,即柳宿。史記律書:"西至于~。"司馬貞索隱:"注,味也。天官書云:'柳爲鳥味。'則注,柳星也。"

〔辨〕注,註。"註"是"注"的分别字,在"注釋"、"記載"的意義上,"注"又寫作"註"。"注"的其他意義都不寫作"註"。

泳 yǒng 爲命切,去,映韻,喻三。陽部。

潛行水中。也指浮游。詩周南漢廣:"漢之廣矣,不可~思。"

[辨]泳,游。見"游"字條。

泮 pàn 普半切,音判,去,换韻,滂。元部。

❶冰化開。詩邶風匏有苦葉:"士如歸妻,迨冰未~。"引申爲分開。史記酈生陸賈列傳:"自天地剖~未始有也。"❷泮宫,諸侯鄉射之宫。詩魯頌泮水:"魯侯戾止,在~飲酒。"後代以泮宫爲學宫,生員入學爲入泮。❸通"畔"。水邊。詩衛風氓:"淇則有岸,隰則有~。"❹〔泮汗〕叠韻聯緜字。水流廣大貌。文選晉左思吴都賦:"潰渱泮汗,滇𣶒淼漫。"

泫 1. xuàn 胡畎切,上,銑韻,匣。真部。

❶水珠下垂貌。南朝宋謝靈運從斤竹澗越嶺溪行詩:"巖下雲方合,花上露猶~。"引申爲流淚。南朝宋王僧達祭顔光禄文:"心悽目~。"❷〔泫沄〕叠韻聯緜字。水翻騰貌。文選漢張衡思玄賦:"揚芒熛而絳天兮,水泫沄而涌濤。"

2. xuán 集韻胡涓切,音玄,平,先韻,匣。真部。

❸〔囦(yuān)泫〕叠韻聯緜字。水深廣貌。文選晉郭璞江賦:"澄澹汪洸,瀇滉囦泫。"李善注:"皆水深廣之貌。"

3. juān 集韻圭玄切,音涓,平,先韻,見。真部。

❹〔泫氏〕古縣名,在今山西省高平縣。

泌 1. bì 毗必切,入,質韻,並。質部。

❶細水流。詩陳風衡門:"~之洋洋,可以樂飢。"❷水名。①即今河南省泌陽河。②即今山東省衛魚河。

2. bì 鄙密切,入,質韻,幫。質部。

❸〔泌瀄〕叠韻聯緜字。水波衝擊貌。漢書司馬相如傳:"澤弗宓汩,偪側泌瀄。"顔師古注:"泌瀄,相楔也。"

3. mì 音密。

❹分泌(晚起義)。

泙 pēng 集韻披庚切,音烹,平,庚韻,滂。

集韻:“泙,水聲。”〔泙泙〕水聲。唐韓偓李太舍池上玩紅薇醉題:“花低池小水泙泙,花落池心片片輕。”〔淜泙〕叠韻聯緜字。見“淜”字條。

〔備考〕píng。廣韻符兵切,集韻蒲兵切。耕部。説文:“泙,谷也。一曰水名。”

泰 tài 他蓋切,去,泰韻,透。月部。

㊀過甚,過分。老子第二十九章:“是以聖人去甚去奢去~。”引申爲驕縱。國語晉語八:“恃其富寵,以~於國。”又引申爲極,最。莊子天地:“~初有无,无有无名。”㊁寬裕。荀子議兵:“凡慮事欲孰而用財欲~。”㊂易卦名。爲上下交通之象。引申爲平安。漢書楚元王傳:“君子道長,小人道消,小人道消,則政日治,故爲~。~者,通而治也。”又引申爲善。抱朴子外篇疾謬:“及好會,則狐蹲牛飲,争爲競割,掔撥淼摺,無復廉恥,以同此者爲~,以不爾者爲劣。”㊃泰山,在今山東省境内。

沫 mò 莫撥切,入,末韻,明。月部。

㊀水泡。文選戰國宋玉高唐賦:“巨石溺溺之瀺灂兮,~潼潼而高厲。”㊁唾沫。莊子大宗師:“泉涸,魚相與處於陸,相呴以濕,相濡以~,不如相忘於江湖。”㊂盡,止。梁鍾嶸詩品序:“踵武前王,風流未~。”

沬 1. mèi 莫貝切,去,泰韻,明。物部。

㊀古地名。即牧野。在今河南省淇縣。㊁通“昧”。微暗不明。易豐:“豐其沛,日中見~。”王弼注:“沬,微昧之明也。”一説爲北斗輔星。釋文:“字林作昧,…云:斗杓後星。”

2. huì 集韻呼内切,音晦,去,隊韻,曉。物部。

㊂洗面。也作“頮”、“靧”。漢書律曆志下引書顧命:“甲子,王乃洮~水。”顔師古注:“洮,盥手也。沬,洗面也。…沬即頮字也。”

〔辨〕洗,盥,沬,沐,浴,洒。見“洗”字條。

浰 1. yí 與之切,音怡,平,之韻,喻四。脂部。

㊀古水名。在今湖北境内。

2. chí 集韻陳尼切,音遲,平,脂韻,澄。脂部。

㊁同“坻”。水中的小塊陸地。楚辭漢王褒九懷陶壅:“浮溺水兮舒光,淹低佪兮京~。”王逸注:“水中可居爲洲,小洲爲渚,小渚爲浰。京浰,即高洲也。”

按,説文無浰字。

法 fǎ 方乏切,入,乏韻,非。葉部。

㊀法度,法令。禮記曲禮:“謹修其~而審行之。”吕氏春秋察今:“上胡不法先王之~?”㊁準則。左傳成公十二年:“今吾子之言,亂之道也,不可以爲~。”㊂效法。易繫辭上:“崇效天,卑~地。”㊃方法。孫子軍争:“故用兵之~,無恃其不來,恃吾有以待也。”㊄法術(後起義)。水滸傳五四回:“公孫勝仗劍作~。”

〔辨〕鎔,模,法,型,笵。見“鎔”字條。

按,説文法是灋的重文。

泋 huì 許貴切,去,未韻,曉。

〔瀖泋〕見“瀖”字條。

按,説文無泋字。

河 hé 胡歌切,平,歌韻,匣。歌部。

㊀上古爲黄河的專稱。書禹貢:“導~積石,至于龍門。”後代泛指河流。唐杜甫春望詩:“國破山~在,城春草木深。”㊁指銀河。南朝齊謝朓暫使下都夜發新林至京邑贈西府同僚詩:“秋~曙耿耿,寒渚夜蒼蒼。”

泔 1. gān 古三切,平,談韻,見。談部。

㊀米泔汁。説文:“周謂潘曰泔。”

2. hàn 集韻户感切,音頷,上,感韻,匣。談部。

㊁〔泔淡〕叠韻聯緜字。滿。漢書揚雄傳甘泉賦:“玄瓚觩䚡,秬鬯泔淡。”顔師古注引應劭曰:“泔淡,滿也。”

〔備考〕用米汁浸漬。荀子大略:“曾子食

魚有餘，曰：‘～之。’門人曰：‘～之傷人，不若奧之。’”楊倞注：“泔與奧皆烹和之名，未詳其說。”清盧文弨龍城札記：“泔之，謂以米汁浸漬之也。”

泄 1. xiè 私列切，入，薛韻，心。月部。

㊀發散。詩大雅民勞：“惠此中國，俾民憂～。”㊁泄漏。管子君臣下：“牆有耳者，微謀外～之謂也。”㊂通“媟”。輕慢，褻瀆。孟子離婁下：“武王不～邇，不忘遠。”趙岐注：“泄，狎。”

2. yì 餘制切，音裔，去，祭韻，喻四。月部。

㊃水名。淠河的分支。㊄〔泄泄〕①緩飛貌。詩邶風雄雉：“雄雉于飛，泄泄其羽。”引申爲閒散貌。詩魏風十畝之間：“十畝之外兮，桑者泄泄兮。”②多言貌。詩大雅板：“天之方蹶，無然泄泄。”孟子離婁上：“泄泄猶沓沓也。”

沭 shù 食聿切，入，術韻，床三。物部。

水名，流經今山東、江蘇兩省。

沽 1. gū 古胡切，平，模韻，見。魚部。

㊀古水名。即今河北省的白河。

2. gū 古暮切，去，暮韻，見。今讀如酤。魚部。

㊁賣。論語子罕：“有美玉於斯，韞匵而藏諸？求善賈而～諸？”又爲買。論語鄉黨：“～酒市脯不食。”

3. gǔ 公户切，上，姥韻，見。魚部。

㊂賣酒的人。尸子：“屠者割肉知牛之多少，則～者亦知酒之多少也。”㊃簡略，粗糙。禮記檀弓上：“杜橋之母之喪，宮中無相，以爲～也。”周禮夏官司兵“掌五兵五盾，各辨其物與其等”鄭玄注：“謂功～上下。”賈公彥疏：“沽謂麤惡者爲下等也。”

［辨］沽，酤，賈。三字同音，是同源詞，都有“買”和“賣”的意義。但“酤”限於買賣酒。“賈”又可用作名詞（商賈），“沽”、“酤”没有這種用法。

沰 1. tuò 他各切，音拓，入，鐸韻，透。鐸部。

㊀赤褐色。詩秦風終南“顏如渥丹，其君也哉”釋文：“丹如字，韓詩作～，音撻各反，赭也。”

2. duó 集韻當各切，入，鐸韻，端。

㊁〔滴沰〕雙聲聯緜字。雨聲。漢崔寔四民月令：“上火不落，下火滴沰。”清翟灝通俗編聲音：“言丙日不雨，則丁日有雨，其聲滴沰然也。”

泧 1. huò 呼括切，音豁，入，末韻，曉。月部。

㊀〔泧泧〕水流貌。廣雅釋訓：“泧泧，流也。”說文：“㦿，空大也，从大歲聲。讀若詩‘施罟泧泧’。”按今本詩衛風碩人作“施罛濊濊”。釋文引韓詩云：“濊濊，流也。”㊁〔泧㴚〕雙聲聯緜字。水勢相激的樣子。文選晉郭璞江賦：“潰濩泧㴚。”（據六臣本）李善注：“皆水勢相激洶涌之貌。”“泧”音呼活反，“㴚”音呼郭反。

2. sà 集韻桑葛切，入，曷韻，心。月部。

㊂〔㳄（mò）泧〕叠韻聯緜字。拂拭滅去其痕。說文：“泧，㳄泧也，从水戉聲，讀若椒樧之樧。”又：“㳄，拭滅皃。”段玉裁注謂當作“㳄泧，拭滅貌”。

沸 1. fèi 方味切，去，未韻，非。物部。

㊀〔畢沸〕雙聲聯緜字。泉涌出貌。說文：“畢沸，濫泉也。”段玉裁謂“也”當作“貌”；“濫泉”爲涌出之泉。也可單用“沸”。北周庾信哀江南賦：“冤霜夏零，憤泉秋～。”引申爲水翻騰貌。詩小雅十月之交：“百川～騰，山冢崒崩。”〔沸潰〕叠韻聯緜字。水波翻騰貌。文選晉木華海賦：“跇踔湛瀼，沸潰渝溢。”㊁水燒開後沸騰。荀子議兵：“譬之若以卵投石，以指撓～。”引申爲喧騰。晉書劉曜載記：“曜自隴長驅至西河，戎卒二十八萬五千，臨河列陣，百餘里中，鐘鼓之聲～河動地。”

2. fú 集韻敷勿切，入，物韻，敷。物部。

㊂灑。集韻物韻："泋，灑也，或作沸。"唐李白望廬山瀑布詩："飛珠散輕霞，流沫～穹石。"㊃象聲詞，水聲。文選漢司馬相如上林賦："觸穹石，激堆埼，～乎暴怒，洶涌彭湃。"李善注引郭璞曰："沸，水聲也，音拂。"

泓 hóng 烏宏切，平，耕韻，影。蒸部。

㊀水深貌。文選晉郭璞江賦："極～量而海運，狀滔天以淼茫。"㊁潭。唐元稹說劍詩："留斬～下蛟，莫試街中狗。"㊂量詞，用於水。唐李賀夢天詩："遥望齊州九點烟，一～海水杯中瀉。"㊃古水名，在今河南省。㊄〔泓宏〕叠韻聯緜字。聲音寬而長。文選晉潘岳笙賦："郁捋劫悟，泓宏融裔。"㊅〔泓汯〕叠韻聯緜字。水勢迴旋貌。文選晉郭璞江賦："泓汯洞潗，涒鄰圖濴。"

〔同源字〕弘，泓，宏，閎，呟，硡。見"硡"字條。

泯 mǐn 武盡切，集韻弭盡切，上，準韻，明。真部。

㊀盡，滅。詩大雅桑柔："亂生不夷，靡國不～。"㊁〔泯泯〕①紊亂貌。書呂刑："民興胥漸，泯泯棼棼。"僞孔傳："泯泯爲亂。"②滅絶。唐韓愈贈崔立之評事詩："能來取醉任喧呼，死後賢愚共泯泯。"

按，說文無泯字，新附有之，云："泯，滅也。"

泥 1. ní 奴低切，平，齊韻，泥。脂部。

㊀泥土。書禹貢："厥土惟塗～。"㊁軟弱。爾雅釋獸："威夷，長脊而～。"㊂古水名。①涇水支流，在今甘肅省。②湘水支流，即今湖南省涞水。

2. nì 奴計切，去，霽韻，泥。脂部。

㊃用泥塗飾，粉刷。世說新語汰侈："王以赤石脂～壁。"㊄陷滯不通，拘泥。論語子張："子夏曰：'雖小道，必有可觀者焉，致遠恐～，是以君子不爲也。'"㊅軟纏(後起義)。唐元稹遣悲懷詩之一："顧我無衣搜藎篋，～他沽酒拔金釵。"

3. nǐ 奴禮切，上，薺韻，泥。脂部。

㊆〔泥泥〕①露濃貌。詩小雅蓼蕭："蓼彼蕭斯，零露泥泥。"②柔嫩光澤貌。詩大雅行葦："方苞方體，維葉泥泥。"

4. niè 字彙補乃結切。

㊇通"涅"。黑色染料。大戴禮記曾子制言上："蓬生麻中，不扶自直；白沙在～，與之皆黑。"

波 1. bō 博禾切，平，戈韻，幫。歌部。

㊀水涌流。見說文。管子君臣下："夫水～而上，盡其摇而復下。"又爲起波浪。楚辭戰國屈原九歌湘夫人："嫋嫋兮秋風，洞庭～兮木葉下。"㊁水流。書禹貢："導弱水，至于合黎，餘～入于流沙。"又爲波浪。楚辭戰國屈原九歌河伯："與女遊兮九河，衝風起兮横～。"宋蘇軾前赤壁賦："清風徐來，水～不興。"

2. bēi 集韻班糜切，音碑，平，支韻，幫。歌部。

㊂通"陂"。漢書江都易王非傳："後游雷～，天大風。"顔師古注："波讀爲陂。雷陂，陂名。"

3. bì 集韻被義切，去，寘韻，幫。歌部。

㊃循水行。漢書西域傳："從鄯善傍南山北，～河西行至莎車，爲南道。"顔師古注："波河，循河也。"

〔辨〕波，浪，瀾，淪。在"波浪"的意義上，先秦說"波"，稍後才說"浪"。大波曰"瀾"，小波曰"淪"。見說文。

泇 jiā 集韻居牙切，音加，平，麻韻，見。

水名。流經今山東、江蘇兩省。

按，說文無泇字。

沼 zhǎo 之少切，上，小韻，照三。宵部。

池塘。詩小雅正月："魚在於～，亦匪克樂。"毛傳："沼，池也。"

［備考］一切經音義引説文："沼，小池也。"風俗通："圓曰池，曲曰沼。"

［辨］池，沼。據一切經音義引説文及風俗通所云，"池"、"沼"有别，但從古書中的實際使用情况來看，在"池塘"義上兩字無别。但"沼"没有"護城河"一義。

泐 lè 盧則切，音勒，入，德韻，來。職部。

㊀石按文理而裂散。周禮考工記序："石有時以～，水有時以凝。"㊁通"勒"。刻石。引申爲書寫(晚起義)。清秋瑾致琴文書："匆匆倚燈謹～數行，敬請坤安。"

［同源字］防，朸，泐，扐，肋。見"防"字條。

沾 1. zhān 張廉切，平，鹽韻，知。談部。

㊀水名。流經今山西、河北兩省。㊁通"霑"。浸潤，濡濕。史記陳丞相世家："勃又謝不知，汗出～背，愧不能對。"比喻施與恩澤。宋書文帝紀："諸生答問，多可採覽。教授之官，並宜～賚。"㊂〔沾沾〕自矜貌。史記魏其武安侯列傳："魏其者，沾沾自喜耳，多易，難以爲相持重。"

2. chān 集韻癡廉切，平，鹽韻，徹。談部。

㊃通"覘"。視。禮記檀弓下："我喪也斯～。"鄭玄注："沾，讀曰覘。"

3. tiān 他兼切，平，添韻，透。談部。

㊄增添。説文："沾，益也。"段玉裁注："沾、添古今字，俗製'添'爲沾益字而'沾'之本義廢矣。"

［辨］沾，霑。"沾"只在"浸潤，濡濕"義及其比喻義上通"霑"，其他義項都不和"霑"相通。"沾沾自喜"不能寫作"霑霑自喜"。

沮 1. jǔ 慈吕切，上，語韻，從。魚部。

㊀阻止。墨子尚同中："賞譽不足以勸善，而刑罰不足以～暴。"又爲終止。詩小雅巧言："君子如怒，亂庶遄～。"㊁敗壞。詩小雅小旻："謀猶回遹，何日斯～。"㊂頹喪。潛夫論勸將："今吏從軍敗没死公事者以十萬數，上不聞弔唁嗟歎之榮名，下又無禄賞之厚實，…此其所以人懷～解，不肯復死者也。"

2. jù 將預切，去，御韻，精。魚部。

㊃低濕地帶。孫子軍爭："不知山林險阻～澤之形者，不能行軍。"〔沮洳〕叠韻聯緜字。地低濕。詩魏風汾沮洳："彼汾沮洳，言采其莫。"

3. jū 子魚切，平，魚韻，精。魚部。

㊄水名。濟水的支流。㊅姓。㊆〔沮渠〕複姓。

［同源字］沮，阻。"沮"從母魚部，"阻"照二魚部。兩字鄰紐叠韻。"阻"的本義是險阻，引申爲阻止，在這一意義上和"沮"同義。孟子梁惠王下："嬖人有臧倉者沮君。"孫奭音義："沮，本亦作阻。"兩字同源。參見"阻"字條。

油 yóu 以周切，平，尤韻，喻四。幽部。

㊀古水名。流經今湖南、湖北兩省境内。㊁〔油然〕自然産生之貌。孟子梁惠王上："天油然作雲，沛然下雨。"禮記樂記："致樂以治心，則易直子諒之心油然生矣。"㊂〔油油〕①流動貌。楚辭漢劉向九歎惜賢："油油江湘，長流汩兮。"②光潤貌。史記宋微子世家："麥秀漸漸兮，禾黍油油。"㊃油(後起義)。晉張華博物志四物理："積～滿萬石，則自然生火。"

沺 tián 徒年切，平，先韻，定。

〔沺沺〕水勢廣大貌。文選晉郭璞江賦："溟漭渺湎，汗汗沺沺。察之無象，尋之無邊。"

泱 1. yāng 於良切，平，陽韻，影。陽部。

㊀〔泱泱〕①水深廣貌。詩小雅瞻彼洛矣："瞻彼洛矣，維水泱泱。"引申爲弘大貌。左傳襄公二十九年："爲之歌齊，曰：'美哉，泱泱乎，大風也哉！'"②雲氣起貌。説文："泱，滃也。""滃，雲氣起也。"文選晉潘岳射雉賦：

"天泱泱以垂雲,泉涓涓而吐溜。"

2. yǎng 烏朗切,上,蕩韻,影。陽部。

㊁〔泱漭〕疊韻聯緜字。①廣大貌。文選漢司馬相如上林賦:"徑乎桂林之中,過乎泱漭之野。"②昏暗不明貌。南朝齊謝朓京路夜發詩:"曉星正寥落,晨光復泱漭。"〔泱軋〕雙聲聯緜字。瀰漫。史記司馬相如列傳大人賦:"騷擾衝蓯,其相紛挐兮,滂濞泱軋,灑以林離。"㊂〔泱瀼〕疊韻聯緜字。流貌。文選晉木華海賦:"涓流泱瀼,莫不來注。"一曰停淤貌。

泗

sì 息利切,音四,去,至韻,心。質部。

㊀鼻涕。詩陳風澤陂:"寤寐無爲,涕~滂沱。"㊁水名。流經今山東、江蘇兩省入淮。

[辨]涕,泗,洟,淚。見"涕"字條。

況

kuàng 許訪切,去,漾韻,曉。陽部。

㊀比擬,比喻。漢書高惠高后孝文功臣表序:"以往~今,甚可悲傷。"㊁更加。詩小雅出車:"憂心悄悄,僕夫~瘁。"鄭箋:"況,兹也。"㊂何況,況且。左傳隱公元年:"蔓難圖也。蔓草猶不可除,~君之寵弟乎?"㊃情形,狀況(後起義)。唐杜荀鶴贈秋浦張明府:"他日親知問官~,但教吟取杜家詩。"㊄通"貺"。賞賜。國語魯語下:"君以諸侯之故,~使臣以大禮。"

[備考]説文:"況,寒水也。"

泂

1. jiǒng 户頂切,上,迥韻,匣。耕部。

㊀遠。詩大雅泂酌:"~酌彼行潦,挹彼注兹。"鄭箋:"遠酌取之,投之大器之中。"㊁〔泂泂〕清深貌。北史顔惡頭傳:"登高臨下水泂泂,唯聞人聲不見形。"

2. jiōng 集韻涓熒切,平,青韻,見。

㊂〔大泂〕地名。見集韻。

3. yǐng 音潁。

㊃水名。即潁水。字彙補:"泂,與潁同。"

[備考]説文:"泂,滄也。"廣雅釋詁四:"泂,寒也。"

[同源字]泂,迥,坰。三字均爲耕部,"泂"、"迥"匣母,"坰"見母。見匣旁紐。説文:"迥,遠也。"爾雅釋詁:"泂,遠也。"詩魯頌駉:"在坰之野。"毛傳:"坰,遠野也。"三字均有"遠"義,爲同源字。

泅

qiú 似由切,平,尤韻,邪。幽部。

游水。列子説符:"人有濱河而居者,習於水,勇於~,操舟鬻渡,利供百口。"

泏

1. zhú 竹律切,入,術,知。物部。

㊀水貌。見説文。〔泏泏〕細流貌。文子道原:"夫道者高不可極,深不可測,苞裹天地,禀受無形,原流泏泏,冲而不盈。"

2. shè 音涉。

㊁通"涉"。涉足,經過。古文苑漢班固十八侯銘右丞相安國侯王陵:"奉使全璧,身~項營。"注:"作涉。"正字通引楊慎奇字韻入聲十六葉:"泏,同涉。"

泠

líng 郎丁切,音鈴,平,青韻,來。耕部。

㊀輕妙貌。莊子逍遥遊:"夫列子御風而行,~然善也。"㊁水清貌。玉篇:"泠,清也。"引申爲清涼。唐韓愈和崔舍人詠月詩:"浩蕩英華溢,蕭疏物象~。"又爲明瞭。淮南子脩務:"受教一言,精神曉~。"高誘注:"曉,明;泠,猶了也。"〔泠泠〕①清涼貌。文選戰國宋玉風賦:"清清泠泠,愈病析酲。"②形容聲音清脆。文選晉陸機招隱詩:"山溜何泠泠,飛泉漱鳴玉。"㊂通"零"。降落。漢張公神碑:"天時和兮甘露~。"㊃通"伶"。樂官。左傳成公九年:"晉侯觀於軍府,見鍾儀,…問其族,對曰:'~人也。'公曰:'能樂乎?'對曰:'先人之職官也,敢有二事?'使與之琴,操南音。"

[辨]泠,冷。"泠"音 líng,輕妙貌。"冷"音 lěng,寒冷。兩字音義都不同。

沴

lì 郎計切,去,霽韻,來。脂部。

陰陽之氣相亂。莊子大宗師:"陰陽之氣

有～。”郭象注:“沴,陵亂也。”引申爲惡氣。宋文天祥正氣歌:“如此再寒暑,百～自辟易。”

［備考］説文:“沴,水不利也。”

洪 yì 夷質切,入,質韻,喻四。質部。

❶水激蕩而出。説文:“洪,水所蕩佚也。”論衡效力:“如岸狹地仰,溝洫洪～,散在丘墟矣。”引申爲放蕩,常“淫洪”連用。見“淫”字條。❷安穩貌。漢劉向説苑脩文:“韓子曰:‘吾不爲人之惡我改吾志,不爲我將死而改吾義。’言未已,舟～然行。”

［備考］廣韻屑韻:“洪,洪蕩。”徒結切。音 dié。

沲 1. duò 集韻待可切,上,哿韻,定。

❶水貌。見集韻。❷〔淡沲〕雙聲聯緜字。見“淡”字條。

2. tuó 集韻唐河切,平,戈韻,定。

❸同“沱”。古水名。集韻歌韻:“沱,或作沲。”文選晉郭璞江賦:“疏之以～汜。”李善注:“尚書曰:‘沲潛既導。’孔安國曰:‘沲,江别名也。’”按,今書禹貢作“沱潛既道”。

按,説文無沲字。

泃 jū 集韻俱遇切,去,遇韻,見。今讀如拘。侯部。

古水名。即錯河,在今北京、天津兩市境内。竹書紀年卷下:“齊師及燕師戰于泃水。”

按,説文無泃字。

泡 1. pāo 匹交切,平,肴韻,滂。幽部。

❶水名。汩水支流。

2. páo 集韻蒲交切,平,爻韻,並。幽部。

❷〔泡溲〕叠韻聯緜字。盛貌。文選漢王褒洞簫賦:“又似流波,泡溲汎㨗。”❸〔泡泡〕急流聲。山海經西山經:“不周之山,…河水所潛也,其源渾渾泡泡。”郭璞注:“水濆涌之聲也。”

3. pào 匹交切,平,肴韻,滂。今讀如砲。幽部。

❹浮漚,水泡。漢書藝文志:“雜山陵水～雲氣雨旱賦十六篇。”顔師古注:“泡,水上浮漚也。”藝文類聚南朝宋謝靈運聚沫泡合贊:“水性本無～,激流遂聚沫。”❺以水浸泡(晚起義)。宋吴自牧夢粱録二:“其士人在貢院中,自有巡廊軍卒賫硯水、點心、～飯、茶酒、菜肉之類貨賣。”

沿 yán 與專切,平,仙韻,喻四。元部。

也作“㳂”。❶順流而下。書禹貢:“㳂于江海,達于淮泗。”左傳文公十年:“～漢泝江,將入郢。”❷沿襲,因襲。禮記樂記:“五帝殊時,不相～樂;三王異世,不相襲禮。”

泊 1. bó 傍各切,入,鐸韻,並。鐸部。

❶静默,淡泊。老子第二十章:“我獨～兮其未兆,如嬰兒之未孩。”❷停船靠岸。三國志魏書管寧傳裴松之注引傅子:“時夜風雨晦冥,船人盡惑,莫知所～。”引申爲停留。北魏酈道元水經注贛水:“西有鸞岡,洪崖先生乘鸞所憩～也。”❸通“薄”。不厚。論衡率性:“禀氣有厚～,故性有善惡焉。”

2. pò 匹陌切,入,陌,滂。鐸部。

❹〔漠泊〕叠韻聯緜字。同“嵭峈”。密貌。文選漢王褒洞簫賦:“處幽隱而奥屏兮,密漠泊以獭猭。”李善注:“嵭峈,竹密貌。…漠與嵭同,泊與峈同。”

3. pō 六書故白各切。

❺湖泊,水泊。説文:“洦,淺水也。”後用作湖泊義,字作“泊”。唐崔令欽教坊記:“東京兩教坊,俱在明義坊,…其間有頃餘水～,俗謂之月陂。”

按,説文無泊字,“湖泊”之“泊”作“洦”。

泭 fū 芳無切,音敷,平,虞韻,敷。侯部。

竹筏,木筏。國語齊語:“方舟設～,乘桴濟河。”韋昭注:“編木曰泭,小泭曰桴。”

［同源字］泭,桴,浮。“泭”、“桴”滂母,“浮”並母。滂並傍紐。“泭”侯部,“桴”、“浮”幽部。侯幽旁轉。浮在水上的竹木小筏叫

“泭”或“桴”。

泜 1. chí 直尼切,音遲,平,脂韻,澄。脂部。

㊀水名。即槐河,在今河北省境。史記張耳陳餘列傳:“斬陳餘～水上。”

2. zhì 集韻丈几切,音稚,上,旨韻,澄。脂部。

㊁水名。即滍水。今名沙河,在今河南省境。

3. zhī 旨夷切,音脂,平,脂韻,照三。脂部。

㊂水名。今名泜河,在今河北省境。山海經北山經:“敦與之山…～水出于其陰。”

泖 mǎo 莫飽切,音卯,上,巧韻,明。

湖塘。宋何薳春渚紀聞:“陸魯望賦吴中事云:‘三～涼波魚蕝動。’…江左人目水之停滀不湍者爲～。”

按,説文無泖字。

泝 sù 桑故切,音訴,去,暮韻,心。鐸部。

也作“溯”、“遡”。逆水而上。左傳哀公四年:“吴將～江入郢。”引申爲向、迎。文選漢張衡東京賦:“審曲面勢,～洛背河,左伊右瀍。”

[同源字]訴,謭,愬,遡,泝,溯。見“訴”字條。

按,説文泝作𣶒。

泒 gū 古胡切,音孤,平,模韻,見。魚部。

古水名。流經今河北省入海。

治 1. zhì 直吏切,去,志韻,澄。之部。

㊀治理,管理。史記夏本紀:“堯求能～水者。”引申爲處理其他事情,有懲處、醫治、研究等意義。史記李斯列傳:“趙高～斯,榜掠千餘。”鹽鐵論世務:“如人有疾,不～則寖深。”晉書食貨志:“～經入官,則君子之道焉。”㊁治理得好,太平。荀子天論:“日月星辰瑞曆,是禹桀之所同也;禹以～,桀以亂,治亂非天也。”㊂治所。王都或地方官署所在地。北魏酈道元水經注江水:“巫山在縣西南,而今縣東有巫山,將郡縣居～無恒故也。”

2. chí 直之切,音持,平,之韻,澄。之部。

㊃古水名。在今山東境内。説文:“治,水,出東萊曲城陽丘山,南入海。”

3. yí 集韻盈之切,平,之韻,喻四。之部。

㊄古水名。上游即今桑乾河,下游東入渤海。㊅姓。

泑 1. yōu 於虯切,音幽,平,幽韻,影。幽部。

㊀湖澤名。泑澤即羅布泊。㊁窑器色澤光滑者稱泑。見正字通。

2. āo 集韻於交切,平,爻韻,影。幽部。

㊂古水名。山海經西山經:“(崇吾之山)西北三百里曰長沙之山,泚水出焉,北流注於～水。”

泉 quán 疾緣切,平,仙韻,從。元部。

㊀水源。易蒙:“山下出～,蒙。”㊁地下水。左傳隱公元年:“若闕地及～,隧而相見,其誰曰不然?”又指黄泉,即陰間。唐白居易十年三月三十日别微之於澧上詩:“往事渺茫都似夢,舊游零落半歸～。”㊂古代錢幣的名稱。漢書食貨志下:“私鑄作～布者,與妻子没入爲官奴婢。”

按,説文泉字在泉部。

六 畫

洝 1. àn 烏旰切,音案,去,翰韻,影。元部。

㊀温水。説文:“洝,渜水也。”段玉裁注:“洝渜猶安𩞁。”

2. è 阿葛切,音遏,入,曷韻,影。

㊁[窫洝]雙聲聯緜字。見“窫”字條。

洨 xiáo 胡茅切,音淆,上,肴韻,匣。宵部。

㊀水名。①即今安徽省沱河。②又名斯洨水,在今河北省境内。㊁漢代縣名。治所在今安徽省固鎮縣。

洋 1. yáng 與章切,平,陽韻,喻四。陽部。

㊁〔洋洋〕①水大貌。詩衛風碩人:“河水洋洋,北流活活。”引申爲廣遠貌。詩大雅大明:“牧野洋洋。”②美盛貌。書伊訓:“聖謨洋洋,嘉言孔彰。”③喜樂貌。宋范仲淹岳陽樓記:“把酒臨風,其喜洋洋者矣。”㊁水名。漢江支流。㊂大海(晚起義)。宋徐兢宣和奉使高麗圖經海道:“黑水~,即北海~也,其色黯湛淵淪,正黑如墨。”

2. xiáng 似羊切,平,陽韻,邪。陽部。

㊃水名。即今山東省瀰河。

洴 píng 薄經切,音瓶,平,青韻,並。耕部。

浮。莊子逍遥遊:“宋人有善爲不龜手之藥者,世世以~澼絖爲事。”成玄英疏:“洴,浮;澼,漂也。絖,絮也。”

按,説文無洴字。

洣 mǐ 莫禮切,上,薺韻,明。

水名。湘江支流,也稱泥水,又名茶陵江。

按,説文無洣字。

洲 zhōu 職流切,平,尤韻,照三。幽部。

㊀水中的陸地。詩周南關雎:“關關雎鳩,在河之~。”㊁大陸(晚起義)。明史外國傳意大里亞:“萬曆時,其國人利瑪竇至京師,爲萬國全圖,言天下有五大~。”

〔辨〕洲,渚,沚,坻。爾雅釋水:“水中可居曰洲,小洲曰陼,小陼曰沚,小沚曰坻。”郝懿行義疏:“陼當爲渚。”

按,説文洲作州,在川部。

汧 qiān 苦堅切,平,先韻,溪。元部。

㊀河水溢出而成的沼澤。爾雅釋水:“汧,出不流。”郭璞注:“水泉潛出便自停成汙池。”又:“水決之澤爲汧。”郭璞注:“水決入澤中者,亦名爲汧。”㊁水名。渭河支流。

洟 tì 他計切,音涕,去,霽韻,透。脂部。

鼻涕。説文:“洟,鼻液也。”禮記檀弓上:“待于廟,垂涕~。”釋文:“自目曰涕,自鼻曰洟。”又用作動詞。擤鼻涕。禮記内則:“不敢唾~。”

〔辨〕涕,泗,洟,淚。見“涕”字條。

洼 1. wā 於佳切,平,佳韻,影。支部。

㊀深池。莊子齊物論:“大木百圍之竅穴,…似~者,似污者。”引申爲低陷貌。北魏賈思勰齊民要術養牛驢騾:“脇肋欲大而~,能久走。”〔洼水〕積滯的水。淮南子覽冥:“澤無洼水。”㊁水名。見〔渥洼〕。

2. guī 古攜切,音圭,平,齊韻,見。

㊂姓。廣韻:“漢有大鴻臚~丹。”

〔同源字〕汙,洿,洼,窪,穢。見“汙”字條。

洔 zhì 直里切,音峙,上,止韻,澄。之部。

水中小塊陸地。穆天子傳一:“用伸□八駿之乘,以飲于枝~之中。”郭璞注:“水岐成洔。洔,小渚也。”

〔備考〕説文:“洔,水暫益且止未減也。”

洹 huán 胡官切,平,桓韻,匣。元部。

水名。即安陽河,流經今山西、河南兩省。

按,大徐本説文“洹”音羽元切。

洒 1. sǎ 所賣切,去,卦韻,審二。支部。

㊀同“灑”。灑水。説文:“洒,古文爲灑埽字。”詩唐風山有樞:“子有廷内,弗~弗埽。”引申爲散落。禮記内則:“屑桂與薑,以~諸上而鹽之。”

2. xǐ 先禮切,音洗,上,薺韻,心。文部。

㊁洗滌。左傳襄公二十一年:“在上位者~濯其心,壹以待人。”引申爲洗雪。孟子梁惠王上:“寡人耻之,願比死者一~之。”

3. xiǎn 集韻穌典切,上,銑韻,心。文部。

㊂肅敬貌。史記范雎(睢)蔡澤列傳:“是日觀范雎之見者,群臣莫不~然變色易容者。”〔洒洒〕寒慄貌。素問診要經終論:“秋刺冬分病不已,令人洒洒時寒。”

4. cuǐ 集韻取猥切,音崔上聲,上,賄韻,清。文部。

㊃高峻貌。詩邶風新臺："新臺有～，河水浼浼。"毛傳："洒，高峻也。"

5. sěn 集韻蘇很切，上，很韻，心。文部。

㊄驚貌。集韻："洒，驚貌。"莊子庚桑楚："庚桑子之始來，吾～然異之。"

［辨］洗，盥，沫，沐，浴，洒。見"洗"字條。

涑 1. sè 集韻色責切，入，麥韻，審二。錫部。

㊀說文："小雨零貌。"

2. qì 七迹切，入，昔韻，清。

㊁水名。見廣韻。

3. zì 集韻疾智切，去，寘韻，從。

㊂通"漬"。浸泡。〔涑饋〕一種烹調方法。北魏賈思勰齊民要術蒸缹法："用稻米四升，炊一裝，薑一升，橘皮二葉，葱白三升，豉汁涑饋作糝。"

洱 ěr 而止切，音耳，上，止韻，日。之部。

洱海，古名葉榆澤。在今雲南大理縣東。

按，說文無洱字。

洪 hóng 户公切，平，東韻，匣。東部。

㊀洪水。說文："洪，洚水也。"書堯典："湯湯～水方割，蕩蕩懷山襄陵。"㊁大。後漢書班固傳典引："鋪觀二代～纖之度，其賾可探也。"

［同源字］洪，洚。兩字均爲匣母，"洪"爲東部，"洚"爲冬部。東冬旁轉。兩字均爲"洪水"義。是同源字。

洭 kuāng 去王切，音匡，平，陽韻，溪。陽部。

水名。即今廣東省連江。

洧 wěi 榮美切，上，旨韻，喻三。之部。

水名。在今河南省境内。詩鄭風溱洧："溱與～，方渙渙兮。"

洊 jiàn 在甸切，音荐，去，霰韻，從。文部。

重，再。易坎："水～至，習坎。"〔洊雷〕①相繼而至的雷聲。易震："洊雷震，君子以恐懼脩省。"孔穎達疏："洊者，重也，因仍也。雷相因仍，乃爲威震也。"②易説卦以震卦象徵長子，故後世以洊雷比喻太子。北周庾信哀江南賦："遊洊雷之講肆，齒明離之胄筵。"

按，說文無洊有瀳。據玉篇，"洊"同"瀳"。

洌 liè 良薛切，入，薛韻，來。月部。

㊀水清。易井："井～寒泉，食。"宋歐陽修醉翁亭記："釀泉爲酒，泉香而酒～。"㊁同"冽"。寒冷。詩小雅大東："有～氿泉，無浸穫薪。"毛傳："洌，寒意也。"阮元校勘記："唐石經、小字本、相臺本同，閩本同，明監本、毛本'洌'作'冽'。"㊂古水名。即今朝鮮大同江。方言卷一："朝鮮～水之間，少兒泣而不止曰咺。"

洏 ér 如之切，平，之韻，日。之部。

㊀温水。說文："洏，洝也。"參見"洝"字條。㊁煮熟。說文："一曰煮熟也。"㊂同"而"。形容詞詞尾。文選漢王粲贈蔡子篤詩："中心孔悼，涕淚漣～。"晉陶潛形贈影詩："但餘平生物，舉目情淒～。"

洿 1. wū 哀都切，音污，平，模韻，影。魚部。

㊀不流動的濁水。也指池塘。孟子梁惠王上："數罟不入～池，魚鼈不可勝食也。"㊁污穢。左傳文公六年："治舊～。"杜預注："治理污穢。"引申爲玷污。漢書貢禹傳："臣禹犬馬之齒八十一，血氣衰竭，耳目不聰明，非復能有補益，所謂素餐尸禄～朝之臣也。"㊂低下。三國志魏書鄭渾傳："地勢～下，宜灌溉。"又爲動詞。挖掘。禮記檀弓下："壞其室，～其宫而豬焉。"孔穎達疏："謂掘洿其宫使水之聚積焉。"㊃大，散漫。文選晉成公綏嘯賦："觸類感物，因歌隨吟。大而不～，細而不沉。"李善注："洿，漫也。"

2. hù 侯古切，上，姥韻，匣。魚部。

㊄深。楚辭戰國屈原天問："九州安錯？川谷何～？"王逸注："洿，深也。"

［同源字］汙，洿，洼，窪，穢。見“汙”字條。

津 jīn 將鄰切，平，真韻，精。真部。

❶渡口。論語微子：“長沮桀溺耦而耕。孔子過之，使子路問～焉。”❷崖岸。吕氏春秋求人：“禹東至榑木之地，日出九～。”高誘注：“津，崖也。”❸潤澤。周禮地官大司徒：“二曰川澤，…其民黑而～。”又爲滋潤。西京雜記卷五：“風不鳴條，開甲散萌而已；雨不破塊，潤葉～莖而已。”❹中醫稱人體的各種液汁。素問調經論：“人有精氣～液。”王冰注：“汗出腠理是謂津，液之滲於空竅，留而不行者，爲液也。”❺〔津津〕充溢貌。莊子庚桑楚：“老子曰：‘汝自洒濯，熟哉鬱鬱乎！然而其中津津乎猶有惡也。’”

泿 yín 語巾切，音銀，平，真韻，疑。文部。

古水名。流經今廣西壯族自治區境内。山海經南山經：“禱過之山，…～水出焉。”

按，説文無泿字。

洸 1. guāng 古黄切，音光，平，唐韻，見。陽部。

❶水涌流閃光。文選晉郭璞江賦：“澄澹汪～。”❷威武貌。詩邶風谷風：“有～有潰，既詒我肄。”毛傳：“洸洸，武也。”❸水名，即古洙水。

2. huàng 集韻户廣切，音晃，上，蕩韻，匣。陽部。

❹〔洸洋〕叠韻聯緜字。水勢浩大貌。史記老子韓非列傳：“其言洸洋自恣以適己，故自王公大人不能器之。”按，司馬貞索隱謂“洸洋音‘汪羊’二音，又音‘晃養’”。

［備考］荀子宥坐：“其～～乎不淈盡，似道。”楊倞注：“洸，讀爲滉。滉，水至之貌。”王念孫讀書雜志謂“洸洸”爲“浩浩”之誤。

泚 1. cǐ 雌氏切，音此，上，紙韻，清。支部。

❶水清。南朝齊謝朓始出尚書省詩：“寒流自清～。”❷通“玼”。鮮明貌。詩邶風新臺：“新臺有～，河水瀰瀰。”説文“玼”引詩作“新臺有玼”。❸〔泚筆〕以筆蘸墨。新唐書岑文本傳：“或策令叢遽，敕吏六七人泚筆待，分口占授，成無遺意。”❹出汗。孟子滕文公上：“其顙有～，睨而不視。”趙岐注：“泚，汗出。”

［備考］通“骴”。殘骨。朱駿聲説文通訓定聲以爲孟子滕文公上“其顙有～”之“泚”爲“骴”之借字。

2. zǐ 集韻蔣氏切，上，紙韻，精。支部。

❺古水名。山海經西山經：“（崇吾之山）西北三百里，曰長沙之山，～水出焉。”吕氏春秋處方：“與荆人夾～水而軍。”

洞 1. dòng 徒弄切，去，送韻，定。東部。

❶疾流。文選漢班固西都賦：“東郊則有通溝大漕，潰渭～河。”❷洞達。文選晉左思吴都賦：“重闈～出。”引申爲明澈。文選南朝宋顔延年五君詠阮步兵：“阮公雖淪跡，識密鑒亦～。”❸貫穿。史記蘇秦列傳：“韓卒超足而射，百發不暇止，遠者括蔽～胸，近者鏑弇心。”❹〔洞然〕恭敬貌。荀子非十二子：“訾然洞然。”楊倞注：“恭敬之貌。”❺洞穴（後起義）。唐劉禹錫桃源行：“清源尋盡花綿綿，踏花覓徑至～前。”宋王安石遊褒禪山記：“距～百餘步，有碑仆道。”

2. tóng 徒紅切，音同，平，東韻，定。東部。

〔澒洞〕〔洚洞〕叠韻聯緜字。見“澒”、“洚”字條。

洄 huí 户恢切，平，灰韻，匣。微部。

❶逆流而上。詩秦風蒹葭：“遡～從之，道阻且長。”❷水回旋地流。後漢書王景傳：“十里立一水門，令更相～注，無復潰漏之患。”李賢注：“爾雅曰：‘逆流而上曰洄。’郭璞注云：‘旋流也。’”〔洄洑〕水旋流貌。宋書張興世傳：“江有洄洑，船下必來泊。”❸〔洄洄〕①昏亂貌。爾雅釋詁：“儚儚，洄洄，惛也。”②水旋流貌。唐孟郊弔盧殷詩：“夢世浮閃閃，

淚波深洄洄。”㊃湖名。在今湖北省襄陽市。北魏酈道元水經注：“沔水又東南逕蔡洲。洲東岸西有～湖。”㊄古州名。南朝梁置。

洩 1. xiè 私列切，入，薛韻，心。月部。

本作“泄”。㊀漏。禮記中庸：“今夫地一撮土之多，及其廣厚，載華嶽而不重，振河海而不～，萬物載焉。”引申爲減少。左傳昭公二十年：“宰夫和之，齊之以味，濟其不及，以～其過。”杜預注：“洩，減也。”㊁停歇。文選南朝宋顔延年赭白馬賦：“踠迹回唐，畜怒未～。”

2. yì 餘制切，音裔，去，祭韻，喻四。月部。

㊂〔洩洩〕①舒散貌。左傳隱公元年：“公入而賦：‘大隧之中，其樂也融融。’姜出而賦：‘大隧之外，其樂也洩洩。’”②飛翔貌。文選晉木華海賦：“翔霧連軒，洩洩淫淫。”李善注：“洩洩淫淫，飛翔之貌。”

按，説文無洩有泄。

洽 1. qià 侯夾切，入，洽韻，匣。緝部。

㊀霑潤。書大禹謨：“好生之德，～于民心。”孔穎達疏：“洽謂霑漬優渥。洽於民心，言潤澤多也。”㊁協調，協和。詩大雅江漢：“矢其文德，～此四國。”禮記孔子閒居引詩作“協”。㊂周遍，廣博。漢書司馬遷傳：“博物～聞。”

2. gé 集韻葛合切，音閤，入，合韻，見。緝部。

㊃水名。今稱金水，在陝西。詩大雅大明：“在～之陽，在渭之涘。”

［同源字］洽，詥，合，協。“洽”溪母，“詥”、“合”匣母，三字均爲緝部。“協”曉母葉部。溪、匣、曉旁紐，緝葉旁轉。四字均有“和諧”義。廣韻：“洽，和也，合也。”説文：“詥，諧也。”吕氏春秋古樂：“以比黄鍾之宫適合。”高誘注：“合，和諧。”爾雅釋詁：“協，和也。”四字同源。

洮 1. táo 土刀切，平，豪韻，透。宵部。

㊀水名，黄河上游支流，在今甘肅省。

2. táo 集韻徒刀切，平，豪韻，定。宵部。

㊁盥洗。書顧命：“王乃～頮水。”僞孔傳：“今疾病，故但洮盥頮面。”㊂以水冲洗。爾雅釋訓“溞溞，淅也”郭璞注：“～米聲。”〔洮汰〕洗濯。引申爲除去。後漢書陳元傳：“解釋先聖之積結，洮汰學者之累惑。”後來多寫作“淘汰”。

3. yáo 餘昭切，音姚，平，宵韻，喻四。宵部。

㊃湖名。在今江蘇省。

洙 zhū 市朱切，平，虞韻，禪。侯部。

水名。在今山東省，故道久已湮没。禮記檀弓上：“吾與女事夫子於～泗之間。”鄭玄注：“洙泗，魯水名。”後來以“洙泗”爲儒家教化的代稱。

洗 1. xǐ 先禮切，上，薺韻，心。文部。

㊀洗脚。禮記内則：“足垢燂湯請～。”段玉裁説文解字注：“洗讀如跣足之跣。自後人以洗代洒滌字，讀先禮切。”㊁洗滌。詩大雅行葦：“或獻或酢，～爵奠斝。”引申爲洗刷。新唐書吴武陵傳：“滌垢～瑕，以倡四海。”〔洗雪〕洗刷冤耻。後漢書段熲傳：“洗雪百年之逋負，以慰忠將之亡魂。”㊂一種盥洗用具。儀禮士冠禮：“夙興，設～直於東榮。”鄭玄注：“洗，承盥洗者，棄水器也。”

2. xiǎn 蘇典切，音先上聲，上，銑韻，心。文部。

㊃〔洗然〕①敬肅貌。文選晉潘岳夏侯常侍誄：“子乃洗然，變色易容，慨然嘆曰：道固不同。”②安詳貌。文選晉潘岳爲賈謐作贈陸機詩：“或云國宦，清塗攸失。吾子洗然，恬淡自逸。”③清晰貌。新唐書張嘉貞傳：“循憲召見，咨以事。嘉貞條析理分，莫不洗然。”㊄姓。

［辨］洗，盥，沬，沐，浴，洒。論衡譏日：“沐者去首垢也，洗去足垢，盥去手垢，浴去形垢。”“沬”（也寫作“頮”）是洗面。“洗滌”的意

義本寫作“洒”(先禮切),後來“洗”的詞義擴大,由“洗足”變爲一般的“洗滌”,就代替了“洒”,而“洒”多用於“灑水”之義(讀所賣切)。

活 1. huó 户括切,入,末韻,匣。月部。

㊀生,生存。詩邶風擊鼓:“于嗟闊兮,不我～兮。”引申爲活動,流動。宋朱熹觀書有感詩:“問渠那得清如許,爲有源頭～水來。”㊁生計。魏書北海王詳傳:“自今而後,不願富貴,但令母子相保,共汝掃市作～也。”

2. guō 古活切,入,末韻,見。月部。

㊂〔活活〕水流聲。詩衛風碩人:“河水洋洋,北流活活。”

洈 wéi 魚爲切,平,支韻,疑。歌部。

水名。漢書地理志:“洈山,洈水所出,東入繇。”

洵 xún 相倫切,平,諄韻,心。真部。

㊀過水溢出的支流。爾雅釋水:“水自河出爲灉,…過爲洵。”郭璞注:“皆大水溢出别爲小水之名。”㊁水名。漢水支流。㊂誠然,確實。詩邶風静女:“自牧歸荑,～美且異。”㊃遠。詩邶風擊鼓:“于嗟～兮,不我信兮。”毛傳:“洵,遠。”㊄流淚。國語魯語下:“請無瘠色,無～涕。”韋昭注:“無聲涕出爲洵涕也。”

[備考]爾雅釋言:“洵,均也。”

洶 xiōng 許容切,平,鍾韻,曉。東部。

〔洶涌〕叠韻聯緜字。水騰涌。史記司馬相如列傳上林賦:“沸乎瀑怒,洶涌滂潰。”〔洶洶〕①水騰涌。文選戰國宋玉高唐賦:“濞洶洶其無聲兮,潰淡淡而並入。”②喧鬧聲。唐韓愈會合聯句:“君何眠安然,朝鼓聲洶洶。”

洚 jiàng (舊讀 hóng)户公切,又古巷切,去,絳韻,見。冬部。

㊀〔洚水〕洪水。孟子滕文公下:“書曰:‘洚水警余。’洚水者,洪水也。”字亦作“降”。書大禹謨:“降水儆予。”㊁〔洚洞〕叠韻聯緜字。瀰漫無際。孟子滕文公下“洚水者,洪水也”趙岐注:“水逆行,洚洞無涯,故曰洚水也。”

[同源字]洪,洚。見“洪”字條。

洛 luò 盧各切,入,鐸韻,來。鐸部。

㊀水名。①黄河支流。②渭河支流。㊁洛陽的簡稱。文選古詩十九首之三:“驅車策駑馬,遊戲宛與～。”

洺 míng 武并切,集韻彌并切,音名,平,清韻,明。耕部。

㊀水名。流經今山西、河北兩省,也稱漳水。㊁古州名。後周置,故治所在今河北省永年縣。

洑 fú 房六切,音伏,入,屋韻,奉。

㊀回旋的水流。北魏酈道元水經注沔水:“又東爲静灘,夏水急盛,川多湍～,行旅苦之。”㊁水伏流地下。唐錢起登覆釜山遇道士詩:“山階壓丹穴,藥井通～流。”㊂水名。洑水,在今湖南省寧遠縣。

按,説文無洑字。

洎 jì 其冀切,去,至韻,羣。質部。

㊀往鍋裏添水。吕氏春秋應言:“市丘之鼎以烹鷄,多～之則淡而不可食,少～之則焦而不熟。”引申爲湯汁。左傳襄公二十八年:“御者知之,則去其肉而以其～饋。”釋文:“洎,其器反,肉汁也。”㊁浸潤。管子水地:“越之水,濁重而～。”尹知章注:“洎,浸也。”㊂及,到達。莊子寓言:“吾及親仕,三釜而心樂。後仕,三千鍾而不～,吾心悲。”郭象注:“洎,及也。”又爲連詞。及,與。唐柳宗元非國語問戰:“劌之問～嚴公之對,皆庶乎知戰之本矣。”

洢 yī 集韻於夷切,音伊,平,脂韻,影。

水名。即伊河,在今河南省境内。

按,説文無洢字。

洫 1. xù 況逼切,入,職韻,曉。質部。

❶田間水道。論語泰伯："卑宫室而盡力乎溝～。"❷護城河。文選漢張衡東京賦："謻門曲榭，邪阻城～。"李善注："洫，城下池。"❸空虚。管子小稱："滿者～之，虚者實之。"❹敗壞。莊子則陽："與世偕行而不替，所行之備而不～。"

2. yì 集韻弋質切，入，質韻，喻四。錫部。

❺同"溢"。過度。莊子齊物論："其厭也如緘，以言其老～也。"釋文："洫，本作溢。"❻通"鎰"。重量單位，二十四兩。馬王堆漢墓帛書明君："今操百～之璧以居中野。"

洒 xì 蘇計切，音細，去，霽韻，心。脂部。

水名。流入潁水。

派 pài 匹卦切，去，卦韻，滂。錫部。

❶水的支流。文選晋左思吴都賦："百川～别，歸海而匯。"引申爲派别。唐李商隱贈前劉五經映："别～驅楊墨，他鑣並老莊。"❷量詞(晚起義)。元喬吉揚州夢四："喜的是楚腰纖細掌中輕，愛的是一～笙歌醉後聽。"❸派遣(晚起義)。紅樓夢七回："臨安伯老太太的生日禮已經打點了。太太～誰送去？"

［同源字］派，脈。"派"滂母支部，"脈"明母錫韻。滂明傍紐，支錫對轉。血脈流轉體中，猶水之支派。兩字同源。

洳 rù 入恕切，如去聲，去，御韻，日。魚部。

❶［沮洳］叠韻聯緜字。見"沮"字條。❷水名。流經今北京市。

七　畫

浣 huàn 胡管切，上，緩韻，匣。元部。

洗滌。公羊傳莊公三十一年："臨民之所漱～也。"何休注："去垢曰浣，齊人語也。"

［辨］澣，浣，涑，漱，湔，濯。見"澣"字條。

［同源字］盥，澣(浣)。見"盥"字條。

按，説文浣是濣(澣)的重文。

浤 hóng 户萌切，音宏，平，耕韻，匣。

［浤浤］玉篇："浤，浤浤汩汩，海水騰涌貌。"文選晋木華海賦："崩雲屑雨，浤浤汩汩。"李善注："浤浤汩汩，波浪之聲也。"劉良注："浤浤汩汩，騰涌急激貌。"

按，説文無浤字。

浶 láo 集韻郎刀切，音牢，平，豪韻，來。幽部。

［浶浪］雙聲聯緜字。驚擾貌。文選漢張衡西京賦："摎蓼浶浪，乾池滌藪。"

按，説文無浶字。

流 liú 力求切，平，尤韻，來。幽部。

❶水流動。詩大雅常武："如山之苞，如川之～。"引申爲傳布，流傳。書泰誓："有夏桀弗克若天，～毒下國。"孟子公孫丑上："其故家遺俗，～風善政，猶有存者。"❷河流，水道。楚辭戰國屈原漁父："寧赴湘～，葬於江魚之腹中。"史記河渠書臨河歌："延道弛兮離常～。"引申爲派别，流派。後漢書王充傳："遂博通衆～百家之言。"❸漂泊，流浪。史記萬石張叔列傳："元封四年中，關東～民二百萬口，無名數者四十萬，公卿議欲請徙～民於邊以適之。"引申爲游移不定。左傳成公六年："士貞伯曰：'鄭伯其死乎，自棄也已！視～而行速，不安其位，宜不能久。'"又引申爲放縱。禮記樂記："先王耻其亂，故制雅頌之聲以道之，使其聲足樂而不～。"鄭玄注："流，謂淫放也。"❹放逐。書舜典："～共工于幽州，放驩兜于崇山。"❺求取。詩周南關雎："參差荇菜，左右～之。"❻［流連］雙聲聯緜字。①樂而忘返。孟子梁惠王下："先王無流連之樂，荒亡之行。"②流淚貌。漢書叙傳上："沈湎於酒，微子所以告去也。式號式謼，大雅所以流連也。"③流離失所。漢書師丹傳："百姓流連，無所歸心。"

［同源字］流，扁，漏，霤，溜，廇，餾。這些字均爲來母。扁、漏侯部，流、霤、溜、廇、餾幽部。侯幽對轉。這些字都有水流下的意思。説文："㳅，水行也。流，篆文从水。"又："扁，

屋穿水下也。”古書上多寫作“漏”。又：“霤，屋水流也。”又：“廇，中庭也。”古人穴居，開其上以取明，雨水霤之，故稱中庭爲廇，也稱霤，或稱溜。左傳宣公二年：“三進及溜。”釋文：“溜，屋霤也。”“餾”與“流”意義相關。説文：“餾，飯氣蒸也。”詩小雅泂酌孔穎達疏引作“飯氣流也”。嚴可均説文校議：“餾、流以同聲爲義。”

按，説文流作㳅，在林部。

浪 1. làng 來宕切，去，宕韻，來。陽部。

❶波浪。三國魏曹植王仲宣誄：“游魚失～，歸鳥忘棲。”❷放蕩，放縱。詩邶風終風：“謔～笑敖，中心是悼。”引申爲隨意地（後起義）。唐杜甫舍弟占歸草堂檢校聊示此詩：“鵝鴨宜長鎖，柴荆莫～開。”❸徒然地、白白地（後起義）。資治通鑑卷一八一：“鄒平民王薄擁衆據長白山，…又作無向遼東～死歌以相感勸。”

2. láng 魯當切，音郎，平，唐韻，來。陽部。

❹〔滄浪〕疊韻聯緜字。見“滄”字條。❺〔浪浪〕流貌。楚辭戰國屈原離騷：“攬茹蕙以掩涕兮，霑余襟之浪浪。”

［辨］波，浪，瀾，淪。見“波”字條。

沖 chōng 敕中切，平，東韻，徹。

〔沖瀜〕疊韻聯緜字。水深廣貌。文選晉木華海賦：“沖瀜沆瀁，渺瀰泼漫。”

按，説文無沖字。

涕 tì 他計切，去，霽韻，透。脂部。

❶眼淚。詩陳風澤陂：“寤寐無爲，～泗滂沱。”❷鼻涕（後起義）。漢王褒僮約：“目淚下落，鼻～長一尺。”

［辨］涕，泗，洟，淚。上古“涕”爲眼淚，“泗”、“洟”爲鼻涕。後來以“涕”爲鼻涕。説文：“泗，泗水。”“洟，鼻液也。”段玉裁注：“泗即洟之假借也。古書弟夷兩字多相亂，於是謂自鼻出者曰涕，而自目出者别製淚字。”“淚”字是後起的。

涚 shuì 舒芮切，音税，去，祭韻，審三。月部。

濾酒使清。禮記郊特牲：“醆酒～于清。”孔穎達疏：“涚，泲也。謂泲之以清酒。”

［備考］説文：“涚，財温水也。从水，兑聲。周禮曰：‘以～漚其絲。’”按，周禮考工記㡛氏：“湅絲，以～水漚其絲。”鄭玄注：“故書涚作湄（溦）。鄭司農云：‘湄水，温水也。’玄謂涚水以灰所泲水也。”許慎蓋從鄭衆説。

浡 bó 蒲没切，音勃，入，没韻，並。物部。

興起貌。孟子梁惠王上：“天油然作雲，沛然下雨，則苗～然興之矣。”引申爲涌出。淮南子原道：“原流泉～，冲而徐盈。”高誘注：“浡，涌也。”〔浡潏〕疊韻聯緜字。沸涌貌。文選晉木華海賦：“天綱浡潏，爲凋爲瘵。”李善注：“言水之廣大，爲天綱紀。浡潏，沸涌貌。桓子新論曰：‘夏禹之時，鴻水浡潏。’”

按，説文無浡字。

涍 xiào 呼教切，音孝，去，效韻，曉。

水名。在今河南省境内。

按，説文無涍字。

浦 pǔ 滂古切，姥韻，上，滂。魚部。

❶水濱。楚辭戰國屈原九歌湘君：“望涔陽兮極～，横大江兮揚靈。”❷小水流注入江海之處。風土記：“大水有小口别通曰浦。”世説新語賞譽下“庾公爲護軍”劉孝標注引徐江州本事：“（桓彝）至廣陵尋親舊，遇風，停～中累日。”

［同源字］浦，步，埠。“步”有“水際”之義。“浦”爲滂母魚部，“步”爲並母魚部。“步”是“浦”的音轉。後來表“水濱”義的“步”寫作“埠”。“浦”、“步”、“埠”爲同源字。

浢 dòu 田候切，音豆，去，候韻，定。侯部。

水名。在今山西省境内。

按，説文無浢字。

涑 1. sù 桑谷切，音速，入，屋韻，心。屋部。

㊀水名。在今山西省境内。國語晉語二:"汾、河、～、澮以爲渠。"韋昭注:"四者,水名也。"

2. sōu 速侯切,平,侯韻,心。侯部。

㊁洗滌。説文:"涑,澣也。"王筠句讀:"通作漱。公羊傳莊公三十一年:'臨民之所漱浣也。'何注:'無垢加功曰漱,去垢曰浣,齊人語也。'"

[辨]澣,浣,涑,漱,湔,濯。見"澣"字條。

浭 gēng 古行切,音庚,平,庚韻,見。陽部。

水名。在今河北省境内。漢書地理志下:"～水西至雍奴入海。"

按,説文無浭字。

浙 zhè 旨熱切,入,薛韻,照三。月部。

㊀水名。古稱漸江,也叫之江。在今浙江省境内。玉篇:"浙,發源東陽,至錢塘入海。"㊁古州名。唐置,其境約當今貴州省習水縣一帶。㊂浙江省的簡稱(晚起義)。

浹 1. jiā 子協切,入,怗韻,精。葉部。

㊀周遍。荀子解蔽:"其所以貫理焉雖億萬,已不足以～萬物之變,與愚者若一。"楊倞注:"浹,周也。"〔浹日〕十天。國語越語下:"浹日而令大夫朝之。"韋昭注:"從甲至甲爲浹。浹,帀也。"㊁通,徹。淮南子原道:"不浸於肌膚,不～於骨髓,不留於心志,不滯於五藏。"高誘注:"浹,通也。"

2. xiá 集韻轄夾切,音狹,入,洽韻,匣。葉部。

㊂〔浹渫〕疊韻聯緜字。水波相連貌。文選晉郭璞江賦:"長波浹渫,峻湍崔嵬。"李善注:"埤倉曰:'浹渫,水滂溏也。'"張銑注:"浹流連波貌。"

按,説文無浹字,新附有之,云:"浹,洽也。"

浯 wú 五乎切,音吾,平,模韻,疑。魚部。

水名。在今山東省境内,爲濰河支流。

涇 1. jīng 古靈切,平,青韻,見。耕部。

㊀水名。流經今陝西省,和渭水合流後流入黄河。㊁溝瀆(晚起義)。宋張方平樂全集附行狀:"初吴越歸國,郡邑地曠人殺,占田無限,但指四至～瀆爲界。歲久水旱,～瀆移易,更相侵越。"㊂通"經"。素問調經論:"形有餘則腹脹,～溲不利;不足則四支不用。"王冰注:"涇作經,婦人月經也。"

2. jìng 集韻吉定切,去,徑韻,見。耕部。

㊃直流的水波。釋名釋水:"水直波曰涇。"莊子秋水:"秋水時至,百川灌河。～流之大,兩涘渚崖之間不辯牛馬。"

涌 yǒng 余隴切,上,腫韻,喻四。東部。

㊀水往上冒。公羊傳昭公五年:"濆泉者何?直泉也。直泉者,～泉也。"〔涌裔〕雙聲聯緜字。水波騰涌貌。文選漢枚乘七發:"軋盤涌裔,原不可當。"劉良注:"軋盤涌裔,皆沸騰也。"㊁古水名。夏水支流。

[同源字]踊,涌。見"踊"字條。

浸 1. jìn 子鴆切,去,沁韻,精。侵部。

㊀浸漬,浸泡。詩曹風下泉:"冽彼下泉,～彼苞稂。"史記趙世家:"三國攻晉陽,歲餘,引汾水灌其城,城不～者三版。"引申爲灌溉。莊子天地:"有械於此,一日～百畦,用力甚寡。"㊁湖澤,大水。周禮夏官職方氏:"在南曰揚州,…其～五湖。"鄭玄注:"浸,可以爲陂灌溉者。"莊子逍遥遊:"大～稽天而不溺,大旱金石流、土山焦而不熱。"㊂漸進,逐漸。易遯:"～而長也。"孔穎達疏:"浸者,漸進之名。"楚辭戰國屈原九歌大司命:"老冉冉兮既極,不寖近兮愈疏。""寖"一作"浸"。㊃水名。呼陀河的支流。

2. qīn 七林切,音侵,平,侵韻,清。侵部。

㊄〔浸淫〕疊韻聯緜字。①浸漬。漢書司馬相如傳難蜀父老:"是以六合之内,八方之外,浸淫衍溢。"②逐漸接近。楚辭漢東方朔七諫沉江:"慕俊賢而自附兮,日浸淫而合

同。”

［同源字］浸，漸，霑，瀸。“浸”、“瀸”精母，“漸”從母，“霑”端母。精從傍紐，從端鄰紐。“浸”侵部，“漸”、“霑”、“瀸”談部。侵談旁轉。四個字都有浸漬之義。淮南子原道：“上漏下濕，潤浸北房。”高誘注：“浸，漬也。”廣雅釋詁二：“漸，漬也。”説文：“瀸，漬也。”

按，説文浸作㵎。

涒 1. tūn 他昆切，平，魂韻，透。文部。

❶食後復吐。説文：“食已而復吐之。”❷〔涒灘〕爾雅釋天：“太歲在申曰涒灘。”

2. jūn 集韻紆倫切，平，諄韻，見。

❸〔涒鄰〕叠韻聯緜字。水流回旋貌。文選晉郭璞江賦：“泓汯洞漴，涒鄰圜潾。”李善注：“皆水勢回旋之貌。”

涊 1. niǎn 乃殄切，音撚，上，銑韻，泥。文部。

❶汗出貌。文選漢枚乘七發：“～然汗出，病霍然已。”❷〔淟涊〕叠韻聯緜字。見“淟”字條。

2. rěn 而軫切，上，軫韻，日。

❸古水名。廣韻軫韻：“涊，水名，在上黨。”

按，説文無涊字。

涎 1. xián 夕連切，平，仙韻，邪。元部。

❶口水。關尹子：“心慕物～出，心悲物淚出，心愧物汗出。”

2. diàn 字彙蕩練切，音甸。元部。

❷〔涎涎〕光澤貌。漢書孝成趙皇后傳：“童謠曰：燕，燕，尾涎涎，張公子時相見。”顔師古注：“涎涎，徒見反，光澤貌也。”按，玉臺新詠卷九引此作“尾殿殿”。

［同源字］涎，羨。兩字均爲邪母元部。説文：“羨，貪欲也。”“次，慕欲口液也。”因羨而流涎。

按，説文涎作次。段玉裁注：“俗作涎。”而“涎涎”之涎，集韻霰韻、五音集韻線韻均誤作“涏”。字彙：“从延，俗从廷，誤。”

消 xiāo 相邀切，平，宵韻，心。宵部。

❶消失，消散。易泰：“君子道長，小人道～也。”文選漢張衡西京賦：“～雰埃於中宸。”薛綜注：“消，散也。”❷通“銷”。熔化。周禮考工記桌氏“改煎金錫則不耗”鄭玄注：“～湅之精不復減也。”❸病名。即“消渴”。素問通評虚實論：“凡治～癉、仆擊、偏枯、痿厥、气滿、發逆。”❹銷磨。三國魏曹植感節賦：“登高墉以永望，冀～日以忘憂。”❺享受。唐白居易哭從弟詩：“一片緑衫～不得，腰金拖紫是何人？”❻〔消摇〕叠韻聯緜字。通“逍遥”。安閒自得。禮記檀弓：“孔子蚤作，負手曳杖，消摇於門。”❼禁得起（晚起義）。宋辛棄疾摸魚兒（淳熙己亥）：“更能～幾番風雨，匆匆春又歸去。”❽需（晚起義）。宋蘇軾六月乞會稽將去詩：“斷送一生～底物，三年光景六篇詩。”

［同源字］消，潐，銷，鑠，爍。“消”、“銷”同音，心母宵部。“潐”精母宵部。心精旁紐。“鑠”、“爍”審三沃部。心審準雙聲，宵沃對轉。消金爲銷。鑠爲“銷金也”（見説文），字又作“爍”。説文：“消，盡也。”又：“潐，盡也。”兩字同訓。

涆 gàn 集韻侯旰切，音汗，去，翰韻，匣。元部。

❶〔涆涆〕①水疾流貌。文選晉左思吴都賦：“磈磈巋巋，滮滮涆涆。”②光彩奪目貌。文選漢王延壽魯靈光殿賦：“澔澔涆涆，流離爛漫。”❷見〔浩涆〕。

按，説文無涆字。

涅 niè 如結切，音捏，入，屑韻，泥。質部。

❶黑泥。荀子勸學：“白沙在～，與之俱黑。”（據王念孫説補）❷礬石，可用以染黑色。淮南子俶真：“今以～染緇，則黑於～。”高誘注：“涅，礬石也。”又用作動詞。用涅染。論語陽貨：“不曰白乎？～而不緇。”❸堵塞。儀禮既夕禮：“隸人～厠。”鄭玄注：“涅，塞也。”

㊃〔涅槃〕佛教用語，爲梵文音譯，義譯爲滅度，指大患永滅，超度四流。祖堂集卷二："今日始知涅槃不遠，觸目菩提。"

浿 pèi 普蓋切，音沛，去，泰韻，滂。月部。

㊀水名。說文："浿，水。出樂浪鏤方，東入海。"即今朝鮮大同江。㊁水名。說文："浿，水。…一曰出浿水縣。"即今朝鮮清川江。

涀 xiàn 胡甸切，音現，去，霰韻，匣。元部。

古水名。山海經中山經："雅山，澧水出焉。東流注於涀水。"

按，說文無涀字。

浧 1. yǐng 以整切，上，静韻，喻四。耕部。

㊀泥。廣韻静韻："浧，泥也。"

2. yíng 字彙補弋呈切。

㊁盈，滿。管子宙合："此言聖人之動静、開闔、詘信、～儒、取與之必因於時也。"尹知章注："浧，弋徎切。"王念孫讀書雜志："浧當爲逞，儒當爲偄，皆字之誤也。逞與盈同，偄與緛同，盈緛猶盈縮也。"

按，說文無浧字。

浥 1. yì 於汲切，入，緝韻，影。緝部。

㊀濕潤。詩召南行露："厭～行露，豈不夙夜？"毛傳："厭浥，濕意也。"南朝梁何遜苦熱詩："卧思清露～，坐待高星燦。"㊁〔浥浥〕香氣盛貌。宋蘇軾臺頭寺步月得人字詩："浥浥爐香初泛夜，離離花影欲摇春。"

2. yà 烏洽切，入，洽韻，影。緝部。

㊂低下之處。漢書司馬相如傳上林賦："踰波趨～，涖涖下瀨。"顏師古注："浥，窊陷也。"又爲水流下貌。文選晉郭璞江賦："踖淪流瀇，乍～乍堆。"張銑注："浥，下也。"

浞 zhuó 士角切，音鐲，入，覺韻，床二。屋部。

㊀濕潤。說文："浞，濡也。"㊁人名。楚辭戰國屈原天問："～娶純狐，眩妻爰謀。"王逸注："浞，羿相也。"

涓 1. juān 古玄切，平，先韻，見。元部。

㊀細小的水流。文選晉郭璞江賦："網絡羣流，商榷～澮。"〔涓涓〕①細小的水流。荀子法行："詩曰：涓涓源水，不雝不塞。"②水緩緩流動之貌。晉陶淵明歸去來辭："木欣欣以向榮，泉涓涓而始流。"㊁選擇。〔涓吉〕選擇吉日。文選晉左思魏都賦："量寸旬，涓吉日。陟中壇，即帝位。"㊂潔，使清潔。〔涓人〕漢書陳勝傳："勝故涓人將軍吕臣爲蒼頭軍。"顏師古注："涓，潔也。涓人，主潔除之人。"

2. xuàn 字彙補何捲切，音泫。

㊃〔涓然〕通"泫然"。流淚貌。列子周穆王："齊人生於燕，長於楚，及老而還本國。過晉國，同行者誑之。…指舍曰：'此若先人之廬。'乃涓然而泣。"殷敬順釋文："涓，音泫。"

泂 jiǒng 烏猛切，集韻俱永切，上，梗韻，影。

〔泂潫〕疊韻聯緜字。水勢回旋貌。文選晉郭璞江賦："泓汯泂潫，涒鄰圌潾。"李善注："皆水勢回旋之貌。"

按，說文無泂字。

涉 1. shè 時攝切，入，葉韻，禪。葉部。

㊀步行渡水。詩鄘風載馳："大夫跋～，我心則憂。"毛傳："草行曰跋，水行曰涉。"引申爲渡水。楚辭戰國屈原離騷："麾蛟龍使梁津兮，詔西皇使～予。"㊁進入，到。左傳僖公四年："君處北海，寡人處南海，…不虞君之～吾地也，何故？"文選漢枚乘七發："於是背秋～冬，使琴摯斫斬以爲琴。"又爲經歷。管子兵法："厲士利械，則～難而不匱。"㊂牽涉，牽連。宋司馬光蘇騏驥墓銘："國家沿前世故事，分文武爲二途，其遷次任使，皆不相參～。"㊃指學習，閱讀。後漢書仲長統傳："少好學，博～書記，贍于文辭。"

2. dié 丁愜切，入，怗韻，端。葉部。

㊄〔涉血〕通"喋血"。流血。戰國策趙策四："馬服君曰：君過矣！君之所以求安平君者，以齊之於燕也，茹肝涉血之仇耶？"

按,説文涉作𣻈,在沝部。

涔 1. cén 鋤針切,平,侵韻,牀二。侵部。

❶路上的積水。淮南子氾論:"夫牛蹏之～,不能生鱣鮪。"❷久雨而水多。淮南子説林:"宮池～則溢,旱則涸。"〔涔涔〕①久雨不止貌。唐杜甫秦州之十:"雲氣接崑崙,涔涔塞雨繁。"引申爲淚下貌。唐李商隱自桂林奉使江陵途中感懷寄獻尚書詩:"江山魂黯黯,泉客淚涔涔。"②病痛貌。唐杜甫風疾舟中伏枕書懷詩:"轉蓬憂悄悄,行藥病涔涔。"

2. qián 集韻慈鹽切,平,鹽韻,從。侵部。

❸積柴水中以捕魚。爾雅釋器:"槮謂之涔。"郭璞注:"今之作槮者,聚積柴木於水中,魚得寒入其裏藏隱,因以簿圍捕取之。"

浮 fú 縛謀切,平,尤韻,奉。幽部。

❶漂,飄浮。詩小雅菁菁者莪:"汎汎楊舟,載沉載～。"國語越語:"范蠡遂輕舟,而～於五湖。"❷行船。楚辭戰國屈原九章哀郢:"將運舟而下～兮,上洞庭而下江。"❸輕浮。國語楚語上:"教之樂,以疏其穢而鎮其～。"韋昭注:"浮,輕也。"❹超過。禮記表記:"恥名之～於行也。"❺罰人飲酒。淮南子道應:"蹇重舉白而進之曰:'請～君。'"高誘注:"浮,猶罰也。以酒罰君也。"❻通"蜉"。荀子大略:"飲而不食者,蟬也。不飲不食者,～蝣也。"❼〔浮浮〕盛貌。詩小雅角弓:"雨雪浮浮,見晛曰流。"毛傳:"浮浮,猶瀌瀌也。"詩大雅江漢:"江漢浮浮,武夫滔滔。"

[同源字]泭,桴,浮。見"泭"字條。

洽 1. hàn 胡紺切,音憾,去,勘韻,匣。

❶水和泥摻和。玉篇:"水和泥也。"

2. hán 集韻胡南切,平,覃韻,匣。

❷同"涵"。浸在水中。前秦王嘉拾遺記一:"～天蕩蕩望滄滄,乘桴輕颺着日傍。"

3. gān 集韻姑南切,平,覃韻,見。

❸同"淦"。水滲入船中。集韻:"水入舟隙謂之淦,…或从含。"

按,説文無洽字。

涂 1. tú 同都切,平,模韻,定。魚部。

❶水名。在今四川省境内。❷道路。後寫作"塗"、"途"。荀子儒效:"鄉也混然～之人也,俄而並乎堯禹,豈不賤而貴矣哉?"❸十二月稱涂。爾雅釋天:"十二月爲涂。"郝懿行義疏:"涂者古本作荼,荼亦舒也,言陽雖微氣漸舒也。"

2. chú 直魚切,平,魚韻,澄。魚部。

❹水名。即今滁河,流經今安徽、江蘇兩省境。❺通"除"。掃除。荀子禮論:"卜筮視日,齋戒脩～。"

[辨]途,塗,涂。見"途"字條。

浠 xī 集韻香依切,音希,平,微韻,曉。

水名。在今湖北省境内。

按,説文無浠字。

浴 yù 余蜀切,入,燭韻,喻四。屋部。

洗身。論語先進:"～乎沂,風乎舞雩,詠而歸。"〔浴德〕修養道德。禮記儒行:"儒有澡身而浴德,陳言而伏,静而正之。"孔穎達疏:"浴德,謂沐浴於德,以德自清也。"

[備考]鳥飛或上或下的樣子。大戴禮記夏小正:"十月,黑鳥～。"傳:"浴也者,飛乍高乍下也。"孔廣森補注:"浴者,言鳥乘暄飛,上下若浴然。"

[同源字]洗,盥,沬,沐,浴,洒。見"洗"字條。

浩 1. hào 胡老切,上,皓韻,匣。覺部。

❶大。楚辭戰國屈原九歌東皇太一:"疏緩節兮安歌,陳竽瑟兮～倡。"❷〔浩浩〕①水大貌。書堯典:"湯湯洪水方割,蕩蕩懷山襄陵,浩浩滔天。"②廣大貌。詩小雅雨無止:"浩浩昊天,不駿其德。"❸〔浩汗〕〔浩汫〕〔浩瀚〕雙聲聯緜字。廣大貌。文選晉孫楚爲石仲容與孫皓書:"三江五湖,浩汗無涯。"梁書張纘傳南征賦:"屬時雨之新晴,觀百川之浩汫。"南朝梁劉勰文心雕龍事類:"夫經典

沈深,載籍浩瀚。"㊃〔浩蕩〕①水勢大。晉潘岳河陽縣作詩:"洪流何浩蕩,脩芒鬱岧嶢。"②思慮放縱。楚辭戰國屈原離騷:"怨靈脩之浩蕩兮,終不察夫民心。"③心無所主,失意貌。文選南朝齊謝朓和王著作八公山詩:"浩蕩别親知,連翩戒征軸。"

2. gé 古沓切,音閤,入,合韻,見。緝部。

㊄〔浩亹〕水名。即閤門河,今名大通河。漢書地理志下:"金城郡…浩亹水出西塞外,東至允吾入湟水。"顔師古注:"浩音誥。"

淀 xuán 似宣切,平,仙韻,邪。元部。

回旋的水流。説文:"淀,回泉也。"後作"漩"。參見"漩"字條。

涐 é 五何切,音鵝,平,歌韻,疑。歌部。

水名。即今大渡河。

浰 lì 郎甸切,集韻力至切,音利,去,至韻,來。質部。

水流急。玉篇:"浰,疾流也。"史記司馬相如列傳:"儵眒淒~,靁動熛至。"裴駰集解引徐廣曰:"浰音力詣反。"又引漢書音義曰:"皆疾貌。"按,此指行動迅疾。

按,説文無浰字。

海 hǎi 呼改切,上,海韻,曉。之部。

㊀海。尚書禹貢:"江漢朝宗于~。"又指大的湖泊。漢書西域志:"蒲菖~一名鹽澤者也。"㊁比喻事物數量之多。唐李白關山月:"明月出天山,蒼茫雲~間。"又比喻廣闊無涯。前秦王嘉拾遺記:"京師謂康成爲'經神',何休爲'學~'。"㊂巨大的。宋張方平樂全集附行狀:"北主親至座前,命玉巵,揖公曰:'聞君~量,畢之!'"㊃從海外傳進來的花木稱"海"(後起義)。明李時珍本草綱目果部海紅:"按:李德裕草木記云:凡花木名'海'者,皆從海外來,如~棠之類是也。"

⿰氵甸 diàn 音淀。

晚起字。同"淀"。參見"淀"字條。

涖 1. lì 力至切,去,至韻,來。質部。

同"莅"。㊀來臨。詩小雅采芑:"方叔~止,其車三千。"毛傳:"涖,臨也。"㊁臨視。左傳隱公四年:"衛人使右宰醜~殺州吁于濮。"

2. lì 郎計切,去,霽韻,來。質部。

㊂〔涖涖〕水聲。漢書司馬相如傳上林賦:"踰波趨浥,涖涖下瀨。"

[同源字]涖,戾。兩字均爲來母質部,均有"至"義,爲同源字。

按,説文無涖有⿰立隶。段玉裁注:"道德經釋文云:'古無莅字,説文作⿰立隶。'"

浜 bāng 布耕切,平,耕韻,幫。

小河。廣韻:"安船溝也。"明李詡俗呼小録:"絶潢斷港謂之~。"宋朱長文吴郡圖經續記上城邑:"觀於城中,衆流貫州,吐吸震澤,小~别派,旁夾路衢。"

按,説文無浜字。

浟 1. yóu 以周切,音由,平,尤韻,喻四。幽部。

㊀〔浟浟〕水流貌。楚辭大招:"東有大海,溺水浟浟只。"王逸注:"浟浟,流貌也。"〔浟湙〕雙聲聯緜字。流行貌。文選晉木華海賦:"爾其爲狀也,則乃浟湙瀲灩,浮天無岸。"李善注:"浟湙,流行之貌。"

2. dí 集韻亭歷切,音滌,入,錫韻,定。覺部。

㊁〔浟浟〕競利之貌。漢書叙傳下:"六世眈眈,其欲浟浟。"顔師古注:"易頤卦六四爻辭曰:'虎視眈眈,其欲浟浟。'眈眈,威視之貌也;浟浟,欲利之貌也。眈音丁含反,浟音滌。今易'浟'字作'逐'。"

按,説文無浟字。

浚 jùn 私閏切,音峻,去,稕韻,心。文部。

㊀疏濬,挖出水中的淤泥。孟子萬章上:"使~井。"左傳莊公九年:"冬~洙。"㊁深。詩小雅小弁:"莫高匪山,莫~匪泉。"㊂索

取，榨取。左傳襄公二十四年："毋寧使人謂子，子實生我，而謂子～我以生乎？"杜預注："浚，取也。言取我財以自生。"國語晉語九："從者曰：'邯鄲之倉庫實。'襄子曰：'～民之膏澤以實之，又因而殺之，其誰與我？'"

［備考］大。朱駿聲說文通訓定聲云："浚通'陖(峻)'，大也。書臯陶謨：'日宣三德，夙夜浚明有家。'馬注：'浚，大也。'"按，孫星衍謂此"浚"爲"敬"義。

［同源字］深，湛，覃，潭，浚，濬。見"深"字條。

涘 sì 牀史切，音俟，上，止韻，牀二。之部。

水邊。詩大雅大明："在洽之陽，在渭之～。"

八　畫

淙 1. cóng 藏宗切，平，冬韻，從。冬部。

㊀〔淙淙〕水流聲。說文："淙，水聲也。"晉陶淵明祭從弟敬遠文："淙淙懸溜，曖曖荒林。"㊁瀑布。文苑英華南朝梁沈約守山東詩："萬仞倒危石，百丈注懸～。"

2. shuàng 色絳切，音雙去聲，去，絳韻，審二。

㊂流注。廣韻："水出貌。"文選晉郭璞江賦："出信陽而長邁，～大壑與沃焦。"王念孫疏證："淙者，灌也。"

淀 diàn 堂練切，去，霰韻，定。

淺水湖泊。文選晉左思魏都賦："掘鯉之～，蓋節之淵。"張載注："淀者，如淵而淺也。"北魏酈道元水經注："易水又東，梁門陂水注之，北接范陽陂，陂水南通梁門～，方三里，～水東南流出，長注易水，謂之范水。"

按，說文無淀字。

涫 guàn 古玩切，音灌，去，换韻，見。元部。

㊀沸。漢董仲舒春秋繁露實性："繭待繅以～湯而後成絲。"〔涫涫〕沸騰貌。荀子解蔽："恢恢廣廣，孰知其極？睪睪廣廣，孰知其德？涫涫紛紛，孰知其形？"楊倞注："涫涫，沸貌。"㊁通"盥"。洗手。列子黄帝："進～漱巾櫛。"殷敬順釋文："涫，音管，莊子作'盥'。"

涴 1. yuān 集韻於袁切，音冤，平，元韻，影。元部。

㊀水名。山海經西山經二："英鞮之山，…～水出焉。""涴"一作"涴"。

2. wǎn 集韻委遠切，音宛，上，阮韻，影。

㊁〔涴演〕叠韻聯緜字。水勢迴曲貌。文選晉郭璞江賦："陽侯砐硪以岸起，洪瀾涴演而雲迴。"李善注："涴演，迴曲貌。"

3. wò 烏卧切，去，過韻，影。

㊂污。唐韓愈合江亭詩："願書巖上石，勿使泥塵～。"

按，說文無涴字。

涪 fú 縛謀切，音浮，平，尤韻，奉。之部。

㊀水名。在今四川省境内。㊁古州名。在今重慶市。

泙 píng 字彙蒲明切，音平。

同"洴"。見"洴"字條。

湴 bàn 蒲鑑切，去，鑑韻，並。

字亦作"湴"。同"埿"。深泥。見廣韻。宋沈括夢溪筆談辯證一："唐六典述五行，有禄命、驛馬、～河之屬。…人多不曉～河之義…湴，字書亦作埿。按：古文埿，深泥也。"

按，說文無湴字。

淳 1. chún 常倫切，平，諄韻，禪。文部。

㊀質樸，敦厚。淮南子齊俗："衰世之俗，…澆天下之～，析天下之樸。"高誘注："淳，厚也。"〔淳淳〕①樸實敦厚貌。老子第五十八章："其政悶悶，其民淳淳。"②流動貌。莊子則陽："時有終始，世有變化，禍福淳淳。"㊁成對。左傳襄公十一年："廣車、軘車，～十五乘。"杜預注："廣車、軘車，皆兵車名。淳，耦也。"㊂大。國語鄭語："夫黎爲高辛氏火正，以～燿敦大，天明地德，光照四海。"韋昭注："淳，大也。"㊃通"醇"。味厚。文選漢枚乘七

發:"飲食則温～甘膬,腥醲肥厚。"李善注:"温淳,謂凡味之厚也。"

2. zhūn 集韻朱倫切,平,諄韻,照三。文部。

㊄澆灌,浸漬。周禮考工記鍾氏:"～而漬之。"又㡛氏:"湅帛以欄爲灰,渥～其帛。"

3. zhǔn 集韻主尹切,音準,上,準韻,照三。文部。

㊅通"純"。布匹寬度。集韻:"淳,布帛幅廣也。或作敦、綧,通作純。"周禮天官内宰:"出其度、量、～、制。"鄭玄注:"故書淳爲敦,杜子春讀敦爲純,純謂幅廣也。"釋文:"淳,劉諸允反。"

[同源字]淳、醇、純。三字上古同音,都是禪母文部。"醇"多指酒不薄,但也可指道德、學問的純正(如"醇儒")和色彩的純正(如"醇犧牲")。"純"有"不雜"之義,在此意義上和"淳"同源,古代亦可通用,如"純粹"亦可作"淳粹"。故三字同源。

涼 1. liáng 吕張切,平,陽韻,來。陽部。

㊀薄。左傳莊公三十二年:"虢多～德,其何土之能得?"杜預注:"涼,薄也。"㊁寒。詩邶風北風:"北風其～,雨雪其雱。"又爲微寒。列子湯問:"日初出,滄滄～～。"張湛注引字林:"涼,微寒。"㊂愁苦。文選南朝梁江淹别賦:"巡曾楹而空揜,撫錦幕而虚～。"李善注:"涼,悲涼也。"㊃古代六種飲料之一。周禮天官漿人:"掌共王之六飲,水、漿、醴、～、醫、酏。"鄭玄注:"鄭司農云:'涼,以水和酒也。'"㊄南北朝時期國名。有前涼、後涼、南涼、北涼、西涼。㊅漢代州名。在今甘肅、青海、寧夏一帶。

2. liàng 力讓切,去,漾韻,來。陽部。

㊆輔佐。詩大雅大明:"維師尚父,時維鷹揚,～彼武王。"釋文:"涼本亦作諒,…韓詩作亮,相也。"㊇晾乾。新唐書百官志一:"凡戎器,色别而異處,以衛尉幕士暴～之。"

[辨]冷,寒,涼。見"冷"字條。

[同源字]輬,涼。見"輬"字條。

淬 cuì 七内切,去,隊韻,清。物部。

㊀盛水淬火之器。見説文。又淬火。文選漢王褒聖主得賢臣頌:"及至巧冶鑄干將之璞,清水～其鋒,越砥斂其鍔。"漢書王褒傳作"焠"。㊁洗浴。周禮春官𩰪人"凡王之齊事,供其秬𩰪"鄭玄注:"給～浴。"引申爲蒙受,冒着。淮南子脩務:"～霜露,敇蹻趹,跋涉山川,蒙冒荆棘。"高誘注:"淬,浴。"

液 yè 羊益切,入,昔韻,喻四。鐸部。

㊀液體,津液。莊子人間世:"以爲棺槨則速腐,以爲器則速毁,以爲門户則～樠。"素問腹中論:"鼻出清～。"又用作動詞。鎔化。唐劉禹錫天論上:"斬材窾堅,～礦硎鋩。"㊁通"掖"。宫内宫嬪居住的地方。漢書王莽傳:"長秋宫未建,～廷媵未充。"顔師古注:"液與掖同音通用。"

[備考]集韻:"液,施隻切。漬也。周禮:春液角。沈重讀。或作醳。"音 shì。按,周禮考工記弓人:"凡爲弓,冬析幹而春～角。"鄭玄注:"鄭司農云液讀爲醳。"釋文:"液音亦。…醳音亦,劉沈音釋。"段玉裁説文解字注:"考工記'春液角',鄭司農'液'讀爲'醳',謂重繹治之。"

[辨]汁,液。見"汁"字條。

淤 1. yū 央居切,平,魚韻,影。魚部。

㊀水底的污泥。後漢書杜篤傳論都賦:"畎瀆潤～,水泉灌溉,漸澤成川。"㊁水中陸地。文選漢司馬相如上林賦:"行乎洲～之浦。"李善注:"方言曰:水中可居者曰洲,三輔謂之淤也。"㊂淤積。新唐書孟簡傳:"出爲常州刺史,州有孟瀆,久～閼,簡治導,溉田凡四千頃。"

2. yù 字彙衣據切,音飫。

㊃通"飫"。飽。後漢書馬融傳:"然後擺牲班禽,～賜犒功。"李賢注:"淤,與飫同。"

渫 1. xiè 集韻私列切,入,薛韻,心。月部。

㊀同"渫"。唐人避諱而改爲"滦"。見"渫"字條。

2. yì 經典釋文以制反。月部。

㊁蒸葱。禮記曲禮上:"葱～處末,酒漿處右。"鄭玄注:"滦,烝葱也。"釋文:"滦,以制反。"正字通:"滦,同渫。曲禮:'葱渫處末。'石經作'滦'。轉音裔。烝茵,菹類也。"

淯 yù 余六切,入,屋韻,喻四。覺部。

㊀水名。漢江支流,流經今河南、湖北兩省。㊁通"育"。養育。管子宙合:"天～陽,無計量。"尹知章注:"淯,古育字。天以陽氣育生萬物,物生不可計量。"

滸 hù 火五切,上,姥韻,曉。

汲水器。同"戽"。

淚 1. lèi 力遂切,去,至韻,來。質部。

㊀眼淚。戰國策燕策:"士皆垂～涕泣。"又爲流淚。文選南朝齊孔稚圭北山移文:"～翟子之悲,慟朱公之哭。"

2. lì 集韻郎計切,去,霽韻,來。質部。

㊁寒涼貌。漢書外戚傳孝武李夫人:"秋氣潛(憯)以淒～兮,桂枝落而銷亡。"顏師古注:"淒淚,寒涼之意也。淚音戾。"〔漻淚〕雙聲聯緜字。見"漻"字條。

[同源字]涕,泗,洟,淚。見"涕"字條。

按,説文無淚字。

深 shēn 式針切,平,侵韻,審三。侵部。

㊀水深。詩邶風匏有苦葉:"～則厲,淺則揭。"㊁從面到底、從外到裏距離大。孫子虛實:"故我欲戰,敵雖高壘～溝,不得不與我戰者,攻其所必也。"也指高。左傳文公十二年:"秦不能久,請～壘固軍以待之。"杜預注:"深,謂高也,從上曰深。"㊂歷時久。唐駱賓王夕次舊吴詩:"地古煙塵暗,年～館宇稀。"㊃深奥,深刻。易繫辭上:"探賾索隱,鉤～致遠。"左傳襄公二十九年:"爲之歌唐。曰:思～哉! 其有陶唐氏之遺民乎!"又爲苛刻。戰國策燕策三:"秦之遇將軍可謂～矣,父母宗族皆爲戮没。"㊄程度深。漢書張耳陳餘傳:"不意君之望臣～也。"又爲重大。三國志魏書陳思王傳:"位益高者,責益～。"

[同源字]深,湛,覃,潭,浚,濬。"深"、"湛"、"覃"、"潭"同爲侵部,"深"審母,"湛"、"覃"、"潭"定母,審定準雙聲。"湛"有"深"義。文選漢司馬相如封禪書:"湛恩厖鴻。"李善注:"湛,深也。""覃"也有"深"義。書孔安國序:"研精覃思。"釋文:"覃,深也。"深水爲潭。"浚"、"濬"爲心母文部,與"深"審心準雙聲,侵文通轉。"浚"、"濬"是治水使深。"濬"也有"深"義。書舜典:"濬哲文明。"僞孔傳:"濬,深也。"

淡 1. dàn 徒敢切,上,敢韻,定。談部。

㊀味薄。荀子正名:"甘苦鹹～辛酸奇味,以口異。"㊁色不濃。唐杜甫同元使君春陵行:"作詩呻吟内,墨～字攲傾。"〔淡淡〕①顏色淺。唐杜甫行次鹽亭詩:"雲溪花淡淡,春郭水泠泠。"②水波動蕩貌。晉潘岳金谷集作詩:"綠池泛淡淡,青柳何依依。"〔淡沲(duò)〕雙聲聯緜字。形容春日風光明净。唐杜甫醉歌行:"春光淡沲秦東亭,渚蒲牙白水荇清。"㊂恬淡。東觀漢記鄭均傳:"～泊無欲,清静自守。"

2. yǎn 集韻以冉切,上,琰韻,喻四。談部。

㊃水流平滿貌。文選戰國宋玉高唐賦:"濞洶洶其無聲兮,潰～～而並入。"李善注:"淡,以冉切,安流平滿貌。"〔澹淡〕叠韻聯緜字。①水波動蕩貌。文選戰國宋玉高唐賦:"徙靡澹淡,隨波闇藹。"②漂浮貌。文選漢司馬相如上林賦:"汎淫泛濫,隨風澹淡。"又晉潘岳西征賦:"乘雲頡頏,隨波澹淡。"

[備考]通"痰"。阮孝緒文字集略:"淡,胃中液也。"晉王羲之雜帖五:"匈中～悶,干嘔轉劇。"按,廣韻"淡"有"徒甘切"一讀,云:"水皃。"

[辨]淡,澹。説文:"淡,薄味也。"又:"澹,澹澹,水緐(摇)皃也。"本義不同,但兩字

可互通。不濃也可以寫作"澹"(見"澹"字條),水波動摇貌也可寫作"淡淡"。

清 1. qīng 七情切,平,清韻,清。耕部。

❶水清澈。詩魏風伐檀:"坎坎伐檀兮,…河水～且漣猗。"引申爲酒清澈、聲音清亮等。詩商頌烈祖:"既載～酤,賚我思成。"禮記聘義:"其聲～越以長,其終詘然。"❷清晰,清朗。荀子解蔽:"凡觀物有疑,心中不定,則外物不～。"藝文類聚三國魏曹丕槐賦:"天～和而温潤,氣恬淡以安治。"❸潔浄。文選漢班固東京賦:"京室密～。"又爲清静。南朝梁江淹盧侍郎交感詩:"馬服爲趙將,疆埸得～謐。"❹清廉,清高。史記伯夷列傳:"舉世混濁,～士乃見。"❺政治清明,太平。孟子萬章下:"當紂之時,居北海之濱,以待天下之～也。"

2. qìng 集韻七正切,去,勁韻,清。耕部。

❻通"凊"。冷,涼。莊子人間世:"爨無欲～之人。"釋文:"清,涼也。"

[同源字]①清,浄,圊。"清"、"浄"均爲耕部,清從旁紐。水清則浄。("浄"本作"瀞"。説文:"瀞,無垢薉也。")"清"、"圊"同音。"圊"是厠所。説文:"厠,清也。"廣韻引作"圊"。釋名釋宫室:"厠,或曰圊,言至穢處宜常修治使潔清也。"參見"圊"字條。

②精,清,晴。見"精"字條。

淁 jié 即葉切,音睫,入,葉韻,精。

〔汎淁〕見"汎"字條。

按,説文無淁字。

淒 1. qī 七稽切,平,齊韻,清。脂部。

❶〔淒淒〕①雨雲起貌。説文:"淒,雲雨起也,从水,妻聲。詩曰:'有渰淒淒。'"段玉裁謂當作"雨雲起貌"。按今詩小雅大田作"有渰萋萋"。②悲傷。楚辭戰國屈原九章悲回風:"涕泣交而淒淒兮,思不眠以至曙。"❷寒涼。莊子大宗師:"～然似秋,煖然似春。"❸古水名。見山海經西山經。

2. qiàn 集韻倉甸切,音倩,去,霰韻,清。耕部。

❹〔淒浰〕〔倩浰〕疾速貌。史記司馬相如列傳子虚賦:"儵眒淒浰,靁動熛至。"裴駰集解引徐廣曰:"淒音七見反,浰音力詣反。"漢書、文選皆作"倩浰"。集韻以蒨爲淒之重文,云:"淒浰,疾貌,或从倩,通作倩。"

涬 xìng 胡頂切,上,迥韻,匣。耕部。

〔涬溟〕叠韻聯緜字。混沌的元氣。莊子在宥:"墮爾形體,吐爾聰明,倫與物忘,大同乎涬溟。"釋文引司馬彪云:"涬溟,自然氣也。"

[備考]引。文選漢張衡思玄賦:"毋綿攣以～己兮,思百憂以自疹。"張銑注:"涬,引;疹,病也。言不可繫著於世事,引己多憂使爲病也。"

按,説文無涬字。

淩 líng 力膺切,平,蒸韻,來。蒸部。

❶水名,淮水支流。❷乘,登。楚辭戰國屈原九章哀郢:"～陽侯之氾濫兮,忽翱翔之焉薄。"引申爲逾越。文選晉木華海賦:"若乃偏荒速告,王命急宣,飛駿鼓楫,汎海～山。"(本亦作"凌",古書常借"凌"爲"淩")又引申爲欺侮。史記游俠列傳:"至如朋黨宗彊比周,設財役貧,豪暴侵～孤弱,恣欲自快,游俠亦醜之。"❸冒着。晉孫綽遊天台山賦:"八桂森梃以～霜,五芝含秀而晨敷。"按,文選作"凌霜"。❹疾馳,急行。廣雅釋言:"淩,馺,馳也。"楚辭大招:"冥～浹行,魂無逃只。"王逸注:"淩猶馳也。"

渚 zhǔ 章與切,上,語韻,照三。魚部。

❶小洲。詩召南江有汜:"江有～。"毛傳:"渚,小洲也。"❷水邊。楚辭戰國屈原九歌湘君:"鼂騁鶩於江皋,夕弭節兮北～。"王逸注:"渚,水涯也。"

[辨]沚,渚,洲,坻。見"洲"字條。

[同源字]陼,渚。見"陼"字條。

涷 dōng 德紅切,平,東韻,端。東部。

❶〔涷雨〕暴雨。楚辭戰國屈原九歌大司命:"令飄風兮先驅,使涷雨兮灑塵。"❷水名。即禹貢之濁漳。北魏酈道元水經注濁漳水:"漳水又東,~水注之。"

澇 fāng 敷方切,平,陽韻,敷。陽部。

水名。集韻陽韻:"澇,山海經:'箕尾之山,~水出焉。'或从方。"今本山海經南山經作"箕尾之山有汸水"。

按,説文無澇字。

湁 chì 恥力切,音敕,入,職韻,徹。職部。

水名。集韻謂出潁川。

[備考]〔湁灌〕靈芝。爾雅釋草:"湁灌,茵芝。"藝文類聚引爾雅作"菌芝"。

淇 qí 渠之切,平,之韻,羣。之部。

❶水名。黄河支流,在今河南省境内。詩鄘風桑中:"期我乎桑中,要我乎上宫,送我乎~之上矣。"❷山名。在今河南省東南,淇水所出。❸古州名,今縣名。在河南省。

㴮 hán 集韻胡甘切,平,談韻,匣。談部。

或。方言一〇:"㴮,或也。沅澧之間,凡言或如此者,曰㴮如是。"戴震疏證云:"或、㴮,一聲之轉。"

按,説文無㴮字。

淞 sōng 息恭切,平,鍾韻,心。

水名。通稱吴淞江,流經今上海市附近。

按,説文無淞字。

淋 1. lín 力尋切,平,侵韻,來。侵部。

❶澆。説文:"淋,以水沃也。"玉篇:"淋,水澆也。"宋釋道原景德傳燈録二三洞山守初大師:"大晴不肯去,直待雨~頭。"又爲滴濕。唐杜荀鶴送項山人歸天台山詩:"龍鎮古潭雲色黑,露~秋檜鶴聲清。"〔淋漓〕①沾濕或下滴貌。唐韓愈和虞部盧四酬翰林錢七赤籐杖歌:"共傳滇神出水獻,赤龍拔鬚血淋漓。"②酣暢貌。唐李商隱韓碑詩:"公退齋戒坐小閣,濡染大筆何淋漓。"❷〔淋淋〕説文:"山下水貌。"文選漢枚乘七發:"洪淋淋焉,若白鷺之下翔。"

2. lìn。

❸病名。素問六元正紀大論:"小便黄赤,甚則淋。"亦作"痳"。參見"痳"字條。

淅 xī 先擊切,音析,入,錫韻,心。錫部。

❶淘(米)。儀禮士喪禮:"祝~米于堂。"❷水名。丹江支流。

淶 lái 落哀切,音來,平,咍韻,來。之部。

水名。即今拒馬河,在今河北省境内。

涯 yá 五佳切,平,佳韻,疑。支部。

❶水邊。書微子:"若涉大水,其無津~。"引申爲邊,際。文選古詩十九首之一:"相去萬餘里,各在天一~。"莊子養生主:"吾生也有~,而知也無~。"又引申爲動詞。度量,測度。新唐書宋璟傳:"璟風度凝遠,人莫~其量。"❷約束。藝文類聚三七南朝梁沈約答沈麟士書:"約少不自~,早愛蟲鳥,逐食推遷,未諧宿願。"

[同源字]涯,厓,崖。三字同源。古音均爲支部疑母。"涯"是水邊,"厓"是山邊。"崖"从屵,圭聲,本義爲岸,即水邊。後來表示山崖。

按,説文無涯字,新附有之,云:"涯,水邊也。"

淺 1. qiǎn 七演切,上,獮韻,清。元部。

❶水不深。詩邶風匏有苦葉:"深則厲,~則揭。"❷狹,窄小。吕氏春秋先己:"吾地不~,吾民不寡。"❸時間短。漢賈誼過秦論:"延及孝文王、莊襄王,享國之日~,國家無事。"❹膚淺。荀子正名:"夫曰堯舜擅讓,是虚言也,是~者之傳,陋者之説也。"❺特指毛不厚的獸皮。詩大雅韓奕:"鞹鞃~幭。"毛傳:"淺,虎皮淺毛也。"

2. jiān 則前切,音箋,平,先韻,精。元部。

❻〔淺淺〕水流急速貌。楚辭戰國屈原九歌湘君："石瀨兮淺淺，飛龍兮翩翩。"亦作"戔戔"、"濺濺"。

3. jiàn 集韻子賤切，去，綫韻，精。元部。

❼通"濺"。水四向射出。儀禮士虞禮"淳尸盥，執槃西面"鄭玄注："槃以盛棄水，爲～污人也。"

［同源字］淺，俴，賤。三字均爲元部。"淺"清母，"俴"、"賤"從母，清從旁紐。説文："淺，不深也。""俴，淺也。""賤，買少也。"三字均有"小"義，爲同源字。

淢 1. yù 雨逼切，音域，入，職韻，喻三。職部。

❶急流。淮南子本經："積牒旋石，以純修碕，抑～怒瀨，以揚激波。"高誘注："淢，怒水也。"〔淢汩〕雙聲聯緜字。急流貌。文選漢張衡南都賦："長輸遠逝，漻淚淢汩。"❷通"㥁"。悲傷貌。文選晉潘岳笙賦："愀愴惻～。"李善注："淢與'㥁'同。"

2. xù 況逼切，入，職韻，曉。質部。

❸通"洫"。護城河。詩大雅文王有聲："築城伊～，作豐伊匹。"釋文引韓詩作"洫"。❹通"洫"。溝洫。史記夏本紀："卑宫室，致費於溝～。"裴駰集解引包咸曰："方里爲井，井間有溝，溝廣深四尺。十里爲成，成間有淢，淢廣深八尺。"

淹 yān 央炎切，平，鹽韻，影。談部。

❶浸漬。楚辭漢劉向九歎怨思："～芳芷於腐井兮，棄雞駭於筐簏。"引申爲沉浸。禮記儒行："儒有委之以貨財，～之以樂好，見利不虧其義，…其特立有如此者。"❷滯留。左傳僖公三十三年："寡君聞吾子將步師出於敝邑，敢犒從者。不腆敝邑，爲從者之～，居則備一日之積，行則備一夕之衛。"引申爲久。公羊傳宣公十二年："王師～病矣。"何休注："淹，久也。"❸滿。三國魏曹叡善哉行："遊弗～旬，遂屆揚土。"❹精深。南朝梁劉勰文心雕龍體性："平子～通，故慮周而藻密。"❺古水名。見説文。

［同源字］淹，腌，醃。三字同音。"腌"和"醃"爲異體字。"淹"爲浸漬，"腌"爲經浸漬的肉。説文："腌，漬肉也。"三字同源。

泡 pào 集韻披教切，去，效韻，滂。

晚起字。同"泡"。浸泡。宋周煇清波雜志："高宗自相州渡大河，荒野中寒甚，燒柴，借半破甆盂，温湯～飯茅簷下，與汪伯彦同食。"

按，説文無泡字。

涿 zhuō 竹角切，入，音啄，覺韻，知。屋部。

❶屋霤下的水滴。説文："涿，流下滴也。"❷水名。在今河北省境内。

［備考］敲擊。周禮秋官序官："壺～氏下士一人。"鄭玄注："壺謂瓦鼓；涿，擊之也。"

涮 shuàn 生患切，去，諫韻，審二。

晚起字。蕩洗。廣韻："涮，涮洗也。"引申爲腐蝕。元張憲北庭宣元傑西番刀歌："十年土～松紋生，戎王造時當月蝕。"

淈 gǔ 古忽切，音骨，入，没韻，見。物部。

❶攪渾。楚辭戰國屈原漁父："世人皆濁，何不～其泥而揚其波？"引申爲擾亂。法言吾子："書惡淫辭之～法度也。"❷〔淈淈〕①水出貌。史記司馬相如列傳上林賦："潏潏淈淈，湁潗鼎沸。"司馬貞索隱引郭璞云："皆水微轉細涌貌。"②混亂貌。楚辭漢王逸九思怨上："哀哉兮淈淈，上下兮同流。"

［備考］通"屈"。竭盡。荀子宥坐："其洸洸乎不～盡，似道。"楊倞注："淈讀爲屈，竭也。"

涵 hán 胡男切，平，覃韻，匣。侵部。

❶沉浸。管子度地："水之性，行至曲必留退，…倚則環，環則中，中則～，～則塞。"又爲浸潤。唐戴叔倫題横山寺詩："露～松翠濕，風涌浪花浮。"❷包容。南朝梁王僧孺爲

臨川王讓太尉表："陛下海～春育，日鏡雲伸。"㊁〔涵澹〕水搖蕩貌。宋蘇軾石鐘山記："山下皆石穴罅，不知其淺深，微波入焉，涵澹澎湃而爲此。"

按，説文涵作涵。

涶 duò 集韻待可切，上，哿韻，定。

同"沱"。水貌。見集韻。〔澧涶〕雙聲聯緜字。見"澧"字條。〔涾涶〕雙聲聯緜字。見"涾"字條。

按，説文無涶字。

淌 1. chàng 集韻尺亮切，音唱，去，漾韻，穿三。

㊀大波。見玉篇。

2. chǎng 字彙補尺兩切。陽部。

㊁〔淌游〕水勢之貌。淮南子本經："贏鏤雕琢，詭文回波，淌游瀷減，菱杼紾抱。"高誘注："淌游瀷減，皆文畫擬象水勢之貌。…'淌'讀'平敞'之'敞'。"

3. tǎng 音躺。

㊂水往下流（晚起義）。紅樓夢六九回："每常無人處，説起話來，二姐便～眼抹淚。"

按，説文無淌字。

淑 shū 殊六切，入，屋韻，禪。覺部。

㊀清湛。淮南子本經："四時不失其叙，風雨不降其虐，日月～清而揚光，五星循軌而不失其行。"㊁善良。詩周南關雎："窈窕～女，君子好逑。"引申爲美麗。文選晉陸機日出東南隅行："～貌曜皎日，惠心清且閑。"又爲温和。晉陸機悲哉行："蕙草饒～氣，時鳥多好音。"

淖 1. nào 奴教切，去，效韻，泥。藥部。

㊀泥沼，泥濘。左傳成公十六年："有～於前，乃皆左右，相違於～。"漢書韋賢傳："天雨，～，不駕駟馬車而騎之廟下。"顔師古注："淖，泥也。"

2. zhào 集韻直教切，音櫂，去，效韻，澄。藥部。

㊁和，柔和。儀禮士虞禮："嘉薦普～。"鄭玄注："普淖，黍稷也。普，大也；淖，和也。德能大和，乃有黍稷。"

3. chuò 集韻尺約切，入，藥韻，穿三。藥部。

通"綽"。㊂〔淖約〕叠韻聯緜字。①柔弱貌。荀子宥坐："夫水，…淖約微達，似察。"②美好貌。漢書揚雄傳反離騷："閨中容競淖約兮，相態以麗佳。"

4. zhuó 集韻竹角切，音啄，入，覺韻，知。藥部。

㊃姓。韓非子有淖齒。

混 1. hùn 胡本切，上，混韻，匣。文部。

㊀水勢大。漢書司馬相如傳上林賦："汩乎～流，順阿而下。"顔師古注："混流，豐流也。"㊁混同，混雜。老子第十四章："視之不見名曰夷，聽之不聞名曰希，搏之不得名曰微，此三者不可致詰，故～而爲一。"〔混沌(dùn)〕叠韻聯緜字。天地未分時元氣的狀態。漢班固白虎通天地："始起先有太初，後有太始，形兆既成，名曰太素。混沌相連，視之不見，聽之不聞。"㊂濁。常"混濁"連用。史記伯夷列傳："舉世混濁，清士乃見。"〔混混〕渾濁貌。楚辭漢王逸九思傷時："時混混兮澆饡，哀當世兮莫知。"注："混混，濁也。"

2. gǔn 集韻古本切，上，混韻，見。文部。

㊃集韻："滾，大水流，或作混。"〔混混〕水奔流貌。孟子離婁下："原泉混混，不舍晝夜。"

3. kūn 集韻公渾切，平，魂韻，見。文部。

㊄〔混夷〕古代西部少數民族名。詩大雅緜："混夷駾矣，維其喙矣。"

［同源字］混，渾，溷。説文："混，豐流也。""渾，豐流聲也。""溷，亂也。"據説文，三個字的本義有别。但實際上，三字上古均爲匣母，"溷"爲真部，"混"、"渾"爲文部，讀音相近，意義也相關，三字同源。不過習慣用法有所不同。"混"和"渾"常可通用，但"渾"的後

起義“簡直”、“全”,不寫作“混”。“溷”一般只用作“渾濁”的意義。

淠 1. pì 匹備切,去,至韻,滂。質部。

㊀水名。淮河支流,在今河南省境内。㊁船行貌。詩大雅棫樸:“～彼涇舟。”㊂〔淠淠〕茂盛貌。詩小雅小弁:“有漼者淵,萑葦淠淠。”

2. pèi 集韻普蓋切,去,泰韻,滂。質部。

㊃〔淠淠〕飄動貌。詩小雅采菽:“其旂淠淠,鸞聲嘒嘒。”毛傳:“淠淠,動也。”釋文:“淠淠,匹弊反,徐孚蓋反,又芳計反。”

涸 hé 下各切,入,鐸韻,匣。鐸部。

水乾涸。禮記月令:“(仲秋之月)殺氣浸盛,陽氣日衰。水始～。”引申爲竭盡。管子牧民:“積於不～之倉,藏於不竭之府。”尹知章注:“涸,竭也。”〔涸陰〕窮陰。文選漢張衡西京賦:“其遠則九嵕甘泉,涸陰沍寒。”

[同源字]涸,竭,歇,渴,潵,枯,槁。水乾涸叫“涸”,也叫“竭”、“歇”。爾雅釋詁:“涸,竭也。”“歇,竭也。”方言一二:“歇,涸也。”“涸”匣母鐸部,“竭”羣母月部,“歇”曉母月部。匣羣曉旁紐,月鐸通轉。“渴”原爲“枯竭”義,飢渴的渴原寫作“潵”。説文:“潵,欲飲歠。”段玉裁注:“水渴(竭)則欲水,人潵則欲飲,其意一也。”“渴”、“潵”爲溪母月部,與“竭”同一韻部,溪羣旁紐。草木缺水爲“枯”、“槁”。“枯”溪母魚部,“槁”溪母宵部,魚宵旁轉;“枯”與“涸”溪匣旁紐,魚鐸對轉。這是一組同源字。

淟 tiǎn 他典切,上,銑韻,透。文部。

污濁。文選漢枚乘七發:“揄棄恬怠,輸寫～濁。”〔淟涊〕叠韻聯緜字。①污濁。楚辭漢劉向九歎惜賢:“撥諂諛而匡邪兮,切淟涊之流俗。”王逸注:“淟涊,垢濁也。”②廣韻:“淟涊,熱風。”宋王安石病起詩:“桃枝㬉淟涊,散髮晞曉捉。”

按,説文無淟字。

渻 tà 徒合切,音沓,入,合韻,定。緝部。

㊀水沸溢。説文:“渻,涫溢也。今河朔方言灪溢爲渻。”南朝宋鮑照登大雷岸與妹書:“輕煙不流,華鼎振～。”㊁〔渻灕〕雙聲聯緜字。重叠貌。文選晉木華海賦:“長波渻灕,迆涎八裔。”李善注:“渻灕,相重之貌。”

淼 miǎo 亡沼切,集韻弭沼切,上,小韻,明。宵部。

同“渺”。大水無邊際貌。楚辭戰國屈原九章哀郢:“當陵陽之焉至兮,～南渡之焉如。”〔淼茫〕水無邊際貌。文選晉郭璞江賦:“極泓量而海運,狀滔天以淼茫。”〔淼漫〕雙聲聯緜字。水無邊際貌。南朝梁陶弘景水仙賦:“淼漫八海,汯汩九河。”

按,説文無淼字,新附有之,云:“淼,大水也。”

淨 1. jìng 疾政切,去,勁韻,從。耕部。

㊀通“瀞”。清潔。國語周語:“～其巾冪。”韋昭注:“淨,潔也。”引申爲清淨。史記曹相國世家:“蕭何爲法,斠若畫一。曹參代之,守而勿失。載其清～,民以寧一。”㊁戲曲中的角色,俗稱花臉。

2. chéng 集韻鋤耕切,平,耕韻,牀二。耕部。

㊂地名。説文:“淨,魯北城門池也。”

[同源字]清,淨,圊。見“清”字條。

淫 1. yín 餘針切,平,侵韻,喻四。侵部。

㊀浸漬。周禮考工記匠人:“善防者水～之。”鄭玄注:“謂水淤泥土留著,助之爲厚。”㊁過度,放縱。書大禹謨:“罔遊于逸,罔～于樂。”雨水過度爲淫雨。禮記月令:“(季春之月)行秋令,則天多沈陰,～雨蚤降。”鄭玄注:“淫,霖也,雨三日以上,爲霖。”星行越次爲淫。左傳襄公二十八年:“歲在星紀,而～於玄枵。”孔穎達疏:“故此年歲星常法當在星紀,明年乃當在玄枵。今年已在玄枵,是其淫行失次也。”人僭越爲淫。國語吴語:“今君

掩王東海，以～名聞于天子。"韋昭注："淫，猶僭也。"〔淫泆〕雙聲聯緜字。放縱。書酒誥："誕惟厥縱，淫泆于非彝。"亦作"淫佚"、"淫溢"。國語越語下："淫佚之事，上帝之禁也。"墨子非樂上："啟乃淫溢康樂。"㊂沉溺。莊子在宥："而且說明邪，是～於色也；說聰邪，是～於聲也。"成玄英疏："淫，耽滯也。"引申爲滯留。楚辭戰國宋玉招魂："歸來歸來，不可久～些！"吕延濟注："淫，淹也。"㊃浮華不實。論衡刺孟："論不實事考驗，信浮～之語。"㊄邪惡。左傳襄公二十八年："善人富謂之賞，～人富謂之殃。"㊅貪色。左傳成公二年："貪色爲～，淫爲大罰。"又爲不正當的男女關係。左傳宣公四年："～于邧子之女，生子文焉。"

2. yáo 字彙補于標切。宵部。

㊆傳説中的水名。山海經西山經："爰有～水，其清洛洛。"郭璞注："淫，音遥也。"

［同源字］淫，霪，霖。"淫"與"霪"同音，"霪"是"淫"的分别字。"霖"與"淫"、"霪"同屬侵部，來與喻四旁紐，意義也相同。禮記月令："淫雨蚤降。"鄭玄注："淫，霖也。雨三日以上爲霖。"

淰 1. niǎn 乃玷切，上，忝韻，泥。侵部。

㊀説文："淰，濁也。"

2. niǎn 女減切，上，豏韻，娘。

㊁廣韻："淰，水無波。"

3. shěn 式任切，上，寑韻，審三。侵部。

㊂魚駭驚走貌。禮記禮運："故龍以爲畜，故魚鮪不～。"孔穎達疏："淰，水中驚走也。"

淦 1. gān 古南切，感陰平，平，覃韻，見。侵部。

㊀説文："淦，水入船中也。一曰泥也。"㊁〔淦濴〕水回流貌。唐柳宗元晉問："凌巑岏之杪顛，漱泉源之淦濴。"童宗説注："淦，古南切。濴，音營。"

2. gàn 古暗切，去，勘韻，見。侵部。

㊂水名。贛江支流，在今江西省境内。

3. hán 集韻胡南切，平，覃韻，匣。

㊃同"浛"。沉没。集韻覃韻："浛，方言：'沈也。'或作淦。"

淪 1. lún 力迍切，平，諄韻，來。文部。

㊀小波。詩魏風伐檀："河水清且～猗。"㊁沉没於水中。漢書郊祀志上："而鼎～没於泗水彭城下。"引申爲入。莊子秋水："無南無北，奭然四解，～於不測。"又引申爲沉淪。書微子："商其～喪，我罔爲臣僕。"㊂〔淪胥〕全都。詩小雅雨無正："若此無罪，淪胥以鋪。"毛傳："淪，率也。"鄭箋："胥，相；鋪，遍也。"胡承珙毛詩後箋："率者類也。…胥者，相也，皆也。淪胥猶言類相。…淪胥以鋪，謂類相與受其病。"

2. lǔn 集韻魯本切，上，混韻，來。

㊃〔混淪〕叠韻聯緜字。水流轉皃。文選晉郭璞江賦："或泛瀲於潮波，或混淪乎泥沙。"

［辨］波，浪，瀾，淪。見"波"字條。

淆 xiáo 胡茅切，平，肴韻，匣。宵部。

㊀水渾濁。廣韻："淆，混淆，濁水。"爾雅釋水"河出崐崘虚，色白。所渠并千七百一川，色黄"郭璞注："潛流地中，汩漱沙壤，所受渠多，衆水溷～，宜其濁黄。"引申爲使水渾濁。後漢書黄憲傳："叔度汪汪若千頃陂，澄之不清，～之不濁。"李賢注："淆，混也。"㊁混雜。法言吾子："萬物紛錯則懸諸天，衆言～亂則折諸聖。"

按，説文無淆字。説文："殽，相雜錯也。""殽"爲"淆亂"之"淆"的本字。

淛 zhè 征例切，類篇之列切。月部。

"浙"的異體字，即浙水。山海經海内經："禹治水，以至～河。"

按，説文無淛有浙。朱駿聲以爲淛即浙的異體。

涹 wō 烏禾切，平，戈韻，影。歌部。

㊀浸泡。周禮考工記㡛氏"以涚水漚其

緜七日”鄭玄注：“漚，漸也。楚人曰漚，齊人曰～。”㊁山名。山海經中山經：“又東十五里曰～山。”㊂〔淈淒〕雙聲聯緜字。見“淈”字條。

按，説文無淒字。

添 tiān他兼切，平，添韻，透。

後起字。增加。北周庾信橙賦：“香～然蜜，氣雜燒蘭。”

淝 féi符非切，平，微韻，奉。

水名。又稱肥水，淮河支流，在今安徽省。

按，説文無淝字。

淜 1.píng扶冰切，集韻皮冰切，音憑，平，蒸韻，並。蒸部。

㊀蹦水過河。説文：“淜，無舟渡河也。”段玉裁注：“小雅傳曰：‘徒涉曰馮河，徒搏曰暴虎。’爾雅釋訓、論語孔注同。‘淜’正字，‘馮’假借字。”㊁〔淜滂〕雙聲聯緜字。風觸物聲。文選戰國宋玉風賦：“夫風生於地，起於青蘋之末。…飄忽淜滂，激颺熛怒。”

2.péng。

㊂〔淜湃〕同“澎湃”。雙聲聯緜字。波濤聲。明徐宏祖徐霞客遊記滇遊日記八：“但北盤(江)有奔沸之形，淜湃之勢。”

涽 hūn集韵呼昆切，平，魂韻，曉。文部。

〔滑(gǔ)涽〕未定貌。見集韻。莊子齊物論：“爲其脗合，置其滑涽，以隸相尊。”成玄英疏：“滑，亂也，涽，闇也。…莫若滑亂昏雜，隨而任之。”釋文引向秀云：“汩昏，未定之謂。”

浼 1.měi武罪切，集韻母罪切，音每，上，賄韻，明。文部。

㊀玷污。孟子公孫丑上：“爾爲爾，我爲我，雖袒裼裸裎於我側，爾焉能～我哉！”㊁請託(晚起義)。水滸傳三〇回：“但是人有些公事來央～他的，武松對都監相公説了，無有不依。”

2.miǎn集韻美辨切，上，獮韻，明。文部。

㊂〔浼浼〕水平滿貌。詩邶風新臺：“新臺有洒，河水浼浼。”

淘 táo集韻徒刀切，平，豪韻，定。

後起字。㊀用水冲洗除去雜質。魏書食貨志：“又漢中舊有金户千餘家，常於漢水沙～金，年終總輸。”唐劉禹錫浪淘沙之八：“千～萬漉雖辛苦，吹盡狂沙始到金。”㊁疏浚。宋文同秋日田家：“～漉溝源築野塘，滿陂煙草卧牛羊。”

淴 hū烏没切，入，没韻，影。今讀如忽。

〔淴泱〕雙聲聯緜字。水流急速貌。文選晉郭璞江賦：“潏湟淴泱，瀸潤瀾淪。”李善注：“皆水流漂疾之貌。”

按，説文無淴字。

淮 huái户乖切，平，皆韻，匣。微部。

水名。今稱淮河。

淓 wǎng集韻羽兩切，上，養韻，喻三。陽部。

同“往”。漢書揚雄傳反離騷：“因江潭而～記兮，欽弔楚之湘纍。”顔師古注：“鄧展曰：‘淓，往也。’”

按，説文無淓字。

渌 1.lù力玉切，音録，入，燭韻，來。屋部。

㊀清澈。文選漢張衡東京賦：“於東則洪池清籞，～水澹澹。”又爲“渌酒”的省稱。唐白居易春日閑中詩：“便可傲松喬，何假杯中～。”

2.lù盧谷切，入，屋韻，來。屋部。

㊁“漉”的别體。參見“漉”字條。

按，説文以渌爲漉的或體。

淄 zī側持切，平，之韻，照二。之部。

㊀水名。今稱淄河，在山東省境内。㊁通“緇”。黑色。史記孔子世家：“不曰白乎，涅而不～。”

按，説文無淄字。

九　畫

溲 sōu 所鳩切，平，尤韻，審二。

同“溲”。見“溲”字條。

渲 xuàn 息絹切，去，線韻，心。

一種繪畫方法。宋郭熙林泉高致畫訣：“以鋭筆横卧惹惹而取之謂之皴擦，以水墨再三而淋之謂之～。”〔渲染〕用水墨或淡的色彩塗抹畫面。明楊慎藝林伐山一二：“畫家以墨飾美人鬢髮，謂之渲染。”

按，説文無渲字。

渧 1. dì 都計切，音帝，去，霽韻，端。

❶〔渧㶇〕叠韻聯緜字。水下滴貌。廣韻引埤倉：“渧㶇，漉也。”

2. dī 字彙丁計切。今讀如滴。

❷水滴。地藏菩薩本願經一三：“一毛一～，一沙一塵。”

［備考］通“啼”。集韻：“嗁，或作啼，渧。田黎切。”

按，説文無渧字。

湆 qì 去急切，音泣，入，緝韻，溪。緝部。

❶幽濕。見説文。❷肉汁。禮記少儀：“凡羞有～者，不以齊。”唐張參五經文字謂此義當作“湇”，與“湆”别。然先秦典籍皆作“湆”。段玉裁説文解字注云：“未知張説何本。”

湇 qì 集韻乞及切，入，緝韻，溪。

同“湆”。肉汁。集韻緝韻：“脸，博雅：‘臛謂之脸。’或作湇。”清史稿孝義傳一：“得餘羹，啜～，以肉歸。”

渟 tíng 特丁切，音亭，平，青韻，定。耕部。

❶水聚積不流。史記李斯列傳：“禹鑿龍門，通大夏，疏九河，曲九防，決～水，致之海。”❷〔渟濙〕叠韻聯緜字。清澈貌。魏書陽固傳演賾賦：“越弱水之渟濙兮，躡不周之巘巇。”❸〔渟濇〕叠韻聯緜字。小貌。後漢書文苑列傳杜篤論都賦序：“彼埳井之潢汙，固不容夫吞舟；且洛邑之渟濇，曷足以居乎萬乘哉？”李賢注：“渟濇，小貌。”

按，説文無渟字。

溯 sù 集韻蘇故切，去，莫韻，心。鐸部。

“泝”的本字。見“泝”字條。

渡 dù 徒故切，去，暮韻，定。鐸部。

❶渡水。史記項羽本紀：“籍與江東子弟八千人～江而西。”引申爲越過。史記高祖本紀：“淮陰已受命東，未～平原。”❷渡口。唐韋應物滁州西澗：“春潮帶雨晚來急，野～無人舟自横。”

［辨］度，渡。先秦時渡水也寫作“度”，後來寫作“渡”，以示區别。“度”的其他意義（如“法度”、“衡量”等）都不作“渡”。“渡口”的意義也不寫作“度”。

游 1. yóu 以周切，平，尤韻，喻四。幽部。

❶在水上漂浮。詩邶風谷風：“就其淺矣，泳之～之。”又爲在水中游。韓非子難勢：“越人善～矣。”❷水流。詩秦風蒹葭：“遡～從之，宛在水中央。”❸虚浮不實的。禮記緇衣：“故大人不倡～言。”❹通“遊”。遊玩，游學。荀子宥坐：“百仞之山，而豎子馮而～焉。”史記太史公自序：“二十而南～江淮。”又爲交游。漢書枚乘傳：“與英俊並～。”❺流動。漢書溝洫志：“水尚有所～盪。”引申爲周流。文選漢王褒聖主得賢臣頌：“今臣僻在西蜀，生於窮巷之中，長於蓬茨之下，無有～觀廣覽之知，顧有至愚極陋之累。”❻鳥媒。獵人用以招引野鳥的家鳥。也寫作“圝”。文選晉潘岳射雉賦：“恐吾～之晏起，慮原禽之罕至。”徐爰注：“游，雉媒名。”

2. liú 力求切，音流，平，尤韻，來。幽部。

❼同“斿”、“旒”。旌旗邊緣下垂的飾物。左傳桓公二年：“鞶厲～纓。”釋文：“游，音留。”

[辨]①游,泳。"游"的本義是浮行水上,"泳"的本義是潛行水中。但"游"和"泳"都可以用作在水中游泳的通稱,所以爾雅釋言說"泳,游也"。

②遊,游。見"遊"字條。

渾 hún 户昆切,平,魂韻,匣。文部。

㊀水奔流聲。說文:"渾,混流聲也。"文選晉張協七命:"溟海～濩涌其後。"李善注引說文:"渾,流聲也。"㊁渾濁。老子第十五章:"敦兮其若樸,曠兮其若谷,～兮其若濁。"㊂未分剖的。晉書王戎傳:"嘗目山濤爲璞玉～金。"㊃全,滿。唐李白少年行:"少年游俠好經過,～身裝束皆綺羅。"㊄簡直,幾乎。唐杜甫春望詩:"白頭搔更短,～欲不勝簪。"㊅[渾渾]①渾濁貌。晉陸雲九愍感逝:"將靄靄而未颺,世渾渾其難澄。"②質樸貌。唐韓愈進學解:"上規姚姒,渾渾無涯。"

2. hùn 胡本切,上,混韻,匣。文部。

㊆通"混"。混同,混雜。漢書董仲舒傳:"今則不然,累日以取貴,積久以致官;是以廉恥貿亂,賢不肖～殽,未得其真。"

3. gǔn 集韻古本切,上,混韻,見。文部。

㊇[渾渾]水奔流貌。荀子富國:"若是則萬物得宜,事變得應,上得天時,下得地利,中得人和,則財貨渾渾如泉源,汸汸如河海,暴暴如丘山。"按,楊倞注爲户本切。又爲水奔流聲。山海經西山經:"其原渾渾泡泡。"郭璞注:"渾渾泡泡,水濆涌之聲也。衮咆二音。"

[同源字]混,渾,溷。見"混"字條。

湉 tián 徒兼切,音甜,平,添韻,定。

[湉湉]水静貌。唐杜牧懷鍾陵舊游詩之三:"白鷺煙分光的的,微漣風定翠湉湉。"

按,說文無湉字。

渼 měi 無鄙切,集韻母鄙切,上,旨韻,明。

[渼陂]古湖名。在陝西鄠縣(今户縣)西。

按,說文無渼字。

湔 1. jiān 子仙切,音煎,平,仙韻,精。元部。

㊀洗滌。三國志魏書華佗傳:"病若在腸中,便斷截～洗,縫腹膏摩,四五日差。"㊁水名。雒水支流,即湔水。

2. jiàn 子賤切,音濺,去,線韻,精。元部。

㊂通"濺"。濺灑。戰國策齊策三:"訾天下之主,有侵君者,臣請以臣之血～其衽。"

[辨]澣,浣,湅,漱,湔,濯。見"澣"字條。

湭 qiú 字彙才周切,音酋。幽部。

水源。古文苑漢黄香九宫賦:"即蹴縮以欃檽,坎娫援以～煬。"章樵注:"湭,水之源;煬,火之熾也。"

按,說文無湭字。

溈 wéi 薳支切,音爲,平,支韻,喻三。

水名。湘江支流。在今湖南省境内。

按,說文無溈字。

湊 còu 倉奏切,去,候韻,清。屋部。

㊀聚合,會合。逸周書作雒:"乃作大邑成周于土中,…以爲天下之大～。"㊁趨向,奔向。戰國策燕策一:"樂毅自魏往,鄒衍自齊往,劇辛自趙往,士争～燕。"㊂通"腠"。皮膚的紋理。鹽鐵論大論:"扁鵲攻於～理,絶邪氣,故癰疽不得成形。"㊃拼湊,湊數(晚起義)。宋陳亮與章德茂侍郎書之二:"歲食米四百石,只得二百石,尚欠其半,逐旋補～,不勝其苦。"

[同源字]湊,輳,簇,族,聚。"湊"、"輳"、"簇"均爲清母屋部,"族"爲從母屋部,與"湊"、"輳"、"簇"叠韻,聲母旁轉。"聚"爲從母侯部,侯屋對轉。這些字都有聚集的意思,是一組同源字。

渤 bó 蒲没切,入,没韻,並。物部。

㊀海名。即今渤海。古代又稱渤澥、勃海。[渤澥]即渤海。漢書司馬相如傳上林

賦:"浮渤海,游孟諸。"史記作"勃澥"。㊁〔渤溢〕水波騰涌貌。唐元稹有酒詩之八:"鯨歸穴兮渤溢,鰲載山兮低昂。"

按,説文無渤字。

渠 1. qú 强魚切,平,魚韻,羣。魚部。

㊀人工開鑿的水道。史記河渠書:"令鑿涇水自中山西邸瓠口爲～,並北山東注洛三百餘里,欲以溉田。"㊁大。〔渠魁〕首領。書胤征:"殲厥渠魁,脅從罔治。"〔渠帥〕首領。史記司馬相如列傳:"郡又多爲發轉漕萬餘人,用興法誅其渠帥。"又寫作"渠率"。㊂車輪的外圈。周禮考工記車人:"車人爲車,柯長三尺,…～三柯者三。"鄭玄注引鄭司農云:"渠謂車輮,所謂牙。"㊃盾。國語吴語:"建肥胡,奉文犀之～。"韋昭注:"肥胡,幡也。文犀之渠,謂盾也。文犀,犀之有文理者。"㊄他(後起義)。三國志吴書趙達傳:"女壻昨來,必是～所竊。"㊅〔渠渠〕高大貌。詩秦風權輿:"於我乎,夏屋渠渠。今也每食無餘。"

2. jù 集韻臼許切,上,語韻,羣。魚部。

㊆通"詎"。豈。荀子王制:"夫威彊未足以殆鄰敵也,名聲未足以縣天下也,則是國未能獨立也,豈～得免夫累乎!"史記酈生陸賈列傳:"使我居中國,何～不若漢?"

〔辨〕溝,瀆,渠。見"溝"字條。

涑 liàn 郎甸切,音練,去,霰韻,來。元部。

煮絲絹使之軟熟。周禮考工記㡛氏:"～絲,以涚水漚其絲七日,…～帛,以欄爲灰。"

〔同源字〕涑,鍊(煉),練。三字同音。治絲帛曰涑,治金曰鍊。已涑之帛曰練。説文:"鍊,治金也。"段玉裁注:"治,大徐本誤作冶,今正。涑,治絲也;練,治繒也;鍊,治金也。皆謂灡涑欲其精,非第冶之而已。"

湢 bì 彼側切,入,職韻,幫。職部。

㊀浴室。禮記内則:"外内不共井,不共～浴。"釋文:"本又作'偪'。"㊁整肅貌。漢賈誼新書容經:"軍旅之容,～然肅然,固以猛。"㊂〔湢測〕叠韻聯緜字。迫蹙貌。史記司馬相如列傳上林賦:"湢測泌瀄,横流逆折。"司馬貞索隱:"湢測,相逼也。"

按,説文無湢字。

湮 1. yān 烏前切,音煙,平,先韻,影。文部。

㊀沉没,埋没。國語周語下:"絶後無主,～替隸圉。"㊁壅塞。莊子天下:"昔禹之～洪水,決江河,而通四夷九州也,名山三百,支川三千,小者無數。"

2. yīn 集韻伊真切,平,諄韻,影。

㊂同"洇"。液體落在紙上、布上向四周漾開或滲透。元趙禹圭風入松憶舊曲:"淚痕～透香羅帕。"

〔同源字〕湮,堙,陻,垔,闉。均爲影母文部。在"堵塞"的意義上,這些字實同一詞。朱駿聲説文通訓定聲"湮"字注:"(湮)假借爲垔。"實爲同源通用。此外,"堙"還有"堆土爲山(用以攻城)"之意。"闉"還有"城曲重門"之意,這些意義不能寫作"湮"。

菏 hé 集韻寒歌切,音何,平,歌韻,匣。歌部。

水名。古濟水的支流,在今山東省境内。〔菏澤〕湖名。在今山東省定陶縣北。

渃 1. ruò 集韻日灼切,音若,入,藥韻,日。鐸部。

㊀水名。長江支流,在今四川省境内。源出陝西省南鄭縣。㊁〔濩渃〕叠韻聯緜字。見"濩"字條。

2. rè 集韻人夜切,去,禡韻,日。

㊂古城名。在今四川省境内。

按,説文無渃字。

湛 1. zhàn 徒減切,集韻丈減切,上,豏韻,澄。侵部。

㊀深,濃。楚辭戰國屈原九章悲回風:"吸～露之浮源兮,漱凝霜之雰雰。"〔湛湛〕①

露濃貌。詩小雅湛露:"湛湛露斯,匪陽不晞。"②厚重貌。楚辭戰國屈原九章哀郢:"忠湛湛而願進兮,妬被離而鄣之。"③水深貌。楚辭戰國宋玉招魂:"湛湛江水兮上有楓,目極千里兮傷春心。"④清貌。晉陸機大暮賦:"肴饛饛其不毁,酒湛湛而每盈。"❷清澄。文選晉謝混遊西池詩:"景昃鳴禽集,水木～清華。"李周翰注:"湛,澄。"

2. dān 丁含切,音躭,平,覃韻,端。侵部。

❸通"媅"。歡樂。詩小雅賓之初筵:"錫爾純嘏,子孫其～。"鄭箋:"湛,樂也。"❹通"酖"。沉溺於酒。詩大雅抑:"顛覆厥德,荒～于酒。"

3. chén 直深切,音沈,平,侵韻,澄。侵部。

❺沉没。漢書五行志:"王子鼂以成周之寶圭～于河。"引申爲死,滅。漢書鄒陽傳:"然則荆軻～七族,要離燔妻子,豈足爲大王道哉!"顔師古注引應劭曰:"湛,没也。"

4. jiān 集韻將廉切,音尖,平,鹽韻,精。談部。

❻通"漸"。浸,漬。集韻:"湛,漬也。…通作'漸'。"禮記内則:"取牛肉,必新殺者,薄切之,必絶其理,～諸美酒。"鄭玄注:"湛亦漬也。"

5. yīn 集韻夷針切,平,侵韻,喻四。

❼通"霪"。久雨。集韻侵韻:"霪,久雨爲霪。或作湛。"論衡明雩:"變復之家,以久雨爲～,久暘爲旱。"

[同源字]①深,湛,覃,潭,浚,濬。見"深"字條。

②耽,酖,湛,媅。見"耽"字條。

港 1. gǎng 古項切,上,講韻,見。

❶江河的分岔(後起義)。梁元帝登堤望水詩:"高岸翻成浦,曲～反通舟。"引申爲可以泊船的江灣或海灣(晚起義)。宋楊萬里舟中買雙鱖魚詩:"小～阻風泊烏舫,舫前漁艇晨收網。"

2. hòng 胡貢切,去,送韻,匣。東部。

❷〔港洞〕叠韻聯緜字。相通貌。文選漢馬融長笛賦:"庨窌巧老,港洞坑谷。"李善注:"港洞,相通也。"

按,説文無港字。

湖 hú 户吴切,平,模韻,匣。魚部。

❶湖泊。墨子兼愛:"禹治天下,南爲江漢淮汝,東流注之五～。"❷古州名。隋置,郡治在今浙江省吴興縣。

湁 chì 丑入切,入,緝韻,徹。緝部。

〔湁潗〕叠韻聯緜字。水細涌貌。史記司馬相如列傳上林賦:"潏潏淈淈,湁潗鼎沸。"司馬貞索隱:"郭璞云:'皆水微轉細涌貌。'…周成雜字云:'湁潗,水沸之貌也。'"

湘 xiāng 息良切,平,陽韻,心。陽部。

❶水名。今稱湘江。在湖南省。❷烹煮。詩召南采蘋:"于以～之?維錡及釜。"毛傳:"湘,亨也。"

渣 zhā 側加切,平,麻韻,照二。歌部。

❶同"溠"。水名。見廣韻。❷渣子,渣滓。鹽鐵論國病:"文學守死～滓之語,而終不移夫往古之事。"

按,説文無渣字。

渫 1. xiè 私列切,音泄,入,薛韻,心。月部。

❶除去污穢。易井:"九三,井～不食,爲我心惻。"孔穎達疏:"渫,治去穢污之名也。"❷分散,舒散。漢書食貨志:"今募天下入粟縣官,得以拜爵,得以除罪,如此,富人有爵,農民有錢,粟有所～。"❸排泄,排放。文選晉郭璞江賦:"磴之以瀿瀷,～之以尾閭。"❹止歇。方言:"渫,歇也。"三國魏曹植七啟:"於是爲歡未～,白日西頹。"❺怠慢,不敬。漢班固白虎通辟雍:"父所以不自教子何?爲～瀆也。"

2. dié 集韻達協切,音蝶,入,怗韻,定。

葉部。

㊅〔浹渫〕叠韻聯緜字。見“浹”字條。㊆〔渫渫〕水流不斷的樣子。集韻:“渫渫,波連皃。”引申爲淚流不斷的樣子。樂府詩集相和歌辭十三孤兒行:“淚下渫渫。”

3.zhá 士洽切,入,洽韻,牀二。

㊇古水名。廣韻:“渫,水名,出上黨郡。”㊈把食物放在開水裏略煮。北魏賈思勰齊民要術種胡荽:“作胡荽菹法,湯中~出之。”

湎 miǎn 彌兖切,音緬,上,獮韻,明。元部。

㊀沉迷於酒。書酒誥:“罔敢~於酒。”引申爲沉迷。禮記樂記:“慢易以犯節,流~以忘本。”㊁〔湎湎〕流移。漢書叙傳:“先王觀象,爰制禮樂,厥後崩壞,鄭衛荒淫。風流民化,湎湎紛紛。”朱駿聲説文通訓定聲謂猶“泯泯棼棼”。

湳 nǎn 奴感切,上,感韻,泥。侵部。

㊀水名。在今内蒙古自治區境内。㊁姓。文選晉潘岳關中詩:“虚皛~德,謬彰甲吉。”李善注:“湳、甲,二羌號也;德、吉,其名也。…説文曰:‘湳水出西河美稷縣,故羌人因水爲姓。’漢冲帝時,羌湳狐奴歸化,是其先也。”

減 jiǎn 古斬切,上,豏韻,見。侵部。

㊀減少。史記秦始皇本紀:“盗多,皆以戍漕轉作事苦,賦税大也。請且止阿房作者,~省四邊戍轉。”又爲減輕。左傳昭公十四年:“(叔向)治國制刑,不隱於親,三數叔魚之惡,不爲末~。”㊁少於,不及(後起義)。世説新語假譎:“王右軍年~十歲時,大將軍甚愛之,恒置帳中眠。”

渜 1.nuǎn 乃管切,音暖,上,緩韻,泥。元部。

㊀温水。〔渜濯〕洗屍體後所餘的水。儀禮士喪禮:“渜濯棄于坎。”鄭玄注:“沐浴餘潘水。”賈公彦疏:“潘水既經温煮,名之爲渜;已將沐浴,謂之爲濯。已沐浴訖,餘潘水棄于坎。”

2.nuán 集韻奴官切,平,桓韻,泥。

㊁水名。即今灤河,在今河北境内。北魏酈道元水經注一四作“濡”。

[同源字]渜,煗,煖。三字同音。“煗”、“煖”均有“温暖”義。説文:“煗,温也。”禮記王制:“七十非帛不煖。”鄭玄注:“煖,温也。”“渜”爲温水。三字同源。

湧 yǒng 集韻尹竦切,上,腫韻,喻四。東部。

同“涌”。水往上冒。史記司馬相如列傳:“其西則有~泉清池。”漢書作“涌”。唐書五行志:“開元二十八年八月清夷軍黄帝祠古井~浪。”引申爲向上升。文選晉成公綏嘯賦:“逸氣奮~,繽紛交錯。”

按,説文湧作涌。

湋 wéi 雨非切,音韋,平,微韻,喻三。微部。

㊀水流回旋。見説文。㊁水名。渭水支流,在今陝西省境内。

溉 1.gài 古代切,去,代韻,見。物部。

㊀灌注。史記河渠書:“此渠皆可行舟,有餘則用~浸,百姓饗其利。”㊁洗滌。詩大雅泂酌:“挹彼注兹,可以濯~。”

[備考]王引之經義述聞謂詩大雅泂酌“可以濯溉”之“溉”通“概”,概,祭器。

2.xiè 集韻户代切,去,代韻,匣。月部。

㊂〔沆溉〕雙聲聯緜字。同“沆瀣”。夜間水氣,露氣。又水慢流。漢書司馬相如傳上:“轉騰潎洌,滂濞沆溉。”史記作“沆瀣”。

湣 1.mǐn 集韻美陨切,上,準韻,明。真部。

㊀通作“閔”。如宋閔公、魯閔公,史記作宋湣公、魯湣公。㊁〔湣湣〕昏亂貌。楚辭漢東方朔七諫:“處湣湣之濁世兮,今安所達乎吾志?”

2.miàn 集韻眠見切,音麪,去,霰韻,明。真部。

㊂〔眩湣〕叠韻聯緜字。暗冥無光。史記司馬相如列傳:“紅杳渺以眩湣兮,猋風涌而

雲浮。"裴駰集解引漢書音義曰:"眩滑,闇冥無光也。"司馬貞索隱引作"紅杳眇以泫滑",並引晉灼曰:"泫滑,混合也。"

按,說文無滑字。

湃 mǐ 綿婢切,上,紙韻,明。支部。

以秬鬯(一種酒)洗屍體。周禮春官小宗伯:"王崩,大肆,以秬鬯～。"

[備考]說文:"湃,飲也。"

湑 xǔ 私吕切,音胥,上,語韻,心。魚部。

㊀漉酒。儀禮士冠禮:"旨酒既～。"又爲已漉的酒。詩小雅伐木:"迨我暇矣,飲此～矣。"㊁露貌。詩小雅蓼蕭:"蓼彼蕭斯,零露～兮。"毛傳:"湑湑然,蕭上露皃。"㊂茂盛。詩小雅裳裳者華:"裳裳者華,其葉～兮。"〔湑湑〕①茂盛貌。詩唐風杕杜:"有杕之杜,其葉湑湑。"②形容風清。唐柳宗元湘源二妃廟碑:"南風湑湑,湘水如舞。"㊃歡樂。文選晉左思吴都賦:"酣～半,八音并。"劉逵注:"酣,酒洽也。湑,樂也。"

[同源字]湑,釃。"湑"心母魚部,"釃"審二歌部。心審二準雙聲,魚歌通轉。兩字均爲漉酒之義。詩小雅伐木:"釃酒有藇。"毛傳:"以筐曰釃,以藪曰湑。"

渥 1. wò 於角切,音握,入,覺韻,影。屋部。

㊀沾潤。詩小雅信南山:"既優既～,既霑既足,生我百穀。"㊁厚。詩邶風簡兮:"赫如～赭,公言錫爵。"鄭箋:"碩人容色赫然,如厚傅丹。"又爲深厚。漢書班倢伃傳自悼賦:"蒙聖恩之～惠兮,當日月之盛明。"㊂〔渥洼〕水名。在今甘肅省境内,據説曾於此得神馬。

2. òu 集韻於候切,去,候韻,影。侯部。

㊃通"漚"。浸泡。周禮考工記㡛氏:"湅帛以欄爲灰,～淳其帛。"鄭玄注:"渥讀如'緇人渥菅'之渥。"釋文:"渥與漚同。"

湄 méi 武悲切,集韻旻悲切,平,脂韻,明。脂部。

水草相接之處。詩秦風蒹葭:"所謂伊人,在水之～。"

[同源字]楣,梶,槾,眉,湄。見"楣"字條。

湀 guǐ 居誄切,音揆,上,旨韻,見。脂部。

通流之水。廣韻:"湀,泉水通川。"爾雅釋水:"湀闢,流川。"也作"湀辟"。說文:"湀辟,深水處也。"段玉裁注從繫傳本謂"深水"應作"流水"。

渻 shěng 所景切,上,梗韻,審二。耕部。

"省"的本字。說文:"渻,少減也。"

[備考]爾雅釋丘:"水出其前,渻丘。"

湞 zhēn 陟盈切,音貞,平,清韻,知。耕部。

水名。在今廣東省。漢書武帝紀:"樓船將軍楊僕出豫章,下湞水。"

濊 huài 火怪切,去,怪韻,曉。

水聲。見玉篇。〔瀤濊〕雙聲聯緜字。水相激聲。文選晉郭璞江賦:"瀤溭瀤濊,潰濩泧漷。"

按,說文無濊字。

湎 miàn 莫甸切,音麪,去,霰韻,明。

大水貌。〔湞湎〕見"湞"字條。

按,說文無湎字。

湨 jú 古闃切,入,錫韻,見。錫部。

水名。在今河南省境内。〔湨梁〕湨水大堤。爾雅釋地:"梁莫大於湨梁。"郭璞注:"湨,水名。梁,隄也。"

按,說文無湨字。

渺 miǎo 亡沼切,集韻弭沼切,上,小韻,明。宵部。

㊀同"淼"。水廣闊無邊。唐慧琳一切經音義一〇〇引文字典説:"渺,漫也。"〔渺沔〕雙聲聯緜字。水廣闊無邊貌。文選晉郭璞江賦:"溟漭渺沔,汗汗沺沺。"㊁曠遠貌。唐皎然奉送袁高使君詔徵赴行在效曹劉體詩:"遐路～天末,繁笳思何邊。"〔渺渺〕遠貌。管子

内業:"渺渺乎如窮無極。"❸小。宋蘇軾前赤壁賦:"寄蜉蝣於天地,～滄海之一粟。"

［同源字］渺,眇,杪,秒,妙,藐。這些字都有"小"義。廣雅釋詁二:"眇,小也。"方言:"木細枝謂之杪。"説文:"秒,木芒也。""妙"有"微妙"義。廣雅釋詁二:"藐,小也。"它們讀音也相同,是同源字。

按,説文無渺字,新附有之,云:"淼,大水也。或作渺。"

測 cè 初力切,入,職韻,穿二。職部。

❶量水深。荀子勸學:"譬之猶以指～河也。"引申爲測度。禮記樂記:"窮高極遠而～深厚。"孔穎達疏:"知多少也。"又爲猜測。國語晉語一:"君之使我,非歡也,抑欲～吾心也。"韋昭注:"測,猶度也。"❷清。周禮考工記弓人:"漆欲～,絲欲沉。"鄭玄注:"測,清也。"孫詒讓正義謂"測當訓深"。

湜 shí 常職切,音寔,入,職韻,禪。支部。

［湜湜］水清貌。詩邶風谷風:"涇以渭濁,湜湜其沚。"

湯 1. tāng 吐郎切,平,唐韻,透。陽部。

❶熱水。論語季氏:"見不善如探～。"劉寶楠正義:"探湯者,以手探熱。"❷湯藥。三國志魏書華佗傳:"又精方藥,其療疾,合～不過數種。"❸菜湯(後起義)。唐王建新嫁娘:"三日入厨下,洗手作羹～。"❹商王朝的建立者。

2. tàng 他浪切,音燙,去,宕韻,透。陽部。

❺以沸水熟物。廣雅釋詁二:"湯,爚也。"又爲以熱水暖物。集韻宕韻:"湯,熱水灼也。"山海經西山經:"～其酒百尊。"郝懿行疏:"湯讀去聲,今人呼温酒爲湯酒本此。"❻遊蕩。集韻宕韻:"湯,一曰蕩也。"詩陳風宛丘:"子之～兮,宛丘之上兮。"毛傳:"湯,蕩也。"鄭箋:"游蕩無所不爲。"釋文:"湯,他郎反,舊他浪反。"

3. shāng 式羊切,音傷,平,陽韻,審三。陽部。

❼［湯湯］水大急流貌。書堯典:"湯湯洪水方割。"

4. yáng 集韻余章切,音陽,平,陽韻,喻四。陽部。

❽［湯谷］古代傳説的日出之處。楚辭戰國屈原天問:"出自湯谷,次于蒙汜。自明及晦,所行幾里?"又作"暘谷"。

［同源字］湯,盪。兩字均爲陽部。"湯"透母,"盪"定母,透定旁紐。"盪"爲滌器,多用熱水(湯)。説文:"盪,滌器也。"朱駿聲説文通訓定聲:"从皿从湯,湯亦聲。熱水去垢,故从湯。"

温 1. wēn 烏渾切,平,魂韻,影。文部。

❶温暖。禮記月令:"(季夏之月)～風始至,蟋蟀居壁。"❷温和,温柔。論語述而:"子～而厲。"皇疏:"和潤也。"詩邶風燕燕:"終～且惠。"鄭箋:"顔色和也。"❸温習。論語爲政:"～故而知新,可以爲師矣。"❹温病,熱病。素問生氣通天論:"冬傷于寒,春必～病。"

2. yùn 集韻紆問切,去,焮韻,影。文部。

❺通"蕴"。荀子榮辱:"其汙長矣,其～厚矣,其功盛姚遠矣。"［温克］含蓄寬厚以自持。詩小雅小宛:"人之齊聖,飲酒温克。"鄭箋:"中正通知之人,飲酒雖醉,猶能温藉自持以勝。"

［同源字］煴,温,燠,鬱。見"煴"字條。

湒 jí 子入切,入,緝韻,精。緝部。

❶雨下貌。見説文。❷沸涌貌。説文:"湒,…一曰鬻涌皃。"［湁湒］叠韻聯緜字。説文水部:"湁,湁湒,鬻也。"也寫作"湁潗"。見"湁"字條。

渴 1. kě 苦曷切,入,曷韻,溪。月部。

❶口乾思飲。詩王風君子于役:"君子于役,苟無飢～。"按,説文:"㵣,欲飲也。"此

爲"渴"的本字。引申爲期望,如"渴賞","渴睡"。

2. jié 渠列切,音傑,入,薛韻,羣。月部。

㊁水乾涸。説文:"渴,盡也。"段玉裁注:"古水竭字多用渴,今則用渴爲潵字矣。"周禮地官草人:"凡糞種,騂剛用牛,赤緹用羊,墳壤用麋,~澤用鹿。"鄭玄注:"渴澤,故水處也。"賈公彦疏:"今澤云渴,明是故時停水,今乃渴,故云故水處也。"引申爲盡。吕氏春秋任地:"利器皆時至而作,~時而止。"王念孫讀書雜志云:"渴,盡也。"

3. hè 字彙補何葛切。

㊂水之反流(晚起義)。唐柳宗元袁家渴記:"楚越之間方言,謂水之反(或作支)流者爲渴,音若衣褐之褐。"

[同源字]涸,竭,歇,渴,潵,枯,槁。見"涸"字條。

渨 1. wēi 烏恢切,平,灰韻,影。微部。

㊀沉没。説文:"渨,没也。"㊁水邊。玉篇:"渨,水澳曲也。"

2. wěi 集韻羽鬼切,上,尾韻,影。微部。

㊂污穢。廣雅:"渨,穢也。"〔渨涹〕雙聲聯緜字。污濁。楚辭漢劉向九歎惜賢:"盪渨涹之姦咎兮,夷蠢蠢之溷濁。"

渭 wèi 于貴切,去,未韻,喻三。微部。

水名。源出今甘肅省鳥鼠山,經今陝西省中部,至潼關入黄河。書禹貢:"弱水既西,涇屬~汭。"

湡 yú 遇俱切,音愚,平,虞韻,疑。侯部。

水名。在今河北省境内。源出太行山,注入寧晉泊。

洪 hóng 户公切,音虹,平,東韻,匣。東部。

水流廣大貌。〔潰洪〕見"潰"字條。

按,説文無洪字。

渦 1. wō 烏禾切,平,戈韻,影。

㊀回旋的水流。文選晉郭璞江賦:"盤~谷轉,凌濤山頹。"引申爲頰上的酒渦。宋蘇軾百步洪詩之二:"不知詩中道何語,但覺兩頰生微~。"

2. guō 古禾切,音鍋,平,戈韻,見。歌部。

㊁水名。淮河支流。流經今河南、安徽兩省。㊂姓。廣韻:"三輔決録有扶風太守~尚。"

按,説文無渦字。

湍 1. tuān 他端切,平,桓韻,透。元部。

㊀水勢急。孟子告子上:"性猶~水也。"唐柳宗元鈷鉧潭西小丘記:"當~而浚者爲魚梁。"又爲急流的水。北魏酈道元水經注江水:"春冬之時,則素~淥潭,迴清倒影。"又爲動詞。冲激。文選三國魏李康運命論:"故木秀於林,風必摧之;堆出於岸,流必~之。"

2. zhuān 職緣切,音專,平,仙韻,照三。元部。

㊁水名。在河南省境内。山海經中山經:"荆山之首,曰翼望之山,~水出焉。"

[同源字]湍,遄,瀨,灘。"瀨"月部,其餘四字元部,元月對轉。"湍"、"灘"透母,"遄"禪母,禪透鄰紐。"遄"爲"疾速"之義,"湍"、"灘"爲急流。淮南子説山:"稻生於水而不能生於湍瀨之流。"高誘注:"湍,急水也。"廣韻翰韻:"灘,水奔。""瀨"爲來母月部,與"湍"透來旁紐,元月對轉,兩字互訓。廣雅釋水:"湍,瀨也。"楚辭戰國屈原九歌湘君:"石瀨兮淺淺。"王逸注:"瀨,湍也。"

湝 1. jiē 古諧切,音階,平,皆韻,見。脂部。

㊀〔湝湝〕水勢大貌。説文:"湝,水流湝湝也。"詩小雅鼓鐘:"鼓鐘喈喈,淮水湝湝。"毛傳:"湝湝,猶湯湯也。"

2. xié 户皆切,音諧,平,皆韻,匣。脂部。

㊁〔湝湝〕寒冷。説文:"湝,一曰湝湝,寒也。詩曰:'風雨湝湝。'"今本詩鄭風風雨作"風雨淒淒"。

[備考]廣韻皆韻:"湝,風雨不止。"

湲 yuán 王權切，音員，平，仙韻，喻三。元部。

〔潺湲〕見"潺"字條。

按，説文無湲字，新附有之，曰："湲，潺湲，水聲。"

湌 cān 七安切，平，寒韻，清。元部。

"餐"的異體字。見説文。史記梁孝王世家："太后聞之，立起坐～，氣平復。"

〔辨〕餐，飡，湌，飱。見"餐"字條。

渰 1. yǎn 衣儉切，音掩，上，琰韻，影。談部。

❶雲起貌。詩小雅大田："有～萋萋，興雨祈祈。"漢書食貨志引此詩，顔師古注："渰，陰雲也。"文選晉張協雜詩："凄風起東谷，有～興南岑。"吕向注："渰，起雲貌。"

2. yān 音淹。

❷通"淹"。淹没。正字通："渰，又没也，與湆(淹)通。"梁書曹景宗傳："值暴風卒起，頗有～溺。"清蒲松齡聊齋志異長治女子："門舍居廬，已被黑水～没。"

渝 yú 羊朱切，平，虞韻，喻四。侯部。

❶變易，變化。詩鄭風羔裘："彼其之子，舍命不～。"詩大雅板："敬天之怒，無敢戲豫。敬天之～，無敢馳驅。"❷水溢出。文選晉木華海賦："跳踔湛瀁，沸潰～溢。"李善注："渝亦溢也。"❸古水名。在今河北省境内。

〔備考〕shū。通"輸"。輸瀉。國語周語上："自今至于初吉，陽氣俱蒸，土膏其動。弗震弗～，脉其滿眚，穀乃不殖。"王引之經義述聞："渝讀爲輸，輸，寫也。謂輸寫其氣，使達於外也。"

湡 yú。

同"渝"。見"渝"字條。

湓 1. pén 蒲奔切，音盆，平，魂韻，並。文部。

❶水涌。漢書溝洫志："是歲，勃海清河信都河水～溢，灌縣邑三十一。"❷水名。長江支流，今稱龍開河。在今江西省境内。

2. pèn 普悶切，去，慁韻，滂。

❸水聲。文選晉郭璞江賦："圓淵九回以懸騰，～流雷呴而電激。"李善注："蒼頡篇曰：'湓，水聲也。'"

按，説文無湓字。

漷 huò 虎伯切，入，陌韻，曉。

〔瀄漷〕波相激聲。文選晉郭璞江賦："砅巖鼓作，瀄漷𣹟潤。"

按，説文無漷字。

湃 pài 普拜切，去，怪韻，滂。月部。

❶〔湃湃〕波浪聲。宋蘇軾又次前韻贈賈耘老詩："仙壇古洞不可到，空聽餘瀾鳴湃湃。"❷〔澎湃〕〔滂湃〕〔淜湃〕雙聲聯緜字。見"澎"、"滂"、"淜"字條。

按，説文無湃字。

渹 1. hōng 呼宏切，音轟，平，耕韻，曉。

❶水石相激聲。見廣韻。〔渹漷〕雙聲聯緜字。水浪沖擊聲。明周光鎬黄河賦："莫不渹漷澎湃。"

2. qìng 集韻楚慶切，去，映韻，穿二。

❷冷。同"瀙"、"儭"。集韻："冷也。吴人謂之瀙，或从人，亦作渹。"世説新語排調："劉真長始見王丞相，時盛暑之月，丞相以腹熨彈棊局曰：'何乃～！'"劉孝標注："吴人以冷爲渹。"太平御覽七五五引作："何如乃瀙。"注："吴人以冷爲瀙，音楚敬切。"

按，説文無渹字。

湩 1. dòng 多貢切，音棟，去，送韻，端。東部。

❶乳汁。列子力命："乳～有餘。"張湛注："湩，乳汁也。"❷鼓聲。管子輕重甲："～然擊鼓，士忿怒。"

2. tóng 集韻徒東切，音童，平，東韻，定。東部。

㊂〔湩容〕也作“潼容”。叠韻聯緜字。車幨帷。周禮春官巾車“皆有容蓋”鄭玄注：“容謂幨車，山東謂之裳帷，或曰潼容。”

湫 1. jiǎo 子了切，上，篠韻，精。幽部。

㊀低下。左傳昭公三年：“景公欲更晏子之宅，曰：‘子之宅近市，～隘囂塵，不可以居，請更諸爽塏者。’”杜預注：“湫，下。”

2. qiū 七由切，音秋，平，尤韻，精。幽部。

㊁空洞。吕氏春秋審分：“此之謂定性於大～。”高誘注：“大湫猶大竇。”又爲深潭。唐杜甫寄從孫崇簡詩：“嵯峨白帝城東西，南有龍～北虎溪。”㊂凝集。左傳昭公元年：“於是乎節宣其氣，勿使有所壅閉～底，以露其體。”杜預注：“湫，集也。”

3. jiū 即由切，平，尤韻，精。幽部。

㊃湖名。説文：“安定朝那有湫泉。”在今寧夏固原縣。㊄涼貌。文選戰國宋玉高唐賦：“～兮如風，淒兮如雨。”㊅滅，盡。淮南子俶真：“精有～盡，而行無窮極。”

〔備考〕朱駿聲説文通訓定聲：“假借爲愁。”左傳昭公十二年：“恤恤乎！～乎攸乎！”杜預注：“恤恤，憂患。湫，愁隘。攸，懸危之貌。”漢董仲舒春秋繁露陽尊陰卑：“春之爲言，猶偆偆也。秋之爲言，猶～～也。偆偆者，喜樂之貌也。～～者，憂悲之貌也。”

湇 1. xī 集韻迄及切，入，緝韻，曉。緝部。

㊀同“潝”。水急流聲。見集韻。

2. yì 集韻域及切，入，緝韻，喻三。緝部。

㊁〔汩（yù）湇〕雙聲聯緜字。水急轉貌。史記司馬相如列傳上林賦：“馳波跳沫，汩湇漂疾。”司馬貞索隱：“汩湇，急轉貌也。”

按，説文無湇字。

渙 huàn 火貫切，去，换韻，曉。元部。

㊀分散，散失。老子第十五章：“～兮若冰之將釋。”易渙：“風行水上，～。”孔穎達疏：“風行水上，激動波濤，散釋之象。”㊁〔渙渙〕①水盛貌。詩鄭風溱洧：“溱與洧，方渙渙兮。”毛傳：“渙渙，春水盛也。”②光亮貌。釋名釋綵帛：“紈，渙也。細澤有光，渙渙然也。”㊂〔渙然〕①散貌。漢書刑法志：“事鉅敵堅，則渙然離矣。”顔師古注：“渙然，散貌。”②盛貌。三國志魏書高堂隆傳：“渙然改往事之過謬，勃然興來事之淵塞。”

渢 1. féng 房戎切，音馮，平，東韻，奉。冬部。

㊀水聲。見玉篇。㊁宏大之聲。見廣韻。〔渢渢〕大聲。宋石介慶曆聖德詩：“大聲渢渢，震搖六合。”

2. fán 集韻符咸切，音凡，平，凡韻，奉。侵部。

㊂〔渢渢〕中庸之聲。左傳襄公二十九年：“美哉！渢渢乎！大而婉，險而易行。以德輔此，則明主也。”杜預注：“渢渢，中庸之聲。婉，約也。險，當爲儉字之誤也。大而約，則儉節易行。”釋文：“渢，扶弓反。徐(邈)敷劍反。韋昭音凡。”

按，説文無渢字。

溲 1. sǒu 集韻所九切，上，有韻，審二。幽部。

同“涹”。㊀浸沃。儀禮士虞禮：“明齊～酒。”鄭玄注：“言以新水溲釀此酒也。”㊁以液體拌粉狀物。晉書戴逵傳：“總角時以鷄卵汁～白瓦屑作鄭玄碑。”

2. sōu 集韻踈鳩切，音搜，平，尤韻，審二。幽部。

㊂便溺。國語晉語四：“少～於豕牢。”韋昭注：“豕牢，廁也。溲，便也。”又爲尿。後漢書張湛傳：“湛至朝堂，遺失～便。”李賢注：“溲，小便也。”

湟 huáng 胡光切，音皇，平，唐韻，匣。陽部。

㊀水名。黄河支流，在今青海省境内。㊁通“隍”。没有水的護城河。見朱駿聲説文通訓定聲。文選漢枚乘七發：“輦道邪交，黄

池紆曲。"李善注:"黄當爲湟。湟,城池也。"大戴禮記夏小正:"～潦生苹。"傳:"湟,下處也。"孔廣森補注:"湟,隍也。"

湹 jìn 正字通子信切,音晉。侵部。

同"浸"。史記河渠書:"此渠皆可行舟,有餘則用溉～,百姓饗其利。"

按,説文無湹字。

淵 yuān 烏玄切,平,先韻,影。真部。

❶回旋的水。莊子應帝王:"鯢桓之審爲～,止水之審爲～,流水之審爲～。"釋文:"(審)崔本作潘,云:回流所鍾之域也。"❷深水。荀子勸學:"積水成～,蛟龍生焉。"比喻人或物聚集之處。書武成:"今商王受無道,…爲天下逋逃主,萃～藪。"❸深。詩邶風燕燕:"仲氏任只,其心塞～。"〔淵源〕①深邃之處。後漢書班固傳:"與之乎斟酌道德之淵源,肴覈仁義之林藪。"李賢注:"淵源、林藪,喻深邃也。"②水的源頭。抱朴子内篇微旨:"夫根荄不洞地,而求柯條干雲,淵源不泓窈,而求湯流萬里者,未之有也。"❹通"鼘"。鼓聲。詩商頌那:"鞉鼓～～。"

十 畫

滓 zǐ 阻史切,上,止韻,照二。之部。

❶沉澱的雜質。急就篇三:"糟糠汁～稾莝芻。"❷污垢,污穢。史記屈原賈生列傳:"濯淖污泥之中,蟬蜕於濁穢,以浮游塵埃之外,不獲世之滋垢,皭然泥而不～者也。"司馬貞索隱:"泥亦音涅,滓亦音淄,又並如字。"藝文類聚孫楚反金人銘:"莫貴澄清,莫賤～穢。"段玉裁説文解字注:"古亦假滓爲淄。"

滖 shēn 集韻式針切,平,侵韻,審三。侵部。

"深"的本字。見"深"字條。

溶 róng 餘封切,平,鍾韻,喻四。東部。

❶〔溶溶〕水盛貌。楚辭漢劉向九歎逢紛:"揚流波之潢潢兮,體溶溶而東回。"又爲雲盛貌。唐盧照鄰懷仙引詩:"迴首望羣峯,白雲正溶溶。"引申爲寬廣貌。楚辭漢劉向九歎愍命:"心溶溶其不可量兮,情澹澹其若淵。"也可單用"溶"字。後漢書張衡傳思玄賦:"氛旄～以天旋兮,蜺旌飄而飛揚。"李賢注:"溶,廣大貌。"❷〔溶滴〕雙聲聯緜字。水波涌蕩貌。文選戰國宋玉高唐賦:"水澹澹而盤紆兮,洪波淫淫之溶滴。"❸溶於水中(晚起義)。

漥 wā 集韻烏瓜切,音洼,平,麻韻,影。

❶同"窊"。低窪。❷〔漥瀤〕雙聲聯緜字。水波起伏貌。文選晉郭璞江賦:"迩淪漥瀤,乍浥乍堆。"李善注:"漥瀤,不平之貌。"

按,説文無漥字。

滂 1. pāng 普郎切,平,唐韻,滂。陽部。

❶水多流貌。漢書宣帝紀:"醴泉～流,枯槁榮茂。"〔滂沛〕雙聲聯緜字。①水流盛貌。楚辭漢劉向九歎逢紛:"波逢洶涌,濆滂沛兮。"②大雨貌。史記司馬相如列傳大人賦:"貫列缺之倒景兮,涉豐隆之滂沛。"〔滂沱〕①大雨貌。詩小雅漸漸之石:"月離于畢,俾滂沱矣。"②涕淚多貌。詩陳風澤陂:"寤寐無爲,涕泗滂沱。"❷古水名。山海經南山經:"(雩勺之山)～水出焉,而東流注于海。"

2. pēng 集韻披庚切,平,庚韻,滂。陽部。

❶〔滂濞〕雙聲聯緜字。①水勢大,波浪相擊貌。文選漢司馬相如上林賦:"横流逆折,轉騰潎洌,滂濞沆溉。"又作"滂湃"。北魏酈道元水經注渭水:"山雨滂湃,洪津泛灑。"②衆盛貌。漢書司馬相如傳上林賦:"騷擾衝蓯其紛挐兮,滂濞泱軋麗以林離。"顔師古注引張揖曰:"滂濞,衆盛貌。"又作"滂沛"。後漢書馮衍傳:"氣滂浡而雲披。"

滾 gǔn 集韻古本切,上,混韻,見。

❶〔滾滾〕大水奔流貌。唐杜甫登高詩:"無邊落木蕭蕭下,不盡長江滾滾來。"❷水沸

(晚起義)。宋龐元英談藪:"俗以湯之未~者爲盲眼,初~曰蟹眼,漸大曰魚眼。"㊂滚動(晚起義)。宋范成大乳灘詩:"險絶無雙是乳灘,舟如~石下高山。"

按,説文:"涫,䰞也。"段玉裁注:"滚水即涫,語之轉也。"

滈 hào 胡老切,音浩,上,皓韻,匣。宵部。

㊀久雨。見説文。㊁通"鎬"。西周的都城。荀子議兵:"古者湯以薄,武王以~,皆百里之地也。"㊂〔滈滈〕水泛白光貌。史記司馬相如列傳上林賦:"安翔徐徊,翯乎滈滈。"㊃〔滈汗〕雙聲聯緜字。水長流貌。文選晉郭璞江賦:"滈汗六州之域,經營炎景之外。"

滖 suī 集韻宣隹切,音雖,平,脂韻,心。微部。

〔滖瀌〕雪霜貌。淮南子原道:"雪霜滖瀌,浸潭苽蔣。"高誘注:"滖瀌,雪霜之貌也。"

按,説文無滖字。

溏 táng 徒郎切,音唐,平,唐韻,定。

泥漿。唐玄應一切經音義一一引通俗文:"和~曰淖。"廣雅釋言:"溽、溏,淖也。"又爲泥漿狀的。漢張仲景傷寒論辨陽明:"陽明病,發潮熱,大便~,小便自可,胸脅滿不去者,小柴胡湯主之。"

按,説文無溏字。

滀 chù 丑六切,音畜,入,屋韻,徹。覺部。

㊀水聚積。〔滀漯〕聚集貌。文選晉木華海賦:"澗濆淪而滀漯,鬱沏迭而隆頹。"㊁氣鬱結。莊子大宗師:"~乎進我色也,與乎止我德也。"釋文引司馬彪云:"色憤起貌。"

按,説文無滀字。

滋 xuán 胡涓切,音玄,平,先韻,匣。真部。

黑,濁。左傳哀公八年:"初,武城人或有因於吴竟田焉,拘鄫人之漚菅者曰:'何故使吾水~?'"按,説文:"玆,黑也。从二玄。春秋傳曰:'何故使吾水玆?'"段玉裁注:"此俗加水作滋。"

〔辨〕滋,滋。"滋"爲从水从玆(二玄),音xuán,義爲黑,濁。"滋"爲从水兹聲,音zī,義爲滋長,兩字形音義全不同。

溟 1. míng 莫經切,音冥,平,青韻,明。耕部。

㊀〔溟沐〕雙聲聯緜字。小雨貌。漢揚雄太玄少:"密雨溟沐,潤于枯瀆。"范望注:"雨之細者稱溟沐。"㊁〔溟涬〕雙聲聯緜字。廣大無際之貌。文選晉郭璞江賦:"溟涬渺㴐,汗汗沺沺。"㊂海。莊子逍遥遊:"北~有魚,其名爲鯤。"一本作"冥"。釋文:"嵇康云:'取其溟漠無涯也。'"

2. mǐng 莫迥切,上,迥韻,明。耕部。

㊃〔溟涬〕叠韻聯緜字。①氣不分之貌。漢張衡靈憲:"太素之前,幽清玄静。寂寞冥然,不可爲象。厥中惟靈,厥外惟無。如是者永久焉,斯謂溟涬,蓋乃道之根也。"②水盛大無際貌。淮南子本經:"共工振滔洪水,以薄空桑,龍門未開,吕梁未發,江淮通流,四海溟涬,民皆上丘陵,赴樹上。"

潅 què 集韻克角切,音確,入,覺韻,溪。藥部。

説文:"潅,灌也。"玉篇:"潅,霍也,漬也。"段玉裁説文解字注:"潅與渓義同。"按,説文:"渓,溉灌也。"故云。

溔 yǎo 以沼切,音舀,上,小韻,喻四。宵部。

㊀水無際貌。〔灝溔〕見"灝"字條。㊁〔皛溔〕叠韻聯緜字。深白貌。文選晉郭璞江賦:"極望數百,沆瀁皛溔。"

按,説文無溔字。

溠 zhà 側駕切,音詐,去,禡韻,照二。歌部。

㊀水名。在今湖北省境内。見説文。㊁水灣。玉篇:"溠,溠浙也。"北魏酈道元水經注江水三:"江水又右,得上檀浦,江~也。"

溓 1. liǎn 力忝切,上,忝韻,來。談部。

㊀〔溓溓〕薄冰貌。文選晉潘岳寡婦賦："霤泠泠而夜下兮，冰溓溓以微凝。"㊁水静貌。宋書禮志三："諸侯軌道，河～海夷。"

2. nián 集韻尼占切，平，鹽韻，娘。談部。

㊂通"黏"。黏附。周禮考工記輪人："參分其輻之長而殺其一，則雖有深泥，亦弗之～也。"鄭玄注："鄭司農云：'溓讀爲黏，謂泥不黏著輻也。'"釋文："溓依字力簟反，依注音黏，女廉反。"

［備考］大徐本說文："溓，薄水也。"廣韻添韻音勒兼切。

溯 sù 集韻蘇故切，去，莫韻，心。鐸部。

逆流而上。文選漢王粲七哀詩之二："方舟～大江，日暮愁我心。"

按，說文溯作㴑，或作遡，先秦典籍多作"泝"。參見"泝"字條。

溢 yì 夷質切，入，質韻，喻四。錫部。

㊀水滿外流。書禹貢："～爲滎。"引申爲充滿。孟子離婁上："故沛然德教～乎四海。"又引申爲有餘。漢書東方朔傳："徐樂、司馬遷之倫，皆辯知閎達，～於文辭。"顏師古注："溢者，言其有餘也。"㊁過度。莊子人間世："夫兩喜必多～美之言，兩怒必多～惡之言。"㊂古計量單位。①容量單位。儀禮喪服："歠粥，朝一～米。"鄭玄注："爲米一升二十四分之一。"②重量單位。二十四兩。荀子儒效："藏千～之寶。"又寫作"鎰"。

［備考］戒慎。詩周頌維天之命："假以～我，我其收之。"毛傳："假，嘉；溢，慎。"鄭箋："謂以嘉美之道，戒慎于我。"

［同源字］①盈，溢。見"盈"字條。

②鎰，益，溢。見"鎰"字條。

溝 1. gōu 古侯切，平，侯韻，見。侯部。

㊀田間水道。周禮考工記匠人："九夫爲井，井間廣四尺，深四尺，謂之～。"又爲小溪流。爾雅釋水："水注川曰谿，注谿曰谷，注谷曰溝。"㊁城塹。禮記禮運："城郭～池以爲固。"鄭玄注："溝，城之塹。"引申爲挖壕溝。周禮地官大司徒："大司徒之職，…制其畿疆而～封之。"鄭玄注："溝，穿地爲阻固也；封，起土界也。"㊂〔溝壑〕山溝。左傳昭公十三年："小人老而無子，知擠于溝壑矣。"㊃古代記數名目。孫子算經卷上："萬萬曰億，萬萬億曰兆，萬萬兆曰京，萬萬京曰陔，萬萬陔曰秭，萬萬秭曰穰，萬萬穰曰～。"

2. kòu 字彙丘候切，音叩。

㊄〔溝瞀〕叠韻聯緜字。愚昧。荀子儒效："其愚陋溝瞀，而冀人之以已爲知也。"楊倞注："溝，音寇，愚也。溝瞀，無知也。"

［辨］溝，瀆，渠。"溝"、"瀆"是田間水道。說文："溝，水瀆也。""瀆，溝也。"兩字互訓。但"瀆"又可指大河，如"四瀆"，這個意義"溝"不具備。"渠"是人工開鑿的較長的水道。

溱 zhēn 側詵切，平，臻韻，照二。真部。

㊀水名。①在今河南省境内。②流經今湖南、廣東兩省。㊁〔溱溱〕衆盛貌。詩小雅無羊："旐維旟矣，室家溱溱。"毛傳："溱溱，衆也。"㊂通"臻"。至。漢書谷永傳："暴風三～。"顏師古注："溱與臻同。"

［同源字］駪，詵，蓁，溱，莘，甡。見"駪"字條。

漣 1. lián 力延切，平，仙韻，來。元部。

㊀水面微波。詩魏風伐檀："河水清且～猗。"毛傳："風行水成文曰漣。"㊁水名。①湘水支流，在今湖南省境内。②沭水下游，在今江蘇省境内。㊂〔漣漣〕垂淚貌。詩衛風氓："不見復關，泣涕漣漣。"

2. lán 集韻郎干切，平，寒韻，來。元部。

㊃同"瀾"。大波。說文："瀾，大波爲瀾。…漣，瀾或从連。"文選晉木華海賦："噏波則洪～踧蹜，吹澇則百川倒流。"

溥 1. pǔ 滂古切，音浦，上，姥韻，滂。魚部。

㊀廣大。詩大雅公劉："逝彼百泉，瞻彼

～原。”㊁普遍。詩小雅北山:“～天之下,莫非王土。”㊂通“浦”。水涯。漢書揚雄傳羽獵賦:“儲與虖大～,聊浪虖宇内。”顔師古注引服虔:“溥,水厓也。”

2. fū 集韻芳無切,平,虞韻,敷。魚部。

㊃通“敷”。分布。禮記祭義:“夫孝,置之而塞乎天地,～之而横乎四海。”釋文:“溥,本亦作敷,同,芳于反。”

3. pò 集韻匹各切,入,鐸韻,滂。鐸部。

㊄〔溥漠〕叠韻聯緜字。形容鳥翼從水面掠過的樣子。文選漢馬融長笛賦:“爾乃聽聲類形,狀似流水,又象飛鴻,氾濫溥漠,浩浩洋洋。”李善注:“溥漠,以翮撫水之貌,謂飛鴻之狀也。”

[同源字]普,溥,旁。見“普”字條。

滆 gé 下革切,集韻各核切,音隔,入,麥韻,見。

湖名。在今江蘇省境内,爲五湖之一。北魏酈道元水經注沔水:“五湖,謂長蕩湖、太湖、射湖、貴湖、～湖也。”

按,説文無滆字。

溘 kè 口答切,入,合韻,溪。葉部。

奄忽,忽然。楚辭戰國屈原離騷:“寧～死以流亡兮,余不忍爲此態也。”

[備考]掩。楚辭戰國屈原離騷:“駟玉虬以乘鷖兮,～埃風余上征。”王逸注:“溘,猶掩也。”洪興祖補注:“溘,奄忽也。”

按,説文無溘字,新附有之,云:“溘,奄忽也。”

溧 lì 力質切,音栗,入,質韻,來。質部。

水名。在今江蘇省境内。

滒 gē 古俄切,音哥,平,歌韻,見。歌部。

多汁。見説文。淮南子原道:“甚淖而～,甚纖而微。”高誘注:“滒亦淖也,夫饘粥多瀋者謂滒。”

滋 zī 子之切,平,之韻,精。之部。

㊀生長,增長。國語越語:“民乃蕃～。”書泰誓下:“樹德務～,除惡務本。”引申爲栽種。楚辭戰國屈原離騷:“余既～蘭之九畹兮,又樹蕙之百畝。”王逸注:“滋,蒔也。”㊁愈加,更加。左傳昭公三年:“庶民罷疲,宫室～侈。”㊂汁液。文選晉左思魏都賦:“墨井鹽池,玄～素液。”㊃美味。禮記檀弓上:“曾子曰:‘喪有疾,食肉飲酒,必有草木之～焉。’以爲薑桂之謂也。”鄭玄注:“增以香味,爲其疾不嗜食。”〔滋味〕美味。吕氏春秋適音:“口之情欲滋味。”㊄潤澤。論衡是應:“彼露味不甘者,其下時,土地～潤,流濕萬物,洽沾濡溥。”

[辨]滋,茲。見“茲”字條。

[同源字]滋,孳,子,字,牸。五字均爲之部。“滋”、“孳”、“子”精母,“字”、“牸”從母,精從旁紐。“字”的本義是生子。説文:“字,乳也。”“牸”爲母牛。玉篇:“牸,母牛也。”“孳”是繁殖,孳生。廣韻:“孳,孳息。”“滋”是增益。説文:“滋,益也。”五字同源。

溽 rù 而蜀切,入,燭韻,日。屋部。

㊀濕潤。文選晉郭璞江賦:“林無不～,岸無不津。”〔溽暑〕濕熱。禮記月令:“土潤溽暑,大雨時行。”㊁味濃。禮記儒行:“其飲食不～。”鄭玄注:“恣滋味爲溽,溽之言欲也。”

溹 1. suǒ 蘇各切,音索,入,鐸韻,心。鐸部。

㊀水名。即今索河,在今河北省境内。

2. sè 山責切,入,麥韻,審二。

㊁〔溹溹〕象聲詞。雨下貌。見玉篇。

按,説文無溹字。

滇 1. diān 都年切,音顛,平,先韻,端。真部。

㊀滇池,湖名。在今雲南省昆明市西南。㊁戰國時西南地區國名。史記西南夷列傳:“其西靡莫之屬以什數,～最大。”

2. tián 徒年切,音填,平,先韻,定。真部。

㊂〔滇滇〕盛貌。漢書禮樂志郊祀歌天門:“泛泛滇滇從高斿,殷勤此路臚所求。”㊃〔滇㴐〕叠韻聯緜字。水闊貌。文選晉左思吴

都賦:"濆瀊泮汗,滇溳淼漫。"李善注:"滇,通見切。溳,莫見切。"

3. zhēn 集韻之人切,平,真韻,照三。

㊄水名。在今河南省境内。

滇 diān。真部。

同"滇"。見"滇"字條。

滅 miè 亡列切,集韻莫列切,入,薛韻,明。月部。

㊀熄滅。書盤庚上:"若火之燎于原,不可嚮邇,其猶可撲～?"㊁淹没。易大過:"過涉～頂。"㊂消滅,消除。左傳昭公四年:"執齊慶封而盡～其族。"國語晉語五:"～其前惡。"韋昭注:"滅,除也。"又爲滅亡。左傳昭公八年:"楚師～陳。"㊃消失。莊子應帝王:"(季咸)自失而走。…列子追之不及。反,以報壺子曰:'已～矣,已失矣,吾弗及已。'"釋文:"崔云:'滅,不見也。'"引申爲死亡。唐白居易贈王山人詩:"不如學無生,無生即無～。"

[辨]滅,亡。在"滅亡"意義上,"滅"和"亡"可以互訓。吕氏春秋慎勢:"以小畜大滅。"高誘注:"滅,亡也。"吕氏春秋古樂:"不肖者以亡。"高誘注:"亡,滅也。"穀梁傳襄公六年:"家有既亡,國有既滅。"范甯注:"滅猶亡,亡猶滅。"但"滅"是及物動詞,"亡"是不及物動詞,所以,可以説"爲…所滅",不能説"爲…所亡"。

源 yuán 愚袁切,平,元韻,疑。元部。

本作"原"。㊀水源。荀子君道:"～清則流清,～濁則流濁。"引申爲來源。荀子富國:"百姓時和,事業得叙者,貨之～也。等賦府庫者,貨之流也。"㊁〔源源〕連續不斷貌。孟子萬章上:"欲常常而見之,故源源而來。"

按,説文無源有原,在灥部。

溍 jìn 集韻即刃切,音晉,去,震韻,精。

水名。見玉篇。

按,説文無溍字。

溼 shī 失入切,入,緝韻,審三。緝部。

俗作"濕"。潮濕,霑濕。莊子讓王:"原憲居魯,環堵之室,…上漏下～,匡坐而弦。"詩召南行露"厭浥行露"毛傳:"厭浥,～意也。"

[辨]濕,溼。見"濕"字條。

[同源字]隰,濕,溼。見"隰"字條。

潣 shǎn 失冉切,音閃,上,琰韻,審三。

水流疾貌。文選晉木華海賦:"～泊柏而迆颺,磊匒匌而相豗。"李周翰注:"潣,疾貌。"

按,説文無潣字。

溺 1. nì 奴歷切,入,錫韻,泥。藥部。

㊀淹没。禮記緇衣:"小人～於水。…夫水近於人而～人。"又爲名詞。淹死。禮記檀弓上:"死而不弔者三:畏、厭、～。"㊁沉迷,沉溺。禮記樂記:"姦聲以濫,～而不止。"

2. niào 集韻奴弔切,去,嘯韻,泥。藥部。

㊂小便。後作"尿"。莊子人間世:"夫愛馬者,以筐盛矢,以蜄盛～。"釋文:"溺,奴弔反。"又爲動詞。史記范睢(雎)蔡澤列傳:"睢(雎)詳死,即卷以簀,置廁中。賓客飲者醉,更～睢(雎)。"張守節正義:"溺,古尿字。"

3. ruò 而灼切,入,藥韻,日。藥部。

㊃水名。也作"弱水"。在今甘肅省西北部。説文:"溺,水。自張掖删丹西至酒泉合黎,餘波入于流沙。"書禹貢作"道弱水至于合黎,餘波入于流沙"。

[備考]通"弱"。柔弱。楚辭大招:"東有大海,～水浟浟只。"王逸注:"言東方有大海,廣遠無涯,其水淖溺。"王夫之通釋:"溺與弱通,水無力不能浮物也。"

溞 sāo 蘇遭切,音騷,平,豪韻,心。幽部。

㊀〔溞溞〕淘米聲。爾雅釋訓:"溞溞,淅也。"郭璞注:"洮米聲。"釋文:"詩云'淅之溞溞'。"按,今本詩大雅生民作"淅之叟叟"。㊁洒,洗。見廣雅釋詁。明方孝孺雜銘:"水既潔,然後可以～身。"

按，説文無溛字。

涵 hán 胡男切，平，覃韻，匣。談部。

"涵"的本字。見"涵"字條。

滁 chú 直魚切，音除，上，魚韻，澄。魚部。

❶水名。在今安徽省境内。❷唐代州名。州治在今安徽省滁縣。

按，説文無滁字。

潲 qiào 集韻七肖切，音俏，去，笑韻，清。

同"湫"。廣韻作"湫"。〔潲泋〕巨浪。文選晉木華海賦："盤涖激而成窟，潲泋滐而爲魁。"李善注："湫泋，峻波也。"

按，説文無潲字。

滉 huàng 胡廣切，上，蕩韻，匣。

❶〔滉瀁〕叠韻聯緜字。水無際貌。文選晉潘岳西征賦："其池則湯湯汗汗，滉瀁瀰漫，浩如河漢。"❷〔滉漾〕叠韻聯緜字。水浮動貌。抱朴子内篇暢玄："或滉漾於淵澄，或雰霏而雲浮。"

滑 1. huá 户八切，入，黠韻，匣。物部。

❶滑，不澀。周禮瘍醫："以甘養肉，以～養竅。"鄭玄注："滑，滑石也。凡諸滑物利通往來似竅。"❷通"猾"。狡猾。史記酷吏列傳："操下如束溼薪，～賊任威。"

2. gǔ 古忽切，音骨，入，没韻，見。物部。

❸通"汩"。擾亂。國語周語下："今吾執政無乃實有所避，而～夫二川之神，使至於争明，以妨王宫。"❹〔滑滑〕通"汩汩"。水涌流貌。漢焦贛易林蠱之既濟："涌泉滑滑，南流不絶。"❺〔滑稽〕雙聲聯緜字。①注酒器。漢書陳遵傳引揚雄酒箴："鴟夷滑稽，腹大如壺，盡日盛酒，人復借酤。"太平御覽六七一北魏崔浩漢記音義："滑稽，酒器也。轉注吐酒，終日不已，若今之陽燧樽。"亦作"滑稽"。唐王叡炙轂子録滑稽："滑稽，轉注之器也。若今人以一器物底下穿孔，注之不已，亦若漏卮之類，以類人言語捷給，應對不窮，似滑稽轉注不已，故呼辨捷之人爲滑稽。"②辯捷貌。史記樗里子甘茂列傳："樗里子滑稽多智。"按，後世用作俳諧之義，"滑"讀 huá。③圓轉貌。楚辭戰國屈原卜居："將突梯滑稽，如脂如韋，以潔楹乎？"

溭 zè 士力切，入，職韻，牀二。

〔溭淢〕叠韻聯緜字。水勢。見廣韻。文選晉郭璞江賦："溭淢濆澐，龍鱗結絡。"李善注："溭淢濆澐，參差相次也。"

按，説文無溭字。

澐 1. yún 王分切，音云，平，文韻，喻三。文部。

❶水名。漢水支流，在今湖北省境内。

2. yǔn 于敏切，音隕，上，軫韻，喻三。

❷〔濆澐〕見"濆"字條。

溷 1. hùn 胡困切，去，慁韻，匣。文部。

❶混濁。文選漢賈誼弔屈原文："世謂隨夷爲～兮，謂跖蹻爲廉。"❷混亂。漢書谷永傳："亂服共坐，流湎媟嫚，～殽無别。"❸豬圈。論衡吉驗："後産子，捐於豬～中。"又爲厠所。南史范縝傳："自有拂簾幌，墜於茵席之上；自有關籬牆，落於糞～之中。"

2. hún 集韻胡昆切，平，魂韻，匣。文部。

❹胡塗。宋文天祥自歎詩："豎子～人漫不省，紅纓白馬意軒軒。"❺〔燉溷〕〔憞溷〕叠韻聯緜字。鬱熱貌。見集韻魂韻。文選戰國宋玉風賦："故其風中人狀，直憞溷鬱邑，毆温致濕。"李善注："憞溷，煩濁之貌。"

［同源字］混，渾，溷。見"混"字條。

溫 wēn。文部。

同"温"。見"温"字條。

滍 zhì 直几切，音雉，上，旨韻，澄。之部。

水名。即今河南省魯山縣、葉縣境内的沙河。漢張衡南都賦："爾其川瀆則～、澧、藻、濜。"

溰 1. yí 魚衣切，平，微韻，疑。

㊀〔溰溰〕霜露濃貌。明劉基秋懷詩：“瞻彼原隰，零露溰溰。”

2. ái 音皚。微部。

㊁〔溰溰〕白貌。同“溰溰”。正字通：“溰，溰字之譌。”集韻哈韻：“溰，魚開切。説文：霜雪之皃也。”文選漢枚乘七發：“其少進也，浩浩溰溰，如素車白馬帷蓋之張。”

按，説文無溰字。

滔 tāo 土刀切，平，豪韻，透。幽部。

㊀〔滔滔〕①水流貌。詩小雅四月：“滔滔江漢，南國之紀。”②盛貌。詩大雅江漢：“江漢浮浮，武夫滔滔。”又爲陽氣盛貌。楚辭戰國屈原九章懷沙：“滔滔孟夏兮，草木莽莽。”王逸注：“滔滔，盛陽貌也。”〔滔天〕漫天。書益稷：“洪水滔天，浩浩懷山襄陵。”㊁傲慢。詩大雅蕩：“天降～德，女興是力。”毛傳：“滔，慢也。”

［備考］聚。集韻：“滔，聚也。莊子：‘～乎前而不知所以然。’”音徒刀切（táo）。按，莊子田子方：“夫子不言而信，不比而周，无器而民～乎前，而不知所以然而已矣。”釋文：“吐刀反，…又杜高反。”成玄英疏：“實無人君之位而民足蹈乎前而衆聚也。”

溪 xī（舊讀 qī）苦奚切，平，齊韻，溪。支部。

山間小河溝。漢書晁錯傳：“今匈奴地形技藝與中國異，上下山阪，出入～澗，中國之馬弗與也。”後泛指小河溝。唐杜甫落日詩：“落日在簾鈎，～邊春事幽。”

［辨］谿，溪。見“谿”字條。

按，説文溪作谿。

滄 cāng 七岡切，平，唐韻，清。陽部。

㊀寒冷。逸周書周祝：“天地之間有～熱，善用道者終不竭。”〔滄滄〕涼貌。列子湯問：“日初出，滄滄涼涼，及其日中，如探湯。”㊁〔滄浪〕叠韻聯緜字。①水名。即漢水。書禹貢：“嶓冢導漾，東流爲漢，又東爲滄浪之水。”②水青色。文選晉陸機塘上行：“發藻玉臺下，垂影滄浪泉。”李善注：“滄浪，水色也。”㊂通“蒼”。青色。文選梁任昉贈郭桐廬詩：“～江路窮此，湍險方自兹。”法言吾子：“浮～海而知江河之惡沱也。”㊃〔滄茫〕叠韻聯緜字。通“蒼茫”。曠遠微茫貌。唐柳宗元招海賈文：“大海盪泊兮，顛倒日月。魚龍傾側兮，神怪隳突。滄茫無形兮，往來遽卒。”

［同源字］滄，凔。兩字均爲陽部。“滄”清母，“凔”穿二，兩字準雙聲。説文：“滄，寒也。”“凔，寒也。”兩字實同一詞。

滏 fǔ 扶雨切，音輔，上，麌韻，奉。魚部。

水名。即今滏陽河，在今河北省境内。

按，説文無滏字。

滃 1. wěng 烏孔切，上，董韻，影。東部。

㊀雲氣涌起。漢書揚雄傳解難：“泰山之高不嶕嶢，則不能浡～雲而散歊蒸。”〔滃鬱〕雙聲聯緜字。雲煙彌漫貌。楚辭漢王褒九懷昭世：“覽舊邦兮滃鬱，余安能兮久居？”㊁大水貌。宋歐陽修豐樂亭記：“中有清泉，～然而仰出。”

2. wēng 音翁。

㊂水名（晚起義）。北江支流，在廣東省。

滕 téng 徒登切，平，登韻，定。蒸部。

㊀水騰涌。説文：“滕，水超涌也。”段玉裁注：“小雅：‘百川沸騰。’毛曰：‘沸，出；騰，乘也。’騰者滕之假借。”㊁春秋諸侯國名。在今山東省滕縣。

［備考］虚。見爾雅釋詁下。

滐 jié 渠列切，音傑，入，薛韻，羣。

同“傑”。特出。文選晉木華海賦：“盤盓激而成窟，㵸泋～而爲魁。”李善注：“毛萇詩傳曰：‘傑，特立也。’滐與傑同。”

按，説文無滐字。

漨 1. féng 符容切，音逢，平，鍾韻，奉。東部。

㊀水名。山海經北山經：“（單狐之山）其

上多華草，～水出焉。”

2. péng 集韻蒲蒙切，音蓬，平，東韻，並。

㊁〔滏浡〕雙聲聯緜字。煩鬱。見集韻。文選晉左思吴都賦：“歊霧滏浡，雲蒸昏昧。”劉良注：“滏浡，煩鬱之狀。”

按，說文無滏字。

準 zhǔn 之尹切，上，準韻，照三。文部。

㊀水平，平。周禮考工記輈人：“輈注則利～，利～則久。”賈公彦疏：“準，平也。”引申爲均等。易繫辭上：“易與天地～，故能彌綸天地之道。”㊁平物的量器。莊子天道：“水平則明燭鬚眉，平中～，大匠取法焉。”㊂標準，準則。荀子致仕：“程者，物之～也。禮者，節之～也。”又爲動詞。以…爲準，效仿。文選晉左思詠史八首之一：“著論～過秦，作賦擬子虛。”又爲揣度。淮南子覽冥：“大夫隱道而不言，羣臣～上意而懷當。”引申爲衡量。韓非子難二：“以刑名收臣，以度量～下。”㊃用以校正樂律的古樂器。後漢書律曆志上：“竹聲不可以度調，故作～以定數。”㊄準確。南朝梁劉勰文心雕龍史傳：“若司馬彪之詳實，華嶠之～當，則其冠也。”㊅准許（後起義）。明凌濛初二刻拍案驚奇卷一二：“晦翁～了他狀，提那大姓到官。”這個意義多寫作“准”。㊆箭靶。抱朴子外篇廣譬：“～的陳則流鏑赴焉，美名起則謗讟攻焉。”㊇鼻子。史記高祖本紀：“高祖爲人，隆～而龍顔。”司馬貞索隱引李斐云：“準，鼻也。”

［備考］zhuó。通“頔”。顴骨。史記高祖本紀：“高祖爲人，隆～而龍顔。”裴駰集解引服虔曰：“準音拙。”引應劭曰：“準，頰權準也。”廣韻薛韻“準，職悦切”，又“章允切”。

溜 1. liù 力救切，去，宥韻，來。幽部。

㊀水名。說文：“溜水，出鬱林郡。”㊁小水流。文選晉潘岳射雉賦：“天泱泱以垂雲，泉涓涓而吐～。”李善注：“溜，水流貌也。”㊂通“霤”。房頂瓦壠滴水處。左傳宣公二年：“三進及～，而後視之。”㊃滑動。宋歐陽修玉樓春：“佳人向晚新妝就，圓膩歌喉珠欲～。”引申爲眼光一瞥。宋吕渭老千秋歲：“洞房晚，千金未直横波～。”

2. liū。

㊄偷偷地跑掉（晚起義）。元石君寶秋胡戲妻：“我們也没嘴臉在這裏，不如只做送李大户到縣去，暗地～了。”

［同源字］流，扁，漏，霤，溜，廇，餾。見“流”字條。

溴 chòu 玉篇尺又切，音臭。

水氣。見玉篇水部。

按，說文無溴字。

浉 shī 集韻霜夷切，音師，平，脂韻，審二。

水名。淮河支流，流經今河南省境。

按，說文無浉字。

溵 yīn 於斤切，音殷，平，欣韻，影。

水名。潁水支流，在今河南省境内。

按，說文無溵字。說文濦字段玉裁注：“其字一變爲濦，再變爲溵。”

滤 sī 息移切，音斯，平，支韻，心。支部。

古水名。在今河北省境内。

澭 yōng 集韻於用切，去，用韻，影。今讀如雍。

㊀同“灉”。黄河決出復入的支流。元和郡縣志引爾雅：“河水決出復入者爲～。”按，今本爾雅釋水作“水自河出爲灉”。㊁湖名。在今湖南省岳陽縣。

按，說文無澭字。

滎 1. xíng 户扃切，平，青韻，匣。耕部。

㊀小水。見說文。㊁古澤名。書禹貢：“導沇水，東流爲濟，入于河，溢爲～。”東漢時淤爲平地，故址在今河南省滎陽縣境。

2. yíng 集韻娟營切，平，清韻，影。

㊂〔滎濙〕叠韻聯緜字。波浪迴旋涌起貌。文選晉郭璞江賦：“漩澴滎濙，溵濦濆瀑。”李善注：“皆波浪回旋濆涌而起之貌也。”

十 一 畫

潹 mì 美筆切，音密，入，質韻，明。質部。

㊀水疾流貌。見玉篇。〔潹汩(yù)〕叠韻聯緜字。水疾流貌。史記司馬相如列傳上林賦："滭浡潹汩，湢測泌瀄。"司馬貞索隱引司馬彪云："潹汩，去疾也。"㊁〔潹溢〕叠韻聯緜字。流動貌。文選漢張衡南都賦："芝房菌蠢生其限，玉膏潹溢流其隅。"李善注："潹溢，流貌。"

按，説文無潹字。

滱 kòu 苦候切，音寇，去，候韻，溪。侯部。

古水名。大清河的上游，即唐河，流經今山西、河北兩省境内。

演 yǎn 以淺切，上，獮韻，喻四。真部。

㊀水長流。文選晉木華海賦："東～析木，西薄青徐。"又爲水脈行地中。國語周語上："夫水土～而民用也，水土無所～，民乏財用。"韋昭注："水土通氣爲演。演，猶潤也。"㊁推衍。漢書司馬遷傳報任安書："蓋西伯拘而～周易，仲尼戹而作春秋。"㊂延及，傳布。南朝梁江淹爲蕭太傅謝追贈父祖表："澤～慶世。"唐王勃彭州九隴縣龍懷寺碑："一音～而荒景服，三聖澄而禮樂備。"㊃〔演漾〕雙聲聯緜字。流動起伏貌。唐王維寒食城東即事詩："清溪一道穿桃李，演漾緑蒲涵白芷。"

［同源字］衍，引，延，演。見"衍"字條。

溢 jì 集韻前歷切，音寂，入，錫韻，從。覺部。

〔溢漻〕叠韻聯緜字。水清浄。文選漢枚乘七發："溢漻壽蓼，蔓草芳苓。"李善注："言水清浄之處生壽蓼二草也。"

按，説文無溢字。

漳 zhāng 諸良切，平，陽韻，照三。陽部。

水名。①黄河支流。源出於今山西。有二源：一稱濁漳，一稱清漳，合流後注入黄河。②南漳。源出今湖北省南漳縣，合沮水後流入長江。③源出今湖北省，注入溳水。④漳江。源出於今福建省平和縣，流入東海。⑤渭河上游支流。源出於今甘肅省岷縣。

潒 jiàng 其兩切，上，養韻，羣。陽部。

漉乾淘過的米。説文："潒，浚乾漬米也。从米竟聲。孟子曰：夫子去齊，潒淅而行。"按，今本孟子萬章下作"孔子之去齊，接淅而行"。段玉裁謂"接"當是"潒"之誤。

滻 chǎn 所簡切，音産，上，産韻，審二。元部。

水名。在今陝西省境内，流入灞水。

滴 dī 都歷切，入，錫韻，端。錫部。

㊀水滴。文選晉潘岳悼亡詩："春風緣隙來，晨霤承檐～。"㊁液體下滴。唐杜甫發同谷縣詩："臨歧别數子，握手淚再～。"㊂量詞。唐韋應物詠露珠詩："秋荷一～露，清夜墜玄天。"㊃〔滴瀝〕叠韻聯緜字。水下滴貌。文選漢王延壽魯靈光殿賦："動滴瀝以成響，殷雷應其若驚。"

滸 1. hǔ 呼古切，上，姥韻，曉。魚部。

㊀水邊。詩大雅緜："古公亶父，來朝走馬，率西水～，至于岐下。"毛傳："滸，水厓也。"

2. xǔ 音許。

㊀地名用字。～浦、～墅，都在今江蘇省。

按，説文無滸字。

漷 1. kuò 苦郭切，入，鐸韻，溪。鐸部。

㊀古水名。源出今山東省滕縣，注入運河。

2. huò 集韻忽郭切，入，鐸韻，曉。

㊀〔減漷〕雙聲聯緜字。見"減"字條。

滽 yōng 餘封切，平，鍾韻，喻四。東部。

〔滽滽〕古水名。①在今河南省嵩縣西。

山海經中山經:“又西一百二十里曰釐山,…滽滽之水出焉,而南流注于伊水。”②在今河南省孟津縣。山海經中山經:“又東四十里曰宜蘇之山,…滽滽之水出焉,而北流注于河。”

漉 lù 盧谷切,入,屋韻,來。屋部。

㊀使乾涸。禮記月令:“(仲春之月)毋～陂池。”釋文:“漉,竭也。”㊁滲出。戰國策楚策四:“夫驥之齒至矣,服鹽車而上太行。…～汁灑地,白汗交流。”史記司馬相如列傳:“滋液滲～,何生不育。”㊂過濾。南史陶潛傳:“郡將候潛,逢其酒熟,取頭上葛巾～酒畢,還復著之。”㊃〔漉漉〕濕貌。素問瘧論:“無刺渾渾之脈,無刺漉漉之汗。”王冰注:“漉漉,言汗大出也。”

［同源字］漉,瀝,濾。三字均爲來母。“漉”屋部,“瀝”錫部,“濾”魚部。魚屋旁對轉,屋錫旁轉。三字都有“過濾”義。廣韻:“漉,滲漉,又瀝也。”説文:“瀝,浚也,一曰水下滴瀝。”朱駿聲説文通訓定聲:“與漉略同。”玉篇:“濾,濾水也。”

漩 xuán 集韻旬宣切,平,僊韻,邪。元部。

後起字。説文作“淀”。㊀漩渦。唐杜甫最能行:“欹帆側柁入波濤,撇～捎濆無險阻。”㊁水流旋轉。唐元稹遭風二十韻:“龍歸窟穴深潭～,蜃作波濤古岸隤。”㊂〔漩澴〕叠韻聯緜字。波浪回旋濆涌貌。晉郭璞江賦:“漩澴滎瀯,渨㵼濆瀑。”

滚 gǔn。

同“滾”。見“滾”字條。

漓 lí 吕支切,平,支韻,來。歌部。

㊀水滲入地。漢揚雄河東賦:“雲霏霏而來迎兮,澤滲～而下降。”㊁薄。南朝梁沈約爲南郡王侍皇太子釋奠詩:“政缺雅乖,風～化改。”㊂〔淋漓〕雙聲聯緜字。見“淋”字條。㊃通“醨”。薄酒。史記屈原賈生列傳:“衆人皆醉,何不餔其糟而歠其～?”

按,説文無漓字。

滬 hù 侯古切,上,姥韻,匣。

㊀捕魚用的竹柵。唐陸龜蒙漁具詩序:“網罟之流,曰罛曰罾。…列竹於海澨曰～。”㊁上海的簡稱(晚起義)。

按,説文無滬字。

漾 1. yàng 餘亮切,去,漾韻,喻四。陽部。

㊀古水名。漢水之源。書禹貢:“嶓冢導～,東流爲漢。”㊁水流長。文選漢王粲登樓賦:“路逶迤而脩迥兮,川既～而濟深。”

2. yàng 集韻以兩切,上,養韻,喻四。

㊂水波動蕩貌。南朝宋謝惠連汎南湖至石帆詩:“漣漪繁波～,參差層峰峙。”㊃汎(舟)。南朝梁江淹愛遠山騷:“緤余馬兮椒阿,～余舟于沙衍。”

漬 1. zì 疾智切,去,寘韻,從。錫部。

㊀浸泡。禮記内則:“～取牛肉,必新殺者。”㊁染。周禮考工記鍾氏:“鍾氏染羽,以朱湛丹秫,三月而熾之,淳而～之。”㊂病。吕氏春秋順民:“時行出路,從車載食,以視孤寡老弱之～病。”高誘注:“漬亦病也。”

2. sè 類篇色責切。

㊃落(雨或淚)。明陳汝元金蓮記:“白髮傷心,青山～淚。”類篇:“漬,涑,雨零貌。”

［辨］漬,漚。兩字均爲浸泡義,渾言無别。但析言有别。説文:“漬,漚也。”“漚,久漬也。”

漖 áo 五勞切,平,豪韻,疑。宵部。

水名。今名石河,在今河南省境内。

漸 1. jiàn 慈染切,上,琰韻,從。談部。

㊀水名。即今之浙江。㊁漸進。易坤:“非一朝一夕之故,其所由來者～矣。”引申爲逐漸。漢書李廣利傳:“天子業出兵誅宛,則大夏之屬～輕漢,而宛善馬絶不來。”㊂徵兆。論衡明雩:“雨頗留,湛之兆也;暘頗久,旱之～也。”㊃病重。書顧命:“王曰:嗚呼,疾大

～,惟幾。”

2. jiān 子廉切,音殲,平,鹽韻,精。談部。

❺浸。荀子勸學:“蘭槐之根是爲芷,其～之滫,君子不近,庶人不服。”❻沾濕。詩衛風氓:“淇水湯湯,～車帷裳。”❼流入。書禹貢:“東～于海,西被于流沙。”❽欺詐。莊子胠篋:“知詐～毒。”❾〔漸漸〕麥芒之狀。史記宋微子世家:“麥秀漸漸兮,禾黍油油。”

3. chán 集韻鋤銜切,平,銜韻,牀二。談部。

❿〔漸漸〕①通“巉巉”。高峻貌。詩小雅漸漸之石:“漸漸之石,維其高矣。”②流淚貌。楚辭漢劉向九歎怨思:“腸紛紜以繚轉兮,涕漸漸其若屑。”

4. qián 集韻慈鹽切,平,鹽韻,從。談部。

⓫通“潛”。潛伏。史記宋微子世家:“沈～剛克,高明柔克。”司馬貞索隱:“尚書作‘沈潛’。”

[同源字]浸,漸,霑,瀸。見“浸”字條。

溥 tuán 度官切,音團,平,桓韻,定。元部。

露濃貌。詩鄭風野有蔓草:“野有蔓草,零露～兮。”

潄 shù 所祐切,去,宥韻,審二。屋部。

❶潄口。禮記内則:“凡内外,雞初鳴,咸盥～。”❷通“涑”。洗滌。禮記曲禮:“諸母不～裳。”引申爲冲刷。周禮考工記匠人:“善溝者,水～之。”❸通“軟”。吮吸。文選漢張衡思玄賦:“～飛泉之瀝液兮,咀石菌之流英。”

[辨]澣,浣,涑,潄,湔,濯。見“澣”字條。

[同源字]滌,濯,潄。見“滌”字條。

澒 dǐng 集韻都挺切,音頂,上,迥韻,端。

〔澒濘〕叠韻聯緜字。水騰涌貌。文選晉木華海賦:“葩華踧沑,澒濘潗漝。”李善注:“澒濘,沸貌。”

按,説文無澒字。

漂 1. piāo 撫招切,集韻紕招切,平,宵韻,滂。宵部。

❶浮。書武成:“前徒倒戈,攻于後,血流～杵。”❷摇蕩。文選漢揚雄長楊賦:“横鉅海,～昆侖。”〔漂摇〕叠韻聯緜字。摇蕩貌。詩豳風鴟鴞:“予室翹翹,風雨所漂摇。”又爲冲走。孫子勢:“激水之疾,至於～石者,勢也。”❸輕。文選漢王延壽魯靈光殿賦:“浮柱岧嵽以星懸,～嶢峴而枝拄。”李善注:“漂,輕貌。”❹通“飄”。吹。詩鄭風蘀兮:“蘀兮蘀兮,風其～女。”毛傳:“漂,猶吹也。”❺〔漂然〕高遠貌。漢書楊惲傳:“夫西河魏土,文侯所興,有段干木、田子方之遺風,漂然皆有節槩。”

2. piǎo 匹妙切,集韻匹沼切,上,小韻,滂。宵部。

❻用水冲洗。史記淮陰侯列傳:“信釣於城下,諸母～,有一母見信飢,飯信,竟～數十日。”裴駰集解:“韋昭曰:‘以水擊絮爲漂。’”

3. piào 匹妙切,去,笑韻,滂。宵部。

❼疾速。文選漢王褒洞簫賦:“狀若捷武,超騰踰曳,迅～巧兮。”李善注引鄭德曰:“漂,疾也。”

4. biāo 集韻卑遥切,平,宵韻,幫。宵部。

❽通“瘭”。毒瘡的一種。莊子則陽:“～疽疥癰,内熱溲膏是也。”釋文:“漂本亦作瘭。瘭疽,謂病瘡膿出也。”

[同源字]飄,飆,漂。見“飄”字條。

漕 cáo 昨勞切,平,豪韻,從。幽部。

❶水道運糧。管子輕重戊:“齊即令隰朋～粟於趙。”引申爲水運他物。漢書趙充國傳:“伐材木大小六萬餘枚,皆在水次。…冰解～下。”顔師古注:“漕下,以水運木而下也。”❷春秋衛邑。在今河南省滑縣境。詩邶風擊鼓:“土國城～,我獨南行。”

潢 1. huáng 胡光切,平,唐韻,匣。陽部。

❶積水池。左傳隱公三年:“苟有明信,…～汙行潦之水,可薦於鬼神。”孔穎達疏引服虔:“畜小水謂之潢,水不流謂之汙。”

2. huáng 乎曠切,去,宕韻,匣。今讀如黄。

❷染紙。北魏賈思勰齊民要術雜說:“染～及治書法。”宋姚寬西溪叢語下:“齊民要術有裝～紙法,云:‘浸蘗汁入潢,凡潢紙滅白便是,染則年久色暗,蓋染黄也。’…寫訖入潢,辟蠹也。”

3. huàng 集韻户廣切,上,蕩韻,匣。陽部。

❸〔潢然〕通“滉然”。水深廣貌。荀子富國:“潢然兼覆之,養長之,如保赤子。”楊倞注:“潢與滉同。潢然,水大至之貌也。”按,王先謙以爲“潢”通“洸”。❹〔潢潢〕水深廣貌。楚辭漢劉向九歎逢紛:“揚流波之潢潢兮,體溶溶而東回。”

4. guāng 集韻姑黄切,平,唐韻,見。陽部。

❺〔潢潢〕通“洸洸”。勇武貌。鹽鐵論繇役:“詩云:‘武夫潢潢,經營四方。’”按,詩大雅江漢作“武夫洸洸”。

漢 hàn 呼旰切,去,翰韻,曉。元部。

❶水名。一稱漢江,長江支流。❷銀河。詩大雅大東:“維天有～,監亦有光。”❸朝代名。西漢(公元前 206—公元 7 年)爲劉邦建立,也稱前漢。東漢(公元 25—220 年)爲劉秀建立,也稱後漢。❹國名。①漢末三國之一,劉備建立,也稱蜀漢。②東晉十六國之一,劉淵建立,後改趙。③東晉十六國之一,李壽建立,稱成漢,也叫後蜀。④五代十國之一,劉龑建立,稱南漢。⑤五代十國之一,劉知遠建立,稱後漢。⑥五代十國之一,劉旻建立,稱北漢。⑦元末陳友諒曾在江州稱帝,國號漢。❺民族名。漢族。❻男子(後起義)。北齊書魏蘭根傳:“遷青州長史,固辭不就。楊愔以聞。…顯祖謂愔曰:‘何慮無人作官職,苦用此～何爲?放其還家,永不收採。’”

滿 1. mǎn 莫旱切,上,緩韻,明。元部。

❶充滿。荀子解蔽:“頃筐易～也。”❷驕傲。國語魯語:“笑吾子之太～也。”韋昭注:“滿,驕滿也。”❸成。吕氏春秋貴信:“以言非信,則百事不～也。”❹期滿(後起義)。陳書虞荔傳:“前後所居官,未嘗至秩～,纔朞年數月,便自求解退。”❺民族名。

2. mèn 集韻莫困切,去,恨韻,明。元部。

❻通“懣”。煩悶。漢書石顯傳:“顯與妻子徙歸故郡,憂～不食,道病死。”顔師古注:“滿,讀曰懣。”

漚 1. òu 烏侯切,去,候韻,影。侯部。

❶浸泡。詩陳風東門之池:“東門之池,可以～麻。”

2. ōu 烏侯切,音歐,平,侯韻,影。

❷浮漚,水中氣泡。梁劉孝威望雨詩:“浮芥離還聚,沿～滅復張。”❸通“鷗”。鷗鳥。列子黄帝:“海上之人有好～鳥者,每旦之海上,從～鳥游,～鳥之至者百住而不止。”

［辨］漬,漚。見“漬”字條。

滯 zhì 直例切,去,祭韻,澄。月部。

❶不流通。周禮地官泉府:“掌以市之征布,斂市之不售、貨之～於民用者,以其賈買之。”❷留,止。孟子公孫丑下:“三宿而後出晝,是何濡～也。”楚辭戰國屈原九章涉江:“船容與而不進兮,淹回水而疑～。”❸廢棄。國語晉語四:“底著～淫,誰能興之?”韋昭注:“滯,廢也。”❹久。國語魯語上:“不腆先君之幣器,敢告～積。”韋昭注:“滯,久也。”❺遺落。詩小雅大田:“彼有遺秉,此有～穗。”

漆 1. qī 親吉切,入,質韻,清。質部。

❶水名。渭河支流,在今陜西省境内。書禹貢:“～沮既從。”❷木名。詩唐風山有樞:“山有～,隰有栗。”樹脂製的塗料也叫漆。周禮考工記弓人:“絲也者,以爲固也;～也者,以爲受霜露也。”又用作動詞。塗漆。禮記檀弓上:“君即位而爲椑,歲壹～之,藏焉。”❸黑色。周禮春官巾車:“～車藩蔽,豻禊雀

飾。”鄭玄注：“漆車，黑車也。”

2. qiè 集韻千結切，入，屑韻，清。質部。

㊃〔漆漆〕恭敬的樣子。禮記祭義：“漆漆者，容也，自反也。”鄭玄注：“漆漆，讀如朋友切切。自反，猶言自脩整也。”

漘 chún 食倫切，音脣，諄韻，平，床三。文部。

水邊。詩魏風伐檀：“坎坎伐輪兮，寘之河之～兮。”

漻 1. liáo 落蕭切，音寥，平，蕭韻，來。幽部。

㊀水清徹貌。莊子天地：“夫道，淵乎其居也，～乎其清也。”㊁流通。呂氏春秋古樂：“決壅塞，鑿龍門，降通～水以導河。”高誘注：“降，大；漻，流。”㊂通“寥”。寂静。韓非子主道：“寂乎其無位而處，～乎莫得其所。”㊃憂傷貌。漢賈誼新書容經：“軍旅之事，怫然慍然精以厲，喪紀之志，～然㦗然憂以湫。”㊄〔漻淚〕雙聲聯緜字。水疾流貌。文選漢張衡南都賦：“長輸遠逝，漻淚減汩。”

2. liú 集韻力求切，音流，平，尤韻，來。幽部。

㊅變化貌。莊子知北遊：“油然～然，莫不入焉。”釋文：“漻音流。李音礫。”

漲 1. zhǎng 集韻展兩切，上，養韻，知。

㊀水漲貌。文選南朝齊江淹望荆山詩：“悲風撓重林，雲霞肅川～。”又指水邊沙增高。文選南朝梁丘遲旦發魚浦潭詩：“森森荒樹齊，析析寒沙～。”㊁盛貌。唐李白安州應城玉女湯作詩：“氣浮蘭芳滿，色～桃花然。”

2. zhàng 知亮切，去，漾韻，知。

㊂瀰漫。南史陳武帝紀：“帝督兵疾戰，縱火燒栅，煙塵～天。”

3. zhāng 經典釋文音張。

㊃〔漲海〕南海的古稱。舊唐書地理志四：“南海在海豐縣南五十里，即漲海，渺漫無際。”爾雅釋魚“嬴，小者蜬”郭璞注：“螺大者如斗，出日南漲海中。”

［同源字］漲，張，脹，帳，掌。五字聲韻皆同。只有聲調的區别。“張”的本義是施弓弦，引申爲張掛，張大。“脹”爲腹滿，“帳”爲張掛起來的帷幕，原來都寫作“張”。左傳成公十年：“將食，張，如廁。”杜預注：“張，腹滿也。”玉篇引作“將食，脹，如廁”。史記高祖本紀：“高祖復留止，張飲三日。”裴駰集解引張晏曰：“張，帷帳。”“漲”是水滿。“掌”是手掌。曲之爲拳，伸之爲掌。五字同源。

按，説文無漲字。

漏 1. lòu 盧候切，去，候韻，來。侯部。

㊀漏雨，漏水。莊子讓王：“原憲居魯，環堵之室，…上～下溼，匡坐而弦歌。”引申爲透過。北魏賈思勰齊民要術：“閉户塞向，密泥，勿使風入～氣。”㊁泄漏。韓非子外儲説右上：“今爲人主而～其羣臣之語，是猶無當之玉巵也。”㊂遺漏。三國志魏書高貴鄉公紀：“其力戰死事者，皆如舊科，勿有所～。”㊃漏壺，古計時器。南朝梁陸倕新漏刻銘序：“今之宫～，出自會稽。”㊄穴。淮南子脩務：“禹耳參～，是謂大通。”高誘注：“參，三也。漏，穴也。”㊅溢出。後漢書陳忠傳：“青、冀之域淫雨～河，徐、岱之濱海水盆溢。”李賢注：“漏，溢也。”

2. lóu 字彙盧侯切，音樓。侯部。

㊆通“螻”。一種臭味。禮記内則：“馬黑脊而般臂，～。”鄭玄注：“漏，當爲螻，如螻蛄臭也。”周禮天官作“螻”。

［同源字］流，屚，漏，霤，溜，廇，餾。見“流”字條。

按，據説文：“漏”爲“漏壺”義，“屚”爲“漏雨”義。“屚”在雨部。但典籍中“漏雨”義也作“漏”。

漠 mò 慕各切，入，鐸韻，明。鐸部。

㊀恬淡，寂静。楚辭戰國屈原遠遊：“～虚静以恬愉兮，澹無爲而自得。”〔漠然〕無聲。

漢書馮奉世傳:"玄成等漠然莫有對者。"顔師古注:"漠,無聲也。"又爲冷淡。莊子天道:"老子漠然不應。"郭象注:"不以其言槩意。"成玄英疏:"漠然虛淡,何足介懷。"〔漠漠〕①無聲。荀子解蔽:"掩耳而聽者,聽漠漠而以爲哅哅。"②寂寞。晉陶潛命子詩:"紛紛戰國,漠漠衰周。"③瀰漫貌。楚辭漢王逸九思疾世:"時昢昢兮旦旦,塵漠漠兮未晞。"㊁沙漠。漢班固封燕然山銘:"經磧鹵,絶大～。"

漭 mǎng 模朗切,上,蕩韻,明。陽部。

〔漭漭〕水廣遠貌。文選戰國宋玉高唐賦:"涉漭漭,馳苹苹。"李善注:"漭漭,水廣遠貌。"〔漭沆〕叠韻聯緜字。水大貌。文選漢張衡西京賦:"顧臨太液,滄池漭沆。"〔漭瀁〕叠韻聯緜字。水大貌。後漢書明帝紀:"水門故處,皆在河中,漭瀁廣溢,莫測圻岸。"

按,説文無漭字。

漊 1. lǚ 力主切,音縷,上,麌韻,來。侯部。

㊀密雨不止。説文:"漊,雨漊漊也。…一曰:汝南謂飲酒習之不醉爲漊。"

2. lóu 集韻郎侯切,音婁,平,侯韻,來。

㊁水名。今名九溪河,流經今湖北、湖南兩省。

3. lǒu 郎斗切,音簍,上,厚韻,來。

㊂水溝。見廣韻。

滭 bì 卑吉切,音畢,入,質韻,幫。質部。

㊀泉水涌出貌。見玉篇。㊁〔滭浡〕雙聲聯緜字。水盛涌貌。也作"滭沸"。史記司馬相如列傳上林賦:"滭浡滵汩,湢測泌瀄。"司馬貞索隱引司馬彪云:"滭沸,盛貌。"

按,説文無滭字。沸字下云:"沸,滭沸,濫泉。"

漫 màn 莫半切,去,换韻,明。元部。

㊀水漲溢。唐駱賓王失題:"霜吹飄無已,星河～不流。"㊁滿,遍。公羊傳定公十五年:"鼷鼠食郊牛,牛死,改卜牛。曷爲不言其所食?～也。"何休注:"漫者,徧食其身。"又爲長,無邊際。荀子正名:"長夜～兮。"〔漫漫〕①遍布貌。太平御覽八引尚書大傳虞夏傳卿雲歌:"卿雲爛兮,糺漫漫兮。"②長遠,無際貌。漢書揚雄傳:"瀏濫以弘惝兮,指東西之漫漫。"③放縱貌。漢書景十三王傳:"王前事漫漫,今當自謹。"④昏憒貌。太平御覽二二六漢應劭風俗通:"里語曰:縣官漫漫,冤死者半。"㊂放縱,任意。新唐書元結傳:"公～久矣,可以漫爲叟。"引申爲隨便地,胡亂地。唐杜甫聞官軍收河南河北詩:"却看妻子愁何在?～卷詩書喜欲狂。"㊃汙。莊子讓王:"吾生乎亂世,而無道之人再來～我以其辱行,吾不忍數聞也。"㊄欺騙。荀子儒效:"行不免於汙～,而冀人之以己爲脩也。"楊倞注:"漫,欺誑也。"㊅模糊。後漢書文苑傳:"始達潁川,乃陰懷一刺,既而無所之適,至於刺字～滅。"〔漫漶〕叠韻聯緜字。模糊不清。唐韓愈新修滕王閣記:"蓋瓦級甎之破缺者,赤白之漫漶不鮮者,治之則已。"

按,説文無漫字。

漯 1. tà 他合切,入,合韻,透。緝部。

㊀古水名。玉篇:"漯,水。在東郡東武陽。"孟子滕文公上:"禹疏九河,瀹濟～,而注諸海。"

2. lěi 集韻魯水切,上,旨韻,來。微部。

㊁同"㶟"。古水名。源出今山西省代縣。㊂同"灅"。古水名。源出今河北省遵化縣,今名沙河。

3. luò。

㊃〔漯河〕地名。在河南省。

按,説文漯作濕,云:"水出東郡東武陽,入海。"字彙:"此字本作濕,或省作漯。後以濕爲乾溼之溼,而㬎又轉爲漯字。"

漶 huàn 胡玩切,音换,去,换韻,匣。元部。

模糊不清。明徐宏祖徐霞客遊記黔遊日記二:"鐫碑欲垂久遠,而爲供飲之具,將磨～不保矣。"〔曼漶〕見"曼"字條。〔漫漶〕見"漫"字條。

按,説文無滮字。

滹 hū 荒烏切,平,模韻,曉。

〔滹沱〕水名。流經今山西、河北兩省。

按,説文無滹字。

滮 biāo 皮彪切,平,幽韻,並。幽部。

水流貌。詩小雅白華:"～池北流,浸彼稻田。"毛傳:"滮,流貌。"文選晉左思吴都賦:"磈磈磈磈,～～㴔㴔。"

按,説文滮作淲,云:"淲,水流貌,从水,彪省聲。"段玉裁注:"隸不省。"

滷 lǔ 郎古切,上,姥韻,來。魚部。

鹽碱地。爾雅釋言:"滷、矜、鹹,苦也。"郭璞注:"滷,苦地也。"

按,説文滷作鹵,云:"鹵,西方鹹地也。"

漼 1. cuǐ 七罪切,上,賄韻,清。微部。

❶水深貌。詩小雅小弁:"有～者淵,萑葦淠淠。"❷垂淚貌。文選晉陸機弔魏武帝文:"執姬女以嚬瘁,指季豹而～焉。"李善注:"漼,泣涕垂貌。"❸摧折,摧敗貌。文選漢傅毅舞賦:"紆形赴遠,～似摧折。"李善注:"漼,折貌。七罪切。"

2. cuī 集韻昨回切,音摧,平,灰韻,從。微部。

❹〔漼溰〕叠韻聯緜字。雪霜積聚貌。見集韻。楚辭漢王逸九思憫上:"霜雪兮漼溰,冰凍兮洛澤。"注:"積聚貌。"

漰 pēng 普朋切,平,登韻,滂。

〔漰湱〕波濤相激聲。文選晉郭璞江賦:"砯巖鼓作,漰湱㵃㶁。"李善注:"漰湱、㵃㶁,皆大波相激之聲也。"〔漰沛〕雙聲聯緜字。水流聲。文選晉郭璞江賦:"注五湖以漫㵝,灌三江以漰沛。"〔漰泙〕叠韻聯緜字。水聲相激。唐柳宗元晉問:"漰泙洞踏者,彌數千里。"

漵 xù 徐吕切,上,語韻,邪。魚部。

同"溆"、"潊"。❶水邊。南朝齊王融渌水曲:"日霽沙～明,風動泉花燭。"❷水名。沅水支流,在今湖南省境内。又稱漵浦。楚辭戰國屈原九章涉江:"入漵浦余儃佪兮,迷不知吾之所如。"

按,説文無漵字,新附有之,云:"漵,水浦也。"

漁 yú 語居切,平,魚韻,疑。魚部。

❶捕魚。易繫辭下:"作結繩而爲罔罟,以佃以～。"又爲名詞。捕魚的人。南朝梁劉孝威奉和六月壬午應令詩:"散步懷～樵。"引申爲掠奪,榨取。商君書修權:"秩官之吏,隱下以～百姓,此民之蠹也。"❷水名。在今北京市密云縣。

〔同源字〕魚,漁。見"魚"字條。

按,説文𩺰部:"瀺,捕魚也。…漁,篆文瀺从魚。"

漈 jì 集韻子例切,音祭,去,祭韻,精。

❶水涯。見玉篇。南朝梁江淹遣大使巡詔:"才寡務殷,若無津～。"❷海底深陷處。元史瑠求傳:"西南北岸皆水,至澎湖漸低,近瑠求則謂之落～。漈者,水趨下而不回也。"

按,説文無漈字。

潐 jiāo 集韻堅堯切,平,蕭韻,見。宵部。

通"澆"。澆薄。莊子繕性:"～淳散朴,離道以善。"釋文:"潐,本亦作澆。"

按,説文無潐字。

滺 yōu 集韻夷周切,音悠,平,尤韻,喻四。幽部。

〔滺滺〕水流貌。詩衛風竹竿:"淇水滺滺,檜楫松舟。"毛傳:"滺滺,流貌。"

按,説文無滺字。

滌 dí 徒歷切,入,錫韻,定。覺部。

❶洗滌。清掃。儀禮大射:"射人宿視～。"鄭玄注:"滌謂溉器埽除射宫。"引申爲除去。文選漢張衡東京賦:"進明德而崇業,～饕餮之貪欲。"又引申爲改變。大戴禮記夏小正正月:"寒日～凍塗。"傳:"滌也者,變也。

變而煖也。"㊁養祭牲之室。公羊傳宣公三年:"帝牲在于～三月。"何休注:"滌,宫名。養帝牲三年之處也。謂之滌者,取其蕩滌絜清。"㊂〔滌滌〕大旱無草木貌。詩大雅雲漢:"旱既太甚,滌滌山川。"三家詩作"蔋蔋"。説文:"蔋,草旱盡也。…詩曰'蔋蔋山川'。"㊃〔滌濫〕音樂節奏急促。禮記樂記:"流僻、邪散、狄成、滌濫之音作,而民淫亂。"鄭玄注:"狄、滌,往來疾貌也。濫,僭差也。"

〔同源字〕滌,濯,漱。"滌"、"濯"均爲定母,"滌"覺部,"濯"沃部,沃覺旁轉。"漱"心母屋部,定心鄰紐,覺屋旁轉。三字都有"洗滌"之義。

滫 xiǔ 息有切,音修上聲,上,有韻,心。幽部。

㊀酸臭的淘米水。説文:"滫,久泔也。"荀子勸學:"蘭槐之根是爲芷,其漸之～,君子不近,庶人不服。"淮南子人間:"及漸之於～。"高誘注:"滫,臭汁也。"史記三王世家:"漸之～中。"裴駰集解引徐廣曰:"滫,淅米汁也。"王筠句讀:"泔久則酸臭也。"㊁用澱粉拌和食物使柔滑。禮記内則:"堇、荁、枌、榆、免、薨、～瀡以滑之,脂膏以膏之。"鄭玄注:"秦人溲曰滫,齊人滑曰瀡也。"

漪 yī 於離切,平,支韻,影。歌部。

㊀微波。南朝梁劉勰文心雕龍定勢:"激水不～,槁木無陰,自然之勢也。"㊁岸邊。漢趙曄吴越春秋王僚使公子光傳:"(漁父)因而歌曰:'日月昭昭乎侵已馳,與子期乎蘆之～。'子胥即止蘆之～。"

按,説文無漪字。

漇 xǐ 集韻所綺切,上,紙韻,審二。支部。

〔漇漇〕潤澤貌。楚辭漢淮南小山招隱士:"白鹿麏麚兮或騰或倚,狀皃崟崟兮峨峨,淒淒兮漇漇。"王逸注:"淒淒漇漇,毛衣若濡也。"

按,説文無漇字。

滲 1. shèn 所禁切,去,沁韻,審二。侵部。

㊀滲漏。史記司馬相如列傳封禪文:"滋液～漉,何生不育。"㊁水乾涸。一切經音義四:"滲,盡也。"南史到彦之傳:"自淮入泗,泗水～,日裁行十里。"

2. qīn 集韻千尋切,平,侵韻,清。

㊂〔滲淫〕叠韻聯緜字。小水。文選晉木華海賦:"瀝滴滲淫,薈蔚雲霧。涓流泱瀼,莫不來注。"李善注:"滲淫,小水津液也。滲音侵。"

漅 cháo 子小切,集韻鉏交切,平,爻韻,牀二。

漅湖,即今巢湖。

按,説文無漅字。

漦 chí 俟甾切,平,之韻,牀二。之部。

涎沫。國語鄭語:"卜請其～而藏之,吉。"韋昭注:"漦,龍所吐沫。"

〔備考〕滲流。爾雅釋言:"漦,盝也。"郝懿行義疏:"盝者,與漉同,滲也。"説文:"漦,順流也。"

漿 jiāng 即良切,平,陽韻,精。陽部。

㊀一種帶酸味的飲料。周禮天官酒正:"辨四飲之物,一曰清,二曰醫,三曰～,四曰酏。"鄭玄注:"漿,今之截漿也。"㊁用米湯浸潤衣服,使乾後平挺(晚起義)。元方回日長三十韻寄趙賓:"敗絮熏還曝,麄絺洗更～。"

潁 yǐng 餘頃切,上,静韻,喻四。耕部。

水名。淮河支流,流經今河南省。

十 二 畫

潼 1. tóng 徒紅切,平,東韻,定。東部。

㊀水名。①在今四川省境内。見説文。②黄河支流,在今陝西省境内。㊁〔潼潼〕高貌。文選戰國宋玉高唐賦:"巨石溺溺之瀺灂兮,沫潼潼而高厲。"

2. chōng 尺容切,平,鍾韻,穿三。

㊂通"衝"。水流衝擊。字彙補:"潼,與'衝'同。楊慎曰:'通典:潼關本作衝關,言河流所衝也。'"北魏酈道元水經注河水四:"河在關内,南流～激關山,因謂之潼關。"

澈 chè 直列切,入,薛韻,澄。月部。

㊀水明浄。詩唐風揚之水"揚之水,白石粼粼"毛傳:"粼粼,清～也。"㊁同"徹"。透。唐柳宗元小石潭記:"日光下～,影布石上。"

潾 lín 力珍切,平,真韻,來。

㊀〔潾潾〕①水清貌。唐杜甫雜述:"泰山冥冥崒以高,泗水潾潾瀰以清。"②波光閃爍貌。唐温庭筠三洲歌:"月隨波動碎潾潾,雪似梅花不堪折。"㊁〔㵳潾〕叠韻聯緜字。見"㵳"字條。

按,説文無潾字。

潫 wān 烏關切,音彎,平,删韻,影。

〔瀰潫〕雙聲聯緜字。見"瀰"字條。

按,説文無潫字。

潦 1. lào 郎到切,去,号韻,來。

㊀雨水過多農作物被淹。三國志魏書鄭渾傳:"郡界下溼,患水～,百姓饑乏。"

2. láo 魯刀切,平,豪韻,來。宵部。

㊁大波。文選晉木華海賦:"飛～相磢,激勢相沏。"李善注:"潦,大波也。"㊂水名。即古潦水,源出秦嶺,北流入渭河。見説文。

[同源字]潦,澇。見"潦"字條。

澐 yún 王分切,音雲,平,文韻,喻三。文部。

江水大波。見説文。〔澐澐〕水流洶涌貌。唐獨孤及招北客文:"其東則有大江澐澐,下絶地垠。"

潖 pá 集韻蒲巴切,音琶,平,麻韻,並。

水名。北江支流,在今廣東省境内。

按,説文無潖字。

潔 jié 古屑切,入,屑韻,見。月部。

本字作"絜"。清潔。孟子離婁下:"西子蒙不～,則人皆掩鼻而過之。"又爲語言簡潔。南朝梁劉勰文心雕龍議對:"文以辨～爲能,不以繁縟爲巧。"引申爲品行高潔。楚辭戰國宋玉招魂:"朕幼清以廉～兮,身服義而未沬。"

按,説文無潔字,新附有之,云:"潔,瀞也。"

澾 tà 他達切,入,曷韻,透。

滑。唐韓愈答張徹詩:"磴蘚～拳跼,梯飆颭伶俜。"

按,説文無澾字。

澆 1. jiāo 古堯切,平,蕭韻,見。宵部。

㊀澆灌。三國志魏書鄧艾傳:"艾以爲田良水少,不足以盡地利,宜開河渠,可以引水～溉,大積軍糧,又通運漕之道。"㊁使薄。薄。漢書黄霸傳:"～淳散樸,並行僞貌,有名亡實,傾摇解怠,甚者爲妖。"顔師古注:"以水澆之,則味漓薄。"後漢書黨錮傳序:"叔末～訛,王道陵缺,而猶假仁以效己,憑義以濟功。"

2. nào 集韻女教切,去,效韻,娘。宵部。

㊂回旋的水波。楚辭漢劉向九歎離世:"波澧澧而揚～兮,順長瀨之濁流。"王逸注:"回波爲澆也。"

3. ào 五弔切,去,嘯韻,疑。宵部。

㊃人名。傳説爲夏寒浞之子。楚辭戰國屈原離騷:"～身被服强圉兮,縱欲而不忍。"

[辨]沃,澆。見"沃"字條。

澒 1. hòng 胡孔切,上,董韻,匣。東部。

㊀〔澒洞〕叠韻聯緜字。水大貌。古文苑漢賈誼旱雲賦:"運混濁之澒洞兮,正重沓而並起。"㊁〔澒濛〕叠韻聯緜字。混沌的元氣。淮南子精神:"古未有天地之時,惟象無形,窈窈冥冥,芒芠漠閔,澒濛鴻洞,莫知其門。"高誘注:"皆未成形之氣也。"

2. gǒng 胡孔切,上,董韻,匣。今讀作汞。東部。

㊂水銀。見説文。淮南子墬形:"黄埃五百歲生黄～,黄～五百歲生黄金。"高誘注:"澒,水銀也。"字亦作"汞"。集韻董韻:"澒,水銀也。或作汞。"

澍 1. shù 常句切,音樹,去,遇韻,禪。侯部。

㊀及時的雨水。論衡雷虚:"天施氣,氣渥爲雨,故雨潤萬物,名曰～。"又爲動詞。降雨。漢董仲舒春秋繁露卷一六:"再拜請雨雨,幸大～。"㊁滋潤。淮南子泰族:"若春雨之灌萬物也,渾然而流,沛然而施,無地而不～,無物而不生。"

2. zhù 之戍切,去,遇韻,照三。侯部。

㊂通"注"。灌注。文選漢王褒洞簫賦:"揚素波而揮連珠兮,聲磕磕而～淵。"李善注:"説文曰:'注,灌也。''澍'與'注'古字通。"

澎 1. pēng 撫庚切,集韻披庚切,平,庚韻,滂。陽部。

㊀〔澎濞〕雙聲聯緜字。波濤聲。史記司馬相如列傳上林賦:"轉騰潎洌,澎濞沆溉。"〔澎湃〕雙聲聯緜字。波濤聲。文選晉嵇康琴賦:"洶涌騰薄,奮沫揚濤,瀄汩澎湃,蟺蝹相糾。"

2. péng 薄庚切,平,庚韻,並。陽部。

㊁古地名。漢書王子侯表四:"～侯屈釐。"顔師古注:"澎,音彭。東海縣也。"

按,説文無澎字。

澉 1. gǎn 古覽切,上,敢韻,見。

㊀薄味,無味。見玉篇、廣韻。

2. hǎn 集韻胡敢切,上,敢韻,匣。談部。

㊁〔澹澉〕叠韻聯緜字。見"澹"字條。

按,説文無澉字。

潓 huì 胡桂切,音惠,去,霽韻,匣。質部。

㊀水名。淮河支流,流經今江西省。㊁泉名。在今湖南省道縣。

濡 rú 集韻汝朱切,平,虞韻,日。侯部。

同"濡"。沾濕。莊子大宗師:"泉涸,魚相與處於陸,相呴以濕,相～以沫,不如相忘於江湖。"釋文:"相濡,本又作濡。"

按,説文無濡字。

濆 1. fén 符分切,音墳,平,文韻,奉。文部。

㊀水邊。詩大雅常武:"鋪敦淮～,仍執醜虜。"毛傳:"濆,涯也。"㊁水名。汝水支流,在今河南省境内。

2. pēn 普魂切,音噴,平,魂韻,滂。文部。

㊂噴水。廣韻:"濆,噴㶁也。"公羊傳昭公五年:"叔弓帥師敗莒師於～泉。～泉者何?直泉也。直泉者何?涌泉也。"〔濆薄〕雙聲聯緜字。激盪貌。文選晉左思吴都賦:"百川派别,歸海而會。…濆薄沸騰,寂寥長邁。"

3. fèn 集韻父吻切,上,吻韻,奉。

㊃水騰涌。集韻:"濆,涌也。"又爲涌起的高浪。唐杜甫最能行:"敧帆側柁入波濤,撇漩捎～無險阻。"㊄動亂。管子勢:"其所處者,柔安静樂,行德而不争,以待天下之～作也。"尹知章注:"濆,動亂也。"

[備考]詩大雅常武:"鋪敦淮～,仍執醜虜。"鄭箋:"陳屯其兵於淮水大防之上。"據此則"濆"爲"防(河堤)"義,與"墳"同。段玉裁云:"是鄭謂古經假借通用也。"

[同源字]濱,頻,瀕,濆,墳,邊。見"濱"字條。

潭 1. tán 徒含切,平,覃韻,定。侵部。

㊀深水。楚辭戰國屈原九章抽思:"長瀨湍流,泝江～兮。"王逸注:"潭,淵也。"引申爲深。管子侈靡:"～根之毋伐,固事之毋入。"尹知章注:"潭,深也。"

2. xún 集韻徐心切,平,侵韻,邪。侵部。

㊁通"潯",水邊。漢書揚雄傳解嘲:"或倚夷門而笑,或横江～而漁。"顔師古注:"潭音尋。"

［同源字］深，湛，覃，潭，浚，濬。見“深”字條。

澌 1. sī 斯義切，集韻相支切，音斯，平，支韻，心。支部。

㊀水盡。說文：“澌，水索也。”引申爲竭盡。禮記曲禮下“庶人曰死”鄭玄注：“死之言～也，精神～盡也。”㊁解凍時流動的水。本作“凘”，誤作“澌”。後漢書王霸傳：“及至虖沱河，候吏還白：‘河水流～，無船，不可濟。’”

2. sī 集韻先齊切，平，齊韻，心。支部。

㊂通“嘶”。嘶啞。周禮天官內饔“鳥皫色而沙鳴貍”鄭玄注：“沙，～也。”㊃〔澌澌〕象聲詞。唐王建宮詞之五五：“月冷江清近臘時，玉階金瓦雪澌澌。”

潮 cháo 直遥切，平，宵韻，澄。宵部。

㊀潮水。文選漢枚乘七發：“江水逆流，海水上～。”㊁潮濕（晚起義）。宋范成大沒冰鋪晚晴月出曉復大雨上漏下濕不堪其憂詩：“旅枕夢寒涔屋漏，征衫～潤冷爐熏。”

［同源字］朝，潮。“朝”端母，“潮”定母，端定旁紐。兩字均爲宵部。朝曰潮，夕曰汐。

按，說文潮作淖。說文：“淖，水朝宗於海。从水，朝省。”徐鍇繫傳：“今俗作潮。”

潸 shān 所姦切，音刪，平，刪韻，審二。元部。

淚下貌。詩小雅大東：“睠言顧之，～焉出涕。”〔潸潸〕淚下貌。唐元稹臺中鞫獄憶開元觀舊事呈損之兼贈周兄四十韻：“分司別兄弟，各各淚潸潸。”

潛 qián 昨鹽切，平，鹽韻，從。侵部。

㊀没入水中。北魏酈道元水經注江水：“有～客泳而觀之，見水下有兩石牛。”㊁隱藏，隱蔽。荀子議兵：“窺敵觀變，欲～以深。”引申爲偷偷地，祕密地。韓非子初見秦：“乃使其臣張孟談，於是乃～行而出。”㊂深。文選三國魏曹植七啟：“出山岫之～穴，倚峻崖而嬉遊。”李周翰注：“潛，深也。”〔潛心〕心意專一。法言問神：“敢問潛心於聖。”㊃積柴水中以捕魚。詩周頌潛：“猗與漆沮，～有多魚。”毛傳：“潛，糝也。”孔穎達疏：“（爾雅）釋器云：‘糝謂之涔。’…涔，潛古今字。”㊄水名。漢水支流。

潦 1. lǎo 盧皓切，上，皓韻，來。宵部。

㊀雨水。左傳襄公十年：“水～將降，懼不能歸。”〔行潦〕聚積的雨水。詩大雅泂酌：“泂酌彼行潦，挹彼注茲。”

2. lào 郎到切，去，号韻，來。宵部。

㊁雨水過多農作物被淹。莊子秋水：“禹之時十年九～，而水弗爲加益。”

3. liǎo。

㊂〔潦倒〕叠韻聯緜字。①散誕。晉嵇康與山巨源絶交書：“足下舊知吾潦倒麤疎，不切事情，自惟亦皆不如今日之賢能也。”②衰頹，失意。唐杜甫夔府書懷詩：“形容真潦倒，答效莫支持。”

4. liáo 集韻憐蕭切，平，蕭韻，來。宵部。

㊃水名。即遼河。山海經海內東經：“～水出衛皋，東南注勃海，入～陽。”郭璞注：“潦陽縣，屬潦東。”今字作“遼”。

5. láo 集韻郎刀切，平，豪韻，來。宵部。

㊄水名。即澇水，在今陝西省境。文選漢司馬相如上林賦：“酆，鎬，～，潏，紆餘委蛇，經營乎其內。”李善注：“潦，澇水也。”

［同源字］潦，澇。兩字同爲來母宵部。在“水大農作物被淹”的意義上，“潦”、“澇”實同一詞。廣韻：“澇，淹也。郎到切，或作潦。”

潏 1. jué 古穴切，入，屑韻，見。質部。

㊀水涌出。見說文。楚辭戰國屈原九章悲回風：“氾～～其前後兮，伴張施之信期。”洪興祖補注：“潏，涌出也。”㊁水名。①渭水支流。說文：“潏，水名，在京兆杜陵。”②汾水支流。山海經中山經：“牛首之山…勞水出焉，而西流注于～水。”

2. shù 食聿切，入，術韻，牀三。質部。

㊂人造的水中土石工程。爾雅釋水：“水

中可居者曰洲，小洲曰陼，小陼曰沚，小沚曰坻，人所爲爲潏。”郭璞注：“人力所作。”

澅 huà 胡卦切，音畫，去，卦韻，匣。

水名。在今山東省境内。

按，説文無澅字。

潯 1. xún 徐林切，音尋，平，侵韻，邪。侵部。

㊀水邊。淮南子原道：“故雖游於江～海裔，馳要裹，建翠蓋。”高誘注：“潯，厓也。”㊁九江市的别稱。

2. yín 集韻夷針切，平，侵韻，喻四。侵部。

㊂〔浸潯〕叠韻聯緜字。浸漬。史記司馬相如列傳：“是以六合之内，八方之外，浸潯衍溢。”

按，説文無潯字。

潤 rùn 如順切，去，稕韻，日。真部。

㊀滋潤。易説卦：“風以散之，雨以～之。”引申爲沾惠。漢書路温舒傳：“故桓文扶微興壞，尊文武之業，澤加百姓，功～諸侯。”㊁濕潤。墨子辭過：“室高足以辟～濕。”又爲光潤，潤澤。唐柳宗元紅蕉詩：“晚英值窮節，緑～含朱光。”

澗 jiàn 古晏切，去，諫韻，見。元部。

㊀兩山間的水流。詩召南采蘩：“于以采蘩，于～之中。”今作“澗”。㊁水名。洛河支流，在今河南省境内。㊂古代數詞。萬萬溝爲澗。見孫子算經。參見“溝”字條。

澖 xián 字彙補何山切，音閑。元部。

〔涸澖〕雙聲聯緜字。無垠虚之貌。淮南子俶真：“至德之世，甘瞑於涸澖之域，而徙倚於汗漫之宇。”高誘注：“澖讀閑放之閑，言無垠虚之貌。”

按，説文無澖字。

潠 sùn 蘇困切，音損去聲，去，慁韻，心。

噴。後漢書郭憲傳：“憲在位，忽回向東北，含酒三～。”李賢注引埤蒼：“潠，噴也。”

按，説文無潠字，新附有之，云：“潠，含水噴也。”

濆 1. fèi 扶沸切，音痱，去，未韻，奉。

㊀水溢出。見廣韻。

2. pài 集韻怖拜切，去，怪韻，滂。月部。

㊁通“湃”。〔滂濆〕雙聲聯緜字。水聲。史記司馬相如列傳上林賦：“沸乎暴怒，洶涌滂濆。”漢書、文選作“洶涌彭湃”。

按，説文無濆字。

潳 tú 集韻同都切，音屠，平，模韻，定。

山名。在今湖北省江陵一帶。

按，説文無潳字。

潺 chán 士山切，平，山韻，牀二。元部。

㊀水名。涪江支流，在今四川省境内。㊁〔潺湲〕叠韻聯緜字。水流貌。楚辭戰國屈原九歌湘夫人：“荒忽兮遠望，觀流水兮潺湲。”又爲淚流貌。楚辭戰國屈原九歌湘君：“横流涕兮潺湲，隱思君兮陫側。”㊂〔潺潺〕流水聲。北魏酈道元水經注穀水：“其中引水飛皋，傾瀾瀑布，或枉渚聲溜，潺潺不斷。”

按，説文無潺字，新附有之，云：“潺，水聲。”

澄 1. chéng 直陵切，平，蒸韻，澄。蒸部。

㊀水清。淮南子説山：“人莫鑑於沫雨，而鑑於～水者，以其休止不蕩也。”比喻安定。後漢書光武紀：“三河未～，四關重擾。”㊁明淨。唐常建張山人彈琴詩：“玄鶴下～空，翩翩舞松林。”

2. dèng 集韻唐亘切，去，嶝韻，定。

㊂使水清。三國志吴書孫静傳：“頃連雨水濁，兵飲之多腹痛。令促具罌缶數百口～水。”

按，説文澄作澂。

潑 1. pō 集韻普活切，入，末韻，滂。月部。

㊀用力灑水或倒水。唐李羣玉洞庭風雨

詩："浪～巴陵樹，雷燒鹿角田。"

2. bō 音鱍。

㊁〔潑潑〕魚尾擺動聲。吕氏春秋季春紀"薦鮪于寢廟"高誘注："詩曰：'鱣鮪潑潑。'"今詩衛風碩人作"鱣鮪發發"。

按，説文無潑字。

潎 1. pì 匹蔽切，去，祭韻，滂。月部。

㊀在水中漂洗絮。見説文。㊁〔潎潎〕魚游水貌。文選晉潘岳秋興賦："澡秋水之涓涓兮，玩游儵之潎潎。"

2. piē 芳滅切，集韻匹滅切，入，薛韻，滂。月部。

㊂〔潎洌〕叠韻聯緜字。波相激貌。史記司馬相如列傳上林賦："橫流逆折，轉騰潎洌。"引申爲聲相糾激。文選晉嵇康琴賦："或摟攙櫟捋，縹繚潎洌。"李善注："聲相糾激之貌。上林賦曰：'轉騰潎洌。'潎洌，水波浪貌。言聲似也。"

澁 sè 色立切，入，緝韻，審二。

"澀"之俗字。見"澀"字條。

潰 kuì 胡對切，去，隊韻，匣。物部。

㊀水決堤而出。國語晉語二："恐其如壅大川，～而不可救禦也。"引申爲毁壞，毁棄。墨子非攻下："燔～其祖廟。"漢黄憲天禄閣外史盟會："盟以章信，故～盟者，春秋惡之。"㊁離散，崩潰。左傳文公三年："凡民逃其上曰～。"杜預注："衆散流移，若積水之潰。"左傳僖公四年："齊侯以諸侯之師侵蔡。蔡～，遂伐楚。"㊂潰爛。周禮天官瘍醫："掌腫瘍、～瘍、金瘍、折瘍之祝藥。"㊃怒貌。詩邶風谷風："有洸有～，既詒我肄。"毛傳："潰潰，怒也。"㊄遂，達到。詩小雅小旻："如彼築室于道謀，是用不～于成。"毛傳："潰，遂也。"㊅〔潰泓〕水勢廣大貌。文選晉左思吴都賦："潰泓泮汗，滇㴔淼漫。"李善注："謂直望無涯也。"

〔同源字〕潰，殨。兩字同音。"潰"可表示堤決，也可表示潰爛。"殨"是"潰"的分別字，專表示潰爛。説文："殨，爛也。"

潬 1. dàn 徒旱切，音誕，上，旱韻，定。元部。

㊀水中沙堆。爾雅釋水："潬，沙出。"郭璞注："今江東呼水中沙堆爲潬。"

2. shàn 集韻上演切，上，獮韻，禪。元部。

㊁〔宛潬〕叠韻聯緜字。回旋貌。文選漢司馬相如上林賦："宛潬膠盭，踰波趨浥。"李善注引司馬彪云："宛潬，展轉也。"

〔備考〕集韻："潬，水中沙出，通作'灘'。他干切。"

按，説文無潬字。

潿 wéi 雨非切，音圍，平，微韻，喻三。微部。

不流通的汙水。説文："潿，不流濁也。"唐韓愈城南聯句："巨細各乘運，湍～亦騰聲。"

澂 chéng 直陵切，平，蒸韻，澄。蒸部。

"澄"的本字。㊀水清。㊁使水清。後漢書張衡傳："～淟涊而爲清。"李賢注："澂，清也。"

濄 1. guō 集韻古禾切，平，戈韻，見。歌部。

㊀水名。淮河支流，流經今河南、安徽兩省境内。今稱渦河。

2. wō 烏禾切，平，戈韻，影。

㊁水勢回旋。見廣韻。明張岱陶庵夢憶："江曲～山下，水望澄明，淵無潛甲。"

潙 wéi 薳支切，平，支韻，喻三。

同"溈"。見"溈"字條。

潘 1. pān 普官切，平，桓韻，滂。元部。

㊀淘米水。儀禮士喪禮："祝淅米于堂，南面用盆；管人盡階不升堂，受～煮於垼。"㊁古水名。在今河南省境内。㊂水溢出。管子五輔："決～渚。"尹知章注："潘，溢也。"

2. pán 字彙蒲官切，音盤。

㊃水旋流。列子黄帝："鯢旋之～爲

淵。”張湛注：“此言大魚盤桓，其水蟠洄而成深泉。”殷敬順釋文：“潘音盤，本作蟠。水之盤洄之盤今作潘，恐寫之誤。”集韻作“瀊”。

潝 xī 許及切，音吸，入，緝韻，曉。緝部。

㊀水急流聲。見說文。㊁〔潝潝〕彼此附和。詩小雅小旻：“潝潝訿訿，亦孔之哀。”爾雅、說文均引作“翕翕”。

滗 bì 鄙密切，入，質韻，幫。

壓而去其汁。廣雅釋詁：“滗，盝也。”王念孫疏證：“滗之言逼，謂逼取其汁也。玉篇：‘滗，笮去汁也。’衆經音義卷五引通俗文云：‘去汁曰滗。’又云：‘江南言逼，義同也。’今俗語猶云滗米湯矣。”

按，說文無滗字。

潕 wǔ 文甫切，上，麌韻，微。魚部。

水名。汝水上源，在今河南省境内。

潒 dàng 徒朗切，音蕩，上，蕩韻，定。陽部。

水大貌。見廣韻。文選漢張衡西京賦：“前開唐中，彌望廣～。”〔潒瀁〕叠韻聯緜字。水流動摇貌。說文：“潒，水潒瀁也。…讀若蕩。”後作“蕩漾”。

潐 1. jiào 子肖切，去，笑韻，精。宵部。

㊀盡。見說文。〔潐潐〕明察貌。荀子不苟：“其誰能以己之潐潐，受人之掝掝者哉！”楊倞注：“潐潐，明察之貌。潐，盡。謂窮盡明於事。”

2. qiáo 集韻慈焦切，平，宵韻，從。宵部。㊁水名。在今河南省境内。

［同源字］消，潐，銷，鑠，爍。見“消”字條。

潗 jí 子入切，入，緝韻，精。緝部。

泉水涌出。見廣韻。〔潗湆〕叠韻聯緜字。水騰涌聲。文選晋木華海賦：“瀖泋潗湆。”李善注：“潗湆，沸聲。”〔潗㴕〕叠韻聯緜字。水微轉細涌貌。也作“㴕潗”。見“㴕”字條。引申爲小水。唐柳宗元答問：“論其文，…而僕乃朴鄙艱澀，培塿潗㴕，毫聯縷緝，塵出坱入，固不足以摅摛踊躍而涉及。”

按，說文無潗字。

潟 xì 思積切，入，昔韻，心。鐸部。

鹽鹹地。周禮地官草人：“凡糞種，…鹹～用貆。”

按，說文無潟字。

澔 hào 集韻户老切，音浩，上，皓韻，匣。幽部。

〔澔汗〕雙聲聯緜字。盛貌。史記司馬相如列傳上林賦：“蜀石黄碝，水玉磊砢，磷磷爛爛，采色澔汗，叢積乎其中。”

按，說文無澔字。

潨 cóng 藏宗切，音淙，平，冬韻，從。冬部。

㊀小水流入大水。詩大雅鳧鷖：“鳧鷖在～。”毛傳：“潨，水會也。”㊁〔潨潨〕水聲。南朝宋鮑照過銅山掘黄精詩：“蹀蹀黄葉離，潨潨秋水積。”

澓 fú 房六切，入，屋韻，奉。

同“洑”。回旋的水流。文選晋郭璞江賦：“迅～增澆，涌湍疊躍。”

按，說文無澓字。

淜 píng 扶冰切，集韻皮冰切，平，蒸韻，並。

〔淜滂〕雙聲聯緜字。水流相激聲。文選晋郭璞江賦：“淜滂㶁瀎，潰濩泧漷。”李善注：“皆水勢相激洶湧之貌。”

十三畫

濅 jìn 子鴆切，去，沁韻，精。侵部。

㊀“浸”的本字。見“浸”字條。㊁水名。滹沱河支流，在今河北省境内。

澺 yì 於力切，音抑，入，職韻，影。職部。

水名。汝河支流，在今河南省境内。

澶 1. chán 市連切，音蟬，平，仙韻，禪。元部。

㊀〔澶淵〕古湖泊名。故址在今河南省濮

陽縣西。

2. dàn 徒案切,音但,去,翰韻,定。元部。

㊁〔澶漫〕叠韻聯緜字。①放縱貌。莊子馬蹄:"澶漫爲樂,摘僻爲禮。"釋文:"李(頤)云:澶漫,猶縱逸也。"②平坦寬廣。文選漢張衡西京賦:"澶漫靡迤,作鎮於近。"劉良注:"澶漫靡迤,寬長貌。"③散布貌。文選漢張衡南都賦:"其竹則籦籠𥰡篾,條䈆箛䉗,緣延坻坂,澶漫陸離。"吕向注:"緣衍澶漫,布散弱貌。"

濂 lián 勒兼切,平,添韻,來。

濂溪,水名。在湖南省道縣。

按,説文無濂字。

澬 yì 餘制切,去,祭韻,喻四。月部。

〔溶澬〕雙聲聯緜字。見"溶"字條。

按,説文無澬字。

澭 yōng 於容切,音雍,平,鍾韻,影。東部。

水名。吕氏春秋察今:"荆人欲襲宋,使人先表~水。"

按,説文澭作灉。

濭 gé 古達切,音葛,入,曷韻,見。

〔漻濭〕雙聲聯緜字。見"漻"字條。

按,説文無濭字。

澣 huàn 胡管切,上,緩韻,匣。元部。

洗滌。詩周南葛覃:"薄汙我私,薄~我衣。"亦作"浣"。

[辨]澣,浣,湅,漱,湔,濯。這幾個字都有洗滌義,但又有區别。説文:"澣,濯衣垢也。""浣"是"澣"的重文。説文:"湅,澣也。""漱"通"湅"。"澣(浣)"和"湅(漱)"的區别是:衣物垢多用足曰澣,垢少用手曰漱。公羊傳莊公三十一年:"臨民之所漱浣也。"何休注:"無垢加功曰漱,去垢曰浣。"徐彦疏:"(漱)但用手矣。…取其斗漱耳。…(浣)蓋用足物。""湔"是僅洗其垢處。説文:"湔,一曰湔,半澣也。"段玉裁注:"半澣者,澣衣不全濯之,僅濯其垢處曰湔。""濯"也是洗。説文:"濯,澣也。"但除了洗衣物外,"濯足"、"濯髮"也可以用"濯"。

[同源字]盥,澣(浣)。見"盥"字條。

按,説文澣作瀚。

澀 sè 所力切,入,職韻,審二。職部。

"澀"的本字。不滑潤。淮南子要略:"以内洽五藏,瀸~肌膚。"

濋 chǔ 創舉切,音楚,上,語韻,穿二。魚部。

古水名。濟水支流,在今山東定陶縣一帶。

按,説文無濋字。

澦 yù 羊洳切,音預,去,御韻,喻四。

灩澦堆,長江三峽中巨石。見"灩"字條。

按,説文無澦字。

潚 sù 息逐切,音肅,入,屋韻,心。覺部。

㊀水深清貌。見説文。㊁迅疾貌。文選漢張衡思玄賦:"迅猋~其媵我兮,騖翩飄而不禁。"吕延濟注:"潚,疾貌。"㊂姓。正字通:"姓。奇姓通:'漢鴈門太守潚河。'"

[備考]"瀟湘"之"瀟"亦作"潚",讀如"肅"或"蕭"。集韻蕭韻:"瀟,瀟瀟,風雨暴疾貌,一曰水名。或作潚。先彫切。"段玉裁説文解字注:"水經注湘水篇曰:'二妃出入潚湘之浦。潚者,水清深也。'…據善長説,則潚湘者,猶云清湘。其字讀如肅,亦讀如蕭。"(按,今本水經注"潚"均作"瀟"。)

澱 diàn 堂練切,去,霰韻,定。文部。

㊀河底淤泥。爾雅釋器:"澱謂之垽。"引申爲汙泥沉積。宋沈括夢溪筆談:"汴渠有二十年不浚,歲歲堙~。"㊁淺水湖。文選晉郭璞江賦:"栫~爲涔,夾潨羅筌。"李善注:"劉淵林吴都賦注曰:'淀,如淵而淺。'澱與淀古字通。"㊂藍色染料稱藍澱或藍靛。通志七五昆蟲草木:"藍三種:蓼藍、大藍、槐藍,皆可作~。"

澼 pì 普擊切，入，錫韻，滂。錫部。

漂洗。莊子逍遥遊："世世以洴～絖爲事。"成玄英疏："洴，浮也。澼，漂也。絖，絮也。"

按，説文無澼字。

澺 nì 尼立切，入，緝韻，娘。

〔濼澺〕叠韻聯緜字。見"濼"字條。

按，説文無澺字。

澠 1. shéng 食陵切，音繩，平，蒸韻，牀三。蒸部。

㊀古水名。①在今山東省境内。今已淤塞。②在今四川省。見山海經海内經。

2. miǎn 彌兗切，音緬，上，獮韻，明。蒸部。

㊁〔澠池〕①水名。在今河南省。②地名。因南有澠池而得名。

按，説文無澠字。

濊 1. huì 呼會切，去，泰韻，曉。月部。

㊀水多貌。見説文。〔汪濊〕深貌。文選漢司馬相如難蜀父老："威武紛紜，湛恩汪濊。"李善注："汪濊，深貌也。"㊁通"穢"。汙濁。淮南子齊俗："故日月欲明，浮雲蓋之；河水欲清，沙石～之。"㊂水名。在今遼寧省境内。

2. huò 呼括切，音豁，入，末韻，曉。月部。

㊃〔濊濊〕撒網入水聲。詩衛風碩人："施罛濊濊，鱣鮪發發。"

3. wèi 於廢切，去，廢韻，影。

㊄古代地名和民族名。後漢書東夷傳："～北與高句驪、沃沮，南與辰韓接，東窮大海，西至樂浪。～及沃沮、句驪，本皆朝鮮之地也。"

濎 1. dǐng 都挺切，上，迥韻，端。

㊀〔濎濘〕叠韻聯緜字。水清貌。南朝梁蕭子雲玄圃園講賦："中有蘭渚華池，淥流濎濘，激水推移，瀰望杳溟。"

2. tìng 集韻他定切，去，徑韻，透。耕部。

㊁〔濎濙〕叠韻聯緜字。小水貌。文選漢揚雄甘泉賦："梁弱水之濎濙兮，躡不周之逶蛇。"

按，説文無濎字。

潚 kě 苦曷切，入，曷韻，溪。月部。

"渴"的本字。見"渴"字條。

〔備考〕國語晉語八："今忨日而～歲，怠偷甚矣。"韋昭注："忨，偷也；潚，遲也。"段玉裁説文解字注云："遲讀爲遲久之遲，急待之意也。"以爲是"渴"義之引申。左傳昭公元年作"翫歲而愒日"，杜預注："翫愒皆貪也。"

〔同源字〕涸，竭，歇，渴，潚，枯，槁。見"涸"字條。

按，説文潚字在欠部。

澀 jí 阻立切，音戢，入，緝韻，照二。緝部。

㊀水外流。文選漢張衡南都賦："流湍投～。"李善注："埤蒼曰：澀，水行出也。"㊁疾貌。文選三國魏曹植七啟："翔爾鴻翥，～然鳧没。"李善注："澀，疾貌也。"㊂〔澀澀〕聚集貌。詩小雅無羊："爾羊來思，其角澀澀。"毛傳："聚其角而息，澀澀然。"

潞 lù 洛故切，音路，去，暮韻，來。鐸部。

㊀水名。即今山西省濁漳水。㊁〔潞氏〕春秋國名。後爲晉所滅。㊂通"露"。羸弱。戰國策秦策一："士民～病於内。"高誘注："潞，羸於内。"

澡 zǎo 子皓切，上，皓韻，精。宵部。

洗手。見説文。魏書西域傳："日三～漱，然後飲食。"引申爲洗滌。禮記儒行："儒有～身而浴德。"

澤 1. zé 場伯切，入，陌韻，澄。鐸部。

㊀聚水的洼地。韓非子五蠹："～居苦水者，買庸而決竇。"㊁雨露。漢書揚雄傳河東賦："雲霏霏而來迎兮，～滲灕而下降。"又爲

滋潤。莊子逍遥遊:"時雨降矣,而猶浸灌,其於～也,不亦勞乎!"❸恩澤。書畢命:"道洽政治,～潤生民。"❹光潤,光澤。左傳襄公二十八年:"獻車於季武子,美～可以鑑。"引申爲玩弄而使之光澤。禮記少儀:"～劍首。"鄭玄注:"澤,謂玩弄也。"❺津液。素問疏五過論:"身體復行,令～不息。"王冰注:"澤者,液也。"❻汗衣,内衣。詩秦風無衣:"豈曰無衣?與子同～。"鄭箋:"澤,褻衣。"釋名釋衣服:"汗衣,近身受汗垢之衣也。詩謂之澤,受汗澤也。"

2. yì 集韻夷益切,音亦,入,昔韻,喻四。鐸部。

❼通"醳"。陳酒。禮記郊特牲:"猶明清與醆酒于舊～之酒也。"鄭玄注:"澤,讀爲醳,舊醳之酒,謂昔酒也。"❽通"懌"。樂。文選漢司馬相如封禪文:"昆蟲闓～,迴首面内。"漢書司馬相如傳作"懌"。

3. shì 集韻施隻切,音釋,入,昔韻,審三。鐸部。

❾〔澤澤〕通"釋釋"。解散貌。詩周頌載芟:"載芟載柞,其根澤澤。"鄭箋:"將耕,先始芟柞其草木,土氣烝達而和,耕之則澤澤然解散。"釋文:"澤澤,音釋釋。"

澧 lǐ 盧啟切,上,薺韻,來。脂部。

❶水名。在今湖南省境内,流入洞庭湖。❷〔澧泉〕通"醴泉"。甘美的泉水。禮記禮運:"故天降膏露,地出澧泉。"釋文:"澧,本又作醴。"❸〔澧澧〕波浪聲。楚辭漢劉向九歎靈懷:"波澧澧而揚澆兮,順長瀨之濁流。"

濃 nóng 女容切,平,鍾韻,娘。冬部。

露多。詩小雅蓼蕭:"蓼彼蕭斯,零露～～。"引申爲深、厚。漢應劭風俗通三皇:"(神農)始作耒耜,教民耕種,美其衣食,德～厚若神,故爲神農也。"抱朴子外篇安貧:"贄幣～者,瓦石成珪璋;請託薄者,龍駿弃林坰。"

〔同源字〕濃,醲,襛,穠,膿。五字同音。露水多爲濃,酒厚爲醲,衣厚爲襛,花木厚爲穠,汁厚爲膿。

澴 huán 户關切,音還,平,删韻,匣。

❶水回旋貌。文選晉郭璞江賦:"漩～縈瀯,渨溫濆瀑。"李善注:"皆波浪回旋濆涌而起之貌。"❷水名。漢水支流,流經今河南、湖北二省。

按,説文無澴字。

濁 zhuó 直角切,入,覺韻,澄。屋部。

❶水混濁。詩邶風谷風:"涇以渭～,湜湜其沚。"引申爲聲音不清脆。禮記樂記:"倡和清～。"又引申爲世道混亂。吕氏春秋振亂:"當今之世～甚矣。"又爲貪鄙。楚辭戰國屈原漁父:"舉世皆～我獨清,衆人皆醉我獨醒。"王逸注:"濁,衆貪鄙也。"❷星名。爾雅釋天:"濁謂之畢。"郭璞注:"掩兔之畢,或呼爲濁,因星形以名。"❸水名。今北洋河,在山東省境。

澮 1. kuài 古外切,去,泰韻,見。月部。

❶田間水渠。荀子解蔽:"醉者越百步之溝,以爲蹞步之～也。"楊倞注:"澮,小溝也。"

2. huì 古外切,去,泰韻,見。月部。

❷水名。①汾水支流,在今山西省境内。左傳成公六年:"有汾～以流其惡。"②在今安徽省北部,流入洪澤湖。

澨 shì 時制切,音誓,去,祭韻,禪。月部。

❶水邊的堤防。見説文。左傳成公十五年:"(華元)決睢～。"桂馥義證云:"睢即睢水,澨則其防也,故曰決。"又爲水邊。楚辭戰國屈原九歌湘夫人:"朝馳余馬兮江皋,夕濟兮西～。"王逸注:"澨,水涯也。"❷水名。亦名三參水。漢水支流,在今湖北省境内。

澌 zhì 阻瑟切,入,櫛韻,照二。質部。

❶〔澌汩(yù)〕急流激蕩貌。文選漢枚乘七發:"澌汩潺湲,披揚流灑。"❷〔泌澌〕叠韻聯緜字。見"泌"字條。

按，説文無澰字。

澹 1.dàn 徒濫切，音淡，去，闞韻，定。談部。

❶水波動蕩。見説文。〔澹澹〕①水波動蕩貌。文選戰國宋玉高唐賦："水澹澹而盤紆兮，洪波淫淫之溶瀉。"②安定貌。楚辭漢劉向九歎愍命："心溶溶其不可量兮，情澹澹其若淵。"❷恬淡，安定。莊子天下："以本爲精，以物爲粗，以有積爲不足，～然獨與神明居，古之道德有在於是者。"老子第二十章："～兮其若海，飂兮若無止。"❸通"淡"。淡薄，不濃。唐杜甫兩當縣吴十侍御江上宅詩："塞城朝烟～。"❹〔澹滅〕叠韻聯緜字。洗滌。文選漢枚乘七發："澹滅手足，頮濯髮齒。"

2.tán 徒甘切，音談，平，談韻，定。談部。

❺姓。明有澹文昇。〔澹臺〕複姓。

3.shàn 集韻時豔切，去，豔韻，禪。談部。

❻通"贍"。充足，滿足。荀子王制："埶位齊而欲惡同，物不能～，則必爭。"楊倞注："澹讀爲贍。"

4.dān 集韻都甘切，平，談韻，端。

❼〔澹林〕我國古代東北方少數民族名。史記張釋之馮唐列傳："是以北逐單于，破東胡，滅澹林。"

［辨］淡，澹。見"淡"字條。

澥 xiè 胡買切，上，蟹韻，匣。支部。

❶斷水曰澥。史記司馬相如列傳："浮勃～。"司馬貞索隱引齊都賦注："海傍曰勃，斷水曰澥。"〔渤澥〕即渤海。見"渤"字條。❷即"澥谷"。見説文。澥谷，崑崙之北谷，産美竹。見漢書律曆志注引孟康説。

激 1.jī 古歷切，入，錫韻，見。藥部。

❶水勢受阻後騰涌或飛濺。孟子告子上："今夫水，搏而躍之，可使過顙；～而行之，可使在山。"引申爲冲激。宋沈括夢溪筆談卷七："象天之器，以水～之。"❷急疾，猛烈。史記游俠列傳序："比如順風而呼，聲非加疾，其勢～也。"❸聲音高亢。文選漢班固西都賦："櫂女謳，鼓吹震，聲～越，䜳厲天。"❹激發。戰國策燕策一："蘇代欲以～燕王，以厚任子之也。"

2.jiào 古弔切，去，嘯韻，見。藥部。

❺通"皦"。鮮明。莊子盜跖："脣如～丹，齒如齊貝。"成玄英疏："激，明也。"

澳 1.yù 於六切，入，屋韻，影。覺部。

❶水邊。禮記大學："詩云：'瞻彼淇～，菉竹猗猗。'"鄭玄注："澳，限崖也。"

2.ào 烏到切，去，号韻，影。

❷可泊船的水灣(晚起義)。宋史河渠志六："鎮江府旁臨大江，無港～以容舟楫。"❸冲洗。世説新語汰侈："王君夫以粭糒～釜，石季倫用蠟燭作炊。"

［同源字］隩，澳，墺，奥。見"隩"字條。

䵬 tà 他合切，入，合韻，透。

積厚。見廣韻。顔氏家訓書證："晉中興書：太山羊曼常頽縱任俠，飲酒誕節，兖州號爲～伯。…'重''沓'是(一本作"䵬者")多饒積厚之意。"

按，説文無䵬字。

澩 1.xué 胡覺切，音學，入，覺韻，匣。覺部。

❶夏有水冬無水的湖澤。爾雅釋山："山上有水，埒；夏有水冬無水，澩。"❷渭水分出的支流。見廣雅。

2.xiào 下巧切，上，巧韻，匣。

❸〔澩㵳〕叠韻聯緜字。交錯貌。文選晉左思吴都賦："儸譶澩㵳，交貿相競。"❹動水聲。見廣韻。〔澩灂〕波濤激蕩聲。文選晉郭璞江賦："砅巖鼓作，㶂溙澩灂。"

十四畫

濘 1.nìng 乃定切，去，徑韻，泥。耕部。

❶爛泥。左傳僖公十五年："戰于韓原，

晉戎馬還～而止。”

2. nì 乃計切,去,霽韻,泥。支部。

㊁陷入泥中。管子地員:“不～車輪,不污手足。”

3. níng 集韻囊丁切,平,青韻,泥。耕部。

㊂〔汀濘〕叠韻聯緜字。見“汀”字條。

濱 bīn 必鄰切,平,真韻,幫。真部。

㊀水邊。書禹貢:“厥土白墳,海～廣斥。”引申爲邊緣。詩小雅北山:“溥天之下,莫非王土;率土之～,莫非王臣。”㊁靠近,接近。史記貨殖列傳:“鄒、魯～洙、泗,猶有周公遺風。”國語齊語:“夫管夷吾射寡人中鉤,是以～於死。”

[同源字]濱,頻,瀕,濆,墳,邊。説文:“顮,水厓。”詩大雅召旻:“不云自頻。”毛傳:“頻,厓也。”此“頻”即説文之“顮”。通常寫作“瀕”。漢書成帝紀:“行與瀕河之郡。”顏師古注:“瀕,水涯也。”水涯也叫“濱”。“濱”幫母真部,“頻”、“瀕”並母真部,幫並旁紐。水涯也叫“濆”或“墳”。説文:“濆,水厓也。”廣雅釋丘:“墳,厓也。”“濆”、“墳”並母文部,與“瀕”雙聲,真文旁轉。水涯即水邊。“邊”幫母真部,與“濱”聲韻皆同。

按,説文濱作顮,在顮部。段玉裁注:“瀕,今字作濱。”

濠 háo 胡刀切,平,豪韻,匣。宵部。

㊀水名。在今安徽省境内。㊁護城河。文選南朝梁江淹雜體詩劉太尉傷亂:“飲馬出城～,北望沙漠路。”

按,説文無濠字。

濟 1. jì 子計切,去,霽韻,精。脂部。

㊀渡水。書大誥:“已!予惟小子,若涉淵水,予惟往求朕攸～。”國語齊語:“乘桴～河。”㊁渡口。詩邶風匏有苦葉:“匏有苦葉,～有深涉。”鄭箋:“匏葉苦而渡處深。”北魏酈道元水經注河水三:“帝曰:‘君子也。’即名其津爲君子～。～在雲中城西南二百餘里。”㊂通,流通。淮南子原道:“利貫金石,强～天下。”㊃成功,成就。禮記樂記:“事蚤～也。”㊄救助。國語周語中:“寬所以保本也,肅所以～時也,宣所以教施也,惠所以和民也。”㊅增益。左傳桓公十一年:“莫敖曰:‘盍請～師於王?’”㊆停止。淮南子天文:“大風～。”

2. jǐ 子禮切,上,薺韻,精。脂部。

㊇水名。①説文作“泲”。古與江、淮、河並稱“四瀆”,發源於今河南省濟源縣西王屋山,流經今山東省入海。後下游爲黄河所奪。②即今午河。源出今河北省贊皇山。説文:“濟,水。出常山房子贊皇山,東入泜。”元、明、清時稱“泲”。㊈〔濟濟〕①衆多貌。詩大雅旱麓:“瞻彼旱麓,榛楛濟濟。”②多威儀貌。詩大雅文王:“濟濟多士,文王以寧。”

瀇 wǎng 烏晃切,上,蕩韻,影。陽部。

〔瀇瀁〕叠韻聯緜字。水廣闊無涯貌。淮南子覽冥:“潦水不泄,瀇瀁極望。”

按,説文無瀇字。

濙 yǐng 烏迥切,上,迥韻,影。耕部。

[瀯濙]叠韻聯緜字。見“瀯”字條。

按,説文濙作滎。

濡 1. rú 人朱切,平,虞韻,日。侯部。

㊀浸濕。詩邶風匏有苦葉:“濟盈不～軌。”引申爲潤澤。詩邶風羔裘:“羔裘如～。”㊁遲緩。孟子公孫丑下:“三宿而後出晝,是何～滯也?”㊂水名。即今檀水,在河北省境内。

2. nuán 乃官切,平,寒韻,泥。元部。

㊃水名。濡水,見漢書地理志下。即今灤河,在河北省境内。

3. ér 集韻人之切,音而,平,之韻,日。之部。

㊄帶汁烹煮。禮記内則:“～豚,包苦實蓼。”鄭玄注:“濡,謂烹之又以汁和之也。”釋文:“音而。”㊅水名。在今河北省任丘縣西北。

4. ruǎn 集韻乳兖切,上,獮韻,日。元部。

❼柔軟。莊子天下:"以～弱謙下爲表,以空虛不毁萬物爲實。"釋文:"濡,如兖反,一音儒。"

[備考]nuǎn。同"渜"。熱水。禮記喪大記:"～濯弃于坎。"按,儀禮士喪禮作"渜濯棄于坎"。段玉裁説文解字注:"耎多譌需。"

濤 tāo 徒刀切,平,豪韻,定。幽部。

大波。文選漢張衡西京賦:"長風激於别隯,起洪～而揚波。"

按,説文無濤字,新附有之,云:"濤,大波也。"

濫 1. làn 盧瞰切,去,闞韻,來。談部。

❶泛濫。北魏酈道元水經注濼水:"其水陽熯不耗,陰霖不～。"引申爲浮,泛。荀子子道:"昔者江出於嶓山,其始出也,其源可以～觴。"❷過度,無節制。詩商頌殷武:"不僭不～,不敢怠遑。"論語衛靈公:"君子固窮,小人窮斯～矣。"又爲粗惡,低劣。管子參患:"器～惡不利者,以其士予人也。"❸失真。左傳昭公八年:"民聽～也。"杜預注:"濫,失也。"又爲失職。左傳昭公十六年:"士不～,官不滔,大夫不收公利。"杜預注:"(不濫,)不失職。"❹貪。吕氏春秋權勳:"(晉)假道於虞以伐虢,虞公～於寶與馬而欲許之。"高誘注:"濫,貪也。"

2. jiàn 胡黤切,上,檻韻,匣。談部。

❺[濫泉]涌出的泉水。爾雅釋水:"濫泉正出。正出,涌出也。"

3. jiàn 集韻胡暫切,去,闞韻,匣。談部。

❻通"鑑"。浴盆。莊子則陽:"夫靈公有妻三人,同～而浴。"

澾 ǎi 集韻於蓋切,去,泰韻,影。月部。

[晻澾]雙聲聯緜字。見"晻"字條。亦作"晻藹"。見廣韻。

按,説文無澾字。

濗 mì 莫狄切,音覓,入,錫韻,明。

水淺少。也作"溟"。北魏酈道元水經注濁漳水:"漳津,故瀆水斷。舊溪東北出,涓流～注而已。"

按,説文無濗字。

濩 1. huò 胡郭切,入,鐸韻,匣。鐸部。

❶煮。詩周南葛覃:"維葉莫莫,是刈是～。"❷雨流霤下貌。見説文。[濩渃]叠韻聯緜字。水大貌。楚辭漢王逸九思疾世:"望江漢兮濩渃,心緊絭兮傷懷。"洪興祖補注:"濩音穫,渃音若,大水也。"

2. hù 胡誤切,音護,去,暮韻,匣。鐸部。

❸[布濩]叠韻聯緜字。遍佈。文選漢張衡東京賦:"聲教布濩,盈溢天區。"薛綜注:"布濩,猶散被也。"❹通"護"。商湯時樂名。周禮春官大司樂:"以樂舞教國子舞雲門、大卷、大咸、大磬、大夏、大～、大武。"鄭玄注:"大濩,湯樂也。"

濔 mǐ 綿婢切,上,紙韻,明。脂部。

❶水滿。[濔濔]衆多貌。詩齊風載驅:"四驪濟濟,垂轡濔濔。"❷[濔迆]地勢平遠綿延貌。文選南朝宋鮑照蕪城賦:"濔迆平原,南馳蒼梧漲海,北走紫塞雁門。"

濜 1. jìn 徐刃切,去,震韻,邪。真部。

❶水名。①在今湖北省棗陽縣境。②在今陝西省勉縣境。文選漢張衡南都賦:"爾其川瀆則滍、澧、藻、～,發源巖穴。"

2. jǐn 慈忍切,上,軫韻,從。

❷[濜溳]叠韻聯緜字。水波起伏貌。文選晉郭璞江賦:"潩減濜溳,龍鱗結絡。"

按,説文無濜字。

濯 1. zhuó 直角切,入,覺韻,澄。藥部。

❶洗滌。詩大雅泂酌:"泂酌彼行潦,挹彼注兹,可以～罍。"又爲洗澡用過的髒水。儀禮士喪禮:"浴用巾,挋用浴衣,渜～棄于坎。"❷顯著,大。詩大雅文王有聲:"王公伊

～,維豐之垣。”毛傳:“濯,大也。”又常武:“不測不克,～征徐國。”毛傳:“濯,大也。”

2. zhuó 集韻仕角切,入,覺韻,牀二。藥部。

㊂〔濯濯〕①光明貌。詩商頌殷武:“赫赫厥聲,濯濯厥靈。”②肥澤貌。詩大雅靈臺:“麀鹿濯濯,白鳥翯翯。”③光禿貌。孟子告子上:“人見其濯濯也,以爲未嘗有材焉。此豈山之性也哉?”④清朗貌。世説新語容止:“有人歎王恭形茂者云:‘濯濯如春月柳。’”

3. zhào 六書正譌直教切。

㊃通“櫂”。船槳。又爲動詞。持櫂。漢書鄧通傳:“以～船爲黄頭郎。”顔師古注:“濯,讀曰擢。音直孝反。”

[辨]澣,浣,涑,漱,湔,濯。見“澣”字條。

[同源字]滌,濯,漱。見“滌”字條。

澀 sè 色立切,入,緝韻,審二。緝部。

又作“澁”。㊀不光滑。唐柳宗元蝜蝂傳:“其背甚～,物積因不散。”引申爲說話不流暢。世説新語輕詆:“王右軍少時甚～訥。”又爲道路艱險。文選晉潘尼迎大駕詩:“世故尚未夷,崤函方嶮～。”㊁味澀。唐杜甫病橘詩:“惜哉結實小,酸～如棠梨。”㊂晦澀。唐李肇國史補下:“元和以後,爲文章則學奇詭于韓愈,學苦～于樊宗師。”

[同源字]歰,澀,澁。見“澁”字條。

按,説文澀作歰,在止部。

濬 jùn 私閏切,去,稕韻,心。真部。

㊀疏通河道。書禹貢:“禹別九川,隨山～川。”㊁深。詩商頌長發:“～哲維商,長發其祥。”孔穎達疏:“有深智者,維我商家之德也。”

[同源字]深,湛,覃,潭,浚,濬。見“深”字條。

按,説文濬是睿的重文,在“谷”部。

濁 xuè 集韻黑角切,入,覺韻,曉。藥部。

〔濁瀑〕叠韻聯緜字。水涌。文選漢馬融長笛賦:“濁瀑噴沫,犇遯碭突。”

按,説文無濁字。

濕 1. tà 他合切,入,合韻,透。緝部。

㊀水名。後作“漯水”。見“漯”字條。

2. shī 失入切,入,緝韻,審三。緝部。

説文作“溼”。㊁潮濕。禮記王制:“凡居民材,必因天地寒煖燥～廣谷大川異制。”㊂〔濕濕〕搖動貌。詩小雅無羊:“爾牛來思,其耳濕濕。”㊃〔瀼瀼濕濕〕開合貌。見“瀼”字條。

3. xiè 集韻悉協切,音燮,入,怗韻,心。緝部。

㊄人名。集韻:“隰(濕),人名。春秋傳有公子隰,或从水。”穀梁傳襄公八年:“鄭人侵蔡,獲蔡公子～。”按,左傳襄公八年作“公子燮”。

[辨]濕,溼。據説文,“濕(tà)”爲水名,“溼(shī)”爲潮溼。但古籍中潮溼也作“濕”。

[同源字]隰,濕,溼。見“隰”字條。

濛 méng 莫紅切,平,東韻,明。東部。

㊀微雨貌。詩豳風東山:“我來自東,零雨其～。”㊁〔濛濛〕①雲雨密貌。楚辭漢嚴忌哀時命:“霧露濛濛,其晨降兮。”②不分明貌。唐岑參與高適薛據登慈恩寺詩:“五陵北原上,萬古青濛濛。”㊂〔濛澒〕叠韻聯緜字。未分的元氣。論衡談天:“儒書又言:溟涬濛澒,氣未分之類也。及其分離,清者爲天,濁者爲地。”又作“濛鴻”。

[同源字]冒,帽,鍪,霧,蒙,幪,雺,夢,瞢,冥,瞑,濛,朦,盲,矇,眊,瞀。見“冒”字條。

濥 yìn 羊晉切,寅去聲,去,震韻,喻四。真部。

水行地中。文選晉郭璞江賦:“潛～之所汩淈,奔流之所磢錯。”

濞 1. pì 匹備切,丕去聲,去,至韻,滂。質部。

㊀水暴至聲。文選戰國宋玉高唐賦:“～洶洶其無聲兮,潰淡淡而並入。”

2. bì 匹詣切,去,霽韻,滂。今讀如閉。

㊁水名。在今雲南省。

濮 pú 博木切,入,屋韻,幫。屋部。

㊀水名。爲古黄河、濟水分流,今已湮没。㊁我國古代西南地區民族名。也稱百濮。

濰 wéi 以追切,音維,平,脂韻,喻四。微部。

水名。在今山東省境内。書禹貢:"～淄既道。"

十 五 畫

瀋 shěn 昌枕切,上,寢韻,穿三。侵部。

㊀汁。左傳哀公三年:"無備而官辦者,猶拾～也。"杜預注:"瀋,汁也。"㊁水名。在今瀋陽附近。

[同源字]汁,瀋。見"汁"字條。

瀉 xiè 司夜切,去,禡韻,心。魚部。

㊀傾瀉。南朝宋謝靈運入華子崗是麻源第三谷詩:"銅陵映碧澗,石磴～紅泉。"㊁排泄。漢班固白虎通情性:"腎者主～。"㊂集韻:"鹵也。"論衡書解:"且夫山無林則爲土山,地無毛則爲～土,人無文則爲樸人。土山無麋鹿,～土無五穀,人無文德不爲聖賢。"

[同源字]瀉,寫。兩字僅聲調不同。説文:"寫,置物也。"段玉裁注:"謂去此注彼也。"這是"寫"的本義。引申爲模仿,再引申爲抄寫、書寫。"瀉"是"寫"的分別字,以别於模仿、抄寫、書寫的"寫"。

按,説文無瀉字。

瀌 biāo 甫嬌切,集韻悲嬌切,平,宵韻,幫。宵部。

〔瀌瀌〕雨雪盛貌。詩小雅角弓:"雨雪瀌瀌,見晛曰消。"

瀍 chán 直連切,平,仙韻,澄。元部。

水名。洛水支流,在今河南省境内。書洛誥:"我乃卜澗水東,～水西。"

按,説文無瀍字。

瀁 1. yàng 餘亮切,音樣,去,漾韻,喻四。陽部。

㊀古水名。漢水之源。字又作"漾"。史記夏本紀:"嶓冢道～,東流爲漢。"書禹貢作"漾"。

2. yǎng 餘兩切,上,養韻,喻四。

㊁〔瀁瀁〕廣大無邊貌。晉阮籍清思賦:"心瀁瀁而無所終薄兮,思悠悠而未半。"

按,説文以瀁爲漾的古文。

瀅 yìng 烏定切,去,徑韻,影。

㊀〔瀅濴〕水流迴旋貌。唐杜甫橋陵三十韻因呈縣内諸官:"高嶽前嵂崒,洪河左瀅濴。"㊁〔汀瀅〕叠韻聯緜字。見"汀"字條。

按,説文無瀅字。

瀒 zhà 丈甲切,入,狎韻,澄。

水名。見廣韻。今作"霅"。在今浙江吴興市境。

按,説文無瀒字。

瀔 gǔ 古禄切,入,屋韻,見。

水名。即穀水,在今河南省境内。

按,説文無瀔字。

瀆 1. dú 徒谷切,入,屋韻,定。屋部。

㊀溝渠。荀子修身:"厭其源,閉其～,江河可竭。"也指河川。古代以江、淮、河、濟爲"四瀆"。㊁通"嬻"。輕慢,褻瀆。易蒙:"初筮告,再三～,～則不告。"左傳成公十六年:"～齊盟而食話言。"㊂通"黷"。貪。左傳昭公十三年:"晉有羊舌鮒者,～貨無厭。"㊃濫。禮記緇衣:"子曰:好賢如緇衣,惡惡如巷伯,則爵不～而民作愿,刑不試而民咸服。"孔穎達疏:"瀆,濫也。"㊄通"殰"。壞。韓非子八經:"廢置無度則權～,賞罰下共則威分。"

2. dòu 集韻大透切,去,候韻,定。屋部。

㊅通"竇"。洞。左傳襄公三十年:"晨,自墓門之～入。"釋文:"瀆,徐(邈)音豆。"

[辨]溝，瀆，渠。見“溝”字條。

[同源字]瀆，竇，隫，窬。前三字均爲定母屋部。説文：“竇，空也。”徐鍇繫傳：“水溝口也。”説文：“瀆，溝也。一曰邑中溝。”段玉裁注：“瀆之言竇也。凡水所行之孔曰瀆，大小皆得稱瀆。”説文：“隫，通溝也。”段玉裁注：“四瀆字當作此。”三字同源。“瀆”通“竇”是同源字的通假。“窬”喻四，侯部，與“竇”聲母旁紐，韻部對轉。論語陽貨：“其猶穿窬之盜也與？”皇侃疏：“窬，竇也。”亦屬同源。

濿 lì 力制切，音厲，去，祭韻，來。月部。

蹚水過河。也寫作“厲”。引申爲過河。楚辭漢劉向九歎離世：“櫂舟杭以橫～兮，濟湘流而南極。”

按，説文濿是砅的重文。

瀎 1. miè 莫結切，入，屑韻，明。月部。

㊀〔瀎潏〕叠韻聯緜字。疾流貌。文選漢張衡南都賦：“湣㳿洞出，没滑瀎潏。”李善注：“没滑瀎潏，疾流之貌也。”或作“瀎泧”，見集韻。

2. mò 莫撥切，入，末韻，明。月部。

㊁拭滅貌。説文：“瀎，拭滅貌。”段玉裁注云當改爲“瀎泧，飾滅貌”。參見“泧”字條。

瀡 suǐ 思累切，集韻選委切，音髓，上，紙韻，心。歌部。

滑。禮記内則：“堇、荁、枌、榆、免薧，滫～以滑之。”鄭玄注：“齊人滑曰瀡也。”

按，説文無瀡字。

濾 lǜ 集韻良據切，去，御韻，來。

過濾。唐王建飯僧詩：“～泉調葛麪，净手摘藤花。”

[同源字]漉，瀝，濾。見“漉”字條。

按，説文無濾字。

濺 1. jiàn 子賤切，去，線韻，精。元部。

㊀水、血、淚等迸射。史記廉頗藺相如列傳：“五步之内，相如請得以頸血～大王矣！”

2. jiān 則前切，音箋，平，先韻，精。

㊁〔濺濺〕①水流疾貌。南朝梁沈約早發定山詩：“歸海流漫漫，出浦水濺濺。”文選作“淺淺”，六臣本注云：“五臣作濺。”②流水聲。樂府詩集木蘭詩：“旦辭爺孃去，暮宿黄河邊。不聞爺孃唤女聲，但聞黄河流水鳴濺濺。”

按，説文無濺字。

瀑 1. bào 薄報切，去，号韻，並。藥部。

㊀水飛濺。文選晉郭璞江賦：“揮弄灑珠，拊拂～沫。”

[備考]暴雨。説文：“瀑，疾雨也。…詩曰：‘終風且～。’”按今本詩邶風終風作“終風且暴”。

2. pù 蒲木切，入，屋韻，並。

㊁瀑布。北魏酈道元水經注廬江水：“懸流飛～，近三百許步，下散漫十許步，上望之連天。”

[同源字]暴，瀑。見“暴”字條。

瀢 1. wěi 以水切，上，旨韻，喻四。

㊀〔瀢瀢〕魚行相隨貌。見玉篇。

2. duì 徒猥切，上，賄韻，定。

㊁〔瀢㴑〕雙聲聯緜字。沙石隨水流動貌。文選晉郭璞江賦：“碧沙瀢㴑而往來，巨石硉矹以前却。”

按，説文無瀢字。

瀖 1. guó 古伯切，入，陌韻，見。鐸部。

㊀水因阻截而分流。説文：“瀖，水裂去也。”

2. huò 集韻霍虢切，入，陌韻，曉。

㊁〔瀖瀖〕流水聲。唐韓愈藍田縣丞廳壁記：“水瀖瀖循除鳴。”字亦作“漷”。

瀏 jiāo 古肴切，音膠，平，肴韻，見。

〔瀏渴〕雙聲聯緜字。水深廣貌。文選晉木華海賦：“襄陵廣舄，瀏渴浩汗。”

按，説文無瀏字。

瀏 liú 力求切，音劉，平，尤韻，來。幽部。

❶水深而清。詩鄭風溱洧："溱與洧，～其清矣。"引申爲清朗貌。文選三國魏曹植與吴季重書："曄若春榮，～若清風。"❷風疾貌。楚辭漢劉向九歎逢紛："白露紛以塗塗兮，秋風～以蕭蕭。"〔瀏瀏〕風疾貌。文選晉潘岳寡婦賦："雪霏霏而驟落兮，風瀏瀏而夙興。"引申爲疾速貌。楚辭戰國宋玉九辯："乘騏驥之瀏瀏兮，馭安用夫强策。"

濼 1. luò 盧各切，音洛，入，鐸韻，來。藥部。

❶水名。古濟水支流，在今山東省境内。

2. pō 匹各切，入，鐸韻，滂。

❷湖泊。後寫作"泊"。大宋宣和遺事亨集："宋江爲此，只得帶領朱仝、雷横并李逵、戴宗、李海等九人，直奔梁山～上，尋那哥哥晁蓋。"

3. lì 郎擊切，音歷，入，錫韻，來。藥部。

❸草名。爾雅釋草："濼，貫衆。"郭璞注："葉圓鋭，莖毛黑，布地，冬不死。"

瀵 liè 集韻力涉切，音獵，入，葉韻，來。

〔浬瀵〕水聲。藝文類聚八晉庾闡涉江賦："川瀆泓澄以含景，山水浬瀵而鱗布。"

按，説文無瀵字。

十六畫

瀙 qìn 七遴切，親去聲，去，震韻，清。真部。

水名。即今河南省境内沙河，流入汝水。漢書地理志："中陰山，～水所出，東至蔡入汝。"

瀧 1. lóng 盧紅切，平，東韻，來。東部。

❶雨瀧瀧貌。見説文。〔瀧涷〕雙聲聯緜字。霑漬貌。論衡自紀："德汪濊而淵懿，知滂沛而盈溢。筆瀧涷而雨集，言溶瀶而泉出。"

2. lóng 吕江切，平，江韻，來。今讀如龍。

❷急流（後起義）。廣韻："瀧，南人名湍。"唐李紳逾嶺嶠止荒陬抵高要詩："～夫擬楫劈高浪，瞥忽浮沈如電隨。"自注："南人謂水爲瀧。…南中輕舟迅疾，可入此水者因名之～船，善游者爲～夫。"

3. shuāng 所江切，音雙，平，江韻，審二。

❸水名。源出今湖南省臨武縣，經今廣東省注入北江。

瀤 1. huái 户乖切，音懷，平，皆韻，匣。微部。

❶水名。山海經北山經："（獄法之山）～澤之水出焉，而東北流注于泰澤。"

2. wāi 集韻烏乖切，平，皆韻，影。

❷〔㴋瀤〕雙聲聯緜字。見"㴋"字條。

瀛 yíng 以成切，平，清韻，喻四。耕部。

❶瀛海，古代傳説中天地之際的大海。史記孟子荀卿列傳："赤縣神州内自有九州，…中國外如赤縣神州者九，…如此者九，乃有大～海環其外，天地之際焉。"引申爲指海。南朝齊王融侍遊方山應詔詩："四～良在目，八宇婉如見。"❷池中。楚辭戰國宋玉招魂："倚沼畦～兮遥望博。"王逸注："瀛，池中也。楚人名池澤中曰瀛。"

按，説文無瀛字，新附有之，云："瀛，水名。"

濴 yíng 集韻維傾切，音營，平，清韻，喻四。

水迴旋貌。見集韻。

按，説文無濴字。

瀖 huò 虚郭切，音霍，入，鐸韻，曉。鐸部。

❶〔瀖泋〕雙聲聯緜字。波浪聲。文選晉木華海賦："瀖泋濩渭，蕩雲沃日。"❷〔瀖濩〕叠韻聯緜字。彩色閃耀貌。文選漢王延壽魯靈光殿賦："瀖濩燐亂，煒煒煌煌。"李善注："言彩色衆多，眩曜不定也。"

按，説文無瀖字。

瀫 hú 集韻胡谷切，入，屋韻，匣。

❶水名。即今浙江省衢江。❷水聲。見

集韻。

按，説文無瀫字。

瀜 róng 以戎切，音融，平，東韻，喻四。

〔沖瀜〕叠韻聯緜字。見"沖"字條。

按，説文無瀜字。

瀚 hàn 侯旰切，去，翰韻，匣。元部。

㊀〔瀚海〕也作"翰海"。唐以前指一大湖。史記匈奴列傳："驃騎封於狼居胥山，禪姑衍，臨翰海而還。"裴駰集解引如淳曰："瀚海，北海名。"一説即蒙古高原的呼倫湖和貝爾湖。唐代設瀚海都護府，轄境爲蒙古高原大沙漠以北及以西廣大地區。㊁〔浩瀚〕雙聲聯緜字。見"浩"字條。

按，説文無瀚字。

瀨 lài 落蓋切，音賴，去，泰韻，來。月部。

㊀水流沙石上爲瀨。楚辭戰國屈原九歌湘君："石～兮淺淺，飛龍兮翩翩。"論衡書虚："溪谷之深，流者安洋。淺多沙石，激揚爲～。"引申爲急流。文選晉左思吳都賦："直衝濤而上～，常沛沛以悠悠。"㊁水名。即今江蘇省溧水。

［同源字］湍，遄，瀨，灘。見"湍"字條。

瀦 zhū 陟魚切，音豬，平，魚韻，知。魚部。

水停積處。周禮地官稻人："以～畜水。"鄭玄注："瀦者，畜流水之陂也。"引申爲水停積。宋史河渠志一："(星宿海)流出復～，曰哈喇海。"

按，説文無瀦字，新附有之，云："瀦，水所亭也。"

瀝 lì 郎擊切，入，錫韻，來。錫部。

㊀下滴。漢趙曄吳越春秋勾踐入臣外傳："今大王好聽須臾之説，不慮萬歲之患，放棄忠直之言，聽用讒夫之語，不滅～血之仇，不絶懷毒之怨。"又爲名詞。水滴，酒滴。史記滑稽列傳："侍酒於前，時賜餘～。"㊁清酒。楚辭大招："吳醴白糵，和楚～只。"王逸注："瀝，清酒也。"

［同源字］漉，瀝，濾。見"漉"字條。

瀃 è 集韻阿葛切，音遏，入，曷韻，影。

水名。見玉篇。

按，説文無瀃字。

瀥 xuè 許角切，入，覺韻，曉。

同"澩"。見"澩"字條。

按，説文無瀥字。

瀘 lú 落胡切，平，模韻，來。魚部。

古水名。在今四川、雲南兩省境内。三國蜀諸葛亮出師表："故五月渡～，深入不毛。"

［同源字］盧，玈，鱸，矑，獹，瀘，壚。見"盧"字條。

按，説文無瀘字，新附有之，云："瀘，水名。"

瀣 xiè 胡介切，去，怪韻，匣。月部。

〔沆瀣〕雙聲聯緜字。見"沆"字條。

按，説文無瀣字，新附有之，云："瀣，沆瀣，氣也。"

瀕 bīn 集韻卑民切，平，真韻，幫。真部。

㊀水邊。墨子尚賢下："是故昔者舜耕於歷山，陶於河～。"字又作"濱"。漢書地理志上："厥土白墳，海～廣潟。"㊁靠近，臨近。漢書地理志下："～南山。"

［同源字］濱，頻，瀕，濆，墳，邊。見"濱"字條。

按，説文瀕字在瀕部。

瀩 duì 正字通杜貴切，音隊。

㊀〔澮瀩〕叠韻聯緜字。動摇貌。唐杜甫萬丈潭詩："山危一徑盡，岸絶兩壁對。削成根虚無，倒影垂澮瀩。"㊁〔溏瀩〕雙聲聯緜字。凍結而附着。藝文類聚五晉夏侯湛寒苦謡："霜皚皚以被庭，冰溏瀩於井幹。"

按，説文無瀩字。

瀥 xiào 集韻下巧切，上，巧韻，匣。覺部。

同"㶽"。水聲。見集韻。〔瀺㴒〕象聲詞。水聲。文選漢王褒洞簫賦:"攪搜瀺㴒,逍遥踊躍,若壞頹兮。"李善注:"瀺㴒,水聲也。"

按,説文以瀺爲㶽的或體。

十 七 畫

瀽 jiǎn 篇海類編吉典切,音蹇。

後起字。傾倒。宋吴自牧夢粱録:"杭城户口繁夥,街巷小民之家,多無坑廁,只用馬桶,每日自有出糞人～去,謂之傾脚頭。"

瀯 yíng 集韻維傾切,平,清韻,喻四。

❶〔瀯瀯〕水流迴旋。唐柳宗元鈷鉧潭西小丘記:"枕席而卧,則清泠之狀與目謀,瀯瀯之聲與耳謀。"❷〔渟瀯〕叠韻聯緜字。見"渟"字條。

按,説文無瀯字。

瀼 1. ráng 汝陽切,讓平聲,平,陽韻,日。陽部。

❶〔瀼瀼〕露濃貌。詩小雅蓼蕭:"蓼彼蕭斯,零露瀼瀼。"

2. nǎng 集韻乃朗切,上,蕩韻,泥。

❷水流貌。參見〔泱瀼〕。

3. ràng 集韻人樣切,音讓,去,漾韻,日。

❸蜀地稱流入大江的澗水爲瀼。宋陸游入蜀記五:"土人謂山間之流通江者曰～云。"

[備考]〔瀼瀼(shāngshāng)濕濕〕開合貌。文選晉木華海賦:"驚浪雷奔,駭水迸集,開合解會,瀼瀼濕濕。"李善注:"瀼"音"傷"。

按,説文無瀼字,新附有之,云:"瀼,露濃貌。"

瀵 fèn 方問切,音忿,去,問韻,非。文部。

❶水自地下噴涌而出。爾雅釋水:"瀵,大出尾下。"邢昺疏:"尾猶底也。言源深大出於底下者名瀵。瀵猶灑散也。"又指地底涌出的泉水。列子湯問:"(壺領山)頂有口,狀若員環,名曰滋穴;有水湧出,名曰神～。"❷浸。文選晉郭璞江賦:"翹莖～蘂,濯穎散裹。"李善注:"説文曰:'瀵,水浸也。'"

瀲 lián 力延切,音聯,平,仙韻,來。元部。

水名。即沇水,爲濟水的上游。山海經北山經:"(王屋之山)是多石,～水出焉,而西北流注于泰澤。"郭璞注:"地理志:'王屋山,沇水所出。'瀲、沇聲相近,殆一水耳。沇則濟也。"參見"濟"字條。

按,説文無瀲字。

瀟 xiāo 集韻先彫切,平,蕭韻,心。幽部。

❶〔瀟瀟〕風雨暴疾貌。詩鄭風風雨:"風雨瀟瀟,雞鳴膠膠。"毛傳:"瀟瀟,暴疾也。"❷水清深貌。北魏酈道元水經注湘水:"神遊洞庭之淵,出入～湘之浦。～者,水清深也。"❸水名(晚起義)。湘江支流。按此水古稱營水,唐人始稱瀟水。

按,説文:"潚,水清深也。""瀟"即"潚"之别體。新附始有"瀟"字,云:"瀟,水名。"

瀇 hōng 呼肱切,平,登韻,曉。

〔瀇瀄〕雙聲聯緜字。水勢洶湧貌。文選晉郭璞江賦:"潰濩瀇瀄,潰濩泧漷。"李善注:"皆水勢相激洶湧之貌。"

按,説文無瀇字。

瀷 1. yì 與職切,音翼,入,職韻,喻四。職部。

❶水名。潁水支流。見説文。❷水潦。管子宙合:"泉踰～而不盡,薄承～而不滿。"淮南子覽冥:"潦水不泄,瀇瀁極望,旬月不雨,則涸而枯,澤受～而無源者。"

2. chì 集韻蓄力切,音敕,入,職韻,徹。職部。

❸水流急。集韻:"瀷,水湊急也。"〔瀷減〕叠韻聯緜字。水流貌。淮南子本經:"木巧之飾,盤紆刻儼,嬴鏤雕琢,詭文回波,淌游瀷減,菱杼紾抱,芒繁亂澤,巧僞紛挐,以相摧錯。"高誘注:"淌游瀷減,皆文畫擬象水勢之貌。"

瀰 mí 武移切,集韻民卑切,平,支韻,明。

脂部。

❶水滿貌。詩邶風匏有苦葉："有～濟盈。"〔瀰瀰〕水滿貌。詩邶風新臺："新臺有泚，河水瀰瀰。"引申爲盛大貌。宋史樂志七："獻兹重觴，降福瀰瀰。"〔瀰漫〕雙聲聯綿字。水滿貌。唐王昌齡採蓮詩："湖上水瀰漫，清江初可涉。"引申爲充滿，擴大。唐韓愈薦士詩："東都漸瀰漫，派别百川導。"❷〔瀰迤〕叠韻聯綿字。地勢平曠貌。宋范成大鏵觜詩："導江自海陽，至縣乃瀰迤。"

按，説文無瀰字。

灡 1. lán 落干切，平，寒韻，來。元部。

❶大波浪。孟子盡心上："觀水有術，必觀其～。"❷〔灡汗〕水大貌。文選晉木華海賦："洪濤灡汗，萬里無際。"

2. làn 郎旰切，音爛，去，翰韻，來。元部。

❸〔灡漫〕叠韻聯綿字。也寫作"爛漫"。①散亂貌。淮南子覽冥："主闇晦而不明，道灡漫而不修。"②歡情多貌。文選晉嵇康琴賦："留連灡漫，嗢噱終日。"③光彩貌。晉左思嬌女詩："濃朱衍丹唇，黄吻灡漫赤。"④廣遠貌。唐韓愈送鄭尚書序："其南州皆大海，多州島，颿風一日踔數十里，灡漫不見蹤迹。"

〔辨〕波，浪，灡，淪。見"波"字條。

濦 yīn 於斤切，音殷，平，欣韻，影。

古水名。也作"溵"、"濦"。今河南省登封縣潁水三源之中源。

按，説文無濦字。

瀴 1. yǐng 烟涬切，上，迥韻，影。

❶〔瀴涬〕叠韻聯綿字。大水貌。見廣韻。

2. yíng 集韻伊盈切，平，清韻，影。

❷水絶遠貌。唐柳宗元柳州東亭記："憑空拒江，江化爲湖，衆山横環，嶛闊～灣。"〔瀴溟〕叠韻聯綿字。水絶遠貌。文選晉木華海賦："經途瀴溟，萬萬有餘。"

按，説文無瀴字。

瀱 jì 居例切，去，祭韻，見。月部。

井水。見玉篇。〔瀱汋〕井水時盈時竭。爾雅釋水："井一有水一無水爲瀱汋。"郭璞注："山海經曰：'天井，夏有水，冬無水。'即此類也。"邢昺疏："言井或一時有水，一時無水者。"郝懿行義疏："井一有水一無水曰瀱汋。瀱，竭也。汋，有水聲汋汋也。"

按，説文無瀱字。

濯 1. zhuó 士角切，入，覺韻，牀二。藥部。

❶小水聲。〔瀺濯〕雙聲聯綿字。見"瀺"字條。❷〔濼濯〕見"濼"字條。❸〔濯濯〕象聲詞。雨聲，水聲。前蜀貫休酷吏詞："霰雨濯濯，風吼如斸。"宋范成大灩澦堆詩："時時吐沫作濆淖，濯濯有聲如粥煎。"

2. jiào 集韻子肖切，去，笑韻，精。覺部。

❹車轂漆。周禮考工記輈人："良輈環～，自伏兔不至軓七寸，軓中有～，謂之國輈。"賈公彦疏："軓中有濯者，濯謂漆，則七寸外軓内乃有濯。"❺通"矊"。眼昏矇。山海經北山經："有鳥焉，其狀如烏而白文，名曰鴣鸐，食之不～。"郭璞注："不瞧目也。或作矊。"

瀹 yuè 以灼切，音躍，入，藥韻，喻四。藥部。

也作"爚"。❶浸漬。儀禮既夕禮："菅筲三，其實皆～。"賈公彦疏："筲用菅草，黍稷皆淹而漬之。"❷烹煮。漢書郊祀志下："東鄰殺牛，不如西鄰之～祭。"顔師古注："瀹祭，謂瀹煮新菜以祭。"❸疏導。孟子滕文公上："禹疏九河，～濟漯而注諸海。"趙岐注："瀹，治也。"

瀲 liàn 力驗切，去，豔韻，來。

也作"澰"。❶水際。文選晉潘岳西征賦："華蓮爛於淥沼，青蕃蔚乎翠～。"李善注："瀲，波際也。"❷漂浮。文選晉郭璞江賦："或泛～於潮波，或混淪乎泥沙。"❸〔瀲灩〕叠韻聯綿字。①水波蕩漾貌。文選晉木華海賦："爾其爲狀也，則乃浟湙瀲灩，浮天無岸。"②水滿溢貌。唐白居易對新家醞翫自種花詩：

"玲瓏五六樹,瀲灩兩三杯。"又爲盈溢貌。唐劉禹錫故衡州刺史吕君集紀:"五行秀氣,得之若多者爲俊人。其色瀲灩於顔間,其聲發而爲文章。"

按,説文無瀲字。

瀸 jiān 子廉切,音殲,平,鹽韻,精。談部。

㊀浸漬。淮南子要略:"執其大指,以内洽五藏,~濇肌膚。"又爲沾洽。吕氏春秋圜道:"~於民心,遂於四方。"高誘注:"瀸,洽。"㊁泉水時有時無。爾雅釋水:"泉一見一否爲瀸。"郭璞注:"瀸,纔有貌。"王筠、朱駿聲謂此義通"纖"。㊂通"殲"。殺盡。公羊傳莊公十七年:"齊人~于遂。~者何? ~,積也。衆殺戍者也。"左傳、穀梁傳作"殲"。

[同源字]浸,漸,霑,瀸。見"浸"字條。

瀿 fán 附袁切,音繁,平,元韻,奉。元部。

水暴溢。文選晉郭璞江賦:"磴之以~瀷,渫之以尾閭。"李善注:"許慎曰:'楚人謂水暴溢爲瀿。'"

按,説文瀿作鱕,在泉部。云:"鱕,泉水也。"承培元廣説文答問疏證謂"水"下奪"暴溢"二字。

瀺 chán 士減切,集韻鋤咸切,平,咸韻,牀二。談部。

㊀灌注。文選漢馬融長笛賦:"頵淡滂流,碓投~穴。"李善注:"瀺,水注聲也(按,一本無聲字)。字林曰:'水流行也。'瀺穴,瀺注隙穴也。"㊁[瀺灂]雙聲聯緜字。①水聲。文選戰國宋玉高唐賦:"巨石溺溺之瀺灂兮,沫潼潼而高厲。"李善注:"埤蒼曰:'瀺灂,水流聲貌。'"②沉浮貌。抱朴子外篇知止:"文鱗瀺灂,朱羽頡頏,飛激墮雲,鴻沈綸引。"

按,説文無瀺字。

十八畫

灋 fǎ 方乏切,入,乏韻,非。葉部。

古文"法"字。説文:"灋,刑也。平之如水,从水。廌,所以觸不直者去之,从去。"周禮天官大宰:"以八~治官府。"參見"法"字條。

按,説文灋字在廌部。

灃 fēng 敷戎切,音豐,平,東韻,敷。東部。

水名。源出今陝西省咸陽市南秦嶺,注入渭河。

按,説文無灃字。

灂 xì 許激切,入,錫韻,曉。錫部。

[灂沭]惶恐。方言一〇:"灂沭,征伀,遑遽也。江湘之間,凡窘猝怖遽,謂之灂沭,或謂之征伀。"廣雅釋訓作"灂怵"。

按,説文無灂字。

灄 shè 書涉切,音懾,入,葉韻,審三。葉部。

㊀古水名。故道在今湖北省境内。㊁筏。漢董仲舒春秋繁露山川頌:"大者可以爲宫室臺榭,小者可以爲舟輿浮~。"

按,説文無灄字。

灌 1. guàn 古玩切,去,换韻,見。元部。

㊀水名。淮水支流,源於河南省。見説文。㊁澆,灌溉。莊子逍遥遊:"時雨降矣,而猶浸~,其於澤也,不亦勞乎!"㊂流入,注入。莊子秋水:"秋水時至,百川~河。"韓非子外儲説右上:"鼠穿其穴,掘穴託其中。燻之,則恐焚木,~之,則恐塗阤。"引申爲灌鑄。論衡奇怪:"爍一鼎之銅,以~一錢之形,不能成一鼎。"㊃祭祀開始時以酒澆地。禮記郊特牲:"~以圭璋。"鄭玄注:"灌謂以圭瓚酌鬯,始獻神也。"㊄敬酒。禮記禮器:"諸侯相朝,~用鬱鬯。"鄭玄注:"灌,獻也。"㊅叢生。詩周南葛覃:"黄鳥于飛,集于~木。"

2. huàn 集韻胡玩切,去,换韻,匣。元部。

㊆[灌灌]①水流盛貌。漢書地理志下:"(鄭詩)又曰:'溱與洧,方灌灌兮,士與女,方秉菅兮。'"詩鄭風溱洧作"涣涣"。②懇切貌。詩大雅板:"老夫灌灌,小子蹻蹻。"毛

傳:"灌灌,猶款款也。"③傳説中鳥名。山海經南山經青邱山:"有鳥焉,其狀如鳩,其音若呵,名曰灌灌。"

[同源字]灌,祼。兩字同音。説文:"灌,灌祭也。"周禮春官大宗伯:"以肆獻祼享先王。"鄭玄注:"祼之言灌,灌以鬱鬯,謂始獻尸求神時也。"以酒灌地請神叫"祼",也可寫作"灌"。

潭 1. tàn 他紺切,音探,去,勘韻,透。

❶〔潭沉〕叠韻聯緜字。水浮貌。見廣韻。

2. shěn 集韻式荏切,上,寑韻,審三。

❷水疾流貌。文選晉郭璞江賦:"潏湟淴泱,瀭潤～瀹。"李善注:"皆水流漂疾之貌。"

按,説文無潭字。

灊 qián 昨鹽切,平,鹽韻,從。侵部。

也作"濳"。❶古水名。漢書地理志上:"沱、～既道,雲夢土作乂。"書禹貢作"沱濳既道"。❷古縣名。今屬安徽省。

瞿 qú 其俱切,音瞿,平,虞韻,羣。侯部。

水名。在今河南省。

灅 lěi 集韻魯猥切,音壘,上,賄韻,來。微部。

同"漯"。古水名。在今河北省。

㵐 bèi 蒲拜切,去,怪韻,並。

〔澴㵐〕雙聲聯緜字。見"澴"字條。

灇 cóng 集韻徂聰切,平,東韻,從。

❶通"淙"。水聲。文選南朝宋謝靈運於南山往北山經湖中瞻眺詩:"俛視喬木杪,仰聆大壑～。"一本作"淙"。❷同"潨"。水會合。見集韻。南朝宋鮑照日落望江贈荀丞詩:"亂流～大壑,長霧匝高林。"

按,説文無灇字。

瀭 shù 式竹切,入,屋韻,審三。

水流急貌。文選晉郭璞江賦:"～潤潭瀹。"

按,説文無瀭字。

灉 yōng 於容切,音雍,平,鍾韻,影。東部。

❶古水名。書禹貢:"雷夏既澤,～沮會同。"在今山東省境内。❷古水名。説文:"灉,河灉水也,在宋。"在今河南省境内。

十九畫

灖 mǐ 集韻母被切,上,紙韻,明。

❶水流貌。見集韻。❷〔滚灖〕見"滚"字條。

按,説文無灖字。

灕 lí 吕支切,音離,平,支韻,來。歌部。

❶流貌。戰國策東周策:"夫鼎者,非效醯壺醬甀耳,可懷挾提挈以至齊者;非效鳥集烏飛,兔興馬逝,～然止於齊者。"鮑彪注引集韻:"灕,滲流貌。"今本集韻作"滲灕,流貌"。❷"漓"的别體。水滲入地。見集韻。❸水名。①桂江上游,在今廣西壯族自治區境内。②即大夏河,在今甘肅省境内。

按,説文無灕字。

灑 1. sǎ 砂下切,上,馬韻,審二。支部。

❶洒水。也作"洒"。禮記内則:"～埽室堂及庭。"引申爲散落。逸周書大匡:"賦～其幣。"注:"散也。"唐杜甫茅屋爲秋風所破歌:"茅飛渡江～江郊,高者挂罥長林梢。"❷分。文選漢張衡南都賦:"其水則開竇～流,浸彼稻田。"李善注引漢書音義:"灑,分也。"音"所蟹"切。❸大瑟。爾雅釋樂:"大瑟謂之灑。"孫炎注:"音多變布,如灑出也。"❹寒。國語晉語一"而玦之以金銑者,寒之甚矣"韋昭注:"玦猶離也。銑猶～。～,寒也。"❺〔灑灑〕有次序貌。宋張端義貴耳集上:"誦諸尊宿語録,先後次序數百言,皆灑灑可聽。"

2. xǐ 所綺切,上,紙韻,審二。支部。

❻同"洒"。洗。文選漢枚乘七發:"於是澡槩胸中,～練五臟。"❼通"蓰"。五倍。史記周本紀:"劓辟疑赦,其罰倍～。"裴駰集解引徐廣曰:"一作'蓰'。五倍曰蓰。"

灘 1. hàn 呼旰切，去，翰韻，曉。元部。

❶字本作"灘"。植物被水浸泡而又枯乾。説文："灘，水濡而乾也。詩曰：灘其乾矣。"今本詩王風中谷有蓷作"暵"。

2. tān 他干切，平，寒韻，透。

❷水中沙石堆（後起義）。唐張籍賈客樂詩："水工持檝防暗～，直過山邊及前侶。"❸沙灘（後起義）。唐白居易遊悟真寺詩："自拄青竹杖，足蹋白石～。"❹〔涒灘〕見"涒"字條。❺水奔。廣韻翰韻："灘，水奔。又他丹切。"

［同源字］湍，遄，瀨，灘。見"湍"字條。

瀠 yào 以灼切，入，藥韻，喻四。

❶古水名。文選漢張衡南都賦："爾其川瀆，則滍、澧、～、濜。"李善注："字書曰：'瀠水出泚（沘）陽。'"❷水波翻動貌。見集韻。文選晉木華海賦："跳踔湛～，沸潰渝溢。"李善注："跳踔湛瀠，波前却之貌。"

按，説文無瀠字。

灓 1. luán 落官切，音鑾，平，桓韻，來。元部。

❶滲到地下的水。戰國策魏策二："昔王季歷葬於楚山之尾，～水齧其墓，見棺之前和。"姚宏注："説文云：'漏流也，一曰漬也。'墓爲漏流所漬，故曰'灓水齧其墓'。"

2. luàn 郎段切，音亂，去，换韻，來。

❷廣韻："灓，絶水渡也。亦作亂。"

二十畫

灡 lán 集韻郎干切，音蘭，平，寒韻，來。元部。

淘米水。説文："灡，潘也。"周禮地官稾人"掌豢祭祀之犬"鄭玄注："言其共至尊，雖其潘～戔餘，不可褻也。"賈公彦疏："並是至尊，故雖米之潘灡戔餘，亦不得褻之與犬。"

灙 dǎng 集韻底朗切，上，蕩韻，端。

❶古水名。在今陝西省境内。❷〔灙漭〕疊韻聯緜字。水廣大貌。藝文類聚八晉庾闡海賦："驚浪磈峞，眇漫瀰汩；灙漭㵿瀇，浮天沃日。"

按，説文無灙字。

二十一畫

灞 bà 必駕切，音霸，去，禡韻，幫。鐸部。

水名。本作霸水。渭河支流，在今陝西省境内。

按，説文無灞字。

灟 zhú 集韻朱欲切，音燭，入，燭韻，照三。屋部。

❶無形貌。淮南子天文："馮馮翼翼，洞洞～～。"高誘注："馮、翼、洞、灟，無形之貌。"❷姓。南朝宋有灟恭期。

［備考］廣雅："灟灟，恭也。"

按，説文無灟字。

灝 hào 胡老切，音浩，上，皓韻，匣。宵部。

❶〔灝溔〕疊韻聯緜字。水無際貌。史記司馬相如列傳上林賦："然後灝溔潢漾，安翔徐回。"❷〔灝灝〕遠大貌。法言問神："虞夏之書渾渾爾，商書灝灝爾。"

［備考］説文："灝，豆汁也。"

灅 lěi 力軌切，音壘，上，旨韻，來。微部。

水名。即今桑乾河。

二十二畫

灣 wān 烏關切，平，删韻，影。

河水彎曲處。北周庾信望渭水詩："樹似新亭岸，沙如龍尾～。"

按，説文無灣字。

二十三畫

灦 xiǎn 集韻呼典切，音顯，上，銑韻，曉。

水深清澈貌。文選晉郭璞江賦："混瀚～涣，流映揚焆。"李善注："水勢清深而澄澈光映也。"

按，説文無灦字。

灤 luán 落官切，平，桓韻，來。

水名。在今河北省境内。

按，説文無灤字。集韻以"灤"爲説文"濼"的或體。

二十四畫

灨 gàn 古暗切，感去聲，去，勘韻，見。

㊀水名。即贛江，在今江西省境内。㊁縣名。亦作"贛"。

按，説文無灨字。

二十八畫

灩 yàn 以贍切，音豔，去，豔韻，喻四。

㊀水波動貌。〔灩灩〕水光。南朝梁何遜望新月示同羈詩："的的與沙静，灩灩逐波輕。"㊁〔灩澦堆〕長江三峽瞿塘峽中的險灘。唐李白長干行之一："十六君遠行，瞿塘灩澦堆。"

按，説文無灩字。

二十九畫

灪 yù 紆物切，入，物韻，影。

〔灪𣻆〕聯緜字。高峻貌。文選晉木華海賦："涉㵼灪𣻆，碨磊山壟。"李善注："灪𣻆，高峻皃。"

按，説文無灪字。

火　部

［火部總論］

火部的字大多與火有關，或是表示與火有關的事物，如"炬"、"燎"；或是表示與火有關的動作，如"燒"、"烹"；或是表示與火有關的性狀，如"熾"、"熱"。有些字在説文中屬"炎"部，其實也和火有關。有少數字與火無關，説文不入火部，如"無"、"燕"、"營"等。

火 huǒ 呼果切，上，果韻，曉。微部。

㊀火。書盤庚："若～之燎于原，不可嚮邇。"引申爲動詞。着火，焚燒。左傳宣公十六年："夏，成周宣榭～，人～之也。"禮記王制："昆蟲未蟄，不以～田。"㊁古代以火爲五行之一。書洪範："五行：一曰水，二曰～，三曰木，四曰金，五曰土。"㊂星名。①恒星。即大火，又稱心宿。詩豳風七月："七月流～，九月授衣。"②行星之一，古代又稱"熒惑"。史記天官書："～犯宋角，則有戰。"司馬貞索隱引韋昭曰："火，熒惑也。"㊃古時兵制單位，十人爲火。舊唐書兵志："府兵十人爲～，～有長。"〔火伴〕軍隊中同一火的人。樂府詩集木蘭詩："出門看火伴，火伴皆驚惶。"後引申爲同伴。唐元稹估客樂詩："出門求火伴，入户辭父兄。"

［同源字］火，燬，焜。見"燬"字條。

二　畫

灰 huī 呼恢切，平，灰韻，曉。微部。

説文作"㶳"。㊀灰。莊子齊物論："形固可使如槁木，而心固可使如死～乎！"引申爲意志消沉（常與"心""念"連用）。南朝梁蕭統講席將訖賦三十韻詩依次用："器月希留影，心～庶方撲。"㊁灰色。晉書郭璞傳："時有物大如水牛，～色卑脚，脚類象，胸前尾上皆白。"㊂石灰的簡稱（晚起義）。明李時珍本草綱目石灰："燒青石爲～也。"

三畫

灾 zāi 集韻將來切,平,咍韻,精。之部。

同"災"。見"災"字條。

灶 zào。

"竈"的俗體字。見字彙。

灺 xiè 徐野切,上,馬韻,邪。歌部。

也作"炧"。燈、燭、香的灰燼。唐韓愈石鼎聯句:"何當生灰～?無計離缾罌。"唐元稹通州丁溪館夜别李景信詩之二:"離牀别臉睡還開,燈～暗飄珠蔌蔌。"

灼 zhuó 之若切,入,藥韻,照三。藥部。

❶灸。國語魯語下:"如龜焉,～其中,必文於外。"❷燒。書洛誥:"無若火始燄燄,厥攸～敘,弗其絶。"孫星衍疏:"灼者,廣雅釋詁云:'爇也。'"又爲燒傷。鹽鐵論周秦:"故未嘗～不敢握火者,見其有～也。"❸通"焯"。明白。書立政:"準人、牧夫,我其克～知厥若。"又爲鮮明。文選三國魏曹植洛神賦:"遠而望之,皎若太陽升朝霞;迫而察之,～若芙蕖出渌波。"〔灼灼〕鮮明貌。詩周南桃夭:"桃之夭夭,灼灼其華。"又爲明白貌。漢書外戚傳:"其咎敗灼灼若此,豈可以忽哉!"〔灼爍〕疊韻聯緜字。古文苑漢蔡邕彈碁賦:"榮華灼爍,萼不韡韡。"❹驚恐。後漢書楚王英傳:"既知審實,懷用悼～。"

[辨]焯,灼。見"焯"字條。

[同源字]灼,炙。兩字均爲照三;"灼"藥部,"炙"鐸部,藥鐸旁轉。兩字意義也有聯繫。禮記曲禮上:"毋嘬炙。"孔穎達疏:"火灼曰炙。"

灵 líng 郎丁切,音零,平,青韻,來。

小熱貌。見廣韻。

按,説文無灵字。

灸 jiǔ 舉有切,上,有韻,見。之部。

❶用艾火燒灼身體,中醫的一種療法。莊子盜跖:"丘所謂無病而自～也。"又爲燒灼。後漢書光武帝紀下:"敢～灼奴婢者,論如律。"❷柱。周禮考工記廬人:"～諸牆,以眡其橈之均也。横而摇之,以眡其勁也。"鄭玄注:"灸猶柱也,以柱兩牆之間。"

災 zāi 祖才切,平,咍韻,精。之部。

也作"烖"、"灾"、"災"、"菑"、"甾"。自然發生的火災。左傳宣公十六年:"凡火,人火曰火,天火曰～。"引申爲其他各種自然災害。國語周語下:"古者天～降戾,於是乎量資幣,權輕重,以振救民。"韋昭注:"災謂水旱蝗螟之屬。"又指災禍。荀子臣道:"禽獸則亂,狎虎則危,～及其身矣。"

[同源字]災,菑(zī)。兩字均爲之部。"災"精母,"菑"照二,兩字鄰紐。説文:"菑,不耕田也。"徐灝説文解字注箋:"菑者,初墾闢之謂也。田久汙萊,必就除其艸木,然後可耕。因之災殺艸木謂之菑。"

四畫

炕 1. kàng 苦浪切,去,宕韻,溪。陽部。

❶乾。見説文。用火烤乾也叫"炕"。詩小雅瓠葉"燔之炙之"毛傳:"～火曰炙。"玉篇:"炕,炙也。"引申爲暴躁,暴虐。漢書五行志:"君～陽而暴虐。"顔師古注:"凡言炕陽者,枯涸之意。"❷土炕(晚起義)。宋范成大丙午新正書懷之五:"穩作被爐如卧～,厚裁綿旋勝披氈。"❸通"抗"。舉。漢書揚雄傳甘泉賦:"～浮柱之飛榱兮,神莫莫而扶傾。"

2. hāng 呼郎切,平,唐韻,曉。陽部。

❹張開。爾雅釋木:"守宫槐,葉晝聶宵～。"邢昺疏:"聶,合也;炕,張也。言其葉晝合夜張者,别名守宫槐。"

炆 wén 集韻無分切,音文,平,文韻,微。

集韻:"炆,煴也。"

按,説文無炆字。

炎 1. yán 于廉切,平,鹽韻,喻三。談部。

㊀火光上升。書洪範:"水曰潤下,火曰～上。"㊁焚燒。書胤征:"火～崐岡,玉石俱焚。"㊂熱,極熱。楚辭戰國屈原九章悲回風:"觀～氣之相仍兮,窺煙液之所積。"㊃指炎帝。傳説中遠古的帝王,即神農氏,和黄帝一起被認爲是中華民族的祖先。

2. yàn 集韻以贍切,去,豔韻,喻四。談部。

㊄通"燄"。火光。漢書藝文志:"人之所忌,其氣～以取之。"左傳莊公十四年"炎"作"燄"。

3. tán 集韻徒甘切,平,談韻,定。談部。

㊅〔炎炎〕辭藻華麗而富於雄辯。集韻:"炎,美辯也。"莊子齊物論:"大言炎炎,小言詹詹。"

[辨]燄,炎,焰,爓。見"燄"字條。

按,説文炎字在炎部。

炖 1. tūn 集韻他昆切,平,魂韻,透。文部。

㊀火熾盛貌。方言一三:"炖、焞、爞,赫(赫)也。"郭璞注:"皆火盛熾之貌。"唐柳宗元湘源二妃廟碑:"潛火煽孽,～于融風。"

2. dùn 集韻杜本切,上,混韻,定。

㊁煨煮(後起義)。

按,説文無炖字。

炒 chǎo 初爪切,上,巧韻,穿二。

㊀烤乾,煎乾。也作"熼"。唐釋道世法苑珠林四二引搜神記:"其家人蒸～,亦變爲蟲。"㊁通"吵"。吵鬧。宋王直方詩話:"潘邠老詩多犯老杜,爲之不已,…使老杜復生,則須共潘十厮～。"

按,説文炒作鬻。

炊 1. chuī 昌垂切,平,支韻,穿三。歌部。

㊀燒火做飯。莊子庚桑楚:"簡髮而櫛,數米而～。"

2. chuì 集韻尺僞切,去,寘韻,穿三。歌部。

㊁〔炊累〕叠韻聯緜字。塵埃飄動。集韻:"炊,炊累,動升也。"莊子在宥:"從容無爲,而萬物炊累焉。"成玄英疏:"累,塵也。從容自在,無爲虛淡,若風動細塵,類空中浮物,陽氣飄颻,任運去留而已。""炊"一本作"吹"。

炘 xīn 許斤切,音欣,平,欣韻,曉。文部。

熱也。見廣韻。〔炘炘〕火光熾盛貌。漢書揚雄傳甘泉賦:"揚光曜之燎燭兮,乘景炎之炘炘。"

按,説文無炘字。

炁 qì 去既切,去,未韻,溪。物部。

同"氣"。指元氣。關尹子:"以一～生萬物。"

按,説文無炁字。

炅 1. jiǒng 古迥切,上,迥韻,見。耕部。

㊀光。見廣韻。又爲明亮。唐李白明堂賦:"熠乎光碧之堂,～乎瓊華之室。"㊁熱。素問舉痛論:"得～則痛立止。"王冰注:"炅,熱也。"

2. guì 古惠切,音桂,去,霽韻,見。支部。

㊂姓。東漢有炅横。見廣韻。㊃通"炔"。煙出貌。見玉篇。

炙 zhì 之石切,入,昔韻,照三。鐸部。

㊀烤。詩小雅瓠葉:"有兔斯首,燔之～之。"引申爲薰陶。孟子盡心下:"奮乎百世之上,百世之下聞者莫不興起也。…而况於親～之者乎?"趙岐注:"况於親見勳炙者乎?"㊁烤的肉。孟子盡心下:"膾～與羊棗孰美?"㊂燒灼。漢書武五子傳:"～胡巫上林中。"顔師古注引服虔曰:"炙,燒也。"

[同源字]灼,炙。見"灼"字條。

按,説文炙字在炙部。

五　畫

炷 zhù 之戍切,去,遇韻,照三。

㊀燈心。三國志魏書董卓傳"凡所殺三人,餘莫敢動"裴松之注引英雄記:"守尸吏暝爲大～置卓臍中以爲燈。"引申爲燈心狀的燃

燒物。北史李洪之傳:"疹病灸燎,艾~圍將二寸,首足十餘處一時俱下。"㊁點燃,燒。唐王建和元郎中玩月五首之四:"夜深盡放家人睡,直到天明不~燈。"宋朱熹馬上舉韓退之話口占詩:"此心元自通天地,可笑靈宫枉~香。"㊂量詞。宋陸游秋懷詩:"龜堂一~香,世念去如洗。"

按,説文無炷字。

炫

xuàn 黄練切,去,霰韻,匣。真部。

㊀光耀。戰國策秦策一:"當秦之隆,黄金萬鎰爲用,轉轂連騎,~熿於道。"㊁誇耀。文苑英華卷一一八唐張仲方披沙揀金賦:"美價初~,微明内融。"〔炫燿〕("燿"或作"耀")①光耀。史記田單列傳:"牛尾炬火光明炫燿。"②誇耀。鹽鐵論崇禮:"炫燿奇怪。"

[同源字]炫,袨,絢。"炫"、"袨"均爲匣母真部。"絢"爲曉母真部。曉匣旁紐。説文:"炫,爓燿也。"又:"絢,詩云:素以爲絢兮。"段玉裁注:"亦謂五采成文章。"新附:"袨,盛服也。"三字均有色彩鮮麗之義。

為

wéi 薳支切,平,支韻,喻三。

同"爲"。見"爲"字條。

炬

jù 其吕切,上,語韻,羣。魚部。

㊀火把。史記田單列傳:"牛尾~火光明炫燿。"又爲動詞。放火焚燒。唐杜牧阿房宫賦:"楚人一~,可憐焦土。"㊁蠟燭。初學記二五南朝梁簡文帝對燭賦:"緑~懷翠,朱燭含丹。"

按,説文炬作苣,在艸部。

炳

bǐng 兵永切,上,梗韻,幫。陽部。

㊀明亮,鮮明。易革:"大人虎變,其文~也。"文選漢張衡東京賦:"瑰異譎詭,燦爛~焕。"引申爲顯著,明白。漢書楚元王傳:"決斷狐疑,分别猶豫,使是非~然可知。"㊁點燃(用於點燭)。漢劉向説苑建本:"少而好學,如日出之陽;壯而好學,如日中之光;老而好學,如~燭之明。"

炯

jiǒng 古迥切,上,迥韻,見。耕部。

亦作"烱"。㊀明亮,光明。文選戰國宋玉神女賦:"眸子~其精朗兮,瞭多美而可觀。"抱朴子外篇守堉:"何異拾瑣沙而捐隋和,向~燭而背白日也。"引申爲明白,顯著。三國志吴書賀邵傳:"任授失賢,一朝喪没,君臣係頸,共爲羈僕。此當世之明鑒,目前之~戒也。"〔炯炯〕①光亮貌。文選晉潘岳秋興賦:"登春臺之熙熙兮,珥金貂之炯炯。"②同"耿耿"。心不寧貌。楚辭漢嚴忌哀時命:"夜炯炯而不寐兮,懷隱憂而歷兹。"㊁〔炯介〕雙聲聯緜字。同"耿介"。正直貌。文選南朝宋顔延之始安郡還都與張湘州登巴陵城樓作:"存没竟何人,炯介在明淑。"李善注:"楚辭曰:'彼堯舜之耿介。'王逸曰:'耿,光也。介,大也。'耿與炯同,古迥切。"

炸

1. zhá。

後起字。㊀淬火而使金銀器物重現光澤。紅樓夢三五回:"妹妹的項圈我瞧瞧,只怕該~一~去了。"

2. zhà。

㊁爆裂。紅樓夢四二回:"(碟子)一經了火,是要~的。"

炮

1. páo 薄交切,平,肴韻,並。幽部。

㊀把帶毛的肉塗上泥燒烤。禮記禮運:"以~以燔。"鄭玄注:"炮,裹燒之也。"又泛指燒烤。禮含文嘉:"燧人始鑽木取火,~生爲熟。"又爲焚燒。左傳昭公二十七年:"令尹~之,盡滅郤氏之族黨。"孔穎達疏:"燔、炮、爇,皆是燒也。"㊁一種製中藥的方法,把生藥放在火上烤。宋陸游離家示妻子詩:"兒爲檢藥籠,桂薑手~煎。"㊂通"庖"。厨師。韓非子難二:"爲人臣者,猶~宰和五味而進之君。"

2. pào 匹皃切,去,效韻,滂。

㊃同"砲"。火炮。清史稿兵志三:"快~七尊。"

炭

tàn 他旦切,去,翰韻,透。元部。

㊀木炭。左傳定公三年:“自投于牀,廢于鑪～。”〔塗炭〕泥和炭火,比喻災難、困苦。書仲虺之誥:“有夏昏德,民墜塗炭。”㊁石炭,即煤。宋蘇軾石炭詩:“豈料山中有遺寶,磊落如磬萬車～。”

炰 páo 薄交切,平,肴韻,並。幽部。

㊀同“炮”。把帶毛的肉塗上泥燒烤。漢書楊惲傳:“亨羊～羔。”又泛指燒烤。詩大雅韓奕:“～鱉鮮魚。”㊁〔炰烋〕叠韻聯緜字。通“咆哮”。本指猛獸吼叫,引申爲人的暴怒。詩大雅蕩:“女炰烋于中國,斂怨以爲德。”鄭箋:“炰烋,自矜氣健之貌。”

炱 tái 徒哀切,音臺,平,咍韻,定。之部。

亦作“炲”。煙塵。煙火凝成的黑灰。吕氏春秋任數:“嚮者煤～入甑中,棄食不祥。”引申爲黑色。素問風論:“腎風之狀,…其色炲。”王冰注:“炲,烟煤,黑色也。”

六 畫

烊 yáng 與章切,平,陽韻,喻四。

鎔化。唐釋道世法苑珠林破戒篇引證部:“以鐵鉗開口,灌以～銅。”

按,説文無烊字。

烜 1. xuǎn 況晚切,上,阮韻,曉。元部。

㊀威儀顯著。爾雅釋訓:“赫兮～兮,威儀也。”按,詩衛風淇奥:“瑟兮僩兮,赫兮咺兮。”毛傳:“咺,威儀容止宣著也。”㊁通“晅”。曬乾。易説卦:“風以散之,雨以潤之,日以～之。”一本作“晅”。

2. huǐ 許委切,音毀,上,紙韻,曉。微部。

㊂火。周禮秋官序官:“司～氏,下士六人。”鄭玄注:“烜,火也。讀如衛侯燬之燬。”

按,説文無烜字。

烘 hōng 呼東切,平,東韻,曉。東部。

㊀焚燒。詩小雅白華:“樵彼桑薪,卬～于煁。”毛傳:“烘,燎也。”㊁烤。唐劉禹錫畬田行:“本從敲石光,遂至～天熱。”㊂渲染(晚起義)。宋范成大春後微雪一宿而晴詩:“朝暾不與同雲便,～作晴空萬縷霞。”

烞 pò 集韻匹角切,入,覺韻,滂。

〔烞熚〕雙聲聯緜字。竹爆裂聲。南朝梁宗懔荆楚歲時記:“按神異經云:‘西方山中有人焉,其長尺餘,一足,性不畏人,犯之則令人寒熱,名曰山臊。人以竹著火中,烞熚有聲,而山臊驚憚。’”

按,説文無烞字。

烟 1. yān 烏前切,平,先韻,影。真部。

㊀同“煙”。荀子富國:“然後飛鳥鳧雁若～海。”楊倞注:“遠望如烟之覆海。”㊁〔烟肢〕即“胭脂”。一種紅色的化妝品。史記匈奴列傳“後有所愛閼氏”司馬貞索隱:“習鑿齒與燕王書曰:‘山下有紅藍,足下先知不?北方人探取其花染緋黄,挼取其上英鮮者作烟肢,婦人將用爲顔色。’”

2. yīn 於真切,平,真韻,影。真部。

㊂〔烟煴〕雙聲聯緜字。彌漫天地之間的元氣。文選漢班固東都賦:“降烟煴,調元氣。”又爲氣體彌漫貌。文選漢王延壽魯靈光殿賦:“包陰陽之變化,含元氣之烟煴。”

按,説文烟是煙的重文。

烙 1. luò 盧各切,入,鐸韻,來。

㊀灼,燒。見説文新附。

2. lào 盧各切,入,鐸韻,來。

㊁用燒熱的鐵器燙。宋蘇軾書韓幹牧馬圖詩:“鞭箠刻～傷天全,不如此圖近自然。”

按,説文無烙字,新附有之,云:“烙,灼也。”

烑 yáo 餘昭切,音姚,平,宵韻,喻四。宵部。

明亮。淮南子要略:“挾日月而不～,潤萬物而不秏。”

按,説文無烑字。

烖 zāi 祖才切,平,咍韻,精。之部。

同"災"。詩大雅召旻:"溥斯害矣,職兄斯弘,不～我躬。"

烈 liè良薛切,入,薛韻,來。月部。

❶火猛。左傳昭公二十年:"夫火～,民望而畏之。"又爲動詞。放火燒。孟子滕文公上:"益～山澤而焚之。"引申爲猛烈,酷烈。書舜典:"納于大麓,～風雷雨弗迷。"淮南子齊俗:"曾參之養親也,若事嚴主～君。"特指濃烈的香氣。漢書司馬相如傳子虛賦:"吐芳揚～,鬱鬱菲菲。"❷光明,顯赫。國語晉語九:"君有～名,臣無叛質。"〔烈烈〕①火熾盛貌。詩商頌長發:"如火烈烈,則莫我敢曷。"②威武貌。詩小雅黍苗:"烈烈征師,召伯成之。"③憂貌。詩小雅采薇:"憂心烈烈,載飢載渴。"④高峻貌。詩小雅蓼莪:"南山烈烈,飄風發發。"❸功績,功業。詩周頌武:"於皇武王,無競惟～。"❹剛毅,有節操。史記伍子胥列傳:"(子胥)隱忍就功名。非～丈夫孰能致此哉!"❺通"列"。行列。詩鄭風大叔于田:"叔在藪,火～俱舉。"鄭箋:"列人持火俱舉,言衆同心。"

[同源字]烈,颲。兩字同音。説文:"颲,烈風也。"兩字同源。

烕 xuè許劣切,入,薛韻,曉。月部。

滅。詩小雅正月:"赫赫宗周,褒姒～之。"

烝 zhēng煮仍切,平,蒸韻,照三。蒸部。

❶火氣或熱氣上升。説文:"烝,火氣上行也。"論衡自然:"下氣～上,上氣降下。"❷用火烘烤。荀子性惡:"故枸木必將待檃栝～矯然後直。"又爲用熱氣蒸。詩大雅生民:"釋之叟叟,～之浮浮。"❸進。詩小雅甫田:"攸介攸止,～我髦士。"又周頌豐年:"爲酒爲醴,～畀祖妣。"❹升。以牲體升於俎上。國語周語中:"禘郊之事,則有全～。"韋昭注:"全烝,全其牲體而升之。"❺冬祭。禮記祭統:"凡祭有四時,春祭曰礿,夏祭曰禘,秋祭曰嘗,冬祭曰～。"❻以下淫上。指與母輩通姦。左傳桓公十六年:"初,衛宣公～於夷姜,生急子。"杜預注:"夷姜,宣公之庶母也。"❼久。詩豳風東山:"蜎蜎者蠋,～在桑野。"❽衆。詩大雅烝民:"天生～民,有物有則。"❾通"蒸"。小的柴禾。淮南子主術:"冬伐薪～。"

烋 1. xiāo集韻虛交切,音哮,平,爻韻,曉。幽部。

❶〔鴞烋〕叠韻聯緜字。見"鴞"字條。

2. xiū香幽切,音休,平,幽韻,曉。

❷美,福禄,慶善。見廣韻。

按,説文無烋字。

烏 1. wū哀都切,平,模韻,影。魚部。

❶烏鴉。詩小雅正月:"瞻～爰止,于誰之屋?"❷黑色。史記匈奴列傳:"北方盡～驪馬。"❸疑問代詞。戰國策秦策三:"秦～能與齊縣衡?"

2. yā集韻於加切,音鴉,平,麻韻,影。魚部。

❹〔烏秅〕漢西域國名。在今阿富汗東北境。

[同源字]①烏,鴉,雅。三字均爲魚部。"烏"、"鴉"影母,"雅"廣韻五下切,疑母,集韻於加切,影母。説文:"烏,孝烏也。"又:"雅,楚烏也。"朱駿聲説文通訓定聲:"大而純黑反哺者烏,小而不純黑不反哺者雅。雅即烏之轉聲。字亦作鴉。"

②安,焉,烏,惡。見"焉"字條。

七畫

烹 pēng撫庚切,集韻披庚切,平,庚韻,滂。陽部。

❶煮。左傳昭公二十年:"水火醯醢鹽梅以～魚肉。"又指冶煉。唐李白武昌宰韓君去思頌碑:"大冶鼓鑄,如天降神,既～且爍,數盈萬億。"❷古代用鼎鑊煮人的酷刑。韓非子説林上:"樂羊爲魏將而攻中山,中山之君～

其子而遺之羹。”引申爲誅滅。史記秦始皇本紀：“～滅彊暴，振救黔首。”

烺 lǎng 集韻里黨切，音朗，上，蕩韻，來。

㊀〔爣烺〕叠韻聯緜字。見“爣”字條。㊁〔烺烺〕鮮明貌。唐柳宗元答韋中立論師道書：“及長，乃知文者以明道，是固不苟爲炳炳烺烺，務采色、誇聲音而以爲能也。”正字通：“烺，明也。與朗通。”

按，説文無烺字。

焍 dì 集韻大計切，音第，去，霽韻，定。脂部。

灼龜木。史記龜策列傳：“持龜以卵周環之，祝曰：‘今日吉，謹以粱卵～黃祓去玉靈之不祥。’”司馬貞索隱：“粱，米也。卵，雞子也。焍，灼龜木也，音次第之第。言燒荆枝更遞而灼，故有焍名。一音梯，言灼之以漸，如有階梯也。黃者，以黃絹裹粱卵以祓龜也。”

按，説文無焍字。

焜 huǐ 許偉切，上，尾韻，曉。微部。

火，烈火焚燒。説文：“焜，火也。从火，尾聲。詩曰：‘王室如～。’”按，今詩周南汝墳作“王室如燬”。方言十：“煤，火也，楚轉語也，猶齊言焜火也。”

［同源字］火，燬，焜。見“燬”字條。

焊 hǎn 呼旱切，音罕，上，旱韻，曉。

以火乾物。見廣韻。

按，説文無焊字。

烱 jiǒng 集韻俱永切，上，梗韻，見。耕部。

“炯”的異體字。

烰 fú 縛謀切，音浮，平，尤韻，奉。幽部。

㊀〔烰烰〕火氣盛出貌。爾雅釋訓：“烰烰，烝也。”郭璞注：“氣出盛。”邢昺疏：“大雅生民云：‘…烝之浮浮。’…烰、浮音義同。”説文：“烰，烝也。詩曰：‘烝之烰烰。’”㊁〔烰人〕庖人。吕氏春秋本味：“有侁氏女子采桑，得嬰兒於空桑之中，獻之其君。其君令烰人養之。”高誘注：“烰，猶庖也。”

焌 1. jùn 子寸切，去，慁韻，精。文部。

㊀燃。見説文。周禮春官菙氏：“凡卜，以明火爇燋，遂歙其～契，以授卜師。”鄭玄注：“謂以契柱燋火而吹之也。契既燃，以授卜師，用作龜也。”

2. qū 倉聿切，音黢，入，術韻，清。

㊁火滅。見廣韻。引申爲很黑。清西周生醒世姻緣傳：“～黑張飛臉，緋紅焦贊頭。”

烽 fēng 敷容切，平，鍾韻，敷。東部。

古時邊防報警的煙火。墨子號令：“與城上～燧相望，晝則舉～，夜則舉火。”白天叫“烽”，夜間叫“燧”。泛指舉火。漢書五行志上：“後(許)章坐走馬上林下～馳逐，免官。”顏師古注引孟康曰：“夜於上林苑下舉火馳射也。”

按，説文烽作㷭。也可以寫作熢。

烻 1. yàn 集韻延面切，延去聲，去，綫韻，喻四。元部。

㊀光熾盛貌。文選漢王延壽魯靈光殿賦：“皓壁暠曜以月照，丹柱歙赩而電～。”

2. shān 集韻尸連切，平，仙韻，審三。

㊁閃耀。文選三國魏何晏景福殿賦：“晨光内照，流景外～。”李善注：“烻，起貌。式延切。”

焉 1. yān 於乾切，平，仙韻，影。元部。

㊀鳥名。説文：“焉，鳥，黃色，出於江淮，象形。”段玉裁注：“今未審何鳥也。自借爲詞助而本義廢矣。”㊁疑問代詞。詩衛風伯兮：“～得諼草，言樹之背？”

2. yān 有乾切，平，仙韻，喻三。元部。

㊂指示代詞。於此。左傳隱公元年：“制，巖邑也，虢叔死～。”又用以複指前置的賓語。左傳隱公六年：“我周之東遷，晉鄭～依。”㊃連詞。相當於“乃”、“則”。老子第十七章：“信不足，～有不信焉。”㊄句末語氣詞。論語衛靈公：“君子病無能～，不病人之不己知也。”㊅形容詞詞尾。詩小雅小弁：“我心

憂傷，惄～如擣。"

［同源字］安，焉，烏，惡。四字均爲影母。"安"、"焉"爲元部，"烏"、"惡"爲魚部，魚元通轉。四字都可用作疑問代詞。

焄 1. xūn 許云切，平，文韻，曉。文部。

㊀同"熏"。熏炙。宋蘇軾子由生日以檀香觀音像及新合印香銀篆盤爲壽詩："此心實與香俱～，聞思大士應已聞。"引申爲威脅。史記酷吏列傳王溫舒："舞文巧詆下户之猾，以～大豪。"裴駰集解："焄音熏。"司馬貞索隱："以熏大豪。按：熏猶熏炙之。謂下户之中有姦猾之人，令案之，以熏逐大姦。"㊁香氣。禮記祭義："其氣發揚于上，爲昭明、～蒿、悽愴，此百物之精也，神之著也。"鄭玄注："焄，謂香臭也。蒿，謂氣烝出貌也。"

2. hūn 集韻許云切，平，文韻，曉。文部。

㊂"葷"的異體字。指葱蒜等帶辛辣味的菜。禮記玉藻"膳於君有葷"鄭玄注："葷或作～。"孔子家語五儀解："志不在於食～。"王肅注："焄，辛菜也。"

按，説文無焄字。

八　畫

焙 bèi 集韻蒲昧切，去，隊韻，並。

用微火烘烤。唐顧況過山農家詩："莫嗔～茶煙暗，却喜曬穀天晴。"

按，説文無焙字。

焞 1. tūn 常倫切，集韻他昆切，平，魂韻，透。文部。

㊀光明。古文苑漢崔瑗河間相張平子碑："實掌重黎歷紀之度，亦能～燿敦大天明地德，光照有漢。"

2. jùn 集韻祖寸切，去，恨韻，精。文部。

㊁占卜時燒灼龜甲之火。儀禮士喪禮："楚～置于燋，在龜東。"鄭玄注："楚，荊也。荊焞，所以鑽灼龜者。"

3. tuī 集韻通回切，平，灰韻，透。文部或微部。

㊂〔焞焞〕①光微弱貌。左傳僖公五年："鶉之賁賁，天策焞焞。"杜預注："天策，傅説星。時近日，星微。焞焞，無光耀也。"②盛貌。詩小雅采芑："戎車嘽嘽，嘽嘽焞焞，如霆如雷。"毛傳："焞焞，盛也。"

焠 cuì 七内切，崔去聲，去，隊韻，清。物部。

焠火，把燒熱的金屬放到水裏使之堅硬。漢書王褒傳："清水～其鋒。"顔師古注："焠謂燒而内水中以堅之也。"引申爲燒灼。荀子解蔽："有子惡卧而～掌，可謂能自忍矣。"楊倞注："焠，灼也。"

焴 yù 余六切，音育，入，屋韻，喻四。覺部。

同"煜"。見玉篇。漢王粲七釋："珥照夜之雙璫，焕～爚以垂暉。"

按，説文無焴字。

焱 1. yàn 以贍切，音焰，去，豔韻，喻四。談部。

㊀火燄。文選漢張衡思玄賦："紛翼翼以徐戾兮，～回回其揚靈。"李善注："説文曰：'焱，火華也。'言光之盛如火之華。"南朝宋謝靈運撰征賦："嗟殘敗之將糜，燬餘～於海濟。"〔焱悠〕雙聲聯緜字。飄舞貌。文選漢張衡東京賦："建辰旒之太常，紛焱悠以容裔。"

2. biāo 正字通今讀若標。宵部。

㊁同"猋"。疾風。漢書司馬相如傳上："雷動～至。"顔師古注："焱，疾風也。若雷之動，如焱之至，言其威且疾也。"

［辨］猋，焱。見"猋"字條。

按，説文焱字在焱部。

焫 ruò 如劣切，入，薛韻，日。月部。

燒。禮記郊特牲："故既奠，然後～蕭合羶薌。"釋文："焫，如悦反，與'爇'音義並同。"

［同源字］然，㸐，燃，爇，焫。見"然"字條。

按，説文無焫字。

焯 zhuó 之若切，音酌，入，藥韻，照三。藥部。

明。古“灼”字。説文:“焯,明也。从火,卓聲。周書曰:‘焯見三有俊心。’”今書立政作“灼見”。又爲動詞。照耀。晉庾闡弔賈生文:“焕乎若望舒燿景而～羣星,矯乎若翔鸞拊翼而逸宇宙也。”〔焯爍〕叠韻聯緜字。光彩貌。文選漢揚雄羽獵賦:“隨珠和氏,焯爍其陂。”

[辨]焯,灼。在“光明”的意義上,兩字相通,但“灼”還有“燒灼”義。

焜 kūn 胡本切,集韻公渾切,平,魂韻,見。文部。

明。左傳昭公三年:“不腆先君之適,以備内官,～耀寡人之望。”釋文:“焜,胡本反,又音昆。”

焰 yàn 以贍切,去,豔韻,喻四。談部。

火苗。初學記卷二五引南朝梁簡文帝對燭賦:“宵深色麗,～動風過。”又爲動詞。燃燒。唐張讀宣室志卷六:“其光自土而出,若～薪火。”

[辨]燄,炎,焰,爓。見“燄”字條。

按,説文焰作爓。

焮 xìn 香靳切,去,焮韻,曉。文部。

燒灼。左傳昭公十八年:“司馬司寇,列居火道,行火所～。”杜預注:“焮,炙也。”引申爲熾盛。晉郭璞答賈九州愁詩:“亂離方～,憂虞匪歇。”

按,説文無焮字。

焚 1. fén 符分切,平,文韻,奉。文部。

㊀燒。左傳僖公十五年:“火～其旗。”

2. fèn 集韻方問切,去,問韻,非。文部。

㊁通“僨”。倒。左傳襄公二十四年:“象有齒以～其身。”杜預注:“焚,斃也。”孔穎達疏引服虔云:“焚,讀曰僨;僨,僵也。”

[同源字]焚,燔,膰。“焚”上古並母文部,“燔”、“膰”上古並母元部,文元旁轉。“焚”、“燔”都有“燒”義。漢書儒林傳:“燔詩書。”顔師古注:“燔,焚也。”“膰”爲祭祀用的火炙之肉。説文:“鐇,宗廟火孰肉也。”字本作“燔”。儀禮特牲饋食禮:“兄弟長以燔從。”鄭玄注:“燔,炙肉也。”

按,説文大徐本焚作樊,段注本改爲焚。

煦 xù 况羽切,上,麌韻,曉。侯部。

“欨”的異體字。亦作“呴”。呵氣。漢書中山靖王勝傳:“夫衆～漂山,聚蟁成靁。”顔師古注引應劭曰:“煦,吹煦也。”常指以氣暖物,引申爲愛撫。新唐書魏徵傳:“陛下在貞觀初,護民之勞,～之如子。”〔煦煦〕和悦貌。文選漢東方朔非有先生傳:“説色微辭,愉愉煦煦。”又爲恭謹貌。唐柳宗元與顧十郎書:“蜂附蟻合,煦煦趄趄,便僻匍匐。”

按,説文無煦字。

無 1. wú 武夫切,平,虞韻,微。魚部。

㊀没有。詩鄘風相鼠:“人而～儀,不死何爲?”㊁副詞。不。書洪範:“～偏～黨,王道蕩蕩。”㊂副詞。通“毋”。不要。詩魏風碩鼠:“碩鼠碩鼠,～食我黍。”㊃副詞。未。荀子正名:“行離理而不外危者,～之有也。”㊄不論。詩陳風宛丘:“～冬～夏,值其鷺羽。”㊅助詞。無實義。詩大雅文王:“王之藎臣,～念爾祖。”毛傳:“無念,念也。”㊆疑問語氣詞(晚起義)。唐白居易問劉十九詩:“晚來天欲雪,能飲一杯～?”㊇通“幠(hū)”。覆蓋。荀子禮論:“～帾絲歶縷翣,其須以象菲帷幬尉也。”楊倞注:“無,讀爲幠。幠,覆也。”

2. mó 音謨。

㊈梵語音譯字,如“南無”。

[同源字]末,蔑,靡,無。見“末”字條。

然 rán 如延切,平,仙韻,日。元部。

㊀燃燒。孟子公孫丑上:“若火之始～,泉之始達。”這個意義後來寫作“燃”。㊁指示代詞。這樣,那樣。荀子勸學:“干越夷貉之子,生而同聲,長而異俗,教使之～也。”㊂是的,對的。論語雍也:“子曰:‘雍之言～。’”又

用作動詞。認爲…是對的。史記高祖本紀:“沛公～其計,從之。”又爲應答之詞。廣雅釋詁一:“然,譍也。”晏子春秋内篇雜下:“公見其妻曰:‘此子之内子邪?’晏子對曰:‘～,是也。’”㊃應允,許諾。史記游俠列傳:“而布衣之徒,設取予～諾,千里誦義,爲死不顧世,此亦有所長,非苟而已也。”㊄連詞。表示轉折。韓非子外儲説左上:“夫嬰兒相與戲也,以塵爲飯,以塗爲羹,以木爲胾,～至日晚必歸饟者,塵飯塗羹可以爲戲而不可食也。”也可表示承接。相當於“然後”、“才”。隋書李密傳:“待士馬肥充,～可與人争利。”㊅副詞。相當於“乃”。莊子天地:“始也我以女爲聖人邪,今～君子也。”㊆語氣詞。相當於“焉”。禮記檀弓下:“穆公召縣子而問～。”鄭玄注:“然之言焉也。”㊇形容詞詞尾。詩邶風終風:“終風且霾,惠～肯來。”

[同源字]①然,𤈦,燃,爇,焫。“𤈦”是“然”的古字,“燃”是“然”的區别字,三字均爲日母元部。“焫”是“爇”的異體字,兩字均爲日母月部。元月對轉。説文:“然,燒也。”“爇,燒也。”二字同訓。

②然,爾,而,如,若。作爲形容詞詞尾五字同源。五字均爲日母,“然”元部,“爾”脂部,“而”之部,“如”魚部,“若”鐸部。韻部或是旁轉,或是對轉,或是通轉。

焦 1. jiāo 即消切,平,宵韻,精。宵部。

㊀燒焦。荀子議兵:“若赴水火,入焉～没耳。”又爲枯乾。墨子非攻下:“五穀～死。”引申爲黄黑色。南朝梁陶弘景真誥運象二:“心悲則面～,腦減則髮素。”又指燒焦後發出的氣味。禮記月令:“其味苦,其臭～。”㊁煩躁,憂慮。史記越王句踐世家:“越王句踐反國,乃苦身～思,置膽於坐,坐卧即仰膽,飲食亦嘗膽也。”㊂中醫稱人體内的部位。“三焦”,指食道、胃、腸等部分。㊃礁石(晚起義)。宋徐兢宣和奉使高麗圖經記海道:“如苦嶼而其質純石則曰～。”

2. qiáo 集韻慈焦切,平,宵韻,從。宵部。

㊄通“憔”。漢書叙傳:“朝爲榮華,夕而～瘁。”

[同源字]焦,燋,憔。“焦”、“燋”同屬精母,宵幽旁轉;“焦”、“憔”同屬宵部,精從旁紐。“焦”、“燋”爲燒焦,“憔”爲憔悴。三字同源。

按,説文焦是𤓰的重文。

九　畫

煎 1. jiān 子仙切,平,仙韻,精。元部。

㊀熬乾。戰國策魏策二:“齊桓公夜半不嗛,易牙乃～敖燔炙,和調五味而進之。”引申爲烤焦。藝文類聚卷六九南朝梁庾肩吾團扇銘:“炎隆火正,石爍沙～。”㊁煮。武威漢代醫簡:“付子廿果,皆父猪肪三斤,～之五沸,浚去宰(滓),有疾者取。”㊂焦慮。玉臺新詠古詩爲焦仲卿妻作:“我有親父兄,性行暴如雷,恐不任我意,逆以～我懷。”

2. jiàn 子賤切,音箭,去,線韻,精。

㊃〔甲煎〕異香名。世説新語汰侈:“置甲煎粉沉香汁之屬,無不畢備。”

煊 xuān 集韻許元切,平,元韻,曉。元部。同“暄”。温暖。亦作“煖”。

按,説文無煊字。

煇 1. huī 許歸切,音揮,平,微韻,曉。文部。

㊀光輝。詩小雅庭燎:“夜鄉晨,庭燎有～。”字亦作“輝”。

2. xūn 集韻許云切,平,文韻,曉。文部。

㊁通“熏”。熏灼。史記吕太后本記:“太后遂斷戚夫人手足,去眼,～耳,飲瘖藥,使居厠中。”

3. hún 户昆切,平,魂韻,匣。

㊂赤色。文選漢張衡西京賦:“金戺玉階,彤庭～～。”李善注引薛綜曰:“煇煇,赤色貌。”

4. yùn 集韻王問切,音運,去,焮韻,喻三。

文部。

❹通"暈"。日暈。周禮春官眂祲:"眂祲掌十～之法,以觀妖祥,辨吉凶。"鄭玄注引鄭司農云:"煇,謂日光氣也。"

5. xuàn 集韻呼願切,去,願韻,曉。文部。

❺通"韗"。製鼓者。禮記祭統:"夫祭有畀、～、胞、翟、閽者,惠下之道也。"鄭玄注:"煇,周禮作韗,謂韗磔皮革之官也。"

[辨]輝,煇,暉。見"輝"字條。

煢 qióng 渠營切,音瓊,平,清韻,羣。耕部。

❶孤獨。孟子梁惠王:"詩云:'哿矣富人,哀此～獨。'"按,今詩小雅正月作"惸獨"。〔煢煢〕孤獨貌。左傳哀公十六年:"俾屏余一人以在位,煢煢余在疚。"❷骰子。顏氏家訓雜藝:"古爲大博則六箸,小博則二～。"

按,説文煢字在卂部,云:"煢,回疾也。"

煔 1. shàn 舒贍切,閃去聲,去,豔韻,審三。談部。

❶説文:"煔,火行也。"徐灝説文解字注箋:"此即今之閃字。"

2. qián 集韻慈鹽切,平,鹽韻,從。談部。

❷煮肉。楚辭大招:"炙鴰烝鳧,～鶉陳只。"王逸注:"煔,爓也。"集韻作"燅"的異體。

3. shān 集韻師銜切,音衫,平,銜韻,審二。談部。

❸木名。爾雅釋木:"被,～。"郭璞注:"煔似松,生江南,可以爲船及棺材;作柱,埋之不腐。"集韻以爲"檆"之省,亦作"杉"。

按,説文煔字在炎部。

煉 liàn 集韻郎甸切,去,霰韻,來。元部。

冶煉。論衡談天:"女媧銷～五色石以補蒼天,斷鼇足以立四極。"引申爲錘煉文字。唐杜甫白鹽山詩:"詞人取佳句,刷～始堪傳。"

[同源字]湅,鍊(煉),練。見"湅"字條。

煏 bì 集韻弼力切,入,職韻,並。職部。

用火焙乾肉。周禮天官籩人"鮑魚"鄭玄注:"於糗室中糗乾之。"漢書貨殖傳"鮿鮑千鈞"顔師古注引鄭注"糗"作"煏"。北魏賈思勰齊民要術伐木:"凡非時之木,水漚一月,或火～取乾,蟲則不生。"

按,説文無煏有稫,云:"以火乾肉也。"段玉裁注:"省作煏。"

煙 yān 烏前切,平,先韻,影。真部。

❶燃燒時冒的煙。韓非子喻老:"百尺之室以突隙之～焚。"❷空中的煙霧。南朝宋顏延之陶徵士誄:"晨～暮靄,春煦秋陰。"❸煙草(晚起義)。清文康兒女英雄傳二八回:"太太嘴裏正吃着～。"

煁 chén 氏任切,平,侵韻,禪。侵部。

可以携帶的竈。詩小雅白華:"樵彼桑薪,卬烘于～。"毛傳:"煁,烓竈也。"爾雅釋言:"煁,烓也。"郭璞注:"今之三隅竈。"郝懿行義疏:"三隅竈者,蓋如今之風爐,形如筆筩,缺其上口爲三角以受風,謂之風竈,形制大小隨人所爲,舟車皆可携帶。"

煤 méi 莫杯切,平,灰韻,明。之部。

❶屋上的煙塵。吕氏春秋任數:"嚮者,～炱入甑中,棄食不祥,回攫而飯之。"高誘注:"煤炱,煙塵也。"煤炱可製墨,故"煤"又爲"墨"的代稱。唐韓偓横塘詩:"蜀紙麝～添筆興,越甌犀液發茶香。"❷煤炭(晚起義)。明宋應星天工開物一一煤炭:"凡～炭,普天皆生,以供鍛煉金石之用。"

[同源字]煤,黴,墨。三字均爲明母。"煤"之部,"黴"微部,"墨"職部。之微通轉,之職對轉。説文:"黴,中久雨青黑,从黑,微省聲。"又:"墨,書墨也,从土,从黑,黑亦聲。"玉篇:"煤,炱煤也。"三字均有"黑"義。

按,説文無煤字。

煐 yīng 集韻於驚切,音英,平,庚韻,影。

多用作人名。

按，説文無㶬字。

煠 zhá 士洽切，音閘，入，洽韻，牀二。

把食物放在沸的油或水中弄熟。宋蘇軾十二時中偈："百滚油鐺裏，恣把心肝～。"

按，説文無煠字。

煩 fán 附袁切，平，元韻，奉。元部。

❶熱頭痛。見説文。引申爲煩躁、煩悶。史記扁鵲倉公列傳："病使人～懣，食不下。"❷煩雜，煩亂。淮南子主術："法省而不～。"高誘注："多也。"周禮考工記弓人："夏治筋則不～。"鄭玄注："煩，亂。"❸煩擾，攪擾。孟子滕文公上："何爲紛紛然與百工交易？何許子之不憚～？"史記樂書："水～則魚鼈不大。"張守節正義："猶數攪動也。"引申爲煩勞。左傳僖公三十年："若亡鄭而有益於君，敢以～執事。"

按，説文煩字在頁部。

㬉 nuǎn 乃管切，上，緩韻，泥。元部。

温暖。墨子辭過："當今之主，其爲衣服，則與此異矣。冬則輕～，夏則輕凊。"後來寫作"煖"。

［同源字］渜，㬉，煖。見"渜"字條。

煣 rǒu 人九切，上，有韻，日。幽部。

用火烘木使之變曲或變直。漢書食貨志上引易繫辭："斲木爲耜，～木爲耒。"今本易繫辭作"揉"。古書多以"揉"爲之。説文："煣，屈申木也。"

［同源字］柔，腬，煣，輮，鞣，鍒，擾，揉，弱。見"柔"字條。

煒 1. wěi 于鬼切，音偉，上，尾韻，喻三。微部。

❶光彩鮮亮貌。詩邶風静女："彤管有～，説懌女美。"

2. huī 集韻吁韋切，平，微韻，曉。文部。

❷同"煇（輝）"。光輝。漢書王莽傳中："青～登平，考景以晷。"顔師古注引服虔曰："煒音暉。"

煜 yù 余六切，音育，入，屋韻，喻四。職部。

❶光耀。〔煜煜〕光明貌。初學記一南朝梁簡文帝咏朝日詩："團團出天外，煜煜上羣峰。"❷〔煜爚〕雙聲聯緜字。光熾盛貌。漢辛延年羽林郎詩："銀鞍何煜爚，翠蓋空踟蹰。"晉書摯虞傳："要電華之煜爚兮，珮玉衡之琳琅。"

煬 1. yàng 餘亮切，音様，去，漾韻，喻四。陽部。

❶烘烤。管子禁藏："夏日之不～，非愛火也。"❷火熾猛。文選漢東方朔七諫自悲："觀天火之炎～兮，聽大壑之波聲。"引申爲照亮。文選漢揚雄甘泉賦："北熿幽都，南～丹崖。"劉良注："煬，光照也。"又引申爲焚燒。文選晉潘岳西征賦："儒林填於坑穽，詩書～而爲煙。"李善注："郭璞方言注曰：今江東呼火熾盛爲煬。"

2. yáng 與章切，音陽，平，陽韻，喻四。陽部。

❸鎔化金屬。一切經音義一六引字略："煬，釋金也。"也寫作"烊"。❹謚號。逸周書六謚法解："去禮遠衆曰～，好内遠禮曰～，好内怠政曰～。"

煴 1. yūn 於云切，平，文韻，影。文部。

❶没有火苗的火。漢書蘇建傳："鑿地爲坎，置～火，覆（蘇）武其上，蹈其背以出血。"顔師古注："煴謂聚火無焱者也。"〔煴煴〕火勢微弱貌。唐陸羽茶經二之具："中置一器，貯塘煨火，令煴煴然。"❷〔烟（yīn）煴〕雙聲聯緜字。見"烟"字條。〔烟烟煴煴〕元氣彌漫貌。後漢書班彪傳附班固典引："太極之原，兩儀始分，烟烟煴煴，有沉而奥，有浮而清。"

2. yùn 集韻紆問切，去，焮韻，影。

❸用熨斗熨平衣物。集韻："煴，以火伸物。"〔煴斗〕即熨斗。明陳士元俚言解卷二：

"煴,音暈。煴斗,一曰熨斗。"

[同源字]煴,温,燠,鬱。四字均爲影母。"煴"、"温"爲文部,"燠"爲覺部,"鬱"爲物部。文物對轉,覺物旁對轉。説文:"煴,鬱煙也。"漢書王褒傳:"故服絺綌之涼者,不苦盛暑之鬱燠。"顏師古注:"鬱,熱氣也,燠,温也。"四字均有温暖義。

煨 wēi 烏恢切,音偎,平,灰韻,影。微部。

盆中火。戰國策秦策一:"犯白刃,蹈～炭。"鮑彪注:"煨,盆中火。"又通俗文:"熱灰謂之煻煨。"泛指灰燼。後漢書竇融傳:"士有懷琬琰以就～燼者,亦何可支哉!"引申爲在熱灰裏把食物煨熟。唐李蘩鄴侯家傳:"有僧明瓚,號懶殘,(李)泌察其非凡人也,中夜前往謁焉。懶殘命坐,發火～芋以啗之。"又爲用文火燉熟。宋史洪皓傳:"嘗大雪,薪盡,以馬矢然火,～麪食之。"

熭 wèi 于貴切,音胃,去,未韻,喻三。物部。

㊀〔熭熭〕光明貌。詩小雅斯干"噲噲其正,噦噦其冥"鄭箋:"噦噦,猶熭熭也。皆寬明之貌。"㊁〔熭煌〕雙聲聯緜字。疾速貌。文選晉左思吴都賦:"輶軒蓼擾,彀騎熭煌。"李周翰注:"熭煌,疾貌。"按,李善本作"煒煌"。

按,説文無熭字。

煓 tuān 他端切,平,桓韻,透。元部。

方言卷一三:"炖、焃、煓、赤(赫)也。"郭璞注:"皆火盛熾之貌。"

按,説文無煓字。

煖 nuǎn 乃管切,上,緩韻,泥。元部。

同"暖"。温暖。禮記王制:"七十非帛不～,八十非人不～。"

[同源字]渜,煗,煖。見"渜"字條。

按,説文大徐本作况袁切,王筠以爲後來俗作"暄"字,而音乃管切之"煖"實即説文之"煗"字。"暄"、"煗"同義不同音。

煅 duàn 字彙都玩切。

同"鍛"。冶鍊金屬。字彙火部:"煅,與鍛同。打鐵也,椎鍊也。"

按,説文無煅字。

煌 huáng 胡光切,平,唐韻,匣。陽部。

〔煌煌〕光輝貌。詩陳風東門之楊:"明星煌煌。"引申爲盛貌。文選漢班固東都賦明堂詩:"聖王宗祀,穆穆煌煌。"

[同源字]煌,晃,爌,光。四字均爲陽部。"煌"、"晃"匣母,"爌"溪母,"光"見母。唐玄應一切經音義七引蒼頡:"煌,光也。"説文:"晃,明也。""爌"爲古"晃"字。説文:"光,明也。"四字意義有關。

煼 chè 玉篇丑涉切,入,葉韻,徹。

㊀火燒殘。見玉篇。㊁〔煼岸〕藥名。蛤屬,馬刀的别名。見宋寇宗奭本草衍義一〇馬刀。

按,説文無煼字。

焕 huàn 火貫切,去,换韻,曉。元部。

光亮,鮮亮。論語泰伯:"～乎其有文章。"注:"焕,明也。"〔焕焕〕①明亮貌。釋名釋采帛:"紈,焕也。細澤有光,焕焕然也。"②顯赫貌。南史齊長沙威王晃傳:"晃多從武容,赫奕都街,時人爲之語曰:'焕焕蕭四繖。'"

按,説文無焕字,新附有之,云:"焕,火光也。"

煮 zhǔ 章與切,上,語韻,照三。魚部。

烹煮。周禮天官亨人:"職外内饔之爨亨～,辨膳羞之物。"字亦作"鬻"。周禮天官鹽人:"鬻鹽以待戒令。"特指煮鹽。管子地數:"齊有渠展之鹽,燕有遼東之～。"

按,説文煮作鬻,在䰜部。

熙 xī 許其切,平,之韻,曉。之部。

㊀曝曬使乾。晉郭璞鹽池賦:"～金葩之融炎。"㊁光明。文選三國魏曹植七啟:"～天耀日。"李善注:"熙,光也。"㊂興起。書堯

典:“允釐百工,庶績咸～。”史記五帝本紀作“衆工皆興”。㊃通“嬉”。嬉戲。莊子馬蹄:“含哺而～,鼓腹而遊。”㊄通“禧”。吉祥。漢書禮樂志安世房中歌:“忽乘青玄,～事備成。”顔師古注:“熙與禧同。”㊅〔熙熙〕和樂貌。老子第二十章:“衆人熙熙,如享太牢,如登春臺。”㊆〔熙熙攘攘〕喧囂紛雜貌。史記貨殖列傳:“天下熙熙,皆爲利來;天下壤壤,皆爲利往。”“壤”通“攘”。

［同源字］熙,熹,昫,煦,旭。五字同爲曉母。“熙”、“熹”爲之部,“昫”、“煦”爲侯部,之侯旁轉。“旭”爲屋部,侯屋對轉。“熙”、“熹”、“旭”均有“光明”義,爾雅:“熙,光也。”説文:“旭,日出旦也。”“昫”、“煦”有光明温暖義。説文:“昫,日光出温也。”廣韻:“煦,温也。”

尞 1. liào 力照切,去,笑韻,來。宵部。

㊀古祭名。燒柴祭天。廣韻:“尞,説文曰:柴祭天也。”

2. liǎo 集韻朗鳥切,上,篠韻,來。

㊁“燎”的本字。放火焚燒草木。集韻:“尞,説文:放火也。”也寫作“尞”。參見“尞”字條。

按,説文尞、燎爲二字。“尞,柴祭天也。”“燎,放火也。”實則尞爲燎之本字。

照 zhào 之少切,去,笑韻,照三。宵部。

㊀照射。易恒:“日月得天而能久～。”引申爲日光。唐杜甫秋野詩:“遠岸秋沙白,連山晚～紅。”㊁看鏡中或水中之影。晉書王戎傳:“在車中攬鏡自～。”㊂察看。後漢書馮勤傳:“忠臣孝子,覽～前世,以爲鏡誡。”引申爲了解。晉書庾翼傳:“值天高聽邈,未垂察～。”

［同源字］照,昭,耀,燿,曜。“照”、“昭”同爲照三,宵部。“耀”、“燿”、“曜”均爲喻四,藥部。照三喻四旁紐,宵藥對轉。“昭”爲光明,形容詞。説文:“昭,日明也。”“照”、“耀”、“燿”多用作動詞。説文:“照,明也。”廣韻:“耀,光耀。”説文:“燿,照也。”“曜”多用作名詞,如“七曜”。五字同源。

煦 xù 香句切,去,遇韻,曉。侯部。

㊀温暖。南朝宋顔延之陶徵士誄:“晨煙暮靄,春～秋陰。”〔煦煦〕①温暖。元張養浩擬四時歸田樂詩冬:“負暄坐晴簷,煦煦春滿袍。”②通“呴呴”。和樂貌。引申爲恭謹貌。唐韓愈原道:“彼以煦煦爲仁,孑孑爲義,其小之也則宜。”㊁恩惠。玉篇:“煦,恩也。”唐玄宗誡勵宗室詔:“承～紹宗,行淹祈洽。”㊂〔煦嫗〕叠韻聯緜字。覆育,撫養。禮記樂記:“天地訢合,陰陽相得,煦嫗覆育萬物。”引申爲温暖。唐白居易歲暮詩:“加之一盃酒,煦嫗如陽春。”

［同源字］熙,熹,昫,煦,旭。見“熙”字條。

煞 1. shā 所八切,入,黠韻,審二。月部。

㊀“殺”的俗字。殺傷。漢班固白虎通五行:“明王先賞後罰,何法？法四時,先生後～也。”㊁結束。宋周密齊東野語一六降仙:“年年此際一相逢,未審是甚時結～。”

2. shà 集韻所介切,去,怪韻,審二。

㊂凶神。明王同軌耳談:“鄂城之俗,於新喪避～最嚴。”㊃甚。宋柳永迎春樂:“爲別後,相思～。”

按,説文無煞字。

十 畫

熔 róng。

同“鎔”。鎔化。

按,説文無熔字。

熇 1. hè 呵各切,入,鐸韻,曉。藥部。

㊀火熱。見説文。〔熇熇〕酷烈貌。詩大雅板:“多將熇熇,不可救藥。”孔穎達疏:“多行慘毒之惡,熇熇然使惡加于民,不可救止而藥治之。”

2. kào 集韻口到切,去,号韻,溪。

㊁用火烘烤。字亦作“焅”。集韻:“熇,焅,熇也。或从告。”

3. xiāo 集韻虚嬌切,曉平聲,平,宵韻,曉。

㊂炎熱。文選晉左思魏都賦:“宅土～暑,封疆障厲。”李善注:“埤蒼曰:‘熇,熱貌,許妖切。’”

煻 táng 徒郎切,音唐,平,唐韻,定。陽部。

〔煻煨〕熱灰。漢服虔通俗文:“熱灰謂之煻煨。”唐陸羽茶經二之具:“中置一器,貯煻煨火,令熅熅然。”

按,說文無煻字。

煽 shān 式連切,平,仙韻,審三。元部。

㊀熾盛。詩小雅十月之交:“豔妻～方處。”毛傳:“煽,熾也。”㊁鼓動,煽惑。後漢書劉表傳:“初荆州人情好擾,寇賊相～,處處麋沸。”

按,說文無煽字,新附有之,云:“煽,熾盛也。”

熒 1. yíng 户扃切,平,青韻,匣。耕部。

㊀微弱的光。漢書叙傳:“守窔奥之～燭,未卬天庭而睹白日也。”顔師古注:“熒燭,熒熒小光之燭也。”〔熒熒〕①微光閃爍貌。六韜守土:“涓涓不塞,將爲江河;熒熒不救,炎炎奈何?”②光豔貌。史記趙世家:“美人熒熒兮,顔若苕之榮。”㊁螢火蟲。禮記月令:“腐草爲～。”這個意義後來寫作“螢”。㊂眩惑。戰國策趙策二:“恃蘇秦之計,～惑諸侯,以是爲非,以非爲是。”

2. xíng 集韻翾營切,平,清韻,曉。耕部。

㊃水名。周禮夏官職方氏:“河南曰豫州,…其川～、雒。”這個意義後來寫作“滎”。

3. jiǒng 集韻户茗切,上,迥韻,匣。耕部。

㊄藥草名。爾雅釋草:“熒,委萎。”郭璞注:“藥草也。”

[同源字]熒,瑩,螢。三字均爲匣母,耕部。說文:“熒,屋下鐙燭之光也。”又:“瑩,玉色。”廣韻:“螢,螢火。”均有“小光”之義。

按,說文熒字在焱部。

㷠 lín 力珍切,平,真韻,來。真部。

“燐”的本字。磷火。說文:“兵死及牛馬之血爲～。㷠,鬼火也。从炎舛。”

按,說文㷠字在炎部。

煿 bó 集韻伯各切,音博,入,鐸韻,幫。

煎烤。唐劉恂嶺表録異卷下:“黄臘魚…南人爨爲炙,雖美而毒。或煎～乾,夜即有光如燭籠。”字亦作“爆”。見集韻。

按,說文無煿字。

熀 huǎng 字彙吁往切,音怳。

㊀〔爌熀〕叠韻聯緜字。見“爌”字條。㊁〔熀爛〕明亮。抱朴子内篇明本:“嗟乎!所謂抱螢燭於環堵之内者,不見天光之熀爛;侣鮋鰕於跡水之中者,不識四海之浩汗。”

按,說文無熀字。

熉 yún 集韻于分切,平,文韻,喻三。文部。

黄貌。漢書禮樂志郊祀歌天門:“照紫幄,珠～黄。”顔師古注:“如淳曰:‘熉音隕,黄貌也。’師古曰:‘言光照紫幄,故其珠色熉然而黄也。’”

按,說文無熉字。

熂 xì 許既切,去,未韻,曉。物部。

焚燒雜草。詩大雅旱麓“瑟彼柞棫,民所燎矣”鄭箋:“柞棫之所以茂盛者,乃人～燎除其旁草,養治之,使無害也。”釋文:“芟草燒之曰熂。”南史羊玄保傳:“～山封水,保爲家利。”

按,說文無熂字。

熓 chǎo 初爪切,上,巧韻,穿二。

㊀以火乾物。爾雅釋草“菺藈、豕首”郭璞注:“今江東呼豨首,可以～蠶蛹。”㊁熏烤。西遊記七回:“只是風攪得煙來,把一雙眼～紅了,弄做個老害病眼,故唤作火眼金睛。”

按,説文燭作鬻,在䰜部。段玉裁注:“按,四民月令作炒。”

熄 xī 相即切,入,職韻,心。職部。

㊀火滅。孟子告子上:“猶以一杯水救一車薪之火也,不～,則謂之水不勝火。”引申爲消失,消亡。吕氏春秋本味:“人主有奮而好獨者,則名號必廢～。”高誘注:“熄,滅也。”㊁通“息”。安寧。孟子滕文公下:“一怒而諸侯懼,安居而天下～。”

[同源字]熄,息。兩字同音。“熄”是使火止息,本作“息”。易革卦:“水火相息。”釋文:“息,説文作熄。”

熊 xióng 羽弓切,平,東韻,喻三。蒸部。

㊀獸名。詩小雅斯干:“吉夢維何?維～維羆。”㊁〔熊熊〕光盛貌。史記天官書:“熊熊赤色有光。”

按,説文熊字在熊部。

熏 xūn 許云切,平,文韻,曉。文部。

㊀煙火熏炙。詩豳風七月:“穹窒～鼠,塞向墐户。”引申爲火煙。南朝梁陶弘景許長史舊館碑:“金鑪揚～。”又引申爲氣味襲來。唐韓愈八月十五夜贈張功曹詩:“下牀畏蛇食畏藥,海氣濕蟄～腥臊。”〔熏熏〕①和悦貌。詩大雅鳧鷖:“鳧鷖在亹,公尸來止熏熏。”毛傳:“熏熏,和説也。”②衆多貌。漢揚雄太玄交:“往來熏熏,得亡之門。”㊁温暖。尸子綽子:“南風之～兮,可以解吾民之慍兮。”〔熏風〕和風,指南風或東南風。吕氏春秋有始:“東南曰熏風。”㊂〔熏夕〕通“曛夕”。黄昏。後漢書趙壹傳:“(羊)陟明旦大從車騎奉謁造壹,…陟遂與言談,至熏夕,極歡而去。”

[備考]通“釁”。以香料塗身。國語齊語:“比至,三釁三沐之。”韋昭注:“以香塗身曰釁,釁或爲熏。”唐韓愈答吕毉山人書:“方將坐足下三浴而三～之。”

按,説文熏字在屮部。

十一畫

熟 shú 殊六切,入,屋,禪。覺部。

㊀煮熟。論語鄉黨:“君賜腥,必～而薦之。”㊁成熟。書金縢:“歲則大～。”㊂熟習。唐杜甫宗武生日:“～精文選理,休覓綵衣輕。”㊃深入,細密。戰國策齊策一:“是故願大王～計之。”又形容睡眠的沉酣。宋書檀道濟傳:“道濟就寢便～。”

按,説文熟作䎛(孰),在丮部。段玉裁注:“玉篇始有熟字。”

熝 1. lù 集韻盧谷切,音鹿,入,屋韻,來。

㊀煉也。見集韻。

2. āo。

㊀同“爊”。煨,微火煮。正字通:“熝,爊字之譌。”太平廣記卷二五〇引傳載:“有士人,平生好吃～牛頭。”

熛 biāo 甫遥切,集韻卑遥切,音標,平,宵韻,幫。宵部。

㊀火飛。見説文。淮南子説林:“一家失～,百家皆燒。”㊁閃光。後漢書班固傳典引:“海内雲蒸,雷動電～。”㊂通“猋”。疾風。文選漢班固答賓戲“海内猋飛景附”李善注:“猋與熛古字通。”史記淮陰侯列傳:“天下之士,雲合霧集,魚鱗雜遝,～至風起。”漢書蒯通傳作“飄至風起”,顔師古注:“飄,讀曰猋,謂疾風。”

熼 zāo 作曹切,音糟,平,豪韻,精。幽部。

燒焦。説文:“熼,焦也。”引申爲灰燼。蒼頡篇:“熼,燒木餘也。”廣雅釋詁四:“熼,炮也。”又朱駿聲説文通訓定聲:“今北人凡言事物壞曰熼。”按,今作“糟”。

[同源字]焦,熼,憔。見“焦”字條。

熯 1. hàn 呼旰切,音漢,去,翰韻,曉。元部。

㊀以火乾物。易説卦:“燥萬物者,莫～

乎火。”引申爲枯乾。詩王風中谷有蓷:“中谷有蓷,～其乾矣。”㊁燒。論衡感虚:“～一炬火,爨一鑊水。”

2. rǎn 人善切,然上聲,上,獮韻,日。元部。

㊂恭敬。詩小雅楚茨:“我孔～矣,式禮莫愆。”

[同源字]熯,暵,乾,蔫,旱。五字均爲元部。“熯”、“暵”爲曉母,“乾”爲見母,“蔫”爲影母,“旱”爲匣母。見曉匣旁紐,曉影鄰紐。說文:“暵,乾也。”又:“熯,乾貌。”又:“旱,不雨也。”不雨則草木乾枯。說文:“蔫,菸也。”廣韻:“蔫,物不鮮也。”意義與“暵”、“熯”、“乾”相關。

熠 yì 羊入切,入,緝韻,喻四。緝部。

盛光。見說文。〔熠燿〕雙聲聯緜字。①光采鮮明貌。詩豳風東山:“倉庚于飛,熠燿其羽。”②螢火。詩豳風東山:“町畽鹿場,熠燿宵行。”毛傳:“熠燿,燐也。燐,螢火也。”馬瑞辰毛詩傳箋通釋:“熠燿爲螢光,與町疃爲鹿跡相對成文,螢火之名熠燿,蓋後人因詩以熠燿狀螢火,遂取以爲名耳。”文選晉潘岳秋興賦:“熠燿粲于階闥兮。”〔熠熠〕鮮明貌。晉阮籍清思賦:“色熠熠以流爛兮,紛錯雜以葳蕤。”

熭 wèi 于歲切,去,祭韻,喻三。月部。

曬乾。漢書賈誼傳:“日中必～,操刀必割。”顔師古注:“臣瓚曰:‘太公曰:日中不熭,是謂失時;操刀不割,失利之期。言當及時也。’師古曰:此語見六韜。熭,謂暴曬之。”今本六韜守土作“彗”。

熬 áo 五勞切,平,豪韻,疑。宵部。

㊀炒乾。方言七:“熬,火乾也。凡以火而乾五穀之類,自山而東齊楚以往謂之熬。”周禮地官舍人:“喪紀,供飯米、～穀。”比喻痛苦。楚辭漢王逸九思怨上:“我心兮煎～,惟是兮用憂。”㊁長時間的煮(後起義)。南齊書張融傳海賦:“若乃漉沙構白,～波出鹽。”又爲煮乾。後漢書邊讓傳:“函牛之鼎以亨鷄,多汁則淡而不可食,少汁則～而不可熟。”㊂〔熬熬〕①愁怨聲。漢書陳湯傳:“國家罷敝,府藏空虚,下至衆庶,熬熬苦之。”②炎熱貌。唐張籍山頭鹿詩:“早日熬熬蒸野岡,禾黍不收無獄糧。”

熱 rè 如列切,入,薛韻,日。月部。

㊀熱。孟子梁惠王下:“如水益深,如火益～。”引申爲内心焦躁。孟子萬章上:“仕則慕君,不得於君則～中。”趙岐注:“心中恐懼也。”㊁病名。素問熱論:“今夫～病者,皆傷寒之類也。”

[辨]熱,暑。說文:“暑,熱也。”兩字同義。但段玉裁以爲“暑與熱渾言則一,…析言則二。…暑之義主溼,熱之義主燥。”此外,關於四季氣温的高低,古代多說“寒暑”,不說“寒熱”或“冷熱”。如列子湯問:“寒暑易節,始一反焉。”

熨 1. yùn 紆物切,入,物韻,影。今讀如緼。

㊀用熨斗燙平衣物。說文作“尉”:“尉,從上按下也。从𡰥又持火,所以申繒也。”唐杜甫白絲行:“美人細意～貼平,裁縫滅盡針綫迹。”引申爲以身緊貼傳熱。世說新語惑溺:“荀奉倩與婦至篤,冬月婦病熱,乃出中庭自取冷,還,以身～之。”㊁熨斗。漢服虔通俗文:“火斗曰尉(熨)。”

2. wèi 於胃切,去,未韻,影。微部。

㊂用藥熱敷。漢劉向新序:“疾在腠理,湯～之所及也。”

熲 jiǒng 古迥切,音炯,上,迥韻,見。耕部。

㊀火光。見說文。引申爲光亮。詩小雅無將大車:“無思百憂,不出於～。”毛傳:“熲,光也。”鄭箋:“不得出於光明之道。”㊁警枕。禮記少儀:“～、杖、琴、瑟…其執之皆尚左手。”鄭玄注:“熲,警枕也。”

熢 fēng 敷容切,平,鍾韻,敷。東部。

“烽”的異體字。見“烽”字條。

十二畫

燙 1. dàng 字彙徒浪切,音宕。

後起字。㊀滌燙,洗滌。篇海類編天文類火部:“燙,滌燙也。音盪。”

2tàng。

㊁以熱水温物。紅樓夢三八回:“把酒～得滚滚的拿來。”㊂爲水火所灼傷。紅樓夢三五回:“～了那裏了?疼不疼?”

熾 chì 昌志切,去,志韻,穿三。職部。

㊀火旺。韓非子備内:“今夫水之勝火也明矣,然而釜鬵閒之,水煎沸竭盡其上,而火得～盛焚其下,水失其所以勝者矣。”引申爲昌盛、强盛。詩魯頌閟宫:“俾爾～而昌,俾爾壽而臧。”㊁通“饎”。烹煮。周禮考工記鍾氏:“鍾氏染羽,以朱湛丹秫,三月而～之。”

燉 1. dūn (舊讀 tún 豚)徒渾切,平,魂韻,定。文部。

㊀火盛。見玉篇。〔燉燉〕火光盛貌。唐張鷟朝野僉載:“開元五年,洪潭三州復有火災,晝日人見火精赤燉燉,所詣即火起。”㊁〔燉煌〕地名。即敦煌。

2. tūn 他昆切,平,魂韻,透。

㊂通“暾”。温暖。唐白居易别氈帳火爐詩:“婉軟蟄鱗蘇,温～凍肌活。”

3. dùn 音炖。

㊃久煮使爛(晚起義)。

按,説文無燉字。

燐 lín 力珍切,平,真韻,來。真部。

㊀同“粦”。燐火。淮南子氾論:“老槐生火,久血爲～,人弗怪也。”〔燐亂〕雙聲聯緜字。光色不定。文選漢王延壽魯靈光殿賦:“瀖濩燐亂,煒煒煌煌。”吕延濟注:“瀖濩燐亂,煒煒煌煌,皆光色亂動,目眩曜而不定也。”㊁螢火。詩豳風東山“熠燿宵行”毛傳:“熠燿,～也。～,螢火也。”

按,説文無燐有粦,在炎部。

熿 1. huáng 集韻胡光切,音黄,平,唐韻,匣。陽部。

㊀同“煌”。〔熿熿〕光明貌。漢揚雄太玄玄文:“天炫炫出於無畛,熿熿出於無垠。”〔炫熿〕雙聲聯緜字。光盛貌。戰國策秦策一:“轉轂連騎,炫熿於道。”注:“炫熿也,猶焜光也。”

2. huǎng 集韻户廣切,音晃,上,蕩韻,匣。陽部。

㊁同“爌”。明亮。文選漢揚雄甘泉賦:“北～幽都,南煬丹崖。”李善注:“熿與晃音義同。”漢書揚雄傳上作“爌”,顔師古注:“爌,古晃字。”

按,説文無熿字。

燒 1. shāo 式招切,平,宵韻,審三。宵部。

㊀焚燒。韓非子内儲説下:“左右因微令夜～芻廐。”

2. shào 失照切,去,笑韻,審三。宵部。

㊁野火燒田或放火燒田。管子輕重甲:“齊之北澤～,火光照堂下。管仲入賀桓公曰:‘吾田野辟,農夫必有百倍之利矣。’”又用作名詞。野火。唐白居易秋思詩:“夕照紅於～,晴空碧勝藍。”

熺 1. xī 許其切,音熙,平,之韻,曉。之部。

㊀亮,明亮。管子侈靡:“古之祭,有時而星,有時而星～。”尹知章注:“熺,星之明。或有祭明星者。”㊁熾,旺。文選晉木華海賦:“～炭重燔,吹烱九泉。”李善注:“熺炭,炭之有光也。廣雅曰:熺,熾也。”“熺”音許眉反。

2. chì。

㊂通“饎”。烹煮。淮南子時則:“湛～必潔。”高誘注:“湛,漬也。熺,炊。必令圭潔也。”劉文典集解引桂馥曰:“熺,借字,當爲饎。”

按,説文熺作熹。

燂 qián 昨鹽切,音潛,平,鹽韻,從。侵部。

㊀燒熱。禮記內則:"五日則~湯請浴。"㊁炙爛。周禮考工記弓人:"撟角欲孰於火而無~。"鄭玄注:"燀,炙爛也。"

熂 fén 符分切,音焚,平,文韻,奉。文部。

同"焚"。論衡雷虛:"以人中雷而死,即詢其身,中頭則鬚髮燒燋,中身則皮膚灼~,臨其尸上聞火氣。"

按,說文無熂有焚(據段注本)。

燎 1. liǎo 力小切,上,小韻,來。宵部。

㊀焚燒草木。書盤庚:"若火之~於原,不可嚮邇,其猶可撲滅?"此義今讀 liáo。㊁烘烤。後漢書馮異傳:"光武對竈~衣。"又爲燒焦。三國志魏書王粲傳:"以此行事,無異於鼓洪爐以~毛髮。"

2. liào 力照切,去,笑韻,來。宵部。

㊂燒柴祭天。漢班固白虎通封禪:"~祭天,報之義也。"㊃夜獵。廣韻:"燎,宵田。"潛夫論:"昔有司原氏者,~獵中野。"

3. liáo 力昭切,平,宵韻,來。宵部。

㊄火炬。詩小雅庭燎:"夜未央,庭~之光。"

燖 xún 徐鹽切,集韻徐心切,音尋,平,侵韻,邪。侵部。

把肉放在熱水中略爲一煮。儀禮聘禮"膚鮮魚鮮"鄭玄注:"膚,豕肉也,惟~者有膚。"釋文:"燖,劉音尋,一本作爓,音潛。"北魏酈道元水經注若水:"又有温水,冬夏常熱,其源可~鷄豚。"

按,說文燖作𤎯,在炎部。

熸 jiān 子廉切,音殲,平,鹽韻,精。侵部。

火滅。引申爲軍隊覆滅。左傳襄公二十六年:"楚師大敗,王夷,師~。"

按,說文無熸字。

燈 dēng 都滕切,平,登韻,端。蒸部。

照明的器具。文選晉嵇康雜詩:"光~吐輝,華幔長舒。"佛教用以比喻佛法。唐杜甫望牛頭寺詩:"傳~無白日,布地有黄金。"

[辨]燈,鐙。"鐙"本爲一種高足的器皿,其中置燭,可作爲照明器具。在"照明器具"這個意義上既可寫作"鐙",也可寫作"燈"。但"鐙"的其他意義"燈"不具備。

按,說文燈作鐙,在金部。

燀 1. chǎn 昌善切,音闡,上,獮韻,穿三。元部。

㊀炊。左傳昭公二十年:"水火醯醢鹽梅以烹魚肉,~之以薪。"㊁火起貌。國語周語下:"火無災~。"韋昭注:"燀,焱起貌也。"引申爲光焰。史記秦始皇本紀:"義誅信行,威~旁達,莫不賓服。"又引申爲熾熱,炎熱。文選三國魏何晏景福殿賦:"故冬不淒寒,夏無炎~。"

2. dǎn 集韻黨旱切,單上聲,上,緩韻,端。元部。

㊂通"亶"。厚。吕氏春秋重己:"衣不~熱。"高誘注:"燀讀曰亶。亶,厚也。"

燔 fán 附袁切,音煩,平,元韻,奉。元部。

㊀焚燒。禮記祭法:"~柴於泰壇,祭天也。"又爲燒炙。詩大雅行葦:"醓醢以薦,或~或炙。"㊁烤肉(名詞)。儀禮特牲饋食禮:"兄弟長以~從。"鄭玄注:"燔,炙肉也。"特指祭祀用的烤肉。左傳襄公二十二年:"與執~焉。"釋文:"燔又作膰,音煩,祭肉也。"這個意義說文作"鐇"。通常寫作"膰"。

[同源字]焚,燔,膰。見"焚"字條。

燃 rán 如延切,平,仙韻,日。元部。

燃燒。漢書賈誼傳:"火未及~,因謂之安。"

[同源字]然,難,燃,爇,焫。見"然"字條。

按,說文燃作然。

燋 1. jiāo 即消切,平,宵韻,精。宵部。

㊀引火之物。說文:"燋,所以然持火也。"段玉裁注:"持火者,人所持之火也。…

人所持之火以燋然之，燋者苣爲之。卜之用燋，其一端也。”禮記少儀：“凡飲酒爲獻，主者執燭抱～。”鄭玄注：“燋爲未爇之炬。”此爲燃燭之燋。儀禮士喪禮：“楚焞置于～，在龜東。”此爲占卜用之燋，此義集韻又音慈焦切，今音 qiáo。❷通“焦”。韓詩外傳二：“抱羽毛而赴烈火，入則～焉。”

2. qiáo 集韻慈焦切，平，宵韻，從。宵部。

❸通“憔”。憔悴。莊子天地：“孝子操藥以修慈父，其色～然。”釋文：“燋，將遥反，又音樵。”

3. zhuó 集韻職略切，入，藥韻，照三。藥部。

❹通“灼”。燒灼。漢班固白虎通五行：“火相金成，其火～金。”

［同源字］燋，爝。兩字均爲精母，“燋”宵部，“爝”藥部，宵藥對轉。兩字均有“火炬”義。莊子逍遥遊：“日月出矣，而爝火不息。”釋文：“爝，本亦作燋。”

熹 xī 許其切，音熙，平，之韻，曉。之部。

❶烤。説文：“熹，炙也。”❷明亮。宋楊萬里明發陳公徑過摩舍那灘石峰下詩之四：“東暾濇未～，北吹寒更寂。”〔熹微〕微明貌。晉陶潛歸去來辭：“問征夫以前路，恨晨光之熹微。”

［同源字］熙，熹，昫，煦，旭。見“熙”字條。

燕 1. yàn 於甸切，去，霰韻，影。元部。

❶燕子。詩邶風燕燕：“～～于飛，差池其羽。”❷通“宴”。安樂，安閒。詩小雅蓼蕭：“既見君子，孔～豈弟。”鄭箋：“燕，安也。”禮記經解：“～處則聽雅頌之音。”〔燕燕〕安逸貌。詩小雅北山：“或燕燕居息，或盡瘁事國。”〔燕婉〕温順貌。詩邶風新臺：“燕婉之求，籧篨不鮮。”毛傳：“燕，安；婉，順也。”❸通“宴”。宴享。詩小雅鹿鳴：“我有旨酒，嘉賓式～以敖。”❹親近。漢賈誼新書保傅：“於是爲置三少，皆上大夫也，曰少保、少傅、少師，是與太子～者也。”又爲親狎。禮記樂記：“～朋逆其師。”鄭玄注：“燕，猶褻也。”

2. yān 烏前切，平，先韻，影。元部。

❺國名。①周代國名。②南北朝時國名，有前燕、後燕、南燕、北燕。

按，説文燕字在燕部。

燄 yàn 以冉切，上，琰韻，喻四。談部。

❶火勢微弱貌。説文：“燄，火行微燄燄也。”一切經音義卷七引作“火微燄燄然也”。〔燄燄〕火勢微弱貌。書洛誥：“無若火始燄燄。”❷通“爓”。火焰。引申爲氣勢。左傳莊公十四年：“人之所忌，其以氣～取之。”

［辨］燄，炎，焰，爓。“焰”爲“爓”之俗字。據説文，“炎”、“燄”、“爓”三字本義有别（俱見各條），“炎”、“燄”都可通“爓（焰）”，表示“火焰”之意。但王筠、徐灝以爲“燄”、“爓”爲同一字，徐灝且認爲“炎”、“燄”是古今字。

按，説文燄字在炎部。

十三畫

燮 xiè 蘇協切，入，怗韻，心。葉部。

調和。爾雅釋詁：“燮，和也。”説文：“燮，和也。”書顧命：“～和天下，用答揚文武之光訓。”亦作“燮”。説文：“燮，大孰也。”

按，説文燮字在炎部，燮字在又部。燮、燮實爲一字。

燧 suì 徐醉切，去，至韻，邪。物部。

❶古代取火的工具，金燧爲取火於日的銅鏡，木燧爲取火之木。論語陽貨：“鑽～取火。”此爲木燧。玉篇：“燧，以取火於日。”此爲金燧。“金燧”亦稱“陽燧”。❷古代邊防報警用的煙火，晝稱“烽”，夜稱“燧”。墨子號令：“與城上烽～相望。”引申爲烽火臺。後漢書西羌傳：“于是障塞亭～出長城外數千里。”

按，説文無燧字，陽燧之燧作鐆。

營 yíng 余傾切，平，清韻，喻四。耕部。

❶圍繞而居。説文：“營，帀居也。”段玉

裁注："市居，謂圍繞而居。如市營曰闤，軍壘曰營，皆是也。"引申爲環繞。公羊傳莊公二十五年："以朱絲～社。"釋文："(營)本作縈，同。"❷軍營。史記衛將軍驃騎列傳："於是大將軍令武剛車自環爲～。"❸區域。淮南子俶真："夫牛蹏之涔無尺之鯉，塊阜之山無丈之材。…皆其～宇狹小，而不能容巨大也。"❹度量，測量。吕氏春秋孟冬紀："～丘壟之小大高卑薄厚之度。"❺經營，謀劃，辦理。詩小雅黍苗："肅肅謝功，召伯～之。"鄭箋："營，治也。"淮南子主術："忠正在上位執政～事，則讒佞姦邪無由進矣。"❻謀求。東觀漢記杜林傳："邑里無～利之家，野澤無兼并之民。"❼建造。史記秦始皇本紀："故～阿房宫爲室堂。"❽照料，救助。南史謝誨傳："所生母郭氏疾，…恐僕役～疾懈倦，躬自執勞。"後漢書龐參傳："～恤不使之民。"❾〔營魄〕魂魄。老子第十章："載營魄抱一。"❿通"營"。迷惑，惑亂。孫臏兵法威王問："～而離之，我并卒而擊之。"

按，説文營字在宫部。

爘 càn 蒼案切，去，翰韻，清。元部。

古作"粲"。〔爘爛〕叠韻聯緜字。光彩鮮明貌。文選漢張衡東京賦："瑰異譎詭，爘爛炳焕。"

按，説文無爘字，新附有之，曰："爘，爘爤，明瀞皃。"

燥 1. zào 蘇老切，上，皓韻，心。今讀如躁。宵部。

❶乾燥。荀子勸學："施薪若一，火就燥也。"

2. sào 集韻先到切，去，号韻，心。

❶〔燥子〕通"臊子"。細切的肉。宋吴自牧夢粱録卷一六："且如猪肉名件，或細抹落索兒精、鈍刀丁頭肉、條攛精、竄燥子肉，…"

燡 yì 羊益切，入，昔韻，喻四。鐸部。

〔燡燡〕光明貌。文選漢王延壽魯靈光殿賦："汩磑磑以璀璨，赫燡燡而燭坤。"李善注："燡，光明貌。"

燭 zhú 之欲切，入，燭韻，照三。屋部。

❶火炬。儀禮士喪禮："～俟於饌東。"鄭玄注："燭，燋也。火在地曰燎，執之曰燭。"後來指蠟燭。唐李商隱夜雨寄内詩："何當共剪西窗～，却話巴山夜雨時。"❷照。莊子天運："～之以日月之明。"引申爲洞察。韓非子難三："明不能～遠姦，見隱微，而待之以觀飾行，定賞罰，不亦弊乎？"

燬 huǐ 許委切，音毁，上，紙韻，曉。微部。

烈火。詩周南汝墳："魴魚赬尾，王室如～。"釋文："齊人謂火曰燬，…字書亦作'焜'。"又用作動詞。燃燒。晉書温嶠傳："嶠遂～犀角而照之。"

[同源字]火，燬，焜。"燬"、"焜"實同一字。"火"和"燬(焜)"古音均爲曉母微部，是同源字，只是方言的不同。

燠 1. yù 於六切，音郁，入，屋韻，影。覺部。

❶温暖。説文："燠，熱在中也。"禮記内則："下聲怡氣，問衣～寒。"

2. yù 集韻威遇切，去，遇韻，影。覺部。

❶〔燠休〕撫慰病痛者的聲音。引申爲撫慰。左傳昭公三年："民人痛疾，而或燠休之。"

[同源字]煴，温，燠，鬱。見"煴"字條。

十四畫

爁 làn 盧瞰切，音濫，去，闞韻，來。談部。

〔爁炎〕火勢蔓延。淮南子覽冥："火爁炎而不滅，水浩洋而不息。"

按，説文無爁字。

燼 jìn 徐刃切，去，震韻，邪。真部。

灰燼。説文："𤇾，火餘也。"北魏酈道元水經注江水："有一火～，插在崖間，望見可長數尺。"引申爲殘餘。左傳成公二年："請收合餘～,背城借一。"

[同源字]盡,燼,藎。"盡"是"竭盡"之義,木燒盡即爲燼。"盡"從母,"燼"邪母,兩字旁紐。"藎"與"燼"同音。方言二:"藎,餘也。…自關而西,秦楚之間,炊薪不盡曰藎。"三字同源。

按,説文燼作𤎩。

燿 1. yào 弋照切,去,笑韻,喻四。藥部。

又作"耀"。❶照耀。老子第五十八章:"直而不肆,光而不～。"引申爲明。國語周語:"先王～德不觀兵。"❷炫惑,迷亂。淮南子脩務:"察於辭者不可～以名。"

2. shuò 集韻式灼切,入,藥韻,審三。藥部。

❸同"鑠"。鎔化。漢書藝文志兵家:"後世～金爲刃,割革爲甲,器械甚備。"顔師古注:"燿,讀與鑠同,謂銷也。"

3. shào 集韻所教切,去,效韻,審二。宵部。

❹同"䏚"。又尖又細。廣韻:"凡物之殺鋭曰䏚,或作艄、燿、哨。"周禮考工記梓人:"大胸,～後。"鄭玄注:"燿,讀爲哨,頎小也。"阮元校勘記謂"頎"當作"頃"。

[同源字]照,昭,耀,燿,曜。見"照"字條。

燻 xūn 許云切,平,文韻,曉。文部。

古作"熏"。火煙上出。墨子節葬:"其親戚死,聚柴薪而焚之,～上,謂之登遐。"又爲用煙火熏灼。論衡命禄:"越王翳逃山中,至誠不願自冀得代。越人～其穴,遂不得免,彊立爲君。"

按,説文燻作熏,在屮部。

燾 1. dào 徒到切,去,号韻,定。幽部。

❶覆蓋。經傳多作"幬"。也作"燽"。逸周書作雒:"～以黄土。"❷〔燾奡(ào)〕叠韻聯緜字。高峻深邃貌。文選漢張衡西京賦:"駁娑駘盪,燾奡桔桀。"

2. tāo 徒刀切,平,豪韻,定。

❸人名用字。

燹 xiǎn 蘇典切,先上聲,上,銑韻,心。文部。

野火。常"兵燹"連用,指兵亂中縱火焚燒。宋史神宗紀:"詔岷州界經鬼章兵～者賜錢。"引申爲焚燒。新唐書循吏傳:"讓慘然爲～券,召母歸之。"

十 五 畫

爌 1. huǎng 呼晃切,音晃,上,蕩韻,曉。陽部。

❶明,明亮。漢書揚雄傳甘泉賦:"北～幽都,南煬丹崖。"顔師古注:"爌,古晃字。"

2. kuàng 苦謗切,去,宕韻,溪。陽部。

❷〔爌熀〕叠韻聯緜字。寬敞明亮。文選漢王延壽魯靈光賦:"鴻爌熀以爣閬,飋蕭條而清泠。"一本作"爌炾"。李善注引張載云:"爌炾,爣閬,皆寬明貌。"

[同源字]煌,晃,爌,光。見"煌"字條。

按,説文無爌字。

爊 āo 集韻於刀切,平,豪韻,影。

同"熝"。把食物塗上泥或在灰中燒烤。北魏賈思勰齊民要術脯腊:"其魚草裹泥封,煻灰中～之。"本亦作"熝"。漢書楊惲傳"烹羊炰羔"顔師古注:"炰,毛炙肉也,即今所謂～也。"廣韻作"熝",云:"熝,埋物灰中令熟。"

按,説文無爊字。

爏 mì 集韻莫狄切,音覓,入,錫韻,明。錫部。

〔爏蠡〕乾酪。漢書揚雄傳長楊賦:"毆橐它,燒爏蠡。"顔師古注引張晏曰:"爏蠡,乾酪也。"

按,説文無爏字。

爆 1. bào 北教切,去,效韻,幫。藥部。

❶火裂。説文:"爆,灼也。"徐鉉云:"今

俗音豹，火裂也。”南朝梁宗懔荆楚歲時記：“正月一日，…鷄鳴而起，先於庭前～竹，以辟山臊惡鬼。”

2. bó 北角切，音博，入，覺韻，幫。藥部。

㊁〔爆爍（luò）〕叠韻聯緜字。枝葉稀疏貌。詩大雅桑柔“捋采其劉”毛傳：“劉，爆爍而稀也。”鄭箋：“及已捋采之，則葉爆爍而疏。”

3. bó 集韻伯各切，音博，入，鐸韻，幫。

㊂煎烤食物。集韻鐸韻：“爆，火乾也。”字亦作“煿”。

爍 1. shuò 書藥切，入，藥韻，審三。藥部。

㊀發光貌。説文新附：“爍，灼爍，光也。”〔爍爍〕發光貌。古文苑漢李陵録别詩：“爍爍三星列，拳拳月初生。”㊁銷鎔。也寫作“鑠”。周禮考工記序：“～金以爲刃。”引申爲消竭。莊子胠篋：“上悖日月之明，下～山川之精。”㊂熱。文選漢枚乘七發：“衣裳則雜遝曼煖，燂～熱暑。”

2. luò 集韻力角切，入，覺韻，來。藥部。

㊃〔爆爍〕叠韻聯緜字。見“爆”字條。

［同源字］消，潐，銷，鑠，爍。見“消”字條。

按，説文無爍字，新附有之，云：“爍，灼爍，光也。”

爇 ruò 如劣切，入，薛韻，日。月部。

燒。左傳昭公二十七年：“遂令攻郤氏且～之。”又爲點燃。周禮春官華氏：“凡卜，以明火～燋。”

［同源字］然，爇，燃，爇，焫。見“然”字條。

十 六 畫

爓 1. yàn 以贍切，音焰，去，豔韻，喻四。侵部。

㊀火焰。文選漢班固蜀都賦：“吐～生風，吹野燎山。”

2. xún 徐鹽切，平，鹽韻，邪。侵部。

㊁通“燖”。把肉在熱水中略爲一煮。又寫作“錟”。禮記郊特牲：“血腥～祭。”

［辨］錟，炎，焰，爓。見“錟”字條。

爐 lú 落胡切，平，模韻，來。魚部。

火爐。墨子備蛾傅：“五步一竈，竈門有～炭。”唐杜甫對雪詩：“瓢棄罇無緑，～存火似紅。”

按，説文爐作鑪，在金部。

十 七 畫

爛 làn 郎旰切，去，翰韻，來。元部。

㊀煮爛。吕氏春秋本味：“熟而不～。”引申爲火燒傷。左傳定公三年：“（邾子）滋怒，自投于牀，廢于鑪炭，～，遂卒。”㊁腐爛。莊子人間世：“咶其葉，則口～而爲傷。”㊂燦爛。楚辭戰國屈原九歌雲中君：“靈連蜷兮既留，～昭昭兮未央。”又爲色彩鮮豔。詩唐風葛生：“角枕粲兮，錦衾～兮。”〔爛漫〕叠韻聯緜字。①分散貌。莊子在宥：“大德不同，而性命爛漫矣。”成玄英疏：“爛漫，散亂也。”也形容聲音雜而多。文選漢馬融長笛賦：“紛葩爛漫，誠可喜也。”吕向注：“紛葩爛漫，聲亂而多也。”②光彩分布。文選漢王延壽魯靈光殿賦：“澔澔汗汗，流離爛漫。”③放浪貌。五代韋莊庭前桃詩：“曾向桃源爛漫游，也同漁父泛仙舟。”

按，説文爛作爤。

爝 jué 即略切，入，藥韻，精。藥部。

㊀炬火，小火。莊子逍遥遊：“日月出矣，而～火不息。其於光也，不亦難乎？”㊁以火祓除不祥。吕氏春秋本味：“湯得伊尹，祓之于廟，～以爟火，釁以犧豭。”

［同源字］燋，爝。見“燋”字條。

爚 yuè 以灼切，音躍，入，藥韻，喻四。藥部。

㊀火光。説文：“爚，火飛也。”初學記、一切經音義、文選三國魏何晏景福殿賦李善注等引説文並作“火光也”。史記屈原賈生列傳

弔屈原賦:"彌融～以隱處兮,夫豈從蟻與蛭螾?"〔爚爚〕光明貌。文選漢班固西都賦:"震震爚爚,雷奔電激。"㊂照耀。吕氏春秋期賢:"今夫～蟬者,務在乎明其火,振其樹而已。火不明,雖振其樹何益?"引申爲眩耀,惑亂。莊子胠篋:"彼曾史楊墨師曠工倕離朱,皆外立其德而以～亂天下者也。"

十八畫

爟 guàn 古玩切,音灌,去,换韻,見。元部。

高舉的火,用于袚除不祥。吕氏春秋本味:"湯得伊尹,爝以～火。"高誘注:"爟火者,所以袚除其不祥,置火於桔槔,燭以照之。"引申爲烽火。北周庾信周上柱國齊王憲神道碑:"匈奴突於武川,～火通於灞上。"

[備考]周禮夏官司爟:"司～掌行火之政令,四時變國火以救時疾。"鄭玄注:"故書爟爲燋。"

爞 chóng 直弓切,音蟲,平,東韻,澄。冬部。

〔爞爞〕熱氣熏蒸貌。爾雅釋訓:"爞爞,炎炎,熏也。"郭璞注:"皆旱熱熏炙人也。"唐白居易賀雨詩:"自冬及春暮,不雨旱爞爞。"

按,説文無爞字,新附有之,云:"爞,旱氣也。"

十九畫

爢 mí 靡爲切,音糜,平,支韻,明。歌部。

㊀爛。見説文。多借"糜"或"靡"爲之。孟子盡心下:"梁惠王以土地之故,糜爛其民而戰之。"文選晉盧諶贈劉琨詩序:"意氣之間,靡軀不悔。"李善注:"靡,爛也。"㊁通"糠"。碎,碎末。楚辭戰國屈原離騷:"折瓊枝以爲羞兮,精瓊～以爲粻。"王逸注:"爢,屑也。"楚辭戰國宋玉招魂:"旋入雷淵,～散而不可止些。"

爡 rán 音然。元部。

古"然"字。燃燒。漢書召信臣傳:"晝夜～蘊火。"顔師古注:"爡,古然字。"文選漢揚雄劇秦美新:"～除仲尼之篇籍。"

按,説文無爡有然。

爨 rán 如延切,平,仙韻,日。

同"然"。燃燒。後漢書文苑傳侯瑾:"暮還輒～柴以讀書。"李賢注:"爨,古然字。"

[同源字]然,爨,燃,爇,焫。見"然"字條。

按,説文無爨有然。

二十畫

爣 tǎng 他朗切,音倘,上,蕩韻,透。陽部。

㊀〔爣閬〕叠韻聯緜字。寬敞明亮。文選漢王延壽魯靈光殿賦:"鴻爌炾以爣閬,飋蕭條而清泠。"㊁〔爣烺〕叠韻聯緜字。火貌。集韻蕩韻:"爣,爣烺,火貌。"

按,説文無爣字。

二十一畫

爥 zhú 古今韻會舉要朱欲切,音燭。屋部。

同"燭"。照。古今韻會舉要沃韻:"矚,照也。或作爥。"文選漢班固東都賦:"考聲教之所被,散皇明以～幽。"

按,説文無爥字。

二十二畫

爨 cuàn 七亂切,音竄,去,换韻,清。元部。

㊀炊。孟子滕文公上:"許子以釜甑～,以鐵耕乎?"㊁竈。禮記禮器:"燔柴於～。"㊂我國古代西南少數民族名。在今雲南省境内。㊃姓。戰國時有爨襄。見戰國策魏策一。

按,説文爨字在爨部。

爪　部

爪 zhǎo 側絞切,上,巧韻,照二。幽部。

❶指甲,趾甲。史記蒙恬列傳:"及武王有病殆甚,公旦自揃其～以沈於河。"又爲動物的爪。老子第五十章:"兕無所投其角,虎無所措其～。"引申爲器物的爪形部分(後起義)。宋周密癸辛雜識續集上:"鐵錨四～皆折。"〔爪牙〕①動物的爪和牙。荀子勸學:"螾無爪牙之利,筋骨之强,上食埃土,下飲黄泉。"②武士。詩小雅祈父:"祈父,予王之爪牙。"③得力的助手。史記酷吏列傳王温舒:"擇郡中豪敢任吏十餘人,以爲爪牙。"④供驅使之人。南史顔延之傳:"師伯專斷朝事,不與沈慶之參懷,謂令史曰:'沈公爪牙者耳,安得豫政事?'"❷用指甲把搔或掐。難經:"當刺之時,必先以左手厭按所鍼滎俞之處,彈而努之,～而下之。"唐柳宗元種樹郭橐駝傳:"～其膚以驗其生枯,摇其本以觀其疏密。"

[同源字]爪,抓,搔。三字均爲幽部。"爪"、"抓"同爲照二,"搔"爲心母。照二、心鄰紐。在"用指甲把搔或掐"的意義上,既可用"爪",也可用"抓"、"搔"。

四　畫

爭 1. zhēng 側莖切,平,耕韻,照二。耕部。

❶争奪,争鬭。荀子禮論:"人生而有欲,欲而不得,則不能無求;求而無度量分界,則不能不～。"又爲競争。史記屈原賈生列傳:"推此志也,雖與日月～光可也。"❷辯論。戰國策趙策三:"鄂侯～之急,辨之疾。"❸差(晚起義)。唐柳宗元寄韋珩詩:"奇瘡釘骨狀如箭,鬼手脱命～纖毫。"❹怎麽(晚起義)。唐白居易題峽中石上詩:"誠知老去風情減,見此～無一句詩!"

2. zhèng 集韻側迸切,去,諍韻,照二。耕部。

❺規諫。這個意義後來寫作"諍"。孝經諫諍章:"昔者天子有～臣七人,雖無道,不失其天下。"唐玄宗注:"争,謂諫也。"

[同源字]争,諍。見"諍"字條。

按,説文爭字在受部。

爬 1. pá 蒲巴切,平,麻韻,並。

❶搔。晉葛洪神仙傳王遠:"麻姑手爪似鳥。…背大癢時,得此爪以～背,當佳也。"唐韓愈雨中寄孟刑部幾道聯句:"祛煩類決癰,愜興劇～疥。"❷手足並用攀登(晚起義)。元曲選紀君祥趙氏孤兒:"他他他只貪着目前受用,全不省～的高來可也跌的來腫。"❸〔爬沙〕叠韻聯緜字。緩慢爬行貌。唐韓愈月蝕詩效玉川子作:"爬沙脚手鈍,誰使汝解緣青冥?"魏懷忠注:"爬沙,行貌。""爬"一本作"杷"。

2. bà.

❹同"耙"。用以碎土平地的農具。太平御覽卷三三九引金匱:"守戰之具,皆在民間。…鋤～者,是其矛戟也。"用作動詞。用耙碎土平地。唐陸龜蒙耒耜經:"耕而後有～,渠疏之義也。"

按,説文無爬字。

五　畫

爰 yuán 雨元切,平,元韻,喻三。元部。

❶代詞。于此。荀子賦:"～有大物,非絲非帛。"又爲于何。詩邶風擊鼓:"～居～處?～喪其馬?"鄭箋:"今于何居乎?于何處乎?于何喪其馬乎?"❷介詞。相當于"於"、"于"。書盤庚下:"乃正厥位,綏～有衆。"❸句首語氣詞。有時可譯爲"于是"。詩大雅緜:"～及姜女,聿來胥宇。"❹更换。史記酷

史列傳張湯："湯掘窟得盜鼠及餘肉，劾鼠掠治，傳～書，訊鞫論報。"司馬貞索隱引韋昭："爰，换也。古者重刑，嫌有愛惡，故轉移獄書，使他官考實之，故曰傳爰書也。"❺通"猨(猿)"。漢書李廣傳："爲人長，～臂。"顔師古注引如淳："臂如猨臂，通肩也。"史記作"猨臂"。❻〔爰爰〕舒緩貌。詩王風兔爰："有兔爰爰，雉離于羅。"

按，説文爰字在𠬪部。

八 畫

爲 1. wéi 薳支切，平，支韻，喻三。歌部。

❶做，造作。論語憲問："其言之不怍，則～之也難。"戰國策齊策："王使人～冠。""做"的含義相當廣泛，在具體上下文中可譯爲"治"、"學"、"安排"等。論語先進："～國以禮。"左傳成公十年："疾不可～也。"論語陽貨："女～周南召南矣乎？"左傳隱公元年："不如早～之所。"引申爲變成，成爲。詩小雅十月之交："高岸～谷，深谷～陵。"又引申爲叫作，當做。莊子逍遥遊："北冥有魚，其名～鯤。"墨子公輸："子墨子解帶～城，以牒～械。"又引申爲算作。孟子梁惠王上："萬取千焉，千取百焉，不～不多矣。"❷略等于"是"。孟子公孫丑上："爾～爾，我～我。"❸介詞。被。論語子罕："不～酒困。"❹連詞。如果。韓非子内儲説下："王甚喜人之掩口也，～近王，必掩口。"❺句末語氣詞。①表疑問。論語顔淵："棘子成曰：'君子質而已矣，何以文～？'"②表感嘆。莊子逍遥遊："予無所用天下～！"

2. wèi 于僞切，去，寘韻，喻三。歌部。

❻幫助。論語述而："夫子～衛君乎？"❼介詞。替，給。莊子養生主："庖丁～文惠君解牛。"❽介詞。因爲。荀子天論："天行有常，不～堯存，不～桀亡。"❾通"謂"。以爲。孟子公孫丑上："管仲，曾西之所不爲也，而子～我願之乎？"❿通"僞"。假裝。禮記檀弓下："夫子～弗聞也者而過之。"鄭玄注："佯不知。"

［同源字］爲，僞。兩字均爲歌部。"爲"匣母，"僞"疑母，疑匣旁紐。説文："僞，詐也。"徐鍇繫傳："僞者，人爲之，非天真也。"

十 三 畫

爵 1. jué 即略切，入，藥韻，精。藥部。

❶古代一種酒器。詩大雅行葦："或獻或酢，洗～奠斝。"❷爵位。荀子儒效："故君子無～而貴。"

2. què 字彙即約切。今讀如鵲。

❸通"雀"。小鳥。孟子離婁上："故爲淵敺魚者，獺也；爲叢敺～者，鸇也。"

按，説文爵作爵，在鬯部。

父 部

父 1. fù 扶雨切，上，麌韻，奉。魚部。

❶父親。詩小雅蓼莪："哀哀～母，生我劬勞。"❷父輩的通稱。詩小雅黄鳥："言旋言歸，復我諸～。"又爲古代天子對同姓諸侯或諸侯對同姓大夫的稱呼。詩小雅伐木："既有肥羜，以速諸～。"毛傳："天子謂同姓諸侯，諸侯謂同姓大夫皆曰父。"❸雄的(動物)。爾雅釋畜"牡曰騭"郭璞注："今江東呼駁馬爲騭。""駁"一本作"父"。

2. fǔ 方矩切，上，麌韻，非。魚部。

❹對男子的美稱，多用於人的字。春秋隱公元年："三月，公及邾儀～盟于蔑。"穀梁傳隱公元年："儀，字也。～，猶傅也，男子之美稱也。"❺對從事某種行業的人的美稱，多

指年老的。楚辭戰國屈原漁父:“漁～見而問之。”

[同源字]父,爸。“父”在上古爲並母,魚部,“爸”爲幫母,幫並旁紐,“爸”的元音 a 是保存下來的魚部古音。廣雅釋親:“爸,父也。”王念孫疏證:“爸者,父之聲轉。”

按,説文父字在又部。

四　畫

爸 bà 捕可切,集韻必駕切,去,禡韻,幫。

父親。廣雅釋親:“爸,父也。”集韻禡韻:“吴人呼父爲爸。”

[同源字]父,爸。見“父”字條。

按,説文無爸字。

六　畫

爹 diē 陟邪切,平,麻韻,知。

❶父親。廣韻麻韻:“羌人呼父。”又哿韻:“爹,北方人呼父。徒可切。”梁書始興王憺傳:“民爲之歌曰:‘始興王,人之～,赴人急,如水火,何時復來哺乳我?’”原注:“爹,徒可切。”❷對老人的敬稱。宋王明清摭青雜説:“女(徐七娘)常呼項(四郎)爲阿～,因謂項曰:‘兒受阿～厚恩。’”

按,説文無爹字。

八　畫

奢 zhē 正奢切,音遮,平,麻韻,照三。

❶父。廣韻:“奢,吴人呼父。”❷乳母的丈夫。唐竇懷貞再娶韋后乳母王氏,自署“皇后阿～”,人或稱爲“國～”。見新唐書竇懷貞傳。

按,説文無奢字。

九　畫

爺 yé 玉篇以遮切,平。

❶父親。玉篇:“爺,俗爲父爺字。”梁史侯景傳:“左僕射王偉…請七世之諱,敕太常具祭祀之禮。景曰:‘前世吾不復憶,惟憶阿～名標。’”字亦作“耶”。❷對人的尊稱。宋劉克莊賀新郎送陳子華赴真州:“記得太行兵百萬,曾入宗～駕御。”又可叠用稱“爺爺”。宋史宗澤傳:“澤威聲日著,北方常尊憚之,必曰宗爺爺。”

爻　部

爻 yáo (舊又讀 xiáo)胡茅切,平,肴韻,匣。宵部。

周易中組成卦的符號。分陽爻(—)和陰爻(--)。易繫辭:“六～之動,三極之道也。”

七　畫

爽 1. shuǎng 疎兩切,上,養韻,審二。陽部。

❶明,明朗。書仲虺之誥:“式商受命,以～厥師。”僞孔傳:“爽,明也。”左傳昭公三年:“子之宅近市,湫隘囂塵,不可以居,請更諸～塏者。”杜預注:“爽,明也。”引申爲清朗。晉書王徽之傳:“西山朝來致有～氣耳。”又爲開朗,爽朗。世説新語容止:“孫興公見林公稜稜露其～。”❷差失,違背。詩衛風氓:“女也不～,士貳其行。”唐杜甫病橘詩:“采掇～其宜。”❸傷,敗壞。老子第十二章:“五音令人耳聾,五味令人口～。”

2. shuāng 集韻師莊切,平,陽韻,審二。陽部。

❹〔肅爽〕雙聲聯緜字。古駿馬名。左傳定公二年:“唐成公如楚,有兩肅爽馬,子常欲之,弗與。”杜預注:“肅爽,駿馬名。”又作“驌驦”。見集韻。

按,説文爽字在㸚部。

十 畫

爾 ěr 兒氏切,上,紙韻,日。脂部。

❶花繁盛貌。詩小雅常棣:"彼~爲何?維常之華。"説文引詩作"薾"。❷你,你們;你的,你們的。詩小雅巷伯:"慎~言也,謂~不信。"❸指示代詞。這。詩周頌思文:"無此疆~界。"❹代詞。如此。孟子告子上:"非天之降才~殊也。"❺應答之辭(後起義)。北史崔㥄傳:"㥄亦無言,直曰'~'。"〔爾爾〕①應答聲。古詩爲焦仲卿妻作:"媒人下牀去,諾諾復爾爾。"②如此。晉書張方傳:"(畢)垣迎説(郅)輔曰:'…王若問卿,但言爾爾,不然必不免禍。'"❻通"邇"。近。詩大雅行葦:"戚戚兄弟,莫遠具~。"❼語氣詞。論語鄉黨:"其在宗廟朝廷便便言,唯謹~。"❽形容詞、副詞詞尾。論語陽貨:"夫子莞~而笑。"

[同源字]然,爾,而,如,若。見"然"字條。

按,説文爾字在㸚部。

爿 部

爿 qiáng 龍龕手鏡疾羊反,音牆。

劈木爲二的左半邊爲爿。新加九經字樣雜辨部:"鼎,下象析木以炊。析之兩向,左爲爿,右爲片。"

按,大徐本説文無此字,段注本在片部,據六書故引唐本補。參見説文"牀"段注。

四 畫

牀 chuáng 士莊切,平,陽韻,牀二。陽部。

❶卧具。詩小雅斯干:"乃生男子,載寢之~。"又爲坐具。古詩爲焦仲卿妻作:"媒人下~去,諾諾復爾爾。"❷安放器物的架子。南朝陳徐陵玉臺新詠序:"翡翠筆~,無時離手。"❸井上的轆轤架。南朝梁簡文帝代樂府雙桐生空井:"還看西子照,銀~牽轆轤。"

按,説文牀字在木部。

五 畫

牁 gē 古俄切,音哥,平,歌韻,見。歌部。

〔牂牁〕見"牂"字條。

按,説文無牁字。

六 畫

牂 zāng 則郎切,音臧,平,唐韻,精。陽部。

❶母羊。俗作"羘"。詩小雅苕之華:"~羊墳首,三星在罶。"毛傳:"牂羊,牝羊也。"❷〔牂牂〕茂盛貌。詩陳風東門之楊:"東門之楊,其葉牂牂。"毛傳:"牂牂然盛貌。"❸〔牂牁〕①漢置郡名。郡治在今貴州省。②水名。見漢書武帝紀。

按,説文牂字在羊部。

十三畫

牆 qiáng 在良切,平,陽韻,從。陽部。

❶牆。論語公冶長:"糞土之~不可杇也。"❷裝飾靈柩的布帳。儀禮既夕禮:"巾奠乃~。"鄭玄注:"牆,柩飾也。"

按,説文牆字在嗇部。

片　部

片 1. piàn 普麵切，去，霰韻，滂。元部。

❶分。説文："片，判木也。"段玉裁注："判以叠韻爲訓，判者，分也。"❷一半，偏。論語顔淵："～言可以折獄者，其由也與？"何晏集解引孔安國："片，猶偏也。聽訟必須兩辭以定是非，偏信一言以折獄者，唯子路可。"引申爲單。文選晉左思吴都賦："雙則比目，～則王餘。"又引申爲少。南朝宋鮑照代放歌行："一言分珪爵，～善辭草萊。"❸扁而薄的東西。唐白居易太湖石詩："削成青玉～，截斷碧雲根。"又爲量詞。唐劉禹錫西塞山懷古詩："千尋鐵鎖沉江底，一～降幡出石頭。"

2. pàn 集韻普半切，音判，去，换韻，滂。元部。

❹半。莊子則陽："雌雄～合，於是庸有。"這個意義後來寫作"牉"。

四　畫

版 bǎn 布綰切，上，潸韻，幫。元部。

字亦作"板"。❶築牆的夾板。孟子告子下："傅説舉於～築之閒。"引申爲板築的土牆。左傳僖公三十年："許君焦瑕，朝濟而夕設～焉。"❷寫字的木板。管子宙合："故退身不舍端，脩業不息～。"❸圖籍。論語鄉黨："凶服者式之，式負～者。"又爲户籍。周禮天官司書："司書掌邦之六典，…邦中之～，土地之圖。"〔版圖〕①户口册和地圖。周禮天官小宰："聽閭里以版圖。"②國家的疆域（後起義）。金周昂翠屏口詩："不須驚異域，曾在版圖中。"❹笏，手板。後漢書范滂傳："滂懷恨，投～棄官而去。"引申爲授官。晉書皇甫重傳："元康中，華～爲秦州刺史。"❺八尺爲版。史記趙世家："引汾水灌其城，城不浸者三～。"張守節正義："何休云：'八尺曰版。'"

五　畫

牉 pàn 普半切，音判，去，换韻，滂。元部。

分。楚辭戰國屈原九章惜誦："背膺～以交痛兮，心鬱結而紆軫。"王逸注："牉，分也。"引申爲半。〔牉合〕兩半相合而成一個整體。儀禮喪服："故父子首足也，夫妻牉合也。"

按，説文無牉字。

七　畫

牌 pái 步皆切，平，皆韻，並。

又作"牌"。❶題榜。唐王建元日早朝詩："六蕃倍位次，衣服各異形。舉頭看玉牌，不識宫殿名。"❷標牌。多用作符信憑證。唐鄭處誨明皇雜録："命東方朔以鍊銅爲牌，刻以文字，繫於左角下。"也指寫字的牌板。宋王安石平淮碑詩："褒賢樂善自爲美，佳賞廟壁爲詩牌。"❸盾牌。宋史兵志："元豐七年，牌以欒竹穿皮爲之，以易桐木牌。"❹一種賭博的用具（晚起義）。正字通片部："牌，牙牌。今戲具。"

按，説文無牌字。

八　畫

牋 jiān 則前切，平，先韻，精。元部。

❶一種文體，對尊長者的書札。漢應劭風俗通十反蜀郡太守潁川劉勝："太僕杜密周甫亦去北海相在家，每至郡縣，多所陳説，～記括（托）屬。"後漢書黄香傳："所著賦～奏書凡五篇。"❷精美的紙張。唐李商隱送崔珏往西川："浣花～紙桃花色，好好題詩詠玉鉤。"

按，説文牃作𥳑，在竹部。

九　畫

牃 dié 徒協切，入，怗韻，定。葉部。

㊀簡札，用以寫字的小而薄的竹片、木片。論衡量知："截竹爲筒，破以爲～，加筆墨之迹，乃成文字。"㊁簿册、書籍。左傳昭公二十五年："右師不敢對，受～而退。"孔穎達疏："説文云：'簡，牃也。''牃，札也。'於時號令輸王粟，具戍人。宋之所出人粟之數書之於牃。受牃而退，言服從也。"宋王安石送江寧王給事赴闕："壯志異時開史～。"㊂文書。唐白居易新豐折臂翁詩："是時翁年二十四，兵部～中有名字。"特指訴訟文書。南齊書崔思祖傳："中書雖謝咸玄，未有全廢劾簡；廷尉誠非釋之，寧容都無訊～。"㊃譜牃。唐劉知幾史通煩省："邑老鄉賢，競爲别録，家～宗譜，各成私傳。"㊄通"疊"。重疊。淮南子本訓："積～旋石，以純脩碕。"高誘注："牃，累。"又指疊布，即棉布。後漢書王符傳浮侈篇："且其徒御僕妾皆服文組綵～。"李賢注："牃，即今疊布。"

［備考］方言五："牀…其上板，衛之北郊、趙魏之間謂之牃。"

牏 1. yú 羊朱切，音俞，平，虞韻，喻四。侯部。

㊀築牆短板。見説文。

2. tóu 集韻度侯切，音頭，平，侯韻，定。侯部。

㊀通"褕"。貼身内衣。史記萬石張叔列傳："建爲郎中令，每五日洗沐歸謁親，入子舍，竊問侍者，取親中帬厠～，身自浣滌，復與侍者，不敢令萬石君知，以爲常。"司馬貞索隱引晉灼："今世謂反閉小袖衫爲'侯牏'，此最厠近身之衣。"按，此"牏"字有多種説解。裴駰集解引徐廣曰："牏，築垣短版也。音住。厠牏謂厠溷垣牆，建隱於其側浣滌也。一讀'牏'爲竇，…厠竇，瀉除穢惡之穴也。"司馬貞索隱引孟康曰："厠，行清，牏，行清中受糞函也。"裴駰集解引孟康曰："厠，行清；窬，行中受糞者也。東南人謂鑿木中空如曹(槽)謂之窬。"

牐 zhá 士洽切，音閘，入，洽韻，牀二。

水閘。宋史河渠志四："每百里置木～一，以限水勢。"又爲閘門。明王圻三才圖會器用八牐版："右～版，與城門爲重門。其制：用榆、槐木，廣狹準城門，漫以生牛皮，裹以鐵葉，兩傍施鐵環，貫鐵索。"

按，説文無牐字。

十　畫

牓 bǎng 北朗切，上，蕩韻，幫。

㊀題榜，匾額。唐杜甫八哀詩(鄭虔)："文傳天下口，大字猶在～。"又爲題寫書名。唐劉知幾史通題目："魏、梁二史，巨細畢載，蕪累甚多，而俱～之以'略'，考名責實，奚其爽歟！"㊁告示。北齊書馬嗣明傳："在遼陽山中，數處見～，云有人家女病，若有能治差者，購錢十萬。"又用作動詞。張貼告示。唐白居易杜陵叟："昨日里胥方到門，手持尺牒～鄉村。"

按，説文無牓字。

十一畫

牖 yǒu 與久切，音酉，上，有韻，喻四。幽部。

㊀窗。詩召南采蘋："于以奠之，宗室～下。"㊁通"誘"。誘導。詩大雅板："天之～民，如壎如篪。"毛傳："牖，道也。"㊂〔牖里〕即"羑里"。地名。戰國策趙策三："文王聞之，喟然而歎，故拘之於牖里之車(庫)百日，而欲舍(令)之死。"

［辨］窗，牖，向。見"窗"字條。

十五畫

牘 dú 徒谷切，入，屋韻，定。屋部。

㊀寫字用的狹長的木板。莊子列禦寇："小夫之知，不離苞苴竿～。"司馬云："竿牘謂竹簡，爲書以相問遺。"晉杜預春秋經傳集解

序："大事書之於策，小事簡～而已。"孔穎達疏："簡之所容，一行字耳，牘乃方版，可以並容數行。"❷書籍，文書。後漢書荀悦傳："所見篇～，一覽多能誦記。"史記絳侯周勃世家："獄吏乃書～背示之。"裴駰集解："(牘，)吏所執簿。"〔尺牘〕書信。漢書陳遵傳："性善書，與人尺牘，主皆藏去以爲榮。"❸樂器名。周禮春官笙師："春～、應、雅，以教祴樂。"鄭玄注："春牘，以竹大五六寸，長七尺，短者一二尺，…以兩手築地。"

牙　部

牙 1. yá 五加切，平，麻韻，疑。魚部。

❶臼齒。泛指牙齒。詩召南行露："誰謂鼠無～，何以穿我墉。"特指象牙(後起義)。南史范岫傳："在晉陵唯作～管筆一雙，猶以爲貴。"引申爲咬。戰國策秦策三："王見大王之狗，卧者卧，起者起，行者行，止者止，毋相與鬬者。投之一骨，輕起相～者，何則？有爭意也。"❷形狀如牙的。唐杜牧阿房宫賦："廊腰縵迴，檐～高啄。"❸牙旗的簡稱。南史宋孝武帝紀："帝建～於軍門。"❹官署。新唐書泉獻誠傳："命宰相、南北～羣臣。"這個意義後來寫作"衙"。❺〔牙郎〕介紹買賣從中取利的人。新唐書安禄山傳："及長，解六蕃語，爲互市牙郎。"❻通"芽"。發芽。文選漢揚雄劇秦美新："或玄而萌，或黄而～。"〔童牙〕幼小。後漢書崔駰傳："唐且華顛以悟秦，甘羅童牙而報趙。"李賢注："童牙，謂幼小也。"❼姓。

2. yà 集韻魚駕切，去，禡韻，疑。魚部。

❽車輞，車輮，車輪的外框。周禮考工記輪人："～也者，以爲固抱也。"鄭玄注引鄭司農云："牙，讀如跛者訝跛者之訝，謂輪輮也。世間或謂之罔，書或作輮。"

［辨］牙，齒。門牙稱齒，其餘的稱牙。左傳隱公五年："皮革齒牙骨角毛羽不登於器。"孔穎達疏："頷上大齒謂之牙。"

［同源字］牙，芽。見"芽"字條。

八　畫

撐 1. chèng 他孟切，集韻恥孟切，去，映韻，徹。陽部。

❶柱。文選漢王延壽魯靈光殿賦："芝栭欑羅以戢孴，枝～杈枒而斜據。"李善注："説文曰：'撐，柱也。'"

2. chēng 集韻抽庚切，平，庚韻，徹。陽部。

❷支撐。〔撐距〕互相撐着。引申爲以言語相抗拒。漢書匈奴傳："單于輿驕，謂遵、颯曰：'…莽卒以敗而漢復興，亦我力也，當復遵我！'遵與相撐距。單于終持此言。"又指聲音不和諧。文選漢馬融長笛賦："撐距劫遌，又足怪也。"李善注："言聲之逆遌也。"

按，今本説文無撐字，止部有堂字，段玉裁注："今俗字堂作撐。"朱駿聲説文通訓定聲："字亦作撐，作撐。"

牛　部

牛 niú 語求切，平，尤韻，疑。之部。

❶牛。詩王風君子于役："日之夕矣，羊～下來。"❷星名。①二十八宿之一。北周庾信思舊銘："劍没豐城，氣存～斗。"②指牛郎星。常"牛女"連用。晉潘岳西征賦："儀景星於天漢，列～女以雙峙。"

二　畫

牝 pìn 毗忍切，上，軫韻，並。脂部。

❶雌的動物。易離："畜～牛，吉。"書牧誓："～鷄無晨。～鷄司晨，惟家之索。"❷鎖孔。禮記月令"戒門閭，修鍵閉"鄭玄注："鍵，牡；閉，～也。"❸溪谷。大戴禮記易本命："丘陵爲牡，溪谷爲～。"晉殷仲文南州桓公九井作詩："爽籟驚幽律，哀壑叩虚～。"

牟 1. móu 莫浮切，平，尤韻，明。幽部。

❶牛鳴聲。唐韓愈征蜀聯句："椎肥牛呼～，載實駝鳴圈。"❷取，奪。史記平準書："如此，富商大賈無所～大利。"漢書景帝紀："或詐僞爲吏，吏以貨賂爲市，漁奪百姓，侵～萬民。"❸加倍。楚辭戰國宋玉招魂："成梟而～，呼五白些。"王逸注："倍勝爲牟。"❹通"侔"。等同。漢書司馬相如傳封禪文："德～往初，功無與二。"❺通"眸"。眸子。荀子非相："堯舜參～子。"❻通"麰"。大麥。詩周頌思文："貽我來～。"❼通"鍪"。釜屬器皿。禮記内則："敦、～、卮、匜。"釋文："齊人呼土釜爲牟。"❽通"鍪"。兜鍪。後漢書禰衡傳："更著岑～單絞之服。"

2. mǔ 集韻莫後切，音母，上，厚韻，明。幽部。

❾〔中牟〕古邑名。故址傳説不一，一説在今河南省。論語陽貨："佛肸以中牟畔。"

三　畫

牢 1. láo 魯刀切，平，豪韻，來。幽部。

❶關牲畜的圈。戰國策楚策四："亡羊而補～，未爲遲也。"❷祭祀和宴享用的牲畜。牛羊豕稱太牢，羊豕稱少牢。大戴禮記曾子天圓："諸侯之祭，牲牛，曰太～，士大夫之祭，牲羊，曰少～。"❸監獄（後起義）。漢書司馬遷傳報任安書："故士有畫地爲～勢不入，削木爲吏議不對，定計於鮮也。"❹堅固。韓非子難一："東夷之陶者器苦窳，舜往陶焉，期年而器～。"又爲堅決。漢書師丹傳："復曾不能～讓爵位。"❺官府發給的糧食。後漢書董卓傳："～直不畢，稟賜斷絶，妻子飢凍。"李賢注："前書音義曰：'牢，稟食也。古者名稟牢。'"❻〔牢落〕雙聲聯緜字。稀疏、孤寂貌。文選晉左思吴都賦："驚透沸亂，牢落翬散。"李周翰注："牢落，稀疏也。"文選晉陸機文賦："心牢落而無偶，意徘徊而不能揥。"❼〔牢愁〕叠韻聯緜字。憂鬱不平。漢書揚雄傳："又旁惜誦以下至懷沙一卷，名曰畔牢愁。"

2. lóu 集韻郎侯切，音婁，平，侯韻，來。侯部。

❽削減。儀禮士喪禮："握手…～中旁寸，著組繫。"鄭玄注："牢讀爲樓，樓謂削約握之中央以安手也。"校勘記謂"樓"當作"摟"，爾雅釋詁："摟，聚也。"

3. lào 字彙郎到切，音澇。

❾〔搜牢〕叠韻聯緜字。虜掠。後漢書董卓傳："卓縱放兵士，突其廬舍，淫略婦女，剽虜資物，謂之搜牢。"李賢注："謂牢固者皆搜索取之也。一曰：牢，漉也。二字皆從去聲，今俗有此言。"

牡 mǔ 莫厚切，上，厚韻，明。幽部。

❶雄性牲畜。論語堯曰："予小子履，敢用玄～。"引申爲雄性禽類。詩邶風匏有苦葉："濟盈不濡軌，雉鳴求其～。"❷鎖簧。漢書五行志中之上："成帝元延元年正月，長安章成門門～自亡。"顔師古注："牡所以下閉者也，亦以鐵爲之。"❸丘陵。大戴禮記易本命："丘陵爲～，谿谷爲牝。"

牣 rèn 而振切，音韌，去，震韻，日。文部。

❶充滿。詩大雅靈臺："王在靈沼，於～魚躍。"❷通"韌"。吕氏春秋别類："白所以爲堅也，黄所以爲～也，黄白雜則堅且～，良劍也。"畢沅校云："牣與韌、忍、刃、紉古皆通。"

四　畫

牥 fāng 府良切，音方，平，陽韻，非。陽部。

單峰駱駝。玉篇：“牥，良牛名。日行二百里，又名馲駝。”穆天子傳四：“～牛二百，以行流沙。”郭璞注：“此牛能行流沙中，如橐駝。”明李時珍本草綱目獸部：“土番有獨峰駝，…穆天子傳謂之～牛。”

按，説文無牥字。

㸬 bèi 博蓋切，音貝，去，泰韻，幫。月部。

體長的牛。見爾雅釋畜。説文解作二歲牛。

牦 máo 集韻謨袍切，音毛，平，豪韻，明。

牛名。也寫作“犛牛”、“旄牛”。

按，説文牦作犛。

牧 mù 莫六切，入，屋韻，明。職部。

❶放養牲畜。周禮地官牧人：“牧人掌～六畜而阜藩其物。”又爲放養牲畜的人。詩小雅無羊：“爾～來思，何蓑何笠。”又爲牧地。孟子公孫丑下：“今有受人之牛羊而爲之牧之者，則必爲之求～與芻矣。”趙岐注：“牧，牧地也。”❷養，修養。易謙：“謙謙君子，卑以自～也。”後漢書公孫瓚傳：“劉虞守道慕名，以忠厚自～。”❸統治，治理。逸周書命訓：“古之明王，奉此六者以～萬民，民用而不失。”❹官名。周禮天官太宰：“乃施典於邦國而建其～。”鄭玄注：“以侯伯有功德者加命作州長謂之牧。”❺郊外。左傳隱公五年：“鄭人侵衛～。”❻春秋時的奴隸。廣雅釋詁一：“陪、僮、皁、隸、牧、圉，臣也。”

按，説文牧字在攴部。

物 wù 文弗切，入，物韻，微。物部。

❶雜色牛。詩小雅無羊：“三十維～，爾牲則具。”毛傳：“異毛色者三十也。”引申爲動物的毛色。周禮春官雞人：“雞人掌供雞牲，辨其～。”鄭玄注：“物謂毛色也。”又引申爲動物的種類。周禮夏官校人：“辨六馬之屬。種馬一～，戎馬一～，齊馬一～，道馬一～，田馬一～，駑馬一～。”鄭玄注：“謂以一類相從也。”❷顏色。周禮春官保章氏：“以五雲之～辨吉凶。”鄭玄注：“物，色也。”〔物色〕①牲畜的毛色。禮記月令：“乃命宰祝循行犧牲，視全具，案芻豢，瞻肥脊，察物色。”鄭玄注：“物色，騂黝之别也。”②形貌。後漢書逸民傳：“（嚴光）乃變姓名，隱身不見。帝思其賢，乃令以物色訪之。”李賢注：“以其形貌求之。”③訪求。宋史天文志一：“渾天之學，遭秦而滅，洛下閎耿壽昌晚出，始物色得之。”❸雜色的旗。周禮春官司常：“通帛爲旜，雜帛爲～。”❹東西。詩大雅烝民：“天生烝民，有～有則。”引申爲内容，實質。易家人：“君子以言有～而行有則。”又爲與“我”相對的他物，外界環境。荀子非十二子：“率道而行，端然正己，不爲～傾側，夫是之謂誠君子。”❺人。左傳昭公二十八年：“且三代之亡，共子之廢，皆是～也。”杜預注：“夏以妺喜，殷以妲己，周以褒氏，三代所由亡也。共子，晉申生，以驪姬廢。”又指他人，衆人。世説新語方正：“杜預少賤，好豪俠，不爲～所許。”〔物議〕輿論。南齊書王儉傳：“少有宰相之志，物議咸相推許。”❻精怪。漢應劭風俗通怪神：“汝南有許季山者素善卜卦，言家當有老青狗～。”❼觀察。左傳昭公三十二年：“仞溝洫，～土方。”杜預注：“物，相也。”

五　畫

牯 gǔ 公户切，音古，上，姥韻，見。

公牛。宋范成大四時田園雜興之五三：“～犊無瘟犢兒長。”

［同源字］牯、羖、豭、麚。“牯”是公牛，“羖”是公羊，“豭”是公猪，“麚”是公鹿。“牯”、“羖”同音，“牯”、“羖”和“豭”、“麚”均爲見母，魚部。四字同源。

按，説文無牯字。

牲 shēng 所庚切，平，庚韻，審二。耕部。

供祭祀用的全牛。説文：“牲，牛完全。”引申爲供祭祀和食用的家畜。詩大雅雲漢：“靡神不舉，靡愛斯～。”也指供祭祀的獸類。

左傳昭公二十五年："是故爲禮以奉之，爲六畜、五～、三犧。"杜預注："麋、鹿、麏、狼、兔。"

㹁 hǒu 呼后切，音吼，上，厚韻，曉。

❶牛鳴。❷小牛。爾雅釋畜"其子犢"郭璞注："今青州呼犢爲～。"字亦作"牿"。

[同源字]狗，豿，㹁，駒，羔。見"狗"字條。

按，說文無㹁字。

牴 dǐ 都禮切，音抵，上，薺韻，端。脂部。

觸，用角頂。說文："牴，觸也。"段玉裁注："亦作'抵'、'觝'。"漢書揚雄傳羽獵賦："犀兕之～觸，熊羆之挐攫。"〔牴牾〕矛盾。唐劉知幾史通自叙："儒者之書，博而寡要，得其糟粕，失其菁華，而流俗鄙夫，貴遠賤近，傳茲牴牾，自相欺惑。"

[辨]觝，牴，抵。見"觝"字條。

六　畫

牸 zì 疾置切，音字，去，志韻，從。之部。

母牛。漢劉向說苑政理："臣故畜～牛，生子而大，賣之而買駒。"泛指雌的牲畜。鹽鐵論未通："師旅數發，戎馬不足，～牝入陣，故駒犢生於戰地。"

[同源字]滋，子，字，孳，牸。見"滋"字條。

按，說文無牸字。

特 tè 徒得切，入，德韻，定。職部。

❶公牛。史記秦本紀："（文公）二十七年，伐南山大梓，豐大～。"裴駰集解引徐廣曰："今武都故道有怒特祠，圖大牛，上生樹本，有牛從木中出，後見於豐水之中。"引申爲公馬和雄性的牲畜。周禮夏官校人："凡馬，～居四之一。"鄭玄注："鄭司農云：'四之一者，三牝一牡。'"❷三歲獸。詩魏風伐檀："不狩不獵，胡瞻爾庭有縣～兮。"毛傳："獸三歲爲特。"一說獸四歲爲特。見廣雅釋獸。❸牲一頭。國語晉語二："子爲我具～羊之饗。"韋昭注："特，一也。凡牲，一爲特，二爲牢。"❹單獨，單個。莊子在宥："築～室，席白芳，閒居三月。"❺匹配，配偶。詩鄘風柏舟："髧彼兩髦，實維我～。"❻傑出，卓異。詩秦風黃鳥："維此奄息，百夫之～。"❼特別，特地。莊子逍遥遊："而彭祖乃今以久～聞，衆人匹之，不亦悲乎？"史記季布欒布列傳："河東，吾股肱郡，故～召君耳。"❽但，只。韓非子外儲説左上："曾子之妻之市，其子隨之而泣。其母曰：'女還，顧反爲女殺彘。'適市來，曾子欲捕彘殺之。妻止之曰：'～與嬰兒戲耳！'"

[同源字]特，直。兩字均爲定母職部，均有"僅僅"之義。吕氏春秋分職："豈特宫室哉？"高誘注："特猶直也。"

牷 quán 疾緣切，音全，平，仙韻，從。元部。

牛純色。一説牛肢體齊全。周禮地官牧人："牧人掌牧六牲，而阜蕃其物，以共祭祀之牲～。"鄭玄注："鄭司農云：'牷，純也。'玄謂：牷，體完具。"

[備考]純色的全牛。左傳桓公六年："吾牲～肥腯。"杜預注："牷，純色完全也。"此又一説。

牿 hǒu 呼后切，音吼，上，厚韻，曉。

同"㹁"。小牛。文選晉郭璞江賦："夔～翹踛於夕陽，鴛雛弄翮乎山東。"李善注："牿，夔牛之子也。'牿'與'㹁'同。"

按，説文無牿字。

七　畫

牽 1. qiān 苦堅切，平，先韻，溪。真部。

❶拉，牽引向前。周禮地官牛人："凡軍旅會同行役，共其兵車之牛與其～徬，以載公任器。"鄭玄注："牽徬，在轅外輓車也。人御之，居其前曰牽，居其傍曰徬。"❷牛羊豕等牲畜。周禮天官宰夫："掌其牢禮，委積膳獻，飲食賓賜之飱～，與其陳數。"鄭玄注："牽，牢可牽而行者。"❸關聯，牽連。文選漢張衡西

京賦：“夫人在陽時則舒，在陰時則慘，此～乎天者也。”㈣牽制，拘泥。吕氏春秋離俗：“不漫於利，不～於世。”高誘注：“牽，拘也。”

2. qiàn 苦甸切，去，霰韻，溪。

㈤挽舟繩索。明高啟贈楊滎陽詩：“渡河自撐篙，水急船斷～。”這個意義後來寫作“縴”。

牸 xīng 息營切，姓平聲，平，清韻，心。

赤色牛馬。亦作“騂”。

按，説文無牸字。

牾 wǔ 字彙五故切。魚部。

㈠“牾”的誤字。逆。世説新語忿狷：“司州言氣少有～逆於螭，便作色不夷。”㈡通“遻”。遇見。史記屈原賈生列傳懷沙：“重華不可～兮，孰知余之從容。”裴駰集解：“王逸曰：牾，逢也。”楚辭戰國屈原九章懷沙作“遌”，洪興祖補注云當作“遻”。

按，説文無牾字。正字通云：“牾，與忤、遻通，又與牾同。”

牻 máng 莫江切，平，江韻，明。東部。

黑白雜毛的牛。見説文。

[同源字]牻，厖，尨，駹，哤。五字同音，均爲明母東部。“尨”是多毛雜色犬。慧琳一切經音義六三引説文：“尨，犬之多毛雜色不純者。”也可表示雜色。左傳閔公二年：“衣之尨服。”杜預注：“尨，雜色。”“厖”是雜亂。書周官：“不和政厖。”蔡傳：“庶官不和，則政必雜亂而不理矣。”“牻”是白黑雜色牛。見説文。“駹”是雜色牲。周禮秋官犬人：“用駹可也。”疏：“駹謂雜色牲。”“哤”是雜亂的言語。國語齊語：“四民勿使雜處，雜處則其言哤。”韋昭注：“哤，亂貌。”五字均有“雜色”之義，是同源字。

牼 kēng 口莖切，平，耕韻，溪。耕部。

牛膝下骨。見説文。

牿 gù 古沃切，入，沃韻，見。覺部。

㈠養牛馬的圈。説文：“牿，牛馬牢也。从牛告聲。周書曰：今惟牿牛馬。”按今本書費誓作“今惟淫舍～牛馬”。孔穎達疏：“鄭玄以牿爲梏梏之梏，施梏於牛馬之脚使不走失。”㈡縛於牛角以防觸人的横木。易大畜：“童牛之～，元吉。”㈢同“梏”。桎梏。朱子語類卷九八：“聖人盡心，不以見聞～其心。”

八　畫

犀 xī 先稽切，平，齊韻，心。脂部。

㈠犀牛。左傳宣公二年：“牛則有皮，～兕尚多。”又指犀牛皮製的。楚辭戰國屈原九歌國殤：“操吴戈兮被～甲。”又指犀角。唐李商隱無題詩：“身無彩鳳雙飛翼，心有靈～一點通。”㈡堅固，鋭利。後漢書張衡傳應間：“雖有～舟勁檝，猶人涉卬否，有須者也。”李賢注：“音義曰：‘今俗謂刀兵利爲犀。犀，堅也。’”鹽鐵論申韓：“～銚利鋤，五穀之利而間草之害也。”㈢瓠瓜的種子。詩衛風碩人：“領如蝤蠐，齒如瓠～。”

犉 rún 如匀切，平，諄韻，日。文部。

黄牛黑唇。詩小雅無羊：“誰謂爾無牛，九十其～。”毛傳：“黄牛黑唇曰犉。”説文同毛傳。爾雅釋畜：“黑唇，犉。”又曰：“牛七尺爲犉。”邢昺疏：“犉有二義，黑唇者爲犉，七尺者亦爲犉。尸子説六畜云：大牛爲犉，七尺。”

按，“犉”又讀 chún，字彙辰倫切。

犆 1. tè 集韻敵德切，入，德韻，定。職部。

㈠“特”的異體字。見玉篇、集韻。單獨，各別。禮記少儀：“少牢，則以羊左肩七箇；～豕，則以豕左肩五箇。”穀梁傳隱公十一年：“諸侯來朝，時正也。～言，同時也。”范甯注：“犆言，謂别言也。”

2. zhí 除力切，音直，入，職韻，澄。職部。

㈠緣飾。禮記玉藻：“君羔幦虎～，大夫齊車，鹿幦豹～。”鄭玄注：“犆讀皆如‘直道而行’之直。直謂緣也。此君齋車之飾。”

［備考］閹牛。廣韻職韻："犆，犍犆牛也。"

按，説文無犆字。

犅 gāng 古郎切，音綱，平，唐韻，見。陽部。

公牛。公羊傳文公十三年："周公用白牡，魯公用騂～。"

犇 bēn 博昆切，平，魂韻，幫。文部。

"奔"的古字。奔跑。荀子議兵："勞苦煩辱則必～。"楊倞注："犇與奔同。"

［備考］廣韻："犇，牛驚。"

按，説文無犇字。

犂 lí 郎奚切，平，齊韻，來。脂部。

也作"犁"、"犁"。❶耕田的農具。管子乘馬："丈夫二～，童五尺一～。"用作動詞。耕田。古詩十九首之一四："古墓～爲田，松柏摧爲薪。"❷雜色。論語雍也："～牛之子騂且角，雖欲勿用，山川其舍諸？"何晏集解："犂，雜文。"❸通"黎"。黑色。戰國策秦策："形容枯槁，面目～黑。"❹及，到。史記晉世家："重耳謂其妻曰：'待我二十五年，不來乃嫁。'其妻笑曰：'～二十五年，吾冢上柏大矣。'"司馬貞索隱："犂猶比也。"〔犂明〕天將明之時。史記齊太公世家："太公聞之，夜衣而行，犂明至國。"司馬貞索隱："犂猶比也。又犂猶遲也。"❺〔犂老〕老人。書泰誓中："播棄犂老，昵比罪人。"❻〔犂然〕釋然。莊子山木："（孔子）左據槁木，右擊槁枝，而歌猋氏之風。…木聲與人聲犂然有當於人心。"宣穎注："犂然猶釋然。如犂田者其土釋然也。"

九　畫

犎 fēng 府容切，音封，平，鍾韻，非。東部。

一種領肉隆起的牛。爾雅釋畜"犦牛"郭璞注："即～牛也。領上肉犦胅起高二尺許，狀如橐駝，肉鞍一邊，健行者日三百餘里。"參見"犦牛"。

按，説文無犎字。

犍 1. jiān 居言切，平，元韻，見。元部。

❶閹過的牛。北史蠕蠕傳："每來抄掠，駕牸牛奔遁，驅～牛隨之。"❷閹割。北魏賈思勰齊民要術養猪："其子三日便掐尾，六十日後～。"

2. qián 渠焉切，音虔，平，仙韻，羣。元部。

❸〔犍爲〕地名。在四川省。漢武帝置犍爲郡。漢碑"犍"字皆从木作"楗"，六朝人作"犍"。見清鄭珍説文新附考。

3. jiǎn 集韻紀偃切，上，阮韻，見。

❹獸名。集韻阮韻："犍，獸名，似牛。"

［同源字］犍，虔，犗，割。"虔"羣母，其餘三字均爲見母。見羣旁紐。"犍"、"虔"元部，"犗"、"割"月部，元月對轉。"虔"、"割"都有"割斷"之義，經虔割的牛叫"犍"、"犗"。

按，説文無犍字，新附有之，云："犍，犗牛也。"

犐 kē 苦禾切，音科，平，戈韻，滂。歌部。

牛無角。見廣韻。字亦作"牱"。〔犐犤〕牛無角無尾。淮南子説山："髡屯犂牛，既犐以犤，決鼻而羈，生子而犧。"高誘注："犐，無角。犤，無尾。"比喻醜陋。清焦循上王述菴侍郎書："形已犐犤，復遠芳澤。"

按，説文無犐字。

犏 xiū 篇海類編音修，字彙補心秋切。幽部。

同"犤"。牛無尾。字彙補："犏，無尾也。淮南子：'髡屯犂牛，既犐以～。'"按，今本淮南子説山作"犤"。高誘注："犤，無尾。"

按，説文無犏字。

犓 zǒng 作孔切，上，董韻，精。

"總"、"揔"的俗體字。總匯，總共。文選晉左思吴都賦："澶湉漠而無涯，～有流而爲長。"李周翰注："言犓合百川爲之長也。"

按，説文無犓字。

十畫

犖 luò 吕角切，入，覺韻，來。藥部。

㊀雜色牛。見說文。唐陸龜蒙雜諷詩之二："斯爲朽關鍵，怒～抉以入。"㊁〔犖犖〕①分明，明顯。史記天官書："此其犖犖大者。至若委曲小變，不可勝道。"②卓絕。唐韓愈代張籍與李浙東書："惟閣下心事犖犖，與俗輩不同，籍固已藏之胸中矣。"〔犖然〕突出貌。史記李斯列傳："是以明君獨斷，故權不在臣也。…故能犖然獨行恣睢之心而莫之敢逆。"㊂〔犖确〕叠韻聯緜字。石多貌。唐韓愈山石詩："山石犖确行徑微，黄昏到寺蝙蝠飛。"㊃〔卓犖〕超絶，特出。見"卓犖"。

犗 jiè 古喝切，音介，去，夬韻，見。月部。

閹過的牛。莊子外物："任公子爲大鉤、巨緇，五十～以爲餌。"

［同源字］犍，虔，犗，割。見"犍"字條。

犒 kào 苦到切，去，号韻，溪。宵部。

以酒食宴飨軍隊。左傳昭公五年："吴子使其弟蹶由～師。"引申爲以酒食慰勞。左傳僖公二十六年："寡君聞君親舉玉趾將辱於敝邑，使下臣～執事。"

按，説文無犒字。

犙 xiū 正字通思秋切，音修。

同"犙"。見"犙"字條。

十一畫

犘 má 莫霞切，音麻，平，麻韻，明。歌部。

大牛。即牦牛。爾雅釋畜："犘牛。"郭璞注："出巴中，重千斤。"郝懿行義疏："野牛也。…大者千餘斤。犘之爲言莽也。莽者大也。今俗云莽牛即此。"唐柳宗元同劉二十八院長述舊言懷感時書事詩："岸蘆翻毒蜃，磎竹鬭～牛。"

按，説文無犘字。

犛 lí 里之切，音狸，平，之韻，來。之部。

㊀長髦牛。見説文。國語楚語上："巴浦之犀、～、兕象，其可盡乎！"漢書司馬相如傳上林賦："其獸則獼旄貘～，沈牛麈麋。"㊁〔犛靬〕漢代西域國名。即大秦國。

［辨］犛，旄。廣韻肴韻"犛"又有莫交切一讀，音毛。或以爲犛牛即旄牛。據漢司馬相如上林賦則犛旄非一物。漢書司馬相如傳張揖注："旄牛如牛，而四節生毛。犛牛黑色，出西南徼外。"説文"犛"字段玉裁注："此牛名犛牛，音如貍。…以其長毛也，故史記西南夷列傳謂之髦牛；以其尾名氂也，故周禮樂師注謂之氂牛；以氂可飾旄也，故禮注、爾雅注、北山經、上林賦注、漢書西南夷傳皆謂之旄牛。氂、髦、旄三字同音，因之讀犛如毛，非也。"據段説，則犛、旄爲同物異名。

按，説文犛字在犛部。

犝 yōng 餘封切，音庸，平，鍾韻，喻四。東部。

領肉隆起的牛。即犎牛。史記司馬相如列傳上林賦："獸則～旄獏犛，沈牛麈麋。"司馬貞索隱："郭璞云：'犝，犝牛，領有肉堆。'按：今之犎牛也。"文選作"𤜶"，漢書作"庸"。

按，説文犝作㺐，在豸部。

犡 léi 玉篇力追切，壘平聲，平。微部。

公牛。廣韻作"犡"。集韻亦作"㹎"。正字通云："俗作犡。"淮南子時則："季春之月，…乃合～牛騰馬，游牝于牧。"高誘注："犡牛，特牛也。"吕氏春秋季春紀作"纍牛"。禮記月令作"累牛"。正字通云："禮月令：'季春合累牛騰馬，遊牝于牧。'言遊縱之使牡就牝于芻牧之地，欲其生息蕃也。"

按，説文無犡字。

犕 1. fú 集韻房六切，入，屋韻，奉。職部。

㊀也作"犕"、"㹀"。駕牛馬。説文："犕，易曰：'犕牛乘馬。'"段玉裁注："繫辭今作'服'。古音𠬝聲葡聲同在第一部，故服犕皆

扶逼反。以車駕牛馬之字當作犕,作服者假借耳。"又爲服從。後漢書皇甫嵩傳:"(董)卓風令御史中丞以下皆拜以屈嵩,既而抵手言曰:'義真～未乎?'嵩笑而謝之。"李賢注:"犕,即古'服'字也,今河朔人猶有此言。"

2. bèi 平祕切,去,至韻,並。

㊁牛八歲。字彙:"犕,音避。牛八歲謂之犕。廣韻:'牛具齒也。'"一說爲牛六歲。見明李時珍本草綱目獸一牛。

犘 mǐn 眉隕切,音敏,上,軫韻,明。之部。

獸名。山海經西山經:"(黄山)有獸焉,其狀如牛而蒼黑,大目,其名曰～。"

按,說文無犘字。

十 二 畫

犞 kǎo 音考。宵部。

乾肉。字亦作"薧"。淮南子泰族:"湯之初作囿也,以奉宗廟鮮～之具,簡士卒,習射御,以戒不虞。"高誘注:"生肉爲鮮,乾肉爲犞。"

按,說文無犞字。

十 三 畫

犧 huàn 字彙胡慣切,音宦。元部。

同"豢"。養。正字通:"犧。同豢。俗加牛旁。"莊子達生:"汝奚惡死?吾將三月～汝。"釋文:"犧,音患。司馬云:養也。"

按,說文犧作豢,在豕部。

十 五 畫

犢 dú 徒谷切,入,屋韻,定。屋部。

小牛。禮記郊特牲:"牲用騂,尚赤也;用～,貴誠也。"

犦 bó 博沃切,入,沃韻,幫。藥部。

一種領肉隆起的牛。爾雅釋畜:"～牛。"郭璞注:"即犎牛也,領上肉犦胅起高二尺許,狀如橐駝,肉鞍一邊,健行者日三百餘里。今交州合浦徐聞縣出此牛。"釋文:"犦,…即今之腫領牛。"

按,說文無犦字。

犣 liè 良涉切,音獵,入,葉韻,來。葉部。

即旄牛。爾雅釋畜:"～牛。"郭璞注:"旄牛也,髀膝尾皆有長毛。"

按,說文無犣字。

十 六 畫

犧 xī 許羈切,平,支韻,曉。歌部。

宗廟祭祀用的純色牲畜。詩魯頌閟宫:"皇祖后稷,享以騂～。"〔犧牲〕供祭祀用的純色牲畜。左傳莊公十年:"犧牲玉帛弗敢加也,必以信。"孔穎達疏:"牲謂三牲,牛羊豕也。犧者牲之純色也。"

[備考]禮記禮器:"～尊疏布鼏樿杓。"釋文:"犧尊,鄭素何反,王如字。"孔穎達疏:"犧尊者,先儒云,刻尊爲犧牛之形,用以爲尊。鄭云:畫尊作鳳羽娑娑然,故謂娑尊也。"據鄭說,則"犧尊"之"犧"通"娑",今音當爲 suō。

犨 chōu 赤周切,音醜平聲,平,尤韻,穿三。幽部。

牛喘息聲。說文:"牛息聲,从牛雔聲。一曰牛名。"玉篇、廣韻作"犫"。廣韻尤韻:"犫,白色牛。"

[備考]突出。吕氏春秋召類:"南家之牆～於前而不直,西家之潦徑其宫而不止。"高誘注:"犨,猶出。曲出子罕堂前也。"洪頤煊讀書叢録謂"犨"當爲"讎","讎",當也,當(正對着)於子罕堂前。

犬部

［部首總論］

犬部的字，其本義大多與獸類（特别是犬）有關。有的是獸（犬）的名稱，如“猿”、“獶”；有的是獸（犬）的性情，如“猛”、“狂”；有的是獸（犬）的動作，如“狺”、“猋”；或人對獸施加的動作，如“狩”、“獲”。還有一些字是古代對少數民族侮辱性的稱呼，因而字作犬旁。有些字説文歸“㹜”部和“豸”部，這兩個部都與犬或獸有關。

犬 quǎn 苦泫切，上，銑韻，溪。元部。

狗。詩小雅巧言：“躍躍毚兔，遇～獲之。”參見“狗”字條。

一畫

犮 bá 蒲撥切，入，末韻，並。月部。

㊀犬走貌。見説文。㊁通“拔”。除去。周禮秋官有“赤～氏”，鄭玄注：“赤犮，猶言捇拔也。主除蟲豸自埋者。”賈公彦疏：“拔，除去之也。”

二畫

犯 fàn 防錽切，上，范韻，奉。談部。

㊀侵犯。論語泰伯：“～而不校。”注意：古漢語中的“犯”没有貶義，主動進攻對方也可以叫“犯”。左傳桓公五年：“陳亂，民莫有鬭心，若先～之必奔。”㊁觸犯，冒犯。韓非子五蠹：“儒以文亂法，俠以武～禁。”論語學而：“其爲人也孝悌，而好～上者，鮮矣。”引申爲犯罪。北齊書祖珽傳：“珽自知有～。”又爲犯人。金史刑志：“法官但～皆的決，豈敢有違。”㊂侵害。國語楚語：“若防大川焉。潰而所～必大矣。”㊃遭到，冒着。莊子山木：“吾再逐於魯，伐樹於宋，削迹於衛，窮於商、周，圍於陳、蔡之間。吾～此數患，親交益疏，徒友益散。”唐柳宗元捕蛇者説：“觸風雨，～寒暑。”

犰 qiú 巨鳩切，音求，平，尤韻，羣。幽部。

〔犰狳〕獸名。山海經東山經：“有獸焉，其狀如兔而鳥喙，鴟目蛇尾，見人則眠，名曰犰狳。”

按，説文無犰字。

三畫

犴 1. àn 俄寒切，集韻魚旰切，音岸，去，翰韻，疑。元部。

㊀同“豻”。北方的一種野狗，似狐而小。淮南子道應：“散宜生以千金求天下之診，得…青～，白虎。”文選漢司馬相如子虚賦：“其下則有白虎玄豹，蟃蜒貙～。”

2. àn 五旰切，音岸，去，翰韻，疑。元部。

㊁古代鄉的牢獄。荀子宥坐：“獄～不治，不可刑也。”

按，説文犴是豻的重文，豻字在豸部。

犲 shì 承紙切，音是，上，紙韻，禪。歌部。

〔犲狼〕傳説中的獸名。山海經中山經：“蛇山…有獸焉，其狀如狐而白尾長耳，名犲狼。”

按，説文無犲字。

犵 gē 正字通去逸切，音圪。

〔犵狫〕我國西南少數民族。今寫作“仡佬”。明田汝成炎徼紀聞蠻夷：“犵狫一曰犵獠，種有五。”

按，説文無犵字。

四 畫

狀 zhuàng 鋤亮切,去,漾韻,牀二。陽部。

❶形貌,形狀。荀子非相:"伊尹之～,面無須麋。"韓非子外儲説左上:"萬物之～具備。"❷類似。荀子禮論:"事死如事生,事亡如事存,～乎無形影,然而成文。"楊倞注:"狀,類也。"❸情況。史記淮陰侯列傳:"告韓信欲反～於吕后。"❹陳述。莊子德充符:"自～其過。"又爲描述。南朝梁劉勰文心雕龍物色:"故'灼灼'～桃花之鮮,'依依'盡楊柳之貌。"❺文體的一種。用於向上級陳述事情。漢書趙充國傳:"充國上～曰:…"又爲書信。唐韓愈與鄂州柳中丞書:"是以前～輒述鄙誠,眷惠手翰還答,益增欣悚。"

犿 1. huān 呼官切,音歡,平,桓韻,曉。元部。

❶同"貛"。獸名。廣韻謂爲野豚。

2. fān 集韻方煩切,平,元韻,非。元部。

❷〔連犿〕叠韻聯緜字。文辭宛轉貌。莊子天下:"其書雖瓌瑋,而連犿無傷也。"釋文:"本亦作'抃',同。芳袁反,又音貛,又敷晚反。"

按,説文無犿字。

犺 1. kàng 苦浪切,音抗,去,宕韻,溪。陽部。

❶健犬。見説文。引申爲健壯。廣雅釋詁:"犺,健也。"

2. gǎng 集韻舉朗切,上,蕩韻,見。

❷〔犺狼〕叠韻聯緜字。獸名。似猴。見集韻。

狄 1. dí 徒歷切,入,錫韻,定。錫部。

❶我國古代北方少數民族的泛稱。孟子梁惠王上:"東面而征西夷怨,南面而征北～怨。"❷小吏。禮記喪大記:"無林麓則～人設階。"鄭玄注:"狄人,樂吏之賤者。"❸通"翟"。雉羽。禮記玉藻:"王后褘衣,夫人揄～。"鄭玄注:"褘讀如翬,揄讀如摇。翬摇皆翟雉名。"

2. tì 集韻他歷切,入,錫韻,透。錫部。

❹通"剔"、"鬄"。翦除,治理。詩魯頌泮水:"桓桓于征,～彼東南。"鄭箋:"狄當作剔。剔,治也。"韓詩作"鬄"。❺〔狄狄〕通"趯趯"。跳躍貌。荀子非十二子:"其容簡連,填填然,狄狄然。"楊倞注:"狄讀爲趯,跳躍之貌。"

狂 1. kuáng 巨王切,平,陽韻,羣。陽部。

❶狗發瘋。晉書五行志中:"旱歲犬多～死。"❷瘋顛。老子第十二章:"馳騁田獵令人心發～。"❸癡呆。韓非子解老:"耳不能别清濁之聲則謂之聾,心不能審得失之地則謂之～。"❹不受拘束,放蕩。莊子知北遊:"夫子無所發予之～言,而死矣夫!"〔狂狷〕勇於進取和潔身自好。論語子路:"不得中行而與之,必也狂狷乎?狂者進取,狷者有所不爲也。"❺形容急,猛。楚辭戰國屈原九章抽思:"～顧南行,聊以娱心兮。"王逸注:"狂,猶遽也。"晉陸雲南征賦:"～飈起而妄駭,行雲藹而芊眠。"

2. kuáng 集韻古況切,去,漾韻,見。陽部。今讀陽平。

❻通"誑"。欺騙。莊子逍遥遊:"吾是以～而不信也。"釋文:"狂,李又九況反。"王先謙集解:"案:音讀如誑,言以爲誑。"韓非子顯學:"今或謂人曰:'使子必智而壽。'則世必以爲～。"

盹 tún 徒渾切,平,魂韻,定。文部。

同"豚"。小猪。或作"肫"、"豘"。莊子德充符:"適見～子食於其死母者。"釋文:"盹子,本又作豚。"

按,説文無盹字。

狃 niǔ 女久切,音紐,上,有韻,娘。幽部。

❶習以爲常而不重視。國語晉語:"今我不擊,歸必～。一夫不可～,況國乎?"韋昭

注:"狃,忕也。不擊而歸,秦必狃忕而輕我。"又爲習慣,熟習。宋王安石上皇帝萬言書:"故上不能～習而知其事,下不肯馴服而安其教。"〔狃忕〕習慣。後漢書西羌傳:"臨羌迷吾既殺傅育,狃忕邊利,章和元年復與諸種步騎七千人入金城塞。"李賢注:"狃忕,貫習也。"❷貪。國語晉語一:"嗛嗛之食,不足～也。"❸任,充當。國語晉語七:"日君乏使,使臣～中軍之司馬。"

狁 yǔn 余準切,音允,上,準韻,喻四。文部。

〔獫狁〕、〔玁狁〕見"獫"、"玁"字條。

五　畫

狊 jú 古闃切,入,錫韻,見。錫部。

犬視貌。見説文。引申爲鳥視貌。爾雅釋獸須屬:"獸曰釁,人曰撟,魚曰須,鳥曰狊。"郝懿行義疏:"狊者張目視也。鳥之休息恒張兩翅瞪目直視,所謂鳥伸鴟視也。"

狖 yòu 余救切,音釉,去,宥韻,喻四。幽部。

❶長尾猿。楚辭戰國屈原九歌山鬼:"雷填填兮雨冥冥,猨啾啾兮～夜鳴。"爾雅作"蜼"。❷通"貁"。一種像貍的獸。文選晉左思吴都賦:"～鼯猓然。"

按,説文無狖字。

狋 1. yí 牛肌切,去,脂韻,疑。脂部。

❶犬怒貌。又兩犬鬬聲。漢書東方朔傳:"(郭舍人)即妄爲諧語曰:'令壺齟,老柏塗,伊優亞,～吽牙,何謂也?'朔曰:'…～吽牙者,兩犬争也。'"顔師古注:"應劭曰:'狋音銀。'師古曰:…狋音五尹反。"❷〔狋狋〕視貌。文選漢王延壽魯靈光殿賦:"齊首目以瞪眄,徒脈脈而狋狋。"

2. quán 巨員切,音權,平,仙韻,羣。元部。

❸〔狋氏(jīng)〕縣名。漢置,在今山西省渾源縣東。漢書地理志下顔師古注引應劭曰:"狋音權,氏音精。"

3. chí 集韻倎㽇切,平,之韻,牀二。之部。

❹〔狋䝟〕疊韻聯緜字。險峻不平貌。文選漢馬融長笛賦:"兀嶁狋䝟,傾昃倚伏。"李善注:"兀嶁狋䝟,崟峻之貌。狋,助緇切;䝟,魚肌切。"

〔同源字〕狺,狋,狠。見"狺"字條。

狟 jù 集韻臼許切,音巨,上,語韻,羣。

同"駏"。獸名。集韻:"駏,駏驉,獸名,或作狟。"〔駏驉〕見"驉"字條。

按,説文無狟字。

狘 xuè 許月切,入,月韻,曉。月部。

獸驚走貌。禮記禮運:"麟以爲畜,故獸不～。"鄭玄注:"狘,飛走之皃。"孔穎達疏:"狘,驚走也"。

按,説文無狘字,新附有之,云:"狘,獸走皃。"

狉 pī 集韻攀悲切,音丕,平,脂韻,滂。之部。

❶即貔。方言八:"貔(郭璞注:狸别名也,音毗),…北燕朝鮮之間謂之豾(郭璞注:今江南呼爲豾狸,音丕)。"集韻云"貔"亦作"豾"、"狉"。❷〔狉狉〕羣獸走動貌。唐柳宗元封建論:"草木榛榛,鹿豕狉狉。"

按,説文無狉字。

狒 fèi 扶沸切,音痱,去,未韻,奉。物部。

〔狒狒〕獸名。爾雅釋獸:"狒狒如人,被髮迅走,食人。"郭璞注:"梟羊也。"

按,説文狒作𥜒,在内部。

狓 pī 敷羈切,集韻攀縻切,音披,平,支韻,滂。

〔狓猖〕同"披猖"。猖狂。集韻:"狓猖,飛颺也。"

按,説文無狓字。

狔 nǐ 女氏切,上,紙韻,娘。脂部。

〔猗狔〕疊韻聯緜字。見"猗"字條。

按，説文無狔字。

狙 jū 七余切，集韻子余切，平，魚韻，精。魚部。

❶猿猴一類的動物。莊子齊物論："衆～皆怒。"列子黄帝："宋有～公者，愛～，養之成羣。"張湛注："好養猿猴者，因謂之狙公也。"❷窺伺。管子七臣七主："從～而好小察。"尹知章注："狙，伺也。"

狚 dá 當割切，音妲，入，曷韻，端。月部。

〔獦狚〕〔猲狚〕叠韻聯緜字。動物名。廣韻："狚，獦狚。獸名，似狼而赤。出山海經。"參見"猲"、"獦"字條。

按，説文無狚字。

狎 xiá 胡甲切，音匣，入，狎韻，匣。葉部。

❶習慣。左傳昭公二十三年："民～其野，三務成功。"杜預注："狎，習也。"又爲習慣而不重視。左傳昭公二十年："水懦弱，民～而翫之，則多死焉。"❷親近。禮記曲禮："賢者～而敬之，畏而愛之。"引申爲靠近，擁擠。文選漢傅毅舞賦："車騎並～，巃嵸逼迫。"❸戲弄。荀子正論："今俳優侏儒～徒詈侮而不鬬者，是豈鉅知見侮之爲不辱哉!"楊倞注："狎，戲也。"❹〔狎恰〕叠韻聯緜字。密集貌。唐韓愈華山女詩："廣張罪福資誘脅，聽衆狎恰排浮萍。"❺更迭，交替。左傳襄公二十七年："晉楚～主諸侯之盟也久矣!"杜預注："狎，更也。"

狌 1. shēng 所庚切，音生，平，庚韻，審二。耕部。

❶同"鼪"。黄鼠狼。莊子秋水："騏驥驊騮，一日而馳千里，捕鼠不如狸～。"

2. xīng 所庚切，集韻桑經切，平，青韻，心。耕部。

❷〔狌狌〕即"猩猩"。山海經南山經："(招摇之山)有獸焉，…其名曰狌狌。"

按，説文無狌字。

狗 gǒu 古厚切，上，厚韻，見。侯部。

❶犬。析言之，大者爲犬，小者爲狗。渾言無别。爾雅釋畜："(犬)未成豪，狗。"郝懿行義疏："狗、犬通名。若對文則大者名犬，小者名狗。"儀禮既夕禮："白～幦。"鄭玄注："未成豪，狗。"❷星名。晉書天文志上："～二星，在南斗魁前，主吠守。"❸通"豿"。熊虎之子。爾雅釋獸："熊虎醜，其子～。"邢昺疏："熊虎之類，其子～。"按，廣韻、集韻"狗"、"豿"形義各别。集韻"豿"又音許候切(hòu)，以"豞"、"狗"二字爲異體。

［同源字］狗，豿，犄，駒，羔。"狗"、"駒"爲侯部，"羔"爲幽部，幽侯旁轉。"豿"、"犄"與"狗"同在廣韻厚韻。"犄"爲曉母，其餘均爲見母。見曉旁紐。狗爲小狗，豿爲熊虎之子，犄爲牛犢，駒爲馬駒，羔爲羊羔。五字同源。

狍 páo 薄交切，音袍，平，肴韻，並。幽部。

〔狍鴞〕神話中獸名。山海經北山經："(鉤吾之山)有獸焉，其狀如羊身人面，其目在腋下，虎齒，人爪，其音如嬰兒，名曰狍鴞。"郭璞注："爲物貪惏，食人未盡，還害其身，像在夏鼎，左傳所謂'饕餮'是也。"

按，説文無狍字。

狐 hú 户吴切，平，模韻，匣。魚部。

狐狸。詩邶風北山："莫赤匪～，莫黑匪烏。"

狕 yǎo 於絞切，上，巧韻，影。幽部。

傳説中的獸名。山海經北山經："(隄山)多馬，有獸焉，其狀如豹而文首，名曰～。"

按，説文無狕字。

六畫

狩 shòu 舒救切，去，宥韻，審三。幽部。

❶冬獵。左傳隱公五年："故春蒐、夏苗、秋獮、冬～。"又爲燒山圍獵。列子黄帝："趙襄子率徒十萬～於中山，藉芿燔林，扇赫百里。"❷通"守"。孟子梁惠王下："巡～者，巡

所守也。”

［同源字］狩，獸。兩字同音。“獸”是“狩”的對象。公羊傳桓公四年：“狩者何？田狩也。”何休注：“取獸于田，故曰狩。”

狡 jiǎo 古巧切，上，巧韻，見。宵部。

㊀少狗。見説文。急就篇：“猳豶～犬野鷄雛。”顔師古注：“狡犬，匈奴中大犬也，鉅句赤身。一曰狡，少犬也，謂狗之有懸蹄者也。”“懸蹄”指獵犬（依徐灝説）。㊁健壯，勇猛。廣雅釋詁二：“狡，健也。”墨子節用中：“古者聖人爲猛禽～獸暴人害民，於是教民以兵行。”引申爲傷害。大戴禮記子張問入官：“勝之無犯民之言，量之無～民之辭。”注：“狡，害也。”㊂狡猾。戰國策齊策四：“～兔有三窟，僅得免其死耳。”〔狡獪〕雙聲聯緜字。①狡猾。宋史侯陟傳：“陟有吏幹，性狡獪好進，善事權貴。”②嬉戲。南齊書蕭坦之傳：“帝於宫中及出後堂雜戲狡獪，坦之皆得在側。”引申爲開玩笑。世説新語文學：“我嘗與人道江北事，特作狡獪耳。”㊃通“絞”。急促。文選漢王褒洞簫賦：“時弄～奏，則彷徨翱翔。”李善注：“狡，急也。”

狤 1. jí 居質切，入，質韻，見。

㊀狂。見玉篇。㊁舊時稱呼西南部某些少數民族。宋史蠻夷傳一西南溪峒諸蠻傳上：“寶元二年，辰州～獠三千餘人款附。”

2. jié 古屑切，入，屑韻，見。

㊂〔狤猵〕雙聲聯緜字。獸名。唐段成式酉陽雜俎前集一六：“狤猵…大者重十斤，狀似獺。”

按，説文無狤字。

狫 lǎo 字彙補力槁切，音老。

見〔犵狫〕。

按，説文無狫字。

狨 róng 如融切，音戎，平，東韻，日。

㊀動物名。即金絲猴。唐杜甫石龕詩：“我後鬼長嘯，我前～又啼。”引申爲狨皮做的鞍韉。宋黄庭堅次韻宋楙宗三月十四日到西池都人盛觀翰林公出遊：“金～繫馬曉鶯邊，不比春江上水船。”㊁通“絨”。細布。見廣韻。

按，説文無狨字。

狛 mò 莫白切，入，陌韻，明。

“貘”的異體字。又作“貊”。山海經中山經“崍山，江水出焉”郭璞注：“邛來山…有九折坂，出～。～似熊而黑白駮，亦食銅鐵也。”

按，説文無狛字。

狟 1. huán 胡官切，平，桓韻，匣。元部。

㊀犬行也。見説文。廣韻作“大犬也”。

2. xuān 集韻許元切，平，元韻，曉。元部。

㊁通“貆”。貉屬。豪猪。山海經西山經“（竹山）有獸焉，…名曰豪彘”郭璞注：“～猪也。夾髀有粗毫，長數尺，能以脊上豪射物。”淮南子齊俗：“～狢得埵防，弗去而緣。”高誘注：“狟，狟豚也。”

按，義項㊁説文作貆，在豸部，音胡官切。字彙：“狟，呼淵切，音暄，貉類。與貆同。”

狪 1. tōng 集韻他東切，音通，平，東韻，透。

㊀〔狪狪〕傳説中的獸名。山海經東山經：“（泰山）有獸焉，其狀如豚而有珠，名曰狪狪。”

2. dòng 音洞。

㊁我國西南部少數民族之一。今作“侗”。清顧祖禹讀史方輿紀要貴州二黎平府：“（府西南二百里）地多～人。”

按，説文無狪字。

狧 1. tà 吐盍切，音榻，入，盍韻，透。葉部。

㊀犬食（狗用舌取食）。見説文。〔狧狧〕貪欲。漢揚雄太玄經對：“斲對狧狧，多欲往也。”范望注：“狧狧，貪欲之意也。”

2. shì 集韻甚尒切，上，紙韻，禪。支部。

㊁通“舓”。以舌舔食。漢書吳王濞傳：“語有之曰：‘～糠及米。’”顔師古注：“狧，古舓字。舓，用舌食也。蓋以犬爲喻也，言初舓糠，遂至食米也。”史記吳王濞傳作“舐”。

狢 hé 下各切,入,鐸韻,匣。鐸部。

同"貉"。獸名。像狐狸。穆天子傳:"於是得白狐玄～焉。"〔狢子〕對人的侮辱性稱呼。三國志蜀書關羽傳引典略:"(關羽)乃罵曰:'狢子敢爾! 如使樊城拔,吾不能滅汝耶!'"

按,說文無狢有豻、貉。

狣 zhào 治小切,音兆,上,小韻,澄。宵部。

猛犬。爾雅釋獸:"絶有力,狣。"郭璞注:"犬…壯大絶有力者名狣。"

按,說文無狣字。

狠 1. hěn 篇海類編下墾切。文部。

❶乖戾,不順從。韓非子亡徵:"～剛而不和,愎諫而好勝,不顧社稷而輕爲自信者,可亡也。"❷凶惡(後起義)。元馬致遠黄粱夢二折:"怎禁那公人～劣似狼豺!"❸甚(晚起義)。紅樓夢二八回:"寶玉道:'～是,我已知道了。'"

2. yán 五閑切,平,山韻,疑。文部。

❹犬鬥聲。見段玉裁說文解字注。又作"㹞"。廣韻:"㹞,犬鬭聲。亦作狠。"

[同源字]狺,狋,狠。見"狺"字條。

七　畫

狺 yín 語巾切,平,真韻,疑。文部。

〔狺狺〕犬吠聲。楚辭戰國宋玉九辯:"猛犬狺狺而迎吠兮,關梁閉而不通。"

[同源字]狺,狋,狠(yán)。三字均爲疑母。"狺"、"狠"爲文部,"狋"爲脂部。脂文旁對轉。三字都是犬吠聲。

狼 1. láng 魯當切,平,唐韻,來。陽部。

❶狼。左傳宣公四年:"熊虎之狀而豺～之心。"❷星名。史記天官書:"其東有大星曰～。"❸〔狼藉〕散亂貌。史記滑稽列傳:"履舄交錯,杯盤狼藉。"也寫作"狼籍"。❹〔狼狽〕惶遽貌。文選晉潘岳西征賦:"亦狼狽而可愍。"李善注:"文字集略曰:'狼狽,猶狼跋也。'孔叢子曰:'吾於狼狽見聖人之志。'荀悦漢紀論曰:'周勃狼狽失據,塊然執囚。'"

2. làng 集韻郎宕切,去,宕韻,來。陽部。

❺〔博狼沙〕古地名。在今河南省陽原縣境。漢書張良傳:"秦皇帝東遊,至博狼沙中,良與客狙擊秦皇帝。"

狾 zhì 征例切,音制,去,祭韻,照三。月部。

狂犬。見說文。漢書五行志中之上:"左氏傳襄公十七年十一月甲子,宋國人逐～狗。"左傳作"瘈"。字亦作"猘"。

狹 xiá 侯夾切,入,洽韻,匣。葉部。

❶狹窄,狹隘。禮記禮器:"以地之廣～,禮之薄厚,與年之上下。"又指少。史記滑稽列傳:"臣見其所持者～,而所欲者奢,故笑之。"引申爲急促。禮記樂記:"廣則容姦,～則思欲。"鄭玄注:"狹謂聲急也。"❷通"狎"。親近,靠近。唐李賀嘲少年詩:"美人～坐飛瓊觴,貧人喚云天上郎。"王琦注:"狹坐,一作狎坐。"

[同源字]陜,峽,狹,硤,陿。見"陜"字條。

狽 bèi 博蓋切,去,泰韻,幫。

〔狼狽〕見"狼"字條。

按,說文無狽字。集韻謂說文之䟺通作狽。

狸 lí 里之切,平,之韻,來。之部。

同"貍"。❶獸名。狸猫,狸子,形狀似猫。詩豳風七月:"取彼狐～,爲公子裘。"❷地名。戰國策燕策二:"今燕又攻陽城及～,是以天幸自爲功也。"

按,說文狸作貍,在豸部。

狷 juàn 古縣切,去,霰韻,見。元部。

❶心胸狹隘,急躁。後漢書范冉傳:"以～急不能從俗,常佩韋以自緩。"❷潔身自好。論語子路:"不得中行而與之,必也狂～乎?

狂者進取,狷者有所不爲也。”孟子盡心下作“獧”。

［同源字］狷,獧,慣,趯。四字均爲元部。“趯”爲曉母,其餘三字爲見母,見曉鄰紐。説文新附:“狷,褊急也。”説文:“獧,疾跳也,一曰急也。”又:“慣,急也。”又:“趯,疾也。”意義相近。四字同源。

按,説文無狷字,新附有之,云:“狷,褊急也。”

猈 què 七雀切,音鵲,入,藥韻,清。

戰國時宋國良犬名。玉篇:“猈,宋良犬。”廣韻:“韓盧宋～。”後泛指狗。宋王禹偁酬种放徵君詩:“方號騤騤龍,已困狺狺～。”

按,説文無猈字。

狴 bì 邊兮切,平,齊韻,幫。脂部。

獸名。見玉篇。〔狴犴〕監獄。法言吾子:“狴犴使人多禮乎?”李軌音義:“狴犴,獄也。”後人附會以爲立於獄門的神獸。

按,説文無狴字。

狶 xī 集韻香依切,音希,平,微韻,曉。微部。

❶猪。莊子知北遊:“正獲之問於監市履～也,每下愈況。”郭象注:“狶,大豕也。”列子黄帝:“食～如食人。”張湛注:“楚人呼猪作狶。”❷〔狶苓〕一種植物,可入藥。唐韓愈進學解:“是所謂詰匠氏之不以杙爲楹,而訾醫師以昌陽引年而進其狶苓也。”

按,説文狶作豨,在豕部。

狳 yú 以諸切,平,魚韻,喻四。魚部。

獸名。玉篇:“狳,獸,似兔。”也叫“犰狳”。見“犰”字條。

按,説文無狳字。

狢 gǔ 古禄切,音谷,入,屋韻,見。屋部。

〔獨狢〕見“獨”字條。

狻 suān 素官切,音酸,平,桓韻,心。元部。

〔狻猊〕即獅子。穆天子傳卷一:“狻猊□野馬,走五百里。”郭璞注:“狻猊,師子,亦食虎豹。”亦作“狻麑”。見爾雅釋獸。

狿 yán 以然切,音延,平,仙韻,喻四。元部。

獸名。漢書揚雄傳上校獵賦:“斮巨～,搏玄蝯。”

按,説文無狿字。

挺 tíng 特丁切,音廷,平,青韻,定。耕部。

獸名。猿類。文選漢張衡南都賦:“虎豹黄熊游其下,穀玃猱～戲其巔。”李善注:“張載吴都賦注:‘挺,猨屬。’”

按,説文無挺字。

八　畫

猋 biāo 甫遥切,集韻卑遥切,音標,平,宵韻,幫。宵部。

❶犬奔貌。見説文。引申爲迅疾貌。楚辭戰國屈原九歌雲中君:“靈皇皇兮既降,～遠舉兮雲中。”❷通“飆”。旋風。爾雅釋天:“焚輪謂之穨,扶摇謂之猋。”郭璞注:“暴風從下上。”禮記月令:“～風暴雨。”❸草名。爾雅釋草:“猋、藨、芀,葦醜。”

［辨］猋,焱。兩字本無關係,但因形近,古書中常混淆。如上引楚辭九歌雲中君例,文選李善注引作“焱”。

猒 1. yàn 於豔切,音厭,去,豔韻,影。談部。

❶飽。見説文。這個意義後來寫作“饜”。❷滿足。荀子富國:“割國之錙銖以賂之,則割定而欲無～。”引申爲服。後漢書胡廣傳:“今以一臣之言,剗戾舊章,衆心不～。”❸厭倦。淮南子主術:“上操約省之分,下效易爲之功,是以君臣彌久而不相～。”

2. yān 集韻於鹽切,平,鹽韻,影。談部。

❹〔猒猒〕通“懕懕”。安静的樣子。荀子儒效:“猒猒兮其能長久也。”王先謙集解:“猒猒兮,猶安安然。”

3. yā 集韻益涉切,入,葉韻,影。葉部。

㊄通"壓"。鎮壓。漢書高帝紀:"秦始皇帝嘗曰:'東南有天子氣。'於是東遊以～當之。"顏師古注:"猒,塞也。音一涉反。"

按,説文猒字在甘部。

猝 cù倉没切,入,没韻,清。物部。

本義爲"犬從草暴出逐人也"(見説文),引申爲突然。新唐書兵志:"禁兵不精,其數削少,後有～故,何以待之?"此義古書多作"卒"。

猍 lì字彙補力位切。質部。

傳説中的獸名。山海經中山經:"欒馬之山有獸焉,其狀如彙,赤如丹火,其名曰～,見則其國大疫。"郭璞注:"猍,音戾。"

按,説文無猍字。

猏 jiān古賢切,平,先韻,見。元部。

同"豣"。三歲獸,見廣韻。吕氏春秋知化:"今釋越而伐齊,譬之猶懼虎而刺～。"高誘注:"獸三歲曰猏也。"

猜 cāi倉才切,平,咍韻,清。之部。

㊀懷疑。左傳僖公九年:"送往事居,耦俱無～。"釋文:"猜,疑也。"㊁猜測(晚起義)。明田汝成西湖遊覽志餘:"正月十五日爲上元節,前後張燈五夜。…好事者或爲藏頭詩句,任人商揣,謂之～燈。"

猗 1.yī於離切,平,支韻,影。歌部。

㊀長。詩小雅節南山:"節彼南山,有實其～。"毛傳:"猗,長也。"㊁嘆美之詞。詩周頌潛:"～與漆沮,潛有多魚。"㊂句末語氣詞。詩衛風伐檀:"河水清且直～。"㊃〔猗猗〕美盛貌。詩衛風淇奥:"瞻彼淇奥,緑竹猗猗。"㊄〔猗狔〕柔弱下垂貌。文選戰國宋玉高唐賦:"東西施翼,猗狔豐沛。"

2.yǐ於綺切,音倚,上,紙韻,影。歌部。

㊅束而採之。詩豳風七月:"取彼斧斨,以伐遠揚。～彼女桑。"㊆加。詩小雅巷伯:"楊園之道,～於畝丘。"㊇通"倚"。倚靠。詩衛風淇奥:"寬兮綽兮,～重較兮。"㊈通"倚"。偏倚,偏斜。詩小雅車攻:"四黄既駕,兩驂不～。"

3.ě集韻倚可切,上,哿韻,影。歌部。

㊉〔猗儺〕叠韻聯緜字。柔順貌。詩檜風隰有萇楚:"隰有萇楚,猗儺其枝。"

猛 měng莫杏切,上,梗韻,明。陽部。

㊀凶猛,勇猛。孟子滕文公下:"周公兼夷狄、驅～獸,而百姓寧。"史記高祖本紀:"安得～士兮守四方!"引申爲凶暴。禮記檀弓:"苛政～於虎也。"㊁嚴,嚴厲。左傳昭公二十年:"寬以濟～,～以濟寬,政是以和。"論語述而:"子温而厲,威而不～。"㊂氣勢壯。唐白居易香山避暑詩:"六月灘聲～如雨。"又爲突然。宋劉克莊賀新郎宋庵訪梅:"鵲報千林喜,還～省謝家池館,早寒天氣。"

猖 chāng尺良切,平,陽韻,穿三。陽部。

㊀〔猖狂〕叠韻聯緜字。肆意而行。莊子庚桑楚:"而百姓猖狂,不知所如往。"文選漢揚雄趙充國頌:"先零猖狂,侵漢西疆。"㊁〔猖獗〕也作"猖蹶"、"猖蹷"。①肆意而行。漢賈誼新書激俗:"其餘猖蹶而趨之者,乃豕羊駈而往。"②傾覆。三國志蜀書諸葛亮傳:"孤不度德量力,欲信大義於天下。而智術淺短,遂用猖獗,至於今日。"

按,説文無猖字。

猓 guǒ古火切,音果,上,果韻,見。

〔猓然〕獸名。似猴。文選晉左思吴都賦:"狖鼯猓然,騰趠飛超。"劉逵注:"猓然,猿狖之類,居樹,色青赤有文,日南、九真有之。"

按,説文無猓字。

猇 xiāo許交切,平,肴韻,曉。幽部。

㊀虎吼。亦作"虓"、"唬"。㊁漢縣名。故城在今山東省章邱縣北。

按,説文猇作虓,在虎部。

猙 zhēng側莖切,平,耕韻,照二。耕部。

㊀傳説中的獸名。山海經西山經:“(章莪之山)有獸焉,其狀如赤豹,五尾一角,其音如擊石,其名如～。”郝懿行箋疏:“經文‘如狰’之‘如’,當爲‘曰’字之譌。”㊁〔狰獰〕叠韻聯緜字。凶惡貌。清蒲松齡聊齋志異鷹虎神:“郡城東岳廟在南郭,大門左右神高丈餘,俗名鷹虎神,狰獰可畏。”

按,説文無狰字。

猞 shē。

〔猞猁〕獸名。亦稱“猞猁猻”。野猫的一種,毛皮極貴重。紅樓夢一〇五回:“猞猁猻皮十二張。”

按,説文無猞字。

猘 zhì 居例切,集韻征例切,去,祭韻,照三。月部。

狂犬。本作“狾”,亦作“瘈”。吕氏春秋首時:“鄭子陽之難,～狗潰之。”〔猘兒〕比喻年少勇猛之人。三國志吴書孫策傳裴松之注引吴歷:“曹公聞策平定江南,意常難之,常呼:‘猘兒,難與争鋒也。’”

按,説文猘作狾。

猧 wō 集韻烏禾切,平,戈韻,影。

同“猧”。犬名。玉篇:“猧,犬名。猧,同猧。”〔猧子〕犬子。父母對兒子的愛稱。新唐書李逊傳:“猧子勸吾食,吾輒飽;進藥,吾意其瘳。”

按,説文無猧字。

猊 ní 五稽切,音倪,平,齊韻,疑。

獸名。亦稱“狻猊”。即獅子。文苑英華唐牛上士獅子賦:“汗漫之大荒,當崑崙之南軸;鑠精剛之猛氣,産靈～之獸族。”唐段成式酉陽雜俎續集寺塔記上:“唯～可伏,非馳所堪。”

按,説文無猊字。

九 畫

猷 yóu 以周切,音猶,平,尤韻,喻四。幽部。

㊀計謀,謀畫。書君陳:“爾有嘉謀嘉～,則入告爾后于内。”書君奭:“告君乃～裕,我不以後人迷。”㊁道,道術。詩小雅角弓:“君子有徽～,小人與屬。”鄭箋:“猷,道也。”

［備考］通“繇”。介詞。於。書大誥:“～大誥爾多邦,越爾御事。”孔穎達疏謂“鄭、王本‘猷’在‘誥’下”。王引之經傳釋詞:“‘繇’、‘由’、‘猷’古字通,…案:‘大誥猷爾多邦’者,大誥於爾多邦也。”

［辨］猶,猷。見“猶”字條。

按,説文猷作猶。

猒 dú 徒谷切,音獨。入,屋韻,定。屋部。

㊀古“獨”字。見玉篇。也作“獸”、“犻”。集韻屋韻:“獸,猒狢,獸名。如虎而豕鬣。古作猒、犻,通作獨。”按,山海經北山經作“獨狢”。㊁獸名。廣韻:“猒,獸名,如鼠。”字亦作“猒”。山海經中山經:“(甘棗之山)有獸焉,其狀如猒鼠而文題,其名曰難,食之已瘻。”

按,説文無猒字。

臭 chuò 丑略切,音辵,入,藥韻,徹。藥部。

㊀獸名。山海經中山經:“(綸山)其獸多閭、麈、麢、～。”郭璞注:“臭,似菟而鹿脚,青色。”㊁〔怵臭〕雙聲聯緜字。奔跑貌。史記司馬相如列傳:“跮踱輵轄容以委麗兮,綢繆偃蹇怵臭以梁倚。”裴駰集解引漢書音義:“怵臭,走也。”

按,説文臭作㲋,在㲋部。

猵 1. biān 布玄切,平,先韻,幫。真部。

㊀獺屬。宋書索虜傳:“養魚者除其～獺。”在這個意義上,字亦作“獱”。説文“猵”字段玉裁注:“古扁聲賓聲同在十二部也,今韻乃猵入先,獱入真矣。”

2. piàn 集韻匹羨切,去,綫韻,滂。真部。

㊁〔猵狙〕獸名。莊子齊物論:“猨,猵狙以爲雌。麋與鹿交,鰌與魚游。”

猳 huī 許歸切,平,微韻,曉。文部。

獸名。山海經北山經："(獄法之山)有獸焉，其狀如犬而人面，善投，見人則笑，其名山～。其行如風，見則天下大風。"文選晉左思吴都賦："其上則猨父哀吟，～子長嘯。"

按，説文無⿰犭軍字，新附有之，云："⿰犭軍，獸名。"

猶 1. yóu 以周切，平，尤韻，喻四。幽部。

❶一種猿類動物。爾雅釋獸："猶如麂，善登木。"❷如同，好像。論語先進："過～不及。"❸副詞。還，仍然。孟子盡心上："掘井九軔而不及泉，～爲棄井也。"❹副詞。尚且。左傳隱公元年："蔓草～不可除，況君之寵弟乎？"❺謀畫，計謀。詩小雅采芑："方叔元老，克壯其～。"三家詩皆作"猷"。❻道，道術。詩小雅小旻："匪先民是程，匪大～是經。"❼通"尤"。指責。詩小雅斯干："式相好矣，無相～矣。"❽通"由"。從。唐李白怨情詩："新人如花雖可寵，故人似玉～來重。"❾〔猶豫〕雙聲聯緜字。戰國策趙策三："平原君猶豫未有所決。"史記魯仲連鄒陽列傳作"猶預"。字亦作"猶與"。禮記曲禮上："所以使民決嫌疑，定猶與也。"❿〔猶猶〕徐疾得中之貌。禮記檀弓上："故騷騷爾則野，鼎鼎爾則小人，君子蓋猶猶爾。"

2. yáo 集韻餘招切，平，宵韻，喻四。幽部。

⓫通"摇"。摇動。禮記檀弓下："人喜則斯陶，陶斯咏，咏斯～，～斯舞。"鄭玄注："猶當爲摇，聲之誤也。摇謂身動摇也。秦人'猶、摇'聲相近。"

〔辨〕猶，猷。"猶"、"猷"本爲一字，説文作"猶"。後來在"計謀，謀畫"以及"道，道術"兩個意義上多寫作"猷"，但也有寫作"猶"的。"猶"的其他意義都不寫作"猷"。段玉裁説文解字注："今字分猷謀字犬在右，語助字犬在左，經典絶無此例。"

猪 zhū 陟魚切，平，魚韻，知。魚部。

"豬"的俗體字。見"豬"字條。

按，説文猪作豬，在豕部。

猰 1. yà 烏黠切，入，黠韻，影。月部。

❶〔猰貐〕食人怪獸名。也作"猰⿰犭瘉"、"⿰豸契貐"、"窫窳"。淮南子本經："猰貐、鑿齒、九嬰、大風、封豨、脩蛇，皆爲民害。"高誘注："猰貐，音軋瘉，獸名。狀龍首，或曰似貍，善走而食人。"

2. jiá 古鎋切，入，鎋韻，見。

❷雜犬。見玉篇。唐李賀仁和里雜叙皇甫湜詩："洛風送馬入長關，闔扇未開逢～犬。"

按，説文無猰字，新附有之，云："猰，猰貐，獸名。"

猫 māo 武瀌切，集韻謨交切，平，宵韻，明。宵部。

❶"貓"的異體字。見廣韻。❷錨。宋周密癸辛雜識續集上海蛆："鐵～大者重數百斤，嘗有舟遇風下釘，而風怒甚，鐵～四爪皆折。"今作"錨"，讀máo。

按，説文無猫字，新附有"貓"，云："貓，狸屬。"

猢 hú 户吴切，平，模韻，匣。

❶〔猢猻〕猴子。唐張鷟朝野僉載："楊仲嗣性急，號熱鏊上猢猻。"❷〔猶猢〕即猶。北魏酈道元水經注江水："山多猶猢，似猴而短足，好遊巖樹。"

按，説文無猢字。

猱 náo 奴刀切，腦平聲，平，豪韻，泥。幽部。

獸名。猿屬。字亦作"獶"。詩小雅角弓："毋教～升木，如塗塗附。"〔猱雜〕混雜。宋宋敏求春明退朝録下："莊宗…於倡優猱雜之中，復自矜寫春秋，不知當時刑政何如也。"參見〔獶雜〕。

按，説文有"夒"、"獿"二字，段玉裁以爲"夒"即後之"獶"、"猱"，而"獿"爲别一字别一義。或以爲"獿"同"夒"，即後之"獶"、"猱"。

說文"䝯"在"夊"部。

猳 jiā 古牙切,平,麻韻,見。魚部。

❶同"豭"。公猪。史記衛康叔世家:"太子與五人介,輿~從之。"❷〔猳國〕獸名。猴類。唐釋道世法苑珠林六道畜生部之餘:"蜀中西南高山之上,有物與猴相類,長七尺,能作人行,善走,逐人,名曰猳國,一曰馬化,或曰玃猿。"又作"猳玃"。見唐段成式酉陽雜俎毛篇。

按,說文猳作豭,在豕部。

猤 guì 其季切,去,至韻,羣。

壯勇貌。文選晉左思吴都賦:"猿臂骿脅,狂趭獷~。"

按,說文無猤字。

猧 wō 集韻烏禾切,平,戈韻,影。

小狗。唐元稹夢春遊七十韻:"鸚鵡饑亂鳴,嬌~睡猶怒。"字亦作"猥"。參見"猥"字條。

按,說文無猧字。

猩 1. xīng 桑經切,平,青韻,心。耕部。

❶〔猩猩〕犬吠聲。說文:"猩,猩猩,犬吠聲。"

2. xīng 所庚切,平,庚韻,審二。耕部。

❷〔猩猩〕獸名。禮記曲禮上:"猩猩能言,不離禽獸。"〔猩紅〕①紅色。因猩猩之血可染織物,故稱。宋陸游花下小酌詩:"柳色初深燕子迴,猩紅千點海棠開。"②銀硃的别名。見明李時珍本草綱目銀朱。

猲 1. xiē 許竭切,入,月韻,曉。月部。

❶〔猲獢〕短嘴狗。爾雅釋畜:"(犬)短喙,猲獢。"說文引詩曰:"載獫猲獢。"今詩秦風駟驖作"歇驕"。

2. hè 許葛切,入,曷韻,曉。月部。

❷通"喝"。恐嚇。戰國策趙策二:"是故横人日夜務以秦權恐~諸侯,以求割地。"鮑本作"喝"。

3. gé 集韻居曷切,入,曷韻,見。月部。

❸〔猲狚〕叠韻聯緜字。巨狼。見集韻。山海經東山經:"(北號之山)有獸焉,其狀如狼,赤首鼠目,其音如豚,名曰猲狚。"

猥 wěi 烏賄切,上,賄韻,影。微部。

❶堆積。漢書董仲舒傳:"科别其條,勿~勿并。"❷衆多。管子八觀:"以人~計其野。"尹知章注:"猥,衆也。以人衆之多少計其野之廣狹也。"引申爲總,一起。論衡宣漢:"周有三聖,文王、武王、周公並時~出。"又引申爲頓,突然。廣雅釋言:"猥,頓也。"漢書王莽傳:"今~被以大罪,恐其遂畔。"❸平庸,卑賤。晉書劉寔傳:"夫一時在官之人,雖雜有凡~之才,其中賢明者亦多矣。"顔氏家訓雜藝:"若官未通顯,每被公私使令,亦爲~役。"❹謬,錯。晉書劉聰載記:"陛下不垂三察,~加誅辱。"又爲苟且。漢書楊惲傳:"然竊恨足下不深惟其終始,而~隨俗之毁譽也。"❺謙詞。文選三國魏曹植上責躬應詔詩表:"不圖聖躬~垂齒召。"

猨 yuán 集韻于元切,平,元韻,喻三。元部。

同"猿"。楚辭戰國屈原九歌山鬼:"雷填填兮雨冥冥,~啾啾兮狖夜鳴。"

〔同源字〕猿,猨,蝯,援。見"蝯"字條。

按,說文無猨字。

猦 fēng 方戎切,平,東韻,非。冬部。

〔猦母〕獸名。漢楊孚異物志:"猦母,狀如猿,逢人則叩頭,小打便死,得風還活。"

按,說文無猦字。

猭 1. chuān 丑緣切,平,仙韻,徹。元部。

❶〔獑(lián)猭〕叠韻聯緜字。見"獑"字條。❷〔獭(chēn)猭〕叠韻聯緜字。見"獭"字條。

2. chuàn 丑戀切,去,線韻,徹。元部。

❸獸走貌。後漢書馬融傳廣成頌:"獸不得~,禽不得瞥。"李賢注:"猭,走也。"

3. shān 集韻尸連切,音羶。平,仙韻,審三。

元部。

㊃獸名。似兔。見集韻。漢焦贛易林大有之姤："牝～無猳，鰥無室家。"

按，説文無𤞞字。

㹶 sōu 所鳩切，音搜，平，尤韻，審二。幽部。

㊀〔獿㹶〕疊韻聯緜字。犬名。説文："南越名犬獿㹶。"㊁春獵。禮記祭義："頒禽隆諸長者，而弟達乎～狩矣。"鄭玄注："春獵爲㹶，冬獵爲狩。"

[備考]玉篇："㹶，秋獵也。"

猴 hóu 户鉤切，平，侯韻，匣。侯部。

猴子。吕氏春秋察傳："故狗似玃，玃似母～，母～似人，人之與狗則遠矣。"按，"母猴"即"沐猴"，也叫"獼猴"。亦稱"猴猻"。金董解元西厢記諸宫調卷七："鶻鴒乾澹，向日頭獾兒般眼；吃蝨子猴猻兒般臉。"

十　畫

獃 dāi（舊讀 ái）五來切，平，咍韻，疑。

呆癡。宋朱敦儒念奴嬌："懶共賢争，從教他笑，如此只如此。雜劇打了，戲衫脱與～底。"

按，説文無獃字。

猿 yuán 雨元切，平，元韻，喻三。元部。

同"猨"。猴一類的動物。山海經南山經："又東三百里曰堂庭之山，多棪木，多白～。"

[同源字]蝯，猿，猨，援。見"蝯"字條。

按，説文無猿字。

猼 1. pó 集韻匹沃切，入，沃韻，滂。鐸部。

㊀〔猼且〕準疊韻聯緜字。草名，即蘘荷。也作"蒪且"。史記司馬相如列傳子虚賦："江離麋蕪，諸蔗猼且。"裴駰集解："猼且，蘘荷也。"漢書作"巴且"。

2. bó 補各切，音博，入，鐸韻，幫。鐸部。

㊁〔猼訑〕傳説中的獸名。山海經南山經："(基山)有獸焉，其狀如羊，九尾四耳，其目在背，其名曰猼訑。"

按，説文無猼字。

㺋 lì 音栗。

〔㺋㺋〕我國西南地區少數民族。今作"傈僳"。

按，説文無㺋字。

獂 huán 集韻胡官切，平，桓韻，匣。元部。

同"貆"。㊀獸名。山海經北山經："(乾山)有獸焉，其狀如牛而三足，其名曰～。"又玉篇："獂，豕屬。"㊁地名。在今甘肅省隴西縣東北。史記秦本紀："於是乃出兵東圍陝城，西斬戎之獂王。"裴駰集解引應劭曰："獂，戎邑，音桓。"

按，説文獂作貆，在豕部。

猻 sūn 思渾切，平，魂韻，心。

〔猢猻〕〔猴猻〕見"猢"、"猴"字條。

按，説文無猻字。

猾 huá 户八切，音滑，入，黠韻，匣。物部。

㊀擾亂。書舜典："蠻夷～夏，寇賊姦宄。"㊁狡詐，狡猾。史記高祖本紀："項羽爲人僄悍～賊。"

按，説文無猾字。

猺 yáo 餘昭切，平，宵韻，喻四。

㊀獸名。見集韻。㊁即瑶族，居住在我國南部和西南部的少數民族。

按，説文無猺字。

獆 háo 音豪。幽部。

"獋"的異體。正字通："獋，俗獆字。"同"嗥"。狗或獸咆哮。山海經北山經："(丹熏之山)有獸焉，其狀如鼠，而菟首麋身，其音如～犬。"引申爲人呼號。急就篇"疻痏保辜謕呼號"顔師古注："號或作獆，音義同。"

按，説文獆是嗥的重文，嗥在口部。

獅 shī 疏夷切，平，脂韻，審三。

〔獅子〕一種猛獸。漢荀悦漢紀武帝紀三："烏弋國去長安萬五千三百里，出獅子、犀牛。"明李時珍本草綱目獸部獅："獅子出西域諸國，狀如虎而小，黄色。"又引南齊書云："王敬則騎五色獅子。"按今本南齊書王敬則傳作"師"。

按，説文無獅字。

十 一 畫

獎 jiǎng 即兩切，上，養韻，精。

"奬"的本字。見玉篇。參見"奬"字條。

按，説文獎作將。

獒 áo 五勞切，音熬，平，豪韻，疑。宵部。

高大的猛犬。左傳宣公二年："公嗾夫～焉。"杜預注："獒，猛犬也。"

獐 zhāng 諸良切，平，陽韻，照三。陽部。

獸名。鹿屬。吕氏春秋博志："使～疾走，馬弗及至。"漢焦贛易林泰之明夷："求兔得～，過其所望。"

按，説文獐作麞，在鹿部。

獍 jìng 居慶切，音鏡，去，映韻，見。

獸名。南朝梁任昉述異記上："～之爲獸，狀如虎豹而小，始生，還食其母。"又稱"破鏡"。漢書郊祀志上："祠黄帝，用一梟破鏡。"顔師古注："梟，鳥名，食母。破鏡，獸名，食父。"

按，説文無獍字。

獄 yù 魚欲切，入，燭韻，疑。屋部。

❶訴訟。左傳莊公十年："小大之～，雖不能察，必以情。"❷牢獄。漢蔡邕獨斷四代之獄别名："唐虞曰士官，…夏曰均臺，周曰囹圄，漢曰～。"文選漢楊惲報孫會宗書："妻子滿～。"

獮 yōng 集韻餘封切，音庸，平，鍾韻，喻四。東部。

犎牛。文選漢司馬相如上林賦："其獸則～旄貘犛，沈牛麈麋。"史記司馬相如列傳上林賦作"犝"。

按，説文獮作𧲣，在豸部。

獓 áo 集韻牛刀切，音熬，平，豪韻，疑。宵部。

〔獓㹷〕獸名。集韻豪韻引山海經西山經："(三危之山)有獸焉，其狀牛身四角，豪如披蓑，名曰獓㹷，是食人。"今本山海經作"徼㹷"。袁珂校注："經文'徼㹷'，王念孫校作'獓㹷'。"

按，説文無獓字。

獑 chán 士咸切，音讒，平，咸韻，牀二。談部。

〔獑猢〕獸名。玉篇："獑猢，獸名，似猨。"文選漢張衡西京賦："杪木末，擭獑猢。"也作"螹胡"。史記司馬相如列傳上林賦："螹胡豰蛫，棲息乎其間。"

按，説文無獑字。

獏 mó (舊讀 mú)集韻蒙晡切，平，模韻，明。魚部。

獸名。史記司馬相如列傳上林賦："獸則犝旄～犛，沈牛麈麋。"裴駰集解引郭璞曰："獏似熊，庳脚鋭頭。"文選漢司馬相如上林賦作"貘"。

按，説文獏作貘，在豸部。

獟 1. xiāo 集韻虚交切，平，肴韻，曉。幽部。

❶犬受驚而吠。説文："獟，犬獿獿咳(駭)吠也。"玉篇："獟，犬擾駭也。"

2. qiāo 集韻丘交切，平，肴韻，溪。幽部。

❷狡獪。方言一〇："央亡、嚜屎、姡，獪也。江湘之間或謂之無賴，或謂之獟。"

[備考]廣韻巧韻："獟，事露。"下巧切，音xiào。

獌 màn 莫半切，音漫，去，换韻，明。元部。

獸名。爾雅釋獸："貙～似貍。"邢昺疏："字林云：'貙似貍而大，一名獌。'"

狦 1. shān 所咸切,音杉,平,咸韻,審二。侵部。

㊀犬鑽進穴隙。説文:"狦,犬容頭進也。"廣韻作"犬容頭進貌"。

2. sāo 集韻蘇遭切,音騷,平,豪韻,心。

㊁〔山狦〕傳説中似人的怪物。集韻引神異經云:"西方深山有人,長尺餘,袒身,捕蝦蟹以食,名山狦。"按,今本東方朔神異經未見此文。

3. shǎn 所斬切,上,豏韻,審二。

㊂〔狦獫〕叠韻聯緜字。犬吠聲。見廣韻。

猣 zōng 集韻祖叢切,平,東韻,精。東部。

同"豵"。一歲豬。又泛指幼獸。文選晉張協七命:"乃有圓文之豜,班題之~。"李善注:"毛萇詩傳曰:'豕一歲曰豜。'又鄭玄曰:'豕生三子曰猣。'然此豜、猣指諸獸,不專論豕也。"

按,説文猣作豵,在豕部。

十二畫

獙 bì 毗祭切,去,祭韻,並。月部。

同"斃"。仆倒。説文:"獙,頓仆也,从犬,敝聲。春秋傳曰:'與犬,犬獙。'獙,或从死。"今本左傳僖公四年作"斃"。

獞 1. tóng 集韻徒東切,音童,平,東韵,定。

㊀犬名。見集韻。

2. zhuàng 音壯。

㊁我國少數民族,居住在今廣西壯族自治區和雲南、廣東兩省一帶。後作"僮",今作"壯"。

按,説文無獞字。

獜 1. lín 力珍切,音鄰,平,真韻,來。真部。

㊀犬健貌。説文:"獜,健也。从犬,粦聲。詩曰:'盧獜獜。'"今本詩齊風盧令作"令令",毛傳曰:"纓環聲。"

2. lìn 集韻良刃切,去,稕韻,來。真部。

㊁獸名。山海經中山經:"(依軲之山)有獸焉,其狀如犬,虎爪,有甲,其名曰~。"

獟 1. yào 五弔切,去,嘯韻,疑。宵部。

㊀狂犬。説文:"獟,猘犬也。"廣韻:"獟,狂犬。"

2. xiāo 集韻馨幺切,平,蕭韻,曉。宵部。

㊁勇猛。史記衛將軍驃騎列傳:"誅~騂。"

獭 chēn 集韻癡鄰切,平,真韻,徹。真部。

〔獭狳〕叠韻聯緜字。連延貌。見集韻。又作"獭狳"。文選漢王褒洞簫賦:"處幽隱而奥庰兮,密漠泊以獭狳。"

按,説文無獭字。

獋 1. háo 胡刀切,平,豪韻,匣。

㊀同"嗥"。熊虎聲。見廣韻。又玉篇:"獋,犬聲,呼也,鳴也,咆也。或作嗥。"

2. gāo 集韻居勞切,平,豪韻,見。幽部。

㊁人名用字。公羊傳宣公二年:"秋九月乙丑,晉趙盾弒其君夷~。"

獗 jué 字彙居月切,音決。

〔猖獗〕見"猖"字條。

按,説文無獗字。

獠 1. liáo 落蕭切,音僚,平,蕭韻,來。宵部。

㊀夜獵。爾雅釋天:"宵田爲獠。"管子四稱:"~獵畢弋,暴遇諸父。"

2. lǎo 盧皓切,音老,上,皓韻,來。

㊁我國古代南方少數民族名。晉書李壽載記:"初蜀土無~,至此始從山而出。"㊂駡人之詞。唐劉肅大唐新語酷忍:"(褚遂良)乃解頭巾,叩頭流血。高宗大怒,命引出。則天隔簾大聲曰:'何不撲殺此~!'"

獝 xù 況必切,入,質韻,曉。質部。

鳥驚飛。禮記禮運:"鳳以爲畜,故鳥不~。"

按，説文無獢字。

獙 bì 集韻毗祭切，音弊，去，祭韻，並。月部。

〔獙獙〕獸名。山海經東山經："（姑逢之山）有獸焉，其狀如狐而有翼，其音如鴻雁，其名曰獙獙。"

按，説文無獙字。

獢 xiāo 許嬌切，平，宵韻，曉。宵部。

❶〔獦獢〕見"獦"字條。❷通"驍"。勇猛。新五代史雷滿傳："爲人兇悍～勇。"

十 三 畫

獩 zhǎi 集韻都買切，五音集韻知駭切，上，駭韻，知。

〔獩獬(jiě)〕叠韻聯緜字。豪强貌。見集韻。魏書崔辯傳："（崔）楷性嚴烈，能摧挫豪彊。故時人語曰：'莫獩獬，付崔楷。'"北史作"德衙"。

按，説文無獩字。

獦 1. gé 古達切，入，曷韻，見。月部。

❶〔獦牂〕狙的别名。見"猵狙"。❷〔獦狚〕獸名。廣韻："狚，獦狚，獸名，似狼而赤，出山海經。"山海經東山經："（北號之山）有獸焉，其狀如狼，赤首鼠目，其音如豚，名曰猲狙。"郝懿行箋疏："猲狙，當作獦狚。"

2. liè 良涉切，入，葉韻，來。

❸"獵"的訛字。打獵。顔氏家訓書證："自有訛謬，過成鄙俗。…獵化爲～。"漢賈誼新書勢卑："今不～猛獸，而～田彘。"

按，説文無獦字。

獳 nóng 奴冬切，平，冬韻，泥。冬部。

多毛犬。見字林。説文："獳，犬惡毛也。"

獧 1. juàn 古縣切，去，霰韻，見。元部。

❶疾急。説文："獧，疾跳也。一曰急也。"引申爲敏捷。漢董仲舒春秋繁露必仁且智："不仁而有勇力財能，則狂而操利兵也；不智而辯慧～給，則迷而乘良馬也。"❷狷介，有所不爲。孟子盡心下："欲得不屑不絜之士而與之，是～也。"論語子路作"狷"。

2. xuān 五音集韻火玄切。

❸通"儇"。聰慧。清鈕琇觚賸河東君："性～慧，賦詩輒工，尤長近體七言。"

［同源字］狷，獧，儇，趯。見"狷"字條。

獨 dú 徒谷切，入，屋韻，定。屋部。

❶孤獨，單獨。詩小雅白華："之子之遠，俾我～兮。"禮記中庸："故君子必慎其～也。"特指老而無子。禮記王制："少而無父者謂之孤，老而無子者謂之～。"❷獨自，唯獨。孟子梁惠王上："雖有池臺鳥獸，豈能～樂哉？"論語顔淵："司馬牛憂曰：'人皆有兄弟，我～無。'"❸豈，難道。史記廉頗藺相如列傳："相如雖駑，～畏廉將軍哉？"❹〔獨狢(gǔ)〕叠韻聯緜字。獸名。山海經北山經："（北嚻之山）有獸焉，其狀如虎而白身，犬首，馬尾，彘鬣，名曰獨狢。"

［同源字］蜀，獨。見"蜀"字條。

獫 xiǎn 虚檢切，音險，上，琰韻，曉。談部。

❶長嘴獵狗。爾雅釋畜狗屬："長喙，獫。"詩秦風駟驖："輶車鸞鑣，載～歇驕。"❷〔獫狁〕我國古代北方少數民族名。也作"玁狁"。史記匈奴列傳："匈奴，其先祖夏后氏之苗裔也，曰淳維。唐虞以上有山戎、獫狁、葷粥，居于北蠻，隨畜牧而轉移。"裴駰集解："晉灼曰：堯時曰葷粥，周曰獫狁，秦曰匈奴。"

獪 kuài 古外切，去，泰韻，見。月部。

狡猾。説文："獪，狡獪也。"方言一〇："央亡、嚜杘、姡，獪也。"又卷二："劋、蹶，獪也。秦晉之間曰獪。"

獬 1. xiè 胡買切，音蟹，上，蟹韻，匣。支部。

❶〔獬豸〕傳説中的神獸。文選漢司馬相如上林賦："椎蜚廉，弄獬豸。"李善注引張揖曰："獬豸，似鹿而一角。"晉書輿服志下："獬

豸，神羊，能别曲直。楚王嘗獲之，故以爲冠。"獬豸冠爲古代法官所戴。又寫作"獬廌"。

2. jiě 集韻舉蟹切，上，蟹韻，見。

㊁〔獬(zhǎi)獬〕見"獬"字條。

按，說文無獬字。

獥 jiào 集韻古弔切，音叫，去，嘯韻，見。宵部。

狼子。爾雅釋獸："狼，牡貛，牝狼，其子獥。"

按，說文無獥字。

十 四 畫

獰 níng 乃庚切，平，庚韻，泥。

凶惡。唐李賀感諷詩五之一："縣官騎馬來，～色虯紫鬚。"引申爲狂，猛。唐韓愈送無本師歸范陽詩："～飆攪空衢，天地與頓撼。"

按，說文無獰字。

獱 pīn。真部。

同"獱"。獺屬。漢書揚雄傳："蹈～獺，據黿鼉。"

按，說文以獱爲猵的或體。參見"猵"字條。

獱 pīn 符真切，集韻毗賓切，平，真韻，並。真部。

又作"獱"。按，"獱"字集韻還有卑民切、卑眠切兩讀。

獳 1. nòu 乃豆切，去，候韻，泥。侯部。

㊀怒犬貌。見說文。山海經中山經："（釐山）有獸焉，名曰獺，其狀如～犬而有鱗。"

2. rú 人朱切，音儒，平，虞韻，日。侯部。

㊁〔朱獳〕叠韻聯緜字。傳說中的異獸。山海經東山經："（耿山）有獸焉，其狀如狐而魚翼，其名曰朱獳。"

［同源字］獳，怒。兩字均爲泥母。"獳"侯部，"怒"魚部。魚侯旁轉。怒犬爲獳。

獮 xiǎn 息淺切，仙上聲，上，獮韻，心。脂部。

秋獵。見爾雅釋天。國語齊語："秋以～治兵。"韋昭注："秋田曰獮。"引申爲殺。見爾雅釋詁上。文選漢張衡西京賦："白日未及移其晷，已～其什七八。"

按，說文無獮字。

獲 huò 胡麥切，入，麥韻，匣。鐸部。

㊀獵獲。易巽："田～三狐。"又爲俘獲。左傳僖公二十二年："雖及胡耇，～則取之。"㊁收割莊稼。荀子富國："今是土之生五穀也，人善治之，則畝數盆，一歲而再～之。"㊂獲得，得到。鹽鐵論誅秦："初雖勞苦，卒～其慶。"㊃射中。儀禮鄉射禮："～者坐而獲。"鄭玄注："射者中則大言獲。獲，得也。"㊄女奴隸。韓非子顯學："行曲則違於臧～，行直則怒於諸侯。"

［辨］獲，穫。在漁獵時代獲得禽獸叫"獲"，在農業時代獲得穀物叫"穫"。兩字同源。但收割莊稼可寫作"獲"，獵獲禽獸不寫作"穫"。今都簡化爲"获"。

獯 xūn 許云切，音勳，平，文韻，曉。文部。

〔獯鬻〕我國古代北方少數民族名。漢時稱匈奴。孟子梁惠王上："惟智者能以小事大，故太王事獯鬻，勾踐事吴。"也簡稱"獯"。

按，說文無獯字。

十 五 畫

獸 shòu 舒救切，去，宥韻，審三。幽部。

㊀野獸。孟子滕文公上："草木暢茂，禽～偪人。"㊁打獵。後寫作"狩"。詩小雅車攻："建旐設旄，搏～于敖。"文選漢張衡東京賦及李善注均引作"薄狩于敖"。

［備考］通"嘼(xiù)"。朱駿聲說文通訓定聲："獸，叚借爲嘼。"（"嘼"即今"六畜"之"畜"）周禮天官獸醫："獸醫掌療～病，療～瘍。"賈公彦疏："此醫唯療家畜，不療野獸，但

畜獸義通。”

[同源字]狩，獸。見“狩”字條。

按，說文獸字在嘼部。

獷 1. guǎng 居往切，上，養韻，見。陽部。

㊀犬不可親附。文選漢揚雄劇秦美新：“來儀之鳥，肉角之獸，狙～而不臻。”李善注：“說文曰：‘狙，犬暫齧人。’…‘獷，犬不可親附也。’”引申爲猛悍。後漢書光武帝紀：“又驅諸～獸虎豹犀象之屬，以助威武。”“獷”一作“猛”。〔獷獷〕兇惡貌。漢書叙傳：“獷獷亡秦，滅我聖文。”顔師古注：“獷獷，麤惡之貌，言無親也。”

2. jǐng 集韻俱永切，上，梗韻，見。

㊁通“憬”。覺悟。文選南朝梁沈約齊故安陸昭王碑文：“强民獷俗。”李善注：“韓詩曰：‘獷彼淮夷。’薛君曰：‘獷，覺寤之貌。’”按，今本詩經魯頌泮水作“憬彼淮夷”。

㺒 xié 集韻奚結切，入，屑韻，曉。質部。

獸名。即獺。山海經中山經：“(鳌山)有獸焉，名曰～，其狀如獳犬而有鱗，其毛如彘鬣。”

按，說文無㺒字。

獿 náo 集韻奴刀切，腦平聲，平，豪韻，泥。幽部。

獸名。猿屬。尸子下：“余左執太行之～，而右搏雕虎。”〔獿雜〕混雜。禮記樂記：“獿雜子女。”孔穎達疏：“獿雜，謂獼猴也。言舞戲之時，狀如獼猴，間雜男子婦人，言似獼猴男女無別也。”

按，說文獿作夒，在夊部。

獵 liè 良涉切，入，葉韻，來。葉部。

㊀打獵。詩魏風伐檀：“不狩不～，胡瞻爾庭有懸貆兮。”㊁通“躐”。踐踏。荀子議兵：“不殺老弱，不～禾稼。”引申爲經過，掠過。文選戰國宋玉風賦：“～蕙草，離秦衡。”唐吕温風詠：“輕摇深林翠，静～幽徑芳。”㊂通“擸”。捋。史記日者列傳：“～纓正襟危坐。”㊃〔獵獵〕象聲詞。形容風聲。南朝宋鮑照潯陽還都道中詩：“鱗鱗夕雲起，獵獵晚風遒。”

十 六 畫

獻 1. xiàn 許建切，去，願，曉。元部。

㊀以牲畜祭祀。詩豳風七月：“四之日其蚤，～羔祭韭。”〔羹獻〕供祭祀的犬。見說文。禮記曲禮下：“凡祭宗廟之禮，…羊曰柔毛，雞曰翰音，犬曰羹獻。”孔穎達疏：“犬曰羹獻者，人將所食羹餘以與犬，犬得食之肥，肥可以獻祭於鬼神，故曰羹獻也。”引申爲獻祭。儀禮聘禮：“薦脯醢，三～。”㊁進獻。史記季布欒布列傳：“將軍能聽臣，臣敢～計。”特指向賓客敬酒。詩小雅行葦：“或～或酢，洗爵奠斝。”㊂慶賀。禮記檀弓下：“晉～文子成室。”鄭玄注：“文子，趙武也。作室成，晉君獻之，謂賀也。”㊃呈現。左傳昭公二十七年：“羞者改服～體於門外，執羞者坐行而入。”杜預注：“獻體，解衣。”㊄賢人。書大誥：“民～有十夫。”

2. suō 素何切，平，歌韻，心。歌部。

㊅一種濾酒法。周禮春官司尊彝：“鬱齊～酌，醴齊縮酌。”鄭玄注：“獻讀爲摩莎之莎，齊語，聲之誤也。煮鬱和相𨱎以醆酒，摩莎泲之，出其香汁也。”㊆疏刻。禮記明堂位：“夏后氏以楬豆，殷玉豆，周～豆。”孔穎達疏：“獻音娑。娑是希疏之義，故爲疏刻之。”

[辨]貢，獻。見“貢”字條。

[同源字]獻，享，饗。“享”、“饗”同音，曉母陽部。“獻”曉母元部。元陽通轉。說文：“饗，鄉人飲酒也。”段玉裁注：“毛詩之例，凡獻於上曰享，凡食其獻曰饗。”三字義相關。

獺 tǎ 他達切，入，曷韻，透。月部。

獸名。通常指水獺。孟子離婁上：“故爲淵敺魚者～也。”〔獺祭〕獺捕魚陳列水邊，猶如祭祀，稱獺祭魚。禮記月令孟春之月：“魚上冰，獺祭魚。”後稱寫文章時羅列典故爲獺祭。清王士禎戲倣元遺山論詩絶句之十一:“獺祭曾驚博奥殫,一篇錦瑟解人難。”

獜 lián 力延切,音聯,平,仙韻,來。

〔獜猭〕叠韻聯緜字。獸疾走貌。文選晉左思吴都賦:“蹍踰竹柏,獜猭杞柟。”李善注:“埤蒼曰:‘獜猭,逃也。’”

按,説文無獜字。

十七畫

獽 ráng 汝陽切,平,陽韻,日。

❶我國古代西南少數民族名。見晉常璩華陽國志一巴志。❷獸名。狨屬。見集韻。

按,説文無獽字。

獼 mí 武移切,集韻民卑切,音彌,平,支韻,明。脂部。

〔獼猴〕獸名。又名母猴,沐猴。楚辭漢淮南小山招隱士:“獼猴兮熊羆,慕類兮以悲。”

按,説文無獼字。

㺃 yīng 正字通伊卿切,音嬰。耕部。

〔㺃如〕傳説中之獸名。山海經西山經:“(皋塗之山)有獸焉,其狀如鹿而白尾,馬足人手而四角,名曰㺃如。”郭璞注:“音猳嬰之嬰。”郝懿行謂“㺃”當爲“玃”,畢沅謂當作“玀如”,正字爲“蠗如”。

按,説文無㺃字。

十八畫

獾 huān 呼官切,音歡,平,桓韻,曉。

也作“貛”、“獾”。獸名。也叫狗獾。狀似狗,頭部有三條白色縱紋。

按,説文無獾字。

獿 1. náo 奴刀切,腦平聲,平,豪韻,泥。幽部。

❶獸名。猴屬。玉篇同“猱”。❷〔獿人〕古代傳説中善於塗抹牆壁者。漢書揚雄傳解難:“獿人亡,則匠石輟斤而不敢妄斲。”顔師古注:“服虔曰:獿,古之善塗塈者也。施廣領大袖以仰塗,而領袖不汙。有小飛泥誤著其鼻,因令匠石揮斤以斲,知匠石之善斲,故敢使之也。”

2. nǎo 奴巧切,上,巧韻,泥。幽部。

❸〔獿㺜〕雙聲叠韻聯緜字。犬驚吠。見集韻。説文:“獿,獿㺜也。”王筠句讀:“當云:獿㺜,犬駭吠也。”

二十畫

玂 qí 渠希切,音祈,平,微韻,羣。文部。

犬生一子稱玂。爾雅釋畜:“犬生三,猣;二,師;一,玂。”

按,説文無玂字。

玃 jué 居縛切,音攫,入,藥韻,見。鐸部。

❶大母猴。見説文。吕氏春秋察傳:“數傳而白爲黑,黑爲白。故狗似~,~似母猴,母猴似人。人之與狗則遠矣。”一説老猴爲玃。抱朴子内篇對俗:“獼猴壽八百歲變爲猿,猿壽五百歲變爲~。”❷通“攫”。抓取。吕氏春秋本味:“夫三羣之蟲,水居者腥,肉~者臊,草食者羶。”高誘注:“肉玃者,玃拏肉而食之,謂鷹雕之屬。”

玁 xiǎn 虚檢切,音險,上,琰韻,曉。談部。

〔玁狁〕我國古代北方少數民族。詩小雅采薇:“靡室靡家,玁狁之故。”毛傳:“玁狁,北狄也。”鄭箋:“北狄,今匈奴也。”字亦作“獫狁”,亦名葷粥、獯鬻、薰育、葷允。

按,説文無玁字。

午集

玄部

玄 xuán 胡涓切，平，先韻，匣。真部。

❶黑中帶紅。説文：“黑而有赤色者爲玄。”詩豳風七月：“載～載黄，我朱孔陽。”又指黑色。書禹貢：“厥篚～纖縞。”論語堯曰：“敢用～牡。”❷深奥，玄妙。老子：“～之又～，衆妙之門。”荀子正論：“上周密則下疑～矣。”楊倞注：“玄謂幽深難知。”❸〔玄黄〕①本指黑色與黄色，也用於指天地。易坤：“夫玄黄者，天地之雜也，天玄而地黄。”後因以玄黄指天地。文選漢揚雄劇秦美新：“玄黄剖判，上下相嘔。”李善注：“言天地既開，玄黄分判。”②雙聲聯緜字。生病的樣子。詩周南卷耳：“陟彼高岡，我馬玄黄。”王引之經義述聞五“我馬玄黄”條：“玄黄，雙聲字，謂病貌。”爾雅釋詁：“玄黄，病也。”

［備考］〔玄武〕北方之神。其形象爲龜。一説爲龜蛇合體。禮記曲禮上：“行，前朱鳥而後玄武。”孔穎達疏：“玄武，龜也。”後漢書王梁傳：“玄武，水神之名。”李賢注：“玄武，北方之神，龜蛇合體。”

五　畫

玆 1. xuán 胡涓切，平，先韻，匣。真部。

❶黑色。説文：“玆，黑也。从二玄。春秋傳曰：‘何故使吾水～。’”今本左傳哀公八年“玆”誤作“滋”。

2. zī 集韻津之切，平，之韻，精。之部。

❶〔玆白〕傳説中的猛獸名。逸周書王會：“玆白者，若白馬，鋸牙，食虎豹。”逸周書彙校集注：“俞樾云：‘若白馬’當作‘若馬’，此言獸形如馬，非必白馬，乃相似也。孔注曰：‘玆白，一名駮。’”❷姓。左傳定公十年有～無還。

六　畫

率 1. shuài 所類切，去，至韻，審二。物部。

❶捕鳥的網。説文：“率，捕鳥畢也。”引申爲羅致。文選漢張衡東京賦：“悉～百禽。”❷通“逹”。帶頭，首先。史記絳侯周勃世家：“前日吾詔列侯就國，或未能行，丞相吾所重，其～先之。”又爲循着，沿着。詩小雅北山：“～土之濱，莫非王臣。”又大雅緜：“～西水滸，至于岐下。”毛傳：“率，循也。”引申爲遵循。詩小雅采菽：“平平左右，亦是～從。”又引申爲奉行。北魏楊衒之洛陽伽藍記城西：“當時四海晏清，八荒～職。”又引申爲表率。漢書何武傳：“刺史，古之方伯，上所委任，一州表～也。”❸通“衛”。將帥。荀子富國：“將～不能則兵弱。”吕氏春秋孟冬：“天子乃命將～講武。”引申爲動詞，率領。孟子告子上：“～天下之人而禍仁義者，必子之言夫！”❹〔率爾〕輕率的樣子。論語先進：“子路率爾而對曰。”

［備考］副詞。㊀大都。史記老子韓非列傳：“故其著書十餘萬言，大抵～寓言也。”㊁一律。資治通鑑晉紀：“吴主飲群臣酒，不問能否，～以七升爲限。”

2.lǜ 集韻劣戌切,入,術韻,來。物部。

❺法規,標準。孟子盡心上:"羿不爲拙射變其彀~。"❻計算。漢書高帝紀下:"郡各以其口數~。"顔師古注:"率,計也。"❼比率。漢書梅福傳:"建始以來,日食地震,以~言之,三倍春秋。"❽〔率更〕官名,即率更令,掌管計時。漢書百官公卿表上:"屬官有太子率更。"顔師古注:"掌知漏刻,故曰率更。"

[同源字]率,逹,衛,帥。四字均審二物部,均有率先、率領義。説文:"逹,先導也。"段玉裁注:"逹經典假率字爲之…漢人帥領字通用帥,與周時用率不同。"説文:"衛,將衛也。"朱駿聲説文通訓定聲履部:"衛,經傳皆以帥爲之。"段玉裁注:"衛,導也,循也,今之率字,率行而衛廢矣。將帥字古衹作將衛,帥行而衛又廢矣。"

按,説文率字在率部。

玈 lú 落胡切,平,模韻,來。魚部。

黑色。左傳僖公二十八年:"彤矢百,~弓矢千。"孔穎達正義:"玈,黑。"

[同源字]盧,玈,黸,矑,獹,瀘。見"盧"字條。

按,説文無玈字,新附有之,云:"黑色也。義當用黸。"

玉　部

[玉部總論]

玉部的字主要包括以下四個方面的内容。

(一)玉或次於玉的美石的名稱。例如:琋　球　琳　琦　玞　珂　瑰。

(二)玉器名稱。例如:玦　珽　琮　瑁　瑞　瑗　璋　璧。

(三)用玉做的裝飾品。例如:珌　琪　瓖。

(四)玉的顔色、聲音。例如:玼　瑕　瑳　玎　玲　瑣。

玉 yù 魚欲切,入,燭韻,疑。屋部。

❶礦物的一種,質地細密、堅硬、温潤而有光澤。詩小雅鶴鳴:"他山之石,可以攻~。"韓非子和氏:"楚人和氏得~璞楚山中,奉而獻之厲王。"❷泛指圭璧之類的玉器。左傳哀公七年:"禹合諸侯于塗山,執~帛者萬國。"論語陽貨:"禮云禮云,~帛云乎哉!"❸用玉作的佩物。禮記玉藻:"古之君子必佩~。"又:"故君子在車則聞鸞和之聲,行則鳴佩~。"❹動詞。寶愛,幫助。詩大雅民勞:"王欲~女,是用大諫。"朱熹集傳:"玉,寶愛之意。言王欲以女爲玉而寶愛之。"宋張横渠集西銘:"貧賤憂戚,庸~女于成也。"❺敬詞。戰國策趙策四:"竊自恕,而恐太后~體之有所郄也,故願望見太后。"

玊 sù 息逐切,入,屋韻,心。覺部。

❶朽玉。見説文段玉裁注。❷姓氏用字。史記孝武本紀:"濟南人公~帶上黄帝時明堂圖。"司馬貞索隱:"公玊,姓;帶,名。三輔決録云:杜陵有玊氏,音肅。"

按,説文各本無玊字,段玉裁改琑爲玊。

王 1. wáng 雨方切,平,陽韻,喻三。陽部。

❶先秦時代天子、諸侯的稱號。詩小雅北山:"溥天之下,莫非~土。率土之濱,莫非~臣。"孟子梁惠王上:"~好戰,請以戰喻。"秦漢以後,王是封號中的最高一級。史記項羽本紀:"乃分天下,立諸將爲侯~。"史記袁盎列傳:"於是文帝立其三子(淮南王的三個

兒子)皆爲～。”用作動詞,朝見王。詩商頌殷武:“莫敢不來享,莫敢不來～。”左傳隱公九年:“宋公不～。”楊伯峻注:“諸侯見於天子曰王。”㊁尊稱。爾雅釋親:“父之考爲～父。”郭璞注:“如王者尊之。”㊂物之大者。周禮天官(𩟏)人:“春獻～鮪。”鄭玄注:“王鮪,鮪之大者。”楚辭大招:“～虺騫只。”王逸注:“王虺,大蛇也。”

2. wàng 于放切,去,漾韻,喻三。陽部。

㊃用作動詞。統治,成就王業。詩大雅皇矣:“～此大邦,克順克比。”孟子梁惠王上:“故王之不～,不爲也,非不能也。”(第二個“王”字讀 wàng。)㊄旺盛。莊子養生主:“神雖～,不善也。”這個意義後來寫作“旺”。

[備考]通“往”。詩大雅板:“昊天曰明,及爾出王。”

按,說文王字在王部。

二　　畫

玎 dīng 當經切,平,青韻,端。耕部。

㊀玉聲。說文:“玎,玉聲也。”〔玎玲〕象聲詞。玉聲。金元好問遺山集赤石谷:“林罅陰崖霧杳冥,石根寒溜玉玎玲。”㊁〔玎璫〕象聲詞。唐韓偓玉山樵人集秋雨内宴:“一帶清風入畫堂,撼真珠箔碎玎璫。”元薩都剌題二宫人琴壺圖詩:“玉壺投矢聲玎璫。”

玏 lè 盧則切,入,德韻,來。職部。

〔瑊玏〕見“瑊”字條。

按,說文無玏有塑。段玉裁注:“塑玏同字。”

三　　畫

玕 gān 古寒切,平,寒韻,見。元部。

〔琅玕〕見“琅”字條。

玗 yú 羽俱切,平,虞韻,喻三。魚部。

㊀美石。說文:“玗,石之似玉者。”㊁〔玗琪〕玉名。山海經海内西經:“開明北有…文玉樹、玗琪樹。”

玘 qǐ 墟里切,上,止韻,溪。

玉名。見說文新附。

按,說文無玘字,新附有之。

玓 dì 都歷切,入,錫韻,端。藥部。

〔玓瓅〕〔的皪〕〔的皪〕叠韻聯緜字。說文:“玓瓅,明珠光也。”史記司馬相如列傳上林賦:“明月珠子,玓瓅江靡。”司馬貞索隱作“的皪”引應劭曰:“明月珠子生于江中,其光耀乃照于江邊。”漢書司馬相如傳作“的皪”。顔師古注:“的皪,光貌也。”

玖 jiǔ 舉有切,上,有韻,見。之部。

㊀次於玉的黑色美石。詩衛風木瓜:“投我以木李,報之以瓊～。”詩王風丘中有麻:“彼留之子,貽我佩～。”㊁“九”的大寫。

四　　畫

玟 1. méi 莫杯切,平,灰韻,明。微部。

㊀〔玟瑰〕叠韻聯緜字。寶石名。說文:“玟瑰,火齊珠。”廣雅釋地:“玟瑰。”王念孫疏證:“韓非子外儲說左篇云:‘綴以珠玉,飾以玟瑰。’司馬相如子虛賦:‘其石則赤玉玟瑰。’晉灼注:‘亦云火齊珠。’”參見“玫”字條。

2. mín 集韻眉貧切,平,真韻,明。文部。

㊁次於玉的美石。禮記玉藻:“士佩瓀～而緼組綬。”釋文:“字或作砇。”亦作“碈”。禮記聘義:“子貢問於孔子曰:‘敢問君子貴玉而賤碈者,何也?’”鄭玄注:“碈,石似玉。或作玟也。”

按,說文玟字今字書一般引作“玫”。

珏 jué 古岳切,入,覺韻,見。屋部。

雙玉爲珏。字亦作“瑴”、“玨”。左傳莊公十八年:“皆賜玉五瑴。”釋文:“瑴字又作玨。”國語魯語上:“公説,行玉二十瑴,乃免衛侯。”韋昭注:“雙玉曰瑴。”

按,說文珏字在珏部。

玩 wán 五换切(舊讀 wàn),去,换韻,疑。元部。

❶玩弄,戲弄。書旅獒:"～人喪德,～物喪志。"吕氏春秋精諭:"聞蜻皆從女居,取而來,吾將～之。"又博志:"今有寶劍良馬於此,～之不厭。"引申爲所玩弄的東西。國語楚語:"一夕之宿,臺榭陂池必成,六畜～好必從。"又:"若夫白珩,先王之～也,何寶之焉?"韋昭注:"玩,玩弄之物。"❷欣賞,品味。論衡案書:"劉子政～弄左氏,童僕妻子皆呻吟之。"文選晉劉琨答盧諶詩序:"執～反覆,不能釋手。"李善注:"玩,猶愛弄也。"引申爲鑽研,體會。易繫辭上:"是故君子居則觀其象而～其辭,動則觀其變而～其占。"❸輕慢。國語周語上:"先王耀德不觀兵。夫兵戢而時動,動則威,觀則～,～則無震。"韋昭注:"玩,黷也。"引申爲輕蔑。漢書東方朔傳贊:"依隱～世,詭時不逢。"❹貪求。左傳昭公二十六年:"～求無度。"(諸本作"規",段玉裁校本作"玩")

[同源字]玩,翫,忨。這三個字都屬疑母元部。説文:"玩,弄也。"又:"翫,習猒也。"又:"忨,貪也。"在輕慢、玩習、欣賞等意義上,玩、翫可以通用。荀子非十二子:"玩琦辭。"楊倞注:"玩與翫同。"在貪圖這個意義上,忨、玩、翫通用。

玞 fú 甫無切,平,虞韻,非。魚部。

字亦作"砆"。次於玉的美石。山海經南山經:"會稽之山,四方,其上多金玉,其下多砆石。"參見"砆"字條。〔珷玞〕叠韻聯緜字。見"珷"字條。

按,説文無玞字。

玦 jué 古穴切,入,屑韻,見。月部。

❶玉佩,其形狀似環而有缺口。佩玦表示作事有決斷。莊子田子方:"緩佩～者事至而斷。"漢班固白虎通義衣裳:"能決嫌疑則佩～。"又以玦贈人,表示決絶。荀子大略:"召人以瑗,絶人以～,反絶以環。"楚辭戰國屈原九歌湘君:"捐余～兮江中。"王逸注:"玦,玉佩也。先王所以命臣之瑞,故與環即還,與玦即去也。"❷用象骨作的扳指,戴在右拇指上作拉弓弦之器。禮記内則:"右佩～捍管遰大觿木燧。"

[同源字]決,玦,缺,闕。見"闕"字條。

玭 pín 符真切,集韻毗賓切,平,真韻,並。真部。

蚌類,也指蚌珠。説文:"玭,珠也。"段玉裁注:"玭本是蚌名,以爲珠名。韋昭曰:'玭,蚌也。'"大戴禮記保傅:"上有雙衡,下有雙璜、衝牙,～珠以納其間。"字亦作"璸"、"蠙"。史記夏本紀:"淮夷蠙珠臮魚。"裴駰集解:"蠙,一作玭。"

按,説文以"蠙"爲"玭"之或體。朱駿聲説文通訓定聲將"玭"歸履部,"蠙"爲正篆歸坤部。"玭"字注:"玭蠙各字,今分蠙爲正篆。…蠙者玭母,玭者蠙珠也。"不可信從。

玪 jiān 古咸切,平,咸韻,見。侵部。

次於玉的美石。説文:"玪塾,石之次玉者。"字亦作"瑊",參見"瑊玏"條。

玢 bīn 府巾切,集韻悲巾切,平,真韻,幫。文部。

〔玢豳〕雙聲叠韻聯緜字。形容玉的紋理雜然紛陳的樣子。文選漢司馬相如上林賦:"珉玉旁唐,玢豳文鱗。"李善注:"玢豳,玉文理也。"

按,説文無玢字。朱駿聲説文通訓定聲屯部"份"字注以"玢"爲"份"之異體字,不可信。

玠 jiè 古拜切,去,怪韻,見。月部。

大圭。見説文。爾雅釋器:"圭大尺二寸謂之～。"古書中常借"介"爲"玠"。書顧命:"太保承介圭。"文選漢王延壽魯靈光殿賦:"錫介圭以作瑞。"劉良注作"玠",云:"玠珪,諸侯執者。"詩大雅崧高:"錫爾介圭。"郭璞注爾雅引作“玠”。

玤 bàng 步項切，上，講韻，並。東部。

㊀用美石做的懸在帶間的佩物。說文：“玤，石之次玉者，以爲系璧。”段玉裁注：“系璧，蓋爲小璧系帶間，懸左右佩物也。”㊁古地名。在今河南省澠池縣境。左傳莊公二十二年：“虢公爲王宫于～。”

玫 méi 集韻謨杯切，平，灰韻，明。微部。

〔玫瑰〕〔玫珂〕叠韻聯縣字。①說文作“玫瑰”，釋爲“火齊珠”。朱駿聲說文通訓定聲屯部“玟”字注：“(玟)當作玫，玫瑰，叠韻連語。”文選晉左思吳都賦注引異物志云：“火齊如雲母，重沓而可開，色黄赤似金，出日南。”漢書司馬相如傳顔師古注引晉灼：“‘玫瑰，火齊珠也。’師古曰：‘火齊珠，今南方之出火珠也。’”②次於玉的美石。史記司馬相如傳子虛賦：“其石則赤玉玫瑰，琳珉琨珸。”字亦作“玟珂”。西京雜記卷二：“後得貳師天馬，帝以玟珂石爲鞍。”本亦作“玫珂”。③花名(後起義)。唐白居易草詞畢遇芍藥初開詩：“菡萏泥連萼，玫瑰刺繞枝。”

按，說文玫作玟。

玫 mò 莫勃切，入，没韻，明。物部。

〔玫瑶〕玉名。穆天子傳卷四：“爰有采石之山，…玫瑶、琅玕，凡好石之器於是出。”

五 畫

珌 bì 卑吉切，入，質韻，幫。質部。

刀劍套子末端的玉飾。詩小雅瞻彼落矣：“君子至止，鞞琫有～。”漢書王莽傳：“於是莽稽首再拜，受緑韍衮冕衣裳，瑒琫瑒～。”顔師古注：“佩刀之飾，上曰琫，下曰珌。”

珂 kē 苦何切，平，歌韻，溪。

用類似玉的美石或潔白如雪的瑪瑙或海中的螺貝所作的馬籠頭上的裝飾品。玉篇：“珂，石次玉也，亦碼碯絜白如雪者。一云螺屬也，生海中。”爾雅翼釋魚貝：“(貝)大者爲珂，黄黑色，其骨白，可以飾馬。”西京雜記卷二：“一馬之飾值百金，皆以南海白蜃爲～。”引申爲馬的代稱。梁簡文帝集採桑詩：“連～往淇上，接幰至叢臺。”

按，說文無珂字，新附有之，云：“玉也。”

珉 mín 武巾切。集韻眉貧切，平，真韻，明。真部。

次於玉的美石。說文：“珉，石之美者。”字亦作玟、砇、碣、瑉。荀子法行：“君子之所以貴玉而賤～者何也？爲夫玉之少而～之多邪？”禮記聘義作碣。鄭玄注：“碣，石似玉，或作玟也。”釋文：“字亦作瑉。”禮記玉藻：“士佩瓀～而緼組綬。”釋文：“字或作砇。”

珈 jiā 古牙切，平，麻韻，見。歌部。

古代婦女髮簪上所加的裝飾物。詩鄘風君子偕老：“副笄六～。”毛傳：“珈，笄飾之最盛者，所以别尊卑。”鄭箋：“珈之言加也。副既笄而加飾，如今步摇上飾。”

按，說文無珈字，新附有之。

玻 bō 滂禾切，平，戈韻，滂。

後起字。〔玻瓈〕〔玻璃〕〔頗黎〕梵語音譯詞。古代的玻瓈是天然水晶石一類的礦物，非人工所造。玉篇：“玻瓈，玉也。”唐玄應一切經音義二：“頗梨，又作‘黎’。西國寶名也，梵言塞頗胝迦，又言頗胝。此言水玉，或云白珠。”唐李賀秦王飲酒詩：“羲和敲日玻璃聲，劫灰飛盡古今平。”正字通玉部：“玻瓈，一名水玉，瑩如水，堅如玉。或作頗黎，因頗黎國所出，故名。”

珅 shēn 集韻升人切，平，真韻，審三。

後起字。玉名。見集韻。常作人名用字。清乾隆時有權臣和珅，執政二十餘年。

玷 1. diàn 集韻都念切，去，桥韻，端。侵部。

“刮”的俗體。㊀缺損。詩大雅抑：“白圭之～，尚可磨也；斯言之～，不可爲也。”說文引作"刮"，釋爲"缺也"。毛傳釋義同。鄭箋："玉之缺尚可磨鑢而平。"孔穎達正義："白玉爲圭，圭有損缺，猶尚可更磨鑢而平。"引申爲缺點、過失。漢書韋玄成傳："玄成復作詩，自著復～缺之艱難，因以戒示子孫。"

2. diàn 多忝切，上，忝韻，端。侵部。

㊁玉上的斑點。廣韻："玷，玉瑕。"引申爲污點。論衡累害："以～污言之，清受塵而白取垢。"引申爲動詞，污損，污辱。文選漢班固幽通賦："匪黨人之敢拾兮，庶斯言之不～。"李善注引曹大家曰："庶此異行，不玷先人之道也。"文選南朝梁沈約奏彈王源："～辱流輩，莫斯爲甚。"㊂用作謙詞，猶"忝"，忝列(後起義)。唐杜甫春日江村五首之三："豈知牙齒落，名～薦賢中。"

3. diān 集韻丁兼切，平，沾韻，端。

㊃"敁"的異體字。集韻："敁掇，以手稱物。或作玷。"

［辨］瑕，玷。見"瑕"字條。

［同源字］玷，點，耆。見"點"字條。

按，說文無玷有刮，刮字在刀部。

玲 líng 郎丁切，平，青韻，來。耕部。

㊀〔玲瓏〕雙聲聯緜字。①玉聲。後漢書班彪傳下："鳳蓋颯灑，和鸞玲瓏。"亦作"瓏玲"。法言五百卷："瓏玲其聲者，其質玉乎！"②空明的樣子。文選晉左思吳都賦："珊瑚幽茂而玲瓏。"㊁〔玲玲〕象聲詞，玉聲。南朝梁劉勰文心雕龍聲律："玲玲如振玉。"

珍 zhēn 陟鄰切，平，真韻，知。真部。

㊀珍寶。楚辭戰國宋玉招魂："室中之觀，多～怪些。"王逸注："金玉爲珍。"史記項羽本紀："沛公欲王關中，使子嬰爲相，～寶盡有之。"㊁指珍貴的人或事物。墨子尚賢："此固國家之～，而社稷之佐也。"禮記儒行："儒有席上之～以待聘。"孔穎達疏："珍謂美善之道。"又指珍貴的食物。吕氏春秋順民："味禁～，衣禁襲。"引申爲動詞，珍重。左傳文公八年："書曰'公子遂'，～之也。"又引申爲形容詞，珍貴。書旅獒："～禽奇獸，不育于國。"文選晉盧諶答魏子悌詩："崇臺非一榦，～裘非一腋。"

［辨］珍，寶。二字同義。說文："珍，寶也。"又："寶，珍也。""珍寶"連用，意爲珍珠寶玉的總稱。"寶"可以用來指龜甲、帝后的印璽、錢幣，"珍"不具有這些意義。"珍"與"羞"爲同義詞，指珍貴的食物，而"寶"不與"羞"同義。

珊 shān 蘇干切，平，寒韻，心。今讀如刪。元部。

㊀〔珊珊〕①象聲詞。形容玉聲、雨聲等。文選戰國宋玉神女賦："動霧縠以徐步兮，拂墀聲之珊珊。"李周翰注："珊珊，玉聲也。"唐白居易題盧秘書夏日新栽竹詩："碧籠煙幂幂，珠灑雨珊珊。"②通"姍姍"，緩步的樣子。無名氏李師師外傳："又良久，見姥擁一姬珊珊而來。"㊁〔珊瑚〕海中腔腸動物，骨骼相連，形如樹枝。史記司馬相如列傳上林賦："玫瑰碧琳，珊瑚叢生。"說文："珊，珊瑚，色赤，生於海，或生於山。"

珎 zhēn。

後起字。同"珍"。唐杜甫麗人行："黄門飛鞚不動塵，御厨絲絡送八～。"

玳 dài 徒耐切，去，代韻，定。職部。

"瑇"的俗體字。〔玳瑁〕〔瑇瑁〕叠韻聯緜字。動物名。類似海龜，背面角質板具褐色和淡黄色相間的花紋，甲片可做裝飾品或入藥。淮南子泰族："瑶碧玉珠，翡翠玳瑁。"史記春申君列傳："趙使欲夸楚，爲瑇瑁簪。"漢書東方朔傳："宫人簪瑇瑁，垂珠璣。"

按，說文無玳字。

珀 pò 普伯切，入，陌韻，滂。鐸部。

〔琥珀〕叠韻聯緜字。見"琥"字條。

按，說文無珀字。

六　畫

珓 jiào 古孝切，去，效韻，見。

後起字。占卜用的器具。宋陸游入蜀記:"擁兵過廟下,相率卜～。"

珪 guī 古攜切,平,齊韻,見。支部。

同"圭"。瑞玉。見説文。左傳襄公三十年:"用兩～質于河。"禮記聘義"圭璋特達,德也"世説新語言語作"～璋特達。"文選漢班固述成紀:"威儀之盛,如～如璋。"

按,説文珪爲圭之古文,在土部。

珥 1. ěr 集韻忍止切,上,止韻,日。之部。

㊀用珠玉做的耳飾。説文:"珥,瑱也。"戰國策齊策三:"薛公欲知王所欲立,乃獻七～,美其一,明日視美～所在,勸王立爲夫人。"鮑彪注:"珥,瑱也,所以充耳。"史記李斯列傳:"宛珠之簪,傅璣之～。"司馬貞索隱:"傅璣者,女飾也,言女傅之珥,以璣爲之。"引申爲動詞,垂掛於耳。山海經大荒東經:"有神,人面鳥身,～兩黄蛇。"引申爲貫穿其旁。古文苑漢揚雄蜀都賦:"兩江～其市。"章樵注:"珥,言江水旁貫其市。貂蟬付耳,虹蜺抱日俱曰珥。"引申爲日珥、月珥,即日(月)兩旁的光暈。漢書天文志:"抱～蚕(虹)蜺。"顔師古注引如淳曰:"凡氣在日上爲冠、爲戴,在旁直對爲珥。"隋書天文志下:"青赤氣圓而小,在日左右爲～…月暈有兩～。"又引申爲劍鼻,即劍柄下端兩旁突出的部分。楚辭屈原九歌東皇太一:"撫長劍兮玉～。"㊁插。晉左思詠史詩:"金張藉舊業,七葉～漢貂。"

2. èr 仍吏切,去,志韻,日。之部。

㊂通"刵"。割耳朵。周禮地官山虞:"致禽而～焉。"鄭司農注:"珥者,取禽左耳以效功也。"㊃通"衈"。割牲血塗祭。周禮夏官小子:"而掌～于社稷,祈于五祀。"又秋官士師:"凡刉～,則奉犬牲。"

[同源字]刵,耳,珥。見"刵"字條。

珙 gǒng 居悚切,上,腫韻,見。

大璧。見玉篇。唐韓愈等會合聯句:"朝紳鬱青緑,馬飾曜珪～。"

按,説文無珙字,新附有之。

琇 xiù 許救切,去,宥韻,曉。之部。

朽玉,即有瑕疵的玉。見説文。

按,段玉裁注改琇爲玉。參見"玉"字條。

珕 lì 郎計切,去,霽韻,來。錫部。

蜃類,其殼可做刀劍鞘的裝飾品。説文:"珕,蜃屬。禮記曰:'佩刀,士～琫而珧珌。'"文選晉郭璞江賦:"～珋璿瑰,水碧潛珉。"

玼 1. cǐ 雌氏切,上,紙韻,清。支部。

㊀玉色鮮潔。説文:"玼,玉色鮮也。"引申爲鮮明的樣子。詩鄘風君子偕老:"～兮～兮,其之翟也。"毛傳:"玼,鮮盛貌。"

2. cī 疾移切,平,支韻,從。今讀如疵。支部。

㊁玉上的斑點。鹽鐵論晁錯:"夫以璵璠之～而棄其璞,以一人之罪而兼其衆,則天下無美寶、信士也。"引申爲缺點,過失。後漢書黄憲傳:"黄憲言論風旨,無所傳聞,然士君子見之者,靡不服深遠,去～吝。"李賢注:"據此文當爲'疵',作'玼'者,古字通也。"

珚 yān 集韻因蓮切,平,先韻,影。真部。

玉名。山海經中山經:"穀水出焉,而東流注于洛,其中多～玉。"

按,説文無珚字。

珦 guī 公回切,平,灰韻,見。微部。

同"瑰"。〔玫珦〕叠韻聯緜字。見"玫"字條。

按,説文無珦有瑰。

班 bān 布還切,平,删韻,幫。元部。

㊀發還瑞玉。書堯典:"～瑞于群后。"僞孔傳:"班,還。"孔穎達疏:"更復還五瑞於諸侯者,此瑞本受於堯,斂而又還之。"引申爲頒布。漢書翟方進傳:"制禮樂,～度量,而天下大服。"又引申爲鋪陳。左傳襄公二十六年:"伍舉奔鄭,將遂奔晉,聲子將如晉,遇之于鄭郊,～荆相與食,而言復故。"又引申爲遍布。

國語晉語四："車～外内，順以訓之。"韋昭注："班，徧也。"❷還，指軍隊出征歸來。書大禹謨："～師振旅。"文選南朝梁任昉百辟勸進今上牋："～師振旅，大造王室。"❸規定等級。孟子萬章下："周室～爵禄也如之何？"引申爲等級位次。左傳襄公三十一年："公孫揮能知四國之爲，而辨于其大夫之族姓、～位、貴賤、能否。"引申爲同列。孟子公孫丑上："伯夷、伊尹于孔子，若是～乎？"❹通"辨"。治理。荀子君道："善生養人者也，善～治人者也。"❺通"斑"。雜色。楚辭戰國屈原離騷："紛總總其離合兮，～陸離其上下。"❻通"般"。盤旋不進。易屯："乘馬～如。"釋文："鄭本作般。"

［同源字］班，攽（頒）。二字雙聲叠韻。說文："班，分瑞玉。"廣雅釋詁三："班，布也。"說文："攽，分也。"朱駿聲說文通訓定聲屯部"攽"字云："按，經傳皆以頒以班爲之。"在分布、頒布等意義上，班、攽（頒）實同一詞。說文："頒，大頭也。"段玉裁"攽"字注："馬注尚書：'頒猶分也。'云'猶'者，頒訓大，大則必分。"

按，說文班字在玨部。

珠

zhū 章俱切，平，虞韻，照三。侯部。

❶蚌殼内所生的珍珠。說文："珠，蚌之陰精。"國語楚語下："～足以禦火災，則寶之。"韋昭注："珠，水精，故以禦火災。"世說新語言語："夜光之～，不必出于孟津之河。"引申爲玉珠。爾雅釋地："西方之美者，有霍山之多～玉焉。"郭璞注："珠，如今雜珠而精好。"❷比喻珠狀的小顆粒。唐李白金陵城西樓月下吟："白雲映水摇空城，白露垂～滴秋月。"又可作定語，對後面的名詞起修飾作用。唐楊炯送鄭州周司功詩："居人下～淚，賓御促驪歌。"❸比喻談吐珍貴。漢趙壹刺世疾邪賦："勢家多所宜，咳唾自成～。"

［辨］珠，璣。珠的形狀是圜的，不圜的叫做璣。璣一般比較小。吕氏春秋重己："人不愛昆山之玉，江漢之珠，而愛己之一蒼璧小璣，有之利故也。"

琣

bǎo 博抱切，上，晧韻，幫。幽部。

同"寶"。穆天子傳卷一："用觀天子之～器，回天子之～。"又："乃至于昆侖之丘，以觀春山之～。"

按，說文無琣有寶，在宀部。

珣

xún 相倫切，平，諄韻，心。真部。

〔珣玗琪〕玉名。爾雅釋地："東方之美者，有醫無閭之珣玗琪焉。"說文："珣，醫無閭之珣玗琪，周書所謂夷玉也。"段玉裁注："珣玗璂合三字爲玉名，玗、璂二字又各有本義。…蓋醫無閭、珣玗璂，皆東夷語。"

珮

pèi 蒲昧切，去，隊韻，並。之部。

同"佩"。衣帶上的裝飾品。墨子辭過："鑄金以爲鉤，珠玉以爲～。"參見"佩"字條。

按，說文無珮字。

珞

luò 盧各切，入，鐸韻，來。鐸部。

〔珞珞〕石頭堅硬的樣子。老子："不欲琭琭如玉，珞珞如石。"亦作"落落"。晏子春秋内篇問下："其行石也。堅哉石乎落落，視之則堅，循之則堅，内外皆堅。"後漢書馮衍傳："馮子以爲夫人之德，不碌碌如玉，落落如石。"

按，說文無珞字。

珧

yáo 餘昭切，平，宵韻，喻四。宵部。

❶蜃殼，可做佩刀的裝飾物。說文引禮記："佩刀，天子玉琫而～珌。"❷指用蜃甲做裝飾的弓。爾雅釋器："弓有緣者謂之弓，無緣者謂之弭，…以蜃者謂之珧。"楚辭戰國屈原天問："馮～利決，封豨是射。"王逸注："馮，挾也。珧，弓名也。"❸蜃之小者。爾雅釋魚："蜃小者珧。"郭璞注："珧，玉珧，即小蚌。"

珩

héng 户庚切，平，庚韻，匣。陽部。

佩玉上端的横玉。詩小雅采芑："有瑲葱～。"朱熹集傳："瑲，玉聲。葱，蒼色如葱者也。珩,佩首横玉也。"國語楚語下:"若夫白～,先王之玩也,何寶之焉?"

[同源字]衡,横,珩,桁。見"衡"字條。

七 畫

琉 liú 集韻力求切,平,尤韻。幽部。

〔琉璃〕〔瑠璃〕〔流璃〕梵文 velūriya 的音譯。①有光的寶石。又名"璧琉璃"。漢書地理志:"入海市明珠、璧流離、奇石異物。"後漢書西域傳:"土多金銀奇寶,有夜光璧、明月珠、駭鷄犀、珊瑚、虎魄、琉璃。"②人工燒製的琉璃瓦。宋司馬光碧樓詩:"煙瓦疊琉璃,危樓半空倚。"

按,説文琉作珋,云:"石之有光,璧珋也。"

琅 láng 魯當切,平,唐韻,來。陽部。

㊀〔琅玕〕①類似珠玉的美石。書禹貢:"厥貢惟球、琳、琅玕。"②琅玕樹。荀子正論:"犀象以爲樹,琅玕、龍兹、華覲以爲實。"楊倞注:"琅玕似珠,崑崙山有琅玕樹。"山海經海内西經:"服常樹,其上有三頭人,伺琅玕樹。"③藥名。漢武帝内傳:"太上之藥,有黄庭芝草,碧海琅玕。"唐杜甫玄都壇歌寄元逸人詩:"知君此計成長往,芝草琅玕日應長。"④竹子。宋蘇過從范信中覓竹詩:"十畝琅玕寒照坐,一谿羅帶恰通船。"㊁〔琅當〕〔琅璫〕①叠韻聯緜字。鐵鎖鏈。漢書王莽傳:"以鐵鎖琅當其頸。"顔師古注:"琅當,長鏁也。"②象聲詞,金玉相碰擊的聲音。宋蘇軾舟中聽大人彈琴詩:"風松瀑布已清絶,更愛玉佩聲琅璫。"㊂〔琅琅〕①象聲詞。指金石相擊聲。漢司馬相如子虚賦:"礧石相擊,琅琅礚礚。"②形容俊美的樣子。文選晉袁宏三國名臣序贊:"琅琅先生,雅杖名節。"㊃〔琅邪〕郡名。見説文邑部。

珶 dì 集韻大計切,去,霽韻,定。

玉名。文選三國魏曹植洛神賦:"抗瓊～以和予兮,指潛淵而爲期。"

按,説文無珶字。

球 qiú 巨鳩切,平,尤韻,群。幽部。

㊀美玉。詩商頌長發:"受小～大～,爲下國綴旒。"禮記玉藻:"笏,天子以～玉,諸侯以象。"鄭玄注:"球,美玉也。"㊁玉磬。書益稷:"戛擊鳴～。"孔穎達疏:"球,玉也。鳴球,謂擊球使鳴。樂器惟磬用玉,故球爲玉磬。"

按,"球"今借作"毬",如足球、羽毛球。

珸 wú 五乎切,平,模韻,疑。魚部。

〔琨珸〕雙聲聯緜字。美石,亦山名。玉篇:"石次玉。亦山名,出利金。尸子云:琨珸之金也。"參見"琨"字條。

按,説文無珸字。

珋 liú 力久切,集韻力求切,平,尤韻,來。幽部。

〔璧珋〕即琉璃。見"琉"字條。

琊 yé 以遮切,平,麻韻,喻四。魚部。

〔瑯琊〕〔琅邪〕字本作"邪"。地名用字。説文邑部:"邪,琅邪郡。"參見"瑯"字條。

按,説文無琊字。

現 xiàn 胡甸切,去,霰韻,匣。

後起字。㊀在顯示、出現等意義上,古本作"見"。㊁〔現在〕佛教以今時爲現在。唐玄奘譯阿毗達磨俱舍論二十分别隨眠品五之二:"有作用時名爲現在。"

[同源字]現,見。二字旁紐叠韻。現是見的分别字。廣韻:"現,俗見字。"又:"見,露也,胡甸切。"見的本義爲"視也"(見説文),也有給人看、顯露、表現等意思。廣雅釋詁四:"見,示也。"漢書鄒陽傳顔師古注:"見,謂顯也。"見、現在顯示的意義上實爲一詞。

理 lǐ 良士切,上,止韻,來。之部。

㊀對玉璞進行加工。説文:"理,治玉也。"朱駿聲説文通訓定聲頤部"理"字云:"順玉之文而剖析之。"尹文子大道下:"鄭人

謂玉未～者爲璞。”韓非子和氏：“王乃使玉人～其璞而得寶焉。”引申爲治理。詩大雅江漢：“于疆于～，至于南海。”易繫辭下：“～財正辭，禁民爲非曰義。”引申爲治平，與“亂”相反。管子霸言：“堯舜之人非生而～也，桀紂之人非生而亂也。故～亂在上也”❷文理。荀子正名：“形體色～以目異。”楊倞注：“理，文理也。”韓非子解老：“～者，成物之文也。”引申爲條理。荀子儒效：“井井兮其有～也。”楊倞注：“有條理也。”❸道理。孟子告子上：“故～義之悦我心，猶芻豢之悦我口。”淮南子本經：“喜怒剛柔，不離其～。”❹温習。漢書張禹傳：“禹性習知音聲，内奢淫，…後堂～絲竹筦弦。”顔氏家訓勉學：“吾七歲時誦魯靈光殿賦，至於今日，十年一～，猶不遺忘。”❺獄官。漢司馬遷報任安書：“明主不曉，以爲僕沮貳師，而爲李陵遊説，遂下于～。”❻媒人。楚辭戰國屈原離騷：“解佩纕以結言兮，吾令蹇修以爲～。”❼〔行理〕使者。左傳昭公十三年：“行理之命，無月不至。”

珵

1. chéng 直貞切，平，清韻，澄。耕部。

❶美玉。楚辭戰國屈原離騷：“覽察草木其猶未得兮，豈～美之能當？”王逸注：“珵，美玉也。相玉書言珵大六寸，其耀自照。”

2. tǐng 集韻他頂切，上，迥韻，透。

❷通“珽”。大圭。參見“珽”字條。

按，説文無珵字。

琄

xuàn 胡畎切，上，銑韻，匣。元部。

〔琄琄〕佩玉的樣子。爾雅釋訓：“皋皋琄琄，刺素食也。”郝懿行義疏：“琄者，詩大東傳：‘鞙鞙，玉貌。’釋文‘鞙’字或作‘琄’。正義引某氏云：‘琄琄無德而佩。’然則佩以表德，無德而佩，亦爲空食矣。”

按，説文無琄字。

琀

hàn 胡紺切，去，勘韻，匣。侵部。

古喪禮把貝或玉放在死人口中叫琀。字亦作“唅”。參見“唅”字條。

琈

fú 縛謀切，平，尤韻，奉。幽部。

〔瑦琈〕玉名。山海經西山經：“又西八十里，曰小華之山，…其陽多瑦琈之玉。”

按，説文無琈字。

珽

tǐng 他鼎切，上，迥韻，透。耕部。

大圭，即玉笏，珽與笏異名同物。左傳桓公二年：“衮冕黻～。”杜預注：“珽，玉笏也。”説文：“珽，大圭，長三尺，抒(杼)上，終葵首。”集韻迥韻：“珽，或作珵。”

［同源字］梃，鋌，莛，筳，珽，脡，挺。見“鋌”字條。

琁

xuán 似宣切，平，仙韻，邪。元部。

字亦作“璇”、“璿”。❶美玉。荀子賦：“～玉瑶珠，不知佩也。”淮南子本經：“晚世之時，帝有桀紂，爲～室瑶臺象廊玉牀。”高誘注：“琁，瑶，石之似玉，以飾室臺也。”❷北斗第二星名。隋書天文志上：“北斗第二星名～。”字亦作“旋”。史記天官書：“北斗七星，所謂‘旋、璣、玉衡以齊七政’。”司馬貞索隱引春秋運斗樞云：“斗，第一天樞，第二旋…。”

按，説文琁爲瓊的或體。徐鉉曰：“今與璿同。”段注改爲“璿”之或體。

琇

xiù 息救切，去，宥韻，心。幽部。

似玉的美石。詩衛風淇奥：“有匪君子，充耳～瑩。”毛傳：“琇瑩，美石也。”

按，説文琇作璓。

八　畫

琮

cóng 藏宗切，平，冬韻，從。冬部。

❶瑞玉。説文：“琮，瑞玉，大八寸，似車釭。”漢班固白虎通瑞贄：“何謂五瑞？謂珪、璧、～、璜、璋也。…半珪爲璋，方中圓外曰璧，半璧曰璜，圓中牙外曰～。”❷用作聘問的禮物。周禮秋官小行人：“合六幣，…璧以帛，～以錦。”儀禮聘禮：“聘于夫人用璋，享用～。”

琯 1. guǎn 古滿切，上，緩韻，見。元部。

❶古樂器名，即玉管，六孔。説文竹部"管"字許慎云："琯，古者玉琯以玉，舜之時西王母來獻其白琯。"漢應劭風俗通義聲音："舜之時，西王母來獻其白玉～。"又爲律管，古代曆家用以測定節氣。唐杜甫小至詩："刺繡五紋添弱線，吹葭六～動灰飛。"

2. gùn 集韻古困切，去，慁韻，見。

❷治金玉使瑩(光潔、透明)。見集韻。

按，説文以琯爲管之異體，在竹部。

琬 wǎn 於阮切，上，阮韻，影。元部。

❶圭的一種。周禮春官典瑞："～圭以治德，以結好。"鄭玄注："琬圭亦王使之瑞節。…鄭司農云：'琬圭無鋒芒，故治德以結好。'"❷〔琬琰〕美玉。楚辭戰國屈原遠遊："吸飛泉之微液兮，懷琬琰之華英。"王逸注："琬琰，皆玉名。"比喻美德。楚辭漢東方朔七諫自悲："厭白玉以爲面兮，懷琬琰以爲心。"王逸注："言己施行清白，心面若玉。"南史劉遵傳："文史該富，琬琰爲心。"

琗 1. cuì 集韻取内切，去，隊韻，清。

❶集韻："琗，玉光。"

2. zuì 集韻祖對切，去，隊韻，精。

❷通"綷"。五色錯雜。文選晉郭璞江賦："金精玉英瑱其裏，瑶珠怪石～其表。"李善注："瑱、琗，謂文采相雜。小雅曰：'雜采曰綷。'琗與綷同。"

按，説文無琗有辭，"辭"與"綷"同。辭在黹部。

琛 chēn 丑林切，平，侵韻，徹。侵部。

珍寶。詩魯頌泮水："憬彼淮夷，來獻其～。"爾雅釋言："琛，寶也。"

按，説文無琛字，新附有之。

琰 yǎn 以冉切，上，琰韻，喻四。談部。

❶圭的一種。上端鋭。周禮春官典瑞："～圭以易行，以除慝。"鄭玄注引鄭司農："琰圭有鋒芒。"❷〔琬琰〕見"琬"字條。

琫 běng 邊孔切，上，董韻，幫。東部。

佩刀刀把處的裝飾物。詩大雅公劉："惟玉及瑶，鞞～容刀。"毛傳："下曰鞞，上曰琫。"説文："琫，佩刀上飾也。天子以玉，諸侯以金。"段玉裁注："琫之言奉也。奉，俗作捧。刀本曰環，人所捧握也，其飾曰琫。"朱駿聲説文通訓定聲："琫者刀穎飾也。佩刀手所握處，其飾曰琫。"字亦作鞛。左傳桓公二年："藻、率、鞞、鞛，鞶、厲、游、纓，昭其數也。"釋文"鞛，布孔反"。

琵 pí 房脂切，集韻頻脂切，平，脂韻，並。

〔琵琶〕〔批把〕〔枇杷〕樂器名。唐白居易琵琶行："今夜聞君琵琶語。"漢應劭風俗通義聲音："批把，此近世樂家所作，不知誰也。以手批把，因以爲名。"釋名釋樂器："枇杷，本出於胡中，馬上所鼓也。推手前曰枇，引手卻曰杷。"宋歐陽修明妃曲和王介甫作："推手爲～卻手琶，胡人共聽亦咨嗟。"

按，説文有枇杷，乃木名。無琵琶，新附有之，在琴部。

琶 pá 蒲巴切，平，麻韻，並。

〔琵琶〕見"琵"字條。

琴 qín 巨金切，平，侵韻，群。侵部。

樂器名。五弦或七弦。詩國風關雎："窈窕淑女，～瑟友之。"

按，説文琴字在琴部。

珷 wǔ 文甫切，上，麌韻，微。魚部。

〔珷玞〕〔武夫〕〔武砆〕〔碔砆〕叠韻聯緜字。玉石。文選晉陸機演連珠："懸景東秀，則夜光與珷玞匿耀。"戰國策魏策一："白骨疑象，武夫類玉，此皆似之而非者也。"鮑彪注："武夫，石似玉。"吴師道補注："武夫即武砆。"山海經海内經："有九丘，以水絡之：名曰陶唐之丘，…武夫之丘。"參見"碔"字條。

按，説文無珷字。

琪 qí 渠之切,平,之韻,群。之部。

❶玉名。唐陸龜蒙襲美先輩以龜蒙所獻五百言…再抒鄙懷用伸酬謝詩:"因知昭明前,剖石呈清～。"❷神話中的玉樹。文選晉孫綽遊天台山賦:"建木滅景于千尋,～樹璀璨而垂珠。"

按,説文無琪字,説文"珣"字注有"珣玗琪"。爾雅釋地亦有玉名"珣玗琪"。

琳 lín 力尋切,平,侵韻,來。侵部。

❶美玉。史記司馬相如列傳:"玫瑰碧～,珊瑚叢生。"❷〔琳琅〕雙聲聯緜字。①玉石名。宋書禮志一:"雕琢琳琅,和寶畢至。"②比喻美好的東西。南朝梁劉勰文心雕龍時序:"陳思(曹植)以公子之重,下筆琳琅。"③象聲詞。形容玉石振動時發出的聲音。楚辭戰國屈原九歌:"撫長劍兮玉珥,璆鏘鳴兮琳琅。"

琦 qí 渠羈切,平,支韻,群。歌部。

❶玉名。楚辭戰國宋玉招魂:"纂組綺縞,結～璜些。"抱朴子外篇博喻:"溝澮之中,無宵朗之～。"❷奇偉,獨特。文選戰國楚宋玉對楚王問:"夫聖人瑰意～行,超然獨處。"〔琦瑋〕玉篇"琦"字釋義引埤蒼云:"琦,瑋也。""琦瑋"連用,意爲珍奇瑰麗。新語術事:"將以杜淫邪之欲,絶琦瑋之情。"❸通"奇"。荀子非十二子:"不法先王,不是禮義,而好治怪説,玩～辭。"楊倞注:"琦讀爲奇異之奇。"漢書西域傳下:"綺繡雜繒～珍凡數千萬。"顔師古注:"琦音奇。"

按,説文無琦字。

琖 zhǎn 阻限切,上,産韻,照二。元部。

小酒杯。字亦作"醆"、"盞"。禮記明堂位:"爵,夏后氏以～,殷以斝,周以爵。"鄭玄注:"夏后氏以琖者,夏爵名也,以玉飾之。"方言五:"盞,桮也。…自關而東,趙魏之間曰椷,或曰盞。"錢繹箋疏:"醆、琖并與盞通。"

〔同源字〕醆,醆,琖,盞。見"醆"字條。

按,説文無琖字,新附有之。説文酉部大徐本補入醆字,云:"爵也。"

琢 zhuó 竹角切,入,覺韻,知。屋部。

雕刻玉石。詩衛風淇奥:"如～如磨。"孟子梁惠王下:"今有璞玉于此,雖萬鎰,必使玉人彫～之。"禮記學記:"玉不～,不成器。"引申爲對文字進行琢磨修飾。宋王安石憶昨詩示諸外弟:"刻章～句獻天子,釣取薄禄歡庭闈。"

琚 jū 九魚切,平,魚韻,見。魚部。

用玉石作的佩物。詩衛風木瓜:"投我以木瓜,報之以瓊～。"大戴禮記保傅:"玭珠以納其閒,～瑀以雜之。"盧辯注:"赤者曰琚,白者曰瑀。"

琸 zhuó 字彙補竹角切。

後起字。用於人名。宋史有劉琸。

琡 chù 昌六切,入,屋韻,穿三。覺部。

玉器。爾雅釋器:"珪大尺二寸謂之玠,璋大八寸謂之琡。"

按,説文無琡字,新附有之。

琥 hǔ 呼古切,上,姥韻,曉。魚部。

❶雕爲虎形的玉器。左傳昭公三十二年:"賜子家子雙～。"周禮春官大宗伯:"以赤璋禮南方,以白～禮西方。"❷發兵瑞玉爲虎文。見説文。❸〔琥珀〕〔虎魄〕叠韻聯緜字。松柏樹脂的化石,紅顔色的叫琥珀。潛夫論浮侈:"犀象珠玉,琥珀瑇瑁。"漢書西域傳:"(罽賓國)出封牛、水牛、象、大狗、沐猴、孔爵、珠璣、珊瑚、虎魄、璧流離。"

琨 kūn 古渾切,平,魂韻,見。文部。

❶玉石名。書禹貢:"厥貢惟金三品,瑶、～、篠簜。"文選晉左思吴都賦:"其琛賂則～瑶之阜。"李善注:"琨,瑶,皆美石。"❷〔琨珸〕〔昆吾〕雙聲聯緜字。①石之次玉者。史記司馬相如列傳:"其石則赤玉、玫瑰、琳瑉、琨珸。"②山名。山海經海内經:"有九丘,以水

絡之:名曰陶唐之丘…,昆吾之丘。"又中山經:"又西二百里,曰昆吾之山。"

琲 bèi 蒲罪切,上,賄韻,並。

量詞。專用於表示珠的數量。前秦王嘉拾遺記九:"又屑沉水之香如塵末,布象床上,使所愛者踐之,無迹者賜以真珠百~。"文選晉左思吳都賦:"珠~闌干。"劉逵注:"琲,貫也。珠十貫爲一琲。"字亦作蜚,見集韻"琲"字。

按,説文無琲字,新附有之。云"珠五百枚也"。

玪 líng 音陵。

字彙補玉部:"玪,疑即陵字。"〔羽玪〕地名。穆天子傳三:"勤七萃之士于羽玪之上,乃奏廣樂。"郭璞注:"下有羽陵,疑亦同。"顧實穆天子傳西征講疏卷三:"羽玪,即羽陵。"又卷二:"羽陵亦必爲丘陵,而其上皆禽鳥所落羽毛,故名之曰羽陵耳。"

按,説文無玪字。

琤 chēng 楚耕切,平,耕韻,穿二。耕部。

象聲詞。玉聲或物相擊聲。説文:"琤,玉聲也。"正字通玉部:"琤,凡物戛擊有聲皆曰琤。"〔琤琤〕①玉石聲。唐李義山詩集二燕臺之一春:"夾羅委篋單綃起,香眠冷襯琤琤珮。"②水聲。梁書張纘傳:"風瑟瑟以鳴松,水琤琤而響谷。"③琴聲。唐孟東野集九聽琴詩:"前溪忽調琴,隔林寒琤琤。"

琱 diāo 都聊切,平,蕭韻,端。幽部。

對玉進行琱琢加工。説文:"琱,治玉也。"段玉裁注:"經傳以雕、彫爲琱。"爾雅釋器:"玉謂之雕。"文選漢張衡思玄賦注引作"玉謂之~。"文選漢張衡思玄賦:"轙~輿而樹葩兮。"李善注:"琱輿,琱玉之輿。"

〔備考〕琱通"彫"。彫飾、刻鏤。漢書貢禹傳:"牆塗而不~,木摩而不刻。"顔師古注:"琱字與彫同。彫,畫也。"

〔辨〕雕,彫,琱,凋。見"彫"字條。

琕 1. bǐng 經典釋文補頂反。

㊀同"鞞"。刀鞘。詩小雅瞻彼洛矣"鞞琫有珌"釋文:"鞞,字又作琕。"

2. pián 集韻蒲眠切,平,先韻,並。

㊁通"玭"。珠名。見集韻。明宋應星天工開物珠:"幼珠如粱粟,常珠如豌豆,~而碎者曰璣。"

按,説文無琕有鞞、玭。

琭 lù 盧谷切,入,屋韻,來。屋部。

〔琭琭〕珍貴。老子:"不欲琭琭如玉,珞珞如石。"在這個意義上也寫作"琭琭"。文子符言:"故不欲琭琭如玉,落落如石。"

按,説文無琭字。

九　畫

瑄 xuān 須緣切,平,仙韻,心。元部。

六寸大璧。爾雅釋器"璧大六寸謂之宣"郝懿行義疏:"宣如字,本或作瑄,音同。郭(璞)引漢書郊祀志云:'有司奉~玉。'孟康注:'璧大六寸謂之瑄。'"

按,説文無瑄字,新附有之。

瑯 láng 魯當切,平,唐韻,來。陽部。

〔瑯琊〕〔琅邪〕①地名。古文苑漢揚雄徐州牧箴:"降周任姜,鎮于瑯琊。"又爲郡名。地在今山東諸城縣一帶。東晉時又在白下(今南京市北)僑置琅玡郡,至陳廢。②山名。今山東諸城縣東南有琅邪山。山海經海内東經:"琅邪臺在渤海間,琅邪之東,其北有山。"又爲安徽滁縣之琅邪山。宋歐陽修醉翁亭記:"其西南諸峰,林壑尤美,望之蔚然而深秀者,琅邪也。"

按,説文無瑯字。

瑇 dài 徒沃切,入,沃韻,定。案,又音徒耐切。覺部。

〔瑇瑁〕〔玳瑁〕叠韻聯緜字。見"玳"字條。

按,説文無瑇字。

瑟 sè 所櫛切,入,櫛韻,審二。質部。

❶樂器。詩小雅鹿鳴:"我有嘉賓,鼓～吹笙。"❷鮮明潔净的樣子。詩大雅旱麓:"～彼玉瓚,黄流在中。"❸茂密、衆多的樣子。詩大雅旱麓:"～彼柞棫,民所燎矣。"❹莊嚴的樣子。詩衛風淇奥:"～兮僩兮,赫兮咺兮。"

按,説文瑟字在琴部,云:"庖犧所作弦樂也。"

瑛 yīng 於驚切,平,庚韻,影。陽部。

❶玉光。説文:"瑛,玉光也。"朱駿聲説文通訓定聲:"此字後出,即英之轉注。古只用英。"淮南子地形:"清水有黄金,龍淵有玉英。"高誘注:"玉英,轉化有精光也。"晉庾闡涉江賦:"金沙逐波而吐～。"❷美石。玉篇:"瑛,美石似玉。"三國魏曹植平原懿公主誄:"於維懿主,～瑶其質。"

瑚 hú 户吴切,平,模韻,匣。魚部。

❶古代祭祀盛黍稷用的禮器。朱駿聲説文通訓定聲"瑚"字引三禮圖:"～,受一升,如簋而平下。"禮記明堂位:"夏后氏之四連,殷之六～,周之八簋。"論語公冶長:"曰:'何器也?'曰:'～璉也。'"何晏集解:"包曰:'瑚、璉,黍稷之器。夏曰瑚,殷曰璉。'"❷〔珊瑚〕見"珊"字條。

瑊 jiān 古咸切,平,咸韻,見。侵部。

〔瑊玏〕美石。文選漢司馬相如子虚賦:"瑊玏玄厲,碝石碔砆。"亦作"玪塾",見説文。也可單用。山海經中山經:"其下多～石。"

按,説文無瑊有玪。段玉裁注:"玪瑊同字。"

瑌 ruǎn 而兖切,上,獮韻,日。元部。

美石。字亦作"碝"、"礝"、"瑞"。山海經中山經"扶豬之山,其上多礝石"玉篇引此作"其上多～石。"禮記玉藻"世子佩瑜玉而綦組綬,士佩瓀玟而緼組綬"釋文:"瓀,而兖反,徐又作瑌,同。"

按,説文無瑌字,石部有碝字。段玉裁注:"耎多訛需,故山海經誤作礝,玉藻誤作瓀。"

瑕 xiá 胡加切,平,麻韻,匣。魚部。

❶紅顔色的玉。説文:"瑕,玉小赤也。"漢司馬相如子虚賦:"赤～駁犖。"引申爲紅色。周禮考工記弓人:"深～而澤。"❷玉上的斑點。管子水地:"夫玉,温潤以澤,仁也,…～適皆見,精也。"引申爲疵病,缺點。老子:"善行無轍迹,善言無～讁。"❸裂痕。史記李斯列傳:"成大功者,在因～釁而遂忍之。"司馬貞索隱:"言因諸侯有～釁,則忍心而翦除。"❹通"遐"。副詞,表疑問。何,胡。詩小雅隰桑:"心乎愛矣,遐不謂矣?"禮記表記引此作"～不謂矣"。鄭玄注:"瑕之言胡也。"

[辨]瑕,玷。在指玉的斑點這個意義上,二字同義。"瑕玷"連用,比喻事物的缺點。後漢書張衡傳:"典籍無瑕玷。"瑕有赤玉、裂痕等意義,玷不具有。瑕還可以用作形容詞,表示紅色,玷一般不作形容詞。玷可以用作動詞,謙詞。

[同源字]瑕,赮,霞,騢。見"赮"字條。

瑋 wěi 于鬼切,上,尾韻,喻三。微部。

❶美好,奇異。文選戰國宋玉神女賦:"瓌姿～態,不可勝贊。"漢賈誼新書瑰瑋:"今有～術于此:奪民而民益富也,不衣民而民亦煖。"又用作動詞,贊美。文選晉左思吴都賦:"～(本亦作偉)其區域,美其林藪。"劉逵注:"瑋,美也。"❷通"韋"。皮繩 。漢故穀城長蕩陰令張君表頌:"晉陽珮～,西門帶弦。"

按,説文無瑋字。

瑉 mín 集韻眉貧切,平,真韻,明。文部。

次於玉的美石。史記司馬相如列傳子

虛賦："琳～琨珸。"字亦作"玟"、"砇"、"珉"、"碈"。禮記玉藻："士佩瓀玟而緼組綬。"釋文："字或作砇。"禮記聘義："子貢問於孔子曰：'敢問君子貴玉而賤碈者,何也？爲玉之寡而碈之多與？'"鄭玄注："碈,石似玉,或作玟也。"

按,説文無瑉有玟、珉。

瑁 1. mào 莫報切,去,号韻,明。幽部。

❶玉名。亦作"冒"。説文："瑁,諸侯執圭朝天子,天子執玉以冒之,似犂冠。周禮曰：'天子執～四寸。'"周禮考工記玉人："天子執冒四寸以朝諸侯。"鄭玄注："名玉曰冒者,言德能覆蓋天下也。"賈公彦疏："古者圭必有冒,亦是冒圭之法也。此冒據朝覲諸侯時執之。"書顧命："太保承介圭,上宗奉同～。"

2. mào 莫沃切,入,沃韻,明。覺部。

❷〔玳瑁〕叠韻聯緜字。見"玳"字條。

瑒 1. yáng 與章切,平,陽韻,喻四。陽部。

❶玉名。漢書王莽傳："～琫～珌。"顔師古注："瑒,玉名也。"

2. chàng 集韻丑亮切,去,漾韻,徹。陽部。

❷古代祭祀用的酒器,以圭爲柄,於圭頭爲器可以挹鬯祼祭,長尺二寸。説文謂之瑒圭,國語魯語上謂之鬯圭,周禮考工記玉人謂之祼圭。説文："瑒,圭尺二寸,有瓚,以祠宗廟者也。"段玉裁注："玉人曰：'祼圭尺有二寸,有瓚,以祀廟。'祼圭謂之瑒圭。瑒讀如暢。魯語謂之鬯圭,用以灌鬯者也。"

瑞 ruì 是僞切,去,寘韻,禪。歌部。

❶玉製的信物。周禮春官典瑞："典～,掌玉～玉器之藏。"鄭玄注："人執以見曰瑞,禮神曰器。瑞,符信也。"左傳哀公十四年："司馬請～焉,以命其徒攻桓氏。"杜預注："瑞,符節,以發兵。"❷祥瑞。論衡講瑞："或曰,鳳皇騏驎,太平之～也。"

瑗 yuàn 王眷切,去,線韻,喻三。元部。

孔大邊小的璧。爾雅釋器："肉倍好謂之璧,好倍肉謂之～。"郭璞注："肉,邊；好,孔。"荀子大略："問士以璧,召人以～。"

瑜 yú 羊朱切,平,虞韻,喻四。侯部。

美玉。左傳宣公十五年："瑾～匿瑕。"禮記玉藻："世子佩～玉而綦組綬。"引申爲美。禮記聘義："瑕不揜～,～不揜瑕,忠也。"鄭玄注："瑕,玉之病也。瑜,其中間美者。"

瑀 yǔ 王矩切,上,麌韻,喻三。魚部。

美石,用作佩飾。大戴禮記保傅："玭珠以納其間,琚～以雜之。"詩鄭風女曰雞鳴毛傳："雜佩者,珩、璜、琚、～、衝牙之類。"朱熹集傳："雜佩者,左右佩玉也。上横曰珩,下繫三組,貫以蠙珠,中組之半貫一大珠曰瑀。末懸一玉,兩端皆鋭,曰衝牙。"

瑑 zhuàn 持兖切,上,獮韻,澄。元部。

雕飾凸紋的玉器。周禮春官典瑞："～圭璋璧琮。"鄭司農注："瑑有圻鄂瑑起。"引申爲動詞。琱刻。漢書董仲舒傳："臣聞良玉不～,資質潤美,不待刻～。"漢書東方朔傳："陰奉琱～刻鏤之好,以納其心。"

瑙 nǎo 集韻乃老切,上,皓韻,泥。

〔瑪瑙〕(後起詞)見"瑪"字條。

十　畫

瑬 liú 力求切,平,尤韻,來。幽部。

❶古代帝王冕前垂懸的玉串。字亦作旒。説文："瑬,垂玉也。冕飾。"禮記禮器："天子之冕,朱緑藻,十有二旒。"字亦作斿。周禮夏官弁師："諸侯之繅斿九就,瑉玉三采。"鄭玄注："每繅九成則九旒也。"賈公彦疏："一冕爲九旒,旒各九玉。"❷旗上的下垂飾物。宋書禮志五："駕駟馬,旂九～。"❸通"鎏"。玉篇："瑬,又美金也,亦作鏐。"

瑢 róng 餘封切,平,鍾韻,喻四。

〔瑽瑢〕(後起詞)叠韻聯緜字。見"瑽"字條。

瑭 táng 徒郎切,平,唐韻,定。

後起字。㊀玉名。見玉篇。㊁人名。五代有石敬～。

瑳 cuō 七何切,平,歌韻,清。歌部。

㊀玉色鮮白的樣子。見説文。引申爲衣服鮮盛的樣子。詩鄘風君子偕老:"～兮～兮,其之展也。"朱熹集傳:"瑳,亦鮮盛貌。展衣者,以禮見於君及見賓客之服也。"引申牙齒潔白的樣子。詩衛風竹竿:"巧笑之～,佩玉之儺。"㊁通"磋"。詩衛風淇奧"如切如磋"韓詩外傳卷二引作"如切如～。"㊂〔瑳瑳〕①玉色鮮白的樣子。宋史樂志一四:"琱琨瑳瑳,篆金煌煌。"②牙齒潔白的樣子。宋梅堯臣宛陵集金明池遊詩:"苑花光粲粲,女齒笑瑳瑳。"

瑩 yíng 永兵切,平,庚韻,喻三。耕部。

㊀美石。詩齊風著:"尚之以瓊～乎而。"毛傳:"瓊瑩,石似玉,卿大夫之服也。"㊁玉色光潔。文選戰國宋玉神女賦:"爗乎如花,温乎如～。"韓詩外傳四:"良珠度寸,雖有百仞之水,不能掩其～。"説文"瑩"字注引逸論語曰:"如玉之～。"㊂用作動詞,琢磨玉石。周書蘇綽傳:"夫良玉未剖,與瓦石相類;名驥未馳,與駑馬相雜。及其剖而～之,馳而試之,玉石駑驥,然後始分。"㊃用作使動,使潔浄。文選晉左思招隱詩:"前有寒泉井,聊可～心神。"

[同源字]熒,瑩,螢。見"熒"字條。

瑪 mǎ 集韻母下切,上,馬韻,明。

〔瑪瑙〕(後起詞)玉髓礦物的一種,顏色光美,可製器皿及裝飾品。梁吴均西京雜記二:"瑪瑙石爲勒,白光琉璃爲鞍。"北魏楊衒之洛陽伽藍記城西:"自餘酒器,有水晶鉢、瑪瑙盃、琉璃碗。"字亦作"碼碯"。

瑴 jué 古岳切,入,覺韻,見。覺部。

同玨。二玉相合爲一瑴。左傳僖公三十年:"納玉于王與晉侯,皆十～,王許之。"

按,説文瑴爲玨之或體,在玨部。

璉 1. liǎn 力展切,上,獮韻,來。元部。

㊀宗廟盛黍稷用的禮器。禮記明堂位"有虞氏之兩敦,夏后氏之四連"釋文:"連,本又作璉。"論語公冶長:"曰:'何器也?'曰:'瑚～也。'"何晏集解:"瑚璉,黍稷之器。夏曰瑚,殷曰璉,周曰簠簋。"

2. lián 集韻陵延切,平,仙韻,來。

㊁通"連"。接連。文選三國魏何晏景福殿賦:"既櫛比而欑集,又宏～以豐敞。"李善注:"璉與連古字通。"

按,説文無璉字。"瑚璉"的"璉",説文木部作"槤",云:"瑚(段注改爲"胡")槤也。"

瑱 1. tiàn 他甸切,去,霰韻,透。真部。

㊀用玉或石做的耳塞。詩鄘風君子偕老:"玉之～也。"毛傳:"瑱耳也。"詩衛風淇奧"充耳琇瑩"毛傳:"充耳謂之～。琇瑩,美石也。天子玉～,諸侯以石。"引申爲瑱充。文選晉郭璞江賦:"金精玉英～其裏,瑶珠怪石琗其表。"㊁玉名。文選南朝梁江淹顏特進延之侍宴詩:"承榮重兼金(六臣本作"榮重魄兼金"),巡華過盈～。"李善注:"盈瑱,盈尺之玉也。"

2. zhèn 陟刃切,去,震韻,知。真部。

㊂通"鎮"。壓。楚辭戰國屈原九歌東皇太一:"瑶席兮玉～,盍將把兮瓊芳。"王逸注:"瑱,一作鎮。"洪興祖補注:"瑱,壓也,音鎮。"㊃〔瑱圭〕帝王朝會時所執的圭。周禮秋官小行人:"王用瑱圭,公用桓圭。"釋文:"王執鎮圭,瑱宜作鎮音。"

瑨 jìn 即刃切,去,震韻,精。

同"璡"。美石。見廣韻。

按,説文無瑨有璡。

璅 zhǎo 側絞切，上，巧韻，照二。幽部。

古代車蓋弓端伸出部分，其形如爪。漢書王莽傳："莽乃造華蓋九重，高八丈一尺，金～羽葆。"顏師古注："璅，讀曰爪，謂蓋弓頭爲爪形。"文選漢張衡東京賦："羽蓋葳蕤，葩～曲莖。"薛綜注："葩爪，悉以金作華形。璅與爪同。"

瑣 suǒ 蘇果切，上，果韻，心。歌部。

㊀玉聲。見說文。段玉裁注："謂玉之小聲也。"引申爲細小。後漢書吕强傳："陛下或其～才，特蒙恩澤。"李賢注："瑣，小也。"唐杜甫北征詩："山果多～細，羅生雜橡栗。"又引申爲卑微。後漢書劉梁傳："昔文翁在蜀，道著巴漢，庚桑～隸，風移磈礨。"㊁鏤玉爲連環瑣。後漢書仲長統傳："古來繞繞，委曲如～。"引申爲門窗上的瑣形圖案。北魏楊衒之洛陽伽藍記城西："牕户之上，列錢青～。"引申爲宫門。楚辭戰國屈原離騷："欲少留此靈～兮，日忽忽其將暮。"

[備考]〔瑣瑣〕①細小卑賤的樣子。易旅："旅瑣瑣，斯其所取災。"孔穎達疏："瑣瑣者，細小卑賤之貌也。"②聲音瑣碎。唐杜牧送劉三復郎中赴闕詩："玉珂聲瑣瑣，錦帳夢悠悠。"

瑤 yáo 餘昭切，平，宵韻，喻四。宵部。

㊀美石。詩大雅公劉："何以舟之？維玉及～，鞞琫容刀。"陳奐疏："維玉及瑤，言有玉與石也。正義謂瑤是玉之别名，誤。"楚辭戰國屈原九歌東皇太一："～席兮玉瑱，盍將把兮瓊芳。"王逸注："瑤，石之次玉者。"㊁喻珍貴。如稱人之書信爲瑤札、瑤緘、瑤函。唐王勃宇文德陽宅秋夜山亭宴序："啟～緘者，攀勝集而長懷。"㊂喻光明潔白。如瑤質、瑤華、瑤樹等。南朝梁江淹知己賦："聞～質兮可變，知余采兮一奪。"

瑲 qiāng 七羊切，平，陽韻，清。陽部。

㊀玉聲。見說文。詩小雅采芑："朱芾斯皇，有～葱珩。"㊁〔瑲瑲〕象聲詞。詩小雅采芑："約軝錯衡，八鸞瑲瑲。"

瑰 guī 公回切，平，灰韻，見。微部。

㊀〔瓊瑰〕用美石製成的珠子。左傳成公十七年："聲伯夢涉洹，或與己瓊瑰食之，泣而爲瓊瑰盈其懷。"㊁美好，珍奇。藝文類聚四三漢傅毅舞賦："軼態横出，～姿譎起。"漢司馬相如子虛賦："若迺俶儻～瑋，異方殊類，…充仞其中者，不可勝計。"又爲奇異、怪異。淮南子詮言："聖人無屈奇之服，無～異之行。"㊂〔玫瑰〕叠韻聯緜字。見"玫"字條。

瑠 liú 力求切，平，尤韻，來母。幽部。

〔瑠璃〕音譯詞。寶石名。鹽鐵論力耕："而璧玉珊瑚瑠璃，咸爲國之寶。"世說新語紕漏："瑠璃盌盛澡豆，因倒著水中而飲之。"參見"琉"字條。

按，說文瑠作珋。

十一畫

璋 zhāng 諸良切，平，陽韻，照三。陽部。

用玉作的禮器，朝聘、祭祀、喪葬、發兵時用之。詩大雅棫樸："濟濟辟王，左右奉～。"毛傳："半圭曰璋。"儀禮聘禮："聘于夫人用～。"

[備考]〔璋瓚〕古祭祀時用的以璋爲柄的酒勺。禮記祭統："君執圭瓚祼尸，大宗執～瓚亞祼。"鄭玄注："圭瓚、璋瓚，祼器也，以圭、璋爲柄。"

璃 lí 吕支切，平，支韻，來。歌部。

〔琉璃〕見"琉"字條。

按，說文無璃字。

璇 xuán 似宣切，平，仙韻，邪。元部。

㊀美玉。山海經中山經："(升山)，其中多～玉。"郭璞注："石次玉者也。"㊁〔璇璣〕指北斗魁四星。楚辭漢王逸九思怨上："謡吟兮中壄，上察兮璇璣。"參見"璿"字條及"琁"

字條。

按,説文無璇有琁。

瑹 tū 他胡切,平,模韻,透。魚部。

〔瑹琈〕玉名。山海經西山經:“(小華之山)其陰多磬石,其陽多瑹琈之玉。”

按,説文無瑹字。

璈 áo 集韻牛刀切,平,豪韻,疑。

古樂器。漢武帝内傳:“上元夫人自彈雲林之~,歌步玄之曲。”宋晁載之續談助卷四漢孝武内傳:“王母…乃令侍女王登拊八琅之~。”

按,説文無璈字。

璂 qí 渠之切,平,之韻,群。之部。

古代皮冠上的玉飾。字亦作“瑧”、“綦”。説文:“瑧,弁飾,往往冒玉也。”周禮夏官弁師:“王之皮弁會五采玉~。”鄭玄注:“璂讀如薄借綦之綦。綦,結也。皮弁之縫中,每貫結五采玉以爲飾。”

按,説文以璂爲瑧的或體。

瑾 jǐn 渠遴切。集韻几隱切,上,隱韻,見。文部。

美玉。左傳宣公十五年:“山藪藏疾,~瑜匿瑕。”比喻美德。楚辭戰國屈原九章懷沙:“懷~握瑜兮,窮不得所示。”

璊 mén 莫奔切,平,魂韻,明。文部。

玉紅色。説文:“璊,玉䞓色也。”詩王風大車:“大車啍啍,毳衣如~。”

瑿 yī 集韻煙奚切,平,齊韻,影。

後起字。㊀黑色美石。字亦作瑿。見集韻。㊁最貴重的黑色琥珀。明宋應星天工開物珠玉:“琥珀最貴者名曰~,紅而微帶黑,然晝見則黑,燈光下則紅甚也。”

璆 qiú 巨鳩切,平,尤韻,群。幽部。

㊀美玉,可以爲磬。國語晉語四:“籧篨蒙~。”韋昭注:“璆,玉磬。”㊁佩玉相擊聲。史記孔子世家:“夫人自帷中再拜,環佩玉聲~然。”

按,説文以璆爲球之或體。

璀 cuǐ 七罪切,上,賄韻,清。微部。

㊀〔璀璨〕雙聲聯緜字。①玉光。見玉篇、説文新附。引申爲色彩鮮明。文選晉孫綽遊天台山賦:“建木滅景於千尋,琪樹璀璨而垂珠。”②衆多的樣子。晉陸機爲周夫人贈車騎詩:“京城華麗地,璀璨多異人。”③華麗的樣子。文選三國魏曹植洛神賦:“披羅衣之璀璨兮,珥瑶碧之華琚。”㊁〔璀錯〕雙聲聯緜字。繁盛的樣子。文選漢王延壽魯靈光殿賦:“下岪蔚以璀錯,上崎巇而重注。”

按,説文無璀字,新附有之。

璁 cōng 倉紅切,平,東韻,清。東部。

石之似玉者。見説文。玉篇、廣韻、集韻均作瑽。南朝齊王融贈族叔衛軍儉詩:“有鏘~珩。”

璡 jìn 即刃切,去,震韻,精。真部。

字亦作“瑨”。石之似玉者。見説文。

瑽 cōng 七恭切,平,鍾韻,清。

㊀〔瑽琤〕(後起詞)雙聲聯緜字。玉石相擊聲。宋袁褧楓窗小牘:“諸天既集,面覲虚皇于雲陛之下,劍珮瑽琤,交暎左右。”㊁〔瑽瑢〕(後起詞)叠韻聯緜字。佩玉撞擊聲。宋陳師道觀兖文忠公家六一堂圖書詩:“緬懷弁服士,酬獻鳴瑽瑢。”

璅 1. zǎo 子皓切,上,皓韻,精。宵部。

㊀石之次玉者。見説文。

2. suǒ 集韻損果切,上,果韻,心。宵部。

㊁通“瑣”。玉聲。見集韻。又爲瑣碎,細小。南朝梁劉勰文心雕龍諸子:“譋言兼存,~語必録。”〔璅璅〕細小。文選漢張衡東京賦:“薄狩于敖,既璅璅焉。”六臣本作“瑣”。注“綜作‘璅’。”

十二畫

璘 lín 力珍切,平,真韻,來。真部。

〔璘彬〕〔璘班〕〔璘瑞〕叠韻聯緜字。光澤鮮艷文彩繽紛的樣子。文選漢張衡西京賦:"珊瑚琳碧,瓀珉璘彬。"薛綜注:"璘彬,玉光色雜也。"文選三國魏何晏景福殿賦:"光明熠爚,文彩璘班。"五臣本作"璘瑞"。文選漢揚雄甘泉賦:"璧馬犀之瞵瑞。"李善注引埤倉云:"璘瑞,文皃也。"吕向注:"璘瑞,寶物文彩也。"

按,説文無璘字。

璲 suì 徐醉切,去,至韻,邪。物部。

瑞玉。爾雅釋器:"璲,瑞也。"詩小雅大東:"鞙鞙佩~,不以其長。"鄭箋:"佩璲者以瑞玉爲佩也。"

按,説文無璲字。

璙 liáo 落蕭切,平,蕭韻,來。宵部。

❶玉名。見説文。❷通"鐐"。白銀之美者。詩小雅瞻彼洛矣"鞞琫有珌"毛傳:"大夫鐐琫而鏐珌。" 釋文: "鐐,音遼。爾雅云:'白金謂之銀,其美者謂之鐐。'本又作璙。"

璚 1. qióng 渠營切,平,清韻,群。耕部。

❶赤玉。見説文。明湯顯祖紫簫記審音:"~樓麗彩。"❷指日旁如帶狀的氣體。晉書天文志中:"~者如帶,~在日四方。"

2. jué 集韻古穴切,入,屑韻,見。

❸同"玦"。玉佩。見集韻。

按,説文以璚爲瓊的或體。

璟 jǐng 俱永切,上,梗韻,見。

後起字。玉的光彩。又音於丙切,字亦作"璄"。見廣韻。

璗 dàng 徒朗切,上,蕩韻,定。陽部。

黄金的别名。爾雅釋器:"黄金謂之璗,其美者謂之鏐。"

璜 huáng 胡光切,平,唐韻,匣。陽部。

半璧爲璜。禮器,亦用作佩玉。周禮春官典瑞:"駔圭璋璧琮琥~之渠眉,疏璧琮以斂尸。"山海經海外西經:"(夏后啟)佩玉~。"紅樓夢二九回:"只見也有金~,也有玉玦。"

璞 pú 匹角切,入,覺韻,滂。屋部。

未經玉人加工雕琢的玉。孟子梁惠王下:"今有~玉於此,雖萬鎰,必使玉人雕琢之。"引申爲真實、質樸。戰國策齊策:"歸反~,則終身不辱。"孔子家語王言解:"民敦俗~。"

按,説文無璞字。木部"樸"字段玉裁注:"石部云:'磺,銅鐵樸。'作璞者,俗字也。"

璠 fán 附袁切,平,元韻,奉。元部。

〔璵璠〕説文:"璠,璵璠,魯之寶玉。孔子曰:'美哉璵璠,遠而望之奂若也,近而視之瑟若也。'"左傳定公五年:"季平子…卒于房,陽虎將以璵璠斂。"亦作"璠璵",比喻美好的事物。南朝梁庾信奉和永豐殿下言志詩之十:"徒知守瓴甓,空欲報璠璵。"

璑 wú 武夫切,平,虞韻,微。魚部。

指朱、白、蒼三色的雜色玉。説文:"璑,三采玉也。"周禮夏官弁師"瑉玉三采"鄭玄注:"故書'瑉'作'璑'。鄭司農云:璑,惡玉名。"

璏 zhì 直例切,去,祭韻,澄。脂部。

劍鼻玉飾。見説文。漢書王莽傳"即解其瑑"顔師古注:"瑑字本作~,從王,彘聲。後轉寫者訛也。"初學記卷二二引字林:"(劍)鼻謂之~。"宋蘇軾洗玉池銘:"劍~鏚柲。"

璣 jī 居依切,平,微韻,見。微部。

❶不圓的珠子或小珠。史記李斯列傳:"傅~之珥。"司馬貞索隱:"璣是珠之不圓者。"吕氏春秋重己:"人不愛崑山之玉、江漢之珠,而愛一蒼璧小~,有之利故也。"❷北斗第三星。史記天官書"北斗七星"司馬貞索

隱:"春秋運斗樞云:'斗,第一天樞,第二旋,第三~。'"㊂觀測天象的儀器。書舜典:"在璿~玉衡,以齊七政。"

[辨]珠、璣。圓形的珠子爲珠,不圓的珠子爲璣。"珠璣"連用,泛指珠寶。

[同源字]幾,璣,嘰。三字音同,均有微小義。說文𢆶部:"幾,微也。"又玉部:"璣,珠不圜者也。"王筠句讀:"字林:小珠也。"說文口部:"嘰,小食也。"

十 三 畫

璧 bì 必益切,入,昔韻,幫。錫部。

中心有孔的圓形玉器。爾雅釋器:"肉倍好謂之璧。"邢昺疏:"肉,邊也,好,孔也。邊大倍于孔者名璧。"泛指美玉。韓非子解老:"和氏之~,不飾以五采。"

璫 dāng 都郎切,平,唐韻,端。陽部。

㊀瓦當。史記司馬相如列傳上林賦:"華榱璧~,輦道纚屬。"司馬貞索隱引司馬彪曰:"以璧爲瓦當。"文選漢班固西都賦:"雕玉瑱以居楹,裁金璧以飾~。"劉良注:"璫,椽頭飾也。…以金璧飾椽端。"㊁漢代武官的冠飾。後漢書朱穆傳:"假貂~之飾,處常伯之任。"漢應劭撰、清孫星衍校集漢官儀卷上:"中常侍,秦官也。漢興,或用士人,銀~左貂。光武以後,專任宦者,右貂金~。"引申爲宦官的代稱。宋周密武陵舊事序:"及客修門閒,聞退~老監談先朝遺事,輒耳諦聽。"㊂耳墜子。釋名釋首飾:"穿耳施珠曰璫。此本出於蠻夷所爲也。蠻夷婦女輕浮好走,故以此~錘之也。"㊃玉佩。唐李賀洛姝真珠詩:"高樓唱月敲懸~。"

按,說文無璫字,新附有之。

璪 zǎo 子皓切,上,皓韻,精。宵部。

冕前貫玉的五彩絲繩。禮記郊特牲:"祭之日,王被衮以象天,戴冕,~十有二旒。"說文"璪"字段玉裁注:"古文多用繅字,今文多用璪、藻字。"王筠句讀:"惟郊特牲'戴冕璪十有二旒',他書多借藻字。"

璩 qú 强魚切,平,魚韻,群。魚部。

㊀耳環。字亦作鐻。山海經中山經:"而穿耳以鐻,其鳴如鳴玉。"㊁玉名。漢鄒陽酒賦:"綃綺爲席,犀~爲鎮。"㊂姓。

按,說文無璩字,新附有之。

璐 lù 洛故切,去,暮韻,來。鐸部。

美玉。說文:"璐,玉也。"楚辭戰國屈原九章涉江:"被明月兮珮寶~。"王逸注:"寶璐,美玉也。"文選南朝宋謝惠連雪賦:"於是臺如重璧,逵似連~。"李善引許慎淮南子注曰:"璐,美玉也。"吕向注:"言雪冒臺道,如累璧連玉。"

環 huán 户關切,平,删韻,匣。元部。

㊀玉器,圓形,中心有孔。爾雅釋器:"肉倍好謂之璧,好倍肉謂之瑗,肉好若一謂之環。"郭璞注:"其孔及邊肉大小適等。"荀子大略:"問士以璧,召人以瑗,反絶以~。"引申爲圓形的東西。如指環,耳環,臂環。文選三國魏曹植美女篇:"攘袖見素手,皓腕約金~。"引申爲動詞,環繞。左傳昭公十七年:"~而塹之,及泉。"引申爲動詞,遍及。唐韓愈進學解:"轍~天下,卒老於行。"㊁姓。戰國楚有環列之尹,子孫因以此官名爲氏。

[備考]通"還",使退還,退却。集韻諫韻:"環,却也。"音胡慣切(huàn)。周禮夏官叙官:"~人,下士六人。"鄭玄注:"環,猶却也。以勇力却敵。"孫詒讓正義:"此借爲還字。"

[同源字]還,環,旋。見"還"字條。

璨 càn 蒼案切,去,翰韻,清。

㊀明亮。唐王建白紵歌之一:"天河漫漫北斗~,宫中烏啼知夜半。"璨,本亦作"粲"。㊁〔璀璨〕雙聲聯緜字。見"璀"字條。

按,說文無璨字,新附有之。

璵 yú 以諸切,平,魚韻,喻四。魚部。

〔璵璠〕見“璠”字條。

十四畫

璸 1. pián 集韻蒲眠切，平，先韻，並。

㊀同“玭”。珠名。見集韻。

2. bīn 集韻悲巾切，平，真韻，幫。真部。

㊁〔璸㻞〕雙聲叠韻聯緜字。玉的紋理。史記司馬相如列傳上林賦：“瑉玉旁唐，璸㻞文鱗。”字亦作“玢”。

按，説文無璸有玭。

璹 tì 字彙補他歷切，音惕。錫部。

玉的斑痕。吕氏春秋舉難：“尺之木必有節目，寸之珠必有瑕～。”

按，説文無璹字，古書假“適”、“讁”爲璹。如管子水地篇：“瑕適皆見，精也。”老子：“善言，無瑕讁。”

瑌 ruǎn 集韻而宣切，平，仙韻，日。元部。

美石。見“瑌”字條。

按，説文無瑌有碝，音而沇切。

璂 qí 渠之切，平，之韻，群。之部。

同“璂”。見“璂”字條。

瓁 wò 五郭切，入，鐸韻，疑。鐸部。

㊀玉璞。見集韻。㊁水名。管子輕重丁：“決～洛之水，通之杭莊之間。”

按，説文無瓁字。

璽 xǐ 斯氏切，上，紙韻，心。脂部。

㊀印章。漢蔡邕獨斷卷上：“～者，印也。古者尊卑共之。秦以來，天子獨以印稱璽。”文選漢張衡西京賦：“降尊就卑，懷～藏紱。”左傳襄公二十九年：“～書追而與之。”韓非子外儲説左下：“梁車用法，而成侯收～。”字亦作壐。説文：“壐，王者印也。”㊁姓。

按，説文璽作壐，在土部。

璿 xuán 似宣切，平，仙韻，邪。元部。

同“琁”、“璇”。美玉。見説文。

［備考］〔璿璣〕〔琁璣〕〔璇璣〕北斗星一至四星叫“斗魁”，又名“璿璣”。史記天官書司馬貞索隱引文耀鉤云：“斗者，天之喉舌。…魁爲琁璣。”文選漢揚雄甘泉賦：“攀琁璣而下視兮，行游目乎三危。”張銑注：“琁璣，北斗也。”書舜典：“在璿璣玉衡。”一説爲天文儀器，渾天儀。詳説可參閲清孫星衍尚書今古文注疏堯典下。

十五畫

瓄 dú 徒谷切，入，屋韻，定。

後起字。玉名。晉書輿服志：“（九嬪）銀印青綬，佩采～玉。”一説圭名。見廣韻屋韻。

瓃 léi 盧回切，平，灰韻，來。微部。

㊀玉器。見説文。字亦作“罍”。詩周南卷耳：“我姑酌彼金罍。”釋文：“罍，酒罇也。”孔穎達疏引韓詩：“天子以玉，諸侯大夫皆以金，士以梓。”故字或從玉，或從木。參見朱駿聲説文通訓定聲“瓃”字注。㊁通“蕾”。花蕾。唐盧仝走筆謝孟諫議寄新茶：“仁風暗結珠琲～。”

璨 lí 郎溪切，平，齊韻，來。

後起字。〔玻璨〕音譯詞。見“玻”字條。

瓊 qióng 渠營切，平，清韻，群。耕部。

㊀美玉。説文：“瓊，赤玉也。”左傳僖公二十八年：“死而利國，猶或爲之，況～玉乎？”用來比喻美好的事物。如“瓊液”、“瓊筵”、“瓊章”、“瓊粒”、“瓊漿”。㊁〔瓊琚〕華美的佩玉。詩衛風木瓜：“投我以木瓜，報之以瓊琚。”毛傳：“瓊，玉之美者。”用來比喻華美的詩文。唐韓愈祭柳子厚文：“玉佩瓊琚，大放厥詞。”

瓆 zhì 集韻職日切，入，質韻，照三。質部。

人名用字。後漢書襄楷傳有劉瓆。

按，説文無瓆字。

瓅 lì 郎擊切，入，錫韻，來。藥部。

〔玓瓅〕叠韻聯緜字。見"玓"字條。

璺 wèn 亡運切，去，問韻，微。文部。

器皿的裂紋。方言六："器破而未離謂之璺。"泛指裂縫。明徐宏祖徐霞客遊記遊雁宕山後記："寺後一峰獨聳，中裂一～。"

按，説文無璺字。

十六畫

瓏 lóng 盧紅切，平，東韻，來。東部。

㊀雕有龍形的用於祈雨的玉。説文："瓏，禱旱玉，龍文。"古人認爲應龍在地下，所以常常發生旱災，禱旱之玉爲應龍狀，乃得大雨。參見王筠句讀"瓏"字注。㊁〔瓏玲〕雙聲聯緜字。玉聲。漢書揚雄傳甘泉賦："前殿崔巍兮，和氏瓏玲。"文選作"玲瓏"。

瓌 guī 公回切，平，灰韻，見。微部。

奇異。莊子天子："其書雖～瑋而連犿無傷也。"文選漢班固西都賦："因～材而究奇，抗應龍之虹梁。"吕延濟注："瓌，美。"文選漢王延壽魯靈光殿賦："邈希世而特出，羌～譎而鴻紛。"劉良注："瓌，奇。"

按，説文無瓌字。朱駿聲説文通訓定聲"瑰"字云："字亦作瓌。"

十七畫

瓖 xiāng 息良切，平，陽韻，心。陽部。

㊀馬帶飾。文選漢張衡東京賦："鉤膺玉～。"薛綜注："瓖，馬帶玦以玉飾也。"㊁通"鑲"。婦女釵釧加飾，俗謂之瓖嵌。或用金，或用玉。見正字通。

按，説文無瓖字。

瓕 xiè 蘇協切，入，怗韻，心。葉部。

石之似玉者。見説文。

瓓 làn 集韻郎旰切，去，换韻，來母。

㊀玉的色彩。見集韻。㊁〔瓓玕〕叠韻聯緜字。似玉美石。南朝宋鮑照冬至詩："長河結瓓玕，層冰如玉岸。"

按，説文無瓓字。

瓔 yīng 於盈切，平，清韻，影。

後起字。㊀石之似玉者。見玉篇。㊁〔瓔珞〕用瓔珠串成的裝飾物。南史夷貊傳上林邑國："其王者著法服，加瓔珞，如佛像之飾。"

〔同源字〕賏，嬰，瓔，纓，紻，鞅。見"嬰"字條。

十八畫

瓘 guàn 古玩切，去，换韻，見。元部。

㊀玉名。見説文。左傳昭公十七年："若我用～、斝、玉瓚，鄭必不火。"㊁人名用字。左傳哀公十五年有齊陳瓘，字子玉。

十九畫

瓚 zàn 藏旱切，上，旱韻，從。元部。

㊀質地不純的玉。説文："瓚，三玉二石也。"徐鍇繫傳："謂五分玉之中二分是石。"周禮考工記玉人："天子用全，上公用龍（按，説文引作駹字），侯用～，伯用將（按，説文引作埒字）。"鄭玄注："龍（駹）、瓚、將（埒），皆雜名也。"㊁古禮器。祼祭所用盛灌鬯酒之勺，有鼻口，鬯酒從中流出。以圭爲柄稱圭瓚，以璋爲柄稱璋瓚，統名玉瓚。周禮考工記玉人："祼圭尺有二寸，有～，以祀廟。"鄭玄注："瓚如盤，其柄用圭，有流前注。"

〔同源字〕瓚，欑，儹，酇，讚。五字聲近韻同，均有叢聚雜駁之義。瓚爲質地不純的玉，三分玉二分石。説文木部："欑，積竹杖。一曰：叢木。"又人部："儹，冣也。"（依段注本）又："酇，一曰：叢也。"釋名釋典藝："稱人之美曰讚。讚，纂也。纂集其美而敘之也。"

二十畫

瓛 huán 胡官切，平，桓韻，匣。元部。

圭名。説文:“瓛,桓圭,公所執。”古書以“桓”爲“瓛”。周禮春官大宗伯“公執桓圭”鄭玄注:“雙植謂之桓。桓圭蓋亦以桓爲瑑飾。”孫詒讓正義:“桓字亦作瓛。説文玉部云:‘瓛,桓圭,公所執。’依許義,則瓛爲公圭正字,經典通叚桓爲之。鄭以桓圭取‘雙植’爲義,則桓非叚字,與許義異。”

瓜 部

瓜 guā 古華切,平,麻韻,見。魚部。

❶葫蘆科植物和它的果實。説文:“瓜,㼌也。”詩小雅信南山:“中田有廬,疆場有～。”禮記内則:“～桃李梅杏楂。”❷〔瓜代〕指來年瓜熟時節(夏正七月)使人替代。左傳莊公八年:“齊侯使連稱、管至父戍葵丘,瓜時而往。曰:‘及瓜而代。’”引申爲任職期滿由别人接替。宋劉宰送王去非之官山陰詩:“坐看積薪上,笑謝及瓜代。”

三 畫

瓝 bó 蒲角切,入,覺韻,並。藥部。

❶小瓜。爾雅釋草:“瓞、瓝,其紹瓞。”郭璞注:“俗呼瓝瓜爲瓞。”詩大雅緜“緜緜瓜瓞”毛傳:“瓞,～也。”❷草名。爾雅釋草:“瓝,九葉。”釋文爾雅音義引舍人云:“瓝,九葉九枚共一莖。樊本瓝字作駮,釋云:‘駮也,一名九葉。’”

按,説文無瓝有瓟。段玉裁注:“爾雅、毛傳皆作‘瓝’。交聲、勺聲同在二部也。”

五 畫

瓞 dié 徒結切,入,屑韻,定。質部。

小瓜。説文:“瓞,瓟也。”段玉裁注:“一種艸結小瓜名瓞,即瓝瓜也。”詩大雅緜:“緜緜瓜～。”參見“瓝”字條。

瓟 1. páo 薄交切,平,肴韻,並。幽部。

❶同“匏”。瓜杓。廣韻:“瓟,似瓠,可爲飲器。”楚辭漢劉向九歎愍命:“莞芎棄於澤洲兮,～蠡蠹於筐簏。”王逸注:“瓟一作匏。”洪興祖補注:“瓟與匏同。”唐皮日休新秋言懷寄魯望三十韻:“無限疏慵事,憑君解一～。”❷〔瓟瓜〕即匏瓜。星名,一名天雞,在河鼓東。楚辭漢王褒九懷思忠:“抽庫婁兮酌醴,援瓟瓜兮接糧。”洪興祖補注:“洛神賦云:‘歎匏瓜之無匹。’注引史記曰:‘四星,在危南。瓟瓜(按,今本史記作“匏瓜”)。’天官星占曰:‘瓟瓜,一名天鷄,在河鼓東。’”

2. bó 蒲角切,入,覺韻,並。

❸通“瓟”。小瓜。集韻覺韻:“瓟,説文:‘小瓜也。’或作瓝、瓟。”

按,説文無瓟字。朱駿聲説文通訓定聲孚部“匏”字云:“字亦作瓟。”

六 畫

瓠 qià 恪八切,入,黠韻,溪。

〔瓠瓠〕(後起詞)叠韻聯緜字。見“瓠”字條。

瓠 1. hù 胡誤切,去,暮韻,匣。魚部。

❶草本植物,果實叫葫蘆。詩小雅南有嘉魚:“南有樛木,甘～纍之。”莊子逍遥遊:“今子有五石之～,何不慮以爲大樽而浮乎江湖。”漢書食貨志上:“瓜～果蓏。”❷〔瓠犀〕葫蘆子瓣,比喻潔白整齊的牙齒。詩衛風碩人:“齒如瓠犀。”毛傳:“瓠犀,瓠瓣。”

2. hú 集韻洪孤切,音壺,平,模韻,匣。魚部。

❸瓦壺。爾雅釋器:“康～謂之甈。”郭璞注:“瓠,壺也。”

3. huò 集韻黄郭切,入,鐸韻,匣母。魚部。

㊃〔瓠落〕叠韻聯緜字。義同廓落,空曠的樣子。莊子逍遥遊:"剖之以爲瓢,則瓠落無所容。"釋文引簡文云:"瓠落,猶廓落也。"

〔辨〕瓠,匏。二字作爲瓜類植物同義。説文瓠匏互訓,詩邶風匏有苦葉毛傳:"匏謂之瓠",可證瓠與匏乃異名而同實。朱駿聲説文通訓定聲:"瓠即壺盧之合音。"詩豳風七月借"壺"爲"瓠"。"匏"又爲樂器名,"瓠"無此義。

按,説文瓠字在瓠部。

八　畫

瓝 1. huò 篇海類編胡果切,音禍。

㊀瓜。見篇海類編花木類瓜部。

2. bá 音拔。

㊁〔瓝瓝〕(後起詞)叠韻聯緜字。手指擘動的樣子。唐韓愈韓昌黎集征蜀聯句:"怒鬚猶𩮀𩯔,斷臂仍瓝瓝。"朱熹考異:"今按諸公所校本。瓝皆音蒲八切,瓝恪八切,與'𩮀𩯔'皆叠韻。"

〔備考〕清胡文英吴下方言考卷一一:"瓝瓝二字俱從爪,舊從瓜,誤也。瓝,指大動也;瓝,爪微動也。"

九　畫

瓟 pián 部田切,平,先韻,並。

瓜名。廣雅釋草:"白瓟,瓜屬也。"王念孫疏證:"白瓟,瓟子之白者,其黄者謂之黄瓟。"玉篇:"瓟,白瓟瓜。"廣韻:"瓟,黄瓜名。"晉陸機陸士衡集瓜賦:"黄~白縛。"

按,説文無瓟字。

十一畫

瓢 piáo 符霄切。集韻毗霄切,平,宵韻,並。宵部。

㊀將葫蘆剖分爲二,用作舀水或盛酒的器皿。論語雍也:"一簞食,一~飲。"周禮春官鬯人:"禜門用~齎。"鄭玄注:"瓢謂瓠蠡也。"㊁〔瓢簞〕簞食瓢飲,喻生活貧窮。晉陶淵明祭從弟敬遠文:"冬無緼褐,夏渴瓢簞。"

〔辨〕瓢,蠡。二字同義。説文:"瓢,蠡也。"段玉裁"蠡"字注:"蠡之言劙也,如刀之劙物。""蠡"有分解的意思,故以一匏蠡爲二曰瓢,亦曰蠡。蠡亦作蠡。方言五:"蠡,或謂之瓢。"錢繹箋疏:"蠡正字,其作蠡者,猶匏之别作瓟也,亦俗字也。"

按,説文瓢字在瓠部。

十四畫

瓣 bàn 蒲莧切,去,襇韻,並。元部。

瓜果中的子實。説文:"瓣,瓜中實也。"爾雅釋草:"瓠棲,瓣。"郭璞注:"瓠中瓣也。"晉干寶搜神記卷一:"便從索~,杖地種之。"引申爲瓣狀的果瓤(後起義)。仙傳拾遺:"羅公遠取柑嗅之後,明皇取食,千餘枚皆缺一~。"又引申爲花瓣(後起義)。元楊維楨修月匠歌:"羿家奔娥太輕脱,須臾踏破蓮花~。"

十七畫

瓤 ráng 汝陽切,平,陽韻,日。陽部。

瓜果中包連着子的部份,如絮而多汁。漢劉楨瓜賦:"藍皮蜜理,素肌丹~。"晉傅玄瓜賦:"細肌密裹,多~少瓣。"正字通:"瓤爲瓜中實,與犀相包連,白虚如絮有汁。本草謂之瓜練。"

按,説文無瓤字。

瓦　部

瓦 1. wǎ 五寡切,上,馬韻,疑。歌部。

❶泥土燒製的器皿。説文:“瓦,土器已燒之總名。”禮記檀弓上:“是故竹不成用,～不成味。”荀子性惡:“夫陶人埏埴而生～,然則～埴豈陶人之性也哉。”❷特指陶製的紡錘。詩小雅斯干:“載弄之～。”❸覆蓋屋頂的瓦片。韓非子十過:“破俎豆,隳廊～。”世説新語賞譽:“三間～屋,士龍住東頭,士衡住西頭。”❹盾牌的脊背部份。左傳昭公二十六年:“射之,中楯(盾)～。”杜預注:“瓦,楯脊。”❺瓦舍。宋元城市的娛樂場所(後起義)。宋孟元老東京夢華録二:“街南桑家～子,近北,則中～,次裏～,其中大小勾欄五十餘座。”

2. wà 五化切。去,禡韻,疑。歌部。

❻動詞,鋪瓦(於房頂)。急就篇:“榱椽欂櫨～屋梁。”顔師古注:“瓦屋,以瓦覆屋也。”

四　畫

瓬 gāng 集韻居郎切,音岡,平,唐韻,見。陽部。

同“缸”。大瓮。方言五:“瓬,罌也。”郭璞注:“今江東通名大瓮爲瓬。”玉篇瓦部:“瓬,罌也,大瓮也。”唐韓愈瀧吏詩:“～大瓶罌小,所任自有宜。”

按,説文無瓬字。

瓬 fǎng 分网切,音倣,上,養韻,非。陽部。

製造瓦簋的工人。説文:“瓬,周家搏埴之工也。”周禮考工記總叙:“搏埴之工:陶、～。”又瓬人:“～人爲簋。”(瓬,唐石經誤作“旊”。)

瓪 bǎn 布綰切,音板,上,潸韻,幫。元部。

❶破瓦。南唐徐鍇説文繫傳:“瓪,敗瓦也。”❷仰瓦。玉篇:“瓪,牝瓦也。”段玉裁説文解字注广部“庝”字注:“屋瓦下載曰牝,昌邑王傳之‘版瓦’也。上覆者曰牡。”按,在這個意義上廣韻緩韻“瓪”字音博管切。

瓫 pén 集韻步奔切,音盆,平,魂韻,並。

❶同“盆”。集韻:“盆,説文:‘盎也。’或作瓫。”百喻經卷下二子分財喻:“所有～瓨亦破作二分。”❷通“溢”。水勢漫溢。晉書食貨志:“水潦～溢,大爲災害。”

按,説文無瓫有盆,在皿部。

瓮 wèng 烏貢切,去,送韻,影。東部。

❶陶製或木製盛水、酒的器皿。説文:“瓮,罌也。”朱駿聲説文通訓定聲:“大口,容一斛。”段玉裁注:“瓮者,罌之大口者也。”禮記檀弓上:“醯醢百～。”❷〔瓮牖〕以瓮爲牖。淮南子原道:“蓬户瓮牖。”

[辨]瓮,罌。二字同義。方言五:“瓮,甖也。自關而東,趙魏之郊謂之～,或謂之甖。甖其通語也。”墨子備城門:“用瓦木罌容十升(斗)以上者…盛水。”孫詒讓閒詁:“甖、罌同。史記韓信傳‘以木罌缻渡軍’,是罌或瓦或木,皆可以盛水也。”瓮與罌的形狀并不完全一樣。瓮大口,罌小口大腹。

五　畫

瓷 àng 於浪切,去,宕韻,影。陽部。

盆。莊子德充符:“甕～大癭説齊桓公。”成玄英疏:“瓷,盆也。”

按,説文以瓷爲盎的重文,在皿部。

瓴 líng 郎丁切,平,青韻,來。耕部。

❶盛水的瓶子,其形類甕。史記高祖本紀:“譬猶居高屋之上建～水也。”裴駰集解引如淳曰:“瓴,盛水瓶也。”又引晉灼曰:“許慎

曰:‘瓴,甕似瓶者。’”淮南子精神:“叩盆拊～,相和而歌。”高誘注:“盆瓴,瓦器,叩之有音聲。”㊁〔瓴甋〕聯緜字。方甎。爾雅釋宮:“瓴甋謂之甓。”郭璞注:“甗甎也。今江東呼瓴甓。”段玉裁說文解字注“甓”字注:“鹿專者,言其方正也。”又作“令適”。說文:“甓,令適也”。

瓮 wǎn 集韻鄔管切,上,緩韻,影。元部。

同“碗”。飲食器皿。集韻:“盌,說文:‘小盂也。’或作‘瓮’、‘埦’、‘椀’。”

按,說文瓦部有“瓮”,皿部又有“盌”,釋義均爲“小盂也”。

六畫

瓷 cí 疾資切,平,脂韻,從。

用瓷土燒製的器皿。玉篇:“瓷,瓷器也。亦作䃃。”文選晉潘岳笙賦:“傾縹～以酌醽。”李善注:“瓷,瓶。”張銑注:“傾碧瓷之器以酌酒也。”這裏特指裝酒的瓷瓶。唐杜甫又於韋處乞大邑瓷盌詩:“大邑燒～輕且堅,扣如哀玉錦城傳。”這裏特指瓷碗。

按,說文無瓷字,新附有之。俗體作甆。

瓴 fǒu 俯九切,上,有韻,非。幽部。

同“缶”。盛酒漿之類的瓦器。史記廉頗藺相如列傳:“趙王竊聞秦王善爲秦聲,請奏盆～秦王,以相娛樂。”裴駰集解引風俗通義曰:“缶者,瓦器,所以盛酒漿,秦人鼓之以節歌也。”後漢書孔融傳:“譬如寄物～中,出則離矣。”李賢注引說文曰:“瓴,缶也。”

按,今本說文無瓴有缶,在缶部。

七畫

瓹 tóng 徒紅切,音同,平,東韻,定。

後起字。圓而上覆之瓦,古人叫牡瓦。玉篇:“瓹,牡瓦也。”宋李誡營造法式瓦作制度:“其結瓦之法,將～瓦造畢,下鋪瓪瓦。”字亦作“瓬”、“甋”。

[辨]瓹,戌(huán)。二字異名同物。說文:“戌,屋牡瓦也。”段玉裁注:“上覆者曰牡。玉篇:‘瓹,牡瓦也。’瓹,廣雅作‘甋’。今俗猶以圓而上覆之瓦曰瓬。戌之言似環也,瓹之言似筩也。”戌,以瓦形圓似環而得名;瓹,以瓦狀似筩而得名。

瓻 chī 丑飢切,平,脂韻,徹。

酒器。廣韻:“瓻,酒器。大者一石,小者五斗。”宋朱敦儒鷓鴣天:“待我醒時更一～。”又,古人借書,以瓻盛酒爲酬。宋邵博邵氏聞見後録卷二七:“俗語借與人書爲一癡,還書與人爲一癡。予每疑此語近薄,借書還書,理也,何癡云?後見王樂道與錢穆四書出師頌書,函中最妙絶,古語:借書一～,還書一～,欲以酒二尊往,知卻例外物不敢。因檢說文,～,…酒器。古以借書,蓋俗誤以爲‘癡’也。”

按,說文無瓻字,新附有之,云:“酒器。”

八畫

瓿 bù 蒲口切,音部,上,厚韻,並。侯部。

古代盛醬醋之類的瓦器。說文:“瓿,甂也。”漢書揚雄傳:“今學者有祿利,然尚不能明易,又如玄何?吾恐後人用覆醬～也。”顏師古注:“瓿,音部,小甖也。”〔瓿甊〕叠韻聯緜字。義同“瓿”。爾雅釋器:“甌、瓿謂之瓵。”郭璞注:“瓿甊,小甖。”方言五:“瓿甊,甖也。自關而西,晉之舊都,河汾之間,其大者謂之甀,其中者謂之瓿甊。”錢繹箋疏:“小罌謂之瓿甊,猶小阜謂之部婁也。部婁、峿嶁、培塿,並與瓿甊通,單言之則曰瓿、曰甊。”

瓶 píng 薄經切,平,青韻,並。耕部。

㊀瓦製的酒器,似缶而小。方言五:“缶,其小者謂之～。”字亦作“缾”。詩小雅蓼莪:“缾之罄矣,維罍之耻。”毛傳:“缾小而罍大。”(罍亦盛酒器)㊁汲水用的瓦瓶。易井:“亦未繘井,羸其～。”左傳襄公十七年:“飲馬于重丘,毁其～。”㊂炊器。禮記禮器:“盛于盆,尊

於～。"鄭玄注:"盆,瓶,炊器也。"

按,說文以瓶爲缾的或體,在缶部。

甞 dàng 丁浪切,去,宕韻,端。陽部。

❶盛水的大盆。見說文。急就篇:"甑～甂甌瓨罌盧。"顔師古注:"甞,大盆也。"❷瓴甋的井壁。漢書游俠傳陳遵:"一旦叀礙,爲～所轠。"顔師古注:"甞,井以瓴爲甃者也。"

甀 chuí 直垂切,音鍾,平,支韻,澄。歌部。

小口甖。淮南子氾論:"抱～而汲。"列子湯問:"當國之中有山,山名壺領,狀若甔～。"字亦作"錘"。說文:"錘,小口罌也。"墨子備城門:"救門火者,各一錘水,容三石以上。"

按,說文無甀有錘,在缶部。

㼬 wā 音窐。支部。

同"窐(瓾)"。甑下孔。淮南子說山:"弊箅甑～,在袇茵之上,雖貪者不取。"楚辭漢嚴忌哀時命"璋珪雜於甑窐兮"洪興祖補注引淮南子原注云:"㼬,甑帶,音畫。"按,舊本淮南子注誤爲"㼬,讀鼃黽之黽也。"字彙據此以"㼬"讀"母耿切,音猛"。誤。王念孫讀書雜志一四:"說文、玉篇、廣韻、集韻、類篇皆無'㼬'字,㼬當作瓾,字之誤也。…瓾字不得音黽,注當作'瓾讀鼃黽之鼃。'"王說可信。

按,說文無㼬字,穴部有窐字,云:"甑空也。"

甈 pí 部迷切,平,齊韻,並母。支部。

瓦瓶。說文:"罌謂之甈。"方言五:"甇謂之甈。"廣雅釋器:"甈,瓶也。"古書亦借"髀"爲"甈"。秦李斯諫逐客書:"夫擊甕叩缶,彈箏搏髀,而歌呼嗚嗚快耳者,真秦之聲也。"錢繹方言箋疏五:"髀與甈通。"

九　畫

甂 biān 布玄切,音邊,平,先韻,幫。真部。

盛食物的瓦器。說文:"甂,似小瓿,大口而卑,用食。"楚辭漢東方朔七諫謬諫:"～甌登於明堂兮,周鼎潛乎深淵。"洪興祖補注引方言:"自關而西,盆盎小者曰甂也。"淮南子說林:"狗彘不擇～甌而食。"

甄 1. zhēn 職鄰切,平,真韻,照三。文部。

❶製陶用的轉輪。晉書潘尼傳釋奠頌:"若金受範,若埴在～。"後漢書郅惲傳李賢注:"～者,陶人旋轉之輪也。"❷動詞。製陶器。鹽鐵論力耕:"使治家養生必於農,則舜不～陶而伊尹不爲庖。"由製陶器引申爲培育造就人才。漢揚雄法言先知:"～陶天下者,其在和乎?"引申爲選拔、鑒别。抱朴子外篇正郭:"～無名之士于草萊。"三國志吴書步騭傳:"騭於是條于時事業在荆州界者,…～别行狀,因上疏獎勸。"引申爲表彰。文選晉潘岳西征賦:"～大義以明責,反初服於私門。"❸陣名,分左右兩翼。左傳文公十年之"左盂""右盂",韓非子外儲説左上的"左右和",晉、宋時期謂之左右甄。宋書禮志:"先獵一日,遣屯布圍,領軍將軍一人督右～;護軍將軍一人督左～。"世說新語規箴:"每田狩,車騎甚盛,雙～所指,不避陵壑。"❹〔甄甄〕鳥振翼飛翔的樣子。楚辭漢王逸九思悼亂:"鶬鶊兮軒軒,鶉鴽兮甄甄。"

2. zhèn 集韻之刃切,去,震韻,照三。文部。

❺通"震"。顫動。集韻:"甄,掉也。"周禮春官典同:"薄聲～,厚聲石。"鄭玄注:"甄,猶掉也。"

3. juàn 集韻規掾切,去,線韻,見。文部。

❻通"鄄"。地名。古鄄城或作"甄",在今山東鄄城北。史記齊太公世家:"諸侯會桓公於～。"

甃 zhòu 側救切,去,宥韻,照二。幽部。

❶用瓴甋砌成的井壁。說文:"甃,井壁也。"莊子秋水:"吾跳梁乎井幹之上,入休乎缺～之崖。"引申爲井。唐杜甫解悶十二首之十一:"翠瓜碧李沉玉～。"用爲動詞,修造井壁。易井:"六四,井～,無咎。"虞翻注:"以瓦

甓壘井稱甃。”㊁動詞。泛指修砌。管子四時：“～屋行水。”尹知章注：“甃者，修屋壞。”唐白居易官舍内新鑿小池詩：“中底鋪白沙，四隅～青石。”宋陸游入蜀記卷四：“寺門外，本小澗，比年～以磚，但若一溝。”㊂裝飾。唐李賀出城别張又新酬李漢詩：“光明靄不發，腰龜徒～銀。”王琦李長吉詩歌匯解引舊注：“唐官制，四品以下，龜袋飾銀。甃，猶飾也。”

甆 cí 音韻闡微層時切，平，支韻，從。

後起字。同“瓷”。正字通瓦部：“瓷，集韻或作‘䍃’。俗改作甆、瓻。”參見“瓷”字條。

十　畫

甈 1. qì 去例切，音憩，去，祭韻，溪。月部。

㊀瓦器。爾雅釋器：“康瓠謂之甈。”唐柳宗元井銘：“始州之人，各以罌～負江水，莫克井飲。”

2. yì 五計切，音羿，去，霽韻，疑。月部。

㊁破罌。廣韻霽韻：“甈，破罌。”引申爲破裂。廣韻釋詁二：“甈，裂也。”法言先知：“剛則～，柔則坯。”宋咸注：“甈，破也。”汪榮寶義疏：“器有罅隙謂之甈。”

［備考］説文：“甈，康瓠，破罌也。”認爲康瓠就是破罌。段玉裁説文注、王念孫廣雅疏證都主此説。又方言五：“罃甈謂之盎。”郭璞注：“未詳。”錢繹箋疏：“罃破謂之甈。”按，在“康瓠謂之甈”這個意義上，大徐本説文及集韻薛韻均音魚列切(niè)。

十一畫

甋 dí 都歷切，音嫡，入，錫韻，端。錫部。

［瓴甋］叠韻聯緜字。見“瓴”字條。

按，説文無甋字。

甗 lù 盧谷切，入，屋韻，來。

後起字。［甗甎］方甎。爾雅釋宫：“瓴甋謂之甓。”郭璞注：“甗甎也。”段玉裁説文解字注“甓”字注：“甗甎亦皆俗字。韋注吴語曰：員曰囷，方曰鹿。然則鹿專者，言其方正也。”衆經音義卷一四引通俗文：“狹長者謂之甗甎。”

甎 zhuān 職緣切，平，仙韻，照三。

後起字。用土坯燒製的建築材料。上古名“甓”，後代叫“甎”。字亦作“塼”、“磚”。集韻：“甎，燒墼也。”唐柳宗元井銘：“凡用…大～千七百。”唐韓愈張中丞傳後叙：“矢著其上～半箭。”

甍 méng 莫耕切，音萌，平，耕韻，明。蒸部。

㊀屋棟。見説文。國語晉語二：“譬之如室，既鎮其～矣，又何加焉。”韋昭注：“甍，棟也。”左傳襄公二十八年：“猶援廟桷，動於～。”唐王勃滕王閣序：“披繡闥，俯雕～。”㊁屋頂四角伸出的飛檐。文選晉左思吴都賦：“長干延屬，飛～舛互。”唐李白夏日陪司馬武公與群賢宴姑熟亭序：“四～翬飛，巉絶浦嶼。”

甌 ōu 烏侯切，平，侯韻，影。侯部。

㊀小瓦盆。説文：“甌，小盆也。”淮南子説林：“狗彘不擇甂～而食。”可用作樂器。詩陳風宛丘孔穎達正義：“缶是瓦器，可以節樂，若今擊～。”用來比喻低窪之地。荀子大略：“語曰：流丸止於～臾，流言止於知者。”楊倞注：“甌臾，皆瓦器也。謂地之坳坎如甌臾者也。”㊁［甌脱］匈奴語，邊境用於屯戍守望的土屋。史記匈奴列傳：“各居其邊爲甌脱。”司馬貞索隱引服虔曰：“作土室以伺漢人。”張守節正義：“境上斥候之室爲甌脱也。”引申爲泛指邊地。宋陸游送霍監丞出守盱眙詩：“空聞甌脱嘶胡馬，不見浮屠插霽野。”㊂地名。浙江温州的别稱。㊃姓。通“歐”。

甐 1. chuǎng 初兩切，上，養韻，穿二。陽部。

㊀用瓦石磨刷汙垢。説文：“甐，瑳垢瓦石也。”段玉裁注：“用瓦石去垢曰甐。”字亦作“磢”。廣韻養韻：“磢，瓦石洗物。”

2. shuǎng 疏兩切，上，養韻，審二。

㊁未燒透的瓦器。廣韻養韻："瓬，半瓦。"

甊 lǒu 郎斗切，上，厚韻，來。侯部。

〔甌甊〕叠韻聯縣字。見"甌"字條。

十二畫

甐 lìn 良刃切，去，震韻，來。真部。

破敝。字亦作"磷"。周禮考工記輪人："是故輪雖敝，不～於鑿。"鄭玄注："甐亦敝也。以輪之厚，石雖齧之，不能敝其鑿旁使之動。"又鮑人："察其線而藏，則雖敝不～。"鄭玄注："故書或作鄰。鄭司農云：鄰讀爲'磨而不磷'之'磷'。"

按，説文無甐字，亦無磷字。

甑 zèng 子孕切，去，證韻，精。蒸部。

㊀瓦製炊器，用於蒸飯。説文："甑，甗也。"周禮考工記陶人："～實二鬴，厚半寸，脣寸，七穿。"史記項羽本紀："破釜～，燒廬舍。"㊁磁瓶之類的瓦器。唐李賀始爲奉禮憶昌谷山居詩："土～封茶葉。"

［辨］甗，甑。見"甗"字條。

甓 piè 通雅匹結切。

後起字。盛茶酒的器具。宋邵雍伊川擊壤集一二小車吟："大～子中消白日，小車兒上看青天。"宋周密武陵舊事進茶："禁中大慶賀，則用大鍍金～。"

甒 wǔ 文甫切，音武，上，麌韻，微。魚部。

瓦製酒器。儀禮士喪禮："東方之饌兩瓦～，其實醴酒。"玉篇："甒，盛五升小罌也。"唐李賀箜篌引："瓦～濁醪蟻浮浮。"字亦作"甒"。廣雅釋器："甒，瓶也。"

按，説文無甒字。

十三畫

甕 wèng 烏貢切，去，送韻，影。東部。

㊀"罋"的俗體。汲水瓦瓶。易井："井谷射鮒，～敝漏。"漢書西域傳："有大鳥卵如～。"顔師古注："甕，汲水缾也。"㊁通"瓮"。盛醬、酒之類的器皿。禮記雜記："～甒筲衡。"鄭玄注："甕，盛醯醢之器。"漢賈誼過秦論："陳涉～牖繩樞之子。"

按，説文甕作罋，在缶部。現在甕、罋均簡化爲瓮。

甓 pì 扶歷切。集韻蒲歷切，入，錫韻，並。錫部。

甎。詩陳風防有鵲巢："中唐有～。"莊子知北遊："在瓦～。"

甑 dēng 都騰切，平，登韻，端。

字本作"豋"，亦作"甑"。盛祭品的瓦器。玉篇："甑，瓦豆也。"唐韓愈南山詩："或纍若盆罌，或揭若～梪(或作登豆)。"

按，説文無甑字。豆部有"豋"(𤼷)字。集韻登韻："𤼷，説文：'禮器也。从廾持肉在豆上。'或作'豋''甑'。"

甔 dān 丁含切，平，覃韻，端。談部。

瓦製容器。史記貨殖列傳："漿千～。"司馬貞索隱："漢書作'儋'。孟康曰：'儋，石罌'。石罌受一石，故云儋石。"古書中常借"擔""儋"爲甔。後漢書顯宗孝明帝紀："生者無擔石之儲。"李賢注："方言作'甔'，云'罃也，齊東北海岱之間謂之甔'。郭璞注曰：'所謂家無甔石之儲者也。'埤蒼曰：'大罌也。'字或作'儋'。"也指酒罈。唐皮日休奉和魯望秋日遣懷次韻："酒～香竹院，魚籠挂茅簷。"

按，説文無甔字。

十四畫

甖 yīng 烏莖切，平，耕韻，影。耕部。

盛水、酒的器皿，小口大腹。方言五："瓶，～也。…自關而東趙魏之郊謂之瓮，或謂之～。"三國志吳書孫静傳："令促具～缶數百口澄水。"字亦作罌。説文："罌，缶也。"朱駿聲説文通訓定聲："字亦作甖。"漢書趙廣漢傳:"推破盧罌。"顏師古注:"盧,所以居罌;罌,所以盛酒也。"

按,説文無甖有罌,在缶部。

十六畫

甗 yǎn 魚蹇切,上,獮韻,疑。元部。

古代炊飪器,上體圓有兩耳似鼎,下體三款足似鬲,有陶製者,有青銅鑄者。左傳成公二年:"齊侯使賓媚人賂以紀~,玉磬與地。"這裏的"甗"爲銅器。周禮考工記陶人:"陶人爲~。"鄭玄注:"甗,無底甑。"引申爲指形狀似甗的山。詩大雅公劉:"陟則在~。"釋名釋山:"山上大下小曰甗。甗,甑也。甑一孔者,甗形孤出處似之也。"字亦作"巘"。

[辨]甗,甑。説文甗、甑互訓。甗爲無底甑,即所謂"一穿",甑有底七穿(即七小孔)。甑七穿而小,甗一穿而大。参段玉裁説文"甗"字注。

甘 部

甘 gān 古三切,平,談韻,見。談部。

❶味美。説文:"甘,美也。"用爲名詞。指味美的食物。韓非子外儲説右上:"寡人~肥周於堂。"用作動詞。以爲味美。論語陽貨:"食旨不~。"引申爲甜。詩邶風谷風:"誰謂荼苦?其~如薺。"引申爲言語甜蜜。左傳僖公十年:"幣重而言~,誘我也。"❷情願,樂意。詩衛風伯兮:"願言思伯,~心首疾。"又齊風雞鳴:"~與子同夢。"引申爲嗜好,喜愛。書五子之歌:"~酒嗜音。"三國魏曹植藉田説:"殘仁賊義,~財悦色。"❸鬆,寬。莊子天道:"徐則~而不固,疾則苦而不入。"

[辨]甜,甘。見"甜"字條。

[同源字]甘,酣。二字見匣旁紐談部。説文:"甘,美也。"又:"酣,酒樂也。从酉从甘,甘亦聲。"廣雅釋詁一:"酣,樂也。"

四畫

甚 shèn 時鴆切,去,沁韻,禪。侵部。

❶過分,嚴重。詩小雅巷伯:"彼譖人者,亦已大~。"左傳僖公五年:"一之謂~,其可再乎?"國語周語上:"防民之口,~於防川。"❷副詞。非常,很。莊子徐无鬼:"故無所~親,無所~疏。"左傳昭公二十八年:"~美必有~惡。"❸什麽(晚起義)。宋范仲淹仲儀待制:"此必招怨,濟箇~事?"在這個意義上,今音 shén。

[備考]真,誠。戰國策秦策四:"左右皆曰:~然。"姚宏注:"甚,謂誠也。"

六畫

甜 tián 徒兼切,平,添韻,定。談部。

字本作"甛"。❶味甘。漢張衡南都賦:"酸~滋味,百種千名。"引申爲甜美。元劉秉忠乾荷葉:"臉兒~,話兒粘。"❷甜睡。宋蘇軾發廣州詩:"三杯軟飽後,一枕黑~餘。"

[辨]甜,甘。二字説文都訓"美",都有甜味的意思。先秦時代没有"甜"字,凡表示甜味都用"甘"字。

按,説文甜作甛。

八畫

甚 tán 徒含切,音譚,平,覃韻,定。

❶[甚甚]盛大的樣子。廣雅釋訓:"甚甚,盛也。"王念孫疏證:"此謂凡物之盛也。漢書陳勝傳:'夥,涉之爲王沈沈者。'應劭注云:'沈沈,宫室深邃之貌也。'張衡西京賦云:'大厦眈眈。'義並與'甚甚'同。"❷[甚崟]叠

韻聯緜字。屋宇高大的樣子。唐李華含元殿賦:"上極霄際,却視戡崟。"

按,説文無戡字。朱駿聲説文通訓定聲臨部"戡"字云:"字亦作'戡'。"

生 部

生 shēng 所庚切,平,庚韻,審二。耕部。

❶植物生長。詩小雅信南山:"～我百穀。"引申爲生育。詩小雅蓼莪:"哀哀父母,～我劬勞。"引申爲發生、産生。詩小雅巧言:"亂之初～,僭始既涵。"引申爲活着。論語先進:"未知～,焉知死?"用作狀語。史記淮陰侯列傳:"有能～得者,購千金。"引申爲生存。禮記中庸:"～乎今之世,反古之道。"引申爲活着的人,用作名詞。禮記中庸:"事死如事～。"引申爲人的一生。唐李商隱馬嵬詩:"海外徒聞更九州,他～未卜此～休。"❷未經煮熟的食物。荀子禮論:"飯以～稻。"史記項羽本紀:"與一～彘肩。"引申爲生澀,不圓熟。唐白居易答蘇庶子月夜聞家僮奏樂見贈:"不敢邀君無别境,弦～管澀未堪聽。"❸本性,天性。論語述而:"我非～而知之者。"商君書開塞:"民之～,不知則學。"❹子繼父位。公羊傳莊公三十二年:"魯一～一及,君已知之矣。"何休注:"父死子繼曰生,兄死弟繼曰及。"❺儒生,先生的省稱。史記儒林列傳:"言禮自魯高堂～。"司馬貞索隱:"云'生'者,自漢以來儒者皆號'生',亦'先生'省字呼之耳。"後代稱晚輩讀書人爲"生"。唐韓愈答李翊書:"李～足下,～之書辭甚高。"又引申爲謙稱,如"小生"、"晚生"。❻通"牲"。論語鄉黨:"君賜～,必畜之。"釋文:"魯讀生爲牲。"❼財産。國語周語下:"若積聚既喪,又鮮其繼,～何以殖?"

[備考]語詞。詩小雅常棣:"雖有兄弟,不如友～。"馬瑞辰通釋:"生,語詞也。唐人詩'太瘦生',及凡詩'何似生''作麽生''可憐生'之類,皆以'生'爲語助詞,實此詩及伐木詩'友生'倡之也。"

[辨]産,生。見"産"字條。

[同源字]生,性,姓。三字聲近韻同。孟子告子上:"生之謂性。"論衡本性:"性,生而然者也。"説文:"姓,人所生也。从女从生,生亦聲。春秋傳曰:'天子因生以賜姓。'"

五 畫

甡 shēn 所臻切,平,臻韻,審二。真部。

〔甡甡〕衆多的樣子。詩大雅桑柔:"瞻彼中林,甡甡其鹿。"説文:"甡,衆生並立之貌。"段玉裁注:"毛傳曰:'甡甡,衆多也。'其字或作'詵詵',或作'駪駪',或作'侁侁',或作'莘莘',皆假借也。"

[同源字]駪,詵,蓁,溱,莘,甡。見"駪"字條。

六 畫

産 chǎn 所簡切,上,産韻,審二。元部。

❶生,生長。韓非子六反:"～男則相賀,～女則殺之。"唐杜甫九成宫詩:"其陽～靈芝,其陰宿牛斗。"引申爲出産,出生。秦李斯諫逐客書:"夫物不～於秦,可寶者多;士不～於秦,而願忠者衆。"❷産業。孟子梁惠王上:"無恒～而有恒心者,惟士爲能。"史記李將軍列傳:"家無餘財,終不言家～事"❸樂器。爾雅釋樂:"大籥謂之産。"郭璞注:"籥如笛,三孔而短小。"❹牲畜。墨子號令:"出内畜～。"

[辨]産,生。二字在生,生長,出産,出生等意義上同。"産"字從生得義。説文:"産,生也。"現代有"生産"一詞。

七 畫

甦 sū 集韻孫租切,平,模韻,心。

後起字。死而復生。集韻模韻:"穌,死而更生曰穌,通作蘇,俗作甦。""甦"字在南北朝時代已通行。顔氏家訓雜藝:"北朝喪亂之餘,書迹鄙陋,加以專輒造字,猥拙甚於江南,乃以'百念'爲'憂','更生'爲'蘇'。"金董解元西厢記諸宫調卷二:"紅娘與鶯鶯連救多時稍~。"

[辨]甦,穌,蘇,殈(zì)。四字均有死而復生義。玉篇禾部:"穌,息也,死而更生也。"禮記樂記:"蟄蟲昭蘇。"鄭玄注:"更息曰蘇。"説文死部:"殈,死而復生爲殈。"但"穌"的本義爲"杷取禾若也"。(依説文段玉裁注),"蘇"的本義爲草名,"甦"是後起字,見於集韻"穌"字注文中。

甤 ruí 儒隹切,平,脂韻,日。微部。

同"蕤"。草木之實下垂的樣子。説文:"甤,草木實甤甤也。"段玉裁注:"甤與蕤音義皆同。"參見"蕤"字條。

甥 shēng 所庚切,平,庚韻,審二。耕部。

❶姐姐或妹妹的子女。詩大雅韓奕:"韓侯取妻,汾王之~。"❷女婿。孟子萬章下:"帝館~于貳室。"趙岐注:"堯以女妻舜,故謂舜甥。"❸〔甥舅〕周王朝稱異姓諸侯國。左傳成公二年:"夫齊,甥舅之國也。"

[備考]外孫。詩齊風猗嗟:"展我~兮。"毛傳:"外孫曰甥。"一説:"姊妹之子",見鄭箋。一説:"妹婿",見王夫之詩經稗疏。又,爾雅釋親:"姑之子爲甥,舅之子爲甥,妻之晜弟爲甥,姊妹之夫爲甥。"郭璞注:"四人敵體,故更相爲甥。"段玉裁説:"非也。姑之子,吾父母得甥之;舅之子,吾母姪之,吾父得甥之;妻之昆弟,吾父母得甥之;姊妹之夫,吾父母壻之而甥之,是四者皆舅吾父者也。"(説文"甥"字注。)

按,説文甥字在男部。

用 部

用 yòng 余頌切,去,用韻,喻四。東部。

❶使用。詩召南采蘩:"于以~之?公侯之事。"左傳莊公二十五年:"秋,大水,鼓,~牲于社、于門。"引申爲見用於世,任用。論語述而:"~之則行,舍之則藏。"詩小雅十月之交:"四國無政,不~其良。"引申爲治理。荀子富國:"故仁人之~國,非特將持其有而已也。"❷聽從。書甘誓:"~命,賞于祖;弗~命,戮于社。"❸功用,作用。論語學而:"禮之~,和爲貴。"莊子逍遥遊:"吾爲其無~而掊之。"❹財用,費用。論語顔淵:"年饑,~不足,如之何?"又學而:"節~而愛人。"❺介詞,表原因。詩小雅小旻:"謀夫孔多,是~不集。"

一 畫

甪 lù 字彙盧谷切,音禄。

後起字。〔甪里〕漢初隱士,商山四皓之一。漢書張良傳"顧上有所不能致者四人"顔師古注:"四人,謂園公、綺里季、夏黄公、甪里先生,所謂商山四皓也。"

按,字本作"角",後譌作甪。廣韻屋韻:"角,角里先生,漢時四皓名。"音盧谷切。

二 畫

甫 fǔ 方矩切,上,麌韻,非。魚部。

❶大。詩齊風甫田:"無田~田,維莠驕驕。"毛傳:"甫,大也。"又小雅甫田:"倬彼~

田,歲取十千。”㊁起始,開始。老子:“自今及古,其名不去,以閱衆~。吾何以知衆~之狀哉?以此。”王弼注:“衆甫,物之始也。”引申爲副詞。始。漢書匈奴傳:“今歌吟之聲未絶,傷痍者~起。”㊂通“父”。古代男子之字,後面常用一父字,也寫作“甫”。説文:“甫,男子之美偁也。”詩大雅烝民:“仲山~之德,柔嘉維則。”孔丘的字爲仲尼父,也作尼~。

甬 1. yǒng 余隴切,上,腫韻,喻四。東部。

㊀鐘柄。周禮考工記鳧氏:“鳧氏爲鍾…舞上謂之~,~上謂之衡。”㊁〔甬道〕兩側築牆,中間爲路。史記高祖本紀:“高祖軍滎陽,南築甬道。”淮南子本經:“脩爲牆垣,甬道相連。”

2. tǒng 正字通他總切,音統。東部。

㊂通“桶”。古量器,即“斛”。吕氏春秋仲秋:“正鈞石,齊斗~。”禮記月令:“角斗~。”鄭玄注:“甬,今斛也。”

按,説文甬字在马部。

七　畫

甯 1. níng 囊丁切,平,青韻,泥。耕部。

㊀願望。説文:“甯,所願也。”漢書禮樂志郊祀歌景星:“穰穰復正直往~。”顔師古曰:“穰穰,多也。復,猶歸也。直,當也。甯,願也。言獲福既多,歸於正道,克當往日所願也。”㊁副詞。甯可、甯願。古書多作“寧”字。漢書酷吏傳義縱:“~見乳虎,無直甯成之怒。”史記作“寧”。

2. nìng 乃定切,去,徑韻,泥。耕部。

㊂姓。論語公冶長有~武子。漢書酷吏傳有~成,史記作寧成。

田　部

[田部總論]

田部的字大多跟農田有關。如町、畎、甽、畝、畛、畦、畬、畹、疇等。有的字指從事農業活動的人,如甿、畯。有的字與行政區劃、疆土有關,如甸、畿、界、略、畺。有少量的字與土地、農事無關,如甲、由、畏等。

田 tián 徒年切,平,先韻,定。真部。

㊀農田。詩大雅瞻卬:“人有土~,女反有之。”唐李紳憫農二首之一:“四海無閑~,農夫猶餓死。”用作動詞,耕田。詩齊風甫田:“無~甫田,維莠驕驕。”第一個“田”字爲動詞,舊讀 diàn。在這個意義上後來寫作“佃”。又特指一定的農田面積。管子乘馬:“五制爲一~,二~爲一夫。”㊁田官。禮記月令:“王命布農事,命~舍東郊。”鄭玄注:“田謂田畯,主農之官也。”㊂打獵。詩鄭風叔于田:“叔于~,巷無居人。”易繫辭下:“以~以漁。”在這個意義上後來寫作“畋”。

[備考]小鼓。詩周頌有瞽:“應~縣鼓。”鄭箋:“田當作𨋲。𨋲,小鼓,在大鼓旁,應鼙之屬也。”一説爲大鼓,見毛傳。

由 yóu 以周切,平,尤韻,喻四。幽部。

㊀從此行走。論語雍也:“行不~徑。”又:“誰能出不~户?何莫~斯道也?”引申爲介詞。從,自。詩齊風南山:“魯道有蕩,齊子~歸。”由於,因爲。孟子梁惠王上:“何~知吾可也?”史記高祖本紀:“~所殺蛇白帝子,殺者赤帝子,故上赤。”㊁憑隨,聽從。論語顔淵:“爲仁~己,而~人乎哉?”又泰伯:“民可使~之,不可使知之。”㊂因緣。儀禮士相見禮:“某也願見,無~達。”又爲緣由。左傳襄公二十三年:“抑有~也。”㊃起用。左傳

襄公三十年:"以晉國之多虞,不能~吾子,使吾子辱在泥塗久矣。"❺通"猶"。如同。孟子梁惠王上:"民歸之,~水之就下。"❻通"甹"。樹木抽條。書盤庚上:"若顛木之有~蘖,天其永我命于兹新邑。"

按,説文無由字。

甲 jiǎ 古狎切,入,狎韻,見。葉部。

❶草木萌芽時的外殼。易解:"雷雨作,而百果草木皆~坼。"又爲動物的外殼。山海經中山經:"有獸焉,其狀如犬,虎爪有~,其名曰獜。"又爲古代軍人穿的甲衣。左傳宣公二年:"于思于思,棄~復來。"漢曹操蒿里行:"鎧~生蟣蝨。"由甲衣引申爲甲士。左傳宣公二年:"晉侯飲趙盾酒,伏~,將攻之。"❷天干之首,用於紀年、月、日。爾雅釋天:"太歲在~曰閼逢。"又:"月在~曰畢。"易蠱:"先~三日,後~三日。"引申爲首位,第一位。論衡超奇:"彼子長子雲,説論之徒,君山(桓譚)爲~。"用作動詞,居於首位。漢書貨殖傳:"故秦楊以田農而~一州。"❸代詞。史記萬石張叔列傳:"(石)奮長子建,次子~,次子乙,次子慶。"

[備考]通"狎"。音 xiá。親昵。詩衛風芄蘭:"雖則佩韘,能不我~。"毛傳:"甲,狎也。"一説:"甲,長也,言其才能不足以長于我也。"見朱熹集傳。

[辨]鎧,甲。見"鎧"字條。

按,説文甲字在甲部。

申 shēn 失人切,平,真韻,審三。真部。

❶引伸,舒展。莊子刻意:"熊經鳥~。"荀子解蔽:"故口可劫而使墨(默)云,形可劫而使詘~。"在這個意義上,古書多寫作"信""伸"。引申爲申述,表明。禮記郊特牲:"大夫執圭而使,所以~信也。"楚辭戰國屈原九章抽思:"道卓遠而日忘兮,願自~而不得。"❷一再,重複。左傳成公十三年:"~之以盟誓,重之以昏姻。"❸約束。漢書韋玄成傳:"畏忌是~,供事靡惰。"顔師古注:"申,言自約束也。"漢劉向説苑脩文:"脩德束躬,以自~飭。"❹地支的第九位。❺古國名。詩王風揚之水:"彼其之子,不與我戍~。"

[辨]申,束。二字在約束這個意義上同義。"申"由約束引申爲申飭、告誡,"束"無此義。

按,説文申字在申部。

一 畫

由 fú 分勿切,音弗,入,物韻,非。物部。

鬼頭。見説文。

按,説文由字在由部。

二 畫

町 1. tīng 他鼎切,上,迥韻,透。耕部。

❶田界。莊子人間世:"彼且爲無~畦,亦與之爲無~畦。"("町""畦"同義,這裏用來比喻儀節。)活用爲動詞,畫分田塊。左傳襄公二十五年:"規偃豬,~原防。"("原""防"同義,都是隄防間的狹小耕地。)楊伯峻注:"此作動詞,謂畫分爲小塊田地。"❷〔町町〕平坦的樣子。釋名釋州國:"鄭,町也,其地多平,町町然也。"

2. tiǎn 他典切,上,銑韻,透。耕部。

❸〔町畽〕〔町疃〕雙聲聯緜字。舍旁空地禽獸踐踏處。詩豳風東山:"町畽鹿場,熠燿宵行。"朱熹集傳:"町畽,室旁隙地也。無人焉,故鹿以爲場也。"説文:"疃,禽獸所踐處也。"引詩作"町疃"。

甹 pīng 普丁切,平,青韻,滂。耕部。

❶任俠。説文:"甹,俠也。三輔謂輕財者爲甹。"段玉裁注:"此謂'甹'與'俜'音義同。今人謂輕生曰甹命,即此甹字。"❷〔甹夆〕〔荓蜂〕雙聲聯緜字。牽引。爾雅釋訓:"甹夆,掣曳也。"詩周頌小毖:"莫予荓蜂。"

按,説文甹字在丂部。

男 nán 那含切,平,覃韻,泥。侵部。

❶男性,與"女"相對。詩小雅斯干:"乃

生～子，載寢之牀。”韓非子亡徵：“外内混通，～女無別。”㊁兒子。史記商君列傳：“民有二～以上不分異者，倍其賦。”唐杜甫石壕吏詩：“一～附書至，二～新戰死。”㊂爵位名。禮記王制：“王者之制禄爵，公、侯、伯、子、～，凡五等。”㊃〔男女〕指兩性生活。韓非子備内：“男女之樂不減於先君。”禮記禮運：“飲食男女，人之大欲存焉。”

［同源字］農，男。見“農”字條。

按，説文男字在男部。

甸 1. diàn 堂練切，去，霰韻，定。真部。

㊀五服之一。古代在王畿外圍，每五百里爲一區劃，按距離遠近分爲侯服、甸服、綏服、要服、荒服。禮記王制：“千里之内曰～。”書禹貢：“五百里～服。”泛指郊外。左傳襄公二十一年：“將逃罪，罪重於郊～。”㊁田野的出産物。禮記少儀：“臣爲君喪，納貨貝於君，則曰納～於有司。”鄭玄注：“甸，謂田野之物。”㊂動詞，治理。詩大雅韓奕：“奕奕梁山，惟禹～之。”毛傳：“甸，治也。”

2. tián 亭年切，平，先韻，定。真部。

㊃通“田（畋）”。打獵。周禮春官小宗伯：“若大～，則帥有司而饁獸于郊。”鄭玄注：“甸讀曰田。”㊄〔甸甸〕象聲詞。車行聲。玉臺新詠古詩爲焦仲卿妻作：“隱隱何甸甸，俱會大道口。”

［備考］古代田賦單位。六十四井爲甸，出兵車一乘。周禮地官小司徒：“九夫爲井，四井爲邑，四邑爲丘，四丘爲～。”鄭玄注：“甸之言乘也，讀如‘衷甸’（左傳哀公十七年：“良夫乘衷甸兩牡。”）之‘甸’，甸方八里。”集韻證韻音石證切，與“乘（shèng）”同。

畎 quǎn 音犬。文部。

同“甽”。正字通田部：“畎，舊註同甽。按，説文く古文作畎，从田从川；篆文从田犬聲。舊本譌省作畎，與説文从川之説相背。”周禮考工記匠人：“一耦之伐，廣尺深尺謂之～。”鄭玄注：“畎，甽也。”釋文云：“甽與畎同。古今字也。”

按，説文無畎有甽。見“甽”字條。

三　畫

甿 méng 莫耕切，平，耕韻，明。陽部。

農民。周禮地官遂大夫：“三歲大比，則帥其吏而興～。”史記陳涉世家：“陳涉甕牖繩樞之子，～隸之人，而遷徙之徒也。”文選晉左思魏都賦：“長世字～者，以道德爲藩。”吕向注：“甿，民也。”

［同源字］甿，氓。二字音同，并爲田野農民之專稱。説文：“甿，田民也。”又：“氓，民也。”戰國策秦策一：“而不憂民氓。”注：“野民曰氓。”二字古通用。段玉裁“甿”字注云：“唐人諱民，故‘氓之蚩蚩’，周禮‘以下劑致氓’，石經皆改爲甿。”

畀 bì 必至切，去，至韻，幫。質部。

給予。詩鄘風干旄：“彼姝者子，何以～之？”又爲賜與。書洪範：“帝乃震怒，不～洪範九疇。”又爲委托。左傳隱公三年：“周人將～虢公政。”杜預注：“畀，與也。”

按，説文畀字在丌部。

甽 1. quǎn 姑泫切，上，銑韻，見。今讀如犬。文部。

㊀同“畎”。見“畎”字條。

2. zhèn 朱閏切，去，稕韻，照三。

㊁水溝。見集韻。

按，説文“甽”爲く之重文，在く部。云：“甽，古文く，从田川。”

甾 1. zī 集韻莊持切，平，之韻，照二。之部。

㊀初耕第一年的土地。字本作“甾”、“菑（葘）”。集韻之韻以“甾”爲“葘”之異體（述古堂影宋鈔本集韻作“甾”“葘”），引説文“不耕田”。段玉裁“菑”字注：“陳氏鱣曰：‘不’當爲‘才’。才耕田，謂始耕田也。”㊁通“淄”。水名。漢書地理志：“嵎夷既略，惟、～其道。”顔師古注：“甾水出泰山萊蕪縣。‘惟’字今作

濰,‘甾’字或作淄,古今通用也。”

2. zāi 將來切,平,咍韻,清。之部。

㊂通“災”。災禍。史記秦始皇本紀:“闡并天下,~害絶息,永偃戎兵。”

按,説文無甾字,艸部有“菑”字,“或省草”作“甾”。廣韻將説文“東楚名缶曰甾”之甾與甾混而爲一,大誤。段玉裁“甾”(甾,甾)字注:“若廣韻謂即艸部之甾字,風馬牛不相及也。甾上从一雝川,此象缶之頸少殺,安得云同字,今隸當作甾。”王國維釋由以爲“説文甾字即由字也”。

四　畫

畐 1. bì 芳逼切,集韻拍逼切,入,職韻,滂。職部。

㊀滿,特指腸滿。説文:“畐,滿也。”玉篇:“腸滿謂之畐。”古書亦借“愊”作“畐”。方言卷六:“愊(俗本作‘偪’),滿也。腹滿曰愊。”唐慧琳一切經音義卷一二引方言作“畐”。參見錢繹方言箋疏卷六。

2. fú 集韻方六切,入,屋韻,非。

㊁“幅”之省寫。見集韻屋韻。

按,説文畐字在畐部。

畊 gēng 集韻古莖切,平,耕韻,見。耕部。

“耕”的古字。集韻:“古作畊。”晏子春秋内篇諫下二:“今齊國丈夫~,女子織。”

按,説文無畊有耕,在耒部。

畏 wèi 於胃切,去,未韻,影。微部。

㊀害怕。詩鄭風將仲子:“~我父母。”左傳襄公三十一年:“不~寇盜。”引申爲敬畏。左傳襄公三十一年:“君有君之威儀,其臣~而愛之。”禮記曲禮上:“~而愛之。”鄭玄注:“心服曰畏。”㊁在戰爭中畏怯戰敗而死。禮記檀弓上:“死而不弔者三:~、厭、溺。”漢班固白虎通喪服:“檀弓曰:不弔三:~、厭、溺也。~者兵死也。”(周禮春官冢人:“凡死于兵者,不入兆域。”)㊂通“圍”。圍困。論語子罕:“子~於匡。”(淮南子主術作“圍於匡。”)㊃通“隈”。弓的彎曲處。周禮考工記弓人:“夫角之中恒當弓之~。”㊄〔畏壘〕叠韻聯緜字。寓言中的山名。莊子庚桑楚:“有庚桑楚者,偏得老聃之道,以北居畏壘之山。”

[辨]畏,恐,懼。三字同義,都是動詞。“畏”一般帶賓語,“恐”和“懼”一般用作不及物動詞,有時也用作及物動詞。“懼”作及物動詞時,往往用作使動。如左傳昭公十三年:“若憚之以威,懼之以怒,民疾而叛,爲之聚也。”“恐”作及物動詞時,後面往往帶長賓語。

[同源字]畏,威。見“威”字條。

按,説文畏字在由部。

甽 quǎn 姑泫切,上,銑韻,見。今讀如犬。文部。

㊀田間小溝。書益稷:“濬~澮,距川。”字本作く。説文“く”字引周禮考工記:“匠人爲溝洫,廣尺深尺謂之く。”古文作“甽”,俗誤作“畖”。漢書食貨志:“后稷始甽田,以二耜爲耦,廣尺深尺曰甽。”引申爲山谷。書禹貢:“岱~,絲、枲、鈆、松、怪石。”僞孔傳:“甽,谷也。…岱山之谷出此五物,皆貢之。”廣雅釋山:“甽,谷也。”㊁〔甽畝〕〔甽畝〕田畝,農田。韓非子難一:“歷山之農者侵畔,舜往耕焉,朞年甽畝正。”引申爲民間、鄉間。國語周語下:“天所崇之子孫,或在甽畝,由欲亂民也。甽畝之人,或在社稷,由欲靖民也。”

按,説文以甽、甽爲く之異文,在く部。

畋 tián 徒年切,平,先韻,定。真部。

㊀打獵。書伊訓:“敢有殉于貨色,恒于遊~,時謂淫風。”吕氏春秋直諫:“荆文王得茹黄之狗,宛路之矰,以~於雲夢。”㊁通“佃”。耕田。書多方:“今爾尚宅爾宅,~爾田。”又:“謀介爾乃自時洛邑,尚永力~爾田。”

按,説文畋字在攴部。

畇 1. yún 羊倫切,平,諄韻,喻四。真部。

㊁〔畇畇〕農田平整的樣子。詩小雅信南山:“畇畇原隰,曾孫田之。”毛傳:“畇畇,墾辟貌。”亦作“畇畇”。周禮地官均人鄭玄注:“旬,均也。讀如‘畇畇原隰’之‘畇’。”亦作“均均”。爾雅釋訓:“畇畇,田也。”釋文爾雅音義引字林作“均均”。

2. tián 徒年切,平,先韻,定。

㊀古地名。在今山西省新絳縣。集韻先韻:“畇,地名,在絳。”

按,說文無畇字。王筠句讀“均”字:“畇即均之異文,故田部不收‘畇’也。”朱駿聲說文通訓定聲坤部“均”字注:“字亦作畇。”

界 jiè 古拜切,去,怪韻,見。月部。

字亦作“畍”。㊀田界,地界。孟子滕文公上:“夫仁政,必自經~始。經~不正,井地不鈞,穀祿不平,是故暴君汙吏必慢其經~。”引申爲邊界、國界。詩周頌思文:“無此疆爾~,陳常于時夏。”史記衛康叔世家:“乃使太子伋於齊,而令盜遮~上殺之。”引申爲一般的界限。荀子禮論:“求而無度量分~,則不能不爭。”後漢書馬融傳:“奢儉之中,以禮爲~。”㊁動詞,界分,劃分。漢書西域傳:“皆以爲此天地所以~别區域,絶外内也。”引申爲離間。漢書揚雄傳:“范雎,魏之亡命也,…~涇陽抵穰侯而代之,當也。”顏師古注:“蘇林曰:界,間其兄弟使疏。”㊂交界,接界。戰國策齊策:“三國與秦壤~而患急。”

[同源字]界,疆,境(竟)。疆、境叠韻(陽部),疆,界通轉(陽月)三字同屬見母。說文“疆(畺)”訓“界”,“界”訓“竟”,三字同義。爾雅釋詁下:“疆,界,垂也。”廣雅釋詁三:“畺,界,竟也。”

五 畫

畆 mǔ (舊讀 mǒu)莫厚切,上,厚韻,明。之部。

字亦作“晦”、“畝”、“畒”、“畂”。田壟。國語周語下:“天所崇之子孫,或在畎~。”韋昭注:“下曰畎,高曰畆。畆,壟也。”呂氏春秋任地:“上田棄~,下田棄甽。”引申爲田畆。詩小雅采芑:“于彼新田,于此菑~。”書盤庚:“不服田~,越其罔有黍稷。”引申爲土地單位名詞。漢書食貨志:“六尺爲步,步百爲晦,晦百爲夫。”

按,說文畆作晦、畝。

畜 1. chù 丑救切,去,宥韻,徹。覺部。

㊀人養的禽獸。左傳昭公二十五年:“爲六~、五牲、三犧,以奉五味。”禮記月令:“馬牛~獸有放佚者,取之不詰。”

2. xù 許竹切,入,屋韻,曉。覺部。

㊀動詞。養(禽獸)。易離:“~牝牛,吉。”論語鄉黨:“君賜生,必~之。”引申爲養育。詩小雅蓼莪:“拊我~我,長我育我。”泛指畜養,收容。詩小雅節南山:“式訛爾心,以~萬邦。”鄭箋:“畜,養也。”左傳襄公二十六年:“獲罪於兩君,天下誰~之?”漢司馬遷報任安書:“固主上所戲弄,倡優~之。”文選三國魏曹植求自試表:“故慈父不能愛無益之子,仁君不能~無用之臣。”引申爲積蓄,字亦作“蓄”。詩邶風谷風:“我有旨蓄,亦以御冬。”釋文:“本亦作畜。”禮記王制:“國無九年之蓄曰不足。”穀梁傳莊公二十八年:“國無九年之~曰不足。”㊂喜愛。孟子梁惠王下:“~君何尤?~君者,好君也。”呂氏春秋適威:“民,善之則~也,不善則讎也。”字亦作“慉”。

[同源字]畜,蓄,慉。三字音同(古無丑救、許竹之分)義近,都有畜養、積聚的意思。“蓄”“慉”是“畜”的分别字。“畜”作名詞,指所養之家畜,“畜”“慉”有喜愛義,“蓄”無此義。又畜與育同源,二字叠韻,均有養育義。爾雅釋詁:“育,養也。”

畔 pàn 薄半切,去,换韻,並。元部。

㊀田界。見說文。國語周語上:“恪恭于農,修其疆~。”韋昭注:“畔,界也。”韓非子難一:“歷山之農者侵~。”引申爲水邊。楚辭漢劉向九歎愍命:“叢林之下無怨士兮,江河之

～無隱夫。”㊁通“叛”。混亂的樣子。漢書叙傳幽通賦：“～回穴其若兹兮，北叟頗識其倚伏。”（文選作“叛”。李善注引曹大家曰：“叛，亂也。”）又爲背叛。論語陽貨：“公山弗擾以費～。”又爲逃避。漢書馮奉世傳：“今乃有～敵之名，大爲中國羞。”㊂〔畔援〕〔畔换〕叠韻聯緜字。跋扈的樣子。詩大雅皇矣：“帝謂文王，無然畔援。”漢書叙傳：“項氏畔换，黜我巴漢。”顔師古注：“畔换，强恣之貌，猶言跋扈也。”

畟 cè 初力切，入，職韻，照二。職部。

〔畟畟〕利耜深耕快進的樣子。詩周頌良耜：“畟畟良耜，俶載南畝。”

按，説文畟字在夊部。

畛 zhěn 章忍切，上，軫韻，照三。真部。

㊀田間道路。説文：“畛，井田間百（陌）也。”（依段注本）周禮地官遂人：“十夫有溝，溝上有～。”唐李賀新夏歌：“長～徘徊桑柘垂。”引申爲界限、範圍。莊子齊物論：“請言其～，有左有右，有倫有義，…此之謂八德。”又秋水：“泛泛乎其若四方之無窮，其無所～域。”㊁通“診”。祝告。爾雅釋詁：“畛，告也。”禮記曲禮下：“臨諸侯，～于鬼神，曰有天王某甫。”鄭玄注：“畛，致也。祝告致于鬼神辭也。”

畚 běn 布忖切，上，混韻，幫。元部。

㊀“畚”的後起字。用草索編製的盛物器具。可以盛糧、盛土或其他東西。左傳襄公九年：“火所未至，徹小屋，塗大屋，陳～挶，具綆缶，備水器。”㊁農具。方言五：“臿，沅湘之間謂之～。”晉書石季龍傳：“於是窮驕極侈，勞役繁興，～鍤（臿）相尋，干戈不息。”

按，説文畚作𠚒，在甾部。

留 liú 力求切，平，尤韻，來。幽部。

“畱”的後起字，俗作“㽞”。㊀停留。説文：“留，止也。”詩大雅常武：“不～不處，三事就緒。”韓非子十過：“師涓明日報曰：‘臣得之矣，而未習也，請復一宿習之。’靈公曰：‘諾。’因復～宿。”引申爲滯留，用作使動。左傳襄公三十一年：“百官之屬各展其物，公不～賓，而亦無廢事。”引申爲挽留。孟子公孫丑下：“孟子去齊，宿於晝。有欲爲王～行者，坐而言。”引申爲留存，保存。唐杜甫送孔巢父謝病歸遊江東兼呈李白詩：“詩卷長～天地間，釣竿欲拂珊瑚樹。”㊁注視，留意。莊子山木：“蹇裳躩步，執彈而～之。”列子黄帝：“有一人從石壁中出，隨煙燼上下，衆謂鬼物。…襄子怪而～之，徐而察之。”㊂治理。國語楚語上：“今君爲此臺也，…舉國～之，數年乃成。”㊃通“昴”。昴星。舊讀 liǔ。詩召南小星“維參與昴”毛傳：“昴，～也。”史記律書：“北至于～。～者，言陽氣之稽留也。”司馬貞索隱：“留即昴。毛傳亦以留爲昴。”㊄姓。詩王風丘中有麻有留子嗟。

六　畫

畡 gāi 集韻柯開切，平，咍韻，見。之部。

同“垓”。〔九畡〕指九州之地。國語楚語下：“兆民經入畡數以奉之。”韋昭注：“天子之田九畡，以養兆民，王取經入，以食萬官。”又鄭語：“王者居九畡之田。”

按，説文畡作垓，在土部。段玉裁注：“畡者，垓之異字也。”

畦 qí（舊讀 xī）户圭切，平，齊韻，匣。支部。

㊀土地面積單位。説文：“田五十畝曰畦。”史記貨殖列傳司馬貞索隱引劉熙注孟子云：“今俗以二十五畝爲小～，五十畝爲大～。”㊁田間劃分的小區。如桑畦、藥畦、菜畦、花畦。莊子天地：“（子貢）見一丈人方將爲圃～。”史記貨殖列傳：“千～薑韭。”漢書食貨志：“菜茹有～。”顔師古注：“畦，區也。”用作動詞。灌菜園。孟子滕文公下：“脅肩諂笑，病于夏～。”又爲分畦種植。楚辭戰國屈原離騷：“～留夷與揭車兮，雜杜衡與芳芷。”

畤 zhì 直里切，上，止韻，澄。之部。

❶古代祭天、地、五帝的地方。説文："畤，天地五帝所基址祭地。"史記秦本紀："襄公…乃用騮駒、黄牛、羝羊各三，祠上帝西～。"司馬貞索隱："畤，止也，言神靈之所止也。亦音市（shì），謂爲壇以祭天也。"❷通"沚"。水中小片陸地。文選晉潘岳河陽縣作詩之二："歸鴈映蘭～，游魚動圓波。"

畢 bì 卑吉切，入，質韻，幫。質部。

❶打獵用的網，形小而柄長。禮記月令："田獵罝罘，羅網～翳，餧獸之藥，毋出九門。"莊子胠篋："夫弓弩～弋機變之知多，則鳥亂於上矣。"用作動詞。用畢捕鳥獸。詩小雅鴛鴦："鴛鴦于飛，～之羅之。"又爲星宿名。因其形狀似畢，故名。爾雅釋天："濁謂之～。"郭璞注："掩兔之畢，或呼爲濁，因星形以名。"文選晉左思魏都賦："且魏土者，～昴之所應。"劉淵林注："魏地，畢昴之分野。"又爲祭器名。儀禮特牲饋食禮："宗人執～先入。"鄭玄注："畢狀如叉，蓋爲其似畢星取名。"（按，鄭、郭皆以畢星爲畢之本義，非。）又引申爲泛指田獵，字亦作"罼"。韓非子説疑："爲人主者，誠明於臣之所言，則雖罼弋馳騁，撞鍾舞女，國猶且存也。"❷古代的木簡或竹簡。爾雅釋器："簡謂之畢。"禮記學記："今之教者，呻其佔～。"❸結束，完畢。左傳僖公十三年："事～，不與王言。"❹副詞。全部，全都。詩小雅無羊："麾之以肱，～來既升。"左傳隱公元年："同軌～至。"

按，説文畢字在苹部。

異 yì 羊吏切，去，志韻，喻四。職部。

❶區分，分開。説文："異，分也。"廣雅釋詁："異，分也。"史記商君列傳："民有二男以上不分～者，倍其賦。"引申爲不相同。孟子梁惠王上："是何～於刺人而殺之。"禮記曲禮上："别同～，明是非也。"引申爲其他的，别的。詩小雅頍弁："豈伊～人，兄弟匪他。"❷形容詞，奇異。詩邶風静女："自牧歸荑，洵美且～。"引申爲怪異。禮記王制："作淫聲、～服、奇技、奇器以疑衆，殺。"用作動詞。感到奇怪。孟子梁惠王上："王無～於百姓之以王爲愛也。"

［辨］異，奇。二字在優異，怪異等意義上同義，都可以用作動詞。如後漢書張衡傳："大將軍鄧騭奇其才。"晉陶淵明桃花源記："漁人甚異之。"二字本義不同。"奇"的本義爲"異"，形容詞；"異"的本義爲區分，動詞。

按，説文異字在異部。

略 lüè 離灼切，入，藥韻，來。鐸部。

❶地界。左傳定公四年："封畛土～，自武父以南及圃田之北竟，取於有閻之土以共王職。"左傳昭公七年："封～之内，何非君土？"文選晉左思魏都賦："故將語子以神州之～，赤縣之畿。"李善注："小雅曰：'略，界也。'"引申爲巡視邊界。左傳隱公五年："公曰：'吾將～地焉。'"引申爲經略，劃分地界。説文："略，經略土地也。"書禹貢："嵎夷既～，濰淄其道。"❷法度，策略。左傳定公四年："吾子欲復文、武之～，而不正其德，將如之何？"漢書趙充國傳："臣願馳至金城，圖上方～。"❸大略，粗略。"詳"的反義。孟子萬章下："然而軻也嘗聞其～也。"引申爲簡略，不充足。"備"的反義。荀子天論："養～而動罕，則天不能使之全。"用作動詞。省略。韓非子説難："～事陳意，則曰怯懦而不盡。"❹副詞。①全。漢書外戚恩澤侯傳："至乎孝武，元功宿將～盡。"②稍微。漢書司馬遷傳："書不能悉意，～陳固陋。"❺通"掠"。掠奪，侵略。方言二："就室曰搜，於道曰略。略，强取也。"左傳昭公二十四年："楚子爲舟師以～吴疆。"❻鋒利。詩周頌載芟："有～其耜，俶載南畝。"

［同源字］略，掠。二字雙聲叠韻，在掠奪這個意義上同源。方言二："略，求也。秦晉之間曰搜，就室曰搜，於道曰略。略，强取

也。"錢繹箋疏："漢書高帝紀注：'凡言略地者，皆謂行而取之。'是於道曰略也。"說文新附手部："掠，奪取也。"

七　畫

畫 huà 胡卦切，去，卦韻，匣。錫部。

❶劃分。左傳襄公四年："芒芒禹跡，～爲九州。"漢書地理志："～野分州。"引申爲繪畫。韓非子十過："禹作爲祭器，墨染其外，而朱～其内。"❷謀畫，策畫。商君書更法："孝公平～。"左傳哀公二十六年："聞下有師，君請六子～。"用作名詞。計策。史記荆燕世家："高后時，齊人田生游乏資，以～干營陵侯澤。"❸止。列子天瑞："終者不得不終，亦如生者之不得不生，而欲恒其生，～其終（止之使不終），惑於數也。"❹署名、畫押（後起義）。陳書世祖沈后傳："自入見后及帝，極陳（劉）師知之短，仍自草敕請～，以師知付廷尉治置。"

［同源字］畫，劃。二字雙聲叠韻，原本爲同一個詞。說文劃在畫部，爲畫之古文，徐鍇繫傳刀部亦有劃字，云"錐刀也"。廣韻麥韻："劃，錐刀刻。"劃是畫的分别字。

按，說文畫字在畫部。

畮 mǔ 莫厚切，上，厚韻，明。之部。

"畝"的古體。見"畝"字條。

畯 jùn 子峻切，去，稕韻，精。文部。

農官。說文："畯，農夫也。"爾雅釋言："畯，農夫也。"農夫，即農大夫，亦即田大夫。詩豳風七月："田～至喜。"毛傳："田畯，田大夫也。"清郝懿行爾雅義疏"畯"字疏："'田畯'亦單稱'畯'，爾雅此文是也；亦單稱'田'，月令云：'命田舍東郊。'鄭注：'田謂田畯，主農之官是也。'是又'田畯'二字不必兼稱之證。"

畬 shē。

"畬"的俗體。族名。我國東南地區少數民族之一。

按，說文無畬有畬。

畬 1. yú 以諸切，音余，平，魚韻，喻四。魚部。

❶已開墾三年的熟田。說文："畬，三歲治田也。"詩周頌臣工："亦又何求？如何新～。"毛傳："田三歲曰畬。"一說田二歲曰畬，見易無妄虞翻注。用爲動詞，治熟田。易無妄："不耕穫，不菑～，則利有攸往。"釋文："畬，音餘。"朱熹周易本義："畬，音余。"高亨周易古經今注："治熟田亦曰畬。"

2. shē 式車切，音奢，平，麻韻，審三。

❷放火燒荒播種。晉陶淵明和劉柴桑詩："茅茨已就治，新疇復應～。"❸［畬田］火耕地。唐杜甫戲作俳偕體遣悶二首："瓦卜傳神語，～田費火耕。"❹同畬。東南地區少數民族名。宋史忠義傳張世傑："（張世傑）自將陳弔眼、許夫人諸～兵攻蒲壽庚，不下。"

［辨］畭，畬。見"畭"字條。

番 1. fán 附袁切，音煩，平，元韻，奉。元部。

❶獸足掌。說文："獸足謂之番。"段玉裁注："下象掌，上象指爪。"在這個意義上，古書寫作"蹯"。

2. fān 孚袁切，音翻，平，元韻，敷。元部。

❷更代，輪番。廣韻元韻："番，數也，遞也。"列子湯問："乃命禺彊使巨鼇十五舉首而戴之，迭爲三～，六萬歲一交焉。"南齊書徐孝嗣傳："州郡縣戍，主帥以下，悉分～附農。"引申爲動量詞。次。世說新語文學："桓南郡與殷荆州共談，每相攻難。年餘後，但一兩～。"又引申爲名量詞。枚，張。百喻經夫婦食餅共爲要喻："有三～餅，夫婦共分。"❸通"藩"。籬笆。荀子禮論："抗折，其額以象槾茨～閼也。"

3. bō 博禾切，音波，平，戈韻，幫。歌部。

❹［番番］勇武的樣子。詩大雅崧高："申伯番番。"

4. pó 集韻蒲波切，音婆，平，戈韻，並。歌部。

❺地名。在今江西。字亦作"鄱"。史記

伍子胥列傳："闔廬使太子夫差將兵伐楚，取～。"司馬貞索隱："蓋鄱陽也。"❻〔番番〕頭髮花白的樣子。史記秦本紀："古之人謀黄髮番番，則無所過。"張守節正義："音婆。字當作'皤'。"

5. pān 普官切，平，桓韻，滂。元部。

❼地名。廣東番禺縣。❽姓。詩小雅十月之交："皇父卿士，～維司徒。"鄭箋："番，氏。"

按，説文番字在釆部。

八　畫

畺 jiāng 居良切，平，陽韻，見。陽部。

"疆"、"壃"的古體。疆界。周禮春官肆師："與祝侯禳于～及郊。"漢書天文志："入國邑，視封～田疇之整治。"

按，説文畺字在畕部。

當 1. dāng 都郎切，平，唐韻，端。陽部。

❶對着。説文："當，田相值也。"禮記檀弓上："既歌而入，～户而坐。"左傳哀公十七年："越子以三軍潛涉，～吴中軍而鼓之，吴師大亂。"引申爲相當，對等。左傳昭公二十三年："列國之卿～小國之君，固周制也。"公羊傳莊公十三年："君請～其君，臣請～其臣。"引申爲相符合。韓非子主道："功～其事，事～其言則賞。"引申爲遇上，碰上。國語晉語一："～之者戕焉，於晉何害？"引申爲阻攔，抵當。左傳桓公五年："鄭子元請爲左拒，以～蔡人、衛人；爲右拒，以～陳人。"❷承擔，擔當。孟子離婁下："不祥之實，蔽賢者～之。"引申爲當值。國語晉語八："子朱曰：'朱也～御。'"又爲副詞。應當。後漢書馬援傳："丈夫爲志，窮～益堅，老～益壯。"❸判罪。史記陳涉世家："公等遇雨，皆已失期，失期～斬。"漢書張騫傳："軍失亡多，而騫後期，～斬。"❹介詞。在，正當。孟子滕文公上："～堯之時，天下猶未平。"吕氏春秋愛類："士有～年而不耕者，則天下或受其飢矣。"

2. dàng 丁浪切，去，宕韻，端。陽部。

❺恰當。韓非子二柄："臣不得越官而有功，不得陳言而不～。"❻抵押。左傳哀公八年："以王子姑曹～之而後止。"引申爲抵得上。戰國策齊策一："使彼罷弊先(老)弱守於主(地名)，必一而～十，十而～百，百而～千。"引申爲當作。三國志吴書韋曜傳："或密賜茶荈以～酒。"❼器皿的底部。韓非子外儲説右上："今有白玉之卮而無～，有瓦卮而有～。"

畹 wǎn 於阮切，上，阮韻，影。元部。

❶土地面積單位。説法不一。説文以三十畝爲一畹，王逸離騷注以十二畝爲一畹，文選魏都賦劉淵林注引班固曰："畹，三十畝也。"楚辭戰國屈原離騷："余既滋蘭之九～兮。"❷泛指田地。文選晉左思魏都賦："右則蔬圃曲池，下～高堂。"劉良注："畹，田也。"

畸 1. jī 居宜切，平，支韻，見。歌部。

❶不整齊的土地。説文："畸，殘田也。"引申爲不齊、不一致的事物。荀子天論："墨子有見於齊，無見於～。"引申爲偏邪。廣雅釋詁二："畸，衺也。"王念孫疏證引周禮天官宫正"去其淫怠與其奇衺之民"云："畸奇通。"

2. qí 集韻渠羈切，音騎，平，支韻，群。歌部。

❷通"奇"。奇異。莊子大宗師："～人者，～於人而侔於天。"

［同源字］奇，畸，踦。見"踦"字條。

畷 zhuì 陟衛切，去，祭韻，知。月部。

❶田間道路。説文："畷，兩陌(段注本作"百")間道也。"朱駿聲説文通訓定聲："兩百夫之間有洫，洫上有涂謂之～。"❷通"綴"。綴連，特指田界相連結的地方。禮記郊特牲："饗農，及郵表～、禽獸，仁之至也，義之盡也。"鄭玄注："郵表畷，謂田畯所以督約百姓於井間之處也。詩云'爲下國畷郵'。"孔穎達疏："畷者謂井畔相連畷於此，田畔相連畷之

所，造此郵舍，田畯處焉。"段玉裁說文"畷"字注："畷之言綴也，衆涂所綴也。於此爲田畯督約百姓之處，若街彈室者然，曰郵表畷。"按，農、郵表畷（田舍阡陌之神）、禽獸，都是蜡祭的對象。

九　畫

暘 chàng 丑亮切，去，漾韻，徹，陽部。

❶土地荒蕪不生穀物。說文："暘，不生也。"睡虎地秦墓竹簡秦律："輒以書言澍稼、誘粟及豤田～毋稼者頃數。"引申爲使草不生，除草。大戴禮記夏小正："初歲祭耒，始用～。…～也者，終歲之用祭也。"王聘珍解詁："祭讀曰察。…察，殺也，謂草不生，終歲用耒以殺之也。"❷通"暢"。舒暢，暢達。三國魏劉劭人物志九徵："色平而～者，謂之通微，通微也者，智之原也。"隸釋漢酸棗令劉熊碑："…順四時，積和感～，歲爲豐穰，賦稅不煩。"❸通"鬯"。供祭祀用的香酒。漢董仲舒春秋繁露執贄："凡執贄，天子用～，公侯用玉。"

畽 tuǎn 集韻吐緩切，上，緩韻，透。東部。

同"疃"。〔町畽〕雙聲聯緜字。見"町"字條。

按，說文畽作疃。

十　畫

畿 jī 渠希切，平，微韻，群。微部。

❶天子直接管轄的領地，面積爲方千里。詩商頌玄鳥："邦～千里，維民所止。"毛傳："畿，疆也。"朱熹集傳："言王畿之内，民之所止，不過千里。"二說不同。說文："畿，天子千里地，以逮近言之則言畿。"段玉裁注："即天子五百里内田也，五百里自其一面言，千里自其四面言，爲方百里者百也。"❷門内。詩邶風谷風："不遠伊邇，薄送我～。"❸地域，地界。文選晉左思魏都賦："赤縣之～。"唐宋之問送李侍御詩："北走出秦～。"又爲邊，際。南朝梁吴均戰城南："往戰城南～。"南朝宋顏延年歸鴻詩："相鳴去澗汜，長引發江～。"

十一畫

畱 liú 力求切，平，尤韻，來。幽部。

❶火耕，焚燒草木後即下種。說文："畱，燒穜也。漢律曰：'畱田茠草。'"❷開溝灌田。晉書殷浩傳："開江西～田千餘頃，以爲軍儲。"何超晉書音義："通溝溉田亦爲畱。"

［辨］畱，畬。二字在火耕這一點上同義，"畱"不具有"畬"的其他意義。

𤳉 chā 梵洽切，入，洽韻，穿二。葉部。

農具，鍬。說文："𤳉，斛也，古田器也。"

［同源字］鍤，臿，插，𤳉。見"鍤"字條。

按，說文𤳉字在甾部。

十二畫

疃 tuǎn 吐緩切，上，緩韻，透。東部。

字亦作"畽"。〔町疃〕雙聲聯緜字。見"町"字條。

十四畫

疆 1. jiāng 居良切，平，陽韻，見。陽部。

❶古作"畺"。疆界。詩周頌思文："無此～爾界。"又爲國界。書泰誓中："我武惟揚，侵于之～。"又爲疆土。國語晉語一："蒲與二屈，君之～也。"又爲止境。詩豳風七月："萬壽無～。"活用爲動詞，劃分疆界。詩小雅信南山："我～我理，南東其畝。"左傳襄公十九年："～我田。"❷〔疆埸〕田界。詩小雅信南山："中田有廬，疆埸有瓜。"引申爲國境。左傳桓公十七年："疆埸之事，慎守其一，而備其不虞。"國語晉語一："疆埸無主，則啟戎心。"

2. jiàng 集韻巨兩切，上，養韻，群。陽部。

❸通"彊"。土質剛硬。左傳襄公二十五

年："數～潦。"孔穎達正義："賈逵以'疆'爲彊檃(堅土)墝埆之地。"

［同源字］界，疆，境。見"界"字條。

按，説文以疆爲畺的或體，在畕部。

疇 chóu 直由切，平，尤韻，澄。幽部。

㊀已耕之田。説文："疇，耕治之田也。"段玉裁注："耕者，犂也。犂其田而治之，其田曰疇。"泛指田畝。左傳襄公三十年："取我田～而伍之。"吕氏春秋愼大："朝不易位，農不去～。"高誘注："疇，畝也。"㊁用作動詞，壅土。淮南子俶真："今夫樹木者，灌以潔水，～以肥壤。"㊂同類。戰國策齊策三："夫物各有～，今(淳于)髡賢者之～也。"楚辭漢王逸九思疾世："居嵺廓兮尠～。"㊃疑問代詞。誰。書五子之歌："百姓仇予，予將～依？"後漢書張衡傳："～可與乎比伉？"李賢注："疇，誰也。"㊄通"酬"。報酬。文選晉潘岳西征賦："～匹婦其已泰，胡厥夫之繆(謬)官。"李善注："疇，猶詶也。"梁書孔休源傳："褒德～庸，先王令典。"㊅［疇昔］往日。左傳宣公二年："疇昔之羊，子爲政；今日之事，我爲政。"

［備考］麻地曰疇。國語齊語："陸、阜、陵、墐、井、田、～均，則民不憾。"韋昭注："穀地曰田，麻地曰疇。"

［同源字］儔，疇，雔，讎，讐。見"讎"字條。

䴡 pì 芳逼切。集韻拍逼切，入，職韻，滂。職部。

字亦作"副"。剖開。周禮春官大宗伯："以～辜祭四方百物。"鄭玄注："䴡，䴡牲胸也。䴡而磔之，謂磔攘及蜡祭。"(説文引周禮作"副辜祭"。)唐王維酬諸公見過詩："～瓜抓棗。"

按，説文以䴡爲副的或體，在刀部。

十七畫

疉 dié 徒協切，入，怗韻，定。緝部。

㊀同"疊"。重疊。説文"多"字云："緟夕爲多，緟日爲疉。"文選漢班固西都賦："矢無單殺，中必～雙。"文選南朝梁劉孝標廣絶交論："趨走丹墀者～跡。"唐杜牧阿房宮賦："剽掠其人，倚～如山。"引申爲折疊。唐王建宫詞之八："内人對御～花箋，繡坐移來玉案邊。"㊁［疉鼓］輕輕擊鼓。文選南朝齊謝朓鼓吹曲："凝笳翼高蓋，～鼓送華輈。"㊂通"慴"。恐懼。説文："慴，懼也。讀若疉。"文選南朝梁劉孝標廣絶交論："九域聳其風塵，四海～其燻灼。"張銑注："疉，謂懼。"詩周頌時邁："薄言震之，莫不震～。"一説"疉，應也。"後漢書李固傳引此詩，云"此言動之於内，而應於外者也"。李賢注引韓詩薛君傳曰："震，動也。疉，應也。美成王能奮舒文武之道而行之，則天下無不動而應其政教。"又爲使慴服，順應。宋史樂志："龕受駿命，震～群方。"又蘇紳傳："倘不以此時加兵，則無以創艾將來，震～荒裔。"㊃振動。文選晉左思吴都賦："鉦鼓～山。"

按，説文疉作疊，在晶部。

疋部

疋 1. shū 所葅切，音梳，平，魚韻，審二。魚部。

㊀脚。説文："疋，足也。(管子)弟子職曰：'問～何止。'"今本管子"止"作"趾"。

2. yǎ 五下切，上，馬韻，疑。魚部。

㊀通"雅"。正。廣韻馬韻："疋，正也。…古文以爲詩大雅字。"唐陸德明經典釋文爾雅音義："雅，字亦作疋。"淮南子修務："邯鄲師有出新曲者。"高誘注："新曲，非～樂

也。”

3. pǐ 譬吉切，入聲，質韻，滂。質部。

㊂“匹”的譌變。廣韻質韻：“匹，俗作疋。”單位名詞。戰國策魏策一：“車六百乘，騎五千～。”（姚宏注：“曾、劉無‘疋’字。”）漢書叔孫通傳：“乃賜通帛二十～。”

七　畫

疏 1. shū 所葅切，平，魚韻，審二。魚部。

㊀疏通。國語周語下：“～爲川谷，以導其氣。”引申爲分。淮南子原道：“襄子～隊而擊之。”史記黥布列傳：“上裂地而王之，～爵而貴之。”㊁陳列。楚辭戰國屈原九歌湘夫人：“白玉兮爲鎮，～石蘭兮爲芳。”㊂滌除。素問湯液醪醴論：“～滌五藏。”國語楚語上：“教之樂，以～其穢而鎮其浮。”韋昭注：“疏，滌也。”又爲撤退。國語晉語四：“三日而原不降，公令～軍而去之。”㊃關係疏遠，“親”的反義。左傳昭公二十八年：“夫舉無他，唯善所在，親～一也。”又爲稀疏。老子：“天網恢恢，～而不漏。”㊄粗糧。論語述而：“飯～食，飲水。”㊅通“䟽”。刻穿。禮記明堂位：“～屏，天子之廟飾也。”又爲疏窗。史記禮書：“～、房、牀、笫、几、席，所以養體也。”司馬貞索隱：“疏，謂窗也。”㊆〔疏材〕蔬菜。周禮天官大宰：“八曰臣妾，聚斂疏材。”鄭玄注：“疏材，百草根實可食者。”

2. shù 所去切，去，御韻，審二。魚部。

㊇分條（記載）。漢書匈奴傳：“於是說教單于左右～記，以計識其人衆畜牧。”引申爲名詞，文體的一種。漢書賈誼傳：“誼數上～陳政事。”㊈古書注釋體例之一。如十三經注～、廣雅～證。

［同源字］疏，梳。二字雙聲疊韻。疏有疏通、稀疏義，梳是梳通頭髮的，其齒是疏的，故二字同源。釋名：“梳，疏也。言其齒疏也。”段玉裁說文“梳”字注：“器曰梳，用之理髮因亦曰梳。漢書亦作‘疏’。疏，通也。形聲包會意。”

按，說文疏字在㐬部。

疎 shū 所葅切，平，魚韻，審二。魚部。

“疏”的俗字。關係遠的。禮記祭統：“見親～之殺焉。”

按，說文無疎有疏。

九　畫

疐 1. zhì 陟利切，音致，去，至韻，知。質部。

㊀跌倒。說文：“疐：礙，不行也。”段玉裁注：“疐即躓字，音義皆同。”詩豳風狼跋：“狼跋其胡，載～其尾。”說文足部“躓”字引詩作“躓”。段玉裁注：“疐者躓之叚借字。”

2. dì 都計切，音帝，去，霽韻，端。質部。

㊁通“蔕”。花和瓜果與枝葉相連的部分。用作動詞。去掉蔕的部分。爾雅釋木：“棗李曰～之。”禮記曲禮上：“爲大夫累之，士～之。”孔穎達疏：“疐，謂脫華處。”

按，說文疐字在叀部，作“疐”，从叀、止、冂。

疑 1. yí 語其切，平，之韻，疑。之部。

㊀疑惑，疑難。左傳桓公十一年：“卜以決～。不～何卜？”引申爲猜疑，猜忌。史記屈原賈生列傳：“信而見～，忠而被謗。”三國志魏書劉表傳：“表雖外貌儒雅，而心多～忌。”引申爲疑懼，恐懼。禮記雜記下：“有疾飲酒食肉，…皆爲～死。”㊁責怪。淮南子氾論：“當此之時，有立武者見～。”高誘注：“疑，怪也。”

2. nǐ 偶起切，上，止韻，疑。之部。

㊂定，安定。詩大雅桑柔：“靡所止～，云徂何往。”儀禮公食大夫禮：“賓立于階西，～立。”㊃通“擬”。比擬。禮記燕義：“不以公卿爲賓，而以大夫爲賓，爲～也。”

3. níng 字彙魚陵切，音凝。蒸部。

㊄通“凝”。凝結。易坤：“履霜堅冰，陰始～也。”釋文作“疑”。

按,説文疑字在子部。

疒 部

疒 nè 尼戹切,入,麥韻,娘。質部。

像病人卧牀而睡。説文:"疒,倚也。人有疾病,象倚箸之形。"

按,甲骨文已有疒字。義爲疾病。楊樹達積微居甲文説讀胡厚宣君殷人疾病考:"疒既象人有疾病倚箸之形,自含疾義,疒疾文雖小異,義實無殊,以之讀卜辭諸文,固無礙隔也。"又通"急"。于省吾甲骨文字釋林釋疒烄:"甲骨文'今夕其雨~。'之占屢見,…雨疒之疒應讀作急。"

二 畫

疔 dīng 集韻當經切,平,青韻,端。

後起字。〔疔瘡〕瘡癤之一種。隋巢元方諸病元候論三一丁瘡候:"疔瘡者,風邪毒氣於肌肉所生也。"又可單用,借"丁"爲疔。素問生氣通天論:"足生大丁。"張隱菴集注:"丁即疔。足生大疔者,言陽氣之通會於腠理也。"

疕 bǐ 卑履切,上,旨韻,幫。脂部。

頭瘡,痂瘡。説文:"疕,頭瘍也。"韓非子姦劫弑臣:"故厲雖癰腫~瘍,上比於春秋,未至於絞頸射股也。"周禮天官醫師:"凡邦之有疾病者,有~瘍者造焉,則使醫分而治之。"鄭玄注:"疕,頭瘍,亦謂秃也。"賈公彦疏:"疕,頭瘍,謂頭上有瘡含膿血者。"

三 畫

疘 gāng(舊讀 gōng)古紅切,平,東韻,見。

後起字。病名,脱肛。見廣韻東韻。

疛 zhǒu 陟柳切,音肘,上,有韻,知。幽部。

腹病。詩小雅小弁"我心憂傷,惄焉如擣"釋文毛詩音義:"本或作疛,同。韓詩作~。"吕氏春秋數盡:"處腹則爲張爲~。"

疜 huàn 胡玩切,去,换韻,匣。元部。

毒瘡。莊子大宗師:"彼以生爲附贅懸疣,以死爲決~潰癰。"

按,説文無疜字。

疝 shàn 所晏切,去,諫韻,審二。元部。

病名。説文:"疝,腹痛也。"素問大奇論:"腎脈大急沉,肝脈大急沉,皆爲~。"又長刺節論:"病在少腹,腹痛不得大小便,病名曰~。"史記扁鵲倉公列傳:"病氣~,客於膀胱。"又:"湧~也,令人不得前後溲。"

疙 yì 魚迄切,入,迄韻,疑。物部。

㊀呆傻。廣雅釋詁三:"疙,癡也。"王念孫疏證引説文:"'忥,癡貌。''忥'與'疙'聲近義同。"㊁〔疙秃〕頭瘡。在這個意義上今讀 gē。淮南子齊俗:"親母爲其子治扢秃,血流至耳,見者以爲愛之至也。"正字通引作"疙秃",云:"俗本鴻烈解'疙'作'扢',非。"

按,説文無疙字。朱駿聲説文通訓定聲履部"忔"字注:"字亦作疙。"

疚 jiù 居祐切,去,宥韻,見。之部。

㊀貧窮。詩大雅召旻:"維昔之富,不如時;維今之~,不如兹。"㊁痛苦。詩小雅采薇:"憂心孔~,我行不來。"㊂疾病。詩大雅雲漢:"鞫哉庶正,~哉冢宰。"㊃危害。詩大雅江漢:"匪疚匪棘,王國來極。"

按,説文無疚字,宀部有宊字,許解爲"貧、病也。"朱駿聲以疚爲宊之或體。詩周頌閔予小子:"嬛嬛在疚",説文引作"煢煢在宊"。

四 畫

疢 chèn 丑刃切，音趁，去，震韻，徹。文部。

熱病。左傳襄公二十三年："季孫之愛我，～疾也。"楊伯峻注："疾疢同義詞。"詩小雅小弁："心之憂矣，～如疾首。"引申爲災禍、患難。孟子盡心上："人之有德慧術知者，恒存乎～疾。"

疣 yóu 羽求切，平，尤韻，喻三。之部。

贅肉，贅瘤。山海經北山經："（滑水）多滑魚，…食之已～。"莊子大宗師："彼以生爲附贅縣～。"引申爲多餘無用之物。唐元稹陽城驛詩："降官司成署，俾之爲贅～。"

按，説文無疣字。頁部煩之或體爲"疣"，段玉裁注以爲有誤。肉部有肬字，桂馥義證以爲疣之或體，可信。

疩 shuì 釋類切，去，至韻，審三。微部。

水腫病。靈樞經四時氣："風～膚脹，爲五十七痏。"

按，説文無疩字。

疥 jiè 古拜切，去，怪韻，見。月部。

❶疥瘡。周禮天官疾醫："夏時有痒～疾。"管子地員："其人堅勁，寡有～騷。"❷通"痎"。瘧疾。左傳昭公二十年："齊侯～，遂痁。"孔穎達疏："疥當爲痎，痎是小瘧，痁是大瘧。"

［同源字］痂，疥。見"痂"字條。

疫 yì 營隻切，入，昔韻，喻四。錫部。

瘟疫，傳染病。左傳昭公元年："山川之神，則水旱癘～之災於是乎禜之。"史記天官書："氐爲天根，主～。"論衡命義："温氣～癘，千户滅門。"引申爲作祟的疫鬼。周禮夏官方相氏："帥百隸而時難，以索室驅～。"南朝梁宗懔荆楚歲時記："殺鷄著門户逐～。"

疷 qí 巨支切，平，支韻，群。支部。

病。詩小雅白華："之子之遠，俾我～兮。"又無將大車："無思百憂，祇自～兮。"毛傳："疷，病也。"

五 畫

疰 zhù 之戍切，去，遇韻，照三。侯部。

❶外科病。多發性膿瘡，部位不定。素問五常政大論："其動暴折瘍～。"張隱菴集注："瘍疰，皮膚之疾也。"❷慢性傳染病。南史韓懷明傳："母患尸～，每發輒危殆。"

按，説文無疰字。

痃 xuán 胡田切，平，先韻，匣。

後起字。❶［痃癖］病名。臍旁氣塊。玉篇："痃，痃癖也。"醫宗金鑑痃癖疝痛總括："婦人臍之兩旁有筋突起疼痛，大者如臂，小者如指，狀類弓弦者，名曰～。僻在兩肋之間者，名曰癖。"正字通："本草陳藏器曰：'昔有患痃癖者，取大蒜合皮截去兩頭，吞之，名曰内灸，果獲效。'"❷通"眩"。頭暈。宋王明清揮麈後録卷一："皇輿小駐會稽，后微覺風～。"

症 zhèng。

"證"的俗體字。［症候］病。元鄭德輝倩女離魂三折："要好時直等的見他時，也只爲這症候因他上得。"

［同源字］證，症，徵。病徵的症，古作證，三字同源。見"證"字條。

疴 kē（舊讀 ē）枯駕切，去，禡韻，溪。歌部。

疾病。説文："疴，病也。"南朝宋鮑照謝賜藥啟："衰～早及。"清王晫今世説卷八："李啟美嗜古學，抱～十月，猶聚書牀頭讀之。"字亦作"痾"。參見"痾"字條。

病 bìng 皮命切，去，映韻，並。陽部。

❶疾病。左傳宣公二年："見靈輒餓，問其～。"用作動詞。生病。公羊傳莊公三十二年："莊公～，將死。"引申爲疲勞，困乏。左傳襄公十年："子駟曰：'國～矣！'子展曰：'得罪

於二大國，必亡。～，不猶愈於亡乎？'"引申爲擔心，憂慮。論語衛靈公："君子～無能焉，不～人之不己知也。"引申爲困苦，病苦。孟子離婁下："十二月，輿梁成，民未～涉也。"引申爲病恨。左傳文公十八年："與刖其父而弗能～者何如？"❷毛病，缺點。史記平津侯主父列傳："夫九卿與臣善者無過黯，然今日庭詰弘，誠中弘之～。"❸恥辱。儀禮士冠禮："恐不能共事，以～吾子。"❹失敗。國語晉語三："以韓之～，兵甲盡矣。"韋昭注："病，敗北。"

［辨］病，疾。二字同義，可以連用。如左傳宣公十五年："疾～則亂，吾從其治也。"古人多以爲"病"重於"疾"，如郝懿行爾雅義疏釋詁上："按古人疾病連言，病甚於疾。故說文訓爲'疾加'，論語鄭注'病，謂疾益困也。'包咸注'疾甚曰病'。皆其義也。"但區別不甚嚴，古書中"疾"和"病"都可以表病勢嚴重。左傳昭公二十年："鄭子產有疾。…疾數月而卒。"公羊傳僖公十年："獻公～將死。"詩經有"疾"無"病"。"疾"有急速、敏捷等義，"病"不具有這些意義。

疳 gān 集韻沽三切，平，談韻，見。

後起字。兒科病名。玉篇："疳，小兒疳疾。"正字通："小兒食甘物，多生疳病。疳有五：心、肝、肺、脾、腎也。治疳先辨冷熱肥瘦，初病爲肥熱疳，久病爲瘦冷疳，五疳諸積，腹大青筋，面黄肌瘦，或腹痛。"

痱 fèi 方味切，去，味韻，非。物部。

痱子。素問生氣通天論："汗出見濕，乃生痤～。"張隱菴集注："今俗以觸熱膚疹如沸者爲痱子。"宋范成大問天醫賦："茁爲痤～，潰爲瘇瘍。"

按，說文無痱字。

疷 nà 女黠切，入，黠韻，娘。

後起字。瘡病。見玉篇。又爲瘡痕。唐韓愈征蜀聯句："視傷悼瘢～。"

疲 pí 蒲糜切，平，支韻，並。歌部。

疲勞。說文："疲，勞也。"韓非子初見秦："是故兵終身暴露於外，士民～病於內。"使疲勞。左傳成公十六年："奸時以動，而～民以逞。"引申爲瘦弱，衰老。管子小匡："故使天下諸侯以～馬犬羊爲幣。"梁書王筠傳："不謂～暮，復逢於君。"

痂 jiā 吉牙切，平，麻韻，見。歌部。

瘡。說文："痂，疥也。"韓詩外傳四："夫癘雖癰腫～疕，上比遠世，未至絞頸射股也。"後專指瘡殼。宋書劉穆之傳："（劉）邕所至嗜食瘡～，以爲味似鰒魚。"清蒲松齡聊齋志異畫皮："視破處，～結如錢。"

［同源字］痂，疥。二字雙聲，歌月對轉。說文"痂"字段注："痂本謂疥，後人乃謂瘡所蛻鱗爲痂，此古義今義之不同也。"廣雅釋詁一："痂，創也。"說文："疥，搔，瘍也。"（依王筠句讀）漢董仲舒春秋繁露五行逆順："民病疥搔。"王筠句讀："（疥搔）一病兩名，或分言，或合言，又申之曰'瘍也'者，舉其統名也。"

痁 shān 失廉切，平，鹽韻，審三。侵部。

瘧疾。左傳昭公二十年："齊侯疥，遂～。"又哀公二年："～作而伏。"

［辨］痁，痎。二字同義，均指瘧疾。隔日一發之瘧曰痎，多日一發之瘧曰痁。

疸 dǎn 多旱切，上，旱韻，端。元部。

病名。素問平人氣象論："溺黄赤、安卧者黄～，已食如饑者胃～，…目黄者曰黄～。"

疽 jū 七余切，平，魚韻，清。魚部。

毒瘡。史記孫子吴起列傳："卒有病～者，（吴）起爲吮之。"又扁鵲倉公列傳："此病～也。"後漢書劉焉傳："於是徙居成都，遂～發背卒。"喻指災難禍害。晉干寶搜神記六："山崩地陷，此天地之癰～也。"

［辨］癰，疽，腫。見"癰"字條。

疻 zhī 章移切，平，支韻，照三。支部。

毆人致皮肉腫起瘀血。説文:"疻,毆傷也。"急就篇四:"～痏保辜謕呼號。"漢書薛宣傳:"遇人不以義而見～者,與痏人之罪鈞。"

[辨]疻,痏。二字均是毆傷的意思,程度有輕重之别。皮膚因毆傷而腫起叫做疻,因毆打而皮破血流叫做痏。急就篇顔師古注:"毆人皮膚腫起曰疻,毆傷曰痏。"

疹 zhěn 章忍切,上,軫韻,照三。真部。

生在脣部的瘡。字亦作"胗"。戰國宋玉風賦:"中脣爲胗。"泛指病。素問奇病論:"無損不足益有餘,以成其～。"張隱菴集注:"疹,病也。"國語越語上:"令孤子、寡婦、疾～、貧病者,納宧其子。"

按,説文以疹爲胗的或體,在肉部。

疾 jí 秦悉切,入,質韻,從。質部。

❶病。書盤庚:"先后丕降與汝罪～。"論語雍也:"伯牛有～。"用作動詞。生病。荀子天論:"故水旱未至而飢,寒暑未薄而～。"引申爲痛苦。管子小問:"凡牧民者,必知其～。"引申爲痛恨,厭惡。論語泰伯:"好勇～貧,亂也。人而不仁,～之已甚,亂也。"引申爲擔心,憂慮。論語衛靈公:"君子～没世而名不稱焉。"❷毛病,缺點。孟子梁惠王下:"寡人有～,寡人好色。"❸急速。孫子九地:"～戰則存,不～戰則亡者,爲死地。"引申爲敏捷。史記殷本紀:"帝紂資辨捷～,聞見甚敏。"❹妒忌。詩小雅雨無正:"鼠思泣血,無言不～。"史記項羽本紀:"今戰能勝,(趙)高必～妬吾功。"在這個意義上一般寫作"嫉"。

[辨]①病,疾。見"病"字條。

②迅,速,快,疾。見"速"字條。

[同源字]疾,捷(疌)。二字均從母,質葉通轉。在急捷這個意義上同源。小爾雅廣詁:"捷,疾也。"楚辭離騷王逸注:"捷,疾也。"説文止部:"疌,疾也。"段玉裁注:"凡便捷之字當用此。"

疱 pào 集韻披教切,去,效韻,滂。後起字。瘡名。集韻效韻:"疱,腫病。"又:"皰,或从面,亦作靤,疱。"

按,説文無疱有皰,在皮部,云:"面生氣也。"一切經音義引作"面生熱氣也"。參見"皰"字條。

痀 jū 舉朱切,音駒,平,虞韻,見。侯部。

〔痀僂〕〔瘻痀〕叠韻聯緜字。曲背。莊子達生:"仲尼適楚,出於林中,見痀僂者承蜩,猶掇之也。"廣韻虞韻:"瘻,瘻痀。曲脊。"

[同源字]句,鉤,軥,笱,朐,枸,痀。見"枸"字條,又見"跔"字條。

疼 téng 徒冬切,平,冬韻,定。冬部。

疼痛。靈樞經刺節真邪:"寒與熱相搏,久留而内著,寒勝其熱,則骨～肉枯。"三國志蜀書關羽傳:"後創雖愈,每至陰雨,骨常～痛。"

按,説文無疼字。

痡 fǔ 扶雨切,上,麌韻,奉。侯部。

病名。俯而不能仰視。説文:"痡,俛病也。"引申爲矮小。方言一〇:"矲,短也。桂林之中謂短矲,矲,通語也,東陽之間謂之～。"廣雅釋詁二:"痡,短也。"

六 畫

痎 jiē 古諧切,音皆,平,皆韻,見。之部。

瘧疾。素問生氣通天論:"夏傷於暑,秋爲～瘧。"

[辨]痁,痎。見"痁"字條。

痒 1. yáng 似羊切,集韻余章切,平,陽韻,喻四。陽部。

❶病名。詩小雅正月:"哀我小心,癙憂以～。"泛指病害。又大雅桑柔:"降此蟊賊,稼穡卒～。"鄭箋:"蟲孽爲害,五穀盡病。"

2. yǎng 餘兩切,上,養韻,喻四。陽部。

❷通"蛘"。癢。周禮天官疾醫:"夏時有～疥疾。"孫詒讓正義:"痒即蛘之叚字,俗

作癢。謂夏氣不和,民感其氣,則爲創痒而成疥也。"

[同源字]痒,瘍。二字雙聲(痒又讀邪母)叠韻。説文:"痒,瘍也。"又:"瘍,頭創也。"段玉裁注:"按'頭'字盖賸,…瘍不專在頭。"禮記曲禮上:"頭有創則沐,身有瘍則浴。"釋文:"瘍,本又作痒。"

痍 yí 以脂切,平,脂韻,喻四。脂部。

創傷。説文:"痍,傷也。"公羊傳成公十六年:"王～者何?傷乎矢也。"經傳多假"夷"爲"痍"。後漢書班超傳:"身被金夷,不避死亡。"

痔 zhì 直里切,上,止韻,澄。之部。

痔瘡。説文:"痔,後病也。"莊子列御寇:"舐～者得車五乘。…子豈治其～邪?何得車之多也?"文選南朝梁劉孝標廣絶交論:"折枝舐～。"

痓 chì 充自切,去,至韻,穿三。質部。

病名。素問氣厥論:"肺移熱於腎,傳爲柔～。"

按,説文無痓字。

痢 lì 力制切,去,祭韻,來。月部。

瘟疫。公羊傳莊公二十年:"大瘠者何?～也。"何休注:"痢者,民疾疫也。"字亦作"癘"。

按,説文無痢有癘。

痏 wěi 榮美切,音洧,上,旨韻,喻三。之部。

㊀因毆傷而皮破血流。漢書薛宣傳:"遇人不以義而見痍者,與～人之罪鈞。"參見"痍"字條。㊁瘡。吕氏春秋至忠:"齊王疾～,使人之宋迎文摯。"又爲瘡痕,瘢痕。文選漢張衡西京賦:"所好生毛羽,所恶成瘡～。"薛綜注:"瘡痏,謂瘢痕也。"㊂針孔。靈樞經邪氣藏府病形:"已發鍼,疾(急)按其～,無令其血出,以和其脈。"引申爲針刺術語。針刺一次爲一痏。素問繆刺論:"月生一日一～,二日二～,十五日十五～。"又:"刺足小指爪甲上與肉交者各一～。"

[辨]痍,痏。見"痍"字條。

痕 hén 户恩切,平,痕韻,匣。文部。

傷瘢。説文:"痕,胝,瘢也。"王筠句讀:"本文釋痕以胝,與肉部應;又申以瘢,與上文(指"瘢")應也。"一切經音義引通俗文:"創瘢曰～。"後漢書趙壹傳:"所好則鑽皮出其毛羽,所惡則洗垢求其瘢～。"引申爲一般的痕跡。唐杜甫别李義詩:"猛虎卧在岸,蛟螭出無～。"

疵 cī 疾移切,平,支韻,從。支部。

㊀黑斑。廣韻:"疵,黑病。"引申爲缺點,瑕疵。易繫辭上:"悔吝者,言乎其小～也。"唐韓愈讀荀:"荀與揚,大醇而小～。"書大誥:"天降威,知我國有～,民不康。"用爲動詞,挑剔。荀子不苟:"正義直指,舉人之過,非毁～也。"㊁災難。莊子逍遥遊:"使物不～癘而年穀熟。"

痌 tōng 他紅切,平,東韻,透。

同"恫"。集韻東韻:"恫,説文:'痛也,一曰呻吟。'或作痌。"周書康誥"恫瘝",段玉裁説文"恫"字注引作"痌瘝"。

按,説文無痌有恫,在心部。

痊 quán 此緣切,平,仙韻,清。元部。

病體康復。莊子徐无鬼:"今予病少～。"文選晉潘岳閒居賦:"嘗膳載加,舊痾有～。"

按,説文無痊字。

痑 1. tuō 託何切,平,歌韻,透。歌部。

㊀馬病。見説文。〔痑痑〕馬疲勞喘息的樣子。説文引詩曰:"痑痑駱馬。"毛詩小雅四牡作"嘽嘽"。

2. shǐ 賞是切,上,紙韻,審三。歌部。

㊁衆多的樣子。漢書司馬相如傳:"衍曼流爛,～以陸離。"顔師古注引張揖曰:"痑,衆貌。"顔師古曰:"痑,自放縱也。"二説不同。

七　畫

瘁 shēn 所臻切,平,臻韻,審二。真部。

寒病。見説文。正字通疒部:"今感寒體戰曰~。"唐韓愈城南聯句:"~肌遭蚝刺。"

痣 zhì 職吏切,去,志韻,照三。

後起字。皮膚上的有色斑點,古稱"黑子",字亦作"誌"。類篇疒部:"痣,黑子也。"梁書丁貴嬪傳:"初貴嬪生而有赤~在左臂,治之不滅。"

痡 pū 普胡切,平,模韻,滂。魚部。

疲困不能行走。詩周南卷耳:"我馬瘏矣,我僕~矣。"引申爲衰竭。唐李華弔古戰場文:"漢傾天下,財殫力~。"又爲病苦。書泰誓:"作威殺戮,毒~四海。"

痼 yóu 以周切,平,尤韻,喻四。

後起字。通"庮"。難聞的氣味。廣雅釋詁一:"痼,病也。"王念孫疏證:"周官内饔:'牛夜鳴則庮。'鄭衆注云:'庮,朽木臭也。'釋文引干寶注云:'庮,病也。'庮與痼通。"

痞 pǐ 補美切,上,旨韻,幫。之部。

腹内痞結成塊之病。説文:"痞,痛也。"玉篇疒部:"痞,腹内結病。"南齊書虞愿傳:"(帝)食逐夷積多,胸腹~脹,氣將絶。"唐柳宗元寄京兆孟容書:"~結伏積,不食自飽。"字亦作"否(pǐ)"。素問五常政大論:"其色黄,其養肉,其病否。"張隱菴集注:"否者,脾病于中,而上下之氣不交也。"

痙 jìng 巨郢切,上,静韻,群。耕部。

痙攣。説文:"痙,彊急也。"徐鍇繫傳:"按字書:中寒,體强急也。"素問至真要大論:"内爲~强拘瘛,外爲不便。"

痛 tòng 他貢切,去,送韻,透。東部。

㊀疼痛。韓非子喻老:"居五日,桓侯體~,使人索扁鵲,已逃秦矣。"引申爲悲痛。禮記三年問:"三年之喪,二十五月而畢,哀~未盡,思慕未忘。"㊁痛恨。左傳昭公二十年:"不思謗讟,不憚鬼神。神怒民~,無悛於心。"㊂副詞。極,盡情地。管子七臣七主:"姦臣~言人情以驚主。"又爲徹底地。史記魏其武安侯列傳:"非~折節,以禮詘之,天下不肅。"

痟 xiāo 相邀切,平,宵韻,心。宵部。

㊀病名。頭痛。周禮天官疾醫:"春時有~首疾。"文選晉左思蜀都賦:"味蠲癘~。"李善注引劉逵:"痟,亦頭病也。"㊁消渴病,即糖尿病(後起義)。玉篇疒部:"痟,痟渴病也。"唐唐彦謙漢代詩:"玄晏難瘳痺,臨邛但發~。"

㾓 yuān 烏玄切,音淵,平,先韻,影。元部。

㊀酸痛。素問陰陽别論:"三陽爲病,發寒熱,下爲癰腫,及爲痿厥腨~。"王冰注:"㾓,痠痛也。"㊁煩悶。列子楊朱:"心~體煩,内熱生病矣。"

按,今本説文無㾓字。文選南朝宋謝靈運登臨海嶠李善注引"説文曰:㾓,疲也。"

痤 cuó 昨禾切,平,戈韻,從。歌部。

㊀痤瘡,俗稱粉刺。素問生氣通天論:"寒薄爲皶,鬱乃~。"張隱菴集注:"痤,小癤也。夫皶與痤疿,乃血滯於膚表之輕證。"㊁癰瘡。韓非子外儲説右上:"夫~疽之痛也,非刺骨髓,則煩心不可支也。"

痢 lì 力至切,去,至韻,來。質部。

痢疾。太平御覽七四三漢曹操戒飲山水令:"凡山水甚强寒,飲之皆令人~。"唐杜甫哭台州鄭司户蘇少監詩:"瘧~殞巴水,瘡痍老蜀都。"

按,説文無痢字。

痗 mèi 莫佩切,去,隊韻,明。之部。

因憂而病。詩衛風伯兮:"願言思伯,使我心~。"泛指病。文選南朝宋謝靈運遊南亭詩："久～昏墊苦，旅館眺郊歧。"唐劉禹錫謁枉山會禪師詩："安能咎往事，且欲去沉～。"

按，説文無痗字。

痠 suān 素官切，平，桓韻，心。元部。

㊀酸疼。素問刺熱篇："熱争則項痛而强，胻寒且～。"又標本病傳論："胃病脹滿，五日少腹腰脊痛，胻～。"㊁石名。山海經中山經："風伯之山，其上多金玉，其少多～石文石。"

按，説文無痠字。

八　畫

痯 guǎn 古滿切，上，緩韻，見。元部。

〔痯痯〕疲憊的樣子。詩小雅杕杜："檀車幝幝，四牡痯痯。"又爲病也，見爾雅釋詁。

按，説文無痯字。

瘁 cuì 秦醉切，去，至韻，從。物部。

㊀勞累。詩小雅蓼莪："哀哀父母，生我勞～。"三國蜀諸葛亮後出師表："臣鞠躬盡～，死而後已。"引申爲憂傷。文選戰國宋玉高唐賦："登高遠望，使人心～。"文選晉陸機吊魏武帝文："執姬女以嚬～，指季豹而漼焉。"吕延濟注："嚬瘁，謂蹙眉而憂也。"㊁毁壞。文選晉陸機歎逝賦："悼堂構之隤～，愍城闕之丘荒。"

按，説文無瘁字。

瘀 yū 依倨切，去，御韻，影。魚部。

血液瘀積。楚辭戰國宋玉九辯："萷欐槮之可哀兮，形銷鑠而～傷。"急就篇四："瘧、瘚、～、痛、瘼，温病。"顔師古注"瘀，積血之病也"。

瘍 yì 羊益切，入，昔韻，喻四。錫部。

脈瘍，即狂疾。見説文。

痰 tán 徒甘切，平，談韻，定。

後起字。㊀氣管或支氣管粘膜分泌的粘液。集韻："痰，病液。"㊁〔痰癖〕病名。氣管生痰，飲食不消。抱朴子内篇至理："甘遂、葶歷(均藥名)之逐痰癖，栝樓、黄蓮之愈消渴。"

瘏 tú 同都切，平，模韻，定。魚部。

疲病。詩豳風鴟鴞："予口卒～。"毛傳："瘏，病也。"又周南卷耳："陟彼砠矣，我馬～矣。"朱熹集傳："瘏，馬病不能進也。"唐李德裕幽州紀聖功碑："竟得人病馬～，縮衂而退。"

痳 lín 力尋切，音林，平，侵韻，來。侵部。

淋病。見廣韻侵韻。釋名釋疾病："痳，懍也。小便難，懍懍然也。"唐玄應一切經音義二："痳，小便數也。"

痲 má 莫霞切，平，麻韻，明。

後起字。病名。如痲風，痲疹，痲痹等。

瘂 yǎ 烏下切，上，馬韻，影。

後起字。失去語言能力。又借"啞"作"瘂"。史記刺客列傳："居頃之，豫讓又漆身爲厲，吞炭爲啞。"司馬貞索隱："啞，謂瘖病。"南齊書蕭坦之傳："坦之肥黑無鬚，語聲嘶，時人號爲蕭～。"

［辨］瘂，瘖。二字同義，都是口不能言的意思。在漢以前的作品中，多用"瘖"字，未見"瘂"字。正字通"瘂"字注："瘂與瘖音别義同，故説文存'瘖'闕'瘂'，史傳借'啞'。"

按，説文口部有"啞"字，云："笑也"，於革切。

痷 ān 集韻烏含切，平，覃韻，影。

後起字。〔痷婪〕叠韻聯緜字。廣泛，浮泛。集韻："痷婪，泛意。"晉書文苑傳王沈釋時論："痷婪者以博納爲通濟。"

瘃 zhú 陟玉切，音躅，入，燭韻，知。屋部。

凍瘡。説文："瘃，中寒腫覈(核)。"漢書趙充國傳："將軍士寒，手足皸～。"宋梅堯臣對殘雪懷歐陽永叔詩："童僕苦病～，庭户無與杕。"

痾 kē（舊讀 ē）烏何切，平，歌韻，影。歌部。

字本作"疴"。㊀疾病。漢書五行志中之上："及人謂之～。～，病貌，言寖深也。"文選晉潘岳閑居賦："舊～有痊。"又爲災禍。晉張協洛禊賦："祈休吉，蠲百～。"㊁舊仇。後漢書袁譚傳："願捐弃百～，追攝舊義。"

按，說文無痾有疴。

痹 bì 必至切，去，至韻，幫。質部。

㊀風濕病。說文："痹，濕病也。"素問痹論："所謂～者，各以其時，重感於風、寒、溼之氣也。"㊁麻木。素問痿論："～而不仁。"三國魏嵇康與山巨源絶交書："危坐一時，～不得搖。"唐杜甫遣悶奉呈嚴公二十韻："老妻憂坐～，幼女問頭風。"

痼 gù 古暮切，去，暮韻，見。魚部。

積久難治的病。漢書王子侯表："～病不任朝。"三國志蜀書楊戲傳："（戲）與巴西韓儼、黎韜童幼相親厚，後儼～疾廢頓。"又假"固"爲"痼"。後漢書光武帝紀："是夏，京師醴泉涌出，飲之者固疾皆愈。"又假"錮"爲"痼"。漢書賈誼傳："失今不治，必爲錮疾。"引申爲積久難改的習慣、嗜好。元潘音反北山嘲詩："煙霞成～癖，聲價藉巢由。"

按，說文無痼有痁。段玉裁改痁爲痼。

痱 1. féi 符非切，平，微韻，奉。微部。

㊀病名。中風，癱瘓。靈樞經熱病："～之爲病也，身無痛者，四肢不收。"史記魏其武安侯列傳："病～，不食欲死。"

2. fèi 扶沸切，去，未韻，奉。

㊁〔痱癗〕小腫，泛指小粒塊。唐韓愈韓昌黎集八嘲鼾睡二首之一："木枕十字裂，鏡面生痱癗。"注："痱癗，腫病也。"

［備考］草木枯萎。詩小雅四月："秋日淒淒，百卉具腓。""腓"乃"痱"之假借。玉篇疒部"痱"字引詩及文選南朝宋謝靈運九日從宋公戲馬臺詩李善注引毛詩均作"痱"。云："毛萇曰：'痱，病也。'今本作'腓'字，非也。"

瘌 chì 尺制切，去，祭韻，穿三。月部。

癡病。山海經北山經："（單張之山）有鳥焉，…名曰白鵺，食之已嗌痛，可以已～。"郭璞注："瘌，癡病也。"

按，說文無瘌字。

痴 chī。

"癡"的俗體。見"癡"字條。

瘁 jì 其季切，去，至韻，群。質部。

病名。因恐懼心跳加速、氣喘。說文："瘁，氣不定也。"新唐書文藝傳王勃："勃…度海溺水，～而卒。"古書多假"悸"爲"瘁"。文選漢王延壽魯靈光殿賦："心猥猥而發悸。"徐鍇繫傳"瘁"字注作"心猥猥而發瘁"。

痿 wēi 於爲切，平，支韻，影。微部。

病名。肢體麻木，不能動作。素問痿論："黄帝問曰：五藏使人～何也？"張隱菴集注："痿者，四支無力委弱，舉動不能，若委棄不用之狀。"又："肌肉不仁，發爲肉～。"

瘐 yǔ 集韻勇主切，上，麌韻，喻四。侯部。

〔瘐瘐〕病。見爾雅釋訓。也可單用。特指犯人在獄中因掠笞或飢寒致病而死。漢書宣帝紀："今繫者或以掠辜若飢寒～死獄中，何用心逆人道也！"顔師古注："蘇林曰：'瘐，病也。囚徒病，律名爲瘐。'"

按，說文無瘐字。

痺 1. bì 集韻毗至切，去，至韻，並。

㊀"痹"的俗體。見"痹"字條。

2. bēi 府移切，平，支韻，幫。今讀如卑。支部。

㊁通"卑"。低下。廣韻："痺，下也。"大戴禮記勸學："其流行～下倨句，皆循其理。"王聘珍解詁："痺讀曰卑。"按，此字廣韻古逸本作"痺"，巨宋本作"庳"。周祖謨廣韻校本以痺爲庳之誤。集韻作庳，音賓彌切。

3. pí 經典釋文音脾。支部。

㊂雌鶉。字彙："痺，鳥名。鴿鶉之雌者。與痿痹字不同。"爾雅釋鳥："鶉鶉，其雄鶛，牝～。"(本亦作"庳"。)山海經南山經："(柜山)有鳥焉，…其音如～。"

按，說文無痺字。

痶 tiǎn 他典切，上，銑韻，透。

〔痶痪〕(後起詞)雙聲聯緜字。病。見廣韻。唐段成式酉陽雜俎貝編："歡喜蟲，能見衆萝，又有痶痪萅(本亦作萅)等。"

九　畫

瘦 shòu 所祐切，去，宥韻，審二。幽部。

"瘦"的古字。消瘦。說文："瘦，臞也。"參見"瘦"字條。

瘖 yīn 於金切，平，侵韻，影。侵部。

失語病，啞。國語晉語四："嚚～不可使言。"韋昭注："瘖，不能言者。"禮記王制："～、聾、跛躃、斷者、侏儒、百工，各以其器食之。"鄭玄注："瘖，謂口不能言。"引申爲沉默不語。唐柳宗元與蕭翰林俛書："用是更樂～默，思與木石爲徒。"又指動物不鳴叫。宋蘇軾三馬圖贊："振鬣長鳴，萬馬皆～。"

［辨］瘂，瘖。見"瘂"字條。

瘛 1. chì 五音集韻尺制切。月部。

㊀〔瘛瘲〕〔瘈瘲〕癲癇，手足痙攣。素問診要經終論："太陽之脈，其終也戴眼反折瘛瘲。"張隱菴集注："瘛瘲，手足屈伸也。"說文作"瘈瘲"。說文疒部："瘈，小兒瘈瘲病也。"段玉裁注："急就篇亦云'瘈瘲'。師古云：'即今癇病。'按今小兒驚病也。瘈之言掣也，瘲之言縱也。"

2. zhì 集韻征例切，去，祭韻，照三。月部。

㊁通"狾"。狂犬。左傳襄公十七年："國人逐～狗，～狗入於華臣氏。"說文及漢書五行志引作"狾"。

按，說文無瘛字，在第一個意義上作"瘈"，第二個意義作"狾"。

瘌 là 盧達切，入，曷韻，來。月部。

㊀藥物反應，頭暈目眩。說文："瘌，楚人謂藥毒曰痛瘌。"方言三："凡飲藥傅藥而毒，南楚之外謂之瘌。"㊁通"癩"。疥瘡。見集韻。

瘑 guō 古禾切，平，戈韻，見。

〔瘑疥〕疥瘡。漢趙曄吴越春秋夫差内傳："瘑疥，皮膚之疾，不足患也。"

按，說文無瘑字。

瘕 jiǎ 古疋切，上，馬韻，見。魚部。

㊀婦科病名，腹内結塊。說文："瘕，女病也。"難經奇經八脈："任之爲病，其内苦結，男子爲七疝，女子爲～聚。"泛指腹内結塊。素問氣厥論："小腸移熱於大腸，爲虙～。"張隱菴集注："虙與伏同。瘕者假也。假津血而爲聚汁也。蓋小腸主液，大腸主津，小腸移熱于大腸，則津液留聚而爲伏瘕矣。"㊁蠱脹病。山海經南山經："(麗麐之水)其中多育沛，佩之無～疾。"

瘩 mín 武巾切。集韻眉貧切，平，真韻，明。真部。

病名。詩大雅桑柔："多我覯～，孔棘孔圉。"

按，說文無瘩字。

瘄 shěng 所景切，上，梗韻，審二。

後起字。消瘦。廣韻："瘄，瘦瘄。"新唐書李百藥傳："容貌癯～者累年。"古書多以"省"爲"瘄"。後漢書袁閎傳李賢注："謝承書(指謝承後漢書)曰：'乳母從内出，見在門側，面貌省瘦，爲其垂泣。'"

［同源字］省，瘄。二字音同義近。"省"有減省的意思，引申爲人體消瘦。"瘄"是"省"的區别字。

瘧 nüè 魚約切，入，藥韻，疑。藥部。

瘧疾。素問瘧論："先寒而後熱也，病以時作，名曰寒～。…先熱而後寒也，亦以時作，名曰温～。…手足熱而欲嘔，名曰癉～。"又至真要大論："火熱，復惡寒發熱，有如～狀，或一日發，或間數日發。"禮記月令："寒熱不節，民多～疾。"世説新語言語："尊侯明德君子，何以病～？"

瘍 yáng 與章切，平，陽韻，喻四。陽部。

❶癰瘍。左傳襄公十九年："荀偃…生～於頭。"素問風論："故使肌肉憤䐜而有～。"張隱菴集注："故使肌肉憤然高起，而有癰～。"❷潰爛。素問風論："癘者，有榮氣熱胕，其氣不清，故使其鼻柱壞而色敗，皮膚～潰。"

[同源字]痒，瘍。見"痒"字條。

瘟 wēn 集韻烏昆切，平，魂韻，影。

後起字。瘟疫，急性傳染病。抱朴子内篇微旨："經～疫則不畏，遇急難則隱形。"南朝梁宗懍荆楚歲時記："以五彩絲系臂，名曰辟兵，令人不病～。"又："正月旦，吞鷄子、赤豆七枚，辟～氣。"

瘉 yù 以主切，上，麌韻，喻四。侯部。

❶病。詩小雅正月："父母生我，胡俾我～？"❷病愈。説文："瘉，病瘳也。"漢書盧綰傳："綰悉將其宫人家屬騎數千，居長城下候伺，幸上病～，自入謝。"顔師古注："瘉與愈同。"❸勝過。漢書藝文志："彼九家者，不猶～於野乎？"❹副詞。更加。荀子堯問："每益禄而施～博，位滋尊而禮～恭。"

按，在❷❸❹等意義上現在一律寫作愈。

瘓 1. tuǎn 吐緩切，上，緩韻，透。

❶[瘓瘓]（後起詞）雙聲聯緜字。見"瘓"字條。

2. huàn 正字通呼管切。

❷癱瘓。正字通："瘓，癱瘓，四體麻痺不仁，皆因風寒暑溼所致。"

瘋 fēng 集韻方馮切，平，東韻，非。

後起字。❶頭風病。見集韻。❷精神失常。清蒲松齡聊齋志異畫皮："市上有～者，時卧糞土中。"

瘦 shòu 所祐切，去，宥韻，審二。幽部。

字本作"瘦"，亦作"膄(膄)"。❶人體消瘦。淮南子脩務："神農憔悴，堯～臞。"唐李賀苦晝短詩："食熊則肥，食蛙則～。"也指動物消瘦。漢書趙充國傳："萬騎以上，皆多羸～。"引申爲細小。周禮地官廛人注："珍異，四時食物也，不售而在廛，久則將～(本亦作"膄")臞腐敗。"❷土地瘠薄。唐孟郊秋夕貧居述懷詩："淺井不供飲，～田長廢耕。"❸稀薄。唐杜甫無家别："久行見空巷，日～氣慘悽。"又爲減損。宋李清照如夢令："知否，知否，應是緑肥紅～。"

按，説文瘦作瘦。段玉裁注："今字作瘦。"

十　畫

瘣 shuāi 所追切，平，脂韻，審二。微部。

衰老，衰病。一切經音義卷一引禮記："年五十始～。"急就篇："篤癃～廢迎醫匠。"引申爲衰減。説文："瘣，減也。"

瘥 1. cuó 昨何切，音嵯，平，歌韻，從。歌部。

❶病。詩小雅節南山："天方薦～。"毛傳："瘥，病。"左傳昭公十九年："鄭國不天，寡君之二三臣札～夭昏。"國語周語下："然則無夭、昏、札、～之憂，而無飢、寒、乏、匱之患。"

2. chài 楚懈切，去，卦韻，穿二。歌部。

❷病愈。説文："瘥，瘉也。"宋孔平仲續世説卷四夙慧："患既未～，眠亦未安。"古書多寫作"差"。方言三："差，愈也。南楚病愈者謂之差。"後漢書嚴光傳李賢注引晉皇甫謐高士傳卷下："君房素癡，今爲三公，寧小差否？"

瘚 jué 居月切，入，月韻，見。月部。

病名。逆氣。見説文。急就篇："瘧～瘀

痛瘼温病。”古書多借“厥”或“蹷”爲“瘚”。素問厥論：“黄帝問曰：厥之寒熱者何也？岐伯對曰：陽氣衰於下則爲寒厥，陰氣衰於下則爲熱厥。”吕氏春秋重己：“多陰則蹷，多陽則痿。”

瘛 chì 尺制切，去，祭韻，穿三。月部。

“瘈”的本字。〔瘛瘲〕見“瘈”字條。

瘝 guān 姑頑切，平，山韻，見。文部。

病。書康誥：“嗚呼！小子封，恫～乃身。”引申爲有毛病的人。”書召誥：“厥終智藏～在。”

按，説文無瘝字。

瘳 chì 尺制切，去，祭韻，穿三。月部。

俗作“掣”。牽引。釋文爾雅音義引説文曰：“‘引而縱之’曰瘳。”王筠句讀“瘳”字注：“合引與縱而後謂之瘳。詩板釋文：瘳，本又作掣。”靈樞經熱病：“熱病，頭痛，顳顬目～脈痛。”

按，説文瘳字在手部。段玉裁注：“俗作掣。”又云：“俗字作撦，作扯，聲形皆異矣。”

痹 bì 毗至切，去，至韻，並。質部。

足麻。説文：“痹，足氣不至也。”徐鍇繫傳：“今人言久坐則足痹也。”又指腿抽筋。玉篇：“足氣不至，轉筋也。”

瘨 diān 都年切，平，先韻，端。真部。

❶病苦，用作使動。詩大雅雲漢：“胡寧～我以旱，憯不知其故。”引申爲暈倒。戰國策楚策一：“水漿無入口，～而殫悶，旄(眊)不知人。”❷癲狂，精神失常。廣雅釋詁四：“瘨，狂也。”王念孫疏證引素問腹中論：“石藥發～(本亦作“癲”)，芳草發狂。”

瘗 yì 於罽切，去，祭韻，影。葉部。

❶瘗埋。説文：“瘗，幽薶也。”詩大雅雲漢：“上下奠～，靡神不宗。”引申爲墳墓。晉書王敦傳：“於是發～出屍，焚其衣冠。”❷祭名，祭土。吕氏春秋任地：“有年～土，無年～土。”高誘注：“祭土曰瘗。”儀禮覲禮：“祭天，燔柴；祭山丘陵，升；祭地，～。”周禮春官司巫：“凡祭事，守～。”鄭玄注：“瘗，謂祭地祇有埋牲玉者也。”孫詒讓正義：“蓋瘗爲祭地示之通禮，大宗伯地示三祭，血祭及貍並有～。”❸隱藏。新唐書魏徵傳：“大理卿馬曙有犀鎧數十首，懼而～之。”

按，説文瘗字在土部。

瘰 wán 五還切，音頑，平，删韻，疑。文部。

麻痺。廣韻：“瘰，痹。”素問五常政大論：“皮～肉苛，筋脈不利。”張隱菴集注：“瘰，音頑。痺也。水飲中滿，皮痺肉苛，皆水溼之爲病也。”

按，説文無瘰字。

瘣 huì 胡罪切，音匯，上，賄韻，匣。微部。

❶樹木傷病，没有枝條。説文引詩“譬彼～木”。今詩小雅小弁作“壞木”。三國魏徐幹中論藝紀：“木無枝葉，則不能豐其根幹，故謂之～。”❷〔瘣隤〕〔虺隤〕叠韻聯緜字。疲病的樣子。漢焦贛易林師之臨：“玄黄瘣隤，行者勞罷。”

［同源字］虺，隤(虺隤)，壞，瘣。見“虺”字條。

瘡 chuāng 初良切，平，陽韻，穿二。陽部。

❶癰疽之類。素問五常政大論：“其病支癈癰腫～瘍。”三國志魏書明帝紀：“壽春農民妻自言爲天神所下，…飲人以水，及以洗～，或多愈者。”❷通“創”。創傷。戰國策楚策四：“飛徐者，故～痛也；悲鳴者，久失群也。”後漢書耿恭傳：“漢家箭神，其中～者必有異。”❸〔瘡痍〕比喻人民疾苦。漢書季布傳：“今瘡痍未瘳，(樊)噲又面諛，欲摇動天下。”唐杜甫送韋諷上閬州録事參軍詩：“必若救瘡痍，先應去蝥賊。”

按，説文無瘡字。

瘠 jí 秦昔切，入，昔韻，從。錫部。

❶人體或動物瘦弱。周禮地官大司徒：“其民皙而～。”左傳昭公十三年：“牛雖～，僨

於豚上,其畏不死!"引申爲土地瘠薄。國語楚語上:"~磽之地,於是乎爲之。"又魯語下:"昔聖王之處民也,擇~土而處之。…~土之民莫不嚮義,勞也。"引申爲簡樸。荀子富國:"墨子大有天下,小有一國,將蹙然衣麤食惡,憂戚而非樂,若是則~,~則不足欲。"楊倞注:"瘠,奉養薄也。"引申爲削弱。用作使動。左傳襄公二十九年:"如是可矣,何必~魯以肥杞?"❷疾疫。公羊傳莊公二十年:"夏,齊大災。大災者何?大~也。"❸通"胔(骴)"。今音讀zì。將腐爛的屍體。管子八觀:"稼亡三之一,而非有故蓋積也,則道有捐~矣。"王念孫讀書雜志七:"瘠讀爲掩骼埋胔之胔。露骨曰骼,有肉曰胔。"

按,說文瘠作膌,在肉部。

瘜 xī 相即切,入,職韻,心。職部。

息肉。說文:"瘜,寄肉也。"靈樞經水脹:"寒氣客於腸外,與衛氣相搏,氣不得營,因有所繫,癖而内著,惡氣乃起,~肉乃生。"字亦作"腮"。方言一三:"臏,腮也。"郭璞注:"謂息肉也。"

[同源字]息,瘜。二字雙聲叠韻。說文心部"息"字段玉裁注:"(息)引申爲生長之偁。"又"瘜"字注:"肉部'腥'下曰:'星見食豕,令肉中生小息肉也。'息肉即瘜肉。"徐鍇繫傳:"息者,身外生之也。故古謂賒貸生舉錢爲息錢,旋生土爲息壤也。"

瘢 bān 薄官切,平,桓韻,並。元部。

傷痕。漢書朱博傳:"視其面,果有~。"顔師古注:"瘢,創痕也。"後漢書馬廖傳:"吴王好劍客,百姓多創~。"唐賈島贈王將軍詩:"馬曾金鏃中,身有寶刀~。"比喻毛病,缺點。後漢書趙壹傳:"所好則鑽皮出其毛羽,所惡則洗垢求其~痕。"

十一畫

瘴 zhàng 之亮切,去,漾韻,照三。

瘴氣。後漢書馬援傳:"軍吏經~疫死者十四五。"唐張九齡曲江集四夏日奉使南海在道中作:"秋~寧我毒,夏水胡不夷。"宋蘇軾薏苡詩:"伏波飯薏苡,禦~傳神良。"

按,説文無瘴字。

瘯 cù 千木切,入,屋韻,清。屋部。

〔瘯蠡〕〔瘯蠡〕瘦弱。左傳桓公六年:"謂其畜之碩大蕃滋也,謂其不疾瘯蠡也。"楊伯峻注:"瘯音族,借爲瘦。蠡借爲羸。不疾瘯蠡,猶言不病瘦弱。"杜預注:"皮毛無疥癬。"二説不同。漢焦贛易林漸之豫:"盈滿減虧,瘯蠡腯肥。"

按,説文無瘯字。

瘭 biāo 府遥切,集韻卑遥切,平,宵韻,幫。宵部。

〔瘭疽〕〔漂疽〕腫毒。莊子則陽:"漂疽疥癰,内熱溲膏是也。"釋文"漂"本亦作"瘭"。後漢書鮮卑列傳:"中國之困,胸背之瘭疽。"明李時珍本草綱目獸部犀:"瘭疽,毒瘡,喜著十指。"

按,説文無瘭字。

瘼 mò 慕各切,入,鐸韻,明。鐸部。

病,疾苦。詩小雅四月:"亂離~矣,爰其適歸。"毛傳:"瘼,病。"又大雅桑柔:"捋采其劉,~此下民。"毛傳:"瘼,病。"後漢書循吏列傳:"廣求民~,觀納風謡。"又爲弊病。漢趙壹刺世疾邪賦:"原斯~之攸興。"

瘽 qín 巨斤切,平,欣韻,群。文部。

病。見説文及爾雅釋詁。

瘵 1. zhì 竹例切,去,祭韻,知。

後起字。❶赤白痢疾。見玉篇。字亦作"滯"。釋名釋疾病:"下重而赤白曰滯。"

2. dài 當蓋切,去,泰韻,端。

❷婦女白帶病。玉篇:"瘵,瘵下,病也。"

瘱 yì 於計切,去,霽韻,影。月部。

❶閑雅,沉静。説文:"瘱,静也。"漢書外

戚傳:"(孝平王皇后)爲人婉~,有節操。"文選漢王褒洞簫賦:"其妙聲,則清静厭~。"字亦作"嫕"。文選戰國宋玉神女賦:"澹清静其愔嫕。"㊁諦審。方言六:"瘱,審也。"逸周書文酌:"一,樹惠不~。"朱右曾校釋:"瘱,審也。樹惠於人,而不審其邪正。"

按,說文瘱字在心部。王筠句讀:"與'瘞'音義並同。"

瘳 chōu 丑鳩切,平,尤韻,徹。幽部。

病愈。詩大雅瞻卬:"罪罟不收,靡有夷~。"文選晉陸機弔魏武帝文:"冀翌日之云~,彌四旬而成災。"用作動詞。治愈。唐元稹陽城驛詩:"神醫不言術,人瘼曾暗~。"引申爲益處。左傳昭公十三年:"若爲夷棄之,使事齊、楚,其何~於晉?"國語晉語二:"君不度而賀大國之襲,於己也何~?"又晉語一:"若其有凶,備之爲~。"

瘸 qué 巨靴切,平,戈韻,群。

後起字。跛足。宋王闢之澠水燕談録九雜録:"錢鏐之據錢塘也,子跛,鏐鍾愛之。諺謂'跛'爲'~',杭人爲諱之,乃稱'茄'爲'落蘇'。"

瘻 1. lòu 盧候切,去,候韻,來。侯部。

㊀頸腫,即淋巴腺結核。山海經中山經:"合水…多鰧魚,…食者不癰,可以已~。"唐柳宗元捕蛇者說:"得而腊之以爲餌,可以已大風、攣踠、~、癘。"

2. lǘ 力朱切,平,虞韻,來。侯部。

㊁〔瘻痀〕叠韻聯緜字。見"痀"字條。㊂駝背。唐柳宗元種樹郭橐駝傳:"郭橐駝,不知始何名。病~,隆然伏行。"

瘰 luǒ 郎果切,上,果韻,來。歌部。

〔瘰癧〕雙聲聯緜字。淋巴腺結核。靈樞經寒熱:"黄帝問于岐伯曰:寒熱瘰癧在于頸腋者,皆何氣使生?岐伯曰:此皆鼠瘻寒熱之毒氣也,留于脈而不去者也。"

按,說文無瘰字。

瘵 zhài 側界切,去,怪韻,照二。月部。

病,疾苦。說文:"瘵,病也。"詩大雅瞻卬:"邦靡有定,士民其~。"唐杜甫同元使君舂陵行:"歎時藥力薄,爲客羸~成。"文選晉木華海賦:"天綱浡潏,爲凋爲~。"李善注引爾雅曰:"瘵,病也。"

〔備考〕通"際"。接。詩小雅菀柳:"上帝甚蹈,無自~焉。"鄭箋:"瘵,接也。"毛傳:"瘵,病也。"二說不同。

瘲 xuǎn 集韻息淺切,上,獮韻,心。元部。

同"癬"。〔疥瘲〕皮膚病。史記越王句踐世家:"齊與吴,疥瘲也。"

按,說文無瘲有癬。

瘲 zòng 子用切,去,用韻,精。東部。

〔瘈瘲〕〔瘛瘲〕見"瘈"字條。

十 二 畫

瘇 zhǒng 時冗切,上,腫韻,禪。東部。

字亦作"尰"。足腫病。說文"瘇"字引詩小雅巧言"既微且~"。今本作"尰"。字亦作"瘴"。漢書賈誼傳:"天下之事,方病大瘴。"

癆 1. lào 郎到切,去,号韻,來。宵部。

㊀因藥物反應引起的疼痛。說文:"癆,朝鮮謂藥毒曰~。"方言三:"凡飲藥傅藥而毒,南楚之外謂之瘌,北燕朝鮮之間謂之~。"郭璞注:"癆、瘌,皆辛螫也。"引申爲痛苦。唐皮日休九諷遇謗詩:"既何路以自辨兮,遂没齒而~刺。"

2. láo 集韻郎刀切,平,豪,來。

㊁癆病,即結核病(後起義)。唐段成式異疾志:"嘗有一客尼寓宿,病~,瘦甚且死。"

瘤 liú 力求切,平,尤韻,來。幽部。

腫瘤。說文:"瘤,腫也。"朱駿聲說文通訓定聲孚部"瘤"字引通俗文:"肉凸曰瘤。"又引聲類:"瘤,息肉也。"俗作"瘤"。唐元稹陽城驛詩:"公雖未顯諫,惴惴如患～。"引申爲樹幹上隆起的塊粒。南朝梁庾信枯樹賦:"載癭銜～,藏穿抱穴。"引申爲指多餘無用的事物。晉干寶搜神記六:"石立土踊,此天地之～贅也。"

瘮 cǎn 七然切,集韻七感切,上,感韻,清。侵部。

慘痛。漢書異姓諸侯王表:"嚮應～於謗議,奮臂威於甲兵。"顔師古注引應劭曰:"秦法,誹謗者族。今陳勝奮臂大呼,天下莫不嚮應。嚮應之害更瘮烈於所謗議也。"又谷永傳:"榜箠～於炮格,絶滅人命。"

按,説文無瘮字。朱駿聲説文通訓定聲以"瘮"爲"憯"之異體,集韻亦以"瘮"爲"憯"之或體。

療 liáo (舊讀 liào)力照切,去,笑韻,來。宵部。

治療。周禮天官瘍醫:"凡～瘍以五毒攻之。"鄭玄注:"止病曰療。"引申爲泛指救治。左傳襄公二十六年:"今楚多淫刑,其大夫多逃死于四方,而爲之謀主,以害楚國,不可救～。"字亦作"𤻲"。詩陳風衡門"泌之洋洋,可以樂飢"鄭箋:"可飲以𤻲飢。"

[同源字]療,愮。二字叠韻,來喻鄰紐。在治療這個意義上,二字同源。方言一〇:"愮,療,治也。江湘郊會謂醫治之曰愮,…或曰療。"

按,説文以療爲𤻲的或體。

癇 xián 户閒切,平,山韻,匣。元部。

癲癇,即羊角風。素問大奇論:"二陰急爲～厥,二陽急爲驚。"張隱菴集注:"癇厥者,昏迷仆撲,卒不知人。"隋巢元方諸病源候論癇候:"～者,小兒病也。十歲已上爲癲,十歲已下爲～。"

癃 lóng 力中切,平,東韻,來。冬部。

罷癃。説文:"癃,罷病也。"段玉裁注:"罷者,廢置之意,凡廢置不能事事曰罷癃。"字亦作"瘙"。指足不能行。廣雅釋言:"躄,瘙也。"王念孫疏證:"足不能行,故謂之癃病。"引申爲衰老病弱。晏子春秋内篇問下:"公所身見～老者七十人,振贍之。"漢書高帝紀下:"年老～病,勿遣。"特指小便不通,失常。素問五常政大論:"其病～閟,邪傷腎也。"張隱菴集注:"癃,小便不通;閟,大便乾澀不利也。"又奇病論:"有～者,一日數十溲。"又宣明五氣篇:"膀胱不利爲～。"

癈 fèi 方肺切,去,廢韻,非。月部。

癈疾。説文:"癈,固病也。"段玉裁注:"按此當云:'癈固,病也。'癈猶廢,固猶錮。如瘖、聾、跛躃、斷者、侏儒皆是。"禮記禮運:"矜寡孤獨～疾者,皆有所養。"周禮地官族師:"辨其貴賤老幼～疾可任者。"賈公彦疏:"癈疾,謂廢於人事疾病,若今癃不可事者也。"素問五常政大論:"其病支～癰腫瘡瘍。"

癉 1. dàn 得案切,去,換韻,端。元部。

❶字亦作"㾶"。勞累致病。説文:"癉,勞病也。"詩大雅板:"上帝板板,下民卒～。"釋文:"沈本作㾶。"禮記緇衣引此詩亦作"㾶"。❷通"亶"。充盈。國語周語上:"古者,太史順時覛土,陽～憤盈,土氣震發。"韋昭注:"癉,厚也。"❸通"疸"。黄疸病。山海經西山經:"(翼望之山)有獸焉,…名曰讙。…服之已～。"

2. dān 都寒切,平,寒韻,端。元部。

❹消渴病,今名糖尿病。素問奇病論:"此五氣之溢也,名曰脾～。…此人必數食甘美而多肥也。肥者令人内熱,甘者令人中滿,故其氣上溢,轉爲消渴。"又脈要精微論:"～成爲消中。"張隱菴集注:"癉,溼熱病也。溼熱已成,則中土受傷,久則津液不生,變成中消之證。"史記扁鵲倉公列傳:"風～客脬,難於大小溲,溺赤。"

3. tán 徒干切,平,寒韻,定。

❺病名。風癱。風在手足。見廣韻寒韻。

瘔 qiáo 慈焦切,平,宵韻,從。宵部。

❶同"憔"。憂患。見集韻。❷〔瘔瘁〕雙聲聯綿字。義同"噍殺",樂聲急蹙的樣子。漢書禮樂志:"是以纖微瘔瘁之音作,而民思憂。"禮記樂記作"噍殺之音"。

按,説文無瘔字。

瘣 tuí 杜回切,平,灰韻,定。物部。

同"癩"。陰部病。類篇疒部:"瘣,倉頡篇:陰病。瘣,或作癩。"靈樞經邪氣藏府病形:"(脾脈)滑甚爲~癃。"參見"癩"字條。

按,説文無瘣字。

十 三 畫

癔 yì 於力切,入,職韻,影。

後起字。精神病。字彙疒部:"癔,心意病也。"

癉 dǎn 多旱切,上,旱韻,端。元部。

❶同"癉"。見"癉"字條。❷疾惡,憎惡。禮記緇衣:"有國者章善~惡。"

按,説文無癉字。

癕 yōng 五音集韻於容切。東部。

同"癰"。毒瘡。韓非子姦劫弒臣:"故厲雖~腫疕瘍,上比於春秋,未至於絞頸射股也。"史記穰侯列傳:"以天下攻齊,如以千鈞之弩決潰~也。"

按,説文無癕有癰。

癗 lěi 落猥切,上,賄韻,來。

後起字。皮膚上起疙瘩。明張岱陶菴夢憶卷五:"南京柳麻子,黧黑,滿面疤~。"〔痱癗〕皮外小起。見正字通疒部"癗"字條。參見"痱"字條。

癘 lì 力制切,去,祭韻,來。月部。

❶毒瘡,麻風病。説文:"癘,惡疾也。"戰國策楚策四:"~人憐王。"素問風論:"~者,有榮氣熱胕,其氣不清,故使鼻柱壞而色敗,皮膚瘍潰。風寒客于脈而不去,名曰癘風。"❷瘟疫。墨子兼愛下:"今歲有~疫,萬民多有勤苦凍餒轉死溝壑中者,既已衆矣。"用作動詞。遭瘟疫。莊子逍遥遊:"其神凝,使物不疵~而年穀熟。"❸殺。管子五行:"不~雛鷇。"

癖 pǐ 芳辟切,集韻匹辟切,入,昔韻,滂。錫部。

❶腹病,即慢性脾臟腫大。靈樞經水脹:"寒氣客于腸外,與衛氣相搏,氣不得營,因有所繫,~而内著。"❷嗜好。晉書和嶠傳:"杜預以爲嶠有錢~。"又杜預傳:"(武帝)謂預曰:'卿有何~?'對曰:'臣有左傳~。'"宋史米芾傳:"芾好潔成~,至不與人同巾器。"❸〔癖痼〕積久難治的病。文苑英華唐李華雲母泉詩序:"鄉人多壽考,無癖痼疥搔之疾。"

按,説文無癖字。

癜 diàn 正字通都見切。

後起字。皮膚病。正字通疒部:"癜,風斑片也。有紫白二種。"

癐 1. guì 集韻古外切,去,泰韻,見。

後起字。❶病。見集韻。

2. wēi 字彙補影規切。

❷〔癐癐〕象聲詞。喊聲。明陶宗儀輟耕録十一:"於臨陣之際,齊聲大喊'阿癐癐',以助軍威。"

癤 jiē 子結切,入,屑韻,精。

後起字。瘡,癤子。正字通作"癤",云:"癤,瘍類。癤與癰疽别,瘍之小者爲癤。"明李時珍本草綱目百病主治藥癰疽:"大爲癰,小爲~。"

癙 shǔ 舒吕切,上,語韻,審三。魚部。

❶病,憂鬱成疾。詩小雅正月:"哀我小心,~憂以痒。"毛傳:"癙、痒皆病也。"❷瘻瘡。山海經中山經:"(脱扈之山有草焉,)名曰植楮,可以已~。"

按，説文無癍字。

癓 wēi 無非切，平，微韻，微。

病名。小腿長瘡。廣韻："癓，三蒼云：足上瘡。"詩小雅巧言和爾雅釋訓"既微且尰"，均以"微"爲癓。釋文爾雅音義云："字書作'癓'。"陳奂傳疏："字書作癓，爲俗字。"

按，説文無癓字。

十四畫

癠 jì 在詣切，去，霽韻，从。脂部。

❶病。爾雅釋詁："癠，病也。"禮記玉藻："親～，色容不盛。"❷短小。方言九："凡物生而不長大，亦謂之鮆，又曰癠。"

按，説文無癠字。

癬 chèn。

同"疢"、"疹"。病。南朝宋鮑照謝賜藥啟："～同山岳，蒙靈藥之賜。"錢振倫集注："癬疑即疹字，蓋疹俗作疹，而又轉作癬耳。"集韻稕韻："疢，熱病。或作疹、疹。"文選三國魏曹植贈白馬王彪："憂思成疾疹，無乃兒女仁。"

按，説文無癬有疢。

癡 chī 丑之切，平，之韻，徹。之部。

❶愚蠢。方言一〇："癡，騃也。"説文："癡，不慧也。"晉書王湛傳："湛初有隱德，皆以爲～。"引申爲年幼無知。唐白居易井底引銀瓶詩："寄言～小人家女，慎勿將身輕許人。"❷癲狂。論衡率性："有～狂之疾，歌啼於路，不曉東西。"唐李白公無渡河詩："披髮之叟狂而～，清晨徑流欲奚爲？"漢書韋玄成傳："蒙恥辱，爲狂～，光曜晻而不宣。"❸執著，癡迷不捨。唐元稹連昌宫詞："歸來如夢復如～。"新唐書竇威傳："子弟皆喜武力，獨威尚文，諸兄詆爲書～。"宋陸游送范西叔赴召之二："白頭尚作書～在，賸乞朱黄與校讎。"

癟 biě 蒲結切，入，屑韻，並。後起字。乾癟。玉篇："癟，枯病也。"

十五畫

癢 yǎng 餘兩切，上，養韻，喻四。陽部。

皮膚受刺激需要搔撓的感覺。禮記内則："問衣燠寒，疾痛苛～，而敬抑搔之。"三國魏嵇康難自然好學論："夫口之於甘苦，身之於痛～，感物而動，應事而作。"引申爲極想表現某種技能。漢應劭風俗通第六："（高漸離）聞其家堂上客擊筑，伎～，不能出。"

按，説文癢作蛘，云："騷蛘也。"段玉裁注："俗多用痒、癢、養字，蓋非也。"

癥 zhēng 陟陵切，平，蒸韻，知。蒸部。

病名。腹内結塊。史記扁鵲倉公列傳："以此視病，盡見五藏～結。"張守節正義："王叔和脈經云：'左手脈横，癥在左；右手脈横，癥在右。'"抱朴子外篇用刑："夫～瘕不除，而不修越人之術者，難圖老彭之壽也。"

按，説文無癥字。

癠 liáo 力照切，去，笑韻，來。宵部。

治療。説文："癠，治也。"參見"療"字條。

十六畫

癩 lài 落蓋切，去，泰韻，來。

"癘"的後起字。麻風病。〔癩風〕唐孫思邈千金翼方二一："風熱徹五藏，飲食雜穢，蟲生至多，食人五藏骨髓皮肉筋節，久久壞敗，名曰癩風。"素問風論作"癘風"。參見"癘"字條。

［備考］淮南子精神："夫癩者趨不變。"高誘注："或作介。介，被甲者。"馬宗霍淮南子參證："'癩'字説文作'癘'，訓'惡疾也'。禮記月令'孟冬行春令，民多疥癘'。然則此文癩或作介者，介蓋疥之省借字。"

按，説文無癩有癘。

癧 lì 郎擊切，入，錫韻，來。錫部。

〔瘰癧〕雙聲聯緜字。見"瘰"字條。

按,説文無癧字。

瘣 tuí 集韻徒回切,平,灰韻,定。微部。

㊀〔瘣疝〕小腹腫大。素問脈解:"厥陰所謂瘣疝,婦人少腹腫者,厥陰者辰也,三月陽中之陰,邪在中,故爲瘣疝,少腹腫也。"㊁〔瘣癃疝〕男子陰器腫大。素問脈解:"所謂瘣癃疝膚脹者,曰陰亦盛,而脈脹不通,故曰瘣癃疝也。"張隱菴集注:"瘣癃疝者,陰器腫而不得小便也。"

按,説文無瘣字。

十 七 畫

癮 yǐn 集韻倚謹切,上,隱韻,影。

後起字。亦作"瘾"。〔癮疹〕〔瘾胗〕〔瘾疹〕皮膚病,即蕁麻疹。見集韻。正字通疒部"疹"字注:"癮疹,如麻粟也。其類不一。"又"瘾"字注:"瘾疹,皮外小起。"

癭 yǐng 於郢切,上,静韻,影。耕部。

生長在頸部的囊狀瘤子。説文:"癭,頸瘤也。"段玉裁注:"此以頸瘤與頸腫别言者,頸瘤則如囊者也,頸腫則謂暫時腫脹之疾,故異其辭。"正字通疒部"癭"字云:"方書:～有五,肉色不變爲肉癭,筋脈現露爲筋癭,筋脈交絡爲血癭,隨憂惱消長爲氣癭,堅硬不移爲石癭。"晉張華博物志卷一:"山居之民多～腫疾,～由於飲泉水之不流者。"引申爲惡性腫瘤。三國志魏書賈逵傳注:"逵前在弘農,與典農校尉爭公事,不得理,乃發憤生～,後所病稍大,自啟願欲令醫割之。"引申爲樹木外部隆起如瘤的地方。劉子新論因顯:"夫樟木盤根鉤枝,～節蠹皮,輪菌擁腫,則衆眼不顧。"引申爲用癭木做成的酒杯。唐杜甫贈王二十四侍御契四十韻:"長歌敲柳～,小睡凭藤輪。"用作動詞。長癭瘤。山海經中山經:"(苦山)有草焉,…服之不～。"

癬 xuǎn 息淺切,上,獮韻,心。元部。

皮膚病。説文:"癬,乾瘍也。"釋名釋疾病:"癬,徙也。浸淫移徙處日廣也。故青徐謂～爲徙也。"

十 八 畫

癯 qú 其俱切,平,虞韻,群。

同"臞"。消瘦。文選南朝梁沈約齊故安陸昭王碑文:"若此移年,～瘠改貌。"新唐書蘇定方傳:"馬～卒勞無鬭志。"宋梅堯臣詠梅詩:"玉骨綃裳韻太孤,天教飛雪伴清～。"

按,説文無癯有臞,在肉部。

癰 yōng 於容切,平,鍾韻,影。東部。

字亦作"痈"。惡性膿瘡。説文:"癰,腫也。"靈樞經癰疽:"營衛稽留于經脈之中,則血泣而不行,不行則衛氣從之而不通,壅遏而不得行,故熱。大熱不止,熱勝則肉腐,肉腐則爲膿。然不能陷,骨髓不爲燋枯,五藏不爲傷,故命曰～。"用作動詞。生癰瘡。山海經中山經:"合水出于其陰,…多騰魚,…食者不～,可以爲瘻。"喻指災難禍害。晉干寶搜神記六:"山崩地陷,此天地之～疽也。"

[辨]癰,疽,腫。三字同義,均爲毒瘡。癰、疽的區别是:"疽者,上之皮夭以堅,上如牛領之皮。癰者,其皮上薄以澤。"(靈樞經癰疽)。癰、腫的區别是:"腫之本義謂癰,引申之爲凡墳起之名。如上文'瘤,腫也';'痤,小腫也',則非謂'癰'也。"(段玉裁説文"癰"字注)。

十 九 畫

癱 tān 字彙他丹切。元部。

風癱。正字通疒部:"癱,風癱,筋脈拘急,麻痺不仁。"漢張仲景金匱要略中風歷節:"風引湯除熱～癇。"

按,説文無癱字。

癲 diān 都年切,平,先韻,端。真部。

㊀同"瘨"。癲狂。靈樞經邪氣藏府病形:"肺脈急甚爲～疾。"參見"瘨"字條。㊁〔癲癇〕俗名羊角風。本草經序例:"堅積癥瘕,驚邪癲癇。"

按,説文無癲有瘨。

癶 部

癶 bō 北末切,入,末韻,幫。月部。

〔剌癶〕叠韻聯緜字。兩足向外。説文癶部:"癶,足剌癶也。"

四 畫

癸 guǐ 居誄切,上,旨韻,見。脂部。

天干的第十位。爾雅釋天:"太歲在～曰昭陽。"

按,説文癸字在癸部。

癹 bá 蒲撥切,入,末韻,並。月部。

㊀用足蹋夷田中雜草。説文"癹"字引"春秋傳曰:'～夷藴崇之。'"今本左傳隱公六年作"芟夷薀(蘊)崇之。"㊁〔癹骫〕盤曲。文選漢司馬相如上林賦:"崔錯癹骫(古委字),坑衡閜砢。"

七 畫

登 dēng 都滕切,平,登韻,端。蒸部。

㊀字亦作"豋"、"䒭"。器皿。詩大雅生民:"卬盛于豆,于豆于～。"㊁升,自下而上。説文:"登,上車也。"易明夷:"初～于天,後入于地。"論衡死僞:"太子趨～僕車而告之。"引申爲職務的提升。左傳哀公十六年:"子伯季子初爲孔氏臣,新～于公。"引申爲增加。左傳昭公三年:"陳氏三量皆～一焉,鍾乃大矣。"引申爲進獻。禮記月令:"農乃～麥,天子乃以彘嘗麥。"由登高引申爲形容詞"高"。國語晉語九:"哀名之不令,不哀年之不～。"㊂成熟。禮記曲禮下:"歲凶,年穀不～。"㊃登記。周禮秋官司民:"掌～萬民之數。"㊄副詞。當即。北魏酈道元水經注洛水:"自晨至中,紫云沓起,甘雨～降。"

〔辨〕①登,升。二字在升高、穀物成熟等意義上同義。如"升車"、"升堂"與"登車"、"登堂"同義。論語陽貨:"新穀既升。"朱熹集註:"升,登也。""登"的其他義項,"升"字都不具有。

②登,豋。見"豋"字條。

〔同源字〕①騰,登,乘,升。見"騰"字條。

②登,蹬,隥,磴,嶝,鐙。見"蹬"字條。

按,説文登、豋(䒭)分爲兩字。登在癶部,豋(䒭)在豆部,云:"禮器也。从廾持肉在豆上。"段玉裁注:"劉氏台拱曰:詩爾雅皆作'登'。釋文唐石經篇韻皆無'豋',玉篇有'䒭'字,俗製'豋'字改經,非也。"

發 1. fā 方伐切,入,月韻,非。月部。

㊀發射。詩召南騶虞:"彼茁者蓬,壹～五豵。"成語有"百～百中"。引申爲箭的單位名詞。漢書匈奴傳:"弓一張,矢四～。"引申爲出發。楚辭戰國屈原九章哀郢:"～郢都而去閭兮,怊荒忽其焉極?"引申爲開發。詩周頌噫嘻:"駿～爾私,終三十里。"㊁發生,生長。詩大雅生民:"實～實秀,實堅實好。"㊂發布、發表。左傳僖公三十三年:"遂～命,遽興姜戎。"詩小雅小旻:"～言盈庭,誰敢執其咎。"㊃啟發。論語述而:"不憤不啟,不悱不～。"㊄打開、拆毀。莊子胠篋:"將爲胠篋探囊～匱之盜而爲守備。"詩鄭風谷風:"毋逝我梁,毋～我笱。"㊅〔發發〕風力迅疾的樣子。詩小雅蓼莪:"南山烈烈,飄風發發。"

2. bō 北末切,入,末韻,幫。月部。

㊆〔發發〕魚躍聲。詩衛風碩人:"施罛濊濊,鱣鮪發發。"

按,説文發字在弓部。

白　部

白 bái 傍陌切,入,陌韻,並。鐸部。

㊀白色。詩秦風車鄰:"有馬～顛。"又周頌有客:"有客有客,亦～其馬。"引申爲潔淨。楚辭戰國屈原九章橘頌:"精色内～,類可任兮。"引申爲光明。莊子人間世:"瞻彼闋者,虚室生～。"又爲亮。宋蘇軾前赤壁賦:"不知東方之既～。"㊁明顯。荀子儒效:"則貴名～而天下治也。"動詞。弄清楚,説明白。史記張耳陳餘列傳:"公等皆死,誰～王不反者!"又爲告白,禀告。史記滑稽列傳:"煩三老爲入～之。"後漢書孔融傳:"勑外自非當世名人及與通家,皆不得～。"㊂銀子的代稱。漢書淮南王安傳:"言神仙黄(金)～之術。"㊃炒米。左傳僖公三十年:"饗有昌歜、～黑、形鹽。"杜預注:"白,熬稻。黑,熬黍。"㊄酒杯。漢書叙傳:"及趙李諸侍中皆引滿舉～,談笑大噱。"

一　畫

百 bǎi 博陌切,入,陌韻,幫。鐸部。

㊀數詞。十個十。説文:"百,十十也。"引申爲表概數,言其多。詩邶風雄雉:"～爾君子,不知德行。"又豳風七月:"亟其乘屋,其始播～穀。"用爲動詞。詩秦風黄鳥:"如可贖兮,人～其身。"鄭箋:"人皆百其身,謂一身百死猶爲之。"指死一百次。禮記中庸:"人一能之己～之。"指作一百次。㊁〔百姓〕①指百官。詩小雅天保:"群黎百姓,徧爲爾德。"②平民。論語憲問:"修己以安百姓,堯舜其猶病諸。"

〔同源字〕百,佰。二字雙聲叠韻。説文:"百,十十也。"廣韻陌韻:"一百爲一佰。"古代軍隊編制單位,百人爲一佰。説文:"佰,相什佰也。从人百"會意。朱駿聲説文通訓定聲豫部:"過秦論:'俛起什佰之中',此言百夫長也。漢書食貨志:'有仟佰之得',此言貨錢數也。"佰是百的分別字。

按,説文百字在白(𦣻音 zì)部。于省吾甲骨文字釋林附録釋古文字中附劃因聲指事字的一例:"百字的造字本義,係于⊖字中部附加一個折角形的曲劃,作爲指事字的標志,以別于白,而仍因白字以爲聲。"

二　畫

皁 zào 昨早切,上,晧韻,從。幽部。

㊀餵馬槽。方言五:"櫪,梁宋齊楚北燕之間…或謂之～。"史記魯仲連鄒陽列傳:"使不羈之士與牛驥同～。"裴駰集解引漢書音義曰:"食牛馬器,以木作,如槽也。"引申爲養馬之官、服勞役的人。史記魯仲連鄒陽列傳司馬貞索隱:"韋昭云:'皁,養馬之官,下士也。'"左傳昭公七年:"士臣～,～臣輿。"引申爲單位名詞,十二匹馬爲一皁。周禮夏官校人:"乘馬一師四圉,三乘爲～,～一趣馬。"鄭玄注:"鄭司農云:'四匹爲乘,養馬爲圉。'趣馬,下士。"㊁植物名。皁斗,其殼斗煮汁可以染黑。周禮地官大司徒:"其植物宜～物。"鄭玄注:"皁物,柞栗之屬,今世間謂柞實爲皁斗。"引申爲黑顔色。史記秦本紀:"其賜爾～游。"(游,旌旗上的流蘇)漢書賈誼傳:"且帝之身,自衣～綈。"㊂穀粒未成熟。詩小雅大田:"既方既～,既堅既好。"毛傳:"皁,實未堅者曰皁。"

按,説文無皁有草(zào),在艸部。"草"

借作艸木之“艸”，又借“皁”（又作皂）字以代“草”。段玉裁注：“草斗之字俗作皁、作皂，於六書不可通。”

皀 1. xiāng 許良切，平，陽韻，曉。陽部。

❶穀物的香氣。説文皀部：“皀，穀之馨香也。”

2. bī 彼側切，集韻北及切，入，緝韻，幫。緝部。

❷古方言詞。粒。説文皀部：“或説皀，一粒也。”顔氏家訓勉學：“窮訪蜀土，呼‘粒’爲‘逼’，時莫之解。吾云：‘三蒼、説文，此字白下爲匕，皆訓粒。通俗文音方力反。’衆皆歡悟。”

按，説文皀字在皀部。

皃 mào 莫教切，去，效韻，明。宵部。

古“貌”字。漢書王莽傳下：“～佷自臧。”顔師古注：“皃，古貌字也。”

按，説文皃字在皃部。

三　畫

旰 hàn 侯旰切，去，翰韻，匣。

後起字。亦作“皔”。白。藝文類聚晉張協玄武舘賦：“璀璨皓～，華璫四垂。”

的 1. dì 都歷切，入，錫韻，端。藥部。

字本作“旳”。❶白。易説卦：“爲～顙。”孔穎達疏：“白額爲的顙。”引申爲鮮明。文選戰國宋玉神女賦：“眉聯娟以蛾揚兮，朱脣～其若丹。”❷靶心。詩小雅賓之初筵：“發彼有～，以祈爾爵。”孔穎達正義：“的者，謂熊侯白質者也。”引申爲目標，準的。韓非子外儲説左上：“人主之聽言也，不以功用爲～，則説者多棘刺白馬之説。”❸古代婦女以丹朱點於面部作爲裝飾。釋名釋首飾：“以丹注面曰旳。旳，灼也。”❹蓮子。爾雅釋草：“其實蓮，其根藕，其中～。”郭璞注：“的，蓮中子也。”❺〔的皪〕〔的歷〕〔的礰〕叠韻聯緜字。光亮。文選漢司馬相如上林賦：“皓齒粲爛，宜笑的皪。”李善注：“的皪，鮮白貌。言笑則見其皓齒鮮白。”初學記三〇唐虞世南詠螢詩：“的歷流光小，飄飄弱翅輕。”後漢書張衡傳思玄賦：“離朱脣而微笑兮，顔的礰（文選李善本作“礫”，五臣本作“皪”。）以遺光。”❻〔的的〕明白。淮南子説林：“的的者獲，提提者射。”高誘注：“的的，明也。”

2. dí。

❼副詞。的確（後起義）。唐白居易集出齋日喜皇甫十早訪詩：“除却朗之携一榼，～應不是別人來。”

按，説文的作旳，在日部。

四　畫

皆 jiē 古諧切，平，皆韻，見。脂部。

❶普遍。詩周頌豐年：“以洽百禮，降福孔～。”❷副詞，都。左傳隱公元年：“小人有母，～嘗小人之食矣。”詩小雅鴻雁：“之子于垣，百堵～作。”

［辨］偕，俱，皆。見“偕”字條。

按，説文皆字在白（音 zì）部。

皇 huáng 胡光切，平，唐韻，匣。陽部。

❶偉大。書召誥：“～天上帝，改厥元子兹大國殷之命。”詩小雅正月：“有～上帝，伊誰云憎。”引申爲名詞，指上天或對先代的敬稱。楚辭戰國屈原離騷：“～剡剡其揚靈兮，告余以吉故。”又：“～覽揆余初度兮，肇錫余以嘉名。”❷美好。詩大雅文王：“思～多士，生此王國。”用作動詞，贊美。詩周頌執競：“不顯成康，上帝是～。”❸馬的毛色黄白。詩豳風東山：“之子于歸，～駁其馬。”引申爲名詞，毛色黄白的馬。詩魯頌駉：“薄言駉者，有驈有皇。”後來寫作“騜”。❹鳥名。詩大雅卷阿：“鳳～于飛，翽翽其羽。”毛傳：“雄曰鳳，雌曰皇。”後來寫作“凰”。❺通“匡”。匡正。詩豳風破斧：“周公東征，四國是～。”毛傳：“皇，匡也。”（舊讀 kuāng）❻副詞。通“遑”。閒暇。左傳襄公八年：“夫婦男女，不～啟處，

以相救也。”❼連詞。通“况”。尚書大傳甫刑:“君子之于人也,有其語也,無不聽者,~于聽獄乎?”❽〔皇帝〕①上天。書吕刑:“皇帝哀矜庶戮之不辜,報虐以威。”②國君,天子。史記秦始皇本紀:“采上古帝位號,號曰皇帝。”❾〔皇皇〕①偉大的。詩魯頌閟宫:“皇皇后帝,皇祖后稷。”②美盛貌。禮記曲禮下:“天子穆穆,諸侯皇皇。”詩大雅假樂:“穆穆皇皇,宜君宜王。”③鮮明貌。詩小雅皇皇者華:“皇皇者華,于彼原隰。”④通達貌。莊子知北遊:“無門無房,四達之皇皇也。”⑤同“惶惶”。心不安貌。孟子滕文公下:“孔子三月無君,則皇皇如也。”禮記檀弓上:“既葬,皇皇如有望而弗至。”

按,説文皇字在王部。

皈 guī 字彙補古奎切。

後起字。❶〔皈依〕佛教用語。猶言信仰。唐李頎宿瑩公禪房聞梵詩:“始覺浮生無住著,頓令心地欲皈依。”❷歸。宋楊萬里晚皈再度西橋詩之一:“~近溪橋東復東,蓼花近路舞西風。”

五　畫

皋 1. gāo 古勞切,平,豪韻,見。幽部。

字亦作“臯”、“臯”。❶沼澤。詩小雅鶴鳴:“鶴鳴于九~,聲聞于野。”❷水岸邊。左傳襄公二十五年:“町原防,牧隰~,井衍沃。”又指高地。楚辭戰國屈原九章涉江:“步余馬兮山~。”❸〔皋陶(yáo)〕人名。傳説中虞舜時掌管刑獄的官。詩魯頌泮水:“淑問如皋陶,在泮獻囚。”❹呼號的聲音。禮記禮運:“及其死也,升屋而號,告曰:‘~!某復。’”鄭玄注:“臯,音羔。”孔穎達疏:“臯,引聲之言。”

2. háo 乎刀切,平,豪韻,匣。幽部。

❺通“嗥”。周禮春官大祝:“來瞽令~舞。”鄭玄注:“皋,讀爲卒嗥呼之嗥。”又春官樂師:“詔來瞽~舞。”鄭玄注:“皋之言號,告國子當舞者舞。”

[備考]通“咎”。過錯。左傳哀公二十一年:“魯人之~,數年不覺。”王引之經義述聞一九:“皋當讀爲咎,言魯人不答稽首之咎,數年而猶不自覺。”

按,説文皋字在夲部。

六　畫

臯 gāo 古勞切,平,豪韻,見。幽部。

後起字。同“皋”。正字通:“臯,俗皋字。”見“皋”字條。

皎 jiǎo 古了切,上,篠韻,見。宵部。

❶月光潔白。詩陳風月出:“月出~兮,佼人僚兮。”泛指光潔。文選漢班婕妤怨歌行:“新裂齊紈素,~(六臣本作鮮)絜如霜雪。”唐杜甫飲中八仙歌:“宗之蕭灑美少年,舉觴白眼望青天,~如玉樹臨風前。”又爲清楚明白。漢王逸離騷經序:“其義~而朗。”❷〔皎皎〕潔白的樣子。詩小雅白駒:“皎皎白駒,食我場苗。”

[同源字]①顥,皎,皦,皠,皓。見“顥”字條。

②縞,皎。見“縞”字條。

皏 pěng 普幸切。上,耿韻,滂。耕部。

淺白貌。素問風論:“肺風之狀,多汗惡風,色~然白。”張隱菴集注:“皏然,淺白貌。”

按,説文無皏字。

七　畫

皕 bì 彼側切,入,職韻,幫。職部。

二百。見説文。〔皕宋樓〕清末浙江歸安藏書家陸心源因藏有宋版書二百種,因名其藏書樓爲皕宋樓。

按,説文皕字在皕部。

皖 wǎn 户板切,上,潸韻,匣。元部。

地名。漢代廬江郡有~縣。見漢書地理

志上。今安徽簡稱～。

按,説文無皖字。

晧 hào 胡老切,上,晧韻,匣。幽部。

"晧"的俗體字。㊀陽光明亮。説文:"晧,日出貌。"楚辭戰國宋玉九辯:"願～日之顯行兮,雲蒙蒙而蔽之。"引申爲月光潔白。詩陳風月出:"月出～兮,佼人懰兮。"泛指雪白。吕氏春秋本生:"靡曼～齒。"㊁〔晧溔〕叠韻聯緜字。大水無邊無際的樣子。文選晉左思魏都賦:"河汾浩涆而晧溔。"㊂〔晧膠〕叠韻聯緜字。水凝凍的樣子。楚辭大招:"霧雨淫淫,白晧膠只。"㊃通"昊"。廣大。荀子賦:"～天不復。"楊倞注:"晧與昊同。昊,大也。"

[同源字]皞(皥),晧(晧)。見"皞"字條。

按,説文晧字在日部。

八　畫

晳 xī 先擊切,入,錫韻,心。錫部。

㊀皮膚白。説文:"晳,人色白也。"周禮地官大司徒:"其民～而瘠。"玉臺新詠日出東南隅行(陌上桑):"爲人潔白～,鬑鬑頗有鬚。"泛指白色。左傳定公九年:"～幘而衣貍製。"㊁没有核的棗。爾雅釋木:"晳,無實棗。"

[辨]晳,晢(晣)。説文有晳無晢(晣),晢爲後起字,下从日,本義爲清楚,明白,晳的本義爲色白。經傳中有的"晳"字訛作晢。如曾晳,下本从白,多訛作从日。

十　畫

皜 hào 下老切,上,晧韻,匣。宵部。

雪白。孔叢子陳士義:"火浣布,…出火振之,～然疑乎雪焉。"〔皜皜〕潔白的樣子。孟子滕文公上:"江漢以濯之,秋陽以暴之,皜皜乎不可尚已。"後漢書孔融傳:"慄慄焉,皜皜焉,其與琨玉秋霜比質可也。"

按,説文無皜字。

皠 hè 胡沃切,入,沃韻,匣。沃部。

鳥色潔白。説文:"皠,鳥之白也。"

[同源字]①皠,翯,皜。説文:"翯,鳥白肥澤皃。"詩大雅靈臺:"白鳥翯翯。"文選三國魏何晏景福殿賦:"皠皠白鳥。"二字音同,都和鳥白的意義有關,實同一詞。皜與皠、翯均匣母,宵沃對轉。漢賈誼新書君道引詩"白鳥皜皜"。

②顥,皎,皦,皠,晧。見"顥"字條。

皚 ái 五來切,平,咍韻,疑。微部。

霜雪之白。見説文。玉臺新詠皚如山上雪:"～如山上雪,皎若雲間月。"〔皚皚〕潔白的樣子。漢劉歆遂初賦:"漂積雪之皚皚兮。"字亦作"磑磑"。後漢書張衡傳思玄賦:"行積冰之磑磑兮,清泉沍而不流。"李賢注:"説文曰:'皚皚,霜雪之貌也。'蓋古字'磑'與'皚'通。"

皞 hào 集韻下老切,上,晧韻,匣。幽部。

"皥"的俗體字。字亦作"皡"。㊀潔白光明的樣子。見説文"皥"字段玉裁注。㊁〔皞皞〕①同"晧晧"。潔白的樣子。見廣雅釋訓。②同"浩浩"。舒暢自得的樣子。孟子盡心下:"王者之民皞皞如也。"

[同源字]皞(皥),晧(晧)。二字均匣母幽部,同爲光明、潔白義,實同一詞。參見"顥"字條。

按,説文皞字在日部。

皛 xiǎo(又讀 jiǎo)胡了切,上,篠韻,匣。宵部。

㊀顯白。説文:"皛,顯也。讀若皎。"晉陶淵明述酒詩:"素礫～修渚,南嶽無餘雲。"文選晉左思蜀都賦:"～貙氓於葽草,彈言鳥於森木。"李善注:"當爲拍。"段玉裁説文解字注"皛"字注:"皛者,謂顯其形也。李善云:'當爲拍。'誤。"朱駿聲説文通訓定聲小部"皛"字注亦謂李注"非"。㊁〔皛皛〕明潔的樣子。晉陶淵明辛丑歲七月赴假還江陵夜行塗

口詩：“昭昭天宇闊，皛皛川上平。”㊂〔皛溔〕叠韻聯緜字。潔白的樣子。文選晉郭璞江賦：“極望數百，沆瀁皛溔。”

十一畫

皟 zé 楚革切。集韻側革切，音責。入，麥韻，照二。錫部。

㊀貧瘠。管子輕重乙：“～，山諸侯之國也。”㊁〔皟皟〕潔凈的樣子。後蜀韋縠編才調集唐元稹古决絶詞之二：“我自顧悠悠而若雲，又安能保君皟皟之如雪。”（按，有的本子“皟皟”作“皚皚”。）

按，説文無皟字。

皠 cuǐ 七罪切，上，賄韻，清。

後起字。潔白。唐韓愈鬬雞聯句：“腷膊戰聲喧，繽翻落羽～。”

十二畫

皤 pó 蒲波切，平，戈韻，並。歌部。

㊀老人鬚髮雪白。説文：“皤，老人白也。”唐白居易集卷三四白髮詩：“白髮生來三十年，而今鬚鬢盡～然。”引申爲泛指白。易賁：“賁如～如。”㊁〔皤皤〕①頭髮斑白的樣子。文選漢班固東都賦：“皤皤國老，乃父乃兄。”②豐富的樣子。文選晉左思魏都賦：“豐肴衍衍，行庖皤皤。”㊂大肚子的樣子。左傳宣公二年：“睅其目，～其腹，棄甲而復。”

十三畫

皦 jiǎo 古了切，上，篠韻，見。宵部。

㊀白。詩王風大車：“謂予不信，有如～日。”引申爲明白。論語八佾：“從之，純如也，～如也。”㊁〔皦皦〕潔白的樣子。後漢書黄瓊傳：“嶢嶢者易缺，皦皦者易汙。”㊂清白，廉潔。後漢書樂恢傳：“恢獨～然不汙於法，遂篤志爲名儒。”

［同源字］顥，皎，皦，皠，皓。見“顥”字條。

十五畫

皫 piǎo 敷沼切。集韻滂表切，上，小韻，滂。宵部。

鳥羽毛變色無光澤。周禮天官内饔：“鳥～色而沙鳴，貍。”鄭玄注：“皫，失色不澤美也。”禮記内則：“鳥～色而沙鳴，鬱。”鄭玄注：“皫色，毛變色也。”

按，説文無皫字。

皪 lì 郎擊切，入，錫韻，來。藥部。

〔玓皪〕〔旳皪〕〔的皪〕叠韻聯緜字。玉篇：“玓皪，明珠也。”漢書司馬相如傳上林賦：“明月珠子，的皪江靡。”參見“玓”字條。

按，説文無皪字，玉部有“瓅”字，云：“玓瓅。”

十六畫

皬 hè 曷各切，入，鐸韻，匣。鐸部。

“隺”的異體字。白。史記司馬相如列傳大人賦：“吾乃今目睹西王母～然白首。”〔皬皬〕白色的樣子。廣雅釋訓：“皬皬，白也。”王念孫疏證：“釋器云：‘皬，白也。’重言之則曰皬皬。大雅靈臺篇云：‘白鳥翯翯’，孟子梁惠王篇作‘鶴鶴’，三國魏何晏景福殿賦：‘隺隺白鳥’，並與‘皬皬’同。”

按，説文無皬有隺。

皭 wěi 韋委切，上，紙韻，喻三。歌部。

字亦作“蔿”、“蘤”。花朵。後漢書張衡傳思玄賦：“天地烟煴，百卉含～。”廣韻：“皭，花也，榮也。”

按，説文無皭字。

十七畫

皭 jiào 子肖切，音醮，去，笑韻，精。藥部。

潔凈。史記屈原賈生列傳：“不獲世之滋

垢，～然泥而不滓者也。”文選晉左思蜀都賦："蔚若相如，～若君平。"〔皭皭〕〔潐潐〕潔淨、潔白的樣子。廣雅釋訓："皭皭，白也。"王念孫疏證："釋器云：皭，白也。重言之則曰皭皭。字或作'潐'。韓詩外傳：'莫能以己之皭皭，容人之混污然。'荀子不苟篇作'潐潐'。"

按，説文無皭字。

皮　部

皮 pí 符羈切，集韻蒲糜切，平，支韻，並。歌部。

❶動詞。剥皮。廣雅釋詁："皮，離也。"又釋言："皮，剥也。"説文："剥取獸革者謂之皮。"戰國策韓策二："因自～面，抉眼、屠腸，遂以死。"由剥皮引申爲皮膚。詩召南羔羊："羔羊之～，素絲五紽。"又鄘風相鼠："相鼠有～。"❷特指用皮做的箭靶子。論語八佾："射不主～，爲力不同科。"❸表面、外表。韓詩外傳一〇："子乃～相之士也，何足語姓字哉！"❹植物的表層。漢書高帝紀："高祖爲亭長，乃以竹～爲冠。"唐杜甫古柏行："霜～溜雨四十圍，黛色參天二千尺。"

［辨］皮，革。二字同義，均指獸皮。墨子雜守："收其皮革筋角脂㓵(腦)羽。""革"特指去毛的獸皮。正字通"皮"字："剥取獸革，生曰皮，理之曰革。""皮"由獸皮引申爲指人的皮膚，"革"無此義。參見"韋"字條。

［同源字］被，皮，披，帔。見"被"字條。

三　畫

皯 gǎn 古旱切，上，旱韻，見。元部。

臉色黎黑。説文："皯，面黑氣也。"列子黄帝："焦然飢色～黣。"楚辭戰國屈原漁父"顔色憔悴"王逸注："～黴黑也。"

四　畫

皮 pī 龍龕手鏡普皮反，音披。歌部。

〔皮皮〕叠韻聯緜字。張口的樣子。古文苑漢王延壽王孫賦："口嗛呐以皮皮，脣皺嗋以皮皮。"章樵注："皮，疋卑反。皮，如卑反。開口貌。"皮本亦作"皮"。

按，説文無皮字。龍龕手鏡皮部以皮爲披之俗字。

皅 bā 伯加切，平，麻韻，幫。

後起字。同"疤"。明張岱陶菴夢憶卷五："南京柳麻子，黧黑，滿面～癗。"

五　畫

皰 pào 匹皃切，去，效韻，滂。幽部。

字亦作"靤"、"疱"。❶小膿泡。淮南子説林："治鼠穴而壞里閭，潰小～而發痤疽。"❷人體或動物皮膚上的小疙瘩。唐玄奘大唐西域記："王聞心懼，舉身生～。"唐韓愈韓昌黎集答柳柳州食蝦蟇詩："雖然兩股長，其奈脊皴～。"注："皰，匹豹切。"

六　畫

皱 pī 敷羈切。集韻攀糜切。平，支韻，滂。歌部。

同"披"。分散，披開。文選漢揚雄甘泉賦："～桂椒，鬱移楊。"李善注："言回風碭駭，披散桂椒，又鬱衆移楊也。"

按，説文無皱字。

皱 guì。

後起字。同"劌"。疲倦。正字通力部"劌"字云："古惠切，音貴。力乏也。三國志魏書蔣濟傳："濟上書言'彫劌之民，倘有水旱,不爲國用。'顔氏家訓書證篇曰:'皵即~倦之皴。'"

七 畫

皴 cūn 七倫切,平,諄韻,清。

皮膚起皺褶。説文新附:"皴,皮細起也。"唐韓愈韓昌黎集答柳柳州食蝦蟇詩:"雖然兩股長,其奈脊~皰。"引申爲皴裂。唐杜甫乾元中寓居同谷縣作詩:"手脚凍~皮肉死。"特指荔枝皮粗糙。唐白居易與沈楊二舍人閣老同食勑賜櫻桃翫物感恩因成十四韻:"肉嫌盧橘厚,皮笑荔枝~。"

按,説文無皴字,新附有之。

八 畫

皵 qì 七迹切,入,昔韻,清。鐸部。

樹皮皴皵。爾雅釋木:"大而~,楸;小而~,榎。"郭璞注:"老乃皮粗皵者爲楸,小而皮粗皵者爲榎。"

按,説文無皵字。

九 畫

皸 jūn 舉云切,平,文韻,見。文部。

手足皸裂。漢書趙充國傳:"將軍士寒,手足~瘃(zhú)。"顔師古注引文穎曰:"皸,坼裂也。"

按,説文無皸字,新附有之。

皶 zhā 集韻莊加切,平,麻韻,照二。魚部。

同"皻"。面部或鼻子上的紅色小皰。素問生氣通天論:"勞汗當風,寒薄爲~,鬱乃痤。"張隱菴集注:"皶,面鼻赤瘰也。…勞汗當風,寒溼薄於皮膚之間,則爲皶爲痤矣。夫皶與痤疿,乃血滯於膚表之輕證。"

按,説文無皶字。

十 畫

皺 zhòu 側救切,去,宥韻,照二。

後起字。面部皺紋。見玉篇。泛指皮膚上的皺紋。唐杜甫病後遇王倚飲贈歌:"頭白眼暗坐有胝,肉黄皮~命如綫。"引申爲一般的皺紋。南唐成幼文謁金門:"風乍起,吹~一池春水。"(這首詞,一説爲馮延巳作。)

[同源字]皺,縐。二字音同,義爲縐(皺)紋、皺褶。今本説文無皺字,唐慧琳一切經音義一五引説文:"皺,皮聚也。"説文:"縐,絺之細者也。詩曰:'蒙彼縐絺。'"毛傳:"絺之靡者爲縐。"段玉裁"縐"字注:"按靡謂紋細皃,如水紋之靡靡也。"史記司馬相如列傳子虚賦:"襞積褰縐。"司馬貞索隱引蘇林曰:"褰縐,縮蹙也。"

按,説文無皺字。

十 一 畫

皻 zhā 側加切,平,麻韻,照二。魚部。

同"皶"。面部或鼻子上的紅色小皰。正字通皮部"皻"字注:"内經:'勞汗當風,寒薄爲~(本亦作"皶")。'注:'形勞汗出,坐卧當風,寒氣薄之,液類爲皻。'俗謂之粉刺。又紅暈似瘡,浮起著面鼻者,俗謂酒皻。"唐柳宗元同劉二十八院長寄澧州張使君八十韻:"驟歌喉易嗄,饒醉鼻成~。"

按,説文無皻字。

十 三 畫

皽 1. zhāo 止遥切,音昭,平,宵韻,照三。宵部。

㊀同"皻"。皮膚上的薄膜。集韻宵韻:"皻,肉之魄莫。或从亶。"禮記内則:"爲熬,捶之,去其~,編萑,布牛肉焉。"又:"熟出之,去其~,柔其肉。"

2. zhǎn 旨善切,上,獮韻,照三。

㊁剥離。廣雅釋詁:"皽,離也。"王念孫疏證:"廣韻:'皽,皮寬也。'是離之義也。"

按,説文無皽字。

皿 部

皿 mǐn (舊讀 mǐng)集韻母梗切,上,梗韻,明。陽部。

碗盤一類的餐具。説文:"皿,飯食之用器也。"引用爲一般的器皿。墨子節葬下:"使百工行此,則必不能修舟車爲器~矣。"

三 畫

盂 yú 羽俱切,平,虞韻,喻三。魚部。

㊀飲器。盛酒漿等飲料。荀子君道:"君者~也。~方而水方。"(這是以盂喻君)史記滑稽列傳:"今者臣從東方來,見道傍有禳田者,操一豚蹄,酒一~。"㊁田獵陣名。左傳文公十年:"遂道以田孟諸。宋公爲右~,鄭伯爲左~。"㊂姓。

四 畫

盃 bēi 布回切,平,灰韻,幫。之部。

"桮"的俗字。盛酒漿羹湯水之類的器皿。戰國策魏策一:"樂羊坐於幕下而啜之,盡一~。"舊題東方朔撰十洲記鳳麟洲:"周穆王時,西胡獻…夜光常滿~,…~是白玉之精。"

按,説文無盃有桮,在木部。今用"杯"字。

盅 1. chōng 敕中切,平,東韻,徹。冬部。

㊀空虚。説文:"盅,器虚也。老子曰:'道~而用之。'"今本作"道沖"。

2. zhōng。

㊁晚起義。指杯類,如茶盅,酒盅。

盆 pén 蒲奔切,平,魂韻,並。文部。

㊀盛物的器皿。莊子至樂:"莊子妻死,惠子弔之,莊子則方箕踞鼓~而歌。"郭象注:"盆,瓦缶也。"㊁量器。十二斗八升爲一盆。荀子富國:"今是土之生五穀也,人善治之,則畝數~。"墨子貴義:"待女以千~,授我五百~。"㊂浸漬。禮記祭義:"及良日,夫人繅,三~手。"孔穎達疏:"三盆手者,猶三淹也。手者,每淹以手振出其緒,故云三盆手。"

盈 yíng 以成切,平,清韻,喻四。耕部。

㊀盛滿。詩小雅楚茨:"我倉既~,我庾維億。"泛指滿。左傳襄公三十一年:"且年未~五十,而諄諄焉如八、九十者,弗能久矣。"引申爲圓滿。禮記禮運:"和而後月生也,是以三五而~,三五而闕。"㊁盈餘。戰國策秦策三:"進退~縮變化,聖人之常道也。"㊂〔盈盈〕①儀態美好的樣子。文選古詩十九首之二:"盈盈樓上女,皎皎當窗牖。"②清澈的樣子。文選古詩十九首之十:"盈盈一水間,脈脈不得語。"

[同源字]盈,溢(益)。二字均喻母,耕錫對轉,都有滿的意思。爾雅釋詁:"溢,盈也。"廣雅釋詁一:"盈,滿也。"二字可以連用。如漢書溝洫志九:"如有霖雨,旬日不霽,必盈溢。"二字本義稍有區别。説文:"盈,滿器也。"意爲使器滿。説文:"溢,器滿也。"意爲過滿,過滿則溢。淮南子泰族:"河不滿溢。"溢是益的分别字。

五 畫

益 yì 伊昔切,入,昔韻,影。錫部。

㊀"溢"的本字。本義爲水從器皿中溢出,引申爲指水漲。吕氏春秋察今:"澭水暴~,荆人弗知。"引申爲增多,增長。莊子秋水:"禹之時,十年九潦,而水弗爲加~。"淮南子脩務:"是故生木之長,莫見其~,有時而脩。"引申爲利益、益處。孟子公孫丑上:"助之長者,揠苗者也。非徒無~而又害之。"㊁

補助。戰國策秦策二:"三鼓之而卒不上,於是出私金以～公賞。"㊁副詞。①愈。孟子梁惠王下:"如水～深,如火～熱。"②漸漸。禮記坊記:"使民富不足以驕,貧不至於約,貴不慊於上,故亂～亡(wú)。"孔穎達疏:"益,漸也。"漢書蘇武傳:"武～愈,單于使使曉武。"

[同源字]鎰,益,溢。見"鎰"字條。

盇 hé 胡臘切,入,曷韻,匣。葉部。

㊀字亦作"盍"。本指器物的蓋子相合。說文:"盍,覆也。"覆蓋與會合義相通。爾雅釋詁:"盇,合也。"易豫:"朋～簪。"王弼注:"盇,合也。"㊁副詞。相當於"何不",爲什麽不。國語吴語:"王其～亦鑒于人,無鑒于水?"

按,說文盇作盍,在血部。段玉裁注:"盍,其形隸變作盇。"

盋 bō 北末切,入,末韻,幫。

同"鉢"。類似"盂"。漢書東方朔傳顏師古注:"盂,食器也,若～而大,今之所謂～盂也。"

按,說文無盋字,新附有之。

盎 àng 烏浪切,去,宕韻,影。陽部。

㊀瓦器,大腹小口。爾雅釋器:"盎謂之缶。"急就篇三:"甀缶盆～甕甇壺。"顏師古注:"缶、盆、盎,一類耳。"㊁表現。孟子盡心上:"見於面,～於背,施於四體。"㊂〔盎盎〕①盛大的樣子。韓詩外傳九:"子貢曰:'賜之師(孔丘)何如?'姑布子卿曰:'…從前視之,盎盎乎似有王者;從後視之,高肩弱脊'。"②洋溢的樣子。唐杜牧樊川集李賀集序:"春之盎盎,不足爲其和也。"

𥁕 wēn 烏渾切,平,魂韻,影。文部。

温仁。說文:"𥁕,仁也。"段玉裁注:"凡云温和、温柔、温暖者,皆當作此字。温行而𥁕廢矣。"

盉 hé 户戈切,平,戈韻,匣。歌部。

古代盛酒器。一説爲調和水、酒的器具。一般爲深腹、圓口、有蓋,下有三足或四足。用作動詞,調和。說文:"盉,調味也。"段玉裁注:"調聲曰龢,調味曰盉。"說文鬻部:"鬻,五味盉羹也。"

[同源字]盉,和,龢。三字均匣母歌部,均有調和義。說文:"盉,調味也。"又:"和,相應也。"又:"龢,調也。"段玉裁"盉"字注:"今則和行而龢、盉皆廢矣。"

盌 wǎn 烏管切,上,緩韻,影。元部。

字亦作"瓮"、"椀"、"碗"。食器。急就篇:"橢杅槃案杯閜～"。顏師古注:"盌似盂而深長。盌字或作椀,其音則同。"世說新語排調:"王公與朝士共飲酒,舉瑠璃～謂伯仁曰:'此～腹殊空,謂之寶器,何邪?'"清張鑑雷塘庵主弟子記卷一:"賜端研一方、三清磁～五器。"

六　畫

盖 gài 古太切,去,泰韻,見。

"蓋"之俗體。廣韻:"蓋,俗作盖。"見"蓋"字條。

按,說文作葢,在艸部。

盔 kuī 苦回切,平,灰韻,溪。

後起字。㊀食器。玉篇皿部:"盔,鉢也。"㊁頭盔。三國演義三三回:"袁紹金～金甲,錦袍玉帶,立馬陣前。"

盛 1. chéng 是征切,平,清韻,禪。耕部。

㊀把東西放進器皿中。詩召南采蘋:"于以～之,維筐及筥。"特指祭祀時已經盛在器皿中的黍稷。孟子滕文公下:"犧牲不成,粢～不絜。"左傳桓公六年:"絜粢豐～。"引申爲容器。左傳哀公十三年:"旨酒一～兮,余與褐之父睨之。"

2. shèng 承政切,去,勁韻,禪。耕部。

㊀興旺。左傳襄公二十九年:"美哉!周之～也,其若此乎!"引申爲豐盛。論語鄉黨:

"有～饌,必變色而作。"引申爲美盛,盛大。左傳襄公二十九年:"節有度,守有序,～德之所同也。"用作動詞,贊美。文選漢張衡東都賦:"～夏后之致美,爰敬恭於神明。"李善注:"盛,猶嘉也。"

盒 hé 侯閤切,入,合韻,匣。

後起字。盤蓋。廣韻:"盒,盒盤覆也。"又指類似盤子的盛器。類篇:"盒,盤屬。"紅樓夢四九回:"遠遠的是青松翠竹,自己却如裝在玻璃～内一般。"

七　畫

盜 dào 徒到切,去,号韻,定。宵部。

㊀指地位低賤的小人。詩小雅巧言:"君子信～,亂是用暴。"左傳成公十五年:"～憎主人,民惡其上。"㊁指從事暗殺活動的人。左傳宣公三年:"使～殺子臧於陳、宋之間。"㊂盜竊。左傳文公十八年:"竊賄爲～。"晏子春秋内篇雜下:"今民生長于齊不～,入楚則～。"指從事盜竊活動的人。論語陽貨:"色厲而内荏,譬諸小人,其猶穿窬之～也與?"

[辨]盜,竊,賊。盜、賊作爲名詞,都可以指從事暗殺活動的人,賊又指叛上作亂的人。作爲動詞,盜竊同義,都指偷盜。賊用作動詞,有賊害、殺害的意思。竊可以用作副詞。

按,説文盜字在次部。俗體作"盗"。

八　畫

盞 zhǎn 阻限切,上,産韻,照二。元部。

"琖"的異體字。酒杯。方言五:"盞,桮也。"唐杜甫送楊判官使西蕃詩:"邊酒排金～,夷歌捧玉盤。"宋歐陽修全集卷八奉送原甫侍讀出守永興詩:"文章驚世知名早,意氣論交相得晚。魚枕蕉,一舉十分當覆～。"參見"琖"字條。

[同源字]醆,醆,琖,盞。見"醆"字條。

按,説文無盞字,新附玉部有琖字,云:"或从皿。"

盟 méng 武兵切。集韻眉兵切,平,庚韻,明。陽部。

殺牲歃血,在神前結盟。左傳隱公元年:"三月,公及邾儀父～于蔑。"又用作名詞。左傳隱公七年:"齊侯使夷仲年來聘,結艾之～也。"戰國策齊策三:"是足下倍先君～約而欺孟嘗君也。"

[辨]盟,誓。二字都有誓言的意思。周禮春官詛祝鄭玄注:"大事曰盟。"禮記曲禮下:"約信曰誓,涖牲曰盟。"盟要殺牲歃血,是兩方或多方的約誓行爲;誓不必殺牲歃血,可以是集體約誓,也可以是單方面的發誓(説文:"誓,約束也。")後世有所謂"心盟",指個人發誓。

按,説文盟字在囧部,作盟。

盝 lù 盧谷切,入,屋韻,來。屋部。

㊀字亦作"漉"、"盪"。把水滲漏出去。爾雅釋詁:"盝,竭也。"郝懿行義疏:"盝者漉之叚音也。…按滲漉亦言滲漏,然則漉之言漏也。水澤漏下,故爲竭盡。"周禮考工記㡛氏:"清其灰而～之。"孫詒讓正義:"爾雅釋詁云:'盝,涸竭也。'正字當作'淥'。説文水部云:'漉,浚也。'重文淥,漉或从录。字亦作'盪'。方言云:'盪,涸也。'盝即盪之省。"㊁小匣子。唐白居易宿杜曲花下詩:"籃轝爲臥舍,漆～是行厨。"

按,説文無盝字,水部有"漉"字,云:"浚也。或从录。"

九　畫

監 1. jiàn 格懺切,去,鑑韻,見。談部。

㊀古人盛水於盆以照視己形。書酒誥:"人無于水～,當于民監。"引申爲借監。左傳昭公二十六年:"我無所～,夏后及商。"在這個意義上,也寫作"鑒"、"鑑"。㊁閹宦。史記秦本紀:"衛鞅…因景～求見孝公。"孔穎達正

義："監，閹人也。"㊂官署名。如欽天～、祕書～。

2. jiān 古銜切，平，銜韻，見。談部。

㊃監視。詩大雅大明："天～在下，有命既集。"引申爲監守、掌管。左傳閔公二年："從曰撫軍，守曰～國。"荀子榮辱："或～門御旅，抱關擊柝，而不自以爲寡。"楊倞注："監門，主門也。"引申爲監獄，後起義。

［辨］監，鑒，鑑。三字同源。監的本義是器皿，可以盛水，盛冰。盛水於盆可以照見自己的影子，其作用又相當於鏡子。後來出現青銅鏡，又造了一個"鑒"字。"鑑"是"監"的分別字，指銅鏡。"監"的㊁㊂㊃義，一般不能寫作"鑒"，更不能寫作"鑑"。

［同源字］鏡，景，鑑（監，鑒）。見"鏡"字條。

按，説文監字在卧部。

盡 1. jìn 慈忍切，上，軫韻，從。真部。

㊀器皿空虚。説文："盡，器中空也。"引申爲竭盡。左傳成公十三年："是故君子勤禮，小人～力。"引申爲達到極點。吕氏春秋明理："五帝三王之于樂～之矣。"引申爲死。後漢書列女傳："（董）卓乃引申庭中，以其頭縣軛，鞭撲交下。（皇甫規）妻謂持杖者曰：'何不重乎？速～爲惠。'遂死車下。"㊁介詞。到…盡頭。漢書諸侯王表序："自雁門以東，～遼陽，爲燕、代。"㊂副詞。全部，皆。孟子盡心下："～信書，則不如無書。"論語八佾："子謂韶～美矣，又～善也。"

2. jǐn 即忍切，上，軫韻，精。真部。

㊃字亦作"儘"。盡量。禮記曲禮上："虚，坐～後；食，坐～前。"㊄任凭（後起義）。唐白居易題山榴花詩："争及此花簷户下，任人採弄～人看。"

［同源字］燼，盡，藎。見"燼"字條。

盠 1. lí 郎奚切，音犂，平，齊韻，來。

㊀飲器。廣韻："以瓢爲飲器也。"

2. lǐ 盧啓切，上，薺韻，來。

㊁箄。圓形竹器。見廣韻。

按，説文無盠字。

十　畫

盤 pán 薄官切，平，桓韻，並。元部。

㊀字亦作"槃"、"鎜"。承水器。古人盥洗，以匜澆水，以盤承接。一般的盤都是圓形，淺腹，也有長方形的。盤上往往刻有銘文或紀功的文辭。如西周中期的虢季子白盤就記載了虢季子白討伐玁狁的軍功。墨子非命下："鏤之金石，琢之～盂，傳遺後世子孫。"㊁盛食物的器皿。左傳僖公二十三年："乃饋～飧，置璧焉。"唐李紳憫農詩："誰知～中飧，粒粒皆辛苦。"㊂盤曲。宋書謝靈運傳："石參差而山～曲。"㊃遊樂。晏子春秋内篇諫下："昔文王不敢～于游田，故國昌而民安。"㊄〔盤桓〕叠韻聯緜字。①徘徊不前的樣子。晉陶淵明歸去來兮辭："撫孤松而盤桓。"②廣大的樣子。文選晉陸機擬青青陵上柏："名都一何綺，城闕鬱盤桓。"㊅〔盤跚〕〔盤珊〕叠韻聯緜字。①走路緩慢的樣子。藝文類聚晉潘尼鼈賦："既頓墜於巖岸，方盤跚而雅步。"②樹姿婆娑的樣子。唐皮日休夏景無事因懷章來二上人之二："佳樹盤珊枕草堂，此中隨分亦閑忙。"

［同源字］蟠，盤。見"蟠"字條。

按，説文盤爲槃之籀文，在木部。

十 一 畫

盧 lú 落胡切，平，模韻，來。魚部。

㊀〔凵盧〕叠韻聯緜字。盛飯器。見説文"盧"字、"凵"字釋義。㊁黑色。書文侯之命："～弓一，～矢百。"特指瞳人。瞳人是黑的，所以叫"盧"。漢書揚雄傳："玉女無所眺其清～兮。"顔師古注引服虔："盧，目童子也。"字亦作"矑"。方言二："矑瞳之子謂之𥉻（説文作"𥉻"）。"特指韓國出産的良犬，其色黑，故謂之"盧"。戰國策齊策三："韓子～者，天下

之疾犬也。”晉張華博物志四:“韓國有黑犬名～。”㊂矛、戟的柄。國語晉語四:“侏儒扶～。”韋昭注:“盧,矛、戟之柲。”㊃酒家安置酒瓮的土壇。漢書司馬相如傳:“相如與俱之臨邛,…買酒舍,乃令文君當～。”顔師古注:“賣酒之處,累土爲盧,以居酒瓮。四邊隆起,其一面高,形如鍛盧,故名盧耳。”(史記作“鑪”。)㊄〔盧雉〕古代賭博的勝采。唐李肇唐國史補卷下:“古之樗蒱。…其骰五枚,分上爲黑,下爲白。黑者刻二爲犢,白者刻二爲雉。擲之全黑者爲盧,其采十六;二雉三黑爲雉,其采十四。”清蒲松齡聊齋志異賭符:“明明梟色,呵之,皆成盧雉。”

[同源字]盧,旅,黸,矑,獹,瀘,壚。七字都跟黑色有關,均來母魚部字,所以同源。“盧弓”,左傳僖公二十八年作“旅弓”,廣韻模韻:“旅,黑弓也。”説文:“黸,齊謂黑爲黸。”“黸瞳”之“黸”亦作“矑”。廣韻模韻:“矑,目童子也。”“韓盧”亦作“韓獹”。見玉篇。錢繹方言箋疏:“‘黸瞳之子謂之縣’者。廣雅:‘黸,黑也。’玉篇:‘齊人謂黑曰黸。’又云:‘矑,視也。亦目瞳子也。’目瞳子謂之黸,猶黑犬謂之盧,黑土謂之壚,黑水謂之瀘也。盧、旅古同字,弓矢之黑者謂之旅弓旅矢,義亦同也。”

盦 ān 烏寒切,音庵,平,覃韻,影。侵部。

㊀器皿的蓋子。説文:“盦,覆蓋。”㊁通“庵”。多用於人名。

盥 guàn 古玩切,去,换韻,見。元部。

㊀洗手。説文:“盥,澡手也。”禮記内則:“子事父母,雞初鳴,咸～漱。”南朝梁(一説爲晉)宗懍荆楚歲時記:“一村以爲恠,乃相携之水濱～洗。”引申爲盥洗的器皿。北周庾信周安昌公夫人鄭氏墓誌銘:“承姑奉～。”㊁通“祼”。祭名。易觀:“～而不薦,有孚顒若。”釋文引馬融云:“盥,進爵灌地,以降神也。”

[辨]洗,沫,沐,浴,洒,盥。見“洗”字條。

[同源字]盥,澣(瀚,浣)。二字均元部,見匣旁紐。説文:“盥,澡手也。”又:“瀚,濯衣垢也。”浣爲瀚之或體,澣爲俗體,儀禮士冠禮注:“古文盥皆作浣。”一切經音義一八:“凡洗物皆曰盥。”

十二畫

盪 dàng 徒朗切,上,蕩韻,定。陽部。

㊀洗滌器具。説文:“盪,滌器也。”釋名釋言語:“蕩,～也。排盪去穢垢也。”引申爲一般意義的洗滌。漢書元后傳:“且羌胡尚殺首子,以～腸正世。”顔師古注:“盪,洗滌也。言婦初來,所生之子或它姓。”引申爲清除。漢書食貨志下:“世祖受命,～滌煩苛,復五銖錢,與民更始。”引申爲動蕩。左傳昭公二十六年:“兹不穀震～播越,竄在荆蠻。”文選晉陸機弔魏武帝文:“威先天而蓋世,力～海而拔山。”引申爲衝殺。晉書劉曜載記隴上歌:“丈八蛇矛左右盤,十～十決無當前。”清顧炎武日知録卷七:“奡盪舟”條:“古人以左右衝殺爲～陣,其鋭卒謂之跳盪,别帥謂之盪主。”㊁〔盪盪〕空曠的樣子。漢書揚雄傳河東賦:“參天地而獨立兮,廓盪盪其亡雙。”

[同源字]湯,盪。見“湯”字條。

盩 zhōu 張流切,音輈,平,尤韻,知。幽部。

㊀引而擊之。見説文。字亦作“盩”。吕氏春秋節喪:“涉血盩肝以求之。”陳奇猷校釋:“盩當説文㚔部之‘盩’,音抽。盩肝猶引其肝而擊之。”㊁〔盩厔〕地名。今作“周至”,在陝西。因山水曲折而得名。

按,説文盩字在㚔部。

盦 qiáo 巨嬌切,音喬,平,宵韻,群。宵部。

器皿。碗類。方言一三:“椀謂之盦。”廣雅釋器:“盦,盂也。”

按,説文無盦字。

十三畫

盬 gǔ 公户切,上,姥韻,見。魚部。

㊀未經加工的鹽。周禮天官鹽人："凡齊事，鬻～以待戒令。"鄭玄注："齊事，和五味之事。鬻鹽湅治之。"亦借"苦"爲"盬"。周禮天官鹽人："祭祀，共其苦鹽、散鹽。"鄭玄注："杜子春讀苦爲盬，謂出鹽直用不湅治。"引申爲地名，因産盬鹽而得名。左傳成公六年："晉人謀去故絳，諸大夫皆曰：'必居郇、瑕氏之地，沃饒而近盬。'"杜預注："盬，鹽也。猗氏縣鹽池是。"引申爲粗糙，不堅固。漢書息夫躬傳："器用～惡，孰當督之！"亦借"苦"爲"盬"。周禮天官典婦功："辨其苦良。"鄭玄注引鄭司農："苦讀爲盬。"㊁止息。詩小雅四牡："王事靡～，我心傷悲。"㊂吸飲。左傳僖公二十八年："晉侯夢與楚子搏，楚子伏已而～其腦。"

按，説文盬字在鹽部。

十五畫

盭 lì 郎計切，音麗，去，霽韻，來。質部。

㊀彎曲。廣雅釋詁："盭，曲也。"吕氏春秋遇合："陳有惡人焉，曰敦洽讎糜，…長肘而～。"引申爲乖戾，背離。漢書張耳陳餘傳贊："何鄉者慕用之誠，後相背之～也。"引申爲狠戾。史記司馬相如列傳："～夫爲之垂涕，況乎上聖，又惡能已！"司馬貞索隱引張揖："很戾之夫也。"㊁通"莀"。緑色。漢書百官公卿表上："金璽～綬。"如淳曰："盭，緑也。"

按，説文盭字在弦部，云："从弦省，从盩。"

目　部

［目部總論］

目部主要包括兩類字。一類與視覺器官有關，如：盲、眇、眚、眼、眶、眣、眸、睛、瞳；一類與視覺有關，如：盯、相、眄、看、眠、眷、睇、睹、瞀、瞻、矚。有少數字與目義無關，如：睡、睪。

目 mù 莫六切，入，屋韻，明。覺部。

㊀眼睛。詩衛風碩人："巧笑倩兮，美～盼兮。"作狀語。用目光。左傳桓公元年："宋華父督見孔父之妻于路，～逆而送之。"活用爲動詞。用目光注視。史記項羽本紀："范增數～項王，舉所佩玉玦以示之者三。"引申爲網目。韓非子外儲説右下："善張網者引其綱，不一一攝萬～而後得。"引申爲細目，條目。論語顔淵："請問其～。"引申爲木頭上面的節疤。周禮考工記弓人："斲～必荼。"鄭玄注引鄭司農云："目，幹節目。"禮記學記："善問者如攻堅木，先其易者後其節～。"㊁稱。穀梁傳隱公元年："殺世子母弟～君，以其目君，知其爲弟也。"范寧注："目君，謂稱鄭伯。"㊂品評。世説新語品藻："龐士元至吴，吴人並友之。見陸績、顧劭、全琮而爲之～曰。"

［辨］眼，目。見"眼"字條。

二　畫

盯 chéng 直庚切，平，庚韻，澄。

〔盯瞠〕〔瞠盯〕(後起詞)叠韻聯緜字。直視的樣子。唐韓愈韓昌黎集城南聯句："鼻偷困淑郁，眼剽强盯瞠。"注："上音棖，下音盲。玉篇：'視貌。'"今本玉篇及廣韻均作"瞠盯"。

按，說文無盯字，集韻以盯爲瞪之或體，現代漢語盯字音 dīng。

三 畫

盲 máng 武庚切。集韻眉庚切，平，庚韻，明。陽部。

㊀失明。墨子非攻下："此譬猶～者之與人同命白黑之名，而不能分其物也。"引申爲昏暗。荀子賦："列星殞墜，旦暮晦～。"㊁通"望"。看。周禮天官内饔："豕～眡而交睫，腥。"鄭玄注引杜子春："盲眡當爲望視。"

盱 xū 況于切，平，虞韻，曉。魚部。

㊀張目直視。漢賈誼新書時變："苟家富財足，隱机～視而爲天子耳。"〔盱盱〕義同。列子黄帝："而睢睢，而盱盱，而誰與居？"㊁憂愁。詩小雅何人斯："壹者之來，云何其～。"㊂草名。爾雅釋草："盱，虺牀。"㊃通"訏"。大。漢書地理志下引詩："恂～且樂。"顔師古注："盱，大也。"今本詩鄭風溱洧作"訏"。

［同源字］訏，盱，芋，竽。見"訏"字條。

直 zhí 除力切，入，職韻，澄。職部。

㊀成直綫形狀，與"曲"相反。書洪範："木曰曲～。"莊子山木："～木先伐，甘井先竭。"引申爲正直。荀子修身："是謂是，非謂非，曰～。"韓非子解老："所謂～者，義必公正，心不偏黨也。"用作使動。使正直。孟子滕文公上："勞之來之，匡之～之。"使伸直。孟子滕文公下："且志曰：'枉尺而～尋'，宜若可爲也。"㊁通"值"。當，臨。史記匈奴列傳："諸左方王將居東方，～上谷以往者，…右方王將居西方，～上郡以西，接月氏、氐、羌；而單于之庭～代、雲中。"司馬貞索隱引姚氏云："古字例以'直'爲'值'。值者，當也。"引申爲當值，值班。晉書庾珉傳："珉爲侍中，～于省内。"引申爲價值、值得。史記韓長孺列傳："太后、長公主更賜安國可～千餘金。"㊂副詞。①只不過。孟子梁惠王上："～不百步耳，是亦走也！"②特意。晏子春秋内篇雜下："嬰最不肖，故～使楚矣。"③直接，一直。唐李白望廬山瀑布詩："飛流～下三千尺，疑是銀河落九天。"

［備考］直道，正道。詩魏風碩鼠："樂國樂國，爰得我～。"毛傳："直，得其直道。"一説通"職"，處所。清王引之經傳釋詞卷五："直當讀爲職，職亦所也。"

［同源字］直，特。見"特"字條。

按，説文直在乚部。

盰 qiān 倉千切，音千，平，先韻，清。真部。

〔盰瞑〕〔芊眠〕〔阡眠〕叠韻聯緜字。遥望幽暗的樣子。文選漢張衡南都賦："攢立叢駢，青冥盰瞑。"李善注："言林木攢羅衆色幽昧也。楚辭曰：'遠望兮芊眠。'王逸曰：'芊眠，遥視闇未明也。''芊眠'與'盰瞑'音義同。"六臣注："瞑，音眠。"文選晉陸機赴洛道中作二首之一："林薄杳阡眠。"吕延濟曰："阡眠，原野之色。"

按，説文無盰字。

四 畫

相 1. xiàng 息亮切，去，漾韻，心。陽部。

㊀視察。詩大雅公劉："～其陰陽，觀其流泉。"特指占視。書召誥："成王在豐，欲宅洛邑，使召公先～宅。"㊁輔助、幫助。詩大雅生民："誕后稷之穡，有～之道。"書吕刑："今天～民，作配在下。"引申爲幫助盲人行路的人。論語季氏："危而不持，顛而不扶，則將焉用彼～矣？"引申爲國君的輔佐大臣。孟子公孫丑上："夫子加齊之卿～，得行道焉。"用作動詞。論語憲問："管仲～桓公。"㊂贊禮。周禮秋官司儀："司儀，掌九儀之賓客擯～之禮。"鄭玄注："出接賓曰擯，入贊禮曰相。"用作名詞。贊禮的人。論語先進："如會同，端章甫，願爲小～焉。"㊃歌曲。荀子成相篇："請成～。"俞樾平議卷一五："此'相'字即'舂不相'之'相'。禮記曲禮篇：'鄰有喪，舂不

相。'鄭注曰:'相謂送杵聲。'蓋古人於勞役之事,必爲歌謳以相勸勉,亦舉大木者呼邪許之比,其樂曲即謂之相。'請成相'者,請成此曲也。"❺樂器名。禮記樂記:"始奏以文,復亂以武,治亂以～。"鄭玄注:"相即拊也,亦以節樂。拊者,以韋爲表,裝之以糠,糠一名相,因以名焉。"❻農曆七月的别名。爾雅釋天:"七月爲相。"

2. xiāng 息良切,平,陽韻,心。陽部。

❼質地。詩大雅棫樸:"追琢其章,金玉其～。"毛傳:"相,質也。"❽副詞。①互相。老子第八十章:"民至老死不～往來。"②表示比較,相差。孟子滕文公上:"或～倍蓰,或～什百,或～千萬。"③表示一方對另一方有所動作。列子湯問:"雜然～許。其妻獻疑曰。"

眉 méi 旻悲切,平,脂韻,明。脂部。

❶眉毛。詩衛風碩人:"螓首蛾～。"荀子解蔽:"則足以見鬒～而察理矣。"引申爲動詞,題額。穆天子傳三:"～曰西王母之山。"❷通"湄"。邊際。漢書陳遵傳:"居井之～。"顔師古注:"井邊也。"

[同源字]楣,槐,櫋,湄,眉。見"楣"字條。

按,説文眉字在眉部。

省 1. xǐng 息井切,上,静韻,心。耕部。

❶視察。左傳僖公二十四年:"鄭伯與孔將鉏、石甲父、侯宣多～視官、具于氾。"引申爲自我反省。論語學而:"吾日三～吾身。"引申爲省問,問候。禮記曲禮上:"昏定而晨～。"特指天子使臣撫問邦國之禮。周禮秋官小行人:"存、覜、～、聘、問,臣之禮也。"❷明白。列子楊朱:"實僞之辯,如此其～也。"

2. shěng 所景切,上,梗韻,審二。耕部。

❸節省。左傳僖公二十一年:"修城郭、貶食、～用、務穡、勸分,此其務也。"❹瘦弱。釋名釋言語:"省,瘦也。臞瘦約少之言也。"❺省中,宫禁之中。漢書昭帝紀:"帝姊鄂邑公主益湯沐邑,爲長公主,共養～中。"顔師古注:"省,察也。言入此中,皆當察視,不可妄也。"引申爲官署名稱。新唐書百官志一:"其官司之别,曰～,曰臺,曰寺,曰監。…"引申爲行政區域名。從元代開始在全國設立行省。❻通"眚"。過失。史記秦始皇本紀:"飾～宣義。"

3. xiǎn 集韻息淺切,上,獮韻,心。耕部。

❼通"獮"。秋季狩獵之稱。集韻:"獮,説文:'秋田也。'或作'獮'、'省'。"禮記玉藻:"唯君有黼裘以誓～。"鄭玄注:"省當爲獮。獮,秋田也。國君有黼裘誓獮田之禮。"

[同源字]省,瘠。見"瘠"字條。

按,説文省字在眉部。

眈 dān 丁含切,平,覃韻,端。侵部。

〔眈眈〕深沉注視的樣子。説文:"眈,視近而志遠。易曰:'虎視眈眈。'"文選晉陸機漢高祖功臣頌:"烈烈黥布,眈眈其眄。"引申爲宫室深邃的樣子。文選三國魏何晏景福殿賦:"爾乃豐層覆之眈眈,建高基之堂堂。"

眃 hùn 集韻户衮切,上,混韻,匣。文部。

〔眩眃〕叠韻聯緜字。疾視皃。後漢書張衡傳思玄賦:"繽聯翩兮紛暗曖,倏眩眃兮反常閭。"李賢注:"眃,音混。"

按,説文無眃字。

盹 dǔn 之閏切,去,稕韻,照三。

後起字。閉目小睡。元曲選馬致遠漢宫秋四:"恰纔我打了個～,王昭君就偷走回去了。"

眄 miǎn 彌殄切,上,銑韻,明。元部。

斜視。説文:"眄,衺視也。"列子黄帝篇:"自吾之事夫子友若人也,三年之後,心不敢念是非,口不敢言利害,始得夫子一～而已。"引申爲望。唐王勃滕王閣序:"窮睇～于中天,極娱游于暇日。"

眇 1. miǎo 弭沿切,上,小韻,明。宵部。

❶偏盲。公羊傳成公二年:"則客或跛或

～。於是使跛者迓跛者,使～者迓～者。”泛指目盲。列子仲尼:“目將～者,先睹秋毫;耳將聾者,先聞蚋飛。”㊁眼睛小。淮南子説山:“小馬大目,不可謂大馬;大馬之目～,可謂之眇馬。”引申爲眇小。莊子德充符:“～乎小哉!所以屬於人也。”漢書武帝紀:“朕以～身,託于王侯之上。”引申爲仔細看。漢書叙傳:“離婁～目於豪分。”顔師古注:“眇,細視也。”㊂眇遠。莊子庚桑楚:“夫全其形生之人,藏其身也,不厭深～而已矣。”晉陶淵明贈長沙公族祖之一:“禮服遂悠,歲月～徂。”㊃高尚。楚辭戰國屈原九章悲回風:“介～志之所惑兮,竊賦詩之所明。”

2. miào 集韻彌笑切,去,笑韻,明。宵部。

㊄通“妙”。微妙。漢書揚雄傳:“今吾子迺抗辭幽説,閎意～指。”顔師古注:“眇讀曰妙。”段玉裁説文“眇”字注:“説文無‘妙’字。眇即妙也。”

[同源字]渺,杪,秒,妙,眇,藐。見“渺”字條。

眨 zhǎ 側洽切,入,洽韻,照二。

眼睛很快地一開一合。宋張耒寄楊應之詩:“揚眉鼠子事輕肥,～眼小兒誇謹厚。”

按,説文無眨字,新附有之,云:“動目也。”

盻 xì 胡計切,音系,去,霽韻,匣。錫部。

恨視。見説文。戰國策韓策二:“韓挾齊魏以～楚,楚王必重公矣。”士禮居叢書本“盻”作“眄”。黄丕烈案:“當作‘盻’。”〔盻盻〕恨視的樣子。孟子滕文公上:“爲民父母,使民盻盻然。”朱熹集註:“盻,恨視也。”阮元十三經校勘記孟子校勘記:“按‘盻’字見説文,云:‘恨視皃。’但趙(岐)注以‘勤苦不休息’爲訓,趙作‘肹’不作‘盻’也。”

盼 pàn 匹莧切,去,襇韻,滂。文部。

㊀眼睛黑白分明。詩衛風碩人:“巧笑倩兮,美目～兮。”毛傳:“盼,白黑分。”(十三經注疏本誤作“盻”)㊁猶言青眼。南朝宋鮑照學古詩:“驕愛生盼矚,聲媚起朱脣。”唐韓愈韓昌黎集酬崔十六少府詩:“音問難屢通,何由覿清～。”引申爲看重。宋書謝晦傳:“與羡之、亮等同被齒～。”又泛指看。唐李白春日醉起言志詩:“覺來～庭前,一鳥花間鳴。”㊂〔盼倩〕指女子的容貌美麗。南朝梁劉勰文心雕龍情采:“夫鉛黛所以飾容,而盼倩生於淑姿。”

眊 mào 莫報切,去,号韻,明。宵部。

㊀眼睛昏暗,不明亮。孟子離婁上:“胸中不正,則眸子～焉。”引申爲昏憒無能。漢書息夫躬傳:“小夫愞臣之徒,瞶～不知所爲。”㊁通“耄”。年老。書吕刑“(穆)王享國百年,耄荒”漢書刑法志作“穆王～荒。”段玉裁説文“眊”字注:“漢書多以‘眊’爲‘耄’。”

眴 xuán 胡涓切,音玄,平,先韻,匣。真部。

眼睛轉動。大戴禮記本命:“(人生)三月而徹(或作“微”)～,然後能有見。”盧辯注:“眴,精也,轉視貌。”

按,説文無眴字,朱駿聲説文通訓定聲坤部“旬”字注:“字亦作眴。”正字通目部:“眴,同眴。舊註音田,誤。”

眛 1. mèi 莫拜切,去,怪韻,明。物部。

㊀眯着眼向遠處看。説文:“眛,目冥遠視也。”段玉裁注:“冥當作瞑,目雖合而能遠視也。”

2. wù 集韻文拂切,入,勿韻,微。物部。

㊁〔眛穆〕〔沕穆〕雙聲聯緜字。精微深遠的樣子。漢劉向説苑指武:“魯石公劍,迫則能應,感則能動,眛穆無窮,變無形像。”亦作“沕穆”,見賈誼鵩鳥賦。

盾 1. dùn 徒損切,上,混韻,定。文部。

㊀古代護身的兵器,盾牌。詩秦風小戎:“龍～之合。”左傳定公八年:“林楚御桓子,虞人以鈹、～夾之。”引申爲星名。史記天

官書："天一、槍、棓、矛、～動摇，角大，兵起。"

2. yǔn 集韻庾準切，上，準韻，喻四。文部。

㊁通"允"。〔中盾〕漢官名。漢書敘傳："成帝季年，立定陶王爲太子，數遣中盾請問近臣。"顔師古注："盾，讀曰允。百官表云：詹事之屬官也。"

［辨］盾，瞂，干。三字在盾牌這個意義上同義。詩經既有"盾"也有"干"，但"干"是多義詞，後世多用"盾"，瞂字不常用。方言九："盾自關而東或謂之瞂，或謂之干；關西謂之盾。"瞂字詩經借伐爲之。

按，説文盾字在盾部。

看　1. kàn 苦旰切，去，翰韻，溪。元部。

㊀以手遮目上，障日聚光而望。説文："看，睎也。"王筠句讀引九經字樣："凡物見不審，則手遮目～之。"引申爲探望。韓非子外儲説左下："梁車爲鄴令，其姊往～之。"引申爲觀察，估量。三國志吴書周魴傳："～伺空隙，欲復爲亂。"晉書刑法志："古人有言曰：'～人設教。'"㊁表示試一試再看結果的意思（後起義）。唐白居易眼病詩之二："人間方藥應無益，争得金篦試刮～。"

2. kān 苦寒切，平，寒韻，溪。

㊂看待。唐高適高常侍集下詠史："不知天下士，猶作布衣～。"引申爲照應、照看。唐杜甫石壕吏詩："老翁逾牆走，老婦出門～。"引申爲守護。唐王建詩二寒食行："寒食家家出古城，老人～屋少年行。"

［辨］見，視，覩，睹，看。見"覩"字條。

［同源字］闞，瞰，矙，看。見"闞"字條。

五　畫

眞　zhēn 職鄰切，平，真韻，照三。真部。

字亦作"真"。㊀天性，本性。莊子漁父："苦心勞形以危其～。"引申爲真誠。莊子田子方："其爲人也～。"引申爲真正。韓非子顯學："孔子、墨子俱道堯舜，而取舍不同，皆自謂～堯舜。"特指實授官職，與"假"（暫時代理）相反。史記淮陰侯列傳："大丈夫定諸侯，即爲～王耳，何以假爲！"漢書平帝紀："一切滿秩如～。"顔師古注引如淳："諸官吏初除，皆試守一歲迺爲～，食全奉。"㊁副詞。的確，確實。荀子非十二子："此～先君之言也。"

［辨］真，誠。在真誠這個意義上二字義同，但二字本義不同。説文："誠，信也。"又："真，僊人變形而登天也。"經引申"真"才有信誠之意。十三經無"真"字。參見"誠"字條。

按，説文眞字在匕部。

眝　zhù 直吕切，上，語韻，澄。魚部。

遠望。説文："眝，長眙也。"朱駿聲説文通訓定聲豫部："字亦作'佇'、作'竚'。漢書外戚傳：'飾新宫以延～兮'，今誤作'貯'。"段玉裁"眝"字注："'延眝'謂長望也。凡辭章言'延佇'者亦皆當作'眝'。"文選晉陸機弔魏武帝文："登爵臺而群悲，～美目其何望！"

眩　1. xuàn 黄練切，去，霰韻，匣。真部。

㊀目光昏花。莊子田子方："丘也～與，其信然與？"史記扁鵲倉公列傳："目～然而不瞚。"漢書元帝紀："靡瞻不～。"引申爲惑亂。韓非子内儲説下六微："召敵兵以内除，舉外事以～主。"淮南子精神："同變化，則明不～矣。"高誘注："眩，惑。"文選漢張衡西京賦："鬻良雜苦，蚩～邊鄙。"李善注："廣雅曰：眩，亂也。"㊁〔眩眠〕叠韻聯緜字。目光不安的樣子。史記司馬相如列傳："視眩眠而無見兮，聽惝恍而無聞。"

2. huàn 胡辨切，去，裥韻，匣。真部。

㊂通"幻"。幻術，魔術。史記大宛列傳："(條枝)國善～。"張守節正義："顔云：'今吞刀、吐火、殖瓜、種樹、屠人、截馬之術皆是也。'"

毖　bì 兵媚切，去，至韻，幫。質部。

㊀直視。見説文。唐韓愈韓昌黎集征蜀聯句："强睛死不閉，獷眼困逾～。"正字通目部

"眍"字引韓愈詩，注云："言雖困猶張目直視也。"㊁羞慚。方言六："山之東西自愧曰恧，趙魏之間謂之～。"郭璞注："音密，亦祕。"

眎 shì 常利切，去，至韻，禪。脂部。

㊀古文"視"字。見説文。列子天瑞："國君卿大夫～之，猶衆庶也。"三國志魏書武帝紀評："雄豪並起，而袁紹虎～四州，彊盛莫敵。"㊁通"示"。給…看。漢書趙充國傳："循河湟漕穀至臨羌，以～羌虜。"顔師古注："眎，亦示字。"

眛 mèi 莫佩切，去，隊韻，明。物部。

㊀字本作"眛"。目不明。見説文。段玉裁注："考从未之字見於公穀二傳及吴都賦，從未之字未之見。…説文原書從末之眜當在此，淺人改爲從未，則又增從末之眜於前也。"㊁"眯"字之誤。夢魘。淮南子精神："故覺而若～，(以)生而若死。"劉文典集解引王引之云："眛皆當爲眯，字之誤也。説文：'寱，寐而厭也。'字通作眯。"按，王説可信。"眯"實即説文之"寱(寐)"。

眜 mò 莫撥切，入，末韻，明。月部。

㊀目不明。參見"眛"字條。㊁古地名。公羊傳隱公元年："三月，公及邾婁儀父盟于～。"㊂通"冒"。不顧。文選晉左思吴都賦："相與～潛險，搜瓌奇。"劉淵林注："眜，冒也。"

眘 shèn 時刃切，去，震韻，禪。真部。

古文"慎"。見玉篇目部。説文"慎"之古文作"眘"。王筠句讀："俗作眘。"史記平原君列傳："王～勿予！"參見"慎"字條。

眠 mián 莫賢切，平，先韻，明。真部。

㊀睡眠。後漢書第五倫傳："吾子有疾，雖不省視而竟夕不～。"釋名釋姿容："眠，泯也，無知泯泯也。"引申爲動物裝死。山海經東山經："(餘峨之山)有獸焉，其狀如菟而鳥喙，鴟目蛇尾，見人則～。"郭璞注："言佯死也。"引申爲動物休眠。北周庾信周大將軍隴東郡公侯莫陳君夫人竇氏墓志銘："室委～蠶，衣留畫雉。"㊁横陳。唐司空圖詩品典雅："～琴緑陰，上有飛瀑。"㊂〔眠娗(tián)〕叠韻聯緜字。誑語。方言一〇："眠娗、脈蜴、賜施…皆欺謾之語也。"

［辨］寢，寐，卧，眠，睡。見"寐"字條。

按，説文無眠有瞑，云："翕目也。"徐鉉等曰："今俗别作眠，非是。"正字通目部"眠"字云："今通作'眠'，義通。"徐説泥。"

眒 1. shēn 失人切，平，真韻，審三。真部。

㊀疾速。史記司馬相如列傳："儵～淒浰。"裴駰集解引漢書音義曰："皆疾貌。"玉臺新詠左思嬌女詩："貪華風雨中，倏～數百適。"

2. shèn 試刃切，去，震韻，審三。

㊁張大眼睛。唐柳宗元柳河東集又祭崔簡旅櫬歸上都文："楚之南，其鬼不可與友，躁戾佻險，睒～欺苟，脞賤暗曶。"注："眒，書刃切，張目。"

按，説文無眒字。

眕 zhěn 章忍切，上，軫韻，照三。真部。

厚重，抑制。爾雅釋言："眕，重也。"左傳隱公三年："夫寵而不驕，驕而能降，降而不憾，憾而能～者鮮矣。"孔穎達疏："憾而不能眕，言其心難自抑。"

眙 1. chì 丑吏切，去，志韻，徹。之部。

㊀注視。楚辭戰國屈原九章思美人："思美人兮，擥涕而竚～。"方言七："眙，逗也。"郭璞注："眙，謂住視也。"引申爲驚愕。文選漢王延壽魯靈光殿賦："觀藝於魯，覩斯而～。"李善注："愕視曰眙。"

2. yí 與之切，平，之韻，喻四。

㊁〔盱眙〕縣名。見漢書地理志。在今江蘇省。

［同源字］眙，瞪。二字透定旁紐，之蒸對轉。均爲"直視"義。段玉裁説文"眙"字注：

"眙瞪古今字,敕吏、丈證古今音。廣韻七志作'眙',四十七證作'瞪',别爲二字矣。而'瞪'下云:陸本作'眙'。考玄應引通俗文云:'直視曰瞪'。是知眙之音自一部轉入六部,因改書作'瞪'。"

眒 shùn 舒閏切,去,稕韻,審三。文部。

以目使人。公羊傳成公二年:"郤克～魯衛之使。"阮元校勘記:"釋文亦作眣,音舜。閩監毛本誤作'眣'。"公羊傳文公七年:"～晉大夫使與公盟也。"何休注:"以目通指曰眣。"

[辨]眣,眴(旬),瞚。三字都是目動的意思,但本義略有不同。段玉裁説文"瞚"字注:"…瞚字本義,凡謂與公羊'眣'同者,非也。'旬'爲目摇,'瞚'爲目數摇,皆不必以目使人,惟'眣'主以目通指。"眴爲旬之或體,説文:"旬,目摇也。或从目旬。"

按,説文無眒有眣。云:"目不正也。"段玉裁注:"疑此字从矢會意,从失者其譌體。以譌體改説文,淺人無識之故也。"

眡 shì 承矢切,上,旨韻,禪。脂部。

❶同"視"。觀察,視察。周禮天官大宰:"王～治朝,則贊聽治;～四方之聽朝,亦如之。"❷比,像。周禮天官食醫:"凡食齊～春時,羹齊～夏時。"賈公彦疏:"眡,猶比也。"

按,説文眡爲視之古文,在見部。

眑 yǒu 於糾切,上,黝韻,影。幽部。

〔眑眑〕幽静的樣子。漢書禮樂志安世房中歌:"清思眑眑,經緯冥冥。"

按,説文無眑字。

眚 shěng 所景切,上,梗韻,審二。耕部。

❶眼角膜上所生的翳子。説文:"眚,目病生翳也。"引申爲日食。左傳莊公二十五年:"非日月之～不鼓。"杜預注:"眚,猶災也,月侵日爲眚。"朱駿聲説文通訓定聲鼎部"眚"字注:"猶目之有翳也。"引申爲災異,疾苦。國語楚語下:"夫誰無疾～,能者早除之。"文選漢張衡東京賦:"勤恤民隱,而除其～。"❷過失。左傳僖公三十三年:"且吾不以一～掩大德。"周禮天官甸師:"喪事,代王受～裁。"賈公彦疏:"眚,過也。"❸通"省"。削減,削弱。周禮夏官大司馬:"馮弱犯寡則～之。"

眢 yuān 於袁切,平,元韻,影。元部。

目無明。見説文。引申爲井枯無水。左傳宣公十二年:"目於～井而拯之。"

六 畫

眷 juàn 居倦切,去,線韻,見。元部。

❶回頭看。詩大雅皇矣:"乃～西顧,此維與宅。"文選漢韋孟諷諫詩:"乃～南顧,授漢于京。"字亦作"睠"。詩小雅大東:"睠言顧之,潸焉出涕。"毛傳:"睠,反顧也。"釋文:"本又作眷。"引申爲眷戀。文選晉束皙補亡詩:"～戀庭闈,心不遑安。"引申爲關注,器重。世説新語寵禮:"王珣郗超並有奇才,爲大司馬(桓温)所～拔。"❷〔眷屬〕家眷(後起義)。梁書侯景傳:"君門眷屬,可以無恙;寵妻愛子,亦送相還。"

[辨]眷,顧。説文:"眷,顧也。"又:"顧,還視也。"二字都爲回首而視。段玉裁"眷"字注:"凡顧眷並言者,顧者,還視也。眷者,顧之深也。顧止于側而已,眷則至于反。故毛云'反顧'。"

眯 1. mǐ 莫禮切,上,薺韻,明。脂部。

❶異物進入眼中,視覺錯亂。説文:"眯,艸入目中也。"王筠句讀:"'艸'當依説文韻譜作'物'。字林:'物入眼爲病也。'"莊子天運:"夫播糠～目,則天地四方易位矣。"淮南子齊俗:"夫吹灰而欲無～,涉水而欲無濡,不可得也。"

2. mì 集韻蜜二切,去,至韻,明。脂部。

❶通"寐"。夢魘。莊子天運:"彼不得夢,必且數～焉。…圍於陳蔡之間,七日不火食,死生相與鄰,是非其～邪?"

[辨]迷,謎,眯。見"謎"字條。

眹 zhèn 直引切，上，軫韻，澄。侵部。

“眹”的誤字。㊀目縫。説文：“瞽，目但有眹也。”段玉裁注：“眹，俗作眹，誤。眹从舟，舟之縫理也。引申之凡縫皆曰眹，但有眹者，才有縫而已。”周禮春官序官鄭玄注引鄭司農曰：“無目～謂之瞽。”孫詒讓正義：“先鄭云：‘無目眹’者，蓋謂目縫黏合，絶無形兆。”朱駿聲説文通訓定聲“眹”字注：“‘無目眹謂之瞽’，則誤作眹。蓋俗儒不明轉注之理，故改从目，而説文新附‘眹’字訓‘目精’矣。”㊁眹兆。莊子齊物論：“必有真宰，而特不得～。”

按，説文無眹字，新附有之，云：“目精也。”

眭 1. huī 户圭切，平聲，齊韻，匣。支部。

㊀深視的樣子。淮南子原道：“今人之所以～然能視，瞀然能聽，…何也？氣爲之充，而神爲之使也。”

2. suī 息爲切，平，支韻，心。支部。

㊁姓。漢代有眭弘。

按，説文無眭字，新附有之，云：“深目也。”

眶 kuàng 去王切，平，陽韻，溪。

目眶。列子仲尼：“射其目，矢來注眸子而～不睫。”唐柳宗元柳河東集弔屈原文：“託遺編而歎喟兮，涣余涕之盈～。”

按，説文無眶字。

眲 èr 仍吏切，去，志韻，日。之部。

愚昧無知。方言一〇：“癡，騃也。揚越之郊，凡人相侮以爲無知謂之眲。眲，耳目不相信也。”引申爲對無知的人採取輕侮態度。列子黄帝：“子華之門徒…顧見商丘開年老力弱，面目黎黑，衣冠不檢，莫不～之。”

按，説文無眲字。

眼 1. yǎn 五限切，上，産韻，疑。文部。

㊀眼珠。莊子盜跖：“比干剖心，子胥抉～，忠之禍也。”史記伍子胥列傳：“抉吾～縣吴東門之上，以觀越寇之入滅吴也。”引申爲目光。世説新語容止：“裴令公目王安豐～爛爛如巖下電。”引申爲眼睛。唐杜甫新安吏詩：“莫自使～枯，收汝淚縱横。”引申爲小孔。唐韓鄂歲華紀麗三七夕：“穿針～，掛犢鼻。”宋陸游老學庵筆記十：“秦太師作相時，…第中窗上下及中一二～作方～，餘作疎櫺，謂之太師窗。”

2. èn 魚懇切，上，混韻，疑。文部。

㊁突出的樣子。周禮考工記輪人：“望其轂，欲其～也。”

［辨］眼，目。説文：“目，人眼也。”又：“眼，目也。”二字本義有别。徐灝説文解字注箋：“戴侗曰：眼，目中黑白也，…合黑白與匡謂之目。”王筠句讀：“作𥄎者，有匡、有黑睛、有童子。”

眲 ér 集韻人之切，平，之韻，日。之部。

調，和。字本作“胹”，誤作“眲”，又誤作“聏”。説見明方以智通雅卷五。莊子天下：“以～合驩。”郭慶藩集釋：“家世父曰：以眲合驩，諸本或作聏，莊子闕誤引作胹。説文肉部：胹，爛也。方言：胹，孰也。以胹合驩，即軟孰之意。…闕誤作胹字者是也。”參見“胹”字條。

按，説文無眲有胹，在肉部，云：“爛也。”

眸 móu 莫浮切，平，尤韻，明。幽部。

眸子，眼珠。孟子離婁上：“胸中正，則～子瞭焉；胸中不正，則～子眊焉。”文選戰國宋玉神女賦：“～子炯其精朗兮，瞭多美而可觀。”字亦作“牟”。荀子非相：“堯舜參～子。”

［備考］通“瞀”。低目而視。荀子大略：“今夫亡箴者，終日求之而不得。其得之，非目益明也，～而見之也。”俞樾平議荀子四：“眸當讀爲瞀。説文目部：‘瞀，低目視也。從目冒聲。’與牟聲相近。…説文又有‘䀨’篆，曰：‘低目謹視也。從目秋聲’，亦與牟聲近。”

一説"眸,謂以眸子審視之也"。説見楊倞注。

按,説文無眸字,新附有之。

眴 1. shùn 舒閏切,去,稕韻,審三。真部。

㊀"旬"的異體字。眼睛轉動。楚辭戰國屈原九章懷沙:"～兮杳杳,孔静幽默。"引申爲以目示意。史記項羽本紀:"須臾,(項)梁～籍曰:'可行矣!'於是籍遂劍斬守頭。"引申爲眼神驚慌。莊子德充符:"適見㹠子食於其死母者,少焉～若皆棄之而走。"

2. xuàn 集韻翾縣切,去,霰韻,曉。真部。

㊁〔冥眴〕眼睛昏花。文選漢揚雄甘泉賦:"仰撟首以高視兮,目冥眴而無見。"劉良注:"冥眴,昏亂皃。"㊂〔眴焕〕雙聲聯緜字。景物鮮明的樣子。文選戰國宋玉風賦:"眴焕粲爛,離散轉移。"

3. xún 集韻松倫切,平,諄韻,心。

㊃〔眴卷〕古縣名。見漢書地理志。在今寧夏回族自治區。

[辨]眹,眴(旬),瞚。見"眹"字條。

按,説文以眴爲旬的或體。

眳 mìng 莫迥切,上,迥韻,明。耕部。

㊀眉睫之間。文選漢張衡西京賦:"～藐流眄(盼),一顧傾城。"㊁〔眳睛〕叠韻聯緜字。眼神不悦的樣子。廣雅釋言:"眳睛,謓也。"玉篇:"眳睛,不悦貌。"㊂目暗。明湯顯祖牡丹亭回生:"～曚覷,怕不是梅邊柳邊人數。"

按,説文無眳字。

眵 chī 叱支切,平,支韻,穿三。歌部。

㊀眼眶受傷。説文:"眵,目傷眥也。"又:"蔑,目～也。"㊁眼屎。唐韓愈韓昌黎集短燈檠歌:"夜書細字綴語言,兩目～昏頭雪白。"

[辨]眵,蔑。二字同義,都指眼眶受傷。"蔑"側重於指眼眶紅腫。字亦作"䁾"。釋名釋疾病:"目眥傷赤曰䁾。"

眺 tiào 他弔切,去,嘯韻,透。宵部。

㊀邪視。説文:"眺,目不正也。"文選晉潘岳射雉賦:"亦有目不步體,邪～旁剔。"李善注引徐爰:"視瞻不正。"㊁通"覜"。遠視。禮記月令:"可以居高明,可以遠～望。"文選漢張衡西京賦:"上飛闥而仰～,正覩瑶光與玉繩。"

[辨]覜,眺。見"覜"字條。

眆 háng 集韻寒剛切,平,唐韻,匣。陽部。

同"䀪"。鳥飛下曰眆。見集韻。文選漢揚雄甘泉賦:"魚頡而鳥～。"張銑注:"眆,翔也。"

按,説文無眆字。

眽 mò 莫獲切,入,麥韻,明。錫部。

㊀目光衺視。見説文。泛指視。漢書揚雄傳河東賦:"瞰帝唐之嵩高兮,～隆周之大寧。"顔師古注:"瞰、眽,皆視也。"又假"眽"作"脈"。戰國策魏策一:"前脈形地之險阻。""脈"乃"眽"之假借字。㊁〔眽眽〕視的樣子。文選古詩十九首:"盈盈一水間,眽眽不得語。"本亦作"脈脈"。文選漢王延壽魯靈光殿賦:"齊首目以瞪眄,徒眽眽而狋狋。"五臣本作"脈脈"。

眥 zì 疾智切,去,寘韻,從。支部。

字亦作"眦"。㊀眼眶。説文:"眥,目匡也。"素問氣交變大論篇:"目赤痛,～瘍,耳無所聞。"史記項羽本紀:"頭髮上指,目～盡裂。"㊁斜形,指衣領交接處。晏子春秋諫下:"衣不務于隅肶(眦)之削。"淮南子齊俗:"(衣)不務於奇麗之容,隅～之削。"

眾 zhòng 之仲切,去,送韻,照三。冬部。

㊀人多。國語周語上:"人三爲～。"引申爲衆人。左傳隱公四年:"～叛親離,難以濟矣。"引申爲平常的,一般的。史記扁鵲倉公列傳:"齊郎中令循病,～醫皆以爲蹷入中而刺之。"㊁用作狀語。當衆。史記魏其武安侯列傳:"今～辱程將軍,仲孺獨不爲李將軍地乎?"

［備考］通“終”。副詞，既。詩鄘風載馳：“許人尤之，～穉且狂。”清王引之經義述聞卷五：“衆當讀爲終，終猶既也。”一説：衆人。

按，説文眔字在㐺部。

七　畫

睆 huàn（舊讀 huǎn）户板切，上，潸韻，匣。元部。

㊀同“睅”。眼睛突出的樣子。玉篇：“睆，出目皃。”㊁果實渾圓的樣子。詩小雅杕杜：“有杕之杜，有～其實。”㊂星星光亮的樣子。詩小雅大東：“～彼牽牛，不以服箱。”引申爲泛指光澤的樣子。禮記檀弓上：“華而～，大夫之簀與？”

按，説文以睆爲睅的或體。段注删“睆”字。

睇 dì 特計切，去，霽韻，定。脂部。

微眄，斜視。楚辭戰國屈原九歌山鬼：“既含～兮又宜笑。”楚辭戰國屈原九章懷沙：“離婁微～兮，瞽以爲無明。”

眣 1. jié 即葉切，入，葉韻，精。葉部。

㊀字亦作“睫”、“䀹”。眼睫毛。説文：“眣，目旁毛也。”史記扁鵲倉公列傳：“流涕長潸，忽忽承～。”司馬貞索隱：“眣即睫也。言淚恒垂以承於睫也。”㊁通“䁟”。閉目。玉篇：“䁟，閉一目也。”韓非子説林上：“惠子見鄒君曰：‘今有人見君，則～其一目，奚如？’君曰：‘我必殺之。’惠子曰：‘瞽兩目～，君奚爲不殺？’君曰：‘不能勿～。’”本亦作“䁟”。

2. zhǎ 集韻側洽切，入，洽韻，照二。

㊂通“眨”。眨眼。集韻洽韻：“眨，目動也。或从夾。”

睒 shǎn 集韻失冉切，上，琰韻，審三。

後起字。〔睒睒〕眼睛眨動的樣子。集韻琰韻：“睒，睒睒，目皃。”正字通目部：“睒睒，目數動皃。”

睄 shào 所教切，去，效韻，審二。宵部。

㊀小視。見集韻。㊁〔睄窕〕叠韻聯緜字。幽暗的樣子。楚辭漢王逸九思疾世：“日陰曀兮未光，闃睄窕兮靡睹。”

按，説文無睄字。

睍 xiàn 胡典切，上，銑韻，匣。元部。

㊀眼睛突出的樣子。説文：“睍，出目也。”㊁〔睍睆〕雙聲叠韻聯緜字。美好的樣子。詩邶風凱風：“睍睆黄鳥，載好其音。”

睅 hàn 户板切，上，潸韻，匣。元部。

同“睆”。眼睛突出的樣子。左傳宣公二年：“～其目，皤其腹，棄甲而復。”參見“睆”字條。

睊 juàn 古縣切，去，霰韻，見。元部。

〔睊睊〕因忿恨側目而視的樣子。孟子梁惠王下：“睊睊胥讒，民乃作慝。”

睎 xī 香衣切，平，微韻，曉。微部。

觀望。吕氏春秋不屈：“或負畚而赴乎城下，或操表掇以善～望。”方言二：“睎，眄也。…東齊青徐之間曰睎。”引申爲仰慕。法言學行：“～驥之馬，亦驥之乘也；～顔（淵）之人，亦顔之徒也。”文選古詩十九首之十六：“眄睞以適意，引領遥相～。”吕延濟注：“睎，望也。”

睃 1. juān 集韻遵全切，平，仙韻，精。文部。

㊀人名用字。漢書景十三王傳有魯文王劉～。

2. jùn 集韻祖峻切，去，稕韻，精。

㊁視也（後起義）。見集韻。特指斜視。明湯顯祖牡丹亭玩真：“恁横波來迴顧影，不住的眼兒～。”在這個意義上，現代漢語讀 suō。

按，説文無睃字。

睋 é 五何切，平，歌韻，疑。歌部。

㊀觀看。文選漢班固西都賦：“於是睎秦

嶺，～北阜。”李善注：“眂，視也。”㊁通“俄”。不久。公羊傳定公八年：“～而鍰其板曰：‘某月某日將殺我於蒲圃。’”

按，説文無眂字。

八　畫

督 dū冬毒切，入，沃韻，端。覺部。

㊀察視。説文：“督，察也。”韓非子揚權：“因天之道，反形之理，～參鞠之，終則有始。”引申爲督責。史記李斯列傳：“夫賢主者，必且能全道而行～責之術也。”引申爲督率、統領。三國志吴書周瑜傳：“十一年，～孫瑜等討麻、保二屯，梟其渠帥。”世説新語捷悟：“宣武得牋大喜，即詔轉公～五郡、會稽太守。”引申爲官名，指將帥。資治通鑑六五卷：“遂以周瑜、程普爲左右～，將兵與(劉)備並力逆操。”引申爲糾正。周禮春官大祝：“禁～逆祀命者。”㊁通“篤”。篤厚。左傳僖公十二年：“余嘉乃勳！應乃懿德，謂～不忘。”清郝懿行爾雅義疏釋詁下：“(督)通作‘篤’。左氏昭廿二年傳司馬督，漢書古今人表作司馬篤，是‘篤’‘督’通。”㊂通“裻”。“裻”爲衣背之中縫，引申爲身後之中脈曰督脈。素問骨空論：“～脈者，起于少腹以下骨中央。”引申爲泛指中間。莊子養生主：“緣～以爲經，可以保身。”周禮考工記匠人“堂涂十有二分”鄭玄注：“分其～旁之脩。”賈公彦疏：“中央爲督，督者所以督率兩旁。”

晼 wàn烏貫切，去，换韻，影。

後起字。㊀嫵媚。見玉篇。㊁〔晼晼〕眼睛深陷的樣子。晉書石季龍載紀上：“卿目晼晼，正耐溺中。”這個意義集韻桓韻音烏丸切(wān)。

睟 suì雖遂切，去，至韻，心。物部。

㊀清和温潤的樣子。孟子盡心上：“其生色也～然見於面，盎於背。”文選晉左思魏都賦：“魏國先生，有～其容。”㊁通“粹”(讀cuì)。純粹。漢揚雄太玄將：“將無疵，元～。”注：“睟，純也。”鄭萬耕校釋：“思慮純粹，而無過錯。”又睟：“～于内，清無穢。”

按，説文無睟字。

睠 juàn居倦切。去，線韻，見。元部。

同“眷”。回頭看。見“眷”字條。〔睠睠〕反顧的樣子。詩小雅小明：“念彼共人，睠睠懷顧。”

按，説文睠作眷。

睒 shǎn失冉切，上，琰韻，審三。談部。

突然窺視的樣子。説文：“睒，暫視皃。”漢揚雄太玄劇：“酒作失德，鬼～其室。”鄭萬耕校釋：“睒，窺視。”引申爲閃爍。北周衛元嵩元包經仲陽：“電炟炟，其光～也。”唐韓愈韓昌黎集寄崔二十六立之詩：“雷電生～睗，角鬣相撐披。”

［同源字］覢，閃，睒。見“覢”字條。

睛 jīng子盈切，平，清韻，精。耕部。

㊀目光。靈樞經邪氣藏府病形：“其精陽氣上走于目而爲～，其别氣走于耳而爲聽，其宗氣上出于鼻而爲臭。”㊁眼珠子。淮南子主術：“夫據除(榦)而窺井底，雖達視猶不能見其～。”高誘注：“目瞳子也。”唐張彦遠歷代名畫記卷七：“金陵安樂寺四白龍，不點眼～。每云：‘點～即飛去。’”

按，説文無睛字。

睫 1.jié即葉切，入，葉韻，精。葉部。

㊀睫毛。莊子庚桑楚：“向吾見若眉～之間，吾因以得汝矣。”列子仲尼：“雖遠在八荒之外，近在眉～之内，來于我者，我必知之。”

2.zhǎ側洽切，入，洽韻，照二。

㊁目動貌。見類篇。列子仲尼：“矢注眸子而眶不～，盡矢之勢也。”

按，説文無睫有䀹，見“䀹”字條。

睦 mù莫六切，入，屋韻，明。覺部。

㊀和睦。書堯典：“九族既～，平章百

姓。"左傳隱公四年："於是陳、蔡方～於衛。"引申爲親密。文選漢韋賢諷諫詩："嗟嗟我王，漢之～親。"張銑注："睦，亦親也。"㊁通"穆"。〔睦睦〕恭敬的樣子。史記司馬相如列傳："旼旼睦睦，君子之能。"

睹 dǔ 當古切，上，姥韻，端。魚部。

看見。説文："睹，見也。"荀子榮辱："今使人生而未嘗～芻豢稻粱也，惟菽藿糟糠之爲～，則以至足爲在此也。"世説新語賞譽："見鍾士季，如觀武庫，但～矛戟。"唐李白夢游天姥吟留别："越人語天姥，雲霞明滅或可～。"字亦作"覩"。易乾文言："聖人作而萬物覩。"引申爲察看。吕氏春秋召類："趙簡子將襲衛，使史默往～之。"

〔辨〕見，視，覩，睹，看。見"覩"字條。

睐 lài 洛代切，去，代韻，來。之部。

眼睛瞳仁不正。説文："睐，目童子不正也。"引申爲旁視。文選晉潘安仁射雉賦："奮勁骹以角槎，瞵悍目以旁～。"又古詩十九首之十六："眄～以適意，引領遥相晞。"吕延濟注："眄、睐，邪視也。"

睚 yá 五懈切，去，卦韻，疑。支部。

〔睚眥〕〔睚眦〕瞋目而視的樣子，指小怨小忿。史記范睢(雎)蔡澤列傳："一飯之德必償，睚眥之怨必報。"漢司馬遷報任安書："欲以廣主上之意，塞睚眦之辭。"

按，説文無睚字，新附有之。

睗 shì 施隻切，入，昔韻，審三。錫部。

目光疾視。説文："睗，目疾視也。"文選晉左思吴都賦："忘其所以睒～，失其所以去就。"引申爲光閃爍。唐韓愈寄崔二十六立之詩："雷電生睒～，角鬣相撐披。"

睜 zhēng 疾郢切，上，静韻，從。

後起字。張目。雍熙樂府十四元王實甫集賢賓退隱曲："～着眼張着口儘胡謅。"

睬 cǎi 字彙補此宰切。

晚起字。理會，過問。古今雜劇元王實甫破窰記三："不是這老泰山爲人忒歹，親女婿昂然不～。"

睔 gùn 古困切，去，慁韻，見。文部。

㊀目大也。見説文。㊁古人名。左傳襄公二年鄭伯～。

睡 shuì 是僞切，去，寘韻，禪。歌部。

瞌睡。莊子知北遊："言未卒，齧缺～寐，被衣大説。"世説新語言語："顧司空未知名，詣王丞相。丞相小極，對之疲～。"宋歐陽修秋聲賦："童子莫對，垂頭而～。"引申爲睡覺。唐杜甫茅屋爲秋風所破歌："自經喪亂少～眠，長夜沾濕何由徹。"

〔辨〕寢，寐，卧，眠，睡。見"寐"字條。

睢 1. huī 許規切，平，支韻，曉。脂部。

㊀仰目。見説文。引申爲怒目而視。戰國策燕策一："若恣～奮擊，呴籍叱咄，則徒隸之人至矣。"在這個意義上，今讀 suī。〔睢睢〕仰目而視的樣子。漢書五行志中之下："萬衆睢睢，驚怪連日。"

2. suī 息遺切，平，脂韻，心。脂部。

㊁水名。古蒗蕩渠支津。左傳成公十五年："魚石、向爲人、…出舍於～上。"

睭 zhōu 字彙補知丑切，音帚。幽部。

〔睭睭〕深邃的樣子。淮南子兵略："深哉睭睭，遠哉悠悠。"

按，説文無睭字。

睨 nì 五計切，去，霽韻，疑。支部。

㊀斜視。見説文。莊子山木："雖羿、蓬蒙不能眄～也。"史記廉頗藺相如列傳："相如持其璧～柱，欲以擊柱。"文選漢張衡西京賦："於是鳥獸殫目觀窮，遷延邪～。"引申爲偏斜。莊子天下："日方中方～，物方生方死。"㊁通"婗"。小兒。墨子雜守："～者小五尺，不可卒者，爲署吏。"

〔同源字〕睨，睨，倪。見"睨"字條。

睥 pì 匹詣切，去，霽韻，滂。支部。

〔睥睨〕〔俾倪〕〔埤堄〕〔僻倪〕〔辟倪〕叠韻聯緜字。①斜視。淮南子脩務："過者莫不左右睥睨而掩鼻。"後漢書仲長統傳："消摇一世之上，睥睨天地之間。"引申爲窺伺。史記魏其武安侯列傳："辟倪兩宫間，幸天下有變，而欲有大功。"顔氏家訓誡兵："睥睨宫闈，幸災樂禍。"②城上女牆。説文："陴，城上女牆俾倪也。"北魏酈道元水經注穀水："城上…五十步一睥睨。"

按，説文無睥字。

睩 lù 盧谷切，入，屋韻，來。屋部。

目光注視。楚辭戰國宋玉招魂："蛾眉曼～，目騰光些。"〔睩睩〕注視而又謹畏的樣子。楚辭漢王逸九思憫上："哀世兮睩睩。"

睪 1. yì 羊益切，入，葉韻，喻四。鐸部。

㊀偵伺罪犯。説文夲部："睪，司（伺）視也。从目从夲，今吏將目捕罪人也。"（依段注本）

2. zé 五音集韻埸伯切，音澤。鐸部。

㊁〔睪芷〕香草名。荀子正論："側載睪芷以養鼻。"楊倞注："睪芷，香草也。"

3. gāo 音韻闡微歌鏖切，音皋。幽部。

㊂通"鼛"。大鼓。荀子正論："代～而食。"王先謙荀子集解引劉台拱曰："代睪當爲伐皋。主術訓注引詩'鼓鐘伐鼛'，考工記韗人作皋鼓。"㊃睾丸。靈樞經經脈："經脛上～結于莖。"這個意義後代作"睾"。㊄通"皋"。高的樣子。列子天瑞："望其壙，～如也。"

4. hào 音皓。幽部。

㊅〔睪睪〕廣大的樣子。荀子解蔽："睪睪廣廣，孰知其德。"楊倞注："睪，讀爲皞。皞皞，廣大貌。"

按，説文睪字在夲部。

睘 1. qióng 渠營切，平，清韻，群。耕部。

字本作"瞏"。㊀目驚視。見"瞏"字條。

2. xuán 集韻旬宣切，平，僊韻，邪。元部。

㊁轉折。墨子節葬："以此求治，猶使人三～而毋負己也。"孫詒讓閒詁引王引之云："睘與還（xuán）同，還讀周還折還之還，謂轉折也。"

按，説文無睘有瞏。瞏，从目袁聲。睘爲瞏之俗體。

九　畫

瞀 mào 莫候切，去，候韻，明。幽部。

㊀低目謹視。見説文。㊁目光昏眩。莊子徐无鬼："予適有～病。"晉書天文志："眼～精絶，故蒼蒼然也。"引申爲昏亂。楚辭戰國屈原九章惜誦："申侘傺之煩惑兮，中悶～之忳忳。"引申爲昏闇愚昧。荀子儒效："其愚陋溝～而冀人之以己爲知也。"引申爲天色昏暗。文選南朝宋顔延年北使洛詩："陰風振涼野，飛雪～窮天。"

〔備考〕披髮。淮南子道應："於是乃去其～而載之木。"俞樾平議卷三一："瞀當爲鍪。鍪者，兜鍪也。"

睿 ruì 以芮切，去，祭韻，喻四。月部。

古文"叡"字。聖明。常用稱頌皇帝的敬詞。文選漢張衡東京賦："～哲玄覽，都兹洛宫。"南朝梁沈約賀齊明帝登祚啟："道風遐被，～化神行。"

〔備考〕通達。書洪範："聽曰聰，思曰～。"馬融注："睿，通也。"鄭玄注："睿，通於政事。"一説："睿"乃"容"字之誤。漢董仲舒春秋繁露五行五事篇："思曰容，容者言無所不容。"朱駿聲説文通訓定聲"叡"字條："洪範恭、從、明、聰、容是韻語，其字漢時已傳寫有誤。"

按，説文睿爲叡之古文，在奴部。

瞇 1. mì 集韻彌計切，去，霽韻，明。

後起字。㊀斜視。集韻："瞇，睥也。"

2. mǐ 集韻母婢切，上，紙韻，明。

㊁眇目。見集韻。

䁏 yǎo 集韻伊鳥切，上，筱韻，影。

〔䁏眇〕(後起詞)叠韻聯緜字。飛騰的樣子。文選晉木華海賦："朱燉綠烟，䁏眇蟬蜎。"

睽 kuí 苦圭切，平，齊韻，溪。脂部。

㊀乖離。周易卦名。左傳僖公十五年："晉獻公筮嫁伯姬於秦，遇歸妹☳☱之～☲☱。"引申爲離散。世説新語文學："自頃世故～離，心事淪薀。"㊁〔睽睢〕叠韻聯緜字。張目而視的樣子。文選漢王延壽魯靈光殿賦："仡欺猥以鵰眈，顤顟顡而睽睢。"㊂〔睽罛〕雙聲聯緜字。深邃的樣子。文選漢張衡西京賦："枍詣承光(皆臺名)，睽罛庨豁。"㊃〔睽睽〕張目注視的樣子。唐韓愈鄆州谿堂詩序："萬目睽睽。"

瞁 xù 呼狊切，入，錫韻，曉。

〔瞁䀭〕雙聲聯緜字。驚視的樣子。宋呂祖謙輯宋文鑑七周邦彦汴都賦："心駴神悸，瞁䀭而不敢進。"

按，説文無瞁字。朱駿聲説文通訓定聲解部"狊"字注："俗字作瞁。通俗文：驚視曰瞁。"

睼 tì 他甸切，集韻他計切，去，霽韻，透。支部。

迎面注視。説文："睼，迎視也。"文選漢班固東都賦："由基發射，范氏施御，弦不～禽，轡不詭遇。"李善注："睼，迎視也。言射者不迎視其禽。"

按，説文睼字"讀若珥瑱之瑱"。

睻 xuǎn 況晚切，上，阮韻，曉。元部。

大眼睛。説文："睻，大目也。"唐韓愈陸渾山火和皇甫湜用其韻："齒牙嚼齧舌腭反，電光䃶磹頳目～。"

睮 yū 集韻容朱切，平，虞韻，喻四。侯部。

〔睮睮〕諂媚的樣子。漢書韋賢傳韋孟諷諫詩："睮睮諂夫，咢咢(文選作"諤諤")黄髮。如何我王，曾不是察？"

按，説文無睮字。

睺 hóu 户鉤切，平，侯韻，匣。侯部。

半盲。方言一二："半盲爲睺。"

按，説文無睺字。

瞍 sǒu 蘇彫切，平，蕭韻，心。幽部。

盲人，有目無珠。周禮春官序官大師鄭玄注："有目無眸子謂之～。"特指樂師，古代樂師多爲盲人。詩大雅靈臺："鼉鼓逢逢，矇～奏公。"朱熹集傳："無眸子曰瞍。古者樂師皆以瞽者爲之，以其善聽而審于音也。"

〔辨〕瞍，瞽，矇。三字義同，均指盲者。周禮春官序官大師鄭玄注引鄭司農云："無目眹謂之瞽，有目眹而無見謂之矇，有目無眸子謂之瞍。"説文："瞍，無目也。"段玉裁注："無目與無牟子别。無牟子者，黑白不分；無目者，其中空洞無物。故字林云：瞍，目有眹無珠子也。瞽者才有眹而中有珠子，瞍者才有眹而中無珠子。此又瞽與瞍之别。"

瞂 fá 房越切，入，月韻，奉。月部。

古兵器名，盾。方言九："盾，自關而東或謂之瞂。"逸周書王會："鮫～利劍爲獻。"詩秦風小戎："蒙伐有苑。"借"伐"爲"瞂"，玉篇引此詩作"瞂"。

〔辨〕盾，瞂，干。見"盾"字條。

按，説文瞂字在盾部。

睾 gāo 洪武正韻姑勞切。

晚起字。睾丸。古代作"睪"。靈樞經邪氣藏府病形："小腸病者，小腹痛，腰脊控睪而痛。"參見"睪"字條。

十　畫

䁝 1. yíng 余傾切，平，清韻，喻四。耕部。

㊀惑亂。説文："䁝，惑也。"淮南子原道："眭然能視，～然能聽。"

2. yǐng 烏猛切，上，梗韻，影。

㊁清潔。見廣韻。特指目光明净的様子。宋張君房雲笈七籤六一："漱咽津液，～目左右。"

瞎 xiā 許鎋切，入，鎋韻，曉。

後起字。一目失明。世説新語排調："盲人騎～馬，夜半臨深池。"劉孝標注引中興書曰："仲堪父嘗疾患經時，…自分劑湯藥，誤以藥手拭淚，遂眇一目。"十六國春秋前秦苻生："苻生無一目，七歲，其祖洪戲之曰：'吾聞～兒一淚，信乎？'"引申爲雙目失明。唐孟東野詩集七寄張籍詩："西明寺後窮～張大祝，縱爾有眼誰爾珍。"引申爲盲目性。清李玉清忠譜四："堪輿本行，全憑～闖。"

按，説文無瞎字。正字通"瞎"字注："説文'䁖'即瞎字。"

瞎 chá 字彙補莊加切，音槎。歌部。

差錯。淮南子原道："所謂人者，偶～智故，曲巧僞詐。"

按，説文無瞎字。

瞑 1. míng 莫經切，平，青韻，明。耕部。

㊀閉目。左傳文公元年："謚之曰'靈'，不～；曰'成'，乃～。"論衡死僞："(精魂)安能復入身中，～目闔口乎？"引申爲雙目失明。逸周書太子晉："師曠不可，曰：'請使～臣往與之言。'"孔晁注："師曠，晉大夫。無目故稱瞑。"

2. mián 莫賢切，平，先韻，明。耕部。

㊁小睡。莊子德充符："倚樹而吟，據槁梧而～。"後代作"眠"。

3. miàn 莫甸切，去，霰韻，明。耕部。

㊂目眩。方言三："凡飲藥傅藥而毒，…東齊海岱之間謂之瞑，或謂之眩。"

瞌 kē 克盍切，入，盍韻，溪。

後起字。眼瞌欲睡的様子。唐白居易自望秦赴五松驛馬上偶睡睡覺成吟："體倦目已昏，～然遂成睡。"

瞋 chēn 昌真切，平，真韻，穿三。真部。

瞪大眼睛。商君書君臣："～目扼腕而語勇者得，垂衣裳而談説者得。"

瞈 yǎo 以沼切，上，小韻，喻四。

後起字。美目。見玉篇。〔眇瞈〕叠韻聯緜字。視貌。文選晉木華海賦："群妖遘迕，眇瞈冶夷。"

瞞 tī 他歷切，入，錫韻，透。幽部。

失意而視的様子。見説文。字亦作"䁥"。文選晉左思魏都賦："吴蜀二客，矆焉相顧，䁥焉失所。"

按，大徐本説文作"瞞"，段玉裁改爲"䁥"，見説文解字注目部"䁥"字。

瞏 qióng 集韻葵營切，平，清韻，群。耕部。

俗省作"睘"。㊀驚視的様子。素問診要經終論："少陽終者耳聾，百節皆縱，目～絶系。"王冰注："睘音瓊。目驚貌。手足少陽之脈，皆至目鋭眥，終則牽引于目，故目驚而邪視也。"(本亦作"睘")㊁〔瞏瞏〕孤獨。詩唐風杕杜："獨行睘睘，豈無他人。"(説文引作"瞏")

十一畫

瞚 shùn 舒閏切，音舜，去，稕韻，審三。真部。

眨眼。説文："瞚，開闔目數摇也。"莊子庚桑楚："終日視而目不～。"字亦作"瞬"。列子湯問："紀昌者，又學射於飛衛。飛衛曰：'爾先學不瞬，而後可言射矣。'"參見"瞬"字條。

［辨］眣，眴(旬)，瞚。見"眣"字條。

瞛 diē 丁結切，入，屑韻，端。

〔瞛䀸(xuè)〕(後起詞)叠韻聯緜字。凶惡的様子。見廣韻屑韻"䀸"字條。

瞜 huò 虚郭切，入，鐸韻，曉。鐸韻。

㊀〔睢瞜〕雙聲聯緜字。驚視的様子。古

文苑漢揚雄蜀都賦："蘢睢瞝兮罙布列。"章樵注："睢，許維反；瞝，音霍。驚視貌。"❷〔瞙瞝〕雙聲聯緜字。見"瞙"字條。

按，說文無瞝字。

瞝 chī 集韻抽知切，平，支韻，徹。歌部。

遍觀。史記屈原賈生列傳吊屈原賦："～九州而相君兮，何必懷此都也。"文選作"歷"。

按，說文無瞝字。

暶 xuán 似宣切，平，仙韻，邪。元部。

同"嫙"。美好的樣子，見集韻。靈樞經通天："陰陽和平之人，其狀委委然，…暶暶然，豆豆然。"

按，說文無暶有嫙，在女部，云："好也。"

睊 guī 集韻均窺切，平，支韻，見。支部。

❶窺伺的樣子。集韻寘韻："睊，埤倉：'眇視皃。'"❷〔睊睊〕瞇着眼看人的樣子。荀子非十二子篇："學者之嵬容，…莫莫然，睊睊然，瞿瞿然。"楊倞注："小見之貌。"

按，說文無睊字，朱駿聲說文通訓定聲解部"窺"字云："字亦作睊。"

瞙 mò 慕各切，入，鐸韻，明。

後起字。眼病。玉篇引字統："瞙，目不明。"正字通："瞙，俗謂目瞖曰瞙。"元袁裒求志賦："羌骫髒而寡與兮，若眯～以問津。"

瞢 1. méng 莫中切，平，東韻，明。蒸部。

❶目不明。見說文。引申爲昏闇。周禮春官眡祲："六曰～。"鄭玄注："日月瞢瞢無光也。"❷羞愧。左傳襄公十四年："不與於會，亦無～焉。"❸〔瞪瞢〕叠韻聯緜字。看不真切。文選漢王褒洞簫賦："魚瞰雞睨，垂喙蛩轉，瞪瞢忘食。"❹〔瞢騰〕叠韻聯緜字。矇矓迷糊的樣子。唐韓偓玉山樵人集格卑詩："惆悵後塵流落盡，自拋懷抱醉瞢騰。"

2. mèng 莫鳳切，去，送韻，明。蒸部。

❺通"夢"。做夢。晏子春秋諫上："公～見二丈夫立而怒，其怒甚盛。"

［同源字］冒，帽，鍪，霧，蒙，幪，雺，夢，瞢，冥，瞑，濛，朦，盲，矇，眊，瞀。見"冒"字條。

按，說文瞢字在苜部。

瞞 1. mán 母官切，平，桓韻，明。元部。

❶眼瞼低垂的樣子。說文："瞞，平目也。"徐鍇繫傳："瞞，目瞼低也。"〔瞞瞞〕閉目的樣子。荀子非十二子："酒食聲色之中，則瞞瞞然，瞑瞑然。"❷通"謾"。隱瞞。唐寒山子詩之二〇八："我見～人漢，如籃盛水走。"

2. mén 集韻謨奔切，平，魂韻，明。元部。

❸慚愧。莊子天地："子貢～然慙，俯而不對。"❹們(後起義)，表複數。宋沈瀛竹齋詞醉鄉曲："說與賢～，這軀殼，安能久仗憑。"

瞟 piǎo 敷沼切，集韻匹沼切，上，小韻，滂。宵部。

❶伺察，斜視。說文："瞟，瞭也。"段玉裁注："今江蘇俗謂以目伺察曰瞟。"明凌濛初二刻拍案驚奇卷二七："那大漢見迴鳳美色，不轉眼地上下～覷。"引申爲一目病。見廣韻小韻"瞟"字引埤蒼。朱駿聲說文通訓定聲"瞟"字云："與眇略同。"❷〔瞟眇〕叠韻緜字。視不明的樣子。文選漢王延壽魯靈光殿賦："忽瞟眇以響像，若鬼神之髣髴。"

［同源字］覭，瞟，飄，漂。見"覭"字條。

䁻 lì 郎計切，去，霽韻，來。質部。

窺視。方言一〇："凡相竊視南楚謂之闚，…或謂之䁻。䁻，中夏語也。"字亦作"睝"，泛指視。晉郭璞江賦："爾乃睝雰祲於清旭，覘五兩之動靜。"

按，集韻霽韻"䁻"字引說文："求也，一曰索視皃。"今本說文無䁻字。

瞖 yì 於計切，去，霽韻，影。

後起字。眼珠上的白翳。正字通："瞖，目障也。"宋史后妃傳理謝皇后："后生而黧黑，～一目。"

瞠 chēng 丑庚切，平，庚韻，徹。陽部。

瞪着眼睛直視。管子小問："闟然止，～然視。"莊子田子方："夫子言道，(顔)回亦言道也，及奔逸絶塵，而回～若乎後者。"

按，説文無瞠字。

瞭 qì 七計切，去，霽韻，清。月部。

察視。説文："瞭，察也。"尹文子："瞽者無目，而耳不可以～，精于聽也。"文選晉左思魏都賦："奔龜躍魚，有～吕梁。"

瞛 cōng 集韻七恭切，平，鍾韻，清。

後起字。光亮。文選晉張協七命："鼓鬣風生，怒目電～。"李善注："瞛，光也。"

十 二 畫

瞥 piē 普蔑切，入，屑韻，滂。月部。

用目光掠過。淮南子説林："鼈無耳而目不可以～，精於明也。"引申爲忽然出現。文選晉潘岳河陽縣作二首之一："～若截道飈。"李善注："張衡舞賦：'～若電滅。'"劉良注："瞥，暫見也。"

［同源字］覕，瞥。見"覕"字條。

瞳 tóng 徒紅切，平，東韻，定。東部。

㊀瞳孔。玉篇目部："瞳，目珠子也。"正字通："瞳，目瞳子。醫書：骨之精爲瞳子，屬腎；筋之精爲黑眼，屬肝。"史記項羽本紀："舜目蓋重～子，又聞項羽亦重～子。"㊁無知的樣子。莊子知北遊："汝～焉如新生之犢，而無求其故。"

［同源字］童，僮，瞳。三字音同義近。"瞳""僮"都是"童"的區别字。"瞳子"本寫作"童子"，後人加目爲瞳。瞳孔中有人像，故稱爲瞳子。"童"義爲無知的兒童。説文："僮，未冠也。"字本作"童"。

按，説文無瞳字。

瞵 lín 力珍切，平，真韻，來。真部。

㊀瞪大眼睛。文選晉左思吴都賦："鷹～鶚視。"㊁〔瞵瑞〕叠韻聯緜字。文彩繽紛的樣子。漢書揚雄傳甘泉賦："翠玉樹之青葱兮，璧馬犀之瞵瑞。"

瞰 kàn 苦濫切，去，闞韻，溪。談部。

㊀遠望。文選漢班固東都賦："目中夏而布德，～四裔而抗稜。"又張衡西京賦："～宛虹之長鬐，察雲師之所憑。"㊁俯視。後漢書光武紀上："～臨城中。"字亦作"闞"、作"矙"，參見"矙"字條。

［同源字］闞，瞰，矙，看。見"闞"字條。

按，説文無瞰字。

瞫 shěn 式任切，音審，上，寑韻，審三。侵部。

深視。見説文。段玉裁注："見其底裏曰深視。"

瞭 liǎo 盧鳥切，上，篠韻，來。宵部。

眼睛明亮。孟子離婁上："胸中正，則眸子～焉。"文選戰國宋玉神女賦："眸子炯其精朗兮，～多美而可觀。"李善注："鄭玄周禮注曰：'瞭，明目也。'"泛指明亮。楚辭戰國宋玉九辯："堯舜之抗行兮，～冥冥而薄天。"洪興祖補注："瞭，音了。明也。"引申爲明白。論衡自紀："言～於耳，則事昧於心。"

按，説文無瞭字。

瞲 xuè 呼決切，入，屑韻，曉。質部。

驚視。荀子榮辱："俄而粲然有秉芻豢稻粱而至者，則～然視之曰：'此何怪也！'"引申爲突然看見。文選晉郭璞江賦："鯪鯥跻跼於垠隒；獱獺睒～乎厱空。"

按，説文無瞲字。

瞤 rún (又讀 shùn) 如匀切，平，諄韻，日。真部。

眼皮跳。説文："瞤，目動也。"漢蔡邕廣連珠："臣聞目～耳鳴，近夫小戒也。"漢焦贛易林乾之需："目～足動。"引申爲肌肉掣動。素問氣交變大論："筋骨繇復，肌肉～酸。"

按，集韻稕韻以"瞤"爲"瞚、瞬、眴"之異體,音輪閏切(shùn)。

瞯 1. xián 户閒切,平,山韻,匣。元部。

㊀戴眼,眼珠多白色。説文:"瞯,戴目也。"段玉裁注:"戴目者,上視如戴然。…目上視則多白。"桂馥義證:"戴目如馬額戴星之戴。"南朝宋劉義慶幽明録:"河東賈弼之,義熙中爲琅琊府參軍,夜夢一人～目。"㊁通"撊"。威武的樣子。文選晉潘岳馬汧督誄:"～然馬生,傲若有餘。"

2. jiàn 集韻居莧切,去,裥韻,見。元部。

㊂窺伺。孟子離婁下:"王使人～夫子,果有以異于人乎?"説文"瞯"字:"江淮之間謂眄曰瞯。"字亦作"睊"或"瞷"。

瞪 dèng 丈證切,去,證韻,澄。蒸部。

直視。文選漢王延壽魯靈光殿賦:"齊首目以～眄。"李周翰注:"瞪,直視也。"晉書郭文傳:"文～眸不轉,跨躡華堂,如行林野。"引申爲怒目直視。唐柳澈保唐寺燈幢贊:"掌塔～注,持矛傑立。"

[同源字]眙,瞪。見"眙"字條。

按,説文無瞪字。

瞶 1. wèi 以醉切,去,至韻,喻四。

㊀眼病。見廣韻。

2. guì 居胃切,去,未韻,見。

㊁極視。見玉篇。

按,説文無瞶字。古書中"瞶"常與耳部"聵"字混用。

瞶 mái 莫佳切,平,佳韻,明。支部。

偷偷地看。説文:"瞶,小視也。"

[備考]漢揚雄太玄衆:"師孕唁之,哭且～。"范望注:"竊視稱瞶。"鄭萬耕校釋引葉子奇注:"孕,出也。唁,吊亡國也。瞶,哭而目盲也。"二説不同。

瞬 shùn 舒閏切,去,稕韻,審三。

眨眼。列子湯問:"爾先學不～,而後可言射矣。"引申爲一眨眼的工夫,短時間。晉陶淵明感士不遇賦序:"寓形百年而～息已盡。"宋蘇軾赤壁賦:"蓋將自其變者而觀之,則天地曾不能以一～。"

按,説文無瞬字。

瞧 qiáo 字彙慈消切,音樵。

後起字。㊀眼睛勞損。三國魏嵇康難自然好學論:"覩文籍則目～,修揖讓則變傴。"㊁看。陽春白雪後集五元關漢卿雙調新水令:"怕别人～見咱,掩映在酴醾架。"元高明琵琶記牛小姐諫父:"早被那人～破。"

十 三 畫

瞽 gǔ 公户切,上,姥韻,見。魚部。

盲人。論語子罕:"子見齊衰者,冕衣裳者與～者,見之,雖少,必作。"又爲樂師。詩周頌有瞽:"有～有～,在周之庭。"毛傳:"瞽,樂官也。"左傳昭公十七年:"～奏鼓,嗇夫馳。"引申爲瞎説。荀子勸學:"不觀氣色而言謂之～。"

[辨]瞍,瞽,矇。見"瞍"字條。

瞡 miè 莫結切,入,屑韻,明。月部。

眼眶紅腫。説文:"瞡,目眵也。"急就篇四:"癉熱瘻痔眵～眼。"顔師古注:"瞡,目眥傷赤也。"按,字亦作"矆"。釋名釋疾病:"目眥傷赤曰矆。矆,末也,創在目兩末也。"字亦作"䁾"。吕氏春秋盡數:"處目則爲䁾爲盲。"亦借"蔑"爲瞡。戰國宋玉風賦:"中脣爲胗,得目爲蔑。"段玉裁説文"瞡"字注:"按蔑者假借,䁾者或體。"

[辨]眵,瞡。見"眵"字條。

瞿 1. jù 九遇切,去,遇韻,見。魚部。

㊀驚視的樣子。禮記檀弓上:"曾子聞之,～然曰:'呼!'"清方苞左忠毅公逸事:"吏呼名至史公,公～然注視。"引申爲驚悸。禮記雜記下:"見似目～,聞名心～。"㊁〔瞿瞿〕①瞪眼望着、神情不安的樣子。詩齊風東方未明:"折柳樊圃,狂夫瞿瞿。"荀子非十二子:

"吾語汝學者之鬼容,…瞡瞡然,瞿瞿然。"②小心謹慎的樣子。詩唐風蟋蟀:"好樂無荒,良士瞿瞿。"

2.qú 其俱切,平,虞韻,群。魚部。

㊂兵器。書顧命:"一人冕,執~,立于西垂。"鄭玄注:"瞿,蓋今三鋒矛。"㊃姓。

[同源字]瞿,懼,矍,矐,戄。五字同源。瞿懼爲見群旁紐,均魚部;矍、矐(矆)、戄爲見曉旁紐,均鐸部,魚鐸可以對轉。五字的基本意義爲驚視或懼怕,驚視是懼怕的表現,故同源。

按,説文瞿字在瞿部。

瞼 jiǎn 居奄切,上,琰韻,見。談部。

㊀眼皮。北史姚僧垣傳:"(帝)至河陰遇疾,口不能言,~垂覆目,不得視。"㊁收斂。鬼谷子反應:"欲聞其聲反默,欲張反~。"陶宏景注:"欲彼開張我反瞼斂。"

按,説文無瞼字,新附有之。

瞻 zhān 職廉切,平,鹽韻,照三。談部。

向前望或向上望。詩邶風燕燕:"~望弗及,泣涕如雨。"又雄雉:"~彼日月。"引申爲察視。禮記月令:"~肥瘠,察物色,必比類。"引申爲敬仰,仰望。詩小雅小弁:"靡~匪父。"後漢書杜喬傳:"唯喬正色無所回橈,由是海内歎息,朝野~望焉。"

[備考]通"贍"。贍給。詩周頌良耜:"或來瞻女,載筐及筥。"馬瑞辰通釋:"瞻當讀贍給之贍。"鄭箋:"瞻,視也。"

十 四 畫

矉 pín 必鄰切,平,真韻,幫。真部。

㊀恨而張目。説文:"矉,恨張目也。"㊁通"顰"。皺眉。莊子至樂:"髑髏深~蹙頞。"㊂通"頻"。危急。詩大雅桑柔:"國步斯頻。"説文"矉"字引作"矉"。

矐 huò 許縛切,入,藥韻,曉。鐸部。

㊀字亦作"矆"。張大眼睛看。説文:"矐,大視也。"文選晉左思魏都賦:"吴蜀二客,矐焉相顧。"㊁[矐睒]閃爍不定。文選晉木華海賦:"呵歘掩鬱,矐睒無度。"

矇 méng 莫紅切,平,東韻,明。東部。

㊀失明者,盲人。楚辭戰國屈原九章懷沙:"玄文處幽兮,~瞍謂之不章。"王逸注:"矇,盲者也。"洪興祖補注:"有眸子而無見曰矇,無眸子曰瞍。"釋名釋疾病:"矇,有眸子而失明,蒙蒙無所别也。"特指樂師,古代以盲人爲樂師。詩大雅靈臺:"鼉鼓逢逢,~瞍奏公。"陳奂傳疏:"矇瞍即瞽矇,樂工也。"左傳襄公十五年:"若猶有人,豈其以千乘之相易淫樂之~?"㊁蒙昧。論衡量知:"人未學問曰~。"

[辨]瞍,瞽,矇。見"瞍"字條。

矊 mián 集韻彌延切,平,仙韻,明。元部。

㊀字亦作"矈"。黑瞳子。方言二:"驢瞳之子謂之矈。"㊁含情脈脈。楚辭戰國宋玉招魂:"靡顔膩理,遺視~些。"王逸注:"矊,脈也。"㊂[矊眇]雙聲聯緜字。遠視的樣子。文選晉郭璞江賦:"冰夷倚浪以傲睨,江妃含嚬而矊眇。"李善注:"矈眇,遠視皃。"

按,説文無矈有矊,釋義爲"盧童子也"。段玉裁注:"按方言矈字當是矊之字誤。"玉篇目部矈同矊。

十 五 畫

瞡 miè 莫結切,入,屑韻,明。月部。

"蔑"的異體字,見"蔑"字條。

矍 jué 居縛切,入,藥韻,見。鐸部。

㊀驚惶的樣子。説文:"矍,隹欲逸走也。从又,持之瞿瞿也。"(依段注本)段玉裁注:'瞿瞿'各本作'矍矍',今正。又持之而瞿瞿然。"王筠句讀:"謂人持欲逸之隹,驚顧瞿瞿也。"管子戒:"君請~已乎!"尹知章注:"矍已,謂有所驚懼而問未止也。"文選漢班固東都賦:"主人之辭未終,西都賓~然失容。"㊁

〔矍鑠〕叠韻聯緜字。老而健壯的樣子。後漢書馬援傳:“帝令試之。援據鞍顧眄,以示可用。帝笑曰:‘矍鑠哉是翁也!’”㊂〔矍矍〕①目光不安的樣子。易震:“震索索,視矍矍。”孔穎達正義:“矍矍,視不專之容。”②急迫。唐柳宗元故秘書郎姜君墓誌銘:“不矍矍於進取,不施施於驕伉。”

〔同源字〕瞿,懼,矍,瞿,㩴。見“瞿”字條。

按,説文矍字在瞿部。

矎 1. xuān 火玄切,平,先韻,曉。

又作矎。㊀直視。見玉篇。

2. xuàn 集韻翾縣切,去,霰韻,曉。

㊁〔矎矎〕①眼花繚亂的樣子。集韻:“矎,矎矎,目不正。”文選漢王延壽魯靈光殿賦:“耳嘈嘈以失聽,目矎矎而喪精。”②目光炯炯。唐李觀李元賓文集六高宗夢得説賦:“言霏霏而無瑕,目矎矎而有光。”

按,説文無矎字。朱駿聲説文通訓定聲乾部“夐”字云:“廣雅釋訓:‘夐夐,視也。’字亦作矎。”

十六畫

矐 huò 呵各切,入,鐸韻,曉。鐸部。

失明。見廣韻。用作使動。使目失明。史記刺客列傳荆軻:“秦皇帝惜其(高漸離)善擊筑,重赦之,乃～其目。”司馬貞索隱:“説者云,以馬屎燻令失明。”

按,説文無矐字。

矑 lú 落胡切,平,模韻,來。魚部。

㊀視。見玉篇。㊁瞳子。文選漢揚雄甘泉賦:“玉女亡所眺其清～兮,宓妃曾不得施其蛾眉。”李善注引服虔曰:“矑,目童子也。”字亦作“驢”。方言二:“驢瞳之子謂之矊。”郭璞注:“驢,黑也。”

〔同源字〕盧,旅,驢,矑,獹,瀘,壚。見“盧”字條。

按,説文無矑字。

十八畫

矔 guàn 古玩切,去,換韻,見。元部。

㊀目多精,眼光明亮。見説文。㊁張目而視,轉目環顧。方言六:“矔,轉目也。梁益之間瞋目曰矔,轉目顧視亦曰矔。”

十九畫

矗 chù 初六切,入,屋韻,穿二。職部。

㊀長而直的樣子。南朝宋謝靈運山居賦:“直陌～其東西。”文選南朝宋鮑照蕪城賦:“崪若斷岸,～似長雲。”㊁聳立的樣子。唐杜牧阿房宮賦:“蜂房水渦,～不知其幾千萬落。”㊂直率。北周衛元嵩元包經一:“語其義則～然而不誣。”㊃〔矗矗〕高峻的樣子。漢書司馬相如傳上林賦:“於是乎崇山矗矗,巃嵸崔巍。”

按,説文無矗字。

矖 xǐ (又音 lí)所綺切,上,紙韻,審二。歌部。

視。後漢書馬融傳廣成頌:“目～鼎俎,耳聽康衢。”南朝宋鮑照鮑參軍集瓜步山楬文“北眺氈鄉,南矖炎國”錢振倫注:“宋本矖作矖。”

按,説文無矖有覼,在見部。段玉裁注:“覼,亦作矖。”

矕 mǎn 母版切,上,潸韻,明。元部。

㊀視。文選漢馬融長笛賦:“長～遠引,旋復迴皇。”㊁覆蓋。漢書叙傳答賓戲:“浮英華,湛道德,～龍虎之文舊矣。”

二十畫

矙 kàn 苦濫切,去,闞韻,溪。談部。

同“瞰”、“闞”。窺視。孟子滕文公下:“陽貨～孔子之亡也,而饋孔子蒸豚。”焦循正義:"闞與瞰字同,字亦作矙。"

[同源字]闞,瞰,矙,看。見"闞"字條。

按,説文無矙有闞,在門部。

矘 tǎng 他朗切,上,蕩韻,透。陽部。

❶目光直視,茫然無神。説文:"矘,目無精直視也。"〔矘眄〕直視的樣子。後漢書梁冀傳:"爲人鳶肩豺目,洞精矘眄。"❷〔矘䁗〕叠韻聯緜字。目無精,眼睛不明亮。見廣韻。

矐 huò 許縛切,入,藥韻,曉。鐸部。

同"矆"。見"矆"字條。

[同源字]瞿,矍,矐,懼,戄。見"瞿"字條。

按,説文無矐有矆。段玉裁注:"魏都賦'矆焉失容'。李曰:'今本作矐,大視也。'按篇韻皆矐爲正字,矆爲或字。"

二十一畫

矚 zhǔ 之欲切,入,燭韻,照三。屋部。

望,注目。淮南子道應:"聽焉無聞,視焉無～。"晉書桓温傳:"登平乘樓,眺～中原。"宋書張暢傳:"衆皆～目,見者皆爲盡命。"

按,説文無矚字。

矛　部

矛 máo 莫浮切,平,尤韻,明。幽部。

❶兵器。長柄尖刃。詩秦風無衣:"王于興師,修我～戟。"韓非子難一:"以子之～陷子之盾,何如?"❷星名。史記天官書:"杓端有兩星:一内爲～,招搖;一外爲盾,天鋒。"

四　畫

矜 1. qín 集韻渠巾切,平,真韻,群。真部。

❶矛柄。方言九:"矛,其柄謂之矜。"淮南子兵略:"伐棘棗而爲～。"高誘注:"矜,矛柄。"

2. jīn (舊讀 jīng)居陵切,平,蒸韻,見。真部。

❷憐憫,同情。詩小雅巷伯:"視彼驕人,～此勞人。"❸苦痛。莊子在宥:"愁其五藏以爲仁義,～其血氣以規法度。"世説新語尤悔:"宣武～愧,不得一言。"❹危險。詩小雅菀柳:"曷予靖之,居以凶～。"❺尊重,崇向。孟子公孫丑下:"使諸大夫國人皆有所～式。"❻持重,謹慎。論語衛靈公:"君子～而不争,群而不黨。"引申爲自負、自誇。老子:"不自～,故長。"國語晉語五:"郤子勇而不知禮,～其伐而耻國君。"❼竦。文選漢張衡思玄賦:"魚～鱗而並凌兮,鳥登木而失條。"

3. guān 集韻姑頑切,平,山韻,見。文部。

❽通"鰥"。鰥夫,指老而無妻的人。詩大雅烝民:"不侮～寡,不畏强御。"禮記禮運:"～寡孤獨廢疾者,皆有所養。"❾通"瘝"。病。詩小雅何草不黄:"何草不玄,何人不～?"

按,説文矜字段玉裁改爲"矜"字,改从令聲爲从令聲,云:"令聲古音在真部。"

七　畫

矟 shuò 所角切,入,覺韻,審二。藥部。

同"槊"。長矛。廣雅釋器:"矟,矛也。"王念孫疏證:"矟,即今槊字也。"釋名釋兵:"矛長丈八尺曰矟,馬上所持。"抱朴子外篇漢過:"盤馬弄～,一夫之勇者,謂之上將之元。"

按,説文無矟字,新附有槊字。

矞 1. yù 餘律切,入,術韻,喻四。質部。

❶以錐穿物。説文:"矞,以錐有所穿也。"❷彩雲。漢揚雄太玄割:"紫蜺～雲,朋

圜日,其疾不割。"鄭萬耕校釋:"矞雲,彩色雲。"

2. jué 集韻古穴切,入,屑韻,見。質部。

㊂通"譎"。權詐。荀子非十二子:"～宇嵬瑣,使天下混然,不知是非治亂之所存者,有人矣。"楊倞注:"矞與譎同,詭詐也。"

3. xù 集韻休必切,入,質韻,曉。質部。

㊃驚恐的樣子。禮記禮運:"鳳以爲畜,故鳥不獝。"阮元校勘記:"錢大昕云:獝爲鳥飛,不應从犬旁。釋文獝本作矞。俗本从犬者誤也。"

按,説文矞字在冏部。

八　畫

矠 1. cè 楚革切,音策,入,麥韻,穿二。鐸部。

㊀矛一類的兵器。説文:"矠,矛屬。"

2. zé 士革切,音賾,入,麥韻,牀二。鐸部。

㊁通"籍"。用矛刺取物。國語魯語上:"～魚鼈以爲夏犒。"周禮天官鼈人作"籍魚鼈"。

十一畫

矜 qín 巨巾切,平,真韻,群。真部。

同"矜"。矛柄。廣韻真韻:"矜,矛柄也;又鉏櫌也。古作矜。"史記秦始皇本紀:"鉏櫌棘矜。"裴駰集解引服虔曰:"以鉏柄及棘作矛～也。"

按,説文無矜有矜。

十五畫

矡 bó 集韻弼角切,入,覺韻,並。

後起字。〔矡矟〕叠韻聯緜字。古代官府的衛杖。新唐書儀衛志上衙:"又二人持矡矟,皆佩橫刀。"宋吴自牧夢粱録駕詣景靈宫儀仗:"又有儀仗内名矡矟者。"

十九畫

矠 zuàn 子算切,去,换韻,精。

後起字。兵器。小矛。廣韻:"矠,鋋也,本音鑽。俗爲槍矠字。"隋書煬帝紀:"民間鐵叉、搭鉤、～刃之類,皆禁絶之。"

矢　部

矢 shǐ 式視切,上,旨韻,審三。脂部。

㊀兵器。箭。詩大雅抑:"脩爾車馬,弓～戎兵。"楚辭戰國屈原九歌國殤:"～交墜兮士争先。"矢的形狀成直綫,引申爲正直。論語衛靈公:"子曰:'直哉史魚!邦有道如～,邦無道如～。'"晉潘岳西征賦:"捍～言而不納。"㊁古代投壺用的籌。禮記投壺:"～,以柘若棘,毋去其皮。"㊂陳列。春秋隱公五年:"春,公～魚于棠。"㊃通"誓"。發誓。詩大雅大明:"～于牧野,維予侯興。"㊄通"屎"。左傳文公十八年:"殺而埋之馬～之中。"史記廉頗藺相如列傳:"廉將軍雖老,尚善飯,然與臣坐,頃之三遺～矣。"

二　畫

矣 yǐ 于紀切,上,止韻,喻三。之部。

㊀表示動態的句尾語氣詞,可以表已然或將然。左傳成公二年:"余病～。"論語陽貨:"諾,吾將仕～。"㊁用在描寫句中,表示事物發展過程中出現的新情況。左傳僖公三十年:"國危～。"㊂用於疑問句中,幫助表示疑問語氣。孟子梁惠王上:"德何如則可以王～?"㊃用在祈使句中,表示祈使的語氣。戰國策齊策:"先生休～!"㊄用在複句中前一分

句之後，表示停頓。詩周南漢廣："漢之廣～，不可泳思。"

三　畫

矤 shěn 式忍切，音哂，上，軫韻，審三。真部。

"矧"的古體。見"矧"字條。

知 1. zhī 陟離切，平，支韻，知。支部。

❶知道、了解。書盤庚："予弗～乃所訟。"左傳僖公七年："～臣莫若君。"引申爲知覺、知識。荀子王制："草木有生而無～，禽獸有～而無義。"引申爲知遇。論語衛靈公："君子不可小～，而可大受也。"引申爲相知，相契。儀禮既夕禮："兄弟賵奠可也，所～則賵而不奠。"楚辭戰國屈原九歌少司命："悲莫悲兮生别離，樂莫樂兮新相～。"❷表現。吕氏春秋自知："文侯不悦，～於顔色。"❸掌管。左傳襄公二十六年："子產其將～政矣。"❹病愈。方言三："知，愈也。南楚病愈者謂之差，或謂之間，或謂之知。知，通語也。"錢繹箋疏："凡人病甚，則昏亂無知，既差，則明了快意，故愈謂之慧，知亦謂之慧。"素問刺瘧篇："一刺則衰，二刺則～，三刺則已。"

2. zhì 知義切，去，寘韻，知。支部。

❺智慧。論語里仁："仁者安仁，～者利仁。"在這個意義上，後來寫作"智"。

[辨]知，識，記，誌。見"識"字條。

[同源字]知，智。二字均端母支部。知，動詞；智，形容詞。多知爲智，故知智同源。釋名釋言語："智，知也。"淮南子道應："知可否者，智也。"

四　畫

矧 shěn 式忍切，上，軫韻，審三。真部。

❶連詞。表示更進一層。何況。詩大雅抑："神之格思，不可度思，～可射思。"❷副詞。又，亦。書大誥："今天其相民，～亦惟卜用。"❸齒齦。禮記曲禮上："笑不至～。"鄭玄注："齒本曰矧，大笑則見。"

按，説文無矧有矤。段玉裁注："尚書多用矤字，俗作矧。"

五　畫

矩 jǔ 俱雨切，上，麌韻，見。魚部。

❶木工用以畫方形或直角用的曲尺。莊子駢拇："圓者不以規，方者不以～。"荀子賦篇："圓者中規，方者中～。"引申爲法度。論語爲政："七十而從心所欲，不踰～。"引申爲標記。周禮考工記輪人："凡斬轂之道，必～其陰陽。"❷數學名詞。直角。周禮考工記磬氏："磬氏爲磬，倨句一～有半。"（一矩有半，即一個半直角，合現在的一百三十五度。）

按，説文矩作巨，在工部。

七　畫

短 duǎn 都管切，上，緩韻，端。元部。

"長"的反義詞。老子第二章："長～相形，高下相傾。"孫子虚實："日有～長，月有死生。"活用爲動詞，縮短。孟子盡心上："齊宣王欲～喪。"引申爲不足，短處。楚辭戰國屈原卜居："夫尺有所～，寸有所長。"莊子列禦寇："夫處窮閭阨巷，困窘織屨，槁項黄馘者，商之所～也。"引申爲過錯。唐杜甫秋野五首之三："禮樂（所謂禮法之士）攻吾～，山林引興長。"用作動詞，説别人的壞話。史記屈原賈生列傳："令尹子蘭聞之大怒，卒使上官大夫～屈原於頃襄王。"

矬 cuó 昨禾切，平，戈韻，從。

身材矮小。廣雅釋詁二："矬，短也。"衆經音義卷二引通俗文："侏儒曰矬。"抱朴子内篇塞難："而或～陋尪弱，或且黑且醜。"

按，説文無矬字。

八　畫

矮 yà 集韻衣駕切，去，禡韻，影。

後起字。見"矲矮"條。

矮 ǎi 烏蟹切,上,蟹韻,影。

身材矮小。説文新附:"矮,短人也。"舊唐書陽城傳:"道州地産民多～,每年常配鄉户,竟以其男號爲～奴。"引申爲低矮的東西。宋梅堯臣矮石榴樹子賦:"有～石榴高倍尺,中訟庭,麗戒石。"

按,説文無矮字,新附有之。

十二畫

矰 zēng 作滕切,音增,平,登韻,精。蒸部。

繫有生絲(繳)以弋射飛鳥的短箭。説文:"矰,隿䠶矢也。"莊子應帝王:"且鳥高飛以避～弋之害。"淮南子説山:"好射者先具～與繳。"

矯 jiǎo 居夭切,上,小韻,見。宵部。

❶揉曲使直。易説卦:"坎,…爲～輮。"孔穎達疏:"使曲者直爲～。"引申爲糾正。莊子天下:"以繩墨自～。"淮南子本經:"～枉以爲直。"引申爲强抑、整飭。荀子性惡:"是以爲之起禮義,制法度,以～飾人之情性而正之。"引申爲故意做作,掩蓋真情。古文苑漢董仲舒士不遇賦:"雖～情而獲百利兮,復不如正心而歸一善。"引申爲詐稱,假托。漢書石顯傳:"後果有上書告(石)顯顓命～詔開宫門,天子聞之,笑以其書示顯。"❷通"撟"。高舉。晉陶淵明歸去來兮辭:"策扶老以流憩,時～首而遐觀。"❸通"趫"。强盛的樣子。禮記中庸:"國無道,至死不變,强哉～。"

十四畫

矱 yuē 鬱縛切,入,藥韻,影。鐸部。

法度。集韻藥韻:"蒦,度也。或从尋,楚辭从矢。"楚辭戰國屈原離騷:"求矩～之所同。"

按,説文矱作彠,是蒦的重文,在萑部。集韻以彠、矱爲蒦的重文。

十五畫

矲 bà 薄蟹切,上,蟹韻,並。歌部。

短小。方言一〇:"矲,短也。…桂林之中謂短～。～,通語也。"字亦作"罷"。周禮夏官司弓矢鄭玄注引鄭司農云:"庳矢,讀爲人罷短之罷。"〔矲矮〕〔矲矬〕短小。宋陸游劍南詩稿二三寓歎之二:"醉撫酒壺憐矲矮,卧看香岫憐嶙峋。"集韻禡韻:"矬,矲矬,短也。"

按,説文無矲字。

石部

[石部總論]

石部所收之字大體上可分爲四類。一類是次於玉的美石,如:砆、碱、碝、碈、瑊、磔、碝。一類是用石料作成的工具、材料等,如:矴、砡、础、砭、砧、砥、硯、碇、碓、碑、碥、碣、碫、磴、礐、礤。一類是礦物名,如:硝、磺、礜、礬。還有一類表示聲音的詞,如:砉、硡、硃、硍、硠、硡、硜、碚、磅、磌、磤、磏、磞、礐、礚。

石 shí 常隻切,入,昔韻,禪。鐸部。

❶石頭。詩小雅鶴鳴:"它山之～,可以爲錯。"引申爲石刻。吕氏春秋求人:"故功績銘乎金～,著於盤盂。"特指砭石。戰國策秦策二:"扁鵲怒而投其～。"史記扁鵲倉公列傳:"扁鵲乃使弟子子陽厲鍼砥～,以取外三

陽五會。”用作動詞。針砭。素問腹中論:“灸之則瘖,~之則狂。”引申爲石藥。史記扁鵲倉公列傳:“~之爲藥精悍,公服之不得數溲,亟勿服。”特指戰爭中發射的石頭。韓非子難二:“趙簡子圍衛之郛郭,犀楯犀櫓,立於矢~之所不及。”特指石制的樂器。莊子駢拇:“金~絲竹黄鐘大吕之聲非乎?而師曠是已。”引申爲堅固。素問示從容論:“沉而~者,是腎氣内著也。”㊁量詞。①容量單位。十斗爲石。莊子逍遥遊:“今子有五~之瓠,何不慮以爲大樽而浮乎江湖。”②重量單位。百二十斤爲石。今讀 dàn。墨子魯問:“子之爲鵲也,不如匠之爲車轄,須臾劉三寸之木,而任五十~之重。”

二　畫

矴 dìng 丁定切,去,徑韻,端。

字亦作“椗”、“碇”。船停泊時用來固定船身位置的石墩。三國志吴書董襲傳:“(孫)權討黄祖。祖横兩蒙衝挾守沔口,以栟閭大紲繫石爲~。”宋梅堯臣送寧鄉令張沆:“長沙過洞庭,水泊風摇~。”

按,説文無矴字。

三　畫

硭 máng 莫郎切,平,唐韻,明。

後起字。〔硭碭〕山名,在江蘇碭山縣東南。史記及漢書高祖紀均作“芒”。

矸 1. gàn 古案切,去,翰韻,見。元部。

㊀石頭白净的樣子。史記魯仲連鄒陽列傳裴駰集解引甯戚歌:“南山~,白石爛,生不遭堯與舜禪。”司馬貞索隱:“矸者,白净貌也。”

2. gān 集韻居寒切,平,寒韻,見。元部。

㊁〔丹矸〕朱砂。荀子正論:“加之以丹矸。”楊倞注:“丹矸,丹砂也。”

按,説文無矸字。

矼 1. gāng 古雙切,平,江韻,見。東部。

㊀石橋。見玉篇石部。亦作“杠”。文選晉左思魏都賦:“石杠飛梁,出控漳渠。”孟子離婁下:“歲十一月,徒杠成。”孫奭疏引説文曰:“石矼,石橋也。”俗作“杠”。按,今本説文無矼有杠。朱駿聲説文通訓定聲豐部“杠”字云:“孟子‘十一月徒杠成’,按,横木以渡,後世或以石爲之。字又作矼。”朱説與孫説不同。

2. qiāng 集韻枯江切,音腔,平,江韻,溪。東部。

㊁堅實的樣子。見集韻。引申爲誠實。莊子人間世:“且德厚信~,未達人氣。”

矹 wù 五忽切,入,没韻,疑。

後起字。〔矹矹〕勤勉的樣子。宋岳珂桯史一四八陣圖詩:“幙中矹矹何物客,未有一客能解此。”

矺 zhé 陟格切,入,麥韻,知。鐸部。

同“磔”。分裂肢體的酷刑。史記李斯列傳:“公子十二人僇死咸陽市,十公主~死於杜。”司馬貞索隱:“矺音宅,與‘磔’同,古今字異耳。‘磔’謂裂其支體而殺之。”

按,説文無矺有磔,在桀部。

矻 kū 苦骨切,入,没韻,溪。物部。

〔矻矻〕勤苦勞累的樣子。文選漢王褒聖主得賢臣頌:“勞筋苦骨,終日矻矻。”李善注:“矻矻,勤作也。”

按,説文無矻字。

砐 è 五合切,入,合韻,疑。

〔砐硪〕(後起詞)雙聲聯緜字。高大的樣子。玉篇石部:“硪,砐硪,山高皃。”文選晉郭璞江賦:“陽侯砐硪以岸起,洪瀾涴演而雲迴。”張銑注:“砐硪,高大皃。言波高大如岸起也。”

四　畫

砉 xū (又讀 huā)呼臭切,入,錫韻,曉。錫部。

㊁皮骨相離聲。莊子養生主："～然嚮然，奏刀騞然。"引申爲其他的聲音。唐劉禹錫飛鳶操："旗尾飄揚勢漸高，箭頭～騞聲相似。"㊂形容迅速的樣子。唐盧綸和趙給事白蠅拂歌："～如寒隼驚暮禽，颯若繁埃得輕雨。"㊂形容開朗的樣子。明徐宏祖徐霞客遊記粵西遊日記："捨桴踐石出洞，又～然一天也。"

按，說文無砉字。

硄 1. kēng 客庚切，平，庚韻，溪。

㊀〔硄硠〕叠韻聯緜字。石聲。見廣韻。

2. kāng 集韻丘岡切，平，唐韻，溪。陽部。

㊁〔硄磕〕雙聲聯緜字。雷聲。文選漢張衡思玄賦："凌震雷之硄磕兮，弄狂電之淫裔。"

按，說文無硄字。

研 1. yán 五音集韻五堅切。元部。

字本作"研"。㊀在石上磨研。說文："研，礦也。"釋名釋書契："硯，研也。研墨使和濡也。"北魏賈思勰齊民要術九醴酪煮杏酪粥法："打取杏仁，以湯脱去黄皮，熟～，以水和之，絹濾取汁。"引申爲研究，探討。易繫辭下："能說諸心，能～諸(侯之)慮。"晉郭璞爾雅序："璞不揆檮昧，少而習焉，沈～鑽極，二九載矣。"㊁精詳。後漢書荀彧傳論："智筭有所～疎，原始未必要末，斯理之不可全詰者也。"

2. yàn 吾甸切，去，霰韻，疑。元部。

㊂同"硯"。硯池。後漢書蘇竟傳："走昔以摩～編削之才，與國師公從事出入，校定祕書。"李賢注："研，音午見反。"宋陸游夏日五鼓起戲書："開窗清風來穆然，拂几洗～整蠹編。"

［同源字］研，硯。二字雙聲叠韻，意義相因。研的本義爲磨，硯亦取義於研磨(見釋名釋書契)，"硯"也可寫作"研"，二字同源。

按，說文無研有硏。

砆 fū 字彙芳無切，音敷。魚部。

同"玞"。次於玉的美石。山海經南山經："會稽之山，四方，其上多金玉，其下多～石。"參見"玞"字條。

按，說文無砆字。

砑 1. yà 吾駕切，去，禡韻，疑。

後起字。㊀碾砑使物體堅實光澤。唐韋莊又玄集中張祜上牛相公詩："帶盤白鼹鼠，袍～紫犀牛。"唐韓偓信筆詩："繡迭昏金色，羅揉損～光。"

2. yá。

㊁〔砑蟲〕即蚜蟲，危害農作物的害蟲。宋周密癸辛雜識別集上燈檠去蟲："桃樹生小蟲，滿枝黑如蟻，俗名砑蟲。"

砌 1. qì 七計切，去，霽韻，清。質部。

㊀臺階。說文新附："砌，階甃也。"漢班固西都賦："於是玄墀釦～，玉階彤庭。"南唐李煜虞美人："雕闌玉～應猶在，只是朱顏改。"㊁用作動詞。堆砌。北魏酈道元水經注穀水："地壁悉纍方石～之。"宋蘇軾乞外補迴避賈易劄子："必欲收拾～累，以成臣罪。"㊂綴連。唐皮日休臨頓爲吴中偏勝之地詩："高風翔～鳥，暴雨失池魚。"

2. qiè。

㊃〔砌末〕亦作"切末"。元雜劇中的道具。元李好古張生煮海二"仙姑取砌末科"。

按，說文無砌字，新附有之。

砂 shā 所加切，平，麻韻，審二。

後起字。㊀"沙"的俗體字。呈顆粒狀的碎石子。顏氏家訓文章："加以～礫所傷，慘於矛戟。"唐杜甫遣興五首之一："朔風飄胡雁，慘澹帶～礫。"㊁硃砂的簡稱。宋蘇軾辨道歌："一丹休別内外～，長修久餌須升遐。"

砋 zhǐ 集韻渚市切，上，止韻，照三。

㊀礪石。見玉篇。㊁擣繒石。見集韻止

韻。

［備考］漢揚雄太玄止："折于株木，輆于～石。"司馬光集注："王本作砋，音止，云擣繒石也。"本亦作"砭"。

按，説文無砋字。

砒 pī 集韻篇迷切，平，齊韻，滂。

後起字。毒藥。砒霜，亦名信石。集韻："砒，藥石。"字亦作"磇"。廣韻齊韻："磇，磇霜，石藥。"

砅 lì 力制切，去，祭韻，來。月部。

履石渡水。見説文。

按，説文砅字在水部。

砭 biān 府廉切，集韻悲廉切，平，鹽韻，幫。談部。

古代治療疾病的一種方法，以石刺病。見説文。又爲名詞，石針。素問異法方宜論："其病皆爲癰瘍，其治宜～石。"戰國策秦策二："扁鵲怒而投其石。"注："石針曰～，所以刺病。"用作動詞，泛指針刺，刺。新唐書則天武皇后傳："風上逆，～頭血可愈。"宋歐陽修秋聲賦："其氣慄冽，～人肌骨。"引申爲醫治，救治。唐韓愈喜侯喜至贈張籍張徹："又如心中疾，箴石非所～。"宋王安石臨川集一二和平甫舟中望九華山詩："浪荒不走職，民瘼當誰～。"

砏 pīn 普巾切，平，諄韻，滂。文部。

❶〔砏汃〕雙聲聯緜字。水波相激聲。文選漢張衡南都賦："流湍投濺，砏汃輣軋。"❷〔砏磤〕叠韻聯緜字。石相擊聲。楚辭漢王褒九懷危俊："鉅寶遷兮砏磤，雉咸雊兮相求。"

按，説文無砏字。

砎 jiè 古拜切，去，怪韻，見。

後起字。堅硬。廣韻："砎，硬也。"晉書孔愉傳附孔坦："何知幾之先覺，～石之易悟哉！"晉桓温請還都洛陽疏："～如石焉，所以成務。"

砍 kǎn 篇海類編苦感切。

晚起字。用刀斧猛力剁斷、劈開。水滸傳三一回："（武松）手起一刀，把這後槽殺了，～下頭來，一脚踢過尸首。"

五　畫

砣 tuó 集韻徒禾切，平，戈韻。

後起字。❶字亦作"碢"、作"碻"。碾輪石。見玉篇。❷指秤砣。

砫 1. zhǔ 集韻腫庾切，上，噳韻，照三。

後起字。❶古代藏神主的石函。見玉篇。字彙："砫，音主。宗廟宔石。亦作宔。"正字通："砫，俗字。宗廟神主石。本作主，贅作宔、祏。"

2. zhù 音柱。

❷地名。四川有石砫縣，今改爲石柱縣。

砰 pēng 普耕切，平，耕韻，滂。耕部。

❶象聲詞。列子湯問："徐以氣聽，～然聞之，若雷霆之聲。"❷〔砰磅〕雙聲聯緜字。水波激蕩聲。文選漢司馬相如上林賦："沈沈隱隱，砰磅訇礚。"❸〔砰湃〕雙聲聯緜字。波濤洶湧聲。宋歐陽修秋聲賦："初淅瀝以蕭颯，忽奔騰而砰湃。"❹〔砰砰〕鼓聲。晉陸機鼓吹賦："鼓砰砰以輕投，簫嘈嘈而微音。"❺〔砰磷〕深峻的樣子。漢書司馬相如傳："徑入雷室之砰磷鬱律兮。"❻抨擊。元李术魯翀范墳詩："公力斡禹鼎，正氣～黄扉。"

按，説文無砰字。

砡 yù 魚菊切，入，屋韻，疑。屋部。

整齊的樣子。見玉篇。文選漢馬融長笛賦："夫其面旁，則重巘增石，簡積頵～。"李善注引字林曰："砡，齊頭也。"李周翰注："頵砡，石齊頭貌也。"

按，説文無砡字。

砢 1. luǒ 來可切，上，哿韻，來。歌部。

❶〔磊砢〕雙聲聯緜字。説文："砢，磊砢

也。”參見“磊”字條。

2. kē 集韻丘何切，平，歌韻，溪。

㊀同“珂”。次於玉的美石。集韻歌韻：“珂，石次玉。或从石。”

砸 zá。

晚起字。打碎。紅樓夢九回：“只聽豁啷一響，～在桌上，書本、紙片、筆、硯等物，撒了一桌。”

破 pò 普過切，去，過韻，滂。歌部。

㊀破壞，破碎。莊子胠篋：“焚符～璽，而民朴鄙。”荀子法行：“瞉已～碎，乃大其輻。”引申爲解破，分析。禮記中庸：“語小，天下莫能～焉。”引申爲攻破。墨子備梯：“有此必～軍殺將。”引申爲破費、耗費。唐温庭筠蘇小小歌：“買蓮莫～券，買酒莫解金。”宋韓見素西嶽廟乳香記後記：“西嶽諸殿共十一處，乃日～半兩，古人焚香，其儉如此。”㊁曲調名。明胡震亨唐音癸籤一五：“唐人以曲遍中繁聲爲入～。…如水調歌凡十一叠，第六叠爲入～，當是曲半調入急促，破其悠長者爲繁碎，故名～耳。”㊂〔破字〕訓詁術語。即破讀。用本字說明假借字，謂之破字。如曰某當作某，或曰某讀如某。也指改變某字原讀以表示詞性或詞義的變化。

砧 zhēn 知林切，平，侵韻，知。侵部。

㊀擣衣石。漢班婕妤擣素賦：“於是投香杵，扣玟～。”樂府詩集四四子夜四時歌秋歌之一：“佳人理寒服，萬結～杵勞。”字亦作“碪”。集韻：“碪，擣繒石。或從占。”㊁通“椹”。椹板。爾雅釋宮：“椹謂之榩。”釋文：“椹，本或作～。”宋孫光憲北夢瑣言七盧詩三遇：“又有‘餓猫臨鼠穴，饞犬舐魚～’之句，爲成中令汭見賞。”

按，說文無砧字，新附有之，云：“石柎也。”

砠 1. jū 七余切，平，魚韻，清。魚部。

同“岨”。㊀有土的石山。詩周南卷耳：“陟彼～矣，我馬瘏矣。”毛傳：“石山戴土曰砠。”爾雅釋山：“土戴石爲砠。”郭璞注：“土山上有石者。”

2. zū。

㊀秤錘（晚起義）。清劉獻廷廣陽雜記四：“～，秤錘也。音租。”

按，說文無砠有岨，在山部，云：“石戴土也。”

砅 pīng 披冰切，平，蒸韻，滂。

後起字。㊀水波撞擊巖石發出的聲音。文選晉郭璞江賦：“～巖鼓作，漰湱㶁灂。”㊁〔砅砰〕雙聲聯緜字。車聲。唐韓愈城南聯句：“馳門填偪仄，競墅輾砅砰。”

砂 zhēn（又音 zhěn）集韻之人切，平，真韻，照三。真部。

㊀石不平的樣子。見集韻。㊁〔砂砂〕難動的樣子。漢揚雄太玄難：“拔石砂砂，力没以引。”范望注：“砂砂，難致之貌。”

按，說文無砂字。

砟 1. zuò 在各切，入，鐸韻，從。鐸部。

㊀〔砟硌〕叠韻聯緜字。巖石層叠不齊的樣子。樂府詩集二六魏武帝（漢曹操）氣出唱之三：“遊君山，甚爲真，磪磈砟硌，爾自爲神。”

2. zhà 集韻助駕切，去，禡韻，牀二。

㊀斫。西京雜記六：“叩開見棺柩，黑光照人，刀～不入。”

按，說文無砟字。

砲 pào 集韻披教切，去，效韻，滂。

後起字。亦作“礮”、“炮”。最初的砲是以機發射石頭。宋以後開始用火炮。宋書樂志三三國魏明帝善哉行我徂：“發～若雷，吐氣成雨。”（此“發砲”指飛石）宋史兵志：“火箭火～，不能砲石，雖有百鈞，無所施也。”參見“礮”字條。

砥 dǐ（又讀 zhǐ）職雉切。集韻典禮切，上，薺韻,端。脂部。

字本作"厎"。❶磨刀石。詩小雅大東:"周道如~,其直如矢。"引申爲磨。廣韻釋詁三:"砥,磨也。"淮南子脩務:"劍待~而後能利。"引申爲磨厲、修養。淮南子道應:"文王~德脩政。"❷均平。國語魯語下:"藉田以力,而~其遠邇。"韋昭注:"砥,平也,平遠邇所差也。"❸阻擋。管子法法:"財無~墆。"明徐宏祖徐霞客遊記粤西遊日記二:"石~中流。"

[辨]砥,厎,厲,礪。三字同義,均爲磨石,常常連用。"厲"亦作"礪"。淮南子脩務:"夫純鈞魚腸之始下型,擊則不能斷,刺則不能入,加之砥礪,摩其鋒剽,則水斷龍舟,陸剸犀甲。"砥礪的區别在於精粗不同。精爲砥,粗爲礪。集韻:"砥,厲石之尤細者。"説文:"厎,柔石也。"段玉裁注:"柔石,石之精細者。"書禹貢僞孔傳:"砥細於礪,皆磨石也。"廣雅釋器:"砥,礪也。"王念孫疏證:"砥之言縝密也。"

按,説文無砥有厎,在厂部。段玉裁注:"按厎者,砥之正字,後人乃謂砥爲正字,厎與砥異用,强爲分别之過也。"

砮 nǔ 奴古切,上,姥韻,泥。魚部。

石名,可爲矢鏃。見説文。書禹貢:"厥貢璆、鐵、銀、鏤、~。"又指鏃。宋王觀國學林卷五矢:"矢刃又謂之鏃,又謂之~。"

六　畫

䂮 lüè 離灼切,音略,入,藥韻,來。鐸部。

同"䂮"。鋒利。見廣韻藥韻。爾雅釋詁:"䂮,利也。"唐顔師古匡謬正俗六:"按爾雅云:'剡、略,利也。'張揖古今字詁云:'(略)古作䂮,一本作~,未知孰是。'"郝懿行爾雅義疏云:"按~蓋䂮之或體,䂮利一聲之轉。"

按,説文無䂮字。刀部有㓷(剽)字,"䂮"爲"㓷"之籀文。段玉裁注:"各聲與畧聲同部。釋詁:'剡、䂮,利也。'陸德明本作'䂮',顔籀、孔冲遠引作'略'。…䂮者古字,㓷者今字;㓷者正字,略者假借字。"

砻 gǒng 居悚切,音鞏,上,腫韻,見。東部。

水邊石。見説文。文苑英華三四唐趙冬曦三門賦:"摇騰~嶼,刷蕩坍穴。"

硋 ài 五溉切,音礙,去,代韻,疑。

同"礙"。阻止,遮蔽。列子黄帝:"雲霧不~其視,雷霆不亂其聽。"又周穆王:"乘虚不墜,觸實不~。"

按,説文無硋有礙。

砵 ē 集韻鄂格切,入,陌韻,疑。

〔礫砵〕叠韻聯緜字。見"礫"字條。

硎 1. xíng 户經切,平,青韻,匣。耕部。

❶砥石。見廣韻。❷通"型"。鑄造刀劍的模子。莊子養生主:"今臣之刀十九年矣,所解數千牛矣,而刀刃若新發於~。"淮南子齊俗:"庖丁用刀十九年,而刀如新剖~。"(一説上二例之"硎"爲"磨石"。釋文莊子音義:"硎,磨石也。"淮南子齊俗高誘注:"硎,磨刀石。")❸通"鉶"。食器。鹽鐵論通有:"衣布褐,飯土~。"

2. kēng 客庚切,平,庚韻,溪。

❹通"坑"。坑井。北周庾信哀江南賦:"~穽摺拉,鷹鸇批揁。"

按,説文無硎字。

硏 yán 五堅切,平,先韻,疑。元部。

同"研"。見"研"字條。

硉 lù 勒没切,入,没韻,來。物部。

❶水擊。文選漢枚乘七發:"上擊下~(本亦作"律"),有似勇壯之卒。"這裏是形容波濤往下跌落。❷〔硉矹〕〔硉兀〕叠韻聯緜字。①石頭隨水轉動的樣子。文選晉郭璞江賦:"碧沙瀢沲而往來,巨石硉矹以前卻。"②高聳突出的樣子。唐杜甫瘦馬行:"東郊瘦馬使我傷,骨骼硉兀如堵牆。"

按,説文無硉字。

硍 1. xiàn 胡簡切，上，産韻，匣。

㊀石聲。見廣韻産韻。

2. kěn 音肯。

㊁同"啃"。咬(晚起義)。西遊記五三："跌了個嘴～地。"

按，説文無硍字。段玉裁改説文"硠"字作"硍"。云："周禮典同釋文曰：'字林硍音限，云石聲'。此必本諸説文。…周禮典同'高聲硍'。(鄭)注曰：'故書硍爲硍，杜子春讀硍爲鏗鎗之鏗。'硍字見于經典者惟此。"

硐 1. tóng 徒紅切，平，東韻，定。

㊀磨。太平御覽七六二引漢服虔通俗文："填礴曰硐。"廣雅釋詁三："硐，磨也。"

2. dòng 徒揔切，上，董韻，定。東部。

㊁通。文選漢馬融長笛賦："總～頹墜，程表朱裹。"李善注："總硐，謂以刀通節中也。"㊂山洞。唐陸龜蒙寄茅山何道士："紫燕長巢～，青龜忽上蓮。"

按，説文無硐字。

硃 zhū 章俱切，平，虞韻，照三。

後起字。㊀朱砂。見廣韻。㊁用朱墨寫的文字。明史選舉志："考試者用墨，謂之墨卷；謄録者用～，謂之硃卷。"

硌 1. luò 盧各切，入，鐸韻，來。鐸部。

㊀山石高大的樣子。山海經西山經："上申之山，上無草木，而多～石。"郭璞注："硌，磊落，大石貌也。"㊁〔硌硌〕一作"客客"。山高大的樣子。楚辭漢王逸九思憫上："川谷兮淵淵，山𠂤(阜)兮客客。"王逸注："客，一作硌。"

2. gè。

㊂硬的東西跟人體接觸使身體不舒服或受損傷(晚起義)。紅樓夢一六回："秦哥兒是弱症，怕炕上～的不受用，所以暫且挪下來鬆泛些。"

按，説文無硌字。

硇 náo 集韻尼交切，平，爻韻，尼。

後起字。亦作"磠"。〔硇砂〕〔硇砂〕①藥石。見集韻。②礦物名。魏書西域傳："(康國)出馬、…黄金、硇砂。"石雅硇砂："硇砂，亦作硇砂。"正字通"硇"字注："硇砂，藥名。…北庭硇砂，其山有煙，夕如炬照，見禽獸皆赤。"

砦 zhài 犲夬切，去，夬，牀二。

後起字。同"寨"。㊀栅欄。廣韻："砦，山居以木栅。"引申爲營壘、軍事障礙物。宋書鄧琬傳："先於姥山及諸周分立營～。"三國志吴書朱桓傳："多設屯～，置諸道要。"㊁村寨(晚起義)。明袁宏道袁中郎遊記嵩遊第二："蘆風水響，環繞山～。"

七　畫

硰 shā 所加切，平，麻韻，審二。歌部。

〔硰石〕古地名。在今山西省境内。史記樊酈滕灌列傳："受詔并將燕、趙、齊、梁、楚車騎，擊破胡騎於硰石。"

按，説文無硰字。

硩 chè 丑列切，入，薛韻，徹。月部。

摘取。説文："硩，上摘巖空青、珊瑚墮之。"文選晉左思吴都賦："精曜潛穎，～陊山谷。"李善注："硩，摘也。陊，落也。言寶玉生於山谷，爲人之所摘落也。"

按，説文硩字，段注改爲"硩"。云："擿與析古音同在十六部，葢作晳者是，作硩者非。今本周禮説文作硩皆誤本，許以'擿'訓'晳'，以叠韻爲訓也。"

硡 hōng 集韻呼宏切，平，耕韻，曉。

〔硡隱〕聲音宏亮。文選晉潘岳藉田賦："簫管嘲哳以啾嘈兮，鼓鞞硡隱以砰磕。"

按，説文無硡字。

硠 láng 魯當切，平，唐韻，來。陽部。

㊀山崩聲。文選晉左思吴都賦："菈擸雷～，崩巒弛岑。"李善注："雷硠，山崩聲也。"㊁

〔硠硠〕①堅强的樣子。文選晉潘岳馬汧督誄:“慨慨馬生,硠硠高致。”②象聲詞。文選漢司馬相如子虛賦:“礧石相擊,硠硠礚礚。”唐柳宗元晉問:“丁丁登登,硠硠稜稜。”

按,說文硠字,段玉裁注改爲“硍”字。參見“硍”字條。

硨 chē 尺遮切,平,麻韻,穿三。

〔硨磲〕(後起詞)①次於玉的美石。見廣雅釋地。②蚌類海生動物。宋周去非嶺外代答卷七:“南海有蚌屬曰硨磲,形大如蚶。”

硬 yìng 五諍切,去,諍韻,疑。

後起字。❶堅硬。唐白居易紅線毯詩:“太原毯澀毳縷～,蜀都褥薄錦花冷。”引申爲堅强。宋史洪皓傳:“汝作知事官,而口～如許,謂我不能殺汝耶?”引申爲書法强勁有力。唐杜甫李潮八分小篆歌:“苦縣光和尚骨立,書貴瘦～方通神。”❷勉强。宋朱熹答陳仲明:“開卷之後,經文本意,又多被先儒～說殺了。”

硭 1. máng 武方切,平,陽韻,微。正字通謨郎切,音忙。

後起字。亦作“硥”。❶〔硭硝〕礦物名。集韻陽韻:“硭,硭硝,藥石。山石中採之,布於芒上,沃以水,以盎覆之,經宿飛著盎,故曰硭硝。”

2. máng 集韻謨郎切,平,唐韻,明。

❷同硄。〔硄碭〕山名。在今江蘇省境内。集韻唐韻:“硄碭,山名。或从芒。”

硤 xiá 侯夾切,入,洽韻,匣。葉部。

❶山峽,兩山之間。淮南子兵略:“～路津關,大山名塞。…一人守隘,而千人弗敢過也。”❷同“峽”。兩山之間有水流通過的地方。北魏酈道元水經注五淮水:“淮水又北逕山～中,謂之硤石。”唐杜甫鐵堂峽詩:“～形藏堂隍,壁色立積(一作“精”)鐵。”清浦起龍讀杜心解:“硤與峽古通用。”

按,說文無硤字。

硜 kēng 口莖切,平,耕韻,溪。耕部。

❶聲音果勁。史記樂書:“石聲～,硜以立别,别以致死。”裴駰集解引王肅曰:“聲果勁。”❷〔硜硜〕固執的樣子。論語子路:“言必信,行必果,硜硜然小人哉!”

按,說文磬之古文作硜。段玉裁認爲“盖硜本古文磬字,後以爲堅确之意,是所謂古今字”。

硝 xiāo 相邀切,平,宵韻,心。

後起字。❶礦物名。古代製造火藥的原料。清趙翼甌北詩鈔五言古一古詩十九首:“～礦製火藥,世乃無利兵。”❷動詞。用芒硝處理皮革使之發軟。明宋應星天工開物乃服裘:“其老大羊皮,～熟爲裘。”

硯 yàn 五甸切,去,霰韻,疑。元部。

石性滑利。見說文。引申爲名詞,硯臺。釋名釋書契:“硯,研也。研墨使和濡也。”唐杜甫石硯詩:“奉使三峽中,長嘯得石～。”

[同源字]研,硯。見“研”字條。

硞 1. kù 苦沃切,入,沃韻,溪。覺部。

❶〔碌硞〕〔犖硞〕叠韻聯緜字。石不平的樣子。廣韻沃韻:“硞,碌硞,石狀。”唐韓愈等納涼聯句:“炎湖度氛氲,熱石行犖硞。”

2. kè 集韻克革切,入,麥韻,溪。

❷〔礐硞〕叠韻聯緜字。水激石發出的聲音。文選晉郭璞江賦:“幽澗積岨,礐硞䃯確。”李善注:“石相叩爲聲。礐硌(硞)䃯確,石聲也。”

硪 é 五何切,平,歌韻,疑。

〔砐硪〕(後起詞)雙聲聯緜字。高峻的樣子。見“砐”字條。

确 1. què 胡覺切,入,覺韻,匣。今讀如確。屋部。

❶字亦作“埆”。土地瘠薄多石。說文:“确,礊也。”淮南子原道:“昔舜耕於歷山,朞年而田者争處墝埆,以封壤肥饒相讓。”又人

間："其地～（石）而名醜。"引申爲堅硬。唐玄應一切經音義引通俗文："物堅鞕謂之～。"引申爲确實。後漢書寇榮傳："不復質～其過，寘於嚴棘之下。"李賢注："确，實也。"㊁通"搉"。敲打。世説新語文學："樂（廣）亦不復剖析文句，直以麈尾柄～几。"

2. jué。屋部。

㊂通"角"。角勝負。漢書李廣傳："自負其能，數與虜～。"

［同源字］碻，确。見"碻"字條。

硟 xiān 相然切，平，仙韻，心。元部。

用石頭碾壓布疋，使之平滑光澤。説文："硟，以石衦（扞）繒也。"（依段注本）朱駿聲説文通訓定聲："用石摩展縐痕使平，今俗謂之研。"急就篇卷八："縹綟緑紈皁紫～。"顔師古注："硟，以石輾繒，色尤光澤也。"

八　畫

碆 bō 博禾切，平聲，戈韻，幫。歌部。

字亦作"磻"。用石頭著於絲繩上以射飛鳥。史記楚世家："若王之於弋誠好而不厭，則出寶弓，～新繳，射噣鳥於東海。"裴駰集解引徐廣曰："以石傅弋繳曰碆。"司馬貞索隱："碆作磻，音播。"引申爲石製的箭頭。戰國策楚策四："不知夫射者方將脩其～盧，治其矰繳，將加己乎百仞之上。"

按，説文無碆有磻。

碁 qí 渠之切，平，之韻，群。之部。

同"棋"。圍棋。玉篇石部："碁，音其，圍碁也。亦作棊。"戰國策秦策四："致至而危，累～是也。"法言問道："圍～擊劍，反自眩形。"唐杜甫江村詩："老妻畫紙爲～局，稚子敲針作釣鉤。"

按，説文無碁有棊，在木部。

碇 dìng 丁定切，去，徑韻，端。

後起字。"矴"的異體字。見"矴"字條。

碗 wǎn。

字本作"盌"、"盌"。食器。北周庾信春賦："芙蓉玉～，蓮子金杯。"

按，説文碗作盌、盌，在皿部和瓦部。

碚 bèi 音倍。

㊀〔碚礧〕（後起詞）本作"蓓蕾"。含苞未放的花朵。玉臺新詠十南朝梁皇太子（簡文）有所傷之三："入林看碚礧，春至定無賒。"㊁地名用字。指小阜。宋陸游入蜀記卷六："六日，過荆門十二～，皆高崖絶壁。"又："～上有石穴，正方，高可通人。"

碎 suì 蘇内切，去，隊韻，心。物部。

破碎。公羊傳莊公十二年："萬臂摋仇牧，～其首。"荀子法行："轂已破～，乃大其輻。"引申爲瑣碎。三國志蜀書楊戲傳裴松之注引襄陽記："爲此～務，形疲神困，終無一成。"

［同源字］碎，屑。二字雙聲，物質旁轉。説文："碎，䃺也。"（依段注本）又米部："糠，碎也。"玉篇尸部："屑，碎也。"文選木華海賦："或屑没於黿鼉之穴。"李善注："屑，猶碎也。"

碔 wǔ 文甫切，上，麌韻，微。魚部。

〔碔砆〕〔珷玞〕〔武夫〕〔武砆〕叠韻聯綿字。美石。文選漢司馬相如子虚賦："瑊玏玄厲，碝石碔砆。"朱駿聲説文通訓定聲豫部"武"字云："又叠韻連語。海内經'有九邱，曰武夫之邱'。云：'此山出美石。'按字俗作碔砆。"參見"珷"字條。

按，説文無碔字。

稜 léng 集韻閭承切，平，蒸韻，來。

〔稜磳〕〔崚嶒〕（後起詞）叠韻聯綿字。不平的樣子。唐孟東野詩集二寒江吟："荻洲素浩渺，碕岸澌稜磳。"

碏 què 七雀切，音鵲，入，藥韻，清。鐸部。

敬。又人名用字。左傳隱公三年有石碏。玉篇石部："碏，敬也。左氏傳衛大夫石碏。"

按，說文無碏字，新附有之。朱駿聲說文通訓定聲豫部"厝"字云："字亦作碏。"正字通石部："碏，音鵲。說文引左傳衛大夫石碏。一曰：敬也。按碏訓敬，無義，亦無確據。諸家泥說文，誤也。"

硜 yā 於加切，平，麻韻，影。

〔碨硜〕(後起詞)雙聲聯緜字。地形不平。見廣韻麻韻。參見"碨"字條。

啉 lín 集韻犂針切，平，侵韻，來。侵部。

〔啉啉〕幽深的樣子。正字通石部："啉，音林。啉啉，石山深貌。"後漢書張衡傳思玄賦："趨谽嘲之洞穴兮，摽通淵之啉啉。"

按，說文無啉字。

碕 1. qí 渠羈切，平，支韻，群。歌部。

㊀曲岸。楚辭漢劉向九歎離世："遵江曲之逶移兮，觸石～而衡遊。"文選漢揚雄羽獵賦："探巖排～，薄索蛟螭。"㊁漫長起伏的山嶺。文選晉郭璞江賦："厓隒爲之泐嵃，～嶺爲之喦崿。"

2. qǐ 墟彼切，上，紙韻，溪。歌部。

㊂〔碕礒〕叠韻聯緜字。山石錯落不平的樣子。楚辭漢淮南小山招隱士："嶔崟碕礒兮，碅磳磈硊。"

按，說文無碕字。

碙 1. gāng 音岡。

後起字。㊀〔碙洲〕地名。在廣東雷州灣外東海島東南海中。㊁山岡。明徐光啟漕河議："淺嘗之而～矽爲阻，功力已難矣。"

2. náo。

㊂〔碙砂〕見"硇"字條。

碍 ài。

"礙"的俗體。字彙石部："碍，同礙。"見"礙"字條。

硍 gǔn 古本切，上，混韻，見。文部。

鐘聲卷旋在鐘內而不易發散。周禮春官典同："凡聲，高聲～。"鄭玄注："高，鐘形大上，上大也。高則聲上藏，衮然旋如裹。"引申爲滚動。宋樓鑰攻媿集一題龍眠畫騎射抱毬戲詩："繡球飛～最難射，十中三四稱爲優。"

按，說文無硍字。

碅 jūn 集韻區倫切，平，諄韻，溪。文部。

〔碅磳〕山石高危的樣子。正字通石部："碅，音囷。碅磳，石高危貌。"楚辭漢淮南小山招隱士："嶔崟碕礒兮，碅磳磈硊。"唐元結峿臺銘序："前有磴道高八九十尺，下當洄潭，其勢碅磳。"

按，說文無碅字。

碒 yín 集韻魚音切，平，侵韻，疑。

同"崟"。山勢高峻的樣子。集韻侵韻："崟，說文：'山之岑崟也。'或从石。"〔礆碒〕(後起詞)叠韻聯緜字。見"礆"字條。

按，說文無碒有崟。

硾 zhuì 馳僞切，去，寘韻，澄。歌部。

㊀系以重物使之下沉。玉篇石部："硾，鎮也。亦作縋。"呂氏春秋勸學："是拯溺而～之以石也，是救病而飲之以堇也。"㊁擣。見說文新附。

按，說文無硾字，新附有之。

硼 pēng 集韻披耕切，平，耕韻。

後起字。㊀字亦作"砰"。石名。見集韻。㊁〔硼隱〕象聲詞。鼓聲。藝文類聚五九三國魏文帝述征賦："伐靈鼓之硼隱兮，建長旗之飄颻。"㊂〔硼砂〕正字通："硼，音烹。石名。或讀若朋。硼砂。洪邁夷堅志曰：鄱陽汪友寧誤吞一骨不能下，取南硼砂少許，含久即化。"在這個意義上今讀 péng。㊃碰(晚起義)。紅樓夢二九回："不想黛玉將手帕子扔了來，正～在眼睛上。"

碉 diāo 五音集韻都聊切。音凋。

後起字。石室。宋李新跨鼇集八答李丞用其韻詩："頑雲垂翼山～暗，喬麥饒花雪嶺開。"又爲碉堡。清史稿阿桂傳："(阿桂)進逼僧格宗，突入毁其～。"

碓 1. duì 都隊切，去，隊韻，端。微部。

❶舂穀米用的工具。急就篇："～磑扇隤舂簸揚。"顔師古注："碓，所以舂也。"用作動詞，舂。清董説西遊補九回："行者叫白面鬼把秦檜～成細粉。"

2. duī 字彙都回切，音堆。微部。

❷通"堆"。〔離碓〕山名，在今四川省。史記河渠書："蜀守(李)冰鑿離碓，辟沫水之害。"裴駰集解："碓，古堆字也。"

碑 1. bēi 彼爲切，平，支韻，幫。支部。

❶古時宫廟中用以識日影或拴牲口的豎石。儀禮聘禮："大夫升自西階鉤楹，賓自～内聽命。"大戴禮記諸侯釁廟："雍人拭羊。乃行，入廟門，～南，北面東上。"❷古代引棺入墓穴的木柱亦稱碑。禮記檀弓下："公室視豐～，三家視桓楹。"又喪大記："君葬用輴，四綍二～。"孔穎達疏："碑各一孔，樹於壙之前後，綍各穿之也。"引申爲墓碑，記載死者功業美德。如漢蔡伯喈陳太丘～文。南朝梁劉勰文心雕龍誄碑："夫屬～之體，資乎史才。"引申爲刻石記功、記事等。唐杜甫李潮八分小篆歌："嶧山之～野火焚，棗木傳刻肥失真。"宋王安石游褒禪山記："有～仆道，其文漫滅。"

2. pō 音坡。支部。

❸〔碑池〕叠韻聯緜字。義同"陂陁"，傾斜而下的樣子。古文苑漢揚雄蜀都賦："岬嵺嶱峒，方彼碑池。"章樵注："上林賦：'陂池貏豸。'注：'旁頹相連貌。'"

［辨］碑，碣。二字同義，都是墓前刻石。區别在於：方形爲碑，圓形爲碣。唐制，五品以上用碑，龜趺螭首；五品以下用碣，方趺圓首。

碌 lù 盧谷切，入，屋韻，來。屋部。

又作"碌"。❶〔碌碌〕①石頭堅确的樣子。南朝梁劉勰文心雕龍總術："落落之玉，或亂乎石；碌碌之石，時似乎玉。"老子作"琭琭"。②平庸無能。後漢書禰衡傳："大兒孔文舉，小兒楊德祖。餘子碌碌，莫足數也。"③象聲詞。車輪轉動聲。唐賈島長江集一古意詩："碌碌復碌碌，百年雙轉轂。"❷〔碌碡〕(後起詞)叠韻聯緜字。碾穀脱粒的農具。在這個意義上今讀 liù。宋范成大石湖集二七春日田園雜興之六："繫牛莫礙門前路，移繫門西碌碡邊。"

按，説文無碌字，新附有之。

九　畫

碧 bì 彼役切，入，昔韻，幫。鐸部。

❶青緑色的玉石。山海經西山經："又西二百八十里，曰章莪之山，無草木，多瑶～。"莊子外物："萇宏死於蜀，藏其血三年而化爲～。"成玄英疏："碧，玉也。"引申爲青緑色。唐杜甫晴二首之一："～知湖外草，紅見海東雲。"❷姓。

按，説文碧字在玉部。

碥 biǎn 方典切，集韻補典切，上，銑韻，幫。

後起字。❶登車時的履石。見玉篇。❷指山路石級。清顧景星龔莊奇樹把酒作歌："攣衣拾級躡～磴，高低坐卧堪彷徉。"

碡 zhuì 直類切，去，至韻，澄。物部。

同"墜"。從高處往下墜落。説文石部："碡，隊也。"漢書天文志："星～至地，則石也。"

碢 huǐ 集韻虎委切，上，紙韻，曉。歌部。

毁壞。淮南子俶真："休于天鈞而不～。"高誘注："碢，敗也。"列子天瑞："事之破～而後有舞仁義者，弗能復也。"楊伯峻集釋引晉張湛注："碢音毁。"又引陶鴻慶曰："言事已破碢而後爲仁義以補苴之，則毁者不能復全也。"

按，説文無碢字。

碶 qì 音契。

後起字。閘外出入之處。宋史河渠志七:“行春橋又名南石～,～面石板之下,歲久損壞空虚。”宋蘇軾録進單鍔吴中水利書:“次置常州運河一十四處之斗門、石～、隄防,管水入江。”

碡 zhōu(又讀 dú)直六切,入,屋韻,澄。

〔磟碡〕(後起詞)叠韻聯緜字。見“磟”字條。

硽 yīn 集韻伊真切。平,諄韻,影。文部。

地名用字。集韻諄韻:“硽,山名。山海經東山之南有硽石。”山海經東山經:“又南五百里曰～山,南臨～水,東望湖澤。”

按,説文無硽字。

碪 1.zhēn 知林切,平,侵韻,知。

後起字。亦作“砧”。㊀擣衣石。南朝宋鮑照登大雷岸與妹書:“～石爲之摧碎,碕岸爲之整落。”㊁刑具。宋蘇洵張益州畫像記:“重足屏息之民,而以～斧令。”

2.ǎn 五感切。上,感韻,疑。

㊂〔碪磍〕雙聲聯緜字。山勢高聳的樣子。文選晉左思魏都賦:“恒碣碪磍於青霄,河汾浩涆而皓溔。”李善注:“碪磍,高貌。”正字通石部:“磍,碪磍,石危險貌。”

碟 dié。

晚起字。盛食物的器皿。水滸傳三七:“莊客收了碗～,自入裏面去。”

[備考]又食列切,音 shé。同“鞢”。治理皮革。見集韻薛韻。正字通石部:“碟,俗字。舊音舌,治皮。誤。”

碩 shuò(又讀 shí)常隻切,入,昔韻,禪。鐸部。

㊀大。易剥:“～果不食,君子得輿。”詩豳風狼跋:“公孫～膚,赤舃几几。”文選漢揚雄劇秦美新:“是以耆儒～老,抱其書而遠遜。”劉良注:“碩,大也。大老,謂老儒也。”用作名詞,指學識淵博的大儒或德高望重之人。唐李商隱爲尚書渤海公舉人自代狀:“必資髦～,方備次遷。”㊁深遠。漢班固典引:“既感群后之讜辭,又悉經五繇之～慮矣。”㊂通“石”。段玉裁説文“碩”字注:“碩與石二字互相借。”①比喻牢不可破。文選三國魏阮瑀爲曹公作書與孫權:“忍絶王命,明棄～交,實爲佞人所構會也。”李善注:“碩與石古字通。”②指容量單位。唐劉禹錫劉夢得集二〇謝恩賜粟麥表:“特放開成年青苗錢并賜斛㪷六萬～。”

[備考]朱駿聲説文通訓定聲豫部云:“(碩叚借)爲蹠,易蹇:‘往蹇來～。’按:謂跳躍也。”

按,説文碩字在頁部,云:“頭大也。”

碝 ruǎn 而兖切,上,獮韻,日。元部。

次於玉的美石。見説文。文選漢司馬相如上林賦:“蜀石黄～,水玉磊砢 。”字亦作“礝”。山海經中山經:“西五十里,曰扶豬之山,其上多礝石。”段玉裁説文“碝”字注:“按耎多譌需,故山海經誤作‘礝’,玉藻誤作‘瓀’。”

碈 mín 集韻眉貧切,平,真韻,明。真部。

同“珉”。次於玉的美石。禮記聘義:“敢問君子貴玉而賤～者,何也?”誤作“碔”。管子揆度:“桓公問管仲曰:‘吾聞海内玉幣有七筴,可得而聞乎?’管子對曰:‘陰山之礝碈,一筴也。’”

按,説文無碈有珉,在玉部。

碭 dàng 徒浪切,去,宕韻,定。陽部。

㊀有花紋的石頭。説文:“碭,文石也。”文選三國魏何晏景福殿賦:“墉垣～基,其光昭昭。”又爲山名、縣名。漢書地理志梁國有碭縣。顔師古注:“碭,文石也。其山出焉,故以名縣。”㊁通“宕”。振蕩。漢書揚雄傳甘泉賦:“回猋肆其～駭兮,翍桂椒 ,鬱栘楊。”引申爲溢出。莊子庚桑楚:“吞舟之魚,～而失水,則蟻能苦之。”㊂通“啺”(古文“唐”字)。

大。淮南子本經："當此之時,玄元至～而運照。"高誘注："玄,天也。元,氣也。碭,大也。言盛德之君,恩仁廣大,徧照四海也。"㈣〔碭突〕雙聲聯緜字。唐突,衝撞。文選漢馬融長笛賦："澋瀑噴沫,犇遯碭突。"

碨 wěi 烏賄切,上,賄韻,影。微部。

㈠〔碨柍〕雙聲聯緜字。衆聲汹汹的樣子。文選漢馬融長笛賦："充屈鬱律,瞋菌碨柍。"李善注："皆衆聲鬱積競出之貌。"㈡〔碨磊〕疊韻聯緜字。不平的樣子。文選晉木華海賦："澎濞灪碨,碨磊山壟。"㈢〔碨硊〕不平的樣子。文選晉郭璞江賦："踞蠓森衰以垂翹,玄蠣磈磥而碨硊。"李善注："碨硊,不平之皃。"

按,説文無碨字。

碣 jié 渠列切,入,薛韻,群。月部。

㈠孤立特出的石頭。説文："碣,特立之石也。東海有碣石山。"引申爲特出的樣子。漢書揚雄傳校獵賦："鴻濛沆茫,～以崇山。"㈡界石。魏書序紀："自杏城以北八十里,迄長城原,夾道立～,與晉分界。"㈢墓碣。在這個意義上本寫作"楬",後因墓碣由木製而變爲石製,因通用碣字。南朝梁劉勰文心雕龍誄碑："自後漢以來,碑～雲起。"㈣〔碣磍〕雙聲疊韻聯緜字。猛獸發威的樣子。文選漢揚雄長楊賦："鳴鞀磬之和,建碣磍之虡。"正字通石部"磍"字云："碣磍,勁怒貌。"

［辨］碑,碣。見"碑"字條。

碫 duàn 丁貫切,去,换韻,端。元部。

碫石,可作椎物的碪質。朱駿聲説文通訓定聲乾部："廣雅釋器:'碫,礪也。'堅石可爲椎物之椹質者。"泛指石頭。孫子勢："兵之所加,如以～投卵者,虛實是也。"

［同源字］段,碫,鍛,腶。四字聲母相近,同屬元部。説文："段,椎物也。"又："碫,碫石也。"(依段注本)又："鍛,小冶也。""段"的造字本義爲以椎取石,左傳鄭公孫段,字子石。段分化爲碫。段玉裁説文"碫"字注："大雅:'取厲取碫',今本作'取鍛',當依釋文'本又作'碫'。毛傳:'碫,碫石也。'箋云:'碫石,所以爲鍛質也。'"段又分化爲鍛。朱駿聲説文通訓定聲乾部"鍛"字云："鎔鑄金爲冶,以金入火焠而椎之爲小冶。晉嵇康鍛竈是也。"鍛、段可通用。廣雅釋詁二："鍛,椎也。"段玉裁"段"字注："後人以鍛爲段字,以段爲分段字,分段字自應作斷,蓋古今字之不同如此。"段又分化爲腶,捶肉爲脯腶。

按,徐鉉本説文碫作碬,誤。參見段玉裁説文解字注"碫"字注。

磓 1. duī 都回切,平,灰韻,端。

後起字。㈠撞擊。文選晉木華海賦："岑嶺飛騰而反覆,五嶽鼓舞而相～。"李善注："言波濤之形遞相觸激,故或反覆,故或相磓也。"㈡堆積。敦煌變文集無常經講經文："壘珍珠,～白玉。"㈢墜落。唐李白上崔相百憂章："火焚昆山,玉石相～。"

2. zhuì。

㈣通"硾"。字彙石部："磓,又與硾同。"唐李賀官街鼓："～碎千年日長白,孝武秦皇聽不得。"

碞 yán 五咸切,平,咸韻,疑。侵部。

山石巉巖險峻的樣子。説文："碞,磛碞也。"朱駿聲説文通訓定聲臨部"碞"字云："按,磛嵒(應作"碞"),山石之貌。諸賦多作'嶄巖'。"引申爲險惡。書召誥："今休王不敢後用顧,畏于民～。"孫星衍尚書今古文注疏："説文引周書曰:'畏于民碞。讀與巖同。'民巖,猶民險也。…言今之美王不敢後用天之眷顧,下畏于民情之險。"

十　畫

礐 1. luò 吕角切,入,覺韻,來。

㈠〔礐確〕疊韻聯緜字。石相扣聲。見廣韻覺韻。文選晉郭璞江賦："幽澗積岨,礐硞磬確。"

2. láo 集韻郎刀切,平,豪韻,來。

㊁石名。舊唐書地理志四:"其土少鐵,以～石燒爲器。"

按,説文無磬字。

硡 hóng 户冬切,平,冬韻,匣。

後起字。〔硡礲〕叠韻聯緜字。象聲詞。石落聲。唐韓愈韓昌黎集征蜀聯句:"投奓鬧硡礲,填隍傶傄脩。"又指山崩聲。正字通石部"礲"字云:"礲,音隆。元包經:'岸硡礲。'注:'山崩聲。'"

硈 jiá 古黠切,入,黠韻,見。月部。

〔碣硈〕雙聲叠韻聯緜字。見"碣"字條。

按,説文無硈字。

磋 cuō 七何切,平,歌韻,清。歌部。

對象牙進行加工叫做磋。詩衛風淇澳:"如切如～,如琢如磨。"毛傳:"治骨曰切,象曰磋,玉曰琢,石曰磨。"引申爲磋商。管子弟子職:"相切相～,各長其儀。"

[同源字]磋,搓。二字均清母歌韻。磋本指治象牙骨,引申爲一般意義的磋磨。廣雅釋詁三:"磋,磨也。"搓是後起字,義爲用手搓碎。廣韻:"搓,手搓碎也。"集韻:"搓,搓挪也。"正字通:"搓,轉摩也。"

按,説文無磋字。

磅 páng 普郎切,平,唐韻,滂。陽部。

㊀〔砰磅〕雙聲聯緜字。見"砰"字條。㊁〔磅唐〕叠韻聯緜字。廣大的樣子。古文苑二戰國宋玉笛賦:"其處磅唐千仞,絶谿凌阜。"章樵注:"旁唐,盤薄也。"㊂〔磅礴〕雙聲聯緜字。廣大充塞的樣子。晉陸機挽歌:"磅礴立四極,穹隆放蒼天。"唐韓愈送廖道士序:"而郴之爲州,又當中州清淑之氣,蜿蟺扶輿,磅礴而鬱積。"宋俞文豹吹劍四録:"鬱積磅礴,發爲陽春之滋榮。"

按,説文無磅字。

碻 què 苦角切,入,覺韻,溪。後起字。㊀同"確"。見廣韻。㊁〔碻磝〕①多石不平的樣子。宋黄簡犁春操爲謝耕道作:"水淫兮石齧,田碻磝兮一跬九折。"②古地名。在今山東。

確 què 苦角切,入,覺韻,溪。藥部。

堅固。易繫辭下:"夫乾～然示人易矣。"王弼注:"確,剛貌也。"引申爲真確。梁書武帝紀:"可申敕諸州,月一臨訊,博詢擇善,務在～實。"

[同源字]確,确。二字溪匣旁紐,藥屋旁轉。在堅确這個意義上二字同源。莊子應帝王:"確乎能其事者而已矣。"釋文:"李云:堅貌。"説文:"确,磐也。"又:"磐,堅也。"

按,説文無確字。

磁 cí 集韻牆之切,平,之韻,從。之部。

㊀〔磁石〕即吸鐵石。山海經北山經:"匠韓之水出焉,而西流注于泑澤,其中多磁石。"正字通石部:"磁,石可引鍼。本草:山之陽産鐵者,陰必有磁石。"㊁〔磁器〕本指磁州窯所出産的瓷器,後來也把瓷器寫作磁器。明謝肇淛五雜俎十二:"今俗語窯器謂之磁器者,盖河南磁州窯最多,故相沿名之。"

按,説文無磁字。

磏 lián 集韻離鹽切,平,鹽韻,來。談部。

字亦作"礦"。赤色磨刀石。説文:"磏,厲石也。一曰赤色。"廣韻鹽韻:"磏,赤礪石。"引申爲棱利。韓非子六反:"行劍攻殺,暴憿之民也,而世尊之曰～勇之士。"引申爲刻苦自厲。韓詩外傳一:"仁道有四:有聖仁者,有智仁者,有德仁者,有～仁者。"

磝 1. áo 五交切,平,肴韻,疑。宵部。

同"嶅"。㊀多小石的山。爾雅釋山:"多小石,磝。"説文:"嶅,山多小石也。"〔磝磝〕山多石的樣子。唐韓愈韓昌黎集别知賦:"山磝磝其相軋,樹蓊蓊其相摎。"

2. qiāo 集韻丘交切,平,爻韻,溪。宵部。

㊁〔磝磝〕堅硬瘠薄之地。漢焦贛易林一

五巽之蹇："礉礉秃白，不生黍稷。"

按，說文無礉有嶅。朱駿聲說文通訓定聲小部"嶅"字云："爾雅字作礉。"段玉裁注："許所據字从山也。"

磒 yǔn 于敏切，上，軫韻，喻三。文部。

字亦作"隕"。從高往下墜落。說文引春秋傳："～石于宋五。"今本左傳僖公十六年"磒"作"隕"。列子周穆王："化人移之，王若～虚焉。"

[同源字]隕，磒，賈，殞。見"隕"字條。

磑 1. wèi 五對切，去，隊韻，疑。微部。

㊀石磨。說文："磑，䃯也。古者公輸班作磑。"急就篇三："碓～扇隤春簸揚。"顏師古注："磑所以䃯也。"引申爲動詞。磨。漢揚雄太玄五疑："陰陽相～，物咸彫離。"范望注："言是時陰陽分數，晝夜等齊，對相切磨。"

2. ái 集韻魚開切，平，咍韻，疑。微部。

㊁〔磑磑〕①高峻的樣子。文選戰國宋玉高唐賦："盤岸巑岏，裖陳磑磑。"②同"皚皚"。雪白的樣子。文選漢枚乘七發："白刃磑磑，矛戟交錯。"③堅固的樣子。文選漢張衡思玄賦："行積冰之磑磑兮，清泉沍而不流。"④積聚。漢書禮樂志："磑磑即即，師象山則。"

[辨]磑，䃯。"磑"的義項一與䃯同義。說文："䃯，石磑也。""䃯"也可以用作動詞，義爲磨碎。"磑"與"䃯"可能是方言的不同。一切經音義一五："磑，北土名也，江南呼磨也。""䃯"乃"磨"之本字。

磕 kē 苦盍切，入，盍韻，溪。葉部。

同"礚"。㊀象聲詞。兩石相擊聲。說文："磕，石聲。"也指鼓聲。文選晉潘岳藉田賦："簫管嘲哳以啾嘈兮，鼓鞞硡隱以砰礚。"李善注："砰，礚，革聲也。"也指水聲。楚辭漢劉向九歎逢紛："譬彼流水，紛揚礚兮。"也指車騎喧鬧聲。文選漢揚雄羽獵賦："駢衍駍駖礚。"敲擊有聲，引申爲敲擊。唐杜牧大雨行："雲纏風束亂敲～，黄帝未勝蚩尤長。"㊁"今俗用爲磕破、磕睡字。"説見段玉裁説文解字注"磕"字注。

磌 tián 徒年切，平，先韻，定。真部。

㊀象聲詞。隕石聲。公羊傳僖公十六年："賈石記聞，聞其～然，視之則石。"㊁柱下石。文選漢班固西都賦："雕玉～以居楹，裁金璧以飾璫。"

按，説文無磌字。

磊 lěi 落猥切，上，賄韻，來。微部。

㊀高大的樣子。文選晉木華海賦："润泊栢而迆颺，～匒匌而相豗。"㊁〔磊磊〕①山石衆多的樣子。楚辭戰國屈原九歌山鬼："采三秀兮於山間，石磊磊兮葛蔓蔓。"②圓轉的樣子。南朝梁劉勰文心雕龍雜文："足使義明而辭净，事圓而音澤，磊磊自轉，可稱珠耳。"③指胸次分明。唐柳宗元與韓愈論史官書："徒信人口語，每每異辭，日以滋久，則所云磊磊軒天地者，決必沈没。"㊂〔磊砢〕雙聲聯緜字。①衆多的樣子。文選漢司馬相如上林賦："蜀石黄碝，水玉磊砢。"②壯大的樣子。文選漢王延壽魯靈光殿賦："萬楹叢倚，磊砢相扶。"③樹木多節的樣子。世説新語賞譽："森森如千丈松，雖磊砢有節目，施之大厦，有棟梁之用。"喻人之有奇材異能。世説新語排調："王敦桓温磊砢之流，既不可復得，…。"

碾 niǎn 集韻尼展切，上，獮韻，娘。

後起字。本字作"輾"。水輾。見廣韻。魏書崔亮傳："及爲僕射，奏於張方橋東堰穀水造水～磨數十區。"引申爲研磨。唐司空圖暮春對柳詩之二："正是階前開遠信，小娥旋拂～新茶。"特指車磨玉石。唐李賀春懷引："蟾蜍～玉挂明弓，捍撥荃金打仙鳳。"王琦李長吉歌詩匯解："碾玉謂其軋雲而行。"引申爲礤壓。唐白居易潯陽春三首之二："金谷踏花香騎入，曲江～草鈿車行。"

[同源字]蹍，輾，碾。見"蹍"字條。

磉 sǎng 蘇朗切，上，蕩韻，心。

石磉,即柱下石。梁書扶南國傳:"(穿土)可深九尺許,方至石~,~下有石函。"正字通石部:"磉,柱下石。俗呼磋爲磉。"

按,一切經音義引説文有磉字,今本無。

磎 xī 苦奚切,平,齊韻,溪。支部。

同"谿"。山谷。廣韻齊韻磎同谿,注引爾雅曰:"水注川曰谿。"文選漢馬融長笛賦:"託九成之孤岑兮,臨萬仞之石~。"

按,説文無磎有谿,在谷部。

磔 zhé 陟格切,入,陌韻,知。鐸部。

㊀將用於祭祀的犧牲分裂張開以祭神叫做磔。説文:"磔,辜也。"段玉裁注:"凡言磔者,開也,張也,刳其胸腹而張之,令其乾枯不收。"引申爲陳尸曰磔,車裂亦曰磔。荀子宥坐:"女以諫者爲必用邪?吴子胥不~姑蘇東門外乎?"漢書景帝紀:"改~曰棄市,勿復~。"引申爲泛指張開。晉書桓温傳:"温眼如紫石棱,鬚作蝟毛~。"㊁漢字筆法之一,右下方的捺筆。唐盧攜臨池妙訣:"紙柔用硬筆,衮努鉤~,順成在指。"明周履靖夷門廣牘法書通釋:"~者波也,而謂之磔者,微直曰~,横曰波耳。"

按,説文磔字在桀部。

磤 yǐn 於謹切,上,隱韻,影。

雷聲。文選三國魏何晏景福殿賦:"體洪剛之猛毅,聲訇~其若震。"正字通:"磤,雷聲。詩召南作'殷'。"

按,説文無磤字。

磐 pán 薄官切,平,桓韻,並。元部。

㊀大石。易漸:"鴻漸于~。"王弼注:"磐,山石之安者。"韓非子顯學:"~不生粟,象人不可使距敵也。"㊁盤桓不去。後漢書宋意傳:"而室第相望,久~京邑。"〔磐桓〕〔盤桓〕叠韻聯緜字。不進的樣子。易屯:"磐桓,利居貞。"後漢書張衡傳:"今乘雲高躋,磐桓天位。"㊂〔磐礴〕雙聲聯緜字。廣大的樣子。文選晉郭璞江賦:"虎牙嵥豎以屹崒,荆門闕竦而磐礴。"㊃〔磐辟〕雙聲聯緜字。迴旋的樣子。文選晉潘岳射雉賦:"周環回復,繚繞磐辟。"

[同源字]鞶,般,磐。見"鞶"字條。

按,説文無磐字。

磈 1. wěi 於鬼切,上,尾韻,影。微部。

㊀〔磈硊〕叠韻聯緜字。山石高險的樣子。楚辭漢淮南小山招隱士:"嶔岑碕礒兮,硱磳磈硊。"

2. kuǐ 口猥切,上,賄韻,溪。

㊁〔磈磥〕叠韻聯緜字。不平的樣子。文選晉郭璞江賦:"踞蟠森衰以垂翹,玄蠣磈磥而碨啞。"

按,説文無磈字。

磃 sī 息移切,音斯,平,支韻,心。支部。

〔磃氏〕漢宫苑館名。漢書郊祀志上:"是時上求神君,舍之上林中磃氏館。"

按,説文無磃字。

十 一 畫

磨 1. mó 莫婆切,平,戈韻,明。歌部。

㊀治石曰磨。詩衛風淇奥:"如切如磋,如琢如~。"泛指磨擦。論語陽貨:"不曰堅乎,~而不磷。"引申爲磨滅。後漢書南匈奴傳論:"失得之源,百世不~矣。"㊁切磋。法言學行:"學以治之,思以精之,朋友以~之。"㊂磨難。唐白居易春晚咏懷贈皇甫朗之:"多中更被愁牽引,少處兼遭病折~。"

2. mò 摸卧切,去,過韻,明。

㊃同"䃺"。石磨。見"䃺"字條。

按,説文無磨有䃺。

磬 qìng 苦定切,去,徑韻,溪。耕部。

㊀石製的樂器,其狀似矩。詩小雅鼓鐘:"鼓瑟鼓琴,笙~同音。"論語憲問:"子擊~於衛。"也有用玉或金屬製的磬。宋王黼等博古圖磬總説:"今兹之~,非玉非石,乃鑄金而爲之。"用在狀語,指人身曲折如磬。禮記

曲禮下："立則～折垂佩。"史記滑稽列傳西門豹："西門豹簪筆～折。"張守節正義："磬折，謂曲體揖之，若石磬之形曲折也。"引申爲動詞，指懸而縊殺，如磬之懸在空中。禮記文王世子："公族其有死罪，則～于甸人。"鄭玄注："縣縊殺之曰磬。"㊁通"罄"。空。淮南子覽冥："璧襲無理，～龜無腹。"高誘注："磬，空也。"

［備考］縱馬奔馳。詩鄭風大叔于田："抑～控忌，抑縱送忌。"毛傳："騁馬曰磬。"一説"磬控"爲雙聲複音詞，"縱送"爲叠韻字，都形容御者馳逐的樣子。見馬瑞辰毛詩傳箋通釋。

磏 kāng 集韻丘岡切，平，唐韻，溪。

〔磏礚〕（後起詞）雙聲聯緜字。聲音洪亮的樣子。三國魏阮籍大人先生傳："建長星以爲旗兮，擊雷霆之磏礚。"

䃚 zú 千木切，入，屋韻，清。今讀如族。

同"鏃"。箭頭。唐李賀黄家洞詩："雀步蹙沙聲促促，四尺角弓青石～。"本亦作"鏃"。王琦李長吉歌詩匯解："後漢書：邑婁國弓長四尺，力如弩矢，用楛長一尺八寸，青石爲鏃。"

磧 qì 七迹切，入，昔韻，清。錫部。

㊀淺水中的沙石。説文："磧，水陼中有石者。"文選漢張衡西京賦："僵禽斃獸，爛若～礫。"文選晉左思吳都賦："翫其～礫，而不窺玉淵者，未知驪龍之所蟠也。"劉淵林注："磧礫，淺水見沙石之貌。"劉良注："磧礫，淺水而有石者。"引申爲不生草木的沙石地。北史魏紀："北征蠕蠕，追破之於大～南商山下。"㊁〔磧歷〕叠韻聯緜字。不平的樣子。文選漢司馬相如上林賦："凌三嵕之危，下磧歷之坻。"李善注引張揖曰："磧歷，不平也。"

［辨］磯，磧。見"磯"字條。

磗 zhuān 音專。

後起字。"甎"的異體字。字彙石部："磗，俗甎字。"建築材料。顏氏家訓終制："蒙詔賜銀百兩，已於揚州小郊北地燒～。"參閲"甎"字條。

硜 kēng 音韻闡微渴耕切，平，庚韻，溪。真部。

"硻"的俗體字。㊀石聲。説文："硻，餘堅也。"段玉裁注："當云餘硻聲。"正字通石部："硜，硻、砍並同。"㊁簡陋。鹽鐵論水旱："器多堅～，善惡無所擇。"㊂〔硜硜〕同"硜硜"。淺陋固執的樣子。唐韓愈等城南聯句："畢景任詩趣，焉能守硜硜。"韓昌黎集注："字書無硜字。…何令升晋書音義：'硜，口萌切。'不知字書何以逸之也。"

按，説文無硜有硻。朱駿聲説文通訓定聲坤部："硻，字亦作硜、作鏗。"

碱 qì 倉歷切，入，錫韻，清。覺部。

㊀美石。文選漢班固西都賦："碝～采緻，琳珉青瑩。"㊁通"砌"。臺階。唐白居易草堂記："～階用石，冪窗用紙。"

按，説文無碱字。

磢 chuǎng 初兩切，上，養韻，穿二。

後起字。以瓦石洗去物之污垢。廣韻："磢，瓦石洗物。"引申爲磨擦。文選晉郭璞江賦："潛演之所汩淈，奔溜之所～錯。"張銑注："磢，磨也。"

磟 liù 力竹切，入，屋韻，來。

〔磟碡〕（後起詞）叠韻聯緜字。同"碌碡"。農具，用以碾場脱穀。唐陸龜蒙耒耜經："有磟碡焉，…咸以木爲之，堅而重者良。"正字通："磟，磟碡，石輥也。平田器。"參見"碌"字條。

磥 lěi 落猥切，上，賄韻，來。微部。

同"磊"。㊀〔磥磥〕石頭衆多的樣子。文選戰國宋玉高唐賦："礫磥磥而相摩兮，巆震天之礚礚。"㊁〔磥硌〕雙聲聯緜字。大聲。文選晉嵇康琴賦："碨䃬磥硌，美聲將興。"㊂〔磥硊〕叠韻聯緜字。高聳的樣子。劉子新論韜光："分條布葉，輪菌磥硊。"

按，説文無磥有磊。正字通："磥，俗磊字。"

磞 1. pēng 集韻披庚切，平，庚韻，滂。

後起字。㊀〔磞硠〕象聲詞。大聲。文選晉成公綏嘯賦："磞硠震隱，訇磕聊嘈。"

2. pèng。

㊁同碰。碰撞（晚起義）。清孔尚任桃花扇："香君懼怕，～死在地。"又爲遇。紅樓夢九回："～見老爺，不是玩的。"

磪 cuī 集韻昨回切，平，灰韻，從。微部。

〔磪磈〕〔磪嵬〕叠韻聯緜字。高峻的樣子。樂府詩集二六曹操氣出唱之三："磪磈砟硌，爾自爲神。"金石萃編一四漢李翕西狹頌："刻臽磪嵬，減高就埤。"

按，説文無磪字。正字通："經史皆作'崔'。説文：崔从山隹聲。別作'磪''嶊'，自集韻始也。"此説不確，漢代已有磪字。

磣 chěn 初朕切，上，寑韻，穿二。

後起字。㊀食物中雜有沙土。見玉篇。引申指眼裏落入塵土不舒服。唐張文成遊仙窟："見儻閬之門庭，看看眼～。"宋梅堯臣雨中宿謝胥裴三君書堂詩："夜短竟無寢，困瞳劇塵～。"㊁〔磣黷〕混亂的樣子。隋書許善心傳："屬陰戎入潁，羯胡侵洛，沸騰磣黷，三季所未聞。"

十二畫

磲 qú 强魚切，平，魚韻，群。

見〔硨磲〕（後起詞）。見"硨"字條。

磷 1. lín 力珍切，平，真韻，來。真部。

㊀字本作"粼"。〔磷磷〕〔粼粼〕水石清澈的樣子。説文巜部："粼，水生厓石間粼粼也。"文選三國魏劉楨贈從弟三首之一："汎汎東流水，磷磷水中石。"李善注引毛詩："揚之水，白石磷磷。"今本毛詩作"粼粼"。引申爲色澤鮮明的樣子。史記司馬相如列傳上林賦："磷磷爛爛，采色澔旰。"

2. lìn 良刃切，去，震韻，來。真部。

㊁薄損。論語陽貨："不曰堅乎？磨而不～。"

按，説文無磷有粼。朱駿聲説文通訓定聲坤部"粼"字云："字亦作磷。"

磳 zēng 作滕切，平，登韻，精。蒸部。

㊀〔磳硊〕山勢險峻的樣子。文選漢淮南小山招隱士："嶔岑碕礒兮，硱磈磳硊。"㊁〔磳磳〕山石的樣子。唐元結丹崖翁集銘："磳磳丹崖，其下誰家。"㊂指山崖。唐元結水樂説："水樂，是南～之懸水，淙淙然聞之多久，於耳尤便。"

按，説文無磳字。

磹 diàn 徒念切，去，㮇韻，定。

後起字。㊀〔礆磹〕叠韻聯緜字。見"礆"字條。㊁通"簟"。宋俞文豹吹劍四録："一切付之老嫗家僕，非但枕席～扱不仔細，而金銀珠寶之類，皆爲所竊。"

磽 qiāo 口交切，平，肴韻，溪。宵部。

㊀堅硬多石的貧瘠之地。説文："磽，磬石也。"國語楚語上："故先王之爲臺榭也，…瘠～之地，於是乎爲之。"漢書賈山傳："地之～者，雖有善種，不能生焉。"㊁敗壞。後漢書竇武傳注引續漢志："京師童謡曰：'嚼復嚼，今年尚可後年～。'"

磳 jīn 集韻咨林切，平，侵韻，精。

後起字。小石。舊題梁任昉述異記上："玉門西南有一國，國中有山，石～千枚，名爲霹靂磳，從春雷而～減，至秋～盡。"

磵 jiàn 玉篇古晏切。元部。

同"澗"、"碉"。山夾中的水溝。文選古詩十九首之三："青青陵上柏，磊磊～中石。"本亦作"澗"。明徐宏祖徐霞客遊記楚遊日記:"下抵～,則五澗縱横,交會一處。"

按,説文無磵字。

磴 1. dèng 都鄧切,去,嶝韻,端。

❶石級。北魏楊衒之洛陽伽藍記城西:"入其後園,見溝瀆蹇産,石～礁嶢。"北魏酈道元水經注河水:"羊腸坂在晉陽西北,石～縈委,若羊腸焉。"❷有階級的石橋。文選晉孫綽遊天台山賦:"跨穹隆之懸～,臨萬丈之絶冥。"

2. tèng 集韻台隥切,去,隥韻,定。

❸小水匯合增益。見集韻(述古堂影宋鈔本作"澄")。引申爲增加。文選晉郭璞江賦:"～之以瀿瀷,渫之以尾閭。"李善注:"磴,猶益也。"

[同源字]登,蹬,隥,磴,嶝,鐙。見"蹬"字條。

磾 dī 都奚切,音低,平,齊韻,端。脂部。

❶可用作染料的黑石。見廣韻。正字通:"磾,音低。黑石可染繒,出琅邪。"❷人名用字。西漢有金日～,東漢有馬日～。

按,廣韻齊韻引説文有磾字,今本無。

磈 1. wěi 五罪切,上,賄韻,疑。微部。

❶[磪磈]叠韻聯緜字,見"磪"字條。

2. lěi 集韻魯猥切,上,賄韻,來。

❷[磈磈]山石的樣子。文選晉左思吴都賦:"磈磈磈磈。"李善注:"力罪反。"張銑曰:"皆山石貌。"

磻 1. bō 補過切。集韻逋禾切,平,戈韻,幫。歌部。

❶石名。後漢書西南夷傳遠夷懷德歌:"高山岐峻,緣崖～石。"引申爲磻石製的箭頭。戰國策楚策四:"被劙～,引微繳,折清風而抎矣。"文選漢張衡西京賦:"～不特絓,往必加雙。"李周翰注:"磻,石箭鏃也。"字亦作"碆"。集韻:"碆,石名。可爲矢鏃。或作磻。"

2. pán 薄官切,平,桓韻,並。

❷[磻溪]傳説爲姜太公垂釣之處。在今陝西省寶鷄市東南。水經注渭水:"渭水之右,磻溪水注之。…水次平石釣處,即太公垂釣之所也。"

礁 jiāo。

後起字。❶隱現於海洋中的巖石。清黄宗羲縮齋文集序:"其在於水,則瀑布亂～也。"❷[礁嶢]叠韻聯緜字。高峻的樣子。北魏楊衒之洛陽伽藍記城西:"石磴礁嶢。"

磼 zá 徂合切,音雜,入,合韻,從。緝部。

[磼礏]叠韻聯緜字。山勢高峻的樣子。史記司馬相如列傳上林賦:"嵯峨磼礏,刻削峥嵘。"

按,説文無磼字。

磁 qīn 集韻祛音切,平,侵韻,溪。

同"嶔"。[磁碒](後起詞)叠韻聯緜字。山勢深險連延之狀。文選晉左思吴都賦:"磁碒乎數州之間,灌注乎天下之半。"

碣 xì 思積切,音舄,入,昔韻,心。鐸部。

柱下石。文選漢張衡西京賦:"雕楹玉～,繡栭雲楣。"唐盧照鄰雙槿樹賦:"故疾雷作而蟄蟲飛,浮雲興而石～潤。"

按,説文無碣字。

磯 jī 居依切,平,微韻,見。微部。

❶大石激水。見説文新附。❷激怒。孟子告子下:"親之過小而怨,是不可～也。…不可～,亦不孝也。"❸水邊突出的大石頭。衆經音義卷一五引埤倉云:"磯,水中磧石也。"漢孔融離合作郡姓名字詩:"吕公～釣,闔口渭旁。"

[辨]磯,磧。二字同義,均指水中之石。廣雅釋水:"磯,磧也。"王念孫疏證:"石在水中謂之磯磧。""磧"一般指淺水中的沙石,"磯"專指石,而且往往指大石。"磧"又與"瀨"(瀨)同義,爲中原方言。漢書武帝紀:"甲爲下瀨將軍。"顔師古注:"服虔曰:甲,故

越人歸漢者也。臣瓚曰:瀨,湍也。吴越謂之瀨,中國謂之磧。”

按,説文無磯字,新附有之。

磿 lì 郎擊切,入,錫韻,來。錫部。

❶石聲。見説文。段玉裁注:“磿爲石聲者,謂其聲歷歷然。”❷指所執俘馘之名籍。逸周書世俘:“馘~億有十萬七千七百七十有九。”❸指古代喪禮寫執紼(綍)者名字的版。周禮地官遂師:“道野役及窆,抱~。”鄭玄注:“磿者,適歷,執紼者名也。”賈公彦疏:“謂天子千人分布于六紼之上,謂之適歷者,分布稀疏得所,名爲適歷也。…遂師抱持版之名字巡行,而校録之,以知在否,故云抱磿也。”

磺 1. kuàng 集韻古猛切,上,梗韻,見。陽部。

❶古文“礦”字,字亦作“鑛”。礦石。説文:“磺,銅鐵樸石也。”段玉裁注:“銅鐵樸者,在石與銅鐵之間,可爲銅鐵而未成者也。”

2. huáng 集韻胡光切,平,唐韻,匣。

❶硫磺(晚起義)。清趙翼甌北詩鈔古詩十九首:“硝~製火藥,世乃無利兵。”

[辨]鋌,磺。見“鋌”字條。

十 三 畫

礌 1. lèi 集韻盧對切,去,隊韻,來。

後起字。❶同“礧”。礌石。古代戰爭防守時,推石自高而下以打擊敵人。集韻隊韻:“礌,埤倉:推石自高而下也。”北朝北周庾信擬詠懷詩之二七:“羅梁猶下~,揚排久飛灰。”

2. lěi 集韻魯猥切,上,賄韻,來。

❶[礌礌]光明磊落。晉書石勒載記:“大丈夫行事當礌礌落落。”

礓 jiāng 居良切,平,陽韻,見。

〔礓礫〕(後起詞)小石。爾雅釋山“多小石,磝”郭璞注:“多礓礫。”邢昺疏:“礓礫,即小石也。”正字通:“礓,音江。礓礫,小石。”

礎 chǔ 創舉切,上,語韻,穿二。魚部。

柱下石。淮南子説林:“山雲蒸,柱~潤。”高誘注:“礎,柱下石,礩也。”宋蘇洵辨姦論:“月暈而風,~潤而雨。”

[辨]礎,礩。二字同義。説文新附:“礎,礩也。”又:“礩,柱下石也。”礎與礩均爲柱下石礅,異名而同實。正字通:“礎,柱下石。礎與礩異名同實,其爲楹石則一,無二義。”礎礩可以連用。唐李華賀遂員外藥園小山池記:“庭除有砥礪之材,礎礩之璞。”礩又通“窒”,礎無此義。礎今義爲基礎,礩無此義。

按,説文無礎字,新附有之。

磩 gǎn 古禫切,上,感韻,見。

後起字。石匣。新唐書禮樂志:“石~以方石再累,皆方五尺,厚一尺,刻方其中以容玉匱。”

[備考]通“撼(hàn)”。摇動。南齊書張融傳:“觸巧塗而~遠,抵欒木以激揚。”

磭 sù 息逐切,入,屋,心。覺部。

黑色砥石。山海經中山經:“門水出焉,而東北流注于河,其中多玄~。”南朝梁范雲四色詩五首之一:“黑如南巖~,白如東山猿。”

按,説文無磭字。

礔 pī 集韻匹歷切,入,錫韻,滂。錫部。

〔礔礰〕〔霹靂〕叠韻聯緜字。迅猛的雷聲。文選漢張衡西京賦:“礔礰激而增響,磅礚象乎天威。”六臣本張銑注作“霹靂”。一切經音義一五:“霆,礔礰也。”

按,説文無礔字。

磼 è 五合切,入,合韻,疑。葉部。

〔磼磼〕叠韻聯緜字。見“磼”字條。

按,説文無磼字。

礋 zé 集韻直格切,音澤,入,陌韻,澄。

〔礋碏〕叠韻聯緜字。傳説中的西方獸名。集韻陌韻引神異經:“西方有獸,長短如人,羊頭猴尾,名䃖磅,健行。"今本神異經無此文。正字通:"䃖,音擇。神異經,西方有人,長短如人,羊頭猴尾,名䃖蹏,健行。一作'磅'。按六畫'磅'注:'䃖磅,西方獸名。'此云'人','獸'譌爲'人'也。前云'䃖磅',此又云'䃖蹏','磅'譌爲'蹏'也。"

按,説文無䃖字。

磩 hé 集韻下革切,入,麥韻,匣。錫部。

同"覈"。核實,考核。見集韻麥韻。引申爲苛刻。史記老子韓非列傳:"韓子引繩墨,切事情,明是非,其極慘～少恩。"

[備考]同"磽(qiāo)",堅石。見集韻爻韻。

按,説文無磩字。

礜 yù 羊洳切,音預,去,御韻,喻四。魚部。

藥石。説文:"礜,毒石也。"山海經西山經:"皋塗之山,…有白石焉,其名曰～,可以毒鼠。"郭璞注:"蠶食之而肥。"淮南子説林:"人食～石而死,蠶食之而不飢。"

礐 1. què 苦角切,音確,入,覺韻,溪。覺部。

❶水激石聲。説文:"礐,石聲。"文選晉木華海賦:"影沙～石。"❷[礐硞]叠韻聯緜字。水激石洶湧的樣子。文選晉郭璞江賦:"幽澗積岨,礐硞碏確。"李善注:"礐硞碏確,皆水激石嶮峻不平之皃。"❸通"嶨"。山多大石。爾雅釋山:"多大石,礐。"邢昺疏:"山多此盤石者名礐。"❹堅定。漢賈誼新書道德説:"其受此具也,～然有定矣,不可得辭也,故曰命。"又:"～乎堅哉謂之命。"

2. hú 胡沃切,入,沃韻,匣。

❺石名。唐元稹有鳥二十章之三:"有鳥有鳥如鸛雀,食蚍抱～天姿惡。"

十 四 畫

礝 ruǎn 集韻乳兖切,音軟,上,獮韻,日。元部。

同"碝"。説文作"碝"。段玉裁注:"按耎多譌需,故山海經誤作礝。"見"碝"字條。

磕 kē 集韻丘蓋切,去,泰韻,溪。葉部。

同"磕"。[磕磕]象聲詞。指流水聲。楚辭戰國屈原九章悲回風:"憚涌湍之磕磕兮,聽波聲之洶洶。"又爲轟擊聲。史記司馬相如列傳子虚賦:"礧石相擊,琅琅磕磕,若靁霆之聲,聞乎數百里之外。"參見"磕"字條。

按,説文磕作磕。段玉裁注:"篆體本如此,俗字則從盍聲。"

礰 lè 力摘切,入,麥韻,來。

後起字。[礰䃖]農具。用於打草的田器。見廣韻麥韻引字林。正字通石部"礰"字云:"郎敵切,音曆。礰䃖,打草田器。"

礛 jiān 古銜切,平,銜韻,見。談部。

❶通"劖"。鋒利。戰國策楚策四:"被～磻,引微繳,折清風而抎矣。"鮑彪本作"劖"。❷[礛諸][礛礵][厱諸]治玉之石。淮南子説山:"玉待礛諸而成器。"説文厂部:"厱,厱諸,治玉石也。"

按,説文無礛有厱,在厂部,音魯甘切。集韻"礛"亦音盧甘切(lán)。

礙 ài 五溉切,去,代韻,疑。之部。

今作"碍"。❶阻礙。説文:"礙,止也。"列子力命:"獨往獨來,獨出獨入,孰能～之?"引申爲遮礙。唐宋之問早入清遠峽詩:"秋菊迎霜序,春藤～日暉。"❷限制。法言問道:"聖人之治天下也,～諸以禮樂。"❸妨礙。唐羅隱繡詩:"可中用作鴛鴦被,紅葉枝枝不～刀。"

[同源字]閡,礙。見"閡"字條。

十 五 畫

礦 kuàng (舊讀 gǒng)古猛切,上,梗韻,見。陽部。

❶礦石。周禮地官序官"卝人"鄭玄注:"卝之言～也,金玉未成器曰～。"❷醫療工

具。砭石。管子法法:"毋赦者,痤睢(疽)之～石也。"尹知章注:"疾可瘳也。"㊂通"獷"。强悍。廣雅釋詁四:"礦,强也。"

按,説文礦作磺。參見"磺"字條。

礬 fán 附袁切,平,元韻,奉。

後起字。礬石,可入藥。集韻元韻:"礬,藥石也。有白、青、黄、黑、絳五種。"山海經西山經"女牀之山,其陰多涅石"郭璞注:"即礬石也。"

礥 xián 胡田切,平,先韻,匣。真部。

㊀〔礥礥〕艱難。漢揚雄太玄礥:"陽氣微動,動而礥礥,物生之難也。"㊁堅强。廣韻先韻:"礥,艱險,又剛强也。"漢揚雄太玄閑:"～而閑而,拔我姦而,非石如石,厲。"

按,説文無礥字。

礪 lì 力制切,去,祭韻,來。月部。

㊀磨刀石。書禹貢:"砥～砮丹。"荀子勸學:"金就～則利。"引申爲動詞,磨。書費誓:"～乃鋒刃,無敢不善。"本亦作"厲"。㊁鑽研。南朝梁劉勰文心雕龍養氣:"鑽～過分,則神疲而氣衰。"

[辨]砥(厎),厲,礪。見"砥"字條。

按,説文無礪字,新附有之,云:"礱也。"

礧 1. lèi 盧對切,去,隊韻,來。微部。

㊀同"礌"。推石自高而下。漢書司馬相如傳:"～石相擊,琅琅礚礚。"特指戰爭中用於防禦的礧石。後漢書杜篤傳:"一卒舉～,千夫沉滯。"宋書沈慶之傳:"山多木石,積以爲～。"

2. léi 盧回切,平,灰韻,來。

㊁撞擊。文選晉郭璞江賦:"觸曲厓以縈繞,駭崩浪而相～。"

3. lěi 洛猥切,上,賄韻,來。

㊂〔礧礧〕同"磊磊"。分明的樣子。唐杜甫白沙渡詩:"水清石礧礧,沙白灘漫漫。"

按,説文無礧字。

礫 1. lì 郎擊切,入,錫韻,來。藥部。

㊀小石。文選戰國宋玉高唐賦:"～磥磥而相摩兮,巆震天之礚礚。"又漢張衡西京賦:"僵禽斃獸,爛若磧～。"

2. luò 集韻力角切,入,覺韻,來。藥部。

㊁〔卓礫〕叠韻聯緜字。超絶卓越。論衡命義:"卓礫時見,往往皆然。"

礩 zhì 之日切,入,質韻,照三。質部。

㊀柱下石。見説文新附。亦作"質"。戰國策趙策一"公宫之室,皆以鍊銅爲柱質"太平御覽一八八引此作"～"。㊁通"窒"。不通。周書儒林傳熊安生:"時朝廷既行周禮,公卿以下多習其業,有宿疑～滯者數十條,皆莫能詳辨。"

[辨]礎,礩。見"礎"字條。

礨 lěi 集韻魯猥切,上,賄韻,來。微部。

㊀地勢突然高起的樣子。莊子秋水:"計四海之在天地之間也,不似～空之在大澤乎?"郭慶藩集釋引郭嵩燾説:"今案礨空自具兩義,言高下之勢也。礨者,突然而高;空者,窪然而下。"㊁大石。山海經北山經:"維龍之山,…其中多～石。"

按,説文無礨字。

十 六 畫

礱 lóng 盧紅切,平,東韻,來。東部。

㊀以石磨物。説文:"礱,礳也。天子之桷,椓(當作"斲")而礱之。"段玉裁注:"礳也者,其引伸之義,謂以石礳物曰礱也。"國語晉語八:"趙文子爲室,斲其椽而～之。"又爲磨擦。漢書枚乘傳:"磨～底厲,不見其損。"顔師古注:"礱,亦磨也。"㊁研討。唐韓愈等納涼聯句:"殷勤相勸勉,左右加～斲。"㊂磨穀去殼的工具。玉篇石部:"礱,磨穀爲礱。"

礲 lóng。東部。

㊀同"礱"。磨盡。淮南子説林:"舌之與齒,孰先～也。"宋洪邁夷堅甲志盤谷碑厄:"出治堂者,元祐中宰傅君愈所建,秦少游作

記，且書之刻石。崇寧時爲觀望者～去。”㊁穿過石洞的急流。唐元結説楚何荒王賦：“請説相江之流，有～有瀧。”

按，説文無礲字。

礵 zhū 章魚切，平，魚韻，照三。

〔礵礵〕青礪也。見廣韻。參見“礵”字條。

按，説文無礵字。

礭 què 龍龕手鏡苦角反，音却。

㊀同“確”。堅，剛。廣雅釋詁：“礭，堅也。”宋洪适隸續四晉右將軍鄭烈碑：“秉～然之大節。”㊁敲。北堂書鈔一三四郭子：“何次道往王丞相（導）許，丞相以麈尾～牀，呼何共坐。”

按，説文無礭字。

礮 pào 匹皃切，去，效韻，滂。

後起字。古代戰爭中以礮車發石。文選晉潘岳閒居賦：“～石雷駭，激矢蝱飛。”新唐書李密傳：“以機發石，爲攻城械，號將軍～。”字亦作“砲”。參見“砲”字條。

礰 lì 狼狄切，入，錫韻，來。錫部。

〔礔礰〕叠韻聯緜字。見“礔”字條。

按，説文無礰字。

礐 què。

後起字。〔礐確〕叠韻聯緜字。水激石聲。南朝梁江淹江文通集學梁王兔園賦：“嘐嗃礐確，紫燕丹駮。”

十七畫

礴 bó 傍各切，入，鐸韻，並。鐸部。

㊀〔磐礴〕雙聲聯緜字。見“磐”字條。㊁〔旁礴〕〔磅礴〕雙聲聯緜字。混同，广大充塞的样子。莊子逍遥遊：“之人也，之德也，將旁礴萬物以爲一。”㊂〔槃礴〕雙聲聯緜字。箕居而坐的樣子。莊子田子方：“公使人視之，則解衣槃礴贏。”司馬彪注：“槃礴，謂箕坐也。”

按，説文無礴字。

礹 xiàn 先念切，去，㮇韻，心。

〔礹磹〕叠韻聯緜字。電光。見廣韻。舊題漢東方朔撰十洲記聚窟洲：“又（猛獸）兩目如礹磹之交光，光朗衝天。”

按，説文無礹字。

十九畫

礳 mò 模卧切，去，過韻，明。歌部。

石磨。説文：“礳，石磑也。”用作動詞。磨碎。淮南子原道：“攻大～堅，莫能與之争。”又脩務：“砥礪～監（鑑，或作“堅”），莫見其損，有時而薄。”

〔辨〕磑，礳。見“磑”字條。

示部

〔示部總論〕

示部的字多與祭祀鬼神有關。關於祭祀名稱的字有：祊、祔、祫、祡、禬、禘、禡、禫、禷、禳、禴、禵等；關於鬼神名稱的字有：示、社、祇、神、禓；關於祭祀儀式及祭祀場所、禮器的字有：祈、祓、祝、禪、禱、祏、祠、祧、禰等；關於吉凶禍福的字有：礽、祉、祜、祚、祥、祲、祺、祿、福、禎、禔、禍、禠、禧等。

示 1. shì 神至切,去,至韻,牀三。脂部。

❶古人認爲上天出現某種徵象,向人垂示禍福吉凶。説文示部:"示,天垂象,見吉凶,所以示人也。"太玄度:"于天~象,垂其範。"引申爲給人看。左傳莊公八年:"袒而~之背。"莊子胠篋:"國之利器,不可以~人。"引申爲顯示。左傳文公七年:"叛而不討,何以~威? 服而不柔,何以~懷?"孟子萬章上:"天不言,以行與事~之而已矣。"

2. shí 集韻市之切,平,之韻,禪。支部。

❷姓。史記晉世家有示眯明。

3. qí 巨支切,音岐,平,支韻,群。支部。

❸"祇"的本字。地神。周禮春官大宗伯:"以吉禮事邦國之鬼神~。"又大司樂:"歌應鍾,舞咸池,以祭地~。"

[備考]通"寘(zhì)"。置。詩小雅鹿鳴:"人之好我,~我周行。"鄭箋:"示,當作寘。寘,置也。"一説爲指示。孔穎達正義:"示我以先王至美之道也。"

一　畫

礼 lǐ 盧啟切,上,薺韻,來。脂部。

"禮"之古文,見廣韻。

按,説文礼作𥘉。

二　畫

礽 réng 如乘切,音仍,平,蒸韻,日。

後起字。❶福。見玉篇。❷[礽孫]從自身下數到第八代孫。清趙翼兒𩜹歸趙歌:"礽孫凛然念先緒,誓返故物弃家廟。"

三　畫

社 shè 常者切,上,馬韻,禪。魚部。

❶社神。左傳定公四年:"君以軍行,祓~釁鼓。"活用爲動詞。祭社。詩小雅甫田:"以~以方。"鄭箋:"秋祭社與四方。"又大雅雲漢:"祈年孔夙,方~不莫。"朱熹集傳:"方,祭四方也。社,祭土神也。"引申爲社宫,祭社神的地方。左傳閔公二年:"帥師者,受命於廟,受脤於~。"❷地方基層行政單位。左傳昭公二十五年:"自莒疆以西,請致千~。"杜預注:"二十五家爲社。"管子乘馬:"方六里名之曰~。"引申爲民間私人的友好組織。宋蘇軾次韻劉景文送錢蒙仲之二:"寄語竹林~友,同書桂籍天倫。"❸古代有春社、秋社,爲祀社神之日,簡稱爲社。唐杜甫遭田父泥飲美嚴中丞詩:"今年大作~。"九家集注:"社,祭也,以祈農事,春祈秋報,故歲有春秋二社。"宋徐鉉騎省集鈔寒食日作:"過~紛紛燕,新晴淡淡霞。"❹[社稷]社神和稷神,即土神和穀神。墨子迎敵祠:"祝史乃告於四望山川社稷。"引申指國家、政權。論語季氏:"是社稷之臣也,何以伐爲?"韓非子存韓:"秦發兵不留行,而韓之社稷憂矣。"唐杜甫故秘書少監武功蘇公源明詩:"肅宗復社稷,得無逆順辨。"

[同源字]社,土。二字均魚部,禪透鄰紐。卜辭無"社"字有"土"字,土既指土地,又指土地神。金文由土分化出社字,專指土地之神。説文示部:"社,地主也。"王筠句讀:"古讀社土同聲。"論衡順鼓:"社,土也。"公羊傳僖公三十一年:"諸侯祭土。"何休注:"土謂社也。"

祀 sì 詳里切,上,止韻,邪。之部。

❶祭祀。左傳成公十三年:"國之大事,在~與戎。"引申爲祀神的地方,與"祠"同義。禮記檀弓下:"過墓則式,過~則下。"❷與"年"同義。書洪範:"惟十有三~,王訪於箕子。"❸世,代。唐柳宗元與友人論爲文書:"固有文不傳於後~,聲遂絶於天下者矣。"

[辨]祀,年,歲,載。四字同義,都是年的意思。據爾雅釋天的記載,這四個字在使用的時代上有别:"夏曰歲,商曰祀,周曰年,唐虞曰載。"此説不完全可信,西周的早期銅器銘文,亦或稱年曰祀。

［同源字］祀，祠。二字均邪母之部（爾雅音義釋天："祠，如字，或音祀。"），均有祭祀義。説文："祀，祭無已也。"爾雅釋詁："祀，祭也。"又："祠，祭也。"祀有祠義。朱駿聲説文通訓定聲頤部"祀"字注："禮記檀弓'斬祀、殺厲'。又：'過祀則下。'疏：'神位有屋樹者。'鄭語：'其後皆不失祀。'漢書地理志作'祠'。今皆以祠爲之。"

祁 qí 渠脂切，平，脂韻，群。微部。

㊀地名。春秋時晉邑，在今山西祁縣東南。左傳襄公二十一年："～大夫所不能也。"㊁通"麎"。雌麋鹿。詩小雅吉日："瞻彼中原，其～孔有。"鄭箋："祁，當作麎。麎，麋牝也。"段玉裁説文解字注"麎"字云："按麎在漢時必讀與祁音同，故後鄭得定詩之祁爲麎。"㊂［祁祁］衆多的樣子。詩豳風七月："春日遲遲，采蘩祁祁。"

［備考］通"是"。禮記緇衣："君雅曰：夏日暑雨，小民惟曰怨。資冬～寒，小民亦惟曰怨。"鄭玄注："祁之言是也，齊西偏之語也。"一説"大也"。僞古文尚書君牙作"夏暑雨，小民惟曰怨咨。冬～寒，小民亦惟曰怨咨"。蔡沈集傳："祁，大也。暑雨祁寒，小民怨咨，自傷其生之艱難也。"

按，説文祁字在邑部。

礿 yuè 以灼切，入，藥韻，喻四。藥部。

祭名。夏祭曰礿。見説文。爾雅釋天："春祭曰祠，夏祭言～，秋祭曰嘗，冬祭曰蒸。"一説春祭曰礿。見禮記王制。字亦作"禴"。參見段玉裁説文解字注"礿"字條。

四　畫

祊 bēng 甫盲切，集韻晡横切，平，庚韻，幫。陽部。

㊀祭名，指在宗廟門内祭祖，也指宗廟門内祭祖之處。詩小雅楚茨："祝祭于～，祀事孔明。"説文引作"鬃"。禮記郊特牲："索祭，祝于～。"鄭玄注："廟門曰祊。"又："祭于～，尚曰求諸遠者與？"㊁邑名。今山東費縣東南。春秋隱公八年："以泰山之～易許田。"

按，説文以祊爲鬃的或體。

祆 xiān 呼煙切，平，先韻，曉。

㊀拜火教神名。拜火教於南北朝時由波斯傳入中國。唐段成式酉陽雜俎前集卷四境異："突厥事～神，無祠廟，刻氈爲形。"宋贊寧大宋僧史略下大秦末尼："火～教法，本起大波斯國，號蘇魯支。"㊁關中謂天爲祆。見集韻先韻。

按，説文無祆字，新附有之，云"胡神也"。

祉 zhǐ 敕里切，上，止韻，徹。之部。

㊀福。詩小雅六月："吉甫燕喜，既受多～。"㊁喜。詩小雅巧言："君子如怒，亂庶遄沮；君子如～，亂庶遄已。"朱熹集傳："祉，猶喜也。"

祅 yāo 於喬切，平，宵韻，影。宵部。

古書多作"妖"。指事物發生反常的變異。左傳宣公十五年："天反時爲災，地反物爲妖。"荀子天論："勉力不時，則牛馬相生，六畜作～。"

［辨］祅，蠥（孽）。二字同義，均指反常的怪異現象。漢書禮樂志："姦僞不萌，祅孽伏息。"説文對二字的辨析是："衣服歌謠草木之怪謂之祅，禽獸蟲蝗之怪謂之蠥。"（見虫部"蠥"字）漢書五行志説："凡草木之類謂之妖，妖猶夭胎，言尚微；蟲豸之類謂之孽，孽作牙孽矣。"

［同源字］訞，祅，妖。見"訞"字條。

按，説文祅作䄏。

祋 duì 丁外切，去，泰韻，端。物部。

㊀古兵器名。殳。詩曹風候人："彼候人兮，何戈與～。"㊁古代城郭市里高懸羊皮以驚牛馬。説文殳部："祋，…或説城郭市里高縣羊皮，有不當入而欲入者，暫下以驚牛馬。"

按，說文祋字在殳部。

祇 1.qí巨支切，平，支韻，群。支部。

❶地神。墨子天志中："紂越厥夷居，不肯事上帝，棄厥先神～不祀。"❷大。易復："不遠復，無～悔，元吉。"❸通"疧（巨支切）"。病。易坎："～既平，无咎。"清王引之經義述聞卷一："祇讀當爲疧。爾雅：'疧，病也。'疧既平者，病已平復也。"

2.zhǐ（舊讀zhī）集韻章移切，平，支韻，照三。

❹字亦作"秖"。副詞，只，僅僅。詩小雅無將大車："無將大車，～自塵兮。"史記項羽本紀："雖殺之，無益，～益禍耳。"

祈 qí渠希切，平，微韻，群。微部。

❶對上天或神鬼祈求。詩小雅甫田："以～甘雨，以介我稷黍。"引申爲泛指請求。梁書劉峻傳："自謂所見不博，更求異書，聞京師有者，必往～借。"❷姓。晉朝有祈嘉。

［備考］通"刏"。刺取牲血祭祀。周禮夏官小子："而掌珥于社稷，～于五祀。"

五　畫

祕 mì（舊讀bì）兵媚切，去，至韻，幫。質部。

❶神祕不可測。說文："祕，神也。"引申爲祕密。史記孝武本紀："其事～，世莫知也。"漢書陳平傳："高帝既出，其計～，世莫得聞。"❷封閉，隱藏。文選南朝宋謝靈運入彭蠡湖口詩："靈物柸珍怪，異人～精魂。"唐李白宴陶家亭子詩："綠水藏春日，青軒～晚霞。"引申爲希奇。文選漢張衡西京賦："～舞更奏，妙材騁伎。"李善注："祕舞，謂希見之奇曲也。"❸與封建王朝藏書有關的用語。如"祕書"、"祕府"、"祕閣"、"祕館"。

按，祕，今作秘。廣韻至韻："祕，俗作秘。"

袜 mèi集韻明秘切，去，至韻，明。物部。

同"魅"。鬼魅。山海經海内北經："～，其爲物，人身黑首從目。"郭璞注："袜即魅也。"

按，說文無袜字。

祛 qū集韻丘於切，平，魚韻，溪。魚部。

❶除去。北周庾信奉和永豐殿下言志十首之七："茂陵體猶瘠，淮陽疾未～。"❷［祛祛］强健的樣子。詩魯頌駉："有驔有魚，以車祛祛。"本亦作"祛祛"。

按，說文無祛字。在"除去"這個意義上古代也借祛爲祛，祛的本義爲袖口。

祜 hù侯古切，上，姥韻，匣。魚部。

福。詩周頌載見："永言保之，思皇多～。"漢蔡琰悲憤詩："嗟薄～兮遭世患，宗族殄兮門户單。"

祏 shí常隻切，入，昔韻，禪。鐸部。

藏神主的石函。說文："祏，宗廟主也。周禮有郊宗石室。"左傳哀公十六年："使貳車反～於西圃。"

祐 yòu于救切，去，宥韻，喻三。之部。

❶字亦作"佑"。上天祐助。易大有："自天～之，吉，无不利。"❷福。論衡福虛："埋一蛇獲二福，如埋十蛇得幾～乎？"

［同源字］祐，佑，右。三字同源。見"佑"字條。

祓 fú敷勿切，入，物韻，敷。月部。

❶除災求福的祭儀。左傳定公四年："君以軍行，～社釁鼓。"韓非子説林下："故諺曰：巫咸雖善祝，不能自～也。"指消災。晉崔豹古今注輿服："桃弓葦矢，所以～除不祥。"泛指消除。宋姜夔翠樓吟："天涯情味，仗酒～清愁。"❷洗滌。初學記四晉張華三月三日後園會詩："合樂華池，～濯清川。"

祠 cí似兹切，平，之韻，邪。之部。

❶祭名。爾雅釋天："春祭曰祠。"漢班固白虎通義宗廟："春曰祠者，物微故祠名之。"陳立疏證："祠爲微物，故祠名之者，說文

示部云：'春祭曰祠，品物少，多文詞（辭）也。'…何休公羊（莊公八年）注云：'～，猶食也，猶繼嗣也，春物始生，孝子思親，繼嗣而食之也。'"㊁酬神，還願。周禮春官喪祝："掌勝國邑之社稷之祝號，以祭祀禱～焉。"賈公彦疏："祈請求福曰禱，得福報賽曰祠。"㊂祠堂。祭祀祖宗或有功德者的廟堂。史記陳涉世家："又間令吴廣之次所旁叢～中，夜篝火，狐鳴呼曰…。"

［同源字］祀，祠。見"祀"字條。

祖 zǔ則古切，上，姥韻，精。魚部。

㊀祖先。詩周頌豐年："爲酒爲醴，烝畀～妣。"特指父之父。荀子成相："下以教誨子弟，上以事～考。"引申爲祖廟。周禮考工記匠人："左～右社。"鄭玄注："祖，宗廟。"又爲祖先的神主。書甘誓："用命，賞于～；弗用命，戮于社。"孫星衍尚書今古文注疏："祖者廟主，社者社主。太平御覽三〇六引摯虞決疑要注曰：'古者，帝王出征，以齊車載遷廟之主及社主以行。…秦漢及魏，行不載主也。'"又引申爲對開國君主的尊稱。穀梁傳僖公十五年："始封必爲～。"用作動詞，以爲始祖。禮記祭法："周人禘嚳而郊稷，～文王而宗武王。"㊁動詞。效法。史記韓世家："秦王必～張儀之故智。"㊂祭名。出行之前，祭祀路神。左傳昭公七年："夢襄公～"（這裏用作動詞）。引申爲餞别。漢書臨江閔王榮傳："～於江陵北門。"顔師古注："祖者，送行之祭，因饗飲也。"

神 shén食鄰切，平，真韻，牀三。真部。

㊀神靈。詩大雅雲漢："敬恭明～，宜無悔怒。"論語述而："子不語怪力亂～。"唐杜甫奉贈韋左丞丈二十二韻："讀書破萬卷，下筆如有～。"引申爲人死後的靈魂。楚辭戰國屈原九歌國殤："身既死兮～以靈，子魂魄兮爲鬼雄。"引申爲靈驗。詩小雅大田："田祖有～，秉畀炎火。"㊁神妙，神奇。易繫辭上："陰陽不測之謂～。"唐杜甫寄薛三郎中詩："乃知蓋代手，才力老益～。"㊂指人的精神。吕氏春秋禁塞："自令單脣乾肺，費～傷魂。"引申爲神情。世説新語雅量："衣服焦然，～色無變。"

［辨］仙，佛，神。見"仙"字條。

祝 1. zhù之六切，入，屋韻，照三。覺部。

㊀祭祀時主贊祠的人。説文："祝，祭主贊詞者。"詩小雅楚茨："～祭于祊，祝事孔明。"禮記曾子問："～立于殯東南隅。"用作動詞。祝禱。禮記郊特牲："直祭～于主，索祭～于祊。"引申爲對人的祝頌。莊子天地："請～聖人，使聖人壽。"㊁斷。穀梁傳哀公十三年："～髮文身。"左傳哀公七年作"斷髮文身"。㊂通"注"。附著。周禮天官瘍醫："掌腫瘍、潰瘍、金瘍、折瘍之～藥。"賈公彦疏："祝，注也，注藥於瘡。"

［備考］編織。詩鄘風干旄："素絲～之，良馬六之。"毛傳："祝，織也。"一説連綴。鄭箋："祝當作屬，屬，著也。"

2. zhòu職救切，去，宥韻，照三。覺部。

㊃詛咒。詩大雅蕩："侯作侯～，靡届靡究。"毛傳："作，祝，詛也。"

［同源字］祝，呪，咒。説文有祝無呪，呪是祝的分化字。二字均有禱告、詛呪義，實同一詞。禮記郊特牲："詔祝於室。"孔穎達疏："祝，呪也。"朱駿聲説文通訓定聲孚部"祝"字云："後漢書賈逵傳注：'祝，詛也。'俗字作呪。"廣韻呪音職救切，與祝的第二個讀音同。

祚 zuò昨誤切，去，暮韻，從。鐸部。

㊀福。國語周語下："若能類善物，以混厚民人者，必有章譽蕃育之～。"用作動詞。賜福。左傳宣公三年："天～明德，有所厎止。"㊁皇位。文選漢班固東都賦："往者王莽作逆，漢～中缺。"㊂年歲。晉書王沈傳："彈琴詠典，以保年～。"

［辨］胙，祚。見"胙"字條。

按，説文無祚字，新附有之。

祔 fù 符遇切，去，遇韻，奉。侯部。

❶祭名。奉新死者之神主祭於祖廟。儀禮士虞禮："死三日而殯，三月而葬，遂卒哭，明日以其班～。"禮記喪服小記："殤與無後者從祖～食。"❷合葬。禮記檀弓下："衛人之～也離之，魯人之～也合之。"鄭玄注："祔，謂合葬也。"

祗 zhī 旨夷切，平，脂韻，照三。脂部。

❶恭敬。説文："祗，敬也。"書金縢："四方之民，罔不～畏。"又費誓："～復之，我商賚汝。"❷副詞。只，僅。詩小雅我行其野："成不以富，亦～以異。"唐石經祇作衹，宋以後俗本多作秖。在副詞這個意義上，衹、祇、秖以及秪常通用。

祘 suàn 蘇貫切，去，换韻，心。元部。

計算。説文："祘，明視以筭之。逸周書曰：士分民之～，均分以～之也。讀若筭。"朱駿聲説文通訓定聲："按，四横六直，象觚之形，實即筭字之古文也。"

祟 suì 雖遂切，去，至韻，心。物部。

鬼神給人製造災禍。説文："祟，神禍也。"左傳哀公六年："（楚）昭王有疾，卜曰：'河爲～。'王弗祭。"莊子天道："其鬼不～，其魂不疲。"

六　畫

祥 xiáng 似羊切，平，陽韻，邪。陽部。

❶徵兆。左傳僖公十六年："是何～也？吉凶焉在？"特指好的徵兆。詩小雅斯干："維熊維羆，男子之～。"引申爲幸福，吉祥。左傳僖公三年："齊方勤我，棄德不～。"❷喪禮祭名。禮記檀弓上："孔子既～，五日彈琴而不成聲，十日而成笙歌。"祥祭有小祥大祥之分。父母死後十三個月祭爲小祥，二十五個月而後祭爲大祥。儀禮士虞禮："朞而小～…又朞而大～。"❸通"詳"。詳細。史記太史公自序："嘗竊觀陰陽之術，大～而衆忌諱，使人拘而多畏。"漢書司馬遷傳作"大詳"。

祫 xiá 侯夾切，洽韻，匣。緝部。

祭名。對遠近親疏的祖先舉行合祭。説文："祫，大合祭先祖親疏遠近也。"禮記王制："～禘、～嘗、～烝。"鄭玄注："祫，合也。天子諸侯之喪畢，合先君之主於祖廟而祭之謂之祫，後因以爲常，天子先祫而後時祭，諸侯先時祭而後祫。"

祪 guǐ 過委切，上，紙韻，見。支部。

遷舊祖神主於太廟的祭禮。爾雅釋詁上："祔、祪，祖也。"朱駿聲説文通訓定聲："將毁而祭曰祪，新廟曰祔。"

祧 tiāo 吐彫切，平，蕭韻，透。宵部。

❶祧廟。周制，天子七廟，包括大祖廟、四親廟、二祧。二祧乃高祖之父、高祖之祖。二祧及四親（父、祖、曾祖、高祖）又通稱爲三昭三穆。周禮春官守祧："掌守先王先公之廟～。"孫詒讓正義："先王，謂大祖及四親廟，先公，謂二祧也。許宗彦云：'武王立七廟時，后稷爲祖廟，公祖、太王、王季、文王爲四親，高圉、亞圉爲二祧。'"禮記祭法："遠廟爲～，有二～，享嘗乃止，去～爲壇，去壇爲墠。"周禮春官敘官："守～，奄八人。"鄭玄注："遠廟曰祧。"孫詒讓正義："注云'遠廟曰祧'者，别于四親廟爲近廟也。説文示部新附：'祧，遷廟也。'御覽禮儀部引五經異義云：'禮祭法云：天子有祧，遠廟曰祧。將祧而去之，故曰祧。鄭祭法注云：'祧之言超也，超上去意也。'許宗彦云：'遠廟者，遠於廟。自正廟而遷之於祧，謂之遷，故祧曰遷廟。去祧而壇，則無廟矣，故謂之毁。壇墠鬼皆毁廟。'…周七廟，二祧爲遷廟，當從王肅説，謂王之高祖之父及祖，以次遞遷，非不遷不毁之廟也。"周禮春官小宗伯："辨廟～之昭穆。"孫詒讓正義："廟祧謂五廟二祧，通爲七廟。…許宗彦云：'廟至四世必迭遷，祧至六世必迭毁，故昭

穆皆宜辨也。'"㊁泛指宗廟。左傳襄公二十三年："紇不佞，失守宗～，敢告不弔。"

[辨]祧，廟。二字義同。周禮春官："守祧，掌守先王先公之廟祧。"孫詒讓周禮春官敘官正義引金鶚云："對文則祧與廟别，散文則祧與廟通。聘禮'不腆先君之祧'，左氏襄九年傳'以先君之祧處之'，昭元年傳'其敢愛豐氏之祧'，祧即廟也。守祧職兼廟祧，而官以祧名，是廟祧通稱爲祧也。天子有二祧，而通稱七廟，亦猶是也。"孫詒讓案："金説是也。祭法孔疏引襄九年左傳服虔注云：'曾祖之廟曰祧。'然則祧之名，通於四親廟矣。"

按，説文無祧字，新附有之。玉篇示部有濯字，云"古文祧"。

票 1. piāo 撫招切，集韻紕招切，平，宵韻，滂。宵部。

古作"㶾"。㊀飛騰的火光。説文："㶾，火飛也。"段玉裁注："此與熛音義皆同。"引申爲飛光。漢揚雄太玄五沈："見～如累，明利以正于王。"范望注："票，飛光也。"引申爲輕脆。周禮地官草人："輕～用犬。"("輕票"指土質輕脆而易飛散，要用犬的骨汁或灰作肥料。)引申爲疾速。漢書王商傳："遣～輕吏微求人罪，欲以立威。"㊁〔票姚〕亦作"票鷂"、"剽姚"，勁疾的樣子。漢代武官名。漢書霍去病傳："大將軍受詔予壯士，爲票姚校尉。"顔師古注："服虔曰：'音飄摇。'師古曰：'票姚，勁疾之貌也。'荀悦漢紀作'票鷂'。"按，在這個意義上也讀 piào。集韻笑韻："票(毗召切)，勁疾皃。漢官有'票鷂校尉'。"㊂〔票騎〕漢代將軍稱號。漢書霍去病傳："元狩二年春，爲票騎將軍。"

2. piào。

㊃傳票，官府文書之一種。清劉獻廷廣陽雜記里中字音："今官府有所分付勾取於下，其札曰～。"

按，説文票作㶾，从火𡨋，在火部。段玉裁注："按當作从火㶾省，㮂省廾爲一也。"

柴 chái 士佳切，平，佳韻，牀二。脂部。

祭名。燒柴祭天。説文："柴，燒柴尞祭天也。虞書曰：'至于岱宗，～。'"經傳亦作"柴"。禮記郊特牲："天子適四方，先～。"鄭玄注："所到必先燔柴，有事於上帝也。"又祭法："燔柴於泰壇，祭天也。"

[同源字]柴，柴。見"柴"字條。

祭 1. jì 子例切，去，祭韻，精。月部。

㊀祭祀。詩豳風七月："四之日其蚤，獻羔～韭。"禮記曾子問："～必有尸乎？"

2. zhài 側界切，去，怪韻，照二。月部。

㊁周代邑名，又姓。周公第五子～伯，其後以爲氏。見廣韻。

七　畫

裖 shèn 時忍切，音腎，上，軫韻，禪。文部。

祭肉。説文："裖，社肉。盛之以蜃，故謂之裖。"字亦作"脤"。左傳定公十四年："天王使石尚來歸脤。"杜預注："脤，祭社之肉，盛以脤器，以賜同姓諸侯，親兄弟之國，與之共福。"説文作"石尚來歸～"。阮元校勘記："諸本作'脤'，説文作'裖'。鄭注周禮地官掌蜃引作'蜃'。"

[同源字]蜃，裖，脤。見"蜃"字條。

祴 gāi 古哀切，平，咍韻，見。職部。

古樂章名。周禮春官笙師："以教～樂。"鄭玄注："祴樂，祴夏之樂。…賓醉而出奏祴夏。"字亦作"陔"。儀禮鄉射禮："樂正命奏～。"鄭玄注："陔，陔夏。其詩亡。周禮'賓醉而出奏陔夏'。陔夏者，天子、諸侯以鍾鼓，大夫、士鼓而已。"

祲 jīn 子心切，平，侵韻，精。侵部。

㊀古人認爲象徵不祥的雲氣。周禮春官眡祲："掌十煇之法，以觀妖祥，辨吉凶。一曰～，二曰象，…十曰想。"鄭玄注引鄭司農云："祲，陰陽氣相侵也。"賈公彦疏："先鄭云'祲，

陰陽氣相侵也'者,赤雲爲陽,黑雲爲陰,如春秋傳云'赤黑之祲'在日旁。"㊁盛。文選漢班固東都賦:"天官景從,~威盛容"。李善注:"祲,盛也。"

祰 gào 苦浩切,上,晧韻,溪。覺部。

告祭。古文獻在這個意義上一般用"告"或"造",祰是告的分別字。詳説可參閱段玉裁説文解字"祰"字注。

八　畫

禀 bǐng。

"稟"的俗體。見"稟"字條。

祺 qí 渠之切,平,之韻,群。之部。

㊀吉祥。説文:"祺,吉也。"詩大雅行葦:"壽考維~,以介景福。"毛傳:"祺,吉也。"㊁安祥貌。荀子非十二子:"士君子之容,…儼然壯然,~然蕼然。"楊倞注:"謂安泰不憂懼之貌。"

禧 zhà 鋤駕切,去,禡韻,牀二。鐸部。

歲終大祭。廣雅釋天:"禧,索也。夏曰清祀,殷曰嘉平,周曰大禧,秦曰臘。"參閱王念孫廣雅疏證卷九上。唐柳宗元禧説:"將~,進有司以問禧之説,則曰:'合百神於南郊,以爲歲報者也。'"

按,説文無禧字。

祼 guàn 古玩切,音灌,去,换韻,見。元部。

㊀祭祀儀式,將酒澆灌在白茅上,象神飲酒。詩大雅文王:"殷士膚敏,~將于京。"毛傳:"祼,灌鬯也。"周禮春官大宗伯:"以肆獻~享先生。"鄭玄注:"祼之言灌,灌以鬱鬯,謂始獻尸求神時也。"也作"灌"。論語八佾:"子曰:'禘自既灌而往者,吾不欲觀之矣'。"㊁飲賓客之禮。周禮秋官大行人:"王禮再~而酢。"鄭玄注:"祼讀爲灌。再灌,再飲公也;而酢,報飲王也。"

[同源字]祼,灌。見"灌"字條。

禂 dǎo 都晧切,上,晧韻,端。幽部。

祭名。爲馬和其他牲畜祈禱。説文:"禂,禱牲馬祭也。詩曰:'既禡既~。'"周禮春官甸祝:"~牲~馬。"鄭玄注:"杜子春云:'禂,禱也。爲馬禱無疾,爲田禱多獲禽牲。'…玄謂禂讀如伏誅之誅。…爲牲祭求肥充,爲馬祭求肥健。"

禄 lù 盧谷切,入,屋韻,來。屋部。

㊀福。詩大雅假樂:"宜民宜人,受~于天。"又:"千~百福。"陳奐傳疏:"福禄義同,於禄言千,於福言百,互詞也。"㊁封邑。國語魯語上:"若罪也,則請納~,與車服而違署。"韋昭注:"禄,田邑也。"引申爲俸禄。論語爲政:"子張學干~。"引申爲禄位、權位。論語季氏:"~之去公室五世矣。"㊂特指祭祀後的酒肉。詩小雅楚茨:"樂具入奏,以綏後~。"㊃姓。紂子禄父之後。見廣韻屋韻。

[辨]禄,福。説文:"禄,福也。"段玉裁注:"詩言福、禄多不别。商頌五篇兩言'福',三言'禄',大恉不殊。釋詁、毛詩傳皆曰'禄,福也。'此古義也。鄭既醉箋始爲分別之詞。"按,既醉應改爲瞻彼洛矣。"福禄如茨",鄭箋:"爵命爲福,賞賜爲禄。"孔穎達疏:"於此經對文爲然,於他書散則通矣。"禄後來主要指禄位,俸禄;福主要指福氣,福分。

禁 1. jìn 居蔭切,去,沁韻,見。侵部。

㊀禁忌。説文:"禁,吉凶之忌也。"禮記曲禮上:"入竟而問~,入國而問俗。"淮南子氾論:"是故因鬼神禨祥而爲之立~。"又爲動詞。禁止。左傳僖公三年:"齊侯與蔡姬乘舟于囿,蕩公。公懼,變色;~之,不可。"㊁名詞。獸圈。周禮地官囿人:"掌囿游之獸~。"鄭玄注:"禁者其蕃衛也。"又爲監獄。金史世宗紀下:"命罪人在~有疾,聽親屬入視。"㊂宫殿之内。文選漢劉楨贈徐幹詩:"拘限清切~,中情無由宣。"㊃秘密的。史記扁鵲倉公列傳:"我有~方,年老,欲傳與公,

公毋泄。”㊄承放酒樽的器皿。儀禮士冠禮：“尊于房户之間，兩甒有～。”㊅北方少數民族樂名。周禮春官鞮韃氏“掌四夷之樂”鄭玄注：“四夷之樂，…北方曰～。”

2. jīn 居吟切，平，侵韻，見。侵部。

㊆禁受，受得住。唐杜甫暮秋將歸秦留别湖南幕府親友詩：“途窮那免哭，身老不～愁。”

［備考］通“紟”。腰帶。荀子非十二子：“其冠絻，其纓～緌。”楊倞注：“禁緌未詳。或曰：讀爲紟。紟，帶也。言其纓大如帶而緌也。”

九　畫

禘 dì 特計切，去，霽韻，定。錫部。

祭名。説文：“禘，諦祭也。”段玉裁注：“諦（禘）有三：有時諦（禘），有殷禘，有大禘。時禘者，王制春曰礿、夏曰禘、…是也，夏商之禮也；殷禘者，周…以～爲殷祭，殷者，盛也，～與祫皆合群廟之主祭於大祖廟也；大禘者，…王者禘其祖之所自出，以其祖配之，謂王者之先祖皆感大微五帝之精以生，皆用正歲之正月郊祭之，…云大禘者，蓋謂其事大於宗廟之禘。”論語八佾：“～自既灌而往者，吾不欲觀之矣。”朱熹集註引趙伯循曰：“禘，王者之大祭也。王者既立始祖之廟，又推始祖所自出之帝，祀之於始祖之廟，而以始祖配之也。成王以周公有大勳勞，賜魯重祭，故得禘於周公之廟。”

禊 xì 胡計切，去，霽韻，匣。

古人於三月上旬巳日在水濱舉行祓除不祥的祭祀。晉王羲之蘭亭序：“永和九年，歲在癸丑，暮春之初，會于會稽山陰之蘭亭，修～事也。”古人於秋季也舉行禊事。藝文類聚漢劉楨魯都賦：“及其素秋二七，天漢指隅，民胥祓～，國于水游。”

按，説文無禊字。

福 fú 方六切，入，屋韻，非。職部。

㊀古稱富貴壽考等爲福。書洪範：“五～：一曰壽，二曰富，三曰康寧，四曰攸好德，五曰考終命。”詩魯頌閟宫：“是生后稷，降之百～。”用作動詞。降福，福祐。詩魯頌閟宫：“周公皇祖，亦其～女。”㊁祭祀的酒肉。國語晉語二：“今夕君夢見齊姜，必速祠而歸～。”韋昭注：“福，胙肉也。”㊂通“副”。相稱。文選漢張衡西京賦：“仰～帝居，陽曜陰藏。”李善注引薛綜曰：“福，猶同也。”

［辨］禄，福。見“禄”字條。

［同源字］富，福。見“富”字條。

禋 yīn 於真切，平，真韻，影。真部。

升煙以祭天。詩周頌維清：“維清緝熙，文王之典，肇～。”引申爲泛指祭祀。詩大雅雲漢：“不殄～祀，自郊徂宫。”又生民：“上帝不寧，不康～祀。”

禖 méi 莫杯切，平，灰韻，明。之部。

求子之神。詩大雅生民“以弗無子”毛傳：“弗，去也。去無子，求有子，古者必立郊禖焉。玄鳥至之日，以大牢祠于郊～。”吕氏春秋仲春：“是月也，玄鳥至。至之日，以太牢祀於高～。”高誘注：“周禮：‘媒氏以仲春之月，合男女於時也，奔則不禁。’因祭其神於郊，謂之郊禖。”漢書戾太子傳：“上年二十九乃得太子，甚喜，爲立～。”顔師古注：“禖，求子之神也。”

［同源字］禖，腜。二字音同。説文：“腜，婦始孕腜兆也。”廣韻灰韻：“腜，孕始兆也。”懷孕爲腜，求子之祭爲禖。朱駿聲説文通訓定聲頤部“腜”字條：“按，高禖之禖，以腜爲義也。”

禕 yī 於離切，平，支韻，影。微部。

美。見爾雅釋詁。文選漢張衡東京賦：“漢帝之德，侯其～而。”

按，説文無禕字。

禎 zhēn（舊讀 zhēng）陟盈切，平，清韻，知。耕部。

吉祥。詩周頌維清:"迄用有成,維周之～。"禮記中庸:"國家將興,必有～祥。"孔穎達疏:"國本有今異曰禎,本無今有曰祥。"

禓 shāng 式羊切,平,陽韻,審三。陽部。

㊀鬼名。指死於非命的强鬼。玉篇示部:"禓,强鬼也。"禮記郊特牲:"鄉人～,孔子朝服立于阼階。"(這裏用作動詞,指驅逐强鬼。)㊁祭名。道上祭。見説文。急就篇四:"謁～塞禱鬼神寵。"顔師古注:"禓,道上之祭也。"在這個意義上又讀 yáng。

禔 tí 章移切,集韻田黎切,平,齊韻,定。支部。

㊀安。漢書司馬相如傳:"遐邇一體,中外～福。"史記作"提福"。法言修身:"或問:'士何如斯可以～身?'曰:'其爲中也弘深,其爲外也肅括,則可以～身矣。'"㊁通"祗(zhī)"。副詞。只不過。史記韓長孺列傳:"臣以三萬人衆不敵,～取辱耳。"

禍 huò 胡果切,上,果韻,匣。歌部。

㊀災難。説文:"禍,害也。"詩小雅四月:"我日構～,曷云能穀?"用作動詞,遭禍。詩大雅桑柔:"民靡有黎,具～以燼。"鄭箋:"俱遭此禍以爲燼者。"用作使動。使得禍。左傳成公十三年:"天～晉國。"㊁罪過。荀子成相:"罪～有律。"楊倞注:"禍,亦罪也。"

禗 sī 息茲切,平,之韻,心。之部。

〔禗禗〕神不安欲去的樣子。漢書禮樂志:"靈禗禗,象輿轙。"

按,説文無禗字。

十 畫

禚 zhuó 之若切,音酌,入,藥韻,照三。藥部。

同"穛"。㊀春秋時齊地名。在今山東省長清縣境。左傳定公九年:"齊侯致～、媚、杏於衛。"杜預注:"三邑皆齊西界。"㊁姓。萬姓統譜有禚芳平。

按,説文無禚有穛。段玉裁"穛"字注:"春秋經有禚字,齊地名。今釋文、五經文字皆作禚,从示,惟玉篇禾部'穛'下曰:又齊地名。…然則希馮所據春秋字从禾。"

禡 mà 莫駕切,去,禡韻,明。魚部。

祭名。古代軍隊於所止之處祭神。説文:"禡,師行所止,恐有慢其神,下而祀之曰禡。"詩大雅皇矣:"是類是～。"毛傳:"於内曰類,於野曰禡。"禮記王制:"天子將出征,…～於所征之地。"

禛 zhēn 職鄰切,平,真韻,照三。真部。

因真誠而得福。見説文。

禠 sī 息移切,平,支韻,心。支部。

福。見説文,又見爾雅釋詁。文選漢張衡東京賦:"馮相觀祲,祈～禳災。"李善注:"謂求祈福而除災害也。"

禜 yíng 永兵切,平,庚韻,喻三。耕部。

祭名。聚草木而束之,圍成祭祀場所,以禳風雨雪霜水旱癘疫於日月星辰山川。説文:"禜,設緜蕝爲營以禳風雨雪霜水旱癘疫於日月星辰山川也。"左傳昭公元年:"山川之神,則水旱癘疫之災於是乎～之;日月星辰之神,則雪霜風雨之不時,於是乎～之。"晉書束皙傳:"～山川而霖雨息。"

十一畫

禶 zǔ 莊助切,去,御韻,照二,魚部。

古"詛"字。祈求神鬼加禍於人。漢書五行志上:"(劉)屈氂復坐祝～,要斬。"顔師古注:"禶,古詛字也。"

按,説文無禶有詛,在言部。

禩 sì 詳里切,上,止韻,邪。之部。

同"祀"。説文廣韻均以禩爲祀之或體。周禮春官大宗伯"以血祭祭社稷五祀五嶽"鄭玄注:"故書祀作禩。"

禤 xuān 字彙呼淵切，音喧。

晚起字。姓。明史張祐傳："(張祐)從總督潘蕃征南海寇～元祖，先登有功。"

十二畫

禧 xǐ(舊讀 xī)許其切，平，之韻，曉。之部。

事神受福。説文："禧，禮吉也。"桂馥義證："吉，徐鍇本作告。告神致福也。"段玉裁注："行禮獲吉也。"宋王令古廟詩："工鼓于庭巫舞衣，祝傳神醉下福～。"

禫 dàn 徒感切，上，感韻，定。侵部。

祭名。喪家除服之祭。禮記喪大記："～而内無哭者，樂作矣故也。～而從御，吉祭而復寢。"儀禮士虞禮："中月而～。"鄭玄注："中，猶間也。禫，祭名也，與大祥間一月。自喪至此，凡二十七月。"

禪 1. shàn 時戰切，去，線韻，禪。元部。

㊀古代帝王於梁甫之陰，爲墠以祭地。大戴禮記保傅："是以封泰山而～梁甫。"史記封禪書張守節正義："此泰山下小山上除地，報地之功，故曰～。言禪者，神之也。"㊁以帝王之位傳人。莊子秋水："帝王殊～，三代殊繼。"後漢書高鳳傳論："潁陽洗耳，耻聞～讓。"引申爲代替。莊子山木："化其萬物而不知其～之者，焉知其所終？焉知其所始？"

［備考］説文："禪，祭天也。"段玉裁注："凡封土爲壇，除地爲墠，古封禪盖祇作墠。項威曰：'除地爲墠，後改墠曰禪，神之矣。'"朱駿聲説文通訓定聲："墠爲祭地，壇爲祭天。禮从壇省，禪从墠省，皆秦以後字。許書收禪不收禮，故云祭天耳。其實爲壇無不先墠者，祭天之義，禪自得兼。"

2. chán 市連切，平，仙韻，禪。

㊂梵語"禪那"的略稱。静思息慮的意思。引申爲泛指有關佛教的事物。唐沈佺期峽山寺賦："思殿臨岸，～堂枕江。"唐杜甫飲中八仙歌："蘇晉長齋佛像前，醉中往往愛逃～。"("禪"指佛家戒規。)宋蘇軾沐浴啟聖僧舍與趙德麟邂逅詩："酒清不醉休休暖，睡穩如～息息勾。"("禪"指坐禪。)

禨 1. jī 居依切，平，微韻，見。微部。

㊀事神求福的習俗。列子説符："楚人鬼而越人～。"説文作"禨"。許慎引"淮南傳曰：吴人鬼，越人禨。"段玉裁注引作"荆人鬼，越人～"。

2. jì 其既切，去，未韻，群。微部。

㊁通"醆"。濯髮後所飲之酒。禮記玉藻："髮晞用象櫛，進～進羞，工乃升歌。"

按，説文無禨有禨，在鬼部。段玉裁注："各書从示作禨，同。"

禦 yù 魚巨切，上，語韻，疑。魚部。

㊀祭祀。見説文。逸周書世俘解："戊辰，王遂～。"㊁抗拒，抵擋。詩小雅常棣："兄弟鬩于牆，外～其務。"引申爲防備。國語周語中："藪有圃草，囿有林池，所以～災也。"又爲禁止。周禮秋官司寤氏："～晨行者，禁宵行者。"

十三畫

禮 lǐ 盧啟切，上，薺韻，來。脂部。

㊀祭神致福。見説文。儀禮覲禮："～山川丘陵於西門外。"㊁禮儀。詩小雅賓之初筵："百～既至，有壬有林。"論語陽貨："君子三年不爲～，～必壞。"引申爲社會行爲的法則、規範。論語顔淵："非～勿視，非～勿聽，非～勿言，非～勿動。"荀子禮論："～起於何也？曰：人生而有欲，欲而不得，則不能無求，求而無度量分界，則不能不争。…故制～義以分之。"㊂用作動詞。以禮待人。韓非子外儲説左上："叔向賢者，平公～之。"史記孝武本紀："賞賜甚多，以客禮～之。"㊃禮物。禮記表記："無辭不相接也，無～不相見也。"

禬 guì 古外切，去，泰韻，見。月部。

㊀祭名。祈禱消除災禍。周禮春官大

祝:"掌六祈以同鬼神示(qí),一曰類,二曰造,三曰～,四曰禜,…。"鄭玄注:"禬,祭,告之以時有災變也。"❷古凶禮之一。春秋時諸侯聚集財物救濟有難的盟國。周禮秋官大行人:"賀慶以贊諸侯之喜,致～以補諸侯之烖。"鄭玄注:"致禬,凶禮之弔禮。禬,禮也。補諸侯烖者,若春秋澶淵之會,謀歸宋財。"

十 四 畫

禰 1. nǐ 奴禮切,音旎,上,薺韻,泥。支部。

❶父死入廟曰禰。公羊傳文公二年:"其逆祀奈何?先～而後祖也。"又隱公元年:"惠公者何?隱之考也。"何休注:"生稱父,死稱考,入廟稱～。"特指父廟。周禮春官甸祝:"舍奠於祖廟,～亦如之。"鄭玄注:"鄭司農云:'禰,父廟。'"❷隨軍的神主。禮記文王世子:"其在軍,則守於公～。"❸地名。詩邶風泉水:"出宿于泲,飲餞于～。"❹效法。明馮夢龍序山歌:"太史所陳,並～風雅。"

2. mí (舊讀 nǐ)奴禮切,上,薺韻,泥。

❺姓。東漢有禰衡。廣韻:"禰,亦姓,出平原。魏有禰衡。"

按,說文無禰字,新附有之。

禱 dǎo 都晧切,上,晧韻,端。幽部。

事神求福消災。詩小雅吉日:"吉日維戊,既伯既～。"穀梁傳襄公二十四年:"鬼神～而不祀,此大侵("五穀不升謂之大侵")之禮也。"范甯集解:"周書曰:大荒有禱無祀。"墨子天志下:"天子…以～祠祈福於天,我未嘗聞天之～(祠)祈福於天子也。"

禯 yǎn 於琰切,上,琰韻,影。

後起字。祭名。禳除災禍之祭。遼史禮志三:"將行,牝牡麃各一爲～祭。"

十 七 畫

禳 ráng 汝陽切,平,陽韻,日。陽部。

祭名。消災除難之祭。說文:"禳,磔禳祀,除癘殃也。"吕氏春秋季春紀:"國人儺,九門磔～,以畢春氣。"漢書孔光傳:"俗之祈～小數,終無益於應天塞異,銷禍興福。"

禴 yuè 以灼切,入,藥韻,喻四。藥部。

祭名。夏祭。詩小雅天保:"～祠烝嘗,于公先王。"毛傳:"春曰祠,夏曰禴,…。"

按,說文作礿。段玉裁注:"亦作禴。"

十 九 畫

禷 lèi 力遂切,去,至韻,來。物部。

祭名。因非常事故祭祀天神。也特指軍隊出征之祭。爾雅釋天:"是～是禡,師祭也。"新唐書禮樂志六:"乃～于昊天上帝。"經傳多用"類"字。禮記王制:"天子將出,類乎上帝,宜乎社,造乎禰。"

内　部

内 róu 人九切,音蹂,上,有韻,日。幽部。

"蹂"之古文。獸足蹂地。見說文内部。又爲名詞。貍、狐之類的足跡。爾雅釋獸:"貍、狐、貒、貈醜,其足蹯,其跡～。"邢昺疏:"其指頭著地處名内。"字亦作"厹"。

四　畫

禺 1. yù 牛具切,去,遇韻,疑。侯部。

❶猴類動物。說文:"禺,母猴屬,頭似鬼。"山海經南山經:"(招搖之山)有獸焉,其

狀如～而白耳,伏行人走,其名曰狌狌。”郭璞注:“禺似獼猴而大,赤目長尾。”❷通“寓”。寄寓。史記封禪書:“時駒四匹,木～龍欒車一駟,木～車馬一駟,各如其帝色。”司馬貞索隱:“禺,一音寓,寄也。寄龍形於木,寓馬亦然。一音偶,亦謂偶其形於木也。”

2. yú 遇俱切,平,虞韻,疑。侯部。

❸區域。管子侈靡:“王者上事,霸者生功,言重本,是爲十～。”尹知章注:“禺猶區也。十禺,謂十里之地,每里爲一禺,故曰十禺。”❹日近中午爲禺,約在上午九時至十一時。隋書天文志:“晝有朝、有～、有中、有晡、有夕。”❺山名。在今浙江武康縣。史記孔子世家:“汪罔氏之君,守封、～之山。”❻通“愚”。愚蠢。馬王堆漢墓帛書老子甲本道經:“我～人之心也。”今本老子作“愚人”。

3. yóng 魚容切,平,鍾韻,疑。東部。

❼〔禺禺〕魚名。文選漢司馬相如上林賦:“禺禺鱋鰨。”(史記司馬相如列傳“鱋鰨”作“鱸魶”)李善注引郭璞曰:“禺禺,魚。皮有毛,黄地黑文。”字亦作“鰅”。

4. ǒu 音偶,字彙語口切。

❽〔禺筴〕覈對其男女食鹽之口數而立册。管子海王:“禺筴之,商日二百萬。”尹知章注:“禺讀爲偶。偶,對也。商,計也。對其大男大女食鹽者之口數而立筴,以計其所税之鹽,一日計二百萬。”

按,説文禺字在由部。

禹 yǔ 王矩切,上,麌韻,喻三。魚部。

❶蟲名。見説文。❷夏部落領袖。詩大雅文王有聲:“豐水東注,維～之績。”❸姓。

六　畫

离 1. chī 丑知切,音魑,平,支韻,徹。歌部。

❶“螭”、“魑”的本字。山神獸。見説文。

2. lí 吕支切,平,支韻,來。

❷“離”的異體字。晉書宣帝紀:“司馬公(懿)尸居餘氣,形神已離。”本亦作“离”。

七　畫

禼 xiè 私列切,音泄,入,薛韻,心。月部。

❶蟲名。見説文。❷人名。殷始祖契,字本作禼。漢書司馬相如傳子虚賦:“充仞其中者,不可勝計。禹不能名,禼不能計。”史記作“契不能計”。字亦作“禼”,見集韻薛韻。

禺 fèi 集韻父沸切,去,未韻,奉。物部。

〔禺禺〕字亦作“狒”、“費”、“閿”。説文作“閿”。獸名。亦即“狒狒”。文選晉左思吴都賦:“猩猩啼而就禽,禺禺笑而被格。”李善注:“禺禺,梟羊也。…善食人,大口。其初得人,喜而笑,却唇上覆額,移時而後食之。人因爲筒貫於臂上,待執人,人即抽手從筒中出,鑿其脣於額而得禽之。”明屠龍綵毫記團圓受詔:“窗前禺禺窺人立,户外猩猩隔竹啼。”

按,説文無禺有閿。

八　畫

禽 qín 巨金切,平,侵韻,群。侵部。

❶名詞。獵物。易井:“舊井無～。”又恒:“田無～。”引申爲動詞,擒獲。左傳僖公二十二年:“君子不重傷,不～二毛。”吕氏春秋順民:“～夫差,戮吴相。”文選三國魏曹植求自試表:“雖未能～權馘亮,庶將虜其雄率。”在這個意義上後來寫作“擒”。❷禽獸之總名。漢班固白虎通田獵:“～者何?鳥獸之總名。”特指鳥類。爾雅釋鳥:“二足而羽謂之～,四足而毛謂之獸。”特指獸類。史記樗里子甘茂列傳:“～困覆車。”裴駰集解:“譬禽獸得困急,猶能抵觸傾覆人車。”❸禮物。左傳昭公元年:“公孫黑又使强委～焉。”杜預注:“禽,雁也。”

十　畫

禼 yú 音愚。侯部。

銅魚,喪車之飾。荀子禮論:“無帾絲～

縷翣，其須以象菲帷幬尉也。”楊倞注：“絲鷩，未詳。蓋亦喪車之飾也。或曰，…鷩讀爲魚，謂以銅魚縣于池下。”一説“鷩”爲“萬”之訛字。于省吾雙劍誃諸子新證：“注説非是。絲應讀如字，鷩乃萬字之譌…絲萬即絲䋼，謂織絲以爲喪車之藩也。”

按，説文無鷩字。

禾　部

禾 hé 户戈切，平，戈韻，匣。歌部。

❶粟苗。今北方稱穀子，脱殼後爲小米。詩豳風七月：“～麻菽麥。”吕氏春秋審時：“是以得時之～，長稠長穗，大本而莖殺，疏穖而穗大，其粟圓而薄糠，其米多沃而食之彊。”引申爲泛指穀類。詩豳風七月：“十月納～稼。”荀子議兵：“不殺老弱，不獵～稼。”後世以禾指水稻。宋張舜民打麥詩：“將此打麥詞，兼作插～歌。”❷特指禾的莖稈。説文禾部：“稼，禾之秀實爲稼，莖節爲禾。”❸通“和”。中和。吕氏春秋必己：“一上一下，以～爲量。”

二　畫

私 sī 息夷切，平，脂韻，心。脂部。

❶個人的，私有的，與“公”相反。詩小雅大東：“～人之子，百僚是試。”左傳文公六年：“以～害公，非忠也。”特指私田。詩小雅大田：“雨我公田，遂及我～。”又周頌噫嘻：“駿發爾～，終三十里。”活用爲動詞。私人占有。詩豳風七月：“言～其豵，獻豣于公。”引申爲私自，私下。左傳僖公二十八年：“乃拘宛春於衛，且～許復曹、衛，曹、衛告絶於楚。”引申爲私交。史記項羽本紀：“項王乃疑范增與漢有～，稍奪之權。”❷偏愛。楚辭戰國屈原離騷：“皇天無～阿兮，覽民德焉錯輔。”❸指男女私通。戰國策燕策一：“臣鄰家有遠爲吏者，其妻～人。”❹小便。左傳襄公十五年：“師慧過宋朝，將～焉。”❺男性生殖器。漢伶玄飛燕外傳：“早有～病，不近婦人。”❻女子稱姊妹的丈夫爲私。詩衛風碩人：“邢侯之姨，譚公維～。”毛傳：“妻之姊妹曰姨，姊妹之夫曰私。”❼指平日所穿之衣服。詩周南葛覃：“薄污我～，薄澣我衣。”毛傳：“私，燕服也。”

秃 tū 他谷切，入，屋韻，透。屋部。

没有頭髮，秃子。吕氏春秋盡數：“輕水所，多～與瘻人。”穀梁傳成公元年：“季孫行父～。”引申爲物脱落。後漢書張衡傳：“貫高以端辭顯義，蘇武以～節效貞。”李賢注：“蘇武使匈奴中，杖節卧起，節毛落盡。”又指光頭不戴帽，光脚不穿鞋。後漢書孔融傳：“～巾微行。”李賢注：“謂不加幘。”唐温庭筠醉歌：“妻子～脚春黄粱。”

按，説文秃字在秃部。

秀 xiù 息救切，去，宥韻，心。幽部。

❶穀類作物抽穗開花。詩大雅生民：“實發實～，實堅實好。”論語子罕：“苗而不～者有矣夫！～而不實者有矣夫！”引申爲草木之花。文選漢武帝秋風辭：“蘭有～兮菊有芳。”後漢書張衡傳思玄賦：“冀一年之三～兮，遒白露之爲霜。”李賢注：“三秀，芝草也。”(據説芝草一年三次開花。)引申爲美好，秀麗。楚辭大招：“容則～雅，穉朱顔只。”世説新語言語：“千巖競～，萬壑争流。”引申爲優秀，特異。禮記禮運：“故人者，天地之德，陰陽之交，鬼神之會，五行之～氣者也。”文選晉張協七命：“爾乃嶢榭迎風，～出中天。”李善

注:“秀,特也。”又指優秀人才。世說新語言語:“不徒東南之美,實爲海内之～。”㊁姓。萬姓統譜載明朝有秀芳。

三　畫

秆 gǎn 古旱切,上,旱韻,見。元部。

說文作“稈”。禾莖。左傳昭公二十七年:“或取一秉～焉。”說文引作“一秉稈”。

[同源字]竿,杆,秆。見“竿”字條。

秊 nián 奴顛切,平,先韻,泥。真部。

同“年”字。說文:“秊,穀孰也。”廣韻先韻:“穀熟曰秊。”參見“年”字條。

秉 bǐng 兵永切,上,梗韻,幫。陽部。

㊀禾把。左傳昭公二十七年:“或取一～秆焉。”儀禮聘禮:“四～曰筥。”鄭玄注:“此秉謂刈禾盈手之秉也。”引申爲握住,拿住。詩鄭風溱洧:“士與女,方～蕑兮。”引申爲執掌。詩小雅節南山:“～國之鈞,四方是維。”又爲秉持。禮記禮運:“故天～陽,垂日星;地～陰,竅於山川。”㊁堅持。晉書李含傳:“實有史魚～直之風。”㊂同“柄”。權秉。管子小匡:“治國不失～。”㊃量詞。論語雍也:“冉子與之粟五～。”㊄通“謗”。批評。管子小匡:“其稱～言,則足以補官之不善政。”郭沫若等集校引王紹蘭云:“秉當齊語讀爲謗。”

[備考]順,遵循。詩大雅烝民:“民之秉彝,好是懿德。”馬瑞辰毛詩傳箋通釋:“逸周書謚法解:‘秉,順也。’民之秉彝,即民之順其常情耳”。一說“秉,執”。見朱熹詩集傳。

[辨]執,持,秉,操,握。見“執”字條。

[同源字]秉,柄,把。三字均幫母,秉柄屬陽部,把屬魚部,魚陽對轉。秉爲禾把,柄爲斧把,把爲手執處,均有把柄義。說文:“柄,柯也。”禮記曲禮上“左手承弣”鄭玄注:“弣,把中。”釋文:“把,手執處也。”把、秉均有握持義。說文:“把,握也。”廣雅釋詁二:“秉,持也。”

按,說文秉字在又部。

秄 zǐ 即里切,上,止韻,精。之部。

同“耔”。在禾根培土。說文:“秄,壅禾本。”詩小雅甫田:“或耘或耔。”孔穎達疏:“耔,當作秄。”晉陶淵明歸去來辭:“或植杖而芸～。”

秈 xiān 相然切,平,仙韻,心。

稻之黏性小而早熟者。廣雅釋草:“秈,稉也。”衆經音義四引聲類云:“秔,不黏稻也。江南呼秔爲秈。”明李時珍本草綱目穀部一:“～,似粳而粒小,…其熟最早,六七月可收。”

按,說文無秈字。

秅 1. chá 宅加切,音茶,平,麻韻,澄。鐸部。

同“秺”。㊀量詞。禾四百秉。見段玉裁說文解字“秅”字注。儀禮聘禮:“禾三十車,車三～。”鄭玄注:“秅,數名也。三秅,千二百秉。”㊁古縣名。在今山東省。廣韻暮韻:“秅,縣名,在濟陰。”按,在這個意義上,廣韻音當故切,集韻音陟加切。

2. ná 集韻女加切,平,麻韻,娘。鐸部。

㊂〔烏秅〕古西域國名。漢書西域傳:“烏～國王,治烏秅城。”

四　畫

秌 qiū 七由切,平,尤韻,清。幽部。

同“秋”。見說文。

科 kē 苦禾切,平,戈韻,溪。歌部。

㊀等級,類别。論語八佾:“射不主皮,爲力不同～。”朱熹注:“科,等也。”論衡幸偶篇:“邪人反道而受恩寵,與此同～。”引申爲科條,法律條文。廣雅釋言:“科,條也。”文選漢揚雄劇秦美新:“懿律嘉量,金～玉條。”三國蜀諸葛亮出師表:“若有作奸犯～及爲忠善者,宜付有司論其刑賞。”引申爲科斷,依法判決。晉書王濬傳:“大不敬,付廷尉～罪。”引申爲科目。文選三國吴韋昭博弈論:“設程試之～,垂金爵之賞。”引申爲科第,分科取

士。五代王定保唐摭言卷三："～第之設，沿革多矣。文皇帝撥亂反正，特盛～名，志在牢籠英彦。"❷坎。孟子離婁下："原泉混混，不舍晝夜，盈～而後進。"❸戲曲名詞。指人物動作(後起義)。明徐渭南詞敘録："～，相見、作揖、進拜、舞蹈、坐跪之類，身之所行，皆謂之～。"❹量詞。廣雅釋詁三："今謂草木一本曰一科。"後來寫作"棵"。❺光秃。漢揚雄太玄窮："次四土不和，木～檣。"又指頭上不戴帽子。史記張儀列傳："虎賁之士跿跔～頭貫頤奮戟者，至不可勝計。"(指不著兜鍪)

秔 jīng 古行切，平，庚韻，見。陽部。

字亦作"粳"，"稉"。不黏的稻。漢崔寔四民月令三月："是月也，…可種～稻及稙禾、苴麻、胡豆、胡麻。"唐韋應物襄武館遊眺詩："是時～稻熟，西望盡田疇。"

秋 qiū 七由切，平，尤韻，清。幽部。

❶穀物成熟。書盤庚上："若農服田力穡，乃亦有～。"禮記月令："麥～至。"漢蔡邕章句："百穀各以其初生爲春，熟爲秋，故麥以孟夏爲秋。"引申爲四時之一，秋季。禮記孔子閒居："春～冬夏，風雨霜露，無非教也。"引申爲年。韓非子顯學："今巫祝之祝人曰：'使若千～萬歲。'"引申爲時機，時候。史記李斯列傳："此布衣馳騖之時而游説者之～也。"三國蜀諸葛亮出師表："此誠危急存亡之～也。"❷指白色。唐李白古詩五十九首之十一："春容捨我去，～髮已衰改。"宋陸游聞雨詩："慷慨心猶壯，蹉跎鬢已～。"❸指西方。文選漢張衡東京賦："飛雲龍於春路，屯神虎於～方。"❹指五音中的商聲。文選南朝宋謝莊月賦："聽朔管之～引。"李善注："秋引，商聲也。"❺飛騰的樣子。漢書禮樂志安世房中歌之七："飛龍～，游上天。"

按，説文秋作烁："从禾𤓯省聲。"

种 chóng 直弓切，音蟲，平，東韻，澄。冬部。

姓。東漢有～暠。

按，説文無种字。今"種"字簡化爲种。

秒 miǎo 亡沼切，集韻弭沼切，上，小韻，明。宵部。

❶禾芒。見説文。引申爲細微。漢書敘傳下："産氣黄鍾，造計～忽。"新唐書蔣欽緒傳："馭吏整嚴，雖銖～罪不貸。"❷計算積餘成閏的時間單位。隋書律曆志下："凡日不全爲餘，積以成餘者曰～。"❸計算角度的單位名稱。六十秒爲一分，六十分爲一度。宋沈括夢溪筆談卷八："其法須測驗每夜昏、曉、夜半月及五星所在度～，置簿録之。"❹長度單位。一寸的萬分之一。隋書律曆志上引孫子算術云："蠶所生吐絲爲忽，十忽爲～，十秒爲毫。"今本孫子算術作"十忽爲一絲"。❺容量單位。隋書律曆志上引孫子算術云："六粟爲圭，十圭爲～，十秒爲撮。"

[同源字]①杪，秒，標。見"杪"字條。

②渺，眇，杪，秒，妙，藐。見"渺"字條。

秕 bǐ 卑履切，上，旨韻，幫。脂部。

癟穀。左傳定公十年："饗而既具，是棄禮也；若其不具，是用～稗也。"杜預注："秕，穀不成者。"引申爲不善，惡劣。國語晉語七："公使祁午爲軍尉，殁平公，軍無～政。"韋昭注："秕，以穀喻也。"又爲動詞，敗壞。後漢書安帝紀贊："安德不升，～我王度。"

[同源字]秕(粃)，粊。二字均从比得聲。説文："秕，不成粟也。"又："粊，惡米也。"(依段注本)段玉裁注："粟之不成者曰秕，米之惡者曰粊，其音同也。"粃爲秕之俗字。玉篇米部："粃，不成穀也。俗秕字。"

秖 zhī 集韻章移切，平，支韻，照三。支部。

"祇"的異體字。副詞。只。漢書鄒陽傳："故無因而至前，雖出隨珠和璧，～結怨而不見德。"唐張若虛春江花月夜詩："人生代代無窮已，江月年年～相似。"參見"祇"字條。

按，説文無秖字。

五　畫

秦 qín 匠鄰切,平,真韻,從。真部。

❶邑名。周孝王封伯益之後非子於秦邑。說文:"秦,伯益之後所封國。"史記秦本紀:"邑之～,使復續嬴氏祀,號曰秦嬴。"裴駰集解:"徐廣曰:今天水隴西縣。"❷國名。秦襄公始立國。又爲朝代名,秦始皇統一中國,建立秦王朝。又爲西域各國對中國的稱謂。漢書西域傳:"匈奴縛馬前後足,置城下,馳言:'～人,我匄若馬。'"又爲東晉時十六國之一。公元351年,苻健都長安,國號秦,史稱前秦。公元386年,姚萇都長安,國號秦,史稱後秦。

秘 mì 集韻兵媚切,去,至韻,幫。質部。

"祕"的俗體。❶祕密。楚辭戰國屈原九章惜往日:"～密事之載心兮,雖過失猶弗治。"用作動詞。保密。唐李白古風五十九首之四:"藥物～海嶽,採鉛青溪濱。"❷希奇。文選漢張衡西京賦:"～舞更奏,妙材騁伎。"薛綜注:"秘,言希見爲奇也。"本亦作"祕"。

按,說文無秘有祕,在示部。

秤 1. chèng 昌孕切,去,證韻,穿三。

同"稱"。❶衡器。三國蜀諸葛亮集卷二雜言:"吾心如～,不能爲人作輕重。"魏書張普惠傳:"依今官度、官～,計其斤兩。"❷重量單位。十五斤爲一秤。小爾雅廣衡:"斤十謂之衡,衡有半謂之秤。"

2. chēng 處陵切,平,蒸韻,穿三。

❸動詞。用秤約斤兩。唐賈島長江集贈牛山人詩:"鑿石養蜂休買蜜,坐山～藥不争星。"引申爲衡量。唐牛僧孺温佶神道碑:"天將～其德而甘其家。"

按,說文無秤有稱。段玉裁注:"稱俗作秤。"

秣 mò 莫撥切,入,末韻,明。月部。

❶餵牛馬的飼料。周禮天官大宰:"以九式均節財用。一曰祭祀之式,…七曰芻～之式。"鄭玄注:"芻秣,養牛馬禾穀也。"引申爲動詞。餵飼料。詩周南漢廣:"之子于歸,言～其馬。"國語吴語:"吴王昏乃戒,令～馬食士。"❷姓。

按,說文無秣字。

秫 1. shú 食聿切,入,術韻,牀三。物部。

❶稷之黏者。見說文。禮記内則:"菽麥蕡稻黍粱～唯所欲。"引申爲其他穀物之黏者。爾雅釋草:"粢,稷。衆,秫。"郭璞注:"秫,謂黏粟也。"晉崔豹古今注草木第六:"稻之黏者爲～。"本草圖經謂黏黍爲秫。

2. shù 集韻食律切,入,術韻,牀三。物部。

❷通"鉥"。長針。戰國策趙策二:"黑齒雕題,鯷冠～縫,大吴之國也。"吴師道補注:"秫,即'鉥'字通借。"史記趙世家作"卻冠～緌"。裴駰集解:"徐廣曰:'秫者,綦鍼也。古字多假借,故作秫絀'耳。"

秬 jù 其吕切,上,語韻,群。魚部。

黑黍。詩魯頌閟宫:"有稷有黍,有稻有～。"鄭箋:"秬,黑黍也。"管子地員:"其種大～細～。"尹知章注:"秬,黑黍。"漢書揚雄傳:"～鬯泔淡。"

按,說文秬爲𩰪的或體,在鬯部。

秠 pī 攀悲切,平,脂韻,滂。之部。

黑黍之一種,一實有二米。說文:"秠,一稃二米。"爾雅釋草:"秠,一稃二米。"郭璞注:"此亦黑黍,但中米異耳。漢和帝時,任城生黑黍,或三四實,實二米。"詩大雅生民:"誕降嘉種,維秬維～。"

租 zū 則吾切,平,模韻,精。魚部。

❶田税。說文:"租,田賦也。"急就篇:"種樹收斂賦税～。"顔師古注:"斂財曰賦,斂穀曰税,田税曰租。"新唐書食貨志:"凡授田者,丁歲輸粟二斛,稻三斛,謂之～。"指其他賦税。史記張釋之馮唐列傳:"李牧爲趙將,

居邊,軍市之～皆自用饗士。"活用爲動詞。收租税。禮記内則:"關梁不～,山澤列而不賦。"又爲租用。宋史劉宰傳:"鄰邑有～牛縣境者。"㊁積蓄。詩豳風鴟鴞:"予所蓄～。"

秖 zhī 丁尼切,集韻張尼切,平,脂韻,知。脂部。

㊀字亦作"秪"。穀始熟。見廣韻。㊁通"祇(zhī)"。副詞。只。漢徐幹中論務本:"秖足以追亡國之跡,而背安家之軌也。"

[備考]通柢。指幾何學上圜的切點。墨子經上:"俱,秖～。"譚戒甫墨辯發微上經校釋第三:"按此似言圜之切點與切線,蓋圜乃無端,從其底邊畫線,必有相切之處,所謂秖也。以其爲圜,則無一非秖,故曰俱秖。"

按,説文無秖字。

秧 yāng 於良切,平,陽韻,影。陽部。

秧苗(後起義)。唐杜甫行官張望補稻畦水歸:"插～適云已,引溜加溉灌。"用作動詞。插秧。唐元稹紀懷贈李文户曹崔二十功曹:"躡屐看～稻,敲船和採菱。"引申爲魚苗。古今圖書集成禽蟲典魚部引豫章漫抄:"今人家池塘所蓄魚,其種皆出九河,謂之魚苗,或曰魚～。"

[備考]〔秧穰〕叠韻聯緜字。禾葉稠密。説文:"秧,禾若秧穰也。"段玉裁注:"秧穰,叠韻字。集韻曰:'禾下葉多也。'今俗謂稻之初生者曰秧,凡艸木之幼可移栽者皆曰秧,此與古義别。"

秩 zhì 直一切,入,質韻,澄。質部。

㊀積聚。説文:"秩,積也。"段玉裁注:"積之必有次叙成文理是曰秩。"管子國蓄:"故人君御穀物之～相勝,而操事於其不平之間。"尹知章注:"秩,積也。"㊁次序、品級。周禮天官宫伯:"掌其政令,行其～叙。"左傳文公六年:"教之防利,委之常～。"引申爲常規。詩小雅賓之初筵:"是曰既醉,不知其～。"毛傳:"秩,常也。"㊂俸禄。荀子彊國:"官人益～,庶人益禄。"㊃十年爲一秩。唐白居易七年元日對酒五首之二:"年開第七～,屈指幾多人?"

[辨]袟,秩,䄷,程。見"袟"字條。

秭 zǐ 將几切,上,旨韻,精。脂部。

㊀計算禾把的單位名詞。説文:"五稷爲秭。"段玉裁注:"禾二百秉也。"㊁積。見廣雅釋詁一。

[備考]數詞。億億曰秭。詩周頌豐年:"萬億及～。"一説十億曰秭。見爾雅釋詁郭璞注。

六　畫

秅 chá (又音 dù)集韻陟加切,平,麻韻,端。鐸部。

同"秺"。㊀禾束。見玉篇。㊁古地名。在今山東省。漢書地理志:"濟陰郡,縣九:定陶,…～。"顔師古注引孟康曰:"音妒。"廣韻暮韻:"秺,禾束。又縣名,在濟陰。或作秅。"音當故切(dù)。

按,説文無秅有秺,云:"二秭爲秺。"參見"秺"字條。

秸 1. jiē 古黠切,入,黠韻,見。質部。

㊀穀類作物的莖稈。説文作"稭"。云:"禾稾去其皮,祭天以爲席也。"段玉裁注:"謂禾莖既刈之,上去其穗,外去其皮,存其浄莖,是曰稭。"書禹貢:"三百里納～服。"釋文:"秸,本或作稭。"

2. jí 集韻激質切,入,質韻,見。

㊁〔秸鞠〕布穀鳥。集韻質韻:"秸,秸鞠,鳴鳩也。"

按,説文無秸有稭。

秱 tóng 集韻徒東切,平,東韻,定。東部。

禾穗的總梗。吕氏春秋審時:"得時之麥,～長而頸黑。"

按,説文無秱字。

移 1. yí 弋支切,平,支韻,喻四。歌部。

㊀禾苗隨風揺曳。説文:"移,禾相倚移也。"朱駿聲説文通訓定聲:"倚移,叠韻連語,猶旖旎、旖施、檹施、猗儺、阿那也。"引申爲揺動。禮記玉藻:"疾趨則欲發,而手足毋~。"用作使動。使動揺。孟子滕文公下:"貧賤不能~。"㊁引申爲遷移。國語齊語:"相地而衰征,則民不~。"韋昭注:"移,徙也。"㊂變化。韓非子心度:"時~而治不易者亂。"唐王勃滕王閣序:"物换星~幾度秋?"㊃施加。史記田叔列傳:"鞅鞅如有~德於我者,何也?"㊄靠近,歸向。荀子大略:"故塞而避所短,~而從所仕。"晉書紀瞻傳:"海外~心。"㊅古代文體之一。官府公文。漢書公孫弘傳:"弘乃~病免歸。"顔師古注:"移病,謂移書言病也。"後漢書光武帝紀:"於是置僚屬,作文~。"移書本爲官曹公府,移其事於他司,引申有責讓義,與檄略同。後漢書袁紹傳:"橋瑁乃詐作三公~書,傳驛州郡,説董卓罪惡。"

2. yì 集韻以豉切,去,寘韻,喻四。歌部。

㊆歆羡。禮記郊特牲:"順成之方,其蜡乃通,以~民也。"鄭玄注:"移之言羡也。"孔穎達疏:"使民歆羡也。"

3. chǐ 集韻敞尔切,上,紙韻,穿三。歌部。

㊇通"侈"。寬大。禮記表記:"容貌以文之,衣服以~之。"

[備考]通陊(duò),毁壞。孟子告子下:"三不朝,則六師~之。"

[辨]遷,徙,迻,移。見"遷"字條。

七　畫

稂 láng 魯當切,平,唐韻,來。陽部。

長穗而不飽實的禾。詩小雅大田:"既堅既好,不~不莠。"毛傳:"稂,童粱。"又曹風下泉:"洌彼下泉,浸彼苞~。"

按,説文以稂爲蓈的或體,在艸部,云:"禾粟之莠生而不成者,謂之童蓈。"

稊 tí 杜奚切,平,齊韻,定。脂部。

㊀草名。類似稗子。莊子秋水:"計中國之在海内,不似~米之在太倉乎?"㊁通"荑"。樹木再生的嫩芽。易大過:"枯楊生~。"唐李白雉朝飛:"枯楊枯楊爾生~,我獨七十而孤棲。"

按,説文無稊字。

税 1. shuì 舒芮切,去,祭韻,審三。月部。

㊀田税。穀梁傳莊公二十八年:"古者~什一。"大戴禮記主言:"~十取一。"盧辯注:"謂田税也。"引申爲其他税收。漢書食貨志:"~謂公田什一及工商衡虞之入也。"顔師古注:"工商衡虞雖不墾殖,亦取其税者,工有技巧之作,商有行販之利,衡虞取山澤之材産也。"鹽鐵論非鞅:"收山澤之~。"活用爲動詞,抽税。春秋宣公十五年:"初~畝。"大戴禮記主言:"昔者明主關譏而不征,市鄽而不~。"㊁以財物贈人。禮記檀弓上:"未仕者不敢~人,如~人則以父兄之命。"孔穎達疏:"税人,謂以物遺人也。"㊂租借。唐趙璘因話録卷二:"柳應規以儒素進身,始入省,便坐新宅,殊不若且~居之爲善也。"㊃釋,放。左傳莊公九年:"管仲請囚,鮑叔受之,及堂阜而~之。"吕氏春秋慎大:"乃~馬於華山,~牛於桃林。"

2. tuì 吐外切,去,泰韻,透。月部。

㊄補行服喪之禮。禮記檀弓上:"小功不~。"鄭玄注:"日月已過,乃聞喪而服曰税。"

[備考]〔税服〕即繐服。布細而稀疏,用作喪服。左傳襄公二十七年:"公喪之,如~服終身。"楊伯峻注:"税服即繐服,税音退,亦可讀爲歲。"

3. yuè 音悦。月部。

㊅通"悦"。和悦。史記禮書:"凡禮始乎脱,成乎文,終乎~。"司馬貞索隱:"(税)音悦。"

4. tuō 他括切,入,末韻,透。月部。

㊆通"脱"。解脱。左傳襄公二十八年:"陳須無以(景)公歸,~服而如内宫。"釋文:

“稅,吐活反,一音如字。”禮記文王世子:“文王有疾,武王不～冠帶而養。”文選三國魏曹植求自試表:“使邊境未得～甲,謀士未得高枕。”

5. tuàn 吐玩切,去,换韻,透。元部。

㊇通“褖”。黑衣。禮記雜記下:“繭衣裳,與～衣,纁衻爲一。”

[辨]賦,稅。見“賦”字條。

[同源字]蛻,脱,挩,稅。見“蛻”字條。

稉 jīng 古行切,平,庚韻,見。陽部。

不黏的稻。漢書揚雄傳長楊賦:“馳騁～稻之地,周流梨栗之林。”文選作“杭稻”。宋蘇軾真興寺閣禱雨詩:“今年秋熟君知否?應向江南飽食～。”

按,說文以稉爲杭的或體。

稍 shāo 所教切。集韻師交切,平,爻韻,審二。宵部。

㊀副詞。逐漸。說文:“稍,出物有漸也。”左傳昭公十年:“子尾多受邑,而～致諸君。”史記漢興以來諸侯王年表:“諸侯～微,大國不過十餘城,小侯不過數十里。”引申爲略微。宋朱熹送郭拱辰序:“世之傳神寫照者能～得其形似,正得稱爲良工。”㊁〔稍食〕指逐月發給的官俸。周禮天官宮正:“幾其出入,均其稍食。”鄭玄注:“稍食,禄稟。”賈公彦疏:“稍食禄稟者,稍則稍稍與之,則月俸是也。”周禮天官内宰:“正歲,均其稍食。”朱駿聲說文通訓定聲小部:“按,謂禄之小者,亦以漸而給之意。”㊂小。周禮天官膳夫:“凡王之～事,設薦脯醢。”鄭玄注:“玄謂稍事,有小事而飲酒。”引申爲末端。宋歐陽修生查子詞:“月上柳～頭,人約黄昏後。”㊃〔稍地〕周制距王城三百里的地域。周禮地官載師:“以公邑之田任甸地,以家邑之田任稍地。”賈公彦疏:“名三百里地爲稍者,以大夫地少,稍稍給之,故云稍也。”㊄〔稍秣〕芻秣。周禮天官大府:“四郊之賦以待稍秣。”鄭玄注:“稍秣芻秣也。”孫詒讓正義:“芻稍對文則異,散文可通。以禾穀給牛馬,亦猶人之給稟食,故通得稱稍矣。”㊅姑且。唐孟浩然與崔二十一游鏡湖詩:“將探夏禹穴,～背越王城。”

稆 lǚ 兩舉切,上,語韻,來。

又作“穭”。野生的禾。後漢書獻帝紀:“群僚飢乏,尚書郎以下自出採～。”宋蘇舜卿愁二子聯句:“拾～重江間,正值大饑節。”字亦作“穞”。參見“穞”字條。

按,說文無稆字。

程 chéng 直貞切,平,清韻,澄。耕部。

㊀長度單位。說文:“程,品也。十髮爲程,十程爲分,十分爲寸。”又指容量。禮記月令:“陳祭器,按度～。”鄭玄注:“程,謂器所容也。”引申爲計量單位的準則、法式。荀子致仕:“～者,物之準也。”漢書高帝紀:“命蕭何次律令,韓信申軍法,張蒼定章～。”顏師古注:“如淳曰:程者,權衡丈尺斗斛之平法也。師古曰:程,法式也。”引申爲規章,程式。吕氏春秋慎行:“後世以爲法～。”活用爲動詞。效法。詩小雅小旻:“哀哉爲猶,匪先民是～。”又爲限額。漢書刑法志:“(秦始皇)晝斷獄,夜理書,自～決事,日縣石之一。”顏師古注:“服虔曰:始皇省讀文書,日以百二十斤爲程。”又爲路程。唐杜甫酬郭十五判官詩:“喬口橘洲風浪促,繫舟何惜片時～。”㊁考核,衡量。禮記儒行:“～功積事,推賢而進達之。”㊂顯示。文選漢張衡西京賦:“侲僮～材,上下翩翻。”㊃通“逞”,施展。韓非子五蠹:“故民～於勇而吏不能勝也。”㊄動物名。豹。莊子至樂:“青寧生～,～生馬,馬生人。”宋沈括夢溪筆談辨證:“嘗觀文字注:‘秦人謂豹曰～。’”

[辨]袟,秩,䄳,程。見“袟”字條。

稍 juān 古玄切,平,先韻,見。元部。

麥莖。見說文。段玉裁注:“麥莖光澤娟好,故曰稍。一作藒。晉潘岳射雉賦曰:‘鬫閭藒葉’是。”

稃 fū 芳無切,平,虞韻,敷。幽部。

穀皮。爾雅釋草:"秠,一～二米。"邢昺疏:"稃,皮也。"引申爲草本植物子實的外殼。北魏賈思勰齊民要術種紫草:"九月中,子熟,刈之,候～燥載聚,打取子。"

[同源字]稃(粰),柎,麩,膚。説文:"稃,穭也。粰,或从米,付聲。"徐鍇曰:"稃即米殼也。草木華房爲柎,麥之皮爲麩,音義皆同也。"玉篇:"膚,皮也。"釋名釋形體:"膚,布也,布在表也。"

稌 tú 他胡切,平,模韻,透。魚部。

稻。見説文。詩周頌豐年:"豐年多黍多～。"宋王安石歌元豐:"水秧綿綿復多～,龍骨長乾挂梁梠。"

稀 xī 香衣切,平,微韻,曉。微部。

稀疏。見説文。後漢書仲長統傳:"土廣民～,中地未墾。"漢曹操短歌行:"月明星～。"引申爲稀少。文選晉陸機歎逝賦:"親落落而日～,友靡靡而愈索。"唐杜甫曲江二首之二:"酒債尋常行處有,人生七十古來～。"引申爲稀薄,不稠。宋蘇軾次韻田國博部夫南京見寄之一:"火冷餳～杏粥稠,青裙縞袂餉田頭。"

八　畫

稟 1. bǐng 筆錦切,上,寑韻,幫。侵部。

同"禀"。❶稟承,承受。左傳昭公二十六年:"先王所～受於天地,以其爲民也。"❷稟性,天性所賦。文選三國魏陳琳答東阿王牋:"此乃天然異～,非鑽仰者所庶幾也。"❸稟告,下對上言事。宋書劉穆之傳:"内外諮～,盈堦滿室。"

2. lǐn 力錦切,上,寑韻,來。侵部。

❹同"亩"。糧倉。集韻寑韻:"亩,説文:'穀所振入。'或作廩、稟。"新唐書李密傳:"今～無見糧,難以持久。"❺同"廩"。俸穀。禮記中庸:"既～稱事,所以勸百工也。"本亦作"廩"。鄭玄注:"既讀爲餼。餼廩,稍食也。"孔穎達疏:"既廩,謂飲食糧廩也。…飲食糧廩,稱當其事,功多則廩厚,功小則餼薄。"❻通"懔"。敬畏,嚴謹。方言六:"稟,敬也。…吴楚之間自敬曰稟。"錢繹箋疏:"稟,本或作懔。"左傳襄公九年:"韓厥老矣,知罃～焉以爲政。"

[同源字]稟,亩,廩。三字音義同源。説文亩部:"亩,穀所振入。廩,亩或从广从禾。"又:"稟,賜穀也。"稟廩通用。段玉裁"稟"字注:"今之廩膳生員,於古當作稟膳。"

按,説文稟字在亩部。

稕 1. zhùn 之閏切,去,稕韻,照三。

❶捆束的禾稈。見説文新附。

2. zhǔn。

❷[草稕]酒店門口的標志。元周德清紅繡鞋郊行:"茆店小斜挑草稕。"

稡 zuì 集韻祖外切,去,泰韻,精。

後起字。聚集。晉郭璞爾雅序:"綴集異聞,會～舊説。"新唐書儒學上序:"與諸儒～章句爲義疏,俾久具傳。"

[備考]通"粹"。純粹。宋蘇軾五色菊贈朱遜之次韻:"新奇既易售,～駮宜相傾。"

稑 lù 力竹切,入,屋韻,來。覺部。

後種先熟的穀物。周禮地官司稼:"掌巡邦野之稼,而辨穜～之種。"字亦作"穋"。詩豳風七月:"黍稷重穋。"説文引作"稑"。

稜 1. léng 魯登切,平,登韻,來。蒸部。

❶同"棱"、"楞"。稜角。文選漢班固西都賦:"設壁門之鳳闕,上觚～而棲金爵。"後漢書班固傳"稜"作"棱"。❷威勢。南史梁武帝紀:"公～威直指,勢踰風電。"

2. lèng 正字通魯鄧切。

❸約計田畝的單位。唐陸龜蒙甫里集奉酬苦雨見寄詩:"我本曾無一～田,平生嘯傲空漁舡。"

[辨]稜,柧。二字同義。説文"柧""稜"

互訓。都是邊角或尖角的意思。柧亦作“觚”。二字的區别是：木四方爲棱，八棱爲柧。史記酷吏列傳：“漢興，破觚而爲圜。”司馬貞索隱引應劭云：“觚，八棱有隅者。”

按，説文無稜字。木部有棱字。段玉裁注：“俗作楞。”

稙 zhí 竹力切，入，職韻，知。職部。

早種早熟的穀物。説文：“稙，早穜也。”詩魯頌閟宫：“黍稷重穋，稙稺菽麥。”毛傳：“先種曰稙，後種曰稺。”

稘 jī 居之切，平，之韻，見。之部。

周年。説文：“稘，復其時也。唐書曰：稘三百有六旬。”（依段注本）按，今書堯典“稘”作“朞”。段玉裁注：“言帀也。十二月帀爲期年。中庸一月帀爲期月，左傳旦至旦亦爲期，今皆假‘期’爲之，‘期’行而‘稘’廢矣。”

稏 yà 衣嫁切，去，禡韻，影。

〔穲稏〕（後起詞）。見“穲”字條。

稞 1. huà 胡瓦切，上，馬韻，匣。歌部。

㊀顆粒俱佳的好穀。説文：“稞，穀之善者。”段玉裁注：“謂凡穀顆粒俱佳者。廣韻云：‘浄穀。’”

2. kē 苦禾切，平，戈韻，溪。

㊁麥名。青稞（後起義）。見廣韻。

稒 gù 古暮切，去，暮韻，見。

〔稒陽〕古縣名。在今内蒙古自治區包頭市附近。水經注河水：“河水又東逕稒陽城南。”

按，説文無稒字。

稇 kǔn 苦本切，上，混韻，溪。文部。

用繩捆縛。説文：“稇，絭束也。”國語齊語：“諸侯之使垂橐而入，稇載而歸。”字亦作“麇”。左傳哀公二年：“繁羽御趙羅，宋勇爲右。羅無勇，麇之。”清洪亮吉春秋左傳詁：“案：稇、麇字同。”

稔 rěn 如甚切，音荏，上，寑韻，日。侵部。

㊀穀物成熟。説文：“稔，穀孰也。”國語吴語：“吴王夫差既殺申胥，不～於歲。”韋昭注：“稔，熟也。”穀物一年一熟，引申爲年。左傳昭公元年：“國無道而年穀和熟，天贊之也，鮮不五～。”引申爲成熟。論衡偶會：“夏殷之朝適窮，桀紂之惡適～。”㊁素常。宋蘇軾與康公曹都官三首：“某～聞才業之美，尚淹擢用。”

［同源字］腍，稔，飪。見“腍”字條。

稠 1. chóu 直由切，平，尤韻，澄。幽部。

㊀繁多。説文：“稠，多也。”段玉裁注：“本謂禾也。引申爲凡多之偁。”戰國策秦策一：“科條既備，民多僞態；書策～濁，百姓不足。”高誘注：“稠，多也。言有司文書多，閲者惛亂。”文選晉束晳補亡詩之三：“黍發～華，禾挺其秀。”引申爲濃厚。北魏賈思勰齊民要術種穀：“以汁和蠶矢、羊矢各等分，撓，令洞洞如～粥。”

2. tiáo 田聊切，平，蕭韻，定。幽部。

㊁通“調”。調順。莊子天下：“其於宗也，可謂～適而上遂矣。”

3. diào 集韻徒弔切，去，嘯韻，定。幽部。

㊂〔稠嶅〕叠韻聯緜字。摇動的樣子。漢書揚雄傳：“嘻嘻旭旭，天地稠嶅。”顔師古注引服虔曰：“稠嶅，動摇貌。”

稚 zhì 直利切，去，至韻，澄。脂部。

同“稺”。説文：“稺”，“幼禾也。”引申爲幼小。穀梁傳僖公十年：“（麗姬）有二子：長曰奚齊，～曰卓子。”指兒童。孟子滕文公上：“使老～轉乎溝壑。”又指細小。北魏酈道元水經注汾水：“泉源導於南麓之下，蓋～水濛流耳。”

按，説文稚作稺。段玉裁注：“今字作稚。”

稗 bài 傍卦切，去，卦韻，並。支部。

㊀類似禾穀的草類植物。左傳定公十年：“若其不具，用秕～也。”孟子告子上：“五

穀者，種之美者也；苟爲不熟，不如荑～。”稗實甚小，引申爲小義。廣雅釋詁二：“稗，小也。”又小販謂之～販，小官謂之～官，小説亦謂之～官。㊁通“粺”。精米。文選三國魏曹植七啟：“芳菰精～。”李善注：“稗與粺，古字通。”㊂敗。清王夫之讀通鑑論五代下：“唯夫天下方亂而未已，承先代之～政，以益趨於下，而盡喪其善者。”

九　畫

稨 biān（又音 biǎn）集韻卑眠切，平，先韻，幫。

晚起字。扁豆。字彙禾部：“稨，音編，籬上豆也。又補典切，音匾。義同。”

稬 nuò 乃卧切，去，過韻，泥。歌部。

同“糯”。稻類。説文：“稬，沛國謂稻曰稬。”後代以稻之黏者爲稬。字彙禾部：“稬，音懦。稻之黏者，可用爲酒。六書正譌：‘俗作穤、糯，並非。’”

穊 jì 几利切，去，至韻，見。物部。

同“概”。稠密。説文：“穊，稠也。”漢書高五王傳：“深耕～種，立苗欲疏，非其種者，鉏而去之。”晉書天文志：“星辰稠～。”

按，説文概作穊。

稰 xǔ（又音 xū）私吕切，上，語韻，心。魚部。

㊀晚熟的稻子。廣韻語韻：“稰，熟穫。”字彙禾部：“稰，熟穫曰稰，即今晚稻。”禮記内則：“飯：黍、稷、稻、粱、白黍、黄粱、～、穛。”鄭玄注：“熟穫曰稰。”㊁通“糈”。祭神用的精米。漢書揚雄傳反離騷：“費椒～以要神兮，又勤索彼瓊茅。”

按，説文無稰字。

稭 jiē 古諧切，平，皆韻，見。脂部。

農作物的莖稈。字彙禾部：“稭，禾稾去其皮，祭天以爲席。”史記封禪書：“埽地而祭，席用葅～。”裴駰集解引應劭曰：“稭，禾稾也。去其皮以爲席。”字亦作“秸”、“鞂”、“藍”。參閲段玉裁説文解字注“稭”字條。

稱 1. chēng 處陵切，平，蒸韻，穿三。蒸部。

㊀衡量物體輕重。管子明法：“有權衡之～者，不可欺以輕重。”楚辭漢賈誼惜誓：“苦～量之不審兮，同權槩而就衡。”王逸注：“稱所以知輕重，量所以别多少。”㊁舉。書牧誓：“～爾戈，比爾干。”引申爲推舉。左傳襄公三年：“祁奚請老，晉侯問嗣焉，～解狐。”又爲稱揚。論語憲問：“驥不～其力，～其德也。”禮記祭統：“銘之義，～美不～惡。”又爲稱述，稱説。國語晉語八：“夫舅犯見利而不顧其君，其仁不足～也。”㊂稱呼。爾雅釋親：“婦～夫之父曰舅，～夫之母曰姑。”用作名詞，稱謂。趙岐孟子章句題辭：“子者，男子之通～也。”㊃稱貸。孟子滕文公上：“又～貸而益之。”

2. chèn 昌孕切，去，證韻，穿三。今讀如趁。蒸部。

㊄相適應，符合。左傳襄公二十七年：“服美不～，必以惡終。”晉陶淵明時運詩之二：“～心而言，人亦易足。”又爲相當。北魏楊衒之洛陽伽藍記城西：“陳諸寶器，金瓶銀瓮百餘口，甌檠盤盒～是。”㊅隨，按照。韓非子五蠹：“故罰薄不爲慈，誅嚴不爲戾，～俗而行也。”北魏楊衒之洛陽伽藍記城西：“朝臣莫不～力而去。”㊆量詞。用於計算衣服。左傳閔公二年：“歸公乘馬，祭服五～。”

3. chèng 昌孕切，去，證韻，穿三。蒸部。

㊇衡量物體輕重的器具。俗作“秤”。淮南子時則：“鈞衡石，角斗～。”㊈量詞。十五斤爲一稱。小爾雅廣衡：“斤十謂之衡，衡有半謂之稱。”

[辨]銓，稱。見“銓”字條。

稯 1. zōng 子紅切，平，東韻，精。東部。

㊀計算禾把的量詞。四十秉禾爲一稯。儀禮聘禮：“四秉曰筥，十筥曰～。”㊁布之八十縷爲稯。見説文。字亦作“緵”。漢書王莽

傳:“一月之祿,十緵布二匹。”孟康云:“緵,八十縷也。”

2. zǒng 集韻祖動切,上,董韻,精。東部。

㊂〔稯稯〕同“總總”。聚集的樣子。莊子則陽:“孔子之楚,舍于蟻丘之漿(賣漿家)。其鄰有夫妻臣妾登極(屋頂)者。子路曰:‘是稯稯何爲者邪?’”李頤云:“稯稯,聚貌。”

種

1. zhǒng 之隴切,上,腫韻,照三。東部。

㊀穀物的種子。詩大雅生民:“誕降嘉～,維秬維秠。”墨子尚賢中:“稷隆播～,農殖嘉穀。”漢書溝洫志:“數郡～不得下,民人流散。”顔師古注:“種,五穀之子也。”引申爲凡生物之子曰種。禮記祭義:“入蠶于蠶室,奉～浴于川。”史記陳涉世家:“王侯將相寧有～乎!”引申爲族類。史記外戚世家:“女不必貴～,要之貞好。”引申爲事物的類別。漢書藝文志:“序六藝爲九～。”宋柳永雨霖鈴:“便縱有千～風情,更與何人説?”㊁通“腫”。莊子讓王:“顔色～噲,手足胼胝。”釋文:“種,本亦作腫。”

2. zhòng 之用切,去,用韻,照三。東部。

㊂通“穜”。栽種。詩大雅生民:“～之黄茂,實方實苞。”吕氏春秋用民:“夫～麥而得麥,～稷而得稷,人不怪也。”又爲培植。新唐書裴度傳:“内結宦官,～支黨,醜沮日聞。”又爲養殖。宋蘇軾次韻送張山人歸彭城:“何日五湖從范蠡,～魚萬尾橘千頭。”

3. chóng 集韻傳容切,平,鍾韻,澄。東部。

㊃早種晚熟的穀類。説文:“種,先穜後孰也。”借“穜”爲“種”。周禮天官内宰:“詔王后帥六宮之人而生穜稑之種而獻之于王。”釋文:“按,如字書,禾旁作重,是種稑之字。作童,是穜殖之字,今俗則反之。”

按,説文種、穜二字義别。“種,先穜後孰也。”“穜,埶也。”

十　畫

稾

gǎo 古老切,上,晧韻,見。宵部。

㊀禾稈。字亦作“藳”,今作“稿”。説文:“稾,稈也。”吕氏春秋任地:“子能使藳數節而莖堅乎?”借稾爲稾。漢書蕭何傳:“毋收稾爲獸食。”顔師古注:“稾,禾稈也。”漢書貢禹傳:“已奉穀租,又出～税。”引申爲箭幹。周禮夏官序官:“稾人。”鄭玄注引鄭司農云:“稾讀爲芻稾之稾,箭幹謂之～,此官主弓弩箭矢,故謂之稾人。”孫詒讓正義:“舊本作三‘稾’字,…今依段玉裁、黄丕烈校,下二字從‘稾’。”㊁文章的底稿,草稿。史記屈原賈生列傳:“懷王使屈原造爲憲令,屈平屬草～未定,上官大夫見而欲奪之,屈平不與。”唐柳宗元柳河東集與韓愈論史官書:“及今乃見書～,私心甚不喜。”

[備考]gào 散。集韻号韻:“稾,散也。儀禮‘稾車’,鄭康成讀。”儀禮既夕禮:“～車載蓑笠。”鄭玄注:“稾,猶散也,散車以田以鄙之車。”

穀

gǔ 古祿切,入,屋韻,見。屋部。

㊀糧食作物的總稱。説文:“穀,百穀之總名也。”詩豳風七月:“亟其乘屋,其始播百～。”北魏賈思勰齊民要術種穀:“～者,五穀之總名。”又特指粟。又:“～,稷也,名粟。”論衡量知:“～之始熟曰粟。”又:“故～未舂蒸曰粟。”引申爲俸穀。詩小雅正月:“佌佌彼有屋,蔌蔌方有～。”㊁養育。戰國策齊策六:“乃布令,求百姓之饑寒者收～之。”㊂生,活着。詩王風大車:“～則異室,死則同穴。”㊃善,良。詩陳風東門之枌:“～旦于差,南方之原。”㊄楚方言謂“乳”爲穀。左傳宣公四年:“楚人謂乳～,謂虎於菟。”

稼

jià 古訝切,去,禡韻,見。魚部。

種植穀物。詩魏風伐檀:“不～不穡,胡取禾三百廛兮。”論語子路:“樊遲請學～。”引申爲穀物。説文:“禾之秀實爲稼。”詩小雅甫田:“曾孫之～,如茨如梁。”吕氏春秋審己:“～生于野,而藏于倉。”

稿 gǎo 集韻居勞切,平,豪韻,見。今讀如縞。

"稾"的異體字。字彙禾部:"稾,古老切,稿,同上。"見"稾"字條。

按,說文稿作稾。

稸 xù 許竹切,入,屋韻,曉。覺部。

同"蓄"。積聚。戰國策燕策一:"南攻楚五年,~積散。"淮南子人間:"今君欲爲霸王者也,臣故~積於民。"後漢書袁紹傳:"~士馬以討不庭。"

按,說文無稸有蓄,在艸部,云:"積也。"

穛 1. zhuó 之若切,音酌。入,藥韻,照三。藥部。

❶穀物的外殼。吕氏春秋審時:"得時之麥,…薄~而赤色。"❷古地名。在今山東省長清縣境。玉篇禾部:"穛,齊地名。"在地名這個意義上,又音古沃切。參見"䅵"字條。

稹 zhěn 章忍切,上,軫韻,照三。真部。

植物稠密、叢生。爾雅釋言:"苞,稹也。"郭璞注:"今人呼物叢緻者爲稹。"孫炎注:"物叢生曰苞,齊人名曰稹。"引申爲緻密。周禮考工記輪人:"陽也者,~理而堅。"鄭玄注:"稹,致也。"

[同源字]稹,縝,槙,鬒(㐱)。四字音同義近。說文:"稹,穜穊也。"徐鍇繫傳曰:"穊,密也。"段玉裁注:"此與鬒爲稠髮同也。"禮記聘義:"縝密以栗。"鄭玄注:"縝,緻也。"廣韻軫韻:"槙,木密。"說文:"㐱,稠髮也。詩曰:'㐱髮如雲。'鬒,㐱或从髟,真聲。"

稽 1. jī 古奚切,平,齊韻,見。脂部。

❶留止。書酒誥:"爾克永觀省,作~中德。"(作與稽爲反義關係)管子君臣:"令出而不~。"又爲阻礙。後漢書段熲傳:"~固熲軍,使不得進。"❷至。莊子逍遥遊:"之人也,物莫之傷,大浸~天而不溺。"晉書后妃傳論:"南風肆狡,扇禍~天。"❸考核,計數。周禮天官宫正:"~其功緒,糾其德行。"鄭玄注:"稽,猶考也,計也。"引申爲計較。漢書賈誼傳:"婦姑不相説,則反脣而相~。"❹相合。禮記儒行:"儒有今人與居,古人與~。"❺卜問。書洪範:"~疑,擇建立卜筮人。"

2. qǐ 康禮切,上,薺韻,溪。脂部。

❻通"䭫"。叩。荀子大略:"下衡曰~首,至地曰~顙。"❼通"棨"。有繒衣的戟。國語吴語:"行頭皆官帥,擁鐸拱~。"韋昭注:"唐尚書云:稽,棨戟也。"

按,説文稽字在稽部。

稺 zhì 直利切,去,至韻,澄。脂部。

❶"稺"、"稚"的本字。幼禾。見説文。詩小雅大田:"彼有不穫稺,此有不斂穧。"引申爲幼稺。詩鄘風載馳:"許人尤之,衆稺且狂。"❷晚種。詩魯頌閟宫:"黍稷重穋,稙~菽麥。"毛傳:"先種曰稙,後種曰稺。"

稷 1. jì 子力切,入,職韻,精。職部。

❶穀物名。詩魯頌閟宫:"黍~重穋,稙稺菽麥。"又王風黍離:"彼黍離離,彼~之苗。"引申爲農官。古人以稷爲五穀之長,因名農官爲稷。左傳昭公二十九年:"~,田正也。"引申爲穀神。禮記祭法:"是故厲山氏之有天下也,其子曰農,能殖百穀,夏之衰也,周弃繼之,故祀以爲~。"用作動詞,祭穀神。莊子庚桑楚:"子胡不相與尸而祝之,社而~之乎?"❷通"亟"。疾速。詩小雅楚茨:"既齊既~,既匡既勑。"

2. zè 集韻扎色切,入,職韻,照二。職部。

❸通"昃"。日西斜。穀梁傳定公十五年:"戊午,日下~,乃克葬。"范甯集解:"稷,昃也。"釋文:"稷,如字,昊也。左氏作昊。"

稻 dào 徒晧切,上,晧韻,定。幽部。

❶穀物名。詩唐風鴇羽:"王事靡盬,不能蓺~粱。"又豳風七月:"十月穫~。"清龔自珍咏史:"避席畏聞文字獄,著書都爲~粱謀。"❷姓。

十一畫

穈 mén 集韻謨奔切,平,魂韻,明。文部。

同“虋”。穀類。集韻魂韻:“虋,説文:‘赤苗,嘉穀也’或作穈。”段玉裁説文“虋”字注:“赤苗、白苗,謂禾莖有赤白之分,非謂粟。”詩大雅生民:“誕降嘉種,維秬維秠,維~維芑。”説文解字注“芑”字引詩作“維虋維芑。”宋沈括夢溪筆談藥議:“丹黍謂之~。”

按,説文無穈有虋,在艸部。

穎 yǐng 餘頃切,上,静韻,喻四。耕部。

❶穀穗。詩大雅生民:“實堅實好,實~實栗。”史記魯周公世家:“天降祉福,唐叔得禾,異母同~。”引申爲尖端。史記平原君列傳:“使(毛)遂蚤得處囊中,乃~脱而出,非特其末見而已。”(這裏指錐芒。)引申爲突出,聰慧。宋書謝靈運傳:“靈運幼便~悟,玄甚異之。”❷刀環。禮記少儀:“刀卻刃授~。”鄭玄注:“穎,鐶也。”孔穎達疏:“穎,謂刀鐶也,言以刃鐶授之。”

穅 kāng 苦岡切,平,唐韻,溪。陽部。

字亦作“糠”。穀殼。説文:“穅,穀皮也。”莊子天運:“夫播~眯目,則天地四方易位矣。”吕氏春秋審時:“得時之禾,其粟圓而薄穅。”引申爲空虚。逸周書謚法:“~,虚也。”

積 jī 資昔切,入,昔韻,精。錫部。

❶積聚穀物。説文:“積,聚也。”朱駿聲説文通訓定聲:“禾穀之聚曰積。”詩大雅公劉:“迺~迺倉。”引申爲名詞。指積聚的穀類等物。左傳僖公三十三年:“敝邑爲從者之淹,居則具一日之~,行則備一夕之衛。”杜預注:“積,芻米菜薪。”引申爲累積。荀子大略:“夫盡小者大,~微者著。”又勸學:“~土成山,風雨興焉。”引申爲多。漢書食貨志:“夫縣法以誘民,使入陷阱,孰~於此。”❷積習,積久。荀子解蔽:“私其所~,唯恐聞其惡也。”文選漢司馬遷報任安書:“摇尾而求食,~威約之漸也。”❸滯積,阻塞。莊子天道:“天道運而無所~,故萬物成。”❹病名。靈樞經百病始生:“~之始生,得寒乃生,厥乃成積也。”❺數學名詞。乘數和被乘數所得之值。九章算術商功:“今有圓錐,下周三丈五尺,高五丈一尺,問~幾何?”❻通“績”。功業。荀子禮論:“~厚者流澤廣。”❼通“迹”。迹射。後漢書南匈奴傳:“於是遣行車騎將軍鄧鴻…將左右羽林、北軍五校士及郡國~射、緣邊兵、烏桓校尉任尚將烏桓、鮮卑,合四萬人討之。”李賢注:“漢有迹射士,言尋迹而射之。積亦與迹同,古字通也。”

[辨]積,績。見“績”字條。

穚 jiào 子肖切,去,笑韻,精。

後起字。〔穚核〕荔枝的一種。宋范成大桂海虞衡志志果:“昭平出穚核,臨賀出緑色者尤勝。”明謝肇淛嗽瀛洲荔支:“肌豐埋穚核,襦薄裂輕綈。”

穮 1. biāo 集韻卑遥切,平,宵韻,幫。

後起字。❶稻苗長勢特别突出的。集韻宵韻:“穮,稻苗秀出者。”明李實蜀語:“稻苗秀出曰放~。”

2. miǎo 集韻弭沼切,上,小韻,明。

❷通“秒”。禾穗的芒。宋書律曆志上:“秋分而禾~定,~定而禾孰。”

穉 zhì 音稚。脂部。

“稚”的異體字。年幼。字彙:“穉,與稚同。”楚辭大招:“容則秀雅,~朱顔只。”王逸注:“穉,幼也。言美女…年又幼穉,顔色赤白。”參見“稚”字條。

按,説文無稚有穉。

穄 jì 子例切,去,祭韻,精。月部。

穈子,不黏的黄米。吕氏春秋本味:“飯之美者,…不周之粟,陽山之~。”後漢書烏桓傳:“其土地宜~及東牆。東牆似蓬草,實如穄子,至十月而熟。”一説爲黏性之黍。晉崔豹古今注草木:"禾之黏者爲黍,亦謂之~,亦曰黄黍。"

穊 jì 集韻几利切,去,至韻,見。

"穊"的異體字。見"概"字條。

穆 mù 莫六切,入,屋韻,明。覺部。

❶禾名。見説文。❷美好。詩周頌維天之命:"維天之命,於~不已。"❸温和。詩大雅烝民:"吉甫作誦,~如清風。"❹恭敬,肅穆。楚辭戰國屈原九歌東皇太一:"吉日兮辰良,~將愉兮上皇。"明徐宏祖徐霞客遊記江右遊日記:"北崖有石柱矗立,大倍于筍,而色甚古~。"❺宗廟排列的次序。周禮春官小宗伯:"辨廟祧之昭~。"鄭玄注:"父曰昭,子曰穆。"❻通"睦"。和睦。三國魏曹植豫章行:"周公~康叔,管蔡則流言。"黄節曹子建詩注:"穆,睦也。二字古通用。"世説新語識鑒"二賢若~,則國之休。此藺相如所以下廉頗也"。❼通"默"。静默。史記孔子世家:"有所~然深思焉。"文選漢東方朔非有先生論:"於是吴王~然,俛而深惟。"

穌 sū 素姑切,平,模韻,心。魚部。

❶杷取禾莖。見説文。朱駿聲説文通訓定聲豫部"穌"字云:"稈皮散亂,杷而梳取之。…今樵蘇字皆以蘇字爲之。"❷生。廣雅釋詁一:"穌,生也。"王念孫疏證:"穌者,鄭注樂記云:'更息曰蘇。'孟子梁惠王篇書'后來其蘇'。與'穌'通。"玉篇禾部:"穌,穌息也,死而更生也。"

[辨]甦,穌,蘇,欰。見"甦"字條。

十二畫

穛 dào 徒到切,去,号韻,定。幽部。

擇米。説文:"穛,穛米也。"(依段注本)段玉裁注:"各本删'穛'字,改'米'爲'禾',…今正。穛,擇也。擇米曰穛米,漢人語如此。"史記司馬相如列傳:"~一莖六穗於庖。"司馬貞索隱引鄭玄云:"穛,擇也。"集韻号韻:"穛,漢有穛官,故相如曰:'穛六穗之禾,犧共觝之獸。'直以穛爲禾者,誤。"

穜 1. tóng 徒紅切,平,東韻,定。東部。

❶通"種"。先種後熟的穀類。周禮地官司稼:"掌巡邦野之稼,而辨~稑之種。"文選晉潘岳藉田賦:"后妃獻~稑之種。"李善注:"周禮曰:'上春,詔王后帥六宫之人而生穜稑之種,而獻于王。'鄭司農曰:'先種後熟謂之穜。'"

2. zhòng 朱用切,去,用韻。東部。

❷種植。説文:"穜,埶也。"

按,依説文"穜"的本義爲動詞,種植;"種"的本義爲名詞,指"先穜後孰"的穀物。"而隸書互易之。"(段玉裁"穜"字注)

穟 suì 徐醉切,去,至韻,邪。物部。

❶禾苗茂盛的樣子。説文:"穟,禾采之皃。詩曰:禾穎~~。"❷穀穗。宋書符瑞志:"嘉禾同本異~。"❸草莖。文選晉潘岳射雉賦:"瞻挺~之傾掉,意淰躍以振踊。"李周翰注:"挺穟,草莖也。言瞻草莖傾動,知雉將至。"

[同源字]穗(采),穟。見"穗"字條。

穗 suì 徐醉切,去,至韻,邪。物部。

禾穗。詩小雅大田:"彼有遺秉,此有滯~。"引申爲植物的穗狀花實。全唐詩謝良輔孟冬詩:"江南孟冬天,荻~軟如綿。"引申爲燈花,燭花。全唐詩韓偓懶卸頭:"時復見殘燈,如煙墜金~。"宋范成大晚步宣華舊苑詩:"歸來更了程書債,目眚昏花燭~垂。"

[同源字]穗(采),穟。二字均邪母物部。穗爲名詞,穟爲形容詞。説文:"采,禾成秀也。"又:"穟,禾采之皃。"

按,説文以穗爲采之或體。

穛 zhuō 側角切,入,覺韻,照二。宵部。

同"穱"。早熟稻。集韻覺韻:"説文:'穱,早取穀也。'或作穛。"朱駿聲説文通訓定聲"按,謂先熟而取之,其米縮斂者,字亦作穛，作穱”。禮記内則：“飯：黍、稷、稻、粱、白黍、黄粱、稰、～。”鄭玄注：“孰穫曰稰，生穫曰穛。”孔穎達疏：“穛是斂縮之名，明以生穫，故其物縮斂也。”

按，説文無穛有糕，在米部。段玉裁注：“按穛即糕字，亦作穱。”

穖 jǐ 居豨切，上，尾韻，見。微部。

禾穗中的小穗。説文：“穖，禾穖也。”吕氏春秋審時：“得時之禾，…疏～而穗大。”又：“得時之稻，大本而莖葆，長稠疏～。”陳奇猷校釋：“總穗上有分枝，每一分枝又是由許多小穗而成的。這禾穀總穗的分枝，如今有許多的農人稱之爲‘馬’，就是這裏所説的穖。”

十 三 畫

穡 sè 所力切，入，職韻，審二。職部。

❶收穫穀物。詩魏風伐檀：“不稼不～，胡取禾三百廛兮。”毛傳：“斂之曰穡。”又爲名詞。指到了收穫期的穀物。説文：“穡，穀可收曰穡。”段玉裁注：“許不云‘斂之’云‘可收’，許主謂在野成孰。”越絶書外傳記地傳：“后稷産～。”❷種植穀物。詩大雅生民：“誕后稷之～，有相之道。”引申爲泛指農事。書湯誓：“我后不恤我衆，舍我～事，而割正夏。”左傳僖公二十一年：“貶食、省用、務～、勸分，此其務也。”❸鉤連。管子度地：“樹以荆棘，上(指溝上或堤上)相～著者，所以爲固也。”

穠 nóng 女容切，平，鍾韻，娘。

花木茂盛的樣子。唐白居易和夢遊春詩：“秀色似可餐，～華如可掬。”引申爲體態豐滿。文選三國魏曹植洛神賦：“～纖得衷，脩短合度。”南朝梁何遜七召聲色：“如短如長，不　不細。”

[同源字]穠，膿，醲，襛，濃。見“濃”字條。

按，説文無穠字。

穢 huì 於廢切，去，廢韻，影。月部。

同“薉”。❶蕪穢，雜草。楚辭戰國宋玉招魂：“主此盛德兮，牽於俗而蕪～。”王逸注：“不治曰蕪，多草曰穢。”漢書楊惲傳報孫會宗書：“田彼南山，蕪～不治。”引申爲汙穢。左傳昭公二十六年：“君無～德，又何禳焉？若德之～，禳之何損？”喻汙穢之惡人。國語魯語上：“武王去民之～。”韋昭注：“穢，謂紂也。”❷淫亂。韓非子亡徵：“后妻淫亂，主母畜～。”❸缺點，錯誤。論衡自紀：“通人造書，文無瑕～。”唐劉知幾史通内篇採撰：“朱紫不别，～莫大焉。”❹糞便。世説新語文學：“何以將得位而夢器，將得財而夢矢～？”❺古代東夷國名。吕氏春秋恃君：“非濱之東，夷～之鄉。”高誘注：“穢，夷國名。”

[同源字]汙，洿，洼，窪，穢。見“汙”字條。

按，説文無穢有薉，在艸部。耒部“䅳”字注有“穢”字，段玉裁注：“當作薉。”

十 四 畫

穧 jì 子例切，去，祭韻，精。脂部。

❶動詞。收穫穀物。説文：“穧，穫刈也。”引申爲名詞，指已割而未收斂的禾把。詩小雅大田：“彼有不穫穉，此有不斂～。”❷量詞。説文：“穧，一曰撮也。”段玉裁注：“撮者，四圭也。一曰兩指撮也。然則穧之别義謂少也。”

穫 huò 胡郭切，入，鐸韻，匣。鐸部。

收割穀物。詩小雅大田：“彼有不～穉，此有不斂穧。”易無妄：“不耕～，不菑畬。”泛指刈割。詩小雅大東：“有冽氿泉，無浸～薪。”又指收成。管子權修：“一樹一～者穀也。”

[辨]穫，獲。見“獲”字條。

穩 wěn 烏本切，上，混韻，影。

❶安穩。世説新語排調：“行人安～，布颿無恙。”唐杜甫放船詩：“江流大自在，坐～

興悠哉。"引申爲穩妥，妥帖。唐陸龜蒙和館娃宫懷古："波神自厭荒淫主，勾踐樓船～帖來。"宋辛棄疾玉蝴蝶叔高書來戒酒用韻："裁詩未～，得酒良佳。"㊂匀稱，適度。唐杜甫麗人行："背後何所見？珠壓腰衱～稱身。"

按，説文無穩字，新附有之。

十五畫

穬 kuàng 古猛切，上，梗韻，見。今讀如曠，陽部。

㊀有芒的穀物。説文："穬，芒粟也。"㊁脱殼的大麥。漢崔寔四民月令六月："可糶大豆；糴～、小麥。"字亦作"麯"。四民月令四月："可糴麯及大麥。"

穮 biāo 悲嬌切，平，宵韻，幫。宵部。

耘田除草。説文："穮，槈鉏田也。"（依段注本）。段玉裁注："穮者，耘也，非耕也。"左傳昭公元年："譬如農夫，是～是蓘。"杜預注："穮，耘也。"字亦作"藨"。見廣韻。

䆉 bà 白駕切，去，禡韻，並。

〔䆉稏〕（後起詞）①稻名。全唐詩韋莊稻田："緑陂春浪滿前陂，極目連雲䆉稏肥。"②稻摇動的樣子。宋蘇軾登玲瓏山："翠浪舞翻紅䆉稏，白雲穿波碧玲瓏。"③形容稻多。廣群芳譜穀譜二："䆉稏，稻多貌。"

穭 lǚ 力舉切，上，語韻，來。

後起字。同"稆"。野生的禾。唐書代宗紀："永泰元年夏，盩厔～麥生。"唐劉禹錫登司馬錯故城詩："廢井抽寒菜，荒臺生～穀。"泛指野生（植物）。北魏賈思勰齊民要術種梨："若～生及種而不栽者，則著子遲。"

十七畫

穰 1. ráng 汝陽切，平，陽韻，日。陽部。

㊀已脱粒的禾穗。説文："穰，黍治竟者也。"（依句讀）王筠句讀："依玄應引改。治者，擊其穗以下其粒也。竟者，盡也。未治時爲穗，治之既盡，所餘者爲穰。"廣雅釋草："黍～謂之栵，稻～謂之稈，稷～謂之䅉。"引申爲蒿草衣。晉崔豹古今注輿服："～衣，厮徒之服也，取其便于取用。"孔子家語六本："衣～而提贄。"王肅注："穰，蒿草衣。提，持。贄，所以執爲禮也。"㊁豐熟。史記天官書："所居野大～。"漢賈誼論積貯疏："世之有饑～，天之行也。"㊂通"瓤"。果肉。五代牛希濟生查子："終日劈桃～，人在心兒裏。"

2. rǎng 如兩切，上，養韻，日。陽部。

㊃繁盛。漢書張敞傳："京兆典京師，長安中浩～，於三輔尤爲劇。"〔穰穰〕繁多。詩周頌執競："降福穰穰。"又商頌烈祖："豐年穰穰。"㊄通"禳"。求福。史記滑稽列傳："見道傍有～田者。"

［同源字］穰，穰。見"穰"字條。

䅵 zhuō 側角切，入，覺韻，照二。藥部。

早收的穀物。文選漢張衡南都賦："冬稌夏～，隨時代熟。"字亦作"穛"、作"穱"。參見"穱"字條。

按，説文無䅵有穛，在米部。

穴　部

穴 xué 胡決切，入，屑韻，匣。質部。

㊀洞穴。易繫辭下："上古～居而野處，後世聖人易之以宫室。"用作動詞。穴居。南朝梁蕭統文選序："冬～夏巢之時，茹毛飲血之世。"指洞穴式的土室。詩大雅緜："古公亶父，陶復陶～，未有家室。"又爲墓穴。詩王

風大東："穀則異室，死則同～。"又爲巢穴。荀子勸學："蟹六跪二螯，非蛇蟺之～無可寄托者，用心躁也。"又爲孔眼。孟子滕文公下："鑽～隙相窺，踰牆相從，則父母國人皆賤之。"活用爲動詞。洞穿孔眼。墨子備穴："～土而入。"唐柳宗元天説："蟲之生而物益壞，食齧之，攻～之，蟲之禍物也滋甚。"❷水道。文選晉木華海賦："江河既導，萬～俱流。"❸醫學名詞。穴位。素問氣穴論："藏俞五十穴，府俞七十二～。"

一　畫

穵 wā 烏八切，入，黠韻，影。物部。

"挖"的本字。説文："穵，空也。"(依段注本)段玉裁注："今俗謂盜賊穴牆曰穵是也。"

二　畫

究 jiū（舊讀 jiù）居祐切，去，宥韻，見。幽部。

❶窮盡。詩大雅蕩："侯作侯祝，靡届靡～。"毛傳："究，窮也。"又爲遍及。吕氏春秋孝行："光耀加於百姓，～於四海。"引申爲探求，研究。顔氏家訓勉學："更有碩儒，苦相～討，方知誤焉。"又爲謀劃。詩大雅皇矣："維彼四國，爰～爰度。"❷達。韓非子難一："有擅主之臣，則君令不下～。"❸終究，畢竟。詩小雅鴻雁："雖則劬勞，其～安宅。"❹山溪瀨盡頭之處。北魏酈道元水經注温水："九德浦内逕越裳～、九德～、南陵～。…扶南記：山溪瀨中謂之～。"

三　畫

空 1. kōng 苦紅切，平，東韻，溪。東部。

❶空虚。詩小雅大東："小東大東，杼柚其～。"莊子知北遊："而孰視其狀貌，窅然～然，終日視之而不見。"後漢書陳蕃傳："田野～，朝廷～，倉庫空。"活用爲動詞。使空虚。論衡薄葬："竭財以事神，～家以送終。"引申爲深，大。詩大雅白駒："皎皎白駒，在彼～谷。"引申爲天空。列子黄帝："乘～如履實，寢虚若處牀。"引申爲虚構。南朝梁劉勰文心雕龍神思："意翻～而易奇，言徵實而難巧也。"引申爲空乏，窮匱。論語先進："回也其庶乎，屢～。"(舊讀 kòng。)❷副詞。徒然，只不過。唐柳宗元田家詩："蠶絲盡輸税，機杼～倚壁。"唐李頎古從軍行："年年戰骨埋荒外，～見蒲萄入漢家。"❸佛教名詞。指超乎色相現實的境界爲空。大乘義章："～者，理之别目，絶衆相，故名爲空。"

2. kǒng 苦動切，上，董韻，溪。東部。

❹通"孔"。孔穴。韓非子飭令："利出一～者，其國無敵；利出二～者，其兵半用；利出千～者民不守。"❺醫學名詞。指人體經穴處。素問刺瘧："瘧發身方熱，刺跗上動脈，開其～，出其血，立寒。"

3. kòng 苦貢切，去，送韻，溪。

❻空缺。全唐詩常建題破山寺後禪院詩："山光悦鳥性，潭影～人心。"❼空子，可乘之機(後起義)。元馬致遠漢宫秋："我得～逃走了，無處逃奔。"

[同源字]空、孔、銎、腔。四字音義俱近。説文："空，竅也。"段玉裁注："今俗語所謂孔也。"漢書張騫傳："然騫鑿空。"顔師古注："空，孔也。"説文："銎，斤斧穿也。"廣韻鍾韻："銎，斤斧柄孔。"(許容切)説文新附："腔，内空也。"

穹 qióng（舊讀 qiōng）去宫切，平，東韻，溪。蒸部。

❶指物體中央隆起四圍下垂的樣子。周禮考工記韗人："～者三之一。"鄭玄注引鄭司農云："謂鼓木腹穹隆者，居鼓二之一也。"古人認爲天似穹隆，引申爲指天。詩大雅桑柔："靡有旅力，以念～蒼。"毛傳："穹蒼，蒼天。"文選南朝梁沈約齊故安陸昭王碑文："思所以克播遺塵，敞之～壤。"李善注："穹，

天;壤,地也。"引申爲高,大。文選漢張衡思玄賦:"寒風凄其永至兮,拂～岫之騷騷。"文選漢司馬相如長門賦:"正殿塊以造天兮,鬱並起而～崇。"〔穹窿〕物狀中高而周下垂。南朝梁何遜七召宫室:"複道耿介而連宫,阿閣穹窿而仰漠。"㊁幽深。文選漢班固西都賦:"其陽則崇山隱天,幽林～谷。"㊂窮盡。詩豳風七月:"～窒熏鼠,塞向墐户。"毛傳:"穹,窮。"㊃通"窮"。窮困。逸周書糴匡解:"刑罰不修,舍用振～。"

穸 xī 祥易切,入,昔韻,邪。鐸部。

㊀〔窀穸〕見"窀"字條。㊁墓穴。唐王縉進王維集表:"魂而有知,荷寵光於幽～。"㊂通"夕"。晚上。唐史承節漢鄭康成碑:"年過四十乃歸鄉,假田播殖,以娛朝～。"後漢書鄭玄傳作"以娛朝夕"。

四　畫

穽 jǐng 疾郢切,上,静韻,從。耕部。

同"阱"。獵獸的陷阱。書費誓:"敜乃～。"國語魯語上:"設～鄂,以實廟庖,畜功用也。"韋昭注:"穽,陷也。鄂,柞格,所以誤獸也。"泛指深坑。晉書儒林傳:"填儒於坑～。"喻法网。新唐書儒學傳趙冬曦:"夫法易知,則下不敢犯而遠機～。"

[同源字]穽(阱),井。二字同源。阱是井的分别字,穽是阱的異體字。易井:"舊井無禽。"清王引之經義述聞一:"井當讀爲阱,阱字以井爲聲,故阱通作井。阱與井相似,故因井而類言之耳。"

按,説文阱字在井部,穽爲阱之或體。

穿 chuān 昌緣切,平,仙韻,穿三。元部。

㊀穿孔,打洞。詩召南行露:"誰謂雀無角?何以～我屋!"論語陽貨:"色厲而内荏,譬諸小人,其猶～窬之盜也與?"朱熹集注:"穿,穿壁。窬,踰牆。"引申爲開鑿,挖掘。吕氏春秋察傳:"吾～井得一人。"史記孔子世家:"季桓子～井得土缶,中若羊。"引申爲貫通。漢書司馬遷傳贊:"貫～經傳,馳騁古今,斯以勤矣。"引申爲通過。北周庾信對燭賦:"燈前桁衣疑不亮,月下～針覺最難。"引申爲穿戴(後起義)。世説新語雅量:"庾(敳)時頹然已醉,幘墮几上,以頭就～取。"又爲名詞。洞孔。周禮考工記陶人:"甑實二鬴,厚半寸,脣寸,七～。"㊁破舊。韓非子外儲説左下:"冠雖～弊,必戴於頭。"㊂墓穴。漢劉向説苑修文:"作～窆宅兆然後喪文成。"㊃水道。北魏酈道元水經注河水:"三～既決,水流疏分。"

[辨]貫,穿。見"貫"字條。

窀 zhūn 陟綸切,平,諄韻,知。文部。

〔窀穸〕埋葬。左傳襄公十三年:"唯是春秋窀穸之事,所以從先君於禰廟者,請爲靈若厲,大夫擇焉。"杜預注:"窀,厚也;穸,夜也。厚夜猶長夜。春秋謂祭祀,長夜謂葬埋。"文選南朝宋謝惠連祭古冢文:"輪移北隍,窀穸東麓。"引申爲墓穴。後漢書劉陶傳:"死者悲於窀穸,生者戚於朝野。"清黄宗羲兵部左侍郎蒼水張公墓誌銘:"北有岳墳,南有于墓,公亦有言,窀穸是附。"

突 tū 陀骨切,入,没韻,定。物部。

㊀犬從穴中突然而出。説文:"突,犬從穴中暫出也。"引申爲突然,忽然。詩齊風甫田:"未幾見兮,～而弁兮。"易離:"～如其來如。"㊁衝撞,衝進。世説新語雅量:"公於内走馬直出～之,左右皆宕仆。"文選漢王延壽魯靈光殿賦:"遭漢中微,盜賊奔～。"三國志魏書吕布傳:"布有良馬曰赤兔。常與其親近成廉、魏越等陷鋒～陳。"又爲觸犯。三國志吴書吴主傳:"知有科禁,公敢干～。"後漢書寇榮傳:"是以不敢觸～天威,而自竄山林。"㊂突出的高地。吕氏春秋任地:"子能以窐爲～乎?"㊃烟囱。吕氏春秋務大:"竈～決,上棟焚,燕爵顔色不變,是何也?不知禍之將及之也。"㊄挖掘。左傳襄公二十五年:"宵～

陳城。"杜預注:"突,穿也。"❻地道,洞穴。三國志魏書明帝紀"十二月,諸葛亮圍陳倉"裴松之注引魏略曰:"亮又爲地～,欲踊出於城裏。"唐張鷟遊仙窟:"兔入狗～裏,自來飲食。"❼〔突杌〕〔突兀〕叠韻聯緜字。高聳的樣子。文選晉木華海賦:"魚則横海之鯨,突杌孤遊。"唐杜甫茅屋爲秋風所破歌:"何時眼前突兀見此屋,吾廬獨破受凍死亦足!"

宎 yào 集韻一叫切,去,嘯韻,影。宵部。

同"窔"、"宎"。❶指幽深隱暗之處。廣韻嘯韻:"窔,隱暗處,亦作宎,東南隅謂之窔。俗作宎。"楚辭戰國宋玉招魂:"冬有～厦,夏室寒些。"史記司馬相如列傳上林賦:"纍臺增成,巖～洞房。"司馬貞索隱:"釋名以爲宎,幽也。"六臣注文選上林賦作"窔"。李善注引郭璞曰:"言於巖窔底爲室,潛通臺上也。"喻高深的境界。唐元稹獻滎陽公詩五十韻:"清機登～奥,流韻溢山川。"❷指深竅發出的聲音。莊子齊物論:"夫大塊噫氣,其名爲風。…叫者,譹者,～者,咬者,前者唱于而隨者唱喁。"成玄英疏:"宎者,深也,若深谷然。"參見"窔"字條。

按,説文無宎有窔。

五　畫

窅 yǎo 烏皎切,上,篠韻,影。宵部。

❶眼睛深陷的樣子。説文:"窅,深目也。"引申爲凹下。靈樞經水脹:"腹大,身盡腫,皮厚,按其腹,～而不起。"引申爲深奥、深遠。莊子知北遊:"夫道～然難言哉,將爲汝言其崖略。"搜神後記卷二:"下有絶澗,～然無底。"❷幽静。唐李白山中問答詩:"桃花流水～然去,别有天地非人間。"❸〔窅窕〕叠韻聯緜字。幽深的樣子。唐韓愈岐山下詩:"和聲隨祥風,窅窕相飄揚。"

按,説文窅字在目部。

窜 yā 烏甲切,入,狎韻,影。葉部。

❶醫學名詞。以針刺穴位。説文:"窜,入脈刺穴謂之窜。"❷牛脊骨突起的樣子。北魏賈思勰齊民要術六養牛馬驢騾:"當陽鹽中間,脊骨欲得～。"注:"窜則雙膂,不窜則爲單膂。"

窅 yǎo 集韻伊鳥切,上,篠韻,影。幽部。

〔窅窱〕叠韻聯緜字。①幽深的樣子。文選漢張衡西京賦:"望窅窱以徑廷,眇不知其所返。"明徐宏祖徐霞客遊記滇遊日記八:"盤空上透,望頗窅窱。"②悠揚。唐鄭嵎津陽門詩:"迎娘歌喉玉窅窱,蠻兒舞帶金葳蕤。"

按,説文無窅字。

窋 1. zhú 竹律切,入,術韻,知。物部。

❶物在穴中的樣子。見説文。龍龕手鏡穴部:"窋,物出在穴皃。"〔窋咤〕雙聲聯緜字。物在穴中突出的樣子。文選漢王延壽魯靈光殿賦:"緑房紫的(菂),窋咤垂珠。"李善注:"窋咤,物在穴中貌。言井穴中綴之,似珠下垂,如在於穴也。"❷人名用字。國語周語上:"及夏之衰也,棄稷不務,我先王不～用失其官。"

2. kū 音窟。物部。

❸同"窟"。〔窋室〕地下室。漢趙曄吴越春秋王僚使公子光傳:"公子光伏甲士於窋室中。"左傳昭公二十七年作"堀室"。史記吴太伯世家作"窟室"。

窆 biǎn 方驗切,集韻陂驗切,去,驗韻,幫。侵部。

葬時下棺於墓穴中。周禮地官遂人:"及～,陳役。"賈公彦疏:"窆謂下棺,下棺之時,千人執綍、背碑、負引,須陳列其人,故知謂陳列之也。"後漢書范式傳:"式未及到,而喪已發引,既至壙,將～,而柩不肯進。"李賢注:"窆,下棺也。"引申爲泛指埋葬。南朝齊蕭賾加恩京師二縣詔:"～枯掩骼。"又爲墳墓。漢劉向説苑修文:"飾循棺槨,作穿～宅兆。"(穿、窆同義)

［辨］窆，堋（塴），封。三字都有"下棺"的意思，聲近義同。説文土部"堋"字云："喪葬下土也。春秋傳曰'朝而堋'，禮謂之'封'，周官謂之'窆'。""朝而堋"見於左傳昭公十二年，本亦作"塴"。禮記檀弓上："縣官而封。"鄭玄注："封當爲窆。窆，下棺也。""窆"、"堋"完全同義，但"窆"爲侵部字，"堋"爲蒸部字。"封"的本義并非"下棺"，它除了"下棺"這個意思，還有多種意義。

窄 zhǎi 側伯切，入，陌韻，照二。鐸部。

㊀狹小。尉繚子兵教下："地大而城小者，必先收其地；城大而地～者，必先攻其城。"三國志魏書李典傳："賊無故退，疑必有伏。南道狹～，草木深，不可追也。"引申爲不寬綽。宋蘇軾雨後行菜圃詩："艱難生理～，一味敢專飧。"㊁榨壓。南朝梁(一説晉)宗懍荆楚歲時記："以糯米熬擣爲末，并研胡麻汁和釀之，石～令熟。"㊂姓。見龍龕手鏡穴部。

按，説文無窄字。

窌 1. jiào 居效切，去，效韻，見。幽部。

㊀地窖。説文："窌，窖也。"荀子榮辱："餘刀布，有囷～。"吕氏春秋季春："天子布德行惠，命有司，發倉～，賜貧窮。"高誘注："方者曰倉，穿地曰窌。"

2. liáo 力嘲切，平，肴韻，來。幽部。

㊁深空的樣子。文選漢馬融長笛賦："庨(xiáo)～巧老，港洞坑谷。"李善注："庨窌巧老，深空之貌。"

3. liù 力救切，去，宥韻，來。幽部。

㊂［石窌］地名。左傳成公二年："予之石窌。"杜預注："濟北户縣東有地名石窌。"

4. pào 匹皃切，去，效韻，滂。幽部。

㊃［南窌］地名。漢書公孫賀傳："以車騎將軍從大將軍(衛)青出，有功，封南窌侯。"

［辨］窖，窌。見"窖"字條。

窊 wā 烏瓜切，平，麻韻，影。魚部。

㊀低窪地。漢書禮樂志："都荔遂芳，窅～桂華。"文選晉左思吴都賦："原隰殊品，～隆異等。"引申爲地位低下。後漢書桓彬傳："仕不苟禄，絶高也；辭隆從～，絜操也。"李賢注："窊，下也。"又爲衰落。晉陶潛命子詩："時有語默，運因隆～。"㊁卷縮的樣子。宋梅堯臣次韻和永叔嘗新茶雜言："味久迴甘竟日在，不比苦硬令舌～。"

窈 yǎo 烏皎切，上，篠韻，影。幽部。

㊀［窈糾］叠韻聯緜字。舒緩的樣子。詩陳風月出："佼人僚兮，舒窈糾兮。"㊁［窈窕］叠韻聯緜字。①美好的樣子。詩周南關雎："窈窕淑女，君子好逑。"玉臺新詠古詩爲焦仲卿妻作："云有第三郎，窈窕世無雙。"引申爲妖冶的樣子。後漢書曹世叔妻傳："入則亂髮壞形，出則窈窕作態。"②幽深的樣子。晉陶潛歸去來兮辭："既窈窕以尋壑，亦崎嶇而經丘。"北魏楊衒之洛陽伽藍記城南："白殿(一作"壁")丹檻(一作"楹")，窈窕連亘。"

六　畫

窏 wū 集韻汪湖切，平，模韻，影。魚部。

［窏窊］雙聲聯緜字。低曲不平的樣子。文選漢馬融長笛賦："運裛窏窊，罔連領屬。"

按，説文無窏字。

窔 yào 烏叫切，去，嘯韻，影。宵部。

亦作"穾"。㊀室之東南隅。釋名釋宫室："東南隅曰窔。窔，幽也，亦取幽冥也。"荀子非十二子："奥～之間。"楊倞注："東南隅謂之窔。"㊁幽深。説文："窔，窅窔，深也。"文選漢司馬相如上林賦："夷嵕築堂，累臺層成，巖～洞房。"參見"穾"字條。

窐 1. guī 古攜切，平，齊韻，見。支部。

㊀甑孔。見説文。楚辭漢嚴忌哀時命："璋珪雜於甑～兮，隴廉與孟娵同宫。"又爲門旁之圭形小洞。晉書隱逸傳論："玉帛之贄委於～衡。"

2. wā 集韻於佳切，平，佳韻，影。支部。

㊁通"洼"。低窪。集韻佳韻:"洼,説文:'深池也。'一曰,曲也。或作窪、窐。"吕氏春秋任地:"子能以～爲突乎?"

3. yāo 集韻於交切,平,爻韻,影。幽部。

㊂〔窐寥〕叠韻聯緜字。深遠的樣子。見集韻。文選戰國宋玉高唐賦:"俯視崝嶸,窐寥窈冥。"

窒 1. zhì 陟栗切,入,質韻,知。質部。

㊀堵塞。詩豳風東山:"洒埽穹～,我征聿至。"莊子秋水:"梁麗可以衝城,而不可以～穴。"引申爲制止。易損:"君子以懲忿～欲。"又爲阻礙。莊子達生:"至人潛行不～,蹈火不熱。"法言寡見:"晦斯光,～斯通。"㊁古曆法名詞。月陽之一,指七月。爾雅釋天:"(月)在庚曰窒。"

2. dié 集韻徒結切,入,屑韻,定。質部。

㊂〔窒皇〕亦作"絰皇"。路寢前之庭。集韻:"窒,寢門、冢前闕,皆謂之窒皇。"左傳宣公十四年:"楚子聞之,投袂而起,屨及於窒皇。"杜預注:"窒皇,寢門闕。"左傳莊公十九年:"葬於絰皇。"杜預注:"絰皇,冢前闕。"楊伯峻注:"絰皇即宣十四年之窒皇。蓋殿前之庭也。"

窋 zhà 陟嫁切,去,禡韻,知。鐸部。

〔窋窋〕雙聲聯緜字。見"窋"字條。

按,説文無窋字。

窕 1. tiǎo 徒了切,上,篠韻,定。宵部。

㊀寬肆,寬綽。説文:"窕,深肆極也。"段玉裁注:"窕與窘爲反對之辭。…凡此皆可證窕之訓寬肆。凡言在小不塞,在大不窕者,謂置之小處,而小處不見充塞無餘地;置之大處,而大處不見空曠多餘地。"引申爲閑暇。司馬法嚴位:"擊其倦勞,避其閑～。"㊁空泛不實。韓非子難二:"語言辨,聽之説(yuè),不度于義,謂之～言。"㊂美好。方言二:"秦晉之間,凡美色,或謂之好,或謂之窕。"

2. tiāo 集韻他雕切,平,蕭韻,透。宵部。

㊃通"佻"。輕佻。左傳成公十六年:"楚師輕～。"㊄通"挑"。挑引。文選漢枚乘七發:"目～心與。"李善注:"窕,當爲挑。"

3. yáo 字彙餘招切,音姚。宵部。

㊅通"姚"。妖豔的樣子。荀子禮論:"故其立文飾也,不至於～冶。"楊倞注:"窕讀爲姚。姚冶,妖美也。"

七 畫

窒 qìng 苦定切,去,徑韻,溪。耕部。

空虚。説文引詩:"瓶之窒矣。"今詩小雅蓼莪作"罄"。

窘 jiǒng 渠殞切,上,軫韻,群。文部。

㊀困窘。詩小雅正月:"終其永懷,又～陰雨。"用作使動。使…困窘。史記季布欒布傳:"項籍使將兵,數～漢王。"㊁貧窮。莊子列御寇:"困～織屨。"㊂急迫。楚辭戰國屈原離騷:"何桀紂之猖披兮,夫唯捷徑以～步。"

窖 jiào 古孝切,去,效韻,見。幽部。

藏糧食的地窖。説文:"窖,地藏也。"段玉裁注引通俗文曰:"藏穀麥曰窖。"漢書蘇武傳:"單于愈益欲降之,迺幽武置大～中,絶不飲食。"顔師古注:"舊米粟之窖而空者也。"引申爲動詞。窖藏。史記貨殖列傳:"秦之敗也,豪傑皆争取金玉,而任氏獨～食粟。"裴駰集解引徐廣曰:"窖音校,穿地以藏也。"引申爲用心很深。莊子齊物論:"與接爲構,日以心鬭。縵者,～者,密者。小恐惴惴,大恐縵縵。"釋文:"司馬云:'窖者,深也。'"

〔辨〕窖,窌。二字同義,都是地窖的意思。荀子榮辱:"有囷窌。"楊倞注:"窌,窖也,地藏曰窖。"二字可通用。禮記月令:"穿竇窖。"吕氏春秋仲秋作"穿竇窌"。"窖"、"窌"音同。參見"窌"字條。

窗 chuāng 楚江切,平,江韻,穿二。東部。

同"囱",指屋頂上的天窗。説文:"囱,在牆曰牖,在屋曰囱。"説文穴部又收"窻"字,段玉裁認爲"此篆淺人所增,古本所無,當刪"。字亦作"窓"、"牎"、"牕"、"牕"、"牕"。引申爲旁窗。周禮考工記:"四旁兩夾窻。"鄭玄注:"窻助户爲明,每室四户八窻。"唐杜甫絶句四首之三:"~含西嶺千秋雪,門泊東吴萬里船。"

[辨]窗,牖,向(鄉,鄉)。三字同義,都是窗户的意思。廣雅釋宫:"窻,牖,鄉也。"説文:"牖,穿壁以木爲交窗也。"段玉裁注:"交窗者,以木横直爲之,即今之窗也。"禮記明堂位:"刮楹達鄉。"鄭玄注:"鄉,牖屬,謂夾户窗也。"三字本義有别。"窗"指天窗;"牖"是朝南的窗户,與户同向;"向"是朝北的窗户。詩豳風七月:"塞向墐户。"毛傳:"向,北出牖也。"

按,説文以窗爲囱的或體,在囱部。

八　畫

窣 sū 蘇骨切,入,没韻,心。物部。

㊀从穴中卒(猝)出。見説文。〔勃窣〕叠韻聯緜字。急行。段玉裁注"窣"字:"子虚賦:'媻姍勃窣,上乎金隄。'韋昭曰:'媻姍勃窣。匍匐上也。'按,媻姍謂徐行,勃窣謂急行。"引申爲突然。宋計有功唐詩紀事二唐明皇初入秦川路逢寒食詩:"洛川芳樹映天津,灞岸垂楊~地新。"引申爲躍,跳。宋孔平仲孔氏談苑皇甫偰深刻:"如閉目~身入水,傾刻間耳。"㊁拂。唐岑參衛節度赤驃馬歌:"謂君鞴出看君騎,尾長~地如紅絲。"㊂形容聲音細小。唐李賀南園十三首之二:"宫北田塍曉氣酣,黄桑飲露~宫簾。"

窢 xù 集韻忽域切,入,職韻,曉。職部。

風迅速吹過的樣子。莊子天下:"古之道人,至于莫之是、莫之非而已矣。其風~然,惡可而言?"成玄英疏:"迅速貌也。"

按,説文無窢字。

窟 kū 苦骨切,入,没韻,溪。物部。

洞穴。戰國策齊策四:"狡兔有三~,僅得免其死耳。"活用爲動詞。窟居。文選晉潘岳西征賦:"鷩雉雊於臺陂,狐兔~於殿傍。"引申爲人或物聚集的地方。文選晉郭璞遊仙詩之一:"京華遊俠~,山林隱遯棲。"世説新語文學:"張憑勃窣爲理~。"由洞穴引申爲土室。禮記禮運:"昔者先王未有宫室,冬則居營~。"孔穎達疏:"地高則穴於地,地下則窟於地上,謂於地上累土而爲窟。"韓非子説疑:"或伏死於~穴,或槁死於草木。"

按,説文無窟字。

窞 dàn 徒感切,上,感韻,定。談部。

坑穴中的小坑。説文:"窞,坎中小坎也。"易坎:"入於坎~,勿用。"虞翻注:"坎中小穴稱窞。"引申爲坑穴。韓非子詭使:"而士有二心私學,巖居~處。"

窡 zhuó 丁滑切,集韻張滑切,入,黠韻,知。月部。

物在穴中。説文:"窡,穴中見也。"一説窡即窋字。桂馥義證:"'見'當爲'皃'。下文'窋'字,當即或體。"王筠句讀:"繫傳引靈光殿賦曰,~吒垂珠。今文選本,窋咤垂珠,足徵未谷説不誣。"引申爲孔洞。唐元稹南昌灘詩:"櫓~動摇妨作夢,巴童指點笑吟詩。"(這裏指船上裝櫓的孔洞。)

窠 kē 苦禾切,平,戈韻,溪。歌部。

㊀鳥窩。説文:"窠,空也。穴中曰窠,樹上曰巢。"文選晉左思蜀都賦:"穴宅奇獸,~宿異禽。"引申爲其他動物的窩。三國志魏書管輅傳:"家室倒縣,門户衆多,藏精育毒,得秋乃化,此蠭~也。"㊁指矮小的住房。宋劉子翬屏山集策杖詩:"空田依壠峻,斷藁布~匀。"㊂小孔。靈樞經大惑論:"五藏六府之精氣,皆上注於目而爲之精,精之眼爲~。"㊃指印文空白之處。唐李賀沙路曲:"獨垂重印押千官,金~篆字紅屈盤。"㊄團花。唐李賀梁公子詩:"御牋銀沫冷,長簟鳳~斜。"王琦注:

“所謂窠者，即團花也。鳳窠，織作團花爲鳳凰形者耳。”㊅通“棵”。量詞。植物一株。唐段成式酉陽雜俎十九草：“興唐寺有牡丹一～。”

九 畫

窪 wā 烏瓜切，平，麻韻，影。支部。

低窪積水之處。老子第十九章：“～則盈，敝則新。”唐韓愈燕喜亭記：“～者爲池，而缺者爲洞。”引申爲凹下。宋蘇軾張幾仲有龍子石硯以銅劍易之：“我家銅劍如赤虵，君家石硯蒼璧橢而～。”

［同源字］汙，洿，洼，窪，穢。見“汙”字條。

按，説文窪字在水部。

窨 yìn 於禁切，去，沁韻，影。侵部。

㊀地窨。説文：“窨，地室也。”朱駿聲説文通訓定聲：“今蘇俗猶曰地窨子。”元關漢卿救風塵一折：“～子裏秋月，不曾見這等食。”活用爲動詞。窨藏。宋張邦基墨莊漫録二：“令衆香蒸過，入磁器，有油者，地窨～一月。”㊁忍住。金董解元西厢記諸宫調卷四：“吞聲～氣埋冤。”

［同源字］陰，蔭，黔，窨。見“陰”字條。

窫 yà 烏黠切，入，黠韻，影。月部。

〔窫窳〕①獸名。山海經海内南經：“窫窳居弱水中，在狌狌之西，其狀如貙，龍首，食人。”比喻殘暴。文選漢揚雄長楊賦：“昔有彊秦，封豕其土，窫窳其民。”李善注引李奇云：“以喻秦貪婪，殘食其人也。”字亦作“猰貐”。見爾雅釋獸。②古國名。廣韻黠韻：“窫，窫窳，國名。”

按，説文無窫字。

窩 wō 字彙烏禾切。

後起字。㊀巢穴。元人小令集紅繡鞋：“不戀麒麟閣，跳出虎狼～。”又指人居住的地方。正字通穴部：“窩，凡别墅獨處者皆名窩。”引申爲洼陷的地方。宋侯寘孏窟詞阮郎歸爲邢魯仲小鬟賦：“拚惱亂，儘妖嬈，微～生臉潮。”由巢穴引申爲動詞，匿藏。朱子語類四四論語二六：“若有克伐怨欲，而但禁制之使不發出來，猶關閉所謂賊者在家中，只是不敢放出去在外作過，畢竟是～藏。”明史食貨志四：“乃爲重法，私販、～隱俱論死。”㊁量詞。宋孫惔長相思：“雲一～，玉一梭，淡淡春衫薄薄羅。”

窬 yú 羊朱切，平，虞韻，喻四。侯部。

㊀門旁小户，狀如圭形。見説文段玉裁“窬”字注。説文“篳”字引“春秋傳曰：篳門圭～。”今左傳襄公十年作“篳門圭竇”。引申爲中空的木頭。淮南子氾論：“乃爲～木方版，以爲舟航。”高誘注：“窬，空也。”活用爲使動。使…空。淮南子泰族：“埏埴以爲器，～木而爲舟。”㊁通“踰”。踰越。論語陽貨：“色厲而内荏，譬諸小人，其猶穿～之盜也與？”何晏集解引孔安國注：“窬，踰牆。”

［同源字］瀆，竇，隫，窬。見“瀆”字條。

十 畫

窯 yáo 餘昭切，平，宵韻，喻四。宵部。

字亦作“窰”、“窑”。燒製瓦器（陶器）的竈。説文：“窯，燒瓦竈也。”又爲軍事設施，爲窯竈以燻敵人。墨子備穴：“穴内口爲竈，令如～。”又：“斬艾與柴，長尺，乃置～竈中。”又備突：“突門各爲～竈。”

窴 1. tián 徒年切，平，先韻，定。真部。

㊀窴塞。楚辭戰國屈原天問：“洪泉極深，何以～之？”洪興祖補注：“窴與填同。”引申爲充滿。漢揚雄太玄盛：“陽氣隆盛充塞，物～然盡滿厥意。”司馬光集注：“宋（衷）曰：窴然，滿皃。”

2. diān 字彙補丁天切。

㊀〔窴軨〕坂名，春秋時虞地，在今山西平陸縣東北。穆天子傳卷五：“乃駕鹿以遊于山上，爲之石主而□窴軨。”

3. chǎn 集韻丑展切，上，獮韻，徹。真部。

㊂〔窅窱〕叠韻聯緜字。笛聲舒緩的様子。集韻貍韻："窱，窅窱，笛聲緩也。"文選漢馬融長笛賦："惆悵怨懟，窳圔窅窱。"

窮 qióng 渠弓切，平，東韻，群。冬部。

㊀終極。莊子逍遥遊："若夫乘天地之正，而御六氣之辯，以遊無～者，彼且惡乎待哉！"列子湯問："故大小相含，無～極也。"相當於"終"，自始至終。楚辭大招："～身永樂，年壽延只。"唐杜甫自京赴奉先縣詠懷五百字："～年憂黎元，歎息腸内熱。"引申爲動詞。窮盡。列子湯問："飛衛之矢先～。"晉陶潛桃花源記："欲～其林。"窮究。易説卦："～理盡性，以至於命。"由終極引申爲困窘，不得志，與"達"相反。論語衛靈公："君子固～，小人～斯濫矣。"孟子盡心上："～則獨善其身，達則兼善天下。"引申爲貧窮，生活無依靠的困難户。左傳昭公十四年："分貧振～，長孤幼，養老疾。"戰國策齊策四："哀鰥寡，卹孤獨，振困～，補不足。"由終極引申爲偏僻，荒遠。唐杜甫君不見簡蘇徯："深山～谷不可處，霹靂魍魎兼狂風。"㊁辭屈，無言以對。戰國策秦策二："楚客來使者多健，與寡人爭辭，寡人數～焉，爲之奈何？"鮑彪注："窮，辭屈也。"㊂止，息。禮記儒行："儒有博學而不～，篤行而不倦。"孔穎達疏："博學而不窮者，謂廣博學問而不～止。"㊃通"穹"。〔窮廬〕即穹廬。淮南子齊俗："譬若舟車楯肆窮廬，固有所宜也。"

［辨］窮，貧。二字在生活困苦這個意義上爲同義關係。左傳昭公十四年："分貧振窮。"孔穎達疏："大體貧窮相類，細言窮困於貧。貧者家少貨財，窮謂全無生業。分財貨以與貧者，受生業以救窮者。"在上古漢語中，"窮"字有兩個常用義是"貧"字所不具有的。一、窮與達相反，指仕途上没有出路；二、窮特指鰥寡孤獨四種人。周禮地官大司徒："三曰振窮。"鄭玄注："窮者有四：曰矜，曰寡，曰孤，曰獨。"吕氏春秋季春紀："發倉窌，賜貧窮。"高誘注："無財曰貧，鰥寡孤獨曰窮。"

窱 tiǎo 土了切，上，篠韻，透。幽部。

〔窅窱〕叠韻聯緜字。見"窅"字條。又作"杳窱"。説文："窱，杳窱也。"

窳 1. yǔ 以主切，上，麌韻，喻四。魚部。

㊀指器物質量低劣。荀子議兵："械用兵革，～楛不便利者弱。"楊倞注："窳，器病也。"史記五帝本紀："（舜）陶河濱，河濱器皆不苦～。"引申爲體質病弱。文選漢枚乘七發："血脈淫濯，手足墮～。"㊁懶惰。商君書墾令："愛子惰民不～，則故田不荒。"漢劉向新序雜事四："楚人～，而稀灌其瓜，瓜惡。"㊂〔窫窳〕獸名，又古國名。見"窫"字條。

2. wā 集韻烏瓜切，平，麻韻，影。魚部。

㊃同"窊"。洼下低陷。説文："窳，污窬也。"桂馥義證："污窬，謂空竇納污也。"段玉裁注："污窬，蓋與污衺同。"㊄衰落。三國志蜀書郤正傳："然而道有隆～，物有興廢。"

十一畫

𥨌 jìn 子鴆切，去，沁韻，精。侵部。

㊀同"浸"。可用於灌溉的湖泊。漢書地理志上："川曰三江，～曰五湖。"顔師古注："𥨌，謂引以灌溉者。"周禮夏官職方氏作"其浸五湖"。㊁副詞。漸漸。漢書五行志七上："其後～盛，五將世權，遂以亡道。"字亦作"寖"。史記酷吏列傳："故盜賊寖多。"

按，説文無𥨌字。

窡 zhuó 集韻張滑切，入，黠韻，知。月部。

面短。見説文。

［同源字］𨁈，屈，䘿，崛，叕，黜，窡。見"𨁈"字條。

按，説文窡字在女部。

窺 1. kuī 去隨切，平，支韻，溪。支部。

㊀竊視。禮記少儀："不～密，不旁狎，不戲色。"引申爲從外往内或從内往外窺視。論語子張："賜之牆也及肩，～見室家之好。"老

子第四十七章："不出户，可以知天下；不～牖，可以知天道。"引申爲窺探。韓非子備内："故爲人臣者，～覘其君心也，無須臾之休。"㊁希望達到某種境界。南朝梁劉勰文心雕龍封禪："及齊桓之霸，爰～王跡。"宋王安石奉酬永叔見贈："他日若能～孟子，終身何敢望韓公。"

2. kuǐ 集韻犬縈切，上，紙韻，溪。支部。

㊂通"跬"，半步。漢書息夫躬傳："京師雖有武蠭精兵，未有能～左足而先應者也。"顔師古注："言一舉足也。"

［辨］覘，窺。見"覘"字條。

［同源字］窺，闚。二字音同義同，可以互用。老子"不窺牖"，韓非子喻老作"不闚於牖"。論語"窺見室家之好"，本亦作"闚"。二字本義略有不同。説文："窺，小視也。"又："闚，閃也。"又："閃，闚頭門中。""闚"偏重於竊視。參見"覰"字條。

窶 1. jù 其矩切，上，麌韻，群。侯部。

同"寠"。㊀無財備禮。説文："寠，無禮居也。"朱駿聲説文通訓定聲："按，貧居無禮也。俗字作窶。"禮記曲禮上："客歠醢，主人辭以寠。"朱彬禮記訓纂："寠，貧也。倉頡篇：無財備禮曰寠。"泛指貧窮。列子楊朱："原憲～於魯。"

2. lóu 集韻郎侯切，平，侯韻，來。侯部。

㊀〔甌窶〕〔甌寠〕叠韻聯緜字。狹小的高地。集韻侯韻："寠，甌寠，猶抔摟也。或从穴。"史記滑稽列傳："甌窶滿篝，汙邪滿車。"司馬貞索隱："甌窶猶杯樓也。窶音如婁，言豐年收掇易，可滿篝籠耳。"張守節正義："窶音樓。甌樓謂高地狹小之區，得滿篝籠也。"

按，説文無窶有寠，在宀部。

窸 xī 息七切，入，質韻，心。

〔窸窣〕(後起詞)象聲詞。物體發出的細碎的聲音。唐杜甫自京赴奉先縣詠懷五百字："河梁幸未坼，枝撑聲窸窣。"唐李賀神絃曲："海神山鬼來座中，紙錢窸窣鳴颸風。"

窵 diào 多嘯切，去，嘯韻，端。幽部。

㊀〔窵窅〕叠韻聯緜字。深邃。見説文。㊁遠。宋楊澤民倒犯藍橋："望玉京人，迢迢天様～。"

十 二 畫

窾 kuǎn 苦管切，上，緩韻，溪。元部。

㊀物體中空。莊子養生主："批大郤，道大～。"淮南子齊俗："故六騏驥，四駃騠，以濟江河，不若～木便者，處世然也。"注："窾，空也。"引申爲空洞，無實際内容。史記太史公自序："其實中其聲者謂之端，實不中其聲者謂之～。～言不聽，姦乃不生。"㊁古水名。莊子外物："紀他聞之，帥弟子而踆於～水。"㊂通"款"。款識。宋史張奎傳："奎視囚籍印～僞，深探之，乃獄吏竄易。"特指古代鐘鼎彝器上鑄刻的文字。明陶宗儀輟耕録卷一七："歲久金脱，則成陰～，以其刻畫者成凹也。"

按，説文無窾字。

竀 chēng 丑庚切，平，庚韻，徹。耕部。

㊀正視。見説文。廣雅釋詁："竀，視也。"王念孫疏證："後漢書章帝八王傳：'使御者偵伺得失。'偵與～通。"㊁通"赬"。赤色。左傳哀公十七年："如魚～尾，衡流而方羊。"楊伯峻春秋左傳注："竀即赬，説文作經，淺赤色。"

窿 lóng 力中切，平，東韻，來。

〔穹窿〕見"穹"字條。

按，説文無窿字。

竁 cuì 此芮切，去，祭韻，清。月部。

掘地爲墓穴。周禮春官小宗伯："卜葬兆甫～亦如之。"賈公彦疏："既得吉，而始穿地爲壙，故云甫竁也。"引申爲墓穴。周禮夏官量人："掌喪祭奠～之俎實。"賈公彦疏："竁是壙内。"小爾雅廣名："壙謂之竁。"引申爲窟。文選南朝宋顔延年宋郊祀歌之一："月～來賓，日際奉土。"吕延濟注："竁，窟也。月窟西極，日際東極，言遠國皆來賓王庭，奉獻土物。”

𥨍 fù房六切，入，屋韻，奉。覺部。

地上累土爲半地穴式的房屋。説文：“𥨍，地室也。詩曰：陶～陶穴。”今詩大雅綿作“復”。引申爲巖穴。文選漢馬融長笛賦：“嶰壑澮峴，峪窌巖～。”李善注：“廣雅曰‘𥨍，窟也。’字从穴从復。”五臣本作“覆”。

十 三 畫

竄 cuàn七亂切，去，换韻，清。元部。

㊀逃隱，匿藏。國語晉語二：“棄寵求廣土而～伏焉。”韋昭注：“竄，隱也。”世説新語政事：“兵廝逋亡，多近～南塘下諸舫中。”㊁放逐。書舜典：“～三苗于三危。”宋孫樵書何易于：“明府公免～海裔耶？”㊂改易文字。荀子正名：“是故邪説不能亂，百家無所～。”三國志魏書武帝紀：“公又與(韓)遂書，多所點～，如遂改定者。”又爲摻雜。漢書王莽傳上：“(哀)章自～姓名，凡爲十一人，皆署官爵爲輔佐。”㊃燻。史記扁鵲倉公列傳：“即～以藥，旋下，病已。”司馬貞索隱：“謂以燻燻之，故云。”㊄措置。荀子大略：“貧窶者有所～其手。”王先謙案：“有所竄其手，猶言有所措手也。”

竅 qiào苦弔切，去，嘯韻，溪。藥部。

孔。莊子庚桑楚：“出無本，入無～。”用作動詞。産生孔。禮記禮運：“地秉陰，～於山川。”孔穎達疏：“竅，孔也。爲孔於山川，以出納其氣也。”特指人身有孔之器官。莊子應帝王：“人皆有七～。”

十 五 畫

竇 dòu徒候切，去，候韻，定。屋部。

通水的孔穴。左傳襄公二十六年：“有大雨，自其～入。”吕氏春秋仲秋紀：“穿～窌，修囷倉。”高誘注：“穿水通竇(按，當作“穿竇通水”)，不欲地泥溼也。穿窌所以盛穀也。”一説此竇爲隋形之窖。禮記月令：“穿～窖，脩囷倉。”鄭玄注：“隋曰竇，方曰窖。”用作動詞。挖掘孔穴。國語周語下：“不防川，不～澤。”引申爲泛指孔穴。禮記禮運：“故禮義也者，…所以達天道，順人情之大～也。”世説新語排調：“君口中爲何開狗～？”引申爲小門。左傳襄公十年：“篳門閨～之人而皆陵其上，其難爲上矣。”

[同源字]瀆，竇，殰，窬。見“瀆”字條。

十 六 畫

竉 lǒng力董切，上，董韻，來。

後起字。孔穴。顔氏家訓書證：“古無二字，又多假借，…獵化爲獦，寵變成～。”注：“竉，孔也，故從穴。”盧文弨補注：“從穴者，窟竉字。”

竈 zào則到切，去，号韻，精。覺部。

同“竃”。燒火做飯菜的設施。戰國策趙策一：“今城不没者三板，臼～生鼃，人馬相食。”吕氏春秋諭大：“～突決，則火上焚棟。”引申爲竈神。論語八佾：“與其媚於奥，寧媚於～。”淮南子氾論：“故炎帝於火而死爲～。”論衡祭意：“炎帝作火，死而爲～。”又爲祭名。漢班固白虎通五祀：“五祀者何謂也？謂門、户、井、～、中霤也。”

按，説文以竈爲竃的或體。

十 七 畫

竊 qiè千結切，入，屑韻，清。質部。

㊀盜竊。墨子公輸：“舍其文軒，鄰有敝輿而欲～之。”莊子胠篋：“彼～鉤者誅，～國者爲諸侯。”又爲剽竊。世説新語文學：“郭象者，爲人薄行，…見(向)秀義不傳於世，遂～以爲己注。”活用爲名詞。從事盜竊活動的人。莊子山木：“君子不爲盜，賢人不爲～。”引申爲非法非分而取。左傳成公二年：“宜將～妻以逃者也。”禮記禮運：“君位危，則大臣

倍，小臣～。"特指無能無德而居其位。論語衛靈公："臧文仲其～位者與？"文選三國魏曹植求自試表："而位～東藩，爵在上列。"吕向注："竊，偷也。謂無德偷居其位。"❷副詞。暗暗地，私自。左傳襄公二十八年："公膳日雙鷄，饔人～更之以鶩。"韓非子説難："衛國之法，～駕君車者罪刖。"又爲謙敬副詞。私下。韓非子外儲説右下："故臣～以王爲過堯舜也。"❸賊害，損害。吕氏春秋辯土："既種而無行，耕而不長，則苗相～也。"❹男女非法私通。唐皮日休鹿門隱書："寒浞～室，子頑通母，亂甚也。"❺通"察"。考察。荀子哀公："～其有益與其無益，君其知之矣。"❻淺。爾雅釋獸："魋，如小熊，～毛而黄。"

[辨]盜，竊，賊。見"盜"字條。

按，説文竊字在米部。

立　部

立 lì 力入切，入，緝韻，來。緝部。

❶站立。左傳莊公八年："豕人～而啼。"論語鄉黨："～不中門。"引申爲樹立。左傳襄公二十四年："大上有～德，其次有～功，其次有～言。"引申爲成就。論語爲政："三十而～。"何晏集解："有所成也。"楚辭戰國屈原離騷："老冉冉其將至兮，恐脩名之不～。"王逸注："立，成也。"引申爲創立，設立。荀子儒效："兼制天下，～七十一國，姬姓獨居五十三人。"三國志蜀書先主傳："置百官，～宗廟。"引申爲并存。戰國策燕策二："當此之時也，燕、齊不兩～。"❷國君即位。左傳隱公四年："衛州吁弑桓公而～。"又指確定某種名分。左傳隱公元年："愛共叔段，欲～之。"(指立之爲太子)三國志蜀書後主傳："～皇后張氏。"❸副詞。即刻。史記項羽本紀："沛公至軍，～誅殺曹無傷。"

四　畫

竑 hóng 户萌切，平，耕韻，匣。蒸部。

量度(duó)。周禮考工記輪人："故～其輻廣以爲之弱，則雖有重任，轂不折。"鄭玄注："鄭司農(衆)云：竑讀如紘綖之紘，謂度(duó)之。"孫詒讓正義："段玉裁云：'竑讀如紘，擬其音而義在是，紘挈於項，故與圜度之訓相近。'"

按，説文無竑字。朱駿聲説文通訓定聲："疑即紘之誤字。"

五　畫

竚 zhù 直吕切，上，語韻，澄。魚部。

同"佇"。長時間站立。楚辭戰國屈原九章思美人："思美人兮，擥涕而～眙。"洪興祖補注："竚，久立也。"又九歌大司命："結桂枝兮延～。"

按，説文無竚字，新附有佇字，云："久立也。"

竝 bìng 蒲迥切，上，迥韻，並。陽部。

"並"的本字。見"並"字條。

按，説文竝字在竝部，云："併也，从二立。"

站 zhàn 陟陷切，去，陷韻，知。

後起字。❶獨立不動。見廣韻陷韻。❷驛站。元史兵志四："凡～，陸則以馬，以牛，或以驢，或以車，而水則以舟。"紅樓夢一六回："賈璉這番進京，若按～走時，本該出月到家。"

竛 líng 郎丁切，平，青韻，來。

後起字。〔竛竮〕〔伶俜〕叠韻聯緜字。①孤單的樣子。廣弘明集南朝梁武帝孝思賦序："年未髫齔，内失所恃，餘喘竛竮，孀嫗相長。”文選晉潘岳寡婦賦：“少伶俜而偏孤兮，痛切怛以摧心。”張銑曰：“伶俜，單孑皃。”②行不正的樣子。龍龕手鏡立部：“竛竮，行不正也。或作竛俜。”宋釋普濟五燈會元投子大同禪師：“擔帶即竛竮辛苦。”

竘 qǔ（又音 kǒu）驅雨切，上，麌韻，溪。侯部。

❶高壯的樣子。說文：“竘，健也。”淮南子人間：“受令而爲室，其始成，～然善也，而後果敗。”高誘注：“竘，高壯貌。”❷裝飾容儀。說文：“竘，一曰匠也。”段玉裁注：“廣雅：‘竘，治也。’又曰：‘竘，巧也。’此與‘匠’之訓合。”方言七：“竘，貌，治也。吳越飾貌爲竘，或謂之巧。”錢繹箋疏：“說文：‘竘，匠也，讀若齲。’後漢桓帝元嘉中，京師婦女作齲齒笑。按齲與竘通，齲齒笑謂巧笑也。巧或謂之竘，故巧笑謂之竘齒笑。”

按，段玉裁說文“竘”字注：“高誘音口，郭璞同。廣韻麌、厚韻兼收。”

六　畫

章 zhāng 諸良切，平，陽韻，照三。陽部。

❶樂曲結束爲一章。說文：“章，樂竟爲一章。从音十，十，數之終也。”引申爲樂書之篇章，即詩歌。禮記曲禮下：“既葬，讀祭禮，喪復常，讀樂～。”引申爲文章的章節。南朝梁劉勰文心雕龍章句：“夫人之立言，因字而生句，積句而爲～，積～而成篇。”引申爲法律條文。史記高祖本紀：“與父老約，法三～耳。”引申爲規章，條理。詩大雅假樂：“不愆不忘，率由舊～。”唐韓愈送孟東野序：“其爲言也，雜亂而無～。”❷紡織品的紋理。詩小雅大東：“雖則七襄，不成報～。”引申爲花紋。詩小雅六月：“織文鳥～，白旆央央。”特指赤白相間的文彩。周禮考工記：“青與赤謂之文，赤與白謂之～。”❸顯著。國語周語下：“夫見亂而不惕，所殘必多，其飾彌～。”韋昭注：“章，著也。”活用爲動詞。使顯著。國語晉語二：“～父之惡，取笑諸侯，吾誰鄉而入？”又爲表彰。禮記緇衣：“有國者～善癉惡，以示民厚。”❹文體的一種。奏章。漢蔡邕獨斷：“凡群臣上書於天子者有四名：一曰～，二曰奏，三曰表，四曰駮議。”❺圖章。文選晉陸機漢高祖功臣頌：“跨功踰德，祚爾輝～。”李善注：“章，印章也。”❻大材曰章。史記貨殖列傳：“水居千石魚陂，山居千～之材。”❼親屬稱謂。指丈夫的父親或母親。釋名釋親屬：“俗或謂舅曰章。”漢書廣川王傳：“背尊～，嫖以忽。”顏師古曰：“尊章，猶言舅姑也。今關中俗，婦呼舅姑爲鍾，鍾者章聲之轉也。”畢沅釋名疏證：“據此則呼舅者並以之呼姑，視漢俗又微變矣。”❽曆法名詞。周髀算經卷下：“十九歲爲一～，四～爲一蔀，七十六歲。”❾通“獐”。獸名。周禮考工記：“山以～，水以龍。”

按，說文章字在音部。

竟 jìng 居慶切，去，映韻，見。陽部。

❶樂曲盡爲竟。見說文。引申爲國土的盡頭，邊境。左傳莊公二十七年：“卿非君命不越～。”商君書徠民：“兵雖百宿于外，～內不失須臾之時。”在這個意義上後來寫作“境”。引申爲終結。史記高祖本記：“及見怪，歲～，此兩家常折券棄責。”❷周遍。漢書王莽傳：“恩施下～同學。”顏師古注：“竟，周徧也。”引申爲窮究。漢書霍光傳：“此縣官重太后，故不～也。”論衡程材：“是以世俗學問者，不肯～經明學。”❸副詞。終於。史記淮陰侯列傳：“（韓）信亦知其意，怒，～絶去。”論衡死僞：“爲穆公所獲，～如其言。”又爲竟然。唐杜甫遊何將軍山林詩：“神農～不知。”

按，說文竟字在音部。

七　畫

竦 sǒng 息拱切，上，腫韻，心。東部。

❶竦立。文選漢張衡思玄賦：“～余身而順止兮，遵繩墨而不跌。”李周翰注：“竦，立。”引申爲引領企立。漢書韓王信傳：“士卒皆山

東人，～而望歸。”引申爲企待。文選三國魏曹植求自試表：“夫臨博而企～，聞樂而竊抃者，或有賞音而識道也。”李善注：“竦，猶立也。”由竦立引申爲聳立。與“聳”同義。方言一三：“聳，竦也。”漢曹操步出夏門行：“東臨碣石，以觀滄海，水何淡淡，山島～峙。”晉左思魏都賦：“～峭雙碣，方駕比輪。”㊁誠敬。荀子君道：“夫無禮則恐懼而自～也。”韓非子説疑：“卑身賤體，～心白意。”文選漢東方朔非有先生論：“吴王曰：可以談矣，寡人將～意而覽焉。”㊂恐懼。詩商頌長發：“不戁不～。”毛傳：“竦，懼也。”韓非子主道：“明君無爲於上，群臣～懼乎下。”世説新語捷悟：“帝大怒瞋目，左右莫不～懼。”又爲震動。後漢書南匈奴傳：“昭君豐容靚飾，光明漢宫，顧景裴回，～動左右。”㊃執。楚辭戰國屈原九歌少司命：“～長劍兮擁幼艾。”㊄勸説。漢書揚雄傳長楊賦：“迺時以有年出兵，整輿～戎。”李善注：“方言曰：‘西秦之間相勸曰聳。’竦與聳，古字通。”

童 tóng 徒紅切，平，東韻，定。東部。

㊀男有罪曰奴，奴曰童。見説文。引申爲泛指奴僕。漢書貨殖傳：“～手指千。”顔師古注引孟康曰：“童，奴婢也。”史記作“僮”。論衡案書：“劉子政玩弄左氏，～僕妻子皆呻吟之。”㊁八歲至十九歲的少年。説文作“僮”。云：“未冠也。”詩鄭風狡童：“彼狡～兮，不與我言兮。”穀梁傳昭公十九年：“羈貫成～，不就師傅，父之罪也。”范甯注：“成童，八歲以上。”引申爲幼稚無知。國語鄭語：“惡角犀豐盈，而近頑～窮固。”㊂牛羊無角曰童。詩小雅賓之初筵：“由醉之言，俾出～羖。”易大畜：“～牛之牿。”虞翻注：“無角之牛也。”又山無草木曰童。荀子王制：“斬伐養長不失其時，故山林不～而百姓有餘材也。”引申爲禿頂。唐韓愈進學解：“頭～齒豁，竟死何裨。”㊃通“同”。列子黄帝：“狀與我～者，敬而愛之；狀與我異者，疏而畏之。”

[同源字]童，僮，瞳。見“瞳”字條。

按，説文童字在䇂部。

竣 jùn 七倫切，平，諄韻，清。文部。

退。國語齊語：“有司已於事而～。”韋昭注：“竣，退伏也。”字亦作“踆”。文選漢張衡東都賦：“千品萬官，已事而踆。”李善注：“踆與竣同。”

竢 sì 牀史切，上，止韻，牀二。之部。

等待。爾雅釋詁：“竢，待也。”漢書賈誼傳：“恭承嘉惠兮，～罪長沙。”顔師古注：“竢，古俟字。”

[同源字]竢，待。上古均爲之部字，意義相同。説文“竢”、“待”互訓。古書中竢多寫作俟。左傳哀公元年：“姬之衰也，日可竢也。”本亦作“俟”。

八　畫

竫 jìng 疾郢切，上，静韻，從。耕部。

安静。説文：“竫，亭安也。”吕氏春秋貴因：“～立安坐而至者，因其械也。”後漢書崔駰傳：“～潛思於至賾兮，騁六經之奥府。”

[備考]通“諍”。花言巧語。公羊傳文公十二年：“惟諓諓善～言。”朱駿聲説文通訓定聲“竫”字：“按飾説之謂。”一説爲撰集。公羊傳疏：“謂其念有淺薄之善而撰其言也。”

[同源字]静，靖，竫。見“静”字條。

竪 shù 五音集韻臣庾切。

“豎”的俗體字。見“豎”字條。

九　畫

竭 jié 其謁切，入，月韻，群。月部。

㊀負舉。見説文。説文豕部：“豕，彘也。竭其尾，故謂之豕。”王筠句讀“竭”字：“按豕尾小，負于背上而翹然以舉。”㊁通“渴”。乾涸。國語周語上：“昔伊洛～而夏亡，河～而商亡。”活用爲使動。使乾涸。吕氏春秋義

賞:"～澤而漁,豈不獲得? 而明年無魚。"引申爲窮盡。左傳宣公十二年:"否臧,且律～也。盈而以～,夭且不整,所以凶也。"楊伯峻注:"竭,盡也,窮也。意謂如執事不順成,則法制號令其用窮盡。杜謂'竭,敗也',古訓無徵,且與下文'盈而以竭'義不相關,故不取。"禮記燕義:"臣下～力盡能,以立功於國。"引申爲亡。莊子胠篋:"脣～則齒寒。"㊂遏止。鹽鐵論疾貪:"貨賂下流,猶水之赴下,不～不止"。㊃姓。

[同源字]①竭,揭。二字同源。韻部相同,聲母亦相近。竭爲負舉,揭爲高舉。廣雅釋詁:"揭,舉也。"王念孫疏證:"竭與揭通,凡物之上舉者皆謂之揭。…舉物謂之揭,負物亦謂之揭。"

②涸,渴,瀫,竭,歇,枯,槁。見"涸"字條。

端 duān 多官切,平,桓韻,端。元部。

㊀直立。説文:"端,直也。"朱駿聲説文通訓定聲:"立容直也。"莊子山木:"顏回～拱還目而窺之。"引申爲直。禮記玉藻:"～行,頤霤如矢。"引申爲爲人正直。孟子離婁下:"夫尹公之他,～人也,其取友必～矣。"㊁頂頭,頭端。墨子經上:"～,體之無序而最前者也。"論語子罕:"我叩其兩～而竭焉。"吕氏春秋圜道:"莫知其原,莫知其～。"引申爲發端,開頭。孟子公孫丑上:"辭讓之心,禮之～也。"引申爲端由,緣由。晉陸機君子行:"福鍾恒有兆,禍集非無～。"㊂宫殿或都城的南正門。春秋説題辭:"昔孔子受～門之命,制春秋之義。"文選晉左思魏都賦:"巖巖北闕,南～攸遵。"李周翰注:"南端,正南門也。"㊃祭服。玄端。論語先進:"～章甫,願爲小相焉。"(這裏由名詞活用爲動詞。穿玄端。)㊄古布帛長度名。左傳昭公二十六年"以幣錦二兩"杜預注:"二丈爲一～,二～爲一兩,所謂匹也。"㊅詳審。戰國策趙策一:"韓魏之君視(郗)疵～而趨疾。"㊆副詞。①正好。漢書孝成許皇后傳:"妾薄命,～遇竟寧(漢元帝的年號)前。"②果真。宋蘇軾水龍吟:"料多情夢裏,～來見我,也參差是。"③究竟。宋陸游劍南詩稿一四幽事:"餘年～有幾? 風月且婆娑。"④特地。吕氏春秋疑似:"明日～復飲於市,欲遇而刺殺之。"

十一畫

竱 zhuān 旨兖切,上,獮韻,照三。元部。

齊等,均等。説文:"竱,等也。"段玉裁注:"等者,齊簡也。故凡齊皆曰等。"國語齊語:"～本肇末。"韋昭注:"竱,等也。"

十二畫

顉 xū 相俞切,平,虞韻,心。侯部。

立着等待。説文:"顉,立而待也。"(依段注本)又雨部:"需,～也,遇雨不進止～也。"漢書翟方進傳:"下車立,～過,乃就車。"經傳多借"須"爲"顉"。

十三畫

竵 wāi (舊讀 huā)火媧切,平,佳韻,曉。歌部。

"歪"的本字。不正。見説文。段玉裁注:"竵,俗字作歪。"〔竵匾〕篆字的一種寫法。宋沈括夢溪筆談書畫:"凡小篆喜瘦而長,竵匾之法,非老筆不能也。"

十五畫

競 jìng 渠敬切,上,映韻,群。陽部。

㊀競争。詩大雅桑柔:"君子實維,秉心無～。"朱熹集傳:"競,争。"又商頌長發:"不～不絿,不剛不柔。"鄭箋:"競,逐也。"莊子齊物論:"有～有争。"㊁强勁。左傳僖公七年:"心則不～,何憚於病?"世説新語方正:"南風不～。"㊂副詞。争着。楚辭戰國屈原離騷:"衆皆～進以貪婪兮。"世説新語文學:"於

此人人～寫，都下紙爲之貴。”

［同源字］競，誩。二字音同。説文誩部：“誩，競言也。”朱駿聲説文通訓定聲壯部：“按以言曰誩，以手曰争。”説文：“競，彊語也。一曰：逐也。”段玉裁注：“彊語謂相争。”小爾雅廣言：“競，逐也。”朱駿聲説文通訓定聲壯部“競”字云：“競，从二人从誩，會意，誩亦聲。詩桑柔‘職競用力’。長發：‘不競不絿。’淮南原道：‘猶不能與羅者競多。’俶真：‘相與優游競暢于宇宙之間。’思元（玄）賦：‘鶤鶚競于貪婪兮。’箋注皆訓‘逐也’。”

按，説文競字在誩部。

未集

竹部

［竹部總論］

竹部的字大多與竹有關，可分爲四類。

(一)竹的品種。例如：竺 筇 筱 篁 箛 箘 簹 簻

(二)竹的根節、皮等。例如：節 竻 箣 竿 箁 筤 筍

(三)竹製品。1.農具、漁具、交通工具。例如：笐 笹 笙 筌 笱 筏 篙 2.生活器物。例如：笥 筰 筲 筥 箱 篋 篚 簍 籃 籠 笠 笏 筒 箸 筵 箔 箕 箠 篩 篼 簣 簪 簾 3.文具和計算工具。例如：筆 策 箋 籍 簿 筭 籌 4.樂器。例如：竽 笳 笛 笙 箜 篌 管 箏 篪 簧 簫 籥 5.兵器。例如：箭 箙 筈 笴 6.其它。例如：簃 籬 笆

(四)以竹製品爲工具而從事的行爲。例如：算 笞 箍 箭

竹 zhú 張六切，入，屋韻，知。覺部。

❶竹子。見説文。詩小雅斯干："如～苞矣，如松茂矣。"❷竹製的管樂器。周禮春官大師："皆播之以八音：金、石、土、革、絲、木、匏、～。"鄭玄注："竹，管簫也。"禮記樂記："金、石、絲、～，樂之器也。"❸竹簡，用以記事的竹片。墨子明鬼："古者聖王必以鬼神爲其務，鬼神厚矣，又恐後世子孫不能知也，故書之～帛傳遺後世子孫。"

［備考］草名。爾雅釋草："竹，萹蓄。"郭璞注："似小藜，赤莖節，好生道旁，可食，又殺蟲。"

二 畫

竺 1.zhú 張六切，入，屋韻，知。覺部。

❶竹。廣雅釋草："竺，竹也。"王念孫疏證："説文：'竺，从竹聲。'玉篇：'丁沃切，又音竹。'則竺、竹同聲字。"❷印度古譯名天竺的簡稱。廣韻屋韻："竺，天竺，國名。"唐李賀馬詩二十三首之十九："蕭寺馱經馬，元從～國來。"❸關於佛教、佛學的。竺典即佛書、佛經；竺經即佛經；竺學即佛學。

2.dǔ 冬毒切，入，屋韻，端。覺部。

❹厚，篤厚。説文："竺，厚也。"漢佚名平輿令薛君碑："遘此～旻。"

［備考］通"毒"。楚辭戰國屈原天問："稷維元子，帝何～之。"清俞樾俞樓雜纂二四讀楚辭認爲竺通毒，意爲憎惡。

按，説文竺字在二部。

竻 lè 盧則切，入，德韻，來。

竹根。見玉篇。

按，説文無竻字。

三　畫

竿 1. gān 古寒切，平，寒韻，見。元部。

❶竹的主幹。詩衛風竹竿："籊籊竹～，以釣于淇。"特指釣竿。莊子外物："投～東海，旦旦而釣，期年不得魚。"❷量詞（後起義）。相當於棵、株。唐杜甫將赴成都草堂途中有作先寄嚴鄭公五首之四："新松恨不高千尺，惡竹應須斬萬～。"❸指竹簡。莊子列禦寇："小夫之知，不離苞苴～牘。"釋文引司馬彪曰："竿牘，謂竹簡爲書，以相問遺。"

2. gǎn 集韻古旱切，上，旱韻，見。

❹箭杆。文選南朝宋鮑照出自薊北門行："嚴秋筋～勁，虜陣精且强。"李善注："竿，箭幹也。"

［同源字］竿，杆，秆。三字都有長而直挺的意思。説文："竿，竹梃也。"秆，説文作稈的重文，注曰："禾莖也。"集韻："杆，僵木也。"

竽 yú 羽俱切，平，虞韻，喻三。魚部。

古代一種管樂器。説文："竽，管三十六簧也。"韓非子解老："～也者，五聲之長者也，故～先則鍾瑟皆隨，～唱則諸樂皆和。"内儲説上："齊宣王使人吹～，必三百人。南郭處士請爲王吹～，宣王説（悦）之，廩食以數百人。宣王死，湣王立，好一一聽之，處士逃。"

［同源字］訏，盱，芋，竽。見"訏"字條。

箎 chí 集韻陳知切，平，支韻，澄。支部。

古管樂器。同"篪"。禮記月令仲夏之月："調竽笙～簧。"

按，説文箎作鷈，在龠部。

四　畫

笇 suàn 蘇貫切，去，换韻，心。元部。

計算。同筭。史記吴王濞列傳："上方與鼂錯調兵～軍食。"按，據秦漢魏晉篆隸字形表，"筭"漢簡有作芖、关的，笇當由此譌變而來。

笐 1. gāng 古郎切，平，唐韻，見。陽部。

❶竹子的行列。見説文。

2. háng 集韻寒剛切，平，唐韻，匣。

❷竹名。又指一種竹製的弦樂器。見集韻。

3. hàng 下浪切，去，宕韻，匣。

❸衣架；晾禾用的桁架（後起義）。宋劉過滿庭芳："蘭薰半歇，滿～舞衣裳。"明徐光啓農政全書農器圖譜二："今湖、湘間收禾並用～架懸之。"

笄 jī 古奚切，平，齊韻，見。脂部。

❶古時用以盤頭髮或别住帽子的簪子。史記張儀列傳："其姊聞之，摩～以自刺，故至今有摩笄之山。"❷古時女子成年所行的禮，相當於男子的冠禮。儀禮士昏禮："女子許嫁，～而醴之稱字。"鄭玄注："許嫁，已受納徵禮也；～，女之禮，猶冠男也。"引申指女子可以插笄的年齡，即成年。魏書劉昞傳："（郭）瑀有女始～，妙選良偶，有心於（劉）昞。"

［同源字］笄，髻。笄，古音見母脂部；髻，見母質部。陰入對轉。釋名："笄，係也，所以係冠使不墜也。"説文："係，絜束也。"段玉裁説文解字注："髻，絜髮也。"

按，笄本作丮。説文："丮，簪也。"字彙："笄，丮俗字。"

笆 dùn 徒損切，上，混韻，定。文部。

儲糧食的盛器。淮南子精神："守其篅～。"明徐光啓農政全書農器圖譜三："今貯穀圓～，泥塗其内，草苫於上，謂之露笆者，即囤也。"

［同源字］屯，笆，囤。三字古音聲韻俱同。屯有聚集的意思。莊子寓言："火與日，吾屯也。"成玄英疏："屯，聚也。"笆、囤都是用來儲存穀物的。急就章卷三："笆、篅、篗、筥、箕、筭、篝。"顔師古注："笆之言屯也，物所屯聚也。"玉篇："囤，小屋也。"笆、囤同音，實同

一詞。

笓 hù 胡誤切,去,暮韻,匣。魚部。

❶收繩用的工具。見説文。❷一種苦筍。宋贊寧筍譜:"～筍,七月生…味苦而節疎。"

筍 sǔn 思尹切,上,準韻,心。真部。

同"筍"。❶竹的嫩芽,可以做菜。北周庾信春賦:"新芽竹～,細核楊梅。"引申指嫩的(晚起義)。清翟灝通俗編禽魚:"京師人以雞鴨之嫩者爲～雞、～鴨,其稱舊矣。"❷通"榫"。紅樓夢四二回:"他又不防,兩下裏錯了～,向東一歪,連人帶椅子都歪倒了。"

按,説文筍作筍。

笆 bā 伯加切,平,麻韻,幫。

後起字。❶〔笆籬〕用竹等編的栅欄。唐白居易秦中吟十首買花:"上張幄幕庇,旁織笆籬護。"簡稱"笆"。元史河渠志:"宜編荊～爲水口,以泄水勢。"❷一種長(zhǎng)刺的竹子。玉篇:"笆,竹有刺。"

笈 jí 其立切,入,緝韻,羣。緝部。

書箱,可揹負。鹽鐵論相刺:"故玉屑滿篋,不爲有寶;誦詩書負～,不爲有道:要在安國家利人民,不苟文繁衆辭而已。"晉書王裒傳:"負～遊學。"

按,説文無笈字。

筂 1. pí 部迷切,平,齊韻,並。

❶捕蝦的竹器。廣韻齊韻:"筂,取蝦竹器。"❷用竹或荆條等編的障礙物。新唐書南蠻傳:"置牢城兵,八將主之,樹～格,夜列炬照城,守具雄新。"

2. bì 集韻毗至切,去,至韻,並。

❸同"篦"。梳頭用具。見集韻。

按,説文無筂字。

笑 xiào 私妙切,去,笑韻,心。宵部。

❶喜悦通過"解顔"和聲音表現出來。論語憲問:"樂然後～,人不厭其～。"易旅:"旅人先～後號咷。"❷譏笑。莊子秋水:"吾長見～於大方之家。"孟子梁惠王上:"以五十步～百步,則何如?"

按,説文笑字爲北宋徐鉉所補,注云:"此字本闕。臣鉉等按:孫愐唐韻引説文云:'喜也,从竹,从犬。'又案:李陽冰刊定説文从竹从夭,義云:'竹得風,其體夭屈如人之笑。'未知其審。"漢墓老子帛書笑字从竹从犬。

笏 hù 呼骨切,入,没韻,曉。物部。

❶古代臣下朝見君主時所執的手板,可以記事。釋名釋書契:"笏,忽也。君有教命及所啟白,則書其上,備忽忘也。"禮記玉藻:"凡有指畫於君前,用～;造受命於君前,則書於～。"唐韓愈釋言:"束帶執～立士大夫之行,不見斥以不肖,幸矣,其何敢敖於言乎?"❷量詞(後起義)。塊,條。宋蘇軾與范子豐書:"納銀一～,託用買圓熟珠子二千枚。"宋陸游老學庵筆記:"嘗寄先左丞以陳贍墨四十～。"

按,説文無笏字,新附有之,云:"公及士所搢也。"

筓 chí。

同"匙"。鑰匙。唐李商隱日高詩:"玉～不動便門鎖。"宋楊萬里春寒早朝詩:"誰能馬上追前夢,坐待金門放玉～。"

笊 zhào 側教切,去,效韻,照二。

後起字。〔笊籬〕用竹篾等製成的漏勺。集韻效韻:"笊、笊籬,漉器。"唐段成式酉陽雜俎忠志:"安禄山恩寵莫比,錫賚無數。其所賜品目有…銀笊籬。"

第 zǐ 阻史切,上,止韻,照二。脂部。

竹編的牀墊。説文:"第,牀簀也。"國語晉語一:"牀～之不安邪?"韋昭注:"第,簀也。"左傳襄公二十七年:"牀～之言不踰閾。"

五 畫

笵 fàn 防錽切,上,范韻,奉。談部。

模子;法則。説文:"笵,法也。"段玉裁注:"通俗文曰:'規模曰～。'玄應曰:'以土曰型,以金曰鎔,以木曰模,以竹曰～。一物材别也。'説與許合。"宋桑世昌蘭亭博議臨摹:"世之摹字者多爲筆勢牽掣,失其舊跡,須模摹之～…惟舊跡是循。"

[辨]①笵,範,范。笵的本義指模子、法則。範的本義指範軷,一種出行時的祭祀,但文獻多以範來表示模子、法則的意思,其本義鮮用。范的本義指一種草,古籍中也常用指模子、法則。笵一般不用于姓氏。范用于姓氏,如范雎、范仲淹;範也用于姓氏。二者不同,不得相混。

②鎔,模,法,型,笵。見"鎔"字條。

笠

lì 力入切,入,緝韻,來。緝部。

以竹爲原料做的帽子。説文:"笠,簦無柄也。"王筠句讀:"禦暑禦雨之具也。抑於此言無柄,以見簦乃有柄之物。"淮南子説林:"或謂～,或謂簦,名異實同也。"(末五字以王念孫説補)詩小雅無羊:"何蓑何～,或負其餱。"詩周頌良耜:"其～伊糾,其鎛斯趙。"國語越語上:"譬如蓑～,時雨既至必求之。"

笘

shān 集韻詩廉切,平,鹽韻,審三。談部。

古時兒童習字用的竹簡。説文:"笘,潁川人名小兒所書寫爲笘。""籥,書僮竹笘也。"廣雅釋器:"笘,籥也。"王念孫疏證:"笘亦簡之類。"

笴

gǎn 古旱切,上,旱韻,見。元部。

箭杆。周禮考工記:"妢胡之～,吴粤之金錫。"鄭玄注:"笴,矢幹也。"

按,説文無笴字。

笨

bèn 蒲本切,上,混韻,並。文部。

後起詞。❶大而重。晉書羊聃傳:"兖州有八伯之號,其後更有四伯…豫章太守史疇以大肥爲～伯。"❷智力低下的。抱朴子外篇行品:"杖淺短而多謬,闇趨舍之臧否者,～人也。"宋書王微傳:"小兒時尤粗～無好,常從博士讀小小章句,竟無可得。"

[備考]説文:"笨,竹裏也。"

笥

sì 相吏切,去,志韻,心。之部。

竹製盛器。説文:"笥,飯及衣之器也。"書説命中:"惟衣裳在～,惟干戈省厥躬。"禮記曲禮上:"凡以弓劍苞苴簞～問人者,操以受命,如使之容。"鄭玄注:"簞笥,盛飯食者,圜曰簞,方曰笥。"

笢

mǐn 集韻弭盡切,上,準韻,明。真部。

竹篾。説文:"笢,竹膚也。"朱駿聲説文通訓定聲:"竹外青也,亦謂之筠。析者聲轉謂之篾。"

[同源字]笢,篾。笢,明母真部;篾,明母月部,月真旁對轉。

第

dì 特計切,去,霽韻,定。脂部。

❶在一定系列中的次序。左傳哀公十六年:"楚國～:我死,令尹司馬非勝而誰?"杜預注:"第,用士之次第。"引申指一定的等級。後漢書孝獻帝紀:"九月甲午,試儒生四十餘人,上～賜位郎中;次,太子舍人;下～者罷之。"特指合乎考試標準的。科舉時應試合格的稱及第,不合格的稱落第(後起義)。新唐書選舉志上:"凡秀才,試方略策五道,以文理通粗爲上上、上中、上下、中上,凡四等爲及～。"❷按一定等級建造的大宅院。字彙竹部:"第,宅第,有甲、乙次第,故曰第。"史記衛將軍驃騎列傳:"天子爲治～,令驃騎視之,對曰:'匈奴未滅,無以家爲也。'"史記魏其武安侯列傳:"武安由此滋驕,治宅甲諸～。"〔甲第〕貴族豪門的宅第。史記武帝本紀:"賜列侯甲第。"唐崔顥長安道詩:"長安甲第高入雲,誰家居住霍將軍。"❸助詞。表示次序。漢書叙傳:"述賈誼傳～十八。"❹副詞。但,只管。史記淮陰侯列傳:"～舉兵,吾從此助公。"

按,説文無第字。第古用弟,漢熹平石經始見第,但表示次第義,至清代仍多用弟字。

笳 jiā 古牙切,平,麻韻,見。歌部。

古代北方民族的樂器,也稱胡笳。文選漢李陵答蘇武書:"胡～互動,牧馬悲鳴。"隋明餘慶從軍行:"風卷常山陣,～喧細柳營。"也作"葭"。

按,説文無笳字。

笪 1. dá 當割切,入,曷韻,端。月部。

❶竹篾製的類似席的東西。宋沈括夢溪筆談二四雜誌一:"趙韓王治第…蓋屋皆以板爲～。"❷拉船的竹索。元周密齊東野語舟人稱謂有據:"鍾會呼捉船索爲百丈。趙氏註云:'百丈者,牽船篾,内地謂之～。'"❸擊,鞭撻。説文:"笪,笞也。"清錢坫説文斠詮:"笪,聲義與撻同。"

2. dàn 得按切,去,翰韻,端。元部。

❹擊,鞭撻。集韻緩韻:"笪,博雅:'擊也。'或从手。"樂府詩集三八相和歌辭婦病行:"莫我兒飢且寒,有過慎莫～笞。"黄節箋:"笪與担同。"按,笪在表示擊、鞭撻義時有二音,爲元月對轉。

笛 dí 徒歷切,入,錫韻,定。覺部。

樂器名。説文:"笛,七孔筩也。…羌～三孔。"文選漢馬融長笛賦序:"能鼓琴吹～。"唐李白春夜洛城聞笛詩:"誰家玉～暗飛聲,散入春風滿洛城。"

笭 líng 郎丁切,平,青韻,來。耕部。

❶竹籠。説文:"笭,籯也。""籠,笭也。"廣雅釋器:"笭,籠也。"❷同"軨"。説文:"笭,車笭也。"王筠句讀:"笭與軨同。"

筓 biàn 皮變切,去,線韻,並。元部。

竹器。儀禮士昏禮:"婦執～棗栗,自門入。"禮記昏義:"執～棗段脩以見。"

按,説文無筓字。

笞 chī 丑之切,平,之韻,徹。之部。

❶用鞭子抽打。説文:"笞,擊也。"王筠句讀:"箠者笞之器,以箠擊之謂之～。"墨子魯問:"譬有人於此,其子强梁不材,故其父～之。"❷古時指用鞭子等抽打的刑罰。新唐書刑法志:"其用刑有五:一曰～。～之爲言恥也;凡過之小者,捶撻以恥之。漢用竹,後世更之以楚。"

笙 shēng 所庚切,平,庚韻,審二。耕部。

❶管樂器。簧管自十三根至十九根不等。説文:"笙,十三簧,象鳳之身也。"詩小雅鹿鳴:"我有嘉賓,鼓瑟吹～。"❷竹席。文選晉左思吴都賦:"桃～象簟,韜於筍中。"

[備考]㊀古代東方的音樂。詩小雅鼓鍾:"～磬同音。"毛傳:"～磬,東方之樂。"鄭箋:"東方曰笙。笙,生也。"㊁細。方言卷二:"笙,細也。"

笮 1. zé 側伯切,入,陌韻,照二。鐸部。

❶狹窄。説文:"笮,迫也。"段玉裁注:"笮,窄古今字。"三國魏曹丕陌上桑:"披荆棘,求阡陌,側足獨窘步,路局～。"用在人事上指窘困。三國志魏書和洽傳:"(漢)高祖每在屈～,二相(蕭何、曹參)恭順,臣道益彰。"

2. zhà 側駕切,去,禡韻,照二。

❷榨。三國魏嵇康聲無哀樂論:"雖～具不同,而酒味不變也。"宋蔡襄荔支譜:"蜜煎,剥生荔支,～去其漿,然後蜜煮之。"

3. zuó 在各切,入,鐸韻,從。鐸部。

❸竹索。同"筰"。唐杜甫桔柏渡詩:"連～動嫋娜,征衣颯飄颻。"❹壓榨。同"筰"。後漢書耿恭傳:"吏士渴乏,～馬糞汁而飲之。"❺通"鑿"。國語魯語上:"中刑用刀鋸,其次用鑽～。"韋昭注:"笮,黥刑也。"

[備考]㊀屋的席箔。説文:"笮,在瓦之下,棼上。"㊁盛箭的竹器。儀禮既夕禮:"役器:甲、胄、干、～。"鄭玄注:"笮,矢箙。"

笱 gǒu 古厚切,上,厚韻,見。侯部。

捕魚竹器。魚進入後不得出來。詩邶風谷風:"毋逝我梁,毋發我～。"

[同源字]枸,句,鉤,軥,笱,朐,痀。見

“枸”字條。

按,説文笱字在句部,云:“曲竹捕魚～也。”

符 fú 防無切,平,虞韻,奉。侯部。

❶古時君主傳達命令或徵調兵將用的憑證,雙方各執一半以驗真僞。説文:“符,信也。漢制以竹,長六寸,分而相合。”史記魏公子列傳:“如姬果盜晉鄙兵～與公子。”孝文本紀:“初與郡國守相爲銅符、竹使～。”用爲動詞,指符合。貨殖列傳:“豈非道之所～而自然之驗邪?”❷符命。方士認爲天授的祥瑞。漢董仲舒舉賢良對策一:“此蓋受命之～也。”❸符籙(後起義)。抱朴子内篇遐覽:“鄭君言,～出於老君,皆天文也。”唐王建贈溪翁詩:“看日和仙藥,書～救病人。”

[備考]通“孚”。〔符甲〕即孚甲,種子的外皮。史記律書:“甲者,言萬物剖符甲而出也。”司馬貞索隱:“符甲猶孚甲也。”

筎 nú 乃都切,平,模韻,泥。魚部。

鳥籠。説文:“筎,鳥籠也。”楚辭戰國屈原九章懷沙:“鳳凰在～兮,雞鶩翔舞。”

六 畫

筊 jiǎo 古巧切,上,巧韻,見。宵部。

❶竹索。説文:“筊,竹索也。”古籍中也作“茭”。徐鍇繫傳引史記河渠書漢武帝歌:“搴長～兮沈美玉。”今傳本史記作“茭”。❷一種較小的簫。見爾雅。

[備考]通“珓(jiào)”。古時占卜吉凶的器物。正字通竹部:“筊,…又效韻,音教,卜筊。”又玉部:“珓,…俗改作筊、教,並非。…石林燕語高辛廟有竹栝～,以一俯一仰爲聖。”

筐 kuāng 去王切,平,陽韻,溪。陽部。

❶方形的竹器。詩召南采蘋:“于以盛之,維～及筥。”漢書賈誼傳:“俗吏之所務,在于刀筆～篋。”引申指方的。淮南子詮言:“心有憂者,～牀衽席,弗能安也。”❷(以筐)盛滿。楚辭漢劉向九歎怨思:“～澤瀉以豹鞹兮,破荆和以繼築。”

[備考]小簪。淮南子齊物:“柱不可以摘齒,～不可以持屋。”高誘注:“～,小簪也。”

[同源字]筐,筥。見“筥”字條。

按,説文筐是匡的重文,在匚部。

笄 jī 古奚切,平,齊韻,見。脂部。

簪子。説文:“笄,簪也。”禮記士冠禮:“皮弁～,爵弁～,緇組紘纁邊,同篋。”鄭玄注:“笄,今之簪。”後作“笄”。

等 děng 多肯切,上,等韻,端。蒸部。

❶使簡齊平。説文:“等,齊簡也。”引申指一樣,相同。淮南子主術:“有法者而不用,與無法～。”❷級别。左傳昭公七年:“天有十日,人有十～。”禮記檀公上:“獻子加於人一～矣。”特指臺階的級次。吕氏春秋召類:“故明堂茅茨蒿柱,土階三～,以見節儉。”❸處在同一級次上的人,即輩,輩分。禮記曲禮上:“侍坐於所尊,敬毋餘席,見同～不起。”史記留侯世家:“今諸將皆陛下故～夷,乃令太子將此屬,無異使羊將狼,莫肯爲用。”❹用在代詞、名詞後表示複數或列舉未盡。史記平原君列傳:“公～録録。所謂因人成事者也。”墨子公輸:“臣之弟子禽滑釐～三百人已持臣守圉之器在宋城上而待楚寇矣。”三國志蜀書諸葛亮傳:“亮與張飛、趙雲～率衆泝江。”❺衡量。孟子公孫丑上:“由百世之後,～百世之王,莫之能違也。”三國志蜀書譙周傳:“今若入吴,固當臣服…～爲小稱臣,孰與爲大?”用爲名詞,指衡器(後起義)。明馮夢龍警世通言宋小官團圓破氈笠:“便取出銀子,剛剛一塊,討～來一稱…到有七錢多重。”後作“戥”。❻等待(後起義)。宋釋道原景德傳燈録二七布袋和尚:“師在街衢立。有僧問:‘和尚在這裏做什麽?’師曰:‘～個人。’”

[辨]等,待。表示等待的意思先秦時説俟,待。待,端母之部;等,端母蒸部,之蒸陰

陽對轉,"等"後來産生了等待義。"等"在廣韻中有"多海切",陰聲韻。

笻 qióng 渠縈切,平,鍾韻,羣。

竹名。可以做杖,因此杖亦稱笻。唐可止送僧詩:"百年三事衲,萬里一枝~。"

按,説文無笻字。

筑 1. zhú 張六切,入,屋韻,知。覺部。

❶古弦樂器名。説文:"筑,以竹曲五弦之樂也。"史記游俠列傳:"高漸離擊~,荆軻和而歌。"

2. zhú 直六切,入,屋韻,澄。覺部。

❷貴陽的别稱。貴州貴陽市在明初爲貴筑長官司,清爲貴筑縣,後稱筑。❸水名。見廣韻。

策 cè 楚革切,入,麥韻,穿二。錫部。

❶馬鞭。説文:"策,馬箠也。"禮記曲禮上:"君車將駕,則僕執~立於馬前。"引申指以鞭打馬。論語雍也:"孟之反不伐。奔而殿,將入門,~其馬曰:'非敢後也,馬不進也。'"❷古時用於計算的小籌。老子第二十七章:"善數不用籌~。"引申指計謀;謀略。三國志魏書荀攸傳:"公達前後凡畫奇~十二。"❸拐杖。莊子齊物論:"師曠之枝~也。"(枝:拄)用爲動詞,指拄(拐杖)。晉陶淵明歸去來兮辭:"~扶老以流憩,時矯首而遐觀。"❹編成的竹簡,也寫作"册"。儀禮聘禮:"百名以上書於~。"(名:字)❺帝王對臣下封土、授爵或免官的文書。左傳僖公二十八年:"~命晉侯爲侯伯。"❻策問。從漢代起,皇帝爲選拔人材而舉行考試,事先把問題寫在竹簡上,叫"策"。漢書公孫弘傳:"上~詔諸儒。"〔對策〕根據策的問題作回答。南朝梁劉勰文心雕龍議對:"對策者,應詔而對政也。"❼古代占卜用的蓍(shī)草。楚辭戰國屈原卜居:"詹尹乃釋~而謝。"引申指預知。後漢書劉寬傳:"以先~黄巾逆謀,以事上聞,封逯鄉侯六百户。"李賢注:"先策謂預知也。"

筆 bǐ 鄙密切,入,質韻,幫。物部。

❶書寫用的文具。莊子田方子:"宋元君將畫圖,衆史皆至,受揖而立,舐~和墨,在外者半。"引申指用筆寫。史記孔子世家:"~則~,削則削。"引申指文字或繪畫的作品。抱朴子内篇辨問:"所以過絶人者,唯在才長思遠,口給~高,德全行潔,强訓博聞之事耳。"新唐書李白傳:"觀公~奇妙,欲以藏家爾。"❷特指散文,與有韻的"文"相對(後起義)。南朝梁劉勰文心雕龍總術:"今之常言,有文有~,以爲無韻者~也,有韻者文也。"❸漢字的筆畫(後起義)。晉書王羲之傳:"論者稱其~勢,以爲飄若浮雲,矯若驚龍。"明陶宗儀輟耕録禊帖考:"姜石白先生禊帖偏旁考云:'…欣字"欠"右一~,作章草發~之狀,不是捺。'"❹量詞(晚起義)。用於錢財、帳目等。紅樓夢五五回:"一個賞過一百兩,一個賞過六十兩,這兩~底下皆有原故。"

按,説文筆字在聿部。

筩 1. tǒng 徒紅切(舊讀 tóng),平,東韻,定。東部。

❶竹管。論衡量知:"截竹爲~,破以爲牒,加筆墨之迹乃成文字。"吕氏春秋古樂:"昔黄帝令伶倫作爲律,…次製十二~。"高誘注:"六律六吕各有管,故曰十二筩。"❷捕魚的工具。宋蘇軾夜泛西湖之三:"漁人收~及未曉,船過惟有菰蒲聲。"

2. dòng 徒弄切,去,送韻,定。東部。

❸洞簫,無底的簫。説文:"筩,通簫也。"段玉裁注:"所謂洞簫也。…漢章帝紀:'吹洞簫'如淳曰:'洞者,通也。簫之無底者也。'"

筌 quán 此緣切,平,仙韻,清,元部。

捕魚竹器。文選晉郭璞江賦:"栫澱爲涔,夾衆羅~。"李善注:"筌,捕魚之器。"字亦作"荃"。莊子外物:"荃者所以在魚,得魚而忘~。"引申指憑藉。宋唐庚醉眠詩:"夢中頻得句,拈筆又忘～。"

［備考］㊀通"銓"。序次。文選晉左思魏都賦:"闡鈞繩之～緒,承二分之正要。"㊁通"荃"。香草。唐元稹和樂天感鶴詩:"君看孤松樹,左右蘿蔦纏,既可習爲鮑,亦可薰爲～。"

按,説文無筌字。

筳 tíng 特丁切,平,青韻,定。耕部。

㊀絡絲的竹管。又稱筟、筦。説文:"筳,維絲筦也。"㊁小竹枝。楚辭戰國屈原離騷:"索藑茅以～篿兮,命靈氛爲余占之。"王逸注:"～,小折竹也。"漢書王莽傳中:"以竹筳導其脈,知所終始,云可以治病。"

答 dá 都合切,入,合韻,端。緝部。

亦作"荅"。㊀對對方的行事等作出回應。尚書顧命:"燮和天下,用～揚文、武之光訓。"僞孔傳:"用對揚聖祖文、武之大教。"引申指用語言回應對方的提問。論語憲問:"南宫适問於孔子曰:'羿善射,奡盪舟,俱不得其死然;禹、稷躬稼而有天下。'夫子不～。南宫适出。子曰:'君子哉若人!尚德哉若人!'"㊁表示應允,同意别人的言行。詩小雅雨無正:"凡百君子,莫肯用訊,聽言則～,譖言則退。"

［備考］通"合"。尚書洛誥:"予旦以多子,越御事,篤前人成烈,～其師,作周孚先。"漢書郊祀志上:"今上帝朕親郊,而后土無祀,則禮不～也。"

按,説文無答字。清邵瑛説文解字羣經正字:"説文無答字,正字當作荅。"

筅 xiǎn 蘇典切,上,銑韻,心。

〔筅帚〕也作"箲帚"。洗滌釜甑等的用具。玉篇:"筅,筅帚也。"宋吴自牧夢粱録諸色雜買:"挑擔賣油,賣…竹帚、筅帚。"

按,説文無筅字。

筈 kuò 苦栝切,音闊,入,末韻,溪。

箭的末端,射箭時搭在弓弦上的部分。晉陸機爲顔彦先贈婦二首之二:"離合非有常,譬彼弦與～。"唐鍾元章逸句:"金～離弦三尺電,星髇破的一聲雷。"

按,説文無筈字。

筋 jīn 舉欣切,平,欣韻,見。文部。

動物肌腱或骨頭上的韌帶。説文:"筋,肉之力也";"力,筋也,象人筋之形。"周禮天官瘍醫:"凡藥,以酸養骨,以辛養～。"韓非子奸劫弑臣:"卓齒之用齊也,擢湣王之～,懸之廟梁,宿昔而死。"

按,説文筋字在筋部,云:"从力从肉从竹。"

筍 1. sǔn 思尹切,上,準韻,心。真部。

㊀竹的嫩芽。同"笋"。説文:"筍,竹胎也。"詩大雅韓奕:"其蔌維何?維～及蒲。"㊁懸樂器的横向裝置。周禮考工記梓人:"梓人爲～虡。"鄭玄注:"樂器所懸,横曰～,植曰虡。"

2. yún 集韻于倫切,平,諄韻,喻三。真部。

㊀竹的青皮,俗稱篾青。後作筠。書顧命:"西夾南嚮,敷重～席。"

筝 gòng 古送切,音貢,去,送韻,見。東部。

盛物竹籠。説文:"筝,栝答也…或曰盛箸籠。"段玉裁注:"箸筩曰籍,亦曰筝也。"

筏 fá 房越切,入,月部,奉。月部。

用竹、木等編紮成的水上交通工具。北堂書鈔東觀漢記:"吴漢平成都,乘～從江下。"唐杜甫奉送崔都水翁下峽詩:"無數涪江～,鳴橈總發時。"

按,説文無筏字。説文木部有橃(fá)字,宋徐鉉認爲即筏字。王力同源字典"筏"、"橃"同源。

笐 háng 胡郎切,平,唐韻,匣。

〔笐篖〕叠韻聯緜字。竹席。方言卷五:"笐篖,自關而東,周、洛、楚、魏之間謂之倚佯;自關而西謂之笴篇。"

按,説文無笴字。

七　畫

筦 guǎn 古滿切,上,緩韻,見。元部。

❶絡絲的竹管。説文:"筦,筟也。"朱駿聲説文通訓定聲:"蘇俗謂之篗頭,綰絲于其上者。"❷同"管"。①管樂器。詩周頌執競:"鐘鼓喤喤,磬~將將。"漢書董仲舒傳:"聖王已没,鐘鼓~絃之樂未衰。"②鑰匙。戰國策趙策三:"天子巡狩,諸侯辟(避)舍,納於~鍵。"引申指管理、管轄。史記平準書:"而桑弘羊爲治粟都尉,領大農,盡代(孔)僅~天下鹽鐵。"

[備考]通"斡(wò)"。轉,運轉。楚辭戰國屈原天問:"斡維焉繫,天極焉加?"王逸注:"斡,一作筦。"聞一多疏證:"作筦、作斡,均假爲斡。"

筤 1. láng 魯當切,平,唐韻,來。陽部。

❶古時車蓋上的竹骨架。説文:"筤,籃也。"徐灝説文解字段注箋:"釋名云:'車弓上竹曰郎',郎即筤也。"❷幼竹。唐元稹生春詩:"斫~天雖暖,穿區凍未融。"

2. làng 郎宕切,去,宕韻,來。

❸古時一種儀仗,即華蓋,在帝王車後,由内臣于馬上執持。宋張孝祥賀郊祀慶成詩:"日照雲裳委,風含綵~低。"

筭 suàn 蘇貫切,去,換韻,心。元部。

❶古代計數的籌碼。説文:"筭,長六寸,計歷數者。"中國歷代精粹大典科技數學:"(説文所記)爲西漢算籌,長13厘米左右,截面爲圓形,徑0.23厘米,出土骨籌與此相符。"❷計算。後漢書翟酺傳:"今自初政以來,日月未久,費用賞賜已不可~。"❸謀畫。文選晉陸機弔魏武帝文:"長~屈於短日,遠跡頓於促路。"李善注:"筭,計謀也。"

[辨]筭,算。説文:"算,數也",視作動詞;"筭:長六寸,計歷數者"視作名詞,强生分别,古籍中二字通用。現作"算"。

筠 yún 爲贇切,平,真韻,喻三。真部。

❶竹皮。禮記禮器:"其在人也,如竹箭之有~也。"鄭玄注:"筠,竹之青皮也。"❷竹子。南朝梁江淹知己賦:"我~心而松性,君金采而玉相。"又指竹製的樂器。北周庾信趙國公集序:"大禹吹~,風雲爲之動。"

按,説文無筠字,新附有之,云:"筠,竹皮也。"

筮 shì 時制切,去,祭韻,禪。月部。

古時用蓍(shī)草來占卦以預料吉凶。説文:"筮,易卦用蓍也。"詩衛風氓:"爾卜爾~,體無咎言。"毛傳:"龜曰卜,蓍曰筮。"

筴 1. jiā 古協切,入,怗韻,見。葉部。

❶箸類,即後代的筷子。同"梜"。宋王安石游土山示蔡天啟秘校詩:"雖無膏污鼎,尚有羹濡~。"

2. cè 集韻測革切,入,麥韻,穿二。錫部。

同"策"。❷古時占卜用的蓍(shī)草。禮記曲禮上:"龜爲卜,~爲筮。"❸編成的竹簡。國語魯語上:"季子之言不可不法也,使書以爲三~。"❹計謀。史記留侯世家:"留侯善畫計~。"

[備考]通"愜(qiè)"。快意。管子白心:"愕愕者不以天下爲憂,刺刺者不以萬物爲~。"

按,説文無筴字。

節 jié 子結切,入,屑韻,精。質部。

❶竹節,泛指植物分枝長葉的地方。説文:"節,竹約也。"史記龜策列傳:"竹,外有~理,中直空虚。"後漢書虞詡傳:"不遇槃根錯~,何以别利器乎?"引申指動物骨骼連接的地方。莊子養生主:"彼~者有閒,而刀刃者無厚。"❷節令;節日。古時以春分、秋分、冬至、夏至、立春、立夏、立秋、立冬爲八節,後分爲二十四節。史記太史公自序:"夫陰陽

四時，八位，十二度，二十四～，各有教令。"唐王維九月九日憶山東兄弟詩："獨在異鄉爲異客，每逢佳～倍思親。"引申指某個時段。史記外戚世家："（吕后）及晚～色衰愛弛。"❸準則，法度。禮記曲禮上："禮不踰～，不侵侮，不好狎。"指一定的道德規範。論語微子："長幼之～，不可廢也。"左傳成公十五年："聖達～，次守～，下失～。"❹一定的程度，適度。墨子辭過："風雨～而五穀孰。"引申指限度。易未濟："飲酒濡首，亦不知～也。"引申指按低限度去做，節制。論語學而："～用而愛人，使民以時。"易頤："～飲食。"❺符節，是一種可作證明的憑據。漢書蘇建傳附蘇武："（蘇武）杖漢～牧羊，卧起操持，～旄盡落。"❻一種控制樂曲節奏的樂器。晉左思蜀都賦："巴姬彈弦，漢女擊～。"引申指節拍。鹽鐵論相制："（歌者）貴在中～。"東漢蔡琰胡笳十八拍："十五拍兮～調促，氣填胸兮誰識曲？"❼某一段。淮南子説林："見象牙乃知其大於牛，見虎尾乃知其大於狸，一～見而百～知也。"

筩 1. tǒng 徒紅切（舊讀 tóng），平，東韻，定。東部。

❶竹筒。説文："筩，斷竹也。"韓非子説疑："不能飲者以～灌其口。"晉書陸機傳："機乃爲書以竹～盛之而繫其頸（指犬），犬尋路南走，遂至其家。"也指桶狀的器具。北魏楊衒之洛陽伽藍記聞義里："復有佛錫杖，長丈七，以木～盛之，金箔其上。"

2. dòng 集韻杜孔切，上，腫韻，定。東部。

❷一種可吹的竹管哨子。説文："筩，吹～也。"

筲 shāo 所交切，平，肴韻，審二。宵部。

一種較小的盛器。論語子路："斗～之人，何足算也。"何晏注："筲，竹器，容斗二升。"〔筲箕〕日用竹器（晚起義）。清吳敬梓儒林外史二三回："手裏拿了一個筲箕出去買米。"

按，説文筲作籍。

筥 jǔ 居許切，音舉，上，語韻，見。魚部。

❶圓形竹筐。説文："筥，籍也。"詩召南采蘋："于以盛之，維筐及～。"❷量詞。四秉（禾把）爲筥。

［同源字］筥，筐。詩召南采蘋毛傳："方曰筐，圓曰筥。"筥、筐，見溪旁紐，魚陽對轉。

筯 zhù 遲倨切，去，御韻，澄。

同"箸"。即後代的筷子。世説新語忿狷："王藍田性急，嘗食雞子，以～刺之不得，便大怒，舉以擲地。"也指火筷子。唐陸羽茶經："火筴一名～。"

按，説文無筯字。

筧 jiǎn 古典切，上，銑韻，見。

後起字。竹管相連的引水設施。唐白居易錢唐湖石記："錢唐湖一名上湖，周迴三十里，北有石函，南有～。凡放水溉田，每減一寸，可溉十五餘頃。"宋陸游退居詩："溪煙漠漠弈棋軒，～水潺潺種藥園。"

筟 fū 芳無切，平，虞韻，敷。幽部。

絡絲的竹管。説文："筟，筳也。"段玉裁注曰："筳、筦、筟，三名一物也。"

筨 hán 胡男切，平，覃韻，匣。

〔筨簩〕一種實心竹。玉篇："筨，筨簩，竹實中。"正字通竹部："筨，本作䈄，俗作筨。"

按，説文無筨字。

箣 lí 里之切，平，之韻，來。

〔箣篱〕①用竹編織的屏障物。玉篇："箣，織竹爲箣篱，障也。"晉傅咸劾夏侯駿事："令史張濟，案行城東，見有新立屋，間箣篱障二十丈，推問，是少府夏侯駿所作，請免駿官。"②竹製漁具。唐皮日休添魚具釣磯詩："盤灘一片石，置我山居足；窪處著箣篱，竅中維舴艋。"

按，説文無箣字。

筵 yán 以然切，平，仙韻，喻四。元部。

❶竹席。詩大雅行葦："或肆之～，或授之几。"引申指座位。隋書禮儀志六："皇帝負扆，置神璽于～前之右。"❷酒席。古人飲食宴會在席上，所以酒席也稱筵。唐劉禹錫桃源行："～羞石髓勸客餐，鐙爇松脂留客宿。"

［辨］筵，席。說文："筵，席也。"周禮春官司几筵鄭玄注："筵亦席也。"筵、席都是指席子，是同義詞。段玉裁注："舖陳曰筵，藉之曰席"，筵舖陳延展於地面，席加於筵上，人坐於席，席在筵上，二者略有不同。後代此種不同遂不存在，然舖在床上的稱"席"，不稱"筵"。

筱 xiǎo 先鳥切，上，篠韻，心。幽部。

❶一種細小的竹子。也作"篠"。宋陸游過大蓬嶺度繩橋至杜秀才山莊詩："柳空叢～出，松偃翠蘿蒙。"❷小。人名用字。

按，說文："筱，箭屬小竹也，从竹，攸聲。"後代作"篠"，聲符是"條"。條，从木攸聲，聲旁攸、條可替換。

筰 zuó 在各切，入，鐸韻，從。鐸部。

❶竹索。說文："筰，筊也。"唐韓愈晚秋郾城夜會聯句："雷鼓揭千槍，浮橋交萬～。"❷古部族名，在今四川漢源一帶。史記西南夷列傳："自巂以東北，君長以什數，徙、～都最大。"（漢書張騫傳作"莋"）❸壓榨。字亦作"笮"。東觀漢紀耿恭傳："匈奴來攻，絶其澗水，吏～馬糞汁飲之。"後漢書耿恭傳作"笮"。

八　畫

箈 tái 集韻堂來切，音臺，平，咍韻，定。之部。

嫩笋。周禮天官醢人："～菹、鴈醢、筍菹、魚醢。"鄭玄注："箈，箭萌。"

按，說文箈作菭。

箔 bó 傍各切，入，鐸韻，並。

後起字。❶養蠶的用具。北魏賈思勰齊民要術種桑柘："桑至春生，一畝食（飼）三～蠶。"❷金屬薄片。南齊書高帝紀下："不得以金銀爲～。"❸門簾。新唐書盧懷慎傳："既屬疾，宋璟、盧從願候之，見敝簀單藉，門不施～。"

箜 kōng 苦紅切，平，東韻，溪。東部。

〔箜篌〕古代撥弦樂器。史記孝武本紀："作禱祠泰一，后土，始用樂舞，益召兒歌，作二十五弦及箜篌瑟自此起。"隋書音樂志下："今曲項琵琶，竪頭箜篌之徒，並出自西域，非華夏舊器。"

按，說文無箜字。

管 guǎn 古滿切，上，緩韻，見。元部。

❶竹管，長圓而中空。莊子秋水："是直用～窺天，用錐指地也，不亦小乎？"世說新語方正："此郎亦～中窺豹，時見一斑。"❷管狀的樂器。說文："管，如篪，六孔，十二月之音。"詩周頌有瞽："既備乃奏，簫～備舉。"孟子梁惠王下："百姓聞王鐘鼓之聲，～籥之音，舉疾首蹙頞而相告。"特指律管。漢書律曆志上："截～爲律，吹以考聲。"❸筆管，筆。詩邶風静女："静女其孌，貽我彤～。"明徐渭擬上督府書："生叨奉～毫，辱下客，愧古國士之流。"❹鑰匙。左傳僖公三十二年："鄭人使我掌其北門之～，若潛師以來，國可得也。"禮記檀弓下："～庫之士。"孔穎達疏："管謂夾取鍵，今謂之鑰匙。"用於動詞，指掌管，管理。戰國策秦策三："淖齒～齊之權。"❺關涉（晚起義）。紅樓夢二八回："憑他誰叫我裁，也不～二爺的事。"

［同源字］楗，關，管。見"楗"字條。

箊 yū 央居切，平，魚韻，影。

〔箖箊〕竹名。見"箖"字條。

按，說文無箊字。

箐 1. jīng 子盈切，平，清韻，精。

❶小竹籠。元王禎農書卷五："園中築小屋，下懸一箐，令雞宿上。"

2. qiàn 集韻倉甸切,去,霰韻,清。

㊁竹木叢生的山澗。宋黄庭堅題小猿叫驛詩:"大猿叫罷小猿啼,～裏行人白晝迷。"

3. qiāng 集韻千羊切,平,陽韻,清。

㊂細竹名。南朝宋謝靈運山居賦:"其竹則二箭殊葉。"自注:"巨者竿挺之屬,細者簱～之流也。"

按,説文無箐字。

箸 zhù 陟慮切,去,御韻,知。魚部。

㊀筷子。又作"筯"。説文:"箸,飯攲也。"韓非子喻老:"昔日紂爲象～而箕子怖。"㊁明顯。荀子王霸:"致忠信,～仁義,足以竭人矣。"㊂留止;穿着。戰國策趙策一:"兵～晉陽三年矣。"世説新語方正:"今見鬼者云,～生時衣服。若人死有鬼,衣服復有鬼邪?"按,"箸"後來專用來指稱食具筷子,而表示明顯、留止的意義分化出"著"字來表示。著之常用義讀音分爲兩系:一系讀去聲(zhù),用于顯著、著作等;一系讀陽平(zhuó原爲入聲。),用于著衣、附著、著落等,而後一系的字形再變作"着"。

箛 gū 古胡切,平,模韻,見。

以竹篾束物,也指圍束器物的環狀物。廣韻模韻:"以篾束物,出異字苑。"朱子語類論語里仁:"如一箇桶,須是先將木來做成片子,却將一箇～來～斂。"

按,説文無箛字。陸宗達説文解字通論:"箛即錮的後起字。"

箝 qián 巨淹切,平,鹽韻,羣。談部。

夾住。戰國策燕策二:"今者臣來過易水,蚌方出曝,而鷸啄其肉,蚌合而～其喙。"

[同源字]拑、箝、鉗、詌。見"鉗"字條。

箖 lín 力尋切,平,侵韻,來。

㊀[箖箊]竹名。也作林箊。文選晉左思吴都賦:"其竹則篔簹箖箊,桂箭射筒。"㊁竹名,其筍味美。見宋釋贊寧筍譜。

按,説文無箖字。

箋 jiān 則前切,平,先韻,精。元部。

㊀一種文體,向尊長者陳述自己的意見。晉書謝安傳:"安投～求歸。"文獻名作有陳琳答東阿王～、吴質答魏太子～。㊁古書注釋的一種,意思指將隱而不明顯的地方經注解説明使原來的意思顯現出來。説文:"箋,表識書也。"後漢書儒林傳衛宏:"馬融作毛詩傳,鄭玄作毛詩～。"㊂供題詩寫信等用的精美紙張(後起義)。唐李商隱送崔珏往西川:"浣花～紙桃花色,好好題詩詠玉鉤。"清吴敬梓儒林外史一一回:"兩邊一副～紙的聯,上寫着:'三間東倒西歪屋,一個南腔北調人。'"

箒 zhǒu 之九切,上,有韻,照三。幽部。

同"帚"。掃帚。漢書賈誼傳:"母取箕～,立而誶語。"南齊書劉休傳:"(帝)令休於宅後開小店,使(休妻)王氏親賣掃～皂莢以辱之。"

按,説文箒作帚,在巾部。玉篇竹部:"箒,帚俗字。"

箑 shà 山輒切,入,葉韻,審二。葉部。

扇子。説文:"箑,扇也。"方言卷五:"扇,自關而東謂之～,自關而西謂之扇。"淮南子精神:"知冬日之～,夏日之裘,無用於己,則萬物之變爲塵埃矣。"南朝宋鮑照園葵賦:"伊冬～而夏裘,無雙功而並盛。"

箛 gū 古胡切,平,模韻,見。魚部。

㊀古響器名。説文:"箛,吹鞭也。"徐鍇繫傳:"蓋於鞭上作孔,馬上吹之呱呱然。"桂馥義證:"箛即笳也。"急就篇四:"～簌起居課先後。"顔師古注:"箛,吹鞭也;簌,吹筩也。起居謂晨起夜臥及休食時也,言督作之司,吹鞭及竹筩爲起居之節度。"南朝梁沈約梁雅樂歌禋雅一:"雲～清引。"㊁竹名。文選漢張衡南都賦:"篠簳～箠。"李善注:"箛、箠,二竹名。"

算 suàn 蘇管切,上,緩韻,心。今讀如筭。元部。

㊀計算。說文:"算,數(shǔ)也。"漢書律曆志上:"數者,一、十、百、千、萬也,所以～數事物,順性命之理也。"㊁一定的限額。禮記檀弓下:"辟踊,哀之至也;有～,爲之節文也。"新唐書魏徵傳:"藥膳賜遺無～,中使者綴道。"㊂計數的籌碼。資治通鑑唐德宗建中四年:"吏執筆握～,入人室廬計其數。"㊃計謀。孫子計篇:"多～勝,少～不勝,而況于無～乎?"唐盧綸皇帝感詞:"妙～止干戈,神謀宇宙清。"

[辨]算,筭。見"筭"字條。

箎 1. hǔ 集韻火五切,上,姥韻,曉。

㊀竹名。見集韻。

2. chí。

㊁同"篪"。一種管樂器。字彙竹部:"箎,同篪。"唐杜甫奉贈蕭十二使君詩:"塤～鳴自合,金石瑩逾新。"

箅 bì 博計切,去,霽韻,幫。質部。

也作"箄"。用以蒸食物的器具,多爲竹製。說文:"箅,蔽也。所以蔽甑底。"淮南子說山:"弊～甑瓾,在袇茵之上,雖貪者不搏。"(今本作"箄"。王念孫認爲當是"箅"字)

[同源字]箅,蔽。箅、蔽同爲幫母,箅古韻質部,蔽月部,質月旁轉。說文:"箅,蔽也。"朱駿聲說文通訓定聲:"甑以蒸飯,底有七穿,以竹席蔽之。"

箇 gè 古賀切,去,箇韻,見。歌部。

㊀量詞,用於竹製品。說文:"箇,竹枚也。"也作"个"。荀子議兵:"操十二石之弩,負服矢五十个。"史記貨殖列傳:"竹竿萬个。"司馬貞索隱引釋名:"竹曰箇,木曰枚。"㊁代詞。這,那(後起義)。唐李白秋浦歌:"白髮三千丈,緣愁似～長。"㊂助詞。起强調作用(後起義)。唐韓愈盆池詩:"老翁真～似童兒,汲水埋盆作小池。"唐齊己水鶴詩:"歸路分明～,飛鳴即可聞。"

箘 1. jùn 渠殞切,上,軫韻,羣。文部。

㊀〔箘簬〕一種細長的美竹。也作"箘露",單稱"箘"。說文:"箘,箘簬也。"段玉裁注:"箘簬,二字一竹名。"淮南子本經:"是以松柏箘露(簬)夏槁,江河三川絶而不流。"宋王安石寄袁州曹伯玉使君詩:"濕濕嶺雲生竹～,冥冥江雨熟楊梅。"

2. qūn 去倫切,平,真韻,溪。文部。

㊁桂樹的一種,通稱"箘桂"。也作"菌桂"。楚辭戰國屈原離騷:"雜申椒與菌桂兮,豈維紉夫蕙茝?"

箕 jī 居之切,平,之韻,見。之部。

㊀家用器物。有多個種類。戰國策齊策六:"齊嬰兒謠曰:'大冠若～,脩劍拄頤。'"列子湯問:"遂率子孫荷擔者三夫,叩石墾壤,～畚運於渤海之尾。"㊁箕踞,一種坐的姿勢:臀部着地,兩腿向前伸開。古人認爲是不禮貌的坐姿。禮記曲禮上:"立毋跛,坐毋～,寢毋伏。"㊂星宿名。二十八宿之一,夏日晚出現在南方上空,由四顆星組成,形似簸箕。詩小雅大東:"維南有～,不可以簸揚。"

按,說文箕字在箕部。

箏 zhēng 側莖切,平,耕韻,照二。耕部。

古樂器,戰國時流行於秦地,又稱秦箏。音箱長方形,本竹制,後改木制,上面張弦。說文:"箏,鼓弦竹身樂也。"朱駿聲說文通訓定聲:"箏,古五弦施于竹,如筑,秦蒙恬改爲十二弦。唐以後加十三弦。"禮記樂記:"～,五弦筑身也。"楚辭漢劉向九歎愍命:"挾人～而彈緯。"王逸注:"箏,小瑟也。"

⿱竹念 niàn 集韻如店切,去,㮇韻,泥。

後起字。舟用竹索。唐白居易初入峽有感詩:"苒蒻竹篾～,欹危檝師趾。"

箚 1. zhā 竹洽切,入,洽韻,知。

㊀用針刺。玉篇:"箚,以針刺也。"

2. zhá 字彙竹洽切,斬入聲。

㊁〔劄子〕産生於宋代的文牘種類。①用於發指示的,也稱"堂帖"。②用於向皇帝或長官進言議事的,如宋王安石的本朝百年無事劄子。〔劄記〕也作"札記"。讀書研究筆記。清趙翼有廿二史劄記。

按,説文無劄字。

箠 1. chuí 之累切,上,紙韻,照三。歌部。

㊀鞭子。管子形勢:"弱子下瓦,慈母操～。"史記張耳陳餘列傳:"夫武臣、張耳、陳餘杖馬～下趙數十城,此亦各欲南面而王,豈欲爲卿相終己邪?"㊁刑杖。漢司馬遷報任安書:"其次易服受辱,其次關木索被～楚受辱。"㊂鞭打。後漢書酷吏傳董宣:"帝大怒,召宣,欲～殺之。"

2. chuí 集韻是爲切,平,支韻,禪。歌部。

㊃竹名。見集韻。文選漢張衡南都賦:"其竹則鐘龍箽篾篠簳箛～。"唐李善注:"箛、箠,二竹名。"

〔同源字〕箠,棰,捶,椎。四字同源。箠、棰、捶三字音相同,原爲一個詞的不同寫法,其基本意義有二:用於名詞,指鞭、杖等;用於動詞,指擊、鞭打等。"説文:"棩,箠也。"五經文字作"捶也"。椎,定母微部,箠、捶、棰照母歌部,定照準雙聲,歌微旁轉。説文:"箠,擊馬也。""捶,以杖擊也。""椎,擊也。"

箙 fú 房六切,入,屋韻,並。職部。

用竹、木或獸皮等製作的盛箭器具。説文:"箙,弩矢箙也。"唐李賀黄家洞詩:"黑幡三點銅鼓鳴,高作猿啼摇箭～。"亦作"服"。詩小雅采薇:"象弭魚服。"

〔同源字〕琫,鞴,箙。見"琫"字條。

箄 1. bǐ 并弭切,上,紙韻,幫。支部。

㊀一種簍形的竹器。方言卷一三:"篆小者,南楚謂之簍,自關而西,秦、晉之間謂之～。"㊁一種孔較密的篩子。見張舜徽説文解字約注。

2. bēi 府移切,集韻賓彌切,平,支韻,幫。

㊂竹製的捕魚器。宋樂史太平寰宇記江南東道五富陽縣:"桑無所好,惟好張～捕魚,文臺爲作九里～以睨之。"

3. bì 集韻蒲計切,去,霽韻,並。

㊃通"箅"。甑箅。元王禎農書卷一七:"甑或乏七穿,編竹以爲～。"字彙竹部:"箄,音閉。…又甑箄也,所以蔽甑底。"

4. pái 集韻蒲街切,平,佳韻,並。

㊄通"簰"。大筏。後漢書岑彭傳:"數萬人乘枋～下江關。"

九　畫

篊 hóng 集韻胡公切,平,東韻,匣。

魚梁,用竹篾編成的捕魚設施。唐段成式酉陽雜俎物異:"晉時錢塘有人作～,年收魚億計,號爲萬尺～。"唐陸龜蒙寄吴融:"到頭江畔從漁事,織作中流萬尺～。"清高士奇題盧徵君嵩山草堂圖詩:"神鬙在水不入～,仙禽在野不受籠。"

按,説文無篊字。

篇 piān 集韻紕延切,平,僊韻,滂。真部。

古代文章寫在竹簡上,把首尾完整的詩、文等編在一起叫做一篇,今日便用篇來稱首尾完整的文章。説文:"篇,書也。"朱駿聲説文通訓定聲:"篇,謂書於簡册可編者也。"漢書公孫弘傳:"其悉意正議,詳具其對,著之于～。"後漢書王充傳:"箸(著)論衡八十五～,二十餘萬言。"説文解字叙:"叙曰:此十四～,五百四十部,九千五百五十三文,重一千一百六十三。"文字亦書於帛,篇亦有改稱卷的,如説文十五篇(連同叙目)稱十五卷(卷分上下,現改爲三十卷,不分上下)。也有保留稱篇的,如詩三百篇,論語二十篇等。

〔辨〕篇,編。用作名詞,篇多指文章;編多指成本的書。編可用作動詞,指編寫、編著,而篇則不能。

箲 xiǎn 蘇典切,上,銑韻,心。

〔箲帚〕也作"筅帚"。即炊帚。廣韻銑韻："箲，洗帚，飯具。…筅同箲。"

箾 jiàn 子賤切，去，線韻，精。元部。

❶竹名。説文："箾，矢竹也。"段玉裁注："矢竹者，可以爲矢之竹也。"史記河渠書："且褒斜材木竹～之饒，擬於巴蜀。"❷一種用弓發射的兵器。急就篇三："弓弩～矢鎧兜鉾。"顔師古注："以竹曰～，以木曰矢。"韓非子十過："錢粟已足，甲兵有餘，吾奈無～何？"唐杜甫兵車行："車轔轔，馬蕭蕭，行人弓～各在腰。"❸漏箾，古時滴漏計時用的標尺。隋書天文志上："冬夏二至之間，晝夜長短，凡差二十刻，每差一刻爲一～。"

範 fàn 防鋄切，上，范韻，奉。談部。

本作"笵"。❶鑄造器物的模子。論衡物勢："今夫陶冶者，初埏埴作器，必模～爲形。"❷用模子製作。孔子家語問禮："～金合土，以爲臺榭宫室户牖。"❸典範，法則；使合于法則。尚書洪範："天乃錫禹洪～九疇。"漢書嚴安傳："夫養失而泰，樂失而淫，禮失而采，教失而僞。僞、采、淫、泰，非所以～民之道也。"

［辨］範，笵，范。見"笵"字條。

按，説文範字在車部，注云："範軷也。"指一種出行時的祭祀。

箔 báo 蒲角切，音雹，入，覺韻，並。職部。

竹名。廣韻覺韻："箔，竹名。"漢楊孚異物志："有竹曰～，其大數圍，節間相去局促，中實滿堅强，以爲屋榱；斷截便以爲棟樑，不復加斤斧也。"晉戴凱之竹譜："～與由衙，厥體俱洪、圍成數尺，～實衙空，南越之居，梁柱是供。"亦言箔"中實"之特點。

按，説文無箔字。

箽 jīn 字彙居忍切。

一種白皮竹。字彙竹部："箽，竹名。"古文苑四漢揚雄蜀都賦："其竹則鍾龍箖～，野篠紛邑。"

箬 ruò 而灼切，音若，入，藥韻，日。鐸部。

❶竹皮。説文："箬，楚謂竹皮曰箬。"❷一種葉片較寬的竹子，也指這種竹的葉子。也作"篛"。元李衎竹譜詳録竹品譜全德品："～竹，又名蒻竹，出江、浙及閩廣，處處有之。…福州西鄉安樂村有～一種，葉大長三尺，廣六寸餘。新安志云：'～竹羅生，葉大，可以苴裹。'"唐柳宗元柳州峒氓詩："青～裹鹽歸峒客，緑荷包飯趁虚（墟）人。"

箱 xiāng 息良切，平，陽韻，心。陽部。

❶車箱，供乘坐或載物。説文："箱，大車牝服。"段玉裁注："牝服謂車箱。"詩小雅大東："睆彼牽牛，不以服～。"❷收藏衣物等的箱子。古詩爲焦仲卿妻作："～簾六七十，緑碧青絲繩。"用爲量詞。晉書郗超傳："（超）將亡，出～書付門生。"❸正廳兩旁的房子。漢書周昌傳："吕后側耳於東～聽。"後寫作"廂"。

篋 qiè 苦協切，入，怗韻，溪。葉部。

小箱。莊子胠篋："將爲胠～探囊發匱之盜而爲守備，則必攝緘縢，固扃鐍，此世俗之所謂知也。"史記樗里子甘茂列傳："樂羊返而論功，文侯示之謗書一～。"

按，説文篋是匧的重文，在匸部。

箴 zhēn 職深切，平，侵韻，照三。侵部。

❶縫衣的工具。禮記内則："衣裳綻裂，紉～請補綴。"也指以刺肌體而達到治病目的的用具。漢書藝文志："醫經者…而用度～石湯火所施，調百藥齊和之所宜。"❷勸告，勸戒。左傳宣公十二年："～之曰：'民生在勤，勤則不匱。'不可謂驕。"❸以規戒爲主要内容的一種文體。南朝梁劉勰文心雕龍銘箴："～者，所以攻疾防患，喻～石也。斯文之興，盛于三代。"

［辨］箴，鍼，針。説文竹部："箴，綴衣箴也。"金部："鍼，所以縫也。"段玉裁注："以竹爲之，僅可聯綴衣；以金爲之，乃可縫衣。"朱

駿聲說文通訓定聲:“箴,聯之使不散,製衣時用之。先聯之以箴,後縫之以鍼。”王力同源字典:“段朱的解釋是錯誤的。在原始社會裏,還没有金屬的針,最初用的是竹針(如今博物館所陳列的),所以寫作‘箴’。後來有了金屬的針,才寫作鍼。說文誤分爲二義,段玉裁、朱駿聲强作解釋,就更錯了。”針是後起字,从金、十聲。十,禪母緝韻。照禪鄰紐,咸緝陽入對轉,音可相通。

[同源字]箴,鍼。見“鍼”字條。

篃 mèi 明祕切,去,至韻,明。

竹名。北魏賈思勰齊民要術種竹:“～,冬夏生,始數寸,可煮;以苦酒浸之,可就酒及食。”

按,說文無篃字。

箳 píng 薄經切,平,青韻,並。

〔箳篂〕叠韻聯緜字。也作“箳星”、“屏星”。竹製的遮塵用的車幡。玉篇:“箳篂,車幡。”也指有這種車幡的車。唐白居易江州赴忠州至江陵已來舟中示舍弟五十韻:“箳篂州乘送,艛艓驛船迎。”宋陸游傅正議墓誌銘:“公入太學奮由經,蹭蹬晚乃駕箳篂。”

按,說文無箳字。

篂 xīng 桑經切,平,青韻,心。

〔箳篂〕見“箳”字條。

按,說文無篂字。

⿱⺮叚 jiā 字彙古牙切,音加。

同“笳”。龍龕手鑑竹部:“笳,或作⿱⺮叚。”宋書樂志:“～,杜摯笳賦云:‘李伯陽入西戎所造。’漢舊注:‘箛,號曰吹鞭。’晉先蠶儀注:‘車駕住,吹小箛;發,吹大箛。’箛即～也。”

按,說文無⿱⺮叚字。

箾 1. shuò 所角切,入,覺韻,審二。藥部。

❶以竿擊人。說文:“箾,以竿擊人也。”❷舞曲名。荀子禮論:“故鐘鼓管磬,琴瑟竽笙,韶、夏、護、武、汋、桓、～、簡、象,是君子之所以爲慅詭其所喜樂之文也。”楊倞注:“箾音朔。賈逵曰:舞曲名。”

2. xiāo 蘇彫切,音宵,平,蕭韻,心。宵部。

❸通“簫”。說文:“箾,虞舜樂曰箾韶。”王筠句讀:“尚書作簫韶。”左傳襄公二十九年:“見舞象～、南籥者。”楊伯峻春秋左傳注:“箾同簫。舞象箾,蓋奏簫而爲象舞。”❹通“蕭”。〔箾蔘〕即蕭蔘,長高貌。文選漢司馬相如上林賦:“紛溶箾蔘,猗狔從風。”史記司馬相如列傳作“蕭蔘”。

3. qiào 音鞘。

❺刀劍的套子。也作“鞘”。唐李賀公莫舞歌:“腰下三看寶玦光,項莊掉～攔前起。”

⿱⺮欳 kuài 苦怪切,音塊,去,怪韻,溪。

廣韻:“⿱⺮欳,箭竹名。”晉戴凱之竹譜:“篃亦箘徒,概節而短,江漢之間謂之～竹。”

按,說文無⿱⺮欳字。

篎 miǎo 亡沼切,集韻弭沼切,上,小韻,明。宵部。

小型管樂器名。說文:“篎,小管謂之篎。”爾雅釋樂:“大管謂之簥,其中謂之篞,小者謂之篎。”

⿱⺮思 sī 息兹切,平,之韻,心。

竹名。玉篇竹部:“⿱⺮思,竹,有毒,傷人即死,生海畔,有毛。”宋釋贊寧筍譜:“～竹筍生海畔山,而竹與筍悉有毛,傷人則死。”宋李石續博物志卷一〇:“～竹堪作笛。”

按,說文無⿱⺮思字。

篅 chuán 市緣切,平,仙韻,禪。元部。

竹製的圓形穀囤。說文:“篅,以判竹圜以盛穀也。”急就篇三:“⿱⺮屯～箯筥奠箅篝。”顏師古注:“⿱⺮屯、篅皆所以盛米穀也。以竹木簟席若泥塗之則爲⿱⺮屯,…織草而爲之則曰篅。”北魏賈思勰齊民要術水稻:“(稻種)漬經三宿,漉出,内(納)草～中裛(yì,包)之。”

箈 tái 徒哀切,平,咍韻,定。之部。

嫩笋。也作"箔"。説文:"箈,竹萌也。"爾雅釋草:"箈,箭萌。"郭璞注:"筍屬也。"南朝梁王筠奉和皇太子懺悔應詔詩:"早蒲欲抽葉,新篁向舒～。"

[同源字]箈,胎。説文肉部:"胎,婦孕三月也。"字彙竹部:"箈,竹芽未成筍者。"胎、箈均指生物之幼體。

科 kē 苦禾切,平,戈韻,溪。

竹名。見玉篇。

按,説文無科字。

秋 qiū 七由切,平,尤韻,清。幽部。

古時用於警戒或督役的竹管哨子。説文:"秋,吹筩也。"桂馥義證:"楊慎曰:'秋與哨同音。'廣韻:'竹簫也。洛陽亭長所吹。'今雲南屯戍之所防盜之處名曰哨,合用此秋字,蓋吹秋以警守也。"論衡順鼓:"事大而急者用鍾鼓,小而緩者用鈴秋。"黄暉論衡校釋:"秋非鈴之類,字當作秋。"

箰 sǔn 思刃切,上,準韻,心。真部。

同"筍"、"笋"。正字通竹部:"箰,同筍。竹胎,故加子,音義一也。"莊子至樂:"羊奚(草名)比乎不～,久竹生青寧(蟲名)。"列子天瑞"箰"作"荀":"羊奚比乎不荀,久竹生青寧。"

篁 huáng 胡光切,平,唐韻,匣。陽部。

❶竹林。説文:"篁,竹田也。"楚辭戰國屈原九歌山鬼:"余處幽～兮終不見天,路險難兮獨後來。"唐孟浩然尋香山湛上人詩:"石門殊豁險,～逕轉森邃。"❷指篁竹,一種竹子。晉戴凱之竹譜:"～篠之屬,必生高燥。"也泛指一般的竹子。唐柳宗元清水驛叢竹天水趙云余手種一十二莖詩:"簷下疎～十二莖,襄陽從事寄幽情。"

箯 biān 卑連切,平,仙韻,幫。元部。

❶竹製的便轎。説文:"箯,竹輿也。"史記張耳陳餘列傳:"上使泄公持節問之～輿前。"❷盛飯食用的竹器。急就篇三:"笹篅～筥篋箅篝。"顔師古注:"竹器之盛飯者,大曰箯,小曰筥。"

篌 hóu 户鉤切,平,侯韻,匣。侯部。

〔箜篌〕古撥弦樂器。見"箜"字條。

按,説文無篌字。

篆 zhuàn 持兖切,上,獮韻,澄。元部。

❶漢字的一種字體,包括大篆小篆,通常指小篆。説文:"篆,引書也。"段玉裁注:"引書者,引筆而著於竹帛也,因之李斯所作曰篆書,而謂史籀所作曰大篆;既又謂篆書曰小篆。"用作動詞,指寫篆字。唐韓愈孟郊贈劍客李園聯句:"太一裝以寶,列仙～其文。"❷印章。印章多以篆文刻成,故稱官印爲篆。〔攝篆〕代理官職。明唐寅代送廖通府帳詞啓:"某忝同僚寀,猥攝篆於應宿之司。"人的名字在印章中刻爲篆文,故稱名爲篆,稱字爲次篆。又轉而爲對别人名字的敬稱,如台篆、雅篆。❸盤香爲線條形,故以篆指盤香。宋秦觀海棠春:"翠被曉寒輕,寶～沉烟裊。"宋李清照滿庭芳之一:"～香燒盡,日影下簾鈎。"❹通"瑑"。鐘等邊口上鑄刻的條形圖文。周禮考工記鳧氏:"鐘帶謂之～。"

十　畫

篣 1. péng 薄庚切,平,庚韻,並。陽部。

❶竹籠。方言卷一三:"籠,南楚江、沔之間謂之～。"❷用鞭子、杖、竹板等打,擊。也作"搒","榜"。集韻庚韻:"搒,笞擊也,通作篣。"後漢書陳寵傳:"斷獄者急于～格酷烈之痛。"李賢注:"篣,即榜也。古字通用,聲類曰:'笞也。'"唐皮日休原親:"吾觀夫今之世誨其子者,必橿肌～骨傷愛毀性以爲教。"

2. páng 步光切,平,唐韻,並。

❸竹名。晉戴凱之竹譜:"～竹有毒,夷人以刺虎豹,中之輒死。"❹竹箕。見廣韻。

按，説文無篣字。

篕 1. cuō 昨何切，平，歌韻，從。

㊀竹籠。宋孟元老東京夢華録三般載雜賣："又有馳(即駝)騾驢馱子，或皮或竹爲之，如方匾竹～，兩搭背上。"

2. cī 集韻叉宜切，平，支韻，穿二。

㊀〔篸篕〕雙聲聯緜字。竹管參差不齊貌。見"篸"字條。

按，説文無篕字。

篙 gāo 古勞切，平，豪韻，見。宵部。

撐船的竿。淮南子説林："以～測江，～終而以水爲測，惑矣。"宋蘇軾百步洪二首之一："君看岸邊蒼石上，古來～眼如蜂窠。"

按，説文無篙字，新附有之，云："篙，所以進船也。"

篝 gōu 古侯切，平，侯韻，見。侯部。

㊀熏籠。説文："篝，答也，可熏衣。"宋周邦彦花犯小石梅花："更可惜，雪中高樹，香～熏素被。"㊁盛物的竹籠。史記滑稽列傳："甌窶滿～，汙邪滿車，五穀蕃熟，穰穰滿家。"集韻侯韻："篝，蜀人負物籠，上大下小而長，謂之篝笭。"㊂〔篝燈〕用篝籠罩的燈稱篝燈。宋王安石書定林院窗："竹雞呼我出華胥，起滅篝燈擁燎爐。"㊃將柴薪交錯架起來，通常寫作構，如"構木爲巢"，但架柴薪燃燒，古籍中有作"篝火"的。史記陳涉世家："夜～火。"漢書陳勝傳作"夜構火"。顔師古注："構，謂結起也。"王力同源字典指出構、篝同源，"篝火應即今所謂篝火，是在空曠的地方或野外架木柴燃燒的火堆。"按，歷來將篝火釋爲籠罩的火，實望文生義，皆誤。

［同源字］冓，遘，覯，構，篝。見"覯"字條。

篤 dǔ 冬毒切，入，沃韻，端。覺部。

㊀厚實。詩唐風椒聊："椒聊之實，蕃衍盈匊，彼其之子，碩大且～。"用於思想品行方面，指誠而厚重，心意不改變。論語泰伯："君子～於親，則民興於仁。"禮記中庸："博學之，審問之，慎思之，明辨之，～行之。"㊁程度深(多用于人事方面)。南史文學傳："蓋由時主～好文章。"論衡率性："古貴良醫者，能知～劇之病所從生起，而以針藥治而已之。"特指病重。漢書張歐傳："(張歐)老～，請免。"

按，説文篤字在馬部，云："篤，馬行頓遲也。"

築 zhù 張六切，入，屋韻，知。覺部。

㊀擣土的杵。左傳宣公十一年："稱畚～，程土物。"(稱，舉起)史記秦始皇本紀："身自持～臿。"用爲動詞，指擣土使堅實。詩大雅緜："～之登登，削屢馮馮。"引申指修建。詩豳風七月："九月～場圃，十月納禾稼。"墨子非攻中："自恃其力，伐其功…遂～姑蘇之臺，七年不成。"用爲名詞，指築成的居室。唐杜甫畏人詩："畏人成小～，偏性合幽棲。"㊁擊。三國志魏書夏侯玄傳注引魏氏春秋："大將軍(司馬師)怒，使勇士以刀環～(李豐)腰殺之。"

［備考］㊀拾取。書金縢："二公命邦人，凡大木所偃，盡起而～之，歲則大熟。"孔穎達疏："鄭、王皆云～，拾也。"㊁通"祝"，切斷。古文苑王褒僮約："斲蘇切脯，～肉曜芋。"章樵注："～，與祝同，斷也。"㊂表示數量的名詞。周禮春官鬱人："和鬱鬯以實彝而陳之。"鄭玄注引鄭司農曰："鬱，草名。十葉爲貫，百二十貫爲～。"

［同源字］椓，築。見"椓"字條。

按，説文築字在木部："擣也。"

篥 lì 力質切，入，質韻，來。

㊀〔觱(bì)篥〕叠韻聯緜字。古代西北地區少數民族的一種管樂器。廣韻質韻："篥，觱篥，胡樂。"㊁竹名。山海經中山經"(雲山)有桂竹"郭璞注："交趾有～竹，實中，勁强，有毒，鋭似刺，虎中之則死，亦此類也。"

按，説文無篥字。

篍 shāo 所交切，平，肴韻，審二。宵部。

❶飯帚，炊帚。説文："箱，陳留謂飯帚曰箱。"❷盛飯的竹器。説文："箱…一曰飯器，容五升。"即筥。説文："箱，飯筥也。"段玉裁注："箱與箱同字。"明徐光啟農政全書農器："箱，飯箱也…今人亦呼飯箕爲筲箕。南曰籅，北曰～。"❸筷籠。説文："箱…宋魏謂箸筩爲箱。"

篚 fěi府尾切，上，尾韻，非。微部。

一種盛物的竹器。孟子滕文公下："其君子實玄黄于～，以迎其君子。"

按，説文竹部："篚，車笭也。"王筠句讀："以篚專爲車笭之名，則於經無徵。"説文匚部："匪，器似竹筐，…逸周書曰：'實玄黄于匪。'"匪是篚的初文，篚是匪的累增字。

篴 dí徒歷切，入，錫韻，定。覺部。

笛的異體字。玉篇竹部："篴，同笛。"周禮春官笙師："掌教龡(吹)竽，笙，塤，籥，簫，篪，～，管，舂牘，應，雅，以教祴樂。"鄭玄注："今時所吹五空竹～。"

按，説文無篴字。

篷 péng薄紅切，平，東韻，並。

後起字。❶船篷(也指車篷)，用篾席等製成。字彙竹部："篷，編竹夾箬覆舟車者。"唐杜牧獨酌詩："何如釣船雨，～底睡秋江。"❷船帆。三國演義四九回："箭到處，射斷徐盛船上～索，那～墮落下水。"❸代指船。唐皮日休寄懷南陽潤卿："何事對君猶有愧，一～衝雪返華陽。"

篛 ruò集韻日灼切，入，藥韻，日。

一種葉片較寬的竹子。也指其葉。本作"箬"。〔篛笠〕用篛竹篾和葉編成的寬邊帽。宋陸游劍南詩稿春日："銀盃酒色家家緑，篛笠煙波處處寬。"唐張志和漁父歌之一："青箬笠，緑簑衣，斜風細雨不須歸。"

按，説文篛作箬，注云："楚謂竹皮曰箬。"

篨 chú直魚切，平，魚韻，澄。魚部。

〔籧篨〕叠韻聯緜字。説文："篨，籧篨也。"參見"籧"字條。

篳 bì卑吉切，入，質韻，幫。質部。

用荆條或竹子編成的籬笆等。説文："篳，藩落也。"左傳襄公十年："～門閨竇之人，而皆陵其上，其難爲上矣。"杜預注："篳門，柴門。"宣公十二年："～路藍縷，以啟山林。"孔穎達疏："以荆竹織門謂之篳門，則篳路亦以荆竹編車，故謂篳路爲柴車。"

篹 cuàn初患切，去，諫韻，穿二。元部。

❶用强力奪取。墨子天志上："處大國不攻小國，處大家不～小家。"特指臣子奪取君位。後漢書逸民傳："王莽～位。"❷中醫稱人體會陰部位。素問骨空論："(督脈)其絡循陰器合～間，繞～後。"

按，説文篹字在厶部："篹，屰(逆)而奪取曰篹，从厶，算聲。"

篔 yún王分切，平，文韻，喻四。

〔篔簹〕竹名。皮薄，節長而竿高。漢楊孚異物志："篔簹生水邊，長數丈，圍一尺五六寸，一節相去六七尺，或相去一丈，廬陵界有之。"唐柳宗元構法華寺西亭詩："菡萏溢嘉色，篔簹遺清班。"

簉 zào(舊讀chòu)初救切，去，宥韻，穿二。幽部。

❶副；非正式的。左傳昭公十一年："僖子使助薳氏之～。"杜預注："簉，副倅也。薳氏之女爲僖子副妾。"(後稱妾爲簉室)文選漢張衡西京賦："屬車之～，載獫猲獢。"❷處在某系列之中。南史王琳傳："瑒早～末僚，預參下席。"唐柳宗元上權補闕温卷："自于幼年，是以～俊造之末跡，厠牒計之下列。"❸匯集。南朝梁江淹爲蕭讓劍履殊禮表："雖英衮～朝，賢武滿世，蒙此典者，乃曠古時降耳。"又雜體詩顔特進侍宴："中坐溢朱組，步櫩～瓊弁。"

［備考］指黄金百斤。南史梁武陵王紀

傳："(帝)既東下，黄金一斤爲餅，百餅爲～。"

按，説文無[illegible]字。

篘 chōu 楚鳩切，平，尤韻，穿二。

後起字。❶濾酒的器具。唐皮日休奉和魯望新夏東郊閑泛詩："碧莎裳下攜詩草，黄篾樓中掛酒～。"用爲動詞，指濾(酒)。唐鄭谷書村叟壁詩："春蔬和雨割，社酒向花～。"❷指酒。宋蘇軾和子由聞子瞻將如終南太平宫溪堂讀書："近日秋雨足，公餘試新～。"清朱芳藹桂枝香蟹："登盤時節，秫～熟後，菊花開早。"

篗 yuè 集韻王縛切，入，藥韻。

收絲的工具。也作"籰"。宋陸游村舍雜書："累累繭滿簇，繹繹絲上～。"

按，説文篗作籆。

篠 xiǎo 先鳥切，上，篠韻，心。幽部。

小竹，可做箭。尚書禹貢："～簜既敷。"唐杜甫狂夫："風含翠～娟娟浄，雨裛紅蕖冉冉香。"

按，説文篠作筱。

篩 1. shī 疏夷切，平，脂韻，審二。

❶竹名。見廣韻。❷傳説中的一種異草。晉張華博物志六："海上有草焉，名～。"

2. shāi 五音集韻山皆切。

❸同"簁"。急就篇："簁箄箕帚筐篋簍"顔師古注："簁，所以籮去粗細者也，今謂之～。"唐李洞喜鸞公自蜀歸詩："掃石月盈箒，濾泉花滿～。"用爲動詞，指用篩子過物。漢書賈山傳："～土築阿房宫。"❹斟酒(晚起義)。明沈璟義俠記取威："斟來，安問好和歪，但聞是酒須～。"❺擊(鑼)(晚起義)。明馮夢龍警世通言趙太祖千里送京娘："林子内嘍囉知周進遇敵，～起鑼一齊上前，團團圍住。"

篦 1. bì 邊兮切，平，齊韻，幫。今讀閉。

後起字。❶一種齒密的梳頭用具。唐杜甫水宿遣興奉呈羣公："耳聾須畫字，髮短不勝～。"字亦作"笓"，見集韻。❷以篦篦髮。紅樓夢三四回："我倒是舀一盆水來你洗洗臉，～～頭。"

2. pí 集韻頻脂切，平，脂韻，並。

❸捕蝦竹器。見集韻。

[辨]梳，篦(比)。見"梳"字條。

[同源字]篦，比，密。見"比"字條。

按，説文無篦字，新附有之，注云："導也。"

篪 chí 直離切，音池。平，支韻，澄。支部。

❶古管樂器。也作"箎"。詩小雅何人斯："伯氏吹壎，仲氏吹～。"❷竹名。北魏酈道元水經注湘水："(君山)東北對編山，山多～竹。"

按，説文篪作龥，在龠部。

十一畫

簆 kòu 苦候切，去，候韻，溪。

晚起字。織布機上的部件，形狀如梳子。經線從簆縫中依次穿過，織布時，當緯線横穿經線後，簆即將緯線打緊(也稱打緯)。明宋應星天工開物穿經："凡絲穿綜度經，必用四人列坐。過～之人，手執～耙先插以待絲至。絲過～，則兩指執定，足五、七十筘，則縧結之。"

篰 bù 蒲口切，上，厚韻，並。之部。

❶作登記用的簡牘。即"簿"。説文："篰，萮爰也。"段玉裁注："許書無簿字，～蓋今之簿字也。"❷竹簍。宋朱熹朱文公集十八按唐仲友第三狀："有客人販到鮝鮭一舡，凡數百～。"宋曾敏行獨醒雜志卷九："江鄉有一等車，隻輪兩臂，以一推之，隨所欲運，别以竹爲～載兩旁，束之以繩，幾能勝三人之力。"

簏 lù 盧谷切，入，屋韻，來。屋部。

竹箱，較高。文獻中也作"鹿"。國語吴語："市無赤米而囷鹿空虚。"字亦作"箓"。説文"簏，竹高篋。箓，簏或从录。"楚辭漢劉向九歎怨思："淹芳芷於腐井兮，棄雞駭於筐～。"三國演義七二回："因恐有人知覺，乃用大～藏吴質於中，只説是絹疋在内，載入府中。"

簇 cù 千木切，音促，入，屋韻，清。

後起字。㊀聚集。唐韋莊聽趙秀才彈琴詩："蜂～野花吟細韻。"水滸傳二二回："衆做公的把這唐牛兒～擁在廳前。"㊁量詞，用于成團成堆的東西。唐杜甫江畔獨步尋花句詩："桃花一～開無主。"㊂養蠶用具，供蠶結繭的秸叢。世説新語言語："德操曰：'子且下車。'"劉孝標注引司馬徽别傳："有人臨蠶求～箔。"

［同源字］湊，輳，簇，族，聚。見"湊"字條。

篲 huì（舊讀 suì）祥歲切，去，祭韻，邪。月部。

掃帚。莊子達生："（田）開之操拔～以侍門庭。"史記高祖本記："太公擁～，迎門却行。"用爲動詞指掃。文選漢枚乘七發："凌赤岸，～扶桑。"清王念孫："言濤勢之大，凌赤岸而掃扶桑也。"

按，説文篲是彗的重文，在又部。

簀 zé 側革切，入，麥韻，照二。錫部。

㊀竹編的床墊。也稱"笫"。説文："簀，床棧也。""笫，床簀也。"後漢書袁術傳："六月，至江亭，坐～牀而歎曰：'袁術乃至是乎！'"李賢注："簀，笫也，謂無茵席也。"也指竹席。史記范睢（雎）蔡澤列傳："睢詳（佯）死，即卷以～，置厠中。"㊁通"積"。堆積。詩衛風淇奥："瞻彼淇奥，緑竹如～。"

簰 pái 薄佳切，平，佳韻，並。

筏子。宋趙彦衛雲麓漫鈔卷一："虜使來賀正，多值冰雪。有司作浮筏，前設巨碓以擣冰，謂之冰～。"

按，説文無簰字。

篿 1. tuán 度官切，平，桓韻，定。元部。

㊀圓形竹器。説文："篿，圜竹器也。"清錢坫説文斠詮："此與團字同用，今俗有團箕、團扁等器。"

2. zhuān 職緣切，平，仙韻，照三。元部。

㊁古代楚人用靈草編結筳竹以占卜。楚辭戰國屈原離騷："索藑茅以筳～兮，命靈氛爲余占之。"王逸注："楚人名結草折竹以卜曰篿。"

簎 cè 測戟切，入，陌韻，穿二。鐸部。

用杈刺取水中魚鱉。説文："簎，刺也。"集韻陌韻："簎，杈刺取魚鱉也。"周禮天官鱉人："以時～魚鱉龜蜃。"後漢書馬融傳："滅短狐，～鯨鯢。"

篻 piǎo 敷沼切，集韻匹沼切，音縹，上，小韻，滂。

竹名，即筋竹，枝葉細小，主幹質堅厚，可作矛矢等。文選晉左思吴都賦："其竹則篔簹箖箊，桂箭射筒，柚梧有篁，～簩有叢。"李善注引劉逵曰："篻竹大如戟槿，實中勁强，交趾人鋭以爲矛，甚利。"

按，説文無篻字。

簌 sù 集韻蘇谷切，入，屋韻，心。

〔簌簌〕①象聲詞。唐段成式酉陽雜俎支諾皋上："頃間，聞垣土動簌簌，崔生意其蛇鼠也。"②流淚貌。南唐李璟攤破浣溪沙："簌簌淚珠多少根，倚欄干。"

按，説文無簌字。

簝 liáo 落蕭切，平，蕭韻，來。

竹名。晉戴凱之竹譜："～、篗二族，亦甚相似杷髮苦竹，促節薄齒，束物體柔，殆同麻枲。"集韻蕭韻："簝，竹名，似苦竹而細軟，江、漢間謂之苦簝。"

箾 shāo 集韻師交切，平，肴韻，審二。

㊀動。文選漢馬融長笛賦："其應清風也，纖末奮～。"張銑注："謂清風來，則纖末竹之上奮迅而動。"㊁船舵尾（後起義）。篇海類

編花木類竹部："籍，船舵尾。"正字通："籍，俗呼船舵尾曰籍。"按，此義今作"艄"。

按，説文無籍字。

簋 guǐ 居洧切，音軌，上，旨韻，見。幽部。

古代盛食物的器皿，也是禮器。説文："簋，黍稷方器也。"按，出土的簋，有陶製的，也有銅製的；其形有方有圓，以圓的居多。詩秦風權輿："於我乎，每食四～。"韓非子十過："飯于土～，飲于土鉶。"宋陸游紹興府修學記："鼎、俎、尊、彝、豆、籩、簠、～之屬，自始莫至受胙，各以其所宜用，無一不如禮式。"

篴 dì 集韻大計切，去，霽韻，定。支部。

〔篴鐘〕古樂器。文選漢王褒聖主得賢臣頌："雖伯牙操篴鐘，蓬門子彎烏號，猶未足以喻其意也。"漢書王褒傳作"遞鐘"。

按，説文無篴字。

篹 1. suǎn 蘇管切，上，緩韻，心。元部。

㊀籩一類的器物。禮記明堂位："薦用玉豆雕～。"鄭玄注："篹，籩屬。"

2. zuǎn 集韻祖管切，上，緩韻，精。元部。

㊁通"纂"。编集。漢書藝文志："故書之所起遠矣，至孔子～焉。"

3. zhuàn 集韻鶵免切，上，獮韻，牀二。

㊂通"饌"，供設食品。漢書元后傳："獨置孝元廟故殿以爲文母～食堂，既成，名曰'長壽宮'。"唐劉禹錫奏記丞相府論學事："築學室，具器用，豐～食。"

按，説文無篹字。

簂 1. guó 集韻古獲切，入，麥韻，見。職部。

㊀古代婦女的頭飾。後作"幗"。釋名釋首飾："簂，恢也。恢廓覆髮上也。"㊁古代婦女的喪冠。集韻隊韻："簂，婦人喪冠。或从巾。"唐段成式酉陽雜俎尸穸："遭喪婦人有面衣，朞已下婦人着～，不着面衣。"

2. guì 古對切，去，隊韻，見。

㊂一種筐。玉篇竹部："簂，筐也。"

按，説文無簂字。新附有幗字。

篳 jīn 集韻舉欣切，音斤，平，欣韻，見。文部。

竹名。文選漢張衡南都賦："其竹則鐘籠～篾，篠簳箛箠。"

按，説文無篳字。

篾 miè 莫結切，入，屑韻，明。月部。

㊀竹皮；呈條狀的竹片。書顧命："敷重～席。"孔穎達正義："篾，析竹之次青者。"唐白居易初入峽有感詩："苒蒻竹～簦，欹危檝師趾。"㊁一種竹子。文選漢張衡南都賦："其竹則鐘籠篳～，篠簳箛箠。"

［同源字］篾，筤。見"筤"字條。

按，説文無篾字。

簍 lǒu 郎斗切，上，厚韻，來。侯部。

竹籠。見説文。急就篇三："～箄箕帚筐篋～。"顔師古注："簍者，疏目之籠，言其孔樓樓然。"宋梅堯臣和韓五持國乞分道損山藥之什："欲分欄下苗，馳奴仍置～。"

篸 1. cēn 集韻初簪切，平，侵韻，穿二。侵部。

㊀竹管參差不齊貌。説文："篸，差也。"㊁〔篸差〕雙聲聯緜字。古樂器名。洞簫。楚辭戰國屈原九歌湘君："望夫君兮未來，吹參差兮誰思。"王逸注："參差，洞簫也。"洪興祖補注："一作篸差。"

2. zān 作含切，平，覃韻，精。

㊂"簪"的異體字。首笄。唐韓愈送桂州嚴大夫詩："江作青羅帶，山爲白玉～。"㊃插戴。宋范成大夔州竹枝歌之五："白頭老媪～紅花，黑頭女娘三髻丫。"

簃 yí 弋支切，平，支韻，喻四。歌部。

㊀閣邊小屋。爾雅釋宮："連謂之簃。"郭璞注："堂樓閣邊小屋，今呼之～廚連觀。"㊁〔簃臺〕臺名。太平御覽一七七引帝王世紀："周赧王…貰於民，無以歸之，乃上臺以避之，故周人因名其臺曰逃債臺。故洛陽南宮

簃臺是也。”

按，説文無簃字，新附有之，云：“簃，閣邊小屋也。”

篼 dōu 當侯切，平，侯韻，端。侯部。

㊀飼馬用具。説文：“篼，飲馬器也。”南朝梁釋慧皎高僧傳五釋道安：“前行得人家，門裡有二馬枊，枊間懸一馬～，可容一斛。”㊁〔篼籠〕竹製的小轎，通稱篼子。唐會要卷三一：“胥吏及商賈妻，並不得乘奚車及擔子，其老疾者，聽乘葷轝及篼籠，舁不得過二人。”

簁 1. shī 所宜切，平，支韻，審二。支部。

㊀下物竹器。見廣韻。

2. shāi 集韻山皆切，平，皆韻，審二。支部。

同“篩”。㊀一種竹製器物，留粗漏細，使細粗不同的東西得以分開。説文：“簁，簁箄，竹器也。”朱駿聲説文通訓定聲：“今俗謂之篩。”急就篇三：“～箄箕帚筐篋簍。”顔師古注：“簁，所以籭去粗細者也，今謂之篩。”㊂用爲動詞，指用篩子過物。唐韓愈喜雪獻裴尚書：“宿雲寒不卷，春雪墮如～。”

十二畫

簜 dàng 徒朗切，上，蕩韻，定。陽部。

㊀大竹。説文：“簜，大竹也。夏書曰：‘瑶琨筱～。～可爲幹，筱可爲矢。’”書禹貢：“厥貢惟金三品，瑶琨篠～，齒革羽毛惟木。”㊁管樂器。儀禮大射禮：“～在建鼓之間。”

簩 láo 魯刀切，平，豪韻，來。

竹名。文選晉左思吴都賦：“䄂梧有篁，篻～有叢。”李善注：“異物志：‘～竹有毒，夷人以爲觚，刺獸，中之則必死。’”

按，説文無簩字。

簧 huáng 胡光切，平，唐韻，匣。陽部。

㊀樂器中有彈性的薄片，振動以發聲。説文：“笙中簧也。古者女媧作簧。”詩小雅鹿鳴：“吹笙鼓～，承筐是將。”小雅巧言：“巧言如～，顔之厚矣。”㊁信口胡説，謊言。唐李白雪讒詩贈友人：“坦蕩君子，無悦～言。”宋周密齊東野語洪君疇：“公論既不能勝，二孺乃～譖于上。”宣和遺事前集：“近聞有賊臣…巧進佞諛，～蠱聖德。”

簙 bó 補各切，入，鐸韻，幫。鐸部。

古代一種棋類遊戲。説文：“簙，局戲也，六箸十二棋。”楚辭戰國宋玉招魂：“菎蔽象棋，有六～些。”也作“博”。公羊傳莊公十二年：“與閔公博。”釋文：“博，戲名也。字書作簙。”説文奕下引論語：“不有博弈者乎？”

簠 fǔ 方矩切，上，麌韻，非。魚部。

古時盛穀物的器皿，也是禮器。禮記樂記：“～簋俎豆，制度文章，禮之器也。”説文：“簠，黍稷圜（圓）器也。”周禮地官舍人：“凡祭祀，共～簋，實之陳之。”鄭玄注：“方曰簠，圓曰簋。”其形製與説文講的有别。出土的簠爲方形。

簟 diàn 徒玷切，上，忝韻，定。侵部。

㊀用竹或蘆葦編的席。説文：“簟，竹席也。”詩小雅斯干：“上莞下～，乃安斯寢。”禮記喪大記：“君以～席，大夫以蒲席。”鄭玄注：“簟，細葦席也。”㊁〔簟竹〕竹名。初學記卷二八引南朝宋沈懷遠博羅縣簟竹銘：“簟竹既大，薄且中空，節長一丈，其直如松。”

簦 qióng 渠容切，平，鍾韻，羣。東部。

〔簦籠〕叠韻聯緜字。作弓形狀的車篷架。方言九：“車枸簍，宋、魏、陳、楚之間謂之筱，或謂之簦籠。”

按，説文無簦字。

簪 1. zān 作含切，平，覃韻，精。侵部。

㊀古時用來插定髮髻或固冠的長針形首飾。韓非子内儲説上：“周主亡玉～，令吏求之，三日不得也。”唐杜甫春望詩：“白頭搔更短，渾欲不勝～。”用于動詞。指插。漢書趙

充國傳："(張安世)本持橐～筆事孝武帝數十年。"引申指連綴。儀禮士喪禮："以爵弁服，～裳於衣之左。"㊁〔簪笏〕冠簪和笏版。喻官職。唐杜甫與李十二白同尋范十隱居詩："不願論簪笏，悠悠滄海情。"〔簪軒〕冠簪和軒車。喻顯貴。宋范仲淹酬滕子京同年詩："欲歌蘭雪歸真隱，敢向簪軒競急流。"

2. zǎn 集韻子感切，上，感韻，精。侵部。

㊂通"寁"。疾。朱駿聲說文通訓定聲臨部："兂、簪，叚借爲寁。"易豫："由豫，大有得，勿疑，朋盍～。"王弼注："簪，疾也。"

按，說文簪是兂的重文，在兂部。

簭 shì 時制切，音逝，去，祭韻，禪。月部。

㊀同"噬"。咬。周禮考工記梓人："凡攫閷援～之類，必深其爪，出其目，作其鱗之而。"賈公彥疏："攫著則殺之，援攬則噬之。"㊁同"筮"。指用蓍草占卜。周禮春官有"簭人"，其職責是："掌三易，以辨九～之名。"

按，說文無簭字。竹部有筮，作䈂，口部有噬，簭兼爲二字的異體。

簝 liáo 落蕭切，平，蕭韻，來。宵部。

古代宗廟中盛肉的竹器。見說文。周禮地官中人："凡祭祀，共其牛牲之互，與其盆～，以待事。"鄭玄注引鄭司農云："盆，所以盛血；簝，受肉籠也。"

簨 sǔn 思尹切，上，準韻，心。文部。

古代懸掛鐘磬架子的橫杆。禮記明堂位："夏后氏之龍～簴，殷之崇牙。"釋名釋樂器："簨，所以懸鐘鼓者。橫曰簨。"

按，說文無簨字。

篕 zhuā 陟瓜切，平，麻韻，知。歌部。

㊀策，用以趕馬前進。文選漢馬融長笛賦："剡其上孔洞通之，裁以當～使易持。"李善注："篕，馬策也。"㊁樂器的管。宋沈括夢溪筆談樂律一："～，管也。古人謂樂之管爲～。"

按，說文無篕字。

簢 mǐn 眉殞切，上，軫韻，明。文部。

竹名。爾雅釋草："簢，筡中。"郭璞注："言其中空，竹類。"廣韻："簢，竹名，可以爲席。"

按，說文無簢字。

簡 jiǎn 古限切，上，產韻，見。元部。

㊀用於書寫的竹片。韓非子外儲說左上："昭王讀法十餘～而睡卧矣。"左傳閔公元年："詩云：'豈不懷歸，畏此～書。'"楊伯峻春秋左傳注："簡書，書於一片竹簡之文字。沈欽韓補注云：'國有急難，不暇連簡爲策，單執簡往告。'"指書信(後起義)。唐柳宗元答貢士元公謹論仕進書："辱致來～，受賜無量。"㊁簡易。論語雍也："居敬而行～，以臨其民，不亦可乎？"㊂簡慢。漢書谷永杜鄴傳："治天下者尊賢考功則治，～賢違功則亂。"又爲荒廢。韓非子五蠹："服事者～其業。"㊃通"柬"。選擇。書冏命："慎～乃僚。"三國蜀諸葛亮出師表："是以先帝～拔以遺陛下。"㊄檢閱，查檢。左傳桓公六年："秋大閱，～車馬。"

〔辨〕①簡，柬。二字古皆爲見母元部。簡指竹簡，柬指選擇(即後代的揀)，因爲同音，常通借。表示信札的意思，可用柬。唐皮日休魯望以竹夾膝見寄因次韻酬謝："大勝書客裁成柬，頗賽谿翁截竹筒。"後來以柬代簡遂成習慣，今書柬、請柬均作柬，不作簡。古書也借簡表示選擇義，故後來有簡拔，簡選等詞。

②簡，閱。見"閱"字條。

篠 duò 徒果切，上，果韻，定。

〔笿篠〕一種實心竹。參見"笿"字條。

按，說文無篠字。

簦 dēng 都滕切，平，登韻，端。蒸部。

古代有柄的笠，類似後代的傘。說文："簦，笠蓋也。"急就篇三："簦、笠、簟、籧篨。"顏師古注："簦、笠，皆所以禦雨也。大而有把、手執以行謂之簦;小而無把、首戴以行謂之笠。"國語吴語:"(夫差)遵汶伐博,～笠相望於艾陵。"

簞 dān 都寒切,平,寒韻,端。元部。

❶盛飯的竹器。説文:"簞,笥也。漢律令:'簞,小筐也。'"論語雍也:"一～食,一瓢飲,在陋巷,人不堪其憂,回也不改其樂。"用爲動詞,指用簞盛東西。孟子梁惠王上:"～食壺漿以迎王師。"❷盛穀的竹器。北魏賈思勰齊民要術水稻:"藏穀必用～。"

簣 kuì 求位切,去,至韻,羣。物部。

盛土的竹筐。書旅獒:"爲山九仞,功虧一～。"論語子罕:"譬如爲山,未成一～。止,吾止也。"

按,説文無簣字。

簚 mì 集韻莫狄切,入,錫韻,明。錫部。

車前欄杆上的覆蓋物。又作"幭"。禮記曲禮下:"鞮屨,素～,乘髦馬。"詩大雅韓奕:"鞹鞃淺幭,鞗革金厄。"釋文:"幭,本又作簚。"

按,説文無簚字。

簛 wú 武夫切,平,虞韻,微。

黑皮竹。北魏賈思勰齊民要術十竹:"～竹,黑皮,竹浮有文。"

按,説文無簛字。

簜 fù 方六切,入,屋韻,非。

竹實。晉戴凱之竹譜:"竹生花實,其年便枯死。～,竹實也。"唐陸龜蒙置酒行:"安知寂寞西海頭,青～未垂孤鳳餓。"

按,説文無簜字。

籞 yù 魚巨切,上,語韻,疑。魚部。

用竹等作圍欄的禁苑。説文:"籞,禁苑也。"籞,後作籞。

簢 mèi 明秘切,去,至韻,明。脂部。

竹名。山海經西山經:"(英山)其陽多箭～。"郭璞注:"今漢中郡出簢竹,厚裏而長節,根深,筍冬生地中。"

按,説文無簢字。

簘 shāo 集韻雙雛切,平,虞韻,審二。宵部。

盛飯的竹器。同筲。説文:"簘,飯筥,受五升。"段玉裁注:"方言曰:'簇,南楚謂之筲。'簇即筥字,筲即簘字。"清錢坫説文斠詮:"論語'斗筲'字,應用此(字)。"

十 三 畫

簿 1. bù 裴古切,上,姥韻,並。魚部。

❶登記册,檔案。漢書張馮汲鄭傳:"上登虎圈,問上林尉禽獸～。"論衡謝短:"儒生所短,不徒以不曉～書。"❷有關法律審訊的材料。史記李將軍列傳:"大將軍使長史急責(李)廣之幕府對～。"(後以對簿指接受審訊)❸笏,朝會拿的竹板,上面可記事。三國志蜀書秦宓傳:"宓以～擊頰。"

2. bó 傍各切,入,鐸韻,並。

❹用竹製成的養蠶器具。後作"箔"。北魏楊衒之洛陽伽藍記:"本爲～上蠶,今作機上絲。"

按,説文無簿字,釋文中有:"籍,簿書也。"

簺 sài 先代切,去,代韻,心。職部。

❶古代博戲的一種,屬棋類遊戲,也稱格五戲。南齊書沈文季傳:"尤善～及彈棋,～用五子。"❷攔捕魚的器具,多以竹製成。新唐書高宗本紀:"閏五月丁卯,禁作～捕魚,營圈取獸者。"

[同源字]簺,塞。二字同音。説文:"簺,行棋相塞謂之簺。"莊子駢拇:"則博塞以遊。"釋文:"塞,博之類也。"在博塞的意義上,塞、簺實同一詞。

簾 lián 力鹽切,平,鹽韻,來。談部。

障蔽門窗的用具。漢書外戚傳下孝成趙皇后:"美人當有以予女,受來,置飾室中～

南。"唐杜甫客夜詩:"入～殘月影,高枕遠江聲。"

[同源字]簾,嵰。二字同音。説文:"簾,堂簾也。"説文:"嵰,帷也。"段玉裁注:"嵰以布爲之,簾以竹爲之。"

籀 zhòu 直祐切,去,宥韻,澄。幽部。

❶抽繹,解釋。説文:"籀,讀書也。"段玉裁注:"讀者續也。抽引其緒相續而不窮也。"説文解字叙:"學僮十七已(以)上始試,諷～書九千字,乃得爲吏。"❷抽取。唐李儼道因法師碑:"揮兔豪而匪固,～魚網而終滅。"❸漢字的一種字體。又稱大篆。起于西周晚年,春秋戰國時行于秦國。秦始皇採納李斯意見,改籀文爲篆文。後代把籀文稱大篆,省改後的篆文稱小篆。説文中列籀文,其筆畫較小篆爲繁。晉書衛瓘傳:"～篆蓋其子孫,隸草乃其曾玄。"南朝梁劉勰文心雕龍練字:"李斯删～,秦篆興。"

簸 1. bǒ 布火切,上,果韻,幫。歌部。

❶揚去穀米中的塵土粃糠等。詩大雅生民:"或舂或揄,或～或蹂。"小雅大東:"維南有箕,不可以～揚。"❷拍擊。唐杜甫復陰詩:"江濤～岸黄沙走,雲雪埋山蒼兕吼。"

2. bò 補過切,去,過韻,幫。

❸簸箕(後起義)。揚去穀米中塵土粃糠的器物。唐鄭嵎津陽門詩:"大開内府恣供給,玉缶金筐銀～箕。"

按,説文簸字在箕部。

簳 gǎn 古旱切,上,旱韻,見。元部。

❶箭杆。列子湯問:"乃以燕角之弧,朔蓬之～射之。"❷一種小竹。文選漢張衡南都賦:"其竹則籦籠篁篾,篠～箛箠。"

按,説文無簳字。

簬 lù 洛故切,去,暮韻,來。魚部。

同"簵"。竹名。可製箭杆。書禹貢:"惟箘～楛。"

按,説文以簬爲簵字的古文。

簫 xiāo 蘇彫切,平,蕭韻,心。幽部。

❶竹製管樂器。古稱排簫爲簫,用一組長短不等的竹管按音律編排而成。説文:"簫,參差管樂,象鳳之翼。"詩周頌有瞽:"～管備舉。"鄭箋:"簫,編小竹管,如今賣餳者所吹者也。"❷弓的末端。禮記曲禮上:"凡遺人弓者…右手執～,左手承弣。"❸通"篠"。小竹。文選漢馬融長笛賦:"林～蔓荆,森槮柞樸。"

簹 dāng 都郎切,平,唐韻,端。

❶〔篔簹〕見"篔"字條。❷〔簹篁〕泛指竹。唐裴鉶傳奇封陟:"烟鎖簹篔之翠節,露滋躑躅之紅葩。"

籧 jǔ 居許切,上,語韻,見。魚部。

一種圓筐,用于喂牛或盛桑葉等。段玉裁説文解字注:"籧,食(飼)牛筐也。方曰筐,圜(圓)曰籧。"吕氏春秋季春:"具栚曲～筐。"高誘注:"員底曰籧,方底曰筐,皆受桑器也。"籧,也作篆。

[同源字]篆,籧,筥,筐。筥,見母魚部。筐,溪母陽部。見溪旁紐,魚陽對轉。籧亦作篆。禮記月令仲春之月:"具曲植篆筐。"鄭玄注:"篆亦作筥。"籧、篆、筥實同詞異形。三字與筐爲近義詞。

簵 lù 洛故切,去,暮韻,來。魚部。

一種竹子,可製箭。戰國策趙策一:"其堅則箘～之勁,不能過也。"説文:"簵,箘簵也。夏書曰:'惟箘簵楛。'"

籅 yù 於六切,入,屋韻,影。覺部。

淘米的竹器。見説文。急就篇三:"笆篅篟筥～箅篝。"顔師古注:"籅,炊之漉米箕也。"元王禎農書:"南曰～,北曰箱…南北名制不同,而其用則一。"

簽 qiān 千廉切,平,鹽韻,清。

(後起字)❶在文書上寫上意見或題寫姓名。宋蘇軾乞罷詳定役法劄子:"臣既不同,決雖隨衆～書。”宋司馬光乞降臣民奏狀札子：“即乞依臣前奏，降付三省，委執政官分取看詳，擇其可取者用黄紙～出。”㊂通“籤”。官府交差吏逮捕犯人的籤牌。紅樓夢四回：“便發～差公人立刻將凶犯家屬拿來拷問。”

［辨］簽，籤。見“籤”字條。

簷 yán 余廉切，平，鹽韻，喻四。談部。

同“檐”。㊀房蓋伸出的部分。晉陶淵明歸田園居：“榆柳蔭後～，桃李羅堂前。”㊁覆蓋物的邊沿或伸出部分。唐李商隱飲席代官妓贈兩從事詩：“新人橋上著春衫，舊主江邊側帽～。”

按，説文簷作檐，在木部。

十四畫

籍 1. jí 秦昔切，入，昔韻，從。鐸部。

㊀登記的簿册，多用于登記户口。説文：“籍，簿書也。”漢書高帝紀：“蕭何盡收秦丞相府圖～文書。”史記外戚世家：“‘必置我～趙之伍中。’宦者忘之，誤置其～代伍中。”㊁登記。左傳襄公二十五年：“量入脩賦，賦車，～馬。”史記項羽本紀：“～吏民，封府庫。”㊂登記後作處理或没收。三國志魏書王脩傳：“太祖(曹操)破鄴，～没審配等家財物貲以萬數。”㊃書籍。漢書藝文志：“皆滅去其～。”㊄通“藉”。〔狼籍〕〔狼藉〕三國志魏書董卓傳：“死者狼籍。”

2. jiè 洪武正韻詞夜切。

㊅憑借。史記司馬相如列傳：“～以蜀父老爲辭，而己詰難之，以風天子。”

［辨］籍，藉。二字古時多通用，但户籍、通籍、籍没、書籍等通常不作藉。藉指草墊讀 jiè，不作籍。憑籍、憑藉，皆爲借的通假字。

籃 lán 魯甘切，平，談韻，來。談部。

㊀有提梁的盛物器，多竹製。唐白居易放魚詩：“曉日提竹～，家童買春疏。”㊁熏籠。説文：“籃，大篝也。”段玉裁注：“今俗謂熏篝曰烘～是也。”㊂竹轎子，稱籃輿，也省稱籃。南朝梁蕭統陶淵明傳：“淵明有脚疾，使一門生二兒舁～輿。”唐白居易再授賓客分司詩：“乘～城外去，繫馬花前歇。”

篗 yuè 集韻王縛切，入，藥韻，喻三。鐸部。

一種收絲工具。見説文。字亦作“籆”、作“䈂”。字彙竹部：“篗，越縛切，音約。收絲之器也。六書正譌：‘俗作䈂。’”

籌 chóu 直由切，平，尤韻，澄。幽部。

㊀計算用的小棍狀或小片狀的東西，用竹、木或象牙製成。説文：“籌，壺矢也。”漢書五行志：“～，所以紀數。”老子第二十七章：“善數不用～策。”㊁謀劃。鹽鐵論非鞅：“夫蓄積～策，國家之所以强也。”漢書王莽傳：“受羣賢之～畫，而上以聞，不能得什伍。”也指計策，辦法。晉書宣帝紀：“非經國遠～。”

籉 tái 徒哀切，平，咍韻，定。之部。

防雨遮陽的竹製帽子，笠的一種。也作“臺”。文選南朝齊謝朓在郡卧病呈沈尚書：“連陰盛農節，～笠聚東菑。”詩小雅都人士：“彼都人士，臺笠緇撮。”

按，説文無籉字。

籈 zhēn 側鄰切，平，真韻，照二。真部。

擊敔的木板。爾雅釋樂：“所以鼓敔，謂之籈。”

按，説文無籈字。

篝 gōu 居侯切，平，侯韻，見。侯部。

構架，叠架。史記龜策列傳：“即以～燭此地，燭之火滅，即記其處。”

按，説文無篝字。

籋 niè 尼輒切，入，葉韻，娘。葉部。

㊀鑷子。説文：“籋，箝也。”段玉裁注：“夾取之器曰籋，今人以銅鐵作之，謂之鑷子。”㊁通“躡”。踐，踏。漢書禮樂志：“～浮雲，晻上馳。”

籊 tì 他歷切，入，錫韻，透。錫部。

〔篧篧〕竹竿細長貌。詩衛風竹竿：“篧篧竹竿，以釣于淇。”

按，說文無篧字。

簴 jù 其吕切，上，語韻，羣。魚部。

即“虡”字。古代懸掛鐘、磬的架子，直的稱簴。楚辭戰國宋玉招魂：“鏗鐘搖～，揳梓瑟些。”

按，說文簴是虡的重文，在虍部。

十五畫

籓 fān 甫煩切，平，元韻，非。元部。

㊀屏蔽。說文：“籓，大箕也。一曰蔽也。”宋曾鞏胡使詩：“九州四海盡帝有，何不用胡～北隅。”㊁樊籬。宋辛棄疾竊憤録：“行至一古廟，無～籬之蔽，惟有石像數身。”清蒲松齡聊齋志異鞏仙：“野人之性，視宫殿如～籠，不如秀才家得自由。”

［辨］籓，藩。二字都有屏蔽的意思，其不同處有二：①表示屏蔽的意思上古作藩，中古後有作籓的；②指封建時代的屬國、屬地和護衛力量等義，作藩，不作籓。

籔 1. sǒu 蘇后切，上，厚韻，心。侯部。

㊀淘米的竹器。說文：“籔，炊䉛也。”段玉裁注：“即今之溲箕也。”

2. shǔ 所矩切，上，麌韻，審二。侯部。

㊁古量名，合十六斗。儀禮聘禮：“門外米三十車，車秉有五～。”賈公彦注：“十六斗曰～。”

篹 zhuàn 士戀切，去，線韻，牀二。元部。

㊀同“饌”。飲食。漢書杜鄴傳：“陳平共壹飯之～而將相加驩（歡）。”㊁同“纂”。編集漢書司馬遷傳贊：“自古書契之作而有史官，其載籍博矣。至孔氏～之，上繼唐堯下訖秦繆。”

按，說文篹字在食部，作䉵，从食，算聲。後省減作篹。表示飲食意思的饌，在說文中是䉵的異體，後來饌成爲通行的字體。

十六畫

籠 lóng 盧紅切，平，東韻，來。東部。

㊀竹製的圓形器物，種類很多，有盛土的，盛物的，畜養鳥獸的，等等。說文竹部：“籠，舉土器也，一曰笭也。”漢書王莽傳：“負～荷臿。”新五代史王鎔傳：“匿昭海于茶～中。”史記龜策列傳：“而（神龜）不能自出漁者之～。”莊子天地：“則鳩鴞之在于～也，亦可以爲得矣。”㊁包舉，籠罩。史記平準書：“大農之諸官，盡～天下之貨物，貴即賣之，賤則買之。”唐杜牧泊秦淮詩：“烟～寒水月～沙。”

籟 lài 落蓋切，去，泰韻，來。月部。

㊀古代三孔管樂器。說文：“籟，三孔龠也。”淮南子說山：“物莫不因其所有，而用其所無，以爲不信，視～與竽。”高誘注：“籟，三孔籥也。”又指簫。廣雅釋樂：“～謂之簫。”㊁自然界草木、孔穴等發出的聲音。莊子齊物論：“地～則衆竅是已。”唐李白贈僧崖公詩：“一風鼓羣有，萬～各自鳴。”

籜 tuò 他各切，入，鐸韻，透。鐸部。

㊀竹筍外面一片片的皮。文選南朝宋謝靈運於南山往北山經湖中瞻眺：“初篁苞緑～，新蒲含紫茸。”㊁一種草。山海經中山經：“（甘棗之山）其下有草焉，葵本而杏葉，黄華而莢實，名曰～，可以已瞢。”（已，根除。瞢，眼昏暗不清）

按，說文無籜字。

籧 1. qú 强魚切，平，魚韻，羣。魚部。

㊀〔籧篨〕①用竹篾等編的粗席。說文：“籧，籧篨，粗竹席也。”晉書皇甫謐傳：“以籧篨裹尸。”②患有不能俯身之疾的人。國語晉語四：“籧篨不可使俯。”

2. jǔ 居許切，上，語韻，見。魚部。

㊁一種圓筐。禮記月令仲春之月：“具曲植～筐。”此義又作“篆”。

［同源字］籧，篆，筥，筐。見“篆”字條。

籚 lú 落胡切，平，模韻，來。魚部。

❶飯器，似筐。見廣雅釋器。儀禮士昏禮"婦執笲棗"鄭玄注："笲，竹器而衣者，其形蓋如今之筥筶～矣。"❷竹名。晉戴凱之竹譜："有竹象～，因以爲名，東甌諸郡，緣海所生，肌理匀净，筠色潤貞。"

籛 jiān 則前切，音箋，平，先韻，精。元部。

姓。相傳古代彭祖姓籛名鏗。籛鏗以長壽而著稱。唐吕巖寄白龍洞劉道人："徒誇～壽千來歲，也是雲中一電光。"

按，説文無籛字。

籙 lù 力玉切，入，燭韻，來。屋部。

❶圖籙，古時帝王自稱其受命于天的神秘文書。文選漢張衡東京賦："高祖膺～受圖，順天行誅。"❷簿籍。新唐書許世緒傳："隋政不綱，天下搖亂，公姓名已著謡～。"❸道教的秘文。隋書經籍志四："其受道之法，初受五千文籙，次受三洞籙，次受洞玄籙，次受上清籙，～皆素書。"

［同源字］籙，録。二字同音。録，一一記載，公羊傳隱公十年："春秋録内而略外。"文選南朝齊王融永明十一年策秀才文："朕秉～御天。"李善注："籙與録同。"籙是録的分别字，用作名詞。

按，説文無籙字。

籞 wèi 于歲切，去，祭韻，喻三。月部。

一種細竹。廣韻祭韻："籞，竹名。"晉戴凱之竹譜："～尤勁薄，博矢之賢。"

十七畫

籟 jú 居六切，入，屋韻，見。覺部。

審問罪人。同"鞫"。楚辭戰國屈原天問："皆歸射～，而無害厥躬。"

按，説文籟字在幸部。

籣 lán 落干切，平，寒韻，來。元部。

裝箭的袋子。説文："籣，所以盛弩矢，人所負也。"漢書韓延壽傳："被甲鞮鞪居馬上，抱弩負～。"也作"韊"。

籦 zhōng 職容切，平，鍾韻，照三。東部。

〔籦籠〕一種竹子。也作"鐘籠"、"鍾龍"。文選漢張衡南都賦："其竹則籦籠、箽篾、篠簳、箛箠。"晉戴凱之竹譜："籦籠之美，爰自崑崙。"

按，説文無籦字。

籤 qiān 七廉切，平，鹽韻，清。談部。

❶削尖了的小竹片。説文："鋭也。"北史魚俱羅傳："贇凶暴，令左右炙肉，遇不中意，以～刺瞎其眼。"❷有特殊作用的竹片。新唐書藝文志一："兩都各聚書四部，…其本有正有副，軸帶帙～，皆異色以别之。"陳書世祖紀："每雞人伺漏，傳更～于殿中，乃勑送者必投～于階石之上，令鎗然有聲。"❸簽署意見或題寫姓名于簡。宋書范泰傳："時會稽王世子元顯專權，内外百官請假，不復表聞，唯～元顯而已。"❹特指寺廟中寫有字句等的卜具，以竹片製成。宋周密齊東野語卷一三："先妣時留霅，禱于南闗之祠，有'水邊消息的非遥'之語。及收杭信，則聞霍山所祈，亦得此～，越日臨汀之命下矣。"❺古代漏壺上記時的竹籤，上有刻度。唐李賀崇義里滯雨詩："南宫古簾暗，濕景傳～籌。"❻用籤刺入，插入。稱以竹籤刺手指足指的酷刑爲籤爪。新唐書酷吏傳序："泥耳籠首，枷楔兼暴，拉脅～爪，縣(懸)髪熏目，號曰'獄持'。"

［辨］籤，簽。二字皆爲清母鹽韻三等字。簽是後起字。表示署名，在文書上寫上意見或題寫姓名、用指籤牌等，原作籤，後通常作簽。表示刺入義和名詞卜具義時，通常用籤不用簽。

籥 yuè 以灼切，去，藥韻，喻四。藥部。

❶古管樂器。詩邶風簡兮："左手執～，右手秉翟。"史記樂書："故鐘鼓管磬羽～干戚，樂之器也。"❷鎖鑰。史記魯仲連列傳：

"天子巡狩,諸侯辟(避)舍,納筦(管)～,攝衽抱機(幾),視膳于堂下。"此義後代作"鑰"。㊂古時鼓風箱的内件(鼓風箱的外罩稱橐)。老子第五章:"天地之間,其猶橐～乎。"

[同源字]鑰,籥。見"鑰"字條。

籢 lián 力鹽切,平,鹽韻,來。談部。

鏡匣。説文:"籢,鏡籢也。"急就篇:"鏡～疏比各異工。"顔師古注:"鏡籢,盛鏡之器,若今鏡匣也。"

籞 yù 魚巨切,上,語韻,疑。魚部。

古帝王的禁苑。用竹等作圍欄。漢書宣帝紀(地節三年詔):"池～未御幸者,假與貧民。"

[同源字]籞,圉。二字古音同爲見母魚部字。説文:"圉,囹圄,所以拘罪人。"爾雅釋言:"圉,禁也。"籞、圉,皆指禁止自由出入。

按,説文無籞有御,注曰"禁苑也"。籞、御爲異體字。

十八畫

籪 duàn。

用竹等編成栅欄,以捕取蟹、魚等。太平廣記卷三二三引述異記:"富陽人姓王,于窮瀆中作蟹～。"

籰 shuāng 所江切,平,江韻,審二。

帆。廣韻江韻:"籰,帆也。"南越志:"南海有盧頭木,葉如甘蔗,織以爲帆,名曰～。"

籩 biān 布玄切,平,先韻,幫。元部。

古代祭祀時盛食品的竹編器皿。説文:"籩,竹豆也。"儀禮鄉射禮:"薦脯用～。"左傳昭公元年:"具五獻之～豆于幕下。"籩豆爲祭祀時的禮器,故用籩豆代指祭祀。論語泰伯:"～豆之事,則有司存。"

十九畫

籬 lí 吕支切,平,支韻,來。歌部。

籬笆。三國志蜀書先主傳:"舍東南角～上有桑樹生,高五丈餘。"世説新語排調:"德之休明,肅慎貢其楛矢;如其不爾,～壁間物,亦不可得也。"

按,説文無籬字。

籮 luó 魯何切,平,歌韻,來。

後起字。竹編器具,用以盛物或淘米。宋范成大雪中聞牆外鬻魚菜者求售之聲甚苦有感之一:"飯～驅出敢偷閒,雪脛冰鬚慣忍寒。"

二十畫

籯 yíng 以成切,音盈,平,清韻,喻四。耕部。

盛物竹器。説文:"籯,笭也。"漢書韋賢傳:"遺子黄金滿～,不如一經。"

籰 yuè 王縛切,入,藥韻,喻三。鐸部。

收絲的工具。也作"篗"。明宋應星天工開物調絲:"手中執～旋轉,以俟牽經織緯之用。"〔籰子〕放風箏時綫車子,也叫繞子。紅樓夢七〇回:"小丫頭們…拿出個美人風箏來,也有搬高凳去的,也有捆剪子股的,也有撥籰子的。"

按,説文籰作篗。段玉裁注:"篗,字亦作籰。"

二十六畫

籲 yù 羊戌切,音裕,去,遇韻,喻四。藥部。

呼告,呼求。書召誥:"夫知保抱攜持厥婦子,以哀～天,徂厥亡,出執。"書立政:"迪惟有夏,乃有室大競,～俊尊上帝。"

按,説文籲字在頁部。

米　部

［米部總論］

米部的字多與糧食有關。大致分爲四類。

（一）糧食不同的類别。例如：糧　粱　粟　粳　粢

（二）糧食的各種加工品和加工後的餘料。例如：糗　糇　糜　粥　糖　糟　糠

以上二類皆爲名詞。

（三）由糧食的精粗而派生出表示物質的優劣、純雜等義，爲形容詞。例如：精　粲　粗　粹　糙

（四）表示糧食的交易買賣，爲動詞。例如：粂　糴　糶

米 mǐ 莫禮切，上，薺韻，明。脂部。

❶糧食作物去皮後的子實，後代偏指稻米。説文："米，粟實也。"周禮地官舍人："掌～粟之出入，辨其物。"鄭玄注："九穀六～别爲書。"賈公彦疏："九穀之中黍、稷、稻、粱、苽、大豆六者皆有～；麻與小豆、小麥三者無～。"史記貨殖列傳："楚、漢相距滎陽也，民不得耕種，～石至萬。"❷泛指植物的子粒。唐杜甫秋興八首之七："波漂菰～沉雲黑，露冷蓮房墜粉紅。"❸極少或極小的量。吕氏春秋察微："夫弩機差以～，則不發。"❹姓。宋書畫家米芾。

［備考］通"絲"。像細米似的繡文。書益稷："藻、火、粉、米、黼、黻、絺、繡，以五采彰施于五色，作服。"孔穎達正義："米，若聚米者，刺繡爲文，類聚米形也。"

二　畫

粂 dí 徒歷切，入，錫韻，定。藥部。

同"糴"。買進穀米。廣韻錫韻："糴，市穀米。粂，俗。"宋陸游初夏雜興詩"悶裏家書到，貧時～買米。"一本作"糴"。

按，説文入部有糴字。粂是糴的省簡字。

三　畫

粈 shēn 所臻切，音莘，平，臻韻，審二。

❶糧食或油料加工後的渣滓。元農桑輯要卷七："閹豬子待瘡口乾平復後，取巴豆兩粒去殼爛擣，和麻～糟糠之類飼之。"❷通"餌（xùn）"。青粈飯即青餌飯。古人認爲這種飯有益健康。宋黄庭堅陳榮緒惠示之字韻詩推獎過實非所敢當輒次高韻三首之三："飢蒙青～飯，寒贈紫陀尼。"

按，説文無粈字。

籺 hé 胡結切，入，屑韻，匣。

同"麧"。米麥中的粗屑，不易破碎。唐杜甫驅豎子摘蒼耳詩："亂世誅求急，黎民糠～窄。"

按，説文無籺有麧，注曰："堅麥也。"

籹 nǚ 尼吕切，上，語韻，娘。魚部。

〔粔籹〕見"粔"字條。

按，説文無籹字，新附有之："籹，粔籹也。"

四　畫

粈 róu 人九切，上，有韻，日。幽部。

混雜。同“糅”。説文:“粗,雜飯也。”集韻有韻:“糅,雜飯也,或作粗。”宋書鄧琬傳傳檄:“夫旦、奭與三監並時,金、霍與上官共主,邪正～雜,何世無之。”

粃 bǐ 集韻補履切,上,旨韻,幫。脂部。

㊀子實不飽滿的穀粒。吕氏春秋辯土:“凡禾之患,不俱生而俱死,是以先生者美米,後生者爲～。”漢劉向新序刺奢:“食鳧雁必以～,無得以粟。”〔粃糠〕喻指無用的東西。宋蘇軾韓文公廟碑:“飄然乘風來帝房,下與濁世掃粃糠。”㊁通“紕(pī)”。錯誤。後漢書盧植傳:“臣前以周禮諸經,發起～謬,敢率愚淺,爲之解詁。”

[同源字]秕,粃,紕。見“秕”字條。

按,説文無粃有秕。玉篇:“粃,不成穀也。俗秕字。”

粉 fěn 方吻切,上,吻韻,非。文部。

㊀化妝用的粉末。説文:“粉,傅面者也。”急就篇三:“芬薰脂～膏澤筩。”顔師古注:“粉謂鉛粉及米粉,皆以傅面,取光潔也。”戰國宋玉登徒子好色賦:“東家之子,增之一分則太長,減之一分則太短,著～則太白,施朱則太赤。”引申指細末。周禮天官籩人:“羞籩之實,糗餌～餈。”用爲動詞,指粉碎。新五代史四夷附録三:“乃發其墓,～其骨而颺之。”㊁塗飾。漢揚雄太玄視:“～其題頯,雨其渥須,視無姝。”㊂穀物製成的食物。元武漢臣老生兒第三折:“宰下羊,漏下～,蒸下饅頭。”

粄 bǎn 博管切,上,緩韻,幫。

屑米餅。同“料”。玉篇米部:“粄,米餅。”廣韻緩韻:“粄,屑米餅也。”

按,説文無粄字。

五　畫

粒 lì 力入切,入,緝韻,來。緝部。

㊀穀米的顆粒。孟子滕文公上:“樂歲,～米狼戾。”漢末劉楨答魏太子丕借廓落帶書:“嘉禾始熟,而農夫先嘗其～。”㊁進食。書益稷:“暨稷播,奏庶艱食鮮食,懋遷有無化居,烝民乃～,萬邦作乂。”孔穎達疏:“米食曰粒。”顔氏家訓涉務:“三日不～,父子不能相存。”再引申爲養活。唐王維裴僕射濟州遺愛碑:“一郡之賦,再～天下。”㊂量詞(後起義)。相當于顆。唐李紳憫農詩:“春種一～粟,秋收萬顆子;四海無閒田,農夫猶餓死。”

料 bǎn 博管切,上,緩韻,幫。

屑米餅。也作“粄”。南朝梁宗懔荆楚歲時記:“是日,取鼠麴汁蜜和粉,謂之龍舌～,以厭(壓)時氣。”

按,説文無料字。

粔 jù 其吕切,上,語韻,羣。

〔粔籹〕古代食品名,似今天的麻花、饊子之類。楚辭戰國宋玉招魂:“粔籹蜜餌,有餦餭些。”唐劉禹錫楚望賦:“投粔籹以鼓檝,豢鱣魴而如犧。”宋陸游九里詩:“陌上鞦韆喧笑語,擔頭粔籹簇青紅。”

按,説文無粔字,新附有之:“粔,粔籹,膏環也。”

粘 1. zhān。

㊀黏合。晉書殷仲堪傳:“仲堪食常五椀,盤無餘肴,飯～落席間,輒拾以噉之。”唐杜甫獨酌詩:“仰蜂～落絮,行蟻上枯梨。”

2. nián 女廉切,平,鹽韻,娘。

㊁具有黏性的。元王禎農書卷七:“稻有粳秫之别:粳性疎而可炊飯,秫性～而可釀酒。”

按,説文無粘字,黍部有黏(nián)字。粘,廣韻注爲黏的後起俗字。在現行漢字裏,讀 zhān,作粘,用于動詞,如粘貼;讀 nián,作黏,用于形容詞,如黏米。

粗 cū 徂古切,集韻聰徂切,平,模韻,清。魚部。

㊀糙米,粗糧。説文:“粗,疏也。”莊子人間世:“吾食也執～而不臧。”(臧,精美)㊁簡

略。史記酈生陸賈列傳："陸生乃～述存亡之徵，凡著十二篇…號其書曰新語。"樂書："樂極則憂，禮～則偏矣。及夫敦樂而無憂，禮備而不偏者，其唯大聖乎？"㊂粗大。禮記月令孟夏之月："其器高以～。"用于人，指粗笨、粗野。北史李元忠傳："元忠曰：'雖～，並解事。'"

［辨］觕，麤，粗。見"觕"字條。

粕

pò 匹各切，入，鐸韻，滂。鐸部。

〔糟粕〕酒滓。喻指粗劣的食物或無用的廢料。漢劉向新序雜事二："凶年飢歲，士糟粕不厭，而君之犬馬有餘穀粟。"淮南子道應："是直聖人之糟粕耳。"

按，說文無粕字，新附有之，云："粕，糟粕，酒滓也。"

栅

cè。

同"柵"。見"柵"字條。

六　畫

粢

1. zī 即夷切，平，脂韻，精。脂部。

㊀穀類的總稱。左傳桓公二年："～食不鑿。"（祭祀的糧食不作加工）國語周語上："上帝之～盛於是乎出。"（粢盛，盛在祭器中黍稷等）㊁稷，即穀子。爾雅釋草："粢，稷。"

2. cí 才資切，平，脂韻，從。

㊂米餅。同"餈"。列子力命："食則～糲。"

［備考］通"齊(jì)"。酒。禮記禮運："故玄酒在室，醴醆在户；～醍在堂，澄酒在下。"鄭玄注："粢讀爲齊，聲之誤也。"

按，說文粢是餈的重文，在食部。

粧

zhuāng 字彙補側羊切。

㊀妝飾。同"妝"。也作"糚"。南史后妃傳元帝徐妃："妃以帝眇一目，每知帝將至，必爲半面～以俟。"㊁通"裝"（後起義）。①假裝。元馬致遠青衫淚第四折："可怎生～聾作啞？"②裝載。明馮夢龍警世通言陳可常端陽仙化："長老將自己龕子，～了可常，抬出山頂。"

按，表示妝飾的意思，說文作"妝"。兩漢時代有用"糚"的，後簡省作粧。

粞

xī 先稽切，平，齊韻，心。

碎米。宋蘇軾吴中田婦歎詩："汗流肩頳載入市，價賤乞與如糠～。"

粟

sù 相玉切，入，燭韻，心。屋部。

㊀古指禾、黍的子粒。加工後其皮稱糠，可食的仁稱米。說文："粟，嘉穀實也。"段玉裁注："古者民食莫重於禾黍，故謂之嘉穀…嘉穀之實曰粟。"吕氏春秋審時："其～圓而薄糠，其米多沃而食之彊。"唐李紳憫農詩："春種一粒～，秋收萬顆子，四海無閒田，農夫猶餓死。"泛指糧食。管子治國："民事農，則田墾；田墾，則～多；～多，則國富。"史記平準書："太倉之～，陳陳相因。"㊁指俸禄。史記伯夷列傳："伯夷、叔齊義不食周～，隱於首陽山下，采薇而食之。"漢劉向說苑正諫："民有飢色，而馬有～秩。"㊂如粟的顆狀物。山海經南山經："（英水）西南流注於赤水，其中多白玉，多丹～（指紅砂）。"用爲動詞，指皮膚收縮起粒。宋陸游雪後苦寒行繞撫道中有感詩："重裘猶～膚，連酌無騂顔。"㊃古度量單位。①長度單位。淮南子天文："十二～而當一寸。"②容量單位。孫子算經上："量之所起，起於～。六～爲一圭。"

按，說文粟字在卤部。

粥

1. zhōu 之六切，入，屋韻，照三。覺部。

㊀稀飯。禮記曲禮："饘～之食。"晉書石苞傳："崇爲客作豆～。"

2. yù 余六切，入，屋韻，喻四。覺部。

㊁通"育"。養。大戴禮記夏小正正月："雞桴～。"㊂通"賣"。賣。荀子儒效："魯之～牛馬者不豫賈。"此義後通作"鬻"。

按，說文無粥字，䰜部有鬻字。錢坫斠詮："（鬻）以米爲聲，讀即同米。今讀同祝者非是。鬻又省爲粥，既謬于祝音，一以爲薰鬻，則有史記殷本紀之育字當之；再以爲衒鬻，則有貝部賣字當之。…又楚之姓芈，芈音與米同。因讀鬻爲祝，反改不誤之鬻熊以就其誤讀。"錢説未臻恰備。粥讀 zhōu，爲後起音讀，不可謂非。説文中指稀飯義還有"鬻"(余六切)，粥兼承其音義，讀 yù，故可通育、賣。粥承 mí 音，可通芈。粥爲照三，鬻爲喻四，同爲舌面音。粥之 zhōu 音，其由來亦可得而説。

粣 1. cè 集韻測革切，入，麥韻，穿二。

又作"糤"。㊀粽子。南齊書虞悰傳："世祖幸芳林園，就悰求扁米～。"一説即饊子。見正字通米部"粣"字注。

2. sè 集韻色責切，入，麥韻，審二。

㊁用米麥摻入他物。北魏賈思勰齊民要術作葅藏生菜法："欲令色黄，煮小麥時時～之。"

按，説文無粣字。

粤 yuè 王伐切，入，月韻，喻三。月部。

㊀語氣詞。表示嚴肅審慎的語氣。漢書敘傳："～蹈秦邦，雩來稽首。"又："尚～其幾淪神域兮。"史記周本紀："～詹雒伊，毋遠天室。"㊁古民族名，居江浙閩粤一帶，總稱百粤。

按，説文粤字在于部。注云："于也，審慎之詞者。"

七　畫

粱 liáng 吕張切，平，陽韻，來。陽部。

㊀粟。明李時珍本草綱目："～即粟也。"詩小雅甫田："黍稷稻～，農夫之慶。"三國魏嵇康難自然好學論："是以貪生之禽，食園池之～菽。"㊁指成品糧，偏指精細的小米。説文："粱，米名。"段玉裁注："粟中人曰米，米可食曰粱。"左傳哀公十三年："～則無矣"楊伯峻春秋左傳注："粱，精細小米。古以稻粱、膏粱並稱。"〔粱肉〕指精美的膳食。史記孟嘗君列傳："僕妾餘粱肉，而士不厭糟糠。"唐杜甫醉時歌："甲第紛紛厭粱肉，廣文先生飯不足。"

粮 liáng 吕張切，平，陽韻，來。陽部。

同"糧"。乾糧，糧食。墨子非攻中："～食輟絶而不繼。"魯問："攻其鄰家，殺其人民，取其狗豕食～衣裘。"

粳 jīng 古行切，平，庚韻，見。陽部。

稻的一種，其米不具黏性。後漢書文苑列傳杜篤："漸漬成川，～稻陶遂；厥土之膏，畝價一金。"

按，説文米部無粳字，禾部有"秔"字，注云："稻屬"，其重文爲稉。後作粳。

粰 fū 縛謀切，平，尤韻，幫。

同"稃"。麩皮，米糠。晉書會稽王道子傳："於是公私匱乏，士卒唯給～橡。"

粲 càn 蒼案切，去，翰韻，清。元部。

㊀上等白米，經精加工而成。説文："粲，稻重一秙，爲粟二十斗。爲米十斗曰毇；爲米六斗大半斗曰～。"段玉裁注："以今目驗言之，…精無過此者矣。"㊁鮮明，美好。詩唐風葛生："角枕～兮，錦衣爛兮。"又小雅大東："西人之子，～～衣服。"引申指顯著。鹽鐵論結和："功勛～然，著于海内。"詩唐風綢繆："今夕何夕，見此～者。"㊂露齒含笑。穀梁傳昭公四年："軍人～然皆笑。"晉郭璞遊仙詩十四首之二："靈妃顧我笑，～然啟玉齒。"㊃衆多。詩鄭風羔裘："羔裘晏兮，三英～兮"鄭箋："粲，衆意。"史記周本紀："夫獸三爲羣，人三爲衆，女三爲～。"㊄通"餐"。飯食，吃。詩鄭風緇衣："適子之館兮，還予授子之～兮。"陳奂傳疏："粲爲餐之假借字。"唐柳宗元天對："益革民艱，咸～厥粒。"

八　畫

粹 1. cuì 雖遂切，去，至韻，心。今讀如翠。

物部。

❶純一，不雜。説文："粹，不雜也。"文子原道："不與物雜，～之至也。"淮南子說山："貂裘而雜，不若狐裘而～。"❷純美。後漢書張衡傳："欻神化而蟬蜕兮，朋精～而爲徒。"唐沈珣授韋慤鄂岳節度使制："紳冕令才，人倫～器。"❸通"萃"。聚集。荀子正名："凡人之所取也，所欲未嘗～而來也；其去也，所惡未嘗～而往也。"漢賈誼陳政事疏："羣下至衆，而主上至少也，所托財器職業者～于羣下也。"

2. suì 集韻蘇對切，音碎，去，隊韻，心。物部。

❹碎米。見集韻。引申爲破碎。荀子儒效："故能小而事大，辟（譬）之是猶力之少而任重也，舍～折無適也。"

［同源字］粹，純。純，古音禪母文部；粹，心母物部。禪心鄰紐，文物對轉。純，亦指不雜。莊子齊物論："參萬歲而一成純。"郭象注："純者，不雜者也。"

粽 zòng 作弄切，去，送韻，精。

後起字。亦作"糉"。一種用箬葉裹糯米做成的食品。南朝梁吴均續齊諧記："屈原五月五日投汨羅水，楚人哀之，至此日以竹筒子貯米，投以祭之…今五月五日作～，並帶楝葉、五花絲，遺風也。"

精 jīng 子盈切，平，清韻，精。耕部。

❶經挑選不含雜質的上等米；優質的糧食。説文："精，擇也。"論語鄉黨："食不厭～，膾不厭細。"❷事物中最優良的部分。三國志吴書吕蒙傳："蒙至尋陽，盡伏其～兵艚艫。"唐杜牧阿房宫賦："齊楚之～英…倚疊如山。"（指金玉等珍貴之物）❸精靈，神怪。唐杜甫陪鄭廣文遊何將軍山林詩："山～白日藏。"❹元氣，古人認作事物本原的東西。莊子在宥："吾欲取天地之～，以佐五穀，以養民人。"論衡論死："夫生人之～，在于身中。"❺精神；魂魄。文選晉陸機文賦："～鶩八極，心遊萬仞。"文選戰國宋玉神女賦："～交接以來往兮，心凱康以樂歡。"❻專誠，精神集中在某一點上。管子心術下："形不正者德不來，中不～者心不治。"❼精通，嫻熟。三國志魏書劉司馬梁張温賈傳："咸～達事機。"唐韓愈進學解："業～于勤。"❽精液。易繫辭下："男女構精，萬物化生。"

［備考］㊀通"菁"。花。文選戰國宋玉風賦："徘徊于桂椒之間，翱翔于激水之上，將擊芙蓉之～。"㊁通"情"。性情，感情。荀子修身："體倨固而心執詐，術順墨而～雜汙。"

［同源字］精，清，晴。精、清，精母耕韻；晴，從母耕韻。三字叠韻，從清旁轉，都有不含雜質的意思。説文："姓（晴），雨而夜除星見。"（即天空不再被云遮蓋）"清，朗也。"（指水中雜質少或不含雜質）參見"清"字條。

粻 zhāng 陟良切，平，陽韻，知。陽部。

食糧。詩大雅崧高："以峙其～，式遄其行。"唐韓愈送窮文："結柳作車，縛草爲船，載糗與～。"

按，説文無粻字，新附有之，云："食米也。"

粼 lín 力珍切，平，真韻，來。真部。

〔粼粼〕清澈貌。詩唐風揚之水："揚之水，白石粼粼。"宋韓駒題畫太一真人詩："恍然坐我水仙府，蒼烟萬頃波粼粼。"

按，説文粼字在巜部。

九　畫

糍 cí。

一種米餅。宋沈括補筆談："醫潘璟家有百摩娑石，色如糯米～。"〔糍糕〕糯米做成的食品。宋孟元老東京夢華録三馬行街鋪席："有夜市…糍糕、團子、鹽豉湯之類。"

按，説文糍作餈，在食部，云："稻餅也。"

𥻗 bì 符逼切。集韻弼力切，入，職韻，並。職部。

以火烤肉或烘乾食物。周禮天官籩人"朝事之籩，其實鮑魚"鄭玄注："鮑者，於～室中糗乾之。"

按，説文糒作䙡，在火部，云："以火乾肉。"

糂 sǎn 桑感切，上，感韻，心。侵部。

以米和羹。説文："以米和羹也。"段玉裁注："古之羹必和以米。"墨子非儒下："孔某窮於蔡、陳之間，藜羹不～。"字也作"糝"。

粺 bài 傍卦切，去，卦韻，並。支部。

㊀一種介於精米、粗米之間的米。説文："粺，毇也。"玉篇："粺，精米也。"六書故："粺，米稍疏(粗)也。"張舜徽説文解字約注："粺…半熟米也。"詩大雅召旻："彼疏斯～，胡不自替。"㊁通"稗"。稗子。孔子家語相魯："若其不具，是用粃～。"王肅注："粺，草之似穀者。"

糊 hú 户吳切，平，模韻，匣。魚部。

㊀用黏性物把東西粘起來。世説新語巧藝劉孝標注引續晉陽秋："(顧愷之)曾以一廚書寄桓玄，皆其絶者，深所珍惜，悉～題其前。"㊁漿糊。唐馮贄雲仙雜記五引宣武盛事："日用麵一斗爲～，以供緘封。"㊂求得不挨餓以度日。也作"餬"。魏書崔浩傳："今既～口無以至來秋；來秋或不熟，將如之何？"

按，説文糊作黏，在黍部，"黏，黏也…粘，黏或从米。"集韻模韻："黏，説文黏也，或作糊。"粘、糊爲聲旁小有不同的異體字。

粈 róu 女救切。集韻而由切，平，尤韻，日。幽部。

混雜。楚辭戰國屈原九章懷沙："同～玉石兮，一槩而相量。"儀禮鄉射禮："無物，則以白羽與朱羽～杠。"

按，説文粈作粗、飷。清薛傳均説文答問疏證五："説文無粈字。粗，雜飯也。飷訓亦同。皆屬粈之正體。一切經音義云：'粈，古文粗飷二形。'"

糈 xǔ 私吕切，上，語韻，心。魚部。

㊀糧食。説文："糈，糧也。"史記貨殖列傳："醫方諸食技術之人，焦神極能，爲重～也。"㊁精米。楚辭戰國屈原離騷："懷椒～而要之。"王逸注："糈，精米，所以享神。"

糉 zòng 作弄切，去，送韻，精。

後起字。一種食品，用箬葉裹糯米做成。同"粽"。宋陸游過鄰家詩："端五數日間，更約同解～。"

糇 hóu 户鉤切，平，侯韻，匣。侯部。

乾糧。文選漢張衡思玄賦："屑瑶蘂以爲～兮，斠白水以爲漿。"

按，説文糇作餱，在食部，云："乾食也。"

十　畫

糆 miàn 莫甸切，去，霰韻，明。

碎米。北魏賈思勰齊民要術九煮糆："～米一斗，以沸湯一升沃之。"

糖 táng 徒郎切，平，唐韻，定。陽部。

食糖。北魏賈思勰齊民要術五穀果蓏菜茹非中國物産者："異物志曰：'甘蔗，遠近皆有。交趾所産甘蔗特醇好，本末無薄厚，其味至均…迮取汁爲飴餳，名之曰～，益復珍也。'"

[同源字]糖，餳。説文："餳，飴和饊也。"廣韻："餳，飴也。""糖，飴也。"餳，邪母耕部；糖，定母陽韻。邪定鄰紐，耕陽旁轉。段玉裁改餳爲餳，但也有不同意段改篆的。

按，説文無糖字，新附有之，云："飴也。"

糕 gāo 集韻居勞切，平，豪韻。

後起字。用米粉、麵粉製成的食品。也作"餻"。宋孟元老東京夢華録八重陽："都人多出郊外登高，…前一二日各以粉麵蒸～遺送。"

糒 bèi 平秘切，去，至韻，並，職部。

乾飯，乾糧。説文："糒，乾也。"漢書李陵傳："令軍士持二升～，一半冰，期至遮虜障者相待。”世説新語汰侈：“王君夫以粭～澳釜。”（澳，洗刷）新唐書逆臣傳下黄巢：“駢以蜀兵萬五千齎～糧，期三十日至。”

糔 xiǔ 息有切，上，有韻，心。

〔糔溲〕以水調粉麪。禮記内則：“爲稻粉，糔溲之以爲酏。”鄭玄注：“糔讀與滫瀡之滫同。”

糙 cāo 七到切（舊讀 cào），去，号韻，清。

後起字。㊀未加工的粗米。舊唐書食貨志上：“令東都出遠年～米及粟，就市給糶。”㊁不細致。朱子語類卷五二孟子二：“孟施舍、北宫黝便粗～，曾子便細膩爾。”

糗 qiǔ 去久切，上，有韻，溪。幽部。

炒熟或焙熟的乾糧，有香氣。説文：“糗，熬米、麥也。”（上古“熬”指烤乾、煎乾）書費誓：“峙乃～糧，無敢不逮。”後漢書隗囂傳：“囂病且餓，出城餐～糒，恚憤而死。”

十一畫

粧 zhuāng 集韻側羊切，平，陽韻，照二。陽部。

打扮。同“妝”。又作“粃”。文選漢司馬相如上林賦：“靚～刻飾，便嬛綽約。”後漢書五行志一：“靈帝建寧中，京都長者皆以葦方笥爲～具，下士盡然。”

［同源字］裝，裝，妝，粧。見“裝”字條。

按，説文粧作妝，在女部，云：“飾也。”

糜 1. mí 靡爲切，平，支韻，明。歌部。

㊀粥。説文：“糜，糝也。”徐鍇繫傳：“糜即粥也。”禮記月令：“（仲秋之月）是月也，養衰老，授几杖，行～粥飲食。”㊁爛。楚辭漢王逸九思傷時：“愍貞良兮遇害，將夭折兮碎靡。”引申指毁傷。孟子盡心下：“梁惠王以土地之故，～爛其民而戰之，大敗。”㊂通“靡”。耗費。梁書王神念傳：“先有神廟，妖巫欺惑百姓，遠近祈禱，～費極多。”

2. méi 音眉。

㊃不黏的黍。同“穈”。大戴禮記夏小正：“（五月）初昏大火中…種黍菽～時也。”㊄通“眉”。眉毛。漢書王莽傳下：“赤～聞之，不敢入界。”

糠 kāng 苦岡切，平，唐韻，溪。陽部。

穀皮。莊子達生：“爲彘謀，曰：不如食以～糟而錯之牢筴之中。”世説新語排調：“簸之揚之，～粃在前。”

按，説文糠作穅，在禾部，云：“穀皮也。”

糟 zāo 作曹切，平，豪韻，精。幽部。

㊀帶滓的酒；也指濾去酒剩下的渣滓。説文：“糟，酒滓也。”段玉裁注：“今之酒但用泲者（泲 jǐ，過濾），直謂已漉之粕爲糟，古則未泲帶滓之酒謂之糟。”楚辭戰國屈原漁父：“衆人皆醉，何不餔其～而歠其釃。”漢劉向新序節士：“桀爲酒也，足以運舟；～丘，足以望七里。”㊁以酒或酒糟浸漬食品。世説新語任誕：“不見～肉乃更堪久？”

糞 fèn 方問切，去，問韻，非。文部。

㊀除（污穢、雜草等）。左傳昭公三年：“小人～除先人之敝廬。”禮記曲禮上：“凡爲長者～之禮，必加帚於箕上。”宋陸游智者寺興造記：“方是時，事廢不舉，地茀不～，棟橈柱腐，垣斷甃缺，若不可復爲者。”㊁施肥。禮記月令：“（季夏之月）可以～田疇，可以美土疆。”宋沈括夢溪筆談卷二六：“一畝之稼，則～溉者先芽。”㊂穢土。論語公冶長：“～土之牆，不可杇也。”（杇，塗飾）㊃屎（後起義）。北魏賈思勰齊民要術耕田：“其美與蠶矢（屎）熟～同。”唐段成式酉陽雜俎廣動植：“狼～烟直上，烽火用之。”

按，説文糞字在華部，云：“棄除也。”

糝 sǎn 桑感切，上，感韻，心。侵部。

㊀以米和羹。同“糂”。莊子讓王：“七日不火食，藜羹不～。”（豆葉做的羹没有摻米飯）㊁粒狀物。北魏賈思勰齊民要術作魚鮓：“炊秔米飯爲～，并茱萸、橘皮、好酒，於盆

中合和之。”唐韓愈送無本師歸范陽：“始見洛陽春，桃枝綴紅～。”用爲動詞，指散開。唐李白春感：“榆莢錢生樹，楊花玉～街。”

按，説文糝是糂的重文，云：“以米和羹也。”

十二畫

䊦 yè 烏結切，音咽，入，屑韻，影。

粽子一類的食物。廣韻：“䊦，糉屬。”

按，説文無䊦字。

糦 chì 昌志切，音熾，去，志韻，穿三。之部。

古穀類祭品。同“饎”。詩商頌玄鳥：“龍旂十乘，大～是承。”

按，説文糦是饎的重文，在食部。

䊧 pì 集韻匹寐切，去，至韻，滂。質部。

下出氣。同“屁”。集韻：“屁，字林：‘下出氣也。’或作䊧。”山海經東山經：“（茈魚）其臭如蘪蕪，食之不～。”

按，説文無䊧字。

糧 liáng 吕張切，平，陽韻，來。陽部。

❶乾糧。詩大雅公劉：“迺裹餱～，于橐于囊。”荀子議兵：“贏三日之～，日中而趨百里。”周禮地官廩人：“凡邦有會同師役之事，則治其～與其食。”❷穀類，糧食。説文：“糧，穀也。”商君書靳令：“民有餘～。”❸田賦（後起義）。宋史高宗紀八：“（紹興二十五年）戒州縣加收耗～。”

十三畫

䊪 lì 集韻落蓋切，去，夳韻，來。今讀如厲。月部。

粗米。又作“糲”。説文：“䊪。粟重一柘，爲十六斗大半斗，舂爲米一斛，曰䊪。”王筠句讀：“夏侯陽算經：‘粟五斗，爲䊪米三斗；爲粺米二斗七升；爲糳米二斗四升。’”漢書司馬遷傳：“飯土簋，歠土刑，～粱之食，藜藿之羹。”

十四畫

糯 nuò 集韻奴卧切，去，過韻，泥。

後起字。具黏性的稻米。唐元稹估客樂詩：“鍮石打臂釧，～米吹項瓔。”宋司馬光涑水記聞卷一三：“守陵喜，運～米以餉智高。”

糰 tuán 集韻徒官切，平，桓韻，定。

後起字。用米或米粉等做成的圓球形食品。也稱糰子。唐白居易寒食日過棗糰店詩：“寒食棗～店，春低楊柳枝。”宋周密武林舊事元夕：“節食所尚，則乳糖圓子…澄沙～子。”

十五畫

糲 lì 力制切，去，祭韻，來。月部。

粗米，糙米。同“䊪”。史記刺客列傳：“故進百金者，將用爲大人粗～之費，得以交足下之歡。”引申指粗糙。論衡藝增：“豆麥雖～，亦能愈飢。”

按，説文糲作䊪。

十六畫

糱 niè 魚列切，入，薛韻，疑。月部。

❶麥、豆等長出的芽。説文：“糱，牙米也。”❷釀酒製醬用的麴，以發酵。吕氏春秋仲冬：“是月也…乃命大酋（酒官之長），秫稻必齊，麴～必時。”

［同源字］糱，孽，櫱。三字皆魚列切，同音。段玉裁説文解字注：“芽米謂之糱，猶伐木餘謂之櫱，庶子謂之孽也。”

糴 dí 徒歷切，入，錫韻，定。錫部。

買進糧食。左傳莊公二十八年：“冬，饑。臧孫辰告～于齊。”史記平準書：“及官自～乃足。”漢書食貨志上：“大孰（熟）則上～三而舍一；中孰則～二；下孰則～一。使民適足，賈

(價)平則止。"

按,說文糶字在入部。

十九畫

糶 tiào 他吊切,去,嘯韻,透。藥部。

賣出糧食。史記貨殖列傳:"夫~,二十病農,九十病末。"漢書食貨志上:"大飢則發大孰之所斂而~之。故雖遇饑饉水旱,糴不貴而民不散。"

按,說文糶字在出部。

二十一畫

糷 làn 郎旰切,去,翰韻,來。元部。

飯相黏着。爾雅釋器:"摶者謂之糷。"郭璞注:"飯相箸(著)也。"通常作"爛"。吕氏春秋本味:"熟而不爛。"高誘注:"爛,失飪(即過熟)。"

按,說文無糷字。

爨 zuò 則落切,入,鐸部,精。鐸部。

㊀舂。楚辭戰國屈原九章惜誦:"擣木蘭以矯蕙兮,爨申椒以爲糧。"㊁精米(粗米經舂後而得)。宋王禹偁酬种放徵君:"卜居雜民氓,致養無精~。"

按,說文爨字在毇部,注云:"糲米一斛舂爲九斗曰爨。"

糸　部

[糸部總論]

大致可以分爲下列七類:

(一)絲、麻線或繩索。例如:絲　線　經　緯　縷　緡　綂　紀　紘　繩　索　紉　絠　紲　綏　縻

(二)絲織品和麻織品。例如:素　絹　綺　紈　綢　絮　絺　繒　縞　縑　綈　綃　紬

(三)由絲麻織品加工成的衣物用品。例如:統　紘　紐　紟　綬　組　紳　絇　絛　紾　絻　綖　纓　綱　纜　綆。

以上爲名詞。

(四)絲麻的加工。例如:繅　紡　織　績　繹　緝　練　綜　糾

(五)以繩、線爲工具進行的活動。例如:編　綰　綴　縫　緊　絡　結　絞　絜　約　繫。

以上爲動詞。

(六)由加染形成的各種顏色。例如:紅　紫　紺　絳　縓　緂　綦　緋　緅　緗　緑　緹

(七)與絲麻特性有關的性質和狀態。例如:純　細　紓　紛　紆。

以上爲形容詞。

糸 mì 莫狄切,入,錫韻,明。錫部。

細絲。說文:"糸,細絲也。"徐鍇繫傳:"一蠶所吐爲忽,十忽爲絲。"段玉裁注:"細絲

曰糸。"管子輕重丁:"君以織籍籍於系。未爲系…"戴望校:"安井衡云:'系當爲糸。五忽爲糸,十糸爲絲。'"

一 畫

系 xì 胡計切,去,霽韻,匣。支部。

❶連接。説文:"系,繫也。"淮南子精神:"～絆其足。"後漢書班彪傳:"～唐統,接漢緒。"❷世系;前後相承的關係。漢枚乘上書諫吴王:"～方絶,又重鎮之。"新唐書文藝傳下李賀:"李賀字長吉,～出鄭王後。"❸辭賦末尾貫通全文的言詞。文選漢張衡思玄賦:～曰:"天長地久歲不留,俟河之清祇懷憂。"❹用單股絲合成的絲繩。後漢書輿服志下:"凡先合單紡爲一～。"後漢書輿服志:"以青～爲緄。"新唐書儒學傳贊:"春秋詩易書由孔子時師弟子相傳,歷暴秦不斷若～。"❺懸。三國魏曹植輔臣論:"群言～于口。"

[辨]系,係,繫。見"係"字條。

按,説文系字在系部。

糺 jiū(舊讀 jiǔ)集韻吉酉切,上,黝韻,見。幽部。

同"糾"。絞合。楚辭戰國屈原九章悲回風:"～思心以爲纕兮,編愁苦以爲膺。"洪興祖補注:"糺,繩三合也。"文選晉左思蜀都賦:"崗巒～紛,觸石吐雲。"

按,説文無糺字。

二 畫

糾 1.jiū 居求切,平,尤韻,見。幽部。

❶絞合;絞合的繩索。廣韻作丩字,注:"相糾繚也。"楚辭漢淮南小山招隱士:"樹輪相～兮,林木茷骫。"史記屈原賈生列傳:"大禍之與福兮,何異～纆。"(糾:三股繩;纆,兩股繩)❷集合。左傳僖公二十四年:"召穆公思周德之不類,故～合宗族于成周而作詩。"後漢書隗囂傳:"隗囂援旗～族,假制明神。"❸督察。廣韻上聲黝韻:"糾,督也。"周禮天官大宰:"五曰刑典,以詰邦國,以刑百官,以～萬民。"漢書平帝紀:"雖有王侯之屬,莫能相～,或陷入刑罪。"❹檢舉。書冏命:"繩愆～謬,格其非心。"北史元誕傳:"後爲御史中尉元纂所～,既而赦之。"宋洪邁容齋隨筆卷一一漢二帝治盜:"聽羣盜自相～擿,五人共斬一人者除其罪。"❺矯正。左傳昭公二十年:"政寬則民慢,慢則～之以猛,猛則民殘,殘則施之以寬。"管子侈靡:"君子者勉於～人者也,非見～者也。"

2.jiǔ 居黝切,上,黝韻,見。

❻恭敬。見廣韻。國語魯語下:"少采夕月,與大史、司載～虔天刑。"韋昭注:"糾,恭也。"

3.jiǎo 集韻舉夭切,上,小韻,見。

❼〔窈糾〕舒緩貌。詩陳風月出:"月出皎兮,佼人僚兮,舒窈糾兮,勞心悄兮。"

按,説文糾字在丩部:"糾,繩三合也。"

三 畫

紆 yū 憶俱切,平,虞韻,影。魚部。

❶彎曲,回轉。説文:"紆,詘(屈)也,一曰縈也。"周禮考工記矢人:"中弱則～,中强則揚。"文選戰國宋玉高唐賦:"水澹澹而盤～兮,洪波淫淫之溶潏。"引申指(心思)鬱結。楚辭漢劉向九歎憂苦:"願假簧以舒憂兮,志～鬱其難釋。"❷掛結。文選漢揚雄解嘲:"～青拖紫,朱丹其轂。"宋蘇軾滿江紅正月十三日送文安國還朝:"君過春來～組綬,我應歸去耽泉石。"

[同源字]紆,迂。見"迂"字條。

紂 zhòu 除柳切,上,有韻,澄。幽部。

❶馬緧,用在駕轅馬屁股上的皮帶。説文:"紂,馬緧也。"❷商代最後一個君主的謚號。墨子非命中:"～之所亂,武王治之。"❸村俗,粗野(晚起義)。元商衟一枝花遠寄套曲:"甘不過輕狂子弟,難禁受極～勤兒。"

[備考]通“牖”。窗。戰國策秦策四:“以同言郢威王於側～之間。”

紅 1.hóng 户公切,平,東韻,匣。東部。

❶粉紅。説文:“紅帛赤白也。”論語鄉黨:“～紫不以爲褻服。”南朝梁劉勰文心雕龍情采:“間色屏于～紫。”指赤,大紅(後起義)。唐白居易憶江南:“日出江花～勝火。”

2.gōng 集韻沽紅切,平,東韻,見。東部。

❷通“工”。指婦女紡織、刺繡等工作。漢書哀帝紀:“害女～之物,皆止。”(這個意義先秦寫作“功”或“工”,兩漢以後多作“紅”)❸通“功”。史記孝文本紀:“已下,服大～十五日,小～十四日。”

[辨]紅,朱,丹,絳,赤。見“赤”字條。

紂 zī 側持切,平,之韻,照二。之部。

黑色。同“緇”。禮記檀弓上:“天子之哭諸侯也,爵弁絰～衣。”

按,説文無紂字。

紀 1.jì (舊讀 jǐ)居理切,上,止韻,見。之部。

❶絲束的線頭。説文:“紀,絲别也。”墨子尚同上:“譬若絲縷之有～,罔罟之有綱。”禮記禮器:“～散而衆亂。”❷治理,料理。詩大雅棫樸:“勉勉我王,綱～四方。”晉陶淵明移居詩:“衣食當須～,力耕不吾欺。”❸要領,法則。吕氏春秋論威:“義也者,萬事之～也。”墨子小取:“審治亂之～。”漢司馬遷報任安書:“稽其成敗興壞之～。”❹紀律。後漢書鄧禹傳:“(三輔)百姓不知所歸,聞禹乘勝獨尅而師行有～,皆望風相攜負以迎軍。”❺記載。將分散的資料整理在一起;特指將資料貫通在一起的一種歷史體裁。論衡須頌:“司馬子長(司馬遷)～黄帝以至孝武。”史記太史公自序:“維昔黄帝,法天則地,四聖遵序,各成法度;唐堯遜位,虞舜不台;厥美帝功,萬世載之。作五帝本～第一。”司馬貞索隱:“應劭云:‘有本則紀,有家則代,有年則表,有名則傳。’”❻記年的單位。①十二年爲一紀。書畢命:“既歷三～,世變風移。”②十年爲一紀。史記周本紀:“若國亡不過十年,數之～也。”③一千五百年爲一紀。史記天官書:“夫天運,三十歲一小變,百年中變,五百載大變;三大變爲一～,三～而大備。”④一世。文選漢班固幽通賦:“皇十～而鴻兮,有羽儀於上京。”李善注引應劭曰:“紀,世也。”

2.jǐ 居理切,上,止韻,見。之部。

❼姓。漢代有紀信。

[辨]紀,記。在“記載”這個意義上二字相通。但也有習慣的用法,“紀”偏重指經過整理的記載,如秦始皇本紀,不作秦始皇本記(今紀要、紀行不作記要、記行);“記”泛指記載,史記不作史紀。“記”又是一種文體,如奏記、雜記等,不作紀。古紀爲上聲字,記爲去聲字,聲調不同。

紃 xún 詳遵切,平,諄韻,邪。文部。

圓形的帶子。説文:“紃,圜采也。”禮記内則:“(女子)治絲繭,織紝組～,學女事。”孔穎達疏:“薄闊爲組,似繩者爲紃。”

[備考]㊀通“訓”。法則。淮南子精神:“以道爲～,有待而然。”㊁通“循”。順着。荀子非十二子:“終日言成文典,反～察之,則倜然無所歸宿,不可以經國定分。”

[辨]紃,組,絛。見“組”字條。

紇 hé 下没切,入,没韻,匣。物部。

❶絲的下等品。説文:“紇,絲下也。”❷人名用字。春秋魯國有叔梁～,是孔子的父親。❸回紇,古民族名。

紉 rèn 女鄰切,正字通如禁切,音刃。文部。

❶撚,用手指搓轉,使成綫、繩等。説文:“紉,繟繩也。”段玉裁注:“繟(單)對合言之,凡言綸言糾皆合二股三股爲之;紉則單股爲之。”楚辭漢賈誼惜誓:“傷誠是之不察兮,並～茅絲以爲索。”❷連綴;縫紉。楚辭戰國屈

原離騷："扈江離與辟芷兮，～秋蘭以爲佩。"紅樓夢五二回："用針～了兩條。"❸以線穿(針)。禮記内則："衣裳綻裂，～箴(鍼)請補綴。"❹結繫，聯結。北史高允傳："腰～雙佩。"唐白居易議文章："且古之爲文者，上以～王教繫國風；下以存炯戒，通諷諭。"❺通"韌"。有韌性。樂府詩集古詩爲焦仲卿妻作："君當作磐石，妾當作蒲葦；蒲葦～如絲，磐石無轉移。"

按，紉，本義爲撚，後接"箴"字，指引線穿箴。蓋線待撚細而後可穿箴也。現代"縫紉"指縫而相連；"紉"不單用。

約 yuē 於略切，入，藥韻，影。藥部。

❶纏束。説文："約，纏束也。"戰國策齊策四："魯連乃爲書～之以射城中。"也指纏束車馬，以便駕馭，即套車。戰國策趙策四："于是爲長安君～車百乘，質于齊。"用作名詞，指纏束用的繩子。左傳哀公十一年："人尋～。"章太炎左傳讀："尋～者，每人各持八尺繩也。"❷約束，阻止。論語子罕："夫子循循然善誘人，博我以文，～我以禮。"宋王安石上皇帝萬言書："亦嘗～之以制度。"戰國策燕策二："秦召燕王，燕王欲往，蘇代～燕王…燕昭王不行。"❸少的。①與"詳"相對指簡要。荀子强國："～而詳。"②與"富庶"相對指貧窮，即財物少。論語里仁："不仁者不可以久處～，不可以長處樂。"南史吉士瞻傳："在郡清～，家無私積。"③與"奢侈"相對指節儉。論語里仁："以～失之者鮮矣。"荀子榮辱："～者有筐篋之藏，然而行不敢有輿馬。"④少而起決定作用的，即要領、關鍵。孟子公孫丑上："然而孟施舍守～也。"❹預先商訂的相互有約束作用的許諾，包括結盟方面的，婚姻方面的，等等。史記項羽本紀："懷王與諸將～曰：'先破秦入咸陽者王之。'"禮記學記："大信不～。"用于名詞，指約定的事，議定的條文等。史記廉頗藺相如列傳："相如度秦王雖齋，必負～不償城。"鹽鐵論和親："匈奴數和親，而常犯～。"❺用爲動詞，指減少。三國志蜀書諸葛亮傳："諸葛亮之爲相也，撫百姓，示儀軌，～官職。"❻大約(後起義)。三國志魏書華佗傳："疾者前入坐，見佗北壁縣(懸)此虵(蛇)輩～以十數。"

紈 wán 胡官切，平，桓韻，匣。元部。

❶白色細絹。説文："紈，素也。"段玉裁注："从丸，言其滑易也。"文選漢班婕妤怨歌行："新裂齊～素，皎潔如霜雪。"泛指細絹。唐杜甫奉贈韋左丞丈二十二韻："～袴不餓死，儒冠多誤身。"❷紈牛，小牛。取義于丸，小球形之小。文選南朝齊王融三月三日曲水詩序："～牛露犬之玩，乘黄兹白之駟。"李善注："紈牛，小牛也。"

四　畫

紊 wěn (舊讀 wèn)亡運切，去，問韻，明。文部。

亂。見説文。書盤庚上："若網在綱，有條而不～。"南史梁武帝紀："政刑弛～。"

素 sù 桑故切，去，暮韻，心。魚部。

❶本色的未染的生帛。禮記雜記下："純以～，紃以五采。"樂府詩集古詩爲焦仲卿妻作："十三能織～，十四學裁衣。"❷白色的，無涂飾的。詩召南羔羊："羔羊之皮，～絲五紽。"文選古詩十九首之二："娥娥紅粉妝，纖纖出～手。"禮記玉藻："年不順成，則天子～服，乘～車，食無樂(yuè)。"晉書陶潛傳："性不解音，而畜(蓄)～琴一張。"❸指事物的原本性質。①本然的純潔性。老子第十九章："見～抱樸，少私寡欲。"莊子刻意："純～之道，唯神是守…能體純～，謂之真人。"②有道德而無地位實權的。論衡定賢："孔子不王，～王之業在春秋。"(後儒家以素王稱孔子)③真實的心意。漢鄒陽獄中上梁王書："披心腹，見情～。"此義後作"愫"。❹白，空。詩魏風伐檀："彼君子兮，不～餐兮。"〔素封〕空無

官爵封邑的富豪。新元史倪瓚傳："家本素封。"㊄清寒的，平常的。三國志魏書賈詡傳："願將軍恢崇德度，躬～士之業，朝夕孜孜，不違子道，如此而已。"南史后妃傳論："衣不文繡，色無紅采，永巷貧空，有同～室。"㊅蔬菜食品。墨子辭過："古之民未知飲食時，～食而分處。"㊆向來，一向。史記陳涉世家："吴廣～愛人，士卒多爲用者。"唐李白贈從弟南平太守之遥詩："～心愛美酒，不是顧專誠。"

按，説文素字在素部，云："白緻繒也。"

索 suǒ 蘇各切，入，鐸韻，心。鐸部。

㊀大繩子；泛指繩子。小爾雅廣器七："大者謂之索，小者謂之繩。"書五子之歌："若朽～之馭六馬。"也指鏈條。宋汪元量鶯啼序："因思疇昔：鐵～千尋，漫沉江底。"㊁使成繩狀。詩豳風七月："晝爾于茅，宵爾～綯。"論衡語增："傳語又稱紂力能～鐵伸鈎。"㊂尋求，索取。易繫辭上："探賾～隱，鈎沉致遠。"戰國策宋衛策："齊攻宋，宋使臧子～救于荆。"楚辭漢王褒九懷昭世："歷九州兮～合，誰可與兮終生。"莊子外物："君乃言此，曾不如早～我於枯魚之肆。"㊃離散，孤獨。論衡問孔："如自知未足，倦極晝寢，是精神～也。"禮記檀弓上："吾離羣而～居，亦已久矣。"㊄耗散，盡。説文："澌，水～也。"方言三："澌，盡也。"韓非子初見秦："士民病，蓄積～。"史記貨殖列傳："此有知盡能～耳。"

［辨］索，繩。見"繩"字條。

按，説文索字在㳄部和宀部，㳄部云："草有莖葉可作繩索。"宀部作索字，曰："入家捜也。"

紋 wén 無分切，平，文韻，微。

後起字。㊀絲織物上的花紋。唐杜甫小至詩："刺繡五～添弱線。"㊁呈線條狀的紋路。唐李商隱促漏詩："南塘漸暖蒲堪結，兩兩鴛鴦護水～。"

［同源字］文，雯，紋。見"雯"字條。

按，説文無紋字。紋是文的分别字，表示花紋的意思古作"文"。史記貨殖列傳："刺繡文，不如倚市門。"

紡 fǎng 妃兩切，上，養韻，敷。陽部。

㊀將絲麻纖維製成紗或線。説文："紡，網絲也。"左傳昭公十九年："託於紀鄣，～焉以度而去之。"漢書食貨志上："男子力耕，不足以糧饟；女子～績，不足衣服。"㊁絲織物。儀禮聘禮："迎大夫賄，用束～。"鄭玄注："紡，紡絲爲之，今之縛也。"

［備考］通"綁"。束，纏縛，後代作"綁"。國語晉語九："獻子執（董叔）而～於庭之槐。"

統 gěng 集韻古杏切，上，梗韻，見。陽部。

井上汲水用的繩索。同"綆"。漢書枚乘傳："泰山之霤穿石，單極之～斷幹。"

按，説文無統有綆。集韻梗韻："綆、統。説文：'汲井綆也'，或从亢。"

紞 dǎn 都敢切，上，敢韻，端。侵部。

㊀古冕冠上用以懸瑱的帶子。説文："紞，冕冠塞耳者。"國語魯語下："王后親織玄～。"㊁縫在被端的絲帶。禮記喪服大記："紟五幅，無～。"㊂象聲詞。晉書良吏列傳鄧攸："吴人歌之曰：～如打五鼓，雞鳴天欲曙。"宋歐陽修御街行："乳雞酒燕，落星沉月，～～城頭鼓。"

紜 yún 王分切，平，文韻，喻三。文部。

〔紛紜〕叠韻聯緜字。多而不整齊。漢班固東都賦："千乘雷起，萬騎紛紜。"漢枚乘梁王菟園賦："紛紛紜紜，騰踊雲亂。"

按，説文無紜字。

緬 miǎn 集韻彌兖切，上，獮韻，明。

同"緬"。正字通糸部："緬，同緬。"㊀指空間上遠，時間上久。宋朱熹次韻擇之夜宿進賢客舍："白日照寒野，～然千里平。"唐劉禹錫和裴尹祈雨："～懷斷鼈足，疑想乘鸞姿。"宋王安石示德逢詩："先生貧敝故人風，

～想柴桑在眼中。”❸懷念。宋曾鞏明州謝到任表：“～是微情，未回洪造。”

按，説文紖作緪。

純 1. chún 常倫切，平，諄韻，禪。文部。

❶蠶絲。説文：“純，絲也。”論語子罕：“子曰：‘麻冕，禮也，今也～，儉，吾從衆。’”❷精，無雜質的。易乾：“剛健正中，～粹精也。”北魏賈思勰齊民要術種紅花藍花梔子：“絞取～汁。”❸誠，信，非虛假的。左傳隱公元年：“潁考叔，～孝也。”宋陳亮中興論：“必得～意於國家而無貪功生事之心者而後付之。”引申指人的品行至善至美。楚辭戰國屈原離騷：“昔三后之～粹兮，固衆芳之所在。”唐韓愈楊燕奇碑文：“有男一人，女二人，咸有至性～行。”❹皆。周禮考工記玉人：“案有十二寸，棗栗十有二列，諸侯～九，大夫～五，夫人以勞諸侯。”鄭玄注：“純，猶皆也。”

2. zhǔn 之尹切，上，準韻，照三。文部。

❺鑲邊。荀子正論：“赭衣而不～。”（古囚服不鑲邊）後漢書馬融傳：“鎮以瑶臺，～以金堤。”

3. tún 集韻徒魂切，平，魂韻，定。文部。

❻包，纏。詩召南野有死麕：“野有死鹿，白茅～束。”❼量詞。匹。史記蘇秦列傳：“錦繡千～。”

4. quán 集韻徒緣切，平，僊韻，從。文部。

❽全，成雙的。儀禮鄉射禮：“二筭爲～。”

5. zī 集韻莊持切，平，之韻，照二。之部。

❾黑色的絲織物。同“緇”。周禮地官媒氏：“凡嫁子取妻，入幣～帛，無過五兩。”禮記祭統：“王后蠶於北郊，以共～服。”

［同源字］①純，粹。見“粹”字條。

②淳，醇，純。見“淳”字條。

紑 fōu 甫鳩切，平，尤韻，非。之部。

衣服鮮潔的樣子。説文：“紑，白鮮衣貌。”詩周頌絲衣：“絲衣其～，載弁俅俅。”朱熹集傳：“紑，潔貌。”

絿 qiú 字彙巨周切。音求。幽部。

蜀錦名。古文苑四漢揚雄蜀都賦：“爾乃其人，自造奇錦，～縲緅緰，縿緣盧中。”宋章樵注：“蜀錦名件不一，此其尤奇者。”

紘 hóng 户萌切，平，耕韻，匣。蒸部。

❶起維系作用的繩、帶。①古冠冕上的帶子。説文：“紘，冠卷也。”王筠句讀：“李善注引作‘維也’。…維持之謂也。”禮記禮器：“管仲鏤簋，朱～，山節，藻棁，君子以爲濫矣。”②编連磬的繩子。儀禮大射：“簜倚于頌磬西～。”鄭玄注：“紘，編磬繩也。”③指繩子。文選漢班固西都賦：“罘網連～，籠山絡野。”❷維系。淮南子原道：“横四維而含陰陽，～宇宙而含三光。”❸通“宏”。大，廣。淮南子精神：“夫天地之道，至～以大。”

紓 shū 傷魚切，平，魚韻，審三。魚部。

❶緩。見説文。詩小雅采菽：“赤芾在股，邪幅在下，彼交匪～，天子所予。”引申指經濟不緊張，即寬裕。宋蘇軾與開元明師書之二：“歲豐民～，會當成耳。”❷用于動詞，指散開。晉書郭璞傳：“否滯之氣隨谷風而～散。”楚辭漢嚴忌哀時命：“獨便悁而煩毒兮，焉發憤而～情。”由散開引申爲消除。左傳莊公三十年：“鬬穀於菟爲令尹，自毁其家，以～楚國之難。”

［同源字］紓，抒，舒。三字同音，均爲書母魚部。方言一二：“抒，解也。”爾雅釋言：“舒，緩也。”

紖 zhèn 直引切，上，軫韻，澄。真部。

牛鼻繩。見説文。禮記少儀：“牛則執～，馬則執靮。”特指牽引柩車的繩索。明何景明祭李默庵先生文：“山川伊阻，不能棄官赴公喪，執～道輀，我懷之悲惟公有靈鑒之。”

紐 niǔ 女久切，上，有韻，娘。幽部。

❶打結。説文：“紐，系也。一曰結而可解。”禮記喪服大記：“小斂大斂祭服不倒皆左

衽,結絞不～。”❷器物上用以執持或用以系繩帶的部件。淮南子說林:“龜～之璽,賢者以爲佩。”❸執持。莊子人間世:“是萬物之化也,禹舜之所～也。”❹音韻學術語,指聲母,又稱聲紐。❺中醫術語,指赤脈。史記扁鵲倉公列傳:“上有絶陽之絡,下有破陰之～。”張守節正義:“素問:‘紐,赤脈也。’”

級 jí 居立切,入,緝韻,見。緝部。

❶絲的優劣次第。見說文。泛指等次。禮記月令季秋:“授車以～。”韓非子外儲說右上:“乃益爵二～。”南朝宋顏延之陶征士誄:“蔑彼名～。”❷臺階。禮記曲禮上:“拾～聚足,連步以上。”北魏楊衒之洛陽伽藍記卷一:“永寧寺,浮圖有九～。”明徐宏祖徐霞客遊記楚遊日記:“在石隙中轉折數～下。”❸量詞。用于戰爭中被斬的人頭。也指被斬的或被俘的人。史記傅靳蒯成列傳:“凡斬首九十～,虜百三十二人。”史記衛將軍驃騎列傳:“凡斬捕首虜萬九千～。”漢書衛青傳:“捕伏聽者三千一十七～。”

紗 1. shā 所加切,平,麻韻,審二。歌部。

❶輕的絲織物。論衡率性:“白～入緇,不染自黑。”漢書江充傳:“充衣～縠襌衣。”顔師古注:“紡絲而織之,輕者爲紗,縐者爲縠。”❷細縷。梁書王僧孺傳:“僧孺幼貧,其母鬻～布以自業。”唐王維洛陽女兒行:“誰憐越女顔如玉,貧賤江頭自浣～。”❸經緯稀疏的織品(晚起義)。紅樓夢四〇回:“窗上～的顔色舊了。”

2. miǎo 弭沼切,上,小韻,明。宵部。

❹細微。同“眇”。漢揚雄太玄堅:“次六,蠛蠓～～縣于九州。”

按,說文無紗字。

納 nà 奴答切,入,合韻,泥。緝部。

❶入。書舜典:“夙夜出～朕命,惟允。”(史記五帝本紀作“出入”)❷使入,即引進,接納,採納。莊子刻意:“吐故～新。”韓非子說林上:“温人之周,周人不～。”三國志吴書吕蒙傳:“(孫)權深～其策。”引申指獲得。詩豳風七月:“九月築場圃,十月～禾稼。”南朝陳徐陵内園逐涼詩:“～涼高樹下,直落落花中。”❸使(對方)獲得,即貢獻,繳納。春秋莊公二十二年:“冬,公如齊～幣。”清顧炎武日知録雜事:“古之士大夫以～女後宫爲耻,今人則以爲榮矣。”鹽鐵論本議:“農人～其獲,女工效其功。”❹取;歸還。國語晉語六:“殺三郤而尸諸朝,～其室(室,財物)以分婦人。”國語魯語上:“若罪也,則請～禄與車服而違署。”韋昭注:“納,歸也。”❺粗縫;補綴。後作“衲”。論衡程材:“刺繡之師,能縫帷裳;～縷之工,不能織錦。”漢曹操内誡令:“吾衣被皆十歲也,歲歲解浣補～之耳。”

[辨]納,内。指“入”的意義,金文中作内,先秦文獻中有“納”,但以用“内”爲常。後代作“納”,不作内。“内”另指裏面,與外相對,“納”没有此種意義。

紕 1. pí 符支切,集韻頻彌切,平,支韻,並。脂部。

❶衣物上鑲邊,也指所鑲的邊。詩鄘風干旄:“素絲～之,良馬四之。”禮記玉藻:“縞冠素～。”

2. pī 匹夷切,平,脂韻,滂。脂部。

❷布帛絲縷披散。六書故工事六:“紕,經緯不相持之謂紕。”引申指疏忽,錯誤。禮記大傳:“五者(治親、報功、舉賢、使能、存愛)一得於天下,民無不足,無不贍者;五者一物～繆,民莫得其死。”宋陸游福州謝雨文:“吏惰政～,無以格豐年之樣。”

3. bǐ 集韻補履切,上,旨韻,幫。脂部。

❸古代西北、西南氐族人所織的毛布。說文:“紕,氐人㡢也。”逸周書王會:“請令以丹青、白旄、～罽、江歷、龍角、神龜爲獻。”

紟 1. jīn 居吟切,平,侵韻,見。侵部。

❶衣服的系帶。見說文。禮記内則:“衿纓綦屨。”釋文:“衿本又作紟。結也。”

2. jìn 巨禁切，去，沁韻，羣。侵部。

㊁單被。儀禮士喪禮："緇絞～衾二。"

［同源字］紟，衾。見"衾"字條。

紛 fēn 撫文切，平，文韻，敷。文部。

㊀繁多。楚辭戰國屈原離騷："～吾既有此內美兮，又重之以修能。"漢書王莽傳："郡縣賦斂，遞相賕賂，白黑～然。"〔繽紛〕見"繽"字條。㊁糾紛，争執。老子第四章："挫其銳，解其～。"史記滑稽列傳："談言微中，亦可以解～。"

［備考］旗的飄帶。文選漢揚雄羽獵賦："青雲爲～，紅蜺爲繯。"説文："紛，馬尾韜（韜，衣，外套）。"朱駿聲説文通訓定聲引羽獵賦李善注："～，旗旒也。"將此義看作"轉注"（即與本義相通的意義）。

紒 jì 集韻吉詣切，去，霽韻，見。月部。

髮髻。儀禮士冠禮："將冠者，采衣，～。"

［同源字］紒，馻，結，髻。説文："馻，系馬也。"段玉裁注："此當依玉篇作'結馬尾'。廣韻作'馬尾結也'，結即今之髻字。"紒、馻，二字古見母月部；結、髻二字古見母質部。月質旁轉。參見"髻"字條。

按，説文紒作髺，在髟部，云："簪結也。"

紝 rèn 如林切，平，侵韻，日，集韻如鴆切，去，沁韻，日。侵部。

也作"絍"。㊀織布帛的紗縷。見説文。墨子非攻下："婦人不暇紡績織～。"禮記內則："治絲繭，織～組紃，學女事，以共衣服。"㊁指紡織。北史蕭大圜傳："侍兒五三，可充～織。"織時機梭穿引緯線，又引申指穿，引。北魏陳留長公主代答詩："鍼是貫紲物，目中常～絲。"這個意義後作"紉"。

紞 mào 莫報切，去，号韻，明。宵部。

絹帛上的毛疵。急就篇二："錦繡縵～離雲爵。"顏師古注："～謂刺也。"

按，説文無紞字。

紙 zhǐ 諸氏切，上，紙韻，照三。支部。

原指漂洗絲絮時附着于漂器上的絮渣。説文："紙，絮一苫也。"段玉裁注："造紙昉於漂絮。其初絲絮爲之，以箈（即苫）荐而成之。"用于書寫，便是最早的縑帛爲原料的紙。後漢書蔡倫傳："自古書契多編以竹簡，其用縑帛者謂之爲～。"後漢書賈逵傳："（帝）令逵自選公羊嚴、顏諸生高才者二十人，教以左氏，與簡～經傳各一通。"顏師古注："竹簡及紙也。"近人胡樸安樸學齋叢刊卷三紙説指出此處所引"簡紙經傳"的紙，實爲縑帛紙。蔡倫傳："倫乃造意，用樹膚、麻頭及敝布、魚網以爲～。"這是後代的紙的源頭。晉書文苑列傳左思："（左思成三都賦）于是豪貴之家，競相傳寫，洛陽爲之～貴。"

五　畫

紮 1. zā 側八切，入，黠韻，照二。

後起字。㊀纏束。廣韻黠韻："紮，纏弓弝也。"水滸傳三三回："家家門前，～起燈棚。"亦作"紥"。

2. zhā。

㊁駐扎。也作"紥"。水滸傳二回："如今近日上添了一夥强人，～下一箇山寨。"

累 1. lěi 力委切，上，紙韻，來。微部。

㊀堆集，積聚。老子第六十四章："九層之臺，起于～土。"史記龜策列傳："國危于～卵。"㊁（時間上）相接續。史記孔子世家："～世不能殫其學。"唐杜甫贈衛八處士詩："主稱會面難，一舉～十觴。"㊂（空間上）相重叠。楚辭戰國宋玉招魂："層臺～榭，臨高山些。"㊃增加（用指抽象的事物）。韓非子五蠹："雖倍賞～罰而不免于亂。"㊄牽連，連累。左傳隱公十三年："相時而動，無～後人。"

2. lèi 良僞切，去，寘韻，來。微部。

㊅勞累，煩勞。廣韻隊韻："儽，極困也。"文獻多作"累"。管子形勢："起居不時，飲食不節，寒暑不適，則形體～而壽命損。"韓非子外儲説右上："吾欲以國～子，子必勿泄也。"

㊆累贅，禍害。史記趙世家："夫有高世之名，必有遺俗之～。"鹽鐵論地廣："烽燧一動，有没身之～。"

3. léi 倫進切，平，脂韻，來。微部。

㊇繩索。同"縲"、"纍"。莊子外物："夫揭竿～，趣灌瀆，守鯢鮒，其於得大魚難矣。"㊈拘繫，捆綁。史記趙世家："侵暴吾地，係～吾民。"

［辨］累，纍，絫。見"纍"字條。

按，説文累作絫，在厽部。注云："增也"段玉裁注："絫之隸變作累，累行而絫廢。"

紵 zhù 直吕切，上，語韻，澄。魚部。

㊀苧麻。詩陳風東門之池："東門之池，可以漚～。"㊁用苧麻織成的布。禮記喪服大記："絺綌～不入。"淮南子人間訓："冬日被裘罽，夏日服絺～。"

按，説文："紵，檾屬，細者爲絟，粗者爲紵。"

紽 tuó 徒河切，平，歌韻，定。歌部。

絲的計量單位。詩召南羔羊："羔羊之皮，素絲五～。"

按，説文無紽字。

紸 zhù 篇海陟慮切，音注。侯部。

止留。荀子禮論："～纊聽息之時。"（紸纊，古人以新絲綿放在臨終者口鼻前，觀察是否還有呼吸。）

［同源字］紸，駐，住。三字同音，它們都有停留的意思。

絃 xián 胡田切，平，先韻，匣。真部。

㊀樂器上用以發聲的絲線，也指弦樂器。文選戰國宋玉高唐賦："細大～而雅聲流，冽風過而增悲哀。"抱朴子内篇論仙："又況～管之和音，山龍之綺粲，安能賞克諧之雅韻，暐曄之鱗藻哉！"列子仲尼："～歌誦書，終身不輟。"（古時詩皆可以配樂，故以絃歌指師生授業和學習。）㊁弓弦。戰國策秦策一："未絶一～，未折一矢。"

［辨］絃，弦。段玉裁説文解字注："弦，弓弦，以絲爲之，張於弓，因之張於琴瑟者亦曰弦。"後造"絃"字，在文獻中，表示琴弦的意思以用"絃"爲常，也有用"弦"的；表示弦月和句股弦的弦，用"弦"，不用"絃"。"絃"也可用來表示弓弦。

按，説文無絃有弦。

絆 bàn 博慢切，去，换韻，幫。元部。

㊀用繩子套住牲畜等的足使不得行動。淮南子俶真："身蹈于濁世之中，而責道之不行也，是猶兩～騏驥而求其致千里也。"也指套馬的繩索。説文："絆，馬縶也。"唐馬總意林物理論："縶馴駒以縿～，御悍馬以腐索。"㊁約束，牽制。唐杜甫曲江詩之一："細推物理須行樂，何用浮榮～此身。"

絉 1. wà 集韻勿發切，入，月韻，微。月部。

㊀穿在脚上的縫製物，其原料有熟皮、布帛等。同"韤"、"襪"。淮南子説林："鈞之縞也，一端以爲冠，一端以爲～。"後漢書輿服志下："五郊，衣幘絝～各如其色。"

2. mò 集韻莫葛切，入，末韻，明。月部。

㊁同"袜"。腰巾。集韻："絉，所以束衣也。"正字通糸部："絉，彌葛切，音抹。絉肚。"漢劉向列女傳魯季敬姜："昔者武王罷朝而結絲～絶，左右顧無可使結之者，俯而自申之。"

按，説文無絉字，韋部有韤字："足衣也。"韋指熟皮，較軟，故穿在内裏的韤从韋。生皮稱革，較硬，鞵（鞋）穿在外邊，故从革。後來韤用布帛等製成，字作"襪"，"絉"、"袜"等。

紺 gàn 古暗切，去，勘韻，見。談部。

紅青，微帶紅的黑色。説文："紺，帛深青揚赤色也。"論語鄉黨："君子不以～緅飾。"北魏酈道元水經注湘水："其山有石，～而狀燕，因以山名。"

紲 xiè 私列切，入，薛韻，心。月部。

同"絏"。㊀拴、系（牲口），也指作此種用途的繩子。説文:“紲,系也。”楚辭戰國屈原離騷:“朝吾將濟於白水兮,登閬風而~馬。”漢書王莽傳:“遣將不與民符,必先請而後動,是猶~韓盧(一種獵犬名)而責之獲也。”韓非子説疑:“或在山林藪澤巖穴之間,或在囹圄緤~之纏索之中。”泛指繩索。三國志吳書董襲傳:“以栟閭大~繫石爲矴。”❷通“褻”。貼身的衣服。詩鄘風君子偕老:“蒙彼縐絺,是~袢也。”

[備考]通“跇(yì)”。超越。漢書揚雄傳上:“亶觀夫票禽之~踰,犀兕之抵觸。”顏師古注:“紲與跇同。”

絾 yuè王伐切,入,月韻,喻三。月部。

做緣飾用的彩織物。説文:“絾,采彰也。一曰車馬飾也。”急就篇二:“履舄鞜裒~緞紃。”顏師古注:“絾,織綵爲之,一名車馬飾,即今之織成也。”

紱 fú分勿切,音弗。入,物韻,非。月部。

❶蔽膝,加於長衣之前,一種重要的服飾。字又作市、芾、韍、黻。易困:“朱~方來。”❷系官印的絲帶,也代指官印。漢書匈奴傳:“授單于印~。”宋王安石賈魏公輓辭之二:“儒服早紆丞相~,戎冠再插侍中貂。”

按,説文紱作市,注云:“韠也,上古衣蔽前而已,市以象之…韍,篆文市,从韋从犮。”徐鉉注:“今俗作紱。”

紼 fú分勿切,入,物韻,非。物部。

❶繩索。詩小雅采菽:“汎汎楊舟,~纚維之。”特指牽引棺材的繩索。禮記曲禮上:“助葬必執~。”吕氏春秋節喪:“引~者左右萬人以行之。”❷通“紱”。拴系官印的絲帶。漢書丙吉傳:“上(宣帝)將使人加~而封之。”通“韍”。蔽膝。漢班固白虎通紼冕:“~者,行以蔽前…以别尊卑,彰有德也。”

紹 1. shào市沼切,上,小韻,禪。宵部。

❶繼承,接續。説文:“紹,繼也。”書盤庚上:“~復先王之大業。”鹽鐵論非鞅:“子孫~位,百代不絶。”引申指介紹。晏子春秋問下:“諸侯之交,~而相見。”❷緊緊纏繞。説文:“紹,緊糾也。”樂府詩集鼓吹曲辭一有所思:“雙珠玳瑁簪,用玉~繚之。”

2. chāo集韻蚩招切,平,宵韻,穿三。宵部。

❸舒緩。詩大雅常武:“王舒保作,匪~匪遊。”鄭箋:“紹,緩也。”

⿰糸旦 zhàn丈莧切,去,襇韻,澄。元部。

縫補。樂府詩集古辭豔歌行:“故衣誰當補,新衣誰當綻,賴得賢主人,覽取爲吾~。”

[辨]⿰糸旦,綻。説文:“⿰糸旦,補縫也。”表示縫補的意思後作“綻”。“綻”另有衣縫開裂的意思,是“⿰糸旦”没有的。

[同源字]⿰糸旦,綻,袒。見“袒”字條。

組 zǔ則古切,上,姥韻,精。魚部。

❶編織(絲帶)。詩鄘風干旄:“素絲~之,良馬五之。”詩邶風簡兮:“有力如虎,執轡如~。”泛指編織,連綴。戰國策燕策:“妻自~甲絣。”管子五行:“天子出令,命左右司衍~甲厲兵。”❷用作佩印或佩玉的絲帶,是權力的象徵。史記高祖本紀:“秦王子嬰素車白馬,係頸以~。”唐陳子昂感遇詩三十八首之十五:“魯連讓齊爵,遺~去邯鄲。”❸華麗。荀子樂論:“亂世之徵,其服~,其容婦,其俗淫。”

[辨]組,絛,紃。説文:“組,綬屬。”朱駿聲説文通訓定聲:“織絲有文以爲綬纓之用者也…闊者曰組爲帶綬,狹者曰絛爲冠纓,圓者曰紃施韠與履之中。”

紬 1. chóu直由切,平,尤韻,澄。幽部。

❶粗質的綢。説文:“紬,大絲繒也。”急就篇二:“絳緹絓~絲絮綿。”顏師古注:“抽引粗繭緒紡而織之曰紬。”宋王禹偁黑裘詩:“野蠶自成繭,繅密爲山~。”

2. chōu集韻丑鳩切,平,尤韻,徹。幽部。

㊁抽引，闡發。文選戰國宋玉高唐賦："～大絃而雅聲流，冽風過而增悲哀。"抱朴子外篇尚博："其所祖宗也高，其所～繹也妙。"㊂綴集。史記太史公自序："(父)卒三歲而遷爲太史令，～史記石室金匱之書。"新唐書韋澳傳："澳乃取十道四方志，精加～次，題爲處分語。"

細 xì 蘇計切，去，霽韻，心。脂部。

㊀直徑小的，與"粗"相對。說文："細，微也。"韓非子二柄："楚王好～腰，而國中多餓人。"㊁小的，與大相對。淮南子墬(地)形："壚土人大，沙土人～。"書旅獒："不矜～行，終累大德。"㊂精細。潛夫論浮侈："衣必～緻，履必麞麂。"漢蔡邕衣箴："帛必薄～，衣必輕暖。"㊃苛細，苛刻。左傳襄公二十九年："其～已甚，民不堪也，是其先亡乎？"㊄地位卑微的。韓非子和氏："當今之世，大臣貪重，～民安亂，甚於秦楚之俗。"

紳 shēn 失人切，平，真韻，審三。真部。

㊀古代貴族束在腰間的大帶子，也偏指其伸展出的部分。說文："紳，大帶也。"論語衛靈公："子張書諸～。"邢昺疏："以帶束腰，垂其餘以爲飾，謂之紳。"用爲動詞，指用紳帶束系。韓非子外儲說左上："～之束之。"㊁指用紳帶之人，即紳士(後起義)。宋岳珂桯史紫宸廊食："一日長春節，欲盡宴廷～。"

絅 jiǒng 口迥切，上，迥韻，溪。耕部。

單衣。也作"褧"。禮記玉藻："襌爲～。"鄭玄注："有衣裳而無裏。"

絀 chù 竹律切，入，術韻，知。物部。

㊀短缺，不足。荀子非相："緩急贏～。"清吴趼人二十年目睹之怪現狀："比着那紅藍色的頂子，未免相形見絀。"㊁屈，退縮。這個意思通常作"詘"。馬王堆漢墓帛書十大經觀："其時贏而事～。"荀子不苟："君子能，則寬容易直以開道人；不能，則恭敬繜～以畏事人。"㊂使退，即廢除，貶退。這個意思通常作"黜"。左傳莊公八年："(公孫無知)有寵於僖公，衣服禮秩如適，襄公～之。"史記屈原賈生列傳："屈平既～，其後秦欲伐齊，齊與楚從親，惠王患之。"

［備考］㈠通"紩"，縫。史記趙世家："黑齒雕題，卻冠秫～。"㈡大赤。說文："絀，絳也。"段玉裁注："此絀之本義，廢而不行矣。"

［同源字］絀，黜，詘，屈。四字古皆爲物部。絀、黜透母；屈、詘溪母。皆有縮義，縮則彎，縮則退，縮則短缺。玉篇："黜：退也，貶也，下也。"說文："詘，詰屈也。"段玉裁注："二字雙聲，屈曲之意。"玉篇："屈，曲也。"漢書司馬相如傳："咸濟厥世而屈。"顏師古注："屈，絶也。"

紾 1. zhěn 知演切，上，獮韻，知。文部。

㊀轉，扭折。說文："紾，轉也。"淮南子精神："禍福利害，千變萬～。"孟子告子下："～兄之臂而奪之食。"㊁單衣。論語鄉黨："當暑，～(一本作袗)絺綌"釋文："紾，本又作袗，單也。"南朝梁蕭統七契："～絺避暑，緼袍禦冬。"

2. tiǎn 集韻他典切，上，銑韻，定。文部。

㊂紋理粗糙。周禮考工記弓人："老牛之角～而昔。"

紩 zhì 直一切，入，質韻，澄。質部。

縫。說文："紩，縫也。"晏子春秋內篇諫下："古者嘗有～衣攣領而王天下者。"宋梅堯臣巧婦詩："莠荼時補～，風雨畏漂搖。"

［同源字］紩，黹，緻。見"黹"字條。

絁 shī 式支切，平，支韻，審三。

一種粗綢。唐白居易村居苦寒詩："褐裘覆～被，坐卧有餘温。"資治通鑑唐昭宗乾寧元年："且故事，～巾慘帶，不入禁庭。"

按，說文無絁字。

絇 qú 其俱切，平，虞韻，羣。侯部。

㊀搓(布麻絲縷)。說文："絇，纑繩絇也。"段玉裁注："纑者，布縷也；繩者，索也。

絇,糾合之謂。”唐皇甫湜論業:“淺闢庸種無嘉苗,纇～疎織無良帛。”㊁鞋頭上的裝飾。禮記檀弓上:“繩屨無～。”

終 zhōng 職戎切,平,東韻,照三。冬部。

㊀結尾;生命的結束。易繫辭下:“易之爲書也,原始要～,以爲質也。”禮記檀弓上:“君子曰～,小人曰死。”㊁從開始到結束(就一個時段言)。詩小雅采綠:“～朝采綠,不盈一匊。”論語衛靈公:“羣居～日,言不及義。”墨子節用上:“久者～年,速者數月。”㊂停止(不再延續)。莊子天道:“夫道,於大不～,於小不遺,故萬物備。”宋高觀國憶秦娥舟中書事:“曲～人去,愁寄湖山。”指完成。唐張鷟陳情表:“昔司馬遷請就腐刑,以～史記。”㊃副詞。自始至終,指時間久。墨子尚賢上:“故官無常貴,而民無～賤。”指至終,最後。漢曹操步出夏門行龜雖壽:“騰蛇乘霧,～爲灰土。”㊄既。詩邶風終風:“～風且暴,顧我則笑。”

按,説文:“終,絿絲也。夂,古文終。”丁福保説文解字詁林引金文編:“古作∧象兩端有結形。”

紿 dài 徒亥切,上,海韻,定。之部。

㊀欺騙。史記項羽本紀:“項王至陰陵,迷,失道,問一田父,田父～曰:‘左’,左,乃陷大澤中。”穀梁傳僖公元年:“此其言獲,何也?惡公子之～。”宋王安石同昌叔賦雁奴:“偷安與受～,自古有亡國。”㊁至。淮南子氾論:“出百死而～一生,以爭天下之權。”

[同源字]紿,詒,殆。三字皆爲徒亥切。説文:“詒,相欺詒也。”論語爲政:“多見闕殆。”楊伯峻論語譯注:“闕殆和闕疑同意。”

六 畫

絭 juàn 居願切,去,願韻,見。元部。

㊀束縛。漢揚雄太玄𢒕(疏):“全𢒕～其首尾,臨于淵。”引申指糾結。楚辭漢王逸九思疾世:“心緊～兮傷懷。”用爲名詞,指束縛用的繩。説文:“絭,攘臂繩也。”㊁通“弮”。弓弦。集韻:“絭,弩絭,或从弓。”晉潘岳閑居賦:“谿子巨黍,異～同機。”

絜 1. jié 古屑切,入,屑韻,見。月部。

㊀清潔,廉潔。後作“潔”。詩小雅楚茨:“～爾牛羊,以往烝嘗。”莊子徐无鬼:“其爲人～廉善士也。”

2. xié 胡結切,入,屑韻,匣。月部。

㊁用繩度量粗細。莊子人間世:“匠石之齊,至於曲轅,見櫟社樹,其大蔽數千牛,～之百圍。”引申指比較。漢賈誼過秦論上:“試使山東之國與陳涉度長～大,比權量力,則不可同年而語矣。”㊂提挈。説文:“絜,麻一耑也。”段玉裁注:“一耑猶一束也。”王筠句讀:“絜之爲言挈也。束之便于提挈。”宋葉適孫永叔墓誌銘:“父修職郎述,始～君於學,東南師友多聚其家。”

紫 zǐ 將此切,上,紙韻,精。支部。

㊀藍、紅合成的顏色。説文:“紫,帛青赤色也。”論語陽貨:“惡～之奪朱也。”孟子盡心下:“惡～,恐其亂朱也。”㊁紫的社會文化涵義主要有:①指君主的。左傳哀公十七年:“良夫乘衷甸,兩牡,～衣狐裘。”杜預注:“紫衣,君服。”唐杜甫詠懷古蹟之三:“一去～臺連朔漠,獨留青塚向黄昏。”(紫臺,指皇宫)唐皇甫曾早朝日寄所知詩:“長安歲後見歸鴻,～禁朝天拜舞同。”(紫禁,即禁中,皇帝所居)②指有關道教的、神仙的。抱朴子内篇祛惑:“及到天上,先過～府,金牀玉几,晃晃昱昱,真貴處也。”梁書沈約傳郊居賦:“降～皇於天闕,延二妃於湘渚。”(紫皇,道教傳説的神仙)③指祥瑞的。北周庾信哀江南賦:“昔之虎據龍盤,加以黄旗～氣,莫不隨狐兔而窟穴,與風塵而殄悴。”

絛 tāo 土刀切,音滔,平,豪韻,透。幽部。

絲帶。説文:“絛,扁緒也。”急就篇三:

"承塵户幭～繢總。"顔師古注:"絛,織絲縷爲之,所以懸係承塵户幭,因爲飾也。"淮南子説林:"～可以爲繶,不必以紃。"

[辨]絛,組,紃。見"組"字條。

絫 lěi 力委切,上,紙韻,來。微部。

"累"的古字。❶增益。説文厽部:"絫,增也。"段玉裁注:"增者,益也。凡增益謂之積絫,絫之隸變作累,累行而絫廢。"漢書婁敬傳:"積德～善十餘世。"❷重量單位。説文:"絫,十黍之重也。"漢書律曆志上:"權輕重者不失黍～。"

[辨]纍,絫,累。見"纍"字條。

絮 1. xù 息據切,去,御韻,心。魚部。

❶質地差的絲綿。説文:"絮,敝緜也。"漢書文帝紀:"其九十已上,又賜帛人二匹,～三斤。"三國魏阮籍大人先生傳:"獨不見羣虱之處褌中,逃乎深縫,匿乎壞～。"急就篇二:"絳緹絓紬絲～綿。"顔師古注:"精者爲綿粗者爲絮,今則謂新者爲綿故者爲絮。"❷棉絮(後起義)。藝文類聚卷八五引裴氏廣州記:"蠻夷不蠶,採木緜爲～。"❸白色的如絮的東西。世説新語言語:"未若柳～因風起。"唐温庭筠菩薩蠻:"南園滿地堆輕～,愁聞一霎清明雨。"❹衣被裏的絲綿或棉花。漢書鼂錯傳:"可賜之堅甲～衣,勁弓利矢,益以邊郡之良騎。"用爲動詞。唐李白子夜吴歌四首之四:"明朝驛使發,一夜～征袍。"❺説話囉嗦(晚起義)。明宋應星憐愚詩四十二首之三十六:"遺族～煩臨疾病,何曾片語耳根迎?"

2. chù 抽據切,去,御韻,徹。

❻調和,攪拌。禮記曲禮上:"毋～羹。"字彙糸部:"絮,又昌據切,處去聲。調羹也。嫌其味惡,就於器中調和之也。"唐白居易和三月三十日四十韻:"魚膾芥醬調,水葵鹽豉～。"

3. nǜ 尼據切,女去聲,去,御韻,娘。魚部。

❼姓。廣韻御韻:"絮,姓也。漢有絮舜。"

絞 1. jiǎo 古巧切,上,巧韻,見。宵部。

❶將繩擰在一起;用繩索勒而致死。急就篇三:"纍繘繩索～紡纑。"顔師古注:"絞即糾也。"左傳哀公二年:"若其有罪,～縊以戮。"吕氏春秋愼行:"崔杼歸,無歸,因而自～也。"❷纏繞;擠壓。唐柳宗元晉問:"晉之北山有異材…根～怪石。"關尹子二柱:"木之爲物:鑽之得火,～之得水。"❸束帶。禮記喪大記:"小斂布～,縮者一,横者三。"❹急切。論語陽貨:"好直不好學,其蔽也～。"

2. xiáo 集韻何交切,平,爻韻,匣。宵部。

❺蒼黄色。禮記玉藻:"麛裘青豻褎,～衣以裼之。"

按,説文絞字在交部,云:"縊也。"

統 tǒng 他綜切,去,送韻,透。東部。

❶絲頭。説文:"統,紀也。"淮南子泰族:"繭之性爲絲,然非得工女煮以熱湯而抽其～紀,則不能成絲。"❷一脈相承的系統(多指政治文化諸方面的)。書微子之命:"～承三王,修其禮物。"孟子梁惠王上:"君子創業垂～,爲可繼也。"❸總領;起總領作用的原則、準繩。書周官:"冢宰掌邦治,～百官,均四海。"荀子臣道:"忠信以爲質,端愨以爲～。"

[備考]通"充"。充實。荀子樂論:"聲樂之象:鼓大麗,鐘～實。"

絯 1. gāi 古哀切,平,咍韻,見。之部。

❶拘束,約束。莊子天地:"方且爲緒使,方且爲物～。"

2. hài 侯楷切,上,駭韻,匣。之部。

❷通"駭"。驚駭。莊子天地:"陰陽錯行,則天地大～。"

按,説文無絯字。

絣 1. bēng 北萌切,平,耕韻,幫。耕部。

❶用不同顔色的線所織的布;也指編織。説文:"絣,氐人殊縷布也。"段玉裁注:"華陽國志曰:武都郡有氐傁,殊縷布者,蓋殊其縷

色而相間織之也。絣之言駢也。”明袁宏道舒大家誌石銘：“朝～暮織，爲余叔督家政，甚勤苦。”㊁用于編綴的繩。戰國策燕策一：“妻自組甲～。”元吴師道補注：“此謂編組穿甲之繩也。”㊂連續。後漢書班彪傳：“將～萬嗣，煬洪暉，奮景炎，扇遺風，播芳烈，久而愈新，用而不竭。”

2. bīng 集韻卑盈切，平，清韻，幫。耕部。

㊃排列；交錯。漢書揚雄傳：“故觀易者，見其卦而名之…～之以象類，播之以人事。”

按，説文絣作絣。

絘 cì 七四切，去，至韻，清。脂部。

㊀績麻捻成線。説文：“絘，績所緝也。”王筠句讀：“緝、績一義，而絘厠其間，正所以明之也。蓋謂先緝之者，今又績之也。先緝之爲單線，今謂之麻撚，再績之爲合線，今謂之麻線，故曰績所緝也。”㊁〔絘布〕古市廛征收的房屋税。周禮地官廛人：“廛人掌斂市絘布、總布、質布、罰布、廛布而入于泉（錢）府。”鄭玄注：“布，泉也。鄭司農云：‘絘布，列肆之布税。’”

絓 guà 胡卦切，去，卦韻，匣。支部。

絆住，纏住。説文：“絓，繭滓絓頭也。”段玉裁注：“謂繅時繭絲成結，有所絓礙。”左傳成公二年：“將及華泉，驂～於木而止。”淮南子兵略：“飛鳥不動，不～網羅。”引申指觸犯。論衡辨祟：“故病發生禍，～法入罪。”

結 1. jié 古屑切，入，屑韻，見。質部。

㊀綰（wǎn）成疙瘩或系（jì）成扣。説文：“結，締也。”莊子胠篋：“民～繩而用之。”老子第二十七章：“善～，無繩約而不可解。”用于人事，指締結、建立某種連帶關係。左傳隱公七年：“齊侯使夷仲年來聘，～艾之盟也。”戰國策燕策二：“論行而～交者，立名之士也。”漢書張騫傳：“其後烏孫竟與漢～婚。”㊁凝聚，纖合。書泰誓下：“自絶于天，～怨于民。”漢書李尋傳：“及京兆尹王章坐言事誅滅，智者～舌。”㊂構建。晉陶淵明飲酒詩：“～廬在人境。”㊃終了；定罪。淮南子繆稱：“故君子行，思乎其所～。”後漢書儒林傳：“坐不敬，～鬼薪。”

2. jì 集韻吉詣切，去，霽韻，見。質部。

㊄髮髻。後作“髻”。漢書李廣傳：“兩人皆胡服椎～。”㊅系（jì）。漢書張釋之傳：“爲我～韈。”

［同源字］結，紒，髻，髺。見“紒”字條。

絨 róng 如融切，平，東韻，日。

（後起字）細的織物，面上有一層絨毛。開始爲綿麻織物，後爲毛織物。也作“羢”。玉篇：“絨，細布也。”元孫周卿殿前歡楚雲：“緑窗閑數唾窗～，一春心事和誰共。”明宋應星天工開物乃服褐氊：“凡綿毛剪毳（cuì），粗者爲氊，細者爲～。”

絰 dié 徒結切，入，屑韻，定。質部。

服喪期戴在頭上或結在腰間的麻帶。説文：“絰，喪首戴也。”禮記檀弓上：“孔子之喪，二三子皆～以出。”史記孝文本紀：“～帶無過三寸。”

絝 kù 苦故切，去，暮韻，溪。魚部。

㊀無襠的套褲。説文：“絝，脛（小腿）衣也。”後漢書馬援傳：“身衣羊裘皮～。”㊁有襠的褲。史記趙世家：“（趙）朔婦免（娩）身，生男。屠岸賈聞之，索於宫中。夫人置兒～中。”此種褲古又稱“窮絝”。漢書外戚傳上孝昭上官皇后：“（霍）光欲皇后擅寵有子，帝時體不安，左右及醫皆阿意，言宜禁内，雖宫人使令皆爲窮～，多其帶。”顔師古注：“服虔曰：‘窮絝有前後當，不得交通也。’窮絝，即今之緄襠袴也。”

［同源字］絝，胯，跨，袴，髁。見“袴”字條。

絙 1. huán 胡官切，平，桓韻，匣。元部。

㊀緩。説文：“絙，緩也。”段玉裁注：“緩當作綬。玉篇：‘絙，綬也。’”

2. gēng 古恒切，平，登韻，見。蒸部。

㊁通"緪"。大索。北魏酈道元水經注河水一："躡懸～過河，河兩岸相去咸八十步。"

絚

1. gēng。

㊀大索。同"緪"。北魏酈道元水經注河水一："余證諸史傳，即所謂罽賓之境，有磐石之隥，道狹尺餘，行者騎步相持，～橋相引，二十許里方到。"

2. gèng 集韻居鄧切，去，嶝韻，見。蒸部。

㊁通"亙（gèn）"。空間或時間上連接不斷。楚辭戰國宋玉招魂："姱容修態，～洞房些。"

按，說文絚作緪。云："大索也。"

絖

kuàng 苦謗切，去，宕韻，溪。陽部。

綿絮。莊子逍遥遊："宋人有善爲不龜手之藥者，世世以洴澼～爲事。"

按，說文絖是纊的重文，云："絮也。"纊的聲旁廣，廣聲旁黄，黄聲旁光。聲旁廣、光可通。

絏

xiè 集韻私列切，入，薛韻，心。月部。

同"紲"。㊀牽馭牲畜的繩索。左傳僖公二十四年："臣負羈～，從君巡于天下。"（羈，牲口籠頭）㊁縛罪人的繩索。論語公冶長："雖在縲～之中，非其罪也。"

按，說文絏作紲，注云："系也。春秋傳曰：'臣負羈紲。'"今傳本作"絏"。世、曳作爲聲旁，多可相通换，如洩、泄；詍、詍；痩、痽；齛、齥等。

絪

yīn 於真切，平，真韻，影。真部。

㊀〔絪緼〕雙聲聯緜字。①天地陰陽二氣交互作用。易繫辭下："天地絪緼，萬物化醇。"②雲烟彌漫的様子。唐温庭筠觱篥歌："情遠氣調蘭蕙薰，天香瑞彩會絪緼。"㊁通"茵"。（車、牀等上的）鋪墊物。漢書霍光傳："作乘輿輦，加畫繡～馮。"

按，說文無絪字。

絟

quán 此緣切，平，仙韻，清。今讀如全。元部。

細布。見說文。漢書劉非傳："繇王閩侯亦遺建荃、葛。"顔師古注："（荃）字本作絟。"

給

jǐ 居立切，入，緝韻，見。緝部。

㊀豐足。孟子梁惠王下："春省耕而補不足，秋省斂而助不～。"㊁使豐足，即供應。說文："給，相足也。"史記孝文本紀："朕親率耕，以～宗廟粢盛。"漢書司馬相如傳："上令尚書～筆札。"後漢書章帝紀："今肥田尚多，未有墾闢，其悉以賦貧民，～與糧種，務盡地力。"㊂供事，服役。史記絳侯周勃世家："（勃）常爲人吹簫～喪事。"㊃及。漢書鼂錯傳："下馬地鬬，劍戟相接，去就相薄，則匈奴之足弗能～也。"㊄口齒伶俐。論語公冶長："禦人以口～，屢憎於人。"

絑

zhū 章俱切，平，虞韻，照三。侯部。

赤色。說文："絑，純赤也。"張舜徽說文約注："經傳凡言赤色，皆但作朱，無作絑者。"

絢

xuàn 許縣切，去，霰韻，曉。真部。

㊀有文彩。說文："絢。詩云素以爲～兮。"論語八佾："素以爲～兮。"㊁點綴。文選晉左思蜀都賦："幽思～道德，摛藻掞天庭。"㊂量詞。新唐書百官志三："絲五兩爲～，麻三斤爲緉。"

［同源字］炫，袨，絢。見"炫"字條。

絳

jiàng 古巷切，去，絳韻，見。冬部。

深紅色。說文："絳，大赤也。"墨子公孟："昔者，楚莊王鮮冠組纓，～衣博袍，以治其國。"史記田單列傳："田單乃收城中得千餘牛，爲～繒衣，畫以五彩龍文。"

［辨］絳，紅，朱，丹，赤。見"赤"字條。

絡

luò 盧各切，入，鐸韻，來。鐸部。

㊀像網狀的東西，脈絡。說文："絡，絮也。"段玉裁注："包絡字漢人多假'落'爲之，其實'絡'之引申也。"文選漢張衡西京賦："振

天維,衍地～。”特指中醫所説的氣血通道。素問調經論:“視其血～,刺出其血,無令惡血得入於經。”❷環繞,纏繞。山海經海内經:“南海之内…有九丘,以水～之。”宋陸游山園書觸目詩:“瘦篁穿石竅,古蔓～松身。”❸罩住;牲口罩子,即籠頭。淮南子原道:“～馬之口,穿牛之鼻者,人也。”唐李白陌上桑:“五馬如飛龍,青絲結金～。”❹〔絡繹〕叠韻聯緜字。接連不斷。古詩爲焦仲卿妻作:“交語速裝束,絡繹如浮雲。”❺〔絡縸〕叠韻聯緜字。見“縸”字條。

絶 jué 情雪切,入,薛韻,從。月部。

❶斷,不再延續。吕氏春秋本味:“鍾子期死,伯牙破琴～弦,終身不復鼓琴。”後漢書馬援傳:“名滅爵～,國土不傳。”書高宗肜日:“降年有永有不永,非天夭民,民中～命。”❷盡,不再存有。莊子漁父:“疾走不休,～力而死。”左傳襄公十四年:“百姓～望,社稷無主。”(絶望,不存有希望)吕氏春秋季春:“命有司發倉窌,賜貧窮,振乏～。”高誘注:“行而無資曰乏,居而無資曰絶。”❸非常;超常的。爾雅釋宫:“鼎,～大謂之鼐。”唐柳宗元羆説:“羆之狀,被髮人立,～有力而甚害人。”法言淵騫:“君子～德,小人～力…秦悼武、烏獲、任鄙,扛鼎抃牛,非～力邪?”三國志魏書華佗傳:“佗之～技,凡此類也。”❹横穿,横渡。史記李將軍列傳:“南～幕(沙漠),遇前將軍,右將軍。”荀子勸學:“假舟檝者非能水也而～江河。”

[同源字]絶,截,斷。絶、截皆爲從母月部;斷,定母元部。定、從鄰紐,元月對轉。説文:“截,斷也。”“斷,截也。”“絶,斷絲也。”

絍 rèn 汝鴆切,去,沁韻,日。侵部。

同“紝”。❶織布帛的紗縷。漢書嚴助傳:“男子不得耕稼種樹,婦女不得紡績織～。”顔師古注:“機縷曰絍。”唐韓愈孟郊同宿聯句:“欲知同心樂,雙繭抽作～。”❷指紡織。戰國策秦策一:“(蘇秦)歸至家,妻不下～,嫂不爲炊,父母不與言。”漢劉向列女傳楚接輿妻:“夫負釜甑,妻戴～器,變名易姓而遠徙。”

按,説文紝作𦁠,是絍的重文。

絎 háng 下更切,去,映韻,匣。

用針線粗縫。玉篇糸部:“絎,縫紩也。”章炳麟新方言釋器:“今淮南、吴、越謂粗縫曰～。”

按,説文無絎字。

絲 sī 息兹切,平,之韻,心。之部。

❶蠶絲。説文:“絲,蠶所吐也。”書禹貢:“(兖州)厥貢漆～。”唐聶夷中詠田家詩:“二月賣新～,五月糶新糧。”絲織品。史記平準書:“天下已平,高祖乃令賈人不得衣～乘車。”❷纖細如絲的東西。樂府詩集清商曲辭一子夜歌三:“宿昔不梳頭,～髮被兩肩。”唐李白同族侄評事黯遊昌禪師山池詩:“疏楊掛柳～。”❸長度或重量的微量單位。十忽爲一絲,十絲爲一毫。形容極爲細微。禮記緇衣:“王言如～,其出如綸。”新唐書辛雲京傳:“治謹于法,下有犯,雖～毫比,不肯貸。”❹弦樂器。周禮春官大師:“皆播之八音:金、石、土、革、～、木、匏、竹。”鄭玄注:“絲,琴瑟也。”

按,説文絲字在絲部。

七　　畫

綔 hù 集韻胡故切,音護,去,暮韻,匣。魚部。

佩掛印章的絲帶。後漢書輿服志下印:“諸侯王以下～赤絲蕤,縢～各如其印質。”

按,説文無綔字。

綄 huán 胡官切,平,桓韻,匣。

古時　種測風儀,其上有鷄毛五對或八對,置於高竿頂端。又稱五兩。玉篇糸部:“綄,候風五兩也。”

按,説文無綄字。

綈 tí 杜奚切,音題,平,齊韻,定。脂部。

粗厚的絲織品。説文："綈，厚繒也。"管子輕重戊："魯、梁之民俗爲～，公服～，令左右服之。"史記孝文本紀："上(指孝文帝)常衣～衣，所幸愼夫人，令衣不得曳地，幃帳不得文繡，以示敦朴。"現代綈又讀 tì，指以絲線爲經，棉線爲緯，製成紡織品。古無此義。

綍 fú分勿切，入，物韻，非。物部。

❶引棺的繩索，較粗。也作"紼"。禮記緇衣："王言如絲，其出如綸；王言如綸，其出如～。"禮記雜記："升正柩，諸侯執～五百人。"❷帝王的詔書。唐劉禹錫謝貸錢物表："特遂誠請，遠承如～之旨。"唐柳宗元代廣南節度使謝出鎮表："捧對綸～，不知所圖。"

按，説文無綍字。

絿 qiú巨鳩切，平，尤韻，羣。幽部。

急，急躁。説文："絿，急也。"詩商頌長發："不競不～，不剛不柔。"

綆 1. gěng 古杏切，上，梗韻，見。陽部。

❶汲井水用的繩索。説文："綆，汲井綆也。"左傳襄公九年："具～缶，備水器。"荀子榮辱："短～不可以汲深井之泉，知不幾者不可與及聖人之言。"

2. bǐng 集韻必郢切，音餠，上，静韻，幫。陽部。

❷輪輻近軸處的突出部分。周禮考工記輪人："眡其～，欲其蚤之正也。"

綀 shū 所葅切，平，魚韻，審二。

一種粗的麻織物。晉書王導傳："時帑藏空竭，庫中惟有～數千端。"南史任昉傳："西華冬月著葛帔～裙，道逢平原劉孝標，泫然矜之。"

按，説文無綀字，新附有之，云："綀，布屬。"

經 1. jīng 古靈切，平，青韻，見。耕部。

❶織布的縱線稱經，横線稱緯；道路南北稱經，東西稱緯。南朝梁劉勰文心雕龍情采："～正而後緯成，理定而後辭暢。"周禮考工記匠人："國中九～九緯。"引申指樞要、關鍵。左傳昭公二十五年："禮，上下之紀，天地之～緯也。"❷指義理、法則、原則等。書大禹謨："與其殺不辜，寧失不～。"唐柳宗元斷刑論："～也者，常也；權也者，達～者也。"❸經典，可作爲標準的書。荀子勸學："其數則始乎誦～，終乎讀禮。"(儒家有十三經，道家有道經，佛教有佛經等)也指專門記述某一專科知識的書。國語吴語："載常建鼓，挾～秉枹。"(此處指兵書。地理的稱水經，茶葉的稱茶經，等等)❹經過，經歷。史記大宛列傳："(張騫)～匈奴，匈奴得之。"後漢書馮衍傳："日月～天，河海帶地。"後漢書南匈奴傳："九年，遣大司馬吴漢等擊之，～歲無功。"❺勘測，劃界。詩大雅靈臺："經始靈臺，～之營之，庶民攻之，不日成之。"淮南子要略："～山陵之形，區川谷之居。"❻治理，整治。周禮天官大宰："以～邦國，以治官府。"左傳宣公十二年："子姑整軍而～武乎。"❼縊死，上吊。論語憲問："自～於溝瀆而莫之知也。"史記田單列傳："～其頸于樹枝。"❽專業術語。①中醫指人體氣血運行的通路。素問陰陽應象大論："六～爲川，腸胃爲海。"②我國傳統圖書分類法分爲四類：～、史、子、集。經包括儒家經典和小學方面的書。舊唐書經籍志上："四部者，甲、乙、丙、丁之次也。甲部爲～。"

2. jìng 古定切，去，徑韻，見。耕部。

❾在機杼整理紗縷，使成爲經線。韓非子外儲説右上："(吴起)使其妻織組而幅狹於度，吴子使更之…其妻對曰：'吾始～之而不可更也。'"❿通"徑"。①直徑。墨子備蛾傳："廣七寸，～尺一。"蘇時學注："經，徑同。"②小路。論衡紀妖："(漢高祖)被酒，夜～澤中。"此處指斜穿。史記作"徑"。③直。論衡吉驗："母見其上若一匹練狀，～上天。"

[辨]經，緯。見"緯"字條。

綅 1. qīn 七林切，平，侵韻，清。侵部。

㊀綫。說文："綅，絳綫也。"詩魯頌閟宫："公徒三萬，貝胄朱～。"

2. xiān 息廉切，平，鹽韻，心。談部。

㊁黑白相間的織物。禮記雜記下"朝服"鄭玄注："朝服，～冠。"釋文："黑經白緯曰～。"

綃 1. xiāo 相邀切，平，宵韻，心。宵部。

㊀生絲織成的薄紗、薄絹。說文："綃，生絲也。"禮記玉藻："君子狐青裘豹褎，玄～衣以裼之。"漢書元帝紀："齊三服官。"顏師古注："輕～，今之輕紗也。"

2. shāo 所交切，平，肴韻，審二。

㊁通"梢"。挂帆的杆。文選晉木華海賦："維長～，挂帆席。"李善注："綃，今之帆綱也，以長木爲之，所以挂帆也。"

絹 1. juàn 古掾切，去，線韻，見。元部。

㊀生絲織品。急就篇二："烝栗～紺縉紅繎。"顏師古注："絹，生曰繒，似縑而疏者也。"說文："絹，繒如麥稍。"墨子辭過："治絲麻，捆布～，以爲民衣。"白絹多用于書畫。唐杜甫丹青引："詔謂將軍拂～素，意匠慘澹經營中。"

2. juàn 集韻古泫切，上，銑韻，見。

㊁通"罥"。系(jì)。後漢書馬融傳："～猑蹏，鏦特肩。"

紖 zhèn 集韻丈忍切，音朕，上，準韻，澄。真部。

同"紖"。牽牛繩。周禮地官封人："凡祭祀，飾其牛牲，設其楅衡，置其～，共其水槀。"

按，說文無紖有紖。

綏 1. suí 息遺切，平，脂韻，心。微部。

㊀上車時所執持的繩。說文："綏，車中把也。"論語鄉黨："升車，必正立，執～。"史記張儀列傳："張儀至秦，詳失～墮車，不朝三月。"㊁安撫，安定。詩大雅民勞："惠此中國，以～四方。"三國志吴書吴主傳："～安東南，綱紀江外。"㊂退軍。左傳文公十二年："乃皆出戰，交～。"漢曹操敗軍令："將軍死～。"

2. tuǒ 集韻土火切，上，果韻，透。微部。

㊃通"妥"。下垂。禮記曲禮下："執天子之器則上衡，國君則平衡，大夫則～之，士則提之。"

3. ruí 集韻儒隹切，平，脂韻，日。微韻。

㊄通"緌"。古代一種旗幟。禮記王制："天子殺則下大～。"

絺 1. chī 丑飢切，平，脂韻，徹。微部。

㊀細葛布。說文："絺，細葛也。"詩周南葛覃："爲～爲綌，服之無斁。"

2. zhǐ 集韻展几切，上，旨韻，知。微部。

㊁通"黹"。書益稷："宗彝、藻、火、粉、米、黼、黻、～、繡。"宋蔡沈集傳："絺，鄭氏讀爲黹，紩也。"

綌 xì 綺戟切，入，陌韻，溪。鐸部。

粗葛布。說文："綌，粗葛也。"詩周南葛覃："爲絺爲～，服之無斁。"宋范成大吴船録卷上："以卯初登山，至此已申後，初衣暑～，漸高漸寒，到八十四盤，則驟寒。"

綎 tíng 特丁切，平，青韻，定。耕部。

用以佩玉的絲綬帶。說文："綎，系(jì)綬也。"後漢書蔡邕傳："濟濟多士，端委縉～。"宋王安石寄吴氏女子："汝夫綴卿官，汝兒亦縉～。"

綉 1. xiù 龍龕手鑑音秀。

㊀俗"繡"字。見正字通。宋曾慥類說卷二六引戰國策："秦、韓地形相錯如～。"

2. tòu 他候切，去，候韻，透。

㊁量詞，指綿一片。集韻候韻："綉，吴俗謂緜一片。"

絻 1. miǎn 亡辨切，集韻美辨切，音免，上，璽韻，明。元部。

㊀古代貴族所戴的禮帽。同"冕"。荀子正名："乘軒戴～，其與無足無以異。"（劉師培："無足，猶云不足。"）

2. wèn 亡運切，去，問韻，微。文部。

㊁古代喪服，指去冠，以麻布包裹髮髻。左傳哀公二年："使大子～，八人衰絰，僞自衞逆者。"㊂弔喪人所執的紼。公羊傳昭公二十五年"齊侯唁公于野井"何休注："弔所執紼曰～。"

按，說文絻字在冃（mào）部，是冕的重文。

綖 1. yán 以然切，平，仙韻，喻四。元部。

㊀古代覆在冠冕上的裝飾。左傳桓公二年："衡、紞、紘、～，昭其度也。"㊁通"延"。延緩。吕氏春秋勿躬："百官慎職而莫敢愉～。"

2. xiàn 集韻私箭切，去，綫韻，心。

㊂"綫"的異體字。後漢書虞詡傳："以采（彩）～縫其裾爲幟。"

按，說文無綖字。

八畫

綮 1. qǐ 康禮切，上，薺韻，溪。支部。

㊀細密的繒帛。說文："綮，緻（緻）繒也。"㊁戟衣。同棨。說文："綮，一曰微幟信也。"段玉裁注："微幟信，蓋謂棨戟；棨綮通用也。"

2. qìng 集韻詰定切，去，徑韻，溪。耕部。

㊂〔肯綮〕筋肉結節的地方。莊子養生主："因其固然，技經肯綮之未嘗，而況大軱乎！"也作"肻綮"。

緊 jǐn 居忍切，上，軫韻，見。真部。

㊀加强了拉力。說文："緊，纏絲急也。"文選漢傅毅舞賦："弛～急之絃張兮，慢末事之委曲。"㊁與"緩"相對。指收縮。素問氣交變大論："其德清潔，其化～斂。"王冰注："緊，縮也。也指節奏快的。"文選南朝梁江淹雜體詩劉文學（楨）感遇："霜露一何～，桂枝生自直。"㊂堅固。管子問："鉤弦之造，戈戟之～。"㊃唐代州縣按户口多少劃分等級，緊是其中的一級。新唐書韋處厚傳："處厚乃置六雄、十望、十～等州，悉補別駕，由是流品澄別。"

按，說文緊字在臤部。

綦 qí 渠之切，平，之韻，羣。之部。

㊀青黑色。詩鄭風出其東門："縞衣～巾，聊樂我員。"㊁鞋帶。儀禮士喪禮："夏葛屨，冬白屨，皆繶緇約純，組～繫于踵。"㊂足迹，履印。晉左思嬌女詩："務躡霜雪戲，重～常累積。"㊃兩足不能交相行走。穀梁傳昭公二十年："兩足不能相過，齊謂之～。"㊄通"璂"。玉名。逸周書王會："王玄繚璧～十二。"㊅通"忌"（羣母之部）。禁戒。睡虎地秦墓竹簡爲吏之道："戒之戒之，材不可歸；謹之謹之，謀不可遺；～之～（之），食不可賞。"㊆通"極"（羣母職部，之職對轉）。①程度高的，甚。荀子王霸："夫人之情，目欲～色，耳欲～聲，口欲～味，鼻欲～臭，心欲～佚，此五～者，人情之所必不免也。"②標準。荀子王霸："如是則下仰上以義矣，是～定也，～定而國定，國定而天下定。"

按，說文綦是綥的重文。

綜 1. zèng（舊讀 zòng）子宋切，去，宋韻，精。冬部。

㊀織機上使經線與緯線能交織的裝置。說文："綜，機縷也。"漢劉向列女傳母儀魯季敬妻："推而往，引而來者，～也。"

2. zōng 正字通音宗。

㊁總聚，總合。漢司馬遷報任安書："網羅天下放失舊聞，略考其行事，～其始終。"㊂總合辦理。晉桓温上疏陳便宜七事："古以九卿～事，不專尚書。"

綻 zhàn 丈莧切，去，襇韻，澄。元部。

㊀裂開。禮記内則："衣裳～裂，紉箴請

補綴。"北周庾信杏花："春色方盈野，枝枝～翠英。"唐杜甫陪鄭廣文遊何將軍山林十首之五："綠垂風折笋，紅～兩肥梅。"㊁縫補。古樂府豔歌行："故衣誰當補，新衣誰當～，賴得賢主人，覽取爲吾～。"

[辨]綻，組。見"組"字條。

[同源字]綻，組，袒。見"袒"字條。

按，說文無綻字。

綰 wǎn 烏板切，上，潸韻，影。元部。

㊀系；相接。史記絳侯周勃世家："絳侯～皇帝璽，將兵于北軍。"唐劉禹錫楊柳枝詞九首之八："長安陌上無窮樹，唯有垂楊～別離。"史記貨殖列傳："北鄰烏桓、夫餘，東～穢貉、朝鮮、真番之利。"㊁盤結(後起義)。唐李賀大堤曲："青雲教～頭上髻，明月與作耳邊璫。"宋梅堯臣桓妬妻詩："妾初見主來，～髻下庭隅。"

[備考]說文："綰，惡絳也……一曰綃也。"(依段注本)段玉裁注："惡下各本衍'也'。惡，亞也。集韻換韻：'綰，絳淺色。'"

綧 zhǔn 集韻主尹切，音準，上，準韻，照三。文部。

通"準"。標準、準則。管子君臣上："衡石一稱，斗斛一量，丈尺一～制，戈兵一度。"

按，說文無綧字。

綷 cuì 子對切，集韻取内切，去，隊韻，清。物部。

五色相雜。史記司馬相如列傳："屯余軍其萬乘兮，～雲蓋而樹華旗。"文選晉左思吴都賦："孔雀～羽以翱翔。"

按，說文無綷有⿰黹卒，廣韻認爲是同一字。廣韻隊韻："⿰黹卒，說文曰'會五綵繒(色)也。'綷、⿰黹卒同。"

綟 lì 郎計切，去，霽韻，來。脂部。

㊀草名，也作"莀"。宋書禮志五："～，草名也，其色綠。"㊁用莀草染成的黑黄近綠的顏色。說文："綟，帛戾草染色。"漢蔡邕獨斷："皇后赤綬玉璽，貴人緺～金印。緺綟，色似綠。"新唐書王世充傳："加黄門印綠～綬。"㊂量詞，絲麻的計量單位。新唐書百官志三："絲五兩爲絢，麻三斤爲～。"

綣 quǎn 去阮切，上，阮韻，溪。元部。

㊀收縮，彎曲。靈樞經五味論："膀胱之胞，薄以懦，得酸則縮～。"㊁心意相通貌。唐韓愈答殷侍御書："務張而明之，其孰能勤勤～～若此之至。"明徐宏祖徐霞客遊記滇遊日記四："邀諸友來看，極殷～。"㊂〔繾綣〕雙聲叠韻聯緜字。說文新附："綣，繾綣。"參見"繾"字條。

⿰糸幵 bēng 北萌切，平，耕韻，幫。蒸部。

說文；"絣，氐人殊縷布也。"後作"絣"。見"絣"字條。

緂 tān 他酣切，平，談韻，透。談部。

㊀衣采色鮮。說文："緂，白鮮衣貌。"㊁對麻的加工。淮南子氾論："伯余之初作衣也，～麻索縷，手經指掛，其成猶網羅。"㊂織物名。宋范成大桂海虞衡志志器："～，亦出兩江州峒，如中國線羅，上有遍地小方勝文。"

綪 1. qiàn 倉甸切，去，霰韻，清。耕部。

㊀赤色。說文："綪，赤繒也。"左傳定公四年："分康叔以大路，少帛，～茷，旃旌。"楊伯峻春秋左傳注："綪茷，即大赤色之旗。"漢陸賈新語本行："雕刻～畫，不納于君，則淫伎曲巧絶於民。"

2. zhēng 側莖切，音争，平，耕韻，照二。耕部。

㊁通"緈"。屈曲。禮記玉藻："齊則～結佩而爵韠。"鄭玄注："綪讀爲緈。緈，曲也。"

緁 qiè 七接切，入，葉韻，清。葉部。

縫製衣邊。說文："緁，緶衣也。"漢書賈誼傳："白縠之表，薄紈之裏，～以偏諸。美者黼繡，是古天子之服。"顏師古注："謂以偏諸緶著之也。"(偏諸，邊飾)也指衣邊。明湯顯祖紫簫記征途："腰錦～，跨雕鞍。"

緀 qī 七稽切，平，齊韻，清。脂部。

繒帛有文彩的樣子。說文："緀，帛文貌。詩曰：'～兮斐兮，成是貝錦。'"（依段注本）今詩小雅巷伯字作"萋"。

綾 líng 力膺切，平，蒸韻，來。蒸部。

薄而有花紋的織品。說文："綾，東齊謂布帛之細曰綾。"漢書高帝紀下"賈人毋得衣錦、繡、綺、絺、紵、罽"顏師古注："綺，文繒也，即今之細～也。"唐白居易賣炭翁詩："半疋紅紗一丈～，繫向牛頭充炭值。"

緒 xù 徐呂切，上，語韻，邪。魚部。

㊀絲頭。說文："緒，絲耑也。"漢焦贛易林豫之同人："飢蠶作室，昏多亂纏，～不可得。"文選漢張衡南都賦："白鶴飛兮繭曳～。"㊁頭緒，開端。莊子漁父："曩者先生有～言而去。"淮南子精神訓："反覆終始，不知其～端。"㊂人的感情被牽動的部分。南朝宋謝靈運長歌行："覽物起悲～，顧己識憂端。"新唐書文藝傳下王昌齡："昌齡工詩，～密而思清。"㊃世系；前人留下來的事業。詩魯頌閟宮："至于文武，纘太王之～。"漢司馬遷報任安書："僕賴先人～業，得待罪輦轂下，二十餘年矣。"㊄殘餘。楚辭戰國屈原九章涉江："秋冬之～風。"莊子山木："食不敢先嘗，必取其～。"㊅尋繹，推求。史記張丞相列傳："張蒼爲計相時，～正律曆。"漢陸賈新語道基："原情立本，以～人倫。"

［備考］行列。文選南朝宋鮑照舞鶴賦："離綱別赴，合～相依。"李善注："綱、緒，謂舞之行列也。"

緎 yù 雨逼切，入，職韻，喻三。職部。

㊀裘縫。詩召南羔羊："羔羊之革，素絲五～。"㊁計絲單位。絲二十縷爲～。

按，說文無緎有黬，在黑部，注云："羔羊之縫。"

緉 liǎng 良獎切，上，養韻，來。陽部。

㊀計算鞋子的單位，相當于後代的"雙"。說文："緉，履兩枚也。"三國魏曹植冬至獻履韤頌表："並獻文履七～，韤百副。"宋陸游廣慧法師贊："一～草鞋，到處行脚。"㊁繩帶交合。方言四："緉，絞也。"說文："緉…一曰絞也。"朱駿聲說文通訓定聲："繩單曰糾，兩股曰纆，亦曰緉。"

緅 zōu 子侯切，平，侯韻，精。侯部。

青赤色的帛。論語鄉黨："君子不以紺～飾，紅紫不以爲褻服。"

按，說文無緅字，新附有之，云："緅，帛青赤色也。"

綝 chēn 丑林切，平，侵韻，徹。侵部。

㊀止。說文："綝，止也。讀若郴。"㊁〔綝纚（xǐ）〕毛羽、衣裳等下垂的樣子。楚辭漢王褒九懷通路："舒佩兮綝纚，竦余劍兮干將。"

綺 qǐ 墟彼切，上，紙韻，溪。歌部。

㊀有素地花紋的絲織品。說文："綺，文繒也。"六書故工事六："織采爲文曰錦，織素爲文曰～。"漢書高帝紀："賈人毋得衣錦、繡、～、縠、絺、紵、罽。"㊁美盛。後漢書梁冀傳："窗牖皆有～疏青瑣，圖以雲氣仙靈。"北周宇文逌庾信集序："～年而播華譽，齠歲而有俊名。"唐李白扶風豪士歌："雕盤～食會衆客，吳歌趙舞香風吹。"㊂縱橫交錯。文選漢班固西都賦："周廬千列，徼道～錯。"唐元稹羨醉詩："～陌高樓競醉眠，共期頗領不相憐。"

綫 xiàn 私箭切，去，線韻，心。元部。

絲麻（中古以後還有棉）制成的縷。亦作"線"。說文："綫，縷也…線，古文綫。"玉篇糸部："綫，可以縫衣也。"唐陸龜蒙素絲詩："爲～補君衮，爲紘繫君桐。"公羊傳僖公四年："中國不絕如～。"

［備考］通"騸"。閹割。元孫周卿水仙子山居自樂："水碓裏舂來米，山莊上～了鷄，

事事休提。”

綴 1. zhuì 陟衛切,去,祭韻,知。月部。

❶縫合。説文:“綴,合箸也。”禮記内則:“衣裳綻裂,紉箴請補～。”戰國策秦策一:“～甲厲兵,効勝於戰場。”❷連接。文選漢張衡西京賦:“左有(即東有)崤函重險,桃林之塞,～以二華。”宋高翥秋日田父辭二首之一:“啄黍黄鷄没骨肥,繞籬緑橘～枝垂。”❸裝飾。大戴禮記明堂:“赤～户也,白～牖也。”盧辯注:“綴,飾也。”文選三國魏曹植七啓:“飾以文犀,彫以翠緑,～以驪龍之珠,錯以荆山之玉。”❹連字成文。唐張説奉和聖制喜雨賦:“天子作愁霖之賦,詞人～苦雨之篇。”

2. chuò 陟劣切,入,薛韻,知。月部。

❺通“輟”。停止。荀子成相:“展禽三絀,春申道～,基畢輸。”禮記樂記:“禮者,所以～淫也。”

[辨]聯,連,綴,屬。見“連”字條。

[同源字]餟,綴,叕。見“餟”字條。

按,説文綴字在叕部。

綽 1. chuò 昌約切,入,藥韻,穿三。藥部。

❶舒緩,柔美。詩衛風淇奥:“寬兮～兮,倚重較兮。”楚辭大招:“滂心～態,姣麗施只。”三國魏曹植洛神賦:“柔情～態,媚於語言。”❷隱約。元李行道灰闌記三折:“～見了容顔敢是他,莫不我淚眼昏花。”

2. chāo 音抄。

❸抓取(晚起義)。元康進之李逵負荆一:“～起俺兩把板斧來,砍折你那蟠根桑棗樹。”

按,説文綽是繛的重文,在素部。

網 wǎng 文兩切,上,養韻,微。陽部。

❶捕魚蝦、捕鳥獸的器具。詩邶風新臺:“魚～之設,鴻則離之。”管子勢:“獸厭走而有伏～罟。”漢書董仲舒傳:“古人有言曰:‘臨淵羨魚,不如退而結～。’”用爲動詞,指以網捕捉。唐李肇唐國史補卷上:“見數百人喧集水濱,乃漁者～得大黿。”❷喻指如網那樣的系統。老子第七十三章:“天～恢恢,疏而不失。”史記酷吏列傳序:“昔天下之～嘗密矣,然姦僞萌起,上下相遁,至於不振。”❸搜羅。漢書王莽傳上:“～羅天下異能之士。”

[辨]網,网,罔。見“罔”字條。

按,説文網是网的重文,在网部。

綱 gāng 古郎切,平,唐韻,見。陽部。

❶魚網的總繩;事物起决定作用的部分(多指國家法紀方面)。説文:“綱,維紘繩也。”書盤庚上:“若網在～,有條而不紊。”吕氏春秋用民:“壹引其～,萬目皆張。”北史源賀傳:“爲政貴當舉～。”也指事物的總要。南朝梁劉勰文心雕龍史傳:“曉其大～,則衆理可貫。”❷大網;大的行列。論語述而:“子釣而不～,弋不射宿。”(不綱,不用大網撈盡魚蝦)文選南朝宋鮑照舞鶴賦:“離～别赴,合緒相依。”❸束。周禮夏官馬質:“～惡馬。”❹成批運送貨物的配置系統(後起義)。新唐書食貨志三:“(劉)晏爲歇艎支江船二千艘,每船受千斛,十船爲～,每～三百人,篙工五十人。”有茶綱、鹽綱、花石綱等。

緄 1. gǔn 古本切,上,混韻,見。文部。

❶織帶。説文:“緄,織帶也。”文選三國魏曹操七啟:“～佩綢繆,或彫或錯。”❷繩。詩秦風小戎:“交韔二弓,竹閉～縢。”❸量詞。束,捆。戰國策衛策:“衛君懼,束組三百～,黄金三百鎰,以隨使者南。”

2. hùn 集韻户衮切,上,混韻,匣。文部。

❹通“混”。混淆。史記高祖功臣侯者年表:“帝王者各殊禮而異務,要以成功爲統紀,豈可～乎?”❺〔緄戎〕古西戎部落名。史記匈奴列傳:“自隴以西有緜諸、緄戎、翟、豲之戎。”

緆 xī 先擊切,音錫,入,錫韻,心。錫部。

❶細麻布。説文:“緆,細布也。”淮南子齊俗:“有詭文繁繡,弱～羅紈。”❷裳的下緣。儀禮既夕禮:“縓綼～。”鄭玄注:“飾裳,在幅

曰綽,在下曰緆。”

緋 fēi 甫微切,平,微韻,非。

紅色。唐唐彥謙緋桃詩:“短牆荒圃四無鄰,烈火～桃照地春。”唐韓愈送區弘南歸詩:“騰蹋衆駿事鞍韉,佩服上色紫與～。”

按,說文無緋字,新附有之,云:“緋,帛赤色也。”

綬 shòu 殖酉切,上,有韻,禪。幽部。

絲帶,用以拴繫玉飾和印章。說文:“綬,韍維也。”禮記玉藻:“天子佩白玉而玄組～。”史記范睢(雎)蔡澤列傳:“懷黄金之印,結紫～於要(腰)。”

綵 cǎi 倉宰切,上,海韻,清。之部。

❶彩色絲織品。晏子春秋諫上一四:“身服不雜～。”後漢書梁冀傳:“賞賜金錢、奴婢、～帛、車馬、衣服、甲第,比霍光。”❷通“彩”。多種顏色裝飾的。後漢書呂强傳:“臣又聞後宮～女數千餘人,衣食之費,日數百金。”唐劉禹錫競渡曲:“沅江五月平堤流,邑人相將浮～舟。”

按,說文無綵字。

綸 1. lún 力迍切,平,諄韻,來。文部。

❶青絲綬帶,古官吏用以繫印。說文:“綸,青絲綬也。”後漢書仲長統傳:“身無半通青～之命,而竊三辰龍章之服。”❷粗絲綫,多指釣絲。禮記緇衣:“王言如絲,其出如～。”三國魏嵇康兄秀才公穆入軍贈詩十九首之十五:“垂～長川。”南朝梁劉勰文心雕龍情采:“翠～桂餌反所以失魚。”❸整理絲綫。詩小雅采緑:“之子于釣、言～之繩。”朱熹詩集傳:“理絲曰綸。”易繫辭上:“易與天地準,故能彌～天地之道。”孔穎達疏:“彌謂彌縫補合,綸謂經綸牽引”。❹喻指最高統轄的,即皇帝的。南朝梁江淹爲蕭重讓揚州表:“復降～册,徽采兼明。”(綸册,皇帝的册命)唐劉禹錫謝賜冬衣表:“三軍挾纊,俯聽～音,九月授衣,載馳天使。”(綸音,即帝王的詔令)明張居正送梁鳴泉給諫册封晉藩詩:“已欣勝覽馳千里,况捧～恩出五雲。”❺絮。即絲綿。墨子節葬下:“～組節約,車馬藏乎壙。”孫詒讓閒詁引許慎曰:“綸,絮也。”後漢書章帝紀:“癸巳,詔齊相省冰紈、方空縠、吹～絮”李賢注:“綸,似絮而細。”

2. guān 古頑切,平,山韻,見。文部。

❻海草名。爾雅釋草:“綸似綸,組似組,東海有之。”郭璞注:“海中草生彩理有象之者,因以名云。”字彙糸部:“(綸),又草名,生海中,彩理有象綸者,故以綸名。通志:‘綸,鹿角菜;組,海中苔,今之紫菜也。’”❼〔綸巾〕古時用青絲帶做成的頭巾,相傳爲諸葛亮所創。宋蘇軾念奴嬌赤壁懷古:“羽扇綸巾,談笑間,强虜灰飛烟滅。”

緌 ruí 儒隹切,平,脂韻,日。微部。

❶帽帶末端下垂的部分。說文:“緌,系冠纓也。”詩齊風南山:“葛屨五兩,冠～雙止。”禮記檀弓上:“喪,冠不～。”❷蟬長在腹下作垂狀的針喙。禮記檀弓下:“范則冠而蟬有～。”鄭玄注:“范,蜂也。蟬,蜩也。緌爲蜩喙,長在腹下。”唐虞世南蟬詩:“垂～飲清露,流響出疏桐。”

[同源字]緌,蕤。二字同源。蕤,日母微部,與緌雙聲叠韻。說文:“蕤,草木花垂貌。”段玉裁注:“引申凡物之垂者皆曰蕤。”

綢 1. chóu 直由切,平,尤韻,澄。幽部。

❶纏繞,束縛。說文:“綢,繆也。”楚辭戰國屈原九歌湘君:“薜荔柏兮蕙～,蓀橈兮蘭旌。”王逸注:“綢,縛束也。”〔綢繆〕叠韻聯緜字。①纏繞。詩唐風綢繆:“綢繆束薪,三星在天。”②情意纏綿。文選魏吴質答東阿王書:“發函伸紙,是何文采之巨麗,而慰喻之綢繆乎?”❷絲織物的通稱(晚起義)。元睢景臣哨遍高祖還鄉套曲:“新刷來的頭巾,恰糨來的～衫,暢好是粧么大户。”❸通“稠”。密。詩小雅都人士:“彼君子女,～直如髮。”毛傳:“密直如髮也。”

2. tāo 土刀切，平，豪韻，透。幽部。

❹通"韜"。套，纏裹。漢書司馬相如傳下："攬攙槍以爲旌兮，靡屈虹以爲～。"顔師古注："張揖曰：'綢，韜也。'"爾雅釋天講武："素錦～杠。"郭璞注："以白地錦韜(纏繞)旗之竿。"

綯 táo 徒刀切，平，豪韻，定。幽部。

❶繩。詩豳風七月："晝爾于茅，宵爾索～。"新唐書食貨志三："調巴、蜀、襄、漢麻枲竹篠爲～挽舟。"❷絞製繩索。明宋應星天工開物舟車："凡舟中帶篷索，以火麻稭～絞，粗成徑寸以外者，即係萬鈞不絶。"

按，説文無綯字。

綹 liǔ 力久切，上，有韻，來。幽部。

絲縷、麻縷合在一起呈股狀的。説文："綹，緯十縷爲綹。"集韻有韻："絲十爲綸，綸倍爲綹。"唐沈佺期七夕曝衣篇："上有仙人長命～，中看玉女迎歡繡。"泛指一束。元明雜劇元秦簡夫陶母剪髮待賓："兀那街市上一個婆婆，手裏拿着一～兒頭髮。"

維 wéi 以追切，平，脂韻，喻四。微部。

❶用以維繫使事物穩定的大繩。説文："維，車蓋維也。"淮南子天文："共工…怒而觸不周之山，天柱折，地～絶。"漢書賈誼傳："若夫經制不定，是猶度江河亡～楫，中流而遇風波，船必覆矣。"顔師古注："維，所以繫船；楫，所以刺船也。"❷維持社會穩定的東西。管子禁藏："法令爲～綱。"史記淮陰侯列傳："秦之綱絶而～弛，山東大擾。"❸系，連結。詩小雅白駒："皎皎白駒，食我場苗，縶之～之，以永今朝。"爾雅釋水："天子造舟，諸侯～舟。"郭璞注："維舟，維連四船。"❹通"惟"。思考。詩周頌維天之命序："～天之命，大平告文王也。"史記秦楚之際月表："～萬世之安。"❺語氣詞。①居句首。史記秦始皇本紀："～秦王兼有天下，立名爲皇帝。"唐韓愈元和聖德詩："～是元年，有盗在夏。"②居句中。書臯陶謨："百工～時，撫于五辰，庶績其凝。"唐王勃秋日登洪府滕王閣餞别序："時～九月，序屬三秋。"

[辨]維，惟，唯。"維"的本義是"繩子"；"惟"的本義是"思"；"唯"的本義是"答應"，各不相同。在"思"的意義上，"惟"與"維"通用；在"只"的意義上，"惟"與"唯"通用；在語氣詞上，三個字都通用。

綿 mián 武延切，集韻彌延切，平，僊韻，明。元部。

❶蠶絲結成的片或團。戰國策秦策一："(蘇秦)受相印，革車百乘，～繡千純…黄金萬溢。"漢曹操抑兼併令："其收田租畝四，户出絹二匹，～二斤而已。"唐杜甫陪鄭廣文遊何將軍山林十首之六："酒醒思卧簟，衣冷欲裝～。"❷相連續。文選漢王褒洞簫賦："翩～連以牢落兮，漂乍棄而爲他。"後漢書西羌傳："～地千里。"❸細而密。北魏酈道元水經注汶水："自入萊蕪谷峽路連山數百里，…林藿～濛，崖壁相望。"周書姚僧垣傳："梁武帝歎曰：'卿(指姚僧垣)用意～密，乃至於此。'"

按，説文綿作緜，在系部，注云："聯微也。"玉篇入糸部："綿，與緜同。"

綼 bì 集韻簿必切，入，質韻，並。質部。

衣裳的緣飾。儀禮既夕禮："縓～緆。"鄭玄注："飾裳，在幅曰綼，在下曰緆。"

按，説文無綼字。

緑 1. lǜ 力玉切，入，燭韻，來。屋部。

❶草和樹葉壯盛時的顔色。説文："緑，帛青黄色也。"詩邶風緑衣："～兮衣兮，～衣黄裏。"唐王維送别詩："春草年年～，王孫歸不歸。"代指緑葉。宋李清照如夢令："知否，知否，應是～肥紅瘦。"

2. lù 力玉切，入，燭韻，來。屋部。

❷符録，後作"籙"。墨子非攻下："河出～圖，地出乘黄。"❸通"菉"。王芻。一種野菜。詩小雅采緑："終朝采～，不盈一匊。"

［辨］緑，青，藍。見“青”字條。

緇 zī 側持切，平，之韻，照二。之部。

❶黑色。也作“紂”。説文：“緇，帛黑色也。”詩鄭風緇衣：“～衣之宜兮，敝，予又改爲兮。”毛傳：“緇，黑也。卿士聽朝之正服也。”用爲動詞，指變黑。論語陽貨：“不曰白乎？涅而不～。”何晏集解：“至白者，染之於涅而不黑。”❷指黑色僧服（後起義）。北魏酈道元水經注涑水：“是以～服思玄之士，鹿裘念一之夫，代往遊焉。”南朝梁釋慧皎高僧傳義解三釋道恒：“恒等才質闇短，染法未深；～衣之下，誓畢身命。”後以“緇”指稱佛教的，如緇林即僧界；緇郎即僧人；緇徒即僧徒。緇黄，指僧道，因僧徒緇服，道士黄冠。

緺 1. guā 古華切，平，麻韻，見。歌部。

❶紫青色的綬。説文：“緺，綬紫青也。”史記滑稽列傳：“及其拜爲二千石，佩青～出宫門。”唐柳宗元同劉二十八院長述舊：“共思捐佩處，千騎擁青～。”

2. guō 古禾切，平，戈韻，見。

❷一種髮髻（後起義）。南唐李煜長相思：“雲一～，玉一梭，澹澹衫兒薄薄羅。”

九　畫

縪 xié 集韻奚結切，入，屑韻，匣。月部。

帶子。莊子山木：“莊子衣大布而補之，正～係履而過魏王。”

按，説文無縪字。

緜 mián 武延切，集韻彌延切，平，僊韻，明。元部。

“綿”的最初寫法。❶蠶絲結成的片或團。晉書職官志：“秋絹二百匹，～二百斤。”❷相連、相纏繞。穀梁傳文公十四年：“長轂五百乘，～地千里。”文選漢張衡思玄賦：“潛服膺以永靖兮，～日月而不衰。”文選戰國宋玉招魂：“秦篝齊縷，鄭～絡些。”李善注：“緜，纏也。”❸細而密；薄弱。南朝梁沈約愍衰草賦：“布～密于寒皋，吐纖疏于危石。”漢書嚴助傳：“且越人～力薄材，不能陸戰。”

按，説文緜字在系部：“緜，聯微也。”字後作“綿”。

締 dì 特計切，去，霽韻，定。錫部。

❶結而不可解。見説文。楚辭戰國屈原九章悲回風：“心鞿羈而不形兮，氣繚轉而自～。”引申指建造。宋李覯題虞侍禁山亭詩：“嶺上櫚楹～構新，我來登望倍凝神。”❷結交（用于社會關係方面）。史記秦始皇本紀：“合從～交，相與爲一。”新唐書魏玄同傳：“玄同與裴炎～交，能保始終，故號‘耐久朋’。”

編 biān 卑連切，平，仙韻，幫。元部。

❶連結竹簡；也指作此用的繩子。説文：“編，次簡也。”漢書儒林傳：“（孔子）蓋晚而好易，讀之韋～三絶而爲之傳。”（韋編，牛皮繩）❷一部書或書的一部分。梁書庾詵傳：“誦法華經，每日一～。”唐盧照鄰樂府雜詩序：“訪遺～于四海。”❸連結，使成一體；編寫。晉書孫登傳：“夏則～草爲裳。”漢書東方朔傳：“目若懸珠，齒若～貝。”楚辭戰國屈原九章悲回風：“糺思心以爲纕兮，～愁苦以爲膺。”韓非子難三：“法者，～著之圖籍，設之于官府，而布之于百姓者也。”

［辨］編，篇。見“篇”字條。

緷 gǔn 古本切，上，混韻，見。文部。

❶量詞，指一大束。玉篇糸部：“緷，大束也。”❷通“衮”。古代貴族的禮服。管子君臣上：“衣服～絻，盡有法度。”

［備考］説文：“緷，緯也。”此義讀 yùn，文獻中不見用。

緪 1. gēng 古恒切，平，登韻，見。蒸部。

❶大繩子。説文：“緪，大索也。”清王士禎愁霖行：“涒灘之歲陰氣凝，愁霖不絶如貫～。”按，緪簡作絚。偏旁“亙”本讀 gèng，偏旁“亘”本讀 xuān，後相混。亘遂有 gèng 音，作爲偏旁亦相通，絚亦作絙。形成字形緪、絚、

絙的連續變化。❷繃緊。説文:"緪,急也。"唐柳宗元初秋夜坐贈吴武陵詩:"若人抱奇音,朱絃～枯桐。"

2. gèng 古鄧切,去,嶝韻,見。

❸竟。文選漢班固答賓戲:"潛神默記,～以年歲。"李善注引方言:"緪,竟也。"

緧 qiū 七由切,平,尤韻,清。幽部。

套車時拴繫在馬牛股後的皮帶。字亦作"鞧"、"鞦"。説文:"緧,馬紂也。"周禮考工記輈人:"不援其邸,必～其牛後,此無他故,唯轅直且無撓也。"

縌 nì 宜戟切,入,陌韻,疑。鐸部。

即綬帶。説文:"縌,綬維也。"漢書翟方進傳:"遣使者持黄金印、赤韍～,朱輪車,即軍中拜授。"後漢書輿服志下:"自青綬以上,～皆長三尺二寸…～者…佩綬相迎受,故曰～。"(按,逆即迎)

練 liàn 郎甸切,去,霰韻,來。元部。

❶將生絲在沸水中煮,使柔軟潔白。説文:"練,湅繒也。"周禮天官染人:"凡染,春暴～,夏纁玄。"宋蘇軾宥老楮:"黄繒～成素,黝面頬作玉。"引申指使浄潔。漢書王吉傳:"吸新吐故以～臧(臟)。"❷白色的熟絹,也指白色。文選南朝齊謝朓晚登三山還望京邑詩:"餘霞散成綺,澄江静如～。"莊子秋水:"非～實不食。"(按,練實,竹實,以色白故名)❸使掌握某方面的知識、技能;熟悉。戰國策楚策一:"臣請令山東之國,奉四時之獻,…～士厲兵,在大王之所用之。"宋書王僧綽傳:"好學有理思,～悉朝典。"引申指練達。文選晉陸機辯亡論下:"其野沃,其民～,其器利。"

[備考]㊀通"柬"。挑選。漢書禮樂志:"～時日,侯有望。"㊁通"鍊"。熔煉。列子湯問:"故昔者女媧氏～五色石以補其闕。"㊂通"湅"。洗滌。唐韓愈李花贈張十一署:"風揉雨～雪羞比,波濤翻空杳無涘。"

[同源字]練,湅,鍊,煉。通過一定的手段除去雜質獲取純度。説文:"湅,𣵀也。""鍊,冶金也。""煉,鑠治金也。"

緸 yīn 集韻伊真切,平,真韻,影。真部。

〔緸冤〕摇動的樣子。文選漢馬融長笛賦:"蚡緼蟠紆,緸冤蜿蟺。"李善注:"緸冤蜿蟺,盤屈動摇貌。"

按,説文無緸字。

緙 kè 楷革切,入,麥韻,溪。

後起字。〔緙絲〕我國特有的一種絲織品,始於宋代,花紋與刺繡相似,當空照視,如刻鏤而成,故稱刻絲,寫作刻絲、克絲、尅絲、緙絲,以緙絲爲常。紅樓夢七一回:"内中只有江南甄家一架大屏十二扇,大紅緞子緙絲滿床笏。"

緤 xiè 私列切,入,薛韻,心。月部。

❶繩索。禮記少儀:"犬,則執～。"北齊魏收爲侯景叛移梁朝文:"指蹤投～,鶩兔或擒。"❷拴,捆。説文:"緤,系也。"楚辭戰國屈原離騷:"朝吾將濟於白水兮,登閬風而～馬。"漢書賈誼傳:"束縛之,係～之。"❸姓。戰國策宋衛策有緤錯。

按,説文緤是紲的重文。

緗 xiāng 息良切,平,陽韻,心。陽部。

❶淺黄色的帛;淺黄色。後漢書輿服志下:"賈人(嫁娶),～縹而已。"樂府詩集陌上桑:"～綺爲下裙,紫綺爲上襦。"❷〔緗帙〕〔緗素〕〔緗牒〕指書。南朝梁蕭統文選序:"詞人才子,則名溢乎縹囊;飛文染翰,則卷盈乎緗帙。"北史高道穆傳:"秘書圖籍及典書緗素,多致零落。"

按,説文無緗字,新附有之,云:"緗,帛淺黄色也。"

緖 xǔ 集韻聳取切,上,噳韻,心。

羈絆獸的前足。同"𦀖"。文選晉左思吴都賦:"韣䴈鱷,～麋麖。"

按,説文無緖有𦀖。

緬 miǎn 彌兖切，上，獮韻，明。元部。

❶細絲。說文："緬，微絲也。"❷長的（空間上），遠的（時間上）。北魏酈道元水經注廬江水："高壁～然，與霄漢連接。"宋書孔淳之傳："～想人外三十年矣，今乃傾蓋于兹，不覺老之將至也。"❸消失而不顯現。三國志魏書張魯傳"雄據巴漢三十年"裴松之注引典略："三輔有駱曜，…教民～匿法。"文選晉潘岳西征賦："窺秦墟於渭城，冀闕～其堙盡。"

緛 ruǎn 而兖切，音軟，上，獮韻，日。元部。

縮短。說文："緛，衣戚也。"段玉裁注："戚，今之蹙字。"素問生氣通天論："濕熱不攘，大筋～短，小筋弛長。"唐皮日休魯望昨以五百字見貽詩："後至陳隋世，得之拘且～。"

緘 jiān 古咸切，平，咸韻，見。侵部。

❶縛束，封閉。說文："緘，束篋也。"墨子節葬下："穀木之棺，葛以～之。"法苑珠林一一三引梁高僧傳："安公遥聞之，以竹筒盛一荆子，手自～封，題以寄(法)遇。"❷束縛用的繩子。莊子胠篋："將爲胠篋探囊發匱之盜而爲守備，則必攝～縢，固扃鐍，此世俗之所謂知也。"王先謙引釋文："廣雅云：緘、縢皆繩也。"漢書外戚傳："使(于)客子解篋～。"❸閉口（不言）。宋書范泰傳："深根固蒂之術，未洽於愚心，是用猖狂妄作而不能～默者也。"宋史鄭俠傳："御史～默不言。"❹信寫好後要封緘，故以"緘"指書信，這個意思也作"椷"。唐李商隱春雨詩："玉璫～札何由達，萬里雲羅一雁飛。"宋王禹偁回襄陽周奉禮同年因題紙尾詩："兩月勞君寄兩～。"

緯 wěi 于貴切，去，未韻，喻三，集韻羽鬼切，上，尾韻，喻三。微部。

❶織物的横紗，與"經"相對。說文："緯，織横絲。"南朝梁劉孝威寄婦："經稀疑杼澀，～斷恨絲輕。"❷地理上東西爲緯，南北爲經。周禮考工記匠人："國中九經九～，經涂（途）九軌。"賈公彦疏："南北之道爲經，東西之道爲～。"❸編織；組織。莊子列禦寇："河上有家貧，恃～蕭而食者。"宋書謝靈運傳論："甫乃以情～文，以文被質。"❹整治。北史文苑傳序："經邦～俗，藏用于百代。"宋楊萬里賀黄秘監啟："得君爲重，～國以文。"

［辨］經，緯。在"整治"、"治理"的意義上，是同義的，成語有"緯武經文"。在經線、緯線以及由此引申出來的意思，是相對爲義的。古代將儒家典籍稱爲經書，將以神學内容附會儒家經典的書稱做"緯書"。古人將二十八宿諸恒星稱爲經星，而將運行于二十八宿的黄道圈的行星（即金木水火土五星），稱爲"緯"、"五緯"。

緡 1. mín 武巾切，集韻眉貧切，平，真韻，明。真部。

❶釣絲。詩召南何彼襛矣："其釣維何？維絲伊～。"唐韓愈獨釣詩："羽沉知食駛，～細覺牽難。"❷穿錢的繩；成串的銅錢，一千錢爲一緡。漢書武帝紀："初算～錢。"宋羅大經鶴林玉露卷二："今以錢十萬～，卒五千，付兄。"❸施加，擱置在上面。詩大雅抑："荏染柔木，言～之絲。"❹昏。莊子在宥："當我，～乎；遠我，昏乎。"王先謙引郭嵩燾云："緡、昏字通。"莊子則陽："雖使丘陵草木之～，入之者十九，猶之暢然。"陳鼓應注："緡，芒昧不分的意思。"

2. mián 集韻彌延切，平，僊韻，明。元部。

❺〔緡蠻〕同"綿蠻"。聯緜字。鳥鳴聲。禮記大學："詩云：'緡蠻黄鳥，止于丘隅。'"

按，說文無緡字。

緲 miǎo 古今韻會舉要弭沼切。

❶〔縹緲〕見"縹"字條。❷微茫而看不清。唐陳陶懷仙吟："十洲隔八海，浩～不可期。"清蒲松齡古歷亭賦："秋徑微茫，～寒螢于敗堵。"

緹 tí 杜奚切，平，齊韻，定。支部。

橘紅色。説文："緹，帛丹黄色也。"史記滑稽列傳："爲治齋宫河上，張～絳帷，女居其中。"古軍服用緹色。〔緹衣〕古武士服。周禮春官司服"凡兵事，韋弁服"鄭玄注："今時伍伯緹衣，古兵服之遺色。"

緼 1. yùn 於問切，去，問韻，影。文部。

㊀舊絮；亂麻。説文："緼，紼也。"玄應引："緼紼，亂麻也。"論語子罕："衣敝～袍，與衣狐貉者立，而不恥者，其由也與？"㊁深奥。也作"藴"、"醖"。易繫辭上："乾坤其易之～邪？"㊂藏。大戴禮記保傅："王后所求聲音非禮樂也，則太師～瑟而稱不習。"

2. wēn 烏渾切，平，魂韻，影。文部。

㊃赤黄色。禮記玉藻："一命～韍幽衡。"

3. yūn 於云切，平，文韻，影。文部。

㊄〔絪緼〕見"絪"字條。

緦 sī 息兹切，平，之韻，心。之部。

㊀細麻布，古多用制喪服。説文："緦，十五升布也。"儀禮喪服："～者，十五升抽其半，有事其縷，無事其布，曰～。"鄭玄注："謂之緦者，治有縷，細如絲也。"㊁〔緦親〕較爲疏遠的親屬關係。北魏楊衒之洛陽伽藍記宣忠寺："所得金馬，緦親之内均分之。"

緝 1. qī 七入切，入，緝韻，清。緝部。

㊀將麻析成縷狀再搓捻成線。説文："緝，績也。"管子輕重乙："大冬營室（營室，指星座）中（傍晚出現在天空），女事紡績～縷之所作也，此之謂冬之秋（秋，收穫）。"明王冕江南婦詩："日間力田隨夫郎，夜間～麻不上床。"㊁繼續。詩大雅行葦："肆筵設席，授几～御。"㊂縫（衣邊）。儀禮喪服："斬者何！不～也。"

2. jí 集韻即入切，入，緝韻，精。緝部。

㊃搜捕，捉拿（後起義）。明鄭仲夔耳新奸恣："魏忠賢廣置～事之人，密布天下。"㊄通"輯"。①和睦，安定。後漢書伏隆傳："（伏）隆招懷綏～，多來降附。"三國志蜀書諸葛亮傳"今復君丞相，君其勿辭"裴松之注引漢晉春秋："彼賢才尚多，將相～穆，未可一朝定也。"②聚集。文選南朝宋顔延之陽給事誄："以～華裔之衆。"③編次，整理。國語晉語八："端刑法，～訓典，國無姦民。"新唐書百官志二："學士、直學士、侍讀學士、修撰官，掌刊～經籍。"

緭 wēi 烏恢切，平，灰韻，影。

玉篇糸部："緭，五色絲飾。"

緩 huǎn 胡管切，上，緩韻，匣。元部。

㊀鬆。與"緊"相對。古詩十九首行行重行行："相去日已遠，衣帶日已～。"㊁寬。與"嚴"相對。漢書賈山傳："平獄～刑，天下莫不説喜。"㊂慢；延遲。與"疾"、"急"相對。隋書劉炫傳："～步代車，無事爲貴。"孟子滕文公上："民事不可～也。"

按，説文緩作䋿，在素部。

緵 1. zōng 子紅切，平，東韻，精。東部。

㊀古布帛含經線一定的根數爲一緵，七緵布，十緵布，都是不同等級的粗布。史記孝景本紀："令徒隸衣七～布。"漢書王莽傳："自公卿以下，一月之禄，十～布二匹。"㊁量詞，四十把爲一緵。也作"稯"。儀禮聘禮："四秉曰筥，十筥曰稯。"鄭玄注："古文稯作緵。"

2. zòng 作弄切，去，送韻，精。東部。

㊂細密的漁網。爾雅釋器："緵罟謂之九罭；九罭，魚罔（網）也。"廣韻送韻："緵，小魚罟也。"

按，説文無緵字。

緰 1. tóu 度侯切，音投，平，侯韻，定。侯部。

㊀〔緰此〕也作"緰㡭"、"緰貲"。上等細布。説文："緰，緰貲，布也。"潛夫論浮侈："組必文采，飾襪必緰此。"

2. xū 相俞切，平，虞韻，心。侯部。

㊁衫帛。廣韻虞韻："緰，衫緰帛也。"漢揚雄太玄務："蜘蛛之務，不如蠶之～。"司馬

光集注："綸音須，衫帛也。"

緣 yuán 與專切，平，仙韻，喻四。元部。

㊀衣物的飾邊。說文："緣，衣純也。"禮記玉藻："～廣寸半。"也指給衣物加上飾邊。漢書賈誼傳："天子之后以～其領，庶人孽妾～其履。"泛指邊沿。周書王羆傳："嘗有臺使，羆爲其設食，使乃裂其薄餅～。"㊁圍繞(平面上的)；攀援(向上的)。荀子議兵："限之以鄧林，～之以方城。"北魏酈道元水經注江水二："江陵城池東南傾，故～以金堤。"孟子梁惠王上："以若所爲，求若所欲，猶～木而求魚也。"㊂依據，憑借。荀子正名："～耳而知聲可也。"韓非子解老："夫～道理以從事者無不能成。"㊃機遇，緣分(後起義)。唐杜甫清明二首之一："繡羽銜花他自得，紅顏騎竹我無～。"㊄因爲，由于(後起義)。唐杜甫客至詩："花徑不曾～客掃，蓬門今始爲君開。"

緫 zǒng 五音集韻作孔切。

"總"字的變體。"總"左上是囪(cōng)，囪譌變爲"匆"。故總也有作緫的。見"總"字條。

緞 duàn 徒管切，上，緩韻，定。元部。

㊀鞋跟上幫貼的皮革。急就篇二："履舄鞜䩚絨～紃。"顔師古注："～，履跟之帖也。"㊁質地厚密一面光滑的絲織品(後起義)。正字通糸部："緞，今厚繒曰緞。"紅樓夢六八回："身上月白～襖，青緞披風，白綾素裙。"

按，表示鞋跟上幫貼的皮革，說文作鍛，在韋部。

緶 1. pián 房連切，集韻蒲眠切，平，先韻，並。元部。

㊀縫合；特指將兩條邊對合縫起來。說文："緶，縺衣也。"唐王建宮詞之四七："～得紅羅手帕子，中心細畫一雙蟬。"

2. biǎn 方典切，集韻補典切，音匾，上，銑韻，幫。元部。

㊁將麻、草等編成辮狀。說文："緶，交枲也。"

[同源字]緶，辮。二字雙聲疊韻。說文："辮，交也。"

線 xiàn 私箭切，去，線韻，心。元部。

用絲麻等製成的細縷。周禮天官縫人："縫人掌王宮之縫～之事。"

按，說文線爲綫的古文異體。

縋 zhuì 馳僞切，去，寘韻，澄。微部。

㊀用繩子懸物。說文："縋，以繩有所縣(懸)也。"左傳僖公三十年："(燭之武)夜～而出。"㊁繩子。左傳昭公十九年："登者六十人，～絶，師鼓譟，城上之人亦譟。"

緱 gōu 古侯切，平，侯韻，見。侯部。

㊀纏在刀劍等柄上的繩子。說文："緱，劍維也。"(從玉篇殘卷所引)史記孟嘗君列傳："馮先生甚貧，猶有一劍耳，又蒯～。"㊁[緱氏]古地名，以地有緱山而得名。史記孝武本紀："天子於是幸緱氏城。"

緥 bǎo 博抱切，上，晧韻，幫。幽部。

小兒包被。說文："緥，小兒衣也。"史記蒙恬列傳："昔周成王初立，未離繦～，周公旦負王以朝，卒定天下。"漢書宣帝紀："曾孫雖在繦～，猶坐收繫郡邸獄。"

[辨]緥，保。"保"指負兒于背。書召誥："夫知保抱攜持厥婦子，以哀籲天。"保又指負兒的包被。後漢書桓郁傳："昔成王幼小，越在繦保。"李賢注："保，小兒被也。"緥是保的後起字。

十　畫

縈 yíng 於營切，平，清韻，影。耕部。

㊀纏繞，盤旋。說文："縈，收韏也。"段玉裁注改韏爲卷，謂："收卷長繩，重疊如環是爲縈。"詩周南樛木："南有樛木，葛藟～之。"唐李白蜀道難詩："青泥何盤盤，百步九折～巖巒。"㊁牽繫。唐杜甫江漲："漁人～小楫，容

易拔船頭。”晉陶淵明辛丑歲七月赴假還江陵夜行塗口：“投冠旋舊墟，不爲好爵～。”㊂彎曲。宋朱熹偶題：“斷梗枯槎無泊處，一川寒碧自～回。”

縠 hú 胡谷切，入，屋韻，匣。屋部。

薄且輕的細帛。説文：“縠，細縛也。”文選戰國宋玉神女賦：“動霧～以徐步兮，拂墀聲之珊珊。”史記孟嘗君列傳：“今君後宫蹈綺～而士不得(裋)褐。”

縣 1. xuán 胡涓切，平，先韻，匣。元部。

㊀吊掛。説文：“縣，繫也。”詩魏風伐檀：“不狩不獵，胡瞻爾庭有～貆兮。”南史臧質傳：“質夜以木桶盛人，～出城外，截其鈎獲之。”引申指揭示。管子明法解：“明主之治也，～爵禄以勸其民。”㊁維繫。管子禁藏：“法者天下之儀也，所以決疑而明是非也，百姓之所～命也。”㊂(明顯的)差距、距離。荀子天論：“君子小人之所以相～者，在此耳。”以上意義後皆作“懸”。

2. xiàn 黄練切，去，霰韻，匣。元部。

㊃行政區域名。周代縣大于郡，秦以後縣屬于郡。左傳哀公二年：“克敵者，上大夫受～，下大夫受郡。”史記張耳陳餘列傳：“～殺其令丞，郡殺其守尉。”

按，説文縣字在県部。

縢 téng 徒登切，平，登韻，定。蒸部。

㊀約束，緘封。説文：“縢，緘也。”詩秦風小戎：“交韔二弓，竹閉緄～。”書金縢：“王與大夫盡弁，以啟金～之書。”㊁繩子。詩魯頌閟宫：“公車千乘，朱英緑～。”莊子胠篋：“將爲胠篋、探囊、發匱之盜而爲之守備，則必攝緘～，固扃鐍。”成玄英疏：“縢，繩。”㊂通“幐”。袋子。後漢書儒林傳：“其縑帛圖書，大則連爲帷蓋，小則制爲～囊。”

[備考]綁腿布。戰國策秦策一：“嬴(通累，纏繞)～履蹻。”

縏 pán 薄官切，平，桓韻，並。元部。

小囊。禮記内則：“婦事舅姑…右佩箴、管、線、纊，施～袠。”鄭玄注：“縏，小囊也。”

按，説文無縏字。

縡 zài 作代切，去，代韻，精。之部。

事。漢書揚雄傳上：“上天之～，杳旭卉兮。”顔師古注：“縡，事也。”

按，説文無縡字，新附有之，云：“縡，事也。”

縗 cuī 倉回切，平，灰韻，清。微部。

古時用于服喪的粗麻布條，披于胸前。説文：“縗，服衣。”明趙宧光説文長箋：“禮，～長六寸博四寸，蓋獨指當顧下，拭淚佩巾也。”左傳襄公十七年：“齊晏桓子卒，晏嬰粗～斬。”唐韓愈順宗實録一：“二十四日，宣遺詔，上～服見百寮。”字亦作“衰”。

縞 gǎo 古老切，上，晧韻，見。宵部。

㊀細而白的絲織品。詩鄭風出其東門：“～衣綦巾，聊樂我員。”漢書食貨志：“乘堅策肥，履絲曳～。”㊁白色。説文：“縞，鮮色也。”列子湯問：“其上臺觀皆金玉，其上禽獸皆純～。”山海經海内北經：“有文馬，～身朱鬣，目若黄金，名曰吉量。”引申指映照。宋陸游感秋詩：“月明～樹遶驚鵲，露下濕草啼寒螿。”

[同源字]縞，皎。皎，宵部。二字雙聲叠韻。表示映照義亦可作“皎”。後蜀顧敻玉樓春：“月皎露華牕影細，風送菊香粘繡袂。”

縑 jiān 古甜切，平，添韻，見。談部。

雙絲織成的細絹，常用于賞賜酬謝饋贈等，亦用作貨幣。又爲書寫繪畫的材料。説文：“縑，并絲繒也。”管子山國軌：“春～衣，夏單衣。”史記滑稽列傳：“數賜～帛，檐揭而去。”魏書劉芳傳：“芳常爲諸僧傭寫經論，筆迹稱善，卷直(值)以一～。”新唐書兵志四一：“方其時，天下以一～易一馬。”抱朴子内篇遐覽：“～素所寫者，積年之中，合集所見，當出二百許卷。”唐張彥遠歷代名畫記吴道子：“氣韻雄壯，幾不容於～素。”清阮元南北書派論：

“唐時南派字迹但寄～楮，北派字迹多寄碑版。”

縊 yì 於賜切，去，寘韻，影。錫部。

吊死。說文：“縊，經也。”國語吳語：“王～，申亥負王以歸。”金史哀宗紀下：“帝自～于幽蘭軒。”也指將他人勒死。左傳昭公元年：“公子圍至，入問王疾，～而弑之。”

縟 rù 而蜀切，入，燭韻，日。屋部。

❶繁多的彩飾。說文：“縟，繁采色也。”文選漢張衡西京賦：“故其館室次舍，采飾纖～。”儀禮喪服禮：“喪成人者其文～，喪未成人者其文不～。”泛指繁多的（多用于禮儀方面）。明唐順之與王堯衢書：“其於塵俗奔走、～禮煩儀之事…獨避之。”❷通“褥”。被褥。文選南朝宋謝惠連雪賦：“携佳人兮披重帳，援綺衾兮坐芳～。”

縛 fù 符钁切，入，藥韻，奉。鐸部。

束。見說文。左傳文公二年：“晉襄公～秦囚，使萊駒以戈斬之。”引申指拘束。韓非子備內：“人臣之於其君，非有骨肉之親也，～於勢而不得不事也。”

［辨］束，縛。見“束”字條。

縉 jìn 即刃切，去，震韻，精。真部。

通“搢”。插。〔縉紳〕插笏於紳，這是古官吏的裝束，遂以縉紳指稱官族。漢書郊祀志上：“其語不經見，縉紳者弗道。”後漢書馬武傳：“遂使縉紳道塞，賢能蔽壅。”

［備考］說文：“縉，帛赤色也。”急就篇卷二：“烝栗絹紺～紅繎。”顔師古注：“縉，淺赤色。”

縝 zhěn 章忍切，上，軫韻，照。真部。

❶細密。禮記聘儀：“縝密以栗，知也。”鄭玄注：“縝，緻也。”文選南朝宋顔延之祭屈原文：“蘭薫而摧，玉～則折。”❷通“鬒”。頭髮多而黑。文選南朝齊謝朓晚登三山還望京邑：“有情知望鄉，誰能～不變。”

［備考］麻縷。方言四：“纑謂之縝。”郭璞注：“謂纑縷也。”

［同源字］縝，槇，鬒，稹。見“稹”字條。

按，說文無縝字。

縓 quán 此緣切，音詮，平，仙韻，清。元部。

淺紅色。說文：“縓，帛赤黃色。一染謂之縓，再染謂之䞓，三染謂之纁。”儀禮既夕禮：“～綼緆。”禮記檀弓上：“練，練衣黃裏，～緣。”

緻 zhì 直利切，去，至韻，澄。質部。

❶細密。說文：“緻，密也。”靈樞經本藏：“衛氣和則分肉解利，皮膚調柔，腠理～密矣。”❷一種質地細密的絲織品。廣雅釋器：“緻，練也。”

［同源字］黹，紩，緻。見“黹”字條。

⿰糹𦐇 tà 五音集韻吐盍切。

後起字。用繩索套取。資治通鑑唐則天后萬歲通天元年：“契丹設伏横擊之，飛索以～（張）玄遇、（麻）仁節，生獲之。”

縜 yún 爲贇切，平，真韻，喻三。文部。

繫緊射侯上下兩綱的紐襻。說文：“縜，持綱紐也。”周禮考工記梓人：“（梓人爲侯），上綱與下綱出舌尋，～寸焉。”

縚 tāo 土刀切，平，豪韻，透。幽部。

❶套；套子。同“韜”。儀禮士昏禮“姆纚笄宵衣在其右”鄭玄注：“纚，～髮。”宋史禮志五：“御耒耜二具，並盛以青～。”❷絲帶。同“絛”。唐杜牧鸚鵡：“華堂日漸高，雕檻繫紅～。”前蜀李珣漁父詞：“櫂警鷗飛水濺袍，影隨潭面柳垂～。”

按，說文無縚字。

縐 zhòu 側救切，去，宥韻，照二。侯部。

❶細葛布。詩鄘風君子偕老：“蒙彼～絺，是紲袢也。”孔穎達疏：“絺者以葛爲之，其精尤細靡者，縐也。”❷皺縮。說文：“縐，戚（蹙）也。”史記司馬相如列傳：“襞積褰～，紆徐委曲。”❸有皺紋的絲織品（後起義）。宋史

地理志四："亳州，貢～紗絹。"

[同源字]縐，皺。見"皺"字條。

縫 1. féng 符容切，平，鍾韻，奉。東部。

㊀用線綴合。説文："縫，以鍼紩衣也。"詩魏風葛屨："摻摻女手，可以～裳。"㊁彌合，補合。左傳昭公二年："敢拜子之彌～敝邑，寡君有望焉。"南朝梁劉勰文心雕龍章句："巧者迴運，彌～文體，將令數句之外，得一字之助矣。"

2. fèng 扶用切，去，用韻，奉。東部。

㊂縫合處。禮記檀弓上："古者冠縮～，今也衡～。"三國魏阮籍大人先生傳："獨不見乎虱之處於褌中，逃乎深～，匿乎壞絮，自以爲吉宅。"㊃空隙。唐杜牧阿房宮賦："瓦～參差，多于周身之帛縷。"宋秦觀秋夜病起懷端叔詩寄之："天光脆如洗，月色清無～。"

十一畫

縻 mí 靡爲切，平，支韻，明。歌部。

㊀牛繮繩；繩索。説文："縻，牛轡也。"史記司馬相如列傳："蓋聞天子之於夷狄也，其義羈～勿絶而已。"司馬貞索隱："縻，牛韁也。"文選晉劉琨答盧諶："乃奮長～。"李善注引廣雅："縻，索也。"㊁束縛。晏子春秋問上一二："其謀也，左右無所繫，上下無所～。"孫子謀攻："不知軍之不可以進而謂之進，不知軍之不可以退而謂之退，是謂～軍。"㊂損耗；浪費。也作"靡"。後漢書西域傳："當斯之役，黔首隕於狼望之北，財幣～於盧山之壑。"宋葉適陳民表墓志銘："今～歲月，捐父母，棄室家，以爭優校，可乎？"

縶 zhí 陟立切，入，緝韻，知。緝部。

㊀絆縛馬足；縛。楚辭戰國屈原九歌國殤："霾兩輪兮～駟馬，援玉枹兮擊鳴鼓。"莊子秋水："東海之鼈，左足未入，而右膝已～矣！"左傳成公九年："晉侯觀于軍府，見鍾儀，問之曰：南冠而～者，誰也？"㊁繩。詩周頌有客："言授之～，以縶其馬。"左傳成公二年："韓厥執～馬前。"

按，説文縶是馽的重文，在馬部。

繄 yī 烏奚切，平，齊韻，影。脂部。

㊀語氣詞。一般用于句首。左傳隱公元年："爾有母遺(wèi)，～我獨無。"明史河渠志三："疏瀹決排，～人力是繄。"也有用在句中的。國語周語下："此一王四伯，豈～多寵。"㊁指代詞，相當于"是"。國語吴語："君王之於越也，～起死人而肉白骨也。"宋蘇軾喜雨亭記："一雨三日，～誰之力？"

[備考]㊀青黑色繒。見説文。周禮春官巾車："(王后)安車，雕面～總。"鄭玄注引鄭司農曰："青黑色以繒爲之。"㊁説文："繄，戟衣也。"

繁 1. fán 附袁切，平，元韻，奉。元部。

㊀(數量)多，(程度)盛。楚辭戰國屈原離騷："佩繽紛其～飾兮，芳菲菲其彌章。"詩小雅正月："正月～霜，我心憂傷。"新五代史郭崇韜傳："可使～暑坐變清凉。"㊁增多。管子八觀："薦草多衍，則六畜易～也。"孟子滕文公上："草木暢茂，禽獸～殖。"新唐書吴武陵傳："支屬～衍。"

2. pán 薄官切，平，桓韻，並。元部。

㊂馬腹革帶。禮記禮器："大路～纓一就。"孔穎達疏："繁，謂馬腹帶也。"

3. pó 薄波切，平，戈韻，並。歌部。

㊃姓。左傳定公四年："殷民七族：陶氏、施氏、～氏、錡氏、樊氏、饑氏、終葵氏。"

[備考]通"敏"。敏巧。荀子富國："直將巧～拜請而畏事之。"王先謙集解引王引之説："繁讀爲敏。巧敏。"

按，説文繁作緐。段玉裁注："(緐)，俗改其字作繁，俗形行而本形廢。"

繇 1. yáo 餘昭切，平，宵韻，喻四。宵部。

㊀通"徭"。徭役。史記項羽本紀："每吴中有大～役及喪，項梁常爲主辦。"淮南子精

神："今夫～者揭钁臿，負籠土。"㊁通"謠"。歌謠。漢書李尋傳："揆山川變動，參人民～俗。"㊂通"摇"。動摇。漢枚乘梁王菟園賦："怒氣未竭，羽蓋～起。"史記蘇秦列傳："我起乎宜陽而觸平陽，二日而莫不盡～。"㊃通"遥"。遠。荀子禮論："先王恐其不文也，是以～其期足之日也。"㊄通"蘨"。草木茂盛的樣子。書禹貢："厥草惟～，厥木惟條。"

2. yóu 以周切，平，尤韻，喻四。幽部。

㊅自，從。説文："繇，隨從也。"史記孝文本紀："蓋聞天道禍自怨起而福～德興。"漢書元帝紀："懼於天地之戒，不知所～。"表示自、從義，通常作"由"。㊆通"猷"。計謀，道理。漢書叙傳上："謨先聖之大～。"㊇〔繇繇〕通"悠悠"。自得的樣子。莊子秋水："嚴乎若國之有君，其無私德；繇繇乎若祭之有社，其無私福。"

3. zhòu 直祐切，去，宥韻，澄。幽部。

㊈通"籀"。卦兆辭。左傳閔公二年："成風聞成季之～，乃事之。"唐劉禹錫武陵書懷五十韻："～文光夏啟，神教畏軒轅。"

按，説文繇字在系部。

縯 1. yǎn 以淺切，上，獮韻，喻四。

㊀延長。廣韻："縯，長也。"引申指敷演。唐元結七不如七篇序："於是系之於人事，～之於此喻，始爲七不如，不如之義始極也。"

2. yǐn 余忍切，上，軫韻，喻四。

㊁引。後漢書齊武王～傳："齊武王～，字伯升。"李賢注："縯，引也。"

按，説文無縯字。

縮 suō 所六切，入，屋韻，審二。覺部。

㊀減少；短。漢曹操步出夏門行："盈～之期，不但在天。"淮南子時則："孟春始贏，孟秋始～。"㊁收縮；退後。吕氏春秋古樂："筋骨瑟～不達，故作爲舞以宣導之。"北史崔㥄傳："（魏）收～鼻笑之。"史記屈原賈生列傳吊屈原賦："鳳漂漂其高逝兮，夫固自～而遠去。"引申指節省。資治通鑑唐憲宗元和十三年："苦身焦思，～衣節食。"㊂捆紮。詩大雅緜："其繩則直，～版以載。"㊃濾去酒滓。左傳僖公四年："爾貢苞茅不入，王祭不共，無以～酒，寡人是徵。"㊄直。禮記檀弓上："古者冠～縫，今也衡縫。"引申指"直道"、"道義"。孟子公孫丑上："自反而不～，雖褐寬博，吾不惴焉；自反而縮，雖千萬人，吾往矣。"㊅抽取。戰國策秦策五："武安君北面再拜賜死，～劍將自誅。"國語楚語上："若於目觀則美，～於財用則匱，是聚民利以自封而瘠民也，胡美之焉。"

［備考］説文："縮，亂也，一曰蹴也。"張舜徽約注："縮謂抽引絲也。抽絲即所以理絲，故訓爲亂。"唐寫本玉篇殘卷縮下引説文"一曰蹙也"。

縭 lí 吕支切，平，支韻，來。歌部。

佩巾；帶子。説文："縭，以絲介履也。"詩豳風東山："親結其～，九十其儀。"文選漢張衡思玄賦："獻環琨與琛～兮，申厥好之玄黄。"

緓 xuàn 辝戀切，音旋去聲，去，線韻，邪。元部。

用繩旋繞。説文："緓，以長繩繫牛也。"文選漢馬融長笛賦："或乃植持～纆，佁儗寬容。"也指用繩拘捕。明袁宏道與朱玉槎："上愚兄方卧穩江皋，自以高雲逸翮，不知緣～遂及。"

縴 qiàn 苦堅切，平，先韻，溪。今苦甸切。

用作牽拉的繩子。唐劉禹錫觀市："馬牛有～，私屬有閑。"後特指拉船前行的繩子。清趙翼歸途阻風詩："水撑兩篙彎，岸挽一～直。"

按，説文無縴字。

績 jī 則歷切，入，錫韻，精。錫部。

㊀將麻析成絲狀再搓捻成線。説文："績，緝也。"詩陳風東門之枌："不～其麻，市也婆娑。"詩豳風七月："七月鳴鵙，八月載

～。”❷繼承。左傳昭公元年：“子盍亦遠～禹功而大庇民乎？”❸工作成果；業績。漢書食貨志上：“故三年考～。”詩大雅文王有聲：“豐水東注，維禹之～。”

［辨］績，積。積，本義指堆積；績，本義指將麻絲加工成綫。積，引申指積蓄，是動詞，如積善、積德等，不用“績”。績，引申指成績，是名詞，如功績、戰績、業績等，不用“積”。

縳 1. juàn 集韻古倦切，去，綫韻，見。元部。

❶白色細絹。見説文。正字通糸部：“縳，音狷。説文曰：‘白鮮色。’康成曰：‘紡絲爲之。’類篇曰：‘雙縳，致繒也，紡熟絲爲之。’周禮司服註：‘縳，音絹。’”

2. zhuàn 集韻杜戀切，去，綫韻，澄。元部。

❷數量名詞。周禮地官羽人：“十羽爲審，百羽爲摶，十摶爲～。”

縹 1. piǎo 敷沼切，集韻匹沼切，上，小韻，滂。宵部。

❶青白色的絹。説文：“縹，帛青白色也。”楚辭漢王褒九懷通路：“紅采兮騂衣，翠～兮爲裳。”也指青白色（即月白色）。漢劉向别録：“孫子書以殺青簡；編以～絲繩。”

2. piāo 字匯批招切，音飄。宵部。

❷〔縹縹〕〔縹緲〕叠韻聯緜字。隱約而不明顯的樣子。漢賈誼吊屈原賦：“鳳縹縹其高逝兮，夫固自引而遠去。”唐白居易長恨歌：“忽聞海上有仙山，山在虚無縹緲間。”

縸 mò 集韻末各切，入，鐸韻，明。鐸部。

〔絡縸〕也作“絡幕”。叠韻聯緜字。張羅貌。集韻：“縸，絡縸，張羅皃。”後漢書馬融傳：“矰碆飛流，纖羅絡縸。”

繈 qiǎng 居兩切，上，養韻，見。陽部。

❶背小兒的布帶。也作“襁”。墨子明鬼下：“鮑幼弱，在荷～之中。”漢書賈誼傳：“昔者成王幼，在～抱之中，召公爲太保，周公爲太傅，太公爲太師。”❷用繩穿起的錢串，後也作“鏹”。玉篇糸部：“繈，錢貫也。”管子國蓄：“歲適凶，則市糴釜十～，而道有餓民。”漢書食貨志下：“（守準平），使萬室之邑必有萬鍾之臧，臧～千萬。”孟康曰：“繈，錢貫也。”❸繩。漢書兒寬傳：“大家牛車，小家擔負，輸租～屬不絶。”（如繩連屬不斷）

繆 1. móu 莫浮切，平，尤韻，明。幽部。

❶麻十束。説文：“繆，枲之十絜。”段玉裁注：“十絜猶十束也。”❷〔綢繆〕叠韻聯緜字。見“綢”字條。

2. jiū 集韻居虯切，平，幽韻。幽部。

❸交錯；絞。後漢書輿服志上：“金薄～龍，爲輿倚較。”漢書外戚傳下孝成趙皇后：“即自～死。”❹通“糾”。糾正。墨子非命中：“是故昔者三代之暴王，不～其耳目之淫。”

3. miù 靡幼切，去，幼韻，明。幽部。

❺欺騙。晉書李熹傳：“侵剥百姓，以～惑朝士。”❻通“謬”。錯誤，乖舛。漢書于定國傳：“何以錯～至是。”

4. mù 莫六切，入，屋韻，明。覺部。

❼通“穆”。①恭敬。史記魯周公世家：“武王有疾，不豫，羣臣懼，太公、召公乃～卜。”②宗廟神位的排列順序，左昭右穆。禮記大傳：“序以昭～，别之以禮義，人道竭矣。”

［備考］㊀通“勠”。合力。古文苑秦惠王詛楚文：“昔我先君穆公及楚成王，是～力同心，兩邦若壹。”㊁通“繚”。纏繞。元孫季昌點絳唇集赤壁賦曲：“四顧山光接水光，天一方，山川相～鬱蒼蒼。”

緝 qiè 七接切，入，葉韻，清。葉部。

縫。同“緁”。楚辭漢王褒九懷昭世：“襲英衣兮緹～，披華裳兮芳芬。”

按，説文緝是緁的重文。

縪 bì 卑吉切，入，質韻，幫。質部。

❶約束。説文：“縪，止也。”周禮考工記玉人：“天子圭中必。”鄭玄注：“必讀如鹿車縪之縪，謂以組約其中央爲執之以備失隊

（墜）。”㊁縫。儀禮既夕禮：“冠六升，外～。”

縷 lǚ 力主切，上，虞韻，來。侯部。

㊀絲線、麻線。説文：“縷，線也。”墨子尚同上：“譬若絲～之有紀，罔罟之有綱。”宋史食貨志上：“蠶婦治繭、績麻、紡緯，～～而積之。”借指如線一樣的東西。五代馮延巳鵲踏枝：“楊柳風輕，展盡黄金～。”㊁逐條地，詳細地。南朝梁劉勰文心雕龍聲律：“雖纖意曲變，非可～言。”宋曾鞏賀蹇周輔授館職：“其爲欣慶，曷可～陳。”泛指細。唐杜甫麗人行：“鑾刀～切空紛綸。”㊂量詞。用于細而長的東西。唐韋應物長安遇馮著：“昨别今已春，鬢絲生幾～。”紅樓夢五回：“後面又畫幾～飛雲，一灣逝水。”

縵 màn 莫半切，去，换韻，明。元部。

㊀無花紋的絲織品。説文：“縵，繒無文也。”管子小匡：“諸侯以～帛鹿皮四介以爲幣，齊以文錦虎豹皮報。”泛指無文飾的。國語晉語五：“乘～（無文飾的車）、不舉（不舉樂），策於上帝。”㊁通“慢”。懈怠。莊子列禦寇：“有堅而～，有緩而釬（桀悍）。”㊂通“漫”。遍。唐劉禹錫途中早發：“流水隔遠村，～山多紅樹。”㊃通“幔”。帷幕。唐白居易齋居偶作：“卷～看天色，移齋近日陽。”

［備考］弦索。禮記學記：“不學操～，不能安弦。”

縲 léi 力追切，平，脂韻，來。微部。

捆縛罪人的繩子。用指被捆縛、被拘禁。論語公冶長：“子謂公冶長可妻也，雖在～絏之中，非其罪也。”

按，説文無縲字。

繃 bēng 北萌切，平，耕韻，幫。蒸部。

㊀纏束。説文：“繃，束也。墨子曰：‘禹葬會稽，桐棺三寸，葛以～之。’”後作“綳”。清蒲松齡聊齋志異馬介甫：“萬石入，見婦人赤身～繫，心頭刀痕，縱横不可數。”㊁嬰兒的包被（後起義）。漢書宣帝紀“曾孫雖在襁褓”顔師古注：“襁，即今之小兒～也。”唐韓愈等城南聯句：“簪笏自懷～，乳下秀嶷嶷。”

縗 suì 蘇内切，去，隊韻，心。微部。

收絲。説文：“縗，箸絲於莩車也。”也指收絲工具。方言卷五：“～車，趙魏之間謂之轣轆車，東齊海岱之間謂之道軌。”

縩 cài 集韻倉代切，去，代韻，清。月部。

衣縫。淮南子要略：“氾論者，所以箴縷～緣之間，攕揳唲齵之郄也。”高誘注：“縩，綃煞也。”近人馬宗霍注：“綃煞疑即謂綃衣之縫。”

縿 1. shān 所銜切，平，銜韻，審二。侵部。

㊀旌旗垂飾的正幅。説文：“縿，旌旗之斿也。”國語齊語“龍旗九旒”韋昭注：“龍旗，畫交龍於～也。”

2. xiāo 集韻思邀切，平，宵韻，心。宵部。

㊁縑帛。禮記檀弓上：“布幕，衛也；～幕，魯也。”鄭玄注：“縿，縑也。”墨子非樂上：“婦人夙興夜寐，紡績織紝，多治麻絲葛緒，綑布～。”管子山至數：“民不得以織爲～綃而貍之於地。”

總 1. zǒng 作孔切，上，董韻，精。東部。

㊀聚束。説文：“總，聚束也。”詩齊風甫田：“婉兮孌兮，～角丱兮。”文選晉潘岳籍田賦：“垂髫～髮。”淮南子精神：“夫天地運而相通，萬物～而爲一。”引申指繫結。楚辭戰國屈原離騷：“～余轡兮扶桑。”㊁束禾。書禹貢：“百里賦納～。”也指束繐。周禮春官巾車：“王后之五路，重翟，錫面朱～。”㊂統領；集中。隋書元諧傳：“公受朝寄，～兵西下。”南朝梁劉勰文心雕龍奏啟：“治繁～要，此其體也。”㊃副詞，全部。漢書魏相傳：“宣帝始親萬機…而相～領衆職，甚稱上意。”

2. cōng 集韻麤叢切，平，東韻，清。東部。

㊄通“怱”。急促。禮記月令孟春之月：“行秋令，則其民大役，猋風暴雨～至。”㊅通“繱”。一種絹。文選晉左思魏都賦：“緜纊房

子,縴～清河。"

縰 xǐ 所綺切,上,紙韻,審二。支部。

㊀〔縰縰〕衆多貌。文選戰國宋玉高唐賦:"縰縰莘莘,若生于鬼,若出于神。"㊁同"纚"。古時束髮用的帛。漢揚雄解嘲:"戴～垂纓而談者,皆擬於阿衡。"

按,說文無縰字。

縱 1. zòng 子用切,去,用韻,精。東部。

㊀放,發。說文:"縱,舍也。"史記五帝本紀:"瞽叟從下～火焚廩。"項羽本紀:"莫敢～兵。"引申指聽任不管。左傳僖公三十三年:"吾聞一日～敵,數世之患也。"對自己而言則指不受禮法道德的約束。書太甲中:"欲敗度;～敗禮。"㊁連詞。即使。詩鄭風子衿:"～我不往,子寧不來?"唐杜甫兵車行詩:"～有健婦把鋤犁,禾生隴畝無東西。"

2. zòng (舊讀 zōng)即容切,平,鍾韻,精。東部。

㊂直,與"橫"相對。文選漢東方朔七諫沉江:"不别橫之與～。"引申指直上,騰躍。論衡道虚:"若士者舉臂而～身,遂入雲中。"

3. zōng 集韻將容切,平,鍾韻,精。東部。

㊃踪迹。也作"蹤"。漢書蕭何傳:"夫獵,追殺獸者狗也;而發～指示獸處者人也。"

4. zǒng 集韻祖動切,上,董韻,精。東部。

㊄〔縱縱〕①急遽貌。禮記檀弓上:"喪事欲其縱縱耳。"②衆多貌。漢書禮樂志郊祀歌:"神之引,旌容容,騎沓沓,般縱縱。"

繅 1. sāo 蘇遭切,平,豪韻,心。宵部。

㊀對蠶絲一種加工方法。將蠶繭放在沸水裡以抽絲。說文:"繅,繹繭爲絲。"孟子滕文公下:"諸侯耕助,以供粢盛;夫人蠶～,以爲衣服。"

2. zǎo 子晧切,上,晧韻,精。

㊁玉器的墊板。同"璪"。儀禮聘禮:"圭與～皆九寸。"㊂通"藻"。具文彩的。周禮春官司几筵:"設莞筵紛純,加～席畫純。"鄭玄注引鄭司農云:"繅讀爲'藻率'之藻。"特指五彩絲繩。周禮夏官弁師:"諸侯之繅斿九就。"鄭玄注引鄭司農云:"繅當爲藻,繅古字也,藻今字也,同物同音。"

十 二 畫

縈 ruǐ 如壘切,上,旨韻,日。歌部。

㊀下垂。左傳哀公十三年:"佩玉～兮,余無所繫之。"㊁通"蘂"。花蕊。後漢書張衡傳:"屑瑶～以爲糇兮,𣵀白水以爲漿。"

按,說文縈字在惢部。

繻 xū 相庾切,集韻詢趨切,平,虞韻,心。侯部。

絆住獸足。莊子馬蹄:"連之以羈～。"也作"䋫"。文選晉左思吳都賦:"䋫麖麚。"劉逵注:"䋫,絆前兩足也。"

按,說文繻作䋫,注云:"絆前兩足也。"

織 1. zhī 之翼切,入,職韻,照三。職部。

㊀製作布帛。說文:"織,作布帛之總名也。"莊子盜跖:"耕而食,～而衣。"史記商君列傳:"僇力本業,耕～致粟帛多者復其身。"泛指編織。韓詩外傳九:"夫子以～屨爲食。"

2. zhì 職吏切,去,志韻,照三。職部。

㊁彩帛。禮記玉藻:"士不衣～。"㊂通"幟"。作爲標誌的旗。詩小雅六月:"～文鳥章,白旆央央。"漢書陳湯傳:"望見單于城上立五采幡織。"

繕 shàn 時戰切,去,線韻,禪。元部。

㊀使完善、完備。說文:"繕,補也。"左傳襄公三十年:"聚禾粟,～城郭。"國語魯語下:"～貢賦以共(供)從者。"引申指保養。莊子繕性:"～性於俗,俗學以求復其初。"㊁抄寫。戰國策漢劉向序:"二百四十五年間之事,皆定以殺青,書可～寫。"後漢書盧植傳:"敢率愚淺,爲之解詁,而家乏無力供～上。"

[備考]通"勁"。有力。禮記曲禮上:"招摇在上,急～其怒。"鄭玄注:"繕讀曰勁。"

繜 zūn 祖昆切，平，魂韻，精。文部。

❶古時婦女穿的套褲。説文："繜，薉貉中女子無袴，以帛爲脛空（腔），用絮補核，名曰繜衣。"❷通"撙"。節制。荀子不苟："君子能，則寬容易直以開道人；不能，則恭敬～絀以畏事人。"

繒 zēng 疾陵切，集韻咨騰切，平，登韻，精。蒸部。

❶帛。説文："繒，帛也。"列子湯問："不待五穀而食，不待～纊而衣。"漢書灌嬰傳："灌嬰，睢陽販～者也。"❷通"矰"。弋射的箭。戰國策楚策四："（黄鵠）自以爲無患，與人無爭也，不知夫射者方將脩其磻盧，治其～繳，將加己乎百仞之上。"（一本繒作矰）

繞 1. rǎo 而沼切，上，小韻，日。宵部。

❶彎曲。文選漢傅毅舞賦："眉連娟以增～兮，目流睇而横波。"❷姓。左傳有繞朝。

2. rào 人要切，去，笑韻，日。宵部。

❸纏，環（即作彎曲狀的運動）。説文："繞，纏也。"山海經海外西經："（窮山）其丘方，四蛇相～。"史記衛將軍驃騎列傳："大風起，沙礫擊面，兩軍不相見，漢（兵）益縱左右翼～單于。"漢曹操短歌行："月明星稀，烏鵲南飛，～樹三匝，何枝可依。"

繐 suì 相鋭切，去，祭韻，心。月部。

細而疏的麻布，古時多用作喪服。説文："繐，細疏布也。"儀禮喪服禮："～衰者何？以小功之～也。"鄭玄注："凡布細而疏者謂之繐。"禮記檀弓上："縌衰～裳。"孔穎達疏："疏葛爲衰，繐布爲裳。"

繖 sǎn 蘇旱切，上，旱韻，心。

遮陽擋雨的器物，同"傘"。晉書王雅傳："遇雨，請以～入。"宋陸游鏡湖女："女兒粧面花樣紅，小～翻翻亂荷葉。"

按，説文無繖字，新附有之，曰："蓋也。"繖後作傘，然而出土的湖北雲夢睡虎地秦墓竹簡中已有傘字。

緒 zhù 篇海類編知吕切。今讀如紵。

粗麻布。同"紵"（見字彙）。文選漢任昉齊竟陵文宣王行狀："華衮與緼～同歸，山藻與蓬茨俱逸。"

按，説文無緒字。

繚 liáo 落蕭切，平，蕭韻，來。宵部。

❶纏繞。説文："繚，繞也。"楚辭戰國屈原九歌湘夫人："芷葺兮荷屋，～之以杜衡。"後漢書班固傳上："西郊則有上囿禁苑……～以周牆，四百餘里。"李賢注："繚猶繞也。"❷量詞。一束，一股（後起義）。舊唐書玄宗楊貴妃傳："（貴妃）乃引刀剪髪一～附獻。"

繣 huà 胡卦切，去，卦韻，匣。錫部。

❶繫掛東西的帶子。周禮夏官大司馬："徒銜枚而進。"鄭玄注："枚如箸，銜之，有～結項中。"❷破裂聲。文選晉潘岳西征賦："砰揚桴以振塵，～瓦解而冰泮。"

按，説文無繣字。

繯 xuàn 息絹切，音渲，去，線韻，心。文部。

❶懸持蠶箔柱的繩。玉篇糸部："繯，懸繩索。"❷蜀錦名。古文苑漢揚雄蜀都賦："紌～緁頞，絲緣盧中。"

按，説文無繯字。

繘 yù 餘律切，音鷸，入，術韻，喻四。質部。

井繩。説文："繘，綆也。"易井："往來井，井汔至，亦未～井，羸其瓶，凶。"禮記喪大記："管人汲，不説～，屈之，盡階不升堂，授御者。"

繢 huì 胡對切，去，隊韻，匣。物部。

❶畫文。也作"繪"。説文："繢，…一曰畫也。"（依段注本）文選晉潘岳夏侯常侍誄："如彼錦～，列素點絢。"李善注："鄭玄曰：'繢，畫文也。'"禮記玉藻："緇布冠～緌。"鄭玄注："繢或爲繪。"用爲動詞，指畫。唐柳宗元永州龍興寺修净土院記："～二大士之像。"

引申指畫工，從事繪畫的人。周禮考工記序："設色之工：畫、～、鐘、筐、㡛。"賈公彦疏："畫～二者，别官同職。"❷布帛的頭或尾，可以用來繫物或做裝飾。説文："繢，織餘也。"段玉裁注："急就篇絛繢總爲一類是也。"北魏楊衒之洛陽伽藍記："以色～爲繩。"周祖謨校釋："～者，絛組之屬。"

繟 chǎn 昌善切，音闡，上，獮韻，穿三。元部。

緩；舒緩，坦然。説文："繟，帶緩也。"老子第七十三章："不召而自來，～然而善謀。"明魏源本義："繟，河上作墠，梁武作坦，三字通用。"

繙 1. fān 孚袁切，平，元韻，敷。元部。

❶反復。莊子天道："（孔子）往見老聃，而老聃不許。於是～十二經以説。"成玄英疏："委曲敷演，故繙覆説之。"❷通"翻"。宋吴泳千秋歲壽友人："析波浮玉醴，换火～銀葉。"宋陸游南唐書浮屠傳惟净："惟净博聞通梵學，～譯精審，莫能及者。"（繙譯今作翻譯）❸通"幡"。長條形旗幟。唐儲光羲昭聖觀："扶擦盡蟠木，步欄多畫～。"

2. fán 附袁切，平，元韻，奉。

❹〔繙帑〕叠韻聯緜字。亂的樣子。唐韓愈陸渾山火和皇甫湜詩："丹蕤縓蓋緋繙帑，紅帷赤幕羅脤膰。"

繎 rán 如延切，平，仙韻，日。元部。

深紅色。急就篇卷二："烝栗絹紺縉紅～。"顔師古注："繎者，紅色之尤深，言若火之然也。"

按，説文無繎字。

繑 qiāo 去遥切，平，宵韻，溪。宵部。

套褲上的帶子。説文："繑，絝紐也。"管子輕重戊："魯梁郭中之民，道路揚塵，十步不相見，絏～而踵相隨。"

緁 jié 疾葉切，音捷，入，葉韻，從。緝部。

❶合。説文："緁，合也。"段玉裁注："衆絲之合曰緁，如衣部五采相合曰褋也。"❷古代指南方少數民族販賣的布帛貨物。文選晉左思吴都賦："～賄紛紜，器用萬端。"

十三畫

繫 1. xì 胡計切，去，霽韻，匣。錫部。

❶連接，聯結。逸周書作雒："南～于洛水，北因于郟山。"周禮天官大宰："以九兩～邦國之民。"❷懸掛。論語陽貨："吾豈匏瓜也哉，焉能～而不食。"荀子勸學："（蒙鳩）以羽爲巢，而編之以髮，～之葦苕。"❸拘囚。史記孝文本紀："齊太倉令淳于公有罪當刑，詔獄逮徙～長安。"漢書江充傳："收～其父兄。"❹拘束，覊絆。文選漢賈誼鵩鳥賦："愚士～俗兮，窘若囚拘。"❺帶子，繩子。韓非子外儲説左下："文王伐崇，至鳳凰虚，韤～解，因自結。"❻易之繫辭的簡稱。史記孔子世家："孔子晚而喜易，序彖、～、象、説卦、文言。"

2. jì 古詣切，去，霽韻，見。錫部。

❼粗劣的絮。見説文。❽打結（晚起義）。清文康兒女英雄傳八回："～上帶子。"

［辨］繫，系，係。見"係"字條。

繭 jiǎn 古典切，上，銑韻，見。元部。

❶蠶吐絲做成的殼。説文："繭，蠶衣也。"禮記月令季夏之月："蠶事既登，分～稱絲，効功以共郊廟之服。"宋王安石郊行詩："柔桑採盡緑蔭稀，蘆箔蠶成密～肥。"❷通"趼"。手脚因摩擦久而生的硬皮。戰國策宋衛策："墨子聞之，百舍重～，往見公輸般。"❸通"襺"。絮絲緜的衣服。左傳襄公二十一年："重～衣裘。"禮記玉藻："纊爲～，緼爲袍。"

繶 yì 於力切，入，職韻，影。職部。

圓絲帶，用以飾履。廣韻職韻："繶，絛繩。"周禮天官屨人："屨人掌王及后之服屨，爲赤舄黑舄，赤～黄～。"鄭玄注："赤繶黄繶，以赤黄之絲爲下緣。"淮南子說林："絛可以爲～，不必以紃。"

按，說文無繶字。

纏 1. chán 集韻澄延切，平，僊韻，澄。元部。

㊀同"纏"。纏繞。集韻："纏，說文：'繞也。'一曰束也，或作纏。"史記扁鵲倉公列傳："動胃～緣，中經維絡。"張守節正義："纏緣謂脈纏繞胃也。"

2. tán 集韻唐干切，平，寒韻，定。

㊁繩索。明李夢陽豆莝行："縱健徵科何自出，大兒牽～陸挽馱。"

按，說文無纏有纏。

繮 jiāng 居良切，平，陽韻，見。陽部。

使馭牲口的繩子。說文："繮，馬紲也。"漢班固白虎通誅伐："人銜枚，馬勒～，晝伏夜行爲襲也。"也作"韁"。

繡 xiù 息救切，去，宥韻，心。幽部。

㊀經繪畫而使五彩俱備。說文："繡，五采備也。"周禮考工記畫繢："畫繢之事…五采備謂之～。"㊁有彩色花紋的絲織品。詩唐風揚之水："素衣朱～，從子于鵠。"史記項羽本紀："富貴不歸故鄉，如衣～夜行，誰知之者？"㊂華麗的。南朝宋鮑照擬行路難詩之三："璇閨玉墀上椒閣，文牕～户垂羅幕。"㊃刺繡。論衡程材："齊部世刺～，恒女無不能。"唐李白贈裴司馬詩："翡翠黄金縷，～成歌舞衣。"繡後作綉。

繩 1. shéng 食陵切，平，蒸韻，牀三。蒸部。

㊀繩子。說文："繩，索也。"易繫辭下："上古結～而治，後世聖人易之以書契。"㊁木工用的墨線。荀子勸學："木直中～。"引申指標準、法則。商君書開塞："王道有～。"韓非子孤憤："故智術能法之士用，則貴重之臣必在～之外矣。"用爲動詞，指按一定的標準衡量、矯正(某種東西)。鹽鐵論大論："杜大夫王中尉之事，～之以法，斷之以刑。"書冏命："～愆糾謬。"引申指約束。鹽鐵論輕重："明法以～天下。"舊唐書陸長源傳："欲以峻法～驕兵。"㊂稱讚。左傳莊公十四年："(蔡哀侯)～息嬀以語楚子。"吕氏春秋古樂："以～文王之德。"㊃繼承。詩大雅下武："昭兹來許，～其祖武。"明張居正答陳節推書："誕發祥于文孫，早克～乎祖武。"㊄〔繩繩〕①戒慎的樣子。管子宙合："故君子繩繩乎慎其所先。"②衆多的樣子。詩周南螽斯："螽斯兮，薨薨兮，宜爾子孫，繩繩兮。"

［辨］繩，索。小爾雅廣器："大者謂之索，小者謂之繩。"

2. yìng 集韻以證切，去，證韻，喻四。蒸部。

㊅草結子。周禮秋官薙氏："秋～而芟之。"鄭玄注："含實曰繩。"

繾 qiǎn 去演切，上，獮韻，溪。元部。

〔繾綣〕雙聲叠韻聯緜字。①牢結不離散。詩大雅民勞："無縱詭隨，以謹繾綣。"左傳昭公二十五年："繾綣從公，無通外内。"②情意深厚。宋陸游滿江紅："繾綣難忘當日語，凄凉又作他鄉客。"

按，說文無繾字，新附有之，云："繾，繾綣，不相離也。"

繅 1. zǎo 子晧切，上，晧韻，精。宵部。

㊀帝王冕上繫玉的彩色絲繩。禮記禮器："天子之冕，朱緑藻，十有二旒。"釋文："繅，本又作璪，亦作藻，同。"禮記郊特牲："戴冕，璪十有二旒。"㊁通"澡"。洗。禮記雜記："小功以下，左，緦冠～纓。"

2. sāo 蘇遭切，平，豪韻，心。宵部。

㊂通"繰"。抽絲。國語楚語下："天子親舂禘郊之盛，王后親～其服。"唐王建田家行詩："五月雖熱麥風清，簷頭索索～車鳴。"

3. qiāo。

㊃一種縫紉方法(晚起義)。也作"縿"，"幧"。金瓶梅七六回："用扣針兒親手～帶

兒。”

[備考]説文:“帛如紺色。”段玉裁注:“廣雅系諸青類,蓋比紺色之青更深矣。”

繹 1. yì 羊益切,入,昔韻,喻四。鐸部。

❶抽絲。見説文。引申指尋求頭緒,推究。論語子罕:“巽與之言,能無説乎?~之爲貴。”❷連續不斷。詩周頌賚:“時周之命,於~思。”論語八佾:“~如也。”❸陳列,一一講出來。禮記射義:“~者,各繹己之志也。”❹通“斁”。窮盡。文選漢揚雄劇秦美新:“神歇靈~,海水羣飛。”❺通“驛”。驛站。詩大雅常武:“匪紹匪遊,徐方~騷。”

2. shì 集韻施隻切,入,昔韻,審三。鐸部。

❻通“釋”。解。楚辭戰國宋玉九辯:“悲憂窮戚兮獨處廓,有美一人兮心不繹。”

繯 huán 胡慣切,去,諫韻,匣。元部。

繩索做的套環。説文:“繯,落也。”段玉裁注:“落者,今之絡字。”後漢書吴祐傳:“(毌丘長)因投~而死。”資治通鑑唐懿宗咸通十一年:“城上以鉤~挽之使近。”又指旗上結帶。文選漢揚雄羽獵賦:“青雲爲紛,紅蜺爲~。”李善注:“韋昭曰:~,旗上繫也。”又指捕獸的套、網。吕氏春秋上農:“然後制四時之禁…~網罝罦、不敢出於門。”陳奇猷校釋:“繯亦是捕獸之具,與網絡同類。”

繪 huì 黄外切,去,泰韻,匣。月部。

❶將各種顔色按一定要求配搭起來。説文:“繪,會五采繡也。”(先秦繡即繪,非專指刺繡)論語八佾:“~事後素。”❷作畫,也指作的畫。新唐書白居易傳:“嘗與胡杲、吉旼、鄭據、劉真、盧真、張渾、狄兼謨、盧貞燕集,皆年高不事者,人慕之,~爲九老圖。”新唐書李益傳:“至征人、早行等篇,天下皆施之圖~。”

[同源字]繪,會。説文:“會,合也。”小爾雅廣訓:“雜彩曰繪。”即雜合各種顔色。

繲 jiè (又讀 xiè) 古隘切,去,卦韻,見。錫部。

❶舊衣。集韻卦韻:“繲,故衣也。”❷洗(衣)。莊子人間世:“挫鍼治~,足以餬口。”釋文:“司馬云:浣衣也。”

按,説文無繲字。

繳 1. zhuó 之若切,音酌,入,藥韻,照三。藥部。

❶繫于箭上的絲繩。孟子告子上:“一人雖聽之,一心以爲有鴻鵠將至,思援弓~而射之。”淮南子説山:“好弋者先具~與矰。”

2. jiǎo 古了切,上,篠韻,見。藥部。

❷[繳繞]糾纏,曲折。史記太史公自序:“名家苛察繳繞,使人不得反其意。”唐元稹韋氏館與周隱客杜歸和泛舟詩:“輕舟閑繳繞,不遠池上樓。”❸交出,付出(晚起義)。宋曾鞏請給中書舍人印及合與不合通簽中書外省事札子:“五月六日送中書外省施行訖,即却~送合屬去處。”宋蘇轍爲兄軾下獄上書:“嚮者曾經臣寮~進,陛下置而不問。”

按,説文繳作繁,注云:“生絲縷也。”

繻 zuǎn 作管切,音纂,上,緩韻,精。

同“纂”。亦作“繤”。编。後漢書張衡傳:“~幽蘭之秋華兮,又綴之以江蘺。”李賢注:“繻,字書亦‘纂’字也。”

按,説文繻作纂。

十 四 画

辮 biàn 薄泫切,上,銑韻,並。元部。

❶交。見説文。晉書吐谷渾傳:“婦人以金花爲首飾,~髮縈後,綴以珠貝。”引申指“接”。唐李白對雪醉後贈王歷陽詩:“有身莫犯飛龍鱗,有手莫~猛虎鬚。”❷編髮成辮子。新唐書車服志:“羊車小史,五~髻,紫碧腰襻,青耳屩。”

[同源字]辮,緶。見“緶”字條。

纂 zuǎn 作管切,上,緩韻,精。元部。

❶編集,匯集。楚辭戰國屈原天問:“~就前緒,遂成考功。”洪興祖補注:“纂,集也;

緒，絲耑（端）也。”淮南子齊俗：“且富人則車輿衣～錦。”晉書刑法志：“時雖有蠲革，而舊律繁蕪，未經～集。”〔纂纂〕集聚貌。文選晉潘岳笙賦：“詠園桃之夭夭，歌棗下之纂纂。”㊁繼承。禮記祭統：“子孫～之，至于今不廢。”漢書公孫弘傳贊：“孝宣承統，～修洪業，亦講論六藝，招選茂異。”㊂赤色絲帶。說文：“纂，似組而赤。”國語齊語：“縷～以爲奉。”

繽 bīn 匹賓切，平，真韻，滂。真韻。

盛貌。楚辭戰國屈原離騷：“百神翳其備降兮，九疑～其並迎。”〔繽紛〕准雙聲叠韻聯緜字。多而雜。漢書揚雄傳：“繽紛往來，轠轤不絶。”晉陶淵明桃花源記：“忽逢桃花林，夾岸數百步，中無雜樹，芳草鮮美，落英繽紛。”

按，說文無繽字。

繻 rú 人朱切，音儒，平，虞韻，日。侯部。

㊀絲織品。抱朴子外篇疾謬：“舉足不離綺～紈袴之側，遊步不去勢利酒客之門。”㊁帛製的通行證。說文：“繻，繒采色。”徐鉉注：“漢書傳，符帛也。”漢書終軍傳：“初，(終)軍從濟南當詣博士，步入關，關吏予軍～…(終)棄～而去。”唐元稹奉和權相公行次：“棧閣纔傾蓋，關門已合～。”

［備考］通“襦”。短襖。南史康絢傳：“在省每寒月，見省官有繿縷者，輒遣遺以～衣。”

纁 xūn 許云切，平，文韻，曉。文部。

㊀淺赤色。說文：“纁，淺絳也。”書禹貢：“厥篚玄～璣組。”資治通鑑漢安帝延光二年：“帝以玄～羔幣聘之。”㊁通“曛”。日光暗淡，多指黄昏時天色。楚辭戰國屈原九章思美人：“指嶓冢之西隈兮，與～黄以爲期。”

纀 1. pú 博木切，入，屋韻，幫。屋部。

㊀古深衣的下裳。說文：“裳削幅謂之纀。”段玉裁：“爾雅釋器文也。纀之言僕；僕之言附也。”

2. fú 集韻逢玉切，入，燭韻，奉。

㊁同“幞”。頭巾。見集韻。

繼 jì 古詣切，去，霽韻，見。支部。

㊀使連續不中斷。論語堯曰：“興滅國，～絶世。”莊子至樂：“夫貴者夜以～日，思慮善否。”㊁承接（前人的志向、事業、傳統等）。禮記中庸：“善～人之志。”荀子儒效：“工匠之子，莫不～事。”史記范睢（雎）蔡澤列傳：“天下～其統，守其業。”㊂隨後，跟着。韓非子和氏：“淚盡～之以血。”唐韓愈李公墓志銘：“船循渭而下，首尾相～不絶。”㊃增益。論語雍也：“君子周急不～富。”

［辨］繼，續。二字是同義詞，說文糸部：“繼，續。”略有不同：繼偏指時間上相連，續偏指空間上相連。絶長續短，狗尾續貂，續弦，斷鶴續鳧，都不可换繼字。而夜以繼日，繼世、繼位也不可换用續字。繼，也可轉指空間的，如韓愈李公墓志銘：“(船)首尾相繼不絶。”續也可以指時間上，如史記龜策列傳：“子孫相續。”

十 五 畫

纊 kuàng 苦謗切，去，宕韻，溪。陽部。

新絲綿。說文：“纊，絮也。”左傳宣公十二年：“王巡三軍，拊而挽之，三軍之士，皆如挾～。”禮記喪大記：“屬～以俟絶氣。”鄭玄注：“纊，今之新緜。”

纇 lèi 盧對切，去，隊韻，來。物部。

㊀絲的結節。說文：“纇，絲節也。”泛指疙瘩。明陶宗儀輟耕録髹器：“待漆内外俱乾，置陰處晾之，然後用揩光石磨去漆中～。”引申指不平。老子第四十一章：“明道若昧，進道若退，夷道若～。”㊁疵病。絲結節造成絲質量不高，故引申指疵病。淮南子説林：“若珠之有～，玉之有瑕。”宋王安石詳定述懷詩：“文章直使看無～。”指人的缺點。左傳昭公二十八年：“貪惏無厭，忿～無期。”楊伯峻

春秋左傳注:“説文段注:凡人之愆尤曰纇。”

纍 1. léi 力追切,平,脂韻,來。微部。

㊀繩索。説文:“纍,大索也。”漢書李廣傳:“以劍斫(zhuó)絶～。”用作動詞,指纏繞;捆綁。詩周南樛木:“南有樛木,葛藟～之。”馬王堆漢墓帛書戰國縱横家書:“始也,燕～臣以求摯(質)。”〔纍紲〕捆綁罪人的繩索。引申爲囚禁。史記孔子世家:“(五羖)起纍紲之中。”〔纍臣〕被拘伏之臣的自稱。左傳僖公三十三年:“不以纍臣(孟明自稱)釁鼓,使歸就戮于秦。”㊁〔纍纍〕①連綴不斷。樂府詩集紫騮馬歌辭:“遥看是君家,松柏冢纍纍。”②疲憊的樣子。史記孔子世家:“纍纍如喪家之狗。”

2. lěi 集韻魯猥切,上,賄韻,來。微部。

㊂積聚,堆積。莊子駢拇:“駢於辯者,～瓦結繩竄句,游心于堅白同異之間,而敝跬譽無用之言,非乎?”

3. lèi 力遂切,去,至韻,來。物部。

㊃連累,受牽制。戰國策楚策三:“東有越～,北無晉,而交未定於齊秦,是楚孤也;不如速和。”

［辨］纍,絫,累。累是纍、絫的後起字。纍、絫的不同主要是:本義不同。纍指大索,用爲動詞,指纏繞;絫,指增添,引申指延及,累及。音不同,纍,力追切,léi,平聲,古韻微部;絫,力委切,lěi,上聲,古韻微部,段玉裁認爲字從厽得聲,當爲支部。絫,後隸變作累,絫之音義均轉入累,本字絫,文獻中多不見用。纍,文獻中用例較多。又讀魯猥切,上聲,指積聚;讀力遂切,去聲,指連累。這些音義,字又作累,所以徐灝説纍,省簡作累。累是纍的後起字,讀 lèi,指疲乏,是晚起義。

纏 chán 直連切,平,仙韻,澄。元部。

㊀纏繞。説文:“纏,繞也。”後漢書董卓傳:“(董)卓所得義兵士卒,皆以布～裹,倒立於地,熱膏灌殺之。”用作修飾語指纏繞的。韓非子説疑:“或在囹圄緤紲～索之中。”指繩索。淮南子道應訓:“臣有所與供儋～采薪者九方堙。”高誘注:“纏,索也。”㊁用於社會人事方面,指糾纏,攪擾。晉陶淵明歲暮和張常侍詩:“民生鮮常在,矧伊愁苦～。”㊂通“躔”。踐歷。漢書王莽傳中:“以始建國八年,歲～星紀,在雒陽之都。”顔師古注:“纏,踐歷也。”㊃應付(晚起義)。紅樓夢五八回:“不識抬舉的東西,怪不得人人説戲子没有一個好～的。”

纈 xié 胡結切,入,屑韻,匣。質部。

㊀有花紋的絲織品。魏書高陽王雍傳:“奴婢悉不得衣綾綺～。”唐杜甫寄岳州賈司馬六丈巴州嚴八使君兩閣老五十韻:“内蘂繁於～,宫莎軟勝錦。”㊁眼花,視覺有星星點點之感。北周庾信夜聽擣衣詩:“花鬟醉眼～,龍子細文紅。”

按,説文無纈字。

續 xù 似足切,入,燭韻,邪。屋部。

㊀連。使不相屬的東西連上。説文:“續,連也。”韓非子用人:“是斷手而～以玉也。”晉書趙王倫傳:“貂不足,狗尾～。”指將中斷的東西連接起來。世説新語言語“夜光之珠,不必出于孟津之河”劉孝標注:“舊説云:‘隋侯出行,有蛇斬而中斷者,侯連而～之。’”㊁傳遞,使某種關係傳接下去。書盤庚中:“予迓～乃命于天。”孔穎達疏:“天意向汝,我欲迎之;天斷汝命,我欲～之。”史記龜策列傳:“故湯伐桀,武王尅紂,其時使然。乃爲天子,子孫～世。”用于名詞,指承接的人或事。史記項羽本紀:“此亡秦之～耳。”㊂姓。漢書百官功臣表有續相如。

［備考］通“贖”。史記扁鵲倉公列傳:“死者不可復生而刑者不可復～。”裴駰集解:“徐廣曰一作‘贖’。”

［辨］①續,繼。見“繼”字條。

②賡,續。見“賡”字條。

纋 yōu 於求切,平,尤韻。影。幽部。

笄的中間狹長部分，便於固髮。儀禮士喪禮："鬠笄用桑，長四寸，～中。"鄭玄注："縸，笄之中央以安髮。"

按，說文無縸字。

纆 mò 莫北切，入，德韻，明。職部。

繩索。易坎："係用徽～。"釋文："劉云：三股曰徽，兩股曰纆，皆索名。"〔纆牽〕馬繮繩。戰國策韓策三："馬，千里之馬也；服，千里之服也，而不能取千里，何也？曰：子纆牽長。"〔纆徽〕①繩索。漢書陳遵傳："觀瓶之居，居井之眉，處高臨深，居常近危，酒醪不入口，臧水滿懷，不得左右，牽於纆徽。"②木工畫直線的繩墨。唐韓愈送區弘南歸詩："我念前人譬葑菲，落以斧引以纆徽。"

按，說文無纆有縲。王筠句讀："經典作纆。"

十六畫

纑 lú 落胡切，平，模韻，來。魚部。

❶經捻而成的麻縷，以便織麻布。說文："纑，布縷也。"段玉裁注："績之而成縷可以爲布，是曰纑。"唐陸龜蒙蠶賦："藝麻績～，官初喜窺。"❷練麻，即漂洗生麻。孟子滕文公下："妻辟～。"趙岐注："緝績其麻曰辟，練其麻曰纑。"❸紵麻一類的植物。史記貨殖傳序："夫山西饒材：竹、穀、～、旄、玉石。"司馬貞索隱："纑，山中紵，可以爲布。"

十七畫

纕 xiāng 息良切，平，陽韻，心。陽部。

❶捋袖出臂。說文："纕，援臂也。"段玉裁注："援，引也。引袖而上之也。"❷用在外邊的帶子，佩帶。楚辭戰國屈原離騷："解佩～以結言兮，吾令蹇脩以爲理。"也指馬腹帶。國語晉語二："亡人之所懷挾纓～，以望君之塵垢者，黄金四十鎰，白玉之珩六雙，不敢當公子，請納之左右。"

纓 yīng 於盈切，平，清韻，影。耕部。

❶繫在脖子上以固定冠的帶子。說文："纓，冠系也。"楚辭戰國屈原漁父："滄浪之水清兮，可以濯吾～。"用爲動詞，謂以纓繫冠。孟子離婁下："今有同室之人鬭者，救之，雖披髮～冠而救之，可也。"也指纏繞。晉陸機擬青青陵上柏詩："飛閣～紅帶，曾（層）臺冒雲冠。"❷駕車時套在馬頸上的繩子。儀禮既夕禮："薦馬～三就入門。"鄭玄注："纓，馬鞅也。"文選三國魏曹植七啟："飾玉路之繁～。"引申指捆綁人的長繩。漢書終軍傳："願受長～，必羈南越王而致之闕下。"❸絲線等做成的穗狀飾物（後起義）。唐温庭筠昆明治水戰詞詩："箭羽槍～三百萬，蹋翻西海生塵埃。"

［同源字］瓔，纓，嬰，賏，紻，鞅。見"嬰"字條。

罽 jì 居例切，去，祭韻，見。月部。

毛織品。說文："罽，西胡毳布也。"元吴澂别趙子昂序："～毯是衣，蜆蛤是食。"

纖 1. xiān 息廉切，來，鹽韻，心。談部。

❶細紋絲織品。楚辭戰國宋玉招魂："被文服～，麗而不奇些。"❷細微。說文："纖，細也。"三國志蜀書諸葛亮傳評："善無微而不賞，惡無～而不貶。"❸吝嗇。史記貨殖列傳："周人既～，而師史尤甚。"

2. jiān 集韻將廉切，平，鹽韻，精。談部。

❹通"殲"。刺。禮記文王世子："其刑罪，則～剸。"❺通"籤"。細而尖的用竹木製成的條狀物。太平御覽七一四晉陸雲與兄機書："曹公（操）器物，有剔齒～。"

纔 1. cái 昨哉切，平，咍韻，從。之部。

❶副詞。後作"才"。①剛才、剛剛，表示時間短暫。漢書鼂錯傳："救之，少發則不足；多發，遠縣～至，則胡又已去。"②僅僅，表示數量少，程度輕。晉陶淵明桃花源記："便捨船，從口入，初極狹，～通人。"漢書揚雄傳解

嘲:"然而位不過侍郎,擢～給事黄門。"

2. shān 所銜切,平,銜韻,審二。侵部。

㊁淺青,微黑。説文糸部:"纔,帛雀頭色。一曰微黑色如紺。"

十八畫

纁 niè 六書故尼輒切,音聶。

量詞,五絲爲纁。西京雜記卷五:"五絲爲～,倍～爲升,倍升爲絨,倍絨爲紀,倍紀爲緵,倍緵爲襚。此自少之多,自微至著。"唐元稹織婦詞:"繅絲織帛猶努力,變～撩機苦難織。"

按,説文無纁字。

纗 xī 户圭切,平,齊韻,匣。支部。

㊀繩索。説文:"纗,維綱中繩也。"漢揚雄太玄樂:"拂其繫,絶其～。"㊁繫,結。文選漢張衡思玄賦:"～幽蘭之秋華兮,又綴之以江離。"

十九畫

纛 dào 徒到切,音悼,去,号韻,定。幽部。

㊀古時用牦牛尾或野雞尾做成的舞具,也用作帝王車輿上的裝飾物。爾雅釋言:"纛,翳也。"郭璞注:"舞者所以自蔽翳。"史記項羽本紀:"紀信乘黄屋車,傅左～。"㊁大旗。唐許渾中秋夕寄大梁劉尚書:"柳營出號風生～,蓮幕題詩月上樓。"

按,説文無纛字。

纚 1. xǐ (舊讀 shǐ)所綺切,上,紙韻,審二。支部。

㊀古時用來束髮的帛。説文:"纚,冠織也。"漢書江充傳:"冠襌～步摇冠,飛翮之纓。"服虔:"冠襌～,故步行則摇,以鳥羽作纓也。"㊁羣行貌。史記司馬相如列傳:"車案行,騎就隊,～乎淫淫,班乎裔裔。"㊂〔絉纚〕見"絉"字條。

2. lí 集韻鄰知切,平,支韻,來。支部。

㊃繩索。詩小雅采菽:"汎汎楊舟,紼～維之。"用作動詞,指繫住。抱朴子外篇知止:"徙薪曲突於方熾之火,～舟弭檝於衝風之前。"

3. lǐ 集韻輦尒切,上,紙韻,來。支部。

㊄連。史記司馬相如列傳:"華榱壁璫,輦道～屬。"

4. sǎ 集韻所蟹切,上,蟹韻,審二。支部。

㊅網。文選漢張衡西京賦:"然後釣魴鱧,～鰋鮋。"

纘 zuǎn 作管切,上,緩韻,精。元部。

㊀繼承。説文:"纘,繼也。"詩豳風七月:"載～武功。"禮記中庸:"武王～大王、王季、文王之緒。"㊁同"纂"。编集,編撰。唐韓愈送陳秀才彤序:"讀書以爲學,～言以爲文。"

二十一畫

纜 lǎn 盧瞰切,去,闞韻,來。

後起字。繫船的繩索。文選南朝宋謝靈運鄰里相送方山:"解～及流潮,懷舊不能發。"用作動詞,指繫舟。唐韓愈岳陽樓别竇司直:"夜～巴陵州,叢芮纔可傍。"水滸傳一五回:"籬外高懸沽酒旆,柳陰閑～釣魚船。"

缶　部

［缶部總論］

缶爲陶器,凡缶部的字大多爲各種陶器,如缸、缽、缾、缿、罃、罋、罇、罌、罍、罐等,皆爲名詞。也有爲動詞的,如缺、罄、罅,用指陶器破裂或陶器中空等義。

缶 fǒu方久切,上,有韻,非。幽部。

❶盛酒、水等的陶器,大腹小口。禮記禮器:"五獻之尊,門外~,門内壺。"❷一種特製的汲水器,入水容易傾斜,便于汲水。左傳襄公九年:"具綆~,備水器。"❸一種陶製的打擊樂器。詩陳風宛丘:"坎其擊~,宛丘之道。"❹量詞。小爾雅廣量:"籔二有半謂之缶,缶二謂之鍾。"國語魯語下:"其歲,收田一井,山稷禾、秉芻、~米,不是過也。"

按,説文缶字在缶部,注云:"缶,瓦器,所以盛酒漿;秦人鼓之以節歌。"

三 畫

缸 gāng下江切,平,江韻,匣。東部。

❶陶製容器。説文:"缸,瓦也。"唐李商隱因書詩:"海石分棋子,郫筒當酒~。"❷燈(後起義)。唐白居易不睡詩:"燄短寒~盡,聲長曉漏遲。"

四 畫

缹 fǒu方久切,上,有韻,非。

蒸煮。玉篇火部:"缹,火熟也。"北魏賈思勰齊民要術蒸缹法:"~豬肉法…于銅鐺中~之,一行肉,一行擘葱,渾豉白鹽薑椒,如是次第布訖,下水~之。"字亦作"炰"。詩大雅韓奕:"其殽維何?炰鼈鮮魚。"

按,説文無缹字。

缻 fǒu集韻俯九切,上,有韻。幽部。

同"缶"。瓦器。孫子行軍:"粟馬肉食,軍無懸~,不返其舍者,窮寇也。"

缺 quē苦穴切,入,屑韻,溪。月部。

❶破損。説文:"缺,器破也。"玉篇:"缺,破也。"詩豳風破斧:"既破我斧,又~我斨。"淮南子説林:"爲車者步行,陶者用~盆,匠人處狹廬;爲者不得用,用者弗肯爲。"引申指衰敗。史記漢興以來諸侯王年表:"厲、幽之後,王室~,侯伯强國興焉。"❷廢棄。後漢書靈帝紀贊:"徵亡備兆,小雅盡~。"❸空缺。史記趙世家:"願行補黑衣之~,以衛王宫。"❹不足,不够完美。莊子逍遥遊:"堯讓天下於許由,曰:…吾自視~然,請致天下。"〔缺缺〕不滿足。老子第五十八章:"其政悶悶,其民淳淳。其政察察,其民缺缺。"

〔辨〕缺,闕。缺本義指器破,闕本義指宫闕,宫闕不得作缺。指"缺點,過錯"的意思,在古代習慣上作"闕"。

〔同源字〕決,玦,缺,闕。見"闕"字條。

五 畫

缽 bō音鉢。

後起字。"鉢"的俗體。正字通:"缽,俗作鉢。"梵語鉢多羅(patra)的省稱。和尚用的飯碗,形扁,底平,口略小。〔衣缽〕原指佛教中師傅授給徒弟的袈裟和缽。借指傳授下來的思想、學術、技能等。蘇軾用前韻再和許朝奉:"傳家有衣缽,斷獄盡春秋。"文獻中以用"鉢"爲常,用"缽"較少。

六 畫

缾 píng薄經切,平,青韻,並。耕部。

同"瓶"。汲水器。詩小雅蓼莪:"~之罄矣,維罍之恥。"晉陶淵明歸去來辭序:"幼稚盈室,~無儲粟。"

按,説文缾作瓶。

缿 xiàng胡講切,上,講韻,匣。東部。

❶古儲錢器。説文:"缿,受錢器也。"睡虎地秦墓竹簡秦律關市:"爲作務及官府市,受錢必輒入其錢~中。"❷投訟文書的接受器。史記酷吏列傳:"吏苛察,盜賊惡少年投~購告言姦,置伯格長以牧司姦盜賊。"司馬貞索隱:"缿,器名,受投書之器,入不可出。"

八 畫

缾 píng 大徐本説文薄經切，音瓶。

同“缾”。通常作“瓶”。見“缾”字條。

十 畫

罃 yīng 烏莖切，音鶯，平，耕韻，影。耕部。

一種長頸瓶。説文：“罃，備火長頸缾也。”方言五：“～，陳魏宋楚之間曰甂，或曰瓶…周洛韓鄭之間謂之甀，或謂罃。”唐柳宗元瓶賦：“鴟夷蒙鴻，罍～相追。”

十 一 畫

罄 qìng 苦定切，去，徑韻，溪。耕部。

❶容器中不存有東西。説文：“罄，器中空也。”詩小雅蓼莪：“缾之～矣，維罍之恥。”晉陶淵明自祭文：“自余爲人，逢運之貧，簞瓢屢～。”❷盡，用盡。梁書范縝傳：“粟～於惰遊，貨殫於土木。”隋祖君彦爲李密檄洛州文：“～南山之竹，書罪無窮。”

［備考］㊀通“俔”。顯現。韓非子外儲説左上：“齊王曰：‘畫孰最難者？’曰：‘犬馬難…夫犬馬，人所知也，旦暮～於前，不可類之，故難。’”㊁通“磬”。古代將人吊起絞殺的死刑。新唐書刑法志：“自隋以前，死刑有五，曰：～、絞、斬、梟、裂。”

罅 xià 呼訝切，音吓，去，禡韻，曉。魚部。

裂開。説文：“罅，裂也。”文選晉左思蜀都賦：“紫黎津潤，樼栗～發。”也指裂縫。史記田敬仲完世家：“淳于髡曰：‘弓膠昔幹，所以爲合也，然而不能傅合疏～。’”

十 二 畫

罇 zūn 祖昆切，平，魂韻，精。文部。

古盛酒器。本作“尊”。又作“樽”。晏子春秋内篇雜上五：“酌寡人之～，進之於客。”晉陶淵明歸去來兮辭：“攜幼入室，有酒盈～。”（陶淵明集作罇，古文觀止引作樽）

按，説文罇作尊。

十 三 畫

罋 wèng 烏貢切，音瓮，去，送韻，影。東部。

陶製容器。也作“甕”。儀禮聘禮：“醯醢百～。”論衡順鼓：“夫大山失火，灌以～水，衆知不能救之者，何也？火盛水少。”

按，説文罋作䍌。雝之變體作雍，故以雝作偏旁的也作“雍”。

十 四 畫

罌 yīng 烏莖切，平，耕韻，影。耕部。

陶器，比缶大，腹大口小。説文：“罌，缶也。”墨子備穴：“令陶者爲～，容四十斗以上…使聰耳者伏～而聽之，審知穴之所在。”論衡譋告：“釀酒於～，烹肉於鼎，皆欲其氣味調得也。”

［辨］瓮，罌。見“瓮”字條。

十 五 畫

罍 léi 魯回切，平，灰韻，來。微部。

古代一種盛酒的容器，用青銅或陶等製成。詩周南卷耳：“我姑酌彼金～，維以不永懷。”朱熹集傳：“罍，酒器，刻爲雲雷之象。”

［同源字］雷，罍。見“雷”字條。

按，説文罍是櫑之重文，在木部。

十 六 畫

罈 tán 集韻徒南切，平，覃韻。

晚起字。一種小口大腹的陶製容器。也作“壜”。紅樓夢八一回：“侍書兩手捧着（魚），擱在小磁～内，清水養着。”

十 八 畫

罐 guàn 集韻古玩切，去，换韻。

後起字。汲器;容器。類篇:"罐,汲器。"世説新語尤悔:"(任城王曹彰)既中毒,太后索水救之。帝(曹丕)預敕左右毁缾~,太后徒跣趨井無以汲,須臾遂卒。"紅樓夢四一回:"盛在磁~裏封嚴。"

罋 wèng 烏貢切,去,送韻,影。東部。

陶製容器。説文:"罋,汲缾也。"世説新語任誕:"以大~盛酒,圍坐相向大酌。"後作"甕"、"瓮"。

网 部

[网部總論]

网是網的初文,以网爲偏旁的字大致有三類。

(一)名詞,捕鳥獸魚蝦的各種網具罩具。例如:罕 罔 罘 罟 罝 罩 罛 罦 罶 罾 羅

(二)動詞,指懸掛、張開、扣住等。例如:罣 罥 罨 罹

(三)其他。例如:署 罪 罷 羈

网 wǎng 文兩切,上,養韻,明。陽部。

"網"的初文。説文:"网,庖犧所結繩以漁。"

[辨]网,罔,網。見"罔"字條。

三 畫

罕 1. hǎn 呼旱切,上,旱韻,曉。元部。

❶捕鳥用的長柄小網。文選戰國宋玉高唐賦:"弓弩不發,罘~不傾。"後漢書馬融傳:"~网合部,罾弋同曲。"李賢注:"罕亦網也。"❷少。詩鄭風大叔于田:"叔馬慢忌,叔發~忌。"論語子罕:"(孔)子~言利與命與仁。"❸一種旌旗。史記周本紀:"及期,百夫荷~旗以先驅。"

2. hàn 呼旰切,去,翰韻,曉。元部。

❹[枹罕]地名。①秦漢縣名。故治在今甘肅省臨夏縣東北。②郡名。北周置。

按,説文罕作罕,注云:"网也。"罕在文獻中多作"罕"。

罔 wǎng 文兩切,上,養韻,微。陽部。

❶編結。楚辭戰國屈原九歌湘夫人:"~薜荔兮爲帷,擗蕙櫋兮既張。"❷編結成的捕鳥獸魚類用的工具。易繫辭下:"作結繩而爲~罟。"也指張網獲取。文選漢司馬相如子虛賦:"~瑇瑁,鉤紫貝。"作名詞喻指法網。漢書揚雄傳:"往者周~解結,羣鹿争逸…四分五裂,並爲戰國。"漢書汲黯傳:"而刀筆之吏專深文巧詆,陷人於~,以自爲功。"❸無,没有。詩小雅蓼莪:"欲報之德,昊天~極。"史記秦始皇本紀:"初并天下,~不賓服。"❹欺騙;誣陷。三國志魏書武帝紀:"此皆以白爲黑,欺天~君者也。"新唐書韋思謙傳:"思謙爲辯其枉,因言仁會營~陷人不測者,詞旨詳暢。"❺迷惑,失意(即思想上無所得或感到失去了什麽)。論語爲政:"學而不思則~,思而不學則殆。"也作"惘"。❻副詞。①不。三國志蜀書先主傳:"今曹操阻兵安忍,戮殺主后,滔天泯夏,~顧天顯。"②不要。尚書大禹謨:"~遊于逸,~淫于樂。"③莫非,得無,表不肯定的揣測或反問。楚辭戰國屈原九章惜誦:"欲高飛而遠集兮,君~謂汝何之?"洪興祖補注:"得無謂我遠去欲何所適也。"

[辨]网,罔,網。网是初文,罔是网的後起字,網是罔的後起字。网本只用于造字,作

偏旁，漢字簡化中以网代網。上面"罔"的六個義項中，㊀㊁義項可作網，其他皆不可作網。

按，説文罔是网的重文。

罒 dì 都歷切，入，錫韻，端。藥部。

魚觸網。文選晉潘岳西征賦："貫鰓～尾，掣三牽兩。"

按，説文無罒字。

四　畫

罘 fú 縛謀切，音浮，平，尤韻，奉。之部。

㊀捕兔網。禮記月令季春之月："田獵罝～、羅罔、畢翳、餧獸之藥，毋出九門。"㊁〔罘罳〕疊韻聯緜字。①古代的一種屏風，設在門外。釋名釋宫室："罘罳在門外。罘，復也；罳，思也，臣將入請事，於此復重思之也。"②設在宫闕上呈交疏透孔狀的窗櫺。漢書文帝紀："六月癸酉，未央宫東闕罘罳災。"後指設在屋檐下防鳥雀來住的金屬網。

按，説文罘作罦，注云："兔罟也。"

五　畫

罜 dú 徒谷切，音讀，入，屋韻，定。屋部。

〔罜麗〕疊韻聯緜字。一種小魚網。説文："罜麗，魚罟也。"文選漢張衡西京賦："摘漻澥，搜川瀆，布九罭，設罜麗。"

罡 gāng 正字通居康切，音剛。

㊀星名。北斗星的斗柄。抱朴子内篇雜應："又思作七星北斗，以魁覆其頭，以～指前。"㊁山岡。北魏酈道元水經注三七泿水："城北有尉他墓，墓後有大～，謂之馬鞍～。"按，罡即岡字的變體，後爲道教用字。

罟 gǔ 公户切，上，姥韻，見。魚部。

網。説文："罟，网也。"易繫辭下："(包犧氏)作結繩而爲罔～，以佃以漁。"孟子梁惠王上："數～不入洿池，魚鱉不可勝食也。"

罠 mín 武巾切，集韻眉貧切，平，真韻，明。真部。

捕獸網。文選晉左思吴都賦："罼罕瑣結，～蹏連網。"

［備考］罠指釣魚繩。説文："罠，釣也。"段玉裁注："罠，所以釣也。按糸部曰緡，釣魚繁也。此曰罠，所以釣也。然則緡、罠古今字。"

罝 jū 子邪切，集韻子余切，平，魚韻，精。魚部。

用捕野獸的網。説文："罝，兔网也。"詩周南兔罝："肅肅兔～，椓之丁丁。"莊子胠篋："削格羅落～罘之知多，則獸亂於澤矣。"引申指網住，捉住。南朝齊王融檢覆三業篇頌："不圖厥始，逸馬難～。"

罭 nǎn 女減切，上，豏韻，娘。

後起字。捕魚網。唐皮日休奉和魯望漁具十五詠罭："烟雨晚來好，東塘下～去。"

按，説文無罭有𦉪。通雅："説文有𦉪，女洽切，縮取也。後人更加网耳。"女洽切，女減切，韻爲入陽對轉。

罛 gū 古胡切，平，模韻，見。魚部。

魚網。説文："罛，魚罟也。"詩衛風碩人："施～濊濊，鱣鮪發發。"淮南子説山："好魚者先具罟與～。"

六　畫

罣 guà 古賣切，音卦，去，卦韻，見。支部。

懸挂。古時用指挂網捕魚的方法。國語魯語上："今魚方別孕，不教魚長，又行～罟，貪無藝也。"淮南子説林："釣者静之，罛者扣舟，罩者抑之，～者舉之，爲之異，得魚一也。"引申指被挂住，即受牽連。宋蘇軾次韻孔平仲見寄之四："因緣～罪罟，未許即潛伏。"〔罣礙〕被牽掣而受阻。百喻經毗舍闍鬼喻："著此屐者，能令人飛行無罣礙。"

按,說文無罡字。

七　畫

罠 làng 集韻郎宕切,去,宕韻,來。陽部。

〔罠罠〕廣大的樣子。漢揚雄太玄應:"一縱一横,天網罠罠。"

罥 juàn 古縣切,去,霰韻,見。元部。

㊀掛。文選晉木華海賦:"或屑没於黿鼉之穴,或挂～於岑敖之峯。"唐杜甫茅屋爲秋風所破歌:"茅飛度江灑江郊,高者挂～長林梢,下者飄轉沉塘坳。"㊁捕取鳥獸的網。漢蔡邕琴操思親操:"深谷鳥鳴兮嚶嚶。設罝張～兮,思我父母力耕。"

按,說文罥作羂,注云:"网也。"王筠句讀:"羂或作䍙,省作罥。"

罦 fú 縛謀切,平,尤韻,奉。幽部。

㊀捕鳥獸的網。詩王風兔爰:"有兔爰爰,雉離於～。"毛傳:"罦,覆車也。"孔穎達疏:"孫炎曰:'覆車網,可以掩兔者也。'"唐柳宗元放鷓鴣詞:"循媒得食不復慮,機械潛發罹罝～。"㊁覆蓋。漢揚雄太玄迎:"上九,濕迎牀足,～於牆屋。"

按,說文以罦爲雹的或體,文獻中以用罦爲常。

八　畫

罫 guǎi 集韻古買切,音枴,上,蟹韻,見。支部。

㊀棋盤上的方格子。漢桓譚新論言體:"更始帝將相不能防衛,而令～中死棋皆生也。"三國吳韋照博弈論:"所志不出一枰之上,所務不過方～之間。"㊁羅網的方孔。文選晉潘岳射雉賦:"捧黄間以密彀,屬剛～以潛擬。"

按,說文無罫字。

罭 yù 雨逼切,入,職韻,喻三。職部。

魚網。〔九罭〕捕小魚的細眼網。詩豳風九罭:"九罭之魚,鱒魴。"毛傳:"九罭,緵罟,小魚之網也。"文選漢張衡西京賦:"布九罭,設罜麗。"

按,說文無罭字,新附有之。

署 shǔ(舊讀 shù)常恕切,去,御韻,禪。魚部。

㊀安排,布置。說文:"署,部署,有所網屬。"史記項羽本紀:"(項)梁部～吴中豪傑爲校尉、候、司馬。"論衡詰術:"日廷圖甲乙有位,子丑亦有處,各有部～。"㊁官署,官吏辦公的地方。國語魯語上:"夫～,所以朝夕虔君命也。"新唐書李程傳:"學士入～,常視日影爲候。"㊂代理,暫任。三國志蜀書諸葛亮傳:"以亮爲軍師將軍,～左將軍府事。"㊃簽名,題字。戰國策齊策四:"後孟嘗君出記,問門下諸客:'誰習計會能爲文收責於薛乎?'馮煖～曰:'能。'"

置 zhì 陟吏切,去,志韻,知。之部。

㊀放(在一定的地方)。詩周頌那:"猗與那與,～我鞉鼓。"莊子逍遥遊:"覆杯水於坳堂之上,則芥爲之舟,～杯焉則膠。"也指把話説出來。史記周勃世家:"逮捕勃治之,勃恐,不知～辭。"成語有"未置可否"。㊁赦免,免除(即放置而不予追究)。說文:"置,赦也。"國語鄭語:"褒人褒姁有獄,而以爲入於王,王遂～之。"明李贄史綱評要後梁紀太祖皇帝:"晉王歸晉陽,休兵行賞,命州縣舉賢才,黜貪殘,～租賦,撫孤窮,申冤濫,禁姦盜。"也指廢棄。晏子春秋内篇諫上一:"夫以賤匹貴,國之害也;～大立少,亂之本也。"宋王安石與祖擇之書:"甚者～其本,求之末,當後者反先之,無一焉不悖於極。"㊂樹立,設立。周禮考工記廬人:"凡試廬事,～而摇之,以眡其蜎也。"左傳僖公十五年:"於是秦始征晉河東,～官司馬。"㊃驛站,用馬車或馬傳遞。孟子公孫丑上:"德之流行,速于～郵而傳命。"(以馬傳遞爲置,以人傳遞爲郵)漢

書劉屈氂傳:"丞相長史乘疾～以聞。"㊄購買。韓非子外儲說左上:"鄭人有且～履者。"

[辨]置,寘。見"寘"字條。

罧 shèn 所禁切,去,沁韻,審二。侵部。

積柴水中以聚(取)魚。見說文。玉篇:"罧,積柴於水中取魚。"古文苑四漢揚雄蜀都賦:"龍睢䣛分～布列,枚孤施兮纖繁出。"

罨 yǎn 衣儉切,上,琰韻,影。談部。

㊀網,也指用網掩取。說文:"罨,罕也。"文選晉左思蜀都賦:"～翡翠,釣鰋鮋。"㊁覆蓋。唐張泌春江雨:"子規叫斷獨未眠,～岸春濤打船尾。"宋蘇軾東坡集續集一〇豬肉頌:"净洗鐺,少着水,柴頭～煙燄不起。"

罩 zhào 都教切,去,效韻,端。藥部。

㊀捕魚鳥的竹器。說文:"罩,捕魚器也。"唐李賀春歸昌谷:"韓鳥處矰繳,湘鯈在籠～。"用爲動詞,指以罩子罩魚鳥等。文選晉左思吴都賦:"～兩魪,罺鰝鰕。"㊁覆蓋。漢趙曄吴越春秋夫差内傳:"死必連繴組以～吾目。"用於抽象的方面,指在…之上,即超越。唐駱賓王上齊州張司馬啓:"羽儀百代,掩梁竇以霞搴;鐘鼎一時,～袁楊而嶽立。"

罪 zuì 徂賄切,上,賄韻,從。微部。

㊀作惡,犯法或違反道德規範。荀子王制:"無功不賞,無～不罰。"孟子告子下:"五霸者,三王之～人也。"又指怪罪,即認爲他人有錯。孟子梁惠王上:"王無～歲,斯天下之民至焉。"㊁懲處,判罪。書泰誓上:"～人以族,官人以世。"韓非子五蠹:"以其犯禁也,～之。"㊂刑罰。漢書刑法志:"墨～五百,劓～五百…殺～五百。"

按,說文:"罪,捕魚竹網。"表示罪惡的罪,說文作辠,云:"秦以辠似'皇'字,改爲罪。"

九　畫

罰 fá 房越切,入,月韻,奉。月部。

㊀處罰,較"刑"爲輕(犯法處以刑,犯規處以罰)。說文:"罰,辠之小者。"易豫:"聖人以順動,則刑～清而民服。"罰也可泛指懲處。三國志蜀書諸葛亮傳:"犯法怠慢者雖親必～。"㊁過錯。書盤庚:"邦之不臧,惟余一人有佚～。"漢劉向列女傳陳女夏姬傳:"納夏姬是貪色也。貪色爲淫,淫爲大～。"㊂出錢贖罪。書吕刑:"五刑不簡,正于五～。"近人楊筠如尚書覈詁:"罰,謂出金贖罪。"

罱 lǎn 盧敢切,上,敢韻,來。

㊀一種捕魚的工具。集韻感韻:"罱,取魚具。"也指用罱捕魚。明張岱陶庵夢憶品山堂魚宕:"魚艓千餘艘,鱗次櫛比,～者夾之,罛者扣之。"字又作"罳","囜"。清翟灝通俗編雜字:"罳,廣韻女減切。通雅:'說文有囜,後人更加网耳。'玉篇又有罱,夾魚具。此蓋以方俗音轉異,字無大别也。"㊁撈水草、河泥等。清王士禛行玉河上懷故鄉有作:"蓮子湖頭風物早,誰摇艇子～春泥。"

罳 sī 息兹切,平,之韻,心。之部。

㊀〔罳頂〕天花板。宋陸佃埤雅釋草藻:"今屋上覆橑,謂之藻井,取象於此。亦曰綺井,又謂之覆海,亦或謂之罳頂。"㊁〔罘罳〕叠韻聯緜字,見"罘"字條。

按,說文無罳字。新附有之,注云:"罘罳,屏也。"

十　畫

罵 mà 莫駕切,去,禡韻,明。魚部。

以惡語加於人。說文:"罵,詈也。"史記淮陰侯列傳:"居一二日,(蕭)何來謁上,上且怒且喜,～何曰:'若亡何也?'"世說新語方正:"對子～父,則是無禮。"

罶 liǔ 力久切,上,有韻,來。幽部。

竹製的捕魚工具。說文:"罶,曲梁,寡婦之笱,魚所留也。"詩小雅魚麗:"魚麗于～,鱨鯊。"

罷 1. bà 薄蟹切，上，蟹韻，並。歌部。

㊀停止。説文："罷，遣有罪也。"段玉裁注："引申爲止也。"論語子罕："夫子循循然善誘人，博我以文，約我以禮，欲～不能，既竭我才。"三國志魏書王脩傳："年七歲喪母。母以社日亡，來歲鄰里社，脩感念母，哀甚，鄰里聞之，爲之～社。"（社，一種祭祀土地神的活動）韓非子外儲説左上："及反，市～。"㊁免職。史記魏其武安侯列傳："竇太后大怒，乃～逐趙綰、王臧等。"世説新語排調："王孝伯～秘書丞。"

2. pí 符羈切，集韻蒲糜切，平，支韻，並。歌部。

㊂通"疲"。乏困，乏力。左傳成公七年："余必使爾～於奔命以死。"㊃不具備好的品質，與"賢"相對。荀子王霸："無國而不有賢士，無國而不有～士。"國語齊語："～士無伍，～女無家。"

3. bì 集韻部靡切，上，紙韻，並。歌部。

㊄散，離散。集韻："罷，散也。"墨子非攻中："及若此，吳有離～之心。"三國魏曹植游觀賦："～若雲歸，會若霧聚。"

十一畫

罭 lù 盧谷切，入，屋韻，來。屋部。

㊀〔罜罭〕叠韻聯緜字。小魚網。説文："罭，罜罭也。"國語魯語上："鳥獸成，水蟲孕，水虞於是禁罝罜罭。"文選漢張衡西京賦："布九罭，設罜罭。"㊁〔罭罭〕叠韻聯緜字。下垂貌。唐李賀春坊正字劍子歌："挼絲團金懸罭罭，神光欲截藍田玉。"

罭 sù。

〔罭罭〕見"罭"字條。

罹 lí 吕支切，平，支韻，來。歌部。

遇上（不幸、災禍等）。書洪範："不協于極，不～于咎。"史記平津侯主父列傳："君不幸～霜露之疾，何恙（憂）不已。"用于名詞，指憂患。詩王風兔爰："我生之初，尚無爲；我生之後，逢此百～。"

按，説文無罹字，新附有之。

罻 wèi 於胃切，音畏，去，未韻，影。微部。

小網。禮記王制："鳩化爲鷹，然後設～羅。"鄭玄注："罻，小網也。"文選晉張華鷦鷯賦："鷹鸇過猶俄翼，尚何懼於罿～。"李善注："罿、罻，皆網也。"

罼 bì 卑吉切，入，質韻，幫。質部。

㊀捕鳥、兔的長柄網。文選漢揚雄羽獵賦："其餘荷垂天之～，張竟壄之罘。"㊁一種儀仗。元史輿服志儀仗："～，朱縢結網，二螭首，銜紅絲拂，中有獸面，朱漆柄，金銅裝。"

按，説文無罼有畢，在芈部，注云："田罔也。"清沈濤説文古本考："罼即畢字之别體。"

罺 chāo 側交切，平，肴韻，照二。今讀如鈔。宵部。

捕魚網，也指用罺網捕魚。爾雅釋器："罺謂之汕。"郭璞注："今之撩罟。"文選晉左思吴都賦："罺兩魪，～鰝鰕。"

按，説文無罺字。

十二畫

罿 tóng 徒紅切，平，東韻，定。東部。

設有機關裝置的捕鳥獸的網。即罦。詩王風兔爰："有兔爰爰，雉離于～。"朱熹集傳："罿，罬也，即罦也。"

罾 zēng 作滕切，平，登韻，精。蒸部。

魚網。説文："罾，魚網也。"莊子胠篋："鉤餌罔罟～笱之知多，則魚亂於水矣。"也指用罾捕魚。史記陳涉世家："乃丹書帛曰'陳勝王'置人所～魚腹中。"

罽 jì 居例切，去，祭韻，見。月部。

毛織品。漢書東方朔傳："木土衣綺繡，狗馬被繢～。"高帝紀下："賈人毋得衣錦繡、綺縠、絺紵、～。"

十 三 畫

罍 léi 集韻盧回切,平,灰韻,來。

魚網。也作"罍"。文選晉郭璞江賦:"筩灑連鋒,罾罍比船。"李善注:"罾,罍,皆網名也。"

罥 juàn 姑泫切,上,銑韻,見。字彙又去聲,吉券切。元部。

同"罥"。網。漢揚雄太玄畲:"次八,撣其罦,絶其~,殆。"

按,説文罥作䍐。王筠句讀:"䍐或作罥,省作罥。"

十 四 畫

羃 mì 莫狄切,入,錫韻,明。錫部。

同"冪"。覆蓋。戰國策楚策四:"伯樂遭之,下車攀而哭之,解紵衣以~之。"唐李華弔古戰場文:"魂魄結兮天沉沉,鬼神聚兮雲~~。"

按,表示覆蓋的意思,説文作冂,增繁作冪,訛變作羃。今通作冪。

羆 pí 彼爲切,平,支韻,幫,字彙蒲迷切,音皮。歌部。

獸名,也稱馬熊或人熊。詩大雅韓奕:"獻其貔皮,赤豹黄~。"文選三國魏曹操苦寒行詩:"熊~對我蹲,虎豹夾路啼。"

按,説文羆字在熊部,云:"如熊,黄白文。从熊,罷省聲。"清顧炎武唐韻正卷二:"从熊者,意也;从罷者,聲也。不可重兩'能'爲文,故省其一也。"

羅 luó 魯何切,平,歌韻,來。歌部。

❶捕鳥的網。見説文。詩王風兔爰:"有兔爰爰,雉離于~。"也指用網捕鳥。詩小雅鴛鴦:"鴛鴦于飛,畢之~之。"引申指使陷入法網。漢書刑法志:"律令煩多…於以~元元之民。"❷獲取。莊子天下:"萬物畢~,莫足以歸。"宋王安石上皇帝萬言書:"所以~天下之士。"❸分布,排列。史記五帝本紀:"~日月星辰。"成語有"星羅棋布"。晉陶淵明歸田園居詩五首之一:"榆柳蔭後檐,桃李~堂前。"❹一種輕軟的絲織品。戰國策齊策四:"下宫糅~紈,曳綺縠,而士不得以爲緣。"宋張俞養蠶詩:"遍身~綺者,非是養蠶人。"❺遭到。通常寫作"罹"。漢書于定國傳:"~文法者于公所決皆不恨。"❻一種密孔篩(後起義)。宋王令廣陵詩鈔病中:"小閣晝閒書帙亂,畫堂風静藥~香。"

十 七 畫

羇 jī 居宜切,平,支韻,見。歌部。

同"羈"。馬籠頭;引申指束縛。韓詩外傳卷七:"如皆守社稷,則孰負~縶而從。"

按,説文羇作羈,云:"馬落頭也。"段玉裁注:"今字作羈,俗作羇。"

十 九 畫

羅 lí 吕支切,平,支韻,來。

〔羃羅〕一種頭巾。舊唐書輿服志:"武德、貞觀之時,宫人騎馬者,依齊、隋舊制,多著羃羅。"資治通鑑唐高祖武德元年:"乃簡驍勇數十人,著婦人衣,戴羃羅,藏刀裙下,詐爲妻妾。"

羈 jī 居宜切,平,支韻,見。歌部。

也作"羇"。❶馬籠頭。文選三國魏曹植白馬篇:"白馬飾金~,連翩西北馳。"用爲動詞,指捆縛。文選漢賈誼弔屈原文:"使騏驥可得係~兮,豈云異夫犬羊。"引申指束縛。漢司馬遷報任安書:"僕少負不~之才,長無鄉曲之譽。"引申指牽制。吕氏春秋決勝:"幸也者審於戰期,而有以~誘之也。"〔羈縻〕①籠絡。史記武帝本紀:"天子益怠厭方士之怪迂語矣,然終羈縻弗絶。"②拘留。宋文天祥指南録後序:"予羈縻不得還。"❷寄居在外;

寄居作客的人。左傳昭公七年:"君之~臣,苟得容以逃死,何位之敢擇。"又:"單獻公棄親用~。"

按,説文羈作䩭,云:"馬落頭也。"段玉裁注:"今字作羈,俗作羇。"

䜌 luán 落官切,平,桓韻,來。元部。

捕野豬的網。爾雅釋器:"彘罟謂之䜌。"後漢書馬融傳:"罦罝羅~,彌綸阬澤,皐牢陵山。"

按,説文無䜌字。

羊　部

[羊部總論]

以羊爲偏旁的字大致有四類。

(一)指稱各種羊。例如:羔　羒　羖　牂　羜　羚　羝　羠

(二)食品。例如:羞　羹

(三)氣味。例如:羶

(四)觀念,多爲好的觀念。例如:美　義　羨　羣　羸

羊 yáng 與章切,平,陽韻,喻四。陽部。

❶家畜。六畜(馬牛羊雞犬豕)之一。詩王風君子于役:"日之夕矣,~牛下來。"史記項羽本紀:"因下令軍中曰:'猛如虎,很如~,貪如狼,彊不可使者,皆斬之。'"❷吉祥,後作"祥"。説文:"羊,祥也。"漢元嘉刀銘:"宜侯王,大吉羊。"馬王堆漢墓帛書十六經行守:"驕洫(溢)好争,陰謀不~;刑於雄節,危於死亡。"❸姓。左傳中有羊斟。

羋 mǐ 綿婢切,上,紙韻,明。支部。

❶羊叫聲。説文:"羋,羊鳴也。"也作"哶"。❷春秋楚國的祖姓。史記楚世家:"陸終生子六人…六曰季連,~姓,楚其後也。"

二　畫

羌 qiāng 去羊切,平,陽韻,溪。陽部。

❶我國古代西部民族。説文:"羌,西戎。牧羊人也。"詩商頌殷武:"自彼氐、~,莫敢不來享,莫敢不來王。"商頌武殷:"昔有成湯,自彼氐~。"❷句首語氣詞。楚辭戰國屈原離騷:"~内恕己以量人兮,各興心而嫉妒。"❸姓。史記秦始皇本紀:"~瘣伐趙,端和圍邯鄲。"

三　畫

美 měi 無鄙切,集韻母鄙切,上,旨韻,明。脂部。

❶味道好。説文:"美,甘也。"孟子盡心下:"膾炙與羊棗孰~?"墨子辭過:"今則不然,厚作斂於百姓,以爲~食,芻豢,蒸炙,魚鼈。"❷形貌好。左傳昭公二十八年:"娶妻而~。"孟子梁惠王下:"百姓聞王車馬之音,見羽旄之~,舉欣欣然有喜色而相告。"❸與"惡"相對,指善的,好的。楚辭戰國屈原離騷:"紛吾既有此内~兮,又重之以修能。"韓非子解老:"夫物之待飾而後行者,其質不~也。"史記管晏列傳:"語曰:'將順其~,匡救其惡,故上下能相親也。'豈管仲之謂乎?"張守節正義:"言管仲相齊,順百姓之美,匡救國家之惡。"❹嘉美,稱贊。韓非子五蠹:"然則

今有～堯、舜、鯀、禹、湯、武之道于當今之世者，必爲新聖笑矣。”戰國策齊策一：“吾妻之～我者，私我也。”

羑 yǒu 與久切，上，有韻，喻四。支部。

❶誘導。後作“誘”。説文：“羑，進善也。”玉篇：“羑，導也，進也，善也。今作誘。”書康王之誥：“惟周文武，誕受～若，克恤西土。”❷〔羑里〕地名，故址在今河南省湯陰縣北。商紂囚周文王於此。

四 畫

羔 gāo 古勞切，平，豪韻，見。宵部。

❶小羊。説文：“羔，羊子也。”詩召南羔羊：“～羊之皮，素絲五紽。”楚辭戰國宋玉招魂：“胹鱉炮～，有柘漿些。”❷幼小的生物（後起義）。宋蘇軾和丙辰歲八月中於下潠田舍穫詩：“黄菘養土～，老楮生樹鷄。”紅樓夢六九回：“總有孩子，也不知姓張姓王。奶奶希罕那雜種～子，我不喜歡。”

［同源字］狗，豿，犳，駒，羔。見“狗”字條。

羓 bā 集韻邦加切，平，麻韻。

後起字。乾肉。集韻麻韻：“羓，腊（xī）肉。”新五代史四夷附録第一：“德光行至欒城，得疾，卒于殺胡林。契丹破其腹，去其腸胃，實之以鹽，載而北，晉人謂之‘帝～’焉。”

羒 fén 符分切，平，文韻，奉。文部。

公羊。爾雅釋畜：“羊牡，羒。”説文：“羒，牂羊。”嚴可均説文校議：“牂當作牡。初學記卷二十九、御覽卷九百零二引作牡羊也。”

羖 gǔ 公户切，上，姥韻，見。侯部。

黑色公羊。説文：“羖，夏羊牡曰羖。”清高翔麟説文字通：“夏羊，黑羊也。”史記秦本紀：“吾媵臣百里傒在焉，請以五～羊皮贖之。”説苑反質：“趙簡子乘弊車瘦馬，衣～羊裘。”

［同源字］羖，牯，豭，麚。見“牯”字條。

牂 zāng 則郎切，平，唐韻，精。陽部。

同“牂”。母山羊。史記李斯列傳：“泰山之高百仞，而跛～牧其上。”裴駰集解：“詩云‘牂羊墳首’。毛傳曰：‘牝曰牂。’”今詩小雅苕之華作“牂”。墨子公孟：“昔者，晉文公大布之衣，～羊之裘，以治其國，其國治。”

五 畫

羜 zhù 直吕切，上，語韻，澄。魚部。

幼羊。説文：“羜，五月生羔也。”爾雅：“未成羊，羜。”詩小雅伐木：“既有肥～，以速諸父。”

羞 xiū 息流切，平，尤韻，心。幽部。

❶獻上（食物）。説文：“羞，進獻也。”國語楚語上：“不～珍異，不陳庶侈。”文選漢張衡思玄賦：“～玉芝（靈芝草）以療飢。”❷（味美的）食物。後亦作“饈”。周禮天官膳夫：“掌王之食飲膳～，以養王及后世子。”新五代史漢臣傳蘇逢吉：“逢吉已貴，益爲豪侈，謂中書堂食爲不可食，乃命家廚進～，日極珍善。”❸恥辱。易恒：“不恒其德，或承之～。”孟子公孫丑上：“無惻隱之心非人也，無～惡之心非人也。”詞義轉弱指慚愧，難爲情。後漢書劉玄傳：“更始即帝位，南面立，朝羣臣。素懦弱，～愧流汗，舉手不能言。”漢班婕妤擣素賦：“弱態含～，妖風靡麗。”引申指使其蒙辱，使其慚愧。漢司馬遷報任安書：“今以虧形爲掃除之隸，在闒茸之中，乃欲仰首伸眉，論列是非，不亦輕朝廷，～當世之士邪？”明湯顯祖牡丹亭驚夢：“不提防沉魚落雁鳥驚諠，則怕的～花閉月花愁顫。”❹怕，不敢（後起義）。唐劉禹錫贈眼醫婆羅門僧詩：“看朱漸成碧，～日不禁風。”清吴敬梓疏簾淡月詞：“絲絲蒜髮，～臨水，倦憑欄。”

［辨］羞，恥，辱。見“辱”字條。

羕 yàng 餘亮切，去，漾韻，喻四。陽部。

説文:"羕,水長也。"爾雅釋詁上:"羕,長也。"廣韻:"羕,長大也。"按,羕,後世用作字的偏旁,有樣、漾等字。"漾"字有"液體太滿而向外流"的意思。此義顯然與"羕"義同源。

羛 1. yì 集韻宜寄切,去,寘韻,疑。歌部。

❶同"義"。合宜的行爲,道理、道德。説文我部:"義…。羛,墨翟書義从弗。"馬王堆漢墓帛書戰國縱横家書蘇秦獻書趙王章:"然則齊~,王以天下就之;齊逆,王以天下□之。"

2. xī 許羈切,平,支韻,曉。歌部。

❷〔羛陽〕古地名。後漢書光武帝紀:"秋九月,帝自將征五校,丙辰,幸内黄,大破五校於羛陽。"

羚 líng 郎丁切,平,青韻,來。

羚羊,一種哺乳動物,有角,四肢細長。〔羚羊掛角〕傳説羚羊夜宿,角掛於樹,脚不着地,獵求者無跡可尋。宋嚴羽滄浪詩話詩辯:"詩者,吟咏情性也。盛唐諸人惟在興趣,羚羊掛角,無跡可求。故其妙處透徹玲瓏,不可湊泊。"

按,説文羚作麢,在鹿部,注曰:"大羊而細角。"

羝 dī 都奚切,平,齊韻,端。脂部。

公羊。説文:"羝,牡羊也。"詩大雅生民:"取~以軷,載燔載烈。"漢書蘇建傳附蘇武:"乃徙武北海上無人處,使牧~,~乳乃得歸。"

六　畫

羢 róng 字彙補而容切,音戎。

細的織物,面上有一層絨毛。同"絨"。見"絨"字條。

羠 yí 以脂切,平,脂韻,喻四。脂部。

閹割過的羊。説文:"羠,騬羊也。"史記貨殖列傳:"其民羯~不均,自全晉之時,固已患其僄悍。"司馬貞索隱:"皆健羊也。其方人性若羊,健捍而不均。"

羙 zhào 治小切,上,小韻,澄。宵部。

未滿一歲的羊;又指重百斤的羊。説文:"羙,羊未卒歲也…或曰夷羊百斤左右爲羙。"鹽鐵論散不足:"鮮羔~,幾胎肩,皮黄口。"

七　畫

羨 1. xiàn 似面切,去,線韻,邪。元部。

❶希望獲得。淮南子説林:"臨河~魚,不如歸家織網。"引申指羨慕。宋蘇軾前赤壁賦:"哀吾生之須臾,~長江之無窮。"❷盈餘,豐饒。孟子滕文公下:"子不通功易事,以~補不足。"史記平準書:"浮食奇民,欲擅管山海之貨,以致富~。"❸超出(某種標準)。史記司馬相如列傳:"德隆乎三皇,功~於五帝。"晏子春秋内篇問下:"喜樂無~賞,忿怒無~刑。"❹邪。漢揚雄太玄一羨:"~于微,克服可以爲儀。"❺徑長。周禮春官典瑞:"璧~以起度。"

2. yàn 于線切,去,線韻,喻四。元部。

❻延請。文選漢張衡東京賦:"乃~公侯卿士,登自東除。"

3. yán 集韻夷然切,平,僊韻,喻四。元部。

❼墓道。漢趙曄吴越春秋勾踐伐吴外傳:"越王葬種於國之西山,樓船之卒三千餘人,造鼎足之~。"此義亦作"埏"。

4. yí 以脂切,音夷,平,脂韻,喻四。

❽〔沙羨〕古縣名。在今湖北武昌西南。廣韻:"沙羨,邑名。在江夏,出地理志。"

[同源字]①羨,餼。見"餼"字條。

②涎,羨。見"涎"字條。

按,説文羨字在次部。

義 yì 宜寄切,去,寘韻,疑。歌部。

❶社會認爲合宜的道理和行爲。論語公冶長:"其養民也惠,其使民也~。"左傳隱公

元年：“多行不～必自斃。”❷意義，意思。漢孔安國書序：“以所聞伏生之書，考論文～，定其可知者，爲隸古定。”❸表現在外的，指禮節、容貌、法度等。説文：“義，己之威儀也。”尚書大傳卷一下：“贊曰：尚考太室之～，唐爲虞賓。”漢書高帝紀下：“遣詣相國府，署行、～、年。”左傳莊公二十三年：“朝以正班爵之～，帥長幼之序。”此義後作儀。❹通“議”。議論。戰國策東周策：“秦王不聽羣臣父兄之～，而攻宜陽。”❺非正式、非正常的。明楊慎丹鉛總録卷一二：“項羽立楚王孫心爲～帝，猶義父義子之稱。”宋洪邁容齋隨筆八人物以義爲名：“自外入而非正者曰～；～父、～兒、～兄弟、～服是也。”

［辨］義，意。義，意義，客觀存在的；意，意思，存在于内心的，屬主觀的。北魏賈思勰齊民要術序：“蔡倫立意造紙。”不作“義”。“本意”指本來的心意，不作“本義”；“本義”指字、詞本來的意義，不作“本意”。“字義”當作“義”，但也有寫作“字意”的，此屬于變通。意，古代影母之部，與義不同音。

［同源字］宜，誼，義。見“誼”字條。

按，説文義字在我部。

羣 qún 渠云切，平，文韻，羣。文部。

❶獸或家畜在三隻以上的總稱。國語周語上：“獸三爲～，人三爲衆。”詩小雅無羊：“誰謂爾無羊，三百維～。”禮記曲禮下：“國君春田(畋)不圍澤，大夫不掩～，士不取麛卵。”引申指聚在一起的人或物。禮記檀弓上：“吾離～而索居，亦已久矣。”易繫辭上：“方以類聚，物以～分。”❷聚集，會合。荀子非十二子：“一統類，而～天下之英傑。”❸衆多的。禮記祭法：“王爲～姓立社，曰大社。”書舜典：“輯五瑞，既月，乃日，覲四岳羣牧，班瑞于～后。”

八 畫

羾 dōng 德紅切，平，東韻，端。東部。

〔羾羾〕傳説中的獸名。山海經北山經：“(泰戲之山)有獸焉，其狀如羊，一角一目，目在耳後，其名曰羾羾。”

按，説文無羾字。

九 畫

羬 qián 巨淹切，音鉗，平，鹽韻，羣。侵部。

〔羬羊〕獸名。山海經西山經：“(錢來之山)有獸焉，其狀如羊而馬尾，名曰羬羊。”郭璞注：“今大月氏國有大羊如驢而馬尾。”

按，説文無羬有麙，在鹿部，注云：“山羊而大者。”清錢坫説文解字斠詮：“羬，(即)此字也。”

羯 jié 居竭切，入，月韻，見。月部。

❶閹割過的公羊。説文：“羯，羊羖犗也。”急就篇三：“牂、羖、～、羠、羝、羝、羭。”顔師古注：“羖之犗者爲羯，謂劇之也。”漢蔡琰胡笳十八拍：“～羶爲味兮，枉遏我情。”❷古民族名。東晉十六國後趙主石勒，即羯族人。

羭 yú 羊朱切，平，虞韻，喻四。侯部。

❶黑母羊。説文：“夏羊牝曰羭。”(依段注本)列子天瑞：“老～之爲猨也。”❷美好。左傳僖公四年：“且其繇曰：專之渝，攘公之羭。”杜預注：“羭，美也。”

十 畫

羱 yuán 五丸切，平，桓韻，疑。元部。

大角野羊。三國志魏書鮮卑：“其獸異於中國者，野馬、～羊、端牛。”

按，説文無羱字。

十一畫

羦 huàn 胡慣切，去，諫韻，匣。元部。

傳説中形似羊的野獸。山海經南山經：“(洵山)有獸焉，其狀如羊而無口，不可殺也，其名曰～。”

按,説文無羢字。

羲 xī 許羈切,平,支韻,曉。歌部。

傳説中古人名的略稱。①用指伏羲。文選南朝宋謝靈運初去郡詩:"即是～唐(伏羲和唐堯)化,獲我擊壤聲。"②用指羲和,傳説中的太陽神。文選晉郭璞遊仙詩七:"蓐收清西陸,朱～將由白。"③傳説堯時掌天文的官。書堯典:"乃命～和,欽若昊天曆象日月星辰,敬授民時。"(羲,羲氏;和,和氏)

按,説文羲字在兮部:"羲,气也,从兮,義聲。"

十 二 畫

羵 fén 符分切,平,文韻,奉。文部。

傳説中地下之怪物,似羊。國語魯語下:"季桓子穿井,獲如土缶,其中有羊焉。使問之仲尼曰:'吾穿井而獲狗,何也?'對曰:'以丘之所聞,羊也。丘聞之,水之怪曰龍,罔象;土之怪曰～羊。'"

十 三 畫

羸 1. léi 力爲切,平,支韻,來。歌部。

㊀瘦弱。説文:"羸,瘦也。"國語魯語上:"饑饉薦降,民～幾卒。"史記扁鵲倉公列傳:"形～不能服藥。"㊁凋傷;毀壞。吕氏春秋首時:"秋霜既下,衆林皆～。"易井:"～其瓶,是以凶。"㊂纏繞。易大壯:"羝羊觸藩,～其角。"

2. lián 集韻靈年切,平,先韻,來。

㊃〔羸陵〕古縣名。在今越南河内西北。漢書地理志下:"交趾郡…縣十:羸陵、安定…"顔師古注:"羸音蓮。"

羹 1. gēng 古行切,平,庚韻,見。陽部。

㊀帶汁的肉食。左傳隱公元年:"小人有母,皆嘗小人之食,未嘗君之～。請以遺之。"也指帶湯蔬菜食品。韓非子五蠹:"糲粢之食,藜藿之～。"禮記曲禮:"～之有菜者用梜。"㊁湯(後起義)。唐王建新嫁娘詞:"三日入廚下,洗手作～湯。未諳姑食性,先遣小姑嘗。"

2. láng 集韻盧當切,平,唐韻,來。陽部。

㊂〔不羹〕古地名,也作"不更"。左傳昭公十一年:"楚子城陳、蔡、不羹。"

按,説文羹字在䰞部:"䰞,五味盉羹也。羹,小篆从羔从美。"

羶 shān 式連切,平,仙韻,審三。元部。

㊀羊的特殊氣味。莊子徐无鬼:"羊肉不慕蟻,蟻慕羊肉,羊肉～也。"㊁指草木的氣味或草食動物的氣味。禮記月令孟春之月:"其味酸,其臭～。"吕氏春秋本味:"夫三羣之蟲,水居者腥,肉玃者臊,草食者～。"

按,説文羶字在羴部,是羴的重文:"羴,羊臭也。羶,羴或从亶。"

十 五 畫

羼 chàn 初雁切,去,諫韻,穿二。元部。

混雜。顔氏家訓書證:"典籍錯亂…皆由後人所～,非本文也。"新唐書薛存誠傳:"存誠曰:'此姦人～名以避征役,不可許。'"(羼名,混入名籍)

按,説文羼字在羴部,云:"羊相厠也。"

羽　部

〔羽部總論〕

以羽爲偏旁的字大致有以下四類:

(一)指鳥翅。例如:翼　翅　翮　翭　翍
(二)鳥飛的動作。例如:翊　翍　習　翥　翻　翬　翱　翏　翩　翾　翀
(三)鳥。例如:翟　翡　翠　翰
(四)其他。例如:翕　翦　翳　翌　翛

羽 1. yǔ 王矩切,上,麌韻,喻三。魚部。

❶鳥翅膀上的長毛。説文:"羽,鳥長毛也。"左傳隱公五年:"皮革、齒牙、骨角、毛～,不登於器。"孔穎達疏:"鳥翼長毛謂之羽。"泛指鳥毛。文選晉郭璞江賦:"衣則～褐,食惟蔬鮮。"張銑注:"衣裳則毛羽所爲短褐衣也。"❷鳥的翅膀。漢趙曄吴越春秋吴太伯傳:"復置於澤中冰上,衆鳥以～覆之。"也指昆蟲的翅膀。詩豳風七月:"六月莎雞振～(莎雞,昆蟲名)。"詩周南螽斯:"螽斯～,詵詵兮(螽斯,蝗蟲)。"❸鳥類的代稱。周禮考工記梓人:"天下之大獸五:脂者、膏者、贏者、～者、鱗者。"鄭玄注:"羽,鳥屬。"❹古時箭上的翎毛,用以保持箭的穩定性。吕氏春秋精通:"養由基射兕中石,矢乃飲～。"引申指箭。文選南朝梁江淹别賦:"邊郡未和,負～從軍。"❺古代用羽毛做成的舞具。書大禹謨:"舞干～于兩階。"春秋隱公六年:"初獻六～。"❻五音之一。周禮春官大師:"皆文之以五聲:宫、商、角、徵、～。"晉陶淵明詠荆軻詩:"商音更流涕,～奏壯士驚。"

2. hù 集韻後五切,上,姥韻,匣。魚部。

❼通"扈"。緩。周禮考工記弓人:"弓而～閷,未應將發。"鄭玄注:"羽讀爲扈。緩也。"

[辨]羽,翼,翅。見"翼"字條。

三　畫

翃 gòng 古送切,去,送韻,見。東部。

也作"𦐂"。至。漢書揚雄傳上:"登椽欒而𦐂天門兮,馳閶闔而凌兢。"宋司馬光和君貺宴張氏梅台詩:"蜺旌～天起,練甲洗兵回。"

按,説文無翃字,新附有之,作"𦐂",注云:"飛聲。"

羿 yì 五計切,去,霽韻,疑。脂部。

古傳説中的人名,善射。左傳襄公四年:"～猶不悛,將歸自田,家衆殺而亨(烹)之。"淮南子本經:"堯乃使～誅鑿齒於疇華之野,殺九嬰於凶水之上,繳大風於青邱之澤,上射十日而下殺猰貐。"銀雀山漢墓竹簡孫臏兵法勢備:"～作弓弩,以勢象之。"

按,説文羿作䍐,注云:"羽之䍐風,亦古諸侯也。一曰射師。"

四　畫

翅 chì 施智切,去,寘韻,審三,字彙丑智切。支部。

❶鳥類和昆蟲的翅膀。楚辭漢嚴忌哀時命:"爲鳳凰作鶉籠兮,雖翕～其不容。"宋王安石純甫出釋惠崇畫要予作詩:"鷗流探枝婉欲語,蜜蜂掇蘂隨～股。"❷通"啻"。①只,僅。孟子告子下:"取食之重者與禮之輕者而比之,奚～食重?"②止,終。世説新語假譎:"王文度弟阿智惡乃不～,當年長而無人與婚。"

[辨]翅,翼,羽。見"翼"字條。

按,説文翅作翄:"翄,翼也。"

翄 chì 施智切,去,寘韻,審三。支部。

翼。見説文。漢書禮樂志郊祀歌:"幡比～回集,貳雙飛常羊。"

翀 chōng 直弓切,平,東韻,澄,字彙昌中切,音充。冬部。

直上。亦作"沖"。三國魏杜摯贈毌丘荆州:"鵠飛舉萬里,一飛～昊蒼。"唐王維恭

懿太子挽歌之一:"～天王子去,對日聖君憐。"

按,説文無翀字。

翂 fēn 經典釋文音紛,字彙:"翂,同翁。翁,敷文切。"文部。

〔翂翂〕舒緩貌。莊子山木:"其爲鳥也,翂翂翐翐,而似無能。"

按,説文無翂字。

翄 chì 施智切,去,寘韻,審三。支部。

即"翅"字。史記楚世家:"奮翼鼓～,方三千里。"

按,説文以翄爲翍的或體。

翁 1. wēng 烏紅切,平,東韻,影。東部。

㊀鳥頸毛。説文:"翁,頸毛也。"山海經西山經:"天帝之山…有鳥焉,其狀如鶉,黑文而赤～。"漢書禮樂志:"赤雁集,六紛員;殊～雜,五采文。"顔師古注引孟康:"翁,雁頸也。"㊁公。①父親。史記項羽本紀:"吾～即若～,必欲烹而～,則幸分我一桮羹。"宋陸游示兒詩:"王師北定中原日,家祭無忘告乃～。"②祖父。世説新語排調:"阿～詎宜以子戲父。"宋王安石久雨詩:"城門晝開眠百賈,飢孫得糟夜哺～。"③男性老人。晉陶淵明丙辰八月中於下潠田舍穫:"遥謝荷蓧～,聊得從君棲。"男性的尊稱。唐杜甫自京赴奉先詠懷五百字:"取笑同學～,浩歌彌激烈。"④統治者。論衡初禀:"夫王者,天下之～也。"(按,今有主人翁一詞。)㊂〔翁仲〕銅鑄或石雕的人像。北魏酈道元水經注河水:"有物居水中,父老云銅翁仲所没處。"唐柳宗元衡陽與夢得分路贈别:"伏波故道風烟在,翁仲遺墟草樹平。"

2. wěng 集韻鄔孔切,上,董韻,影。東部。

㊃〔翁翁〕也作"滃滃",葱白色。周禮天官酒正"辨五齊之名,三曰盎齊"鄭玄注:"盎猶翁也。成而翁翁然葱白色,如今酇白矣。"清黄景仁遊九華山放歌:"銀河倒掛渌水來,碎滲翁翁碧虚色。"

五　畫

翊 yì 與職切,入,職韻,喻四。緝部。

㊀翅膀。漢揚雄太玄堅:"螽焚其～,所憑喪也。"引申指輔佐。文選三國魏陳琳爲袁紹檄豫州:"使繕脩郊廟,～衛幼主。"舊唐書薛稷傳:"以～贊睿宗,功封晉國公。"㊁〔翊翊〕①飛貌。漢書禮樂志郊祀歌:"神之徠,泛翊翊;甘露降,慶雲集。"②蠕行貌。文選漢王褒洞簫賦:"螻蟻蝘蜓,蠅蠅翊翊。"③通"翼翼"。恭謹貌。漢書禮樂志郊祀歌西顥:"附而不驕,正心翊翊。"㊂明;明日。隋書李德林傳霸朝雜集序:"皆可以～亮天地,流名鐘鼎。"宋蘇軾富鄭公神道碑:"會～日有瘳,故緩其事。"

〔辨〕翊,翌。見"翌"字條。

〔同源字〕翊,翼。翼,喻四職部。翊、翼雙聲;緝、職通轉。二字都有翅膀義和輔佐義。

翋 là 集韻落合切,入,合韻,來。

〔翋𦐇〕叠韻聯緜字,飛貌。文選晉左思吴都賦:"趁趕翋𦐇,若離若合者,相與騰躍乎莽罠之野。"

翌 yì 與職切,入,職韻,喻四。緝部。

㊀明,次日。漢書武帝紀:"～日親登嵩高。"唐白居易哀二良文序:"十六年夏,南陽甍,～日而難作。"㊁翅膀。晏子春秋内篇雜下四:"鶚當陛,布～伏地而死。"引申指輔佐。遼天祚聞耶律卒詔:"以屠沽商賈爲～戴之臣,以佞媚狙詐處清密之任。"

〔辨〕翌,翊。二字同爲喻四緝部,字音相同,僅爲字形結構方式小異。爲異體字。後分化爲兩個字,翌多用指明,明日;翊多用指輔助。

按,説文無翌有翊。

翐 xuè 許月切,入,月韻,曉。

飛。南朝齊謝脁三日侍宴曲水代人應詔詩:"巢閣易窺,馴庭難~。"宋沈括箎箎堂記:"少進焉,則鳥~而去之,魚勑然逃於深淵。"

按,説文無翐字。

翍 pī 敷羈切,集韻攀糜切,平,支韻,滂。支部。

披散;分散;劈開。漢書揚雄傳上:"回猋肆其碭駭兮,~桂椒,鬱栘楊。"樂府詩集郊廟歌辭唐祀雨師樂章:"陰霧離~,靈馭摇裔,膏澤之慶,期於稔歲。"宋劉敞觀林洪範禹貢山川圖詩:"~山瀉澤魑魅走,四海砥定由天扶。"

按,説文無翍字。

翏 1. liù 力救切,去,宥韻,來。幽部。

❶高飛。見説文。

2. lù 集韻力竹切,入,屋韻,來。覺部。

❷〔翏翏〕風聲。也作"飂飂"。莊子齊物論:"夫大塊噫氣,其名爲風,是爲無作,作則萬竅怒呺,而獨不聞之翏翏乎?"宋蘇軾新渡寺席上次韻送叔弼:"子詩如清風,翏翏發將旦。"

習 xí 似入切,入,緝韻,邪。緝部。

❶鳥拍翅頻頻練飛。説文:"習,數飛也。"禮記月令:"鷹乃學~,腐草爲螢。"❷練習;學習。練習偏重在技能。論語學而:"學而時~之。"吕氏春秋審己:"關尹子曰:'未可。'(子列子)退而~之三年,又請。"學習偏重在知識。韓非子五蠹:"莫如修仁義而~文學。"後漢書張霸傳:"~經者以千數。"引申指使練習、使學習,即教習、訓練。漢晁錯募民實塞疏:"居則~民於射法,出則教民於應敵。"❸習慣。商君書戰法:"民~以力攻難,難故輕死。"戰國策趙策二:"常民溺於~俗,學者沈於所聞。"引申指經常接觸的人。禮記月令:"雖有貴戚近~,毋有不禁。"

按,説文習字在習部。

翎 líng 郎丁切,平,青韻,來。

後起字。鳥羽。唐韓愈薦士詩:"鶴~不天生,變化在啄菢。"特指鳥尾或翅上長的羽毛。唐白居易放旅雁:"健兒饑餓射汝喫,拔汝翅~爲箭羽。"〔翎子〕清代官帽上裝有孔雀翎或鶡尾翎,做裝飾,用以區别官階。清吴趼人二十年目睹之怪現狀六八回:"他擡頭一看,只見那官果然是袍兒、褂兒、~子、頂子,不曾缺一樣。"

按,説文無翎字,新附有之,注云:"翎,羽也。"

六　畫

翔 xiáng 似羊切,平,陽韻,邪。陽部。

❶盤旋而飛。説文:"翔,回(迴)飛也。"論語鄉黨:"~而後集。"何晏集解引周生烈曰:"迴~審視而後下止。"戰國策楚策四:"飛~乎天地之間。"❷疾步而行。穆天子傳三:"六師之人~畋于曠原。"漢曹操泰山梁甫行:"柴門何蕭條,狐兔~我宇。"❸盤旋而下(以棲止)。文選漢禰衡鸚鵡賦:"飛不妄集,~必擇林。"鹽鐵論未通:"故代馬依北風,飛鳥~故林。"❹(價錢)上漲。漢書食貨志上:"穀賈(價)~貴。"宋徐夢莘三朝北盟會編卷七六:"自帝蒙塵以來,雪雨不止,物價日~。"❺通"詳"。詳細。漢書西域傳上:"其土地山川王侯户數道里遠近~實矣。"❻通"祥"。吉。論衡是應:"~風起,甘露降。"

[辨]翔,翱。見"翱"字條。

翕 xī 許及切,入,緝韻,曉。緝部。

❶合。説文:"翕,起也。"徐鍇繫傳:"相合起也。"段玉裁注:"鳥將起必斂翼。"文選漢枚乘七發:"飛鳥聞之,~翼而不能去也。"老子第三十六章:"將欲~之,必固張之。"❷協調一致。詩小雅常棣:"兄弟既~,和樂且湛。"史記太史公自序:"天下~然,大安殷

富。"

翎 xī 許及切,入,緝韻,曉。緝部。

〔翎侯〕漢代西域烏孫的官名。漢書張騫傳:"大月氏攻殺難兜靡奪其地,人民亡走匈奴。子昆莫新生,傅父布就翎侯抱亡置草中。"顏師古注:"翎侯,烏孫大臣官號。"

七　畫

翜 shà 所甲切,入,狎韻,審二。葉部。

❶飛得快。說文:"翜,捷也,飛之疾也。"❷減少。亢倉子農道:"失時之麥,胕腫多病,弱苗而～穗。"

翛 1. xiāo 蘇雕切,平,蕭韻,心。幽部。

❶〔翛翛〕①鳥羽破敝貌。詩豳風鴟鴞:"予羽譙譙,予尾翛翛。"②同"肅肅",象聲詞。南齊謝脁冬日晚郡事隙詩:"颯颯滿池荷;翛翛蔭窗竹。"③交雜貌。唐柳宗元謫龍説:"及朝進取杯水飲之,噓成雲氣,五色翛翛也。"❷〔翛然〕①自然超脱貌。莊子大宗師:"翛然而往,翛然而來而已矣。"②蕭條冷落貌。唐杜甫七月一日題終明府水樓之一:"翛然欲下陰山雪,不去非無漢署香。"

2. shū 式竹切,入,屋韻,審三。

❸通"倏"。疾。古文苑三國魏衛覬西嶽華山亭碑:"神樂其静,～彗無形。"

按,說文無翛字。

八　畫

翣 shà 所甲切,入,狎韻,審二。葉部。

❶扇。儀禮既夕禮:"燕器:杖、笠、翣。"鄭玄注:"翣,扇也。"淮南子俶真:"冬日之不用～者,非簡之也,清有餘於適也。"❷棺飾。形似扇。說文:"翣,棺羽飾也。"左傳襄公二十五年:"崔氏側莊公于北郭,丁亥葬諸士孫之里,六～。"❸古時鐘鼓架上的飾物。禮記明堂位:"夏后氏之龍簨虡,殷之崇牙,周之璧～。"

翠 cuì 七醉切,去,至韻,清。微部。

❶翠鳥。說文:"翠,青羽雀也。"楚辭戰國屈原九歌東君:"翾飛兮～曾,展詩兮會舞。"王逸注:"翾然若飛似～鳥之舉。"❷翠鳥青緑色的羽毛,可作爲裝飾品,極珍貴。〔翠華〕天子儀仗中以翠羽爲飾的旗幟或車蓋。文選漢司馬相如上林賦:"建翠華之旗,樹靈鼉之鼓。"〔翠蓋〕帝王的有翠羽爲飾的車蓋,也作帝王的代稱。唐杜甫詠懷之一:"西京後陷没,翠蓋蒙塵飛。"❸青、緑、碧之類的顔色。唐盧照鄰贈李榮道士:"投金～山曲,奠璧清江濆。"〔翠微〕青翠掩映的深山。唐李白贈秋浦柳少府詩:"摇筆望白雲,開簾當翠微。"青,古又指黑;翠亦可指黑。〔翠黛〕黑色的秀眉。唐杜甫陪諸公子丈八溝攜妓納凉詩之二:"越女紅裙濕,燕姬翠黛愁。"〔翠樓〕塗飾青漆的高樓,婦女的居處。唐王昌齡閨怨詩:"閨中少婦不曾愁,春日凝妝上翠樓。"特指青、緑、碧色的玉。文選三國魏曹植洛神賦:"戴金～之首飾,綴明珠以耀軀。"〔翠瓓〕翠玉耳飾。唐張祜華清宫和杜舍人:"守吏齊鴛瓦,耕民得翠瓓。"❹色調鮮明。文選三國魏嵇康琴賦:"新衣～粲,纓徽流芳。"宋蘇軾和述古冬日牡丹之一:"一朵妖紅～欲流,春光回照雪霜羞。"

翥 zhù 章恕切,去,御韻,照三。魚部。

仰飛。說文:"翥,飛舉也。"楚辭戰國屈原遠遊:"雌蜺便娟以增撓兮,鸞鳥軒～而翔飛。"唐韓愈石鼓歌:"鸞翔鳳～衆仙下,珊瑚碧樹交枝柯。"

翡 fěi 扶沸切,去,未韻,奉。微部。

❶赤羽雀。說文:"翡,赤羽雀也。"管子輕重丁:"請挾彈懷丸游水上,彈～燕小鳥。"❷〔翡翠〕①鳥名。文選漢司馬相如子虛賦:"揜翡翠,射鵕鸃。"②即硬玉,色彩鮮艷的天然礦石。南朝齊謝脁落梅詩:"用持插雲髻,翡翠比光輝。"

翢 1. dào 集韻大到切,去,号韻,定。幽部。

❶同"纛"。古代用旄牛尾或野雞尾做成的舞具,也用來做帝王車上的裝飾物。爾雅釋言:"翢,纛也。"集韻豪韻:"纛,舞者所執幢。或作翢。"

2. zhōu 音周。幽部。

❷〔翢翢〕鳥名。韓非子説林下:"鳥有翢翢者,重首而屈尾。"

翟 1. dí 徒歷切,入,錫韻,定。錫部。

❶長尾野雞。説文:"翟,山雉長尾者。"書禹貢:"羽畎夏～。"僞孔傳:"夏翟,翟雉名。"山海經西山經:"女牀之山…有鳥焉,其狀如～而五采文。"❷古代樂舞所執的雉羽。詩邶風簡兮:"左手執籥,右手秉～。"文選漢張衡東京賦:"冠華秉～,列舞八佾。"❸用雉羽裝飾的衣服、車輿等。詩鄘風君子偕老:"玼兮玼兮,其之～也。"毛傳:"褕翟,羽飾衣也。"衛風碩人:"四牡有驕,朱幩鑣鑣,～茀以朝。"毛傳:"翟,車也。夫人以翟羽飾車。"❹同"狄"。古代北方民族名。國語周語上:"我先王不窋,用失其官,而自竄于戎～之間。"

2. zhái 場伯切,入,陌,澄韻。

❺姓。西漢時翟公爲廷尉,賓客盈門。及廢,門外可設雀羅。

九　畫

翩 piān 芳連切,集韻紕延切,平,僊韻,滂。元部。

❶疾飛;飛動。見説文。詩魯頌泮水:"～彼飛鴞,集于泮林。"詩大雅桑柔:"四牡騤騤,旟旐有～。"❷摇曳飄忽的樣子。文選三國魏曹植洛神賦:"～若驚鴻,婉若遊龍。"宋王安石自喻詩:"自喻適志歟? ～然夢中蝶。"❸〔翩翩〕①形容動作輕盈活潑。唐李白高句驪詩:"翩翩舞廣袖,似鳥東海來。"唐白居易賣炭翁詩:"翩翩兩騎來自誰? 黄衣使者白衫兒。"②形容美好有文采。史記平原君虞卿列傳贊:"平原君,翩翩濁世之佳公子也。"三國魏曹丕與吴質書:"元瑜(阮瑀)書記翩翩,致足樂也。"③高聳貌。後漢書班彪傳附班固兩都賦:"然後增舊周,修洛邑,翩翩巍巍,顯顯翼翼。"

翦 1. jiǎn 即淺切,上,獮韻,精。元部。

❶割斷。詩召南甘棠:"蔽芾甘棠,勿～勿拜。"指割而取之或割而除之。北魏賈思勰齊民要術種韭:"韭高三寸,便～之。"北齊魏收爲侯景叛移梁朝文:"～草除根。"❷鏟除,剔除。左傳成公十三年:"又欲闕～我公室。"南朝梁劉勰文心雕龍鎔裁:"～截浮詞謂之裁。"❸鉸(後起義)。唐杜甫戲題王宰畫山水圖歌:"焉得并州快～刀,翦取吴江半江水。"此義後作"剪"。紅樓夢七八回:"就如裁衣一般,未下剪時,須度其身量。"❹姓氏。

2. jiàn 集韻私箭切,去,綫韻,心。元部。

❺通"箭"。見集韻。❻通"踐"。居。管子任法:"卿相不得～其私,羣臣不得辟其所親愛。"于省吾雙劍誃諸子新證管子三:"翦,應讀作踐…翦其私即踐其私也。"文選漢張衡西京賦:"錫用此土,而～諸鶉首。"清王念孫讀書雜志餘編文選:"翦,讀爲踐;踐,居也。謂居之於鶉首之虚。"❼通"淺"。不深的,不厚的。儀禮既夕禮:"加茵,用疏布,緇～,有幅,亦縮二横三。"

[同源字]①鬋,翦,劗。見"鬋"字條。

②鏟,剗,翦。見"鏟"字條。

翬 huī 許歸切,平,微韻,曉。微部。

❶張翅大飛。説文:"翬,大飛也。"爾雅釋鳥:"鷹,隼醜(隼這一類),其飛也～。"後漢書馬融傳:"遊雉羣驚,晨梟輩作,～然雲起,雪爾雹落。"❷具五彩的雉類,錦雞。詩小雅斯干:"如～斯飛。"文選晉潘岳射雉賦:"聿采毛之英麗兮,有五色之名～。"

翨 chì 旋智切,去,寘韻,審三,字彙昌智切。

支部。

同“翅”。鳥的翅膀。說文：“翨，鳥之彊羽猛者。”周禮秋官～氏：“掌攻猛鳥，各以其物爲媒而掎之，以時獻其羽翮。”鄭玄注引鄭司農曰：“翨讀爲翅翼之翅。”

翪 zōng 子紅切，平，東韻，精。東部。

鳥竦翅上下飛。爾雅釋鳥：“鶂，䳲醜(䳲這一類)，其飛也～。”郭璞注：“竦翅上下。”

按，說文無翪字。

翫 wán（舊讀 wàn）五換切，去，换韻，疑。元部。

㊀因習以爲常而生輕視、懈怠。說文：“翫，習厭也。”左傳僖公五年：“晉不可啓，寇不可～。”晉書刑法志：“習～所見而忽異聞，或未能咸服。”㊁長時沉浸於某個方面而不能自拔。書旅獒：“～人喪德，～物喪志。”㊂觀賞。文選漢張衡東京賦：“是以西匠營宫，目～阿房。”宋陳亮謫仙歌：“欲遊金陵自采石，～月乘舟歸赤壁。”也指供觀賞的東西。後漢書劉瑜傳：“皆當盛其～飾。”㊃研習。文選三國魏嵇康琴賦序：“余少好音聲，長而～之。”

［同源字］玩，翫，忨。見“玩”字條。

按，說文翫字在習部。

翭 1. hóu 户鉤切，平，侯韻，匣。侯部。

字亦作“䎋”。㊀羽根。說文：“翭，羽本也。”作量詞。九章算術二粟米：“今有出錢六百二十，買羽二千一百～。”劉徽注：“翭，羽本也。數羽稱其本，猶草木稱其根株。”

2. hòu 集韻下遘切，去，候韻，匣。侯部。

㊁箭名。同“鍭”。儀禮既夕禮：“～矢一乘，骨鏃短衛。”

十　畫

翮 1. hé 下革切，入，麥韻，匣。錫部。

㊀羽莖。見說文。俗稱“羽管”。文選漢揚雄解嘲：“矯翼厲～，恣意所存。”漢劉向說苑尊賢：“鴻鵠高飛遠翔，其所恃者六～也。”代指鳥翼。晉陶淵明停雲詩：“斂～閒止，好聲相和。”代指鳥。唐韓愈送無本師歸范陽：“芝英擢荒蓁，孤～起連菼。”㊁笙管。文選晉潘岳笙賦：“擫纖～以震幽簧，越上筩而通下管。”李善注：“翮，管也；其形類羽，故曰翮。”

2. lì 字彙郎狄切，音歷。錫部。

㊂通“鬲”。古炊具。史記楚世家：“吞三～六翼，以高世主，非貪而何？”司馬貞索隱：“翮，亦作甂。同音歷。三翮六翼，亦謂九鼎也。空足曰翮。六翼，即六耳。”

翰 hàn 侯旰切，去，翰韻，匣。元部。

㊀赤羽山鷄，也稱錦鷄。說文：“翰，天鷄也，赤羽。”逸周書王會：“蜀人以文～。文～者，若皋鷄。”㊁鳥羽。文選晉左思吴都賦：“理翮整～，容與自翫。”㊂毛筆。古用羽毛製筆，故以翰代指筆。文選晉左思咏史之一：“弱冠弄柔～，卓犖觀羣書。”㊃文辭。南朝梁蕭統文選序：“事出於沉思，義歸乎～藻。”〔翰林〕①文章辭采薈萃之地。晉書陸雲傳：“辭邁翰林，言敷其藻。”②唐以後皇帝的文學侍從官，明清兩代從進士中選拔。翰又借指書信。明袁宏道答李本寧：“遠辱～貺，愧感交集。”㊄通“榦（gàn）”。骨干，棟梁。詩小雅桑扈：“之屏之～，百辟爲憲。”唐李白天長節使韋公德政碑：“肅肅韋公，大邦之～。”

翯 hè 胡沃切，入，沃韻，匣。藥部。

㊀白而有光澤。史記司馬相如列傳：“～乎滈滈，東注太湖，衍溢彼池。”司馬貞索隱：“翯，郭璞云：‘水白光貌。’”㊁〔翯翯〕光澤白潔貌。詩大雅靈臺：“麀鹿濯濯，白鳥翯翯。”

［同源字］翯，皠，皜。見“皠”字條。

翲 tà 集韻達合切，音踏，入，合韻，定。

〔翋翲〕叠韻聯緜字。飛貌。參見“翋”字條。

翱 áo 五勞切，平，豪韻，疑。幽部。

也作“翶”。㊀飛。竹書紀年卷下：“鳳凰～兮紫庭，余何德兮以感靈。”漢書王褒傳：

"恩從祥風～,德與和氣游。"㊁〔翱翔〕①回旋地飛。莊子逍遥遊:"翱翔蓬蒿之間,此亦飛之至也。"②指遨遊。詩齊風載驅:"魯道有蕩,齊子翱翔。"

[辨]翱,翔。統言不别,皆指飛。漢書王褒傳顔師古注:"翱,翔也。"析言有别:淮南子覽冥:"翱翔四海之外。"高誘注:"翼一上一下曰翱,不摇曰翔。"鶡冠子天權:"夫蚊虻墜乎千仞之谿,乃使翱翔而成其容。"陸佃注:"高飛曰翱,布翼不動曰翔。"

十一畫

翲 piāo 紕招切,平,宵韻,滂。宵部。

輕。史記太史公自序:"律曆更相治,閒不容～忽。"司馬貞索隱:"翲,輕也。"

按,説文無翲字。

翳 yì 於計切,去,霽韻,影。脂部。

㊀使不得見,即遮蔽,遮蓋。楚辭戰國屈原離騷:"百神～其備降兮,九疑繽其並迎。"國語楚語下:"今吾聞夫差好罷民力以成私,好縱過而～諫。"引申指隱藏。三國志魏書管寧傳:"抱道懷貞,潛～海隅。"指遮蔽物。國語齊語:"諸侯甲不解纍,兵不解～,弢無弓,矢無服。"㊁指用羽毛製成的車蓋。説文:"翳,華蓋也。"山海經海外西經:"(夏后啓)左手操～。"特指遮蔽視線的膜,即白翳、翳子。素問六元正紀大論:"甚則黄黑昏～流行氣交。"宋蘇軾贈眼醫王生彦若詩:"運鍼如運斤,去～如拆屋。"㊂句首語氣詞,表示强調。唐李白贈徐安宜:"歲晚托深期,～君獨桃李。"

[備考]通"殪"。國語周語下:"而又奪之資以益其災,是去其藏而～其人也。"詩大雅皇矣:"作之屏之,其菑其～。"

[辨]翳,蓋,屋。翳,動詞,指遮蓋。蓋,屋,名詞,起遮蓋作用的東西。當翳用爲名詞時,與蓋、屋形成近義關係,故説文:"翳,華蓋也。"蘇軾詩:"去翳如拆屋。"

[同源字]①翳,曀,壇。見"曀"字條。

②骫,委,萎,翳。見"骫"字條。

翼 yì 與職切,入,職韻,喻四。職部。

㊀鳥或昆蟲的翅膀。三國魏曹植鬭雞詩:"長鳴入青雲,扇～獨翱翔。"戰國策楚策四:"王獨不見乎蜻蛉乎?六足四～。"引申指兩側。史記廉頗藺相如列傳:"李牧多爲奇陳,張左右～擊之,大破殺匈奴十餘萬騎。"㊁遮護。詩大雅生民:"誕寘之寒冰,鳥覆～之。"漢書高帝紀:"(項)伯亦起舞,常以身～蔽沛公。"引申指輔助。國語楚語上:"求賢良以～之。"㊂〔翼翼〕①嚴肅謹慎的樣子。詩大雅大明:"維此文王,小心翼翼。"②壯盛的樣子。文選漢枚乘七發:"紛紛翼翼,波湧雲亂。"③整齊有序的樣子。墨子非樂上:"萬舞翼翼,章聞于大(清畢沅大當作"天")。"④飛動而悠閑的樣子。楚辭戰國屈原離騷:"高翱翔之翼翼。"㊃星名,二十八宿之一,屬四象中的南方朱雀。禮記月令:"孟秋之月,日在～。"㊄通"翌(yì)"。明,次。書金縢:"王～日乃瘳。"

[辨]翼,翅,羽。翼與翅是同義詞,但翼較翅常用,構詞能力較翅强。翼有遮護、輔助等義是翅没有的。羽是翅膀上的長毛,翼指翅膀,二字不同義。羽有時可當翅膀講,如奮翼也可説奮羽;翼無羽毛義。羽毛羽扇,不作翼毛翼扇。

[同源字]翼,翊。見"翊"字條。

按,説文翼字在飛部。

翓 hōng 集韻呼宏切,平,耕韻。

〔翓翓〕蟲飛多貌。廣雅釋訓:"翓翓,飛也。"晉成公綏蜘蛛賦:"營營群衆,翓翓亂飛。"字亦作"䎕"。集韻耕韻:"䎕,飛也。或作䎕。"

十二畫

翹 qiáo 渠遥切,平,宵韻,羣。宵部。

❶鳥尾長毛。見説文。三國魏曹植鬬雞詩："翚雄正翕赫，雙～自飛揚。"泛指鳥尾。楚辭漢劉向九歎遠遊："摇～奮羽，馳風騁雨。"泛指動物尾部。文選晉郭璞江賦："蜛蝫森衰以垂～，玄蠣磈磥而碨硊。"❷舉起。莊子馬蹄："齕草飲水，～足而立。"淮南子修務："夫馬之爲草駒之時，跳躍揚蹏，～尾而走，人不能制。"〔翹翹〕①高出貌。詩周南漢廣："翹翹錯薪，言刈其楚。"②高而危殆貌。詩豳風鴟鴞："予室翹翹，風雨所漂摇。"❸使顯露。禮記儒行："麤而～之。"宋羅大經鶴林玉露卷四："好盡言以～人之過，此國武子所以見殺也。"❹特出的；茂盛的。顔氏家訓文章："凡此諸人，皆其～秀者。"文選晉陸機歎逝賦："步寒林以悽惻，翫春～而有思。"

［同源字］趫，蹻，趬，蹺，翹，鱎。見"趫"字條。

翻 fān 孚袁切，平，元韻，敷。元部。

❶上下飛動。三國魏曹丕臨高臺："下有水，清且寒，中有黄鵠往且～。"❷覆轉。唐岑參白雲送武判官歸京詩："紛紛暮雪下轅門，風掣紅旗凍不～。"唐杜甫白帝："白帝城中雲出門，白帝城下雨～盆。"❸翻譯，將一種語言轉换成另一種語言。舊唐書姚崇傳："今之佛經，羅什所譯，姚興執本與什對～。"轉指改創。唐白居易琵琶行："莫辭更坐彈一曲，爲君～作琵琶行。"❹同"反"。①同"返"、"回"。唐王維同比部楊員外十五夜遊有懷詩："萬户千門闢，夜出曙～歸。"②反覆研討。唐高適贈杜二拾遺詩："聽法還應難，尋經賸欲～。"③指反切。反切，作反，亦作翻。宋王應麟困學紀聞小學："考古編謂周顒始有～切，非也。"宋郭忠恕佩觿卷上："徐仙民～'易'爲神石，郭景純～'餤'爲羽鹽。"❺副詞。表示轉折，相當于"反而"、"却"。北周庾信卧疾窮愁："有菊～無酒，無弦則有琴。"

按，説文無翻字，新附有之。

十 三 畫

翽 huì 呼會切，去，泰韻，曉。月部。

❶〔翽翽〕①飛聲。見説文。詩大雅卷阿："鳳凰于飛，翽翽其羽。"②多；頌瀆貌。漢袁康越絶書五請羅内傳："太宰嚭曰：'申胥爲人臣也，辨其君何必翽翽乎？'"❷飛。唐韓愈孟郊秋雨聯句："毛羽皆遭凍，離莅不能～。"

翾 xuān 許緣切，平，仙韻，曉。元部。

❶小飛。見説文。楚辭戰國屈原九歌東君："～飛兮翠曾，展詩兮會舞。"唐劉禹錫謁枉山會禪詩："哀我墮名網，有如～飛輩。"韓詩外傳九："夫鳳皇之初起也～～，十步之雀喔咿而笑之。"❷輕佻，輕薄。也作"儇"。荀子不苟："喜則輕而～。"楊倞注："輕謂輕佻失據。翾，小飛也。言小人之喜輕佻，如小鳥之翾然。"

十 四 畫

翿 dào 徒到切，去，号韻，定。幽部。

即纛。古樂舞或葬禮中所用的上有羽毛爲遮飾的旗。詩王風君子陽陽："君子陶陶，左執～。"宋蘇軾祈雨迎張龍公祝文："～舞雩詠，薦其絜肥。"周禮地官鄉師："及葬，執～。"

按，説文翿作翢(釋義中字作翿)："翢，翳也，所以舞也，从羽設聲。詩曰：'左執～。'"

耀 yào 弋照切，去，笑韻，喻四。藥部。

❶光芒。論衡雷虚："當雷之時，電光時見(現)，大若火之～。"後漢書郎顗傳："(唐堯)是以能建天地之功，增日月之～者也。"❷照射。史記司馬相如列傳："阻深闇昧，得～乎光明。"文選南朝梁江淹别賦："日出天而～景，露下地而騰文。"❸顯示。國語周語上："先王～德不觀兵。"(觀，使看，亦即顯示)。用于人事，指顯貴，顯要。宋蘇軾吊李臺卿詩："所恨言無文，至老幽不～。"

[同源字]①覞，耀。見"覞"字條。②照，昭，耀，曜，燿。見"照"字條。

按，說文耀作燿，在火部，注云："照也。"

十五畫

翿 huì 集韻胡桂切，去，霽韻，匣。月部。

也作"𦑟"。鳥羽莖之末端。淮南子人間："及至其筋骨之已就，而羽翮之既成，則奮翼揮～。"高誘注："翿，六翮之末也。"

按，說文無翿字。

老　部

[老部總論]

老部的字全都是表示年齡大的：老考耆耇耄耋。"者"現在在老部，但說文入白(zì)部。

老 lǎo 盧晧切，上，晧韻，來。幽部。

❶年歲大的。說文："老，考也。七十曰老。"論語季氏："及其～也，血氣既衰，戒之在得。"❷用于動詞，對己指年老不再任職；對他人，指敬老，養老。史記白起王翦列傳："王翦言不用，因謝病，歸～于頻陽。"孟子梁惠王上："～吾老，以及人之老。"❸衰微。左傳僖公二十八年："師直爲壯，曲爲～。"漢書劉歆傳："學者罷(疲)～，且不能究其一藝。"唐岑參喜韓樽相過詩："三月灞陵春已～，故人相逢耐(能)醉倒。"❹老練，閱歷多。國語晉語一："既無～謀，而又無壯事。"唐韓愈石鼓歌："中朝大官～於事，距肯感激徒媕婀。"❺古時臣僚的稱謂。①尊稱他人。指上公、上卿。禮記王制："屬於天子之～二人。"禮記曲禮下："國君不名卿～世婦。"指大夫。左傳昭公十三年："天子之～，請帥王賦。"孔穎達疏："老者，是大夫之總名也。"又指大夫的家臣。儀禮聘禮："授～幣，出迎勞者。"賈公彦疏："大夫家臣稱老。"指群吏之尊者。儀禮士昏禮："主人降，授～鴈。"鄭玄注："老，羣吏之尊者。"②自稱。禮記曲禮下："五官之長曰伯…自稱於諸侯，曰天子之～。"又"諸侯使人使於諸侯，使者自稱曰寡君之～。"❻壽終。荀子仲尼："桀紂舍之，厚於有天下之埶(勢)而不得以匹夫～。"王先謙注："不得如庶人壽終。"後作死的婉辭。唐子蘭城上吟："古塚密於草，新墳侵官道。城外無閒地，城中人又～。"❼副詞。表示經常；程度高(後起義)。唐杜甫復愁十二首之四："年深荒草徑，～恐失柴扉。"清孔尚任桃花扇辭院："想因却奩一事太激烈了，故此～羞變怒耳。"❽前綴。用在名詞前(後起義)。唐元稹與太白同之東洛予至華岳寺望山詩："共作洛陽千里伴，～劉因病駐行軒。"全唐詩寒山詩之二六八："～鼠入飯甕，雖飽難出頭。"

考 kǎo 苦浩切，上，晧韻，溪。幽部。

❶老，年紀大。抱朴子外篇詰鮑："疫厲不流，民獲～終。"❷父親。指在世的。蒼頡篇："～妣延年。"指去世的。禮記曲禮下："生曰父曰母，死曰～曰妣。"公羊傳隱公元年："惠公者何？隱之～也。"❸成。左傳隱公五年："～仲子之宫。"禮記禮運："禮義以爲器，故事行有～也。"❹(通過一定的手段)瞭解。漢董仲舒春秋繁露考功名："～績之法，考其所積也。"(通過考察以瞭解)北魏酈道元水經注瀔水："～古知今。"(通過研究以瞭解)漢書宣帝紀："自丞相以下，各奉職奏事，以傅奏

其言,～試功能。”(通過測驗以瞭解)漢書東方朔傳:“～其文理。”(通過辨析以瞭解)㊄敲擊。詩唐風山有樞:“子有鐘鼓,弗鼓弗～。”㊅拷問。後漢書竇武傳:“時國政多失,内官專寵,李膺、杜密等爲黨事～逮。”

[備考]㊀通“巧”。書金縢:“予仁若～,能多材多藝。”㊁通“簋(guǐ)”。詩大雅江漢:“對揚王休,作召公～。”

按,說文老字在考部。

四 畫

者 zhě 章也切,上,馬韻。照三,魚部。

㊀代詞。通常用在謂詞或謂詞性詞組之後,構成體詞性者字結構,表示“…的人”、“…的事”。論語公冶長:“老～安之,朋友信之,少～懷之。”老子第七十七章:“天之道,其猶張弓歟?高～抑之,下～舉之,有餘～損之,不足～補之。”孟子公孫丑上:“飢～易爲食,渴～易爲飲。”梁惠王上:“不爲～與不能～之形何以異?”“者”也可用在主謂結構的後面。論語雍也:“力不足～中道而廢,今女畫。”㊁代詞。用在數詞的後面,表示幾種人、幾件事情,或幾樣東西。孟子梁惠王下:“老而無妻曰鰥,老而無夫曰寡,老而無子曰獨,幼而無父曰孤。此四～,天下之窮民而無告者。”告子上:“魚,我所欲也;熊掌亦我所欲也。二～不可得兼,舍魚而取熊掌者也。”㊂助詞。①在說明句中,用在名詞主語的後面,表示提頓。列子湯問:“北山愚公～,年且九十,面山而居。”也用在複合句前面分句的後尾,起提頓作用,引出後面的說明解釋。戰國策齊策一:“吾妻之美我～,私我也。”史記屈原賈生列傳:“人君無愚智賢不肖,莫不欲求忠以自爲,舉賢以自佐,然亡國破家相隨屬,而聖君治國累世而不見～,其所謂忠者不忠,而所謂賢者不賢也。”②用在時間詞後。論語陽貨:“古～,民有三疾。”禮記檀弓下:“昔～,吾舅死於虎,吾夫又死焉,今吾子又死焉。”③用在有字句賓語後面,這個賓語是下文的主語。論語雍也:“有顏回～好學。”莊子列禦寇:“宋人有曹商～,爲宋王使秦。”㊃助詞。用在句末,表示疑問或測度。史記孟嘗君列傳:“孟嘗君憂之,問左右:‘何人可使收責於薛～?’”唐柳宗元捕蛇者說:“言之,貌若甚戚～。”㊄指代詞,後作“這”(後起義)。唐齊己道林寓居詩:“青嶂～邊來已熟,紅塵那畔去應疎。”㊅通“諸”。古文苑詛楚文:“率～侯之兵以臨加我,欲剗伐我社稷。”宋章樵注:“(者),諸。”鹽鐵論散不足:“～生無易由言,不顧其患,患至而後默,晚矣。”王利器校注:“者,諸古通用。”㊆通“箸”。後作著。記載。商君書來民:“不起十年往(征字之誤),～於律也。”

按,說文者字在白(zì)部:“者,别事詞也。”

耆 1. qí 渠脂切,平,脂韻,羣。脂部。

㊀老,老人。說文:“耆,老也。”史記曆書:“(堯)年～禪舜。”禮記射義:“幼壯孝弟,～耋好禮。”特指資深的老者。禮記檀弓下:“魯哀公誄孔丘曰:‘天不遺～老,莫相予位焉。’”㊁强横。左傳昭公二十三年:“不僭不貪,不懦不～。”也指强。逸周書謚法:“～意大慮曰景。”㊂憎惡。詩大雅皇矣:“上帝～之,憎其式廓。”毛傳:“耆,惡也。”

2. zhǐ 集韻軫視切,上,旨韻,照三。脂部。

㊃達到。詩周頌武:“嗣武受之,勝殷遏劉,～定爾功。”(高亨注:“定,成也。”耆定:達成)。使達到,即獻上,致。國語晉語九:“及臣之壯也,～其股肱以從司馬。”韋昭注:“耆,致也。”

3. shì 集韻時利切,去,至韻,禪。脂部。

㊄喜好(hào)。後作嗜。孟子告子上:“口之於味也,有同～也。”莊子齊物論:“鴟鴉～鼠。”

耄 mào 莫報切,去,号韻,明。宵部。

㊀老,年紀大。書大禹謨:"～期倦于勤。"左傳隱公四年:"老夫～矣,無能爲也。"㊁昏亂,老糊涂。書微子:"吾家～遜于荒。"

按,說文無耄字。

五　畫

耇 gǒu 古厚切,上,厚韻,見。侯部。

也作"耈"。老,老年人。說文:"耇,老人面凍黎若垢,从老省,句聲。"王筠句讀:"面如凍梨,色如浮垢,老人壽徵也。"國語晉語八:"吾聞國家有大事,必順於典刑,而訪咨於耇老,而後行之。"漢書韋賢傳:"歲月其徂,年其逮耇。"

六　畫

耋 dié 徒結切,入,屑韻,定。質部。

也作"耊"。老。說文:"耋,年八十曰～。"詩秦風車鄰:"今者不樂,逝者其～。"左傳僖公九年:"以伯舅～老,加勞,賜一級無下拜。"

而　部

而 1. ér 如之切,平,之韻,日。之部。

㊀頰毛。說文:"而,頰毛也。象毛之形。"周禮考工記梓人:"必深其爪,出其目,作其鱗之～。"鄭玄注:"之而,頰頷也。"戴震補注:"頰側上出者曰之,下垂者曰而。"清桂馥說文解字義證:"而,俗作髵。"㊁連詞。①連接詞或詞組,表示并列、轉折、相承等關係。左傳桓公元年:"美～艷。"論語學而:"敏于事～慎于言。"莊子養生主:"臣以神遇～不以目視。"韓非子五蠹:"故令尹誅～楚姦不上聞,仲尼賞～魯民易降北。"②用在偏正結構,連接狀語和謂語動詞。荀子勸學:"吾嘗終日～思矣,不如須臾之所學也。"唐柳宗元捕蛇者說:"吾恂恂～起,視其缶,而吾蛇尚存,則弛然～卧。"③用在主謂結構,連接主語和謂語,表示設定或强調的意思。左傳襄公三十年:"子產～死,誰其嗣之。"論語爲政:"人～無信,不知其可也。"戰國策趙策三:"先生獨未見夫僕乎? 十人～從一人者,寧力不勝智不若耶? 畏之也。"㊂語氣詞。①用在句中,表示反詰語氣。論語顔淵:"爲仁由己,～由人乎哉?"②用于句末,表示感嘆語氣。論語微子:"已～,已～! 今之從政者殆～。"㊃代詞。你,你的。左傳昭公二十年:"余知～無罪也。"史記項羽本紀:"必欲烹～翁,則幸分我一桮羹。"

2. néng 集韻奴登切,平,登韻,泥。之部。

㊄通"能"。①能够。墨子尚同下:"天下之所以治者何也? 唯～以尚同一義爲政故也。"②能力。莊子逍遥遊:"知效一官,行比一鄉,德合一君,～徵一國。"㊅通"如"。孟子離婁下:"望道～未之見。"吕氏春秋察今:"軍驚～壞都舍。"韓氏外傳卷四三二章:"從物～流。"

[同源字]①然,爾,而,如,若。見"然"字條。②汝,爾,而,乃,若。見"汝"字條。

三　畫

耐 1. nài 奴代切,去,代韻,泥。之部。

㊀禁得起。北魏賈思勰齊民要術種椒:"此物性不～寒。"舊唐書魏玄同傳:"玄同素與裴炎結交,能保終始,時人呼爲'～久朋'。"㊁古時一種剃除頰鬚的刑罰。後漢書陳寵傳:"今律令死刑六百一十,～罪千六百九十八。"清黄生義府卷下:"～正留髮去鬚鬢之名。吾鄉婦人以線繳面毛者,謂之耐面,其名猶沿古義。"㊂通"奈"。對付。宋黄庭堅奉謝

泰亨送酒詩:"非君送酒添秋睡,可~東池到曉蛙。"(可奈,如何對付。即無法對付)

2. néng 集韻奴登切,平,登韻,泥。之部。

㊃通"能"。禮記樂記:"故人不~無樂。"論衡無形:"苞瓜之汁,猶人之血也;其肌,猶肉也。試令人損益苞瓜之汁,令其形如故,~爲之乎?"

[辨]能,耐。"能"指主觀上可以,"耐"指客觀上可以。這兩個意思古代"能"、"耐"都可以用。漢書嚴助傳:"中國之人不能其水土也。"素問陰陽應象大論:"能冬不能夏。"以"能"表示"禁得起"的意思。後代字義有分工:耐指禁得起,能指能够做到。

按,説文以耐爲耏的或體。參見"耏"字條。

耎 ruǎn 而兖切,上,獮韻,日。元部。

㊀軟弱。莊子胠篋:"惴~之蟲,肖翹之物,莫不失其性。"漢書司馬遷傳報任安書:"僕雖怯~欲苟活,亦頗識去就之分矣,何至自湛溺累紲之辱哉!"文選"耎"作"懦"。㊁退縮。史記天官書:"其已出三日而復,有微入,入三日乃復盛出,是謂~,其下國有軍敗將北。"

按,説文耎字在介部:"耎,稍前大也。"秦漢時"稍"指"漸","漸漸",即前面的逐漸大。結果末大于本,則軟弱矣。朱駿聲説文通訓定聲乾部:"耎"字"當作梢前大也…所謂本不勝末也,所謂末大必折也。"改字爲訓,不可從。

[同源字]軟,輭,蝡,愞,耎,偄,媆,懦。見"軟"字條。

耏 1. nài 奴代切,去,代韻,泥。之部。

㊀古時剃除頰鬚的刑罰,也作"耐"。説文:"耏,罪不至髡也。"漢書高惠高后文功臣表朝陽齊侯華寄:"孝文十四年,侯當嗣,…坐教人上書枉法,~爲鬼薪。"新唐書波斯傳:"刑有髡,鉗,刵,劓。小罪~。"

2. ér 如之切,平,之韻,日。之部。

㊁頰鬚。後漢書章帝紀:"沙漠之北,葱嶺之西,冒~之類,跋涉懸度。"㊂水名。在今山東省淄博市西北。左傳襄公三年:"(齊侯)乃盟于~外。"

要 shuǎ 字彙沙雅切。

後起字。㊀玩,玩要。唐李宣古杜司空席上賦詩:"争奈夜深抛~令,舞來挼去使人勞。"宋周邦彦意難忘美詠:"長顰知有恨,貪~不成妝。"㊁逗樂。元馬致遠漢宫秋一折:"休煩惱,吾當且是~,斸卿來便當真假。"㊂舞弄。元無名氏射柳捶丸四折:"每打拳~棍,真箇高强。"

耑 1. duān 多官切,平,桓韻,端。元部。

"端"的古字。㊀植物萌發的芽頭。泛指頭。説文:"耑,物初生之題也。"段玉裁注:"古發端字作此,今則端行而耑廢。"周禮考工記磬氏:"已上則摩其旁,已下則摩其~。"漢書天文志:"前列直斗口三星,隨北~鋭,若見若不見。"

2. zhuān。

㊁同"専"。段玉裁説文解字注:"今則端行而耑廢,乃多用耑爲専矣。"王國維釋觶觛卮䏌腨:"古書多以耑爲専。"

按,説文耑字在耑部。

四　畫

耎 ruǎn 龍龕手鑑而兖反。

退縮。漢揚雄太玄二耎:"測曰:~其心,中無勇也。"

七　畫

耨 nù 字彙補乃谷切,音怒。

憂愁貌。文選漢王褒洞簫賦:"憤伊鬱而酷~,愍眸子之喪精。"

耒 部

［耒部總論］

耒指農具，耒部的字分兩類。

（一）指農具。例如：耙 耖 耞 耜 耡 耨 耬 耰

（二）指耕作。例如：耔 耕 耦 耘 耝 耤 耩

耒 lěi 力軌切，上，旨韻，來。微部。

❶古代翻土的農具的曲木柄。説文："耒，手耕曲木也。"易繫辭下："斲木爲耜，揉木爲～。"❷指農具。韓非子五蠹："因釋其～而守株。"史記淮陰侯列傳："農夫莫不輟耕釋～。"

三 畫

耔 zǐ 即里切，上，止韻，精。之部。

培土。詩小雅甫田："今適南畝，或耘或～。"晉陶淵明歸去來辭："懷良辰以孤往，或植杖而耘～。"

按，説文無耔字。

四 畫

耕 gēng 古莖切，平，耕韻，見。耕部。

翻土犂地。説文："耕，犂也。"農業勞動最基礎的一環。論語微子："長沮、桀溺耦而～。"禮記禮運："故治國不以禮，猶無耜而～也；爲禮不本于義，猶～而弗種也。"泛指從事農業勞動。管子輕重甲："一農不～，民或爲之飢；一女不織，民或爲之寒。"轉指從事某種事業。法言學行："～道而得道，獵德而得德。"文選漢任昉爲蕭揚州薦士表："既筆～爲養，亦傭書成學。"正字通耒部："假它事代食，若力田然，亦曰耕。"

耘 yún 王分切，平，文韻，喻三。文部。

除草。詩周頌載芟："千耦其～，徂隰徂畛。"墨子三辯："農夫春耕夏～，秋斂冬藏。"引申指除掉。史記東越列傳："不戰而～，利莫大焉。"

按，説文耘作䒙，是𦓳的或體。

耙 bà 正字通必駕切，音罷。

晚起字。一種用于碎土和平地的農具。元王禎農書卷一二："～，桯長可五尺，闊約四寸。"

耖 chào 初教切，去，效韻，穿二。

後起字。❶指耕後再進行的淺耕鬆土作業。廣韻："耖，重耕田也。"❷農具名，用來碎土和平整土地。元王禎農書卷一二："～，疏通田泥器也…其齒比耙齒倍長且密。人以兩手按之，前用畜力輓行。"

耗 1. hào 呼到切，去，号韻，曉。宵部。

❶少，不足，與"豐"相對。禮記王制："五穀皆入，然後制國用。用地大小，視年之豐～。"引申指瘠薄。大戴禮記易本命："息土之人，美；～土之人，醜。"❷使少，虧損。莊子達生："臣將爲鐻，未嘗敢以～氣也，必齊（齋）以靜心。"文選漢曹操七啓八首并序："～精神乎虛廓，廢人事之紀經。"❸衰敗，凋敝（此爲虧損的結果）。淮南子時則："秋行夏令，華；行春令，榮；行冬令，～。"

2. mào 字彙莫報切。宵部。

❹通"眊"。不明，昏亂。漢書景帝紀："不事官職～亂者，丞相以聞，請其罪。"

3. máo 集韻謨袍切，平，豪韻，明。宵部。

㊄無，没有。漢書高惠高后文功臣表序："訖於孝武後元之年，靡有孑遺，～矣。"

按，説文無秏有秏，在禾部。宋李從周字通："秏即秏字。"

五 畫

枷 jiā 集韻居牙切，平，麻韻，見。歌部。

一種脱穀用的農具。國語齊語："令夫農，羣萃而州處，察其四時，權節其用，耒耜～芟，及寒，擊菒（指枯草）除田，以待時耕。"宋吴錫疇窮山之趣："鼓響移秧日，～鳴穫稻秋。"

按，説文枷作枷，枷注云："柫也。"柫注云："擊禾連枷也。"

粗 1. qù 集韻七慮切，去，御韻，清。

㊀翻地。集韻："粗，耕而土起謂之粗。"㊁古地名，在今河南省滑縣東。宋羅泌路史國名紀巳："～，羿邑。澶之衛南縣東十五有故城粗城。"左傳襄公四年作"鉏"。

2. chú 集韻牀魚切，平，魚，牀二。

㊂同"耡"。①幫助。集韻："耡、粗。起民令相佐助也。或省。"周禮地官遂人："教民稼穡以興耡。"賈公彦疏："耡，助也。"②農具名。清薛時雨短歌四首之四："大憝未平小醜起，耰～棘矜誰氏子？"

耜 sì 詳里切，上，止韻，邪。之部。

古代一種類似鍬的農具，爲農業勞動的基本工具。莊子天下："禹親自操橐～。"與"耒"對文時指耒下端的鏟土部分，耒則指耜柄。易繫辭下："神農氏作，斲木爲耜，揉木爲耒。"周禮考工記匠人："匠人爲溝洫，～廣五寸，二～爲耦。"

按，説文耜作梠，在木部，云："臿也。"

七 畫

耡 1. zhù 牀據切，音助，去，御韻，牀二。魚部。

㊀古代一種田賦制度。説文："耡，商人七十而耡。耡，耤税也。"耡，指奴隸爲奴隸主在公田勞動，類似勞役租税。㊁通"助"。幫助。周禮地官遂人："教甿稼穡以興～，利甿以時器。"鄭玄注："杜子春讀耡爲助，謂起民人令相佐助。"㊂古代鄉里辦事處。周禮地官里宰："以歲時合耦於～。"鄭玄注："耡者，里宰治處也，若今街彈之室。"賈公彦疏："鄭以漢法況之。漢時在街置室檢彈，一里之民，於此合耦，使相佐助，因放（倣）而名～也。"

2. chú 士魚切，平，魚韻，牀二。

㊃通"鉏"（鋤）。①農具名。宋王安石獨卧詩之一："誰有～耰不自操，可憐園地滿蓬蒿。"②鏟除。宋范成大吴船録卷下："余囑主僧法才作亭，名曰過溪，呼山夫～治作址。"

八 畫

耤 1. jí 秦昔切，入，昔韻，從。鐸部。

㊀古代帝王親耕之田。親耕以勸農。後作"藉"。説文："耤，帝～千畝也。古者使民如借，故謂之耤。"禮記月令："天子親載耒耜…躬耕帝藉。"釋文："藉，説文作耤。"按，甲骨文、金文中的耤字，像人持耒耜勞動之形。張舜徽説文解字約注："造字之初，耤自是耕之通號。"㊁古代一種田賦制度。廣雅釋詁二："耤，税也。"王念孫疏證："耤字亦作藉。大雅韓奕篇'實畝實藉'。"

2. jiè 集韻慈夜切，去，禡韻，從。鐸部。

㊂同"藉"。借。漢書郭解傳："以軀～友報仇。"顔師古注："古藉字也。藉謂借助。"（今借助指借得别人的幫助，此借助指借出己力以幫助别人。）

䎦 lǔn 力準切，上，準韻，來。文部。

同"輪"。束。見廣韻。

按，說文無耦字。

九　畫

耦 ǒu 五口切，上，厚韻，疑。侯部。

❶兩人相配合從事耕作。古代一種耕作方法。說文："耦，耒廣五寸爲伐，二伐爲耦。"論語微子："長沮、桀溺～而耕。"吕氏春秋季冬紀："命司農計～耕事，修耒耜，具田器。"❷雙，成雙，與"奇"相對。後作"偶"。易繫辭下："陽卦奇，陰卦～。"三國志吴書吴主傳："車中八牛以爲四～。"❸配偶。後作"偶"。左傳桓公六年："太子曰：'人各有～。齊大，非吾～也。'"❹通"偶"。用土、木製成的人俑。漢劉向説苑正諫："見一土～人，方與木梗人語。"江陵鳳凰山漢墓竹簡："右方～人藉凡卌九。"

十　畫

耩 jiǎng 古項切，上，講韻，見。

後起字。耕種。廣雅釋地："耩，耕也。"王念孫疏證："耩與耕一聲之轉，今北方猶言耕而下種(zhǒng)曰'耩'矣。"北魏賈思勰齊民要術一種穀："鋤得五遍已上不煩～。"

耨 nòu 奴豆切，去，候韻，泥。屋部。

❶除草的農具。國語齊語："時雨既至，挾其槍、刈、～、鎛，以旦暮從事於田野。"❷除草。左傳僖公三十三年："初，臼季過冀，見冀缺～，其妻饁之。"淮南子繆稱："害生於弗備，穢生於弗～。"

按，説文耨作槈，在木部。

十一畫

耬 lóu 落侯切，平，侯韻，來。侯部。

播種用的農具。漢崔寔政論："其法三犁共一牛，一人將之，下種挽～，皆取備焉。"晉書食貨志："乃教作～犂，又教使灌溉。"也指用耬進行耕作。漢氾勝之書大小麥："秋鋤以棘柴～之，以壅麥根。"

十五畫

耰 yōu 於求切，平，尤韻，影。幽部。

粉碎土塊的農具。淮南子氾論："後世爲之耒耜～鋤。"史記陳涉世家："鉏～棘矜，非銛於句戟長鎩也。"也指用耰進行耕作。史記龜策列傳："耕之～之，鉏之耨之。"

按，説文耰作櫌，在木部。

耳　部

耳部的字大致分四類。

(一)關於聽覺或聽覺的好壞的。例如：聞　聆　聽　聖　聾　聳　聱　聵

(二)聞於聲音的。例如：聲　聒　聄

(三)關於耳和耳的形狀等。例如：耳　耽　聃　耵　聹

(四)其他。例如：聘　職　聯

耳 ěr 而止切，上，止韻，日。之部。

❶耳朵，人體的器官，主聽。詩大雅抑："匪面命之，言提其～。"老子第十二章："五音令人～聾。"按，説文耳部："耳，主聽也，象形。"❷聽覺。論語爲政："六十而～順。"指

聽到。漢書外戚傳上:"又～曩者所夢日符,計未有所定。"清蒲松齡聊齋志異驅怪:"遠近多～其名。"㊂事物兩旁的東西。周禮考工記栗氏:"䎱其～三寸。"水滸傳三三回:"喝叫左右去兩邊～房裏搜人。"㊃語氣詞。①"而已"的合音詞,相當于"罷了"。論語陽貨:"前言戲之～。"史記酈生陸賈列傳:"如反覆手～。"②表示强調,相當于"也"(後代的"啊")。史記匈奴列傳:"不備,苦惡,則候秋孰,以騎馳蹂而稼穡～。"(漢書此處"耳"作"也")史記刺客列傳:"且吾所爲者極難～。"

[備考]通"仍"。仍,日母蒸部。耳、仍雙聲,韻爲陰陽對轉。〔耳孫〕古時從本人下數至八世孫爲耳孫。也作"仍孫"。漢書惠帝紀:"上造以上,及内外公孫、～孫有罪當刑及當爲城旦舂者,皆耐爲鬼薪白粲。"顔師古注:"據爾雅'昆孫之子爲仍孫'。

[同源字]刵,耳,珥。見"刵"字條。

二　畫

玎 dīng 都挺切,上,迥韻,端。耕部。

〔玎聹〕叠韻聯縣字。耳垢。靈樞經厥病:"苦有乾玎聹,耳無聞也。"

三　畫

耶 yé 以遮切,平,麻韻,喻四。魚部。

㊀句末語氣詞,表示疑問或反詰。韓非子説林上:"問之曰:'客～?'對曰:'主人。'"戰國策趙策三:"十人而從一人者,寧力不勝、智不若～?"㊁通"爺"。父親。古文苑木蘭詩:"軍書十二卷,卷卷有～名。"唐杜甫兵車行詩:"～孃妻子走相送,塵埃不見咸陽橋。"

按,説文無耶字。耶字由邪字譌變而來。參見秦漢魏晉篆隸字形表。後世也有以"耶"表示"邪"義的。敦煌掇瑣太子入山修道贊:"衆生命盡信～言,不解學參禪。"

耷 dā 都榼切,入,盍韻,端。大耳朵。見玉篇。明末畫家有朱耷,即八大山人。

四　畫

耽 dān 丁含切,平,覃韻,端。侵部。

㊀耳大下垂。見説文。淮南子地形:"夸父～耳,在其北方。"㊁縱情地玩樂。詩衛風氓:"于嗟女兮,無與士～。"禮記中庸:"兄弟既翕,和樂且～。"也指沉溺。韓非子十過:"～於女樂。"沉溺於好的方面,即深研。三國志吴書士燮傳:"～玩春秋,爲之注解。"晉書杜預傳:"既立功之後,從容無事,乃～思經籍。"㊂指時間上過久(後起義)。金史五行志:"童謡云:'青山轉,轉青山,～誤盡,少年人。'"

[同源字]耽,湛,媅,酖。皆爲端母侵韻。其同源義是"浸沉",多指情緒、精神方面。詩小雅鹿鳴:"和樂且湛。"毛傳:"湛,樂之久也。"説文:"媅,樂也。""醓,樂酒也。"詩大雅抑"荒湛于酒"韓詩作"媅"。清朱駿聲説文通訓定聲"酖"曰:"嗜色爲媅,嗜酒爲酖。"

耿 gěng 古幸切,上,耿韻,見。耕部。

㊀光明。尚書立政:"以覲文王之～光,以揚武王之大烈。"宋蘇軾二十六日五更起行至磻溪未明:"山頭孤月～猶在,石上寒波曉更喧。"引申用爲動詞,指照耀。國語晉語三:"若入,必伯諸侯以見天子,其光～於民矣。"引申用爲形容詞,指清白。文選漢張衡東京賦:"聘丘園之～絜,旅束帛之戔戔。"㊁强硬,剛直。唐韓愈南山詩:"參差相叠重,剛～陵宇宙。"㊂古地名。①古國名。春秋時小國,故址在今山西河津縣南汾水南岸。②古邑名。又名邢。商代自祖乙至陽甲建都於此,故址在今河南温縣東。

[備考]説文:"耿,耳箸頰也。"清徐灝箋:"明魏校六書精蕴'耿者,不寐而耳熱耳。與煩同義。'此説正與'耳箸頰'意相協。邶風'～～不寐'當如此解。"

耾 hóng 户萌切,平,耕韻,匣。蒸部。

〔耾耾〕大聲。文選戰國宋玉風賦:"耾耾雷聲,迴穴錯迕。"法言問道:"或問大聲,曰:非雷非霆,隱隱耾耾。"

按,説文無耾字。

耼 dān 龍龕手鑑他甘反。今讀如擔。談部。

即"聃"的古體。耳長大。史記老子韓非列傳:"老子者,姓李氏,名耳,字耼。"

按,説文作。,隸古定作冄。今變作冉。

耹 qín 巨金切,平,侵韻,羣。侵部。

〔耹隧〕古地名。國語周語上:"昔夏之興也,(祝)融降于崇山,其亡也,回祿信於耹隧。"竹書紀年上帝癸三十年:"冬,耹隧災。"

按,説文無耹字。

五　畫

聓 xù 集韻思計切,去,霽韻,心。魚部。

同"壻"。集韻霽韻:"壻,…俗作埍、聓。"方言三:"東齊之間,聓謂之倩。"漢應劭風俗通義怪神:"婦尚不知有此女新從～家來。"晉張華博物志卷六:"君才過人而體貌躁,非女～才。"

聏 èr 仍吏切,去,志韻,日。之部。

祭告。山海經東山經:"祠:毛用一犬;祈,～用魚。"郭璞注:"以血塗祭爲聏也。"

按,説文無聏字。

聃 dān 他酣切,平,談韻,透。今讀如擔。談部。

❶耳長且大。宋蘇軾補禪月羅漢贊:"～耳屬肩,綺眉覆顴。"❷通"耽"。沉溺。列子楊朱:"方其～於色也,屏親昵,絶交游,逃於後庭,以晝足夜。"❸古國名。左傳僖公二十四年:"故封建親戚以蕃屏周。管、蔡、郕、霍、魯、衛、毛、～…文之昭也。"

按,説文聃作耼。

聆 líng 郎丁切,平,青韻,來。耕部。

❶用耳朵接受聲音。文選漢揚雄劇秦美新:"鏡純粹之至精,～清和之正聲。"❷貫通,明白。論衡自紀:"觀讀之者,曉然若盲之開目,～然若聾之通耳。"淮南子齊俗:"不通於道者若迷惑,告以東西南北,所居～～,壹曲而辟,然忽不得,復迷惑也。"高誘注:"聆聆,意曉解也。"

按,説文:"聆,聽也。""聽,聆也。"聽有服從、順從的意思。聆亦有此義,惟字形作"令"。吕氏春秋爲欲:"故古之聖王,審順其天而以行欲,則民無不令矣,功無不立矣。"廣雅釋詁一:"聆,從也。"王念孫疏證:"聆,古通作令…令謂聽從也。"

聊 liáo 落蕭切,平,蕭韻,來。幽部。

❶依憑,倚賴。楚辭戰國屈原九章悲回風:"憐思心之不可懲,證此言之不可～。"戰國策秦策一:"上下相愁,民無所～。"漢書張耳陳餘列傳:"秦爲亂政虐刑…使天下父子不相～。"引申指(心意)安適。漢劉向列女傳衛宗二順:"子奉祭祀而妾事我,我不～也。"後漢書列女傳:"生如此,亦何～哉!"文選晉石崇王明君辭:"殺身良不易,默默以苟生。苟生亦何～,積思常憤盈。"[無聊]①無以爲生。漢書元帝紀永光四年:"關中有無聊之民,非久長之策也。"②精神無寄託。楚辭漢王褒九思逢尤:"心煩憒兮意無聊,嚴載駕兮出戲遊。"❷姑且。詩檜風素冠:"我心傷悲兮,～與子同歸兮。"史記南越列傳:"老臣妄竊帝號,～以自娱,豈敢以聞天王哉!"

[備考]説文:"聊,耳鳴也。"段玉裁注:"楚辭曰'耳聊啾而戃慌'王(逸)注云:'聊啾,耳鳴也。'此聊之本義。"

六　畫

聑 tiē 丁愜切,入,怗韻,端。今讀如貼。葉部。

穩妥,合適。説文:"耴,安也。"段玉裁注:"二耳之在人首,帖妥之至者也。"文選漢馬融長笛賦:"瓠巴～柱,磬襄弛懸。"此義後作"帖"。

聏 1. ér 集韻人之切,平,之韻。之部。

㊀調和。莊子天下:"以～合驩,以調海内。"

2. nù 集韻女六切,入,屋韻,娘。

㊁羞愧。漢揚雄太玄睟:"～于中。"范望注:"聏,慙也。"

聒 guō 古活切,入,末韻,見。月部。

㊀喧嘩,嘈雜。莊子天下:"以此周行天下,上説下教,雖天下不取,强～而不舍者也。"宋王安石和惠思歲二日二絶之一:"爲嫌歸舍兒童～,故就僧房借榻眠。"引申指煩擾。唐杜甫北征詩:"翻思在賊愁,甘受雜亂～。"〔聒聒〕喧鬧的樣子。書盤庚上:"今汝聒聒,起信險膚,予弗知乃所訟。"㊁象聲詞。宋歐陽修歸田四時樂春夏二首:"鳴鳩～～屋上啄,布穀翩翩桑下飛。"

按,説文:"聐,讙語也。"偏旁"昏"後皆作"舌",如括、活等。

七 畫

聖 shèng 式正切,去,勁韻,審三。耕部。

㊀通達事理。説文:"聖,通也。"張舜徽説文解字約注:"聖之言聲也,謂聲接於耳而不閉塞也…引申爲凡通察之稱。"書大禹謨:"乃～乃神,乃武乃文。"詩邶風凱風:"母氏～善。"㊁具有超人的學問或技藝。抱朴子内篇辨問:"世人以人所尤長,衆所不及者,便謂之～。故善圍棋之無比者,則謂之棋～。"清葉燮原詩外篇上:"詩～推杜甫。"㊂具有最高智慧和道德的。論語子罕:"子貢曰:'固天縱之將～,又多能也。'"老子第十九章:"絶～棄智,民利百倍。"㊃對帝王的尊稱。史記秦始皇本紀:"大～作治,建定法度,顯著綱紀。"宋王安石本朝百年無事劄子:"臣以淺陋,誤承～問。"

聘 pìn 匹正切,去,勁韻,滂。耕部。

㊀徵詢意見,問候。説文:"聘,訪也。"禮記月令季春之月:"(天子)勉諸侯,～名士,禮賢者。"特指諸侯之間通問修好。左傳宣公十一年:"季文子初～於齊。"㊁聘請,招請。三國志吴書吴主傳:"招延俊秀,～求名士。"㊂以禮物交换,行正式媒聘之禮。也作"娉"。左傳成公十一年:"聲伯之母不～。"史記陳丞相世家:"乃假貸幣以～,予酒肉之資以内婦。"

八 畫

聚 jù 慈庾切,上,麌韻,從。侯部。

㊀會合,集合。易繫辭上:"方以類～,物以羣分。"新唐書張九齡傳:"京師衣冠所～,身名所出。"指使集合,即積聚、積蓄。易乾:"君子學以～之,問以辯之。"積聚非義之財,便是搜刮。論語先進:"季氏富於周公,而求也爲之～斂而附益之。"也指積聚、搜刮的財物。左傳哀公十七年:"楚白公之亂,陳人恃其～而侵楚。"㊁指人的會合。史記陳涉世家:"當此時,楚兵數千人爲～者,不可勝數。"指人聚居之地,即村落。史記五帝紀舜:"一年而所居成～,二年成邑,三年成都。"漢書溝洫志:"(黄河水)時至而去,則填淤肥美,民耕田之。或久無害,稍築室宅,遂成～落。"

[同源字]湊,輳,族,簇,聚。見"湊"字條。

按,説文聚字在㐺部,注云:"會也。"

聞 1. wén 無分切,平,文韻,微。文部。

㊀聽見。説文:"聞,知聞也。"史記高祖本紀:"項羽卒～漢軍楚歌。"禮記大學:"心不在焉:視而不見,聽而不～。"指使聽見,即報告,上達。史記張儀列傳:"是故不敢匿意隱情,先以～於左右。"韓非子五蠹:"令尹誅

而楚夥不上～。”❷用爲名詞,指社會上相傳的事情。漢司馬遷報任安書:“網羅天下放失舊～。”引申指見聞、知識。史記屈原賈生列傳:“博～强志。”(見聞廣博、記憶力强)論語季氏:“友直,友諒,友多～。”❸被聽到、被傳播,即聞名、著稱。史記廉頗藺相如列傳:“以勇氣～於諸侯。”隋書李士謙傳:“髫亂喪父,事母以孝～。”唐李白贈孟浩然詩:“吾愛孟夫子,風流天下～。”❹用鼻子嗅(後起義)。唐李商隱和張秀才落花有感:“掃後～更香。”

2. wèn 亡運切,去,問韻,微。文部。

❺名聲,名望。書微子之命:“舊有令～。”唐韓愈原毁:“恐恐然惟懼其人之有～也。”

[辨]聞,聽。聽指主動用耳去感受外界的聲音,聞則指外界的東西傳到自己的耳朵裏。論語里仁:“朝聞道,夕死可矣。”史記高祖本紀:“項羽卒聞漢軍之楚歌,以爲漢盡得楚地。”皆指客觀的東西傳到耳裏進而引起的反應。清段玉裁説文解字注:“往曰聽,來曰聞。”聽由主動去瞭解,引申出主動從事(工作),即治理、處理,如垂簾聽政;正像“視”由主動去看,引申出治理、處理是一樣的(如視朝、視膳、視朔)。聞(包括與“視”相對的“見”)没有這樣的意思。聽並不含聽見的意思,而聞則指聽見,故有“聽而不聞”。

十一畫

聱 áo 五勞切,平,豪韻,疑。宵部。

❶聽不進别人的意見。新唐書元結傳:“樊左右皆漁者,少長相戲,更曰～叟。彼誚以～者,爲其不相從聽,不相鉤加(鉤加,勾結參與)。”❷〔聱牙〕①語言艱澀。唐韓愈進學解:“周誥殷盤,佶屈聱牙。”②乖忤。宋蘇軾上神宗皇帝書:“選人之改京官…計析毫釐,其間一事聱牙,常至終身淪棄。”③杈枒貌。宋朱熹枯木次擇之韻:“百年蟠木老聱牙,偃蹇春風不肯花。”

按,説文無聱字,新附有之,云:“不聽也。”

聲 shēng 書盈切,平,清韻,審三。耕部。

❶聲音,動物與人發出的音。説文:“聲,音也。”詩小雅鶴鳴:“鶴鳴于九皋,～聞於天。”荀子勸學:“生而同～,長而異俗。”指音階。書舜典:“聲依永,律和～。”僞孔傳:“聲謂五聲。”清段玉裁説文解字注:“宫商角徵羽,聲也。”也指音樂。論語陽貨:“惡紫之奪朱也,惡鄭～之亂雅樂也。”❷言語,音訊。史記樂毅列傳:“臣聞古之君子,交絶不出惡～。”漢書趙廣漢傳:“亭長既至,廣漢與語,問事畢,謂曰:‘界上亭長寄～謝我,何以不爲致問。’”❸指漢字中表音的偏旁。説文耒部:“耡,从耒,助～。”指聲母。廣韻辯字五音法:“凡呼吸文字,即有五音:一、脣～并餅;二、舌～靈歷;三、齒～陟珍;四、牙～迦佉;五、喉～綱各。”南朝梁劉勰文心雕龍聲律:“雙～隔字而每舛,叠韻雜句而必睽。”指聲調。南齊書陸厥傳:“平、上、去、入爲四～。”也指韻尾。清孔廣森首創陰聲韻(韻尾是元音)和陽聲韻(韻尾是鼻輔音-m、-n、-ng)。後來又增入聲韻,將古音的韻分爲陰聲、陽聲、入聲三類。❹名聲,名譽。漢司馬遷報任安書:“～聞鄰國。”南朝梁劉勰文心雕龍情采:“諸子之徒,心非鬱陶,苟馳夸飾,鬻～釣世,此爲文而造情也。”

[辨]①聲,音。人唱出的是聲,樂器發出的是音。清段玉裁説文解字注:“生於心有節於外謂之音,宫商角徵羽,聲也;絲竹金石匏土革木,音也。”管子内業:“不可呼以聲,而可迎以音。”後代這種區别仍有殘存,例如“聲樂”與“器樂”相對,前者指歌唱的音樂,後者指樂器演奏的音樂。諺語有“聽話聽聲,鑼鼓聽音”。日本漢語借詞,“音”指物的聲音,而“聲”指人或動物的聲音,保留了中國古代字義的區别。

②聲,韻。聲指聲母,與其相對是韻,指

韻(不包括介音)、韻母(包括介音)。韻的概念是東漢後受梵文影響産生的,本作“均”。“聲”詞義内容多,可包括韻尾,兼及韻,“韻”内容窄。

聦 cōng 倉紅切,平,東韻,清。東部。

❶聽明白。説文:“聦,察。”管子宙合:“耳司聽,聽必須聞,聞審謂之～。”荀子勸學:“目不能兩視而明,耳不能兩聽而～。”也指聽而能辨别是非。史記屈原賈生列傳:“屈平疾王聽之不～也,讒諂之蔽明也。”❷聽覺。易夬:“聞言不信,～不明也。”莊子徐无鬼:“故目之於明也殆,耳之於～也殆…”郭慶藩集釋:“若目求離朱之明,耳索師曠之聽,則危殆。”又指聽覺好。孟子離婁上:“師曠之～,不以六律,不能正五音。”❸轉指穎悟能力强,靈敏。後漢書應奉傳:“奉少～明,自爲兒童及長,凡所經履,莫不暗記。”三國志蜀書諸葛瞻傳諸葛亮與兄瑾書:“瞻今已八歲,而～慧可愛,嫌其早成,恐不爲重器耳。”

聯 lián 力延切,平,仙韻,來。元部。

❶連接。文選漢張衡西京賦:“繚垣緜～四百餘里。”唐李商隱行次西郊作詩:“山東望河北,爨煙猶相～。”❷聯合,聯繫。周禮地官大師徒:“三曰～兄弟,四曰～師儒,五曰～朋友。”鄭玄注:“聯猶合也。”舊唐書李晟傳:“晟與李建徽、陽惠元皆～屯。”❸對聯(後起義)。宋沈括夢溪筆談故事一:“楊大年久爲學士,家貧,請外,表辭千餘言,其間兩～曰:‘虚忝甘泉之從臣,終作莫敖之餧鬼。’‘從者之病莫興,方朔之飢欲死。’”清陳康棋郎潛紀聞卷八:“昔陶靖節自作挽歌,余亦自題一～曰:‘浮沈宦海如鷗鳥,生死書叢如蠹魚。’”

[辨]聯,連,綴,屬。見“連”字條。

聳 sǒng 息拱切,上,腫韻,心。東部。

❶耳聾。後漢書馬融傳:“子野聽～,離朱目眩。”宋洪适隸釋收漢繁陽令楊君碑:“有司～昧,莫能識察。”❷矗立,高起。晉陶淵明和郭主簿二首之一:“陵岑～逸峯,遥瞻皆奇絶。”唐王勃滕王閣序:“層巒～翠,上出重霄;飛閣流丹,下臨無地。”引申指認爲高的,即崇尚。國語楚語上:“教之春秋,而爲之～善而抑惡焉。”又:“昔殷武丁能～其德,至於神明。”❸驚懼。左傳成公十四年:“大夫聞之,無不～懼。”

按,説文聳作㩳,注云:“生而聾曰聳。”

十二畫

職 zhí 之翼切,入,職韻,照三。職部。

❶職責。荀子君道:“然後明分～。”三國志蜀書諸葛亮傳:“此臣所以報先帝而忠陛下之～分也。”用爲動詞,指主管。後漢書張皓傳:“～事八年,出爲彭城相。”指職業。周禮天官大宰:“閑民無常～。”❷職位,官職。漢書循吏傳黄霸:“馮翊以霸入財爲官,不署右～。”宋王安石上皇帝萬言書:“無以稱～。”❸貢,貢獻。淮南子原道:“海外賓服,四夷納～。”後漢書孔融傳:“是時荆州牧劉表不供～貢。”❹關鍵。唐劉知幾史通叙事:“史之煩蕪,～由于此。”用爲動詞,指(關鍵)在於。左傳襄公十四年:“蓋言語漏洩,則～女之由。”(由,原因)唐柳宗元天爵論:“然聖賢之異愚也,～此而已。”❺通“幟(zhì)”。(作爲標志的)旗幟。史記劉敬叔孫通列傳:“於是皇輦出房,百官執～傳警。”❻通“志”。記。史記屈原賈生列傳:“章畫～墨兮,前度未改。”❼通“識”。識别。吕氏春秋勿躬:“則幽詭愚險之言無不～矣。”

[同源字]職,識,幟,志。職、識、幟三字雙聲叠韻,志,古之部,與三字爲陰入對轉,雙聲,都有“記”、“標志”的意思。説文耳部:“職,記微也。”桂馥義證:“經典通用从言之識,以此職爲官職,又以幟代識,行之既久,遂爲借義所奪,今人不知識爲幟之正文,職爲識之本字矣。”所謂本字借字只是字形的問題,不必拘泥,三字同源乃實質所在。周禮春官

保章氏:“掌天星,以志星辰日月之變動。”鄭玄注:“志,古文識;識,記也。”論語子張:“博學而篤志。”何晏集解引孔曰:“廣學而厚識也。”

聶 1. niè 尼輒切,入,葉韻,娘。葉部。

❶附耳細聲説話。説文:“聶,附耳私小語也。”❷姓。史記刺客列傳:“～政者,軹深井里人也。”

2. shè 集韻實欇切,入,葉韻,禪。葉部。

❸通“攝”。握持。山海經海外北經聶耳國:“爲人兩手～其耳。”❹通“懾”。懼。逸周書五權:“地庶則荒,荒則～。”

3. zhé 集韻質涉切,入,葉韻,照三。葉部。

❺通“牒”。切肉成薄片。禮記少儀:“牛與羊魚之腥,～而切之爲膾。”

聵 kuì 五怪切,去,怪韻,疑。今讀如喟。微部。

❶耳聾。見説文。國語晉語四:“嚚瘖不可使言,聾～不可使聽。”❷胡涂,不明事理。漢揚雄太玄玄攡:“曉天下之～～,瑩天下之晦晦者,其唯玄乎?”唐皮日休耳箴:“近賢者聰,近愚則～。”

十四畫

聻 1. nǐ 乃里切,上,止韻,娘。

後起字。❶用于句末,相當于“呢”。明圓極居頂續傳燈録卷二九:“遠(禪師)拊公背曰:‘好～’,公於是契入。”正字通耳部:“聻,梵書聻爲語助,音你。如禪録云‘何故～?’云‘未見桃花時～?’皆語餘聲。”

2. jiàn 正字通音賤,五音集韻旨韻“聻”作女氏切,又音子役切。

❷舊時迷信的説法稱鬼死爲聻。五音集韻旨韻:“人死作鬼,人見懼之;鬼死作～,鬼見怕之。若篆書此字貼於門上,一切鬼祟,遠離千里。”唐段成式酉陽雜俎貶誤:“俗好於門上畫虎頭,書～字。”

聹 níng 奴丁切,平,青韻,泥。耕部。

〔耵聹〕疊韻聯緜字。耳垢。參見“耵”字條。

十六畫

聾 lóng 盧紅切,平,東韻,來。東部。

❶聽覺遲鈍或完全喪失。説文:“聾,無聞也。”左傳僖公二十四年:“耳不聽五聲之和爲～。”唐杜甫獨坐二首之二:“亦知行不逮,苦恨耳多～。”❷糊涂,不明事理。左傳宣公十四年:“鄭昭、宋～,晉使不害,我則必死。”

聽 tīng 他丁切,平,青韻,透。耕部。

❶用耳去接受聲音。説文:“聽,聆也。”禮記檀弓下:“有婦人哭於墓者而哀,夫子式而～之。”荀子勸學:“耳不能兩～而聰。”引申指聽從,接受。史記李斯列傳:“秦王乃拜斯爲長史,～其言。”❷允許,同意。吕氏春秋知士:“静郭君辭,不得已而受,十日謝病,强辭,三日而～。”引申指聽憑,聽任。漢書薛宣傳:“賣買～任富吏。”後漢書孝殤帝紀:“賜下貧、鰥、寡、孤、獨不能自存者,及郡國流民,～入陂池漁采,以助蔬食。”❸治理。左傳昭公元年:“朝以～政,晝以訪問。”特指處理訴訟。論語顔淵:“～訟,吾猶人也,必也使無訟乎!”漢書王吉傳:“昔召公述職,當民事時,舍於棠下而～斷焉。”

［辨］聽,聞。見“聞”字條。

聿　部

［聿部總論］

"聿"古文字表示手持有東西。聿部的字多與手有關，與做事有關。聿，手持筆，指筆；肂，指暫厝；肆，指舒展，放開；肅，指行事精神集中；肄，指學習；肇，指開門。

聿 yù 餘律切，入，術韻，喻四。物部。

❶筆。說文："聿，所以書也。"漢揚雄太玄飾："舌～之利，利見知人也。"❷助詞。詩大雅文王："無念爾祖，～修厥德。"大雅大明："昭事上帝，～懷多福。"詩唐風蟋蟀："蟋蟀在堂，歲～其莫。"❸〔聿皇〕輕疾貌。漢書揚雄傳校獵賦："及至罕車飛揚，武騎聿皇。"後漢書馬融傳廣成頌："騷擾聿皇，往來交舛，紛紛回回，南北東西。"

四　畫

肂 sì 息利切，音肆，去，至韻，心。物部。

暫厝。將棺材淺埋以待以後正式下葬。釋名釋喪制："假葬於道側曰～；～，翳也。"呂氏春秋先識："威公薨，～，九月不得葬。"逸周書作雒："武王既歸，成歲十二月，崩鎬～于岐周。"

按，說文無肂有殔。清邵瑛羣經正字認爲殔，經典作肂。

七　畫

肆 1. sì 息利切，去，至韻，心。物部。

❶散開。漢書霍光傳："宣帝始立，謁見高廟，大將軍(霍)光從驂乘，上內嚴憚之，若有芒刺在背。後車騎將軍張安世代光驂乘，天子從容～體，甚安近焉。"文選三國魏曹植七啓："緄佩綢繆，或彫或錯，薰以幽若，流芳～布。"引申指擴張(土地)。左傳僖公三十年："既東封鄭，又欲～其西封。"由散開引申指延緩，赦宥。鹽鐵論取下："樂歲不盜，年饑則～。"王利器校注："年饑當緩其征賦。"春秋莊公二十二年："春王正月，～大眚。"杜預注："赦有罪也。"❷用于人，指將力量、才智充分表現出來。論語陽貨："古之狂也～，今之狂也蕩。"後漢書承宮傳："(承宮)後與妻子之蒙陰山，～力耕種。"抱朴子外篇崇教："～心於細務者，不覺儒道之弘遠。"用在做壞事方面，指放任、肆無忌憚。書泰誓中："淫酗～虐，臣下化之。"❸陳列，即按一定的要求擺出來。詩大雅行葦："～筵設席。"周禮春官序官："～師下大夫四人。"鄭玄注："～師佐宗伯，陳列祭祀之位及牲器粢盛。"特指陳尸示衆。周禮秋官掌戮："凡殺人者，踣諸市，～之三日。"曹操宣示孔融罪狀令："融違天反道，敗倫亂理，雖～市朝，猶恨其晚。"用于思想方面，指宣揚。宋歐陽修鄭荀改名序："自老子厭周之亂，…諸子因之，得～其異說。"❹作坊。論語子張："百工居～以成其事。"也指店舖。後漢書王充傳："家貧無書。常游洛陽市～，閱所賣書。"❺數目字。"四"的大寫。始於唐武后時。參見清顧炎武金石文字記三岱岳觀造像記。❻語助詞。①遂。書舜典："～類于上帝。"②故，既然。詩大雅緜："～不殄厥愠，亦不隕厥問。"

2. yì 羊至切，去，至韻，喻四。物部。

❼通"肄"。①習。詩小雅甫田"攸介攸止，烝我髦士"鄭箋："以道藝相講～。"釋文："肆字亦作肄。"②剩餘。禮記玉藻："～束及

帶勤者有事則收入，走則擁之。"

［備考］解剔牲體。詩小雅楚茨："濟濟蹌蹌，絜爾牛羊…或剥或亨，或～或將。"釋文："肆，他歷反，解肆也。"

按，說文肆作肆，在長部。武威漢簡等作"肆"。

肅 sù 息逐切，入，屋韻，心。覺部。

❶收縮，收斂。禮記月令："季春行冬令，則寒氣時發，草木皆～。"南朝宋鮑照山行見孤桐詩："未霜葉已～，不風條自吟。"❷精神集中，恭敬。說文："肅，持事振敬也。"禮記玉藻："手容恭，目容端，口容止，聲容静，頭容直，氣容～，立容德，色容莊。"莊子則陽："其慢若彼之甚也，見賢人若此其～也，是其所以爲靈公也。"特指恭敬地按禮儀引進（客人）。左傳成公十六年："三～使者而退。"禮記曲禮上："主人～客而入。"❸嚴峻，嚴格。禮記禮運："刑～而俗敝，則法無常。"三國蜀諸葛亮答法正書："劉璋暗弱…德政不舉，威刑不～。"引申指整理、整飭。南朝梁江淹水上神女賦："女遂俯整玉軑，仰～金鑣。"宋范仲淹推委臣下論："～朝廷之儀，觸縉紳之邪，此御史府之職也。"❹整飭，清除（後起義）。唐楊巨源送裴中丞出使詩："龍韜何必陳三略，虎旅由來～萬方。"魏書元鸞傳："北州土廣，姦亂是由，準法尋愆，應加～黜。"

肄 yì 羊至切，去，至韻，喻四。物部。

❶學習；練習。說文："肄，習也。"禮記曲禮下："君命，大夫與士～。"三國志魏書武帝紀："作玄武池以～舟師。"❷勞苦。詩邶風谷風："有洸有潰，既詒我～。"毛傳："肄，勞也。"左傳昭公十六年："莫知我～。"❸樹木再生的嫩條。詩周南汝墳："遵彼女墳，伐其條～。"特指亡國之餘。左傳襄公二十九年："晉國不恤周宗之闕，而夏～是屏。"❹查閲，檢查。漢書義縱傳："闌吏税～郡國出入關者。"

八　畫

肇 zhào 治小切，上，小韻，澄。宵部。

❶開始。書武成："至於太王，～基王迹。"楚辭戰國屈原離騷："皇覽揆余初度兮，～錫余以嘉名。"南朝梁劉勰文心雕龍史傳："至於晉代之書，繫乎著作，陸機～始而未備，王韶（之）續末而不終。"❷圖謀。詩大雅江漢："召公是似，～敏戎公，用錫爾祉。"❸端正。國語齊語："比綴以度，竱本～末。"韋昭注："竱，等也（按即齊）；肇，正也。謂先等其本，以正其末。"

按，說文肇字在攴部，云："擊也。"戈部另有肈字，二字實爲一字。肇，金文作肞，本義指開門，引申出開始義。

肉　部

［肉部總論］

肉部的字，大致可以分爲以下五類。一至三爲本體，四至五爲社會對肉的使用：

（一）人與動物的肢體、器官等。例如：肱　臂　肩　胛　肘　股　胯　脛　脚　膝　膂　脊　背　膺　肋　脅　胸　臀　脣　臉；腑　臟　腹　肚　腰　肝　肺　腎　胃　脾　腸　膽　膀　胱；腦　脂　肪　胰　膈　膜　腱　肌　膚

（二）幼體、後代，以及動物的生育。例如：胚　胎　胞　胤　胄；育　膭

（三）肌體肥瘦、病變和特殊的氣味。例如：肥　臞　腫　膿　腐　肬　臊　膻

(四)有關肉食方面的。例如:胔 膾 膳 肴 腊 腌 臠 脩 胾
(五)有關祭祀方面的。例如:胙 臘 膰 脤 膢

肉 ròu 如六切,入,屋韻,日。覺部。

❶動物的肉。說文:"肉,胾肉也。"(胾zì,切成大塊的肉)孟子梁惠王上:"七十者可以食～矣。"也指人的肌肉。素問陰陽應象大論:"在體爲～,在藏爲脾。"史記廉頗藺相如列傳:"廉頗聞之,～袒負荆,因賓客至藺相如門謝罪。"❷蔬果去皮、核後可以吃的部分。漢蔡邕爲陳留太守上孝子狀:"舅偃哀其羸劣,嚼棗～以哺之。"❸有孔的玉器或錢幣的邊稱肉,與好(孔)相對而言。爾雅釋器:"肉倍好謂之璧。"漢書食貨志下:"卒鑄大錢,文曰寶貨,～好皆有周郭。"

[辨]肉,肌。在先秦,"肉"通常用於禽獸,"肌"用於人。清段玉裁說文解字注:"人曰肌,鳥獸曰肉,此其分别也。"漢以後"肉"也可用於人,但"肌"不能用於禽獸。

一 畫

肊 yì 於力切,入,職韻,影。職部。

胸,胸骨。也作"臆"。說文肉部:"肊,胸骨也。"廣雅釋親:"肊,匈也。"王念孫疏證:"肊、臆,一字也。"

二 畫

肎 kěn 苦等切,上,等韻,溪。蒸部。

"肯"的古體。❶附着在骨頭上的肉。說文:"肎,骨間肉～～箸也。"段玉裁注:"隸作肯。"❷願意。書多方:"有夏誕厥逸,不～感言于民。"漢班固漢武故事:"談語世事,而不～言鬼神,肅然便去。"

肋 lèi 盧則切,入,德韻,來。職部。

肋骨,人或脊椎動物胸壁兩側成對的、扁而彎的骨頭。說文:"肋,脅骨也。"三國志魏書武帝紀"王自長安出斜谷,軍遮要以臨漢中,遂至陽平。備因險拒守"裴松之注引九州春秋曰:"時王欲還,出令'雞～'。"晉書劉伶傳:"嘗醉與俗人相忤,其人攘袂奮拳而往。伶徐曰:'雞～不足以安尊拳。'"

[同源字]阞,朸,泐,扐,肋。見"阞"字條。

肌 jī 居夷切,平,脂韻,見。脂部。

❶人體的肌肉。說文:"肌,肉也。"史記扁鵲倉公列傳:"乃割皮解～。"論衡實知:"澤有枯骨,髮首陋亡,～肉腐絶。"❷也指皮膚。唐杜甫麗人行:"態濃意遠淑且真,～理細膩骨肉勻。"

[辨]肌,肉。見"肉"字條。

三 畫

肓 huāng 呼光切,平,唐韻,曉。陽部。

中醫指心臟與膈膜之間。說文:"肓,心上鬲下也。"段玉裁注:"下、上,各本互譌。"左傳成公十年:"疾不可爲也,在～之上,膏之下。"素問腹中論:"其氣溢於大腸而著於～,～之原在臍下,故環臍而痛也。"

肖 1. xiào 私妙切,去,笑韻,心。宵部。

❶類似。說文:"肖,骨肉相似也。"書說命上:"高宗夢得說,…乃審厥象,俾以形旁求于天下。說築傅巖之野,惟～。"指使相類似,即仿效。宋王安石張君玉墓誌銘:"我儀其蓄,以博厥聞;我～其滌,以清厥身。"

2. xiāo 集韻思邀切,平,宵韻,心。宵部。

❷細微。莊子列禦寇:"達生之情者傀,達於知者～。"用於動詞,指變爲細微,即衰微。史記太史公自序:"申吕～矣,尚父側微。"

肝 gān 古寒切,平,寒韻,見。元部。

❶人與高等動物的消化器官。說文:

"肝,木藏也。"素問平人氣象論:"藏真散于～,～藏筋膜之氣也。"❷指人的内心。史記淮陰侯列傳:"(蒯通曰)臣願披腹心,輸～膽,效愚計。"文選漢王粲七哀詩二首之一:"悟彼下泉水,喟然傷心～。"

肚 1.dù 徒古切,上,姥韻,定。

後起字。❶腹。初學記卷一九引漢劉向列女傳齊鍾離春:"凹頭深目,長～大節。"宋王廷珪劉時舉主簿相聚月餘賦詩爲别:"且將～束三條篾,取望腰纏十萬錢。"❷圓而凸出像肚子的東西。五代伊用昌望江南詠鼓:"江南鼓,梭～兩頭欒。"

2.dǔ 當古切,上,姥韻,端。

❸指胃。廣雅釋親:"胃謂之肚。"西遊記七五回:"將你這裏邊的肝、腸、～,肺,細細兒受用。"

肛 gāng 古雙切,平,江韻,見。

後起字。肛門。史記扁鵲倉公列傳張守節正義:"～門重十二兩,大八寸,徑二寸太半…"注:"肛,釭也,言其處似車釭,故曰釭門,即廣腸之門。"元戴侗六書故:"大腸端,肛門也。"清吴謙輯醫宗金鑑:"～者,大腸下口也。"

肘 zhǒu 陟柳切,上,有韻,知。幽部。

❶上臂下臂交接、可以彎曲的地方。説文:"肘,臂節也。"左傳成公二年:"自始合,而矢貫余手及～,余折以御。"用爲動詞,指以肘觸人。左傳成公二年:"從左右,皆～之,使立於後。"史記魏世家:"魏桓子～韓康子。"❷長度單位。古今韻會舉要有韻:"一曰一～二尺,一曰一尺五寸爲一～,四～爲一弓。"

肚 dū 當孤切,平,模韻,端。

〔肚胍〕叠韻聯緜字。腹大貌。通作"胍肚"。見"胍"字條。

肜 róng 以戎切,平,東韻,喻四。冬部。

❶殷祭名。指祭祀後明日又祭祀。書高宗肜日:"高宗～日,越有雊雉。"❷〔肜肜〕同"融融"。和樂貌。文選漢張衡思玄賦:"聆廣樂之九奏兮,展洩洩以肜肜。"

按,説文無肜字。甲骨文有肜字。楊筠如尚書覈詁:"甲骨文字,肜日亦作翌日。"

四　畫

育 1.yù 余六切,入,屋韻,喻四。覺部。

❶生育。易漸:"婦孕不～,失其道也。"引申指繁殖。論衡骨相:"故富貴之家,役使奴僮,～養牛馬,必有與衆不同者矣。"❷撫養。詩小雅蓼莪:"拊我畜我,長我～我。"詩大雅生民:"載生載～,時維后稷。"❸培養。易蒙:"君子以果行～德。"孟子告子下:"(齊桓公)再命曰:'尊賢～才,以彰有德。'"❹〔育育〕①生長茂盛貌。文選晉劉琨答盧諶詩:"彼黍離離,彼稷育育。"②活潑自如貌。管子小問引逸詩:"浩浩者水,育育者魚。"

2.zhòu 集韻直祐切,去,宥韻,澄。覺部。

❺通"胄"。嗣,後代。書盤庚中:"我乃劓殄滅之,無遺～。"

〔辨〕育,毓。説文:"毓,育或从每。"二字爲異體字。後代指生育用"育",不得作"毓";指培養,用"毓",也可用"育"。

按,説文育字在𠫓部。

肩 1.jiān 古賢切,平,先韻,見。元部。

❶肩膀。莊子養生主:"庖丁爲文惠君解牛,手之所觸,～之所倚,…砉然嚮然,奏刀騞然,莫不中音。"戰國策齊策一:"臨淄之途,車轂擊,人～摩,連衽成帷,舉袂成幕。"❷四足動物前腿的上部。韓非子説林下:"此其爲馬也,踒～而腫膝。"史記項羽本紀:"項王曰:'賜之彘～。'則與一生彘～。樊噲覆其盾於地,加彘～上,拔劍切而啗之。"❸用爲動詞,指以肩擡、挑等。世説新語簡傲:"謝中郎…～輿徑至揚州聽事。"泛指擔負。左傳襄公二年:"鄭成公疾,子駟請息～於晉。"又指使擔負,即任用。書盤庚下:"朕不～好貨,敢恭生

生。”僞孔傳：“肩，任也。我不任貪貨之人。”❹三四歲的獸。詩齊風還：“並驅從兩～兮，揖我謂我儇兮。”

2. xián 集韻胡千切，平，先韻，匣。

❺〔肩肩〕瘦小細長貌。莊子德充府：“闉跂支離无脤，説衛靈公。靈公説(悦)之，而視全人，其脰肩肩。”

按，説文以肩爲肩的俗字。

肯 kěn（舊讀 kěng）苦等切，上，等韻，溪。蒸部。

“肎”的後起字。❶附着在骨頭上的肉。莊子養生主：“技經～綮之未嘗，而况大軱乎？”❷願意，可能。左傳成公四年：“楚雖大，非吾族也，其～字我乎？”詩邶風終風：“終風且霾，惠然～來。”唐杜甫徐卿二子歌：“丈夫生兒有如此二雛者，名位豈～卑微休。”❸許可。玉篇：“肯，可也。”國語晉語四：“楚衆欲止，子玉不～。”

按，説文肯作肎。

胥 xū 五音集韻相居切。

“胥”的俗體字。五音集韻七魚：“胥，相也，…俗作胥。”參見秦漢魏晉篆隸字形表，居延漢簡、武威漢簡、禮器碑等中已有胥字。

肴 yáo（舊讀 xiáo）胡茅切，平，肴韻，匣。宵部。

❶熟肉食。後作“餚”。國語晉語一：“公飲大夫酒，令司正實爵與史蘇，曰：‘飲而無～。’”禮記學記：“雖有嘉～，弗食，不知其旨也。”❷通“淆”。錯雜。後漢書劉盆子傳：“立且一年，～亂日甚，誠不足以相成。”

肪 fáng 府良切，平，陽韻，非。陽部。

脂肪。特指動物腰部肥厚的油。説文：“肪，肥(肥)也。”漢揚雄太玄竈：“脂牛正～，不濯釜而烹，則歐歈之疾至。”文選三國魏曹丕與鍾大理書：“竊見玉書，稱美玉白如截～。”李善注引通俗文曰：“脂在腰曰肪。”

肮 háng 胡郎切，平，唐韻，匣。陽部。

喉嚨。也作“頏”。史記張耳陳餘列傳：“（貫高）乃仰絶～，遂死。”

按，説文肮作亢，重文作“頏”，在亢部。云：“頸也。”所注反切爲古郎切，當讀 gāng。廣韻“肮”胡郎切，注爲“犬脈也”，當爲另一詞，文獻不見用。本字典釋義采説文；注音采廣韻。

肢 zhī 章移切，平，支韻，照三。支部。

人體的兩臂兩腿。孟子盡心下：“口之於味也，目之於色也，耳之於聲也，鼻之於臭也，四～之於安佚也，性也。”〔肢解〕分解四肢的酷刑。韓詩外傳卷八：“齊有得罪於景公者，景公大怒，縛置之殿下，召左右肢解之。”

按，説文肢是胑的重文。

肫 1. zhūn 章倫切，平，諄韻，照三。文部。

❶禽類的胃。玉篇肉部：“肫，鳥藏也。”資治通鑑卷一四二：“妃索煮～，帳下諸(劉)暄，暄曰‘旦已煮鵝，不煩復此’”元胡三省注：“鳥藏曰肫。”❷〔肫肫〕懇摯貌。禮記中庸：“肫肫其仁，淵淵其淵，浩浩其天。”

2. chún 集韻殊倫切，平，諄韻，禪。文部。

❸古代祭祀所用牲後體的一部分。儀禮特牲饋食禮：“尸俎，右肩臂臑～胳。”❹通“純”。整塊的乾肉。儀禮士昏禮：“～脾不升。”鄭玄注：“肫，或作純。純，全也。”〔肫肫〕精致細密。荀子哀公：“繆繆肫肫，其事不可循。”王先謙集解引郝懿行曰：“大戴記作‘穆穆純純’。純純，精而密也。”

3. tún 集韻徒渾切，平，魂韻，定。

❺通“豚”。小豬。晉書阮籍傳：“及將葬，食一蒸～，飲酒二斗，然後臨訣，直言窮矣。”

［備考］説文：“肫，頯也。”清承培元廣説文答問疏證：“肫即眉目準頞之準。”

肬 yóu 羽求切，平，尤韻，喻三。之部。

肉瘤。説文：“肬，贅也。”靈樞經經脈：

"虚則生～,小者如指痂疥。"指多餘無用之物。荀子宥坐:"今學曾未如～贅,則具然欲爲人師。"

肧 pēi 芳杯切,字彙鋪杯切。之部。

"胚"的古字。初期發育的生物體。説文:"肧,婦孕一月也。"文子九守:"三月而～,四月而胎。"文選晉郭璞江賦:"類～渾之未凝,象太極之構天。"

肱 gōng 古弘切,平,登韻,見。蒸部。

胳膊上從肩到肘的部分。詩小雅無羊:"麾之以～,畢來既升。"左傳定公十三年:"三折～,知爲良醫。"

按,説文以肱爲厷的重文,在又部,云:"臂上也。"

肥 féi 符非切,平,微韻,奉。微部。

㊀動物肉質豐滿。禮記禮運:"四體既正,膚革充盈,人之～也。"論語雍也:"赤之適齊也,乘～馬,衣輕裘。"唐張志和漁歌子:"西塞山前白鷺飛,桃花流水鱖魚～。"引申用指植物茁壯、粗大。北魏賈思勰齊民要術種葵:"桥生～嫩。"唐韓愈山石:"昇堂坐階新雨足,芭蕉葉大支子～。"㊁油脂多的。漢蔡邕爲陳太守上孝子狀:"臣爲設食但用麥飯寒水,不食～膩。"引申指豐厚。禮記禮運:"父子篤,兄弟睦,夫婦和,家之～也。"㊂土地養分充足。孟子告子上:"雖有不同,則地有～磽,雨露之養、人事之不齊也。"史記秦始皇本紀:"不愛珍器重寶～美之地,以致天下之士,合從締交,相與爲一。"用於動詞,指使土地肥沃。荀子富國:"多糞～田。"

[備考]集韻旨韻:"肥,薄也。"列子黄帝:"口所偏～,晉國黜之。"張湛注:"肥,薄也。"楊伯峻列子集解引段玉裁曰:"古肥與非通。口所偏肥,猶云口所偏非耳。"又引他説甚夥。非通非,有薄義。漢語大字典此義下引管子事語"城肥致衝"今本作"脆",非"肥"字。

按,説文肥作肥,云:"多肉也。"隸變作肥。

眇 miǎo 正字通弭沼切。宵部。

人體脅肋下的虚軟處。正字通肉部:"眇在季脅下俠脅兩旁虚耎處,腎外當眇。"素問玉機真藏論:"(冬脈)其不及,則令人心懸如病飢,～中清。"

肭 1. nà 女滑切,入,黠韻,娘。

㊀[膃肭]見"膃"字條。

2. nǜ 女六切,入,屋韻,娘。職部。

㊁農曆朔日而月見東方。説文:"肭,朔而月見東方謂之縮肭。"徐灝説文段注箋:"合朔不應見月而尚見東方,言其(指月)行遲也。"(按,此上月底之月相,今初一見,故言月行遲。爲曆法有誤所致,非月行遲也。)也作"朒"。引申指不足,虧缺(今義)。

按,説文肭字在月部。

肣 1. hán 胡南切,平,覃韻,匣。侵部。

㊀同函。見説文。㊁風箱柄。廣韻覃韻:"肣,排囊柄也。"

2. qín 集韻渠金切,平,侵韻,羣。侵部。

㊂斂,特指用龜甲占卜的時候,龜甲上向内斂收的裂紋。集韻侵韻:"肣,斂也。"史記龜策列傳:"四月,首仰,足開,～開。"司馬貞索隱:"～,謂兆足斂也。"

按,説文肣是函的重文,在马部。

肸 1. xī 羲乙切,入,質韻,曉。物部。

㊀振動。漢書禮樂志:"罔不～飾。"顔師古注:"肸,振也。"㊁[肸蠁]布散,傳播。也作"肹蠁"。文選晉左思吴都賦:"芬馥肸蠁。"

2. bì 集韻兵媚切,去,至韻,幫。

㊂古地名。在今山東費縣西北。史記魯周公世家:"於是伯禽率師伐之於～,作～誓。"今尚書作費誓。

按,説文肸字在十部,云:"肸蠁,布也。"

肦 1. bān 布還切,平,删韻,幫。元部。

㊀通“頒”。頒賜。儀禮聘禮：“～肉及廋車。”禮記王制：“名山大澤不以～。”

2. fén 符分切，平，文韻，奉。

㊁頭很大的樣子。廣韻文韻：“肦，大首皃。”唐元稹望雲騅馬歌：“龍騰魚鼈啅然驚，驥～驢騾少顔色。”

按，説文無肦字。

股 gǔ 公户切，上，姥韻，見。魚部。

㊀大腿，自胯至膝蓋的部分。説文：“股，髀也。”詩小雅采菽：“赤芾在～，邪幅在下。”戰國策秦策一：“（蘇秦）讀書欲睡，引錐自刺其～，血流至足。”史記酷吏列傳：“（郅都）至則族滅瞯氏首惡，餘其～栗。”裴駰集解引徐廣曰：“髀脚戰摇也。”〔股肱〕比喻有力之依靠。左傳昭公九年：“君之卿佐，是謂股肱，股肱或虧，何痛如之！”用爲動詞指支撑，捍衛。左傳僖公二十六年：“昔周公、大公股肱周室，夾輔成王。”㊁車輻近轂的地方，因承重多，較粗。周禮考工記輪人：“參分其～圍，去一以爲骹圍。”賈公彦疏：“其幅近轂粗處謂之股，若入髀股。”㊂磬的上端設置懸掛的地方，磬下爲鼓。周禮考工記磬氏：“磬氏爲磬，倨句一矩有半，其博爲一，～爲二，鼓爲三。”鄭玄注引鄭司農：“股、磬之上大者，鼓，其下小者。”㊃數學名詞。不等腰直角三角形，短邊稱句（gōu），長邊稱股，斜邊稱弦。周髀算經卷上：“故折矩，以爲句廣三，～修四，徑隅五。”㊄總體的分支。漢書溝洫志：“其西因山足高地，諸渠皆往往～引取之。”㊅量詞（後起義）。用于條形的東西。宋陳從古浯溪詩：“浯溪一～寒流碧。”又用於氣體、氣味等不可一一數的。水滸傳九五回：“只見兩～黑氣，在陣前左旋右轉。”

肵 qí 集韻渠希切，平，微韻，羣。微部。

恭敬。同“祈”。禮記郊特牲：“～之爲言敬也。”儀禮少牢饋食禮：“主人羞～俎。”

按，説文無肵字。清錢大昕十駕齋養新録卷二：“釋文肵音祈。案，説文無肵，當與祈同。”

胏 zǐ 阻史切，上，止韻，照二。之部。

㊀剩餘的食物。易噬嗑：“噬乾～，得金矢，利艱貞，吉。”㊁乾肉。新唐書禮樂志：“太尉取～一以進，皇帝奠觶於薦西，受～。”

按，説文胏是𩜂的重文，云：“食所遺也。”

肺 1. fèi 芳廢切，去，廢韻，敷。月部。

㊀人和高等動物的呼吸器官。説文：“肺，金藏也。”素問靈蘭秘典：“～者，相傅之官，治節出焉。”〔肺腑〕①喻指親信。史記魏其武安侯列傳：“上初即位，富於春秋，蚡以肺腑爲京師相。”②喻指内心。唐白居易代書詩一百韻寄微之：“肺腑都無隔，形骸兩不羈。”

2. pèi 集韻普蓋切，音沛，去，泰韻，滂。月部。

㊁〔肺肺〕茂盛貌。詩陳風東門之楊：“東門之楊，其葉肺肺。”

五　畫

胡 hú 户吴切，平，模韻，匣。魚部。

㊀獸類頷下作垂狀的肉。説文：“胡，牛顄垂也。”詩豳風狼跋：“狼跋其～，載疐其尾。”朱熹集傳：“胡，頷下懸肉也。”漢書郊祀志上：“鼎既成，有龍垂～髯下迎黄帝。”㊁戈戟之刃其曲而下垂狀如胡的部分。周禮考工記冶氏：“戈廣二寸，肉倍之，～三之，援四之。”㊂大。廣雅釋詁一：“胡，大也。”〔胡考〕〔胡耉〕高壽。詩周頌載芟：“有椒其馨，胡考之寧。”左傳僖公二十二年：“且今之勍者，皆吾敵也，雖及胡耉，獲則取之；何有於二毛？”〔胡福〕大福。儀禮士冠禮：“敬爾威儀，淑慎爾德，眉壽萬年，永受胡福。”㊃稱北方和西方的少數民族。戰國策趙策二：“今吾將～服騎射以教百姓。”也泛指外國。晉干寶搜神記卷二：“晉永嘉中，有天竺～人，來渡江南。”按，陳寅恪五胡問題及其他：“五胡謂五外族。胡本匈奴（Huna）專名，去 na 著 Hu，故音譯爲

胡。後世以通稱外族。"❺疑問代詞。①相當於"何"。詩邶風式微："式微，式微，～不歸?"②相當於"怎樣"。左傳昭公七年："同始異終，～可常也。"❻任意亂來(後起義)。宋朱熹答潘文叔之一："而於日用之間，稍立程課，著實下功夫，不要如此～思亂量，過却日子也。"明雍熙樂府一四元王德信進賢賓退隱曲："大叫高謳，睁着眼張着口儘～謅，這快活誰能够。"

胥 1. xū 相居切，平，魚韻，心。魚部。

❶蟹醬。説文："胥，蟹醢也。"周禮天官庖人"共祭祀之好羞"鄭玄注："若荆州之鱃魚，青州之蟹～，雖非常物，進之孝也。"釋文："胥，蟹醬也。"❷察看。詩大雅公劉："篤公劉，于～斯原，既庶既繁。"詩大雅緜："爰及姜女，聿來～宇。"❸等待。亦作"須"。管子君臣上："～令而動者也。"❹副詞。①表示全指範圍，相當於"皆""都"。詩小雅角弓："爾之遠矣，民～然矣。"孟子萬章上："天下之士多就之者，帝將～天下而遷之。"②表示方式，相當於"相互"。書盤庚序："盤庚五遷，民咨～怨。"

2. xǔ 私吕切，上，語韻，心。魚部。

❺小吏。周禮天官冢宰："冢宰，～十有二人，徒百有二十人。"新唐書牛仙客傳："仙客本～史，非宰相器。"

[同源字]①需，須，胥。見"需"字條。

②諝，胥，壻，婿。見"諝"字條。

背 1. bèi 補妹切，去，隊韻，幫。之部。

❶脊背。見説文。孟子盡心上："其生色也，睟然見於面，盎於～，施於四體。"鹽鐵論利議："議論無所依，如膝癢而搔～。"泛指物體的背面。史記絳侯周勃世家："獄吏乃書牘～示之。"❷背對着，與"向"相反。周禮秋官司儀："不正其主面，亦不～客。"唐杜甫涪城縣香積寺官閣："含風翠壁孤雲細，～日丹楓萬木稠。"❸違反，違背。漢賈誼治安策："若其它～理而傷道者，難遍以疏舉。"引申指背叛。史記高祖本紀："布果～楚。"亦用作形容詞。韓非子五蠹："夫父之孝子，君之～臣。"❹離開。楚辭漢賈誼惜誓："水～流而源竭兮，木去根而不長。"指使離開，即抛棄。漢賈誼論積貯疏："今～本而趨末，食者甚衆，是天下之大殘也。"❺背誦(後起義)。明實録太祖洪武實録："諸生每三日一～書。"

2. bēi 音杯。

❻負荷(後起義)。唐李商隱李賀小傳："從小奚奴，騎疲驢，～一古破錦囊。"後作"揹"。

[同源字]①背，負，蝜。見"蝜"字條。

②背，北。見"北"字條。

胄 zhòu 直祐切，去，宥韻，澄。幽部。

❶後代。説文："胄，胤也。"左傳襄公十四年"是四嶽之裔～也"杜預注："胄，後也。"晉書石勒載記上："其先匈奴别部羌渠之～。"文獻通常用指帝王和貴族的後代。國語周語下："晉仍無道而鮮～，其將失之矣。"三國蜀諸葛亮草廬對："將軍既帝室之～。"❷對先輩的承續。後漢書文苑傳邊讓："～高陽之苗胤兮，承聖祖之洪澤。"按，胄字从肉，由聲，與月部的"冑"同音不同義。

胃 wèi 于貴切，去，未韻，喻三。微部。

❶消化器官。説文："胃，穀府也。"靈樞經五味："～者，五藏六府之海也。"❷星名，二十八宿之一。禮記月令："季春之月，日在～。"

胘 xián 胡田切，平，先韻，匣。真部。

牛的胃。説文："胘，牛百葉也。"北魏賈思勰齊民要術牛胘炙："老牛～厚而脆。"

脉 mài 莫獲切，入，麥韻，明。錫部。

又作"脈"、"衇"。❶血管。素問脈要精微論："夫～者，血之府也。"王冰注："府，聚也。"❷中醫指脉搏。素問經脈别論："人之居處動静勇怯，～亦爲之變乎?"❸如血脉那樣相連的東西。晉常璩華陽國志蜀志："水～漂疾，破害舟船，歷代患之。(李)冰發卒鑿平溷崖,通正水道。"

按,説文脉作衇,在𠂢部。

胖 1. pàn 普半切,去,换韻,滂。元部。

❶半邊。廣雅釋詁四:"胖,半也。"金剛般若波羅蜜經講經變文:"一心能起幾千心,九轉十翻那~尋。"❷古時祭祀時的半體牲。玉篇肉部:"胖,牲之半體也。"儀禮少牢饋食禮:"司馬升羊右~,髀不升。"清黄宗羲答萬季野喪禮雜問:"尸俎用右~,主人俎用左~。"❸薄肉片。周禮天官腊人:"凡祭祀共豆脯、薦脯、膴、~、凡腊物。"鄭玄注:"宜爲脯而腥,胖之言片也,析肉意也。"

2. pán 集韻蒲官切,平,桓韻,並。元部。

❹舒展,舒坦。禮記大學:"富潤屋,德潤身,心廣體~,故君子必誠其意。"

3. pàng 正字通讀若棒。

❺肥大(後起義)。正字通肉部:"胖,…方言謂體肥曰胖,讀若棒。"元馬致遠要孩兒借馬:"逐宵上草料數十番,喂飼得膘息~肥。"水滸傳六回:"當中坐着一個~和尚。"清吴敬梓儒林外史一回:"那穿寶藍直裰的是個~子,來到樹下。"

按,説文胖字在半部,注云:"半體肉也。"

脏 zhēng 諸盈切,平,清韻,照三。

煎煮魚肉。北魏賈思勰齊民要術作魚鮓:"酒食俱入,酥塗火炙特精,~之,尤美也。"

按,説文無脏字。

胠 qū 去魚切,平,魚韻,溪。魚部。

❶腋下。説文:"胠,亦(腋)下也。"素問欬論:"轉則兩~下滿。"馬王堆漢墓帛書戰國縱横家書李園謂辛梧章:"燕使蔡鳥股符~璧奸趙入秦。"(股、胠皆用如動詞)❷古軍陣右翼爲胠,左翼爲啓。左傳襄公二十三年:"啓:牢成御襄罷師,狼蘧疏爲右。~:商子車御侯朝,桓跳爲右。"❸從旁打開。莊子胠篋:"將爲~篋探囊發匱之盜而爲守備,則必攝緘縢,固扃鐍。"❹通"阹"。遮攔、攔淺。荀子榮辱:"鯈、鉢者,浮陽之魚也。~於沙而思水,則無逮矣。"

[同源字]胠,頰,脅,夾。見"頰"字條。

胚 pēi 芳杯切,集韻鋪枚切,平,灰韻,滂。

初期發育的生物體。也指事物的起源或初始。唐韓愈房公墓碣銘:"公~胎前光,生長食息、不離典訓之内。"

按,説文胚作肧。

胈 bá 蒲撥切,入,末韻,並。月部。

❶人體大腿上的細毛。史記司馬相如列傳:"心煩於慮而身親其勞,躬胝無~,膚不生毛。"❷潔白的肌膚。莊子在宥:"堯、舜於是乎股無~,脛無毛。"

按,説文無胈字。

胇 1. bì 房密切,集韻薄宓切,音弼,入,質韻,並。

❶〔胇肸〕叠韻聯緜字。大貌。見廣韻質韻。

2. fèi 集韻芳廢切,去,廢韻,敷。月部。

❷通"肺"。質月旁轉。詩大雅桑柔:"自有肺腸。"釋文:"肺,本又作胇。"

按,説文無胇字。

胐 kāo 集韻丘刀切,平,豪韻,溪。幽部。

臀部。同"尻"。吕氏春秋觀表:"古之善相馬者,寒風是相齒,麻朝相頰,子女厲相目,衛忌相髭,許鄙相~。"

按,説文胐作尻,在尸部,云:"脽也。"

胆 1. tán 徒干切,音檀,平,寒韻,定。

後起字。❶胆口脂澤。見廣韻。

2. dǎn。

❷同"膽"。正字通肉部:"俗以胆爲膽。"

胂 shēn 失人切,平,真,審三。真部。

夾脊肉。見説文。素問刺腰痛論:"刺腰尻之解,兩~之上,是腰俞。"王冰注:"夾脊之肉曰胂。"

胛 jiǎ 古狎切,入,狎韻,見。葉部。

肩胛。後漢書張宗傳:“宗夜將鋭士入城襲赤眉,中矛貫～。”

按,説文無胛字。

职 zhī 章移切,平,支韻,照三。支部。

四肢。同“肢”。説文:“职,體四职也…肢,或从支。”荀子君道:“塊然獨坐而天下從之如一體,如四～之從心。”潛夫論本訓:“暢於四～,實於血脈。”

胎 tāi 土來切,平,咍韻,透。之部。

㊀母體内的幼體。説文:“胎,婦孕三月也。”韓非子喻老:“象箸玉杯必不羹菽藿,必旄、象、豹～。”尸子明堂:“刳～焚夭,則麒麟不往焉。”㊁事物的根源。文選漢枚乘上書諫吴王:“福生有基,禍生有～。”㊂器物的粗胚或襯裏(後起義)。宋惠演正定府龍興寺鑄銅像記:“用大木於鐵柱,於～上塑立大悲菩薩形象。”

[同源字]箈,胎。見“箈”字條。

胗 zhěn 章忍切,上,軫韻,照三。真部。

㊀嘴唇潰瘍。見説文。文選戰國宋玉風賦:“生病造熱,中唇爲～。”㊁通“疹”。皮膚上起的小疙瘩。素問氣交變大論:“肌肉～發。”

胜 1. xīng 桑經切,平,青韻,心。耕部。

㊀腥。説文:“胜,犬膏臭也。”段玉裁注:“今經典通用腥爲之。”宋羅泌路史遂人氏:“乃教民取火,以灼以焫,以熟臊～。”

2. qìng 集韻七正切,去,勁韻,清。耕部。

㊁[胜遇]鳥名。山海經西山經:“(玉山)有鳥焉,其狀如翟而赤,名曰胜遇。”

[備考]通“省(shěng)”。瘦。管子入國:“必知其食飲飢寒,身之膌～而哀憐之,此之謂恤孤。”王念孫讀書雜志:“胜讀如減省之省,胜亦瘦也。”

按,今胜爲勝的簡化字。

胅 dié 徒結切,入,屑韻,定。質部。

身體某部分高凸起。説文:“胅,骨差也。”朱駿聲説文通訓定聲:“謂骨差突出也。”淮南子精神:“一月而膏,二月而～,三月而胎。”(言孕婦腹部高凸起來)

胣 chī 集韻丑豸切,上,紙韻,徹。歌部。

剖腹刳腸。莊子胠篋:“昔者龍逢斬,比干剖,萇弘～,子胥靡。”

按,説文無胣字。

胙 zuò 昨誤切,去,暮韻,從。鐸部。

㊀祭肉。説文:“胙,祭福肉也。”國語齊語:“天子使宰孔致～於桓公。”史記晉世家:“驪姬使人置毒藥～中。”㊁賞賜;回報。古時祭祀畢將祭祀頒賜於人,故産生此義。左傳隱公八年:“～之土而命之氏。”左傳昭公三年:“賜女州田,以～乃舊勳。”㊂位,(有權勢的)地位。國語齊語:“南城於周,反～于絳。”世説新語尤悔:“若如公言,～安得長。”㊃通“阼”。臺階。荀子哀公:“君入廟門而右,登自～階,仰視榱棟俛見几筵。”

[辨]胙,祚。祚見説文新附字,爲後起字。第二第三義項,文獻中胙祚常錯出互用,胙乃本字,而一般人反誤認爲“祚”是本字。參見清鄭珍説文新附考“祚”字。

胞 bāo 布交切,平,肴韻,幫。幽部。

㊀包裹胎兒的膜質囊。漢書外戚傳孝成趙皇后:“善臧我兒～,丞知是何等兒也!”[同胞]同父母所生的。北齊書孝昭紀:“同胞共氣,家國所憑。”引申指同民族或同國的人。宋張載西銘:“民,吾同胞;物,吾與也。”㊁通“脬(pāo)”,膀胱。文選三國魏嵇康與山巨源絶交書:“每常小便,而忍不起,令～中略轉乃起耳。”[轉胞]憋尿。清朱彝尊曹先生溶挽詩六十四韻:“飲罷題連軸,譚深坐轉胞。”㊂通“庖(páo)”。掌宰割牲畜的人。莊子庚桑楚:“以天下爲之籠,則雀無所逃。是故湯以～人籠伊尹,秦穆公以五羊之皮籠百里奚。”

［同源字］胞，脬。見“脬”字條。

按，說文胞字在包部。

朐 1. qú 其俱切，平，虞韻，羣。侯部。

❶呈曲狀的乾肉。禮記曲禮上：“以脯脩置者，左～右末。”鄭玄注：“屈中曰朐。”泛指彎曲。鹽鐵論非鞅：“此所謂戀～之智，而愚人之計也。”❷通“軥”。車軛兩邊卡住馬頸的曲木。左傳昭公二十六年：“射之中楯瓦，繇～汏輈，七入者三寸。”

2. chǔn 尺尹切，音蠢，上，準韻，穿三。真部。

❸〔朐䏰〕①蚯蚓的别名。明李時珍本草綱目蟲四蚯蚓：“爾雅謂之螼螾，巴人謂之朐䏰，皆方音之轉也。”②又作“朐忍”。古縣名。在今四川省云陽縣西。漢書地理志上：“巴郡，縣十一：…朐忍，容毋水所出，南(入江)。”

3. xū 集韻匈于切，平，虞韻，曉。侯部。

❹〔朐衍〕古代北方的少數民族。史記匈奴列傳：“岐、梁山、涇、漆之北有義渠、大荔、烏氏、朐衍之戎。”

胕 1. fǔ 符遇切，去，遇韻，奉。今讀如腑。侯部。

❶同“腐”。素問異法方宜論：“其民嗜酸而食～。”❷同“腑”。集韻遇韻：“腑…胕，或省。”

2. fú 集韻馮無切，平，虞韻，奉。侯部。

❸浮腫。素問五常政大論：“寒熱～腫。”山海經西山經：“有草焉，其名曰黃雚…白花而赤實，其狀如赭，浴之已疥，又可以已～。”

3. fū 集韻風無切，平，虞韻，非。侯部。

❹同“跗”。脚背。戰國策楚策四：“夫驥之齒至矣，服鹽車而上太行，蹄申膝折，尾湛～潰。”

按，說文無胕字。

胉 pò 匹各切，入，鐸韻，滂。鐸部。

牲的兩脅。儀禮士喪禮：“其實特豚，四鬄，去蹄，兩～、脊、肺。”鄭玄注：“胉，脅也。”

按，說文無胉字。

胝 1. zhī 丁尼切，集韻張尼切，平，脂韻，知。脂部。

❶手掌或脚掌上的厚皮，即老繭。說文：“胝，腄也。”文選漢司馬相如難蜀父老：“躬腠～無胈，膚不生毛。”〔胼胝〕手掌或脚掌上的厚皮。參見“胼”字條。

2. dǐ 集韻丁計切，去，霽韻，端。脂部。

❷通“骶”。臀部。靈樞經五色：“其隨而下至～爲淫。”

胍 gū 古胡切，平，模韻，見。

後起字。〔胍肫〕叠韻聯緜字。也作“肫胍”。腹大貌。宋宋祁宋景文公筆記上：“關中人謂腹大者爲胍肫。上孤下都。俗因謂杖頭大者亦爲胍肫，後訛爲骨朵。”

胤 yìn 羊晉切，去，震韻，喻四。真部。

❶後代。說文：“胤，子孫相承續也。”左傳隱公十一年：“夫許，大(tài)岳之～也。”〔胤嗣〕子孫，後人。南齊書江斅傳：“江忠簡(湛)胤嗣所寄，唯斅一人，傍無眷屬。”❷通“引”。曲調。文選漢馬融長笛賦：“詳觀夫曲～之繁會叢雜，何其富也。”〔胤文〕引自别處的話。論衡骨相：“若夫短書俗記、竹帛胤文，非儒者所見，衆多非一。”

六 畫

胾 zì 側吏切，去，志韻，照二。之部。

切成大塊的肉。見說文。禮記曲禮上：“凡進食之禮，左殽右～。”史記絳侯周勃世家：“頃之，景帝居禁中，召條侯，賜食。獨置大～，無切肉，又不置櫡。”泛指菜肴。唐韓愈祭馬僕射文：“曾不濡翰，酬酢文字；曾不醉飽，以勸酒～。”

胥 zhēng 煮仍切，平，蒸韻，照三。蒸部。

將煮熟的肉進上，放在俎或鼎裏。儀禮燕禮：“胥薦主人于洗北西面，脯醢無～。”儀禮燕禮：“有～，不嚌肺，不啐酒，其介爲賓。”

［備考］説文："胥，蟹醢也。"

胔 1. zì 疾智切，去，寘韻，從。支部。

❶尚存殘肉的骨殖。禮記月令孟春之月："掩骼埋～。"釋文引蔡邕曰："（屍）露骨曰骼，有肉曰胔。"新唐書李暠傳："有狗數百頭，習食～，頗爲人患。"❷用爲動詞，指死亡。大戴禮記千乘："太古之民，秀長以壽者，食也；在今之民，羸醜以～者，事也。"

2. jí 集韻秦昔切，入，昔韻，從。

❸通"瘠"。瘦。漢書婁敬傳："今臣往，徒見羸～老弱，此必欲見短，伏奇兵以争利。"後漢書彭城靖王恭傳："和性至孝，太夫人薨，行喪陵次，毁～過禮。"王先謙集解引顧炎武曰："胔是瘠字。古胔字皆有作瘠者。"

按，説文胔作骴，在骨部。

脊 jǐ 資昔切，入，昔韻，精。錫部。

❶人和動物背部中間的骨肉。説文："脊，背吕（膂）也。"韓非子外儲説右上："（文公）遂斬顛頡之～，以徇百姓，以明法之信也。"❷整體中高起的部分。爾雅釋山："山～，岡。"北史齊宣帝紀："三臺構木高二十七丈，兩棟相距二百餘尺，工匠危怯，皆繫繩自防，帝登～疾走，都無怖畏。"喻指事物的關鍵或要害處。史記張儀列傳："（秦）席卷常山之險，必折天下之～，天下有後服者先亡。"❸條理。詩小雅正月："謂天蓋高，不敢不局；謂地蓋厚，不敢不蹐。維號斯言，有倫有～。"

按，説文脊字在𠦬部。

能 1. néng 奴登切，平，登韻，泥。蒸部。

❶一種像熊的野獸。説文："能，熊屬，足似鹿。"左傳昭公七年："今夢黄～入於寢門。"❷技能，才能。荀子王霸："故百里之地，其等位爵服，足以容天下之賢士矣；其官職事業，足以容天下之～士矣。"史記高祖本紀："吾非敢自愛，恐～薄。"指有才能的人。孟子公孫丑上："尊賢使～，俊傑在位，則天下之士皆悦。"❸能够（做到）。論語先進："非曰～之，願學焉。"通常用作助動詞。孟子告子下："我～爲君辟土地，充府庫。"論衡感類："～徙三山，不～起大木。"引申指善于，長于。管子五輔："故善爲政者，田疇墾而國邑實。…不～爲政者，田疇荒而國邑虚。"❹達到。禮記王制："不～五千里者，不合于天子。"論語子張："子游曰：'吾友張也，爲難～也。'"宋蘇軾荀卿論："子路之勇，子貢之辯，冉有之智，此三子者，皆天下之所謂難～而可貴者也。"❺和睦。左傳襄公二十一年："范鞅…與欒盈爲公族大夫，而不相～。"詩大雅民勞："柔遠～邇，以定我王。"❻如此，這樣（後起義）。唐張九齡庭梅："芳意何～早，孤榮亦自危。"

2. nái 奴來切，平，咍韻，泥。之部。

❼三足鱉。爾雅釋魚："鱉三足，能。"文選漢張衡東京賦："王鮪岫居，～鼈三趾。"

3. nài 奴代切，去，代韻，泥。之部。

❽通"耐"。經受得住。漢書晁錯傳："夫胡貉之地，其人密理，鳥獸毳毛，其性～寒。"素問五常政大論："～毒者以厚藥，不勝毒者以薄藥。"❾通"乃"。是，于是，竟。左傳昭公十二年："中美～黄，上美爲元，下美則裳。"管子權修："二者不失，則民～可得而官也。"漢劉向列女傳賢明："先生以不邪之故，～至于此。"❿通"而"。而，日母之部。能，而，泥日準雙聲叠韻。詩衛風芄蘭："雖則佩韘，～不我甲（狎）。"墨子天志："少而示之黑，謂之黑；多示之黑，謂白。…少～嘗之甘，謂甘；多嘗之甘，謂苦。"

4. tái 集韻湯來切，平，咍韻，透。之部。

⓫通"台"。星名。史記天官書："魁下六星，兩兩相比者，名曰三～。"裴駰集解引蘇林曰："能音台。"⓬通"胎"。素問陰陽應象大論："陰陽者，萬物之～始也。"清孫詒讓札迻卷一："能爲胎之借字。"⓭通"態"。形狀。荀子天論："耳目鼻口形～，各有接而不相能也，夫是之謂天官。"

［備考］通"治"。治理。左傳昭公十一年："蔡侯獲罪於其君，而不～其民。"韓非子

有度:“故官之失～者其國亂。”劉師培斠補:“能、臺古通,故假爲治。”清朱駿聲説文通訓定聲認爲“能猶得也”。楊伯峻春秋左傳注采朱説。

[辨]①能,耐。見“耐”字條。

②能,可。見“可”字條。

胼

pián 部田切,平,先韻,並。真部。

〔胼胝〕手脚掌磨出的厚皮。莊子讓王:“顔色腫噲,手足胼胝。”荀子子道:“耕耘樹藝,手足胼胝。”

按,説文無胼字,骨部有骿,宋徐鉉認爲即胼字。

胲

1. gāi 古哀切,平,咍韻,見。之部。

㊀足大指;牲蹄。説文:“胲,足大指毛也。”清沈濤説文古本考:“今本衍‘毛’字,誤。”莊子庚桑楚:“臘者之有膍～,可散而不可散也。”

2. gǎi 集韻己亥切,上,海韻,見。之部。

㊁頰肉。漢書東方朔傳:“臣觀其臿齒牙,樹頰～,吐脣吻,擢項頤…臣朔雖不肖,尚兼此數子者。”

胰

yí 以脂切,平,脂韻,喻四。

夾脊肉。廣韻脂部:“胰,夾脊肉也。”

按,説文無胰字。

脄

méi 莫杯切,平,灰韻,明。之部。

同“脢”。廣韻灰韻:“脄,同脢。”脊背肉。禮記内則:“擣珍,取牛羊麋鹿麕之肉必～。”鄭玄注:“脄,脊側肉也。”楚辭戰國宋玉招魂:“敦～血拇,逐人駓駓些。”王逸注:“脄…一作脢。”

按,説文無脄有脢,注云:“背肉也。”

胯

kuà 苦化切,去,禡韻,溪。魚部。

㊀大腿和大腿之間。説文:“胯,股也。”史記淮陰侯列傳:“衆辱之曰:‘信能死,刺我;不能死,出我～下。’”㊁革帶上的飾物。新唐書李靖傳:“靖破蕭銑時,所賜于闐玉帶十三～,七方六刓。胯各附環,以金固之。”

[同源字]胯,絝,袴,髁,跨。見“袴”字條。

胹

ér 如之切,平,之韻,日。之部。

煮使爛。説文:“胹,爛也。”左傳宣公二年:“晉靈公不君…宰夫～熊蹯不熟,殺之。”楚辭戰國宋玉招魂:“～鼈炮羊,有柘漿些。”

胵

chī 處脂切,平,脂韻,穿三。脂部。

鳥胃。説文:“胵,鳥胃也。”

胱

guāng 古黄切,平,唐韻,見。

[膀胱]存尿的器官。

按,説文無胱字。“脬”字注:“膀光也。”

胴

dòng 徒弄切,去,送韻,定。

㊀大腸。抱朴子内篇仙藥:“以元～腸裹蒸之於赤土下。”大觀本草引“元胴腸”作“豬胴”。㊁軀幹(晚起義)。胴體,牲畜屠宰後的軀幹部分;也指人不着衣裝的裸體。

按,説文無胴字。

胭

yān 烏前切,平,先韻,影。

㊀同“咽”。咽喉。唐柳宗元東門行:“絶～斷骨那下補,萬金寵贈不如土。”㊁〔胭脂〕一種紅色的飾面顔料。也作“臙脂”。敦煌曲子詞柳青娘:“故着胭脂輕輕染,淡施檀色注歌脣。”

脂

zhī 旨夷切,平,脂韻,照三。脂部。

㊀油膏,呈凝結狀。禮記内則:“～膏以膏之。”孔穎達疏:“凝者爲脂,釋者爲膏。”詩衛風碩人:“手如柔荑,膚如凝～。”用作動詞,指用油膏塗物。詩邶風泉水:“載～載舝,還車言邁。”㊁像脂狀的滲出物、排泄物。資治通鑑唐德宗建中四年:“多儲膏油松～薪葦於其上。”清朝野史大觀歸安三異人傳:“目不交睫,眼～湖(糊)兩匡(眶)。”㊂含脂的化妝品。淮南子脩務:“曼頰皓齒,形夸骨佳,不待～粉芳澤而性可説者,西施、陽文也。”後蜀顧敻甘州子:“山枕上,私語口～香。”

按，說文："戴角者脂，無角者膏。"周禮考工記梓人："～者膏者。"鄭玄注："脂，牛羊屬；膏，豕屬。"

胞 cuì 此芮切，去，祭韻，清。月部。

軟而易斷。也指軟的。吕氏春秋順民："有甘～不足分，弗敢食。"(甘胞，指好吃的東西。)也寫作"脆"。文選漢枚乘七發："甘脆肥膿，命曰腐腸之藥。"

[辨]胞，膬，脆。胞，説文作膸，隸變作胞。説文另有膬字，注云："耎易破也。"王筠說文釋例認爲是一個字。脆是由胞變來的，玉篇肉部："胞，同脆。"古籍中用脆的較多。

朐 chǔn 尺尹切，音蠢，上，準韻，穿三。

〔朐腮〕叠韻聯緜字。也作"朐腮"。即蚯蚓。元方回治圃雜書詩之一一："樹絡蜘蛛縷，泥鏤朐腮文。"自注："朐音蠢，腮音忍，蚯蚓也。"

按，説文無朐字。新附有之，云："朐，朐腮，蟲名。漢中有朐腮縣，地下多此蟲，因以爲名。"清鈕樹玉新附考："朐腮即朐忍之俗字。"

胸 xiōng 許容切，平，鍾韻，曉。東部。

也作"胷"。㊀人體頸與腹之間的部分。左傳僖公二十八年："魏犨傷于～，公欲殺之，而愛其材。"㊁指内心。莊子田子方："喜怒哀樂，不入於～次。"論衡佚文："論發～臆，文成乎中，非説經藝之人能爲也。"

按，説文無胸字，而釋文中有胷字。勹部有匈字，段玉裁認爲即胷字。

脆 cuì 此芮切，去，祭韻，清。月部。

也作"胞""膬"。㊀軟的。老子第七十六章："萬物草木之生也柔～，其死也枯槁。"詩小雅采薇"薇亦柔止"鄭箋："柔謂脆脕之時。"㊁用于人事，指柔弱，輕浮。國語晉語六："臣～弱，弗能忍俟也。"後漢書循吏傳許荊："郡濱南州，風俗～薄，不識學義。"㊂無韌性，易折斷的。老子第六十四章："其～易破，其微易散。"南齊書周顒傳："區區微卵，～薄易矜。"㊃聲音清亮(後起義)。唐顧雲池陽醉歌："弦索緊快管聲～，急曲碎拍聲相連。"

[辨]脆，胞，膬。見"胞"字條。

胮 pāng 匹江切，平，江韻，滂。

㊀膨脹。北魏賈思勰齊民要術種棗："曬棗法…擇取紅軟者上高厨而暴之；擇去～爛者。"清徐珂清稗類鈔動物類："巨軀鼓～肚，弱足步蜷蹇。"㊁〔胮肛〕叠韻聯緜字。腫脹。唐韓愈病中贈張十八："連日挾所有，形軀頓胮肛。"

按，説文無胮字。

胳 1. gē 古落切，入，鐸韻，見。鐸部。

㊀腋下。説文："胳，亦(腋)下也。"

2. gé 集韻各額切，入，陌韻，見。鐸部。

㊀牲畜的後脛骨。儀禮鄉飲酒禮："介俎、脊、脅、～、肺。"鄭玄注："凡牲，前脛骨三：肩、臂、臑；後脛骨二：膊、胳也。"

脇 xié 龍龕手鑑虚業反。

同"脅"。

胻 héng 户庚切，音衡，平，庚韻，匣。陽部。

脛骨上部。説文："胻，脛耑也。"史記龜策列傳："聖人剖其心，壯士斬其～。"素問刺熱："腎熱病者，先腰痛，～痠。"

脈 mài 莫獲切，入，麥韻，明。錫部。

也作"脉"、"衇"。㊀血管。素問脈要精微論："夫～者血之府也。"王冰注："府，聚也。"㊁中醫指脈搏。史記扁鵲倉公列傳："切～，望色、聽聲，寫形，言病之所在。"㊂如血脈形狀的東西。史記蒙恬列傳："長城起臨洮，屬之遼東，城塹萬餘里，此其中不能無絶地～哉。"

按，説文以脈爲衇的或體，在𠂢部。

脅 xié 虚業切，入，業韻，曉。業部。

字亦作"脇"。㊀從腋下至肋骨盡處。素問至真要大論："心痛支滿，兩～裏急。"也指肋骨。左傳僖公二十三年："曹共公聞其駢～，欲觀其裸。"史記范睢(雎)蔡澤列傳："魏齊大怒，使舍人笞擊睢(雎)，折脅摺齒。"泛指旁邊。宋蘇軾雪堂問潘邠老："蘇子得廢圃于東坡之～，築而垣之。"❷收斂。孟子滕文公下："曾子曰：'～肩諂笑，病于夏畦。'"❸精神收斂，即恐懼。禮記郊特牲："故天子微，諸侯僭；大夫强，諸侯～。"也指使恐懼，即威逼。荀子富國："强～弱也，知懼愚也。"後漢書申屠蟠傳："居無幾，(荀)爽等爲(董)卓所～迫，西都長安，京師擾亂。"

［同源字］脅，頰，胠，夾。見"頰"字條。

按，説文肉部："脅，兩膀也。"桂馥義證："玉篇：'脅，身左右兩膀(旁)也。'釋名：'脇，挾也，在兩旁臂所挾也。'"

胷 xiōng 許容切，平，鍾韻，曉。東部。

同"胸"。

七　畫

脣 chún 食倫切，平，諄韻，牀三。真部。

同"唇"。❶嘴唇。莊子盗跖："摇～鼓舌，擅生是非。"左傳哀公八年："夫魯，齊晉之脣，～亡齒寒。"❷圓狀物的周邊。周禮考工記陶人："陶人爲甗，實三鬴，厚半寸，～寸。"宋沈括夢溪筆談技藝："其法用膠泥刻字，薄如錢～。"泛指邊側。唐杜甫麗人行："頭上何所有，翠微㔩葉垂鬢～。"詩魏風伐檀："坎坎伐輪兮，寘之河之漘兮。"釋文："漘，本亦作脣。"

按，説文："脣，口耑也。"説文口部有唇字，側鄰切(zhēn)，注云："驚也。"當爲另一詞。

脘 wǎn(舊讀 guǎn)古滿切，上，緩韻，見。元部。

胃的内腔。説文："脘，胃府也。"素問評熱病論："食不下者，胃～隔也。"宋王衮博齊方香蘇散："調順中～，平和胃氣。"

脝 hēng 許庚切，平，庚韻，曉。

〔膨脝〕叠韻聯緜字。膨大貌。見"膨"字條。

脱 1. tuō 他活切，入，末韻，透。月部。

❶肉去皮骨。禮記内則："肉曰～之，魚曰作之，棗曰新之。"指人明顯消瘦。説文："脱，消肉臞也。"列子天瑞："其狀若～。"❷脱離，脱落。莊子胠篋："魚不可～於淵，國之利器不可以示人。"南朝宋謝莊月賦："洞庭始波，木葉微～。"❸使脱離，即除去、除掉。國語齊語："～衣就功，首戴茅蒲，身衣襏襫。"唐柳宗元設漁者對智伯："～其鱗，鱠其肉。"❹出，從裏到外。管子霸形："言～于口，而令行乎天下。"史記平原君虞卿列傳："使遂蚤得處囊中，乃穎～而出。"❺簡慢，不放在心上。國語周語中："入險而～，能無敗乎？"❻副詞。或許，偶而。後漢書李通傳："事既未然，～可免禍。"宋歐陽修讀李翱文："余行天下，見人多矣。～有一人能如翱憂者，又皆賤遠，與翱無異。"❼連詞。倘若，如果。唐魏徵十漸不克終疏："～因水旱，穀麥不收，恐百姓之心，不能如前日之寧帖。"宋史劉錡傳："～有不利，即焚吾家，毋辱敵手也。"

2. tuì 集韻吐外切，去，泰韻，透。月部。

❽〔脱脱〕舒緩貌。詩召南野有死麕："舒而脱脱兮，無感我帨兮，無使尨也吠。"

［同源字］脱，蜕，挩，税。見"蜕"字條。

脖 bó 蒲没切，入，没韻，並。物部。

❶〔脖胦〕臍下。靈樞經九鍼十二原："肓之原出於脖胦。"❷頸項(晚起義)。元關漢卿單刀會："青龍偃月刀，九九八十斤，～子裏着一下，那裏尋黄文？"

按，説文無脖字。

脚 1. jiǎo 居勺切，入，藥韻，見。鐸部。

本作"腳"。❶小腿。急就篇："股～膝臏脛爲柱。"墨子明鬼下："羊起而觸之，折其～。"韓非子難言："孫子臏～于魏。"(臏，剔去膝蓋骨的刑罰）爾雅釋獸“羆如熊，黄白文”郭璞注：“似熊而長頸高～。”㊁足（後起義）。爾雅釋獸“豻，狗足”郭璞注：“～似狗。”史記封禪書“華山、薄山”張守節正義：“華嶽本一山，當河水過而行，河神巨靈，手盪～蹋，開而爲兩，今～跡在東首陽下，手掌在華山。”㊂物體的下端。南齊書五行志：“巴州城西鼓樓～柏樹數百年，忽開花。”㊃脚力。唐元稹爲河南府百姓訴車：“每乘每里～錢三十五文。”泛指運輸費。唐劉禹錫夔州論利害表之二：“比及三年，漕運七百萬石，省～三十餘萬貫。”

2. jué 字彙吉岳切，音覺。

㊄〔脚色〕①出身履歷。宋趙昇朝野類要入仕：“脚色者，初入仕，必具鄉貫，户頭，三代名銜，家口，年齒，出身履歷。”②傳統戲曲中人物類型（晚起義）。清李斗揚州畫舫録新城北録下：“梨園以副末開場，副末以下老生、正生、老外、大面、三面七人，謂之男脚色。”

［辨］足，脚。見“足”字條。

按，説文脚作腳，注云：“脛也。”

脰 dòu 徒候切，去，候韻，定。侯部。

頸項。説文：“脰，項也。”左傳襄公十八年：“晉州綽及之，射殖綽中肩，兩矢夾～。”唐韓愈元和聖德詩：“取之江中，枷～械手。”

脯 1. fǔ 方矩切，上，麌韻，非。魚部。

㊀乾肉。見説文。詩大雅鳧鷖：“爾酒既湑，爾殽伊～。”也指經脱水處理的瓜果（後起義）。晉書祖逖傳：“玄酒忘勞甘瓠～，何以詠恩歌且舞。”北魏賈思勰齊民要術種棗：“棗～法：切棗曝之，乾如脯。”

2. pú 集韻蓬逋切，平，模韻，並。

㊁胸脯（後起義）。元尚仲賢柳毅傳書一折：“嗔忿忿腆着胸～，惡哏哏豎着髭鬚。”

脥 jiá 集韻吉協切，入，怗韻，見。

㊀同“頰”。玉篇肉部：“脥，俗頰字。”宋宋慈洗冤録驗屍：“左右腮～…有無他故。”㊁通“脅（xié）”。收斂。文選晉潘岳射雉賦：“雉～肩而旋踵。”

按，説文無脥字。

脤 shèn 時忍切，上，軫韻，禪。文部。

祭祀用的生肉，祭祀後賞賜給宗親。左傳閔公二年：“帥師者，受命於廟，受～於社。”成公十三年：“祀有執膰，戎有受～。”

［辨］脤，膰。見“膰”字條。

［同源字］脤，祳，蜃。見“蜃”字條。

按，説文無脤有祳，注云：“社肉盛以蜃，故謂之祳，天子所以親遺同姓。”廣韻認爲脤是祳的異體字。廣韻軫韻：“祳，祭餘肉。…脤，上同。”脤又是脣的異體字，見莊子德充府。

脛 1. jìng 胡頂切，上，迥韻，匣。今讀如勁。耕部。

㊀自膝至脚跟的部分，今謂之小腿。論語憲問：“以杖叩其～。”史記魏其武安侯列傳：“此所謂枝大於本，～大於股，不折必披。”也指鳥獸的腿。莊子駢拇：“鳧～雖短，續之則憂；鶴～雖長，斷之則悲。”

2. kēng 音硜。耕部。

㊁〔脛脛〕直貌。漢書楊惲傳：“事何容易！脛脛者未必全也。”王先謙補注引周壽昌曰：“脛脛即硜硜，通借字。”

［同源字］脛，莖。説文：“莖，枝柱也。”釋名釋形體：“脛，莖也，直而長似物莖也。”清段玉裁説文解字注：“厀下踝上曰脛。脛言莖也，如莖之載物。”

腝 rùn 如順切，音閏，去，稕韻，日。真部。

胸腝。見“胸”字條。

按，説文無腝字，新附有之，云：“胸腝也。”

脭 chéng 集韻馳貞切，平，清韻，澄。耕部。

精肉。文選漢枚乘七發：“飲食則温淳甘膬，～膿肥厚。”吕延濟注：“脭，肉之精。”

按，説文無脭字。

脞 bì 字彙部比切。

同"髀"。大腿。唐韓愈陸渾山火和皇甫湜用其韻:"糅其肉皮通～臀,頹胸垤腹車掀轅。"唐杜牧郡齋獨酌:"白羽八扎弓,～壓綠檀槍。"新唐書李甘傳:"且鄉人能鬵疽刳～,急親之病。"

脟 1. luán 力臠切,上,獮韻,來。今讀如鑾。元部。

㊀切成塊的肉。同"臠"。吕氏春秋察今:"嘗一～肉,而知一鑊之味,一鼎之調。"

2. liè 力輟切,入,薛韻,來。月部。

㊁禽獸肋骨部分的肉。説文:"脟,脅肉也。""肋,脅骨也。"

脬 pāo 匹交切,平,肴韻,滂。幽部。

㊀膀胱。見説文。史記扁鵲倉公列傳:"風癉客～,難於大小溲。"㊁量詞。用於屎尿(晚起義)。元尚仲賢氣英布:"適纔俺大王見他時,先該除他這鐵帽子,撒～尿在裏面。"

[同源字]脬,胞。古皆爲幽部字。胞幫母。滂、幫旁紐。二字皆有包義。胞,包裹胎兒之膜;脬,包裹尿之器官,其理一也。脬亦可作胞。史記:"風癉客脬。"張守節正義:"脬,亦作'胞'。"文選三國魏嵇康與山巨源絶交書:"每當小便而忍不起,令胞中略轉乃起耳。"胞即脬。量詞脬亦作泡。

脮 tuǐ 吐猥切,上,賄韻,透。微部。

[腲脮]肥貌。見"腲"字條。

脞 cuǒ 倉果切,上,果韻,清。

瑣細。書益稷:"元首叢～哉。"宋史王信傳:"論除官～冗之敝,乞精選監司而擇籍名。"明胡應麟少室山房筆叢經籍會通四:"～言鄙事,時有足存,輒綴大都,附於簡末。"

按,説文無脞字,目部有睉字,宋徐鉉認爲即脞的本字。

朘 1. juān 子泉切,平,仙韻,精。文部。

㊀縮,減。漢書董仲舒傳:"民日削月～,寖以大窮。"新唐書沙陀傳:"是時無年,文楚～損用度,下皆怨。"㊁通"臇"。少汁的肉羹。鹽鐵論散不足:"楊豚韭卵,狗腤馬～。"

2. zuī 臧回切,平,灰韻,精。微部。

㊂男孩的生殖器。老子第五十五章:"未知牝牡之合而～作,精之至也。"

按,説文無朘字,新附有之,云:"朘,赤子陰也。"

脡 tǐng 他鼎切,上,迥韻,透。耕部。

㊀條狀的乾肉。公羊傳昭公二十五年:"高子執簞食,與四～脯。"㊁直。禮記曲禮下:"凡祭宗廟之禮,…槀魚曰商祭,鮮魚曰～祭。"鄭玄注:"脡,直也。"

[同源字]脡,梃,杖,棖,莛,珽,挺。見"梃"字條。

按,説文無脡字。

脕 1. wàn 無販切,去,願韻,微。元部。

㊀光澤,美艷。楚辭戰國屈原遠遊:"玉色頩以～顔兮,精醇粹而始壯。"

2. wèn 亡運切,去,問韻,微。文部。

㊁草新生。詩小雅采薇"采薇采薇,薇亦柔止"鄭箋:"柔謂脆～之時。"

按,説文無脕字。

脢 méi 莫杯切,去,灰韻,明。之部。

㊀背部的肉。見説文。易咸:"咸其～,無悔。"北魏賈思勰齊民要術養牛馬驢騾:"背欲短而方,脊欲大而抗,～筋欲大,飛鳧見者怒。"㊁[脢胎]放誕。晉書王沈傳釋時論:"脢胎者,以無檢爲弘曠;僂垢者,以守意爲堅貞。"

脗 wěn 武盡切,上,軫韻,微。文部。

同"吻"。嘴唇。漢書王莽傳中:"莽所謂鴟目、虎～、豺狼之聲者也。"[脗合]指完全符合。莊子齊物論:"爲其脗合,置其滑涽,以隸相尊。"

按,説文脗作吻,在口部。

脩 1. xiū 息流切,平,尤韻,心。幽部。

❶乾肉。説文:"脩,脯也。"論語述而:"自行束~以上,吾未嘗無誨焉。"❷泛指乾枯。詩王風中谷有蓷:"中谷有蓷,暵其~矣。"吕氏春秋辯士:"寒則雕,熱則~。"❸善,美。楚辭戰國屈原離騷:"恐~名之不立。"也指使完好、完美。易井:"井甃無咎,~井也。"詩秦風無衣:"王于興師,~我戈矛。"❹高,長。戰國策齊策一:"鄒忌~八尺有餘。"淮南子齊俗:"短~之相形也。"❺學習,研究。禮記學記:"故君子之於學也,藏焉,~焉,息焉,遊焉。"三國志吴書吕蒙傳:"蒙少不~書傳。"❻撰寫。文選漢劉歆移書讓太常博士:"及春秋,左氏丘明所~。"唐韓愈進順宗皇帝實録表狀:"(臣等)共加採訪,並尋檢詔勑,~成順宗皇帝實録五卷。"

2. tiáo 集韻他彫切,平,蕭韻,透。幽部。

❼通"條"。綱目。逸周書周祝:"舉其~,則有理。"王念孫讀書雜志逸周書四:"脩即條字也。"❽通"滌"。周禮春官司尊彝:"凡酒~酌。"鄭玄注:"先鄭云:'脩酌者,以水滌勺而酌也。'脩,讀如滌濯之滌。"

3. yǒu 集韻以九切,上,有韻,以。幽部。

❾通"卣"。酒器。周禮春官鬯人:"凡祭祀…,廟用~,凡山川四方用蜃…"鄭玄注:"脩,讀曰卣。"

[辨]脩,修。見"修"字條。

八　畫

腐 fǔ 扶雨切,上,麌韻,奉。侯部。

❶有機體潰爛,變質。説文:"腐,爛也。"荀子勸學:"肉~出蟲,魚枯生蠹。"吕氏春秋盡數:"流水不~,户樞不螻。"引申指思想陳腐。史記黥布列傳:"爲天下安用~儒。"後漢書仲長統傳:"貴清静者,以席上爲~議;束名實者,以柱下爲誕辭。"❷宫刑。一種閹割生殖器的酷刑。史記吕不韋列傳:"吕不韋乃進嫪毐,詐令人以~罪告之。"漢書景帝紀:"秋,赦徒作陽陵者死罪;欲~者,許之。"

脊 qǐ 康禮切,上,薺韻,溪。脂部。

脛後肉,即小腿肚。山海經海外北經:"無脊之國在長股東,爲人無~。"

按,説文無脊字,新附有之,云:"肥(腓)腸也。"

腎 shèn 時忍切,上,軫韻,禪。真部。

人和高等動物的泌尿器官。俗稱腰子。中醫古籍中稱左者爲腎,右者爲命門。説文:"腎,水藏也。"素問六節藏象論:"~者,主蟄封藏之本,精之處也,其華在髮,其充在骨。"書盤庚下:"今予其敷心腹~腸,歷告爾百姓于朕志。"

腔 qiāng 苦江切,平,江韻,溪。

後起字。❶動物器官呈内空狀的部分。北魏賈思勰齊民要術養牛馬驢騾:"(相馬)腸欲充,~欲小。"❷量詞。多用于牲畜。北周庾信謝滕王賚豬啟:"奉教垂賚肥豕一~。"❸説話的聲音語調等(晚起義)。元薩都剌寄林所源道士詩:"我識華陽林道士,步虚聲裏帶淮~。"

[同源字]空,孔,銎,腔。見"空"字條。

按,説文無腔字,新附有之,云:"内空也。"

腕 wàn 烏貫切,去,换韻,影。元部。

胳膊下端跟手掌相連的部位。墨子大取:"斷指與斷~,利於天下相若,無擇也。"史記張儀列傳:"是故天下之游談士莫不日夜搤~瞋目切齒以言從之便,以説人主。"

[辨]腕,捥。見"捥"字條。

按,説文"腕"作"掔"。

腁 pián 字彙蒲眠切。

同"胼"。見"胼"字條。

腋 yè 羊益切,入,昔韻,喻四。鐸部。

人體的胳肢窩;禽獸翅腿與腹部連接處。莊子秋水:"赴水則接~持頤,蹶泥則没足滅跗。"史記司馬相如列傳:"弓不虚發,中必決背,洞胸達～,絶乎心繫。"慎子內篇:"廟廊之材,非一木之枝;狐白之裘,非一狐之～;治亂安危、存亡榮辱之施,非一人之力也。"

按,説文腋作亦,在亦部,注云:"人之臂亦也"徐鉉:"今别作腋。"

腑 fǔ 方矩切,上,麌韻,非。魚部。

❶臟腑。玉篇肉部:"腑,藏腑。"抱朴子內篇至理:"破積聚於～臟。"唐韓愈上張僕射第二書:"蕩摇其心～,振撓其骨筋。"❷同"腐"。漢賈誼新書耳痺:"越王之窮,至乎吃山草、飲～水,易子而食。"

按,説文無腑有府,宋徐鉉認爲府即腑字。

脹 zhàng 知亮切,去,漾韻,知。陽部。

❶機體器官鼓凸,有充塞難受之感。急就篇卷四:"寒氣泄注腹臚～。"顔師古注:"脹,謂腹鼓脹也。"靈樞經脹論:"夫脹者皆在于藏府之外,排藏府而郭胸脅,～皮膚,故命曰～。"論衡道虚:"人或嗛氣,氣滿腹～,不能饜飽。"❷鼓凸變大。晉書韓友傳:"斯須之間,見囊大～如吹。"

[同源字]漲,張,脹,帳,掌。見"漲"字條。

按,説文無脹字。

腊 xī 思積切,入,昔韻,心。鐸部。

❶乾肉。易噬嗑:"六三,噬～肉,遇毒,小吝無咎。"也指做成乾肉。唐柳宗元捕蛇者説:"(蛇)然得而～之以爲餌,可以已大風、攣踠、瘻、癘,去死肌,殺三蟲。"❷皮膚乾裂。靈樞經寒熱病:"毛髮焦,鼻槁～。"山海經西山經:"(錢來之山)有獸焉,…其脂可以已～。"

按,説文腊作㫺,在日部,是"昔"的籀文。又漢字簡化後,"腊"是"臘(là)"字的簡體。

膱 1. zhí 除力切,入,職韻,澄。職部。

❶肥腸。靈樞經淫邪發夢:"客於胞～,則夢溲便。"

2. zhí 之翼切,入,職韻,照三。職部。

❷黏。玉篇肉部:"膱,黏也。"周禮考工記弓人"凡昵之類不能方"鄭玄注:"膱亦黏也。"清周亮工書影卷四,認爲膱是滯的古字。

按,説文無膱字。

腌 1. yān 於嚴切,平,嚴韻,影。談部。

❶用鹽浸漬食物。説文:"腌,漬肉也。"宋朱敦儒朝中措:"自種畦中白菜,～成瓮裏黄齏。"

2. ā。

❷〔腌臢〕叠韻聯緜字。①不乾净。宋趙叔向肯綮録:"不潔曰腌臢。"(説郛二四)②不好的。金董解元西厢記諸宫調三:"自家這一場腌臢病,病得來蹺蹊。"元曲選秦簡夫破家子弟二:"便有那人家謊後生,都不似你這個腌臢的潑短命!"❸胡亂。金董解元西厢記諸宫調一:"窮綴作,～對付。"

[同源字]淹,腌,醃。見"淹"字條。

腒 jū 九魚切,平,魚韻,見。魚部。

乾鳥肉。説文:"腒,北方謂鳥腊曰腒。傳曰:'堯如腊,舜如～。'"論衡語增:"言堯、舜若腊與～,桀、紂垂腴尺餘。"又道虚:"世稱堯若腊,舜若～,心愁憂苦,形體羸癯。"

腾 jì 集韻巨几切,上,旨韻,群。之部。

同"跽"。雙膝着地而身直起,表示尊敬。史記滑稽列傳淳于髡:"髡帣韝鞠～,侍酒於前。"裴駰集解引徐廣曰:"腾,又與'跽'同,謂小跪也。"

腆 tiǎn 他典切,上,銑韻,透。文部。

❶豐盛,豐厚。説文:"腆,多也。"書酒誥:"厥父母慶,自洗～致用酒。"左傳僖公三十三年:"不～敝邑,爲從者之淹,居則具一日之積,行則備一夕之衛。"〔腆顔〕厚顔。文選南朝宋沈約奏彈王源:"明目腆顔,曾無愧畏。"❷善,美。儀禮士昏禮:"凡行事,必用昏昕,受諸禰廟,辭無不～。"❸挺起(晚起義)。元紀君祥趙氏孤兒五折:"你看他～着胸脯粧些兒勢况。"

[備考]通"典"。主管,主持。書大誥:

“殷小～，誕敢紀其叙。”孔穎達疏：“王肅云：‘腆，主也。殷小主，謂禄父也。’”

腘 jùn 渠殞切，上，軫韻，羣。文部。

㊀肌肉突起處。素問玉機真藏論：“身熱脱肉而破～，真藏見，十月之内死。”㊁腹部脂肪。玉篇肉部：“腘，腹中腘脂也。”

按，説文無腘字。

腓 féi 符非切，音肥，平，微韻，奉。微部。

㊀脛肌，即小腿肚。説文：“腓，脛腨也。”韓非子揚權：“～大於股，難以趣走。”㊁剔除膝蓋骨或斷足的刑罰，即刖。周禮秋官司刑“刖罪五百”賈公彦疏：“咎繇改臏作腓，至周改～作刖。”漢班固白虎通五刑：“～者其臏。”㊂枯萎。詩小雅四月：“秋日淒淒，百卉具～。”唐高適燕歌行：“大漠窮秋塞草～。”也指疾病。南朝宋鮑照代苦熱行：“毒涇尚多死，渡瀘寧具～。”㊃庇護。詩小雅采薇：“君子所依，小人所～。”大雅生民：“誕寘之隘巷，牛羊～字之。”

腍 rěn 如甚切，上，寑韻，日。侵部。

熟。禮記郊特牲：“腥、肆、爓、～祭，豈知神之所饗也。”

［同源字］腍，稔，飪。説文禾部：“稔，穀熟也。”爾雅釋言：“饙，餾，稔也。”説文：“飪，大孰（熟）也。”郝懿行疏：“稔者，飪之假音也。”腍、稔、飪，皆爲日母侵部，皆有熟義。

按，説文無腍字。

腄 1. chuí 竹垂切，平，支韻，知。歌部。

㊀老繭。説文：“腄，瘢胝也。”

2. yóu 羽求切，音尤，平，尤韻，喻三。之部。

㊀古縣名。秦置。在今山東烟台市。史記秦始皇本紀：“過黄～，窮成山，登之罘，立石頌秦德焉而去。”在這個意義上又讀馳僞切（zhuì）。

腇 něi 集韻弩罪切，上，賄韻，泥。

〔腲腇〕叠韻聯緜字。舒緩貌。參見“腲”字條。

脽 shuí 視隹切，音誰，平，脂韻，禪。微部。

㊀臀部。説文：“脽，屍（臀）也。”素問六元正紀大論：“感于寒，則病人關節禁固，腰～痛。”漢書東方朔傳：“結股脚，連～尻。”㊁小土山。漢書武帝紀：“（元鼎）四年…十一月甲子，立后土祠于汾陰～上。”顔師古注：“脽者，以其形高起如人尻脽，故以名云。”

腴 yú 羊朱切，平，虞韻，喻四。侯部。

㊀動物腹下的肥肉。見説文。論衡語增：“愁擾精神，感動形體，故稱堯若腊，舜若腒，桀紂之君垂～尺餘。”引申指油膩。論衡藝增：“稻粱之味，甘而多～。”㊁肥。南史袁彖傳：“彖充～異衆。”戰國策趙策四：“封之以膏～之地。”㊂美好。晉書姚泓傳論：“麗衣～食，殆將萬數。”唐劉知幾史通雜説上左氏傳：“或～辭潤簡牘，或美句入詠歌。”

脾 1. pí 符支切，集韻頻彌切，平，支韻，並。支部。

㊀脾臟。説文：“脾，土藏也。”釋名釋形體：“脾，裨也，在胃下，裨助胃氣，主化穀也。”素問至真大要論：“諸濕腫滿，皆屬于～。”漢蔡琰悲憤詩：“還顧邈冥冥，肝～爲爛腐。”㊁通“膍”。牛胃。詩大雅行葦：“嘉殽～臄，或歌或咢。”

2. bì 集韻部禮切，上，薺韻，並。支部。

㊀通“髀”。大腿。莊子在宥：“鴻蒙方將拊～雀躍而遊。”

九　畫

腤 ān 烏含切，平，覃韻，影。

後起字。㊀一種烹飪法。北魏賈思勰齊民要術䏑腤煎消法：“䏑魚鮓法：先卜水，鹽、渾豉、擘葱，次下豬、羊、牛三種肉，～兩沸，下鮓。”㊁〔腤臢〕叠韻聯緜字。也作“腤膪”。骯髒。元王伯成哨遍贈長春宫雪庵學士套曲：“明圖甚，形骸傴僂，涕唾腤臢。”

腠 còu 倉奏切,去,候韻,清。侯部。

肌肉的紋理,呈散布狀。素問生氣通天論:"清静則肉～閉拒,雖有大風苛毒,弗之能害。"韓非子喻老:"君有疾在～理,不治將恐深。"鹽鐵論輕重:"夫拙醫不知脈理之～,血氣之分,妄刺而無益於疾,傷肌膚而已。"泛指條理、途徑。吕氏春秋先己:"用其新,棄其陳,～理遂通。"

[同源字]腠,輳,湊。三字同源。説文:"湊,水上人所會也。"朱駿聲説文通訓定聲:"'上人'二字,當爲𠂢字之形譌。"𠂢,即派也。言水呈散布狀相會。漢書地理志:"郡國輻輳",一作湊。輳,車輻條散布狀集中於轂。

按,説文無腠字。

腷 bì 符逼切,集韻弼力切,入,職韻,並。職部。

❶結滯。宋蘇舜欽送施秀才詩:"開席揖之坐,意勤語～塞。"[腷臆]叠韻聯緜字,氣滿鬱結不通,憤懣不快。漢王延壽夢賦:"於是夢中驚怒,腷臆紛紜。"唐李華弔古戰場文:"寄身鋒刃,腷臆誰愬。"❷[腷膊]象聲詞。唐韓愈孟郊鬭鷄聯句:"腷膊戰聲喧,繽翻落羽皠。"

按,説文無腷字。

腰 yāo 於宵切,平,宵韻,影。宵部。

❶胯上脅下,身體的中部。史記商君列傳:"令民爲什伍,而相牧司連坐。不告姦者～斬。"唐李白夢遊天姥吟留别:"安能摧眉折～事權貴,使我不得開心顔。"❷事物的中間部分。北周庾信枯樹賦:"横洞口而欹卧,頓山～而半折。"❸腎臟的俗稱。素問痿論:"腎氣熱則～脊不舉。"❹量詞(後起義)。隋書李德林傳:"事訖奏聞,别賜九環金帶一～。"宋陸游老學庵筆記卷六:"古謂帶一爲一～…近世乃謂帶爲一條。"

按,説文腰作要,在臼部。

腜 méi 莫杯切,平,灰韻,明。之部。

[腜腜]肥美貌。文選晉左思魏都賦:"腜腜坰野,奕奕菑畝。"

[備考]説文:"腜,婦始孕腜兆也。"清高翔麟説文字通:"博雅:腜,始也;又,美也。"

[同源字]腜,禖。見"禖"字條。

䐑 zhé 直葉切,音摺,入,葉韻,澄。葉部。

薄肉片。説文:"䐑,薄切肉也。"東觀漢記光武帝紀:"帝至邯鄲,趙王庶兄胡子進狗～馬醢。"禮記少儀"聶而切之爲膾"鄭玄注:"聶之言～也。"

腩 nǎn 奴感切,上,感韻,泥。

❶用調味品浸漬肉類以便炙製。北魏賈思勰齊民要術炙法:"～炙:方寸臠,切葱白,斫令碎,和鹽豉汁,僅令相淹,少時便炙。"❷俗稱肚子上松軟的肌肉。

按,説文無腩字。

腱 jiàn 渠建切,去,願韻,羣。元部。

連接肌肉與骨骼的結締組織。楚辭戰國宋玉招魂:"肥牛之～,臑若芳些。"

按,説文腱是筋的重文,在筋部。

腿 tuǐ 吐猥切,上,賄韻,透。

後起字。❶脛。後亦兼指股。玉篇肉部:"腿,脛也。本作骽。"明馮夢龍精忠旗書生扣馬:"伸開～往南飛跳,這封書定索回報。"❷器物中起支撑作用的部分。紅樓夢三一回:"地下的水淹着床～,連席子都汪着水。"

睽 kuí 渠追切,平,脂韻,羣。脂部。

醜陋貌。淮南子脩務:"啳～哆鳴,籧篨戚施,雖粉白黛黑,弗能爲美者,嫫母、仳倠也。"

按,説文無睽字。

腸 cháng 直良切,平,陽韻,澄。陽部。

❶消化器官,上端連胃,下通肛門。説文:"腸,大小腸也。"素問靈蘭秘典論:"大～者,傳道之官,變化出焉;小～者,受盛之官,

化物出焉。”漢司馬遷報任安書：“是以～一日而九迴，居則忽忽若有所亡，出則不知其所往。”㊁心腸，情感。史記萬石張叔列傳：“上以爲廉，忠實無他～，乃拜綰爲河間王太傅。”文選三國魏嵇康與山巨源絶交書：“剛～疾惡，輕肆直言，遇事便發，此甚不可二也。”

腸 yì 於罽切，音饐，去，祭韻，影。月部。

胸骨。同“髎”。淮南子精神：“子求行年五十有四而病傴僂，脊管高于頂，～下迫頤，兩脾在上，燭營指天。”

按，説文無腸字。

腮 sāi 蘇來切，平，咍韻，心。

㊀同“顋”。兩頰的下半部。宋宋慈洗冤録屍傷雜説：“少得熱，則兩～紅，面如芙蓉色。”㊁水生動物的呼吸器官，後作“鰓”。文選戰國宋玉高唐賦“振鱗奮翼”李善注：“魚～邊兩鬣也。”唐段成式酉陽雜俎醫：“裴初不信，乃鱠鯉魚無～者，令左右食之。”

［同源字］鰓，鰓，顋，腮。見“鰓”字條。

腲 wěi 烏賄切，上，賄韻，影。微部。

㊀〔腲腇〕叠韻聯緜字。舒緩貌。文選漢王褒洞簫賦：“其奏歡娱，則莫不憚漫衍凱，阿那腲腇者已。”全唐詩寒山詩之五九：“鵄鴉飽腲腇，鸞鳳飢徬徨。”㊁〔腲脮〕肥貌。見玉篇。宋李昭玘觀江都王畫馬：“可信權奇盡龍種，不應腲脮失天真。”

按，説文無腲字。

腢 ǒu 集韻語口切，上，厚韻，疑。侯部。

肩頭。儀禮既夕禮：“即牀而奠，當～，用吉器。”新唐書禮樂志六：“凡射獸，自左而射之，達於右～爲上射。”

按，説文腢作髃，在骨部，注云：“肩前也。”

膃 wà 烏没切，入，没韻，影。

後起字。〔膃肭〕叠韻聯緜字。①肥軟貌。唐皮日休二遊詩任詩：“猿眠但膃肭，鳧食時啑唼。”②獸名，即海熊，通稱海狗。參見明李時珍本草綱目獸二“膃肭獸”。

腥 xīng 桑經切，平，青韻，心。耕部。

㊀生肉。論語鄉黨：“君賜～，必熟而薦之。”也指生的。史記禮書：“大饗上玄尊，俎上～魚，先大羹，貴食飲之本也。”㊁生魚生肉的氣味；血的氣味。禮記月令：“其味辛，其臭～。”唐杜甫垂老别詩：“積屍草木～，流血原川丹。”㊂道德上指醜的，壞的。漢徐幹中論虚道：“～德發聞，百姓傷心，鬼神怨痛。”

按，説文腥作胜，注云：“犬膏臭也；一曰不熟也。”説文亦有“腥”字，注云：“星見食豕，令肉中生小息肉也。”此當屬另一個詞。段玉裁注：“今經典膏胜、胜肉字通用腥爲之，而胜廢矣；而腥之本義(生小息肉)廢矣。”

腨 shuàn 市兖切，上，獮韻，禪。元部。

脛肉，小腿肚子。説文：“腨，腓腸也。”素問陰陽别論：“三陽爲病，發寒熱，下爲癰腫，及爲痿厥～痟。”

腧 1. shù 傷遇切，去，遇韻，審三。侯部。

㊀人體的穴位。靈樞經九針十二原：“五藏五～，五五二十五～；六腑六～，六六三十六～。”

2. yú 五音集韻羊朱切，平，虞韻，喻四。

㊁通“腴”。豐腴。太平廣記卷八二引唐陳翰異聞集吕翁：“觀子膚極～，體胖無恙，談諧方適，而歎其困者，何也？”

腳 jiǎo 居勺切，入，藥韻，見。鐸部。

同“脚”。脛，小腿。説文：“腳，脛也。”荀子正論：“詈侮捽搏，捶笞臏～。”晉書陶潛傳：“素有～疾，向乘籃輿。”

腫 zhǒng 之隴切，上，腫韻，照三。東部。

㊀癰，毒瘡。説文：“腫，癰也。”周禮天官瘍醫：“瘍醫掌～瘍。”後漢書濟北惠王壽傳：“頭不櫛沐，體生瘡～。”㊁肌體浮脹。釋名釋疾病：“腫，鍾也。寒熱氣所鍾聚也。”左

傳宣公十年："公閉門而泣之，目盡～。"

［辨］腫，癰，疽。見"癰"字條。

腹 fù 方六切，入，屋韻，非。覺部。

❶肚。老子第三章："虚其心，實其～，弱其志，强其骨。"莊子逍遥遊："偃鼠飲河，不過滿～。"❷内心的（想法）。左傳宣公十二年："敢布～心，君實圖之。"漢書食貨志下："（張）湯奏當（顏）異九卿見令不便，不入言而～非，論死。"❸中心部位。鹽鐵論刺腹："方今爲天下～居，郡諸侯並臻。"❹懷抱。詩小雅蓼莪："父兮生我，母兮鞠我…顧我～我，出入～我。"

按，説文："腹，厚也。"

腞 zhuàn 集韻柱兖切，音篆，上，獮韻。元部。

〔腞楯〕有畫飾的殯車。莊子達生："自爲謀，則苟生有軒冕之尊，死得於腞楯之上、聚僂之中，則爲之。"

按，説文無腞字。

腶 duàn 丁貫切，去，换韻，端。元部。

加有薑桂的乾肉。左傳哀公十一年："道渴，其族陳喧進稻醴、粱糗、～脯焉。"

［同源字］腶，鍛，段，碫。見"碫"字條。

按，説文無腶字。

膇 zhuì 馳僞切，去，寘韻，澄。微部。

脚腫。左傳成公六年："民愁則墊隘，於是乎有沉溺重（腫）～之疾。"也泛指沉滯。南朝梁劉勰文心雕龍哀吊："揚雄弔屈，思積功寡，意深反騷，故辭韻沈～。"

按，説文無膇字。

腬 hóu 集韻胡溝切，平，侯韻，匣。侯部。

❶味過濃、過厚。吕氏春秋本味："澹而不薄，肥而不～。"❷同"喉"。

腯 tú 陀骨切，入，没韻，定。物部。

肥壯。説文："腯，牛羊曰肥，豕曰腯。"左傳桓公六年："吾牲牷肥～，粢盛豐備，何則不信？"文選晉左思吴都賦："草木節解，鳥獸～膚。"

腦 nǎo 奴晧切，上，晧韻，泥。宵部。

腦髓。左傳僖公二十八年："晉侯夢與楚子搏，楚子伏己而盬其～，是以懼。"戰國策燕策："廚人進斟羹，因反斗而擊之，代王～塗地。"

按，説文腦作匘，在匕部。

十　畫

膏 1. gāo 古勞切，平，豪韻，見。宵部。

❶肥肉。説文："膏，肥也。"國語晉語："夫～粱之性難正也。"韋昭注："膏，肉之肥者也。"泛指肥美。史記李斯列傳："割～腴之壤，遂散六國之從。"❷油脂，呈流質狀或液態狀。詩衛風伯兮："豈無～沐，誰適爲容。"新唐書宗室李戢傳："夜無然（燃）～，默念所記。"❸濃稠的流質物。後漢書方術傳華佗："若在腸胃，則繼截湔洗，除去疾穢，既而縫合，傅以神～，四五日創愈。"❹精華所在。穆天子傳一："天子之珤，玉果，璿珠，燭銀，黄金之～。"❺古代醫學稱心尖的脂肪。左傳成公十年："疾不可爲也。在肓之上，～之下，藥不至焉。"

2. gào 古到切，去，号韻，見。宵部。

❻滋潤。上油。詩曹風下泉："芃芃黍苗，陰雨～之。"唐韓愈送李愿歸盤谷序："～吾車兮秣吾馬，從子于盤兮，終吾生以徜徉。"

膂 lǚ 力舉切，上，語韻，來。魚部。

脊骨。書君牙："今命爾予翼，作股肱心～。"北魏賈思勰齊民要術炙法："捧炙：大牛用～，小犢用脚肉亦得。"〔膂力〕體力。魏書孝文帝紀："少而善射，有膂力，年十餘歲，能以指彈碎羊髆骨。"唐杜甫錦樹行："生男墮地要膂力，一生富貴傾邦國。"

按，説文膂是吕的重文，在吕部。

膋 liáo 落蕭切，音遼，平，蕭韻，來。宵部。

牛腸脂。見說文。詩小雅信南山："執其鸞刀，以啟其毛，取其血～。"漢書禮樂志："焫～蕭，延四方。"顏師古注："李奇曰：'膋，腸間脂也。蕭，香蒿也。'"

按，說文膋是膫的重文。

膀 1. páng 步光切，平，唐韻，並。陽部。

❶〔膀胱〕叠韻聯緜字。動物存尿的器官。素問靈蘭秘典論："膀胱者，州都之官，津液藏焉。"史記扁鵲倉公列傳："夫以陽入陰中，動胃纏緣，中經維絡，别下於三焦膀胱。"

2. bǎng 音榜。

❷肩胛。初學記二六晉束晳餅賦："肉則羊～豕脅，脂膚相半。"

臛 huò 呵各切，入，鐸韻，曉。鐸部。

肉羹。也作"臛"。說文："臛，肉羹也。"南史后妃傳上齊宣孝陳皇后："宣皇帝薦起麵餅鴨～。"用爲動詞，指做成肉羹。宋陸游豐年行："長魚出網健欲飛，新兔卧盤肥可～。"

膉 yì 伊昔切，入，昔韻，影。錫部。

❶頸部肉。儀禮士虞禮："膚祭三，取諸左～上。"❷〔膉睽〕肥大醜陋。漢焦贛易林觀之兑："天門東虚，既盡爲菑，膉睽黯蒼，秦伯受殃。"

按，說文無膉字。

膆 sù 桑故切，去，暮韻，心。鐸部。

鳥類存食物的囊。漢朱穆與劉伯宗絶交詩："填腸滿～，嗜欲無極。"文選晉潘岳射雉賦："當咮值胸，裂～破背。"也作"嗉"。

按，說文無膆字。

膊 1. pò 匹各切，入，鐸韻，滂。鐸部。

❶暴露，陳列。說文："膊，薄脯，膊之屋上。"朱駿聲說文通訓定聲："方言，膊，暴也。"左傳成公二年："齊侯曰：'勿殺（盧蒲），吾與而盟，無入而封。'弗聽，殺（盧蒲）而～諸城上。"楊伯峻春秋左傳注："膊音博。…相當於今之暴露、陳列。"引申指裂開肢體的酷刑。新唐書逆臣傳上安禄山："又誅尚、孝哲、乾祐，殊而～之。"又指殺戮。唐韓愈曹成王碑："還，大～蘄水界中。"❷切成的肉塊。淮南子繆稱："故同味而嗜厚～者，必其甘之者也。"

2. bó 集韻伯各切，入，鐸韻，幫。

❸肩膀，胳膊。南朝梁元帝金樓子箴戒："令此人袒～立正，以矛刺～洞（即穿）過。"魏書孝文帝紀："少而善射，有膂力，年十餘歲，能以指彈碎羊～骨。"

膈 gé 古核切，入，麥韻，見。職部。

❶胸腔和腹腔間的膜狀肌肉。靈樞經經脈："其支者復從肝，别貫～，上注肺。"❷一種鐘類的樂器。荀子禮論："縣一鍾尚拊之～。"于省吾雙劍誃諸子新證荀子三："膈，金文作鬲，亦鐘類也。"

按，說文無膈字。

瞋 chēn 昌真切，平，真韻，穿三。真部。

腫脹。說文："瞋，起也。"素問陰陽應象大論："濁氣在上，則生～脹。"漢揚雄太玄爭："股脚～如，維身之疾。"范望注："瞋，大也。"

膗 hāng 呼郎切，平，唐韻，曉。陽部。

〔狼膗〕古代南方少數民族國名。漢楊孚異物志："狼膗民，與漢人交關。常夜市，以鼻嗅金，知其好惡。"

膎 xié 户佳切，音鞋，平，佳韻，匣。支部。

加工或煮熟的肉食。說文："膎，脯也。"南史賊臣傳侯景："是時城中圍逼既久，～味頓絶，簡文上厨，僅有一肉之膳。"唐段成式酉陽雜俎酒食："膜、～、膷、脤、膰，肉也。"泛指熟食。漢揚雄太玄逃："多田不婁，費我～功。"范望注："熟食爲膎。"

膍 pí 部迷切，平，齊韻，並。脂部。

❶牛肚，即牛百葉。說文："膍，牛百葉也。"莊子庚桑楚："臘者之有～胲，可散而不可散也。"❷厚。詩小雅采菽："樂只君子，福

禄～之。”毛傳：“腒，厚也。”

十一畫

膚 fū 甫無切，平，虞韻，非。魚部。

❶身體的表皮。詩衛風碩人：“手如柔荑，～如凝脂。”孟子公孫丑上：“北宫黝之養勇也，不～橈，不目逃。”❷淺薄。文選漢張衡東京賦：“乃莞爾而笑曰：若客所謂末學～受，貴耳而賤目也。”❸肉食。禮記内則：“麋～，魚醢。”❹大；美。詩小雅六月：“薄伐玁狁，以奏～公（功）。”詩豳風狼跋：“公孫碩～，德音不瑕。”❺古長度單位，一指爲寸，四指爲膚。

［辨］膚，皮，革。膚用於人；皮，革用於獸，帶毛的稱“皮”，去掉毛的稱“革”。後代皮也可用於人，但膚不可用於獸。

［同源字］膚，桴，麩，稃。見“稃”字條。

按，説文以膚爲臚的籀文異體。

膑 yín 翼真切，平，真韻，喻四。

後起字。脊骨兩旁的肉。唐元稹代曲江老人百韻：“韜袖誇狐腋，弓絃尚鹿～。”

臃 chōng 丑凶切，音充，平，鍾韻，徹。

後起字。匀直。廣韻鍾韻：“傭，均也，直也；臃，上同。”唐孟郊品松詩：“擘裂風雨獰，抓拏（拿）指爪～。”

膟 lǜ 吕卹切，入，術韻，來。物部。

動物的血。禮記祭義：“鸞刀以刲，取～膋，乃退。”明陶宗儀輟耕録食品有名：“（河豚）腹中之～，曰西施乳。”

按，説文膟是膋的重文，注云：“血祭肉也。”

膞 1. zhuǎn 旨兗切，音轉，上，獮韻，照三。元部。

❶切成塊的肉。説文：“膞，切肉也。”

2. zhuān 職緣切，平，仙韻，照三。

❷禽鳥的胃。廣韻仙韻：“膞，鳥胃也。”

3. chuán 集韻淳沿切，平，仙韻，禪。元部。

❸通“輇”。製作陶器的旋盤。周禮考工記旊人：“器中～，豆中縣，～崇四尺，方四寸。”

4. chún 集韻殊倫切，平，諄韻，禪。文部。

❹古代祭祀所用牲後體的一部分。儀禮少牢饋食禮：“司馬升羊右胖，髀不升，肩臂臑，～骼。”鄭玄注：“膞、骼，股骨。”

膘 1. piǎo 敷沼切，集韻匹沼切，上，小韻，滂。宵部。

❶牲畜小腹兩旁的肉。説文：“膘，牛脅後髀前合革肉也。”詩小雅車攻“大庖不盈”毛傳：“故自左～而射之，達于右腢爲上殺。”

2. biāo 集韻紕招切，平，宵韻，滂。

❷牲畜肥，肉多（後起義）。宋李新與馮德夫：“馬無他損，特～稍落，微磨破耳。”水滸傳七三回：“你揀得～肥的宰了，爛煮將來。”也作“臕”。

膜 1. mó 慕各切，入，鐸韻，明。鐸部。

❶生物體内像薄皮的組織。説文：“膜，肉間胲膜也。”素問舉痛論：“腸胃之間，～原之下，血不得散。”唐李商隱石榴詩：“榴枝婀娜榴實繁，榴～輕明榴子鮮。”❷通“漠”。沙漠、砂地。穆天子傳二：“甲申至於黑水，西～之所謂鴻鷺。”郭璞注：“西膜，沙漠之鄉。”

2. mó 莫胡切，平，模韻，明。鐸部。

❸［膜拜］舉手加額，長跪而拜（後起義）。廣韻模韻：“膜拜，胡禮也。”穆天子傳卷二：“吾乃膜拜而受。”梁書武帝紀：“北闕藁街之使，風車火徼之民，膜拜稽首，願爲臣妾。”

膝 xī 息七切，入，質韻，心。質部。

大腿與小腿相連之關節的前部。莊子漁父：“有漁父者，下船而來，須眉交白…左手據～，右手持頤以聽。”顔氏家訓勉學：“時又患疥，手不得拳，～不得屈。”

按,說文膝作厀,在卪部,云:"厀,脛頭卪(節)也。"

膠 1. jiāo 古肴切,平,肴韻,見。幽部。

❶具黏合作用的物質,多用動物的皮、角等熬成。說文:"膠,昵也,作之以皮。"周禮考工記弓人:"鹿～青白,馬～赤白,牛～火赤。"❷黏着。史記廉頗藺相如列傳:"王以名使(趙)括,若～柱而鼓瑟耳。括徒能讀其父書傳,不知合變也。"也特指船擱淺。莊子逍遥遊:"覆杯水於坳堂之上,則芥爲之舟;置杯焉則～,水淺而舟大也。"唐王維酬虞部蘇員外過藍田别業不見留之作:"漁舟～凍浦,獵火燒寒原。"❸牢固。詩小雅隰桑:"既見君子,德音孔～。"引申指拘泥。宋沈括夢溪筆談技藝:"見簡即用,見繁即變,不～一法,乃爲通術。"❹欺詐。文選晉左思魏都賦:"牽～言而踰侈,飾華離以矜然。"

2. jiǎo 集韻吉巧切,上,巧韻,見。幽部。

❺〔膠膠〕擾亂貌。莊子天道:"堯曰:'膠膠擾擾乎?子,天之合也;我,人之合也。'"

腤 zhé 直立切,音蟄,入,緝韻,澄。緝部。

切成薄片的肉。鹽鐵論散不足:"狗～馬朘,煎魚切肝,羊淹雞寒。"

按,說文無腤字。

膙 jiǎng 居兩切,上,養韻,見。

筋頭。廣韻養韻:"膙,筋頭。"即手脚上生的老繭。

膛 1. tāng 集韻他郎切,音湯,平,唐韻,透。

❶肥貌。玉篇肉部:"膛,肥皃。"

2. táng 音堂。

❷體腔(晚起義)。元紀君祥趙氏孤兒五折:"將那廝釘木驢推上雲陽,休便要斷首開～。"

膢 lóu 落侯切,平,虞韻,來。侯部。

古代的一種祭祀,伴以酒食燕飲饋贈等活動。韓非子五蠹:"夫山居而谷汲者,～臘而相遺以水。"鹽鐵論散不足:"古者庶人糲食藜藿,非鄉飲酒、～臘、祭祀,無酒肉。"宋劉敞打魚詩:"南人登魚作～臘,清潭數里奔舟檝。"

[備考]說文:"膢,楚俗,以二月祭飲食也。"近人張舜徽說文解字約注據清桂馥、嚴章福考證,認爲"二月"當爲"十二月";膢、臘二字雙聲,一語之轉。

膕 guó 古獲切,入,麥韻,見。職部。

膝蓋後彎曲處。荀子富國:"詘要橈～,君盧屋妾,由將不足以免也。"素問骨空論:"膝痛,痛及拇指,治其～。"

按,說文無膕字。

十 二 畫

膱 zhí 之翼切,入,職韻,照三。職部。

乾肉條。儀禮鄉射禮:"～長尺二寸。"鄭玄注:"膱,猶脡也。爲記者異耳。"

按,說文無膱字。

膳 shàn 時戰切,去,線韻,禪。元部。

❶食物的製作、烹調。說文:"膳,具食也。"周禮天官庖人:"凡用禽獸。"鄭玄注:"煎和之以獻王。"孔穎達疏:"煎和謂之膳。"漢書宣帝紀:"其令太官損～省宰,樂府減樂人。"也指進獻食物。吕氏春秋上德:"太子祠而～于公,麗姬易之。"❷(精美的)飯食。左傳閔公二年:"里克諫曰:'太子奉冢祀、社稷之粢盛,以朝夕視君～者也,故曰冢子。'"莊子至樂:"魯侯御而觴之于廟,奏九韶以爲樂,具太牢以爲～。"

[同源字]①膳,善。說文:"善,…从羊,此與義、美同意。"段玉裁注:"膳…欲善其事也。"集韻:"庖人和味必嘉善,故膳从善。"周禮天官序:"膳夫上士二人"。鄭玄注:"膳之言善也。今時美物曰善珍。"

②饌,膳。見"饌"字條。

膩 nì 女利切,去,至韻,娘。脂部。

㊁肥的,油脂多的。説文:"膩,上肥也。"漢蔡邕爲陳留太守上孝子狀:"但用麥飯寒水,不食肥～。"北魏賈思勰齊民要術脯臘:"每取時,先取肥者,肥者～,不耐久。"㊂滑澤,細膩。楚辭戰國宋玉招魂:"靡顔～理,遺視矊些。"唐裴鉶傳奇裴航:"臉欺～玉,鬢若濃雲。"㊂污垢。晉書劉輿傳:"東海王越將召之,或曰:'輿猶～也,近則污人。'"唐杜甫北征詩:"見耶背面啼,垢～脚不襪。"㊃因過多而厭倦(後起義)。紅樓夢六〇回:"只怕逛～了的日子還有呢。"

膨 péng 薄庚切,平,庚韻,並。

後起字。㊀脹大鼓起。晉張華博物志卷二:"俚子弓長數尺,箭長尺餘,以燋銅爲鏑,塗毒藥於鏑鋒,中人即死,不時斂藏,即～脹沸爛,須臾燋煎都盡,唯骨耳。"㊁〔膨脝〕叠韻聯緜字。膨大貌。唐韓愈劉師服侯喜軒轅彌明石鼎聯句:"龍頭縮菌蠢,豕腹脹膨脝。"宋陸游新作火閣:"中安煮藥膨脝鼎,傍設安禪曲録牀。"

朁 zān 作含切,平,覃韻,精。

〔膅朁〕叠韻聯緜字。不潔貌。參見"膅"字條。

膡 1. sǔn 蘇本切,音損,上,混韻,心。

㊀切熟肉再煮。北魏賈思勰齊民要術羹臛法:"肺～法:羊肺一具,令煮熟,細切,别作羊牛臛,以粳二合,生薑煮之。"

2. zhuàn 士戀切,音撰,去,線韻,牀二。

㊁同"饌"。進食。文選晉盧諶贈劉琨一首並書:"匠者時眄,不免～賓。"

按,説文無膡字。

膰 fán 附袁切,平,元韻,奉。元部。

古代祭祀用的熟肉。左傳成公十三年:"國之大事,在祀與戎。祀有執～,戎有受脤,神之大節也。"杜預注:"膰,祭肉。"史記孔子世家:"魯今且郊,如致～乎大夫,則吾猶可以止。"用如動詞,指致送祭肉。後漢書列女傳劉長卿妻:"沛相王吉上奏高行,顯其門閭,號曰:'行義桓釐',縣邑有祀,必～焉。"

〔辨〕膰,脤。公羊傳定公十四年:"腥(生)曰脤,熟曰膰。"

〔同源字〕焚,燔,膰。見"焚"字條。

按,説文膰作䟁,在炙部,注云:"宗廟火孰肉。"

臎 cuì 此芮切,去,祭韻,清。月部。

㊀同"脆"。軟而易破。見説文。管子霸言:"釋實而攻虚,釋堅而攻～。"㊁通"毳"。鳥獸的絨毛。南朝梁何遜七召:"文皮坐裂,～尾生抽。"

〔辨〕胞,臎,脆。見"胞"字條。

膴 1. hū 荒烏切,音呼,平,模韻,曉。魚部。

㊀去骨的乾肉。説文:"膴,無骨腊也。"周禮天官腊人:"凡祭祀共豆脯,薦脯、～、胖,凡腊物。"清王念孫廣雅疏證"膴"字下注:"腊人所掌,皆乾肉之事。"㊁大塊魚肉。集韻虞韻:"膴,肉大臠。"周禮天官内饔:"凡掌共羞、脩、刑、～、胖、骨鱐。"㊂法則。詩小雅小旻:"民雖靡～,或哲或謀。"

2. wǔ 文甫切,上,麌韻,微。魚部。

㊃盛,厚。詩小雅節南山:"瑣瑣姻亞,則無～仕。"特指土地肥美。詩大雅緜:"周原～～,堇荼如飴。"

膲 jiāo 即消切,平,宵韻,精。宵部。

㊀不豐滿。淮南子天文:"月者陰之宗也,是以月虚而魚腦流(減),月死而蠃蛖～。"靈樞經根結:"瀆者,皮肉宛～而弱也。"㊁〔三膲〕中醫學稱人體内臟的上中下三部分及其生理機能。晉王叔和脈經三膲病證:"三膲病者,腹脹氣滿,小腹尤堅,不得小便。"通作"焦"。集韻宵韻:"膲,三膲,無形之府,通作焦。"

按,説文無膲字。

膷 xiāng 許良切,平,陽韻,曉。陽部。

牛肉羹。儀禮聘禮:"膷鮮魚鮮腊設扃

鼏,～臕膮蓋陪牛羊豕。"廣韻陽韻:"膷,牛羹。"

按,説文無膷字。

十 三 畫

膺 yīng 於陵切,平,蒸韻,影。蒸部。

㊀胸。説文:"膺,胸也。"國語魯語下:"請無瘠色,無洵涕,無掐～。"韋昭注:"膺,胸也。"文選南朝梁江淹恨賦:"置酒欲飲,悲來填～。"唐李白蜀道難詩:"以手撫～坐長嘆。"〔服膺〕内心佩服。漢書東方朔傳:"服膺而不釋。"㊁馬當胸的帶子。詩秦風小戎:"虎韔鏤～。"㊂接受(天命等好的東西)。書武成:"誕～天命,以撫方夏。"文選漢張衡東京賦:"高祖～籙受圖,順天行誅。"元舒遜李謫仙詩:"召對金鑾殿,榮～白玉堂。"㊃抵抗,抗擊。詩魯頌閟宫:"戎狄是～,荆舒是懲。"㊄親自。爾雅釋言:"膺,親也。"禮記少儀:"拚席不以鬣,執箕～擖。"

臀 tún 徒渾切,平,魂韻,定。文部。

㊀兩股上端與腰相連的部位,俗稱屁股。易夬:"～無膚,其行次且。"國語周語下:"其母夢神規其～以墨。"㊁器物的底部 。周禮考工記㮚氏:"其～一寸,其實一豆。"

[辨]臀,尻。見"尻"字條。

按,説文臀作臋。臋是屍的重文,在尸部。注云:"髀也。"段玉裁注:"髀者,股外也。"

臂 bì 卑義切,去,寘韻,幫。支部。

㊀人的上肢、動物的前肢。説文:"臂,手上也。"老子第三十八章:"上禮爲之而莫之應,則攘～而仍之。"荀子勸學:"登高而招,～非加長也,而見者遠。"莊子人間世:"汝不知乎螳蜋乎?怒其～以當車轍。"㊁弓把,弩柄。周禮考工記弓人:"於梃～中有柎焉,故剽。"

臆 1. yì 於力切,入,職韻,影。職部。

㊀胸。偏指胸中,常胸臆連言。漢焦贛易林咸之比:"爲矢所射,傷我胸～。"文選漢末王粲登樓賦:"氣交憤於胸～。"指内心。宋葉適朝請大夫陳公墓志銘:"余客錢塘,不擇晨暮過,疑難填～,至其舍,論辯從橫。"㊁意料,推想。文選漢賈誼鵩鳥賦:"口不能言,請對以～。"論衡案書:"然而子長(司馬遷)少～中之説,子雲(揚雄)無世俗之論。"㊂薏,即氣鬱結。方言一三:"臆,滿也。"史記扁鵲倉公列傳:"(虢君)言未卒,因嘘唏服～,…悲不能自止,容貌變更。"(服,皮力切。服臆,即愊臆)唐李華弔古戰場文:"地闊天長,不知歸路。寄身鋒刃,愊～誰訴?"

2. yǐ 集韻隱已切,上,止韻,影。

㊃通"醷"。梅漿。周禮天官酒正:"辨四飲之物:一曰清,二曰醫,三曰漿,四曰酏。"鄭玄注:"或以酏爲醴,漿,水,～。"禮記内則:"漿水醷濫。"鄭玄注:"醷,梅漿。"釋文:"醷,本又作臆。"

按,説文臆是肊的重文。

膻 1. dàn 徒旱切,上,旱韻,定。元部。

㊀〔膻中〕中醫學指人體胸腹間的横膈膜。素問靈蘭秘典論:"膻中者,臣使之官,喜樂出焉。"王冰注:"膻中者,在胸中兩乳間,爲氣之海。"

2. shān 集韻尸連切,平,仙韻,審三。元部。

㊁同"羶"。羊的臊(sāo)氣。尹文子大道上:"好～而惡焦,嗜甘而逆苦。"列子周穆王:"王之嬪御,～惡而不可親。"

[備考]同"袒"。説文:"膻,肉膻也。詩曰'膻裼暴虎'。"段玉裁注:"今詩作袒。"

臃 yōng 集韻於容切,平,鍾韻,影。東部。

本作"癰"。毒瘡。史記扁鵲倉公列傳:"石之爲藥精悍,公服之不得數溲,亟勿服,色將發～。"三國志魏書華佗傳:"君病腸～,欬之所吐,非從肺來也。"

按,説文臃作癰,在疒部。今日的"臃"由"癰"訛變而來。"疒"可與"月"通,如説文之

"痞",釋名作"脴"。雝,後訛變爲雍(參見秦漢魏晉篆隸字形表),以雝爲偏旁的字皆作雍,如擁作擁,灉作澭。

膹 fèn 房吻切,上,吻韻,奉。文部。

❶肉羹。說文:"膹,膗也。"鹽鐵論散不足:"轂～鴈羹。"❷切成塊的肉。急就篇三:"～膾炙胾各有形。"顏師古注:"～,粗切生肉也。"漢賈誼新書匈奴:"飯羹啗～炙。"

[備考]通"憤"。積。素問至真要大論:"諸氣～鬱皆屬於肺。"

臈 là 盧盍切,入,盍韻,來。月部。

同"臘"。夏曆十二月。晏子春秋内篇諫下四:"景公令兵摶治,當～冰月之間而寒,民多凍餒,而功不成。"宋王安石與微之同賦梅花得香字三首之二:"從教～雪埋藏得,却怕春風漏泄香。"

按,説文無臈字。

䐡 yùn 集韻以證切,去,證韻,喻四。蒸部。

同"孕"。玉篇肉部:"䐡,或孕字。"管子五行:"然則羽卵者不段,毛胎者不膻,～婦不銷棄。"

按,説文無䐡有孕。

臄 jué 其虐切,入,藥韻,羣。鐸部。

口腔内上腭彎曲處。詩大雅行葦:"嘉殽脾～,或歌或咢。"釋文:"通俗文云:'口上曰臄,口下曰函'。"

按,説文臄是谷的重文,在谷(jué)部,注云:"口上阿也。"

臊 1.sāo 蘇遭切,平,豪韻,心。宵部。

❶豕犬等肉的腥臭氣味。説文:"臊,豕膏臭也。"吕氏春秋本味:"水居者腥,肉玃者～,草食者羶。"周禮天官庖人:"夏行腒鱐,膳膏～。"泛指腥臭味。荀子榮辱:"口辨酸鹹甘苦,鼻辨芬芳腥～。"轉指名聲(聽覺上)不好的。魏書抱嶷傳:"御史中尉王顯奏言:'風聞前洛州刺史陰平子石榮、積射將軍抱老壽恣蕩非軌,易室而姦,～聲布於朝野,醜音被於行路。'"

2.sào 音瘙。

❷害羞(晚起義)。紅樓夢三二回:"那會子不害～,這會子怎麽又～了。"

膿 nóng 奴冬切,平,冬韻,泥。冬部。

❶皮肉潰爛所生黏液。史記扁鵲倉公列傳:"此病疽也,…後八日嘔～死。"泛指腐爛。北魏賈思勰齊民要術水稻:"稻苗長七八寸,陳草復起,以鎌侵水芟之,草悉～死。"❷通"醲"。含某種成分高的液體(酒、茶等)。文選漢枚乘七發:"甘脆肥～,命曰腐腸之藥。"❸肥。文選三國魏曹植七啟:"玄熊素膚,肥豢～肌。"

[同源字]穠,膿,醲,襛,濃。見"濃"字條。

按,説文膿是盥的重文,在血部。

臅 chù 尺玉切,入,燭韻,穿三。屋部。

胸腔裏的脂肪。禮記内則:"小切狼～膏,以與稻米爲酏。"

按,説文無臅字。

膾 kuài 古外切,去,泰韻,見。月部。

❶細切的魚肉。論語鄉黨:"食不厭精,～不厭細。"禮記内則:"肉腥,細者爲～。"〔膾炙〕指佳肴。孟子盡心下:"公孫丑問曰:'膾炙與羊肉孰美?'孟子曰:'膾炙哉!'"❷切,割。説文:"膾,細切肉也。"廣雅釋詁二:"膾,割也。"詩小雅六月:"飲御諸友,炰鱉～鯉。"莊子盗跖:"盗跖乃方休卒徒大山之陽,～人肝而餔之。"

臉 1.liǎn 力減切,上,豏韻,來。談部。

❶兩頰的上部。南朝梁吴均小垂手:"蛾眉與曼～,見此空愁人。"唐白居易昭君怨詩:"眉銷殘黛～銷紅。"❷指面部(後起義)。水滸傳六二回:"仰着～四下裏看時,不見動静。"

2.jiǎn 集韻居奄切,上,琰韻,見。

㊁同"臉"。眼臉。玉臺新詠南朝梁武帝代蘇屬國婦詩:"帛上看未終,～下淚水如絲。"唐白居易吴宫辭:"淡紅花帔淺檀蛾,睡～初開似剪波。"

[備考]廣韻 豏韻:"臉,力減切。臉臁,羹屬。"鹽韻:"臉,七廉切。膗也。"集韻 琰韻:"臉,居奄切。頰也。"讀力減切,與今日"臉"之讀音相合,然詞義不相合;集韻所注,與今日"臉"詞義相合,居奄切 jiǎn,在京劇中仍保留此讀。即上口字。

按,説文無臉字。

膽 dǎn 都敢切,上,敢韻,端。談部。

㊀膽囊。説文:"膽,連肝之府也。"史記越王勾踐世家:"(勾踐)置～於坐,坐卧即仰～,飲食亦嘗～也。"引申指心懷,心意。後漢書光武帝紀:"今不同心～共舉功名,反欲守妻子財物邪?"㊁膽量,勇氣。荀子脩身:"勇～(一本作毅)猛戾,則輔之以道順。"㊂擦拭。禮記内則:"桃曰～之,柤梨曰攢之。"

膞 juǎn 子兖切,上,獮韻,精。元部。

汁少的肉羹。説文:"膞,膗也。"玉篇肉部:"膞,膗少汁也。"用作動詞,指烹製肉羹。楚辭戰國宋玉招魂:"鵠酸～鳧,煎鴻鶬些。"用爲動詞指烹煮。文選三國魏曹植七啟:"臛江東之潛鼉,～漢南之鳴鶉。"

十 四 畫

臏 bìn 毗忍切,上,軫韻,並。真部。

㊀脛骨,膝蓋骨。史記秦本紀:"王(秦武王)與孟説舉鼎,絶～。"文選晉潘岳西征賦:"築聲厲而高奮,狙潛鉛以脱～。"㊁古代剔去膝蓋骨的酷刑。荀子正論:"詈侮捽搏,捶笞～脚,斬斷枯磔,藉靡舌縪,是辱之由外至者也。"史記太史公自序:"孫子～脚而論兵法。"

按,説文臏作髕,在骨部。

臍 qí 徂奚切,平,齊韻,從。脂部。

㊀肚臍。莊子人間世:"支離疏者,頤隱於～,肩高於頂。"㊁螃蟹的腹部。宋沈偕遺賈耘老蟹:"橫跪蹣跚鉗齒白,圓～吸脅斗膏紅。"

[同源字]臍,齊。爾雅釋言:"齊,中也。"左傳莊公六年:"後君噬齊。"以齊爲臍。臍是齊的分化字。

按,説文臍作齎。

臑 1. nào 集韻乃到切,去,号韻,泥。侯部。

㊀人的上肢或牲畜的前肢。靈樞經經脈:"頷腫不可顧,肩似拔,～似折。"史記龜策列傳:"取前足～骨穿佩之,取龜置室西北隅懸之,以入深山大林中,不惑。"

2. rú 人朱切,平,虞韻,日。侯部。

㊁肱骨。儀禮少牢饋食禮:"司馬升羊右胖,髀不升,肩臂～,膞骼。"

3. ěr 集韻人之切,平,之韻,日。之部。

㊂通"胹"。煮熟。楚辭大招:"鼎～盈望,和致芳只。"鹽鐵論散不足:"今民間酒食殽旅,重疊燔炙,滿案～鱉,膾腥麑卵。"

4. nuǎn 集韻乃管切,上,緩韻,泥。

㊃暖,熱。南朝梁江淹泣賦:"視左右而不～,具衣冠而自凉。"

5. nèn 集韻奴困切,去,恨韻,泥。

㊄肉醬。淮南子詮言:"周公殽～不收於前,鐘鼓不解於縣,以輔成王而海内平。"

[備考]説文:"臑,臂羊矢也。"陸宗達説文解字通論:"蓋臂之羊矢穴爲臑,引申之臂亦謂之臑。"

臐 xūn 許云切,平,文韻,曉。文部。

羊肉羹。禮記内則:"膳:腳、～、膮、醢。"鄭玄注:"腳、臐、膮,今時臛也。牛曰腳、羊曰臐、豕曰膮,皆香美之名也。"

按,説文無臐字。

十 五 畫

臕 biāo 甫嬌切,集韻悲嬌切,平,宵韻,幫。

後起字。皮下脂肪肥厚。也作"膘"。樂

府詩集橫吹曲辭五企喻歌辭之二："放馬大澤中，草好馬著～。"元馬致遠漢宮秋二折："誰似這做天子的官差不自由，情知他怎收那～滿的紫驊騮。"

臢 dú 集韻徒谷切，入，屋韻，定。屋部。

胎兒夭折；流産。同"殰"。管子五行："然則羽卵者不段，毛胎者不～。"尹知章注："臢謂胎敗潰也。"吕氏春秋禁塞："所殘殺無罪之民者，不可爲萬數；壯佼、老幼、胎～之死者，大實平原，廣堙深谿大谷。"

按，説文臢作殰，在歺部，注云："胎敗也。"

臊 báo 蒲角切，入，覺韻，並。藥部。

皮肉皸裂腫起。山海經西山經："有鳥焉，其名曰鴖渠，其狀如山雞，黑身赤足，可以已～。"

［同源字］臊，暴。近人楊樹達積微居小學金石論叢字義同緣于語源同例證："按暴聲字多突起義…皮皺起謂之臊。"

十 六 畫

臛 huò 火酷切，入，沃韻，匣。鐸部。

肉羹。本作"脽"。楚辭戰國宋玉招魂："露雞～蠵，厲而不爽些。"洪興祖補注："臛，字書作脽。"也指烹煮。文選三國魏曹植七啟："～江東之潛鼉，臇漢南之鳴鶉。"

按，説文臛作脽，注云："肉羹也。"

臙 yān 龍龕手鏡音煙，字彙因肩切。

後起字。［臙脂］同"胭脂"。一種紅色的飾面顔料。唐杜甫曲江對雨詩："林花着雨臙脂濕，水行牽風翠帶長。"

［備考］正字通："臙脂本作燕。以紅藍花汁凝脂爲之，燕國所出。後人用爲容飾，曰面脂，口脂。"

臚 1.lú 力居切，平，魚韻，來。今讀如盧。魚部。

❶腹前部。素問六元正紀大論："瘧，心腹滿熱，～脹，甚則胕腫。"唐柳宗元志從父弟宗直殯："讀書不廢早夜，以專故，得上氣病，～脹奔逆，每作，害寢食，難俯仰。"❷額。宋張君房雲笈七籤一一黄帝内景經上有："七液洞流衝～間。"❸陳説。漢書禮樂志郊祀歌天門："殷勤此路～所求。"文選漢張衡思玄賦："心猶豫而狐疑兮，即岐阯而～情。"❹羅列；傳布。漢揚雄太玄棿："秉圭戴璧，～湊羣辟。"國語晉語六："風聽～言於市，辨祅祥於謡。"

2.lǚ 字彙補兩舉切，音吕。魚部。

❺祭名。也作"旅"。史記六國年表："位在藩臣而～於郊祀。"

按，説文肉部有臚字，是膚的正體。文獻中未見用臚指皮膚的。

臘 là 盧盍切，入，盍韻，來。葉部。

❶祭名。説文："冬至後三戌，～祭百神。"左傳僖公五年："宫之奇以其族行，曰：'虞不～矣。'"這一天也是節日。文選漢楊惲報孫會宗書："田家作苦，歲時伏～，烹羊炰羔，斗酒自勞。"❷夏曆十二月。史記陳涉世家："～月，陳王之汝陰。"也用指歲末。唐杜甫白帝樓詩："～破思端綺，春歸待一金。"唐元稹酬復言長慶四年元日郡齋感懷見寄詩："～盡殘銷春又歸，逢新別故欲沾衣。"❸兩面刃。周禮考工記桃氏："桃氏爲劍，～廣二寸有半寸。"❹佛教戒律規定比丘受戒後每年夏季三個月安居一處，修習教義，稱一臘。晉釋法顯佛國記："比丘滿四十～，然後得入。"❺冬天腌製風乾的魚肉(晚起義)。明洪楩清平山堂話本快嘴李翠蓮記："酒自酒，湯自湯，腌雞不要混～獐。"

十 七 畫

臝 luǒ 郎果切，上，果韻，來。歌部。

❶赤身露體。同"裸"。楚辭戰國屈原九章涉江："接輿髡首兮，桑扈～行。"王逸注：

"去衣裸裎,效夷狄也。"左傳昭公十一年:"趙簡子夢童子～而轉以歌。"㊁通"騾"。漢書霍去病傳:"單于遂乘六～,壯騎可數百,直冒漢圍西北馳去。"

[同源字]蠃,倮,露,蠃,裸。見"裸"字條。

按,説文蠃字作蠃(裸),在衣部,注云:"袒也。"

臁 qiān 七廉切,平,鹽韻,清。

〔臉臁〕一種羹。見"臉"字。

十八畫

臟 zàng 集韻才浪切,去,宕韻,從。

内臟的總稱。本作"臧"、"藏"。抱朴子内篇至理:"破積聚於腑～,退二豎於膏肓。"唐韓愈張中丞傳後序:"人之將死,其～腑必有先受其病者。"

按,説文無臟有臧,新附有藏字,文獻中有以臧或藏指内臟。如漢書王吉傳:"吸新吐故以練臧。"周禮天官疾醫:"參之以九藏之動。"臟是藏字的分化字。

臛 huān 集韻呼官切,平,桓韻,曉。元部。

〔臛疏〕傳説中獸名。山海經北山經:"(帶山)有獸焉,其狀如馬,一角有錯,其名曰臛疏。"

按,説文無臛字。

臞 qú 其俱切,平,虞韻,羣。魚部。

形體消瘦。説文:"臞,少肉也。"韓非子外儲説左上:"君不知賤不肖,使治單父,官事急,心憂之,故～也。"淮南子脩務:"神農憔悴,堯瘦～。"引申指耗減。漢揚雄太玄爭:"嚇河～。測曰:嚇河之～何可悃也。"范望注:"臞,耗也。"

十九畫

臡 ní 奴低切,音泥,平,齊韻,泥。脂部。

帶骨的肉醬。周禮天官醢人:"朝事之豆,其實:韭菹,醓醢,昌本,麋～。"

[辨]醬,醢,臡。見"醬"字條。

按,説文臡是腝的重文,注云:"有骨醢也。"

臢 zān 字彙補兹三切。

〔腌臢〕見"腌"字條。〔醃臢〕見"醃"字條。

臠 luán 力兖切,上,獮韻,來。元部。

㊀切成塊狀的肉。淮南子説林:"嘗一～肉,而知一鑊之味。"㊁割,切。漢書王莽傳:"軍人分裂莽身,支節肌骨～分。"北魏賈思勰齊民要術作酢:"取新鯉魚,去鱗訖則～。"

按,説文臠作臠,注云:"臞也…一曰切肉臠也。"

臣　部

[臣部總論]

古文字中的"臣"指人的眼睛。臣部四個字,都與人有關係:臣指奴隸;卧、臨指人的行爲,臧指人的品德。

臣 chén 植鄰切,平,真韻,禪。真部。

㊀奴隸,戰俘。韓非子五蠹:"雖～虜之勞,不苦于此矣。"書費誓:"～妾逋逃。"用作動詞,指當奴隸。漢趙曄吴越春秋勾踐入臣外傳:"越王勾踐與大夫種、范蠡入～於吴。"泛指被統屬的民衆。詩小雅北山:"率土之

濱，莫非王～。”孟子萬章下：“在國曰市井之～，在野曰草莽之～，皆謂庶人。”㊁君主時代的官吏。禮記禮運：“君位危，則大～倍，小～竊。”用作動詞。指管屬，統率。左傳昭公七年：“王～公，公～大夫，大夫～士，士～皁，皁～輿，輿～隸，隸～僚，僚～僕，僕～臺。”韓非子愛臣：“是故大臣之禄雖大，不得藉威城市；黨與雖衆，不得～士卒。”㊂自稱。①對君稱自己。左傳隱公元年：“欲與大叔，～請事之。”②自稱，表示謙卑。史記項羽本紀：“願伯具言～之不敢倍德也。”

［備考］説文：“臣，牽也，事君也，象屈服之形。”郭沫若甲骨文字研究：“(臣)象一竪目之形，人首俯則目竪。所以‘象屈服之形’者，殆以此也。”

二　畫

臥 wò 吾貨切，去，過韻，疑。歌部。

㊀伏身休息。古人席地而坐，伏身乃坐的姿勢稍作改變而已。孟子公孫丑上：“坐而言，不應。隱几而～。”㊁倒伏，趴伏。隋書禮儀志三：“將帥先教士目，使習見旌旗指麾之蹤，發起之意，旗～則跪。”唐李白尋雍尊師隱居詩：“花暖青牛～。”㊂休息的地方，指床或寢室。漢書韓信傳：“張耳、韓信未起，(漢王)即其～，奪其印符。”

按，説文臥字在臥部。

［辨］臥，寢，寐，眠，睡。見“寐”字條。

八　畫

臧 1. zāng 則郎切，平，唐韻，精。陽部。

㊀善，好。見説文。書冏命：“發號施令，罔有不～。”詩邶風雄雉：“不忮不求，何用不～。”〔臧否〕①善惡，得失。荀子王制：“國之所以安危臧否也。”②評論人物的好壞。唐魏徵十漸不克終疏：“不審察其根源而輕爲之臧否。”㊁男奴隸。莊子駢拇：“～與穀二人相與牧羊而俱亡其羊。”〔臧獲〕奴婢。韓非子外儲説右上：“則臧獲雖賤，不託其足。”㊂同“贓”。用非正當手段獲取的財物。史記酷吏列傳王温舒：“郡中豪猾相連坐千餘家…家盡没入償～。”鹽鐵論刑德：“古者，傷人有創者刑，盜有～者罰。”

2. cáng 集韻慈郎切，平，唐韻，從。陽部。

㊃收藏；躲藏。管子侈靡：“天子～珠玉，諸侯～金石。”後漢書劉玄傳：“～於緑林中。”

3. zàng 字彙補才浪切。陽部。

㊄同“藏”。①府藏，儲存東西的地方。後漢書張禹傳：“後連歲災荒，府～空虚。”②内臟。漢書王吉傳：“吸新吐故以練～。”

臨 1. lín 力尋切，平，侵韻，來。侵部。

㊀居上視下。詩大雅大明：“上帝～女，無貳爾心。”㊁面對(視角向下)。詩秦風黄鳥：“(奄息)～其穴，惴惴其慄。”三國魏阮籍詠懷詩八十二首之一三：“登高～四野，北望青山阿。”引申指碰到(要處理的事)。論語述而：“必也～事而懼，好謀而成者也。”禮記曲禮上：“～財毋苟得，～難毋苟免。”㊂走近，走到(從高往下；尊適卑)。漢書董仲舒傳：“～淵羨魚，不如(退)而結網。”史記淮陰侯列傳：“信嘗過樊將軍噲，噲拜迎送，言稱臣，曰：‘大王乃肯～臣。’”泛指及、到(某種時候)。文選漢李陵答蘇武書：“上念老母，～年被戮。”抱朴子内篇勤求：“至老不改，～死不悔。”㊃(居高位)統治(下民)。書大禹謨：“～下以簡，御衆以寬。”管子八觀：“置法出令，～衆用民。”㊄照底本摹寫或畫(後起義)。唐姚合秋夕遣懷詩：“～書愛真迹，避酒怕狂名。”

2. lìn 良鴆切，去，沁韻，來。侵部。

㊅哭弔。左傳宣公十二年：“卜～于大宫。”漢書高帝紀：“於是，漢王爲義帝發喪，袒而大哭，哀～三日。”

按，説文臨字在臥部，注云：“監臨也。”

自　部

自 zì 疾二切,去,至韻,從。脂部。

❶自己,與“人”(别人)相對。用在動詞前,表示自己是行爲施事兼行爲的受事。易乾象:“天行健,君子以～强不息。”孟子離婁上:“～暴者,不可與有言也;～棄者,不可與有爲也。”後漢書李恂傳:“後坐事免,步歸鄉里,潛居山澤,結草爲廬,獨與諸生織席～給。”也指親自,自身。史記蕭相國世家:“高祖～將。”莊子秋水:“于是河伯欣然～喜。”❷自然,順其勢以成,非靠外力的。老子第五十七章:“我無爲,而民～化,我好静,而民～正。”商君書錯法:“舉事而材～練者,功分明。”(指才幹自然熟練)❸從。書泰誓:“天聽～我民聽。”論語學而:“有朋～遠方來,不亦樂乎?”用於名詞,指始、開頭。禮記中庸:“知風之～,知微之顯,可以入德矣。”❹緣自,由于。漢書灌夫傳:“侯,～我得之,～我捐之,無所恨。”❺即使。漢書周昌傳:“昌爲人强力,敢直言,～蕭(何)、曹(參)等皆卑下之。”❻假如。一般用于否定句,與“非”、“不”連用。北魏酈道元水經注江水:“～非亭午夜分,不見曦月。”宋王安石上皇帝萬言書:“～朝廷侍從之列,食口稍重,未有不兼農商之利而能充其養者也。”

按,説文自部:“自,鼻也。”古文字中自爲鼻的象形字。

四　畫

臬 niè 五結切,入,屑韻,疑。月部。

❶箭靶。文選漢張衡東京賦:“桃弧棘矢,所發無～。”❷古代用來測日影的標竿。文選南朝梁陸倕石闕銘:“陳圭置～,瞻星揆地。”〔圭臬〕測日影的儀器。唐杜甫八哀詩故著作郎貶台州司户滎陽鄭公虔:“圭臬星經奥,蟲篆丹青廣。”今以圭臬喻指標準或法度。❸法度。書康誥:“汝陳時～。”❹終,極。漢王粲游海賦:“其深不測,其廣無～。”

按,説文臬字在木部,注云:“射準的也。”

臭 1. xiù 許救切,去,宥韻,曉。幽部。

❶氣味。詩大雅文王:“上天之載,無聲無～。”易繫辭上:“同心之言,其～如蘭。”❷用鼻子聞。説文:“禽走,～而知其迹者犬也。”荀子禮論:“成事之俎不嘗也,三～之不食也。”

2. chòu 尺救切,去,宥韻,穿三。幽部。

❸與“香”相對,穢惡難聞的氣味。荀子正名:“香～以鼻異。”漢仲長統昌言理亂:“三牲之肉,～而不可食。”

[辨]臭,齅,殠,嗅。説文中“臭”除表示用鼻子聞的意思外,還表示“氣味”的意思,這個意思出現在注釋中:“齅,以鼻就臭。”這樣“用鼻子聞”就有兩個字:齅、臭;而臭一個字又含兩個意義:氣味和用鼻子聞。表示香臭的臭,説文作“殠”。到廣韻臭、齅、殠三字字義有了分工:

許救切	xiù	齅	以鼻取氣
尺救切	chòu	殠	腐臭
		臭	凡氣之總名

“嗅”在玉篇已有,是“齅”的異體字,後來代替了“齅”字。今日臭有二音:讀 chòu,代替了“殠”;讀 xiù,表示氣味。

[同源字]犨,臭。見“犨”字條。

按,説文臭字在犬部。

六　畫

皋 gāo 古勞切,平,豪韻,見。宵部。

同“皋”。見“皋”字條。

臮 jì 具冀切,去,至韻,羣。物部。

與,及。同"暨"。史記夏本紀:"淮夷蠙珠~魚。"

七 畫

臲 wù。

同"卼"。〔臲鯢〕同"鯢臲"。雙聲聯緜字,不安的樣子。朱子語類卷一〇:"思而不讀,縱使曉得,終是臲鯢不安。"

十 畫

鯢 niè 五結切,入,屑韻,疑。月部。

〔鯢卼〕〔鯢臲〕同"臲鯢"。雙聲聯緜字。不安的樣子。易困:"困于葛藟,于鯢卼。"唐柳宗元寄許京兆孟容書:"末路孤危,阨塞鯢臲,凡事壅隔,很忤貴近,狂疎繆戾,蹈不測之辜。"

至 部

[至部總論]

"至"本義指到達,至部的字與本義相關:臻,到達。致,使到達。臺,段玉裁認爲與室、屋相同,皆从至,至表示止;臺屋室皆爲人所止。耋,老,人到老年。

至 zhì 脂利切,去,至韻,照三。質部。

❶到(動作的終點是眼下或預想的某種地方)。説文:"至,鳥飛從高下至地。"左傳文公二年:"秦師又~。"唐丘爲題農父廬舍:"東風何時~?已緑湖上山。"引申指"及"(表示抽象義),指到達某種範圍、某種地位等;不帶賓語,指被推行。史記李斯列傳:"官~廷尉。"禮記樂記:"樂~則無怨,禮~則不争。"❷到達了極點;極點。左傳襄公二十九年:"~矣哉!直而不倨,曲而不屈。"史記春申君列傳:"物~則反。"孟子離婁上:"規矩,方員之~也。"〔至人〕道德修養達到最高要求的人。莊子逍遥遊:"至人無己,神人無功,聖人無名。"〔至德〕最高尚的道德。論語泰伯:"泰伯其可謂至德也矣,三以天下讓,民無得而稱焉。"❸大,程度最高的。戰國策秦策一:"商君治秦,法令~行。"荀子正論:"罪~重而刑~輕。"❹夏至、冬至的簡稱。左傳僖公五年:"凡分、~、啓、閉,必書雲物。"❺連詞,表示進一層意思。墨子非攻上:"~攘人犬豕雞豚者,其不義又甚入人園圃竊人桃李。"史記淮陰侯列傳:"諸將易得耳,~如(韓)信,國士無雙。"❻通"致"。①導致。韓非子説疑:"諂諛之臣,唯聖王知之,而亂主近之,故~身死國亡。"②給予。墨子明鬼下:"天乃使湯~明罰焉。"③周密。詩小雅賓之初筵:"百禮既~,有壬有林。"

[辨]①至,致。見"致"字條。

②至,到。見"到"字條。

三 畫

致 zhì 陟利切,去,至韻,知。質部。

❶送達。説文至部:"致,送詣也。"荀子解蔽:"遠方莫不~其珍。"漢書武帝紀:"其遣謁者巡行天下,存問~賜。"用于思想感情方面指表示、表達。孟子告子下:"迎之~敬以有禮,言將行其言也,則就之。"引申指給予,獻出。論語學而:"事父母能竭其力,事君能~其身。"左傳桓公六年:"夫民,神之主也,是以聖王先成民而後~力於神。"❷使到來,招來。鹽鐵論本議:"~市民,聚萬貨。"引申指獲得。韓非子外儲説左上:"忠言拂于耳而明主聽之,知其可以~功也。"三國志蜀書諸葛亮傳:"此人可就見,不可屈~也。"招來如果

是不好的事情，則指致使、招致。鹽鐵論非鞅："不知其爲秦～亡道也。"獲得從另一方面説則是達到。後漢書李固傳："如此，則論者厭塞，升平可～。"(又如致富，獲得富；達到富境)㊂意態，情趣。魏書茹皓傳："樹草栽木，頗有野～。"㊃周密，精密。後作"緻"。淮南子時則："陳祭器，案度程，堅～爲上。"㊄通"至"。①到。周髀算經："引繩～地而識(志)之。"②程度最高的。荀子仲尼："非～隆高也。"

[辨]至，致。至本義指到，致的本義是使到。"使到"分兩個方面：使到及于他人，便是送達、給予、獻出等義；使到及于自己，便是招來、導致、獲得等義。致仕，交出官職，指辭官歸居；致士，招徠賢士。致命，獻出生命，易困："君子以致命遂志。"又，導致危及生命的，如這種病有致命的危險。表示情趣和精密的意思，習慣上用"致"不用"至"。

六 畫

𦤶 1. dié 集韻徒結切，音迭，入，屑韻，定。質部。

㊀通"耋"。老。文選三國魏吴質答魏太子牋："時邁齒～，猶欲觸匈奮首，展其割裂之用也。"㊁通"驖"。赤黑色的馬。漢書地理志下："及車轔、四～、小戎之言，皆言車馬田狩之事。"今本詩秦風作"駟驖"。

2. zhí 集韻直質切，入，質韻，澄。質部。

㊂古神話中的國名。山海經海外南經："～國在其東，其爲人黄，能操弓射蛇。一曰～國在三毛東。"

按，説文無𦤶字。

八 畫

臺 tái 徒哀切，平，咍韻，定。之部。

㊀高而上平的建築物。説文至部："臺，觀，四方而高者。"詩大雅靈臺："經始靈～，經之營之。"文選漢司馬相如子虛賦："於是楚王乃登雲陽之～。"㊁像臺狀的器物。唐韓偓席上有贈："莫道風流無宋玉，好將心力事妝～。"㊂古官署名。漢應劭漢官儀："尚書郎初入～爲郎中。"新唐書百官志一："其官司之别，曰省、曰～、曰寺、曰監、曰衛、曰府，各統其屬，以分職定位。"㊃古代賤職之稱。左傳昭公七年："王臣公，公臣大夫，大夫臣士，士臣皁，皁臣輿，輿臣隸，隸臣僚，僚臣僕，僕臣～。"孔穎達疏引服虔曰："臺，給臺下，微名也。"㊄草名。也作"薹"。詩小雅南山有臺："南山有～，北山有萊。"

[辨]臺，台。本是兩個字。臺指高壇、官署，故樓臺、臺省不作樓台、台省。台，三台，星名，古以三台喻三公，故以"台"表示敬稱，如兄台、台啓、台照等。臺在定母，台在透母，音不同，在後代讀音已混(參見明黄生字詁)。表示敬稱的台，後代多有誤作臺的。

十 畫

臻 zhēn 側詵切，平，臻韻，照二。真部。

㊀至。説文："臻，至也。"詩邶風泉水："遄～于衛，不瑕有害。"鹽鐵論世務："舟車所～，足迹所及，莫不被澤。"用於抽象方面(非具體的行動)指達到。後漢書章帝紀："澤～四表，遠人慕化。"㊁指滿，完備。文選漢張衡南都賦："其水則開竇灑流，浸彼稻田…朝雲不興，而潢潦獨～。"唐元稹叙詩寄樂天書："得杜甫詩數百首，愛其浩蕩津涯，處處～到。"

臼部

[臼部總論]

臼部的字來自説文的臼部和𦥑(匊)部、舁部。臼指舂米器,以臼爲義符的字有臽、臿、舀、舂,爲聲符的字有舅、舊。𦥑,讀 jú(音菊),𦥑表示兩隻手。以臼、舁爲偏旁的字與手的動作有關:臾、舁、與、興、舉。

臼 jiù 其九切,上,有韻,羣。幽部。

舂米的器具,下呈凹形。説文:"臼,舂也。古者掘地爲臼,其後穿木石。"易繫辭下:"斷木爲杵,掘地爲~。"論衡量知:"穀之始熟曰粟,舂之於~,簸其粃糠,蒸之於甑,爨之以火,成熟爲飯,乃甘可食。"

二 畫

臾 1. yú 羊朱切,平,虞韻,喻四。侯部。

❶捆住拖拽(zhuài)。説文:"臾,束縛捽(zuó)抴(yè)爲臾。"近人林義光文源:"臾从人,𦥑(匊)象兩手捽抴一人之形。"❷〔須臾〕見"須"字條。

2. yǔ 古今韻會舉要勇主切。侯部。

❸臾弓,亦作庾弓,便於射遠之弓。周禮考工記弓人:"往體多,來體寡,謂之夾~之屬,利射侯與弋。"

3. yǒng 集韻尹竦切,上,腫韻,喻四。東部。

❹〔慫臾〕也作"慫慂"、"縱臾"、"從臾"。鼓動他人做某事。漢書衡山王劉賜傳:"衡山王以此恚,與奚慈、張廣昌謀,求能爲兵法候星氣者,日夜縱臾王謀反事。"

4. kuì 集韻求位切,去,至韻,羣。微部。

❺同"蕢"。草編的筐。説文:"蕢,艸器也。臾,古文蕢。論語曰'有荷~而過孔氏之門'。"今傳本論語憲問作"蕢"。

按,説文臾字在申部。

臽 xiàn 户韽切,去,陷韻,匣。談部。

小阬。論衡譏日:"葬歷曰:'葬避九空地~,及日之剛柔,月之奇耦。'"用爲動詞,指刺入。漢趙曄吴越春秋勾踐入臣外傳:"夫截骨之劍,無削剟之利;~鐵之矛,無分髮之便。"

按,説文:"臽,小阱也。"此字後作"陷"。王筠句讀"陷者,臽之絫增字也。"

三 畫

臿 chā 楚洽切,入,洽韻,穿二。葉部。

❶鍬土的農具,類似後代的鍬。管子度地:"以冬無事之時,籠、~、板築各什六。"韓非子五蠹:"禹之王天下也,身秉耒~,以爲民先。"❷穿插。後作"插"。漢書司馬相如傳:"赤瑕駮犖,雜~其間。"

[備考]説文:"臿,舂去麥皮也。"清徐灝説文解字段注箋:"許以其字从臼,故以舂麥爲本義。蓋舂麥之臿與起土之臿同也。"

[同源字]鍤,臿,插,鍤。見"鍤"字條。

四 畫

舁 yú 以諸切,音余,平,魚韻,喻四。魚部。

❶擡。説文:"舁,共舉也。"三國志魏書鍾繇傳:"時華歆亦以高年疾病,朝見皆使載輿車,虎賁~上殿就坐。"唐柳宗元段太尉逸事狀:"以大杖擊二十,垂死,~來庭中。"❷裝;帶。唐韓愈憶昨行和張十一:"車載牲牢甕~酒,並召賓客延鄒枚。"宋范仲淹尹師魯河南集序:"予方守南陽郡,一旦師魯~疾而

來,相見累日,無一言及後事。"㊂通"輿"。轎子。唐白居易途中作:"早起上肩～,一盃平旦醉。"

臱 biǎn 方斂切,集韻悲檢切,上,儼韻,幫。談部。

同"貶"。漢書司馬相如傳:"此不可以揚名發譽,而適足以～君自損也。"

[備考]説文:"臱,傾覆也。杜林説以爲貶損之貶。"

按,説文臱字在巢部。

舀 yǎo 以沼切,上,小韻,喻四。宵部。

用瓢勺挹取。説文:"舀,抒臼也。"唐張泌妝樓記半陽泉:"半陽泉,世傳織女送董子經此,董子思飲,～此水與之。"宋釋道原景德傳燈録高沙彌:"高就桶内～一杓飯,便出去。"

五　畫

舂 chōng 書容切,平,鍾韻,審三。今讀如衝。東部。

❶用杵臼搗去穀物皮殼。説文:"舂,擣粟也。"詩大雅生民:"或～或揄,或簸或蹂。"史記淮南衡山列傳:"一尺布,尚可縫;一斗粟,尚可～,兄弟二人不能相容。"用于名詞,指從事舂膳的奴隸。史記淮南衡山列傳:"城旦、～以下五十八人。"唐段成式酉陽雜俎黥:"當黥者髡鉗爲城旦、～。"❷撞擊。也作"摏";後作"衝"。史記魯周公世家:"魯敗翟于鹹,獲長翟喬如,富父終甥～其喉,以戈殺之。"引申指刺擊。唐白居易潛别離:"深籠夜鎖獨棲鳥,利劍～斷連理枝。"❸地名,古傳説中日落的地方。南朝梁蕭統答湘東王書:"高～既夕,申之以清夜。"唐薛能遊嘉州後溪:"山屐經過滿徑蹤,隔溪遥見夕陽～。"

六　畫

舄 1. xì 思積切,入,昔韻,心。鐸部。

舃的别體。龍龕手鑑臼部:"舄,履也,又古文鵲字。"❶加木底的鞋。周禮天官屨人:"屨人掌王及后之服屨,爲赤～黑～。"❷柱下石。後作"磶"。墨子備穴:"二尺一柱,柱下傅～。"❸通"潟"。鹽碱地。漢書溝洫志:"民歌之曰:'鄴有賢令兮爲史公,決漳水兮灌鄴旁,終古～鹵兮生稻粱。'"

2. què 七雀切,入,藥韻,清。鐸部。

❹鳥名。後作"鵲"、"誰"。説文烏部:"舄,誰也…誰,篆文舄从隹昔。"

3. tuō 集韻闥各切,入,鐸母,透。鐸部。

❺大貌。詩魯頌閟宫:"松桷有～,路寢孔碩。"毛傳:"舄,大貌。"

七　畫

與 1. yǔ 余吕切,上,語韻,喻四。魚部。

❶給予,授予。史記項羽本紀:"～斗卮(zhī)酒。"管子霸言:"夫欲用天下之權者,必先布德諸侯,故先王有所取有所～。"❷幫助,援助。孟子公孫丑上:"取諸人以爲善,是～人爲善者也;故君子莫大乎～人爲善。"戰國策秦策一:"楚攻魏,張儀謂秦王曰:'不如～魏以勁之。'"❸同類,同盟者。孟子告子下:"我能爲君約～國,戰必克。"荀子强國:"今已有數之衆者也,陶誕比周以争～。"❹跟隨,親附。淮南子地形:"蛤蟹珠龜,～月盛衰。"高誘注:"與猶隨也。"國語齊語:"桓公知天下諸侯多～己也,故又大施忠焉。"引申指在一起。論語陽貨:"日月逝矣,歲不我～。"❺介詞,替,爲(wèi)。史記陳涉世家:"陳涉少時,嘗～人傭耕。"❻連詞。偕,和。論語述而:"用之則行,舍之則藏,唯我～爾有是夫。"論語公冶長:"夫子之言性～天道,不可得而聞也。"❼連詞。與其。史記魯仲連鄒陽列傳:"吾～富貴而詘於人,寧貧賤而輕世肆志焉。"

2. yù 羊茹切,去,御韻,喻四。魚部。

❽參與。左傳僖公三十二年:"蹇(jiǎn)叔之子～師。"引申指涉獵。莊子逍遥遊:"瞽

者無以～乎文章之觀，聾者無以～乎鐘鼓之聲。”❾贊許。漢書翟方進傳：“朝過夕改，君子～之。”

3. yú 以諸切，平，魚韻，喻四。魚部。

❿語氣詞。後作“歟”，表示疑問，感嘆。論語憲問：“管仲非仁者～？”

［備考］通“舉”。㈠選拔。禮記禮運：“選賢～能，講信修睦。”㈡全，皆。易無妄：“天下雷行，物～無妄。”

按，説文與字在舁部。

舅 jiù 其九切，上，有韻，羣。幽部。

❶母親的兄弟。詩秦風渭陽：“我送～氏，曰至渭陽。”毛傳：“母之昆弟曰舅。”❷丈夫的父親。禮記檀弓下：“昔者吾～死於虎，吾夫又死焉，今吾子又死焉。”❸妻子的父親稱外舅，也稱舅。禮記坊記：“昏禮，壻親迎，見於～姑。”鄭玄注：“～姑，妻之父母也。”❹妻子的兄弟。新唐書朱延壽傳：“楊行密妻，延壽姊也。行密泣曰：‘吾喪明，諸子幼，得～代我，無憂矣。’”〔國舅〕指皇帝后妃之兄弟。❺古代天子對異姓諸侯、諸侯對異姓大夫，皆稱舅。詩小雅伐木：“既有肥牡，以速諸～。”毛傳：“天子謂同姓諸侯、諸侯謂同姓大夫皆曰父，異姓則稱舅。”

按，説文舅字在男部。

九　畫

興 1. xīng 虚陵切，平，蒸韻，曉。蒸部。

❶起，起來。詩衛風氓：“夙～夜寐，靡有朝矣。”論語衛靈公：“從者病，莫能～。”書微子：“小民方～，相爲敵讎。”❷創立，創辦。漢書鼂錯傳：“臣聞漢～以來，胡虜數入邊地。”荀子正論：“～天下之同利。”三國志魏書武帝紀：“是歲用棗祗韓浩等議，始～屯田。”❸行動起來。史記酷吏列傳張湯：“漢大～兵伐匈奴。”宋李綱靖康傳信録：“車駕猶未～也。”引申指流行。唐韓愈送竇從事序：“雪霜時降，癘役不～。”紅樓夢二七回：“然閨中更～這件風俗。”❹興旺，昌盛。詩小雅天保：“天保定爾，以莫不～。”宋王安石興賢：“國以任賢使能而～。”

2. xìng 許應切，去，證韻，曉。蒸部。

❺詩歌的一種表現手法，由景觀托感情。宋朱熹詩集傳：“～者，先言他物以引起所詠之詞也。”❻興趣，興致。世説新語任誕：“吾本乘～而行，～盡而返，何必見戴？”唐李白廬山謡：“好爲廬山謡，～因廬山發。”

按，説文興字在舁部：“興，起也。”

十　畫

舉 jǔ 居許切，上，語韻，見。魚部。

❶手向上托起東西。孟子梁惠王上：“吾力足以～百鈞，而不足以～一羽。”泛指執持（手臂略高起）。左傳襄公二十五年：“弈者～棋不定，不勝其耦。”唐李白月下獨酌詩：“～杯邀明月，對影成三人。”❷一種向上的動作。莊子胠篋：“今遂至使民延頸～踵曰：‘某所有賢者，贏糧而趣之。’”漢曹操却東西門行：“～翅萬餘里，行止自成行。”❸揭發，檢舉。荀子不苟：“正義直指，～人之過惡，非毁疵也。”史記秦始皇本紀：“吏見知不～者，與同罪。”❹推薦，選用。左傳襄公三年：“君子謂祁奚於是能～善矣。”楚辭戰國屈原離騷：“～賢而授能兮，循繩墨而不頗。”❺提出，稱引。論語述而：“～一隅不以三隅反，則不復也。”荀子非相：“凡説之難…未可直至也。遠～則病繆，近世則病傭。”❻發動，率領。韓非子外儲説左上：“～兵而伐中山，遂滅也。”史記東越列傳：“東甌請舉國徙中國，乃悉～衆來，處江、淮間。”❼攻克。孟子梁惠王上：“以萬乘之國，伐萬乘之國，五旬而～之。”❽行，行事（舉是一個附屬義很多的動詞，各種舉動都可稱舉）。管子禁藏：“～事而不時，力雖盡，其功不成。”莊子讓王：“曾子居衛緼袍無表…三日不～火，十年不製衣。”（舉火，點火做飯）梁書王志傳：“京師有寡婦，無子，姑

亡,～債以斂葬。”(舉債,借債)樂府詩集古詩爲焦仲卿妻作:“～言謂新婦,哽咽不能語。”(舉言,發言)史記陳涉世家:“且壯士不死即已,死即～大名耳。”(舉大名,成就大名)史記孟嘗君列傳:“初,田嬰有子四十餘人,其賤妾有子名文。文以五月五日生,嬰告其母曰:‘勿～也。’其母竊～生之。”司馬貞索隱:“上‘舉’謂初誕而舉之,下‘舉’謂浴而乳之。”漢書哀帝紀:“河南潁川郡水出,流殺人民,壞敗廬舍…已遣光禄大夫循行～籍,賜死者棺錢,人三千。”(舉籍,核查户籍)泛指舉動。史記張儀列傳:“兩虎方且食牛,食甘必争,争則必鬭,鬭則大者傷,小者死,從傷而刺之,一～必有雙虎之名。”晉書束皙傳:“可遷徙西州,以充邊土,賜其十年之復,以慰重遷之情,一～兩得,外實内寬,此又農事之大益也。”❾皆,全。左傳哀公六年:“僖子不對而泣曰:‘君～不信羣臣乎?’”管子法禁:“故～國之士,以爲亡黨。”

[備考]通“與”。㊀yù,參與。墨子號令:“里中父老小不～守之事及會計者。”㊁yǔ,親附,結交。韓非子解老:“是以行軌節而～之也。”㊂yǔ,和,及。左傳昭公三年:“豈唯寡君～羣臣實受其貺,其自唐叔以下,實寵嘉之。”

按,説文舉字在手部。

十二畫

舊 jiù巨救切,去,宥韻,羣。之部。

❶與“新”相對。指歷時長的。論語公冶長:“～令尹之政,必以告新令尹。”用作謂語,指久,即歷時長。漢書雋疏于薛平彭傳:“竊伏海瀕,聞暴公子威名～矣。”也可用作狀語。書無逸:“其在高宗,時～勞于外。”指以往的。論語公冶長:“伯夷叔齊,不念～惡,怨是用希。”詩大雅假樂:“不愆不忘,率由～章。”又指在前的,與“新”(在後的)相對。如舊唐書、新唐書;舊五代史、新五代史(此處指在前編撰的與在後編撰的)。❷歷時長的事物,多指好的。①老臣。詩大雅召旻:“維今之人,不尚有～。”②原有的典章制度。書武成:“乃反商政,政由～。”③老朋友,老交情。左傳文公六年:“立愛則孝,結～則安。”三國志蜀書諸葛亮傳:“玄素與荆州牧劉表有～。”

按,説文舊字在雈部。

十三畫

舋 1. xìn許覲切,去,震韻,曉。文部。

同“釁”。❶古代的祭祀活動中用牲畜的血涂在新制的器物上。漢焦贛易林革:“祆社～鼓,以除民疾。”泛指涂;熏。國語齊語:“比至,三～三浴之。”❷裂痕,嫌隙。韓非子五蠹:“既畜王資而承敵國之～。”戰國策韓策三:“秦舉兵破邯鄲,趙必亡矣。故君收韓,可以無～。”❸罪過。唐韓愈潮州刺史謝上表:“而臣負罪嬰～,自拘海島。”❹冲動。文選漢王延壽魯靈光殿賦:“奔虎攫挐以梁倚,仡奮～而軒鬐。”

2. wèn集韻文運切,音問,去,問韻,微。

❺通“璺”。玉的裂縫,泛指裂痕。宋梅堯臣次韻和司馬學士慮囚:“一遭纖微～,鑑垢莫磨拭。”

按,説文無舋字。

舌　部

[舌部總論]

舌部的字大多表示用舌的各種動作,如舐舑舔舓舔舚等。舍、舒、舘在説文歸别的部首,與舌部無關。

舌 shé食列切，入，薛韻，牀三。月部。

❶舌頭。説文："舌，在口，所以言也，别味也。"詩大雅抑："莫捫朕～，言不可逝矣。"史記張儀列傳："張儀謂其妻曰：'視吾～尚在不?'其妻笑曰：'～在也。'儀曰'足矣！'"❷説出的話。論語顔淵："惜乎，夫子之説君子也。駟不及～。"❸器物中像舌的部件。抱朴子外篇博喻："故鋸齒不能咀嚼，箕～不能别味。"鹽鐵論利議："吴鐸以其～破。"

二　畫

舍 1. shè 始夜切，去，禡韻，審三。魚部。

❶客舍。説文："市居曰舍。"段玉裁注："此市字非買賣所之，謂賓客所之也。"莊子説劍："夫子休，就～待命。"周禮天官冢宰："掌～，掌王之會同之～。"泛指止息之處。鬼谷子本經陰府："故静固志意，神歸其～，則威覆盛矣。"❷(外出)留宿。左傳宣公二年："宣子田于首山，～于翳桑。"墨子非攻中："至夫差之身，北而攻齊，～於汶上。"❸保留。墨子節葬下："無敢～餘力，隱謀遺利。"❹止息。詩小雅何人斯："爾之安行，亦不遑～。"論語子罕："逝者如斯夫，不～晝夜。"❺古時軍隊住宿一夜。左傳莊公三年："凡師，一宿爲～，再宿爲信，過信爲次。"❻古時軍行三十里爲一舍。左傳僖公二十三年："若以君之靈，得返晉國，晉、楚治兵，過於中原，其辟(避)君三～。"

2. shě 書冶切，上，馬韻，審三。魚部。

也作"捨"。❼放棄；放出。易賁："～車而徒。"詩小雅車攻："不失其馳，～矢如破。"❽離開。孟子公孫丑下："當今之世，～我其誰也。"❾賜予。左傳宣公十二年："旅有施～。"

3. shì 集韻施隻切，入，昔韻，審三。鐸部。

❿通"釋"。放置，消除。周禮春官大胥："春入學，～采，合舞。"釋文："舍，音釋。"列子天瑞："其人～然大喜。"張湛注："舍，宜作釋。"

按，説文舍字在亼部。

三　畫

舓 shì 神帋切，上，紙韻，牀三。支部。

同"舐"。也作"𦧇"、"舐"、"狧"。以舌舔物。漢書吴王劉濞傳："語有之曰：'狧穅及米。'"顔師古注："狧，古舓字。蓋以犬爲喻也。言初～穅遂至食米也。"

按，説文舓爲𦧇之異體。

四　畫

舒 jìn 巨禁切，去，沁韻，羣。

同"噤"。閉口。唐韓愈等同宿聯句："直辭一以薦，巧舌千皆～。"清王士禛焦山古鼎詩同西樵賦："我昔訪焦先，望氣～不言。"

舐 shì 神帋切，上，紙韻，牀三。支部。

也作"舓"、"𦧇"、"舓"。以舌舔物。史記吴王濞列傳："里語有之：'～穅及米。'"司馬貞索隱："言～穅盡則至米，謂削土盡則至滅國也。"後漢書楊震傳附楊彪："後子(楊)修爲曹操所殺，操見彪問曰：'公何瘦之甚?'對曰：'愧無(金)日磾先見之明，猶懷老牛～犢之愛'。"

按，説文舐作𦧇。

五　畫

舑 tān 他酣切，平，談韻，透。談部。

〔舑舕〕雙聲叠韻聯緜字。吐舌貌。文選漢王延壽魯靈光殿賦："玄熊舑舕以齗齗，却負載而蹲跠。"

按，説文無舑字。

舐 shì。

同"舐"。唐慧琳一切經音義卷二九："舐，經本作舐，俗用字也。"宋蘇過思子臺賦：

"同～犢於晚歲兮,又何怨於老臞。"

六　畫

舒 shū 傷魚切,平,魚韻,審三。魚部。

㊀展開,舒展。韓非子十過:"延頸而鳴,～翼而舞。"楚辭戰國屈原九章哀郢:"登大墳以遠望兮,聊以～吾心。"㊁緩解。詩召南野有死麕:"～而脫脫兮。"南朝宋鮑照尺蠖賦:"值夷～步。"引申指思想怠慢,即不熱情。史記五帝本紀:"富而不驕,貴而不～。"㊂心緒平静,安詳。淮南子原道:"柔弱以静,～安以定。"㊃通"荼"。荼毒。書多方:"罔丕惟進之恭,洪～于民。"

[同源字]舒,抒,紓。見"紓"字條。

按,説文舒字在予部。

七　畫

辞 cí 古今韻會舉要詳兹切。

"辭"的異體字。古今韻會舉要卷二:"辤,俗作辞。"字彙舌部:"辞,俗辭字。"

舑 tiān 他前切,音天,平,先韻,透。

〔舑䑤〕叠韻聯緜字。言語不正貌。唐皮日休迭和魯望昨以五百言見貽詩:"昌黎道未著,文教如欲騫,其中有聲病,於我如舑䑤。"自注:"舑䑤,語不正貌。"

按,説文無舑字。

八　畫

䑙 tà 集韻託合切,入,合韻,透。緝部。

喝。説文:"䑙,歠也。"徐鍇繫傳:"謂若犬以口取食也。"字亦作"𦧇"。

舕 yǎn 集韻以冉切,上,琰韻。喻四。

火談。説文炎部:"舕,火光也。"清徐灝説文解字注箋:"疑'舕'爲'談'之異文。"

舕 tàn 吐濫切,去,闞韻,透。

〔舕舑〕雙聲叠韻聯緜字,吐舌貌。清吴偉業廿五日偕穆苑先孫浣心葉予聞允文游石公山盤龍石寂光歸雲諸勝:"峆岈舞辟邪,舕舑張饕餮。"也作"舑舕"。

按,説文無舕字。

舓 shì 神紙切,上,紙韻,牀三。支部。

以舌舔物。後作"舐"。説文:"舓,以舌取食也。"宋書符瑞志上:"湯將奉天命放桀,夢及天而～之,遂有天下。"

𦧇 tà 他合切,入,合韻,透。

㊀喝。是"䑙"的異體字。指大吃大喝。唐韓愈曹成王碑:"～隨、光化,捁其州。"馬其昶注:"𦧇,大食。"㊁〔𦧇榆〕以榆葉爲食。魏書上黨王(元)天穆傳:"所在流人先爲土人凌忽,聞(邢)杲起逆,率來從之。…齊人號之爲'𦧇榆賊'。先是,河南人常笑河北人好食榆葉,故因以號之。"

按,説文𦧇作䑙。

舔 tiǎn 字彙他點切,音忝。

後起字。㊀〔舔舕〕叠韻聯緜字。吐舌貌。唐李白鳴皋歌送岑徵君:"玄猿緑羆,舔舕崟岌。"㊁以舌舐物。見篇海。

十　畫

舘 guǎn 集韻古緩切,上,緩韻,見。

同"館"。客舍。集韻緩韻:"館,俗作舘。"元陸友仁研北雜志卷上:"文林之～既興,御覽之書既作。"

按,説文舘作館,在食部,注云:"客舍也。"

十二畫

䑤 tān 他干切,音灘,平,寒韻,透。

〔䑤舑〕叠韻聯緜字。言語不正貌。又作"舑䑤"。見"舑"字條。

十三畫

䑚 tiàn 他念切,去,㮇韻,透。今讀如舔。

後起字。❶吐舌貌。唐韓愈喜侯喜至贈張籍張徹詩:“雜作承閒聘,交驚舌互～。”❷以舌取物。紅樓夢六三回:“那二姐兒嚼了一嘴渣子,吐了他一臉,賈蓉用舌頭都～着吃了。”

舛 部

[舛部總論]

舛本指兩腿相對。舛部的字:舛指相違背;舜本指順,兩腿相對順行;舝,即轄,車軸兩端的鍵;舞,指舞蹈。

舛 chuǎn 昌兗切,上,獮韻,穿三。元部。

❶相背離,相矛盾。漢書揚雄傳下:“雄見諸子各以其知～馳。”南齊書武帝紀:“陰陽～和,緯象愆度。”❷謬誤。梁書陶弘景傳:“心如明鏡,遇物便了;言無煩～,有亦輒覺。”宋史張舉傳:“舉閉户讀書四十年,手校數萬卷,無一字～。”❸困厄。唐王勃滕王閣序:“時運不齊,命途多～。”

按,説文舛部:“舛,對卧也。”清饒炯部首訂:“蓋從兩夂相背以見義。”

六 畫

舜 shùn 舒閏切,去,稕韻,審三。文部。

❶木槿。後作“蕣”。詩鄭風有女同車:“有女同車,顔如～華。”南朝梁劉勰文心雕龍情采:“吴錦好渝,～英徒艷。”❷上古帝王名。書堯典:“有鰥在下曰虞～。”樂府詩集卷五六梁沈約四時白紵歌春白紵:“佩服瑶草駐容色,～日堯年歡無極。”

按,説文舜作䑞,在䑞部。

七 畫

舝 xiá 胡瞎切,入,鎋韻,匣。月部。

同“轄”,也作“鎋”。車軸兩端的鍵,即梢釘,用以固定車輪,使不脱落。説文:“舝,車軸耑鍵也。”詩小雅車舝:“間關車之～兮,思孌季女逝兮。”又邶風泉水:“載脂載～,還車言邁。”

按,説文舝字在舛部,舛分在首尾兩處,不易識别。

八 畫

舞 wǔ 文甫切,上,麌韻,微,魚部。

❶舞蹈。説文:“舞,樂也,用足相背,从舛。”論語八佾:“八佾～於庭。”❷舞動。列子湯問:“鳥～魚躍。”特指舞動刀劍等。史記項羽本紀:“今者項莊拔劍～,其意常在沛公也。”晉書祖逖傳:“(祖逖)與司空劉琨俱爲司州主簿,情好綢繆,共被同寢。中夜聞荒鷄鳴,蹴琨覺,曰:‘此非惡聲’,因起～。”(此處舞,指舞動刀劍等。習武自勵)❸玩弄,其賓語是各方面的,總之皆作爲一種手段,以達到個人之目的。論衡程材:“～文巧法,徇私爲己。”北史薛彪子傳附薛琡:“受納貨賄,曲理～法,深文刻薄,多所傷害。”史記酷吏列傳張湯:“(張)湯爲人多詐,～智以御人。”(御,控制)❹鐘的頂部。周禮考工記鳧氏:“鉦上謂之～。”

[辨]舞,蹈。舞指手的動作,蹈指脚的動作,成語“手舞足蹈”。舞劍、舞刀,皆屬手的動作。引申指玩弄,舞弄。後來舞也指足的動作,如芭蕾舞;蹈,不指手的動作。

舟　部

［舟部總論］

舟部字絶大部分是指稱各種船,如舠、舠、舡、舣、舢、舫、船、舶、艇、艦、艑、艓、艒、艎、艖;其次是指稱船體的某一部分或行船的工具,如舵、舷、舳、艄、艙、艪、艫;還有用指船航行的:航、艤、般(指船的旋轉)。

舟 zhōu 職流切,平,尤韻,照三。幽部。

㊀船。見説文。詩邶風二子乘舟:"二子乘～,汎汎其景。"用于動詞,指行船或用船運。禮記祭義:"壹舉足而不敢忘父母,是故道而不徑,～而不游,不敢以先父母之遺體行殆。"唐李翱故東川節度使盧公傳:"江、淮大旱,米價日長…後米斗及二百,商人～米以來者相望。"㊁器物名。①尊彝等器的托盤。周禮春官司尊彝:"祼用雞彝、鳥彝,皆有～。"②酒器。宋蘇軾次韻趙景貺督兩歐陽詩破陳酒戒:"明當罰二子,已洗兩玉～。"㊂通"周"。①西周。詩小雅大東:"～人之子,熊羆是裘。"②環繞。詩大雅公劉:"何以～之?維玉及瑶,鞞琫容刀。"按,"周"在説文中爲兩個字:周,表示周密;匊,表示環繞。用舟來表示環繞義,既可看做通假,又可看作匊的省寫。

二　畫

舠 liǎo 盧鳥切,上,篠韻,來。

小船。玉篇舟部:"舠,小船。"清朱彝尊河豚歌:"漁師乘春漾極浦,艕～葉葉輕於萍。"

舠 dāo 都牢切,平,豪韻,端。

小船。南朝梁劉勰文心雕龍夸飾:"言峻則嵩高極天,論狹則河不容～。"宋陸游思歸引:"錦城小憩不淹遲,即是輕～下峽時。"

按,説文無舠字。

三　畫

舡 xiāng 許江切,平,江韻,曉。東部。

船。商君書弱民:"背法而治,此任重道遠而無馬牛;濟大川而無～楫也。"宋蘇軾再乞發運司應副浙西米狀:"官吏欲差～載米下鄉散糶,即所須數目浩瀚,恐不能足用。"

按,説文無舡字。

舣 chā 初牙切,平,麻韻,穿二。

小船。陳書高祖紀上:"(侯景)乃以～艕貯石,沉塞淮口,緣淮作城。"

按,説文無舣字。

舢 shān。

晚起字。〔舢板〕用槳划的小船。清吴趼人二十年目睹之怪現狀:"果然次日天才破亮,下水船到了,用舢板渡到輪船上。"

四　畫

舫 fǎng 甫妄切,去,漾韻,非。今讀如倣。陽部。

㊀相併合的船。史記張儀列傳:"～船載卒,一～載五十人與三月之食。"太平御覽卷七七〇引王隱晉書顧榮傳:"遂解～爲單舸,口　夜行五六百里。"㊁船。世説新語德行:"時夏月,暴雨卒至,～至狹小,而又大漏,殆無復坐處。"唐韋應物夕次盱眙縣:"落帆逗淮鎮,停～臨孤驛。"

按,説文舟部:"舫,船師也。"方部:"方,併船也。"段玉裁注依韻會"舫,船也",删"師"字。

航 háng 胡郎切,平,唐韻,匣。陽部。

❶船相併,成連船。淮南子氾論:"古者大川名谷,衝絶道路,不通往來也,乃爲窬木方版以爲舟～。"高誘注:"舟相連爲航。"❷船。文選晉左思吴都賦:"於是乎長鯨吞～,修鯢吐浪。"❸渡。也作"杭"。三國志吴書賀邵傳:"臣聞否泰無常,吉凶由人,長江之限,不可久恃,苟我不守,一葦可～也。"詩魏風河廣:"誰謂河廣,一葦杭之。"初學記卷六河引此詩句作"航"。泛指船行水上。唐韓愈答張徹:"疊雪走商嶺,飛波～洞庭。"

按,説文航作斻,在方部,注云:"斻,方舟也。"徐鉉:"今俗别作航。"

舭 bǐ 卑履切,上,紙韻,幫。

〔舭艤〕船名。宋史卷四六七李全傳:"始造舭艤舟,謀争舟楫之利焉。"

般 1. pán 薄官切,平,桓韻,並。元部。

❶旋轉。説文:"般,辟也。象舟之旋。"〔般旋〕〔般桓〕〔般辟〕〔般還〕圍繞某一中心活動,即盤桓、周旋、徘徊的意思。漢班固白虎通崩薨:"臣子於其君父非有老少也,亦因喪質,無般旋之禮,但盡悲哀而已。"文選漢傅毅舞賦:"或有宛足鬱怒,般桓不發。"晉書潘岳傳附潘尼釋奠頌:"金石簫管之音,八佾六代之舞,鏗鏘閶闔,般辟俛仰。"禮記投壺:"賓再拜,受,主人般還曰辟。"❷遊樂。逸周書祭公:"允乃詔,畢桓于黎民～。"❸通"鞶"。囊。穀梁傳桓公三年:"諸母～。"釋文:"般,一本作鞶。"❹通"磐"。山石。漢書郊祀志上:"鴻漸于～。"

2. bān 北潘切,平,桓韻,幫。元部。

❺運(後起義)。唐陸贄請减京東水運收脚價於沿邊州鎮儲蓄軍糧事宜狀:"并顧船車,～至太倉,穀價約四十有餘。"此義後作"搬"。❻種,類(後起義)。唐張鷟遊仙窟:"昔日雙眠,恒嫌夜短;今宵獨卧,實怨更長。一種天公,兩～時節。"引申指一樣。元宫天挺七里灘第三折:"高祖～性寬洪,文帝～心明聖,可知漢業中興。"詞義虚化,用爲助詞,在名詞後,表示跟此事物相似。紅樓夢六回:"底下又墜着一個秤砣～一物。"❼通"班"。①回、還。漢書趙充國傳:"而明主～師罷兵,萬人留田。"②分給。墨子尚賢中:"古者聖王,唯毋得賢人而使之,～爵以貴之,裂地以封之。"按,孫詒讓注:"毋,無意義。唯毋得…即唯得…。"③布,列。漢書禮樂志二:"靈之來,神哉沛,先以雨,～裔裔。"顔師古注:"般讀與班同。班,布也。"❽通"斑"。①斑紋。周禮天官内饔:"馬黑脊而～臂,螻。"鄭玄注:"般臂,臂毛有文。"②雜亂。漢書賈誼傳:"～紛紛其離此郵兮,亦夫子之故也。"

3. bō 龍龕手鑑音撥。

❾〔般若〕佛教語匯。梵語 Prajna 的譯音。也譯爲"波若"。意譯爲"智慧"。世説新語文學:"殷中軍被廢東陽,始看佛經,初視維摩詰,疑'般若波羅密'太多。後見小品,恨此語少。"劉孝標注:"波羅密,此言到彼岸也。經云到者有六焉…六曰般若。般若者,智慧也。"

〔同源字〕鞶,般,磐。見"鞶"字條。

五　畫

舵 duò 徒可切,上,哿韻,定。

後起字。設在船尾用以調整航向的裝置。也作"柁"、"柂"。玉篇:"舵,正船木也。"元曲選缺名馮玉蘭三:"梢公云:'後面把～的仔細,我在這裏攔頭;天色晚了也,把船攏岸罷。'"明劉基郁離子千里馬:"吾憂夫航滄溟者之無～工也。"

舷 xián 胡田切,平,先韻,匣。

後起字。船邊。文選晉郭璞江賦:"忽忘夕而宵歸,詠採菱以叩～。"宋蘇軾赤壁賦:"於是飲酒樂甚,扣～而歌之。"

舸 gě 古我切，上，哿韻，見。歌部。

船。方言九："南楚，江，湘，凡船大者謂之舸。"文選晉左思吳都賦："弘～連軸，巨檻接艫。"三國志吳書周瑜傳："又豫備走～，各繫大船後。"

按，説文無舸字，新附有之，注云："舟也。"

舶 mù 集韻莫六切，入，屋韻。

〔舶艫〕船名。見"艫"字條。

舳 1. zhú 直六切，入，屋韻，澄。覺部。

㊀船尾。説文："舳，舟尾。"唐王勃滕王閣序："閭閻撲地，鐘鳴鼎食之家；舸艦迷津，青雀黄龍之～。"宋蘇轍次韻毛國鎮趙景仁唱和三首之三："遠謫江湖～尾銜，到來辛苦向誰談。"〔舳艫〕①舳指船尾，艫指船頭，合指船。漢書武帝紀："舳艫千里，薄樅陽而出。"②量詞，計算船隻的面積。説文："舳，漢律名船方長爲舳艫。"段玉裁注："長當作丈。史漢貨殖傳皆曰'船長千丈'注者總積其丈數。蓋漢時計船以丈，每方丈爲一舳艫也。"

2. zhòu 集韻直祐切，去，宥韻，澄。

㊁船頭。小爾雅廣器："船頭謂之舳。"

舲 líng 郎丁切，平，青韻，來。耕部。

有窗的小船。淮南子俶真："越～蜀艇，不能無水而浮。"也指船窗。北周庾信舟中望月："舟子夜離家，開～望月華。"

按，説文無舲字。

舴 zé 陟格切，入，陌韻，知。

〔舴艋〕小船。南齊書張敬兒傳："敬兒乘舴艋過江，詣晉熙王（劉）燮。"宋李清照武陵春："只恐雙溪舴艋舟，載不動，許多愁。"

按，説文無舴字。

㸔 gōu 古侯切，平，侯韻，見。

〔㸔䑦〕船。廣雅釋水："㸔䑦，舟也。"北堂書鈔卷一三八引三國吳楊泉物理論："夫工匠經涉河海，爲㸔䑦以浮大淵。"

按，説文無㸔字。

船 chuán 食川切，平，仙韻，牀三。元部。

水上的運輸工具。説文："船，舟也。"史記夏本紀："陸行乘車，水行乘～。"三國志吳書周瑜傳："今寇衆我寡，難與持久，然觀（曹）操軍～艦首尾相接，可燒而走也。"

舶 bó 傍陌切，入，陌韻，並。

㊀大船，海船。玉篇："舶，大船。"北魏酈道元水經注江水三："昔孫權裝大船名之曰長安，亦曰大～，載坐直之士三千人。"唐慧琳一切經音義卷二〇引埤蒼："舶，大船也，長二十丈，載六七百人是也。"舊唐書李勉傳："前後西域～泛海至者歲纔四五。"㊁舶艙。小船。見"艙"字條。

按，説文無舶字。

六 畫

䑧 qióng 渠容切，音邛，平，鍾韻，羣。

一種體長艙深的小船。後漢書馬融傳廣成頌："然後方餘皇，連～舟。"

按，説文無䑧字。

舸 tóng 徒紅切，平，東韻，定。

一種輕便的船。新唐書黎幹傳："幹密具～船作倡優水嬉，冀以媚帝。"宋陸游劍南詩稿二過東瀼入馬肝峽："猶勝溪丁絶輕死，無時來往駕～艚。"

按，説文無舸字。

航 háng 集韻寒剛切，平，唐韻，匣。

兩船併連。南齊書王融傳："行逢大～開，喧湫不得進。"唐陸德明經典釋文序録："齊明帝建武中，吳興姚方興采馬、王之注造孔傳舜典一篇，云於大～頭買得，上之。"

按，説文無航字。

七 畫

艆 láng 魯當切，平，唐韻，來。

海船。廣韻唐韻："艆，海中大船。"唐元結楚何荒王賦："駭鯨之～，飛龍之舫。"〔艆𦪇〕廣雅釋水："艆𦪇，舟也。"初學記卷二五舟引埤蒼："海中船曰艆𦪇。"

按，説文無艆字。

艄 shāo 集韻師交切，平，肴韻，審二。

後起字。❶船尾。清吴敬梓儒林外史五一回："在～上一個夾層艙底下，拿出一個大口袋來。"❷舵。明凌濛初初刻拍案驚奇卷二二："從此，只在來往船隻上，替他執～度日。"

［同源字］艄，梢。見"梢"字條。

艅 yú 以諸切，平，魚韻，喻四。

〔艅艎〕船名。抱朴子外篇博喻："艅艎鷁首，涉川之良器也。"文選晉郭璞江賦："漂飛雲，運艅艎。"

按，説文無艅字，新附有之，注云："艅艎，舟名。經典通用餘皇。"

艇 tǐng 徒鼎切，平，迥韻，定。耕部。

小船。淮南子俶真："越舲蜀～，不能無水而浮。"高誘注："蜀艇，一版之舟。"

按，説文無艇字，新附有之，注云："艇，小舟也。"

八　　畫

䑸 zōng 音宗。

後起字。船隊。宋張君房雲笈七籤卷一一九："瞿唐水汎溢，波濤甚惡，同～三船，一已損失，二皆危懼。"明徐光啟論説策議："今委之素無根柢之衆，莽莽風濤，開～之後，誰相司察。"

䑳 lún 刀迍切，平，諄韻，來。

船。唐白居易汎小䑳二首："水一塘，～一隻，～頭漾漾知風起，～背蕭蕭聞雨滴。"

䑽 dāo 集韻都勞切，平，豪韻，端。幽部。

小船。也作"舠"。釋名釋船："三百斛曰䑽。䑽，貂也。貂，短也。江南所名短而廣安不傾危者也。"集韻："舠，小船也。或从周。"

艋 měng 莫杏切，上，梗韻，明。

見〔舴艋〕，小船。見"舴"字條。

九　　畫

艑 biàn 薄泫切，上，銑韻，並。

一種大船。宋書吴喜傳："從西還，大～小艒，爰及草舫，錢米布絹，無船不滿。"

艓 dié 集韻達協切，入，怗韻，定。

小船。唐杜甫最能行："富豪有錢駕大舸，貧窮取給行～子。"宋書沈攸之傳："輕～一萬，截其津要。"

艒 1. mù 莫沃切，入，沃韻，明。覺部。

❶小船。宋書吴喜傳："從西還，大艑小～，爰及草舫，錢米布絹，無船不滿。"〔艒䑿〕疊韻聯緜字。小船。方言九："南楚、江、湘，凡船大者謂之舸，小舸謂之艖，艖謂之艒䑿。"

2. mò 莫北切，入，德韻，明。

❷〔艒䑰〕釣艇。見廣韻。

艐 1. jiè 古拜切，音介，去，怪韻，見。質部。

❶至。史記司馬相如列傳："糾蓼叫奡蹋以～路兮，蔑蒙踊躍騰而狂趭。"裴駰集解引徐廣曰："艐音介，至也。"

2. kè 口箇切，去，箇韻，溪。

❷船擱淺。説文："艐，船著沙不行也。"

3. zōng 子紅切，平，東韻，精。

❸〔三艐〕也作"三朡"，古國名。廣韻："艐，書傳云：三艐，國名。"今書序及史記殷本紀作"三朡"。

䑰 tū 陀骨切，入，没韻，透。

〔艒䑰〕見"艒"字條。

艏 shǒu 集韻始九切，上，有韻，審三。

〔艗艏〕船名。見"艗"字條。

艘 sōu 蘇彫切，平，蕭韻，心。幽部。

㊀舟。也作“艘”。漢劉向説苑雜言：“惠子曰：‘子居～楫之間，則吾不如子。’”抱朴子外篇博喻：“瓊～瑶楫，無涉川之用；金弧玉弦，無激矢之能。”㊁量詞，用於船隻。文選三國魏王粲從軍詩：“連舫踰萬～，帶甲千萬人。”

艎 huáng 胡光切，平，陽韻，匣。

㊀船。南朝齊謝朓出藩曲：“飛～遡極浦，旌節去關河。”特指渡船。宋蘇軾次韻許遵：“蒜山渡口挽歸～，朱雀橋邊看道裝。”㊁〔艅艎〕船名。見“艅”字條。

按，説文無艎字，新附有之，注云：“艎，艅艎也。”

十 畫

艗 yì 五歷切，入，錫韻，疑。錫部。

㊀〔艗艏〕船名。艗，本作“鷁”。古人常於船頭畫鷁形，因以名船。方言卷九：“（船）首謂之閤閭，或謂之艗艏。”㊁船。唐皮日休太湖詩初入太湖：“悠悠嘯傲去，天上摇畫～。”

按，説文無艗字。

艖 chā 初牙切，平，麻韻，穿二。歌部。

㊀小船。方言卷九：“南楚、江、湘，凡船大者謂之舸，小舸謂之艖。”唐皮日休太湖詩銷夏灣：“小～或可汎，短策或可支。”㊁〔艖艀〕船。梁書羊侃傳：“初赴衡州，於兩艖艀起三間通梁水齋，飾以珠玉，加之錦繢，…乘潮解纜，臨波置酒，緣塘傍水，觀者填咽。”

按，説文無艖字。

艕 gōu 集韻居侯切，平，侯韻。

〔艕艛〕船。三國志吴書吕蒙傳：“蒙至尋陽，盡伏其精兵艕艛中，使白衣摇櫓，作商賈人服，晝夜兼行。”

艓 tà 集韻託盍切，入，盍韻，透。

大船。玉篇舟部：“艓，大船。”南朝梁元帝吴趨行：“蓮花逐牀返，何時乘～歸。”

艙 cāng 音倉。

船上載人置物的地方。宋陸游舟中曉賦詩：“斜分半～月，滿載一篷霜。”宋張鎡崇德道中詩：“枸橘花繁雪有香，風吹成陣入船～。”

［同源字］艙，倉。倉指收藏東西的地方。宋楊萬里初二日苦熱：“船倉周圍各五尺。”“艙”是“倉”的分化字。

艞 zhōu 側鳩切，平，尤韻，照二。

〔艆艞〕船名。見“艆”字條。

十 一 畫

艢 sù 息逐切，入，屋韻，心。覺部。

〔䑿艢〕〔䑿艢〕〔舶艢〕小船。方言卷九：“小舸謂之艖，艖謂之䑿艢。”文苑英華卷七九一唐皮日休酒箴序：“以䑿艢載醇酎一甔，往來湖上。”皮子文藪作“舶艢”。

艣 lù 盧谷切，入，屋韻，來。

㊀〔艕艣〕船。見“艕”字條。㊁〔舸艣〕船。見“舸”字條。

艀 bù 薄故切，去，暮韻，並。侯部。

〔艖艀〕船。見“艖”字條。

艚 cáo 昨勞切，平，豪韻，從。

船。宋書恩倖傳序：“南金北毳，來悉方～，素縑丹魄，至皆兼兩。”梁書江革傳：“船既不平，濟江甚險，當移徙重物，以迮（壓）輕～。”唐柳宗元遊南亭夜還叙志七十韻：“曠望援深竿，夜歌叩鳴～。”

艛 lóu 落侯切，平，侯韻，來。

樓船。梁書吕僧珍傳：“悉取檀溪材竹，裝爲～艦，葺之以茅。”唐張登送王主簿遊南海詩：“過山乘蠟屐，涉海附～船。”

按，説文無艛字。

艜 diǎo 集韻丁了切，上，篠韻。

〔䑠舸〕叠韻聯緜字。船名。梁書王僧辯傳:"及王師次于南洲,賊帥侯子鑒等率步騎萬餘人於岸挑戰,又以䑠舸千艘並載士,兩邊八十棹,棹手皆越人,去來趣襲,捷過風電。"

艒 xí似入切,入,緝韻,邪。

一種小船。南齊書王敬則傳:"敬則與羽林監陳顯達、寧朔將軍高道慶乘舸～於江中迎戰,大破賊水軍。"

十二畫

艟 chōng尺容切,平,鍾韻,穿三。

〔艨艟〕也作"艟艨",古戰船。見"艨"字條。

十三畫

艤 yǐ魚倚切,上,紙韻,疑。

同"檥"。船靠岸。文選晉左思蜀都賦:"試水客,～輕舟。"宋魏了翁摸魚兒餞黃侍郎疇若勸酒:"向江頭,幾回凝望,垂楊那畔舟纜～。"

艣 lǔ郎古切,上,姥韻,來。

一種划船工具。大的叫艣,小的叫楫(jí)(後代管楫叫槳)。也作"櫓"、"艪"。唐鄭巢送韋弇:"～聲過遠寺,江色潤秋蕪。"代指船。清顧炎武赴東詩之五:"柔～下流澌,輕車度危棧。"

十四畫

艦 jiàn胡黤切,上,檻韻,匣。今讀如監。談部。

戰船。釋名釋船:"上下重牀曰艦,四方施板以禦矢石,其内如牢檻也。"三國志吳書周瑜傳:"劉表治水軍,蒙衝鬭～,乃以千數。"唐李白永王東巡歌之七:"戰～森森羅虎士,征帆一一引龍駒。"

〔同源字〕檻,艦。見"檻"字條。

按,説文無艦字。

艧 huò玉篇烏縛切。

船。玉篇舟部:"艧,船。"南朝梁江淹遷陽亭:"方水埋金～,圓岸伏舟瓊。"宋梅堯臣送刁景純學士赴越州詩:"會稽引太守,舟屋畫粉～。"

艨 méng莫紅切,平,東韻,明。東部。

〔艨衝〕叠韻聯緜字。古戰船。也作"蒙衝"、"艨艟"、"艟艨"。釋名釋船:"外狹而長曰艨衝,以衝突敵船也。"三國魏曹操營繕令:"諸私家不得有艨衝等船。"

十五畫

艪 lǔ音魯。

划船的工具。也作"櫓"、"艣"。龍龕手鑑舟部:"艪,俗;艣,正音魯,所以進船也。"唐李白淮陰書懷寄王宗城:"大舶夾雙～,中流鵝鸛鳴。"

十六畫

艫 lú落胡切,平,模韻,來。

㊀船頭。説文:"艫,舳艫也。一曰船頭。"文選晉左思吳都賦:"弘舸連舳,巨檻接～。"㊁船。新唐書東夷傳高麗:"而平壤在鴨渌東南,以巨～濟人。"

十八畫

艭 shuāng所江切,平,江韻,審二。

船名。元薩都剌寄林所源道士:"醉酒慣眠松下石,題詩多傍水邊～。"

艮 部

［艮部總論］

艮在說文入匕部。艮本身不是一個部首。現歸在艮部的字，意義上無聯繫。

艮 gèn 古恨切，去，恨韻，見。文部。

❶八卦之一，卦形爲☶。又六十四卦之一，卦形爲䷳，～上～下，象徵山。易說卦：“艮爲山。”❷止。易艮：“彖曰：‘～，止也。’”宋朱熹齋居感興之一九：“反躬～其背，肅容正冠襟。”❸堅硬。廣雅釋詁一：“艮，堅也。”王念孫疏證：“說卦傳云：艮爲山，爲小石，皆堅之義也。今俗語猶謂物堅不可拔曰艮。”❹艱難。漢揚雄太玄守：“象～有守。”范望注：“艮，難也。”❺方位名，指東北方。易說卦：“～，東北之卦也。”後漢書崔駰傳：“遂翕翼以委命兮，受符守乎～維。”❻時辰名。在子時以後的凌晨時分。舊唐書吕才傳：“若依葬書，多用乾、～二時，並是近半夜，此即文與禮違。”

按，說文艮字在匕部：“艮，很也。”

一 畫

良 1. liáng 吕張切，平，陽韻，來。陽部。

❶好的，合乎理想和要求的。左傳定公十三年：“三折肱知爲～醫。”周禮天官司裘：“中秋，獻～裘，王乃行羽物。”書益稷：“元首明哉，股肱～哉。”用爲名詞，指合乎理想的人或事。左傳僖公七年：“鄭有叔詹、堵叔、師叔三～爲政，未可間也。”左傳襄公二十六年：“楚師之～，在其中軍王族而已。”杜預注：“言楚之精卒唯在中軍。”❷和悦，和睦。論語學而：“夫子温～恭儉讓以得之。”顏氏家訓歸心：“治家者，欲一家之慶；治國者，欲一國之～。”❸古時婦人稱其夫。儀禮士昏禮：“媵衽～席在東。”鄭玄注：“婦人稱夫曰良。”❹副詞。①表示肯定，相當于“的確”。史記趙世家：“諸將以爲趙氏孤兒～已死。”文選古詩十九首之七：“～無磐石固，虚名復何益。”②表示程度高，相當于“很”。史記魏其武安侯列傳：“魏其～久乃聞，聞即恚，病痱，不食欲死。”

2. liǎng 集韻里養切，上，養韻，來。陽部。

❺通“兩”。〔方良〕周禮夏官方相氏：“敺(驅)方良。”鄭玄注：“方良，罔兩也。”按，即魍魎。

按，說文良字在畐部：“良，善也。”

十 一 畫

艱 jiān 古閑切，平，山韻，見。文部。

❶艱難，不容易。詩邶風北門：“終窶且貧，莫知我～。”楚辭戰國屈原離騷：“長太息以掩涕兮，哀民生之多～。”書説命：“非知之艱，行之惟～。”❷險惡。詩小雅何人斯：“彼何人斯，其心孔～。”❸憂。遭父母之喪爲丁憂，也稱丁艱。世說新語德行：“吴道助、附子兄弟居在丹陽郡後(郡府舍之後)，遭母童夫人～，朝夕哭臨。”

按，說文艱字在堇部：“艱，土難治也。”

色　部

［色部總論］

色在古代指"顔氣",指人面部的表情,色部的字艴、䒷皆指面部表情。色也用指顔色:䒵、䒶是指稱顔色的字。艶是豔的異體字,指美好,與色的意思也是有聯繫的。

色 sè 所力切,入,職韻,審二。職部。

❶面部表情。論語顔淵:"察言而觀～。"特指怒色。戰國策趙策四:"太后之～少解。"❷美色,女性美。論語子罕:"吾未見好德如好～者也。"史記吕不韋列傳:"以～事人者,～衰而愛弛。"❸顔色。老子第十二章:"五～令人目盲,五音令人耳聾。"❹景象。莊子盜跖:"車馬有行～,得微往見跖邪?"唐王維漢江臨眺詩:"江流天地外,山～有無中。"❺種類(晚起義)。北史長孫道生傳:"又遣(長孫)晟往索(楊)欽,雍閭欲勿與,謬曰:'客内無此～人。'"又特指教坊樂工的分類。宋吴自牧夢粱録妓樂:"散樂傳學教坊十三部,唯以雜劇爲正～…～有歌板～、琵琶～、筝～…"❻佛教用語,與"心"相對,指一切能使人感觸到的東西(晚起義)。唐陳子昂感遇詩之八:"空～皆寂滅,緣業亦何名。"

按,説文色字在色部:"色,顔氣也。"

五　畫

艴 bó 蒲没切,入,没韻,並。物部。

生氣的樣子。説文:"艴,色～如也。"孟子公孫丑上:"曾西～然不悦。"新唐書李景讓傳:"景讓愧～不能平。"

六　畫

䒷 pīng 普丁切,平,青韻,滂。耕部。

同"䒶"。見"䒶"字條。

八　畫

䒶 pīng 普丁切,平,青韻,滂。耕部。

俗作"䒷"。❶青白色。説文色部:"䒶,縹色也。"段玉裁注:"縹者,帛青白色也。"❷同"頩"。發怒的樣子。玉篇色部:"楚辭曰:'玉色䒶以晚顔兮。'"今本楚辭遠遊"䒶"作"頩"。

十　画

䒵 mìng 莫定切,去,徑韻。

〔䒵艴〕青黑色。見廣韻。清李斗揚州畫舫録草河録上:"元青元在緅緇之間,合青則爲䒵艴。"

十 三 畫

艶 yàn 以贍切,去,豔韻,喻四。

"豔"的俗體字。見"豔"字條。

十 八 畫

艷 yàn 集韻以贍切,去,豔韻,喻四。

艷是"豔"的異體字。見"豔"字條。

申　集

艸　部

［艸部總論］

艸(草)部的字,一般用於除了樹木以外的植物名稱,所以大都是名詞。例如"艾、芥、芹、英、苗、苞、荼、菌、菜、荷、菁、荆、萍、菊、菽、葵、葱、蓴、蓮、萱、葦、蕨、蒲、蕊、藻、蓬、蘭"等。

有些用作形容詞,往往是表示草木的性質或狀態的。例如"芬"、"芳"都是形容草香;"芃芃"是草木茂密的様子;"萋萋"是草茂盛的様子;"芮芮"是草短小的様子;"茁茁"是草初生的様子;"荒"指田地裏長滿野草;"萎"形容草木枯死。

還有一部分字用作動詞,也大都與草有關。例如"芟"是除草,"芻"是割草,"莝"是鍘草,"蒔"是移栽禾苗,"薅"是除田中雜草,"葺"是用茅草覆蓋房屋,而"落"是草木葉子脱落。

有些字看來與草無關,其實不然。例如"葬"字爲什麽从艸?因爲古時候人死了埋藏在草薪之中。又如"蕩"字爲什麽从艸?其實它本作"盪",从水、蕩聲。"蕩"也是草名。

艸 cǎo 采老切,上,晧韻,清。幽部。

"草"的本字。説文:"百卉也,从二屮(chè 徹)。"用作部首,省作"艹"。

二　畫

艻 lè 盧則切,音勒,入,德韻,來。職部。

㊀〔蘿艻〕雙聲聯緜字。香草名。參見"蘿"字條。㊁通"扐"。手指之間。古代筮法,數蓍草卜吉凶,每次數剩蓍草掛在指間叫"扐"。漢揚雄太玄數:"并餘於～。一～之後而數其餘。"范望注:"其所餘者并之於左手兩指間,故謂之艻。"

按,説文無艻字。

艽 1. qiú 巨鳩切,音求,平,尤韻,群。幽部。

㊀獸蓐,禽獸巢穴中的墊草。淮南子原道:"禽獸有～,人民有室。"高誘注:"艽,蓐。"劉績云:"艽音仇,獸蓐也。"又脩務:"虎豹有茂草,野彘有～莦。"㊁遠荒。見説文。詩小雅小明:"我征徂西,至于～野。"毛傳:"艽野,遠荒之地。"

2. jiāo 古肴切,音交,平,肴韻,見。幽部。

㊂藥名。出産秦中(即陝西、甘肅一帶)故稱"秦～"。玉篇作"秦艽"。廣韻今本作"艽",誤。

艿 1. réng 如乘切,音仍,平,蒸韻,日。蒸部。

㊀草名。見説文。㊁舊草未割去新草又生。見玉篇。引申爲茂密的草。新唐書裴延

齡傳:“長安、咸陽間得陂～數百頃,願以爲内廐牧地。”

2. rèng 集韻如證切,去,證韻,日。蒸部。

㊂舊草割後再生的新草。逸周書商誓:“爾百姓獻民,其有綴～。”孔晁注:“謂若絲之絶而更續,草之刈而更生也。”字亦作“芿”。

芋 1. tīng 他丁切,音汀,平,青韻,透。耕部。

㊀〔芋熒〕叠韻聯緜字。草名。説文:“芋,芋熒,朐也。”“朐”,爾雅釋草作“葋”,郭璞注:“未詳。”

2. dǐng 集韻都挺切,音頂,上,迥韻,端。

㊁〔茗芋〕叠韻聯緜字。見“茗”字條。

艾 1. ài 五蓋切,去,泰韻,疑。月部。

㊀草名。莖葉製成艾絨,可供針灸用。詩王風采葛:“彼采～兮,一日不見,如三歲兮。”毛傳:“艾所以療疾。”又名“艾蒿”“蘄艾”“冰臺”。説文:“艾,冰臺也。”晉張華博物志:“削冰令圓,舉以向日,乾～於後,承其景(影)則得火,故曰冰臺。”艾葉蒼白,故引申爲蒼白色。唐元稹郡齋感懷見寄詩:“～髮衰容惜寸輝。”又指老,老年人。禮記曲禮上:“五十曰～。”孔穎達疏:“年至五十,氣力已衰,髮蒼白色如～也。”漢書武帝紀:“然則於鄉里先耆～,奉高年,古之道也。”顔師古注:“六十曰耆,五十曰艾。”方言卷六:“艾,長老也。東齊魯衛之間,凡尊老謂之傻(叟),或謂之艾。”㊁盡,停止,完結。詩小雅庭燎:“夜如何其?夜未～。”朱熹集傳:“艾,盡也。”左傳襄公九年:“大勞未～。”杜預注:“止息也。”新唐書食貨志二:“農功未～,而斂穀。”㊂養,養護。詩小雅南山有臺:“樂只君子,保～爾後。”毛傳:“艾,養也。”㊃〔艾艾〕口吃的樣子。世説新語言語:“鄧艾口喫,語稱艾艾。晉文王戲之曰:‘卿云艾艾,定是幾艾?’對曰:‘鳳兮鳳兮,故是一鳳。’”後因以“艾艾”形容人説話口吃。㊄古地名。春秋吴艾邑,在今江西修水縣西。

〔備考〕㊀美好。孟子萬章上:“知好色,則慕少～。”趙岐注:“少,年少也;艾,美好也。”㊁報答。國語周語上:“樹於有禮,～人必豐。”韋昭注:“艾,報也。”

2. yì 魚肺切,去,廢韻,疑。月部。

㊅通“刈”。割,收割。穀梁傳莊公二十八年:“一年不～,而百姓饑。”荀子王制:“使民有所耘～。”引申爲斫,砍掉。漢書項籍傳:“願爲諸軍快戰,必三勝,斬將,～旗。”又爲殺害。左傳哀公元年:“亦不～殺其民。”漢趙曄吴越春秋勾踐陰謀外傳:“夫官位財幣金賞者,君之所輕也;操鋒履刃～命投死者,士之所重也。”㊆通“忢”。懲戒,懲治。孟子萬章下:“太甲悔過,自怨自～。”㊇通“乂”。治理。漢書郊祀志上:“漢興已六十餘歲矣,天下～安。”顔師古注:“艾讀曰乂。乂,治也。漢書皆以艾爲乂,其義類此也。”

三　畫

芒 1. máng 莫郎切,平,唐韻,明。陽部。

㊀草名。似茅,可做繩索或草鞋。晉書劉惔傳:“家貧,織～屩以爲養。”宋蘇軾次韻荅寶覺:“～鞵竹杖布行纏。遮莫千山與萬山。”爾雅作“莣”。㊁穀類子實上或草木上的針狀物。説文:“草耑(端)也。”字林:“芒,禾杪也。”晉潘岳射雉賦:“麥漸漸以擢～。”引申指刀槍上的鋒芒或尖端。漢書賈誼傳:“屠牛坦一朝解十二牛,而～刃不頓者,所排擊剥割,皆衆理解也。”後漢書陳寵傳:“臣聞輕者重之端,小者大之源,故隄潰蟻孔,氣洩鍼～。”鋒芒之芒後又作“釯”。㊂光芒。史記天官書:“歲陰在酉。星居午。以八月與柳、七星、張晨出,曰長王,作作有～。”南朝梁任昉王文憲集序:“昴宿垂～。”㊃通“茫”。模糊不清。莊子盗跖:“目～然無見。”引申爲昏昧無知。莊子齊物論:“人之生也,固若是～乎?其我獨～,而人亦有不～者乎?”㊄〔芒芒〕①浩渺、廣大的樣子。詩商頌長發:“洪水芒

芒。"引申爲渺茫、看不清的樣子。左傳襄公四年:"芒芒禹迹,畫爲九州。"又爲豐茂、盛多的樣子。文選晉束晳補亡詩:"芒芒其稼,參參其穡。"②疲倦的樣子。孟子公孫丑上:"宋人有閔其苗之不長而揠之者,芒芒然歸。"㊅〔芒芠〕雙聲聯緜字。傳説中指宇宙形成前的混沌景象。淮南子精神:"古未有天地之時,惟像無形,窈窈冥冥,芒芠漠閔,澒濛鴻洞,莫知其門。"

2. huāng 集韻呼光切,音荒,平,唐韻,曉。陽部。

㊆〔大芒落〕太歲運行到地支"巳"的方位。此年叫"大荒落",也寫作"大芒落"或"大芒駱"。集韻:"芒,歲在巳曰大芒駱,通作荒。"史記曆書:"祝犁大芒落四年。"

3. huǎng 集韻虎晃切,音恍,上,蕩韻,曉。陽部。

㊇〔芒芴〕雙聲聯緜字。恍恍惚惚,不可辨認或不可捉摸的樣子。莊子至樂:"雜乎芒芴之間,變而有氣。"宋秦觀曾子固哀辭:"元氣含而未洩兮,洞芒芴而窅冥。"又作"芴芒"。鶡冠子世兵:"芴芒無貌。"

[同源字]芒、鋩、萌。三字同爲明母陽部。説文艸部:"萌,草芽也。"禮記月令:"句者畢出,萌者盡達。"鄭玄注:"句,屈生者;芒而直曰萌。"而鋩是芒的後起區别字。

芝 zhī 止而切,平,之韻,照三。之部。

㊀靈芝草,菌類植物。古以爲瑞草。説文:"芝,神草也。"論衡驗符:"~生於土。"三國魏曹植洛神賦:"爾迺税駕乎蘅皋,秣駟乎~田。"引申爲蓋。芝形如蓋,故以芝稱蓋。文選漢張衡思玄賦:"左青琱之揵~兮,右素威以司鉦。"李善注:"芝,小蓋也。"又西京賦:"驪駕四鹿,~蓋九葩。"這裏"芝蓋"指車蓋。㊁香草名。白芷。"芝蘭"常連用,比喻賢德之人。荀子王制:"其民之親我也,歡若父母,好我芳若芝蘭。"孔子家語六本:"與善人居,如入芝蘭之室,久而不聞其香,即與之化矣。"

芋 1. yù 王遇切,去,遇韻,喻三。魚部。

㊀草本植物名。説文:"大葉實根,駭人。故謂之芋也。"俗稱"芋艿""芋頭"。史記項羽本紀:"今歲饑民貧,士卒食~菽。"

2. hū 集韻荒胡切,音呼,平,模韻,曉。魚部。

㊁通"幠"。覆蓋。集韻模韻:"幠,説文'覆也'。一曰大也,或作芋。"詩小雅斯干:"鳥鼠攸去,君子攸~。"毛傳:"芋,大也。"鄭箋:"芋,當作幠。幠,覆也。"一説通"宇"。居住義。讀 yǔ,集韻麌韻王矩切。王引之經義述聞卷六毛詩中:"芋當讀爲宇。宇,居也。"

[同源字]訏,盱,芋,竽。見"訏"字條。

苄 1. hù 侯古切,音户,上,姥韻,匣。魚部。

㊀藥草名。即地黄。見説文。爾雅釋草:"苄,地黄。"郭璞注:"一名地髓,江東呼苄。"

2. xià 胡駕切,音下,去,禡韻,匣。魚部。

㊁蒲苹草。禮記間傳:"齊衰之喪,居堊室。~剪不納。"鄭玄注:"苄,今之蒲苹也。"孔穎達疏:"苄剪不納者,苄爲蒲苹,爲席,剪頭爲之,不編納其頭而藏於内也。"

芅 yì 與職切,音弋,入,職韻,喻四。職部。

〔銚芅〕雙聲聯緜字。植物名。即萇楚。亦即羊桃。爾雅釋草:"長楚,銚芅。"郭璞注:"今羊桃也,或曰鬼桃。"亦作"銚弋",見詩檜風隰有萇楚毛傳。

按,説文無芅字。

芎 xiōng (舊讀 qiōng)去宫切,平,東韻,溪。冬部。

〔芎藭〕叠韻聯緜字。香草名。史記司馬相如列傳子虚賦:"芎藭昌蒲。""芎"又作"营"。

芓 1. zì 疾置切,音字,去,志韻,從。之部。

㊀植物名。苴麻。説文:"芓,麻母也。"段玉裁注:"麻母,麻子之母也。"今爾雅作

"芓"。按,"芓"是"芓"的本字。

2. zǐ 集韻祖似切,音子,上,止韻,精。之部。

㊀培土。漢書食貨志:"故其詩曰:'或芸或～,黍稷儗儗。'芸,除草也。芓,附根也。"今詩小雅甫田作"耔"。

[備考]通"阯"。隄(堤)基。廣雅釋室:"芓,隄也。"

芑 qǐ 墟里切,音起,上,止韻,溪。之部。

㊀一種良種穀類。詩大雅生民:"誕降嘉種,維秬維秠,維穈維～。"說文:"芑,白苗嘉穀也。"爾雅釋草:"芑,白苗。"郭璞注:"今之白粱粟,皆好穀。"㊁野菜名。詩小雅采芑:"薄言采～,于彼新田。"毛傳:"芑,菜也。"三國吴陸璣毛詩草木鳥獸蟲魚疏:"芑菜,似苦菜也。"㊂通"杞"。山海經東山經:"(餘莪之山),其下多荆芑。"南山經虖勺之山作"荆杞"。

[備考]樹名。杞柳。山海經東山經:"(東始之山)上多蒼玉,有木焉。其狀如楊而赤理,其汁如血,不實,其名曰芑,可以服馬。"郭璞注:"以汁塗之,則馬調良。"

芔 huì 許貴切,音諱,去,未韻,曉。微部。

㊀"卉"字的古體。草的總名。㊁興起的樣子。文選漢司馬相如上林賦:"～然興道而遷義,刑錯而不用。"李善注:"猶勃也。"㊂〔芔吸〕雙聲聯緜字。草木被風吹動而發出的聲音。史記司馬相如列傳上林賦:"瀏莅芔吸,蓋象金石之聲,管籥之音。"漢書與文選作"芔歙"。

芊 1. qiān 蒼先切,平,先韻,清。真部。

㊀〔芊芊〕草木碧緑茂盛的樣子。文選戰國宋玉高唐賦:"仰視山巔,肅何芊芊。"晉潘岳藉田賦:"蟬冕熲以灼灼兮,碧色肅其芊芊。"列子力命:"美哉國乎,鬱鬱芊芊。"㊁〔芊眠〕〔芊綿〕叠韻聯緜字。茂密繁盛。文選晉陸機文賦:"或藻思綺合,清麗芊眠。"南朝宋謝靈運山居賦:"孤岸竦秀,長洲芊綿。"唐李白趙炎少府粉圖山水歌:"東崖合沓蔽輕霧,深林雜樹空芊綿。"按,"芊綿"是中古産生的叠韻聯緜字。二字在上古不同韻部。

2. qiàn 倉甸切,音茜,去,霰韻,清。

㊂〔芊萰〕叠韻聯緜字。草木相雜的樣子。文選晉郭璞江賦:"涯灌芊萰,潛薈葱蘢。"

按,說文無芊字。

芃 péng 薄紅切,平,東韻,並。侵部。

〔芃芃〕草木茂盛的樣子。說文:"芃,艸盛也。"詩曹風下泉:"芃芃黍苗,陰雨膏之。"又大雅棫樸:"芃芃棫樸,薪之槱之。"〔有芃〕本指衆草叢雜茂盛,喻獸毛蓬鬆的樣子。"有"是形容詞詞頭。詩小雅何草不黄:"有芃者狐,率彼幽草。"

[同源字]菶,芃,豐,丰。見"菶"字條。

芄 wán 胡官切,平,桓韻,匣。今讀如完。元部。

〔芄蘭〕叠韻聯緜字。草名。見說文。詩衛風芄蘭:"芄蘭之支,童子佩觿。"鄭箋:"芄蘭柔弱,恒蔓延於地,有所依緣則起興者。"三國吴陸璣草木鳥獸蟲魚疏:"芄蘭,一名蘿摩,幽州謂之雀瓢。"

芨 1. jī 居立切,音急,入,緝韻,見。緝部。

㊀草名,即堇草。見說文。

2. jī 集韻極入切,入,緝韻,見。

㊀草名,即白芨。南朝宋謝靈運山居賦:"慕椹高林,剥～巖椒。"自注:"芨,採以爲紙。"

芍 1. sháo 市若切,入,藥韻,禪。藥部。

㊀〔芍藥〕叠韻聯緜字。花草名。本作"勺藥"。山海經北山經:"(繡山)其草多芍藥。"郭璞注:"一名辛恬,香草屬。"參見"勺"字條。

2. xiào 胡了切,上,篠韻,匣。宵部。

㊀荸薺。說文:"芍,鳧茈也。"段玉裁注:"今人謂之葧臍,即鳧茈之轉語。"字彙"荸"字

注:"葶藶,即蒫莍。"

3. què 七雀切,音鵲,入,藥韻,清。

㊂〔芍陂〕陂塘名。北魏酈道元水經注肥水:"又東北逕白芍亭,積而爲湖,謂之芍陂。陂周百二十許里,在壽春縣南八十里,言楚相孫叔敖所造。"芍陂在今安徽壽縣南,又名期思陂,安豐塘。

[備考]通"的(dì)"、"菂"。蓮子。廣韻錫韻:"芍,蓮中子也。亦作'的',見爾雅。"

四　畫

苀 háng 胡郎切,音杭,平,唐韻,匣。陽部。

草名。文選漢張衡西京賦:"草則葴莎菅蒯,薇蕨荔～。"爾雅釋草:"苀,東蠡。"郭璞注:"未詳。"

按,説文無苀字。

芯 xīn 集韻思林切,平,侵韻,心。

後起字。㊀草名。集韻:"芯,草名。"㊁草木花葉的中心部分。正字通艸部"芯"字引元戴侗六書故:"凡函蓄於中者,皆謂之心,艸木華葉之心是也,別作芯。"舊時油燈中用以點火的燈草、紗、線等也叫"燈芯"。

芠 wén 集韻無分切,平,文韻,微。文部。

㊀草名。玉篇:"芠,草也。"㊁〔芒芠〕雙聲聯緜字。見"芒"字條。

按,説文無芠字。

芳 fāng 敷方切,平,陽韻,敷。陽部。

㊀芳香,形容花草的香味。説文:"香艸也。"段玉裁注:"當作艸香。"荀子宥坐:"芷蘭生于深林,非以無人而不～。"楚辭戰國屈原離騷:"何昔日之～草兮,今直爲此蕭艾也。"又指花草。比喻美好的德行或名聲。楚辭戰國屈原離騷:"不吾知其亦已兮,苟余情其信～。"漢蔡邕郭林宗碑:"俾～烈奮乎百世,令問顯乎無窮。"又用作敬辭。如對別人的書信敬稱"芳札""芳信",對鄰居敬稱"芳鄰"等。㊁〔芳菲〕雙聲聯緜字。形容花草芳香。樂府詩集梁顧野王陽春歌:"春草正芳菲,重樓啓曙扉。"又指花草。文選南朝齊謝朓休沐重還道中詩:"賴此盈罇酌,言景望芳菲。"

[辨]芳,香。見"香"字條。

芸 yún 王分切,平,文韻,喻三。文部。

㊀草名,即芸香。禮記月令:"～始生。"芸香花葉有强烈香味,放置書内,可以驅蠹避蟲。故書籍可稱"芸帙""芸編""芸籤",藏書的地方可叫"芸扃""芸窗""芸署""芸閣""芸臺"。㊁通"耘"。除草。論語微子:"植其杖而～。"漢書王莽傳:"終年耕～。"㊂〔芸芸〕衆多的樣子。老子:"夫物芸芸,各復歸其根。"王弼注:"花葉盛。"抱朴子外篇逸民:"萬物芸芸,化爲埃塵矣。"㊃〔芸黄〕雙聲聯緜字。花草枯黄的樣子。詩小雅苕之華:"苕之華,芸其黄矣。"南朝齊謝朓望三湖詩:"葳蕤向春季,芸黄共秋色。"按,此義"芸"舊讀 yùn。

[備考]菜名。吕氏春秋本味:"陽華之～,雲夢之芹。"高誘注:"芸,芳菜也。"

芫 1. yuán 愚袁切,平,元韻,疑。元部。

㊀芫花。墨子雜守:"常令邊縣豫種畜～、芸、烏喙、袾葉。"芫根可以毒魚。説文:"芫,魚毒也。"急就篇卷四:"烏喙附子椒～華。"顔師古注:"芫華,一名魚毒。漁者煮之,以投水中,魚則死而浮出,故以爲名。"

2. yán 音言。

㊁〔芫荽〕植物名。也作"蒝荽"。本名"胡荽",俗稱"香菜"。

芙 fú 防無切,平,虞韻,奉。魚部。

㊀〔芙蓉〕①荷花别稱。楚辭戰國屈原離騷:"製芰荷以爲衣兮,集芙蓉以爲裳。"南朝梁鍾嶸詩品中宋光禄大夫顔延之詩:"湯惠休曰:'謝詩如芙蓉出水,顔如錯采鏤金。'"②木芙蓉。又稱木蓮、地芙蓉。南朝陳江總江令君集南越木槿賦:"千葉芙蓉詎相似,百枝燈花復羞燃。"㊁〔芙蕖〕叠韻聯緜字。荷花别名。爾雅釋草:"荷,芙渠。"三國魏曹植洛神

賦:"迫而察之,灼若芙蕖出渌波。"

按,説文無芙字。

芾 1.fèi 方味切,音沸,去,未韻,非。月部。

㊀草木茂盛。廣雅釋訓:"芾芾,茂也。"詩召南甘棠:"蔽～甘棠,勿翦勿伐。"歐陽修詩本義:"蔽者,蔽風日也;芾,茂盛貌。"朱熹集傳:"蔽芾,盛貌。"馬瑞辰通釋:"芾,古文作米。説文:'米,草木盛,米米然。'"一説"蔽芾",幼小的樣子,雙聲聯緜字。參見"蔽"字條。

2.fú 分勿切,音弗,入,物韻,非。月部。

㊀通"韍"。古代官服上的蔽膝,革製,係於衣服前面。詩曹風候人:"彼其之子,三百赤～。"毛傳:"芾,韠也。…大夫以上,赤芾乘軒。"又小雅斯干:"朱～斯皇,室家君王。"鄭箋:"芾者,天子純朱,諸侯黄朱。"

按,説文無芾字。

芰 jì 奇寄切,去,寘韻,群。支部。

菱角。説文:"芰,蔆也,"又"蔆,芰也。…楚謂之芰,秦謂之薢茩。"國語楚語上:"屈到嗜～。"楚辭戰國屈原離騷:"製～荷以爲衣兮,集芙蓉以爲裳。"

芽 yá 五加切,平,麻韻,疑。魚部。

植物發芽。説文:"芽,萌芽也。"唐韓愈苦寒詩:"遂令黄泉下,萌～夭句尖。"比喻事物的開始。晉江統函谷關賦:"遏姦宄於未～,殿邪僞於萌漸。"又植物新芽。唐白居易種桃歌:"食桃種其核,一年核生～。"

[辨]蘖,芽,萌。見"蘖"字條。

[同源字]芽,牙。芽與牙同音同源。嬰兒生數月始出牙,故萌芽字古多作牙。如漢書金日磾傳:"霍氏有事萌牙。"王筠疑説文中"芽"爲後人所增。

芚 1.tún 徒渾切,音屯,平,魂韻,定。文部。

㊀草木初生的樣子。法言寡見:"春木之～兮,援我手之鶉兮。"

2.chūn 集韻敕倫切,音椿,平,諄韻,徹。文部。

㊁謹慎敦厚的樣子。莊子齊物論:"衆人役役,聖人愚～。"釋文引崔譔注:"厚貌也。"又引司馬彪注云:"渾沌不分察也。"

按,説文無芚字。

芣 1.fú 縛謀切,平,尤韻,奉。之部。

㊀[芣苢]叠韻聯緜字。草名。車前子。詩周南芣苢:"采采芣苢,薄言采之。"毛傳:"車前也,宜懷妊焉。"釋文引山海經及周書王會皆云: "芣苢, 木也。實似李, 食之宜子。"

[備考]㊀山名。國語鄭語:"主～騩而食溱洧。"韋昭注:"芣、騩,山名。"㊁花盛。説文:"芣,華盛也。"

2.fōu 集韻俯九切,上,有韻,非。之部。

㊁[芤芣]雙聲聯緜字。參見"芤"字條。

苎 1.zhù 直吕切,音苧,上,語韻,澄。魚部。

㊀草名。説文:"苎,艸也。"即荆三稜,俗稱三稜草。史記司馬相如列傳:"鮮枝黄礫,蔣～青薠。"裴駰集解引漢書音義:"苎,三稜。"文選漢司馬相如上林賦作"苧"。

2.xù 集韻象吕切,上,語韻,邪。魚部。

㊁通"杼"。木名,櫟樹。莊子徐无鬼:"先生居山林,食～栗。"又指櫟實,即橡子。莊子齊物論:"狙公賦～。"釋文引司馬彪注:"橡子也。"

芭 1.bā 伯加切,平,麻韻,幫。魚部。

㊀香草名。楚辭戰國屈原九歌禮魂:"成禮兮會鼓,傳～兮代舞。"王逸注:"芭,巫所持香草名也。"㊁芭蕉。唐張希復贈諸上人聯句:"乘興書～葉,閒來入豆房。"

2.pā 集韻披巴切,平,麻韻,滂。魚部。

㊂通"葩"。花。大戴禮記夏小正:"拂桐～。"

按,説文無芭有葩。

芤 kōu 集韻墟侯切,音摳,平,侯韻,溪。侯部。

❶中醫脈象名。晉王叔和傷寒論辨脈法："脈弦而大，弦則爲減，大則爲～。減則爲寒，～則爲虚。"❷葱的别名。明李時珍本草綱目菜一葱釋名："'芤'。…芤者，草中有孔也。故字從孔。芤脈象之。"

按，説文無芤字。

芷 zhǐ 諸市切，上，止韻，照三。之部。

❶香草名。又名白芷。楚辭戰國屈原離騷："扈江離與辟～兮，紉秋蘭以爲佩。"文選漢司馬相如子虚賦："其東則有蕙圃，衡蘭～若。"李善注引張揖曰："蕙圃，蕙草之圃也。衡，杜衡也，…芷，白芷也。若，杜若也。"❷蘭槐的根。荀子勸學："蘭槐之根是爲～。"

按，説文無芷字。

芮 1. ruì 而鋭切，去，祭韻，日。月部。

❶〔芮芮〕草細柔的樣子。説文："芮芮，艸生皃。"段玉裁注："芮芮，與茙茙雙聲，柔細之狀。"桂馥義證："謂艸初生芮芮然小也。"明李時珍本草綱目草六石龍芮引南朝梁陶弘景名醫别録曰："生於石上，其葉芮芮短小，故名。"又見"蒀芮"。❷絮，粗絲綿。吕氏春秋必已："單豹好術，離俗棄塵，不食穀實，不衣～温。"❸繫楯的帶子。史記蘇秦列傳："革抉吷～，無不畢具。"司馬貞索隱："'吷'與'瞂'同，音伐，謂楯也。芮音如字，謂繫楯之綬也。"❹周代諸侯國名。在今陝西大荔縣，一説在今山西芮城縣西十里。詩大雅綿："虞～質厥成，文王蹶厥生。"朱熹集傳："虞、芮，二國名。"❺通"汭"。水流灣曲的地方。詩大雅公劉："止旅迺密，～鞫之即。"毛傳："芮，水厓也。"

2. ruò 集韻如劣切，入，薛韻，日。

❻〔芮芮〕古族名，即柔然，又作"蠕蠕"。資治通鑑宋文帝元嘉二十七年："芮芮亦遣間使遠輸誠款，誓爲犄角。"胡三省注："芮芮，即蠕蠕，南人語轉耳。"

芘 1. pí 房脂切，集韻頻脂切，平，脂韻，並。脂部。

❶〔芘芣〕雙聲聯緜字。草名，荍，即錦葵，一名荆葵。説文："芘，艸也，一曰芘茮木。"王念孫讀説文記："'一曰芘茮木'五字，乃是'一曰芘芣'之譌。"詩陳風東門之枌"視爾如荍"毛傳："荍，芘芣也。"鄭箋："美如芘芣之華。"孔穎達疏引陸璣曰："芘芣，一名荆葵，似蕪菁，華紫緑色，可食，微苦。"

2. bì 集韻必至切，去，至韻，幫。脂部。

❷通"庇"。遮蔽。莊子人間世："南伯子綦遊乎商之丘，見大木焉，有異，結駟千乘，隱將～其所藾。"又庇護。宋史李庭芝傳："陳宜中請誅文虎，似道～之。"

芬 1. fēn 撫文切，平，文韻，敷。文部。

❶花草香。荀子正名："香、臭、～、鬱、腥、臊、洒(漏)、酸(庮)奇臭以鼻異。"楊倞注："芬，花草之香氣也。"晉傅咸感别賦："蘭蕙含～。"比喻美名。晉書桓彝傳論："揚～千載之上，淪骨九泉之下。"〔芬芬〕香氣濃盛的樣子。詩大雅鳧鷖："旨酒欣欣，燔炙芬芬。"廣雅釋訓："芬芬，香氣盛也。"〔芬芳〕香，香氣。荀子榮辱："口辨酸鹹甘苦，鼻辨芬芳腥臊。"比喻美好的德行或聲譽。楚辭戰國屈原九章惜往日："妒佳冶之芬芳兮，嫫母姣而自好。"漢崔瑗座右銘："行之苟有恒，久久自芬芳。"❷通"紛"。衆多的樣子。漢書禮樂志安世房中歌："～樹羽林，雲景杳冥。"〔芬芬〕通"紛紛"。雜亂的樣子。逸周書祭公："汝念哉！汝無泯泯芬芬，厚顔忍醜。"

2. fén 音汾。文部。

❸通"墳"。隆起。管子地員："五壤之狀，～然若澤屯土。"房玄齡注："言其土得澤則墳起爲堆。"

按，説文以芬爲𡴀的或體，在屮部。

芥 jiè 古拜切，去，怪韻，見。月部。

❶芥菜。見説文。禮記内則："膾，春用葱，秋用～。"北魏賈思勰齊民要術種蜀芥蕓苔芥子："七月八月可種～。"❷小草。孟子離

婁下:"君之視臣如土～,則臣視君如寇讎。"莊子逍遥遊:"覆杯水於坳堂之上,則～爲之舟。"釋文:"李(頤)云,小草也。"㊂〔薹芥〕叠韻聯緜字。見"薹"字條。

芼 1. mào 莫報切,去,号韻,明。宵部。

㊀草覆地蔓延。説文:"芼,艸覆蔓。"㊁擇取。詩周南關雎:"參差荇菜,左右～之。"毛傳:"芼,擇也。"玉篇引作"覒"。説文:"覒,擇也。"㊂菜。儀禮特牲饋食禮:"主婦設兩敦黍稷于俎南西上,及兩鉶～設于豆南南陳。"鄭玄注:"芼,菜也。"此爲攙入肉羹的菜。禮記内則:"雉兔皆有～。"

2. máo 莫袍切,上,豪韻,明。宵部。

㊃水草。論衡卜筮:"雚葦藁～可以得數,何必以蓍龜?"晉潘岳西征賦:"菜蔬～實,水物惟錯。"

芺 ǎo 烏晧切,音襖,上,晧韻,影。宵部。

草名。也叫苦芺。説文:"芺艸也,味苦,江南食以下氣。"徐鍇繫傳:"今苦芺也。"名醫别録:"苦～主袪瘡。"

芟 shān 所銜切,音衫,平,銜韻,審二。談部。

㊀割草。説文:"芟,刈艸也。"詩周頌載芟:"載～載柞,其耕澤澤。"毛傳:"除草曰芟,除木曰柞。"引申爲除去,常"芟夷"連用。文選漢孔安國尚書序:"～夷煩亂,翦截浮辭。"三國志蜀書諸葛亮傳:"今曹操～夷大難,略已平矣,遂破荆州,威震四海。"㊁大鎌刀。國語齊語:"察其四時,權節其用,耒、耜、耞、～。"韋昭注:"芟,大鎌,所以芟草也。"

[同源字]釤,芟。見"釤"字條。

芻 chú 測隅切,平,虞韻,穿二。今讀如雛。侯部。

㊀割草。説文:"芻,刈艸也。"漢書趙充國傳:"兵至罕(罕)地,令軍毋燔聚落、～牧田中。"又指割草的人。詩大雅板:"先民有言,詢于～蕘。"毛傳:"芻蕘,薪采者。"析言之,割草者爲芻,打柴者爲蕘。引申爲草野之人。陳書周弘正傳:"如使～言野説,少陳於聽覽。"唐王勃上絳州上官司馬書:"霸略近發於輿歌,皇圖不隔於～議。""芻言""芻議"均指草野之人的言論,常用作謙辭。㊁喂牲口的草。詩唐風綢繆:"綢繆束～,三星在隅。"老子第五章:"天地不仁,以萬物爲～狗,聖人不仁,以百姓爲～狗。"又爲用草料喂牲口。周禮地官充人:"～之三月。"鄭玄注:"養牛羊曰芻。"引申爲食草的牲口。孟子告子上:"故理義之悦我心,猶～豢之悦我口。"朱熹集注:"草食曰芻,牛羊是也;穀食曰豢,犬豕是也。"

芡 qiàn 巨險切,上,琰韻,群。談部。

一種一年生水草。花托狀如鷄頭,其實圓白如珠,可食,亦可入藥。説文:"芡,鷄頭也。"吕氏春秋恃君:"夏日則食菱～。"

芴 1. wù 文弗切,音物,入,物韻,微。物部。

㊀植物名。説文:"芴,菲也。"即蘿菔,又名葸菜、諸葛菜。

2. hū 集韻呼骨切,入,没韻,曉。物部。

㊁通"忽"。恍惚,隱約無際的樣子。荀子正名:"故愚者之言,～然而粗。"楊倞注:"芴與忽同,忽然,無根本貌。"〔芴芒〕恍惚,模糊不清的樣子。莊子至樂:"芴乎芒乎?而无有象乎?"鶡冠子世兵:"渾沌錯紛,其狀若一,交解形狀,熟知其則,芴芒無貌,唯聖人而後决其意。"

芪 qí 巨支切,音岐,平,支韻,羣。支部。

芪母。見説文。徐鍇繫傳:"即知母之一名也。"

芿 rèng 而證切,去,證韻,日。蒸部。

㊀舊草割後再生的新草。玉篇:"芿,草芟陳者又生新者。"唐方千贈瑪瑙山禪者詩:"～草不停獸,因師山更靈。"字亦作"艿"。㊁草密亂的樣子。列子黄帝:"藉～燔林,扇赫百里。"殷敬順釋文:"草不翦曰芿。"〔芿荏〕雙聲聯緜字。草莽。樂府詩集讀曲歌序:"南

齊時…(朱)碩仙歌曰:‘一憶所歡時,緣山破芿荏,山神感儂意,盤石鋭鋒動。’”

按,説文無芿字。

花 huā 呼瓜切,平,麻韻,曉。

後起字。㊀花朵。本作“雩”,或作“荂”。見説文𠌶部。廣雅:“花,華也。”段玉裁説文解字注“華(蕚)”字注云:“俗作花,其字起於北朝。”按,“華”字古韻在魚部,漢以後轉入歌部;後出之“花”字从化得聲,“化”字古韻正在歌部。南朝梁何思澄奉和湘東王教班婕妤:“虚殿簾帷静,閑階~蘂香。”宋書蕭惠開傳:“寺内所住齋前,有嚮種~草甚美。”㊁形狀像花朵的東西。韓詩外傳:“凡草木花多五出,雪~獨六出。”㊂有花紋圖案的、顔色或種類錯雜的。南朝宋沈約麗人賦:“陸離羽珮,雜錯~鈿。”宋秦觀秋日詩:“月圓新碾瀹~瓷,飲罷呼兒課楚詞。”㊃模糊迷亂。唐杜甫飲中八仙歌:“知章騎馬似乘船,眼~落井水底眠。”又使人迷亂的,不真實的。如“~招”,“~言巧語”。㊄形容女子的容貌美。唐李白怨歌行:“十五入漢宫,~顔笑春紅。”唐白居易長恨歌:“中有一人字太(一作玉)真,雪膚~貌參差是。”特指歌伎妓女或與妓女有關的。唐李賀申胡子觱篥歌序:“命~娘出幕,徘徊拜客。”唐呂巖敲爻歌:“只因~酒誤長生,飲酒帶~神鬼哭。”

[辨]①華,荂,花,𠌶。見“華”字條。

②蘤,花,華,葩。見“蘤”字條。

芹 qín 巨斤切,平,欣韻,群。文部。

芹菜,又叫“楚葵”。見説文。古時多指水芹。詩小雅采菽:“觱沸檻泉,言采其~。”呂氏春秋本味:“菜之美者…雲夢之~。”芹乃易採之物,故後來用作贈人禮物或進言的謙辭。唐杜甫槐葉冷淘詩:“獻~則小小,薦藻明區區。”宋劉克莊居厚弟和七十四吟再賦詩之二:“批塗曾舉詞臣職,~曝終懷野老心。”

芩 qín 巨金切,音琴,平,侵韻,羣。侵部。

草名。説文:“芩,艸也。”詩小雅鹿鳴:“呦呦鹿鳴,食野之~。”漢趙曄吴越春秋勾踐入臣外傳:“范蠡乃令左右皆食~草,以亂其氣。”

五　畫

范 fàn 防錽切,上,范韻,奉。侵部。

㊀草名。見説文。㊁蟲名。蜂。禮記内則:“爵、鷃、蜩、~。”鄭玄注:“范,蜂也。”㊂通“笵”“範”。①模型。荀子彊國:“刑~正,金錫美。”楊倞注:“刑、范,鑄劍規模之器也。”②模範、榜樣。漢揚雄太玄玄瑩:“矩~之動,成敗之效也。”㊃通“氾”。氾濫。引申爲蕃衍。山海經海外南經:“狄山…其~林方三百里。”“范林”,海内南經與北經均作“氾林”。郭璞注:“言林木氾濫布衍也。”㊄地名。漢置縣。原屬山東省,現歸河南省。孟子盡心上:“孟子自~之齊。”㊅姓。

[辨]笵,範,范。見“笵”字條。

苧 zhù 直吕切,上,語韻,澄。魚部。

㊀苧麻。漢王褒僮約:“多取蒲~,益作繩索。”苧麻和蒲草可供編織,因而也指用它們編成的斗笠。管子小匡:“首戴~蒲,身服襏襫(bóshì)。”(襏襫:簑衣。)㊁通“芧”。三棱草。文選漢司馬相如上林賦:“鮮支黄礫,蔣~青薠。”李善注引張揖曰:“苧,三棱也。”史記司馬相如列傳作“芧”。

按,説文無苧字。

苙 lì 力入切,入,緝韻,來。緝部。

㊀豬圈。方言卷三:“苙,圂也。”孟子盡心下:“今之與楊墨辯者,如追放豚,既入其~,又從而招之。”㊁藥草名,即白芷。唐元稹西齋小松詩:“柔~漸依條,短莎還半委。”

[備考]草名。廣雅釋草:“白苙,芁蕒也。”王念孫疏證:“白苙,即白及也。”按,白及即白芨,説文:“芨,讀若急。”

按,説文無苙字。

苾 bì 毗必切,入,質韻,並。質部。

❶草香。泛指芳香。説文:"馨香也。"詩小雅楚茨:"～芬孝祀,神嗜飲食。"大戴禮記曾子疾病:"與君子遊,～乎如入蘭芷之室。"❷〔苾苾〕芳香濃烈。詩小雅信南山:"是烝是享,苾苾芬芬,祀事孔明。"

〔備考〕菜名。見廣韻屑韻。讀 bié(蒲結切)。

苹 1. píng 符兵切,集韻蒲兵切,平,庚韻,並。耕部。

❶草名。藾蒿。説文:"藾蕭也。"詩小雅鹿鳴:"呦呦鹿鳴,食野之～。"❷〔苹苹〕草叢生的樣子。戰國宋玉高唐賦:"涉漭漭,馳苹苹。"

2. píng 集韻旁經切,音萍,平,青韻,並。耕部。

❸通"萍"。浮萍。大戴禮記夏小正七月:"湟潦生～。"❹通"屏"。屏蔽。集韻:"(苹),蔽也。"周禮春官車僕:"～車之萃。"鄭玄注:"苹猶屏也,所用對敵自蔽隱之車也。"

3. pēng 集韻披耕切,音抨,平,耕韻,滂。耕部。

❺〔苹縈〕疊韻聯緜字。迴旋的樣子。漢馬融長笛賦:"争湍苹縈,汩活澎濞。"

苣 jù 其吕切,上,語韻,群。魚部。

❶用葦子紮成的火炬。後作"炬"。説文:"束葦燒。"墨子備城門:"人擅～長五節。寇在城下,聞鼓音,燔～。"新唐書車服志:"五路皆重輿,左青龍,右白虎,金鳳翅,畫～文鳥獸。"苣文,指火炬形狀的花紋。❷蔬菜名。俗稱"萵苣""萵筍"。唐杜甫種萵苣詩序:"向二旬矣,而～不甲坼,獨野(一作"伊人")莧青青。"

苛 1. kē 胡歌切,平,歌韻,匣。歌部。

❶小草。見説文。引申爲煩瑣,繁雜。史記酈生陸賈列傳:"酈生聞其將皆握齱好～禮自用,不能聽大度之言。"漢王褒四子講德論:"去煩蠲～。"❷煩擾,騷擾。國語晉語一:"以皋落狄之朝夕～我邊鄙,使無日以牧田野。"韋昭注:"苛,擾也。"❸苛刻,即處處不放過。荀子富國:"～關市之征以難其事。"禮記檀弓下:"小子識之,～政猛於虎也。"❹通"疴"。病。吕氏春秋審時:"殃氣不入,身無～殃。"高誘注:"苛,病。"

2. hē 集韻虎何切,音呵,平,歌韻,曉。歌部。

❺通"呵""訶"。怒責,大聲呵斥。韓非子内儲説上七術:"衛嗣公使人爲客過關市,關市～難之。"漢書王莽傳中:"大司空士夜過奉常亭,亭長～之。"

苯 běn 布忖切,上,混韻,幫。文部。

〔苯蓴〕疊韻聯緜字。草叢生的樣子。漢張衡西京賦:"苯蓴蓬茸,彌皋被岡。"李善注引薛綜曰:"言草木熾盛,覆被於高澤及山岡之上也。"晉書衛瓘傳附衛恒:"禾卉苯蓴以垂穎,山岳嵯峨而連岡。"

按,説文無苯字。

若 ruò 而灼切,入,藥韻,日。鐸部。

❶香草名,即杜若。見説文。楚辭戰國屈原九歌雲中君:"浴蘭湯兮沐芳,華采衣兮～英。"文選漢司馬相如長門賦:"博芬～以爲枕兮,席荃蘭而茝香。"李善注:"芬、若、荃、蘭,皆香草也。"❷順。書堯典:"帝曰:'疇咨～時登庸。'"詩大雅烝民:"邦國～否,仲山甫明之。"鄭箋:"若,順也。順否猶臧否,謂善惡也。"❸如,好像。書盤庚上:"～火之燎于原,不可嚮邇。"詩小雅雨無正:"～此無罪,淪胥以鋪。"❹第二人稱代詞。你,你的,你們。商君書畫策:"失法離令,～死,我死。"史記項羽本紀:"吾翁即～翁。"又淮陰侯列傳:"～疾入趙壁,拔趙幟,立漢赤幟。"❺指示代詞。此,這個,這樣。論語憲問:"南宫适出,子曰:'君子哉～人!尚德哉～人!'"荀子王霸:"君人者,亦可以察～言矣!"❻連詞。①

假如，如果。左傳隱公元年："～闕地及泉，隧而相見，其誰曰不然。"三國志魏書趙儼傳："～或成變，爲難不測。"②或，或者。左傳定公元年："凡我同盟各復舊職，～從踐士，～從宋，亦唯命。"漢書食貨志："時有軍役～水旱，民不困乏。"③與，和。史記魏其武安侯列傳："願取吴王～將軍頭，以報父仇。"論衡論死："天地開闢，人皇以來，隨壽而死～中年夭亡，以億萬數。"④至於，言及。左傳哀公十四年："臣之罪大，盡滅桓氏可也。若以先臣之故，而使有後，君之惠也。～臣，則不可以入矣。"國語楚語下："若夫白珩，先王之玩也，何寶焉？"⑤而。表示承接。易夬："君子夬夬獨行，遇雨～濡。"❼形容詞詞尾。…的樣子。詩衛風氓："桑之未落，其葉沃～。"❽若水。古水名。即今四川境内雅礱江。❾姓。漢代有若章。

［備考］rě(惹，人者切)乾草。又用於少數民族複姓"若干"。見廣韻馬韻。

［同源字］汝，乃，爾，而，若。見"汝"字條。

苦 1. kǔ 康杜切，上，姥韻，溪。魚部。

❶野菜名，即苦菜。説文："大苦，苓也。"詩唐風采苓："采～采～，首陽之下。"毛傳："苦，苦菜也。"引申爲味苦。與"甘""甜"相對。詩邶風谷風："誰謂荼～，其甘如薺。"又匏有苦葉："匏有～葉，濟有深涉。"❷勞苦，辛苦。商君書外内："故農之用力最～，而贏利少，不如商賈技巧之人。"又爲刻苦。唐白居易與元九書："蓋以～學力文所致。"❸困苦。痛苦。墨子七患："上不厭其樂，下不堪其～。"又爲苦於，爲…所苦。韓非子五蠹："澤居～水者，買庸而決竇。"晉陸機苦寒行："劇哉行役人，慊慊恒～寒。"❹竭，極力。戰國策趙策二："故夫謀人之出，代人之國，常～出辭斷絶人之交。"世説新語識鑒："楊朗～諫不從。"又爲甚，很。漢曹操短歌行："譬如朝露，去日～多。"

2. gǔ 集韻果五切，音古，上，姥韻，見。魚部。

❺通"盬"。粗劣。周禮天官鹽人："祭祀，共其～鹽散鹽。"釋文："苦當爲盬，盬謂出於鹽池，今之顆鹽是也。"史記五帝紀："(舜)陶河濱，河濱器皆不～窳。"張守節正義："苦，讀如盬，音古。盬，粗也。"

茂 mào 莫候切，去，候韻，明。幽部。

❶草木繁盛。説文："艸豐盛也。"詩小雅斯干："如竹苞矣，如松～矣。"引申爲繁盛，美盛。管子五行："歲農豐，年大～。"南朝梁任昉宣德皇后令："元功～勳，若斯之盛。"又爲優秀。漢書朱邑傳："明主遊心太古，廣延～士，此誠忠臣竭思之時也。"❷美好。詩齊風還："子之～兮，遭我乎猛之道兮。"世説新語容止："有人歎王恭形～者，云濯濯如春月柳。"❸通"懋"。勉力，盡力。爾雅釋詁上："茂，勉也。"詩小雅南山有臺："樂只君子，德音是～。"

茇 1. bá 蒲撥切，音拔，入，末韻，並。月部。

❶草根。説文："艸根也。…春艸根枯，引之而發土爲撥，故謂之茇。"宋沈括夢溪筆談雜志二："見路旁生薊，～甚大。"引申爲在草野中住宿。詩召南甘棠："蔽芾甘棠，勿翦勿伐，召伯所～。"鄭箋："茇，草舍也。"孔穎達正義："茇者，草也。草中止舍，故曰草舍。"説文引詩作"废"。❷通"跋"。翻山越嶺。資治通鑑卷二一八唐至德元年："～涉至此，勞苦至矣。"胡三省注："草行爲茇，水行爲涉。"

2. bèi 集韻博蓋切，音貝，去，泰韻，幫。月部。

❸〔茇茇〕飛翔的樣子。楚辭戰國宋玉九辯："左朱雀之茇茇兮，右蒼龍之躍躍。"

［備考］開白花的陵苕。爾雅釋草："苕，陵苕。黄華，蔈；白華，茇。"

茅 máo 莫交切，平，肴韻，明。幽部。

❶茅草。詩小雅白華："英英白雲，露彼

菅～。"説文:"茅,菅也。"左傳僖公四年:"爾貢包～不入,無以縮酒。"又用作動詞,割取茅草。詩豳風七月:"晝爾于～,宵爾索綯。"朱熹集傳:"晝往取茅,夜而絞索。"又特指茅屋,簡陋的住處。晉陶潛赴假還江陵夜行塗口詩:"養真衡～下,庶以善自名。"㊁通"旄"。用旄牛尾裝飾的旗子。公羊傳宣公十二年:"鄭伯肉袒,左執～旌。"㊂古國名。在今山東金鄉縣西北。

茀 1. fú 敷勿切,音弗,入,物韻,敷。物部。

㊀草多。見説文。國語周語中:"道～不可行也。"韋昭注:"草穢塞路爲茀。"㊁除治。詩大雅生民:"～厥豐草,種之黄茂。"毛傳:"治也。"㊂遮蓋車身的竹席。詩小雅采芑:"路車有奭,簟～魚服。"鄭箋:"茀之言蔽也。車之蔽飾,象席文也。"㊃通"福"。福氣。詩大雅卷阿:"爾受命長矣,～禄爾康矣。"鄭箋:"茀,福也。"㊄通"紼"。大繩索。左傳宣公八年:"冬,葬敬嬴,旱,無麻,始用葛～。"孔穎達疏:"茀,禮作'紼',…繩之别名也。"㊅通"髴"。婦人首飾。易既濟:"婦喪其～。"㊆〔茀茀〕强盛的樣子。詩大雅皇矣:"臨衝茀茀。"毛傳:"茀茀,强盛也。"〔咇茀〕雙聲聯緜字。見"咇"字條。㊇〔茀鬱〕叠韻聯緜字。抑鬱不適的樣子。漢書廣川惠王劉越傳:"内茀鬱,憂哀積。"

2. bó 集韻薄没切,音勃,入,没韻,並。物部。

㊈通"勃"。暴怒的樣子。莊子人間世:"獸死不擇音,氣息～然。"

3. bèi 集韻蒲昧切,音悖,去,隊韻,並。物部。

㊉通"孛"。彗星。史記齊太公世家:"～星將出。"漢書李尋傳:"政絶不行則伏不見而爲彗～。"顔師古注:"茀與孛同。"

茄 1. jiā 古牙切,平,麻韻,見。歌部。

㊀荷莖。説文:"夫蕖莖。"爾雅釋草:"荷,芙蕖,其莖茄。"文選漢張衡西京賦:"蔕倒～於藻井。"薛綜注:"茄,藕莖也。"

2. qié 字彙具遮切。歌部。

㊁蔬菜名。茄子。漢王褒僮約:"種瓜作瓠,别～披葱。"

苴 1. jū 子魚切,平,魚韻,精。魚部。

㊀麻的子。詩豳風七月:"九月叔～。"毛傳:"苴,麻子也。"又爲結子的麻。莊子讓王:"顔闔守陋閭,～布之衣,而自飯牛。"㊁鞋裏的草墊。説文:"苴,履中草。"引申爲墊鞋底。漢書賈誼傳:"冠雖敝,不以～履。"又爲修補,填補。漢劉向新序刺奢:"今民衣弊不補,履决不～。"唐韓愈進學解:"補～罅漏。"㊂包裹。禮記内則:"實棗於其腹中,編萑以～之。"三國志魏書武帝紀:"封君爲魏公,錫君玄土,～以白茅。"㊃〔苴蓴〕準叠韻聯緜字。草名。即蘘荷。楚辭大招:"醢豚苦狗,膾苴蓴只。"王逸注:"雜用膾炙,切蘘荷以爲香,備衆味也。"

2. chá 鉏加切,音茶,平,麻韻,牀二。魚部。

㊄枯草。詩大雅召旻:"草不潰茂,如彼棲～。"楚辭戰國屈原九章悲回風:"草～比而不芳。"王逸注:"生曰草,枯曰苴。"

3. zū 集韻臻魚切,平,魚韻,照二。魚部。

㊅通"菹"。多水草的沼澤地帶。管子七臣七主:"～多螣蟇,山多蟲螽。"

4. zhǎ 集韻側下切,上,馬韻,照二。魚部。

㊆木名。山海經中山經:"依軲之山,其上…多～。"㊇茅草,猶言糟魄。莊子讓王:"道之真以治身,其緒餘以爲國家,其土～以治天下。"成玄英疏:"苴,草也。"㊈〔蓋苴〕叠韻聯緜字。見"蓋"字條。

5. bāo 集韻班交切,音包,平,爻韻,幫。魚部。

㊉古族名。史記張儀列傳:"～、蜀相攻擊,各來告急於秦。"裴駰集解引徐廣曰:"譙周曰益州'天苴'讀爲包黎之包,音與巴相近,

以爲今之巴郡。”

苜 mù莫六切，入，屋韻，明。覺部。

〔苜蓿〕古大宛語音譯詞。叠韻聯緜字。牧草名。史記大宛列傳：“俗嗜酒，馬嗜苜蓿。”也作“目宿”。古詩中也單用“苜”字。唐韓愈等城南聯句：“蔔～從大漠，楓櫧至南荆。”

苗 miáo武鑣切，集韻眉鑣切，平，宵韻，明。宵部。

❶未吐穗的禾。説文：“草生於田者。”詩王風黍離：“彼黍離離，彼稷之～。”泛指初生的植物。晉陶潛歸田園居詩之三：“種豆南山下，草盛豆～稀。”❷後裔，後代。三國志蜀書諸葛亮傳：“大王劉氏～族，紹世而起，今即帝位，乃其宜也。”“苗末”“苗胤”“苗裔”“苗緒”均指後代。❸夏季打獵。詩小雅車攻：“之子于～，選徒囂囂。”毛傳：“夏獵曰苗。”❹古部族名，也稱三苗。

苒 rǎn而琰切，音染，上，琰韻，日。

❶〔苒苒〕①草盛的樣子。唐唐彦謙移莎詩：“苒苒齊芳草，飄飄笑斷蓬。”②輕柔的樣子。三國魏王粲迷迭賦：“布萋萋之茂葉兮，挺苒苒之柔莖。”③同“冉冉”。逐漸。唐劉禹錫酬竇員外旬休早涼見示詩：“四時苒苒催容鬢。”❷〔苒弱〕雙聲聯緜字。輕柔的樣子。唐張説東都酺宴五首序：“是日六樂振作，萬舞苒弱。”❸〔苒荏〕同〔荏苒〕雙聲聯緜字。形容時間不知不覺地過去。晉陸雲與楊彦明書之一：“時去苒荏，歲行復半。”

按，説文無苒字。

苫 1. shàn舒贍切，去，豔韻，審三。侵部。

❶編茅蓋屋。後泛指用席、布等遮蓋。説文：“苫，蓋也。”北魏賈思勰齊民要術蔓菁：“燥則上在厨積置以～之。”宋陸游幽居歲莫之五：“刈茅～鹿屋，插棘護雞棲。”

2. shān失廉切，平，鹽韻，審三。侵部。

❷茅草編成的覆蓋物。左傳襄公十四年：“乃祖吾離被～蓋，蒙荆棘，以來歸我先君。”特指居喪時睡的草墊。儀禮既夕禮：“居倚廬，寢～枕塊。”

英 yīng於驚切，平，庚韻，影。陽部。

❶花。説文：“草榮而不實者。”詩鄭風有女同車：“有女同行，顔如舜～。”毛傳：“英，猶華也。”楚辭戰國屈原離騷：“朝飲木蘭之墜露兮，夕餐秋菊之落～。”❷精華，精粹。漢趙曄吴越春秋闔閭内傳：“干將作劍，采五山之鐵精，六合之金～。”唐韓愈進學解：“含～咀華。”❸傑出的、超群的。孟子盡心上：“得天下～才而教育之，三樂也。”唐李白經下邳圯橋懷張子房詩：“我來圯橋上，懷古欽～風。”又傑出的人物。荀子正論：“堯舜者天下之～也。”史記淮陰侯列傳：“山東大擾，異姓并起，～俊烏集。”❹皮襖上的裝飾物。詩鄭風羔裘：“羔裘晏兮，三～粲兮。”朱熹集傳：“三英，裘飾也。”又爲矛上的羽飾。詩魯頌閟宫：“朱～緑縢，二矛重弓。”毛傳：“朱英，矛飾。”❺通“瑛”。似玉的美石。詩齊風著：“尚之以瓊～乎而。”毛傳：“瓊英，美石似玉者。”❻〔英英〕①樂聲和盛的樣子。吕氏春秋古樂：“鱓乃偃寢，以其尾鼓其腹，其音英英。”②俊美的樣子。文選晉潘岳夏侯常侍誄：“英英夫子，灼灼其儁。”③輕盈明亮的樣子。詩小雅白華：“英英白雲，露彼菅茅。”❼古國名，在今安徽六安市西南。史記陳杞世家：“皋陶之後，或封～、六，楚穆王滅之，無譜。”❽姓。漢代有英布。

苀 huǎng玉篇許往切。陽部。

〔敞苀〕叠韻聯緜字。同“惝怳”。恍惚的樣子。漢書外戚傳上：“寖淫敞苀，寂兮無音。”

按，説文無苀字。

苡 yǐ羊已切，上，止韻，喻四。之部。

“苢”的異體。見“薏苡”“芣苡(苢)”。

按，説文苡作苢。

苢 yǐ 羊已切，上，止韻，喻四。之部。

〔芣苢〕叠韻聯緜字。説文：“芣苢，一名馬舄，其實如李，令人宜子。”參見“芣”字條。

茁 zhuó 側劣切，入，薛韻，照二。物部。

草初生的樣子。見説文。詩召南騶虞：“彼～者葭。”毛傳：“茁，出也。”引申爲出生。宋王安石祭吴衝卿文：“公先我～，我後公萎。”

苓 1. líng 郎丁切，音零，平，青韻，來。真部。

❶草名。苓耳，即卷耳，又稱蒼耳。見説文及廣雅釋草。❷通“蘦”。藥草名，即大苦。詩唐風采苓：“采～采～，首陽之巔。”毛傳：“苓，大苦也。”❸指茯苓。中藥名。廣韻：“苓，茯苓。”元虞集爲范尊師賦雲林清遊詩：“斸～春霧重，煮朮晚烟輕。”❹〔苓落〕雙聲聯緜字。通“零落”。①枯萎，彫殘。漢書叙傳答賓戲：“譬猶草木之植山林，鳥魚之毓川澤，得氣者蕃滋，失時者苓落。”②古樂曲名。尚書大傳虞夏傳：“秋伯之樂，舞蔡俶，其歌聲比小謡，名曰苓落。”

2. lián 集韻靈年切，音蓮，平，先韻，來。真部。

❺通“蓮”。植物名。文選漢枚乘七發：“溷漻薵蓼，蔓草芳～。”李善注：“苓，古蓮字也。”

苶 nié（舊讀 niè）奴結切，入，屑韻，泥。質部。

〔苶然〕疲困的樣子。莊子齊物論：“苶然疲役而不知其所歸，可不哀邪！”成玄英疏：“苶然，疲頓貌也。”字又作“茶”。

［辨］薾，苶，苶。見“薾”字條。

按，説文無苶字。

苔 tái 徒哀切，平，咍韻，定。之部。

植物名，苔蘚，青苔，也叫地衣。淮南子泰族：“水之性淖以清，窮谷之汙，生以青～，不治其性也。”唐劉長卿雜詠古劍：“龍泉閉古匣，～蘚淪此地。”

按，説文苔作菭。

苕 tiáo 徒聊切，音迢，平，蕭韻，定。宵部。

❶草名。説文：“苕，艸也。”詩經等古籍裏有兩種名叫苕的植物。一是指苕饒，即紫雲英。詩陳風防有鵲巢：“防有鵲巢，邛有旨～。”孔穎達正義引陸璣詩義疏：“苕，苕饒也。幽州人謂之翹饒。”一是指陵苕，又名紫葳，即凌霄花。詩小雅苕之華：“～之華，芸其黄矣。”毛傳：“苕，陵苕也。”史記趙世家：“美人熒熒兮，顔若～之榮。”❷蘆葦的穗。荀子勸學：“以羽爲巢，而編之以髮，繫之葦～。”楊倞注：“苕，葦之秀也。”❸〔苕苕〕①通“岧岧”。高高的樣子。文選漢張衡西京賦：“干雲霧以上達，狀亭亭以苕苕。”晉陸機擬西北有高樓詩：“高樓一何峻，苕苕峻而安。”②通“迢迢”。遠的樣子。南朝宋謝靈運述祖德詩：“苕苕歷千載，遥遥播清塵。”晉潘岳内顧詩：“漫漫三千里，苕苕遠行客。”❹〔苕遰〕通“迢遰”。雙聲聯緜字。遠的樣子。南朝宋謝靈運從斤竹澗越嶺溪行詩：“逶迤傍隈隩，苕遰陟陘峴。”❺〔苕蕘〕〔苕嶢〕叠韻聯緜字。通“岧嶤”。①高聳的樣子。唐宋之問靈隱寺詩：“鷲嶺鬱苕嶢，龍宫鎖寂寥。”②古代傳説中指形體瘦高的鬼怪。古文苑漢王延壽夢賦：“撲苕蕘，抶夔魖。”

苟 gǒu 古厚切，上，厚韻，見。侯部。

❶草名。説文：“苟，艸也。”❷苟且，不嚴肅。詩大雅抑：“無易由言，無曰～矣。”禮記曲禮：“不～訾，不～笑。”❸姑且，暫且。三國蜀諸葛亮出師表：“～全性命於亂世，不求聞達於諸侯。”❹連詞。如果，假設。論語里仁：“～志於仁矣，無惡也。”商君書更法：“～可以利民，不循其禮。”

［備考］詩王風君子于役：“君子于役，～無飢渴。”朱熹集傳：“亦庶幾其免於飢渴而已矣。”這是解作“庶幾”“也許”。王引之經義述聞卷五：“苟，尚也。‘苟無飢渴’，言尚無飢渴

也。”這是作“尚”解。

苞 1. bāo 布交切,平,肴韻,幫。幽部。

❶草名。即席草,可製席子、草鞋。説文:“苞,艸也。”禮記曲禮下:“~屨、扱衽、厭冠,不入公門。”❷草木的根或莖。詩商頌長發:“~有三蘖。”❸叢生的(草木)。詩曹風下泉:“冽彼下泉,浸彼~稂。”又秦風晨風:“山有~櫟,隰有六駮。”引申爲茂盛。詩小雅斯干:“如竹~矣,如松茂矣。”❹花苞。南朝宋謝靈運酬從弟惠連詩:“山桃發紅萼,野蕨漸紫~。”❺通“包”。包裹。詩召南野有死麕:“野有死麕,白茅~之。”釋文:“苞,裹也。”荀子非十二子:“恢然如天地之~萬物。”禮記少儀:“笏、書、脩、~苴、弓…其執之,皆尚左手。”鄭玄注:“苞苴,謂編束萑葦以裹魚肉也。”

2. páo 集韻蒲交切,音庖,平,爻韻,並。幽部。

❻通“匏”。匏瓜。漢揚雄太玄達:“蒼木維流,厥美可達于瓜~。”司馬光注:“苞與匏同。”

苑 1. yuàn 於阮切,上,阮韻,影。今讀如怨。元部。

❶畜養禽獸的園林。説文:“苑,所以養禽獸囿也。”古代多指帝王遊樂打獵的場所。呂氏春秋重己:“昔先聖王之爲~囿園池也,足以觀望勞形而已矣。”史記封禪書:“其後,天子~有白鹿,以其皮爲幣。”❷薈萃,聚集之所。南朝梁劉勰文心雕龍才略:“晉世文~,足儷鄴都。”唐韓愈復志賦:“朝騁騖乎書林兮,夕翱翔乎藝~。”❸花紋。詩秦風小戎:“蒙伐有~。”毛傳:“苑,文貌。”朱熹集傳:“畫雜羽之文於盾上也。”

2. yuān 集韻於袁切,平,元韻,影。元部。

❹姓。通志氏族略二:“商武丁子先受封於~,因以爲氏。左傳齊有~何忌。”苑,又作“宛”。

[備考]枯病。淮南子俶真:“是故形傷於寒暑燥溼之虐者,形~而神壯。”高誘注:“苑,枯病也;壯,傷也。苑讀南陽苑。”

3. yù 字彙於勿切。物部。

❺通“鬱”。草木茂盛。國語晉語二:“人皆集於~,己獨集於枯。”

4. yùn 經典釋文於粉反。今讀如醞。文部。

❻通“蘊”。鬱悶,不舒暢。禮記禮運:“故事大積焉而不~,並行而不繆。”詩小雅都人士:“我不見兮,我心~結。”

苻 fú 防無切,音扶,平,虞韻,奉。侯部。

❶草名,即鬼目草。見爾雅釋草。❷通“莩”。蘆葦莖内的薄膜。淮南子俶真:“若夫無秋豪之微,蘆~之厚。”❸〔萑苻〕見“萑”字條。❹姓。

按,説文無苻字。

茌 chí 士之切,平,之韻,牀二。之部。

❶草盛的樣子。字林:“茌,草亦盛也。”❷地名。山東有茌平縣,因縣東北茌山而得名。

按,説文茌作茬,云:“艸皃。…濟北有茬平縣。”

茠 xiān 相然切,平,仙韻,心。

草名。廣韻:“茠,草名,似莞。”可編席。隋書儀禮志六:“今南郊神座,皆用~席。”唐皮日休苦雨雜言寄魯望詩:“兩牀~席一素几,仰卧高聲吟太玄。”

按,説文無茠字。

茆 1. mǎo 莫飽切,上,巧韻,明。幽部。

❶水草名。即蒓菜,又名鳧葵。説文:“茆,鳧葵也。”按,今本説文从艸,丣(liǔ)聲,力久切。朱駿聲説文通訓定聲認爲當作丣(mǎo)。作丣誤。詩魯頌泮水:“思樂泮水,薄采其~。”❷草叢生貌。漢書律曆志上:“故孳萌於子,紐牙於丑,引達於寅,冒~於卯。”顔師古注:“茆謂叢生也。”❸姓。明代有茆志

道。

2. máo 古今韻會舉要謨交切。幽部。

㊃通“茅”。茅草。古今韻會舉要卷之七三肴：“茅，…俗作茆。”韓非子外儲説右上：“楚國之法，車不得至於～門。”唐張籍送韓侍御歸山詩：“新結～廬招隱逸，獨騎驄馬入深山。”

苽 1. gū 古胡切，平，模韻，見。魚部。

㊀草名。同“菰”。俗稱茭白。説文：“苽，雕胡，一名蔣。”淮南子原道：“浸潭～蔣。”高誘注：“苽者，蔣實也，其米曰彫胡。”禮記内則：“蝸醢而～食雉羹。”

2. guā 集韻姑華切，平，麻韻，見。

㊁通“瓜”。南齊書孝義傳韓靈敏：“兄弟共種～半畝，朝採～子，暮已復生。”

六　畫

茫 máng 莫郎切，平，唐韻，明。陽部。

㊀〔茫茫〕〔茫然〕曠遠，模糊不清。漢崔瑗關都尉箴：“茫茫九州，據爲關津。”唐韓愈祭十二郎文：“吾年未四十，而視茫茫，而髮蒼蒼，而齒牙動摇。”唐李白蜀道難詩：“蠶叢及魚鳧，開國何茫然！”宋蘇軾前赤壁賦：“縱一葦之所如，凌萬頃之茫然。”㊁〔茫昧〕雙聲聯緜字。曠遠，幽暗不明。莊子天下：“茫乎昧乎，未之盡者。”晉陶潛怨詩楚調示龐主簿鄧治中：“天道幽且遠，鬼神茫昧然。”〔蒼茫〕叠韻聯緜字。見“蒼”字條。㊂〔茫洋〕叠韻聯緜字。渺茫，無邊無際。唐韓愈雜説之一：“然龍乘是氣，茫洋窮乎玄間。”唐柳宗元與吕道州温論非國語書：“其言本儒術，則迂迴茫洋，而不知其適。”

〔備考〕通“忙”。方言卷二：“茫、矜、奄、遽也。吴揚曰茫。”

按，説文無茫字。

茳 jiāng 古雙切，平，江韻，見。東部。

〔茳蘺〕香草名。文選漢司馬相如子虛賦：“茳蘺、蘪蕪，諸柘巴苴。”李善注引張揖曰：“茳蘺，香草也。”

按，説文無茳字。

茭 1. jiāo 古肴切，平，肴韻，見。宵部。

㊀乾草飼料。説文：“茭，乾芻。…一曰牛蘄春。”書費誓：“峙乃芻～，無敢不多。”史記河渠書：“五千頃故盡河壖棄地，民～牧其中耳。”司馬貞索隱：“茭，乾草也。謂人收茭及牧畜於中也。”㊁植物名。爾雅釋草：“茭，牛蘄。”郭璞注：“今馬蘄，葉細鋭，似芹，亦可食。”㊂篾纜，用竹片或蘆葦編成的纜索。史記河渠書：“搴長～兮沈美玉，河伯許兮薪不屬。”裴駰集解引臣瓚曰：“竹葦絚謂之茭。”㊃蔬菜名，茭白，菰的别稱。宋陸游幽居詩：“～首芼羹甘若飴。”自注：“菰首，茭白也。”

2. jī 集韻吉歷切，音激，入，錫韻，見。錫部。

㊄輔正弓弩的器具。周禮考工記弓人：“今夫～解中有變焉，故校。”鄭玄注引鄭司農曰：“茭，讀爲激發之激，茭，謂弓檠也。”

〔備考〕xiào（下巧切）草根。廣韻巧韻：“葰，草根，亦竹筍也，或作茭，又音狡。”

荒 1. huāng 呼光切，平，唐韻，曉。陽部。

㊀荒蕪。説文：“荒，蕪也，一曰草淹地也。”詩大雅召旻：“民卒流亡，我居圉卒～。”莊子漁父：“故田～室露，衣食不足。”又指荒地。唐聶夷中田家詩：“父耕原上田，子斸山下～。”又爲荒年，年成不好。舊唐書黄巢傳：“乾符中，仍年凶～。”㊁荒廢。荀子王霸：“主好要則百事詳，主好詳則百事～。”唐韓愈進學解：“業精於勤，～於嬉。”㊂荒亂。文選漢班固典引：“俾其承三季之～末，值亢龍之災孽。”㊃沉迷，逸樂過度。詩唐風蟋蟀：“好樂無～，良士瞿瞿。”鄭箋：“荒，廢亂也。”㊄掩蓋，覆蓋。詩周南樛木：“南有樛木，葛藟～之。”毛傳：“荒，奄也。”引申爲掩有，據有。詩魯頌閟宫：“奄有龜蒙，遂～大東，至于海邦。”毛傳：“荒，有也。”又特指靈柩上的覆蓋物。

禮記喪服大記："飾棺，君龍帷三池，振容，黼～。"鄭玄注："荒，蒙也。在旁曰帷，在上曰荒。"❻遠方，邊遠。文選晉潘岳楊荆州誄："將宏王略，肅清～遐。"國語周語上："戎狄～服。""荒服"指邊遠地區。三國志蜀書諸葛亮傳："神武赫然，威鎮八～。""八荒"指八方。❼〔荒唐〕叠韻聯緜字。廣大、漫無邊際。莊子天下篇："以謬悠之説荒唐之言，無端崖之辭。"郭象注："荒唐，謂廣大無域畔者也。"後謂説話無根據或行爲放蕩爲荒唐。唐韓愈桃源圖詩："神仙有無何眇芒，桃源之説誠荒唐。"❽通"肓"。膏肓。史記扁鵲倉公列傳："搦髓腦，揲～爪幕。"司馬貞索隱："荒，膏肓也。"

2. huǎng 集韻虎晃切，上，蕩韻，曉。陽部。

❾〔荒忽〕通"恍惚"。雙聲聯緜字。隱約不分明的樣子。楚辭戰國屈原九歌湘夫人："荒忽兮遠望，觀流水兮潺湲。"

〔同源字〕曠，廣，荒。見"曠"字條。

茺 chōng 昌終切，平，東韻，穿三。東部。

〔茺蔚〕藥草名。即益母草，也叫"蓷"。爾雅釋草："萑，蓷。"郭璞注："今茺蔚也，葉似荏，方莖，白華生節間，又名益母。"明李時珍本草綱目草部："此草及子皆充盛密蔚，故名茺蔚。"

荄 gāi 古哀切，音該，平，咍韻，見。之部。

草根。據説文。漢書禮樂志郊祀歌："青陽開動，根～以遂。"宋蘇軾冬至日獨遊吉祥寺詩："蕭蕭寒雨濕枯～。"

茨 cí 疾資切，音瓷，平，脂韻，從。脂部。

❶草名。即蒺藜（蔾）。詩鄘風牆有茨："牆有～，不可埽也。"毛傳："茨，蒺藜也。"按，蒺與茨雙聲（從母），藜與茨叠韻（脂部），茨爲蒺藜的合音。❷用蘆葦、茅草蓋屋。説文："茨，以茅葦蓋屋也。"莊子讓王："環堵之室，～以生草。"新唐書宋璟傳："廣人以竹茅～屋，多火。"又爲茅草等蓋的屋頂。詩小雅甫田："曾孫之稼，如～如梁。"鄭箋："茨，屋蓋也。"韓非子説林上："舍茅～之下。"❸堆積。淮南子泰族："掘其所流而深之，～其所決而高之。"高誘注："茨，積土填滿之也。"❹姓。周代有茨芘，漢代有茨充。

荆 jīng 舉卿切，平，庚韻，見。耕部。

❶灌木名。説文："荆，楚，木也。"山海經南山經："（虖句之山）其下多～杞。"唐李商隱行次西郊作："下田長～榛。"特指用荆條做的刑杖。史記廉頗藺相如列傳："廉頗聞之，肉袒負～，因賓客至藺相如門謝罪。"〔荆棘〕①兩種叢生帶刺的灌木。即荆條和酸棗樹。引申爲泛指帶刺的灌木。左傳襄公十四年："我諸戎除翦其荆棘，驅其狐狸豺狼。"②比喻紛亂的局勢或艱險的處境。後漢書馮異傳："異朝京師，引見，帝謂公卿曰：'是我起兵時主簿也，爲吾披荆棘，定關中。'"③比喻不順的心意。唐孟郊擇友詩："面結口頭交，肚裏生荆棘。"❷對人謙稱自己的妻子。宋劉克莊蓋竹廟詩："寄書報與～妻説，十襲荷衣莫要焚。"宋陳亮丙午復朱元晦秘書書："台眷長少均慶，～婦兒女附拜再四起居。"又如"拙荆"，取後漢梁鴻妻孟光荆釵布裙的典故，含有貧寒的意思。❸古地名。古九州之一。書禹貢："～及衡陽惟～州。"❹古國名。楚國的别稱。詩小雅采芑："蠢爾蠻～，大邦爲讎。"春秋莊公十年："～敗蔡師于莘。"有時稱"荆楚"。詩商頌殷武："撻彼殷武，奮伐荆楚。"毛傳："荆楚，荆州之楚國也。"

〔辨〕荆，楚。説文："荆，楚，木也。"又："楚，叢木，一曰荆也。"段玉裁指出是"異名同實"。可能是不同的方言詞。作爲國名，又同是指周代羋姓諸侯國。但詩經、春秋早期一般稱荆。穀梁傳莊公十年："荆者，楚也。何爲謂之荆？狄之也。"可見荆是一種歧視性的稱呼。故楚人自稱楚，不稱荆。孟子莊子荀子多用楚，反映戰國時期楚國的强盛，戰國末期秦莊襄王名子楚，秦人避諱，又恢復楚的蔑稱。吕氏春秋韓非子主要用荆。秦以後，又普遍稱楚了。

茙 róng 如融切，平，東韻，日。冬部。

❶〔茙葵〕草名，即蜀葵。晉崔豹古今注草木："荆葵，一名茙葵，一名芘芣。…一曰蜀葵。"爾雅釋草作"戎葵"。❷〔茙菽〕大豆。列子力命："進其茙菽，有稻粱之味。"張湛注："爾雅云：'茙菽謂之荏菽，即胡豆也。'…鄭玄云即大豆也。"

［備考］通"襛(nóng)"。繁密茂盛的樣子。詩召南何彼襛矣："何彼襛矣，唐棣之華。"釋文："韓詩作茙。"

按，説文無茙字。

荑 1. tí 杜奚切，音啼，平，齊韻，定。脂部。

❶草名。説文："荑，艸也。"❷初生的茅。詩邶風静女："自牧歸～，洵美且異。"毛傳："荑，茅之始生也。"引申爲泛指草木初生的嫩芽。戰國宋玉風賦："槩新夷，被～揚。"晉書郭璞傳："杞梓競敷，蘭～争翹。"又用作動詞，發芽。文選南朝宋謝靈運從遊京口北固應詔一首："原隰～緑柳，墟囿散紅桃。"❸通"稊"。稗子一類的草。孟子告子上："五穀者，種之美者也，苟爲不熟，不如～稗。"齊民要術引作"稊稗"。

2. yí 以脂切，音夷，平，脂韻，喻四。脂部。

❹割(草)。周禮地官稻人："凡稼澤，夏以水殄草而芟～之。"一本作"夷"。

［備考］菜名。爾雅釋草："莁～，蔱藸。"郭璞注："一名白蕢。"即白莧菜。

荁 huán 胡官切，音桓，平，桓韻，匣。元部。

菜名。禮記内則："堇、～、枌、榆、免、薨、滫、瀡以滑之。"鄭玄注："謂用調和飲食也。荁，堇類也。冬用堇，夏用荁。"

按，説文無荁字。

茬 1. chā 字彙補川加切。

後起字。❶同"差"。差别，不好。唐姚合春日閑居詩："身閒眠自久，眼～視還遥。"

2. lǎo 音老。

❷植物名。宋姚寬西溪叢語卷上："閩、廣人食檳榔，每切作片，蘸蠣灰以～葉裹嚼之。茬，音老，又音蒲口切。"按，蒲口切，今念bù。

茜 qiàn 倉甸切，音倩，去，霰韻，清。真部。

❶草名。茜草，亦稱"血茜草"，根可作紅色染料，亦可入藥。史記貨殖列傳："若千畝卮～。"又作"蒨"。❷大紅色。唐白居易城東閑行因題尉遲司業水閣詩："病乘籃轝出，老著～衫行。"明張景飛丸記客途感慨詞："幾樹霜楓如～。"

茸 1. róng 而容切，平，鍾韻，日。東部。

❶草初生柔細的樣子。説文："茸，草茸茸貌。"引申爲草初生的細芽。南朝宋謝靈運於南山往北山經湖中瞻眺詩："初篁苞緑籜，新蒲含紫～。"〔茸茸〕細柔的樣子。唐白居易紅線毯詩："綵絲茸茸香拂拂，線軟花虚不勝物。"〔𦯀茸〕〔蓬茸〕〔蘢茸〕叠韻聯綿字。分别見"𦯀"字條、"蓬"字條和"蘢"字條。❷柔細的獸毛。唐杜牧揚州詩之一："喧闐醉年少，半脱紫～裘。"❸鹿茸的簡稱。宋黄庭堅夏日夢伯兄寄江南詩："河天月暈魚分子，槲葉風微鹿養～。"❹通"絨"。刺綉用的絲縷。明高啟效香奩詩之一："青瑣初空别恨長，繡～留得唾痕香。"

［備考］木名。管子地員："其桑其松，其杞其～。"尹知章注："茸，木名。"

2. rǒng 集韻乳勇切，音冗，上，腫韻，日。東部。

❺推入。漢書司馬遷傳："而僕又～以蠶室，重爲天下觀笑。"❻〔茸闒〕同"闒茸"。微賤、愚鈍。漢蔡邕再議高陽侯印綬符策表："況臣螻蟻無功德，而散怠茸闒，何以居之？"宋洪邁容齋三筆郎官員數："性資茸闒，柔佞取容。"

荎 chí 直尼切，音遲，平，脂韻，澄。脂部。

❶木名。即刺榆。詩唐風山有樞："山有樞，隰有榆。"毛傳："樞，荎也。"孔穎達疏引爾雅釋木郭璞注曰："今之刺榆也。"❷〔荎藸〕雙聲聯緜字。草名。見說文。即五味子。見爾雅釋草郭璞注。

茌 1. chí 士之切，平，之韻，牀二。之部。

❶草盛的樣子。說文："茌，艸貌。"字林作"茬"。❷古縣名。西漢屬泰山郡。漢書地理志上："泰山郡，縣二十四：…～。"又山名。漢泰山郡有茌山。據集韻。漢書地理志上："東郡～平。"顏師古注引應劭曰："在茌山之平地者也。"今作茌平。

2. chá 集韻鋤加切，音查，平，麻韻，牀二。歌部。

❸通"槎"。用刀或斧斜砍。漢書貨殖傳序："既順時而取物，然猶山不～蘖，澤不伐夭。"顏師古注："茌，古槎字也；槎，邪斫木也。"

荐 jiàn 在甸切，去，霰韻，從。文部。

❶草席。說文："荐，薦席也。"❷聚集。左傳襄公四年："戎狄～居，貴貨易土。"杜預注："荐，聚也。"孔穎達疏引服虔云："荐，草也，言狄人逐水草而居，徙無常處。"❸頻頻，一再。左傳定公四年："吴爲封豕長蛇，以～食上國，虐始於楚。"國語吴語："天奪吾食，都鄙～饑。"

［辨］薦，荐。見"薦"字條。

荋 ér 集韻人之切，平，之韻，日。之部。

❶草葉多的樣子。說文："荋，艸多葉貌。"❷草名。菌類。後漢書馬融傳："芝～、堇、荁、蘘荷、芋渠。"禮記内則作"栭"。

茢 liè 良薛切，入，薛韻，來。月部。

❶苕帚。說文："茢，芀(苕)也。"禮記檀弓下："君臨臣喪，以巫祝桃～執戈，惡之也。"鄭玄注："茢，萑苕，所以掃不祥。"❷〔茢薽〕藥草。爾雅釋草："茢薽，豕首。"郭璞注："本草曰：彘盧，一名蟾蠩蘭，今江東呼豨首，可以𤏐蠶蛹。"

草 cǎo 采老切，上，晧韻，清。幽部。

❶草。說文作"艸"。古籍多作"草"。草本植物的統稱。詩小雅谷風："無～不死，無木不萎。"❷草野，未開墾的荒地。韓非子顯學："耕田墾～以厚民産也。"晉書謝玄傳："～行露宿，重以飢凍，死者十七八。"引申爲鄉野、民間。唐李白梁甫吟："君不見高陽酒徒起～中，長揖山東隆準公。"❸割草。禮記祭統："草艾則墨，未發秋政，則民弗敢～也。"孔穎達疏："言未發行秋政，則民不敢艾(刈)草也。"❹粗野，粗糙。國語吴語："～鄙之人，敢忘天下之大德。"戰國策齊策四："左右以君賤之也，食以～具。"❺起草。論語憲問："爲命，裨諶～創之。"陳書蔡景歷傳："召令～檄，景歷援筆立成。"又初稿。漢書孔光傳："(王莽)所欲搏擊，輒爲～，以太后指風光令上之。"顏師古注："謂文書之稿草也。"❻草書，漢字字體的一種。始創於漢代，初期流行的是草隸。❼〔草草〕①憂愁的樣子。詩小雅巷伯："驕人好好，勞人草草。"毛傳："草草，勞心也。"朱熹集傳："草草，憂也。"②倉促，草率。唐杜甫送長孫九侍御赴武威判官詩："聞君適萬里，取別何草草。"金史豫王永成傳："臨文草草，直寫所懷。"

［備考］"皁"的本字(zào，集韻在早切)。草斗，即櫟樹子。說文："草，草斗，櫟實也。一曰象斗子。"徐鉉注："今俗以此爲艸木之艸，别作皁字爲黑色之皁。案：櫟實可以染皁爲黑色，故曰草。"

茈 1. zǐ 將此切，音紫，上，紙韻，精。支部。

❶草名，即紫草。說文："茈，艸也。"爾雅："藐，茈草。"郭璞注："可以染紫。"山海經西山經："勞山多～草，弱水出焉。"泛指紫色。〔茈綦〕植物名，即紫綦。廣雅釋草："茈綦，蕨也。"又作"茈萁"。後漢書馬融傳："茈萁，芸

菹。"〔茈蓳〕子蓳。初生嫩蓳帶紫色。史記司馬相如列傳:"茈蓳蘘荷。"

2. cí 疾移切,音雌,平,支韻,從。支部。

㊁〔梟茈〕植物名,即荸薺。後漢書劉玄傳:"人庶羣入野澤,掘梟茈而食之。"李賢注引郭璞曰:"生下田中,苗似龍鬚而細,根如指頭,黑色,可食。"

3. cǐ 集韻淺此切,音此,上,紙韻,清。支部。

㊂〔茈虒〕叠韻聯緜字。參差不齊的樣子。史記司馬相如列傳:"柴池茈虒,旋環後宮。"司馬貞索隱引張揖曰:"茈虒,不齊也。"

4. chái 士佳切,音柴,平,佳韻,牀二。

㊃〔茈胡〕一種藥材,即柴胡。唐劉禹錫答道州薛郎中論方書:"雖茈胡水瀉,喜速朽者,率久居而無害。"

茵 yīn 於真切,平,真韻,影。真部。

㊀車墊。説文:"茵,車席也。"詩秦風小戎:"文~暢轂,駕我騏馵。"釋文:"文茵,以虎皮爲茵。茵,車席也。"韓非子十過:"禹作爲祭器,墨染其外,而朱畫其內,縵帛爲~。"㊁〔茵蒀〕通"氤氳"。雙聲聯緜字。氣彌漫的樣子。南朝梁江淹蓮花賦:"故香氛感俗,淑氣參靈;躑躅人世,茵蒀祇冥。"㊂〔茵蔯〕叠韻聯緜字。草名,即茵蔯蒿。唐杜甫陪鄭廣文遊何將軍山林詩:"棘樹寒雲色,茵蔯春藕香。"

茻 mǎng 模朗切,上,蕩韻,明。陽部。

同"莽"。衆多的草。見説文。朱駿聲説文通訓定聲:"經傳草茻字皆以'莽'爲之。"〔茻然〕衆多的樣子。清龔自珍乙丙之際箸議第七:"何茻然其不一姓也?"

茴 qū 丘玉切,入,燭韻,溪。屋部。

蠶箔,養蠶的器具。説文:"茴,蠶薄也。"方言卷五:"薄,宋魏陳楚江淮之間或謂之茴。"

荍 qiáo 渠遥切,音翹,平,宵韻,群。幽部。

㊀植物名,即荆葵,又名錦葵。詩陳風東門之枌:"視爾如~,貽我握椒。"毛傳:"荍,芘芣也。"孔穎達正義引陸機詩義疏:"芘芣,一名荆葵,似蕪菁。華紫緑色,可食,微苦。"説文作"蚍虾"。㊁通"蕎"。荍麥,即蕎麥。宋蘇軾中秋月詩:"但見古河東,~麥花鋪雪。"按,"蕎"上古屬宵部,與"荍"不同部,中古後始混用。

荽 piǎo 苻少切,集韻婢小切,上,小韻,並。今讀如膘。幽部。

㊀草名。見廣韻。㊁通"殍"。餓死的人。漢書食貨志贊:"野有餓~而弗知發。"顔師古注:"荽音頻小反。諸書或作殍字,音義亦同。"

按,説文荽作莩,注"艸也","芳無切"。讀 fú。"莩"字亦通"殍"。見"莩"字條。

荃 quán 此緣切,平,仙韻,清。元部。

㊀香草名。楚辭戰國屈原離騷:"蘭芷變而不芳兮,~蕙化而爲茅。"喻指君主。楚辭戰國屈原離騷:"~不察余之中情兮,反信讒齌怒。"文選南朝梁任昉宣德皇后令:"要不得不强爲之名,使~宰有寄。"吕向注:"使君臣有所寄託也。荃,君也;宰,臣也。"㊁通"筌"。捕魚器具。莊子外物:"荃者,所以在魚,得魚而忘~。"成玄英疏:"筌,魚笱也。以竹爲之,故字從竹,亦有從草者。"㊂通"絟"。細布。漢書景十三王傳江都易王劉非:"繇王閩侯亦遺建~,葛、珠璣、犀甲、翠羽…。"顔師古注:"許慎云'荃,細布也'。字本作絟。"

〔備考〕説文:"荃,芥脃也。"段玉裁注:"云芥脃者,謂芥齏鬆脆可口也。"

茶 chá 宅加切,平,麻韻,澄。

後起字。㊀植物名,即茶樹。唐陸羽茶經一之源:"茶者,南方之嘉木也。"唐白居易香爐峰下新置草堂詠懷題石:"架巖結茅宇,斲壁開~園。"又指茶葉、茶水。三國志吴書韋曜傳:"或密賜~荈以當酒。"世説新語紕漏:"坐席竟,下飲,便問人云:'此爲~?爲茗？'"按，六朝時以早採者爲茶，晚採者爲茗。㊁暱稱小女孩。金元好問德華小女五歲能誦余詩數首以此詩爲贈："牙牙嬌語總堪誇，學念新詩似小～。"注："唐人以茶爲小女美稱。"〔茶茶〕也是對小女孩的暱稱。明朱有燉元宮詞："進得女真千户妹，十三嬌小喚茶茶。"

按，說文茶作荼。徐鉉曰："此即今之茶字。"

荅 1. dá 都合切，入，合韻，端。緝部。

㊀小豆。說文："荅，小尗也。"廣雅釋草："小豆，荅也。"晉書律曆志上："菽、～、麻、麥一斛。"㊁當、對。書洛誥："奉～天命，和恒四方民。"僞孔傳："又當奉當天命，以和常四方之民。"又爲答應。古多作"荅"，今通作"答"。廣韻合韻："答，當也。亦作荅。"㊂粗厚的樣子。漢書貨殖傳："～布皮革千石。"顔師古注："粗厚之布也，…荅者，厚重之貌。"㊃〔荅遝〕叠韻聯緜字。果名。漢書司馬相如傳："隱夫薁棣，荅遝離支。"顔師古注引張揖曰："荅遝，似李，出蜀。"

2. tà 集韻託合切，音踏，入，合韻，透。緝部。

㊄通"嗒"。失意的樣子。常與"焉"或"然"字連用。莊子齊物論："仰天而噓，～焉似喪其耦。"釋文："荅焉，本又作嗒。…解體貌。"按，廣韻盍韻："嗒，嗒然，忘懷也。"

茱 zhū 市朱切，平，虞韻，禪。侯部。

〔茱萸〕叠韻聯緜字。植物名。椒屬，見說文。古代風俗重陽節佩戴茱萸以袪災避邪。三國魏曹植浮萍篇："茱萸自有芳，不若桂與蘭。"唐王維九月九日憶山東兄弟詩："遥知兄弟登高處，遍插茱萸少一人。"

荔 lì 郎計切，去，霽韻，來。錫部。

㊀草名。說文："荔，艸也。"禮記月令："芸始生，～挺出。"鄭玄注："荔挺，馬薤也。"漢書司馬相如傳："其高燥則生葴析苞～，薛莎青薠。"顔師古注引張揖曰："荔，馬荔。"顔曰："馬荔，今之馬藺也。"㊁〔薜荔〕香草名。見"薜"字條。

苦 guā 古活切，音刮，入，末韻，見。月部。

〔苦蔞〕植物名。也作"栝樓""果贏"。說文："苦，苦蔞，果蓏也。"按，"果"見母歌部，與月部"苦"，歌月對轉；蔞(樓)，贏(蓏)，來母雙聲。明李時珍本草綱目謂"栝樓即果贏二字音轉也"，是。

荀 xún 相倫切，平，諄韻，心。真部。

㊀一種香草。山海經中山經："(青要之山)有草焉，其狀如葌，而方莖黄華赤實，其本如藁苯，名曰荀草，服之美人色。"㊁古國名。故地在今山西新絳縣。左傳桓公九年："荀侯、賈伯伐曲沃。"

按，說文無荀字，新附有之，云"艸也"。

荈 chuǎn 昌兗切，音喘，上，獮韻，穿三。

晚採的茶。廣韻："荈，茗草名。"爾雅釋木"檟，苦荼"郭璞注："今呼早採者爲荼，晚取者爲茗，一名荈。"玉篇："荈，茶葉老者。"三國志吴書韋曜傳："或密賜荼～以當酒。"

按，說文無荈字。

茖 gé 古伯切，入，陌韻，見。鐸部。

㊀草名。說文："茖，艸也。"㊁山葱，即野葱。爾雅釋草："茖，山葱。"山海經北山經"邊春之山多葱"郭璞注："山葱名茖。"

茗 míng (舊讀 mǐng)莫迥切，上，迥韻，明。耕部。

㊀晚採的茶。爾雅釋木"檟，苦荼"郭璞注："今呼早採者爲荼，晚取者爲茗。"泛指茶。北魏楊衒之洛陽伽藍記正覺寺："渴飲～汁。"唐陸龜蒙奉和襲美茶具十詠茶塢："～地曲限回，野行多繚繞。"㊁〔茗邈〕雙聲聯緜字。高的樣子。文選晉張協七命："茗邈苕嶢。"李善注："茗邈，高貌。"㊂〔茗艼〕叠韻聯緜字。通"酩酊"。大醉的樣子。世說新語任誕："山季倫爲荆州，時出酣暢。人爲之歌曰：

山公時一醉,徑造高陽池。日莫(暮)倒載歸,茗艼無所知。"

[備考]荼芽,即荼樹的芽。見說文。

秼 1. hāo 呼毛切,音蒿,平,豪韻,曉。幽部。

㊀同"薅"。除掉田草。說文:"薅,拔去田草也。或从秼。詩曰:'既~荼蓼。'"今本詩經周頌良耜作"以薅荼蓼"。"秼"是薅的異體。顏氏家訓涉務:"耕種之,~鉏之。"

2. xiū 集韻虛尤切,平,尤韻,曉。幽部。

㊁同"休"。在樹蔭下休息。淮南子精神:"當此之時,得~越下,則脱然而喜矣。"高誘注:"秼,蔭也。三輔人謂休華樹下爲秼也。"

茯 fú 房六切,音服,屋韻,奉。職部。

〔茯苓〕〔茯靈〕一種寄生在松樹根上的塊狀菌。淮南子說山:"千年之松,下有茯苓,上有兔絲。"史記龜策列傳:"茯靈者,千歲松根也,食之不死。"

[備考]通"絥(bèi 備)"。車絥,車中供人憑伏的軟囊。說文系部:"絥,車絥也。…或从艸。"

茷 1. fá 房越切,音伐,入,月韻,奉。月部。

㊀草葉茂盛。說文:"茷,艸葉多。"唐柳宗元始得西山宴遊記:"斫榛莽,焚茅~。"

2. pèi 集韻蒲蓋切,泰韻,並。今讀如沛。月部。

㊁旆,旌旗邊上下垂的裝飾物。左傳定公四年:"分康叔以大路、少帛、綪~、旃旌、大呂。"孔穎達疏引郭璞曰:"茷,即旆也。"㊂〔茷茷〕有法度的樣子。詩魯頌泮水:"其旂茷茷,鸞聲噦噦。"毛傳:"茷茷,言有法度也。"一說"飛揚也"。見朱熹詩集傳。

3. bá 集韻蒲撥切,入,末韻,並。月部。

㊃樹木枝葉盤紆的樣子。楚辭漢淮南小山招隱士:"樹輪相糾兮,林木~骫。"集韻:"茷,木枝葉盤紆皃。通作茇。"㊄同"茇"。草根。集韻末韻:"茇,說文:'草根也,春艸根枯引之而發土爲撥,故謂之茇。'或从伐。"

荏 1. rěn 如甚切,上,寑韻,日。侵部。

㊀草名。即白蘇。說文:"荏,桂荏,蘇也。"徐鍇繫傳:"荏,白蘇也。桂荏,紫蘇也。"北魏賈思勰齊民要術荏蓼:"~子秋末成。"㊁軟弱,怯懦。論語陽貨:"色厲而内~,譬諸小人,其猶穿窬之盜也與?"㊂〔荏染〕雙聲聯緜字。柔軟的樣子。詩小雅巧言:"荏染柔木,君子樹之。"毛傳:"荏染,柔意也。"㊃〔荏苒〕雙聲聯緜字。①同"荏染"。柔軟的樣子。晉傅咸羽扇賦:"體荏苒以輕弱。"②時間推移,漸進。晉陶潛雜詩之五:"荏苒歲月頹,此心稍已去。"㊄〔荏菽〕大豆。詩大雅生民:"蓺之荏菽,荏菽旆旆。"毛傳:"荏菽,戎菽也。"鄭箋:"戎菽,大豆也。"

2. rǒng 字彙而隴切,音冗。

㊅〔苭荏〕雙聲聯緜字。見"苭"字條。

茩 gòu 古厚切,音垢,上,厚韻,見。侯部。

〔薢茩〕雙聲聯緜字。見"薢"字條。

荇 xìng 何梗切,音杏,上,梗韻,匣。陽部。

㊀水草名,即荇菜,又名莕餘。爾雅說文均作"莕"。說文:"莕,莕餘也。或从行。"詩周南關雎:"參差~菜,左右流之。"毛傳:"荇,接余也。"唐崔湜唐都尉山池詩:"雁翻蒲葉起,魚撥~花遊。"㊁姓。漢有荇不意,荇吾。據正字通。

茹 rú 人諸切,平,魚韻,日。魚部。

㊀食,吃。說文:"茹,飲馬也。"詩大雅烝民:"人亦有言,柔則~之,剛則吐之。"鄭箋:"剛柔之在口,或茹之或吐之。"禮記禮運:"食草木之實,鳥獸之肉,飲其血,~其毛。"引申爲含,吞咽。顏氏家訓文章:"銜酷~恨,徹於心髓。"宋范成大相州詩:"~痛含辛說亂華。"又爲包容。唐皇甫湜韓文公墓銘:"~古涵今,無有端涯。"㊁蔬菜的總稱。漢枚乘七發:"秋黃之蘇,白露之~。"㊂度量,估計。詩

小雅六月:“玁狁匪～,整居焦穫。”鄭箋:“茹,度也。”又猜測、猜想。詩邶風柏舟:“我心匪鑒,不可以～。”❹柔軟。韓非子亡徵:“緩心而無成,柔～而寡斷。”❺腐臭。吕氏春秋功名:“以～魚去蠅,蠅愈至,不可禁。”高誘注:“茹,臭也。”❻〔茹藘〕叠韻聯縣字。草名,即茜草。詩鄭風東門之墠:“毛傳:‘茹藘,茅蒐也。’”孔穎達疏引李巡曰:“茅蒐,一名茜,可以染絳。”又指染成絳色的佩巾。詩鄭風出其東門:“縞衣茹藘,聊可與娱。”鄭箋:“茅蒐染巾也。”❼〔茹茹〕古部族名。即“柔然族”。隋書高昌傳:“及茹茹主爲高車所殺,嘉又臣於高車。”❽姓。

〔備考〕根相牽連。易泰:“拔茅～以其匯,徵吉。”

茲 1.zī 子之切,平,之韻,精。之部。

❶草席。爾雅釋器:“蓐謂之茲。”史記周本紀:“毛叔鄭奉明水,衛康叔封布～。”裴駰集解引徐廣曰:“茲者藉席之名。”❷年。左傳僖公十六年:“今～魯多大喪。”❸指示代詞。①此,這。詩大雅烝民:“保～天子,生仲山甫。”又周頌敬之:“陟降厥士,日監在～。”②這樣。國語楚語上:“余恐德之不類,～故不言。”❹通“滋”。草木滋盛,引申爲益,增加。説文:“茲,艸木多益也。”詩邶風泉水:“我思肥泉,～之永嘆。”漢書五行志下:“賦斂～重,而百姓屈竭。”❺通“哉”。語氣詞。書立政:“嗚呼,休～!”詩大雅下武:“昭～來許,繩其祖武。”

2.cí 疾之切,音慈,平,之韻,從。之部。

❻〔龜茲〕古西域國名。見漢書西域傳。

按,説文有兩個不同的“茲”字。一在艸部。“从艸,絲省聲”(依徐鍇繫傳);一在玄部,“黑也,从二玄”。

苹 1.píng 薄經切,音萍,平,青韻,並。耕部。

❶草名。可製帚。説文:“苹,馬帚也。”管子地員:“蔞下於～,～下於蕭。”

2.pīng 集韻滂丁切,音拼,平,青韻,滂。耕部。

❷使。詩大雅桑柔:“民有肅心,～云不逮。”毛傳:“苹,使也。”❸〔苹蜂〕準雙聲聯緜字。牽引,使。詩周頌小毖:“莫予苹蜂,自求辛螫。”毛傳:“苹蜂,摩(掣)曳。”馬瑞辰毛詩傳箋通釋:“釋文引孫炎曰:‘謂相掣曳入惡也。’是謂苹蜂爲牽引之爲不善。”

荂 huā 呼瓜切,音花,平,麻韻,曉。魚部。

華(huā)的異體。説文𠌶部:“雩,艸木華也,…或从艸从夸。”文選晉左思吴都賦:“異～蓲蘛,夏曄冬蒨。”

按,爾雅釋草:“華,荂也。”郭璞注:“今江東呼華爲荂,音敷。”廣韻虞韻收有“荂”字,並有芳無切(fū)與况于切(xū)兩讀。據郭璞注則知 fū 是古代方音。xū 亦是華字的音。參見“花”字條和“華”字條。

〔辨〕華,荂,花,崋。參見“華”字條。

七 畫

莎 1.suō 蘇禾切,音蓑,平,戈韻,心。歌部。

❶草名。即莎草。史記司馬相如列傳:“其高燥則生葴斯苞荔,薛～青薠。”裴駰集解引漢書音義曰:“莎,鎬侯也。”與説文同。爾雅釋草作“薃侯”。❷樹名。北魏賈思勰齊民要術莎木引廣志曰:“～樹多枝葉,葉兩邊行列若飛鳥之翼。”❸通“蓑”。唐司空圖雜題詩九首之八:“樵香燒柱子,苔溼挂～衣。”❹〔莎車〕漢西域國名,在今新疆莎車縣。

2.shā 集韻師加切,音沙,平,麻韻,審二。歌部。

❺〔莎鷄〕昆蟲名。俗名紡織娘。詩豳風七月:“六月莎鷄振羽。”唐李白獨不見詩:“莎鷄鳴西池。”

莘 1.shēn 所臻切,平,臻韻,審二。真部。

❶長的樣子。詩小雅魚藻:“魚在在藻,有～其尾。”毛傳:“莘,長貌。”❷〔莘莘〕衆多

的樣子。國語晉語四:“周詩曰:莘莘征夫,每懷靡及。”亦作“駪駪”,“甡甡”或“侁侁”。㊂古國名。①即有莘國,亦作“有辛”“有侁”。商湯娶有莘氏之女,即其國。孟子萬章上:“伊尹耕於有～之野,而樂堯舜之道焉。”②姒姓,在今陝西韓城縣東南。詩大雅大明:“于周于京,纘女維～。”毛傳:“莘,大姒國也。”大(太)姒爲周文王之妃。

2. xīn 集韻斯人切,音辛,平,真韻,心。

㊃藥名。即細莘。集韻:“莘,細莘,藥草。”通作“細辛”。

[同源字]駪,詵,蓁,溱,莘,甡。見“駪”字條。

按,説文無莘字。

莞 1. guān 古丸切,音官,平,桓韻,見。元部。

㊀草名。説文:“莞,艸也,可以作席。”漢王褒僮約:“種～織席。”又草席子。詩小雅斯干:“下～上簟,乃安斯寢。”鄭箋:“莞,小蒲之席也。”釋文:“莞草叢生水中,莖圓,江南以爲席,形似小蒲而實非也。”

2. wǎn 户板切,音皖,上,潸韻,匣。元部。

㊁〔莞爾〕微笑的樣子。論語陽貨:“夫子莞爾而笑曰:‘割鷄焉用牛刀?’”

3. guǎn 集韻古玩切,去,换韻,見。今讀如管。

㊂〔東莞〕①晉代郡名,在今山東沂水縣一帶。南朝梁劉勰即東莞莒人。②今縣級市名,在廣東省。

莨 1. láng 魯當切,音郎,平,唐韻,來。陽部。

㊀草名。即狼尾草。説文:“莨,莨草也。”史記司馬相如列傳:“其卑溼則生藏～蒹葭。”司馬貞索隱:“藏莨,郭璞云,狼尾,似茅。”宋王安石贈陳君景初詩:“名聲動京洛,踪跡晦～莠。”

2. làng 來宕切,音浪,去,宕韻,來。陽部。

㊁〔莨蓎〕〔莨菪〕叠韻聯緜字。草藥名。史記扁鵲倉公列傳:“菑川王美人懷子而不乳,…飲以莨蓎藥一撮,以酒飲之,旋乳。”明李時珍本草綱目草部作“莨菪”。

荳 dòu 徒候切,去,候韻,定。

後起字。〔荳蔻〕植物名,即豆蔻。正字通:“荳,俗豆字。”

莆 1. fǔ 方矩切,上,音甫,麌韻,非。魚部。

㊀〔萐莆〕瑞草名。説文:“莆,萐莆,瑞草。”見“萐”字條。

2. pú 洪武正韻簿胡切,音蒲。魚部。

㊁〔莆田〕縣名,在今福建省。㊂通“蒲”。水草名。楚辭戰國屈原天問:“咸播秬黍,～雚是營。”洪興祖補注:“莆,疑即蒲字。”

莰 fū 篇海類編芳無切,音敷。魚部。

敷布,散發。漢書外戚傳:“函荾～以俟風兮,芳雜襲以彌章。”顔師古注引孟康曰:“荾音綏,華中齊也。夫人之色如春華含荾敷散,以待風也。”〔莰露〕鋪陳表露。論衡自紀:“夫口論以分明爲公,以筆辯以莰露爲通,吏文以昭察爲良。”

按,説文無莰字。

茝 1. zhǐ 諸市切,音止,上,止韻,照三。之部。

㊀香草名。説文:“茝,虈也。”楚辭戰國屈原九歌湘夫人:“沅有～兮澧有蘭。”字亦作“芷”。

2. chǎi 昌紿切,上,海韻,穿三。之部。

㊁草名。即蘼蕪。爾雅釋草:“蘄～,蘼蕪。”邢昺疏:“芎藭苗也。”

茜 1. sù 所六切,音縮,入,屋韻,審二。覺部。

㊀古代祭神禮,用酒灌注茅束以示神飲酒。説文酉部:“茜,禮祭,茅束加於祼圭而灌鬯酒,是爲茜,象神歆之也。…春秋傳曰:‘爾

貢包茅不入,王祭不供,無以～酒。'"今本左傳僖公四年作"縮酒"。

[備考]酒塞。説文酉部:"一曰,莤,榼上塞也。"段玉裁注:"榼,酒器也。以艸窒其上孔曰莤。此别一義。"

2. yóu 集韻夷周切,音由,平,尤韻,喻四。覺部。

㊁水草名。即蕕。爾雅釋草:"莤,蔓于。"郭璞注:"多生水中,一名軒于。"郝懿行義疏:"莤當爲蕕。"

莽

1. mǎng 模朗切,上,蕩韻,明。陽部。

㊀密生的草。左傳哀公元年:"吴日敝於兵,暴骨如～。"杜預注:"草之生於廣野莽莽然,故曰草莽。"漢書景帝紀:"或地饒廣,荐草～,水泉利,而不得徙。"顔師古注引如淳曰:"莊周云,麋鹿食曰荐,一曰草稠曰荐,深曰莽。"也指草木深邃的地方。易同人:"伏戎于～。"漢揚雄長楊賦:"羅千乘於林～,列萬騎於山隅。"㊁泛指草。方言卷三:"草,南楚、江、湘之間謂之莽。"楚辭戰國屈原離騷:"朝搴阰之木蘭兮,夕攬洲之宿～。"王逸注:"草冬生不死者,楚人名之曰宿莽。"淮南子泰族:"食～食水,枕塊而死。"㊂竹的一種。爾雅釋草:"莽,數節。"郭璞注:"竹類也。"郝懿行義疏:"莽竹節短,蓋如今馬鞭竹。"㊃大,廣闊。小爾雅廣詁:"莽,大也。"楚辭戰國宋玉九辯:"～洋洋而無極兮,忽翱翔之焉薄。"㊄〔莽莽〕①草木茂盛的樣子。楚辭戰國屈原九章懷沙:"滔滔孟夏兮,草木莽莽。"②長大的樣子。吕氏春秋知接:"戎人見暴布者而問之曰:'何以爲之莽莽也?'"③無邊無際的樣子。唐杜甫秦州雜詩之七:"莽莽萬重山,孤城山谷間。"㊅〔莽鹵〕同"鹵莽"。粗魯,不精細。唐白居易雙鸚鵡詩:"始覺琵琶絃莽鹵,方知吉了食參差。"

2. māng 集韻謨郎切,平,唐韻,明。今讀如蟒。陽部。

㊆〔莽蒼〕叠韻聯緜字。空曠無邊的樣子。莊子逍遥遊:"適莽蒼者,三飡而返,腹猶果然。"成玄英疏:"莽蒼,郊野之色,遥望之不甚分明也。"唐柳宗元邕州柳中丞作馬退山茅亭記:"是山崒然起於莽蒼之中。"

[備考]説文:"莽,南方謂犬善逐兔艸中爲莽。"

莁

wú 武夫切,音無,平,虞韻,微。魚部。

〔莁荑〕植物名。又作"蕪荑",榆屬。又名"蔱蘠"。見爾雅釋草。新唐書地理志三:"(石州昌化郡)土貢:胡女布、龍鬚席、蜜、蠟燭、莁荑。"

按,説文無莁字。

荚

jiá 古協切,入,怗韻,見。葉部。

㊀豆類植物的果實。説文:"荚,艸實也。"吕氏春秋審時:"得時之菽,長莖而短足,其～二七以爲族。"廣雅釋草:"豆角謂之荚。"也指某些樹木的翅果。北魏賈思勰齊民要術大豆:"三月榆～時,有雨,高田可種大豆。"㊁〔荚錢〕漢代錢幣名。史記平準書:"至孝文時,荚錢益多,輕,乃更鑄四銖錢。"

荇

xìng 何梗切,上,梗韻,匣。陽部。

水草名。同"荇"。即"荇菜"。説文:"莕,接餘也,从艸,杏聲。荇,莕或从行,同。"參見"荇"字條。

莖

jīng 户耕切,平,耕韻,匣。耕部。

按,户耕切(集韻何耕切),當讀 xíng(今成都話念 ɕhen 接近古反切),讀 jīng,可能是受偏旁"巠"(古靈切)的影響。

㊀植物的主幹。説文:"莖,枝柱也。"玉篇引説文:"莖,草木幹也。"荀子勸學:"西方有木焉,名曰射干,～長四寸。"㊁器物的柄或支柱。周禮考工記姚氏:"姚氏爲劍,臘廣二寸有半寸,兩從半之,以其臘廣爲之～圍,長倍之。"鄭玄注:"臘,謂兩刃。…莖在夾中者,莖長五寸。"又引鄭衆云:"莖謂劍夾,人所握鐔以上也。"後漢書班固傳:"抗仙掌以承露,擢雙立之金～。"李賢注:"金莖,即銅柱也。"

㊂量詞。用於長條形之物。唐杜甫鄭駙馬池臺喜遇鄭廣文同飲詩:"白髮千～雪,丹心一寸灰。"

[同源字]脛,莖。見"脛"字條。

葸 jì 集韻渠記切,音忌,去,志韻,群。之部。

㊀草名。據集韻。㊁通"萁"。豆稭。孫子作戰:"～稈一石,當吾二十石。"曹操注:"葸,豆稭也。"王皙注:"葸,今作萁。"

按,説文無葸字。

莙 1. jūn 舉云切,音君,平,文韻,見。文部。

㊀水藻名。即牛藻菜。説文:"莙,牛藻。"(依段注本)

2. jùn 渠殞切,音菌,上,軫韻,群。文部。

㊁通"窘"。阻塞,凝結不舒。淮南子繆稱:"情先動,動無不得。無不得則無～,發～而後快。"高誘注:"言人君以情動導民也,動盡得人心也,無莙結,發動也,雖莙結快民心。"莊逵吉按:"莙,本或作'窘'。"

[備考]通"威"。敬威。墨子明鬼下:"有恐後世子孫,不能敬～以取羊。"畢沅注:"言敬威以取祥也。"説文:"莙,从艸,君聲。讀若威。"按,"威",微部;"君",文部。文微對轉。

莦 shāo 所交切,音梢,平,肴韻,審二。宵部。

惡草雜生的樣子。説文:"莦,惡艸貌。"淮南子脩務:"虎豹有茂草,野彘有艽～。"

莫 1. mò 慕各切,入,鐸韻,明。鐸部。

㊀無定代詞。没有誰,没有什麽。詩邶風北門:"終窶且貧,～知我艱。"又小雅北山:"溥天之下,～非王土。率土之濱,～非王臣。"國語周語上:"國人～敢言,道路以目。"㊁副詞。不,無,没有。詩魏風碩鼠:"三歲貫女,～我肯顧。"又邶風北風:"～赤匪狐,～黑匪烏。"㊂副詞。勿,不要,不能(後起義)。晉陸機吴趨行:"楚妃且勿嘆,齊娥且～謳。"唐李白蜀道難詩:"一夫當關,萬夫～開。"㊃通"謨"。謀劃。詩小雅巧言:"秩秩大猷,聖人～之。"毛傳:"莫,謀也。"陳奂傳疏:"莫,讀爲謨,此假借字。"㊄通"劘"。削。管子制分:"屠牛坦朝解九牛,而刀可以～鐵,則刃遊閒也。"高誘注:"莫猶削也。"㊅通"漠"。廣大。莊子逍遥遊:"何不樹之於无何有之鄉,廣～之野。"釋文引簡文云:"莫,大也。"㊆通"慔"。勉勵。淮南子繆稱:"其謝之也,猶未之～與?"高誘注:"莫,勉之也。"

[備考]安定。詩大雅皇矣:"監觀四方,求民之～。"毛傳:"莫,定也。"鄭箋:"乃監察天下之衆國,求民之安定。"一説:通"瘼"。病,疾苦。潛夫論説文繫傳均引作"求民之瘼"。

㊇〔莫莫〕①茂密的樣子。詩大雅旱麓:"莫莫葛藟,施于條枚。"②肅静而敬謹的樣子。詩小雅楚茨:"君婦莫莫,爲豆孔庶。"毛傳:"莫莫,言清静而敬至也。"③塵埃飛揚的樣子。楚辭漢王逸九思疾世:"塵莫莫兮未晞。"

2. mù 集韻莫故切,去,暮韻,明。鐸部。

㊈"暮"的本字。日落的時候。説文:"莫,日且冥也。"詩齊風東方未明:"不能辰夜,不夙則～。"引申爲晚,或一年將盡。詩周頌臣工:"嗟嗟保介,維～之春。"又小雅采薇:"曰歸曰歸,歲亦～止。"又爲昏暗。漢枚乘七發:"於是榛林深澤,煙雲闇～。"㊉草名。即酸迷,俗名牛舌頭。詩魏風汾沮洳:"彼汾沮洳,言采其～。"毛傳:"莫,菜也。"⑪通"幕"。帳幕。〔莫府〕幕府。古將帥的府署。史記張釋之馮唐列傳:"終日力戰,斬首捕虜,上功莫府。"

莂 bié 方別切,集韻筆別切,入,薛韻,幫。月部。

㊀契約,合同。釋名釋書契:"莂,别也,大書中央,中破别之也。"今存有晉太康五年楊紹之"買冢地～"。㊁移植。玉篇艸部:"莂,種概移蒔也。"㊂佛家文體。康熙字典:"佛家作詩曰偈,作文曰莂。"南朝梁簡文帝

善覺寺碑銘："已於恒沙佛所，經受記～。"

按，説文無莂字。

莧 xiàn 侯襇切，音現，去，襇韻，匣。元部。

菜名。説文："莧，莧菜也。"管子地員："或高或下，各有草土。…～下於蒲。"〔莧陸〕草名，即商陸。易夬："莧陸夬夬，中行无咎。"王弼注："莧陸，草之柔脆者也，決之至易，故曰夬夬。"

莔 méng 武庚切，集韻眉耕切，平，庚韻，明。陽部。

藥草名，即貝母。説文："莔，貝母也。"爾雅釋草同。

莒 jǔ 居許切，音舉，上，語韻，見。魚部。

❶植物名。即芋頭。説文："莒，齊謂芋爲莒。"❷古國名。周代諸侯國。在今山東莒縣一帶。管子小問："楚伐～，～君使人求救於齊桓公。"❸古邑名。在今山東莒縣。〔莒父〕春秋魯邑名。論語子路："子夏爲莒父宰。"

莊 zhuāng 側羊切，平，陽韻，照二。陽部。

❶草壯大的樣子。説文："莊，上諱。"指東漢明帝劉莊。段玉裁注："説解當曰：莊，艸大也。"引申爲盛大。玉篇："莊，草名，又盛也。"❷通道，大路。爾雅釋宫："一達謂之道路，…六達謂之莊。"左傳襄公二十八年："得慶氏之木百車於～。"杜預注："積於六軌之道。"晏子春秋問篇下："異日，君過於康～，聞寗戚歌，止車而聽之。"❸莊重，莊嚴。論語爲政："臨之以～，則敬。"禮記曲禮上："非禮不誠不～。"❹莊園，村莊（後起義）。唐杜甫懷錦水居止之二："萬里橋西宅，百花潭北～。"❺通"裝（妝）"。裝飾，打扮。史記司馬相如列傳："靚～刻飾。"

莩 1. fú 芳無切，平，虞韻，敷。今讀如浮。幽部。

❶草名。説文："莩，莩艸也。"❷蘆葦稈中的薄膜。玉篇："莩，葭莩，葭中白皮。"漢書中山靖王傳："今群臣非有葭～之親，鴻毛之重。""葭莩"喻微薄，此指疏遠的親戚。❸果實或種子的外皮。唐李商隱百果嘲櫻桃詩："朱實雖先熟，瓊～縱早開。"清王士禎春不雨詩："春～作飯藜作羹，吁嗟荆益方用兵。"

2. piǎo 平表切，上，小韻，並。今讀如瞟。幽部。

❹通"殍"。餓死的人。孟子梁惠王上："民有飢色，野有餓～。"

荽 suī 息遺切，平，脂韻，心。

香菜名。即芫荽，古籍裏里常作"葰"或"荾"。北魏賈思勰齊民要術種葱："葱中亦種胡～，尋手供食，乃至孟冬。"

按，説文無荽字。

荼 1. tú 同都切，音徒，平，模韻，定。魚部。

❶菜名。即苦菜。説文："荼，苦荼也。"詩邶風谷風："誰謂～苦？其甘如薺。"毛傳："荼，苦菜也。"泛指陸地穢草。詩周頌良耜："其鎛斯趙，以薅～蓼。"孔穎達疏引王肅曰："荼，陸穢。"朱熹集傳："荼，陸草。"❷茅、葦的白花。詩鄭風出其東門："出其闉闍，有女如～。"毛傳："荼，英荼也。"朱熹集傳："荼，茅華輕白可愛者也。"❸〔荼毒〕毒害，殘害。書湯誥："爾萬方百姓罹其凶害，弗忍荼毒。"晉陸機豪士賦序："身厭荼毒之痛。"❹通"塗"。泥濘。文選晉孫楚爲石仲容與孫皓書："豺狼抗爪牙之毒，生人陷～炭之艱。""荼炭"本爲爛泥和炭火，比喻災難困苦。

2. chá 宅加切，平，麻韻，澄。魚部。

❺古"茶"字。爾雅釋木："檟，苦荼。"郝懿行義疏："又諸書説茶處，其字仍作荼。至唐陸羽著茶經，始減一畫作茶。"按，三國志、世説新語等古籍已有"茶"字，見"茶"字條。又茶字在廣韻屬麻韻澄母，而古爲定母魚部，古讀本近荼（tú）。後來舌頭音分化出舌上音，魚部演變出麻韻，作茶用的"荼"，轉入麻韻，念宅加切（chá），字亦作"茶"。

3. shū 傷居切,音書,平,魚韻,審三。魚部。

❻玉器名。廣韻魚韻:"瑹,美玉名,案禮記注云笏也。本亦作荼。"一説古舒字。荀子大略:"諸侯御~。"楊倞注:"荼,古舒字,玉之上圓下方者也。"❼通"紓"。緩。尚書大傳洪範五行傳:"視之不明,是謂不悊,厥咎~。"鄭玄注:"荼,緩也,君視不瞭則荼緩矣。"

莝

cuò 麤卧切,音銼,去,過韻,清。歌部。

❶鍘草。説文:"莝,斬芻也。"漢書尹翁歸傳:"緩於小弱,急於豪强,有論罪,輸掌畜官,使斫~。"❷鍘碎的草。史記范雎(睢)蔡澤列傳:"坐須賈於堂下,置~豆其前,令兩黥徒夾而馬食之。"

荽

suī 息遺切,音雖,平,脂韻,心。微部。

❶香菜。後作"荽"。廣韻:"荽,胡荽,香菜。博物志曰:'張騫西域得胡~。'石虎鄴中記:'石勒改胡~爲香~。'"文選晉潘岳閑居賦:"堇薺甘旨,蓼~芬芳。"李善注引韻略曰:"荽,香菜也。"❷花蕊。漢書外戚傳上:"函~扶以俟風兮,芳雜襲以彌章。"顔師古注引孟康曰:"荽,音綏,華中齊也,夫人之色如春華含荽敷散,以待風也。"

按,説文無荽字。集韻以荽爲説文葰之異文,不可從。

莪

é 五何切,平,歌韻,疑。歌部。

草名,即莪蒿。也叫蘿蒿、蒃蒿。説文:"莪,蘿莪,蒿屬。"詩小雅菁菁者莪:"菁菁者~,在彼中阿。"毛傳:"莪,蘿蒿也。"

莠

yǒu 與久切,音酉,上,有韻,喻四。幽部。

草名,即狗尾草。説文:"莠,禾粟下生莠。"詩齊風甫田:"无田甫田,維~驕驕。"孟子盡心下:"惡~,恐其亂苗也。"比喻醜、惡、壞。詩小雅正月"好言自口,~言自口。"毛傳:"莠,醜也。"左傳襄公三十年:"(公孫揮、裨竈)過伯有氏,其門上生~,子羽曰:'其~猶在乎?'"杜預注:"以莠喻伯有。"

莓

méi 莫杯切,平,灰韻,明。之部。

❶植物名。爾雅釋草:"葥,山莓。"北魏賈思勰齊民要術莓:"~,草實,亦可食。"又有草莓、木莓等種類。❷〔莓苔〕青苔。文選晉孫綽遊天台山賦:"踐莓苔之滑石,搏壁立之翠屏。"唐劉長卿尋南溪常山道士隱居詩:"一路經行處,莓苔見屐痕。"❸〔莓莓〕草茂盛的樣子。亦作"每每"。文選晉左思魏都賦:"蘭渚莓莓,石瀨湯湯。"李善注:"左氏傳曰:'原田莓莓。'杜預曰:若原田之草莓莓然。"今本左傳僖公二十八年作"每每"。

莅

lì 力至切,音利,去,至韻,來。質部。

❶臨視,監臨。詩小雅采芑:"方叔~止,其車三千。"毛傳:"莅,臨。"易明夷:"君子以~衆。"引申爲治理。老子第六十章:"以道~天下者,其鬼不神。"又爲來到。禮記曲禮上:"莅官行法。"❷〔莅莅〕水流聲。史記司馬相如列傳:"莅莅下瀨,批壧衝壅。"司馬貞索隱引司馬彪云:"莅莅,水聲也。"

按,説文無莅有竦,在立部,云:"臨也。"王筠句讀:"謂臨視之也。經典借涖,或作莅。"

荷

1. hé 胡歌切,平,歌韻,匣。歌部。

❶本指芙蕖葉,即荷葉。説文:"荷,夫渠葉。"又爲荷花總名。爾雅釋草:"荷,芙蕖。"郭璞注:"别名芙蓉,江東呼荷。"詩陳風澤陂:"彼澤之陂,有蒲與~。"毛傳:"荷,芙蕖也。"

2. hè 胡可切,上,哿韻,匣。歌部。

❶扛,擔。論語憲問:"子擊磬於衛,有~蕢而過孔氏之門者。"列子湯問:"遂率子孫~擔者三夫。"引申爲擔任,擔當。文選漢張衡東京賦:"~天下之重任。"❷承受。多用於表示感激受恩。左傳昭公三年:"一爲禮於晉,猶~其禄。況以禮終始乎?"文選南朝梁任昉到大司馬記室牋:"雖則殞越,且知非報,不勝~戴屏營之情,謹詣廳奉白牋謝聞。"

3. kē 集韻虎何切,平,歌韻,曉。今讀如科。歌部。

㈣通“苛”。苛細，煩瑣。漢書酈食其傳：“食其聞其將皆握齱好～禮自用，不能聽大度之言，食其乃自匿。”顔師古注：“荷與苛同。苛，細也。”

［辨］負，任，提，荷。見“負”字條。

莛 1. tíng 特丁切，音庭，平，青韻，定。耕部。

㈠草莖。説文：“莛，莖也。”莊子齊物論：“故爲是舉～與楹，厲與西施，恢恑憰怪，道通爲一。”漢書東方朔傳：“語曰‘以筦闚天，以蠡測海，以～撞鐘’。豈能通其條貫，考其文理，發其音聲哉！”

2. tǐng 徒鼎切，音挺，上，迥韻，定。

㈡通“梃”。木棍。宋歐陽修鐘莛説：“鑄銅爲鐘，削木爲～，以～叩鐘，則鏗然而鳴。”

［同源字］梃，莛，桹，珽，脡，挺，杖。見“梃”字條。

莋 zuó 在各切，入，鐸韻，從。鐸部。

我國古代西南少數民族莋都夷的簡稱，其地在今四川漢源縣東北。漢書司馬相如傳：“且夫邛、～、西僰之與中國並也，歷年兹多，不可記已。”

按，説文無莋字，新附有之。

莚 yán 以然切，平，仙韻，喻四。元部。

〔莚蔓〕叠韻聯緜字。即蔓延。文選晉左思蜀都賦：“藂蕪布濩於中阿，風連莚蔓於蘭皋。”張銑注：“莚蔓，相連屬貌。”

按，説文無莚有延。“莚”字艸旁因“蔓”字類化而加。

荻 dí 徒歷切，入，錫韻，定。錫部。

㈠草名。一種多年生草本植物。韓非子十過：“公宫之垣，皆以～、蒿、楛、楚牆之。”世説新語任誕：“方共對飲，劉便先起，云：‘今正伐～，不宜久廢。’”㈡姓。

按，説文無荻字。

莐 chén 直深切，音沉，平，侵韻，澄。侵部。

〔莐藩〕藥草名。參見“藩”字條。

八 畫

萍 píng 薄經切，平，青韻，並。耕部。

浮萍。説文：“萍，苹也，水艸也。”禮記月令：“虹始見，～始生。”浮萍生於水面，隨風飄泊，常用以比喻行止不定。後漢書鄭玄傳：“～浮南北，復歸邦鄉。”又成語“萍水相逢”，比喻偶然相遇。

菠 bō 集韻逋禾切，平，戈韻，幫。

後起字。〔菠薐〕又作“菠稜”。菜名。即菠菜。玉篇：“菠，菠薐。”唐韋絢劉賓客嘉話録：“菜之菠稜，本西國中有僧將其子來，如苜蓿、蒲陶，因張騫而至也。絢曰：‘豈非頗稜國將來，而語訛爲菠稜耶？’”

菹 1. zū 側魚切，平，魚韻，照二。魚部。

㈠酢菜，腌菜。説文：“菹，酢菜也。”周禮天官醢人：“饋食之豆，其實葵～。”詩小雅信南山：“疆埸有瓜，是剥是～。”㈡肉醬。禮記少儀：“牛與羊魚之腥，聶而切之爲膾，麋鹿爲～。”又爲一種酷刑，將人剁爲肉醬。莊子盜跖：“子路欲殺衛君而事不成，身～於衛東門之上。”〔菹醢〕①肉醬。儀禮士昏禮：“菹醢四豆。”②剁成肉醬的酷刑。楚辭戰國屈原離騷：“后辛之菹醢兮，殷宗用之不長。”㈢枯草。管子輕重甲：“請君伐～薪，煮沸水爲鹽。”房玄齡注：“草枯曰菹，采居反。”

2. jù 集韻將豫切，去，御韻，精。魚部。

㈣水草多的沼澤地帶。孟子滕文公下：“禹掘地而注之海，驅蛇龍而放之～。”趙岐注：“菹，澤生草者也。”

菭 tái 徒哀切，音台，平，咍韻，定。之部。

青苔。同“苔”。説文：“治，水衣也。”管子地員：“五隱之狀，黑土黑～。”尹知章注：“菭，地衣也。”漢書外戚傳下：“華殿塵兮玉階～，中庭萋兮緑草生。”顔師古注：“菭，水氣所生也。”

菪 dàng 玉篇徒閬切,音宕。

〔莨菪〕叠韻聯緜字。見"莨"字條。

菅 jiān 古顔切,音姦。平,删韻,見。元部。

❶草名。又稱菅茅。説文:"菅,茅也。"詩陳風東門之池:"東門之池,可以漚~。"漢書賈誼傳:"其視殺人,若艾草~然。"成語有"草菅人命"。菅茅可以編苫織草鞋。左傳昭公二十七年:"或取一編~焉。"杜預注:"編菅,苫也。"左傳襄公十七年:"齊晏桓子卒,晏嬰粗縗斬,苴絰帶,杖,~屨。"❷通"姦"。邪惡。管子牧民:"野蕪曠則民乃~,上無量則民乃妄。"房玄齡注:"菅,當爲姦。"❸地名。在今山東金鄉、成武一帶。左傳隱公十年:"公敗宋師于~。"

〔辨〕蒯,菅。見"蒯"字條。

菀 1. wǎn 於阮切,音婉,上,阮韻,影。元部。

❶草名。説文:"菀,茈菀也,出漢中房陵。"急就篇:"牡蒙,甘草,~,藜蘆。"顔師古注:"菀,謂紫菀。"

2. yuàn 於阮切,上,阮韻,影。元部。

❷通"苑"。苑囿。管子水地:"地者,萬物之本原,諸生之根~也。"尹知章注:"菀,囿城也。"即養禽獸植林木的地方。

3. yù 紆物切,入,物韻,影。物部。

❸通"鬱"。草木茂盛的樣子。詩小雅正月:"瞻彼阪田,有~其特。"鄭箋:"阪田崎嶇墝埆之處,而有菀然茂特之苗。"朱熹集傳:"菀,茂盛之貌。"又小弁:"~彼柳斯,鳴蜩嘒嘒。"鄭箋:"柳木茂盛則多蟬。"❹〔菀菀〕柔順的樣子。唐常建春詞之一:"菀菀黄柳絲,濛濛雜花垂。"

4. yùn 集韻委隕切,音醞,上,隱韻,影。文部。

❺通"蘊"。鬱積。素問大奇論:"五藏~熟寒熱,獨并於腎也。"王冰注:"菀,積也;熟,熱也。"

菩 1. bèi 簿亥切,音倍,上,海韻,並。之部。

❶草名。説文:"菩,菩艸也。"周禮夏官大馭"犯軷遂驅之"鄭玄注:"犯之者,封土爲山象,以~芻棘柏爲神主。"孫詒讓正義:"蓓、倍並與菩同,是古野祭有束菩草爲神主之法。"

2. bó 集韻薄没切,入,没韻,並。

❷〔麻菩楊〕草名。集韻:"菩,麻菩楊,艸名。"北魏賈思勰齊民要術種穀:"凡穀田…二月上旬及麻菩楊生種者爲上時。"

3. pú 簿胡切,音蒲,平,模韻,並。

❸梵文譯音。如"菩提"、"菩薩"("菩提薩埵的簡稱")。〔菩薩蠻〕詞調名。

萋 1. jié 即葉切,入,葉韻,精。葉部。

❶〔萋餘〕草名。即荇菜。説文:"萋,萋餘也。"又作"接余"。參見"荇"字條。

2. shà 色甲切,入,狎韻,審二。葉部。

❷通"翣"。棺的羽飾。宋洪适隸釋漢山陽太守祝睦碑:"遺令素櫬,~蔞以席。"

荓 píng。

同"荓"。見"荓"字條。

萃 1. cuì 秦醉切,去,至韻,從。物部。

❶草聚生的樣子。説文:"萃,艸皃。"❷聚集。易萃:"象曰:~,聚也。"詩陳風墓門:"墓門有梅,有鴞~止。"毛傳:"萃,集也。"左傳宣公十二年:"隨季曰:'楚師方壯,若~於我,我師必盡。'"❸類,群。指聚集在一起的人或物。孟子公孫丑上:"出於其類,拔乎其~。"❹周易卦名,坤下兑上。易萃:"象曰:澤上於地,~。"孔穎達疏:"澤上於地,則水潦聚,故曰澤上於地,萃也。"❺停止。楚辭戰國屈原天問:"北至回水,~何喜?"王逸注:"萃,止也。"❻通"悴"。憔悴,困苦。荀子富國:"勞苦頓~,而愈無功。"〔蕉萃〕雙聲聯緜字。見"蕉"字條。

2. cuì 集韻取内切,去,隊韻,清。物部。

❼通"倅"。副職。集韻隊韻:"倅,副也,或作萃。"周禮春官車僕:"掌戎路之~、廣車

之～、闕車之～，苹車之～、輕車之～。"鄭玄注："萃，猶副也。"

［同源字］集，雜，輯，萃。見"集"字條。

菸 1. yū 集韻衣虚切，音於，平，魚韻，影。魚部。

㊀蔫，不鮮。又枯萎。說文："菸，鬱也，一曰殘也。"宋司馬光論張堯佐除宣徽史狀："盛夏日方中而灌之，瓜不旋踵而～敗。"〔菸邑〕雙聲聯緜字。枯萎的樣子。文選戰國宋玉九辯："葉菸邑而無色兮，枝煩挐而交橫。"王逸注："顏容變易而蒼黑也。"

2. yù 依倨切，音瘀，去，御韻，影。

㊁臭草。玉篇："菸，臭草也。"

3. yān 字彙因肩切，音煙。

㊂煙草。字亦作"菸"，據字彙。

菼 tǎn 吐敢切，音毯，上，敢韻，透。談部。

草名，即初生的荻。說文："菿，萑之初生，一曰薍。…菿或从炎。"(按，萑，當作萑。)詩衛風碩人："葭～揭揭，庶姜孽孽。"毛傳："葭，蘆；菼，薍也。"陸璣詩義疏："薍，或謂之荻，至秋堅成則謂之萑。"

莨 lì 郎計切，音荔，去，霽韻，來。質部。

草名，又名藎草，可作染料。說文："莨，艸也，可以染留黄。"明李時珍本草綱目草五藎草："此草緑色，可染黄，故曰黄，曰緑也。～，盭(lì)乃北人呼緑字音轉也。"

菤 juǎn 居轉切，音捲，上，獮韻，見。元部。

㊀〔菤耳〕草名。即"卷耳"。爾雅釋草："菤耳，苓耳。"㊁〔菤葹〕草名。即"卷施"。南朝梁王僧孺贈顧倉曹詩："譬如菤葹草，心謝葉空存。"

按，說文無菤字。

菁 1. jīng 子盈切，音精，平，清韻，精。耕部。

㊀韭菜的花。說文："菁，韭華也。"文選漢張衡南都賦："秋韭冬～。"李善注引廣雅曰："韭，其華謂之菁。"又泛指花朵。文選戰國宋玉高唐賦："秋蘭茝蕙，江離載～。"李善注引廣雅曰："菁，華也。"㊁菜名，即蔓菁，又叫蕪菁。周禮天官醢人："～菹。"鄭玄注："菁，蔓菁也。"㊂水草。史記司馬相如列傳："唼喋～藻。"裴駰集解引郭璞曰："菁，水草。"

2. qīng 集韻倉經切，音青，平，青韻，清。耕部。

㊃〔菁菁〕茂盛的樣子。詩唐風杕杜："有杕之杜，其葉菁菁。"毛傳："菁菁，葉盛貌。"又小雅菁菁者莪："菁菁者莪，在彼中阿。"毛傳："菁菁，盛貌。"按，釋文於此二例中"菁菁"，分别注音：子零反與子丁反，則仍念jīng(精)。

菶 běng 邊孔切，上，董韻，幫。東部。

㊀〔菶菶〕①茂盛的樣子。詩大雅卷阿："菶菶萋萋，雝雝喈喈。"毛傳："梧桐盛也，鳳皇鳴也。"說文："菶，艸盛。"引申爲樹木茂盛。②散亂。據南唐徐鍇說文解字繫傳。唐張元一又嘲詩："裹頭極草草，掠鬢不菶菶。"㊁〔菶茸〕叠韻聯緜字。茂密的樣子。文選晉潘岳射雉賦："稊菽叢糅，翳薈菶茸。"唐白居易養竹記："又有凡草木雜生其中，菶茸薈鬱，有無之心焉。"

［同源字］菶，芃，豐，丰。"菶菶"與"芃芃"都是草木茂盛的樣子。而丰，說文："艸盛丰丰也。"詩鄭風丰："子之丰兮。"毛傳："丰，豐滿也。"詩小雅湛露："在彼豐草。"毛傳："豐，茂也。"菶，幫母，芃，並母，丰豐，滂母。三字旁紐，而東部的菶、丰和侵部的芃爲旁轉。故四字同源。

萋 qī 七稽切，平，齊韻，清。脂部。

㊀草盛的樣子。說文："萋，艸盛也。"漢書外戚傳下："華殿塵兮玉階落，中庭～兮緑草生。"引申爲樹木盛。詩小雅杕杜："卉木～止。"㊁〔萋萋〕①草木茂盛的樣子。詩周南葛覃："維葉萋萋。"又秦風蒹葭："蒹葭萋萋，白露未晞。"唐崔顥黄鶴樓詩："晴川歷歷漢陽

樹，芳草萋萋鸚鵡洲。”②雲流動的樣子。詩小雅大田：“有渰萋萋，興雨祁祁。”毛傳：“萋萋，雲行貌。”説文及漢書食貨志引作“凄凄”。③華麗的樣子。文選南朝齊王儉褚淵碑文：“眇眇玄宗，萋萋辭翰。”㊂〔萋且〕雙聲聯緜字。恭敬謹慎的樣子。詩周頌有客：“有萋有且，敦琢其旅。”毛傳：“萋且，敬慎貌。”㊃〔萋斐〕準叠韻聯緜字。花紋交錯的樣子。詩小雅巷伯：“萋兮斐兮，成是貝錦。”毛傳：“萋斐，文章相錯也。”

荆 jīng。

同“荆”。見“荆”字條。

蓮 shà 山洽切，音霎，入，洽韻，審二。葉部。

㊀〔蓮莆〕〔蓮甫〕草名。傳説中的瑞草。説文：“蓮，蓮莆，瑞艸也。堯時生於庖厨，扇暑而涼。”廣韻洽韻：“蓮莆，瑞草。王者孝德至則蓮莆生於厨，其葉大如門，不摇自扇飲食。”三國志魏書高堂隆傳：“蓮莆嘉禾，必生此地。”宋書符瑞志下：“蓮甫，一名倚扇，狀如蓬。”㊁扇的别名。論衡是應：“人夏月操～，須手摇之，然後生風。”

華 1. huā 呼瓜切，音花，平，麻韻，曉。魚部。

㊀花。説文：“華，榮也。”爾雅釋草：“木謂之華，草謂之榮。”詩周南桃夭：“桃之夭夭，灼灼其～。”文選南朝宋謝瞻於安城答靈運詩：“～蕚相光飾，嚶嚶悦同響。”又用作動詞。揚花，開花。詩小雅出車：“昔我往矣，黍稷方～。”淮南子時則：“桃李始～。”㊁當中剖開。爾雅釋木：“瓜曰～之。”禮記曲禮上：“爲國君（削瓜）者～之，巾以絺。”鄭玄注：“華，中裂之，不四析也。”

2. huá 户花切，音划，平，麻韻，匣。魚部。

㊂光華，光彩。詩齊風著：“尚之以瓊～乎而。”孔穎達疏：“華謂色有光華。”淮南子地形：“末有十日，其～下照地。”高誘注：“華，猶光也。”引申爲顯貴，顯耀。潛夫論論榮：“所謂賢人君子者，非必高位厚禄、富貴榮～之謂也。”三國志魏書陳思王植傳：“～宗貴族。”㊃華麗，美麗。楚辭戰國宋玉招魂：“蘭膏明燭，～容備些。”晉書謝安傳：“生存～屋處，零落歸山丘。”又爲文采，文藻。後漢書張衡傳：“質以文美，實由～興。”南朝梁劉勰文心雕龍情采：“心術既形，英～乃贍。”又用於美稱，敬辭。唐劉禹錫謝竇相公啟：“每奉～翰，賜之衷言。”“華翰”是對别人書信的敬稱。㊄精華，精美的東西。唐王勃滕王閣序：“物～天寶，龍光射斗牛之墟。”唐韓愈進學解：“含英咀～。”㊅浮華。鹽鐵論相刺：“有～言矣，未見其實也。”晉書儒林傳序：“莫不崇飾～競，祖述玄虚。”㊆粉。文選三國魏曹植洛神賦：“芳澤無加，鉛～弗御。”李善注：“鉛華，粉也。”即搽臉的粉。㊇漢族的古稱。左傳襄公十四年：“我諸戎飲食衣服不與～同。”〔華夏〕①漢族的古稱。書武成：“華夏蠻貊，罔不率俾。”孔穎達疏：“夏，大也。故大國曰夏。華夏謂中國也。”②古稱中原地區。三國志蜀書關羽傳：“（關）羽威震華夏。”

3. huà 胡化切，去，禡韻，匣。魚部。

㊈〔華山〕五嶽中的西嶽，在陝西東部華陰縣南。本作“崋”。㊉姓。春秋有華元，漢末有華佗。

［辨］①華，荂，花，崋。華是花的本字，“荂”是華的或體。均讀 huā（呼瓜切）。後華字借用作光華、華麗之華，讀 huá（户花切）。六朝後産生的“花”字，口語裏替代了華草之華，華字一般用作光華等音義，但先秦兩漢文獻仍用“華（huā）”字爲常。華字用作山名與姓氏，是借作崋讀 huà（胡化切）。廣韻禡韻“崋”字條：“崋山西嶽，亦州名。…又姓出平原殷湯之後。宋戴公考父食采於崋，其後氏焉。華同崋。”而花（huā）作姓氏在隋唐以後。舊題南朝梁任昉撰述異記有花木蘭不可靠。

②蘤，花，華，葩。見“蘤”字條。

按，説文華字在華部。

萇 cháng 直良切，平，陽韻，澄。陽部。

〔萇楚〕植物名。也叫羊桃。説文："萇，萇楚，銚弋，一名羊桃。"詩檜風隰有萇楚："隰有萇楚，猗儺其枝。"毛傳："萇楚，銚弋也。"

著 1. zhù 陟慮切，音箸，去，御韻，知。魚部。

❶顯露，顯出。禮記中庸："誠則形，形則～，～則明。"商君書錯法："如此，則臣忠、君明，治～而兵强也。"❷著述，撰寫。史記老子韓非列傳："非爲人口吃，不能道説，而善～書。"論衡書解："～作者爲文儒，説經者爲世儒。"

2. zhù 集韻丈吕切，音苧，上，語韻，澄。魚部。

❸通"宁"。大門與屏風之間。詩齊風著："俟我于～乎而。"毛傳："門屏之間曰著。"❹通"佇"。佇立。左傳昭公十一年："單子其將死乎？朝有～定。"杜預注："著定，朝内列位常處謂之表著。"又昭公十二年："若不廢君命，則固有～也。"杜預注："著，位次。"

3. zhù 丁吕切，集韻展吕切，上，語韻，知。今讀如箸。魚部。

❺通"貯"。積居。史記貨殖列傳："子贛既學於仲尼，退而仕於衛，廢～鬻財於曹魯之間。"司馬貞索隱："著音貯。漢書亦作'貯'，貯猶居也。説文云：'貯，積也。'"

4. zhuó 張略切，入，藥韻，知。鐸部。

❻附着，使接觸别的事物。國語晉語四："今戾久矣，戾久將底，底～滯淫，誰能興之？"韋昭注："戾，定也；底，止也；著，附也；滯，廢也；淫，久也。"南朝梁庾肩吾和湘東王春宵應令詩："燭下夜縫衣，春寒偏～手。"晉書劉琨傳："常恐祖生先吾～鞭。"❼穿。樂府詩集木蘭詩："脱我戰時袍，～我舊時衣。"❽土著，指定居不遷。後漢書李忠傳："墾田增多，三歲間流民占～者五萬餘口。"按，此義今念 zhù。

5. chú 直魚切，音除，平，魚韻，澄。魚部。

❾〔著雍〕歲陽名。天干中戊的别稱，用以紀年。爾雅釋天："（太歲）在戊曰著雍。"淮南子天文作"著雝"。

6. zháo 直略切，入，藥韻，澄。

❿燃燒，燒着。唐杜甫初冬詩："漁舟上急水，獵火～高林。"王嗣奭釋："著，直略切，火炎起謂之～，俗語猶然。"⓫遇着，受到。唐司空圖早春詩："草嫩侵沙長，冰輕～雨銷。"⓬用在動詞後表示已達到目的。唐趙璘因話録商部上："雞猪魚蒜，逢～則吃。"

按，説文無著有箸。"著"是箸的分化字。

菱 líng 力膺切，音陵，平，蒸韻，來。蒸部。

同"蔆"。植物名。即菱角，説文及爾雅釋草均作"蔆"，一名"芰"。吕氏春秋恃君："夏日則食～芡，冬日則食橡栗。"高誘注："菱，芰也。"漢書司馬相如傳上："唼喋菁藻，咀嚼～藕。"

蒳 liǎng 集韻里養切，音兩，上，養韻，來。

後起字。草名。見集韻。

［辨］蒳和菵是兩個形音義不同的字。菵从廿从㒳，音母官切，讀 mán。説文："菵，平也。"又用於複音詞"菵胡"（見廾部）。而"蒳"，从艸从兩，草名，讀 liǎng。辭源等辭書混誤。

菈 là 盧合切，入，合韻，來。

〔菈擸〕雙聲聯緜字。崩裂聲。文選晉左思吴都賦："菈擸雷硠，崩巒弛岑。"

按，説文無菈字。

菢 bào 薄報切，去，号韻，並。

後起字。孵。唐韓愈薦士詩："鶴翎不天生，變化在啄～。"

菆 1. zōu 側鳩切，音鄒，平，尤韻，照二。幽部。

❶麻稭。又泛指草莖。説文："菆，麻蒸也。"儀禮既夕禮："御以蒲～。"鄭玄注："蒲

菆,牡蒲莖也。"㊁好箭。左傳宣公十二年:"吾聞致師者,左射以～。"杜預注:"菆,矢之善者。"

［備考］蓐,草席。説文:"菆,一曰蓐也。"廣雅釋器:"蓐,謂之菆。"

2. cuán 在丸切,音欑,平,桓韻,從。元部。

㊂通"欑"。堆積木材。禮記檀弓上:"天子之殯也～塗龍輴以椁。"孔穎達疏:"菆,叢也。謂用木菆棺,而四面塗之,故云菆塗也。"集韻桓韻:"菆,積木以殯,或作'䂎',通作'欑'。"

3. chù 芻注切,去,遇韻,穿二。

㊃鳥巢。又作"蓫"。廣韻:"菆,鳥窠。"又特指鷹的巢。唐段成式酉陽雜俎肉攫:"鷹巢一名～,鷹呼～子者雛鷹也。"

萁

1. qí 渠之切,平,之韻,群。之部。

㊀豆莖。見説文。漢書楊惲傳:"種一頃豆,落而爲～。"

2. jī 居之切,音基,平,之韻,見。之部。

㊁草名。似荻而細。漢書五行志下之上:"女童謠曰:'檿弧萁服,實亡周國。'"顏師古注:"服,盛箭者,即今之步叉也。萁,草,似荻而細,織之爲服也。""萁服",萁草編織的箭袋。㊂木名。淮南子時則:"爨～燧火。"高誘注:"取萁木燧之火炊之。"

菻

lǐn 力稔切,音廩,上,寑韻,來。侵部。

㊀植物名。蒿屬。見説文。㊁〔拂菻〕古稱東羅馬帝國。新唐書西域傳下拂菻:"古大秦也,居西海上,一曰西海國。"

菘

sōng 息弓切,平,東韻,心。

後起字。蔬菜名。色白者稱白菜,淡黄者叫黄芽菜。南齊書武陵昭王曄傳:"曄留儉設食,拌中～菜鮑魚而已。"宋陸游菘詩:"可憐遇事常遲鈍,九月區區種晚～。"

菥

1. xī 先擊切,入,錫韻,心。錫部。

㊀〔菥蓂〕草名。薺菜的一種。爾雅釋草:"菥蓂,大薺。"文選漢張衡南都賦:"若其園圃,則有蓼、蕺、蘘荷、藷蔗、薑䔹、菥蓂、芋瓜。"

2. sī 息移切,音斯,平,支韻,心。支部。

㊁通"蘄"。麥的一種。文選漢司馬長卿子虛賦:"其高燥則生葴～苞荔。"李善注:"菥,似燕麥也。"史記作"蘄"。

按,説文無菥字。

菿

dào 都導切,去,号韻,端。宵部。

大。見爾雅釋詁上。詩小雅甫田:"倬彼甫田。"玉篇引韓詩作"菿彼甫田"。按,"倬(zhuō)"竹角切,古韻藥部,與"菿"同屬端母。藥、宵對轉,音近義通。又説文:"菿,艸木倒。"廣韻引作"艸大也"。

萊

lái 落哀切,平,咍韻,來。之部。

㊀草名,即藜。又稱"蔓華"。説文:"萊,蔓華也。"詩小雅南山有臺:"南山有臺,北山有～。"毛傳:"萊,草也。"〔萊菔〕即蘿蔔、蘿卜。㊁原指郊外休耕的田。周禮地官縣師:"掌邦國都鄙稍甸郊里之地域,而辨其夫家人民田～之數。"鄭玄注:"萊,休不耕者。郊内謂之易,郊外謂之萊。"又爲田地荒廢、長滿雜草。詩小雅十月之交:"徹我牆屋,田卒汙～。"毛傳:"下則汙,高則萊。"孔穎達疏:"萊者,草穢之名。"㊂除草。周禮地官山虞:"若大田獵,則～山田之野。"鄭玄注:"萊,除其草萊也。"㊃古國名。春秋時爲齊所滅。今山東黄縣有萊子城,即古萊國。㊄姓。商代有萊朱,漢有萊章。

菴

1. ān 烏含切,平,覃韻,影。談部。

㊀〔菴𦶑〕草名。即青蒿。史記司馬相如列傳:"蓮藕菰蘆,菴𦶑軒芋。"司馬貞索隱引郭璞云:"菴𦶑,蒿,子可療病也。"㊁通"庵"。圓頂草屋。南齊書竟陵文宣王子良傳:"編草結～,不違涼暑。"

2. yǎn 集韻衣檢切,音掩,上,琰韻,影。

㊂〔菴藹〕雙聲聯緜字。茂盛的樣子。文

選晉左思蜀都賦:"水陸所湊,兼六合而交會焉;豐蔚所盛,茂八區而菴藹焉。"劉良注:"菴藹,茂盛皃。"又爲雲霧繚繞的樣子。晉書涼武昭王傳:"蔭朝雲之菴藹,仰朗日之照昫。"

按,説文無菴字。

菋 wèi 無沸切,音未,去,未韻,明。物部。

藥草名,即荎藸。見説文及爾雅釋草。也叫五味子。爾雅郭璞注曰:"五味也。"參見"荎"字條。

菡 hàn 胡感切,音撼,上,感韻,匣。談部。

〔菡萏〕叠韻聯緜字。荷花的别名。詩陳風澤陂:"彼澤之陂,有蒲菡萏。"爾雅釋草:"荷,芙渠。…其華菡萏。"按,説文作"菡蔄"。

菰 gū 古胡切,平,模韻,見。魚部。

㊀植物名。一名"蔣"。俗稱"茭白"。史記司馬相如列傳:"蓮藕~蘆。"司馬貞索隱引郭璞云:"菰,蔣也;蘆,葦也。"南朝宋謝靈運從斤竹澗越嶺溪行:"苹萍泛沈深,~蒲冒清淺。"㊁菌類植物。即蘑菰(菇)(後起義)。正字通艸部:"菌,江南呼爲菰。"後多作"菇"。

按,説文菰作苽。

菽 1. shū 式竹切,入,屋韻,審三。覺部。

㊀豆類的總稱。詩豳風七月:"黍稷重穋,禾麻~麥。"禮記檀弓下:"孔子曰:'啜~飲水,盡其歡,斯之謂孝。'"

2. jiāo 集韻兹消切,音焦,平,宵韻,精。幽部。

㊁〔菽藟〕小草名。楚辭漢王逸九思怨上:"菽藟兮蔓衍,芳虈兮挫枯。"

[辨]豆,菽。見"豆"字條。

按,説文菽作尗,在尗部。

菖 chāng 尺良切,平,陽韻,穿三。陽部。

草名。即菖蒲。吕氏春秋任地:"冬至後五旬七日,~始生。~者,百草之先生者也。"高誘注:"菖,菖蒲,水草也。"北魏酈道元水經注伊水:"石上~蒲,一寸九節,爲藥最妙。"

按,説文無菖字。

菒 gǎo 古老切,音稿,上,晧韻,見。宵部。

枯草。國語齊語:"及寒,擊~除田,以待時耕。"韋昭注:"菒,枯草也。"

按,説文無菒字。

菓 guǒ 古火切,上,果韻,見。歌部。

果的分化字。漢書叔孫通傳:"古者有春嘗~。方今櫻桃熟,可獻。"

按,説文無菓有果。

菎 kūn 古渾切,平,魂韻,見。文部。

㊀草名。説文作"蔂":"艸也。"玉篇:"菎,香草。"〔菎蕗〕香草名。楚辭漢東方朔七諫謬諫:"菎蕗雜於叢蒸兮,機蓬矢以射革。"王逸注:"言持菎蕗香直之草,雜於廱蒸,燒而然之則不識於物也。"㊁通"琨"。美玉。楚辭戰國宋玉招魂:"~蔽象棊,有六簙些。"王逸注:"菎,玉。蔽、簙、箸,以玉飾之也。…菎,一作琨。"

萌 méng 莫耕切,平,耕韻,明。陽部。

㊀草木發芽。説文:"萌,艸木芽也。"(依段注本)禮記月令孟春之月:"天地和同,草木~動。"㊁發端,開始發生。管子山權數:"故禍不~通,而民無患咎。"戰國策趙策三:"愚者闇於成事,智者見於未~。"㊂鋤草。周禮秋官薙氏:"掌殺草,春始生而~之,夏至日而夷之。"鄭玄注:"謂萌之者以兹其斫其生者。"賈公彦疏:"漢時兹其,即今之鋤也。"㊃通"氓"。百姓,民衆。墨子尚賢上:"國中之衆,四鄙之~人聞,皆競爲義。"戰國策燕策二:"所以能循法令,順庶孽者,施及~隸,皆可以教於後世。"㊄通"甿"。無知的樣子。漢書楚元王傳:"不如是,則王公其何以戒慎,民~何以勸勉?"顔師古注:"萌,與'甿'同,無知之貌。"

[辨]蘖,芽,萌。見"蘖"字條。

[同源字]芒,鋩,萌。見"芒"字條。

菵 wǎng 文兩切,音網,上,養韻,微。

草名，有毒。文選南朝宋鮑照樂府苦熱行："鄣氣晝熏體，～露夜沾衣。"李善注引宋永初山川記曰："寧州鄣氣～露，四時不絶。蒛，草名，有毒：其上露，觸之，肉即潰爛。"

按，説文無蒛字。

蒛 gāng 集韻居郎切，音剛，平，唐韻，見。陽部。

草名。山海經中山經："東四十里曰少陘之山，有草焉，名曰～草。葉狀如葵而赤莖白華，實如蘡薁，食之不愚。"

按，説文無蒛字。

菌 jùn 渠殞切，上，軫韻，群。文部。

❶植物名。又稱蕈。説文："菌，地蕈也。"爾雅釋草："中馗，菌。"郭璞注："地蕈也，似蓋，今江東名爲土菌，亦曰馗厨，可啖之。"莊子逍遥遊："朝～不知晦朔。"釋文引司馬彪云："大芝也，天陰生糞上。"文選漢張衡南都賦："芝房～蠢生其限，玉膏滵溢流其隅。"❷聲音鬱結的樣子。文選漢馬融長笛賦："充屈鬱律，瞋～碨抰。"李善注："皆衆聲鬱積競出之貌。"❸通"箘"。竹筍。吕氏春秋本味："越駱之～，鱣鮪之醢。"高誘注："菌，竹筍也。"〔菌桂〕木名。即箘桂，又名肉桂，月桂。楚辭戰國屈原離騷："雜申椒與菌桂兮，豈維紉夫蕙茝？"

［備考］薰草。廣雅釋草："菌，薰也，其葉謂之蕙。"

菲 1. fěi 敷尾切，音斐，上，尾韻，敷。微部。

❶蔬菜名。蘿卜之類。又名芴。説文："菲，芴也。"詩邶風谷風："采葑采～，無以下體。"鄭箋："此二菜者(指葑與菲)蔓菁與葍之類也，皆上下可食。"❷微薄。論語泰伯："子曰：'禹，吾無閒然矣，～飲食而致孝乎鬼神。'"文選晉左思魏都賦："～言厚行。"李善注："馬融論語注曰：'菲，薄也。'論語曰：'君子薄於言而厚於行。'"〔菲薄〕微薄，淺陋。楚辭戰國屈原遠遊："質菲薄而無因兮，焉託乘而上浮。"王逸注："質性鄙陋。"又爲輕視。三國蜀諸葛亮出師表："不宜妄自菲薄。"

2. fēi 芳非切，音妃，平，微韻，敷。微部。

❸〔菲菲〕①花草芳香的樣子。楚辭戰國屈原離騷："芳菲菲而難虧兮，芬至今猶未沫。"②花美的樣子。文選晉左思吴都賦："鬱兮茷茂，曄兮菲菲。"③錯亂的樣子。漢揚雄太玄昆："白黑菲菲。"范望注："菲菲，雜也。"④上下不定的樣子。後漢書梁鴻傳："心惙怛兮傷悴，志菲菲兮升降。"李賢注引爾雅注："菲菲，高下不定也。"❹〔菲薇〕叠韻聯緜字。草木茂盛的樣子。文選晉左思蜀都賦："日往菲薇，月來扶疎。"

2. fèi 扶拂切，音疿，去，未韻，奉。微部。

❺通"屝"。草鞋。禮記曾子問："曾子問曰：'女未廟見而死則如之何？'孔子曰：'…埍不杖，不～，不次。'"

菜 cài 倉代切，去，代韻，清。之部。

❶蔬菜。説文："菜，艸之可食者。"國語楚語下："庶人食～，祀以魚。"後泛指菜肴。北史胡叟傳："飯～精潔，醯醬調美。"❷通"采(cǎi)"。採摘。宋洪适隸釋梁相孔耽神祠碑："躬～菱藕。"

菙 chuí 時髓切，上，紙韻，禪。今讀如垂。歌部。

木名。荆菙，古人占卜時用以灼龜。周禮春官有"菙氏"。鄭玄注："燋焌用荆～之類。"賈公彦疏："菙所以捶笞人馬，用荆竹爲之，此亦用荆，故云'菙之類'也。"

按，説文無菙字。

菞 lí 集韻憐題切，音犂，平，齊韻，來。脂部。

❶同"藜"。草名。又用於地名。穆天子傳五："天子東遊，…讀書于菞丘。"❷同"黎"。〔菞庶〕黎民。漢書匈奴傳贊："是時邊城晏閉，牛馬布野，三世無犬吠之警，菞庶亡干戈之役。"顔師古注："菞，古黎字。"

按，説文無菞字。

萎　1. wěi（舊讀 wēi）於爲切，平，支韻，影。微部。

❶草木枯槁。詩小雅谷風："無草不死，無木不～。"比喻人病危。禮記檀弓上："梁木其壞乎？哲人其～乎？"鄭玄注："以上二句喻之萎病也。"〔萎約〕雙聲聯緜字。枯槁，喻疾病窮困。楚辭戰國宋玉九辯："離芳藹之方壯兮，余萎約而悲愁。"王逸注："身體疲病而憂貧也。"

2. wěi 集韻鄔賄切，上，賄韻，影。微部。

❶〔萎腇（něi）〕叠韻聯緜字。軟弱的樣子。後漢書馬援傳："豈有知其無成，而但萎腇咋舌、叉手從族乎？"李賢等注："萎腇，耎弱也。"

［備考］喂牛馬。説文："萎，食牛也。"又説文："菽，以穀萎馬置莝中。"

［同源字］骫，委，萎，翳。見"骫"字條。

菊　jú 居六切，入，屋韻，見。覺部。

❶植物名。大菊，即瞿（蘧）麥。見説文。❷菊花，品種繁多，有的可以雜黍米釀酒。西京雜記三："～華舒時，並採莖葉，雜黍米釀之，至來年九月九日始熟就飲焉，故謂之～華酒。"

萄　táo 徒刀切，平，豪韻，定。幽部。

❶草名。説文："萄，艸也。"❷〔葡萄〕見"葡"字條。

菔　fú 房六切，音服，入，屋韻，奉。職部。

〔蘆菔〕〔萊菔〕〔蘿菔〕蘿卜。説文："菔，蘆菔，似蕪菁，實如小尗者。"分見"蘆""萊""蘿"字條。

萉　1. fèi 扶沸切，音痱，去，未韻，奉。微部。

❶大麻子。説文："萉，枲（xǐ）實也。"字又作"蕡"。爾雅釋草作"黂"。周禮作"蕡"。又指麻。吕氏春秋士節："齊有北郭騷者，結罘罔，捆蒲葦，織～屨。"

2. féi 集韻符非切，音肥，平，微韻，奉。微部。

❶通"腓"。庇，遮蔽，躲避。漢書敍傳上："安慆慆而不～兮，卒隕身虖世韷。"顏師古注："鄧展曰：'萉，避也。'…字本作'腓'，其音同。"❷通"菔"。〔蘆萉〕蘿蔔。爾雅釋草："葖，蘆萉。"郭璞注："萉宜爲菔。"

萏　dàn 徒感切，上，感韻，定。談部。

〔菡萏〕叠韻聯緜字。見"菡"字條。

按，説文菡萏作菡藺。

菟　1. tú 同都切，音徒，平，模韻，定。魚部。

❶〔於菟〕虎的别名。左傳宣公四年："楚人謂乳穀，謂虎於菟。"

2. tù 湯故切，音兔，去，暮韻，透。魚部。

❶〔菟絲〕〔菟丘〕蔓生植物名，常附生在其他植物上，其子可入藥。爾雅釋草："女蘿，菟絲。"玉臺新詠古詩之三："與君爲新婚，菟絲附女蘿。"山海經中山經："其實如菟丘，服之媚于人。"❷通"兔"。楚辭戰國屈原天問："厥利維何，而顧～在腹？"王逸注："菟，一作兔。言月中有菟，何所貪利，居月之腹而顧望乎？"

按，説文無菟字。

菩　gāo 古勞切，音高，平，豪韻，見。幽部。

草名。山海經南山經："（侖者之山）有木焉，…其名曰白～，可以血玉。"郭璞注："或作睾蘇。睾蘇一名白菩，見廣雅，音羔。"

按，説文無菩字。

萑　1. zhuī 職追切，音錐，平，脂韻，照三。微部。

❶草多的樣子。説文："萑，艸多皃。"❷通"蓷"。藥草名，一名茺蔚，即益母草。爾雅釋草："萑，蓷。"郭璞注："今茺蔚也。"管子地員："薜下於～，～下於茅。"

2. huán 胡官切，音桓，平，桓韻，匣。元部。

❶〔萑葦〕雙聲聯緜字。草名，即蒹葭，蘆葦之類。詩小雅小弁："有漼者淵，萑葦淠淠。"又用作動詞，指收割萑葦。詩豳風七

月:"七月流火,八月萑葦。"❹〔萑葦〕雙聲聯緜字。色彩繽紛的樣子。淮南子俶真:"青葱苓蘢,萑蔰炫煌。"❺〔萑苻〕澤名。左傳昭公二十年:"鄭國多盜,取人於萑苻之澤。"❻〔萑蘭〕叠韻聯緜字。通"汍瀾"。流淚的樣子。漢書息夫躬傳:"涕泣流兮萑蘭,心結愲兮傷肝。"顔師古注:"臣瓚曰:'萑蘭,泣涕闌干也。'"

萸 yú 羊朱切,音榆,平,虞韻,喻四。侯部。

〔茱萸〕叠韻聯緜字。説文:"萸,茱萸也"。見"茱"字條。

萆 1. bì 房益切,集韻毗亦切,音辟,入,昔韻,並。錫部。

❶蓑衣。説文:"萆,雨衣,一曰衰(suō)衣。"廣雅釋器:"萆謂之衰。"

2. bì 集韻必袂切,去,祭韻,幫。錫部。

❷通"蔽"。隱蔽。史記淮陰侯列傳:"從間道~山而望趙軍。"裴駰集解引如淳曰:"萆音蔽,依山自覆蔽。"❸〔萆荔〕香草,即"薜荔"。山海經西山經:"(小華之山)其草有萆荔,狀如烏韭。"説文:"萆,一曰萆薦,似烏韭。"

3. pí 集韻頻彌切,音脾,平,支韻,並。

❹〔萆薢〕藥草名。見集韻。明李時珍本草綱目草七萆薢:"萆薢蔓生,葉似菝葜,而大如碗,其根長硬,大者如商陸而堅。"

菂 dì 集韻丁歷切,入,錫韻,端。錫部。

蓮子。漢王延壽魯靈光殿賦:"緑房紫~,窋咤垂珠。"明魏學濂阮郎歸詞:"去年抛~種池塘,今年墜粉香。"

按,説文無菂字。爾雅作"的",廣韻作"芍"。

菇 gū 集韻攻乎切,平,模韻,見。魚部。

❶〔蔠菇〕王瓜。見爾雅釋草。❷菌類植物。蘑菇。本亦作"菰"。

按,説文無菇字。

菑 1. zī 側持切,音輜,平,之韻,照二。之部。

❶初耕的田地。説文作"甾","不耕田也"。段玉裁注按:"'不'當爲'反'字之誤也。"爾雅釋地:"田一歲曰菑。"郭璞注:"今江東呼初耕地反草曰菑。"詩小雅采芑:"薄言采芑,于彼新田,于此~畝。"引申爲泛指田畝。唐王維積雨輞川莊作:"蒸藜炊黍餉東~。"又爲殺草,開墾。書大誥:"厥父~,厥子乃弗肯播。"❷茂密的草。淮南子本經:"~榛穢,聚埒畝。"高誘注:"茂草曰菑,木聚曰榛。"❸水名。周禮夏官職方氏:"其浸~時。"鄭玄注:"菑出萊蕪。"

2. zì 集韻側吏切,去,志韻,照二。之部。

❹枯死而未倒的樹木。詩大雅皇矣:"作之屏之,其~其翳。"鄭箋:"木立死曰菑。"荀子非相:"周公之狀,身如斷~。"❺通"剚"。插入。周禮考工記輪人:"察其~蚤不齵,則輪雖敝不匡。"鄭玄注:"菑謂輻入轂中者也。…鄭司農云:泰山平原所樹立物爲菑,聲如胾,博立梟棊亦爲菑。"漢書溝洫志:"隤林竹兮揵石~,宣防塞兮萬福來。"顔師古注:"石菑者謂臿石立之。"

3. zāi 集韻將來切,音災,平,咍韻,精。之部。

❻通"災"。災害。詩大雅生民:"不坼不副,無~無害。"史記晉世家:"天~流行,國家代有。"

〔同源字〕災,菑。見"災"字條。

九　畫

苹 píng 薄經切,平,青韻,並。耕部。

❶同"萍"。浮萍。文選漢張衡南都賦:"浮蟻若~。"後漢書華佗傳:"向來道隅有賣餅人~齏甚酸。"❷通"苹"。草名,藾蒿。文選南朝宋謝靈運擬魏太子鄴中集阮瑀詩:"自從食~來,唯見今日美。"❸"苹翳"的省稱,雨神名。楚辭戰國屈原天問:"~號起雨,何以興之!"王逸注:"苹,苹翳,雨師名也。"

按,説文無苹字。

蕻 hóng 户公切，平，東韻，匣。

❶後起字。同"葒"。水草名。唐李賀湖中曲："長眉越沙採蘭若，桂葉水～春漠漠。"宋孫光憲風流子："菰葉長，水～開。"❷通"篊"。攔河漁具。北齊書慕容儼傳："又於上游鸚鵡洲上造荻～，竟數里，以塞船路。"❸菜名，即蕹菜，又叫空心菜。見清施鴻保閩雜記。

落 luò 盧各切，入，鐸韻，來。鐸部。

❶樹木的葉花脱落。説文："落，凡草曰零，木曰落。"詩衛風氓："桑之未～，其葉沃若。"荀子致士："樹～則糞本。"楚辭戰國屈原離騷："及榮華之未～兮。"引申爲落下。唐杜甫覆陰詩："牙齒半～左耳聾。"❷衰落。管子宙合："盛而不～者，未之有也。"又爲飄零，冷落。國語吴語："民人離～，而日以憔悴。"史記汲鄭列傳："家貧，賓客益～。"❸居住的地方。後漢書仇覽傳："吾近日過舍，廬～整頓。"李賢等注："廣雅曰：'落，居也。'案今人謂院爲落也。"唐王維渭川田家詩："斜陽照墟～，窮巷牛羊歸。"❹開始。詩周頌訪落："訪予～止，率時昭考。"毛傳："訪，謀；落，始。"鄭箋："(成王)於廟中與羣臣謀我始即政之事。"特指宫室剛建成時舉行的祭禮。左傳昭公七年："楚子成章華之臺，願以諸侯～之。"杜預注："宫室始成，祭之爲落。"後來居室建成爲"落成"。❺鐘鑄成時用牲血塗抹之。左傳昭公四年："叔孫爲孟鐘，曰：爾未際，饗大夫以～之。"杜預注："以豭猪血釁鐘曰落。"❻籬笆。文選漢張衡西京賦："揩枳～，突棘藩。"李善注："落，亦籬也。"❼通"絡"。籠住，罩住。莊子秋水："～馬首，穿牛鼻，是謂人。"又爲經絡。漢書李尋傳："王道公正修明，則百川理、～脈通。"❽〔落托〕〔落拓〕〔落度〕〔落泊〕〔落魄〕〔落索〕〔落莫〕叠韻聯緜字。音近義通，均爲冷落、飄零、窮困失意的樣子。樂府詩集懊儂歌："攬裳未結帶，落托行人斷。"唐白居易效陶潛體詩之十四："問君何落拓，云僕生草萊。"三國志蜀書楊儀傳："吾若舉軍以就魏氏，處世寧當落度如此邪！"陳書杜稜傳："稜頗涉書傳，少落泊，不爲當世所知。"史記酈生陸賈列傳："好讀書，家貧落魄，無以爲衣食業。"顔氏家訓治家："諺云：落索阿姑餐。"元辛文房唐才子傳李宣古："竟薄命無印綬之譽，落莫自終。"❾〔落落〕①零落，孤獨的樣子。文選晉陸機歎逝賦："親落落而日稀，友靡靡而愈索。"又左思詠史詩："落落窮巷士，抱影守空廬。"②疏闊，稀疏的樣子。後漢書耿弇傳："將軍前在南陽建此大策，常以爲落落難合，有志者事竟成也！"李賢注："落落，猶疏闊也。"晉孫綽遊天台山賦："蔭落落之長松。"③豁達、開朗。南朝宋謝靈運入道至人賦："超埃塵以貞觀，何落落此胸襟！"今有成語"落落大方"。④通"洛洛"。清澈的樣子。晉陶潛讀山海經之三："亭亭明玕照，落落清瑶流。"按，山海經西山經："爰有淫水，其清洛洛。"

葖 tū 陀骨切，音突，入，没韻，定。物部。

蘿卜。爾雅釋草："葖，蘆萉。"邢昺疏："今謂蘿蔔也。"

按，説文無葖字。

蔕 dì 音帝。

晚起字。古作"蒂"。花或瓜果與枝莖相連的部分。引申爲根兒。清蒲松齡聊齋志異蓮香："幸病～猶淺，十日恙當已。"

［同源字］柢，蔕。見"柢"字條。

萱 xuān 況袁切，音喧，平，元韻，曉。元部。

萱草，即黄花菜，金針菜。傳説可以使人忘憂，故又名忘憂。詩衛風伯兮："焉得諼草，言樹之背。"釋文："諼，本又作萱。"漢蔡琰胡笳十八拍："對～草兮憂不忘。"文選三國魏嵇康養生論："合歡蠲忿，～草忘憂，愚智所共知也。"宋葉夢得再任後遣模歸按視石林詩："白髮～堂上，孩兒更共懷。"因萱草種於北堂，而北堂爲母親所居之室，故以萱堂指母親。

按，說文以萱爲藼之或體。

葶 1. dǐng 都挺切，音頂，上，迥韻，端。耕部。

❶〔葶薴〕叠韻聯緜字。毒草名。山海經中山經："（熊耳之山）有草焉，其狀如蘇而赤華，名曰葶薴，可以毒魚。"

2. tíng 特丁切，平，青韻，定。

❷〔葶藶〕植物名。見廣韻。爾雅釋草作"亭歷"。釋文云："亭，字或作葶；歷，字或作藶。"❸花葶，植物的地下部分抽出的無葉花莖。明徐光啓農政全書救荒本草草部："茭笋…葉間攛～，開花如葦。"

按，說文無葶字。

葹 shī 式支切，平，支韻，審三。歌部。

草名。枲耳即蒼耳。又稱苓耳。楚辭戰國屈原離騷："薋菉～以盈室兮，判獨離而不服。"王逸注："葹，枲耳也。"

按，說文無葹字。

葷 1. hūn 許云切，平，文韻，曉。今讀如昏。文部。

❶葱蒜等有辛臭味的菜。說文："葷，臭菜也。"莊子人間世："唯不飲酒不茹～者數月矣。"成玄英疏："葷，辛菜也。"❷指肉食。南朝梁宗懍荊楚歲時記："梁有天下不食～，荊自此不復食雞子。"唐韋應物紫閣東林居士叔緘賜松英丸捧對忻喜蓋非塵侶之所當服輒獻詩代啓："道場齋戒今初服，人事～羶已覺非。"此以腥臊的肉食比喻不潔净。

2. xūn 集韻許云切，音薰，平，文韻，曉。文部。

❸〔葷粥（yù）〕古北方部族名。史記五帝本紀："（黄帝）北逐葷粥，合符釜山。"司馬貞索隱："匈奴别名也。唐虞已上曰山戎，亦曰熏粥，夏曰淳維，殷曰鬼方，周曰玁狁，漢曰匈奴。"亦作"葷允"、"薰育"、"熏鬻"、"獯鬻"。漢書霍去病傳："票騎將軍去病率師躬將所獲葷允之士。"顔師古注："葷允，熏鬻也。"

萹 biān 布玄切，音蝙，平，先韻，幫。真部。

草名，即萹蓄（茿）。莖葉似竹，亦名萹竹。說文："萹，萹茿也。"爾雅釋草："竹，萹蓄。"楚辭戰國屈原九章思美人："解～薄與雜菜兮，備以爲交佩。"王逸注："萹，萹蓄也。"洪興祖補注："萹薄，謂萹蓄之成叢者。"

葥 jiàn 子賤切，音箭，去，線韻，精。元部。

❶植物名。即山莓。見說文及爾雅釋草。爾雅郭璞注曰："今之木莓也，實似藨莓而大，亦可食。"❷草名，即地膚，可製掃帚。爾雅釋草："葥，王蔧。"郭璞注："王帚也，似藜，其樹可以爲埽；蔧，江東呼之曰落帚。"

蔿 1. wěi 韋委切，上，紙韻，喻三。歌部。

❶草名。說文："蔿，艸也。"❷古地名。春秋楚邑。左傳僖公二十七年："子玉復治兵於～。"杜預注："蔿，楚邑。"❸姓。左傳僖公二十七年："～賈尚幼，後至，不賀。"

2. huā 集韻呼瓜切，平，麻韻，曉。歌部。

❹變化。方言卷三："蔿，化也。"郭璞注："蔿，音花。"廣雅釋詁三："蔿，匕也。"清俞樾春秋名字解詁補義認爲"匕即古化字"。

3. kuī 集韻驅爲切，平，支韻，溪。歌部。

❺狡猾。方言卷二："秦、晉之間曰獪…楚、鄭曰蔿。"

萰 liàn 郎甸切，音練，去，霰韻，來。元部。

❶草名。即白蘞。爾雅稱"菟荄"。正字通："萰，白蘞也。…爾雅'菟荄'即白蘞。"❷〔芊萰〕叠韻聯緜字。見"芊"字條。

按，說文無萰字。

葑 1. fēng 府容切，平，鍾韻，非。東部。

❶菜名。即蔓菁，又稱須或須從、葑蓯。說文："葑，須從也。"爾雅釋草："須，葑蓯。"詩鄘風桑中："爰采～矣，沬之東矣。"鄭箋："葑，蔓菁也。"又邶風谷風："采～采菲，無以下體。"毛傳："葑，須也。"

2. fèng 方用切，音俸，去，用韻，非。

㊁菰根，即交白根。晉書毛璩傳："四面湖澤，皆是菰～。"何超晉書音義引珠叢："菰草叢生，其根盤結，名曰葑。"

葍 fú 方六切，音福，入，屋韻，非。職部。

一種多年生蔓草。又名蓄。說文："葍，蓄也。"詩小雅我行其野："我行其野，言采其～。"毛傳："葍，惡菜也。"

葽 1. yāo 於霄切，音腰，平，宵韻，影。宵部。

㊀草名。說文："葽，艸也。"詩豳風七月："四月秀～。"毛傳："葽，葽草也。"㊁草茂盛的樣子。漢書禮樂志："豐草～，女蘿施。"顏師古注引孟康曰："葽，盛貌。"

2. yǎo 烏皎切，音杳，上，篠韻，影。宵部。

㊂〔葽繞〕疊韻聯緜字。藥草名，即遠志。爾雅釋草："葽繞，棘蒬。"郭璞注："今遠志也。"

葫 hú 户吴切，平，模韻，匣。

㊀大蒜。玉篇："葫，大蒜也。"㊁〔葫蘆〕植物名。又叫蒲蘆、壺蘆、瓠瓜、匏瓜。

按，說文無葫字。

葉 1. yè 與涉切，入，葉韻，喻四。葉部。

㊀植物的葉子。說文："葉，艸木之葉也。"詩周南葛覃："維～萋萋。"㊁世，時期。詩商頌長發："昔在中～，有震且業。"毛傳："葉，世也。"淮南子脩務："稱譽～語，至今不休。""葉語"，世代傳說。㊂書頁，書册的一張（後起義）。明王彦泓寓夜詩："鼠翻書～響，蟲逗燭花飛。"

2. yè（舊讀 shè）書涉切，入，葉韻，審三。葉部。

㊃古邑名。左傳成公十五年："楚公子申遷許於葉。"在今河南葉縣。㊄姓。漢劉向新序雜事："～公子高好龍。"通志氏族以邑爲氏："～氏，舊音攝，後世與木葉同音。"

葙 xiāng 息良切，音湘，平，陽韻，心。

後起字。草名，即青葙。見玉篇。北魏賈思勰齊民要術青葙："青～生田野間，嫩苗似莧可食。"

葴 1. zhēn 職深切，音針，平，侵韻，照三。侵部。

㊀草名。即馬藍。見說文。及爾雅釋草。文選漢司馬相如子虚賦："其高燥則生～菥苞荔。"㊁酸漿草。爾雅釋草："葴，寒漿。"郭璞注："今酸漿草，江東呼曰苦葴。"㊂山名。山海經中山經："～山，視水出焉，東南流注於汝水。"

2. qián 集韻其淹切，音黔，平，鹽韻，群。

㊃通"鍼"。集韻："鍼，闕，人名。春秋傳秦有鍼虎，或作'葴'。"

葳 wēi 於非切，平，微韻，影。微部。

〔葳蕤〕疊韻聯緜字。①草木茂盛枝葉下垂的樣子。楚辭漢東方朔七諫初放："上葳蕤而防露兮，下泠泠而來風。"②紛亂的樣子。史記司馬相如列傳封禪書："紛綸葳蕤堙滅而不稱者，不可勝數也。"③草名。南朝梁任昉述異記下："葳蕤草，一名麗草。又呼爲女草，江浙中呼娃草。"

按，說文無葳字。

萸 nuǎn 而兖切，音暖，上，獮韻，日。元部。

木耳。說文："萸，木耳，一曰萮茈。"北魏賈思勰齊民要術卷一〇："～，木耳也。案：木耳煮而細切之，和以薑橘，可爲菹，滑美。"

葝 1. qíng 渠京切，音擎，平，庚韻，羣。耕部。

㊀植物名，即山薤。見爾雅釋草。郭璞注："今山中多有此菜，皆如人家所種者。"

2. jìng 集韻堅正切，音勁，去，勁韻，見。耕部。

㊁草名，即鼠尾草。見爾雅釋草。郭璞注："可以染皁。"

按，說文無葝字。

葇 róu 耳由切，平，尤韻，日。幽部。

㊀草名，即香菜。也作"香薷"。可入藥。玉篇："菜，香菜菜，蘇類也。"㊁〔藾菜〕準雙聲聯緜字。見"藾"字條。

［備考］通"茅"。茅草。墨子備梯："乃管酒塊脯，寄於大山，昧～坐之。"孫詒讓閒詁："昧菜當讀爲滅茅，…亦即搴茅而坐之也。"

按，説文無菜字。

葬 zàng 則浪切，去，宕韻，精。陽部。

埋葬。説文："葬，藏也。"禮記檀弓上："～也者，藏也；藏也者，欲人之弗得見也。"論語爲政："生事之以禮，死～之以禮。"

［同源字］葬，藏。二字同爲陽部，精、從旁紐。音近義通。葬者，藏也。"藏"亦有埋葬用法，故二字同源。

蔇 jì 居豙切，去，未韻，見。物部。

㊀草多的樣子。説文："蔇，艸多皃。"㊁通"暨"。至，來到。左傳隱公六年："善鄭以勸來者，猶懼不～，況不禮焉？"杜預注："蔇，至也。"㊂地名。春秋莊公九年："公及齊大夫盟于～。"杜預注："蔇，魯地。"在今山東蒼山縣西北。

葭 1. jiā 古牙切，音加，平，麻韻，見。魚部。

㊀初生的蘆葦。詩秦風蒹葭："蒹～蒼蒼，白露爲霜。"毛傳："蒹，薕，葭，蘆也。"説文："葭，葦之未秀者。"〔葭莩〕蘆葦裏的薄膜。比喻疏遠的親戚。漢書中山靖王傳："今群臣非有葭莩之親，鴻毛之重，群居黨議。"㊁通"笳"。樂器名。南朝宋謝靈運九日從宋公戲馬臺集送孔令詩："鳴～戾朱，蘭巵獻時哲。"

2. xiá 集韻何加切，音霞，平，麻韻，匣。

㊂通"遐"。遠。後漢書杜篤傳："主上方以邊垂爲憂，忿～萌之不柔，未遑於論都而遺思廱州也。"李賢注："楊子雲長楊賦曰：'遐萌爲之不安。'謂遠人也。"

葦 wěi 于鬼切，上，尾韻，喻三。微部。

㊀蘆葦。説文："葦，大葭也。"詩衛風河廣："誰謂河廣？一～杭之。"又用作動詞，收割蘆葦。詩豳風七月："七月流火，八月萑～。"朱熹集傳："於八月萑葦既成之際而收蓄之。"按，"萑葦"雙聲。㊁〔葦然〕變動的樣子。漢書王莽傳中："懼然祗畏，葦然閔漢氏之終不可濟。"顔師古注："葦然，變動之貌也。"

葵 kuí 渠追切，平，脂韻，群。脂部。

㊀菜名。説文："葵，葵菜也。"詩豳風七月："七月亨～及菽。"明李時珍本草綱目："古者～爲五菜之主。"㊁蒲葵。葉可作蒲扇。晉書謝安傳："有蒲葵扇五萬。"㊂向日葵。原産美洲，明代稱"西番葵"。宋司馬光居洛初夏詩："更無柳絮因風舞，惟有～花向日傾。"㊃通"揆"。度量，考察。詩大雅板："民之方殿屎，則莫我敢～。"鄭箋："葵，揆也。"陳奐傳疏："揆，度也。"

莦 1. xiāo 集韻思邀切，音消，平，宵韻，心。宵部。

㊀〔莦蔘〕〔莦槮〕雙聲聯緜字。樹木蕭疏竦立的樣子。漢書司馬相如傳上林賦："紛溶莦蔘，猗柅從風。"宋朱熹梅溪陂下作詩："野牛浮鼻過寒溪，落木莦槮水下陂。"

2. shāo 集韻師交切，平，肴韻，審二。宵部。

㊁通"梢"，樹梢。楚辭戰國宋玉九辯："～櫹槮之可哀兮，形銷鑠而於傷。"王逸注："華葉已落，莖獨立也。"

按，説文無莦字。

蒀 yūn 於云切，音蘊，平，文韻，影。文部。

㊀植物名。即萬年青。清陳淏子花鏡卷五："萬年青一名～，闊葉叢生，深緑色，冬夏不萎。"㊁〔葐蒀〕叠韻聯緜字。見"葐"字條。㊂〔茵蒀〕雙聲聯緜字。見"茵"字條。

［備考］通"輼"。車輼，以車輛堵塞敵路。墨子備穴："塞穴門，以車兩走爲～。"孫詒讓閒詁："蒀亦即輼字。"

按，説文無蒀字。

萬 wàn 無販切,去,願韻,明。元部。

❶蟲名。説文:“萬,萬蟲也。”❷數詞。千的十倍。詩小雅甫田:“乃求千斯倉,乃求～斯箱。”❸極言其多。詩小雅蓼蕭:“和鸞雝雝,～福攸同。”史記禮書:“人道經緯～端,規矩無所不貫。”又極言其甚,絶對。韓非子解老:“事必～全,而舉無不當,則謂之寶矣。”史記淮陰侯列傳:“貴賤在於骨法,憂喜在於容色,成敗在於決斷,以此參之,～不失一。”❹古代一種大型舞蹈。詩邶風簡兮:“簡兮簡兮,方將～舞。”毛傳:“以干羽爲萬舞,用之宗廟山川。”朱熹集傳:“萬者,舞之總名,武用干戚,文用羽籥。”左傳隱公五年:“九月,考仲子之宮,將～焉。”這裏用作動詞。❺姓。戰國孟子門人有萬章。

葥 zè 阻力切,音仄,入,職韻,照二。職部。

❶一種有毒的藥草,即葥子。説文:“葥,烏喙也。”廣雅釋草:“蕪奚,毒附子也。一歲爲葥子,二歲爲烏喙,三歲爲附子,四歲爲烏頭,五歲爲天雄。”鹽鐵論誅秦:“搆兵争强而卒俱亡,雖以進壤廣地,如食～之充腸也。”❷古人名。左傳昭公二十年:“昔爽鳩氏始居此地,季～因之。”杜預注:“季葥,虞夏諸侯。”

葸 xǐ 胥里切,上,止韻,心。之部。

畏縮,膽怯。論語泰伯:“恭而無禮則勞,慎而無禮則～。”何晏集解:“葸,畏懼之貌。”後漢書班固傳下:“雖云優慎,無乃～歟!”

葺 qì 七入切,入,緝韻,清。緝部。

❶用茅草蓋屋。説文:“葺,茨也。”又:“茨,茅蓋屋。”周禮考工記匠人:“～屋參分,瓦屋四分。”左傳襄公三十一年:“繕完～牆,以待賓客。”孔穎達疏:“周禮匠人有葺屋瓦屋。瓦屋以瓦覆,葺屋以草覆。此云葺牆,謂草覆牆也。”引申爲修補房屋。左傳哀公三年:“蒙～公屋,自大廟始。”❷重叠。楚辭戰國屈原九章悲回風:“魚～鱗以自别兮,蛟龍隱其文章。”〔葺襲〕叠韻聯緜字。重叠的樣子。文選晉潘岳笙賦:“徘徊布濩,涣衍葺襲。”李善注:“葺襲,重貌。”

蕚 è 五各切,入,鐸韻,疑。鐸部。

花蕚。文選晉束晳補亡詩六首之二:“白華朱～,被於幽薄。”南朝梁劉勰文心雕龍章句篇:“跗～相銜,首尾一體。”〔蕚跗〕花蕚與花托,比喻兄弟。唐張願秀士張點墓誌:“痛蕚跗之不禄,悲涕泗之無從。”

按,説文無蕚字。朱駿聲説文通訓定聲:“詩常棣‘鄂不韡韡’箋:‘承華者鄂,字亦作蕚。’”

萵 wō 集韻烏禾切,平,戈韻,影。

後起字。〔萵苣〕蔬菜名。又名“萵笋”。北魏賈思勰齊民要術雜説:“應地閒地種蔓菁,萵苣、蘿蔔等。”唐杜甫有種萵苣詩一首。

菌 shǐ 式視切,音矢,上,旨韻,審三。脂部。

糞便。説文:“菌,糞也。”玉篇艸部:“亦作‘矢’,俗作‘屎’。”宋史賈黯傳:“初通判襄州,疑優人戲己,以人～啗之。”

葛 gé 古達切,入,曷韻,見。月部。

❶一種藤本植物,纖維可以織布。詩王風采葛:“彼采～兮,一日不見,如三月兮。”説文:“葛,絺綌艸也。”絺綌是用葛纖維織成的細布和粗布。莊子讓王:“余立於宇宙之中,冬日衣皮毛,夏日衣～絺。”❷古國名。孟子滕文公下:“湯始征,自～載。”❸〔葛天氏〕傳説中的遠古部落。見吕氏春秋古樂。又姓。今葛姓讀 gě。

萲 xuān 況袁切,音萱,平,元韻,曉。元部。

草名,即忘憂草。爾雅釋訓:“萲、諼,忘也。”郭璞注:“義見(詩衛風)伯兮。”釋文:“詩云‘焉得～草’。毛傳云,‘萲草令人善忘’。”今本詩經作“諼”,説文作“藼”。參見“藼”字條。

葼 zōng 子紅切,平,東韻,精。東部。

❶樹木的細枝。説文:“葼,青齊兖冀謂

木細枝曰葼。”方言卷二：“故傳曰：‘慈母之怒子也，雖折～笞之，其惠存焉。’”文選晉左思魏都賦：“弱～係實，輕葉振芳。”李善注：“葼，木之細枝者也。”㊁草名。正字通：“葼，小藍曰葼。”南朝宋謝靈運山居賦：“蓼蕺～薺，葑菲蘇薑。”

菹 zū 集韻臻魚切，平，魚韻，照二。魚部。

同“葅”。廣韻：“葅，説文：‘酢菜也’，字亦作‘菹’。”〔菹醢〕同“葅醢”。把人剁成肉醬的酷刑。漢書吴王劉濞傳：“臣卬奉法不謹，驚駭百姓，乃苦將軍遠道至于窮國，敢請菹醢之罪。”

葐 1. pén 蒲奔切，平，魂韻，並。文部。

㊀草名。即覆葐草，見廣韻。爾雅釋草：“茥，葐葐。”郭璞注：“覆盆也，實似莓而小，亦可食。”

2. fén 符分切，音汾，平，文韻，奉。

㊀〔葐蒀〕疊韻聯緜字。山氣氤氲的樣子。文選晉左思蜀都賦：“鬱葐蒀以翠微，崛巍巍以峩峩。”

按，説文無葐字。

董 1. dǒng 多動切，上，董韻，端。東部。

㊀督察，監督。書大禹謨：“～之用威。”僞孔傳：“董，督也。”晉陸機漢高祖功臣頌：“肅肅荆王，～我三軍。”㊁正，整頓。楚辭戰國屈原九章涉江：“余將～道而不豫兮。”王逸注：“董，正也。…言已雖見先賢執忠被害，猶正身直行，不猶豫而狐疑也。”後漢書岑晊傳：“雖在閭里，慨然有～正天下之志。”㊂春秋時晉地名。左傳文公六年：“陽處父至自温，改蒐於～，易中軍。”

［備考］深藏。史記扁鵲倉公列傳：“年六十已上氣當大～。”裴駰集解引徐廣曰：“董謂深藏之。一作‘堇’。”

按，説文董作董。段玉裁注：“亦作董。古童、重通用。”王筠句讀：“至董卓時童謠云‘千里草何青青’。知董之爲董，自東漢始矣。”

葡 pú 篇海類編薄胡切，音蒲。

〔葡萄〕植物名，亦指其果實。外來詞，出自西域，漢書作“蒲陶”，後亦作“蒲桃”“蒲萄”。正字通：“葡，俗字。”又指葡萄酒。宋蘇軾老饕賦：“引南海之玻黎，酌涼州之葡萄。”

菉 lù 力玉切，音録，入，燭韻，來。屋部。

㊀草名，王芻，亦即“藎草”。見説文及爾雅釋草。楚辭戰國屈原離騷：“薋～葹以盈室兮，判獨離而不服。”南朝齊謝朓治宅詩：“風碎池中荷，霜翦江南～。”㊁通“録”。收録。逸周書王會解：“堂下之東面，郭叔掌爲天子～幣焉。”孔晁注：“菉，録諸侯之幣也。”

萯 1. fù 房久切，上，有韻，奉。之部。

㊀藥草名。王萯。見説文。管子地員：“其種大～細～。”房玄齡注：“萯，草名。”一説通“秠”，黑黍的一種，見王念孫讀書雜志管子九。

2. bèi 集韻蒲昧切，音背，去，隊韻，並。之部。

㊀山名。在今河南鞏縣北。吕氏春秋音初：“夏后氏孔甲田于東陽～山。”

葱 1. cōng 倉紅切，平，東韻，清。東部。

㊀蔬菜名，多用作調味。禮記内則：“膾，春用～，秋用芥。”淮南子説山：“君子之於善也，猶采薪者見一芥掇之，見青～則拔之。”㊁青緑色。爾雅釋器：“青謂之葱。”詩小雅采芑：“朱芾斯皇，有瑲～珩。”毛傳：“葱，蒼也。”朱熹集傳：“葱，蒼色如葱者也。”㊂〔葱倩〕〔葱蒨〕雙聲聯緜字。青翠而茂盛的樣子。南朝宋謝靈運山居賦：“當嚴勁而葱倩，承和煦而芬腴。”南朝宋顔延之雜體詩：“青林結冥濛，丹巘被葱蒨。”〔葱蘢〕疊韻聯緜字。義同“葱倩”。文選晉郭璞江賦：“涯灌芊萰，潛薈葱蘢。”〔葱葱〕義同“葱倩”。論衡吉驗：“城廓鬱鬱葱葱。”

2. chuāng 集韻初江切，音窗，平，江韻，穿二。

東部。

㊃〔葱靈〕通“窗櫺”。輜車名。一種有窗櫺的轎車。左傳定公九年：“載葱靈，寢於其中而逃。”杜預注：“葱靈，輜車名。”孔穎達疏：“賈逵云：‘葱靈，衣車也，有葱有靈。’然則此車前後有蔽，兩旁開葱，可以觀望，葱中豎木謂之靈。今人猶名葱木爲靈子。”

按，説文葱作蔥。注云：“菜也。”

萪 kē 苦禾切，平，戈韻，溪。

後起字。藤名。北魏賈思勰齊民要術卷一〇藤引異物志曰：“～藤，圍數寸，重於竹，可爲杖。篾以縛船及以爲席，勝竹也。”

萩 1. qiū 七由切，平，尤韻，清。幽部。

㊀草名，蒿類。説文：“萩，蕭也。”爾雅釋草：“蕭，萩。”郭璞注：“即蒿。”㊁通“楸”。樹木名。左傳襄公十八年：“十二月戊戌，及秦周伐雍門之～。”漢書貨殖傳：“山居千章之～。”顔師古注：“萩，即楸樹字也。”

2. jiāo 集韻兹消切，音焦，平，宵韻，精。幽部。

㊂人名。穀梁傳文公九年：“楚子使～來聘。”左傳作“椒”。

葄 zuò 集韻存故切，音祚，去，莫韻，從。

後起字。㊀草名。葄實，即慈姑。集韻：“葄，艸名，水芋也。或从祚。”正字通：“葄，葄實，水艸，一名慈姑。”明方以智物理小識九：“芋奶～實，應月生子。”㊁藉，墊藉。新唐書李揆傳：“而迂學陋生，～枕圖史，且不能自措於詞。”

葪 1. jì 玉篇古麗切，音計。月部。

㊀同“薊”，草名。太平廣記二三二引五代范資玉堂閑話䢼湖漁者：“兩州之莞、～、萑、葦、追芰荷之類，賴以資之。”㊁〔葪柏〕木名。山海經中山經：“(敏山)上有木焉，其狀如荆，白華而赤實，名曰葪柏。”

2. jiè 字彙古拜切，音介。

㊂〔蔕葪〕叠韻聯緜字。通“蔕薊”。鯁刺。集韻怪韻：“薊，蔕薊，鯁刺也，通作‘芥’。”史記屈原賈生列傳服鳥賦：“細故蔕葪兮，何足以疑！”司馬貞索隱：“葪音介，漢書作‘介’(按，今本漢書作‘芥’)。”

按，説文無葪字。

葩 pā 普巴切，平，麻韻，滂。魚部。

㊀草木的花。説文：“葩，華也。”文選漢張衡西京賦：“吐～颺榮，布葉垂陰。”引申爲華美。唐韓愈進學解：“詩正而～。”此指詩經義正而辭美，後因稱詩經爲“葩經”。㊁〔紛葩〕雙聲聯緜字。繁盛的樣子。文選漢馬融長笛賦：“紛葩爛漫，誠可喜也”。李善注：“紛葩，盛多也。”

［辨］蘤，花，華，葩。見“蘤”字條。

萬 1. yǔ 王矩切，音雨，上，麌韻，喻三。魚部。

㊀草名。説文：“萬，艸也。”

2. jǔ 俱雨切，音矩，上，麌韻，見。魚部。

㊁通“矩”。矩尺，曲尺。周禮考工記輪人：“是故規之以眡其圜也，～之以眡其匡也。”鄭玄注引鄭司農云：“萬，書或作矩。”㊂姓。漢代有萬章(見漢書游俠傳)。

葆 1. bǎo 博抱切，上，晧韻，幫。幽部。

㊀草叢生而茂盛的樣子。説文：“葆，艸盛貌。”漢書武五子傳燕刺王旦：“當此之時，頭如蓬～。”顔師古注：“草叢生曰葆，音保。”㊁隱蔽，隱藏。莊子齊物論：“注焉而不滿，酌焉而不竭，而不知其所由來，此之謂～光。”成玄英疏：“葆，蔽也。至忘而照，即照而忘，故能韜蔽其光，其光彌朗。”㊂一種羽毛製的裝飾物，常用在車蓋上。文選漢張衡西京賦：“垂翟～，建羽旗。”李善注：“謂垂羽翟爲葆蓋飾、建隼羽爲旌旗也。”㊃通“保”。保全，保護。墨子號令：“小城不自守通者，盡～其老弱粟米畜産。”莊子田子方：“人貌而天虚，緣而～真，清而容物。”釋文：“葆音保，本亦作‘保’。”引申爲保姆。管子入國：“五幼，又予

之～。"房玄齡注:"葆,今之教母。"又爲官名,太保的省稱。吕氏春秋直諫:"～申曰:'先王卜以臣爲～,吉。'"㊄通"寶"。珍寶,珍貴。史記樂書:"青黑緣者,天子之～龜也。"司馬貞索隱:"～與'寶'同,史記多作此字。"㊅通"褓"。襁褓,包裹嬰兒的被。史記作"强葆"。魯周公世家:"武王既崩,成王少,在强～之中。"張守節正義:"葆,小兒被也。"㊆通"堡"。城堡。史記匈奴列傳:"匈奴右賢王入居河南地,侵盜上郡～塞蠻夷,殺略人民。"

2. bāo 集韻博毛切,平,豪韻,幫。幽部。

㊇通"褒"。高大。禮記禮器:"不樂～大。"鄭玄注:"謂器幣也,葆之言褒也。"㊈通"包"。包裹。墨子公孟:"教人學而執有命,是猶命人～而去其冠也。"畢沅注:"葆,言包裹其髮。"

蒞 ruì 以芮切,音鋭,去,祭韻,喻四。月部。

草初生的様子。方言卷二:"凡草生而初達謂之蒞。"郭璞注:"鋒萌始出。"文選晉左思吴都賦:"鬱兮～茂,曄兮菲菲。"

按,説文無蒞字。

葰 1. suī 息遺切,音雖,平,脂韻,心。微部。

㊀一種香菜。即廉薑。説文:"葰,薑屬,可以香口。"廣雅釋草:"廉薑,葰也。"

2. jùn 集韻祖峻切,去,稕韻,精。文部。

㊁通"俊"。大。史記司馬相如列傳:"夸條直暢,實葉～茂。"

3. suǒ 蘇果切,音鎖,上,果韻,心。微部。

㊂〔葰人〕漢代縣名,在上黨,屬太原郡。在今山西繁峙縣南。

葎 lǜ 吕卹切,入,術韻,來。物部。

草名,即葎草。見説文。明李時珍本草綱目草七葎草:"此草莖有細刺,善勒人膚,故名勒草。訛爲～草。"

葒 hóng 户工切,平,東韻,匣。

後起字。水草名,又名紅蓼、水葒。宋翁元龍水龍吟雪霽登吴山詞:"宮柳招鶯,水～飄雁。"

葯 yuè 於略切,入,藥韻,影。藥部。

㊀草名,即白芷。楚辭戰國屈原九歌湘夫人:"桂棟兮蘭橑,辛夷楣兮～房。"廣雅釋草:"白芷,其葉謂之葯。"山海經西山經:"(號山)其草多～、䕡,芎藭。"郭璞注:"葯,白芷别名。"㊁通"約"。纏裹。文選晉潘岳射雉賦:"首～緑素,身拕黼繪。"李善注:"方言曰:'葯,纏也。'猶纏裹也。言雉首緑色,頸葯素也。…葯,烏角反。"

按,説文無葯字。

葌 jiān 康熙字典音奸。元部。

野草名。鹽鐵論論誹:"故飯～糲者不可以言孝,妻子飢寒者不可以言慈。"馬非百簡注:"葌,同菅,一種野草。"

按,説文無葌字。

葌 jiān 古顔切,平,删韻,見。元部。

一種茅草。説文:"葌,艸,出吴林山。"山海經中山經:"吴林之山,其中多～草。"郭璞注:"亦菅字。"漢趙曄吴越春秋闔閭内傳:"至今後世,即山作冶,麻絰～服,然後敢鑄金於山。"

[備考]段玉裁説文解字注:"葌,香艸也。依衆經音義補二字。"又引中山經例後云:"郭云葌即菅,誤。"郝懿行山海經箋疏:"説文云:'葌,香艸,出吴林山'本此經爲説也。衆經音義引聲類云:'葌,蘭也。'又引字書云:'葌與蕑同,蕑即蘭也。'是葌乃香艸,郭注以葌爲菅字,菅乃茅屬,恐非也。"

蒎 hěn 胡墾切,上,很韻,匣。文部。

草名。玉篇艸部:"蒎,草名,似蓍,花青白。"正字通艸部:"蒎,艸名。山海經:'大騩山有艸,狀如蓍而毛,青華而白實,名曰～,服之不夭,可以已腹病。'"今本山海經中山經作"蒗"。郝懿行校改:"蒗當作蒎。"

按,説文無蒎字。

十畫

蒗 làng 來宕切，去，宕韻，來。

〔蒗碭〕〔蒗蕩〕疊韻聯緜字。渠名，一古運河，在今河南省境，故道已湮没。北魏酈道元水經注卷五河水："又東過滎陽縣北，蒗碭渠出焉。"漢書地理志上作"狼湯渠"。

按，說文無蒗字。

蒲 1. pú 薄胡切，平，模韻，並。魚部。

❶蒲草。說文："蒲，水草也，可以作席。"詩陳風澤陂："彼澤之陂，有～與荷。"❷蒲柳，即水楊。詩王風揚之水："揚之水，不流束～。"鄭箋："蒲，蒲柳也。"❸菖蒲。其葉形似劍，故稱蒲劍。舊俗端午節，門上懸掛蒲劍，可以避邪。唐李咸用和殷衙推春霖即事詩："柳眉低帶泣，～劍鋭初抽。"❹〔蒲葵〕喬木名。葉可做扇。晉書謝安傳："有蒲葵扇五萬。"❺〔蒲伏〕〔蒲服〕同"匍匐"。雙聲聯緜字。伏在地上爬行。左傳昭公十三年："懷錦奉壺飲冰，以蒲伏焉。"戰國策秦策三："至于蔆水，無以餌其口，坐行蒲服，乞食於吴市。"❻古地名。左傳莊公二十八年："～與二屈，君之疆也。"此指春秋晉邑，在今山西吕梁縣境。又左傳桓公三年："夏，齊侯、衛侯胥命于～。"此爲春秋衛地，在今河南長垣縣境。

2. bó 集韻白各切，音薄，入，鐸韻，並。鐸部。

❼〔蒲姑〕地名。左傳昭公九年："及武王克商，蒲姑、商奄，吾東土也。"釋文："蒲如字，又音薄。"史記周本紀作"薄姑"。今山東博興縣東北有薄姑城。❽〔蒲社〕殷代的社壇。公羊傳哀公四年："六月辛丑，蒲社災。蒲社者何？亡國之社也。"左傳與穀梁傳作"亳社"。

蒤 tú 同都切，音途，平，模韻，定。魚部。

❶草名，即虎杖。見爾雅釋草。郭璞注："似紅草而麤大，有細刺，可以染赤。"❷穢草，即雜草。爾雅釋草："蒤，委葉。"郭璞注："詩云：'以茠～蓼。'"今本詩經周頌良耜作"以薅荼蓼"。孔穎達疏："蓼是穢草，荼亦穢草。"按，"荼"在此與"蒤"同。說文無"蒤"字。

蓉 róng 餘封切，平，鍾韻，喻四。東部。

❶〔芙蓉〕見"芙"字條。❷〔蓯蓉〕疊韻聯緜字。見"蓯"字條。❸四川成都市的簡稱。

按，說文無蓉字，新附有之。

蒡 1. bàng 北朗切，上，蕩韻，幫。今讀如謗。

❶牛蒡，植物名，可做蔬菜。見廣韻。又名"惡實"。見本草綱目。

2. páng 集韻普光切，音滂，上，唐韻，滂。陽部。

❷草名。爾雅釋草："蒡，隱荵。"郭璞注："似蘇有毛，今江東呼爲隱荵。藏以爲葅，亦可瀹食。"

按，說文無蒡字。

蒟 jǔ 俱雨切，音矩，上，麌韻，見。侯部。

植物名。果實可作醬，故亦稱蒟醬。說文："蒟，蒟果也。"文選晉左思蜀都賦："其園則有～蒻，茱萸。"劉逵注："蒟，蒟醬也。…蒻，草也。"又："邛杖傳節於大夏之邑，～醬流味於番禺之鄉。"

蓑 1. suō 蘇禾切，平，戈韻，心。微部。

❶蓑衣，用草或棕毛製成的雨衣。詩小雅無羊："爾牧來思，何～何笠。"毛傳："蓑，所以備雨；笠，所以禦暑。"❷蓑草。用作動詞，以草覆蓋。公羊傳定公元年："三月，晉人執宋仲幾于京師。仲幾之罪何？不～城也。"何休解詁："若今以草衣城是也。"徐彦疏："謂不以蓑苫城也。"

2. suī 素回切，平，灰韻，心。微部。

❸〔蓑蓑〕下垂的樣子。文選漢張衡南都賦："布緑葉之萋萋，敷華蘂之蓑蓑。"唐白居易庭松詩："春深微雨夕，滿葉珠蓑蓑。"

按，說文無蓑有衰，在衣部，注云："艸雨衣。"

蒿 1. hāo 呼毛切,平,豪韻,曉。宵部。

❶草名。青蒿,香蒿。説文:"蒿,菣(qìn)也。"詩小雅鹿鳴:"呦呦鹿鳴,食野之～。"毛傳:"蒿,菣也。"孔穎達正義引郭璞云:"今人呼爲青蒿,香中炙啖者爲菣。"王筠説文句讀認爲"菣"是許慎的汝南鄉語(方言)。❷通"耗"。消耗。國語楚語上:"若斂民利,以成其私欲,使民～焉忘其安樂而有遠心,其爲惡也甚矣。"韋昭注:"蒿,耗也。"❸通"歊"。氣蒸發的樣子。禮記祭義:"其氣發揚于上爲昭明,焄～悽愴,此百物之精也,神之著也。"鄭玄注:"焄謂香臭也;蒿謂氣蒸出貌也。"朱駿聲説文通訓定聲:"蒿,假借爲歊。"説文:"歊,歊歊,气上出皃。"

2. gǎo 集韻古老切,音稿,上,晧韻,見。

❹同"稾"。禾秆。後漢書儒林傳上劉昆:"桑弧～矢,以射菟首。"

蓆 xí 祥易切,入,昔韻,邪。鐸部。

❶原義爲草多,引申爲寬大。説文:"蓆,廣多也。"詩鄭風緇衣:"緇衣之～兮,敝,予又改作兮。"毛傳:"蓆,大也。"❷草席。韓非子存韓:"韓事秦三十年,出則爲捍蔽,入則爲～薦。"

蒺 jí 秦悉切,入,質韻,從。質部。

〔蒺蔾〕〔蒺藜〕準叠韻聯緜字。①草名。即"茨"。易困:"六三,困于石,據于蒺蔾,入于其宫,不見其妻,凶。"孔穎達正義:"蒺蔾之草有刺而不可據也。"參見"茨"字條。也指似蒺蔾之物。唐王維老將行:"漢兵奮迅如霹靂,虜騎崩騰畏蒺蔾。"②蟲名。爾雅釋蟲:"蒺蔾,蝍蛆。"郭璞注:"似蝗而大腹,長角,能食蛇腦。"

按,説文無蒺字。

蒙 méng 莫紅切,平,東韻,明。東部。

❶草名。即女蘿。説文:"蒙,王女也。"(一本作"玉女",非。)爾雅釋草:"唐、蒙,女蘿。"又:"蒙,王女。"郭璞注:"蒙即唐也,女蘿别名。"❷覆蓋,包,裹。詩唐風葛生:"葛生～楚,蘞蔓于野。"左傳昭公十三年:"晉人執季孫意如,以幕～之。"方言卷一二:"蒙,覆也。"引申爲蒙騙,隱瞞。左傳僖公二十四年:"下義其罪,上賞其姦,上下相～,難與處矣。"❸受,遭受。易明夷:"内文明而外柔順,以～大難。"釋文:"蒙,猶遭也。"漢書杜欽傳:"申生～無罪之辜。"引申爲冒着。漢書鼂錯傳言守邊備塞:"故能使其衆～矢石,赴湯火,視死如生。"顔師古注:"蒙,冒犯也。"❹愚昧,無知。易蒙:"匪我求童～,童～求我。"孔穎達正義:"蒙者微昧,闇弱之名物皆蒙昧。"戰國策韓策一:"韓氏之兵非削弱也,民非～愚也。"引申爲謙詞。猶言愚。文選漢張衡西京賦:"豈欲之而不能,將能之而不欲歟?～竊惑焉。"李善注:"蒙,謙稱也。"又爲敬詞。承,承蒙。宋王安石答司馬諫議書:"昨日～教。"❺易卦名,坎下艮上。易蒙:"象曰,山上有險,險而止,～。"又序卦:"～者蒙也。物之稺也。"❻通"尨"。雜色。詩秦風小戎:"～伐有苑。"毛傳:"蒙,討羽也。"鄭箋:"蒙,厖也;討,雜也。畫雜羽之文於伐,故曰蒙伐。"❼〔蒙戎〕叠韻聯緜字。蓬鬆的樣子。詩邶風旄丘:"狐裘蒙戎,匪車不東。"左傳僖公五年作"尨茸"。❽〔蔑(蔑)蒙〕雙聲聯緜字。見"蔑"字條。

〔同源字〕蒙,冒,冥,帽,眊,盲,矇,濛,幪,朦,夢,瞀,霧,鍪,瞑,雺,瞢。見"冒"字條。

蓂 1. míng 莫經切,音銘,平,青韻,明。耕部。

❶〔蓂莢〕古代傳説中的一種瑞草。又名"歷莢"。漢書王莽傳上:"甘露降,神芝生,蓂莢、朱草、嘉禾、休徵同時並至。"竹書紀年帝堯陶唐氏:"又有草夾階而生,月朔始生一莢,月半而生十五莢;十六日以後日落一莢,及晦而盡。月小則一莢焦而不落,名曰蓂莢,一曰歷莢。"

2. mì 莫狄切,音汨,入,錫韻,明。錫部。

㊁〔菥蓂〕菜名，見"菥"字條。按，説文作"析蓂"。注云："蓂，析蓂，大薺也。"

萑 yù余六切，音育，入，屋韻，喻四。藥部。

植物名，即"蘡薁"，一種野葡萄。説文："萑，艸也。詩曰：'食鬱及～。'"今本毛詩豳風七月作"六月食鬱及薁"。參見"薁"字條。

蓄 xù許竹切，入，屋韻，曉。覺部。

㊀積聚，儲存。説文："蓄，積也。"詩豳風鴟鴞："予所捋荼，予所～租。"朱熹集傳："蓄，積；租，聚。"吕氏春秋仲秋："乃命有司趣民收斂，務～菜，多積聚。"又指儲存的蔬菜。詩邶風谷風："我有旨～，亦以禦冬。"鄭箋："蓄聚美菜者，以禦冬月乏無時也。"引申爲蓄養，保存。國語晉語四："～力一紀，可以遠矣。"宋岳飛五嶽祠盟記："養兵休卒，～鋭待敵。"㊁等待。後漢書張衡傳："盍遠迹以飛聲兮，孰謂時之可～？"李賢注："誰謂時之可待，言易逝也。"㊂〔蓄縮〕叠韻聯緜字。退縮，懈怠的樣子。漢書息夫躬傳："方今丞相王嘉健而蓄縮，不可用。"顔師古注："蓄縮，謂忞於事也。"宋辛棄疾念奴嬌趙晉臣敷文十月望生日自賦詞屬余和韻："世上兒曹都蓄縮，凍芋旁堆秋瓞。"

［同源字］畜，蓄，慉。見"畜"字條。

蒹 jiān古甜切，平，添韻，見。談部。

草名。未出穗的荻。説文："蒹，萑之未秀者。"〔蒹葭〕雙聲聯緜字。爲常見不值錢的水草。詩秦風蒹葭："～葭蒼蒼，白露爲霜。"毛傳："蒹，薕；葭，蘆也。"陳奂傳疏："蒹葭，即萑葦之未秀者。"比喻微賤。韓詩外傳二："閔子曰：'吾出蒹葭之中，入夫子之門。'"

蒴 shuò所角切，入，覺韻，審二。

後起字。㊀〔蒴藋〕叠韻聯緜字。草名，即陸英，可入藥，見玉篇。㊁蒴果。果實的一種類型。

蓁 zhēn側詵切，音臻，平，臻韻，照二。真部。

㊀本義爲草盛的樣子。説文："蓁，艸盛貌。"〔蓁蓁〕①茂盛的樣子。詩周南桃夭："桃之夭夭，其葉蓁蓁。"毛傳："蓁，至盛貌。"②積聚的樣子。楚辭戰國宋玉招魂："蝮蛇蓁蓁，封狐千里些。"王逸注："蓁蓁，積聚之貌。"㊁叢生的荆棘。莊子徐无鬼："衆狙見之，恂然棄而走，逃於深～。"成玄英疏："蓁，棘叢也。"

［同源字］駪，詵，蓁，溱，莘，甡。見"駪"字條。

蒜 suàn蘇貫切，去，换韻，心。元部。

蔬菜名。味辛。説文："蒜，葷菜也。"急就篇三："芸～薺芥茱萸香。"顔師古注："蒜，大小蒜也，皆辛而葷。"

蒪 pò匹各切，音粕，入，鐸韻，滂。鐸部。

〔苴蒪〕準叠韻聯緜字。草名。見"苴"字條。

蓮 lián落賢切，平，先韻，來。元部。

蓮子。説文："蓮，芙蕖之實也。"爾雅釋草："荷，芙蕖。其莖茄，其葉蕸，其本蔤，其華菡萏，其實～，其根藕，其中的，的中薏。"後與"荷"混用。樂府詩集江南："江南可採～，蓮葉何田田。"又指藕。唐温庭筠達摩支曲："擣～作絲寸難絶"。

蒱 pú薄胡切，音蒲，平，模韻，並。

博戲，賭博。晉書陶侃傳："乃命取其酒器，～博之具，悉投之於江。"宋書劉康祖傳："在閭里不治士業，以浮蕩～酒爲事。"參見"樗"字條"樗蒱"。

按，説文無蒱字。

蓋 1.gài古太切，去，泰韻，見。月部。

㊀苫，白茅編成的覆蓋物。説文作"葢"："苫也。"左傳襄公十四年："乃祖吾離被苫～，蒙荆棘，以來歸我先君。"杜預注："蓋，苫之别名。爾雅曰：'白蓋謂之苫。'"孔穎達疏："被

苫蓋，言無布帛可衣，唯衣草也。”又作動詞，覆蓋，搭蓋。漢王褒僮約：“治舍～屋。”❷車蓋。周禮考工記輪人：“輪人爲～。”史記管晏列傳：“擁大～，策駟馬。”泛指器物上的蓋子。儀禮公食大夫禮：“宰右執鐙，左執～。”❸遮蔽，掩蓋。書蔡仲之命：“爾尚～前人之愆，惟忠惟孝。”淮南子說林：“日月欲明而浮雲～之。”引申爲超過，勝過。國語周語中：“君子不自稱也，非以讓也，惡其～人也。”韓非子解老：“不敢爲天下先，則事無不事，功無不功，而議必～世。”❹崇尚，重。國語吳語：“夫固知君王之～威以好勝也。”韋昭注：“蓋，猶尚也。”❺副詞。大概。史記平原君虞卿列傳：“諸子中(趙)勝最賢，喜賓客；賓客～至者數千人。”❻連詞。連接上句或上一段，表示原因。史記屈原賈生列傳：“屈平之作離騷，～自怨生也。”❼句首語氣詞。論語子路：“君子於其所不知，～闕如也。”史記孝文本紀：“朕聞，～天下萬物之萌生，靡不有死。”

2. gě 古盍切，入，盍韻，見。葉部。

❽古地名。戰國齊蓋邑，故城在今山東沂水縣西北。❾姓。齊大夫食邑於蓋，子孫以邑爲氏。漢書有蓋寬饒。今蓋姓已多念gài。

3. hé 胡臘切，入，盍韻，匣。葉部。

❿通“盍”。何不。禮記檀弓上：“子～言子之志於公乎？”⓫通“闔”。門扇。荀子宥坐：“九～皆繼。”楊倞注：“蓋音盍，户扇也。”

[備考]通“害”。書吕刑：“鰥寡無～。”孟子萬章上：“象曰：‘謨～都君咸我績。’”阮元釋蓋云：“吕刑云：‘鰥寡無蓋’，‘蓋’即‘害’字之借，言堯時鰥寡無害也。孟子‘謀蓋都君’，此兼井廩言之，蓋亦當訓爲‘害’也。若專以謀蓋爲蓋井，不兼焚廩，則‘咸我績’，‘咸’字無所著矣。”

[辨]翳，蓋，屋。見“翳”字條。

蓍 shī 式之切，音尸，平，脂韻，審三。脂部。

植物名。蒿屬，一本多莖。見說文。詩曹風下泉：“洌彼下泉，浸彼苞～。”又指蓍草莖，古人常用來占卜。易繫辭上：“探賾索隱，鉤深致遠，以定天下之吉凶，成天下之亹亹者，莫大乎～龜。”

蓐 rù 而蜀切，音褥，入，燭韻，日。屋部。

❶本義爲陳草復生(見說文)，引申爲薦席，即草墊子，草席。左傳文公七年：“訓卒利兵，秣馬～食，潛師夜起。”杜預注：“蓐食，早食於寢蓐中也。”後漢書段熲傳：“在邊十餘年，未嘗一日～寢。”李賢注引郭璞曰：“蓐，席也。”❷孕婦生産(後起義)。宋范成大久病或勸勉强遊適吟四絶答之：“羸如～婦多忌，倦似田翁作勞。”❸春秋國名。在汾水流域。左傳昭公元年：“帝用嘉之，封諸汾川，沈、姒、～、黄，實守其祀。”

[同源字]蓐，褥。參看“褥”字條。

蓫 1. chú 丑六切，音矗，屋韻，徹。屋部。

❶草名。即“蓨”。又名羊蹄菜。詩小雅我行其野：“我行其野，言采其～。”毛傳：“蓫，惡菜也。”北魏賈思勰齊民要術卷一〇引陸璣詩義疏云：“(蓫)，今羊蹄，似蘆菔，莖赤。煮爲茹，滑而不美，多噉令人下痢。幽陽謂之蓫，一名蓨，亦食之。”

2. zhú 直六切，音逐，入，屋韻，澄。屋部。

❷[蓫薚]準雙聲聯緜字。草名。即蓄陸。爾雅釋草：“蓫薚，馬尾。”郭璞注：“廣雅曰：‘馬尾，商陸。’本草云：‘别名薚。’今關西亦呼爲薚，江東呼爲當陸。”

按，說文無蓫字。

蓩 mǎo 武道切，字彙莫老切，音卯。侯部。

❶一種毒草。見玉篇廣韻。❷地名。後漢書劉玄傳：“三月，遣李松會朱鮪與赤眉戰於～鄉。”李賢等注：“蓩音莫老反。字林云：‘毒草也。’因以爲地名。…蓩蓋在今虢州湖城縣之間。”(按，在今河南三門峽市境內。)❸[蓩蓩]濃盛的樣子。漢曹操氣出唱之二：“乘雲駕龍，鬱何蓩蓩。”

按,説文:"蕂,卷耳也。"錢坫斠詮、徐灝注箋均認爲"後人妄加之",因古經傳中未有訓蕂爲卷耳者。

蒻 ruò 而灼切,入,藥韻,日。藥部。

㊀草名。嫩的香蒲。説文:"蒻,蒲子,可以爲平席。"急就篇三:"蒲～藺席帳帷幢。"顔師古注:"蒻,蒲之柔弱者也。"又指蒻席,一種細蒲席。楚辭戰國宋玉招魂:"～阿拂壁,羅幬張些。"王逸注:"蒻,蒻席。"鹽鐵論散不足:"古者皮毛草蓐,無茵席之加,旃～之美。"㊁荷莖没入泥中的部分,即藕。爾雅釋草"荷,芙渠。…其本,蔤"郭璞注:"莖下白～在泥中者。"

蒸 zhēng 煑仍切,平,蒸韻,照三。蒸部。

㊀細小的柴火。説文:"蒸,析麻中榦也。"詩小雅無羊:"爾牧來思,以薪以～。"鄭箋:"粗曰薪,細曰蒸。"淮南子主術:"冬伐薪～。"㊁用麻秸,竹木製成的照明物。詩小雅巷伯"哆兮哆兮,成是南箕"毛傳:"使執燭,放乎旦而～盡。"廣雅釋器:"蒸,炬也。"㊂氣體上升。國語周語上:"太史告稷曰:'自今至于初吉,陽氣俱～,土膏其動。'"韋昭注:"蒸,升也。"晉郭璞江賦:"雲霧之所～液。"又用熱氣蒸。北魏賈思勰齊民要術蒸缹:"著甑中～之取熟。"㊃祭祀名。爾雅釋天:"冬祭曰蒸。"國語魯語下:"～而獻功。"又作"烝"。㊄通"烝"。衆,多。國語周語上:"故頌曰:思文后稷,克配彼天;立我～民,莫匪爾極。"詩周頌思文"蒸民"作"烝民"。後漢書杜篤傳:"乃廓平帝宇,濟～人於塗炭。"㊅〔蒸蒸〕①通"烝烝"。淳厚的樣子。漢書酷吏傳:"吏治蒸蒸,不至於姦,黎民艾安。"顔師古注:"蒸蒸,純一之貌也。"②美盛的樣子。指孝順。文選漢張衡東京賦:"蒸蒸之心,感物增思。"李善注:"蒸蒸,孝也。"③興盛、上進的樣子。如"蒸蒸日上"。

蒢 chú 直魚切,平,魚韻,澄。魚部。

㊀草名。①黄蒢,又稱苦蘵。説文:"蒢,黄蒢職也。"②蒩蒢。廣雅釋草:"蒩蒢,地榆也。"㊁〔蘧蒢〕叠韻聯緜字。見"蘧"字條。

蓀 sūn 思渾切,平,魂韻,心。文部。

香草名。也稱"荃"。楚辭戰國屈原九歌湘君:"薜荔拍兮蕙綢,～橈兮蘭旌。"王逸注:"蓀,香草也。…一作荃。"三國魏曹植與楊德祖書:"蘭茝～蕙之芳,衆人所好。"

按,説文無蓀字。

蒔 1. shì 時吏切,音侍,去,志韻,禪。之部。

㊀移栽。分秧匀插。説文:"蒔,更别種也。"文選晉左思魏都賦:"水澍稉稌,陸～稷黍。"李善注引方言曰:"蒔,更也。"唐柳宗元酬賈鵬山人郡内新栽松寓興見贈詩:"青松遺澗底,擢～兹庭中。"引申爲栽種,種植。明末王夫之小雲山記:"廬下～雜花。"

2. shí 市之切,音時,平,之韻,禪。之部。

㊁〔蒔蘿〕植物名。俗稱"小茴香"或"土茴香"。

豈 qǐ 袪狶切,音豈,上,尾韻,溪。微部。

菜名。即水芹。説文:"豈,菜之美者,雲夢之豈。"段玉裁注引吕氏春秋本味作"菜之美者,…雲夢之芹"。並指出説文作豈,吕覽作芹,字雖異,但是殷、微二韻轉移最近,音義則同。按,段玉裁此注實謂微、文二部爲陰陽對轉,故微部的"豈"與文部的"芹"音義可通。甚是。唐陸龜蒙中酒賦:"剪雲夢～,採泮宫芹。"

萕 gǔ 古忽切,入,没韻,見。物部。

〔萕蓉〕草名。山海經西山經:"(嶓冢之山)有草焉,其葉如蕙,其本如桔梗,黑華而不實,名曰萕蓉,食之使人無子。"

按,説文無萕字。

蒐 sōu 所鳩切,音搜,平,尤韻,審二。幽部。

㊀草名。即蒨草。説文:"蒐,茅蒐,茹藘,人血所生,可以染絳。"山海經中山經:

"(釐山)其陽多玉,其陰多～。"郭璞注:"蒐,音搜,茅蒐,今之蒨草也。"㊁春天打獵。管子小匡:"春以田曰～,振旅;秋以田曰獮,治兵。"左傳隱公五年:"故春～,夏苗,秋獮,冬狩。"㊂檢閱,檢查。左傳宣公十四年:"告於諸侯,～焉而還。"杜預注:"蒐,簡閱車馬。"又襄公二十六年:"簡兵～乘。"㊃隱藏,隱蔽。左傳文公十八年:"服讒～慝,以誣盛德。"杜預注:"蒐,隱也。"㊄通"搜"。索求,尋找。文選晉陸機辯亡論上:"於是講八代之禮,～三王之樂。"宋史李植傳:"～選强仕,以重軍勢。"

蒼 1. cāng 七岡切,平,唐韻,清。陽部。

㊀草色。見説文。引申爲青色,即深綠色。廣雅釋器:"蒼,青也。"墨子所染:"見染絲者而嘆曰:染於～則～,染於黄則黄。"㊁〔蒼蒼〕①深藍色。莊子逍遥遊:"天之蒼蒼,其色正邪?其遠而無所至極邪?"②茂盛的樣子。詩秦風蒹葭:"蒹葭蒼蒼,白露爲霜。"毛傳:"蒼蒼,盛也。"③灰白色。唐白居易賣炭翁詩:"滿面灰塵烟火色,兩鬢蒼蒼十指黑。"㊂〔蒼茫〕叠韻聯緜字。曠遠迷茫的樣子。文選晉潘岳哀永逝文:"視天日兮蒼茫,面邑兮蕭散。"唐李白關山月詩:"明月出天山,蒼茫雲海間。"

2. cǎng 麁朗切,上,蕩韻,清。陽部。

㊃〔蒼莽〕叠韻聯緜字。猶"莽蒼"。空曠無邊的樣子。韓詩外傳四:"管仲曰:'所謂天,非蒼莽之天也;王者以百姓爲天。'"宋蘇轍黄樓賦:"山川開闔,蒼莽千里。"

蓔 yáo 餘昭切,音摇,平,宵韻,喻四。宵部。

草名。一名荒夫草。山海經中山經:"(姑蓔之山)帝女死焉,其名曰女尸,化爲～草,其葉胥成,其華黄,其實如菟丘,服之媚於人。"郭璞注:"爲人所愛也。…一名荒夫草。"山海經中山經:"(泰室之山)有草焉,其狀如荗,白華黑實,澤如蘡薁,其名曰～草,服之不眛,上多美石。"

按,説文無蓔字。

蒵 1. xí 胡雞切,平,齊韻,匣。支部。

㊀〔菟蒵〕草名。爾雅釋草:"縶,菟蒵。"

2. xì 胡計切,去,霽韻。匣。

㊁鞋帶。屐帶。南史虞玩之傳:"(齊)高帝取屐親視之,訛黑斜鋭,～斷以芒接之。"

按,説文無蒵字。

蔱 shā 所八切,入,黠韻,審二。月部。

㊀〔蔱蘠〕植物名,即"莁(蕪)荑"。見爾雅釋草。㊁通"榝"。木名。即茱萸。文選漢張衡南都賦:"蘇～紫薑。"李善注引字書曰:"蔱,茱萸也。"玉篇:"蔱,似茱萸。"

按,説文無蔱有榝。

蓌 cuò 則卧切,音挫,去,過韻,精。歌部。

同"夎"。廣韻過韻:"夎,經典作蓌。"跪而不至地,即蹲着。禮記曲禮上:"介者不拜,爲其拜而～拜。"釋文:"蓌,盧(植)本作蹲。"鄭玄注:"蓌則失容節,蓌猶詐也。"孔穎達疏:"爲其拜而蓌拜者,解所以不拜。蓌,挫也。戎容暨暨,著甲而屈拜,則坐損其戎威之容也。一云蓌,詐也。言著鎧而拜,形儀不足,似詐也,虚作矯蓌,則失容節,是蓌猶詐也。"

按,説文無蓌字。

蓊 wěng 烏孔切,上,董韻,影。東部。

草木興盛的樣子。玉篇:"蓊,木茂也。"三國魏曹植閨情詩之二:"妖姿艷麗,～若春華。"又聚集的樣子。文選戰國宋玉高唐賦:"滂洋洋而四施兮,～湛湛而弗止。"〔蓊茸〕叠韻聯緜字。茂密的樣子。文選漢張衡南都賦:"其竹則…阿那蓊茸,風靡雲披。"特指竹。唐柳宗元弔萇弘文:"松柏之斬刈兮,蓊茸欣植。"〔蓊鬱〕雙聲聯緜字。同"鬱蓊"。茂盛的樣子。文選漢張衡南都賦:"杳藹蓊鬱於谷底,森蓴蓴而刺天。"李善注:"皆茂盛貌。"三國魏曹丕感物賦:"瞻玄雲之蓊鬱,仰沉陰之杳冥。"

按,説文無蓊字。

蒩 zū 則吾切,平,模韻,精。魚部。

㊀草席。說文:"蒩,茅藉也。"周禮地官鄉師:"大祭祀,羞牛牲,共茅～。"㊁草名。即蕺草。後漢書馬融傳:"茈其、芸～、昌本、深蒲。"李賢等注引廣雅曰:"蕺,蒩也。其根似茅根,可食。"

蒯 kuǎi (舊又讀 kuài)苦怪切,去,怪韻,溪。質部。

㊀草名。左傳成公九年:"詩曰:'雖有絲麻,無棄菅～。'"玉篇引作"無棄菅蔽"。㊁地名。左傳昭公二十三年:"丙寅攻～,蒯潰。"約當今河南洛陽市區。㊂姓。漢代有蒯徹(通)。

〔辨〕蒯,菅。二字義近。字彙"蒯"字注:"蒯與菅,皆茅也,黄華名,俗名黄芒,即蒯也。白華者,俗名白芒,即菅也。"

按,說文無蒯有蔽。段玉裁注:"不知何時蔽改作蒯,從朋從刀,殊不可曉。"

蓬 péng 薄紅切,平,東韻,並。東部。

㊀草名,即蓬蒿,也叫飛蓬。說文:"蓬,蒿也。"詩召南騶虞:"彼茁者～,一發五豵。"毛傳:"蓬,草名也。"禮記月令孟春之月:"藜莠～蒿並興。"文選晉傅咸贈何劭王濟詩:"歸身～蓽廬,樂道以忘飢。"㊁披散紛亂的樣子。山海經海内經:"(幽都之山)其上有…玄狐～尾。"郭璞注:"蓬,叢也。"㊂〔蓬蓬〕①茂盛的樣子。詩小雅采菽:"維柞之枝,其葉蓬蓬。"毛傳:"蓬蓬,盛貌。"②風起的樣子。莊子秋水:"蛇謂風曰:'…今子蓬蓬然起於北海,蓬蓬然起於南海。'"㊃〔蓬勃〕雙聲聯緜字。興盛的樣子。漢賈誼旱雲賦:"遥望白雲之蓬勃兮,滃澹澹而妄止。"㊄〔蓬茸〕叠韻聯緜字。草木茂盛的樣子。文選漢張衡西京賦:"苯莓蓬茸,彌皋被岡。"薛綜注:"言草木熾盛,覆被於高澤及山岡之上也。"也作"莑茸"。

蓓 bèi 薄亥切,上,海韻,並。

〔蓓蕾〕花骨朵兒,含苞未放的花。五代徐夤追和白舍人詠白牡丹:"蓓蕾抽開素練囊,瓊葩薰出白龍香。"

〔備考〕玉篇:"蓓,草名,黄蓓。又蓓蕾。"

按,說文無蓓字。

蒨 qiàn 倉甸切,去,霰韻,清。耕部。

㊀同"茜"。茜草。爾雅釋草:"茹藘,茅蒐。"郭璞注:"今之蒨也,可以染絳。"引申爲絳色,即大紅色。唐杜牧村行詩:"蓑唱牧牛耳,籬窺～裙女。"㊁草木青葱的樣子。文選晉左思吴都賦:"夏曄冬～。"〔蒨蒨〕①青葱的樣子。晉湛方孫庭前植稻苗讚:"蒨蒨嘉苗,擢擢堦側。"②鮮明的樣子。文選晉束皙補亡詩之一:"蒨蒨士子,涅而不渝。"元楊載遣興偶作詩:"春蔬茂前畦,蒨蒨有顔色。"

按,說文蒨作茜,注云:"茅蒐也。"

蒦 huò 集韻胡陌切,音獲,入,陌韻,匣。鐸部。

㊀同"蠖"。規度。說文:"蒦,規蒦,商也。…一曰度也。"漢書律曆志上:"度者,分、寸、尺、丈、引也…尺者,～也。"㊁通"擭"。持。廣雅釋詁:"蒦,持也。"

蓧 1. diào 集韻徒弔切,音掉,去,嘯韻,定。幽部。

㊀同"莜"。一種竹器,古時芸田所用。論語微子:"子路從而後,遇丈人,以杖荷～。"何晏集解:"蓧,竹器。"

2. tiāo 吐彫切,音挑,平,蕭韻,透。幽部。

㊁草名。爾雅釋草:"蓧,蓨。"即羊蹄草。三國志吴書諸葛恪傳:"藜～稂莠,化爲善草。"

3. dí 徒歷切,音敵,入,錫韻,定。覺部。

㊂盛穀種之器。廣韻:"蓧,盛種器也。"

按,說文蓧作莜,注云:"艸田器…論語曰:'以杖荷莜。'"

葸 xī 相如切,入,職韻,心。職部。

草名，即葸菜，又名菲。見爾雅釋草。郭璞注："菲草生下溼地，似蕪菁，華紫赤色，可食。"

蓖 bì 邊兮切，平，齊韻，幫。今讀如閉。

後起字。蓖麻。見玉篇。明李時珍本草綱目草六蓖麻："蓖亦作螕。螕，牛蝨也，其子有麻點，故名蓖麻。"

葹 shī 疏夷切，平，脂韻，審二。

後起字。草名。見玉篇。北魏賈思勰齊民要術引晉張華博物志曰："扶海洲上有草，名曰～，其實如大麥。從七月熟，人斂穫，至冬乃訖，名曰'自然穀'。"

蓨 1. tiāo 集韻他彫切，音挑，平，蕭韻，透。幽部。

㊀草名。即羊蹄草。爾雅釋草："蓨，蓨。"北魏賈思勰齊民要術十羊蹄："似蘆菔，莖赤，煮爲茹，滑而不美，多噉令人下痢，幽陽謂之蓫，一名～。"説文："蓨，苗也。"廣韻："苗，蓨草。"

2. tiáo 集韻田聊切，音條，平，蕭韻，定。幽部。

㊁古縣名。也作"條"或"脩"。漢置脩縣，封周亞夫爲條侯，治所在今河北景縣南，隋開皇時改作"蓨"。移治在今河北景縣。明初廢入景州。

［備考］乾枯。集韻尤韻："蓨，乾也。"思留切，讀 xiū。

蘢 máng 集韻莫江切，平，江韻，明。

後起字。草名。玉篇："蘢，音尨，又火角切，並草名。"按，火角切讀 xiào，非草名。參見下條"蘢"字條"按"。

蘢 xiào 文選呼學切。

豬聲。文選晉左思吳都賦："封豨～，神螭掩。"李善注："方言曰：南楚人謂豬爲豨，虛豈切。蘢，豨聲，呼學切。"

按，説文無蘢字。此字字彙、正字通均作"蘢"。高步瀛文選李注義疏云："蘢五臣作蘢。旁證引段玉裁曰：蘢字廣韻集韻類篇皆無有，惟正韻蘢，轄覺切。考之廣韻：'豞，許角切，豕聲。'蘢，當爲豞之異字。…蘢爲音同、借用字。蘢爲譌字。"

蕠 rú 女余切，平，魚韻，娘。

〔藘蕠〕見"藘"字條。

蒓 chún 常倫切，平，諄韻，禪。

後起字。蒓菜，即水葵。唐李賀南園十三首之十一："自履藤鞋收石蜜，手牽苔絮長～花。"

按，説文蒓作蓴。

蒳 nà 奴答切，入，合韻，泥。緝部。

檳榔的一種，即蒳子。文選晉左思吳都賦："草則藿、～、豆蔻，薑彙非一。"劉淵林注引異物志曰："蒳，草樹也。葉如栟櫚而小，三月採其葉，細破陰乾之，味近苦而有甘，并雞舌食之，益美。"北魏賈思勰齊民要術卷一〇蒳子："山檳榔，一名～子。幹似蔗，葉類柞，一叢千餘幹，幹生十房，房底數百子，四月採。"

按，説文無蒳字。

蒶 fén 集韻符分切，音汾，平，文韻，奉。文部。

〔蒶蕴〕叠韻聯緜字。蕴積的樣子。楚辭漢王褒九懷蓄英："蒶蕴兮黴黧，思君兮無聊。"王逸注："愁思蓄積，面垢黑也。"

按，説文無蒶字。

蓈 láng 魯當切，平，唐韻，來。

後起字。〔蓈毒〕藥草名。玉篇艸部："蓈，蓈毒草。"廣韻："蓈，蓈毒，藥名。"又作"狼毒"。見廣雅釋草。

蓏 luǒ 郎果切，上，果韻，來。歌部。

草本植物的果實。説文："蓏，在木曰果，在艸曰蓏。"易説卦："艮爲山，爲徑路，爲小石，爲門闕，爲果～。"孔穎達疏："木實爲果，草實爲蓏。"周禮天官甸師:"其野果～之屬。"鄭玄注:"蓏,瓜瓞之屬。"

蒞 lì 集韻力至切,音利,去,至韻,來。質部。

同"莅"。正字通:"蒞,俗莅字。"臨視。國語周語上:"是故被除其心,以和惠民,考中度衷以～之。"韋昭注:"蒞,臨也。"參見"莅"字條。

十一畫

蔆 líng 力膺切,音陵,平,蒸韻,來。蒸部。

植物名。菱角。説文:"蔆,芰也,從艸,淩聲。楚謂之芰,秦謂之薢茩。"周禮天官籩人:"加籩之實,～、芡、栗、脯。"史記司馬相如列傳子虛賦:"外發芙蓉～華,内隱鉅石白沙。"文選作"菱華"。

蔤 mì 美畢切,入,質韻,明。質部。

芙蕖本,即荷的水下莖,藕。見説文。又爾雅釋草:"荷,芙蕖,…其本蔤。"郭璞注:"莖下白蒻在泥中者。"

蔻 kòu 呼漏切,去,候韻,曉。今讀如寇。

〔豆蔻〕見"豆"字條。

蓿 xū (舊讀 sù)息逐切,入,屋韻,心。覺部。

〔苜蓿〕見"苜"字條。

按,説文無蓿字。

蔀 bù 蒲口切,上,厚韻,並。之部。

❶席棚。易豐:"豐其～,日中見斗。"王弼注:"蔀,覆曖鄣光明之物也。"又用作動詞。用席遮蓋。易豐:"豐其屋,～其家。"宋王安石寄道光大師詩:"秋雨漫漫夜復朝,可嗟～屋望重霄。"❷曆法專名。古代治曆,十九年置七閏月,謂之章。四章謂之蔀,二十蔀謂之紀,六十蔀謂之元。後漢書律曆志下:"月分成閏,閏七而盡,其歲十九,名之曰章。章首分盡,四之俱終,名之曰～。以一歲日乘之,爲蔀之日數也。以甲子命之,二十而復其初,足以二十～爲紀。"

〔備考〕㊀草名。廣雅釋草:"葤,蔀,魚薺也。"㊁星名。集韻厚韻:"蔀,星名。"

按,説文無蔀字。

蔋 dí 音敵。錫部。

同"荻"。草名。淮南子説林:"～苗類絮,而不可爲絮。"高誘注:"蔋苗,荻秀。楚人謂之蔋,蔋讀敵戰之敵,幽、冀謂之荻苕也。"

按,説文無蔋字。

蔏 shāng 式羣切,平,陽韻,審三。陽部。

❶〔蔏蔞〕草名,蒿屬。爾雅釋草:"購,蔏蔞。"郭璞注:"蔏蔞,蔞蒿也。生下田,初出可啖,江東用羹魚。"❷〔蔏藋〕草名。爾雅釋草:"拜,蔏藋。"郭璞注:"蔏藋,亦似藜。"參見"藋"字條。

按,説文無蔏字。

蔟 1. cù 千木切,入,屋韻,清。屋部。

❶蠶蔟。供蠶吐絲作繭的設備。説文:"蔟,行蠶蓐。"漢揚雄元后誄:"帥導群妾,咸循蠶～。"章樵注:"蔟,竹器,以茅藉之,承老蠶作繭。"❷巢。玉篇:"蔟,巢也。"周禮秋官序官"哲～氏"。鄭玄注引鄭司農云:"蔟讀爲爵蔟之蔟,謂巢也。"楚辭漢王逸九思遭厄:"殦(鴟)鷳遊兮華屋,鵕鸃棲兮柴～。"❸通"簇"。聚積,聚集成團或堆。篇海類篇花木類:"蔟,聚也,攢也。"尚書大傳卷一:"～以爲八。"鄭玄注:"蔟猶聚也。"

2. còu 倉奏切,音湊,去,候韻,清。屋部。

❹〔太蔟〕樂律名。十二律中的第三律。廣韻:"蔟,太蔟,律名。"也作"大蔟"。禮記月令孟春之月:"其音角,律中大蔟。"吕氏春秋孟春作"太蔟"。

蔎 shè 識列切,入,薛韻,審三。月部。

❶香草名。説文:"蔎,香艸也。"〔蔎蔎〕香貌。楚辭漢劉向九歎愍命:"懷椒聊之蔎蔎兮,乃逢紛以罹詬也。"❷茶的别名。唐陸

羽茶經上一之源:"其名一曰茶,二曰檟,三曰～,四曰茗,五曰荈。"注:"楊執戟云:'蜀西南人謂茶曰蔎。'"

蓘 gǔn 古本切,上,混韻,見。文部。

爲苗根培土。又作"蔉"。左傳昭公元年:"譬如農夫,是穮是～,雖有饑饉,必有豐年。"杜預注:"穮,耘也;壅苗爲蓘。"

按,說文無蓘字。

蔗 zhè 之夜切,去,禡韻,照三。鐸部。

甘蔗。說文:"蔗,藷蔗也。"晉嵇含南方草木狀上:"諸～,一曰甘～,交趾所生者,圍數寸,長丈餘,頗似竹,斷而食之甚甘。"南朝梁元帝(蕭繹)謝東宮賚瓜啓:"味奪～漿,甘踰石蜜。"唐陸龜蒙江南秋懷寄華陽山人詩:"野饋夸菰飯,江商賈～餳。"

蔰 hù 音扈。魚部。

〔萑蔰〕雙聲聯緜字。見"萑"字條。

蔍 1. lù 盧谷切,音鹿,入,屋韻,來。

㊀鹿蹄草。見玉篇。集韻屋韻:"蔍,草名,鹿蹄也。"

2. cū 音粗。魚部。

㊁同"麤"。粗。字彙補:"蔍,與'麤'同。"晏子春秋内篇問上:"縵密不能,～苴學者詘。"

按,說文無蔍字。

蔊 hǎn 呼旱切,上,旱韻,曉。

晚起字。蔬菜名。廣韻:"蔊,菜,味辛也。"明李時珍本草綱目菜部蔊菜:"～味辛辣,如火焊人,故名。"宋陸游醉中歌:"吾州之～尤嘉蔬,珍盤飣餖百味俱。"

䔧 huì(舊讀 suì)徐醉切,去,至韻,邪。月部。

〔王䔧〕草名,即掃帚菜,又名地膚,一名葥。爾雅釋草:"葥,王䔧。"郭璞注:"王帚也,似藜,其樹可以爲掃彗,江東呼之曰落帚。"

蓴 1. chún 常倫切,音純,平,諄韻,禪。

㊀植物名。同"蒓"。一名水葵,又名鳧葵。世說新語言語:"有千里～羹,但未下鹽豉耳。"宋蘇軾揚州以土物寄少游詩:"後春～茁活如酥,先社薑芽肥勝肉。"

2. tuán 集韻徒官切,音團,平,桓韻,定。元部。

㊁蒲草叢生。說文:"蓴,蒲叢也。"又指蒲穗。廣雅釋草:"蒲穗謂之蓴。"王念孫疏證:"蒲草叢生於水則謂之蓴,蒲穗叢生莖末,亦謂之蓴。"

蓺 yì 魚祭切,音藝,去,祭韻,疑。月部。

㊀種植。集韻祭韻:"埶,說文:'種也。'…一曰技能也。或作蓺、藝。"詩大雅生民:"～之荏菽,荏菽旆旆。"鄭箋:"蓺,樹也。"又指種植的作物。左傳昭公六年:"不樵樹,不采～。"㊁才能,技藝。史記魯周公世家:"旦巧能,多材多～。"㊂通"刈"。刈割。新唐書黃巢傳:"觀察使韋岫戰不勝,棄城遁。賊入之,焚室廬,殺人如～。"

蔪 1. jiàn 慈染切,上,琰韻,從。談部。

㊀草木滋長、叢生。說文:"蔪,艸相蔪苞也。从艸,斬聲。書曰:'艸木～苞。'藍、蔪或从槧。"段玉裁注:"蔪苞,即今禹貢之'漸包'。釋文曰:'漸,本又作蔪。'字林才冉反,艸之相包裹也。包或作苞,叢生也。"

2. jiān 集韻將廉切,平,鹽韻,精。談部。

㊁麥芒。漢枚乘七發:"麥秀～兮雉朝飛。"〔蔪蔪〕麥芒伸長的樣子。尚書大傳微子:"微子朝周過殷故墟,見麥秀蔪蔪兮。"

3. shān 集韻師銜切,平,銜韻,審二。談部。

㊂通"芟"。割,除去。漢書賈誼傳:"高皇帝瓜分天下以王功臣,反者如蝟毛而起,以爲不可,故～去不義諸侯而虚其國。"顏師古注:"蔪讀與芟同,謂芟刈之。"

蔌 sù 桑谷切,入,屋韻,心。屋部。

㊀蔬菜的總稱。爾雅釋器:"菜謂之蔌。"

郭璞注:"蔌者,菜茹之總名。"詩大雅韓奕:"其～維何?維筍及蒲。"毛傳:"蔌,菜殽也。"宋歐陽修醉翁亭記:"山肴野～,雜然而前陳者,太守宴也。"㊁〔蔌蔌〕①簡陋的樣子。詩小雅正月:"佌佌彼有屋,蔌蔌方有穀。"毛傳:"蔌蔌,陋也。"②風聲勁急的樣子。文選南朝宋鮑照蕪城賦:"稜稜霜氣,蔌蔌風威。"③泉水流動的樣子。宋蘇軾食柑詩:"清泉蔌蔌先流齒,香霧霏霏欲噀人。"

按,説文無蔌字。

蔫 niān(舊讀 yān)謁言切,平,元韻,影。元部。

不新鮮。説文:"蔫,菸也。"段玉裁注:"不鮮也。"又指植物花葉枯萎。唐韓偓春盡日詩:"樹頭初日照西簷,樹底～花夜雨霑。"後引申爲精神不振,泄氣。

[同源字]熯,暵,乾,蔫,旱。見"熯"字條。

蓲 1. qiū 去鳩切,音丘,平,尤韻,溪。侯部。

㊀草名。説文:"蓲,艸也。"又稱"烏蓲"。見玉篇。詩衛風碩人"葭菼揭揭"毛傳:"菼,薍也。"釋文:"薍,五患反。江東呼之烏蓲。蓲音丘。"

2. ōu 烏侯切,音歐,平,侯韻,影。侯部。

㊁通"樞"。木名,即刺榆。山海經海内南經:"其實如欒,其木若～。"

3. xū 集韻匈于切,平,虞韻,曉。侯部。

㊂和煦。集韻:"蓲,煦也。"漢揚雄太玄六養:"陽～萬物,赤之於下。"文選晉左思蜀都賦:"甘蔗辛薑,陽～陰敷。"

4. fū 集韻芳無切,音敷,平,虞韻,敷。

㊃〔蓲蕍〕叠韻聯緜字。花盛開的樣子。文選晉左思吴都賦:"異荂蓲蕍,夏曄冬蒨。"又作"蓲蘛"。集韻:"蓲,蓲蘛,華皃。"

蔈 biāo 甫遥切,集韻卑遥切,音標,平,宵韻,幫。宵部。

㊀一種開黄花的苕。説文:"蔈,苕之黄華也。"爾雅釋草:"苕,陵苕。黄華,蔈;白華,茇。"參見"苕"字條。㊁浮萍。淮南子墬形:"容華生～,～生萍藻。"高誘注:"流也,無根水中草。"王念孫讀書雜志:"水中浮萍,江東謂之薸,則蔈即是萍,不得言蔈生萍藻。"㊂通"秒(標)"。禾穗的芒尖。集韻笑韻:"蔈,禾末。"説文:"蔈,…一曰末也。"朱駿聲説文通訓定聲小部:"蔈,叚借爲秒。"淮南子天文:"秋分～定,～定而禾熟。"高誘注:"蔈,禾穗,粟孚甲之芒也。…蔈,讀如詩'有貓有虎'之貓,古文作秒也。"

蓷 tuī 他回切,音推,平,灰韻,透。微部。

草名。即益母草。説文:"蓷,萑也。"詩王風中谷有蓷:"中谷有～,暵其乾矣。"爾雅釋草:"萑,蓷。"郭璞注:"今茺蔚也。葉似荏,方莖,白華,華生節間,又名益母。"

堇 1. jǐn 集韻几隱切,音謹,上,隱韻,見。文部。

㊀菜名。説文:"堇,艸也,根如薺,葉如細柳,蒸食之,甘。"王筠句讀:"詩禮爾雅皆作堇,省形存聲也。"

2. jìn 集韻居覲切,去,稕韻,見。

㊁草名,即烏頭。集韻:"堇,藥艸,烏頭也。"國語、淮南子亦作"堇"。

蔕 dì 都計切,音帝,去,霽韻,端。月部。

㊀花、葉或瓜果與枝莖相連的部分。後作"蒂"。説文:"蔕,瓜當也。"文選戰國宋玉高唐賦:"緑葉紫裹,丹莖白～。"又漢張衡西京賦:"～倒茄於藻井,披紅葩之狎獵。"李善注引聲類曰:"蔕,果鼻也。"㊁〔蔕芥〕果蔕,草芥。也作"芥蒂"。比喻心裏的嫌隙或不快。史記司馬相如列傳子虚賦:"吞若雲夢者八九,其於胸中曾不蔕芥。"司馬貞索隱引張揖曰:"刺鯁也。"漢書司馬相如傳顔師古注此"蔕"字"音丑介反"。漢書賈誼傳:"細故蔕芥,何足以疑!"顔師古注:"蔕芥,小鯁也。"集韻夬韻:"蔕蠆袃,蠆芥,刺鯁也,或作蔕、袃。"注丑邁切,今不讀 chài。

蓼 1. liǎo 盧鳥切,音了,上,篠韻,來。幽部。

㊀草名。有水蓼(辣蓼),紅蓼等不同品種。說文:"蓼,辛菜,薔虞也。"詩周頌良耜:"以薅荼~,荼~朽止,黍稷茂止。"毛傳:"蓼,水草也。"水蓼有辛辣味,故可比喻辛苦。詩周頌小毖:"未堪家多難,予又集于~。"毛傳:"蓼,言辛苦也。"新唐書李景略傳:"節用約己,與士同甘~。"㊁古國名。①皋陶之後,春秋時爲楚所滅。左傳文公五年:"冬,楚公子燮滅~。"杜預注:"蓼國,今安豐蓼縣。…蓼與六,皆皋陶後也。"今河南固始縣東北有蓼城岡。②春秋時國名。左傳桓公十一年:"鄖人軍於蒲騷,將與隨、絞、州、~伐楚師。"杜預注:"蓼國,今義陽棘陽縣東南湖陽城,…本作鄝。"在今河南唐河縣南。

2. lù 力竹切,音戮,入,屋韻,來。覺部。

㊂長大的樣子。詩小雅蓼蕭:"~彼蕭斯,零露湑兮。"毛傳:"蓼,長大貌。"也說"蓼蓼"。詩小雅蓼莪:"蓼蓼者莪,匪莪伊蒿。"

3. lǎo 集韻魯晧切,音老,上,晧韻,來。幽部。

㊃〔摎蓼〕叠韻聯緜字。搜索。文選漢張衡西京賦:"摎蓼淬浪,乾池滌藪。"張銑注:"摎蓼、淬浪,謂徧搜索也。"

4. liǔ 集韻力九切,音柳,上,有韻,來。幽部。

㊄〔糾蓼〕叠韻聯緜字。相引。集韻:"蓼,糾蓼,相引皃。"漢書司馬相如傳大人賦:"糾蓼叫奡,踏以艐路兮。"顏師古注:"張揖曰:'糾蓼,相引也。'…蓼音力糾反。"

蔚

1. wèi 於胃切,去,未韻,影。物部。

㊀草名。即牡蒿。見說文。詩小雅蓼莪:"蓼蓼者莪,匪莪伊~。"㊁草木茂盛。文選漢班固西都賦:"茂樹蔭~,芳草被堤。"李善注引蒼頡篇曰:"蔚,草木盛貌。"引申爲盛大。南朝梁劉勰文心雕龍詮賦:"六義附庸,~成大國。"㊂雲氣興起的樣子。詩曹風候人:"薈兮~兮,南山朝隮。"毛傳:"薈蔚,雲興貌。"世說新語言語:"草木蒙籠其上,若雲興霞~。"㊃有文采,文辭華美。易革:"象曰:君子豹變,其文~也。"漢書叙傳下:"多識博物,有可觀采,~爲辭宗,賦頌之首。"㊄通"殕(瘞)"。病。淮南子俶真:"血脈無鬱滯,五藏無~氣。"高誘注:"蔚,病也。"

2. yù 紆物切,入,物韻,影。物部。

㊅〔蔚蔚〕通"鬱鬱"。憂愁的樣子。後漢書張衡傳思玄賦:"愁蔚蔚以慕遠兮,越卬州而愉敖。"文選作"鬱鬱"。〔蔚結〕通"鬱結"。愁悶。明楊基曉發祁陽别劉啓賢詩:"臨流發新咏,聊以散蔚結。"

蔯

chén 池鄰切,平,真韻,澄。

〔茵蔯〕叠韻聯緜字。草名。見"茵"字條。

蔭

1. yīn 集韻於金切,平,侵韻,影。侵部。

㊀樹蔭。說文:"蔭,艸陰也。"荀子勸學:"樹成~而衆鳥息焉。"㊁日影。左傳昭公元年:"趙孟視~曰:'朝夕不相及,誰能待五?'"杜預注:"蔭,日景(影)也。"

2. yìn 於禁切,去,沁韻,影。侵部。

㊂遮蔭,遮蓋。吕氏春秋先己:"松柏成而塗之人已~矣。"晉陶潛歸田園居詩:"榆柳~後簷,桃李羅堂前。"引申爲庇護。淮南子人間:"武王~暍人於樾下,左擁而右扇之,而天下懷其德。"南史王僧虔傳:"況吾不能爲汝~,政應各自努力耳。"特指子孫因先世功勳而受到封賞。隋書柳述傳:"少以父~,爲太子親衛。"新唐書選舉志下:"三品以上~曾孫,五品以上~孫。"㊃通"窨"。地窨。潛夫論德化:"故善者之養天民也,猶良工之爲麴豉也,起居以其時,寒温得其適,則一~之麴豉,盡美而多量。"汪繼培箋:"說文云:'窨,地室也。'徐鍇云:'今謂地窨藏酒爲窨。'蔭與窨通。"

[同源字]陰,蔭,霒,窨。見"陰"字條。

蔓

1. màn 無販切,去,願韻,明。今讀如曼。

元部。

㊀草名，葛屬。見説文。㊁蔓生植物的枝莖。木本曰藤，草本曰蔓。北魏賈思勰齊民要術種瓜："～廣則岐多，岐多則饒子。"㊂蔓延，滋長。玉篇："蔓，延也。"詩唐風葛生："葛生蒙楚，蘞～于野。"左傳隱公元年："無使滋～，～，難圖也。"引申爲蕪雜，繁冗。唐權德輿贈左散騎常侍王定碑："故簡實體要，不爲～辭。"〔蔓蔓〕①滋長延伸的樣子。楚辭戰國屈原九歌山鬼："采山秀兮於山間，石磊磊兮葛蔓蔓。"②長久。漢書禮樂志郊祀歌："齊房産草，九莖連葉，…蔓蔓日茂，芝成靈華。"顏師古注："蔓蔓，言其長久，日以茂盛也。"③喻指糾纏難察之事。漢揚雄太玄玄瑩："故夫抽天下之蔓蔓，散天下之混混者，非精其孰能之。"

2. mán 母官切，音瞞，平，桓韻，明。元部。

㊃〔蔓菁〕菜名。廣韻："蔓，蔓菁，菜也。"晉書四夷傳吐谷渾："地宜大麥，而多蔓菁，頗有菽粟。"

蔞 1. lóu 落侯切，平，侯韻，來。侯部。

㊀水草名，即蔞蒿。説文："蔞，艸也，可以亨魚。"詩周南漢廣："翹翹錯薪，言刈其～。"宋蘇軾惠崇春江晚景二首之一："～蒿滿地蘆芽短，正是河豚欲上時。"㊁〔苦蔞〕植物名。見"苦"字條。

2. liǔ 集韻力九切，音柳，上，有韻，來。侯部。

㊂〔蔞翣〕古代繪製在棺材板上的裝飾。禮記檀弓下："是故製絞衾，設蔞翣，爲使人勿惡也。"鄭玄注："蔞翣，棺之牆飾。周禮'蔞'作'柳'。"

蓽 bì 卑吉切，入，質韻，幫。質部。

㊀同"篳"。用荆條竹子之類編成的遮攔物。玉篇："篳，荆竹織門也，亦作蓽。"集韻質韻："蓽，荆也。"史記楚世家："～露藍蔞，以處草莽。"裴駰集解引服虔曰："蓽露，柴車素木輅也。""蓽露藍蔞"，比喻創業的艱難。後多作"蓽路藍縷"。宋司馬光和王介甫巫山高："嗟嗟若敖、蚡冒，蓽路藍縷空辛勤。"也作"篳路藍縷"。㊁〔蓽撥〕雙聲聯緜字。草名。宋蘇軾桄榔杖寄張文潛詩："江邊曳杖桄榔瘦，林下尋苗蓽撥香。"㊂豆名。集韻質韻："蓽，豆也。"新唐書地理志一："邠州新平郡，緊。…土貢：剪刀、火筯、～豆、澡豆、白蜜、地膽。"

按，説文無蓽有篳。

蔂 léi 集韻倫追切，平，脂韻，來。微部。

㊀同"虆"。盛土的筐籠。正字通艸部："蔂，同虆，俗省。"淮南子説山："針成幕，～成城，事之成敗，必由小生。"高誘注："蔂，土籠也。始一匱以上於城，故曰事之成敗必由小生。"鹽鐵論詔聖："劓鼻盈～，斷足盈車。"㊁同"樏(欙)"。山行用具。淮南子脩務："若夫水之用舟，沙之用鳩，泥之用輴，山之用～。"

按，説文無蔂字。

蔮 guó 古對切，去，隊韻，見。今讀如國。職部。

古代婦女的一種髮飾。後漢書輿服志下："(太皇太后，皇太后)翦氂～、簪珥，…下有白珠，垂黄金鑷。左右一横簪之，以安～結。"也作"幗"或"簂"。

按，説文無蔮字。

蓶 wéi 以追切，音唯，平，脂韻，喻四。微部。

菜名。見説文。又玉篇："蓶，菜名，似韭而黄。"〔蓶扈〕草木花葉有彩雲的樣子。後漢書馬融傳廣成頌："翕習春風，含津吐榮，鋪于布濩，蓶扈蘳熒，惡可殫形。"

蔑 miè 莫結切，入，屑韻，明。月部。

㊀削，消滅。易剥："初六，剥牀以足，～貞凶。"王弼注："蔑，猶削也。"國語周語中："今將大泯其宗祊，而～殺其民人。"引申爲拋棄。左傳襄公二十五年："今陳忘周之大德，～我大惠。"國語周語中："不奪民時，不～民功。"韋昭注："蔑，棄也。"㊁小，微小。方言卷

二:"木細枝謂之杪。江淮陳楚之内謂之蔑。"郭璞注:"蔑,小貌也。"法言學行:"視日月而知衆星之～也;仰聖人而知衆説之小也。"㊂末,末尾。小爾雅廣言:"蔑,末也。"逸周書祭公:"兹申予小子追學於文、武之～。"王念孫讀書雜志一:"蔑與'末'同。"㊃輕侮,輕慢。國語周語中:"鄭未失周典,王而～之,是不明賢也。"韓非子外儲説左上:"吾聞宋君無道,～侮長老。"漢書東方朔傳贊:"而揚雄亦以爲朔言不純師,行不純德,其流風遺書～如也。"顔師古注:"言辭義淺薄,不足稱也。"㊄無,没有。詩大雅板:"喪亂～資,曾莫惠我師。"毛傳:"蔑,無。"又用作否定副詞。相當於"莫""不""没"。左傳僖公十年:"臣出晉君,君納重耳,～不濟矣。"國語晉語六:"成人在始與善;始與善,善進善,不善～由至矣。"㊅〔蔑蒙〕雙聲聯緜字。①快速的樣子。淮南子脩務:"手若蔑蒙,不失一弦。"高誘注:"蔑蒙,言其疾也。"②飛揚的樣子。史記司馬相如列傳大人賦:"蔑蒙踊躍騰而狂趭。"裴駰集解引漢書音義曰:"蔑蒙,飛揚也。"又用作名詞,指雲、霧、氣等輕揚之物。後漢書張衡傳思玄賦:"涉清霄而升遐兮,浮蔑蒙而上征。"李賢注:"蔑蒙,氣也。"文選作"蠛蠓"。㊆通"瞡"。眼病,眼角呈紅色。文選戰國宋玉風賦:"故其風中人,…中心慘怛,生病造熱,中脣爲胗,得目爲～。"李善注:"蔑與瞡,古字通。"

〔備考〕説文:"蔑,勞,目無精也。从苜,人勞則蔑然,从戍。"朱駿聲説文通訓定聲:"按許説此字誤也。當云从苜,伐聲,結字似戍耳。"朱説近是,甲骨金文"蔑"字像以戈擊人頭。

〔同源字〕末,蔑,靡,無。見"末"字條。

蔣 1. jiāng 即良切,音將,平,陽韻,精。陽部。

㊀菰,俗稱茭白。説文:"蔣,苽蔣也。"史記司馬相如列傳上林賦:"～、芧、青薠,布濩閎澤,延曼太原。"唐張籍城南詩:"卧～黑米吐,翻芰紫角稠。"

2. jiǎng 即兩切,上,養韻,精。陽部。

㊁古國名。左傳僖公二十四年:"凡～、邢、茅、胙、祭,周公之胤也。"杜預注:"蔣在弋陽期思縣。"即今河南固始縣東。又爲姓氏。

蔘 shēn 所今切,平,侵韻,審二。侵部。

㊀〔蕭蔘〕雙聲聯緜字。樹木高竦的樣子。史記司馬相如列傳上林賦:"紛溶蕭蔘,旖旎從風。"漢書作"前蔘",文選作"箾蔘"。别處亦有作"蕭森"者。㊁同"蓡(參)"。人參。玉篇艸部:"蔘,同'蓡'。""蓡,人蓡藥。"

按,説文無蔘字。

菰 guó 古活切,入,末韻,見。月部。

〔菰蓏〕同"苦蔞"。土瓜。靈樞經癰疽:"發於膺,名曰甘疽。色青,其狀如穀實,菰蓏。"宋王禹偁月波樓詠懷詩:"誰家上元燈?兒戲刳菰蓏。"

按,説文無菰有苦。

葍 bó 蒲北切,入,德韻,並。職部。

㊀〔蘿葍〕見"蘿"字條。㊁〔薝葍〕植物名。産於西域,花香濃鬱。

蔛 hù 胡谷切,音斛,入,屋韻,匣。

後起字。㊀〔石蔛〕草名,即石斛。見玉篇。㊁〔蔛草〕草名,一名蔛榮。亦可入藥。見宋唐慎微政和證類本草草部中品之下蔛草。

蔡 1. cài 倉大切,去,泰韻,清。月部。

㊀野草。説文:"蔡,艸也。"楚辭漢王褒九懷尊嘉:"水躍兮余旌,繼以兮微～。"王逸注:"繼以草芥入己船也。"文選晉左思魏都賦:"～莽螫刺,昆蟲毒噬。"㊁大龜,古時占卜用。左傳襄公二十三年:"臧武仲自邾使告臧賈,且致大～焉。"杜預注:"大蔡,大龜也。"釋文:"一云龜出蔡地,因以爲名。"唐韓愈秋雨聯句:"筮命或馮蓍,卜晴將問～。"㊂周代國

名。莊子山木："孔子圍於陳、～之間。"在今河南上蔡、新蔡等縣一帶。又姓。通志氏族略二："～氏，(周)文王第五子～叔度之國也，…爲楚所滅，子孫以國爲氏。"

2. sà 集韻桑葛切，入，曷韻，心。月部。

㊃通"槃"。流放。左傳昭公元年："周公殺管叔而～蔡叔。"杜預注："蔡，放也。"釋文："上蔡字音素葛反，放也。説文作槃，音同。字從殺下米，云'糅槃，散之也'。"五經文字米部："槃，放也。春秋多借蔡字爲之。"㊄通"殺"。減少。書禹貢："三百里夷，二百里～。"僞孔傳："蔡，法也，法三百里而差簡。"

蔥 cōng 集韻麤叢切，平，東韻，清。東部。

同"葱"。説文："蔥，菜也。"集韻東韻："葱，古作蔥。"

蔦 niǎo 都了切，上，篠韻，端。字彙尼了切，音鳥。幽部。

植物名。一種莖具蔓性，纏繞在桑、榆等樹上的小灌木。故稱寄生樹。説文："蔦，寄生也。"詩小雅頍弁："～與女蘿，施于松柏。"毛傳："蔦，寄生也。"蘿與蔦本不同，後人常混爲一物。南朝宋謝靈運悲哉行："松～歡蔓延，樛葛欣虆縈。"

蓰 xǐ 集韻想氏切，上，紙韻，心。支部。

㊀草名。據集韻。㊁五倍。孟子滕文公上："夫物之不齊，物之情也。或相倍～，或相什伯，或相千萬。"趙岐注："蓰，五倍也。"集韻："蓰，物數也。五倍曰蓰。"

按，説文無蓰字。

蓯 1. zǒng 作孔切，上，董韻，精。東部。

㊀〔葑蓯〕叠韻聯緜字。菜名，即蔓菁。單稱葑，又稱須或須從。參見"葑"字條。㊁〔蘢蓯〕叠韻聯緜字。見"蘢"字條。

2. cōng 集韻七恭切，平，鍾韻，清。

㊂〔蓯蓉〕叠韻聯緜字。草藥名。有肉蓯蓉、草蓯蓉之分。集韻："蓯，蓯蓉，藥名。"

3. sǒng 集韻筍勇切，音慫，上，腫韻，心。

㊃〔蘅蓯〕叠韻聯緜字。見"蘅"字條。

按，説文無蓯字。

蔠 zhōng 職戎切，平，東韻，照三。冬部。

〔蔠葵〕落葵，别名"蘩露"。爾雅釋草："蔠葵，蘩露。"郭璞注："承露也。大莖小葉，華紫黄色。"

按，説文無蔠字。

十二畫

蔬 1. shū 所葅切，平，魚韻，審二。魚部。

㊀蔬菜，可做菜吃的草本植物。爾雅釋天："～不熟爲饉。"郭璞注："凡草菜可食者通名爲蔬。"國語魯語上："昔烈山氏之有天下也，其子曰柱，能殖百穀百～。"韋昭注："草實曰蔬。"晉潘岳閑居賦："灌園粥～，以供朝夕之膳。"〔蔬食〕泛指草木果實。禮記月令仲冬之月："山林藪澤，有能取蔬食田獵禽獸者，野虞教道之。"鄭玄注："草木之實爲蔬食。"孔穎達疏："山林蔬食，榛栗之屬；藪澤蔬食，菱芡之屬。"引申爲粗食。後漢書竇章傳："居貧，蓬户蔬食。"按，"蔬食"本作"疏食"(包括粗糧和以菜充飢)。論語述而："飯疏食飲水，曲肱而枕之，樂亦在其中矣。""蔬"字从疏字分化出來後，才專指蔬菜。

2. shǔ 集韻爽阻切，上，語韻，審二。魚部。

㊁通"糈"。米粒。莊子天道："鼠壤有餘～。"釋文引司馬彪云："蔬讀曰糈，糈粒也。鼠壤内有遺餘之粒。"

按，説文無蔬字，新附有之，注云："蔬，菜也。"

蓫 dú 徒沃切，音毒，入，沃韻，定。覺部。

植物名，似竹。又稱"萹茿"、"扁竹"或"萹蓄"。説文："蓫，水萹茿。"段玉裁注："謂萹茿之生於水者謂之蓫也。統言則曰萹茿，析言則有水陸之異。異其名因異其字。"詩衛風淇奥："绿竹猗猗。"釋文："韓詩'竹'作蓫。"

本草綱目作"萹蓄"。

蕖 qú 强魚切,平,魚韻,群。魚部。

❶芙蕖。荷花的别名。爾雅釋草:"荷,芙蕖。"三國魏曹植洛神賦:"迫而察之,灼若芙～出緑波。"唐韋應物張彭州前與緱氏馮少府各惠寄一篇多故未荅張已云没因追哀叙事兼遠簡馮生詩:"郡中有方塘,涼閣對紅～。"❷芋頭。廣雅釋草:"蕖,芋也。"王念孫疏證:"芋之大根曰蕖。蕖者巨也,或謂芋魁,或謂之莒。"

按,説文無蕖字。

薀 1. wēn 烏渾切,平,魂韻,影。文部。

❶水草名。廣韻:"薀,薀藻,節中生葉。"左傳隱公三年:"蘋蘩～藻之菜。"孔穎達疏:"此草好聚生,薀,訓聚也,故云薀藻,聚藻也。"宋書謝靈運傳:"水草則萍藻～菼,雚蒲芹蓀,蒹菰蘋蘩,蕝荇菱蓮。"

2. yùn 於問切,去,問韻,影。文部。

❷通"藴"。積聚。左傳昭公二十五年:"衆怒不可蓄也。蓄而弗治,將～。"釋文:"薀,本亦作藴。"説文:"薀,積也。"

[備考]㊀茂盛。廣雅釋詁二:"薀,盛也。"王念孫疏証:"薀,方言:'薀,䀹也。'注云:'薀藹,茂貌。'薀與藴同。"㊁通"温"。習也。廣韻問韻:"薀,習也。"

蕩 1. dàng 徒朗切,上,蕩韻,定。陽部。

❶摇動,擺動。左傳僖公三年:"齊侯與蔡姬乘舟於囿,～公。公懼,變色。"杜預注:"蕩,摇也。"唐李賀春歸昌谷詩:"龍皮相排戛,翠羽更～掉。"引申爲震動,動摇。禮記樂記:"地氣上齊,地氣下降,陰陽相摩,天地相～。"鄭玄注:"蕩猶動也。"荀子勸學:"是故權利不能傾也,群衆不能移也,天下不能～也。"❷流,疏通。周禮地官稻人:"以豬畜水,以防止水,以溝～水。"鄭玄注:"杜子春讀蕩爲和蕩,謂以溝行水也。"❸放蕩,放縱。廣雅釋詁四上:"蕩、逸、放、恣,置也。"論語陽貨:"古之狂也肆,今之狂也～。"荀子榮辱:"橂愨者常安利,～悍者常危害。"❹蕩滌,洗滌,清除。釋名釋言語:"蕩,盪也,排蕩去穢垢也。"禮記昏義:"是故日食則天子素服而脩六官之職,～天下之陽事。"鄭玄注:"蕩,蕩滌,去穢惡也。"楚辭戰國屈原九章思美人:"吾將～志而愉樂兮,遵江夏以娱憂。"王逸注:"滌吾憂愁,弘佚豫也。"史記樂記:"天子躬於明堂臨觀,而萬民咸～滌邪穢,斟酌飽滿,以飾厥性。"❺毁壞。國語周語下:"夫周,高山、廣川、大藪也,故能生是良材,而幽王～以爲魁陵、糞土、溝瀆。"韋昭注:"蕩,壞也。"唐李白經亂後將避地剡中留贈崔宣城詩:"王城皆～覆,世路成奔峭。"❻平易,平坦。詩齊風南山:"魯道有～,齊子由歸。"毛傳:"蕩,平易也。"❼廣大,渺茫。左傳襄公二十九年:"爲之歌豳曰:'美哉,～乎!'"孔穎達疏:"蕩蕩,寬大之意。"荀子效儒:"道過三代謂之～。"楊倞注:"道過三代已前,事已久遠,則爲浩蕩難信也。"〔蕩蕩〕①廣大,廣遠。書洪範:"無偏無黨,王道蕩蕩。"論語泰伯:"巍巍乎!唯天爲大,唯堯則之。蕩蕩乎!民無能名焉。"又指胸懷寬廣的樣子。論語述而:"君子坦蕩蕩,小人長戚戚。"何晏集解:"鄭曰坦蕩蕩,寬廣貌。"荀子非十二子:"昭昭然,蕩蕩然,是父兄之容也。"②洪水奔突的樣子。書堯典:"湯湯洪水方割,蕩蕩懷山襄陵,浩浩滔天。"僞孔傳:"蕩蕩,言水奔突,有所滌除。懷,包;襄,上也。"③放縱、恣肆的樣子。詩大雅蕩:"蕩蕩上帝,下民之辟。"鄭箋:"蕩蕩,法度廢壞之貌。厲王乃以此居人上,爲天下之君。言其無可則象之甚。"④動蕩不定的樣子。莊子天運:"帝張咸池之樂於洞庭之野,吾始聞之懼,復聞之怠,卒聞之而惑,蕩蕩默默,乃不自得。"❽淺水湖泊。宋王安石東陂詩:"荷葉初開筍漸抽,東陂南～正堪游。"❾通"簜"。大竹。周禮地官掌節:"凡邦國之使節,山國用虎節,土國用人節,澤國用龍節,皆金也,以英～輔之。"鄭玄注:"謂以函器盛此節。或曰:

英蕩，畫函。”後漢書百官志三：“符節令…。”劉昭注引干寶注周禮“以英蕩輔之”曰：“英，刻書也。蕩，竹箭也。刻而書其所使之事。以助三節之信，則漢之竹使符者，亦取則於故事也。”又爲牀前几。説文木部：“桯，桯桯也。東方謂之蕩。”段玉裁注：“蕩，集韻、類篇皆從竹作‘簜’。桯、蕩皆牀前几之殊語也。”一説簜爲酒器。

2. tāng 集韻他郎切，音湯，平，唐韻，透。陽部。

⓫水名。説文水部：“蕩，水。出河内蕩陰縣北，東入黄澤。”即今湯水。源出河南湯陰縣北。集韻：“蕩，水名，通作湯。”

3. tàng 他浪切，音燙，去，宕韻，透。陽部。

⓬〔莨蕩〕〔莨碭〕叠韻聯緜字。古運河名。參見“莨”字條。

蒗 làng 集韻郎宕切，音浪，去，宕韻，來。

〔蒗碭〕叠韻聯緜字。藥草名。也作“蔨碭”。集韻：“蔨，蔨碭，艸名。或作蒗。”

按，説文無蒗字。

藕 ǒu 五口切，上，厚韻，疑。侯部。

同“藕”。説文：“藕，芙蕖根。”玉篇：“藕，同‘藕’。”宋洪适隸釋五梁相孔耽神祠碑：“舞土茅茨，躬采菱～。”

蕍 yú 羊朱切，音榆，平，虞韻，喻四。侯部。

❶藥草名。即澤瀉。爾雅釋草：“蕍，蕮。”郭璞注：“今澤蕮。”❷花盛開的樣子。爾雅釋草：“蕍、芛、葟、華榮。”邢昺疏：“此别草木榮華之異名也。蕍，言華之敷貌。”

按，説文無蕍字。

薴 nǐng 乃挺切，上，迥韻，泥。耕部。

〔葶薴〕叠韻聯緜字。見“葶”字條。

按，説文無薴有薴。

董 dǒng 多動切，上，董韻，端。東部。

❶草名。即鼎董，蘱的别名。又名長苞香蒲。説文：“董，鼎董也。”又作“蔔董”。爾雅釋草：“蘱，蔔董。”郭璞注：“似蒲而細。”釋文：“董，本或作董。”❷藕根。説文：“董，杜林曰藕根。”❸姓。漢代有董賢。後作“董”。

蕊 ruǐ 如累切，上，紙韻，日。

後起字。❶花蕊。又作“蘂”或“橤”。南朝梁何遜何水部集酬范記室雲詩：“風光～上輕，日色花中亂。”唐杜甫徐步詩：“芹泥隨燕嘴，～粉上蜂須。”又指花。南朝齊謝朓詠蒲詩：“新花對白日，故～逐行風。”唐黄巢題菊花詩：“颯颯西風滿院栽，～寒香冷蝶難來。”❷草木叢生的樣子。廣韻：“蕊，草木叢生皃。”又草木果實累累的樣子。玉篇艸部：“蕊，草木實節節生。”

〔備考〕草名。集韻紙韻：“蕊，香艸，根似茅，蜀人所謂葅香。”

蓴 zǔn 兹損切，音撙，上，混韻，精。文部。

草叢生的樣子。説文：“蓴，叢艸也。”〔苯蓴〕叠韻聯緜字。玉篇：“蓴，苯蓴，草叢生。”見“苯”字條。〔蓴蓴〕茂盛的樣子。文選漢張衡南都賦：“杳藹蓊鬱於谷底，森蓴蓴而刺天。”李善注：“皆茂盛貌。”又晉左思魏都賦：“嘉穎離合以蓴蓴，醴泉涌流而浩浩。”

〔備考〕蓴，欑聚。廣雅釋詁三：“蓴，聚也。”王念孫疏證：“蓴之言欑聚也。”

蕓 yún 王分切，音云，平，文韻，喻三。

後起字。❶〔蕓薹〕菜名。即油菜。玉篇：“蕓，蕓薹菜。”北魏賈思勰齊民要術卷三：“蕓薹，足霜乃收，不足霜即澀。”明李時珍本草綱目菜部蕓薹：“此菜易起薹，須采其薹食，則分枝必多，故名蕓薹；而淮人謂之薹芥，即今油菜，爲其子可榨油也。”❷〔蕓輝〕叠韻聯緜字。香草名。唐蘇鶚杜陽雜編上：“元載末年，造蕓輝堂於私第。蕓輝，香草名也。”

蕘 1. ráo 如招切，平，宵韻，日。宵部。

❶柴草。説文：“蕘，薪也。”龍龕手鑑引作“草薪也”。管子輕重甲：“今北澤燒莫之

績,則是農夫得居裝而賣其薪～。”尹知章注:“大曰薪,小曰蕘。”左傳昭公十三年:“叔鮒求貨於衛,淫芻～者。”孔穎達疏:“蕘者,共(供)燃火之草也。”用作動詞。打柴草。孟子梁惠王下:“文王之囿方七十里芻～者往焉,雉兔者往焉,與民同之。”唐柳宗元童區寄傳:“童寄者,郴州～牧兒也,行牧且～。”又爲打柴草的人。詩大雅板:“先民有言,詢于芻～。”毛傳:“芻、蕘,薪采者。”後漢書張晧傳:“春秋採善書惡,聖主不罪芻～。”㊁菜名。即蕪菁。方言卷三“蘴、蕘,蕪菁也。陳楚之郊謂之蘴,魯齊之郊謂之～,關之東西謂之蕪菁。”

2. yáo 集韻倪幺切,平,蕭韻,疑。

㊂藥草。見集韻。其花供藥用。神農本草經卷三:“～花,主傷寒温瘧,下十二水,破積聚、大堅、癥瘕、蕩滌腸胃中留癖飲食,寒熱邪氣,利水道。生川谷。”

[辨]蕘,薪,柴,樵。見“薪”字條。

蓫 dá 唐割切,入,曷韻,定。

後起字。草名,即車前草。廣韻:“蓫,馬舄,草名。”南朝齊謝朓秋夜講解詩:“涼風振蕉～,霜下梧楸傷。”

蕙 huì 胡桂切,去,霽韻,匣。質部。

㊀香草名。一名薰草,古人用以佩帶或做香焚。楚辭戰國屈原離騷:“余既滋蘭之九畹兮,又樹～之百畝。”漢張衡南都賦:“其香草則有薜荔～若,薇蕪蓀萇,晻曖蓊蔚,含芬吐芳。”唐陸龜蒙鄴宫詞之一:“魏武平生不好香,楓膠～炷潔宫房。”引申爲芳香。文選晉左思魏都賦:“珍樹猗猗,奇卉萋萋;～風如薰,甘露如醴。”又喻指芳美、純美。文選南朝宋鮑照蕪城賦:“東都妙姬,南國麗人,～心紈質,玉貌絳脣。”張銑注:“蕙,香草。喻美也。”㊁蕙蘭。蘭草的一種。宋羅願爾雅翼釋草蘭:“與～甚相類,其一幹一華而香有餘者蘭,一幹五六華而香不足者蕙。今野人謂蘭爲幽蘭,～爲蕙蘭。”

按,說文無蕙字。

蕡 1. fén 符分切,音焚,平,文韻,奉。文部。

㊀雜草的香氣。說文:“蕡,雜香艸。”段玉裁注:“當作褋艸香。”㊁草木果實繁多而肥大的樣子。詩周南桃夭:“桃之夭夭,有～其實。”毛傳:“蕡,實貌。”玉篇艸部:“蕡,草木多實。”

2. fèi 集韻父沸切,音費,去,未韻,奉。微部。

㊂大麻籽。也作“黂”。周禮天官籩人:“朝事之籩,其實𪎊、～。”鄭玄注:“蕡,枲實也。”賈公彦疏:“蕡是麻之子實也。”禮記内則:“菽麥～稻黍粱秫唯所欲。”釋文:“蕡,字又作黂,大麻子。”

蕬 sī 息移切,平,支韻,心。支部。

草名。史記司馬相如列傳:“其高燥則生葴～苞荔,薛莎青薠。”裴駰集解引徐廣曰:“蕬,或曰草,生水中,華可食。”蕬,漢書作“析”,文選漢司馬相如子虛賦作“菥”。

按,說文無蕬字。

蕈 1. xùn 慈荏切,上,寑韻,從。侵部。

㊀菌類植物。生於樹上或地上。說文:“蕈,桑萸。”段玉裁注:“萸之生于桑者曰蕈,蕈之生于田中者曰菌。先鄭司農注周禮云:深蒲或曰桑耳。”玉篇:“蕈,地菌也。”㊁〔蕈川〕水名。北魏酈道元水經注卷二河水:“洮水又北出門峽,歷求厥川蕈川水注之,水出桑嵐西溪,東流歷桑嵐川,又東經蕈川北。”

2. tán 集韻徒南切,音潭,平,覃韻,定。侵部。

㊂草名。蘆葦類。集韻:“蕈,艸名,生淮南平澤,可作鹽。”淮南子詮言:“席之先雚～。”高誘注:“席之先所從生,出于雚與蕈葦也。”㊃通“覃”。蔓延。詩周南葛覃序釋文:“覃,本亦作蕈,延也。”

蕨 jué 居月切,入,月韻,見。月部。

植物名。嫩葉可食,稱蕨菜。說文:“蕨,鼈也。”詩召南草蟲:“陟彼南山,言采其～。”

釋文:"草木疏云:'周、秦曰蕨,齊、魯曰虌。'虌,本又作鱉。俗云其初生似鼈脚,故名焉。"唐杜甫積草嶺詩:"食～不願餘,茅茨眼中見。"

蒇 chǎn 丑善切,上,獮韻,徹。元部。

解决,完成。左傳文公十七年:"十四年七月,寡君又朝,以～陳事。"宋袁甫餘干縣先賢祠堂記:"作新堂以祠子,…～事之日,觀聽竦然。"清龔自珍己亥雜詩:"故人横海拜將軍,側立南天未～勳。"

[備考]去貨。見廣韻。

按,説文無蒇字。

蕤 ruí 儒隹切,平,脂韻,日。微部。

㊀草木花下垂的樣子。説文:"蕤,艸木華垂貌。"引申爲泛指下垂的裝飾物。禮記雜記上:"大白冠,緇布之冠皆不～。"孔穎達疏:"二冠無飾,故皆不～。"文選晉左思吴都賦:"羽旄揚～,雄戟耀芒。"㊁花。文選晉陸機文賦:"播芳～之馥馥,發青條之森森。"李善注:"纂要曰:'草木華曰蕤';字林曰:'森,多木長貌',以喻文采若芳蕤之香馥,青條之森盛也。"宋蘇軾南鄉子梅花詞和楊元素:"寒雀滿疏籬,争抱寒柯看玉～。"

[同源字]緌,蕤。見"緌"字條。

蕁 1. tán 徒含切,音潭,平,覃韻,定。侵部。

㊀藥草名。即知母草。説文:"蕁,芜藩也。"爾雅釋草作"蕁"。㊁火勢上騰。淮南子天文:"火上～,水下流。"高誘注:"蕁,讀葛覃之覃。"

2. qián 音潛,俗讀 xún(尋)。

㊂〔蕁麻〕草名。明李時珍本草綱目草部蕁麻:"蕁麻,蕁音尋。時珍曰:川、黔諸處甚多。其莖有刺,高二三尺,葉似花桑,或青或紫,背紫者入藥。上有毛芒可畏,觸人如蜂蠆螫蠚,以人溺濯之即解。"

蕑 jiān 古閑切,音間,平,山韻,見。元部。

㊀蘭草。詩鄭風溱洧:"士與女,方秉～兮。"毛傳:"蕑,蘭也。"㊁蓮子。詩陳風澤陂:"彼澤之陂,有蒲與～。"鄭箋:"蕑,當作蓮,蓮,芙蕖實也。"㊂姓。漢代有淮南中尉蕑忌。見史記淮南衡山列傳。

按,説文無蕑字。

蕟 dēng 都滕切,平,登韻,端。

㊀〔金蕟〕草名。玉篇:"蕟,金蕟草。"前秦王嘉拾遺記卷九:"晉武帝爲撫軍時,府内後堂砌下忽生草三株,莖黄葉緑,…狀似金蕟。"宋司馬光渴中書事詩:"紅薇點圓荷,金蕟出幽草。"㊁〔苦蕟〕樹木名。宋史崔與之傳:"朱崖地産苦蕟,民或取葉以代茗。"

[備考]同"橙"。集韻耕韻:"橙,蕟,除耕切,説文'橘屬'。或从艸。"

按,説文無蕟有橙。

蔽 1. bì 必袂切,去,祭韻,幫。月部。

㊀小草。説文:"蔽,蔽蔽,小艸也。"引申爲幼小。〔蔽芾〕雙聲聯緜字。幼小的樣子。詩召南甘棠:"蔽芾甘棠,勿翦勿伐。"毛傳:"蔽芾,小貌。"詩小雅我行其野:"我行其野,蔽芾其樗。"鄭箋:"樗之蔽芾始生。"㊁遮掩,遮擋。楚辭戰國屈原九歌國殤:"旌～日兮敵若雲,矢交墜兮士争先。"漢王粲登樓賦:"華實～野,黍稷盈疇。"引申爲埋没。國語齊語:"於子之鄉,有拳勇股肱之力秀出於衆者,有則以告。有而不以告,謂之～賢。"㊂隱蔽,隱藏。管子内業:"全心在中,不可～匿。"唐柳宗元三戒黔之驢:"～林間窺之,稍出近之,慭慭然莫相知。"引申爲掩飾。管子牧民:"毋～汝惡,毋異汝度,賢者將不汝助。"宋王安石上曾參政書:"某材不足以任劇,而又多病,不敢自～。"又爲屏障。玉篇:"蔽,障也。"史記蘇秦列傳:"然則韓、魏,趙之南～也。"清顧炎武天下郡國利病書雲南二:"其西以永昌爲關,麓林爲～。"㊃蒙蔽,蔽塞。商君書修權:"明主不～之謂明,不欺之謂察。"論語陽貨:"汝聞六言六～矣乎?"邢昺疏:"蔽謂蔽塞不自見其過也。"㊄概括。論語爲政:"詩三百,

一言以～之，曰：思無邪。”邢昺疏：“蔽猶當也。古者謂一句爲一言，詩雖有三百篇之多，可舉一句當盡其理也。”❻判斷，判决。小爾雅廣言：“蔽，斷也。”書康誥：“罰～殷彝，用其義刑義殺。”僞孔傳：“其刑罰斷獄用殷家常法。”左傳昭公十四年：“韓宣子命斷舊獄，罪在雍子。雍子納其女於叔魚，叔魚～罪邢侯。邢侯怒，殺叔魚與雍子於朝。”❼博具。楚辭戰國宋玉招魂：“菎～象棊，有六簙些。”王逸注：“蔽，簙箸以玉飾之也。”方言卷五：“簙謂之蔽，或謂之箘。秦、晉之間謂之簙，吴、楚之間或謂之蔽。”

[備考]耳門。靈樞經五色：“蔽者，耳門也。”

2. piē 集韻匹蔑切，入，屑韻，滂。月部。

❽通“撆（撇）”。拂、擦。集韻屑韻：“撆蔽，説文别也，一曰擊也，拂也。或作‘蔽’，亦書作‘撇’。”史記刺客列傳：“太子逢迎，卻行爲導，跪而～席。”司馬貞索隱：“蔽猶拂也。”

[備考]蔞。見集韻薛韻。念 biè（必列切）。

[同源字]①蔽，韍，韠。見“韍”字條。

②箅，蔽。見“箅”字條。

蕢 1. kuì 求位切，去，至韻，群。今讀如喟。微部。

❶草編的筐。説文：“蕢，艸器也。”論語憲問：“有荷～而過孔氏之門者。”漢書何武王嘉師丹傳贊：“以一～障江、河，用没其身。”顔師古注：“蕢，織草爲器，所以盛土也。”

2. kuài 苦怪切，去，怪韻，溪。微部。

❷菜名。即赤莧。見爾雅釋草。郭璞注：“今之莧赤莖者。”❸通“殨”。穢，腐敗。吕氏春秋達鬱：“故水鬱則爲污，樹鬱則爲蠹，草鬱則爲～。”高誘注：“蕢，穢。”陳奇猷校釋：“疑蕢爲殨之同音假字。”❹姓。孔子弟子有～晴。又禮記檀弓下：“哀公使人弔～尚。”

3. kuài 集韻苦會切，去，隊韻，溪。微部。

❺通“凷（塊）”。土塊。禮記禮運：“夫禮之初，始諸飲食，其燔黍捭豚，汙尊而抔飲，～桴而土鼓。”鄭玄注：“蕢讀爲凷，聲之誤也。凷，塥也；謂摶土爲桴也。”

蕞 1. zuì 才外切，去，泰韻，從。月部。

❶小的樣子。左傳昭公七年：“鄭雖無腆，抑諺曰～爾國，而三世執其政柄。”杜預注：“蕞，小貌。”“蕞爾”常連用。三國志魏書陳留王奂傳：“蜀蕞爾小國，土狹民寡。”晉嵇康養生論：“蕞爾之軀，攻之者非一塗。”

2. zhuó 集韻側劣切，入，薛韻，照二。月部。

❷草聚集的樣子。引申爲聚貌。文選晉潘岳西征賦：“～芮於城隅者，百不處一。”李善注：“字林曰：‘蕞，聚貌也。’説文曰：‘芮，小貌。’”

3. jué 集韻租悦切，入，薛韻，精。月部。

❸通“蕝”。古代朝會時用茅草束立於地上以表明位次。史記劉敬叔孫通列傳：“（叔孫通）遂與所徵三十人西，及上左右爲學者與其弟子百餘人爲緜～野外，習之月餘。”裴駰集解：“如淳曰：‘蕞謂以茅翦樹地爲纂位。’春秋傳曰：‘置茅蕝’也。”

按，説文無蕞字。

蕒 mǎi 莫蟹切，音買，上，蟹韻，明。

後起字。植物名，即苦蕒菜。屬菊科，嫩莖葉可食。玉篇：“蕒，苦蕒菜。”廣韻：“蕒，吴人呼苦藘。”明李時珍本草綱目菜部苦菜：“時珍曰：苦菜即苦～也，家栽者呼爲苦苣，實一物也。”宋書五行志三：“吴孫皓天紀三年八月…又有～菜生於吴平家。”

薖 kē 苦禾切，音科，平，戈韻，溪。歌部。

❶草名。説文：“薖，艸也。”王筠句讀：“或即萵苣。”❷寬大的樣子。詩衛風考槃：“考槃在阿，碩人之～。”毛傳：“薖，寬大貌。”一説：美好的樣子。釋文：“薖，韓詩作‘過’，過，美貌。”

蕣 shùn 舒閏切，去，稕韻，審三。文部。

灌木名,即木槿。説文:"蕣,木堇,朝華暮落者,从艸,舜聲。詩曰:'顔如～華'。"今本詩經(鄭風有女同車一章)作"舜"。晉郭璞遊仙詩之七:"～榮不終朝,蜉蝣豈見夕。"唐白居易和萬州楊使君四絶句白槿花:"秋～晚英無艷色,何因栽種在人家。"

蔿 wěi。

"蔿"的異體,見"蔿"字條。

蕃 1. fán 附袁切,平,元韻,奉。元部。

❶草木茂盛。説文:"艸茂也。"易坤文言:"天地變化,草木～。"又説卦:"震,爲雷,爲龍…爲～鮮。"孔穎達疏:"鮮,明也,取其春時蕃育而鮮明。"引申爲衆多。易晉:"康侯用錫馬～庶,晝日三接。"釋文:"蕃,多也。"漢書禮樂志郊祀歌:"惟泰元尊,媪神～釐。"顔師古注:"泰元,天也。蕃,多也。釐,福也。"❷繁殖,滋生。國語越語:"五穀睦熟,民乃～殖。"左傳僖公二十三年:"男女同姓,其生不～。"❸通"薠"。草名。山海經西山經:"陰山,上多穀無石,其草多茆～。"郭璞注:"蕃,青蕃,似莎而大。"朱駿聲説文通訓定聲乾部:"蕃,叚借爲薠。"❹通"繁"。漢書司馬相如傳上林賦:"彎～弱,滿白羽,射遊梟,櫟蜚遽。"顔師古注引文穎曰:"蕃弱,夏后氏之良弓名。"師古曰:"蕃音扶元反。""蕃弱"即繁弱,古弓名。史記作"繁弱"。❺鳥名。山海經北山經:"(涿光之山)其鳥多～。"郭璞注:"未詳,或云即鴞,音煩。"

2. fān 甫煩切,平,元韻,非。元部。

❻通"藩"。籬笆。引申屏障。詩大雅崧高:"四國于～,四方于宣。"鄭箋:"四國有難,則往扞禦之,爲之蕃屏。"文選漢賈誼過秦論:"乃使蒙恬北築長城,而守～籬。"後漢書南匈奴列傳:"於是款五原塞,願永爲 蔽,扞禦北虜。"又爲掩藏,停止。周禮地官大司徒:"以荒政十有二聚萬民,一曰散利…九曰～樂。"賈公彦疏:"蕃樂者,蕃謂閉藏樂器而不作。"❼附屬。周禮秋官大行人:"九州之外謂之～國。"韓非子孤憤:"是以國地削而私家富,主上卑而大臣重。故主失勢而臣得國,主更稱～臣。"這個意義後來寫作"番"。引申泛指外族或外國。隋書禮儀志四:"梁元會之禮,…群臣及諸～客並集,各從其班而拜。"唐司空圖雜題之五:"岸香～舶月,洲色海煙春。"宋王安石北溝行:"白溝河邊～塞地,送迎～使年年事。"

3. pí 集韻蒲糜切,音皮,平,支韻,並。歌部。

❽漢代縣名,在今山東滕州市。漢書地理志下:"魯國…縣六:魯、卞、汶陽、～、騶、薛。"顔師古注引應劭曰:"邾國也,音皮。"❾姓。後漢書黨錮列傳:"度尚、張邈、王考、劉儒、胡母班、秦周、～嚮、王章爲'八厨'。"李賢注:"蕃,姓也,音皮。"

蕎 1. jiāo 舉喬切,音驕,平,宵韻,見。宵部。

❶藥草名。即"大戟"。爾雅釋草:"蕎,邛鉅。"郭璞注:"今藥草大戟也。"

2. qiáo 巨嬌切,音橋,平,宵韻,群。

❷蕎麥。玉篇:"蕎,蕎麥也。"唐白居易春夜詩:"獨出門前望野田,月明～麥花如雪。"宋陸游九月初郊行詩:"～花漫漫連山路,豆莢離離映版扉。"

按,説文無蕎字。

蕛 tí 杜奚切,平,齊韻,定。脂部。

草名。類似稗草。説文:"蕛,蕛苵也。"爾雅釋草郭璞注:"蕛似稗,布地生,穢草。"釋文:"蕛,本作稊。"邵晉涵正義:"莊子知北遊云'道在～稗'…秋水篇云:'似～米之在太倉。'"今本莊子作"稊"。清唐甄潛書性才:"譬如穀之精氣,淫爲～稗。"

蕪 1. wú 武夫切,平,虞韻,微。魚部。

❶田地荒廢。説文:"蕪,薉也。"老子第五十三章:"田甚～,倉甚虛。"國語周語下:"田疇荒～,資用乏匱。"晉陶潛歸去來兮辭:"歸去來兮,田園將～,胡不歸?"❷叢生的草。

小爾雅廣言："蕪，草也。"南朝宋顏延之秋胡詩："寢興日已寒，白露生庭～。"唐白居易東南行一百韻："九派吞青草，孤城覆綠～。"〔蕪蕪〕草木叢生的樣子。南朝齊謝朓遊後園賦："積芳兮選木，幽蘭兮翠竹。上蕪蕪以蔭景，下田田兮被谷。"㊂繁雜，雜亂。世說新語文學："孫興公云：潘(岳)文淺而淨，陸(機)文深而～。"宋書謝靈運傳論："王襃、劉向、揚、班、崔、蔡之徒，異軌同奔，遞相師祖。雖清辭麗曲，時發乎篇，而～音累氣，固亦多矣。"唐盧照鄰雙槿樹賦序："學涉～淺，文多瞽漏。"

2. wǔ 集韻罔甫切，音武，上，麌韻，微。魚部。

㊃豐盛。爾雅釋詁上："蕪，豐也。"郝懿行義疏："蕪者，膴之叚音也。説文云：'膴，豐也。'"

蔾 lí 力脂切，平，脂韻，來。脂部。

〔蒺蔾〕準叠韻聯緜字。植物名。玉篇："蔾，蒺蔾。"參見"蒺"字條。

按，説文無蔾字。

蕉 1. jiāo 即消切，平，宵韻，精。宵部。

㊀蕉麻。説文："蕉，生枲也。"北魏賈思勰齊民要術芭蕉引廣志曰："其莖解散如絲，織以爲葛，謂之～葛。"文選晉左思吴都賦："～葛升越，弱於羅紈。"李善注引劉達曰："蕉葛，葛之細者。"唐皮日休臨頓爲吴中偏勝之地陸魯望居之不出郛郭曠若郊墅余每相訪欵然惜去因成五言十首奉題屋壁之五："僧雖與筒竽，人不典～衣。""蕉衣"指用蕉麻布製成的衣服。蕉又指蕉布。新唐書地理志四："(郢州富水郡，上)土貢：紵布、葛、～、春酒麴、棗、節米。"㊁植物名。即芭蕉。玉篇："蕉，芭蕉。"北周庾信奉和夏日應令詩："衫含～葉氣，扇動竹花涼。"又泛指芭蕉科植物，如美人蕉。唐皇甫松憶江南："蘭燼落，屏上暗紅～。"㊂通"燋"。用以引火的火把。吕氏春秋不屈："人有新取婦者，婦至，宜安矜煙視媚行。豎子操～火而鉅，新婦曰：'蕉火大鉅。'"高誘注："蕉，薪樵也。"俞樾平議："其字本作'燋'。説文火部：'燋，所以然持火也。'求人篇作'焦'者從省，此篇作'蕉'則假字耳。"

2. qiáo 集韻慈焦切，平，宵韻，從。宵部。

㊃通"憔"。〔蕉萃〕雙聲聯緜字。通"憔悴"。指卑賤低下的人。左傳成公九年："詩曰：雖有絲麻，無棄菅蒯；雖有姬姜，無棄蕉萃。"杜預注："蕉萃，陋賤之人。"後漢書應劭傳上引作"憔悴"。㊄通"樵"。柴。列子周穆王："鄭人有薪於野者，遇駭鹿，御而擊之，斃之。恐人見之也，遽而藏諸隍中，覆之以～，不勝其喜。俄而遺其所藏之處，遂以爲夢焉。"後以"蕉鹿"比喻世上真僞雜陳，得失無常。明宋濂崆峒雪樵賦："既消遥而咏歸，忘蕉鹿於今昔。"

蕕 yóu 以周切，音由，平，尤韻，喻四。幽部。

水草名，其味惡臭。説文："蕕，水邊草也。"左傳僖公四年："一薰一～，十年尚猶有臭。"杜預注："薰，香草；蕕，臭草。"世説新語方正："培塿無松柏，薰～不同器。"後漢書黨錮傳贊："蘭～無並，銷長相傾。"李賢注："蕕，臭草也。"

[同源字]蕕與臭(殠)同源。臭(殠)是惡臭味，蕕是惡臭的水草，二字同屬幽部。臭(殠)爲穿三，與喻四之蕕是舌音旁紐。

蕠 1. rú 人諸切，音如，平，魚韻，日。

㊀〔蕠藘〕叠韻聯緜字。草名。也作"茹藘"，即茜草。集韻魚韻："蕠，蕠藘，草名，蒨也，可以染絳。通作'茹'。"

2. rú 集韻女居切，平，魚韻，泥。今讀如茹。魚部。

㊁黏著。集韻："蕠，黏箸也。"史記張釋之馮唐列傳："嗟乎！以北山石爲椁，用紵絮斮陳，～漆其間，豈可動哉！"裴駰集解引漢書音義曰："斮絮，以漆著其間也。"司馬貞索隱："斮陳絮漆其間，斮音側略反。絮，音女居反。案，斮陳絮以漆著其間也。"

按，説文無蕠字。

蕧 fù 房六切,入,屋韻,奉。覺部。

❶花草名,即旋蕧花。説文爾雅釋草均釋作"盜庚"。爾雅郭璞注:"旋蕧,似菊。"❷竹開花。唐段成式酉陽雜俎木篇:"竹,竹花曰～,死曰～,六十年一易根,則結實枯死。"

薌 1.xiāng 許良切,平,陽韻,曉。陽部。

❶穀類的香氣。説文新附艸部:"薌,穀氣也。"禮記曲禮下:"凡祭宗廟之禮:…黍曰～合,粱曰～萁。"孔穎達疏:"夫穀秫者曰黍,秫既軟而相合,氣息又香,故曰薌合也。"引申爲泛指芳香。禮記内則:"鉅鑊湯,以小鼎～脯於其中。"鄭玄注:"薌脯,謂煮豚若羊於小鼎中,使之香美也。"史記滑稽列傳淳于髡:"羅襦襟解,微聞～澤。"這個意義與"香"通。❷調味的香菜。禮記内則:"魴鱮烝,雛燒,雉,～無蓼。"鄭玄注:"薌,蘇荏之屬也。"引申爲有香味的原料。宋蘇軾司馬温公神道碑:"炷～於手項以送公葬者凡百餘人。"

2.xiǎng 集韻許兩切,音響,上,養韻,曉。陽部。

❸通"響"。聲響。漢書揚雄傳甘泉賦:"～呹肸以棍根兮,聲駍隱而歷鍾。"顔師古注:"又言風之動樹,聲響振起衆根合,駍隱而盛,歷入殿上之鍾也。根猶株也。薌讀與響同。"

按,説文無薌字,新附有之。

蕝 jué 子悦切,入,薛韻,精。月部。

❶古代朝會時,束茅於地,以作表位次的標志。説文:"蕝,朝會束茅表位曰蕝。"國語晉語八:"置茅～,設望表。"韋昭注:"蕝,謂束茅而立之,所以縮酒。望表,謂望祭山川,立木爲表,表其位也。"宋書樂志二:"建表～,設郊宫。"引申爲標志。唐劉禹錫和州刺史廳壁記:"揭旗樹～,十有六戍。"又特指魚漂。唐陸龜蒙奉和襲美吴中書事寄漢南裴尚書詩:"三泖涼波魚～動,五茸春草雉媒嬌。"宋范成大寒食郊行書事二首:"帆邊漁～浪,木末酒旗風。"❷水草名。宋書謝靈運傳:"水草則萍藻薀茨,藋蒲芹蓀,兼菰蘋蘩,～荇菱蓮。"❸古時一種行泥路的工具。尸子卷下:"山行乘樏,泥行乘～。"❹微小。六書正譌屑韻:"蕝,小也。"唐虞世南筆髓論:"其鋒員毫～,按轉易也。"

十 三 畫

薃 hào 胡老切,音浩,上,晧韻,匣。宵部。

〔薃侯〕雙聲聯緜字。草名,即莎草。爾雅釋草:"薃侯,莎。其實媞。"

薄 1.bó 傍各切,入,鐸韻,並。鐸部。

❶草木叢生的地方。説文:"薄,林薄也。"楚辭戰國屈原九章涉江:"露申辛夷,死林～兮。"王逸注:"叢木曰林,草木交錯曰薄。"文選晉左思吴都賦:"傾藪～,倒岬岫。"劉淵林(逵)注:"薄,不入之叢。"❷迫近,靠近。書益稷:"外～四海,咸建五長。"楚辭戰國屈原天問:"～暮雷電歸何憂?厥嚴不奉帝何求?"引申爲逼迫,緊迫。易説卦:"山澤通氣,雷風相～。"戰國策韓策二:"吾得爲役之日淺,事今～,奚敢有請?"❸厚度小的,與"厚"相對。詩小雅小旻:"戰戰兢兢,如臨深淵,如履～冰。"引申爲輕微,微小。易繫辭下:"德～而位尊,知小而謀大,力小而任重,鮮不及矣。"漢書司馬遷傳報任安書:"主人幸以先人之故,使得奉～技,出入周衛之中。"又爲不淳厚、不厚道。孟子萬章下:"故聞柳下惠之風者,鄙夫寬,～夫敦。"漢書藝文志:"皆感於哀樂,緣事而發,亦可以觀風俗,知～厚云。"按,以上意義今口語有的讀 báo。❹稀薄,不濃。莊子胠篋:"魯酒～而邯鄲圍。"三國志魏書臧洪傳:"使作～粥,衆分歠之。"❺(土地)貧瘠。左傳成公六年:"郇瑕氏土～水淺,其惡易覯。"三國志蜀書諸葛亮傳:"成都有桑八百株,～田十五頃。"又爲粗陋。後漢書羊續傳:"常敝衣～食,車馬羸敗。"❻減輕,減損。孟子梁惠王上:"省刑罰,～税斂。"

史記貨殖列傳："能～飲食，忍嗜欲，節衣服。"❼輕視，看不起。史記孫子吳起列傳："其母死，起終不歸。曾子～之。"唐杜甫戲爲六絶五："不～今人愛古人。"❽簾子。莊子達生："有張毅者，高門縣～，無不走也。"成玄英疏："高門，富貴之家也。縣薄，垂簾也。"又爲蠶箔，養蠶的器具。說文："薄，一曰蠶薄。"史記絳侯周勃世家："(周)勃以織～曲爲生。"司馬貞索隱："謂勃本以織蠶～爲生業也。韋昭云：'北方謂薄爲曲。'許慎注淮南云：'曲，葦薄也。'"按，曲說文作"苖"。❾動詞詞頭。詩周南葛覃："～汙我私，～澣我衣。"又小雅出車："赫赫南仲，～伐西戎。"❿通"博"。搏擊。文選漢張衡東京賦："～狩于敖，既璨璨焉。"薛綜注引詩曰："建旐設旄，薄獸于敖。"今本詩經小雅車攻作"博"或"搏"。淮南子兵略："擊之若雷，～之若風。"南史臧質傳："魏軍乃肉～登城，墜而復升，莫有退者。"

2. bò。

⓫〔薄荷〕草名。莖、葉有清涼味，可入藥，製薄荷油、薄荷腦等。

薪 xīn 息鄰切，平，真韻，心。真部。

❶柴。說文："薪，蕘也。"玉篇："薪，柴也。"詩齊風南山："析～如之何？匪斧不克。"唐白居易賣炭翁詩："賣炭翁，伐～燒炭南山中。"又用作動詞，取以爲薪，打柴。詩大雅棫樸："芃芃棫樸，～之槱之。"毛傳："山木茂盛，萬民得而薪之，賢人衆多，國家得用蕃興。"韓非子有度："是負～而救也。"晉書劉寔傳："寔少貧窶，杖策徒行，每行憩止，不累主人，～水之事，皆自營給。"❷薪金，薪水。

［辨］蕘，薪，柴，樵。都是用以做飯或取暖的柴火。但有大小質量的差別。蕘是草薪，較小。薪本是粗大的木柴。禮記月令："季冬三月，乃命四監收秩薪柴。"鄭玄注："大者可析謂之薪，小者合束謂之柴。""薪"字从斤，意謂取薪要用斧砍或劈開。柴，說文"小木散材"。北魏賈思勰齊民要術："種柳千樹則足柴。"樵，本"散木也"(說文)，多用作動詞(如"樵樹"、"樵夫")。古籍中薪蕘、薪柴、薪樵常連用。"薪"是通語，是柴草的總稱。後來，柴在口語裏替代了薪。

薏 yì 於力切，入，職韻，影。職部。

❶蓮子的心。爾雅釋草："荷，芙蕖。其莖茄，其葉蕸，其本蔤，其華菡萏，其實蓮，其根藕，其中的，的中薏。"邢昺疏引陸璣曰："的中有青爲薏，味甚苦。"宋洪咨夔念奴嬌老人用僧仲殊韻詠荷花橫披謹和："雪藕逢絲，擘蓮見～。"❷〔薏苡〕叠韻聯緜字。植物名。果仁叫"薏米"或"苡米"，可入藥或做粥食。後漢書馬援傳："初，援在交阯，嘗餌薏苡實，用能輕身省慾，以勝瘴氣。"

按，說文無薏字。

薧 1. hāo 呼毛切，平，豪韻，曉。宵部。

❶薧里，墓地。說文死部："薧，死人里也。"玉篇死部："薧，薧里，黄泉也，死人里也。"

2. kǎo 苦浩切，上，晧韻，溪。宵部。

❷乾的食品。周禮天官庖人："凡其死、生、鱻、～之物，以供王之膳。"鄭玄注："鄭司農云：'薧，謂乾肉。'"也指乾魚。周禮天官𩢌人："辨魚物，爲鱻、～。"又指乾的調味品。禮記内則："堇、荁、枌、榆、免、～、滫、瀡，以滑之。"引申爲乾枯。集韻号韻："薧，枯也。"明宋濂示吕生詩："春苑集穠艷，秋陵失乾～。"

蘼 lián 力鹽切，平，鹽韻，來。談部。

未長穗的蘆葦，又稱蒹。見說文爾雅釋草。參見"蒹"字條。

薦 1. jiàn 作甸切，去，霰韻，精。元部。

❶野獸、牲畜所吃的草。說文："薦，獸之所食艸。"莊子齊物論："民食芻豢，麋鹿食～。"釋文："薦，司馬(彪)云：'美草也'；崔(譔)云：'甘草也'；郭璞云：'三蒼云，六畜所食曰薦。'"❷草席，草墊。爾雅釋器："薦，席也。"楚辭漢劉向九歎逢紛："薜荔飾而陸離

～兮，魚鱗衣而白蜺裳。"王逸注："薦，卧席也。"三國魏曹植九詠："茵～兮蘭席。"引申爲動詞，墊。漢賈誼弔屈原賦："章甫～履，漸不可久矣。"史記周本紀："飛鳥以其翼覆～之。"㊂一再，頻頻。詩小雅節南山："天方～瘥，喪亂弘多。"毛傳："薦，重。"史記曆書："禍菑～至，莫盡其氣。"㊃進，進獻。左傳宣公十四年："誅而～賄，則無及也。"杜預注："薦，進也。"玉篇："薦，進獻也。"禮記祭義："天子有善，讓德於天；諸侯有善，歸諸天子；卿大夫有善，～於諸侯。"特指進獻祭品。禮記祭義："奉～而進。"漢書鼂錯傳："上以～先帝之宗廟。"㊄推薦，薦舉。孟子萬章上："天子能～人於天，不能使天與之天下。"三國志魏書郭嘉傳："(荀)彧～嘉。"

[備考]漢代江淮方言稱在筏上居住曰薦。方言卷九："筏，秦、晉之通語也。江、淮家居篺中謂之薦。"

2. jìn 字彙即慎切，音晉。真部。

㊅通"搢"。插。韓非子五蠹："堅甲厲兵以備難，而美～紳之飾。""薦紳"通"搢紳"或"縉紳"。指士大夫有官位的人。史記孝武本紀："～紳之屬皆望天子封禪改正度也。"司馬貞索隱："薦音搢。搢，挺也。言挺笏於紳帶之間，事出禮内則，今作'薦'者，古字假借耳。漢書作'縉紳'。"

[辨]薦，荐。"薦"今簡化爲"荐"，在上古"荐"與"薦"是兩個不同的字，讀音也有異(聲母清濁不同、韻部亦不同)。"荐"字用在"草席、草墊"和"一再，頻頻"的意義上，與"薦"相同。詩經、楚辭、史記多用"薦"，國語、左傳、墨子等多作"荐"。但"薦"字的"推舉"和"進獻"意義在漢以前的典籍裏不作"荐"。唐宋以後逐漸混用。字彙："薦，音荐，與荐同。"正字通："荐，同'薦'。"

蕹 1. yōng 集韻於容切，平，鍾韻，影。

後起字。㊀草聚生的樣子。見集韻。又稱"萃"。

2. wèng 中華大字典於用切，音甕。今讀如瓮。

㊁蕹菜，即空心菜。明李時珍本草綱目菜部蕹菜："蕹與甕同，此菜惟以甕成，故謂之甕。"

薋 1. cí 疾資切，音瓷，平，脂韻，從。脂部。

㊀草多的樣子。説文："薋，艸多皃。"引申爲積聚。楚辭戰國屈原離騷："～菉葹以盈室兮，判獨離而不服。"王逸注："薋，蒺藜也…詩曰楚楚者薋。"段玉裁説文解字注："據許君説，正謂多積菉葹盈室，薋非艸名。蒺藜之字，説文'薺'，今詩作'茨'，叔師所據詩作'薋'，皆假借字耳。"㊁古縣名。漢代設置。在今河北遵化縣境。漢書地理志下："右北平郡…，縣十六：…薋，都尉治。"

2. zī 集韻津私切，平，脂韻，精。

㊂藥草名，即白及。廣雅釋草："白芷、茿，薋也。"王念孫疏證："白芷即白及也。…以根白得名也。根有三角，故一名茿，一名薋。"

[備考]水菜名。集韻脂韻："薋，一曰菜生水中。"

蕃 fán 附袁切，平，元韻，奉。元部。

草名。説文："蕃，青蕃，似莎者。"楚辭戰國屈原九歌湘夫人："白～兮騁望，與佳人期兮夕張。"王逸注："蕃，草，秋生。今南方湖澤皆有之。"漢書司馬相如傳上子虛賦："其高燥則生葴析(菥)苞荔，薛莎青～。"顏師古注引張揖曰："青蕃似莎而大，生江湖，雁所食。"

蕾 lěi 落猥切，上，賄韻，來。

後起字。花蕾，含苞未放的花。玉篇："蕾，蓓蕾，花綻皃。"宋梅堯臣和長文："高高樹裏楸韆月，獵獵牆頭蓓～風。"元王惲小圃即事詩："未放薔花金作～，已開梨蕊雪爲團。"

蕻 1. hòng 胡貢切，音閧，去，送韻，匣。

後起字。㊀菜薹。廣韻："蕻，草菜心

長。"宋梅堯臣志來上人寄示酴醿花并壓磚茶有感詩："宣城北寺來上人，獨有一叢盤嫩～。"

［備考］茂盛。集韻送韻："蕻，茂也，或作葓。"

2. hóng 音紅。

㊁〔雪裏蕻〕蔬菜名。俗稱"雪裏紅"。參見清汪灝等御定佩文齋廣群芳譜一七蔬五。

蕼 sì 息利切，音四，去，至韻，心。質部。

㊀草名。即赤蕼。清吳其濬植物名實圖考蔬類莧："說文：'蕼，赤蕼也。'今江西土醫書野莧爲野蕼。"今本說文作"蕼，赤蕼也"。朱駿聲說文通訓定聲履部認爲"蕼"是"莅"的或體。㊁通"肆"。寬舒的樣子。荀子非十二子："士君子之容：其冠進，其衣逢，其容良；儼然，壯然，祺然，～然。"楊倞注："蕼當爲肆，謂寬舒之貌。"

薑 jiāng 居良切，平，陽韻，見。陽部。

生薑。有辛辣味。可用做蔬菜、調料，或入藥。論語鄉黨："沽酒市脯不食，不撤～食，不多食。"吕氏春秋本味："和之美者，陽樸之～，招摇之桂。"禮記檀弓上："食肉飲酒，必有草木之滋焉，以爲～桂之謂也。"今簡化爲"姜"。

［同源字］薑（薑），彊。彊（通作"强"）的本義是弓有力，引申爲强壯；薑爲"禦溼之菜"，可以治病强身。二字均从畺聲（說文"薑"从彊聲），同屬牙音（見母、羣母）陽部，故同源。

按，說文薑作薑。

蘤 1. wěi 韋委切，上，紙韻，喻三。歌部。

㊀草名。說文新附："蘤，艸也。"朱駿聲說文通訓定聲隨部："蔿，艸也，从艸，爲聲。字亦作蘤。蔿、蘤一聲之轉。"㊁姓。玉篇："蘤，蘤章，楚大夫。"左傳襄公二十五年："楚～子馮卒。"又襄公十八年作"蔿子馮"，釋文："蘤，本又作蔿。"

2. yuǎn 集韻雨阮切，音遠，上，阮韻，喻三。

㊂〔蘤志〕藥草名，即遠志。集韻："蘤，蘤志，藥艸，或作蒝。"

按，說文無蘤字，新附有之。

薔 1. sè 所力切，音色，入，職韻，審二。職部。

㊀草名。說文："薔，薔虞，蓼。"又見爾雅釋草。郭璞注："虞蓼，澤蓼。"邢昺疏："即蓼之生水澤者也。"管子地員："山之材，其草兢與～。"尹知章注："音嗇，草名。"此薔草可能與說文、爾雅所指"虞蓼"不同。

2. qiáng 在良切，平，陽韻，從。

㊁〔薔薇〕花木名。廣韻："薔，薔薇。"晉陶潛問來使詩："薔薇葉已抽，秋蘭氣當馥。"唐李商隱日射詩："迴廊四合掩寂寞，碧鸚鵡對紅薔薇。"

蕩 tāng 吐郎切，音湯，平，唐韻，透。陽部。

〔蓫蕩〕準雙聲聯緜字。見"蓫"字條。

按，說文蕩作募。

薜 1. bì 蒲計切，去，霽韻，並。錫部。

㊀〔薜荔〕植物名。廣韻："薜，薜荔。"又名"木蓮"、"木饅頭"。說文："薜，牡贊也。"朱駿聲說文通訓定聲："疑即薜荔。"楚辭戰國屈原離騷："擥木根以結茝兮，貫薜荔之落蘂。"王逸注："薜荔，香草也，緣木而生。"

2. bò 博厄切，音檗，入，麥韻，幫。錫部。

㊁藥材名。即當歸。爾雅釋草："薜，山蘄。"郭璞注："廣雅曰：'山蘄，當歸。'當歸，今似蘄而麤大。"㊂山麻。爾雅釋草："薜，山麻。"郭璞注："似人家麻，生山中。"廣韻："薜，爾雅云：'山芹，當歸也。'又曰'山麻也'。"

3. bó 集韻弼角切，入，覺韻，並。錫部。

㊃破裂。周禮考工記旊人："凡陶旊之事，髻墾～暴不入市。"鄭玄注："薜，破裂也。"孫詒讓正義："謂燒成破裂有罅隙。"集韻："薜，器破裂也。周禮'髻墾～暴'劉昌宗讀。"釋文："薜，劉薄駁反。"

4. pì 集韻匹辟切，入，昔韻，滂。錫部。

㊄通“僻”。偏僻。漢書揚雄傳上校獵賦：“陿三王之阸～，嶠高舉而大興。”顔師古注：“薜，亦僻字也。”文選漢揚雄羽獵賦作“阨僻”。

薤

xiè 胡介切，去，怪韻，匣。月部。

蔬菜名，即藠頭。玉篇韭部：“韰，葷菜也。俗作薤。”禮記内則：“脂用葱，膏用～。”樂府詩集相和歌辭二薤露：“～上露，何易晞！”“薤露”成爲古挽歌名。晉崔豹古今注中音樂：“薤露、蒿里，並喪歌也。出田横門人。横自殺，門人傷之，爲之悲歌，言人命如～上之露。易晞滅也。”

按，説文無薤有韰。

蕷

yù 羊洳切，去，御韻，喻四。

後起字。〔薯蕷〕植物名。見“薯”字條。

蕭

xiāo 蘇彫切，平，蕭韻，心。幽部。

㊀艾蒿，一種帶香味的草本植物。説文：“蕭，艾蒿也。”詩王風采葛：“彼采～兮。一日不見，如三秋兮。”孔穎達疏引陸璣曰：“今人所謂荻蒿者是也。”宋吕本中兵亂後雜詩：“萬事多翻覆，～蘭不辨真。”㊁冷静，凄清。晉劉伶北芒客舍詩：“蚊蚋歸豐草，枯葉散～林。”〔蕭然〕冷静、凄清的樣子。晉書陶潛傳五柳先生傳：“環堵蕭然，不蔽風日。”唐李白同族侄評事黯遊昌禪師山池詩：“蕭然松石下，何異清涼山。”〔蕭索〕雙聲聯緜字。冷落蕭條的樣子。南朝梁何遜贈族人秣陵兄弟詩：“蕭索高秋暮，砧杵鳴四鄰。”唐杜甫西園之二：“行過凋碧柳，蕭索倚朱樓。”〔蕭瑟〕雙聲聯緜字。樹木被秋風吹動的聲音。楚辭戰國宋玉九辯：“悲哉！秋之爲氣也；蕭瑟兮草木摇落而變衰。”漢曹操步出夏門行觀滄海：“秋風蕭瑟，洪波涌起。”引申爲寂寞凄涼的樣子。唐李白獨酌詩：“長松爾何知，蕭瑟爲誰吟？”唐杜甫詠懷古跡之一：“庾信平生最蕭瑟，暮年詩賦動江關。”〔蕭條〕叠韻聯緜字。荒涼的樣子。漢蔡琰胡笳十八拍：“原野蕭條兮，烽戍萬里。”〔蕭蕭〕①馬叫的聲音。詩小雅車攻：“蕭蕭馬鳴，悠悠旆旌。”唐杜甫兵車行：“車轔轔，馬蕭蕭，行人弓箭各在腰。”②風雨聲。史記刺客列傳荆軻：“風蕭蕭兮易水寒，壯士一去兮不復還。”唐李商隱明日詩：“憑欄明日意，池闊雨蕭蕭。”③樹木被風吹動摇的樣子。楚辭戰國屈原九歌山鬼：“風颯颯兮木蕭蕭，思公子兮徒離憂。”㊂通“肅”。肅敬。論語季氏：“吾恐季氏之憂，不在顓臾而在～牆之内也。”鄭玄注：“蕭之言肅也，牆謂屏也。君臣相見之禮，至屏而加肅敬焉，是以謂之蕭牆。”㊃古國名。春秋時一小國，在今安徽蕭縣西北。左傳宣公十二年：“楚子伐～，宋華椒以蔡人救～。”

薉

huì 於廢切（舊讀 wèi），去，廢韻，影。月部。

㊀荒蕪。説文：“薉，蕪也。”荀子天論：“田～稼惡，糴貴民飢，道路有死人。”也指雜草。唐柳宗元永州崔中丞萬石堂記：“於是刳闢朽壤，翦焚榛～。”引申爲污穢，邪惡行爲。玉篇：“薉，行之惡也。”楚辭漢劉向九歎愍命：“情純潔而罔～兮，姿盛質而無愆。”以上意義也作“穢”。集韻祭韻：“薉，説文：‘蕪也。’或从禾。”㊁古代東方少數民族名。漢書夏侯勝傳：“東定～、貉、朝鮮。”顔師古注引張晏曰：“薉也，貉也，在遼東之東。”“薉、貉”也作“獩、貊”或“濊、貉”或“薉、貊”。

蕺

jí 阻立切，入，緝韻，照二。緝韻。

蕺菜，俗稱魚腥草。文選漢張衡南都賦：“若其園圃，則有蓼、～、蘘荷。”

按，説文無蕺字。

蕗

lù 集韻魯故切，去，莫韻，來。鐸部。

〔苊蕗〕香草名。見“苊”字條。

按，説文無蕗字。

薨

1. hōng 呼肱切，平，登韻，曉。蒸部。

㊀周代諸侯死亡稱薨。説文死部：“薨，公侯殚也。”禮記曲禮下：“天子死曰崩，諸侯

死曰～。”論語憲問：“君～，百官總己以聽於冢宰三年。”這裏泛指諸侯國君死亡。秦漢以後也用於高級官員的死亡。漢書孔光傳：“及(孔)霸～，上素服臨弔者再。”新唐書百官志一禮部：“凡喪，三品以上稱～，五品以上稱卒，自六品逹于庶人稱死。”唐韓愈御史中丞王公墓誌銘：“將徵爲左丞…本命而～。”

2. hōng 集韻呼宏切，平，耕韻，曉。蒸部。

㊀〔薨薨〕象聲詞。①蟲子群飛聲。詩周南螽斯：“螽斯羽，薨薨兮。”毛傳：“薨薨，衆多也。”朱熹集傳：“薨薨，群飛聲。”②填土聲。詩大雅緜：“捄之陾陾，度之薨薨。”朱熹集傳：“薨薨，衆聲也。”

薎

miè 字彙補音滅。月部。

同“蔑”。渺小，帶賓語，用作意動。南朝齊孔稚珪北山移文：“其始至也，將欲排巢父，拉許由，傲百氏，～王侯。”唐柳宗元爲南承嗣上中書門下乞兩河效用狀：“～爾小醜，尚欲逋誅。”一本作“蔑”。〔薎蒙〕雙聲聯緜字。飛揚。漢書司馬相如傳下大人賦：“薎蒙踊躍騰而狂趭。”顔師古注引張揖曰：“薎蒙，飛揚也。踊躍，跳也。”史記司馬相如列傳作“蔑蒙”。

按，説文及廣韻、集韻均無“薎”字。正字通艸部云：“薎，按：蔑或作蔑。從伐者，戌之變體也。蔑本从苜从戌，俗譌作蔑。蔑舊本引史傳改作薎，附艸部，汎云同‘蠛’，並非。”

薯

shǔ 常恕切，去，御韻，禪。今讀如署。

後起字。㊀〔薯蕷〕植物名。俗稱山藥。玉篇：“薯，薯蕷，藥。”多供食用。唐杜甫發秦州詩：“充腸多薯蕷，崖蜜亦易求。”㊁薯類作物的統稱，同“藷”。

薆

ài 烏代切，去，代韻，影。物部。

㊀隱蔽，掩蔽。爾雅釋言：“薆，隱也。”郭璞注：“謂隱蔽。”楚辭戰國屈原離騷：“何瓊佩之偃蹇兮，衆～然而蔽之。”洪興祖補注：“薆，音愛。方言云：‘掩，翳，薆也。’”南朝齊王融餞謝文學離夜詩：“離軒思黄鳥，分渚～青莎。”〔薆薆〕陰暗不明的樣子。史記司馬相如列傳大人賦：“時若薆薆將混濁兮，召屏翳誅風伯而刑雨師。”㊁草木茂盛。三國魏曹植臨觀賦：“丘陵崛兮松柏青，南園～兮果載榮。”〔薆薱〕叠韻聯緜字。草木茂盛的樣子。文選漢張衡西京賦：“鬱蓊薆薱，橚爽櫹椮。”薛綜注：“皆草木盛貌也。”㊂〔晻薆〕雙聲聯緜字。通“馣馤”。香氣。文選漢司馬相如上林賦：“肸蠁布寫，晻薆咇茀。”李善注：“説文曰：‘馣馤，香氣奄藹也。’馣與晻、馤與薆，音義同。”又作“晻曖”。見史記司馬相如列傳。

［同源字］隱，薆。見“隱”字條。

按，説文無薆字。

薍

1. wàn 五患切，去，諫韻，疑。元部。

㊀初生的荻。説文：“薍，剡也。”又：“剡，雚之初生，一曰薍。”三國吴陸璣詩經草木虫魚疏：“葭，一名蘆菼，一名～。～，或謂之荻。”唐韓愈崔十六少府攝伊陽以詩及書見投因酬三十韻：“行當自劾去，漁釣老葭～。”

2. luàn 集韻盧玩切，音亂，去，换韻，來。

㊀〔薍子〕小蒜的根。集韻：“薍，小蒜根曰薍子。”

薈

huì 烏外切，去，泰韻，影。今讀如會。月部。

㊀草木盛多的樣子。説文：“薈，艸多皃。”文選晉郭璞江賦：“涯灌芊萰，潛～葱蘢。”〔薈蔚〕雙聲聯緜字。①草木茂盛的樣子。詩曹風候人：“薈兮蔚兮，南山朝隮。”朱熹集傳：“薈蔚，草木盛多之貌。”唐柳宗元永州龍興寺東丘記：“挽入綠縟，幽蔭薈蔚；步武錯迮，不知所出。”元趙孟頫禱雨龍洞山詩：“蕭森人跡少，薈蔚獸攸伏。”②雲霧彌漫的樣子。文選晉木華海賦：“瀝滴滲淫，薈蔚雲霧。”㊁〔薈蕞〕叠韻聯緜字。聚集，薈集。唐杜甫八哀詩故著作郎貶台州司户滎陽鄭公虔：“貫穿無遺恨，薈蕞何技癢？”

［備考］蔽翳，障碍。廣雅釋詁一：“薈，翳

也。"又釋詁二:"薈,障也。"

菱
léng 五音集韻魯登切,音凌。

後起字。〔菠菱〕見"菠"字條。

薙
1. tì 他計切,音剃,去,霽韻,透。脂部。

㊀除草。説文:"薙,除艸也。"禮記月令季夏之月:"燒~行水,利以殺草。"鄭玄注:"謂迫地芟草也。"孔穎達疏:"五月夏至,芟殺暴之;至六月合燒之,故云燒薙也。"此又指割下的雜草。引申爲删除。晉書束晳傳:"~聖籍之荒蕪,總群言之一至。"

2. zhì 直几切,音雉,上,旨韻,澄。

㊁〔辛薙〕香樹名。廣韻:"薙,辛薙,辛夷別名。"

薊
jì 古詣切,音計,去,霽,見。月部。

㊀植物名。説文:"薊,芺也。"爾雅釋草:"朮,山~。楊,枹~。"邢昺疏:"此辨薊生山中及平地者名也。生平地者即名薊,生山中者一名朮。"㊁古地名。故地在今北京市内,因城西北有薊丘而得名。戰國策燕策二:"~丘之植,植於汶皇。"北魏酈道元水經注一三灅水:"昔周武王封堯後于~。今城内西北隅有~丘,因丘以名邑也。"今北京市西直門外北三環西路有"薊門"即此。㊂古州名。治所在漁陽,今天津市薊縣。㊃姓。後漢有薊子訓。

薝
zhān 集韻之廉切,平,鹽韻,照三。談部。

〔薝棘〕草名。玉篇艸部:"薝,草名,薝棘也。"山海經中山經:"又北五十二里,曰合谷之山,是多薝棘。"郭璞注:"未詳,音瞻。"

按,説文無薝字。

薢
xiè 古隘切,音懈,去,卦韻,見。錫部。

〔薢茩〕雙聲聯緜字。菱的别名。説文:"蔆,芰也。…楚謂之芰,秦謂之薢茩。"

藇
1. xù 徐吕切,音序,上,語韻,邪。魚部。

㊀美好的樣子。玉篇:"藇,酒之美也。"詩小雅伐木:"伐木許許,釃酒有~。"毛傳:"藇,美貌。"

2. yú 以諸切,音余,平,魚韻,喻四。

㊁〔芞藇〕香草名。廣韻:"藇,芞藇,香草。"集韻引爾雅"藒車,芞藇"。今本爾雅釋草作"芞輿"。

3. yù 羊洳切,音預,去,御韻,喻四。魚部。

㊂〔藷藇〕〔藸藇〕叠韻聯緜字。見"藷"、"藸"字條。

〔備考〕茂盛。讀 yǔ(余吕切)。廣韻語韻:"藇,蕃蕪。亦作'稶'。"集韻語韻:"稶,苗盛也。或從艸。"

按,説文無藇字。

薛
xuē 私列切,入,薛韻,心。月部。

㊀草名。即賴蒿。説文:"薛,艸也。"史記司馬相如列傳子虛賦:"其高燥則生葴菥苞荔,~莎青薠。"裴駰集解引漢書音義曰:"薛,賴蒿也。"又指用薛草編制的雨衣。六韜龍韜:"蓑、~、蔒、笠者,其甲胄干楯也。"㊁春秋時國名。在今山東滕州市南。左傳隱公十一年:"十一年春,滕侯、~侯來朝。"又爲姓氏。

薁
yù 於六切,音燠,入,屋韻,影。覺部。

㊀植物名。一種野葡萄。説文:"薁,嬰薁也。"詩豳風七月:"六月食鬱及~,七月亨葵及菽。"毛傳:"薁,蘡薁也。"〔蘡薁〕雙聲聯緜字。參見"蘡"字條。㊁郁(棫)李。漢書司馬相如傳上林賦:"隱夫~棣,荅遝離支。"顔師古注:"薁,即今之郁李也。棣,今之山櫻桃。"北周庾信小園賦:"棗酸梨酢,桃榹李~。"

薇
wēi 無非切,平,微韻,微。微部。

㊀山菜名。野豌豆。説文:"薇,菜也,似藿。"詩召南草蟲:"陟彼南山,言采其~。"毛傳:"薇,菜也。"孔穎達正義引陸璣詩義疏:"山菜也。"宋嚴粲詩緝引項氏説:"薇,今之野豌豆苗,蜀人謂之巢菜。"文選三國魏曹植贈

徐幹詩："～藿弗充虛，皮褐猶不全。"㊁〔薇蕪〕雙聲聯緜字。香草名，即蘼蕪。文選漢張衡南都賦："其香草，則有薜荔蕙若，薇蕪蓀萇。"㊂花名。即薔薇。宋周密天香詞："碧腦浮冰，紅～染露。"

薅 hāo 呼毛切，平，豪韻，曉。幽部。

拔掉田中雜草。說文："薅，拔去田艸也。"詩周頌良耜："其鎛斯趙，以～荼蓼。"北魏賈思勰齊民要術卷二水稻："稻苗漸長，復須～。～訖，決去水。"元王楨農薅馬詩："今落田家～具中，髣髴形模懸胯下。"

䩭 xiá 胡甲切，音匣，入，狎韻，匣。

〔䩭韘〕叠韻聯緜字。花相比次的樣子。文選三國魏何晏景福殿賦："紅葩䩭韘，丹綺離婁。"

按，說文無䩭字。

蘞 1. liǎn 良冉切，音斂，上，琰韻，來。談部。

㊀植物名。白蘞。見說文。又作白薟。

2. xiān 集韻虛嚴切，音杴，平，嚴韻，曉。

㊁〔豨蘞〕草名。可入藥。明李時珍本草綱目草四豨薟："韻書：楚人呼豬爲豨，呼草之氣味辛毒爲蘞。此草氣臭如豬而味蘞螫，故謂之豨蘞。"清孫枝蔚送吴仁趾之秦郵詩："淮海詩名大，豨蘞酒味醇。"

十 四 畫

薸 piáo 符霄切，集韻毗霄切，平，宵韻，並。

後起字。浮萍。廣韻宵韻："薸，方言云：'江東謂浮萍爲薸。'"今本方言無此語。元仇遠新安郡圃詩："古樹巢空群鳥散，荒池沙滿碎～乾。"

藻 zǎo 子晧切，音澡，上，晧韻，精。宵部。

水草名。同"藻"。說文："藻，水艸也。…詩曰：'于以采～。'藻，藻或从澡。"今本詩經召南采蘋作"于以采藻"。周禮春官巾車："～車，～蔽。"鄭玄注："藻，水草，蒼色。"

薴 níng 女耕切，平，耕韻，娘。耕部。

㊀草亂的樣子。集韻耕韻："䔭，說文：'艸亂也。'或作薴。"引申爲泛指亂的樣子。楚辭漢王逸九思憫上："鬚髮～顇兮顠鬢白，思靈澤兮一膏沐。"自注："薴，亂也。"㊁〔葶薴〕叠韻聯緜字。見"葶"字條。

按，說文無薴有䔭。

蔡 chá 初八切，入，黠韻，穿二。

後起字。草名。玉篇："蔡，蔡草，有毒，用殺魚。"引申爲草芥。增修互注禮部韻略黠韻："蔡，草芥也。"唐韓愈等征蜀聯句："聖靈閔頑嚚，燾養均草～。"

藁 gǎo 古老切，音稿，上，晧韻，見。宵部。

㊀〔藁本〕香草名。淮南子氾論："夫亂人者，若芎藭之與藁本也，蛇牀之與麋蕪也，此皆相似也。"這個意義也寫作"槀本"。㊁〔草藁〕通"草稿"。稿子。史記屈原賈生列傳："屈平屬草藁未定。"㊂通"槀（稿）"。禾稈。資治通鑑漢獻帝建安十三年："今又盛寒，馬無～草。"㊃通"槀（槁）"。枯槁，干枯。字彙："藁與'槀'同，木枯也。"素問四氣調神大論："惡氣不發，風雨不節，白露不下，則菀～不榮。"

按，說文無藁字。

蕭 1. xiāo 許嬌切，音囂，平，宵韻，曉。宵部。

㊀長着草的樣子。說文："蕭，艸皃。"

〔備考〕廣韻肴韻："蕭，禾傷肥。"

2. hào 呼到切，音耗，去，号韻，曉。宵部。

㊁通"耗"。縮，物變形而不平。玉篇艸部："蕭，耗也，縮也。"周禮考工記輪人："是故以火養其陰，而齊諸其陽，則轂雖敝，不～。"鄭玄注引鄭司農云："蕭當作耗。"

薺 1. cí 疾資切，平，脂韻，從。脂部。

㊀蒺藜。説文:"薺,蒺黎也。"朱駿聲説文通訓定聲:"薺即蒺藜之合音。詩曰:'牆有～。'毛本以'茨'爲之。爾雅:'茨,蒺藜。'注:'布地,蔓生,細葉,子有三角,刺人。'"唐孟浩然秋登蘭山寄張五詩:"天邊樹若～,江畔舟如月。"

2. jì 徂禮切,上,薺韻,從。脂部。

㊁薺菜。玉篇艸部:"薺,甘菜。"詩邶風谷風:"誰謂荼苦,其甘如～。"朱熹集傳:"薺,甘菜。"㊂通"齏"。細切的咸菜。法言君子:"航不漿,衝不～,有諸?"俞樾平議:"謂樓船不可挹酒漿,衝車不可盛齏醢也。"唐韓愈送窮文:"太學四年,朝～暮鹽。"

藉 1. jiè 慈夜切,音褯,去,禡韻,從。鐸部。

㊀薦,草墊,祭祀時用以陳列禮品。説文艸部:"藉,祭藉也。"朱駿聲説文通訓定聲:"藉之爲言席也。"易大過:"初六,～用白茅,无咎。"孔穎達疏:"薦藉於物,用絜白之茅。"禮記曲禮下:"執玉,其有～者則裼,無～者則襲。"鄭玄注:"藉,藻也。"孔穎達疏:"凡執玉之時,必有其藻以承於玉。"引申爲鋪,墊。世説新語賢媛:"正值李梳頭,髮委～地。"唐柳宗元捕蛇者説:"往往而死者相～也。"㊁坐卧在某物之上。漢書佞幸傳董賢:"常與上卧起。嘗晝寢,偏～上褏(袖),上欲起,賢未覺,不欲動賢,乃斷褏而起。"顔師古注:"藉謂身卧其上也。"文選晉孫綽遊天台山賦:"～萋萋之纖草,蔭落落之長松。"李善注:"以草薦地而坐曰藉。"㊂踐踏,凌辱。莊子讓王:"殺夫子者無罪,～夫子者無禁。"釋文:"藉,毁也。又云:陵藉也。"史記魏其武安侯列傳:"太后怒,不食,曰:'今我在也,而人皆～吾弟,令我百歲後,皆魚肉之矣。'"司馬貞索隱引晉灼云:"藉,蹈也。以言蹂藉之。"㊃凭借,依靠。左傳宣公十二年:"敢～君靈,以濟楚師。"杜預注:"藉猶假借也。"戰國策秦策三:"此所謂～賊兵而齎盜食者也。"南史荀伯子傳:"伯子常自矜～蔭之美,謂(王)弘曰:'天下膏粱,唯使君與下官耳,宣明之徒不足數也。'"㊄連詞。表假設。史記陳涉世家:"失期當斬。～第令毋斬,而戍死者固十六、七。"裴駰集解引服虔曰:"藉,假也。"

2. jí 秦昔切,音籍,入,昔韻,從。鐸部。

㊅雜亂,狼藉。説文艸部:"藉,一曰艸不編,狼藉。"史記酈生陸賈列傳:"陸生以此遊漢廷公卿間,名聲～甚。"裴駰集解引漢書音義曰:"言狼藉甚盛。"〔藉藉〕交横雜亂的樣子。漢書司馬相如傳上林賦:"不被創刃而死者,它它藉藉,填阬滿谷,掩平彌澤。"顔師古注引郭璞曰:"言交横也。"㊆古代田制,借用民力耕治公田。孟子滕文公上:"夏后氏五十而貢,殷人七十而助,周人百畝而徹,其實皆什一也。徹者徹也,助者～也。"漢書文帝紀前二年詔:"夫農,天下之本也,其開～田,朕親率耕,以給宗廟粢盛。"顔師古注引韋昭曰:"藉,借也。借民力以治之,以奉宗廟,且以勸率天下,使務農也。"史記文帝本紀作"籍田"。㊇進貢,奉獻。穀梁傳哀公十三年:"(吴)欲因魯之禮,因晉之權,而請冠端而襲其～于成周,以尊天王,吴進矣。"范甯集解:"藉,謂貢獻。"楊士勛疏:"貢謂土地所有,以獻于成周。"㊈繩,繫。莊子應帝王:"虎豹之文來田,猨狙之便,執斄之狗來～。"釋文引司馬彪云:"藉,繩也,由捷見結縛也。"又引崔譔云:"藉,繫也。"㊉顧。張相詩詞曲語詞匯釋卷五:"藉猶顧也。"唐李山甫落花詩:"落拓東風不～春,吹開吹謝兩何因?"宋姜夔過桐廬詩:"横看山色仰看雲,十幅風帆不～人。"

[辨]籍,藉。見"籍"字條。

薹 tái 徒哀切,平,咍韻,定。

後起字。㊀薹菜。又名蕓薹,即油菜。玉篇艸部:"薹,蕓薹,菜名。"明李時珍本草綱目菜部蕓薹:"時珍曰:此菜易起～,須採其～食,則分枝必多。故名蕓～,而淮人謂之～芥,即今油菜,爲其子可榨油也。"凡蔬菜的花莖稱薹。又草部葫:"大小二蒜皆八月種,春食苗,夏初食～。”㊁草名。薹草。生於沼澤地,莖、葉可製簑、笠。集韻咍韻:“薹,艸名,夫須也。”

薵

1. chóu 直由切,音疇,平,尤韻,澄。幽部。

㊀草名。文選漢枚乘七發:“溷漻～蓼,蔓草芳苓。”李善注:“言水清净之處,生～蓼二草也。…字書曰:‘薵,藸草也。’”

2. zhòu 集韻丈九切,音紂,上,有韻,澄。

㊁同“葤”。以草包物。集韻有韻:“葤薵,艸苞物也,或从壽。”

[備考]覆蓋。方言卷一二:“薵、蒙,覆也。薵,戴也。”郭璞注:“此義之反覆兩通者。薵,字或作𦿆,音俱波濤也。”

按,説文無薵字。

藍

lán 魯甘切,平,談韻,來。談部。

㊀靛草,可作青色染料,即靛青。葉似蓼,又稱“蓼藍”。説文:“藍,染青草也。”詩小雅采緑:“終朝采～,不盈一襜。”鄭箋:“藍,染草也。”荀子勸學:“青,取之於～,而青於～。”引申爲藍色或深青色。爾雅釋鳥:“夏扈竊玄,秋扈竊～,冬扈竊黄。”郭璞注:“竊藍,青色。”論衡本性:“至惡之物,不受～朱之變也。”唐孟郊藍溪元居士草堂詩:“～岸青漠漠,～峰碧崇崇。”㊁末,尾。唐白居易歲日家宴戲示弟侄等:“歲～後推藍尾酒,春盤先勸膠牙餳。”㊂〔藍縷〕雙聲聯緜字。(衣服)破舊。左傳宣公十二年:“篳路藍縷,以啟山林。”杜預注:“藍縷,敝衣。”孔穎達疏:“方言云:‘楚謂凡人貧,衣破醜敝爲藍縷。’服虔云:‘言其縷破藍藍然。’”也作“襤縷”或“襤褸”。㊃通“籃”。〔藍輿〕通“籃輿”。竹轎。晉書陶潛傳:“(王)弘要之還州,問其所乘,答云:‘素有脚疾,向乘藍輿,亦足自反。’”唐王維酬嚴少尹徐舍人見過不遇詩:“偶值乘藍輿,非關避白衣。”㊄佛寺,梵文“伽藍”的省稱。宋釋普濟五燈會元卷一七:“郡之左有天皇寺,乃名～也,因火而廢。”

[辨]青,绿,藍。見“青”字條。

蓁

zhēn 職鄰切,音真,平,真韻,照三。真部。

草名。即豕首。見説文。又作“蒳蓁”。參見“蒳”字條。

薾

ěr 奴禮切,集韻忍氏切,音爾,上,紙韻,日。支部。

花繁盛的樣子。説文艸部:“薾,華盛,从艸爾聲。詩曰:‘彼～維何。’”今本詩小雅采薇作“爾”:“彼爾維何,維常之華。”毛傳:“爾,華盛貌。”

[辨]薾,苶,茶。薾是花盛貌;而苶是疲頓,又作茶。形音義均不同。莊子齊物論:“苶然疲役而不知所歸。”某些辭書誤以苶爲薾的簡化,因而誤釋爲薾通“苶”。結果,產生了在苶、薾兩個字條下都用莊子此語爲例證的矛盾。參見“苶”字條。

藂

cóng 徂紅切,音叢,平,東韻,從。東部。

同“叢”。廣韻:“藂,俗。”即“叢”的俗體。草木叢生的樣子。楚辭戰國宋玉招魂:“五穀不生,～菅是食些。”鹽鐵論論誹:“檀柘而有鄉,萑葦而有～,言物類相從也。”唐韓愈送李愿歸盤谷序:“泉甘而土肥,草木～茂。”〔藂藂〕衆多的樣子。漢賈誼新書修政語下:“天下壙壙,一人有之;萬民藂藂,一人理之。”

[備考]còng 集韻粗送切。草幼小。集韻送韻:“藂,艸稚也。”

按,説文無藂字。

藄

qí 渠之切,音其,平,之韻,群。之部。

草名。即紫蕨。説文與爾雅釋草:“藄,月爾。”郭璞注:“即紫藄也,似蕨,可食。”宋洪皓松漠紀聞:“炙股烹脯,以餘肉和～菜擣臼中糜爛而進。”

藏

1. cáng 昨郎切,平,唐韻,從。陽部。

㊀把穀物保藏起來。荀子王制:“春耕,夏耘,秋收,冬～。”引申爲收藏,儲藏。墨子

天志下："有書之竹帛，～之府庫。"宋蘇軾後赤壁賦："我有斗酒，～之久矣。"㊁隱匿，隱藏。説文新附："藏，匿也。"易繫辭上："顯諸仁，～諸用，鼓萬物而不與聖人同憂。"孔穎達疏："藏諸用者，潛藏功用，不使物知。"

2. zàng 徂浪切，去，宕韻，從。陽部。

㊂貯藏財物的倉庫。玉篇艸部："藏，庫藏。"左傳僖公二十四年："晉侯之豎頭須，守～者也。"宋史天文志四："一曰天積，天子之～府。"泛指儲存東西的地方。史記平準書："山海，天地之～也。"㊃埋，葬。荀子禮論："輿～而馬反，告不用也。"楊倞注："藏，謂埋之也。"列子楊朱："及其死也，無瘞埋之資，一國之人受其施者，相與賦而～之，反其子孫之財焉。"又指葬地。三輔黄圖陵墓："文帝霸陵，在長安城東七十里，因山爲～，不復起墳。"金史世宗紀："號其～爲光陵。"㊄内臟。周禮天官疾醫："參之以九～之動。"鄭玄注："正藏五，又有胃、膀胱、大腸、小腸。"賈公彦疏："正藏五者，謂五藏：肺、心、肝、脾、腎，並氣之所藏。"這個意義後來寫作"臟"。㊅佛教道教經典的總稱。南朝梁慧皎高僧傳安清："出家修道，博曉經～。"宋史王欽若傳："明年，爲景靈使閲道～。""藏"有包含、藴積的意義。佛教道教經典自認爲包含藴積無量法義，故稱爲藏。㊆我國少數民族名。

3. zāng 集韻兹郎切，平，唐韻，精。陽部。

㊇草名。史記司馬相如列傳子虚賦："其卑溼則生～、莨、蒹葭。"裴駰集解引漢書音義："藏，似薍而葉大。"㊈通"臧"。善，愛好。詩小雅隰桑："中心～之，何日忘之。"鄭箋："藏，善也。"釋文作"臧"。㊉通"臧"。贓。窩主。左傳文公十八年："作誓命曰：'毁則爲賊，掩賊爲～。'"孔穎達疏："掩匿賊人是爲～，言其藏罪人也。"清黄生義府云："藏乃臧之誤也。古'藏''贓'字皆作'臧'，後人轉寫誤加艸耳。'掩賊爲臧'，言得賊之物而隱庇其人，猶今窩主之謂。"

［同源字］①藏，贓。見"贓"字條。②葬，藏。見"葬"字條。

蕩 dàng 徒浪切，音宕，去，宕韻，定。陽部。

㊀〔莨蕩〕叠韻聯緜字。見"莨"字條。㊁〔蕩蕩〕叠韻聯緜字。見"蒗"字條。

藋 1. diào 徒弔切，去，嘯韻，定。藥部。

㊀草名。即商（蔏）藋，又稱"灰藋"。藜類植物。説文："藋，釐艸也。一曰拜商藋。"左傳昭公十六年："庸次比耦，以艾殺此地，斬之蓬、蒿、藜、～，而共處之。"莊子徐无鬼："夫逃虚空者，藜～柱乎鼪鼬之逕。"郭慶藩集解案曰："藋即今所謂灰藋也。"

2. zhuó 集韻直角切，音濁，入，覺韻，澄。

㊁〔蒴藋〕叠韻聯緜字。藥草名。見"蒴"字條。

藎 jìn 徐刃切，去，震韻，邪。真部。

㊀草名。即藎草，又名黄草、王芻。説文："藎，艸也。"急就篇卷四："雷矢藋菌～兔盧。"顔師古注："藎草治久欬，殺皮膚小蟲，又可以染黄而作金色。"王應麟補注："本草：'葉似竹而細薄，莖圓小，俗名菉。爾雅所謂王芻。'今呼鴟脚莎。"唐元稹三遣悲懷詩之一："顧我無衣搜～篋，泥他沽酒拔金釵。"㊁通"進"。朱駿聲説文通訓定聲坤部："藎，叚借爲進。進獻，忠誠。"舊唐書郭子儀傳："史臣裴垍曰：汾陽事上誠～，臨下寬厚，每降城下邑，所至之處，必得士心。"詩大雅文王："王之～臣，無念爾祖。""藎臣"本指王所進用之臣，後稱指忠臣。㊂通"𦚃（燼）"。剩餘。朱駿聲説文通訓定聲坤部："藎，叚借爲𦚃。"方言卷二："藎，餘也。周、鄭之間曰藎。…自關而西，秦晉之間，炊薪不盡曰藎。"文選漢馬融長笛賦："～滯抗絶，中息更裝。"李善注："藎，與燼同。"

［同源字］盡，燼，藎。見"燼"字條。

薩 sà 桑割切，入，曷韻，心。

後起字。梵文譯音。如"菩薩"、"薩埵"都是"菩提薩埵"的簡稱。

蔾 kuí 苦圭切,平,齊韻,溪。今讀如葵。脂部。

〔蔾姑〕王瓜,又稱土瓜。爾雅釋草:"鉤,蔾姑。"郭璞注:"鉤,瓤也,一名王瓜。實如瓝瓜,正赤味苦。"

按,説文無蔾字。

蕢 jùn 集韻祖峻切,音俊,去,稕韻,精。文部。

同"餕"。祭祀剩餘的食品。儀禮特牲饋食禮:"祝命嘗食,～者舉奠許諾。"鄭玄注:"古文'蕢'皆作餕。"集韻:"餕,博雅孰(熟)食謂之餕饔,一曰食餘曰餕,或作蕢。"

按,説文無蕢字,亦無餕字。

薱 duì 徒對切,音隊,去,隊韻,定。物部。

〔蕿薱〕叠韻聯緜字。草木茂盛的樣子。參見"蕿"字條。〔薱薱〕草木茂盛。見廣雅釋訓。

按,説文無薱字。

薿 yǐ 魚紀切,上,止韻,疑。之部。

〔薿薿〕茂盛的樣子。説文:"薿,茂也。"詩小雅甫田:"今適南畝,或耘或耔,黍稷薿薿。"鄭箋:"薿薿然而茂盛。"唐韓愈秋懷詩十一首之一:"窗前兩好樹,衆葉光薿薿。"

薶 1. mái 莫皆切,音埋,平,皆韻,明。之部。

㊀埋藏,埋葬。説文:"薶,瘞也。"段玉裁注:"周禮假借'貍'字爲之,今俗作'埋'。"淮南子時則:"掩骼～骴。"漢書楚元王傳:"又多殺宫人,生～工匠,計以萬數。"㊁堵塞。爾雅釋言:"薶,塞也。"郭璞注:"謂塞孔穴。"元史河渠志三黄河:"其爲埽臺及推卷、牽制、～掛之法,有用土、用石、用鐵、用草、用木、用杙、用絙之方。"

2. wō 音倭。微部。

㊂沾污。淮南子俶真:"夫鑑明者,塵垢弗能～;神清者,嗜欲弗能亂。"高誘注:"薶,污也。薶讀倭語之倭也。"

藐 1. miǎo 亡沼切,集韻弭沼切,上,小韻,明。宵部。

㊀幼小,弱小。廣雅釋詁二:"藐,小也。"左傳僖公九年:"初,獻公使荀息傅奚齊。公疾,召之,曰:'以是～諸孤,辱在大夫,其若之何?'"杜預注:"言其幼賤,與諸子縣(xuán)～。"文選晉潘岳寡婦賦序:"少喪父母,適人而所天又殞,孤女～焉始孩。"㊁小看,輕視。孟子盡心下:"説大人,則～之,勿視其巍巍然。"宋曾鞏送孫穎賢詩:"高談消長才驚世,～視公侯行出人。"㊂廣遠。方言卷一三:"藐,廣也。"楚辭戰國屈原九章悲回風:"～蔓蔓之不可量兮,縹綿綿之不可紆。"洪興祖補注:"藐,音邈,遠也。"〔藐藐〕①遠大的樣子。詩大雅瞻卬:"藐藐昊天,無不克鞏。"毛傳:"藐藐,大貌。"朱熹集傳:"藐藐,高遠貌。"②美盛的樣子。詩大雅崧高:"寢廟既成,即成藐藐。"毛傳:"藐藐,美貌。"③疏遠的樣子。詩大雅抑:"誨爾諄諄,聽我藐藐。"毛傳:"藐藐然,不入也。"

2. mào 莫角切,入,覺韻,明。藥部。

㊃茈草,又稱紫草。爾雅釋草:"藐,茈草。"郭璞注:"可以染紫,一名茈莀。廣雅云。"

[同源字]杪,秒,渺,妙,眇,藐。見"渺"字條。

藒 jié 丘竭切,入,薛韻,溪。今讀如傑。月部。

〔藒車〕香草名。爾雅釋草:"藒車,芞輿。"郭璞注:"藒車,香草。見離騷。"今本楚辭戰國屈原離騷作"揭車"。參見"揭"字條。

按,説文無藒字。

薰 xūn 許云切,平,文韻,曉。文部。

㊀香草名。即蕙草。説文:"薰,香艸也。"廣雅釋草:"薰草,蕙草也。"左傳僖公四年:"一～一蕕,十年尚猶有臭。"淮南子説山:

"以潔白爲汙辱，譬猶沐浴而抒溷，～燧而負彘。"高誘注："燒薰自香也，楚人謂之薰燧。"㊁花草香。文選南朝梁江淹別賦："閨中風暖，陌上草～。"南朝宋謝靈運山居賦："蘿蔓延以攀援，花芬～而媚秀。"又爲用香料熏。韓非子外儲説左上："爲木蘭之柜，～以桂椒，綴以珠玉。"金元好問丙午九日詠菊詩之二："三～復三沐，歲晏與君期。"㊂和煦。尸子綽子："舜曰：'南風之～兮，可以解吾民之慍兮。'"莊子天下："～然慈仁，謂之君子。"釋文："薰然，温和貌。"〔薰風〕和風，指初夏時的東南風。唐白居易首夏南池獨酌詩："薰風自南至，吹我池上林。"㊃通"熏"。火烟。文選晉陸機演連珠："臣聞尋煙染芬，～息猶芳，徽音録響，操終則絶。"李善注引字書曰："薰，火煙上出也。"又南朝宋鮑照蕪城賦："吴蔡齊秦之聲，魚龍爵馬之玩，皆～歇燼滅，光沉響絶。"㊄通"熏"。熏染，熏烤。易艮："艮其限，列其夤，厲～心。"文選晉潘岳馬汧督誄序："内焚穢火～之，潛氏殲焉。"㊅〔薰育〕通"獯鬻"。古匈奴名。史記周本紀："古公亶父復修后稷、公劉之業，積德行義，國人皆戴之。薰育戎狄攻之，欲得財物，予之。"

藑 qióng 渠營切，音瓊，平，清韻，群。耕部。

〔藑茅〕①草名。葍的一種。爾雅釋草："葍，藑茅。"郭璞注："葍華有赤者爲藑。藑，葍一種耳。"②靈草。楚辭戰國屈原離騷："索藑茅以筳篿兮，命靈氛爲余占之。"王逸注："藑茅，靈草也。"

按，説文無藑字。

薲 pín 符真切，集韻毗賓切，平，真韻，並。真部。

同"蘋"。大萍。説文："薲，大蓱也。"段玉裁注："釋艸曰：'苹、蓱，其大者蘋。'毛傳曰：'蘋，大蓱也。'薲、蘋，古今字。"唐韓愈鄆州谿堂詩："谿有～芷，有龜有魚。"

十五畫

藩 1. fān 甫煩切，平，元韻，非。元部。

㊀籬笆。玉篇艸部："藩，籬也。"易大壯："羝羊觸～，羸其角。"三國魏曹植鰕䱇篇："燕雀戲～柴，安識鴻鵠遊！"比喻國家的屏障。説文："藩，屏也。"詩大雅板："价人維～，大師維垣。"毛傳："藩，屏也。"漢書叙傳下："建設～屏，以强守圉。"又用作動詞。築籬笆圍起來。左傳哀公十二年："吴人～衛侯之舍。"㊁遮蓋。荀子榮辱："以相持養，以相～飾。"㊂藩車，四面有遮蔽的車。左傳襄公二十三年："以～載欒盈及其士。"杜預注："藩，車之有障蔽者。"漢書陳遵傳："始遵初除，乘～車入閭巷。"㊃封建王朝分給諸侯王的封國。三國魏曹植贈白馬王彪序："後有司以二王歸～，道路宜異止宿。"又爲屬國，屬地。三國志吴書吴主傳："魏遼東太守公孫淵遣校尉宿舒、閬中令孫綜稱～於權，并獻貂焉。"後漢書明帝紀："驃騎將軍東平王蒼罷歸～。"唐朝在重要的州及邊陲設置的節度使，藩鎮的略稱。唐高適人日寄杜二拾遺詩："身在遠～無所預，心懷百憂復千慮。"

2. fán 附袁切，平，元韻，奉。元部。

㊄〔莸藩〕藥草名。即知母。爾雅釋草："薚，莸藩。"郭璞注："生山上，葉如韭，一曰提母。"郝懿行義疏："即知母也。"

［辨］籓，藩。見"籓"字條。

［同源字］①轓，藩。見"轓"字條。

②樊，藩。見"樊"字條。

藭 qióng 渠弓切，平，東韻，群。冬部。

〔芎藭〕叠韻聯緜字。香草名。見"芎"字條。又作"营藭"。説文："藭，营藭也。"詩詞裏也單用。宋梅堯臣次韻永叔乞藥有感："亦莫如學釣，緡鉤懸香～。"

藙 yì 魚既切，去，未韻，疑。物部。

植物名。即食茱萸，果實味辛辣，可用作調料。禮記内則："三牲用～。"鄭玄注："藙，煎茱萸也。漢律會稽獻焉。爾雅謂之榝。"

按，説文藙作薮。

藷 1. zhū 章魚切，平，魚韻，照三。魚部。

㊀〔藷蔗〕叠韻聯緜字。甘蔗。説文："藷，藷蔗也。"文選漢張衡南都賦："若其園圃則有蓼、蕺、蘘荷、藷蔗、薑、蹯。"李善注引漢書音義曰："藷蔗，甘柘也。"

2. shǔ 常恕切，音曙，去，御韻，禪。魚部。

㊁〔藷萸〕叠韻聯緜字。即薯蕷。又稱山藥。山海經北山經："景山南望鹽販之澤，北望少澤，其上多草藷萸。"郭璞注："根似羊蹄，可食。曙預二音。今江南單呼爲藷，音儲，語有輕重耳。"也作"藷芋"。宋蘇軾聞子由瘦詩："土人頓頓食藷芋。"

藨 1. biāo 甫嬌切，集韻悲嬌切，平，宵韻，幫。宵部。

㊀鹿藿，即鹿豆。説文："藨，鹿藿也。"爾雅釋草："蔨，鹿蘿，其實莥。"郭璞注："今鹿豆也。葉似大豆，根黄而香，蔓延生。"㊁草名。藨草，可造紙製席。説文："藨，…一曰蔽屬。"儀禮喪服："疏屨者，～蒯之菲也。"文選漢張衡南都賦："其草則～、苧、薠、莞，蔣、蒲、蒹葭。"㊂通"穮"。除草。廣雅釋地："藨，耕也。"文選晉張華勵志："如彼南畝，力耒既勤；～蓘致功，必有豐殷。"李善注："左氏傳：'趙文子謂祁午曰，譬如農夫，是～是蓘，雖有饑饉，必有豐年。'杜預曰：'藨，耘也。'"今本左傳昭公元年"藨"作"穮"。

2. pāo 普袍切，平，豪韻，滂。宵部。

㊃草莓的一種，俗名藨田藨。爾雅釋草："藨，麃。"郭璞注："麃即莓也。今江東呼爲藨莓。"現代湘方言亦將莓稱作藨。

藕 ǒu 五口切，上，厚韻，疑。侯部。

蓮的地下莖。爾雅釋草："荷，芙渠。其莖茄，其葉蕸，其本蔤，其華菡萏，其實蓮，其根藕。"文選漢司馬相如上林賦："唼喋菁藻，咀嚼菱～。"唐孟郊去婦詩："妾心～中絲，雖斷猶牽連。"唐温庭筠舞衣曲："～腸纖縷抽輕春，煙機漠漠嬌娥嚬。"

按，説文藕作蕅。

藚 xù 似足切，音續，入，燭韻，邪。屋部。

水草名。即澤瀉，可入藥。説文："藚，水舄也。"詩魏風汾沮洳："彼汾一曲，言采其～。"毛傳："藚，水舄也。"孔穎達疏引陸璣曰："今澤蕮也，其葉如車前草大，其味亦相似，徐州、廣陵人食之。"

藝 yì 魚祭切，去，祭韻，疑。月部。

㊀種植。集韻祭韻："埶，説文：'種也。'…或作蓺、藝。"書酒誥："嗣爾股肱，純其～黍稷。"僞孔傳："其當勤種黍稷。"孟子滕文公上："后稷教民稼穡，樹～五穀。"唐王維寄荆州張丞相詩："方將與農圃，～植老丘園。"㊁才能，技能。廣韻："藝，才能也。"書金縢："乃元孫不若旦多材多～，不能事鬼神。"論語雍也："求也～。"何晏集解引孔安國曰："藝謂多才藝。"〔六藝〕①古代統治者教授子弟的六種技藝，指禮、樂、射、御、書、數。禮記學記："不興其～，不能樂學。"鄭玄注："藝謂禮、樂、射、御、書、數。"②指六經，儒家的六種經典，即易、書、詩、禮、樂、春秋。㊂準則，限度。廣韻："藝，常也，準也。"國語晉語八："及桓子驕泰奢侈，貪欲無～。"韋昭注："藝，極也。"左傳文公六年："陳之～極，引之表儀。"杜預注："藝，準也。"

［備考］區分。孔子家語正論："合諸侯而～貢事，禮也。"王肅注："藝，分别貢獻之事也。"

按，説文藝作埶。

藖 xián 户閒切，平，山韻，匣。

後起字。㊀剷餘的草莖。廣韻："藖，莖餘。"唐元結漫酬賈沔州詩："豈欲皀櫪中，争食麩與～。"㊁堅固。廣雅釋詁一："藖，擥，堅也。"

［備考］qiān 集韻丘閑切。草名。見集韻山韻。

蒫 zhǎ 集韻竹下切,上,馬韻,知。

後起字。〔蕯蒫〕叠韻聯緜字。見"蕯"字條。

蕯 lǎ 盧下切,上,馬韻,來。

後起字。〔蕯蒫〕〔蕯苴(zhǎ)〕叠韻聯緜字。不潔不正的様子。玉篇:"蕯,蕯蒫,不中皃。"宋李光己巳二月已發書殊不盡意偶成長句:"舊日琴書都蕯蒫,新年行步漸羸垂。"宋羅大經鶴林玉露卷一〇:"面目皺瘦,行步蕯苴。"明岳元聲方言據:"人不端潔,賴取人物曰蕯苴。黄魯直云:'中州人謂蜀人放誕,不遵軌轍曰川蕯苴。'"正字通:"(蕯),蘀字之譌。"

藸 chú 直魚切,音除,平,魚韻,澄。魚部。

〔莖藸〕雙聲聯緜字。見"莖"字條。

蘈 tuī 他回切,音推,平,灰韻,透。微部。

草名。即牛蘈。見爾雅釋草。參見"蘈"字條。

按,説文無蘈字。

蔄 lǘ 力居切,音驢,平,魚韻,來。魚部。

〔菴蔄〕草名。見"菴"字條。

按,説文無蔄字。

藘 lǘ 力居切,音驢,平,魚韻,來。魚部。

〔茹藘〕叠韻聯緜字。草名。見"茹"字條。

按,説文無藘字。

藟 lěi 力軌切,上,旨韻,來。微部。

❶蔓草名。屬葛類。説文:"藟,艸也。"玉篇:"藟,藟藤也。"詩周南樛木:"南有樛木,葛～纍之。"孔穎達疏:"藟,與葛異,亦葛之類也。陸璣云:'藟,一名巨苽,似燕薁,亦延蔓生,葉似艾,白色,其子赤,亦可食。'"引申爲纏繞。唐王績古意詩六首之三:"漁人遞往還,網罟相縈～。"❷通"蕾"。花蕾。宋秦觀早春題僧舍詩:"東園紫梅初破～,北澗渌水方通流。"宋陸游小園詩:"晨露每看花～坼,夕陽頻見樹陰移。"

藪 1. sǒu 蘇后切,上,厚韻,心。侯部。

❶大澤,湖澤。説文:"藪,大澤也。从艸,數聲。九州之～:揚州具區,荆州雲夢,豫州甫田,青州孟諸,兖州大野,雝州弦圃,幽州奚養,冀州楊紆,并州昭餘祁是也。"周禮夏官職方氏:"東南曰揚州,其山鎮曰會稽,其澤～曰具區。"鄭玄注:"大澤曰藪。"特指有淺水茂草的沼澤地帶。詩鄭風大叔于田:"叔在～,火烈具舉。"毛傳:"藪澤,禽之府也。"釋文引韓詩云:"禽獸居之曰藪。"左傳昭公二十年:"～之薪蒸,虞候守之。"孔穎達疏:"周禮山澤之官皆名爲虞,…鄭玄云:'…澤,水所鍾也;水希曰藪。'則藪是少水之澤,立官使之候望。"又指鄉野。晉湛方生後斎:"解纓復褐,辭朝歸～。"❷人或物聚集的地方。書武成:"爲天下逋逃主,萃淵～。"晉郭璞奏請平刑書:"密邇奸～。"漢蔡邕胡廣黄瓊頌:"惟道之淵,惟德之～。"❸通"搜(sōu)"。搜求。廣雅釋詁三:"藪,求也。"朱駿聲説文通訓定聲:"藪,叚借爲搜。"晉書李重傳:"耽道窮～,老而彌新。"

2. còu 集韻千候切,去,候韻,清。屋部。

❹通"輳"。車轂的空腔。集韻:"藪,車轂空也,衆輻之所輳。李軌讀。"周禮考工記輪人:"以其長爲之圍,以其圍之防捎其～。"鄭玄注:"鄭司農云:'藪讀爲蜂藪之藪,謂轂空壺中也。'玄謂此藪徑三寸九分寸之五,壺中當輻菑者也。蜂藪者猶言趨也。藪者衆輻之所趨也。"

3. shǔ 集韻爽主切,上,麌韻,審二。侯部。

❺通"籔"。古量名。集韻:"籔,聘禮:'十六斗曰籔。'或从艸。"

藜 lí 郎奚切,平,齊韻,來。支部。

草名。初生可食,莖老可做杖。説文:"藜,艸也。"左傳昭公十六年:"斬之蓬、蒿、～、藋,而共處之。"莊子讓王:"孔子窮於陳蔡之間，七日不火食，～羹不糝，顔色甚憊，而弦歌於室。”又：“原憲華冠縱履，杖～而應門。”唐韓愈送文暢師北遊詩：“從兹富裘馬，寧復茹～蕨。”

藤 téng 徒登切，平，登韻，定。

❶植物名。蔓生，有紫藤、白藤等多種。唐孟浩然萬山潭詩：“魚行潭樹下，猿掛島～間。”宋梅堯臣送杜君懿屯田通判宣州詩：“日書～紙争持去，長鉤細畫似珊瑚。”泛稱蔓生植物的莖。如“瓜藤”、“葡萄藤”。❷地名。藤江（即今潯江）、藤縣，均在廣西壯族自治區。

按，説文無藤字。

虅 liú 集韻力求切，平，尤韻，來。幽部。

❶〔虅弋〕草名。集韻：“虅，艸名，虅弋也。”❷〔虅莅〕雙聲聯緜字。象聲詞。風吹林木聲。漢書司馬相如傳上林賦：“虅莅卉歙，蓋象金石之聲，管籥之音。”顔師古注：“林木鼓動之聲也。”史記作“瀏莅”。

按，説文無虅字。

蕰 1. yùn 於問切，去，問韻，影。文部。

❶積聚。廣韻問韻：“藴，説文：‘積也。春秋傳曰：藴利生孽。’俗作蕰。”左傳昭公十年：“～利生孽，姑使無～乎？”又隱公六年：“爲國家者，見惡如農夫之去草焉，芟夷～崇之，絶其本根。”❷收藏，包藏。莊子齊物論：“萬物盡然，而以是相～。”後漢書周榮傳：“～匵古今，博物多聞。”李賢注：“蕰，藏也。”又爲隱藏。漢馬融廣成頌：“疏越～慉，駭恫底伏。”引申爲含義深奥。正字通：“蕰，奥也。”宋王安石答韓求仁書：“求仁所問於易者，尚非易之～也。”宋史范祖禹傳：“平易明白，洞見底～。”〔蕰蕰〕深邃的樣子。唐元結補樂歌之四九淵：“聖德至深兮蕰蕰如淵，生類娭娭兮孰知其然。”❸〔蕰結〕鬱結，苦悶。詩檜風素冠：“我心蕰結兮，聊與子如一兮。”朱熹集傳：“蕰結，思之不解也。”也單用“蕰”。後漢書王符傳：“志意～憤，乃隱居著書三十餘篇。”❹通“煴”。悶熱。詩大雅雲漢：“旱既大甚，～隆蟲蟲。”毛傳：“蕰蕰而暑，隆隆而雷，蟲蟲而熱。”釋文：“蕰，紆粉反，本又作煴。”

2. wēn 烏渾切，平，魂韻，影。

❺通“薀”。水草名。文選晉左思蜀都賦：“緑菱紅蓮，雜以～藻，糅以蘋蘩。”

［備考］饒。方言卷一三：“蕰，饒也。”

藥 1. yào 以灼切，入，藥韻，喻四。藥部。

❶本指能治病的草。説文：“藥，治病艸。”後泛指能治病之物。周禮天官疾醫：“以五味、五穀、五～養其病。”鄭玄注：“五藥，草、木、蟲、石、穀也。”又用作動詞。用藥治療。詩大雅板：“多將熇熇，不可救～。”荀子富國：“彼得之不足以～傷補敗。”楊倞注：“藥，猶醫也。”❷特指術士所謂服用後能長生不老之物。史記秦始皇本紀：“因使韓終、侯公、石生求仙人不死之～。”唐白居易尋郭道士不遇詩：“～爐有火丹應伏，雲碓無人水自春。”❸某些有化學作用的物質。宋沈括夢溪筆談卷一八技藝：“有布衣畢昇又爲活板…～稍鎔，則以一平板按其面，則字平如砥。”明宋應星天工開物佳兵：“凡鳥銃長約三尺，鐵管載～，嵌盛木棍之中。”此指火藥。❹〔勺（芍）藥〕叠韻聯緜字。花草名。見“勺”字條及“芍”字條。亦簡稱“藥”。文選南朝齊謝朓直中書省詩：“紅～當階翻，蒼苔衣砌上。”元范梈寄甄氏訪山亭詩：“大鑑花周映，虚階～競抽。”

2. lüè 集韻力灼切，入，藥韻，來。藥部。

❺〔勺藥〕五味調和。集韻：“藥，勺藥，調味和也。”文選漢枚乘七發：“熊蹯之臑，勺藥之醬。”李善注引韋昭曰：“勺藥，和齊鹹酸美味也。”也寫作“芍藥”。文選漢張衡南都賦：“歸鴈鳴鵽，黄稻鱻魚，以爲芍藥。”李善注：“藥，音略。…子虚賦曰：‘芍藥之和，具而後進也。’文穎曰：‘五味之和。’”

3. shuò 集韻式灼切，入，藥韻，審三。藥部。

㊅〔灼爍〕叠韻聯緜字。熱的樣子。集韻："爍，灼爍，熱貌。"後漢書張衡傳思玄賦："撫軨軹而還睨兮，心灼爍其如湯。"李賢注："爍音鑠，熱皃也。言顧瞻鄉國而心熱也。"

十六畫

藻 zǎo 子晧切，上，晧韻，精。宵部。

㊀水草名。即水藻。説文："薻，水艸也。…藻，薻或从澡。"詩召南采蘋："于以采～，于彼行潦。"孔穎達疏引陸璣云："藻，水草也，生水底，有二種。"唐杜甫早行詩："碧～非不茂，高帆終日征。"㊁文采，華美。山海經西山經："(泰冒之山)浴水出焉，東流注于河，其中多～玉。"郭璞注："藻玉，玉有符彩者。"南朝梁劉勰文心雕龍原道："龍鳳以～繪呈瑞，虎豹以炳蔚凝姿。"又爲修飾。三國志吳書劉繇傳評："劉繇～厲名行，好尚臧否。"晉書嵇康傳："身長七尺八寸，美詞氣，有風儀，而土木形骸，不自～飾，人以爲龍章鳳姿，天質自然。"㊂辭藻，文章。漢書叙傳上答賓戲："雖馳辯如濤波，摛～如春華，猶無益於殿最。"顏師古注："藻，文辭也。"文選晉陸機文賦："或～思綺合，清麗千眠；炳若縟繡，悽若繁弦。"㊃通"璪"。帝王冕上穿玉的五彩絲繩。禮記玉藻："天子玉～。"鄭玄注："雜采曰藻，天子以五采藻爲旒。"孔穎達疏："藻謂雜采之絲繩，以貫於玉，以玉飾藻，故云玉藻也。"釋文："藻，本又作璪。"㊄通"繅"。墊玉器的墊板。禮記雜記下："～三采六等。"鄭玄注："藻，薦玉者也。"孔穎達疏："藻謂以韋衣板以藉玉者。"周禮春官典瑞及儀禮聘禮均作"繅"。

藼 xuān 況袁切，音喧，平，元韻，曉。元部。

同"萱"，又作"蕿"。草名。即黄花菜。説文："藼，令人忘憂艸也。…詩曰：'安得～艸。'"按，今本詩衛風伯兮作"焉得諼草"。

蘢 1. lóng 盧紅切，平，東韻，來。東部。

㊀草名。又稱"天蘥"。見爾雅釋草。郝懿行疏："管子地員篇云'其山之淺，有～與斥。'蘢即此也。下文云'紅，～古'，疑亦此。蓋此草高大，故名天蘥。"〔蘢古〕草名。即葒草。爾雅釋草："紅，蘢古，其大者蘬。"郭璞注："俗呼紅草爲蘢鼓，語轉耳。"

2. lǒng 集韻魯孔切，上，董韻，來。東部。

㊁〔蘢茸〕叠韻聯緜字。叢聚的樣子。集韻："蘢，蘢茸，聚皃。"史記司馬相如列傳大人賦："鑽羅列聚叢以蘢茸兮，衍曼流爛壇以陸離。"㊂〔蘢蓯〕〔蘢葱〕叠韻聯緜字。草木繁盛的樣子。引申爲聚集的樣子。淮南子俶真："被德含和，繽紛蘢蓯，欲與物接而未成兆朕。"高誘注："蘢蓯，聚會也。"元揭傒斯題桃源圖："烟霞俄變滅，草樹杳蘢葱。"

3. lòng 正字通音弄。

㊃竹樹深處。正字通："蘢，楚、越謂竹樹深者爲蘢。今蜀語云樸梼。"唐李華寄趙七侍御詩："玄猿啼深～，白鳥戲葱蒙。"全唐詩附原注："楚、越謂竹樹深者爲蘢。蘢，一作豅。"

按，説文無蘢字。

藹 ǎi 於蓋切，去，泰韻，影。月部。

㊀果實繁盛的樣子。爾雅釋木："蕡，藹。"郭璞注："樹實繁茂菴～。"引申爲茂盛、茂密。楚辭戰國宋玉九辯："離芳～之方壯兮，余萎約而悲愁。"漢書揚雄傳上河東賦："鬱蕭條其幽～兮，滃汎沛以豐隆。"又爲衆多的樣子。唐杜甫贈蜀僧閭丘師兄詩："多士盡儒冠，墨客～雲屯。"〔藹藹〕①草木茂盛的樣子。文選晉束晳補亡詩之五："瞻彼崇丘，其林藹藹。"李善注："藹藹，茂盛貌。"②衆多的樣子。爾雅釋訓："藹藹，濟濟，止也。"郭璞注："皆賢士盛多之容止。"詩大雅卷阿："藹藹王多吉士，維君子使，媚于天子。"毛傳："藹藹，猶濟濟也。"③暗淡的樣子。文選漢司馬相如長門賦："望中庭之藹藹兮，若季秋之降霜。"李善注："藹藹，月光微闇之貌。"㊁和藹，

和善。南朝梁江淹蕭重讓揚州表:“丹青可以傳其～,磬琯可以揚其音也。”〔藹如〕和善可親的樣子。唐韓愈答李翊書:“仁義之人,其言藹如也。”㊂通“靄”。雲氣。文選晉陸機挽歌:“悲風徽行軌,傾雲結流～。”李善注引文字集略曰:“靄,雲雨狀也。”又云:“藹與靄,古字同。”〔藹然〕雲集的樣子。管子侈靡:“藹然若夏之静雲,乃及人之體。”

[同源字]靄,藹。見“靄”字條。

按,說文無藹字。

藟 ruǐ 如累切,上,紙韻,日。歌部。

花蕊。“蕊”字的俗體。文選晉左思蜀都賦:“敷～葳蕤,落英飄颻。”玉臺新詠南朝梁何思澄奉和湘東王教班婕妤詩:“虚殿簾帷静,閒階花～香。”又指花。廣雅釋草:“藟,華也。”楚辭戰國屈原離騷:“掔木根以結茝兮,貫薜荔之落～。”唐杜甫江畔獨步尋花七絶句之七:“繁枝容易紛紛落,嫩～商量細細開。”一本作“蕊”。

按,說文無藟字。

藘 lǐn 集韻力錦切,音凜,上,寑韻,來。

〔藘蒿〕草名。即莪蒿。爾雅釋草:“莪,蘿。”郭璞注:“今莪蒿也,亦曰藘蒿。”參見“莪”字條。

按,說文無藘字。

藿 huò 虚郭切,音霍,入,鐸韻,曉。鐸部。

㊀豆葉。廣雅釋草:“豆角謂之莢,其葉謂之藿。”楚辭漢劉向九嘆愍命:“耘藜～與襄荷。”王逸注:“藿,豆葉也。”泛指草本的嫩苗。詩小雅白駒:“皎皎白駒,食我場～。”毛傳:“藿,猶苗也。”㊁香草名。即藿香。文選晉左思吴都賦:“草則～蒳豆蔻。”李善注引劉逵注曰:“異物志曰:藿香,交趾有之。”

按,說文藿作蘿。

藾 lài 落蓋切,去,泰韻,來。月部。

㊀草名。即藾蒿,又名牛尾蒿。爾雅釋草:“苹,～蕭。”郭璞注:“今藾蒿也。”漢曹操步出夏門行土不同:“錐不入地,蘴～深奥。”㊁蔭,庇蔭。莊子人間世:“見大木焉有異,結駟千乘,隱將芘其所～。”

按,說文無藾字。

蘞 1. xián 徐鹽切,音挦,平,鹽韻,邪。

後起字。㊀菜名。生山中。北魏賈思勰齊民要術五穀果蓏菜茹非中國物產者:“～菜,似蒼荃菜也。”

2. qián 集韻慈鹽切,音潛,平,鹽韻,從。

㊀植物名。即蕁麻。正字通:“蘞麻即蕁麻。通雅曰:圖經有蕁麻,一作毛蘞。”唐白居易送客南遷詩:“颶風千里黑,～草四時青。”

蘀 tuò 他各切,入,鐸韻,透。鐸部。

㊀草木脱落的皮或葉。說文:“蘀,艸木凡皮葉落,陊地爲蘀。”詩鄭風蘀兮:“～兮～兮,風其吹女。”毛傳:“蘀,槁也。”鄭箋:“槁,謂木葉也。木葉槁,待風乃落。”又豳風七月:“十月隕～。”㊁草名。山海經中山經:“(甘棗之山)其下有草焉,葵本而杏葉,黄華而莢實,名曰～。”

蘁 1. wù 集韻五故切,音誤,去,莫韻,疑。鐸部。

㊀逆,違逆。莊子寓言:“使人乃以心服,而不敢～立。”釋文:“蘁,音悟。”

2. è 集韻逆各切,音鄂,入,鐸韻,疑。鐸部。

㊀通“噩”。驚人的,可怕的。列子周穆王:“一曰正夢,二曰～夢。”張湛注:“周官注云:蘁當爲驚愕之愕,謂驚愕而夢。”

按,說文無蘁字。

蘎 lǎo 盧晧切,音老,上,晧韻,來。宵部。

乾梅。見說文。周禮天官籩人:“饋食之籩,其實棗、㮚、桃、乾～、榛實。”鄭玄注:“乾蘎,乾梅也。”

蘼 lì 郎擊切,入,錫韻,來。

〔葶蘼〕植物名。見“葶”字條。

藺 lìn 良刃切,音吝,去,震韻,來。真部。

❶草名。即燈心草。可爲席。説文:"藺,莞屬。"急就篇三:"蒲蒻～席帳帷幢。"❷碾壓。北魏賈思勰齊民要術耕田引氾勝之書:"望杏花落,復耕,耕輒～之。"這個意義後來寫作躪。❸姓。戰國趙國有藺相如。

蘧 1. qú 强魚切,音渠,平,魚韻,群。魚部。

❶草名。説文:"蘧,蘧麥也。"爾雅釋草:"大菊,～麥。"郝懿行義疏:"繫傳云:今謂之瞿麥。又名句麥,其小而華色深者,俗謂石竹。"❷〔蘧篨〕同"籧篨"。叠韻聯緜字。①用竹或葦編的粗席。世説新語任誕:"唯郡卒獨以小船載(庾)冰出錢塘口,以蘧篨覆之。"晉書皇甫謐傳:"氣絶之後,便即時服幅巾故衣以蘧篨裹尸。"②身有殘疾不能彎腰。國語晉語四:"蘧篨不可使俯。"韋昭注:"蘧篨,直者,謂疾。"③諂諛,諂媚。漢書叙傳下:"舅氏蘧篨,幾陷大理。"顔師古注:"蘧篨,口柔,覩人顔色而爲辭佞者也。"❸〔蘧廬〕叠韻聯緜字。旅店。莊子天運:"仁義,先王之蘧廬也,止可以一宿,而不可久處。"郭象注:"蘧廬,猶傳舍也。"❹通"蕖"。荷花。文選漢張衡西京賦:"～藕拔,蜃蛤剥。"李善注引薛綜曰:"蘧,芙蕖。"

2. jù 集韻其據切,音遽,去,御韻,群。魚部。

❺〔蘧然〕驚喜的樣子。莊子大宗師:"成然寐,蘧然覺。"成玄英疏:"蘧然是驚喜之貌。"

蘆 lú 落胡切,平,模韻,來。魚部。

❶蘆葦。淮南子脩務:"夫鴈順風以愛氣力,銜～而翔以備矰弋。"高誘注:"未秀曰蘆,已秀曰葦。"唐盧綸送渾别駕赴舒州詩:"江平～荻齊,五兩貼檣低。"❷〔蘆菔〕菜名。即蘿蔔。説文:"蘆,蘆菔也。"爾雅釋草:"葖,蘆萉。"郭璞注:"萉,宜爲菔。蘆菔,蕪菁屬。"邢昺疏:"今謂之蘿蔔是也。"後漢書劉盆子傳:"掘庭中蘆菔根,捕池魚而食之。"按,"蘆菔""蘆萉""蘿蔔""蘿卜"都是古今音變,同物異名。

⿰蔞瓜 lòu 落候切,音陋,去,候韻,來。

後起字。〔⿰⿱艹舌瓜⿰蔞瓜〕見"⿰⿱艹舌瓜"字條。

蘄 qí 渠之切,音祈,平,之韻,群。微部。

❶草名。説文:"蘄,艸也。…江夏有蘄春亭。"〔蘄茝〕叠韻聯緜字。香草名。即蘼蕪。見爾雅釋草。❷馬嚼子。文選漢張衡西京賦:"旗不脱扃,結駟方～。"李善注引薛綜曰:"蘄,馬銜也。"❸通"祈"。祈求。莊子養生主:"澤雉十步一啄,百步一飲,不～畜乎樊中。"釋文:"蘄,音祈,求也。"唐韓愈答李翊書:"將～至於古之立言者,則無望其速成,無誘於勢利。"❹通"圻"。邊界。荀子儒效:"故外闔不閉,跨天下而無～。"劉台拱補注:"蘄與圻同,言四海一家,無封疆之限也。"❺古州名,在今湖北蘄春縣。❻姓。漢有弘農太守蘄良。

2. qín 巨斤切,平,欣韻,群。文部。

❼〔山蘄〕藥草名。即當歸。見集韻。爾雅釋草:"薜,山蘄。"郭璞注:"廣雅曰:'山蘄,當歸。'當歸今似蘄而麤大。"

蘋 pín 符真切,集韻毗賓切,平,真韻,並。真部。

水草名。即大萍,也叫田字草。詩召南采蘋:"于以采～,南澗之濱。"毛傳:"蘋,大蓱也。"左傳襄公二十八年:"濟澤之阿,行潦之～藻。"唐徐夤風詩:"城上寒來思莫窮,土囊～末兩難同。"

按,説文無蘋字。

蘉 máng 莫郎切,音忙,平,唐韻,明。陽部。

勉力,努力。玉篇茻部:"蘉,勉也。"書洛誥:"汝乃是不～,乃時惟不永哉!"僞孔傳:"汝乃是不勉爲政,汝是惟不可長哉。"

按,説文無蘉字。

⿱艹䫉 miǎo 集韻墨角切,音藐,入,覺韻,明。

藥部。

"藐"的或體。草名。即茈草,一名"茈莨"。可染紫。説文:"藐,茈艸也。"後漢書張衡傳思玄賦:"爛漫麗靡～以迭逷。"爾雅釋草作"藐"。

蕁 1. tán 徒含切,音潭,平,覃韻,定。侵部。

㊀同"蕁"。藥草名。説文:"蕁,芜藩也。蕁,蕁或从爻。"爾雅釋草:"蕁,莸藩。"郭璞注:"生山上,葉如韭,一曰提母。"邢昺疏:"知母也。"

2. xún 集韻徐心切,音尋,平,侵韻,邪。侵部。

㊁海草名。即海藻。爾雅釋草:"蕁,海藻。"郭璞注:"一名海羅,如亂髮,生海中。"

蘈 tuí 杜回切,音頹,平,灰韻,定。微部。

〔牛蘈〕草名。爾雅釋草:"蘈,牛蘈。"詩小雅我行其野"言采其蓫"鄭箋:"蓫,牛蘈也。"孔穎達正義引陸璣疏云:"今人謂之羊蹄。"

按,説文無蘈字。

蘇 1. sū 素姑切,平,模韻,心。魚部。

㊀草名。桂荏。即紫蘇。説文:"蘇,桂荏也。"文選漢枚乘七發:"秋黄之～,白露之茹。"又漢張衡南都賦:"～蔱紫薑,拂徹膻腥。"泛指柴草。方言卷三:"蘇、芥,草也。江、淮、南楚之間曰蘇。"列子周穆王:"王俯而視之,其宫榭若累塊積～焉。"張湛注:"蘇,樵也。"宋書羊玄保傳:"富强者兼領而占,貧弱者薪～無託。"又爲取草、割草或割草之人。莊子天運:"及其已陳也,行者踐其首脊,～者取而爨之而已。"成玄英疏:"取草曰蘇。"南朝宋鮑照登大雷岸與妹書:"樵～一歎,舟子再泣。"引申爲取。管子法禁:"漁利～功,以取順其君。"楚辭戰國屈原離騷:"～糞壤以充幃兮,謂申椒其不芳。"王逸注:"蘇,取也。"㊁死而復生,蘇醒過來。左傳宣公八年:"晉人獲秦諜,殺諸絳市,六日而～。"史記扁鵲倉公列傳:"有間,太子～。"引申爲在困頓後得到休養或病後緩解。書仲虺之誥:"徯予后,后來其～。"僞孔傳:"待我君來,其可蘇息。"唐杜甫江漢詩:"落日心猶壯,秋風病欲～。"㊂下垂之物。史記司馬相如列傳:"蒙鶡～,絝白虎。"司馬貞索隱:"孟康曰:'鶡尾也。蘇,析羽也。'…決疑注云:'鳥尾爲蘇。'"〔流蘇〕用五彩羽毛或絲線製成的下垂裝飾物。文選漢張衡東京賦:"駙承華之蒲梢,飛流蘇之騷殺。"李善注:"流蘇,五采毛雜之,以爲馬飾而垂之。續漢書曰:'駙馬赤珥流蘇。'摯虞決疑要注曰:'凡下垂爲蘇。'騷殺,垂貌。"

2. sù 音素。魚部。

㊃向。商君書賞刑:"萬乘之國,若有～其兵中原者,戰將覆其軍。"荀子議兵:"以故順刃者生,～刃者死。"楊倞注:"蘇讀爲傃。傃,向也。謂相向格鬭者。"

〔辨〕甦,穌,蘇,欳。見"甦"字條。

蘅 héng 户庚切,平,庚韻,匣。陽部。

香草,即杜衡。玉篇:"蘅,杜衡,香草。"楚辭漢王逸九思傷時:"堇荼茂兮扶疏,～芷彫兮瑩嫇。"文選三國魏曹植洛神賦:"踐椒塗之郁烈,步～薄而流芳。"

按,説文無蘅字。

蘔 zì 子智切,去,寘韻,精。

後起字。草名。見廣韻。又爲草積,草堆。晉法顯佛國記國王信佛:"輦著～上,蘇油遍灌,然後燒之。"引申爲積聚。百喻經卷上婦詐稱死喻:"哀哭懊惱,大～薪油,燒取其骨,以囊盛之。"

十七畫

蘘 ráng 汝陽切,平,陽韻,日。陽部。

㊀〔蘘荷〕草名。又稱莒蒩,陽藿。説文:"蘘,蘘荷也,一名莒蒩。"史記司馬相如列傳上林賦:"茈薑蘘荷。"張守節正義:"蘘,人羊反。柯根旁生笋,若芙蓉,可以爲菹,又治蠱

毒也。"文選晉潘岳閒居賦:"蘘荷依陰,時藿向陽。"李善注引崔豹古今注曰:"蘘荷菜似薑,宜陰翳地,依陰而生也。"㊁通"穰"。秸秆。北魏賈思勰齊民要術卷一收種:"先治而別埋,還以所治～草蔽窖。"

〔備考〕㊀xiāng(思將切)。通"葙"。〔青蘘〕草名。也作"青葙"。見集韻。㊁nāng(奴當切)。〔蘘蘘〕叠韻聯緜字。草名。見集韻。

虋 méi 武悲切,集韻旻悲切,平,脂韻,明。脂部。

〔虋蕪〕香草名。説文:"虋,虋蕪。"爾雅釋草:"蘄茝,虋蕪。"郭璞注:"香草。"邢昺疏:"芎藭苗也。"也作"蘼蕪"。

蘦 líng 郎丁切,音靈,平,青韻,來。耕部。

㊀藥草名。説文:"蘦,大苦也。"王筠句讀:"蘦篆乃後人據爾雅增。"爾雅釋草:"蘦,大苦。"郭璞注:"今甘草也。…或云:蘦似地黄。"宋沈括夢溪筆談藥議:"本草注引爾雅云:'蘦,大苦。'注:'甘草也。'…此乃黄藥也,其味極苦,謂之大苦,非甘草也。"㊁通"零"。零落。爾雅釋詁上:"蘦,落也。"楚辭戰國屈原遠遊:"悼芳草之先零。"王逸注:"古本零作蘦。"

蕍 yú 余六切,集韻容朱切,音榆,平,虞韻,喻四。

〔蘆蕍〕叠韻聯緜字。見"蘆"字條。

按,説文無蕍字。

蘙 yì 於計切,音翳,去,霽韻,影。質部。

㊀草名。據集韻。又爲草木茂盛的樣子。文選晉郭璞江賦:"標之以翠～,泛之以遊菰。"李善注:"蘙,草之蘙薈也。"孫子行軍:"山林～薈,必謹覆索之,此伏姦之所處也。"㊁遮蔽。宋梅堯臣和石昌言十題葵花:"此心生不背朝日,肯信衆草能～之。"

按,説文無蘙字。

蘭 lán 落干切,平,寒韻,來。元部。

㊀蘭草。説文:"蘭,香艸也。"易繫辭上:"同心之言,其臭如～。"楚辭戰國屈原離騷:"～芷變而不芳兮,荃蕙化而爲茅。"又指蘭花。觀賞植物,種類甚多。樂府詩集三國魏曹丕秋胡行:"俯折～黄,仰結桂枝。"㊁木蘭。楚辭戰國屈原九歌湘夫人:"桂棟兮～橑,辛夷楣兮葯房。"王逸注:"蘭橑,以木蘭爲榱也。"宋李清照一剪梅:"輕解羅裳,獨上～舟。"㊂通"闌"。①兵闌。即兵器架。管子小匡:"制重罪入以兵甲犀脅、二戟,輕罪入～、盾、鞈革、二戟。"尹知章注:"蘭,即所謂蘭錡,兵架也。"文選漢張衡西京賦:"武庫禁兵,設在～錡。"②栅欄。漢書王莽傳:"秦又置奴婢之市,與牛馬同～。"顔師古注:"蘭謂遮蘭之,若牛馬蘭圈也。"後漢書東夷列傳:"復徙於馬～。"李賢注:"蘭即欄也。"③阻隔。戰國策魏策三:"晉國之去梁也,千里有餘,河山以～之。"宋鮑彪注本"蘭"作"闌"。㊃〔蘭單〕通"闌單"。叠韻聯緜字。精疲力盡的樣子。晉束晳近遊賦:"乘篳輅之偃蹇,駕蘭單之疲牛。"㊄〔蘭若〕①蘭草和杜若。兩種香草。唐李白題嵩山逸人元丹丘山居詩:"爾能折芳桂,吾亦採蘭若。"②寺院。梵文"阿蘭若"的簡稱。唐杜甫謁真諦寺禪師詩:"蘭若山高處,煙霞障幾重。"

蘗 bò 博戹切,入,麥韻,幫。

黄檗。廣韻:"檗,黄檗,俗作蘗。"即黄柏。皮根可入藥,亦可作染料。南朝宋鮑照擬行路難十九首之六:"剉～染黄絲,黄絲歷亂不可治。"唐皮日休七愛詩元魯山:"一室冰～苦,四遠聲光飛。"

〔備考〕bì。通"薜"。草名。集韻霽韻:"薜,蒲計切,艸名。説文:'牡贊也',或作蘗。"

按,説文無蘗字。

蘡 yīng 於盈切,平,清韻,影。耕部。

〔蘡薁〕雙聲聯緜字。植物名。一種野葡萄。山海經中山經:"(泰室之山)有草焉,其狀如白茶，白華黑實，澤如蘡薁，其名曰蓇草。”宋書謝靈運傳：“野有蔓草，獵涉蘡薁。”參見“薁”字條。

按，説文蘡作嬰。

虉 jì 居例切，音罽，去，祭韻，見。月部。

〔虉蕛〕草名。爾雅釋草：“虉蕛，竊衣。”郭璞注：“似芹可食。”邢昺疏：“俗名鬼麥者也。”北魏賈思勰齊民要術卷一〇竊衣引孫炎云：“似芹，江河間食之。實如麥，兩兩相合，有毛著人衣，故曰竊衣。”楚辭漢王逸九思憫上：“虉蕛兮青葱，槀本兮萎落。”

按，説文無虉字。

蘠 qiáng 在良切，平，陽韻，從。陽部。

〔蘠靡〕即薔薇。一名虋冬。説文：“蘠，蘠靡，虋冬也。”爾雅釋草郝懿行義疏：“蘠靡，虋冬也，即今薔薇。”一作“薔靡”。又名“營實”。見本草綱目卷一八草。

蘞 liǎn 良冉切，上，琰韻，來。談部。

草名。本作“蘝”。説文：“蘝，白蘝也。蘞，蘝或从斂。”詩唐風葛生：“葛生蒙楚，～蔓于野。”孔穎達疏引陸璣曰：“蘞似栝樓，葉盛而細，其子正黑如燕薁，不可食也。”

蘥 yuè 以灼切，音躍，入，藥韻，喻四。藥部。

雀麥，即燕麥。爾雅釋草：“蘥，雀麥。”郭璞注：“即燕麥也。”説文：“蘥，爵麥也。”徐鍇繫傳：“漢魏以前，雀字多作爵，假借也。”

蘩 fán 附袁切，平，元韻，奉。元部。

植物名。即白蒿。可食。爾雅釋草：“蘩，皤蒿。”郭璞注：“白蒿。”詩召南采蘩：“于以采～，于沼于沚。”孔穎達疏引孫炎曰：“蘩，白蒿也。”左傳隱公三年：“蘋～薀藻之菜。”唐李賀安樂宮詩：“緑～悲水曲，茱萸别秋子。”

［備考］爾雅釋草：“蘩，菟奚。”又：“菟奚，顆涷。”即款東。

按，説文無蘩字。

蘚 xiǎn 息淺切，上，獮韻，心。

後起字。苔蘚。一種隱花無根的植物。廣韻：“蘚，苔蘚。”唐杜甫湘夫人祠詩：“蟲書玉佩～，燕舞翠帷塵。”宋蘇軾送范景仁遊洛中詩：“～書摽洞府，松蓋偃天壇。”自注：“歐陽永叔嘗游嵩山，日暮於絶壁上見苔蘚成文云：‘神清之洞’，明日復尋不見。”

藷 shǔ 署魚切，平，魚韻，審三。今讀如署。

〔藷薁〕叠韻聯緜字。薯類，即山藥。字亦作“藷”，音常恕切（shù）。參見“薁”字條。亦作“藷芋”。宋趙汝适諸蕃志 志物 海南：“乃以藷芋雜米作粥糜以取飽。”

按，説文無藷字。

蘤 wěi 韋委切，上，紙韻，喻三。歌部。

花。廣雅釋草：“蘤，華也。”後漢書張衡傳思玄賦：“百卉含～。”李賢注引張揖字詁曰：“蘤，古花字也。”文選漢張衡思玄賦作“葩”。

［辨］蘤，花，華，葩。蘤，古音匣母歌部，與花是古今字。華字古屬魚部，東漢以後轉入歌部，中古又入麻部，與花同。而葩與蘤是同義詞。唐王勃採蓮賦：“紅葩絳蘤，電爍千里。”

按，説文無蘤字。

蘖 niè 集韻魚列切，入，薛韻，疑。月部。

㊀樹木被砍伐或倒下後再生的枝芽。集韻：“蘖，木餘也。或作櫱巘。”詩商頌長發：“苞有三～，莫遂莫達。”毛傳：“苞，本；蘖，餘也。”孔穎達疏：“盤庚云：‘若顛木之有由蘖。’謂本根已顛，更生枝餘，故云蘖餘。”朱熹集傳：“蘖，謂旁生萌蘖也。”國語魯語上：“山不槎～，澤不伐夭。”引申爲插條，也稱插枝。文選漢張衡東京賦：“尋木起於～栽。”李善引韋昭注：“株生曰蘖。”宋王觀國學林卷八：“茶之佳品，芽～細微，不可多得。”㊁通“孽”。邪惡或邪惡人。唐柳宗元憎王孫文：“羣小遂兮君子違，大人聚兮～無餘。”

［辨］蘖，芽，萌。三字本義都是植物發芽。但芽是剛長出來可發育成莖、葉或花的部分，蘖是樹木砍去後又長出的新芽。二者有明顯的不同。萌既指草木發芽，也表樹木的分蘖。不過，芽、蘖多用作名詞，而萌經常用作動詞。

［同源字］蘖，孽（孼）。説文子部："孼，庶子也。"段玉裁注："凡木萌旁出皆曰檗，人之支子曰孼。"公羊傳襄公二十七年："從君東西南北，則是臣僕庶孽之事也。"何休注："庶孽，衆賤子，猶樹之有孽生。"孽與蘖古今音同，故同源。

按，説文無蘖有巘及其或體櫱。

蘌 yǔ 魚巨切，音語，上，語韻，疑。魚部。

通"籞"。鳥室。文選漢張衡東京賦："於東則洪池清～。"李善注引應劭曰："蘌，在池水上作室可用棲鳥，鳥入則捕之。"

按，説文無蘌字。

十 八 畫

蘵 zhī 之翼切，入，職韻，照三。職部。

草名。爾雅釋草："蘵，黄蒢。"郭璞注："蘵草，葉似酸漿，華小而白，中心黄。江東以作葅食。"顔氏家訓書證："江南别有苦菜，葉似酸漿，其花或紫或白，子大如珠，熟時或赤或黄。此菜可以釋勞。案郭璞注爾雅，此乃'蘵，黄蒢'也。今河北謂之龍葵。"郝懿行爾雅義疏："案，顔君所説此物，即是爾雅注所謂苦葴，今京師所稱紅姑孃者也，與蘵黄蒢稍異焉。"

按，説文無蘵字。

蘳 huà 胡瓦切，音樺，上，馬韻，匣。歌部。

本指黄華。據説文。引申爲花葉的樣子。後漢書馬融傳廣成頌："翕習春風，含津吐榮；鋪於布濩，蓶扈～熒。"李賢注："蓶、蘳，並花葉貌。"

藒 jiē 古諧切，音秸，平，皆韻，見。

秋秸，通作"稭"。玉篇："藒，麻莖也。"正字通："凡麻、豆莖皆曰藒。"宋陸游浣花女詩："當户夜織聲咿啞，地爐豆～煎土茶。"清蒲松齡聊齋誌異苡中怪："麥既登倉，禾～雜遝，翁命收積爲垛。"

蘬 1. kuī 丘追切，平，脂韻，溪。微部。

❶薺菜籽。説文："蘬，薺實也。"

［備考］草名。爾雅釋草："紅，蘢古，其大者蘬。"朱駿聲説文通訓定聲履部認爲此"蘬"字，與下文"莃，薺實"錯簡，"許所見當是差字在蘬上。莃即今水葒花之大者。薺實細薄，黄黑色，味甘，其根名蘆，所謂蘬矣"。

2. huǐ 集韻詡鬼切，上，尾韻，曉。微部。

❷通"虺"。人名用字。荀子堯問："其在中～之言也。"楊倞注："中蘬，與仲虺同。"字亦作"䴀"。集韻："䴀，人名，仲䴀，湯左相。或作蘬。…通作虺。"

［備考］guī（集韻居韋切，平，微韻，見）。通"葵"。廣雅釋草："蘬，葵也。"朱駿聲説文通訓定聲："叚借爲葵，…謂向日葵，蘬、葵，同部字。"

蘴 fēng 敷隆切，平，東韻，敷。冬部。

蔬菜名。即蕪菁。方言卷三："蘴、蕘，蕪菁也。陳、楚之郊謂之蘴。"漢曹操步出夏門行："錐不入地，～藾深奧。"也作"葑"。

按，説文無蘴字。

蘃 ruǐ 集韻乳捶切，上，紙韻，日。

聚積。文選晉潘岳藉田賦："瓊鈒入～，雲罕晻藹。"李善注引蒼頡篇曰："蘃，聚也。"

［備考］同"蘂（蕊）"。花蕊。集韻："蘃，艸木華蘃。或作蘂。"

按，説文無蘃字。

蘺 lí 吕支切，平，支韻，來。歌部。

香草名。蘼蕪别名。説文："蘺，江蘺，蘼蕪。"文選漢司馬相如上林賦："被以江～，糅以蘼蕪。"也作"茳蘺"或"江離"。

十九畫

蘼 mí 靡爲切,平,支韻,明。歌部。

〔蘼蕪〕雙聲聯緜字。香草名。又名江蘺。山海經西山經:"(浮山)有草焉,名曰薰草…,臭如蘼蕪。"玉臺新詠古詩十九首之一:"上山采蘼蕪,下山逢故夫。"也作"蘪蕪"。

按,說文無蘼字。

蘱 lèi 盧對切,去,隊韻,來。物部。

草名。爾雅釋草:"蘱,薡董。"郭璞注:"似蒲而細。"廣韻:"蘱,草名,似蒲;一云似茅。"

按,說文無蘱字。

蘸 zhàn 莊陷切,去,陷韻,照二。談部。

將東西浸入水中。玉篇:"蘸,以物内水中。"說文新附:"蘸,以物没水也,此蓋俗語。"楚辭大招"魂乎無東,湯谷宋只"王逸注:"或曰,宋,水蘸之貌。"洪興祖補注:"蘸,没也。"宋辛棄疾菩薩蠻又贈周國輔侍人:"畫樓影～清溪水,歌聲響徹行雲裏。"後泛指以物沾汁液或粉末。唐劉禹錫和樂天以鏡换酒詩:"顰眉厭老終難去,～甲須歡便到來。""蘸甲",即用指甲在斟滿酒的杯中沾一下,以示暢飲。明徐渭葡萄詩:"尚有舊時書禿筆,偶將～墨點葡萄。"

蘻 jì 古詣切,去,霽韻,見。錫部。

草名。爾雅釋草:"蘻,狗毒。"說文同。爾雅郭璞注引樊光云:"俗語苦如蘻。"徐灝說文解字注箋:"繫傳曰:'今藥有狼毒。'按本艸圖經云:'狼毒,苗葉似商陸及大黄。'"

虆 lěi 力軌切,上,旨韻,來。微部。

藤本蔓生植物。說文木部:"虆,木也。"爾雅釋木作"櫐"。段玉裁說文解字注:"櫐者,虆之省。其物在艸木之間。近於艸者則爲艸部之藟,詩之藟也;近於木者則爲木部之虆,釋木之山櫐、虎櫐也。"

蘿 luó 魯何切,平,歌韻,來。歌部。

❶草名,即莪蒿。說文:"蘿,莪也。"爾雅釋草:"莪,蘿。"郭璞注:"今莪蒿也,亦曰廩蒿。"❷藤蘿。蔓生植物,種類不一。文選南朝齊孔稚珪北山移文:"秋桂遺風,春～罷月。"唐杜甫佳人詩:"侍婢賣珠迴,牽～補茅屋。"詩小雅頍弁:"蔦與女～,施于松柏。"毛傳:"女蘿,菟絲,松蘿也。"❸〔蘿艻〕雙聲聯緜字。通"羅勒"。香草名。玉篇:"艻,蘿艻,香菜,亦云胡荽屬。"❹〔蘿蔔〕〔蘿菔〕蔬菜名。即蘿卜。新唐書兵志:"諸屯田每八十畝配牛一頭,其大麥、蕎麥、乾蘿蔔等,惟粟計折斛斗以定等級。"

蘺 lì 郎計切,去,霽韻,來。支部。

附著。廣雅釋詁三:"蘺,著也。"說文:"蘺,艸木相附蘺土而生。…易曰:'百穀艸木～於地。'"今本周易離作"百穀草木麗乎土"。朱駿聲說文通訓定聲:"經傳皆以麗爲之。"

蘳 diào 集韻徒弔切,音掉,去,嘯韻,定。藥部。

同"藋"。植物名。集韻:"藋,說文:'堇艸也。'一曰拜商。藋,或从禾。"管子小匡:"五穀不蕃,六畜不育,而蓬蒿藜～竝興。"

按,說文無蘳字。

二十畫

虃 jiān 子廉切,音尖,平,鹽韻,精。談部。

草名。即百足草。俗稱地蜈蚣。爾雅釋草:"虃,百足。"清翟灝爾雅補郭:"今所呼地蜈蚣草也。生膝野卑溼處,葉密而對,有如蜈蚣足形。"

按,說文無虃字。

蘿 diào 集韻徒弔切,音掉,去,嘯韻,定。

同"藋"。植物名。集韻:"藋,說文:'堇艸也,一曰拜商藋。'或从米。"宋羅泌路史有巢氏:"有聖人焉,教之編槿而廬,緝～而扉。"

按，説文無藿字。

二十一畫

虉 yì 五歷切，音鷁，入，錫韻，疑。錫部。

草名。即綬草。爾雅釋草："虉，綬。"郭璞注："小草，有雜色似綬。"毛詩陳風防有鵲巢作"鷊"。參見"鷊"字條。

按，説文虉作蘙。

虇 quǎn 去阮切，音綣，上，阮韻，溪。元部。

蘆筍，又泛指初生的蘆葦之類的植物。爾雅釋草："蒹、薕，葭、蘆，菼、薍，其萌虇。"郭璞注："今江東呼蘆筍爲虇，然則萑葦之類，其初生者皆名虇。"

按，説文無虇字。

虆 léi 力追切，平，脂韻，來。微部。

❶蔓生植物。玉篇："虆，蔓也。"詩經作"藟"。引申爲纏繞。楚辭漢劉向九嘆憂苦："葛藟～於桂樹兮，鴟鴞集於木蘭。"王逸注："虆，緣也。詩曰'葛藟～之'。"今本毛詩作"纍"。❷盛土的筐籠。詩大雅緜"捄之陾陾"毛傳："捄，～也。"鄭箋："築牆者捊聚壤土，盛之以虆而投諸版中。"孟子滕文公上："蓋歸反～梩而掩之。"趙岐注："虆梩，籠臿之屬，可以取土者也。"

按，説文無虆字。

虈 xiāo 許嬌切，音囂，平，宵韻，曉。宵部。

香草名。即白芷。説文："虈，楚謂之蘺，晉謂之虈，齊謂之茝。"山海經西山經："（號山）其草多藥、～、芎藭。"郭璞注："虈，香草也。"後多寫作"囂"。南朝宋謝靈運郡東山望溟海詩："白花皜陽林，紫囂曄春流。"

二十三畫

虀 jī 祖稽切，平，齊韻，精。

後起字。同"韲(齏)"。切細的醃菜或醬菜。廣韻："韲、齏，薑蒜爲之。虀，虀菜，俗。"參見"韲"或"齏"字條。

虇 juān 集韻圭玄切，音涓，平，先韻，見。

同"稍"。麥莖。集韻："稍，説文：'麥莖也。'或作虇。"文選晉潘岳射雉賦："闚閜～葉，幎歷乍見。"徐爰注："虇，麥稍也，謂在麥田中虇葉間，闚閜於外，乍見乍隱，不敢出場也。"

按，説文無虇字。

二十四畫

虌 gàn 古暗切，去，勘韻，見。冬部。

草名。薏苡的别名。説文："虌，艸也。…一曰薏苡。"

虉 huò 集韻忽郭切，入，鐸韻，曉。鐸部。

通"藿"。豆葉。説文："虉，尗之少也。"徐灝説文解字注箋："許云：'尗之少'者，亦謂豆之嫩葉可食耳。"

虊 niàng 女亮切，去，漾韻，娘。陽部。

❶菜名。説文："虊，菜也。"〔虊葇〕準雙聲聯緜字。植物名。方言卷三："蘇、芥，草也。江、淮、南楚之間曰蘇，自關而西或曰草，或曰芥，…沅湘之南或謂之萻，其小者謂之虊葇。"❷醃製葅菜。北魏賈思勰齊民要術卷九蔓菁："擬作乾菜及～苴者，割訖則尋手擇治而辮之，勿待萎。"

二十五畫

虌 biē 并列切，入，薛韻，幫。月部。

草名，蕨的别名。廣韻："虌，蕨菜。"詩召南草蟲"陟彼南山，言采其蕨"釋文："蕨，虌也。草木疏云：'周秦曰蕨，齊魯曰虌。'本又作鱉。俗云其初生似鱉脚，故名焉。"

按，説文無虌字。虌、鱉與蕨同屬月部。

二十六畫

虋 mén 莫奔切，音門，平，魂韻，明。文部。

赤粱粟,穀的良種。説文:"虋,赤苗嘉穀也。"爾雅釋草:"虋,赤苗。"郭璞注:"今之赤粱粟。"段玉裁説文解字注云:"赤苗、白苗,謂禾莖有赤白之分,非謂粟。"

虍部

[虍部總論]

"虍"是虎身上的斑紋,"虎"也是象形字。以虍或虎爲形符的字大都本義和老虎有關。或指稱虎名,如虞、虒、虪、虥、虤;或象虎聲,如虖、虓、號;或形容虎的形狀、性情、行爲,如虔、虐、慮、虢、虩、虪。而"處、虛、虜"等字中"虍"是聲符,故與老虎無直接關係。

虍 hū 荒烏切,音呼,平,模韻,曉。魚部。

虎身上的斑紋。説文:"虍,虎文也,象形。"

二 畫

虎 hǔ 呼古切,上,姥韻,曉。魚部。

❶猛獸名。即老虎。説文虎部:"虎,山獸之君。"易乾:"雲從龍,風從～。"比喻威武勇猛。詩魯頌泮水:"矯矯～臣,在泮獻馘。"唐李白贈張相鎬詩之一:"～將如雷霆,總戎向東巡。"孟子盡心下:"武王之伐殷也,革車三百兩,～賁三千人。"又比喻危險的境地。史記酈生陸賈列傳:"足下起糾合之衆,收散亂之兵,不滿萬人,欲以徑入强秦,此所謂探～口者也。"唐李白送羽林陶將軍詩:"萬里横戈探～穴,三杯拔劍舞龍泉。"❷〔虎落〕〔虎路〕準叠韻聯緜字。掩護城堡或營寨的籬笆。漢書鼂錯傳上書言時務:"要害之處,通川之道,調立城邑,毋下千家,爲中周虎落。"顔師古注:"虎落者,以竹篾相連遮落之也。"又揚雄傳校獵賦:"爾迺虎路三嵕以爲司馬,圍經百里而爲殿門。"

三 畫

虐 nüè 魚約切,入,藥韻,疑。藥部。

❶殘害,凌虐。説文:"虐,殘也。虎足反爪人也。"書湯誥:"夏王滅德作威,以敷～于爾萬方百姓。"孟子梁惠王下:"今燕～其民,王往而征之。"又爲殘暴、暴虐。國語周語上:"厲王～,國人謗。"漢書百官公卿表:"亦多～政,遂以亂亡。"❷災害,禍害。書盤庚中:"殷降大～,天王不懷。"僞孔傳:"我殷家於天降大災。"宋王安石秋熱詩:"火騰爲～不可摧,屋窄無所逃吾骸。"

四 畫

虔 qián 渠焉切,平,仙韻,群。元部。

❶虎行走的樣子。説文:"虔,虎行皃。"引申爲威武的樣子。詩商頌長發:"武王載旆,有～秉鉞。"毛傳:"虔,固也。"馬瑞辰通釋:"徐鍇曰:'虎之行競競然有威'則虔之本義原取勇猛,勇猛者强固…有虔正形容强武之貌。"一説爲恭敬。朱熹集傳:"虔,敬也。言恭行天討也。"❷恭敬。左傳成公十六年:"～卜於先君也。"杜預注:"虔,敬也。"三國志魏書陳留王傳:"躬秉～肅,率蹈恭德以先萬國。"〔虔虔〕恭敬的樣子。逸周書祭公:"王若曰:祖祭公,予小子虔虔在位。"❸殺害。左傳成公十三年:"芟夷我農功,～劉我邊陲。"杜預注:"虔、劉,皆殺也。"又爲截斷,砍伐。詩商頌殷武:"是斷是遷,方斲是～。"鄭箋:"椹

謂之虔。”朱熹集傳:“虔,亦截也。”引申爲强取,掠奪。書吕刑:“姦宄奪攘矯～。”孔穎達疏:“内姦外宄,劫奪人物,攘竊人財,矯稱上命,以取人財。”

[備考]狡黠。方言一二:“虔,謾也。”郭璞注:“謂惠黠也。”

[同源字]犍,虔,犗,割。見“犍”字條。

虓 xiāo 許交切,音哮,平,肴韻,曉。幽部。

㊀猛虎怒吼。説文虎部:“虓,虎鳴也。”詩大雅常武:“進厥虎臣,闞如～虎。”毛傳:“虎之自怒虓然。”泛指獸叫。晉書王戎傳:“猛獸在檻中,～吼震地。”引申爲巨大的響聲。唐李翱江州南湖堤銘:“千鍾響振,～歡相勵。”又引申爲怒貌。漢書叙傳答賓戲:“於是七雄～闞,分裂諸夏。”㊁凶猛,勇猛。晉書陶侃傳:“郭默～勇,所在暴掠。”新唐書褚遂良傳:“前日從陛下平天下,～士爪臣,氣力未衰。”㊂通“敲(qiāo)”。敲打。清朱駿聲説文通訓定聲:“虓,叚借爲敲。”吕氏春秋必己:“孟賁過於河,先其五,船人怒而以楫～其頭。”

[辨]虓,哮。二字音同,而本義不同,虓爲虎吼,哮是豕驚叫聲。後來都泛指野獸怒吼,虎吼也可寫作“哮”。漢應劭風俗通宋均令虎渡江:“詩美南仲‘闞如哮虎’。”“哮”成爲虓的俗體。”唐慧琳一切經音義卷一四:“哮,孝交反。俗字也,正體作虓。集訓云:虎怒聲也,从九从虎。”

[同源字]詨,譹,号,號,嚎,嗥,虓。見“譹”字條。

虒 1. sī 息移切,音斯,平,支韻,心。支部。

㊀[委虒]獸名。説文虎部:“虒,委虒,虎之有角者也。”廣韻:“虒,似虎有角,能行水中。”

2. zhì 集韻丈尒切,上,紙韻,澄。支部。

㊁[𧈅虒]叠韻聯緜字。參見“𧈅”字條。

五 畫

虙 fú 房六切,音伏,入,屋韻,奉。職部。

㊀虎貌。見説文。㊁通“伏”。埋伏,藏。素問氣厥:“小腸移熱於大腸,爲～瘕,爲沈。”王冰注:“虙,與伏同。”詩陳風“陳譜”毛傳:“陳者,太皞～戲氏之墟。”釋文:“虙戲即伏羲,字異音義同也。”㊂[虙妃]女神名。漢書司馬相如傳上林賦:“若夫青琴虙妃之徒,絶殊離俗。”楚辭戰國屈原離騷與史記司馬相如列傳作“宓妃”。

虖 1. hū 荒烏切,音呼,平,模韻,曉。魚部。

㊀虎哮。説文:“虖,哮虖也。”段玉裁注:“風俗通曰:‘虎聲謂之哮唬。’疑此‘哮虖’當作‘哮唬’。”㊁[嗚虖]通“嗚呼”。歎詞。漢書武帝紀:“嗚虖,何施而臻此與!”顔師古注:“虖讀曰呼。嗚呼,歎辭也。”

2. hú 户吴切,音胡,平,模韻,匣。魚部。

㊂通“乎”。①介詞。用在動詞後,作用同“於”。墨子尚同上:“夫明～天下之所以亂者,生於無政長。”②語氣詞。用於句末,表示疑問或感歎。漢書賈誼傳:“況莫大諸侯,權力且十此者～!”又汲黯傳:“天子置公卿輔弼之臣,寧令從諛承意,陷主於不誼～?”史記汲鄭列傳作“乎”。

[同源字]嘑,評,謼,虖,呼,歑。見“謼”字條。

處 1. chǔ 昌與切,上,語韻,穿三。魚部。

㊀止,停止,休息。説文:“處,止也,得几而止。”易小畜:“既雨既～。”孫子軍爭:“是故卷甲而趨,日夜不～。”曹操注:“不得休息,罷也。”引申爲留下,停留。禮記射義:“蓋去者半,～者半。”鄭玄注:“處,猶留也。”三國魏曹植浮萍篇:“日月不恒～,人生忽若寓。”㊁居住。易繫辭下:“上古穴居而野～,後世聖人易之以宫室。”楚辭戰國屈原九章涉江:“哀吾生之無樂兮,幽獨～乎山中。”引申爲處

於，置身。老子第六十六章："聖人～上而民不重，～前而民不害。"論衡逢遇："～尊居顯未必賢。"特指居家不仕或女子居家未嫁。孟子萬章下："可以～而～，可在仕而仕，孔子也。"莊子逍遥遊："綽約若～子。"〔處士〕隱居的人。荀子非十二子："古之所謂處士者德盛者也，能静者也。"楊倞注："處士，不仕者也。"❸佔，佔有。商君書徠民："地方百里者，山陵～什一，藪澤～什一。"又爲據有，享有。論語里仁："富與貴，是人之所欲也，不以其道得之，不～也。"引申爲自居。吕氏春秋審分："和而不矜，成而不～。"❹相處，交往。莊子德充符："久與賢人～則無過。"❺處理，安排。國語魯語下："昔聖王之～民也，擇瘠土而處之。"三國志蜀書諸葛亮傳："將軍量力而～之。"引申爲懲處。管書食貨志："雖～以嚴刑而不能禁也。"

2. chù 昌據切，去，御韻，穿三。魚部。

❻處所，地方。史記五帝本紀："遷徙往來無常～，以師兵爲營衛。"漢書張騫傳："知水草～，軍得以不乏。"引申爲部分，方面。孫子虛實："角之而知有餘不足之～。"又爲時候，時刻。唐劉長卿江州留别薛六柳八二員外詩："江海相逢少，東南别～長。"

［同源字］處，所。二字叠韻，聲母鄰紐。詩商頌殷武："有截其所。"鄭箋："所，猶處也。"廣韻御韻："處，所也。"音近義通，故同源。

六　畫

虚 1. xū 去魚切，平，魚韻，溪。今讀同朽居切。魚部。

❶大丘，大土山。説文丘部："虚，大丘也。崐崘丘謂之崐崘虚。"詩鄘風定之方中："升彼～矣，以望楚矣。"❷廢墟。莊子人間世："昔者堯攻叢枝、胥敖，禹攻有扈，國爲～厲，身爲刑戮。"釋文引李巡曰："居宅無人曰虚。"荀子哀公："君出魯之四門以望魯四郊，亡國之～則必有數蓋焉。"又使爲廢墟。馬王堆漢墓帛書經法國次："禁伐當罪當亡，必～其國。"❸古田制名。説文："虚，…古者九夫爲井，四井爲邑，四邑爲丘。丘之謂虚。"引申爲分野、區域。左傳昭公十七年："宋，大辰之～也。"孔穎達疏："以天之十二次，地之十二域，大辰爲大火之次，是宋之區域，故謂宋爲大辰之虚。"❹集市（後起義）。唐柳宗元童區寄傳："去逾四十里之～所賣之。"宋陸游撫州上元詩："人如～市散，燈似曉星疎。"以上"虚"字後來都寫作"墟"。

2. xū 朽居切，平，魚韻，曉。魚部。

❺空虚，空着。商君書去强："倉府兩～，國弱。"史記魏公子列傳："公子從車騎，～左，自迎夷門侯生。"引申爲謙虚。易咸："君子以～受人。"唐杜甫北征詩："聖心頗～佇，時議氣欲奪。"又爲虚僞，不真實。管子弟子職："志毋～邪。"尹知章注："虚，謂虚僞。"三國志魏書荀彧傳："推誠心，不爲～美。"❻副詞。徒然，白白地。漢書匡衡傳："是以群下更相是非，吏民無所信，臣竊恨國家釋樂成之業，而～爲此紛紛也。"舊唐書越王貞傳："諸王必須以匡救爲急，不可～生浪死，取笑於後代。"❼星名。二十八宿之一，又名玄枵，爲北方玄武之第四宿。爾雅釋天："玄枵，虚也。"書堯典："宵中星～。"僞孔傳："虚，玄武之中星。"

［辨］墟，虚。義異音亦不同，本是兩個詞，但早期典籍"墟"多作"虚"，因此後來"墟"的讀音亦與"虚"同。

［同源字］虚（墟），丘（邱）。聲母相同（溪），韻部魚、之旁轉。説文："虚，大丘也。"又："丘，土之高也。"都是大土山。故丘、虚古字通，"崐崘丘謂之崐崘虚"。

虪 mì 莫狄切，音覓，入，錫韻，明。錫部。

白虎。説文虎部："虪，白虎也。"爾雅作"虪"。

七　畫

號 1. háo 胡刀切，平，豪韻，匣。宵部。

❶大聲喊叫。説文号部:"號,呼也。"詩魏風碩鼠:"樂郊樂郊,誰之永～。"毛傳:"號,呼也。"唐柳宗元童區寄傳:"因大～,一虚皆驚。"又爲動物引聲長鳴。文選晉阮籍詠懷十七首之一:"孤鴻～外野,朔鳥鳴北林。"又用以形容大風聲。唐杜甫茅屋爲秋風所破歌:"八月秋高風怒～。"引申爲大聲哭。左傳宣公十二年:"申叔視其井,則茅絰存焉,～而出之。"杜預注:"號,哭也。"顔氏家訓風操:"禮以哭有言者爲～。"唐韓愈進學解:"冬暖而兒～寒,年豐而妻啼飢。"〔號咷〕叠韻聯緜字。放聲大哭。易同人:"先號咷而後笑。"

2. hào 胡到切,去,号韻,匣。宵部。

❶號令,命令。書冏命:"發～施令,罔有不藏。"吕氏春秋懷寵:"先發聲出～。"高誘注:"號,令。"又爲發布命令,下令。莊子田子方:"何不～於國中。"❸揚言,宣稱。史記高祖本紀:"沛公兵十萬,～二十萬。"❹名稱,稱號。周禮春官大祝:"辨六～。"鄭玄注:"號,謂尊其名,更爲美稱焉。"史記秦始皇本紀:"采上古帝位～,號曰皇帝。"又爲别號。指人名字以外的自稱。晉陶潛五柳先生傳:"宅邊有五柳樹,因以爲～焉。"引申爲標識,記號。禮記大傳:"改正朔,易服色,殊徽～,異器械。"❺排定的次第。宋吴自牧夢粱録卷三:"士人卷子仍彌封,卷頭打～,然後納初放官。"❻樂器名。如號筒,軍號,圓號。

[備考]通"胡(hú)"。疑問詞。何。荀子哀公:"孔子蹴然曰:'君～然也?'"楊倞注:"號讀如胡,聲相近遂字誤耳。(孔子)家語作'君胡然也'。"

[辨]①號,哭,泣,啼。見"哭"字條。

②謼,號。見"謼"字條。

[同源字]謼,譹,号,號,嚎,嗥,虠,哮。見"譹"字條。

虞 yú 遇俱切,平,虞韻,疑。魚部。

❶獸名。即騶虞。説文:"虞,騶虞也。"尚書大傳西伯戡黎:"之於陵氏,取怪獸,大。不辟虎狼,閒尾倍其身,名曰～。"鄭玄注:"虞,蓋騶虞也。"又爲掌管山澤田獵的官名。也稱"虞人"。書舜典:"帝曰:'俞!咨益,汝作朕～。'"僞孔傳:"虞,掌山澤之官。"禮記月令:"(季夏之月)樹木方盛,乃命虞人入山行木,毋有斬伐。"明馬中錫中山狼傳:"虞人導前,鷹犬羅後。"❷猜度,預料。爾雅釋言:"虞,度也。"詩大雅文王:"宣昭義問,有～殷自天。"毛傳:"虞,度也。"左傳僖公四年:"不～君之涉吾地也,何故?"引申爲計劃好,事先有準備。國語晉語四:"過衛,衛文公有邢、翟之～,不能禮焉。"韋昭注:"虞,備也。"孫子謀攻:"以～待不～者勝。"又引申爲憂慮,憂患。左傳昭公四年:"君若苟無四方之～,則願假寵以請於諸侯。"唐杜甫北征詩:"維時遭艱～,朝野少暇日。"❸欺騙。廣雅釋詁:"虞,欺也。"左傳宣公十五年:"盟曰:'我無爾詐,爾無我～。'"❹通"娱"。快樂。朱駿聲説文通訓定聲:"虞,叚借爲娱。"國語周語下:"昔共工棄此道也,～於湛樂,淫失其身。"漢書王褒傳:"皆以此～説(yuè)耳目。"❺遠古時代名。即有虞氏。君主是舜,受禪繼堯位,都於蒲阪(今山西永濟縣附近)。孟子萬章上:"唐、～禪,夏后、殷、周繼,其義一也。"國語魯語上:"故有～氏禘黄帝而祖顓頊。"❻古國名。周代諸侯國。在今山西平陸縣東北。周武王克殷,封虞仲於此。

虜 lǔ 郎古切,上,姥韻,來。魚部。

❶俘獲。説文毌部:"虜,獲也。"玉篇:"虜,獲也,戰獲俘虜也。"史記屈原賈生列傳:"～楚將屈匄。"引申爲擄掠,搶劫。三國志吴書吴主傳:"西征黄祖,～其人民而還。"文選晉張載七哀詩之一:"珠柙離玉體,珍寶見剽～。"這個意義後來寫作"擄"。❷俘虜。詩大雅常武:"鋪敦淮濆,仍執醜～。"漢書樊噲傳:"斬首十四級,捕～十六人。"顔師古注:"生獲曰虜。"古代的俘虜常被用作奴僕,故"虜"又用來指奴隸。韓非子五蠹:"雖臣～之

勞不苦於此也。"舊唐書竇建德傳:"丈夫不死,當立大功,豈可爲逃亡之～也。"俘虜是抓獲的敵人,故又用以蔑稱敵人。史記高祖本紀:"項羽大怒,伏弩射漢王。漢王傷匈,乃捫足曰:'～中吾指。'"

虳 hán 胡甘切,音邯,平,談韻,匣。談部。

白虎。爾雅釋獸:"虳,白虎。"文選晉左思吳都賦:"虣～虪,領虡虡。"

按,說文無虳字。

虛 xī 許羈切,音戲,平,支韻,曉。魚部。

陶器名。形狀似盛食物豆器。說文虛部:"虛,古陶器也。"徐灝說文解字注箋:"虛,蓋陶器之似豆者,故从豆。"

八　畫

虡 jù 其呂切,音巨,上,語韻,群。魚部。

古代懸掛編鐘、編磬的木架的立柱。說文:"虡,鐘鼓之柎也。"詩大雅靈臺:"～業維樅,賁鼓維鏞。"朱熹集傳:"虡,植木以懸鐘磬,其横者曰栒。"禮記檀弓上:"有鐘、磬而無簨、～。"鄭玄注:"横曰簨,植曰虡。"後又指代懸掛鐘磬的架子。新唐書禮樂志一一:"磬～在西,鐘～在東。"引申爲量詞。鐘磬編組,一組爲一虡。宋史樂志一:"試鑄編鐘一～。"

[備考]高几。方言卷五:"几,其高者謂之虡。"

九　畫

虢 guó 古伯切,入,陌韻,見。鐸部。

❶虎所攫畫之跡。說文虎部:"虢,虎所攫畫明文也。"❷暴,兇猛。唐元結治風詩五篇之一至仁:"不～不詭,莫知其極。"❸周代諸侯國。①在今陝西寶鷄市東,爲周文王弟虢仲的封地,史稱西虢。後來遷到今河南陝縣東南,又稱南虢。②在今河南鄭州市東滎陽縣,周文王弟虢叔的封地,史稱東虢。③在今山西平陸縣,虢仲後代的封地,又稱北虢。

十　畫

虣 bào 薄報切,音暴,去,号韻,並。藥部。

字又作"虣"。❶猛獸。南朝宋鮑照蕪城賦:"伏虣藏虎,乳血飱膚。"❷通"暴"。徒手行獵。文選晉左思吳都賦:"虣虳虪,領虡虡。"李善注:"毛詩曰:'不敢暴虎。'毛萇曰:'暴虎,空手以搏也。'虣與'暴'同。"❸通"暴"。暴虐,暴亂。說文新附:"虣,虐也,急也。"周禮地官大司徒:"七曰以刑教中,則民不～。"又地官司虣:"掌憲市之禁令,禁其鬭囂者,與其～亂者。"

按,說文無虣字,新附有之。

虤 yào 牛召切,去,笑韻,疑。

後起字。〔虤虤〕叠韻聯緜字。不安的樣子。唐韓愈記夢詩:"我亦平行蹋虤虤,神完骨蹻脚不掉。"

虦 yán 五閑切,音眼,平,山韻,疑。元部。

〔虦虦〕老虎發怒的樣子。說文虦部:"虦,虎怒也。"唐孟郊懊惱詩:"求閒未得閒,衆誚嗔虦虦。"

虥 zhàn 士限切,音棧,上,產韻,牀二。元部。

淺毛虎,即虥貓。說文虎部:"虥,虎竊毛謂之虥苗。"段玉裁注:"苗,今之貓字。"爾雅釋獸:"虎竊毛謂之虥貓。"郭璞注:"竊,淺也。"字亦作"虦"。見廣韻產韻。唐皮日休太湖詩明月灣:"松瘦忽似狖,石文或如虦。"明鄭元勳十雪獅賦:"毛淺若虦,尾大如斗。"

[備考]貓。玉篇虎部:"虦,貓也。"

十一畫

虧 kuī 去爲切,平,支韻,溪。歌部。

❶氣損。說文亏部:"虧,氣損也。"引申爲缺損,短少。書旅獒:"爲山九仞,功～一簣。"管子白心:"日極則仄,月滿則～。"❷毀

壞。詩魯頌閟宮："不～不崩，不震不騰。"鄭箋："虧、崩皆謂毁壞也。"又爲損害。墨子兼愛上："子自愛，不愛父，故～父而自利。"晉書王戎傳："～敗風俗。"㊂虧負，辜負。後漢書王允傳："責輕罰重，有～衆望。"金董解元西廂記諸宫調："我幾曾夢見人傳示，我～你，你～人。"㊃幸虧，多虧。表示徼幸。元關漢卿玉鏡臺四折："你常好是吃贏不吃輸，～的我能說又能做。"

虨 bīn 府巾切，集韻悲巾切，音賓，平，真韻，幫。真部。

虎皮上的斑文。說文："虨，虎文彪也。"易革："大人虎變，其文炳也。…君子豹變，其文蔚也；小人革面，順以從君也。"錢大昕認爲文中"炳"字本當作"虨"。見十駕齋養新録卷一。

十二畫

虩 xì 許郤切，入，陌韻，曉。鐸部。

〔虩虩〕虎驚恐貌。說文虎部："虩，易'履虎尾虩虩'，恐懼。"今本周易履作"愬愬"。引申爲恐懼的樣子。易震："震來虩虩，笑言啞啞。"王弼注："虩虩，恐懼之貌也。"

［備考］蠅虎。說文虎部："虩，一曰蠅虎也。"桂馥義證引古今注："蠅虎，蠅狐也。形似蜘蛛而色灰白。善捕蠅，一名蠅蝗，一名蠅豹。"

十四畫

虤 yín 語巾切，音銀，平，真韻，疑。真部。

兩虎争鬭聲。說文虤部："虤，兩虎争聲。"〔虤虤〕争鬭貌。唐元稹代曲江老人百韻："王師嬎業業，暴卒已虤虤。"

二十畫

虪 shù 式竹切，入，屋韻，審三。覺部。

黑虎。說文虎部："虪，黑虎也。"文選晉左思吴都賦："獻虪～，緆虪麢。"又晉張協七命八首之四："拉虪～，挫獬廌。"

虫部

［虫部總論］

"虫"本讀 huǐ，是一種毒蛇，後來寫作"虺"；"虫"又是"蟲"的簡體，讀 chóng。說文"虫"字已有這兩種用法。故用作部首，從虫的字，既有蛇類或似蛇的東西，如"虯(虬)、虵(蛇)、蚺、蚤、蛟、蝓、蟒、蜥蜴"等；也有而且更多的是昆蟲、介殼類的小動物，如"虭、虻、蚤、蚨、蚌、蚋、蚝、蚊、蛭、蜎、蜚、蜂、蜩、蝨、蠹、蚯蚓、蛤蜊、蜈蚣、蜉蝣、蜘蛛、蝴蝶、螟蛉、蟋蟀、螳螂等。从虫的字多爲名詞，還有一些用作動詞，一般也和蟲、蛇有關，如"蚑、蛘、蜕、蜷、螫、蠢、蜿蜒"等。

虫 1. huǐ 許偉切，音燬，上，尾韻，曉。微部。

㊀毒蛇。說文："虫，一名蝮，博三寸，首大如擘指。"山海經南山經："羽山，其下多水，其上多雨，無草木，多蝮～。"這個意義又寫作"虺"。玉篇："虫，此古文虺字。"

2. chóng 集韻持中切，平，東韻，澄。冬部。

㊀"蟲"的俗體。蟲子。說文："虫，…物之微細，或行、或毛、或蠃、或介、或鱗，以虫爲象。"集韻："蟲，…俗作虫。"徐灝說文解字注箋引戴侗曰："蟲或爲蚰、或爲虫者，從省以便書。"武威漢代醫簡："治久咳上氣喉中如百～

鳴狀。”

［辨］虫，虺，蟲。“虫(huǐ)”，甲文作⺄或⺄，象形，是一種毒蛇，即蝮蛇，也寫做“虺”，一名蝮虺。“蟲(chóng)”的本義是有足之蟲，即昆蟲，引申爲動物的通稱。與“虫”音義本不同。後來“虫”用作“蟲”的俗體或簡體。“虺”字還另有用法和讀音。參見“虺”字條。

一　畫

虬 qiú 龍龕手鑑渠幽反。幽部。

“虯”的俗體。❶古代傳説中的一種龍。楚辭戰國屈原離騷：“駟玉～以乘鷖兮，溘埃風余上征。”王逸注：“有角曰龍，無角曰虬。虬，一作虯。”南朝宋謝靈運鞠歌行：“譬如～虎兮來風雲，亦如形聲影響陳。”❷〔蟉虬〕叠韻聯緜字。見“蟉”字條。

按，説文無虬有虯。正字通：“虯，俗作虬。”

二　畫

虱 shī。

同“蝨”。寄生蟲名。蝨子。韓非子喻老：“甲冑生蟣～。”又説林上：“吾已見孔子，則視子猶蚤～之細者也。”一本作“蝨”。

按，説文無虱字，虱今爲蝨的簡體字。

虯 qiú 渠幽切，平，幽韻，群。幽部。

❶古代傳説中的一種龍。説文：“虯，龍子有角者。”漢書司馬相如傳：“乘鏤象，六玉～。”文選晉袁宏三國名臣序贊：“～虎雖驚，風雲未和。”吕向注：“虯，龍也。”一説無角龍。據玉篇。引申爲象虯龍那樣盤曲。唐杜牧題青雲館詩：“～蟠千仞劇羊腸，天府由來百二强。”宋趙汝适諸蕃志海上雜國：“波斯國在西南，國上其人肌理甚黑，鬢髮皆～。”❷〔蚴虯〕叠韻聯緜字。見“蚴”字條。

［同源字］虯(虬)，觩(觓)，捄。二詞五字同音(群母幽部)同源。説文角部：“觓，角皃。”或作觩。詩周頌良耜：“有捄其角。”鄭箋：“捄，角貌。”桂馥云：“捄，曲貌。”“觓(觩)”“捄”都是形容角的彎曲，與盤曲的虯(虬)詞義亦相通。

虭 diāo 集韻丁聊切，音刁，平，蕭韻，端。宵部。

〔虭蟧〕叠韻聯緜字。蟲名。即蟬的别稱。一説蟬之小者。方言卷一一：“蛥蚗，齊謂之螇螰，楚謂之蟪蛄，或謂之蛉蛄，秦謂之蛥蚗，自關而東謂之虭蟧。”玉篇：“蛁，蟪蛄，即蛁蟧蟲。”又：“虭，同上。”宋歐陽修緑竹堂獨飲詩：“前有萬古後萬世，其中一世獨虭蟧。”也作“蛁蟟”。參見“蛁”字條。

按，説文無虭字。

虰 1. dīng 當經切，平，青韻，端。耕部。

❶〔虰蛵〕叠韻聯緜字。蟲名。即蜻蛉，蜻蜓。爾雅釋蟲：“虰蛵，負勞。”邢昺疏：“即蜻蛉，六足四翼蟲也。一名虰蛵，一名負勞，江東呼狐梨。”也作“虰蜻”。明徐光啟農政全書種植引種樹書曰：“果樹生小青蟲，虰蜻盻掛樹自無。”❷〔螣虰〕叠韻聯緜字。參見“螣”字條。

2. chēng 丑貞切，音蟶，平，清韻，徹。耕部。

❸蟻名。一種赤色的大蟻。廣韻：“虰，螘也。”虰螘，也作“朾螘”。爾雅釋蟲：“蠪，朾螘。”郭璞注：“赤駮蚍蜉。”釋文：“朾，本又作虰。”

按，説文無虰字。

三　畫

虻 méng 玉篇莫庚切，音虻。陽部。

“蝱”的俗體，見玉篇䖵部“蝱”字。昆蟲名。莊子天下：“由天地之道，觀惠施之能，其猶一蚉一～之勞者也。”宋歐陽修和聖俞聖聚蚊詩：“豕鬣固多虱，牛閑常聚～。”

按，説文無虻字。

虹 hóng 集韻胡公切，音紅，平，東韻，匣。

東部。

"虹"的異體。天空中一種光的現象。集韻東韻:"虹,…或書作蝱。"漢書天文志:"暈適背穴,抱珥～蜺。"顏師古注引如淳曰:"蝱,或作虹。…螮蝀謂之蝱。"

按,說文無蝱有虹。

虺 1. huī 許偉切,上,尾韻,曉。微部。

㊀毒蛇。爾雅釋魚:"蝮虺,博三寸,首大如擘。"詩小雅斯干:"吉夢維何? 維熊維羆,維～維蛇。"孔穎達疏引舍人曰:"蝮,一名虺。江淮以南曰蝮,江淮以北曰虺。"孔叢子嘉言:"梁丘子遇～毒,…三旬而後瘳。"一說虺是一種似蜥蜴的小蛇。說文:"虺,虺以注鳴。詩曰:'胡爲～蜥。'"今本詩小雅正月:"哀今之人,胡爲～蜴?"孔穎達疏引陸璣云:"虺蜴一名蠑螈,(水)蜴也。或謂之蛇醫,如蜥蜴,青綠色,大如指,形狀可惡。"又爲傳說中的一種怪蛇。楚辭戰國屈原天問:"雄～九首,儵忽焉在?"㊁春秋楚地名。在今安徽廬江縣境。

2. huī 呼恢切,平,灰韻,曉。微部。

㊂〔虺虺〕雷聲。詩邶風終風:"曀曀其陰,虺虺其雷。"毛傳:"暴若震雷之聲虺虺然。"朱熹集傳:"虺虺,雷將發而未震之聲。"㊃〔虺隤〕叠韻聯緜字。疲病。詩周南卷耳:"陟彼崔嵬,我馬虺隤。"毛傳:"虺隤,病也。"宋王安石與天驚宿清涼廣惠僧舍詩:"故人不惜馬虺隤,許我年年一度來。"也作"虺頽"。爾雅釋詁下:"虺頽、玄黄,…病也。"郭璞注:"虺頽、玄黄,皆人病之通名。"㊄〔虺韡〕叠韻聯緜字。盛多的樣子。文選晉潘岳笙賦:"愀愴惻淢,虺韡煜熠。"李善注:"虺韡、煜熠,盛多貌。"

［辨］虫,虺,蟲。見"虫"字條。

［同源字］虺,隤(虺隤),壞,瘣。說文疒部:"瘣,病也。詩曰:'譬彼瘣木。'"今本詩小雅小弁:"譬彼壞木,疾用無。"毛傳:"壞,瘣也,謂傷病也。"而"虺𢖌(虺頽)"是疲病,詞義相通。讀音上同屬微部,壞、瘣均爲胡罪切,與虺聲母匣曉旁紐。清王筠說文句讀:"然以瘣爲虺隤,乃長言短言之異。"意思是"瘣"是"虺隤(虺頽)"的合音。

虻 méng 武庚切,集韻眉耕切,音萌,平,庚韻,明。陽部。

昆蟲名。類篇虫部:"虻,齧人飛蟲。"莊子天運:"蚊～噆膚,則通昔不寐矣。"論衡物勢:"牛馬困於蚊～,蚊～乃有勢也。"

按,說文無虻有蝱。

虷 1. hán 胡安切,音寒,平,寒韻,匣。元部。

㊀〔虷蟹〕雙聲聯緜字。蚊子的幼蟲。即孑孓。廣韻:"虷,虷蟹,一名蜎蟲。"莊子秋水:"還視虷蟹與科斗,莫吾能若也。"釋文:"虷,音寒,井中赤蟲也,一名蜎。"參見"蜎"字條。

2. gān 集韻居寒切,平,寒韻,見。元部。

㊁通"干"。干犯,冒犯。漢書鮑宣傳:"白虹～日,連陰不雨。"顏師古注:"虷音干。"

按,說文無虷字。

虹 1. hóng 户公切,平,東韻,匣。東部。

㊀天空中一種光的現象,即彩虹。古又名"螮蝀"。說文:"虹,螮蝀也,狀似蟲。"禮記月令季春之月:"～始見,萍始生。"唐杜牧阿房宫賦:"複道行空,不霽何～?"比喻爲橋。唐陸龜蒙和襲美詠皋橋:"横截春流架斷～,憑欄猶思五噫風。"宋姜夔惜紅衣詞:"～梁水陌,魚浪吹香,紅衣半狼藉。"

2. hòng 集韻胡貢切,去,送韻,匣。東部。

㊁〔虹洞〕同"澒洞"。叠韻聯緜字。相連的樣子。文選漢枚乘七發:"虹洞兮蒼天,極慮乎崖涘。"李善注:"虹洞,相連貌也。"後漢書馬融傳:"天地虹洞,固無端涯。"㊂通"訌"。亂,潰亂。清朱駿聲說文通訓定聲:"虹,叚借爲訌。"詩大雅抑:"彼童而角,實～小子。"毛傳:"虹,潰也。"鄭箋:"此人實潰亂小子之

政。"

蚷 zǐ 即里切，上，止韻，精。

〔蚷蚄〕蟲名。食穀米的害虫。集韻止韻："蚷，蚷蚄，蟲名。害稼。"北魏賈思勰齊民要術卷一收種引氾勝之書曰："牽馬令就穀堆食數口，以馬踐過爲種，無蚷蚄蟲也。"明沈貞樂神曲青苗神："不稂不莠兮，無蚷無蚄。"此例是韻文，故可拆開用。

按，説文無蚷字。

虵 1. shé 食遮切，平，麻韻，牀三。歌部。

㊀同"蛇"。玉篇："虵，正作蛇。"周禮考工記輈人："龜～四斿，以象營室也。"一本作"蛇"。唐柳宗元永州韋使君新堂記："～虺之所蟠，狸鼠之所游。"

2. yí 弋支切，平，支韻，喻四。歌部。

㊁〔虵虵〕同"蛇蛇(yíyí)"。説大話騙人的樣子。呂氏春秋重己"其爲飲食酏醴也"高誘注："酏讀如詩虵虵碩言之虵。"今本詩小雅巧言作"蛇蛇"。

按，説文無虵字。

虴 zhé 陟格切，入，陌韻，知。鐸部。

〔虴蜢〕昆蟲名，灰蚱蜢。説文新附："虴，虴蜢，艸上蟲也。"爾雅釋蟲："土螽，蠰谿。"邢昺疏："土螽，一名蠰谿，今謂之土蝶，江南呼虴蚸，又名虴蜢，形似蝗而小，善跳者是也。"

〔同源字〕蟅，虴，蚱。參見"蟅"字條。

蚮 tè 徒得切，入，德韻，定。

蟲名。蟘的俗體。廣韻："蚮，食禾葉蟲。"宋龔鼎臣述醫："夫稼茂田疇爲螟～所害，唯能悉除螟～，則稼之秀可實也。"

按，説文無蚮有蟘，段注本作"蟘"。

四　畫

蚉 wén 音文。文部。

同"蚊"。蚊子。或作"蟁"。莊子人間世："適有～虻僕緣，而拊之不時，則缺銜毁首碎胸。"釋文："蚉，音文，或本作蟁，同。"

按，説文無蚉有蟁。

蚤 1. zǎo 子晧切，上，晧韻，精。幽部。

㊀蟲名。即跳蚤。説文䖵部："蚤，齧人跳蟲。从䖵，叉聲。叉，古爪字。蚤或从虫。"玉篇："蚤，齧人跳蟲也。"莊子秋水："鴟鵂夜撮～，察毫末。"韓非子説林上："吾已見孔子，亦將視子猶～虱也。"㊁車輻入輞的榫頭。周禮考工記輪人："眂其綆，欲其～之正也。"鄭玄注："蚤，謂輻入牙中者也。"後漢書輿服志上："樻文畫輈，羽蓋華～。"㊂通"早"。早晨。詩豳風七月："四之日其～，獻羔祭韭。"這裏指早朝，是一種祭祀儀式。孟子離婁下："～起，施(yì)從良人之所之。"又爲時間靠前的。國語周語中："叔孫之位不若季孟，而亦泰侈焉，不可以事二君。若皆～世猶可，若登年以載其毒，必亡。"史記項羽本紀："旦日不可不～自來謝項王。"

2. zhǎo 集韻側絞切，上，巧韻，照二。幽部。

㊃通"爪"。指甲或趾甲。荀子大略："争利如～甲而喪其掌，君人者不可以不慎。"楊倞注："蚤，與爪同。"禮記曲禮下："不～鬋，不祭食。"孔穎達疏："蚤，治手足爪也；鬋，則治鬚髮也。"

蚪 dǒu 當口切，上，厚韻，端。

後起字。〔蝌蚪〕蛙或蟾蜍的幼體。參見"蝌"字條。

蚄 1. fāng 府良切，平，陽韻，非。

㊀〔蚷蚄〕蟲名。見"蚷"字條。

2. bàng 音蚌。陽部。

㊁通"蚌"。軟體動物名。論衡順鼓："月中之獸，兔、蟾蜍也。其類在地，螺與～也。"

按，説文無蚄字。

蚢 háng 胡郎切，平，唐韻，匣。陽部。

㊀野蠶名。爾雅釋蟲："蚢，蕭繭。"邢昺疏："食蕭葉作繭者名蚢。"㊁通"魧"。一種蚌蛤，即大貝。爾雅釋魚"貝，…大者魧"釋文：

"魧,字林作'蚢'。云,大貝也。"文選晉郭璞江賦:"紫~如渠,洪蚶專車。"

[備考]通"魧"。魚膏。集韻唐韻:"魧,說文:'一曰魚膏',或作蚢。"

按,說文無蚢字。

蚊 wén 無分切,平,文韻,微。文部。

蚊子。說文䖵部:"蟁,齧人飛蟲。…蚊,俗蟁。"莊子天運:"~虻噆膚,則通昔不寐矣。"宋陸游宿沱江彌勒院詩:"蛙吹喧孤枕,~雷動四廊。"

蚖 1. yuán 愚袁切,平,元韻,疑。元部。

❶蜥蜴類動物,即榮蚖(蠑螈)。說文:"蚖,榮蚖,蛇醫。"法言問神:"龍蟠於泥,~其肆矣。~哉~哉,惡覩龍之志也。"國語鄭語"化爲玄黿,以入于王府"韋昭注:"黿,或爲蚖。蚖,蜇蜴,象龍。"❷通"杬"。樹木名。清朱駿聲說文通訓定聲乾部:"蚖,叚借爲杬。"管子地員:"其木宜~、蕎與杜、松。"尹知章注:"蚖、蕎,二木名也。"

2. wán 五丸切,平,桓韻,疑。元部。

❸毒蛇。廣韻:"蚖,毒蛇。"漢賈誼新書耳痺:"燕雀剖而~蛇生。"宋歐陽修憎蚊詩:"蠅蚕蚤虱蟣,蜂蝎~蛇蝮。"

蚨 fú 防無切,平,虞韻,奉。魚部。

〔青蚨〕蟲名。說文:"蚨,青蚨,水蟲。可還錢。"晉干寶搜神記卷一三:"南方有蟲,名𧌒蝺,一名蝍蠋,又名青蚨。形似蟬而稍大。"此種飛蟲,母子不相離。也叫"蚨母"。鬼谷子內揵:"若蚨母之從其子也。"傳說青蚨血塗錢,可引錢還歸。因以青蚨(蚨母)爲錢的別稱。全唐詩寒山詩:"囊裏無青蚨,篋中有黃絹。"唐李賀出城別張又新酬李漢詩:"開貫瀉蚨母,買冰防夏蠅。"也稱"蚨錢"。宋楊備夢中作詩:"月俸蚨錢數甚微,不知從宦幾時歸。"

蚘 1. huí 户恢切,音蛔,平,灰韻,匣。

❶"蛕"的或體。蛔蟲。廣韻:"蚘,人腹中長蟲。"南史張嗣伯傳:"石~者久蚘也,醫療既僻,~蟲轉堅。"後來寫作"蛔"。集韻灰韻:"蛕,或作蚘、蛔。"

2. yóu 集韻于求切,平,尤韻,喻三。

❷〔蚩蚘〕通"蚩尤"。遠古黃帝時代九黎族部落首領。集韻:"蚘,蚩蚘,古諸侯號,通作'尤'。"

按,說文無蚘有蛕。

蚑 qí 巨支切,平,支韻,群。支部。

❶〔蚑行〕蟲行的樣子。說文:"蚑,行也。"廣韻:"蚑,蚑蚑,蟲行皃。"淮南子俶真:"蠉飛蝡動,蚑行噲息。"又脩務:"蚑行蟯動之蟲,喜而合,怒而鬭。"引申爲動物行走。玉篇:"蚑,蚑行喙息,麕鹿之類行也。"文選晉嵇康琴賦:"感天地以致和,況蚑行之種類。"❷蟲名。文選漢枚乘七發:"~、蟜、螻、蟻聞之,拄喙而不能前。"吕延濟注:"蚑、蟜、螻、蟻,皆小蟲名也。"又爲蟲類的通稱。文選晉張協七命:"于時昆~感惠,無思不擾。"吕向注:"昆蚑,昆蟲也。"❸傳說中的怪獸。南朝宋劉敬叔異苑卷三:"山之精,形如小兒而獨足,足向後,喜來犯人,其名曰~,知而呼之。"

[備考]水蛭,螞蟥。類篇:"蚑,水蛭也。"

蚜 yá 玉篇火牙切,字彙虛加切,音鰕。今讀如牙。

後起字。❶害蟲名。即蚜蟲,俗稱膩蟲。❷通"砑"。碾。宋黃庭堅跛奚移文:"染衣增色,梔鬱爲黃,紅螺~光,捼藍杵草。"

蚞 mù 莫卜切,入,屋韻,明。屋部。

〔蜓蚞〕蟲名。蟬的一種。參見"蜓"字條。

按,說文無蚞字。

蚅 è 於革切,入,麥韻,影。錫部。

蛾蝶類的幼蟲,即烏蠋。見爾雅釋蟲。參見"蠋"字條。

按,說文無蚅字。

蚥 fóu 集韻房尤切，平，尤韻，奉。之部。

〔蚍蚥〕雙聲聯緜字。通“蚍蜉”。大螞蟻。宋陸游小葺村居詩：“庳濕生蚍蚥，得煖森翅羽。”又通“蚍衃”。荍，即錦葵。説文艸部：“荍，蚍蚥也。”參見“蚍”字條。

蚍 pí 房脂切，集韻頻脂切，音琵，平，脂韻，並。脂部。

㊀〔蚍蜉〕雙聲聯緜字。蟲名。大螞蟻。説文䖵部：“蠶，蚍蜉，大螘也。…蚍，蠶或从虫。”爾雅釋蟲：“蚍蜉，大螘。”邢昺疏：“螘，通名也。其大者别名蚍蜉，俗呼馬蚍蜉，小者即名螘。”晉傅玄短歌行：“蚍蜉愉樂，粲粲其榮。”唐韓愈調張籍詩：“蚍蜉撼大樹，可笑不自量。”也寫作“蚍蚥”。㊁〔蚍衃〕雙聲聯緜字。植物名。荍，即錦葵，又名荆葵。見爾雅釋草郭璞注及宋羅願爾雅翼。也作“蚍蚥”或“芘芣”。參見“蚥”字條和“芘”字條。

蚗 1. jué 古穴切，音決，入，屑韻，見。月部。

㊀〔蛜蚗〕蟲名，即蛁蟟。蟬屬。説文：“蚗，蛜蚗，蛁蟟也。”楚辭漢王逸九思哀歲：“蛜蚗兮噍噍，蝍蛆兮穰穰。”按，大徐本説文“蚗”音於悦切，即“蛜蚗”是雙聲聯緜字。㊁〔蛥蚗〕叠韻聯緜字。見“蛥”字條。㊂〔蚗龍〕通“蛟龍”。傳説中的一種神龍。史記龜策列傳：“明月之珠出於江海，藏於蚌中，蚗龍伏之。”(一本作“蚗蠪”)裴駰集解引徐廣曰：“許氏説淮南云蚗龍，龍屬也。音決。”司馬貞索隱：“蚗蠪伏之。按，蚗當爲‘蛟’。蠪音龍，注音決，誤也。”

2. qué 集韻傾雪切，入，薛韻，溪。

㊃〔蝍蚗〕叠韻聯緜字。雷神。類篇虫部：“蚗，蝍蚗，雷師，或省。”參見“蝍”字條。

蛜 yī 集韻於夷切，平，脂韻，影。脂部。

㊀〔蛜蝛〕同“蛜蝛”。雙聲聯緜字。潮蟲名。古又名鼠婦。説文：“蛜，蛜蝛，委黍。委黍，鼠婦也。”王筠句讀：“蛜，當作蛜。”詩經作“伊威”。參見“伊”字條。㊁〔蛜蚗〕蟲名。參見“蚗”字條。

蚓 yǐn 余忍切，上，軫韻，喻四。真部。

蚯蚓。俗稱曲蟮。孟子滕文公下：“夫～，上食槁壤，下飲黄泉。”抱朴子外篇博喻：“鼈無耳而善聞，～無口而揚聲。”此乃傳説，蚯蚓實不能鳴。參見“蚯”字條。

按，説文無蚓字。

虷 pā 普巴切，平，麻韻，幫。魚部。

貝屬，海虷。爾雅釋魚：“虷博而頯。”郭璞注：“虷者，中央廣，兩頭鋭。”正字通虫部：“虷，貝屬。今雲南邊儌貨多用貝，呼爲海虷。…本草作肥。”清姚鼐碩士約過舍久俟不至詩：“秀句成見寄，豈不珍明～。”

按，説文無虷字。

蚇 chǐ 昌石切，入，昔韻，穿三。鐸部。

同“蚸”。〔蚇蠖〕〔蚸蠖〕蟲名。蛾的幼蟲。爾雅釋蟲：“蠖，蚇蠖。”文選漢王褒洞簫賦：“是以蟋蟀蚸蠖，蚑行喘息。”按，説文作“尺蠖”。參見“蠖”字條。

蚎 nǜ 女六切，入，屋韻，娘。覺部。

〔蚎蜋〕雙聲聯緜字。蟲名，即蚰蜒。俗稱“草鞋蟲”。方言卷一一：“蚰蜇(蜒)…北燕謂之蚎蜋。”郭璞注：“江東又呼蛩。”正字通：“蚎蜋，蚰蜒别名，似蜈蚣，黄色而細。”

按，説文無蚎字。

蚋 miáo 彌遥切，平，宵韻，明。

後起字。初生的蠶。玉篇：“蚋，蠶初生。”明宋應星天工開物乃服抱養：“凡清明逝三日，蠶～即不偎衣衾煖氣，自然生出。”引申爲泛指昆蟲類的幼蟲。

蚛 zhòng 直衆切，音仲，去，送韻，澄。

後起字。蟲咬。廣韻：“蟲，蟲食物。或作蚛。”唐陸龜蒙奉酬襲美秋晚見題二首之二：“失雨園蔬赤，無風～葉彫。”又爲被蟲咬壞。唐馮贄雲仙雜記卷八：“晚年衰憊，齒皆～齲。”

按,蚛是名詞"蟲"破讀作動詞用後的一個分别字。

蚋 ruì 集韻如劣切,入,薛韻,日。月部。

昆蟲名,蚊屬。同"蜹"。集韻薛韻:"蜹,蟲名,蚊也,或省。"孟子滕文公上:"他日過之,狐狸食之,蠅~姑嘬之。"一説"蚋姑"謂螻蛄。唐韓愈送陸暢歸江南詩:"我實門下士,力薄~與蚊。"

按,説文蚋作蜹。

蚧 jiè 集韻居拜切,去,怪韻,見。月部。

㊀海蚌。大戴禮記易本命:"魚游于水,鳥飛于雲,故冬驚雀入于海,化而爲~。"㊁〔蛤蚧〕雙聲聯緜字。一種大壁虎。字彙虫部:"蚧,蛤蚧,生嶺南山谷。"參見"蛤"字條。㊂通"疥"。疥瘡。集韻怪韻:"疥,或从虫。"後漢書鮮卑傳:"夫邊垂之患,手足之~搔;中國之困,胷背之瘭疽。"

按,説文無蚧字。

蚡 fén 符分切,音焚,平,文韻,奉。文部。

㊀同"鼢"。田鼠。説文鼠部:"鼢,地行鼠,…或从虫、分。"漢書武帝紀:"封皇太后同母弟田~、勝皆爲列侯。"顔師古注:"蚡亦鼢鼠字也。"新唐書高麗傳:"狼狐入城,~穴於門,人心危駭。"㊁〔蚡緼〕叠韻聯緜字。通"紛緼"。紛亂糾結的樣子。文選漢馬融長笛賦:"蚡緼繙紆,緸冤蜿蟺。"李善注:"蚡緼繙紆,聲相糾紛貌。"

坌 fén 集韻符分切,音焚,平,文韻,奉。文部。

㊀同"蚡(鼢)"。田鼠。周禮地官草人"凡糞種,騂剛用牛"鄭玄注引鄭司農云:"用牛,以牛骨汁漬其種也,謂之糞種。墳壤多~鼠也。"㊁通"坌(bèn)"。墳起,聚積起來。吕氏春秋知分:"天固有衰嗛廢伏,有盛盈~息。"高誘注:"坌,梁仲子疑'坌'。"

按,説文無坌字。

蚣 1. sōng 集韻思恭切,音淞,平,鍾韻,心。東部。

㊀〔蚣蝑〕雙聲聯緜字。蟲名。蝗屬,即螽斯。也作"蜙蝑"。説文:"蜙,蜙蝑,以股鳴者。蚣,蜙或省。"詩周南螽斯:"螽斯羽詵詵兮。"毛傳:"螽斯,蚣蝑也。"方言作"蜇蝑",俗稱"蚱蜢"。按,蚣(蜙)蝑、蜇蝑、蚱蜢,與"螽斯",古音亦相近。

2. gōng 古紅切,平,東韻,見。

㊁〔蜈蚣〕蟲名。參見"蜈"字條。

蚺 1. rán 集韻如占切,音髯,平,鹽韻,日。談部。

㊀大蛇,蟒蛇。説文:"蚺,大蛇,可食。"山海經海内南經"巴蛇食象,三歲而出其骨"郭璞注:"今南方~蛇吞鹿,鹿已爛,自絞於樹腹中,骨皆穿鱗甲間出,此其類也。"南朝宋何法盛晉中興書卷七:"病困,須得~蛇膽爲藥,而求不能得。"

2. tiàn 集韻他念切,去,㮇韻,透。談部。

㊁〔蚺蛟〕叠韻聯緜字。獸吐舌的樣子。文選漢王延壽魯靈光殿賦:"玄熊蚺錟以齗齗,却負載而蹲跠。"李善注:"蚺錟,吐舌貌。"按,蚺俗作蚦。

蚏 yuè 王伐切,入,月韻,喻三。

〔蟛蚏〕小蟹名。見"蟛"字條。

蚌 1. bàng 步項切,上,講韻,並。東部。

㊀蛤類軟體動物。蚌殼内有珍珠層,有的能産珍珠。説文:"蚌,蜃屬。"爾雅釋魚:"蚌,含漿。"邢昺疏:"謂老産珠者也。一名蚌,一名含漿。"易説卦:"離爲火…爲鱉、爲蟹、爲蠃、爲~、爲龜。"唐高適和賀蘭判官望北海作:"日出見魚目,月圓知~胎。""蚌胎"指蚌殼内的珍珠。

2. bèng 音迸。

㊁〔蚌埠〕地名。在今安徽省。

蚝 cì 七吏切,去,志韻,清。

"螆"的俗體。毛蟲。玉篇:"螆,毛蠹也。蚝,同上。"正字通:"螆,音次。蛅(zhān)蟖别名，無足有毛，身扁，綠色，似蠶而短，能螫人，俗呼揚瘌子。”唐韓愈城南聯句：“痒肌遭～刺，啾耳聞鷄生。”

［備考］幼蠶。爾雅翼蠶：“初拂謂之～，以毛掃之。”

按，說文無蚝有䖡。段玉裁䖡字注：“本草作蚝，音同。”

蚚 qí渠希切，音祈，平，微韻，群。文部。

米中小黑蟲。說文：“蚚，强也，从虫，斤聲。”爾雅釋蟲：“强，蚚。”玉篇：“蚚，强蚚蟲。”又：“强，米中蠹小蟲。”

蚩 chī赤之切，平，之韻，穿三。之部。

❶蟲名。說文：“蚩，蟲也。”❷癡愚，無知。釋名釋姿容：“蚩，癡也。”漢曹操秋胡行：“存亡有命，慮之爲～。”〔蚩蚩〕①無知的樣子。詩衛風氓：“氓之蚩蚩，抱布貿絲。”朱熹集傳：“蚩蚩，無知之貌。”一說敦厚之貌。見鄭箋。②紛亂的樣子。文選南朝梁劉峻廣絶交論：“天下蚩蚩，鳥驚雷駭。”李善注引廣雅曰：“蚩，亂也。”❸醜陋。後漢書趙壹傳刺世疾邪賦：“榮納由於閃揄，孰知辨其～妍。”文選晉陸機文賦：“妍～好惡，可得而言。”這個意義後來寫作“媸”。❹輕侮，欺侮。廣雅釋詁三：“蚩，輕也。”文選漢張衡西京賦：“䜩良雜苦，～眩邊鄙。”李善注引蒼頡篇曰：“蚩，侮也。”❺通“嗤”。譏笑，嘲笑。後漢書卓茂傳：“鄰城聞者皆～其不能。”三國志吴書吕蒙傳：“他日與蒙會，又～辱之。”❻海獸名。唐蘇鶚蘇氏演義上：“～者，海獸也。漢武帝作柏梁殿，有上疏者云：‘～尾，水之精，能辟火災，可置之堂殿。’今人多作鴟字。”古代屋脊上的裝飾物也叫“蚩尾”或“蚩(鴟)吻”。

蚕 1. tiǎn他典切，音覥，上，銑韻，透。元部。

❶〔豎蚕〕叠韻聯緜字。蟲名。即蚯蚓。爾雅釋蟲：“螼蚓，豎蚕。”邢昺疏：“螼蚓，一名豎蚕，即蜸蟺也。廣雅云：‘蜸蟺，蚯蚓也。’”

2. cán昨含切，平，覃韻，從。

❷“蠶”的俗體。廣韻：“蠶，俗作蚕。”元關漢卿關大王獨赴單刀會二折：“那神道將卧～眉緊皺。”按，今爲“蠶”的簡化字。

按，說文無蚕字。

蚥 fù扶雨切，上，麌韻，奉。魚部。

❶〔王蚥〕蟬類。爾雅釋蟲：“不蜩，王蚥。”❷〔蛣蚥〕叠韻聯緜字。蟾蜍别名。見“蛣”字條。

按，說文無蚥字。

五　畫

蚻 zhá側八切，入，黠韻，照二。月部。

蟲名。一種小蟬。爾雅釋蟲：“蚻，蜻蜻。”郭璞注：“如蟬而小。”唐韓愈征蜀聯句：“始去杏飛蜂，及歸柳嘶～。”

按，說文無蚻字。

蛋 dàn字彙補徒歎切。

晚起字。❶禽類、龜、蛇等所産的卵。字彙補：“蛋，俗呼鳥卵爲蛋。”西遊記二三回：“想必這裏是他的窠巢，生～布雛，怕我占了。”❷南方少數民族名。古作“蜑”。宋史高宗紀：“罷廉州貢珠，縱～丁自便。”清屈大均廣東新語一八人語：“諸～以艇爲家，是曰～家。”

蛇 1. shé食遮切，平，麻韻，牀三。歌部。

❶爬行動物。說文它部：“蛇，它或从虫。”易繫辭下：“龍～之蟄，以存身也。”楚辭戰國屈原天問：“靈～吞象，厥大何如？”

2. yí弋支切，音移，平，支韻，喻四。歌部。

❷〔委(wēi)蛇〕準叠韻聯緜字。從容自得的樣子。詩召南羔羊：“退食自公，委蛇委蛇。”鄭箋：“委蛇，委曲自得之貌。”又隨順的樣子。莊子應帝王：“吾與之虚而委蛇。”成玄英疏：“委蛇，隨順之貌。”又用以形容山川的

綿延曲折之貌。參見"委"字條。㊂〔蛇蛇〕淺薄而自大的樣子。詩小雅巧言:"蛇蛇碩言,出自口矣。"毛傳:"蛇蛇,淺意也。"

[備考] tuó 集韻唐何切。蟲名。尺蠖。類篇虫部:"蛇,蟲名,蠖也。"

[同源字]蛇,它。同屬歌部。聲母牀三、透母鄰紐,説文它部:"它,虫也。从虫而長,象冤曲垂尾形,上古艸居患它,故相問:'無它乎。'"託何切。又:"蛇,它或从虫。"徐鉉曰:"今俗作食遮切。"故蛇與它同源。

蛀 zhù 之戍切,去,遇韻,照三。

後起字。蛀蟲。木蠹、蠹魚之類。宋陳翥桐譜器用:"然而采伐不時,則有~蟲之害焉。"明顧大韶又後虱賦:"蠹侵嘉樹,~耗米珠。"又用爲動詞。被蟲咬壞。唐劉恂嶺表録異下:"雲南中柑子樹無蟻者,實多~。"説郛六一宋陶穀清異録治玉巢:"士人素有~牙,一日復作,左腮掀腫。"

蚿 xián 胡田切,音賢,平,先韻,匣。真部。

蟲名。一種多足的節肢動物,即馬蚿。又名馬陸、百足。廣韻:"蚿,馬蚿蟲,一名百足。"莊子秋水:"夔憐~,~憐蛇。"南史王素傳:"山中有~聲清長,聽之使人不厭,而其形甚醜,素乃爲蚿賦以自況。"

按,説文無蚿字。

蚷 jù 集韻臼許切,上,語韻,群。魚部。

〔商蚷〕蟲名。即馬蚿。莊子秋水:"是猶使蚉負山,商蚷馳河也,必不勝任矣。"釋文引司馬彪云:"商蚷,蟲名。北燕謂之馬蚿。"

按,説文無蚷字。

蛃 bǐng 兵永切,上,梗韻,幫。

後起字。〔蛃魚〕蟲名。即蠹魚。又名衣魚、白魚。廣雅釋蟲:"白魚,蛃魚也。"宋羅願爾雅翼卷二四釋蟲一:"蟫,白魚,衣書中蟲也。…一名蛃魚,又名壁魚,又名衣魚。"

蚶 hān 呼談切,平,談韻,曉。談部。

蚶子。軟體動物,也叫"魁蛤"或"瓦壟(楞)子"。爾雅釋魚"魁陸"郭璞注引本草云:"魁狀如海蛤,圓而厚,外有理縱橫,即今之~也。"文選晉郭璞江賦:"洪~專車。"李善注引臨海水土物志曰:"蚶則徑四尺,背似瓦壟,有文。"新唐書元稹傳:"明州歲貢~,役郵子萬人,不勝其疲,稹奏罷之。"

按,説文無蚶字。

蛄 gū 古胡切,平,模韻,見。魚部。

㊀蟲名。指螻蛄。説文:"蛄,螻蛄也。"唐李賀昌谷詩:"嘹嘹濕~聲,咽源驚濺起。"王琦注:"蛄,螻蛄也。"㊁〔蛄䗐〕蟲名。米穀中小黑蟲。爾雅釋蟲:"蛄䗐,强蛘。"郭璞注:"今米穀中蠹小黑蟲是也。建平人呼爲蛘子。"㊂〔蟪蛄〕蟲名。蟬的一種。參見"蟪"字條。

蛂 bié 蒲結切,音蹩,入,屑韻,並。月部。

〔蛂蟥〕甲蟲名。即金龜子,又名蛢。種類多,食害果木和農作物。爾雅釋蟲:"蛂蟥,蛢。"郭璞注:"甲蟲也。大如虎豆,緑色,今江東呼黄蛢。"

按,説文無蛂字。

蛅 zhān 汝鹽切,集韻之廉切,平,鹽韻,照三。侵部。

〔蛅蟴〕也作"蛅斯"或"蛅蜥"。一種毛蟲。説文:"蛅,蛅斯,墨也。"爾雅釋蟲:"螺(mò),蛅蜥。"郭璞注:"載屬也。今青州人呼載爲蛅蟴。"明劉基靈丘丈人:"蛅蜥同其房而不知,螻螘鑽其室而不禁。"

蛆 1. jū 子魚切,音苴,平,魚韻,精。魚部。

㊀〔蝍蛆〕雙聲聯緜字。蜈蚣别名。見"蝍"字條。

2. qū 七余切,平,魚韻,清。

㊁蠅類的幼蟲。玉篇:"蛆,蠅蛆也。"後漢書杜根傳:"根遂詐死。三日,目中生~,因得逃竄。"唐韓愈符讀書城南詩:"一爲馬前卒,鞭背生蟲~。"也指似蠅蛆的蟲類,如水

蛆，雪蛆。唐段成式酉陽雜俎卷一七："水～，南中水磔磵中多此蟲，長寸餘，色黑，夏深變爲虿，螫人甚毒。"宋陸游老學庵筆記卷六："嘉祐雜誌云：'峨眉雪～，治内熱。'予至蜀，乃知此物實出茂州雪山。雪山四時常有積雪，彌遍嶺谷，～生其中。取雪時并～取之。能蠕動。久之，雪消，～亦消盡。"❸指酒面浮沫。宋歐陽修招許主客詩："樓頭破鑑看將滿，甕面浮～撥已香。"宋蘇軾三月十九日攜白酒鱸魚過詹史君食槐葉冷淘詩："枇杷已熟粲金珠，桑落初嘗灩玉～。"❹比喻廢話，壞話。魏書甄琛傳："琛曾拜官，諸賓悉集，巒乃晚至，琛謂巒曰：'卿何處放～來？今晚始顧。'"紅樓夢五七回："你這幾天還不乏，趁這會子不歇一歇，還嚼什麽～！"

按，説文蛆作胆，在肉部。

蚰 1. yóu 以周切，平，尤韻，喻四。幽部。

❶〔蚰蜒(蜑)〕雙聲聯緜字。蟲名。俗稱"草鞋蟲"，似蜈蚣而略小。方言卷一一："蚰蜑，自關而東謂之螾蜑，或謂之入耳，或謂之蜧蠷，趙、魏之間或謂之蛈蚭，北燕謂之蛆蚭。"爾雅釋蟲："螾衙(蜑)，入耳。"郭璞注："蚰蜒。"楚辭漢王逸九思哀歲："巷有兮蚰蜒，邑多兮螳螂。"❷〔蜒蚰〕雙聲聯緜字。見"蜒"字條。

2. zhú 集韻佇六切，入，屋韻，澄。覺部。

❸〔馬蚰〕馬陸，即馬蚿。方言卷一一："馬蚿，北燕謂之蛆蟝，其大者謂之馬蚰。"

按，説文無蚰字。

蛉 líng 郎丁切，平，青韻，來。耕部。

❶〔蜻蛉〕叠韻聯緜字。蟲名。蜻蜓的别名。説文："蛉，蜻蛉也。"參見"蜻"字條。❷〔螟蛉〕叠韻聯緜字。螟蛾的幼蟲。參見"螟"字條。❸〔蛉窮〕蟲名。即蚰蜒。淮南子説林："昌羊去蚤虱而來蛉窮，除小害而致大賊。"高誘注："蛉窮，蚰蜒，入耳之蟲也。"❹〔蝝蛉〕螻蛄别名。參見"蝝"字條。

蚱 zhà 側伯切，入，陌韻，照二。

後起字。❶〔蚱蜢〕昆蟲名。蝗類。龍龕手鑑虫部："蚱，蚱蜢，蟲也。"太平廣記卷四七三引續異記："唯見鑊中聚菖蒲根下，有大青蚱蜢。"❷〔蚱蟬〕昆蟲名。蟬的一種，俗稱"知了"。玉篇："蚱，蚱蟬，七月生。"

〔備考〕通"鮓"。海蜇。集韻禡韻："鮓，海魚名，或作蚱。"唐段公路北户録卷一："水母…一名～，一名石鏡，南人治而食之。"

〔同源字〕蟅，蚝，蚱。參見"蟅"字條。

蛈 tiē 他結切，音鐵，入，屑韻，透。質部。

〔蛈蝪〕雙聲聯緜字。蟲名，即螲蟷，土蜘蛛。爾雅釋蟲："王，蛈蝪。"郭璞注："即螲蟷。似䵹鼄，在穴中，有蓋。今河北人呼蛈蝪。"

按，説文無蛈字。

蚼 1. gǒu 集韻舉后切，上，厚韻，見。侯部。

❶〔蚼犬〕古代神話中怪獸名。説文："蚼，北方有蚼犬，食人。"山海經作"蜪犬"。參見"蜪"字條。

2. qú 其俱切，平，虞韻，群。侯部。

❷蟲名。一種蠶食禾苗的害蟲。商君書農戰："今夫螟、螣、～、蠋，春生秋死，一出而民數年不食。"❸〔蚼蟓〕蚍蜉，即大螞蟻。玉篇："蚼，蚍蜉。"方言卷一一："蚍蜉，齊、魯之間謂之蚼蟓，西南梁、益之間謂之玄蚼。"

蛁 diāo 都聊切，音刁，平，蕭韻，端。宵部。

〔蛁蟟〕叠韻聯緜字。蟲名。一種小蟬。説文："蛁，蟲也。"廣韻："蛁，蛁蟟，茆(茅)中小蟲。"常單用。漢揚雄太玄飾："～鳴喁喁，血出其口。"范望注："蛁，蟬也。"晉書束晳傳："羽族翔林，蠮～赴溼。"

蚹 fù 符遇切，去，遇韻，奉。侯部。

蛇腹部下横鱗，賴以爬行。莊子齊物論："吾待蛇～蜩翼邪？"釋文引司馬彪云："謂蛇腹下齟齬，可以行者也。"用作狀語，指象蛇一樣爬行。清謝振定登太華山記："又過閻王碥、閻王峽，皆～行。"

按，説文無蚹字。

蚯 qiū 去鳩切，平，尤韻，溪。之部。

〔蚯蚓〕蟲名。俗稱曲蟮。禮記月令："螻蟈鳴，蚯蚓出。"晉崔豹古今注魚蟲："蚯蚓，一名蜿蟺，一名曲蟮。"

按，説文無蚯字。

蚸 chǐ 集韻昌石切，音尺，入，昔韻，穿三。鐸部。

〔蚸蝬〕參見"蚇"字條。

蚳 1. chí 直尼切，音遲，平，脂韻，澄。脂部。

㊀蟻卵。古可做食用的醬。説文："蚳，螘子也。"國語魯語上："蟲舍～蝝，蕃庶物也。"韋昭注："蚳，蟻子也，可以爲醢。"文選漢張衡西京賦："擭胎拾卵，～、蝝盡取。"㊁古代傳説中的一種動物。晉干寶搜神記卷一二："(管子)曰：'涸小水精生～。'～者，一頭而兩身，其狀若蛇，長八尺。以其名呼之，可使取魚鼈。"㊂姓。孟子公孫丑下有蚳鼃，齊國大夫。

2. chī 集韻稱脂切，平，脂韻，穿三。

㊃〔蠪蚳〕古代傳説中的一種怪獸。參見"蠪"字條。

蚴 1. yǒu 於糾切，上，黝韻，影。幽部。

㊀〔蚴虯〕叠韻聯緜字。龍行屈曲的樣子。楚辭漢賈誼惜誓："蒼龍蚴虯於左驂兮，白虎騁而爲右騑。"也作"蚴虬"或"蚴蟉"。文選漢司馬相如上林賦："青龍蚴蟉於東葙，象輿婉僤於西清。"李善注引郭璞曰："蚴蟉，龍行貌也。"史記作"蚴蟉"。

2. yòu 集韻伊謬切，音幼，去，幼韻，影。幽部。

㊁〔蚴蜕〕細腰蜂。方言卷一一："蠭，燕、趙之間謂之蠓螉。其小者謂之蠮螉，或謂之蚴蜕。"廣雅釋蟲："蚴蜕，土蜂。"

按，説文無蚴字。

蚺 rán 汝鹽切，音髯，平，鹽韻，日。

大蛇，蟒蛇。玉篇："蚺，大蛇也，肉可以食。"新唐書韋堅傳："每舟署某郡，以所産暴陳其上，若廣陵則錦、銅器，…始安蕉葛、～膽、翠羽。"

按，説文蚺作蚦，蚺是後起俗字。

蚮 dài 集韻他代切，去，代韻，透。今讀如代。

同"蚮"。蚱蜢。蝗屬。農作物害蟲。方言卷一一："蟒，宋衛之間謂之蚮，南楚之外謂之蟅蟒，或謂之蟒，或謂之螣。"郭璞注："(蟒)即蝗也。"廣雅釋蟲："蟅蟒，蚮也。"

按，説文無蚮字。

蚭 ní 女夷切，平，脂韻，娘。脂部。

〔蚔蚭〕雙聲聯緜字。參見"蚔"字條。

按，説文無蚭字。

蚰 1. qǔ 羌舉切，上，語韻，溪。

㊀〔蚰蚥〕叠韻聯緜字。蟾蜍别名。集韻語韻："鼁，蟲名。爾雅：'鼁䵹，蟾蜍。'一曰去父，或作蚰。"

2. jié 集韻訖業切，音劫，入，業韻，見。

㊁〔石蚰〕蟲名。蚌蛤類。文選晉郭璞江賦："瓊蚌晞曜以瑩珠，石蚰應節而揚葩。"李善注引南越志曰："石蚰，形如龜脚，得春雨則生花，花似草華。"唐王維送元中丞轉運江淮詩："去問珠官俗，來經石蚰春。"

按，説文無蚰字。

蜿 wǎn 於阮切，上，阮韻，影。

〔蜿蟺〕同"蜿蟺"。蚯蚓别名。廣韻："蜿，蜿蟺，蚯蚓也。亦作蜿。"又爲似蚯蚓展轉屈曲的樣子。文選晉嵇康琴賦："瀄汩澎湃，蜿蟺相糾。"李善注："蜿蟺，展轉也。"

六　畫

蛮 mán。

"蠻"的簡化字。明章黼直音篇虫部："蛮，蠻字省文。"

蛓 cì 七吏切，去，志韻，清。之部。

毛蟲名。食樹葉,能螫人。説文:"䖸,毛蟲也。"楚辭漢王逸九思怨上:"～緣兮我裳,蠋入兮我懷。"宋司馬光諸廟祈雨文:"川澤將涸,螟～方熾。"

蛩 1. qióng 渠容切,音邛,平,鍾韻,群。東部。

㊀〔蛩蛩〕①古代傳説中異獸名。説文:"蛩蛩,獸也。"山海經海外北經:"(北海)有素獸焉,狀如馬,名曰蛩蛩。"郭璞注:"即蛩蛩鉅虚也,一走百里。"吕氏春秋不廣:"北方有獸,名曰蹶,鼠前而兔後,趨則跲,走則顛,常爲蛩蛩距虚取甘草以與之。蹶有患害也,蛩蛩距虚必負而走。"②憂思的樣子。字彙補:"蛩蛩,憂思貌。"楚辭漢劉向九歎離世:"心蛩蛩而懷顧兮,魂眷眷而獨逝。"王逸注:"蛩蛩,懷憂貌。"㊁蝗蟲。淮南子本經:"夷羊在牧,飛～滿野。"高誘注:"蛩,蟬蠛蠓之屬也。一曰蝗也。"

[備考]蟬蜕。説文虫部:"蛩,…一曰,秦謂蟬蜕曰蛩。"

2. gǒng 集韻古勇切,音鞏,上,腫韻,見。東部。

㊂蚰蜒。方言卷一一:"蚰蜇,北燕謂之蚭蚍。"郭璞注:"江東又呼蛩,音鞏。"一説百足蟲,即馬陸。集韻:"蛩,蟲名。百足也。"㊃通"蛬"。蟋蟀。晋崔豹古今注:"蟋蟀,一名吟蛩,一名蛩。秋初生,得寒則鳴。"字彙虫部:"蛬,蟋蟀。…亦作蛩。"南朝宋鮑照擬古八首之七:"秋～挾户吟,寒婦晨夜織。"一本"蛩"作"蛬"。唐白居易禁中聞蛩詩:"西窗獨闇坐,滿耳新～聲。"

蛬 gǒng 居悚切,音鞏,上,腫韻,見。東部。

蟋蟀别名。爾雅釋蟲:"蟋蟀,蛬。"郭璞注:"今促織也。"方言卷一一:"蜻蛚,楚謂之蟋蟀,或謂之蛬。"唐尚顔送獨孤處士詩:"立鶴洲侵浪,喧～壁近牀。"

按,説文無蛬字。

蛇 zhà 除駕切,去,禡韻,澄。後起字。水母,俗稱海蜇。文選晋郭璞江賦"璅蛣腹蟹,水母目蝦"李善注引南越志曰:"海岸間頗有水母,東海謂之蛇。"

蚩 zī 即移切,音髭,平,支韻,精。支部。

㊀蟲名。廣韻:"蚩,蟲。似蟬。"㊁〔蚩鼠〕古代傳説中的鳥名。山海經東山經:"(栒狀之山)有鳥焉,其狀如雞而鼠毛,其名曰蚩鼠。"

按,説文無蚩字。

蛟 jiāo 古肴切,平,肴韻,見。宵部。

㊀蛟龍,傳説中能興雲作雨、發洪水的龍。説文:"蛟,龍之屬也。"管子形勢:"～龍,水蟲之神者也。乘於水則神立;失於水則神廢。"楚辭戰國屈原九歌湘夫人:"麋何食兮庭中;～何爲兮水裔?"王逸注:"蛟,龍類也。"唐孟郊峽哀詩十首之二:"石劍相劈斫,石波怒～虬。"又爲鰐魚類的動物。漢書司馬相如傳:"其中則有神龜～鼉、毒冒鼈黿。"顏師古注:"張揖曰:'蛟狀魚身而蛇尾,皮有珠。'張説蛟者,乃是鮫魚,非蛟龍之蛟也。"㊁通"鮫"。鯊魚。荀子禮論:"寢兕、持虎、～韅、絲末、彌龍,所以養威也。"楊倞注引徐廣曰:"以蛟魚皮爲之。"〔蛟人〕通"鮫人"。傳説中居於海底的人。唐皮日休初夏遊楞伽精舍詩:"下通蛟人道,水色黖而惡。"

蛘 1. yǎng 集韻以兩切,上,養韻,喻四。陽部。

㊀同"癢"。搔癢。説文:"蛘,搔蛘也。"朱駿聲説文通訓定聲壯部:"蛘,字亦作癢。"唐玄應一切經音義卷五引禮記内則:"～不敢搔。"今本禮記作"癢"。

2. yáng 與章切,平,陽韻,喻四。

㊁蟲名。米中小黑甲蟲。廣雅釋蟲:"蛘,蛘也。"爾雅作"蛘"。參見"蛘"字條。

蚈 qiān 苦堅切,音牽,平,先韻,溪。元部。

蟲名。即螢火蟲。吕氏春秋季夏:"腐草化爲～。"高誘注:"螢火也。"一説爲馬蚿,即馬陸，百足蟲。淮南子時則："腐草化爲～。"高誘注："蚈，馬蚿也。"

按，説文無蚈字。

蛦 yí 以脂切，平，脂韻，喻四。

㊀〔蛦蛦〕鳥名。參見"蛦"字條。㊁〔螆蛦〕〔蠙蛦〕龜屬。參見"螆"字條和"蠙"字條。㊂〔螗蛦〕蟬名。參見"螗"字條。

按，説文無蛦字。

蛙 wā 烏瓜切，平，麻韻，影。支部。

青蛙，蝦蟆類。禮記月令孟夏之月"螻蟈鳴"鄭玄注："螻蟈，蛙也。"漢書五行志中之下："元鼎五年秋，～與蝦蟇群鬬。"唐韋莊夏夜詩："～吹鳴還息，蛛羅滅又光。"

按，説文蛙作鼃，在黽部。

蛣 1. jié 去吉切，入，質韻，溪。今讀如拮。質部。

㊀〔蛣蝠〕雙聲聯緜字。蟲名。即蝎，樹木中蛀蟲。説文："蛣，蛣蚍，蝎也。"爾雅釋蟲："蝎，蛣蝠。"郭璞注："木中蠹蟲。"㊁〔蛣蜣〕雙聲聯緜字。蟲名。即蜣蜋（螂）。見爾雅釋蟲。莊子齊物論："庸詎知吾所知之非不知邪?"郭象注："夫蛣蜣之知在於轉丸。"參見"蜣"字條。

2. jié 集韻吉屑切，入，屑韻，見。

㊂〔蛣蟩〕雙聲聯緜字。蟲名。即孑孓。集韻："蛣，蛣蟩，井中小蟲。"爾雅釋魚："蜎，蠉。"郭璞注："井中小蛣蟩，赤蟲，一名孑孓。"抱朴子内篇塞難："蛣蟩之滋於污淤，翠蘿之秀於松枝。"

3. qiè 集韻詰結切，入，屑韻，溪。

㊃〔蛸蛣〕蚌類。即海鏡。也作"璅（suǒ）蛣"。文選晉郭璞江賦："璅蛣腹蟹。"李善注引南越志曰："璅蛣長寸餘，大者長二三寸，腹中有蟹子，如榆莢，合體共生，俱爲蛣取食。"也簡稱"蛣"。抱朴子内篇對俗："川蟹不歸而～敗，桑樹見斷而蠹殄。"

蛚 liè 良薛切，入，薛韻，來。月部。

㊀〔蜻蛚〕蟲名。即蟋蟀。説文："蛚，蜻蛚也。"參見"蜻"字條。也單稱"蛚"。宋文天祥贈許柏溪惟詩："清～吟野草。"㊁〔蛚蚗〕叠韻聯緜字。雷神。也作"蛚蝛"。集韻薛韻："蛚，一説蛚蝛，雷師。"參見"蚗"字條。

蛭 1. zhì 之日切，入，質韻，照三。質部。

㊀水蟲名。即水蛭，俗稱螞蟥。説文："蛭，蟣也。"爾雅釋魚郭璞注："今江東水中～蟲入人肉者爲蟣。"文選漢賈誼弔屈原文："偭蟂獺以隱處兮，夫豈從蝦與～蟥。"李善注引韋昭曰："蛭，水蟲，食人者也。"唐柳宗元晉問："彌六合，澤萬物，而鰕與～不離尺水。"㊁獸名。史記司馬相如列傳子虚賦："～蜩蠼蝚。"司馬貞索隱："顧氏云：'字林蛭音質，蛭蜩二獸名。'"

2. dié 集韻徒結切，入，屑韻，定。質部。

㊂通"垤"。小土山。清朱駿聲説文通訓定聲："蛭，叚借爲垤。"淮南子人間："人莫蹪於山，而蹪於～。"又指蟻冢。清顧祖禹讀史方輿紀要："望之如蟻～，俗名五虎嶺。"

蛕 huí 户恢切，音回，平，灰韻，匣。之部。

蟲名。即蛔蟲。説文："蛕，腹中長蟲也。"靈樞經邪氣藏腑病形篇："（脾脉）微滑，爲蟲毒～蝎。"唐柳宗元駡尸蟲文："彼脩～恙心，短蟯穴胃。"這個意義後來寫作"蛔"。

［備考］huǐ（呼罪切）。毒蟲名。即土蛕。廣韻賄韻："蛕，土蛕，毒蟲。"

蛝 xián 户閒切，音閑，平，山韻，匣。元部。

蟲名。馬蚿，即百足蟲。爾雅釋蟲："蛝，馬蝬。"邢昺疏："蛝蟲，一名馬蝬。方言云：馬蚿，北燕謂之蛆蟝，其大者謂之馬蚰是也。"

［備考］類篇虫部："蛝，蝮蜪也。"即蝝，蝗的幼蟲。

按，説文無蛝字。

蛔 huí 集韻胡隈切，平，灰韻，匣。

蛔蟲。關尹子匕："我之一身，内變蟯～，外烝蝨蚤。"

按,説文蛔作蛸。

蛧 wǎng 文兩切,上,養韻,微。陽部。

〔蛧蜽〕疊韻聯緜字。古代傳説中的精怪。説文:"蛧,蛧蜽,山川之精物也。淮南王説蛧蜽狀如三歲小兒,赤黑色,赤目、長耳、美髮,國語曰:'木石之怪夔、蛧蜽。'"今本國語魯語下作"蝄蜽"。

蛤 1. gé 古沓切,入,合韻,見。緝部。

㊀有介殼的軟體動物。有蛤蜊、文蛤、玄蛤、青蛤等。古人誤認爲由燕雀等變化而成。國語晉語九:"雀入于海爲~,雉入于淮爲蜃。"韋昭注:"小曰蛤,大曰蜃,皆介物蚌類也。"宋米芾畫史:"墨稱螺,製必如~粉。"〔蛤蜊〕俗叫海蚌。南史王融傳:"不知許事,且食蛤蜊。"也作"蛤梨(黎)"。淮南子道應:"盧敖就而視之,方倦龜殼而食蛤梨。"㊁〔蛤蚧〕雙聲聯緜字。一種大壁虎。唐劉恂嶺表録異下:"蛤蚧,首如蝦蟇,背有細鱗如蠶子,土黄色,身短尾長,多巢於樹中。…爲藥能治肺疾。醫人云:藥力在尾,不具者無功。"

按,説文蛤作盒。

2. há。

㊂蛤蟆,即蝦蟆(蟇)。青蛙與蟾蜍的統稱。唐劉恂嶺表録異上:"有鄉墅小兒,因牧牛,聞田中有~鳴。牧童遂捕之,~躍入一穴。"原注:"蛤即蝦蟇。"唐韓愈初南食貽元十八協律詩:"~即是蝦蟆,同實浪異名。"

盒 gé 集韻葛合切,入,合韻,見。緝部。

同"蛤"。有介殼的軟體動物。説文:"盒,蜃屬。有三,皆生於海。千歲化爲盒。秦謂之牡厲。又云百歲燕所化。魁盒,一名復累,老服翼所化。"玉篇:"蛤,亦作盒。"今傳古籍多作"蛤"。

蛑 1. máo 集韻謨袍切,音毛,平,豪韻,明。幽部。

㊀同"蟊(蝥)"。食苗根的害蟲。説文蟲部:"蟊,蟲食艸根者。…吏抵冒取民財則生。蛑,古文蟊。"唐柳宗元遊南亭夜還叙志七十韻:"螟~願親燎,荼堇甘自薅。"比喻殘酷剥削。唐劉禹錫訊甿:"其下也,鶩其理而~其賦,民弗堪命。"〔蛑賊〕同"蟊賊"。喻指危害人民或國家的人。晉袁準袁子正書政略:"夫有不急之官,則有不急之禄,國之蛑賊也。"㊁螳螂别名。爾雅釋蟲:"莫貈,蟷蜋,蛑。"邢昺疏:"莫貈,一名螳蜋,一名蛑。"

2. móu 莫浮切,平,尤韻,明。幽部。

㊂〔蝤蛑〕疊韻聯緜字。一種海蟹。參見"蝤"字條。

蛛 zhū 陟輸切,平,虞韻,知。侯部。

〔蜘蛛〕雙聲聯緜字。蟲名。説文黽部:"鼄,鼅鼄也。…蛛,鼄或从虫。"也可單説。漢揚雄太玄遇:"俾~罔,罔遇蝨利,雖大不得從。"范望注:"蛛,蜘蛛也。"唐杜甫諸葛廟詩:"蟲蛇穿畫壁,巫覡醉~絲。"〔蛛蝥〕蜘蛛别名。漢賈誼新書諭誠:"蛛蝥作網,今之脩結。"

蛞 1. kuò 苦栝切,入,末韻,溪。月部。

㊀〔蛞螻〕螻蛄别名。方言卷一一:"螻螲謂之螻蛄,或謂之蟓蛉;南楚謂之杜狗,或謂之蛞螻。"㊁〔蛞蝓〕即蜒蚰,俗名鼻涕蟲。農作物害蟲。見本草綱目蟲部。

2. shé 集韻食列切,入,薛韻,牀三。

㊂〔蛞蚗〕疊韻聯緜字。蟲名。即蟪蛄。也作"蛥蚗"。集韻薛韻:"蛥蚗,蟲名,或作蛞。"

按,説文無蛞字。

蛫 guǐ 過委切,上,紙韻,見。微部。

㊀一種有毒的蟹。説文:"蛫,蟹也。"明李時珍本草綱目介部蟹引蘇頌曰:"(蟹)六足者名~,四足者名蚻,皆有大毒,不可食。"㊁古代傳説中的異獸。山海經中山經:"(即公之山)有獸焉,其狀如龜,而白身赤首,名曰~。"史記司馬相如列傳:"蛭蜩蠼蝚,螹胡豰~,棲息乎其間。"

蛒 1. gé 古伯切,入,陌韻,見。鐸部。

㊀蟲名。即蠐(蟦)螬。方言卷一一:“蟦螬謂之蟦,…梁益之間謂之蛒,或謂之蝎,或謂之蛭蛒。”㊁毒蜂名。唐元稹蛒蜂詩序:“～,蜂類而大,巢在褰鼻虵穴下,故毒螫倍諸蜂蠆。”

2. luò 集韻歷各切,入,鐸韻,來。

㊂〔蛒𧉜〕莎鷄别名,即紡織娘。也作“絡緯”。正字通:“蛒,又絡緯,莎雞别名。从絲非从虫。謂其鳴如紡緯也。”

按,説文無蛒字。

蛥 shé 食列切,音舌,入,薛韻,牀三。月部。

〔蛥蚗〕叠韻聯緜字。蟬名。方言卷一一:“蛥蚗,齊謂之螇螰,楚謂之蟪蛄,或謂之蛉蛄,秦謂之蛥蚗。自關而東謂之虭蟧,或謂之蝭蟧,或謂之蜓蚞。西楚與秦通名也。”

按,説文無蛥字。

蛜 yī 於脂切,平,脂韻,影。脂部。

〔蛜威〕雙聲聯緜字。潮蟲名。即鼠婦蟲。俗稱地虱。爾雅釋蟲:“蛜威,委黍。”郭璞注:“舊説鼠婦别名。”也作“蛜蝛”。唐韓愈城南聯句:“暮堂蝙蝠沸,破竈蛜蝛盈。”宋蘇軾上元夜過赴儋守召獨坐有感詩:“静看月窗盤蜥蜴,卧聞風幔落蛜蝛。”

按,説文蛜作蛜。

蝁 fù 字彙房缶切,音阜。幽部。

〔蝁螽〕蝗的幼蟲。爾雅釋蟲:“蝁螽,蠜。”詩召南草蟲作“阜螽”。孔穎達疏引李巡云:“阜螽,蝗子也。”參見“阜”字條。

按,説文無蝁字。

蚰 kūn 古渾切,音昆,平,魂韻,見。文部。

蟲類的總稱。説文蚰部:“蚰,蟲之總名也。从二虫,讀若昆。”段玉裁注:“蟲之總名稱蚰,凡經傳言昆蟲即蚰蟲也。”漢許冲上説文解字書:“而天地鬼神、山川艸木、鳥獸～蟲、雜物奇怪、王制禮儀、世間人事,莫不畢載。”

衙 yǎn 以淺切,音衍,上,獮韻,喻四。元部。

同“蜓”。〔螾衙(蜓)〕雙聲聯緜字。蟲名。見“螾”字條。

按,説文無衙字。

蛡 1. yì 與職切,音翊,入,職韻,喻四。職部。

㊀蜂房。類篇:“蛡,蜂房也。”漢揚雄太玄堅:“～大蟲小。”王涯注:“蟲,螽子也;蛡,其房也。”㊁〔蛡蛡〕蟲行的樣子。廣韻:“蛡,蛡蛡,蟲皃。”漢揚雄太玄堅:“小螽營營,蟲其蛡蛡。”

2. xǔ 集韻火羽切,音許,平,麌韻,曉。

㊂蟲名。據玉篇。又指蟲飛。類篇:“蛡,蟲飛。”也指龍飛。元楊維禎題履元陳君萬松圖詩:“石鬬雷霆白日傾,雨走～龍青天上。”

按,説文無蛡字。

蛢 píng 薄經切,平,青韻,並。耕部。

甲蟲名。即金龜子。爾雅釋蟲:“蛂蟥,蛢。”郭璞注:“甲蟲也。大如虎豆,緑色,今江東呼黄蛢。”説文:“蛢,蟜蟥,以翼鳴者。”王筠句讀:“案郭氏據本,蟜譌蛂,又誤斷蟥蛢爲句,皆當依許正之。考工記梓人‘以翼鳴者’注:翼鳴,發皇屬。發皇,即蟜蟥也。”

七 畫

蜇 1. zhē (舊讀 zhé)陟列切,入,薛韻,知。

㊀毒蟲刺叮。玉篇:“蜇,蟲螫也。”晉張華博物志卷九:“蝮蛇秋月毒盛,無所～螫,嚙草木以泄其氣,草木即死。”引申爲刺痛,痛。列子楊朱:“昔人有美戎菽甘枲莖芹萍子者,對鄉豪稱之。鄉豪取而嘗之,蜇於口,慘於腹。”張湛注:“慘、蜇,痛也。”唐柳宗元讀韓愈所著毛穎傳後題:“苦鹹酸辛,雖～吻裂鼻,縮舌澁齒,而咸有篤好之者。”

2. zhé 正字通之列切,音浙。今讀如哲。

㊁海蜇。正字通："蜇，又江蜇，即海蛆。味鹹，可生啖。俗呼海蜇，亦曰蜇皮，以其似皮也。"

按，説文無蜇字。

蜃 shèn 時忍切，音腎，上，軫韻，禪。文部。

㊀大蛤蜊。説文："蜃，雉入海化爲蜃。"此爲誤解。周禮天官鼈人："以時簎魚鼈龜～凡貍物。"鄭玄注："蜃，大蛤。"國語晉語九："雀入於海爲蛤，雉入於淮爲～。"韋昭注："小曰蛤，大曰蜃，皆介物蚌類也。"淮南子氾論："摩～而耨。"高誘注："蜃，大蛤。"㊁傳説中一種能吐氣成蜃市的蛟龍。明李時珍本草綱目鱗部蛟龍："蛟之屬有～。…能吁氣成樓臺城郭之狀，將雨即見，名蜃樓。一曰海市。"唐王維送秘書晁監還日本國序："黄雀之風動地，黑～之氣成雲。"〔蜃市〕〔蜃氣〕〔蜃樓〕都指海市蜃樓。大氣中一種折光現象。多在夏日出現在沿海或沙漠地方。古人誤認爲蜃吐氣而成。唐駱賓王早發淮口望盱眙詩："岸昏涵蜃氣，潮滿應雞聲。"唐白居易遊溢水詩："城雉映水見，隱隱如蜃樓。"清朱彝尊逢姜給事詩："東萊蜃市易沉淪，南國相逢涙滿巾。"㊂蚌殼燒成的灰，古時用以防潮。周禮考工記㡛氏："實諸澤器，淫之以～。"鄭玄注引鄭司農云："蜃，謂炭也。"又秋官赤犮氏："掌除牆屋，以～炭攻之，以灰洒毒之。"㊃祭器名。一種繪有蜃形的漆尊。周禮春官鬯人："凡山川四方用～。"鄭玄注："漆尊也。…蜃，畫爲蜃形。"

［同源字］蜃，裖，脤。説文："裖，社肉，盛以蜃，故謂之裖。"段玉裁注："蜃、裖叠韻。經典裖多从肉作脤。"廣雅釋器："脤，肉也。"春秋經定公十四年："天王使石尚來歸脤。脤者何也？俎實也，祭肉也。"國語晉語五："受脤於社。"韋昭注："脤，宜社之肉，盛以蜃器。""蜃"是大蛤，可做祭器；所盛之祭肉叫裖(脤)，音同義近，故同源。

蜄 1. shèn 集韻時刃切，音慎，去，震韻，禪。文部。

㊀同"蜃"。大蛤蜊。玉篇："蜄，亦作蜃。"莊子人間世："夫愛馬者，以筐盛矢，以～盛溺。"又指海市蜃樓。史記天官書："海旁～氣象樓臺，廣野氣成宫闕然。"

2. zhèn 集韻之刃切，音震，去，震韻，照三。

㊁通"振"。振動。史記律書："辰者，言萬物之～也。"司馬貞索隱："蜄，音振。"或作"踬"。集韻："踬，動也。或作蜄。"

按，説文無蜄有蜃。

蜋 1. láng 魯當切，音郎，平，唐韻，來。陽部。

㊀〔螳蜋〕叠韻聯緜字。蟲名。見"螳"字條。説文作"堂蜋"。爾雅釋蟲作"蟷蜋"。㊁〔蜋蜩〕蟬的一種。爾雅釋蟲："蜩，蜋蜩。"方言卷一一："蟬，楚謂之蜩，宋衛之間謂之螗蜩，陳鄭之間謂之蜋蜩，秦晉之間謂之蟬。"

2. liáng 吕張切，音良，平，陽韻，來。陽部。

㊂〔蜣蜋〕叠韻聯緜字。一種黑色甲蟲，俗稱"屎克郎"。參見"蜣"字條。

蜕 1. tuì 他外切，去，泰韻，透。月部。

㊀蟬、蛇之類脱下的皮。説文："蜕，蛇蟬所解皮也。"莊子寓言："予，蜩甲也，蛇～也，似之而非也。"晉書張華傳："開視，雉側果有蛇～焉。"也指獸皮。清蒲松齡聊齋誌異田七郎："虎皮狼～，懸布楹間。"又爲蟬、蛇之類脱皮。廣雅釋詁一："蜕，解也。"荀子大略："君子之學如～，幡然遷之。"楊倞注："如蟬蜕也。"史記屈原賈生列傳："蟬～於濁穢，以浮游塵埃之外。"張守節正義："蜕音税，去皮也。"引申爲脱掉、解脱。南朝梁任昉述異記上："道家云，虎千年，則牙～而角生。"㊁道家謂得道者留下形體，靈魂升天成仙爲尸解也叫"蜕"。後稱修道者之死爲"蜕"。抱朴子内篇論仙："下士先死後～，謂之尸解仙。"唐王適潘尊師碣："翌日，師曰：'吾其～矣。'"唐孟郊終南山下作詩："因思～骨人，化作飛桂

仙。""蜕骨"指死亡。也指尸體。明徐宏祖徐霞客遊記滇遊日記四:"臨去乃爲此,與遺～俱存。"

2. yuè 弋雪切,音悦,入,薛韻,喻四。月部。

㊂〔蛶蜕〕細腰蜂。參見"蛶"字條。

[同源字]蜕,脱(挩、税)。蜕本指蟬、蛇類脱皮,引申爲脱掉。與"脱(挩、税)"同義,讀音亦相同(同屬透母,月部),故同源。

蛣

jié 居怯切,入,業韻,見。

〔石蛣〕蟲名。蚌蛤類。玉篇:"硈,石蛣,似龜脚。"故又稱龜脚。明屠本畯閩中海錯疏下:"龜脚,一名～。生石上,如人指甲,連枝帶肉。一名仙人掌,一名佛手蚶。春夏生苗如海藻,亦有花。生四明者肥美。"文選晉郭璞江賦作"石蛣"。參見"蛣"字條。

按,説文無蛣字。

蜅

fǔ 方矩切,音甫,上,麌韻,非。

後起字。蟹屬,一種小蟹。見廣韻。唐段公路北户録紅蟹引廣志云:"蜅音脯,小蟹,大如貨錢。"

蛷

qiú 巨鳩切,平,尤韻,群。幽部。

〔蛷螋(蝬)〕疊韻聯緜字。昆蟲名。即蠼螋,一種長脚小蜈蚣。廣韻:"蛷,蛷螋蟲。"北史隋秦王俊傳:"帝及后往視,見大蜘蛛、大蛷螋從枕頭出,求之不見。"也單用指蛷螋。周禮秋官赤友氏"凡隙屋,除其貍蟲"鄭玄注:"貍蟲,蜃肌蛷之屬。"唐韓愈城南聯句:"瘦頸鬧鳩鴿,蜿垣亂～蝶。"又指患蛷螋瘡。淮南子説林:"曹氏之裂布,～者貴之。"高誘注:"楚人名布爲曹,今俗間以始織布繫著其旁,謂之曹布。燒以傅諸蛷瘡則癒。故蛷者貴之。"

按,説文蛷作蠡或蛪,在䖵部。

蝆

mǐ 綿婢切,音弭,上,紙韻,明。陽部。

㊀蟲名。即米象。爾雅釋蟲:"蛄䗐,强～。"郭璞注:"今米穀中蠹小黑蟲是也。建平人呼爲蝆子。"郝懿行義疏:"今按此蟲大如黍米,赤黑色,呼爲牛子…廣東人呼米牛,紹興人呼米象,竝因形以爲名。"㊁〔蝆蝆〕螳螂的別名。方言卷一一:"螳螂謂之髦,或謂之虰(蛵),或謂之蝆蝆。"按,髦通"蛑"。參見"蛑"字條。

按,説文無蝆字。

蛖

1. máng 莫江切,平,江韻,明。東部。

㊀〔蛖螻〕蟲名。螻蛄的一種。爾雅釋蟲:"鼄,蛖螻。"郭璞注:"蛖螻,螻蛄類。"

2. bàng 集韻部項切,上,講韻,並。東部。

㊁通"蚌"。蚌蛤。淮南子説林:"～、象之病,人之寶也。"高誘注:"蛖,大蛤,中有珠。"又説山:"明月之珠,出於～、蜄。"高誘注:"珠有夜光,明月生於蛖中。"

按,説文無蛖字。

蛺

jiá 古協切,入,怗韻,見。葉部。

〔蛺蝶〕疊韻聯緜字。蟲名,即蝴蝶。説文作"蛺蜨"。抱朴子外篇官理:"髫孺背千金而逐蛺蝶,越人棄八珍而甘鼃黽。"南朝梁何遜石頭答庾郎丹詩:"黄鸝隱葉飛,蛺蝶縈空戲。"南朝梁王僧孺春閨怨詩:"悲看蛺蝶紛,泣望蜘蛛絲。"

蛹

yǒng 余隴切,上,腫韻,喻四。東部。

蠶蛹。説文:"蛹,繭也。"荀子賦篇:"(蠶)～以爲母,蛾以爲父。"唐韓愈張籍會合聯句:"堅如撞群金,眇若抽獨～。"泛指昆蟲蛹。宋梅堯臣思婦賦:"蜂～淹醝,榠樝漬蜜。"

蝍

jí 子結切,入,屑韻,精。質部。

㊀〔蝍蛆〕〔蝍且〕雙聲聯緜字。蟋蟀。楚辭漢王逸九思哀歲:"蚷蚗兮噍噍,蝍蛆兮穰穰。"淮南子説林:"騰蛇游霧,而殆於蝍蛆。"高誘注:"蝍蛆,蟋蟀。"一説指蜈蚣。廣雅釋蟲:"蝍蛆,吴公也。"王念孫疏:"吴公一作蜈蚣。"莊子齊物論:"民食芻豢,麋鹿食薦,蝍且

甘帶,鴟鴉耆鼠。四者孰知正味?”㊁〔蝍蛾〕雙聲聯緜字。蟲名。即尺蠖。爾雅釋蟲:“蠖,尺蠖。”郭璞注:“今蝍蛾。”郝懿行義疏:“郭云今蝍蛾者,方言云蠀蛾謂之蚇蠖。郭注即蝍二音,是蠀蛾即蝍蛾。”

按,説文無蝍字。

蛸 1. shāo 所交切,音稍,平,肴韻,審二。宵部。

㊀〔蠨蛸〕準雙聲聯緜字。一種長脚蜘蛛。俗稱蟢子。參見“蠨”字條。也省稱“蛸”。南朝宋鮑照幽蘭五首之四:“眇眇～挂網,漠漠蠶弄絲。”

2. xiāo 相邀切,音宵,平,宵韻,心。宵部。

㊁〔螵蛸〕叠韻聯緜字。參見“螵”字條。

按,説文無蛸字。

蜆 1. xiàn 胡典切,上,銑韻,匣。元部。

㊀蝶類的幼蟲。吐絲於草木或屋壁間,自懸於空中。故名縊女。見説文。又爾雅釋蟲:“蜆,縊女。”郭璞注:“小黑蟲。赤頭,喜自經死,故曰縊女。”漢焦贛易林井之隨:“～見不祥,禍起我鄉。”

2. xiǎn 呼典切,音顯,上,銑韻,曉。

㊁小蛤名。即蜆子。一種軟體動物,肉可食。廣韻:“蜆,小蛤。”隋書文學傳劉臻:“性好啖～,以音同父諱,呼爲扁螺。”唐皮日休苓箵詩:“但聞蝦～氣,欲生蘋藻衣。”特指稱蜑家幼女。清張心泰粤遊小志一五:“諸蜑以艇爲家,是曰蜑家。…其女大者曰魚姊,小曰～妹。魚大而～小,故姊曰魚而妹曰～云。”

蜈 wú 五乎切,平,模韻,疑。

〔蜈蚣〕蟲名。一種節肢動物。玉篇:“蜈,蜈蚣也。”唐劉恂嶺表録異下:“蜈蚣,南越志云:大者其皮可以鞔鼓。取其肉暴爲脯,美於牛肉。”詩中亦單稱“蜈”。宋米芾題子敬范新婦唐模帖詩之二:“騰蛇無足～多趾,以假易真信用智。”

按,説文無蜈字。

蜎 1. juàn 狂兖切,上,獮韻,群。元部。

㊀蚊子的幼蟲,即孑孓。説文:“蜎,蜎也。”王筠句讀據集韻改爲“蜎,肙也”。爾雅釋魚:“蜎,蠉。”郭璞注:“井中小蛣蟩,赤蟲,一名孑孓。”按,此義廣韻又有烏玄切一讀。辭源等據此音 yuān,但此讀是後起的。(參見魯國堯詩豳風東山“蜎”“蠋”二字音考兼辨辭源辭海之誤一文。)

2. yuān 烏玄切,平,音冤,先韻,影。元部。

㊁〔蜎蜎〕蟲類蠕動爬行的樣子。詩豳風東山:“蜎蜎者蠋,烝在桑野。”毛傳:“蜎蜎,蠋貌,桑蟲也。”鄭箋:“蠋蜎蜎然特行,久處桑野,有似勞苦者。”㊂彎曲。周禮考工記廬人:“句兵欲無彈,刺兵欲無～。”鄭玄注引鄭司農云:“蜎讀爲悁邑之悁,悁爲橈也。”㊃〔蜵蜎〕雙聲聯緜字。見“蜵”字條。㊄〔蜎子〕書名。蜎淵所著,已佚。漢書藝文志:“蜎子十三篇。名淵,楚人,老子弟子。”顔師古注:“蜎,姓也,音一元反。”

3. xuān 集韻隳緣切,音喧,平,僊韻,曉。元部。

㊅通“翾”。飛翔。清朱駿聲説文通訓定聲乾部:“蜎,叚借爲翾。”鬼谷子揣:“故觀～飛蠕動,無不有利害。”論衡齊世:“六畜長短,五穀大小,昆蟲、草木,金石、珠玉,～蜚、蠕動,跂行喙息,無有異者,此形不異也。”

4. juān (舊讀 yuān)於緣切,平,仙韻,影。元部。

㊆通“娟”。楚辭戰國屈原遠遊:“雌蜺便娟以增撓兮。”王逸注:“娟,一作蜎。”〔蟬蜎〕通“蟬娟”。叠韻聯緜字。參見“蟬”字條。

蜌 bì 集韻部禮切,音陛,上,薺韻,並。脂部。

蚌的一種,俗稱馬刀。爾雅釋魚:“蜌,螷。”郭璞注:“今江東呼蚌長而狹者爲螷。”明李時珍本草綱目介馬刀："蚌，…時珍曰：馬刀，似蚌而小，形狹而長，其類甚多。"

按，說文無蚌字。

蜉 fú 縛謀切，平，尤韻，奉。幽部。

㊀〔蜉蝣〕叠韻聯緜字。蟲名。綠褐色，有四翅，生存期極短。詩曹風蜉蝣："蜉蝣之羽，衣裳楚楚。"毛傳："蜉蝣，渠略也，朝生夕死。"孔穎達疏引舍人曰："南陽以東曰蜉蝣，梁宋之間曰渠略。"漢書王褒傳："蟋蟀俟秋唫，蜉蝤出以陰。"顏師古注："蜉蝤，甲蟲也，好叢聚而生也，朝生而夕死。蝤音由，字亦作蝣，字音同也。"晉郭璞遊仙詩之三："借問蜉蝣輩，甯知龜鶴年？"明劉昌縣笥瑣探恃才傲物："湯家公子喜誇詡，好似蜉蝣撼大樹。"㊁〔蚍(蠜)蜉〕雙聲聯緜字。蟲名。大螞蟻。參見"蚍"字條與"蠜"字條。

按，說文蜉作𧖴，在䖵部："𧖴，蚍𧖴也。…蜉，𧖴或从虫、从孚。"

蜍 1. chú 署魚切，平，魚韻，禪。魚部。

㊀〔蟾蜍〕雙聲聯緜字。蛙類。俗稱"癩蛤蟆"。參見"蟾"字條。也省稱"蜍"。宋真德秀皇后閤端午帖子："欲知天賜無疆壽，認取仙～頷下書。"〔蜍蟾〕即"蟾蜍"。傳説月中有蟾蜍，因而借指月亮。唐賈島夜坐詩："蟋蟀漸多秋不淺，蜍蟾已没夜應深。"

2. yú 以諸切，音余，平，魚韻，喻四。魚部。

㊁〔蠩蜍〕雙聲聯緜字。蜘蛛的别名。參見"蠩"字條。

按，說文無蜍字。

蜁 xuán 似宣切，平，仙韻，邪。

〔蜁蝸〕一種小螺。文選晉郭璞江賦："三蝬虾江，鸚螺蜁蝸。"李善注："舊説曰，蜁蝸，小螺也。"

按，說文無蜁字。

蜊 lí 力脂切，音梨，平，脂韻，來。

〔蛤蜊〕即海蚌。玉篇："蜊，蛤蜊。"參見"蛤"字條。也單用。宋梅堯臣前日詩："前日揚州去，酒熟美蟹～。"

蛾 1. yǐ 魚綺切，上，紙韻，疑。歌部。

㊀"蟻"的古體。螞蟻。說文："蛾，羅也。"段玉裁注："蛾，羅。見釋蟲。許次於此，當是螘，名蛾。…蛾是正字，蟻是或體。"爾雅釋蟲："蚍蜉，大螘。"釋文："螘，本亦作蛾，俗作蟻字。"墨子公孟："應孰辭而稱議，是猶荷轅而擊～也。"畢沅校注："蛾，同螘。"楚辭戰國屈原天問："蠭～微命，力何固？"洪興祖補注："蛾，古蟻字。"後漢書皇甫嵩傳："(張)角等知事已露，晨夜馳勑諸方，一時俱起。皆著黄巾爲摽幟，時人謂之'黄巾'，亦名爲'～賊。'"李賢注："蛾音魚綺反，即'蟻'字也。諭賊衆多，故以爲名。"

2. é 五何切，平，歌韻，疑。歌部。

㊁蟲名。即蛾子。荀子賦篇："(蠶)蛹以爲母，～以爲父。"晉張協雜詩之一："蜻蛚吟階下，飛～拂明燭。"㊂蛾眉的省稱。指女子細長而美的眉毛。文選戰國宋玉神女賦："眉聯娟以～揚兮，朱脣的其若丹。"南朝梁元帝燕歌行："黄龍戍北花如錦，玄菟城前月似～。"〔蛾眉〕形容女子形如蠶蛾好看的眉毛。詩衛風碩人："螓首蛾眉，巧笑倩兮。"又借"蛾眉"形容女子容貌美麗。楚辭戰國屈原離騷："衆女嫉余之蛾眉兮，謠諑謂余以善淫。"㊃一種菌類植物。明李時珍本草綱目菜部木耳："木耳生於朽木之上，無枝葉，乃濕熱餘氣所生，曰耳、曰～，象形也。…或曰：地生爲菌，木生爲～。北人曰～，南人曰蕈。"㊄通"俄"。不久。常與"而"連用。漢書外戚傳下："孝成班倢伃，帝初即位選入後宮。始爲少使，～而大幸。"顏師古注："蛾，與俄同，古字通用。"

〔辨〕蟻，螘，蛾。螞蟻之蟻已見於先秦古籍，但說文、爾雅作"螘"。蟻與螘古音同屬疑母，韻部爲歌、微旁轉，音近通用。"蛾"在古籍中主要有兩種用法，一是與"蟻"同音義，是

"蟻"的異體;一是"飛蛾"、"蛾眉"之蛾(例見上),讀如俄。東漢以後,"蟻"字轉入支部,而蛾仍在歌部。魏晉以後的文獻中一般不以蛾爲蟻了。

蜂 fēng 敷容切,平,鍾韻,敷。東部。

㊀昆蟲名。有蜜蜂、黄蜂、土蜂等多種。詩周頌小毖:"莫予荓～,自求辛螫。"朱熹集傳:"蜂,小物而有毒。"淮南子氾論:"～房不容鵠卵,小形不足以包大體也。"特指蜜蜂。論衡言毒:"蜜爲～液,～則陽物也。"用作狀語。比喻衆多地,成群地。後漢書謝弼傳:"今日邊境日蹙,兵革～起,自非孝道,何以濟之!"南朝梁沈約漢東流詩:"逆徒～聚,旌旗紛蔽。"㊁通"封"。大。古文苑漢揚雄蜀都賦:"～豚應鴈,被鵠晨鳧。"章樵注:"蜂、封古字通用。封,大也。"

按,説文蜂作䗬,在䖵部。

蜒 1. yán 以然切,平,仙韻,喻四。元部。

㊀〔蜿蜒〕叠韻聯緜字。龍蛇爬行的樣子。參見"蜿"字條。也作"蜒蜿"。宋陸游化成院詩:"緣坡忽入谷,蜒蜿蒼龍蟠。"也可單用"蜒"。楚辭大招:"南有炎火千里,蝮蛇～只。"王逸注:"蜒,長貌也。…有惡蛇蜿蜒而長有蠚毒也。"㊁〔蜒蚰〕雙聲聯緜字。一種軟體動物,俗名"鼻涕蟲"。宋羅願爾雅翼釋蟲一:"今蝸牛之無殼者,俗呼蜒蚰,又呼蝸牛爲蜒蚰。"

2. yàn 集韻延面切,去,線韻,喻四。元部。

㊂〔蝘蜒〕叠韻聯緜字。傳説中巨獸名。參見"蝘"字條。

3. dàn 音蛋。

㊃通"蜑"。古代南方少數民族名。隋書南蠻傳:"南蠻雜類,與華人錯居,曰～,曰獽,曰俚,曰獠,曰㐌,俱無君長,隨山洞而居,古先所謂百越是也。"

按,説文無蜒字。

蜑 dàn 徒旱切,音蛋,上,旱韻,定。

後起字。㊀古代南方少數民族名。説文新附:"蜑,南方夷也。"晉常璩華陽國志蜀志:"(朱)辰卒官,郡獽民北送及墓,獽、～鼓刀辟踊,感動路人。"唐柳宗元嶺南節度饗軍堂記:"卉裳罽衣,胡夷～蠻,睢盱就列者,千人以上。"㊁指南方水上居民。宋周去非嶺外代答蜑蠻:"以舟爲室,視水如陸,浮生江海者,～也。"宋蘇軾連雨漲江詩:"牀牀避漏幽人屋,浦浦移家～子船。"又借指蜑船。宋蘇軾東坡志林卷一記過合浦:"自興廉村浄行院下,乘小舟至官寨,聞自此西皆漲水,無復橋船,或勸乘～並海即白石。"

蜓 1. tíng 特丁切,平,青韻,定。耕部。

㊀〔蜓蚞〕蟲名。蟬的一種。一名"螇螰"或"蟪蛄"。爾雅釋蟲:"蜓蚞,螇螰。"郭璞注:"即蝭蟧也,一名蟪蛄。"方言卷一一:"蛥蚗,齊謂之螇螰,楚謂之蟪蛄。…自關而東謂之虭蟧,或謂之蝭蟧,或謂之蜓蚞。"㊁〔蜻蜓〕叠韻聯緜字。見"蜻"字條。㊂〔蝘蜓〕叠韻聯緜字。見"蝘"字條。

2. diàn 徒典切,上,銑韻,定。本屬耕部,後來轉入元部。

㊃〔蝘蜓〕叠韻聯緜字。守宫。俗稱壁虎。參見"蝘"字條。

按,説文無蜓字。

蜀 shǔ 市玉切,入,燭韻,禪。屋部。

㊀"蠋"的古體。蛾蝶類的幼蟲。説文:"蜀,葵中蠶也。从虫,上目象蜀頭形,中象其身蜎蜎。詩曰:'蜎蜎者～。'"今本詩經豳風東山作"蠋"。㊁獨,壹,單一。方言卷一二:"一,蜀也。南楚謂之蜀。"郭璞注:"蜀,猶獨耳。"廣雅釋詁一:"蜀,壹弌也。"㊂祭器。管子形勢:"抱～不言,而廟堂既修。"尹知章注:"蜀,祠器也。"一説此"蜀"仍爲獨義(指孤獨)。見清李調元卍齋瑣録卷八。㊃古部族名、國名。在今四川省西部。相傳最早的首領名蠶從。公元前316年併於秦。書牧誓:"及庸、～、羌、髳、微、盧、彭、濮人。"僞孔傳:

“八國皆蠻、夷、戎、狄屬文王者國名。”文選漢張衡思玄賦：“鼈令殪而尸亡兮，取～禪而引世。”李善引舊注：“鼈令，蜀王名也。”㊄古地名。在今山東泰安市西。左傳宣公十八年：“既而用晉師，楚於是乎有～之役。”杜預注：“蜀，魯地。泰山博縣西北有蜀亭。”㊅朝代名。①三國時蜀漢的簡稱。東漢末劉備所建，後爲魏所滅。②五代時王建據東、西二川，在成都稱帝，國號蜀，後爲後唐所滅，史稱前蜀。③後唐孟知祥在蜀，封蜀王，自稱帝，國號蜀，爲宋所滅，史稱後蜀。

〔同源字〕蜀，獨。二字同屬屋部，聲母禪、定鄰紐，音近，在單一意義上相通同源。爾雅釋山：“（山）獨者蜀。”廣雅釋詁一：“蜀，壹式也。”王念孫疏證：“凡物之大者，皆有獨義，…爾雅‘雞大者蜀’義亦同也。”

鲦 tiáo 徒聊切，音條，平，蕭韻，定。幽部。

〔鲦蛹〕古代傳説中動物名。集韻：“鲦，水蟲名。山海經末塗水中有鲦蛹。”也作“儵蛹”。山海經東山經：“（獨山）其中多儵蛹，其狀如黄蛇，魚翼，出入有光。見則其邑大旱。”文選晉郭璞江賦：“儵蛹拂翼而掣耀，神蜧蝹蜦以沉遊。”

按，説文無鲦字。

八　畫

蜜 mì 彌畢切，入，質韻，明。質部。

㊀蜂蜜。楚辭戰國宋玉招魂：“粔籹～餌，有餦餭些。”王逸注：“言以蜜和米麪，熬煎作粔籹，擣黍作餌。”論衡言毒：“蜂液爲～，～難益食。”又指似蜂蜜的東西。唐段成式酉陽雜俎廣動植：“北天竺國出蜜草，蔓生，大葉，秋冬不死，因重霜露，遂成～，如塞上蓬鹽。”又喻指甘美、甜蜜。南朝梁簡文帝南郊頌：“朝葉與～露共鮮，晚花與薰風俱落。”明王世貞鳴鳳記南北分别：“這厮口～腹劍，正所謂匿怨而友者也。”㊁通“密”。與“疏”“寬”相對。宋周煇清波别志卷中：“今薄法制，寬～不同如是。”

按，説文蜜作蠠，在䖵部。

蜇 1.sī 息移切，音斯，平，支韻，心。支部。

㊀〔蜇螽〕草蟲名。即“螽斯”，或作“斯螽”。爾雅釋蟲：“蜇螽，蜙蝑。”邢昺疏：“蜇螽，周南作‘螽斯’，（豳風）七月作‘斯螽’。雖字異文倒，其實一也。”

2.xī 集韻先的切，音蜥，入，錫韻，心。

㊁〔蜇蜴〕叠韻聯緜字。蟲名。同“蜥易（蜴）”。集韻：“蜥，説文：‘蜥易也。’亦書作蜇。”廣雅釋魚：“蛤解、蠦蝘、柯蠪，蜇蜴也。”

按，説文無蜇字。

蜥 xī 先擊切，入，錫韻，心。錫部。

〔蜥蜴〕叠韻聯緜字。爬行動物，俗稱四脚蛇。説文作“蜥易”。爾雅釋魚：“蠑螈，蜥蜴；蜥蜴，蝘蜓；蝘蜓，守宫也。”邢昺疏：“在草澤中者名蠑螈、蜥蜴；在壁者名蝘蜓、守宫也。”漢書東方朔傳：“（朔）乃别蓍布卦而對曰：‘臣以爲龍又無角，謂之爲虵又有足，跂跂脈脈善緣壁，是非守宫即蜥蜴也。’”楚辭漢王逸九思亂曰：“斥蜥蜴兮進龜龍，策謀從兮翼機衡。”洪興祖補注：“蜥蜴，喻小人。”

蝁 è 烏各切，入，鐸韻，影。鐸部。

毒蛇名。説文：“蝁，蛈（dié）也。”爾雅釋魚：“蛈，蝁。”郭璞注：“蝮屬，大眼，最有毒，今淮南人呼蝁子。”明劉基瞽聵：“而蛇之毒者又莫如～。”

〔同源字〕蝁，惡。二字同音，毒蛇性惡，故名蝁。清王引之經義述聞爾雅下：“蝁之惡也。漢司隸校尉楊涣石門頌曰：‘蝁虫蔣狩，虵蛭毒蟃。’”

蜿 1.wān 於袁切，平，元韻，影。元部。

㊀彎曲行動的樣子。楚辭大招：“山林險隘，虎豹～只。”王逸注：“蜿，虎行貌也。…匍匐蜿蜒，以候伺人也。”泛指屈曲的樣子。文選漢張衡思玄賦：“玄武縮于殼中兮，騰蛇～而自糾。”舊注引廣雅曰：“蜿，曲也。”唐韓愈

南山詩:"或~若藏龍,或翼若搏鷲。"〔蜿蜒〕疊韻聯緜字。也作"蜿蜑"、"蜒蜑"。龍蛇之類曲折爬行的樣子。史記司馬相如列傳大人賦:"駕應龍象輿之蠖略逶麗兮,驂赤螭青虯之蚴蟉蜿蜒。"唐劉禹錫答東陽於令寒碧圖詩引:"如青龍蜿蜒,冰澈射人。"引申爲縈回屈曲的樣子。漢李尤德陽殿賦:"連璧組之潤漫,雜虬文之蜿蜒。"唐孟郊石淙詩之四:"蜿蜒相纏掣,犖确亦迴旋。"宋蘇洵仲兄字文甫說:"今夫風水之相遭乎大澤之陂也,紆餘委虵,蜿蜑淪漣。"〔蜿蜿〕義同"蜿蜒"。楚辭戰國屈原離騷:"駕八龍之蜿蜿兮,載雲旗之委蛇。"文選漢張衡西京賦:"海鱗變而成龍,狀蜿蜿以蝹蝹。"劉良注:"蜿蜿、蝹蝹,龍行之貌。"唐李賀粒小松歌:"蛇子蛇孫鱗蜿蜿,新香幾粒洪崖飯。"〔蜿蟤〕疊韻聯緜字。彎曲而不伸展的樣子。楚辭漢王逸九思哀歲:"投劍兮脱冕,龍屈兮蜿蟤。"自注:"蜿蟤,自迫促貌。"〔蜿蟬〕疊韻聯緜字。蛟龍盤屈的樣子。楚辭漢王逸九思守志:"乘六蛟兮蜿蟬,遂馳騁兮坒雲。"三國魏曹植九華扇賦:"效虬龍之蜿蟬,法虹霓之遊龍。"〔蜷蜿〕疊韻聯緜字。見"蜷"字條。㊁〔蝼蜿〕雙聲聯緜字。龍蛇盤曲的樣子。參見"蝼"字條。〔蝹蜿〕雙聲聯緜字。參見"蝹"字條。

2. wǎn 於阮切,上,阮韻,影。元部。

㊂〔蜿蟺〕疊韻聯緜字。①屈曲盤旋的樣子。文選漢王延壽魯靈光殿賦:"虯龍騰驤以蜿蟺。"吕延濟注:"蜿蟺,盤屈貌。"唐韓愈送廖道士序:"蜿蟺扶輿,磅礴而鬱積。"②蚯蚓的别名。晉崔豹古今注魚蟲:"蚯蚓,一名蜿蟺,一名曲蟺。"

[同源字]蜿,宛。二字同音(影母、元部)均爲屈曲之義。說文宀部:"宛,屈艸自覆也。"漢書揚雄傳下:"是以欲談者宛舌而固聲。"顔師古注:"宛,屈也。"又"宛宛"與"蜿蜿"詞義用法相同。史記司馬相如列傳:"宛宛黃龍。"司馬貞索隱引胡廣曰:"宛宛,屈伸也。"故"宛"與"蜿"二字同源。

按,說文無蜿字。

蛢 píng。

"蛢"的異體。見"蛢"字條。

蜦 1. lún 集韻龍春切,音倫,平,諄韻,來。文部。

㊀古代傳説中的神蛇,也作"蜦"。說文:"蜦,蛇屬,黑色,潛於神淵,能興風雨。蜦,蜦或从戾。"淮南子齊俗:"犧牛粹毛,宜於廟牲,其於以致雨,不若黑~。"唐柳宗元舜廟祈晴文:"敢望誅黑~,扶陰蜺,式乾后土,以廓天倪。"按,依集韻,此義又讀 lì(郎計切)。

2. lì 郎計切,去,霽韻,來。月部。

㊁大蝦蟆。廣韻:"蜦,大蝦蟆也。"

蜣 qiāng 去羊切,平,陽韻,溪。陽部。

〔蜣蜋(螂)〕疊韻聯緜字。甲蟲名。又名"蛣蜣"。俗名"屎殼郎"。爾雅釋蟲:"蛣蜣,蜣蜋。"郭璞注:"黑甲蟲,噉糞土。"邢昺疏:"蛣蜣,一名蜣螂。黑甲,翅生甲下。噉糞土,喜取糞作丸而轉之。"抱朴子外篇廣譬:"玄蟬之潔飢,不願爲蜣螂之穢飽。"新五代史唐臣傳任圜:"若舍(李)琪而相(崔)協,如棄蘇合之丸而取蜣蜋之轉也。"

按,說文無蜣字。

蜷 quán 巨員切,音權,平,仙韻,群。元部。

㊀〔蜷局〕雙聲聯緜字。拳曲不伸的樣子。楚辭戰國屈原離騷:"僕夫悲余馬懷兮,蜷局顧而不行。"王逸注:"蜷局,詰屈不行貌。"唐孟郊西齋養病夜懷多感因呈上从叔子云詩:"如何騏驥跡,蜷局未能行。"㊁〔蜷蜷〕疊韻聯緜字。蚯蚓的别名。淮南子說山:"螾無筋骨之强,爪牙之利。"高誘注:"螾,一名蜷蜷。"㊂〔蜷蜿〕疊韻聯緜字。盤旋的樣子。明劉基戲爲雪雞篇寄詹同文詩:"冰蛇雪鼠相蜷蜿,味如餦餭色如乳。"

[同源字]蜷,卷,捲,棬,拳,鬈,踡,痽。八字叠韻,同屬元部;卷、捲,見母,棬,溪母,其餘均羣母,屬旁紐。皆有曲義。說文:"卷,

厀(膝)曲也。”又:“捲,…一曰捲收也。”徐鉉曰:“今俗作居轉切,以爲捲舒之捲。”玉篇:“棬,屈木盂也。”説文:“拳,手也。”玉篇:“拳,屈手也。”説文:“鬈,髮好也。詩曰:‘其人美且鬈。’”按,指頭髮卷曲。廣韻仙韻:“痿,手屈病也。”又玉篇:“踡跼,不伸也。”與“蜷局”,音同義通。故以上八字爲同源。又參見“豢”字條。

按,説文無蜷字。

蜻 1. jīng 子盈切,音精,平,清韻,精。耕部。

㊀〔蜻蛚〕蟲名。即蟋蟀。説文:“蜻,蜻蛚也。”方言卷一一:“蜻蛚,楚謂之蟋蟀,或謂之蛬,南楚之間謂之蚟孫。”鹽鐵論論菑:“月令:‘涼風至,殺氣動,蜻蛚鳴,衣裘成。’”文選晉張載七哀詩之二:“仰聽離鴻鳴,俯聞蜻蛚吟。”也作“蜻蛪”。論衡變動:“是故夏末蜻蛪鳴,寒螿啼,感陰氣也。”

2. qīng 倉經切,平,青韻,清。耕部。

㊁昆蟲名。即蜻蜓。吕氏春秋精諭:“海上之人,有好～者,每居海上從～游,～之至者百數而不止,前後左右盡～也。”高誘注:“蜻,蜻蜓。小蟲,細腰,四翅。一名白宿。”〔蜻蜓〕叠韻聯緜字。昆蟲名。晉張華博物志卷四:“五月五日埋蜻蜓頭於西向户下,埋至三日不食,則化爲青真珠。”唐杜甫曲江詩之二:“穿花蛺蝶深深見,點水蜻蜓款款飛。”〔蜻蛉〕叠韻聯緜字。蜻蜓的别名。方言卷一一:“蜻蛉謂之蝍蛉。”郭璞注:“六足四翼蟲也。”戰國策楚策四:“王獨不見夫蜻蛉乎！六足四翼,飛翔乎天地之間。”南朝齊謝朓贈王主簿詩之一:“蜻蛉草際飛,遊蜂花上食。”

3. jìng 集韻疾正切,音浄,去,勁韻,從。耕部。

㊂〔蜻蜻〕一種小蟬。集韻:“蜻,蟬屬。”方言卷一一:“(蟬)其小者謂之麥蚻,有文者謂之蜻蜻。”詩衛風碩人“螓首蛾眉”鄭箋:“螓謂蜻蜻也。”孔穎達疏:“此蟲額廣而且方。”

蛖 bàng 步項切,上,講韻,並。東部。

同“蚌”。蛤類軟體動物。韓非子五蠹:“民食果蓏～蛤,腥臊惡臭。”文選漢張衡南都賦:“巨～函珠,駮瑕委蛇。”李善注:“蛖,與蚌同。”陳書高祖紀下:“加以儉素自奉,常膳不過數品,私饗曲宴,皆瓦器～盤。”

按,説文無蛖有蚌。

蜨 dié 集韻達協切,音蝶,入,怗韻,定。葉部。

“蝶”的古體。説文:“蜨,蛺蜨也。”“蛺蜨”即蝴蝶。參見“蛺”字條。單用亦指蝴蝶。宋張景修睡香花詩:“竊花莫撲枝頭～,驚覺南窗半夢人。”

〔備考〕正字通虫部:“或言漳泉海蟹横尖者,土人謂之蜨。”又見於明方以智物理小識卷一一。

蜮 1. yù 雨逼切,音域,入,職韻,喻三。職部。

㊀短狐,古代傳説中一種能爲害人的動物。説文:“蜮,短狐也。似鼈,三足,以氣䠶害人。”詩小雅何人斯:“爲鬼爲～,即不可得。”抱朴子内篇登涉:“又有短狐,一名～,一名射工,一名射影,其實水蟲也。”唐白居易寄元九詩:“山無殺草霜,水有含沙～。”㊁一種食苗葉的害蟲。吕氏春秋任地:“大草不生,又無螟～。”高誘注:“蜮或作螣。食心曰螟,食葉曰蜮,兖州謂蜮爲螣,音相近也。”

2. guō 集韻古獲切,入,麥韻,見。職部。

㊂通“蟈”。蛤蟆。説文:“蜮,从虫,或聲。蟈,蜮又从國。”徐鉉注:“今俗作古獲切,以爲蝦蟇之别名。”大戴禮記夏小正:“(四月)鳴～,～也者,或曰屈造之屬也。”

䘅 yù 音域。職部。

同“蜮”。短狐。左傳莊公十八年:“秋,有～。”杜預注:“䘅,短狐也。蓋以含沙射人爲災。”文選南朝宋鮑照蕪城賦:“壇羅虺～,

階闘磨齬。”

蝀 dōng 德紅切，平，東韻，端。東部。

〔螮蝀〕雙聲聯緜字。虹的别名。説文：“蝀，螮蝀也。”參見“螮”字條。詩經作“蝃蝀”，同“螮蝀”。參見“蝃”字條。也省稱“蝀”。明徐宏祖徐霞客遊記遊白岳山日記：“巖之右，一山横跨而中空，即石橋也。飛虹垂～，下空恰如半月。”

蜽 liǎng 良獎切，上，養韻，來。陽部。

〔蛧蜽〕叠韻聯緜字。古代傳説中的精怪。説文：“蜽，蛧蜽也。”參見“蛧”字條和“蝄”字條。

蝄 wǎng 集韻文紡切，上，養韻，微。陽部。

〔蝄蜽〕叠韻聯緜字。同“蛧蜽”。古代傳説中的精怪。國語魯語下：“木石之怪曰夔、蝄蜽。”韋昭注：“蝄蜽，山精，傚人聲而迷惑人也。”文選漢張衡南都賦：“追水豹兮鞭蝄蜽，憚夔龍兮怖蛟螭。”李善注引説文曰：“蝄蜽，山川之精物也。”按，今本説文作“蛧蜽”。

蜞 qí 集韻渠之切，平，之韻，群。

後起字。❶蟲名。即水蛭。集韻之韻：“蜞，水蛭也。”❷〔蟛蜞〕一種小蟹。唐皮日休病中有人惠海蟹轉寄魯望詩：“族類分明連蟚蛣，形容好箇似蟛蜞。”也作“彭蜞”“蟚蜞”“彭碁”“蟛碁”。參見“彭”、“蟛”、“蟚”字條。

碁 qí 渠之切，平，之韻，群。

後起字。❶〔蟛碁〕一種小蟹。廣韻：“碁，蟛碁，似蟹而小。晉蔡謨食之，殆死也。”也作“彭碁”、“蟚碁”。參見“彭”、“蟛”、“蟚”字條。❷蟲名。即水蛭。集韻之韻：“蜞，水蛭也，通作碁。”

蜡 1. qù 七慮切，音覰，去，御韻，清。魚部。

❶“蛆”的古體。蠅的幼蟲。説文：“蜡，蠅胆也。”段玉裁注：“蠅生子爲蛆。蛆者俗字，胆者正字，蜡者古字。”〔蜡氏〕周代官名。掌清除道路不潔及掩埋路尸事。周禮秋官敘官：“蜡氏”。鄭玄注：“蜡，骨肉腐臭，蠅蟲所蜡也。”

2. zhà 鋤駕切，音乍，去，禡韻，牀二。魚部。

❷通“禮”。祭名。古代年終大祭。廣韻禡韻：“䄍，年終祭名。或作蜡。”禮記郊特牲：“天子大～八，伊耆氏始爲蜡。蜡也者，索也，歲十二月，合聚萬物而索饗之也。”鄭玄注：“所祭有八神也。”〔蜡日〕年終蜡祭八神之日。世説新語德行：“（華）歆蜡日嘗集子姪燕飲。”劉孝標注引晉博士張亮議曰：“蜡者，合聚百物索饗之，歲終休老息民也。”〔蜡月〕指農曆亦即夏曆十二月。周禮地官黨正“國索鬼神而祭祀”賈公彦疏：“黨正行正齒位之禮，在十二月建亥之月爲之，非蜡祭之禮，而此云國索鬼神而祭祀者，以其正齒位禮在蜡月，故言之以爲節耳。”

3. là 音腊。

❸“蠟”的簡化字。

蜹 ruì 而鋭切，音芮，去，祭韻，日。月部。

蚊類昆蟲。同“蚋”。説文：“蜹，秦、晉謂之蜹，楚謂之蚊。”國語晉語九：“～蟻蜂蠆，皆能害人。”荀子勸學：“樹成蔭而衆鳥息焉，醯酸而～聚焉。”

〔備考〕毒蛇名。玉篇：“蜹，含毒蛇。”

蜙 sōng 息恭切，平，鍾韻，心。東部。

〔蜙蝑〕雙聲聯緜字。蟲名。蝗屬，即螽斯。説文：“蜙，蜙蝑，以股鳴者。”爾雅釋蟲：“蜤螽，蜙蝑。”郭璞注：“蜙，蜙也。俗呼蝽蟒。”邢昺疏引陸璣云：“幽州人謂之春箕。春箕即春黍，蝗類也。”王國維爾雅草木蟲魚鳥獸名釋例下：“案蟋蟀、蜙蝑、蠨蛸，皆細長之意，皆以蟲足名之。”也作“蚣蝑”。

蜬 hán 胡男切，音含，平，覃韻，匣。侵部。

❶水貝。説文貝部：“貝，海介蟲也。居陸名猋，在水名蜬。”爾雅釋魚：“貝，居陸贆，在水者蜬。”郭璞注：“陸水異名也。貝中肉如

科斗，但有頭尾耳。”㊁小螺。爾雅釋魚：“蠃小者蜬。”邢昺疏：“蠃與螺音義同，其小者名蜬。”

蜛 jū 九魚切，平，魚韻，見。

〔蜛蝫〕叠韻聯緜字。蟲名。一種水生動物。文選晉郭璞江賦：“蜛蝫森衰以垂翹。”李善注引南越志曰：“蜛蝫，一頭，尾有數條，長二、三尺，左右有脚，狀如蚕，可食。”也作“蜛蠩”。元陳旅送海峯劉巡檢詩：“石華肥可茹，無用膾蜛蠩。”

按，説文無蜛字。

蝫 zhū 集韻專於切，音諸，平，魚韻，照三。

〔蜛蝫〕叠韻聯緜字。蟲名。參見“蜛”字條。

按，説文無蝫字。

蝹 qū 區勿切，入，物韻，溪。物部。

〔蛣蝹〕雙聲聯緜字。蟲名。參見“蛣”字條。

按，説文蝹作蚍。

蜢 měng 莫杏切，上，梗韻，明。陽部。

〔虴蜢〕昆蟲名。灰蚱蜢。參見“虴”字條。〔蚱蜢〕昆蟲名。蝗類。參見“蚱”字條。一説“蚱蜢”同“虴蜢”。

［備考］mèng 集韻莫更切。胡蜢，即蝦蟆。見廣雅釋魚。又集韻映韻：“蜢，蟲名，蝦蟇也。”

按，説文無蜢字，新附有之。

蝃 1. dì 都計切，音帝，去，霽韻，端。月部。

㊀〔蝃蝀〕雙聲聯緜字。虹的别名。詩鄘風蝃蝀：“蝃蝀在東，莫之敢指。”毛傳：“蝃蝀，虹也。”按，説文作“螮蝀”。參見“螮”字條。

2. zhuō 職悦切，入，薛韻，照三。月部。

㊁〔蝃蝥〕蜘蛛的别名。爾雅釋蟲：“鼅鼄，鼄蝥。”郭璞注：“今江東呼蝃蝥。”

蜾 guǒ 古火切，上，果韻，見。歌部。

〔蜾蠃〕叠韻聯緜字。蟲名，一種寄生細腰蜂。亦名蒲盧。詩小雅小宛：“螟蛉有子，蜾蠃負之。”毛傳：“螟蛉，桑蟲也；蜾蠃，蒲盧也。”文選晉劉伶酒德頌：“二豪侍側，焉如蜾蠃之與螟蛉。”李善注引李軌曰：“蜾蠃，蜂蟲也。…蜂蟲無子，取桑蟲蔽而殪之，幽而養之，祝曰‘類我’。久則化而成蜂蟲矣。”

按，説文蜾作蠣（蝸），曰：“蠣，蠣蠃，蒲盧，細要土蠭也。天地之性，細要純雄。”引詩亦作“蠣蠃負之”。

蜴 yì 羊益切，入，昔韻，喻四。錫部。

〔蜴蜥〕叠韻聯緜字。即蜥蜴，俗稱“四脚蛇”。宋蘇軾上元夜過赴儋守召獨坐有感詩：“静看月窗盤蜴蜥，卧聞風幔落蛜蝛。”一般作“蜥蜴”。參見“蜥”字條。

按，説文蜴蜥作蜥易，無蜴字。

蝂 biē 文選必滅切，音鱉。

〔蝂蛦〕鳥名。文選晉左思蜀都賦：“蝂蛦山棲，黿龜水處。”李善注引劉逵曰：“蝂蛦，鳥名也。如今之所謂山雞。其雄色斑，雌色黑。出巴東。”

按，説文無蝂字。

蜦 1. lún 力迍切，音倫，平，諄韻，來。文部。

㊀古代傳説的一種神蛇。説文：“蜦，蛇屬。黑色，潛於神淵，能興風雨…或從戾。”文選晉郭璞江賦：“爾其水物怪錯，則有…～鱒鬣蝟。”㊁大蝦蟆。廣韻：“蜦，文字集略云：‘蝦蟆大如屨，能食蛇也。’”又名“田父”。見明李時珍本草綱目蟲部“田父”條。按，依集韻，此義作“蜧”，讀 lì（郎計切）。

2. lǔn 集韻縷尹切，上，準韻，來。

㊂〔蝹蜦〕叠韻聯緜字。龍蛇行貌。參見“蝹”字條。

蜘 zhī 陟離切，平，支韻，知。支部。

〔蜘蛛〕雙聲聯緜字。蟲名。漢揚雄太玄務：“蜘蛛之務，不如蠶之緰。”南朝梁簡文帝和蕭侍中子顯春别之二：“蜘蛛作絲滿帳中，芳草結葉當行路。”

按,説文蜘蛛作鼅鼄。

蜲 1. wēi 於爲切,平,支韻,影。微部。

㊀〔蜲蜿〕雙聲聯緜字。龍蛇盤曲的樣子。文選戰國宋玉高唐賦:"振鱗奮翼,蜲蜲蜿蜿。"李善注:"蜲蜲蜿蜿,龍蛇之貌。"

[備考]通"蟡"。古代傳説中的精怪名。集韻支韻:"蜲,水精也。形如蛇紆曲,長八尺,以名呼之,可使取魚。通作蟡。"

2. wěi 於詭切,上,紙韻,影。微部。

㊁〔蜲蛇(虵)〕準叠韻聯緜字。①回旋曲折的樣子。漢焦贛易林小畜之訟:"蜲蛇循流,東求大魚。"文選漢張衡西京賦:"女娥坐而長歌,聲清暢而蜲蛇。"薛綜注:"蜲蛇,聲餘詰曲也。"抱朴子内篇暢玄:"清絃嘈囋以齊唱,鄭舞紛粲以蜲虵。"王明校釋:"蜲虵,舞步曲行。"②古代神話中的蛇名。文選漢張衡東京賦:"斬蜲蛇,腦方良。"李善注引莊子曰:"蜲蛇之狀,其大若轂,其長若轅,紫衣而朱冠也。"㊂〔蜲蝝〕蟲名。即鼠婦蟲。宋唐慎微政和證類本草蟲部:"(鼠婦)一名蛜蝛,一名蜲蝝,生魏郡平谷及人家地上。"爾雅作"委黍"。

按,説文無蜲字。

蜩 1. tiáo 徒聊切,音條,平,蕭韻,定。幽部。

㊀蟬。説文:"蜩,蟬也。"詩小雅小弁:"菀彼柳斯,鳴～嘒嘒。"毛傳:"蜩,蟬也。"陳奐傳疏:"方言'蟬,楚謂之蜩'是也。其大者曰唐蜩,蟬其小者也。"莊子逍遥遊:"～與學鳩笑之。"漢王褒洞簫賦:"秋～不食,抱樸而長吟兮。"〔蜩螗〕雙聲聯緜字。蟬的别名。漢焦贛易林謙之解:"蜩螗歡喜,草木嘉茂。"唐齊己移居西湖作詩之二:"蜩螗晚噪風枝穩,翡翠閒眠宿處深。"也作"蜩蟷"。宋范成大夏日田園雜興詩之十二:"蜩蟷千萬沸斜陽,蛙黽無邊聒夜長。"〔螗蜩〕雙聲聯緜字。參見"螗"字條。㊁傳説中的獸名。史記司馬相如列傳:"蛭～蠼蝚,蜥胡㲉蛫,棲息乎其間。"司馬貞索隱:"神異經云:'西方深山有獸,毛色如猴,能緣高木,其名曰蜩。'字林:'蛭、蜩,二獸名。'"

2. diào 集韻徒弔切,音掉,去,嘯韻,定。幽部。

㊂〔蜩蟉〕叠韻聯緜字。龍掉頭的樣子。漢書司馬相如傳下:"跮踱輵螛容以骫麗兮,蜩蟉偃寋怵㚖以梁倚。"顔師古注引張揖曰:"蜩蟉,掉頭也。"

[同源字]蜩,螗,蟬。三字聲母定禪鄰紐,韻部蟬、螗爲元陽通轉,蜩、蟬爲幽元旁對轉。三者義近音通,故同源。

蜪 táo 徒刀切,音陶,平,豪韻,定。幽部。

㊀〔蝮蜪〕準叠韻聯緜字。蝗的幼蟲。參見"蝮"字條。㊁〔蜪犬〕古代傳説中的怪獸名。山海經海内北經:"蜪犬,如犬,青,食人從首始。"

按,説文無蜪字。

蜭 hàn 胡感切,音撼,上,感韻,匣。侵部。

毛蟲名。説文:"蜭,毛蠹也。"段玉裁注:"蠹者,木中蟲也。蜭居木中,其形外有毛,能食木,故曰毛蠹。是爲蜭。蜭之言陷也。"爾雅釋蟲:"蜭,毛蠹。"郭璞注:"即載。"邢昺疏引説文云:"'載,毛蟲。'今俗呼爲毛載。"

蜼 wèi 以醉切,去,至韻,喻四。微部。

一種長尾猿。説文:"蜼,如母猴,卬鼻長尾。"山海經海外南經:"(狄山)爰有熊、羆、文虎、～、豹、離朱、視肉。"郭璞注:"蜼,獮猴類。"文選漢馬融長笛賦:"猨～晝吟,鼯鼠夜叫。"李善注引張揖上林賦注曰:"蜼,似獮猴而大。"

蜺 ní 五稽切,音倪,平,齊韻,疑。支部。

㊀寒蟬的别名。説文:"蜺,寒蜩也。"禮記月令"寒蟬鳴"鄭玄注:"寒蟬,寒蜩,謂蜺也。"方言卷一一:"蟬,黑而赤者謂之蜺。"㊁通"霓"。虹的一種,即副虹,也叫雌虹。爾雅釋天:"～爲挈貳。"邢昺疏:"虹雙出色鮮盛者爲雄,雄曰虹;闇者爲雌,雌曰蜺。"楚辭戰國

屈原天問："白～嬰茀，胡爲此堂？"王逸注："蜺，雲之有色似龍者也。"洪興祖補注："蜺，雌虹也。"

蜱 pí 符支切，集韻頻彌切，音脾，平，支韻，並。支部。

㊀〔蜱蛸〕即螵蛸，螳螂的卵塊。爾雅釋蟲："不過、蟷蠰，其子蜱蛸。"郭璞注："一名螵蟭，蟷蠰卵也。"㊁蚌的一種。儀禮既夕禮："東方之饌，四豆：脾析、～醢、葵菹、蠃醢。"鄭玄注："蜱，蜯也。"㊂通"萞"。萞麻。唐段成式酉陽雜俎通脱木："通脱木，如～麻，生山側，花上粉主治惡瘡。"

〔備考〕miáo（彌遥切）。蟲名。見廣韻宵韻。

按，説文蜱作蠯，在䖵部。

蝂 bǎn 布綰切，音板，上，潸韻，幫。

後起字。〔蝜蝂〕準雙聲聯緜字。小蟲名。參見"蝜"字條。

蜚 1. fěi 府尾切，上，尾韻，非。微部。

㊀小昆蟲名，發惡臭，食稻花爲害。即負蠜。説文蟲部："蠹，臭蟲，負蠜也。…蜚，蠹或从虫。"左傳莊公二十九年："秋，有～，爲災也。"漢書劉向傳："有蜮、～、鸜鵒來巢者，皆一見。"顔師古注："蜚，負蠜也。"㊁古代傳説中的怪獸。山海經東山經："（太山）有獸焉，其狀如牛而白首，一目而蛇尾，其名曰～。"晉郭璞山海經圖贊上："～則災獸，跂踵厲深。"㊂〔蜚蠊〕蟲名。即蠦蜰，俗稱蟑螂。爾雅釋蟲："蜚，蠦蜰。"明李時珍本草綱目蟲三蜚蠊："蜚蠊、行夜、蝗螽三種，西南夷皆食之，混呼爲負盤。"

2. fēi 甫微切，音非，平，微韻，非。微部。

㊃通"飛"。飛。莊子秋水："夫折大木、～大屋者，唯我能也。"韓非子外儲説左上："墨子爲木鳶，三年而成，～一日而敗。"陳奇猷集釋："蜚、飛同。"史記楚世家："三年不～，～將冲天。"比喻迅疾。史記平津侯主父列傳："又使天下～芻輓粟。"引申爲無根據的。史記魏其武安侯列傳："乃有～語爲惡言聞上。"裴駰集解引張晏曰："（田）蚡僞作飛揚誹謗之語。"

〔辨〕飛，蜚。見"飛"字條。

蜰 1. féi 符非切，音肥，平，微韻，奉。微部。

㊀〔蠦蜰〕蟲名。俗稱蟑螂。又名"蜚蠊"。參見"蜚"字條。㊁臭蟲。又名牀蝨。清蒲松齡聊齋誌異小獵犬："苦室中～蟲蚊蚤甚多，竟夜不能寢。"

2. fèi 集韻父沸切，音狒，去，未韻，奉。

㊂〔蜰蟦〕叠韻聯緜字。古代傳説中的神蛇。類篇虫部："蜰，蜰蟦，神蛇也。"明夏完淳招魂："蜰蟦兩身，一行赤地些。"

按，説文無蜰字。

蜳 dūn 集韻都昆切，音敦，平，魂韻，端。文部。

〔蜳蜳〕準雙聲聯緜字。怵惕不安的樣子。參見"蜳"字條。

蜭 tàn 集韻吐濫切，去，闞韻，透。談部。

〔蚒蜭〕雙聲叠韻聯緜字。參見"蚒"字條。

九　畫

蝱 méng 武庚切，集韻眉耕切，平，庚韻，明。陽部。

㊀昆蟲名。種類很多，似蠅而稍大，吮吸人、畜血液。説文："蝱，齧人飛蟲。"史記項羽本紀："扶搏牛之～，不可以破蟣蝨。"宋周密齊東野語端平入洛："沿途茂草長林，白骨相望，～蠅撲面，杳無人跡。"也作"虻"或"蝱"。㊁通"莔"。草名。貝母。詩鄘風載馳："陟彼阿丘，言采其～。"毛傳："蝱，貝母也。"淮南子氾論高誘注引詩作"言采其莔"。爾雅説文均作"莔"。㊂古代傳説中的一種怪鳥。晉張華博物志卷一〇："崇丘有鳥，一足一翼一目，相得而飛，名曰～。見則天下大水，吉良

乘之壽千歲。"

蝕 shī 式支切，音施，平，支韻，審三。歌部。

米穀中小黑蟲。説文："蝕，蛄蝕，强芈也。"參見"蛄"字。

蝥 1. máo 莫交切，音茅，平，肴韻，明。幽部。

㊀〔盤蝥〕一種危害瓜豆花生的昆蟲。説文："蝥，盤蝥也。"參見"盤"字條。

2. máo 莫浮切，音矛，平，尤韻，明。幽部。

㊁通"蟊"。食禾稼的害蟲。説文蟲部："蝥，蟊或从敄。"詩小雅大田："去其螟螣，及其蟊賊，無害我田穉。"毛傳："食心曰螟，食葉曰螣，食根曰蝥，食節曰賊。"後"蝥賊"比喻災害(危害人民或國家的人、事)。左傳昭公三十二年："蝥賊遠屏，晉之力也。"杜預注："蝥賊，謂災害。"唐杜甫送韋諷上閬州録事參軍詩："必若救瘡痍，先應去蝥賊。"

3. wú 武夫切，音無，平，虞韻，微。幽部。

㊂〔鼄蝥〕蜘蛛别名。又作"蛛蝥"。參見"鼄"字條和"蛛"字條。

蝣 yóu 以周切，平，尤韻，喻四。幽部。

〔蜉蝣〕叠韻聯緜字。蟲名。參見"蜉"字條。亦可省稱爲"蝣"。南朝梁陶弘景水仙賦："僉自安於～晷，編無羡於鵠年。"明林誌漫士高先生墓銘："鴻儀冥冥，～羽楚楚。"

按，説文無蝣字。

蝙 biān 布玄切，平，先韻，幫。元部。

㊀〔蝙蝠〕雙聲聯緜字。一種哺乳動物，頭部和身軀似老鼠，能飛翔，故一名飛鼠、仙鼠。説文："蝙，蝙蝠也。"爾雅釋鳥："蝙蝠，服翼。"郭璞注："齊人呼爲蟙蠌，或謂之仙鼠。"方言卷八："蝙蝠，自關而東謂之服翼，或謂之飛鼠，或謂之老鼠，或謂之僊(仙)鼠。自關而西秦隴之間謂之蝙蝠。北燕謂之蟙蠌。"漢焦贛易林豫之小畜："蝙蝠夜藏，不敢晝行。"宋辛棄疾清平樂獨宿博山王氏庵詞："遶牀飢鼠，蝙蝠翻燈舞。"㊁〔蝙獺〕通"猵獺"。一種食魚獸。文子上義："夫畜魚者，必去其蝙獺。"

蝤 1. qiú 自秋切，音酋，平，尤韻，從。幽部。

㊀〔蝤蠐〕雙聲聯緜字。天牛幼蟲名。蛀害樹木枝幹。説文："蝤，蝤蠐也。"詩衛風碩人："領如蝤蠐，齒如瓠犀。"毛傳："蝤蠐，蝎蟲也。"五代和凝采桑子詞："蝤蠐領上訶梨子，繡帶雙垂。""蝤蠐"之體豐潔且白，故用以喻女子頸項。

2. jiū 即由切，音鬮，平，尤韻，精。

㊁〔蝤蛑〕叠韻聯緜字。一種海蟹，即梭子蟹。肉味鮮美。唐段成式酉陽雜俎廣動植："蝤蛑大者長尺餘，兩螯至强，八月能與虎鬬，虎不如。隨大潮退，殼一退一長。"宋蘇軾丁公默送蝤蛑詩："半殼含黄宜點酒，兩螯斫雪勸加飡。"

3. yóu 夷周切，音猶，平，尤韻，喻四。幽部。

㊂〔蜉蝤〕通"蜉蝣"。叠韻聯緜字。蟲名。參見"蜉"字條。

〔同源字〕螬，蝤。見"螬"字條。

蝳 1. dú 徒沃切，入，沃韻，定。覺部。

㊀〔蝳蜍〕雙聲聯緜字。大蜘蛛。方言卷一一："鼅鼄，…北燕、朝鮮、洌水之間謂之蝳蜍。"玉篇："蝳，蝳蜍，肥大蜘蛛。"

2. dài 徒耐切，去，代韻，定。

㊁〔蝳蝐〕即"玳瑁"。一種似龜的動物，背殼光滑，可作裝飾品。正字通玉部："瑇，俗作玳。文選从虫，作蝳蝐。"文選晉左思吴都賦："摸蝳蝐，捫觜蠵。"張銑注："蝳蝐似龜類，有文。"

蝠 fú 方六切，入，屋韻，非。職部。

㊀〔蝙蝠〕雙聲聯緜字。哺乳動物名。説文："蝠，蝙蝠，服翼也。"參見"蝙"字條。㊁通"蝮"。一種毒蛇。後漢書崔琦傳："～蛇其心，縱毒不辜。"李賢注："此當作'蝮'。"

蝘 yǎn 於殄切，上，銑韻，影。元部。

㊁〔蝘蜓(diàn)〕叠韻聯緜字。守宫,俗稱壁虎。説文:"蝘,在壁曰蝘蜓,在艸曰蜥易。"古書中常與蠑螈、蜥蜴等混稱。爾雅釋魚:"蠑螈,蜥蜴;蜥蜴、蝘蜓;蝘蜓,守宫也。"荀子賦篇:"螭龍爲蝘蜓,鴟梟爲鳳皇。"楊倞注:"蝘蜓,守宫。"淮南子精神:"視龍猶蝘蜓,顔色不變。"高誘注:"蝘蜓,蜥蜴也。或曰,守宫也。"㊂蟬類的一種。詩大雅蕩"如蜩如螗,如沸如羹"毛傳:"螗,蝘也。"釋文:"蝘音偃,蟬屬也。"㊂通"鼴(鼹)"。鼴鼠。晉書五行志中:"郭景純筮延陵～鼠。"何超音義:"蝘,字或鼹。"南朝梁何遜江革賦咏聯句:"～腹有餘資,鴻肩方可拍。"

蝴 hú 字彙洪孤切,音胡。

後起字。〔蝴蝶〕昆蟲名。唐韓偓士林紀實:"謝蝴蝶佳句云:'狂隨柳絮有時見,飛入梨花無處尋。'"宋陸游贈惟了侍者詩:"驚起放翁蝴蝶夢,半窗寒日欲斜時。""蝴蝶夢"比喻虚幻非真實之事,出自莊子齊物論,本"夢爲胡蝶"。字彙虫部:"蝴,蝴蝶。古惟單胡字,後人加虫。"

蝶 dié 徒協切,入,怗韻,定。

蝴蝶。玉篇:"蝶,胡蝶。"南朝齊謝朓和王主簿季哲怨情:"花叢亂數～,風簾入雙燕。"唐温庭筠訴衷情詞:"柳弱～交飛,依依。"〔胡(蝴)蝶〕參見"胡"字條及"蝴"字條。

按,説文蝶作蜨,無蝶字。

蝒 mián 武延切,集韻彌延切,音綿,平,仙韻,明。元部。

蟬類的一種。即蚱蟬,又名馬蜩。見説文、爾雅。爾雅郭璞注云:"蜩中最大者爲馬蜩。"方言卷一一:"蟬,…其大者謂之蟧,或謂之蝒馬。"郭璞注:"按,爾雅云'蝒'者馬蜩,非别名'蝒馬'也。此方言誤耳。"明李時珍本草綱目蟲部三蚱蟬:"夏月始鳴,大而色黑者,蚱蟬也。又曰～,曰馬蜩。"

蝻 nán 中華大字典讀如南。

晚起字。蝗的幼蟲。太平廣記卷四七九引五代范資玉堂閑話蝻化:"己酉年,…見有～生數十里,纔欲捕打,其蟲化爲白蛺蝶,飛去。"宋晁補之閻子常携琴入村詩:"芸芸麥田翻黄波,～蟲盤穗如蝸螺。"

蝛 wēi 於非切,平,微韻,影。

後起字。〔蛜蝛〕雙聲聯緜字。蟲名。參見"蛜"字條。亦省稱"蝛"。宋蘇軾示過並跋:"姜龐不解嘆蠨～。"

蝡 ruǎn 而兖切,音軟,上,獮韻,日。元部。

㊀蝡動,蟲爬行。説文:"蝡,動也。"荀子勸學:"端而言,～而動,一可以爲法則。"楊倞注:"蝡,微動也。"漢書匈奴傳上:"跂行喙息～動之類,莫不就安利,避危殆。"〔蝡蝡〕蝡動的樣子。淮南子俶真:"無無蝡蝡將欲生興而未成物類。"㊁蛇名。山海經海内經:"(南海之内)有靈山,有赤蛇在木上,名曰～蛇,木食。"郭璞注:"言不食禽獸也,音如耎弱之耎。"

[同源字]軟,輭,蝡,愞,耎,偄,媆,懦。見"軟"字條。

蝚 1. róu 耳由切,平,尤韻,日。幽部。

㊀螻蛄類。爾雅釋蟲:"蝚,蛖螻。"郭璞注:"蛖螻,螻蛄類。"㊁水蛭。説文:"蝚,蛭蝚,至掌也。"又見爾雅釋蟲。郝懿行義疏:"本草:'水蛭,别録一名蚑,一名至掌。'然則釋魚'蛭蟣'即是物也。"

2. náo 集韻奴刀切,平,豪韻,泥。幽部。

㊂通"猱"。猿猴之屬。管子形勢解:"夫慮事定物,辯明禮義,人之所長,而～蝯之所短也。"史記司馬相如列傳:"其上則有赤猨蠗～。"張守節正義:"蠗、蝚,皆猿猴類。"

蝦 1. há 胡加切,平,麻韻,匣。魚部。

㊀〔蝦蟆〕叠韻聯緜字。青蛙和蟾蜍的統稱。説文:"蝦,蝦蟆也。"也作"蝦蟇"或"蝦蟃"。史記龜策列傳:"月爲刑而相佐,見食於蝦蟆。"淮南子齊俗:"夫蝦蟇爲鶉。"也可單

用。文選漢賈誼弔屈原文:"偭蟂獺以隱處兮,夫豈從～與蛭螾。"李善注引韋昭曰:"蝦,蝦蟇。"又指傳説中的月中蟾蜍。漢焦贛易林蒙之大壯:"千里望城,不見山青,老兔蝦蟆,遠絶無家。"原注:"蝦蟆,月中蟾蜍。"也借指月亮。唐杜甫月詩之一:"魍魎移深樹,蝦蟆動半輪。"唐柳宗元同劉二十八院長寄澧州張使君詩:"衰榮困蓂莢,盈缺幾蝦蟆。"㊁通"霞(赮)(xiá)。"彩色的雲。史記天官書:"夫雷電、～虹、辟歷、夜明者,陽氣之動者也。"清段玉裁説文解字注:"蝦,古或借爲霞字。"

2. xiā 集韻虚加切,平,麻韻,曉。

㊂節肢動物名。種類很多,有草蝦、龍蝦、對蝦等。楚辭漢王褒九懷通路:"鯨鱏兮幽潛,從～兮遊陼。"王逸注:"蝦,小魚也。"洞冥記:"馬丹嘗折～鬚爲杖,後棄杖而飛,鬚化爲丹,亦在海傍。"

蝑 1. xū 相居切,音胥,平,魚韻,心。魚部。

㊀〔蜙蝑〕雙聲聯緜字。蟲名。蝗屬。説文:"蝑,蜙蝑也。"參見"蜙"字條。

2. xiè 司夜切,音卸,去,禡韻,心。

㊁蟹醬。廣韻:"蝑,鹽藏蟹。"明李時珍本草綱目介一蟹:"凡蟹生烹,鹽藏糟收,酒浸醬汁浸,皆爲佳品。…藏蟹名曰～蟹。"

蝞 mèi 明祕切,去,至韻,明。

一種水生介蟲。廣韻:"蝞,似蝦,寄生龜殼中,食之,益人顔色。"故别名"寄居"。文選晉郭璞江賦:"爾其水物怪錯,則有…蜦蟳鱟～。"李善注引臨海水土物志曰:"蝞似蝦,中食,益人顔色,有愛媚。"

蝺 yú 遇俱切,音愚,平,虞韻,疑。

後起字。〔蠮蝺〕蟲名。即青蚨。又名"蟱蝺"。參見"蠮"字條。古詩中也單用。唐皮日休悼賈詩:"霧雨暗乎北渚,～蟰毒乎芳洲。"蝺蟰指蠮蝺和蠨蟰。

蝟 wèi 于貴切,去,未韻,喻三。物部。

獸名。俗稱刺猬。史記龜策列傳:"～辱於鵲。"裴駰集解引郭璞曰:"蝟能刺虎,見鵲仰地。"淮南子説山:"膏之殺鼈,鵲矢中～。"唐杜甫前苦寒行二首之一:"漢時長安雪一丈,牛馬毛寒縮如～。"

按,説文、爾雅均作彙,説文以蝟爲彙的或體。今通作猬。

蝸 1. wō 古華切(舊讀 guā,又讀 wā),平,麻韻,見。歌部。

㊀蝸牛。説文:"蝸,蝸蠃也。"廣韻:"蝸,蝸牛,小螺。"莊子則陽:"有所謂～者,君知之乎?"元謝應芳次韻言懷詩之一:"風冷柴門閉,齋居縮似～。"〔蜁蝸〕小螺。參見"蜁"字條。㊁通"媧(wā)"。〔女蝸〕即女媧。古今韻會舉要麻韻:"蝸,與媧通。"禮記明堂位:"垂之和鍾,叔之離磬,女蝸之笙簧。"一本作"女媧"。

2. luó 集韻盧戈切,平,戈韻,來。歌部。

㊂通"蠃(螺)"。蚌類。集韻:"蠃,蚌屬。大者如斗,出日南漲海中。或作蝸。"禮記内則:"～醢而苽食雉羹。"

蝭 1. tí 杜奚切,音題,平,齊韻,定。支部。

㊀〔蝭蟧〕蟬名。俗名知了。方言卷一一:"蛥蚗,齊謂之螇螰,楚謂之蟪蛄,或謂之蛉蛄,秦謂之蛥蚗。自關而東謂之虭蟧,或謂之蝭蟧。"莊子逍遥遊:"蟪蛄不知春秋。"釋文引司馬彪曰:"惠蛄,亦名蝭蟧,春生夏死,夏生秋死,故不知歲有春秋也。"

2. chí 集韻常支切,音匙,平,支韻,禪。

㊁〔蝭母〕藥草名。即知母。明李時珍本草綱目草部知母:"釋名:蝭母。"説文作"芪母"。

蝹 1. yūn 於倫切,音氳,平,真韻,影。文部。

㊀〔蝹蝹〕龍行動的樣子。文選漢張衡西京賦:"海鱗變而成龍,狀蜿蜿以蝹蝹。"李善注引薛綜曰:"蜿蜿,蝹蝹,龍形貌也。"唐韓愈孟郊贈劍客李園聯句:"山磨電奕奕,水淬龍

蝹蝹。”韻文中也單用。文選三國魏何晏景福殿賦：“～若神龍之登降，灼若明月之流光。”〔蝹蜦〕叠韻聯緜字。義同“蝹蝹”。文選晉郭璞江賦：“倐蟰拂翼而掣耀，神蜧蝹蜦以沉遊。”〔蝹蜿〕雙聲聯緜字。義同“蝹蝹”。清龔自珍己亥雜詩之八：“太行一脈走蝹蜿，莽莽畿西虎氣蹲。”亦作“蜿蝹”。

2. ǎo 烏皓切，音媼，上，晧韻，影。

㊁傳説中的怪獸名。廣韻：“蝹，蟲名，如猿，常地下食人腦。”南朝梁任昉述異記下：“秦繆公時，陳倉人掘地得物，若羊非羊，似猪非猪。繆公道中逢二童子，云此名～，在地中食死人腦。”

按，説文無蝹字。

蝪 tāng 吐郎切，音湯，平，唐韻，透。陽部。

〔蛈蝪〕雙聲聯緜字。土蜘蛛。參見“蛈”字條。

蝎 1. hé 胡葛切，音曷，入，曷韻，匣。月部。

㊀樹木中的蛀蟲。説文：“蝎，蝤蠐也。”爾雅釋蟲：“蝎，蛣蝠。”郭璞注：“木中蠹蟲。”又：“蝤蠐，蝎。”郭璞注：“在木中，今雖通名爲蝎，所在異。”國語晉語一：“言之大甘，其中必苦，譖在中矣。君故生心，雖～譖，焉避之?”韋昭注：“蝎，木蟲也。譖從中起，如蝎食木，木不能避也。”論衡商蟲：“桂有蠹，桑有～。”劉子新論防欲：“身之有慾，如樹之有～…故～盛則木折，慾熾則身亡。”

［備考］逮，及。方言卷七：“蝎，噬，逮也。東齊曰蝎，北燕曰噬。”

2. xiē 字彙許謁切，音歇。

㊁蝎子。節肢動物。也稱鉗蝎。晉干寶搜神記一八：“乃提劍至昨夜應處，果得老～，大如琵琶，毒長數尺。”唐杜甫早秋苦熱堆案相仍詩：“常愁夜來皆是～，況乃秋後轉多蠅。”仇兆鰲詳注引元趙汸注：“蝎、螫蟲，中原有之，南方所無。”㊂〔蝎虎〕守宫，壁虎。宋蘇軾蝎虎詩：“黄雞啄蝎如啄黍，窗間守宫稱蝎虎。”“蝎”亦作“蠍”。

蝡 chuǎn 集韻尺兖切，音喘，上，獮韻，穿三。

後起字。〔蜷蝡〕叠韻聯緜字。蚯蚓的别名。參見“蜷”字條。

蟉 yōu 於虯切，平，幽韻，影。幽部。

〔蟉蟉〕叠韻聯緜字。①蟲名。説文：“蟉，蟉蟉也。”②龍行屈曲的樣子。史記司馬相如列傳：“駕應龍象輿之蠖略逶麗兮，驂赤螭青虯之蟉蟉蜿蜒。”清顧炎武文林郎貴州道監察御史王君墓志銘：“有龍蟉蟉，飛而復潛。”也作“蚴蟉”或“蚴虯”。參見“蚴”字條。

蝔 jiē 古諧切，平，皆韻，見。脂部。

蟲名。太平御覽卷四九八引淮南子曰：“～知將雨。”高誘注：“蝔，蟲也。大如筆管，長三寸餘。蝔音皆。”今本淮南子繆稱作“陰諧知雨”。

按，説文無蝔字。

蝯 yuán 雨元切，平，元韻，喻三。元部。

獸名。猴屬，即猿。説文：“蝯，善援，禺屬。”管子形勢：“墜岸三仞，人之所大難也，而蝚～飲焉。”淮南子俶真：“登千仞之谿，臨～眩之岸，不足以滑其和。”唐韓愈燕喜亭記：“～狖所家，魚龍所宫。”

［同源字］蝯，猿，猨，援。説文手部：“援，引也。”爾雅釋獸：“猱蝯善援。”郭璞注：“便攀援。”釋文：“援，猶引也。”蝯，通常作“猿”或“猨”。莊子天地：“猿狙之便自山林來。”蝯（猿、猨）與“援”同音，蝯因善攀援而得名，故同源。

蝬 zōng 子紅切，平，東韻，精。

蛤類。玉篇：“蝬，蛤名。”文選晉郭璞江賦：“三～虷江，鸚螺蜁蝸。”李善注引臨海水土物志曰：“蝬似蛤。”

按，説文無蝬字。

蝓 yú 羊朱切，平，虞韻，喻四。侯部。

㊀蝸牛别名。説文：“蝓，虒蝓也。”明劉基歌行二鬼：“生甲必龜貝，勿生～與蜞。”〔蝛

蝓〕參見"螔"字條。㊁〔蛞蝓〕即蜒蚰。參見"蛞"字條。㊂〔蠋蝓〕準叠韻聯緜字。蜘蛛的別名,參見"蠋"字條。

蝮 fù 芳福切,入,屋韻,敷。覺部。

㊀毒蛇名。蝮蛇。説文:"蝮,虫(虺)也。"爾雅釋魚:"蝮,虺,博三寸,首大如擘。"史記田儋列傳:"～螫手則斬手,螫足則斬足。"裴駰集解引應劭曰:"蝮一名虺。螫人手足,則割去其肉,不然則致死。"張守節正義:"蝮,毒蛇,長二、三丈。"抱朴子内篇極言:"溪毒擊之,蛇～螫之。"㊁〔蝮蜪〕準叠韻聯緜字。蝗的幼蟲。爾雅釋蟲:"蝝,蝮蜪。"郭璞注:"蝗子未有翅者。"宋歐陽修答謝景山遺古瓦硯歌:"然猶到手不敢取,而使螟蝗生蝮蜪。"

蝌 kē 苦禾切,平,戈韻,溪。

〔蝌蚪(斗)〕①青蛙與蟾蜍的幼蟲。玉篇:"蝌,蝌蚪。"南史文學傳下彬:"蝌斗唯唯,羣浮闇水。"②指蝌蚪書,一種似蝌蚪形狀的古文字。宋蘇軾鳳翔八觀石鼓歌:"憶昔周宣歌鴻雁,當時籀史變蝌蚪。"

按,説文無蝌字,爾雅作科斗。

蝜 fù 房久切,音婦,上,有韻,奉。

〔蝜蝂〕準雙聲聯緜字。小蟲名。唐柳宗元蝜蝂傳:"蝜蝂者,善負小蟲也。"元鄧玉賓一枝花套曲:"是一箇無斤兩的風雲怛,蝜蝂蟲般捨命的貪。"按,爾雅釋蟲作"負版"。説文亦無"蝜"字。

〔同源字〕蝜,負,背。蝜、負,同音,同屬並母之部。蝜蝂,即負版,善負之小蟲。釋名:"負,背也。置項背也。"國語齊語:"負任儋何。"韋昭注:"背曰負。"説文肉部:"背,脊(脊)也。"背,名詞;負、蝜,動詞。三字同源。

蝝 yuán 與專切,音緣,平,仙韻,喻四。元部。

㊀未生翅的幼蝗。説文:"蝝,復陶也。…董仲舒説:蝗子也。"爾雅釋蟲:"蝝,蝮蜪。"郭璞注:"蝗子未有翅者。"左傳宣公十五年:"冬,～生,饑。"杜預注亦引董仲舒説。文選漢張衡西京賦:"擭胎拾卵,蚳～盡取。"㊁白蟻。漢劉向説苑談叢:"蠹～仆柱梁,蚊虻走牛羊。"亦指蟻卵。説文:"蝝,劉歆説:蝝,蚍蜉子。"唐元稹蟲豸詩蟻子:"詎能分牝牡,焉得有～蚳?"

蝯 yuān 集韻縈玄切,平,先韻,影。真部。

〔蝯蜎〕雙聲聯緜字。①蟲名。見集韻諄韻。②深廣的樣子。漢書揚雄傳:"蓋天子穆然,珍臺閒館,琁題玉英,蝯蜎蠖濩之中。"顏師古注:"蝯蜎蠖濩,言屋中之深廣也。"

按,説文無蝯字。

螋 sōu 所鳩切,音搜,平,尤韻,審二。幽部。

〔蛷螋(蝬)〕叠韻聯緜字。昆蟲名。參見"蛷"字條。也作"蠼螋"。參見"蠼"字條。

按,説文無螋(蝬)字。

蝗 huáng 胡光切,平,唐韻,匣。陽部。

蝗蟲。説文:"蝗,螽也。"禮記月令:"行春令,則～蟲爲災。"吕氏春秋不屈:"～螟農夫得而殺之。"又用作動詞,指發生蝗災。吕氏春秋審時:"得時之麻,…後熟多榮,日夜分復生,如此者不～。"高誘注:"蝗蟲不食麻節也。"

蝺 1. qǔ 字彙補臼許切,音齲。魚部。

㊀美好貌。吕氏春秋應言:"市丘之鼎以烹雞,多洎之則淡而不可食,少洎之則焦而不熟,然而視之～焉美,無所可用。"高誘注:"蝺讀齲齒之齲。齲,鼎好貌。"

2. yǔ 字彙補弋渚切,音與。魚部。

㊁駝背。字彙補:"蝺,傴僂也。"〔蝺僂〕叠韻聯緜字。文選戰國宋玉登徒子好色賦:"旁行蝺僂,又疥且痔。"李善注:"踽僂,傴僂也。廣雅曰:'傴僂,曲貌。'"

按,説文無蝺字。

蝨 shī 所櫛切,入,櫛韻,審二。質部。

㊀蟲名。即蝨子。説文䖵部："蝨，齧人蟲。"韓非子説林下："三～相與訟，一～過之，曰：'訟者奚説？'三～曰：'争肥饒之地。'"戰國宋玉小言賦："烹～脛，切蟣肝，會九族而同嚌，猶委餘而不殫。"比喻寄生爲害的人或有害的事物。商君書説民："國久强而無～者，必王。"㊁厠處，置身。唐韓愈瀧吏詩："不知官在朝，有益國家不？得無～其間，不武亦不文。"宋辛棄疾水調歌頭趙昌父七月望日用東坡韻叙太白東坡事見寄因用韻爲謝兼寄吴子似："酌酒援北斗，我亦～其間。"㊂魚病名。宋蘇軾格物麤談卷上："魚瘦而生白點者名～，用楓樹皮投水中則愈。"

蝛 xián 許咸切，平，咸韻，曉。今讀如咸。

後起字。蛤屬。玉篇："蝛，似蛤。"廣韻："蝛，似蛤，出海中也。"唐陸龜蒙奉和江南書情寄秘閣韋校書貽之商洛宋先輩垂文二同年次韻："度歲賒羸馬，先春買小～。"清畢沅續資治通鑒宋高宗紹興二十六年："古之聖人，先仁民而後愛物，今但令官司不得買～，民間從其便也。"

蝰 kuí 苦圭切，平，齊韻，溪。

㊀蝰蛇，毒蛇類。廣雅釋魚："虺，蝰也。"王念孫疏證："蝰者，毒螫傷人之名，…虺，蝮、青蝰祇是一類，故云虺，蝰也。"明李時珍本草綱目鱗二諸蛇："又有青～，即竹根蛇，白～…之類。"㊁蛹名。玉篇："蝰，䖯也。"類篇："蝰，蟲名，蠶蛹也。"

按，説文無蝰有䖯。

蝩 1. zhōng 集韻諸容切，音鍾，平，鍾韻，照三。

㊀小蝗蟲，又名阜螽，即蚱蜢。唐玄應一切經音義卷一一："蝩，蝗蟲。毛詩蟲魚疏云：阜螽，蝗也…張斐解音律云：小曰蝩，人曰蝗。"漢書五行志中之下"桓公五年，秋，螽"顔師古注："螽即阜螽，即今之～蟲也。"

2. chóng 直容切，平，鍾韻，澄。

㊀晚蠶，即夏蠶。玉篇："蝩，蠶晚生者。"洪武正韻東韻："蝩，夏蠶。周禮謂之原蠶。"

按，説文無蝩字。

蟌 cōng 倉紅切，平，東韻，清。東部。

蜻蛉，即蜻蜓。玉篇："蟌，蜻蛉。"淮南子説林："水蠆爲～，孑孓爲蚉。"高誘注："水蠆化爲蟌。蟌，蜻蜓。"

按，説文無蟌字。

螏 lì 郎擊切，音歷，入，錫韻，來。錫部。

〔螟螏〕準叠韻聯緜字。蝗的一種。參見"螟"字條。

按，説文無螏字。

蝂 hóu 户鉤切，平，侯韻，匣。侯部。

〔螁蝂〕蜥蜴類爬行動物名。參見"螁"字條。

按，説文無蝂字。

螂 láng 五音集韻魯當切。

㊀〔螳螂〕叠韻聯緜字。蟲名。參見"螳"字條。㊁〔蟑螂〕叠韻聯緜字。害蟲名。參見"蟑"字條。

按，説文無螂字。

十　畫

螢 yíng 户扃切，平，青韻，匣。字彙于平切。耕部。

螢火蟲。禮記月令："腐草爲螢。"鄭玄注："螢，飛蟲，螢火也。"孔穎達疏引李巡云："螢火夜飛，腹下如火光。"南朝梁江淹卧疾怨劉長史詩："凉草散～色，夏樹斂蟬聲。"比喻微弱的光亮。唐韓愈和崔舍人咏月："長河晴散霧，列宿曙分～。"

［同源字］螢，熒。二字同音，説文火部："熒，屋下鐙燭之光也。"廣雅釋訓："熒熒，光也。"爾雅釋蟲："熒火，即炤。"郭璞注："夜飛，腹下有火。"釋文："螢，本作熒。""熒、螢"均有火光義，在用於螢火蟲的意義上，又爲古今字，故二字同源。

按,説文、爾雅螢均作熒。

螯 áo 五勞切,平,豪韻,疑。宵部。

螃蟹等節肢動物的變形的第一對脚,形似鉗,用以取食或自衛。玉篇:"螯,蟹螯。"荀子勸學:"蟹六跪而二～。"楊倞注:"螯,蟹首上如鉞者。"晉書畢卓傳:"右手持酒杯,左手持蟹～。"又爲螃蟹的代稱。宋蘇軾和穆父新涼:"紫～應已肥,白酒誰能勸?"一本作"蟹"。

按,説文無螯字。

螜 hú 胡谷切,音斛,入,屋韻,匣。屋部。

蟲名。即螻蛄,俗稱土狗。爾雅釋蟲:"螜,天螻。"郭璞注:"螻蛄也。"大戴禮記夏小正:"～則鳴。螜,天螻也。"明郎瑛七修類稿天地三氣候集解:"螻蟈鳴。螻蟈,小蟲,生穴土中,好夜出,今人謂之土狗是也。一名螻蛄;一名碩鼠;一名～,音斛,各地方言之不同也。"也作"蠱"。

按,説文無螜(蠱)字。

融 róng 以戎切,平,東韻,喻四。今讀如戎。冬部。

❶炊氣上出。説文鬲部:"融,炊氣上出也。"徐鍇繫傳:"氣上融散也。"晉顧愷之風賦:"惠風颺以送～,塵霄霏以將雨。"❷融化,消融。墨子備蛾傳:"以車兩走,軸間廣大,以圉犯之,～其兩端以東輪。"文選晉孫綽遊天台山賦:"～而爲川瀆,結而爲山阜。"李善注:"融,猶銷也。"唐杜甫晚出左掖詩:"樓雪～城溼,宮雲去殿低。"引申爲融合。唐楊炯王勃集序:"契將往而必～,防未來而先制。"❸通,流通。文選三國魏何晏景福殿賦:"雲行雨施,品物咸～。"李善注:"周易曰:'雲行雨施,品物流形。'融,猶通也。"李周翰注:"言天子惠化於人,如雲雨霑萬物,皆以通及之也。"❹大明,大亮。左傳昭公五年:"明而未～,其當旦乎!"杜預注:"融,朗也。"孔穎達疏:"明而未融,則融是大明,故爲朗也。"晉阮籍詠懷詩之四二:"陰陽有舛錯,日月不常～。"引申爲顯明,昌盛。晉陶潛命子詩:"在我中晉,業～長沙。"南朝宋宗炳明佛論:"其實影跡遺事,昭化～顯。"❺長久,久遠。爾雅釋詁:"融,長也。"詩大雅既醉:"昭明有～,高朗令終。"毛傳:"融,長;朗,明也。"孔穎達疏:"鄭以爲天既助汝王以光明之道,不但一時而,又使之長遠也。"漢蔡邕郭有道碑文:"禀命不～,享年四十有二。"❻傳説中火神祝融的省稱。墨子非攻:"天命～隆火於夏之城間西北之隅。"國語周語上:"～降於崇山。"韋昭注:"融,祝融也。"❼〔融融〕①和悦的樣子。左傳隱公元年:"大隧之中,其樂也融融。"杜預注:"融融,和樂也。"②和煦、暖和的樣子。南朝宋鮑照采桑詩:"藹藹霧滿閨,融融景盈幕。"唐杜牧阿房宮賦:"歌臺暖響,春光融融。"

[同源字]融,冶,鎔。三字聲母同爲喻四,融,冶,冬、之旁對轉;融,鎔,冬、東旁轉。説文仌部:"冶,銷也。"又金部:"鎔,冶器法也。"漢書食貨志下:"冶鎔炊炭。"三字音近義通,故同源。

螒 hàn 侯旰切,音汗,去,翰韻,匣。元部。

昆蟲名。即天雞,又名莎雞。俗呼紡織娘。爾雅釋蟲:"螒,天雞。"郭璞注:"小蟲,黑身,赤頭。一名莎雞,又曰樗雞。"王國維爾雅草木蟲魚鳥獸名例釋:"案,螒、鶾即易'翰音登於天'之翰,謂其鳴長也。翰音之物,以雞爲最著,故又謂之天雞也。"

按,説文無螒字。

蠹 dù 當故切,音妬,去,暮韻,端。鐸部。

同"蠹"。蛀蟲。説文蚰部:"蠹,木中蟲。从蚰,槖聲。螙,蠹或从木。"廣韻:"蠹,食木蟲也。螙,古文。"三國蜀諸葛亮便宜十六策治軍第九:"是以有文事必有武備,故含血之～,必有爪牙之用。"清黄景仁十月一日獨遊卧佛寺詩:"遺文銷白～,留骨待青山。"

螃 páng 步光切,平,唐韻,並。

後起字。〔螃蟹(蠏)〕蟹的俗稱。廣韻:

"螃,螃蟹。本只名蟹,俗加螃字。"唐元稹江邊詩:"池清漉螃蠏,瓜藁拾蝦蟊。"南唐書嚴續傳:"聽用多非其人,不能稱職,或作螃蟹賦以譏切之。"清翟灝通俗編禽魚:"周禮梓人疏:蟹謂之螃蟹,以其側行者也。按語義當正作'旁',今字從蟲,疑是後人率加。"

[備考]bàng(補曠切)。動物名。集韻宕韻:"螃,蟲名,如蝦蟇,陸居,可食。"

螗 táng 徒郎切,平,唐韻,定。陽部。

㊀蟬屬,形體較小。又名蝘。詩大雅蕩:"如蜩如~,如沸如羹。"毛傳:"螗,蝘也。"又名螗蜩、螗蛦、螗蜣,俗稱胡蟬。〔螗蜩〕〔螗蛦〕〔螗蜣〕雙聲聯緜字。即螗。皆方言之音變,本同源。爾雅釋蟲"螗蜩"郭璞注:"夏小正傳曰:'螗蜩者蝘。'俗呼爲胡蟬,江南謂之螗蜣。"方言卷一一:"蟬,楚謂之蜩,宋衛之間謂之螗蜩。"郭璞注:"今胡蟬也。似蟬而小,鳴聲清亮,江南呼螗蛦。"清杭世駿續方言卷下:"螗,一名蝘虭,青徐人謂之蝶蜣,三輔以西爲蜩,梁宋以東謂蜩爲蝘,俗呼爲胡蟬,江南謂之螗蛦。"㊁〔螗蜋〕叠韻聯緜字。通"螳蜋"、"蟷蠰"。蟲名。文選三國魏陳琳爲袁紹檄豫州:"欲以螗蜋之斧,禦隆車之隧。"亦省稱"螗"。唐柳宗元平淮夷雅:"哀兇鞠頑,鋒蝟斧~。"宋潘緯注:"螗,蟲也。後漢史作'螳'。"宋梅堯臣聚蚊:"蛛網徒爾施,~斧詎能磔。"

[同源字]蜩,螗,蟬。見"蜩"字條。

按,説文無螗字。

螟 míng 莫經切,平,青韻,明。耕部。

㊀螟蛾的幼蟲,蛀食禾心的害蟲。説文:"螟,蟲食穀葉者。"詩小雅大田:"去其~螣,及其蟊賊,無害我田穉。"毛傳:"食心曰螟。"吕氏春秋任地:"大草不生,又無~蜮。"高誘注:"食心曰螟,食葉曰蜮。"㊁〔螟蛉(蠕)〕叠韻聯緜字。蟲名。詩小雅小宛:"螟蛉有子,蜾蠃負之。"毛傳:"螟蛉,桑蟲也。"法言學行:"~蠕之子殪而逢蜾蠃,祝之曰類我類我,久則肖之矣。"蜾蠃常捕食螟蛉喂其幼蟲,古人誤以爲蜾蠃養螟蛉爲己子。後遂以螟蛉爲養子的代稱。舊唐書昭宗紀:"太原李克用上章言王重榮有功於國,其子珂宜承襲,請賜節鉞。邠州王行瑜、鳳翔李茂貞、華州韓建各上章,言珂螟蛉,不宜纘襲。"㊂〔螟蜓〕叠韻聯緜字。傳説中的鬼神名。古文苑黄香九宮賦:"槁律屈而却梁黨,仆巷溏而觸螟蜓。"宋章樵注:"皆鬼神名。"㊃〔蟭螟〕古代傳説中的一種小蟲。參見"蟭"字條。

蠊 lián 集韻離鹽切,音廉,平,鹽韻,來。談部。

介蟲名。蛤屬。説文:"蠊,海蟲也。長寸而白,可食。"晉書隱逸傳夏統:"或至海邊,拘~、蠘以資養。"何超音義引字林曰:"蠊,海蟲,長一寸,可食。"廣韻作"蠊"。

[備考]蛇名。類篇虫部:"蠊,蛇名。"

螆 cì 七吏切,去,志韻,清。

〔螆蛦〕叠韻聯緜字。一種大龜。全唐詩八〇一光威裒聯句:"偏憐愛數螆蛦掌,每憶光抽玳瑁簪。"按,"螆蛦",本作"蠀蠵",屬支部叠韻,盛唐以後支脂之合流,故可作"螆(之韻)蛦(脂韻)"或"蠐(脂韻)蛦"。

螠 yì 於賜切,去,寘韻,影。

後起字。〔螠女〕蟲名。本作"縊女"。廣韻:"螠,螠女蟲。按爾雅曰:'蜆,縊女。'郭璞云:'小黑蟲,赤頭,喜自經死,故曰縊女。'字俗從虫。"參見"縊"字條。

螞 1.mǎ 五音集韻莫下切,上,馬韻,明。

後起字。㊀〔螞蟥(蝗)〕蟲名,水蛭的一種。玉篇:"螞,蟲。"正字通:"螞,俗字。蚿名馬陸、馬蠲;蛭呼馬蟥、馬蟥,因作螞。"元楊顯之酷寒亭二折:"恰便似螞蟥釘了鷺鷥飛,寸步不教離。"清李調元南越筆記害人蟲:"螞蝗一名水蛭,池澤處處有之,入人肌肉,咂血。"㊁〔螞蟻〕本指大蟻,後亦爲蟻的通稱。水滸傳八〇回:"四下小船,如螞蟻相似,望大船邊來。"

2. mà 音嫲。

㊂〔蝺蚱〕蝗蟲的俗名。亦指蚱蜢。紅樓夢四〇回:"板兒又跑來看,說:'這是蟈蟈,這是蝺蚱。'"

螓 qín 匠鄰切,平,真韻,從。真部。

一種小蟬,方頭寬額,有紋。爾雅釋蟲:"蚻,蜻蜻。"郭璞注:"如蟬而小,方言云:'有文者謂之螓。'"詩衛風碩人:"～首蛾眉,巧笑倩兮,美目盼兮。"毛傳:"螓首,顙廣而方。"後以"螓首"形容女子美貌。南朝梁簡文帝聽早蟬詩:"莊書哂鵬翼,衛賦宜螓首。"又指女子。清姚鼐蟂磯靈澤夫人畫像詩之一:"墮維大耳紫髯兄,螓首帷中與論兵。"

蝺 1. yān 集韻於虔切,音焉,平,仙韻,影。元部。

㊀〔蝺淵〕雙聲聯緜字。傳說中的地名。山海經西山經:"崇吾之山在河之南,北望冢遂,南望畚之澤,西望帝之搏獸之丘,東望蝺淵。"郭璞注:"(蝺)音於然反。"

2. yán 有乾切,平,仙韻,喻三。

㊁〔蝺蠖〕叠韻聯緜字。蟲名。見廣韻。又爲蟲曲息的樣子。類篇:"蝺,蝺蠖,蟲曲息也。"

按,說文無蝺字。

蛗 bó 補各切,音博,入,鐸韻,幫。

〔蛗蟭〕螳螂的卵塊。廣雅釋蟲:"蛗蟭,螵蛸也。"廣韻:"蛗,蛗蟭,螗蜋卵也。"明李時珍本草綱目蟲部一螳螂桑螵蛸:"螳螂…其子房名螵蛸、蜱蛸、蛗蟭、致神。時珍曰:'村人每炙焦飼小兒,云止夜尿。則蛗蟭、致神之名,蓋取諸此。'"

按,說文無蛗字。

螈 yuán 集韻愚袁切,音原,平,元韻,疑。元部。

㊀〔螈蠶〕同"原蠶"。一年内第二次孵化的蠶,即晚蠶。淮南子泰族:"螈蠶一歲再收,非不利也,然而王法禁之者,爲其殘桑也。"㊁〔蠑螈〕動物名。參見"蠑"字條。

按,說文無螈字。

螖 huá 户八切,音滑,入,黠韻,匣。物部。

〔螖蠌〕海邊寄居的一種似蟹的小蟲。爾雅釋魚:"螖蠌,小者蟧。"郭璞注:"螺屬。見埤蒼。或曰:即彭螖也,似蟹而小。"詩中亦單用"螖"字。唐韓愈征蜀聯句:"巖鉤踔狙猿,水漉雜鱣～。"唐司空圖偶題詩之三:"永日無人新睡覺,小窗晴暖～蟲飛。""螖蟲"泛指小飛蟲。

按,說文無螖字。

螘 yǐ 魚倚切,上,紙韻,疑。微部。

㊀螞蟻。說文:"螘,蚍蜉也。"爾雅釋蟲:"蚍蜉,大螘。小者螘。"釋文:"螘,俗作蟻。"楚辭戰國宋玉招魂:"赤～若象,玄蠭若壺些。"清姚鼐冬至大風雪詩:"閉將同蟄～,臥欲作僵蠶。"㊁酒面浮起的泡沫。亦指稱酒。唐白居易問劉十九詩:"綠～新醅酒,紅泥小火爐。"宋司馬光送稻醴與子才詩:"～浮杯面白,味撇甕頭醇。"

〔辨〕蟻,螘,蛾。見"蛾"字條

螇 1. xī 胡鷄切,音奚,平,齊韻,匣。支部。

㊀〔螇鹿(螰)〕蟬的一種。說文:"螇,螇鹿,蛁蟟也。"爾雅釋蟲:"蜓蚞,螇螰。"郭璞注:"即蝭蟧也。一名蟪蛄,齊人呼螇螰。"宋梅堯臣依韻吴冲卿秋蟲:"繁鳴雜螇螰,感愴情不皇。"亦單用。鹽鐵論散不足:"諸生獨不見季夏之～乎? 音聲入耳,秋風至而聲無。"

2. qī 苦奚切,平,齊韻,溪。支部。

㊁〔螇蚸〕〔螇螃〕準叠韻聯緜字。蝗的一種。爾雅釋蟲:"蟿螽,螇蚸。"郭璞注:"今俗呼似蚱蜢而細長、飛翅作聲者爲螇蚸。"

螉 wēng 烏紅切,平,東韻,影。東部。

㊀〔螉蠑〕叠韻聯緜字。蟲名,寄生在牛馬等家畜的皮膚肌筋間。說文:"螉,蟲,在牛馬皮者。"又:"蠑,螉蠑也。"朱駿聲說文通訓

定聲:“單評曰蝓,粂評曰蝓蠑。疊韻連語。蘇俗謂之牛蝱。”㊁〔蠮螉〕雙聲聯緜字。即細腰蜂。參見“蠮”字條。

蜿 1. guī 居追切,音龜,平,脂韻,見。微部。

㊀蟲蛹。説文:“蜿,蛹也。”王筠句讀:“吾鄉諺語,凡草木蟲之有繭自裹者,皆謂之蛹;無繭者皆謂之蜿,如蜻蜓在水中未蜕時,及蟬之爲復育時,皆名之。”爾雅釋蟲:“蜿,蛹。”郝懿行義疏:“埤雅引孫炎正義:‘蜿即是雄,蛹即是雌。’”

2. huì 胡對切,去,隊韻,匣。

㊁通“虺(huǐ)”。毒蛇。顔氏家訓勉學:“吾初讀莊子‘蜿二首’,韓非子曰:‘蟲有蜿者,一身兩口,争食相齕,遂相殺也。’茫然不識此字何音…後見古今字詁。此亦古之虺字,積年凝滯,豁然霧解。”(今本莊子無,韓非子作虺。)唐柳宗元天對:“～鬐已毒,不以外肆。”

螅 xī 音蟋。

後起字。〔螅蟀〕同“蟋蟀”。蟲名。逸周書時訓:“小暑之日,温風至,又五日,螅蟀居辟(壁)。”按,蟋本屬質部,而息及從息聲的字屬職部。由於入聲韻尾的變化,故能以螅代蟋。

螄 shī 疏夷切,平,脂韻,審二。

後起字。〔螺螄〕貝屬,可食。也稱“螄螺”。廣韻:“螄,螄螺。”也單用“螄”。唐段成式酉陽雜俎酒食:“寒貝、小～、熟蜆。”宋梅堯臣前日詩:“秋風淮陰來,沙暖拾蚌～。”

螕 1. bì 邊兮切,平,齊韻,幫。今讀如庇。脂部。

㊀寄生在牲畜身上的一種吸血昆蟲。説文:“螕,齧牛蟲也。”王筠句讀:“玉篇:‘螕,牛蝨也。’元應曰:‘今牛、馬、雞、狗,皆有螕也。’通俗文:‘狗蝨曰螕。’”朱駿聲説文通訓定聲:“今蘇俗謂之狗鼈。”

2. pí 集韻頻脂切,音琵,平,脂韻,並。脂部。

㊁〔螕蠹〕雙聲聯緜字。通“蚍蜉”。大螞蟻,有翼。漢書五行志中之下:“劉歆以爲蝝,螕蠹之有翼者,食穀爲災,黑眚也。”顔師古注引孟康曰:“螕蠹,音蚍蜉。”

螔 1. yí 弋支切,平,支韻,喻四。支部。

㊀〔螔蝓〕雙聲聯緜字。蟲名,即蝸牛。爾雅釋魚:“蚹蠃,螔蝓。”郭璞注:“即蝸牛也。”周禮天官鼈人:“祭祀共蠯蚳,以授醢人。”鄭玄注:“蠃,螔蝓。”孫詒讓正義:“案,今語以水生者爲蠃,陸生者爲蝸牛,古人蓋無此分别。”宋秦觀寄題倪敦復北軒詩:“簷度蕙風鳴搗鵠,壁經梅雨畫螔蝓。”

2. sī 息移切,音斯,平,支韻,心。支部。

㊁〔螔蝂〕蜥蜴一類爬行動物名,即守宫。方言卷八:“守宫…東齊海岱謂之螔蝂。”郭璞注:“似蜇易大而有鱗,今所在通言蛇醫耳。”

按,説文無螔字。

螣 1. téng 徒登切,音騰,平,登韻,定。蒸部。

㊀〔螣蛇〕傳説中一種能飛的神蛇。説文:“螣,神蛇也。”爾雅釋魚:“螣,螣蛇。”郭璞注:“龍類也,能興雲霧而遊其中。”荀子勸學:“螣蛇無足而飛,梧鼠五技而窮。”後漢書張衡傳:“玄武縮於殼中兮,螣蛇蜿而自糾。”

2. tè 徒得切,音特,入,德韻,定。職部。

㊁通“蟘”。食禾的害蟲。詩小雅大田:“去其螟～,及其蟊賊,無害我田穉。”毛傳:“食心曰螟,食葉曰螣。”〔百螣〕指各種食農作物的害蟲。吕氏春秋仲夏:“行春令,則五穀晚熟,百螣時起。”金元好問雁門道中書所見詩:“食禾有百螣,擇肉非一虎。”

螌 1. bān 布還切,音班,平,删韻,幫。元部。

㊀〔螌蝥〕一種危害瓜豆、花生的昆蟲。説文:“螌,螌蝥,毒蟲也。”唐元稹春六十韻:“池清漉螃蟹,瓜蠹食螌蝥。”也作“斑蝥”。明李時珍本草綱目蟲部斑蝥:“斑蝥蟲。時珍

曰:斑言其色,螫刺言其毒,如矛刺也。亦作盤螫。”

2. pán 集韻蒲官切,音盤,平,桓韻,並。

㊁〔負盤〕雙聲聯緜字。蟲名。即臭蟲。集韻:“盤,負盤,臭蟲。通作‘盤’。”

蟟 lüè 離灼切,入,藥韻,來。鐸部。

〔蠷蟟〕準叠韻聯緜字。蜉蝣别名。參見“蠷”字條。

十一畫

䗪 zhè 之夜切,音蔗,去,禡韻,照三。鐸部。

䗪蟲。即地鱉,又名土鱉。周禮秋官赤犮氏“凡隙屋,除其貍蟲”鄭玄注:“貍蟲,～肌蛷之屬。”明方以智物理小識醫藥類:“被杖…則白蠟一兩,～蟲一枚,酒服亦妙。”

按,説文䗪作蟅。

蟅 zhè 之夜切,音蔗,去,禡韻,照三。鐸部。

㊀同“䗪”。䗪蟲。廣韻:“䗪,蟜蝜,蟲名,亦作蟅。”廣雅釋蟲:“負蠜,蟅也。”王念孫疏證:“本草云:‘鼠婦,一名負蟠,一名蛜蝛。’又云:‘䗪蟲,一名地鼈。’蘇恭注云:‘此物好生鼠壤土中及屋壁下。狀似鼠婦而大者寸餘,形小似鼈,無甲,但有鱗也。’然則䗪蟲與鼠婦,一種而小異。”㊁〔蟅蟒〕蟲名。即蚱蜢。説文:“蟅,蟲也。”方言卷一一:“蟒,…南楚之外謂之蟅蟒。”郭璞注:“(蟒)即蝗也。”又:“蟅,音近詐,亦呼虴蛨。”章炳麟新方言釋動物:“説文:‘蝗,螽也。’今通言謂之蝗,或謂之蛨虴,或謂之虴蜢,方言作蟅蟒。”

[同源字]蟅,虴,蚱。都是指同一蟲,即蚱蜢。三字同爲鐸部,聲母照三、端、照二鄰紐,可能是方言的音變,本同源。又蟅蟒和虴蜢、虴蛨也是不同方言的同源詞。玉篇虫部:“虴,虴蛨,蟅蟒也。”説文新附:“虴蜢,草上蟲也。”廣韻梗韻:“蜢,虴蜢蟲。”

蟄 zhé 直立切,入,緝韻,澄。緝部。

㊀動物冬眠,藏伏起來不食不動。説文:“蟄,藏也。”易繫辭下:“龍蛇之～,以存身也。”三國吴虞翻注:“蟄,潛藏也。”莊子天運:“～蟲始作,吾驚之以雷霆。”又指冬眠的動物。文選漢張衡東京賦:“既春遊以發生,啓諸～於潛户。”宋王禹偁春居雜興詩:“一夜春雷百～空,山家籬落起蛇蟲。”比喻人隱居,不出頭露面。南朝梁劉勰文心雕龍指瑕:“武帝誄云:尊靈永～。”宋辛棄疾水調歌頭又和趙景明知縣韻:“但放平山丘壑,莫管旁人嘲罵,深～要驚雷。”㊁〔蟄蟄〕衆多的樣子。詩周南螽斯:“螽斯羽,揖揖兮,宜爾子孫,蟄蟄兮。”朱熹集傳:“蟄蟄,亦多意。”唐李賀感諷詩之五:“侵衣野竹香,蟄蟄垂葉厚。”

蠷 qú 强魚切,音渠,平,魚韻,羣。魚部。

〔蠷蟟〕準叠韻聯緜字。蜉蝣的别名。説文䖵部:“蠷,蠷蟟也。”又虫部:“蟟,蠷蟟也。一曰浮游,朝生莫死者。”宋王禹偁酬種放徵君詩:“下視塵世人,營營似蠷蟟。”

螫 shì 施隻切,音釋,入,昔韻,審三。鐸部。

㊀毒蟲或毒蛇刺咬。説文:“螫,蟲行毒也。”詩周頌小毖:“莫予荓蜂,自求辛～。”史記淮陰侯列傳:“猛虎之猶豫,不若蜂蠆之致～。”引申爲毒害、危害。韓非子用人:“有刑法而死,無～毒,故姦人服。”宋王安石京東提點刑獄陸君墓誌銘:“智高～邊,吏不時搏。君書驛上,焯有方略。”宋陸游送曾學士赴行在詩:“向來酷吏横,至今有遺～。”又爲惱怒,即因惱怒而加害。史記魏其武安侯列傳:“有如兩宫～將軍,則妻子毋類矣。”裴駰集解引張晏曰:“螫,怒也。毒蟲怒必螫人。”㊁蝎的前螫。唐段成式酉陽雜俎蟲篇:“蝎前謂之～,後謂之蠆。”

蟊 1. máo 莫浮切,平,尤韻,明。侯部。

㊀〔蠿蟊〕蜘蛛的一種。説文䖵部:“蟊,蠿蟊也。”又:“蠿,蠿蟊,作網蛛蟊也。”段玉裁注:“此(蟊)字與蟲部‘食艸根者’絶異。”㊁一種食苗根的害蟲。爾雅釋蟲:“食苗心,螟;食

葉，蟦；食節，賊；食根，蟊。”詩小雅大田：“去其螟螣，及其～賊。”毛傳：“食根曰蟊，食節曰賊。”“蟊賊”又常用以比喻危害國家或人民的人。詩大雅召旻：“天降罪罟，蟊賊内訌。”後漢書岑彭傳：“我有蟊賊，岑君遏之。”李賢注：“蟊賊，食禾稼蟲名，以喻姦吏侵漁也。”㊂〔蟊蠿〕一種小蟬。楚辭漢王逸九思怨上：“螻蛄兮鳴東，蟊蠿兮號西。”參見“蠿”字條。

2. méng 集韻謨蓬切，音蒙，平，東韻，明。東部。

㊃古代占卜時的一種龜兆。集韻：“蟊，龜兆氣不澤也。”周禮春官太卜“其經兆之體皆百有二十，其頌皆千有二百”鄭玄注引書洪範曰：“曰雨、曰濟、曰圛、曰～、曰尅。”賈公彦疏：“曰蟊者，氣不澤鬱冥也。”

𧒽 wèi 於胃切，音畏，去，未韻，影。微部。

白蟻的别稱。也稱飛蟻。爾雅釋蟲：“𧒽，飛螘。”釋文作“𧒽”。爾雅翼釋蟲四：“𧒽，飛螘。螘之有翅者，蓋柱中白螘之所化也。”

按，説文無𧒽字。

𧒿 wén 無分切，音文，平，文韻，微。文部。

同“蚊”。蟲名。説文䖵部：“𧒿，齧人飛蟲也。”淮南子主術：“夫權輕重不差～首，扶撥枉橈不失鍼鋒…是任術而釋人心者也。”漢書中山靖王傳：“夫衆煦漂山，聚～成靁。朋黨執虎，十夫橈椎。”顏師古注：“𧒿，古蚊字。”

𧓉 chén 集韻池鄰切，平，真韻，澄。真部。

〔𧓉螴〕準雙聲叠韻聯緜字。怵惕不安的樣子。集韻：“𧓉，𧓉螴，不安定皃。”莊子外物：“有甚憂兩陷而無所逃，𧓉螴不得成，心若縣於天地之間。”成玄英疏：“𧓉螴，猶怵惕也。”釋文引司馬彪云：“𧓉螴，讀曰忡融，言怖畏之氣，忡融兩溢，不安定也。”

〔備考〕蟲行貌。集韻準韻：“𧓉，𧓉螴，蟲行。”

按，説文無𧓉字。

螾 yǐn 余忍切，音引，上，軫韻，喻四。真部。

㊀同“蚓”。蚯蚓。説文：“螾，側行者。从虫，寅聲。蚓，螾或从引。”荀子勸學：“～無爪牙之利，筋骨之强，上食埃土，下飲黄泉，用心一也。”楊倞注：“螾，與蚓同，蚯蚓也。”唐柳宗元答吴武陵論非國語書：“僕無聞而甚陋，又在黜辱，居泥塗若～蛭然。”㊁蠕動的樣子。淮南子天文：“指寅，則萬物～。”高誘注：“螾，動生貌。”史記律書：“寅，言萬物始生～然也，故曰寅。”㊂〔螾衘（衍、蜑）〕雙聲聯緜字。即蚰蜒。爾雅釋蟲：“螾衘，入耳。”郭璞注：“蚰蜒。”周禮考工記梓人“卻行”鄭玄注：“卻行，螾衍之屬。”方言卷一一：“蚰蜑，自關而東謂之螾蜑，或謂之入耳。”

蛭 1. zhì 陟栗切，入，質韻，知。質部。

㊀〔螻蛭〕即螻蛄。參見“螻”字條。

2. dié 集韻丁結切，入，屑韻，端。

㊁〔蛭蟷〕雙聲聯緜字。一種小蜘蛛，又叫“土蜘蛛”、“顛當蟲”。爾雅釋蟲：“王蛈蝪。”郭璞注：“即蛭蟷，似鼅鼄，在穴中，有蓋。今河北人呼蛈蝪。”鬼谷子内揵：“若蛈母之從其子也。”

按，説文無蛭字。

蟑 zhāng 音章。

晚起字。〔蟑螂〕叠韻聯緜字。害蟲名。蜚蠊的俗稱。常在夜間出來偷吃食物，能傳染疾病。也作“蟑螂”。

螭 chī 丑知切，音痴，平，支韻，徹。歌部。

㊀古代傳説中一種無角的龍。説文：“螭，若龍而黄，北方謂之地螻。…或云無角曰螭。”楚辭戰國屈原九歌河伯：“乘水車兮荷蓋，駕兩龍兮驂～。”王逸注：“言河伯以水爲車，驂駕螭龍而戲遊也。”後漢書張衡傳：“伏靈龜以負坻兮，亘～龍之飛梁。”李賢注引廣雅曰：“無角曰螭龍也。”唐柳宗元訴螭文：“零陵城西有～，室于江。”㊁通“魑”。〔螭魅〕傳説中山林裏害人的神怪。左傳宣公三年：

"螭魅罔兩,莫能逢之。"杜預注:"螭,山神;獸形。魅,怪物。"又文公十八年:"投諸四裔,以禦螭魅。"杜預注:"螭魅,山林異氣所生,爲人害者。"晉陸機挽歌詩之二:"壽堂延螭魅,虚然自相賓。"

［備考］猛獸名。文選漢班固西都賦:"挾師豹,拖熊～。"李善注引歐陽尚書説曰:"螭,猛獸也。"

螰 lù 盧谷切,入,屋韻,來。屋部。

〔螇螰〕蟬的一種。參見"螇"字條。按,説文作螇鹿。爾雅釋蟲則作螇螰。

蟀 shuài 所律切,入,質韻,審二。物部。

〔蟋蟀〕準雙聲聯緜字。昆蟲名。參見"蟋"字條。偶而省稱爲"蟀"。南朝陳徐陵司空徐州刺史侯安都德政碑:"秋～載吟,竟鳴機杼。"

按,説文蟀作䘁。

螏 jī 資昔切,音積,入,昔韻,精。錫部。

小貝名。狹長形。爾雅釋魚:"螏,小而橢。"郭璞注:"即上小貝,橢謂狹而長,此皆説貝之形容。"

按,説文無螏字。

螬 cáo 昨勞切,平,豪韻,從。幽部。

〔蠐螬〕雙聲聯緜字。金龜子的幼蟲。俗稱"地蠶",是一種害蟲。也單用"螬"。孟子滕文公下:"井上有李,～食實者過半矣。"清蒲松齡聊齋誌異青娥:"以背着石,～行而入。"何垠注:"螬,蠐螬也。"參見"蠐"字條。

［同源字］螬,蝤。二字同屬從母幽部,只有一、三等韻的不同。螬即蠐螬,金龜子的幼蟲,蝤即蝤蠐,天牛的幼蟲。二者都是害蟲,音、義相近,故同源。

按,説文螬作𧏮或𧒎。

螵 piāo 撫招切,集韻紕招切,平,宵韻,滂。宵部。

〔螵蛸〕疊韻聯緜字。①螳螂的卵塊,可入藥。玉篇:"螵,螵蛸,螳蜋子也。"禮記月令"(仲夏之月)小暑至,螳蜋生"鄭玄注:"螳蜋,螵蛸母也。"魏書陸俟傳:"子彰崇好道術,曾嬰重疾,藥中須桑螵蛸。子彰不忍害物,遂不服焉。"②烏賊魚。爾雅翼釋蟲二:"海中有烏賊魚,背如樗蒱形,亦有螵蛸之名。"又指烏賊魚骨。明李時珍本草綱目鱗部二烏賊魚:"烏賊魚,時珍曰:骨名螵蛸。"

按,説文無螵字。

蟒 1. mǎng 模朗切,上,蕩韻,明。陽部。

㊀蟒蛇,一種無毒的大蛇。爾雅釋魚:"蟒,王蛇。"郭璞注:"蟒,蛇最大者,故曰王蛇。"晉書郭璞傳:"蚓蛾以不才陸槁,～蛇以騰鶩暴鱗。"唐白居易送客春遊嶺南詩:"雲烟～蛇氣,刀劍鰐魚鱗。"㊁蟒袍的簡稱。明、清時官員的禮服。明余繼登典故紀聞卷一六:"内閣舊無賜～者。弘治十六年特賜大學士劉健、李東陽、謝遷大紅蟒衣各襲,賜～自此始。"

2. měng 集韻母梗切,音猛,上,梗韻,明。陽部。

㊂通"蜢"。蟲名。蚱蜢。方言卷一一:"蟒,宋、魏之間謂之蚮,南楚之外謂之蟅蟒。或謂之蟒。"

按,説文無蟒字。

蟆 1. má 莫霞切,平,麻韻,明。魚部。

㊀〔蝦(蛤)蟆〕叠韻聯緜字。青蛙與蟾蜍的統稱。説文:"蟆,蝦蟆也。"也單用。唐韓愈月蝕詩效玉川子作:"臣有一寸刃,可刳凶～腸。"宋蘇軾蝦蟆培詩:"～背似覆盂,～頤如偃月,謂是月中～,開口吐月液。"亦作"蟇"或"蟔"。

2. mò 古今韻會舉要末各切,音莫。

㊁蟲名。蚊類。唐元稹蟲豸詩蟆子序:"～,蚊類也。其實黑而小,不礙紗縠,夜伏而晝飛,聞柏煙與麝香輒去。"

螼 qǐn 弃忍切,上,準韻,溪。文部。

蚯蚓的别稱。説文:"螼,螾也。"朱駿聲説文通訓定聲屯部:"按,螼即蚯蚓之合音。"明李時珍本草綱目蟲四蚯蚓:"爾雅謂之～螾,巴人謂之朐䏰。皆方音之轉也。"

蝃 1. dì 都計切,音帝,去,霽韻,端。月部。

㊀〔蝃蝀〕雙聲聯緜字。同"蝃蝀"。虹的别稱。説文:"蝃,蝃蝀,虹也。"爾雅釋天:"蝃蝀謂之雩。蝃蝀,虹也。"郭璞注:"俗名爲美人虹,江東呼雩。"晉書夏統傳:"蝃蝀之氣見,君子尚不敢指。"唐李白古風之二:"蝃蝀入紫微,大明夷朝暉。"也借指橋。前蜀貫休夜對雪寄杜使君詩:"橋高銀蝃蝀,峯峻玉浮圖。"元喬吉水仙子吴江垂虹橋曲:"飛來千丈玉蜈蚣,横駕三天白蝃蝀。"也作"蝃蝀"。

2. dài 集韻當蓋切,音帶,去,泰韻,端。月部。

㊁蟲名。蜂子。漢揚雄太玄堅:"小蠭營營,～其翊翊,…翊大～小。"王涯注:"蝃,蠭子也;翊,其房也。"

蟉 1. liú 力幽切,音流,平,幽韻,來。幽部。

㊀〔蟉蟉〕叠韻聯緜字。蟲名。説文:"蟉,蟉蟉也。"又龍行屈曲的樣子。參見"蟉"字條。㊁〔蟉虯〕叠韻聯緜字。屈曲盤繞的樣子。楚辭戰國屈原遠遊:"玄螭蟲象並出進兮,形蟉虯而逶迤。"洪興祖補注:"蟉虯,盤曲貌。"也作"蟉虬"。文選漢王延壽魯靈光殿賦:"朱鳥舒翼以峙衡,騰虵蟉虬而遶榱。"

2. liào 集韻力弔切,音廖,去,嘯韻,來。幽部。

㊂〔蜩蟉〕叠韻聯緜字。龍掉頭貌。參見"蜩"字條。

螳 táng 徒郎切,平,唐韻,定。陽部。

〔螳蜋(螂)〕叠韻聯緜字。昆蟲名。莊子人間世:"汝不知夫螳蜋乎?怒其臂以當車轍,不知其不勝任也。"楚辭漢王逸九思哀歲:"巷有兮蚰蜒,邑多兮螳螂。"也作"螗蜋(螂)"。參見"螗"字條。

按,説文無螳字,新附有之。

蝘 wàn 無販切,音萬,去,願韻,微。元部。

㊀〔蝘蜒〕叠韻聯緜字。傳説中的巨獸。文選漢司馬相如子虚賦:"其下則有白虎玄豹,蝘蜒貙犴。"李善注引郭璞曰:"蝘蜒,大獸,似貍,長百尋。"㊁桑蟲,即螟蛉。爾雅釋蟲:"螟蛉,桑蟲。"詩小雅小宛"螟蛉有子,蜾蠃負之"釋文:"俗謂之桑蝘,一名戎女。"㊂通"曼"。長。宋洪适隸釋漢司隸校尉楊君石門頌:"虵蛭～毒。"王念孫讀書雜志漢隸拾遺:"蝘與曼通。魯頌閟宫傳云,曼,長也。虵蛭毒～,言毒長也。"

按,説文無蝘字。

螻 lóu 落侯切,平,侯韻,來。侯部。

㊀螻蛄,亦名天螻,土狗。説文:"螻,螻蛄也。一曰螌(蝥),天螻。"莊子列禦寇:"在上爲烏鳶食,在下爲～蟻食,奪彼與此,何其偏也。"吕氏春秋應同:"黄帝之時,天先見大螾、大～。"高誘注:"螻,螻蛄。"又用作動詞,謂爲螻蟻蛀蝕。吕氏春秋盡數:"流水不腐,户樞不～。"㊁一種馬病,謂肉有臭味。周禮天官内饔:"馬黑脊而般臂,～。"鄭玄注引鄭司農云:"螻,螻蛄臭也。"列子周穆王:"王之厨饌,腥～而不可饗。"㊂〔螻蟈〕蛤蟆。禮記月令孟夏之月:"螻蟈鳴,蚯蚓出。"鄭玄注:"螻蟈,蛙也"。

螺 luó 落戈切,平,戈韻,來。歌部。

㊀螺螄,田螺、海螺等。論衡偶會:"月毁於天,～消於淵。"晉陶潛搜神後記卷五:"後於邑下得一大～,如三升壺。"唐柳宗元愚溪對:"蒸鬱之與曹,～蚌之與居。"㊁螺杯(用螺殼做的酒器)的省稱。北周庾信園庭:"香～酌美酒,枯蚌藉蘭殽。"倪璠注引西京雜記曰:"趙飛燕爲皇后,其女弟上襚,有香～巵,出南海,一名丹～。"又引王子年拾遺記曰:"漢武帝思懷李夫人,侍者覺帝容慚怨,乃進洪梁之酒,酌以文～之巵。巵出波祇之國。"㊂螺髻

的省稱。晉崔豹古今注魚蟲:“童子結髮,亦爲螺髻,亦謂其形似螺殼。”宋侯真浣溪沙三衢陳簽上作詞:“雙綰香～春意淺,緩歌金縷楚雲留。”也借指螺髻似的青山。宋韓琦北塘春雨詩:“晴來西北憑欄望,拂黛遥峯濯萬～。”宋陸游初夏郊行詩:“破雲山踴千～翠,經雨波涵一鏡秋。”❹螺黛的省稱。古代婦女用來畫眉的一種青黑色礦物顔料,本稱“螺子黛”。元陳旅自畫眉圖詩:“隋家宫妓埽長蛾,銷盡波斯萬斛～。”❺法螺(一種用螺殼做的樂器)的省稱。南史夷貊傳上林邑國:“出則乘象,吹～擊鼓。”❻螺旋形的指紋。宋蘇軾前怪石供:“石似玉者…多紅黄白色,其文如人指之～,精明可愛。”❼螺子墨的省稱。晉陸雲與平原書:“曹公藏石墨數十萬斤,…今送二～。”唐段公路北户録米䴹:“前朝短書雜説,即有呼…墨爲～、爲量、爲丸、爲枚。”

[同源字]蠃,螺,腡。見“蠃”字條。

按,説文無螺字。

蟈

1. guō 古獲切,入,麥韻,見。職部。

❶蛤蟆。廣韻:“蟈,螻蟈,蛙别名。”周禮秋官:“～氏,掌去鼃黽。”鄭玄注:“齊魯之間謂鼃爲蟈。”淮南子時則:“螻～鳴,丘螾出。”高誘注:“蟈,蝦蟇也。”❷〔蟈蟈〕昆蟲名。清顧禄清嘉録九:“秋深,籠養蟈蟈,俗呼爲‘叫哥哥’,聽鳴聲爲玩,藏懷中,或飼以丹砂,則過冬不僵。籠刳乾葫蘆爲之,金鑲玉蓋,彫刻精緻。”

2. yù 集韻越逼切,入,職韻,喻三。職部。

❸通“蜮”。傳説中一種害人的動物。説文:“蜮,短狐也。似鼈,三足,以氣鉃害人。蟈,蜮或从國。”

蟋

xī 息七切,入,質韻,心。質部。

〔蟋蟀〕準雙聲聯緜字。昆蟲名。爾雅釋蟲:“蟋蟀,蛬。”郭璞注:“今促織也,亦名蜻蛚。”詩唐風蟋蟀:“蟋蟀在堂,歲聿其莫。”又豳風七月:“十月蟋蟀入我牀下。”

按,説文無蟋字,新附有之。

蟂

xiāo (舊讀 jiāo) 古堯切,音梟,平,蕭韻,見。宵部。

傳説中的一種水中動物。廣韻:“蟂,水蟲。似蛇,四足,能害人也。”清盧若騰島居隨録物交:“陸褈云:蟂音梟,即蛟也,或曰蜃也。”漢書賈誼傳:“偭～獺以隱處兮,夫豈從蝦與蛭螾?”顔師古注引應劭曰:“蟂獺,水蟲,害魚者也。”

按,説文無蟂字。

螿

jiāng 即良切,平,陽韻,精。陽部。

寒螿,也稱寒蟬、寒蜩或蜺。爾雅釋蟲:“蜺,寒蜩。”郭璞注:“寒螿也。似蟬而小,青赤。”淮南子説林:“狐死首丘,寒～翔水。”(一本作“寒將”,高誘注爲水鳥。)南朝陳徐陵中婦織流黄詩:“數鑷經無亂,新～緯易牽。”唐元稹夜池詩:“滿池明月思啼～,高屋無人風張幕。”

按,説文無螿字。

螸

yú 羊朱切,音瑜,平,虞韻,喻四。侯部。

腹部膏腴下垂。説文:“螸,螽醜螸,垂腴也。”段玉裁注:“腴者,腹下肥也。螽之類皆垂其腴矣。”王筠句讀:“螽與蜂皆然。”清史震林西青散記卷一:“～然垂腴而伏息者,皆一蜂所呴而孳也。”

螽

zhōng 職戎切,平,東韻,照三。冬部。

蟲名。有阜螽、草螽、蜇螽、蠜螽、土螽等數種,舊説謂爲蝗類的總稱。説文:“螽,蝗也。”春秋桓公五年:“蔡人、衛人、陳人從王伐鄭。大雩,～。”杜預注:“蚣蝑之屬爲災,故書。”漢焦贛易林觀之泰:“探鷇得～,所願不喜。”〔螽斯〕蟲名。即蜇螽,亦名蚣(蜙)蝑。詩周南螽斯:“螽斯羽,詵詵兮。”毛傳:“螽斯,蚣蝑也。”也作“斯螽”。詩豳風七月:“五月斯螽動股。”

蹤

zōng 子紅切,平,東韻,精。東部。

〔蜙蜙〕疊韻聯緜字。蟲名。説文:“蜙,

蝓蠑也。"參見"蝓"字條。

𧒀 hàn 下瞰切,去,闞韻,匣。

後起字。瓜蟲。見玉篇蚰部。北魏賈思勰齊民要術種瓜:"十二月臘時祀炙萐,樹瓜田四角,去~。"原注:"胡濫反,瓜蟲謂之𧒀。"此蟲亦危害農作物。金史宣宗紀上:"(至寧四年夏四月)甲辰,有司言,扶風、郿縣有~傷麥。"

[備考]桑蟲。念 hán(胡甘切)。見廣韻談韻。

螹 1. jiàn 慈染切,上,琰韻,從。談部。

㊀[螹離]魚名。說文:"螹,螹離也。"史記司馬相如列傳:"於是乎蛟龍赤螭,䱭鰽螹離。"文選、漢書均作"漸離"。

[備考]類篇虫部:"螹,螹螭,龍無角。"

2. chán 集韻鋤咸切,音讒,平,咸韻,牀二。談部。

㊁[螹胡]獸名。猿屬。史記司馬相如列傳:"螹胡豰蛫,棲息乎其間。"裴駰集解引徐廣曰:"螹,音在廉反,似猨黑身。"司馬貞索隱引張揖曰:"獑胡,似獮猴,頭上有髦,腰以後黑。"漢書司馬相如傳上、文選漢司馬相如上林賦均作"獑胡"。

十二畫

蟚 péng 薄庚切,平,庚韻,並。

[蟚蜞][蟚碁]一種小蟹。晉崔豹古今注魚蟲:"蟚蜞,小蟹,生海邊泥中,食土。"也單用。唐韓愈等城南聯句:"驚魂見蛇蚓,觸嗅值蝦~。"亦作"蟛"。

按,說文無蟚字。

蟛 péng 集韻蒲庚切,平,庚韻,並。

㊀[蟛蜞(碁)]即蟚蜞,小蟹名。玉篇:"蟚,似蟹而小。蟛,同上。"㊁[蟛螁]小蟹名。晉干寶搜神記卷一三:"蟛螁,蠏也,嘗通夢於人,自稱長卿。今臨海人多以'長卿'呼之。"亦作"蟛蚏"或"蟛蛆"。唐白居易和微之春日投簡陽明洞天:"鄉味珍蟛蚏,時鮮貴鷓鴣。"

按,說文無蟛字。

蟨 jué 居月切,入,月韻,見。月部。

獸名。說文:"蟨,鼠也。一曰西方有獸,前足短,與蛩蛩巨虛比,其名謂之蟨。"爾雅釋地:"西方有比肩獸焉,與邛邛岠虛比,爲邛邛岠虛齧甘草。即有難,邛邛岠虛負而走,其名謂之蟨。"郭璞注:"今鴈門廣武縣夏屋山中有獸,形如兔而大,相負共行,土俗名之爲蟨鼠。"唐韓愈送文暢師北遊詩:"况逢舊親識,無不比鶼~。"清貝青喬將發貴陽吴氏昆季設餞飛山旅舍詩:"半載相依萬里行,~蛩心緒各分明。"

蟙 zhí 之翼切,入,職韻,照三。職部。

㊀[蟙蠌]疊韻聯緜字。蝙蝠别名。方言八:"蝙蝠……北燕謂之蟙蠌。"清史震林西青散記卷二:"屋朽長玄蟙蠌飛,竹枯久白蜻蜓立。"㊁蟹的一種。明李時珍本草綱目介部蟹:"其殼闊而多黄者名~,生南海中。其螯最鋭,斷物如芟刈也。"

按,說文無蟙字。

蟳 dūn 他昆切,集韻都昆切,平,魂韻,端。文部。

[蟳蝺]蟲名。即青蚨。漢楊孚異物志:"蟳蝺,子如蠶子,著草葉,得其子,母自飛來就之。"晉干寶搜神記一三:"南方有蟲,名蟳蝺,一名蠋蠋,又名青蚨。形似蟬而稍大,味辛美可食。生子必依草葉,大如蠶子。取其子,母即飛來,不以遠近。雖潛取其子,母必知處。"唐段成式酉陽雜俎蟲亦有類似的記述。

按,說文無蟳字。

蟮 shàn 集韻上演切,上,瑿韻,禪。

後起字。㊀[蛐蟮]即蚯蚓。也作"曲蟮"。玉篇:"蟮,曲蟮也。"宋釋普濟五燈會元一九:"問如何是清淨法身?師曰:蝦蟇曲蟮。"㊁通"蟺(鱓)"。鱔魚。老子第三十六章

“魚不可脱於淵，國有利器，不可示人”河上公注“夫蚖蟺以淵爲淺”釋文：“蟺，又本作蟮。”

蟧 1. láo 魯刀切，平，豪韻，來。宵部。

㊀小蟲名。似蟹。爾雅釋魚：“蜎蠌，小者蟧。”邢昺疏：“其小者别名蟧。”參見“蜎”字條。㊁〔蚓蟧〕叠韻聯緜字。蟲名。參見“蚓”字條。

2. liáo 落蕭切，音遼，平，蕭韻，來。宵部。

㊂通“蟟”。蚱蟬。方言卷一一：“蟬，…其大者謂之蟧。”

按，説文無蟧字。

蟯 1. náo 如招切，平，宵韻，日。今讀如撓。宵部。

㊀寄生蟲名。説文：“蟯，腹中短蟲也。”淮南子原道：“澤及蚑～。”高誘注：“蟯，微小之蟲也。”關尹子六七：“我之一身，内變～蛔，外烝蝨蚤。”唐柳宗元駡尸蟲文：“彼脩蛕恙心，短～穴胃。”

2. rào 集韻人要切，去，笑韻，日。宵部。

㊁蠕動貌。類篇虫部：“蟯，蟲動皃。”淮南子脩務：“蚑行～動之蟲，喜而合，怒而鬭，見利而就，避害而去，其情一也。”高誘注：“蟯，讀饒多之饒。”按，廣韻集韻“饒”有平聲人招切（ráo）與去聲人要切（rào）兩讀，今普通話僅保留平聲 ráo 一讀。

蟪 huì 胡桂切，去，霽韻，匣。質部。

〔蟪蛄〕蟲名。蟬的一種。莊子逍遥遊：“朝菌不知晦朔，蟪蛄不知春秋，此小年也。”成玄英疏：“蟪蛄，夏蟬也。生於麥梗，亦謂之麥節，夏生秋死，故不知春秋也。”唐李白擬古詩之八：“蟪蛄啼青松，安見此樹老？”也單用。清鈕琇觚賸秋燈詩：“女牆弔月啼寒～，露井臨風墜緑槐。”

按，説文無蟪字，新附有之。

蟦 féi 符非切，音肥，平，微韻，奉。微部。

㊀金龜子的幼蟲。又名“蠐螬”。爾雅釋蟲：“蟦，蠐螬。”郭璞注：“在糞土中。”邢昺疏：“此辨蠍在土在木之異名也。其在糞土中者名蟦蠐，又名蠐螬。”北魏賈思勰齊民要術五穀果蓏菜茹非中國物産者引風土記曰：“薑蔓生，被樹而升，紫黄色，子大如牛角，形如～。”詩衛風碩人“領如蝤蠐”孔穎達疏：“然則～蠐也、蠐螬也、蝤蠐也、蛣蝠也、桑蠹也、蝎也，一蟲而六名也。”㊁水母，即海蜇。廣韻禡韻：“蛇，水母也。一名蟦。形如羊胃，無目。以蝦爲目。”

按，説文無蟦字。

蟢 xǐ 虚里切，上，止韻，曉。

蟢子。一種小蜘蛛。玉篇：“蟢，蟢子。”正字通：“蟢，舊注音喜，蟲名。按小鼅鼄，微紅，長脚者俗呼爲喜子。本作喜，俗加虫。”三國魏曹植令禽惡鳥論：“得～者莫不訓而放之，爲利人也。”劉子新論鄙名：“今野人晝見～子者，以爲有喜樂之瑞。”唐權德輿玉臺體詩之一一：“昨夜裙帶解，今朝～子飛。”

按，説文無蟢字。

蟥 huáng 胡光切，平，唐韻，匣。陽部。

㊀〔蟠蟥〕甲蟲名。説文：“蟥，蟠蟥也。”㊁〔蛂蟥〕甲蟲名。參見“蛂”字條。㊂〔螞蟥〕蟲名。水蛭的一種。參見“螞”字條。

蟫 1. yín 餘針切，音淫，平，侵韻，喻四。侵部。

㊀蠹魚，又名白魚或衣魚。蝕書籍、衣服的蛀蟲。説文：“蟫，白魚也。”爾雅翼釋蟲一：“蟫，始則黄色，既老則身有粉，視之如銀，故曰白魚。”明李時珍本草綱目蟲三衣魚：“白魚、～魚、蛃魚、壁魚、蠹魚。白，其色也；壁，其居也；～，其狀態也；丙，其尾形也。”新唐書儒學傳中馬懷素：“是時，文籍盈漫，皆炱朽～斷，籤牓紛舛。”清唐才常論文連珠之一〇：“是以時藝斯興，螫於虺毒；羣經要怡，塵以～函。”

2. xún 集韻徐心切，音尋，平，侵韻，邪。

侵部。

㊁〔蟫蟫〕①相隨行的樣子。楚辭漢王逸九思悼亂："鹿蹊兮躖躖，貒貉兮蟫蟫。"注："蟫蟫，相隨之貌。"②蠕動的樣子。後漢書馬融傳："蝡蝡蟫蟫，充衢塞隧。"李賢注："蟫音似林反，亦動貌也。"

蠍 yuè 王伐切，入，月韻，喻三。

〔蟛蠍〕小蟹名。參見"蟛"字條。亦省稱蠍。晉書隱逸傳夏統："幼孤貧，養親以孝聞，睦於兄弟。每採梠求食，星行夜歸，或至海邊，拘蟛、～以資養。"

按，説文無蠍字。

蟴 sī 息移切，平，支韻，心。支部。

〔蛅蟴〕一種毛蟲。參見"蛅"字條。

蟨 jué 居月切，入，月韻，見。

〔蛣蟨〕雙聲聯緜字。蟲名。即孑孓。參見"蛣"字條。也省稱蟨。玉篇："蟨，井中蟲。"晉書束皙傳："羽族翔林，～蛸赴濕。"

按，蟨是後起字。説文有蟨字，指蟨鼠，獸名。與蛣蟨之蟨不同。

蟳 xún 音尋。

一種海蟹。即蝤蛑(蝥)。俗稱青蟹或梭子蟹。六書故虫部："蟳，青蟳也。敖似蟹，殼青，海濱謂之蝤蝥。"明謝肇淛五雜俎物部一："閩中蛑蝤，大者如斗，俗名曰～，其螯至強，能殺人。"元楊暹劉行首三折："他母親狠似那雙～蝎，心毒似兩頭蛇。"

按，蟳是個晚起字。不見於宋元以前的字書、韻書。正字通收有此字，注徐盈切，是方音。故不録。

蟤 zhuān 莊緣切，平，仙韻，照二。元部。

〔蜿蟤〕叠韻聯緜字。參見"蜿"字條。

蟞 1. bié 集韻蒲結切，音蹩，入，屑韻，並。月部。

㊀〔蟞蜉〕雙聲聯緜字。即蚍蜉。大螞蟻。方言卷一一"蚍蜉"郭璞注："亦呼蟞蜉。"廣雅釋蟲："蟞蜉，螘也。"

2. biē 集韻必列切，音鱉，入，薛韻，幫。月部。

㊁〔珠蟞〕傳説中的一種魚。山海經東山經："(余澤)其中多珠蟞魚，其狀如肺而四目、六足有珠，其味酸甘，食之無癘。"郭璞注："蟞音鼈。"文選晉郭璞江賦："䲔～胏躍而吐璣，文魮磬鳴以孕璆。"李善注引南越志曰："珠鼈吐珠。"㊂通"鱉(鼈)"。甲魚。集韻薛韻："鼈，説文：'甲介蟲也。'或从虫，从魚。"

按，説文無蟞字。

蟔 mò 集韻密北切，音墨，入，德韻，明。職部。

毛蟲名。即蛅蟴。爾雅釋蟲："蟔，蛅蟴。"郭璞注："蛓屬也，今青州人呼蛓爲蛅蟴。"參見"蛅"字條。

按，説文無蟔字。

蟬 1. chán 市連切，平，仙韻，禪。元部。

㊀蟲名。種類甚多。俗名"知了"。雄的腹部有發音器。説文："蟬，以旁鳴者。"荀子大略："飲而不食者，～也。"南朝陳徐陵山池應令詩："猿啼知谷晚，～咽覺山秋。"㊁一種極薄的絲綢。急就篇二："綈絡縑練素帛～。"顔師古注："蟬，謂繒之輕薄者，若蟬翼也。"㊂蟬冠，古代侍從官的冠飾。後漢書輿服志下："侍中、中常侍加黄金璫，附～爲文，貂尾爲飾，謂之'趙惠文冠'。"南朝梁陶弘景冥通記一："著朱衣赤幘，上戴～，垂纓極長。"後因以"蟬冠"指代顯貴。㊃蟬鬢的省稱。古代婦女的一種髮式。唐李賀夜來樂詩："續客下馬故客去，緑～秀黛重拂梳。"宋孫光憲浣溪沙詞："暖風遲日洗頭天，濕雲新斂未梳～。"㊄〔蟬聯〕〔蟬連〕連續不斷。玉篇："蟬，蟬連系續之言也。"文選晉左思吴都賦："布濩皋澤，蟬聯陵丘。"唐楊炯遂州長江縣孔子廟堂碑："襲五公而長驅，四代赫蟬聯之祉。"〔蟬嫣〕叠韻聯緜字。連綿不絶。漢書揚雄傳上："有周氏之蟬嫣兮，或鼻祖於汾隅。"顔師古注引應劭曰："蟬嫣，連也，言與周

氏親連也。"也作"嬋嫣"。㊅通"嬋"。〔蟬媛〕疊韻聯緜字。情思牽繞。唐陳子昂祭外姑宇文夫人文:"女也蟬媛,終天永訣。"〔蟬蜎〕即"嬋娟"。疊韻聯緜字。①姿態妍雅貌。晉左思吴都賦:"檀欒蟬蜎,玉潤碧鮮。"②飛騰貌。文選晉木華海賦:"朱燉緑煙,腰眇蟬蜎。"李善注:"腰眇蟬蜎,煙豔飛騰之貌。"㊆通"蟾"。〔蟬蜍〕準雙聲聯緜字。神話中仙女嫦娥奔月後變爲三足蟾蜍。因借指月亮。南唐李中題徐五教池亭詩:"曉香憐杜若,夜浸愛蟬蜍。"

2. shàn 洪武正韻上演切,音善。

㊇〔蜿蟬〕疊韻聯緜字。見"蜿"字條。

3. tí 集韻田黎切,平,齊韻,定。脂部。

㊈〔黏蟬〕漢代縣名。在今朝鮮境内平壤西南。漢書地理志下:"樂浪郡:黏蟬。"顔師古注引服虔曰:"蟬音堤。"

〔同源字〕蜩,螗,蟬。見"蜩"字條。

蟲 1. chóng 直弓切,平,東韻,澄。冬部。

㊀昆蟲的通稱。説文:"蟲,有足謂之蟲,無足謂之豸。"詩齊風雞鳴:"~飛薨薨,甘與子同夢。"論衡商蟲:"~之種類,衆多非一:魚肉腐臭有~,醯醬不閉有~,飯温濕有~,書卷不舒有~,衣襞不懸有~,蝸疽蛸螻蠍蝦有~。"㊁泛指一切動物(包括人在内)。集韻東韻引李陽冰曰:"裸毛羽鱗介之總稱。"大戴禮記易本命:"有羽之~三百六十,而鳳凰爲之長;有毛之~三百六十,而麒麟爲之長;有甲之~三百六十,而神龜爲之長;有鱗之~三百六十,而蛟龍爲之長;倮之~三百六十,而聖人爲之長。"用於"大蟲",專指老虎。唐李肇唐國史補上:"大~老鼠,俱爲十二相屬。"㊂指蟲災。舊唐書高宗紀下:"是歲,天下四十餘州旱及霜、~,百姓饑乏,關中尤甚。"㊃古地名。春秋邾國城邑。故址在今山東濟寧市境。左傳昭公十九年:"宋公伐邾、圍~。"杜預注:"蟲,邾邑。"又姓氏。漢代有功臣曲成圉侯~達。見漢書高惠高后文功臣表。

2. tóng 集韻徒冬切,音彤,平,冬韻,定。冬部。

㊄〔蟲蟲〕熱氣蒸人的樣子。詩大雅雲漢:"旱既大甚,蕴隆蟲蟲。"毛傳:"蕴蕴而暑,隆隆而雷,蟲蟲而熱。"爾雅作"爞爞"。爾雅釋訓:"爞爞,熏也。"邢昺疏:"爞、蟲音義同。"按,古無舌上音,"蟲",上古本讀近 tóng。宋王安石酬王濬賢良松泉二詩泉:"蟲蟲夏秋百源乾,抱甕復道愁蹣跚。"

〔辨〕虫,䖵,蟲。見"虫"字條。

⿰虫菐 1. pú 蒲沃切,入,沃韻,並。屋部。

㊀〔⿰虫菐螺〕蝸牛之類。山海經西山經:"(泑水)其中多蠃母。"郭璞注:"即⿰虫菐螺也。"按,山海經中次三經作"僕纍",郭璞注:"蝸牛也。"廣韻作"⿰虫菐蠃"。

2. pú 蒲木切,入,屋韻,並。屋部。

㊁〔⿰虫菐⿰虫束〕〔⿰虫菐⿰虫速〕疊韻聯緜字。蟲名。玉篇:"⿰虫菐,⿰虫菐⿰虫速蟲。"類篇作"⿰虫菐⿰虫束"。

按,説文無⿰虫菐字。

蟡 guǐ 過委切,上,紙韻,見。歌部。

古代傳説中的水中動物。玉篇:"蟡,形似蛇。"管子水地:"涸川之精者生於~。~者,一頭而兩身,其形若虵,其長八尺。"

按,説文蟡是逶的異體。辵部:"逶,逶迆,衺去之皃。…蟡,或从虫爲。"集韻引説文音邕危切,讀 wēi。

蟠 1. fán 附袁切,平,元韻,奉。元部。

㊀蟲名。即鼠婦。見説文。又名"伊(蛜)威(蝛)"。爾雅釋蟲:"蟠,鼠負。"郭璞注:"瓮器底蟲。"郝懿行義疏:"詩疏引陸璣疏云:伊威,一名委黍,一名鼠婦。"唐温庭筠乾𦠆子鮮于叔明:"劍南東川節度鮮于叔明好食臭蟲,時人謂之'~蟲'。"

2. pán 薄官切,平,桓韻,並。元部。

㊁盤曲,盤繞。廣雅釋詁一:"蟠,曲也。"淮南子兵略:"龍蛇~,簦笠居。"北魏酈道元水經注二〇漾水:"羊腸~道,三十六迴。"宋

蘇軾謫居三適午窗坐睡詩:"蒲團～兩膝,竹几閣雙肘。"引申爲彎曲。漢書鄒陽傳:"～木根柢,輪囷離奇。"㊂遍及,充滿。莊子刻意:"精神四達並流,無所不極,上際於天,下～於地。"成玄英疏:"夫愛養精神者,故能通達四方,並流無滯。既而下蟠薄於厚地,上際逮於玄天,四維上下,無所不極。"管子内業:"一言之解,上察於天,下極於地,～滿九州。"尹知章注:"若能解道之一言,則能察天極地,而中滿於九州。蟠,委地也。"㊃周,匝。春秋文曜鉤:"楚立唐氏以爲史官,有雲如蜺,圍軫七～。"宋均注:"蟠,猶周也。"

[同源字]蟠,盤。二字同屬並母元部,"蟠"有盤曲的意思。文選三國魏嵇康琴賦:"其山川形勢,則盤紆隱深。"李善注:"盤,曲。"故二字同源。

蟜

jiǎo 居夭切,音矯,上,小韻,見。宵部。

㊀蟲名。逸周書酆保:"信～萌莫能安宅。"朱右曾校釋:"蟜,毒蟲,有蠆。"文選漢枚乘七發:"蚑、～、螻、蟻聞之,拄喙而不能前。"吕延濟注:"蚑、蟜、螻、蟻,皆小蟲名也。"㊁傳說中的文身野人。山海經海内北經:"～,其爲人虎文,脛有脊,在窮奇東。一曰,狀如人。昆侖虚北所有。"㊂姓。通志氏族略四:"高陽氏之玄孫蟜牛之後,舜之祖也。禮記有～固,漢有逸人～慎。"〔有蟜氏〕古氏族名。國語晉語四:"昔少典娶于有蟜氏,生黄帝、炎帝。"

[備考]qiáo(巨嬌切)。蟻。廣韻宵韻:"蟜,蟗蟜,螘(蟻)也。"

蟓

1. xiàng 徐兩切,上,養韻,邪。陽部。

㊀桑蠶。爾雅釋蟲:"蟓,桑繭。"郭璞注:"食桑葉作繭者,即今蠶。"㊁〔蟓蛉〕螻蛄的别名。方言卷一一:"螻蛭謂之螻蛄,或謂之蟓蛉。"

2. yǎng 集韻以兩切,音養,上,養韻,喻四。陽部。

㊀〔蚼蟓〕蚍蜉,即大螞蟻。見"蚼"字條。

按,説文無蟓字。

蟭

jiāo 即消切,平,宵韻,精。宵部。

㊀〔蟭螟〕傳説中的一種小蟲。抱朴子外篇刺驕:"蟭螟屯蚊眉之中,而笑彌天之大鵬。"清屈大均孤竹吟:"神龍爲蟭螟,白刃莫能傷。"也作"焦螟"。㊁〔蟭蟟〕叠韻聯緜字。蟬的一種。宋沈括夢溪筆談雜志一:"蟭蟟之小而緑色者,北人謂之螓,即詩所謂'螓首蛾眉'者也。取其頂深且方也。"㊂〔螵蟭〕螳螂的卵塊。見"螵"字條。

按,説文無蟭字。

蟟

liáo 落蕭切,平,蕭韻,來。

㊀〔蛁蟟〕叠韻聯緜字。見"蛁"字條。㊁〔蟭蟟〕叠韻聯緜字。也是蟬的一種。見"蟭"字條。㊂〔蟧蟟〕蟬的别稱。見"蟧"字條。按,"蟧蟟"與"蛁蟟"、"蟭蟟"可能同指一物,只是方言的音變。

按,説文無蟟字。

蟣

1. jǐ 居狶切,上,尾韻,見。微部。

㊀蝨子的卵。説文:"蟣,蝨子也。"段玉裁注:"蝨,齧人蟲也。子,其卵也。"淮南子説林:"湯沐具而～蝨相弔,大厦成而燕雀相賀。"唐元稹捉捕行:"～蝨誰不輕,鯨鯢誰不惡。"㊁酒面上的浮沫。晉陸機七徵:"素～踊而瀺灂,滋芬溢而相徽。"晉書張載傳:"浮～星沸,飛華萍接。"

2. qí 渠希切,音祈,平,微韻,群。微部。

㊀水蛭的别稱。説文:"蟣,…一曰,齊謂蛭曰蟣。"爾雅釋魚:"蛭,蟣。"郭璞注:"今江東呼水中蛭蟲入人肉者爲蟣。"

蠁

xiǎng 許兩切,音響,上,養韻,曉。陽部。

㊀知聲蟲。見説文。即土蛹,又名地蛹。爾雅釋蟲:"國貉,蟲蠁。"邢昺疏:"此蛹蟲也,今俗呼爲蠁,一名國貉,一名蟲蠁。"郝懿行義疏:"今謂之地蛹,如蠶而大,出土中,故廣雅云:'土蛹,蠁蟲也。'蠁蟲即蟲蠁。蠁猶響也,言知聲響也。"宋孫覿次韻王子欽:"～穿萬孔

萃，蛛掛千絲擾。”㊁醯雞。酒醋上的小飛蟲。見集韻養韻。明屠隆曇花記第三齣祖師説法：“沈酣世味，渾如酒～尋酸。”㊂〔蠁曶〕雙聲聯緜字。疾速。文選漢揚雄羽獵賦：“昭光振耀，蠁曶如神。”李善注：“蠁曶，疾也。”

〔同源字〕蠁，響。二字同爲曉母陽部，蠁蟲以知聲響而得名，故同源。

蠋 cù 子六切，入，屋韻，精。今讀如蹴。覺部。

〔蝍蠋〕雙聲聯緜字。見“蝍”字條。〔蠀蠋〕雙聲聯緜字。“蝍蠋”的方言别稱。見“蠀”字條。

按，説文無蠋字。

蟘 tè 集韻敵德切，音特，入，德韻，定。職部。

食苗葉的蟲。説文：“蟘，蟲食苗葉者。…詩曰：‘去其螟～。’”今本詩經小雅大田作“螣”。爾雅釋蟲：“食苗心，螟；食葉，蟘。”唐李商隱爲河南盧尹賀上尊號表：“苗螟葉～，坐致銷亡。”

十 三 畫

蠃 1. luǒ 郎果切，音裸，上，果韻，來。歌部。

㊀〔蜾蠃〕叠韻聯緜字。見“蜾”字條。

2. luó 落戈切，音騾，平，戈韻，來。歌部。

㊁蚌屬，後作“螺”。説文：“蠃，一曰虒蝓。”朱駿聲説文通訓定聲：“虒蝓，俗字作螺。…後人别水生可食者爲螺，陸生不可食者爲蝸牛。”易説卦：“離爲～、爲蚌。”國語吳語：“其民必移就蒲～於東海之濱。”韋昭注：“蠃，蚌蛤之屬。”又指蝸牛。尚書大傳二：“鉅定～。”鄭玄注：“蠃，蝸牛也。”

〔同源字〕蠃，螺，腡。三字同音（來母歌部）。玉篇：“蠃，蚌屬。”廣韻戈韻：“螺，蚌屬。”蠃、螺均指虒蝓、蝸牛，是古今字。廣韻戈韻：“腡，手指文也。”字亦作“螺”。按，指紋如螺旋形者稱“螺（腡）”。故蠃、螺、腡是同源字。

蟿 qì 詰利切，音棄，去，至韻，溪。錫部。

〔蟿螽〕蟲名。蝗的一種。爾雅釋蟲：“蟿螽，螇蚸。”郭璞注：“今俗呼似蚣蝑而細長、飛翅作聲者爲螇蚸。”

按，説文無蟿字。

蠆 chài 丑犗切，去，夬韻，徹。月部。

㊀蟲名。蝎子一類的毒蟲。説文：“蠆，毒蟲也。”詩小雅都人士：“彼君子女，卷髮如～。”鄭箋：“蠆，螫蟲。尾末揵然，似婦人髮末曲上卷然。”左傳僖公二十二年：“君其無謂邾小，蠭～有毒，而況國乎！”三國志魏書華佗傳：“彭城夫人夜之厠，～螫其手，呻呼無賴。”比喻小人。楚辭漢王逸九思哀歲：“下堂兮見～，出門兮觸蠭。”㊁蜻蜓的幼蟲。形如蝎。淮南子説林：“水～爲蟌，孑孓爲蚉。”高誘注：“水蠆化爲蟌。蟌，青蜓也。”㊂〔蠆芥〕〔蠆介〕叠韻聯緜字。梗塞之物，喻積在心中的小小不快。文選漢張衡西京賦：“睚眦蠆芥，屍僵路隅。”李善注：“張揖子虛賦注曰：‘蔕介，刺鯁也。’蠆與蔕同，並丑介切。”清朱彝尊送周參軍在浚之官太原三十六韻：“百壺恣傾倒，寸心無蠆介。”

蟼 jǐng 居影切，音警，上，梗韻，見。耕部。

蝦蟆的一種。爾雅釋蟲：“蟼，蟆。”急就篇三章“水蟲科斗䵷蝦蟆”顏師古注：“蝦蟆一名～，大腹而短脚。”宋傅肱蟹譜孝報：“初，杭俗嗜～蟇而鄙食蟹。”

按，説文無蟼字。

蠊 lián 力鹽切，平，鹽韻，來。

晚起字。〔蜚蠊〕蟲名。俗稱蟑螂。參見“蜚”字條。

蟺 1. shàn 常演切，音善，上，獮韻，禪。元部。

㊀〔夗蟺〕〔蛩蟺〕〔蜿蟺〕叠韻聯緜字。屈曲盤旋的樣子。説文：“蟺，夗蟺也。”又爲蚯蚓别名。參見“蛩”字和“蜿”字條。㊁通“鱓

(鱔)"。鱔魚。荀子勸學:"蟹六跪而二螯,非虵～之穴無可寄託者,用心躁也。"王先謙集解:"蟺,同'鱓'。"㊂通"嬗"。蜕變,更替。文選漢賈誼鵩鳥賦:"形氣轉續兮,變化而～。"史記屈原賈生列傳、漢書賈誼傳均作"嬗"。

2. chán 集韻時連切,平,仙韻,禪。元部。

㊃通"蟬"。蟲名。集韻仙韻:"蟬,説文:'以旁鳴者。'方言:'蜩,秦晉謂之蟬。'或作蟺。"

3. tuó 集韻唐何切,音陀,平,戈韻,定。

㊄通"鼉"。鼉龍。一種鰐魚。集韻戈韻:"鼉,説文:'水蟲,似蜥易長大',或作蟺。"宋周去非嶺外代答蟺:"欽州海濱,有穴處水族曰～,狀如龍而無角,長五尺許。"

4. dàn 集韻徒案切,去,换韻,定。

㊅土蜂的方言别稱。集韻:"蟺,蟲名,土蠭也。"爾雅釋蟲"土蠭"郭璞注:"今江東呼大蠭,在地中作房者爲土蠭,啖其子即馬蠭。今荆、巴間呼爲蟺。"

蟻 yǐ 魚倚切,上,紙韻,疑。歌部。

㊀蟲名。螞蟻。孫子謀攻:"將不勝其忿而～附之。"莊子徐无鬼:"羊肉不慕～,～慕羊肉,羊肉羶也。"螞蟻色黑,因而用以指代玄色,黑色。書顧命:"卿士邦君,麻冕～裳。"鄭玄注:"蟻,裳名,色玄。"孔穎達疏:"蟻者,蚍蜉蟲也。此蟲色黑,知蟻裳色玄,以色玄如蟻,故以蟻名之。"㊁浮在酒面上的泡沫。文選漢張衡南都賦:"醪敷徑寸,浮～若萍。"又借指酒。三國魏曹植節遊賦:"浮沉～於金罍,行觴爵於好仇。"唐杜甫正月三日歸溪上有作簡院内諸公詩:"～浮仍臘味,鷗泛已春聲。"㊂指初孵化的幼蠶,因其形似蟻。清沈公練廣蠶桑説輯補下:"(蠶)子之初出者名蠶花,亦名　,又名烏。"

[辨]蟻,螘,蛾。見"蛾"字條。

按,説文爾雅蟻均作螘。

蠀 cī 取私切,平,脂韻,清。脂部。

㊀[蠀蛓]準雙聲聯緜字。蟲名,即尺蠖。方言卷一一:"蠀蛓謂之蚇蠖。"郭璞注:"又呼步屈。"亦稱"蝍蛓"。㊁[蠀螬]準雙聲聯緜字。金龜子的幼蟲。方言卷一一:"蠀螬謂之蟦。"廣雅釋蟲:"蛭蛒、蛬蠾、地蠶、蠹、蟦,蠀螬也。"王念孫疏證:"蠀與蠐同。爾雅:蟦,蠐螬。"㊂[蠀蟆]叠韻聯緜字。巨龜名。龜甲有文彩。即蟕(觜)蠵。唐李商隱碧瓦詩:"吴市蠀蟆甲,巴賨翡翠翹。"一本作"觜蠵"。又作"蝛蟆"。參見"蝛"字條按語。

按,説文無蠀字。

蟶 chēng 丑貞切,平,清韻,徹。

後起字。蟶子,蚌屬。明李時珍本草綱目介二蟶:"～乃海中小蚌也。…閩粤人以田種之,候潮泥壅沃,謂之蟶田;呼其肉爲～腸。"清李漁風箏誤婚鬧:"且嚐新淡菜,莫厭舊～條。"

蠅 yíng 余陵切,平,蒸韻,喻四。蒸部。

㊀昆蟲名。種類甚多,通稱蒼蠅。説文:"蠅,營營青蠅,蟲之大腹者。"詩小雅青蠅:"營營青～,止于樊。"鄭箋:"蠅之爲蟲,汙白使黑,汙黑使白,喻佞人變亂善惡也。"孟子滕文公上:"他日過之,狐狸食之,～蚋姑嘬之。"㊁[蠅蠅]蟲行走的樣子。文選漢王褒洞簫賦:"螻蟻蝘蜓,蠅蠅翊翊。"李善注:"蠅蠅翊翊,遊行貌。"

蟷 dāng 都郎切,平,唐韻,端。陽部。

[蟷蠰][蟷蜋]叠韻聯緜字。螳(螗)螂的别名。爾雅釋蟲:"不過,蟷蠰。"郭璞注:"蟷蠰,螗蜋别名。"禮記月令:"小暑至,螳蜋生。"孔穎達疏引舍人云:"不過名蟷蠰,今之螳蜋也。"字亦作"蟗"。

[辨]蟷(蟗)蠰,蟷蜋,螗(螳)蜋(螂)。都是一物的不同名稱。説文:"蜋,堂蜋也。"段玉裁注:"堂蜋與蟗蠰,一語小異耳。""蟷(蟗)"與"螗(螳)"的聲母都是舌音,一清(端)、一濁(定);"蠰"與"蜋(螂)"的聲母也是一鼻音(泥)、一邊音(來),都屬次濁,而且三

個詞都是陽部叠韻聯緜字。

按，說文蟷作蠆。

蟕 zuī 集韻遵爲切，平，支韻，精。支部。

〔蟕蠵〕叠韻聯緜字。大龜名。晉孫綽望海賦："瑇瑁熠爍以泳游，蟕蠵焕爛以映漲。"唐劉恂嶺表録異下："蟕蠵者，俗謂之兹夷，乃山龜之巨者。人立其背，可負而行。産潮循山中。鄉人採之，取殼以貨。"也作"蠀蠵"。參見"蠀"字條。

按，說文無蟕字。

蠍 xiē 許竭切，入，月韻，曉。

後起字。㊀蟲名。通稱蠍子。廣韻："蠍，螫人蟲。"北齊書南陽王綽傳："(後主)問在州何者最樂。對曰：'多取～，將蛆混，看極樂。'"元陳基爛泥洪詩："蝨背甚～螫，蝱聲殷雷如。"亦作"蝎"。參見"蝎"字條。㊁〔蠍虎〕守宮，即壁虎。元喬吉水仙子怨風情曲："野蜂兒難尋覓，蠍虎兒乾害死，蠶蛹兒畢罷了相思。"

蠉 xuān 許緣切，音翾，平，仙韻，曉。元部。

㊀昆蟲爬行、飛翔的樣子。說文："蠉，蟲行也。"淮南子原道："蚑行喙息，～飛蝡動，待而後生，莫之知德。"高誘注："蟲行動貌。"又指飛翔爬行的昆蟲。魏書崔光傳："且藏蟄節遠，昆蟲布列，～蠕之類，盈於川原。"㊁蟲名。蚊子的幼蟲，即孑孓。爾雅釋魚："蜎，蠉。"郭璞注："井中小蛣蟩，赤蟲。一名孑孓。"

蠌 zé 場伯切，音澤，入，陌韻，澄。鐸部。

〔蜅蠌〕海邊寄居的一種似蟹的小蟲。參見"蜅"字條。

按，說文無蠌字。

蠋 shǔ 市玉切，音蜀，入，燭韻，禪。屋部。

蛾蝶幼蟲。爾雅釋蟲："蚅，烏蠋。"郭璞注："大蟲如指，似蠶。"詩豳風東山："蜎蜎者～，烝在桑野。"毛傳："桑蟲也。"莊子庚桑楚："奔蜂不能化藿～，越雞不能伏鵠卵。"成玄英疏："蠋者豆中大青蟲。"漢劉向說苑談叢："～欲類蠶，鱓欲類蛇。人見蛇～，莫不身灑然。"

按，說文蠋作蜀。

蟾 chán 視占切，平，鹽韻，禪。談部。

〔蟾蜍〕雙聲聯緜字。蛙類，俗稱癩蝦蟆。淮南子原道："夫釋大道而任小數，無以異於使蟹捕鼠，蟾蜍捕蚤。"漢張衡西京賦："蟾蜍與龜，水人弄蛇。"爾雅釋魚作"蟾諸"。郭璞注："似蝦蟆，居陸地。"也單用"蟾"。宋陸游閑中書事詩："堂上清風生玉麈，澗中寒溜注銅～。"金元好問蟾池詩："小～徐行腹如鼓，大～張頤怒於虎。"神話月中有蟾蜍，故又以"蟾蜍"或"蟾"爲月的代稱。唐段成式酉陽雜俎天咫："或言月中～桂，地影也；空處，水影也。"唐杜甫八月十五夜月詩之二："刁斗皆催曉，蟾蜍且自傾。"唐許晝中秋月詩："應是～宫别有情，每逢秋半倍澄清。"宋司馬光仁月亭詩："孤～久未上，五馬不成歸。"又指似蟾蜍的器物。後漢書張衡傳："外有八龍，首銜銅丸；下有蟾蜍，張口承銜之。"此指地動儀上的部件。北魏酈道元水經注洧水："舊引綏水南入塋域而爲池沼，沼在醜地，皆蟾蜍吐水，石隍承溜。"此指建築物的承溜設置。"蟾蜍"也作"蟾蠩"。參見"蠩"字條。

按，說文蠏無蟾字。

蟹 xiè 胡買切，上，蟹韻，匣。支部。

螃蟹。易說卦："離，爲～。"荀子勸學："～六跪而二螯，非虵蟺之穴無可寄托者，用心躁也。"

按，說文蟹作蠏。

蠏 xiè 五音集韻胡買切。支部。

同"蟹"。螃蟹。說文："蠏，有二敖八足，旁行，非蛇鮮(鱓)之穴無所庇。"北魏楊衒之洛陽伽藍記景寧寺："呷啜蓴羹，唼嗍～黄。"唐段成式酉陽雜俎鱗介篇："平原郡貢糖～，採於河間界，每年生貢，斲冰火照，懸老犬肉，～覺老犬肉即浮，因取之。"

十四畫

䗺 jiǎn 古典切,上,銑韻,見。元部。

同"繭"。蠶繭。尸子上勸學:"夫～舍而不治則腐蠹,使紅女繰之爲美錦。"宋吴曾能改齋漫録方物:"魏城以一～造一扇,謂之綿扇,亦輕而可愛。"

按,説文䗺作繭。

蠙 pín 符真切,集韻毗賓切,音頻,平,真韻,並。真部。

也作"蠙"。蚌的别名。説文:"玭,珠也。…蠙,夏書玭从虫、賓。"書禹貢:"淮夷蠙珠暨魚。"孔穎達疏:"蠙是蚌之别名。此蚌出珠,遂以蠙爲珠名。"唐皮日休河橋賦:"人民死而爲介,倮蟲化而爲～。"又指蠙珠。宋周邦彦汴都賦:"垂棘之璧,照夜之～。"

蠙 pín。

"蠙"的異體。見"蠙"字條。

蠔 háo 字彙胡刀切,音豪。

後起字。蚌屬,即牡蠣。唐劉恂嶺表録異下:"～,即牡蠣也。其初生海島邊,如拳石,四面漸長,有高一二丈者,巉巖如山。"唐韓愈初南食貽元十八協律:"～相黏爲山,百十各自生。"宋徐照壽昌道中詩:"圓石～黏滿,平途鷺立寒。"

蠐 qí 徂奚切,平,齊韻,從。脂部。

㊀〔蠐螬〕雙聲聯緜字。金龜子的幼蟲。俗稱"地蠶",是一種害蟲。莊子至樂:"烏足之根爲蠐螬,其葉爲胡蝶。"宋梅堯臣水濟倉書事詩:"古梁生菌耳,朽堵出蠐螬。"㊁〔蝤蠐〕雙聲聯緜字。見"蝤"字條。

按,説文蠐作齎。

蠑 róng 永兵切,平,庚韻,喻三。耕部。

〔蠑螈〕動物名,形如蜥蜴,水陸兩棲。爾雅釋魚:"蠑螈,蜥蜴;蜥蜴,蝘蜓;蝘蜓,守宫也。"邢昺疏:"在草澤中者名蠑螈、蜥蜴,在壁者名蝘蜓,守宫也。"晉崔豹古今注魚蟲:"蝘蜓,一名龍子,一曰守宫,善上樹捕蟬食之。其五色長大者名爲蜥蜴;其短而大者名爲蠑螈,一曰蛇醫。"也單用"蠑"字。唐韓愈等城南聯句:"瘻頸鬧鳩鴿,蜿垣亂蛷～。"

按,説文無蠑字。

蠕 rú 集韻汝朱切,平,虞韻,日。侯部。

蠕動,蟲類爬行的樣子。史記匈奴列傳:"元元萬民,下及魚鼈,上及飛鳥,跂行喙息,～動之類,莫不就安利而辟危殆。"漢孔臧蓼蟲賦:"爰有～蟲,厥狀似螟。"引申爲泛指微動的樣子。清和邦額夜譚隨録朱佩茝:"凡三夜,婦遂有娠,腹中時時～動。"〔蠕蠕〕①蟲類爬行的樣子。唐李賀感諷詩之一:"越婦未織作,吴蠶始蠕蠕。"②我國古代北方部族名。即柔然。三國魏曹丕大牆上蒿行:"下有蠕蠕地,今我難得久來履。"南史夷貊傳下蠕蠕:"北狄種類實繁,蠕蠕爲族,蓋匈奴之别種也。"

按,説文蠕作蝡。見"蝡"字條。

蠘 jié 字彙補疾屑切,音截。

後起字。海蟹的一種,形似梭子,俗名梭子蟹。宋洪邁容齋四筆六:"予家楚,宦遊二浙、閩、廣,所識蟹屬多矣,亦不悉與前説同,而所謂黄甲、白蟹、蟳、～諸種,吕圖不載。"明屠本畯閩中海錯疏下:"蠘,似蟹而大殼,兩傍尖出而多黄,螯有稜鋸,利截物如剪,故曰蠘。"

蠖 1. huò (舊讀 wò)烏郭切,入,鐸韻,影。鐸部。

㊀〔蚇(尺)蠖〕蟲名。一名"步屈"、"造橋蟲"。説文:"蠖,尺蠖,屈申蟲。"爾雅釋蟲:"蠖,蚇蠖。"易繫辭下:"尺蠖之屈,以求信(伸)也。"也常單用。唐白居易代書詩一百韻寄微之詩:"伸屈須看～,窮通莫問龜。"唐元稹四皓廟詩:"舍大以謀細,虯盤而～伸。"

2. yuè 集韻王縛切,入,藥韻,喻三。鐸部。

㊁〔蠖略〕叠韻聯緜字。行步進止的樣子。漢書司馬相如傳下:“駕應龍象輿之蠖略委麗兮,驂赤螭青虬之蚴蟉宛蜒。”顏師古注:“蠖略委麗,蚴蟉宛蜒,皆其行步進止之貌也。”唐劉禹錫望賦:“扇交翟兮葳蕤,旗升龍兮蠖略。”

蠓 měng 莫孔切,上,董韻,明。東部。

〔蠓蠛〕〔蠛蠓〕雙聲聯緜字。蟲名。蚋類,一種小飛蟲。説文:“蠓,蠛蠓也。”明唐順之答廖東雩提學書:“其相銷也,若鐵炭之不爽;其相致也,若酸漿之感蠓蠛。”參見“蠛”字條。也單用“蠓”。列子湯問:“春夏之月有～蚋者,因雨而生,見陽而死。”楊伯峻集解:“謂蠛蠓蚊蚋也。二者小飛蟲也。”又借指爲輕視,小看。明唐順之祭丘思庵文:“自余少時頗負迂僻,空闊乎寥廓之翔,而泥滓乎鄉人之處,糠粃乎世故,而蠓蠛乎禮法。”

䖯 wèi 以醉切,去,至韻,喻四。微部。

㊀一種吸牛馬血液的小虻蟲。國語楚語上:“～䖟之既多,而不能掉其尾,臣亦懼之。”韋昭注:“大曰䖟,小曰䖯。”㊁米中小黑蟲,即蛘子。廣雅釋蟲:“䖯,蛘也。”王念孫疏証引郭璞爾雅注云:“今米穀中蠹小黑蟲是也。建平人呼爲蛘子。”

按,説文無䖯字。

十 五 畫

蠢 chǔn 尺尹切,上,準韻,穿三。文部。

㊀蟲類蠕動。説文:“蠢,蟲動也。”晉傅玄陽春賦:“幽蟄～動,萬物樂生。”唐白居易閑園獨賞詩:“～蠕形雖小,逍遥性即均。不知鵬與鷃,相去幾微塵。”又泛指動物。舊唐書張廷珪傳:“豈佛標坐夏之義,愍～動而不忍害其生哉!”引申爲動作,動亂。爾雅釋詁:“蠢,作也。”郭璞注:“謂動作也。”書大誥:“有大艱於西土,西土人亦不静,越茲～。”僞孔傳:“四國作大難於京師,西土人亦不安,於此蠢動。”後漢書黨錮傳李膺:“今三垂～動,王旅未振。”又爲不恭,不謙遜。爾雅釋訓:“蠢,不遜也。”郭璞注:“蠢動爲惡,不謙遜也。”書大禹謨:“～茲有苗,昏迷不恭。”又爲愚蠢,笨拙。論衡自然:“時人愚～,不知相繩責也。”元高安道哨遍嗓淡行院:“粧旦不抹彫,～身軀似水牛。”㊁〔蠢蠢〕①蠕動的樣子。南朝宋劉敬叔異苑句容水脈:“掘得一黑物,無有首尾,形如數百斛舡,長數十丈,蠢蠢而動。”②衆多而雜亂的樣子。晉郭璞蜜蜂賦:“嗟物品之蠢蠢,惟貞蟲之明族。”文選晉束晳補亡詩之四:“蠢蠢庶類,王亦柔之。”③騷亂的樣子。左傳昭公二十四年:“今王室實蠢蠢焉,吾小國懼矣。”杜預注:“蠢蠢,動擾貌。”唐韓愈平淮西碑:“常兵時曲,軍士蠢蠢;既翦陵雲,蔡卒大窘。”④不恭,無禮義的樣子。楚辭漢劉向九嘆惜賢:“譶㴁溇之姦咎兮,夷蠢蠢之溷濁。”王逸注:“蠢蠢,無禮義貌也。”清王韜淞濱瑣話倪幼蓉:“觀此蠢蠢者,豈得爲人類哉!”⑤愚鈍,愚昧無知的樣子。明劉基醫説贈馬復初:“天地闢而人生蠢蠢焉,聖人出而後異於物。”明史趙世卿傳:“陛下勿謂蠢蠢小民可駕馭自我,生殺自我,而不足介意也。”又用作名詞。指愚民,愚昧之人。唐元稹祈雨九龍神文:“今夫蠢蠢何罪!物物何知,使不肖者長理,而災害隨至,無乃天之降罰而不得其所耶?”

[同源字]蠢,惷。二字音同(穿母文部)義通。説文䖵部:“蠢,蟲動也。”引申爲動作,動亂。説文心部:“惷,亂也。…春秋傳曰:‘王室日惷惷焉。’”又“蠢”常用愚蠢義,而“惷”字亦有愚蠢義。戰國策魏策一:“寡人惷愚,前計失之。”故二字同源。

蠚 hē 呵各切,音壑,入,鐸韻,曉。鐸部。

毒蟲刺螫。山海經西山經:“(昆侖之丘)有鳥焉,其狀如蜂,大如鴛鴦,名曰欽原。～鳥獸則死,～木則枯。”漢書田儋傳:“蝮～手則斬手,～足則斬足。"顔師古注引應劭曰:"蟼,螫也。"又指毒蟲。宋晁補之求志賦:"冬矇矇其多雨兮,夏瘴熱以生～。"

按,説文無蟼字。

蠜 fán 附袁切,音煩,平,元韻,奉。元部。

蟲名。即阜螽。俗稱蚱蜢。説文:"蠜,自蠜也。"桂馥義證:"疑自蠜爲自螽之訛。"爾雅釋蟲:"阜螽,蠜。"詩召南草蟲:"趯趯阜螽。"毛傳:"阜螽,蠜也。"

蠠 1. mǐn 集韻美隕切,音閔,上,準韻,明。真部。

㊀〔蠠没〕雙聲聯緜字。勉力,努力。爾雅釋詁上:"蠠没,勉也。"郭璞注:"蠠没,猶黽勉。"邢昺疏:"蠠没猶黽勉者,以其聲相近,方俗語有輕重耳。"明劉基朱伯言硯銘:"維予之悾悾,式蠠没以攻,無貽爾懜。"

2. mián 音綿。

㊁通"蝒"。蟬的一種,即馬蜩。正字通虫部:"蠠,同蝒。"明劉基郁離子玄豹:"鸚鵡縶於能言,蜩～獲於善鳴。"

按,説文無蠠字。

蠩 1. zhū 章魚切,平,魚韻,照三。

㊀〔蜛蠩〕叠韻聯緜字。同"蜛蝫"。見"蜛"字條。

2. chú 集韻常如切,平,魚韻,禪。魚部。

㊁〔蟾蠩〕同"蟾蜍"。雙聲聯緜字。蛙類,俗稱癩蝦蟆。漢張衡靈憲:"姮娥遂託身於月,是爲蟾蠩。"也單用"蠩"字。唐劉禹錫唐秀才贈端州紫石硯以詩答之:"玉～吐水霞光静,綵翰摇風絳錦鮮。"參見"蟾"字條。

按,説文無蠩字。

蠛 miè 莫結切,入,屑韻,明。月部。

〔蠛蠓〕雙聲聯緜字。蟲名,蚋類,一種小飛蟲。説文新附:"蠛,蠛蠓,細蟲也。"戰國宋玉小言賦:"憑蚋眥以顧盼,附蠛蠓而遨遊。"文選漢揚雄甘泉賦:"歷倒景而絶飛梁兮,浮蠛蠓而撇天。"李善注引孫炎爾雅注:"蠛蠓,蟲,小於蚊。"也可單用"蠛"。明徐渭壽史母序:"際天極地,出日入月。萬寶瓌瑰,虬蛟等～。取者無窮,用亦不竭。"借喻爲小看,輕視。唐皮日休正尸祭:"嗚呼!唐有天下,化乎三百年,其禮典赫然,可以蠛漢蠓魏,豈不能守周孔禮制哉!"又借喻小人,被鄙視的人。唐儲光羲登秦嶺作時陷賊歸國詩:"網羅蠛蠓時,顧齒熊羆鋒。"亦作"蠓蠛"。參見"蠓"字條。

蠣 lì 力制切,去,祭韻,來。

牡蠣,也叫蠔。蚌屬。文選晉郭璞江賦:"蜛蝫森衰以垂翹,玄～磈磥而碨硒。"李善注引臨海水土物志曰:"蠣長七尺。"南齊書周顒傳:"至於車螯蚶～,眉目内闕,慙渾沌之奇,礦殼外緘,非金人之慎。"

按,説文蠣作蠇。

蠌 mò 莫北切,入,德韻,明。職部。

〔蠛蠌〕叠韻聯緜字。見"蠛"字條。

[備考]蟲名。一名蛅蟴,蛓屬。爾雅作"螺"。

按,説文無蠌字。

蠝 lěi 集韻魯水切,上,旨韻,來。微部。

通"鸓"。鼯鼠。漢書司馬相如傳:"蛫蠼飛～。"顔師古注:"張揖曰:'飛蠝,飛鼠也。其狀如兔而鼠首,以其頓飛。'郭璞曰:'蠝,鼯鼠也。毛紫赤色,飛且生,一名飛生。'"史記司馬相如列傳作"鸓"。文選漢司馬相如上林賦作"蠷"。文選漢張衡南都賦:"鸞鸑鵷鶵翔其上,騰猨飛～棲其間。"

按,説文無蠝字。

蠟 là 盧盍切,入,盍韻,來。葉部。

㊀動、植物或礦物的脂質。如蜜蠟、白蠟、石蠟等。潛夫論遏利:"和脂～之可明鐙也,而不知其甚多而冥之。"唐趙元一奉天録二:"(包)佶使使飛表於～丸中,論(陳)少遊收財事。"宋陸游寄酬曾學士詩:"小印紅屈蟠,兩端黄～塗。"又用作動詞。以蠟塗物。

世説新語雅量:"阮遥集(孚)好屐…或有詣阮,見自吹火～屐,因歎曰:'未知一生當著幾量屐?'"唐柳宗元鞭賈:"今之梔其貌,～其言,以求賈技於朝。"此是引申義,潤飾、修飾的意思。又爲淡黄如蠟的顏色。唐高彦休唐闕史壽安山土棺:"邑令滌之,泥汩於水,粉膩而～黄。"宋范成大梅譜:"～梅本非梅類,以其與梅同時,香又相近,色酷似蜜脾,故名～梅。"㊁蠟燭的簡稱。晉書石崇傳:"(王)愷以粭澳釜,(石)崇以～代薪。"唐李賀惱公詩:"～淚垂蘭燼,秋蕪掃綺櫳。"唐李商隱無題詩之一:"～照半籠金翡翠,麝熏微度繡芙蓉。"

按,説文無蠟字。

蠡 1. lǐ 盧啓切,上,薺韻,來。支部。

㊀蟲蛀蝕樹木。説文:"蠡,蟲齧木中也。"引申爲器物因腐蝕或磨損而將斷的樣子。孟子盡心下:"以追～。"趙岐注:"追,鐘鈕也;鈕磨齧處深矣。蠡,欲絶之貌也。"㊁地名。①縣名。在河北省中部。②湖名。在江蘇省無錫市東南。清顧祖禹讀史方輿紀要江南七常州府:"蠡湖,縣東南五十里,與長洲縣分界。相傳(春秋)范蠡所開,一名蠡瀆,一名漕湖,東南長十三里,南北六里。"㊂〔蠡薺〕木名。唐段成式酉陽雜俎木篇:"蠡薺,子如彈丸,魏武帝常啖之。"明楊慎藝林伐山侯騷蠡薺:"魏武帝食品曰蠡薺,子如彈丸。二物奇品,唐人賦中嘗引用之。"

2. lí 吕支切,音鸝,平,支韻,來。支部。

㊃瓠瓢。漢書東方朔傳:"語曰:以筦闚天,以～測海。"顔師古注引張晏曰:"蠡,瓠瓢也。"資治通鑑東昏侯永元元年:"馳騁渴乏,輒下馬,解取腰邊～器,酌水飲之。"胡三省注:"蠡,瓠瓢也,今謂之馬杓。"

3. luó 落戈切,平,戈韻,來。歌部。

㊄通"蠃"。即螺。蚌屬。集韻戈韻:"蠃,蚌屬,大者如斗,出日南漲海中。或作蠡。"文選漢班昭東征賦:"諒不登樔而椓～兮,得不陳力而相追。"李善注:"蠡與蠃古字通。"又特指螺殼,螺號。新唐書南蠻傳下環王:"出以象駕車,羽蓋珠箔,鳴金、擊鼓、吹～爲樂。"

4. luǒ 集韻魯果切,上,果韻,來。歌部。

㊅〔瘰蠡〕牲畜病名。集韻:"蠡,瘰蠡,皮肥也;一曰疥病。"左傳桓公六年:"謂其不疾瘰蠡也,謂其備腯咸有也。"杜預注:"皮毛無疥癬。"

[備考]分割。讀 lì(集韻郎計切)。方言卷六:"參,蠡,分也。齊曰參,楚曰蠡,秦、晉曰離。"郭璞注:"謂分割也。"

[辨]瓢,蠡。見"瓢"字條。

十六畫

蠪 lóng 盧紅切,平,東韻,來。東部。

㊀一種赤色斑駁的大螞蟻。説文:"蠪,丁螘也。"爾雅釋蟲:"蠪,朾螘。"郭璞注:"赤駮蚍蜉。"邢昺疏:"蚍蜉,…其大而赤色斑駁者名蠪,一名朾螘。"㊁〔蠪蚳〕傳説中的怪獸名。山海經中山經:"(昆吾之山)有獸焉。其狀如彘而有角,其音如號,名曰蠪蚳。"

蠥 niè 魚列切,音孽,入,薛韻,疑。月部。

㊀妖孽。説文:"蠥,衣服、歌謡、艸木之怪謂之祅;禽獸、蟲蝗之怪謂之蠥。"唐楊炯渾天賦:"若曰懼之以災,此昏主亂君之妖～。"引申爲作祟,爲害。明劉基郁離子巫鬼:"荆人尚鬼而祟祠,巫與鬼争神,則隱而卧其偶。鬼弗知其誰爲之也,乃～於其鄉。"此字後來寫作"孽"。㊁憂,憂患。楚辭戰國屈原天問:"啓代益作后,卒然離～。"王逸注:"離,遭也;蠥,憂也。"

[辨]祅,蠥(蠥)。見"祅"字條。

蠭 1. fēng 敷容切,音峰,平,鍾韻,敷。東部。

㊀昆蟲名。"蜂"的古體。説文:"蠭,飛蟲螫人者。"左傳僖公二十二年:"君其無謂邾小,～蠆有毒,而況國乎?"釋文:"蠭,俗作蜂。"史記項羽本紀太史公曰:"夫秦失其政,

陳涉首難，豪傑～起，相與並争，不可勝數。”❷通“鋒”。鋒利，鋭利。漢書趙廣漢傳：“所居好用世吏子孫新進年少者，專厲彊壯～氣，見事風生，無所回避。”顔師古注：“蠭，與鋒同。”新唐書高叡傳：“突厥～鋭，所向無完。”

2. páng 洪武正韻蒲江切，音龐。東部。

❸姓。古有善射者蠭門（蒙）。荀子王霸：“羿～門者，善服射者也。”亦作“逢”。按，廣韻集韻均作“逢”。

十七畫

蠯 pí 符支切，集韻頻彌切，音脾，平，支韻，並。支部。

一種狹長的蚌。玉篇蚰部：“蠯，或作螷。”周禮天官鼈人：“祭祀共～、蠃、蚳，以授醢人。”鄭玄注引杜子春云：“蠯，蜯也。”宋梅堯臣清池詩：“偃鯉勿苦羡，寧將～蛤卑。”

按，説文蠯作螷。

蠲 juān 古玄切，音涓，平，先韻，見。元部。

❶蟲名。馬蠲，又名馬陸，馬蚿。俗稱香油蟲。説文：“蠲，馬蠲也。”段玉裁注：“馬蠲，今巫山夔州人謂之艸鞋絆，亦曰百足蟲，茅茨陳朽則多生之。”一説即螢的一種。明李時珍本草綱目蟲三螢火：“螢有三種：一種小而宵飛，腹下光明，乃茅根所化也。吕氏月令所謂腐草化爲螢者是也。一種長如蛆～，尾後有光，無翼不飛，乃竹根所化也。一名～，俗名螢蛆，明堂月令所謂腐草化爲～者是也，其名宵行。”❷除去，免除。史記太史公自序：“～除肉刑，開通關梁。”文選漢王褒四子講德論：“去煩～苛，以綏百姓。”張銑注：“蠲除苛細。”三國志魏書明帝紀：“營衛帝室，～邪納福。”引申爲清除。晉皇甫謐釋勸論：“黄帝創制於九經，岐伯剖腹以～腸。”唐柳宗元石渠記：“元和七年正月八日，～渠至大石。”特指治愈疾病。方言卷三：“南楚病愈者…或謂之蠲。”郭璞注：“蠲亦除也。”晉郭璞丹木贊：“爰有丹木，生彼淆盤，厥實如瓜，其味甘酸，～痾辟火，用奇桂蘭。”唐李德裕雨後净望河西連山愴然成咏：“唯懷藥餌～衰病，爲惜餘年報主恩。”❸清潔，使乾净。詩小雅天保：“吉～爲饎，是用孝享。”毛傳：“蠲，絜也。”朱熹集傳：“吉，言諏日擇士之善；蠲，言齋戒滌濯之潔。”國語周語上：“明神不～而民有遠志。”韋昭注：“蠲，潔也。”文選漢張衡思玄賦：“湯～體以禱祈兮，蒙厖褫以拯民。”〔蠲紙〕唐、宋時杭州等地所造紙名。紙質潔白瑩滑而得名。宋趙與時賓退録二：“臨安有鬻紙者，澤以漿粉之屬，使之瑩滑，謂之蠲紙。蠲猶潔也。詩：‘吉～爲饎。’周禮：‘宫人除其不蠲。’名取諸此。”一説吴越錢氏時，供此紙者蠲其賦役，故稱“蠲紙”。説見説郛卷二〇引宋錢康公植跋簡談。❹顯明，顯示。左傳襄公十四年：“惠公～其大德，謂我諸戎是四嶽之裔胄也，毋是翦棄。”杜預注：“蠲，明也。”❺疾速。玉篇：“蠲，疾也。”明袁宏道遊章臺寺和小修韻之二：“碧水～忙去，紅葩引笑開。”

蠰 1. náng 奴當切，音囊，平，唐韻，泥。陽部。

❶〔蟷（蘯）蠰〕叠韻聯緜字。説文：“蠰，蘯蠰也。”參見“蟷”字條。

2. shàng 式亮切，去，漾韻，審三。陽部。

❷害蟲名。天牛的一種。爾雅釋蟲：“蠰，齧桑。”郭璞注：“似天牛，角長，體有白點，喜齧桑樹，作孔，入其中，江東呼爲齧髮。”淮南子道應：“吾比夫子，猶黄鵠與～蟲也，終日行不離咫尺，而自以爲遠，豈不悲哉！”

3. rǎng 如兩切，音壤，上，養韻，日。陽部。

❸〔蠰谿〕昆蟲名。即灰蚱蜢。爾雅釋蟲：“土蠭，蠰谿。”邢昺疏：“土蠭，一名蠰谿，今謂之土礫，江南呼虴蛨，又名虴蜢，形似蝗而小，善跳者是也。”

蠅 yīng 於陵切，音膺，平，蒸韻，影。蒸部。

寒蟬，一種較小的蟬。見廣韻。也叫寒蜩。方言卷一一：“蠅謂之寒蜩。寒蜩，瘖蜩

也。"

按，說文無螁字。

螢 yíng 正字通音營。

後起字。〔螢虰〕叠韻聯緜字。腸中蟲。五代南唐譚峭譚子化書一："蟲盜天地生螢虰。螢虰者，腸中之蟲也。嚀我精氣，爍我魂魄，盗我滋味，而有其生。"

蠨 xiāo 集韻先彫切，平，蕭韻，心。幽部。

〔蠨蛸〕雙聲聯緜字。一種長脚蜘蛛，俗稱喜(蟢)子。詩豳風東山："伊威在室，蠨蛸在户。"毛傳："蠨蛸，長踦。"孔穎達疏："蠨蛸，長踦，一名長脚。荆州河内人謂之喜母。此蟲來著人衣，當有親客至，有喜也。幽州人謂之親客。亦如蜘蛛爲羅網居之是也。"南朝梁江淹待罪江南思北歸賦："共魍魎而相遇，與蠨蛸而爲鄰。"唐權德輿題亡友江畔舊居詩："蠨蛸集暗壁，蜥蜴走寒窗。"

按，說文無蠨字。

蠮 yē 烏結切，音噎，入，屑韻，影。質部。

〔蠮螉〕雙聲聯緜字。土蜂，俗稱細腰蜂。方言卷一一："蠭，燕趙之間謂之蠓螉，其小者謂之蠮螉。"郭璞注："小細腰蜂也。"唐段成式酉陽雜俎蟲篇："秦中兒童戲曰：'顛當顛當牢守門，蠮螉寇汝無處奔。'"清曹寅凌方眉畫茄爲東園破笑詩："坐寂園荽撤一回，蠮螉螘子見根荄。"

按，說文無蠮字。

螱 wèi 於胃切，音蔚，去，未韻，影。微部。

白蟻的别稱。爾雅釋蟲："螱，飛螘。"邢昺疏："有翅而飛者名螱，即飛螘。"

按，說文無螱字。

蠳 yīng 字彙補烏亨切，音嬰。耕部。

龜名。即蠳龜，傳説中一種能食蛇的龜。一名攝龜。明李時珍本草綱目介部攝龜："釋名：呷蛇龜，蠳龜。集解：保昇曰：攝龜腹小，中心横折，能自開闔，好食蛇也。"文選漢張衡南都賦："其水蟲則有～龜鳴蛇，潛龍伏螭。"抱朴子内篇登涉："雲日鳥及～龜，亦皆啖蛇。故南人入山，皆帶～龜之尾，雲日之喙以辟蛇。"

按，說文無蠳字。

蠱 1. gŭ 公户切，音古，上，姥韻，見。魚部。

㊀傳説一種人工養殖的最毒的毒蟲，用以害人。說文："蠱，腹中蟲也。"段玉裁注："腹中蟲者，謂腹内中蟲食之毒也。自外而入，故曰中；自内而蝕，故曰蟲。"周禮秋官庶氏："庶氏掌除毒～。"鄭玄注："毒蠱，蟲物而病害人者。"文選南朝宋鮑照苦熱行："含沙射流影，吹～痛行暉。"李善注："吹蠱即飛蠱也。南朝梁顧野王輿地志曰：'江南數郡，有畜～者，主人行之以殺人，行食飲中，人不覺也。其家絶滅者，則飛遊妄走，中之則斃。'"㊁陳穀中所生的飛蛾。玉篇蟲部："蠱，穀久積變爲飛蟲也。"左傳昭公元年："穀之飛亦爲～。"杜預注："穀久積則變爲飛蟲，名曰蠱。"論衡商蟲："穀蟲曰～，～若蛾也。"㊂指傷害人的熱毒惡氣。山海經南山經："(青丘之山)有獸焉，其狀如狐而九尾，其音如嬰兒，能食人；食者不～。"郭璞注："噉其肉令人不逢妖邪之氣。"史記秦本紀："德公二年，初伏，以狗禦～。"張守節正義："蠱者，熱毒惡氣爲傷害人。"㊃害人的邪術，指祈禱鬼神、詛咒等。史記封禪書："秦德公作伏祠，磔狗邑四門，以禦～菑。"司馬貞索隱引月令"大儺，旁磔"注云："磔，攘也。厲鬼爲蠱，將出害人，旁磔於四方之門。"漢書江充傳："是時，上春秋高，疑左右皆爲～祝詛，有與亡、莫敢訟其冤者。"㊄蠱惑，誘惑，迷亂。爾雅釋詁："蠱，疑也。"郭璞注："蠱惑有貳心者皆疑也。"墨子非儒下："孔某盛容脩飾以～世，弦歌鼓舞以聚徒。"左傳莊公二十八年："楚令尹子元欲～文夫人，爲館於其宫側而振萬焉。"杜預注："蠱，惑以淫事。"又特指神經錯亂之病。左傳昭公元年："是謂近女色，疾如～。非鬼非食，惑以喪

志。"孔穎達疏:"蠱者,心志惑亂之疾,若今昏狂失性,其疾名之爲蠱。"❻易卦名。六十四卦之一。易蠱:"象曰:山下有風,～,君子以振民育德。"

[備考]事。見廣雅釋詁三。易蠱:"幹父之～,意承考也。…幹母之～,得中道也。"又雜卦:"～則飭也。"王弼注:"飭,整治也。蠱所以整治其事也。"宋王禹偁累贈太子洗馬王府君墓誌銘:"所謂幹國之～,兼人之才者也。"

2. yě 集韻以者切,音野,上,馬韻,喻四。魚部。

❼通"冶"。冶媚,妖艷。文選漢張衡西京賦:"妖～豔夫夏姬,美聲暢於虞氏。"薛綜注:"蠱,媚也。"後漢書張衡傳:"咸姣麗以～媚兮,增嫮眼而蛾眉。"李賢注:"蠱,謂妖麗也。"

按,説文蠱字在蚰部。

十八畫

蠹 dù 當故切,音妒,去,暮韻,端。魚部。

❶蛀蟲。説文:"蠹,木中蟲。"玉篇蚰部:"蠹,白魚。"商君書修權:"～衆而木折,隙大而牆壞。"荀子勸學:"肉腐出蟲,魚枯生～。"比喻危害國家人民的事或人。左傳襄公二十七年:"兵,民之殘也,財用之～。"孔穎達疏:"害物之蟲既名爲蠹,故害於物者皆以蠹言之。"新唐書盧懷慎傳:"夫冒於寵賂,侮於鰥寡,爲政之～也。"❷蛀蝕。公羊傳宣公十二年:"古者杅不穿,皮不～,則不出於四方。"何休注:"蠹,壞也。"莊子人間世:"(散木也)以爲門户則液樠,以爲柱則～。"引申爲損害,敗壞。戰國策秦策一:"韓亡則荆魏不能獨立,則是一舉而壞韓～魏。"高誘注:"蠹,害也。"南朝齊范縝神滅論:"浮屠害政,桑門～俗。"三國演義一一九回:"(司馬)昭因黄皓～國害民,令武士押出市曹,凌遲處死。"

按,説文蠹字在蚰部。

蠶 cán 昨含切,平,覃韻,從。侵部。

昆蟲名。能吐絲結繭,有家蠶、柞蠶等。説文:"蠶,任絲也。"韓非子説林下:"鱣似蛇,～似蠋。"又爲養蠶。書禹貢:"桑土既～。"孔穎達疏:"宜桑之土,既得桑養蠶矣。"新唐書韓琬傳:"一夫耕,一婦～,衣食百人。"

按,説文蠶字在蚰部。

蠸 quán 巨員切,音權,平,仙韻,群。元部。

蟲名。一種喜食瓜葉的小黄甲蟲,亦稱"守瓜"。説文:"蠸,蟲也。"爾雅釋蟲:"蠸,輿父,守瓜。"郭璞注:"今瓜中黄甲小蟲,喜食瓜葉,故曰守瓜。"莊子至樂:"瞀芮生乎腐～。"釋文引司馬彪注云:"亦蟲名也。"

[備考]説文虫部:"蠸,一曰大螫也。"段玉裁注:"螫者,蟲行毒也。大螫者,大行毒也。"

蠵 xī 户圭切,平,齊韻,匣。今讀如奚。支部。

蠵龜,一種大龜,俗稱靈龜。説文:"蠵,大龜也。"爾雅釋魚:"二曰靈龜。"郭璞注:"涪陵郡出大龜,甲可以卜,緣中文似瑇瑁,俗呼爲靈龜,即今觜蠵龜。一名靈蠵。能鳴。"楚辭戰國宋玉招魂:"露雞臛～,厲而不爽些。"王逸注:"蠵,大龜之屬也。"山海經東山經:"有水焉,廣員四十里皆涌,其名曰深澤,其中多～龜。"郭璞注:"蠵,觜蠵,大龜也。甲有文彩,似瑇瑁而薄。"漢書揚雄傳上:"據黿鼉,抾靈～。"顔師古注引應劭曰:"蠵,大龜也。雄曰毒冒,雌曰觜蠵。"〔蟕(觜)蠵〕叠韻聯緜字。見"蟕"字條。

鼉 tuó 徒何切,音陀,平,歌韻,定。歌部。

〔鼉圍〕古代神話中的神獸名。亦作"鼉圍"。玉篇蚰部:"鼉,狀如人,羊角虎爪。"山海經中山經:"(驕山)神鼉圍處之。其狀如人面,羊角虎爪,恒遊於睢漳之淵,出入有光。"晉郭璞山海經圖贊神鼉圍計蒙涉鼉:"涉鼉三脚,鼉圍虎爪。"

按，説文無䗺(蠠)字。

蠝 lěi 音壘。微部。

通"鸓"。鼯鼠。文選漢司馬相如上林賦："於是乎玄猨素雌，蜼玃飛～。"李善注引張揖曰："飛蠝，鼠也。其狀如兔而鼠首，以其髯飛。"漢書司馬相如傳作"蠝"。參看"蠝"字條。

按，説文無蠝字。

蠷 qú 其俱切，音衢，平，虞韻，群。魚部。

通"玃"。獸名。猿猴之屬。史記司馬相如列傳："其上則有赤猨～蝚，鵷鶵孔鸞，騰遠射干。"張守節正義："蠷、蝚，皆猨猴類。"漢書司馬相如傳作"玃"。

按，説文無蠷字。

十九畫

蠻 mán 莫還切，平，删韻，明。元部。

❶舊時指稱我國南方少數民族。説文："蠻，南蠻，蛇穜。"詩小雅角弓："如～如髦，我是用憂。"毛傳："蠻，南蠻也。"禮記王制："南方曰～，雕題交趾，有不火食者矣。"亦泛稱四方邊遠地區少數民族。書禹貢："五百里荒服，三百里～，二百里流。"僞孔傳："以文德蠻來之，不制以法。"孔穎達疏："鄭云，蠻者聽從其俗，羈縻其人耳，故云蠻。"近代也指外國、外來的。清林則徐中秋炮台眺月有作詩："～煙一掃海如鏡，清氣長此留炎州。"❷粗野，强悍。宋歐陽修自岐江山行至平陸驛詩："攀躋誠畏途，習俗羡～獷。"元典章刑部三禁采生祭鬼："近至荆湖，訪問常、澧、辰、沅、歸、峽等處，地連溪洞，俗習～淫。"水滸全傳三二回："也不曾見你這個出家人，恁地～法。"❸〔蠻蠻〕①水獸名。山海經西山經："剛山之尾，洛水出焉。而北流注於河。其中多蠻蠻。其狀鼠身而鼈首，其音如吠犬。"也單用蠻。晉郭璞山海經圖贊神䰠髯遺魚："其音如吟，一脚人面，鼠身鼈頭，厥號曰蠻蠻。"②鳥名。即比翼鳥。山海經西山經："崇吾之山有鳥焉，其狀如鳧，而一翼一目，相得乃飛，名曰蠻蠻。"郭璞注："比翼鳥也，色青赤，不比不能飛。爾雅作鶼鶼鳥也。"③鳥鳴聲。唐韋應物聽鶯曲詩："忽似上林翻下苑，綿綿蠻蠻如有情。"唐張籍登樓寄胡家兄弟詩："獨上西樓盡日閒，林煙演漾鳥蠻蠻。"

二十畫

蠼 1. jué 集韻厥縛切，音矍，入，藥韻，見。藥部。

❶同"玃"。獮猴。文選漢司馬相如上林賦："蛭蜩～猱，獑胡豰蛫，棲息乎其間。"李善注："蠼猱，獮猴也。"按，史記司馬相如列傳作"蠷蝚"，漢書司馬相如傳作"玃蝚"。論衡遭虎："豺、狼、蜼、～，皆復殺人。"❷通"躩"。龍卷曲形貌。史記司馬相如列傳："低卬夭蟜据以驕驁兮，詘折隆窮～以連卷。"司馬貞索隱："躩以連卷。韋昭曰：'龍之形皃也。'"漢書司馬相如列傳作"躩"。

2. qú 玉篇音瞿。

❸〔蠼螋〕昆蟲名。一種長脚小蜈蚣。玉篇："蠼，蠼蛟(螋)。"明李時珍本草綱目蟲部蠼螋："其蟲隱牆壁及器物下，長不及寸，狀如小蜈蚣，青黑色，二鬚六足，足在腹前，尾有叉歧，能夾人物，俗名搜夾子。其溺射人影，令人生瘡，身作寒熱。"唐段成式酉陽雜俎廣知："古蠼螋、短狐、踏影蟲，皆中人影爲害。"

按，説文無蠼字。

蠠 mì 彌畢切，音蜜，入，質韻，明。質部。

同"蜜"。蜂蜜。説文："蠠，蠭甘飴也。一曰螟子。"清李調元南越筆記蜂蜜："家～取以夏冬爲上，秋次之，春易發酸。冬曰梅花糖，最甘香。唐詩云：'天寒割～房。'"按全唐詩杜甫秋野詩之三作"風落收松子，天寒割蜜房"。

按，説文蠠字在䖵部。

二十一畫

蠾 1. zhú 之欲切,音燭,入,燭韻,照三。屋部。

㊀〔蠾蝓〕準叠韻聯緜字。蜘蛛的别名。方言卷一一:“鼅鼄…自關而東,趙、魏之郊,或謂之蠾蝓。蠾蝓者,侏儒語之轉也。”

〔備考〕廣韻:“蠾,蚤也。”

2. shǔ 集韻殊玉切,音蜀,入,燭韻,禪。

㊁同“蠋(蜀)”。蛾蝶的幼蟲。集韻燭韻:“蜀,説文:‘葵中蠶也,…。’或作蠋,亦从屬。”清顧炎武天下郡國利病書一〇四:“(盧亭)在廣州城東南百里,以採藤～爲業。”

蠽 jié 姊列切,入,薛韻,精。月部。

㊀〔蝨蠽〕一種小蟬。説文:“蠽,小蟬,蜩也。”也作“茅截”。爾雅釋蟲:“蠽,茅蜩。”郭璞注:“江東呼爲茅截,似蟬而小,青色。”楚辭漢王逸九思怨上:“螻蛄兮鳴東,蝨蠽兮號西。”㊁〔蠽蟟〕蟬的方言别稱。爾雅釋蟲:“蜩。”郝懿行義疏:“今黄縣人謂之蛣蟟,棲霞謂之蠽蟟,順天謂之蜘蟟,皆語音之轉也。”

按,説文蠽字在䖵部。

二十二畫

蠿 zhuō 集韻朱劣切,音茁,入,薛韻,照三。月部。

〔蠿蝨〕蜘蛛的一種。説文:“蠿,蠿蝨,作罔蛛蝨也。”參見“蝨”字條。

按,説文蠿字在䖵部。

二十三畫

蠹 fú 集韻房尤切,音浮,平,尤韻,奉。幽部。

〔蚍蠹〕雙聲聯緜字。蟲名。大螞蟻。説文:“蠹,蚍蠹也。”也作“蚍蠹”。漢書五行志中之下:“宣公十五年:‘冬,蝝生。’劉歆以爲蝝,蚍蠹之有翼者,食穀爲災,黑眚也。”顔師古注引孟康曰:“蚍蠹,音蚍蜉。”通常作“蚍蜉”。參見“蜉”字條。

按,説文蠹字在䖵部。

血　部

〔血部總論〕

“血”,甲骨作或,小篆作,象皿器中盛着血。字的本義是祭祀所用牲畜之血,後泛指人與動物的血。從血的字不多,大都與血有關,而且常和古代祭祀及中醫藥有聯繫。只有“衆”字,是“眾”的異體,與血無關,本作,從㐺、從目。

血 xuè 呼決切,入,屑韻,曉。質部。

㊀古代祭祀所用牲畜之血。説文:“血,祭所薦牲血也。”詩小雅信南山:“祭以清酒,從以騂牡,享于祖考。執其鸞刀,以啓其毛,取其～膋(liáo)。”也泛指血液。左傳襄公九年:“與大國盟,口～未乾而背之,可乎?”荀子議兵:“兵不～刃,遠邇來服。”(血刃,血染刀口,指殺傷人。)㊁指有血緣關係的親近。漢揚雄太玄玄錯:“親附疏,割犯～。”唐杜牧感懷詩:“誓將付孱孫,～絶然方已。”明黄道周退尋仁清之旨疏:“子思子爲仲尼～孫,一生以誠明爲本。”㊂指因悲傷而流的淚水。易屯:“乘馬班如,泣～漣如。”文選漢李陵答蘇武書:“天地爲陵震怒,戰士爲陵飲～。”李善注:“血,即淚也。”唐顧況傷子詩:“老夫哭愛子,日暮千行～。”㊃血紅色,指似血一樣的顔色。唐李朝威柳毅傳:“俄有赤龍長千餘丈,

雷目～舌，朱鱗火鬣。”又用作動詞。用血塗染。山海經南山經：“(侖者之山)有木焉…其名曰白䓘，可以～玉。”郭璞注：“血，謂可用染玉作光彩。”㊄通“恤”。憂，憂慮。易小畜：“六四，有孚，～去惕出，无咎。”釋文引馬融曰：“血，當作恤，憂也。”大戴禮記少間：“～者猶～，酒者猶酒。”盧辯注：“血，憂色也。酒以論樂，猶憂其可憂，而樂其所樂。”

三　畫

衁 huāng 呼光切，音荒，平，唐韻，曉。陽部。

血，血液。見説文。左傳僖公十五年：“士刲(kuī)羊，亦無～也。”杜預注：“衁，血也。”唐韓愈陸渾山火和皇甫湜用其韻：“～池波風肉陵屯，谽呀鉅壑頗黎盆。”

衂 nǜ 尼六切，入，屋韻，娘。屋部。

“衄”的俗體。廣韻屋韻：“衄，俗作衂。”按，説文衂作衄。

四　畫

衃 1. pēi 芳杯切，集韻鋪枚切，音醅，平，灰韻，滂。之部。

㊀凝血，呈赤黑色的淤血。説文：“衃，凝血也。”素問五藏生成論：“赤如～血者死。”王冰注：“衃血，謂敗惡凝聚之血，色赤黑也。”靈樞經水脹第五七：“惡血當瀉不瀉，～以留止，日以益大，狀如懷子。”

2. pēi 匹尤切，平，尤韻，滂。之部。

㊁同“胚(肧)”。胚胎。南唐徐鍇説文繫傳：“衃，猶肧也。”集韻尤韻：“肧胎，未成物之始，或从血。”潛夫論本訓：“資和以兆～，民之胎，含嘉以成體。”汪繼培箋：“衃，與肧同。”

3. fōu 集韻俯九切，音否，上，有韻，非。之部。

㊂〔衃衃〕雙聲聯緜字。參見“衃”字條。

衄 nǜ 女六切，入，屋韻，娘。屋部。

㊀鼻出血。見説文。晉王叔和傷寒論辨脈法：“脈浮，鼻中燥者，必～也。”大莊嚴論經一五：“此人奉使出門，卒爾血～。”又泛指人體其他器官或各部位出血。醫宗金鑒漢張仲景金匱要略驚悸吐衄下血胸滿瘀血：“病人面無血色，無寒熱，脈沉(浮)弦者，～。”明李時珍本草綱目百病主治藥：“口鼻併出曰腦～；九竅俱出曰大～。”㊁挫折，失敗。尉繚子攻權：“將無修容，卒無常試，發攻必～，是謂疾陵之兵。”後漢書段熲傳：“巨兵累見折～。”李賢注：“傷敗曰衄。”又爲畏縮，退縮。晉書蔡豹傳：“未戰而退，先自摧～，亦古之所忌。”遼史蕭敵魯傳：“敵魯有膽略，聞敵所在即馳赴，親冒矢石，前後戰未嘗少～，必勝乃止。”引申爲耻辱，羞愧。唐皮日休三羞詩序：“皮子闞之，惕然泣，～然羞。”也作“朒”。

［同源字］衄(衂、朒)，辱。釋名釋言語：“辱，衄也，言折衄也。”同屬屋部，聲母娘、日甚近。故在屈辱、耻辱意義上衄(衂、朒)與辱同源。

五　畫

衅 xìn 許覲切，去，震韻，曉。文部。

同“釁”。古代一種祭祀儀式，用牲畜血塗器祭祀。玉篇血部：“衅，牲血塗器祭也。亦作‘釁’。”禮記樂記：“車甲～而藏之府庫，而弗復用。”鄭玄注：“衅，釁字也。”孔穎達疏：“言車甲不復更用，故以血衅而藏之。”宋陸游書志：“鑄爲上方劍，～以佞臣血。”

按，説文衅作釁。

六　畫

衈 èr 仍吏切，去，志韻，日。之部。

㊀祭祀前殺牲取血以爲衅禮之用。玉篇：“衈，耳血也。”穀梁傳僖公十九年：“用之者，叩其鼻以～社也。”范甯注：“衈者，釁也，取鼻血以釁祭社器。”禮記雜記下：“門、夾室皆用雞，先門而後夾室。其～皆于屋下。”鄭

玄注："衈謂將封割牲以釁，先滅耳旁毛薦之。耳聽聲者，告神欲其聽之。"又爲祭名，殺牲禽血以祭。廣韻："衈，殺雞血祭名。"周禮秋官士師："凡刉珥，則奉犬牲。"鄭玄注："珥讀爲衈，刉衈，釁禮之事。用牲毛者曰刉，羽者曰衈。"㊁中醫指眼或耳中出血。明李時珍本草綱目百病主治藥上："耳血曰～，眼血曰～。"

按，說文無衈字。

衆 zhòng 之仲切，去，送韻，照三。冬部。

同"眾"。多。見"眾"字條。

𧖴 mài 莫獲切，音脈，入，麥韻，明。

同"脈(脉)"。血脈，血管。元雜劇無名氏抱粧盒楔子："大王也，你須是一～流傳親叔姪，怎不念萬里江山託付誰？"參見"脈(脉)"字條。

按，說文𧖴作𧖸。

𧖸 mài 莫獲切，入，麥韻，明。錫部。

同"脈(脉)"。血脈，血管。說文："𧖸，血理分衺行體者。脈，𧖸或从肉。"明陶宗儀輟耕録一九："無求子云：脈之字从肉，从𠂢。又作～。蓋脈以肉爲陽，以血爲陰。"

按，說文𧖸字在𠂢部。

䘑 kè 字彙乞格切，音客。鐸部。

同"咯(喀)"。吐(血)。國語晉語九："鄭人擊我，吾伏弢～血，鼓音不衰。"新唐書隱太子建成傳："王暴疾，～血數升。"也作"䘓"。

按，說文無䘑字。

七　畫

䘒 zuī 臧回切，平，灰韻，精。微部。

男孩的生殖器。今作朘。廣韻："朘，赤子陰也。䘒，朘同。"老子第五十五章："未知牝牡之合而～作，精之至也。"河上公注："赤子不知男女之合會，而陰作怒者，由精氣多之所致也。"一本作"朘"。後又指雄性牲畜的生殖器。宋王禹偁記馬："乃以數牝馬誘之，乘～作之勢，以巾冪其目，間而進其母，既已，徹巾，然後曉其所生，因垂耳俛首，若不欲活者。"

按，說文無䘒字。

八　畫

䘓 kàn 苦紺切，去，勘韻，溪。談部。

血羹。說文："䘓，羊凝血也。"徐鍇繫傳："陶氏本草注云：'(南朝宋)時大官作䘓，削藕皮落其中，血不凝，知藕之散血。'然則䘓，血羹也。"王筠句讀引證俗音云："南方謂凝牛羊鹿血爲䘓。"

十 五 畫

𧗁 miè 莫結切，音蔑，入，屑韻，明。月部。

污血。見說文。素問氣厥論："鼻淵者，濁涕下不止也，傳爲衄～瞑目，故得之氣厥也。"王冰注："𧗁，謂污血也。"又用作動詞。謂以血或穢物塗染。新唐書藩鎮傳田悦："大夫親斷逆首，血～衣袖。"金史李復亨傳："刀～馬血，火煅之則刃青。"新唐書列女傳崔繪妻盧："是夕，出自竇，糞穢～面。"引申爲污蔑，詆毀，以不實之詞誣毀他人。漢書文三王傳梁平王劉立："污～宗室，以内亂之惡披布宣揚於天下。"新唐書桓彦範傳："彦範等未訊即誅，恐爲讎家誣～，請遣御史按實。"這個意義後來多寫作"蔑"。

十 八 畫

𧗝 xì 許極切，入，職韻，曉。職部。

悲傷，悲痛。說文："𧗝，傷痛也。"書酒誥："誕惟厥縱淫泆于非彝，用燕喪威儀，民罔不～傷心。"僞孔傳："民無不𧗝然痛傷其心。"唐陸贄請減京東水運收脚價於沿邊州鎮儲蓄軍糧事宜狀："夙夜疚心，～如焚灼。"宋曾鞏祭孔長源文："聞公之訃，法然心～。"引申爲痛惜。唐柳宗元天對："呱呱之不～，而孰圖厥味！"

行　部

［行部總論］

"行",説文行部:"人之步趨也。"這是引申義。其本義,正如甲骨"行"字的形體㣔所示,是道路的意思。不僅古籍中有此用法,不少從行旁的字都與道路義有關可證。如"術"的本義是邑中的道路,"街"是四通的道路,"衡"是縱横相交的大道,"衖衕"是小街道,"衢"是四通八達的道路,等等。故説文以來的字書多立有"行"部首。而新華字典及漢語大字典、漢語大詞典都予以取消,併入"彳"部。

行 1. háng 胡郎切,音航,平,唐韻,匣。陽部。

❶道路。爾雅釋宫:"行,道也。"詩豳風七月:"女執懿筐,遵彼微～。"毛傳:"微行,牆下徑也。"孔穎達疏:"行,訓爲道也。步道謂之徑,微行爲牆下徑。"微行即小道。國語晉語四:"夙夜征～。"韋昭注:"行,道也。"吕氏春秋下賢:"桃李之於～者,莫之援也;錐刀之遺於道者,莫之舉也。"❷行列。詩大雅常武:"左右陳～,戒我師旅。"釋文:"行,列也。"吕氏春秋辯土:"衡～必得,縱～必術。正其～,通其風。"高誘注:"行,行列也。"又特指古代的兵制,二十五人爲行。左傳隱公十一年:"鄭伯使卒出豭,～出犬、雞,以詛射潁考叔者。"杜預注:"百人爲卒,二十五人爲行。行亦卒之行列。"引申爲排行,輩份。史記汲鄭列傳:"(鄭莊)年少官薄,然其游知交皆其大父～,天下有名之士也。"漢書蘇武傳:"漢天子我丈人～也。"清蒲松齡聊齋誌異蕭七:"徐問其族姓,女自言:蕭姓,～七。"❸工商交易處。唐康駢劇談録上:"逕詣市東肉～,以善價取之。"宋耐得翁都城紀勝諸行:"市肆謂之行者,因官府科索而得此名,不以其物小大,但合充用者,皆置爲～。"引申爲行業。宋吴自牧夢粱録民俗:"且如士農工商諸～百户衣巾裝著,皆有等差。"又表示複數,相當於"等""們"。唐韓愈陪杜侍御遊湘西兩寺詩:"羣～忘後先,朋息棄拘檢。"明賈仲名金安壽二折:"便那女娘～心思十分巧,其實的刺不成、綉不到。"又用作量詞。吕氏春秋行論:"燕王聞之,泣數～而下。"唐杜甫絶句之三:"兩個黄鸝鳴翠柳,一～白鷺上青天。"❹器物質量粗劣,不堅實。周禮地官胥師:"察其詐僞飾～儥慝者而誅罰之。"鄭玄注:"飾行儥慝,謂使人行賣惡物於市,巧飾之令欺誑買者。"王引之經義述聞周官上:"古人謂物脆薄曰行。"潛夫論浮侈:"以完爲破,以牢爲～。"汪繼培箋:"古者謂物不牢爲行。"

2. xíng 户庚切,平,庚韻,匣。陽部。

❺行走。説文:"行,人之步趨也。"詩唐風杕杜:"獨～踽踽,豈無他人!"論語述而:"三人～,必有我師焉。"引申爲離去。左傳僖公五年:"宫之奇以其族～。"杜預注:"行,去也。"漢王褒洞簫賦:"時奏狡弄,則彷徨翱翔,或留而不～,或～而不留。"又引申爲指去世。吕氏春秋知接:"管仲有疾,桓公往問之。……管仲曰:'齊鄙人有諺曰:居者無載,～者無埋。'今臣將有遠～,胡可以問?"❻經歷。國語晉語四:"文公問元帥於趙衰,對曰:'郤縠可,～年五十矣。'"韋昭注:"行,歷也。"管子問:"城粟軍糧,其可以～幾何年也?"尹知章注:"行,由經也。"❼運動,運行。論語陽貨:"四時～焉,百物生焉。"荀子天論:"天～有

常。"〔五行〕指金、木、水、火、土五種物質。古代一些思想家以"五行"來解釋世界萬物的構成及其相互關係,後來中醫藥學也借用"陰陽""五行"學説來説明人體的生理現象與病理變化。〔行行〕①不停地前行。古詩十九首之一:"行行重行行,與君生别離。"文選漢曹操苦寒行:"行行日已遠,人馬同時饑。"②指時序運行。唐王建行見月詩:"月初生,居人見月一月行。行行一年十二月,强半馬上看盈缺。"③指行旅,旅行者。宋梅堯臣送毛秘校罷宣城主簿被薦入補令詩:"以此贈行行,無酒勿怪我。"㊇做,從事。書湯誓:"非台小子,敢~稱亂,有夏多罪,天命殛之。"荀子大略:"口言善,身~惡,國妖也。"引申爲施行,實行,執行。易繫辭上:"化而裁之謂之變,推而~之謂之通。"孔穎達疏:"因推此以可變而施行之,謂之通也。"論語微子:"道之不~,已知之矣。"韓非子外儲説左上:"賞罰不信,則禁令不~。"又爲行動。商君書更法:"疑~無成,疑事無功。"晉書謝安傳:"晉祚存亡,在此一~。"㊈兼代(官職)。後漢書陳俊傳:"於是拜俊太山太守,~大將軍事。"三國志魏書武帝紀:"太祖~備武將軍。"資治通鑑後漢高祖乾祐元年:"丙寅,以(侯)益兼中書令,~開封尹。"㊉將,將要。詩魏風十畝之間:"~與子還兮,十畝之外兮。"朱熹集傳:"行,猶將也。"文選三國魏曹丕與吳質書:"歲月易得,别來~復四年。"李善注:"行,猶且也。"⑪古代官名,即行人,使者。左傳襄公二十九年:"鄭伯有使公孫黑如楚,辭曰:'楚、鄭方惡,而使余往,是殺余也。'伯有曰:'世~也。'"杜預注:"言女(汝)世爲行人。"管子小匡:"王子城父爲將,弦子旗爲理,甯戚爲田,隰朋爲~。"尹知章注:"行,謂行人也。"⑫樂曲,樂章。史記司馬相如列傳:"酒酣,臨邛令前奏琴曰:'竊聞長卿好之,願以自娱。'相如辭謝,爲鼓一~。"司馬貞索隱:"行者,曲也。此言鼓一再行,謂一兩曲。"又爲一種樂府古詩體裁。宋王灼碧鷄漫志一:"古詩或名曰樂府,謂詩之可歌也。故樂府中有歌有謡,有吟有引,有~有曲。"⑬漢字字體的一種,即"行書"。唐張彦遠法書要録行書:"案行書者,後漢穎川劉德昇所作也。即正書之小僞,務從簡易,相間流行,故謂之行書。"元史趙孟頫傳:"篆、籀、分、隸、真、~、草書,無不冠絶古今,遂以書名天下。"

3. xíng(舊讀 xìng)下更切,去,映韻,匣。陽部。

⑭行爲。論語公冶長:"今吾於人也,聽其言而觀其~。"禮記樂記:"禮以道其志,樂以和其聲,政以一其~,刑以防其姦。"引申爲品行,德行。楚辭戰國屈原九章橘頌:"年歲雖少,可師長兮;~比伯夷,置以爲像兮。"三國志吳書吳主傳:"陸遜陳其素~。"⑮巡視,巡狩。禮記樂記:"釋箕子之囚,使之~商容而復其位。"北魏酈道元水經注濁漳水:"賊不自安,世祖令其歸營,乃輕騎~其壘。"

4. hàng 下浪切,音沆,去,宕韻,匣。陽部。

⑯〔行行〕剛强自負的樣子。論語先進:"子路,行行如也;冉有、子貢,侃侃如也。子樂。"何晏集解引鄭玄曰:"樂各盡其性。行行,剛强之貌。"唐元稹青雲驛詩:"上天勿行行,潛穴勿悽悽。吟此青雲諭,達觀終不迷。"

〔辨〕行,走,奔,跑。見"走"字條。

三 畫

衍 1. yǎn 以淺切,音演,上,獮韻,喻四。元部。

㊀水流順河道匯於海。説文:"衍,水朝宗於海也。"引申爲漫延,擴展。尚書大傳卷一下:"至今~於四海,成禹之變,垂於萬世之後。"後漢書桓帝紀論:"及誅梁冀,奮威怒,天下猶企其休息,而五邪嗣虐,流~四方。"㊁衍溢,滿出。詩小雅伐木:"伐木於阪,釃酒有~。"文選漢司馬相如上林賦:"東注太湖,~溢陂池。"張銑注:"衍,亦溢。"引申爲餘裕,衆

多。荀子君道："聖王財～以明辨異。"楚辭戰國屈原天問："東西南北，其脩孰多？南北順墮，其～幾何？"朱熹集注："衍，餘也。"特指書籍中因傳抄、刻版、排版等錯誤而多出來字句。禮記檀弓上"爵弁絰紂衣"鄭玄注："此言絰，～字也。"宋鄭樵通志總序："既無～文，又無絶緒，世世相承，如出一手。"金王若虛論語辨惑四："作者七人，雖不見主名，其文勢似與上文爲一章，'子曰'字疑～。"〔衍衍〕①寬裕、盛多的樣子。漢班固十八侯銘酈商："衍衍衛尉，德行循規。"晉左思魏都賦："豐肴衍衍，行庖皤皤。"②行走的樣子。楚辭漢東方朔七諫自悲："駕青龍以馳騖兮，班衍衍之冥冥。"晉傅玄走狗賦："裔洋洋以衍衍，逞妙觀於永路。"〔叛衍〕叠韻聯緜字。見"叛"字條。〔奐衍〕叠韻聯緜字。見"奐"字條。㊂低下而平坦。周禮地官大司徒："辨其山、林、川、澤、丘、陵、墳、～、原、隰之名物。"鄭玄注："下平曰衍。"管子輕重丁："北方之萌者，～處負海。"㊃山坡。史記封禪書："文公夢黄蛇自天下屬地，其口止於鄜～。"裴駰集解引李奇曰："山阪曰衍。"

2. yán 集韻夷然切，音延，平，仙韻，喻四。元部。

㊄佛教用語。梵文"摩訶衍"音譯的省稱，即所謂"乘"。文選南朝齊王巾頭陀寺碑文："憑五～之軾，拯溺逝川。"李善注引僧肇曰："五衍，五乘。天竺言衍，此言乘。"㊅進，引入，延進。後漢書安帝紀："二千石長吏明以詔書，博～幽隱，朕將親覽。"李賢注："衍，猶引也。"又古祭名。周禮春官大祝："辨九祭，…二曰～祭。"鄭玄注："衍字當爲延…聲之誤也。"

［同源字］衍，引，延，演。四字聲母同爲喻四，韻部"引、演"與"衍、延"爲真元旁轉。字義又相通。"引"，説文："開弓也。"引申爲引導，延長。"演"，説文："長流也。"又釋名釋言語："演，延也，言蔓延而廣也。""延"，説文："長行也。"爾雅釋詁："延，長也。"而"衍"通"延"，亦猶引也，故同源。

按，説文衍字在水部。

衎 kàn 苦旰切，音看，去，翰韻，溪。元部。

㊀樂，快樂。説文："衎，行喜皃。"詩小雅南有嘉魚："君子有酒，嘉賓式燕以～。"毛傳："衎，樂也。"晉書謝安傳："從容而杜姦謀，宴～而清羣寇。"㊁和適自得。禮記檀弓上："居處言語飲食～爾。"鄭玄注："衎爾，自得貌。"〔衎然〕安定的樣子。方言卷一三："衎，定也。"郭璞注："衎然，安定貌。"孔子家語七十二弟子解："原憲衣弊衣冠，并日蔬食，衎然有自得之志。"㊂〔衎衎〕①和樂的樣子。易漸："鴻漸于磐，飲食衎衎，吉。"尚秉和注："衎衎，和樂也。"後漢書樊準傳："每讌會，則論難衎衎，共求政化。"李賢注："衎衎，和樂貌也。"②剛强耿直的樣子。漢書張敞傳贊："張敞衎衎，履忠進言。"顔師古注："衎衎，彊敏之貌也。"新唐書李景略傳："希全死，(景略)遷左羽林將軍，對德宗延英殿，論奏衎衎，有大臣風。"

四　畫

衏 háng 字彙胡剛切，音杭。

晚起字。〔衏衏〕①金元時指妓女。改併四聲篇海行部引俗字背篇："衏衏，上杭，下院，俗呼爲衏衏，樂人也。"明徐渭翠鄉夢第一齣："我想起潑紅蓮這個賊衏衏。"又指妓院。明凌濛初初刻拍案驚奇卷二二："鐵生又與盡歡，商量的只是衏衏門中的話。"也作"衏院"或"衏衏。"明凌濛初初刻拍案驚奇卷二："大郎道：'又不是衏衏人家，如何要得許多？'"清俞萬春蕩寇志七九回："這是衏院裏的苦肉計，兄長去睬他則甚。"②行業。指各種營業或經營各種營生的人。元馬致遠任風子第一折："任屠非自誇，你親曾見做屠户的這些衏衏。"一作"衏衏"。

衏 yuàn 字彙虞怨切，音院。

晚起字。〔衙衙〕妓院。見"衙"字條。

五 畫

衒 xuàn 黄練切，音眩，去，霰韻，匣。真部。

❶同"衙"。沿街叫賣。説文："衙，行且賣也。从行从言。衒，衙或从玄。"楚辭戰國屈原天問："妖夫曳～，何號於市。"洪興祖補注："曳衒，言夫婦相引，行賣於市也。"又泛指賣。楚辭漢王逸九思疾世："抱昭華兮寶璋，欲～鬻兮莫取。"法言問道："～玉賈石者，其狙詐乎？"❷炫耀，自誇。三國魏曹植求自試表："夫自～自媒者，士女之醜行也。"抱朴子外篇正郭："行自～耀，亦既過差。"唐柳宗元梓人傳："不～能，不矜名。"又謂自媒自求。漢劉向列女傳齊鍾離春："其爲人極醜無雙…年四十無所容人，～嫁不讎，流棄莫執。"❸眩惑，迷惑。前秦王嘉拾遺記夏禹："夫神迹難求，幽暗罔辨，希夷髣髴之間，聞見以之～惑。"續資治通鑑宋真宗天禧二年："不宜以神怪～愚俗。"

術 1. shù 食聿切，入，術韻，牀三。物部。

❶邑中道路。見説文。泛指街道，道路。墨子旗幟："巷～周道者必爲之門。門二人守之，非有信符，勿行。"漢書燕刺王劉旦傳："歸空城兮，狗不吠，雞不鳴，横～何廣廣兮，固知國中之無人！"顔師古注引臣瓚曰："術，道路也。"❷途徑，方法。禮記樂記："應感起物而動，然後心～形焉。"鄭玄注："術，所由也。"又祭統："惠～也，可以觀政矣。"鄭玄注："術猶法也。"北魏賈思勰齊民要術序："桑弘羊之均輸法，益國利民之～也。"特指君主控制和使用羣臣的策略、手段。韓非子定法："君無～則弊於上，臣無法則亂於天下。"論衡定賢："夫聖賢之治世也，得其～則成功，失其～則事廢。"❸技藝。禮記鄉飲酒義："古之學～道者，將以得身也。"鄭玄注："術，猶藝也。"韓非子喻老："子之教我御，～未盡也。"又用作動詞。學習。禮記學記："蛾子時～之。"孔穎達疏："蟻子小蟲，蚍蜉之子，時時術學銜土之事，而成大垤，猶如學者時時學問而成大道矣。"宋羅大經鶴林玉露九："必時～焉，無一時不～也。"❹思想，學説。晏子春秋内篇雜上二六："言有文章，～有條理。"史記外戚世家："竇太后好黄帝、老子言，帝及太子諸竇不得不讀黄帝、老子，尊其～。"❺通"述"。述説，陳述。朱駿聲説文通訓定聲履部："術，叚借爲述。"墨子非命下："曰命者，暴王所作，窮人所～，非仁者之言也。"漢書賈山傳："今陛下念思祖考，～追厥功。"顔師古注："術，亦作述。"

2. suì 集韻徐醉切，去，至韻，邪。物部。

❻通"遂"。周代的行政區劃。集韻："術，六鄉之外地，通作遂。"管子度地："故百家爲里，里十爲～，～十爲州，州十爲都。"禮記學記："古之教者，家有塾，黨有庠，～有序，國有學。"鄭玄注："術當爲遂，聲之誤也。…遂在遠郊之外。"❼通"遂"。溝渠。禮記月令："審端經(徑)～，善相丘陵。"鄭玄注："周禮作'遂'。…遂，小溝也。"❽〔術術〕通"遂遂"。興盛貌。管子霸言："夫先王取天下也，術術乎大德哉！"依王念孫説，見讀書雜志七管子五。

〔備考〕通"殺(shài)"。差別，等級。墨子非儒下："儒者曰：'親親有～，尊賢有等。'言親疏尊卑之異也。"孫詒讓閒詁："王引之云：此即中庸所謂'親親之殺，尊賢之等'。今云'親親有術'者，'殺'與'術'聲近而字通也。"

〔同源字〕術，述，遂，隧。四字都屬物部，叠韻，而"術述"的聲母牀三，與"遂隧"的聲母邪爲鄰紐。"術"本義爲"邑中道"。泛指道路。而"述"，説文"循也"。儀禮士喪禮："不述命。"鄭注："古文述皆作術。""術"與"述"是名詞和動詞的區別。又"遂""隧"都有道路的意義，故四字同源。

六 畫

街 jiē 古膎切，平，佳韻，見。支部。

❶四通的道路，指城市的大道。說文：“街，四通道也。”唐慧琳一切經音義四引考聲云：“街，都邑中之大道也。”管子桓公問：“湯有總～之庭，以觀人誹也。”文選漢張衡西京賦：“觀其城郭之制，則旁開三開，參塗夷庭，方軌十二，～衢相經。”李善注引薛綜曰：“街，大道也。”引申爲市朝，市集，街市。吕氏春秋不苟論：“百里奚歸，辭公孫枝。公孫枝徙，自敷於～。”許維遹集釋引孫鏘鳴注：“街，市朝也。”宋孟元老東京夢華録七夕：“又以油麪糖蜜造爲笑靨兒，謂之果食，花樣奇巧百端…皆於～心綵幙帳設出絡貨賣。”清劉獻廷廣陽雜記二：“蜀謂之場，滇謂之～，嶺南謂之務，河北謂之集。”❷中醫學術語。指人體内氣的運行通道。素問水熱穴論：“伏菟上各二行行五者，此腎之～也。”王冰注：“街，謂道也。”

［辨］衢，衕，街，衖(巷)。見“衢”字條。

衖 xiàng 胡絳切，去，絳韻，匣。東部。

同“巷”。小巷，胡同。爾雅釋宮：“衖門謂之閎。”郭璞注：“閎，衖頭門。”釋文：“衖，道也。聲類猶以爲‘巷’字。”楚辭戰國屈原離騷：“不顧難以圖後兮，五子用失乎家～。”朱熹集注：“衖，一作巷，與‘巷’同。”唐李賀緑章封事詩：“金家香～千輪鳴，揚雄秋室無俗聲。”

按，說文衖作𨛜。

衕 1. tòng 徒弄切，去，送韻，定。今讀如痛。東部。

❶通街，通道。說文：“衕，通街也。”宋樓鑰小溪道中詩之二：“後～環村儘溯游，鳳山寺下换輕舟。”〔衚衕〕即胡同。參見“衚”字條。

2. dòng 玉篇徒東切。今讀如洞。東部。

❷中醫學病名。洞下，指腹瀉。玉篇行部：“衕，下也。”山海經北山經：“(梁渠之山)有鳥焉…名曰囂，其音如鵲，食之已腹痛，可以止～。”郭璞注：“治洞下也，音洞。”清李調元卍齋瑣録七：“衕，病名，洞下也。”按，廣韻徒紅切收有“衕”字，但無“下”義，故未録。

七畫

衙 1. yú 語居切，音魚，平，魚韻，疑。魚部。

❶〔衙衙〕行走的樣子。說文：“衙，行皃。”廣韻引作“衙衙，行皃”。楚辭戰國宋玉九辯：“屬雷師之闐闐兮，通飛廉之衙衙。”洪興祖補注：“衙衙，行貌。”清龔自珍太常仙蝶歌：“慰此蹇蹇，其來衙衙。”

2. yá 五加切，音牙，平，麻韻，疑。魚部。

❷舊時官署。衙門。唐封演封氏聞見記公牙：“近代通謂府廷爲公～。公～即古之公朝也。字本作‘牙’。…近俗尚武，是以通呼公府爲‘公牙’，府門爲‘牙門’。音稍訛變，轉而爲～也。”北齊書宋世良傳：“每日～門虚寂，無復訴訟者。”唐項斯贈金州姚合使君詩：“官壁題詩盡，～庭看鶴多。”又唐代特稱天子所居之處。新唐書儀衛志上：“唐制：天子居曰‘衙’，行曰‘駕’，皆有衛有嚴。”唐元稹連昌宫詞：“虵出燕巢盤斗拱，菌生香案正當～。”〔衙内〕宫禁之内。舊唐書德宗紀上：“己亥，敕左右衛上將軍、大將軍，並於衙内宿。”唐末宋初藩鎮的親近衛官有衙内都指揮使、衙内都虞候等，多以子弟充任。後因稱官宦的子弟爲“衙内”。宋孔平仲珩璜新論四：“或以衙爲廨舍，早晚聲鼓，謂之衙鼓，報牌謂之衙牌，兒子謂之衙内。”❸衙參，舊時官吏到上司衙門排班參見。玉篇行部：“衙，參也。”唐韓愈河南府同官記：“歲時出旌旗，序留司文武百官於宫城門外而～之。”宋張耒縣齋詩：“暗樹五更雞報曉，晚庭三叠鼓催～。”引申爲排列成行的事物。五代尉遲偓中朝故事：“天街兩畔槐樹，俗號爲槐～；曲江池畔多柳，亦號爲柳～。謂其成行列如排～也。”元舒頔春雪詩：“籬寒春雀陣，檐棟舞蜂～。”❹古地名。在今陝西白水縣東北。史記秦始皇本紀：“憲公享國十二年，居西新邑。死，葬～。”裴駰集解引漢書地理志云：“馮翊有～縣。”

3. yù 集韻牛據切，音馭，去，御韻，疑。

魚部。

❺竹名。“由衙”的省稱。晉戴凱之竹譜：“篔與由衙，厥體俱洪。圍或累尺，篔實～空。南越之居，梁柱是供。”亦作“柚梧”。❻通“御”。遏止，阻止。釋名釋樂器：“衙，止也。”朱駿聲説文通訓定聲豫部：“衙，叚借爲御。”周禮夏官田僕“設驅逆之車”鄭玄注：“驅，驅禽使前趨獲；逆，～還之，使不出圍。”釋文：“衙，本又作御。”❼通“禦”。强暴，强横。宋洪适隸釋漢北海相景君銘：“興利惠民，彊～改節。”又指强暴之人。宋洪适隸釋漢司隸校尉楊孟文石門頌：“奉魁承杓，綏億～彊。”王念孫讀書雜志一五漢隸拾遺：“衙，與‘禦’同。言能安彊禦之人也。‘禦彊’即‘彊禦’，倒文協韻耳。”

九 畫

衚 hú 字彙洪孤切，音胡。

晚起字。〔衚衕〕即胡同。北方里巷的通稱。正字通行部：“衚衕，街也。今京師巷道名衚衕，或省作胡同、衕衕。…南方曰弄，北方曰衕衕，皆方言也。”明沈榜宛署雜記街道：“衚衕，本元人語，字中从胡从同，蓋取胡人大同之意。”元關漢卿單刀會第三折：“旱路裏擺着馬軍，水路裏擺着戰舡，直殺一箇血衚衕。”

衝 1. chōng 尺容切，平，鍾韻，穿三。東部。

❶交通要道。玉篇：“衝，交通也。”左傳昭公元年：“子南知之，執戈逐之。及～，擊之以戈。”漢書酈食其傳：“夫陳留，天下之～，四通五達之郊也。”引申爲重要的（事或職位）。唐劉知幾史通二體：“至於賢士貞女，高才儁德，事當～要者，心盱衡而備言。”宋范仲淹與韓魏公書：“明公久於～要，嚴君非晚，更望勉之！”清朱彝尊日下舊聞三鎮邊務總要：“又三里，至八達嶺，内外平漫，爲宣、大咽喉，極～。”❷衝擊，碰撞。莊子秋水：“梁麗可以～城，而不可以窒穴，言殊器也。”成玄英疏：“衝，擊也。”戰國策齊策一：“使輕車鋭騎～雍門。”高誘注：“衝，突。”後漢書岑彭傳：“（魯）奇船逆流而上，直～浮橋。”按，一本作“衝”。又爲衝撞敵城或敵陣的戰車。詩大雅皇矣：“以爾鉤援，與爾臨～，以伐崇墉。”毛傳：“衝，衝車也。”左傳定公八年：“主人焚～。”杜預注：“衝，戰車也。”淮南子原道：“是故革堅則兵利，城成則～生。”引申爲衝撞，觸犯。唐趙璘因話録四：“頭錢價奴兵，輒～官長。”宋計有功唐詩紀事四〇賈島：“島赴舉至京，騎驢賦詩，…不覺～大尹韓愈。”❸向，對着。山海經海外北經：“（共工之臺）隅有一蛇，虎色，首～南方。”郭璞注：“衝，猶向也。”宋孫升孫公談圃卷中：“隋開汴河，其勢正～今南京，至城外，迂其勢以避之。”這個意義今讀 chòng。❹穿，刺。戰國宋玉風賦：“及其將衰也，被麗披離，～孔動楗。”漢書賈誼傳：“白公爲亂，非欲取國代主也，發憤快志，剡手以～仇人之胸，固爲俱靡而已。”顔師古注：“衝，刺也。”

2. chǒng 集韻蠢勇切，上，腫韻，穿三。東部。

❺〔衝蓯〕叠韻聯緜字。相入貌。即互相糾結的樣子。漢書司馬相如傳下：“騷擾衝蓯其紛挐兮，滂濞泱軋麗以林離。”顔師古注引張揖曰：“衝蓯，相入貌。”

［辨］衝，衝，街，衖（巷）。見“衝”字條。

［同源字］衝，撞。二字義相通。説文手部：“撞，卂擣也。”一切經音義五引作“戟擣也”。禮記學記：“善待問者如撞鐘。”又廣雅釋詁一：“撞，刺也。”漢書樊噲傳：“（樊）噲直撞入。”顔師古注：“謂以盾撞擊人。”均與“衝”義近似。而且二字屬東部叠韻，穿（衝）、定（撞）鄰紐，故同源。

按，説文衝作衝。

十 畫

衠 zhūn 五音集韻章倫切，音諄。

晚起字。❶純，正。改併五音集韻諄韻：“衠，正也，不雜也。”元鄭光祖三戰吕布第二折：“我則道你是～鋼棚，呸，你原來是個鑞槍頭!”㊁副詞。盡,老是。宋秦觀品令詞:“～倚賴臉兒得人惜。放軟頑,道不得。”元關漢卿救風塵第四折:“這廝家豪富,～一味虛肚腸,不幹些着實活路。”

衛 wèi于歲切,去,祭韻,喻三。月部。

㊀衛士,衛兵。説文:“衛,宿衛也。”書康王之誥:“一二臣～,敢執壤奠。”孔穎達疏:“言衛者,諸侯之在四方,皆爲天子蕃～,故曰臣衛。”左傳文公七年:“文公之入也無～,故有吕、郤之難。”又爲保衛,防護。易大畜:“日閑輿～,利有攸往。”王弼注:“衛,護也。”國語齊語:“築五鹿、中牟、蓋與、牡丘,以～諸夏之地。”韋昭注:“衛,蔽扞也。”漢書高帝紀上:“(漢王)令諸侯子在關中者皆集櫟陽爲～。”㊁箭上的羽毛。釋名釋兵:“(矢)其旁曰羽,如鳥羽也。鳥須羽而飛,矢須羽而前也。齊人曰衛,所以導衛矢也。”儀禮既夕禮:“翭矢一乘,骨鏃,短～。”李如圭集釋:“衛,謂羽也。羽以防衛矢,使之調,故名羽爲衛。”論衡儒增:“楚熊渠子出,見寢石,以爲伏虎,將弓射之,矢没其～。”㊂驢的别名。爾雅翼釋獸:“(驢)一名爲衛。或曰,晉衛玠好乘之,故以爲名。”唐李匡義資暇集下:“代呼驢爲～,於文字未見。今衛地出驢,義在斯乎?或説以其有軸有槽,譬如諸衛有胄曹也,因目爲衛。”唐范攄雲溪友議八:“南中丞卓,吴楚遊學十餘年,衣布縷,乘牝～,薄遊上蔡。”㊃周代諸侯國名,在今河北南部與河南北部一帶。左傳隱公元年:“鄭人以王師、虢師,伐～南鄙。”㊄水名。源出河北靈壽縣東北,南流入滹沱河。書禹貢:“恒、～既從,大陸既作。”

衡 héng户庚切,平,庚韻,匣。陽部。

㊀綁在牛角上的横木以防觸人。説文:“衡,牛觸,横大木其角。”詩魯頌閟宫:“秋而載嘗,夏而楅～。”毛傳:“楅衡,設牛角以楅之也。”周禮地官封人:“凡祭祀飾其牛牲,設其楅～。”鄭玄注引杜子春云:“楅衡,所以持牛令不得抵觸人。”又爲車轅頭上套牲口的横木。釋名釋車:“衡,横也,横馬頸上也。”詩小雅采芑:“約軝錯～,八鸞瑲瑲。”莊子馬蹄:“加之以～扼。”釋文:“衡,轅前横木,縛軛者也。扼,叉馬頸者也。”又爲架在門窗或房梁上的横木,即桁子或檁子。詩陳風衡門:“～門之下,可以棲遲。”毛傳:“衡門,横木爲門,言淺陋也。”文選漢王延壽魯靈光殿賦:“朱鳥舒翼以峙～,騰虵蟉虯而遶榱。”李善注:“衡,四阿之長衡也。”㊁天文儀器上的横管,用以觀測天象。書舜典:“在璿機玉～,以齊七政。”孔穎達疏:“璣爲轉運,衡爲横簫。運璣使動於下,以衡望之,是王者正天文之器,漢世以來,謂之渾天儀者是也。”㊂横。與“縱”相對。詩齊風南山:“蓺麻如之何,～從(縱)其畝。”國語晉語三:“穆公～雕戈出見使者。”史記蘇秦列傳:“故從合則楚王,～成則秦帝。”㊃北斗七星的第五星。廣雅釋天:“北斗七星:一爲樞,二爲旋,三爲機,四爲權,五爲衡,六爲開陽,七爲摇光。”史記天官書:“～殷南斗。”張守節正義:“衡,斗衡也。”文選漢張衡東京賦:“攝提運～。”李善注引薛綜曰:“衡,玉衡,北斗中星,主迴轉。”比喻政權中樞。北史序傳李沖:“僕射執我樞～,總釐朝務。”㊄横簪。用以使冠冕固着於髮上。周禮天官追師:“掌王后之首服,爲副編次,追～、笄。”鄭玄注引鄭司農云:“衡,維持冠者。”左傳桓公二年:“衮、冕、黻、珽、帶、裳、幅、舄、～、紞、紘、綖,昭其度也。”㊅秤杆,秤。國語周語下:“先王之制鍾也,大不出鈞,重不過石,律度量～,於是乎生。”韋昭注:“衡,称上衡,衡有斤兩之數。”莊子胠篋:“爲之權～以称之,則并與權～而竊之。”引申爲平,正,不偏。禮記曲禮下:“天子視不上於袷,不下於帶;國君綏視;大夫～視。”鄭玄注:“衡,平也。”管子君臣上:“朝有定制～儀,以尊主位。”尹知章注:“衡,正。”荀子致士:“～聽、顯幽、重明、退姦、進良之術。”楊倞注:“衡,平也。謂不偏聽也。”又引申爲對抗。資治通鑑漢獻帝建安十三年:“若能以吴、越之衆與中國抗～,不如早

與之絶。”❼山名。即衡山。五嶽之一。在今湖南衡陽市南嶽區。爾雅釋山:“江南～。”唐韓愈送廖道士序:“南方之山,巍然高而大者以百數,獨～爲宗。”❽通“珩”。佩玉上的横杠,用以繫璜和衝牙。大戴禮記保傅:“上有雙～,下有雙璜、衝牙。”管子輕重乙:“寡人之國,五分而不能操其二,是有萬乘之號而無千乘之用也,以是與天子提～争秩於諸侯,爲之有道乎?”馬非百新詮:“衡,系與‘珩’通。”❾通“蘅”。香草名,即杜蘅。文選戰國宋玉風賦:“獵蕙草,離秦～。”李善注:“衡,杜衡也。”

[辨]權,衡。見“權”字條。

[同源字]衡,横,珩,桁。“衡”的本義是繫在牛角上的横木;“横”,説文木部:“闌木也。”引申爲横直之横;“珩”是佩玉上之横者;“桁”,玉篇木部:“屋梁上之横木也。”四字都有“横”義。而“衡、珩、桁”三字同音,與“横”又同屬匣母陽部(唯開合不同),故同源。

按,説文衡字在角部。

十一畫

衛 shuài 所律切,音蟀,入,質韻,審二。物部。

同“率”。率領。説文:“衛,將衛也。”段玉裁注:“將,如鳥將雛之將,衛,今之率字。”睡虎地秦墓竹簡爲吏之道:“審智民能,善度民力,勞以～之,正以撟(矯)之。”又爲循,遵循。玉篇行部:“衛,循也。今或爲率。”

[同源字]率,逹,衛,帥。見“率”字條。

十二畫

衝 chōng 尺容切,平,鍾韻,穿三。東部。

“衝”的古體。交通要道。説文:“衝,通道也。从行童聲。春秋傳曰:‘及～,以擊之。’”今本左傳昭公元年作“及衝,擊之以戈”。史記酈生陸賈列傳:“夫陳留,天下之～,四通八達之郊也。”按,漢書作“衝”。

十八畫

衢 qú 其俱切,音渠,平,虞韻,群。魚部。

❶四通八達的道路。説文:“衢,四達謂之衢。”左傳昭公二年:“尸諸周氏之～,加木焉。”杜預注:“衢,道也。”淮南子繆稱:“聖人之道,猶中～而致尊邪?”高誘注:“道六通謂之衢。”唐柳宗元國子司業陽城遺愛碣:“青衿涕濡,填街盈～。”比喻樹枝的分岔,樹岔。山海經中山經:“(少室之山)其上有木焉,其名曰帝休,葉狀如楊,其枝五～。”郭璞注:“言樹枝交錯,相重五出,有象衢路也。”❷地名。即衢州。在今浙江西部。宋王應麟困學紀聞雜識:“淳祐丙午,～士柴望上丙午龜鑑。”

[辨]衢,衝,街,衖(巷)。衢和衝都是四通八達的道路。但“衢”着重指能分岔的道路,即可通向四面八方的道路交叉點。既可四達,亦可五達、六達、七達乃至九達之衢。楚辭戰國屈原天問:“靡蓱九衢。”王逸章句:“九交一道曰衢。”“衝”着重指十字路口,交通要道。故“通衢大道”之衢與“交通要衝”之衝不能互换。衢和衝既可在城邑,亦可在郊野。而“街”則通常指都市中四通的道路。三輔舊事:“長安城中八街九陌。”衖(巷)是“里中道”,即城市居民區中的小道里巷,或稱胡同。

衣 部

[衣部總論]

“衣”作爲部首,通常寫作“衤”,在左旁,如“衫、衪、被、袍、袖、袴、褚、裸、褘、複、褥、褶、襁、襇、襟、襖、襦、襯"等等。作"衣"的,多在字的下部,如"袈、裟、裁、表、袋、衾、裊、裴、裻、襞、襲"等。或分作亠、𧘇兩部分,中間夾一聲符,如"衷、衺、裏、哀、褭、褢、褻、襄"等。個别在字的上部,如"裔"。

從"衣"的字一般都與衣服有關,或爲衣服的部件(如"袖、裾、襌、襟"等),或爲衣服的種類、樣式(如"衬、衫、袍、裙、褐、襖"等),或似衣服用的實物(如"被、袋、褥"之類)。大多爲名詞性的,也有一些用作動詞(如"製、裁、袒、補、裼、褪"等),或有名、動兩種用法,如"裝"(行裝——裝飾),"裹"(包裹——包裹之物)。由於詞義的發展演變,具體的字義,往往是比較複雜的。

衣 1. yī 於希切,平,微韻,影。微部。

❶上衣。説文:"衣,依也。上曰衣,下曰裳。"詩邶風緑衣:"緑兮～兮,緑～黄裳。"法言修身:"惜乎～未成而轉爲裳也。"泛指衣服。詩豳風七月:"無～無褐,何以卒歲?"論語里仁:"士志於道,而恥惡～惡食者,未足與議也。"❷包裹或蒙覆在器物或食物上的東西。説文巾部:"帙,書衣也。"禮記檀弓下"赴車不載櫜韔"鄭玄注:"櫜,甲～;韔,弓～。"北魏賈思勰齊民要術笨麴并酒:"三七日麴成,打破看餅内乾燥、五色～成,便出曝之。"❸指果實的皮。唐李建勳宿友人山居寄司徒相公詩:"隔紙烘茶蕊,移鐺剥芋～。"五代宋齊丘陪遊鳳皇臺獻詩:"金桃帶葉摘,緑李和～嚼。"又指鳥的羽毛。北周庾信鶴贊:"籠摧月羽,弋碎霜～。"宋陸游小園獨立詩:"新泥添燕户,細雨濕鶯～。"❹通"依"。依照,依靠。書康誥:"今民將在祗遹乃文考,紹聞～德言。"僞孔傳:"繼其所聞,服行其德言,以爲政教。"孫星衍疏:"衣,同依。"太平廣記三四六引唐李復言續玄怪録錢方義:"方義家居華州,女兄～佛者亦在此。"❺通"殷"。殷朝。禮記中庸:"壹戎～而有天下。"鄭玄注:"衣讀如殷,聲之誤也。齊人言殷,聲如衣。虞、夏、商、周者多矣。今姓有衣者,殷之胄與。'壹戎殷'者,壹用兵伐殷也。"周初銅器銘文亦用"衣"稱代"殷"。按,衣,微部,殷,文部。陰陽對轉。

2. yì (舊讀 yì)於既切,去,未韻,影。微部。

❻穿(衣服)。論語子罕:"～敝緼袍,與～狐貉者立,而不恥者,其由也與?"皇侃義疏:"衣,猶著也。"莊子盜跖:"不耕而食,不織而～。"又爲給人穿(衣服)。詩小雅斯干:"乃生男子,載寢之牀,載～之裳,載弄之璋。"朱熹集傳:"衣之以裳,服之盛也。"史記淮陰侯列傳:"解衣～我,推食食我,言聽計用。"引申爲裹束,覆蓋。易繫辭下:"古之葬者,厚～之以薪。"管子度地:"大雨,堤防可～者～之。"

[辨]衣,裳,服。見"裳"字條。

二　畫

衦 liǎo 盧鳥切,上,篠韻,來。宵部。

〔校衦〕叠韻聯緜字。參見"校"字條。

按,説文無衦字。

三　畫

衩 chà 楚懈切,去,卦韻,穿二。

後起字。❶衣衩,衣裙兩側下開口處。俗稱衩口。玉篇衣部:"衩,衣衩。"唐李商隱無題詩:"十歲去踏青,芙蓉作裙～。"❷〔衩衣〕便服。唐李廓長安少年行之六:"不樂還逃席,多狂慣衩衣。"資治通鑑唐僖宗乾符元年:"凝、彦昭同舉進士。凝先及第,嘗衩衣見彦昭。"胡三省注:"衩衣,便服,不具體也。"

衪 yí 弋支切,音移,平,支韻,喻四。歌部。

❶衣袖。廣雅釋器:"衪,袖也。"漢書司馬相如傳上:"衯衯裶裶,揚～戌削,蜚襳垂

胥。"顔師古注引張揖曰:"袘,衣袖也。"史記司馬相如列傳及文選子虛賦作"袘"。❷裳裙下端的邊緣。玉篇衣部:"袘,緣也。"六書故工事七:"袘,士昏禮曰:'纁裳緇～。'康成曰:'袘,謂緣。袘之言施,以緇緣裳。'"今本儀禮作"袘",讀去聲 yì。參見"袘"字條。

按,説文無袘字。

衫 shān 所銜切,平,銜韻,審二。侵部。

古指無袖頭的上衣。釋名釋衣服:"衫,芟也,芟末無袖端也。"畢沅疏證:"蓋短袖無袪之衣。"方言卷四:"或謂之襌襦。"郭璞注:"今或呼衫爲襌襦。"五代馬縞中華古今注布衫:"三皇及周末庶人,服短褐襦,服深衣。秦始皇以布開胯,名曰衫。"唐陳子良新成安樂宮詩:"～薄偏憎日,裙輕更畏風。"後亦通稱衣服。唐岑參奉送賈侍御使江外詩:"荆南渭北愁難見,莫惜～襟著淚痕。"又用作動詞。穿(衣服)。唐杜光庭虬髯客傳:"既而太宗至,不～不履,褐裘而來。"

按,説文無衫字,新附有之。

表 biǎo 陂矯切,上,小韻,幫。宵部。

❶穿在外面的衣服。説文衣部:"表,上衣也。从衣从毛。古者衣裘,故以毛爲表。"段玉裁注:"上衣者,衣之在外者也。"莊子讓王:"子貢乘大馬,中紺而～素。"釋文引李頤云:"紺爲中衣,加素爲表。"又用作動詞。加上或罩上外衣。論語鄉黨:"當暑,袗絺綌,必～而出之。"何晏集解引僞孔傳曰:"必表而出之,加上衣。"皇侃義疏:"當暑,絺綌可單;出則不可單,必加上衣。"❷外。與"裏"相對。書堯典:"光被四～,格于上下。"孔穎達疏:"表裏内外,相對之言,故以表爲外。"左傳僖公二十八年:"若其不捷,～裏山河,必無害也。"杜預注:"晉國内河而外山。"特指人的外表,儀容。莊子天下:"以濡弱謙下爲～,以空虛不毀萬物爲實。"孔叢子嘉言:"吾觀孔仲尼有聖人之～。"❸中表,表親。父親姐妹的子女和母親兄弟姊妹的子女都是表親。唐徐夤贈表弟黄校書輅詩:"産破身窮爲學儒,我家諸～愛詩書。"元石德玉曲江池第一折:"這一個是他妹子劉桃花,就是敝～。"❹標誌,標記。管子君臣上:"猶揭～而令之止也。"尹知章注:"表謂以木爲標,有所告示也。"墨子備城門:"城上千步一～,長丈棄水者操～搖之。"荀子大略:"水行者～深,使人無陷;治民者～亂,使人無失。"楊倞注:"表,標志也。"又爲準則,標準。韓非子十過:"夫堅中足以爲～,廉外則可以大任。"後漢書馬援傳:"竊見四海已定,兆民同情,而季孟閉拒背畔,爲天下～的。"李賢注:"表,猶標也。言爲標準,爲射的也。"❺表明,表白。禮記内則:"子放婦出,而不～禮焉。"鄭玄注:"表,猶明也。猶爲之隱,不明其犯禮之過也。"唐劉知幾史通惑經:"或援誓以～心。"❻表彰,表揚。左傳襄公十四年:"世胙大師,以～東海。"杜預注:"表,顯也。謂顯封東海以報大師之功。"唐韋應物石鼓歌:"刻石～功兮煒煌煌。"❼古代天文儀器圭表(計時器)的組成部分,用以測量日影的標竿。吕氏春秋功名:"猶～之與影,若呼之與響。"淮南子本經:"天地之大,可以矩～識也。"高誘注:"表,影表。"❽文體名。奏章的一種,臣下給皇帝的奏章。漢蔡邕獨斷上:"凡羣臣上書於天子者有四名:一曰章,二曰奏,三曰～,四曰駮議。"如諸葛亮出師表,李密陳情表。又用作動詞。給皇帝上奏章。三國志蜀書諸葛亮傳:"亮自～後主。"新唐書忠義傳上王同皎:"又博陵人郎岌亦～(韋)后及楚客亂,被誅。"又特指上表推薦某人。三國志吴書吴主傳:"曹公～(孫)權爲驃騎將軍。"❾表格,圖表。唐劉知幾史通表歷:"～之所作,因譜象形。故桓君山有云:'太史公三代世表,旁行斜上,并效周譜。'"

四 畫

衷 1. zhōng 陟弓切,平,東韻,知。冬部。

❶貼身的内衣。説文:"衷,裏褻衣。"段

玉裁注："褻衣，有在外者，衷則在内者也。"引申爲穿在裏面。左傳襄公二十七年："辛巳，將盟於宋西門之外，楚人～甲。"杜預注："甲在衣中，欲因會擊晉。"宋程大昌演繁露背子中禪："今人服公裳必～以背子。"又引申爲藏在裏面。潛夫論述赦："先帝制法，論～刺刀者。"㊁内心。左傳僖公二十八年："今天誘其～，使皆降心以相從也。"南朝宋顏延之五君詠劉參軍(伶)："頌酒雖短章，深～自此見。"成語有"無動於～"、"言不由～"。㊂善。書湯誥："惟皇上帝，降～于下民。"僞孔傳："衷，善也。"又爲正，正直。左傳昭公六年："叔向曰：'楚辟，我～。若何效辟！'"杜預注："辟，邪也；衷，正也。"㊃通"中"。中央，中間。左傳襄公十八年："晉州綽及之，射殖綽，中肩，兩矢夾脰，曰：'止，將爲三軍獲；不止，將取其～。'"杜預注："不止，復欲射兩矢中央。"㊄通"盅"。酒杯。南朝宋鮑照望孤石詩："浮生會當幾？歡酌每盈～。"

2. zhòng 陟仲切，音仲，去，送韻，知。冬部。

㊅適當，恰當。左傳僖公二十四年："服之不～，身之災也。"杜預注："衷，猶適也。"後漢書梁統傳："孔子曰：'刑罰不～，則人無所厝手足。'～之爲言，不輕不重之謂也。"

［同源字］衷，中。二字同音(端母冬部)，在中間、内中、適當等意義上均相通，故同源。

衺 xié 似嗟切，音斜，平，麻韻，邪。魚部。

同"邪"。邪惡，不正。説文："衺，𡖪也。"段玉裁注："今字作邪。"周禮天官宫正："去其淫怠與其奇～之民。"賈公彦疏："衺，猶惡也。奇衺，衺惡，義亦相近。"文子上義："立正法，塞～道，羣臣親附，百姓和輯。"

衰 1. suō 集韻蘇禾切，音梭，平，戈韻，心。微部。

㊀蓑衣，一種雨具。説文："衰，艸雨衣，秦謂之萆。"廣雅釋器："萆謂之衰。"王念孫疏證："越語云：'譬如～笠，時雨既至，必求之。'經傳或从艸作'蓑'。"

2. shuāi 所追切，平，脂韻，審二。微部。

㊁衰退，衰弱，衰老。易雜卦："損、益，盛～之始也。"論語微子："楚狂接輿歌而過孔子，曰：'鳳兮鳳兮，何德之～！'"戰國策趙策四："老臣賤息舒祺，最少，不肖。而臣～，竊愛憐之。"引申爲減退，減少。素問刺瘧論："先其發時，如食頃而刺之。一刺則～，二刺則知，三刺則已。"高世栻注："衰，邪氣少去也。"戰國策趙策四："日飲食得無～乎？"［衰衰］瘦瘠的樣子。漢揚雄太玄衆："次八，兵衰衰。見其病，不見輿尸。"范望注："衰衰，瘦瘠之貌也。"

3. cuī 楚危切，平，支韻，穿二。微部。

㊂等級次第的差别或依次遞減。管子小匡："相地而～其政，則民不移矣。"尹知章注："衰，差也，音楚危反。"左傳桓公二年："故天子建國，諸侯立家，卿置側室，大夫有貳宗，士有隸子弟，庶人工商各有分親，皆有等～。"引申爲減少，稀疏。唐賀知章回鄉偶句詩："少小離家老大回，鄉音無改鬢毛～。"按此詩"衰"與"回""來"押韻，用灰(咍)韻，集韻灰韻"衰"字倉回切，當讀 cuī。㊃古代喪服的一種。禮記曲禮下："～，凶器，不以告，不入公門。"孔穎達疏："衰者，孝子喪服也。"禮記喪服小記："斬～括髮以麻，爲母括髮以麻，免而以布。齊～惡笄，以終喪。"荀子禮論："反無哭泣之節，無～麻之服。"這個意義後來寫作"縗"。

衮 gǔn 古本切，上，混韻，見。文部。

㊀古代帝王及三公所穿禮服。説文："衮，天子享先王，卷龍繡於下幅，一龍蟠阿上鄉。"周禮春官司服："享先王則～冕。"鄭玄注引鄭司農曰："衮，卷龍衣也。"詩豳風九罭："我覯之子，～衣繡裳。"鄭箋："王迎周公，當以上公之服往見之。"釋文："天子畫升龍於衣，上公但畫降龍。"文選漢張衡思玄賦："董弱冠而司～兮，設王隧而弗處。"李善注引漢書曰："董賢年二十二爲三公。"後漢書張衡

傳:“申伯、樊仲,實幹周邦,服~而朝,介圭作瑞。”李賢注:“服袞,謂申伯爲冢宰,服袞冕之服也。”〔袞職〕天子或三公之職。詩大雅烝民:“袞職有闕,維仲山甫補之。”孔穎達疏:“袞職,實王職也。”漢蔡邕陳太丘碑文:“弘農楊公,東海陳公,每在袞職,群僚賀之。”㊁〔袞袞〕本爲形容袞服上繡的神龍卷曲的樣子。唐皮日休補九夏歌驁夏:“桓桓其珪,袞袞其衣。”引申爲連續不斷的樣子。唐杜甫上牛頭寺詩:“青山意不盡,袞袞上牛頭。”又登高詩:“無邊落木蕭蕭下,不盡長江袞袞來。”又醉時歌:“諸公袞袞登臺省,廣文先生官獨冷。”此義又作“滾滾”。

[備考]廣雅釋器:“袞,帶也。”

袪 fū 甫無切,音膚,平,虞韻,非。魚部。

衣服的前襟。説文:“袪,襲袪也。”姚文田、嚴可均校議:“六書故第三一引‘襲袪也’下有‘一曰前衿’。”廣韻:“袪,衣前襟。”

[備考]玉篇衣部:“袪,襲衿也。”

袂 mèi 彌弊切,去,祭韻,明。月部。

衣袖。説文:“袂,袖也。”易歸妹:“帝乙歸妹,其君之~,不如其娣之~良。”王弼注:“袂,衣袖,所以爲禮容者也。”楚辭戰國屈原九歌湘夫人:“捐余~兮江中,遺余褋兮澧浦。”王逸注:“袂,衣袖也。”後來也借指衣服。紅樓夢七四回:“鳳姐、平兒等都忙着爲探春理裙整~。”

袡 rán 集韻如占切,音髯,平,鹽韻,日。談部。

同“袇”。衣邊。參見“袇”字條。

按,説文無袡(袇)字。

衵 rì 人質切,音日,入,質韻,日。質部。

貼身衣。説文:“衵,日日所常衣。”玉篇:“衵,近身衣也,日日所著衣。”左傳宣公九年:“陳靈公與孔寧、儀行父通於夏姬,皆衷其~服,以戲於朝。”杜預注:“衵服,近身衣。”後漢書文苑傳下禰衡:“於是先解~衣,次釋餘服,裸身而立。”

衶 zhòng 玉篇直勇切,音重。東部。

㊀褲子。玉篇衣部:“衶,袴也。”㊁〔衶禫〕雙聲聯緜字。沖澹。指語言淡薄無味。荀子非十二子:“弟佗其冠,衶禫其辭。禹行而舜趨,是子張之賤儒也。”楊倞注:“衶禫,當爲沖澹,謂其言淡薄也。”

按,説文無衶字。

衲 nà 奴荅切,音納,入,合韻,泥。

後起字。㊀補,縫綴。廣雅釋詁四:“衲…補也。”王念孫疏證:“衲者,釋言云:‘紩,紩也。’納,與衲通,亦作内。今俗語猶破布相連處爲衲頭。”宋書柳元景傳:“(薛)安都怒甚,乃脱兜鍪,解所帶鎧,唯著絳~兩當衫。”宋劉克莊同孫季蕃遊净居諸庵詩:“戒衣皆自~,因講始停針。”㊁僧衣。因其常用若干碎布縫綴而成,故又稱百衲衣。唐白居易贈僧自遠禪師詩:“自出家來長自在,緣身一~一繩牀。”唐戴叔倫寄贈翠巖奉上人詩:“挂~雲林净,翻經石榻凉。”又爲僧人自稱或代稱。唐戴叔倫題横山寺詩:“老~供茶盌,斜陽送客舟。”元成廷珪春日遊上方寺詩:“田翁入郭買春酒,野~下堂留午齋。”

衿 1. jīn 居吟切,音今,平,侵韻,見。侵部。

㊀衣服的交領。方言卷四:“衿謂之交。”郭璞注:“衿,衣交領也。”顔氏家訓書證:“古者,斜領下連於~,故謂領爲~。”詩鄭風子衿:“青青子~,悠悠我心。”毛傳:“青衿,青領也。學子之所服。”“青衿”爲學子所服,故沿稱秀才爲“青衿”,也省稱“衿”。清吴敬梓儒林外史四回:“合城紳~都來弔唁。”㊁衣襟,衣下兩旁掩裳際處。莊子讓王:“曾子居衛…十年不製衣,正冠而纓絶,捉~而肘見,納履而踵決。”戰國策齊策三:“臣輒以頸血湔足下~。”

2. jìn 集韻巨禁切,音禁,去,沁韻,群。侵部。

㊂繫結，結住。禮記内則：“～纓，綦屨，以適父母舅姑之所。”鄭玄注：“衿，猶結也。”漢書揚雄傳上：“～芰茄之緑衣，被芙蓉之朱裳。”

［備考］纓，五彩絲繩。詩豳風東山“親結其縭”毛傳：“母戒女，施～結帨。”孔穎達疏：“衿，謂纓也。”

衯 fēn 撫文切，音芬，平，文韻，敷。文部。

〔衯衯〕衣長的樣子。説文：“衯，長衣皃。”史記司馬相如列傳：“衯衯裶裶，揚袘邺削。”又雜亂的樣子。廣雅釋訓：“衯衯，亂也。”王念孫疏證：“(書)吕刑云：‘泯泯棼棼’，孫子兵勢篇云：‘紛紛紜紜’，竝與‘衯衯’同。”

衽 rèn 汝鴆切，音任，去，沁韻，日。侵部。

㊀衣襟。①指上衣胸前交領部分。説文：“衽，衣裣也。”禮記喪大記：“小斂，大斂，祭服不倒，皆左～。”鄭玄注：“左衽，衽鄉左，反生時也。”孔穎達疏：“衽，衣襟也。生鄉右，左手解袖帶便也；死則襟鄉左，示不復解也。”論語憲問：“微管仲，吾其被髮左～矣。”邢昺疏：“衽謂衣衿，衣衿向左，謂之左衽。”②指上衣兩旁掩裳邊處。儀禮喪服：“衽二尺有五寸。”鄭玄注：“衽所以掩裳際也。”③指上衣的前幅。楚辭戰國屈原離騷：“跪敷～以陳辭兮，耿吾既得此中正。”王逸注：“衽，衣前也。”文選晉潘岳秋興賦：“且斂～已歸來兮，忽投紱以高厲。”李善注：“衽，襟也。”又用作動詞。整理衣襟。漢劉向新序節士上：“原憲冠桑葉冠，杖藜而應門，正冠則纓絶，～襟則肘見，納屨則踵決。”㊁衣袖。廣雅釋器：“衽，袖也。”管子弟子職：“先生將食，弟子饌饋。攝～盥漱，跪坐而饋。”漢劉向列女傳魯季敬姜：“所與遊處者，皆黄耄倪齒也。文伯引～攘捲而親饋之。”㊂卧席，指牀褥。儀禮士喪禮：“～如初，有枕。”鄭玄注：“衽，寢卧之席也。”禮記曲禮上：“請席何鄉，請～何趾。”鄭玄注：“衽，卧席也。”又用作動詞。寢，卧睡。禮記中庸：“～金革，死而不厭，北方之强也。”孔穎達疏：“衽，卧席也。金革，謂軍戎器械也。…以甲鎧爲席，寢宿於中。”成語有“衽革枕戈”。㊃結連棺蓋與棺木的木榫。兩頭寬，中間窄，形似衽。漢代名“小要(腰)”。釋名釋喪制：“古者棺不釘也。旁際曰小要，其要約小也。又謂之衽。衽，任也。任制際會使不解也。”禮記檀弓上：“棺束，縮二横三，～每束一。”孔穎達疏：“衽，小要也。其形兩頭寬，中央小也。”

袄 ǎo 正字通烏考切。

晚起字。“襖”的俗體。襖子。正字通衣部：“襖，俗作袄。”參見“襖”字條。

袀 jūn 居匀切，音鈞，平，諄韻，見。真部。

相同的服裝。古時指軍隊着相同的戎裝。文選晉左思吴都賦：“六軍～服。”劉逵注：“左氏傳曰：‘～服振振。’袀，同也。”今本左傳僖公五年作“均服振振”。吕氏春秋悔過：“今～服回建，左不軾而右之超乘者五百乘。”高誘注：“袀，同也。兵服上下無别，故曰袀服。”一説爲黑色(衣服)。漢書五行志中之上：“左氏傳晉獻公時童謡曰：‘丙子之晨，龍尾伏辰，～服振振，取虢之旂。’”顔師古注：“袀服，黑衣。”越絶書請糴内傳：“越王句踐食不殺而饜，衣服純素，不～不玄，帶劍以布，是人不死，必爲大故。”又爲純黑色的(祭服)。淮南子齊俗：“尸祝～玄，大夫端冕。”高誘注：“袀，純服。”後漢書輿服志下：“秦以戰國即天子位，滅去禮學，郊祀之服皆以～玄。”

按，説文無袀字。

衱 jié 其輒切，音劫，入，葉韻，群。緝部。

㊀衣裾，衣後襟。爾雅釋器：“衱謂之裾。”郭璞注：“衣後襟也。”唐杜甫麗人行：“背後何所見，珠壓腰～穩稱身。”宋蘇轍次韻答陳之方秘丞：“行看文石階，高談曳長～。”㊁交叠於胸前的衣領。方言卷四：“衱謂之褗。”郭璞注：“即衣領也。”

按，説文無衱字。

衹 1. tǐ 集韻土禮切,音體,上,薺韻,透。支部。

❶"緹"的異體。橘紅色的絲織品。説文糸部:"緹,帛丹黄也。衹,緹或从衣、氐聲。"

2. zhī (舊讀 zhī) 章移切,平,支韻,照三。支部。

❷通"衹"。副詞。適,恰好,僅僅。左傳僖公十五年:"晉未可滅,而殺其君,～以成惡。"杜預注:"衹,適也。"清錢大昕十駕齋養新録卷一衹:"玉篇於衣部添'衹'字,讀之移切,訓爲適。此六朝俗體。"

3. qí 巨支切,音岐,平,支韻,群。

❸〔衹衼〕叠韻聯緜字。袈裟,僧尼的法衣。集韻支韻:"衹,褁裟謂衹衼。"新唐書李罕之傳:"初爲浮屠,行丐市,窮日無得者,抵鉢褫衹衼去,聚衆攻剽五臺下。"

袁 yuán 雨元切,平,元韻,喻三。元部。

❶長衣貌。見説文。❷姓氏。如漢代有袁安、袁紹。

衾 qīn 去金切,音欽,平,侵韻,溪。侵部。

❶大被。見説文。詩召南小星:"肅肅宵征,抱～與裯。"鄭箋:"衾,被也。"劉子新論慎獨:"獨立不慚影,獨寢不慚～。"❷覆蓋屍體的單被。儀禮士喪禮:"幠用～。"鄭玄注:"衾者,始死時斂衾。"韓非子内儲説上:"齊國好厚葬,布帛盡於衣～,材木盡於棺槨。"

〔同源字〕衾,紟。二字侵部叠韻,溪、群旁紐。儀禮士喪禮:"緇絞紟衾二。"鄭玄注:"紟,單被也。""衾"也是一種覆蓋屍體的單被。又儀禮士喪禮:"緇衾赬裏無紞。"鄭玄注:"凡衾制同,皆五幅也。"孔穎達疏:"衾是紟之類。"故衾與紟音近義同,是一對同源字。

衼 zhī 章移切,音支,平,支韻,照三。

〔衹衼〕叠韻聯緜字。參見"衹"字條。

〔備考〕集韻支韻:"衼,毛衣也。"

五　畫

袤 mào 莫候切,音茂,去,候韻,明。侯部。

❶古時衣帶以上部分。説文:"袤,衣帶以上。"段玉裁注:"此古義也。…帶者,上衣下裳之介也。"❷南北距離的長度,即縱長。説文:"袤,…一曰南北曰袤,東西曰廣。"墨子雜守:"三十步一弩廬,廬廣十尺,～丈二尺。"文選漢張衡西京賦:"於是量徑輪,考廣～。"引申爲泛指長度。史記蒙恬列傳:"築長城,因地形,用制險塞,起臨洮,至遼東,延～萬餘里。"漢書揚雄傳上:"北繞黄山,瀕渭而東,周～數百里。"

袠 zhì 直一切,音秩,入,質韻,澄。質部。

❶書衣,即書函,書套。一般作"帙"。説文巾部:"帙,書衣也。袠,帙或从衣。"後漢書楊厚傳:"吾綈～中有先祖所傳祕記;爲漢家用,爾其修之。"晉書王獻之傳:"桓玄雅愛其父子書,各爲一～,置左右翫之。"引申爲卷册,函册。南史文學傳崔慰祖:"好學,聚書至萬卷。隣里年少好事者來從假借,日數十～。"❷囊,口袋。正字通衣部:"袠,囊也。"禮記内則:"右佩箴、管、綫、纊,施縏～、大觿、木燧。"陳澔集説:"縏袠,皆囊屬。"引申爲包裹、束縛。唐慧琳一切經音義一八引蒼頡篇云:"袠,猶纏也。"也寫作"袟"。莊子知北遊:"解其天弢,墮其天袟。"成玄英疏:"袟,束囊也。"❸通"秩"。十年爲一袠。宋王楙野客叢書一二開八袠:"以十年爲一袠。其説見白樂天集中。詩云:'年開第七～,屈指幾多人?'是時六十三元日詩也。又曰:'行開第八～,可謂盡天年。'注:'時俗謂七十以上開爲第八袠。'蓋以十年爲一袠爾。"

〔備考〕廣雅釋言:"袠,程也。"程序、次序之意。

裒 1. bào 薄報切,音抱,去,号韻,並。幽部。

❶懷抱。説文:"裒,褱也。"段玉裁注:"論語:'子生三年然後免於父母之懷。'馬融釋以'懷抱',即褱裒也。今字'抱'行而'裒'廢矣。"清龔自珍丙戌秋日獨遊法源寺遂經過寺南故宅惘然賦詩:"髫年～秋心,秋高屢逃

墊。”㊁衣的前襟。方言卷四：“襌衣有褒者，趙、魏之間謂之袪衣。”郭璞注：“前施褒囊也。”錢繹箋疏：“衣前襟亦謂之褒。”這個意義也寫作“袍”。參見“袍”字條。

2. páo 薄褒切，音袍，平，豪韻，並。

㊂同“袍”。棉袍，即有夾層、中著棉絮的長衣。玉篇衣部：“袍，長襦。褒，同袍。”

袨 xuàn 黄練切，音眩，去，霰韻，匣。真部。

㊀黑色服。玉篇：“袨，黑衣也。”淮南子齊俗：“纏以朱絲，尸祝袀～。”高誘注：“袀，純服；袨，黑齋衣也。”㊁盛服，華貴的服裝。文選晉左思蜀都賦：“都人士女，～服靚粧。”劉逵注引蘇林曰：“袨服，謂盛服也。”宋洪邁夷堅乙志胡氏子：“俄一女子～服出，光麗動人。”

［同源字］炫，袨，絢。見“炫”字條。

按，說文無袨字，新附有之。

袢 fán 附袁切，音煩，平，元韻，奉。元部。

㊀暑天穿的白色内衣。說文：“袢，衣無色也。”徐鍇繫傳：“袢，近身衣也。”詩鄘風君子偕老：“蒙彼縐絺，是紲～也。”毛傳：“是當暑袢延之服也。”㊁袢暑，溽熱，悶熱。宋趙長卿謁金門詞：“今夜雨，掃盡一番～暑。”宋盧炳念奴嬌詞：“短髮蕭蕭襟袖冷，便覺都無～溽。”宋吴潛秋夜雨和韻劉制幾立秋夜觀月喜雨：“不嫌天上雲遮月，雨來正是雙絶。雷公驅電母，盡收捲，十分～熱。”㊂［袢延］叠韻聯緜字。漢時常用語，其義有三說：①指暑熱之氣。詩鄘風君子偕老：“是紲～也。”毛傳：“是當暑袢延之服也。”孔穎達疏：“紲袢者，去熱之名，故言袢延之服。袢延是熱之氣也。”②指以衣揩摩汗澤。說文：“袢，衣無色也。…詩曰‘是紲～也’。”段玉裁注：“毛傳言‘是暑袢延之服也’。‘袢延’，叠韻，如方言之‘襎裷’，漢時有此語，揩摩之意。外展衣，中用縐絺爲衣，可以揩摩汗澤，故曰褻（紲）袢。褻袢，專謂縐絺也。暑天近汗之衣，必無色。”③形容衣服縱弛，寬松。俞樾羣經評議毛詩一：“袢延，猶伴奐也。（大雅）卷阿篇‘伴奐爾游矣’，箋云：‘伴奐，自縱弛之意’…當暑袢延之服，謂當暑自縱弛之服也。”

袜 1. mò 莫撥切，音末，入，末韻，明。

㊀袜肚，俗稱兜肚。玉臺新詠劉緩敬酬劉長史詠名士悦傾城詩：“釵長逐鬟髮，～小稱腰身。”吴兆宜注：“袜爲女人脇衣。崔豹古今注謂之腰綵，今吴人謂之袜胸。”唐李賀追賦畫江潭苑詩之二：“寶～菊衣單，蕉花密露寒。”㊁掩蓋，遮蔽。北齊書皇甫玉傳：“顯祖既即位，試玉相術，故以帛巾～其眼，而使歷摸諸人。”五代馬縞中華古今注軍容抹額：“中有服金甲及鐵甲、不被甲者，以紅絹～其首額。”

2. wà 集韻勿發切，入，月韻，微。

㊂“襪”的異體。袜子。玉篇衣部：“袜，脚衣。”唐慧琳一切經音義五九：“袜，或作襪。”正字通革部：“韤，亦作韈，絉，袜，别从巾作帓，从皮作韈。”今爲“襪”的簡體。

按，說文無袜字。

袪 qū 去魚切，平，魚韻，溪。魚部。

㊀衣袖。說文：“袪，衣袂也。”詩鄭風遵大路：“遵大路兮，摻執子之～兮。”列子周穆王：“王執化人之～，騰而上者，中天迺止。”張湛注：“袪，衣袖也。”又專指袖口。詩唐風羔裘：“羔裘豹～，自我人居居。”孔穎達疏：“袂是袖之大名，袪是袖頭之小稱。”禮記檀弓上：“鹿裘衡長～。”鄭玄注：“袪，謂褎緣袂口也。”㊁舉，撩起。吕氏春秋知化：“子胥兩～高蹶而出於庭。”高誘注：“兩手舉衣而行。”文選漢傅毅舞賦：“黼帳～而結組兮，鋪首炳以焜煌。”李善注：“袪，猶舉也。”㊂通“祛”。除去。文選漢蔡邕郭有道碑文：“爾乃潛隱衡門，收朋勤誨，童蒙賴焉，用～其蔽。”李善注：“袪，猶去也。”又爲開散。文選南朝宋謝惠連泛湖歸出樓中翫月詩：“近矚～幽蘊，遠視盪諠囂。”李善注引李奇漢書注曰：“袪，開散也。”

袣 yì 餘制切,音裔,去,祭韻,喻四。月部。

衣袖。漢書司馬相如傳上:"曳獨繭之褕~。"顏師古注引張揖曰:"袣,袖也。"史記作"褕袘。"

[備考]玉篇衣部:"袣,衣長皃。"

按,說文無袣字。

袯 1.bó 北末切,入,末韻,幫。月部。

❶古代稱少數民族的一種服裝。說文:"袯,蠻夷衣。"❷蔽膝。繫在衣服前的大巾。說文:"袯,…一曰蔽厀。"方言卷四:"蔽厀,江、淮之間謂之褘,或謂之袯,魏、宋、南楚之間謂之大巾,自關而東西謂之蔽厀,齊、魯之郊謂之袡。"

2.fú 集韻分物切,入,勿韻,非。月部。

❸通"帗"。古代樂舞時舞者所執五彩帛製成的一種舞具。史記孔子世家:"景公曰:'諾!'於是旍(旌)旄、羽、~、矛、戟、劍、撥鼓噪而至。"司馬貞索隱:"袯,音弗,謂舞者所執。故周禮樂有'袯舞'。"今本周禮地官舞師作"帗"。

[備考]廣雅釋器:"袯,襦也。""襦"爲小孩抱裙。

被 1.bèi 皮彼切,上,紙韻,並。歌部。

❶寢衣,被子。說文:"被,寑衣,長一身有半。"楚辭戰國宋玉招魂:"翡翠珠~,爛齊光些。"王逸注:"被,衾也。"引申爲覆蓋。文選漢張衡東京賦:"芙蓉覆水,秋蘭~涯。"李善注引薛綜曰:"被,亦覆也。"北魏酈道元水經注漸江水:"寒木~潭,森沈駭觀。"❷施及,加於…之上。玉篇衣部:"被,及也。"廣雅釋詁二:"被,加也。"書堯典:"光~四表。"荀子不苟:"去亂而~之以治。"引申爲蒙受,遭受。墨子尚賢中:"下施之萬民,萬民~其利。"三國蜀諸葛亮後出師表:"然涉險~創,危然後安。"❸介詞。表示被動。史記屈原賈生列傳:"信而見疑,忠而~謗。"世說新語言語:"禰衡~魏武謫爲鼓吏。"

2.pī 集韻攀糜切,音披,平,支韻,滂。歌部。

❹披在身上或穿在身上。論語憲問:"微管仲,吾其~髮左衽矣。"左傳襄公十四年:"乃祖吾離~苫蓋,蒙荆棘。"孔穎達疏:"言無布帛可衣,唯衣草也。"❺量詞。表示護身物的計量。史記絳侯周勃世家:"絳侯子爲父買工官尚方甲楯五百~,可以葬者。"裴駰集解引張晏曰:"被,具也。五百具甲楯。"元史世祖紀一三:"洞蠻請歲進馬五十匹,雨氈五十~,刀五十握。"❻〔被離〕叠韻聯緜字。分散的樣子。楚辭戰國屈原九章哀郢:"忠湛湛而願進兮,妒被離而鄣之。"洪興祖補注:"被,讀曰披。反離騷曰:'亡春風之被離。'"❼〔被被〕長大的樣子。楚辭戰國屈原九歌大司命:"靈衣兮被被,玉佩兮陸離。"王逸注:"被被,長貌,一作披。"一說爲飄動的樣子。見王夫之通釋。以上四個意義後來一般寫作"披"。

3.pì 集韻披義切,去,寘韻,滂。歌部。

❽肩帔。斗篷之類。左傳昭公十二年:"雨雪,王皮冠,秦復陶,翠~。"釋文:"普義反。"這個意義後來寫作"帔"。

4.bì 平義切,去,寘韻,並。歌部。

❾通"髲"。假髮。詩召南采蘩:"~之僮僮,夙夜在公。"毛傳:"被,首飾也。"鄭箋:"禮記:主婦髲鬄。"謂古代婦女的髮飾,用假髮梳成高髻。

[同源字]被,皮,披,帔。四字歌部叠韻,並滂旁紐。說文:"皮,剥取獸革者謂之皮。"引申凡物之表皆曰皮(段玉裁語)。又釋名釋形體:"皮,被也,被覆體也。""披",披在身上之義,本作"被"。而"帔"釋名釋衣服:"披也,披之肩背,不及下也。"故"皮、披、帔"都與"被"音近義通,是同源字。

袒 1.tǎn 徒旱切,上,旱韻,定。今讀如坦。元部。

❶脱衣露出上身。禮記曲禮上:"冠毋

免,勞毋～,暑毋褰裳。"鄭玄注:"袒,露也。"史記廉頗藺相如列傳:"廉頗聞之,肉～負荆,因賓客至藺相如門謝罪。"又特指行禮時脱去外衣左袖,露出裼衣。儀禮鄉射禮:"司射適堂西,～袂遂。"鄭玄注:"袒,左免衣也。"孔穎達疏:"凡事無問吉凶,皆袒左。"漢書高帝紀上:"於是漢王爲義帝發喪,～而大哭。"顔師古注:"袒,謂脱衣袖也。"引申爲解開。禮記少儀:"甲若有以前之,則執以將命;無以前之,則～櫜奉胄。"孔穎達疏:"袒,開也。"㊁袒護,偏袒。唐柳宗元平淮夷雅:"士獲厥心,大～高驤。"宋韓淲澗泉日記中:"劉蓋張魏公門下士也,故論紹興初建炎間事,～張爲多,不甚公平。"

2. zhàn 丈莧切,音綻,去,襉韻,澄。元部。

㊂衣縫裂開。説文:"袒,衣縫解也。"段玉裁注:"許書無綻字,此即綻字也。"這箇意義,後來都作綻。

[同源字]袒,組,綻。三字上古同屬定母元部。作"衣縫解","袒、綻"實爲一詞。又説文:"組,補縫也。"段玉裁注:"古者衣縫解曰袒,見衣部,今俗所謂綻也。以鍼補之曰組。内則云:'衣裳綻裂,紉鍼請補綴'是也。引申之,不必故衣亦曰縫組。古豔歌行曰:'故衣誰當補?新衣誰當綻?賴得賢主人,覽取爲我組。'…綻字,古亦作組。"三字音同義通,故同源。

袖 xiù 似祐切,去,宥韻,邪。幽部。

衣袖。説文:"褎,袂也,从衣,采聲。袖,俗褎从由。"韓非子五蠹:"鄙諺曰:'長～善舞,多錢善賈。'"又用作動詞,藏於衣袖之中。史記魏公子列傳:"朱亥～四十斤鐵椎,椎殺晉鄙。"

衻 rán 汝鹽切,音髯,平,鹽韻,日。談部。

衣服的邊緣。儀禮士昏禮:"純衣纁～。"鄭玄注:"衻,亦緣也。衻之言任也。以纁緣其衣,象陰氣上任也。凡婦人不常施衻之衣,盛昏禮,爲此服。"禮記雜記上:"子羔之襲也,繭衣裳,與稅衣纁～爲一。"孔穎達疏:"纁,絳也。衻,裳下緣襈也。"一説爲繫在衣服前面的圍裙,即蔽膝。釋文引王肅曰:"衻,婦人蔽膝也。"方言卷四:"蔽厀,…齊魯之郊謂之衻。"

袗 zhěn 章忍切,音診,上,軫韻,照三。真部。

㊀黑色衣服。説文:"袗,玄服。"又爲衣純服,上下同色。儀禮士冠禮:"兄弟畢～玄。"鄭玄注:"袗,同也。玄者,玄衣玄裳也。"㊁單衣。又爲穿單衣。論語鄉黨:"當暑,～絺綌,必表而出。"何晏集解引孔安國曰:"暑則單服。絺綌,葛也。必表而出,加上衣也。"皇侃疏:"當暑雖熱,絺綌可單;若出,不可單,則必加上衣也。"引申爲泛指穿衣。抱朴子外篇用刑:"～却寒之裘,以禦鬱隆之暑。"㊂盛(服),華貴的(衣服)。孟子盡心下:"舜之飯糗茹草也,若將終身焉。及其爲天子也,被～衣,鼓琴。"趙岐注:"袗,畫也。被畫衣,黼黻絺繡也。"南朝陳沈炯勸進梁元帝第三表:"縱陛下拂～衣而遊廣成,登弇山而去東土,羣臣安得仰訴,兆庶何所歸仁!"

袘 1. yí 集韻余支切,音移,平,支韻,喻四。歌部。

㊀衣袖。史記司馬相如列傳:"揚～邺削。"司馬貞索隱引張晏曰:"袘,衣袖也。"漢書司馬相如傳作"袘"。

2. yì 集韻以豉切,去,寘韻,喻四。歌部。

㊁裳裙下端的邊緣。儀禮士昏禮:"主人爵弁,纁裳緇～。"鄭玄注:"袘,謂緣。袘之言施,以緇緣裳,象陽氣下施。"

按,説文無袘字。

袟 zhì 集韻直質切,音秩,入,質韻,澄。

㊀劍衣。見集韻。㊁同"帙"。書衣,即書函,書套。唐慧琳一切經音義一一:"帙,或從衣。"引申爲卷册、函册。唐陸德明經典釋

文序:"研精六籍,采摭九流,搜訪異同,校之蒼雅,輒撰集五典孝經論語及老莊爾雅等音,合爲三～三十卷,號曰經典釋文。"資治通鑑晉愍帝建興二年:"惟裴憲、荀綽止有書百餘～,鹽米各十餘斛而已。"胡三省注:"袟,與帙同。書卷編次成帙。"㊂通"秩"。秩序,次第。廣雅釋言:"袟,程也。"王念孫疏證:"袟,通作秩,又作䄾,秩與程古聲義並同。"

[辨]袟,秩,䄾,程。古音同屬定母,但韻部有别,"袟、秩、䄾"爲質部,程爲耕部,這是主元音相同,韻尾發音部位不同,屬通轉,聲音並不全同。故只能説古音近義通,有同源關係。

按,説文無袟有袠。

祒

shào 市沼切,音紹,上,小韻,禪。宵部。

褲子的上半部,即褲襠。説文:"祒,絝上也。"漢書朱博傳:"官屬多褒衣大～,不中節度,自今掾史衣皆令去地三寸。"顔師古注:"祒音紹,謂大袴也。"

袧

gōu 集韻居侯切,音鉤,平,侯韻,見。侯部。

古時喪服裳幅兩側做褶縐,即中央無褶縐。儀禮喪服:"裳,内削幅,幅三～。"鄭玄注:"袧者,謂辟兩側,空中央也。"

按,説文無袧字。

袍

páo 薄褒切,平,豪韻,並。幽部。

㊀棉袍。即有夾層、中著綿絮的長衣。説文:"袍,襺也。"詩秦風無衣:"豈曰無衣,與子同～。"毛傳:"袍,襺也。"孔穎達疏:"純著新綿名爲襺,雜用舊絮名爲袍。雖著有異名,其制度是一。故云:袍,襺也。"隋書南蠻傳林邑:"冬月衣～。"唐白居易自詠老身示諸家屬詩:"粥美嘗新米,～温換故綿。"㊁長衣的通稱。急就篇二:"～襦表裏曲領帬。"顔師古注:"長衣曰袍,下至足跗。短衣曰襦,自膝以上。"廣雅釋器:"袍襡,長襦也。"王念孫疏證:"續漢書輿服志云:'或曰周公抱成王燕居,故施～。'是袍爲古人燕居之服,自漢以後,始以絳紗袍、皁紗袍爲朝服矣。"又特指戎衣,戰袍。六書故工事一:"按今謂戎衫曲領者爲袍。"木蘭詩:"脱我戰時～,著我舊時裳。"南朝齊蕭子良净住子一志努力門:"著弘誓鎧冑,被忍辱～甲。"㊂古時楚人稱指粗布短褐。淮南子齊俗"有詭文繁繡弱緆羅紈,必有菅屩跐踦短褐不完者"高誘注:"楚人謂袍爲短褐大布。"㊃指葱葉基部的包皮。北魏賈思勰齊民要術種葱:"若八月不止,則葱無～而損白…十二月盡,掃去枯葉枯～。"

袛

dī 都奚切,音堤,平,齊韻,端。脂部。

〔袛裯〕雙聲聯緜字。直襟單短衣。即襜褕。説文:"袛,袛裯,短衣。"廣雅釋器:"袛裯,襜褕也。"後漢書羊續傳:"其資藏唯有布衾、敝袛裯、鹽、麥數斛而已。"參見"襜"字條。

袙

pà 集韻普駕切,音怕,去,禡韻,滂。

頭巾。後漢書輿服志下:"秦雄諸侯,乃加其武將首飾爲絳～,以表貴賤。"又用作動詞,謂以頭巾包裹。隋書宇文述傳:"又遇天寒,定興曰:'入内宿衛,必當耳冷。'述曰:'然。'乃製裌頭巾,令深～耳。"

按,説文無袙字。

袎

yào 於教切,去,效韻,影。

後起字。襪筒。集韻效韻:"袎,襪頸。"亦指襪子。唐李肇國史補上:"馬嵬店嫗,收得錦～一隻。"元楊維楨楊妃襪詩:"天寶年來窄～留,幾隨錦被暖香篝。"

袈

jiā 古牙切,平,麻韻,見。

後起字。〔袈裟〕梵文 kaṣāya 原意爲"不正色"。佛制,僧人必須避免青、黄、赤、白、黑五種正色,其法衣用雜色布製成,故稱。唐玄應一切經音義一四:"加沙字本從毛作毠毬二形,葛洪後作字苑,始改從衣。案,外國通稱'袈裟',此云不正色也。"南朝梁慧皎高僧傳晉竺僧度答楊苕華書:"且披袈裟,振錫杖,飲清流,詠波若,雖王公之服,八珍之膳,鏗鏘之聲,曄曄之色,不與易也。"北魏楊衒之洛陽伽藍記宋雲家紀:"雨止,佛在石下,東面而坐,晒袈裟。"

袋 dài 徒耐切,去,代韻,定。

囊屬,口袋。隋書食貨志:"有司嘗進乾薑,以布～貯之。"又用作動詞。裝入袋内。明費信星槎勝覽剌撒國:"數年無雨,鑿井絞車,羊皮～水。"

按,說文袋作帒,在巾部。

六 畫

袲 chǐ 尺氏切,音侈,上,紙韻,穿三。歌部。

古地名。春秋桓公十五年:"公會宋公、衛侯、陳侯於～,伐鄭。"杜預注:"袲,宋地,在沛國相縣南。"今安徽宿縣境内。

按,說文袲引作移。

袨 jiǎo 古了切,音皦,上,篠韻,見。宵部。

〔袨衦〕叠韻聯緜字。小袴。方言卷四:"大袴謂之倒頓,小袴謂之袨衦,楚通語也。"郭璞注:"今䙀袴也。"字彙衣部:"袨衦,小袴,服以取魚者。"唐皮日休憶洞庭觀步十韻:"袨衦漁人服,苻蓆野店窗。"宋吴曾能改齋漫録辨誤一引大唐新語曰:"漁具總曰笭箵,漁服總曰袨衦。"

按,說文無袨字。

䘪 chōng 昌終切,平,東韻,穿三。東部。

〔䘪裾〕無邊緣的短單衣。方言卷四:"襜褕,其短者謂之裋褕,以布而無緣,敝而紩之,謂之襤褸;自關而西謂之䘪裾。"又:"自關而西,秦晉之間,無緣之衣謂之䘪裾。"戴震疏證:"案漢書雋不疑傳:'衣黄襜褕。'顔師古注云:'襜褕,直裾襌衣。'"明趙南星明兩浙鹽運司轉運使劉公行狀:"上烏紗冠、大紅衣、東帶、三彩綬烏紋靴、䘪裾、中帬,生存之具無不備。"

按,說文無䘪字。

袿 guī 古攜切,音圭,平,齊韻,見。支部。

❶古代婦女的上等長衣。廣雅釋器:"袿,長襦也。"釋名釋衣服:"婦人上服曰袿,其下垂者,上廣下狹,如刀圭也。"畢沅疏證:"上服,上等之服也。"文選戰國宋玉神女賦:"振繡衣,被～裳。"後漢書文苑傳下邊讓:"被輕～,曳華文,羅衣飄颻,組綺繽紛。"❷衣袖。廣雅釋器:"袿,袖也。"王念孫疏證:"夏侯湛雀釵賦云:'理～襟,整服飾。'是袿爲袖也。"文選三國魏嵇康贈秀才入軍詩之五:"微風動～,組帳高褰。"

按,說文無袿字。

袺 jié 古屑切,音結,入,屑韻,見。質部。

手提衣襟(兜取東西)。說文:"袺,執衽謂之袺。"詩周南芣苢:"采采芣苢,薄言～之。"毛傳:"袺,執衽也"。

[同源字]袺,襭。二字都見於詩周南芣苢第三章:"采采芣苢,薄言袺之;采采芣苢,薄言襭之。"義相近而又有微別。毛傳:"袺,執衽也";"扱衽曰襭"。前者是用手提起衣襟來兜取(東西);後者是把衣襟插在腰帶上以兜取(東西),二者古音也相近,質部叠韻,見匣旁紐,故同源。

袴 kù 苦故切,去,暮韻,溪。魚部。

❶套褲。著於滿襠的襌褌之外。方言卷四:"袴,齊、魯之間謂之䙝,或謂之襱,關西謂之袴。"郝懿行證俗文二:"案袴與褌別,古人皆先著褌而後施袴於外。"禮記内則:"衣不帛襦～。"三國志魏書賈逵傳"口授兵法數萬言"裴松之注引魏略云:"逵世爲著姓,少孤家貧,冬常無～,過其妻兄柳孚宿。其明無何,著孚～去。"❷通"胯"。兩股之間。史記淮陰侯列傳:"衆辱之曰:'信能死,刺我;不能死,出我～下。'於是信孰視之,俛出～下,蒲伏。"裴駰集解引徐廣曰:"袴,一作'胯'。胯,股也,音同。"按,今音胯念 kuà。

[同源字]袴,絝,胯,髈,跨。五字古音同屬魚部溪母,義亦甚近。說文糸部:"絝,脛衣也。"段玉裁注:"今所謂套袴也。"又作"袴"。

"絝,袴"實爲一詞。又説文肉部:"胯,股也。"段玉裁注:"合兩股言曰胯。"字通作"跨"。亦通作"絝"(上例史記淮陰侯列傳)。字亦作"髁"。新唐書車服志:"有從戎缺髁之服。"説文足部:"跨,渡也。"段玉裁注:"謂大其兩股間,以有所越也。"按,胯與跨,是名詞與動詞的區別。可見此五字同源。

裀 yīn 於真切,平,真韻,影。真部。

❶夾衣。廣雅釋器:"複襂謂之裀。"王念孫疏證:"此説文所謂重衣也。襂,與衫同。方言注以衫爲襌襦,其有裏者則謂之裀。裀,猶重也。"❷通"茵"。褥墊、牀毯之類。朱駿聲説文通訓定聲坤部:"茵,字亦作裀。"古文苑漢司馬相如美人賦:"～褥重陳,角枕横施。"晉傅玄傅子三:"太祖賜旗罽衣豹～。"宋曾鞏郊祀慶成狀:"及至壇場,則陟降陛級,徹去～籍。"

袷 1. jiá 古洽切,入,洽韻,見。緝部。

❶夾衣。説文:"袷,衣無絮。"徐鍇繫傳:"袷,夾衣也。"漢書匈奴傳上:"服繡～綺衣。"顏師古注:"袷,衣無絮也,繡袷綺衣,以繡爲表,以綺爲裏也。"宋王安石次韻平甫善唐公自契丹歸:"留犁撓酒得戎心,綉～通歡歲月深。"引申爲夾層、雙層的。晉書輿服志:"八坐尚書荷紫,以生紫爲～囊,綴之服外,加於左肩。""袷囊"是夾層佩囊,晉代品官朝服上的飾物。唐白居易江南喜逢蕭九徹因話長安舊遊詩:"索鏡收花鈿,邀人解～襠。"又用作動詞,指在裏面襯托起。南齊書東昏侯紀:"翳中帷帳及步障,皆～以綠紅錦。"❷次,副貳。文選漢張衡東京賦:"結飛雲之～輅,樹翠羽之高蓋。"薛綜注:"袷輅,次車也。次車樹翠羽爲蓋,如雲飛也,今世謂之羽蓋車也。"❸衣衿。集韻洽韻:"袷,一曰衿也。"漢揚雄太玄文:"初一,～襀何縵玉貞。測曰:'～襀何縵文在内也。'"范望注:"袷,衿也。"

2. jié 居怯切,音劫,入,業韻,見。緝部。

❹同"衱"。交叠於胸前的衣領。禮記深衣:"袂圜以應規,曲～如矩以應方。"鄭玄注:"袷,交領也。古者方領,如今小兒衣領。"

袾 zhū 陟輸切,音株,平,虞韻,知。侯部。

❶朱紅的衣服。廣韻:"袾,字統云:'朱衣曰袾。'"荀子富國:"故天子～裷衣冕。"楊倞注:"袾,古朱字。裷,與'衮'同。畫龍於衣謂之衮,朱衮以朱爲質也。"❷通"姝"。美好。説文:"袾,好佳也。从衣,朱聲。詩曰:'静女其～。'"今本詩經邶風静女作"姝"。

袀 xún 集韻松倫切,平,諄韻,邪。真部。

冠纓,帽帶。吕氏春秋離俗:"莽有壯子,白縞之冠,丹績之～。"高誘注:"袀,纓也。"畢沅校:"績,疑纃。"一説爲領端。楊樹達積微居讀書記讀吕氏春秋札記:"高訓'袀'爲'纓',非也。余謂,袀爲領耑也。…説文巾部云:'帕,領耑也。从巾,旬聲。'此'袀'蓋'帕'之或作,从巾从衣義通。"又集韻諄韻:"帕,領耑也,或从衣。"

[備考]xuàn(熒絹切)。集韻霰韻:"袨,好衣也。或作袀。"

袼 gē 古落切,音胳,入,鐸韻,見。鐸部。

衣袖當腋下縫合部分,俗稱掛肩。禮記深衣:"～之高下,可以運肘。"鄭玄注:"袼,衣袂當腋之縫也。"廣雅釋器:"袼,袖也。"王念孫疏證:"蓋袂爲袖之大名,袼爲袖當掖之縫,其通則皆爲袖也。"

按,説文無袼字。

袱 fú 字彙房六切,音伏。

後起字。婦女的覆頭巾。爾雅釋器"婦人之褘謂之縭"郝懿行義疏:"登州婦人絡頭用首帕,其女子嫁時以絳巾覆首,謂之～子。"又泛指包頭巾。元方回夜發長山鑪詩:"好奇引吭窺,畏寒縮頸坐。首取帛爲～,體用衾自裹。"引申爲包袱、包裹、披蓋衣物的巾幅。宋陳鵠耆舊續聞六:"僧又恐其疑己,謂曰:'我即坐此,汝自往吾卧内,取一箱～來。'"宋王明清摭青雜説:"尋得一小～,封記如故。"

袽 rú 女余切，集韻人余切，音如，平，魚韻，日。魚部。

敗絮，舊衣破布，古時用以堵塞船漏。易既濟："繻有衣～，終日戒。"王弼注："繻宜曰濡。衣袽所以塞舟漏也。"李鼎祚集解引虞翻曰："袽，敗衣也。"唐劉禹錫儆舟："予聞言若厲，繇是～以窒之，灰以墐之。"

按，說文無袽字。

裁 cái 昨哉切，平，咍韻，從。之部。

❶裁製，裁剪。說文："裁，製衣也。"漢班婕妤怨歌行："新裂齊紈素，皎潔如霜雪。～爲合歡扇，團團似明月。"玉臺新詠古詩爲焦仲卿妻作："十三能織素，十四學～衣。"引申爲剪裁，削減。南朝梁劉勰文心雕龍鎔裁："剪截浮詞謂之～。"國語吴語："越國之中，富者吾安之，貧者吾予之。救其不足，～其有餘，使貧富利之。"❷裁决，裁斷。韓非子初見秦："臣願悉言其所聞，唯大王～其罪。"晉范甯穀梁傳序："公羊辯而～，其失也俗。"楊士勳疏："裁，謂善能裁斷。"又爲制裁。左傳襄公十八年："苟捷有功，無作神羞，官臣偃無敢復濟，唯爾有神～之！"南朝宋鮑照代挽歌："傲岸平生中，不爲物所～。"漢書賈誼傳："聞命則北面再拜，跪而自～。"顔師古注："裁，謂自刑殺也。"❸裁度，度量。淮南子主術："及至亂主，取民，則不～其力。"高誘注："裁，度也。"資治通鑑漢光武帝建武二十八年："單于前言：先帝時所賜呼韓邪竽、瑟、空侯皆敗，願復～賜。"胡三省注："余謂裁，量也，量多少以賜也。"❹成，成就。荀子王制："故序四時，～萬物，兼利天下。"文選南朝宋謝瞻張子房詩："神武睦三正，～成被八荒。"❺體制，樣式，風格。文選漢張衡西京賦："取殊～於八都，豈啓度於往舊。"李善注引薛綜曰："裁，制也。…言采取八方異制以爲宫室之巧。"南朝梁劉勰文心雕龍明詩："然詩有恒～，思無定位，隨性適分，鮮能通圓。"❻通"纔"。副詞，僅僅。剛剛。戰國策燕策一："寡人蠻夷僻處，雖大男子，～如嬰兒。言不足以求正，謀不足以决事。"鮑彪注："裁，僅也。"漢書高惠高后文功臣表："時大城名都，民人散亡，户口可得而數，～什二三。"顔師古注："裁，與'纔'同，十分之内纔有二三也。"明徐宏祖徐霞客遊記楚遊日記："抵透光處，炬～盡。"

裂 liè 良薛切，入，薛韻，來。月部。

❶繒帛的殘餘。説文："裂，繒餘也。"徐鍇繫傳："裁剪之餘也。"❷裁剪，撕破。左傳昭公元年："召使者，～裳帛而與之。"晏子春秋雜下一："女子而男子飾者，～其衣，斷其帶。"引申爲割，分。晏子春秋問上一九："～地而封之，疏爵而貴之。"莊子天下："後世之學者，不幸不見天地之純，古人之大體，道術將爲天下～。"又引申爲破裂，裂開。南朝梁劉勰文心雕龍練字："簡蠹帛～，三寫易字。"唐杜甫自京赴奉先縣詠懷五百字："歲暮百草零，疾風高崗～。"❸特指車裂，古代一種刑法。墨子親士："吴起之～，其事也。"孫詒讓閒詁引淮南子繆稱訓云："吴起刻削而車裂。"後又泛指處死。後漢書儒林傳上楊倫："刎頸不易，九～不恨。"李賢注："裂，死也。"❹〔獘裂〕叠韻聯緜字。見"獘"字條。

七 畫

裟 shā 所加切，平，麻韻，審二。

後起字。〔袈裟〕梵文 kaṣāya 的音譯。參見"袈"字條。

裏 lǐ 良士切，上，止韻，來。之部。

❶衣服的内層。説文："裏，衣内也。"詩邶風緑衣："緑兮衣兮，緑衣黄～。"漢書賈誼傳："白縠之衣，薄紈之～。"引申爲裏面，内部。左傳僖公十八年："若其不捷，表～山河必無害也。"杜預注："晉國外山而内河。"南朝梁庾肩吾奉使北徐州參丞御詩："雲邊開䆮樹，霧～識嶢峰。"❷語氣詞。用在句末，相當於"哩""呢"。宋張履信謁金門："簾外雨聲花

積水，薄寒猶在～。"元白樸東牆記第三折："姐姐，天色晚了，那生必定等～。"又用於句中，相當於"的""底"。宋周密掃花遊："怕～流芳，暗水啼煙細雨。"宣和遺事前集："這四句分明是說了我～姓名。"㊂通"理"。治理。朱駿聲說文通訓定聲頤部："裏，叚借爲理。"荀子解蔽："經緯天地，而材官萬物，制割大理，而宇宙～矣。"楊倞注："裏，當爲理。"

按，"裏"今簡化爲里。裏和里本是兩個意義不相同的字。

裛 yì 於汲切，音邑，入，緝韻，影。緝部。

㊀書囊，書套。說文："裛，書囊也。"廣雅釋器："裛謂之袠。"王念孫疏證："說文：'帙，書衣也'，或作袠。"引申爲纏裹。文選漢班固西都賦："屋不呈材，牆不露形。～以藻繡，絡以綸連。"又三國魏嵇康琴賦："鏤會～厠，朗密調均。"李善注："裛厠，謂裛纏其填厠之處也。"㊁用香熏衣。唐吴融薛舍人見徵恩賜香並二十八字同寄詩："都緣有意重熏～，更灑江毫上玉堂。"宋張先宴春台慢東都春日李閣使席上："金猊夜暖，羅衣暗～香煤。"〔裛裛〕香氣襲人的樣子。唐李商隱十一月中旬至扶風界見梅花詩："匝路亭亭艷，非時裛裛香。"宋蘇軾自普照遊二庵詩："山行盡日不逢人，裛裛野梅香入袂。"㊂通"浥"。沾濕。晉陶潛飲酒詩之七："秋菊有佳色，～露掇其英。"宋梅堯臣送徐君章秘丞知梁州軍詩："蛟龍驚鼓角，雲霧～衣袠。"

裒 1. póu 薄侯切，平，侯韻，並。幽部。

㊀聚集。爾雅釋詁上："裒，聚也。"詩小雅棠棣："原隰～矣，兄弟求矣。"新唐書元載傳："又與王縉請以河中爲中都，～關輔河東十州稅奉京師。"引申爲衆多。爾雅釋詁上："裒，多也。"詩周頌般："敷天之下，～時之對。"鄭箋："裒，衆也；對，配也。徧天之下，衆山川之神皆如是配而祭之。"㊁減少。玉篇衣部："裒，減也。"易謙："君子以～多益寡，稱物平施。"明歸有光宋史論贊不恆："不恆起進士，出撫民社，能～上益下，所至皆有惠政，古循吏之用心也。"㊂通"俘(fú)"。俘虜。詩商頌殷武："罙入其阻，～荆之旅。"鄭箋："克其軍率而俘虜其士衆。"按，"裒"，與"俘"古音甚近。

2. bāo 集韻博毛切，音褒，平，豪韻，幫。幽部。

㊃通"褎"。衣襟寬大。鹽鐵論利議："文學～博帶。"集韻："褎，說文衣部：'衣博裾也'，或做裒。"

按，說文無裒字。

裔 yì 餘制切，去，祭韻，喻四。月部。

㊀衣服的邊緣。說文："裔，衣裾也。"徐鍇繫傳："裾，衣邊也。"明郎瑛七修類稿國事類衣服制："文官自領至～，去地一寸。"引申爲泛指邊緣。楚辭戰國屈原九歌湘夫人："麋何食兮庭中，蛟何爲兮水～。"王逸注："蛟當在深淵而在水涯。"淮南子原道："故雖游於江潯海～。"高誘注："裔，邊也。"又引申爲邊遠的地方。玉篇衣部："裔，邊地也。"左傳文公十八年："流四兇族渾敦、窮奇、檮杌、饕餮，投諸四～。"杜預注："裔，遠也。"唐駱賓王從軍中行路難詩："閣道岧嶤起戍樓，劒門遥～俯靈丘。"又指邊遠地區的民族。方言卷一二："裔，夷狄之總名。"郭璞注："邊地爲裔，亦四夷通以爲號也。"左傳定公十年："～不謀夏，夷不亂華。"㊁後代。書微子之命："功加于時，德垂後～。"文選晉左思吴都賦："虞、魏之昆，顧、陸之～。"劉良注："昆、裔，皆後世也。"㊂〔裔裔〕①步履輕盈的樣子。文選戰國宋玉神女賦："步裔裔兮曜殿堂。"李善注："裔裔，行貌。"晉左思蜀都賦："紆長袖而屢舞，翩躚躚以裔裔。"②隊伍分列行進的樣子。史記司馬相如列傳："車案行，騎就隊，纚乎淫淫，班乎裔裔。"裴駰集解引郭璞曰："皆羣行貌也。"③鳥飛翔的樣子。文選晉孫綽遊天台山賦："覿翔鸞之裔裔，聽鳴鳳之嗈嗈。"李善注："裔裔，飛貌也。"

裞 shuì 舒芮切，音税，去，祭韻，審三。月部。

饋贈死者的衣被。説文："裞，贈終者衣被曰裞。"漢書朱建傳："辟陽侯乃奉百金～。"顔師古注："贈終者之衣被曰裞。言以百金爲衣被之具。"後亦用作動詞，指向死者饋贈衣被。明史段民傳："九年二月卒於官，年五十九，貧不能殮，都御史吴納～以衣衾。"

裕 yù 羊戍切，去，遇韻，喻四。屋部。

㊀富饒，富足。説文："裕，衣物饒也。"詩小雅角弓："此令兄弟，綽綽有～。"毛傳："裕，饒也。"法言孝至："天地～於萬物乎？萬物～於天地乎？～父母之～，不～矣。"李軌注："裕，足也。言萬物取足於天地，天地不取足於萬物也。養父母自以爲足者，乃不足也。"又用作使動，使富饒，使富足。國語吴語："身自約也，～其衆庶。"韋昭注："裕，饒也。"荀子富國："足國之道，節用～民，而善藏其餘。"㊁寬容。廣雅釋詁四："裕，容也。"易繫傳下："益，德之～也。"韓康伯注："能益物者，其德寬大也。"漢賈誼新書道術："包衆容易謂之～，反裕爲褊。"

[備考]教導。方言卷三："裕，道也。東齊曰裕。"書康誥："遠乃猷～，乃以民寧，不汝瑕殄。"

補 bǔ 博古切，上，姥韻，幫。魚部。

㊀補衣服。説文："補，完衣也。"禮記内則："衣裳綻裂，紉箴請～綴。"鹽鐵論申韓："夫衣小缺襟裂，可以～。"引申爲修整破舊的東西。吕氏春秋孟秋："修宫室，坿牆垣，～城郭。"宋葉適葉嶺書房記："～樓船器甲之壞，以虞寇至。"㊁彌補，補救。詩大雅烝民："衮職有闕，維仲山甫～之。"毛傳："仲山甫補之，善補過也。"荀子强國："故善日者王，善時者霸；～漏者危，大荒者亡。"㊂補充。孟子梁惠王下："春省耕而～不足，秋省斂而助不給。"北魏賈思勰齊民要術種穀："稀豁之處，鋤而～之。"引申爲裨益，滋補。左傳宣公十五年："狄有五罪，儁才雖多，何～焉。"莊子外物："静然可以～病。"素問脈要精微論："～寫勿失，與天地如一。"㊃特指官職空缺。史記平準書："入物者～官，出貨者除罪。"又爲唐時官職"補闕"的簡稱。舊唐書温造傳："遺、～，官秩雖卑，陛下侍臣也。"㊄明清時官服上的紋繡，即所謂"補子"。續文獻通考王禮考内服冠服："上有蟒～，當膝處横織細雲蟒。"明馮夢龍古今譚概雅浪延平府："武林鄒虞知延平，延素産繡～，親友皆索之。"清梁紹壬兩般秋雨盦隨筆補子："品級補子，定於洪武，行於嘉靖，行用至今。"

裋 shù 臣庾切，音竪，上，麌韻，禪。侯部。

粗布衣服。説文："裋，豎使布長襦。""裋褐"常連用，亦即粗短布衣。史記秦始皇本紀："大寒者利裋褐，而飢者甘糟糠。"

[同源字]襦，裋，褕。見"襦"字條。

裌 jiá 古洽切，入，洽韻，見。

夾衣。唐杜甫雲安九日鄭十八携酒陪諸公宴詩："地偏初衣～，山擁更登危。"亦指夾層的衣物。宋書逸隱傳朱伯年："嘗寒時就(孔)覬宿，衣悉～布。"玉臺新詠古詩爲焦仲卿妻作："著我繡～裙，事事四五通。"

按，説文裌作袷，裌是後起字。

裖 zhěn 章忍切，音診，上，軫韻，照三。文部。

㊀同"袗"。黑色衣服。説文："袗，玄服。裖，袗或从辰。"㊁重叠堆集的樣子。戰國宋玉高唐賦："盤岸巑岏，～陳磑磑。"漢書司馬相如傳上："磐石～崖，嶔巖倚傾。"顔師古注："謂重密而累積。"

裓 1. jiē 集韻居諧切，平，皆韻，見。職部。

㊀古指堂下磚鋪的道路。周禮考工記匠人"堂涂十有二分"鄭玄注："堂涂謂階前，若今'令甓～'也。"賈公彦疏："漢時名堂涂爲'令甓裓'。令辟，則今之塼也；裓則塼道者也。"

2. gé 古得切,入,德韻,見。

㊁衣的前襟。唐張懷瓘書斷王獻之:"子敬便請～書之,草正諸體備,兩袖及標略滿。"宋釋道原景德傳燈録脇尊者:"尊者付法已…四衆各以衣～盛舍利,隨處興塔而供養之。"㊂僧道所著法衣。南史陶弘景傳:"因所著舊衣,上加生～裙及臂衣韎冠巾法服。"唐劉禹錫送僧方及南謁柳員外詩序:"居無何,而方及至,出～中詩一篇以貺予。"

按,説文無裓字。

裙

qún 渠云切,平,文韻,群。文部。

㊀下裳,古時男女同用。釋名釋衣服:"裙,下裳也。"玉臺新詠古詩爲焦仲卿妻作:"著我繡裌～,事事四五通。"唐杜甫石壕吏詩:"有孫母未去,出入無完～。"今通常專指婦女的裙子。㊁帽緣周圍下垂的薄紗。隋書禮儀志六:"皇太子在上省則烏紗,在永福省則白紗。又有繒皁雜紗爲之,高屋下～,蓋無定準。"宋孔平仲孔氏雜説:"唐永徽以後,皆用帷帽,拖～到頸,漸爲淺露,若今之蓋頭矣。"㊂鱉甲邊緣的肉質部分。宋洪邁夷堅丁志王從事妻:"憶亡妻在時,最能饌此。每治鼈～,去黑皮必盡,切臠必方正。"

按,説文裙作帬或裠,在巾部。

裠

qún 渠云切,音裙,平,文韻,群。文部。

下裳。説文巾部:"帬,下裳也。帬,或从衣。"新唐書顔師古傳:"巾褐～帔,放情蕭散。"

裎

1. chéng 直貞切,平,清韻,澄。耕部。

㊀裸體。説文:"裎,袒也。"戰國策韓策一:"秦人捐甲徒～以趨敵。"常與"裸"連用。孟子公孫丑上:"爾爲爾,我爲我,雖袒裼裸～於我側,爾焉能浼我哉!"㊁繫玉佩的帶。方言卷四:"佩紟謂之裎。"郭璞注:"所以繫玉佩帶也。"

2. chěng 丑郢切,音逞,上,静韻,徹。耕部。

㊀對襟單衣。方言卷四:"襌衣,有裦者,趙、魏之間謂之袏衣;無裦者,謂之裎衣,古謂之深衣。"錢繹箋疏:"裎衣,即今之對裣衣,無右外裣者也。"

裘

qiú 巨鳩切,平,尤韻,羣。之部。

皮衣。見説文。詩豳風七月:"一之日于貉,取彼狐貍,爲公子～。"禮記玉藻:"君之右虎～,厥左狼～。"用作動詞,謂穿上皮衣。禮記月令:"(孟冬之月)是月也,天子始～。"三國魏嵇康答難養生論:"仲都冬倮而體温,夏～而身涼。"

按,詩小雅大東四章:"東人之子,職勞不來。西人之子,粲粲衣服。舟人之子,熊羆是裘。私人之子,百僚是試。"鄭箋:"裘當作求,聲相近故也。"漢語大字典與漢語大詞典據此立一"通'求'"義項。然此章詩中"裘",與"來"爲之部字相押("服"與"試"爲職部字相押),而"求"屬幽部。"裘",漢以後才轉入幽部,不相同。故毛傳:"熊羆是裘,言富也。"以及孔穎達正義:"舟檝之人之子以熊羆之皮是爲衣裘。"比較起來,更切實際。

褧

jì 集韻子計切,去,霽韻,精。月部。

折斷。管子大匡:"明年,朝之争禄相刺,～領而刎頸者不絶。"尹知章注:"褧,謂掣斷之也。"

裝

1. zhuāng 側羊切,平,陽韻,照二。陽部。

㊀行裝,包裹。説文:"裝,裹也。"戰國策齊策四:"於是約車治～,載券契而行。"文選漢張衡思玄賦:"占既吉而無悔兮,簡元辰而俶～。"引申爲服裝,衣物。文選漢傅毅舞賦:"顧形影自整～,順微風拂若芳。"李善注:"裝,服也。"漢書爰盎傳:"乃悉以其～齎買二石醇醪。"顔師古注:"裝齎,謂所齎衣物自隨者也。"㊁打扮,裝飾。文選戰國宋玉登徒子好色賦:"體美容冶,不待飾～。"唐杜甫蕃劍詩:"致此自僻遠,又非珠玉～。"這個意義又寫作"妝"。又爲裝束。玉篇衣部:"裝,束

也。”後漢書章帝八王傳清河孝王慶：“每朝謁陵廟，常夜分嚴～，衣冠待明。”三國志蜀書龐統傳：“説荆州有急，欲還救之，並使～束，外作歸形。”引申爲假裝（晚起義）。元盛如梓庶齋老學叢談中下：“今人做詩多愛～造言語，只要鬥好，却不思一語不實。”明馮夢龍古今小説陳御史巧勘金釵鈿：“原來這販布的家人，正是陳御史～的。”㊂裝載。晉書戴若思傳：“遇陸機赴洛，船～甚盛，遂與其徒掠之。”引申爲安裝、裝配。後漢書岑彭傳：“彭數攻之，不利。於是～直進樓船、冒突露橈數千艘。”（字又作“裝”。）三國演義一〇六回：“立砲架，～雲梯，日夜攻打不息。”

2. zhuàng 側亮切，去，漾韻，照二。陽部。

㊃通“壯”。氣盛。文選漢馬融長笛賦：“蓋滯抗絶，中息更～。”王念孫讀書雜志餘編文選：“裝，讀爲壯。壯，盛也，言笛聲中息而復盛也。”

［辨］妝，裝。見“妝”字條。

［同源字］裝，妝（娤），粧（糚、粧），襐。説文女部：“妝，飾也。”字亦作“娤”。在妝飾意義上，“裝”和“妝（娤）”實爲一詞。廣韻陽韻：“糚，粉飾也。”字亦作“粧”（俗作“粧”）。文選漢司馬相如上林賦：“靚糚刻飾。”李善注引郭璞曰：“靚糚，粉白黛黑也。”“糚”專指粉黛，是“妝”引申出來的區别字。又裝、妝、糚，聲韻完全相同，同出一源。“襐”，邪母陽部，與“裝”等字叠韻，邪照二準旁紐，音近義亦通。説文衣部：“襐，飾也。”急就篇：“襐飾刻畫無等雙。”顔師古注：“襐飾，盛服飾也。”所以在裝飾的意義上，“襐”和“裝、妝、糚”等字亦同源。

裊 niǎo 五音集韻奴鳥切。宵部。

㊀“褭”的俗體。用絲帶裝飾馬。漢書百官公卿表上：“爵，一級曰公士，二上造，三簪～。”顔師古注：“以組帶馬曰裊，簪裊者，言飾此馬也。”參見“簪”字及“褭”字條。㊁〔裊裊〕聯緜字。詩詞中也單用。①草木柔弱細長的樣子。初學記四北齊魏收晦日泛舟應詔詩：“裊裊春枝弱，關關新鳥呼。”唐元稹春餘遺興詩：“簾開斜照入，樹～游絲上。”②體態柔美的樣子。明陸采明珠記由房：“裊裊仙姿，嬌羞終是女孩兒。”③煙氣繚繞的樣子。宋蘇軾青牛嶺高絶處有小寺人跡罕到詩：“暮歸走馬沙河塘，爐煙裊裊十里香。”宋柳永樂章集雪梅香：“漁市孤煙～寒碧，水村殘葉舞愁紅。”④形容聲音宛轉悠揚。唐杜甫猿詩：“裊裊啼虚壁，蕭蕭掛冷枝。”明葉小鸞艷體連珠脣：“裊裊餘歌，動清聲而紅綻。”⑤微風吹拂的樣子。宋陸游舟中對月詩：“江空裊裊釣絲風，人静翩翩葛巾影。”唐温庭筠楊柳枝：“宜春苑外最長條，閒～春風伴舞腰。”㊂〔裊娜〕雙聲聯緜字。①草木柔弱細長的樣子。唐李白侍從宜春苑奉詔賦詩：“池南柳色半青青，縈煙裊娜拂綺城。”②體態輕盈美的樣子。唐韓偓裊娜詩：“裊娜腰肢淡薄粧，六朝宫樣窄衣裳。”一本作“褭娜”。

按，説文裊作褭。

八　畫

裹 guǒ 古火切，上，果韻，見。歌部。

㊀包裹，纏。説文：“裹，纏也。”詩大雅公劉：“迺～餱糧，于槖于囊。”鄭箋：“乃裹糧食於囊槖之中，棄其餘而去。”左傳莊公十二年：“陳人使婦人飲之酒，而以犀革～之。”又爲包裹着的物品。唐王維酬黎居士淅川作詩：“松龕藏藥～，石屑安茶臼。”㊁借指花草的子房或果實。文選戰國宋玉高唐賦：“緑葉紫～，丹莖白蔕。”李善注：“裹，猶房也。”又晉郭璞江賦：“翹莖瀵蘂，濯穎散～。”李善注：“裹，猶草實也。”㊂量詞，包。穆天子傳二：“貝帶四十，珠四百～。”宋陸游老學庵筆記二：“至燕山，忽有兩人持煼栗各十～來獻。”

裢 zhàn 集韻直莧切，音綻，去，襇韻，澄。元部。

㊀縫補。玉臺新詠古樂府艷歌行：“故

衣誰當補？新衣誰當～？”後漢書崔駰傳附崔寔：“期於補～決壞，枝柱邪傾。”王念孫讀書雜志餘編後漢書：“綻，亦補也。‘補綻決壞，枝柱邪傾’，相對爲文。…綻字本作組，又作綻。”㊁通“綻”。裂開。禮記内則：“衣裳～裂紉箴請補綴。”釋文：“綻字或作綻，直莧反。”李賢注後漢書崔寔傳引禮記内則此語作“綻”。

按，説文無綻字，糸部有組字。

裷 1. yuān 於袁切，音冤，平，元韻，影。元部。

㊀巾帕。韓非子外儲説左上：“衛人有佐弋者，鳥至，因先以其～麾之，鳥驚而不射也。”

2. gǔn 字彙古本切，音滾。文部。

㊁通“衮”。古代帝王禮服。荀子富國：“故天子袾～衣冕，諸侯玄～衣冕。”楊倞注：“裷，與‘衮’同。畫龍於衣謂之衮。朱衮，以朱爲質也。”

按，説文無裷字。

裧 chān 處占切，音襜，平，鹽韻，穿三。談部。

㊀古代車中的帷幕。儀禮士昏禮：“婦車亦如之，有～。”鄭玄注：“裧，車裳幃。周禮謂之容。車有容，則固有蓋。”㊁裝飾柩車的裙緣。禮記雜記上：“其輤有～，緇布裳帷。”鄭玄注：“將葬，載柩之車飾曰柳裧，謂鼈甲邊緣。”孔穎達疏：“諸侯車飾，輤謂載柩之車有裧者，謂輤之四旁有物裧象鼈甲邊緣。”後來“裧輤”指代柩車。唐劉禹錫代裴相公祭李司空文：“今聞裧輤，首路而歸。”

〔備考〕通“襜”。繫在身前的圍裙。玉篇衣部：“襜，蔽膝也。裧，同上。”

按，説文無裧字。

褾 biǎo 方廟切，集韻彼小切，上，小韻，幫。宵部。

㊀〔帍褾〕婦女領巾。方言卷四：“帍褾謂之被巾。”郭璞注：“婦人領巾也。”一説指衣領。廣雅釋器：“帍褾，被巾也。”王念孫疏證：“褾，猶表也。表謂衣領也。”㊁褾糊，即裝璜或修補書畫（晚起義）。明馮夢龍古今小説滕大尹斷家私：“大尹已將行樂圖取去遺筆，重新～過，還給梅氏收領。”

按，説文無褾字。

褂 guà 中華大字典古賣切，音卦。

晚起字。㊀長衫。罩在外面的長衣。明方以智通雅衣服：“儀禮‘中帶’注：‘若今之襌襂。’蓋襯通裁之中衫也。今吴人謂之衫，北人謂之褂。”㊁清代禮服的外套，加於袍外的稱外褂，短的稱馬褂。清會典禮部儀制清吏司三：“服有袍、有～。朝服蟒袍外，皆加補～。”㊂〔褂子〕古代軍服的外衣，一種罩甲的短袖戎衣。明方以智通雅衣服彩服：“戎衣有罩甲，所謂重衣在上而短者，前似袿衣，或肩有袖，至臂臑而止。今曰齊肩，邊關號曰褙褋，又謂之褂子。”又清代禮服的外褂，也稱褂子。清文康兒女英雄傳四〇回：“這褂子上釘的可是獅子補子。這不是武二品嗎？”後又泛稱中式長衫。

褚 1. zhǔ 知吕切，上，語韻，知。魚部。

㊀用絲綿裝衣服。説文：“褚，…一曰裝衣。”急就篇二“襜褕袷複褶袴褌”顔師古注：“～之以綿曰複。”又指絲綿衣服。漢書南粤傳：“上～五十衣，中～三十衣，下～二十衣，遺王。”顔師古注：“以綿裝衣曰褚。上、中、下者，綿之多少薄厚之差也。”㊁囊，袋。左傳成公三年：“荀罃之在楚也，鄭賈人將寘諸～中以出。”王引之經義述聞春秋左傳中：“褚，可以裝物，亦可以裝人。”新唐書樊澤傳：“有熊執易者，同舍逆旅，哀之，輟所乘馬，傾～以濟，自能所舉。”引申爲儲藏。左傳襄公三十年：“取我衣冠而～之。”杜預注：“褚，畜也。”宋陸游跋東坡帖：“不當獨私囊～。”㊂古棺飾名。覆蓋棺材上的紅色布幕。禮記檀弓上：“～幕丹質。”鄭玄注：“以丹布幕爲褚，葬覆

棺。”

2. zhě 止野切，音者，上，馬韻，照三。魚部。

㊃對兵卒的稱呼。説文：“褚，卒也。”徐灝説文注箋：“卒謂之褚者，因其著赭衣而名之也。”方言卷三：“楚、東海之間，卒謂之弩父，或謂之褚。”郭璞注：“言衣赤也，褚音赭。”

3. chū 丑吕切，上，語韻，徹。魚部。

㊄姓。漢代有褚少孫。㊅通“楮”。紙的别稱。續資治通鑑宋高宗紹興七年：“始，豫僭位，作～幣，自一千至百千。”

裲 liǎng 集韻里養切，上，養韻，來。陽部。

㊀〔裲襠〕半臂衫，形似今之坎肩或背心。軍士所穿稱裲襠甲，一般人所穿稱裲襠衫。釋名釋衣服：“裲襠，其一當胷，其一當背，因以名之也。”古詩源梁樂府歌辭企喻歌：“前行看後行，齊著鐵裲襠。”宋郭象睽車志三：“有一婦人，青衫素裲襠，日以二錢市粥。”㊁量詞。相當於“雙”。元辛文房唐才子傳李遠：“初牧湓城，求天寶遺物，得秦僧收楊妃襪一～。”

按，説文無裲字。

裺 1. yǎn 衣儉切，音掩，上，琰韻，影。談部。

㊀有緣的衣領。説文：“裺，褗謂之裺。”參見“褗”字條。又爲衣縫邊緣。方言卷四：“懸裺謂之緣。”郭璞注：“衣縫緣也。”㊁小兒涎衣。方言卷四：“裺謂之襦。”戴震疏證：“蓋以裺爲小兒次衣，掩頸下者。”錢繹箋疏：“裺，所以承次液，故裺亦名襦也。”

2. ān 集韻烏含切，音庵，平，覃韻，影。談部。

㊂〔裺篼〕飲馬器皿。也呼“裺囊”。方言卷五：“飲馬橐，自關而西謂之裺囊，或謂之裺篼。”

裾 1. jū 九魚切，音居，平，魚韻，見。魚部。

㊀衣服的前襟。説文：“裾，衣褎也。”段玉裁注：“衣前裣謂之褎。”朱駿聲説文通訓定聲：“裾，衣之前襟也；今蘇俗曰大襟。”文選漢枚乘七發：“雜～垂髾，目窕心與。”漢書鄒陽傳：“飾固陋之心，則何王之門不可曳長～乎？”唐李賀釣魚詩：“爲看煙浦上，楚女淚沾～。”一説又指衣服後襟。爾雅釋器：“极謂之裾。”郭璞注：“衣後襟也。”㊁衣襟寬大。淮南子齊俗：“楚莊王～衣博袍，令行乎天下。”高誘注：“裾，裒也，衣裾也。”“裒”即“褎”。説文：“褎，衣博裾。”參見“褎”字條。

2. jù 集韻居御切，音鋸，去，御韻，見。魚部。

㊂通“倨”。傲慢。漢書酷吏傳趙禹：“禹爲人廉～，爲吏以來，舍無食客。”顔師古注：“裾亦倣也，讀與倨同。”按，史記酷吏列傳作“倨”。㊃通“據”。依據。文選晉左思魏都賦：“由重山之束阨，因長川之～勢。”李善注：“裾勢，依據川之形勢也。”

裾 jué 衢物切，音掘，入，物韻，羣。物部。

短單衣。玉篇衣部：“裾，裗裾也。”方言卷四：“襜褕，其短者謂之裋褕，…自關而西謂之裗裾。”郭璞注：“俗名裾掖。”東觀漢記世祖光武皇帝：“見更始諸將過者，已數十輩，皆冠幘，衣婦人衣，諸於繡擁～，大爲長安所笑。”唐皮日休九諷悲遊：“荷爲裯兮芰爲襬，荃爲～兮薜爲禕。”〔裗裾〕見“裗”字條。

［同源字］崛，屈，裾，崛，叕，黜，窶。見“崛”字條。

按，説文無裾字。

裰 duō 丁括切，入，末韻，端。

後起字。縫補。廣韻：“裰，補綴破衣也。”又爲縫綴。明劉若愚酌中志内臣佩服紀略：“第三層曰‘～領道袍’。其白領以漿布爲之，如玉環在項，而缺其前，稍油垢即换之。”“裰領”指綴上領圈。

祼 luǒ 郎果切，上，果韻，來。歌部。

赤身露體。説文：“嬴，袒也。祼，或从果。”左傳僖公二十三年：“曹共公聞其駢脅，欲觀其～。”又指無毛羽麟甲的動物。吕氏春秋觀表：“地爲大矣，而水泉草木毛羽～鱗嘗息也。”

［同源字］裸，羸，臝，倮，露。四字來母雙聲，裸、臝、倮，韻母也相同，意義也是露出形體。而露，暴露也。義亦相通，其韻屬鐸部，與歌部字“裸”等主元音相同，爲通轉，故同源。

裼 1. xī 先擊切，音析，入，錫韻，心。錫部。

㊀袒開，脱去外衣露出内衣或身體。説文：“裼，袒也。”儀禮聘禮：“～降立。”鄭玄注：“裼者，免上衣見裼衣，… 凡襢裼者左。”袒出上服左袖，露出中衣行禮，這是古時一種禮儀。禮記玉藻：“君子狐白裘，錦衣以～之。”鄭玄注：“袒而有衣曰裼。”孟子公孫丑上：“雖袒～裸裎於我側，爾焉能浼我哉！”這是袒開露體。史記張儀列傳：“秦人捐甲徒～以趨敵。”司馬貞索隱：“裼，袒也，謂袒而見肉也。”㊁裼衣，指行禮時覆加在裘外之衣。禮記玉藻：“裘之～也，見美也。”孔穎達疏：“裘之裼者，謂裘上加裼衣，裼衣上雖加他服，猶開露裼衣，見裼衣之美，以爲敬也。”

2. tì 集韻他計切，去，霽韻，透。錫部。

㊂裹覆嬰兒的小被。詩小雅斯干：“乃生女子，載寢之地，載衣之～。”毛傳：“裼，褓也。”

裶 fēi 芳非切，平，微韻，敷。微部。

〔裶裶〕衣長的樣子。文選漢司馬相如子虚賦：“粉粉裶裶，揚袘戌削，蜚襳垂髾。”李善注引郭璞曰：“粉粉，裶裶，皆衣長貌也。”引申爲長垂的樣子。文選漢張衡南都賦：“望翠華兮葳蕤，建太常兮裶裶。”

按，説文裶作㰻。

裯 1. chóu 直由切，音綢，平，尤韻，澄。幽部。

㊀單被。一説牀帳。詩召南小星：“肅肅宵征，抱衾與～。”毛傳：“衾，被也；裯，襌被也。”鄭箋：“裯，牀帳也。”後又泛指被子。文選晉潘岳寡婦賦：“歸空館而自怜兮，撫衾～以歎息。”宋楊萬里霜夜無睡聞畫角孤雁詩：“擁～起坐何人伴？只有殘燈半暈青。”

2. dāo 都牢切，平，豪韻，端。幽部。

㊁〔袛裯〕雙聲聯緜字。説文：“裯，衣袂袛裯。”參見“袛”字條。

裞 ní 五稽切，音倪，平，齊韻，疑。支部。

衣縷，衣襟下的裝飾。爾雅釋器：“衣裗謂之裞。”郭璞注：“衣縷也。齊人謂之攣，或曰袿衣之飾。”

按，説文無裞字。

裨 1. pí 符支切，集韻頻彌切，音脾，平，支韻，並。支部。

㊀古時次等禮服。儀禮覲禮：“侯氏～冕釋幣於禰。”鄭玄注：“裨之爲言埤也。天子六服，大裘爲上，其餘爲裨，以事尊卑服之，而諸侯亦服焉。”荀子富國：“故天子袾裷衣冕，諸侯玄裷衣冕，大夫～冕，士皮弁服。”㊁副，輔助的。漢書項籍傳：“於是梁爲會稽將，籍爲～將，徇下縣。”顔師古注：“裨，助也，相副助也。”唐韓愈清邊郡王楊燕奇碑文：“四十餘年，或～或專。攻牢保危，爵位已隮。”引申爲小。史記孟子荀卿列傳：“中國外如赤縣神州者九，乃所謂九州也。於是有～海環之。”司馬貞索隱：“裨海，小海也。九州之外，更有大瀛海，故知此裨是小海也。”文選漢張衡西京賦：“爾乃商賈百族，～販夫婦，鬻良雜苦，蚩眩邊鄙。”㊂姓。春秋有鄭國大夫裨諶。論語憲問：“～諶草創之。”

2. bì 府移切，集韻賓彌切，平，支韻，幫。今讀如婢。支部。

㊃益，增加。説文：“裨，接益也。”國語鄭語：“若以同～同，盡乃棄矣。”韋昭注：“裨，益也。”漢王逸楚辭章句九懷序：“追而愍之，故作九懷，以～其詞。”又爲彌補，補益。國語晉語八：“子若能以忠信贊君，而～諸侯之闕，猷雖在後，諸侯將載之，何争於先？”韋昭注：

"裨，補也。"抱朴子外篇博喻："斷根以續枝，割背以～股。"北魏楊衒之洛陽伽藍記正覺寺："時高祖新營洛邑，多所造製，肅博識舊事，大有～益。"

裳 cháng 市羊切，平，陽韻，禪。陽部。

㊀下身衣裙，古時男女皆服。說文巾部："常，下帬也。从巾，尚聲。裳，常或从衣。"詩邶風綠衣："綠兮衣兮，綠衣黃～。"毛傳："上曰衣，下曰裳。"晉陸機門有車馬客行："投袂赴門塗，攬衣不及～。"引申爲泛指衣服。文選南朝宋謝惠連擣衣詩："美人戒～服，端飾相招攜。"呂向注："謂美人之徒相備整衣裳服裝，飾以相招攜也。"北魏酈道元水經注江水："巴東三峽巫峽長，猿鳴三聲淚沾～。"㊁〔裳裳〕鮮明的樣子。詩小雅裳裳者華："裳裳者華，其葉湑兮。"毛傳："裳裳，猶堂堂也。"孔穎達疏："彼堂堂然光明者，華也。"

［辨］衣，裳，服。古時衣和裳有别。詩齊風東方未明："東方未明，顛倒衣裳。"毛傳："上曰衣，下曰裳。"裳是用以蔽下體的衣裙，男女都服用。但衣、裳皆可泛指衣服。詩豳風七月："七月流火，九月授衣。"衣包括了裳。故衣裳連用指衣服。陳書沈衆傳："其自奉養甚薄，每於朝會中，衣裳破裂。""服"原是個動詞，用於衣物，是穿着的意思。詩魏風葛屨："要之襋之，好人服之。""衣、服"連用本指衣裳服飾。詩小雅大東："西人之子，粲粲衣服。"後成爲雙音詞。荀子王制："衣服有制，公室有度。"

［同源字］裳，常。二字同音：禪母陽部。當下衣講，實爲一詞的不同寫法。見說文。常又訓旌旗，是常（裳）的引申義。周禮秋官大行人："建常九斿。"鄭玄注："常，旌旗也。"徐灝說文注箋："常（裳）之引申爲旗常。戴氏侗曰：謂其屬幅如常（裳）也。""裳""常"分用後，"裳"不用於旌旗義。但與"常"爲同源詞。

裻 dū 冬毒切，音督，入，沃韻，端。覺部。

㊀衣背中縫。說文："裻，一曰背縫。"國語晉語一："是故使申生伐東山，衣之偏～之衣，佩之以金玦。"韋昭注："裻在中，左右異，故曰偏。"史記趙世家："四年，王夢衣偏～之衣，乘飛龍上天。"㊁穿新衣時發出的聲音。說文："裻，新衣聲。"

裴 1. péi 薄回切，平，灰韻，並。微部。

㊀衣長的樣子。玉篇衣部："裴，長衣皃。"㊁姓。南朝宋有裴松之、裴駰，唐有裴炎、裴度。㊂〔裴回〕〔裴徊〕通"徘徊"。叠韻聯緜字。往返地走，引申爲猶豫不决的樣子。史記呂太后本紀："呂産不知呂禄已去北軍，迺入未央宫，欲爲亂。殿門弗得入，裴回往來。"北魏酈道元水經注穀水："又言遥遥九曲間，裴徊欲何之者也。"唐賈至送夏侯子之江夏詩："留歡一杯酒，欲别復裴回。"

2. féi 符非切，平，微韻，奉。微部。

㊃〔即裴〕漢代地名。在今河北肥鄉縣西。漢書地理志上："魏郡……即裴，侯國。"顏師古引應劭曰："裴音非。"

按，說文裴作䘵。

製 zhì 征例切，去，祭韻，照三。月部。

㊀裁製衣服。說文："製，裁也。"左傳襄公三十一年："子有美錦，不使人學～焉。"楚辭戰國屈原離騷："～芰荷以爲衣兮，集芙蓉以爲裳。"用作名詞，指衣服的形製、樣式。漢書叔孫通傳："通儒服，漢王憎之，乃變其服，服短衣，楚～。"顏師古注："製，謂裁衣之形製。"唐韓愈論佛骨表："夫佛本夷狄之人，與中國言語不通，衣服殊～。"又爲衣服，衣裳。左傳定公九年："晳幘而衣貍～。"文選漢張衡東京賦："侲子萬童，丹首玄～。"㊁製造，製作。後漢書樊宏傳："五穀不登，謂之大侵。大侵之禮，百官備而不～，羣神禱而不祠。"李賢注："官職備列，不造作也。"此指增設官職。唐杜甫高柟詩："近根開藥圃，接葉～茅亭。"㊂寫作，著述。漢蔡琰胡笳十八拍："～兹八拍兮擬排憂，何知曲成兮心轉愁。"文選南朝梁任昉齊竟陵文宣王行狀："公所～山居四時

序，言之已詳。”又指文章，著作。宋書謝靈運傳：“至於先士茂～，諷高歷賞。”南朝梁元帝金鏤子立言上：“諸子興於戰國，文集盛於二漢，至家家有～，人人有集。”㊃通“致”。儀態，風度。新唐書張易之傳：“既冠，頎晳美姿～，音技多所通曉。”

［辨］製，制。制，說文作“𠛢，裁也”，本義是“裁斷”，亦引申爲制造、制作。故與“製”本同源。後來，“制”多用於抽象的制作、制裁。如國語晉語二：“因驕以制人家。”而“製”多用於具體的製造，今簡化爲“制”。

衿 jīn 居吟切，平，侵韻，見。侵部。

襟的本字。衣襟。說文：“衿，交衽也。”邵瑛羣經正字：“衿，今經典作襟，亦作衿。說文無襟字。正字當作衿。”南朝梁沈約春詠：“～中萬行淚，故是一相思。”

九　畫

褒 bāo 博毛切，平，豪韻，幫。幽部。

“𧞣”的俗體。見廣韻豪韻。本義爲衣襟寬大，引申爲寬大。馬王堆漢墓帛書乙本老子德經：“道～無名。”新唐書禮樂志：“舞者高冠方履，～衣博帶。”又引申爲嘉獎、贊揚。與“貶”相對。鹽鐵論論儒：“齊宣王～儒尊學。”晉杜預春秋左氏傳序：“春秋雖以一字爲～貶，然皆須數句以成言。”

按，說文褒作𧞣。

褎 1. xiù 似祐切，音袖，去，宥韻，邪。幽部。

㊀“袖”的古體。衣袖。廣韻宥韻：“袖，衣袂也，亦作褎。”漢書佞幸傳董賢：“嘗晝寢，偏籍上～。上欲起，賢未覺，不欲動賢，乃斷～而起。”顏師古注：“褎，古袖字。”又用爲動詞。藏在袖中。漢書淮南厲王劉長傳：“辟陽侯出見之，即自～金椎椎之。”顏師古注：“謂以金椎藏置褎中，出而椎之。”

2. yòu 集韻余救切，音柚，去，宥韻，喻四。幽部。

㊁〔褎褎〕服飾華美的樣子。漢書叙傳下：“樂安褎褎，古之文學。”顏師古注：“褎褎，盛貌也，音弋救反。”

按，說文褎作褏。

褏 1. xiù 似祐切，去，宥韻，邪。幽部。

㊀“袖”的本字。衣袖。說文：“褏，袂也。”詩唐風羔裘：“羔裘豹～，自我人究究。”漢書楊惲傳：“是日也，拂衣而喜，奮～低卬，頓足起舞。”顏師古注：“褏，古衣袖字。”

2. yòu 余救切，音柚，去，宥韻，喻四。幽部。

㊀服飾華美的樣子。詩邶風旄丘：“叔兮伯兮，～如充耳。”毛傳：“褏，盛服也，充耳，盛飾也。”㊁禾苗漸漸生長的樣子。詩大雅生民：“實方實苞，實種實～。”毛傳：“褏，長也。”鄭箋：“枝葉長也。”唐皮日休茶中雜詠茶筍：“～然三五寸，生必依巖洞。”引申爲出衆、傑出的樣子。漢書董仲舒傳：“今子大夫～然爲舉首，朕甚嘉之。”王念孫讀書雜志漢書一〇：“褏然者，出衆貌。”唐劉禹錫哭龐京兆詩：“俊骨英才氣～然，策名飛步冠羣賢。”

裻 tū 集韻陁没切，音突，入，没韻，定。

開襠褲。廣雅釋器：“㡓無襠者謂之裻。”王念孫疏證：“今之開襠袴也，裻之言突，突者，穴也。”一説爲犢鼻褌，一種短褲。清錢大昕十駕齋養新録四犢鼻褌：“説文無‘裻’字，當爲突，即犢鼻也。”

褊 1. biǎn 方緬切，集韻俾緬切，上，獮韻，幫。元部。

㊀衣服狹小。説文：“褊，衣小也。”左傳昭公元年：“召使者，裂裳帛而與之曰：‘帶其～矣。’”論衡自紀：“夫形大，衣不得～。”引申爲狹小、狹窄。左傳隱公四年：“衛國～小，老夫耄矣，無能爲也。”楚辭漢東方朔七諫初放：“淺智～能兮，聞見又寡。”王逸注：“褊，狹也。”晉陸機失題詩：“道遐覺日短，憂深使心～。”又爲匱乏。唐白居易寄元九詩：“憐君爲

謫吏，窮薄家貧～。”❷通“扁”。平而薄。三國志魏書弁辰傳：“兒生，便以石厭（yà）其頭，欲其～。今辰韓人皆～頭。”按後漢書東夷傳辰韓作“扁”。北魏賈思勰齊民要術種李：“鹽入汁出，然後合鹽曬令萎，手捻之令～，復曬更捻，極～乃止。”

2. pián 集韻蒲眠切，平，先韻，並。

❸〔褊⿰衤遷〕叠韻聯緜字。衣服飄揚的樣子。集韻：“褊，褊⿰衤遷，衣皃。”引申爲飄逸飛翔的樣子。清陳鼎邵飛飛傳：“邵飛飛薄命詞：‘鶼鶼比翼兩相依，文彩褊⿰衤遷世所稀。’”

褌 kūn 古渾切，音昆，平，魂韻，見。文部。

滿襠褲。急就篇二：“襜褕袷複褶袴～。”顔師古注：“合襠謂之褌，最親身者也。”方言卷四：“褌，陳、楚、江、淮之間謂之裗。”説文巾部：“幝，幒也。…褌，幝或从衣。”段玉裁注：“今之套褲，古之絝也；今之滿襠褲，古之褌也。自其渾合近身言曰幝，自其兩襱孔穴言曰幒。”唐谷神子博異志馬侍中：“衣豹皮～，攜短兵，直入室來。”

⿰衤要 yāo 於霄切，平，宵韻，影。宵部。

❶裳腰，即下服的腰部。詩魏風葛屨：“要之襋之。”毛傳：“要，⿰衤要也；襋，領也。”孔穎達疏：“左執衣領，右執裳要，此‘要’謂裳要，字宜从衣，故云‘要，⿰衤要也’。”❷衣襻，束衣腰的帶子。玉篇衣部：“⿰衤要，⿰衤要襻也。”晉書五行志上：“武帝泰始初，衣服上儉下豐，著衣者皆厭～。”

按，説文無⿰衤要字。

褋 dié 徒協切，入，怗韻，定。葉部。

單衣。説文：“褋，南楚謂禪衣曰褋。”方言卷四：“禪衣，江、淮、南楚之間謂之衣褋。”楚辭屈原九歌湘夫人：“捐余袂兮江中，遺余～兮澧浦。”宋姜夔念奴嬌毁舍後作：“昔遊未遠，記湘皋聞瑟，澧浦捐～。”

褍 duò 徒卧切，音惰，去，過韻，定。歌部。

無袖的衣服。説文：“褍，無袂衣謂之褍。”〔褍裸〕叠韻聯緜字。古代軍服的罩甲，又稱“褂子”。明方以智通雅衣服一：“戎衣有罩甲，所謂重衣在上而短者，前似袿衣，或肩有袖，至臂臑止。今曰齊肩，邊關號曰褍裸，又謂之褂子。漢以無袂衣曰褍，則今呼正自合古。”

褪 tùn 五音集韻他困切，字彙音吞，去聲。

後起字。❶衣着或服飾因寬鬆而脱出。五音集韻慁韻：“褪，衣寬重也。”宋歐陽修浣溪紗之一：“東素美人羞不打，卻嫌裙慢～纖腰。”宋辛棄疾江神子和人韻：“可惜行雲春不管，裙帶～，鬢雲鬆。”❷（花）萎謝。字彙衣部：“褪，花謝也。”宋蘇軾蝶戀花春景：“花～殘紅青杏小，燕子飛時，緑水人家繞。”宋辛棄疾生查子：“梅子～花時，直與黄梅接。”❸色減，消退。宋周邦彦滿江紅：“蝶粉蜂黄都～了，枕痕一線紅生肉。”宋陳允平戀繡衾：“緗桃紅淺柳～黄，燕初來，宫漏漸長。”引申爲退，後退。宋沈與求泛舟阻風詩：“十篙八九～，逆勢何乃爾！”元楊顯之瀟湘雨一折：“待趨前，還～後，我則索慌忙施禮半含羞。”按，此項意義，今讀 tuì。❹隱藏在（袖子裏）。元高文秀襄陽會三折：“懷揣日月，袖～乾坤。”金瓶梅詞話二八：“這陳經濟把鞋～在袖中。”

〔同源字〕褪，退。説文“退”作復，卻也。廣雅釋詁二：“退，減也（一本作衲）。”“褪”字後起，有卸衣、萎謝、色減、後退等義，與“退”義通，而音亦相近（同爲透母），韻部物、文主元音相同，有對轉關係，故同源。

褘 1. huī 許歸切，音輝，平，微韻，曉。微部。

❶佩巾。佩於前身可以蔽膝，故又稱“蔽膝”。説文：“褘，蔽厀也。”方言卷四：“蔽膝，江、淮之間謂之褘，或謂之祓，魏、宋、南楚之間謂之大巾，自關東西謂之蔽膝，齊、魯之郊謂之衻。”三國魏曹植鞞舞歌靈芝篇：“退詠南風詩，灑淚滿～抱。”唐皮日休九諷悲遊：“荷爲裯兮芰爲襬，荃爲裾兮薜爲～。”❷王后的祭服，衣上繪有野鷄圖紋。説文：“褘，…周

禮曰：‘王后之服褘衣。’謂畫袍。”周禮天官内司服：“掌王后之六服：～衣、揄狄、闕狄、鞠衣、展衣、緣衣。”鄭玄注：“褘衣，畫翬者，…從王祭先王則服褘衣。”禮記祭統：“君卷冕立于阼，夫人副～立于東房。”

2. yī 集韻於宜切，平，支韻，影。微部。

㊁美好。爾雅釋詁一：“褘，美也。”文選漢張衡東京賦：“漢帝之德，侯其～而。”

褞 yùn 於粉切，上，吻韻，影。今讀如醖。文部。

通“緼”。亂麻，舊絮。新語本行：“二三子布弊～袍，不足以避寒。”後漢書桓鸞傳：“少立操行，～袍糟食，不求盈餘。”按，論語子罕作“緼袍”。

按，説文有緼無褞字。

褐 hè 胡葛切，入，曷韻，匣。月部。

㊀粗麻編織的襪子。説文：“褐，編枲韤。”段玉裁注：“取未績之麻編之爲足衣，如今艸鞵之類。”急就篇二：“鞇䩖卬角巾～韤巾。”古籍中通常指粗布或粗布衣服。説文：“褐，…一曰粗衣。”詩豳風七月：“無衣無～，何以卒歲！”鄭箋：“褐，毛布也。”孟子滕文公上：“曰：‘許子必織布而後衣乎？’曰：‘否，許子衣～。’”趙岐注：“許子衣褐，以毳織之，若今之馬衣者也。或曰：褐，枲衣也，一曰粗布衣也。”抱朴子外篇吴失：“然高槩遠量，被～懷玉，守静潔志，無欲於物。”又爲貧賤者的代稱。左傳哀公十三年：“旨酒一盛兮，余與～之父睨之。”杜預注：“褐，寒賤之人。”㊁黑黄色。唐白居易三適贈道友詩：“～綾袍厚暖，卧蓋行坐披。”明沈德符野獲編禮部一褐蓋：“舊制，仕宦四品腰金以上，始得張～蓋。”

褑 1. yuàn 王眷切，去，線韻，喻三。元部。

㊀繫佩物的帶。爾雅釋器：“佩衿謂之褑。”郭璞注：“佩玉之帶上屬。”宋盧炳少年遊：“繡羅～子間金絲，打扮好容儀。”金董解元西廂記諸宫調七：“青衫忒離俗，裁得暢可體。～兒是吴綾，件件都受取。”

2. yuán 集韻于元切，音袁，平，元韻，喻三。

㊁衣。據集韻元韻。宋王泳燕翼詒謀録五：“中興以後，駐蹕南方，貴賤皆衣黝紫，反以赤紫爲御愛紫，亦無敢以爲衫袍者，獨婦人以爲衫～爾。”

按，説文無褑字。

褕 1. yú 羊朱切，平，虞韻，喻四。侯部。

㊀〔褕翟〕古代王后的一種禮服，服上繪有雉羽。説文：“褕，褕翟，羽飾衣。”詩鄘風君子偕老“玼兮玼兮，其之翟也”毛傳：“褕翟、闕翟，羽飾衣也。”鄭箋：“侯伯夫人之服，自褕翟而下，如王后焉。”新唐書車服志：“褕翟者，受册、助祭、朝會大事之服也。”也作“褕狄”。唐柳宗元禮部賀册太上皇后賀表：“長秋既登其正位，褕狄亦被於恩光。”㊁〔襜褕〕直襟單短衣。説文：“褕，…一曰直裾謂之襜褕。”參見“襜”字條。有時也單用“褕”。史記司馬相如列傳：“揜獨繭之～袘。”司馬貞索隱引張揖云：“褕，襜褕也。”㊂華美的（衣服）。史記淮陰侯列傳：“農夫莫不輟耕釋耒，～衣甘食，傾耳以待命者。”司馬貞索隱：“褕，美也。”

2. tóu 集韻徒侯切，音頭，平，侯韻，定。

㊃〔裋褕〕叠韻聯緜字。集韻：“褕，裋褕，短袖，一曰近身衣。”參見“裋”字條。

［同源字］襦，裋，褕。見“襦”字條。

複 fù 方六切，入，屋韻，非。覺部。

㊀重衣，即夾衣。説文：“複，重衣也。”釋名釋衣服：“有裏曰複，無裏曰禪。”三國志魏書管寧傳：“寧常著皁帽，布襦袴，布裙，隨時單～。”古詩源三漢樂府歌辭孤兒行：“冬無～襦，夏無單衣。”（“複襦”，短夾襖。）亦指絮有絲綿的衣服。説文：“複，…一曰褚衣。”急就篇二：“襜褕袷～褶袴褌。”顔師古注：“褚之以綿曰複。”北魏賈思勰齊民要術雜説：“（二月）蠶事未起，命縫人浣冬衣，徹～爲袷。”南史徐嗣伯傳：“時直閤將軍房伯玉服五石散十許劑，無益，更患冷，夏日常～衣，嗣伯爲診

之。"引申爲夾層的。舊唐書王稷傳:"廣治第宅,嘗奏請藉坊以益之,作～垣洞穴,實金錢於其中。"宋洪邁夷堅甲志張夫人:"成禮之夕,賜真珠～帳,其直五十萬緡。"㊁重複,繁複。文選漢張衡東京賦:"～廟重屋,八達九房。"李善注引薛綜曰:"複廟,重覆也。"宋陸游遊山西村詩:"山重水～疑無路,柳暗花明又一村。"㊂土窟。禮記月令"其祀中霤"鄭玄注:"古者～穴,是以名室爲霤。"孔穎達疏:"複穴者,謂窟居也。古者窟居,隨地而造,若平地則不鑿,但累土爲之,謂之爲複;言於地上重複爲之也。"這個意義,説文作"㚆"。

[辨]重,複。見"重"字條。

[同源字]複,復。二字幫並旁紐,覺部叠韻。音甚近,義亦相通。"複"的本義是重衣,引申爲重複、繁複;而"復",説文彳部:"往來也。"本義指行走的道路相重。廣雅釋詁四:"復,重也。"管子牧民:"不行不可復者。"引申爲反覆,恢復。故同源。今二字均簡化爲"复"。

褖 tuàn 通貫切,音彖,去,换韻,透。元部。

㊀王后燕居或進御時所穿之服。集韻换韻:"褖,黑衣,王后之服。"周禮天官内司服:"掌王后之六服,褘衣、揄狄、闕狄、鞠衣、展衣、緣衣。"鄭玄注:"此緣衣者,實作褖衣也。褖衣,御于王之服,亦以燕居。"㊁飾有邊緣的衣服。士的禮服。儀禮士喪禮:"～衣。"鄭玄注:"黑衣裳赤緣謂之緣。褖之言緣,所以表袍者也。"又爲士妻的命服。禮記玉藻:"再命褘衣,一命襢衣,士～衣。"鄭玄注:"此子、男之夫人及其卿大夫士之妻命服也。"

按,説文無褖字。

褔 hóu 户鉤切,平,侯韻,匣。

後起字。〔褔褕〕叠韻聯緜字。短袖貼身小衫。廣韻:"褔,褔褕,小衫。本作侯牏。"參見"侯"字條。

褓 bǎo 博抱切,上,晧韻,幫。幽部。

嬰兒衣被,即裹覆嬰兒的小被。玉篇衣部:"褓,小兒衣。"漢劉向新序節士:"而二人謀取他嬰兒,負以文～匿山中。"宋鄭俠示女子詩:"汝生未三月,正當時～乳。"此指在襁褓中。淮南子要略:"武王立三年而崩,成王在～襁之中,未能用事。""褓襁",裹覆和背負嬰兒的被帶。

按,説文褓作緥,在糸部。

褗 yǎn 於幰切,音偃,上,阮韻,影。元部。

衣領。説文:"褗,褔領也。"徐鍇繫傳:"謂衣領偃曲。"段玉裁注:"褗領,各本譌褔領,字之誤也,今正。"朱駿聲説文通訓定聲:"領之有緣者爲褗,散文則褗亦領也。"

十　畫

褰 qiān 去乾切,音騫,平,仙韻,溪。元部。

㊀套褲。説文:"褰,絝也。"左傳昭公二十五年:"公在乾侯,徵～與襦。"杜預注:"褰,袴。"宋王安石潭州新學詩:"振養矜寡,衣之～襦。"㊁提起(衣服)。詩鄭風褰裳:"子惠思我,～裳涉溱。"鄭箋:"揭衣渡溱水。"引申爲揭起,撩起。楚辭漢劉向九嘆遠遊:"回朕車俾西引兮,～虹旗於玉門。"唐李商隱行次西郊作一百韻:"金障既特設,珠簾亦高～。"〔褰褰〕飄起的樣子。唐張祜舞詩:"裊裊腰疑折,褰褰袖欲飛。"㊂開,散開。文選晉潘岳射雉賦:"～微罟以長眺,已踉蹡而徐來。"徐爰注:"褰,開也。"北魏酈道元水經注江水:"自非煙～雨霽,不辨此遠山矣。"唐韓愈酬裴十六功曹巡府西驛途中見寄詩:"哀鴻鳴清耳,宿霧～高旻。"㊃縮,緊縮。史記司馬相如列傳:"襞積～縐,紆徐委曲。"司馬貞索隱引蘇林曰:"褰縐,縮蹙也。"宋陳善捫虱新話一四:"脣不下垂,亦不～縮。"

褭 niǎo 奴鳥切,音鳥,上,篠韻,泥。宵部。

㊀用絲帶繫馬。説文:"褭,以組帶馬也。"後用以指代駿馬。南朝梁蕭統古樂府

上林:"千金～騕騎,萬折流水車。"宋王安石材論:"夫然後騏驥騕～與駑駘别矣。"俗作"裊"。㊁〔褭褭〕同"裊裊"。詩詞中也單用。①柔弱細長的樣子。唐儲光羲薔薇詩:"褭褭長數尋,青青不作林。"唐許渾和常秀才寄簡歸州鄭使君借猿:"謝守攜猿東路長,～藤穿竹似瀟湘。"②輕輕摇曳的樣子。玉臺新詠南朝宋鮑令暉擬青青河畔草:"褭褭臨窗竹,藹藹垂門桐。"南朝宋沈約十詠領邊繡:"不聲如動吹,無風自～枝。"唐温庭筠黄曇子歌:"羅衫～向風,點粉金鸝卵。"③微風吹拂的樣子。南朝宋鮑照采菱歌之四:"褭褭風出浦,容容日向山。"唐曹唐漢武帝於宫中宴西王母詩:"秋風褭褭月朗朗,玉女清歌一夜闌。"④形容聲音宛轉悠揚。唐許渾宿開元寺樓詩:"誰家歌褭褭,孤枕在西樓。"⑤煙氣繚繞的樣子。宋陳深西江月製香:"銀葉初温火緩,金猊静～煙微。"㊂〔要褭〕叠韻聯緜字。駿馬名。參見"要"字條。

褱 huái 户乖切,平,皆韻,匣。微部。

㊀"懷"的本字。懷抱,揣着。説文:"褱,俠(夾)也。"馬王堆漢墓帛書甲本老子德經:"是以聖人被褐而～玉。"又爲懷(胎)。漢書外戚傳下孝成趙皇后:"元延二年～子,其十一月乳。"引申爲包圍。漢書地理志序:"堯遭洪水,～山襄陵。"又爲關懷,思念。宋洪适隸釋卷一漢司隸從事郭究碑:"銘勳金石,以尉孔～。"㊁通"槐"。續斷草的别名。廣雅釋草:"褱,續斷也。"王念孫疏證:"名醫别録云:'續斷,一名接骨,一名南草,一名槐,生常山山谷。''槐',與'褱'同。"

褢 huái 户乖切,音懷,平,皆韻,匣。微部。

㊀衣袖。説文:"褢,袖也。"㊁通"懷"。懷抱,揣着。説文:"褢,…一曰藏也。"玉篇衣部:"褢,苞也,胷袵藏物也,抱也。在衣曰褢,在手曰握。"漢書外戚傳下孝成許皇后:"將相大臣,～誠秉忠,唯義是從。"顔師古注:"褢,古懷字。"

褣 róng 餘封切,音容,平,鍾韻,喻四。東部。

〔橦褣〕叠韻聯緜字。襜褕的别名,一種直襟單短衣。參見"橦"字條。輕容,薄紗名。

按,説文無褣字。

褲 kù 音庫。

"絝""袴"的晚起俗字。褲子。宋張端義貴耳録下:"御前有燕雜劇伶人妝一賣故衣者,持～一腰,只有一隻～口。"又爲動詞。穿褲。清魏源聖武記一:"男婦皆不～,以魚皮爲衣,柔輭可染。"

褸 mì 莫狄切,音覓,入,錫韻,明。錫部。

同"幦"。古代覆蓋車前軾上的覆蓋物,以擋禦風塵的帷席。周禮春官巾車:"王之喪車五乘:木車、蒲蔽、犬～、尾櫜、疏飾。"鄭玄注:"犬,白犬皮,既以皮爲覆笭,又以其尾爲戈戟之弢。"賈公彦疏:"犬褸,以犬皮爲覆笭者。古者男子立乘須馮軾,軾上須皮覆之,故云犬褸。"明楊慎升庵經説周禮素問然褸髹飾:"～,車覆軨。"

按,説文褸作幦。

褠 gōu 古侯切,音溝,平,侯韻,見。侯部。

㊀袖子狹而直的單衣。釋名釋衣服:"褠,禪衣之無胡者也,言袖夾直形如溝也。"王先謙疏證補:"蓋胡是頸咽皮肉下垂之義,因引申爲衣物下垂者。…今袖緊而直無垂下者,故云無胡也。"三國志吴書吕範傳"還吴,遷都督"裴松之注引晉虞溥江表傳:"範出,更釋～,著袴褶,執鞭,詣閤下啓事,自稱領都督。"資治通鑑七七魏高貴鄉公甘露元年:"始,(吕)岱親近吴郡徐原,慷慨有才志,岱知其可成,賜巾～,與共談論。"胡三省注:"褠,單衣,漢魏以來士庶以爲禮服。"㊁臂衣,即袖套。後漢書皇后紀上明德馬皇后:"倉頭衣緑～,領袖正白。"李賢注:"褠,臂衣,今之臂褠,以縛左右手,於事便也。"按,這個意義説文作"韝",在韋部。

裓 kè 苦盍切，入，盍韻，溪。

後起字。〔裓襠〕唐代婦女袍服。龍龕手鑑衣部："裓，裓襠，前後兩當衣也。"類篇衣部："裓，裓襠，婦人袍。"唐蔣防霍小玉傳："著石榴裙，紫裓襠，紅綠帔子。"新唐書車服志："(武弁者)有平巾幘，武舞緋絲布大袖，白練裓襠。"

褡 dā 都合切，入，合韻，端。

後起字。❶〔褦褡〕小被。廣韻："褡，褦褡，小被。"參見"褦"字條。❷褡背，搭附在外邊的衣物。太平廣記三引漢武帝内傳："王母上殿，東向坐，著黄金～襹。"

褥 rù 而蜀切，入，燭韻，日。屋部。

坐卧的墊具。褥子。釋名釋牀帳："褥，辱也，人所坐褻辱也。"畢沅疏證："衣旁作褥，俗字也，於文當作蓐。"後漢書張禹傳："乃詔禹金宫中，給帷帳牀～。"世説新語雅量："(顧雍)以爪掐掌，血流沾～。"

［備考］nòu(内沃切)。廣韻沃韻："褥，小兒衣。"

［同源字］褥，蓐。二字同音(日母屋部)。説文艸部："蓐，陳艸復生也，一曰蔟也。"引申爲薦席、草墊子。故蠶蔟亦曰蓐。左傳文公七年："秣馬蓐食。"杜預注："蓐食，早食於寢蓐中也。"後漢書趙岐傳："年三十餘，有重疾，卧蓐七年。"李賢注："蓐，寢蓐也。聲類曰：'蓐，薦也。'"而一切經音義三引三蒼曰："褥，薦也。""褥"是"蓐"的俗字。在寢蓐的意義上，"蓐、褥"實同一詞。

按，説文無褥有蓐。

褦 nài 集韻乃代切，音耐，去，代韻，泥。

〔褦襶〕疊韻聯緜字。①暑天遮日的斗笠。宋姚寬西溪叢語下："據炙轂子云，褦襶，笠子也。"清郝懿行證俗文二："褦襶，潛確類書：'即今暑月所戴涼笠，以青繒綴其簷而被日者也。'"又用作動詞，戴上避暑笠。宋陸游夏日詩："孤舟正作笭箵夢，九陌難隨褦襶忙。"明許三階節俠記俠晤："褦襶訪蘭英，下馬炎威失。"比喻愚蠢，不曉事。字彙補衣部："炎暑戴笠見人，必不曉事，故字書以此義釋之。"古文苑三國魏程曉嘲熱客："只今褦襶子，觸熱到人家。"章樵注："音耐戴，言不爽豁也。類説集韻：'褦襶，不曉事之名。'"宋王安石用前韻戲贈葉致遠直講："反嗤褦襶子，但守一經籍。"②形容癡迷失態狀。明許自昌水滸記剽劫："把青蚨幾貫易縹清，酩酊何辭褦襶行！"③衣著厚重臃腫的樣子。明張煌言雨中寒甚再叠前韻："春衣褦襶還如鐵，島樹槎枒轉似金。"按，褦襶都是後起字。

褫 chǐ 敕里切，上，止韻，徹。支部。

❶奪去衣服或帶。説文："褫，奪(衣)也。"易訟："上九，或錫之鞶帶，終朝三～之。"文選南朝宋謝惠連雪賦："願低帷以昵枕，念解珮而～紳。"李善注："褫，奪衣也。"泛指奪去。文選漢張衡東京賦："罔然若酲，朝罷夕倦，奪氣～魄之爲者。"薛綜注："惘然如神奪其精氣。又若魂魄亡離其身。"引申爲革除。宋書謝莊傳上搜才表："張勃進陳湯而坐以～爵。"宋陸游老學庵筆記八："靖康間俞停廢，棟猶以武功大夫爲浙東副總管，遂終其身，不復～削。"❷廢弛，鬆弛。荀子非相："守法數之有司，極禮而～。"楊倞注："褫，解也。"王念孫讀書雜志荀子二："褫之言弛也，言疲於禮而廢弛也。"南朝梁江淹爲蕭驃騎上頓表："雖蟻衆鼠竊，勢必～散。"引申爲敗落，脱落。北魏酈道元水經注清水："清水又東逕故石梁下，梁跨水上，橋石崩～，餘基尚存。"北史儒林傳孫惠蔚："或篇第～落，始半淪殘；或文壞字誤，謬爛相屬。"

［同源字］褫，奪。"褫"的本義是奪去衣服，又泛指奪去，與"奪"義通。又褫，从虒聲，當屬支部，但説文"褫，讀若池"，漢代屬定母歌部，與定母月部的"奪"爲雙聲歌月對轉，故同源。

褧 jiǒng 口迥切，上，迥韻，溪。今讀如炯。

耕部。

用麻或輕紗所製單罩衣。古代女子出嫁時穿在錦衣外面，以蔽塵土。説文：“褧，檾(jiǒng)也。”段玉裁注：“檾者，枲屬。績枲爲衣，是爲褧衣。”詩鄭風豐：“衣錦～衣，裳錦～裳。”鄭箋：“蓋以禪縠爲之，中衣裳用錦而上加禪縠焉，爲其文之大者也。”唐張祜雉朝飛操詩：“朱冠錦襦聊日整，漠漠霧中如衣～。”

十一畫

褻 xiè 私列切，音泄，入，薛韻，心。月部。

㊀居家常穿的便服，貼身内衣。説文：“褻，私服。从衣，埶聲。詩曰：‘是～袢也。’”按，今本詩經鄘風君子偕老作“是紲袢也”。王先謙集疏：“作‘紲’者用毛詩，則‘褻’是三家文。‘褻’，正字；‘紲’，借字。褻，謂親身之衣也。”論語鄉黨：“君子不以紺緅飾，紅紫不以爲～服。”何晏集解引王肅曰：“褻服，私居服，非公會之服也。”古文苑漢司馬相如美人賦：“女乃弛其上服，表其～衣，皓體呈露，弱骨豐肌。”㊁親近，熟悉。論語鄉黨：“見冕者與瞽者，雖～，必以貌。”何晏集解引周生烈曰：“褻，謂數相見也。”又爲親狎而不莊重。廣雅釋言：“褻，狎也。”禮記表記：“無禮不相見也，欲民之毋相～也。”舊唐書王伾傳：“唯招賄賂，無大志，貌寢陋，吴語，素爲太子之所～狎。”引申爲輕慢。北史封懿傳：“子繡爲勃海太守，定遠過之，對妻及諸女讌集言戲，微有～慢。”唐杜甫八哀詩故秘書少監武功蘇公源明：“犀兕豈獨剸，反爲後輩～。”㊂污穢，骯髒。周禮天官玉府：“掌王之燕衣服，衽席，牀第，凡～器。”鄭玄注：“褻器，清器，虎子之屬。”唐沈既濟枕中記：“盧生顧其衣裝敝～，乃長嘆息。”

襄 xiāng 息良切，平，陽韻，心。陽部。

㊀漢代一種耕作法。説文：“襄，漢令，解衣而耕謂之襄。”㊁升到高處。書堯典：“湯湯洪水方割，蕩蕩懷山～陵，浩浩滔天。”僞孔傳：“襄，上也。”北魏酈道元水經注耒水：“波～四陸，細魚奔迸，隨水登岸，不可勝計。”引申爲向上舉。漢書鄒陽傳：“臣聞交龍～首奮翼，則浮雲出流，霧雨咸集。”顔師古注：“襄，舉也。”又引申爲高。文選漢張衡西京賦：“～岸夷塗，脩路陵險。”李善注引薛綜曰：“襄，謂高也。”北魏酈道元水經注河水：“河中竦石傑出，勢連～陸。”㊂成。左傳定公十五年：“葬定公，雨，不克～事，禮也。”杜預注：“襄，成也。”舊五代史晉書盧詹傳：“詹家無長物，喪具不給。少帝聞之，賜布帛百段，粟麥百斛，方能～其葬事。”引申爲襄助，輔助。清平步青霞外攟屑掌故肅順專款：“我皇上冲齡踐阼，未能同心～贊。”馬建忠巴黎覆友人書：“教皇於各國有事則遣人以～理之。”㊃通“攘”。除去。詩鄘風牆有茨：“牆有茨，不可～也。”毛傳：“襄，除也。”釋文：“襄，本或作‘攘’。”㊄通“驤”。駕車的馬。詩鄭風大叔于田：“兩服上～，兩驂雁行。”鄭箋：“襄，駕也，上駕者，言爲衆馬之最良也。”禮記曲禮正義引詩作“驤”。一説：駕。王引之經義述聞六：“上者前也；上襄，猶言前駕，謂並駕於車前。”㊅〔襄羊〕叠韻聯緜字。猶仿佯、徜徉，遊蕩的樣子。史記司馬相如列傳：“招摇乎襄羊，降集乎北紘。”司馬貞索隱引郭璞曰：“襄羊，猶仿佯。”

褎 bāo 博毛切，平，豪韻，幫。幽部。

㊀“褒”的本字。衣襟寬大。説文：“褎，衣博裾。”段玉裁注：“博裾，謂大其褎囊也。”漢書雋不疑傳：“～衣博帶，盛服至門上謁。”顔師古注：“褎，大裾也。言著褎大之衣，廣博之帶也。”引申爲廣大。淮南子主術：“一人被之而不～，萬人蒙之而不褊。”高誘注：“褎，大也。”漢書外戚傳下孝成趙皇后：“且～廣將順君父之美，匡捄(救)銷滅既往之過，古今通義也。”㊁表揚，贊揚。與“貶”相對。玉篇衣部：“褎，揚美也。”公羊傳隱公元年：“與公盟者衆

矣，曷爲猶～乎此？因其可～而～之。"抱朴子外篇漢過："良史無～言，金石無德言。"唐韓愈唐銀青光禄大夫路公神道碑銘："～功刻表，丞相之辭。"㊁古國名。故址在今陝西勉縣東南。詩小雅正月："赫赫宗周，～姒滅之。"毛傳："褒，國也。"國語晉語一："周幽王伐有～，～人以～姒女焉。"韋昭注："有褒，姒姓之國。"又指周幽王后褒姒。文選晉潘岳西征賦："舉僞烽以沮衆，淫嬖～以縱慝。"

［備考］póu（蒲侯切）。集韻侯韻："裒，爾雅：'聚也。'或作'褒'。"

褵 lí 吕支切，平，支韻，來。

後起字。㊀古代女子出嫁時所繫的佩巾。文選晉張華女史箴："施衿結～。"李善注引毛萇曰："褵，婦人之幃也。"後亦以"結褵"指男女結婚。唐喬知之雜曲歌辭定情篇："由來共結褵，幾人同匪石。"本又作縭。參見"縭"字條。㊁〔褵褷〕叠韻聯緜字。形容羽毛黏合的樣子。清曹寅鴉鳴歌："雨鳴飢鳴鴉有時，累汝褵褷乳哺兒。"

襀 jī 資昔切，音積，入，昔韻，精。錫部。

〔襞襀〕叠韻聯緜字。衣裙上的褶子。玉篇衣部："襀，襞襀也。"參見"襞"字條。

按，説文無襀字。

褾 biǎo 方小切，集韻俾小切，音表，上，小韻，幫。

後起字。㊀袖端。見廣韻小韻。南朝宋虞龢上明帝論書表："子敬便取書之，正草諸體悉備，兩袖及～略周。"㊁衣帽的飾邊。宋書禮志："近代車駕親戎中外戒嚴之服，無定色，冠黑帽，綴紫～。～以繒爲之，長四寸，廣一寸。"遼史儀衛志："衣～領，爲升龍織成文，各爲六等。"㊂書畫卷軸正面四邊所裱飾的絲織物。宋米芾書史："此帖棗木大軸，古青藻花錦作～。"金史百官志四："親王，紅遍地雲氣翔鸞錦～，金鸞五色羅十五幅，寶裝犀軸。"用作動詞，指裝潢或修補書畫，即裱褙。宋陸游跋漢隸："友人蒲陽方士繇伯謨，親視裝～，故無一字差謬者。"明陶宗儀輟耕録二三："南唐則～以迴鸞墨錦，籤以潢紙。"此第三項兩個意義後來通常寫作"裱"。

褔 ōu 烏侯切，音歐，平，侯韻，影。侯部。

㊀用未績之麻編織的衣服。説文："褔，編枲衣。"段玉裁注："謂取未績之麻編之爲衣，與艸雨衣相類，衣之至賤者也。"㊁小孩或少數民族的蒙頭布。説文："褔，…一曰頭褔。"段玉裁注："'曰'下曰：'小兒蠻夷頭衣也。'頭褔，蓋即頭衣，僅冒其頭耳。"㊂小兒的圍涎。方言卷四："緊袼謂之褔。"郭璞注："即小兒次（xián）衣也。"説文："褔，…一曰次裹衣。"段玉裁注："小兒服之衣外，以受次者。"朱駿聲説文通訓定聲："褔，蘇俗謂之圍瀺，著小兒頸間以受次者，其制圓。"

褶 1. dié 徒協切，入，怗韻，定。緝部。

㊀夾衣。禮記玉藻："禪爲絅，帛爲～。"鄭玄注："有表裏，而無著。"釋文："褶音牒，袷也。"又指上衣。儀禮士喪禮："襚者以～，則必有裳。"鄭玄注："帛爲褶，無絮；雖複，與禪同，有裳乃成稱，不用表也。"

2. xí 似入切，音習，入，緝韻，邪。緝部。

㊁古代一種騎服。集韻緝韻："褶，袴褶，騎服。"三國志魏書崔琰傳："唯世子燔翳捐～，以塞衆望，不令老臣獲罪於天。"後又用作朝服，常服。隋書禮儀志六："袴～近代服以從戎。今纂嚴，則文武百官咸服之。"資治通鑑陳宣帝太建十四年："叔堅手搤叔陵，奪去其刀，仍牽其柱，以其～袖縛之。"胡三省注："褶，音習，布褶衣也，今之寬袖。"〔褶子〕古代一種便服，後常指傳統戲裝中的一種便服。清孔尚任桃花扇傳歌："浄扁巾、褶子，扮蘇崑生上。"

3. zhě 音韻闡微職攝切。

㊂衣裙上的褶襇或折皺。唐張祜觀杭州柘枝詩："看著遍頭香袖～，粉屏香帕又重限。"宋張榘虞美人："龍香淺漬羅～，睡思低

眉月。”

按，說文無褶字。

襁 qiǎng 居兩切，上，養韻，見。陽部。

❶背負嬰兒用的寬帶。說文：“襁，負兒衣。”論語子路：“夫如是，則四方之民～負其子而至矣，焉用稼？”何晏集解：“包曰：‘負者以器曰襁。’”邢昺疏引博物志云：“織縷之廣八尺，長丈二，以約小兒於背。”又用作動詞，指以背嬰兒的寬帶背負。漢賈誼新書胎教：“成王生，仁者養之，孝者～之。”❷穿古錢用的繩索，借指錢貫。新唐書魏徵傳：“市物～屬於廛，遞子背望於道。”

褸 1. lóu 落侯切，音樓，平，侯韻，來。侯部。

❶衣襟。說文：“褸，衽也。”方言卷四：“褸謂之衽。”郭璞注：“衣襟也。或云裳際也。”

2. lǚ 力主切，音縷，上，麌韻，來。侯部。

❶衣服破爛。玉篇衣部：“褸，衣壞也。”方言卷三：“褸裂、須捷、挾斯，敗也。南楚凡人貧、衣被醜敝，謂之須捷，或謂之褸裂，或謂之襤褸。”郭璞注：“褸裂，衣壞貌。”朱駿聲說文通訓定聲需部：“褸者在旁開合處，故衣被組敝爲褸裂，亦爲襤褸。”〔襤褸〕雙聲聯緜字。見“襤”字條。

襂 1. shēn 集韻疏簪切，平，侵韻，審二。侵部。

❶〔襂纚（襹、褷）〕雙聲聯緜字。羽毛下垂的樣子。集韻：“襂，襂纚，衣裳羽毛垂貌。”文選漢揚雄甘泉賦：“蠖略蕤綏，灕虖襂纚。”李善注：“灕虖襂纚，龍翰下垂之貌也。”唐李德裕振鷺賦：“獨立漣漪，意態閒暇，羽毛襂襹。”宋歐陽修戲答聖俞詩：“羽毛襂褷眼睛活，若動不動如風吹。”

2. shān 集韻師銜切，音衫，平，銜韻，審二。侵部。

❶通“縿”。旌旗下邊垂飄的裝飾物。爾雅釋天：“纁帛縿。”釋文：“縿，本或作‘襳’，又作‘襂’。”集韻：“縿，說文：‘旌旗之斿。’一曰正幅。或作襂。”❷通“衫”。單衣。廣雅釋器：“複襂謂之裀。”王念孫疏證：“襂，與‘衫’同。”儀禮既夕禮“設中帶”鄭玄注：“中帶，若今之褌襂。”後漢書輿服志下：“自皇后以下，皆不得服諸古麗圭～閨緣加上之服。”王先謙集解：“襂爲女服之褌者。”

按，說文無襂字。

褷 shī 所宜切，音釃，平，支韻，審二。

後起字。❶〔褷襹〕叠韻聯緜字。羽毛初生的樣子。唐韓愈寄崔二十六立之詩：“玄花著兩眼，視物隔褷襹。”本亦作“離褷”。文選晉木華海賦：“鳧雛離褷，鶴子淋滲。”李善注：“離褷，淋滲，毛羽始生之貌。”❷〔襂褷〕雙聲聯緜字。羽毛下垂的樣子。參見“襂”字條。❸〔褷褷〕羽毛豐盛的樣子。明高啓射鴨詞：“行舟莫來使鴨驚，得食忘猜正相鬪，觜唼唼，毛褷褷，潛機一發那得知？”又形容服飾盛美。宋葉適虞夫人墓誌銘：“九天下兮遊人間，裾褷褷兮珮珊珊。”

褽 wèi 於胃切，去，未韻，影。物部。

❶衽席，指牀褥。說文：“褽，衽也。”段玉裁注：“此衽當訓衽席。”❷墊在下面。左傳哀公十一年：“公使大史固歸國子之元，寘之新篋，～之以玄纁，加組帶焉。”杜預注：“褽，薦也。”清焦循劇說：“（孝子）夜閉一室，繞牀周遭行，枕匏～蘆，雖就寢，未嘗寐。”

〔備考〕廣雅釋器：“褽，貯也。”王念孫疏證：“說文：‘貯，幡也，所以盛米。’…褽之言蘊積也。”

十二畫

襘 1. chong 集韻昌容切，音衝。平，鍾韻，穿三。東部。

❶〔襘褣〕叠韻聯緜字。襜褕的别名。一種直襟單短衣。方言卷四：“襜褕，江、淮、南楚謂之襘褣，自關而西謂之襜褕。”參見“襜”

字條。

2. chóng 集韻傳容切,平,鍾韻,澄。

㊁複,重衣,夾衣。五音集韻鍾韻:“襩,複也。”引申爲重複,厚。楊樹達積微居小學金石論叢形聲字聲中有義略證:“重聲、竹聲、農聲字多含厚義…衣厚謂之襩。廣雅釋詁云:‘襩,厚也。’按謂衣之厚。”

按,説文無襩字。

襚 suì 徐醉切,去,至韻,邪。物部。

㊀古代弔喪之禮:爲死者穿衣或向死者贈送衣衾。説文:“襚,衣死人也。”左傳襄公二十九年:“楚人使公親～,公患之。”儀禮士喪禮:“君使人～,徹帷,主人如初,～者左執領,右執要,入升致命。”鄭玄注:“襚之言遺也,衣被曰襚。”史記魯仲連鄒陽列傳:“鄒魯之臣,生則不得事養,死則不得賻～。”張守節正義:“衣服曰襚,貨財曰賻,皆助生送死之禮。”亦指贈送死者的衣衾、車馬等。左傳昭公九年:“王有姻喪,使趙成如周弔,且致閻田與～。”杜預注:“襚,送死衣。”周禮天官小宰:“喪荒,受其含～幣玉之事。”孫詒讓正義:“襍記云:‘諸侯相襚,以後路與冕服。’則襚亦有車馬,不徒衣服矣。”後也泛指贈送生人的衣物。西京雜記一:“趙飛燕爲皇后,其女弟在昭陽殿遺飛燕書曰:‘今日嘉辰,貴姊懋膺洪册,謹上～三十五條,以陳踊躍之心。’”㊁用以貫串佩玉的綬帶。爾雅釋器:“襚,綬也。”郭璞注:“即佩玉之組,所以連繫瑞玉者,因通謂之襚。”宋書禮志五輿服:“五霸之後,戰兵不息,佩非兵器,韍非戰儀,於是解去佩韍,留其繫～而已。”㊂古代計絲的量詞。漢鄒長倩遺公孫弘書:“五絲爲䋛,倍䋛爲升,倍升爲緎,倍緎爲紀,倍紀爲緵,倍緵爲～。”西京雜記五:“又贈以芻一束,素絲一～。”

襓 ráo 如招切,音饒,平,宵韻,日。宵部。

劍套。禮記少儀:“劔則啓櫝,蓋襲之,加夫～與劍焉。”鄭玄注:“夫襓,劔衣也,加劔於衣上。夫,或爲煩,皆發聲。”

按,説文無襓字。

𧝁 jí 紀力切,音棘,入,職韻,見。職部。

衣領。説文:“𧝁,衣領也。”詩魏風葛屨:“要之～之,好人服之。”毛傳:“𧝁,領也。”宋王安石和平甫舟中望九華山:“露坐引衣～,風行欹帽檐。”

[備考]玉篇衣部:“𧝁,衣衿也。”

襇 jiǎn 古莧切(舊又讀 jiàn),去,襇韻,見。

後起字。㊀衣裙上打的褶子。宋呂渭老聖求詞千秋歲:“寶香盈袖,約腕金條瘦,裙兒細～如眉皺。”清李漁閑情偶寄聲容治服:“吳門新式,又有所謂‘月華裙’者,一～之中,五色俱備,猶皎月之現光華也。”㊁錯雜,不純正。新唐書車服志:“凡～色衣不過十二破,渾色衣不過六破。”

[備考]玉篇衣部:“襇,暈衣。”

𧞅 zhuàn 士戀切,音饌,去,線韻,牀二。元部。

衣服的緣飾。釋名釋衣服:“𧞅,緣也,青絳爲之緣也。”後漢書輿服志下:“公、列侯以下皆單緣～,制衣繡爲祭服。”周書異域傳上高麗:“婦人服裙襦,裾袖皆爲～。”

按,説文無𧞅字。

襏 bō 北末切,音撥,入,末韻,幫。月部。

〔襏襫〕蓑衣之類的粗而結實的雨具。國語齊語:“首戴茅蒲,身衣襏襫,霑體塗足,暴其髮膚,盡其四支之敏,以從事於田野。”韋昭注:“襏襫,蓑薜衣也。”管子小匡:“首戴苧蒲,身服襏襫。”尹知章注:“襏襫,謂麤堅之衣,可以任苦著者也。”宋陸游柴門詩:“病已廢耕抛襏襫,閒猶持釣愛笭箸。”也單用“襏”或分用。北齊書文苑傳祖鴻勳:“首戴萌蒲,身衣緼～。”宋梅堯臣和孫端叟寺丞農具襏襫:“上襏與下襫,青蓑若能織。”

[備考]唐玄應一切經音義卷一五引漢服虔通俗文曰:“三尺衣謂之襏。”

按,説文無襏字。

襒 bié 蒲結切,音蹩,入,屑韻,並。月部。

拂拭。史記孟子荀卿列傳:"(騶衍)適趙,平原君側行～席。"司馬貞索隱:"張揖三蒼訓詁云:'襒,拂也。'謂側而行,以衣襒席爲敬,不敢正坐當賓主之禮也。"

按,說文無襒字。

襒 bié 蒲結切,入,屑韻,並。月部。

㊀"襒"的異體。廣韻屑韻:"襒,襒衣,亦作襒。"拂拭。梁書徐勉傳:"王郎名高望促,難可輕～衣裾。"唐張說温泉箴:"飛廉佚女,以裾～人。"㊁〔襒裂〕叠韻聯緜字。猶"霹靂"。一種强烈的雷電現象。論衡讇告:"盛夏陽氣熾烈,陰氣干之,激射襒裂,中殺人物。"又雷虚:"魄然若襒裂者,氣射之聲也。"

按,說文無襒字。

褟 cuō 倉括切,入,末韻,清。

後起字。衣服上的褶子。玉臺新詠南朝梁王筠行路難:"裲襠雙心共一袜(mò),袙複兩邊作八～。"吴兆宜注:"褟,音撮,衣襞積也。與'撮'、'緅'並通。"

〔備考〕玉篇衣部:"褟,且括切,衣領也,冠也,衣游縫也。"

襌 dān 都寒切,平,寒韻,端。元部。

單衣。說文:"襌,衣不重。"釋名釋衣服:"有裏曰複,無裏曰襌。"禮記玉藻:"～爲絅,帛爲褶。"鄭玄注:"有衣裳而無裏。"宋葛長庚沁園春:"鬬茗分香,脱～衣裌,回首清明上巳臨。"引申爲單,單薄。廣雅釋詁一:"襌,䙏也。"王念孫疏證:"䙏,經傳皆通作'薄'。"大戴禮記夏小正:"二月,往耰黍,～。～,單也。"吕氏春秋淫辭:"以～緇當紡緇,子豈得哉?"

〔同源字〕襌,單。二字同音(端母元部)。廣韻寒韻:"單,單複也。"襌衣之襌,亦本作單。集韻寒韻:"襌,說文:'衣不重'。通作單。"管子山國軌:"春縑衣,夏單衣。"漢書蓋寬饒傳:"寬饒初拜爲司馬,未出殿門,斷其襌衣,令短離地。"顔師古注:"襌,音單,其字從衣。"可見,襌與單本同一詞,"襌"是較後起的字。

襆 1. pú 博木切,音蹼,入,屋韻,幫。

後起字。㊀同"䋢"。古深衣的下裳。集韻屋韻:"襆,說文:'裳削幅爲之䋢,'或作'襆'。"

2. fú 房玉切,入,燭韻,奉。

㊁巾帕、布單,用以覆蓋或包裹衣物。唐李賀馬詩之一四:"香～赭羅新,盤龍蹙鐙鱗。"王琦匯解:"襆即'幞'字,音與'伏'同,用以覆鞍韉上。人將騎,則去之。又謂之'帕'。"資治通鑑隋文帝仁壽二年:"每朝令進二溢米,而私令取肥肉脯鮓,置竹筩中,以蠟閉口,衣～裹而納之。"胡三省注:"襆,防玉翻,帊也,以裹衣物。"引申爲包袱,行李。南史王華傳:"華時年十三在軍中,與廞相失,隨沙門釋曇冰逃,使提衣～從後,津邏咸疑焉。"太平廣記一四八引唐戴孚廣異記杜暹:"船人待暹至,棄～於岸便發。"又用爲動詞,指以布單或巾帕包裹。宋蘇舜欽奉酬公素學士見招之作詩:"呼兒～衣辦舟楫,一日百里豈憚勞!"資治通鑑陳宣帝太建十年:"甲戌,周主初服常冠,以皁紗全幅向後～髮,仍裁爲四脚。"

襐 xiàng 徐兩切,上,養韻,邪。陽部。

裝飾。見說文。廣雅釋詁:"襐,飾也。"王念孫疏證:"襐者,釋言云:'裝,襐也。'"漢書外戚傳下孝平皇后:"(王莽)令立國將軍成新公孫建世子襐飾將翳(yī)往問疾。"顔師古注:"襐,盛飾也。"新唐書曹確傳:"教舞者數百,皆珠翠襐飾。"

〔備考〕廣韻養韻:"襐,未笄冠者之首飾。"即未成年人所佩的首飾。

〔同源字〕裝,妝(妝),粧(粃,粧)、襐。見"裝"字條。

襍 zá 集韻咋合切,入,合韻,從。緝部。

㊁用各種彩色相配合(製作衣服)。説文:"襍,五彩相合。"邵瑛群經正字:"今經典作'雜'。"引申爲交錯,混雜。韓非子亡徵:"好以智矯法,時以行~公。"陳奇猷集釋:"藏本襍作'雜',字同。"㊂通"帀"。循環。吕氏春秋圜道:"精氣一上一下,圜周復~,無所稽留,故曰天道圜。"

襩 héng 户盲切,平,庚韻,匣。

後起字。〔襩褡〕小被。玉篇衣部:"襩,音横。襩褡,小被。"

襖 ǎo 烏晧切,上,晧韻,影。

皮襖之類有襯裏的上衣,短於袍而長於襦。宋書徐湛之傳:"高祖微時,貧陋過甚,嘗自往新洲伐荻,有納布衫~等衣,皆敬皇后手自作。"資治通鑑齊東昏侯永元元年:"朕入城,見車上婦人猶戴帽、著小~。"胡三省注:"襖,袂衣也。"後又泛指上衣。如"紅褲緑襖"。

按,説文無襖字,新附有之。今簡化爲袄。

十 三 畫

襢 1. tǎn 徒旱切,上,旱韻,定。今讀如坦。元部。

㊀同"袒"。脱衣露出上身。玉篇:"袒,肉袒也,或作'襢'。"詩鄭風大叔于田:"~裼暴虎,獻于公所。"釋文:"襢,本又作'袒'。"又爲敞露而無遮蔽。禮記喪服大記:"父母之喪,居倚廬,不塗,寢苫枕凷,非喪事不言,君爲廬宫之,大夫士~之。"鄭玄注:"宫謂圍障之也。襢,袒也,謂不障。"孔穎達疏:"其廬袒露不帷障也。"

2. zhàn 陟扇切,去,線韻,知。元部。

㊁素色,無文彩。釋名釋衣服:"襢衣,襢,坦也。坦然正白無文彩也。"禮記雜記上:"下大夫以~衣。"鄭玄注:"下大夫,謂下大夫之妻。襢,周禮作'展'。""襢衣"古代王后六服之一,素色。亦爲士大夫之妻的禮服。

按,説文無襢有袒。

襟 jīn 居吟切,平,侵韻,見。侵部。

㊀古指衣的交領。爾雅釋器:"衣眥謂之襟。"郭璞注:"交領。"釋名釋衣服:"襟,禁也,交於前所以禁禦風寒也。"後指衣的前幅。莊子應帝王:"列子入,泣涕沾~以告壺子。"世説新語文學:"王(逸少)遂披~解帶,留連不能已。"引申爲胸襟,胸懷。晉陶潛停雲序:"願言不從,歎息彌~。"唐杜牧分司東都寓居履道叨承川尹劉侍郎大夫恩知上四十韻:"氣和薰北陸,~曠納東溟。"又襟在衣前,因以借指前面。文選晉陸機贈從兄車騎詩:"安得忘歸草,言樹背與~。"李善注:"韓詩曰:'焉得諠草,言樹之背。'然襟猶前也。"又用作動詞。(猶如衣襟)屏障於前。戰國策秦策四:"王~以山東之險,帶以河曲之利,韓必爲關中之侯。"唐王勃滕王閣序:"~三江而帶五湖,控蠻荆而引甌越。"㊁比喻禽鳥的前胸(頷下部分)。唐李白白鳩辭:"白鳩之白誰與鄰?霜衣雪~誠可珍。"唐丁仙芝餘杭醉歌贈吴山人詩:"曉幕紅~燕,春城白項烏。"㊂連襟。元施惠幽閨記洛珠雙合:"今日相逢,三生有緣,文武兄弟~聯。喬公二女正芳年,孫策、周瑜德並賢。"清程麟此中人語吴樸齋:"吴君樸齋,余~兄葉秋江之娣丈也。"

按,説文襟作絵,詩經作衿。

襠 dāng 都郎切,平,唐韻,端。陽部。

㊀兩條褲腿相連的地方,即褲襠。三國魏阮籍大人先生傳:"行不敢離縫際,動不敢出褌~。"魏書節義傳于什門:"什門於羣衆之中,回身背跛,被袴後~以辱之。"㊁〔裲襠〕半臂衫。玉篇衣部:"襠,裲襠也。"參見"裲"字條。也單用"襠"字。西京雜記一:"趙飛鷰爲皇后,其女弟在昭陽殿遺飛鷰…金錯繡~,七寶綦履。"

按,説文無襠字。

襛 nóng 女容切,平,鍾韻,娘。冬部。

衣厚的樣子。見説文。文選戰國宋玉神女賦："振繡衣，被袿裳，～不短，纖不長。"李善注引説文曰："襛，衣厚皃。"一曰肥貌，即肥腴的樣子。見吕向注。文選三國魏曹植洛神賦："～纖得衷，脩短合度。"引申爲茂盛、衆多。詩召南何彼襛矣："何彼～矣，唐棣之華。"毛傳："襛，猶曰戎戎也。"朱熹集傳："襛，盛也。"

［同源字］襛，濃，醲，穠。四字同音（娘母冬部）。説文衣部："襛，衣厚皃。"段玉裁注："凡農聲之字皆訓厚。醲，酒厚也；濃，露多也；襛，衣厚皃也。引申爲凡多厚之偁。"又玉篇禾部："穠，花木盛也。"四字音同義通，故同源。

襗 zé 場伯切，音澤，入，陌韻，澄。鐸部。

褻衣，即貼身的衣褲。説文："襗，絝也。"詩秦風無衣："與子同～。"鄭箋："襗，褻衣，近污垢。"孔穎達疏："説文云：'襗，袴也。'是其褻衣近污垢也。'襗'是袍類，故論語注云：'褻衣，袍襗也。'"周禮天官玉府"掌王之燕衣服"鄭玄注："燕衣服者，巾絮寢衣袍～之屬。"孫詒讓正義："蓋凡著袍襺者必内著襗，次著袍，次著中衣，次加禮服爲表。"明湯顯祖紫簫記捧盒："香衫晝～有情時，回鞾向闥處。"

［備考］廣雅釋器："襗，長襦也。"

襡 1. shǔ 市玉切，音蜀，入，燭韻，禪。屋部。

㊀長襦，即連腰衣。説文："襡，短衣也。"廣雅釋器："襡，長襦也。"王念孫疏證："説文：'襦，短衣也。'襦下有裳，則爲短衣，可知其似襦而長者，則特别之曰長襦。"晉書隱逸傳夏統："又使妓女之徒服袿～，炫金翠繞其船三匝。"何超音義引字林曰："袿，婦人上衣也；襡，連要衣也。"

2. dú 徒谷切，音獨，入，屋韻，定。屋部。

㊀收藏。禮記内則："縣衾，篋枕，斂簟而～之。"鄭玄注："襡，韜也。"廣韻："襡，韜藏。"㊁弓的套子。新唐書逆臣傳安禄山："禁衛皆市井徒，既授甲，不能脱弓～、劍繁，乃發左藏庫繒帛大募兵。"

襘 guì 古外切，音儈，去，泰韻，見。月部。

古代指衣領交叉處。説文："襘，帶所結也。"左傳昭公十一年："衣有～，帶有結。"杜預注："襘，領會。"唐劉禹錫謝春衣表："執領～而抃無失次，被纖柔而顧盼增輝。"

［同源字］襘，會。説文人部："會，合也。"又衣部："襘，帶所結也。"段玉裁注："昭十七年左傳：'叔向曰：衣有襘，帶有結。視不過結帶之中，所以道容貌也。'杜注：'襘，領會；結，帶結也。'玉藻、曲禮、深衣，皆謂交領曰袷。襘即袷，會、合同義。"而"襘"與"會"月部疊韻、見匣旁紐，故二字同源。

襜 1. chān 處占切，平，鹽韻，穿三。談部。

㊀繫在身前的圍裙。説文："襜，衣蔽前。"詩小雅采緑："終朝采藍，不盈一～。"毛傳："衣蔽前謂之襜。"資治通鑑晉孝武帝太元八年："斬桑榆爲兵，裂～裳爲旗。"胡三省注引爾雅曰："衣蔽前也。"後亦指襯在馬鞍下的裀褥。前蜀毛文錫甘州遍詞："金鞍白馬，雕弓寶劍，紅纓錦～出長鞦。"㊁〔襜褕〕直襟單短衣。史記魏其武安侯列傳："元朔三年，武安侯坐衣襜褕入宫，不敬。"司馬貞索隱："襜，尺占反，褕音踰。謂非正朝衣，若婦人服也。"漢書雋不疑傳："有一男子乘黄犢車，建黄旐，衣黄襜褕，著黄冒，詣北闕。"顏師古注："襜褕，直裾襌衣。"唐李白秋浦清溪雪夜對酒客有唱鷓鴣者詩："披君貂襜褕，對君白玉壺。"有時也單用"襜"。唐皮日休奉和魯望秋日遣懷次韻："向陽裁白帢，終歲憶貂～。"㊂〔襜襜〕摇動的樣子。文選漢司馬相如長門賦："飄風迴而起閨兮，舉帷幄之襜襜。"李善注："楚辭曰：'裳襜襜以含風。'王逸曰：'襜襜，摇貌。'"唐白居易奉和汴州令狐相公二十二韻："碧幢油葉葉，紅旆火襜襜。"㊃通"幨"。車上的帷幕。朱駿聲説文通訓定聲謙部："襜，叚借爲幨。"後漢書劉盆子傳："乘軒車大

馬，赤屏泥，絳～絡。"李賢注："襜，帷也；車上施帷以屏蔽者。"宋姚寬西溪叢語上："明帝到南陽巡狩，賜三公之服，去～露冕，使百姓見之。"

2. dān 集韻都甘切，平，談韻，端。談部。

㊄〔襜襤〕古匈奴部族名。史記廉頗藺相如列傳："滅襜襤，破東胡，降林胡、單于奔走。"裴駰集解："襜，都甘反；襤，路談反。…如淳曰：'胡名也，在代北。'"

襞 bì 必益切，入，昔韻，幫。錫部。

折疊衣服。說文："襞，韏衣也。"徐鍇繫傳："(韏)猶卷也。襞，折疊衣也。"漢書揚雄傳："芳酷烈而莫聞兮，固不如～而幽之離房。"顏師古注："襞，疊衣也。"唐王勃銅雀妓詩："錦衾不復～，羅衣誰再縫?"引申爲泛指折疊。唐劉禹錫樂天寄憶舊遊因作報白君以答詩："酒酣～牋飛逸韻，至今傳在人人口。"〔襞積〕疊用聯緜字。衣裙上的褶皺。文選漢司馬相如子虛賦："襞積褰縐，紆徐委曲。"六臣注本作"襞襀"。可單用"襞"。唐段成式酉陽雜俎藝絶："張遂寘鉤於巾～中。"

褆 zhǐ 集韻展几切，上，旨韻，知。脂部。

縫紉。說文："褆，紩衣也。"段玉裁注："糸部曰：'紩者，縫也。'縫者，以鍼紩衣也。"王筠句讀："褆，乃'黹'之絫增字。"〔褆冕〕古代帝王及三公以下祭五穀之神和五方之帝時所穿戴的冠服(用細葛製成並加刺綉)。隋書禮儀志七："褆冕，服三章。正三品已下，從五品已上，助祭則服之。"

十 四 畫

襦 rú 人朱切，平，虞韻，日。侯部。

㊀短衣，短襖。說文："襦，短衣也。"段玉裁注："襦，若今襖之短者。"左傳昭公二十五年："鸜鵒跦跦，公在乾侯，徵褰與～。"莊子外物："未解裙～，口中有珠。"㊁小孩涎圍。方言卷四："褌謂之襦。"錢繹箋疏："襦之言濡也。褌所以承次液，故褌亦名襦也。"唐杜甫別李義詩："憶昔初見時，小～繡芳蓀。"㊂通"繻"。細密的羅網。周禮夏官羅氏："羅氏，掌羅烏鳥，蜡則作羅～。"鄭玄注："鄭司農云：'襦，細密之羅。'襦讀爲'繻有衣袽'之繻。"孫詒讓正義："云'襦，細密之羅'者，謂罔目之數密，可以捕小鳥者。"宋吴泳八聲甘州壽魏鶴山："縱纜頭～尾，其奈不牢何！"

〔同源字〕襦，裋，褕。三種短衣。急就篇："袍襦表裏曲領帬。"顏師古注："按襦若今襖之短者。"又說文："褕，…一曰直裾謂之襜褕。"一種直襟單短衣。裋，說文："豎使布長襦。"一種粗布衣。又方言四："襜褕，其短者謂之裋褕。"而"襦、裋、褕"同屬侯部，聲母爲日、禪、喻四旁紐。音近義通，故同源。

襤 lán 魯甘切，平，談韻，來。談部。

㊀無邊飾的破舊衣服。說文："襤，裯謂之襤。褸、襤，無緣也。"亦泛指服飾破爛。宋孫光憲北夢瑣言一二："又登樓見行人戴～䍐席帽。"〔襤褸〕雙聲聯緜字。形容衣服破爛。方言卷三："南楚凡人貧、衣被醜敝，謂之須捷，或謂之褸裂，或謂之襤褸。故左傳曰：'篳路襤褸，以啓山林。'殆謂此也。"今本左傳宣公十二年作"篳路藍縷以啟山林"。意思是駕着柴車，穿着破衣，開發山林。後用以形容開創者的艱難。㊁〔襜襤〕古匈奴部族名。見"襜"字條。

十 五 畫

襭 xié 胡結切，入，屑韻，匣。質部。

將衣襟掖在腰帶上兜東西。說文："襭，以衣衽扱物謂之襭。"詩周南芣苢："采采芣苢，薄言～之。"毛傳："襭，扱衽也。"陳奂傳疏："襭者，插衽於帶以納物。"唐唐堯臣金陵懷古詩："因依蘭蕙叢，採～不盈掬。"引申爲懷抱，懷藏。廣雅釋器："襭謂之褱。"

〔同源字〕襭，袺。見"袺"字條。

襪 wà 望發切，入，月韻，微。月部。

襪子。釋名釋衣服："襪，末也，在脚末也。"文選漢張衡南都賦："脩袖繚繞而滿庭，羅～躡蹀而容與。"用作動詞，指穿襪子。清魏禧大鐵椎傳："客初至時，不冠不～。"

按，說文襪作韤，在韋部。今簡化爲袜。

襫 shì 施隻切，音釋，入，昔韻，審三。職部。

〔襏襫〕蓑衣之類的粗而結實的雨具。字亦作"襗"。參見"襏"字條。

按，說文無襫(襗)字。

襮 bó 博沃切，入，沃韻，幫。藥部。

㊀繡有花紋的衣領。爾雅釋器："黼領謂之襮。"郭璞注："繡刺黼文以褗領。"詩唐風揚之水："素衣朱～，從子于沃。"毛傳："襮，領也。諸侯繡黼丹朱中衣。"㊁表，外衣。吕氏春秋忠廉："(弘演)曰：'臣請爲～。'因自殺，先出其腹實，内懿公之肝。"高誘注："襮，表也。"陳奇猷校釋引黄生曰："'襮'即古'表'字。表，外衣也。弘演剖胸納公之肝，言不忍使其暴露，如以衣襮之也。"引申爲外表，表面上。文選漢班固幽通賦："單(豹)治裏而外凋兮，張(毅)修～而内逼。"李善注："曹大家曰：治裏，謂導氣也。襮，表也。"宋魏了翁第二劄子論士大夫風俗："寧～順而裏藏，面從而腹誹。"㊂暴露。新唐書李晟傳："將務持重，豈宜自表～，爲賊餌哉！"

按，說文無襮字。

襬 1. bēi 彼爲切，平，支韻，幫。歌部。

㊀裙子的别稱。古時男女都穿。方言卷四："帬，陳、魏之間謂之帔，自關而東或謂之襬。"錢繹箋疏："襬與帔聲之轉耳，玉篇：'襬，關東人呼帬也。'顔師古急就篇注云：'裠，即裳也，一曰帔，一曰襬。'"唐皮日休九諷繫述悲遊："荷爲裯兮芰爲～，荃爲裾兮薜爲褘。"

2. bǎi 正字通讀若擺。

㊁衣裙的下幅。正字通衣部："襬，今衣被下幅有襞積者皆曰襬。"

十 六 畫

襲 xí 似入切，入，緝韻，邪。緝部。

㊀衣襟在左邊的衣服，古代多給死者所穿。說文："襲，左衽袍。"又指爲尸體穿衣服。釋名釋喪制："衣尸曰襲。襲，匝，以衣周匝覆之也。"儀禮士喪禮："乃～三稱，明衣不在筭。"鄭玄注："遷尸於襲上而衣之，凡衣死者，左衽不紐。"㊁加穿衣服。禮記内則："寒不敢～，癢不敢搔。"鄭玄注："襲謂重衣。"亦專指掩上敞開的衣服。禮記喪服小記："袒，降踊，～絰於東方。"孔穎達疏："謂掩所袒之衣。"又表記："子曰：'裼～之不相因也，欲民之毋相瀆也。'"鄭玄注："禮盛者以襲爲敬。"引申爲泛指穿衣。文選漢司馬相如上林賦："於是歷吉日以齋戒，～朝服，乘法駕。"郭璞注引司馬彪曰："襲，服也。"三國魏曹植五遊詠："披我丹霞衣，～我素霓裳。"㊂量詞。一套，一副。多用於衣服。史記趙世家："賜相國衣二～。"裴駰集解："單複具爲一襲。"漢書昭帝紀："有不幸者賜衣被一～，祠以中牢。"顔師古注："一襲，一稱也，猶今言一副也。"又相當於"重"、"層"。管子輕重丁："請以令城陰里，使其牆三重而門九～。"尹知章注："襲，亦重也。"吕氏春秋節喪："題湊之室，棺槨數～，積石積灰，以環其外。"高誘注："襲，重。"㊃重疊，重複。書泰誓中："朕夢協朕卜，～于休祥。"孔穎達疏："禮記稱'卜筮不相襲，襲者重合之義'。"左傳哀公十年："吾卜於此起兵，事不再令，卜不～吉。"杜預注："襲，重也。"文選漢張衡西京賦："重門～固，姦宄是防。"李善注引郭璞爾雅注曰："襲，重也。"㊄合，和合。荀子不苟："山淵平，天地比，齊秦～。"楊倞注："襲，合也。"淮南子天文："天地之～精爲陰陽。"高誘注："襲，合也。"㊅因循，沿襲。墨子非攻："(周武王)～湯之緒。"史記秦始皇本紀："五帝不相復，三代不相～。"文選晉陸機文賦："或～故而彌新，或沿濁而更清。"李

善注引僞孔傳曰："襲，因也。"又爲繼承，承受。左傳昭公二十八年："故～天禄，子孫賴之。"杜預注："襲，受也。"史記秦始皇本紀："太子胡亥～位。"❼進入，侵襲。國語晉語二："大國道，小國～焉曰服；小國傲，大國～焉曰誅。"韋昭注："襲，入也。"淮南子精神："憂患不能入也，而邪氣不能～。"又特指乘人不備而進攻。春秋襄公二十三年："齊侯～莒。"杜預注："輕行掩其不備曰襲。"左傳隱公元年："大叔完聚，繕甲兵，具卒乘，將～鄭。"引申爲竊取，抄襲。唐韓愈南陽樊紹述墓志銘："惟古於辭必己出，降而不能乃剽賊，後皆指前公相～。"明歸有光乞醯："是以奪人之物則爲盜，取人之有則爲～。"❽觸及，薰染。楚辭戰國屈原九章少司命："緑葉兮素枝，芳菲兮～予。"王逸注："襲，及也。"宋朱熹對雨詩："涼氣～輕裾，炎氛起秋思。"

[辨]侵，伐，征，襲，討。見"伐"字條。

[同源字]襲，侵。二字聲母是邪、清旁紐，韻部爲緝、侵對轉，讀音相近，意義亦相通。左傳莊公二十九年："凡師有鐘鼓曰伐，無曰侵，輕曰襲。"國語晉語五："襲侵之事。"韋昭注："無鐘鼓曰侵。"而"襲"是"輕行掩其不備"，即偷襲，只是方式上不同，都是一種戰爭侵入的行爲。故同源。

襯 chèn 初覲切，去，震韻，穿二。

後起字。❶外衣内的單衫。玉篇衣部："襯，近身衣。"如"襯衣"。引申爲貼身，貼近。唐李商隱燕臺詩四首之一："夾羅委篋單綃起，香肌冷～琤琤珮。"宋趙希彭秋蕊香詞："遠山碧淺秋水，香暖榴裙～地。"❷襯托，陪襯。北周庾信杏花詩："好折待賓客，金盤～紅瓊。"宋張耒和周廉彦："天光不動晚雲垂，芳草初長～馬蹄。"又爲襯墊。唐李匡乂資暇集花托子："建始中蜀相崔寧之女，以茶盃無～，病其熨指，取楪子承之。"引申爲幫襯，相幫。明馮夢龍醒世恒言蔡瑞虹忍辱報仇："衆光棍從旁～道：'相公，何如？可是我們不説謊麽。'"清吴敬梓儒林外史二〇回："那時帶幾百銀子來幫～他，到不值什麽。"❸通"嚫"。布施，施捨。南朝梁吴均續齊諧記犀導："(蔣)潛後以此導上晉武陵王。王薨，以～衆僧。"北魏楊衒之洛陽伽藍記秦太上寺："僧舍～施供具，諸寺莫及焉。"

襱 lóng 盧紅切，平，東韻，來。東部。

褲脚。説文："襱，絝踦也。"朱駿聲説文通訓定聲："襱者，蘇俗曰褲脚管。"方言卷四："袴，齊、魯之間謂之襹，或謂之襱，關西謂之袴。"郭璞注："今俗呼袴踦爲襱。"

十七畫

襶 dài 集韻丁代切，去，代韻，端。

〔褦襶〕叠韻聯緜字。見"褦"字條。

襴 lán 集韻郎干切，平，寒韻，來。

後起字。❶一種上、下相連的服裝。類篇衣部："衣與裳連曰襴。"唐段成式酉陽雜俎黥："忽有一人，白～屠蘇，傾首微笑而去。"宋羅大經鶴林玉露七："吾以～幞謁貴人，而不以見母，是敬母不如敬貴人也。"又有"襴衫""襴袍"之分。宋史輿服志五："襴衫，以白細布爲之，圓領大袖，下施横襴爲裳，腰間有辟(襞)積。進士及國子生、州縣生服之。"元史禮樂志五："次一人，冠唐帽，緑襴袍，角帶，舞蹈而進。"❷通"欄"。界欄。金史百官志四："鐵券，以鐵爲之，狀如卷瓦，刻字畫～，以金填之。"

褸 yìng 鷖迸切，去，諍韻，影。

❶裙上的襉褶。玉篇："褸，裵襉也。"❷襯映。文選晉郭璞江賦："葭蒲雲蔓，～以蘭紅。"李善注："褸，采色相映也。"

按，説文無褸字。

襳 1. xiān 息廉切，音纖，平，鹽韻，心。談部。

❶小襦，短衣的一種。玉篇："襳，小襦

也;襌襦也。”明馬佶人十錦塘四:“隨分什麼緆紗綿襖,白綾背褡,青羊絨～子,潞油披風,一總拿出來,任憑相公揀中意的穿。”㊁古代婦女上衣上用作裝飾的長帶。漢書司馬相如傳上:“衯衯裶裶,揚袘戌削,蜚～垂髾。”顔師古注:“襳,袿衣之長帶也;髾,燕尾之屬,皆衣上假飾。”也稱“襳褵”。明楊慎丹鉛續録綢繆襳褵:“古者婦人長帶,結者名曰綢繆,垂者名曰襳褵。”

2. shān 史炎切,平,鹽韻,審二。談部。

㊂〔襳襹〕雙聲聯緜字。毛羽衣輕柔的樣子。見廣韻。文選漢張衡西京賦:“洪涯立而指麾,被毛羽而襳襹。”薛綜注:“洪涯,三皇時伎人。倡家託作之,衣毛羽之衣。”李周翰注:“襳襹,毛衣貌。”

按,説文無襳字。

十八畫

襵 zhé 之涉切,音褶,入,葉韻,照三。葉部。

㊀衣裙或頭巾上的折疊。南朝梁簡文帝採桑詩:“忌跌行衫領,熨斗成褫～。”(一本作“裙襵”)新唐書車服志:“裹頭者,左右各三～,以象三才。”引申爲折疊。唐慧琳一切經音義卷七三:“襵,猶叠也。”唐元稹江陵三夢詩:“分張碎金線,～叠故屛幃。”㊁漢代謂用以蔽日防塵的大掌扇。禮記檀弓上“飾棺牆,置翣”鄭玄注:“牆,柳衣;翣,以布衣木如～與?”孔穎達疏:“襵,漢時之扇。與,疑辭。鄭恐人不識翣體,故云如今襵與。”

按,説文無襵字。

十九畫

䙰 lí 音離。

後起字。正字通衣部:“䙰,同‘褵’。”〔䙰褷〕叠韻聯緜字。羽毛初生的樣子。唐王維鸕鷀堰詩:“獨立何䙰褷,銜魚古查上。”清紀昀閱微草堂筆記欒陽續録二:“(鵲)殆不善於爲巢者,故雨霜霰,羽毛䙰褷。”也作“褷䙰”或“離褷”。參見“褷”字和“離”字條。

襹 shī 所宜切,平,支韻,審二。支部。

〔襳襹〕雙聲聯緜字。見“襳”字條。

按,説文無襹字。

襼 yì 字彙倪制切,音藝。

衣袖。文選晉潘岳籍田賦:“躡踵側肩,掎裳連～。”李善注:“方言曰:‘複襦,江湖之間或謂之篅襼。’郭璞方言注曰:‘襼,即袂也。’説文曰:‘袂,袖也。’”新唐書劉文静傳:“誠能投天會機,奮～大呼,則四海不足定也。”

按,説文無襼字。正字通:“本作褹,十二畫,俗書作襼。”

襺 jiǎn 古典切,上,銑韻,見。元部。

新絮的絲綿袍。説文:“襺,袍衣也。…以絮曰襺,以緼曰袍。”爾雅釋言:“袍,襺也。”郭璞注:“左傳曰:‘重～衣裘。’”按,今本左傳襄公二十一年作“重繭衣裘”。邢昺疏:“繭是袍之別名,謂新緜著袍故云緜衣也。”又指絲綿絮。廣雅釋器:“襺,絖也。”王念孫疏證:“説文:‘纊,絮也。’或作絖。”新唐書地理志三:“厥賦:布,～。”

襻 pàn 普患切,去,諫韻,滂。

後起字。繫衣裙的帶子。北周庾信鏡賦:“衫正身正,裙斜假～。”元方回九日烹二鷄終不得酒詩:“賣書輟架籤,典衣解袍～。”後亦指衣物上扣住紐的布套或繫結的帶子。説郛三引宋李昉談録:“照袋以烏皮爲之,四方有蓋並～,五代士人用之。”又如“紐襻”。用作動詞,指用繩、線結繫、連綴。元關漢卿救風塵三折:“好人家將那篦梳兒慢慢地鋪髩,那裏像咱解了那～胸帶下頦上勒一道深痕。”

⿰衤羅 luò 郎佐切,去,箇韻,來。

古代婦女上衣名。玉篇衣部:“⿰衤羅,女人上衣也。”世説新語汰侈:“婢子百餘人,皆綾羅綺～。”資治通鑑宋明帝泰始七年：“上流涕曰：‘吾近在危篤，故召卿，故使著黄～耳。’黄襹者，乳母服也。”胡三省注：“襹，力賀翻，女人上衣也。”

二十一畫

襹 shǔ 市玉切，音蜀，入，燭韻，禪。屋部。

長襦，即連腰衣。釋名釋衣服：“襹，屬也，衣裳上下相連屬也。”玉篇：“襹，長襦也，連腰衣也。”漢武帝内傳：“王母上殿東向坐，著黄錦袷～，有裏而文彩鮮明。”南史隱逸傳下鄧郁：“神仙魏夫人忽來臨降，乘雲而至，從少嫗三十，並著絳紫羅繡袿～。”

按，説文襹作襡。

襾　部

［襾部總論］

從襾部的字很少，常用的不過三、五個。“襾”的本義是覆蓋，包裹。從襾的字，與覆蓋有關的只有“覂”“覆”。“覈”字與“覆蓋”可能有點聯繫，但不明顯。而“西”、“要”本是象形字。“覃”也本不從襾。所以，從襾部的字雖少，但來源不一。

襾 yà 衣嫁切，音亞，去，禡韻，影。魚部。

覆蓋，包裹。説文：“襾，覆也。从冂，上下覆之。”王筠句讀：“冂是正門，自上覆乎下；凵是倒門，自下覆乎上。”又釋例：“上又加一，如包物者反覆裹之也。”

西 xī 先稽切，平，齊韻，心。脂部。

❶鳥類歇息。説文：“西，鳥在巢上。”敦煌曲子詞西江月：“棹歌驚起亂～禽，女伴各歸南浦。”這個意義通常寫作“棲”。❷方位詞。西方。與“東”相對。説文：“西，日在西方而鳥棲，故因以爲東西之西。”詩大雅桑柔：“自～徂東，靡所定處。”用作動詞，謂向西行，向西去。左傳僖公十五年：“寡人之從君而～也，亦晉之妖夢是踐，豈敢以至！”漢書張良傳：“且布聞之，鼓行而～耳。”又用作狀語，指向西、往西。左傳僖公十七年：“及子圉～質，妾爲宦女焉。”史記留侯世家：“與韓王將千餘人～略韓地。”晉陸機董桃行：“萬里倏忽幾年，人皆冉冉～遷。”“西”指向西天，“西遷”，猶“西逝”，死亡的委婉語。❸指西方國家。春秋時多指秦。左傳成公十三年：“文公恐懼，綏静諸侯，秦師克還無害，則是我有大造於～也。”宋代指西夏。宋史蘇轍傳：“早賜裁斷，無使～人别致猖狂。”明清以後指歐美。明史天文志：“古今中星不同，由於歲差，而歲差之説，中～復異。”❹姓。相傳西門豹之後。明代有西鳴岐。

三　畫

要 1. yāo 於霄切，平，宵韻，影。宵部。

❶“腰”的本字。身腰。説文臼部：“要，身中也，象人要自臼之形。”墨子兼愛中：“昔者楚靈王好士細～，故靈王之臣皆以一飯爲節。”史記扁鵲倉公列傳：“濟北王侍者韓女病～背痛。”用作動詞，謂繫在腰間。公羊傳宣公元年：“閔子～經而服事。”三國魏曹植責躬詩：“冠我玄冕，～我朱紱。”也用作量詞。周書李賢傳：“賜衣一襲及被褥，并御所服十三環金帶一～、中廐馬一匹。”❷約，邀約。玉篇臼部：“要，今爲要約字。”詩鄘風桑中：“期我乎桑中，～我乎上宫。”史記項羽本紀：“張良出，～項伯。項伯即入見沛公。”引申爲邀請。晉陶潛桃花源記：“便～還家，設酒殺雞

作食。”㊂求，求取。易繫辭下：“噫亦～存亡吉凶，則居可知矣。”孟子公孫丑上：“非所以～譽於鄉黨朋友也。”朱熹集注：“要，求。”㊃半路攔截。孟子公孫丑下：“(孟仲子)使數人～於路。”後漢書班超傳：“乃遣兵數百於東界～之。”引申爲要挾，威脅。論語憲問：“臧武仲以防求爲後於魯，雖曰不～君，吾不信也。”漢賈誼過秦論：“章邯因以三軍之衆～市於外。”㊄和(hè)，跟着唱。詩鄭風蘀兮：“叔兮伯兮，倡予～女。”毛傳：“要，成也。”陳奐傳疏：“要，亦和也。要，讀如樂記‘要其節奏’之要。凡樂節一終，謂之一成，故要爲成也。”㊅通“褄”。裳腰，即下服(裙)的腰部。用作動詞，謂縫裙腰。詩魏風葛屨：“～之襋之，好人服之。”毛傳：“要，褄也。”

2. yào 於笑切，去，笑韻，影。宵部。

㊆要領，關鍵。商君書農戰：“故其治國也，察～而已矣。”韓非子揚權：“事在四方，～在中央。”又爲重要，顯要。孝經開宗明義：“先王有至德～道以順天下。”後漢書荀彧傳：“此實天下之～地。”宋書顏延之傳：“平生不喜見～人。”又特指重要的職務或地位。晉書呂光載記：“以吾二人久居内～，常有不善之言，恐禍及人，深宜慮之。”北齊書杜弼傳：“高德政居～，不能下之。”㊇概括，總括。史記高祖功臣侯者年表：“帝王者，各殊禮而異務，～以成功爲統紀，豈可緄乎？”文選晉陸機五等論：“且～而言之：五等之君，爲己思治，郡縣之長，爲利圖物。”又爲簡要。荀子王霸：“故明主好～，而暗主好詳。”三國志魏書管輅傳裴松之注引管輅别傳：“可謂～言不煩也。”㊈需要，想要。世説新語文學：“卿試擲地，～作金石聲。”唐韓愈竹逕詩：“若～添風月，應除數百竿。”又爲將要，快要。後漢書廣陵厲王胥傳：“人生～死，何爲苦心？”五代徐鉉柳枝詞之八：“天子偏教詞客賦，宫中～唱洞簫詞。”㊉會(kuài)計，簿書。周禮天官小宰：“八曰：聽出入以～會。”鄭玄注引鄭司農云：“要會謂計最之簿書。月計曰要，歲計曰會。”

3. yǎo 集韻伊鳥切，音杳，上，篠韻，影。宵部。

⑪〔要褭〕叠韻聯緜字。駿馬名。吕氏春秋離俗：“飛兔、要褭，古之駿馬也。”高誘注：“飛兔、要褭，皆馬名也，日行萬里。”淮南子原道：“馳要褭，建翠蓋。”

［辨］邀，要。見“邀”字條。

四　畫

覂 1. fěng 方勇切，上，腫韻，非。葉部。

㊀覆，傾覆。説文：“覂，反覆也。”玉篇：“覂，漢書：‘大命將～。’謂覆也。”今本漢書食貨志上作“泛”。顏師古注：“孟康曰：‘泛音方勇反。泛，覆也。’字本作‘覂’，此通用也。”清龔自珍自春徂秋偶有所觸詩之九：“稽古有遥源，遵王無～軌。”“覂軌”指車傾覆出軌，比喻失敗。

2. fá 音乏。

㊁通“乏”。缺乏，疲乏。新唐書敬晦傳：“時南方連饉，有詔弛榷酒茗，官用告～。”又宋務光傳：“公私～竭，户口減耗。”

［備考］biǎn 集韻補范切。舍棄。廣雅釋詁一：“覂，棄也。”

六　畫

覃 1. tán 徒含切，平，覃韻，定。侵部。

㊀味道深長。説文：“覃，長味也。”引申爲泛指長，悠長。詩大雅生民：“實～實訏，厥聲載路。”毛傳：“覃，長；訏，大。”又爲延，蔓延。詩周南葛覃：“葛之～兮，施于中谷。”毛傳：“覃，延也。”孔穎達疏：“言葛之漸長，稍稍延蔓兮而移於谷中。”又大雅蕩：“内奰于中國，～及鬼方。”朱熹集傳：“覃，延也。言自近及遠，無不怨怒也。”唐温庭筠鴻臚寺有開元中錫宴堂樓臺池沼荒涼遺址偶成四十韻：“西～積石山，北至窮髮鄉。”又引申爲遍及，廣施。南朝陳徐陵爲貞陽侯與太尉王僧辯書：“慈孝之道通於百靈，仁信之風～於萬國。”舊

唐書王承宗傳："順陽而布澤，因雷雨以～恩。"㊁深。漢孔安國古文尚書序："於是遂研精～思，博考經籍，采摭群言，以立訓傳。"釋文："覃，深也。"宋葉適東溪先生集序："一以溪山雲月爲家宅，筆墨簡策爲性情，常～研竟日夜。"㊂姓。通志氏族略二："覃，本譚，或去言爲覃。梁有東寧州刺史～無克。又音尋，今嶺南多此姓焉。"按，今壯族覃姓，讀 qín；而漢族覃姓則念 tán。

2. yǎn 集韻以冉切，上，琰韻，喻四。侵部。

㊃通"剡"。鋒利。詩小雅大田："以我～耜，俶載南畝。"毛傳："覃，利也。"陳奐傳疏："覃讀爲剡，此假借也。"

[同源字]深，浚，湛，覃，潭，潯。見"深"字條。

十二畫

覆 fù 芳福切，入，屋韻，敷。覺部。

㊀翻，翻轉過來。說文："覆，覂也。"段玉裁注："又部'反'下曰：'覆也。'反覆者，倒易其上下。"左傳襄公二十三年："(欒)樂射之，不中。又注，則乘槐本而～。"荀子王制："水則載舟，水則～舟。"引申爲覆没。商君書賞刑："戰必～人之軍，攻必凌人之城。"又爲傾覆，顛覆。論語陽貨："惡紫之奪朱也，惡鄭聲之亂雅樂也，惡利口之～邦家者。"左傳哀公八年："今子以小惡而欲～宗國，不亦難乎？"㊁覆蓋，掩蔽。說文："覆，…一曰蓋也。"詩大雅生民："誕寘之寒冰，鳥～翼之。"朱熹集傳："覆，蓋。"吕氏春秋音初："帝令燕往視之，鳴若謚隘，二女愛而争搏之，～以玉筐。"引申爲埋伏，伏擊。左傳桓公十二年："楚人坐其北門而～山下，大敗之。"杜預注："覆，設伏兵而待之。"吴子治兵："常令有餘，備敵～我。"又指伏兵。左傳襄公十三年："子爲三～以待我，我請誘之。"杜預注："覆，伏兵。"㊂審察。爾雅釋詁下："覆，審也。"周禮考工記弓人："～之而角至，謂之句弓。"鄭玄注："覆，猶察也。"漢書元帝紀："今不良之吏～案小罪，征召證案，興不急之事，以妨百姓。"㊃反，反而。詩大雅瞻卬："人有土田，女反有之；人有民人，女～奪之。"鄭玄箋："覆，猶反也。"漢書酷吏傳嚴延年："於是～劾延年闌内罪人，法至死。"顔師古注："覆，反也，反以此事劾之。"㊄回復，答復。漢書馮唐傳："臣大父言李牧之爲趙將居邊，軍市之租皆自用饗士，賞賜决於外，不從中～也。"顔師古注："覆，謂覆白之也。"這個意義通常用"復"字。㊅重複。三國志魏書王粲傳："觀人圍棊；局壞，粲爲～之。"新唐書選舉志："是歲，侍郎錢徽所舉送，～試多不中選。"這個意義，通常作"複"。

[備考]通"愎(bì)"。固執。管子五輔："上彌殘苟而無解舍，下愈～鷙而不聽從。"王念孫讀書雜志管子一："覆，讀爲愎。愎鷙皆很也…愎字從心复聲，故與覆通。"

十三畫

覈 hé 下革切，入，麥韻，匣。錫部。

㊀核實。說文："覈，實也。考事，襾笮邀遮，其辤得實曰覈。"段玉裁注："襾者，反覆之；笮者，迫也；徼者，巡也；遮者，遏也。言考事者定於一是，必使其上下四方之辭，皆不得逞，而後得其實，是謂覈。"文選漢張衡西京賦："化俗之本，有與推移，何以～諸？"李善注引薛綜曰："覈，驗也。"舊唐書元行冲傳："王肅改鄭六十八條，張融～之，將定臧否。"引申爲考核。漢仲長統昌言損益："～才藝以叙官宜。"又爲確實。後漢書班彪傳附班固："遷文直而事～，固文贍而事詳。"㊁麥糠中的粗屑。史記陳丞相世家："亦食糠～耳。"這個意義後來寫作"籺"或"麧"。㊂果實的核，裏面有果仁。朱駿聲說文通訓定聲小部："覈，凡物包覈其外，堅實其中曰覈，故艸木之果曰覈。"周禮地官大司徒："三曰丘陵，其動物宜羽物，其植物宜～物。"鄭玄注："核物，李梅之

屬。"馬王堆漢墓帛書經法稱:"華之屬,必有~,~中必有意。"這個意義通常寫作"核"。

[同源字]覈,核。二字聲母相同,韻部爲錫、職旁轉,作果核講,實爲一詞;在考核等意義上也相通,故同源。

酉 集

見 部

[見部總論]

見部字絶大多數是表示視覺行爲的動詞。例如:見、視、覓、覩、覽、觀。只有少數字與視覺行爲無關,例如:規、親。

見 1. jiàn 古電切,去,霰韻,見。元部。

❶看見。詩王風采葛:"一日不～,如三秋兮。"易艮:"行其庭,不～其人。"見,本表視覺的結果,引申表知覺、聽覺。左傳襄公二十五年:"他日吾見蔑之面而已,今吾～其心矣。"孫臏兵法八陣:"～勝而戰,弗～而静,此王者之將也。"唐王維贈裴旻將軍詩:"～說雲中擒黠虜,始知天上有將軍。"又引申爲名詞,見解,見識。晉書王渾傳:"敢陳愚～。"❷助動詞。表示被動,相當於"被"。莊子秋水:"吾長～笑於大方之家。"孟子盡心下:"盆成括～殺。"又表示動作行爲由他人施加於己。史記蘇秦列傳:"初,蘇秦之燕,貸人百錢爲資。及得富貴,以百金償之,徧報所嘗～德者。"

2. jiàn (舊讀 xiàn)胡甸切,去,霰韻,匣。元部。

❸謁見,拜見。左傳莊公十年:"公將戰,曹劌請～。"論語季氏:"冉有季路～於孔子。"❹被看見,出現。論語泰伯:"天下有道則～,無道則隱。"戰國策燕策三:"圖窮而匕首～。"❺現成。史記項羽本紀:"軍無～糧。"

[備考]jiàn 集韻居莧切,音間,去,襇韻,見。古韻元部。棺衣。儀禮既夕禮:"藏器,於旁加～。"鄭玄注:"見,棺飾也。"禮記雜記上:"實～間,而後折入。"鄭玄注:"見,棺衣也。"

[辨]①見,視,覩,睹,看。見"覩"字條。②顯,見。見"顯"字條。

[同源字]現,見。見"現"字條。

四　畫

視 shì 常利切,去,至韻,襌。脂部。

❶看。禮記大學:"十目所～,十手所指。"荀子勸學:"目不能兩～而明。"引申爲看待,對待。左傳成公三年:"賈人如晉,荀罃善～之。"論語先進:"回也～予猶父也。"再引申爲比照,效法。孟子萬章下:"天子之卿受地～侯,大夫受地～伯,元士受地～子、男。"書太甲中:"王懋乃德,～乃厥祖。"〔視事〕治事,辦公。左傳襄公二十五年:"崔子稱疾,不視事。"❷給看,使看。詩小雅鹿鳴:"～民不恌,君子是則是傚。"漢書高帝紀上:"因說漢王燒絶棧道,以備諸侯盜兵,亦～項羽無東意。"

[備考]通"指(zhǐ)"。指點。列子湯問:"肆咤則徒卒百萬,～撝則諸侯從命。"張湛注:"視,疑作指。"殷敬順釋文:"視撝音指揮。"

[辨]見,視,覩,睹,看。見"覩"字條。

[同源字]視,示。"視"、"示"古韻同在脂部,"視"是襌母,"示"是船母,旁紐叠韻。

"視"是看,"示"是使看,給看。二字同源。詩小雅鹿鳴:"視民不恌。"孔穎達疏:"古之字,以目視物,以物示人,同作視字。後世而作字異。"漢書多以"視"爲"示"。

規 1. guī 居隋切,平,支韻,見。支部。

㊀圓規,畫圓形的工具。孟子離婁上:"不以~矩,不能成方圓。"荀子勸學:"其曲中~。"引申爲圓形。楚辭大招:"曾頰倚耳,曲眉~只。"漢揚雄太玄玄圖:"天道成~,地道成矩。"用作動詞,畫圓。國語周語下:"成公之生也,其母夢神~其臀以墨。"韋昭注:"規,畫也。"㊁法度,準則。韓非子飾邪:"釋~而任巧,釋法而任智,惑亂之道也。"漢司馬相如難蜀父老:"必將崇論閎議,創業垂統,爲萬世~。"引申爲典範,楷模。漢王粲詠史詩:"生爲百夫雄,死爲壯士~。"又引申爲動詞,模仿,效法。即作爲準則,作爲典範。漢張衡東京賦:"~遵王度,動中得趣。"唐韓愈進學解:"上~姚姒,渾渾無涯。"㊂規劃,謀劃。國語周語中:"昔我先王之有天下也,~方千里以爲甸服。"商君書錯法:"是以明君之使其民也,使必盡力以~其功。"㊃規勸,告誡。書胤征:"官師相~,工執藝事以諫。"左傳昭公十六年:"子寧以他事~我。"㊄通"窺(kuī)"。窺測。管子君臣上:"大臣假於女之能以~主情。"韓非子外儲説右上:"吾無從知之,惟無爲可以~之。"

2. guì 集韻規恚切,去,寘韻,見。支部。

㊅〔規規〕惘然若失、不能自持的樣子。莊子秋水:"於是埳井之蛙聞之,適適然驚,規規然自失也。"又庚桑楚:"規規然若喪父母。"

覓 mì 莫狄切,入,錫韻,明。錫部。

尋找。三國志魏書管輅傳:"招呼婦人,~索餘光。"世説新語文學:"須臾真長遣傳教~張孝廉船。"

[備考]量詞。新唐書南蠻傳南詔:"以繒帛及貝市易。貝者大若指,十六枚爲一~。"

按,説文無覓字。金文班簋有覓字。説文𠂢部:"覛,衺視也。"段玉裁注:"俗有尋覓字,此篆之譌體。""覛"當即"覓"的異體。

五 畫

覕 1. miè 莫結切,入,屑韻,明。質部。

㊀遮蔽,看不見。説文:"覕,蔽不相見也"。

2. piē 集韻匹蔑切,入,屑韻,滂。質部。

㊁短暫地看一眼。莊子徐无鬼:"是以一人之斷制利天下,譬之猶一~也。"

[同源字]覕,瞥。"覕",廣韻又音必刃切;集韻匹蔑切,看作"瞥"的異體字。"瞥"古韻在月部。兩字音義相近,是同源關係。

覘 chān 丑廉切,平,鹽韻,徹。談部。

窺視,偵察。説文:"覘,窺也。"左傳成公十七年:"郤至聘于周,欒書使孫周見之。公使~之,信,遂怨郤至。"淮南子俶真:"其兄掩户而入,~之;則虎搏而殺之。"

[辨]覘,窺。兩字都有暗中觀看的意思。但是"覘"同"占"有同源關係,意義重在占測、偵察;"窺"同"規"有同源關係,意義重在觀看的方式是有限制的,帶有隱蔽性。

六 畫

覜 tiào 他弔切,去,嘯韻,透。宵部。

㊀古代諸侯聘問相見之禮。説文:"諸侯三年大相聘曰覜。"周禮秋官大行人:"王之所以撫邦國諸侯者,歲徧存,三歲徧~。"左傳昭公五年:"朝聘有珪,享~有璋。"㊁同"眺"。向遠處看。漢張衡思玄賦:"流目~夫衡阿兮,睹有黎之圮墳。"後漢書作"覜",文選作"眺"。

[辨]覜,眺。"覜"和"眺"實乃同詞異字,但古籍中諸侯相見之禮一義只用"覜",向遠處看一義大多用"眺"。

覛 1. mò 莫獲切,入,麥韻,明。錫部。

㊁察看。説文："覛，衺視也。"段玉裁注："按覛與目部脈通用。"國語周語上："古者，太史順時～土。"韋昭注："覛，音脈，視也。"

2. mì 莫狄切，入，錫韻，明。錫部。

㊂尋覓，尋找。説文"覛"下段玉裁注："俗有尋覓字，此篆之譌體。"文選漢張衡西京賦："～往昔之遺館。"李善注："覛，視也。亡狄切。"

按，説文覛字在𠂢部。

七　畫

覡 xí 胡狄切，入，錫韻，匣。錫部。

巫師。説文："覡，能齋肅事神明也。在男曰覡，在女曰巫。"荀子正論："出户而巫～有事。"楊倞注："女曰巫，男曰覡。"明何景明憂旱賦："驅妖～以干神兮，又知愚婦之不可賴。"

[辨]覡，巫。説文以覡和巫有男女之别。但是古代男、女都可稱"巫"，周禮有男巫、女巫。後代男、女都可稱"覡"。

按，説文覡字在巫部。

覞 yào 弋照切，去，笑韻，喻四。藥部。

並視，同時觀看數物。説文："覞，並視也。"北周衛元嵩元包經太陽："～于醜，觀夫衆也。"

[同源字]覞，耀。"覞"和"耀"同音，義有相關。光耀是普照衆物的，所以説文云"覞，並視也"，廣韻云"覞，普視"。

按，説文覞字在覞部。

八　畫

覢 shǎn 失冉切，上，琰韻，審三。談部。

忽然出現。説文："覢，暫見也。从見，炎聲。公羊傳曰：'～然公子陽生。'"今本公羊傳哀公六年作"闖然"。"闖"，古韻侵部，與"覢"音義相近，故得相通。

[同源字]覢，睒，閃。三字同音，古音同在談部。説文見部："覢，暫見也。"又目部："睒，暫視皃。"門部："閃，闚頭門中也。"都有短暫閃現的意思。段玉裁在"覢"下注云："覢覢，視皃。按與目部之睒，音義皆同。"三字本表同一詞，原有一定分工，屬分別字。但是古籍中"覢"很少用，"睒"行而"覢"廢；"睒"的用途也有限，只用在一些固定詞語中，如"睒睒"、"睒睗"、"睒瞲"中，引申義、晚起義都用"閃"。

覩 dǔ 當古切，上，姥韻，端。魚部。

看見。同"睹"。易乾："聖人作而萬物～。"孟子告子下："爲其事而無其功者，髡未嘗～之也。"引申爲能看清事理，懂得。漢趙曄吴越春秋王僚使公子光傳："光曰：'僚素貪而恃力，知進之利，不～退讓。'"

[辨]見，視，覩，睹，看。"視"是表示看的動作，一般是從近處看。"見"是表視覺行爲的結果。所以禮記大學有："心不在焉，視而不見。""覩"和"睹"是異體字，它們與"見"同義，所以晉劉伶酒德頌有："熟視不覩泰山之形。""覩(睹)"比"見"少用。"看"本是探望、看望的意思，魏晉以後才有現在的意義，并逐漸取代了"視"。

按，説文覩字在目部，爲睹的古文。

覤 xì 集韻乞逆切，入，陌韻，溪。鐸部。

同"虩"。〔覤覤〕驚懼的樣子。莊子天地："將閭葂覤覤然驚曰：'葂也汒若於夫子之所言矣。'"

按，説文無覤字。虎部有虩字。覤和虩音義皆同。

九　畫

親 1. qīn 七人切，平，真韻，清。真部。

㊀親近，親愛。書堯典："克明俊德，以～九族。"荀子不苟："交～而不比，言辯而不辭。"引申爲接觸，接近。孟子離婁上："男女授受不～，禮也。"元白樸牆頭馬上一折："不

～酒色。"㊁親屬,親人。論語泰伯:"君子篤於～,則民興於仁。"唐杜甫登岳陽樓詩:"～朋無一字,老病有孤舟。"特指父母。孟子盡心上:"孩提之童,無不知愛其～者。"也泛指親近的人,黨羽。左傳僖公五年:"國君不可以輕,輕則失～。"唐李白蜀道難詩:"所守或匪～,化爲狼與豺。"㊂躬親,親自參與。詩小雅節南山:"弗躬弗～,庶民弗信。"虚化爲副詞。親自。孟子萬章上:"吾豈若於吾身～見之哉?"史記秦始皇本紀:"～巡天下,周覽遠方。"

2. qìng 七遴切,去,震韻,清。真部。

㊃〔親家〕姻親關係。潛夫論思賢:"自春秋之後,戰國之制,將相權臣,必以親家。"新唐書蕭瑀傳附蕭嵩:"子衡,尚新昌公主。嵩妻入謁,帝呼爲親家。"

[備考]通"新(xīn)"。禮記大學:"大學之道,在明明德,在～民,在止於至善。"朱熹章句:"程子曰:'親當作新。'"韓非子亡徵:"～臣進而故人退,不肖用事而賢良伏。"王先慎集解:"親讀爲新。"

覦 yú 羊朱切,平,虞韻,喻四。侯部。

覬覦,非分的希求。左傳襄公十五年:"能官人,則民無～心。"宋王安石周秦本末論:"使奸人雖有～心,無所乘而起。"

[同源字]①覦,逾,踰。三字同音。"逾"、"踰"都指行動上的超越,實同一詞;"覦"指思想上的過分希求,也是一種超越。它們音同義近,是同源的關係。

②欲,覦。見"欲"字條。

十 畫

覭 míng 莫經切,平,青韻,明。耕部。

〔覭髳〕雙聲聯緜字。迷離,看不真切。爾雅釋詁下:"覭髳,弗離。"王筠句讀:"(覭)字僅見于爾雅,而爾雅以'弗離'釋'覭髳'。而皆是連語。許云'小見',所以指實之也。小見者,'覭髳'猶'溟濛','弗離'猶'迷離',皆依稀仿佛之詞,見之不瞭,故曰小也。"

[備考]眉目之間(後起義)。字彙見部:"覭,眉目之間。"宋羅泌路史後紀:"(高辛)方頤龐～。"

覯 gòu 古候切,去,候韻,見。侯部。

㊀遇見,遭遇。詩豳風九罭:"我～之子,衮衣繡裳。"詩邶風柏舟:"～閔既多,受侮不少。"㊁通"構"。構成。左傳成公六年:"郇瑕氏土薄水淺,其惡易～。"

[同源字]冓,遘,覯,構,篝。説文:"冓,交積材也,象對交之形。"段玉裁、徐灝都以爲"冓"、"構"是古今字。但是甲骨文"冓"字象兩魚相遇之形,古文字學家以爲是表示相遇之意,是"遘"的古字。兩方相遇,也即相見,加"見"爲"覯",意偏於見。引申爲遇見、遭逢抽象的事物,用"覯"或"遘"均可。"交積材"就是材木交接在一起,也是一種相遇,本字應是"構"。史記陳涉世家:"夜篝火。"漢書陳勝傳作"夜構火"。"篝火"就是在空曠的地方或野外架起木柴燃燒。音同義通,是一組同源詞。

覬 jì 几利切,去,至韻,見。微部。

希望,企圖。楚辭戰國宋玉九辯:"事亹亹而～進兮,蹇淹留而躊躇。"三國志蜀書譙周傳:"～增其疾而斃之也。"〔覬覦〕非分的希望或圖謀。左傳桓公二年:"是以民服事其上,而下無覬覦。"

[備考]求見,進見(晚起義)。清陳鶴明紀卷四五:"獻宗多攜幣帛食～酋,厚酬錦等。"

十 一 畫

覭 piǎo 方小切,集韻匹沼切,上,小韻,滂。宵部。

同"瞟"。眼光迅速掃過。説文:"覭,目有察省見也。"段玉裁注:"目偶有所見也。伺者有意,覭者無心,今俗語尚云覭。與目部之瞟音義皆同。"

[同源字]覭,瞟,飄,漂。"覭"、"瞟"音義俱同,實同一詞,古籍中多作"瞟"。"覭(瞟)"和"飄"、"漂"(漂浮)同聲同韻,和"漂"(用水冲洗)完全同音,意義上有聯繫,都有飄過的意思。它們是同源字。參見"飄"字條。

覷 qù 七慮切,去,御韻,清。魚部。

同"覰"。窺伺,偷看。説文:"覷,覰覷也。"(依段注本)漢蔡邕漢津賦:"~朝宗之形兆,瞰洞庭之交會。"引申爲看着,瞄着(後起義)。唐韓愈秋懷詩之七:"不如~文字,丹鉛事點勘。"清蒲松齡聊齋志異西湖主:"君小~窮措大不能發迹耶?"

覰 qù 正字通七慮切。

"覷"的後起字。集中視力看,瞄着(晚起義)。水滸傳三五回:"搭上箭,拽滿弓,~着那絨縧較親處,颼的一箭,恰好正把絨縧射斷。"又,把眼睛眯起來(晚起義)。紅樓夢一二回:"由不得又往前凑一凑,~着眼看鳳姐的荷包。"

覲 jìn 渠遴切,去,震韻,羣。文部。

諸侯朝見天子。禮記曲禮下:"天子當依而立,諸侯北面而見天子曰~。"左傳僖公二十八年:"受策以出,出入三~。"特指秋季朝見天子。周禮秋官大行人:"春朝諸侯而圖天下之事,秋~以比邦國之功。"泛指臣下朝見君主。書堯典:"乃日~四岳羣牧。"(這是使朝見)三國魏曹植應詔詩:"嘉詔未賜,朝~莫從。"引申爲祭祀。漢班固東都賦:"~明堂,臨辟雍。"又引申爲拜見、謁見尊者長者。左傳昭公十六年:"宣子私~於子產。"唐白行簡李娃傳:"此東轉小曲中,某之姨宅也,將憩而~之。"

[備考]㊀通"僅(jǐn)"。副詞。吕氏春秋長見:"魯公以削,至於~存。"㊁顯示出。書立政:"以~文王之耿光,以揚武王之大烈。"

十 二 畫

覵 jiàn 古莧切,去,襉韻,見。元部。

同"瞯"。窺視。廣雅釋詁一:"覵,視也。"王念孫疏證:"覵之言間也。"

[備考]摻雜,混合。禮記祭義:"見以蕭光,…見間以俠甒。"鄭玄注:"見及見間皆當爲~字之誤也。…~以俠甒,謂雜以兩甒醴酒也。"

按,説文無覵有瞯,在目部。

覶 luó 集韻盧戈切,平,戈韻,來。歌部。

〔覶縷〕雙聲聯緜字。逐條詳細陳述。又作"覼縷",見"覼"字條。古文苑漢王延壽王孫賦:"忽踊逸而輕迅,羌難得而覶縷。"一本作"覼縷"。唐劉知幾史通叙事:"夫叙事之體,其流甚多,非復片言所能覶縷。"一本作"覼縷"。

按,説文:"覶,好視也。"無書證。廣韻作"覼",原爲"覶"之異體。今傳世典籍多作"覼"。

十 三 畫

覺 1. jué 古岳切,入,覺韻,見。覺部。

❶覺悟,省悟。公羊傳昭公三十一年:"叔術~焉,曰:'嘻! 此誠爾國也夫!'"引申爲啟發,使覺悟。孟子萬章上:"使先知~後知,使先覺~後覺。"又:"予將以斯道~斯民也。"又爲發覺,覺察。史記衛康叔世家:"蒯聵數目之,夫人~之,懼,呼曰:'太子欲殺我!'"又吕不韋列傳:"吕不韋恐~,禍及己。"再引申爲感覺到,覺得。世説新語言語:"非唯使人情開滌,亦~日月清朗。"唐王勃滕王閣序:"天高地迥,~宇宙之無窮。"

2. jué (舊讀 jiào)古孝切,去,效韻,見。覺部。

❷睡醒。詩王風兔爰:"逢此百憂,尚寐無~。"莊子齊物論:"~而後知其夢也。"

3. jiào 古孝切,去,效韻,見。

❸睡眠,并用作量詞(後起義)。宋黄公紹施經齋會戒約榜:"一~黄粱之夢,百年大槐之宫。"清李寶嘉官場現形記一九回:"困了

一～中～，以補早晨之不足。”

［備考］㊀〔有覺(jué)〕高大，正直。詩小雅斯干：“殖殖其庭，有覺其楹。”毛傳：“有覺，言高大也。”鄭箋：“覺，直也。”㊁通“較(jiào)”。孟子盡心下：“春秋無義戰。”趙岐注：“春秋所載戰伐之事，無應王義者也。彼此相～，有善惡耳。”

十四畫

覽 lǎn 盧敢切，上，敢韻，來。談部。

❶觀看。楚辭戰國屈原離騷：“～椒蘭其若茲兮，又況揭車與江離。”韓非子外儲説左上：“人主～其文而忘有用。”唐杜甫望嶽詩：“會當凌絶頂，一～衆山小。”❷采納。戰國策齊策一：“大王～其説，而不察其至實。”又用於具體對象，爲拿來，采摘。後漢書文苑傳禰衡：“衡～筆而作，文無加點，辭采甚麗。”唐李白宣州謝脁樓餞别校書叔雲：“俱懷逸興壯思飛，欲上青天～明月。”這一意義後來寫作“攬”。

［辨］觀，覽，望。見“觀”字條。

覶 luó 落戈切，平，戈韻，來。歌部。

❶〔覶縷〕雙聲聯緜字。逐條詳細陳述。又作“覼縷”，見“覼”字條。隋無名氏齊故員外郎馬少敏墓誌：“編之史籍，無煩覶縷。”❷〔覶瑣〕瑣細，即“囉唆”。後起的叠韻聯緜字。清吴趼人二十年目睹之怪現狀九一回：“涉及外國人的事，總有點覶瑣。”

按，説文覶作𧢨。金文有覶，見“覶卣”。

十五畫

覿 dí 徒歷切，入，錫韻，定。屋部。

相見，面見。易困：“入于幽谷，三年不～。”論語鄉黨：“私～，愉愉如也。”淮南子主術：“簡子欲伐衛，使史黯往～焉。”引申爲出現，使見面。國語周語中：“武不可～，文不可匿，～武無烈，匿文不昭。”山海經北山經：“昏明是互，晝隱夜～。”

按，説文無覿字，新附有之。

十八畫

觀 1. guān 古丸切，平，桓韻，見。元部。

❶細看，觀察，有目的地看。易繫辭下：“仰則～象於天，俯則～法於地。”左傳僖公二十三年：“曹共公聞其駢脅，欲～其裸；浴，薄而～之。”引申爲觀賞，欣賞。書無逸：“繼自今嗣王，則其無淫于～，于逸，于遊，于田。”左傳隱公五年：“遂往，陳魚而～之。”又爲名詞，景觀，景象。漢司馬相如封禪文：“皇皇哉斯事！天下之壯～，王者之丕業。”論衡別通：“人之游也，必欲入都，都多奇～也。”又爲外觀，容飾。墨子辭過：“其爲衣服，非爲身體，皆爲～好。”❷給人看，使觀看。周禮考工記㮚氏：“嘉量既成，以～四國。”吕氏春秋博志：“此其所以～後世已。”引申爲顯示，炫耀。左傳僖公四年：“～兵於東夷。”唐杜甫冬狩行：“君不見，東川節度兵馬雄，校獵亦似～成功。”❸對事物的認識或看法。後漢書文苑傳黄香：“‘此天下無雙，江夏黄童者也。’左右莫不改～。”

［備考］㊀多。詩小雅采緑：“其釣維何？維魴及鱮。維魴及鱮，薄言～者。”鄭箋：“觀，多也。”唐元稹楊子華畫三首之二：“子亦～病身，色空俱寂寞。”㊁觀察妄惑的智力(佛教用語)。大乘義章卷二：“粗思曰覺，細思曰～。”

2. guàn 古玩切，去，换韻，見。元部。

❹古代宫廷或宗廟大門外高臺上的建築物，又名“闕”。禮記禮運：“出遊於～之上。”引申爲樓閣臺榭等高大建築物。左傳哀公元年：“宫室不～，舟車不飾。”史記李斯列傳：“二世上～而見之。”史記封禪書：“於是上令長安則作蜚廉桂～，甘泉則作益延壽～，使(公孫)卿持節設具而候神人。”後來特指道教的廟宇(後起義)。唐劉禹錫元和十年自朗州召至京戲贈看花諸君子：“玄都～裏桃千樹，

盡是劉郎去後栽。”㊄爲炫耀武功把敵人的屍體堆積而築成的高冢，叫做京觀，也簡稱觀。左傳宣公十二年：“君盍築武軍而收晉尸以爲京～？”唐許敬宗尉遲恭碑：“封屍築～，王城於是乂安。”

［辨］①觀，覽，望。“觀”是細看，有目的地看，所以可以説觀察、觀賞、察言觀色；“覽”是廣泛地觀看，所以可以説瀏覽、博覽、一覽無餘。“觀”的意義重在施事者的主觀目的性，“覽”的意義重在觀看對象收入視線。“覽”的對象有限，一般限於景物或文字，“觀”的對象比“覽”廣泛得多。“望”是向遠處看，“觀”和“覽”可遠可近。

②寺，廟，觀，庵。見“寺”字條。

十九畫

覼 lì 郎計切，去，霽韻，來。支部。

探望，窺視。説文：“覼，求也。”段玉裁以爲當作“求視也”。文選晉左思吳都賦：“窺東山之府，則瓌寶溢目；～海陵之倉，則紅粟流衍。”李善注引蒼頡篇曰：“覼，索視之貌。”

［同源字］窺，闚，覼。三字古音同在支部，“窺”、“闚”是溪母，“覼”是來母。“窺”、“闚”是小視、竊視，實同一詞；“覼”是求視。三字音近義通，是同源關係。

角 部

角 1. jiǎo（舊讀 jué）古岳切，入，覺韻，見。屋部。

㊀動物的角。墨子經説下：“牛有～，馬無～。”引申爲人或動物頭上像角的東西。詩齊風甫田：“婉兮孌兮，總～丱兮。”（角：小孩頭上兩側的髮髻。）書泰誓中：“百姓懍懍，若崩厥～。”（角：額角。）莊子則陽：“有國於蝸之左～者，曰觸氏。”（角：觸角。）又爲物體形狀像角的東西。廣雅釋草：“豆～謂之莢。”王念孫疏證：“豆莢長而耑鋭如角然，故又名豆角。”唐杜甫奉陪鄭駙馬韋曲詩之一：“石～鈎衣破，藤梢刺眼新。”又用作動詞。論語雍也：“犂牛之子騂且～。”（角：兩角長得端正。）左傳襄公十四年：“譬如捕鹿，晉人～之。”孔穎達疏：“角之，謂執其角也。”㊁角落，物體兩個邊沿相接的地方。易晉：“上九，晉其～。”孔穎達疏：“晉其角者，西南隅也。”新唐書裴坦傳：“施榻堂上，壓～而坐。”引申爲數學名詞。如直角，鋭角，多面角。明徐光啟句股義：“句股，即三邊直～形也。”㊂古樂器名。多用於軍中。晉書樂志下：“胡～者本以應胡笳之聲，後漸用之横吹，即胡樂也。”唐李賀雁門太守行：“～聲滿天秋色裏，塞上燕脂凝夜紫。”㊃星宿名。二十八宿之一。國語周語中：“夫辰～見而雨畢。”楚辭戰國屈原天問：“～宿未旦，曜靈安藏？”㊄量詞（後起義）。飲料或土地的計量單位。唐司空圖力疾山下吳村看杏花詩十九首之十一：“客來須共醒醒看，碾盡明昌幾～茶。”宋岳珂金陀續編卷一三：“省田柒頃捌拾捌畝壹～壹步。”又，文書的計量單位（晚起義）。紅樓夢一二〇回：“一～文書，將薛蟠放出。”今用爲貨幣的單位。

［備考］㊀古代量穀物時刮平斗斛的用具。管子七法：“尺寸也，繩墨也，規矩也，衡石也，斗斛也，～量也，謂之法。”用作動詞，刮平。禮記月令：“日夜分，則同度量，鈞衡石，～斗甬，正權概。”鄭玄注：“同、角、正，皆謂平之也。”㊁裹束（後起義）。孟姜女變文：“祭之已了，～束夫骨，自將背負。”

2. jué 古岳切，入，覺韻，見。屋部。

㊅角逐，較量。吕氏春秋十月：“天子乃命將率講武肄射御～力。”孫子虚實：“～之而知有餘不足之處。”㊆角色（後起義）。元王實

甫西廂記一本三折:“世上有這等傻～。”戲劇中有“主角”、“配角”。❽古代盛酒的器皿。禮記禮器:“尊者舉觶,卑者舉～。”❾古代五聲音階的第三音。周禮春官大師:“皆文之以五聲:宫、商、～、徵、羽。”

[備考]觸,觸穿。廣雅釋言:“角,觸也。”墨子天志下:“而況有踰於人之牆垣,抯格人之子女者乎？與～人之府庫,竊人之金玉蚤絫者乎?”

3. lù 盧谷切,入,屋韻,來。屋部。

❿〔角里〕西漢初年隱士,商山四皓之一。史記留侯世家:“四人前對,各言姓名:曰東園公,角里先生,綺里季,夏黄公。”亦作“甪里”。

4. gǔ 字彙補古酷切。

⓫〔角角〕象聲詞,野雞的叫聲。唐韓愈此日足可惜一首贈張籍:“百里不逢人,角角雄雉鳴。”

[同源字]角,較。見“較”字條。

二 畫

觓 qiú 渠幽切,平,幽韻,羣。幽部。

字亦作“觩”。角彎曲的樣子。説文:“觓,角皃。詩曰:‘有～其角。’”段玉裁注:“觓,俗作觩。”穀梁傳成公七年:“郊牛日,展～角而知傷。”范甯注:“觓,球球然,角貌。”

[同源字]虯(虬),觩(觓),捄。見“虯”字條。

觔 jīn 龍龕手鑑音斤。文部。

❶同“筋”。正字通:“觔,與筋同。”論衡書虛:“舉鼎用力,力由～脈,～脈不堪,絶傷而死,道理宜也。”一本作“筋”。❷重量單位。通“斤”。淮南子天文:“天有四時以成一歲,因而四之,四四十六,故十六兩而爲一～。”

按,説文無觔字。

四 畫

觕 cū 倉胡切,平,模韻,清。魚部。

粗,粗略。公羊傳莊公十年:“～者曰侵,精者曰伐。”何休注:“觕,麤也。將兵至竟,以過侵責之,服則引兵而去,用意尚麤。”吕氏春秋異寶:“其知彌～,其所取彌～。”高誘注:“觕,麤疏也。”

[辨]觕,麤,粗。説文分别麤、粗二字。以“粗”爲粗疏字,以“行超遠”釋“麤”。段玉裁在“麤”下注云:“鹿善驚躍,故从三鹿,引申之爲鹵莽之偁。…俗作麄。今人槩用粗。”在廣韻中,“麤”只有平聲一讀,“粗”、“觕”有平、上兩讀。“麤”的“行超遠”一義,無書證。其實麤、粗、觕都是表同一個詞。古籍中多用“粗”。

按,説文無觕字。

觖 1. jué 古穴切,入,屑韻,見。月部。

❶不滿。淮南子繆稱:“禹無廢功,無廢財,自視猶～如也。”高誘注:“觖,不滿也。”〔觖望〕因不滿而怨恨。史記韓信盧綰列傳:“高祖已定天下,諸侯非劉氏而王者七人。欲王盧綰,爲羣臣觖望。”❷通“抉”。挑剔。漢書孫寶傳:“馮氏反事明白,故欲擿～以揚我惡。”❸通“缺(quē)”。殘缺(晚起義)。宋李彭老踏莎行題草窗十擬後:“蠻牋象管管新聲,幾番曾試瓊壺～。”

2. kuì 窺瑞切,去,寘韻,溪。

❹企求,希望。後漢書李通傳論:“夫天道性命,聖人難言之,況乃億測微隱,猖狂無妄之福,汙滅親宗,以～一切之功哉!”李賢注:“觖,望也。”

按,説文無觖字。

舩 gāng 集韻古雙切,平,江韻,見。東部。

同“扛”。用兩手舉物。三國魏衛覬大饗碑:“～鼎緣橦,舞輪擿鏡。”

[辨]舩,扛。説文分别舩、扛,以“舉角也”釋舩。其實“舩”、“扛”同表一詞,“舉角”一義無書證。

䚎 chù 集韻樞玉切,入,燭韻,穿三。屋部。

同“觸”。以角抵物。玉篇角部以“䚎”爲

“觸”的古文。淮南子齊俗：“故諺曰：‘鳥窮則噣，獸窮則～，人窮則詐。’”

按，説文無䚢有觸。典籍多作觸。

五　畫

䚢 dàn 徒旱切，上，旱韻，定。元部。

古代酒器。説文：“䚢，小觶也。”急就篇卷二：“蠡升參升半卮～。”漢賈誼新書諭誠：“楚昭王當房而立，愀然有寒色，曰：‘寡人朝飢饉時酒二～，重裘而立，猶憯然有寒氣。’”

䚥 jù 其吕切，上，語韻，羣。魚部。

雞䚥，雄雞爪後突出的尖鋭物。説文：“距，雞距也。”玉篇：“䶥，雞䶥，或作距。䚥，同䶥。”古籍中多作“距”。引申爲古代武器的倒刺。文選漢司馬相如子虛賦：“建干將之雄戟。”李善注引張揖曰：“干將，韓王劍師也。雄戟，胡中有～者，干將所造也。”

按，説文無䚥字。

觝 dǐ 都禮切，上，薺韻，端。脂部。

同“牴”。用角頂撞。淮南子説山：“熊羆之動以攫搏，兕牛之動以～觸。”引申爲其他物體的撞擊。三國魏嵇康琴賦：“爾乃顛波奔突，狂赴争流，觸巖～隈，鬱怒彪休。”

［辨］觝，牴，抵。説文有牴，無觝。“觝”是“牴”的異體。説文手部還有“抵”，音同義近。其實牴、觝、抵同表一詞。牴、觝多表用角頂撞義，抵多表一般的抵擋義，是分别字。

按，説文無觝字。

觚 gū 古胡切，平，模韻，見。魚部。

㊀古代一種喇叭狀的盛酒器。論語雍也：“子曰：‘～不觚。～哉！～哉！’”㊁多角的棱形器物。史記酷吏列傳序：“漢興，破～而爲圜，斲雕而爲朴。”也指器物的邊角。太平御覽一八六引莊子(逸篇)：“仲尼讀春秋，老聃踞竈～而聽。觚，竈額也。”特指古代書寫用的棱形木簡。急就篇卷一：“急就奇～與衆異。”顔師古注：“觚者，學書之牘，…其形或六面，或八面，皆可書。觚者，棱也。”〔操觚〕拿着簡牘(後代爲紙)，指作文。晉陸機文賦：“或操觚以率爾，或含毫而邈然。”又引申爲形容詞，棱角分明，獨特。莊子大宗師：“與乎其～而不堅也，張乎其虛而不華也。”王先謙集解：“王云：‘觚，特立不羣也。’崔云：‘觚，稜。’”㊂劍柄。淮南子主術：“操其～，招其末，則庸人能以制勝。”高誘注：“觚，劍柎。”

［備考］法。漢揚雄太玄玄攡：“綴之以其類，占之以其～。”注：“觚，法也。…法謂經緯之休咎也。”

六　畫

觠 quán 巨員切，平，仙韻，羣。元部。

獸角捲曲。爾雅釋畜：“角三～，羷。”釋文：“觠，捲也，羊角捲三迎者曰羷。”北史司馬子如傳：“王給露車一乘，～牸牛犢。犢在道死，唯～角存。”

［同源字］卷，拳，鬈，踡，蜷，捲，觠。見“踡”字條。

觢 shì 時制切，音逝，去，祭韻，禪。月部。

兩角豎直的牛。爾雅釋畜：“角一俯一仰，觭；皆踊，～。”郭璞注：“今豎角牛。”

觜 1. zī 即移切，平，支韻，精。支部。

㊀猫頭鷹等禽類頭上的毛角。説文：“觜，鴟舊頭上角觜也。”段玉裁注：“角觜，‘雈’下云‘毛角’是也。毛角，頭上毛有似角者也。”㊁星宿名。二十八宿之一，西方白虎七宿的第六宿，有星三顆。又名觜觿。禮記月令：“仲秋之月，日在角，昏牽牛中，旦～觿中。”

2. zuǐ 即委切，上，紙韻，精。支部。

㊂鳥嘴。漢張衡東京賦：“秦政利～長距，故得擅場。”晉潘岳射雉賦：“當味值胸，裂膆破～。”引申爲形狀或作用像嘴的東西。北魏賈思勰齊民要術種紅花藍花梔子：“以綿冪鐺～瓶口，瀉著瓶中。”元史輿服志：“水瓶，制如湯瓶，有蓋，有提，有～。”這一意義後來寫

作“嘴”。

[備考]啄。唐杜甫閿鄉姜七少府設鱠戲贈長歌:“無聲細下飛碎雪,有骨已剁～春葱。”仇兆鰲注引杜臆:“觜春葱,啄鱠如葱之脆。”

觟 1. huà 胡瓦切,上,馬韻,匣。支部。

❶長角的母羊。説文:“觟,牝牂羊生角者也。”段玉裁注依韻會删“牂”字。清郝懿行爾雅義疏釋畜:“吴羊牝者無角,其有角者别名～也。”

2. xiè 集韻下買切,音蟹,上,蟹韻,匣。支部。

❷〔觟觽〕叠韻聯緜字,即“獬廌”,傳説中的神羊。論衡是應:“儒者説云:觟觽者,一角之羊也,性知有罪。”❸通“憈(xié)”。有二心。淮南子俶真:“於是萬民乃始憈～離跂,各欲行其知僞,以求鑿枘於世,而錯擇名利。”清朱駿聲説文通訓定聲解部觟字下云:“假借爲憈。”

觥 gōng 古横切,平,庚韻,見。陽部。

❶古代一種酒器。初用獸角製,後也用木或銅製。詩周南卷耳:“我姑酌彼兕～,維以不永傷。”毛傳:“觥,角爵也。”❷大,豐盛。國語越語下:“諺有之曰:‘～飯不及壺飧。’”韋昭注:“觥,大也。大飯,謂盛饌。”漢揚雄太玄毅:“～羊之毅,鳴不類。”范望注:“觥羊,大羊也。”❸〔觥觥〕剛强正直的樣子(後起義)。後漢書郭憲傳:“帝曰:‘常聞關東觥觥郭子横,竟不虚也。’”

[辨]觥,觵。説文以“觥”爲“觵”的俗字。古籍中酒器多作“觥”。“觥”是一種大的飲酒器,所以又有“大”、“豐盛”的意義。“觵”多用於罰酒、責罰義。

解 1. jiě 佳買切,上,蟹韻,見。錫部。

❶分解牛的肢體。莊子養生主:“庖丁爲文惠君～牛。”引申爲分解各種動物的肢體。左傳宣公四年:“宰夫將～黿。”再引申爲分裂或分割其他事物。莊子在宥:“故君子苟能无～其五藏,无擢其聰明;…吾又何暇治天下哉?”國語魯語上:“晉文公～曹地以分諸侯。”又爲把糾結的東西解開。墨子公輸:“子墨子～帶爲城。”韓非子難一:“桓公～管仲之束縛而相之。”又爲自身分解,分離。後漢書仲長統傳:“四夷侵叛,土崩瓦～。”禮記檀弓下:“苟無禮義忠信誠慤之心以涖之,雖固結之,民其不～乎?”特指尸解。道家的一種信念,認爲修道者死後魂魄可脱離尸體而成仙。史記封禪書:“爲方僊道,形～銷化。”❷消解,消除,消融。墨子號令:“請有怨仇讐不相～者,召其人,明白爲之～之。”易繫辭下:“故惡積而不可揜,罪大而不可～。”禮記月令:“東風～凍,蟄蟲始振。”特指武術中的解數,套路(後起義)。元尚仲賢單鞭奪槊三折:“我見他格截架～不放空。”又特指發汗除病,排洩大小便。論衡寒温:“人中於寒,飲藥行～。”❸分析,解釋。禮記有經解篇,孔穎達疏:“皇氏云:‘～者,分析之名。此篇分析六經體教不同,故名曰經～也。’”莊子徐无鬼:“以不惑～惑,復於不惑,是尚大不惑。”引申爲理解,懂得。莊子天地:“大惑者,終身不～。”晉陶潛九日閑居詩:“酒能祛百慮,菊～制頽齡。”又爲辯解。漢揚雄解嘲:“人有嘲雄以玄之尚白,雄～之,號曰解嘲。”又爲名詞,見解。南史張邵傳附張融:“融玄義無師法,而神～過人。”又特指文體的一種,唐韓愈有進學解。❹開,開放。莊子秋水:“無南無北,奭然四～。”文子上德:“雷之動也萬物啟,雨之潤也萬物～。”❺樂曲、詩歌的章節。樂府詩集相和歌辭解題:“古今樂録曰:‘傖歌以一句爲一～,中國以一章爲一～。’”引申爲回次(後起義)。元高文秀黑旋風楔子:“我恰纔囑付了三回五～。”

2. jiè 古隘切,去,卦韻,見。

❻發送,解送(後起義)。唐制,舉進士者都由地方發送入京稱爲“解”。唐范攄雲溪友議卷九:“昔求府～,侍郎爲試官,送一百二十人,獨小生不蒙一～。”新唐書令狐楚傳:“滈

未嘗舉進士,而妄言已～,使天下謂無～及第,不已罔乎?”後又用作押送財物或犯人。宋朱彧萍洲可談卷二:“商船去時,至潯州,少需以訣,然後～去,謂之放洋。”京本通俗小説碾玉觀音:“當下喝賜錢酒賞犒捉事人,～這崔寧到臨安府,一一從頭供説。”❼典當,抵押(後起義)。宋吴曾能改齋漫録卷二:“江北人謂以物質錢爲～庫。”元高明琵琶記三八齣:“[末]虧他媳婦相看待,把衣服和釵梳都～。”又爲租用。明洪楩清平山堂話本楊温攔路虎傳:“天色已晚,楊三官人同那妻子和當直去客店,～一房歇泊。”

3. xiè 胡買切,上,蟹韻,匣。錫部。

❽懈怠,鬆懈。後來寫作“懈”。詩大雅烝民:“夙夜匪～,以事一人。”禮記雜記下:“三日不怠,三月不～。”❾官署,官吏辦事的地方。後來寫作“廨”。商君書墾令:“又高其～舍。”韓非子五蠹:“事私門而完～舍。”❿姓。急就篇卷二:“～莫如。”注:“解,地名也。在河東,因地爲姓,故晉因多姓解氏焉。”

[備考]㊀物體相連接的地方。周禮考工記弓人:“今夫茭～中有變焉,故校。”賈公彦疏:“謂弓隈與弓簫角接之處。”特指關節骨體相連接的地方。素問氣穴論:“内～者寫於中者十脈。”王冰注:“解,謂骨解之中經絡也。”㊁通“蟹”,螃蟹。吕氏春秋恃君:“夷穢之鄉,大～陵魚。”㊂[解豸]傳説中的神獸,又作“解廌”、“獬豸”。漢司馬相如上林賦:“推蜚廉,弄解豸。”㊃通“澥”。漢揚雄解嘲:“譬若江湖之雀,勃解之鳥。”勃解即渤澥,渤海的古稱。

[辨]解,釋。見“釋”字條。

[同源字]解,懈。“解”是解開、解除,解開就鬆了,所以引申爲鬆懈。鬆懈的“解”後來寫作“懈”。“懈”在廣韻中只有古隘一切,近代才轉入匣母。

觡 gé 古伯切,入,陌韻,見。鐸部。

骨角,即没有鰓理的實心角。禮記樂記:“羽翼奮,角～生。”鄭玄注:“無鰓曰觡。”特指麋鹿有分枝的角。山海經東山經:“自空桑之山至于磹山,凡十七山六千六百四十里,其神狀皆獸身人面載～。”郭璞注:“麋鹿屬角爲觡。”晉郭璞江賦:“或鹿～象鼻,或虎狀龍顔。”

觤 guǐ 過委切,上,紙韻,見。歌部。

角參差不齊的羊。説文:“觤,羊角不齊也。”爾雅釋畜:“角不齊,觤。”邢昺疏:“羊角不齊,一長一短者,名觤。”

七　畫

觫 sù 集韻蘇谷切,入,屋韻,心。屋部。

〔觳觫〕叠韻聯緜字。見“觳”字條。

按,説文無觫字。

觩 qiú 渠幽切,平,幽韻,羣。幽部。

❶同“觓”。角彎曲的樣子,也形容角制品和其他器具彎曲的樣子。詩小雅桑柔:“兕觥其～,旨酒思柔。”朱熹集傳:“觩,角上曲貌。”詩魯頌泮宫:“角弓其～,束矢其搜。”❷〔觩觰〕叠韻聯緜字。見“觰”字條。

[同源字]虯(虬),觩(觓),捄。見“虯”字條。

按,説文無觩有觓。

八　畫

觰 zhā 陟加切,平,麻韻,知。魚部。

❶〔觰拏〕叠韻聯緜字。獸名。見説文。❷兩角向上張開。玉篇:“觰,角上長也。”集韻:“觰,角上張。”〔觰沙〕叠韻聯緜字。張開的樣子(後起義)。唐韓愈月蝕詩效玉川子作詩:“赤鳥司南方,尾秃翅觰沙。”

觭 1. jī 去奇切,平,支韻,溪。今讀如畸。歌部。

❶角一低一昂。爾雅釋畜:“角一俯一仰,～。”引申爲偏向一方面。戰國策趙策四:“齊秦非復合也,必有～重者矣。”

2. jī 集韻居宜切,平,支韻,見。歌部。

㊁通"奇"。單的,不成對。跟"偶"相對。莊子天下:"以堅白同異之辯相訾,以～偶不仵之辭相應。"

3. qí 集韻渠羈切,平,支韻,羣。歌部。

㊂通"奇"。怪異。周禮春官太卜:"掌三夢之灋;一曰致夢,二曰～夢,三曰咸陟。"鄭玄注引杜子春曰:"觭讀爲奇偉之奇。"

觪 zhǎn 阻限切,上,産韻,照二。

後起字。小酒杯。唐韓愈祭河南張員外文:"君止於縣,我又南踰。把～相飲,後期有無?"

[同源字]觪,醆,琖,盞。四字同音,同指酒杯,實同一詞。宋沈括夢溪筆談一四載王聖美右文説:"所謂右文者,如戔,小也。水之小者曰淺,金之小者曰錢,歹而小者曰殘,貝之小者曰賤。如此之類,皆以戔爲義也。"因此,觪是飲酒器中之小者。從用途來造字,作"醆";從事物的大類來考慮,是生活用具,所以作"盞";從製作的材料不同,分作"琖"和"觪"。

䚘 ní 五稽切,平,齊韻,疑。支部。

㊀角彎曲不正。説文:"䚘,角䚘曲也。"玉篇:"䚘,角不正也。"㊁〔䚘氏〕〔䚘是〕漢代縣名。説文"䚘"下:"西河有䚘氏縣。"漢書地理志下作"䚘是"。

九　畫

觱 bì 卑吉切,入,質韻,幫。質部。

㊀〔觱沸〕雙聲聯緜字。泉水湧出的樣子。又作"滭沸"。詩小雅采菽:"觱沸檻泉,言采其芹。"㊁〔觱發(bō)〕雙聲聯緜字。寒風撼物的聲音。詩豳風七月:"一之日觱發,二之日栗烈。"㊂〔觱篥〕叠韻聯緜字。一種從西域傳入的簧管樂器。又作"篳篥"。唐李頎聽安萬善吹觱篥歌:"南山截竹爲觱篥,此樂本自龜兹出。"

按,説文無觱有䨲,釋云:"羌人所吹角——屠䨲,以驚馬也。"段玉裁注以爲就是觱篥。

觻 chè 丑列切,入,薛韻,徹。

婦女的首飾,一種叉狀的簪子。廣雅釋器:"觻,謂之叙。"又指革帶的叉狀鉤眼。隋書禮儀志七:"(天子)革帶,玉鉤～。"又:"(革帶)今博三寸半,加金縷～,螳蜋鉤,以相拘帶。"

按,説文無觻字,新附有之。

䚡 sāi 蘇來切,平,咍韻,心。之部。

角中的骨。説文:"䚡,角中骨也。"王筠釋例:"牛羊之角,外骨冒内骨,雖相附麗而不能合一,其内骨曰䚡。"史記樂書:"羽翮奮,角觡生。"司馬貞索隱:"牛羊有～曰角,麋鹿無～曰觡。"也指肉中骨。漢趙壹非草書:"展指畫地,以草劌壁,臂穿皮刮,指爪摧折,見～出血,猶不休輟。"

[同源字]䚡,鰓,顋,腮。説文只有"䚡"字;"鰓"、"顋"見玉篇魚部:"鰓,魚頰。"頁部:"顋,頰顋。"廣韻:"顋,顋頷,俗又作腮。"魚鰓由鰓弓、鰓瓣、鰓絲構成,在魚的頭蓋骨的内面,也是一種骨中骨。魚鰓相當於人的兩頰,因此顋(腮)是兩頰的下半部。四字音同,義有相關,是同源關係。

䚟 duān 多官切,平,桓韻,端。元部。

亦作"貒"。〔角䚟〕獸名。説文:"䚟,角䚟,獸也。"史記司馬相如列傳:"獸則麒麟角䚟,騊駼橐駞,蛩蛩驒騱,駃騠驢騾。"

十　畫

觳 1. hú 胡谷切,入,屋韻,匣。屋部。

㊀古代貯酒器。説文:"觳,盛觵卮也。"段玉裁注:"盛字當是衍文。'觵卮',謂大卮…小者曰卮,可以飲;大卮曰觳,可宁酒漿,以待酌也。"又爲量器,也作容量單位。説文:"鬲,鼎屬。實五觳,斗二升曰觳。"周禮考工記陶人:"鬲實五～,厚半寸,脣寸。庾實二

～，厚半寸，脣寸。”按，古代量器和容量單位，多是由容器演變而成的，如斗、斛、釜、鍾。“觳”、“斛”同音，實乃一詞。説文：“斛，十斗也。”度量衡因時因地不同，秦漢以後，斛爲十斗，後來改爲五斗，與説文“斗二升曰觳”有異。㊁〔觳觫〕叠韻聯緜字，恐懼的樣子。孟子梁惠王上：“吾不忍其觳觫，若無罪而就死地。”趙岐注：“觳觫，牛當到死地處恐貌。”後因以指代牛。唐皎然送顧處士歌：“門前便取觳觫乘，腰上還將鹿盧佩。”宋黄庭堅題竹石牧牛詩：“阿童三尺箠，御此老觳觫。”

2. què 苦角切，入，覺韻，溪。屋部。

㊂薄，瘠薄，儉薄。莊子天下：“其生也勤，其死也薄，其道大～。”史記秦始皇本紀：“雖監門之養，不～於此。”

［備考］脚背。儀禮既夕禮：“有前後裳，不辟，長及～。”鄭玄注：“觳，足跗也。”

3. jué（舊讀 jiǎo）集韻訖岳切，入，覺韻，見。屋部。

㊃通“角”。較量。韓非子用人：“争訟止，技長立，則彊弱不～力，冰炭不合形。”

觗 zhì 池爾切，上，紙韻，澄。支部。

㊀角傾斜的樣子。見説文。㊁〔觟觗〕獸名。見“觟”字條。

十一畫

觩 liú 力求切，平，尤韻，來。幽部。

㊀〔觓觩〕叠韻聯緜字。彎曲而有棱角的樣子。文選漢揚雄甘泉賦：“玄瓚觓觩，秬鬯泔淡。”李善注引張晏曰：“瓚受五升，口徑八寸，以大圭爲柄，用灌鬯。觓觩，其貌也。”㊁角不正。見玉篇。

按，説文無觩字。

觴 shāng 式羊切，平，陽韻，審三。陽部。

盛滿酒的酒杯。説文：“觴，觶。實曰觴，虚曰觶。”韓非子十過：“平公提～而起爲師曠壽。”用爲動詞，向人敬酒或自飲。左傳襄公二十三年：“許諾，伏之而～曲沃人。”晉陶潛連雨獨飲詩：“試酌百情遠，重～忽忘天。”

［備考］通“鬺”。煮。漢揚雄太玄竈：“鼎大可～，不齊不莊。”司馬光注：“觴當作鬺，音商，煮也。”

十二畫

觵 gōng 古横切，平，庚韻，見。陽部。

同“觥”。古代一種酒器。説文：“觵，兕牛角可以飲者也。”用作動詞，責罰，罰酒。周禮春官小胥：“小胥掌學士之徵令而比之，～其不敬者。”〔觵撻〕古代祭祀時失禮的處罰。周禮地官閭胥：“凡事掌其比，觵撻罰之事。”鄭玄注：“觵撻者，失禮之罰也。觵用酒，其爵以兕角爲之。”

［辨］觥，觵。見“觥”字條。

觶 zhì 支義切，去，寘韻，照三。支部。

古代一種圓腹侈口圈足的飲酒器。禮記禮器上：“尊者舉～，卑者舉角。”鄭玄注：“凡觴，一升曰爵，二升曰觚，三升曰觶，四升曰角，五升曰散。”

觹 jiǎo 居夭切，上，小韻，見。宵部。

角高高聳起。漢揚雄太玄格：“郭其目，～其角，不庳其體，撲。測曰：郭目～角，還自傷也。”王涯注：“觹角，高其角也。”

［同源字］趫，蹻，趬，蹺，翹，觹。見“趫”字條。

按，説文無觹字。

十三畫

觸 chù 尺玉切，入，燭韻，穿三。屋部。

㊀用角頂撞。易大壯：“羝羊～藩，羸其角。”淮南子兵略：“有角者～。”引申爲碰撞。左傳宣公二年：“～槐而死。”韓非子五蠹：“兔走～株，折頸而死。”又引申爲接觸，遭遇。莊子養生主：“手之所～，肩之所倚。”論衡吉驗：“舜得下廩，不被火災；穿井旁出，不～土害。”㊁觸動，引發。易繫辭上：“引而伸之，～

類而長之,天下之能事畢矣。"㊂觸犯,冒犯。楚辭漢劉向九歎怨思:"犯顔色而～諫兮,反蒙辜而被疑。"漢書元帝紀:"去禮義,～刑法,豈不哀哉!"

［備考］㊀距離(後起義)。唐劉禹錫山南西道新修驛路:"我之提封踞右扶風,～劍閣千一百里。"㊁通"濁(zhuó)"。污穢,渾濁(後起義)。南朝梁江淹爲建平王讓鎮南徐州刺史啓:"燋鯁在躬,輒復塵～。"唐義净南海寄歸内法傳:"凡水分静～。瓶有二枚,净者咸用瓦瓷,～者任兼銅鐵。"㊂佛教用語。六塵之一(後起義)。六塵是色、聲、香、味、觸、法,與六根(眼、耳、鼻、舌、身、意)相接,就會産生種種嗜慾、煩惱和罪孽。南朝梁簡文帝六根懺文:"身根頑～,唯貪細軟。"

觷 xué 胡覺切,入,覺韻,匣。覺部。

加工獸角,製成器具。爾雅釋器:"象謂之鵠,角謂之～。"

十　四　畫

觺 yí 語其切,平,之韻,疑。之部。

〔觺觺〕角鋭利的樣子。楚辭戰國宋玉招魂:"土伯九約,其角觺觺些。"王逸注:"觺觺,猶狺狺,角利貌也。"引申指角鬭激烈。唐王無競北使長城詩:"六國復囂囂,兩龍鬬觺觺。"又爲尖利,突出。元虞集古劍賦:"鬼目睒睒,頭觺觺兮。"

按,説文無觺字。

十　五　畫

觼 jué 古穴切,入,屑韻,見。質部。

又作"鐍"。繫轡的環。説文:"觼,環之有舌者。"桂馥義證:"今馬腹帶,其環有舌,穿革者是也。"詩秦風小戎:"龍盾之合,鋈以～軜。"朱熹集傳:"觼,環之有舌者。軜,驂内轡也。置觼於軾前以係軜,故謂之觼軜。"

觻 1. lì 郎擊切,入,錫韻,來。藥部。

㊀角鋒。説文:"觻,角也。"段玉裁注:"尋立文之例,角下當脱一字。廣韻集韻錫韻皆曰:'觻,角鋒也。'"

2. lù 盧谷切,入,屋韻,來。藥部。

㊁〔觻得〕古縣名。故址在今甘肅張掖市西北。漢書地理志下:"張掖郡…縣十:觻得、昭武…居延、顯美。"

十　六　畫

觾 yàn 音燕。元部。

同"燕"。鳥名。吕氏春秋本味:"肉之美者,猩猩之脣,貛貛之炙,雋～之翠。"畢沅校注:"觾乃燕字之訛。初學記十四與文選七命注皆作燕。"

按,説文、玉篇、廣韻、集韻等字書、韻書均無觾字。

十　八　畫

觿 xī 户圭切,平,齊韻,匣。支部。

古代用來解繩結的工具,用骨或玉製作,也用爲佩飾。詩衛風芄蘭:"芄蘭之支,童子佩～。"毛傳:"觿,所以解結,成人之佩也。"禮記内則:"左佩紛帨、刀、礪、小～、金燧。"鄭玄注:"小觿,解小結也。觿,貌如錐,以象骨爲之。"

言　部

［言部總論］

言部的字,多與言語有關。大致可以分爲三類。

1. 動詞，表示各種言語行爲。例如：言　語　許　諾　誅　詰　諫　謗　讒　誣

2. 形容詞，多與品德有關。例如：謹　誠　諒　詐　讜　謙　訥　謬　誤

3. 與語言有關的名詞。例如：詩　詞　謠　諺　誼

言 1. yán 語軒切，平，元韻，疑。元部。

㊀說話，說。論語先進："夫人不～，～必有中。"左傳成公二年："豈敢～病。"引申爲談問題，對某事表示意見。論語學而："賜也，始可與～詩已矣。"戰國策趙策三："勝也何敢～事？"又爲表達，陳述。書舜典："詩～志。"韓非子初見秦："臣願悉～所聞，唯大王裁其罪。"㊁名詞。話，言論，言辭。論語公冶長："聽其～而觀其行。"國語周語上："王不聽，於是國人莫敢出～。"詩大雅抑："白圭之玷，尚可磨也；斯～之玷，不可爲也。"特指誓言，盟辭。楚辭戰國屈原離騷："初既與余成～兮，後悔遁而有他。"禮記曲禮上："史載筆，士載～。"鄭玄注："言，謂會同盟要之辭。"又爲言辭中的一句話。論語爲政："詩三百，一～以蔽之，曰'思無邪。'"也指言辭中的一個字。論語衛靈公："子貢問曰：'有一～而可以終身行之者乎？'子曰：'其恕乎？'"史記老子韓非列傳："於是老子乃著書上下篇，言道德之意，五千餘～。"㊂第一人稱代詞。我。爾雅釋詁上："卬、吾、台、予、朕、身、甫、余、言，我也。"詩召南草蟲："陟彼南山，～采其蕨。"毛傳："言，我也。"㊃詞頭或詞尾。左傳僖公九年："既盟之後，～歸於好。"詩衛風氓："静～思之，躬自悼矣。"㊄〔言言〕高大的樣子。詩大雅皇矣："臨衝閑閑，崇墉言言。"毛傳："言言，高大也。"

［備考］古樂器名，大簫。爾雅釋樂："大簫謂之言。"

2. yín 集韻魚巾切，平，諄韻，疑。元部。

㊅〔言言〕通"誾誾"。和悦的樣子。禮記玉藻："受一爵而色洒如也，二爵而言言斯。"鄭玄注："言言，和敬貌。"釋文："言言，魚巾反。"孔穎達疏："皇氏云：讀言爲誾，義亦通也。"

［辨］言，語。見"語"字條。

二　畫

計 jì 古詣切，去，霽韻，見。質部。

㊀算賬，計算。莊子庚桑楚："今吾日～之而不足，歲～之而有餘。"禮記内則："十年，出就外傅，居宿於外，學書～。"引申爲盤算，計畫，謀畫。管子權修："一年之～，莫如樹穀；十年之～，莫如樹木；終身之～，莫如樹人。"韓非子外儲説右上："請歸與媪～之。"轉爲名詞。經濟上的計畫，即經濟開支，經濟力量。韓非子難言："家～小談，以具數言，則見以陋。"宋陳亮與葉丞相衡："若能相與協力，整齊五年，使民力稍蘇，國～可倚。"又爲審核，考察。管子八觀："行其田野，視其耕耘，～其農事，而飢飽之國可以知也。"孫臏兵法威王問："料敵～險，必察遠近。"再引申爲總計，估計。論衡論死："～今人之數不若死者多。"契丹國志太宗本紀下："復擁八萬餘騎南向，～來夕當至。"㊁簿籍，即記載户口、墾田、錢糧出入數的簿册。韓非子難二："李兑治中山，苦陘令上～而入多。"用作動詞。呈送簿籍。左傳昭公二十五年："～於季氏。"杜預注："送計簿於季氏。"引申爲呈送簿籍的官吏。史記儒林列傳："二千石謹察可者，當與～偕，詣太常，得受業如弟子。"

［辨］計，謀。見"謀"字條。

訂 dìng 徒鼎切，上，迥韻，定。耕部。

評議，評定。論衡案書："兩刃相割，利鈍乃知；二論相～，是非乃見。"論衡還有訂鬼

篇。引申爲訂正,修訂。晉書荀崧傳:"其書文清義約,諸所發明,或是左氏、公羊所不載,亦足有所～正。"又爲訂立,約定(後起義)。資治通鑑齊東昏侯永元二年:"(東昏侯)又～出雉頭、鶴氅、白鷺縗。"明張鳳翼紅拂記同調相憐:"[生]草草相逢～久要。[外]明日汾陽會不遥。"

[備考]效法。新唐書黎幹傳:"夏以禹,漢以高帝,我以神堯爲始祖,～夏法漢。"

訃 fù 芳遇切,去,遇韻,敷。屋部。

訃告,報喪。禮記雜記上:"凡～於其君,曰:君之臣某死。"鄭玄注:"訃,或皆作赴。赴,至也。臣死,其子使人至君所告之。"唐柳宗元虞鳴鶴誄:"禍丁舅氏,漂淪海沂,捧～號呼,匍匐增悲。"

[同源字]訃,赴。"赴"是奔赴;跑去報喪也叫"赴",另造"訃"字作爲區别字。"訃"又引申指報喪的文字。後代奔赴義不寫作"訃",訃告義不寫作"赴"。

按,説文無訃字。

訆 jiào 古弔切,去,嘯韻,見。幽部。

大聲呼叫。山海經北山經:"有獸焉,其狀如牛而白尾,其音如～,名曰那父。"郭璞注:"訆,如人呼喚。"説文:"訆,大呼也。从言,丩聲,春秋傳曰:'或～於宋大廟。'"今本左傳襄公三十年:"訆"作"叫"。

[同源字]訆,叫,嘂。説文:"訆,大呼也。"又,"叫,嘑也。"又,"嘂,高聲也。一曰大呼也。"其實三字是同表一詞,段玉裁在"訆"下注曰:"與㗊部嘂、口部叫音義皆同。"但古籍中多作"叫"。"訆"、"嘂"只用於本義"大聲呼叫",引申義如"鳴叫"等只作"叫"。

訄 qiú 巨鳩切,平,尤韻,羣。幽部。

逼迫。説文:"訄,迫也。"段玉裁注:"今俗謂逼迫人有所爲曰訄。"承培元廣説文答問疏證:"訄,以言相迫也。"

[辨]訄,求。"訄"與"求"同音。"求"本"裘"的古字,借用爲干求義。以言責求於人曰"訄",説文收此專用字,但古籍中極少用,多以"求"爲之。近人章炳麟有訄書,即用此字之義。

訇 hōng 呼宏切,平,耕韻,曉。耕部。

象聲詞,形容聲音大。文選漢張衡東京賦:"軯礚隱～。"唐李白夢遊天姥吟留别:"洞天石扇,～然中開。"〔訇訇〕象聲詞,形容聲音大。唐楊炯少室山少姨廟碑銘:"文貍赤豹,電策雷車,隱隱中道,訇訇太虚。"〔訇隱〕形容聲響巨大。文選漢枚乘七發:"訇隱匈礚,軋盤涌裔,原不可當。"

[同源字]訇,軥,轟。説文:"訇,駭言也。"段玉裁據韻會將"駭"訂作"駭"。玉篇:"軥,車聲也。"説文:"轟,羣車聲也。"其實三字同音,都形容聲大,實表一詞。説文玉篇以"轟"、"軥"爲車聲專用字,但古籍中大聲之字多作"轟","訇"、"軥"比較罕用。

三　畫

訐 jié 居竭切,入,月韻,見。月部。

揭發、攻擊别人的陰私、過錯或短處。論語陽貨:"惡不遜以爲勇,惡～以爲直者。"

[同源字]訐,揭。"訐",古韻見母月部。"揭",古韻溪母月部。説文:"訐,面相斥罪,相告訐也。""揭,高舉也。""訐"是用言語把事情揭發出來,"揭"是用手把事情揭舉出來,引申爲一般的揭發、揭露。二字音近義通。

訏 xū 況于切,平,虞韻,曉。魚部。

㊀欺詐,虚誇。漢賈誼新書禮容語下:"犯則凌人,～則誣人,伐則掩人。"㊁大。詩大雅抑:"～謨定命,遠猶辰告。"毛傳:"訏,大;謨,謀。"詩鄭風溱洧:"洧之外,洵～且樂。"毛傳:"訏,大也。"〔訏訏〕廣大的樣子。詩大雅韓奕:"川澤訏訏,魴鱮甫甫。"

[同源字]訏,盱,芋,竽。四字古韻同在魚部。訏、盱同音,屬曉母。芋、竽同屬匣母。

曉、匣旁紐相通。四字都有大義。爾雅釋詁："訏，大也。"説文："訏，詭譌也。"詭譌即欺詐、虚假，也就是誇大其辭。説文："盱，張目也。"又："芋，大葉實根駭人，故謂之芋也。"又："竽，管三十六簧也。"吕氏春秋仲夏紀："調竽笙壎篪。"高誘注："竽，笙之大者。"

討 tǎo 他浩切，上，晧韻，透。幽部。

❶探討，研究。論語憲問："爲命，裨諶草創之，世叔～論之，行人子羽修飾之，東里子産潤色之。"商君書更法："慮世事之變，～正法之本，求便民之道。"引申爲治理，整頓。左傳宣公十二年："楚自克庸以來，其君無日不～國人而訓之。"❷探究，尋訪。晉陸機文賦："或因枝以振葉，或沿波而～源。"引申爲索取，乞求（後起義）。晉書衛恒傳："或時不持錢詣酒家飲，因書其壁，顧觀者以酬酒，～錢足而滅之。"宋陳造吟詩自笑："投荒忽死經人鮓，～飯充腸上岳陽。"特指娶妻（後起義）。明馮夢龍古今小説木綿庵鄭虎臣報冤："我家相公要～一房側室。"又爲招惹（晚起義）。清李汝珍鏡花緣七〇回："把我派作三花臉，變了小醜兒，那才～人嫌哩。"❸聲討，公開譴責。左傳宣公十二年："亡不越竟，反不～賊。"引申爲征伐，討伐。左傳宣公十一年："寡人以諸侯～而戮之。"

［備考］㊀去掉，減去。禮記禮器："君子之於禮也，有直而行也，有曲而殺也，有經而等也，有順而～也。"鄭玄注："討，猶去也。"㊁混雜的。詩秦風小戎"蒙伐有苑"毛傳："蒙，～羽也。"鄭箋："討，雜也。畫雜羽之文於伐。"

［辨］伐，侵，襲，征，討。見"伐"字條。

訌 hòng（舊讀 hóng）户公切，平，東韻，匣。東部。

争擾，潰亂。詩大雅召旻："天降罪罟，蟊賊内～。"明史流賊傳："政繁賦重，外～内叛。"

［同源字］訌，鬨。"訌"與"鬨"（又作閧）應是同源，古音同在匣母東部，中古只有平、去之分，都有争吵、打鬭之義。説文："訌，讀也。"意義偏重於争擾吵鬧。又："鬨，鬭也。"意義偏重於打鬭。在古籍中，"訌"的使用範圍窄，多用於"内訌"、"外訌"；"鬨"的使用範圍廣，除争鬭義外，還用於喧鬧義。

記 jì 居吏切，去，志韻，見。之部。

❶記住。與"忘"相對。書益稷："侯以明之，撻以～之。"後漢書應奉傳："凡所經履，莫不暗～。"引申爲記載，記述。左傳僖公七年："夫諸侯之會，其德刑禮義，無國不～。"韓非子外儲説右上："春秋之～臣殺君、子殺父者以十數矣。"❷記述事物的文字，典籍。吕氏春秋務本："嘗試觀上古～，三王之佐，其名無不榮者。"高誘注："上古記，上世古書也。"特指記述或解釋典章制度的文字。如十三經中的周禮考工記、禮記。漢魏以後形成一種文體，如晉陶潛桃花源記。又爲舊時的某些公文。漢書何武傳："然後入傳舍，出～問墾田頃畝。"❸印章（後起義）。宋史輿服志："監司，州縣長官曰印，僚屬曰～。"宋史職官志："鑄銅～給之。"❹記號，標誌（後起義）。宋徐夢莘三朝北盟會編政宣上："馬上一杯，換所執鞭，以爲異日～。"

［辨］①記，紀。"記"、"紀"古音同在見母之部，但"記"是去聲，"紀"是上聲（今讀去聲）。"記"的本義是記住，"紀"的本義是絲的頭緒。二字都有引申義"記載"，可以相通。但是有些習慣用法又不相混淆。如作爲文體的奏記、游記、雜記只作"記"，而"紀"只用於紀傳體史書中記述帝王事跡的部分，例如史記秦始皇本紀。

②記，載，志。見"載"字條。

③知，識，記，誌。見"識"字條。

訑 1. tuó 集韻唐何切，平，戈韻，定。歌部。

❶欺詐。戰國策燕策一："寡人甚不喜～者言也。"〔訑謾〕欺罔。楚辭戰國屈原九章惜往日："或忠信而死節兮，或訑謾而不疑。"

2. yí 集韻余支切，平，支韻，喻四。歌部。

㊁〔訑訑〕傲慢自滿的樣子。孟子告子下："訑訑之聲音顔色，距人於千里之外。"

按，説文訑作詑，釋云："沇州謂欺曰詑。"

訓 xùn 許運切，去，問韻，曉。文部。

㊀教導，教誨。詩大雅抑："無競維人，四方其～之。"左傳僖公七年："君若綏之以德，加之以～辭，而帥諸侯以討鄭，鄭將覆亡之不暇，豈敢不懼。"又爲訓練。晉書羊祜傳："祜繕甲～卒，廣爲戎備。"㊁典範，準則。詩大雅烝民："古～是式，威儀是力。"㊂訓釋，解釋詞義。漢書藝文志："漢興，魯申公爲詩～故。"漢曹操孫子序："而但世人未之深亮～説，況文繁富，行於世者，失其旨要。"㊃通"順(shùn)"，順從，順序。跟"逆"相對。書康王之誥："皇天用～厥道，付畀四方。"法言問神："事得其序謂之～。"

訕 shàn 所晏切，去，諫韻，審二。元部。

㊀譏諷，諷刺。論語陽貨："惡居下流而～上者。"孟子離婁下："與其妾～其良人，而相泣於中庭。"㊁羞澀，羞慚(後起義)。元王實甫西廂記三本二折："請先生休～，早尋箇酒闌人散。"〔訕訕〕難爲情的樣子。紅樓夢三六回："自己便訕訕的，紅了臉。"

託 tuō 他各切，入，鐸韻，透。鐸部。

㊀囑託，委託。論語泰伯："可以～六尺之孤，可以寄百里之命。"㊁寄托，依靠。戰國策趙策四："一旦山陵崩，長安君何以自～於趙？"韓非子外儲説右上："夫獵者，～車輿之安，用六馬之足，使王良佐轡，則身不勞而易及輕獸矣。"㊂假託，推託。晏子春秋内篇問上："爲君，厚藉斂而～之爲民，近讒諛而～之用賢，遠公正而～之不順，君行此三者則危。"後漢書華佗傳："因～妻疾，數期不反。"

［辨］託，侂，托。説文收有"託"、"侂"，均釋作"寄也"。段玉裁注："此(侂)與託音義皆同。俗作托，非也。""侂"亦作"仛"。廣雅釋詁四："仛，依也。""託"、"侂"實同一詞。古籍中"侂"很罕用。玉篇引論語："可以侂六尺之孤。""托"是後起字，見玉篇。原用作以手承物義。"以手承物"本是依託、寄託的引申義，"托"是它的專用字，宋代以後，又兼用於"託"字各義。現在"託"字簡化爲"托"。

訖 qì 居乞切，入，迄韻，見。物部。

㊀完畢，終止。書吕刑："典獄，非～于威，惟～于富。"禮記祭統："防其邪物，～其嗜欲。"引申爲窮盡。抱朴子外篇知止："狡兔～則知獵犬之不用，高鳥盡則覺良弓之將棄。"新唐書高適傳："地入有～，而科斂無涯。"又爲到達。書禹貢："朔南暨聲教，～于四海。"㊁副詞。畢竟，終究。漢書西域傳："而康居驕黠，～不肯拜使者。"又：盡，都。書秦誓："民～自若是多盤。"

［同源字］訖，迄，汔，既。四字古音同在物部。"訖"、"既"同是見母，"訖"爲入聲，"既"爲去聲(上古長入)；"迄"、"汔"同音，屬曉母。它們都有窮盡、完了的意思。説文："訖，止也。"爾雅釋詁："迄，至也。"説文新附："迄，至也。""至"即到了行程的盡頭。説文："汔，水涸也。""水涸"即水盡。"既"本是食畢，引申爲一般的完畢。廣雅釋詁四："既，已也。"古籍中"訖"、"既"常用，"迄"只用於"至"義，"汔"罕用。

訊 xùn 息晉切，去，震韻，心。真部。

㊀詢問。説文："訊，問也。"詩小雅正月："召彼故老，～之占夢。"三國志吴書吕蒙傳："羽人還，私相參～，咸知家門無恙。"又爲審問，審訊。左傳昭公二十一年："使子皮承宜僚以劍而～之，宜僚盡以告。"引申爲質問，指謫。國語吴語："吴王還自伐齊，乃～申胥。"㊁訓誡，勸告。詩陳風墓門："夫也不良，歌以～之。"詩小雅雨無正："凡百君子，莫肯用～。"㊂通"信"。音訊，消息(後起義)。晉陸機贈馮文羆詩："良～代兼金。"唐儲光羲田家即事答崔二東皋作之二："有客山中至，言傳故人～。"又爲書信。宋蘇軾與陳傳道五

首之四:"忽枉手～,勞來勤甚。"❹通"迅"。迅速。禮記樂記:"治亂以相,～疾以雅。"漢書揚雄傳甘泉賦:"猋駭雲～,奮以方攘。"文選甘泉賦"訊"作"迅"。

[備考]㊀周代對俘虜的稱謂。詩小雅出車:"執～獲醜。"朱熹集傳:"訊,其魁首當訊問者也。"㊁古代辭賦最後總括全篇要旨的一段。漢賈誼弔屈原賦:"～曰:已矣!國其莫我知兮,獨壹鬱其誰語?"

[辨]①問,訊,詰。見"詰"字條。

②誠,信,訊。見"誠"字條。

四　畫

訪 fǎng 敷亮切,去,漾韻,敷。陽部。

❶諮詢,徵求意見。書洪範:"王～于箕子。"左傳僖公三十二年:"穆公～諸蹇叔。"國語楚語上:"教之令,使～物官。"❷查訪,探尋(後起義)。三國志魏書馮熙傳:"使人外～,知熙所在。"宋蘇軾石鐘山記:"至唐李渤始～其遺踪,得雙石於潭上。"❸看望,拜訪(後起義)。唐孟浩然洛中訪袁拾遺不遇:"洛陽～才子,江嶺作流人。"

[備考]通"方"。副詞,方才,不久前。漢書高五王傳:"～以呂氏故,幾亂天下;今又立齊王,是欲復爲呂氏也。"顏師古注:"如淳曰:'訪猶方也。'"

訝 yà 吾駕切,去,禡韻,疑。魚部。

❶迎接。儀禮聘禮:"厥明,～賓于館。"漢張衡思玄賦:"咸庶僚以夙會兮,僉供職而並～。"❷驚訝,詫異。呂氏春秋必己:"若夫道德則不然,無～無訾。"世説新語賞譽下:"又諳人物氏族,中〔表〕來皆有證據,天錫～服。"

[辨]訝,迓。説文:"訝,相迎也。"以"迓"爲"訝"的或體。古籍中"迓"只用作迎接義,"訝"又有驚訝一義。

訧 yóu 羽求切,平,尤韻,喻三。之部。

過失。説文:"訧,罪也。"古書中多作"尤"。詩邶風緑衣:"我思古人,俾無～兮。"唐元稹陽城驛:"遂使不言者,反以言爲～。"

訣 jué 古穴切,入,屑韻,見。月部。

❶辭别,告别。史記孫子吴起列傳:"東出衛郭門,與其母～。"南朝梁江淹别賦:"瀝泣共～,抆血相視。"引申爲與死者告别。世説新語任誕:"阮籍嘗葬母,蒸一肥豚,飲酒二斗,然後臨～。"❷訣竅,秘訣。列子説符:"衛人有善數者,臨死,以～喻其子。"魏書釋老志:"大禹聞長生之～,尹喜受道德之旨。"❸通"决"。決斷。晉潘岳笙賦:"～厲悄切,又何磬折?"

[辨]訣,决。辭别義作"訣",又作"决"。決斷義多作"决",訣竅義一般只作"訣"。

按,説文無訣,新附有之。

訬 1. chāo 楚交切,平,肴韻,穿二。宵部。

❶吵鬧。説文:"訬,擾也。"段玉裁注:"手部曰:'擾,煩也。'今俗語云炒吏者,當作此字。"明馮惟敏海浮山堂詞稿二:"鬧～～,甜言美語枉徒勞。"❷狡詐。説文:"訬,一曰訬獪。"漢書叙傳下:"魯恭館室,江都～輕。"晉書趙王倫傳:"馥虔闇很强戾,詡愚嚚輕～。"❸矯健敏捷。淮南子修務:"越人有重遲者,而人謂之～。"晉左思吴都賦:"其鄰則有任俠之靡,輕～之客。"

2. miǎo 亡沼切,集韻弭沼切,上,小韻,明。宵部。

❹高。漢張衡西京賦:"通天～以竦峙,徑百常而莖擢。"

[辨]訬,吵。"吵"是"訬"的後起字,不見於説文。"吵"只用於吵鬧義,讀上聲。狡詐、矯健義只作"訬"。"訬"常與"輕"連用,從品德方面來説,是指爲人狡詐,從體魄方面來説,是指動作矯健。

訥 nè 内骨切,入,没韻,泥。物部。

説話遲鈍,口才不佳。論語里仁:"君子

欲～於言而敏於行。”晉書文苑傳左思：“貌寢，口～，而辭藻壯麗。”

［備考］河豚腹中的魚白（精液）。宋趙彥衛雲麓漫鈔五：“河豚腹脹而斑，狀甚醜，腹中有白曰～，有肝曰脂。”

訩 xiōng 許容切，平，鍾韻，曉。東部。

❶喧譁爭吵。詩魯頌泮水：“不告于～，在泮獻功。”［訩訩］喧譁爭吵的樣子。鹽鐵論利議：“辯訟公門之下，訩訩不可勝聽。”❷名詞。紛爭，禍亂。詩小雅節南山：“昊天不傭，降此鞫～。”

按，説文以訩爲訟的或體。

訟 sòng 似用切，去，用韻，邪。東部。

❶爭論，爭辯。書盤庚：“今汝聒聒，起信險膚，予弗知乃所～。”淮南子俶真：“周室衰而王道廢，儒墨乃始列道而議，分徒而～。”引申爲特指訴訟。論語顏淵：“聽～，吾猶人也。必也使無～乎？”周禮秋官大司寇：“以兩造禁民～。”又爲替人辯冤。漢書陳湯傳：“大中大夫谷永上疏～湯。”❷陳訴過失，責備。論語公冶長：“吾未見能見其過而内自～者也。”❸頌揚，歌頌。韓非子孤憤：“是以諸侯不因，則事不應，故敵國爲之～。”❹通“公（gōng）”。公開，明白。淮南子兵略：“夫有形埒者，天下～見之。”史記呂太后本紀：“太尉尚恐不勝諸呂，未敢～言誅之。”

［備考］通“容（róng）”。淮南子泰族：“藏精於心，静莫恬淡，～繆胸中。”高誘注：“訟，容也。繆，静也。”

［辨］訟，頌，誦。説文：“訟，爭也。从言，公聲，曰謌訟。”又，“頌，皃也。”它是容貌的容的本字，本當讀 róng。段玉裁注：“古作頌皃，今作容貌，古今字之異也。容者，盛也，與頌（róng）義別。”説文：“誦，諷也。”爭訟、訴訟、歌頌、諷誦都是言語行爲，有同源關係。“頌”是从頁（xiè，頭也），公聲，本是容貌的容，借用作歌頌的頌；於是“訟”一般用於爭訟、訴訟義，“頌”一般用作歌頌義，“誦”一般用於誦讀義。但是仍時有互通的情况。

許 1. xǔ 虚吕切，上，語韻，曉。魚部。

❶答應，允許。左傳隱公元年：“亟請於武公，公弗～。”孟子梁惠王上：“有復於王者曰：‘吾力足以舉百鈞，而不足以舉一羽…’則王～之乎？”引申爲答應效力，答應獻身。史記刺客列傳：“老母在，政身未敢以～人也。”特指允婚，許嫁。史記高祖本紀：“呂媪怒呂公曰：‘公始常欲奇此女，與貴人。沛令善公，求之不與，何自妄～與劉季？’”又引申爲贊許，贊同。三國志蜀書諸葛亮傳：“身長八尺，每自比於管仲樂毅，時人莫之～也。”❷處所。墨子非樂上：“曰：吾將惡～用之？曰：舟用之水，車用之陸。”晉陶潛五柳先生傳：“先生不知何～人也。”❸或許，大約（後起義）。樂府詩集清商曲辭三懊儂歌：“江中白布帆，烏布禮中帷。撢如陌上鼓，～是儂歡歸。”❹表示大約的數量（後起義）。後漢書皇甫嵩傳：“赴河死者五萬～人。”唐柳宗元至小丘西小石潭記：“潭中魚可百～頭。”❺這，這樣（後起義）。玉臺新詠桃葉答王團扇歌三首之三：“團扇復團扇，持～自障面。”唐陳子良於塞北春日思歸：“爲～羈愁長下淚，那堪春色更傷心。”❻語氣詞。表感歎（後起義）。樂府詩集清商曲辭三華山畿：“奈何～！天下人何限，慊慊只爲汝。”唐韓愈感春詩：“三盃取醉不復論，一生長恨奈何～！”

［備考］㊀進。詩大雅下武：“昭兹來～，繩其祖武。”毛傳：“許，進也。”㊁何，甚麽。唐杜審言贈蘇綰書記詩：“知君書記本翩翩，爲～從戎赴朔邊？”

2. hǔ 集韻火五切，上，姥韻，曉。魚部。

❼［許許］象聲詞。勞動時共同出力的呼聲。詩小雅伐木：“伐木許許。”

訞 yāo 於喬切，平，宵韻，影。宵部。

怪異，反常的。荀子非十二子：“則可謂～怪狡猾之人矣。”史記秦始皇本紀：“諸生在咸陽者，吾使人廉問，或爲～言以亂黔首。”

［同源字］訞，祆，妖。説文："祅，地反物爲䄇。"即怪異、妖異。省作"祆"。"訞"、"祆"音同義通，實同一詞，"訞"是爲言語怪異反常而造的分别字。"妖"本指妖艷，是專表女色的異常。但是古籍中常以妖艷的"妖"代替怪異的"祆"、"訞"，"妖"行而"祆"、"訞"漸廢。

按，説文無訞字。

設 shè 識列切，入，薛韻，審三。月部。

❶陳列，設置。説文："設，施陳也。"易繫辭上："聖人～卦觀象。"孟子滕文公上："～爲庠序學校以教之。"特指筵席的陳設。世説新語雅量："羊曼拜丹陽尹，客來蚤者，並得佳～，日晏漸罄，不復及精。"❷設器械以捕捉禽獸。管子四時："令禁罝～禽獸，毋殺飛鳥。"淮南子説林："～鼠者機動，釣魚者泛杌。"❸設施完備。史記刺客列傳："居處兵衛甚～，臣欲使人刺之，終莫能就。"❹連詞。假設，假使。史記魏其武安侯列傳："此特帝在，即録録，～百歲後，是屬寧有可信者乎？"

［備考］㊀合。禮記禮器："禮也者，合於天時，～於地財，順於鬼神，合於人心，理萬物者也。"㊁大。易繫辭下："益長裕而不～。"鄭玄注："設，大也。"

［同源字］設，施。"設"古音審母月部，"施"審母歌部，是陰入對轉。説文"設"訓施陳。史記韓世家："施三川而歸。"張守節正義："施猶設也。"兩字音義俱近，是同源關係。

訛 é 五禾切，平，戈韻，疑。歌部。

❶訛誤，差錯。本作"譌"。三國魏曹植橘賦："神蓋幽而易激，信天道之不～。"詩小雅沔水："民之～言，寧莫之懲。"鄭箋："訛，僞也。"❷感化，變化。詩小雅節南山："式～爾心，以畜萬邦。"鄭箋："訛，化；畜，養也。"❸通"吪"。動，活動。詩小雅無羊："或降于阿，或飲于池，或寢或～。"毛傳："訛，動也。"❹訛詐(晚起義)。紅樓夢四八回："～他拖欠官銀，拿他到了衙門裏去。"

按，説文訛作譌，訛是譌的異體。

訢 xīn 許斤切，平，欣韻，曉。文部。

愉快，喜悦。莊子大宗師："古之真人，不知説生，不知惡死，其出不～，其入不距。"〔訢然〕〔訢訢然〕愉快地，高興的樣子。孟子盡心上："終身訢然，樂而忘天下。"淮南子俶真："使知之訢訢然人樂其性者，仁也。"

［備考］通"熹(xī)"。熱氣上升。禮記樂記："天地～合，陰陽相得。"鄭玄注："訢讀爲熹，熹猶蒸也。"孔穎達疏："言樂感動天地之氣，是使二氣蒸動，則天氣下降，地氣上騰。"

［辨］訢，欣，忻。説文："訢，喜也。"又："欣，笑喜也。""忻，闓也。"三字音同義近，實同一詞。快樂往往會從言語表現出來，故从言；快樂往往會張口發笑，故从欠；快樂是一種心理活動，今尚謂之開心，故从心。古籍中多作"欣"，"訢"、"忻"罕用。

五　畫

註 zhù 中句切，去，遇韻，知。

❶記載。後漢書律曆志下："暨于黄帝，班示文章，重黎記～。"❷註釋。晉書向秀傳："始秀欲～(莊子)，嵇康曰：'此書詎復須註。'"

［同源字］註，注。"注"、"註"同音，"注"是灌注，註釋本灌注之引申義。六朝以後始有"註"作爲專用字。玉篇："註，解文意也。"廣雅釋言："註，疏也。"

按，説文無註字。

詠 yǒng 爲命切，去，映韻，喻三。陽部。

❶歌唱，吟咏。書益稷："戛擊鳴球，搏拊琴瑟以～，祖考來格。"世説新語文學："聞江渚間估客船上有～詩聲。"❷用詩歌、文辭等來抒寫或贊頌。國語楚語上："若是而不從，動而不悛，則文～物以行之。"漢班固東都賦："下舞上歌，蹈德～仁。"用作名詞，抒發情懷的文辭。唐李白春夜宴從弟桃花園序："不有佳～，何申雅懷？如詩不成，罰依金谷酒數。"

［同源字］詠，咏，永。說文："詠，歌也。""咏"是"詠"的或體。段玉裁注："堯典曰：'歌永言。'樂記曰：'歌之爲言，長言之也。說之，故言之，言之不足，故長言之。'"徐灝曰："詠之言永也，長聲而歌之，所謂'聲依永'也。永、詠古今字。"說文："永，長也。象水巠理之長。"這是以水道漫長來表示長遠義。"詠"是特指歌唱吟咏時拉長聲音。"永"、"詠"在中古有上、去之别，今普通話"詠"亦作上聲，但某些方言，如湘方言仍讀去聲。

詃 juǎn 姑泫切，上，銑韻，見。

後起字。誘騙。宋書索虜傳："爲大丈夫之法，何不自來取之，而以貨～引誘我邊民，募往者復除七年，是賞姦人也。"敦煌曲子詞集傾盃樂："又被良媒，苦出言詞相誘～。"

評 píng 符兵切，集韻蒲兵切，平，庚韻，並。耕部。

批評，評論。商君書賞刑："不可以富貴，不可以～刑，不可獨立私議以陳其上。"世說新語品藻："論者～之，以爲喬雖高韻，而檢不匝。"用作名詞。評語。南史鍾嶸傳："嶸品古今詩爲～，言其優劣。"

［同源字］評，平。平、評同音。平是平正、公平；評是評議、評論，即用言語議論事物的是否平正、公平。廣雅釋詁："評，平也。""評"是"平"引申義的專用字。漢以前一般是用"平"，如漢置廷尉平，掌平決刑獄。

按，說文無評字。

証 zhèng 之盛切，去，勁韻，照三。耕部。

諫，直言糾正。說文："証，諫也。"戰國策齊策一："士尉以～靖郭君，靖郭君不聽。"吕氏春秋不苟貴當："主有失，皆交争～諫。"

［辨］証，證。宋代以前"証"、"證"本不同音，也不同義。"証"在耕部，"證"在蒸部。"證"是驗證，"証"是勸諫。直言糾正長上的過失就是"証"，這是"正"的使動用法的結果。吕氏春秋往往作"正諫"，例如慎大："爲天下戮，不可正諫。"恃君達鬱："是故天子聽政，使公卿列士正諫。"元代以後兩字變成同音，明代開始以"証"通"證"。正字通："証，與證通。"今以"証"爲"證"的簡化字。

詓 qū 集韻口舉切，上，語韻，溪。魚部。

〔詓詓〕象聲詞，呼吸聲。漢班固白虎通號篇："卧之詓詓，起之吁吁。"莊子盜跖作"卧則居居"。

按，說文無詓字。

詎 jù 其吕切，上，語韻，羣。魚部。

㊀副詞，表反問。相當於"豈"，"難道"，"哪裏"。莊子齊物論："庸～知吾所謂知之非不知邪？"公孫龍子迹府："～士也？見侮而不鬬，辱也。"由於"詎知"常連用，引申爲豈知，哪料（晚起義）。清林則徐嚴禁中外商民販賣鴉片煙示："～日久弊生，遂有一種奸夷以外國所造鴉片煙土，混行夾帶來粵。"㊁副詞，通"遽"。匆促地，很快地。列子黄帝："范氏之黨以爲偶然，未～怪也。"晉潘岳悼亡詩："爾祭～幾時，朔望忽復盡。"㊂連詞，表假設。相當於"苟"，"假若"。國語晉語六："且唯聖人能無外患，又無内憂，～非聖人，必偏而後可。"

按，說文無詎字，新附有之。

詌 gàn 集韻古暗切，去，勘韻，見。談部。

通"鉗(qián)"。鉗制，壓制。用作名詞，指以勢壓人者。荀子哀公："無取健，無取～，無取口啍。"楊倞注："家語作'無取鉗'。王肅云：'妄對不謹誠者。'或曰：'捷給鉗人之口者。'"

［同源字］詌，拑，鉗，箝。拑、鉗、箝三字，均有脅持義。說文"箝"字下，段玉裁注："拑，脅持也。以竹脅持之曰箝，以鐵有所劫束曰鉗。"三字音同義近，實即一詞。集韻"詌，口閉。"當是以言語脅持人，音與"拑"三字亦相近，當是同源。古籍中罕用。參見"鉗"字條。

按，說文無詌字。

詍 yì 餘制切,去,祭韻,喻四。月部。

又作"呭"。多言,多嘴。荀子解蔽:"辯利非以言是,則謂之~。"楊倞注:"詍,多言也。"〔詍詍〕多嘴的樣子。說文:"詍,多言也。从言,世聲。詩曰:'無然詍詍。'"今本詩大雅板作"泄泄"。

按,說文詍、呭兩收。

訶 hē 虎何切,平,歌韻,曉。歌部。

怒斥,大聲斥責。說文:"訶,大言而怒也。"韓非子内儲說下:"王出而~之曰:'誰溺於是?'"晉書愍懷太子傳:"成都王穎見而~讁,讁意愈不平。"

[辨]訶,呵。說文未收"呵"字,見帛書老子。訶斥義"訶"、"呵"通用,"呵"的其他音義不用"訶"。今簡化字併"訶"於"呵"。

詁 gǔ 公户切,上,姥韻,見。魚部。

❶用今語解釋古語。說文:"詁,訓故言也。"後漢書桓譚傳:"~訓大義,不爲章句。"❷對古代語言文字的解釋。漢書揚雄傳:"雄少而好學,不爲章句,訓~通而已。"宋陸游萬卷樓記:"同字而異~,同辭而異義。"

[同源字]詁,古,故。"詁"、"古"同音,"故"爲去聲。三字同有古舊義,與時間過程的往昔、過去有關。說文:"古,故也。"楚辭戰國宋玉招魂:"反故居些。"王逸注:"故,古也。"孔穎達在毛詩關雎詁訓傳下說:"詁者,古也。古今異言,通之使人知也。"

訹 xù 辛聿切,入,術韻,心。物部。

❶用利害誘惑或誘導。漢書韓安國傳:"今大王列在諸侯,~邪臣浮說,犯上禁,橈明法。"宋史岳飛傳:"淮西之役,俊以前途糧乏~飛,飛不爲止。"❷恐懼,害怕(後起義)。宋辛棄疾美芹十論觀釁:"民初未敢遽叛者,猶狃於苟且之安,而~於積威之末。"清龔自珍嗚嗚硜硜:"仁者不~愚癡之萬死,勇者不貪智慧之一生。"

[辨]訹,怵。"訹"和"怵(chù)"音義本不同。說文:"訹,誘也。"又:"怵,恐也。"但是古籍中"訹"有用作恐懼義者,"怵"也偶爾用作誘惑義。

詞 cí 似兹切,平,之韻,邪。之部。

❶言詞,詞句。楚辭戰國屈原九章抽思:"結微情以陳~兮,矯以遺夫美人。"文心雕龍鎔裁:"剪裁浮~謂之裁。"引申爲文辭,辭章。三國魏曹丕典論論文:"然不能持論理不勝~。"南朝梁蕭統文選序:"~人才子,則名溢於縹囊。"特指虛詞,與"字"(實詞)相對。說文:"詞,意内而言外也。"又白部:"皆,俱詞也。"現代指語言裏最小的可以自由運用的單位,詞兒。有單音詞、複音詞,包括實詞和虛詞。❷一種韻文文體(後起義)。宋范開稼軒詞序:"世言稼軒居士辛公之~似東坡。"四庫全書總目提要集部詞曲:"三百篇變而古詩,古詩變而近體,近體變而~,~變而曲。"❸通"辭"。辭别,告别。楚辭漢劉向九歎思古:"棄白水而高鶩兮,因徙弛而長~。"敦煌曲子詞擣練子:"堂前立,拜~娘,不角眼中淚千行。"又爲推辭。宋蘇軾賜正議大夫同知樞密院事安燾乞退不允詔:"卿才當其位,義不~勞。"

[辨]詞,辭。在"言詞"這個意義上,"詞"和"辭"是同義詞,但在較古時代多作"辭",漢代以後漸以"詞"代"辭"。

詖 bì 彼義切,去,寘韻,幫。歌部。

偏頗。孟子公孫丑上:"~辭知其所蔽,淫辭知其所陷。"楚辭漢劉向九歎離世:"不從俗而~行兮,直躬指而信志。"引申爲邪僻。孟子滕文公上:"我亦欲正人心,息邪說,距~行,放淫辭。"漢書翟方進傳:"義父故丞相方進,險~陰賊。"

詛 zǔ 莊助切,集韻莊所切,上,語韻,照二。魚部。

❶詛咒,求神加禍於人。左傳隱公十一年:"鄭伯使卒出豭,行出犬雞,以~射潁考叔

者。"論衡解除:"一人祝之,一國～之,一祝不勝萬～,國亡,不亦宜乎?"引申爲祈禱(後起義)。明金幼孜北征録:"上命譯史讀之,乃祈雨之言也。虜語謂之札達,華言云～風雨,蓋虜中有此術也。"㊁賭咒,盟誓。左傳宣公二年:"初,驪姬之亂,～,無畜羣公子。"

詀 1. zhān 竹咸切,平,咸韻,知。

後起字。㊀〔詀諵〕疊韻聯緜字。形容聲音柔和不斷。唐元稹送侍御之嶺南二十韻詩:"蛛懸絲繚繞,鵲報語詀諵。"

2. chè 叱涉切,入,葉韻,穿三。

後起字。㊁〔詀讘〕疊韻聯緜字。形容説話低聲細語,輕細不斷。唐劉禹錫上杜司徒書:"嘗矯激以買直矣,嘗詀讘以取容矣。"

[同源字]詀諵,詀讘。玉篇:"詀,多言。"廣韻咸韻:"諵,詀諵,語聲。"説文:"讘,多言也。"廣韻葉韻:"詀,詀讘,細語。""詀諵"、"詀讘"同爲疊韻聯緜字,語音方面是陽入對轉關係,實爲一詞的音變。其義包含"多言"和"細語"兩方面。

詗 xiòng 休正切,去,勁韻,曉。耕部。

刺探。史記淮南衡山列傳:"王愛陵,常多予金錢,爲中～長安。"新唐書裴佃先傳:"～候朝廷事,聞知十常七八。"引申爲訪求。明湯顯祖牡丹亭三十四齣名"～藥"。

詘 1. qū 區勿切,入,物韻,溪。物部。

㊀彎曲,彎起來。荀子勸學:"若挈裘領,～五指而頓之,順者不可勝數也。"禮記樂記:"執其干戚,習其俯仰～伸,容貌得莊焉。"特指言語窮屈、遲鈍。史記李斯列傳:"輕財重士,辯於心而～於口。"㊁屈服,折服。墨子公輸:"公輸盤之攻械盡,子墨子之守圉有餘,公輸盤～。"荀子議兵:"古之兵,戈矛弓矢而已矣,然而敵國不待試而～。"㊂冤屈,屈辱。吕氏春秋壅塞:"宋王因怒而～殺之。"㊃縮短,缺少。周髀算經下:"往者～,來者信也。"注:"從夏至南往,日益短,故曰詘。"明徐宏祖徐霞客遊記江右遊日記:"蓋龜峯巒嶂之奇,雁蕩所無,但～水觀耳。"〔詘然〕形容聲音短暫之間就已中止。禮記聘義:"叩之,其聲清越以長,其終詘然。"

[備考]副詞。反,反而。戰國策秦策四:"一舉衆而注地於楚,～令韓魏歸帝重於齊,是王失計也。"

2. chù 集韻敕律切,入,術韻,徹。物部。

㊄通"黜"。貶退,貶黜。戰國策韓策三:"彼公仲者,秦勢能～之。"高誘注:"詘,貶下也。"

[同源字]①屈,詘,誳。説文"詘"又作"誳",與"屈"同音,在彎屈、屈服、冤屈等意義上,三字通用,實同一詞。後代多用"屈"。

②絀,黜,詘,屈。見"絀"字條。

詅 líng 郎丁切,平,青韻,來。

後起字。叫賣。顔氏家訓文章:"吾見世人,至無才思,自謂清華,流布醜拙,亦以衆矣。江南號爲～癡符。"宋周密齊東野語卷二〇:"其夫以鬻粉羹爲業,子稍長,～羹于市。"

診 zhěn 章忍切,上,軫韻,照三。文部。

㊀診察,診斷。史記扁鵲倉公列傳:"齊王中子諸嬰兒小子病,召臣意～切其脈。"引申爲症狀。素問風論:"五藏風之形狀不同者何?願聞其～及其病能。"再引申爲情狀,迹象。三國魏嵇康聲無哀樂論:"夫喜怒章於色～,哀樂亦宜形於聲音。"㊁考察,驗證。莊子人間世:"匠石覺而～其夢。"漢書佞幸傳:"莽疑其詐死,有司奏請發賢棺,至獄～視。"北魏酈道元水經注河水:"余～諸史傳,即所謂罽賓之境。"

詒 1. yí 與之切,平,之韻,喻四。之部。

㊀留給,送給。詩大雅文王:"～厥孫謀,以燕翼子。"又小雅天保:"神之弔矣,～爾多福。"

2. dài 徒亥切,上,海韻,定。之部。

㊁欺騙。漢徐幹中論考僞:"至於父盗子名,兄竊弟譽,骨肉相～,朋友相詐,此大亂

之道也。"列子仲尼:"吾笑龍之～孔穿。"

［同源字］紿,詒,殆。見"紿"字條。

詄 dié 徒結切,入,屑韻,定。質部。

遺忘。説文:"詄,忘也。"漢書禮樂志郊祀歌:"天門開,～蕩蕩(遺忘得蕩然無存)。"

詐 zhà 側駕切,去,禡韻,照二。鐸部。

❶欺騙。左傳宣公十五年:"我無爾～,爾無我虞。"引申爲假裝。史記高祖本紀:"將軍紀信乃乘王駕,～爲漢王。"❷突然。通"乍"。公羊傳僖公三十三年:"～戰不日,此何以日?"何休注:"詐,卒也,齊人語也。"❸俊俏(晚起義)。金董解元西廂記諸宫調卷一:"不苦～打扮,不甚艷梳掠。"引申爲矜夸,與諂媚義相對。金董解元西廂記諸宫調卷七:"～又不當箇～,諂又不當箇諂。"

詑 yí 集韻余支切,平,支韻,喻四。歌部。

又作"訑"。［詑詑］自滿自得的樣子。孟子告子下:"詑詑之聲音顔色,拒人於千里之外。"唐柳宗元敵戒:"秦有六國,兢兢以强;六國既除,詑詑乃亡。"

按,説文無詑字。

詔 zhào 之少切,去,笑韻,照三。宵部。

❶告訴,命令。多用於上對下。書微子:"商其淪喪,我罔爲臣僕,～王子出迪。"楚辭戰國屈原離騷:"麾蛟龍使梁津兮,～西皇使涉予。"引申爲告誡,教導。莊子盗跖:"夫爲人父者,必能～其子;爲人兄者,必能教其弟。"莊子人間世:"若唯无～,王公必將乘人而鬬其捷。"❷徵召,召集。管子立政:"觀地宜,明～期,前後農夫,以時均修焉。"韓非子難一:"今使臧獲奉君令～卿相,莫敢不聽。"又爲召見。後漢書馮衍傳:"～伊尹於亳郊兮,享吕望於酆州。"用於抽象義,招致。吕氏春秋重己:"夫死殃殘亡非自至也,惑～之也。"❸詔書。秦漢以後專指皇帝的文書命令。史記秦始皇本紀:"臣等昧死上尊號,王曰'泰皇',命爲'制',令爲'～',天子自曰'朕'。"又:"遵奉遺～,永承重戒。"又爲動詞,皇帝下命令。史記文帝本紀:"於是～丞相罷官。"❹古代雲南少數民族南詔對首領的稱號。舊唐書南蠻傳:"南詔蠻,本烏蠻之别種也,姓蒙氏。蠻謂王爲～,自言哀牢之後。其先渠帥六,自號六～。"

［備考］幫助。周禮天官大宰:"以八柄～王,馭羣臣。"鄭玄注:"詔,助也。"

［辨］告,誥,詔。見"誥"字條。

［同源字］詔,招,召。三字古音同在宵部;"詔"、"招"同爲照三字,只有平去之分;召在澄母,與"詔"、"招"是鄰紐叠韻。説文:"詔,告也。"又:"招,手評也。"又:"召,評也。"都有命令别人依從自己的意思,意義相通。

訽 gòu 呼漏切,去,候韻,曉。侯部。

❶恥辱。左傳昭公二十年:"子死亡有命,余不忍其～。"淮南子氾論:"忍～而輕辱,貪得而寡羞。"❷罵,辱罵。左傳襄公十七年:"重丘人閉門而～之。"

［同源字］垢,詬,訽。見"詬"字條。

按,説文以訽爲詬的或體,後代多作詬。

詆 dǐ 都禮切,上,薺韻,端。脂部。

❶詆毁,誣蔑。墨子修身:"雖有～訐之民,無所依矣。"史記酷吏列傳:"所治即豪,必舞文巧～。"引申爲責駡(後起義)。宋文天祥指南録後序:"～大酋當死,駡逆賊當死。"❷通"柢"。根底,重要的事情。淮南子兵略:"兵有三～:治國家,理境内;行仁義,布德惠;立正法,塞邪隧。"

訴 sù 桑故切,去,暮韻,心。鐸部。

又作"愬"、"謝"。❶訴説,特指把寃屈向人陳訴。説文:"訴,告也。"左傳僖公五年:"初,晉侯使士蔿爲二公子築蒲與屈,不慎,寘薪焉。夷吾～之,公使讓之。"又爲訴説别人的過失,説别人的壞話。左傳成公十六年:"(郤犨)取貨于宣伯,而～公于晉侯。"❷控訴,告狀。漢書成帝紀:"刑罰不中,衆寃失職,趨闕者告～不絶。”後漢書陳寵傳:“西州毫右并兼,吏多姦貪,～訟日百數。”三國志魏書郭嘉傳:“初,陳羣非嘉不治行檢,數廷～嘉。”㊂辭謝人家敬的酒(後起義)。唐韋莊菩薩蠻詞:“須愁春漏短,莫～金盃滿。”宋歐陽修依韻答杜相公:“平生未省降詩敵,到處何嘗～酒巡。”

[辨]告,訴。“告”和“訴”在表示言語行爲上,意義相近,但是“告”的意義更廣泛。用作告訴義時,“告”偏重在告知,“訴”偏重在陳述;用作控告義時,“告”偏重在告發,“訴”偏重在陳訴。

[同源字]訴,遡,愬,泝,溯,遡。六字同音。“訴”是陳訴,往往是追述往事;“遡”、“愬”是它的異體。“泝”是逆流而上,引申爲追溯;“溯”、“遡”是它的異體。兩組字都有往上推求的意思。音同義通,是同源關係。

譊 náo 集韻尼交切,平,爻韻,泥。魚部。

喧譁,聲音大而亂。舊唐書徐彦伯傳:“用詁譊爲全計,以號～爲令德。”

按,説文譊作呶。

諞 biàn 符蹇切,音辯,上,獮韻,並。

“辯”的後起字。宋孫奕履齋示兒編字説:“後魏江式嘗譏俗人好撰字,云‘巧言爲辯’,因作諞字,今唐史亦有康～。”此字除作人名外,極罕用。

詈 lì 力智切,去,寘韻,來。支部。

駡,責駡。説文:“詈,駡也。”書無逸:“厥或告之曰:‘小人怨汝～汝。’”楚辭戰國屈原離騷:“女嬃之嬋媛兮,申申其～予。”

六　畫

詫 chà 丑亞切,去,禡韻,徹。鐸部。

㊀誇耀。史記司馬相如列傳:“田罷,子虛過～烏有先生。”裴駰集解:“詫,誇也。”宋陸游縱筆:“狐貉安能～緼袍。”㊁欺哄。晉書司馬休之傳:“甘言～方伯,襲之以輕兵。”㊂詫異,驚訝(後起義)。宋楊萬里過烏沙望大塘石峯詩:“山神自賀應自～,古來比(此)地無車馬。”明唐順之盛孺人墓誌銘:“每至古人壯節偉行,則擊手～嘆,以爲烈士當如是。”

[備考]告訴。莊子達生:“有孫休者,踵門而～子扁慶子。”成玄英疏:“詫,告也。”

按,説文無詫字。

詨 xiào 胡教切,去,效韻,匣。宵部。

呼叫,呼唤。山海經北山經:“有鳥焉…名曰精衛,其鳴自～。”〔詨然〕形容呼叫的聲音。北史尒朱世隆傳:“初,世隆曾與吏部尚書元世儁握槊,忽聞局上詨然有聲,一局子盡倒立。”

按,説文無詨字。

該 gāi 古哀切,平,咍韻,見。之部。

㊀具備,完備。管子小問:“昔者天子中立,地方千里,四言者～焉,何爲其寡也?”楚辭戰國屈原招魂:“招具～備,永嘯呼些。”引申爲包羅,包括。漢書律曆志上:“～臧萬物。”晉書祖狄傳:“後乃博覽書記,～涉古今。”㊁應該,應當(後起義)。唐白居易洛下卜居詩:“～知是勞費,其奈心愛惜。”元馬致遠漢宫秋二折:“姻緣是五百載～撥下的配偶。”引申爲應該是,折合(晚起義)。明馬歡瀛涯勝覽爪哇國:“斤秤之法,每斤二十兩,每兩十六錢,每錢四姑邦,～官秤二分一厘八毫七絲五忽。”㊂欠(晚起義)。紅樓夢一〇〇回:“人家～咱們的,咱們～人家的…算一算,看看還有幾個錢没有。”㊃公文中指上文説過的人或事物(晚起義)。明張居正議外戚子弟恩廕疏:“頃又～邱得用傳示聖意。”㊄古代數量單位。十京(即一萬萬)。敦煌石室算經一卷并序:“萬萬億曰兆,萬萬兆曰京,等而上之,曰～,曰梓,曰讓。”按,孫子算經卷上作“陔”(“萬萬京曰陔”)。國語鄭語作“姟”(見“姟”字條)。

[辨]該,晐。説文:“該,軍中約也。”典籍中無此義書證。其他義與此義無關。完備義

典籍中多作“賅”。數量單位一義當與完備義同源。國語鄭語“行姟極”注:“姟,備也。數極於姟也,萬萬兆曰姟。”“該”的應當、該欠等後起義,一般不寫作“賅”。

詶

chóu 市流切,平,尤韻,禪。幽部。

❶應答,應對。論衡謝短:“二家各短,不能自知也,世之論者而亦不能~之。”❷報答,酬報。後漢書光武紀上:“其顯效未~,名籍未立者,大鴻臚趣上。”❸實現(志願)。宋陸游歲暮雜感詩:“初志略未~,白髮已無那。”❹通“籌”。計算。隋書律曆志上:“取細毫中黍,積次~定,令之最爲詳密,長祖冲之尺校半分。”

[同源字]詶,譸,酬,醻,酧。五字同音。説文:“詶,譸也。”“譸,詶也。”在説文中,“酬”是“醻”的或體,“醻,主人進客也。”“酧”是“酬”的後起字。“詶”、“譸”是從言語的對答來造字的,“酬”、“醻”、“酧”是從飲酒的酬對來造字的。同有匹配、類儔之義,實同一詞。與“儔”、“疇”、“讎”、“讐”等字的意義也是相通的。古籍中多作“酬”,“詶”罕用。

詳

1. xiáng 似羊切,平,陽韻,邪。陽部。

❶詳細,詳盡。孟子離婁下:“博學而~説之。”莊子天道:“要在於主,~在於臣。”特指詳細述説。詩鄘風牆有茨:“中冓之言,不可~也。”引申爲詳細知道。古詩爲焦仲卿妻作:“果不如先願,又非君所~。”❷審慎。説文:“詳,審議也。”書蔡仲之命:“~乃視聽,罔以側言改厥度。”後漢書明帝紀:“~刑慎罰。”引申爲安詳,穩重。晉陶潛閑情賦:“神儀嫵媚,舉止~妍。”❸古代下級向上級請示報告案情的公文(後起義)。元孟漢卿魔合羅三折:“這是犯界茶鹽取定的~。”又,動詞。向上級詳細請示報告案情。明馮夢龍古今小説沈小霞相會出師表:“將情具由,申~兵備道。”❹通“祥”。善,吉祥。易大壯:“不能退,不能遂,不~也。”

[備考]㊀禱祝(晚起義)。紅樓夢一〇二回:“輕則到園化紙許願,重則~星拜斗。”㊁通“翔”。飛翔。管子宙合:“道也者,通乎無上,~乎無窮,運乎諸生。”

2. yáng 與章切,平,陽韻,喻四。陽部。

❺通“佯”。假裝。楚辭戰國屈原天問:“梅伯受醢,箕子~狂。”史記李將軍列傳:“行十餘里,廣~死。”

誆

kuāng 渠放切,去,漾韻,羣。今讀如匡。陽部。

誆騙,用謊話騙人。史記鄭世家:“乃求壯士,得霍人解揚,字子虎,~楚。”

按,説文無誆字。

誄

lěi 力軌切,上,旨韻,來。微部。

❶敘述死者生前事跡以表示哀悼(多用於上對下)。説文:“誄,謚也。”墨子魯問:“魯君之嬖人死,魯君爲之~。”禮記曾子問:“賤不~貴,幼不~長,禮也。”引申爲一種文體。漢書景帝紀:“令諸侯王薨,列侯初封及之國,大鴻臚奏謚、~、策。”三國魏曹丕典論論文:“銘~尚實,詩賦欲麗。”❷向神陳述功德以祈禱福佑。也作“讄”。論語述而:“子疾病,子路請禱。子曰:‘有諸?’子路對曰:‘有之,~曰:禱爾于上下神祇。’”説文“讄”下引作“讄曰”。

[辨]誄,讄。説文分别“誄”、“讄”,以“誄”爲哀悼用字,以“讄”爲向神祈福用字。二字同音,實同一詞,只是根據使用對象不同而作出的分别;且古籍中多通用“誄”,“讄”罕用。

詩

shī 書之切,平,之韻,審三。之部。

詩歌。一種文學體裁。書舜典:“~言志,歌永言。”詩小雅巷伯:“寺人孟子,作爲此~。”特指詩經。論語爲政:“~三百,一言以蔽之,曰:‘思無邪。’”古籍中凡稱“詩云”、“詩曰”都是專指詩經。

[備考]㊀動詞。作詩來歌頌。史記司馬相如列傳:“詢封禪之事,~大澤之博,廣符瑞

之富。”㈡通“持”。用手從下面托扶着、承接着。禮記内則：“國君世子生…三日，卜士負之，吉者宿齋，朝負寢門外，～負之。”鄭玄注：“詩之言承也。”孔穎達疏：“詩含神霧云：詩者，持也…謂以手承下而抱負之。”

詿 guà 古賣切，去，卦韻，見。支部。

連累，貽誤。説文：“詿，誤也。”史記吴王濞列傳：“進任姦宄，～亂天下，欲危社稷。”漢書王莽傳上：“即有所間非，則臣莽當被～上誤朝之罪。”

［同源字］詿，挂。兩字同音，其義相通。段玉裁注曰：“詿，謂有所挂牽而然也。”這就是説，詿誤是由有所牽挂而造成的。

詰 jié 去吉切，入，質韻，溪。今讀如結。質部。

㊀追問，責問。左傳僖公十五年：“卜徒父筮之，吉：‘涉河，侯車敗。’～之。對曰：‘乃大吉也。三敗，必獲晉君。’”國語魯語上：“公～之，僕人以里革對。”引申爲追究，查辦。左傳昭公十四年：“～姦慝，舉淹滯。”禮記月令：“～誅暴慢，以明好惡。”又爲糾察，整治。周禮天官大宰：“五曰刑典，以～邦國。”書立政：“其克～爾戎兵，以陟禹之迹。”㊁〔詰詘〕雙聲聯緜字。彎曲，曲折。漢許慎説文解字敘：“象形者，畫成其物，隨體詰詘，日月是也。”也作“詰屈”。三國魏曹操苦寒行：“羊腸坂詰屈，車輪爲之摧。”㊂明（天），翌（日）。左傳僖公二十八年：“戒爾車乘，敬爾君事，～朝將見。”北史齊德安王延宗傳：“～旦還攻東門，克之。”

［辨］問，訊，詰。“問”的意義很廣，既表示一般的發問，也可以表示審問、追問。“訊”字多表示審問，“詰”字一般用於責問、追問。

詡 xǔ 況羽切，上，麌韻，曉。魚部。

㊀誇耀，説大話。漢書揚雄傳上：“尚泰奢，麗誇～。”又爲言辭敏捷而善誇大。禮記少儀：“賓客主恭，祭祀主敬，喪事主哀，會同主～。”㊁〔詡詡〕生動活潑、怡然自得的樣子。漢焦贛易林睽之泰：“魴鱮詡詡，利來無憂。”也作“栩栩”。

［備考］普及，遍及。禮記禮器：“德發揚，～萬物。”

試 shì 式吏切，去，志韻，審三。職部。

㊀用，啟用。詩小雅大東：“私人之子，百僚是～。”禮記緇衣：“刑不～而民咸服。”㊁嘗，嘗試。易无妄：“无妄之藥，不可～也。”穀梁傳僖公十年：“食自外來者，不可不～也。”又爲試探。晏子春秋雜篇上：“夫范昭之爲人也，非陋而不知禮也，且欲～吾君臣，故絶之也。”用作狀語，表示嘗試着，試着。莊子讓王：“吾聞西方有人，似有道者，～往觀焉。”㊂考較，考試。周禮夏官槀人：“～其弓弩，以下上其食而誅賞。”後漢書周防傳：“世祖巡狩汝南，召掾史～經。”

詼 huī 苦回切，平，灰韻，溪。今讀如灰。之部。

戲謔，詼諧。漢書枚乘傳：“皋不通經術，～笑類俳倡。”宋梅堯臣依韻和永叔登心堂紙答劉原甫：“怪其有紙不寄我，如此出語亦善～。”

按，説文無詼字。

誠 chéng 是征切，平，清韻，禪。耕部。

㊀心意真誠，不詭詐。易乾：“脩辭立其～。”禮記樂記：“著～去僞。”引申爲真實。韓非子顯學：“堯舜不復生，將誰使定儒、墨之～乎？”㊁副詞。果真，確實。孟子公孫丑上：“子～齊人也。”史記留侯世家：“沛公～欲倍項羽邪？”用在假設句中表假設條件下的真實。假如真的。戰國策趙策三：“趙～發使尊秦昭王爲帝，秦必喜，罷兵去。”史記高祖本紀：“～如父言，不敢忘德。”

［辨］①誠，信，訊。“誠”和“信”都有真實、不虚僞義。但是“誠”偏重在内心的真誠，“信”偏重在言語的真實和能守信約。“訊”本

爲詢問、訊問義，和“誠”、“信”的意義無關。漢魏以後，“信”引申出信息、書信義，“訊”與“信”的古音相同也借表音訊、書信，兩字在這個意義上相通，其他意義仍分用不混。參見“真”字條。

②眞，誠。見“眞”字條。

誇 kuā 苦瓜切，平，麻韻，溪。魚部。

❶誇大，誇耀。鶡冠子著希：“言仁則以爲詼，發於義則以爲～。”唐韓愈進學解：“春秋謹嚴，左氏浮～。”引申爲誇獎，讚美。顔氏家訓勉學：“何晏王弼，祖述玄宗，遞相～尚。”唐杜甫李潮八分小篆歌：“吴郡張顛～草書，草書非古空雄壯。”❷通“姱”。美好。抱朴子外篇行品：“靦豔逸而心蕩，飾～綺而思邪者，淫人也。”

［備考］大，粗。漢書外戚傳下：“妾～布服糲食。加以幼稚愚惑，不明義理。”顔師古注：“誇，大也，大布之衣也。”

［同源字］誇，姱。兩字同音，都有誇大、美好義，實同一詞。説文：“誇，譀也。”廣韻麻韻：“誇，大言也。”“誇”是作爲誇大義的專用字。説文未收“姱”字，廣韻麻韻：“姱，姱奢貌。”古以豐大爲美，“姱”本豐大、美好分別字。但古籍中“誇”、“姱”常通用。

訿 zǐ 將此切，上，紙韻，精。支部。

指責，非議。史記老子韓非列傳（莊子）：“以詆～孔子之徒，以明老子之術。”〔訿訿〕説人壞話的樣子。詩小雅小旻：“潝潝訿訿，亦孔之哀。”

按，説文訿作呰。

詣 yì 五計切，去，霽韻，疑。脂部。

❶到，到達（多用於上級、尊長或尊敬的人所在的地方）。史記孝文本紀：“張武等六人乘傳～長安。”漢書楊王孫傳：“僕迫從上祠雍，未得～前。”引申爲拜訪，即到某地去看望人。三國志蜀書諸葛亮傳：“由是先主遂～亮，凡三往，乃見。”晉陶潛桃花源記：“及郡下，～太守。”❷學問、技藝等所達到的境界（後起義）。宋姜夔詩説：“陶淵明天資既高，趣～又遠。”

詮 quán 此緣切，平，仙韻，清。元部。

❶闡明，詳細解釋。説文：“詮，具也。”段玉裁注：“許意謂詮解。”淮南子有詮言訓。晉書武陔傳：“文帝甚親重之，數與～論時人。”❷事理，事物的規律。淮南子兵略：“發必中～，言必合數。”❸選擇（後起義）。晉陶潛飲酒詩二十首序：“辭無～次，命故人書之，以爲歡笑爾。”

詤 huǎng 呼晃切，上，蕩韻，曉。陽部。

“謊”本字。言語荒唐。吕氏春秋知接：“瞑者目無由接也。無由接而言見，～。”

［辨］詤，謊。説文：“詤，夢言也。”後來作“謊”。“詤”與“恍”同音，與“荒”只有平、上之別；訓“夢言”是不可靠的，應爲恍忽之言或言語荒唐。引申爲説謊、謊話，引申義古籍中多作“謊”。

誅 zhū 陟輸切，平，虞韻，知。侯部。

❶譴責，聲討。論語公冶長：“朽木不可雕也，糞土之牆不可杇也，於予與何～？”荀子議兵：“王者有～而無戰，城守不攻，兵格不擊。”引申爲懲罰。韓非子姦劫弑臣：“賞不加於無功，而～必行於有罪者也。”❷殺，殺戮。孟子梁惠王下：“聞～一夫紂矣，未聞弑君也。”引申爲剷除，除去。楚辭戰國屈原卜居：“寧～鋤草茅以力耕乎？”國語晉語六：“以惠～怨，以忍去過。”❸强求，索取。左傳莊公八年：“傷足，喪屨。反，～屨於徒人費。”

［備考］記述，闡述。墨子耕柱：“古之善者不～，今也善者不作。”

［辨］誅，殺，弑。三字都有處死、屠殺義。但是“誅”用於上殺下、有道殺無道、誅殺有罪者，是褒義詞；“殺”是個中性詞，使用範圍最廣泛；“弑”用於下殺上，是貶義詞。

詵 shēn 所臻切，平，臻韻，審二。文部。

㊀紛紛傳言。説文："詵，致言也。"唐柳宗元天對："孺賊厥～，爰壓其弧。"㊁〔詵詵〕衆多的樣子。詩周南螽斯："螽斯羽，詵詵兮。宜爾子孫，振振兮。"毛傳："詵詵，衆多也。"陳書周弘正傳："後進詵詵，不無傳業。"

［同源字］駪，詵，蓁，溱，莘，甡。見"駪"字條。

話 huà 下快切，去，夬韻，匣。月部。

㊀話語，表達思想感情的言辭。上古多指善言、好話。詩大雅抑："慎爾出～，敬爾威儀。"左傳文公六年："箸之～言，爲之律度。"特指藝人説唱的歷史或小説故事（後起義）。唐元稹酬翰白學士代書一百韻："翰墨題名盡，光陰聽～移。"㊁談論，談説（後起義）。唐孟浩然過故人莊詩："開筵面場圃，把酒～桑麻。"唐李商隱夜雨寄北詩："何當共剪西窗燭，却～巴山夜雨時。"

［備考］用好言曉喻。書盤庚中："乃～民之弗率，誕告用亶。"孔穎達疏："乃出善言以告曉民之不循教者。"

詾 xiōng 許拱切，集韻許容切，平，鍾韻，曉。東部。

喧譁爭吵。説文："詾，訟也。"（依段注本）宋龔夬請檢尋文及甫究問獄案牘："積陰踰時，中外～懼。"〔詾詾〕喧譁爭吵的樣子。新五代史四夷附録二："契丹大人聚而謀者詾詾，必有變，宜備之。"

［備考］㊀恐嚇。清高紹陳永清庚年記略："伊等技窮，知～余不慟，乃赴南關質庫。"㊁通"凶"。凶惡。宋洪适隸釋漢冀州從事張表碑："糾剔荷忕，抵拂頑～。"

詢 xún 相倫切，平，諄韻，心。真部。

咨詢，詢問。詩大雅板："先民有言，～于芻蕘。"書舜典："格汝舜，～事考言，乃言底可績。"

［備考］均。尚書大傳虞夏傳："四時推六律、六吕，～十有二變，而道宏廣。"鄭玄注："詢，均也。"

［辨］諮，詢。見"諮"字條。

詭 guǐ 過委切，上，紙韻，見。歌部。

㊀責成，要求。漢書酷吏傳："皆貰其罪，～令立功以自贖。"㊁欺詐。孫子兵法計："兵者，～道也，故能而示之不能。"管子法禁："行辟而堅，言～而辯。"引申爲假裝，冒充。新唐書魏徵傳："隋亂，～爲道士。"㊂差異，不同。管子法禁："～俗異禮，大言法行。"淮南子説林："衡雖正必有差，尺寸雖齊必有～。"引申爲奇特，怪異。漢班固西都賦："殊形～制，每各異觀。"後漢書班固傳："若固之序事，不激～，不抑抗。"㊃違反，違背。韓非子詭使："是故下之所欲常與上之所以爲治相～也。"吕氏春秋淫辭："言行相～，不祥莫大焉。"

［備考］羊後足膝部一塊輪骨的稱謂。明劉侗于奕正帝京景物略卷二："兒取羊後脛之膝之輪骨…其骨輪四面兩端，凹曰真，凸曰～。"

詻 é 五陌切，入，陌韻，疑。鐸部。

説話的容貌。説文："詻，論訟也。傳曰：'詻詻孔子容。'"段玉裁注："訟，當作頌。論頌即言容。"〔詻詻〕言辭嚴厲的樣子。墨子親士："君必有弗弗之臣，上必有詻詻之下。"禮記玉藻："戎容暨暨，言容詻詻。"鄭玄注："詻詻，教令嚴也。"

詺 mìng 彌正切，去，勁韻，明。

辨别物名。南朝梁慧皎高僧傳譯經下求那跋摩："咸見一物，狀若龍蛇，可長一匹許，起於屍側，直上衝天，莫能～者。"新唐書于志寧傳："昔陶弘景以神農經合雜家别録註～之。"

按，説文無詺字。

誃 1. yí 鉅宋廣韻弋支切，平，支韻，喻四。歌部。

㊀〔誃臺〕臺名。説文："周景王作洛陽誃臺。"字亦作"謻"。段玉裁注："謻者，誃之或

體。”

2. chǐ 尺氏切,音侈,上,紙韻,穿三。歌部。

㊁離開,分離。説文:“誃,離别也。”清張爾岐蒿菴閒話卷一:“與二十八宿之互相乖戾~離俯仰之不同。”

誂 1. tiǎo 徒了切,上,篠韻,定。宵部。

㊀引誘。説文:“誂,相呼誘也。”戰國策秦策一:“楚人有兩妻者,人~其長者,詈之;~其少者,少者許之。”引申爲戲弄。顔氏家訓文章:“有一士族,好爲可笑詩賦,~擎邢魏諸公。”㊁〔嗷誂〕叠韻聯緜字。聲音高揚。楚辭漢王逸九思傷時:“聲嗷誂兮清和,音晏衍兮要婳。”

2. diào 字彙補多嘯切。宵部。

㊂猝然。淮南子兵略:“雖~合刃於天下,誰敢在於上者。”高誘注:“誂音吊,卒也。”

訽 gòu 古厚切,上,厚韻,見。侯部。

㊀恥辱。左傳定公八年:“公以晉~語之。”楚辭戰國屈原離騷:“屈心而抑志兮,忍尤而攘~。”㊁辱駡。説文:“訽,謑訽,恥也。”左傳哀公八年:“曹人~之,不行。”杜預注:“訽,詈辱也。”

[同源字]垢,訽,詬。三字同音。“垢”是粘附物體上的污穢,“訽”是被加上的穢言,二字同源。所以“垢”也用作恥辱義。左傳宣公十五年:“國君含垢。”“詬”是“訽”的或體。

訾 1. zǐ 將此切,上,紙韻,精。支部。

㊀詆毁,説人壞話。禮記曲禮上:“不苟~,不苟笑。”莊子天下:“以堅白同異之辯相~。”引申爲厭惡。管子形勢:“~食者不肥體。”

2. zī 即移切,平,支韻,精。支部。

㊁衡量,計量。國語齊語六:“桓公召而與之語,~相其質。”韋昭注:“訾,量也。”商君書墾令:“~粟而賦,則上壹而民平。”引申爲考慮。韓非子亡徵:“心悁忿而不~前後者,可亡也。”㊂通“恣(zì)”。放縱。荀子非十二子:“以不俗爲俗,離縱而跂~者也。”楊倞注:“訾,讀爲恣。…跂訾謂跂足違俗而恣其志意。”淮南子氾論:“故小謹者無成功,~行者不容於衆。”

[備考]㊀嗟歎聲。亦作“咨”。吕氏春秋權勳:“子反叱曰:‘~!退,酒也。’”㊁通“疵(cī)”。疾病,缺點。禮記檀弓下:“故子之所刺於禮者,亦非禮之~也。”鄭玄注:“訾,病也。”

詹 zhān 職廉切,平,鹽韻,照三。談部。

㊀話多。説文:“詹,多言也。”〔詹詹〕説得没完没了的樣子。莊子齊物論:“大言炎炎,小言詹詹。”成玄英疏:“詹詹,詞費也。”㊁至,到達。詩小雅采緑:“五日爲期,六日不~。”毛傳:“詹,至也。”漢張衡思玄賦:“黄靈~而訪命兮,樛天道其焉如。”㊂通“瞻”。仰望。詩魯頌閟宫:“泰山巖巖,魯邦所~。”朱熹集傳:“詹,與瞻同。”

[備考]㊀通“蟾(chán)”,蟾蜍,即蝦蟆。文選古詩十九首之十七:“三五明月滿,四五~兔缺。”㊁充足,豐富。吕氏春秋適音:“不足則不~,不~則窕。”高誘注:“詹,足也。詹讀如澹然無爲之澹。”依高誘注當讀作 dàn,字彙補作徒站切本此。但是“贍”有供給、充足義,與作爲充足義的“詹”實同一詞。

詧 chá 初八切,入,黠韻,穿二。月部。

同“察”。明察,詳審。史記秦本紀:“問其地形與其兵勢盡~,而後令内史廖以女樂二八遺戎王。”

[辨]詧,察。説文分詧、察爲兩字。言部云:“詧,言微親詧也。从言,察省聲。”王筠句讀:“言微,當依繫傳作微言。”宀部云:“察,覆也。从宀,祭。”段玉裁注:“从宀者,覆而審之,从祭爲聲,亦取祭必詳察之意。”這是對字形構造的分析,實際上,兩字同表一詞,古籍中多作“察”。

七　畫

説 1. shuō 失爇切,入,薛韻,審三。月部。

㊀解説，陳述。論語八佾："成事不～，遂事不諫，既往不咎。"國語吴語："夫差將死，使人～於子胥曰：'使死者無知，則已矣；若其有知，吾何面目以見員也！'遂自殺。"引申爲勸告，責備（晚起義）。清吴敬梓儒林外史一六回："他疼的是你，你來家早晚～着他些。"又爲説合，介紹（晚起義）。紅樓夢五七回："他不在家，或是屬相生日不對，所以先～與兄弟了。"㊁言論，主張，學説。孟子滕文公下："我亦欲正人心，息邪～。"論衡問孔："伐孔子之～，何逆於理？"㊂文體的一種。晉陸機文賦："奏平徹以閑雅，～煒曄而譎誑。"

［備考］古代墨家邏輯的名詞，指推理。墨子小取："論求羣言之比，以名舉實，以辭抒意，以～出故。"

2. shuì 舒芮切，去，祭韻，審三。月部。

㊃説服，勸説别人聽從。孟子盡心上："～大人則藐之。"莊子説劍："孰能～王之意止劍士者，賜之千金。"㊄舍止，休息。也作"税"。詩召南甘棠："蔽芾甘棠，勿剪勿拜，召伯所～。"毛傳："説，舍也。"釋文："本或作税，又作脱，同。"

3. yuè 弋雪切，入，薛韻，喻四。月部。

㊅喜悦。論語學而："學而時習之，不亦～乎？"這個意義後代寫作"悦"。

［備考］通"脱（tuō）"。解脱，脱下。易蒙："利用刑人，用～桎梏。"詩大雅瞻卬："此宜無罪，女反收之；彼宜有罪，女覆～之。"

［辨］敘，述，陳，説。見"述"字條。

誡 jiè 古拜切，去，怪韻，見。職部。

㊀告誡，警告。説文："誡，敕也。"史記魯周公世家："周公藏其策金縢匱中，～守者勿敢言。"引申爲囑咐。史記項羽本紀："梁乃出，～籍持劍居外待。"用作名詞。教令。荀子彊國："發～布令而敵退，是主威也。"㊁警戒，戒備。易繫辭下："小懲而大～，此小人之福也。"漢賈誼治安策："前車覆，後車～。"㊂文體名。一種規勸告誡的文章。漢班昭有女誡七篇。

［同源字］忌，諅，戒，誡。見"諅"字條。

誖 bèi 蒲昧切，去，隊韻，並。物部。

同"悖"。㊀違背，乖謬。説文："誖，亂也。"史記三王世家："儒者稱其術，或～其心。"漢書禮樂志："禮樂政刑四達而不～，則王道備矣。"㊁惑亂，糊塗。漢書司馬遷傳："愍學者不達其意而師～，乃論六家之要指。"又疏廣傳："吾豈老～不念子孫哉？"

誌 zhì 職吏切，去，志韻，照三。之部。

㊀記述，記録。説文新附："誌，記誌也。"列子楊朱："太古之事滅矣，孰～之哉？"引申爲標誌，標記。北周宗懔荆楚歲時記："以血點其衣以爲～。"又爲記憶，記住。新唐書褚亮傳："亮少警敏，博見圖史，一經目輒～於心。"㊁記事的文章或書籍。如墓誌、地方誌。梁蕭統文選序："篇辭引序，碑碣～狀，衆制鋒起，源流間出。"㊂通"痣"。皮膚上長的斑痕或小疙瘩。南齊書江祏傳："高宗胛上有赤～，常祕不傳。""誌"、"痣"本同一詞，"痣"是專用分别字。

［辨］知，識，記，誌。見"識"字條。

按，説文無誌字，新附有之。

諀 dòu 都豆切，去，候韻，端。

〔諀譳〕叠韻聯緜字。説話遲鈍。唐韓愈南山詩："先强勢已出，後鈍嗔諀譳。"

按，説文無諀字。

誣 wū 武夫切，平，虞韻，微。魚部。

㊀言語不真實，欺騙。左傳僖公二十四年："天實置之，而二三子以爲己力，不亦～乎？"韓非子顯學："故明據先王，必定堯舜者，非愚則～也。"㊁誣衊，虚構罪狀陷害人。易繫辭下："～善之人其辭游。"韓非子孤憤："其可以罪過～者，公法而誅之。"㊂加罪無辜，濫施刑罰。國語周語上："其刑矯～，百姓攜貳。"韋昭注："以詐用法曰矯，加誅無罪曰誣。"

誗 jiá 集韻吉協切，音頰，入，怗韻，見。葉部。

同"咉"。妄語。説文:"咉,妄語也。"集韻怗韻:"咉,説文:'妄語也。'或從言。"〔讘詇〕叠韻聯緜字。言多語妄的樣子。參見"讘"字條。

誫 zhèn 字彙補音震。

震動,摇動。列子黄帝:"壺子曰:向吾示之以地文,罪乎不～不止。"張湛注:"罪或作萌。向秀曰:萌然不動,亦不自止。"俞樾平議:"誫即震之異文。"

按,説文無誫字。

語 1. yǔ 魚巨切,上,語韻,疑。魚部。

❶談話,談論。説文:"語,論也。"論語鄉黨:"食不～,寢不言。"又述而:"子不～怪力亂神。"❷話語,言論。孟子萬章上:"此非君子之言,齊東野人之～也。"特指諺語、俗語。穀梁傳僖公二年:"～曰:'脣亡則齒寒。'"又指詩文、談話中的詞句。世説新語文學:"(阮宣子)對曰:'將無同。'太尉善其言,辟之爲掾。世謂'三～掾'。"唐杜甫江上值水如海勢聊短述詩:"爲人性僻耽佳句,～不驚人死不休。"❸語言。孟子滕文公下:"有楚大夫於此,欲其子之齊～也,則使齊人傅諸?使楚人傅諸?"

2. yù 牛倨切,去,御韻,疑。魚部。

❹告訴。左傳隱公元年:"公～之故,且告之悔。"國語魯語下:"季康子問於公父文伯之母,曰:'主亦有以～肥也。'"

[辨]言,語。"言"和"語"都表示語言行爲,但是古代的分别是很清楚的。主動對人説話叫"言",回答别人的問話或談論事情叫"語"。作及物動詞時,"言"一般只帶指事物的賓語(言病,言事),如果指人,只能他指,不能指交談的對方;"語"既能帶指事物的賓語,也可指稱交談的對方(吾語女),還可帶雙賓語(公語之故)。"語"的告訴義,也是"言"字所不具備的。作名詞時,"言"、"語"常可互换;但諺語、俗語義和語言義,一般只用"語",不用"言"。

誙 kēng 口莖切,音硜,平,耕韻,溪。耕部。

〔誙誙〕奔競無知的樣子。莊子至樂:"吾觀夫俗之所樂,舉羣趣者,誙誙然如將不得已。"成玄英疏:"誙誙,趣死貌。"

按,説文無誙字。

誦 sòng 似用切,去,用韻,邪。東部。

❶背誦,朗誦。説文:"誦,諷也。"周禮春官大司樂:"以樂語教國子:興、道、諷、～、言、語。"鄭玄注:"倍文曰諷,以聲節之曰誦。"❷述説,陳述。孟子告子下:"子服堯之服,～堯之言,行堯之行,是堯而已矣。"史記秦始皇本紀:"羣臣～功,請刻於石。"❸詩篇。詩大雅烝民:"吉甫作～,穆如清風。"唐劉知幾史通:"'皤腹棄甲',城者之謳也。'原田是謀',輿人之～也。"❹用婉言、隱語諷諫。左傳襄公四年:"國人～之曰:'臧之狐裘,敗我於狐駘。'"國語周語上:"瞍賦,矇～。"❺通"訟"。公開説。漢書高后紀:"勃尚恐不勝,未敢～言誅之。"顔師古注引鄧展曰:"誦言,公言也。"史記作"訟"。

[辨]①誦,讀。見"讀"字條。

②諷,誦。見"諷"字條。

諅 jì 渠記切,去,志韻,羣。之部。

告誡。説文:"諅,誡也。"淮南子繆稱:"目之精者,可以消澤而不可以昭～。"高誘注:"昭,道;諅,誡也。不可以教導戒人。"

[同源字]忌,諅,戒,誡。説文:"忌,憎惡也。"又:"諅,誡也。"憎惡和告誡義相通,諅、忌同音,"諅"是告誡義的專用字,但經典中"忌"也常用作告誡義。戒、誡同音,都有告誡、警戒義,實同一詞。"誡"是爲告誡義所造的專字。清朱駿聲説文通訓定聲諅字下注曰:"諅、誡聲義皆畧同。"忌、諅羣母之部;戒、誡見母職部;羣、見旁紐,之、職對轉,音近義通,有同源關係。

誚 qiào 才笑切,去,笑韻,從。宵部。

❶責備。也作"譙"。書金縢:"公乃爲詩

以貽王,名之曰鴟鴞,王亦未敢～公。"孔穎達疏:"誚公,言王意欲責而未敢也。"引申爲譏諷。南朝齊孔稚珪北山移文:"列壑爭譏,攢峯竦～。"㊁完全,簡直(晚起義)。張相詩詞曲語辭匯釋卷二:"誚,猶渾也,直也,字亦作悄,作俏。"宋葛長庚永遇樂:"尋思往事,千頭萬緒,回首～如夢裏。"

按,説文以誚爲譙的古文。

誤

wù 五故切,去,暮韻,疑。魚部。

㊀錯誤,荒謬。説文:"誤,謬也。"禮記聘義:"使者聘而～,主君弗親饗食也。"孔穎達疏:"誤,謂來聘使者行聘之時禮有錯誤。"史記蕭相國世家:"羣臣議皆～。"㊁耽誤,妨害。左傳僖公十五年:"鄭以救公～之,遂失秦伯。"唐杜甫奉贈韋左丞丈二十二韻:"紈袴不餓死,儒冠多～身。"㊂迷惑。荀子正論:"是特姦人之～於亂説,以欺愚者,而潮陷之以偷取利焉。"史記齊太公世家:"桓公之中鉤,詳死以～管仲。"

認

rèn 而振切,去,震韻,日。

㊀認識,識别。玉篇:"認,識認也。"後漢書卓茂傳:"時嘗出行,有人～其馬,解與之。"㊁承認。北魏楊衒之洛陽伽藍記龍華寺:"及綜生,～爲己子,小名緣覺。"㊂認爲,當作(晚起義)。宋劉克莊答婦兄林公遇:"夢迴殘月在,錯～是天明。"

按,説文無認字。

誒

xī 許其切,音僖,平,之韻,曉。之部。

㊀歎詞。表示厭惡或失意而歎息。説文:"誒,可惡之辭。"漢書韋賢傳:"在予小子,勤～厥生。"顔師古注:"誒,歎聲。"㊁强笑。楚辭大招:"長爪踞牙,～笑狂只。"洪興祖補注:"誒,音僖,强笑也。"㊂〔誒詒〕疊韻聯緜字。失魂落魄的樣子。莊子達生:"桓公田於澤,管仲御,見鬼焉…公反,誒詒爲病,數日不出。"

[辨]誒,嘻。古代誒、嘻同音,説文未收嘻字,但先秦古籍中多以"嘻"作歎詞,表贊歎,表驚異,亦表强笑,實際上誒、嘻是同一個詞。"誒"較少見。今"誒"字又音 ē,亦作歎詞,音義與古有别。

誥

gào 古到切,去,号韻,見。覺部。

㊀告訴。説文:"誥,告也。"書太甲下:"伊尹申～于王。"易姤:"天下有風,姤,后以施名～四方。"㊁告戒,勸勉。國語楚語上:"近臣諫,遠臣謗,輿人誦,以自～也。"㊂告戒之文。書經有仲虺之誥、康誥。秦以前上下皆有誥,漢以後專用於帝王的文告。南朝梁蕭統文選序:"詔～教令之流。"

[辨]告,誥,詔。"告"、"誥"本同一詞,都是告訴的意思。後人加以區别,下告上爲告,上告下爲誥。唐陸德明經典釋文:"告上曰告,發下曰誥。"用作文體名時只作"誥","告"的其他義不作誥。"誥"和"詔"秦以後都用作帝王的文告,"誥"一般是對臣下的一種訓誡或勉勵的文告,宋以後限用於皇帝任免高級官吏或封贈,"詔"是皇帝頒發的詔書,使用範圍比"誥"廣。

誨

huì 荒内切,去,隊韻,曉。之部。

教導,誘導。説文:"誨,曉教也。"詩大雅抑:"～爾諄諄,聽我藐藐。"論語述而:"學而不厭,～人不倦。"易繫辭上:"慢藏～盗,冶容～淫。"用作名詞,指教導、規勸之言。書説命上:"朝夕納～,以輔台德。"

[辨]教,誨。兩個詞都有教導義,但有細微差别。"教"帶强制性,"誨"重在啟發、誘導。

誘

yòu 與久切,上,有韻,喻四。幽部。

㊀誘導,引導。書大誥:"肆予大化,～我友邦君。"論語子罕:"夫子循循然善～人。"㊁引誘,誘惑。書費誓:"竊馬牛,～臣妾,汝則有常刑。"左傳僖公十年:"幣重而言甘,～我也。"

[備考]〔誘然〕形容美好。淮南子繆稱:"善生乎君子,誘然與日月爭光。"高誘注:

"誘,美稱也。"

誕 dàn 徒旱切,上,旱韻,定。元部。

❶説大話,言辭虚妄不實。説文:"誕,詞誕也。"國語楚語上:"子晳復命,王曰:'是知天咫,安知民則?是言~也。'"漢劉向説苑尊賢:"口鋭者多~而寡信。"引申爲欺騙。吕氏春秋應言:"許綰~魏王。"高誘注:"誕,詐也。"列子黄帝:"吾不知子之有道而~子。"❷大。書湯誥:"王歸自克夏,至于亳,~告萬方。"❸放誕,放肆。左傳昭公元年:"伯州犁曰:'子姑憂子晳之欲背~也。'"杜預注:"襄三十年鄭子晳殺伯有,背命放誕,將爲國難。"〔誕謾〕叠韻聯緜字。放縱,放蕩。淮南子脩務:"彼并身而立節,我誕謾而悠忽。"❹生育,誕生(後起義)。後漢書襄楷傳:"昔文王一妻,~致十子。"陳書徐陵傳:"母臧氏,嘗夢五色雲化而爲鳳,集左肩上,已而陵~焉。"❺句首語氣詞。詩大雅生民:"~寘之隘巷,牛羊腓字之。"書君奭:"~無我責。"王引之經傳釋詞卷六:"誕,發語詞也。"

誑 kuáng 居況切,去,漾韻,見。今讀如狂。陽部。

欺騙,迷惑。説文:"誑,欺也。"國語晉語二:"民疾其態,天又~之。"韓非子和氏:"王以和爲~,而刖其左足。"

誓 shì 時制切,去,祭韻,禪。月部。

❶以言辭相約束。説文:"誓,約束也。"儀禮大射:"司射西面~之曰:公射大侯,大夫射參,士射干。"特指軍旅中告誡、約束將士。書湯誓:"爾不從~言,予則孥戮汝,罔有攸赦。"左傳閔公二年:"~軍旅。"杜預注:"誓,宣號令也。"❷發誓,立誓。左傳隱公元年:"遂寘姜氏于城潁,而~之曰:'不及黄泉,無相見也。'"❸誓辭,盟約。左傳昭公四年:"周武有孟津之~。"禮記曲禮下:"約信曰~。"

[備考]㊀受命。周禮春官典命:"凡諸侯之適子,~於天子,攝其君,則下其君之禮一等。"鄭玄注:"誓猶命也。言誓者,明天子既命,以爲之嗣,樹子不易也。"㊁謹慎。禮記文王世子:"曲藝皆~之,以待又語。"鄭玄注:"誓,謹也,皆使謹習其事。"

[辨]盟,誓。見"盟"字條。

八　畫

誼 yì 宜寄切,去,寘韻,疑。歌部。

❶合宜的道德、行爲或道理。楚辭戰國屈原九章惜誦:"吾~先君而後身兮,羌衆人之所仇。"漢班固幽通賦:"舍生取~。"❷意義。漢許慎説文解字序:"會意者,比類合~,以見指撝,武信是也。"❸交情,友誼(後起義)。南朝梁江淹傷友人賦:"余結~兮梁門,復從宦兮朱藩。"宋樓鑰贈友詩:"臨别提斯語,少盡交朋~。"❹通"議"。議論。漢書董仲舒傳:"故舉賢良方正之士,論~考問。"

[同源字]宜,誼,義。三字同聲同韻,"誼"、"義"同音。説文:"宜,所安也。"又:"誼,人所宜也。"音近義通,是同源字。段玉裁説文解字注"誼"下云:"誼、義古今字,周時作誼,漢時作義,皆仁義字也。"在典籍中"誼"、"義"常可通用,只有後起義"友誼"作"誼",不作"義"。

諄 zhūn 章倫切,平,諄韻,照三。文部。

❶〔諄諄〕教誨不倦的樣子。説文:"諄,告曉之孰也。"詩大雅抑:"誨爾諄諄,聽我藐藐。"引申爲言語嘮叨,説個没完。左傳襄公三十一年:"且年未盈五十,而諄諄焉如八、九十者,弗能久矣。"又引申爲忠謹的樣子。後漢書卓茂傳:"勞心諄諄,視人如子。"李賢注:"諄諄,忠謹之貌也。"亦可單用。忠誠老實。唐韓愈送惠師詩:"吾嫉惰遊者,憐子愚且~。"❷輔佐。國語晉語九:"曾孫蒯聵以~趙鞅之故,敢昭告於皇祖文王、烈祖康叔、文祖襄公、昭考靈公。"韋昭注:"諄,佐也。"

諒 liàng 力讓切,去,漾韻,來。陽部。

㊁形容詞。誠實。論語季氏:“友直,友～,友多聞。”楚辭戰國宋玉九辯:“私自憐兮何極?心怦怦兮～直。”引申爲固執。論語憲問:“豈若匹夫匹婦之爲～也。”㊂動詞。相信。詩鄘風柏舟:“母也天只,不～人只。”引申爲體諒,體察。唐韓愈岳陽樓别竇司直詩:“顛沈在須臾,忠鯁誰復～。”再引申爲原諒(晚起義)。如見諒、希諒。也引申爲想必,料想。漢鄭玄詩譜序:“詩之興也,～不於上皇之世。”樂府詩集鼓吹曲辭戰城南:“野死～不葬,腐肉安能去子逃?”

誶 suì 雖遂切,音碎,去,至韻,心。物部。

㊀責讓,責駡。說文:“誶,讓也。”國語吳語:“吳王還自伐齊,乃～申胥。”莊子山木:“捐彈而反走,虞人逐而～之。”㊁數說,告訴。漢書叙傳上:“既～爾以吉象兮,又申之以炯戒。”顔師古注:“誶,告也。”㊂諫諍,厲言强諫。楚辭戰國屈原離騷:“余雖好脩姱以鞿羈兮,謇朝～而夕替。”王逸注:“誶,諫也。”㊃通“悴(cuì)”。憂傷。墨子非命上:“覆天下之義者,是立命者也,百姓之～也。”孫詒讓閒詁:“俞云:誶讀爲悴。”

談 tán 徒甘切,平,談韻,定。談部。

㊀談話,交談。說文:“談,語也。”詩小雅節南山:“憂心如惔,不敢戲～。”孟子離婁下:“徧國中無與立～者。”㊁名詞。言談,言論。荀子儒效:“愼墨不得進其～。”公羊傳閔公二年:“魯人至今以爲美～。”

[備考]通“淡”。恬淡,平淡。馬王堆漢墓帛書十六經五正:“黄帝於是辭其國大夫,上於博望之山,～臥三年以自求也。”清李漁窺詞管見第十五則:“有以～語收濃詞,别是一法。”

[辨]談,論。“談”和“論”都表示與人對話,但意義有别。段玉裁說文解字注“談”下云:“談者,淡也,平淡之語。”又,“論”下云:“凡言語循其理得其宜謂之論。”“談”與“淡”同源,“論”與“倫”、“綸”同源。“談”是平常的隨意交談,“論”是有目的、有條理的商討。

請 1. qǐng 七静切,上,静韻,清。耕部。

㊀謁見。說文:“請,謁也。”墨子號令:“豪傑之外多交諸侯者,常～之。”荀子成相:“下不私～。”㊁請求。左傳隱公元年:“亟～於武公,公弗許。”注意:“請”字後面帶動詞時,有兩種不同意義。第一種是請對方做某事。左傳隱公元年:“若弗與,則～除之。”第二種是請對方允許自己做某事。左傳隱公元年:“臣～事之。”引申爲請求給予。左傳隱公元年:“爲之～制。”論語雍也:“冉子爲其母～粟。”㊂邀請。漢書孝宣許皇后傳:“迺置酒～之。”

[備考]㈠詢問。儀禮士昏禮:“擯者出,～事入告。”㈡告訴。儀禮鄉射禮:“賓出迎再拜,主人答再拜,乃～。”

2. qìng 疾政切,去,勁韻,從。耕部。

㊃古代朝會名。清段玉裁說文解字注:“請,周禮春朝秋覲,漢改爲春朝秋請。”史記吳王濞列傳:“及後使人爲秋～。”

3. qíng 疾盈切,平,清韻,從。耕部。

㊄通“情”。實情。荀子成相:“聽之經,明其～,參伍明謹施賞刑。”㊅通“睛”。承受,領受。宋王讜唐語林補遺:“大曆中,～俸有至百萬者。”

諸 zhū 章魚切,平,魚韻,照三。魚部。

㊀衆,各。詩小雅沔水:“嗟我兄弟,邦人～友,莫肯念亂,誰無父母?”孟子梁惠王下:“～大夫皆曰賢,未可也。”㊁指代人或事物,相當於“之”。左傳僖公十三年:“冬,晉荐饑,使乞糴於秦。秦伯謂子桑,‘與～乎?’”法言學行:“夫有刀者礲～,有玉者錯～,不礲不錯焉攸用?”又爲“之於”的合音。左傳隱公元年:“段入于鄢。公伐～鄢。”論語衛靈公:“子張書～紳。”還爲“之乎”的合音。論語顔淵:“雖有粟,吾得而食～?”孟子梁惠王上:“曰:‘何可廢也,以羊易之。’不識有～?”㊂語氣詞。表感歎語氣。詩邶風日月:“日居月～,

照臨下土。”㊃親屬的旁支，相當於“庶”。禮記曲禮上：“嫂叔不通問，～母不漱裳。”鄭玄注：“諸母，庶母也。”

諏 zōu 子于切，平，虞韻，精。侯部。

㊀咨詢，商量。説文：“諏，聚謀也。”詩小雅皇皇者華：“載馳載驅，周爰咨～。”毛傳：“咨事爲諏。”國語晉語四：“～於蔡、原而訪於辛、尹。”引申爲選擇。儀禮特牲饋食禮：“特牲，饋食之禮，不～日。”宋宋祁上夏太尉啟：“～辰前定，樹政允和。”㊁通“譸(zhōu)”。編造(言辭)。元顧君澤罵玉郎帶感皇恩採茶歌述懷：“閑呵～，歪嗑牙，發喬科。”

諆 1. qī 去其切，平，之韻，溪。之部。

㊀欺騙。説文：“諆，欺也。”徐鍇繫傳：“諆，謾言也。漢書枚皋有‘詆～’，東方朔又有‘自詆～’。”今本漢書均作“娸”。

2. jī 居之切，平，之韻，見。

㊁謀劃。後漢書張衡傳：“回志朅來從玄～，獲我所求夫何思！”李賢注：“朅，去也。諆，或作謀。諆亦謀也，音基。”唐玄奘大唐西域記卷一：“常以月十五日、晦日，國王大臣～議國事。”

諓 jiàn 慈演切，上，獮韻，從。元部。

善於言辭。説文：“諓，善言也。”〔諓諓〕巧言善辯貌。國語越語下：“余雖靦然而人面哉，吾猶禽獸也，又安知是諓諓者乎？”韋昭注：“諓諓，巧辯之言。”公羊傳文公十二年：“其爲能變奈何？惟諓諓善竫言。”

諑 zhuó 竹角切，入，覺韻，知。屋部。

毁謗，説壞話。方言卷一〇：“諑，愬也。楚以南謂之諑。”楚辭戰國屈原離騷：“衆女嫉余之蛾眉兮，謠～謂余以善淫。”王逸注：“諑，猶譖也。”楚辭漢王逸九思逢尤：“天生我兮當闇時，被～譖兮虚獲尤。”

按，説文無諑字。

諴 xián 集韻胡千切，音賢，平，先韻，匣。真部。

急迫。莊子外物：“謀稽乎～，知出乎爭。”郭象注：“諴，急也。急而後考其謀也。”

按，説文無諴字。

詘 qū 集韻曲勿切，入，迄韻，溪。物部。

㊀屈折。淮南子氾論：“～寸而伸尺，聖人爲之。”㊁〔詘詭〕詭異。文選晉左思吴都賦：“倜儻之極異，詘詭之殊事。”

［同源字］屈，詘，詘。見“詘”字條。

按，説文以詘爲詘的或體。

諔 chù 集韻昌六切，入，屋韻，穿三。覺部。

〔諔詭〕奇異。莊子德充符：“彼且蘄以諔詭幻怪之名聞，不知至人之以是爲己桎梏邪！”成玄英疏：“諔詭，奇異也。”

按，説文無諔字。

諕 xià 集韻虚訝切，去，禡韻，曉。

㊀欺騙(後起義)。玉篇、集韻併云：“諕，誑也。”明湯顯祖牡丹亭遇母：“他做的事瞞神～鬼。”㊁恐嚇(晚起義)。宋孟元老東京夢華録三般載雜賣：“仍於車後繫驢騾二頭，遇下峻險橋路，以鞭～之，使倒座縋車，令緩行也。”

［辨］諕，號。本來兩字音義皆同，實同一詞。説文：“諕，號也。”段玉裁注：“此與号部號音義皆同。”但今本古籍中只作“號”。六朝以後，“諕”字成了另一個詞(誑也)的書寫符號。又因爲禡韻欺騙義的“諕”與“嚇”同音，後來又具有了恐嚇義。

［同源字］諕，譹，号，號，嚎，嗥，虓，哮。見“譹”字條。

誷 wǎng 文兩切，音罔，上，養韻，微。陽部。

欺騙。史記日者列傳：“初試官時，倍力爲巧詐，飾虚功執空文以～主上。”

按，説文無誷字。

課 kè 苦卧切，去，過韻，溪。歌部。

㊀按一定規程檢驗、考核。説文：“課，試

也。”管子七法：“成器不～不用，不試不藏。”楚辭戰國屈原天問：“僉曰何憂，何不～而行之。”㊁督促完成規定的工作(後起義)。後漢書方術傳上：“～家人負物百斤，環舍趨走。”引申爲按規定的内容和分量學習或講授。唐白居易與元九書：“苦節讀書，二十已來，晝～賦，夜～書，間又～詩。”㊂按規定的數額和時間徵收賦税(後起義)。宋書武帝紀：“是歲，始～南徐州僑民租。”又爲名詞，賦税中的一種。南朝宋鮑照擬古詩：“歲暮井賦訖，程～相追尋。”㊃占卜中的一種(後起義)。宋惠洪冷齋夜話九課術有驗無驗：“有日者能～，使之～，莫不奇中。”

諮 tà 徒合切，入，合韻，定。緝部。

㊀〔諮諮〕多言貌，説個不停。同“沓沓”。荀子正名：“故愚者之言，芴然而粗，嘖然而不類，諮諮然而沸。”楊倞注：“諮諮，多言也。”㊁〔譐諮〕見“譐”字條。

［辨］諮諮，諜諮。説文：“諮，諜諮也。”依大徐本説文注音：“諜，他合切。”又：“諮，徒合切。”“諜”是透母，“諮”是定母，是叠韻聯緜字。依廣韻注音，兩字同音，是叠音詞，“諜諮”即“諮諮”。

誹 fěi 甫微切，集韻府尾切，上，尾韻，非。微部。

㊀議論指摘别人的過失，認爲不對。莊子刻意：“刻意尚行，離世異俗，高論怨～，爲亢而已矣。”李頤注：“非世無道，怨己不遇。”㊁誹謗，不顧事實地説人壞話。荀子非十二子：“是以不誘於譽，不恐於～。”楊倞注：“虚譽不能誘，毁謗不能動。”淮南子繆稱：“聖人不求譽，不辟～，正身直行，衆邪自息。”

［同源字］誹，非。非、誹同源。“非”是不對，“誹”是認爲不對。“誹”在廣韻中，有甫微切、方味切平去兩音，平聲一讀與“非”同音。古籍中“怨誹”亦作“怨非”，如荀子解蔽：“百姓怨非而不用。”“誹”原無貶義，故古有“誹謗之木”，乃設木讓人提出批評意見。

［辨］誹，謗，譏。見“謗”字條。

諍 1. zhèng 側迸切，去，諍韻，照二。耕部。

㊀直言勸阻，强諫。漢劉向説苑臣術：“有能盡言於君，用則留之，不用則去，謂之諫；用則可生，不用則死，謂之～。”

2. zhēng 集韻甾莖切，平，耕韻，照二。耕部。

㊁通“爭”。爭奪，紛爭。戰國策秦策二：“有兩虎～人而鬬者。”

［同源字］爭、諍。“爭”字象兩手相爭之形，本義是爭奪、爭鬬。“諍”是以言相爭。二字同聲同韻，意義相關，是同源詞。諫諍字本作“爭”。荀子臣道：“有能進言於君，用則可，不用則死，謂之爭。”爲了有别於爭奪之“爭”，改讀去聲，并造分别字“諍”。參見“爭”字條。

諗 shěn 式荏切，音審，上，寑韻，審三。侵部。

㊀規諫，忠告。説文：“諗，深諫也。”段玉裁注：“深諫者，言人之所不能言也。”左傳閔公二年：“昔辛伯～周桓公。”國語晉語七：“果敢者～之，則過不隱。”㊁思念。詩小雅四牡：“豈不懷歸，是用作歌，將母來～。”毛傳：“諗，念也。”㊂通“審”。知悉(晚起義)。元戴良跋錢舜舉所臨閻立本西域圖：“博雅君子，必有能～之者。”

［備考］㊀通“審”。詳盡(晚起義)。明張居正乞鑒别忠邪以定國是疏：“一切時事俱未暇～問。”㊁通“淰(shǎn)”。躲閃，魚驚駭貌。孔子家語禮運：“故龍以爲畜而魚鮪不～。”禮記禮運作“淰”。

論 1. lùn 盧困切，去，慁韻，來。文部。

㊀議論，分析和説明事理。説文：“論，議也。”書周官：“兹惟三公，～道經邦，燮理陰陽。”韓非子五蠹：“～世之事，因爲之備。”引申爲評論，衡量。商君書禁使：“賞隨功，罰隨罪，故～功察罪，不可不審也。”吕氏春秋論人：“此賢主之所以～人也。”又爲辯論。吕氏

春秋應言："入與不入之時，不可不熟～也。"高誘注："論，辯也。"史記魏其武安侯列傳："今日廷～。"❷定罪，論定罪行。史記呂后本紀："其羣臣或竊餽，輒捕～之。"後漢書魯丕傳："坐事下獄，司寇～。"李賢注："決罪曰論。"❸言論，主張。公孫龍子跡府："疾名實之散亂，因資材之所長，爲守白之～。"❹一種以議論爲主的文體。三國魏曹丕典論論文："夫文本同而末異，蓋奏、議宜雅，書、～宜理。"佛教特指解釋經義、論辯法相的書籍，與經、律合稱爲"三藏"。隋書經籍志四："又有菩薩及諸深解奥義，贊明佛理者，名之爲～。"

[備考]古代一種運動用的球(後起義)。敦煌變文集父母恩重經講經文："貪歡逐樂無時歇，打～樗蒱更不休。"

2. lún 力迍切，平，諄韻，來。文部。

❺論語的簡稱。南朝梁皇侃論語義疏序引漢劉向别録："魯人所學謂之魯～，齊人所學謂之齊～，古壁所傳謂之古～。"❻通"倫"。秩序。晏子春秋内篇諫下："且夫上正其治，下審其～，則貴賤不相踰越。"禮記王制："凡制五刑，必即天～。"❼通"掄"。選擇。國語齊語："權節其用，～比協材。"韋昭注："論，擇也。"

[辨]①議，論。"議"與"宜"同源，重在得失合宜，所以"議"的結果往往是作出決議；"論"與"倫"同源，重在事物理據的是非，所以"論"的結果往往是作出判斷。作名詞時，"議"是建議，"論"是評論或議論。

②談，論。見"談"字條。

諈 zhuì 竹恚切，去，寘韻，知。歌部。

〔諈諉〕叠韻聯緜字。①囑託。說文："諈，諈諉，纍也。"爾雅釋言："諈諉，累也。"郭璞注："以事相屬累爲諈諉。"清黄遵憲鐵漢樓歌："有朋諈諉細料理，對客酣飲仍歌呼。"②煩重貌，遲鈍。列子力命："眠娗、諈諉、勇敢、怯疑，四人相與游於世。"張湛注："四名皆假託寓言。諈諉，煩重貌。"

諉 wěi 女恚切，去，寘韻，娘。微部。

❶連累，煩勞。說文："諉，累。"漢書胡建傳："執事不～上，臣謹以斬，昧死以聞。"顏師古注："諉，累也。言執事者，當見法即行，不可以事纍於上也。"❷推託，推委。字亦作"委"。漢書賈誼傳："然尚有可～者，曰疏，臣請試言其親者。"顏師古注引蔡謨曰："諉者，託也。尚可託言(韓)信(彭)越等以疏故反。"

調 1. tiáo 徒聊切，平，蕭韻，定。幽部。

❶調和，協調。說文："調，和也。"詩小雅車攻："決拾既佽，弓矢既～。"鄭箋："調，謂弓强弱與矢輕重相得。"史記曆書："陰陽～，風雨節。"又，使調和，調節，調理。禮記月令："～竽笙箎簧，飭鍾磬柷敔。"孔穎達疏："調者，調和音曲。"新語道基："～氣養性，仁者壽長。"鹽鐵論本議："故鹽鐵均輸，所以通委財而～緩急，罷之不便也。"❷調教，訓練野獸或牲畜。史記秦本紀："佐舜～馴鳥獸。"鹽鐵論利議："御之良者善～馬。"❸調戲，嘲弄。玉臺新詠漢辛延年羽林郎："依倚將軍勢，～笑酒家胡。"世説新語排調："康僧淵目深而鼻高，王丞相每～之。"

[備考]㊀演奏。楚辭大招："叩鍾～磬，娱人亂只。"王逸注："叩鍾擊磬。"漢劉向新序雜事："能爲我～成周之樂乎？吾爲子舞之。"㊁欺騙。廣雅釋詁二："調，欺也。"潛夫論浮侈："今民奢衣服，侈飲食，事口舌而習～欺，以相詐紿，比肩是也。"

2. diào 徒弔切，去，嘯韻，定。幽部。

❹調動，調遷。史記袁盎鼂錯列傳："然袁盎以數直諫，不得久居中，～爲隴西都尉。"又張釋之馮唐列傳："以貲爲騎郎，事孝文帝，十歲不得～，無所知名。"❺徵調，徵集。史記夏本紀："食少，～有餘補不足。"遼史蕭韓家奴傳："兵不～則曠軍役，～之則損國本。"特指一種徵收紡織品的户税。漢末魏晉有户調，唐代有租、庸、調的賦税法。新唐書食貨志一："丁隨鄉所出，歲輸絹二匹，綾、絁二丈，

布加五之一，綿三兩，麻三斤，非蠶鄉則輸銀十四兩，謂之～。"❻轉動，撥動。後漢書張衡傳："參輪可使自轉，木雕猶能獨飛，已垂翅而還故棲，盍亦～其機而銛諸？"玉臺新詠梁武帝織婦詩："～梭輟寒夜，鳴機罷秋日。"❼計算。漢書鼂錯傳："要害之處，通川之道，～立城邑，毋下千家。"顏師古注："調，謂算度之也。"❽格調，風度。三國志蜀書孟光傳："吾今所問，欲知其權畧智～何如也。"❾腔調，樂律。晉書嵇康傳："因索琴彈之，而爲廣陵散，聲～絶倫，因以授康。"南朝宋謝靈運道路憶山中詩："采菱～已急，江南歌不緩。"

［備考］㊀扔出，甩（晚起義）。明楊景賢西遊記一五齣："我看了，班起一塊大石，～打下去。"㊁掉動，耍弄。水滸傳二一回："你這精賊也瞞老娘！正是'魯般手裏～大斧'！"西遊記一六回："快著！快著！莫要～嘴，害了大事。"

諂

chǎn 丑琰切，上，琰韻，徹。談部。

巴結，奉承。亦作"讇"。論語學而："貧而無～，富而無驕。"易繫辭下："君子上交不～，下交不瀆。"

［辨］諂，讇，諛。見"諛"字條。

按，說文以諂爲讇的或體。

諛

yú 羊朱切，平，虞韻，喻四。侯部。

恭維，用不實之辭奉承人。荀子修身："以不善先人者謂之諂，以不善和人者謂之～。"史記魏其武安侯列傳："灌夫爲人剛直，使酒，不好面～。"

［辨］諂，讇，諛。"諛"是用言語奉承，"諂"則不限於言語。如論語八佾："事君盡禮，人以爲諂也。""諂諛"二字連用，則不再有此分別。"讇"是"諂"的異體。

諗

nì 集韻妍計切，去，霽韻，疑。支部。

用言語刺探。說文："諗，言相諗司也。"段玉裁注："諗司，猶刺探，諗之言惹也，司之言伺也。"墨子經上："服執～。"孫詒讓閒詁："服謂言相從而不執，執謂言相持而不服，說則不服不執而相伺，若鬼谷子所謂抵巇者。"

［同源字］睨，諗。二字同音。說文："睨，衺視也。"斜視是用視覺暗暗觀察動靜，這與用言語來刺探對方，意義是相通的。

誰

shuí 視隹切，平，脂韻，禪母。微部。

❶疑問代詞，用以指人。左傳僖公四年："君若以德綏諸侯，～敢不服？"論語微子："吾～欺？欺天乎？"國語魯語上："臣殺其君，～之過也？"〔誰何〕什麼人。莊子應帝王："吾與之虛而委蛇，不知其誰何。"❷〔誰昔〕疇昔，從前。詩陳風墓門："知而不已，誰昔然矣。"鄭箋："誰昔，昔也。"

［辨］孰，誰。見"孰"字條。

誾

yín 語巾切，音銀，平，真韻，疑。元部。

〔誾誾〕①恭敬而正直的樣子。說文："誾，和說而諍也。"論語先進："閔子侍側，誾誾如也。"②香氣濃烈的樣子。文選漢司馬相如長門賦："桂樹交而相紛兮，芳酷烈之誾誾。"李善注："酷烈、誾誾，香氣盛也。"

諐

qiān 去乾切，音騫，平，仙韻，溪。元部。

罪過，過失。古"愆"字。禮記緇衣引詩："淑慎爾止，不～于儀。"今詩大雅抑作"愆"。漢書劉輔傳："朝廷無諫諍之士，元首無失道之～。"

按，說文以諐爲愆之籀文，在心部。

九　畫

諠

xuān 況袁切，平，元韻，曉。元部。

❶同"喧"。聲音大。漢賈誼新書胎教："笑而不～，獨處不倨，雖怒不罵，胎教之謂也。"❷通"諼"。忘記。禮記大學引詩："有斐君子，終不可～兮。"鄭玄注："諠，忘也。"今詩衛風淇奥作"諼"。❸通"諼"。欺詐（晚起義）。說文："諼，詐也。"後代也有通作"諠"的。西遊記六回："斷是這畜生弄～，他若哄我進去，他便一口咬住。"

［辨］諠，譁。見“譁”字條。

［同源字］歡，懽，讙，諠，喧。見“讙”字條。

按，說文無諠字。

諦 1. dì 都計切，去，霽韻，端。錫部。

❶動詞。細察，詳審。說文：“諦，審也。”關尹子九藥：“～毫末者不見天地之大，審小者不聞雷霆之聲。”漢劉向說苑權謀：“聖王之舉事，必先～之於謀慮。”又，形容詞。詳細，仔細。三國志魏書杜畿傳：“畿親見爲陳大義，遣令歸～思之。”列子湯問：“王～料之。”❷真實無謬的道理（原爲佛教用語，後起義）。唐玄奘譯大毗婆沙論七七：“問，何故名～？～是何義？答，實義是～義，真義、如義、不顛倒義、無虛誑義是～義。”

2. tí 集韻田黎切，平，齊韻，定。支部。

❸通“啼”。啼哭，啼叫。荀子禮論：“歌謠謸笑，哭泣～號。”淮南子精神：“跪蹻而～，通夕不寐。”

諳 ān 烏含切，平，覃韻，影。侵部。

熟悉，知道或記得很清楚。說文：“諳，悉也。”後漢書虞延傳：“延進止從容，占拜可觀，其陵樹株蘖，皆～其數，俎豆犧牲，頗曉其禮。”南史劉湛傳：“博涉史傳，～前代舊典。”南齊書陸澄傳：“令君少便鞅掌王務，雖復一覽便～，然其卷軸未必多僕。”

諺 yàn 魚變切，去，線韻，疑。元部。

❶諺語，在羣衆中流傳的固定語句。說文：“諺，傳言也。”左傳桓公十年：“周～有之：‘匹夫無罪，懷璧其罪。’”唐韓愈藍田縣丞廳壁記：“～數慢，必曰丞，至以相訾謷。”❷通“喭”。粗俗，鹵莽。書無逸：“厥子乃不知稼穡之艱難，乃逸乃～，既誕。”孔穎達疏：“諺，欺誕不恭之貌。”❸通“唁”。弔唁，慰問死者家屬。南朝梁劉勰文心雕龍書記：“～者，直語也。喪言亦不及文，故弔亦稱～。”

［同源字］諺，唁，喭。說文分別諺、唁，以“諺”爲傳言俗語，以“唁”爲弔生。“喭”不見於說文、玉篇，篇海類篇謂：“喭，粗俗。”一般以此分別三字的意義，其實正如文心雕龍所說，“諺”、“唁”都是直語不文，也就是粗俗。三字音同義通，實同一詞。在古籍中又互相通用。

謕 sù 桑故切，去，暮韻，心。鐸部。

同“訴”。告訴。說文：“謕，告也。”段玉裁注：“凡从㡿之字，隸變爲斥，俗又譌斥。”傳世典籍多作“訴”。宋書謝靈運傳：“風流蕙兮水增瀾，～愁衿兮鑑戚顏。”

諞 1. pián 房連切，集韻蒲眠切，平，先韻，並。真部。

❶花言巧語。亦作“便”。說文：“諞，便巧言也。”書秦誓：“惟截截善～言，俾君子易辭。”宋徐夢莘三朝北盟會編卷四：“進君子，退小人，無以利口～言爲足信。”

2. piàn。

❷欺騙，詐騙（晚起義）。多作“騙”。明湯式一枝花贈王觀音奴套曲：“指山盟是～，則不如剪髮然香竟兒遠。”清張謇變法平議凡兵部之事四：“誆～、博弈、奸淫者，見則捕之。”

3. piǎn。

❸誇耀，顯示（晚起方言義）。元關漢卿陳母教子二折：“我勸這世上人，休把這口忒～過了。”清蒲松齡增補幸雲曲一六回：“這奴才又～他的扇子哩，我誇他一誇。”

［辨］諞，騙。“諞”本表花言巧語。“諞”的兩個晚起義欺詐、誇耀都是言語行爲，意義與花言巧語有關，故以“諞”爲之，但音有變化。“騙”本表騙腿兒上馬的動作，借作欺騙的“騙”，并且成爲它的常用義。

諢 hùn 五困切，去，慁韻，疑。

戲謔，逗趣。玉篇：“諢，弄言。”宋張耒明道雜志：“（錢穆）剖決甚閑暇，雜以談笑～語。”特指打渾逗趣的人。新唐書史思明傳：“思明愛優～，寢食常在側。”

按，説文無諢字。

謎 mí 莫計切，集韻緜批切，平，齊韻，明。

謎語。南朝梁劉勰文心雕龍諧隱："～也者，迴互其辭，使昏迷也。"

[辨]迷，謎，眯。説文："迷，惑也。"新附："謎，隱語也。"兩字今同音，古時"謎"讀去聲，有平去之分，今不少方言"謎"仍讀去聲。謎語古稱廋辭或隱語，用暗射、隱藏的言語使人迷惑，因而叫做謎，這正是迷惑義的引申。"謎"是後起分化字，其義其字當產生於漢魏以後。"眯"是上聲，説文："眯，艸入目中也。"眼睛中混進了異物，當然看不清東西。

諮 zī 即夷切，平，脂韻，精。脂部。

同"咨"。咨詢，跟別人商量。國語晉語四："詢于八虞，而～于二虢。"韋昭注："諮，謀也。"

[辨]諮，詢。二字都是跟人商量，徵求意見。"諮"一般是向自己所敬重的人討教，而"詢"多是向下面的人徵求意見。

按，説文諮作咨，釋云："謀事曰咨。"

諫 jiàn 古晏切，去，諫韻，見。元部。

用言語糾正君主或尊長的過失。周禮地官保氏："保氏掌～王惡，而養國子以道。"鄭玄注："諫者，以禮義正之。"論語里仁："事父母幾～。"引申爲糾正，更正。玉篇："諫，更也。"論語八佾："成事不説，遂事不～，既往不咎。"晉陶潛歸去來兮辭："悟已往之不～，知來者之可追。"

[備考]通"間"。離間，挑撥。韓非子内儲説下："文王資費仲而游於紂之旁，令之～紂而亂其心。"

諶 chén 氏任切，音忱，平，侵韻，禪。侵部。

❶相信。説文："諶，誠諦也。"書咸有一德："嗚呼！天難～，命靡常。"詩大雅蕩："天生烝民，其命匪～。"毛傳："諶，誠也。"❷確實，誠然。楚辭戰國屈原九章哀郢："外承歡之汋約兮，～荏弱而難持。"王逸注："諶，誠也。"

諾 nuò 奴各切，入，鐸韻，泥。鐸部。

❶答應，允許。説文："諾，應也。"老子第六十三章："夫輕～必寡信，多易必多難。"荀子王霸："刑賞已～，信乎天下矣。"楊倞注："諾，許也。"❷答應聲，表示同意。論語陽貨："～，吾將仕矣。"禮記玉藻："父命呼，唯而不～。"孔穎達疏："唯而不諾者，應之以唯而不稱諾，唯恭於諾也。"

[備考]古時批字於公文之尾，表示許可，叫諾。後漢書黨錮傳序："汝南太守范孟博，南陽宗資主畫～。"

諜 dié 徒協切，入，怗韻，定。葉部。

❶間諜，偵探。説文："諜，軍中反間也。"左傳宣公八年："晉人獲秦～。"周禮秋官掌戮："掌戮掌斬殺賊～而搏之。"鄭玄注："諜，謂姦寇反間者。"又用作動詞，刺探敵情。左傳桓公十二年："羅人欲伐之，使伯嘉～之。"引申爲探得的情報。續資治通鑑宋太宗雍熙四年："寧邊軍數日間連受八十餘～，知軍柳開獨不信。"❷通"牒"。譜牒。史記三代世表："余讀～記，黄帝以來皆有年數。"❸〔諜諜〕通"喋喋"。囉唆，説個没完。史記張釋之馮唐列傳："豈斅此嗇夫諜諜利口捷給哉！"

[備考]㊀諂媚奉承的樣子。莊子列御寇："内誠不解，形～成光。"郭象注："舉動便僻而成光儀也。"㊁安寧。莊子人間世："大多政法而不～，雖固亦無罪。"釋文："李云：'安也'。"

[辨]間，諜。見"間"字條。

謀 móu 莫浮切，平，尤韻，明。之部。

❶徵求解決疑難的意見或辦法。説文："謀，慮難曰謀。"左傳襄公四年："咨事爲諏，咨難爲～。"詩小雅皇皇者華："載馳載驅，周爰咨～。"毛傳："咨事之難易爲謀。"引申爲謀劃，商量辦法。左傳莊公十年："肉食者～之，又何間焉？"詩衛風氓："匪來貿絲，來即我

～。"再引申爲圖謀,營求。墨子七患:"四鄰～之而不知戒。"論語衛靈公:"君子～道不～食。"㊁名詞。計策,謀略。論語衛靈公:"小不忍則亂大～。"書大禹謨:"無稽之言勿聽,弗詢之～勿庸。"

[備考]㊀微昧。管子内業:"～乎莫聞其音,卒乎乃在於心。"俞樾平議:"謀即禮記玉藻'瞿瞿梅梅'之梅,正義曰'梅梅猶微微',謂微昧也,正與'莫聞其音'之義合。"㊁媒介。管子法法:"君臣之會,六者謂之～。"俞樾平議:"'六者謂之謀',當作'六者爲之媒',言君臣會合,皆此六者爲之媒也。"㊂會合,接觸(後起義)。三國志蜀書先主傳:"近漢初興,五星從歲星～。"唐柳宗元鈷鉧潭西小丘記:"悠然而虚者與神～,淵然而静者與心～。"這實際是商量義比喻用法的發展結果。

[辨]①計,謀。兩字都有籌劃、出主意、想辦法的意義。但是"計"是心中盤算,着重在比較長短,定出計劃或計策,多是個人的行爲;"謀"本是向他人徵詢意見,着重在共同商議出辦法或計謀,一般是多人的共同行爲。

②謨,謀。見"謨"字條。

諵 nán 女咸切,平,咸韻,娘。

後起字。〔諵諵〕象聲詞,同"喃喃"。低語聲。唐韓愈酬司門盧四兄雲夫院長望秋作詩:"日來省我不肯去,論詩説賦相諵諵。"宋文同贈日新禪師詩:"師如捉龜拂,定不空諵諵。"

諴 xián 胡讒切,音咸,平,咸韻,匣。侵部。

和協,和洽。説文:"諴,和也。"書大禹謨:"至～感神,矧兹有苗。"又:召誥:"嗚呼!有王雖小,元子哉! 其丕能～于小民,今休。"

諱 huì 許貴切,去,未韻,曉。微部。

㊀忌諱,隱諱,有所顧忌而不敢説或不願説。説文:"諱,誋也。"公羊傳隱公元年:"春秋爲尊者～,爲親者～,爲賢者～。"左傳莊公十八年:"夏,公追戎于濟西。不言其來,～之也。"引申爲迴避,顧忌。墨子非命上:"福不可請,禍不可～。"史記范雎(睢)蔡澤列傳:"華陽涇陽等擊斷無～,高陵進退不請。"㊁所隱諱或避忌的事物。楚辭漢東方朔七諫謬諫:"願承間而效志兮,恐犯忌而干～。"三國志吴書諸葛恪傳:"又諸將備守各有境界,猶恐賊虜聞～,恣睢寇竊。"特指死去的帝王或尊長的名。禮記王制:"大史典禮,執簡記,奉～惡。"鄭玄注:"諱,先王名。"清顧炎武日知録卷二三:"生曰名,死曰～。"

諝 xū 相居切,音胥,平,魚韻,心。魚部。

才智。説文:"諝,知也。"漢揚雄太玄戾:"女不女,其心予,覆夫～。"王涯注:"諝,智也。"晉陸機辯亡論上:"謀無遺～,舉不失策。"引申爲機智,計謀。淮南子本經:"仁鄙不齊,比周朋黨,設詐～,懷機械巧故之心,而性失矣。"高誘注:"諝,謀也。"

[同源字]諝,胥,壻,婿。胥,諝同音。"諝"亦作"胥"。詩小雅桑扈:"君子樂胥。"鄭箋:"胥,有才知之名也。"廣韻:"壻,蘇計切。"與"諝"有平、去之分。説文:"壻,夫也。"徐鍇繫傳:"壻者胥也。胥,有才智之稱也。"字亦作"婿"。四字音近義通,有同源關係。

諟 shì 承紙切,音是,上,紙韻,禪。支部。

使正,訂正。説文:"諟,理也。"王筠句讀:"謂料理之也。"禮記大學:"太甲曰:'顧～天之明命。'"孔穎達疏:"顧,念也;諟,正也。伊尹戒太甲云:'爾爲君當顧念奉正天之顯明之命,不邪僻也。'"

[同源字]是,諟。兩字同音,都有正義,實同一詞。"諟"爲後起分别字。

謁 yè 於歇切,入,月韻,影。月部。

㊀稟告,陳説。説文:"謁,白也。"左傳隱公十一年:"惟我鄭國有請～焉。"禮記月令:"先立春三日,太史～之天子曰:某日立春。"引申爲請求。左傳昭公十六年:"宣子有環,其一在鄭商。宣子～諸鄭伯,子產弗與。"又

爲告發。韓非子五蠹:"楚之有直躬,其父竊羊而～之吏。"㊁謁見,拜見。史記蕭相國世家:"上至,相國～。"楚辭漢劉向九歎遠遊:"登崑崙而北首兮,悉靈圉而來～。"王逸注:"衆神盡來謁見,尊有德也。"指接待賓客的近侍,謁者。新唐書李訓傳贊:"文宗偃然倚之成功,卒爲閹～所乘。"㊂名帖,名片。史記酈生陸賈列傳:"使者懼而失～,跪拾～,還走。"

諰 xǐ 胥里切,音葸,上,止韻,心。之部。

恐懼。亦作"葸"。荀子彊國:"雖然,則有其～矣。"楊倞注:"諰,懼。"睡虎地秦墓竹簡爲吏之道:"疾而毋～,簡而毋鄙。"〔諰諰〕恐懼貌。荀子議兵:"秦四世有勝,諰諰然常恐天下之一合而軋己也。"

謂 wèi 于貴切,去,未韻,喻三。物部。

㊀説,用於評論人物。説文:"謂,報也。"段玉裁注:"凡論人論事得其實謂之報。謂者,論人論事得其實也。"論語八佾:"孔子～季氏:'八佾舞於庭,是可忍也,孰不可忍也?'"皇侃義疏:"謂,評論之辭也。"又里仁:"子～韶盡美矣,又盡善也。"引申爲認爲,以爲。左傳僖公二十四年:"臣～君之入也,其知之矣!"世説新語自新:"鄉里皆～已死。"㊁告訴,對…説。左傳成公二年:"韓厥夢子輿～己曰:'旦辟左右。'"戰國策趙策四:"太后明～左右:'有復言令長安君爲質者,老婦必唾其面。'"㊂叫做,稱爲。論語陽貨:"懷其寶而迷其邦,可～仁乎?"引申爲指稱,意指。莊子達生:"其痀僂丈人之～乎?"㊃通"爲"。介詞。介動作涉及的對象。鹽鐵論憂邊:"有一人不得其所,則～之不樂。"

[備考]㊀勤,盡心竭力。詩小雅隰桑:"心乎愛矣,遐不～矣。"鄭箋:"謂,勤。"晏子春秋内篇諫下:"故節於身,～於民。"㊁猶"與"。史記鄭世家:"晉於是欲得叔詹爲僇。鄭文公恐,不敢～叔詹言。"

[辨]謂,曰。兩字都有"説"的意思。用於評論人物的"謂"同"曰"的意義區別明顯,用於對某人説的"謂"同"曰"的意義很相近。但是"曰"後必須緊接所説的話;"謂"不與所説的話緊接,中間需有告知的對象(間接賓語),再加"曰",或"謂曰"連用。

諤 è 五各切,音萼,入,鐸韻,疑。鐸部。

言語正直。後漢書戴憑傳:"臣無蹇～之節,而有狂瞽之言。"宋鄭俠示潮州吴宅三甥詩:"心雖在規益,世誰受忠～。"〔諤諤〕言語正直的樣子。韓詩外傳七:"衆人之唯唯,不若直士之諤諤。"

按,説文無諤字。

謔 xuè 虚約切,入,藥韻,曉。藥部。

開玩笑,嘲弄。説文:"謔,戲也。"詩鄭風溱洧:"維士與女,伊其相～,贈之以勺藥。"又衛風淇奥:"善戲～兮,不爲虐兮。"〔謔謔〕喜樂貌。詩大雅板:"天之方虐,無然謔謔。"毛傳:"謔謔然喜樂。"

諧 xié 户皆切,平,皆韻,匣。脂部。

㊀和諧,融洽。説文:"諧,詥也。"書舜典:"八音克～,無相奪倫。"左傳襄公十一年:"如樂之和,無所不～。"引申爲會合,稽合。論衡自紀:"～於經不驗,集於傳不合。"㊁詼諧。漢書東方朔傳:"上以朔口～辭給,好作問之。"㊂商定,商量好(後起義)。後漢書宦者傳:"當之官者,皆先至西園～價,然後得去。"李賢注:"諧謂平論定其價也。"引申爲辦成。後漢書五行志一:"南陽有童謡曰:'～不～,在赤眉;得不得,在河北。'"

[備考]辨别。列子周穆王:"予一人不盈於德而～於樂。"張湛注:"諧,辨。"

諼 xuān 况袁切,音喧,平,元韻,曉。元部。

㊀欺詐。説文:"諼,詐也。"公羊傳文公三年:"晉陽處父帥師伐楚救江。此伐楚也,其言救江何?爲～也。"何休注:"諼,詐。"宋司馬光遺表:"行險徼倖,懷～罔上,輕動干戈,妄擾蠻夷。"㊁忘記。詩衛風淇奥:"有匪君子,終不可～兮。"毛傳:"諼,忘也。"

諭 yù 羊戍切，去，遇韻，喻四。侯部。

❶告訴，使知道。説文："諭，告也。"周禮秋官訝士："訝士掌四方之獄訟，～罪刑於邦國。"史記項羽本紀："梁乃召故所知豪吏，～以所爲起大事。"特指上對下的文告、指示或告誡的言辭。漢書南粵王趙佗傳："故使賈馳～告王朕意。"晉束晳玄居釋："未敢聞子之高～。"❷知道，明白。荀子儒效："其言多當矣，而未～也。"戰國策魏策四："寡人～矣。"❸表明。韓非子解老："禮者，外節之所以～内也。"吕氏春秋離謂："言者，以～意也。"❹比喻。戰國策齊策四："請以市～，市朝則滿，夕則虚。"

［辨］諭，喻。説文有"諭"無"喻"，本同一詞，古代通用。後來逐漸有分工，在比喻的意義上用"喻"，在告訴的意義上用"諭"。

謚 shì 神至切，去，至韻，牀三。錫部。

同"諡"。説文："謚，行之迹也。"段玉裁注："按各本作從言兮皿闕，此後人妄改也…今正謚爲謚，而删部末之'謚笑皃'。"經傳中多作"謚"。

［辨］謚，謚。見"謚"字條。

諷 fěng（舊讀 fèng）方鳳切，去，送韻，非。冬部。

❶背誦。説文："諷，誦也。"周禮春官大司樂："以樂語教國子：興、道、～、誦、言、語。"鄭玄注："倍文曰諷，以聲節之曰誦。"漢書藝文志小學："太史試學童，能～書九千字以上，乃得爲史。"❷用含蓄的話勸告或指責。韓非子八經："故使之～，～定而怒。"後漢書李雲傳論："禮有五諫，～爲上。"引申爲譏諷(後起義)。宋蘇軾送李公恕詩："酒酣箕坐語驚衆，雜以嘲～窮詩騷。"在唐代以前"諷"不含惡意譏諷的意義，字亦作"風"。史記魏其武安侯列傳："武安侯乃微言太后，風上"。

［辨］諷，誦。兩字的本義都是背誦，但是"諷"是背着唸，"誦"是背着高聲朗誦，即段玉裁説文解字注"諷"下所説的"吟詠以聲節之"。

謏 xiǎo 先鳥切，音筱，上，篠韻，心。幽部。

小。玉篇："謏，小也。"禮記學記："發慮憲，求善良，足以～聞，不足以動衆。"鄭玄注："謏之言小也。"唐柳宗元爲樊左丞讓官表："臣實～才，謬登清貫。"

按，説文無謏字。

謥 còng 千弄切，去，送韻，清。

同"謥"。典籍多作"謥"，參見"謥"字條。

十 畫

謇 jiǎn 九輦切，音蹇，上，獮韻，見。元部。

❶口吃。世説新語排調："或～喫無宫商，或抵陋希言語。"❷正直，剛正不阿。楚辭戰國屈原離騷："汝何博～而好脩兮，紛獨有此姱節?"唐劉肅大唐新語孝行："杜審言雅善五言，尤工書翰，恃才～傲，爲時輩所嫉。"［謇謇］正直忠貞的樣子。楚辭戰國屈原離騷："余固知謇謇之爲患兮，忍而不能舍也。"王逸注："謇謇，忠貞貌也。"❸句首語氣詞。楚辭戰國屈原離騷："～朝誶而夕替。"

［備考］文辭艱澀。隋劉善經四聲論："乃以謝朓之詩，末句多～，降爲中品。"

［同源字］謇，蹇。二字同音。玉篇："謇，吃也。"説文："蹇，跛也。"段玉裁注："易曰：'蹇，難也。'行難謂之蹇，言難亦謂之蹇。"二字實同一詞，"謇"爲分别字。

按，説文無謇字。

謗 bàng 補曠切，去，宕韻，幫。陽部。

❶從旁公開指責别人的過失。國語周語上："厲王虐，國人～王。"❷毁謗，不顧事實地惡意攻擊。説文："謗，毁也。"論語子張："信而後諫，未信，則以爲～己也。"史記屈原賈生列傳："信而見疑，忠而被～。"

［辨］誹，謗，譏。三個字都是指責，批評别人的過失。但是，"謗"一般指公開指責，批

評的份量重,因而有時就帶有詛咒的意義。左傳昭公二十七年:"進胙者莫不~令尹。"杜預注:"謗,詛也。""誹"是背地裏議論、嘀咕。"譏"是微言譏諷。"誹"、"謗"又由指責別人的過失,都引申爲不顧事實地説人壞話或惡意攻擊,漢代以後多用引申義。

謞 1. hè 呵各切,入,鐸韻,曉。藥部。

❶〔謞謞〕即"熇熇"。熾烈的樣子。爾雅釋訓:"謔謔、謞謞,崇讒慝也。"郝懿行義疏:"謔者,戲謔也。謞者,當作熇。"今本詩大雅板:"天之方虐,無然謔謔。"又:"多將熇熇,不可救藥。"作"熇"。毛傳:"熇熇然,熾盛也。"

2. xiāo 集韻虛交切,平,爻韻,曉。宵部。

❷叫呼的聲音。莊子齊物論:"激者、~者、叱者、吸者、叫者…前者唱于,而隨者唱喁。"釋文:"謞者音孝,李虛交反。簡文云:'若箭去之聲。'司馬云:'若讙謞聲。'"

按,説文無謞字。

謐 mì 彌畢切,音蜜,入,質韻,明。質部。

安寧,寂静。説文:"謐,静語也…一曰無聲也。"漢蔡邕陳太丘碑文序:"政以禮成,化行有~。"抱朴子外篇吴失:"五弦~響,南風不詠。"〔謐謐〕寂静的樣子。唐李賀昌谷詩:"謐謐厭夏光,商風道清氣。"

謝 sù 桑故切,去,暮韻,心。鐸部。

訴説,告訴。管子版法:"治不盡理,則疏遠微賤者無所告~。"

[同源字]訴,謝,愬,泝,溯,遡。見"訴"字條。

按,説文以謝爲訴的或體。

謙 qiān 苦兼切,平,添韻,溪。談部。

謙虚,謙讓。説文:"謙,敬也。"書大禹謨:"滿招損,~受益。"荀子宥坐:"富有四海,守之以~。"〔謙謙〕謙遜的樣子。易謙:"謙謙君子,卑以自牧也。"

[備考]㊀通"兼(jiān)"。同時涉及。墨子明鬼下:"齊君由~殺之,恐不辜;猶~釋之,恐失有罪。"王念孫讀書雜志:"由、猶皆欲也。謙與兼同。言欲兼殺之、兼釋之也。"㊁通"嫌(xián)"。嫌疑。荀子仲尼:"貴而不爲夸,信而不處~。"楊倞注:"謙,讀爲嫌。得信於主,不處嫌疑間,使人疑其作威福也。"㊂通"慊(qiè)"。滿意,滿足。禮記大學:"所謂誠其意者,毋自欺也,如惡惡臭,如好好色,此之謂自~。"鄭玄注:"謙,讀爲慊,慊之言厭也。"

謚 shì 神至切,去,至韻,牀三。錫部。

古代帝王、貴族、大臣死後依其生前事跡所給予的帶有褒貶意義的稱號。説文:"謚,行之迹也。"(依段注本)禮記樂記:"故觀其舞,知其德;聞其~,知其行也。"又:動詞。加給謚號。左傳宣公十年:"改葬幽公,~之曰靈。"引申爲稱作,號作。漢司馬相如喻巴蜀檄:"身死無名,~爲至愚。"文選漢王褒洞簫賦:"幸得~爲洞簫兮,蒙聖主之渥恩。"李善注:"謚,號也。"

[辨]謚,諡。大徐本説文分别謚、諡,以"諡"爲"行之迹也","謚"爲"笑皃"。姚文田嚴可均説文校議、段玉裁説文解字注都認爲"謚"字原無"笑皃"之訓,後人妄改"謚"爲"諡",又依字林以"謚"爲笑聲竄入,且改"笑聲"爲"笑皃"。傳世典籍中"謚""諡"混用,都是"行之迹也"一義。"謚"的笑貌、笑聲義無書證,據韻書讀音也應不同。

講 jiǎng 古項切,上,講韻,見。東部。

❶和解,講和。説文:"講,和解也。"戰國策西周策:"魏不能支,必因君而~,則君重矣。"韓非子内儲説上七術:"三國之兵深矣!寡人欲割河東而~,何如?"❷研究,商討。國語魯語上:"夫仁者~功,而智者處物。"韋昭注:"講,論也。"左傳襄公五年:"~事不令,集人來定。"引申爲講習,演習。論語述而:"德之不脩,學之不~,聞義不能徙,不善不能改,是吾憂也。"國語周語上:"三時務農而一時~武。"韋昭注:"講,習也。"❸講解。漢書夏侯勝傳:"始,勝每~授,常謂諸生曰:'士病不明

經術…'"又引申爲講説，講述（晚起義）。元石子章竹塢聽琴三折："尋一個幽静之處，纔好～話。"

［備考］考核，比較。國語鄭語："擇臣取諫工而～以多物，務和同也。"韋昭注："講，猶校也。"

謰 lián 集韻陵延切，平，仙韻，來。元部。

❶〔謰謱〕雙聲聯緜字。言語繁雜。楚辭漢王逸九思疾世："嗟此國兮無良，媒女詘兮謰謱。"洪興祖補注："謰謱，語亂也。"❷〔謰語〕指聯緜不可分割的雙音節詞，即聯緜詞（晚起詞語）。也作"連語"。明方以智通雅釋詁："謰語者，雙聲相轉而語謰謱也。"

謊 huǎng 龍龕手鑑呼光反。

"詤"的後起字。❶謊話，假話（晚起義）。元白樸牆頭馬上二折："若夫人問時，説個～道，不知怎生走了。"❷哄騙，説謊（晚起義）。元王實甫西廂記五本四折："張生並不曾人家做女婿，都是鄭恒～，等他兩箇對證。"

［辨］詤，謊。見"詤"字條。

按，説文謊作詤。

謘 chí 直尼切，音遲，平，脂韻，澄。脂部。

説話遲鈍。也作"謘"。説文："謘，語諄謘也。"〔謘謘〕語言遲鈍的様子。明方以智東西均奇庸："爲善世而言其法，謘謘然貴義。"

謖 sù 所六切，入，屋韻，審二。職部。

❶起來。爾雅釋言："謖，起也。"禮記祭統："惠術也，可以觀政矣，是以尸～。"列子黄帝："夫没人，則未嘗見舟而～操之者也。"❷〔謖爾〕肅敬的様子。後漢書蔡邕傳："公子謖爾斂袂而興曰：'胡爲其然也。'"李賢注："謖爾，翕斂之貌。"❸〔謖謖〕①挺拔的様子。世説新語賞譽："世目李元禮：謖謖如勁松下風。"②形容風聲峻急。初學記卷三晉陸機感時賦："寒冽冽而寢興，風謖謖而妄作。"

按，説文無謖字。

謠 yáo 餘昭切，平，宵韻，喻四。宵部。

❶古代歌唱時不用樂器伴奏叫謠。詩衛風園有桃："心之憂矣，我歌且～。"毛傳："曲合樂曰歌，徒歌曰謠。"❷民間流行的歌謠。國語晉語六："風聽臚言於市，辨祆祥於～。"南史梁武帝紀上："周省四方，觀政聽～。"又用作詩歌的名稱（後起義）。如李白有廬山謠，温庭筠有夜宴謠。❸謠言，没有根據的傳聞或憑空捏造的言辭。楚辭戰國屈原離騷："衆女嫉余之蛾眉兮，～諑謂余以善淫。"

［辨］謳，歌，謠。見"謳"字條。

按，今本説文謠作䍃，釋云："徒歌。"王筠句讀引六書故以爲今本"偶脱謠篆"，而以"謠"之解説置"䍃"下，"䍃"解本"从也"。

謟 tāo 土刀切，音滔，平，豪韻，透。幽部。

猶疑不定。左傳昭公二十六年："天道不～，不貳其命，若之何禳之？"杜預注："謟，疑也。"荀子性惡："其言也～，其行也悖。"

［備考］㊀通"韜"。隱藏，隱瞞。晏子春秋内篇問下："不～過，不責得。"㊁超越本分。逸周書酆謀："帝念不～，應時作謀，不敏始哉！"孔晁注："謟，僭也。"

按，説文無謟字。

謑 1. xǐ 胡禮切，上，薺韻，匣。支部。

❶〔謑詬〕辱駡。説文："謑，恥也。"段玉裁注："謑，謑詬，恥也。"楚辭漢王逸九思遭厄："起奮迅兮奔走，違羣小兮謑詬。"謑，也作"謨"。荀子非十二子："偷儒而罔，無廉恥而忍謨詬，是學者之嵬也。"楊倞注："謨詬，詈辱也。"

2. xí 集韻弦鷄切，平，齊韻，匣。支部。

❷〔謑髁〕順其自然的様子。莊子天下："謑髁無任而笑天下之尚賢也。"成玄英疏："謑髁，不定貌。隨物順情，無的任用，物各自得。"釋文意見不同："謑髁，訛倪不正貌。"

謋 huò 虎伯切，入，陌韻，曉。鐸部。

迅速分離的聲音。莊子養生主："動刀甚

微,～然已解。”成玄英疏:“謋然,骨肉離之聲也。”

按,説文無謋字。

謅 1. zhōu 楚鳩切,集韻甾尤切,平,尤韻,照二。

後起字。❶編造(言辭),信口説。元曲選楊文奎兒女團圓三折:“一謎裏便胡～亂説。”

2. chǎo 初爪切,音吵,上,巧韻,穿二。

❷争吵。朱子語類一三一:“光性剛,雖暫屈,終是不甘,曾與秦檜～。”

謝 xiè 辞夜切,去,禡韻,邪。鐸部。

❶辭别,告辭。説文:“謝,辤去也。”史記滑稽列傳:“乳母如其言,～去,疾步數還顧。”特指辭去官職。禮記曲禮上:“大夫七十而致事,若不得～,則賜之几杖。”❷推辭,拒絶。史記秦本紀:“秦怨圉亡去,乃迎晉公子重耳於楚,而妻以故子圉妻,重耳初～,後乃受。”❸道歉。戰國策趙策四:“入而徐趨,至而自～。”史記項羽本紀:“旦日不可不蚤自來～項王。”❹感謝。韓非子外儲説左下:“解狐舉邢伯柳爲上黨守,柳往～之。”又爲酬謝。潛夫論述赦:“受人十萬,～客數千,又重饋部吏。”❺告訴,致意,向人表達心意或問候。史記張耳陳餘列傳:“有厮養卒～其舍中曰:‘吾爲公説燕,與趙王載歸。’”晉灼注:“以辭相告曰謝也。”樂府詩集相和歌辭陌上桑:“使君～羅敷,寧可共載不?”❻衰亡,凋落。楚辭大招:“青春受～,白日昭只。”王逸注:“謝,去也。”南朝梁范縝神滅論:“形存則神存,形～則神滅。”唐杜牧留贈詩:“薔薇花～即歸來。”❼代,更替。莊子秋水:“何少何多,是謂～施。”

[備考]㊀遜色,遜讓(後起義)。後漢書宦者列傳序:“或稱伊霍之勳,無～於往載。”㊁通“榭”。臺榭。公羊傳宣公十六年:“成周宣～災。”左傳作“宣榭火”。

[辨]辤,辭,謝。見“辭”字條。

諟 tí 杜奚切,音提,平,齊韻,定。支部。

同“嗁”,亦作“啼”。啼哭,號叫。漢書嚴助傳:“親老涕泣,孤子～號。”顔師古注:“諟,古啼字。”

按,説文諟作嗁,在口部。

謍 1. yíng 余傾切,平,清韻,喻四。耕部。

❶〔謍謍〕象聲詞。小聲。説文:“謍,小聲也…詩曰:‘謍謍青蠅。’”段玉裁注:“‘小’上當奪‘謍謍’二字。”今本詩小雅青蠅作“營營青蠅”。

2. hōng 集韻呼宏切,音轟,平,耕韻,曉。耕部。

❷大聲。集韻耕韻:“謍,大聲也。”文選漢班固西都賦:“櫂女謳,鼓吹震,聲激越,～厲天。”李善注引聲類曰:“謍,音大也。”

暴 pú 匹角切,音僕,入,覺韻,滂。藥部。

因痛而呼叫。説文:“暴,大呼自勉也。”段玉裁注:“冤,各本作勉,今依廣韻正。自冤者,自稱己冤枉也。”漢書東方朔傳:“上令倡監榜舍人,舍人不勝痛,呼～。”顔師古注:“謂痛切而叫呼也。”

謄 téng 徒登切,平,登韻,定。蒸部。

謄寫,抄寫。説文:“謄,迻書也。”唐王建貧居詩:“蠹生～藥紙,字暗换書籤。”

十一畫

謫 zhé 陟革切,入,麥韻,知。錫部。

也作“讁”。❶譴責,責備。左傳桓公十八年:“公會齊侯于濼,遂及文姜如齊,齊侯通焉。公～之。”潛夫論交際:“内見～於妻子,外蒙譏於士夫。”❷處罰,懲罰。説文:“謫,罰也。”史記張丞相列傳:“鼂錯爲内史,貴幸用事,諸法令多所請變更,議以～罰侵削諸侯。”北史魏紀一太宗明元帝:“今年貲調縣違者,～出家財以充,不聽徵發於人。”特指貶官或流放。文選漢賈誼弔屈原文序:“誼爲長沙王太傅,既以～去,意不自得。”史記秦始皇本紀:“築亭障以逐戎人,徙～,實之初縣。”㊂缺點,過錯。國語周語下:“其君在會,步言視聽,必皆無～,則可以知德矣。”

[備考]古代天文學術語,指天象變異。左傳昭公三十一年:“庚午之日,日始有～。”杜預注:“讁,變氣也。”

謣 1. yú 羽俱切,音于,平,虞韻,喻三。魚部。

㊀虛誇。說文:“謣,妄言也。”徐鍇繫傳:“猶虛誇也。”法言問明:“～言敗俗,～好敗則,姑息敗德,君子謹於言,慎於好,亟於時。”

2. xū 集韻匈于切,平,虞韻,曉。魚部。

㊁[輿謣]叠韻聯緜字。勞動號子。吕氏春秋淫辭:“今舉大木者,前呼輿謣,後亦應之。”高誘注:“輿謣,前人倡,後人和,舉重勸力之歌聲也。”“謣”也單用。清錢謙益定山堂詩集舊序:“輿謳巷～,皆被管弦。”

謳 ōu 烏侯切,平,侯韻,影。侯部。

㊀歌唱(不用樂器伴奏)。左傳宣公二年:“城者～曰:‘睅其目,皤其腹,棄甲而復。’”孟子告子下:“昔者王豹處於淇,而河西善～。”指歌唱的人,歌手。韓非子外儲説左上:“宋王與齊仇也,築武宫,～癸倡。”㊁民歌,民謡。莊子大宗師:“聶許聞之需役,需役聞之於～。”漢書禮樂志:“乃立樂府,采詩夜誦,有趙代秦楚之～。”

[辨]謳,歌,謡。三字都有歌唱、歌曲的意思。“歌”是拉長聲音唱發心中的思想感情,可以配樂,也可以不配樂,但一般要符合一定的樂章、曲譜。它的外延最廣,是歌唱、歌曲的總名。“謳”、“謡”作爲動詞,是不用樂器伴奏,也無一定樂章、曲譜的隨意歌唱;作爲名詞,是地方性的民歌或民謡。“謳”多用作動詞,“謡”多用作名詞。“歌”的其他義是“謳”、“謡”所不具備的,“謡”的謡言義是“歌”、“謳”所没有的。

謨 mó 莫胡切,平,模韻,明。魚部。

謀略,計謀。說文:“謨,議謀也。”書伊訓:“聖～洋洋,嘉言孔彰。”莊子大宗師:“古之真人,不逆寡,不雄成,不～士。”亦作“謩”。左傳襄公二十一年:“聖有謩勳,明徵定保。”

[辨]謨,謀。兩字意義相近,有時可以互换。如詩小雅皇皇者華:“周爰咨謀。”淮南子脩務作“周爰諮～”。但是“謀”常用,“謨”少用。徐鍇說文解字繫傳云:“慮一事,畫一計爲謀,汎議將定,其謀曰謨。”因此“謨”一般是廣泛徵詢意見的結果,多用作名詞。

謹 jǐn 居隱切,上,隱韻,見。文部。

㊀説話不多,言語小心。論語鄉黨:“其在宗廟朝廷,便便言,唯～爾。”禮記緇衣:“君子道人以言,而禁人以行…則民～於言而慎於行。”引申爲謹慎,慎重。書盤庚上:“恪～天命。”淮南子說林:“畫者～毛而失貌,射者儀小而遺大。”高誘注:“謹悉微毛,留意於小,則失其大貌。”㊁謹防,嚴守。詩大雅民勞:“毋縱詭隨,以～無良。”荀子王制:“易道路,～盗賊。”楊倞注:“謹,嚴禁也。”漢劉向新序雜事一:“守封疆,～境界,不侵鄰國。”㊂恭謹,恭敬。韓非子外儲説右上:“宋人有酤酒者,升概甚平,遇客甚～。”戰國策魏策四:“信陵君曰:‘無忌～受教。’”

[辨]謹,慎。二字都表示小心謹慎,古人多用以互訓。說文:“謹,慎也。”又:“慎,謹也。”但是“謹”與廑、僅同源,有少義,是寡言少語,在言語方面小心謹慎;“慎”與真音近義通,是思想品德方面真誠嚴謹。因此它們的引申義也不同,“謹”是恭敬,“慎”是儆戒、告誡。

謬 miù 靡幼切,去,幼韻,明。覺部。

㊀謬誤,差錯。書冏命:“繩愆糾～,格其非心,俾克紹先烈。”孔穎達疏:“繩其愆過,糾其錯謬。”荀子儒效:“故聞之而不見,雖博必～。”㊁有意謬誤,裝假。玉篇:“謬,詐也。”史

記范睢(雎)蔡澤列傳:"應侯知蔡澤之欲困己以説,復～曰:'何爲不可?'"宋王安石雜咏之三:"薄俗～爲恭,獨在勢權尤。"

[備考]纏繞。通"繆(móu)"。莊子庚桑楚:"徹志之勃,解心之～。"成玄英疏:"謬,繫縛也。"

謯 zū 集韻莊助切,去,御韻,照二。魚部。

詛咒。漢書外戚傳下許皇后傳:"后姊平安剛侯夫人謁等爲媚道,祝～後宮有身者王美人及鳳等。"顔古師注:"謯,古詛字。"

謼 hū 荒烏切,音呼,平,模韻,曉。魚部。

叫喊,呼號。漢書賈山傳:"一夫大～,天下嚮應者,陳勝是也。"又息夫躬傳:"上遣侍御史廷尉監逮躬,繫雒陽詔獄,欲掠問,躬仰天大～,因僵仆。"

[同源字]呼,評,謼,虖,嘑,歑。六字俱見説文,分别訓釋。"呼,外息也。"(指呼氣)又:"評,召也。"(指呼唤)又:"虖,哮虖也。"(指號呼)又:"嘑,號也。"又:"歑,温吹也。""呼"的本義是呼氣,呼出的氣是煖的,引申爲温吹(歑)。號呼、呼唤也都是呼氣的引申。六字同音,實同一詞,它們只是分别字。按説文"呼"指呼氣,"評"、"謼"指呼唤,"虖"、"嘑"指號呼,"歑"指温吹;但古籍中多通用,大多作"呼"。

謱 lóu 落侯切,音樓,平,侯韻,來。侯部。

〔謰謱〕雙聲聯緜字。見"謰"字條。

謾 1. mán 母官切,音瞞,平,桓韻,明。元部。

❶蒙蔽,欺騙。説文:"謾,欺也。"墨子非儒下:"且夫繁飾禮樂以淫人,久喪僞哀以～親。"楚辭戰國屈原九章惜往日:"或忠信而死節兮,或訑～而不疑。"引申爲抵賴。史記孝文本紀:"民或祝詛上,以相約結而後相～。"司馬貞索隱引韋昭云:"謾,相抵讕也。"❷詆毁。荀子非相:"鄉則不若,偝則～之。"楊倞注:"謾,欺毁也。"

2. màn 謨晏切,音慢,去,諫韻,明。元部。

❸通"慢"。怠慢,傲慢。漢書董仲舒傳:"故桀紂暴～,讒賊並進,賢知隱伏。"顔師古注:"謾與慢同。"又爲舒緩、緩慢(後起義)。唐白居易長恨歌:"緩歌～舞凝絲竹,盡日君王看不足。"

3. màn 莫半切,去,换韻,明。元部。

❹通"漫"。散漫,繁冗。莊子天道:"老聃中其説。曰:'大～,願聞其要。'"成玄英疏:"嫌其繁謾太多。"又爲不受約束,隨便,任意(後起義)。唐姚合送王求詩:"願君似醉腸,莫～生憂慼。"宋陳亮水調歌頭送章德茂大卿使虜:"不見南師久,～説北羣空。"又爲空自,徒然(後起義)。唐戴叔倫過賈誼舊居詩:"～有長書憂漢室,空將哀些弔沅湘。"宋李清照漁家傲:"我報路長嗟日暮,學詩～有驚人句。"❺莫,不要(後起義)。宋朱淑貞讀史詩:"王霸～分心與迹,到成功處一般難。"金董解元西廂記諸宫調卷三:"～歎息,～悒怏。"

謲 1. càn 七紺切,去,勘韻,清。侵部。

❶相怒。説文:"謲,相怒使也。"廣韻勘韻:"謲,相怒也。"

2. zào。

❷用作"譟"。喧噪。墨子迎敵祠:"静夜聞鼓聲而～。"孫詒讓閒詁:"畢沅云:'譟字異文。'"孔子家語相魯:"齊使萊人以兵鼓～刼定公。"

謻 1. yí 弋支切,音移,平,支韻,喻四。歌部。

同"誃"。❶〔謻門〕冰室門。文選漢張衡東京賦:"謻門曲榭,邪阻城洫。"李善注:"薛綜曰:'謻門,冰室門也。'"又,泛指宫室的側門。晉書劉曜載記贊:"未央朝寂,謻門旦空。"❷〔謻臺〕臺門,傳説周景王在洛陽作謻臺。説文作"誃臺"。

2. chí 集韻陳知切,平,支韻,澄。歌部。

㊂離别(後起義)。南朝齊謝朓三月侍宴曲水代人應詔九首之七:“極望天淵,曲阻～榭。”

按,説文謻作誃。

謥 còng 編海類篇同“謥”。

後起字。同“謥”。〔謥詷〕叠韻聯緜字。草率,言行匆促而不謹慎。三國志魏書程昱傳附程曉:“其選官屬,以謹慎爲粗疏,以謥詷爲賢能。”後漢書和熹鄧皇后紀:“每覽前代賓客,假借威權,輕薄謥詷。”李賢注:“謥詷,言忽遽也。”

誜 shǎ 沙瓦切,音傻,上,馬韻,審二。

後起字。不該説而强要説。明劉基聽蛙詩:“得非作姦謀蝕月,無奈聚訟騰讙～。”清桂馥札樸鄉里舊聞雜言:“言語强拗曰～。”

謷 1. áo 五勞切,音遨,平,豪韻,疑。宵部。

㊀詆毁。吕氏春秋懷寵:“～醜先王,排訾舊典。”漢劉向新序善謀:“有獨知之慮者,必見～於民。”㊁〔謷謷〕象聲詞,即“嗷嗷”。形容哀號或亂嚷。漢書食貨志:“制度又不定,吏緣爲姦,天下謷謷然,陷刑者衆。”楚辭漢王逸九思怨上:“令尹兮謷謷,羣司兮譨譨。”

2. ào 五到切,音傲,去,号韻,疑。宵部。

㊂高大的樣子。莊子德充符:“～乎大哉,獨成其天。”成玄英疏:“謷,高大貌也。”㊃通“傲”。驕傲,傲慢。莊子天地:“雖以天下譽之,得其所謂,～然不顧。”亦作“謸”。荀子禮論:“歌謡謸笑,哭泣諦號。”楊倞注:“謸,與‘傲’同,戲謔也。”“謸笑”亦作“笑敖”。詩邶風終風:“謔浪笑敖,中心是悼。”毛傳:“言戲謔不敬。”陳奂傳疏:“笑敖者,謔之狀也。”

謦 qǐng 去挺切,上,迥韻,溪,耕部。

〔謦欬〕咳嗽。説文:“謦,欬也。”列子黄帝:“惠盎見宋康王,康王蹀足謦欬疾言。”引申爲談笑。莊子徐无鬼:“聞人足音跫然而喜矣,又況乎昆弟親戚之謦欬其側者乎!”釋文:“謦欬,喻言笑也。”

十二畫

識 1. shí 賞職切,入,職韻,審三。職部。

㊀知道,認識,能辨别。説文:“一曰知也。”詩大雅皇矣:“不～不知,順帝之則。”論語陽貨:“多～於鳥獸草木之名。”用作名詞,指相知的朋友。梁書王茂傳:“茂年數歲,爲大父深所異,常謂親～曰:‘此吾家之千里駒。’”唐劉禹錫元日感懷:“異鄉無舊～,車馬到門稀。”㊁知識,見解。文選漢張衡東京賦:“鄙夫寡～。”漢王逸楚辭章句序:“智彌盛者其言博,才益多者其～遠。”

2. zhì 職吏切,去,志韻,照三。職部。

㊂記住。論語述而:“默而～之,學而不厭,誨人不倦,何有於我哉?”文選戰國宋玉神女賦:“寐而夢之,寤不自～。”李善注:“如有可記識也。”引申爲加上標記。禮記檀弓上:“曰:‘吾聞之,古也墓而不墳,今丘也,東西南北之人也,不可以弗～也。’於是封之,崇四尺。”又爲標記,標誌。漢書王莽傳下:“訖無文號旌旗表～,咸怪異之。”後漢書馮異傳:“進止皆有表～。”這一意義後來多作“誌”。

〔備考〕㊀旗幟。釋名釋言語:“識,職也。有章幟可按規也。”左傳宣公十二年:“前茅慮無。”杜預注:“茅,明也。或曰:時楚以茅爲旌～。”㊁古代鐘鼎上凸出的文字。清劉獻廷廣陽雜記卷五:“案博古圖古器俱有款識(zhì),款謂陰字,是凹入者;識謂陽字,是凸出者。款在外,識在内。”史記封禪書:“鼎大異於衆鼎,文鏤無款～,怪之,言吏。”㊂通“適(shì)”。適才,剛才。左傳成公十六年:“～見不穀而趨,無乃傷乎?”惠棟補注:“識當爲適。”

〔辨〕知,識,記,誌。“知”是一般的知道,“識”(入聲)常常是比較深的認識。作名詞時,“知”(去聲)是智慧、才智,“識”是知識、見解,差别更明顯。“識”(去聲)和“記”的區别,

"識"爲記住,"記"是記得。"記"是"識"的結果。雖然"記"也有作記住講的,但一般多作記得講。"誌"是"志"的後起分别字,作記述講,中古以後,"誌"、"識"(去聲)同音,故記得義多作"誌"。

[同源字]職,識,幟,志。見"職"字條。

譈 duì 徒對切,去,隊韻,定。微部。

同"憝"。怨恨,憎惡。孟子萬章下:"康誥曰:'殺越人于貨,閔不畏死,凡民罔不~。'"今本書康誥作"憝"。

按,説文無譈字。

譊 láo 集韻郎刀切,平,豪韻,來。宵部。

説話的聲音。尚書大傳虞夏傳:"執事還歸二年,~然乃作大唐之歌。"陳書高祖紀上:"~然作歌,簡能斯授,遺風餘烈,昭晰圖書。"

按,説文無譊字。

譐 zǔn 兹損切,上,混韻,精。文部。

同"噂"。❶〔譐諮〕同"噂喈"。議論紛雜。魏書安定王休傳:"譐諮明昏,有虧禮教。"❷減少。漢賈誼新書脩政語上:"故服人而不爲仇,分人而不~者,其惟道矣。"

按,説文譐作噂。

譋 cháo 集韻陟交切,平,爻韻,知。宵韻。

同"嘲"。嘲笑,譏諷。漢書揚雄傳:"時雄方草太玄,有以自守,泊如也。或~雄以玄尚白,而雄解之,號曰解~。"文選作解嘲。新唐書武平一傳:"嬰滑稽敏給,詔學士~之,嬰能抗數人。"

按,説文無譋字,新附作嘲。

譊 náo 女交切,平,肴韻,娘。宵部。

争辯聲,喧噪聲。説文:"譊,恚呼也。"晉書庾純傳:"臣不服罪自引,而更忿怒,厲聲名公,臨時諠~。"〔譊譊〕喧嚷争辯聲。莊子至樂:"彼唯人言之惡聞,奚以夫譊譊爲乎?"

譓 huì 胡桂切,音惠,去,霽韻,匣。質部。

同"譿"。❶分辨清楚。國語晉語五:"今陽子之情~矣,以濟蓋也,且剛而主能,不本而犯,怨之所聚也。"韋昭注:"譓,辯察也。"❷順從,服從。漢書司馬相如傳下:"陛下仁育羣生,義征不~。"史記"譓"作"憓"。

按,説文無譓字。

譆 xī 許其切,音熙,平,之韻,曉。之部。

歎詞。表示悲痛、驚懼、贊歎等。也作"嘻"。説文:"譆,痛也。"戰國策齊策三:"齊王和其顔色曰:'~!先君之廟在焉!'疾興兵救之。"莊子養生主:"~,善哉!技蓋至此乎!"〔譆譆〕驚歎聲。左傳襄公三十年:"或叫于宋大廟曰:'譆譆出出。'"明方以智通雅十釋詁:"譆譆出出,當作嘻嘻咄咄,皆是狀鬼神之聲。"

譚 tán 徒含切,平,覃韻,定。侵部。

❶延及。管子侈靡:"而祀~次祖,犯詛渝盟傷言。"尹知章注:"譚,延也。國敗絶祀之事,延及次祖。"❷擴大,擴展。大戴禮記子張問入官:"富恭有本能圖,修業居久而~。"王聘珍解詁:"廣韻:'譚,大也。'業安於久而自大也。"❸通"談"。談論,稱説。莊子則陽:"彭陽見王果曰:'夫子何不~我於王?'"成玄英疏:"譚,猶稱説也。"三國志魏書管輅傳:"此老生之常~。"

按,説文無譚字。

譖 1. zèn 莊蔭切,去,沁韻,照二。侵部。

❶誣陷,説人壞話。説文:"譖,愬也。"詩小雅雨無正:"聽言則荅,~言則退。"鄭箋:"有譖毁之言,則共爲排退之。"公羊傳莊公元年:"夫人~公於齊侯。"何休注:"如其事曰訴,加誣曰譖。"

2. jiàn 集韻子念切,音僭,去,桥韻,精。侵部。

❷通"僭"。不真實,不信任。詩大雅瞻卬:"鞫人忮忒,~始竟背。"鄭箋:"譖,不信也。"孔穎達疏:"所言以不信爲始,終竟於後背而違之。"又桑柔:"朋友已~,不胥以穀。"

譎 jué 古穴切,入,屑韻,見。質部。

❶言行多變化、詐異。説文:"譎,權詐也。"論語憲問:"晉文公～而不正,齊桓公正而不～。"引申爲欺詐,詭詐。韓非子孤憤:"主失勢而臣得國,主更稱蕃臣,而相室剖符,此人臣之所以～主便私也。"❷變異,變化。莊子天下:"相里勤之弟子五侯之徒,南方之墨者苦獲、已齒、鄧陵子之屬,俱誦墨經,而倍～不同,相謂别墨。"成玄英疏:"譎,異也。"文選漢張衡東京賦:"玄謀設而陰行,合二九而成～。"

[備考]㊀日旁五色氣在兩邊外向。淮南子覽冥:"君臣乖心,則背～見於天。"高誘注:"日旁五色氣在兩邊水出爲背,外向爲譎。"㊁决斷。通"决"。荀子儒效:"胡明～德而序位,所以爲不亂也。"

譔 zhuàn 士免切,上,獮韻,牀二。元部。

❶具備,完備。楚辭大招:"魂乎歸徠,聽歌～只。"王逸注:"譔,具也。言觀衆樂,無不具也。"宋周密齊東野語紹興御府書畫式:"應古畫如有宣和御書題名,並行拆下不用。别令曹勛等定驗,别行～名作畫目進呈取旨。"❷通"撰"。撰述。禮記祭統:"銘者,論～其先祖之有德善、功烈、勳勞、慶賞、聲名,列於天下,自成其名焉,以祀其先祖者也。"孔穎達疏:"論謂論説,譔則譔録。"漢書揚雄傳下:"故人時有問雄者,常用法應之,～以爲十三卷,象論語,號法言。"顔師古注:"譔與撰同。"

謘 chí 集韻陳尼切,平,脂韻,澄。脂部。

同"謘"。〔謘謘〕懇切。荀子樂論:"盡筋骨之力以要鐘鼓俯會之節,而靡有悖逆者,衆積意謘謘乎?"

按,説文謘作謘。

證 zhèng 諸應切,去,證韻,照三。蒸部。

❶證實,驗證。論語子路:"其父攘羊,其子～之。"楚辭戰國屈原九章惜誦:"故相臣莫若君兮,所以～之不遠。"❷證據,憑據。大戴禮記文王官人:"平心去私,慎用六～。"晉書范甯傳:"甯據經傳奏上,皆有典～。"❸用事實規諫。戰國策齊策一:"士尉以～靖郭君,靖郭君不聽,士尉辭而去。"吕氏春秋誣徒:"愎過自用,不可～移。"高誘注:"證,諫。"

[備考]㊀效法。漢揚雄太玄從:"人不攻之,自然～也。"范望注:"證,則也。"㊁病症。後來作"症"。列子周穆王:"其父之魯,過陳,遇老聃,因告其子之～。"

[辨]証,證。見"証"字條。

[同源字]徵,證,症。"徵"和"證"古音同在蒸部,"徵"是端母,"證"是照三,聲母也很接近。"徵"有徵兆、證驗義,"證"是證實、證據義。典籍中常以"證"訓"徵",或同訓"驗"。"症"是"證"字病症義的後起專用字。症,病徵也,古但作"證"。

譁 huá 呼瓜切,集韻胡瓜切,平,麻韻,匣。魚部。

也作"嘩"。聲音雜亂,吵嚷。説文:"譁,讙也。"書費誓:"嗟!人無～,聽命。"孫子兵法軍爭:"以治待亂,以静待～,此治心者也。"也指言辭浮誇。韓詩外傳三:"夫慎於言者不～,慎於行者不伐。"

[辨]諠,譁。"諠"指聲音大,"譁"指聲音嘈雜。"諠譁"連用是表示聲音既大而又嘈雜。"諠"又作"喧","譁"又作"嘩"。"諠"的其他義則是"譁"所没有的。

讃 huì 胡對切,去,隊韻,匣。物部。

中止。説文:"讃,中止也。"文選晉左思魏都賦:"齊被練而銛戈,襲偏裻以～列。"李善注:"讃列,或止或列。"

譌 é 五禾切,平,戈韻,疑。歌部。

言語傳聞不實。也作"訛"、"譌"。説文:"譌,譌言也。"史記封禪書:"百姓怨其法,天下畔之,皆～曰:'始皇上泰山,爲暴風雨所擊,不得封禪。'"引申爲差錯,訛誤。漢書江充傳："苟爲姦～，激怒聖朝，欲取必於萬乘以復私怨。"顔師古注："譌，古訛字也。"

譕 mó 集韻蒙晡切，音模，平，模韻，明。魚部。

"謨"的古字。集韻："謨，説文：'議謀也。'古作譕。"謀略，謀畫。管子形勢："～臣者可與遠舉，顧憂者可與致道。"

按，説文譕作謨。

譑 jiǎo 居夭切，音矯，上，小韻，見。宵部。

❶多言。見玉篇。❷通"撟"。收取。荀子富國："而或以無禮節用之，則必有貪利糾～之名，而且有空虛窮乏之實矣。"清王念孫讀書雜志一一："譑讀爲撟，音矯，取也。言貪利而收取之也。"

按，説文無譑字。

譙 1. qiào 集韻才笑切，音誚，去，笑韻，從。宵部。

❶責備。也作"誚"。説文："譙，嬈譊也。""誚，古文譙从肖。"管子揆度："力足蕩游不作，老者～之。"韓非子五蠹："父母怒之弗爲改，鄉人～之弗爲動，師長教之弗爲變。"

2. qiáo 昨焦切，音樵，平，宵韻，從。宵部。

❷通"瞧"。瞭望。〔譙門〕建有望樓的城門。史記陳涉世家："攻陳，陳守令皆不在，獨守丞與戰譙門中。"〔麗譙〕城門上的望樓。莊子徐无鬼："君亦必无盛鶴列於麗譙之閒，无徒驥於錙壇之宫。"郭象注："麗譙，高樓也。"❸通"憔"。憔悴。〔譙譙〕衰敝的樣子。詩豳風鴟鴞："予羽譙譙，予尾翛翛。"毛傳："譙譙，殺也。翛翛，敝也。"

譏 jī 居依切，平，微韻，見。微部。

❶譏刺，用旁敲側擊或尖刻的話指責或嘲笑别人的過失。説文："譏，誹也。"左傳隱公元年："稱鄭伯，～失教也。"楚辭戰國屈原天問："遷藏就岐何能依？殷有惑婦何所～？"❷稽查，查問。孟子公孫丑上："關～而不征，則天下之旅皆悦，而願出於其路矣。"禮記王制："關執禁以～，禁異服，～異言。"鄭玄注："譏，呵察。"

［辨］誹，謗，譏。見"謗"字條。

十三畫

譩 yī 於其切，平，之韻，影。職部。

同"噫"。歎詞。玉篇："譩，不平之聲也；恨辭也。作噫同。"〔譩譆〕叠韻聯緜字。人體經穴名。素問骨空論："大風汗出灸譩譆，譩譆在背下俠脊傍三寸所，厭之，令病者呼譩譆，譩譆應手。"

按，説文譩作噫，在口部。

譜 pǔ 博古切，上，姥韻，幫。今讀如普。魚部。

❶記載事物類别或系統的書籍。如家譜、年譜、食譜。説文新附："譜，籍録也。"漢書劉歆傳："（歆）封紅休侯，典儒林史卜之官，考定律曆，著三統曆～。"特指曲譜、樂譜。隋書音樂志："候節氣，作律～。"唐白居易霓裳羽衣歌："由來能事皆有主，楊氏創聲君造～。"❷編排記録，編寫譜表。史記三代世表："自殷以前諸侯不可得而～，周以來乃頗可著。"特指譜寫樂曲，按詞作曲曰譜曲（後起義）。宋辛棄疾浣溪沙别成上人併送性禪師："慣聽禽聲應可～，飽觀魚陣已能排。"

議 yì 宜寄切，去，寘韻，疑。歌部。

❶商議，議論，共同研究分析事物的是非得失。書周官："～事以制，政乃不迷。"吕氏春秋懷寵："凡君子之説也，非苟辨也；士之～也，非苟語也。必中理然後説，必當義然後～。"特指非議，批評指摘性的議論。論語季氏："大卜有道，則庶人不～。"商君書更法："今吾欲變法以治，更禮以教百姓，恐天下之～我也。"❷建議，主張。墨子親士："諂諛在側，善～障塞。"史記李斯列傳："始皇可其～，收去詩書百家之語以愚百姓，使天下無以古

非今。"㊂古代的一種文體。是上給皇帝議論得失的表章。南朝梁劉勰文心雕龍議對:"事實允當,可謂達～體矣。"

[備考]㊀選擇。儀禮有司:"乃～侑于賓以異姓。"鄭玄注:"議,猶擇也。擇賓之賢者可以侑尸,必用異性,廣敬也。"按,選擇即商議的引申。㊁通"俄(é)"。傾斜。莊子山木:"合則離,成則毁,廉則挫,尊則～。"俞樾平議:"議當讀爲俄。詩賓之初筵篇'側弁之俄',鄭箋云:'俄,傾貌。''尊則俄',謂崇高必傾側也。"成玄英疏意見不同:"尊貴者又遭議疑。"

[辨]議,論。見"論"字條。

譤 jǐng 音警。耕部。

同"警"。警戒。字彙補:"儆,與警同。"墨子明鬼下:"爲君者以教其臣,爲父者以～其子。"

[同源字]驚,警,譤,儆,憼,憿,敬。見"警"字條。

按,説文譤作警。

譝 shéng 食陵切,音繩,平,蒸韻,牀三。

㊀稱譽。廣雅釋詁:"譝,譽也。"左傳莊公十四年:"繩息媯以語楚子。"杜預注:"繩,譽也。"釋文:"繩,説文作譝。"按,今本説文無"譝"字。㊁〔譝譝〕言語樸素。舊題晉程本子華子北宫子仕:"古之知道者,泊兮如太羹之未調,譝譝兮如將孩。"

譨 nóu 集韻奴侯切,平,侯韻,泥。冬部。

〔譨譨〕多言的樣子。楚辭漢王逸九思怨上:"令尹兮謷謷,羣司兮譨譨。"洪興祖補注:"譨譨,多言也。"明趙南星祭魏懋叔文:"羣喙譨譨,世道日非矣。"

按,説文無譨字。

譟 zào 蘇到切,去,号韻,心。今讀如躁。宵部。

喧嘩,喧鬧。説文:"譟,擾也。"左傳文公十三年:"既濟,魏人～而還。"國語鄭語:"王使婦人不幃而～之,化爲玄黿,以入于王府。"韋昭注:"譟,讙呼。"

譴 qiǎn 去戰切,去,線韻,溪。今讀如"遣"。元部。

㊀責備,譴責。説文:"譴,謫問也。"詩小雅小明:"豈不懷歸,畏此～怒。"後漢書第五訪傳:"吏懼～,争欲上言。"引申指貶謫(後起義)。唐劉禹錫上杜司徒書:"又不得而～,則爲之擇地以居。"㊁罪過(後起義)。後漢書蔡邕傳:"欲以改政思～,除凶致吉。"北史李彪傳:"臣有大～,則白冠氂纓盤水加劍,造室而請死。"

譯 yì 羊益切,入,昔韻,喻四。鐸部。

㊀翻譯。説文:"譯,傳譯四夷之言者。"禮記王制:"五方之民,言語不通,嗜欲不同,達其志,通其欲,東方曰寄,南方曰象,西方曰狄鞮,北方曰～。"漢司馬相如喻巴蜀檄:"康居西域,重～請朝,稽首來享。"又,指翻譯人員。漢劉向説苑善説:"於是乃召越～,乃楚説之。"㊁解釋經義。潛夫論考績:"夫聖人爲天口,賢者爲聖～。"

[備考]通"擇(zé)"。選擇。宋洪适隸釋漢濟陰太守孟郁脩堯廟碑:"後嗣乖散,各相土～居。"

譫 zhān 章盍切,集韻之廉切,平,鹽韻,照三。談部。

㊀話多。集韻鹽韻:"譫,多言。"㊁〔譫言〕〔譫語〕病人昏迷中説胡話。素問熱論:"腹滿身熱,不欲食,譫言。"王冰注:"譫言,謂妄謬而不次也。"紅樓夢一〇二回:"夜裏身熱異常,便譫語綿綿。"

按,説文無譫字。

譍 yìng 於證切,去,證韻,影。

同"應"。回答。唐元稹通州丁溪館夜别李景信詩:"僮童呼唤～復眠,啼雞拍翅三聲絶。"宋蘇軾九月二十日微雪懷子由弟詩:"遥知讀易東窗下,車馬敲門定不～。"

按，説文譍作應，在心部。

譱 shàn 常演切，上，獮韻，禪。元部。

古"善"字。善於，擅長。漢書禮樂志："安上治民，莫～於禮；移風易俗，莫～於樂。"

按，説文譱字在誩部。

警 jǐng 居影切，上，梗韻，見。耕部。

❶警告，告誡。説文："警，戒也。"左傳宣公十二年："今天或者大～晉也。"周禮天官宰夫："正歲則以法～戒羣吏。"❷警惕，戒備。左傳宣公十二年："且雖諸侯相見，軍衛不徹，～也。"淮南子時則："修城郭，～門閭。"❸緊急的情况或消息。韓非子外儲説左上："楚厲王有～，爲鼓以與百姓爲戍。"漢書終軍傳："邊境時有風塵之～，臣宜披堅執鋭當矢石，啟前行。"❹敏鋭，敏悟（後起義）。三國志魏書武帝紀："太祖少機～，有權數。"南史江夷傳附江蒨："幼聰～，讀書過口便誦。"

［備考］通"驚（jīng）"。文選晉陸機歎逝賦："日望空以駿驅，節循虚而～立。"李善注："警，猶驚也。"

［同源字］驚，警，㢣，儆，憼，懒，敬。説文："警，戒也。"又"儆，戒也。"又："憼，敬也。""㢣"是"警"的異體，"懒"是"憼"的異體。五字同音，實同一詞。説文："驚，馬駭也。"易震卦："震驚百里。"鄭玄注："驚之言警戒也。"釋名釋言語："敬，警也，恒自肅警也。"三字同聲同韻，只有聲調的區别。驚則引起警惕，警惕自己不犯錯誤就是敬。故"驚"、"警"、"敬"同源。

譬 pì 匹賜切，去，寘韻，滂。錫部。

❶比喻，比方。説文："譬，諭也。"詩小雅小弁："～彼舟流，不知所届。"論語爲政："爲政以德，～如北辰，居其所而衆星共之。"❷知曉，領悟（後起義）。後漢書鮑永傳論："若乃言之者雖誠，而聞之未～。"李賢注："譬，猶曉也。"又，使知曉，曉諭（後起義）。後漢書劉表傳："唯江夏賊張虎陳坐擁兵據襄陽城，表使越與龐季往～之，乃降。"

警 jiào 古弔切，音噭，去，嘯韻，見。宵部。

❶大叫。説文："警，痛呼也。"段玉裁注："警與噭義略同。"❷揭發别人的陰私。漢書藝文志："及～者爲之，則苟鉤（鈲）［鋠］析亂而已。"顔師古注引晉灼曰："警，訐也。"清龔自珍爲家大人丙辰同年祭江西巡撫陽湖吴公文："積通達故和平兮，異～者之爲暴。"

譽 yù 羊洳切，去，御韻，喻四。魚部。

❶稱贊，稱道。説文："譽，稱也。"論語衛靈公："吾之於人也，誰毁誰～？如有所～者，其有所試矣。"莊子盜跖："好面～人者，亦好背而毁之。"❷聲譽，名聲。詩周頌振鷺："庶幾夙夜，以永終～。"鄭箋："譽，聲美也。"孟子告子上："令聞廣～施於身，所以不願人之文繡也。"❸通"豫"。安適，歡樂。詩小雅蓼蕭："燕笑語兮，是以有～處兮。"朱熹集傳引蘇氏曰："譽豫通。凡詩之譽，皆言樂也。"吕氏春秋孝行："人主存，則名章榮，下服聽，天下～。"高誘注："譽，樂也。"

［辨］讚，譽。二字都有稱讚、讚美之意。"讚"是讚美、頌揚，帶有誇張的意味；"譽"是稱道、稱譽，更具客觀的肯定。因此可以有"過譽"，却没有"過讚"的説法。至於"讚"和"譽"的其他意義，更没有共同之處。

十 四 畫

譶 tà 徒合切，音沓，入，合韻，定。緝部。

〔譅譶〕叠韻聯緜字。見"譅"字條。

［備考］説話快，説個不停。説文："譶，疾言也。"文選晉左思吴都賦："譅～翺翏，交貿相競。"李善注："蒼頡篇曰：'譶，〔言〕不止也。'"

譹 háo 集韻乎刀切，音豪，平，豪韻，匣。宵部。

同"嚎"。嚎叫，大聲喊叫。莊子齊物論："大木百圍之竅穴，似鼻，似口，似耳…叱者，吸者，叫者，～者。"成玄英疏："譹者，哭聲也。"

〔同源字〕諕，譹，号，號，嚎，嗥，唬，哮。説文："諕，號也。"又："號，呼也。"又："号，痛聲也。"説文區别"号""號"，其實五字同音，意義都與大聲呼叫有關，實同一詞，只是造字取象不同罷了。説文："嗥，咆也。"又："唬，虎鳴也。"又："哮，豕驚聲也。""嗥"，匣母，幽部；"唬"、"哮"同音，曉母幽部。三字同一韻部，曉匣旁紐，聲近義通。"諕"、"譹"五字是匣母宵部，與"嗥"三字是幽宵旁韻，聲亦相近，同是叫號之聲，也有同源關係。

按，説文無譹字。

讁 zhé 陟革切，入，麥韻，知。錫部。

同"讁"。㊀譴讁，責備。詩邶風北門："我入自外，室人交徧～我。"國語齊語："桓公擇是寡功者而～之。"㊁處罰，懲罰。國語齊語："制重罪贖以犀甲一戟，輕罪贖以鞼盾一戟，小罪～以金分，宥閒罪。"特指被貶官或流放。文選漢賈誼過秦論："～戍之衆，非抗於九國之師也。"又鵩鳥賦序："誼既以～居長沙，長沙卑濕，誼自傷悼。"㊂缺點，過錯。老子第二十七章："善行無轍迹，善言無瑕～。"又爲損失，災禍。國語周語中："王孫滿觀之，言於王曰：'秦師必有～。'"韋昭注："讁，猶咎也。"

按，説文讁作謫。

誙 yíng 字彙補于平切，音瑩，耕部。

〔誙然〕感情熾熱的樣子。尚書大傳虞夏傳："執事還歸二年，誙然乃作大唐之歌。"舊注："誙，猶灼也。大唐之歌，美堯之禪也。"

按，説文無誙字。

譸 zhōu 張流切，音侜，平，尤韻，知。幽部。

㊀〔譸張〕也作"侜張"。雙聲聯緜字。欺騙，作僞。書無逸："古之人猶胥訓告…民無或胥譸張爲幻。"僞孔傳："譸張，誑也。"後人也單用。明胡應麟少室山房筆叢丹鉛新録五行："羯胡據中土，黄冠～愚氓。"㊁通"籌(chóu)"。忖度，推測。後漢書虞詡傳："初除之日，士大夫皆見弔勉。以詡～之，知其無能爲也。"李賢注："譸，當作籌也。"

〔同源字〕詶，譸，酬，醻，酧。見"詶"字條。

護 hù 胡誤切，去，暮韻，匣。鐸部。

㊀監護，監督。史記留侯世家："上雖病，彊載輜車，卧而～之，諸將不敢不盡力。"又李將軍列傳："有白馬將出～其兵，李廣上馬與數十騎犇射殺胡白馬將。"張守節正義："其將乘白馬，而出監護也。"㊁救助，保護。史記蕭相國世家："高祖爲布衣時，何數以吏事～高祖。"宋辛棄疾滿江紅建康史帥致道席上賦："且歸來，談笑～長江。"㊂袒護，包庇（後起義）。三國魏曹丕與吴質書："觀古今文人，類不～細行。"三國魏嵇康與山巨源絶交書："仲尼不假蓋於子夏，～其短也。"

譺 1. ài 五介切，去，怪韻，疑。之部。

㊀説話不流暢。説文："譺，騃也。"徐鍇繫傳："言多礙也。"

2. yí 字彙補五知切。之部。

㊁〔譺然〕肅静的樣子。史記龜策列傳："求之於白蛇蟠杅林中者，齋戒以待，譺然，狀如有人來告之。"司馬貞索隱："音嶷。言求龜者齋戒以待，常譺然也。"

譅 sè 集韻色入切，入，緝韻，審二。緝部。

言語不流暢，口吃。楚辭漢東方朔七諫初放："言語訥～兮，又無彊輔。"王逸注："譅者，難也。"

〔同源字〕歰，澀，譅。説文止部："歰，不滑也。"典籍中多作澀。"譅"是言語不流暢的專用字。音同義近，實同一詞。

譞 xuàn 許縣切，音絢，去，霰韻，曉。真部。

㊀流言。見説文。㊁營求，追求。急就篇四："乏興猥逮詗～求。"顔師古注："譞，隱語也。謂偵伺官府利害，隱密其事，有所追求也。"按，説文夐部："夐，營求也。"譞、夐同音

通用。㊂遠。管子宙合："～充，言心也，心欲忠。未衡，言耳目也，耳目欲端。"尹知章注："讂，遠也。"

罌 yīng 烏莖切，音櫻，平，耕韻，影。耕部。

象聲詞。説文："罌，聲也。"〔罌罌〕形容清脆之聲。文選漢張衡思玄賦："拽雲旗之離離兮，鳴玉鸞之罌罌。"〔罌若〕形容鳥叫聲。三國魏嵇康琴賦："罌若離鵾鳴清池，翼若游鴻翔曾崖。"李善注引蒼頡篇曰："罌罌，鳥聲也。"

［同源字］罌，嚶。説文言部："罌，聲也。"又口部："嚶，鳥鳴也。"二字同音，義亦相通，實同一詞。

十 五 畫

讅 shěn 音審。

後起字。同"審"。知悉。古代字書中不載此字，近代書信中常用，亦見於近代典籍。清徐珂清稗類鈔棍騙類："讅政固～某邸狀貌。"

譾 jiǎn 集韻子淺切，音剪，上，獮韻，精。元部。

淺薄。史記李斯列傳："能薄而材～，彊因人之功，是不能也。"

譓 huì 集韻胡桂切，音惠，去，霽韻，匣。月部。

同"譿"。分辨清楚。國語晉語五："今陽子之情～矣，以濟蓋也。"(四部叢刊影印明刻公序本)一本作"譿"，見"譿"字條。

按，説文無譓字。

讀 1. dú 徒谷切，入，屋韻，定。屋部。

㊀讀書，唸書。説文："讀，誦書也。"莊子天道："桓公～書於堂上。"孟子萬章下："頌其詩，～其書，不知其人可乎？"引申爲閲讀，看(文章)。清龔自珍與吴虹生書一一："然絳蠟一枝，共～我蠟丸書可乎？"㊁抽釋，宣揚。詩鄘風牆有茨："中冓之言，不可～也。"毛傳："讀，抽也。"鄭箋："抽，猶出也。"莊子則陽："今計物之數，不止於萬，而期曰萬物者，以數之多者號而～之也。"釋文："李云：'讀，猶語也。'"

2. dòu 集韻大透切，音竇，去，候韻，定。屋部。

㊂句中的短暫停頓。古代誦讀文章，短停頓叫讀，稍長停頓叫句。晉何休春秋公羊經傳解詁序："援引他經，失其句～。"唐韓愈師説："彼童子之師，授之書而習其句～者也。"

［辨］誦，讀。二字都有誦讀義，但有區别。誦是大聲朗誦或背誦，讀是看着文章唸或不出聲地閲讀。兩個字的其他義區别更明顯。

十 六 畫

讋 zhé 之涉切，音褶，入，葉韻，照三。葉部。

喪胆，恐懼。説文："讋，失氣言。"漢書項籍傳："諸將～服，莫敢枝梧。"史記項羽本紀作"慴服"。又，使恐懼，禁忌。淮南子氾論："無益於死者，而足以養生，故因其資以～之。"高誘注："讋，忌也。"

讌 yàn 於甸切，音燕，去，霰韻，影。元部。

㊀聚談。戰國策齊策三："孟嘗君～坐，謂三先生曰。"鮑彪注："讌，合語也。"㊁通"宴"。宴會，會飲。後漢書劉玄傳："日夜與婦人飲～後庭。"晉陶潛於王撫軍座送客詩："瞻夕欣良～，離言聿云悲。"

按，説文無讌字。

譂 chǎn 丑琰切，音諂，上，琰韻，徹。談部。

同"諂"。巴結，奉承。説文："譂，諛也。"禮記少儀："頌而無～，諫而無驕。"漢書匈奴傳上："匈奴復～以甘言，欲多得漢財物。"

［辨］諂，譂，諛。見"諛"字條。

讎 chóu 市流切，平，尤韻，禪。幽部。

亦作"讎"。❶對答,應對。說文:"讎,猶譍也。"詩大雅抑:"無言不～,無德不報。"朱熹集傳:"讎,答。"新唐書王世充傳:"而世充素詭妄,不能～其語。"❷相當,相匹配。書召誥:"予小臣,敢以王之～民百君子,越友民,保受王威命明德。"孔穎達疏:"讎訓爲匹。"漢書霍光傳:"卒不得遂其謀,皆～有功。"顔師古注:"晉灼曰:'讎,等也。'師古曰:言其功相等類也。"引申爲應驗。史記封禪書:"五利妄言見其師,其方盡,多不～。"司馬貞索隱:"鄭德云:相應爲讎,謂其言語不相應。無驗也。"❸酬償,償價。墨子經下:"賈宜則～。"史記高祖本紀:"高祖每酤留飲,酒～數倍。"❹對手,仇敵。書微子:"小民方興,相爲敵～。"左傳襄公二十一年:"祁大夫外舉不棄～,内舉不失親。"又,仇恨。楚辭戰國屈原九章惜誦:"專惟君而無他兮,又衆兆之所～。"❺校讎,校對文字。魏書李奇傳:"高允與奇～温古籍,嘉其遠致。"晉左思魏都賦:"～校篆籀,篇章畢覿。"❻通"酬"。〔讎柞〕酬酢,賓主相互敬酒。主敬客人酒曰酬,客敬主人酒曰酢。戰國策趙策一:"著之盤盂,屬之讎柞。"

[備考]通"稠"。多次,屢屢。書微子:"降監殷民,用乂～斂。"釋文:"讎,馬本作稠,云:數也。"

[辨]仇,讎。見"仇"字條。

[同源字]儔,疇,雔,讎,讐。玉篇:"儔,侶也。"荀子勸學:"草木疇生。"楊倞注:"疇與儔同,類也。"爾雅釋詁:"讎,匹也。"說文:"雔,雙鳥也。""讐"是"讎"的異體。五字都有匹配、成對之義。儔疇同音,古音定母幽部;讎,讐,雔同音,古音禪母幽部。五字音同或音近,意義相通,有同源關係。

變 biàn 彼眷切,去,線韻,幫,元部。

❶改變,變動。易繫辭下:"窮則～,～則通,通則久。"禮記檀弓上:"夫子之病革矣,不可以～。"鄭玄注:"變,動也。"商君書更法:"今吾欲～法以治,更禮以教百姓,恐天下之議我也。"❷權變,變通。鹽鐵論相刺:"善言而不知～,未可爲能説也。"❸不正常的,奇異的。楚辭戰國屈原九章思美人:"吾且儃佪以娱憂兮,觀南人之～態。"用作名詞,指奇異的景物。後漢書彭寵傳:"其妻數惡夢,又多見怪～。"❹有重大影響的突然變化,突然發生的事故或反常的自然現象。穀梁傳昭公十五年:"君在祭樂之中,大夫有～,以聞,可乎?"范甯注:"變,謂死喪。"史記李斯列傳:"陛下不圖,臣恐其爲～也。"❺變文或變相的簡稱(後起義)。唐孟棨本事詩嘲戲:"張頓首微笑,仰而答曰:'祜亦嘗記得舍人目連～。'"唐段成式酉陽雜俎續集寺塔記上:"南中三門裏東壁上吴道玄白畫地獄～,筆力勁怒。"地獄變,即根據佛教地獄故事所畫的變相。

[備考]通"辯",正,合乎法度義理。禮記禮運:"故國有患,君死社稷,謂之義;大夫死宗廟,謂之～。"鄭玄注:"變當爲辯,聲之誤也。辯,猶正也。"

[辨]變,更,改。說文:"變,更也。"又:"更,改也。"又,"改,更也。"或同訓,或互訓。三字都有更改、改變的意義。但是"變"偏重在客觀的變化,"更"、"改"偏重在主觀的改革。"更"、"改"雖然同是着眼於主觀改革,但是"更"含有改變以後保持事物連續性的意思,而"改"則重在改變原來事物的面貌。

按,說文變字在攴部。

讆 wèi 于歲切,音衛,去,祭韻,喻三。月部。

亦作"懲"。稱譽壞人。管子形勢:"訾～之人,勿與任大。"尹知章注:"讆,譽惡也。"又形勢解:"毁訾賢者之謂訾,推譽不肖之謂～。"

按,說文讆作懲。

十七畫

謇 jiǎn 集韻九件切,音蹇,上,獮韻,見。

〔謇極〕口吃。列子力命:"獶伢、情露、謇悏、凌誶四人相與遊於世，胥如志也。"張湛注："謰、悏，急也，謂語急而吃。"

按，説文無謰字。

讓 ràng 人樣切，去，漾韻，日。陽部。

㊀責備。説文："讓，相責讓。"左傳僖公五年："夷吾訴之，公使～之。"杜預注："讓，譴讓之。"又，桓公八年："夏，楚子合諸侯于沈鹿，黄、隨不會，使薳章～黄。"㊁謙讓，退讓。書堯典："允恭克～，光被四表。"孫星衍注疏引鄭玄曰："不懈于位曰恭，推賢尚善曰讓。"論語衛靈公："當仁不～於師。"引申爲推辭，避讓。戰國策趙策三："魯仲連辭～者三，終不肯受。"楚辭戰國屈原九章懷沙："知死不可～，願勿愛兮。"王逸注："讓，辭也。"又爲把好處讓給别人。論語泰伯："三以天下～，民無德而稱焉。"吕氏春秋行論："堯以天下～舜。"㊂表示推讓、容許或聽任(晚起義)。元李致遠還牢末楔子："哥哥三打祝家莊身亡之後，衆兄弟～我爲頭領。"水滸傳七回："林冲不合喫着他的請受，權且～他這一次。"㊃請人接受招待(晚起義)。清吴敬梓儒林外史一〇回："兩公子見這般説，竟不違命，當下～到書房裏。"

[備考]㊀古代一種禮節，作舉手平衡狀。儀禮聘禮："賓入門皇，升堂～。"鄭玄注："讓謂舉手平衡也。"㊁遜讓，不如(晚起義)。宋史太祖紀贊："宋於漢唐，蓋無～焉。"㊂通"攘(rǎng)"。竊奪。管子君臣下："治斧鉞者，不敢～刑；治軒冕者，不敢～賞。"

讕 lán 落干切，平，寒韻，來。元部。

㊀抵賴。説文："讕，怟讕也。"段玉裁注改作"抵讕"，云："按抵讕猶今俗語云抵賴也。"漢書文三王傳："王陽病抵～，置辭驕嫚，不首主令，與背畔亡異。"㊁誣賴，誣陷。漢董仲舒春秋繁露深察名號："詰其名實，觀其離合，則是非之情不可以相～矣。"

讔 yǐn 集韻倚謹切，上，隱韻，影。文部。

隱語。話不明説，借用别的話來表示，類似後代的謎語。吕氏春秋重言："荆莊王立三年，不聽而好～。"畢沅注："讔，廋辭也。"南朝梁劉勰文心雕龍諧讔："～者，隱也，遯辭以隱意，譎譬以指事也。"

[同源字]讔，隱。説文："隱，蔽也。""讔"是藏而不顯露的言辭。兩字同音，義亦相通，實同一詞。"讔"爲隱語的專用字。

按，説文無讔字。

讖 1. chèn 楚譖切，去，沁韻，穿二。談部。

㊀預言吉凶的文字、圖箓。説文："讖，驗也。"史記趙世家："公孫支書而藏之，秦～於是出矣。"文選晉左思魏都賦："藏氣～緯，閟象竹帛。"

2. chàn 集韻叉鑑切，去，豔韻，穿二。

㊀通"懺"。懺悔。集韻："讖，悔也。"明湯顯祖與門人李超無書："此時惟有痛自～悔，盡消業緣。"

讒 chán 士咸切，平，咸韻，牀二。談部。

㊀説别人的壞話。説文："讒，佞也。"莊子漁父："好言人之惡謂之～。"左傳昭公二十七年："夫無極，楚之～人也，民莫不知。"史記屈原賈生列傳："上官大夫見而欲奪之，屈平不與，因～之。"㊁讒言，毁謗或挑撥離間的話。詩小雅小弁："君子信～，如或醻之。"左傳哀公十六年："楚太子建之遇～也，自城父奔宋。"又指説壞話、進行挑撥離間的人。管子君臣下："中外不通，～慝不生。"論衡答佞："～與佞，俱小人也。"

十八畫

讘 niè 而涉切，入，葉韻，日。葉部。

多言。説文："讘，多言也。"〔讘誱〕叠韻聯緜字。言多語妄的樣子。韓非子姦劫弑臣："且夫世之愚學，皆不知治亂之情，讘誱多誦先古之書，以亂當世之治。"王先慎集解："説文：'讘，多言也。''唊，妄語也。'此誱字當作唊。”

讙 huān 呼官切，音歡，平，桓韻，曉。元部。

❶喧譁。説文：“讙，譁也。”荀子儒效：“此君子義信乎人矣，通於四海，則天下應之如～。”楊倞注：“讙，喧也。”史記陳丞相世家：“諸將盡～。”司馬貞索隱：“讙，譁也。”❷喜悦，歡喜。禮記檀弓下：“高宗三年不言，言乃～。”鄭玄注：“讙，喜説也。”戰國策韓策二：“故直進百金者，特以爲夫人麤糲之費，以交足下之～，豈敢以有求邪？”

［同源字］歡，懽，讙，諠，喧。説文：“歡，喜樂也。”又：“懽，喜欵也。”又：“讙，譁也。”三字同音，都有喜悦義，實同一詞。歡樂就不免喧譁，故“讙”又引申爲喧譁。“諠”、“喧”是異體字，同是喧鬧的意思。“諠”、“讙”既同聲又同韻，義亦相近，故五字同源。

譩 yī 集韻於其切，音醫，平，之韻，影。

同“噫”。歎詞。集韻之韻：“噫，恨聲，或作譩。”列子黄帝：“～！吾與若玩其文也久矣，而未達其實，而固且道與？”

按，説文無譩字。

十 九 畫

讚 zàn 則旰切，去，翰韻，精。元部。

“贊”的後起字。❶稱贊，贊美。漢馬融長笛賦：“况笛生乎大漢，而學者不識，其可裨助盛美，忽而不～，悲夫！”後漢書崔駰傳：“進不黨以～己，退不黷於庸人。”❷輔佐，贊助。文選晉潘岳爲賈謐作贈陸機詩：“齊轡羣龍，光～納言。”南朝梁丘遲與陳伯之書：“佩紫懷黄，～帷幄之謀。”❸古代一種以贊頌人物爲主的文體。釋名釋典藝：“稱人之美曰～。～，纂也，纂集其美而叙之也。”南朝梁蕭統文選序：“美終則誄發，圖像則～興。”又爲佛經中歌頌之辭。唐段成式酉陽雜俎寺塔記上：“唄～未畢，滿地現舍利。”

［辨］讚，譽。見“譽”字條。

［同源字］瓚，欑，儧，饡，讚。見“瓚”字條。

按，説文無讚字。

二 十 畫

讜 dǎng 多朗切，音黨，上，蕩韻，端。陽部。

正直。漢書叙傳下：“～言訪對，爲世純儒。”顔師古注：“讜，善言也。”三國志魏書王脩傳：“遷魏郡太守，爲治，抑彊扶弱，明賞罰，百姓稱之。”裴松之注引魏略：“是以在職七年，忠～不昭於時，功業不見於事。”

按，説文無讜字，新附有之。

讞 yàn 魚蹇切，集韻魚戰切，音彦，去，綫韻，疑。元部。

❶議罪，審理定罪。禮記文王世子：“獄成，有司～於公。”孔穎達疏：“讞，言白也。謂獄斷既平，定其罪狀，有司以此辭，言白於公。”漢書景帝紀：“獄疑者，～有司。”❷獄訟案件。晏子春秋内篇問上：“左右多過，獄～不中，則彊宿暱侍。”漢書于定國傳：“冬月請治～，飲酒益精明。”

［備考］〔讞讞〕清正貌。宋石介慶曆聖德頌：“惟脩惟靖，立朝讞讞。”

讝 zhān 集韻之廉切，音詹，平，鹽韻，照三。談部。

〔讝語〕病人昏迷中説胡話。又作“譫”。漢張仲景傷寒論辨陽明：“陽明病，讝語，發潮熱，脈滑而疾者，小承陽氣主之。”明李時珍本草綱目金石部銀：“熱狂驚悸，發癇恍惚，夜卧不安讝語。”

按，説文無讝字。

二十二畫

讟 dú 徒谷切，音讀，入，屋韻，定。屋部。

誹謗，怨言。左傳宣公十二年：“今兹入鄭，民不罷勞，君無怨～，政有經矣。”杜預注：“讟，謗也。”隋書儒林傳：“屈辱既加，則有怨恨，謗～之言出矣。”引申爲怨恨。漢張衡思玄賦:"旦獲～于羣弟兮,啟金縢而後信。"北史崔挺傳:"陳既主昏於上,人～於下。"

谷 部

谷 1. gǔ 古禄切,入,屋韻,見。屋部。

❶兩山之間的夾道或流水道。說文:"谷,泉出通川爲谷。"詩小雅十月之交:"高岸爲～,深～爲陵。"韓非子五蠹:"山居而～汲者,膢臘而相遺以水。"❷深的坑穴。易井:"井～射鮒。"莊子天運:"在～滿～,在阬滿阬。"❸針灸穴位。素問氣穴論:"肉之大會爲～,肉之小會爲谿。"❹比喻困境,没有出路。詩大雅桑柔:"人亦有言,進退維～。"毛傳:"谷,窮也。"❺通"穀"。糧食的總稱。漢陸賈新語慎微:"棄二親,捐骨肉,絶五～。"

2. lù 盧谷切,音禄,入,屋韻,來。屋部。

❻〔谷蠡〕外來詞。匈奴藩王封號。史記匈奴列傳:"置左右賢王,左右谷蠡王。"裴駰集解:"服虔曰:'谷音鹿,蠡音離。'"漢書宣帝紀:"匈奴單于稱臣,遣弟谷蠡王入侍。"

3. yù 余蜀切,音欲,入,燭韻,喻四。

❼〔吐谷渾〕我國古代少數民族名,屬鮮卑慕容氏的一支。初遊牧於遼東,西晉末西遷至今青海、甘肅間,以吐谷渾爲國號,後被吐蕃吞滅。北魏楊衒之洛陽伽藍記卷五:"從吐谷渾西行三千五百里,至鄯善城,其城自立王,爲吐谷渾所吞。"

四 畫

谺 xiā 許加切,音鰕,平,麻韻,曉。魚部。

〔谽谺〕〔谸谺〕見"谽"字條、"谸"字條。

按,說文無谺字。

谻 jué 集韻訖約切,入,藥韻,見。鐸部。

極度疲勞。說文:"谻,相踦谻也。"(依段注本)。桂馥義證:"踦谻者,足倦相倚也。"史記司馬相如列傳子虛賦:"觀壯士之暴怒,與猛獸之恐懼,徼谻受詘,殫睹衆物之變態。"裴駰集解:"郭璞曰:'谻,疲極也。'""谻"同"𠭥"。

按,說文谻字在丮部。

谹 hóng 户萌切,音宏,平,耕韻,匣。蒸部。

❶谷中的巨大響聲。說文:"谹,谷中響也。"❷宏大。字亦作"谼"。漢書司馬相如傳難蜀父老:"必將崇論谼議,創業垂統,爲萬世規。"史記司馬相如列傳"谼"作"閎",文選司馬相如難蜀父老作"吰"。

〔同源字〕弘,泓,宏,閎,吰,谹。六字同音,均有大義,實同一詞,乃依描寫的對象不同而造的分別字。

谽 hān 許咸切,平,咸韻,曉。侵部。

〔谽谺〕雙聲聯緜字,也作"谸谺"。山谷空闊險峻的樣子。漢書司馬相如傳:"巖巖深山之谾谾兮,通谷豁乎谽谺。"史記作"谸𧯈"。

按,說文無谽字。

七 畫

谸 hān 火含切,平,覃韻,曉。侵部。

〔谸谺〕雙聲聯緜字。山谷空闊險峻的樣子。唐盧照鄰五悲悲昔游詩:"當谸谺之洞壑,臨决咽之悲泉。"唐獨孤及招北客文:"其北則有劒山巉巉,天鑿之門,二壁谸谺,高岸嶙峋。"亦作"谸呀"、"谸𧯈"。史記司馬相如列傳上林賦:"振谿通谷,蹇産溝瀆,谸呀豁閜。"漢書"谸呀"作"谽谺"。又司馬相如列傳哀二世賦:"巖巖深山之谾谾兮,通谷豁兮谸𧯈。"又指空闊險峻的山谷。唐劉禹錫山南西道新修驛路記:"棧閣盤虚,下臨谸谺。"

按,說文無谸字。

八 畫

谾 1. hōng 呼東切,音烘,平,東韻,曉。東部。

❶〔谾谾〕山谷空深的樣子。史記司馬相如列傳哀二世賦:"巖巖深山之谾谾兮,通谷𧮰兮谽谺。"

2. lóng 集韻盧東切,平,東韻,來。

❷通"豅"。長大的山谷。集韻:"豅,或作谾。"宋歐陽修廬山高贈同年劉中允歸南康詩:"試往造乎其間兮,攀緣石磴窺空~。"

十 畫

豁 1. huò 呼括切,入,末韻,曉。月部。

同"𧮰"。❶開闊的山谷。史記司馬相如列傳哀二世賦:"通谷~兮谽谺。"晉張協七命:"晝長~以爲限,帶流谿以爲關。"❷開闊,空曠深遠。漢書揚雄傳上:"灑沈菑於~瀆兮,播九河於東瀕。"漢張衡西京賦:"枍詣承光,睽罛庨~。"引申爲開朗(後起義)。晉郭璞江賦:"~若天開。"唐孟浩然早發漁浦潭詩:"舟行自無悶,況值晴景~。"❸豁達,大度。史記高祖本紀:"仁而愛人,喜施,意~如也。"引申爲舒展。唐杜甫自京赴奉先咏懷五百字:"蓋棺事則已,此志常覬~。"宋陸游暮秋遣興詩:"如虹壯氣終難~,安得雲濤萬里舟。"❹消散,消除(後起義)。晉郭璞江賦:"集若霞布,散若雲~。"世說新語雅量:"於是~情散哀,顔色自若。"引申爲豁免,免除。宋劉宰謝趙使君豁租詩:"長榜朱書又墨書,使君頒令~逃租。"❺形容很快,一下子(晚起義)。京本通俗小說錯斬崔寧:"門兒拽上不關,那賊略推一推,~地開了。"

2. huō 呼括切,入,末韻,曉。

❻殘缺,裂開(後起義)。北魏賈思勰齊民要術種穀:"稀~之處,鋤而補之。"唐韓愈進學解:"頭童齒~,竟死何裨?"又爲割裂開。元關漢卿關大王獨赴單刀會四折:"我跟前使不着你'之乎者也''詩云子曰',早該~口截舌。"元佚名馬陵道二折:"我說一句,鋼刀~口,覷一覷,金瓜碎首。"❼捨棄,不惜付出很高的代價(後起義)。世說新語德行:"每語子弟云:'勿謂我受任方州,云我~平昔時意。'"唐杜牧寄杜子詩之一:"狂風烈焰雖千尺,~得平生俊氣無?"

3. huá。

❽〔豁拳〕即猜拳,飲酒時的一種博戲(晚起義)。明李日華六研齋筆記四:"俗飲,以手指屈伸相搏,謂之豁拳。"清蒲松齡聊齋志異苗生:"苗不欲聽,牽生豁拳。"

按,說文豁作𧮰,注云:"通谷也。"

谿 xī(舊讀 qī)苦奚切,音溪,平,齊韻,溪。支部。

同"溪"。山間的小河溝。說文:"谿,山瀆無所通者。"墨子親士:"~陜(峽)者速涸,逝淺者速竭。"吕氏春秋察微:"使治亂存亡,若高山之與深~,若白堊之與漆,則無所用其智。"高誘注:"有水曰澗,無水曰谿。"

〔備考〕㊀空虛。吕氏春秋適音:"以危聽清,則耳~極。"高誘注:"谿,虛;極,病也。不聞和聲之故也。"㊁針灸穴位。素問氣穴論:"肉之大會爲谷,肉之小會爲~。"㊂小路,通"蹊"(晚起義)。清李汝珍鏡花緣三七回:"林兄在官多日,~徑最熟,可有妙計?"

〔辨〕谿,溪。說文有"谿",本指山間低凹狹長的流水道;"溪"是"谿"的後起字,見玉篇。山間的流水道,原本隨季節的不同,或有水,或無水,或通川,或不通川,都叫做"谿";唐以後一般指長流水的小河,也多寫作"溪"。

十 一 畫

谺 xiā 集韻虛加切,音鰕,平,麻韻,曉。魚部。

〔谽谺〕雙聲聯緜字。參見"谽"字條。

十 二 畫

谽 hǎn 荒檻切,上,檻韻,曉。

張開深陷的様子。文選晉郭璞江賦："～如地裂，豁若天開。"李善注："㵐，開貌。"吕向注："㵐，深穴。言水爲烈風所吹，四面浪起，中爲深穴，則㵐然如地裂。"明劉基壬辰歲八月自台州之永嘉度蒼嶺詩："瀑泉流其中，～若洩溟涬。"

按，説文無㵐字。

㵎 jiàn。

同"澗"。山間流水的溝。文選晉郭璞江賦："幽～積岨，礐硞譽確。"李善注："爾雅曰：'山夾水曰澗。'㵎與澗同。"

按，説文無㵎字。

豆　部

豆 dòu 徒候切，去，候韻，定。侯部。

❶古代一種盛食物的器皿，形似高脚盤。詩大雅生民："卬盛于～，于～于登。"毛傳："木曰豆，瓦曰登；豆，薦葅醢也。"國語吴語："在孤之側者，觴酒，～肉，簞食，未嘗敢不分也。"❷古量器名。左傳昭公三年："齊舊四量：～、區、釜、鍾，四升爲～。"亦作重量單位。漢劉向説苑辨物："十六黍爲一～，六～爲一銖，二十四銖重一兩。"❸豆類作物。戰國策韓策一："韓地險惡，山居，五穀所生，非麥而～，民之所食，大抵～飯藿羹。"❹病名，即天花（晚起義）。也作"痘"。明徐宏祖徐霞客遊記滇遊日記："是方極畏出～。"

［備考］通"斗（dǒu）"，古代酒器。周禮考工記梓人："一獻而三酬，則一～矣。"鄭玄注："豆當爲斗。"

［辨］豆，菽。春秋以前，"豆"和"菽"的意義完全不同，"豆"本是一種盛食品的器皿，引申爲量器名，戰國以後才用作豆類作物名，漢代以後逐漸取代"菽"，成爲豆類的總稱。

三　畫

豇 jiāng 古雙切，平，江韻，見。

豇豆。豆類作物。明李時珍本草綱目穀部豇豆："此豆紅色居多，莢必雙生，故有～、䜶、䝃之名。"

按，説文無豇字。

豈 1. kǎi 集韻可亥切，上，海韻，溪。微部。

❶軍隊得勝歸來所奏的樂曲，後作"凱"。説文："豈，還師振旅樂也。"段玉裁注："經傳皆作'愷'。"左傳僖公二十八年："振旅愷以入于晉。"引申爲歡快，欣喜。詩小雅魚藻："王在在鎬，～樂飲酒。"鄭箋："豈，亦樂也。"〔豈弟〕準叠韻聯緜字。同"愷悌"。和樂平易。詩小雅青蠅："豈弟君子，無信讒言。"鄭箋："豈弟，樂易也。"

2. qǐ 袪豨切，上，尾韻，溪。微部。

❶副詞，表示反問、揣度或期望。詩鄭風褰裳："子不我思，～無他人？"莊子外物："我東海之波臣也，君～有斗升之水而活我哉？"國語吴語："天王～辱裁之！"

按，説文豈字在豈部。

四　畫

㪷 dǒu 當口切，上，厚韻，端。侯部。

同"斗"。量器。玉篇以"㪷"爲"斗"的俗字。管子乘馬："六步一～。"晏子春秋内篇諫下："且合升～之微，以滿倉廩。"

按，説文無㪷字。

豉 chǐ 是義切，去，寘韻，禪。支部。

豆豉，用豆類發酵製成的副食品。史記淮南衡山列傳："皆廩食給薪菜鹽～炊食器席蓐。"世説新語言語："有千里蓴羹，但未下鹽

～耳。"

按,説文豉字在尗部,爲枝的俗體。

六 畫

登 dēng 集韻都騰切,平,登韻,端。蒸部。

古代盛肉食的器皿。今經傳作"登"。爾雅釋器:"木豆謂之豆,竹豆謂之籩,瓦豆謂之登。"

[辨]登,登。説文豆部:"登,禮器也。从廾,持肉在豆上。"又癶部:"登,上車也。从癶,豆,象登車形。"二字同音,形體各異,義亦迥别。隸變以後二字形體十分近似,故今經傳禮器義之"登"皆作"登",與升車義之"登"無别。

按,説文登作𥫅,段玉裁認爲"登"是"𥫅"的俗字。

八 畫

豌 wān 一丸切,平,桓韻,影。

豌豆。玉篇:"豌,豆名,夏收者。"〔豌豆〕明李時珍本草綱目穀部:"時珍曰:胡豆,豌豆也。其苗柔弱宛宛,故得豌名。種出胡戎。"

按,説文無豌字。

豎 shù 臣庾切,上,麌韻,禪。侯部。

又作"竪"。❶豎立,直立。説文:"豎,豎立也。"三國志魏書鍾繇傳:"此即起偃爲～,化屍爲人矣。"五代花蕊夫人述國亡詩:"君王城上～降旗,妾在深宫那得知!"引申爲縱,與"横"相反。晉書陶侃傳:"君左手中指有～理,當爲公。"特指書法中的直筆。明張紳法書通釋上:"努者,中心～畫也。"❷童僕,供役使的未成年人。楚辭戰國屈原天問:"有扈牧～,云何而逢?"列子説符:"楊子之鄰人亡羊,既率其黨,又請楊子之～追之。"又爲宫中供役使的小臣。周禮天官内豎:"内～倍寺人之數。"鄭玄注:"豎,未冠者之官名。"國語晉語八:"平公射鴳,不死,使～襄搏之,失。"引申爲對人的鄙稱。史記留侯世家:"漢王輟食吐脯,駡曰:'～儒,幾敗而公事!'"

[辨]閹,豎。見"閹"字條。

[同源字]樹,豎。"樹"在廣韻中有臣庾切、常句切上、去兩讀。上聲一讀義爲"扶樹",是動詞;去聲一讀義爲"木揔名",是名詞。這反映了"樹"字通過聲調變化由動詞分化出名詞義的語言演變事實。"豎"字與動詞義的"樹"同音,"豎立"與"樹立"義近,二字同源。"童僕"等義是豎的假借義。

按,説文豎字在臤部。

十 畫

豋 láo 魯刀切,音勞,平,豪韻,來。

〔豋豆〕豆名。又名鹿豆,野緑豆。唐玄應一切經音義卷一七引服虔通俗文:"野豆謂之豋豆。"晉劉琨與丞相箋:"夏則桑椹,冬則豋豆。"

按,説文無豋字。

十一畫

豐 fēng 敷隆切,平,東韻,敷。冬部。

❶豐盛,豐滿。説文:"豐,豆之豐滿者也。"書高宗肜日:"典祀無～于昵。"左傳桓公六年:"吾牲牷肥腯,粢盛～備。"楚辭大招:"～肉微骨,調以娱只。"引申爲豐富,富饒。左傳桓公六年:"謂其三時不害而民和年～也。"國語晉語一:"義以生利,利以～民。"又爲茂盛,昌盛。詩小雅湛露:"湛湛露斯,在彼～草。"吕氏春秋當染:"從屬彌衆,弟子彌～,充滿天下。"高誘注:"豐,盛也。"❷大,高大。莊子山木:"夫～狐文豹棲於山林。"成玄英疏:"豐,大也。"列子楊朱:"～屋美服,厚味姣色。"國語周語中:"奉義順則謂之禮,畜義～功謂之仁。"

[備考]㊀古代承放酒器的托盤。儀禮公食大夫禮:"飲酒實于觶,加于～。"鄭玄注:"豐,所以承觶者也,如豆而卑。"㊁蒲草。書

顧命："東序西嚮，敷重～席，畫純。"僞孔傳："豐，莞。"鄭玄的意見不同，他認爲"豐席"是刮光洗刷的竹席(刮涑竹席)。

[辨]丰，豐。二字古音不同，古義也有別。古音"丰"在東部，"豐"在冬部。"丰"字一般只用來形容容貌和神態，"豐"字却可形容各種事物。"丰"既表容貌丰滿，又表儀態美好；"豐"則重在表事物的豐富、繁多。

[同源字]菶，芃，丰，豐。見"菶"字條。

按，説文豐字在豐部。

十 三 畫

䠅 zhì 直一切，音秩，入，質韻，澄。質部。

古代禮器爵的次第順序。説文："䠅，爵之次弟也…虞書曰：'平～東作。'"今本書堯典"䠅"作"秩"。

[辨]袟，秩，䠅，程。見"袟"字條。

按，説文䠅字在豐部。

二十一畫

豔 yàn 以贍切，音焰，去，豔韻，喻四，談部。又作"艷"、"豓"。❶鮮豔，漂亮。左傳桓公元年："宋華父督見孔父之妻於路，目逆而送之，曰：'美而～。'"用指美女。唐李白經亂離後天恩流夜郎憶舊遊書懷詩："吴娃與越～，窈窕誇鉛紅。"引申指色彩鮮明。唐李白古風五九首："碧荷生幽泉，朝日～且鮮。"又指文辭華麗。三國志吴書孫權傳："信言不～，實居于好。"晉范甯春秋穀梁傳序："左氏～而富，其失也巫。"❷指有關愛情方面的事。南朝梁王筠三婦豔："丈人且安卧，～歌方斷續。"宋陳善捫蝨新話卷三："黄魯直初作～歌小詞，道人法秀謂其以筆墨誨淫。"❸欣羡，羡慕。韓非子外儲説左上："夫不謀治强之功，而～乎辯説文麗之聲，是卻有術之士而任壞屋折弓也。"❹通"焰"，光焰。晉潘岳笙賦："爛熠爚以放～，鬱蓬勃以氣出。"文選晉張協七命："流綺星連，浮彩～發。"❺古代稱楚地的歌曲。文選晉左思吴都賦："荆～楚舞，吴愉越吟。"劉逵注："豔，楚歌也。"

按，説文豔字在豐部。

豕　部

[豕部總論]

豕就是豬，豕部的字都與豬有關。大多是各種豬的名稱，例如：豜、豝、豚、豥、豨、豭、豱、豲、豯、豰、豵、豶。也有似豬的獸類名，如：豰、貗、貛。還有是表示豬的動作或與豬有關的事物。如"豗"是豕掘地、"豞"是豬的叫聲，"豤"是豕齧地，"豪"是箭豬項脊間的長毛，"豢"是飼養豬狗等動物。"象"、"豫"説文自成一部，併入豕部，意義自然與豕無關。

豕 shǐ 施是切，上，紙韻，審三。支部。

豬。説文："豕，彘也。"方言卷八："豬，關東西或謂之彘，或謂之豕。"詩小雅漸漸之石："有～白蹢，烝涉波矣。"左傳莊公八年："射之，～人立而啼。"

三　畫

豗 huī 呼恢切，平，灰韻，曉。

㊀拱土。玉篇九部:"豗,豬豗地。"唐張鷟朝野僉載卷一:"醫書言:虎中藥箭食清泥,野豬中藥箭～薺苨而食。"㊁水相擊而發出喧響。文選晉木華海賦:"㶁泊柏而迆颺,磊匒匌而相～。"李善注:"相豗,相擊也。"唐李白蜀道難詩:"飛湍瀑流争喧～,砯崖轉石萬壑雷。"王琦注引韻會:"豗,喧聲。"

[備考]馬病。漢蔡琰胡笳十八拍:"風霜凜凜兮春夏寒,人馬飢～兮筋力單。"

按,説文無豗字。

四 畫

豣 jiān 古賢切,平,先韻,見。

同"豜"。見"豜"字條。

豝 bā 伯加切,音巴,平,麻韻,幫。魚部。

母豬。説文:"豝,牝豕也。"詩召南騶虞:"壹發五～。"

[備考]通"豝"。乾肉。集韻麻韻:"豝,腊屬。"宋岳珂桯史卷九:"帝～之禍實昉此。"

豚 1. tún 徒渾切,平,魂韻,定。文部。

㊀小豬。論語陽貨:"陽貨欲見孔子,孔子不見,歸孔子～。"邢昺疏:"豚,豕之小者。"荀子大略:"錯質之臣,不息雞～。"

2. dūn 字彙補都昆切。

㊁通"墩"。土堆。字彙補:"豚,三國志注:土豚,土墩也。"三國志魏書蔣濟傳:"豫作土～遏斷湖水。"

3. dùn 集韻杜本切,上,混韻,定。文部。

㊂通"遯",隱遁。漢揚雄太玄晝:"師或導射,～其埻。"范望注:"豚,遯也。"

按,説文豚字在豚部。

五 畫

㺅 hòu 呼漏切,去,候韻,曉。

後起字。豬大聲叫。廣韻:"㺅,豕聲。"唐韓愈祭河南張員外文:"鉤登大鮎,怒頰豕～。"

[同源字]㺅,吽,吼。"㺅"與"吽"、"吼"古音相同,"吽"、"吼"在廣韻中有呼后切、呼漏切上、去兩讀。説文后部:"吽,厚怒聲。"段玉裁注:"諸書用呴字,即此字也。聲類曰:'呴,嗥也。'俗作吼。"玉篇:"吼,牛鳴也。""㺅"與"吽"、"吼"音義相通,實同一詞,"㺅"只是爲豬吼叫所造的專用字;玉篇是以特指義來釋"吼"。

象 xiàng 徐兩切,上,養韻,邪。陽部。

㊀陸地上現存最大的哺乳動物。左傳襄公二十四年:"～有齒以焚其身,賄也。"吕氏春秋古樂:"商人服～,爲虐于東夷。"特指象牙或象骨。禮記玉藻:"笏,天子以珠玉,諸侯以～。"詩小雅采薇:"四牡翼翼,～弭魚服。"朱熹注:"象弭,以象骨飾弓弰也。"又,酒器象尊,簡稱象。禮記明堂位:"犧～,周尊也。"㊁形象,景象。易繫辭上:"在天成～,在地成形。"左傳僖公十五年:"物生而後有～,～而後有滋。"引申爲象徵。荀子正論:"治古無肉刑而有～刑。"唐韓愈爲宰相賀白龜狀:"白者西方之色,刑戮之～也。"㊂肖像,像貌。三國志魏書臧洪傳:"故身著圖～,名垂後世。"晉書顧愷之傳:"嘗圖裴楷～,頰上加三毛。"這個意義又寫作"像"。㊃模仿,效法。墨子辭過:"人君爲飲食如此,故左右～之。"又爲相似,好像。周髀算經卷下:"天～蓋笠。"唐李白古風五九首之三:"額鼻～五嶽,揚波噴雲雷。"

[備考]㊀執法,使合規範。管子君臣上:"是故能～其道於國家,加之於百姓,而足以飾官化下者,明君也。"尹知章注:"象,法也,謂能本道而立法。"又爲名詞,法,法令。國語齊語:"設～以爲民紀,式權以相應。"韋昭注:"設象,謂設教象之法於象魏也。"㊁古代通譯南方民族語言的官。禮記王制:"五方之民,言語不通,嗜欲不同。達其志,通其欲,東方曰寄,南方曰～,西方曰狄鞮,北方曰譯。"

[同源字]象,豫。"象"古音邪母陽部;"豫"古音喻母魚部,陰陽對轉。説文:"象,長鼻牙,南越大獸,三年一乳。"又:"豫,象之大

者。”二字音近義通，實屬同源。

按，説文象字在象部。

六畫

豢 huàn 胡慣切，去，諫韻，匣。元部。

飼養豬狗。説文：“豢，以穀圈養豕也。”禮記樂記：“夫～豕爲酒，非以爲禍也。”鄭玄注：“以穀食犬豕爲豢。”周禮地官稾人：“掌～祭祀之犬。”引申泛指飼養。左傳昭公二十九年：“古者畜龍，故國有～龍氏，有御龍氏。”後漢書蔡邕傳：“百里有～牛之事。”又引申爲以利收買牢籠人。左傳哀公十一年：“吴人皆喜，唯子胥懼，曰：‘是～吴也夫！’”指犬豕等牲畜。國語楚語下：“王曰：‘芻～幾何？’”韋昭注：“草養曰芻，穀養曰豢。”莊子齊物論：“民食芻～，麋鹿食薦。”司馬彪注：“牛羊曰芻，犬豕曰豢，以所食得名。”

豥 hái 户來切，音孩，平，咍韻，匣。之部。

四蹄皆白的豬。爾雅釋獸：“豕…四豴皆白，豥。”也寫作“駭”。詩小雅漸漸之石：“有豕白蹢。”鄭箋：“四蹢皆白曰駭。”釋文：“駭，户楷反。爾雅説文皆作豥。”

按，今本説文無豥字。

豣 jiān 集韻經天切，平，先韻，見。元部。

字亦作“豜”。三歲的野豬。説文：“豣，三歲豕，肩相及者。”詩豳風七月：“言私其豵，獻～于公。”毛傳：“豕一歲曰豵，三歲曰豣。”文選晉左思吴都賦：“巖穴無～豵。”

豤 kěn 康很切，音墾，上，很韻，溪。文部。

㊀用牙齒咬食堅硬的東西。説文豕部：“豤，齧也。”㊁通“懇”，誠懇。吕氏春秋下賢：“卑爲布衣而不瘁攝，貧無衣食而不憂懾，～乎其誠自有也。”高誘注：“豤，即懇字。”〔豤豤〕誠懇的樣子。漢書楚元王傳附劉向上奏：“故豤豤數奸死亡之誅。”顔師古注：“豤豤，款誠之意也。”

［備考］通“墾”，翻土，開墾。睡虎地秦墓竹簡秦律十八種田律：“以其受田之數，无～不～，頃入芻三石、稾二石。”

［同源字］豤，齦，啃。説文豤、齦同訓。玉篇：“豤，豕齧地。”廣韻：“豤，豕食皃。”“豤”、“齦”同音，實同一詞。“豤”是作爲豕啃物的專用字，玉篇、廣韻以專用義釋之，但古籍中多作“齦”。“啃”是“齦”的晚起字。“齦”後來借作“齗”，指牙齦，音義俱别，是“豤”“啃”所没有的音義。今“齦”專用作牙齦字。

豦 jù 居御切，音鋸，去，御韻，見。魚部。

獸名，猴屬。爾雅釋獸：“～，迅頭。”郭璞注：“今建平山中有～，大如狗，似獮猴，黄黑色，多髯鬣，好奮迅其頭，能舉石擿人，玃類也。”

［備考］大豕。説文引司馬相如説：“～，封豕之屬。”

七畫

豪 háo 胡刀切，平，豪韻，匣。宵部。

㊀豪豬，亦稱箭豬。説文：“𧰲，豕，鬣如筆管者，出南郡。”“豪”是其籀文。山海經西山經：“鹿臺之山，其上多白玉，其下多銀，其獸多㸲牛、羬羊、白～。”特指豪豬項脊間尖硬的長毛。山海經北山經：“(譙明之山)有獸焉，其狀如貆而赤～。”引申泛指細長的毛。穆天子傳卷四：“天子之～馬～牛，龍狗～羊，以三十祭文山。”郭璞注：“豪猶髦也…髦馬如馬，足四節皆有毛。”㊁才德、聲望特出的人。吕氏春秋功名：“人主賢，則～桀歸之。”高誘注：“才過百人曰豪。”鶡冠子博選：“德千人者謂之～。”引申爲豪强，依仗權勢横行不法的人。晉左思蜀都賦：“三蜀之～，時來時往，養交都邑，結儔附黨…出則連騎，歸從百兩。”又爲統帥、首領。史記韓長孺列傳：“雁門馬邑～聶翁壹。”裴駰集解引張晏曰：“豪，猶帥也。”後漢書西羌傳：“諸羌見爰劍被焚不死，怪其神，共畏事之，推以爲～。”㊂豪放，豪邁，行爲不拘常格。史記魏公子列傳：“平原君之

游,徒～舉耳,不求士也。”三國志魏書吕布傳:“君言～,寧有事邪?”又爲豪華,奢侈。世説新語汰侈:“石崇與王愷争～,並窮綺麗,以飾輿服。”梁書賀琛傳:“今之燕喜,相競誇～,積果如山岳,列肴同綺繡。”

[備考]㊀通“嚎”。號哭。樂府詩集鼓吹曲辭一戰城南:“爲我謂烏:‘且爲客～,野死諒不葬,腐肉安能去子逃?’”㊁通“崤”。山名。史記太史公自序:“穆公思義,悼～之旅。”司馬貞索隱:“豪即崤之異音。”

[同源字]豪,毫。二字同音,又同有指細長而尖鋭的毛一義,實同一詞,“毫”是爲長毛義所造的分别字。

按,説文豪作豪,在㣇部。

豩 1. bīn 集韻悲巾切,音彬,平,真韻,幫。文部。

❶二豕。説文:“豩,二豕也。”

2. huān 集韻呼關切,平,删韻,曉。

❷頑劣。唐劉禹錫答樂天見憶詩:“筆底心無毒,盃前膽不～。”原注:“豩,呼關反,頑也。”

豛 dòu 都豆切,音鬥,去,候韻,端。屋部。

星宿名,即尾宿。國語楚語下:“日月會于龍～。”韋昭注:“豛,龍尾也。謂周十二月,夏十月,日月合辰於尾上。月令:‘孟冬,日在尾。’”

豨 xī 香衣切,音希,平,微韻,曉。微部。

豬。墨子耕柱:“言則稱於湯文,行則譬於狗～。”淮南子本經:“封～脩蛇,皆爲民害。”

[備考][豨豨]豬跑動的樣子。説文:“豨,豕走豨豨。”

八　畫

豬 zhū 陟魚切,平,魚韻,知。魚部。

❶家畜名。説文:“豬,豕而三毛叢居者。”方言卷八:“豬,北燕朝鮮之間謂之豭,關東西或謂之彘,或謂之豕,南楚謂之豨。”今通稱豬。荀子正論:“今人或入其央瀆,竊其～彘,則援其劍戟而逐之。”❷通“瀦”。水匯集停積。書禹貢:“彭蠡既～,陽鳥攸居。”

九　畫

豭 jiā 古牙切,音家,平,麻韻,見。魚部。

牡豕,公豬。説文:“豭,牡豕也。”左傳隱公十一年:“鄭伯使卒出～,行出犬雞,以詛射潁考叔者。”孔穎達疏:“豭,謂豕之牡者。”史記秦始皇本紀:“夫爲寄～,殺之無罪。”司馬貞索隱:“豭,牡豕也。言夫淫他室,若寄豭之豬也。”引申泛指豬或雄性動物。左傳昭公四年:“顧而見人,黑而上僂,深目而～喙。”杜預注:“口象豬。”

[同源字]牯,羖,豭,麚。見“牯”字條。

豫 1. yù 羊洳切,去,御韻,喻四。魚部。

❶象之大者。説文:“豫,象之大者。”段玉裁注:“此豫之本義,故其字从象也。”❷出巡,巡遊,特指帝王秋日出巡。孟子梁惠王下:“夏諺曰:‘吾王不遊,吾何以休?吾王不～,吾何以助?一遊一～,爲諸侯度。’”晏子春秋内篇問下:“春省耕而補不足者謂之遊,秋省實而助不給者謂之～。”❸安樂,安逸。詩小雅白駒:“爾公爾侯,逸～無期。”書金縢:“王有疾,弗～。”引申爲喜悦。漢書陸賈傳:“將相和,則士～附。”❹預備,事先有準備。也作“預”。禮記中庸:“凡事～則立,不～則廢。”荀子大略:“先患慮患謂之～,～則禍不生。”❺通“與”。參與。左傳隱公元年:“～凶事,非禮也。”後漢書東夷傳:“及楚靈會申,亦來～盟。”❻猶豫,遲疑不決。楚辭戰國屈原九章惜誦:“壹心而不～兮,羌不可保也。”王逸注:“豫,猶豫也。”

[備考]㊀饜足,滿足。楚辭戰國屈原九章惜誦:“行婞直而不～兮,鮌功用而不就。”王逸注:“豫,厭也。”㊁欺誑。荀子儒效:“魯之粥牛馬者不～賈,必蚤正以待之也。”王念

孫讀書雜志:“豫,猶詎也。”

2.xiè 集韻詞夜切,音謝,去,禡韻,邪。鐸部。

㊆通“榭”。古州學名。儀禮鄉射禮:“~則鉤楹内,堂則由楹外。”鄭玄注:“今言豫者謂州學也。讀如‘成周宣謝災’之謝。”

[同源字]象,豫。見“象”字條。

按,說文豫字在象部。

豱 wēn 烏渾切,音温,平,魂韻,影。文部。

一種頭短的豬。爾雅釋獸:“豕…奏者豱。”郭璞注:“今豱豬頭短,皮理腠蹙。”清翟灝通俗編卷二八:“此豬之頭短小而醜,非人意所喜。故俗以市物不稱意曰~豬頭。”

按,說文無豱字。

十　畫

㲉 1.hù 呼木切,入,屋韻,曉。屋部。

㊀獸名。爾雅釋獸:“貔,白狐,其子,㲉。”史記司馬相如列傳:“蜥胡~蛫,棲息乎其間。”司馬貞索隱:“郭璞曰:‘㲉似貙而大,腰以後黄,一名黄腰,食獮猴。㲉,白狐子也。’”

2.bó 蒲角切,入,覺韻,並。屋部。

㊁小豬。說文:“㲉,小豚也。”

按,說文以㲉爲小豚;第一義獸名字作“㺉”,在犬部。

豲 huán 胡官切,音桓,平,桓韻,匣。元部。

獸名。說文:“豲,豕屬也。”(依段注本)逸周書周祝:“故狐有牙而不敢以噬,~有蚤而不敢以撅。”孔晁注:“豲,豪豬也。”

豯 xī 胡雞切,音兮,平,齊韻,匣。支部。

小豬。方言卷八:“豬…其子或謂之豚,或謂之~。”特指生下才三個月的小豬。說文:“豯,生三月豚。”

豳 bīn 府巾切,集韻悲巾切,平,真韻,幫。文部。

古國名,周代先祖公劉始遷於豳而立國。其地在今陝西旬邑縣西南。字亦作“邠”。詩大雅公劉:“篤公劉,于~斯館。”

[備考]通“斑(bān)”。〔豳文〕指有斑文的衣。史記司馬相如列傳子虛賦:“絝白虎,披豳文。”裴駰集解引郭璞:“著斑衣。”漢書、文選均作“斑”。

按,說文豳是邠的重文,在邑部。

十一畫

㺏 lóu 落侯切,平,侯韻,來。

求偶的母豬。廣韻:“㺏,求子豬也。”經籍通作“婁”,見“婁”字條。

按,說文無㺏字。

豵 zōng 子紅切,音鬃,平,東韻,精。東部。

小豬。說文:“豵,生六月豚…一曰一歲豵。”詩豳風七月:“言私其~,獻豣於公。”毛傳:“豕一歲曰豵。”又特指一胎生三子的小豬。爾雅釋獸:“豕生三,豵;二,師;一,特。”郭璞注:“豬生子常多,故别其少者之名。”

十二畫

豮 lín 力珍切,音鄰,平,真韻,來。真部。

〔聞豮〕傳說中的一種獸。山海經中山經:“(几山)有獸焉,其狀如彘,黄身、白頭、白尾,名曰聞豮,見則天下大風。”

按,說文無豮字。

豷 yì 於計切,音殪,去,霽韻,影。質部。

㊀豬喘息。說文:“豷,豕息也。”㊁傳說中的人名。夏代寒浞之子。左傳襄公四年:“浞因羿室,生澆及~。”

豶 fén 符分切,音焚,平,文韻,奉。文部。

閹割後的豬。說文:“豶,羠豕也。”段玉裁注:“羠,騬羊也;騬,犗馬也;犗,騬牛也。皆去勢之謂也。”易大畜:“六五,~豕之牙。吉。”釋文引劉表注:“豕去勢曰豶。”

十八畫

貛 huān 集韻呼官切,音歡,平,桓韻,曉。

一種哺乳動物,也叫狗獾。亦作"獾"、"貛"。説文:"貛,野豕也。"玉篇:"貛,野豬也。"

按,説文貛作貛,在豸部。

豸部

[豸部總論]

説文:"豸,獸長脊,行豸豸然,欲有所司殺形。"據説文"豸"是猛獸,因此豸部的字多爲猛獸名。如:豻、豺、豹、貔、貅、貘、貙。另有一些字是猿猴類獸名。如:貁、貗、貑、貜。還有一些是毛皮獸名。如:貀、貂、貉、貐、貍。"貌"是皃的重文,據段玉裁説文解字注貌是从皃、豹省聲,本在皃部,其義當然與獸類無關。

豸 zhì 池爾切,上,紙韻,澄。支部。

❶蟲豸,没有脚的蟲子。爾雅釋蟲:"有足謂之蟲,無足謂之豸。"❷制止,解決。左傳宣公十七年:"余將老,使郤子逞其志,庶有～乎?"杜預注:"豸,解也。欲使郤子從政快志以止亂。"明趙南星司銓奏草序:"而天下遂多事,賢者焦心苦神,猶不足以～也。"❸獬豸的簡稱。獬豸爲古代傳説中的神獸,能辨曲直,因此古代法官所戴的帽子就叫獬豸冠,簡稱豸冠。唐岑參送韋侍御先歸京詩:"聞欲朝龍闕,應須拂～冠。"

按,説文豸字爲部首。

三 畫

豻 àn 五旰切,音岸,去,翰韻,疑。元部。

也作"犴"。❶古時北方的一種野狗。説文:"豻,胡地野狗。"周禮春官巾車:"漆車,藩蔽,～褍,雀飾。"鄭玄注:"豻,胡犬。"史記司馬相如列傳子虚賦:"其下則有白虎玄豹,蟃蜒貙～。"裴駰集解引漢書音義曰:"豻,胡地野犬,似狐而小也。"❷古代鄉亭的監獄。漢書刑法志:"原獄刑所以蕃若此者…姦不輒得,獄～不平之所致也。"顔師古注引服虔曰:"鄉亭之獄曰豻。"

[備考]猿猴類動物。漢楊孚異物志:"豻,猿屬。頭形正方,髮長尺餘,皆蒼色。"宋王象之輿地紀勝廣東南路景物下:"騰豻,沐猴之屬也。"

豺 chái 士皆切,平,皆韻,牀二。之部。

野獸名。俗名豺狗,字亦作"犲"。説文:"豺,狼屬,狗聲。"左傳文公元年:"且是人也,蠭目而～聲,忍人也,不可立也。"詩小雅巷伯:"取彼譖人,投畀～虎。"

豹 bào 北教切,去,效韻,幫。藥部。

猛獸名。似虎而小,也叫豹子。説文:"豹,似虎,圜文。"詩大雅韓奕:"獻其貔皮,赤～黄羆。"左傳襄公四年:"因魏莊子納虎～之皮,以請和諸戎。"

四 畫

貀 nà 女滑切,入,黠韻,娘。

同"豽"。獸名。後漢書烏桓鮮卑傳:"又有貂、～、鼲子,皮毛柔蝡,故天下以爲名裘。"李賢注:"貀,猴屬也。"

按，説文貀作豽。

五　畫

貁 yòu 余救切，去，宥韻，喻四。幽部。

獸名。長尾猨。又作"狖"。淮南子詮言："故虎豹之彊來射，蝯～之捷來措。"漢書揚雄傳反離騷："枳棘之榛榛兮，蝯～擬而不敢下。"顔師古注："貁，似猴，卬鼻而長尾。"

貎 ní 女夷切，音尼，平，脂韻，娘。

獸名。宋史外國傳日本："鹿皮籠一，納～裘一領。"

按，説文無貎字。

貀 nà 女滑切，入，黠韻，娘。物部。

獸名。又作"豽"。説文："貀，獸無前足。从豸，出聲。漢律：'能捕豺～，購百錢。'"清徐珂清稗類鈔動物貀："～，亦作豽，狀似貍，蒼黑色，無前兩足，能捕鼠，舊稱即膃肭獸。然～陸居，膃肭獸水居，非一種也。"

貂 diāo 都聊切，平，蕭韻，端。宵部。

小獸名，又稱貂鼠。字亦作"鼦"。説文："貂，鼠屬。大而黄黑，出胡丁零國。"戰國策秦策一："(蘇秦)黑～之裘弊，黄金百斤盡，資用乏絶，去秦而歸。"漢張衡四愁詩："美人贈我～襜褕，何以報之明月珠。"

六　畫

貆 1. huán 胡官切，音桓，平，桓韻，匣。元部。

字亦作"狟"。❶小貉。詩魏風伐檀："不狩不獵，胡瞻爾庭有縣～兮。"鄭箋："貉子曰貆。"❷豪豬。山海經北山經："(譙明之山)有獸焉，其狀如～而赤豪。"郭璞注："貆，豪豬也。"

2. huān 呼官切，音歡，平，桓韻，曉。元部。

❸同"貛"。貛子。集韻："貛，亦作貆。"周禮地官草人："渴澤用鹿，鹹潟用～。"鄭玄注："貆，貒也"。明李時珍本草綱目獸部二："貛，又作～…時珍曰：貒，豬貛也；貛，狗貛也。二種相似而略殊。"

貊 mò 莫白切，音陌，入，陌韻，明。鐸部。

❶古代對北方少數民族的蔑稱。字亦作"貉"。詩魯頌閟宫："淮夷蠻～，莫不率從。"禮記中庸："是以聲名洋溢乎中國，施及蠻～。"❷静，清静。詩大雅皇矣："～其德音，其德克明。"毛傳："貊，静也。"❸獸名。字本作"貘"。後漢書西南夷列傳哀牢："出銅、鐵、鉛、錫…犀、象、猩猩、～獸。"李賢注引南中八郡志："貊，大如驢，狀頗似熊，多力，食鐵，所觸無不拉。"

［備考］通"袹(mà)"。〔貊頭〕古代初喪時用來束髮的頭巾。禮記問喪："親始死，雞斯徒跣。"鄭玄注："今時始喪者，邪巾貊頭，笄纚(雞斯)之存象也。"

按，説文無貊字。

貉 1. mò 莫白切，音陌，入，陌韻，明。鐸部。

❶古代對北方少數民族的蔑稱。字亦作"貊"。説文："貉，北方豸種。"荀子勸學："干越夷～之子，生而同聲，長而異俗，教使之然也。"孟子告子下："夫～，五穀不生，惟黍生之。"趙岐注："貉在北方，其氣寒，不生五穀，黍早熟，故獨生之。"

2. hé 下各切，音涸，入，鐸韻，匣。鐸部。

❷貉子，一種重要的毛皮獸。字本作"貈"。詩豳風七月："一之日于～，取彼狐狸，爲公子裘。"論語鄉黨："狐～之厚以居。"

3. mà 集韻莫駕切，音罵，去，禡韻，明。魚部。

❸通"禡"。古代軍隊出征和駐紮時舉行的祭禮。周禮夏官大司馬："遂以蒐田，有司表～。"鄭玄注："表貉，立表而貉祭也。"

貅 xiū 許尤切，音休，平，尤韻，曉。幽部。

〔貔貅〕一種猛獸。參見"貔"字條。

按，説文無貅字。

貈 hé 下各切，音涸，入，鐸韻，匣。鐸部。

貉子，一種重要的毛皮獸。說文："貈，似狐，善睡獸。"段玉裁注："凡狐貉連文者，皆當作此貈字，今字乃皆假貉爲貈，造貊爲貉矣。"又"下各切。按此切乃貉之古音，非此字本音也。"淮南子原道："～渡汶而死，形性不可易，勢居不可移也。"宋陸游歲暮雜感詩："雖無狐～温，要免溝壑憂。"

七　畫

貍 1.lí 里之切，平，之韻，來。之部。

❶貍子，也叫貍猫、山猫、豹猫。字亦作"狸"。說文："貍，伏獸，似貙。"詩豳風七月："取彼狐～，爲公子裘。"孔穎達疏："又取狐與貍之皮，爲公子之裘。"墨子公輸："宋所爲無雉兔狐～者也。"

2.mái 集韻謨皆切，平，皆韻，明。之部。

❷通"埋"。埋藏。墨子備蛾傅："離而深～，堅築之，毋使可拔。"祭祀山林的名稱。周禮春官大宗伯："以～沈祭山林川澤。"鄭玄注："祭山林曰埋，川澤曰沈。"賈公彥疏："山林無水，故埋之；川澤有水，故沈之。"

［備考］通"鬱(yù)"。腐臭。周禮天官内饔："鳥皫色而沙鳴，～。"鄭玄注："貍，音鬱。"賈公彥疏："皫，失色也。沙，澌也。鳥毛失色而鳴又澌，其肉氣必鬱。鬱謂腐臭。"

貌 1.mào 莫教切，去，效韻，明。藥部。

❶面容，相貌。又作"皃"。楚辭戰國屈原九章惜誦："言與形其可迹兮，情與～其不變。"洪興祖補注："志願爲情，顏色爲貌。"淮南子主術："吞炭變音，擿齒易～。"引申爲儀容，神態。論語季氏："色思温，～思恭。"邢昺疏："體貌接物不可驕亢，當思恭遜也。"穀梁傳桓公十四年："望遠者察其～而不察其形。"范甯集解："貌，姿體；形，容色。"文選漢賈誼鵩鳥賦："止于坐隅兮，～甚閑暇。"❷外表，外觀。禮記儒行："禮節者，仁之～也。"賈公彥疏："言禮義撙節是仁儒之外貌。"吕氏春秋過理："文王～受以告諸侯。"高誘注："貌受，心不受也。"

［備考］禮貌。論語鄉黨："見冕者與瞽者，雖褻必以～。"朱熹集注："貌，謂禮貌。"

2.mò 洪武正韻末各切。

❸摹寫，描繪。唐杜甫丹青引："即今漂泊干戈際，屢～尋常行路人。"新唐書楊貴妃傳："命工～妃於别殿，朝夕往，必爲鯁欷。"

［辨］容，貌。二字都可表示人的面容、相貌，是同義詞。有時可以互换，如韓非子顯學："故孔子曰：以容取人乎，失之子羽。"史記仲尼弟子列傳作"以貌取人，失之子羽"。容、貌又常常連用。莊子讓王："子列子窮，容貌有飢色。"但二字的意義又有細微差别。說文皃字下段玉裁注："凡容言其内，皃言其外。"這是說："容"指面部表情，重在神情、臉色；"貌"指面部形狀，重在外貌、面相。

按，說文貌是皃的重文，在皃部。

八　畫

貈 zhōu 之九切，音帚，上，有韻，照三。

傳說中的獸名。明李時珍本草綱目獸玃引神異經："西方有獸名～，大如驢，狀如猴，善緣木。"今本神異經中荒經貈作"綢"。

按，說文無貈字。

貏 bǐ 集韻補靡切，音彼，上，紙韻，幫。支部。

〔貏豸〕叠韻聯緜字。地勢漸平的樣子。文選漢司馬相如上林賦："陂池貏豸，沇溶淫鬻。"李善注："貏豸，漸平貌。"南朝梁蕭子雲玄圃園講賦："其山則㟅㠁貏豸，硱磳誳詭。"

按，說文無貏字。

九　畫

貏 yà 烏黠切，音揠，入，黠韻，影。月部。

〔貏貐〕聯緜字。獸名。又作"猰貐"。爾雅釋獸："貏貐，類貙。虎爪，食人，迅走。"唐杜甫秋日送石首薛明府辭滿告别三十韻："公時呵猰貐，首唱卻鯨魚。"

按，説文無猰字。

貓 māo 莫交切，平，肴韻，明。宵部。

家畜，善捕鼠。字亦作"猫"。詩大雅韓奕："有熊有羆，有～有虎。"毛傳："貓似虎，淺毛者也。"禮記郊特牲："迎～，爲其食田鼠也。"

按，説文無貓字，新附有之，注云："貍屬。"

猳 jiā 古牙切，音家，平，麻韻，見。魚部。

❶〔猳玃〕一種大猿。爾雅釋獸："玃父，善顧。"郭璞注："猳玃也，似獮猴而大。"邢昺疏："大蝯也，能玃持人，又善顧盼，因名。"❷〔猳羆〕熊的一種。爾雅釋獸："羆如熊，黄白文。"郭璞注："似熊而長頭高脚，猛憨多力，能拔樹木，關西呼曰猳羆。"

按，説文無猳字。

貒 tuān 他端切，音湍，平，桓韻，透。元部。

豬貛。字亦作"猯"。爾雅釋獸："貒子，貗。"郭璞注："貒，豚也，一名貛。"楚辭漢王逸九思遭厄："鹿蹊兮躖躖，～貉兮蟫蟫。"洪興祖補注："貒，似豕而肥。"漢揚雄蜀都賦："羆、犛、貘、～。"

十　畫

貕 xī 胡雞切，音兮，平，齊韻，匣。支部。

小豬。方言卷八："豬，北燕朝鮮之間謂之豭，關東西或謂之彘，或謂之豕，…其子或謂之豚，或謂之～，吴揚之間謂之豬子。"

按，説文無貕字。

貔 pí 房脂切，集韻頻脂切，平，脂韻，並。脂部。

❶猛獸名。似虎，毛灰白色，又名白狐、白羆。説文："貔，豹屬，出貉國。"書牧誓："如虎如～，如熊如羆。"詩大雅韓奕："獻其～皮，赤豹黄羆。"❷〔貔貅〕猛獸名，一説即貔，一説貔之牝者曰貅。逸周書周祝："山之深也，虎豹貔貅何爲可服。"比喻勇猛的軍隊。史記五帝本紀："（軒轅）教熊羆貔貅貙虎，以與炎帝戰於阪泉之野。"司馬貞索隱："此六者猛獸，可以教戰。"張守節正義："言教士卒習戰，以猛獸之名名之，用威敵也。"晉書熊遠傳："命貔貅之士，鳴檄前驅。"又用指軍中的旌旗。禮記曲禮上："前有摯獸，則載貔貅。"清王士禛隴蜀餘聞提出異議："貔貅産峨嵋，自木皮殿以上林木間有之。形類犬，黄質白章，龐贅遲鈍，見人不驚，羣犬常侮之，其聲似念陀佛，非猛獸也。"此似謂大熊猫。

十 一 畫

貘 mò 莫白切，入，陌韻，明。鐸部。

獸名。説文："貘，似熊而黄黑色，出蜀中。"爾雅釋獸："貘，白豹。"郭璞注："似熊，小頭庳脚，黑白駁，能舐食銅鐵及竹節。"所述有似大熊猫。尸子下卷："程，中國謂之豹，越人謂之～。"漢司馬相如上林賦："其獸則庸、旄、～、犛、沈牛、麈、麋。"唐白居易貘屏贊序："～者，象鼻犀目，牛尾虎足，生南方山谷中。"

貙 chū 敕俱切，平，虞韻，徹。侯部。

一種猛獸。字亦作"貙"。説文："貙，貙似貍者。"爾雅釋獸："貙似貍。"郭璞注："今貙虎也，大如狗，文如貍。"唐柳宗元羆説："鹿畏～，～畏虎，虎畏羆。"〔貙虎〕貙的别名。抱朴子外篇廣譬："貙虎䖮鬫，不能威蚊蝱；冠世之才，不能合流俗。"

十 八 畫

貛 huān 呼官切，音歡，平，桓韻，曉。元部。

貛子，特指狗貛。淮南子脩務："螘知爲垤，～貉爲曲穴。"宋梅堯臣昭亭山："獸則～與貉，魚則魴與鱮。"

二 十 畫

貜 jué 居縛切，音矍，入，藥韻，見。鐸部。

大猿,俗稱馬猴。字亦作“玃”。爾雅釋獸:“貜父,善顧。”郭璞注:“貑貜也。似獮猴而大,色蒼黑,能攫持人。”郝懿行義疏引博物志:“玃,其長七尺,人行健走,名曰猴玃,今俗呼馬猴。”唐李白大獵賦:“囚貑貜於峻崖,頓貜～於窮石。”

按,説文貜作玃,在犬部。

貝　部

[貝部總論]

古人曾以貝作爲貨幣,因此貝部字一般表示與財物有關的意義。有名詞,如財、貨、資、貲、賄、賕、賦、賷、贄、贓等。有形容詞,如貴、賤、貧、費等。數量最多的是動詞,有關於商業活動的,如買、賣、販、賈、購、貰、貸、贖等;有關於財物取予的,如贈、貽、賜、賞、賀、貺、貢、賚等。少數字意義與財物無關,有的是因爲部首歸屬未從詞義考慮所致,例如賾、贕,其中“貝”並非義符。

貝 bèi 博蓋切,去,泰韻,幫。月部。

❶貝殼。書顧命:“胤之舞衣、大～、鼖鼓,在西房。”荀子大略:“玉～曰唅。”❷古代的貨幣。説文:“貝…古代貨貝而寶龜,周而有泉,至秦廢貝行錢。”書盤庚中:“兹予有亂政同位,具乃～玉。”孔穎達疏:“貝者,水蟲。古人取其甲以爲貨,如今之用錢然。”引申指財物。易震:“震來厲,億喪～。”王弼注:“貝,資貨糧用之屬也。”❸梵文貝多或貝多羅樹的簡稱(後起義)。唐段成式酉陽雜俎木篇:“貝多是梵語,漢譯爲葉。貝多婆力叉者,漢言葉樹也。”唐皮日休奉和魯望寒夜訪寂上人次韻:“數葉～書松火暗,一聲金磬檜烟深。”

二　畫

貞 zhēn (舊讀 zhēng)陟盈切,平,清韻,知。耕部。

❶占卜,卜問。説文:“貞,卜問也。”周禮春官天府:“季冬,陳玉,以～來歲之媺惡。”又大卜:“凡國大～,卜立君,卜大封。”鄭玄注引鄭衆:“貞,問也。國有大疑,問於蓍龜。”❷正。易師:“彖曰:師,衆也;～,正也。”書太甲下:“一人元良,萬邦以～。”引申爲當,正當。楚辭戰國屈原離騷:“攝提～于孟陬兮,惟庚寅吾以降。”❸堅貞,堅定不移,多指品行操守。荀子子道:“臣從君命,～乎?”韓非子守道:“託天下於堯之法,則～士不失分,姦人不徼幸。”特指婦女遵守封建禮教。穀梁傳襄公三十年:“婦人以～爲行者也。伯姬之婦道盡矣。”史記田單列傳:“忠臣不事二君,～女不更二夫。”

[備考]易卦爻的下體,即下三爻,也叫内卦。書洪範:“曰～曰晦。”僞孔傳:“内卦曰貞,外卦曰悔。”左傳僖公十五年:“蠱之～,風也;其悔,山也。”

按,説文貞字在卜部。

負 fù 房久切,上,有韻,奉。之部。

❶用背馱東西。釋名釋姿容:“負,背也,置項背也。”詩大雅生民:“恒之穈芑,是任是～,以歸肇祀。”孔穎達疏:“以任、負異文,負在背,故任爲抱。”莊子逍遥遊:“背～青天而莫之夭閼者,而後乃今將圖南。”引申爲承載,承擔。莊子逍遥遊:“且夫水之積也不厚,則其～大舟也無力。”淮南子主術:“君人者不任

能而好自爲之，則智日困而自～其責也。”又爲背靠着。禮記孔子閒居：“子夏蹶然而起，～牆而立。”孟子盡心下：“虎～嵎，莫之敢攖。”再引申爲仗恃，依仗。説文：“負，恃也。”周禮夏官大司馬：“～固不服，則侵之。”鄭玄注：“負，猶恃也。”史記廉頗藺相如列傳：“秦貪，～其彊以空言求璧。”❷違背，背棄。史記高祖本紀：“項羽～約。”玉臺新詠古詩爲焦仲卿妻作：“不久當還歸，誓天不相～。”引申爲辜負，對不起人。戰國策齊策四：“客果有能也，吾～之，未嘗見也。”秦李斯諫逐客書：“由此觀之，客何～於秦哉？”❸失敗，與“勝”相對。孫子兵法謀攻：“不知彼而知己，一勝一～。”韓非子内儲説上七術：“中之者勝，不中者～。”❹小於零的，與“正”相對。周禮考工記弓人：“維角定之，欲宛而無～弦。”孫詒讓正義：“負與九章算術方程正負之負義同。”❺虧欠。史記佞幸列傳：“盡没入鄧通家，尚～責數巨萬。”❻遭受，蒙受。管子法禁：“廢上之法制者，必～以恥。”史記魯仲連鄒陽列傳：“鄒陽客遊，以讒見禽，恐死而～累。”

［備考］㈠賠償。韓非子説林下：“與人爭買百金之璞玉，因佯失而毁之，～其百金。”㈡通“伏”。趴。墨子節葬下：“以此求衆，譬猶使人～劍而求其壽也。”孫詒讓閒詁：“負，伏通。”㈢喪服披在背上的一方布。儀禮喪服：“～廣於適寸。”鄭玄注：“負，在背上者也；適，辟領也。負出於辟領外旁一寸。”

［辨］負，任，担，荷。這四個字都是表示徒手轉運東西的方式。“負”是背，“任”是抱，“担”是挑，“荷”是扛。也可用於泛指，不强調方式的差别。

［同源字］背，負，蝜。見“蝜”字條。

三　畫

貢 gòng 古送切，去，送韻，見。東部。

❶向朝廷進獻方物。説文：“貢，獻功也。”徐灝注箋：“功謂力作所有事，如穀麥爲農功，絲枲爲婦功也。”書禹貢：“厥～漆絲。”蔡沈集傳：“貢者，下獻其土所有於上也。”左傳僖公四年：“爾～包茅不入。”又名詞。貢品，進獻的物品。左傳僖公四年：“～之不入，寡君之罪也。”史記齊太公世家：“命燕君復修召公之政，納～于周。”❷田賦名。相傳夏代的田賦叫“貢”。孟子滕文公上：“夏后氏五十而～。”❸薦舉，推薦。禮記射義：“諸侯歲獻，～士於天子。”三國志蜀書李恢傳：“後～恢於州。”

［備考］進，推進。書顧命：“爾無以釗冒～于非幾。”僞孔傳：“汝無以釗冒進于非危之事。”又爲進陳，奉獻。韓非子揚權：“二者誠信，下乃～情。”王先慎集解：“貢，謂陳見也。”

［辨］貢，獻。兩個字都有奉獻的意思。但是“貢”一般指獻東西給皇帝，“獻”則只表示恭敬地把東西送給人。

［同源字］貢，贛。見“贛”字條。

財 cái 昨哉切，平，咍韻，從。之部。

❶財物，財富。説文：“財，人所寶也。”周禮天官宰夫：“乘其～用之出入。”荀子成相：“務本節用～無極。”韓非子説難：“暮而果大亡其～。”❷通“材”。材料。墨子尚賢下：“有一牛羊之～不能殺，必索良宰。”孫詒讓閒詁：“畢云：同材。”文選晉左思魏都賦：“～以工化，賄以商通。”李善注：“財與材古字通。”❸通“才”。才能。孟子盡心上：“有成德者，有達～者。”焦循正義：“財，即才也。”❹副詞。僅僅。字多作“纔”或“才”。史記孝文本紀：“太僕見馬遺～足，餘皆以給傳置。”司馬貞索隱：“財，古字與‘纔’同。”漢書李廣利傳：“士～有數千，皆飢罷。”

［辨］賄，賂，財，貨，資。見“賄”字條。

［同源字］材，財，才。見“才”字條。

貣 tè 他德切，音忒，入，德韻，透。職部。

❶乞貸，向人乞求物品。荀子儒效：“今有人於此，屑然藏千溢之寶，雖行～而食，人謂之富矣。”引申爲借貸。睡虎地秦墓竹簡法

律答問："府中公金錢私～用之，與盗同法。"漢書司馬相如傳："文君久之不樂，謂長卿曰：'弟俱如臨邛，從昆弟假～，猶足以爲生，何至自苦如此。'"㊁寬貸，寬恕(後起義)。新唐書酷吏傳："李峴等執奏，乃以六等定罪，多所厚～。"㊂通"忒"。差錯。管子正："如四時之不～，如星辰之不變。"史記宋微子世家："卜五，占之用二，衍～。"書洪範作"衍忒"。

[辨]貰，貸，貣。見"貰"字條。

[同源字]貣，貸。二字古音只有入聲和去聲的分别。説文："貣，从人求物也。"又："貸，施也。"段玉裁注："謂我施人曰貸也。""貣"是貸入，"貸"是貸出(使貸)，這是自動和使動的關係，二字同源。

貤 1. yì 以豉切，去，寘韻，喻四。歌部。

㊀重疊物的次第。字亦作"貤"。説文："貤，重次弟物也。"王筠句讀："謂物之重疊者，其次弟謂之貤也。"引申爲重複。文選晉左思魏都賦："兼重性以貤繆，偭辰光而罔定。"李善注："言既重其性，而又累其繆也。"㊁通"迆(yǐ)"，延展，延續。漢書司馬相如傳上林賦："～丘陵，下平原。"顔師古注："貤，猶延也。"

2. yí 集韻余支切，平，支韻，喻四。歌部。

㊂通"迻"。轉移。漢書武帝紀："受爵賞而欲移賣者，無所流～。"顔師古注引應劭："貤音移。言軍吏士斬首虜，爵級多，無所移與。"按，顔師古不同意應劭，以爲應從説文，釋作"物之重次弟也"。

四　畫

責 1. zé 側革切，入，麥韻，照二。錫部。

㊀求取，索取。説文："責，求也。"左傳桓公十三年："宋多～賂於鄭，鄭不堪命。"引申爲要求。論語衛靈公："躬自厚而薄～於人，則遠怨矣。"管子形勢解："亂主不知物之各有所長所短也，而～必備。"㊁譴責，用言語批評、要求别人。管子大匡："文姜通於齊侯，桓公聞，～文姜。"戰國策趙策三："吾請爲君～而歸之。"引申爲處罰(後起義)。新五代史梁家人傳文惠皇后王氏："崇患太祖慵墮不作業，數加笞～。"宋蘇軾與王定國書："罪大～輕，得此已幸。"㊂責任。書金縢："若爾三王是有丕子之～于天，以旦代某之身。"孟子公孫丑下："有言～者，不得其言則去。"

2. zhài 集韻側賣切，去，卦韻，照二。錫部。

㊃債款，欠人家的錢財。左傳昭公二十年："使有司寬政、毁關、去禁、薄斂，已～。"戰國策齊策四："誰習計會，能爲文收～於薛者乎？"這個意義後來寫作"債"。

[辨]責，債。"債"是責的後起區别字，它只分擔責的名詞"債款"義。今音差别甚大，但古音只有聲調去、入之别。

貶 biǎn 方斂切，集韻補范切，上，范韻，幫。談部。

㊀損減，減少。説文："貶，損也。"左傳僖公二十一年："脩城郭，～食省用。"史記三王世家："虧膳～樂，損郎員。"㊁給予低的評價，與"褒"相對。公羊傳僖公二十一年："此楚子也。其稱人何？～。曷爲～？爲執宋公～。"論衡齊世："故孔子作春秋，采毫毛之善，～纖介之惡。"㊂降低，降職。詩大雅召旻："孔填不寧，我位孔～。"毛傳："貶，隊也。"商君書境内："爵自二級以上，有刑罪則～。"

販 fàn 方願切，去，願韻，非。元部。

販賣，賤買貴賣。説文："買賤賣貴者。"周禮地官司市："夕市，夕時而市，～夫～婦爲主。"荀子王霸："賈分貨而～。"韓非子内儲説下："昭奚恤令吏執～茅者而問之，果燒也。"又，名詞。販賣貨物的商人。管子八觀："悦商～而不務本貨，則民偷處而不事積聚。"

貫 1. guàn 古玩切，去，换韻，見。元部。

㊀穿錢的繩索。説文："貫，錢貝之貫。"

史記平準書："京師之錢累巨萬，～朽而不可校。"引申爲量詞，一千錢爲一貫。漢書武帝紀："初筭緡錢。"顔師古注引李斐："一～千錢，出算二十也。"㊁穿，以繩穿物。易剥："～魚，以宫人寵。"楚辭戰國屈原離騷："～薜荔之落蕊。"引申爲貫穿，穿進。左傳成公二年："矢～余手及肘。"韓非子外儲説右下："馬欲進則鉤飾禁之，欲退則錯錣～之。"再引申爲貫通，會通。論語里仁："吾道一以～之。"史記樂書："禮樂之説～乎人情矣。"㊂連貫，連續。漢書谷永傳："以次～行，固執無違。"顔師古注："貫，聯續也。"㊃籍貫，世代居住之處。漢書元帝紀："惟德淺薄，不足以充入舊～之居。"隋書食貨志："其無～之人，不樂州縣編户者，謂之浮浪人。"

2. guàn 集韻古患切，去，諫韻，見。元部。

㊄事例，常例。論語先進："仍舊～，如之何？"何晏集解："貫，事也。"周禮夏官職方氏："乃辨九州之國，使同～利。"鄭玄注："貫，事也。"㊅熟習，熟練。國語魯語下："晝而講～，夕而習復。"韋昭注："貫，習也。"左傳襄公三十一年："譬如田獵，射御～則能獲禽。"㊆習慣。這一意義後來作"慣"。孟子滕文公下："我不～與小人乘，請辭。"司馬法天子之義："習～成則民體俗矣。"

3. wān 集韻烏關切，平，删韻，影。元部。

㊇通"彎"。彎（弓），張滿（弓）。史記伍子胥列傳："伍胥～弓執矢嚮使者，使者不敢進。"

［辨］貫，穿。二字都有貫穿義，"貫"表貫穿義側重在串連，"穿"表貫穿義側重在穿過。

［同源字］貫，毌，慣，關。貫、毌、慣三字同音，與"關"是雙聲兼叠韻。説文毌部："貫，錢貝之貫。"又："毌，穿物持之也。""毌""貫"實同一詞，古書有"貫"無"毌"。"慣"是"貫"的後起分别字，專用於引申義"習慣"。説文户部："關，以木横持門户也。"這也是一種貫穿的動作，它與"貫"聲近義通，實屬同源。

按，説文貫字在毌部。

貪 tān 他含切，平，覃韻，透。侵部。

㊀過分愛財，求取財物不擇手段。説文："貪，欲物也。"左傳襄公二十三年："～貨棄命，亦君所惡也。"莊子盜跖："廉～之實，非以迫外也。"引申爲不知滿足地追求。詩大雅桑柔："民之～亂，寧爲荼毒。"鄭箋："貪猶欲也。"墨子非命中："惡恭儉而好簡易，～飲食而惰從事。"㊁通"探（tàn）"。探求。國語周語上："淫而得神是謂～禍。"俞樾平議："貪當讀爲探。"後漢書郭躬傳論："若乃推己以議物，捨狀以～情，法家之能慶延於世，蓋由此也。"李賢注："貪與探同也。"

［辨］貪，婪。"貪"原指貪財，"婪"原指貪食。後來都可以泛指貪得無厭。

貧 pín 符巾切，集韻皮巾切，平，真韻，並。文部。

㊀貧窮，缺少錢財。與"富"相對。詩邶風北門："終窶且～，莫知我艱。"論語學而："～而無諂，富而無驕。"引申爲缺少，不足。南朝梁劉勰文心雕龍練字："富於萬篇，～於一字。"㊁僧道自謙之詞（後起義）。世説新語言語："支道林常養數匹馬，或言道人畜馬不韻。支曰：'～道重其神駿。'"㊂絮叨可厭（晚起義）。紅樓夢二五回："你們都不是好人！再不跟着好人學，只跟着鳳丫頭學的～嘴賤舌的。"

［辨］窮，貧。見"窮"字條。

貨 huò 呼臥切，去，過韻，曉。歌部。

㊀財物，物資。説文："貨，財也。"書洪範："八政：一曰食，二曰～。"孔穎達疏："貨者，金玉布帛之總名。"商君書立本："治行則～積。"引申爲貨物。易繫辭下："日中爲市，致天下之民，聚天下之～，交易而退。"漢書食貨志上："通財鬻～曰商。"唐柳宗元童區寄傳："越人少恩，生男女必～視之，自毁齒已上，父兄鬻賣以覬其利。"用於貶斥駡人（晚起

義)。西遊記三一回:"你這饞糠的夯~。"㊁貨幣,錢。周禮秋官職金:"掌受士之金罰、~罰,入于司兵。"鄭玄注:"貨,泉貝也。"漢書食貨志下:"百姓憒亂,其~不行,民私以五銖錢市買。"㊂賄賂,行賄。左傳僖公三十年:"晉侯使醫衍酖衛侯,甯俞~醫使薄其酖,不死。"孟子公孫丑下:"無處而餽之,是~之也。"㊃賣(後起義)。晉書王戎傳:"家有好李,常出~之,恐人得種,恒鑽其核。"唐柳宗元鈷鉧潭西小丘記:"唐氏之棄地,~而不售。"

[備考]㊀給報酬。唐柳宗元零陵郡復乳穴記:"徒吾役而不吾~也,吾是以病而紿焉。"㊁買。唐馮翊葦航紀談:"公恐其~酒不治藥,親爲治之。"

[辨]賄,賂,財,貨,資。見"賄"字條。

五　畫

貳 èr 而至切,去,至韻,日。脂部。

㊀副的,與"正"相對。周禮天官大宰:"乃施法於官府,而建其正,立其~。"(指副職)又秋官大司寇:"皆受其~而藏之。"(指副本)國語魯語下:"大夫有~車,備承事也。"韋昭注:"貳,副也。"孟子萬章下:"帝館甥于~室。"(指副宫。)引申爲匹敵,比並。左傳哀公七年:"且魯賦八百乘,君之~也。"杜預注:"貳,敵也。"㊁輔佐,協助。書周官:"少師、少傅、少保曰三孤,~公弘化。"後漢書仲長統傳:"秦兼天下,則置丞相,而~之以御史大夫。"㊂重復,行爲、現象重出。論語雍也:"不遷怒,不~過。"禮記王制:"不封不樹,喪不~事。"也指從屬兩主。左傳隱公元年:"既而大叔命西鄙北鄙~於己。"又僖公三十年:"以其無禮於晉,且~於楚也。"引申爲不專一,與"壹"相對。書大禹謨:"任賢勿~,去邪勿疑。"荀子天論:"脩道而不~,則天不能禍。"又爲離異,生二心。左傳襄公二十四年:"夫諸侯之賄聚於公室,則諸侯~。"杜預注:"貳,離也。"國語周語上:"其刑矯誣,百姓攜~。"韋昭注:"貳,二心也。"㊃變易,不一樣。詩小雅都人士序:"古者長民,衣服不~。"鄭箋:"變易無常謂之貳。"左傳昭公二十年:"寡君命下臣於朝曰:'阿下執事。'臣不敢~。"杜預注:"貳,違命也。"荀子王制:"道不過三代,法不~後王。"㊄數字"二"的大寫。唐白居易論行營狀:"況其軍一月之費,計實錢~拾漆捌萬貫。"

[備考]益,增加。周禮天官酒正:"大祭三~,中祭再~,小祭壹~。"鄭玄注引鄭衆:"三貳,三益副之也。"

[辨]貳,二。"二"是一般的數目字,唐以前"貳"一般不用作數詞,而用作"二"的抽象意義,指重複、兩屬、不專一、生二心、不一樣等。

賁 1. bì 彼義切,去,寘韻,幫。文部。

㊀修飾,打扮。説文:"賁,飾也。"易賁:"白~,无咎。"王弼注:"以白爲飾而无患憂。"書湯誥:"天命弗僭,~若草木。"僞孔傳:"賁,飾也。"〔賁然〕光彩貌,打扮得華麗。詩小雅白駒:"皎皎白駒,賁然來思。"朱熹集傳:"賁然,光彩之貌也。"㊁卦名,六十四卦之一。易賁:"象曰:山下有火,~。"釋文:"傅氏云:'賁,古斑字,文章貌。'鄭云:'變也,文飾之貌。'王肅符文反,云:'有文飾,黄白色。'"由此可知今音彼義切的"賁",古音當依王肅讀符文反,在文部。

2. fén 符分切,音墳,平,文韻,奉。文部。

㊂大。詩大雅靈臺:"虡業維樅,~鼓維鏞。"孔穎達疏:"賁,大也。故謂大鼓爲賁鼓。"

3. bēn 博昆切,音奔,平,魂韻,幫。文部。

㊃通"奔"。奔走。荀子彊國:"下比周~潰以離上矣。"王先謙集解引郝懿行:"賁與奔古字通。賁潰謂奔走賁散而去也。"〔虎賁〕勇士。書牧誓序:"武王戎車三百兩,虎賁三百

人。"孔穎達疏:"若虎之賁走逐獸,言其猛也。"

4. fèn 集韻父吻切,上,吻韻,奉。文部。

㊄通"憤"。憤怒。禮記樂記:"粗厲、猛起、奮末、廣～之音作,而民剛毅。"鄭玄注:"賁,讀爲憤。憤,怒氣充實也。"

[備考]㊀通"僨(fèn)"。覆敗。禮記射義:"～軍之將,亡國之大夫,與爲人後者,不入,其餘皆入。"鄭玄注:"賁讀爲僨。僨,猶覆敗也。"㊁通"奮"。抒發。荀子堯問:"忠誠盛於內,～於外,形於四海。"梁啟雄簡釋引劉師培:"賁僨古通,僨奮亦古通…'賁於外'者,即發舒於外之義。"王先謙集解:"賁,飾也,形見也。"意見不同。㊂通"番(pān)"。〔賁隅〕即番禺,廣東地名。山海經海內南經:"桂林八樹在賁隅東。"郭璞注:"賁隅音番禺,今番禺縣。"

貰 shì 舒制切,音世,去,祭韻,審三。月部。

㊀賒欠。史記汲鄭列傳:"縣官無錢,從民～馬。"又高祖本紀:"常從王媼武負～酒。"引申爲抵押(晚起義)。清王士禎遥送魏推官赴成都:"蜀江吴水不通潮,曾共黄壚～紫貂。"又爲買(晚起義)。清蒲松齡聊齋志異胡四姐:"即以一貫授生,曰:'先持歸,～良醞,我即攜小肴饌來,與君爲歡。'"㊁赦免,寬縱。國語吴語:"吾先君闔廬,不～不忍。"韋昭注:"貰,赦也。"漢書車千秋傳:"武帝以爲辱命,欲下之吏。良久,乃～之。"顏師古注:"貰,寬縱也,謂釋放之也。"

[辨]貰,貸,貣。説文:"貰,貸也。"二字義近而有别。段玉裁注:"泉府以凡賒者與凡民之貸者並言,然則賒與貸有别。賒,貰也,若今人云賒是也;貸,借也,若今人云借是也。其事相類,故許渾言之曰貸也。"按,"貰"本是賒,"貸"本是借給人,"貣"是向人借。後來"貸"既用於借出,又用於借入,貰和貸的區别就只是賒和借的不同了。

費 1. fèi 芳未切,去,未韻,敷。物部。

㊀花費,耗費,跟"省"相對。説文:"費,散財用也。"論語堯曰:"君子惠而不～。"何晏集解引王肅:"利民在政,無費於財。"孫子作戰:"車甲之奉,日～千金。"引申爲消耗,損耗。墨子所染:"傷形～神,愁心勞意。"韓非子六反:"愛棄髮之～而忘長髮之利,不知權者也。"㊁費用。墨子貴義:"吾取飾車食馬之～與繡衣之財以畜士。"史記秦始皇本紀:"方士徐市等入海求神藥,數歲不得,～多,恐譴。"

[備考]㊀光澤照人的樣子。楚辭戰國宋玉招魂:"晉制犀比,～白日些。"王逸注:"費,光貌也。"㊁特指言語不節約,話多而無用。禮記緇衣:"口～而煩。"鄭玄注:"言口多空言且煩數也。"㊂通"拂(fú)"。違背,乖戾。墨子兼愛下:"此言而非兼,擇即取兼,即此言行～也。"孫詒讓閒詁:"畢(沅)本費改拂,云舊作'兼費',一本如此。王(念孫)云:古者拂與費通,不煩改字。"

2. bì 兵媚切,去,至韻,幫。物部。

㊂古地名。亦作"鄪"。春秋魯邑,在今山東境內。論語季氏:"今夫顓臾固而近於～。"漢書五行志中:"夏,城費。"顏師古注:"費,魯邑也。音秘。"

貯 zhù 丁吕切,集韻展吕切,上,語韻,知。魚部。

㊀積存,儲藏。説文:"貯,積也。"公羊傳僖公三年:"無障谷,無～粟。"吕氏春秋樂成:"我有衣冠,而子產～之。"㊁通"佇"。站着等待。漢書外戚傳上:"飾新宫以延～兮,泯不歸乎故鄉。"顏師古注:"貯與佇同。佇,待也。"

[備考]唐時特稱圖籍的儲存本(後起義)。新唐書百官志秘書省:"掌四部圖籍,以甲乙丙丁爲部,皆有三本,一曰正,二曰副,三曰～。"

貼 tiē 他協切,入,怗韻,透。葉部。

㊀典當,典押。玉篇:"貼,以物質錢。"文

選南朝齊任昉奏彈劉整:“整兄寅以當伯～錢七千,共衆作田。”宋書何承天傳:“時有尹嘉者家貧,母熊自以身～錢,爲嘉償責。”引申爲貼補,補償(晚起義)。水滸傳四五回:“我自看你是個志誠的人,我早晚出些錢,～買道度牒,剃你爲僧。”西遊記三五回:“快快的送將出來,多多～些盤費。”㊁黏附。宋歐陽修日本刀歌:“魚皮裝～香木鞘,黄白閑雜鍮與銅。”宋沈括夢溪筆談卷一八:“每字有二十餘印,以備一板内有重複者,不用則以紙～之。”㊂挨近,靠近。唐杜甫燕子來舟中作:“暫語船檣還起去,穿花～水益霑巾。”宋邵雍天津看雲代簡謝蔣秀才還詩卷詩:“清洛接天去,寒雲～地飛。”㊃服貼,順從。北齊書庫狄干傳附士文:“法令嚴肅,吏人～服,道不拾遺。”㊄通“帖(tiē)”,量詞,中藥一劑爲一貼。宋吴處厚青箱雜記:“我有一～藥。”明馮夢龍醒世恒言劉小官雌雄兄弟:“教家人開了藥箱兒,撮了一～藥劑。”

[備考]㈠戲劇角色名,元曲稱副旦爲貼旦,簡稱貼。明徐渭南詞叙録:“～,旦之外貼一旦也。”明陳與郊昭君出塞:“～扮宫女上。”㈡靶心。金史兵制:“凡選弩手之制…取身與杖等,能踏弩至三石,鋪弦解索,登踏閑習,射六箭皆上垛,内二箭中～者。”

[辨]貼,帖,怗。三字古音相同。説文只收“帖”字,云:“帛書署也。”是簽條兒,字條兒。新附收“貼”字,云:“貼,以物爲質也。”玉篇有“怗”字,云:“怗,服也。”古籍中,“怗”只用於怗服義,今讀 tiē。典當、貼補義只作“貼”;字帖、文書義只作“帖”,今讀 tiě。黏附、服怗義,均可作“貼”,亦可作“帖”。

按,説文無貼字,新附有之。

貺 kuàng 許訪切,音況,去,漾韻,曉。陽部。

賜與,賞賜。詩小雅彤弓:“我有嘉賓,中心～之。”毛傳:“貺,賜也。”左傳昭公三年:“豈唯寡君,舉羣臣實受其～。”

按,説文無貺字,新附有之。

貽 yí 與之切,音怡,平,之韻,喻四。之部。

㊀贈送。詩邶風静女:“静女其孌,～我彤管。”莊子逍遥遊:“魏王～我大瓠之種。”㊁遺留。書五子之歌:“有典有則,～厥子孫。”僞孔傳:“貽,遺也。”左傳宣公二年:“我之懷矣,自～伊慼。”

[辨]貽,贈。“貽”和“贈”都有贈送的意思。但追封官爵只用“贈”,不用“貽”;遺留義只作“貽”,不作“贈”。

按,説文無貽字,新附有之。

貾 chí 直尼切,音遲,平,脂韻,澄。脂部。

〔餘貾〕黄底有白點花紋的貝。爾雅釋魚:“餘貾,黄白文。”郭璞注:“以黄爲質,白爲文點。”

按,説文無貾字。

貴 guì 居胃切,去,未韻,見。物部。

㊀物價高。説文:“貴,物不賤也。”左傳昭公三年:“國之諸市,屨賤踊～。”韓非子外儲説右上:“故市木之價,不加～於山。”㊁珍貴,貴重。論語學而:“禮之用,和爲～。”銀雀山漢墓竹簡孫臏兵法月戰:“間於天地之間,莫～於人。”引申爲崇尚,重視,看得貴重。書旅獒:“不～異物賤用物,民乃足。”禮記中庸:“去讒遠色,賤貨而～德。”㊂顯貴,禄位高。易繫辭上:“卑高以陳,～賤位矣。”論語述而:“不義而富且～,於我如浮雲。”用於使動,使禄位高。韓非子揚權:“有道之君,不～其臣;～之富之,彼將代之。”引申爲敬重,尊重,看得高貴。孟子萬章下:“用下敬上謂之～貴。”荀子正論:“下安則～上。”㊃敬詞。尊稱與對方有關的事物(後起義)。三國志蜀書張裔傳:“～土風俗何以乃爾乎?”晉書潘京傳:“～郡何以名武陵?”玉臺新詠古詩爲焦仲卿妻作:“往昔初陽歲,謝家來～門。”

買 mǎi 莫蟹切,上,蟹韻,明。支部。

用金錢换取物品。莊子逍遥遊:“請～其

方千金。”戰國策燕策一：“馬已死，～其首五百金。”引申爲租賃或僱傭。韓非子五蠹：“澤居苦水者，～庸而決竇。”宋秦觀會蓬萊閣詩：“便欲～船江北去，爲懷明德更從容。”又引申爲博取，用金錢或别的手段取得。管子七臣七主：“以非～名，以是傷上。”尹知章注：“其所以買名者用非道。”又法禁：“説人以貨財，濟人以～譽。”又爲招惹，因個人的言語、行爲而引起(是非、麻煩)。戰國策韓策一：“夫以有盡之地而逆無已之求，此所謂市怨而～禍者也。”唐孟郊觀種樹詩：“胡爲好奇者，無事自～憂。”

[辨]購，買。見“購”字條。

[同源字]買，賣。二字同聲同韻，只有聲調上、去之别。“買”是買入，“賣”是賣出(使買)。二者是自動和使動的關係，是同源詞。

貸 1. dài 他代切，去，代韻，透。職部。

❶借出錢財。説文：“貸，施也。”左傳昭公三年：“以家量～，而以公量收之。”潛夫論忠貴：“寧積粟腐倉而不忍～人一斗。”又，借入。周禮地官泉府：“凡民之～者，與其有司辨而授之。”史記平津侯主父列傳：“家貧，假～無所得。”❷饒恕，寬免。漢書張敞傳：“(絜)舜本臣敞素所厚吏，數蒙恩～。”❸推卸(晚起義)。清林則徐覆奏稽查防範回空糧船折：“其漕船經過地方，各督撫亦屬責無旁～。”

2. tè 集韻惕得切，音忒，入，德韻，透。職部。

❹通“忒”，差錯。禮記月令：“宿離不～，毋失經紀。”管子乘馬：“不可使而爲工，則視～離之實而出夫粟。”

[辨]貰，貸，貣。見“貰”字條。

[同源字]貣，貸。見“貣”字條。

貿 mào 莫候切，去，候韻，明。幽部。

❶交易，交换。説文：“貿，易財也。”詩衛風氓：“氓之蚩蚩，抱布～絲。”史記貨殖列傳：“以物相～，易腐敗而食之貨勿留，無敢居貴。”❷變易，改變。淮南子詮言：“公孫龍粲於辭而～名，鄧析巧辯而亂法。”文選三國魏吴質在元城與魏太子牋：“古今一揆，先後不～，焉知來者之不如今。”引申爲混雜，雜亂。南朝宋裴駰史記集解序：“是非相～，真僞舛雜。”❸通“牟(móu)”。求取，謀取。鹽鐵論本議：“是以縣官不失實，商賈無所～利，故曰平準。”一本“貿”作“牟”。❹〔貿貿然〕目不明貌。禮記檀弓下：“有餓者，蒙袂輯屨，貿貿然來。”

[備考]通“侔(móu)”。等同。商君書開塞：“二者名～實易，不可不察也。”

賀 hè 胡箇切，去，箇韻，匣。歌部。

奉送禮物相慶祝。説文：“賀，以禮相奉慶也。”詩大雅下武：“受天之祜，四方來～。”孔穎達疏：“武王既受得天之祜福，故四方諸侯之國皆貢獻慶之。”國語越語上：“弔有憂，～有喜，送往者，迎來者。”引申泛指祝賀、慶賀。韓非子外儲説左下：“吾始～子之拜卿，今～子之儉也。”唐杜甫雨詩：“始～天休雨，還嗟地出雷。”引申爲嘉獎，犒勞。晏子春秋外篇七：“景公迎而～之曰：‘甚善矣，子之治東阿也。’”

[備考]㊀加，覆蓋。儀禮士喪禮：“帶用軨～之，結于後。”鄭玄注：“賀，加也。”㊁古代方術家把錫叫做賀。明李時珍本草綱目金石部：“錫，方術家謂之～，蓋錫以臨賀出者爲美也。”

六　畫

資 zī 即夷切，平，脂韻，精。脂部。

❶錢財，財物。説文：“資，貨也。”詩大雅板：“喪亂蔑～，曾莫惠我師。”毛傳：“資，財也。”易旅：“懷其～，得童僕，貞。”王弼注：“資，貨。”引申爲資本，憑藉的條件。老子第二十七章：“善人者不善人之師，不善人者善人之～。”淮南子主術：“夫七尺之橈而制船之左右者，以水爲～。”史記齊悼惠王世家：“我

今破齊還報，是益呂氏～也。”❷資質，稟賦。荀子性惡：“今人言性，生而離其樸，離其～，必失而喪之。”楊倞注：“資，材也。”史記商君列傳：“商君其天～刻薄人也。”文選漢鄒陽獄中上梁王書：“是使布衣之士不得爲枯木朽株之～也。”又爲資歷，聲望（後起義）。文選晉干寶晉紀總論：“而世族貴戚之子弟，陵邁超越，不拘～次。”晉書郄愔傳：“愔自以～望少，不宜超莅大郡。”❸資助，以錢財供應人。莊子大宗師：“許由曰：‘堯何以～汝？’”郭象注：“資者，給濟之謂也。”戰國策秦策四：“王～臣萬金而遊。”又爲供給，提供幫助。韓非子內儲説下：“～其輕者，輔其弱者，此謂廟攻。”秦李斯諫逐客書：“今逐客以～敵國，損民以益讎。”❹積蓄。國語越語上：“夏則～皮，冬則～絺，旱則～舟，水則～車，以待乏也。”韓非子解老：“身以積精爲德，家以～財爲德。”引申爲販賣。莊子逍遥遊：“宋人～章甫而適諸越，越人斷髮文身，無所用之。”又爲具備，具有。三國志蜀書關羽傳：“孟起兼～文武，雄烈過人。”❺憑藉，依靠。易乾：“大哉乾元，萬物～始。”孔穎達疏：“萬象之物，皆資取乾元，而各得始生。”❻通“齎（jī）”。送致，付予。儀禮少牢饋食禮：“～黍于羊俎兩端。”鄭玄注：“今文資作齎。”漢書嚴助傳：“今發兵行數千里，～衣糧，入越地。”顏師古注：“資，猶齎。”

［備考］㊀通“咨”。謀，詢問。禮記表記：“事君先～其言。”鄭玄注：“資，謀也。”㊁通“齋（zī）”。喪服名。荀子禮論：“～麤、衰絰、菲繐、菅屨，是吉凶憂愉之情發於衣服者也。”楊倞注：“資與齊同，即齊衰也。”“齋”古多作“齊”。㊂通“至（zhì）”。到。禮記緇衣：“～冬祁寒。”鄭玄注：“資，當爲至，齊魯之語，聲之誤也。”㊃通“茨（cí）”。填塞。墨子備梯：“客衆而勇，煙～吾池。”俞樾平議：“資當讀爲茨。”㊄通“薋（cí）”。蒺藜。呂氏春秋任地：“日至，苦菜死而～生。”畢沅注：“資疑即薋，蒺藜也。”

［辨］賄，賂，財，貨，資。見“賄”字條。

賈 1. gǔ 公户切，音古，上，姥韻，見。魚部。

❶做買賣。説文：“賈，市也。”段玉裁注：“市，買賣所之也。因之，凡買、凡賣皆曰市。賈者，凡買賣之稱也。”書酒誥：“肇牽車牛，遠服～。”韓非子五蠹：“長袖善舞，多錢善～。”特指買。左傳昭公二十九年：“平子每歲～馬。”杜預注：“賈，買也。”亦指賣。漢書胡建傳：“穿北軍壘垣以爲～區。”顏師古注：“賈，坐賣曰賈，爲賣物之區也。”❷商人，指坐商。左傳宣公十二年：“商農工～，不敗其業。”周禮地官司市：“以商～阜貨而行布。”鄭玄注：“通物曰商，居賣物曰賈。”❸謀求，招致。國語晉語八：“謀於衆，不以～好。”韋昭注：“賈，求也。”左傳桓公十年：“吾焉用此？其以～害也。”

2. jià 古訝切，音嫁，去，禡韻，見。魚部。

❹價錢，價格。論語子罕：“有美玉於斯，韞匵而藏諸？求善～而沽諸？”漢鼂錯論貴粟疏：“有者半～而賣。”這個意義後來寫作“價”。

3. jiǎ 古疋切，音假，上，馬韻，見。魚部。

❺姓。周康王封唐叔虞少子公明於賈，子孫以國爲氏。

［備考］鳥名，鷹屬。山海經大荒南經：“離俞鴟之，鷹～委維，熊羆象虎，豹狼視肉。”郭璞注：“賈，亦鷹屬。”

［辨］①商，賈。兩個詞原本區别明顯。運貨販賣的叫“商”，囤積坐售的叫“賈”，所以説“行商坐賈”。後來漸漸没有了區别。

②沽，酤，買。見“沽”字條。

賅 gāi 古哀切，音該，平，咍韻，見。之部。

完備，包括。莊子齊物論：“百骸、九竅、六藏～而存焉，吾誰與爲親？”成語有“言簡意賅”、“舉一賅百”。

［辨］該，賅。“完備”義古代既作“該”，也作“賅”，上古“該”没有“應該”義。現代“言簡意賅”等成語只能寫作“賅”，不能寫作“該”。

按，説文無賅字。

賊 zéi 昨則切,入,德韻,從。職部。

❶殘害,傷害,敗壞。說文:"賊,敗也。"墨子法儀:"天必欲人之相愛相利,而不欲人之相惡相~也。"莊子秋水:"寒暑弗能害,禽獸弗能~。"孟子梁惠王下:"~仁者謂之賊,~義者謂之殘。"特指殘殺,殺害。左傳宣公二年:"宣子驟諫,公患之,使鉏麑~之。"韓非子内儲説下:"夫人恐,因用毒藥~君,殺之。"❷敗壞者,禍害。論語陽貨:"鄉原,德之~也。"漢賈誼論積貯疏:"淫侈之俗日日以長,是天下之大~也。"又爲違法亂紀、犯上作亂的人。左傳宣公二年:"亡不越竟,反不討~。"韓非子主道:"擅爲者誅,國乃無~。"特指强盜。漢書趙廣漢傳:"使長安丞龔奢叩堂户曉~。"唐柳宗元童區寄傳:"~二人得我,我幸皆殺之矣。"又指竊賊,偷兒(後起義)。世説新語假譎:"夜叫呼云:'有偷兒~!'青廬中人皆出觀。"宋釋道原景德傳燈録卷二一:"師曰:'~去後關門。'"❸狠毒,殘暴。韓非子備内:"故輿人成輿,則欲人富貴;匠人成棺,則欲人之夭死也。非輿人仁而匠人~也。"史記游俠列傳郭解:"少時陰~,慨不快意,身所殺甚衆。"❹邪惡的,不正派的。史記龜策列傳:"寒暑不和,~氣相奸。"金瓶梅詞話二八回:"敢是你~頭鼠腦,偷了我這隻鞋去了?"

[備考]㊀克制。公孫龍子通變論:"白足之勝矣而不勝,是木~金也。"㊁一種專食苗節的害蟲。詩小雅大田:"去其螟螣,及其蟊~,無害我田穉。"毛傳:"食根曰蟊,食節曰賊。"

[辨]賊,盜,竊。見"盜"字條。

賄 huì(舊讀 huǐ)呼罪切,上,賄韻,曉。之部。

❶財物。說文:"賄,財也。"詩衛風氓:"以爾車來,以我~遷。"左傳襄公二十四年:"夫諸侯之~,聚於公室,則諸侯貳。"❷贈送財物。左傳文公十二年:"襄仲曰:'不有君子,其能國乎?國無陋矣。'厚~之。"又襄公二十年:"宋人重~之。"引申爲賄賂,用財物收買(後起義)。隋書煬帝紀下:"政刑弛紊,~貨公行,莫敢正言,道路以目。"唐韓愈永貞行詩:"公然白日受~賂。"

[辨]賄,賂,財,貨,資。這五個字都可指財物,如果細加分别:"賄"多指布帛;"賂"多指贈送的財物,包括土地、禮器等;"財"多指日常生活必需品,包括米粟;"貨"多指金玉;"資"多指錢財。賄、賂之間,"賄"多用爲名詞,"賂"多用作動詞。

賂 lù 洛故切,音路,去,暮韻,來。鐸部。

❶贈送財物。說文:"賂,遺也。"左傳桓公二年:"以郜大鼎~公。"國語晉語一:"驪姬~二五,使言於公。"韋昭注:"賂,遺也。"引申爲行賄,用財物收買别人(後起義)。晉書謝安傳:"賊厚~泓,使云'南軍已敗'。泓僞許之。"❷贈送的財物。左傳莊公二十八年:"齊侯伐衛,戰,敗衛師,數之以王命,取~而還。"史記鄭世家:"亦執突以求~焉。"

[辨]賄,賂,財,貨,資。見"賄"字條。

貲 zī 即移切,音訾,平,支韻,精。支部。

❶罰繳錢財。說文:"貲,小罰以財自贖也。"睡虎地秦墓竹簡效律:"斗不正,半升以上,~一甲。"漢代特指未成年人繳納口税錢。說文:"貲,漢律,民不繇,~錢二十二。"魏晉南北朝時又特指按户繳納絹綿等户調。晉書石勒載記:"勒以幽冀漸平,始下州郡閱實人户,户~二匹,租二斛。"❷計算,估量。後漢書陳蕃傳:"而采女數千,食肉衣綺,脂油粉黛,不可~計。"北魏賈思勰齊民要術序:"隆又禁改之,所省復不~。"❸價,價格。管子山權數:"之龜爲無~,而藏諸泰臺。"尹知章注:"無貲,無價也。"晏子春秋外篇第七:"景公賜晏子狐之白裘、玄豹之茈,其~千金。"❹通"資"。錢財,財物。玉篇:"貲,財也,貨也。"史記司馬相如列傳:"以~爲郎,事孝景帝,爲武騎常侍,非其好也。"新唐書員半千傳:"上

書自陳,臣家～不滿千錢。”

賃 lìn 乃禁切,去,沁韻,泥。侵部。

❶給人做雇工。説文:“賃,庸也。”左傳襄公二十七年:“申鮮虞來奔,僕～於野。”史記欒布傳:“窮困,～傭於齊,爲酒人保。”引申指傭金,給受雇傭者的報酬。晏子春秋内篇雜上六:“晏子令吏重其～。”❷租借,租賃。穆天子傳卷三:“～車受載。”郭璞注:“賃,猶借也。”這是租進。北魏楊衒之洛陽伽藍記城西:“里内之人以賣棺槨爲業,～輀車爲事。”這是租出。

七　畫

賓 bīn 必鄰切,平,真韻,幫。真部。

❶賓客,客人。説文:“賓,所敬也。”詩小雅鹿鳴:“我有嘉～,鼓瑟吹笙。”荀子禮論:“～出,主人拜送。”用作動詞。作客。禮記月令:“鴻雁來～。”鄭玄注:“來賓,言其客止未去也。”用作意動。看作客,以客禮對待。淮南子氾論:“乃矯鄭伯之命,犒以十二牛,～秦師而却之。”❷賓服,歸順。書旅獒:“明王慎德,四夷咸～。”國語楚語上:“其不～也久矣。”韋昭注:“賓,服也。”❸排斥,拋棄。莊子達生:“～於鄉里,逐於州部。”成玄英疏:“遭州部而放逐,被鄉里而賓棄。”這一意義後來寫作“擯”,音 bìn。

[備考]㈠陳列。楚辭戰國屈原天問:“啟棘～商,九辯九歌。”王逸注:“棘,陳也。賓,列也。”㈡引導,迎接賓客。書舜典:“～于四門,四門穆穆。”這個意義後來寫作“儐”。㈢通“濱”。水邊。漢書王莽傳:“率土之～,莫非王臣。”破魔變文:“恰似芙蓉出水～。”㈣〔賓賓〕恭敬的樣子。莊子德充符:“無趾語老聃曰:孔丘之於至人,其未邪,彼何賓賓以學子爲?”

[辨]賓,客。兩個詞都有客人的意思,但“賓”本指貴客,而“客”包括門客、食客,意義不完全相同。用作動詞時,“賓”表服從,“客”指寄居,區别更明顯。

[同源字]賓,儐,殯。賓和儐、殯同聲同韻,只有平、去之别。“賓”的意義是賓客,“儐”是接待引導賓客,“殯”是停柩待葬。説文:“殯,死在棺,將遷葬柩,賓遇之。”三字音、義都相近,是同源詞。

賕 qiú 巨鳩切,音求,平,尤韻,羣。幽部。

賄賂,用財物買通别人。説文:“賕,以財物枉法相謝也。”韓非子八經:“行～納以疑法,聽之則亂治。”晉書馮跋載記:“於是上下肅然,請～路絶。”也用作接受賄賂。宋周密齊東野語卷一:“官闒而吏～,故冤不得直也。”引申爲用來買通别人的財物。史記滑稽列傳:“又恐受～枉法。”

賑 zhèn 章刃切,去,震韻,照三。文部。

❶富饒,富裕。説文:“賑,富也。”文選漢張衡西京賦:“郊甸之内,鄉邑殷～。”李善注引薛綜:“殷賑,謂富饒也。”文選三國魏何晏景福殿賦:“豐侔淮海,富～山丘。”李善注引:“爾雅曰:賑,富。”❷賑濟,以財物救濟。鹽鐵論力耕:“倉廩之積,戰士以俸,饑民以～。”宋沈括夢溪筆談卷二五:“一切調發,大～貧乏。”這一意義也寫作“振”。

賒 shē 式車切,音奢,平,麻韻,審三。魚部。

亦作“賖”。賒欠,買物時延期交款。説文:“賒,貰買也。”周禮地官泉府:“凡～者,祭祀無過旬日。”

賖 shē 集韻詩車切,平,麻韻,審三。

本作“賒”。❶賒欠。唐杜甫草堂即事詩:“蜀酒禁愁得,無錢何處～?”亦用爲賣物延期收款。後漢書劉盆子傳:“少年來酤者,皆～與之。”❷長久,遥遠,時間空間的距離大。玉臺新詠南朝梁蕭綱(簡文帝)孌童詩:“羽帳晨香滿,珠簾夕漏～。”南朝梁沈約冠子祝文:“行之則至,無謂道～。”❸寬鬆,遲緩。文選南朝齊謝朓和王主簿怨情詩:“徒使春帶～,坐惜紅粧變。”李善注:“賖,緩也。”

唐杜甫喜晴詩:“甘澤不猶愈,且耕今未~。”❹稀疏,衰退。唐杜甫陪鄭廣文遊何將軍山林詩之四:“詞賦工無益,山林跡未~。”唐大易贈司空拾遺詩:“陳琳草奏才還在,王粲登樓興未~。”❺通“奢”。奢侈。後漢書仲長統傳:“楚楚衣服,戒在窮~。”李賢注:“賒,奢同。”

[備考]語氣詞。唐韋應物池上詩:“郡中卧病久,池上一來~。”唐李商隱昨日詩:“昨日紫姑神去也,今朝青鳥使來~。”張相詩詞曲語辭匯釋:“此賒字驟難索解,細案之,此爲七律,對仗工整,賒字對也字,係以助辭對助辭,可無疑義。”

八 畫

賨 cóng 藏宗切,音淙,平,冬韻,從。冬部。

古代巴人對賦税的稱謂。説文:“賨,南蠻賦也。”文選晉左思魏都賦:“~幏積墆,琛幣充牣。”吕向注:“賨,南夷税名。”引申指巴地的一種少數民族。晉書李特載記:“巴人呼賦爲賨,因謂之~人焉。”亦稱巴賨。漢揚雄蜀都賦:“東有巴賨,緜亙百濮。”

賡 gēng 古行切,音庚,平,庚韻,見。陽部。

❶連續,繼續。書益稷:“乃~載歌曰。”僞孔傳:“賡,續。”唐李白明堂賦:“千里鼓舞,百寮~歌。”❷抵償,補償。管子國蓄:“智者有什倍人之功,愚者有不~本之事。”

[辨]賡,續。説文賡在糸部,以爲“續”的古文。段玉裁注引賈昌朝云:“唐韻以爲説文誤”;段玉裁認爲説文不誤,説文是作爲會意字,唐韻以後誤作形聲字。不過,“賡”、“庚”和“更”同音,“更”有更替義,而連續義、抵償義都是從更替義引申來的;因此先秦時作爲陽部的“賡”與屋部的“續”必非一詞。

賣 mài 莫懈切,去,卦韻,明。支部。

❶出售貨物,以物换錢,與“買”相對。戰國策西周策:“越人請買之千金,折而不~。”韓非子説林下:“有與悍者鄰,欲~宅而避之。”引申爲出賣,即爲了私利而進行欺詐、背叛。商君書慎法:“君人者不察也,以戰必損其將,以守必~其城。”韓非子内儲説下:“周以萇弘爲賣周也,乃誅萇弘而殺之。”❷故意顯示(後起義)。元曲選謝金吾詐拆清風府一折:“你這個老人家,好不知高低,我盡讓你説幾句便罷,則管里倚老~老,口裏嘮嘮叨叨的説個不了。”水滸傳二回:“史進~個破綻,讓陳達把槍望心窩裏搠來。”❸量詞。舊時酒店飯館中稱一整份菜爲一賣(晚起義)。清吴敬梓儒林外史一七回:“景蘭江叫了一~一錢二分銀子的雜膾。”

[辨]①賣,賣。二字形、音、義原來都區别明顯。説文:“賣,出物貨也。从出,从買。”又:“賣,衒也,从貝,𡿺聲。𡿺,古文睦,讀若育。”“賣”是會意字,本作𧶠,“賣”是形聲字,本作𧷓,隸變以後,二字相混。古音“賣”是明母支部,“賣”是喻四屋部,差别很大。在意義上,“賣”是出售貨物,“賣”是“行且賣也”,即走着叫賣。因此“賣”引申爲出賣,叛賣,而“賣”引申爲炫耀,誇耀。“賣”在古籍中,又寫作儥、鬻或粥。

②售,賣,鬻。見“售”字條。

[同源字]買,賣。見“買”字條。

按,説文賣字在出部。

賣 yù 玉篇余六切,音育,入,屋韻,喻四。屋部。

説文廣韻均作“賣”,亦作“儥”。❶走着叫賣。説文:“賣,衒也。”周禮地官胥師:“察其詐僞飾行儥慝者而誅罰之。”鄭衆注:“儥,賣也。慝,惡也。謂行且賣姦僞惡物者。”史記吕不韋列傳:“往來販賤~貴,家累千金。”司馬貞索隱:“王劭賣音作育。”❷炫耀,誇耀。莊子天地:“子非夫博學以擬聖,於于以蓋衆,獨弦歌以~名聲於天下者乎?”戰國策宋策:“宋因~楚重以求講於齊。”鮑彪注:“賣,謂衒鬻之。”韓非子和氏:“主用術,則大臣不得擅斷，近習不敢～重。”

[辨]賣，賫。見“賣”字條。

[同源字]贖，賫。見“贖”字條。

賢 xián 胡田切，平，先韻，匣。真部。

❶才德出衆的。論語雍也：“～哉！回也。”孟子滕文公上：“滕君則誠～君也。”周禮地官鄉大夫：“考其德行道藝而興～者能者。”用作意動，以爲賢，崇尚。論語學而：“～賢易色。”韓非子難三：“燕子噲～子之而非孫卿，故身死爲僇。”❷才德出衆的人。書大禹謨：“野無遺～，萬邦咸寧。”荀子王制：“欲立功名，則莫若尚～使能矣。”韓非子難言：“然則雖～聖不能逃死亡避戮辱者何也？”❸勝過，超過。國語晉語九：“瑶之～於人者五，其不逮者一。”戰國策趙策四：“老臣竊以爲媪之愛燕后～於長安君。”吕氏春秋順民：“得民心，則～於千里之地。”❹古代對人的美稱。顔氏家訓風操：“凡與人言，稱彼祖父母、世父母、父母及長姑皆加尊字，自叔父已下則加～字。”

[備考]㊀勞苦。詩小雅北山：“大夫不均，我從事獨～。”毛傳：“賢，勞也。”管子大匡：“用力不農，不事～。”戴望校正：“此賢字當訓爲勞。”㊁車轂所穿之孔，在輻以内一端略大者稱作賢。周禮考工記輪人：“五分其轂之長，去一以爲～。”

賚 lài 洛代切，音睞，去，代韻，來。之部。

賜予。説文：“賚，賜也。”書湯誓：“爾尚輔予一人，致天之罰，予其大～汝。”世説新語排調：“皇子誕育，普天同慶。臣無勳焉，而猥頒厚～。”後來也用作一般的贈送。北史藝術傳下李脩：“本郡士門宿官，咸相交昵，車馬金帛酬～無貲。”

賞 shǎng 書兩切，上，養韻，審三。陽部。

❶獎賞，賞賜。説文：“賞，賜有功也。”書泰誓：“功多有厚～。”戰國策齊策一：“羣臣吏民，能面刺寡人之過者，受上～。”後來也用作一般的贈送。淮南子説林：“毋～越人章甫，非其用也。”高誘注：“賞，遺也。”唐柳宗元送薛存義序：“於其往也，故～以酒肉而重之以辭。”❷贊賞，賞識。左傳襄公十四年：“善則～之，過則匡之。”杜預注：“賞，謂宣揚。”管子霸言：“是故先王之所師者，神聖也；其所～者，明聖也。”❸欣賞，玩賞。世説新語文學：“不～者作後出相遺，深識者亦以高奇見貴。”唐杜甫曲江詩之二：“傳語風光共流轉，暫時相～莫相違。”

[備考]㊀通“尚(shàng)”。崇尚。荀子王霸：“致忠信以愛之，～賢使能以次之。”楊倞注：“賞，讀爲尚。”㊁通“償(cháng)”。報償，償還。韓非子飾邪：“羣臣賣官於上，取～於下。”王先慎集解：“賞，讀爲償。”

[辨]賞，賜。見“賜”字條。

賠 péi 字彙音裴。

後起字。❶賠償。元曲關漢卿裴度還帶四折：“聖人可憐，將老夫～過贓三千貫，盡給還老夫。”❷虧損，耗費。元曲兩軍師隔江鬭智二折：“周瑜，周瑜，休誇妙計高天下，只教你～了夫人又折兵。”

睟 suì 雖遂切，音祟，去，至韻，心。物部。

財物。韓非子説疑：“故爲人臣者，破家殘～，内構黨與，外接巷族以爲譽。”王先慎集解引趙用賢曰：“睟，貨也。”

按，説文無睟字。

賧 tàn 吐濫切，去，闞韻，透。

古代南方某些民族以財物贖罪叫“賧”。也作“倓”。晉書食貨志：“蠻陬～布，不有恒準。”南史垣護之傳附垣閎：“凡蠻夷不受鞭罰，輸財贖罪謂之～。”

按，説文無賧字。

賦 fù 方遇切，去，遇韻，非。魚部。

❶徵收田地税。説文：“賦，斂也。”孟子離婁上：“求也爲季氏宰，無能改於其德，而～粟倍他日。”吕氏春秋樂成：“我有田疇，而子

産～之。"特指徵收兵賦(古代按田賦徵收)。左傳襄公二十五年:"量入脩賦,～車籍馬,～車兵、徒卒、甲楯之數。"又引申泛指徵收各類賦税。鹽鐵論非鞅:"是以征敵伐國,攘地斥境,不～百姓而師以贍。"唐柳宗元捕蛇者説:"其始,太醫以命聚之,歲～其二。"㊁田賦。書禹貢:"厥田惟上下,厥～中上。"史記五宗世家:"令吏毋得收租～。"特指兵賦,即徵集的兵甲車馬等。論語公冶長:"由也,千乘之國,可使治其～也。"何晏集解引孔安國:"賦,兵賦。"國語楚語下:"國馬足以行軍,公馬足以稱～,不是過也。"韋昭注:"賦,兵賦也。"漢以後特指服徭役、兵役。漢書食貨志上:"有～有税。税謂公田十一及工商衡虞之入也。～共車馬甲兵士徒之役,充實府庫賜予之用。"漢荀悦前漢紀景帝紀:"令天下男子年二十始～。"㊂授與,給與。國語晉語:"公屬百官,～職任功。"韋昭注:"賦,授也。授職事,任有功。"韓非子八姦:"～禄者稱其功。"南朝梁劉勰文心雕龍麗辭:"造化～形,支體必雙。"引申爲稟受。指天賦、稟賦。宋梅堯臣乞巧賦:"愚愚慧慧,自然之經,～已定矣。"㊃朗誦或吟咏詩篇。左傳僖公二十三年:"公子～河水,公～六月。"引申爲創作詩歌。漢司馬遷報任安書:"屈原放逐,乃～離騷。"晉陶潛歸去來兮辭:"登東皋以舒嘯,臨清流而～詩。"㊄詩歌的表現手法之一。周禮春官大師:"教六詩:曰風,曰～,曰比,曰興,曰雅,曰頌。"南朝梁鍾嶸詩品序:"直書其事,寓言寫物,～也。"又爲古代的一種文體。史記屈原賈生列傳:"及渡湘水,爲～以弔屈原。"漢班固兩都賦序:"～者,古詩之流也。"

[備考]㊀頒布,陳述。詩大雅烝民:"天子是若,明命使～。"毛傳:"賦,布也。"㊁貢士,向最高統治者薦舉人才。漢書鼂錯傳:"乃以臣錯充～。"顔師古注引臣瓚曰:"充賦,此錯之謙也,云如賦調也。"

[辨]賦,税。兩個字都指税收,但"賦"一般多指田賦、兵賦,而"税"則多指田賦以外的各種税。工商税多用"税"而不用"賦"。

賭

dǔ 當古切,上,姥韻,端。

賭博。用財物作注比輸贏。三國志吴書韋曜傳:"至或～及衣服,徙棊易行,廉恥之意弛,而忿戾之色發。"世説新語汰侈:"王武子語君夫:'我射不如卿,今指～卿牛,以千萬對之。'"引申爲比賽輸贏。南齊書王僧虔傳:"太祖善書,及即位,篤好不已。與僧虔～書畢,謂僧虔曰:'誰爲第一?'僧虔曰:'臣書第一,陛下亦第一。'上笑曰:'卿可謂善自爲謀矣。'"唐白居易劉十九同宿詩:"唯共嵩陽劉處士,圍棊～酒到天明。"

按,説文無賭字,新附有之。

賬

zhàng。

後起字。古作"帳"。㊀登記銀錢貨物出入的記載或簿册。舊五代史周世宗紀顯德二年:"每年造僧～二本,其一本奏聞,一本申祠部。"清吴敬梓儒林外史二一回:"把～盤一盤。"㊁債(晚起義)。紅樓夢一〇六回:"我不放～,也没有我的事。"

賤

jiàn 才線切,去,線韻,從。元部。

㊀物價低。説文:"賤,賈少也。"左傳昭公三年:"國之諸市,屨～踊貴。"商君書外内:"食～則農貧,錢重則商富。"㊁卑賤,地位低下。論語里仁:"貧與～,是人之所惡也。"邢昺疏:"無位曰賤。"左傳隱公三年:"～妨貴,少陵長。"用作使動,使地位低下。列子力命:"若是汝力之所能,奈何壽彼而夭此,窮聖而達逆,～賢而貴愚,貧善而富惡邪?"㊂輕視,認爲賤。書旅獒:"不貴異物～用物,民乃足。"戰國策齊策四:"左右以君～之也,食以草具。"㊃自謙之詞。戰國策趙策四:"老臣～息舒祺,最少,不肖。"漢司馬遷報任安書:"又迫～事,相見日淺。"

[同源字]淺,俴,賤。見"淺"字條。

賰

jū 九魚切,音居,平,魚韻,見。

亦作"宲"。貯存。唐傅奕請廢佛法表:

“斷僧尼～貯,則百姓豐滿。”唐元結石魚湖上作詩序:“有獨石在水中,狀如游魚,魚凹處,修之可以～酒。”

按,説文無貾字。

賜 cì(舊讀 sì)斯義切,去,寘韻,心。錫部。

❶賜予,上予下。説文:“賜,予也。”虢季子白盤銘文:“王～乘馬,是用左王。”論語鄉黨:“君～食,必正席先嘗之。”指賜予的財物或恩惠。論語憲問:“民到于今受其～。”三國志吴書吕蒙傳:“蒙未死時,所得金寶諸～盡付府藏。”❷敬詞。儀禮士相見禮:“某不足以辱命,請終～見。”漢司馬遷報任安書:“曩者辱～書。”

[備考]窮盡。文選晉潘岳西征賦:“超長懷以遐念,若循環之無～。”這個意義後來寫作“儩”。

[辨]賞,賜。兩個字都有給予義,而且大多都指上予下;但是“賞”是奬有功,而“賜”只表明爲上之施予,不問有功無功,無奬勵的成分。

賙 zhōu 職流切,音州,平,尤韻,照三。幽部。

周濟,救濟。周禮地官大司徒:“五黨爲州,使之相～。”鄭玄注:“賙者,謂禮物不備相給足也。”北史隋煬帝紀:“雖有侍養之名,曾無贍～之實。”

按,説文無賙字。

質 1.zhì 陟利切,去,至韻,知。質部。

❶抵押,以財物或人作保證。説文:“質,以物相贅也。”戰國策趙策四:“於是爲長安君約車百乘,～於齊,齊兵乃出。”又燕策三:“燕太子丹～於秦。”又爲抵押品,人質。左傳隱公三年:“王子狐爲～於鄭,鄭公子忽爲～於周。”戰國策趙策四:“必以長安君爲～,兵乃出。”引申爲貿易契券。周禮地官質人:“凡賣儥者質劑焉,大市以～,小市以劑。”質爲長券,劑爲短券,可分别購買不同物品。又爲盟約,保證。左傳哀公二十年:“趙孟曰:黄池之役,先主與吴王有～。”❷通“贄”。初次拜見長輩所送的禮物。國語晉語九:“臣委～於狄之鼓,未委～於晉之鼓也。”韋昭注:“質,贄也。”孟子滕文公下:“出疆必載～。”趙岐注:“質,臣所執以見君者也。”

2.zhì 之日切,入,質韻,照三。質部。

❸本質,本體,本性。易繫辭下:“易之爲書也,原始要終,以爲～也。”論語衛靈公:“君子義以爲～,禮以行之。”韓非子解老:“和氏之璧,不飾以五采;隋侯之珠,不飾以銀黄。其～至美,物不足以飾之。”❹樸素,質樸。論語雍也:“～勝文則野,文勝～則史。”韓非子解老:“夫君子取情而去貌,好～而惡飾。”❺質地,底色。儀禮鄉射禮:“天子熊侯,白～;諸侯麋侯,赤～。”鄭玄注:“白質、赤質,皆謂采其地。”唐柳宗元捕蛇者説:“永州之野産異蛇,黑～而白章。”❻對質,驗證。禮記曲禮上:“雖～君之前,臣不諱也。”鄭玄注:“質,猶對也。”又中庸:“～諸鬼神而無疑。”引申爲就正,評斷。詩大雅緜:“虞芮～厥成。”朱熹集傳:“質,正。”周禮夏官馬質:“馬質掌～馬。”賈公彦疏:“質,平也。”又爲質問,責問。漢揚雄太玄數:“爰～所疑。”范望注:“質,問也。”漢書汲黯傳:“黯～責湯於上前。”❼箭靶。荀子勸學:“是故～的張而弓矢至焉。”後漢書馬融傳:“流矢雨墜,各指所～。”引申爲目標,對象。莊子徐无鬼:“臣之～死久矣。”韓非子存韓:“均如貴臣之計,則秦必爲天下兵～矣。”❽古代刑具,殺人時用作墊座的砧板。戰國策秦策一:“白刃在前,斧～在後,而皆去走不能死。”史記張丞相列傳:“蒼坐法當斬,解衣伏～。”這個意義又寫作“鑕”。

[備考]㈠弓弣,開弓時弓中央手握之處。公羊傳定公八年:“璋判白,弓繡～。”何休注:“質,弣也。”㈡誠信,真實。左傳昭公十六年:“楚子聞蠻氏之亂也與蠻子之無～也,使然丹誘戎蠻子嘉,殺之。”杜預注:“質,誠也。”㈢穩重,篤厚。漢書石奮傳:“雖齊、魯諸儒～行,

皆自以爲不及也。"顔師古注:"質,重也。"㊃柱下石礎。後來作"礩"。墨子備穴:"兩柱同～。"畢沅校:"礩古字如此。"

[同源字]質,贄。兩字古音聲母同爲照三,質在質部,贄在月部,音近旁轉。説文:"質,以物相贅也。"又:"贅,以物質錢。"都有抵押的意義。音義都相近,是同源詞。

賫 jī 字彙補俗齎字。脂部。

同"齎"。拿東西送給人。戰國策齊策四:"齊王聞之,君臣恐懼,遣太傅～黄金千金,文車二駟,服劍一,封書謝孟嘗君。"

按,説文賫作齎。

九　畫

賴 lài 落蓋切,去,泰韻,來。月部。

㊀贏利,有利。説文:"賴,贏也。"國語齊語:"相語以利,相示以～。"韋昭注:"賴,贏也。"漢書揚雄傳:"資娵娃之珍髢兮,鬻九戎而索～。"顔師古注:"賴,利也。"㊁依賴,依靠。書大禹謨:"六府三事允治,萬世永～。"左傳宣公二年:"豈唯羣臣～之。"引申爲幸賴,幸虧。世説新語識鑒:"至留侯諫,乃曰:'～有此耳!'"㊂不承認事實,抵賴(晚起義)。清平山堂話本錯認屍:"大娘子,你不要～!瞞了别人,不要瞞我。"又爲不肯順從,拖延(晚起義)。清吴敬梓儒林外史二回:"從前是我做頭衆,人寫了功德～着拿不出來,不知俺賠了多少。"㊃誣賴,把錯誤推給别人(晚起義)。紅樓夢五九回:"倒被寶玉～了他好些不是。"㊄壞,不好(晚起義)。清吴敬梓儒林外史四四回:"其風俗惡～如此。"

[備考]嬾,懈怠。孟子告子上:"富歲子弟多～,凶歲子弟多暴。"焦循正義引阮元:"賴即嬾。"趙岐注意見不同:"賴,善。"

[同源字]賴,嬾,懶。三個字同爲來母,古音"賴"在月部,"嬾"和"懶"在元部,是陽入對轉。"懶"是"嬾"的俗體,是懈怠、懶惰的意思。"依賴"與"懈怠"在意義上也是相關聯的,因此阮元認爲"賴即嬾"是有道理的。它們是同源詞。

賮 jìn 徐刃切,音燼,去,震韻,邪。真部。

字亦作"贐"。㊀贈送遠行人的錢財或禮物。論衡刺孟:"予將有遠行,行者必以～。"梁書楊公則傳:"乘二舸便發,～送一無所取。"㊁會面時贈送的禮物。説文:"賮,會禮也。"引申爲進貢的財禮。前秦王嘉拾遺記周:"靡不越岳航海,交～於遼險之路。"文選南朝宋顔延年赭白馬賦:"有肆險以禀朔,或踰遠而納～。"㊂贈送。宋書夷蠻傳:"九仙～寶,百神聳職。"

賵 fèng 撫鳳切,去,送韻,敷。冬部。

古時以車馬等財物助喪家辦理喪事。儀禮既夕禮:"公～玄纁束馬兩。"鄭玄注:"賵,所以助主人送葬也。"穀梁傳隱公元年:"禮,～人之母則可,～人之妾則不可。"又指送給喪家助辦喪事的車馬等財物。春秋隱公元年:"秋七月,天王使宰咺來歸惠公仲子之～。"穀梁傳隱公元年:"～者何也?乘馬曰～。"

按,説文無賵字,新附有之。

十　畫

賽 sài 先代切,去,代韻,心。職部。

㊀舊時舉行祭祀活動以酬神。論衡辨祟:"項羽攻襄安,襄安無噍類,未必不禱～也。"唐韓愈城南聯句:"～饌木盤簇,妖毃藤索絣。"㊁比賽,較量。魏書任城王傳:"特令澄爲七言連韻,與高祖往復賭～。"金董解元西廂記諸宫調卷一:"想天宫上光景,～他不過。"劉知遠諸宫調二:"自古及今罕有這婆娘,貞烈～過孟姜。"引申爲比得上,勝過。劉知遠諸宫調二:"毒～黄巢,狠如龐相。"元曲孟漢卿魔合羅一:"人順口都叫我做～盧醫。"㊂完畢,完結(後起義)。宋趙長卿清平樂詞:"何日利名俱～,爲予笑下愁城。"元馬致遠新

水令套題西湖:"自～了兒婚女嫁,却歸來林下。"

按,説文無賽字,新附有之。

賫 jī 祖稽切,音躋,平,齊韻,精。脂部。

字亦作"賷"。拿東西送給人。論衡紀妖:"妖氣象人之形,則其所～持之物,非真物也。"晉常璩華陽國志巴志:"(公孫)述怒,遣使～藥酒以懼之。"

按,説文賫作齎。

賺 zhuàn 集韻直陷切,去,陷韻,澄。

後起字。㊀獲得利潤。明沈氏農書運田地法:"若兼養母豬,即以所～者抵之,原自無虧。"水滸傳二四回:"鄆哥道:'尋大官人～三五十錢養活老爹。'"引申爲贏得,獲得。水滸全傳一〇三回:"色藝雙絶,～得人山人海價看。"紅樓夢七四回:"先把太太得罪了,而且反～了一場病。"㊁通"詀"(俗作"謙")。哄騙。宋楊萬里詩情詩:"虚名滿世真何用,更把虚名～後生。"水滸傳五回:"魯智深只道～他,托地跳退數步。"

按,説文無賺字,新附和廣韻皆作賺。

購 gòu 古候切,去,候韻,見。侯部。

㊀懸賞徵求。説文:"購,以財有所求也。"戰國策韓策二:"韓取聶政屍暴於市,縣～之千金。"史記項羽本紀:"吾聞漢～我頭千金,邑萬户。"引申爲獎賞。睡虎地秦墓竹簡法律答問:"甲告乙盗牛,今乙賊傷人,非盗牛殹(也)。問甲當論不當?不當論,亦不當～。或曰:爲告不審。"㊁買,購買(晚起義)。明宋應星天工開物序:"欲～奇考證,而乏洛下之資。"清龔自珍病梅館記:"予～三百盆,皆病者,無一完者。"㊂通"媾",講和。史記刺客列傳:"北～於單于。"司馬貞索隱:"戰國策'購'作'講'。講,和也。"

[辨]購,買。在古代"購"和"買"不是同義詞。"購"是懸賞徵求,徵求的往往不是商品,跟"買"的性質不同。中古以後,"購"才發展出以錢市物的意義,跟"買"形成同義關係。

賻 fù 符遇切,去,遇韻,奉。魚部。

㊀贈送財物幫助喪家辦理喪事。玉篇:"賻,以財助喪也。"周禮秋官小行人:"若國札喪,則令～補之。"鄭玄注引鄭衆:"賻補之,謂賻喪家補助其不足也。"穀梁傳隱公三年:"歸死者曰賵,歸生者曰～。"㊁送給喪家的布帛錢財等。春秋隱公三年:"秋,武氏子來求～。"荀子大略:"貨財曰～,輿馬曰賵。"史記魯仲連鄒陽列傳:"生則不得事養,死則不得～襚。"

[同源字]扶,俌,傅,輔,賻。見"輔"字條。

按,説文無賻字,新附有之,云:"賻,助也。"

賸 shèng 實證切,去,證韻,牀三。蒸部。

㊀增加。説文:"賸,物相增加也。"宋陳峴依緑亭詩:"净掃莓苔分徑岸,～添桃李結亭臺。"㊁剩餘。又作"剩"。唐杜甫即事詩:"秋思抛雲鬢,腰支～寶衣。"宋辛棄疾江神子又和人韻詞:"～雲殘日弄陰晴。"㊂副詞。表示程度高,數量多。又作"剩"。唐韓偓寄鄰莊道侶詩:"夜來雪壓前村竹,～見溪南幾尺山。"宋晏幾道鷓鴣天詞:"今宵～把銀釭照,猶恐相逢是夢中。"按,根據語言環境,可譯作"頗"、"儘"、"多"等。

[備考]送。説文:"賸,一曰送也。"南朝梁張纘謝東宫賚園啟:"每～春迎夏,華卉競發。"

十一畫

贄 1. zhì 脂利切,音摯,去,至韻,照三。緝部。

㊀初次拜見尊長或敬重的人時所持的禮物。左傳莊公二十四年:"男～,大者玉帛,小者禽鳥,以章物也。"荀子堯問:"然而吾所執～而見者十人,還～而見者三十人。"引申爲國家聘享時所持的禮物。左傳成公十二年:

"交～往來,道路無壅。"杜預注:"贄,幣也。"㊁恭敬地拿着禮物去見人。唐皮日休內辯:"所～者,未及卿相之門。"清魏源默觚下治篇九:"～而師見者十人。"

2. zhí 集韻陟立切,音縶,入,緝韻,知。緝部。

㊂〔贄然〕不動的樣子。莊子在宥:"鴻蒙方將拊髀雀躍而遊,雲將見之,倘然止,贄然立。"釋文引李頤:"贄,不動貌。"

[同源字]執,贄,摯。三字古音同是照三緝部,只有聲調的分别,"執"是短入,"贄"、"摯"是長入。説文:"執,捕罪人也。"引申爲一般的"持"。又:"摯,握持也。"玉篇:"贄,執玉帛。"古籍中"摯"、"贄"常通用。三字都與手拿東西有關,音義俱近,是同源詞。

按,説文無贄字。

贅 zhuì 之芮切,去,祭韻,照三。月部。

㊀抵押,以物作保證換取一筆錢。説文:"贅,以物質錢。"漢書嚴助傳:"間者,數年歲比不登,民待賣爵～子,以接衣食。"顏師古注:"如淳曰:'淮南俗,賣子與人作奴婢,名爲贅子,三年不能贖,遂爲奴婢。'"㊁入贅,男子到女方家結婚并定居。史記滑稽列傳:"淳于髡者,齊之～壻也。"漢書賈誼傳:"家貧子壯則出～。"顏師古注引應劭:"出作贅壻也。"㊂連綴,綴集。詩大雅桑柔:"哀恫中國,具～卒荒。"毛傳:"贅,屬。"韓非子存韓:"夫趙氏聚士卒,養從徒,欲～天下之兵。"王先慎集解:"贅,綴連也。"漢劉向説苑奉使:"梁王～其羣臣而議其過。"㊃累贅,多餘的。老子第二十四章:"其在道也,曰餘食～行。"後漢書馮衍傳:"有獨見之慮,見～於人。"

[備考]㈠病名。贅疣,肉瘤。莊子駢拇:"附～縣疣,出乎形成。"漢揚雄太玄玄瑩:"譬諸身,增則～割則虧。"㈡越職行恩。管子法禁:"則大臣之～下而射人心者必多矣。"尹知章注:"越職行恩曰贅。"

[同源字]質,贅。見"質"字條。

賾 zé 士革切,音嘖,入,麥韻,牀二。錫部。

㊀幽深,玄妙。易繫辭上:"聖人有以見天下之～,而擬諸其形容,象其物宜。"孔穎達疏:"賾,謂幽深難見。"漢書律曆志上:"探～索隱。"㊁深入探求。唐劉知幾史通外篇忤時:"莫不～彼泉藪,尋其枝葉。"

按,説文無賾字。

十 二 畫

贇 yūn 於倫切,平,真韻,影。

美好。玉篇:"贇,美也。"廣韻:"贇,美好也。"作人名用字。後漢書孝獻帝紀:"乙巳,黄巾賊殺濟南王～。"資治通鑑獻帝建安十二年:"乙巳,黄巾殺濟南王～。"胡三省音注:"贇,於倫翻。"

按,説文無贇字。

贈 zèng 昨亘切,去,嶝韻,從。蒸部。

贈送,送給。詩鄭風女曰雞鳴:"知子之來兮,雜佩以～之。"鄭箋:"贈,送也。"左傳僖公三十三年:"釋左驂,以公命～孟明。"引申爲追贈死者官爵或榮譽稱號。後漢書鄧寇傳附鄧騭:"皆遺言薄葬,不受爵～。"三國志吴書吴主傳:"步夫人卒,追～皇后。"

[備考]送走,驅除。周禮春官男巫:"冬堂～,無方無筭。"鄭玄注:"杜子春云:'堂贈謂逐疫也。'"但鄭玄本人的意見是:"謂冬歲終以禮送不祥及惡夢皆是也。"

[辨]貽,贈。見"貽"字條。

賧 dàn 徒紺切,去,勘韻,定。

㊀買賣東西預先收錢。玉篇:"賧,預入錢也。"清葉夢珠閱世編居第一:"又以馬鎮剛愎,弁兵充斥,慮爲佔據,因小就價,～於營將張遊戎爲公館。"㊁書籍或字畫卷首貼綾的地方。宋周密齊東野語紹興御府書畫式:"最後用紹興印,並付米友仁親書審定,題於～卷後。"明楊慎墐户録錦賧:"古裝褾卷軸,引首後以綾粘褚者曰～。"

按，説文無贉字。

贊 zàn 則旰切，去，翰韻，精。元部。

❶輔助，輔佐。左傳僖公二十二年："勍敵之人，隘而不列，天～我也。"國語齊語："升以爲上卿之～。"韋昭注："贊，佐也。"周禮秋官司民："内史、司會、冢宰貳之，以～王治。"鄭玄注："贊，佐也。"❷稱贊，贊美。漢劉楨射鳶詩："庶士同聲～，君射一何妍？"世説新語賞譽下："常集聚，王公每發言，衆人競～之。"這個意義多寫作"讚"。世説新語文學："長沙之勳，爲史所讚。"❸贊禮，古代司儀的人宣讀行禮項目叫"贊"。淮南子時則："司徒搢朴北嚮以～之。"高誘注："贊，相威儀也。"漢書王莽傳："周公奉鬯立于阼階，延登，～曰：'假王莅政。'"❹古代的一種文體，以贊美爲主。文選有晉夏侯湛東方朔畫～。這個意義多寫作"讚"，見"讚"字條。

［備考］㊀引導。國語周語上："太史～王，王敬從之。"韋昭注："贊，導也。"㊁告訴。書咸有一德："伊陟～于巫咸。"僞孔傳："贊，告也。"㊂選拔。禮記月令孟夏之月："命太尉～桀俊，遂賢良，舉長大。"鄭玄注："贊，猶出也。"㊃明白。漢書敘傳："總百氏，～篇章。"顔師古注："贊，明也。"

［同源字］佐，贊。古音"佐"是精母、歌部，"贊"是精母、元部，二者是陰陽對轉，語音相近。"佐"的意義是輔佐、幫助，"贊"也有輔佐、輔助一義，小爾雅廣詁："贊，佐也。"作爲輔助義的"贊"同"佐"的音義都相近，是同源關係。

贗 yàn。

晚起字。本作"贋"。見"贋"字條。

十 三 畫

贏 yíng 以成切，音盈，平，清韻，喻四。耕部。

❶獲取餘利。左傳昭公元年："賈而欲～，而惡囂乎？"又爲獲取的利益，利潤。戰國策秦策五："歸而謂父曰：'耕田之利幾倍？'曰：'十倍。''珠玉之～幾倍？'曰：'百倍。'"高誘注："贏，利。"漢鼂錯論貴粟疏："小者坐列販賣，操其奇～。"引申爲有餘，盈餘。史記天官書："歲星～縮。"新唐書盧鈞傳："没而無～財。"❷擔，揹。莊子庚桑楚："南榮趎～糧，七日七夜至老子之所。"荀子議兵："～三日之糧，日中而趨百里。"❸獲勝，與"輸"相對（後起義）。唐白居易放言詩之二："不信君看弈棋者，輸～須待局終頭。"宋晏殊破陣子詞："疑怪昨宵春夢好，元是今朝鬥草～。"

［備考］㊀容受，接待。左傳襄公三十一年："我實不德，而以隸人之垣以容以～諸侯。"杜預注："贏，受也。"㊁過度。周禮考工記弓人："撟幹欲孰於火而無～。"鄭玄注："贏，過孰也。"

贍 shàn 時豔切，去，豔韻，禪。談部。

❶充足，豐富。墨子節葬下："亦有力不足，財不～，智不智，然後已矣。"孟子公孫丑上："以力服人者，非心服也，力不～也。"南朝梁劉勰文心雕龍情采："心術既形，英華乃～。"❷供給，供養。史記齊太公世家："設輕重魚鹽之利，以～貧窮，禄賢能。"鹽鐵論本議："是以先帝建鐵官以～農用。"漢書王莽傳："收～名士，交結將相卿大夫甚衆。"

［備考］通"澹(dàn)"。安定。史記司馬相如列傳："夏后氏戚之，乃堙鴻水，决江疏河，漉沈～菑，東歸之於海。"漢書作"澌沈澹災"。顔師古注："澹，安也。言分散其深水，以安定其災也。"

按，説文無贍字，新附有之。

十 四 畫

贓 zāng 則郎切，平，唐韻，精。陽部。

盗竊來的財物。周禮秋官司厲："司厲掌盗賊之任器貨賄…入于司兵。"鄭玄注引鄭衆云："'任器貨賄'謂盗賊所用傷人兵器及所盜財物也。'入于司兵',若今時傷殺人所用兵器、盜賊～,加責,没入縣官。"列子天瑞:"未及時,以～獲罪。"引申爲通過貪污受賄等不正當手段所得的財物。後漢書質帝紀:"豫章太守虞續坐～,下獄死。"魏書世祖紀下:"六月,西征諸將扶風公元處真等八將坐盜没軍資,所在虜掠,～各千萬計,並斬之。"

[同源字]藏,贓。古音兩字同在陽部,"藏"是從母,"贓"是精母。説文新附:"藏,匿也。"玉篇:"贓,藏也。"二詞音義俱近,是同源關係。

按,説文無贓字。

贐 jìn 集韻徐刃切,音燼,去,稕韻,邪。真部。

字本作"費"。贈送遠行人的財物。孟子公孫丑下:"行者必以～,辭曰餽～。"趙岐注:"贐,送行者贈賄之禮也。"清蒲松齡聊齋志異王六郎:"衆乃折柬抱襆,争來致～。"

按,説文贐作費。

贔 bì 平祕切,去,至韻,並。質部。

巨大、猛壯貌。北魏酈道元水經注河水:"其水尚崩浪萬尋,懸流千丈,渾洪～怒,鼓若山騰。"〔贔然〕巨大、猛壯貌。唐張讀宣室志卷八:"有大鹿興於前,贔然其軀,頗異於常者。"〔贔屓〕亦作"贔屭"。叠韻聯緜字。猛壯有力貌。玉篇:"贔,贔屓,作力也。"文選漢張衡西京賦:"綴以二華,巨靈贔屓。"李善注引薛綜曰:"贔屓,作力之貌也。"元柳貫浦陽十詠龍峯孤塔詩:"朱鳥前頭森贔屓,蒼龍左角見嵯峨。"

按,説文無贔字。

十 五 畫

贋 yàn 五晏切,音雁,去,諫韻,疑。

亦作"贗"。假的,僞造的。南史戴法興傳:"帝嘗使願兒出入市里,察聽風謡,而道路之言,謂法興爲真天子,帝爲～天子。"唐韓愈崔十六少府攝伊陽尉以詩及書見投因酬三十韻詩:"前計頓乖張,居然見真～。"

按,説文無贋字。

贖 1. shú 神蜀切,入,燭韻,牀三。屋部。

❶用財物换回人身自由或抵押品。詩秦風黄鳥:"如可～兮,人百其身。"左傳宣公二年:"宋人以兵車百乘、文馬百駟以～華元于鄭。"❷用財物或行動抵銷罪過,解除刑罰。國語齊語:"制:重罪,～以犀甲一襲;輕罪,～以鞼盾一戟。"漢書張騫傳:"騫後期當斬,～爲庶人。"

[備考]㊀除去。管子五行:"草木區萌,～蟄蟲卵菱。"尹知章注:"贖,猶去也。"㊁通"續(xù)"。接合。後漢書趙壹傳:"昔原大夫～桑下絶氣,傳稱其仁。"李賢注:"贖即續也。"

2. shù 集韻殊遇切,去,遇韻,禪。

❸購買(晚起義)。明徐畛殺狗記第七齣:"他要～毒藥害我身軀。"

[同源字]贖,賣。兩字古音同在屋部,"贖"是从"賣"得聲。説文:"贖,買也。""賣"是"行且賣"。一是買進,一是賣出。二者音義俱近,是同源關係。

贕 dú 徒谷切,音讀,入,屋韻,定。屋部。

獸子死在胎内。淮南子原道:"獸胎不～,鳥卵不毈。"高誘注:"胎不成獸曰贕。"

按,説文無贕字。

十 六 畫

䞋 chèn 初覲切,音齔,去,震韻,穿二。

後起字。幫襯,施捨財物給僧人。唐慧琳一切經音義卷九〇引文字集略云:"䞋,施也,或从口作嚫。"南朝梁釋慧皎高僧傳佛陀耶舍:"興～耶舍布絹萬匹,悉不受。"全唐詩寒山詩之一五九:"對疏請名僧,～錢兩三樣。"引申爲饋贈。敦煌變文集祇園因由記:"此則門當户對,要馬百疋,黄金千量(兩),青衣百口,~物百車。"

贙 xuàn 胡畎切,音泫,上,銑韻,匣。真部。

❶分别。説文:"贙,分别也。"文選晉左思魏都賦:"蒹葭~,雚蒻森。"吕向注:"贙,分别也,言衆草森然分别於内。"❷獸名。爾雅釋獸:"~,有力。"郭璞注:"出西海大秦國,有養者,似狗,多力獷惡。"晉書王導傳:"~嘯猋馳,龍升雲映。"唐杜甫寄劉峽州伯華使君四十韻:"乳~號攀石,飢鼯訴落藤。"

按,説文贙字在虤部。

十七畫

贑 gòng 古送切,音貢,去,送韻,見。冬部。典籍多作"贛"。參見"贛"字條。

贛 1. gòng 集韻古送切,音貢,去,送韻,見。冬部。

字本作"贑"。❶賜給。説文:"贑,賜也。"淮南子精神:"今~人敖倉,予人河水,飢而餐之,渴而飲之,其入腹者,不過簞食瓢漿。"高誘注:"贛,賜也。"又要略:"一朝用三千鐘~。"高誘注:"贛,賜也。一朝賜羣臣之費三萬斛也。"❷姓。漢書朱博傳:"門下掾~遂耆老大儒。"

2. gàn 古暗切,去,勘韻,見。侵部。

❸水名,即江西省贛江。北魏酈道元水經注贛水:"~水出豫章南野縣。"又爲江西省的簡稱。

3. zhuàng 集韻陟降切,去,絳韻,知。冬部。

❹通"戇"。憨厚剛直。墨子非儒下:"其親死,列尸弗斂,登堂窺井,挑鼠穴,探滌器,而求其人矣,以爲實在,則~愚甚矣。"韓非子南面:"是以愚~窳惰之民,苦小費而忘大利也。"

[同源字]貢,贛。説文:"貢,獻功也。"又,"贛,賜也。"兩字同音。奉獻和賜予其實是同類事物。在進獻和賜予義方面,"貢"、"贛"實同一詞。

赤 部

赤 chì 昌石切,入,昔韻,穿三。鐸部。

❶紅色。詩豳風狼跋:"公孫碩膚,~舄几几。"禮記月令:"乘朱路,駕~騮。"孔穎達疏:"色淺曰赤,色深曰朱。"周禮考工記畫繢:"雜五色,東方謂之青,南方謂之~。"〔赤子〕初生的嬰兒。書康誥:"若保赤子,惟民其康乂。"孔穎達疏:"子生赤色,故言赤子。"後以"赤子"指百姓。宋蘇軾荔支嘆詩:"我願天公憐赤子,莫生尤物爲瘡痏。"❷空,一無所有。韓非子十過:"晉國大旱,~地三年。"陳奇猷集釋:"焦竑曰:'古人謂空盡無物曰赤'。"南史臨汝侯坦之傳:"檢家~貧,惟有質錢帖子數百。"引申爲殺光,誅滅。文選漢揚雄解嘲:"客徒朱丹吾轂,不知一跌將~吾之族也。"李善注:"赤,謂誅滅也。"唐杜甫壯遊詩:"朱門任傾奪,~族迭罹殃。"也引申爲純真不雜,忠誠不貳。荀子王制:"功名之所就,存亡安危之所墮,必將於愉殷~心之所。"王先謙集解:"赤心者,本心不雜貳。"明許仲琳封神演義五二回:"臣空有~膽忠心,無能回其萬一。"

[備考]㊀通"斥"。斥候,古代軍中偵察敵情的人。史記晉世家:"(成公)六年,伐秦,虜秦將~。"司馬貞索隱:"赤即斥,謂斥候之人也。"㊁通"尺(chǐ)"。度量。戰國宋玉釣賦:"餌若蛆螾,鉤如細鍼,以出三~之魚於數仞之水中。"北魏賈思勰齊民要術種穀:"苗高一~,鋒之。"㊂〔赤犮〕掃除,除掉。亦作

“捇拔”。周禮秋官序官:“赤犮氏,下士一人,徒二人。”鄭玄注:“赤犮,猶言捇拔也。主除蟲豸自埋者。”

[辨]赤,朱,丹,絳,紅。“赤”是紅,“朱”是大紅。“朱”比“赤”深。由於“朱”是大紅,古代把它視爲正色。“丹”是丹砂的顏色,比“赤”更淺些。“絳”是深紅,比“朱”更深。“紅”是赤白色,也就是淺紅。按照深淺的次序,這五種顏色的排列是:絳,朱,赤,丹,紅。到了中古,“紅”和“赤”已没有分别。

四　畫

赧 nǎn 奴板切,上,潸韻,泥。元部。

字亦作“赧”。㊀因羞愧而臉紅,慚愧貌。説文:“赧,面慙赤也。”漢揚雄答劉歆書:“今舉者懷～而低眉,任者含聲而宛舌。”唐柳宗元乞巧文:“大～而歸,填恨低首。”〔赧赧然〕慚愧臉紅的樣子。孟子滕文公下:“未同而言,觀其色赧赧然,非由之所知也。”又作〔赧然〕。文選三國魏吴質答東阿王書:“申之再三,赧然汗下。”㊁憂懼。國語楚語上:“夫子踐位則退,自退則敬,否則～。”韋昭注:“赧,懼也。”

赦 shè 始夜切,去,禡韻,審三。鐸部。

赦免,寬恕罪過。易解:“君子以～過宥罪。”孔穎達疏:“赦,謂放免。”韓非子五蠹:“施賞不遷,行誅無～。”魏書高崇傳:“及尒朱榮之死也,帝召道穆付～書,令宣於外。”又用爲減免租賦。漢書食貨志:“(邊食)足支一歲以上,可時～,勿收農民租。”

[同源字]捨 ,赦 。古音兩字聲母相同,“捨”是魚部,“赦”是鐸部,爲陰入對轉。“捨”是捨棄。爾雅釋詁:“赦,舍也。”赦免罪過是捨棄行爲之一。二者音義俱近,是同源關係。

按,説文赦字在攴部。

五　畫

赧 nǎn 集韻乃版切,上,潸韻,泥。元部。

同“赧”。參見“赧”字條。

按,説文赧作赧。

六　畫

赨 tóng 徒冬切,音彤,平,冬韻,定。冬部。

赤色。説文:“赨,赤色也。”管子地員:“其種大苗,細苗,～莖,黑秀,箭長。”尹知章注:“赨,即赤也。”

[備考]通“雄(xióng)”。漢揚雄太玄疑:“～黄,疑金中。”宋惟幹注:“赨,音雄,雄黄石也。赨黄之色,光瑩粲然,疑有兼金在其中也。”

赩 xì 許極切,入,職韻,曉。職部。

大紅色。玉篇:“赩,大赤色。”楚辭大招:“北有寒山,逴龍～只。”王逸注:“赩,赤色,無草木貌也。”文選晉左思蜀都賦:“丹沙～熾出其坂。”李善注引毛萇曰:“赩,赤貌也。”〔赩赫〕雙聲聯緜字。形容顏色大紅的樣子。文選晉潘岳射雉賦:“摛朱冠之赩赫,敷藻翰之陪鰓。”李善注:“赩赫,赤色貌。”

按,説文無赩字,新附有之。

七　畫

赫 hè 呼格切,入,陌韻,曉。鐸部。

㊀火紅的樣子,紅彤彤。説文:“赫,火赤皃。”詩邶風簡兮:“左手執籥,右手秉翟,～如渥赭。”毛傳:“赫,赤貌。”〔赫然〕火紅的樣子。後漢書光武帝紀:“遠望舍南,火光赫然屬天,有頃不見。”㊁顯耀,顯赫。荀子天論:“故日月不高,則光輝不～。”詩大雅生民:“以～厥靈,上帝不寧。”毛傳:“赫,顯也。”又爲顯赫盛大的樣子。詩商頌那:“於～湯孫,穆穆厥聲。”〔赫赫〕〔赫然〕顯赫盛大的樣子。詩大雅常武:“赫赫明明,王命卿士。”三國志

蜀書諸葛亮傳："神武赫然，威鎮八荒。"〔赫斯〕〔赫然〕①特指盛怒貌，怒氣很大。詩大雅皇矣："王赫斯怒，爰整其旅。"漢書枚乘傳："漢知吴之有吞天下之心也，赫然加怒。"②形容令人驚訝的事物突然呈現的樣子。公羊傳宣公六年："趙盾就而視之，則赫然死人也。"㊂通"嚇"。恐嚇，恫嚇。詩大雅桑柔："既之陰女，反予來～。"鄭箋："口距人謂之赫。"

［備考］分裂，支解。後漢書禮儀志中："凡使十二神追惡凶，～女軀，拉女幹，節解女肉，抽女肺腸。"

赬 chēng 丑貞切，音檉，平，清韻，徹。耕部。

淺紅色。亦作"赬"。説文："赬，赤色也。"儀禮士喪禮："幎目用緇，方尺二寸，～裏，著組繫。"鄭玄注："赬，赤也。"

八　畫

赭 zhě 章也切，音者，上，馬韻，照三。魚部。

㊀赤褐色的土。説文："赭，赤土也。"山海經中山經："又南百二十里曰若山，其上多㻬琈之玉，多～，多邽石。"郭璞注："赭，赤土。"管子地數："上有～者，下有鐵。"引申爲赤褐色的顏料。詩邶風簡兮："左手執籥，右手秉翟，赫如渥～。"鄭箋："赫然如厚傅丹。"㊁赤褐色的。荀子正論："殺～衣而不純。"楊倞注："以赤土染衣，故曰赭衣。"漢書王莽傳下："又感漢高廟神靈，遣虎賁武士入高廟，拔劍四面提擊，斧壞户牖，桃湯～鞭鞭灑屋壁。"顏師古注："赭，赤也。"㊂使成赤褐色，使赤裸無遮蓋。史記秦始皇本紀："始皇大怒，使刑徒三千人皆伐湘山樹，～其山。"唐柳宗元賀進士王參元失火書："黔其廬，～其垣，以示其無有。"又成爲赤褐色，成爲赤裸裸的。唐柳宗元晉問："羣飲源槁，迴食野～。"清顧炎武天下郡國利病書廣東從化縣："不數年中，羣山盡～。"

九　畫

赮 xiá 胡加切，音霞，平，麻韻，匣。魚部。

㊀紅色。晉郭璞江賦："絶岸萬丈，壁立～駁。"南朝梁江淹翡翠賦："今乃依～火之絶垠，出赤縣之紘州。"㊁霞光，彩霞。亦作"霞"。漢書天文志："夫雷電、～虹、辟歷、夜明者，陽氣之動者也。"唐柳宗元同劉二十八院長寄澧州張使君八十韻："金爐仄流月，紫殿啟晨～。"

［同源字］瑕，赮，霞，騢。四字古今都同音，又都有赤義，實同一詞。"瑕"本指玉色，"赮"是"瑕"的分别字，多指天象，"霞"是"赮"的後起字。但又互通。説文："騢，馬，赤白雜毛。"因有赤毛而稱作"騢"。

按，説文無赮字，新附有之。

赬 chēng 丑貞切，音檉，平，清韻，徹。耕部。

同"赬"。淺紅色。爾雅釋器："再染謂之赬。"郭璞注："赬，淺赤。"詩周南汝墳："魴魚～尾，王室如燬。"毛傳："赬，赤也。"唐李白明堂賦："～欄各落，偃蹇霄漢。"宋陸游養疾詩："菊穎寒猶小，楓林曉漸～。"

按，説文以赬爲赬的或體。古籍多作赬。

走　部

［走部總論］

走部的字大都與行走有關，大致可分爲兩類：多數是動詞，表示各種行走的動作，如走、赴、趣、趨、趁、趕、起、越、超、趓；少數是形容詞，形容行走的各種狀態，如赳、趄、趔、趙、趚、趗、趫、趬。

走 zǒu 子苟切，上，厚韻，精。侯部。

❶跑。莊子人間世："弟子厭觀之，～及匠石，曰：'自吾執斧斤以隨夫子，未嘗見材如此其美也，先生不肯視，行不輟，何邪？'"荀子堯問："君子力如牛，不與牛争力；～如馬，不與馬争～。"特指逃跑。左傳僖公五年："踰垣而～，披斬其袪，遂出奔翟。"孟子梁惠王上："兵刃既接，棄甲曳兵而～。"❷奔向，趨向。孟子離婁上："民之歸仁也，猶水之就下，獸之～壙也。"漢鼂錯論貴粟疏："趨利如水～下，四方亡擇也。"按，這個意義舊讀去聲。❸表示物體移動，挪動（後起義）。唐岑參走馬川行奉送封大夫出師西征詩："輪臺九月風夜吼，一川碎石大如斗，隨風滿地石亂～。"宋蘇軾新灘阻風詩："北風次寒江，來自兩山口。初聞似摇扇，漸覺平沙～。"❹走開，離開。史記酈生陸賈列傳："酈生叱使者曰：'～！復入言沛公，吾高陽酒徒也，非儒人也。'"南史張邵傳附張暢："今城内乏食，百姓咸有～情。"紅樓夢二一回："你别～，我還有話和你説呢。"❺走失，喪失（晚起義）。五代史平話梁史上："諕得尚讓頂門上喪了三魂，脚板下～了七魄。"又爲走漏，泄漏（晚起義）。元高明琵琶記官邸憂思："有一件事和你商量，你休要～了我的消息。"紅樓夢四六回："太太是多疑的人，只怕疑我～了風聲，叫他拿腔作勢的。"❻（親友間）走動，交往（晚起義）。金瓶梅六一回："那個是常在我家～的郁大姐，這好些年代了。"❼謙詞。猶言"僕人"。文選漢司馬遷報任少卿書："太史公牛馬～，司馬遷再拜言。"

［備考］㊀泛指獸類。漢張衡西京賦："上無逸飛，下無遺～。"㊁指車輪。墨子備蛾傅："以車兩～，軸間廣大以圉。"孫詒讓閒詁："兩走即兩輪。"

［辨］行，走，奔，跑。古代所謂"行"，現在叫做"走"；古代的"走"是現代的"跑"。古代"走"和"奔"是同義詞。説文："奔，走也。"玉篇："走，奔也。"但是"奔"往往是因急事而奔赴，有被迫奔跑之意；"走"往往是主動的，可疾可徐。因此，"奔"往往比"走"更含急迫義。"跑"是後起字，先用爲"獸足刨地"之義，唐以後才用作奔跑義。

二 畫

赴 fù 芳遇切，去，遇韻，敷。屋部。

❶奔赴，投向，趕往。説文："赴，趨也。"莊子秋水："～水則接腋持頤，蹶泥則没足滅跗。"孟子梁惠王上："天下之欲疾其君者，皆欲～愬於王，其若是孰能禦之？"特指奔向危險的境地。戰國策趙策三："則連有～東海而死耳。"荀子議兵："若～水火，入焉焦没耳。"楚辭戰國屈原漁父："寧～湘流，葬於江魚之腹中。"用於抽象義，投身某種事業或理想。左傳昭公二十五年："故人之能自曲直以～禮者，謂之成人。"孔穎達疏："赴謂奔走。"漢書王嘉傳："今諸大夫有材能者甚少，宜豫畜養可成就者，則士～難不愛其死。"❷奔告喪事。左傳文公十四年："頃王崩，周公閲與王孫蘇争政，故不～。"戰國策趙策三："周烈王崩，諸侯皆弔，齊後往。周怒，～於齊曰…"這個意義後來寫作"訃"。

［備考］通"仆（pū）"。倒仆。管子輕重甲："牧貧病，視獨老，窮而無子者，靡得相鬻而養之，勿使～於溝澮之中。"郭沫若等集校："維遹案：'赴'讀爲仆。"

［辨］之，適，如，赴，往。見"之"字條。

［同源字］訃，赴。見"訃"字條。

赳 jiū 居黝切，集韻居虯切，音糾，平，幽韻，見。幽部。

〔赳赳〕健壯威武的樣子。説文："赳，輕勁有才力也。"詩周南兔罝："赳赳武夫，公侯干城。"毛傳："赳赳，武貌。"漢書趙充國傳："充國作武，赳赳桓桓。"

［備考］〔趄蜈〕叠韻聯緜字。伸着脖子行走頭忽高忽低的樣子。史記司馬相如列傳大人賦："沛艾赳蜈仡以佁儗兮，放散畔岸驤以孱顔。"裴駰集解引漢書音義："赳蜈，申頸低卬也。"

三　畫

赶 1. qián 巨言切，平，元韻，羣。元部。

❶獸類翹着尾巴奔跑。説文："赶，舉尾走也。"

2. gǎn 五音集韻古旱切。

❷追赶（晚起義）。明洪楩清平山堂話本簡貼和尚："皇甫殿直拽開脚，兩步～上。"這個意義也作"趕"，現在又簡化爲"赶"。

起 qǐ 墟里切，上，止韻，溪。之部。

❶出發，動身。説文："起，能立也。"段玉裁注："起本發步之偁，引伸之訓爲立，又引伸之爲凡始事凡興事之偁。"墨子公輸："子墨子聞之，～於齊，行十日十夜而至於郢。"左傳文公七年："訓卒利兵，秣馬蓐食，潛師夜～。"引申爲鳥獸離開原來位置或狀態。孫子行軍："鳥～者，伏也。"吕氏春秋論威："知其不可久處，則知所兔～梟舉死殙之地矣。"❷起立，站起。左傳宣公十四年："楚子聞之，投袂而～。"莊子齊物論："曩子坐，今子～。"又爲起牀。左傳宣公十五年："使華元夜入楚師，登子反之牀，～之，曰：'寡君使元以病告。'"孟子盡心上："鷄鳴而～。"引申爲物體豎起，聳立。書金縢："王出郊，天乃雨，反風，禾則盡～。"❸興起，産生，開始。莊子胠篋："聖人生而大盗～。"荀子儒效："如是則貴名～如日月，天下應之如雷霆。"史記李斯列傳："明法度，定律令，皆以始皇～。"又爲發動，起事。左傳昭公二十六年："冬十月丙申，王～師於滑。"史記項羽本紀："陳涉等～大澤中。"❹舉用，徵召。戰國策秦策二："～樗里子於國。"高誘注："起，猶舉也。"韓非子顯學："宰相必～於州部，猛將必發於卒伍。"又爲出仕，應徵。東觀漢記李業傳："公孫述欲徵李業，業固不～。"世説新語賞譽下："殷淵源在墓所幾十年，于時朝野以擬管葛，～不～以卜江左興亡。"又爲發跡，起家，地位變化的開始。漢書蕭何曹參傳贊："蕭何曹參皆～秦刀筆吏。"❺興建，建立。漢書武帝紀："二月，～建章宫。"禮記禮運："則禮雖先王未之有，可以義～也。"❻啟發。論語八佾："～予者商也，始可與言詩已矣。"邢昺疏："起，發也。"❼凸起。後漢書張衡傳："合蓋隆～，形似酒尊。"宋吴自牧夢粱録歷代方外僧："師生時，左肩有肉～如袈裟條。"❽用在動詞後，表示動作的趨向、開始或可能（後起義）。唐吴融野廟詩："日暮鳥歸人散盡，野風吹～紙錢灰。"宋柳永曲玉管詞："每登山臨水，惹～平生心事。"❾量詞，羣，批（後起義）。金史孟浩傳："據田穀一～人除已叙用外，但未經任用身死，並與復舊官爵。"

［備考］㊀扶持。國語晉語四："平王勞而德之，而賜之盟質，曰：世相～也。"韋昭注："起，扶持也。"㊁指病治愈。吕氏春秋察賢："今有良醫於此，治十人而～九人，所以求之萬也。"

五　畫

越 1. yuè 王伐切，入，月韻，喻三。月部。

❶跨過，經過。説文："越，度也。"左傳宣公二年："亡不～竟，反不討賊，非子而誰？"楚辭戰國屈原天問："阻窮西征，巖何～焉？"引申爲時間距離的經過。書召誥："惟二月既望，～六日，乙未，王朝步自周，則至于豐。"宋范仲淹岳陽樓記："～明年，政通人和，百廢俱興。"❷踰越，超出某種規定或範圍。易繫辭下："其稱名也，雜而不～。"韓康伯注："備物極變，故其名雜也，各得其序，不相踰越。"韓非子二柄："其罪典冠，以爲～其職也。"❸散發，離散。左傳昭公四年："風不～而殺，雷不發而震。"杜預注："越，散也。"淮南子主術：

"精神勞則～，耳目淫則竭。"高誘注："越，散。"㊃宣揚，傳播。國語晉語八："宣其德行，順其憲則，使～于諸侯。"韋昭注："越，發聞也。"北魏酈道元水經注河水："干木，晉之賢人也。魏文侯過其門，式其廬，所謂德尊萬古，芳～來今矣。"㊄墜失，墜落。書太甲上："毋～厥命以自覆。"僞孔傳："越，墜失也。"又康誥："殺～人于貨，暋不畏死。"僞孔傳："殺人顛越人，于是以取貨利。"左傳成公二年："射其左，～于車下。"杜預注："越，隊也。"㊅遠離。書泰誓上："予曷敢有～厥志。"僞孔傳："越，遠也。"左傳襄公十四年："寡君使瘠聞君不撫社稷而～在他竟，若之何不弔？"引申爲迂闊。國語魯語上："～哉！臧孫之爲政也。"韋昭注："越，迂也。"㊆搶劫。清史稿沈荃傳："禹州盜倚竹園爲巢，殺人～貨，荃遣吏卒收捕。"㊇副詞。愈，更加（晚起義）。宋辛棄疾浣溪沙贈子文侍人名笑笑："宜顰宜笑～精神。"朱子語類卷一〇："已曉得者，～有滋味。"元曲楚昭公："風浪～大了。"㊈連詞。與，及。書大誥："大誥爾多邦，～爾御事。"㊉句首語氣詞。表莊重語氣。書大誥："～予冲人，不卬自恤。"又高宗肜日："高宗肜日，～有雊雉。"

2. huó 户括切，音活，入，末韻，匣。月部。

⑪瑟底小孔。儀禮鄉飲酒："相者二人皆左何瑟，後首，挎～。"鄭玄注："越，瑟下孔也。"禮記樂記："清廟之瑟，朱弦而疏～。"用作動詞。給樂器穿孔。國語周語下："如是，而鑄之金，磨之石，繫之絲木，～之匏竹。"韋昭注："越匏竹以爲笙管也。越，謂爲之孔也。"

［備考］結。左傳桓公二年："清廟茅屋，大路～席。"杜預注："越席，結草。"孔穎達疏："越席，結蒲爲席。"

［辨］踰，逾，過，越，超。見"踰"字條。

趄 1. jū 七余切，音雎，平，魚韻，清。魚部。

㊀［趑趄］雙聲聯緜字。見"趑"字條。

2. qiè 篇海類編千謝切。

㊀傾斜（晚起義）。金董解元西廂記諸宫調卷七："我佯呆，我佯呆，一向志誠，不道他心～。"元王實甫西廂記四本四折："欹珊枕把身軀兒～。"水滸傳二二回："宋江已有八分酒，脚步～了，只顧踏去。"㊁壞的（後起義）。唐陸羽茶經："鍑以生鐵爲之，今人有業冶者，所謂急鐵。其鐵以耕刀之～，鍊而鑄之。"

趁 chèn 丑刃切，去，震韻，徹。真部。

又作"趂"。㊀追逐，追隨，追求。梁書曹景宗傳："常與少年數十人澤中逐麞鹿，每衆騎～鹿，鹿馬相亂，景宗於衆中射之。"唐白居易初到洛下閑遊詩："～伴入朝應老醜，尋春放醉尚粗豪。"北魏賈思勰齊民要術雜説："凡秋收了，先耕蕎麥地，次耕餘地，務遣深細，不得～多。"㊁赴，赶往（後起義）。唐柳宗元柳州峒氓詩："青箬裹鹽歸峒客，綠荷包飯～虚人。"元馬致遠破幽夢孤雁漢宫秋二折："我索折一枝斷腸柳，餞一盃送路酒，眼見得趕程途，～宿頭。"㊂乘便，利用（時間，機會）（後起義）。唐白居易早發楚城驛詩："月乘殘夜出，人～早涼行。"明凌濛初初刻拍案驚奇一二回："必是日前與人有約，今因見有客，～鬧打㓦的，逃去了。"㊃賺（晚起義）。明馮夢龍警世通言一七回："或與道人代寫疏頭，～幾文錢度日。"水滸全傳一七回："他每日～了大錢大物那裏去了？"

趂 chèn 集韻丑刃切，去，稕韻，徹。

同"趁"。見"趁"字條。

按，説文趂作趁。

超 chāo 敕宵切，平，宵韻，徹。宵部。

㊀跳躍，躍上。説文："超，跳也。"左傳昭公元年："子南戎服入，左右射，～乘而出。"又爲跳越，跳過。墨子兼愛下："猶挈泰山以～江河也。"楚辭漢王逸九思傷時："～五嶺兮嵯峨，觀浮石兮崔嵬。"自注："超，越也。"㊁超

出，勝過。韓非子五蠹："～五帝侔三王者，必此法也。"後漢書馮衍傳："顯忠貞之節，立～世之功。"㊂遥遠。楚辭戰國屈原九歌國殤："出不入兮往不反，平原忽兮路～遠。"楚辭戰國宋玉九辯："去鄉離家兮徠遠客，～逍遥兮今焉薄？"㊃〔超然〕①高超脱俗的樣子。老子第二十六章："雖有榮觀，燕處超然。"楚辭戰國屈原卜居："將從俗富貴以媮生乎？寧超然高舉以保真乎？"②惆悵貌。莊子徐无鬼："武侯超然不對。"成玄英疏："超，悵也。既不稱情，故悵然不答。"

［辨］踰，逾，過，越，超。見"踰"字條。

［同源字］超，跳。兩字古音同是透母宵部，聲音十分近似。説文："超，跳也。"又同有跳躍的意思。二者是同源關係。

趙 pò 集韻匹陌切，音魄，入，陌韻，滂。

越過。文選晋郭璞江賦："鼓帆迅越，～漲截泂。"李善注："趙，猶越也。"

按，説文無趙字。

六　畫

趑 zī 取私切，平，脂韻，清。脂部。

〔趑趄〕雙聲聯緜字。行走困難、徘徊不前的樣子。説文："趑，趑趄，行不進也。"又作"次且"、"趦趄"。文選晋張載劍閣銘："一人荷戟，萬夫趑趄。"李善注引廣雅："趑趄，難行也。"

趔 liè 字彙補力拽切。

後起字。〔趔趄（qiè）〕叠韻聯緜字。脚步歪斜、行走不穩的樣子。元李文蔚同樂院燕青博魚三折："酩酊猶未醒，脚趔趄，身倒褪，尚兀自不曾驚。"

趎 chú 直誅切，音厨，平，虞韻，澄。侯部。

跳行貌。又作"跦"。淮南子原道："其行也足蹪～埳，頭抵植木，而不自知也。"用作人名。莊子庚桑楚："南榮～贏糧，七日七夜至老子之所。"

按，説文無趓字。

趓 duǒ 字彙補丁果切。

後起字。同"躲"。躲藏，躲避。宋陳德武清平樂詠蟬："～在緑陰深處。"元明雜劇劉千病打獨角牛二折："明槍易～，暗箭難防。"

趍 1. chí 直離切，音馳，平，支韻，澄。歌部。

㊀〔趍趙〕雙聲聯緜字，行走遲緩的樣子。説文："趍，趍趙，夂也。"㊁馳，奔跑。淮南子脩務："今夫救火者，汲水而～之。"

2. qū 七逾切，音趨，平，虞韻，清。侯部。

㊀用作"趨"，奔向。淮南子兵略："獵者逐禽，車馳人～，各盡其力。"明方孝孺答林公輔："風俗既成，衆咸～之而不可制。"

七　畫

趙 1. zhào 治小切，上，小韻，澄。宵部。

㊀超騰，疾行。穆天子傳卷二："天子北征，～行囗舍。"郭璞注："趙，猶超騰。"

［備考］牀前横木。方言卷五："自關而西秦晋之間謂之杠，南楚之間謂之～。"戴震疏證："説文云：'杠，牀前横木也。'"

2. diào 集韻徒了切，上，篠韻，定。宵部。

㊀刺地，除草。詩周頌良耜："其鎛斯～，以薅荼蓼。"毛傳："趙，刺也。"孔穎達疏："趙是用鎛之事，鎛是鉏類，故趙爲刺地也。"

［備考］〔趙繚〕叠韻聯緜字。長貌。荀子賦："長其尾而鋭其剽者邪？頭銛達而尾趙繚者邪？"楊倞注："趙，讀爲掉，掉繚，長貌。"

趕 gǎn 字彙古旱切。

後起字。亦作"赶"。㊀追趕。唐張鷟朝野僉載卷二："莊走出被～，斫射不死，走得脱來，願王哀之。"朱子語類卷一理氣上："如天行亦有差，月星行又遲，～它不上。"㊁驅趕，驅逐。南唐劉崇遠金華子卷下："厨人饋食於堂，手中盤饌，皆被羣禽搏撮，莫可驅～。"京本通俗小説拗相公："老嫗起身，蓬着頭，同一赤脚蠢婢～二豬出門外。”㊂加快行動，使不誤時間。京本通俗小説 拗相公：“對江居説道：月明如晝，還宜～路。”㊃趁着。明佚名風月南牢記二折：“今日～箇空，便瞞着周家去走一遭。”

趗 cù 千木切，音蔟，入，屋韻，清。屋部。

〔趚趗〕叠韻聯緜字。見“趚”字條。

按，説文無趗字。

趖 suō 蘇禾切，音梭，平，戈韻，心。歌部。

日月星辰偏西下落。説文：“趖，走意。”段玉裁注：“趖，今京師人謂日趺爲晌午趖。”花間集五代歐陽炯南鄉子之七：“豆蔻花間～晚日。”明湯顯祖南柯記閨警：“斗兒東唱到參兒～。”

八 畫

趣 1. qū 集韻逡須切，音趨，平，虞韻，清。侯部。

㊀快步走，疾行。説文：“趣，疾也。”韓非子揚權：“腓大於股，難以～走。”漢書賈誼傳：“行以鸞和，步中采齊，～中肆夏，所以明有度也。”顔師古注：“趣，讀曰趨。趨，疾步也。”㊁趨向，朝某一方向奔去。詩大雅棫樸：“濟濟辟王，左右～之。”毛傳：“趣，趍也。”吕氏春秋爲欲：“犯白刃，冒流矢，～水火，不敢却也。”史記孫子吴起列傳：“兵法：百里而～利者蹶上將。”

2. qù 七句切，去，遇韻，清。侯部。

㊂意向，旨意。史記李斯列傳：“入則心非，出則巷議，非主以爲名，異～以爲高，率羣下以造謗。”列子湯問：“曲每奏，鍾子期輒窮其～。”引申爲志趣，情趣。南史隱逸傳陶潛：“少有高～。”晉書王羲之傳：“獻之骨力遠不及父，而頗有媚～。”㊃興趣，趣味。晉陶潛歸去來兮辭：“園日涉以成～，門雖設而常關。”世説新語言語：“恒恐兒輩覺，損欣樂之～。”

3. cù 集韻趨玉切，音促，入，燭韻，清。屋部。

㊄通“促”。催促，督促。禮記月令：“乃～獄刑，毋留有罪。”管子輕重己：“～山人斷伐，具械器。”又爲促使，促成。墨子非儒下：“知人不忠，～之爲亂，非仁義之也。”漢書京房傳：“昔秦時趙高用事，有正先者，非刺高而死，高威自此成，故秦之亂，正先～之。”㊅通“促”。急速，趕快。管子度地：“大雨，各葆其所，可治者～治。”史記項羽本紀：“若不～降漢，漢今虜若，若非漢敵也。”

〔辨〕趣，趨。二者古音同是清母侯部，音相近，義亦相近，是同源關係。但是“趨”是一般的疾行，“趣”是有目的的奔往。“趨”多作平聲，“趣”多作去聲；因此“趣”用作“疾行”義比較罕見，“趨”也很少用作“意向”、“興趣”義。

趟 1. zhēng 竹盲切，平，庚韻，知。

後起字。㊀跳躍。廣韻：“趟，趙趟，躍跳。”唐韓愈城南聯句：“得雋蠅虎健，相殘雀豹～。”

2. tàng。

㊁量詞。遍，次（晚起義）。西遊記二二回：“沿地雲遊數十遭，到處閑行百餘～。”紅樓夢三九回：“園子裏頭也有果子，你明日也嚐嚐，帶些家處，也算是看親戚一～。”

趠 1. chuō 敕角切，入，覺韻，徹。藥部。

㊀同“逴”。遠，遠走。説文：“趠，遠也。”晉書曹毗傳：“游不踐綽約之室，～不希騄駬之踪。”㊁同“踔”。跳躍，騰躍。文選晉左思吴都賦：“狖鼯猓然，騰～飛超。”南齊書張融傳：“雕隼飛而未半，鯤龍～而不逮。”

2. zhuō 集韻竹角切，入，覺韻，知。

㊂特出，高超。〔趠厲〕同“踔厲”，形容精神振奮，氣勢高遠。元許有壬文丞相傳序：“丞相文公，少年趠厲，有經濟之志。”㊃疾行，快走。集韻：“趠，疾走也。”唐皇甫枚三水小牘王知古爲狐招婿：“（王）知古倔僵，～於庭

中,四顧遜謝,詈言狎至,僅得出門。"

［辨］卓,踔,逴,趠。見"踔"字條。

［同源字］趠,逴,踔。三字同音,又都有高遠、騰躍之義,實同一詞。但古籍中"遠"義多作"逴","騰躍"義多作"踔"。

趡 cuǐ 千水切,上,旨韻,清。微部。

❶跑,奔騰。史記司馬相如列傳大人賦:"糾蓼叫奡蹋以艐路兮,蔑蒙踊躍騰而狂~。"司馬貞索隱引張揖:"趡,走皃。"漢揚雄河東賦:"風發飈拂,神騰鬼~。"❷古地名。春秋桓公十七年:"公會邾儀父,盟于~。"杜預注:"趡,魯地。"

趚 lù 盧谷切,音祿,入,屋韻,來。屋部。

❶〔趚趗〕疊韻聯緜字。局小貌。文選漢張衡東京賦:"狹三王之趚趗,軼五帝之長驅。"李善注引薛綜:"趚趗,局小貌也。"唐白居易中和節頌:"齷齪唐虞,趚趗羲皇。"特指步子狹小,細碎。唐李賀摩多樓子詩:"曉氣朔煙上,趚趗胡馬蹄。"

❷〔趚趚〕疊韻聯緜字。小兒行走貌。廣韻燭韻:"趚,趚趚,皃行。"清周亮工書影卷五:"而戚子又趚趚往來,哭於父母旁。"

九　畫

趦 zī 篇海類篇取私切。今讀如資。

後起字。〔趦趄〕雙聲聯緜字。①同"趑趄"。行走困難、徘徊不前的樣子。唐韓愈送李愿歸盤谷序:"足將進而趦趄,口將言而囁嚅。"②同"恣睢"。狂妄,驕橫放肆。三國志蜀書張裔傳:"耆率雍闓恩信著於南土,使命周旋,遠通孫權。乃以裔爲益州太守,徑往至郡。闓遂趦趄不賓。"

十　畫

趨 1. qū 七逾切,平,虞韻,清。侯部。

❶跑,疾行。說文:"趨,走也。"詩小雅緜蠻:"豈敢憚行,畏不能~。"朱熹集傳:"趨,疾行也。"論語微子:"孔子下,欲與之言,~而避之,不得與之言。"引申指低頭彎腰、小步快走,表示恭敬的一種行走姿式。論語子罕:"子見齊衰者、冕衣裳者與瞽者,雖少,必作;過之,必~。"戰國策趙策四:"入而徐~,至而自謝。"按,古代行禮的步法有"徐趨"和"疾趨"兩種,重要的是要作出趨的姿態。❷趨向,奔赴。管子宙合:"爲臣者不忠而邪,以~爵祿。"漢賈誼論積貯疏:"今背本而~末,食者甚衆,是天下之大殘也。"引申爲歸向,依附。荀子議兵:"韓之上地,方數百里,完全富足而~趙。"楊倞注:"趨,歸也。"

2. qù 集韻逡遇切,音趣,去,遇韻,清。侯部。

❸旨趣,旨意。孟子告子下:"三子者不同道,其~一也。一者何也？曰:仁也。"朱熹集注:"惡、趨,並去聲。"

3. cù 集韻趨玉切,音促,入,燭韻,清。屋部。

❹通"促"。催促,督促。周禮縣正:"~其稼事而賞罰之。"釋文:"趨,本又作趣,音促。"荀子王制:"勸教化,~孝弟。"楊倞注:"趨之使敦教弟,趨讀爲促。"❺通"促"。急速,趕快。莊子徐无鬼:"王命相者~射之。"漢書高帝紀上:"令~銷印。"顏師古注:"趨讀曰促。促,速也。"❻通"促"。迫促,短促。禮記樂記:"衛音~數煩志。"鄭玄注:"趨數,讀爲促速。"莊子外物:"有人於彼,脩上而~下。"郭象注:"長上而促下也。"

［辨］趣,趨。見"趣"字條。

十一畫

趍 cān 倉含切,音驂,平,覃韻,清。侵部。

〔趍趲〕疊韻聯緜字。驅走貌,相隨奔逐貌。文選晉左思吳都賦:"鷹瞵鶚視,趍趲翋㵝。"李善注:"趍趲翋㵝,相隨驅逐衆多貌。"唐溫庭筠拂舞詞:"神椎鑿石塞神潭,白馬趍趲赤塵起。"

［備考］疾速。漢賈誼新書容經："若夫立而技，坐而蹁，體怠懈，志驕傲，～視數顧，容色不比。"

按，説文無趁字。

十二畫

趪 huáng 胡光切，音黄，平，唐韻，匣。陽部。

〔趪趪〕形容力大負重的狀態。玉篇："趪，趪趪，武皃。"文選漢張衡西京賦："洪鐘萬鈞，猛虡趪趪。"劉良注："趪趪，作力貌。"唐顔真卿宋開府碑："亞相烈烈，尹京趪趪。"又形容聲音洪大。清沈德潛覺生寺大鐘歌："妄憑佛力消黑業，趪趪聲徹天門重。"

［備考］横持。三國魏曹丕校獵賦："雄戟～而躍厲兮，黄鉞扈而揚鮮。"

按，説文無趪字。

趬 qiāo 去遥切，音蹺，平，宵韻，溪。宵部。

舉步輕捷貌。後漢書馬融傳："或輕訬～悍。"李賢注："説文曰：趬，行輕貌。"

［同源字］趫，蹻，趬，蹺，翹，觺。見"趫"字條。

趫 qiáo 巨嬌切，音橋，平，宵韻，羣。宵部。

㊀行動敏捷，矯健，善於奔走爬高。説文："趫，善緣木走之才。"吕氏春秋悔過："襲國邑，以車不過百里，以人不過三十里，皆以其氣之～與力之盛至。"文選漢張衡西京賦："非都盧之輕～，孰能超而究升。"李善注："太康地志曰：'都盧國，其人善緣高。'"文選三國魏曹植七啟："～捷若飛，蹈虚遠蹠。"㊁脚往上翹。漢書高帝紀下："大臣内畔，諸將外反，亡可～足待也。"顔師古注引文穎："趫，猶翹也。"水滸傳二四回："只見那婦人尖尖的一雙小脚兒正～在箸邊。"

［同源字］趫，蹻，趬，蹺，翹，觺。六字古音同在宵部，"蹻"、"趬"、"蹺"同是溪母，"趫"、"翹"同是羣母，"觺"是見母。意義上都含有高舉的意思。音近義通，它們是同源詞。"蹻"、"趬"、"蹺"同音，實同一詞。説文："蹻，舉足行高也。"又："趬，行輕皃。"一釋動詞義，一釋形容詞義。"蹺"未收入説文，是"趬"的後起字，玉篇："蹺，舉足也。"也是釋動詞義。其實三字在典籍中用例并非區劃分明。"趫"、"翹"同音，實際也本是一個詞。説文："趫，善緣木走之才。"典籍中用例多形容人的動作矯健、高舉。説文："翹，尾長毛也。"這是特以鳥類的長尾高舉來造字的，典籍中多用作抽象義的高舉。"觺"是角高聳的專用字。

趭 jiào 才肖切，音醮，去，笑韻，從。宵部。

奔跑。漢書司馬相如傳下大人賦："糾蓼叫奡踏以艐路兮，蔑蒙踊躍騰而狂～。"顔師古注引張揖曰："趭，奔走也。"

按，説文無趭字。

十三畫

趮 zào 則到切，音躁，去，号韻，精。宵部。

㊀箭射出後，飛行不穩，掉往旁邊。周禮考工記矢人："羽豐則遲，羽殺則～。"鄭玄注："趮，旁掉也。"孫詒讓正義："説文走部云：'趮，疾也。'廣雅釋詁云：'掉，動也。'謂矢太疾則動而旁出。"㊁急躁，不安静。亦作"躁"。管子心術上："摇者不定，～者不静。"漢書天文志："用兵静吉，～凶。"

十四畫

趯 1. tì 他歷切，入，錫韻，透。藥部。

㊀〔趯趯〕跳躍貌。詩召南草蟲："喓喓草蟲，趯趯阜螽。"毛傳："趯趯，躍也。"㊁踢，用脚撞擊（後起義）。唐吕巖絶句："～倒葫蘆掉卻琴，倒行直上卧牛嶺。"明圓極居頂續傳燈録慧空禪師："一拳拳倒黄鶴樓，一～～翻鸚鵡洲。"這個意義後來寫作"踢"。㊂書法八種運筆法則之一，即鈎（後起義）。明張紳法書通釋："～者，挑也。"

2. yuè 集韻弋灼切,音躍,入,藥韻,喻四。藥部。

㊃跳躍。說文:"趯,踊也。"漢書李尋傳:"涌～邪陰,湛溺太陽。"顏師古注:"趯,與躍同。"

十九畫

趲 zǎn 藏旱切,上,旱韻,從。

後起字。㊀趕行,快走。朱子語類大學三:"才剔撥得有些通透處,便須急急躡蹤～鄉前去。"引申爲趕,加快。宋陳文增月泉吟社摘句圖:"社近記穿黃繭子,雨前～摘紫槍旗。"㊁催促,逼使。宋趙師俠酹江月丙午螺川:"～柳催花,摧紅長翠,多少風和雨?"張協狀元戲文四八出:"長江後浪催前浪,一替新人～舊人。"㊂通"攢"。聚斂,積蓄。元曲選佚名陳州糶米二折:"你積～的金銀過北斗,你指望待天長地久。"西遊記六八回:"哥哥!這遭我擾你,待下次～錢,我也請你回席。"清吳敬梓儒林外史四九回:"他若是～一個勁,那怕幾千斤的石塊,打落在他頭上、身上,他會絲毫不覺得。"

足 部

[足部總論]

足部的字,意義都與脚有關。大致可以分爲三類:

(一)名詞,有的是下肢器官,有的是與脚有關的東西。例如:趾 距 跟 跗 蹠 蹄 蹤 踘 踪 蹟 蹊 路

(二)表示脚的各種動作的動詞,數量居最多。例如:跋 跌 跑 跨 跣 跪 跳 踊 踐 踼 踰 蹈

(三)形容詞,表示脚的各種動作的狀態。例如:跛 蹇 蹌 蹜 踟蹰 蹣跚 躑躅 蹁躚

足 zú 即玉切,入,燭韻,精。屋部。

㊀人體下肢的總稱,又專指踝骨以下的部份。說文:"足,人之足也。"左傳昭公七年:"孟縶之～不良,能行。"韓非子外儲說左上:"手～胼胝,面目黧黑。"又爲動物的脚。莊子秋水:"東海之鱉,左～未入,而右膝已縶矣。"荀子勸學:"螣蛇無～而飛。"引申爲支撑器物的脚。易鼎:"鼎折～,覆公餗。"史記龜策列傳:"南方老人用龜支牀～。"又指山的底部,山麓。史記李斯列傳:"臣請從死,願葬驪山之～。"宋書謝瞻傳:"吾得啟體幸全,歸骨山～,亦何所多恨?"㊁充足,足够,滿足。詩小雅信南山:"既霑既～,生我百穀。"老子第七十七章:"天之道損有餘而補不～。"又爲使充足,補益,成全。左傳襄公二十五年:"言以～志,文以～言。"杜預注:"足,猶成也。"列子楊朱:"逃於後庭,以晝～夜。"殷敬順釋文:"足,即且切,益也。"這個意義舊讀 jù。㊂值得,够得上。左傳僖公二十三年:"吾觀晉公子之從者,皆～以相國。"荀子勸學:"百發失一,不～謂善射。"

[備考]㊀重視。荀子禮論:"然而不法禮不～禮,謂之無方之民;法禮～禮,謂之有方之士。"王念孫讀書雜志:"足禮,謂重禮也;不足禮,謂輕禮也。"㊁過分。論語公冶長:"巧言令色～恭,左丘明恥之,丘亦恥之。"朱熹集注:"足,過也。"何晏集解:"孔(安國)曰:'足恭,便僻貌。'"這個意義舊讀 jù。集韻遇韻:

"足，足恭，便僻皃。"㊂擁，培。管子五行："春辟勿時，苗～本。"尹知章注："足，猶擁也。春生之苗，當以土擁其本。"

［辨］足，脚。上古"足"有廣、狹兩種意義。廣義包括股、脛、蹠，是下肢的總稱。元戴侗六書故："足，自股脛而下通謂之足。"狹義只指脛下接觸地面的部份。漢劉熙釋名釋形體："足，續也，言續脛也。"與"蹠"所指相同。上古的"脚"只指小腿，與"脛"所指相同。中古以後，"脚"才轉指脛以下的部份，與上古狹義的"足"同義。在有的方言中，如湘方言"脚"既可指整個下肢，也可特指小腿以下的部份。

三　畫

趵 1. bō 北角切，入，覺韻，幫。

後起字。❶踼。廣韻覺韻："趵，足擊。"〔趵趵〕象聲詞，形容脚擊地的聲音。唐元稹田家詞："牛吒吒，田确确，旱塊敲牛蹄趵趵。"

2. bào 集韻巴校切，去，效韻，幫。

❷跳躍。宋曾鞏齊州二堂記："而自崖以北至于歷城之西，蓋五十里，而有泉湧出，高或至數尺，其旁之人名之曰～突之泉。"趵突泉在今山東濟南市。

四　畫

跊 chěn 集韻丑甚切，上，寑韻，徹。

〔跊踔〕雙聲聯緜字。本指人的跳躍，引申形容波濤的騰躍。文選晉木華海賦："跊踔湛瀵，沸潰渝溢。"李善注："跊踔湛瀵，波前却之貌。"清沈靖題十八羅漢渡海圖詩："窮溟跊踔古所歎，亦有挂罥悲岑崟。"也作"踸踔"、"跈踔"。

按，説文無跊字。

趺 fū 甫無切，平，虞韻，非。

同"跗"。❶脚背。北史藝術傳下馬嗣明："嗣明爲灸兩足～上各三七壯，便愈。"又指脚。集韻虞韻："跗，足也，或作趺。"宋蘇軾菩薩蠻詠足："偷穿宫樣穩，並立雙～困。"引申指足迹。宋史張九成傳："每執書就明，倚立庭磚，歲久雙～隱然。"❷花萼的基部，亦作"柎"、"跗"。文選晉束皙補亡詩之二："白華絳～，在陵之陬。"李善注："鄭玄毛詩箋曰：'跗，鄂足也。跗與趺同。'"宋王明清揮麈録後録卷二："其下則植梅以萬數，緑萼承～，芬芳馥郁。"❸碑下的石座。唐劉禹錫奚公神道碑："螭首龜～，德輝是紀。"❹佛教徒盤腿端坐的姿勢，左脚放在右腿上，右脚放在左腿上。唐王維登辨覺寺詩："輭草承～坐，長松響梵聲。"宋蘇軾將往終南和子由見寄詩："終朝危坐學僧～，閉門不出閑履梟。"

［備考］俯。樂府詩集相和歌辭步出夏門行："桂樹夾道生，青龍對伏～。"明徐渭書茆氏石刻："豐考功晚痹而～，株連臂腕。"

按，説文無趺字。

跂 1. qí 巨支切，音歧，平，支韻，羣。支部。

❶多出的脚趾。説文："跂，足多指也。"莊子駢拇："故合者不爲駢，而枝者不爲～。"❷蟲爬行貌。亦作"蚑"。史記匈奴列傳："～行喙息蠕動之類，莫不就安利而辟危殆。"司馬貞索隱："言蟲豸之類，或企踵而行，或以喙而息，皆得其安也。"漢書禮樂志："膏潤并愛，～行畢逮。"顔師古注："凡有足而行者，稱跂行也。"

［備考］分歧，分列角隅貌。詩小雅大東："～彼織女，終日七襄。"毛傳："跂，隅貌。"孔穎達疏："孫毓云：'織女三星，跂然如隅。'然則三星鼎足而成三角，望之跂然，故云隅貌。"按，説文匕部："𠤷，頃也。"引大東作："𠤷彼織女。"依説文是傾斜的樣子，應讀去聲 qì，廣韻在寘韻，音去智切。

2. qǐ 丘弭切，音企，上，紙韻，溪。支部。

❸抬起脚後跟站立。詩衛風河廣："誰謂宋遠，～予望之。"荀子勸學："吾嘗～而望矣，不如登高之博見也。"楊倞注："跂，舉足

也。”

3. qì 去智切，去，寘韻，溪。

㊃〔跂坐〕垂足而坐。南齊書王敬則傳：“敬則横刀跂坐。”

4. zhī 集韻章移切，平，支韻，照三。支部。

㊄〔踶跂〕見“踶”字條。

5. jī 集韻竭戟切，入，陌韻，羣。支部。

㊅通“屐”。木屐，木底有齒的鞋。莊子天下：“使後世之墨者，多以裘褐爲衣，以～蹻爲服。”郭慶藩集釋：“李云：麻曰屩，木曰屐。屐與跂同。”

趹 1. jué 古穴切，入，屑韻，見。月部。

㊀馬飛奔，後蹄抉地騰空叫做“趹”。説文：“趹，馬行皃。”史記張儀列傳：“秦馬之良，戎兵之衆，探前～後，蹄閒三尋騰者，不可勝數。”後漢書班彪傳：“列刃鑽鍭，要～追縱。”李賢注：“爾雅曰：‘趹，奔也。’音決。”引申爲疾行。淮南子脩務：“淬霜露，敕蹻～，跋涉山川，冒蒙荆棘。”高誘注：“趹，趣也。”

2. guì 集韻涓惠切，去，霽韻，見。月部。

㊁馬騾等用後蹄踢。淮南子兵略：“有角者觸，有齒者噬，有毒者螫，有蹏者～。”南朝梁元帝金樓子立言上：“獸與獸遇則相角，馬與馬遇則～踶。”

跁 1. bà 傍下切，上，馬韻，並。

㊀〔跁跒〕叠韻聯緜字，徘徊不前、行動緩慢的樣子。玉篇足部：“跁，跁跒，不肯前。”南唐李建勳送八分書與友人繼以詩：“跁跒爲詩跁跒書，不封將去寄仙都。”明劉基聽蛙詩：“蝦蟆幸不含毒螫，何苦怒號争跁跒？”

2. pá 集韻蒲巴切，平，麻韻，並。

㊁〔跁跒〕叠韻聯緜字，蹲伏的樣子。集韻麻韻：“跁，跁跒，蹲也。”唐陸龜蒙等報恩寺南池聯句：“跁跒松形矮，般跚檜樾矬。”㊂伏地爬行。後作“爬”。正字通足部：“跁，今俗謂小兒匍匐曰跁。”土地寶卷地金水泛品：“～起來又是笑，心中怒惱。”

按，説文無跁字。

趾 zhǐ 諸市切，上，止韻，照三。之部。

㊀脚。詩豳風七月：“三之日于耜，四之日舉～。”左傳桓公十三年：“舉～高，心不固矣。”用作動詞，意思是用脚踩，踐踏。明史左良玉傳：“良玉兵大亂，下馬渡溝，僵仆溪谷中，～其顛而過。”引申爲支撑器物的脚。易鼎：“鼎顛～。”孔穎達疏：“趾，足也。”㊁脚指頭。漢焦贛易林困之鼎：“踝踵足傷，右～病瘍。”又否之艮：“牛生五～，行危爲憂。”㊂牆脚，地基，山脚。這個意義後來寫作“址”或“阯”。左傳宣公十一年：“議遠邇，略基～。”杜預注：“趾，城足。”三國魏阮籍咏懷詩：“去上西山～。”㊃踪迹。晉皇甫謐高士傳梁鴻：“仰頌逸民，庶追芳～。”唐王勃觀佛跡寺詩：“蓮座神容儼，松崖聖～餘。”用作動詞。追踪的意思。明歸有光太學生葉君墓誌銘：“自其少時，頗以自負，思一日馳騁於當世，以～前美。”

〔備考〕禮儀。文選漢班固幽通賦：“嬴取威於百儀兮，姜本支乎三～。”李善注：“趾，禮也。”

〔辨〕趾，止，址，阯。“趾”的本義是脚，甲骨金文象簡化的人足形，隸定後爲“止”。引申爲山脚、牆脚、地基，寫作“址、阯”。“趾、止、址、阯”實同一詞，“趾、址、阯”都是後起的分化字。分化後，“止”一般只用於“停止、禁止”等抽象義，“趾”不用於抽象義，“址、阯”一般只用作“地基、山脚”義。

踸 chěn 集韻丑甚切，上，寑韻，徹。侵部。

〔踸踔〕跳着往前走的樣子。也作“踸踔”。雙聲聯緜字。集韻寑韻：“踸，説文：‘踸踔，行無常皃。’或作踸。”莊子秋水：“吾以一足踸踔而行，予无如矣。”成玄英疏：“踸踔，跳躑也。”

按，説文无踸字，新附作踸。

跀 yuè 魚厥切，入，月韻，疑。月部。

古代把脚或脚趾砍掉的酷刑。經傳中多寫作“刖”。説文:“朗,斷足也。”韓非子外儲説左下:“吾不能虧主之法令,而親～子之足,是子報仇之時也。”

五 畫

𧿹 chēng 直庚切,平,庚韻,澄。陽部。

抵拒,支撑。“撑”的本字。説文:“𧿹,歫也。”段玉裁注:“今俗字𧿹作撑。”周禮考工記弓人:“維角～之,欲宛而無負弦。”

按,説文𧿹字在止部。

跎 tuó 徒河切,平,歌韻,定。歌部。

❶〔蹉跎〕叠韻聯緜字。參見“蹉”字條。❷背部拱起,傴僂(晚起義)。本寫作“駝”。宋賈似道促織經嗽色頭:“黑頭紅頂背身～,更兼大腿及捶拖。”明馮夢龍雙雄記公庭初杻:“腰～背曲,老病誰憐憫?”❸用脊背馱(晚起義)。清平山堂話本曹伯明錯勘贓記:“天色已晚,只得～了包袱回家。”明淩濛初初刻拍案驚奇卷一:“(文若虛)遂脱下兩隻裏脚接了,穿在龜殼中間,打個扣兒,拖了便走。走至船邊,船上人見他這等模樣,都笑道:‘文先生那裏又～了縴來?’”

〔辨〕跎,駝,馱。“跎”、“馱”被説文新附收録;“駝”不見於説文,但早已見於山海經。“跎”最早用於“蹉跎”,“駝”最早用於“橐駝”(駱駝),這兩個意義後代仍不相混。“駝背”、“駝物”兩字都用,以用“駝”爲多;“馱”只用於“馱物”一義,另有“馱(duò)子”一義是“跎、駝”所没有的。

跓 zhù 直主切,上,麌韻,澄。侯部。

佇立,停住脚。楚辭漢王逸九思悼亂:“垂屣兮將起,～竢兮碩明。”洪興祖補注:“跓,集韻:停足。”

按,説文無跓字。

蹩 bié 集韻蒲結切,入,屑韻,並。

〔蹩跋〕雙聲聯緜字。馬蹄擊地聲。樂府詩集横吹曲辭五折楊柳歌辭:“健兒須快馬,快馬須健兒。蹩跋黄塵下,然後别雄雌。”

按,説文無蹩字。

距 jù 其吕切,上,語韻,羣。魚部。

❶雞、雉等的腿的後面突出像脚趾的部份。説文:“距,雞距也。”左傳昭公二十五年:“季(平子)郈(昭伯)之雞鬭,季氏介其雞,郈氏爲之金～。”山海經南山經:“有獸焉,其狀如豚,有～,其音如狗吠,其名曰狸力。”❷兵刃和其他器物上類似雞距之物,倒刺。墨子備高臨:“横臂齊筐外,蚤尺五寸,有～。”淮南子原道:“雖有鉤箴芒～、微綸芳餌,加之以詹何、娟嬛之數,猶不能與網罟争得也。”❸至,抵達。書益稷:“予决九川～四海,濬畎澮～川。”僞孔傳:“距,至也。”史記蘇秦列傳:“渡滹沱,涉易水,不至四五日而～國都矣。”❹距離,離開。國語周語上:“～今九日,土其俱動。”唐韓愈李君墓誌銘:“葬河南洛陽縣,～其祖澠池令府君僑墓十里。”❺抗拒,抵禦。這個意義多寫作“拒”。詩大雅皇矣:“密人不恭,敢～大邦。”墨子公輸:“公輸般九設攻城之機變,子墨子九～之。”又爲排斥;拒絶。荀子法行:“君子正身以俟,欲來者不～,欲去者不止。”

〔備考〕㊀通“鉅”。大。墨子雜守:“～阜山林,皆令可以迹。”淮南子氾論:“體大者節疏,蹠～者舉遠。”高誘注:“距,大也。”㊁通“歫”。止。管子小問:“止之以力則往者不反,來者鷙～。”尹知章注:“距,止也。”㊂通“詎”。副詞,表示反問。相當於“豈”、“難道”。韓非子難四:“燕噲雖舉所賢而同於用所愛,衛奚～然哉?”

〔辨〕距,歫,拒。説文:“距,雞距也。”又:“歫,止也。”段玉裁注:“許無‘拒’字,‘歫’即‘拒’也。此與彼相抵爲拒,相抵則止矣。”三字音同,都有抵禦、拒絶義,實同一詞;但雞距、距離義一般只用“距”,抵拒義多用“拒”或“歫”。

跇 yì 餘制切,去,祭韻,喻四。月部。

❶超越,跨越。說文:"跇,述也。"段玉裁注:"述,當作迣,字之誤也。"玉篇:"跇,超踰也。"史記樂書二:"騁容與兮~萬里,今安匹兮龍爲友。"裴駰集解引如淳曰:"跇,謂超踰也。"晉左思吴都賦:"~踰竹柏,獮猨杞柟。"❷〔蹀跇〕叠韻聯緜字。參見"蹀"字條。

跒 qiǎ 苦下切,上,馬韻,溪。

〔跁跒〕叠韻聯緜字。參見"跁"字條。

按,說文無跒字。

跊 chù 丑律切,入,術韻,徹。物部。

〔跊踢〕叠韻聯緜字。傳説中的獸名。山海經大荒南經:"南海之外,赤水之西,流沙之東,有獸,左右有首,名曰跊踢。"

按,說文無跊字。

跋 bá 蒲撥切,入,末韻,並。月部。

❶踏草而行或翻山越嶺。詩鄘風載馳:"大夫~涉,我心則憂。"毛傳:"草行曰跋。"孔穎達疏:"正義曰:左傳云:'跋涉山川',則跋者山行之名也。言草行者,跋本行草之名,故傳曰:'反首茇舍以行',山必有草,故山行亦曰跋。"左傳成公十三年:"文公躬擐甲胄,~履山川,踰越險阻,征東之諸侯。"引申爲踩,踐踏。詩豳風狼跋:"狼~其胡。"(胡:野獸脖子下面的垂肉。)唐韓愈進學解:"~前躓後,動輒得咎。"❷文體的一種。寫在書籍或文章的後面,多用來評介内容或説明寫作經過(後起義)。宋沈括夢溪筆談卷五:"後人題~多盈巨軸矣。"用作動詞。評説的意思(晚起義)。元曾瑞端正好自序套曲:"一枕夢魂驚,千載風雲過,將古來英雄評~。"❸〔跋扈〕驕横暴烈。亦作"拔扈"。漢崔篆慰志賦:"黎共奮以跋扈兮,羿浞狂以恣睢。"文選漢張衡西京賦:"迾卒清候,武士赫怒,緹衣韎韐,睢盱跋扈。"張銑注:"跋扈,勇壯貌。"李善注本作"拔扈"。

〔備考〕㊀火把或蠟燭用手拿的部份。禮記曲禮上:"燭不見~。"鄭玄注:"跋,本也。燭盡則去之。"孔穎達疏:"本,把處也。古者未有蠟燭,唯呼火炬爲燭也。"宋陸游自勉詩:"餘年尚努力,勿待燭見~。"㊁扭轉,翻轉。漢書揚雄傳校獵賦:"抡蒼豨,~犀犛。"顔師古注:"跋,反戾也。"唐李商隱偶成轉韻七十二句贈四同舍詩:"韓公堆上~馬時,迴望秦川樹如薺。"

跖 zhí 之石切,入,昔韻,照三。鐸部。

❶脚掌。說文:"跖,足下也。"引申特指雞的足踵。吕氏春秋用衆:"善學者若齊王之食雞也,必食其~數千而後足。"文選晉張協七命:"封熊之蹯,翰音之~。"❷踩,踐踏。淮南子齊俗:"修脛者使之~钁,强脊者使之負土。"文選晉張協七命:"上無凌虚之巢,下無~實之蹊。"❸人名,傳説是春秋時奴隸起義領袖。孟子盡心上:"欲知舜與~之分,無他,利與善之間也。"

〔備考〕跳躍。漢書揚雄傳上:"秦神下讋,~魂負沴。"王先謙補注:"言秦神讋懼其靈魂跳躍遠避而負倚坻岸也。"

〔辨〕跖,蹠,蹢。"跖"與"蹠"同音,說文分别二字:"跖,足下也。""蹠,楚人謂跳躍曰蹠。"典籍中二字通用,實同一詞。"蹢"是"跖"的别體,典籍中只用作脚掌義,非常少見。

跜 ní 女夷切,音尼,平,脂韻,娘。脂部。

〔蹑跜〕叠韻聯緜字。參見"蹑"字條。

按,說文無跜字。

跛 1. bǒ 布火切,上,果韻,幫。歌部。

❶腿脚有毛病,走路身體不平衡。說文:"跛,行不正也。"易履:"~能履,不足以與行也。"荀子修身:"故蹞步而不休,~鼈千里;累土而不輟,丘山崇成。"

2. bì 彼義切,去,寘韻,幫。歌部。

❶站立時重心偏在一隻脚上。禮記曲禮上:"遊毋倨,立毋~。"鄭玄注:"跛,偏任也。"

孔穎達疏："跛，偏也，謂挈舉一足，一足蹋地。立宜如齊，雙足並立不得偏也。"漢賈誼新書胎教："立而不～，坐而不差。"〔跛倚〕站立不正。禮記禮器："有司跛倚以臨祭，其爲不敬大矣。"鄭玄注："偏任爲跛，依物爲倚。"

跙 1. jù 慈呂切，上，語韻，從。魚部。

❶行走困難。玉篇："跙，行不進也。"唐白居易初出藍田路作詩："人煩馬蹄～，勞苦已如此。"宋王禹偁硤石縣旅舍詩："處險人垂癭，登山馬～蹄。"〔跙跙〕困難喪敗的樣子。漢揚雄太玄更："駟馬跙跙，而更其御。"范望注："跙跙，不調也。馬而不調，故更御也。"又，太玄閑："跙跙閑于遽除，或寢之廬。"范望注："跙跙，惡貌也。"

2. qiè 集韻七夜切，去，禡韻，清。

❷斜脚站立(晚起義)。集韻："跙，衺足也。"方成珪考正："類篇'也'作'立'。"金瓶梅詞話二三回："(潘金蓮)～足隱身，在藏春塢月窗下站聽。"

[同源字]跙，沮。兩字同音。廣韻語韻："沮，止也。""跙，行不進也。"義亦相近，實同一詞。不過"跙"的使用範圍窄一些。參見"沮"字條。

按，説文無跙字。

跕 1. tiē 他協切，音貼，入，怗韻，透。葉部。

❶拖着鞋行走。玉篇："跕，跕屣也。"集韻："跕，行曳履。"史記貨殖列傳："女子則鼓鳴瑟，～屣，游媚貴富。"裴駰集解："瓚曰：躡跟爲跕也。"宋王安石再用前韻寄蔡天啟詩："跨鞍隨我遊，曳屣聯我～。"❷挨近。也寫作"貼"。唐宋之問爲韋特進已下祭汝南王文："鳶忌南而～水，雁愛北而隨車。"明袁宏道漢陽逢邱長孺詩之二："怒石當江立，腥鳶～水飛。"

2. dié 丁愜切，入，怗韻，端。

❸墜落(後起義)。廣韻："跕，墮落。"唐元稹和樂天送客游嶺南二十韻："鳶～方知瘴，蛇蘇不待春。"〔跕跕〕墜落的樣子。後漢書馬援傳："仰視飛鳶跕跕墯水中。"李賢注："跕跕，墯貌也。"

3. zhàn。

❹站立(晚起義)。本作"站"。元范康竹葉舟第一折："從教他風濤洶湧蛟龍怒，你則是緊閉着雙目穩～着身軀。"明馮夢龍醒世恒言施潤澤灘闕遇友："主人家～在櫃身裏，展看綢疋。"引申指驛站、糧站。本來也寫作"站"。水滸傳一回："夜宿郵亭，朝行驛～。"清魏源聖武記卷七："廣泗派黨壩官兵，名爲一萬，除守營卡防糧～外，實止七千。"

按，説文無跕字。

跈 tiǎn 徒典切，音殄，上，銑韻，定。文部。

踐踏。廣雅釋詁一："跈，履也。"玉篇："跈，蹈也。"莊子外物："凡道不欲壅，壅則哽，哽而不止則～，～則衆害生。"郭象注："當道而塞，則理有不泄而相騰踐也。"

按，説文無跈字。

跆 tái 徒哀切，音臺，平，咍韻，定。之部。

❶用脚踩踏(後起義)。宋晁補之謁岱祠即事詩："高舉躪風海，深蹯～火輪。"❷〔跆藉〕踐踏。漢書天文志："因以張楚并興，兵相跆藉，秦遂以亡。"引申爲侵凌。文選晉夏侯湛東方朔畫贊序："凌轢卿相，嘲哂豪桀，籠罩靡前，跆藉貴勢。"張銑注："跆藉，猶殘暴也。言不畏貴勢之士。"

按，説文無跆字。

跌 diē 徒結切，入，屑韻，定。質部。

❶失足倒地，摔倒。方言卷一三："跌，蹷也。"漢陸賈新語輔政："以趙高李斯爲杖，故有傾仆～傷之禍。"文選漢傅毅舞賦："浮騰累跪，跗蹋摩～。"李善注："字書曰：跌，失蹠也。"李翰注："摩跌，謂並足而舉後也。"特指跌傷。漢焦贛易林旅之大畜："巢成樹折，傷我彝器，伯蹉叔～，亡羊乃追。"三國魏曹丕典論酒誨："無不顛倒僵仆，蹉～手足。"引申指挫折。漢鼂錯言兵事疏："～而不振。"❷誤

差，差錯。荀子王霸："此夫過舉蹞步而覺～千里者夫！"楊倞注："跌，差也。"漢揚雄解嘲："客徒朱丹吾轂，不知一～將赤吾之族也。"㊂下降，跌落（晚起義）。明徐宏祖徐霞客遊記遊雁宕山日記："常雲南下，～而復起，爲戴辰峯。"清吴趼人二十年目睹之怪現狀："等你明天不去了，他們便把價錢揹住了，不肯～。"㊃〔跌宕〕雙聲聯緜字。行爲放蕩（後起義）。三國志蜀書簡雍傳："優游風議，性簡跌宕。"亦作"佚蕩"，"跌蕩"。漢書揚雄傳："爲人簡易佚蕩。"後漢書孔融傳："又前與白衣禰衡跌蕩放言，云：'父之與子，當有何親？'"李賢注："跌蕩，無儀檢也。"

［備考］㊀疾行。淮南子脩務："夫墨子～蹶而趍千里以存楚宋。"高誘注："跌，疾行也；蹶，趨走也。"㊁眼球突出（後起義）。唐張鷟朝野僉載卷四："周張元一腹贏而脚短，項縮而眼～，吉項目爲'逆流蝦蟆'。"

［辨］偃，僵，仆，踣，斃，跌。"偃"、"僵"是向後倒，"仆"、"踣"是向前倒，"斃"本作"獘"，是困乏而倒下，"跌"是失足摔倒。

［同源字］蹎，跌。見"蹎"字條。

跏 jiā 古牙切，平，麻韻，見。

後起字。㊀〔跏趺〕"結跏趺坐"的略稱。佛教中修禪者的坐法，盤腿而坐。晉法顯佛國記："從此東北行半由延到一石窟，菩薩入中西向結跏趺坐。"宋蘇軾又次韻二守同訪新居詩之一："也知卜築非真宅，聊欲跏趺看此心。"也作"跏坐"。明徐渭張氏别業青蓮島詩："青蓮大如許，跏坐幾如來。"㊁通"瘸（qué）"。跛脚。明湯顯祖邯鄲記合仙："怎生穿紅穿緑，～的跛的，老的小的，是怎的起有這等一班人物？"明沈璟義俠記解夢："我這觀中有一個～子道姑，極會圓夢。"

跑 1. páo 薄交切，平，肴韻，並。

㊀獸用脚刨地。西京雜記四："滕公駕至東都門，馬鳴，跼不肯前，以足～地久之。"明徐渭鰻井："蹄小應知非虎～，手掬聊堪洗牛耳。"

2. pǎo。

㊁奔跑，急走（後起義）。唐馬戴邊將："紅纓～駿馬，金鏃掣秋鷹。"

［辨］行，走，奔，跑。見"走"字條。

按，説文無跑字。

跔 jū 舉朱切，音拘，平，虞韻，見。侯部。

㊀手足屈曲難伸。説文："天寒足跔也。"逸周書太子晉："王子曰：'太師何舉足驟？'師曠曰：'天寒足～，是以數也。'"清錢泳履園叢話鬼神無常鬼："未幾，忽中風疾，不能言語，兩手足皆～。"㊁〔踺跔〕叠韻聯緜字。參見"踺"字條。

［同源字］跔，痀，跼。"跔"是手足屈曲；"痀"是駝背，説文："痀，曲脊也"；"跼"是屈曲不伸。三個字都有屈曲的意思。"跔"、"痀"同音，古音見母侯部，"跼"古音爲羣母屋部。侯、屋是陰入對轉，三字音近義通，是同源關係。

跚 shān 龍龕手鑑音珊。

後起字。亦作"蹣"。㊀踩，踐踏。元關漢卿王閨香夜月四春園第二折："則我這綉鞋兒莫不～着那青苔溜，這泥污了我這鞋底尖。"元佚名硃砂擔滴水浮漚記第三折："他偶然～破脚，在後邊慢慢的行哩。"㊁〔蹣跚〕叠韻聯緜字。見"蹣"字條。

跗 1. fū 甫無切，平，虞韻，非。侯部。

㊀脚背。儀禮士喪禮："乃屨，綦結於～。"鄭玄注："跗，足上也。"莊子秋水："赴水則接腋持頤，蹶泥則没足滅～。"泛指脚。論衡宣漢："古之露首，今冠章甫；古之跣～，今履商（高）舄。"㊁花萼的底部，花托。亦作"柎"。管子地員："朱～黄實。"尹知章注："跗，花足也。"唐杜牧張好好詩："翠茁鳳生尾，丹葉蓮含～。"㊂物體的足部，鐘鼓架的脚。左傳宣公四年："伯棼射王，汰輈，及鼓～，著於丁寧。"後漢書祭祀志上："距石下皆

有石～，入地四尺。”引申泛指條狀物的末端。西京雜記卷一：“天子筆管以錯寶爲～，毛皆以秋兔之毫。”

［備考］蛇腹下的横鱗。宋佚名李師師外傳：“次年正月，帝遣迪賜師師蛇～琴。”清朱彝尊食采玉山藥詩：“紋皴蛇～斷，衣滑兔褐退。”

2. fù 符遇切，音附，去，遇韻，奉。侯部。

㊃古代人名用字。廣韻：“跗，古之醫人俞跗。出史記（扁鵲倉公列傳）。”

［同源字］跗，柎。兩字同音，義亦相近。説文有“柎”無“跗”：“柎，闌足也。”段玉裁注：“柎、跗正俗字，凡器之足皆曰柎。”因此，“跗”、“柎”實同一詞，器物之足多用柎，人足、脚背多用跗，又常通用。

按，説文無跗字。

跅 tuò 集韻闥各切，入，鐸韻，透。鐸部。

玉篇、廣韻作“𨂁”。〔跅弛〕放縱不羈。漢書武帝紀：“夫泛駕之馬，跅弛之士，亦在御之而已。”顔師古注：“跅者，跅落無檢局也；弛者，放廢不遵禮度也。”晉書周處傳論：“周子隱以跅弛之材，負不羈之行。”

按，説文無跅字。

六　畫

蹣 shān 蘇干切，平，寒韻，心。

亦作“𨄅”。見“𨄅”字條。

跫 qióng 苦江切，集韻渠容切，平，鍾韻，群。東部。

〔跫然〕①脚步聲。玉篇：“跫，跫然，蹋足聲。”莊子徐无鬼：“聞人足音跫然而喜矣。”成玄英疏：“跫，行聲。”亦作“跫跫”。宋蘇轍次韻子瞻宿南山蟠龍寺詩：“跫跫深逕馬蹄響，落落稀星著疎木。”亦可單用。宋黄庭堅送彦孚主簿詩：“伏藏鼪鼯徑，猶想足音跫。”②獨自欣喜的樣子。宋沈遘謝人投書：“辱書及文編，辭高義豐，讀之跫然。”宋陳鵠耆舊續聞卷四：“佔宿邸之移文，跫然滋喜。”

按，説文無跫字。

跡 jī 資昔切，入，昔韻，精。錫部。

同“迹”。足迹，脚印。左傳昭公十二年：“穆王欲肆其心，周行天下，將皆必有車轍馬～焉。”史記封禪書：“至東萊，言夜見大人，長數丈，就之則不見，見其～甚大，類禽獸云。”引申爲痕迹，踪迹。韓非子主道：“掩其～，匿其端，下不能原。”漢鄒陽獄中上梁王書：“則人主必襲按劍相眄之～矣，是使布衣之士，不得爲枯木朽株之資也。”又爲遺迹，前人遺留的事物。韓非子孤憤：“今襲～於齊晉，欲國安存，不可得也。”史記封禪書：“使二卿將卒塞決河，徙二渠，復禹之故～焉。”

［辨］迹，跡，蹟，迒，踪，蹤。見“迹”字條。

按，説文跡作迹，在辵部。

跰 1. yán 五堅切，音研，平，先韻，疑。元部。

㊀獸蹄平正。爾雅釋畜：“騉蹏～，善陞甗。”郭璞注：“騉蹏蹏如跰而健上山。”邢昺疏：“跰，平也，謂蹏平正。”

2. jiǎn 古典切，音繭，上，銑韻，見。元部。

㊁手脚掌上因摩擦而生的硬皮。莊子天道：“吾固不辭遠道而來願見，百舍重～而不敢息。”釋文：“跰，胝也。”元李壽卿伍員吹簫第一折：“害的你脚心裏踏做了～，肚皮裏餓斷腸。”

跬 kuǐ 丘弭切，上，紙韻，溪。支部。

半步，一舉足的距離。説文：“趌（跬），半步也。”司馬法：“一舉足曰～，～三尺。兩舉足曰步，步六尺。”現在的一步，古代稱“跬”；現在的兩步，古代稱“步”。大戴禮記勸學：“是故不積～步，無以致千里。”引申形容距離近、時間短。莊子駢拇：“遊心於堅白同異之間，而敝～譽無用之言，非乎？”王先謙集解引郭嵩燾曰:"跬譽者,邀一時之近譽。"

按,說文跬作趌,在走部。

跱 zhì 直里切,音峙,上,止韻,澄。之部。

同"峙"。❶獨立,特立。淮南子脩務:"鶴~而不食,晝吟宵哭。"高誘注:"跱,立貌。"文選南朝宋顔延之赭白馬賦:"戒出豕之敗御,惕飛鳥之~衡。"吕延濟注:"跱,立也。衡,車軛也。"引申爲占據,盤踞。莊子秋水:"且夫擅一壑之水,而跨~埳井之樂,此亦至矣。"後漢書天文志下:"大將軍何進令司隸校尉袁紹募兵千餘人,陰~雒陽城外。"❷〔跱躇〕雙聲聯緜字。徘徊不前的樣子。與"踟躕"、"躑躅"相通。宋書樂志三古詞豔歌羅敷行:"使君從南來,五馬立跱躇。"

[備考]積,具備。管子輕重甲:"故遷封食邑,富商蓄賈、積餘藏羨、~蓄之家,此吾國之豪也。"後漢書章帝紀:"丁酉,南巡狩,詔所經道上,郡縣無得設儲~。"李賢注:"跱,具也,言不豫有蓄備。"

[同源字]跱,峙,峙。三字同音,義亦相通,實同一詞。"峙"、"跱"全可通用,"屹立、聳立"義後世多用"峙",但亦可用"跱"或"峙"。

按,說文無跱字。

跮 dié 丑利切,集韻徒結切,音耋,入,屑韻,定。質部。

〔跮踱〕雙聲聯緜字。走路不穩,忽前忽後的樣子。史記司馬相如列傳大人賦:"跮踱輵轄以委麗兮,綢繆偃蹇怵臭以梁倚。"裴駰集解引徐廣曰:"跮踱,乍前乍卻也。"又可叠用作"跮跮"(晚起)。明劉基愁鬼言:"其物蜿蜿而前,跮跮而卻。"近代也有單用的。清平雲孤兒記第三章:"及踰閾,忽跮而蹶,大嗥如豕。"

按,説文無跮字。

跨 kuà 苦化切,去,禡韻,溪。魚部。

❶抬起一隻脚邁越一大步。説文:"跨,渡也。"段玉裁注:"謂大其兩股閒,以有所越也。"左傳昭公十三年:"康王~之,靈王肘加焉。"杜預注:"跨,過其上也。"北史倭傳:"婦入夫家,必先~火,乃與夫相見。"引申爲超越,越過。荀子儒效:"故外闔不閉,~天下而無蘄。"楊倞注:"跨,越也。"文選漢張衡西京賦:"乃覽秦制,~周法。"李善注引薛綜曰:"比周勝,故曰跨之也。"南朝梁劉勰文心雕龍諸子:"列子有移山~海之談,淮南有傾天折地之説。"❷跨坐,騎。史記司馬相如列傳上林賦:"被豳文,~野馬。"司馬貞索隱:"跨,乘之也。"宋朱熹鷓鴣天詞:"未尋~鳳吹簫侶,且伴孤雲獨鶴飛。"❸跨有,占據。國語晉語一:"不~其國,可謂挾乎?"韋昭注:"跨,猶據也。"秦李斯諫逐客書:"此非所以~海内制諸侯之術也。"唐李賀出城别張又新酬李漢詩:"皇圖~四海,百姓拖長紳。"❹通"胯"。兩腿之間。漢書韓信傳:"衆辱信曰:'能死,刺我;不能,出~下。'"顔師古注:"跨下,兩股之間也。"

[同源字]袴,絝,胯,骻,跨。見"袴"字條。

跟 gēn 古痕切,平,痕韻,見。文部。

❶脚後跟。説文:"跟,足踵也。"急就篇第三章:"踦踝~踵相近聚。"漢焦贛易林蹇之革:"頭痒搔~,無益於疾。"用作動詞。指穿鞋。北齊顔之推顔氏家訓勉學:"駕長簷車,~高齒屐。"❷追隨,跟在後面(後起義)。宋吴自牧夢粱録一九顧覓人力:"如有逃舍,將帶東西,有元地脚保識人前去~尋。"清平山堂話本楊温攔路虎傳:"他不肯,定要~來。"舊時特指女子嫁人。紅樓夢六五回:"必得我揀個素日可心如意的人,才~他。"❸介詞。同,和。引進共同的動作對象(晚起義)。清文康兒女英雄傳:"親友們見我在家裏悶坐着,便有幾個鏢行的朋友請我~他們走鏢。"

[辨]跟,踵。見"踵"字條。

[同源字]根,跟。見"根"字條。

䠖 yí 以脂切，音夷，平，脂韻，喻四。脂部。

箕踞。臀部着地，兩足前伸的坐姿。文選漢王延壽魯靈光殿賦："玄熊舑舕以齗齗，却負載而蹲～。"李善注："䠖，踞也。"

按，説文無䠖字。

跐 1. cǐ 雌氏切，音此，上，紙韻，清。支部。

❶踐踏。莊子秋水："且彼方～黄泉而登大皇。"釋文："跐，廣雅云：'蹋也，蹈也，履也。'"文選晉左思吴都賦："雖有雄虺之九首，將抗足而～之。"李善注引廣雅曰："跐，躡也。"❷〔跐豸〕叠韻聯緜字。嫵媚妖麗的樣子。文選漢張衡西京賦："嚼清商而卻轉，增嬋娟以跐豸。"吕延濟注："嬋娟、跐豸，姿媚妖麗也。"李善本"跐"作"此"。❸〔跐踦〕叠韻聯緜字（漢代"踦"已轉入支部）。參差不配對。淮南子齊俗："有詭文繁繡，弱緆羅紈，必有菅屩跐踦，短褐不完者。"楊樹達證聞："'菅屩跐踦'謂草履參差不耦。"

2. cī。

❹脚下突然失控的滑動（音義晚起）。清石玉崑三俠五義五一回："心内一慌，脚下一～，也就溜下去了。"

按，説文無跐字。

跧 1. zhuān 莊緣切，平，仙韻，照二。元部。

❶踢，踹。説文："跧，蹴也。"宋羅泌路史後紀一："華胥決履以～之。"

2. quán 集韻從緣切，平，仙韻，從。元部。

❷蜷曲。文選漢王延壽魯靈光殿賦："狡兔～伏於柎側，猨狖攀椽而相追。"唐陸贄論替换李楚琳狀："頗同狐鼠，乘夜睢盱，晨光既升，勢自～縮。"唐白居易太湖石記："如虬如鳳，若～若動。"

跲 jiá 古洽切，入，洽韻，見。緝部。

絆倒。説文："跲，躓也。"吕氏春秋不廣："鼠前而兔後，趨則～，走則顛。"引申爲言語窒塞不通。禮記中庸："言前定則不～，事前定則不困。"鄭玄注："跲，躓也。"孔穎達疏："將欲發言，能豫前思定，然後出口，則言得流行，不有躓蹶也。"

［備考］㊀退却（晚起義）。龍龕手鑑："跲，却行也。"元孛术魯翀知許州劉侯民愛銘："據守不～，故勇于拯民而善禦其害。"按，這也是"絆倒"義的引申。㊁蹄趾（晚起義）。明馬歡瀛涯勝覽占城國："（犀牛）蹄有三～，頭有一角。"清張岱陶庵夢憶雪精："得白騾，蹄～都白，日行二百里。"

跦 1. zhū 陟輸切，音誅，平，虞韻，知。侯部。

❶〔跦跦〕跳行的樣子。左傳昭公二十五年："鸜鵒跦跦，公在乾侯，徵褰與襦。"杜預注："跦跦，跳行貌。"清黄遵憲游箱根詩："跦跦上竹鮎，蠢蠢爬沙鼈。"

2. chú 集韻重株切，平，虞韻，澄。

❷〔踟跦〕見"踟"字條。

按，説文無跦字。

跣 xiǎn 蘇典切，上，銑韻，心。文部。

赤脚。説文："跣，足親地也。"書説命上："若～弗視地，厥足用傷。"左傳昭公三十一年："季孫練冠麻衣～行。"

跪 guì 渠委切，上，紙韻，羣。歌部。

❶兩膝着地，臀部抬起，準備拜叩爲"跪"。説文："跪，拜也。"禮記曲禮上："授立不～，授坐不立。"史記淮陰侯列傳："信常過樊將軍噲，噲～拜送迎。"世説新語德行："知母憾之不已，因～前請死。"❷足，脚。韓非子内儲説下："門者刖～請曰：'足下無意賜之餘瀝乎？'"王先慎集解："跪與危通，足也。"特指蟹的脚。荀子勸學："蟹六～而二螯。"楊倞注："跪，足也。"

［辨］跪，坐，拜，跽。"跪"和"坐"在古代是兩種很相近的姿勢，都是兩膝着地。抬起臀部，保持準備拜伏的恭敬姿勢叫"跪"；身體放鬆，臀部落在脚後跟上叫"坐"；由跪姿再彎腰把頭叩至地面叫"拜"；兩膝着地，伸直腰

股，叫做“跽”，所以說文曰：“跽，長跪也。”段玉裁注：“係於拜曰跪，不係於拜曰跽。”“人安坐則形弛，敬則小跪，聳體若加長焉。”

跺 duò 集韻都果切，上，果韻，端。今讀如剁。

後起字。頓足，脚用力踏地（晚起義）。宋普濟五燈會元天童咸傑禪師：“此行將省覲，切忌便～跟。”也作“跥”。紅樓夢二四回：“賈芸進入院内，把脚一～。”

路 lù 洛故切，去，暮韻，來。鐸部。

❶道路。說文：“路，道也。”周禮地官遂人：“萬夫有川，川上有～，以達于畿。”楚辭戰國屈原九歌國殤：“平原忽兮～超遠。”用作動詞。意思是途經、路過。楚辭戰國屈原離騷：“～不周以左轉兮，指西海以爲期。”引申爲達到某種目的的途徑、門路。楚辭戰國屈原九章惜誦：“固煩言不可結詒兮，願陳志而無～。”孟子離婁上：“義，人之正～也。”比喻仕途、官職。孟子公孫丑上：“夫子當～於齊，管仲、晏子之功，可復許乎？”趙岐注：“當路，當仕途也。”漢書揚雄傳：“當塗者升青雲，失～者委溝渠。”❷大。詩大雅生民：“實覃實訏，厥聲載～。”毛傳：“路，大也。”史記孝武本紀：“～弓乘矢，集獲壇下。”❸車。詩魏風汾沮洳：“彼其之子，美無度。美無度，殊異乎公～。”毛傳：“路，車也。”荀子哀公：“夫端衣玄裳，絻而乘～者，志不在於食葷。”❹宋元時代行政區域名。宋代的“路”相當於現代的“省”，元代的“路”相當於現代的“地區”。宋辛棄疾論荆襄上流爲東南重地：“荆與襄兩～，道里相去甚遠。”元陶宗儀南村輟耕録卷一三：“江西省吉安～民於襄陽周先生處習會陰陽課命。”

［備考］通“落(luò)”。纏繞。文選漢揚雄羽獵賦：“爾迺虎～三嵕，以爲司馬；圍經百里，而爲殿門。”李善注：“晉灼曰：‘路，音落。落，纍也。’服虔曰：‘以竹虎落此山也。’”

［辨］道，路，途。見“道”字條。

跢 1. duò 丁佐切，去，箇韻，端。

後起字。❶頓足，脚用力頓地（晚起義）。同“跺”。清孔尚任桃花扇沉江：“今夜揚州城陷，逃到此間，聞的皇帝已走，～了～脚，跳下江去了。”

2. chí 集韻陳知切，平，支韻，澄。

❷［跢跦］雙聲聯緜字，徘徊不前的樣子。即“踟躕”。明楊慎戎旅賦：“彼纖羽之微族兮，亦命侶而跢跦。”

跳 1. tiào 徒聊切，集韻徒了切，上，筱韻，定母。宵部。

❶跳躍。說文：“跳，躍也。”楚辭戰國宋玉九辯：“見執轡者非其人兮，故駶～而遠之。”洪興祖補注：“釋文：‘跳，躍也。’”漢劉向說苑辨物：“其後齊有飛鳥一足，來下止於殿前，舒翅而～。”特指瘸着行走。荀子非相：“禹～湯偏。”楊倞注引尸子：“偏枯之病，步不相過，人曰禹步。”❷耍弄，擺弄。文選漢張衡西京賦：“～丸劍之揮霍，走索上而相逢。”張銑注：“跳，弄也。丸，鈴也。揮霍，鈴劍上下貌。”晉書王濬傳：“左右人皆～刀大呼云：‘要當爲陛下一死戰決之。’”❸跳板，搭在車船等的邊沿便於人上下的長板（晚起義）。西遊記五三回：“婦人微笑不答，用手拖上跳板。沙和尚將行李挑上去，行者扶着師父上～。”明馮夢龍掛枝兒船：“新打的船兒其實妙，下了篙，搭上了～，把客招。”❹通“挑(tiǎo)”。挑戰，挑撥（晚起義）。元白樸牆頭馬上第三折：“你兩個採了花木還道告你爹爹妳妳去，～起恁公公來也打你娘。”❺［跳梁］跳躍，竄上跳下，亂蹦亂跳。莊子逍遥遊：“子獨不見狸狌乎？卑身而伏，以候敖者，東西跳梁，不避高下。”成玄英疏：“跳梁，猶走擲也。”比喻行爲强横。漢書蕭望之傳：“今羌虜一隅小夷，跳梁於山谷間。”也作“跳踉”。晉書諸葛長民傳：“眠中驚起，跳踉，如與人相打。”

2. táo 集韻徒刀切，平，豪韻，定。宵部。

❻通“逃”。逃走，逃亡。史記高祖本紀：

“項遂圍成皋,漢王～,獨與滕公共車出成皋玉門。”裴駰集解引徐廣曰:“音逃。”新唐書郭子儀傳:“思明～奔博陵。”

[辨]跳,躍,踊,踴。四個字都表示足離地騰空的動作。說文:“跳,躍也。”廣雅釋詁一:“躍,跳也。”說文:“踊,跳也。”古人常用來互訓,它們是一組同義詞。但“躍”和“踊”都是指向上跳,而“跳”既可以往上,也可以往前、往下。跳傘、跳水、跳遠、跳崖只用“跳”,不用“躍”,更不能用“踊”。“躍”和“踊”的區别是“躍”往往離開原地,而“踊”是原地往上蹦。元戴侗六書故人九:“躍,跳也。去爲躍,小爲踊。躍去其所,踊不離其所。”“踴”是“踊”的後起異體字。

[同源字]超,跳。見“超”字條。

趺 fú 集韻房六切,音伏,入,屋韻,奉。

趴在地上,匍伏。文選晉左思吴都賦:“魂褫氣慴而自踢～者,應弦飲羽。”李善注引劉逵曰:“踢,趺,皆頓伏也。”

[同源字]趺,伏。兩字同音,都是趴伏的意思,實同一詞。“趺”是“伏”的後起分别字,典籍中很少用,只用於趴伏義,“伏”的其他義不作“趺”。

按,說文無趺字。

跰 1. bèng 北孟切,去,映韻,幫。耕部。

亦作“跰”。㊀〔跰跰〕奔走艱難的樣子。漢揚雄太玄逃:“上九,利逃跰跰,盜德嬰城。”范望注:“家性爲逃,九爲其終,終始逃遁,故跰跰也。”唐皮日休足箴:“惟爾跰跰,爲吾所先。”

2. pián 部田切,音駢,平,先韻,並。真部。

亦作“跰”。㊁〔跰躚〕叠韻聯緜字(韻近)。腿脚不便、行走緩慢不穩的樣子。莊子大宗師:“其心閒而無事,跰躚而鑑於井。”成玄英疏:“跰躚,曳病貌。”一本作“跰”。“跰”本在耕部,在“跰躚”一詞中已轉爲真部。

[同源字]蹩躠,跰躚,蹁躚,蹣跚。見“蹩”字條。

按,說文無跰字。

七 畫

踅 xué 集韻似絶切,入,薛韻,邪。

後起字。轉,盤旋。集韻:“踅,旋倒也。”元王實甫西廂記第四本第四折:“下下高高,道路曲折;四野風來,左右亂～,我這裏奔馳,他何處困歇?”金瓶梅二回:“這婆子正開門,在茶局子裏整理茶鍋,張見西門慶～過幾遍。”

踉 1. liàng 力讓切,音亮,去,漾韻,來。陽部。

㊀踉蹌,行走跌跌撞撞的樣子。莊子徐无鬼:“夫逃虚空者,藜藋柱乎鼪鼬之逕,～位其空。”王先謙集解:“踉蹌而處其空地。”〔踉蹌〕叠韻聯緜字。行走跌跌撞撞、急遽不穩的樣子。玉臺新詠梁簡文帝妾薄命詩:“王嬙貌本絶,踉蹌入氈帷。”亦作“踉蹡”。文選晉潘岳射雉賦:“蹇微罟以長眺,已踉蹡而徐來。”唐韓愈贈張籍詩:“君來好呼出,踉蹡越門限。”引申比喻事物困頓、不順利。梁書伏暅傳:“暅踉蹡落魄,三十餘年。”唐陸龜蒙紀事詩:“聖道庶經營,世道多踉蹌。”也作“蹌踉”,參見“蹌”字條。

2. láng 魯當切,音郎,平,唐韻,來。

㊁〔踉蹡〕叠韻聯緜字。行走匆忙的樣子。明沈鯨雙珠記姑婦相逢:“望天涯叠嶂層巒,苦弓鞋無任踉蹡。”

3. liáng 吕張切,音梁,平,陽韻,來。

㊂〔跳踉〕見“跳”字條。

按,說文無踉字。

跿 tú 集韻同都切,音徒,平,模韻,定。魚部。

〔跿跔〕赤脚。集韻:“跿,跿跔,跣也。”戰國策韓策一:“虎摯之士,跿跔科頭、貫頤奮戟者,至不可勝計也。”吴師道補注:“跿,猶下文徒裎。此謂徒跣也,義與科頭協。”元楊維禎傳舍吏:“傳舍吏兒卒死士,跿跔赤手科鍪頭。救兵至,邯鄲危復瘳。”

按,說文無跿字。

踂 niè 尼輒切,音聶,入,葉韻,娘。葉部。

脚病名,兩脚并連,邁不開步。穀梁傳昭公二十年:“輒者何也?曰兩足不能相過。齊謂之綦,楚謂之~,衛謂之輒(輒)。”

按,說文無踂字。

踁 jìng 胡定切,去,徑韻,匣。

❶同“脛”。小腿,從脚跟到膝的部份。列子說符:“宋元召而使見其技,以雙枝長倍其身,屬其~,並趨並馳。”清蒲松齡聊齋志異酒狂:“溪水殊不甚深,而水中利刃如麻,刺穿脇~。”❷通“硜(kēng)”。〔踁踁〕耿直、固執的樣子。晉書范弘之傳:“以身嘗禍,雖有踁踁之稱,而非大雅之致,此亦下官所不爲也。”

按,說文踁作脛,在肉(月)部。

踊 yǒng 余隴切,上,腫韻,喻四。東部。

❶跳躍。說文:“踊,跳也。”左傳哀公八年:“微虎欲宵攻王舍,私屬徒七百人,三~於幕庭。”杜預注:“於帳前設格,令士試躍之。”史記齊太公世家:“枕公尸而哭,三~而出。”❷跳上,登上。公羊傳成公二年:“蕭同姪子者,齊君之母也。~于棓而窺客。”何休注:“踊,上也。”晏子春秋雜下四:“君爲臺甚急,臺成,君何爲而不~焉?”❸上漲,向上升起。管子度地:“當秋三月,山川百泉~。下雨降,山水出。”後漢書曹褒傳:“時春夏大旱,糧穀~貴。”宋張元幹望海潮癸卯冬爲建守趙季西賦碧雲樓詞:“城際~層樓,正翠簾高捲,綠瑣低鉤。”❹古代受過刖刑的人所穿的鞋子。左傳昭公三年:“國之諸市,屨賤~貴。”杜預注:“踊,刖足者屨。”

[辨]跳,躍,踊,踴。見“跳”字條。

[同源字]踊,涌。說文:“踊,跳也。”“涌,滕也”。段玉裁注:“滕,水超踊也。”二字同音,又同是表示向上的動作,是同源的關係。

跽 jì 暨几切,上,旨韻,羣。之部。

長跪;兩膝着地,挺直上身。說文:“跽,長跪也。”戰國策秦策三:“秦王~而請曰:‘先生何以幸教寡人?’”史記項羽本紀:“項王按劍而~曰:‘客何爲者?’”又指半跪,單膝着地。明黄淳耀李龍眠畫羅漢記:“一人~左足,蹲右足,以手捧膝作纏結狀。”

[辨]跪,坐,拜,跽。見“跪”字條。

跼 jú 渠玉切,音局,入,燭韻,羣。屋部。

屈曲不舒展。戰國策齊策五:“寄怨而誅不直,微用兵而寄於義,則亡天下可~足而須也。”鮑彪注:“跼,不伸也。”後漢書李固傳:“居非命之世,天高不敢不~,地厚不敢不蹐。”李賢注:“跼,曲也。蹐,累足也。”〔跼蹙〕局促,拘束,窘迫。宋賀鑄答杜仲觀登叢臺見寄詩:“老步失騰驤,短轅甘跼蹙。”亦作“跼蹴”。元辛文房唐才子傳皮日休:“巢惜其才,授以翰林學士。日休惶恐,跼蹴欲死,未能劫。”〔跼躅〕叠韻聯緜字。同“躑躅”,徘徊不前。史記淮陰侯列傳:“騏驥之跼躅,不如駑馬之安步。”〔跼跼〕拘束狹小的樣子。鶡冠子王鈇:“天地跼跼,何足以疑?”陸佃解:“跼跼,狹貌。”

[同源字]跔,痀,跼。見“跔”字條。

按,說文無跼字。

踃 xiāo 蘇彫切,平,蕭韻,心。宵部。

跳動。古文苑漢揚雄蜀都賦:“舞曲轉節,~馺應聲。”章樵注:“踃音簫,馺音颯。舞之遲疾皆與歌聲相應。”文選漢傅毅舞賦:“簡惰跳~,般紛挐兮。”李善注引埤蒼:“踃,跳也。”

按,說文無踃字。

踆 1. qūn 七倫切,平,諄韻,清。文部。

❶退後,退走。文選漢張衡東京賦:“千品萬官,已事而~。”李善注引薛綜:“已,止也。踆,退也。”❷〔踆踆〕同“逡逡”。行走從容恭順的樣子。文選漢張衡西京賦:“怪獸陸

梁,大雀踆踆。”唐杜甫奉贈韋左丞丈二十二韻:“焉能心怏怏,祇是走踆踆。”仇兆鰲注:“踆踆,行走貌。”單用義同。清魏源廖含虛先生墓誌銘:“素車東舸來踵門,弟子千里走以~。”特指月亮的運行。唐盧肇海潮賦後序:“雖迷放屬之源,終識~躔之數。”方言卷一二:“日運爲躔,月運爲逡。”“逡”同“踆”。引申指天體運行。宋梅堯臣馮子都詩:“用財糞土擲,吐氣日月~。”

2. cún 集韻徂昆切,音存,平,魂韻,從。文部。

㊂踢。公羊傳宣公六年:“獒亦躇階而從之,祁彌明逆而~之。”何休注:“以足逆蹋曰踆。”

3. zūn 集韻祖昆切,平,魂韻,精。文部。

㊃蹲踞,蹲伏。莊子外物:“紀他聞之,帥弟子而~於窾水。”成玄英疏:“聞湯讓務光,恐其及己,與弟子蹲踞水旁。”釋文:“踆,音存。”唐楊炯渾天賦:“天雞曉唱,靈烏晝~。”

[辨]踆,逡。兩字讀 qūn 時,意義互通,實同一詞;但又讀、通假却不相同。

按,說文無踆字。

八　畫

踨 zōng 音蹤。

足跡,脚印。同“蹤”。初學記卷二九引晉傅玄走狗賦:“於是尋漏跡,躡遺~,形疾騰波,勢如駭龍。”唐齊己寄韓蜕秀才詩:“松門高不似侯門,蘚徑鞋~觸處分。”引申泛指行爲活動所留下的痕跡。漢蔡邕王子喬碑:“是以賴鄉仰伯陽之~,關民慕尹喜之風。”宋洪邁夷堅補志辟兵咒:“既覺,筆~歷歷在目,自爾日誦百二十遍。”

[辨]迹,跡,蹟,迒,踨,蹤。見“迹”字條。

[同源字]蹤,踨,從。見“蹤”字條。

按,說文無踨字。

踠 1. wǎn 於阮切,音宛,阮韻,影。元部。

㊀脚腕,脚與脛相連的活動部位。南朝宋劉敬叔異苑卷四:“晉時長安謠曰:‘秦川城中血没~,惟有涼州倚柱看。’”也指馬脚與蹄間相連的活動部位。北魏賈思勰齊民要術卷六:“馬有雙脚脛,亭行六百里,回毛起~膝是也。”㊁彎曲,屈折。文選漢班固東都賦:“馬~餘足,士怒未泄。”李善注:“踠,屈也。”抱朴子外篇嘉遯:“驥騄~趾而不馳,則追風之迅不形。”北周庾信楊柳歌:“河邊楊柳百丈枝,别有長條~地垂。”㊂手脚彎曲不能伸直的一種病(後起義)。唐柳宗元捕蛇者説:“然得而腊之以爲餌,可以已大風攣~瘻癘。”

2. wò 集韻烏卧切,去,過韻,影。

㊃手足受挫折而筋骨受傷。也作“踒”。後漢書李南傳:“馬~足,是以不得速。”李賢注:“踠,屈損也。”宋歐陽修自岐江山行至平陸驛五言二十四韻:“度隘足雖~,因高目還騁。”

[辨]踠,腕。“踠”指脚腕,“腕”指手腕。其實都與“宛”的屈曲義有關,是同源關係,語音上兩字只有聲調的差别。“踠”的彎曲義、“腕”的手段義是互不相通的。

按,說文無踠字。

踣 bó 蒲北切,入,德韻,並。職部。

㊀向前仆倒。說文:“踣,僵也。”左傳襄公十四年:“譬如捕鹿,晉人角之,諸戎掎之,與晉~之。”杜預注:“踣,僵也。”孔穎達疏:“前覆謂之踣,言與晉共倒之。”引申指顛覆,毁壞。左傳襄公十一年:“俾失其民,隊命亡氏,~其國家。”吕氏春秋行論:“將欲~之,必高舉之。”高誘注:“踣,破也。”㊁陳尸,處死。周禮秋官掌戮:“凡殺人者,~諸市,肆之三日。”鄭玄注:“踣,僵尸也。”賈公彦疏:“踣者,陳尸使人見之。”國語魯語上:“桀奔南巢,紂~于京。”

[備考]斜。明湯顯祖牡丹亭道覡:“側着腦要‘右通廣内’,~着眼在‘籃笥象牀’。”

[辨]偃,僵,仆,踣,斃,跌。見“跌”字條。

踤 1. zú 慈卹切,入,術韻,從。物部。

㊀抵觸，冲撞。説文：“踤，觸也。”文選晉左思吴都賦：“衝～而斷筋骨。”李善注：“踤，觸也。”

2. cuì 集韻秦醉切，音萃，去，至韻，從。物部。

㊁通“萃”。聚集。漢揚雄太玄裝：“鶤雞朝飛～于北，嚶嚶相和不輟食。”文選漢揚雄長楊賦：“帥軍～陆，錫戎獲胡。”李善注：“漢書音義曰：‘踤，聚也’。”吕向注：“陆，圍陣也。”

踥 qiè 七接切，音妾，入，葉韻，清。葉部。

〔踥蹀〕叠韻聯緜字。小步趨走的樣子。楚辭戰國屈原九章哀郢：“衆踥蹀而日進兮，美超遠而逾邁。”洪興祖補注：“踥蹀，行貌。”王夫之通釋：“踥蹀，相踵而進。”唐秦韜玉紫騮馬詩：“生獰弄影風隨步，踥蹀衝塵汗滿溝。”

按，説文無踥字。

踫 bèng。

同“蹦”。見“蹦”字條。

踡 quán 巨員切，音拳，平，仙韻，羣。元部。

蜷曲，身體彎曲。素問舉痛論：“脈寒則縮～。”引申泛指事物蜷縮、曲從。管子輕重丁：“是以外内不～，終身無咎。”〔踡跼〕雙聲聯緜字。蜷縮，屈曲不舒展。淮南子精神：“踡跼而諦，通夕不寐。”楚辭漢王逸九思憫上：“踡跼兮寒局數，獨處兮志不申。”亦作“踡局”。宋洪邁夷堅乙志王先生：“雷電雨雹倏起，馬踡局不行。”

〔同源字〕卷，拳，鬈，踡，蜷，捲，觠。説文：“卷，膝曲也。”段玉裁注：“引申爲凡曲之偁。”手掌捲曲起來是“拳”。頭髮卷曲是“鬈”。肢體卷曲是“踡”。蟲形詰屈是“蜷”。角曲曰“觠”。把東西捲曲起來是“捲”。古音同在元部，“卷”爲見母，其他六字同爲羣母。音同或音近，義亦相通，是同源關係。參見“蜷”字條。

按，説文無踡字。

踛 lù 力竹切，音陸，入，屋韻，來。

跳躍。文選晉郭璞江賦：“夔𧿲翹～於夕陽，鴛雛弄翮乎山東。”李善注：“莊子曰：‘齕草飲水，翹尾而～，此馬之真性也。’司馬彪曰：‘踛，跳也。’”今本莊子馬蹄作“陸”。

按，説文無踛字。

踖 1. jí 秦昔切，音藉，入，昔韻，從。鐸部。

㊀踐踏，跨越。禮記曲禮上：“毋踐屨，毋～席。”鄭玄注：“踖，躐也。”顔氏家訓兄弟：“如此，則行路皆～其面而蹈其心，誰救之哉？”

2. jí 資昔切，入，昔韻，精。鐸部。

㊁恭謹局促的樣子。一作“踖然”。大戴禮記四代：“子曰：‘羣然、戚然、頤然、睪然、踖然、柱然…見才色脩聲不視聞，怪物恪命不改志。’”元揭傒斯送程叔永南歸序：“人咸以爲宜，而公惕然、踖然如不勝。”又作“踖踖”。詩小雅楚茨：“執爨踖踖，爲俎孔碩。”孔穎達疏：“皆踖踖然敬慎於事而有容儀矣。”漢揚雄太玄勤：“勞踖踖，心爽，蒙柴不却。”范望注：“踖踖，慙𩲡貌也。”也作“踖踧”，雙聲聯緜字。宋文同將赴洋州書東谷歸隱詩：“一從入仕路，行步每踖踧。”又作“踧踖”，見“踧”字條。

3. què 七雀切，音鵲，入，藥韻，清。鐸部。

㊂〔踖陵〕古地名。在今河南潢川縣境。左傳莊公十九年：“遂伐黄，敗黄師于踖陵。”

踦 1. qī 去奇切，平，支韻，溪。歌部。

㊀一隻脚。説文：“踦，一足也。”管子侈靡：“其獄一～腓，一～屨，而當死。”尹知章注：“諸侯犯罪者，令著一隻屨以恥之，可以當死刑。”趙守正注：“腓，讀爲屝，亦作菲，草鞋。草鞋與常屨有别。”引申爲脚跛。國語魯語下：“～跂畢行，無有處人。”韋昭注：“踦跂，跰蹇也。”漢焦贛易林歸妹之睽：“兔跛鹿～，緣山墜墮。”再引申爲肢體不全、事物虧缺不足。方言卷二：“踦，奇也。秦晉之間，凡全物而

體不具謂之倚，梁楚之間謂之踦。雍、梁之西郊，凡獸支體不具者謂之踦。”漢揚雄太玄瑩：“或合或離，或贏或～。”范望注：“踦，不足也。贏，有餘也。”❷偏，偏重。戰國策趙策四：“齊秦非復合也，必有～重者矣。”韓非子亡徵：“夫兩堯不能相王，兩桀不能相亡，亡王之機，必其治亂其强弱相～者也。”

2. jī 集韻居宜切，平，支韻，見。歌部。

❸單隻，獨個。義與“奇”同。漢賈誼新書諭誠：“楚國雖貧，豈愛一～屨哉！”引申爲孤單、孤獨。三國魏繆襲尤射志服：“思子不見，～然獨舞。”宋葉適鹿鳴宴詩：“仰欣多材聚，俯愧隻影～。”❹數奇，機遇不好。亦作“奇”。漢書段會宗傳：“願吾子因循舊貫，毋求奇功，終更亟還，亦足以復雁門之～。”顏師古注引應劭曰：“會宗從沛郡下爲雁門，又坐法免，爲踦隻不偶也。”

3. jǐ 居綺切，上，紙韻，見。歌部。

❺脚脛。爾雅釋蟲：“蠨蛸，長～。”郭璞注：“小鼅鼄長脚者。”唐元稹蜘蛛詩序：“巴蜘蛛，大而毒，其甚者，身運數寸，而～長數倍其身。”❻〔跐踦〕見“跐”字條。

4. yǐ 集韻語綺切，上，紙韻，疑。歌部。

❼抵住，用力頂住。莊子養生主：“手之所觸，肩之所倚，足之所履，膝之所～，砉然嚮然，奏刀騞然。”成玄英疏：“故以其手搏觸，以肩倚著，用脚蹋履，用膝刺築，遂使皮肉離析。”❽依據，依從。大戴禮記子張問入官：“已過勿發，失言勿～。”俞樾平議：“踦，當爲‘倚’…然則‘倚’有因依之義。謂過失之言，勿更因依之以爲説也。”

［備考］脚。集韻寘韻：“踦，足也。”於義切，今讀 yì。淮南子齊俗：“今之國都，男女切～，肩摩於道，其於俗一也。”高誘注：“踦，足。”

［同源字］奇，畸，踦。説文：“奇，異也，一曰不耦。”又：“畸，殘田也。”段玉裁注：“殘田者，餘田不整齊者也。凡奇零字皆應於畸引申用之。”“踦”的 qī、jī 兩音所屬各義也都出自奇、耦相對的意義。三字音近義通，是同源的關係。

踐 jiàn 慈演切，上，獮韻，從。元部。

❶踩，踐踏。説文：“踐，履也。”詩大雅行葦：“敦彼行葦，牛羊勿～履。”莊子馬蹄：“馬，蹄可以～霜雪，毛可以禦風寒。”韓非子難三：“魏宣子肘韓康子，康子～宣子之足。”引申爲經歷，到臨。莊子讓王：“非其義者，不受其禄，無道之世，不～其土。”漢司馬遷報任安書：“且李陵提步卒不滿五千，深～戎馬之地。”❷登上（職位），就任。左傳僖公十二年：“往～乃職，無逆朕命。”書蔡仲之命：“蔡侯既没，王命蔡仲～諸侯位。”特指繼承帝位。禮記明堂位：“武王崩，成王幼弱，周公～天子之位，以治天下。”史記魯周公世家：“周公乃～阼代成王攝行政當國。”❸履行，實踐。左傳僖公十五年：“寡人之從君而西也，亦晉之妖夢是～，豈敢以至。”禮記曲禮上：“脩身～言，謂之善行。”韓非子外儲説右上：“吴子爲法者也，其爲法也，且欲以與萬乘致功，必先～之妻妾，然後行之。”❹依循，遵守。論語先進：“不～迹，亦不入於室。”何晏集解：“孔曰：‘踐，循也。’”孫子九地：“～墨隨敵，以決戰事。”❺通“剪（jiǎn）”。滅掉。書蔡仲之命：“成王既～奄，將遷其君於蒲姑。”❻通“餞”。餞行，送行。周禮春官司尊彝：“其朝～用兩獻尊，其再獻用兩象尊。”鄭玄注：“朝踐謂薦血腥酌醴始行祭事…故書踐作餞。”

［備考］㊀排列整齊的樣子。詩小雅伐木：“籩豆有～，兄弟無遠。”鄭箋：“踐，陳列貌。”㊁通“淺”。淺陋。詩鄭風東門之墠：“東門之栗，有～家室。”毛傳：“踐，淺也。”㊂通“善（shàn）”。美好。禮記曲禮上：“疑而筮之，則弗非也。日而行事，則必～之。”鄭玄注：“踐讀曰善。”

［辨］履，踐，蹈，躡。見“躡”字條。

［同源字］踐，躔。見“躔”字條。

踞 jù 居御切，音鋸，去，御韻，見。魚部。

㊀蹲坐。説文:"踞,蹲也。"漢王延壽王孫賦:"踡菟蹲而狗～,聲歷鹿而喔咿。"北周庾信哀江南賦:"昔之虎～龍盤,加以黄旗紫氣,莫不隨狐兔而窟穴,與風塵而殄瘁。"又爲伸開腿坐。左傳襄公二十四年:"將及楚師,而後從之,乘皆～轉而鼓琴。"孔穎達疏:"踞謂坐其上也。"㊁倚,靠着,凭依。史記留侯世家:"漢王下馬～鞍而問曰:'吾欲捐關以東等弃之,誰可與共功者?'"文選漢班固西京賦:"於後則高陵平原,據渭～涇。"劉良注:"踞,倚。"㊂傲慢。本作"倨"。鹽鐵論結和:"今有帝名而威不信長城,反賂遺而尚～敖,此五帝所不忍,三王所畢怒也。"漢書蕭望之傳:"不奉法自修,～慢不遜讓。"㊃通"鋸"。鋸子。楚辭大招:"長爪～牙,誒笑狂只。"朱熹集注:"踞,疑當作鋸。鋸牙,言其牙如鋸也。"

[辨]蹲,踞,坐。見"蹲"字條。

[同源字]倨,踞。見"倨"字條。

踧 1. dí 徒歷切,音笛,入,錫韻,定。覺部。

㊀[踧踧]平坦的樣子。説文:"踧,行平易也。"詩小雅小弁:"踧踧周道,鞫爲茂草。"毛傳:"踧踧,平易也。"

2. cù 子六切,音蹙,入,屋韻,精。覺部。

㊁[踧踖]雙聲聯緜字。恭謹局促的樣子。論語鄉黨:"君在,踧踖如也,與與如也。"朱熹集注:"踧踖,恭敬不寧之貌。"有時偏指局促。世説新語言語:"韙曰:'小時了了,大未必佳。'文舉曰:'想君小時,必當了了。'韙大踧踖。"亦作"踧爾"。法言學行:"或人踧爾曰:'旨哉!問鑄金得鑄人。'"李軌注:"踧爾,驚貌。"按,此驚懼不安的樣子,後來也作"踧然"。宋蘇轍龍川别志卷上:"沂公踧然而懼,因密謀去之。"又作"踧踧"。明唐順之羅君八十壽序:"天子事老者踧踧然,如子弟之事其師而無敢肆也。"還有作"踖踧"的,見"踖"字條。㊂通"蹙"。合攏,緊縮。漢劉熙釋名:"青徐言風,～口開脣推氣言之。"後漢書五行志一:"婦女憂愁,～眉啼哭。"㊃通"蹙"。緊迫,窘迫。三國志魏書鍾會傳:"壹等窮～歸命,猶加盛寵,況巴蜀賢知見機而作者哉?"又,逼迫,迫使。晉書李含傳:"葬訖,含猶躊躇,司徒屢罰訪問,～含攝職,而隨擊之,此爲臺敕府符陷含於惡。"㊄通"蹴"。踩,蹬。後漢書陳蕃傳:"遂執蕃送黄門北寺獄,黄門從官騶蹋～蕃。"

踔 1. chuō 丑教切,去,效韻,徹。藥部。

㊀跳躍,騰越。漢司馬相如上林賦:"隃絶梁,騰殊榛,捷垂條,～稀閒,牢落陸離,爛漫遠遷。"後漢書馬融傳:"陵喬松,履脩樠,～獿枝,杪標端。"李賢注:"踔,跳也。"引申爲踰越,超越。後漢書蔡邕傳:"～宇宙而遺俗兮,眇翩翩而獨征。"李賢注:"踔猶越也。"唐韓愈陸渾山火和皇甫湜用其韻:"天跳地～顛乾坤,赫赫上照窮崖垠。"㊁[踔厲]形容言辭雄健激奮或精神振奮昂揚。唐韓愈柳子厚墓誌銘:"議論證據今古,出入經史百子,踔厲風發,率常屈其座人。"明湯顯祖與易楚衡書:"海内知遊,在貴郡者,英沉踔厲,意氣皆足千秋。"

2. zhuō 集韻竹角切,入,覺韻,知。藥部。

㊂卓越,高超。漢書孔光傳:"非有～絶之能,不相踰越。"顔師古注:"踔,高遠也。"漢桓譚新論琴道:"此以工妙～善,故藏隱不傳焉。"㊃遥遠。史記貨殖列傳:"上谷至遼東,地～遠,人民希,數被寇。"司馬貞索隱:"劉氏上音卓,一音勑教反。亦遠騰皃也。"

[辨]卓,踔,逴,趠。四字古音同在藥部,又同有高遠之義,它們是同源關係。卓是古端母;"踔、逴,趠"同爲古透母,實同一詞。"踔"是作爲跳躍義的分别字,"逴"是作爲路遠義的分别字,"趠"是作爲遠行義的分别字,但是在典籍中各義之間又互相通用。

[同源字]趠,逴,踔。見"趠"字條。

踝 huái 胡瓦切,上,馬韻,匣。歌部。

踝骨,小腿與脚交接處左右突起的部份。靈樞經骨度:"内輔下廉下至内～,長一尺三寸,内～以下至地,長三寸。”禮記深衣:“曲袷如矩以應方,負繩及～以應直。”宋陸游春日詩:“雨來三日泥没～,過盡梅花渾不知。”泛指脚。清蒲松齡聊齋志異武技:“李以爲怯,固請再角。尼乃起,少間,李騰一～去,尼駢五指下削其股,李覺膝下如中刀斧,蹶仆不能起。”

踢 tī 他歷切,入,錫韻,透。錫部。

❶用足擊物(後起義)。南朝齊謝朓三日侍華光殿曲水宴代人應詔詩:“河宗躍～,海介夔踞。”宋道原景德傳燈録太原孚上座:“師曰:‘小狗子不消一～。’”元汪元亨折桂令歸隱:“會～弄徒勞手足,使機關枉費心術。”❷通“惕”。警惕。漢書揚雄傳上:“河靈矍～,爪華蹈衰。”顔師古注:“矍踢,驚動之貌…爪,古掌字。”❸〔踢達〕雙聲聯緜字。錯過。楚辭漢王逸九思遭厄:“遂踢達兮邪造,與日月兮殊道。”自注:“踢達,誤過也。”

按,説文無踢字。

踏 tà 他合切,入,合韻,透。緝部。

❶踩,踐踏。漢書司馬相如傳:“糾蓼叫奡～以艘路兮,蔑蒙踊躍騰而狂趡。”顔師古注引張揖曰:“踏,下也。艘,著也。皆下著道也。”北魏賈思勰齊民要術種葵:“足～使堅平。”引申爲游賞風景(後起義)。唐韓愈送李六協律歸荆南詩:“宋亭池水緑,莫忘～芳菲。”宋蘇軾游武昌寒溪西山寺詩:“相將～勝絶,更裹三日糗。”❷實地勘察,到現場察看(後起義)。唐段成式酉陽雜俎喜兆:“劉沔爲小將,軍頭頗異之,每捉生～伏,沔必在數。”宋李石論荆鄂兩軍戰守勝勢疏:“同往新野一帶,～勘勝勢,意欲合兩軍之力,則戰守俱利也。”❸通“嚃”。吞咽。唐李賀感諷詩:“縣官～飧去,簿吏復登堂。”

［同源字］踏,蹋,蹀,躡。四字同表脚的動作,都有踩、踐踏之義。玉篇:“踏,足著地也。”説文:“蹋,踐也。”廣雅:“蹀,履也。”説文:“躡,蹈也。”古音“踏”是透母緝部,“蹋”是定母葉部,音近旁轉。“蹀”也是定母葉部,同“蹋”只有介音的區别;“躡”是泥母葉部,聲母同是舌音。四字聲近義通,是同源關係。

按,説文無踏字。

踕 fèi 扶沸切,音痱,去,未韻,奉。微部。

同“剕”。古代砍掉脚的酷刑。説文:“踕,跀也。”玉篇:“踕,刖足也。書曰:‘～辟疑赦,其罰倍差。’亦作剕。”今本書吕刑作“剕”。宋梅堯臣吴長文紫微見過:“方將事請見,瘡足痛若～。”

踟 chí 直離切,平,支韻,澄。支部。

〔踟躕〕雙聲聯緜字。徘徊,來來回回要走不走的樣子。詩邶風静女:“愛而不見,搔首踟躕。”三國魏曹植洛神賦:“微幽蘭之芳藹兮,步踟躕於山隅。”引申表心裏遲疑,猶豫不定。唐白居易食笋詩:“且食莫踟躕,南風吹作竹。”元張養浩山坡羊潼關懷古:“望西都,意踟躕。”亦作“踟跦”、“踟躇”、“踟伫”。文選晉成公綏嘯賦:“逍遥攜手,踟跦步趾。”清蒲松齡聊齋志異張鴻漸:“日既暮,踟躇曠野,無所歸宿。”明湯顯祖哀偉朋賦序:“起而發燭踟伫,爲賊而哀之。”

［備考］〔踟蹰〕㊀相連的樣子。文選漢王延壽魯靈光殿賦:“西廂踟蹰以閑宴,東序重深而奥秘。”李善注:“踟蹰,相連貌。”㊁指古代的刻漏承水器(後起義)。初學記卷二五引殷夔漏刻法:“爲器三重,圓皆徑尺,差立於水輿踟蹰之上。”㊂梭的别名(晚起義)。元龍輔女紅餘志:“梭,一名踟蹰。”清王士禎蠶詞詩:“白葦與儂作璘藉,黄金與儂作踟躕。”自注:“踟躕,梭也。”

按,説文無踟字。

踒 1. wō 烏禾切,音倭,平,戈韻,影。微部。

❶手足受挫跌而筋骨受傷。説文:“踒,足跌也。”韓非子説林下:“此其爲馬也,～肩而腫膝。”漢焦贛易林小畜之艮:“折臂～足,不能進酒。”〔踒人〕癱瘓病人。漢劉向説苑

談叢:"踒人日夜願一起,盲人不忘視。"

2. wēi 集韻邕危切,平,支韻,影。歌部。

㊁〔踒跑〕〔踒跑〕叠韻聯緜字。本作"逶迤"。曲折緜延的樣子。漢焦贛易林大壯之鼎:"長尾踒跑,晝地爲河,深不可涉。"宋梅堯臣書二客論呈李君錫學士詩:"踒跑文館彦,委曲部政諳。"

踘 jū 居六切,音鞠,入,屋韻,見。覺部。

本作"鞠"。古代的皮製實心球。戰國策齊策一:"臨淄甚富而實,其民無不吹竽、鼓瑟、擊筑、彈琴、鬭雞、走犬、六博、蹹～者。"唐李白古風五九首之四六:"鬭雞金宮裏,蹴～瑶臺邊。"

按,説文踘作鞠,在革部。

跖 zhí 字彙之石切。鐸部。

脚掌。漢書賈誼傳:"病非徒瘇也,又苦～盭。"顔師古注:"跖,古蹠字也。音之石反。足下曰蹠,今所呼脚掌是也。"明陳邦瞻宋史紀事本末王安石變法:"非祇憚～戾之苦,又將虞心腹之變。"

〔辨〕跖,蹠,跖。見"跖"字條。

按,説文無跖字。

九　畫

蹄 1. tí 杜奚切,平,齊韻,定。支部。

㊀馬、牛、羊等動物生在趾端的角質物,也指具有這種角質物的脚。莊子馬蹄:"馬,～可以踐霜雪,毛可以御風寒。"史記滑稽列傳:"臣從東方來,見道旁有穰田者,操一豚～,酒一盂。"引申爲計算牛、馬等牲口的單位詞。史記貨殖列傳:"故曰陸地牧馬二百～。"裴駰集解引漢書音義曰:"五十匹。"㊁捕兔的器具。莊子外物:"筌者所以在魚,得魚而忘筌;～者所以在兔,得兔而忘～。"釋文:"兔弶也。係其脚,故曰蹄也。"

2. dì 集韻大計切,去,霽韻,定。支部。

㊂通"踶"。踢。禮記月令"游牝别羣,則縶騰駒"鄭玄注:"爲其牡氣有餘,相～齧也。"釋文:"蹄,踶也。本或作踶。"唐柳宗元三戒黔之驢:"驢不勝怒,～之。"

按,説文蹄作蹏。

踱 duó 徒落切,入,鐸韻,定。鐸部。

㊀〔跓踱〕見"跓"字條。㊁慢步行走(晚起義)。水滸傳四回:"離了僧房,信步～出山門外立地。"紅樓夢三七回:"寶玉背着手在迴廊上～來～去。"

按,説文無踱字。

蹁 pián 部田切,平,先韻,並。真部。

㊀脚歪斜。説文:"蹁,足不正也。"漢賈誼新書容經:"若夫立而跛,坐而～,體怠懈…皆禁也。"㊁〔蹁躚〕準叠韻聯緜字。形容脚步不穩多變,多用來形容舞姿。文選漢張衡南都賦:"翹遥遷延,蹴蹀蹁躚。"宋蘇軾哭幹兒詩之一:"幼子真吾兒,眉角生已似。未期觀所好,蹁躚逐書史。"亦作"蹮躚"。唐盧照鄰五悲悲人生:"鏡鼓玉帛,蹩躠蹮躚。"

〔同源字〕蹩躠,跰蹮,蹁躚,蹣跚。見"蹩"字條。

踳 chuǎn 尺尹切,集韵尺兖切,上,獮韵,穿三。文部。

同"舛"。乖違,相背。説文:"踳,揚雄説,舛,从足春。"段玉裁注:"春聲也。"淮南子泰族:"百川並流不注海者,不爲川谷;趨行～馳不歸善者,不爲君子。"王念孫雜志:"踳馳,踳與舛同。…踳馳,謂相背而馳也。"

踾 fú 方六切,入,屋韻,非。職部。

〔踾踧〕準叠韻聯緜字。形容聲音急促激烈。文選漢馬融長笛賦:"踾踧攢仄,蜂聚蟻同。"李善注:"踾踧,迫蹙貌。"李周翰注:"謂笛將終,聲急而繁多激烈,以送其終曲也。"

按,説文無踾字。

踸 chěn 丑甚切,上,寑韻,徹。侵部。

〔踸踔〕雙聲聯緜字。也作"趻踔"、"跈

踔"。①行走困難、遲滯,努力撐持的樣子。晉陸機文賦:"患挈瓶之屢空,病昌言之難屬,故踸踔於短垣,放庸音以足曲。"唐獨孤及癸卯歲赴南豐道中詩:"深泥駕疲牛,踸踔余何之?"②迅速滋長的樣子。楚辭漢東方朔七諫怨世:"蓬艾親入御於牀笫兮,馬蘭踸踔而日加。"王逸注:"踸踔,暴長貌也。"

按,說文無踸字,新附有之,云:"踸踔,行無常貌。"

蹀 dié 徒協切,入,怗韻,定。葉部。

❶踏,跺。淮南子俶真:"足～陽阿之舞,而手會綠水之趨。"又道應:"惠孟見宋康王,～足謦欬疾言曰:'寡人之所説者,勇有功也,不説爲仁義者也,客將何以教寡人?'"❷〔蹀蹀〕小步緩行的樣子。宋范成大三月十五日華容湖尾看月出詩:"徘徊忽騰上,蹀蹀恐顛墜。"引申形容物體緩慢飄落的樣子。南朝宋鮑照過銅山掘黄精詩:"蹀蹀寒葉離,灇灇秋水積。"〔蹀躞〕叠韻聯綿字。小步緩行的樣子。玉臺新詠古樂府皚如山上雪之一:"蹀躞御溝上,溝水東西流。"南朝宋鮑照擬行路難詩之六:"丈夫生死會有期,安能蹀躞垂羽翼?"用作佩帶上的飾物名。宋陸游軍中雜歌:"名王金冠玉蹀躞,面縛纛下聲呱呱。"也作"躞蹀"。見"躞"字條。

[同源字]踏,蹋,蹀,躡。見"踏"字條。

按,説文無蹀字。

蹅 chǎ 中州音韻之沙切。今讀如鑔。

後起字。踏,踩。元關漢卿王閏香夜月四春園二折:"我如今～着脚踪直到李慶安家。"元李文蔚同樂院燕青博魚三折:"我～開門,這厮可走了也。"〔蹅踏〕踩踏,踐踏。元典章刑部一六:"喝令ㄎ于徐魁五等七人將葉十、葉層五用木棒放在各人腽脷内,令弓兵併立輪番用力蹅踏。"引申爲糟蹋,作踐。元關漢卿一枝花不伏老套曲:"我是箇經籠罩受索網蒼翎毛老野雞蹅踏的陣馬兒熟。"

跬 kuǐ 丘弭切,上,紙韻,溪。支部。

〔跬踽〕準雙聲聯緜字。開步走的樣子。文選漢張衡西京賦:"袒裼戟手,跬踽盤桓。"薛綜注:"跬踽,開足也。"一本作"奎踽"。

按,説文無跬字。

蹂 róu 耳由切,平,尤韻,日。幽部。

❶踐踏。史記項羽本紀:"王翳取其頭,餘騎相～踐争項王,相殺者數十人。"漢書揚雄傳下:"～屍輿廝,係累老弱。"顔師古注:"言已死則蹂踐其屍,破傷者則輿之而行也。"〔蹂躪〕踐踏。亦作"蹂蹸"、"蹂轔"。漢書王商傳:"京師民無故相驚,言大水至,百姓奔走相蹂躪。"後漢書班固傳上:"草木塗地,山淵反覆,蹂蹸其十二三,乃拗怒而少息。"引申爲欺凌。後漢書杜篤傳:"東攡烏桓,蹂轔濊貊。"清蒲松齡聊齋志異仇大娘:"家無成人,遂任人蹂躪至此。"❷用手揉搓。後來作"揉"。詩大雅生民:"或舂或揄,或簸或～。"馬瑞辰通釋:"古者蹂米之法與蹂禾異;蹂禾以足踐之,蹂米蓋以手重擦之。"

踴 yǒng 集韻尹竦切,上,腫韻,喻四。東部。

同"踊"。❶跳躍。世説新語言語劉孝標注引語林:"聞者莫不～躍,植髮穿冠。"❷古代受過刖刑的人所穿的鞋子。韓非子難二:"晏子對曰:'～貴而履賤。'"王先慎集解:"踴即踊之俗字。"

[辨]跳,躍,踊,踴。見"跳"字條。

按,説文踴作踊。

踶 1. dì 特計切,去,霽韻,定。支部。

❶踢。莊子馬蹄:"喜則交頸相靡,怒則分背相～。"晉書庾峻傳:"牛馬有～齧者,恐傷人,不貨於市。"引申爲蹬踏。晉左思魏都賦:"雲雀～甍而矯首,壯翼摛鏤於青霄。"

2. chí 集韻陳知切,平,支韻,澄。支部。

❶通"馳"。快跑。漢書武帝紀:"故馬或奔～而致千里。"王念孫雜志:"師古分奔踶爲二義,非也。踶,亦奔也。踶之言馳,奔踶猶

奔馳也。”

3.zhì 池爾切,上,紙韻,澄。支部。

㊂〔踶跂〕叠韻聯緜字。勉力矜持的樣子。莊子馬蹄:“及至聖人,蹩躠爲仁,踶跂爲義,而天下始疑矣。”元盧摯與姚江村先生書:“篤好古道者,莫不踶跂振躍,操觚挈牘,咀英蘤,漱芳潤,以求理義之指歸。”

踼 dàng 徒浪切,去,宕韻,定。陽部。

跌倒。説文:“踼,跌踼也。”段玉裁注:“踼,跌也。今本作‘跌踼也’,恐是誤倒。”文選晉左思吴都賦:“魂褫氣懾而自~跌者,應弦飲羽。”

踹 1.duàn 丁貫切,音斷,去,换韻,端。元部。

㊀踩脚。淮南子人間:“追者至,~足而怒。”高誘注:“踹足,躍足也。”

2.chuài。

㊁踩(晚起義)。元康進之李逵負荆二折:“醉的來似~不殺的老鼠一般。”引申爲穿(鞋)。儒林外史四九回:“脚~一雙尖頭靴,腰束一條絲鸞縧。”又引申爲蹬踢。紅樓夢一一一回:“正要~門進去,因聽外面有人進來追趕,所以賊衆上房。”

按,説文無踹字。

踰 1.yú 羊朱切,平,虞韻,喻四。侯部。

㊀越過,跨過。説文:“踰,越也。”詩鄭風將仲子:“將仲子兮,無~我牆。”韓非子五蠹:“故十仞之城,樓季弗能~者,峭也。”國語吴語:“亦令右軍銜枚~江五里以須。”引申爲超越,超過。易謙:“謙尊而光,卑而不可~。”論語爲政:“七十而從心所欲,不~矩。”淮南子主術:“夫疾呼不過聞百步,志之所在,~於千里。”

2.yáo 集韻餘招切,平,宵韻,喻四。侯部。

㊁通“遥”。遠。禮記投壺:“毋偝立,毋~言,偝立~言有常爵。”鄭玄注:“踰言,遠談語也…踰或爲遥。”後漢書馮衍傳:“陟隴山以~望兮,眇然覽於八荒。”李賢注:“踰,猶遥也,古字通。”

〔辨〕踰,逾,過,越,超。五字同表經過義,是一組同義詞,但有細微差别。説文分别“踰”、“逾”。足部:“踰,越也。”辵部:“逾,戉進也。”但是正如王筠所指出的:“越戉一字,則逾踰一字。”二字實同一詞。不過用作“更加”義的副詞時,一般只作“逾”,不作“踰”。“過”指一般的經過,“踰”(逾)本指越高,“越”本指超越一定距離,“超”的本義是跳過。引申既久,“踰”、“越”常可互换。

〔同源字〕覦,逾,踰。見“覦”字條。

踵 zhǒng 之隴切,上,腫韻,照三。東部。

㊀脚後跟。禮記曲禮下:“行不舉足,車輪曳~。”荀子榮辱:“小人莫不延頸舉~而願曰:‘知慮材性,固有以賢人矣。’”㊁追逐,跟隨。説文:“踵,追也。”左傳昭公二十四年:“吴~楚,而疆埸無備,邑能無亡乎?”六韜均兵:“騎者,軍之司候也。所以~敗軍,絶糧道,擊便寇也。”漢書武帝紀:“各將五萬騎,步兵~軍後數十萬人。”引申爲沿襲,繼承。楚辭離騷:“忽奔走以先後兮,及前王之~武。”王逸注:“踵,繼也。”漢書刑法志:“天下既定,~秦而置材官於郡國,京師有南北軍之屯。”顔師古注:“踵,因也。”㊂到,走到。戰國策齊策一:“軍重~高宛,使輕車鋭騎衝雍門。”孟子滕文公上:“有爲神農之言者許行,自楚之滕,~門而告文公。”

〔備考〕車轅的末端用以承受車箱横木的部份。周禮考工記輈人:“五分其頸圍,去一以爲~圍。”鄭玄注:“踵,後承軫者。”

〔辨〕跟,踵。兩字都有“脚後跟”和“追隨”的意義。漢代以前很少用“跟”,漢代以後“踵”逐漸少用。“踵”的“追逐”義、“走到”義不見於“跟”,“跟”的介詞用法也是“踵”所没有的。

踽 jǔ 俱雨切,音矩,上,麌韻,見。魚部。

❷〔踽踽〕獨自走路孤單的樣子。說文:"踽,疏行皃。"詩唐風杕杜:"獨行踽踽,豈無他人,不如我同父。"毛傳:"踽踽,無所親也。"孟子盡心下:"古之人,行何爲踽踽涼涼?"❸〔踽僂〕準叠韻聯緜字。傴僂,彎腰曲背的樣子。文選戰國宋玉登徒子好色賦:"其妻蓬頭攣耳,齞脣歷齒,旁行踽僂,又疥又痔。"李善注:"踽僂,傴僂也。"❹〔跮踽〕見"跮"字條。

[備考]舊指婦女相見時半跪的禮節。明方以智通雅諺原:"拜謂之屈。後轉爲扭,或轉爲踽。…說文有踽字。長箋言:婦人相見,半跪爲禮曰踽。此吴門方言耳。"

十　畫

蹇 jiǎn 九輦切,上,獮韻,見。元部。

❶跛。說文:"蹇,跛也。"莊子達生:"汝得全而形軀,具而九竅,无中道夭於聾盲跛~而比於人數,亦幸矣。"楚辭漢東方朔七諫謬諫:"駕~驢而無策兮,又何路之能極?"王逸注:"蹇,跛也。"特指跛劣的驢馬。漢書叙傳上:"是故駑~之乘,不騁千里之塗。"唐孟浩然唐城館中早發寄楊使君詩:"訪人留後信,策~赴前程。"❷困苦,不順利。易蹇:"彖曰:'~,難也,險在前也。'"楚辭戰國屈原九章哀郢:"慘鬱鬱而不通兮,~侘傺而含感。"唐白居易與元九書:"況詩人多~,如陳子昂杜甫,各授一拾遺,而迍剥至死。"❸通"謇"。句首語氣詞。楚辭戰國屈原九歌湘君:"君不行兮夷猶,~誰留兮中洲。"唐李白同友人舟行詩:"~予訪前跡,獨往造窮髮。"❹易六十四卦之一。卦形爲艮下坎上。易蹇:"象曰:山上有水,~。"❺通"褰(qiān)"。揭,提起。莊子山木:"~裳躩步,執彈而留之。"盧文弨校:"蹇,闕誤作褰。"楚辭戰國屈原九章思美人:"因芙蓉而爲媒兮,憚~裳而濡足。"洪興祖補注:"蹇,讀若褰,謂摳衣也。"❻通"搴(qiān)"。拔取。管子四時:"毋~華絶芋。"尹知章注:"蹇,拔也。"

[備考]㊀凝滯,停留。管子水地:"凝~而爲人,而九竅五慮出焉。"尹知章注:"蹇,停也。言精液凝停則爲人也。"㊁〔蹇蹇〕通"謇謇"。忠直的樣子。易蹇:"王臣蹇蹇,匪躬之故。"高亨注:"直諫不已也。"

[同源字]蹇,謇。行動不便利爲"蹇",言語不流利爲"謇"。兩字同音,義亦相通,實爲一詞的分化。

蹉 cuō 七何切,平,歌韻,清。歌部。

❶失足跌倒。漢焦贛易林解之師:"推車上山,力不能任,顛蹶~跌,傷我中心。"唐韓愈讀東方朔雜事:"簸頓五山踣,流漂八維~。"引申爲差錯,失誤。漢揚雄并州牧箴:"宗周罔職,日月爽~。"唐顧況險竿歌:"頭上打鼓不問時,手~脚跌蜘蛛絲。"〔蹉跎〕叠韻聯緜字。失足的樣子。廣雅釋訓:"蹉跎,失足也。"楚辭漢王褒九懷株昭:"驥垂兩耳兮,中坂蹉跎。"洪興祖補注:"蹉跎,失足。"形容境遇坎坷,虚度光陰,顛沛失意的樣子。說文新附:"蹉,蹉跎,失時也。"文選三國魏阮籍詠懷詩之八:"娱樂未終極,白日忽蹉跎。"唐白居易答故人詩:"見我昔榮遇,念我今蹉跎。"❷過,經過(後起義)。晉張華輕薄篇:"孟公結重關,賓客不得~。"❸位置錯動,交錯(後起義)。北魏賈思勰齊民要術養牛馬驢騾:"齒:左右~,不相當,難御。"晉書五行志下:"大風,江海涌溢,平地水深八尺,拔高陵樹二千株,石碑~動,吴城兩門飛落。"又爲傾斜。唐許渾將度故城湖阻風夜泊永陽戍詩:"行盡青溪日已~,雲容山影水嵯峨。"❹踐踏,用脚蹂搓。文選漢馬融長笛賦:"構雲梯,抗浮柱,~纖根,跋篾縷。"李善注:"言以足蹉蹋纖根。"北魏賈思勰齊民要術種胡荽:"欲種時,布子於堅地,一升子與一掬溼土和之,以脚~,令破作兩段。"❺趕路(晚起義)。宋楊萬里竹枝歌之二:"莫笑樓船不解行,識儂號令聽儂聲。一人唱了千人和,又得~前五里程。"

按，説文無蹉字，新附有之。

蹐 jí 資昔切，入，昔韻，精。錫部。

輕步，小步行走。説文："蹐，小步也。"詩小雅正月："謂天蓋高，不敢不局；謂地蓋厚，不敢不～。"文選漢張衡東京賦："梓梓黔首，豈徒跼高天～厚地而已哉！乃救死於其頸。"

㦸 lián 龍龕手鑑音連。元部。

㊀〔㦸蹇〕叠韻聯緜字。口吃的樣子。亦作"連蹇"。論衡物勢："亦或辯口利舌，辭喻横出爲勝；或詘弱綴跲，㦸蹇不比者爲負。"㊁〔㦸踡〕叠韻聯緜字。彎曲屈折的樣子。亦作"連蜷"。南朝梁蕭統七契："千里之駒，出自余吾…異態㦸踡，奇姿猗猗。"

按，説文無㦸字。

蹎 diān 都年切，平，先韻，端。真部。

㊀跌倒。説文："蹎，跋也。"王筠句讀："玉篇作'蹎跋也'。蹎跋即顛沛，雙聲連語；然亦獨字成義。"荀子正論："～跌碎折，不待頃矣。"漢書貢禹傳："誠恐一旦～仆氣竭，不復自還。"㊁〔蹎蹎〕穩重遲緩的樣子。淮南子覽冥："其行蹎蹎，其視瞑瞑。"㊂奔走，急促地走(晚起義)。清洪昇長生殿覓魂："因此上不辭他往返～，甘將這辛苦肩。"

〔同源字〕蹎，跌。"蹎"、"跌"都是摔倒的意思，"蹎"是端母真部，"跌"是定母質部，旁紐兼陰入對轉。兩字音近義通，是同源關係。

蹍 niǎn 集韻尼展切，上，獮韻，泥。元部。

㊀踩，踐踏。莊子庚桑楚："～市人之足，則辭以放驁。"成玄英疏："蹍，蹋也，履也。"文選漢張衡西京賦："當足見～，值輪被轢。"李善注引薛綜曰："足所蹈爲蹍。"引申爲履行，實踐。漢賈誼新書容經："古者年九歲入就小學，～小節焉，業小通焉。"字亦作"𨃨"。淮南子原道："先者踰下，則後者𨃨之。"高誘注："𨃨，履也。"㊁〔蹍然〕踡縮起來的樣子(後起義)。唐李復言續玄怪録張逢："既而酣甚，若獸蹍然，意足而起，其身已成虎也。"

〔同源字〕蹍，輾，碾。足踏爲"蹍"，廣雅釋詁一："蹍，履也。"車軋爲"輾"。廣韻："輾，車轢物。或作碾。"三字同音，義亦相通，實同一詞。

按，説文無蹍字。

蹋 tà 徒盍切，入，盍韻，定。葉部。

㊀踐踏，踩。説文："蹋，踐也。"段玉裁注："俗作踏。"史記司馬相如列傳："糾蓼叫奡～以艐路兮。"後漢書東夷傳："羣聚歌舞，舞輒數十人相隨～地爲節。"㊁踢。史記蘇秦列傳："臨菑甚富而實，其民無不吹竽鼓瑟，彈琴擊筑，鬭雞走狗，六博～鞠者。"漢書武五子傳："山陽男子張富昌爲卒，足～開户。"

〔同源字〕踏，蹋，蹀，躡。見"踏"字條。

蹈 dǎo 徒到切，去，号韻，定。幽部。

㊀踩，踏。説文："蹈，踐也。"書君牙："心之憂危，若～虎尾。"商君書慎法："且先王能令其民～白刃，被矢石。"特指舞步，騰跳頓踏。詩周南關雎序："永歌之不足，不知手之舞之足之～之也。"釋文："蹈，動足履地也。"㊁踏上，登上，奔赴。淮南子原道："經紀山川，～騰昆侖。"高誘注："蹈，躡也。"史記魯仲連鄒陽列傳："則連有～東海而死耳，吾不忍爲之民也。"㊂履行，遵循。穀梁傳隱公元年："若隱者，可謂千乘之國，～道則未也。"荀子王制："聚斂者，召寇，肥敵，危身之道也，故明君不～也。"㊃動，變動不定。詩小雅菀柳："上帝甚～，無自暱焉。"毛傳："蹈，動。"孔穎達疏："言王心無恒，數變動也。"

〔辨〕①履，踐，蹈，躡。見"躡"字條。

②舞，蹈。見"舞"字條。

蹊 1. xī 胡雞切，平，齊韻，匣。支部。

㊀小路。莊子馬蹄："山無～隧，澤無舟梁。"孟子盡心下："山徑之～，間介然用之而成路。"史記李將軍列傳："諺曰：'桃李不言，下自成～。'"㊁走過，踐踏。左傳宣公十一年："牽牛以～人之田，而奪之牛。"

2. qī 字彙牽奚切。

㊂〔蹊蹺〕雙聲聯緜字。奇怪,可疑(晚起義)。朱子語類論語八:"仁者之過,只是理會事錯了,無甚蹊蹺。"元關漢卿蝴蝶夢一折:"子細尋思,兩回三次,這場蹊蹺事,走的我氣咽聲絲,恨不得兩肋生雙翅。"也作"蹊蹻"。明陸采懷香記赴辟登程:"琴童且又蹊蹻,蹊蹻,畫堂終日把臀摇。"又爲花様,奥妙。清李漁奈何天調美:"怕他臨去弄蹊蹺,準備着毛拳叫他吃頓飽。"還作"蹺蹊",見"蹺"字條。

按,説文蹊爲徯的重文,在彳部。

蹌 1. qiāng 七羊切,平,陽韻,清。陽部。

㊀步伐舒暢有節奏的樣子。説文:"蹌,動也。"詩齊風猗嗟:"美目揚兮,巧趨～兮。"毛傳:"蹌,巧趨貌。"多用來形容舞步。文選南朝宋鮑照舞鶴賦:"始連軒以鳳～,終宛轉而龍躍。"唐李德裕寒食日三殿侍宴奉進詩:"廣樂初～鳳,神山欲忭鼇。"常叠用,作"蹌蹌",義同單用。詩大雅公劉:"蹌蹌濟濟,俾筵俾几。"鄭箋:"蹌蹌濟濟,士大夫之威儀也。"禮記曲禮下:"天子穆穆,諸侯皇皇,大夫濟濟,士蹌蹌。"鄭玄注:"皆行容止之貌也。"用以形容舞步。書益稷:"笙鏞以間,鳥獸蹌蹌。"僞孔傳:"鳥獸化德,相率而舞,蹌蹌然。"

2. qiàng 集韻七亮切,去,漾韻,清。

㊁急走(晚起義)。京本通俗小説志誠張主管:"張主管開房門,那人～將入來,閃身已在燈光背後。"明馮夢龍警世通言蘇知縣羅衫再合:"鄭氏不知利害,逕～上船來。"㊂〔蹌踉〕叠韻聯緜字。形容脚步不穩的樣子(晚起義)。宋郭彖睽車志卷三:"病婦忽自牀起,顛倒蹌踉,投門而出。"也作"踉蹌",參見"踉"字條。

蹣 pán 集韻蒲官切,平,桓韻,並。

同"蹒"。㊀〔蹣跚〕叠韻聯緜字。腿脚不靈便,行走摇擺、緩慢的樣子。玉篇:"蹣,蹣跚。"又作"蹒跚"。宋陸游園中小飲詩:"鬢毛雖蕭瑟,脚力未蹣跚。"㊁〔蹣躃〕雙聲聯緜字。退縮盤旋的樣子。同"盤辟"、"般辟"。南齊書王融傳:"婆娑蹣躃,困而不能前已。"

按,説文無蹣字。

蹏 tí 杜奚切,音蹄,平,齊韻,定。支部。

古"蹄"字。㊀馬、牛、羊等動物生在趾端的角質物,也指具有這種角質物的脚。説文:"蹏,足也。"莊子徐无鬼:"奎～曲隈,乳間股脚,自以爲安室利處。"淮南子兵略:"有角者觸,有齒者噬,有毒者螫,有～者趹。"引申爲計算牛、馬等牲口的單位詞。漢書貨殖傳:"故曰陸地牧馬二百～。"顔師古注:"蹏,古蹄字。"〔蹏噭〕漢代數馬以蹄、口合計。漢書貨殖傳:"馬蹏噭千,牛千足。"㊁捕兔的器具。文選晉左思吴都賦:"罼罕瑣結,罠～連綱。"李善注:"蹏,兔網。"

〔備考〕奔走。淮南子脩務:"夫墨子跌～而趍千里以存楚宋。"高誘注:"跌,疾行也。蹏,趨走也。"

十一畫

蹔 zàn 藏濫切,去,闞韻,從。談部。

㊀同"暫"。短暫。玉篇:"蹔,不久也。"列子楊朱:"其法可～行於一國。"貞觀政要論務農:"農時甚要,不可～失。"㊁突然,忽然。唐慧琳一切經音義卷三:"蹔,俗字也,正體从日作暫。廣雅:猝也。"國語晉語五:"襲侵密聲,爲～事也。"韋昭注:"蹔其無備。"抱朴子外篇嘉遯:"迅乎猶奔星之～見,飄乎似飛矢之電經。"唐韓愈謝自然詩:"簷楹～明滅,五色光屬聯。"

〔備考〕往,去(晚起義)。集韻談韻:"蹔,往也。"財甘切,與"慙"同音,今音 cán。古今小説裴晉公義還原配:"回寓喫了飯,就到相府門前守候。一日最少也～過十來遍。"

按,説文蹔作暫,注云:"不久也。"

蹙 cù 子六切,集韻七六切,入,屋韻,清。覺部。

㊀緊迫，窘迫。説文新附：“蹙，迫也。”詩小雅小明：“曷云其還，政事愈～。”毛傳：“蹙，促也。”唐柳宗元捕蛇者説：“自吾三世居是鄉，積於今六十歲矣，而鄉鄰之生日～。”㊁逼，逼近。周禮考工記弓人：“夫角之本，～於剒而休於氣。”鄭玄注：“蹙，近也。”後漢書董卓傳：“盡徙洛陽人數萬口於長安，步騎驅～，更相蹈藉。”㊂緊縮，收縮。詩大雅召旻：“昔先王受命，有如召公，日辟國百里。今也，日～國百里。”後漢書謝弼傳：“方今邊境日～，兵革蜂起。”特指面部表情的緊縮，皺縮。孟子梁惠王下：“舉疾首～頞而相告曰。”宋秦觀和子瞻雙石詩：“雙峯照清漣，春眉鏡中～。”㊃局促拘謹。儀禮士相見禮：“始見於君，執摯至下，容彌～。”鄭玄注：“蹙，猶促也。促，恭慤貌也。”孟子萬章上：“舜見瞽叟，其容有～。”朱熹集注：“蹙，顰蹙不自安也。”又爲困窘愁苦。文選戰國宋玉九辯：“悲憂窮～兮獨處廓，有美一人兮心不繹。”〔蹙然〕、〔蹙蹙〕局促不舒展的樣子。莊子德充符：“子産蹙然改容更貌。”詩小雅節南山：“我瞻四方，蹙蹙靡所騁。”鄭箋：“蹙蹙，縮小之貌。”㊄通“蹴”。踩，踏。禮記曲禮上：“以足～路馬芻，有誅。”釋文：“蹙，本又作蹴。”戰國策韓策三：“許異～哀侯而殪之。”鮑彪注：“蹙，猶留侯躡漢王足，蓋使之佯死。”吴師道補注：“蹙，一本作蹴。”又爲踢(晚起義)。五代王定保唐摭言慈恩寺題名游賞賦咏雜紀：“咸通十三年三月，新進士集於月燈閣爲～鞠之會。”明馮夢龍酒雪堂妓館留連：“～毬打彈會吹簫，花柳叢中善打猱。”

［備考］一種刺綉方法(後起義)。唐戎昱贈別張駙馬詩：“從奴斜抱敕賜錦，雙雙～出金麒麟。”宋范成大瑞香詩之二：“紫雲～繡被，團欒覆衣篝。”

蹜

sù 所六切，入，屋韻，審二。覺部。

㊀〔蹜蹜〕小步快走的樣子。論語鄉黨：“勃如戰色，足蹜蹜如有循。”禮記玉藻：“執龜玉，舉前曳踵，蹜蹜如也。”孔穎達正義：“蹜蹜如也，言舉足狹數蹜蹜如也。”㊁收縮，卷曲(晚起義)。篇海類編身體類足部：“蹜，文字音義云：‘鳥鵲類其飛掌蹜在腹下。’通作縮。”水滸全傳六四回：“卷～短黄鬚髮，凹兜黑墨容顔。”清黄宗羲曹實庵先生詩序：“今之爲詩者，必爲唐，必爲宋，規規焉俛首～步，至不敢易一辭，出一語。”

按，説文無蹜字。

蹢

1. dí 都歷切，音嫡，入，錫韻，端。錫部。

㊀蹄子。詩小雅漸漸之石：“有豕白～，烝涉彼矣。”毛傳：“蹢，蹄也。”

2. zhí 直炙切，入，昔韻，澄。錫部。

㊁〔蹢躅〕〔蹢躅〕雙聲聯緜字。同“躑躅”。徘徊不進的樣子。易姤：“羸豕孚蹢躅。”釋文：“蹢，一本作躑。”莊子秋水：“蹢躅而屈伸，反要而語極。”成玄英疏：“蹢躅，進退不定之貌。”唐韓愈此日足可惜贈張籍詩：“轅馬蹢躅鳴，左右泣僕童。”㊂通“擿(zhì)”。投，拋棄。莊子徐无鬼：“齊人～子於宋者，其命閽也，不以完。”釋文：“蹢，呈亦反，投也。”

蹠

zhí 之石切，入，昔韻，照三。鐸部。

㊀脚掌。戰國策楚策一：“於是嬴糧潛行，上峥山，踰深谿，～穿膝暴。”鮑彪注：“蹠，足下。”特指雞的足踵。文心雕龍事類：“狐腋非一皮能温，雞～必數千而飽矣。”也指脚。素問通評虛實論：“～跛，寒風濕病也。”王冰注：“蹠，謂足也。”淮南子氾論：“體大者節疏，～距者舉遠。”高誘注：“蹠，足也。”㊁踩，踐踏。楚辭戰國屈原九章哀郢：“心嬋媛而傷懷兮，眇不知其所～。”史記蘇秦列傳：“以韓卒之勇，被堅甲，～勁弩，帶利劍，一人當百，不足言也。”㊂往，去到。淮南子原道：“自無～有，自有～無。”高誘注：“蹠，適也。”三國魏曹植七啟：“蹻捷若飛，蹈虛遠～。”㊃古人名，亦作“跖”，先秦傳説中奴隸起義的領袖。孟子盡心上：“雞鳴而起，孳孳爲利者，～之徒也。”淮南子主術：“明分以示之，則～蹻之姦

止矣。”

[備考]㊀願，願望。淮南子繆稱：“鑿地漂池，非止以勞苦民也，各從其～而亂生焉。”高誘注：“蹠，願也。”㊁跳。説文：“蹠，楚人謂跳躍曰蹠。”方言卷一：“楚曰蹠，自關而西，秦晉之間曰跳。”

[辨]跖，蹠，跦。見“跖”字條。

蹟 jī 資昔切，入，昔韻，精。錫部。

同“迹”。❶脚印。史記三代世表：“后稷母爲姜嫄，出見大人～而履踐之，知於身，則生后稷。”引申爲痕迹，事迹。唐韓愈潮州刺史謝上表：“鋪張對天之閎休，揚厲無前之偉～。”❷蹈，至。五代王定保唐摭言好知己惡及第：“然隱遠人，素無關外名，足不～先達之門，既及第而益孤止。”❸追踪，遵循。詩小雅沔水：“念彼不～，載起載行。”毛傳：“不蹟，不循道也。”

[辨]迹，跡，蹟，迒，踪，蹤。見“迹”字條。

按，説文以蹟爲迹的或體，在辵部。

蹣 pán 薄官切，音盤，平，桓韻，並。

❶〔蹣跚〕叠韻聯緜字。腿脚不靈便，行走摇擺、緩慢的樣子。唐皮日休上真觀詩：“天鈞鳴響亮，天禄行蹣跚。”（天禄：獸名。）宋陸游戲作野興詩之四：“客散茅檐寂，蹣跚自閉門。”用以形容舞步翩躚的樣子。唐竇臮述書賦：“婆娑蹣跚，綽約文質。”❷〔蹣連〕叠韻聯緜字。旋轉的樣子。南朝梁何遜七召：“步想象以頓足，腕蹣連而拂面。”

[同源字]蹩躠，跰蹡，蹁躚，蹣跚。見“蹩”字條。

按，説文無蹣字。

蹛 1. dài 當蓋切，音帶，去，泰韻，端。月部。

❶繞，環繞。〔蹛林〕匈奴秋社之處。因環繞林木而會祭，故以爲名。史記匈奴列傳：“秋，馬肥，大會蹛林，課校人畜計。”張守節正義引顔師古曰：“蹛者，繞林木而祭也。”

2. zhì 直例切，音滯，去，祭韻，澄。月部。

❷通“滯”。停滯。史記平準書：“日者，大將軍攻匈奴，斬首虜萬九千級，留～無所食。”引申爲屯積。史記平準書：“於是縣官大空，而富商大賈或～財役貧，轉轂百數。”

蹴 cù 集韻子六切，入，屋韻，精。今讀如蹴。覺部。

同“蹙”。集韻屋韻：“蹙，子六切…亦書作蹴。”❶緊縮，收縮。左傳成公十六年：“南國～，射其元王中厥目。國～王傷，不敗何待？”又爲皺縮。唐柳宗元河間傳：“聞河間之名，則掩鼻～頞，皆不欲道也。”❷通“蹴”。踏，踩。唐韓愈城南聯句：“～繩覲娥婺，闢草擷璣珵。”蹴繩即盪鞦韆。

[備考]成爲。文選陳琳爲袁紹檄豫州：“被以虎文，奬～威柄。”李善注：“蹴，成也，言奬成其威柄也。”

按，説文無蹴字，新附有之。

蹕 bì 卑吉切，音必，入，質韻，幫。質部。

帝王出行時清道戒嚴。周禮天官閽人：“大祭祀、喪紀之事，設門燎，～宫門廟門。”鄭玄注：“蹕，止行者。”左傳襄公二十五年：“四翣，不～，下車七乘，不以兵甲。”杜預注：“蹕，止行人。”引申指帝王出行時的車駕。唐宋之問龍門應制詩：“羽從琳瑯擁軒蓋，雲～纔臨御水橋。”宋史寇準傳：“衆請駐～以覘軍勢。”

[備考]站立時重心偏在一隻脚。漢劉向列女傳周室三母：“古者婦人妊子，寢不側，坐不邊，立不～。”

按，説文蹕作𨒪，在走部。

蹡 1. qiāng 七羊切，音槍，平，陽韻，清。陽部。

同“蹌”。❶〔蹡蹡〕行走時步伐有節奏的樣子。説文：“蹌，行皃。詩曰：‘管磬蹡蹡。’”今本詩周頌執競作“磬筦將將”。清龔自珍五經大義終始論：“其在公劉之四章曰：‘蹡蹡濟濟，俾筵俾几…’是時餱糧完具，始立國而祭也。"今本詩大雅公劉作"蹌蹌濟濟"。段玉裁説文解字注:"許蹩爲行皃,蹌訓動也。然則禮言行容者皆'蹩'爲正字,'蹌'爲假借字。"

2. qiàng 七亮切,去,漾韻,清。

㊁行走(晚起義)。集韻漾韻:"蹡,走也。"元鄭光祖王粲登樓四折:"又不曾趨~天子堂,又不曾圖畫功臣像。"西游記四七回:"你等取經,怎麽不走正路?却~到我這裏來。"㊂〔踉蹡〕見"踉"字條。

按,説文蹡作蹩。

頣 kuǐ 集韻犬繠切,音跬,上,紙韻,溪。支部。

同"跬"。半步,一舉足的距離。荀子勸學:"故不積~步,無以至千里。"楊倞注:"半步曰頣,頣與跬同。"又脩身:"故~步而不休,跛鼈千里;累土而不輟,丘山崇成。"

按,説文頣作赽,在走部。

蹝 xǐ 所綺切,上,紙韻,審二。支部。

同"躧"。㊀鞋。孟子盡心上:"舜視棄天下,猶棄敝~也。"趙岐注:"蹝,草履也。"淮南子主術:"舉天下而傳之舜,猶卻行而脱~也。"㊁趿拉,拖着鞋。文選漢司馬相如長門賦:"舒息悒而增欷兮,~履起而彷徨。"李善注引臣瓚漢書注曰:"躡跟爲跕,挂趾爲躧。"

按,説文無蹝字。

蹤 zōng 即容切,平,鍾韻,精。東部。

㊀足迹,脚印。後作"踪"。史記蕭相國世家:"夫獵,追殺獸兔者狗也,而發~指示獸處者人也。"唐柳宗元江雪詩:"千山鳥飛絶,萬徑人~滅。"引申爲痕迹、事迹。文選晉盧諶贈劉琨詩:"慷慨遐~,有愧高旨。"唐韓愈祭河南張員外文:"二妃行迷,淚~染林。"㊁跟踪,追隨。史記孟嘗君列傳:"湣王乃驚,而~跡驗問,孟嘗君果無反謀。"晉孫綽與庾冰詩之一三:"勖矣庾生,勉~前賢。"新唐書桓彦範傳:"如普思等方伎猥下,安足繼~前烈。"

［辨］迹,跡,蹟,迒,踪,蹤。見"迹"字條。

［同源字］蹤,踪,從。先秦典籍不用"蹤"字,多以"從"、"縱"爲之。説文:"從,隨行也。"釋名釋語言:"蹤,從也。"兩字音近義通。"蹤"是"從"的後起分别字,"踪"又是"蹤"的後起字。先秦"從"、"宗"分屬東冬兩部,故知"踪"必後起。今簡化作"踪"。

十二畫

蹵 cù 集韻子六切,入,屋韻,精。今讀如蹴。覺部。

同"蹴"。集韻屋韻:"蹴,蹋也,逐也。或書作蹵。"㊀〔蹵然〕〔蹵蹵然〕驚悚不安的樣子。莊子德充符:"子産蹵然改容更貌曰:'子无乃稱!'"成玄英疏:"蹵然,驚慚貌也。"孟子公孫丑上:"或問乎曾西曰:'吾子與子路孰賢?'曾西蹵然曰:'吾先子之所畏也。'"莊子天運:"子貢蹵蹵然立不安。"成玄英疏:"蹵蹵,驚悚貌也。"㊁踢。漢書枚乘傳:"弋獵射馭狗馬~鞠刻鏤。"顔師古注:"蹵,足蹵之也。鞠以韋爲之,中實以物,蹵蹋爲戲樂也。"明馮夢龍醒世恒言兩縣令競義婚孤女:"一日養娘和月香在庭中~那小小毬兒爲戲。"

按,説文蹵作蹴。

蹷 jué 其月切,入,月韻,羣。月部。

同"蹶"。㊀倒下。左傳昭公二十三年:"斷其後之木而弗殊,邾師過之,乃推而~之。"楊伯峻注:"蹷亦作蹶。推欲斷之樹木使仆倒。"引申爲受挫折,挫敗。孫子兵法軍爭:"五十里而争利,則~上將軍。"杜佑注:"蹷猶挫也。前軍之將,已爲敵所挫敗。"㊁枯竭,竭盡。漢書食貨志上:"生之者甚少而靡之者甚多,天下財産何得不~!"顔師古注引應劭曰:"蹷,傾竭也。"

［備考］短。漢書王莽傳中:"莽爲人侈口~頣,露眼赤睛,大聲而嘶。"顔師古注:"蹷,短也。"

按，説文無蹷字，繫傳有之。

蹩 bié 蒲結切，入，屑韻，並。月部。

❶〔蹩躠〕叠韻聯緜字。腿脚不便，努力向前走的樣子。莊子馬蹄："及至聖人蹩躠爲仁，踶跂爲義，而天下始疑矣。"成玄英疏："蹩躠，用力之貌。"唐李白鳴皋歌送岑徵君詩："若使巢由桎梏於軒冕兮，亦奚異於夔龍蹩躠於風塵。"也用來形容舞步。唐盧照鄰五悲悲人生："鐘鼓玉帛，蹩躠蹁躚。"亦作"蹩躄"、"蹩躃"。晉書夏侯湛傳："豈肯蹩躃鄙事，取才進人，此又吾子之失言也。"唐柳宗元種仙靈毗詩："服之不盈旬，蹩躃皆騰騫。"❷扭折，扭傷(晚起義)。太平天國歌謠傳説集换馬："幼天王馬～斷了一條腿，不能跑了。"清譚嗣同六盤山轉餉謠："馬足～，車軸折，人蹉跌，山岌嶪，朔雁一聲天雨雪。"

〔同源字〕蹩躠，跰躃，蹁躚，蹣跚。四個詞都是叠韻聯緜字，"蹩躠"是月部，其他三个詞是元部，聲母又都是脣音和齒音的搭配，聲音相近。意義又都與腿脚不便、行走艱難有關。因此徐灝説文解字注箋在"蹩"字下説："蹩躠聲轉爲跰躃，亦作蹁躚，又轉爲蹣跚。"徐説可信，它們是同源的關係。

蹴 1. cù 七宿切，入，屋韻，清。覺部。

亦作"蹵"。❶踩，踐踏。説文："蹴，躡也。"孟子告子上："～爾而與之，乞人不屑也。"趙岐注："蹴，蹋也，以足踐踏與之。"漢賈誼陳政事疏："禮，不敢齒君之路馬，～其芻者有罰。"❷踢，蹬。史記扁鵲倉公列傳："處後～踘，要蹷寒，汗出多，即嘔血。"晉書祖逖傳："中夜聞荒雞鳴，～琨覺。"

〔備考〕追逐(晚起義)。宋葉適祭韓子師尚書文："可以御狡謀，～横奔，定猝變，收奇勳。"明王直彭氏義阡表："會風雨大作，河水暴漲，兵大半不得渡，賊以衆～之，遂擒文遠。"

2. zú 集韻就六切，入，屋韻，從。覺部。

❸〔蹴然〕驚悚不安的樣子。晏子春秋諫上二："晏子蹴然改容曰：'君之言過矣！'"禮記哀公問："孔子蹴然辟席而對曰：'仁人不過乎物。'"

蹾 zhé 集韻直列切，入，薛韻，澄。

同"轍"。車輪碾過的痕迹。列子説符："天下之馬者，若滅若没，若亡若失。若此者絶塵弭～。"南朝齊王琰冥祥記："藥王之～，獨何云遠？"

按，説文無蹾字。

蹲 1. dūn 徂尊切，平，魂韻，從。今讀如敦。文部。

❶臀部着地而坐。説文："蹲，踞也。"莊子外物："～乎會稽，投竿東海，旦旦而釣，期年不得魚。"成玄英疏："蹲，踞也。踞，坐也。"漢曹操苦寒行："熊羆對我～，虎豹夾路啼。"後轉指蹲着。兩腿彎曲似坐，但臀部不着地(後起義)。唐慧琳一切經音義："蹲，猶虚坐也。"水滸傳一〇二回："王慶見板凳作怪，用脚去踢那板凳，却是用力太猛，閃朒了脅肋，～在地下，只叫：'苦也！苦也！'"比喻呆着或閑居(晚起義)。清劉鶚老殘游記一回："這麽長天大日的，老殘，你～在家裏做甚？"

2. cún 集韻七倫切，平，諄韻，清。文部。

❷〔蹲蹲〕形容有節奏的舞姿。詩小雅伐木："坎坎鼓我，蹲蹲舞我。"毛傳："蹲蹲，舞貌。"説文士部引作"壿壿"。漢傅毅舞賦序："樂記干戚之容，雅美蹲蹲之舞。"也泛指舉止行動循規蹈矩。漢書揚雄傳上："遂臻陰宫，穆穆肅肅，蹲蹲如也。"顔師古注："蹲蹲，行有節也。"

3. cǔn 集韻粗本切，混韻，清。文部。

❸聚集，叠合。左傳成公十六年："潘尫之黨與養由基～甲而射之，徹七札焉。"杜預注："蹲，聚也。"

〔辨〕蹲，踞，坐。"蹲"現在是蹲着的意思，兩腿盡量彎曲向下而臀部不着地，似坐非坐。古人坐在地上，"蹲"是臀部着地而坐，"踞"是兩脚岔開而坐，"坐"是兩膝着地，臀部壓在脚跟上。

蹭 cèng 千鄧切,去,嶝韻,清。

❶〔蹭蹬〕叠韻聯緜字。失勢的樣子。説文新附:"蹭,蹭蹬,失道也。"文選晉木華海賦:"或乃蹭蹬窮波,陸死鹽田。"李善注:"蹭蹬,失勢之貌。"比喻遭遇挫折,潦倒失意。唐李白贈張相鎬詩之二:"晚途未云已,蹭蹬遭讒毁。"宋陸游秋晚詩:"一生常蹭蹬,萬事略更嘗。"❷磨蹭,慢吞吞地行動(晚起義)。明馮夢龍挂枝兒五更天:"待他來,彈指時,我這裏忙答應。怕的是寒衾枕,和衣在牀上~。"紅樓夢二三回:"寶玉只得前去,一步挪不了三寸,~到這邊來。"❸因擦過去而沾上(晚起義)。清文康兒女英雄傳三八回:"他忙着又上去替挽袖子,恰一眼看見大奶奶的汗塌兒袖子上~了塊胭脂。"

按,説文無蹭字,新附有之。

蹺 qiāo 去遥切,平,宵韻,溪。

後起字。❶翹足,抬起脚。本作"蹻"。宋司馬光司馬温公詩話引丁謂蹴踘詩:"蹋來行數步,~後立多時。"紅樓夢七回:"你也不想想焦大太爺~起一隻腿,比你的頭還高些。"❷腿瘸(晚起義)。清李漁奈何天形變:"一發奇怪,連脚也不~,背也不駝了。"❸〔蹺欹〕〔蹺蹊〕雙聲聯緜字。奇怪,離奇(晚起義)。朱子語類卷二九:"如一件事物相似,自恁地平平正正,更著不得些子蹺欹。"元王實甫西廂記五本四折:"有這般蹺蹊的事!"也作"蹊蹺",見"蹊"字條。

〔同源字〕趬,蹻,趫,蹺,翹,鱎。見"趬"字條。

躇 1. chú 直魚切,音除,平,魚韻,澄。魚部。

❶踩,踐踏。列子天瑞:"若~步跐蹈,終日在地上行止,奈何憂其壞?"張湛注:"四字皆踐踏之貌。"❷徘徊不進的樣子。楚辭漢王逸九思逢尤:"世既卓兮遠眇眇,握佩玖兮中路~。"自注:"懷寶不舒,悵仿徨也。"〔躊躇〕見"躊"字條。

2. chuò 集韻勑略切,入,藥韻,徹。鐸部。

❸越級急行,不按順序前進。公羊傳宣公六年:"趙盾知之,~階而走。"何休注:"躇,猶超遽,不暇以次。"

按,説文無躇字。

蹶 1. jué 居月切,音厥,入,月韻,見。月部。

字亦作"蹷"。❶跌倒。説文:"蹶,僵也。"孟子公孫丑上:"今夫~者、趨者,是氣也,而反動其心。"朱熹集注:"蹶,顛躓也。"淮南子精神:"形勞而不休則~,精用而不已則竭。"高誘注:"蹶,顛。"引申爲挫敗,損失,顛覆。史記孫子吴起列傳:"兵法,百里而趨利者~上將。"荀子成相:"主之孽,讒人達,賢能遁逃國乃~。"楊倞注:"蹶,顛覆也。"〔蹶然〕摔倒的樣子。三國魏曹丕列異傳:"兒隨父入山,父忽蹶然倒地,乃變成白鹿。"❷踩,踏。莊子秋水:"赴水則接腋持頤,~泥則没足滅跗。"文選漢揚雄羽獵賦:"~松柏,掌蒺藜。"李善注:"蹶,踏也。"南朝梁任昉述異記:"其家犬卧於當路,豫~之。犬曰:'汝即死,何以踏我?'豫未幾而卒。"❸踢。廣雅釋言:"蹶,踶也。"淮南子脩務:"齕咋足以噆肌碎骨,~蹶足以破盧陷匈。"論衡論死:"使舒手而擊,舉足而~,則所擊蹶,無不破折。"❹快走,跑。廣韻:"蹶,失脚;又走也,速也,嘉也。"禮記曲禮上:"衣毋撥,足毋~。"鄭玄注:"蹶,行遽貌。"國語越語下:"臣聞從時者,猶救火追亡人也,~而趨之,唯恐弗及。"韋昭注:"蹶,走也。"文選晉潘岳射雉賦:"或~或啄,時行時止。"李善注引賈逵曰:"蹶,走也。"〔蹶蹶〕〔蹶然〕行動急遽、反應敏捷的樣子。詩唐風蟋蟀:"好樂無荒,良士蹶蹶。"毛傳:"蹶蹶,動而敏於事。"莊子至樂:"俄而柳生其左肘,其意蹶蹶然惡之。"成玄英疏:"蹶蹶,驚動貌。"莊子在宥:"廣成子蹶然而起。"釋文:"蹶,驚而起也。"宋洪邁夷堅丙志衡山民:"大呼數聲,蹶然而寤。"

［備考］跳動。説文：“蹶，一曰跳也。”吕氏春秋知化：“夫差不聽。子胥兩袪高～而出於廷。曰：‘吴朝必生荆棘矣。’”高誘注：“蹶，蹈也。”按，“蹈”即跳動，兩手高舉而行，兩個衣袖自然舞動。

2. guì 居衛切，去，祭韻，見。月部。

㊄動，動摇。詩大雅板：“天之方～，無然泄泄。”毛傳：“蹶，動也。”文選宋玉風賦：“～石伐木，梢殺林莽。”李善注：“蹶，動也。”

蹣 tǎn 字彙丑犯切，音毯。元部。

脚踏着地歌唱。古文苑漢揚雄蜀都賦：“～凄秋，發陽春。”章樵注：“蹣，以足踏地而歌。”明楊慎升菴詩話連臂蹣地：“戚夫人侍兒賈佩蘭歌上靈之曲，連臂～地以爲節。蹣，以足踏地而歌也。”

按，説文無蹣字。

蹬 1. dèng 徒亘切，音鄧，去，嶝韻，定。

㊀〔蹭蹬〕叠韻聯緜字。説文新附：“蹬，蹭蹬也。”參見“蹭”字條。㊁可供踏脚的用具。亦作“凳”或“鐙”。南史夷貊傳上：“帶金裝劍，偏坐金高坐，以銀～支足。”宋蘇軾游徑山詩：“中塗勒破千里足，金鞭玉～相回旋。”㊂可供攀登的台階。亦作“磴”或“嶝”。後漢書梁冀傳：“臺閣周通，更相臨望；飛梁石～，陵跨水道。”唐岑參與高適薛據登慈恩寺浮圖：“登臨出世界，～道盤虚空。”

2. dēng 集韻都騰切，音登，平，登韻，端。蒸部。

㊃升登，由低處走向高處。本作“登”。明湯顯祖南柯記轉情：“呀，～上了天壇月正圓。”又泛指踩，踏。元康進之李逵負荆三折：“我不合～翻了鶯燕友，拆散了這鳳鸞交。”水滸全傳九一回：“董澄兩脚～空，撲通的倒撞下馬來。”㊄登載。宋洪适隸釋漢槀長蔡湛頌：“三載功最，功～王府。”㊅腿和脚向腿底的方向用力(晚起義)。水滸全傳三八回：“便把竹篙望岸邊一點，雙脚一～，那隻漁船，一似狂風飄敗葉，箭也似投江心裏去了。”西游記七回：“唿喇一聲，～倒八卦爐，往外就走。”㊆穿(鞋)(晚起義)。京本通俗小説錯斬崔寧：“脚下～一雙烏皮皂靴。”清劉鶚老殘游記七回：“～了一雙絨靴，已經被雪泥漫了幫子了。”

［同源字］登，蹬，隥，磴，嶝，鐙。説文：“登，上車也。”爾雅釋詁：“登，升也。”“蹬”的各個義項也與升登有關。“隥”是登陟的道路，字又作“磴”，作“嶝”，“磴”重在表示是往上攀登的石台階，“嶝”重在指明是登山的路，它們實同一詞。“鐙”是登踏的用具。六個字意義相通，語音又是雙聲兼叠韻，有的完全同音，有的只有聲調的區别。音義俱近，是同源的關係。

蹳 bō 集韻北末切，音撥，入，末韻，幫。月部。

㊀用脚撥開，用脚蹬踏。漢書夏侯嬰傳：“漢王急，馬罷，虜在後，常～兩兒棄之。”王先謙補注：“以足蹋兩兒使下也。”㊁〔蹳刺〕叠韻聯緜字。魚跳躍聲。唐李白酬中都小吏攜斗酒雙魚於逆旅見贈詩：“雙鰓呀呷鰭鬣張，蹳刺銀盤欲飛去。”

按，説文無蹳字。

蹪 tuí 杜回切，音頽，平，灰韻，定。微部。

跌倒，摔倒。淮南子人間：“人莫～於山而～於垤，是故人皆輕小害易微事以多悔。”高誘注：“蹪，躓也。”又説山：“萬人之～愈於一人之隧。”高誘注：“楚人謂躓爲蹪。”

按，説文無蹪字。

蹼 pǔ 博木切，入，屋韻，幫。屋部。

水禽等動物脚趾間的薄膜。爾雅釋鳥：“鳧鴈醜，其足～。”郭璞注：“脚趾間有幕蹼屬相著。”

按，説文無蹼字。

蹯 fán 附袁切，音煩，平，元韻，奉。元部。

獸的脚掌。又作“蹞”。左傳文公元年：“冬，十月以宫甲圍成王，王請食熊～而死。”

杜預注:"熊掌難孰,冀久將有外救。"戰國策趙策三:"人有置係蹄者而得虎,虎怒,決～而去。"鮑彪注:"蹯,獸足。"

按,説文蹯作番,在釆部。或體有蹞。

蹹 tà 徒合切,入,合韻,定。緝部。

同"踏"。㊀踢。戰國策齊策一:"臨淄甚富而實,其民無不吹竽、鼓瑟、擊筑、彈琴、鬭雞、走犬、六博、～踘者。"㊁踩,踐踏。晉干寶搜神記卷二〇:"此是毒螫物,不可長,我當～殺之。"晉書張軌傳:"長史王融、參軍孟暢～折鎮檄,排閤入諫。"

按,説文無蹹字。

蹻 1. qiāo 去遥切,平,宵韻,溪。宵部。

㊀抬起脚,把脚舉高。亦作"蹺"。説文:"蹻,舉足行高也。"素問鍼解:"巨虚者～足。"王冰注:"蹻,謂舉也。"漢書高帝紀下:"大臣内畔,諸將外反,亡可～足待也。"㊁身手輕靈矯健。文選三國魏曹植七啟:"～捷若飛,蹈虚遠蹠。"

2. jiǎo 居夭切,音矯,上,小韻,見。宵部。

㊂〔蹻蹻〕威武强壯的樣子。詩大雅崧高:"四牡蹻蹻,鉤膺濯濯。"毛傳:"蹻蹻,壯貌。"用於貶義,趾高氣揚,驕横强悍的樣子。詩大雅板:"老夫灌灌,小子蹻蹻。"毛傳:"蹻蹻,驕貌。"單用義同。廣雅釋詁:"蹻,健也。"唐韓愈記夢詩:"我亦平行蹋甗航,神完骨～脚不掉。"

3. jué 居勺切,入,藥韻,見。藥部。

㊃通"屩"。草鞋。莊子天下:"使後世之墨者,多以裘褐爲衣,以跂～爲服。"成玄英疏:"木曰跂,草曰蹻也。"

[同源字]①高,喬,嶠,蹻,驕。見"高"字條。

②趫,蹻,趬,蹺,翹,鱎。見"趫"字條。

十 三 畫

躄 bì 必益切,音辟,入,昔韻,幫。錫部。

同"躃",亦作"躃"。兩腿殘廢。玉篇:"躄,跛甚者。"墨子尚賢下:"王公大人,骨肉之親,～瘖聾暴爲桀紂,不加失也。"孫詒讓閒詁引高誘曰:"躄,不能行也。"史記平原君列傳:"民家有～者,槃散行汲。"張守節正義:"躄,跛也。"

按,説文躄作壁。朱駿聲説文通訓定聲"壁"字注云:"字亦作躄。"

蹯 fán 附袁切,音煩,平,元韻,奉。元部。

同"蹯"。獸的脚掌。吕氏春秋過理:"使宰人臑熊～,不熟,殺之。"左傳宣公二年作"蹯"。

按,説文蹯爲番的或體,在釆部。

蹋 liè 集韻力涉切,音獵,入,葉韻,來。

㊀同"躐"。踐踏。集韻葉韻:"躐,踐也。或作蹋。"孔子家語曲禮子貢問:"孔子許之,掘中霤而浴,毁竈而綴足,襲於牀;及葬,毁宗而～行也。"㊁通"獵"。經過。文選晉左思蜀都賦:"蹴蹈蒙籠,涉～寥廓。"吕向注:"涉獵,經過也。寥廓,山谷幽遠貌。"

按,説文無蹋字。

躃 bì 房益切,集韻毗亦切,入,昔韻,並。錫部。

㊀兩腿殘廢。亦作"躄"。字彙:"躃,躃者兩足俱廢。"禮記王制:"瘖、聾、跛、～、斷者、侏儒,百工各以其器食之。"㊁仆倒,摔倒。晉法顯佛國記:"王來見之,迷悶～地。諸臣以水灑面,良久乃蘇。"㊂〔躃躃〕前進艱難緩慢的樣子。唐李賀感諷詩之二:"奇俊無少年,日車何躃躃。"

按,説文無躃字。

醵 jù 集韻居御切,音據,去,御韻,見。魚部。

佔據。文選漢班固答賓戲:"應龍潛於潢汙,魚黿媟之,不覩其能奮靈德,合風雲,超忽荒而～昊蒼也。"李善注:"醵與據同,謂以足戟持之。"明趙南星答吴新河:"行且～蒼昊而俯視,孰能顧林藪而幽尋?"

[備考]兩獸争鬭不解。漢揚雄太玄衆:

"次五:～戰喈喈,若熊若螭。測曰:～戰喈喈,恃力作王也。"俞樾平議:"躆即豦字。説文豕部:'豦,鬭相丮不解也。'從豕虍,豕虎之鬭不相捨,是豦之本義爲兩獸相鬭。"

按,説文無躆字。

躁 zào 則到切,去,号韻,精。宵部。

同"趮"。❶急躁,不安静。論語季氏:"言未及之而言,謂之～。"荀子勸學:"蟹六跪而二螯,非蛇蟺之穴無可寄托者,用心～也。"引申爲暴躁。國語齊語:"於子之鄉,有不慈孝於父母、不長悌於鄉里、驕～淫暴、不用上令者,有則以告。"❷躁動,擾動。淮南子精神:"七月而成,八月而動,九月而～,十月而生。"唐柳宗元天對:"～川静谷,形有高庳。"❸通"燥"。乾燥。老子第四十五章:"～勝寒,静勝熱,清静爲天下正。"

[備考]狡滑,狡詐。荀子富國:"悍者皆化而愿,～者皆化而愨。"王先謙集解引王引之曰:"躁,謂狡滑也。"

按,説文躁作趮,在走部。

躅 1. zhuó 集韻直角切,入,覺韻,澄。屋部。

亦作"蠋"。❶足迹,踪迹。吕氏春秋論威:"又況乎義兵,多者數萬,少者數千,密其～路,開敵之塗,則士豈特與專諸議哉?"漢書叙傳上:"伏周孔之軌～,馳顔閔之極摯。"顔師古注引鄭氏曰:"躅,迹也。"引申指事迹,業迹。唐韓愈南陽樊紹述墓誌銘:"文從字順各識職,有欲求之此其～。"宋蘇軾送頓起詩:"岱宗已在眼,一往繼前～。"

[備考]踩踏。明劉基雞鳴一首贈宗文姪詩:"朝露白如玉,我不敢～,恐濕我足。"又指鳥的跳躍。元戴侗六書故人九:"躅,小踊也。"南朝梁元帝金樓子立言上:"鳥與鳥遇則相～,獸與獸遇則相角。"

2. zhú 直録切,入,燭韻,澄。屋部。

❷〔躑躅〕〔蹢躅〕説文:"躅,蹢躅也。"參見"躑"字、"蹢"字條。

蹾 qiào 集韻詰弔切,音竅,去,嘯韻,溪。藥部。

脊骨的末端,肛門。史記貨殖列傳:"馬蹄～千,牛千足。"裴駰集解:"徐廣曰:'蹾,馬八髎也。'"司馬貞索隱:"埤倉云:'尻骨謂八髎。'"清蒲松齡聊齋志異促織:"不數歲,田百頃,樓閣萬椽,牛羊蹄～各千計。"

按,説文無蹾字。

十四畫

躄 qīng 去盈切,音輕,平,清韻,溪。

單脚跳着前進。唐陸龜蒙江南秋懷寄華陽山人詩:"項豈重瞳聖,夔猶一足～。"宋曾敏行獨醒雜志卷九:"已而兩足共穿半袴,～而來前。"

按,説文無躄字。

蹐 jī 祖稽切,平,齊韻,精。脂部。

登,上升。亦作"隮"。説文:"蹐,登也。"易震:"～於九陵。"孔穎達疏:"蹐,升也。"詩豳風七月:"～彼公堂,稱彼兕觥。"後漢書韋彪傳:"卿以輕好去就,爵位不～。"

[備考]墜,墜落。史記宋微子世家:"今女無故告予,顛～,如之何其?"裴駰集解引馬融曰:"蹐猶墜也。"

躊 chóu 直由切,音綢,平,尤韻,澄。幽部。

〔躊躇〕雙聲聯緜字。①徘徊不前,猶豫。楚辭戰國宋玉九辯:"事亹亹而覬進兮,蹇淹留而躊躇。"洪興祖補注:"躊躇,進退貌。"三國魏曹丕出婦賦:"馬躊躇而回顧,野鳥翩而高飛。"亦作"躊竚"、"躊蹰"。南朝宋鮑照代櫂歌行:"驚波無留連,舟人不躊竚。"唐姚合酬楊汝士尚書喜人移居詩:"酬章深自鄙,欲寄復躊蹰。"②從容自得的樣子。莊子養生主:"提刀而立,爲之四顧,爲之躊躇滿志。"郭象注:"逸足容豫自得之謂。"

按,説文無躊字。

躍 1. yuè 以灼切,入,藥韻,喻四。藥部。

㊀跳,跳躍。詩大雅旱麓:"鳶飛戾天,魚～于淵。"荀子勸學:"騏驥一～,不能十步。"特指物價上漲。鹽鐵論本議:"萬物並收,則物騰～。"㊁〔躍躍〕心情激動高興的樣子。唐韓愈韋侍講盛山十二詩序:"夫得利則躍躍以喜,不利則戚戚以泣,若不可生者,豈韋侯謂哉?"

2. tì 字彙他歷切。藥部。

㊂〔躍躍〕同"趯趯"。跳得很快的樣子。詩小雅巧言:"躍躍毚兔,遇犬獲之。"朱熹集傳:"躍躍,跳疾貌。"

〔辨〕跳,躍,踊,踴。見"跳"字條。

十五畫

躔 chán 直連切,音纏,平,仙韻,澄。元部。

㊀踐履,經歷。說文:"躔,踐也。"文選晉左思吴都賦:"習其弊邑而不覩上邦者,未知英雄之所～也。"吕延濟注:"蜀但知習其敝小都邑,不見上國,不知英雄之所行歷也。"宋蘇舜欽蜀士詩:"古之設爵位,蓋欲英雄～。"㊁獸的足迹。爾雅釋獸:"(麋),其跡～。"郭璞注:"脚所踐處。"泛指脚迹,行迹。明夏完淳問燕問:"子其述河冀之雄～,暢幽燕之洪緒。"㊂日月星辰在黄道上運行。吕氏春秋圜道:"月～二十八宿,軫與角屬,圜道也。"漢書律曆志上:"日月初～,星之紀也。"又指日月星辰在黄道上運行的軌迹。晉成公綏故筆賦:"書日月之所～,别列宿之舍次。"唐韓愈和崔舍人詠月:"赫奕當～次,虚徐度杳冥。"

〔同源字〕踐,躔。說文:"躔,踐也。"兩字都表示脚的動作,是踩踏或踏上的意思。同是古韻元部,聲母都是舌齒音(從定鄰紐)。聲近義通,是同源關係。

蹰 chú 直誅切,音廚,平,虞韻,澄。侯部。

亦作"蹰"。㊀〔蹰躇〕雙聲聯緜字。來回走動。後漢書仲長統傳:"蹰躇畦苑,遊戲平林。"李賢注:"蹰躇猶踟蹰也。"㊁〔踟蹰〕雙聲聯緜字。參見"踟"字條。

按,說文無蹰字。

躑 zhí 直炙切,入,昔韻,澄。錫部。

㊀〔躑躅〕雙聲聯緜字。用脚踏地,徘徊不進的樣子。也作"蹢躅"(參見"蹢"字條)。荀子禮論:"今夫大鳥獸則失亡其羣匹,越月逾時則必反鉛過故鄉,則必徘徊焉,鳴號焉,躑躅焉。"文選戰國宋玉神女賦:"奮長袖以正衽兮,立躑躅而不安。"亦作"躑躅"。晉陸機答張士然詩:"逍遥春王圃,躑躅千畝田。"㊁跳躍。唐柳宗元行路難詩之三:"蟠龍吐耀虎喙張,熊蹲豹～争低昂。"唐姚合題河上亭詩:"亭亭河上亭,魚～水禽鳴。"

按,說文無躑字。

躚 xiān 蘇前切,音仙,平,先韻,心。元部。

亦作"蹮"。㊀〔躚躚〕搖擺旋轉的樣子。多用以形容舞姿。文選晉左思蜀都賦:"紆長袖而屢舞,翩躚躚以裔裔。"抱朴子外篇酒誡:"屢儛躚躚,舍其坐遷。"唐柳宗元答問:"躚躚蓬藋,樂吾囚兮! 文墨之彬彬,足以舒吾愁兮!"㊁〔蹁躚〕叠韻聯緜字,參見"蹁"字條。

躓 1. zhì 陟利切,音致,去,至韻,知。質部。

㊀被絆,受阻,摔倒。說文:"躓,跲也。"左傳宣公十五年:"杜回～而顛,故獲之。"韓非子六反:"不～於山而～於垤。"論衡命禄:"舉之過一鈞,則～仆矣。"引申爲遇事不順利,受挫折。抱朴子外篇官理:"故良駿敗於拙御,智士～於闇世。"南朝宋謝靈運還舊園作見顔范二中書詩:"事～兩如直,心愜三避賢。"㊁文辭晦澀(後起義)。南朝梁鍾嶸詩品序:"若專用比興,患在意深,意深則詞～。"南史江淹傳:"自爾淹文章～矣。"㊂疲乏,困頓。古詩源易緯引古詩:"～馬破車,惡婦破家。"梁書王僧孺傳:"蓋基薄牆高,塗遥力～,傾壓必然,顛蹶可俟。"

2. zhī 集韻張尼切,音胝,平,脂韻,知。脂部。

㊃通"胝"。趼子,手脚上因摩擦而生的硬皮。集韻脂韻以"躓"爲"胝"的或體。孟子滕文公下"聖人之徒也"趙岐注:"章指:言,夫憂世撥亂,勤以濟之,義以匡之;是故禹稷駢~,周公仰思,仲尼皇皇,墨突不及汙,聖賢若此,豈得不辯也。"焦循正義:"史記作胼胝,謂手足生胝也。"

躒 1. lì 郎擊切,入,錫韻,來。藥部。

㊀跳躍,跨越。大戴禮記勸學:"騏驥一~,不能千里。"孔廣森補注:"躒,跨也。"引申爲超越,超過。唐王維裴僕射濟州遺愛碑:"惰者發憤以~勤,懦者自强以齊壯。"唐劉禹錫答柳子厚:"余吟而繹之,顧其辭甚約,而味淵然以長。氣爲幹,文爲支。跨~古今,鼓行乘空。"

2. luò 盧各切,入,鐸韻,來。藥部。

㊀〔逴躒〕見"逴"字條。

按,説文躒作趮,在走部。

躐 liè 良涉切,音獵,入,葉韻,來。葉部。

㊀踐踏。楚辭戰國屈原九歌國殤:"凌余陣兮~余行,左驂殪兮右刃傷。"王逸注:"躐,踐也。"漢揚雄長楊賦:"破穹廬,腦沙幕,髓余吾,遂~乎王庭。"㊁超越,越過。禮記學記:"幼者聽而無問,學不~等也。"新唐書李嶠傳:"冒級~階。"㊂通"擸"。捋,用手梳理。後漢書崔駰傳:"當其無事,則~纓整襟,規矩其步。"㊃通"獵"。攝取。明張岱陶菴夢憶筠芝亭:"亭前石臺,~取亭中之景物而先得之。"

按,説文無躐字。

躗 1. wèi 集韻于歲切,去,祭韻,喻三。月部。

㊀牛用蹄踢以自衛。説文:"躗,衛也。"段玉裁注:"當云'躗,踶也'。牛部'犨'下云:'牛踶躗也。'然則躗犨義略同。"

2. wèi 火怪切,去,怪韻,曉。月部。

㊁謬誤,詐僞。左傳哀公二十四年:"君卑政暴,往歲克敵,今又勝都,天奉多矣,又焉能進,是~言也。"孔穎達疏:"服虔云:'躗,僞,不信也。'"明宋濂潛溪録卷六:"蚤莫自深省,此語諒非~。"

十七畫

躠 xuè 集韻私列切,音泄,入,薛韻,心。月部。

亦作"蹩"。〔蹩躠〕叠韻聯緜字。參見"蹩"字條。

躟 ráng 汝陽切,音瓤,平,陽韻,日。陽部。

行走匆忙的樣子。文選漢傅毅舞賦:"擾~就駕,僕夫正策。"李善注引埤蒼:"躟,疾行貌。"

按,説文無躟字。

躞 xiè 蘇協切,入,怗韻,心。葉部。

㊀〔躞蹀〕叠韻聯緜字。也作"蹀躞",見"蹀"字條。小步緩行的樣子。樂府詩集相和歌辭白頭吟八首之一:"躞蹀御溝上,溝水東西流。"唐張祜愛妾换馬:"婵娟躞蹀春風裏,揮手摇鞭楊柳堤。"㊁書卷的軸心(晚起義)。宋米芾書史:"古囊織褾可復得,白玉爲~黄金題。"明楊愼畫品金題玉躞:"海岳書史云:'隋唐藏書皆金題玉~。'"

按,説文無躞字。

蹮 xiān 集韻相然切,音鮮,平,仙韻,心。元部。

〔跰蹮〕見"跰"字條。

按,説文無蹮字。

十八畫

躡 niè 尼輒切,音聶,入,葉韻,娘。葉部。

㊀踩,踐踏。説文:"躡,蹈也。"戰國策秦策四:"康子履魏桓子,~其踵。"史記陳丞相

世家:"漢王大怒而駡,陳平～漢王。"引申爲踏上,登上。漢司馬相如封禪文:"然後～梁父,登泰山。"晉左思咏史詩之二:"世冑～高位,英俊沉下僚。"❷跟踪,追隨。尉繚子經卒令:"莫敢當其前,無敢～其後。"三國志魏書鄧艾傳:"維聞鍾會諸軍已入漢中,引退還,欣等追～於疆川口,大戰,維敗走。"❸穿着(鞋)。史記平原君虞卿列傳:"虞卿者,游説之士也。～蹻檐簦,説趙孝成王。"玉臺新詠古詩爲焦仲卿妻作:"足下～絲履,頭上瑇瑁光。"❹放輕(脚步)(晚起義)。元李好古張生煮海一折:"我～足潛踪,他换羽移宫。"

[備考]古代織布機上的踏板。唐王建七夕曲:"抛梭振～動鳴璫,爲有秋期眠不足。"

[辨]履,踐,蹈,躡。四個詞都表示行走。"履"、"踐"都是"走在…上面"的意思,"履"帶有敬重的色彩,"踐"却含有輕賤的意味。"蹈"是踩踏,常有冒險的含義,如蹈火、蹈海。"躡"是有意識地踩上去。

[同源字]踏,蹋,蹀,躡。見"踏"字條。

蹐 jí 集韻秦昔切,音籍,入,昔韻,從。鐸部。

同"踖"。踐踏。史記司馬相如列傳上林賦:"乘騎之所蹂若,人民之所蹈～。"

按,説文蹐作踖。

蹋 tà 徒盍切,音蹋,入,盍韻,定。葉部。

同"蹋"。踢。漢書霍光傳:"後兩家奴争道,霍氏奴入御史府,欲～大夫門,御史爲叩頭謝,乃去。"又霍去病傳:"其在塞外,卒乏糧,或不能自振,而去病尚穿域～鞠也。"史記作"蹋鞠"。

按,説文蹋作蹋。

躣 qú 其俱切,音衢,平,虞韻,羣。魚部。

〔躣躣〕行走的樣子。説文:"躣,行皃。"楚辭戰國宋玉九辯:"左朱雀之茇茇兮,右蒼龍之躣躣。"洪興祖補注:"躣躣,行貌。"

躖 duàn 字彙徒管切,音斷。元部。

同"躔"。〔躖躖〕行走迅速的樣子。玉篇"躔,踐處也,又行速也。"楚辭漢王逸九思悼亂:"鹿蹊兮躖躖,貒貉兮蟫蟫。"

按,説文躖作躔。

十 九 画

躧 xǐ 所綺切,上,紙韻,審二。支部。

亦作"蹝"、"屣"。❶草鞋。戰國策燕策一:"燕趙之棄齊也,猶釋敝～。"漢劉向説苑至公:"去天下若遺～,於天下猶然,况其細於天下乎!"也指無跟的小鞋,特指舞鞋。説文:"躧,舞履也。"漢書地理志下:"女子彈弦跕～,游媚富貴,徧諸侯之後宫。"顔師古注:"躧謂小履之無跟者也。"❷拖着(鞋),趿拉着(鞋)。漢書雋不疑傳:"勝之開閤延請,望見不疑容貌尊嚴,衣冠甚偉,勝之～履起迎。"顔師古注:"躧謂納履未正,曳之而行,言其遽也。"❸踩,踏(後起義)。南朝齊王融永明樂詩之四:"振玉～丹墀,懷芳步青閣。"西遊記四四回:"急拽步往外走時,不知怎的,～着一個荔枝核子,撲的滑了一跌。"

[備考]跟踪,探察(晚起義)。明顧起元客座贅語詮俗:"尾人之後,偵其所之與所爲曰～。"明史河渠志一:"今惟～上流東南之故道,相度疏濬,則正流歸道,餘波就壑。"

二 十 畫

躨 kuí 渠追切,音葵,平,脂韻,羣。脂部。

〔躨跜〕叠韻聯緜字。獸類盤屈活動的樣子。文選漢王延壽魯靈光殿賦:"虯龍騰驤以蜿蟺,頷若動而躨跜。"李善注:"躨跜,動皃。"唐李白化城寺大鐘銘:"爾其龍質炳發,虎形躨跜。"

按,説文無躨字。

躪 lìn 龍龕手鑑浪力(刃?)反。真部。

❶踐踏。亦作"蹸"。文選漢司馬相如上林賦:"～玄鶴,亂昆雞。"李善注引郭璞曰:

"躪，踐也。"引申爲蹂躪，摧殘。新唐書郭子儀傳："掠涇邠，～鳳翔，入醴泉奉天，京師大震。"又武后傳："恐百歲後爲唐宗室～藉無死所，即引諸武及相王太平公主誓明堂，告天地，爲鐵券使藏史館。"㊁車輪碾壓。又作"蹸"，"轥"。文選漢班固西都賦："蹂～其十二三，乃拗怒而少息。"李善注："説文曰：'蹸，轢也。'躪與蹸同。"

［同源字］躪（躙），轥（蹸）。廣韻："躙，蹂躙。"又："轥，車踐。"説文："蹸，轢也。"據此則足踐爲"躪（躙）"，車軋爲"轥（蹸）"。兩字同音，義亦相通，實同一詞。

按，説文躪作蹸。

躩 jué 居縛切，音攫，入，藥韻，見。鐸部。

㊀快速的樣子。論語鄉黨："君召使擯，色勃如也，足～如也。"皇侃義疏引江熙曰："躩，速貌也。"莊子山木："蹇裳～步，執彈而留之。"成玄英疏："躩步，猶疾行也。"㊁跳躍。淮南子精神："熊經鳥伸，鳧浴蝯～，鴟視虎顧，是養形之人也。"漢書司馬相如傳下："低卬夭蟜裾以驕驁兮，詘折隆窮～以連卷。"顔師古注引張揖曰："躩，跳也。"唐李白東海有勇婦詩："十步兩～躍，三呼一交兵。"

身　部

身 1. shēn 失人切，平，真韻，審三。真部。

㊀人的軀幹，頸以下大腿以上的部份。説文："身，躳也，象人之身。"論語鄉黨："必有寢衣，長一～有半。"特指婦女懷孕。詩大雅大明："大任有～。"又指頭以外的部份，或泛指整個身體。楚辭戰國屈原九歌國殤："帶長劍兮挾秦弓，首～離兮心不懲。"荀子非相："衛靈公有臣曰公孫吕，～長七尺。"引申指動物的軀體或物體的主幹部份。左傳襄公二十四年："象有齒以焚其～。"韓非子説林下："蟲有虺者，一～兩口，争食相齕也。"爾雅釋木："樅，松葉柏～。檜，柏葉松～。"周禮考工記桃氏："桃氏爲劍……～長五其莖長，重九鋝，謂之上制。"賈公彦疏："莖，長五寸，五其莖長，二尺五寸，并莖五寸，爲三尺也。"㊁自身，本身。楚辭戰國屈原九章惜誦："吾誼先君而後～兮，羌衆人之所仇。"韓非子五蠹："兔不可復得，而～爲宋國笑。"又爲親自，自己。墨子非儒下："取妻～迎，祗褍爲僕，如仰嚴親。"韓非子五蠹："禹之王天下也，～執耒臿以爲民先。"又指自己的生命。楚辭戰國屈原卜居："寧正言不諱以危～乎？將從俗富貴以媮生乎？"公羊傳隱公八年："何以不氏？疾始滅也，故終其～不氏。"用作動詞。親自實行，親自擔任。孟子盡心上："堯舜性之也，湯武～之也，五霸假之也。"新唐書房琯傳："李光進將北軍，自奉天入，琯～中軍先鋒。"

2. juān 音捐。

㊂〔身毒〕古印度的音譯。史記西南夷列傳："從東南身毒國，可數千里，得蜀賈人市。"司馬貞索隱："身音捐，毒音篤。一本作'乾毒'。漢書音義一名'天竺'也。"

［同源字］身，娠，傛。見"娠"字條。

三　畫

躬 gōng 居戎切，平，東韻，見。冬部。

同"躳"。㊀身體。詩大雅烝民："纘戎祖考，王～是保。"書牧誓："爾所弗勖，其于爾～有戮。"㊁自身，本身。詩邶風谷風："我～不閲，遑恤我后。"又大雅文王："命之不易，無遏爾～。"又爲親自，親身。左傳成公十三年："文公～擐甲胄，跋履山川。"儀禮士昏禮："宗子無父母命之，親皆没，己～命之。"用作動詞。親自從事，親自管理。詩小雅節南山：

"弗～弗親，庶民弗信。"孔穎達疏："言王爲政由不躬爲之，不親行之，故天下庶民之言不可信也。"韓非子外儲説右下："是以聖人不親細民，明主不～小事。"㊂彎下(身子)(晚起義)。宋吴自牧夢粱録車駕詣景靈宮孟饗："～身不要拜，唱喏直身立。"西遊記二九回："(八戒)把腰一～，就長有八九丈長。"㊃通"窮(qióng)"。窮盡，窮迫。馬王堆漢墓帛書戰國縱横家書朱己謂魏王章："皆識秦〔之欲無〕～(窮)也。"大戴禮記哀公問五義："～爲匹夫而不願富，貴爲諸侯而無財。"孔廣森補注："躬，讀爲窮。"

[備考]㊀箭靶的上下幅。儀禮鄉射禮："侯道五十弓，弓二寸，以爲侯中，倍中以爲～，倍～以爲左右舌。"鄭玄注："躬，身也，謂中之上下幅也。"㊁通"肱"。手臂。晏子春秋諫下六："歌終，顧而流涕，張～而舞。"王念孫讀書雜志："張躬，即張肱也。躬字古讀若肱，故與肱通。"

按，説文以躬爲躳的或體。

五　畫

躲 shè 神夜切，去，禡韻，牀三。鐸部。

同"射"。把箭放射出去。説文："躲，弓弩發於身而中於遠也。"楚辭戰國屈原天問："何啟惟憂，而能拘是達？皆歸～鞫，而無害厥躬。"王逸注："躲，一作射。"漢書韓安國傳："畜牧爲業，弧弓～獵。"經傳多作"射"。

六　畫

躱 duǒ 玉篇丁果切。

後起字。亦作"躲"。躲避，躲藏。宋洪邁夷堅志孝義坊土地："平江市人周翁瘧疾不止，嘗聞人説瘧有鬼，可以出他處～避，乃以昏時潛入城隍廟中，伏卧神座下。"明洪楩清平山堂話本楊温攔路虎傳："這楊温却離莊有得半里田地，尋個草中～了。"

[辨]躱，避。見"避"字條。

七　畫

躳 gōng 居戎切，平，東韻，見。冬部。

"躬"本字。㊀身體。説文："躳，身也。"清周亮工賴古堂集庚子重九雜感詩："歎息此危～，不若薤上露。"㊁親自，親身。逸周書月令："率三公九卿，諸侯大夫～耕帝籍田。"

按，説文以躳爲本字，躬爲或體。經傳多用躬。

八　畫

躺 tǎng。

晚起字。身體平卧。金瓶梅詞話四一回："在炕上鋪着小褥子兒～着。"紅樓夢二〇回："我就静静的～一～也好啊！"又用作死的婉辭。清吴趼人二十年目睹之怪現狀六五回："先母～了下來，還是很熱鬧的；及至内人死後，散出訃帖去，應酬的竟寥寥了。"

躶 luǒ 郎果切，上，果韻，來。歌部。

同"裸"。裸露，光着身子。史記陳丞相世家："平恐，乃解衣～而佐刺船。"梁書侯景傳："悉驅城内文武～身而出，賊交兵殺之，死者二千餘人。"

按，説文躶作蠃，或體作裸。

十　一　畫

軀 qū 豈俱切，平，虞韻，溪。侯部。

㊀身體。説文："軀，體也。"荀子勸學："小人之學也，入乎耳，出乎口，口耳之間則四寸耳，曷足以美七尺之～哉？"韓非子問田："今先王立法術，設度數，臣竊以爲危於身而殆於～。"㊁名量詞，多用於神像、寶塔等建築物(後起義)。北魏楊衒之洛陽伽藍記城内："中有丈八金像一～。"南朝梁沈約繡像題贊："造繡無量壽像一～。"北齊佚名朱曇思等造塔頌："敬造寶塔一～。"

[備考]㊀指胎兒，身孕(後起義)。三國

志魏書華佗傳:"其母懷~,陽氣内養。"晉王叔和脈經卷九:"陰陽俱盛,故知雙~。"㊂"軀口"的省稱(晚起義)。金元時女真族、蒙古族以被俘的漢人爲奴,稱作"軀口"。亦簡稱"軀"。元佚名劉弘嫁婢一折:"你道要女兒着錢贖箇婢,要廝兒着鈔買一箇~。"

十二畫

䠤 duǒ 改併四聲篇海引俗字背篇音朵。

後起字。❶垂,下垂。同"𨈕"。廣韻哿韻:"𨈕,垂下皃,丁可切。"唐岑參和刑部成員外秋寓直臺省知己:"竹喧交砌葉,柳~拂窗條。"金董解元西廂記諸宮調卷一:"~羅袖以無言,垂湘裙而不語。"❷通"躲"。躲避,躲藏(晚起義)。宋無名氏張協狀元第九齣:"命蹇時乖撞着它,冤家要~如何~?"宋洪邁夷堅志車四道人:"又被渠~了六十年,可怪可怪。"

[備考]方言。躺下歇息但不入睡(晚起義)。清韓邦慶海上花列傳二回:"王阿二靠在小村身旁燒起烟來,見朴齋獨自坐着,便説:'榻牀浪來~~哩。'"

車 部

[車部總論]

車部除極個别的字外,意義都與車有關。數量最多的是名詞:許多是各種車的名稱,例如:軒、軺、輦、輜、軿、輣、輚、輶等;其次是車的各種組成部件,例如:軸、輪、軾、較,輔、輻、轅、輿等;還有的是套馬駕車的器具,例如:軥、輗、軏、轡等。車部的動詞、形容詞也不少。動詞表示與車有關的行爲動作,例如:載、輓、轉、輸,軋、轢、軍、轘等;形容詞表示與車有關的性質狀態,例如:輕、輖、輊、轞等,還有一些形容車聲的象聲詞,例如:軥、輘、轟、轠等。只有"輝"、"輗"、"軱"的意義與車無關,"輝"是不按義符歸部的結果,"輗"、"軱"从車的理據已不可考。

車 1. chē 尺遮切,平,麻韻,穿三。魚部。

❶車子。説文:"車,輿輪之總名。"詩秦風車鄰:"有~鄰鄰,有馬白顛。"楚辭戰國屈原九歌國殤:"操吴戈兮被犀甲,~錯轂兮短兵接。"❷利用輪軸旋轉的工具(後起義)。後漢書宦者傳張讓:"又作翻~渴烏,施於橋西,用灑南北郊路,以省百姓灑道之費。"李賢注:"翻車,設機車以引水。"明陸容菽園雜記卷一〇:"紡紗具曰紡~,颺穀具曰風~,繅絲具曰繅~。"❸利用輪軸旋轉來抽水或切削東西(後起義)。唐段成式酉陽雜俎樂:"直遂集客,~水竭池,窮池索之。"宋洪皓松漠紀聞補遺:"麋角與鹿角不同,麋角如駝骨,通身可~。"

[備考]牙牀。左傳僖公五年:"諺所謂'輔~相依,唇亡齒寒'者,其虞虢之謂也。"杜預注:"輔,頰輔;車,牙車。"孔穎達疏:"牙車,牙下骨之名。"唐韓愈與崔羣書:"近者尤衰憊,左~第二牙無故動摇脱去。"

2. jū 九魚切,音居,平,魚韻,見。

❹象棋棋子的一種。宋劉克莊象弈詩:"昆陽以象奔,陳濤以~敗。"清李汝珍鏡花緣七四回:"吕祥蓂連忙叫道:'小鶯姐姐攔不得,有個馬後砲哩!'話未説完,秦小春隨即用砲把~打了。"

[辨]車,輿,輦,軒,軺。見"輦"字條。

一畫

軋 yà 烏黠切,音揠,入,黠韻,影。月部。

❶碾壓。説文:"軋,輾也。"段玉裁注:"本謂車之輾於路。"史記匈奴列傳:"有罪小者~,大者死。"張守節正義引顔師古曰:"軋者,謂輾轢其骨節,若今之壓踝者也。"唐李賀夢天詩:"玉輪~露濕團光,鸞佩相逢桂香陌。"引申爲傾軋,排擠。莊子庚桑楚:"舉賢則民相~,任知則民相盜。"荀子議兵:"秦四世有勝,諰諰然常恐天下之一合而~己也。"宋張載正蒙動物:"聲者,形氣相~而成。"又爲壓倒,凌駕。新唐書劉晏傳:"然任職久,勢~宰相,要官華使多出其門。"❷〔軋軋〕象聲詞(後起義)。唐許渾旅懷詩:"征車何軋軋,南北極天涯。"唐温庭筠江南曲:"軋軋摇槳聲,移舟入茭葉。"亦可單用。宋朱松曉過吴縣詩:"遥憐瑣窗人,攲枕聽鴉~。"

[備考]㈠委曲。穀梁傳襄公十九年:"取邾田自漷水,~辭也。"楊士勛疏:"今云軋辭者,軋謂委曲,經言自漷水者,委曲之辭也。"㈡撥彈,彈奏。唐皎然觀李中丞洪二美人唱歌軋箏歌:"君家雙美姬,善歌工箏人莫知。~用蜀竹弦楚絲,清哇宛轉聲相隨。"

二畫

軍 jūn 舉云切,平,文韻,見。文部。

❶包圍,圍攻。説文:"軍,圜圍也。"銀雀山漢墓竹簡孫臏兵法十陣:"疏而不可蹙,數而不可~者,在于慎。"周禮秋官朝士:"凡盜賊~鄉邑及家人,殺之無罪。"❷駐紮。左傳桓公六年:"楚武王侵隨,使薳章求成焉。~於瑕以待之。"銀雀山漢墓竹簡孫子兵法行軍:"凡~好高而惡下,貴陽而賤陰。"❸軍隊。孫子兵法謀攻:"凡用之法…全~爲上,破~次之。"墨子號令:"無符節,而横行~中者,斷。"也指軍隊成員,士兵。史記淮陰侯列傳:"~皆殊死戰,不可敗。"唐杜甫悲陳陶詩:"野曠天清無戰聲,四萬義~同日死。"又指軍營。左傳成公十六年:"齊、宋、衛皆失~。"俞樾平議:"軍者,謂營壘也。"三國志魏書滿寵傳:"寵敕諸將曰:'今夕風甚猛,賊必來燒~,宜爲其備。'"用作動詞,指揮軍隊的意思。左傳桓公五年:"鄭師合以攻之,王卒大敗。祝聃射王中肩,王亦能~。"杜預注:"雖軍敗身傷,猶殿而不奔,故言能軍。"❹軍隊的編制單位。周禮地官小司徒:"五旅爲師,五師爲~。"鄭玄注:"軍萬二千五百人。"國語齊語:"萬人爲一~。"韋昭注:"萬人爲軍,齊制也。"❺唐代爲軍隊衛戍區域的軍事機構名稱(後起義)。新唐書兵志:"唐初,兵之戍邊者,大曰~,小曰守捉,曰城,曰鎮,而總之者曰道。若盧龍~一,東軍等守捉十一,曰平盧道。"宋代爲行政區域名稱。與府、州、監同屬於路。文獻通考輿地考:"天下凡十八路,州、府、~、監三百二十二,縣一千二百六十二。"❻古代的一種刑罰。充軍,把罪犯流放到邊遠地區去當兵或服勞役(後起義)。明史刑法一:"而~有終身,有永遠。永遠者,罪及子孫,皆以實犯死罪減等者充之。"

[辨]①軍,師。"軍"、"師"都可以表示軍隊和軍隊的編制單位。作爲軍隊的編制單位,"軍"比"師"大,軍轄師,古今一律。表示軍隊時,在先秦"師"一般指出征在外的軍隊,"軍"則泛指軍隊。漢代以後,"師"很少再用來表示軍隊,"軍"也指出征在外的軍隊。"軍"表示軍隊時,可以指士兵,也可以指軍營,"師"没有這種用法。

②卒,兵,軍,士。見"卒"字條。

軌 guǐ 居洧切,上,旨韻,見。幽部。

❶車兩輪間的距離。説文:"軌,車徹也。"段玉裁注:"車徹者,謂輿之下兩輪之間,空中可通,故曰車徹。"禮記中庸:"今天下車同~,書同文,行同倫。"吕氏春秋勿躬:"平原廣城,車不結~,士不旋踵。"高誘注:"車兩輪間曰軌。"引申爲車輪留的痕迹。孟子盡心

下："城門之～，兩馬之力與？"唐柳宗元辯侵伐論："周道既壞，兵車之～交於天下，而罕知侵伐之端焉。"代指車子。文選漢王延壽魯靈光殿賦："高門擬於閶闔，方二～而並入。"李善注："二軌，謂容兩車也。"❷軌道，事物運行的一定路綫。淮南子本經："五星循～而不失其行。"高誘注："軌，道也。"南朝宋顏延之直東宮答鄭尚書詩："兩闈阻通～，對禁限清風。"❸法度，規範。管子君臣上："是故別交正分之謂理，順理而不失之謂道。道德定而民有～矣。"後漢書橋玄傳："故太尉橋公，懿德高～，汎愛博容。"❹遵循，依照。尹文子大道下："心不畏時之禁，行不～時之法，此大亂之道也。"韓非子五蠹："是境内之民，其言談者必～於法。"❺通"宄"。内亂。左傳成公十七年："臣聞亂在外爲姦，在内爲～。"釋文："軌，本又作宄。"文選晉陸機五等論："僅及數世，姦～充斥。"李善注："軌與宄古字通。"

［備考］㊀軸頭，車軸的兩頭。詩邶風匏有苦葉："濟盈不濡～，雉鳴求其牡。"禮記少儀："祭左右～范，乃飲。"鄭玄注："軌與軹於車同謂轊頭也。"㊁古代户口的一種編制。國語齊語："五家爲～，～爲之長。"

三 畫

軒 1. xuān 虛言切，平，元韻，曉。元部。

❶一種曲輈、車廂前高後低、有帷幕的車，供大夫以上的人坐。説文："軒，曲輈藩車。"左傳閔公二年："衛懿公好鶴，鶴有乘～者。"杜預注："軒，大夫車。"又定公十三年："齊侯皆斂諸大夫之～。"泛指華美的車子。三國魏阮籍詠懷詩之六〇："屣履詠南風，緼袍笑華～。"文選南朝梁江淹别賦："龍馬銀鞍，朱～繡軸。"李善注引鄭玄曰："軒，車通稱也。"❷高揚，抬高（後起義）。文選三國魏何晏景福殿賦："飛櫚翼以～翥，反宇巘以高驤。"張銑注："軒，猶高也。"又王粲贈蔡子篤詩："潛鱗在淵，歸鴈載～。"李善注："軒，飛貌。"明高攀龍高子遺書辨類："今之爲儒者，且～佛以輕儒。"〔軒軒〕儀態軒昂、氣概不凡的樣子。淮南子道應："見一士焉，深目而玄鬢，淚注而鳶肩，豐上而殺下，軒軒然方迎風而舞。"楚辭漢王逸九思悼亂："鶬鶊兮軒軒，鶉鴳兮甄甄。"自注："軒軒，將止之貌。甄甄，小鳥飛貌。""軒軒"形容猛禽高飛的狀態，與小鳥的低飛"甄甄"形成對照。世説新語容止："海西時，諸公每朝，朝堂猶暗，唯會稽王來，軒軒如朝霞舉。"〔軒輊〕喻指高低、輕重。唐杜甫送從弟亞赴安西判官："崆峒地無軸，青海天軒輊。"新唐書宗諸子傳贊："實與匹夫不異，故無赫赫過惡，亦不能爲王室軒輊。"❸像軒車車廂護欄的器物。指欄干。楚辭戰國宋玉招魂："高堂邃宇，檻層～些。"王逸注："軒，樓版也。言所造之室，其堂高顯，屋甚深邃，下有檻楯，上有樓版，形容異制且鮮明也。""樓板"指樓上的護板，也就是欄干。後漢書張奂傳："青蛇見於御座～前。"李賢注："軒，殿檻欄板也。"南朝梁江淹别賦："日下壁而沉彩，月上～而飛光。"又指窗子，古代多木格窗，形似欄干（後起義）。三國魏阮籍詠懷詩之一五："開～臨四野，登高望所思。"唐杜甫寄劉峽州伯華使君四十韻："伏枕思瓊樹，臨～對玉繩。"❹有窗子而敞朗的長廊或小屋（後起義）。文選三國魏曹植贈徐幹詩："春鳩鳴飛棟，流猋激櫺～。"李善注："軒，長廊之有窻也。"後漢書延篤傳："夕則消摇内階，詠詩南～。"❺屋檐（後起義）。文選南朝宋沈約應王中丞思遠詠月詩："網～映珠綴，應門照緑苔。"張銑注："軒，屋檐也。以網及珠綴而飾之。"亦指堂前屋檐下的平臺。宋王禹偁詔臣僚和御制賞花詩序："懽呼方到於～墀，侍從共登於欄檻。"

［備考］厠所的别稱。釋名釋宫室："厠，或曰溷，言溷濁也；或曰圊，至穢之處宜常修治使潔清也；或曰軒，前有伏似殿軒也。"

2. xiàn 集韻許建切，音獻，去，願韻，曉。元部。

㊅大的肉片。禮記内則："肉腥，細者爲膾，大者爲～。"鄭玄注："言大切、細切異名也。膾者必先軒之，所謂聶而切之也。"

［辨］車，輿，輦，軒，軺。見"輦"字條。

軑 dài 徒蓋切，去，泰韻，定。月部。

㊀車轂端圓管狀的帽蓋。説文："軑，車輨也。"桂馥義證："方言：'關之東西曰輨，南楚曰軑。'"楚辭戰國屈原離騷："屯余車其千乘兮，齊玉～而並馳。"㊁車輪。文選南朝齊謝朓始出尚書省詩："青精翼紫～，黄旗映朱邸。"李善注："方言：'韓楚之間，輪謂之軑。'徒計切。天子之車，以紫爲蓋，故曰紫軑。"㊂古地名。西漢侯國，漢初封長沙相利倉於此，後爲縣。故城在今河南省光山縣西北息縣界。漢書百官公卿表："～侯吴利爲奉常。"

軏 yuè 魚厥切，音月，入，月韻，疑。月部。

古代車轅前端與車衡銜接處的關鍵。論語爲政："大車無輗，小車無～，其何以行之哉？"包咸注："軏者，轅端上曲鉤衡。"楚辭漢王逸九思逢尤："車～折兮馬虺頹。"

按，説文軏作軏，云："車轅耑持衡者。"

軎 wèi 于歲切，音衛，去，祭韻，喻三。月部。

㊀車軸頭。説文："軎，車軸耑也。从車，象形。杜林説：轊，軎或从彗。"典籍多作"轊"，參見"轊"字條。㊁〔軎術〕古代的一門算術（後起義）。宋沈括夢溪筆談技藝："審方面勢，覆量高深遠近，算家謂之軎術。軎文象形，如繩木所用墨斗也。"

軘 1. chūn 丑倫切，音椿，平，諄韻，徹。文部。

㊀古代泥濘路上的交通工具。説文木部欙："虞書曰：'予乘四載。'水行乘舟，陸行乘車，山行乘欙，澤行乘～。"今本書益稷僞孔傳作"泥乘輴"。

2. xún 集韻松倫切，音巡，平，諄韻，邪。文部。

㊁通"巡"。巡視。秦李斯嶧山刻石："親～遠方，登于嶧山。"

軓 fàn 防錽切，上，范韻，奉。侵部。

在車軾前面掩擋車廂的板子。説文："軓，車軾前也。"周禮考工記："～前十尺而策半之。"清戴震考工記圖釋車："～與輢皆輿揜版。輢之言倚也，兩旁人所倚也。～之言範也，範圍輿前也。"

軔 rèn 而振切，音刃，去，震韻，日。文部。

㊀阻止車輪滚動的木頭。説文："軔，礙車也。"楚辭戰國屈原離騷："朝發～於蒼梧兮，夕余至乎縣圃。"洪興祖補注："軔，止車之木，將行則發之。"用作動詞，止住車輪。戰國策秦策五："陛下嘗～車於趙矣。"後漢書申屠剛傳："諫不見聽，遂以頭～乘輿輪，帝遂爲止。"李賢注："軔，謂以頭止車輪也。"㊁通"韌"。堅韌，柔韌。管子制分："故凡用兵者，攻堅則～，乘瑕則神。"尹知章注："軔，牢固之名也。所攻既堅，則軔而難入。"荀子富國："其禮義節奏也，芒～僈楛，是辱國已。"楊倞注："軔，柔也，亦怠惰之義。"㊂通"仞"。八尺爲一仞（一説七尺）。孟子盡心上："掘井九～而不及泉，猶爲棄井也。"趙岐注："軔，八尺也。"

［備考］指車輪。文選晉潘岳懷舊賦："轍含冰以滅軌，水漸～以凝沍。"李善注引顔延年曰："車輪謂之軔。"

四　畫

軖 kuáng 巨王切，音狂，平，陽韻，羣。陽部。

古代的繅絲車。説文："軖，紡車也。"王筠釋例："今人抽棉爲線謂之紡，而繅繭爲絲謂之軖。"漢服虔通俗文："繅車曰軖。軖，笙也。"元王禎農書卷二〇："人在～車氣少舒，緒縷均停堪絡織。"也指繅車的輪。元王禎農書卷二〇："～必以牀，以承～軸…左足踏動，～即隨轉，自下引絲上～，總名曰繅車。"原

注:“去王切,繅輪也。”

軘 tún徒渾切,音豚,平,魂韻,定。文部。

古代的一種兵車。説文:“軘,兵車也。”左傳宣公十二年:“晉人懼二子之怒楚師也,使～車逆之。”杜預注:“軘車,兵車名。”孔穎達疏引服虔云:“軘車,屯守之車。”又襄公十一年:“鄭人賂晉侯以師悝、師觸、師蠲,廣車、～車淳十五乘,甲兵備,凡兵車百乘。”

軛 è龍龕手鑑於格反,音厄。錫部。

同“軶”。牛馬等拉東西時駕在脖子上的器具。楚辭戰國屈原卜居:“寧與騏驥亢～乎?將隨駑馬之迹乎?”韓非子外儲説左上:“鄭縣人有得車～者,而不知其名。”楚辭漢劉向九歎離世:“執組者不能制兮,必折～而摧轅。”

按,説文軛作軶。

軜 nà奴答切,音納,入,合韻,泥。緝部。

驂馬的内側韁繩。説文:“軜,驂馬内轡繫軾前者。”詩秦風小戎:“龍盾之合,鋈以觼～。”毛傳:“軜,驂内轡也。”

軞 máo集韻謨袍切,平,豪韻,明。宵部。

〔軞車〕即“旄車”。主帥乘坐的指揮車,車尾立旄牛尾爲飾的旗幟。詩魏風汾沮洳“殊異乎公路”鄭箋:“公路,主君之軞車,庶子爲之,晉趙盾爲軞車之族,是也。”左傳宣公二年作“趙盾爲旄車之族”。釋文:“旄,一本作軞。”

按,説文無軞字。

軟 ruǎn而兖切,上,獮韻,日。元部。

同“輭”。❶柔軟。梁書高昌傳:“布甚～白。”唐元稹送嶺南崔侍御詩:“火布垢塵須火浣,木綿温～當綿衣。”❷柔和。唐白居易小童薛陽陶吹觱篥歌:“有時婉～無筋骨,有時頓挫生稜節。”宋史達祖雙雙燕詠燕詞:“還相雕梁藻井,又～語商量不定。”❸軟弱,懦弱。論衡問孔:“君子之行,～而易污邪?”唐施肩吾夜宴曲:“被郎嗔罰琉璃盞,酒入四肢紅玉～。”唐韓愈祭十二郎文:“比得～脚病,往往而劇。”❹容易被感動或動摇(晚起義)。金董解元西廂記諸宫調卷一:“早見女孩兒家心腸～,諕得顫着一團。”紅樓夢六〇回:“耳朵又～,心裏又没有算計。”

[同源字]軟,輭,蝡,愞,耎,偄,媆,懦。這八個字都有柔弱的意思。“軟”、“輭”是異體字;“蝡”、“愞”、“媆”與“軟”同音;“偄”與“軟”叠韻,又是泥、日鄰母準雙聲;“愞”、“懦”兩字都有陰、陽兩讀,是歌元對轉關係。八字音同或音近,義亦相通,它們是同源關係。

按,説文無軟字。

軝 qí巨支切,音歧,平,支韻,羣。支部。

車轂兩端有皮革裝飾的部份。亦作“軧”。説文:“軝,長轂之軝也。以朱約之。”詩小雅采芑:“約～錯衡,八鸞瑲瑲。”孔穎達疏:“謂以朱色纏束車轂以爲飾。”清曹寅南轅雜詩:“金鞍夾道擁朱～,餞飲茶酥勝一時。”

軓 fǎn府遠切,音反,上,阮韻,非。元部。

古代車廂兩旁的屏障。説文:“軓,車耳反出也。”漢書景帝紀:“令長吏二千石車朱兩轓。”顔師古注引漢應劭曰:“車耳反出,所以爲之藩屏,翳塵泥也。二千石雙朱,其次乃偏其左。～以簟爲之,或用革。”宋洪适隸釋漢仙人唐公房碑:“鼠齧～車被具,君乃畫地爲獄,召鼠誅之。”用作動詞,以之爲屏障。銀雀山漢墓竹簡孫臏兵法十陣:“或擊其迂,或辱其鋭,笲之而無間,～山而退。”

五　畫

軶 è於革切,音厄,入,麥韻,影。錫部。

字亦作“軛”。牛馬等拉東西時駕在脖子上的器具。説文:“軶,轅前也。”荀子正論:“三公奉～持納。”王先謙集解:“軶,轅前也。”後漢書烈女傳皇甫規妻:“卓乃引車庭中,以其頭縣～,鞭撲交下。”用作動詞,把軶駕在牛馬頸上。管子問:"牽家馬～家車者幾何乘?"

軯 pēng 集韻披耕切,音抨,平,耕韻,滂。耕部。

象聲詞。多形容雷聲、鐘鼓聲等。後漢書張衡傳思玄賦:"豐隆～其震霆兮,列缺曄其照夜。"文選漢張衡東京賦:"撞洪鐘,伐靈鼓,旁震八鄙,～磕隱訇,若疾霆轉雷而激迅風也。"薛綜注:"軯磕隱訇,鐘鼓之聲也。"〔軯訇〕叠韻聯緜字。象聲詞,形容聲音巨大。唐歐陽詹福州南澗寺上方石像記:"驚飆環駭,軯訇杳冥。"

按,説文無軯字。

軻 1. kē 苦何切,平,歌韻,溪。歌部。

㊀軸用兩木接起來的車。説文:"軻,接軸車也。"泛指一般的車。宋王禹偁送柴轉運赴職序:"晝～頻移,繡衣漸遠。"㊁用於人名,古代哲學家孟子名軻。史記孟子荀卿列傳:"孟～,騶人也。"㊂通"柯"。斧柄。管子輕重乙:"一車必有一斤一鋸一釭一鑽一鑿一銶一～,然後成爲車。"戴望校正引丁士涵云:"軻,當爲柯。"

2. kě 枯我切,音可,上,哿韻,溪。歌部。

㊃〔轗軻〕見"轗"字條。

軷 bá 蒲撥切,音跋,入,末韻,並。月部。

古代出行前祭路神叫軷。説文:"軷,出將有事於道,必先告其神,立壇四通,樹茅以依神爲軷。既祭軷,轢於牲而行爲範軷。"詩大雅生民:"載謀載惟,取蕭祭脂,取羝以～。"毛傳:"軷,道祭也。"儀禮聘禮:"出祖釋～,祭酒脯,乃飲酒于其側。"鄭玄注:"詩傳曰:'軷,道祭也。'謂祭道路之神。"

軸 zhóu 直六切,入,屋韻,澄。覺部。

㊀車軸。説文:"軸,持輪也。"周禮考工記輈人:"輈有三度,～有三理。"管子乘馬:"其木可以爲材,可以爲～。"引申爲支持輪子或其它機件轉動部份的零件。如織機的軸。法言先知:"田畝荒、杼～空之謂斁。"唐王建田家行詩:"麥收在場絹在～,的知輸得官家足。"也指弦樂器轉弦的軸。南朝宋謝莊宋孝武宣貴妃誄:"巾見餘～,匣有遺弦。"唐白居易琵琶行:"轉～撥弦三兩聲,未成曲調先有情。"㊁卷軸,圓軸形可繞東西的器物(後起義)。南朝梁任昉齊竟陵文宣王行狀:"所造箴銘,積成卷～。"唐李肇唐國史補卷上:"所著書有未畢者,多芳與續之成～也。"引申爲捲,捲起(後起義)。唐韋莊謁金門詞:"樓外翠簾高～,倚遍闌干幾曲。"唐裴鉶傳奇崑崙奴:"一品命妓～簾,召生入室。"㊂指權要的地位。漢書車千秋傳贊:"車丞相履伊、吕之列,當～處中,括囊不言,容身而去。"唐韓愈酒中留上襄陽李相公詩:"知公不久歸鈞～,應許閑官寄病身。"㊃通"舳"。船。潛夫論讚學:"水師泛～,解維則溺。"汪繼培箋:"軸,當作舳,謂舳艫也。"〔軸轤〕通"舳艫"。船隻。漢王粲浮淮賦:"軸轤千里,名卒億計。"

〔備考〕㊀病。詩衛風考槃:"考槃在陸,碩人之～。"鄭箋:"軸,病也。"㊁載棺的工具。儀禮士喪禮:"棺入,主人不哭,升棺用～,蓋在下。"鄭玄注:"軸,輁軸也。輁狀如牀,軸其輪,輓而行。"

軹 zhǐ 諸氏切,音只,上,紙韻,照三。支部。

㊀古代車轂外端貫穿車軸的小孔,以便用銷釘固定輪和軸。説文:"軹,車輪小穿也。"周禮考工記輪人:"五分其轂之長,去一以爲賢,去三以爲～。"鄭玄注引鄭司農云:"賢,大穿也。軹,小穿也。"也指車軸的末端,即軎。周禮考工記序官:"六尺有六寸之輪,～崇三尺有三寸也。"鄭玄注引鄭司農云:"軹,軎也。"㊁古代車廂兩側闌干狀的擋板。周禮考工記輿人:"參分較圍,去一以爲～圍。"鄭玄注:"軹,輢之植者、衡者也。"戴震釋車:"車闌謂之軨,輢内之軨謂之軹。"漢張衡思玄賦:"撫軨～而還睨兮,心勺藥其若湯。"㊂通"只"。語氣詞。莊子大宗師:"許由曰:'而奚來爲～?'"成玄英疏:"軹,語助也。"

[備考]通"枝(zhī)"。枝杈。漢趙曄吴越春秋王僚使公子光傳:"皆操長戟交～。"俞樾平議:"此軹字當讀爲枝,古字通用…戟者有枝之兵。交軹即交枝,言戟枝相交也。"

軦 kuàng 集韻許放切,音況,去,漾韻,曉。今讀如曠。陽部。

〔黄軦〕蟲名。莊子至樂:"頤輅生乎食醯,黄軦生乎九猷。"釋文引司馬彪云:"頤輅、黄軦,皆蟲名。"列子天瑞:"食醯黄軦生乎九猷。"

按,説文無軦字。

軮 yǎng 烏朗切,上,蕩韻,影。陽部。

〔軮軋〕雙聲聯緜字。廣大衆多的樣子。亦作"坱圠"、"坱軋"。漢書揚雄傳甘泉賦:"據軨軒而周流兮,忽軮軋而亡垠。"顔師古注:"軮軋,遠相映也。"文選李善注本作"坱圠"。宋司馬光和吴冲卿三哀詩:"羣材方大來,軮軋扶帝室。"

按,説文無軮字。

軨 líng 郎丁切,音玲,平,青韻,來。耕部。

❶古代車廂的木方格圍欄。亦作"轜"。説文:"軨,車轖間横木。"楚辭戰國宋玉九辯:"倚結～兮長太息,涕潺湲兮下霑軾。"洪興祖補注:"軨,車轖間横木。"三國魏阮侃答嵇康詩之二:"撫～增歎息,念子安能忘!"❷車輪。禮記曲禮上:"已駕,僕展～效駕。"段玉裁説文解字注:"軨,惟此軨乃許所謂。若曲禮'僕展軨效駕',軨即輪,亦作轔。"清蒲松齡聊齋志異魯女:"展～即發,車馬闐咽而去。"

[備考]一種車名。文選漢揚雄劇秦美新:"式～軒旂旗以示之,揚和鸞肆夏以節之。"李善注:"軨、軒,皆車也。"

軫 zhěn 章忍切,音診,上,軫韻,照三。文部。

❶車廂底部後面的横木,也指車廂底部四面的横木。説文:"軫,車後横木也。"段玉裁注:"渾言之四面曰軫,析言之輢軾所尌曰軓,輢後曰軫。"周禮考工記序:"車～四尺,謂之一等。"鄭玄注:"軫,輿後横木。"又考工記輈人:"～之方也,以象地也。"戴震考工記圖釋車:"輿下四面材合而收輿謂之軫,亦謂之收。"指代車。國語晉語四:"若資窮困,亡在長幼,還～諸侯,可謂窮困。"韋昭注:"還軫,猶迴車。"後漢書左周黄傳贊論:"往車雖折,而來～方遒。"引申指方形。楚辭戰國屈原九章抽思:"～石崴嵬,蹇吾願兮。"王逸注:"軫,方也。"洪興祖補注:"軫石,謂石之方者,如車軫耳。"❷弦樂器上轉動弦綫的軸。漢劉向烈女傳阿谷處女:"有琴無～,願借子調其音。"魏書樂志:"中弦須施～如琴,以～調聲。"❸轉動,迴轉。文選漢枚乘七發:"初發乎式閭之津涯,荄～谷分。"李善注:"言涯如轉而谷似裂也。一曰涯如草轉也。"後漢書馮衍傳:"馳中夏而升降兮,路紆～而多艱。"李賢注:"紆軫,猶盤曲也。"❹痛切,痛惜。楚辭戰國屈原九章哀郢:"出國門而～懷兮,甲之鼂吾以行。"王逸注:"軫,痛也。"唐白居易唐故武昌軍節度使元公墓誌銘:"上聞之,～悼不視朝。"❺星宿名,二十八宿之一,南方朱雀七宿的最後一宿,有星四顆。禮記月令仲冬之月:"日在斗,昏東辟中,旦～中。"唐王勃滕王閣序:"星分翼～,地接衡廬。"❻湊集盛多的樣子。淮南子兵略:"甲堅兵利,車固馬良,畜積給足,士卒殷～,此軍之大資也。"高誘注:"軫,乘輪多盛貌。"唐杜甫秋日夔府咏懷奉寄鄭監李賓客一百韻:"宵旰憂虞～,黎元疾苦駢。"仇兆鰲注:"軫,駢,湊集之意,取義於車馬也。"❼通"畛"。田間小路。淮南子要略:"測窈冥之深,以翔虚無之～。"高誘注:"軫,道畛也。"文選南朝宋謝靈運登臨海嶠詩:"與子别山阿,含酸赴脩～。"李善注:"軫當爲畛。説文曰:'畛,井田間陌。'"

[備考]㊀古代酷刑之一,車裂。鶡冠子王鈇:"令尹不宜時合地、害百姓者,謂之亂天下,其～令尹以狗,此其所以嗇物也。"陸佃注:"軫,車裂也。"㊁通"疹"。皮膚上起的疹

子。素問四時刺逆從論:"少陰有餘,病皮痹隱～。"

軺 yáo餘昭切,音遥,平,宵韻,喻四。宵部。

輕便的小馬車。説文:"軺,小車也。"管子海王:"行服連～輂者,必有一斤一鋸一錐一鑿,若其事立。"史記季布欒布列傳:"朱家迺乘～車之洛陽,見汝陰侯滕公。"司馬貞索隱:"謂輕車,一馬車也。"文選南朝梁丘遲與陳伯之書:"乘～建節,奉疆埸之任。"出使事急,往往是乘坐輕便快速的軺車,後世因以軺車指代出使或使者。唐皎然白苹洲送洛陽李丞使還詩:"蘋洲北望楚山重,千里迴～止一封。"唐王昌齡送鄭判官詩:"東楚吴山驛樹微,～車銜命奉恩輝。"用作動詞,駕駛軺車的意思。國語齊語:"負任擔荷,服牛～馬,以周四方。"

[辨]車,輿,輂,軒,軺。見"輂"字條。

軥 qú其俱切,平,虞韻,羣。侯部。

❶車軛兩邊下伸反曲夾貼馬頸的部份。説文:"軥,軶下曲者。"左傳襄公十四年:"射兩～而還。"杜預注:"軥,車軛卷者。"漢書游俠傳:"食不重味,乘不過～牛。"王先謙補注引沈欽韓曰:"據此時賤牛車,而朱家所乘,并是挽軥之小牛,言其貧薄。"❷[軥録]準叠韻聯緜字。亦作"劬録"。勞碌,勞苦。荀子榮辱:"孝弟原愨,軥録疾力,以敦比其事業,而不敢怠傲。"王先謙集解引盧文弨曰:"軥録,蓋勞身苦體之意。"

[同源字]句,枸,鉤,軥,笱,朐,痀。見"枸"字條。

軵 1. rǒng而隴切,音宂,上,腫韻,日。東部。

❶推,推運。逸周書小開:"謀有共～。"朱右曾校釋:"軵,推也,言相推以致遠也。"淮南子覽冥:"廝徒馬圉,～車奉饟。"高誘注:"軵,推也。"又爲推開。説文:"反推車令有所付也。从車付。讀若茸。"吕氏春秋精通:"慈石召鐵,或引之也;樹相近而靡,或～之也。"淮南子氾論:"相戲以刃者,太祖～其肘。"

2. fù集韻符遇切,去,遇韻,奉。侯部。

❶車廂外的立木。史記司馬穰苴列傳:"車之左駙。"司馬貞索隱:"駙當作軵,並音附,謂車循外立木,承重較之材。"❷輔,輔佐。易緯乾坤鑿度卷下:"坤道成,坤大～,上發乃應。"鄭玄注:"軵者,輔也。"

軱 gū古胡切,音孤,平,模韻,見。魚部。

大骨。莊子養生主:"技經肯綮之未嘗,而况大～乎?"郭象注:"軱,戾大骨也。"

按,説文無軱字。

軬 fàn扶晚切,上,阮韻,奉。元部。

車篷。釋名釋車:"軬,藩也,蔽水雨也。"管子度地:"因父母案行閲具備水之器,以冬無事之時。籠臿板築各什六,土車什一,雨～什二。"尹知章注:"車軬所以禦雨,故日雨軬。"今本譌作"輂"。新唐書車服志:"胥吏、商賈之妻、老者乘葦～車。"亦指棚屋(晚起義)。清顧炎武天下郡國利病書廣東博羅縣:"粤人以山林中結竹木障覆居息以爲～。"按,説文無軬字。

六 畫

載 1. zài作代切,音再,去,代韻,精。之部。

❶乘車,乘坐。説文:"載,乘也。"史記河渠書:"陸行～車,水行～舟。"漢司馬遷報任安書:"昔衛靈公與雍渠同～,孔子適陳。"樂府詩集陌上桑:"使君謝羅敷,寧可共～不?"❷供人乘坐或裝載東西的交通工具。書益稷:"予乘四～,隨山刊木。"僞孔傳:"所載者四,謂水乘舟,陸乘車,泥乘輴,山乘樏。"左傳僖公三十三年:"鄭穆公使視客館,則束～,厲兵,秣馬矣。"❸充滿。詩大雅生民:"實覃實訏,厥聲～路。"朱熹集傳:"載,滿也。"淮南子原道:"夫道者,覆天～地,廓四方,柝八極,高不可際,深不可測。"宋史葉夢得傳:"時旁郡

糾民輸鏹就糴京師,怨聲～道,獨頵昌賴蒙得得免。”❹始,開始。詩豳風七月:“七月鳴鵙,八月～績。”毛傳:“載績,絲事畢而麻事起矣。”孟子滕文公下:“湯始征,自葛～。”趙岐注:“載,始也。”❺通“再”。兩次,第二次。吕氏春秋順民:“文王～拜稽首而辭。”潛夫論考績:“其不貢士也,一則黜爵,～則黜地,三黜則爵土俱畢。”❻句首句中語氣詞。起加强語氣的作用。詩鄘風載馳:“～馳～驅,歸唁衛侯。”毛傳:“載,辭也。”又大雅江漢:“時靡有争,王心～寧。”

[備考]㊀裝飾。淮南子兵略:“夫栝淇衛箘簵,～以銀錫。”高誘注:“載,飾也,飾箭以銀錫。”㊁事,事情,事業。書舜典:“咨四岳,有能奮庸熙帝之～。”僞孔傳:“載,事也。”㊂成,成功。國語周語上:“夫利,百物之所生也,天地之所～也。”韋昭注:“載,成也。地受天氣,以成百物也。”老子第二十九章:“或强或羸,或～或隳。”㊃最大的計數單位。孫子算經卷上:“凡大數之法,萬萬曰億,萬萬億曰兆,萬萬兆曰京,萬萬京曰垓,萬萬垓曰秭,萬萬秭曰壤,萬萬壤曰溝,萬萬溝曰澗,萬萬澗曰正,萬萬正曰～。”清嚴復原强:“夫在中國,言富以億兆計,可謂雄矣;而在西洋,則以京、垓、秭、～計者,不勝僂指焉。”㊄通“戴(dài)”。詩周頌絲衣:“絲衣其紑,～弁俅俅。”鄭箋:“載,猶戴也。”韓非子功名:“人主者,天下一力以共～之。”

2. zài 昨代切,音在,去,代韻,從。之部。

❼裝載,裝運。易大有:“大車以～,有攸往,無咎。”孔穎達疏:“猶若大車以載物也。”戰國策楚策一:“舫船～卒,一舫～五十人與三月之糧,下水而浮,一日行三百餘里。”引申爲盛,安放。詩大雅旱麓:“清酒既～,騂牡既備。”鄭箋:“既載,謂已在尊中也。”唐柳宗元送薛存義之任序:“柳子～肉於俎,崇酒於觴,追而送之江滸。”又爲負荷,負載。易坤:“君子以厚德～物。”孔穎達疏:“君子用此地之厚德容載萬物。”荀子王制:“水則～舟,水則覆舟。”再引申爲承擔,擔負。荀子榮辱:“皆使人～其事而各得其宜。”王先謙集解:“載,行也,任之也。”論衡效力:“身～重任,至於終死,不倦不衰,力獨多矣。”用作名詞,指裝載的東西。詩小雅正月:“屢顧爾僕,不輸爾～。”吕氏春秋必己:“盜求其槖中之～,則與之。”

3. zǎi 作亥切,音宰,上,海韻,精。之部。

❽記載,記録。左傳昭公十五年:“夫有勳而不廢,有績而～。”杜預注:“書功於策。”韓非子守道:“故圖不～宰予,不舉六卿;書不著子胥,不明夫差。”❾年。書堯典:“朕在位七十～。”爾雅釋天:“載,歲也。夏曰歲,商曰祀,周曰年,唐虞曰載。”

[辨]①記,載,志。“記”、“載”、“志”都有“記載”的意思。三者的區别是:“記”側重於把事情記述下來,以便記住;“載”側重於把事情記録、登載在典册中,含有鄭重的色彩;“志”側重於把事情集中地寫下來,以作標幟。

②祀,年,歲,載。見“祀”字條。

較

1. jué 古岳切,入,覺韻,見。藥部。

❶説文作“較”。古代車廂上兩旁的横木。詩衛風淇奥:“寬兮綽兮,猗重～兮。”馬瑞辰通釋:“車輢上之木爲較,較上更飾以曲鉤若重起者然,是爲重較。”三國魏曹植七啟:“俯倚重～,仰撫翠蓋。”❷通“角”。競逐,競争。孟子萬章下:“魯人獵～,孔子亦獵～。”

[備考]直。尚書大傳卷二:“覺兮～兮。”鄭玄注:“較兮,謂直道者。”

2. jiào 古孝切,去,效韻,見。藥部。

❸比較,較量。亦作“校”。老子第二章:“長短相～,高下相傾。”(王弼本)唐杜甫人日詩之一:“冰雪鶯難至,春寒花～遲。”新唐書百官志:“歲～其屬功過。”引申爲校核,檢查。史記田敬仲完世家:“大車不～,不能載其常任。”司馬貞索隱:“較者,校量也。”宋王禹偁北樓感事詩:“姑以人事～,勿以天命催。”❹

明顯，顯著。史記伯夷列傳："此其尤大彰明～著者也。"法言吾子："孔子之道其～且易也。"李軌注："言較然易知。"㊄概略，大旨。史記貨殖列傳："此其大～也。"晉嵇康聲無哀樂論："古人知情不可恣，欲不可極…使哀不至傷，樂不至淫。斯其大～也。"㊅相差（後起義）。唐皮日休汴河懷古詩："若無水殿龍舟事，共禹論功不～多。"金元好問論詩詩之一九："無人説與天隨子，春草輸贏～幾多。"

［同源字］角，較。"角"、"較"都有角逐、較量義，古音"角"是見母屋部，"較"是見母藥部，聲同韻近。二者有同源關係。"較"有古岳、古孝二切，"角逐"義讀古岳切，"比較"、"相差"義讀古孝切，去聲古孝一音是由入聲古岳一音分化來的。

輆 1. kǎi 苦亥切，上，海韻，溪。之部。

㊀阻礙，困厄。漢揚雄太玄止："折于株木，～于砭石，止。"范望注："高上則石困，進退不宜，故言輆于砭石也。"

2. kài 集韻口溉切，去，代韻，溪。之部。

㊁〔輆沐〕古國名。墨子節葬下："昔者越之東有輆沐之國者。"

按，説文無輆字。

軱 gǒng 居悚切，音拱，上，腫韻，見。東部。

古代載運屍體、棺材的工具。儀禮既夕禮："夷牀～軸，饌于西階東。"賈公彦疏："故夷牀在西，還當牖，軱軸以候載柩，故近西，皆在西階東。"軱狀如長牀，用以載屍或柩，軸是轉動的輪子，將軱和軸關聯起來，即成運載工具。文選南朝宋顔延之宋文皇帝元皇后哀策文："龍～纚綍，容翟結驂。"

［辨］軱，輂。見"輂"字條。

按，説文無軱字。

軾 shì 賞職切，音式，入，職韻，審三。職部。

㊀古代車廂前面用作扶手的横木。説文："軾，車前也。"左傳莊公十年："下視其轍，登～而望之。"莊子盗跖："色若死灰，據～低頭，不能出氣。"㊁行車途中，雙手扶着軾敬禮。吕氏春秋期賢："魏文侯過段干木之閭而～之。"漢書石奮傳："過宫門闕必下車趨，見路馬必～焉。"顔師古注："軾謂撫軾，蓋爲敬也。"

輊 zhì 陟利切，音致，去，至韻，知。質部。

同"輖"。車子前重向下傾斜。詩小雅六月："戎車既安，如～如軒。"朱熹集傳："輊，車之覆而前也。"引申爲低下。清劉獻廷廣陽雜記卷三："齒端横竹筒，如輻之數，外軒而内～，軒者低留節，而竅其～之端，順水之勢而斜帶焉。"又引申爲看輕，輕視。後漢書馬援傳："夫居前不能令人～，居後不能令人軒，與人怨不能爲人患，臣所恥也。"明沈德符野獲編列朝聖誕忌辰同日："均爲在天之靈，自不宜軒此～彼。"

按，説文輊作輖。

輀 ér 如之切，音而，平，之韻，日。之部。

古代的喪車，載運靈柩的車。説文："輀，喪車也。"漢書王莽傳下："百官竊言，此似～車，非僊物也。"北魏楊衒之洛陽伽藍記法雲寺："里内之人以賣棺槨爲業，賃～爲事。"

軿 píng 薄經切，音瓶，平，青韻，並。耕部。

同"輧"。參見"輧"字條。

輇 1. quán 市緣切，平，仙韻，禪。元部。

㊀古代用全木制成的無輻的小車輪。説文："輇，蕃車下庳輪也。一曰無輻也。"禮記喪大記："大夫葬用輴。"漢鄭玄注："輴，當爲載以輇車之輇，聲之誤也。"

2. quán 集韻逵員切，平，仙韻，羣。元部。

㊁小，卑下。〔輇才〕小才，淺薄之才。莊子外物："已而後世輇才諷説之徒皆驚而相告也。"清錢謙益梅村先生詩集序："輇才小生，不自量度。"

輅 lù 洛故切，音路，去，暮韻，來。鐸部。

㊁綁在車轅上用來牽引車子的橫木。說文:"輅,車軨前横木也。"儀禮既夕禮:"賓奉幣,由馬西,當前～,北面致命。"鄭玄注:"輅,轅縛,所以屬引。"史記劉敬叔孫通列傳:"婁敬脱輓～,衣其羊裘,見齊人虞將軍。"裴駰集解引蘇林曰:"一木横鹿車前,一人推之。"用作動詞,牽挽車子。管子小匡:"負任擔荷,服牛～馬,以周四方。"按,這個意義辭源、漢語大字典等依集韻轄格切,音 hé,現代漢語詞典依大徐本說文音 lù。說文徐鉉注:"臣鉉等曰:'各非聲,當从路省,洛故切。'"今從現代漢語詞典。㊂古代車名,多指帝王用的大車。亦作"路"。書顧命:"大～在賓階面,綴～在阼階面。"論語衛靈公:"乘殷之～,服周之冕。"文選漢張衡東京賦:"龍～充庭,雲旗拂霓。"薛綜注:"輅,天子之車也,故曰龍輅。"

[備考]通"迓(yà)"。迎上前去。左傳僖公十五年:"～秦伯,將止之。"杜預注:"輅,迎也。"釋文:"五嫁反,迎也。"又,宣公二年:"狂狡～鄭人,鄭人入于井。"杜預注:"輅,迎也。"

軗 qǐ 康禮切,上,薺韻,溪。歌部。

妨礙,阻礙。說文:"軗,礙也。"管子輕重甲:"弓弩多匡～者。"尹知章注:"軗,礙也。"

輈 zhōu 張流切,平,尤韻,知。幽部。

㊀先秦的馬車一般都是單轅,稱作輈。說文:"輈,轅也。"左傳隱公十一年:"公孫閼與潁考叔争車,潁考叔挾～以走。"杜預注:"輈,車轅也。"周禮考工記輈人:"～人爲～。"鄭玄注:"輈,車轅也。"代指車子。楚辭戰國屈原九歌東君:"駕龍～兮乘雷,載雲旗兮委蛇。"金元好問游龍山詩:"快哉萬里風,一掃天四周。誰言太始再開闢,日馭本自無停～。"㊁〔輈張〕雙聲聯緜字。囂張,强横。後漢書董皇后紀:"后每欲參干政事,太后輒相禁塞,后忿恚,詈言曰:'汝今輈張,怙汝兄耶?'"李賢注:"輈張,猶彊梁也。"又爲驚懼的樣子。文選晉劉琨答盧諶詩并書:"自頃輈張,困於逆亂。"李善注:"輈張,驚懼之貌也。"

[辨]輈,轅。先秦的馬車,一般只用作兵車、乘車、田(獵)車,要求行駛快速,車廂小,只有一根駕牲畜的直木,叫做輈。遠行坐乘的安車和載運貨物的牛車,因爲車廂大,又叫大車。單輈無法套用一頭牛,到戰國時期就出現了雙轅的大車。大車車廂前駕牲畜的兩根直木就叫做轅。所以清段玉裁在說文解字注的"轅"字下說:"攷工記:'輈人爲輈,車人爲大車之轅。'是輈與轅别也。"秦漢以後,車制變化,雙轅車崛起,單輈車衰落以至湮滅。在語言中"轅"這個詞也就取代了"輈"。

輂 jú 居玉切,入,燭韻,見。東部。

㊀用馬拉的載運貨物的大車。說文:"輂,大車駕馬也。"段玉裁注:"古大車多駕牛,其駕馬者謂之輂。"參看"輈"字條的[辨]。周禮地官鄉師:"大軍旅會同,正治其徒役,與其～輦。"鄭玄注:"輂,駕馬;輦,人輓行。"史記淮南衡山列傳:"令男子但等七十人與棘蒲侯柴武太子奇謀,以～車四十乘反谷口。"裴駰集解引徐廣曰:"大車駕馬曰輂。"㊁運載土石的器具。漢書五行志上:"塗大屋,陳畚～,具綆缶,備水器。"顔師古注引應劭曰:"畚,草籠也。輂,所以輿土也。"

[辨]䡇,輂。兩字都是从車共聲,組合位置不同,在典籍中使用時,意義不同,中古以後讀音也有别。清段玉裁在說文解字注中認爲它與"䡇"是同一字,古音相同。

七　畫

輐 wàn 集韻五换切,音玩,去,换韻,疑。元部。

〔輐斷〕疊韻聯緜字。圓轉没有棱角的樣子。莊子天下:"椎拍輐斷,與物宛轉。"王先謙集解:"釋文:'輐,圓也…'輐斷,謂雖斷而甚圓,不見決裂之迹,皆與物宛轉之意也。"

按,說文無輐字。

輔 fǔ 扶雨切,上,麌韻,奉。魚部。

㈡車輪外側增縛的兩條直木，用以增强車輪的承載力。詩小雅正月："其車既載，乃棄爾～。"孔穎達疏："此云'乃棄爾輔'，則輔是可解脱之物，蓋如今人縛杖於輻，以防輔事也。"後漢書禮儀志下："車皆去～幡，疏布惡輪。"㈢面頰。也作"酺"。説文："輔，人頰車也。"左傳僖公五年："諺所謂'～車相依，脣亡齒寒'者，其虞虢之謂也。"杜預注："輔，頰輔。"易艮："艮其～，言有序，悔亡。"孔穎達疏："輔，頰車也。"㈣輔佐，協助。書湯誓："爾尚～予一人。"孫子兵法謀攻："夫將者，國之～也。"㈤指京城附近的地區。文選南朝宋鮑照升天行詩："家世宅關～，勝帶宦王城。"李善注引漢書曰："右扶風、左馮翊、京兆尹，是爲三輔。"宋王禹偁商於驛記："有唐都長安三百年，商於爲近～。"

［備考］㊀腓骨，脛骨旁的長形骨。素問骨空："膝解爲骸關，俠(夾)膝之骨爲連骸，骸下爲～。"㊁星名。漢書翟方進傳："～湛没，火守舍，萬歲之期慎朝暮。"顔師古注引張晏曰："北斗第四星旁一小星曰輔。"

［同源字］扶，俌，傅，輔，賻。"扶"是具體的攙扶，"傅""輔""俌"是抽象的扶助，"賻"則是以財助喪，古音同在魚部，聲紐同是唇音，聲近義通，五字同源。

輒

zhé 陟葉切，入，葉韻，知。葉部。

㈠專擅，任意。三國志魏書曹爽傳："臣～敕主者及黄門令罷爽羲訓吏兵，以侯就第。"宋歐陽修春秋論下："既～加之，又～赦之，則侮其法而人不畏。"㈡副詞，總是，就。管子度地："别男女大小，其不爲用者，～免之。"史記項羽本紀："楚挑戰三合，樓煩～射殺之。"又季布欒布列傳："有敢收視者，～捕之。"㈢〔輒然〕不動的樣子。莊子達生："齊七日，輒然忘吾有四枝形體也。"釋文："輒然，不動貌。"

［備考］足疾。穀梁傳昭公二十年："～者何也？曰：兩足不能相過。齊謂之綦，楚謂之踂，衛謂之～。"

輕

qīng 去盈切，平，清韻，溪。耕部。

㈠分量小，與"重"相對。孟子梁惠王上："權，然後知～重；度，然後知長短。"漢司馬遷報任安書："人固有一死，或重於泰山，或～於鴻毛。"引申爲輕便、輕快。周禮春官車僕："車僕掌戎路之萃、廣車之萃、闕車之萃、苹車之萃、～車之萃。"按："輕車"爲周代五種兵車中的一種，其特點是輕便快速，用來衝鋒陷陣。銀雀山漢墓竹簡孫臏兵法十陣："從役有數，令之爲屬枇，必～必利。"用作動詞，減少份量，使輕。商君書去强："重賞～罰，則上不愛民，民不死上。"荀子富國："～田野之税，平關市之征。"㈡輕賤，價值或地位低。管子乘馬數："穀重而萬物～，穀～而萬物重。"孟子盡心下："民爲貴，社稷次之，君爲～。"㈢輕視，看不起。老子第六十九章："禍莫大於～敵，～敵幾喪吾寶。"莊子秋水："我嘗聞少仲尼之聞而～伯夷之義者。"㈣輕易，輕率。老子："夫～諾必寡信。"荀子議兵："重用兵者强，～用兵者弱。"㈤輕佻，輕浮。左傳僖公三十三年："秦師～而無禮，必敗。"荀子不苟："喜則～而翾，憂則挫而慴。"楊倞注："輕謂輕佻失據。"㈥數量少，程度淺(後起義)。南朝梁簡文帝與蕭臨川書："零雨送秋，～寒迎節。"宋王禹偁夜長詩："後樓前閣互嚴更，年鬢侵人睡漸～。"紅樓夢四回："耐不得寺院淒涼，遂趁年紀～，蓄了髮，充當門子。"㈦用力不猛(後起義)。唐杜甫江漲詩："細動迎風燕，～摇逐浪鷗。"明徐光啟農政全書引務本新書："布蠶須要手～，不得從高摻下。"

［備考］㊀鬆散。淮南子墬形："～土多利，重土多遲。"北魏賈思勰齊民要術耕土："土甚～者，以牛羊踐之，如此則强，此謂弱土而强之也。"㊁書法術語，指行筆流暢。唐竇臮述書賦上："綿密纖潤，露～藏沈。"

輑

qūn 去倫切，音囷，平，真韻，溪。文部。

連接。文選漢張衡南都賦："溝澮脈連，

隄塍相～。”李善注:“輷,相連之貌。”〔輷輷〕相連的樣子。清魏源香港島觀海市歌:“矗矗鱗鱗,隱隱輷輷,若非天風漸蕩吞,不知逞奇角怪何時泯。”

輷 tián 徒年切,音田,平,先韻,定。

〔輷輷〕形容車羣的巨大聲音。亦作“闐闐”。文選晉左思魏都賦:“振旅輷輷,反旆悠悠。”李善注:“蒼頡篇曰:輷輷,衆車聲也。”

按,説文無輷字。

輓 wǎn 無遠切,音挽,上,阮韻,微。元部。

❶拉車,牽引。亦作“挽”。説文:“輓,引之也。”左傳襄公十四年:“或～之,或推之。”杜預注:“前牽曰輓。”北魏賈思勰齊民要術種穀:“民或苦少牛,亡以趨澤,故平都令光教過以人～犁。”引申指引薦、提拔。宋史李垂傳:“焉能趨炎附熱,看人眉睫,以冀推～乎?”❷用車運輸。漢書韓安國傳:“又遣子弟乘邊守塞,轉粟～輸。”又泛指運輸。史記留侯世家:“諸侯安定 ,河渭漕～天下,西給京師。”❸悼念,哀悼死者。亦作“挽”(後起義)。晉書禮志中:“新禮以爲～歌出於漢武帝役人之勞歌,聲哀切,遂以爲送終之禮。”唐岑參僕射裴公輓歌詩:“哀～出秦塞,悲笳出帝畿。”❹通“晚”。〔輓近〕最近若干年來。史記貨殖列傳:“必用此爲務,輓近世塗民耳目,則幾無行矣。”司馬貞索隱:“輓音晚,古字通用。”

[同源字]輓,挽。二字同音。説文:“輓,引之也。”廣韻:“輓,輓車也。”小爾雅廣詁:“挽,引也。”“輓”本是牽引車子,引申泛指一切牽引,另造“挽”字。二字實同一詞,典籍中亦常通用。簡化字合併爲“挽”。

軥 tián 徒年切,音田,平,先韻,定。

後起字。〔軥軥〕喜悦的樣子。唐皮日休魯望昨以五百言見貽詩:“日晏朝不罷,龍姿歡軥軥。”亦作“軥敐(chén)”。唐皮日休悼賈詩:“既軥敐以召之兮,遂位之於上庠。”

八　畫

琣 fú 房六切,音服,入,屋韻,奉。職部。

車欄間皮質的盛玉或弓矢的用具。亦作“鞴”。説文:“琣,車笭間皮篋,古者使奉玉以藏之。”文選漢張衡東京賦:“～弩重旃,朱旄青屋。”李善注引徐廣車服志曰:“輕車置弩於軾上,載以屬車;然置弩於琣,曰琣弩。”

[同源字]琣,鞴,箙。三字同音。説文以“琣”从珏,因而釋作車廂欄干間懸掛的使者盛禮物玉璧的用具。集韻以“鞴”爲“琣”的或體。又,説文:“箙,弩矢箙也。”在典籍中“琣”、“鞴”也多指盛裝弓矢的器具。三字音同義近,實同一詞。

按,説文琣字在玨部。

輦 niǎn 力展切,上,獮韻,來。元部。

❶人拉的車子。説文:“輦,輓車也。从車,从㚘在車前引之。”戰國策趙策四:“老婦恃～而行。”韓非子外儲説右下:“茲鄭子引～上高梁而不能支。”輦也有在後推的。史記貨殖列傳:“卓氏見虜略,獨夫妻推～,行詣遷處。”用作動詞,拉車。詩小雅黍苗:“我任我～,我車我牛。”朱熹集傳:“人輓車也。”左傳襄公十年:“秦堇父～重如役。”杜預注:“步挽重車以從師。”❷秦漢以後專指帝王后妃所乘的車。漢書外戚傳下孝成班倢伃:“成帝遊於後庭,嘗欲與倢伃同～載。”唐杜甫哀江頭詩:“昭陽殿裏第一人,同～隨君侍君側。”〔輦轂〕皇帝的車駕。用以指代皇帝或京城。三國魏曹植求通親親表:“出從華蓋,入侍輦轂。”三國志魏書楊俊傳:“今境守清静,無所展其智能,宜還本朝,宣力輦轂,熙帝之載。”❸乘輦,乘車。左傳定公六年:“公叔文子老矣,～而如公。”又爲用車運,運載。後漢書張衡傳思玄賦:“或～賄而違車兮,孕行産而爲對。”李賢注:“輦,運也。”唐杜牧阿房宫賦:“妃嬪媵嬙,王子皇孫,辭樓下殿,～來於秦。”❹擔,搬運。淮南子人間:“一鼓,民被甲括矢,操兵弩

而出。再鼓,負～粟而至。"高誘注:"輦,擔也。"唐李商隱井泥四十韻:"工人三五輩,～出土與泥。"

[備考]用手抬的小車,類似後來的轎子。後漢書祭祀志上:"至食時,御～升山。"劉昭注:"輦者,干寶周禮注曰:'對轝曰輦。'"

[辨]車,輿,輦,軒,軺。"車"是各種車子的通稱,"輿"本指車廂,引申泛指車子,也可指轎。"輦"本指人拉的車,秦漢以後專指帝王后妃乘坐的車子。"軒"本指專供大夫以上的人乘坐的車子,後來泛指華美的車子。"軺"是一匹馬駕的輕便快速的小馬車。

輨 guǎn 古滿切,音管,上,緩韻,見。元部。

包在車轂頭上的金屬套。也叫"軑"。説文:"輨,轂端沓也。"漢揚雄方言:"關之東西曰輨,南楚曰軑。"

輧 1. píng 説文薄丁切,音瓶,平,青韻,並。耕部。

亦作"軿"。㊀古代一種帶帷幔的車子,多供婦女乘坐。説文:"輧,輜車也。"後漢書袁紹傳:"輜～柴轂,填接街陌。"又,輿服志上:"長公主赤罽～車,大貴人、貴人、公主、王妃、封君油畫～車。"亦指車上的帷幔。漢劉向列女傳齊孝孟姬:"妾聞妃后踰國,必乘安車輜輧…今立車無～,非所敢受命是也。"

2. pēng 集韻披庚切,平,庚韻,滂。耕部。

亦作"軿"。㊁〔輧訇〕叠韻聯緜字。象聲詞,形容聲響宏大。文選漢張衡西京賦:"奮隼歸鳧,沸卉輧訇。"薛綜注:"奮迅聲也。"

3. pián 部田切,音駢,平,先韻,並。

亦作"軿"。㊂〔輧闐〕叠韻聯緜字。即"駢闐"。聚集、連接而衆多的樣子(後起義)。唐薛用弱集異記補編李子牟:"江陵舊俗,孟春望夕,尚列影燈。其時士女緣江,輧闐縱觀。"又,形容連續不斷的車馬聲。集異記補編蔣琛:"俄聞輧闐車馬聲,則有緑衣玄冠者,氣貌甚偉,驅殿亦百餘,既升階,與三神相見。"

[辨]輧(軿),輜。輧、輜都是帶有帷幔的旅行車,與兵車區别較大。釋名釋車:"輜、軿(輧)之形同,有邸曰輜,無邸曰軿(輧)。"又:"輜車,載輜重,卧息其中之車也。"二者的主要區别是:輧車是一種輕便的旅行車,多供婦女單人坐乘,輜車是人貨兩載的長途運輸車輛。

輬 liáng 吕張切,音涼,平,陽韻,來。陽部。

古代用於長途旅行的車輛,可坐可卧。車廂帷幔上開有窗户通風。説文:"輬,卧車也。"楚辭戰國宋玉招魂:"軒～既低,步騎羅些。"王逸注:"軒、輬皆輕車名也。"後來用作喪車。宋岳珂桯史獻陵疏文:"屈尊絶域,本爲生靈,已深露蓋之嗟,更劇～車之痛。"這個意義常與"轀"字連用,參見"轀"字條。

[同源字]輬,涼。兩字同音。輬車是因開有窗户通風,行車途中比較涼快而得名。"輬"、"涼"同源,輬是後起專用字。

輤 qiàn 倉甸切,音倩,去,霰韻,清。耕部。

古代覆蓋在裝載靈柩的車子上的裝飾物。禮記雜記上:"其～有裧,緇布裳帷,素錦以爲屋而行。"鄭玄注:"輤,載柩將殯之車飾也。"指代靈柩(後起義)。唐劉禹錫祭柳員外文:"初託遺嗣,知其不孤;末言歸～,從祔先域。"唐孫樵祭高諫議文:"～車其東,歸骨洛川。"

按,説文無輤字。

輘 1. léng 魯登切,音棱,平,登韻,來。蒸部。

㊀〔輘輷〕也作"輷輘"。象聲詞。形容車聲或雷聲。文選漢王褒洞簫賦:"故其武聲則若雷霆輘輷,佚豫以沸愲。"李善注:"輘輷,大聲也。"

2. líng 集韻閭承切,音凌,平,蒸韻,來。蒸部。

㊁〔輘轢〕雙聲聯緜字。亦作"凌轢"。車

輪輾軋。引申爲欺凌,壓迫。漢書灌夫傳:"輘轢宗室,侵犯骨肉。"顔師古注:"輘轢,謂蹈踐之也。"史記作"淩轢"。明史尹直傳:"勘事浙江,輘轢諸大吏。"

按,説文無輘字。

輛 liàng 字彙力仗切。

後起字。❶量詞。車有兩輪,車一乘稱一輛。古作"兩"。北魏酈道元水經注卷一六穀水:"及碑始立,其觀視及筆寫者,車乘日千餘~,填塞街陌矣。"水滸傳一六回:"只見松林裏一字兒擺着七~江州車兒。"也用來計量成雙的物件。宋周密浩然齋雅談對偶:"平生能著幾~屐,長日惟消一局棋。"❷與"車"連用構成雙音詞〔車輛〕,作爲車的統稱(晚起用法)。明徐元杰準齋先生吴公行狀:"車輛盈門,先生莫能拒。"

[備考]駕車(晚起義)。元王實甫西廂記第三折:"~起車兒,俺先回去。"

輢 yǐ 於綺切,音倚,上,紙韻,影。歌部。

車廂兩旁可以憑倚的木板。説文:"輢,車旁也。"戰國策趙策三:"今王憧憧,乃輦建信以與强秦角逐,臣恐秦折王之~也。"用作動詞,憑倚,靠近。文選晉左思蜀都賦:"於前則跨躡犍牂,枕~交趾。"

[同源字]倚,輢,椅。"倚"是憑依,依靠。"輢"是車廂兩旁可以憑倚的欄板,段玉裁説文解字注:"輢者,言人所倚也。"説文:"椅,梓也。"是一種樹木,與作爲坐具的"椅"無關。古人席地而坐,没有現代的椅子,作爲坐具的"椅"是由"輢"演變來的。正字通:"椅,坐具後有倚者。"坐具的"椅"是晚起字。三字音同義通,是同源詞。

輚 zhàn 士諫切,音棧,去,諫韻,牀二。元部。

古代的一種卧車。文選漢班固西都賦:"於是後宫乘~輅,登龍舟。"李善注:"埤倉曰:輚,卧車也。"

按,説文無輚字。

輟 chuò 陟劣切,入,薛韻,知。月部。

停止,廢止。論語微子:"耰而不~。"何晏注:"鄭曰:'輟,止也。'"荀子天論:"天不爲人之惡寒也~冬,地不爲人之惡遼遠也~廣。"引申爲舍棄。唐韓愈祭十二郎文:"誠知其如此,雖萬乘之公相,吾不以一日~汝而就也。"又指讓出。唐康駢劇談録卷下:"有韋光者,待以宗黨,~所居外舍館之。"

按,説文輟兩收。一在网部,爲罬的重文,注云:"捕鳥覆車也。"一在車部,注云:"車小缺復合者。"

輥 gǔn 古本切,音衮,上,混韻,見。文部。

❶車轂滚圓。説文:"輥,轂齊等皃。从車,昆聲。周禮曰:'望其轂,欲其~。'"段玉裁注:"輥者,轂匀整之皃。"今本周禮考工記輪人"輥"作"眼",孫詒讓正義引戴震曰:"眼,當作輥。"❷通"滚"。滚動(後起義)。五代李煜望江梅詞:"船上管弦江面緑,滿城飛絮~輕塵。"宋蘇軾南歌子觀潮詞:"雷~夫差國,雲翻海若家。"又爲運轉。明陶宗儀輟耕録輥吝論三卦:"天地~而四時行,日月~而晝夜明,上下~而萬事成,~之時義大矣哉!"❸能滚動的圓柱形物體或機件(晚起義)。元王楨農書卷一四:"~,碾草禾軸也。"

[備考]躺(方)。金元好問醉貓圖詩之一:"窟邊癡坐費工夫,側~横眠卻自如。"

輠 1. guǒ 古火切,音果,上,果韻,見。歌部。

❶古代車上盛貯潤滑車軸油脂的器具。史記孟子荀卿列傳:"談天衍,雕龍奭,炙轂過髡。"南朝宋裴駰集解:"别録曰:'過'字作'輠'。輠者,車之盛膏器也。炙之雖盡,猶有餘流者。言淳于髡智不盡如炙~也。"宋梅堯臣依韻和永叔子履冬夕小齋聯句見寄詩:"敢將蠡測海,有似脂出~。"

2. huà 胡瓦切,上,馬韻,匣。歌部。

㊁迴轉，轉動。禮記雜記下："叔孫武叔朝，見輪人以其杖關轂而～輪者。"孔穎達疏："關，穿也。輠，迴也。謂作輪之人以扶病之杖關穿車轂中，而迴轉其輪。"

按，說文輠作檛，在木部，注云："盛膏器。"清邵瑛羣經正字："說文無輠字，正字當作檛。"

輪 lún 力迍切，平，諄韻，來。文部。

㊀車輪。說文："輪，有輻曰輪，無輻曰輇。"周禮考工記："凡察車之道，必自載於地者始也，是故察車自～始。"左傳成公二年："自始合，而矢貫余手及肘，余折以御，左～朱殷。"特指輞，車輪的外框。詩魏風伐檀："坎坎伐～兮，寘之河之漘兮。"王夫之稗疏："統而言之，轂、牙具謂之輪；析言之，輪，牙也。"荀子勸學："木直中繩，輮以爲～，其曲中規。"指代車。公羊傳僖公三十三年："然而晉人與姜戎要之殽而擊之，匹馬隻～無反者。"晉王嘉拾遺記周穆王："又副以瑶華之～十乘，隨王之後，以載其書。"引申指各種像車輪的器具，泛指輪子（後起義）。文選晉潘岳西征賦："徒觀其鼓枻迴～，灑釣投網。"李善注："舊説曰：'輪，釣輪也。'謂爲車以收釣緡也。"百喻經觀作瓶喻："譬如二人至陶師所，觀其蹋～而作瓦瓶，看無厭足。"又，形容形狀似輪的物體。北周庾信望月詩："葉新半壁上，桂滿獨～斜。"宋楊萬里過淮陰縣："霍然香霧散，放出一～紅。"㊁迴轉，轉動。吕氏春秋大樂："天地車～，終則復始。"高誘注："輪，轉。"文子自然："常與人化，智不能得，～轉無端，化遂如神。"㊂輪流，依照次序更替（後起義）。晉葛洪神仙傳張道陵："使諸弟子隨事～出米絹、器物、紙筆、樵薪什物等。"宋史職官志一："至道元年，詔宰相與參政～班知印，同升政事堂。"㊃指地的南北距離。周禮地官大司徒："以天下土地之圖，周知九州之地域廣～之數。"鄭玄注："輪，從也。"賈公彦疏引馬融云："東西爲廣，南北爲輪。"儀禮既夕禮："掘坎南順，廣尺，～二尺，深三尺，南其壤。"鄭玄注："輪，從也。"㊄圓周，邊沿（後起義）。南史曹武傳："晚節在雍州，致見錢七千萬，皆厚～大郭。"舊唐書肅宗紀："戊辰，新鑄大錢，文如乾元重寶，而重其～，用一當五十。"㊅高大。禮記檀弓下："美哉～焉，美哉奂焉。"鄭玄注："輪，輪囷，言高大。"㊆用力揮動（後起義）。後來作"掄"，音 lūn。隋書五行志："長稍侵半天，～刀耀日光。"元曲選元李直夫虎頭牌第二折："你索與他演槍刀，～劍戟，習弓箭。"㊇〔輪迴〕佛教用語。佛家認爲有生命的東西永遠在六道（天、人、阿修羅、地獄、餓鬼、畜牲）中像車輪般循環轉化。法華經方便品："以諸欲因緣，墜墮三惡道，輪迴六趣中，備受諸苦毒。"

［備考］㊀樹的横枝。文選漢劉安招隱士："樹～相糾兮，林木茷骫。"吕延濟注："輪，横枝也。"㊁指人的頭與四肢。唐玄奘大唐西域記印度總述："致敬之式，其儀九等…八、五～俱屈；九、五體投地。"季羡林等校注："五輪即五體别稱，指兩臂、兩膝和頭，因它們都呈圓形，故云五輪。"

輞 wǎng 文兩切，音网，上，養韻，微。陽部。

車輪周圍的框子。漢代以前叫"牙"。釋名釋車："輞，罔也，罔羅周輪之外也。"抱朴子内篇微旨："猶工匠之爲車焉，轅～軸轄莫或應虧也。"明宋應星天工開物車："車輪之中，内集輪輻，外接～，圓轉一圈者，是曰輔也。"指宫殿屋檐上的輞狀飾物。唐王勃乾元殿頌："銅鐃月斥，鐵～星懸。"

按，説文無輞字。

輣 péng 薄庚切，平，庚韻，並。蒸部。

㊀古代一種有望樓的兵車。説文："輣，樓車也。"（依段注本）史記淮南衡山列傳："王乃使孝客江都人救赫陳喜作～車鏃矢。"漢書叙傳下："戎車七征，衝～閑閑。"顔師古注引鄧展曰："輣，兵車名也。"後漢書光武帝紀上："或爲地道，衝～橦城。"李賢注引許慎曰：

“輣，樓車也。”㊁〔輣軋〕象聲詞。形容波浪相激的聲音。文選漢張衡南都賦：“流湍投濈，砏汃輣軋。”李善注：“砏汃輣軋，波相激之聲也。”

［同源字］棚，輣。見“棚”字條。

輖 zhōu 職流切，音周，平，尤韻，照三。幽部。

車重。説文：“輖，重也。”段玉裁注：“軒言車輕，輖言車重。引申爲凡物之輕重。”儀禮既夕禮：“志矢一乘，軒～中。”胡培翬正義：“軒輖中者，謂矢前後之輕重適均而已。”後漢書禮儀志下：“彤矢四，軒～中。”

輗 ní 五稽切，音霓，平，齊韻，疑。支部。

先秦大車車轅與駕轅的衡木相銜接的活銷。在大車（牛車）上的叫“輗”，在小車（馬車）上的叫“軏”。説文：“輗，大車轅耑持衡者。”論語爲政：“大車無～，小車無軏，其何以行之哉？”後指聯接車軶和車轅的部件。清戴震釋車：“軶謂之鬲，持鬲者謂之～。”元虞集浮丘公吟寄赤城陳道士詩：“賤子請執御，端～駕飛麟。”〔輗軏〕比喻事物的關鍵。漢揚雄太玄閑：“拔我輗軏，貴以信。”唐韓愈送文暢師北遊詩：“已窮佛根源，粗識事輗軏。”

輜 zī 側持切，平，之韻，照二。之部。

㊀古代一種帶帷幔可坐卧、載重的車。管子問：“鄉師車～造修之具，其繕何若？”尹知章注：“輜，謂車之有防蔽可以重載者。”史記留侯世家：“上雖病，彊載～車，卧而護之，諸將不敢不盡力。”㊁外出時携載的行李，常指軍事物資。孫子兵法火攻：“凡火攻有五：一曰火人，二曰火積，三曰火～，四曰火庫，五曰火隊。”淮南子兵略：“隧路亟，行～治。”高誘注：“行輜，道路輜重也。”

［辨］輧，輜。見“輧”字條。

輝 huī 許歸切，平，微韻，曉。文部。

又作“煇”。㊀光輝，光彩。古詩十九首之一六：“獨宿累長夜，夢想見容～。”三國魏曹植求自試表：“螢燭末光，增～日月。”李白化城寺大鐘銘：“莫不配美金鼎，增～寶坊。”用作動詞，產生光彩。晉陸機文賦：“石韞玉而山～，水懷珠而川媚。”㊁輝映，照耀。淮南子道應：“昭昭之光，～燭四海。”元趙禹圭蟾宫曲題金山寺曲：“山水相～，樓臺相映。”

［辨］輝，煇，暉。“煇”、“暉”説文同訓“光也”，“輝”字説文未收。三字同源，音同義實無别，本爲一詞。段玉裁説文解字注認爲“暉”字所訓“‘光也’二字，當作‘日光氣也’四字”。這是説“日光”、“陽光”當作“暉”，而“火光”應作“煇”。二者是分别字，典籍中遵從這一分别。“輝”是“煇”的後起字，可作“暉”用。

按，説文無輝字。

輩 bèi 補妹切，去，隊韻，幫。微部。

㊀一百輛車，也指分行列的車隊。説文：“輩，若軍發車百兩爲一輩。”宋戴侗六書故：“車以列分爲輩。”漢應劭風俗通過譽汝南陳茂：“因詣府門，移辭乞恩，隨～露首入坊中，容止嚴格，鬚眉甚偉。”㊁同一類的人或事物。史記孫子吴起列傳：“馬有上、中、下～。”漢揚雄太玄玄攡：“位各殊～，回行九區。”陸續注：“輩，類也。”李白南陵别兒童入京：“仰天大笑出門去，我～豈是蓬蒿人。”㊂輩分，家族、親友之間的世系次第（後起義）。晉書吐谷渾傳：“當在汝之子孫～耳。”唐韓愈太原王公神道碑銘：“當時名公，皆折官位～行，願爲交。”㊃單位名詞。批，羣。史記秦始皇本紀：“高使人請子嬰數～。”晉袁宏後漢紀靈帝紀中：“二月，角等皆舉兵，往往屯聚數十百～，大者萬餘人，小者六七千人。”又爲個，頭（晚起義）。新唐書薛元賞傳：“元賞到府三日，收惡少，杖死三十餘～，陳諸市。”太平廣記卷四四一引廣異記：“頃間，羣象五六百～，雲萃吼叫，聲徹數十里。”

九　畫

輶 yóu 以周切，音由，平，尤韻，喻四。幽部。

㊁古代一種輕便的車。説文:“輶,輕車也。”詩秦風駟驖:“～車鸞鑣,載獫歇驕。”鄭箋:“輕車,驅逆之車也。”唐韓愈等遠遊聯句詩:“馳深鼓利檝,趨險驚蜚～。”〔輶軒〕古代一種輕車,多爲使者所乘。漢揚雄答劉歆書:“嘗聞先代輶軒之使奏籍之書,皆藏於周秦之室。”指代使者。文選晉張協七命:“語不傳於輶軒,地不被乎正朔。”㊁輕。段玉裁説文解字注:“輶,本是車名,引申爲凡輕之偁。”詩大雅烝民:“德～如毛,民鮮克舉之。”鄭箋:“輶,輕。”

輳 còu倉奏切,音湊,去,候韻,清。侯部。

㊀車輪上的輻條向轂聚集。玉篇:“輳,輻輳也。”周髀算經:“如輻～轂。”漢魏伯陽參同契卷上:“輻～而輪轉,出入更卷舒。”㊁湊集,聚集(後起義)。亦作“湊”。唐鄭處誨明皇雜録補遺:“甑生善～石累卵,折草爲人馬,乘之東西馳走。”明常倫山坡羊閑情曲:“山和山,水和水,廝環廝～。”

[同源字]湊,輳,族,簇,聚。見“湊”字條。

按,説文無輳字。

輻 fú方六切,音福,入,屋韻,幫。職部。

輻條,車輪中連接轂和輞的直條。説文:“輻,輪轑也。”老子第十一章:“三十～共一轂,當其無,有車之用。”詩魏風伐檀:“坎坎伐～兮,置之河之側兮。”朱熹集傳:“輻,車輻。”

[備考]通“輹”。車箱下面鉤住車軸的木頭,形似伏兔。詩小雅正月:“無棄爾輔,員于爾～。”俞樾平議:“此經輻字,亦輹字之誤,輹即所謂伏兔也。”

輭 ruǎn而兗切,上,獮韻,日。元部。

同“軟”。柔軟。三國志吴書魯肅傳:“更以安車～輪徵肅,始當顯耳。”唐杜甫大雲寺贊公房詩之二:“細～青絲履,光明白氎巾。”

[備考]通“輀(ér)”。喪車。集韻之韻:“輀,説文:‘喪車也。’或作輭。”漢書王莽傳:“百官竊言:‘此似～車,非僊物也。’”顔師古注:“輭車,載喪車。”

[同源字]軟,輭,蝡,愞,耎,偄,媆,懦。見“軟”字條。

按,説文無輭字。

輮 róu人九切,集韻而由切,音蹂,平,尤韻,日。幽部。

㊀車輪的外框。説文:“輮,車軔也。”小徐本作“車輞也”。周禮考工記車人:“行澤者反～,行山者仄～。”漢王褒僮約:“持斧入山,斷～裁轅。”㊁使木條彎曲,也作“揉”、“煣”(舊讀rǒu)。荀子勸學:“木直中繩,～以爲輪,其曲中規。”楊倞注:“輮,屈。”引申爲扭曲,歪曲。管子四稱:“式政既～,刑罰既烈,内削其民,以爲攻伐。”㊂通“蹂”。踐踏。漢書項籍傳:“王翳取其頭,亂相～蹈,争羽相殺者數十人。”顔師古注:“輮,踐也。”

[備考]通“柔”,柔軟。馬王堆漢墓帛書經法道法:“天地之恒常,四時、晦明、生殺、～剛。”

[同源字]柔,睬,鍒,鞣,煣,輮,擾,弱。見“柔”字條。

轀 wēn烏渾切,音温,平,魂韻,影。文部。

〔轀車〕古代可供卧息的長途旅行車輛,車廂有帷幔遮蔽風寒。説文:“轀,卧車也。”韓非子内儲説上:“吾聞數夜有乘轀車至李史門者,謹爲我伺之。”史記秦始皇本紀:“會暑,上轀車臭,乃詔從官令車載一石鮑魚,以亂其臭。”〔轀輬車〕卧車。史記李斯列傳:“宦者輒從轀輬車中可諸奏事。”裴駰集解引孟康曰:“如衣車,有窗牖,閉之則温,開之則涼,故名之轀輬車也。”後來用作喪車。漢書霍光傳:“載光尸以轀輬車。”顔師古注:“轀輬本安車也,可以卧息。後因載喪,飾以柳翣,故遂爲喪車耳。”遼史禮志二:“奉柩出殿之西北門,就轀輬車,藉以素裀。”

轕 1. gé 古達切,音葛,入,曷韻,見。月部。

❶〔轕轇〕雙聲聯緜字。廣大深遠的樣子。清黄景仁塗山禹廟詩:"奚仲挾策驅轕轇,趨風白水躬曲勹。"亦作"轇轕",見"轇"字條。

2. è 集韻阿葛切,音遏,入,曷韻,影。月部。

❷〔轕轄〕疊韻聯緜字。亦作"轕轄"、"轕磍"。摇目吐舌的樣子。漢書司馬相如傳大人賦:"跮踱轕轄容以骩麗兮,蜩蟉偃寋怵臭以梁倚。"顔師古注引張揖曰:"轕轄,摇目吐舌也。"史記作"轕轄"。

3. yà 集韻乙轄切,入,舝韻,影。月部。

❸車聲。文選揚雄羽獵賦:"皇車幽~,光純天地。"李善注引李奇曰:"幽轕,車聲也。"唐韓愈岳陽樓别竇司直詩:"聲音一何宏?轟~車萬兩。"

按,説文無轕字。

輯 jí 秦入切,入,緝韻,從。緝部。

❶車廂。段玉裁説文解字注:"輯,車輿也。"列子湯問:"推於御也,齊~乎轡銜之際,而急緩乎脣吻之和。"殷敬順釋文:"説文云:'輯,車輿也。'此言造父善御,得車輿之齊整,在於轡銜之際。"❷聚集,收集。國語周語上:"和協~睦,於是乎興。"韋昭注:"輯,聚也。"韓非子説林下:"雨十日,甲~而兵聚,吴人必至,不如備之。"又爲纂集,編輯。國語晉語八:"及爲成師,居太傅,端刑法,~訓典,國無姦民。"俞樾平議:"輯訓典,謂集合先代之訓辭及其典禮也。"又爲收起,斂藏。書舜典:"望于山川,徧于群神。~五瑞。"僞孔傳:"輯,斂也。"❸和睦,安定。詩大雅板:"辭之~矣,民之洽矣。"國語魯語上:"契爲司徒而民~。"引申爲安撫。漢書食貨志四下:"散幣於邛僰以~之。"唐柳宗元封建論:"卧而委之以~一方可也。"〔輯輯〕平和舒展的樣子。漢焦贛易林蒙之益:"莫莫輯輯,夜作晝匿。"文選晉束晳補亡詩:"黮黮重雲,輯輯和風。"李善注:"輯輯,風聲和也。"❹整修。漢書朱雲傳:"御史將雲下,雲攀檻,檻折…及後當治檻,上曰:'勿易,因而~之,以旌直臣。'"顔師古注:"謂補合之也。"❺通"緝(qì)"。連綴。韓非子外儲説左上:"飾以玫瑰,~以翡翠。"王先慎集解:"藝文類聚御覽引均作'緝以翡翠'。"

〔同源字〕集,雜,輯,萃。見"集"字條。

輲 chuán 市緣切,音遄,平,仙韻,禪。元部。

❶低小無輻條的車輪。又名輇。玉篇:"輇,無輻曰輇。輲,同輇。"墨子經説下:"兩輪高,兩輪爲~,車梯也。"孫詒讓閒詁:"四輪高卑不同,故車成梯形也。"❷〔輲車〕古代載靈柩的車。禮記雜記上:"載以輲車。"孫希旦集解引戴震曰:"輲車,四輪迫地而行,其輪無輻。"按,集韻此義入上聲獮韻。❸通"遄"。快速。穆天子傳卷六:"盛姬求飲,天子命人取漿而給,是曰壺~。"郭璞注:"輲,音遄,速也。"

按,説文無輲字。

輸 1. shū 式朱切,平,虞韻,審三。侯部。

❶運輸,運送。説文:"輸,委輸也。"左傳僖公十三年:"秦於是乎~粟於晉。"漢鼂錯言守邊備塞疏:"~者僨於道。"引申爲輸送,傳遞。商君書去彊:"國彊而不戰,毒~於内,禮樂蝨官生,必削。"戰國策秦策一:"陳軫爲王臣,常以國情~楚。"❷繳納,捐獻。左傳襄公九年:"魏絳請施舍,~積聚以貸。"鹽鐵論本議:"往者,郡國諸侯各以其物貢~。"特指繳納賦税。新唐書食貨志:"夏~無過六月,秋~無過十一月。"❸毁壞,敗壞。詩小雅正月:"載~爾載,將伯助予。"鄭箋:"輸,墮也。"荀子成相:"春申道綴基畢~。"王先謙集解引王念孫曰:"輸者,墮也。言基業盡墮壞也。"❹在較量時失敗;敗,與"贏"相對(後起義)。世説新語任誕:"温太真位未高時,屢與揚州淮中估客樗蒱,與輒不競。嘗一過,大~物,戲屈,無因得反。"唐杜甫今夕行詩:"君莫笑

劉毅從來布衣願，家無儋石～百萬。"又爲在較量中，不及對方(晚起義)。宋周邦彦蝶戀花柳四之三："不見長條低拂酒，送行應已～先手。"宋吴曾能改齋漫録卷一七："任使有榮居紫禁，争如無事隱青山。浮名浮利總～閒。"

[備考]㈠通"渝(yú)"，變更。書吕刑："獄成而孚，～而孚。"清王引之經義述聞："成與輸相對爲文。輸之言渝也，謂變更也…獄辭或有不實，又察其曲直而變更之，後世所謂平反也。"㈡罰役。文選南朝齊任昉天監三年策秀才文："睚眦有違，論～左校。"李善注："論輸，謂論其罪而輸作也。"李周翰注："輸，役也。言從役於左隊之中。"

2. shù 傷遇切，音戍，去，遇韻，審三。侯部。

❺通"腧"。腧穴，人體上的穴位。史記扁鵲倉公列傳："一撥見病之應，因五藏之～，乃割皮解肌，訣脈結筋。"

輹 fù 方六切，音腹，入，屋韻，非。覺部。

捆綁車伏兔與車軸的繩索。説文："輹，車軸縛也。"段玉裁注："謂以革若絲之類纏束於軸，以固軸也。"易大畜："輿説～。"釋文："輹，車下縛下。"另一説指車廂下和軸相鈎連的伏兔。左傳僖公十五年："車説其～，火焚其旗。"楊伯峻注："輹音服，車下伏兔，輕車曰轐，大車曰輹…轐與輹異名而同實，俱在輿底軫下，爲半規形，與軸同銜，狀似伏兔，又與屐齒相類，亦謂之鈎心。"

輷 hōng 呼宏切，音轟，平，耕韻，曉。耕部。

象聲詞。同"轟"。形容車聲、雷鳴及其他巨大的聲音。太平廣記卷三九五引唐張讀宣室志百丈泓："其音稍響，～若擊轂。"宋歐陽修百子坑賽龍詩："龜魚帶去半空落，雷～電走先後驅。"〔輷輷〕形容車馬衆多的聲音。史記蘇秦列傳："車馬之多，日夜行不絶，輷輷殷殷，若有三軍之衆。"清顧炎武天下郡國利病書廣東上琴江都："當其要道，日夜行，輷輷不絶。"〔輷輘〕形容車聲或雷聲。也作"輘輷"。唐韓愈讀東方朔雜事詩："偷入雷電室，輷輘掉狂車。"

[同源字]訇，輷，轟。見"訇"字條。

按，説文無輷字。

輴 chūn 丑倫切，音椿，平，諄韻，徹。文部。

❶古代泥濘路上的交通工具。亦作"䡅"。吕氏春秋愼勢："水用舟，陸用車，塗用～，沙用鳩，山用樏，因其勢也。"唐韓愈奉和杜相公太清宫紀事陳誠上李相公十六韻："耒耜興姬國，～欙建夏家。"❷載柩的車。禮記檀弓上："天子之殯也，菆塗龍～以椁。"孔穎達疏："龍輴者，殯時輴車載柩，而畫轅爲龍，故云龍輴也。"吕氏春秋節喪："世俗之行喪，載之以大～。"

按，説文無輴字。

十　畫

輾 1. zhǎn 知演切，上，獮韻，知。元部。

❶〔輾轉〕也作"展轉"。身體翻來覆去轉動，形容睡不安穩。詩周南關雎："悠哉悠哉，輾轉反側。"朱熹集傳："輾者轉之半，轉者輾之周…皆卧不安席之意。"又形容行動轉移不定。文選古樂府飲馬長城窟行："佗鄉各異縣，輾轉不可見。"用於抽象意義，形容反復不定。後漢書來歷傳："歷佛然，廷詰晧曰：'屬通諫何言，而今復背之？大臣乘朝車，處國事，固得輾轉若此乎？'"❷轉，回轉。宋葛長庚中秋月詩："千崖爽氣已平分，萬里青天～玉輪。"元劉詵曉行詩："東日如車輪，三～未上坡。"

2. niǎn 集韻尼展切，音碾，上，獮韻，娘。

❸碾壓(後起義)。也作"碾"。玉臺新詠南朝梁王訓奉和率爾有詠詩："簡釵新～翠，試履逆垣牆。"唐白居易賣炭翁詩："夜來城外一尺雪，曉駕炭車～冰轍。"

3. niǎn 女箭切，去，線韻，娘。

❹碾子(後起義)。也作"碾"。明徐光啟

農政全書卷二三:“通俗文曰:‘石碢轢穀曰輥。’後魏書曰:‘崔亮在雍州,讀杜預傳,見其爲八磨,嘉其有濟時用,因教民爲～。’”清徐珂清稗類鈔物品:“海青～,以石爲輥軸,軋轢穀粒者。”

[同源字]踝,輥,磙。見“踝”字條。

按,説文無輥字。

轂

gǔ古禄切,音谷,入,屋韻,見。屋部。

車輪中心穿軸承輻的部份。説文:“轂,輻所湊也。”老子第十一章:“三十輻,共一～。”楚辭戰國屈原九歌國殤:“操吳戈兮被犀甲,車錯～兮短兵接。”指代車。史記平準書:“而富商大賈或蹛財役貧,轉～百數。”裴駰集解引李奇曰:“轂,車也。”也指代車輪。唐柳宗元田家詩:“東鄉後租期,車～陷泥澤。”〔轂下〕車下,指身旁。漢司馬相如上書諫獵:“是吳越起於轂下,而羌夷接軫也,豈不殆哉!”又指京城。文選南朝齊任昉齊竟陵文宣王行狀:“神皋載穆,轂下以清。”

轄

xiá胡瞎切,入,鎋韻,匣。月部。

❶插入軸端孔穴、固定車輪和車軸的銷釘。也作“舝”、“鎋”。説文:“轄,鍵也。”左傳襄公三十一年:“巾車脂～,隸人、牧、圉各瞻其事。”韓非子内儲説上:“西門豹爲鄴令,佯亡其車～。”❷管轄,管制(後起義)。晉書涼武昭王傳:“又敦煌郡大衆殷,制御西域,管～萬里,爲軍國之本。”宋寇準論澶淵事宜疏:“令孫瑩、杜彥鈞、孫全照部～。”又爲約束、强制。唐李復言續玄怪録盧造:“其西有窗亦甚堅。虎怒搏之,檽折,陷頭於中,爲左右所～,進退不得。”明徐渭挽陳君之配蔣詩:“陳君～我飲青春,焦革賢閨釀絶倫。”

蓁

zhēn側詵切,音臻,平,蓁韻,照二。真部。

❶古代大車上的坐墊。説文:“蓁,大車簀也。”段玉裁注:“簀者,牀棧也,大車之藉似之。小車謂之茵,車重席也。以虎皮者謂之文茵,大車謂之～,竹木爲之。”❷通“臻”。至,到。文選揚雄甘泉賦:“是時未～夫甘泉也,迺望通天之繹繹。”李善注:“蓁與臻同,至也。”漢書禮樂志安世房中歌:“大矣孝熙,四極爰～。”顔師古注:“蓁字與臻同。”

轅

yuán雨元切,平,元韻,喻三。元部。

❶車杠,車前駕牲畜的兩根直木。説文:“轅,輈也。”墨子雜守:“板箱長與～等。”左傳宣公十二年:“令尹南～返旆。”引申爲犂轅。北魏賈思勰齊民要術耕田:“今遼東耕犂,～長四尺。”〔轅門〕古代帝王巡狩或田獵需要住宿時,用車圍住營地。在出入處,把兩輛車對着,車轅向上仰着,表示門,稱作轅門。周禮天官掌舍:“設車宫轅門。”鄭玄注:“謂王行止宿阻險之處備非常,次車以爲藩,則仰車以其轅表門。”後指軍營的門。史記項羽本紀:“項羽召見諸侯將,入轅門,無不膝行而前,莫敢仰視。”唐王昌齡從軍行詩之五:“大漠風塵日色昏,紅旗半捲出轅門。”後來軍、政兼管的高級地方官官署的外門也稱轅門(晚起義)。明馮夢龍古今小説沈小霞相會出師表:“次早坐堂,只見中軍官報道:‘今有蔚州衛拿獲妖賊二名,解到轅門外,伏聽鈞旨。’”❷指行宫(後起義)。魏書李冏傳:“尚書今以西京説朕,乃使朕不廢東～。”❸通“爰”。换,更易。國語晉語三:“且賞以悦衆,衆皆哭焉。作～田。”韋昭注引賈逵曰:“轅,易也。爲易田之法,賞衆以田。易者,易疆界也。”

[辨]輈,轅。見“輈”字條。

輿

yú以諸切,平,魚韻,喻四。魚部。

❶車箱。説文:“輿,車輿也。”易小畜:“九三,～説輻,夫妻反目。”潛夫論相列:“曲者宜爲輪,直者宜爲～。”泛指車。老子第八十章:“雖有舟～,無所乘之。”史記孟嘗君列傳:“長鋏歸來乎,出無～。”用作動詞,拿車運。唐韓愈送窮文:“結柳作車,縛草爲船,載糗～粻。”❷轎子(後起義)。世説新語簡傲:“王肩～徑造竹下,諷嘯良久。”明徐宏祖徐

霞客遊記滇遊日記:"油碧～五六肩,乃婦人之遊於林間者。"❸抬,負荷。戰國策秦策三:"百人～瓢而趨,不如一人持而走疾。"漢書嚴助傳:"～轎而隃領,拕舟而入水。"❹衆,衆多,衆人的。左傳僖公二十八年:"晉侯患之,聽～人之謀曰:'稱舍於墓。'"杜預注:"輿,衆也。"漢書陸賈傳:"人衆車～,萬物殷富。"梁書武帝紀:"或懷定懷抱,或得之～論。"❺古代職位低賤的吏卒。左傳昭公七年:"士臣皁,皁臣～,～臣隸。"文選漢張衡東京賦:"發京倉,散禁財,賚皇寮,逮～臺。"張銑注:"輿、臺,賤稱。"又指駕車人。漢書嚴助傳:"厮～之卒有一不備而歸者,雖得越王之首,臣猶竊爲大漢羞之。"顏師古注:"厮,析薪者;輿,主駕車者。此皆言賤役之人。"❻通"旟"。旌旗。銀雀山漢墓竹簡孫臏兵法官一:"辨疑以旌～,申令以金鼓。"

[辨]車,輿,輦,軒,軺。見"輦"字條。

十一畫

𨌲 zhì 陟利切,音致,去,至韻,知。質部。

同"輊"。車子前重向下傾斜。説文繫傳:"𨌲,抵也。"陳衍辯證:"當訓低而不訓抵,抵爲低字傳寫之誤。"玉篇:"𨌲,前頓曰𨌲,後曰軒。"淮南子人間:"道者置之前而不～,錯之後而不軒。"

按,説文𨌲作𨌲,當依説文繫傳。

轆 lù 盧谷切,音鹿,入,屋韻,來。

後起字。❶〔轆轤〕雙聲聯緜字。亦作"轒轤"。利用輪軸原理制成的起重工具,通常安在井上汲水。世説新語排調:"顧曰:'井上轆轤卧嬰兒。'"北魏賈思勰齊民要術種葵:"井别作桔槔、轆轤。"原注:"井深用轆轤,井淺用桔槔。"❷〔轆轆〕車輪轉動的聲音。唐元稹田家詞詩:"六十年來兵蔟蔟,月月食糧車轆轆。"唐杜牧阿房宫賦:"雷霆乍驚,宫車過也;轆轆遠聽,杳不知其所之也。"

[備考]車輪輾軋。宋蘇軾自海南歸過清遠峽寶林寺敬贊禪月所畫十八大阿羅漢:"以惡～物,如火自爇。"

轊 wèi 于歲切,音衛,去,祭韻,喻三。月部。

同"軎"。車軸頭,套在車軸末端的金屬筒狀物。鄧析子無厚:"夫木擊折～,水戾破舟。"史記田單列傳:"已而齊軍攻安平,城壞,齊人走,争塗,以～折車敗,爲燕所虜。"

按,説文轊是軎的重文。

轉 1. zhuǎn 陟兖切,上,獮韻,知。元部。

❶滚動,移動。詩邶風柏舟:"我心匪石,不可～也。"毛傳:"石雖堅,尚可轉。"又,小雅祈父:"胡～予於恤,靡所止居。"鄭箋:"轉,移也。"引申爲遷徙,流亡。左傳昭公十九年:"勞罷死～,忘寢與食。"杜預注:"轉,遷也。"孟子梁惠王下:"凶年饑歲,君之民老弱～乎溝壑,壯者散而之四方者,幾千人矣。"朱熹集注:"轉,飢餓輾轉而死也。"❷轉變,改變方向、位置、形勢、情況等。管子法法:"上令盡行,禁盡止,引而使之,民不敢～其力。"商君書立本:"兵生於治而異,俗生於法而萬～。"高亨譯注:"萬轉,萬變,指風俗多變化,有好有壞。"楚辭戰國屈原離騷:"路不周以左～兮,指西海以爲期。"特指調動官職。後漢書周榮傳:"出爲潁川太守,坐法,當下獄,和帝思榮忠節,左～共令。"晉書李密傳:"密有才能,常望内～,而朝廷無援,乃遷漢中太守。"❸轉運,傳送。説文:"轉,運也。"史記平準書:"～漕甚遼遠。"司馬貞索隱:"車運曰轉,水運曰漕也。"漢書高帝紀上:"軍士不幸死者,吏爲衣衾棺斂,～送其家。"顏師古注:"轉,傳送也。"❹婉轉,聲音抑揚動聽。左傳昭公三十一年:"趙簡子夢童子羸而～以歌。"杜預注:"轉,宛轉也。"北魏酈道元水經注江水:"常有高猿長嘯,屬引凄異;空谷傳響,哀～久絶。"❺量詞,表示行爲動作的次數(後起義)。抱朴子内篇金丹:"其～數少,其藥力不足。"北朝樂府民歌木蘭詩:"策勳十二～,賞賜百千强。"

［備考］㊀運算，指相乘。論衡謝短："夫周禮六典，又六～，六六三十六，三百六十，是以周官三百六十也。"㊁指誦經念咒（後起義）。唐段成式酉陽雜俎寺塔記上："素公不出院，～法華經三萬七千部。"㊂舊時詩文在章法結構方面的術語（晚起義）。元范梈詩法："作詩有四法：起要平直，承要舂容，～要變化，合要淵永。"

2. zhuàn 知戀切，去，線韻，知。元部。

❻裝衣服甲胄的口袋。左傳襄公二十四年："將及楚師，而後從之。乘皆踞～而鼓琴。"杜預注："轉，衣裝。"孔穎達疏："當是盛衣甲之囊也。"❼旋轉，轉動，物體以一點爲中心或以一直綫爲軸作圓周運動。論衡説日："天持日月～，故日月實東行而反西也。"隋書藝術傳耿詢："詢創意造渾天儀，不假人力，以水～之。"引申形容事物能轉動自如（晚起義）。元李行道包待制智賺灰闌記第一折："我已都用銀子買～了，這衙門以外的事，不要你費心。"

［同源字］轉，邅。兩字都有運行，轉變方向的意思。古音同在元部，聲母是端定旁紐，聲近義通，是同源關係。

轇 jiāo 古肴切，音膠，平，肴韻，見。幽部。

〔轇轕〕雙聲聯緜字。亦作"轇輵"、"轇葛"。①廣大深遠的樣子。史記司馬相如列傳上林賦："置酒乎昊天之臺，張樂乎轇輵之宇。"司馬貞索隱引郭璞曰："言曠遠深貌。"文選漢王延壽魯靈光殿賦："迢嶢倜儻，豐麗博敞，洞轇轕乎其無垠也。"這一意義又作"輵轇"，見"輵"字條。②縱横交錯的樣子。楚辭漢劉向九歎遠遊："潺湲轇轕，雷動電發，馺高舉兮。"王逸注："言蛟龍升天，其形潺湲，若水之流，縱横轇轕。"文選漢張衡東京賦："雲罕九斿，闟戟轇輵。"薛綜注："轇輵，雜亂貌。"清魏源聖武記卷九："惟是軍需冒銷，總在款目轇葛。"

轈 cháo 鉏交切，音巢，平，肴韻，牀二。宵部。

古代軍中觀察敵情的瞭望車。説文："轈，兵高車，加巢以望敵也。"清蔡元放東周列國志三七回："得十禽者，賞以～車一乘。"清朱彝尊曹先生溶挽詩："軍輿還轉餉，戰勝屢登～。"

十二畫

轒 chōng 尺容切，音衝，平，鍾韻，穿三。東部。

❶古代冲城陷陣的戰車。説文："轒，陷敶車也。"唐韓愈等城南聯句詩："慶流蠲瘥癘，威暢捐～輣。"舊五代史唐書莊宗紀："梯～並進，軍士畢登。"❷通"幢(chuáng)"。刻有佛號或經咒的石柱形小塔（後起義）。清王嗣槐西山遊記二："花壖石～，高高下下。"

轍 zhé 直列切，入，薛韻，澄。月部。

❶車輪壓出的痕迹。説文新附："轍，車迹也。"左傳莊公十年："下視其～，登軾而望之。"莊子外物："周顧視，車～中有鮒魚焉。"❷車行的路綫（後起義）。三國魏曹植贈白馬王彪詩之二："中逵絶無軌，改～登高岡。"南朝齊陸厥奉答内兄希叔詩："駿馬思長阪，柴車畏危～。"用於抽象事物，指行動的路綫、方針。晉陶潛詠貧士詩之一："量力守故～，豈不寒與飢？"隋潘徽韻纂序："總會舊～，創立新意。"

按，説文無轍字，新附有之，云："車迹也。"

轔 1. lín 力珍切，音鄰，平，真韻，來。真部。

❶〔轔轔〕象聲詞。車運行的聲音。説文新附："轔，車聲。"楚辭戰國屈原九歌大司命："乘龍兮轔轔，高駝兮冲天。"王逸注："轔轔，車聲。"唐杜甫兵車行："車轔轔，馬蕭蕭，行人弓箭各在腰。"❷車輪。儀禮既夕禮"遷于祖用軸"漢鄭玄注："軸，狀如轉～。"賈公彦疏："轔，輪也。"❸門檻。淮南子説林："雖欲

謹,亡馬,不發户～。"高誘注:"言馬亡不可發户限而求。轔,户限也。"

2. lìn 良刃切,音藺,去,震韻,來。真部。

㊃車輪碾軋。也作"蹸"。文選漢司馬相如子虛賦:"掩兔～鹿,射麋脚麟。"李善注引司馬彪曰:"轔,轢也。"後漢書廉范傳:"虜自相～藉,死者千餘人。"〔轔轢〕車輪碾軋。史記司馬相如列傳上林賦:"徒車之所轔轢,乘騎之所蹂若。"引申指欺凌。隋書儒林傳何妥:"曹魏祖不識北辰,今復轔轢太史。"

轒 fén 符分切,音墳,平,文韻,奉。文部。

㊀〔轒轀〕叠韻聯緜字。古代用於攻城的戰車。孫子兵法謀攻:"攻城之法,爲不得已,修櫓轒轀。"杜牧注:"轒轀,四輪車,排大木爲之,上蒙以生牛皮,下可以容十人,往來運土填壍,木石所不能傷,今所謂木驢是也。"特指匈奴的戰車。文選漢揚雄長楊賦:"碎轒轀,破穹廬。"李善注引應劭曰:"轒轀,匈奴車也。"後來借指匈奴。唐裴漼奉和御制平胡詩:"一舉轒轀滅,再麾沙漠空。"㊁〔轒櫓〕古代用於瞭望守禦的城樓。古文苑漢班固竇車騎北征頌:"勒邊御之永設,奮轒櫓之遠徑。"章樵注:"轒,當作轒…轒櫓,城上守禦望樓,可藏兵器矢石,自上而發,所以望遠,故云遠徑。"

轑 1. lǎo 盧晧切,上,晧韻,來。宵部。

㊀車篷骨架。説文:"轑,蓋弓也。"初學記卷二五引南朝梁沈約宋書:"翠羽蓋黄裏,所謂黄屋也。金華施～。"㊁通"橑"。屋椽。漢書張敞傳:"敞自將郡國吏,車數百兩,圍守王宫,搜索調等,果得之殿屋重～中。"顔師古注引蘇林曰:"轑,椽也。"

2. lāo (舊讀 láo)集韻郎刀切,平,豪韻,來。宵部。

㊂通"撈"。撈取。漢書楚元王傳:"嫂厭叔與客來,陽爲羹盡,～釜,客以故去。"顔師古注:"以勺轢釜,令爲聲也。"宋范成大口數粥行:"大杓～鐺分口數,疫鬼聞香走無處。"

3. liǎo 集韻郎鳥切,上,篠韻,來。宵部。

㊃通"燎"。燃燒。漢書杜周傳:"排擠英俊,託公報私,横厲無所畏忌,欲以熏～天下。"顔師古注:"轑讀曰燎,假借用字。"

[同源字]橑,轑。説文:"橑,椽也。"又:"轑,蓋弓也。"房屋的椽子同車蓋的骨架是類似的東西。二字音同義近,實同一詞,分别作爲屋椽、蓋弓的專用字,但又通用。

轏 zhàn 士限切,上,産韻,牀二。元部。

即棧車,用竹木條編輿的篷車,載人運貨,可坐可卧。左傳成公二年:"丑父寢於～中。"杜預注:"轏,士車。"孔穎達疏:"周禮巾車:'士乘棧車。'…轏與棧字異音義同耳。"

按,説文無轏字,新附有之。

轐 bú 蒲沃切,音僕,入,沃韻,並。屋部。

古代車箱底下鈎住車軸的木頭,形如伏兔,也叫車伏兔。説文:"轐,車伏兔也。"周禮考工記總序:"軹崇三尺有三寸也,加軫與～焉,四尺也。"鄭玄注引鄭司農云:"轐,讀爲旃僕之僕,謂伏兔也。"

轓 fān 甫煩切,平,元韻,幫。元部。

㊀車箱兩旁向外翻的遮蔽物。廣雅釋器:"轓謂之㡓。"王念孫疏證:"説文:'㡓,車耳反出也。'㡓,轓聲近義同。"漢書景帝紀:"令長吏二千石車朱兩～。"顔師古注引如淳曰:"轓,小車兩屏也。"後漢書董卓傳:"卓遂僭擬車服,乘金華青蓋,爪畫兩～,時人號竿摩車。"指代車子。南朝齊謝朓三日侍宴曲水代人應詔詩:"華～徒駕,長纓未飾。"宋王安石送明州王大卿詩:"大歷才臣有此州,昆雲今駕鹿～游。"㊁通"藩"。〔轓邦〕即"藩邦",封建時代的諸侯國。宋洪适隸釋竹邑侯相張壽碑:"國盗民殷,功刊王府,將授轓邦。"注:"碑以啬爲穡,轓爲藩。"

[同源字]轓,藩。"轓"是車子的藩籬、屏障,所以叫做"轓"。兩字聲同義近,實爲一詞,"轓"是車藩的專用字,有時通用於"藩"的

其他義。

按,説文無轎字。

轎 jiào 渠廟切,去,笑韻,羣。宵部。

古代在山路上運行的一種輕便的小車。漢書嚴助傳:"輿～而隃領。"顔師古注:"服虔曰:'轎音橋,謂隘道輿車也。'"後來通稱肩輿,即轎子。宋司馬光涑水記聞卷一五:"嘗欲往老子祠,乘小～過天津橋。"朱子語類卷一二八:"南渡以前,士大夫皆不甚用～,如王荆公伊川皆云不以人代畜。"

按,説文無轎字。

十三畫

轙 yǐ 魚倚切,音蟻,上,紙韻,疑。歌部。

❶車衡上貫穿繮繩的大環。説文:"轙,車衡載轡者。"淮南子説山:"遺人馬而解其羈,遺人車而稅其～,所愛者少而所忘者多。"高誘注:"轙,所以縛衡也。"文選漢張衡東京賦:"龍輈華～,金錽鏤錫。"李善注引爾雅:"載轡謂之轙。"❷等待。漢書禮樂志郊祀歌赤蛟:"靈禗禗,象輿～。"顔師古注:"孟康曰:'禗,不安欲去也;轙,待也。'"

轠 léi。

同"轤"。〔轠車〕鹽場運柴的車。元陳椿熬波圖説:"運柴必有轠車、埸車。二車大小各隨其制,皆用樟榆等硬木做造,方可耐久。"

按,説文無轠字。

轖 sè 所力切,音色,入,職韻,審二。職部。

❶古代車箱四周用皮革交錯結成的障蔽物。説文:"轖,車藉交錯(革)也。"急就篇:"革～髤漆油黑蒼。"顔師古注:"革轖,車藉之交革也。"文選漢枚乘七發:"邪氣逆襲,中若結～。"南朝梁江淹蕭驃騎讓油幢表:"不宜假文丹幰,空飾皂～。"胡之驥注:"轖,車旁也。"指代車。陳書儒林傳沈不害:"～駕列庭,青紫拾地。"❷糾結,鬱塞不暢。段玉裁説文解字注:"轖,引申爲結塞之偁。"清趙翼甌北詩話韓昌黎詩:"此等詞句,徒贅牙～舌,而實無意義,未免英雄欺人耳。"清汪沆山遊集序:"每託歌詠以暢其鬱～困苦之思。"

轗 kǎn 苦感切,音坎,上,感韻,溪。侵部。

〔轗軻〕雙聲聯緜字。亦作"坎軻"、"坎坷"。道路不平坦的樣子。北史文苑傳序:"道轗軻而未遇,志鬱抑而不申。"比喻境遇不順,常受挫折而不得志。文選古詩十九首之四:"無爲守窮賤,轗軻長苦辛。"唐杜甫詠懷詩之一:"嗟余竟轗軻,將老逢艱危。"

按,説文無轗字。

轘 1. huàn 胡慣切,音患,去,諫韻,匣。元部。

❶車裂,古代用車馬分裂人體的酷刑。説文:"轘,車裂人也。"左傳桓公十八年:"齊人殺子亹而～高渠彌。"杜預注:"車裂曰轘。"又,宣公十一年:"殺夏徵舒,～諸栗門。"

2. huán 户關切,音環,平,删韻,匣。元部。

❷回環曲折。管子地圖:"凡兵主者,必先審知地圖。～轅之險,濫車之水…必盡知之。"尹知章注:"謂路形若轅,而又轘曲。"

轚 jī (舊讀 jí)古歷切,音擊,入,錫韻,見。錫部。

車轄相互撞擊,也泛指車船相碰撞。説文:"轚,車轄相擊也。"穀梁傳昭公八年:"流旁握,御～者不得入。"范甯注:"流旁握,謂車兩轊頭各去門邊空握。握四寸也。轚掛則不得入門。"周禮秋官野廬氏:"凡道路之舟車～互者,叙而行之。"賈公彦疏:"謂水陸之道,舟車往來狹隘之所,更互相轚。"

〔同源字〕轚,擊。"轚"、"擊"同音,都表示沖撞、觸碰,實同一詞,不過"轚"的使用範圍窄一些,只作爲車船碰撞的專用字。

轝 yù 集韻羊茹切,音預,去,御韻,喻四。魚部。

抬,合力抬舉物體。後漢書張讓傳:"監

奴乃率諸蒼頭迎拜於路,遂共～車入門。"用作名詞,同"輿(yú)",車子。墨子公輸:"今有人於此,舍其文軒,鄰有敝～,而欲竊之。"孫詒讓閒詁:"宋策神仙傳並作敝輿,畢云轝即輿之異文耳。"

按,説文無轝字。

十四畫

轟 hōng 呼宏切,平,耕韻,曉。耕部。

㊀象聲詞。形容巨大的聲響,如車羣聲、雷聲。説文:"轟,羣車聲也。"晉左思吴都賦:"車馬雷駭,～～闐闐。"唐元稹放言詩之三:"霆～電烻數聲頻,不奈狂夫不藉身。"〔轟豗〕雙聲聯緜字。形容聲音雜亂宏大。韓愈元和聖德詩:"衆樂驚作,轟豗融洽。"宋陳師道顏市阻風詩之一:"突兀重重浪,轟豗處處雷。"㊁衝擊。金元好問遊承天鎮懸泉詩:"并州之山水所湫,駭浪幾～山石裂。"宋彭乘續墨客揮犀卷四:"一夕,雷～薦福碑。"

[同源字]訇,輷,轟。見"訇"字條。

轞 jiàn 胡黤切,音檻,上,檻韻,匣。談部。

㊀囚車。史記張耳陳餘列傳:"乃～車膠致,與王詣長安。"張守節正義:"謂其車上著板,四周如檻形,膠密不得開,送致京師也。"漢書作"檻車"。後漢書朱祐傳:"祐～車傳豐送洛陽斬之。"明湯顯祖邯鄲記二五齣:"僥倖煞天恩免囚～,日南珠滿淚盤。"㊁〔轞轞〕象聲詞。形容車行聲。魏書禮志一:"近嘗於太祖廟有車騎聲,從北門入,殷殷轞轞,震動門闕,執事者無不肅慄。"唐李白大獵賦:"戎車轞轞以陸離,彀騎煌煌而奮發。"

按,説文無轞字。

轛 zhuì 追萃切,去,至韻,知。物部。

車軾下面橫直交接的欄木。説文:"轛,車橫軨也。"周禮考工記輿人:"參分軹圍去一,以爲～圍。"鄭玄注:"轛,式之植者衡者也。"

轜 yǐn 於謹切,音隱,上,隱韻,影。文部。

㊀〔轜轜〕象聲詞。形容車行聲。漢焦贛易林賁之蹇:"轜轜墳墳,火燒山根,不潤我鄰,獨不蒙恩。"亦作"殷殷"。㊁〔轜轔〕準叠韻聯緜字。象聲詞。車行聲。唐李賀出城別張又新酬李漢:"臘春戲草苑,玉輓鳴轜轔。"

按,説文無轜字。

十五畫

轢 luò 盧各切,音洛,入,鐸韻,來。

㊀〔轢轢〕象聲詞。形容車輪轉動的聲音。玉篇:"轢,車轉聲也。"清蔡元放東周列國志六三回:"只聽得車聲轆轆轢轢,火炬燭天而至。"㊁〔轢轢車〕清代黑龍江一種載運糧草的牛車。清徐珂清稗類鈔舟車類:"黑龍江向無各項車輛,有達呼爾隨意用柳條編造者,曰轢轢車。"

按,説文無轢字。

轠 léi 魯回切,音雷,平,灰韻,來。微部。

亦作"轜"。㊀碰擊。漢書游俠傳陳遵:"一旦叀礙,爲甆所～。"顏師古注:"轠,擊也。言瓶忽縣礙不得下,而爲井甆所擊,則破碎也。"宋曾鞏尚書比部員外郎李君墓志銘:"謂勢方利,孰～以毁。施不盡有,故也則唄。"㊁〔轠轠〕象聲詞。形容車馬聲。漢焦贛易林蠱之坤:"輷輷轠轠。歲暮偏蔽。"㊂〔轠轤〕雙聲聯緜字。接連不斷的樣子。漢書揚雄傳校獵賦:"繽紛往來,轠轤不絶。"李善注引孟康曰:"轠轤,連屬貌。"明趙南星轉運使劉公行狀:"車馬往來,轠轤不絶。"

按,説文無轠字。

轣 lì 郎擊切,音礫,入,錫韻,來。藥部。

㊀車輪碾軋。説文:"轣,車所踐也。"文選漢張衡西京賦:"當足見碾,值輪被～。"李善注引薛綜曰:"足所蹈爲碾,車所加爲轣。"論衡幸偶:"火燔野草,車～所致。"引申爲欺凌,欺壓。吕氏春秋慎大:"干辛任威,凌～諸

侯以及兆民。”史記文帝本紀:“陵～邊吏,入盜,甚敖無道,非約也。”又爲壓倒,超過(後起義)。南朝梁劉勰文心雕龍時序:“經典禮章,跨周～漢。”唐司空圖解縣新城碑:“川廣可踰,山高可～。”㊂刮,撞擊。文選漢張衡西京賦:“～輻輕騖,容於一扉。”李善注引薛綜曰:“馭車欲馬疾,以箠櫟於輻,使有聲也。”金元好問女幾山避兵送李長源歸關中詩:“相濡相呴尚可活,～釜何曾厭求索。”

轡 pèi 兵媚切,去,至韻,幫。質部。

駕馭牲口用的繮繩。説文:“轡,馬轡也。”詩秦風小戎:“四牡孔阜,六～在手。”韓非子五蠹:“如欲以寬緩之政治急世之民,猶無～策而御馯馬。”用作動詞,牽,駕馭。南朝梁陶弘景冥通記卷三:“此月初耳,見許侯與紫微夫人及右英共～龍車,往詣南真。”宋王禹偁唐河店嫗傳:“聞虜之至,或父母～馬,妻子取弓矢,至有不俟甲冑而進者。”〔轡頭〕馬嚼子和繮繩,馬籠頭。木蘭詩:“南市買轡頭,北市買長鞭。”

十六畫

轐 fú 集韻房六切,音伏,入,屋韻,奉。

同“琟”。車欄間皮質的盛玉或弓矢的用具。集韻:“琟,説文:‘車笭間皮篋,古者使奉玉以盛之。’或作轐。”後漢書輿服志上:“一曰芝車,置～耒耜之箙,上親耕所乘也。”

〔同源字〕琟,轐,箙。見“琟”字條。

按,説文轐作琟,在玨部。

轣 lì 集韻狼狄切,音歷,入,錫韻,來。錫部。

㊀〔轣轆〕象聲詞,形容車輪或其他器物滚動的聲音。宋蘇軾次韻舒教授寄李公擇詩:“松下縱横餘屐齒,門前轣轆想君車。”宋陸游歸興詩:“輕雷轣轆斷梅初,殘籜縱横過笋餘。”〔轣轆車〕繅絲車。方言卷五:“維車,趙、魏之間謂之轣轆車。”㊁通“轢”。車輪碾軋。集韻錫韻:“轢,説文‘車所踐也’,或作轣。”清毛奇齡題汴梁竹枝詞:“予數經汴城,見輪蹄～躪,攘攘都會。”

按,説文無轣字。

轤 lú 落胡切,音盧,平,模韻,來。魚部。

〔轆轤〕〔轒轤〕見“轆”字和“轒”字條。

二十畫

轥 lìn 良刃切,音藺,去,震韻,來。真部。

又作“躙”。車子輾過。文選晉潘岳西征賦:“綮駁娑而款駘蕩,～枍詣而轢承光。”陳書陳寶應傳:“黿鼉爲駕,～方壺而建旗。”引申爲經過,超過。宋王安石同學一首别子固:“夫安驅徐行,～中庸之庭,而造於其室,舍二賢人者而誰哉?”明宋濂送陳生子晟還連江序:“能知變化,則～遷轢固,蹴蔡駕韓,熉然有光萬丈矣。”又爲踐踏,壓倒。唐佚名李靖碑:“以納方邵於胸中,～趙辛於跨下。”〔轥轢〕雙聲聯緜字。車輪輾軋。漢司馬相如上林賦:“徒車之所轥轢,步騎之所蹂若。”引申爲超越。隋書楊玄感傳:“足以轥轢軒唐,奄呑周漢。”又爲踐踏,欺壓。魏書出帝紀:“神武之所牢籠,威風之所轥轢,莫不雲徹霧卷,瓦解冰消。”

〔備考〕〔轥轢〕雙聲聯緜字。車行聲。唐陸龜蒙奉和襲美二游詩:“出門向城路,車馬聲轥轢。”

〔同源字〕躪,轥。見“躪”字條。

按,説文無轥字。

轍 niè 魚列切,音孽,入,薛韻,疑。月部。

高聳的樣子。説文:“轍,載高皃。”文選三國魏何晏景福殿賦:“飛榈翼以軒翥,反宇以高轍。”〔轍轍〕高聳的樣子。文選漢張衡西京賦:“反宇業業,飛檐轍轍。”李善注引薛綜曰:“轍轍,高貌。”唐薛用弱集異記蔡少霞:“新宫宏宏,崇軒轍轍。”

辛 部

[辛部總論]

辛部所收的字不多,大多與訟争有關。可以分爲兩類:一類以"辛"爲義符,因"辛"本爲黥額的刑具,故"辜"、"辟"、"辠"(罪)、"辭"等以"辛"爲義符的字本義都與獄訟有某種聯繫,只有"辣"字是與"辛"的另一意義(辛辣)相聯繫的。另一類是以"辡"爲聲符的字,"辦"、"辯"仍與訟争有關,只有"辬"(斑)與訟争毫無關係。

辛 xīn 息鄰切,平,真韻,心。真部。

❶辣,五味之一。書洪範:"曲直作酸,從革作~。"楚辭戰國宋玉招魂:"大苦鹹酸,~甘行些。"特指帶辣味的葱姜蒜等蔬菜。文選三國魏嵇康養生論:"薰~害目,豚魚不養,常世所識也。"李善注:"養生要曰:'大蒜勿食,葷辛害目。'"宋史孝義傳顧忻:"以母病,葷~不入口者十載。"❷痛苦,悲痛。三國魏曹植贈白馬王彪詩之六:"倉猝骨肉情,能不懷苦~?"三國魏阮籍詠懷詩之六:"感慨懷~酸,怨毒常苦多。"❸辛苦,勞苦(後起義)。唐高適燕歌行:"鐵衣遠戍~勤久。"宋蘇軾浪淘沙昨日出東城:"東君用意不辭~,料想春光先到處,吹綻梅英。"❹天干第八位。與地支配合成六十甲子,用以紀年、月、日。爾雅釋天:"太歲在甲曰閼逢…在~曰重光。"詩小雅十月之交:"十月之交,朔日~卯。"❺通"新"。與"舊"相對。史記律書:"辛者,言萬物之~生,故曰辛。"

[備考]罪,犯法。説文:"辛…从一,从䇂。䇂,辠也。"郭沫若甲骨文字研究:"辛、䇂實本一字。"清史稿隆科多傳:"凡四十一款,當斬,妻子入~者庫,財産入官。"

五 畫

辜 gū 古胡切,平,模韻,見。魚部。

❶罪。説文:"辜,辠(罪)也。"詩小雅正月:"民之無~,并其臣僕。"鄭箋:"辜,罪也。"韓非子亡徵:"勞苦百姓,殺戮不~者,可亡也。"用作動詞,加罪,懲處。漢劉向説苑雜言:"昔者吴王夫差不聽伍子胥盡忠極諫,抉目而~。"引申爲禍害。漢書王莽傳:"害偏生民,~及朽骨。"❷分裂肢體,古代的一種酷刑。周禮秋官掌戮:"凡殺其親者焚之,殺王之親者~之。"鄭玄注:"辜,謂磔之。"韓非子内儲説上:"采金之禁,得而輒~磔於市。"❸辜負,對不起(後起義)。唐杜甫後出塞詩之五:"躍馬二十年,恐~明主恩。"宋王安石上杜學士言開河書:"不敢因循苟簡,以~大君子推引之意。"❹通"故(gù)"。緣故,原因。史記屈原賈生列傳:"般紛紛其離此尤兮,亦夫子之~也。"司馬貞索隱:"漢書'辜'作'故'。"❺通"固(gù)"。必定。漢書律曆志上:"姑洗:洗,絜也,言陽氣洗物~絜之也。"顔師古注:"孟康曰:'辜,必也,必使之絜也。'"

[備考]㈠農曆十一月的别稱。爾雅釋天:"十一月爲~。"㈡通"苦(kǔ)"。困苦。春秋繁露竹林:"楚與中國俠而繫之,鄭罷弊危亡,終身愁~。"盧文弨校:"辜當讀爲苦。"

辝 cí 似兹切,平,之韻,邪。之部。

同"辤"。❶推辭,不接受。漢焦贛易林需晉:"不可~阻,終无悔咎。"宋蘇軾渼陂魚詩:"東道無~信使頻,西鄰幸有庖虀醧。"❷辭别,告辭。敦煌變文集王昭君變文:"長~赤縣,永别神州。"

按,説文以辟爲㢶的或體。

六 畫

辟 1.bì 必益切,音壁,入,昔韻,幫。錫部。

❶法,法度。説文:"辟,法也。"詩小雅雨無正:"如何昊天,～言不信。"毛傳:"辟,法也。"左傳昭公六年:"夏有亂政而作禹刑,商有亂政而作湯刑,周有亂政而作九刑。三～之興,皆叔世也。"用作動詞,取法,效法。逸周書祭公:"天子自三公上下～於文武。"孔晁注:"辟,法也。"❷治理。書金縢:"我之弗～,我無以告我先王。"釋文:"辟,治也。"左傳文公六年:"宣子於是乎始爲國政,制事典,正法罪,～刑獄。"杜預注:"辟,猶理也。"特指治罪,懲罰。左傳襄公二十五年:"先王之命,唯罪所在,各致其～。"杜預注:"辟,誅也。"❸罪,罪行。左傳僖公二十三年:"策名委質,貳乃～也。"杜預注:"辟,罪也。"國語周語上:"土不備墾,～在司寇。"❹天子、諸侯國君的通稱。書洪範:"惟～作福,惟～作威。"荀子王制:"故政事亂,則冢宰之罪也;國家失俗,則～公之過也。"後來又指朝廷的大官。文選漢張衡西京賦:"正殿路寢,用朝羣～。"李善注引薛綜曰:"羣辟,謂王侯、公卿、大夫、士。"❺徵召。管子輕重乙:"～之以號令,引之以徐疾。"文選漢蔡邕郭有道碑文序:"羣公休之,遂～司徒掾。"❻躲避,避免。這個意義後來寫作"避"。左傳僖公二十三年:"晉楚治兵,遇於中原,其～君三舍。"墨子辭過:"室高足以～潤濕,邊足以圉風寒。"又爲排除,使避開。荀子解蔽:"是以～耳目之欲,而遠蚊虻之聲,閑居静思則通。"楚辭戰國屈原遠遊:"風伯爲余先驅兮,氛埃～而清涼。"洪興祖補注:"辟,除也。"引申爲批駁,駁斥。宋王安石答司馬諫議書:"～邪説,難壬人,不爲拒諫。"❼腿瘸。這個意義後來寫作"躄"。荀子正論:"王梁造父者,天下之善馭者也,不能以～馬毁輿致遠。"楊倞注:"辟與躄同。"漢書賈誼詩:"非亶倒縣而已,又類～且病痱。"顔師古注:"辟,足病。"

[備考]㊀績麻。孟子滕文公下:"彼身織屨,妻～纑,以易之也。"趙岐注:"緝績其麻曰辟,練其麻曰纑。"㊁閉。莊子田子方:"心困焉而不能知,口～焉而能言。"釋文:"司馬云:'辟,卷不開也。'"㊂明,彰明。詩大雅抑:"～爾爲德,俾臧俾嘉。"馬瑞辰通釋:"辟亦明也。"禮記祭統:"對揚以～之。"鄭玄注:"辟,明也。"按,此義當用如"譬",應讀pì,喻也。

2.pì 房益切,集韻毗亦切,音闢,入,昔韻,並。錫部。

❽開,打開。這個意義後來作"闢"。國語晉語五:"晨往,則寢門～矣。"韋昭注:"辟,開也。"左傳宣公二年作"闢"。荀子議兵:"故～門除涂以迎吾入。"引申爲開闢,開拓。詩大雅江漢:"王命召虎,式～四方,徹我疆土。"荀子富國:"將～田野,實倉廩。"❾通"擗"。捶胸。詩邶風柏舟:"静言思之,寤～有摽。"毛傳:"辟,拊心也。"禮記檀弓下:"～踊,哀之至也。"孔穎達疏:"拊心爲辟,跳躍爲踊。"

[備考]㊀一種捕捉鳥獸的工具。莊子逍遥遊:"中於機～,死於罔罟。"釋文引司馬彪云:"辟,罔也。"㊁小。吕氏春秋審時:"厚糠多粃,庭～米,不得恃定熟,卬天而死。"高誘注:"辟,小也。"㊂通"椑"。内棺。左傳哀公二年:"桐棺三寸,不設屬～。"釋文:"屬,次大棺也。辟,親身棺也。"

3.pì 芳辟切,集韻匹辟切,入,昔韻,滂。錫部。

❿偏頗,不實在。這個意義後來作"僻"。論語先進:"柴也愚,參也魯,師也～,由也喭。"朱熹集注:"辟,便辟也。謂習於容止,少誠實也。"又爲邪僻。商君書弱民:"境内之民無～淫之心。"⓫偏僻,幽僻。這個意義後來作"僻"。左傳莊公二十一年:"鄭伯享王於闕西～,樂備。"孔穎達疏:"服虔云:'西辟,西偏也。'"楚辭戰國屈原離騷:"扈江離與～芷兮,

紉秋蘭以爲佩。”王逸注：“辟，幽也。”史記范雎(睢)蔡澤列傳：“秦國～遠。”⑫通“譬”。比如。墨子小取：“～也者，舉物而以明之也。”禮記中庸：“君子之道，～如行遠必自邇，～如登高必自卑。”

4. mǐ 集韻母婢切，音弭，上，紙韻，明。支部。

⑬通“弭”。停止，平息。禮記郊特牲：“祭有祈焉，有報焉，有由～焉。”鄭玄注：“辟讀爲弭，謂弭災兵，遠罪疾也。”

5. bò 集韻博厄切，入，麥韻，幫。錫部。

⑭通“擘”。分開。禮記喪服大記：“絞一幅爲三，不～。”孔穎達疏：“辟，擘也…古字假借，讀辟爲擘也。”

6. pī 集韻賓彌切，平，支韻，幫。今讀如批。支部。

⑮通“紕”。織物的花邊。禮記玉藻：“而素帶，終～。”鄭玄注：“辟讀如裨冕之裨，裨謂以繒采飾其側。”

辠 zuì 徂賄切，上，賄韻，從。微部。

古“罪”字。説文：“辠，犯法也…秦以辠似皇字，改爲罪。”國語晉語一：“蔽兆之紀，失臣之官，有二～焉，何以事君？”楚辭戰國屈原九章惜往日：“何貞臣之無～兮，被離謗而見尤。”王逸注：“辠，一作罪。”

七 畫

辣 là 篇海類編郎達切。

後起字。玉篇廣韻都作“辢”。㊀辛辣。像薑、蒜、辣椒等有刺激性的味道。明李時珍本草綱目菜一芥集解引南朝梁陶弘景曰：“芥似菘而有毛，味～。”指含辣味的菜蔬。宋蘇軾春菜詩：“宿酒初消春睡起，細履幽畦掇芳～。”㊁凶猛，狠毒(晚起義)。元王義山送按察王僉事除行臺察院詩：“衹爲外臺要精采，更煩～手大支撐。”清劉鶚老殘遊記四回：“王大人官却是個清官，辦案也實在盡力，但只是手太～些。”

辢 là 盧達切，音剌，入，曷韻，來。

後起字。同“辣”。辛辣，像薑、蒜、辣椒等有刺激性的味道。玉篇：“辢，辛辢也，痛也。”唐玄應一切經音義卷八解節經引通俗文：“辛甚曰～。”

八 畫

辤 cí 似兹切，音詞，平，之韻，邪。之部。

推辭，不接受。也作“辭”。説文：“辤，不受也。”馬王堆漢墓帛書十六經五正：“黄帝于是～其國大夫，上于博望之山。”宋蘇軾述古以詩見責復次前韻詩：“肯對紅裙～白酒，但愁新進笑陳人。”

[辨]辤，辭，謝。見“辭”字條。

九 畫

辨 1. biàn 符蹇切，集韻平免切，上，獮韻，並。元部。

㊀辨別，區分。説文：“辨，判也。”左傳成公十八年：“周子有兄而無慧，不能～菽麥。”荀子榮辱：“目～黑白美惡。”引申爲明辨，區別得清楚。周禮天官小宰：“六曰廉～。”鄭玄注：“辨，辨然，不疑惑也。”北史隋紀下：“丘壟殘毁，樵牧相趨，塋兆堙蕪，封樹莫～。”㊁通“辯”。争論，辯論。荀子正名：“實不喻，然後命；命不喻，然後期；期不喻，然後説；説不喻，然後～。”王先謙集解：“若説亦不喻者，則反覆辨明之也。”戰國策趙策三：“鄂侯争之急，～之疾，故脯鄂侯。”㊂通“辯”。有口才，言辭動聽。吕氏春秋蕩兵：“故説雖彊，談雖～，文學雖博，猶不見聽。”論衡自紀：“口～者其言深，筆敏者其文沉。”㊃通“徧”。周徧。易繫辭下：“復，小而～於物。”王引之述聞：“辨，讀曰徧，古文辨與徧通。”史記禮書：“萬民和喜，瑞應～至。”

[備考]㊀牀足與牀身分辨之處。易剥：

"剥牀以～，蔑貞凶。"孔穎達疏："謂牀身之下，牀足之上，足與牀身分辨之處也。"㊁古代計量土地面積的單位。左傳襄公二十五年"井衍沃"唐孔穎達疏引賈逵曰："京陵之地，九夫爲～，七～而當一井也。"㊂通"變"。改變。荀子臣道："故因其懼也而改其過，因其憂也而～其故。"清王念孫讀書雜志："辨，讀爲變，變其故，謂去故而就新也。"㊃通"辯"。聰明，有智慧。大戴禮記文王官人："不學而性～。"清王引之經義述聞："辨，智也，言不學而性自智慧也。辨或作辯。"㊄通"貶(biǎn)"。貶損。禮記玉藻："立容～卑。"鄭玄注："辨，讀爲貶，自貶卑，謂磬折也。"孔穎達疏："'立容辨卑'者，謂在軍中立之形容，常貶損卑退，磬折恭敬，不得驕敖，忽略士卒。"

2. bàn 蒲莧切，音瓣，去，襉韻，並。元部。

❺治理。荀子議兵："城郭不～，溝池不扫。"楊倞注："辨，治也，或音辦。"這個意義後來寫作"辦"。❻具備。周禮考工記序："或審曲面埶，以飭五材，以～民器。"鄭玄注："辨，猶具也。"這個意義後來寫作"辦"。

［同源字］辨，辯。見"辯"字條。

辦 bàn 蒲莧切，去，襉韻，並。元部。

❶辦理，處理。管子中匡："民～軍事矣，則可乎？"史記項羽本紀："每吴中有大繇役及喪，項梁常爲主～。"特指處罰，懲辦(後起義)。三國志蜀書費禕傳："君信可人，必能～賊者也。"紅樓夢九三回："賈政正等賴大回來要～賈芹，此時又要該班，心裏納悶，也不言語。"❷辦成，具備。左傳哀公三年："無備而官～者，猶拾瀋也。"杜預注："言不備而責辦，不可得。"世説新語汰侈："石崇爲客作豆粥，咄嗟便～。"

按，説文無辦字，新附有之，注云："致力也。"

辥 xuē 私列切，音薛，入，薛韻，心。月部。

［辥越］叠韻聯緜字。散亂狼藉的樣子。荀子王制："務本事，積財物，而勿忘棲遲辥越也。"王先謙集解引盧文弨曰："辥越即屑越。"

十一畫

辬 bān 布還切，音斑，平，删韻，幫。元部。

同"斑"。顏色駁雜不純。説文："辬，駁文也。"段玉裁注："斑者，辬之俗。今乃斑行而辬廢矣。"［辬白］頭髮花白，借指老人。淮南子泰族："市買不豫賈，田漁皆讓長，而辬白不戴負，非法之所能致也。"［辬華］斑駁陸離、五彩繽紛的樣子。文選漢張衡西京賦："上辬華以交紛，下刻陗其若削。"李善注："辬，音斑。"

十二畫

辭 cí 似兹切，平，之韻，邪。之部。

❶訟辭，口供。説文："辭，訟也。"書吕刑："兩造具備，師聽五～。"周禮秋官鄉士："聽其獄訟，察其～。"❷言辭，文辭。易繫辭下："吉人之～寡，躁人之～多。"孟子萬章上："説詩者，不以文害～，不以～害意。"特指表達判斷的語言形式。荀子正名："～也者，兼異實之名以論一意也。"❸解説，把意見告訴别人。左傳僖公四年："君非姬氏，居不安，食不飽，我～，姬必有罪。"禮記檀弓上："使人～於狐突曰：'申生有罪，不念伯氏之言也。'"鄭玄注："辭，猶告也。"由於轉告内容和轉告時態度的不同，因而有責備或道歉的意思。左傳昭公九年："王使詹桓伯～於晉。"杜預注："辭，責讓之。"國語魯語下："魯大夫～而復之。"韋昭注："辭，請也。"按，請求寬恕就是道歉。吕氏春秋觀世："嬰可以～而無棄乎？"高誘注："辭，謝也。謝不敏，而可以弗棄也。"❹推辭，不接受。也作"辤"、"辞"。書大禹謨："禹拜，稽首固～。"論語雍也："與之粟九百，～。"又爲辭退，辭遣。左傳襄公二十二年：

"～八人者，而後王安之。"杜預注："辭，遣之。"漢書谷永傳："愚竊不爲君侯喜。宜深～職，自陳淺薄不足以固城門之守。"❺告别，辭别。楚辭戰國屈原九歌少司命："入不言兮出不～，乘回風兮載雲旗。"戰國策趙策三："遂～平原君而去，終身不復見。"❻古代的一種文體。如楚辭，漢武帝秋風辭、陶潛歸去來辭。

[備考]㊀借口，口實。韓非子飾邪："稱比干、子胥之忠而見殺，則疾强諫有～。"㊁記載。穀梁傳定公十四年："其～石尚，士也。"范甯注："辭，猶書也。"

[辨]①辤，辭，謝。三個字都可以表示推辭。"辤"、"辭"同源，實同一詞，不過"辤"只專用於推辭義，"辭"還有其他義項，一般都不寫作"辤"。"謝"除辭謝義外也有多項其他義。在用作推辭義時，"辤"、"辭"側重於推托避開，語氣比較直截；"謝"側重於拒不接受，語氣比較委婉。

②詞，辭。見"詞"字條。

十四畫

辯　1. biàn 符蹇切，集韻平免切，上，獮韻，並。元部。

❶辯論，申辯。説文："辡，辠人相與訟也。"王筠句讀："辯即辡之絫增字。"孟子滕文公下："予豈好～哉？予不得已也。"荀子勸學："有争氣者，勿與～也。"引申爲言詞動聽。墨子修身："務言而緩行，雖～必不聽。"韓非子五蠹："子言非不～也。"又爲有口才。老子第六十八章："善者不～，～者不善。"河上公注："辯，謂巧言也。"荀子非相："志好之，行安之，樂言之，故言君子必～。"楊倞注："辯謂能談説也。"再引申爲機智，聰明。荀子性惡："夫人雖有性質美而心～智，必將求賢師而事之，擇良友而友之。"史記李斯列傳："～於心而詘於口。"❷治，治理。説文："辯，治也。"左傳昭公元年："主齊盟者，誰能～焉？"杜預注："辯，治也。"管子五輔："大夫任官～事，官長任事守職。"王念孫雜志："辯，治也。"❸通"辨"。辨别，辨明。易繫辭上："辯吉凶者存乎辭。"莊子秋水："兩涘渚崖之間不～牛馬。"❹通"變"。變化。莊子逍遥遊："若夫乘天地之正，而御六氣之～，以遊無窮者，彼且惡乎待哉？"成玄英疏："辯者，變也。"❺通"徧"。普遍，周遍。儀禮鄉飲酒禮："衆賓～有脯醢。"鄭玄注："今文辯皆作徧。"史記五帝本紀："望于山川，～于羣神。"張守節正義："辯音遍。"書舜典"辯"作"徧"。

[備考]㊀使。書酒誥："勿～乃司民湎于酒。"孫星衍疏："辯者，廣雅釋詁云：'使也。'誥康叔，言當常聽我教，勿使汝司民之人沈于酒也。"㊁通"貶(biǎn)"。減損。周禮秋官士師："若邦凶荒，則以荒～之法治之。"鄭玄注："辯，當爲貶，聲之誤也。遭飢荒，不明判國事，有所貶損，作權時法也。"按，俞樾平議有不同看法，認爲"辯當讀爲變"。

2. pián 集韻毗連切，平，僊韻，並。元部。

❻〔辯辯〕即"便便"，能説會道的樣子。史記孔子世家："其於宗廟朝廷，辯辯言，唯謹爾。"司馬貞索隱："論語作'便便'。"

[同源字]辨，辯。"辨"是從行動上來剖分事物，分别是非；"辯"是從語言上來辯清問題、分别是非。二者的核心義相同，只是着重點不同，語音也相同，實同一詞，由語境的不同而有别。在古籍中又多通用。

辰 部

辰 chén 植鄰切,平,真韻,禪。文部。

❶地支的第五位。與天干相配,用以紀日。甲骨文合集第二八四六六版:"戊~卜,狄貞:王其田,往來亡災?"左傳隱公八年:"四月,甲~,鄭公子忽如陳逆婦嬀。"漢代以後又用以紀年。南朝梁庾信哀江南賦序:"粤以戊~之年,建亥之月,大盜移國,金陵瓦解。"單用在太歲紀年法中紀年。爾雅釋天:"太歲在寅曰攝提格,在卯曰單閼,在~曰執徐。"單用紀月,即農曆三月。晉書樂志上:"三月之辰名爲~。"單用紀日。宋黄庭堅和師厚栽竹詩:"根須~日斸,筍要上番成。"單用紀時,即午前七時至九時。史記天官書:"出以~、戌,入以丑、未。"唐白居易廬山草堂記:"自~及酉,應接不暇。"又泛指地支,即從子至亥爲十二辰。左傳成公九年:"浹~之間,而楚克其三都。"周禮秋官硩蔟氏:"以方書十日之號,十有二~之號。"鄭玄注:"日謂從甲至癸,辰謂從子至亥。"❷十二生肖之一,屬龍。論衡言毒:"~爲龍,巳爲蛇。"清德齡瀛臺泣血記劉鐵口與張睛子:"寅屬虎,今天是辰日,~屬龍。"❸日子,時光。儀禮士冠禮:"吉月令~,乃申爾服。"楚辭戰國屈原九歌東皇太一:"吉日兮~良。"用作動詞,逢時,遇上好時光。詩大雅桑柔:"我生不~,逢天僤怒。"鄭箋:"辰,時也。"孔穎達疏:"我之生也,不得時節,正逢天之厚怒。"❹日、月、星的統稱。左傳桓公二年:"三~旂旗,昭其明也。"杜預注:"三辰,日月星也。"文選漢張衡東京賦:"建~旒之太常,紛焱悠以容裔。"李善注引薛綜曰:"辰,謂日、月、星也。"又泛指衆星,星辰。孟子離婁下:"天之高也,星~之遠也。"又特指心宿,二十八宿之一。左傳昭公元年:"遷閼伯於商丘,主~。"杜預注:"辰,大火也。"爾雅釋天:"大火謂之大~。"郭璞注:"大火,心也。"也特指北極星。爾雅釋天:"北極謂之北~。"漢揚雄太玄棿:"星~不相觸。"范望注:"辰,北極也。"❺指日、月的交會點。即夏曆一年十二個月的月朔時,太陽所在的位置。書胤征:"~弗集于房。"孔穎達疏:"辰爲日月之會。日月俱右行於天,日行遲,月行疾…一歲十二會,故爲十二辰。"左傳昭公七年:"公曰:'多語寡人~,而莫同,何謂~?'對曰:'日月之會是謂~。'"❻通"晨"。早晨。詩齊風東方未明:"不能~夜,不夙則莫。"南朝梁任昉同謝朏花雪詩:"土膏候年動,積雪表~暮。"❼指帝王的事物,也作"宸"。文選南朝宋顔延之車駕幸京口三月三日侍游曲阿後湖作詩:"春方動~駕,望幸傾五州。"南朝梁沈約從齊武帝瑯琊城講武應詔詩:"皇情咨閲典,出車迨~選。"❽指東方偏南。論衡言毒:"~巳之位在東南。"魏書靈徵志上:"莊帝永安三年六月甲子申時,~地有青氣,廣四尺,東頭緣山,西北引至天半止。"

[備考]㊀震,振動。說文:"辰,震也。"史記律書:"~者,言萬物之蜄也。"三國魏曹丕柳賦:"彼庶卉之未動兮,固肇萌而先~。"㊁美善的樣子。詩小雅車舝:"~彼碩女,令德來教。"馬瑞辰通釋:"辰爲碩女美善貌,猶依爲茂木貌也。"

三 畫

辱 rǔ 而蜀切,入,燭韻,日。屋部。

❶耻辱。說文:"辱,耻也。"左傳襄公十八年:"子殿國師,齊之~也。"荀子榮辱:"先義而後利者榮,先利而後義者~。"又爲辱没,屈辱。左傳襄公三十年:"使吾子~在泥塗久矣。"論語子路:"使於四方,不~君命。"❷侮

辱。左傳昭公五年:“若吾以韓起爲閽,以羊舌肸爲司宫,足以～晉。”禮記儒行:“儒有可親而不可刼也,可近而不可迫也,可殺而不可～也。”㊃謙詞。等於説承蒙。左傳僖公四年:“君惠徼福於敝邑之社稷,～收寡君,寡君之願也。”漢司馬遷報任安書:“曩者～賜書,教以慎於接物,推賢進士爲務。”

[備考]㊀污濁,混濁。老子第四十一章:“上德若谷,大白若～。”朱謙之校釋:“又‘辱’字,傅、范本作‘黷’。范曰:‘黷音辱,黑垢也。’”儀禮士昏禮:“今吾子～,請吾子之就宫,某將走見。”鄭玄注:“以白造緇曰辱。”㊁厚,隆重。管子侈靡:“故緣地之利,承從天之指,～舉其死。”郭沫若等集校:“丁(士涵)謂‘辱’通‘蓐’,訓爲厚,是也。在此爲隆重之意。”㊂通“溽(rù)”。濕潤。南朝梁江淹建平王慶明帝疾和禮上表:“故祁寒～暑以變其和,沴火凝陰不能徙其氣。”

[辨]羞,耻,辱。“羞”只表示羞慚、丢臉,語義比“耻”、“辱”輕。“耻”與“辱”用作名詞時是同義詞,都表示耻辱、可耻的事情,角度稍有不同。“耻”是聲譽受到損害而産生的羞愧感,“辱”是身心受損害而感到的屈辱。用作及物動詞時,二者的意義大不相同,“耻”是表示感到耻辱,“辱”是表示侮辱。

[同源字]衄,辱。見“衄”字條。

六　畫

農 nóng 奴冬切,平,冬韻,泥。冬部。

㊀耕種,耕作。説文:“農,耕也。”左傳襄公九年:“其庶人力於～穡。”杜預注:“種曰農,收曰穡。”漢鼂錯論貴粟疏:“貧生於不足,不足生於不～,不～則不地著。”用作名詞,爲農事,農業。商君書墾令:“民不賤～,則勉～而不偷。”漢鼂錯論貴粟疏:“方今之務,莫若使民務～而已矣。”㊁耕作的人,農民。論語子路:“樊遲請學稼。子曰:‘吾不如老～。’”商君書弱民:“～辟地,商致物。”㊂指神農氏,傳説中農業和醫藥的發明者。潛夫論德化:“各奉公正之心,而無姦險之慮,則羲、～之俗復見於兹。”魏書崔浩傳:“變風易俗,化洽四海,自與羲～齊列。”㊃通“醲”。濃厚。書洪範:“～用八政。”孔穎達疏:“鄭玄云:農讀爲醲,則農爲醲意,故爲厚也。”㊄勤勉。左傳襄公十三年:“小人～力以事其上。”清王引之經義述聞:“廣雅:‘農,勉也。’言勉力以事其上也。”管子大匡:“耕者農～用力。”清王念孫讀書雜志:“此文内多一農字,後人所加也。‘耕者農用力’,此‘農’字非謂農夫。廣雅曰:‘農,勉也。’言耕者勉用力也。”

[備考]指管農事的官吏。禮記郊特牲:“饗～及郵表畷禽獸。”鄭玄注:“農,田畯也。”

[同源字]農,男。説文:“農,耕也。”耕作的人亦曰“農”。又,説文:“男,丈夫也,从田从力,言男用力於田也。”男子是農業的主要勞動力。二字雙聲兼叠韻,原本同在侵部,只有開合口之分。音近義通,是同源關係。

辵　部

[辵部總論]

辵(chuò)部的字都和行走的意義有關。大多數是動詞,如迎、送、進、退、追、逐、逃、避;其次是形容詞,如迅、速、遠、近、遼、遥;只有少數是名詞,如迹、道、途、逕。

辵 chuò 丑略切,入,藥韻,徹。鐸部。

㊀忽走忽停。説文:“辵,乍行乍止也。”〔辵辵〕行走躊躇的樣子。北周衛元嵩元包經

盂陰:“睛睒睒,步辵辵。”㊁奔走,匆促急行。廣雅釋宫:“辵,犇也。”説文辵部辵字下引:“公羊傳曰:‘～階而走。’”今本公羊傳宣公六年作“躇階而走”。何休注:“躇,猶超遽不暇以次。”釋文:“躇,一本作辵。”宋陳善捫蝨新話荆公字説多用佛經語:“又如云,追所追者,止能追者,～而從之。”

三　畫

迂 yū 憶俱切,平,虞韻,影。魚部。

㊀迂回,曲折。説文:“迂,避也。”段玉裁注:“迂曲回避,其義一也。”孫子兵法軍争:“軍争之難者,以～爲直,以患爲利。”列子湯問:“懲山北之塞,出入之～也。”引申爲迂回遥遠。荀子榮辱:“失之己,反之人,豈不～乎哉?”清王念孫讀書雜志:“廣雅曰:‘迂,遠也。’韓詩外傳曰:‘身不善而怨他人,不亦遠乎!’語意正與此同。”史記河渠書:“河湯湯兮激潺湲,北渡～兮浚流難。”㊁迂闊,不切實際。論語子路:“有是哉,子之～也!奚其正?”唐白居易晚歸香山寺因咏所懷詩:“吾道本～拙,世途多險艱。”又爲迂妄,誇誕不實。國語周語下:“郤犨見,其語～。郤至見,其語伐。”韋昭注:“迂,迂迴,加誣於人也。”漢書五行志中:“今郤伯之語犯,叔迂,季伐。”顔師古注:“迂,夸誕也。”

［備考］邪僻,不正。書盤庚中:“恐人倚乃身,～乃心。”僞孔傳:“倚,曲;迂,僻。”國語晉語一:“不度而～求,不可謂義。”韋昭注:“迂邪也。不度利害之本,而以邪奪正,不可謂得其義。義,宜也。”

［同源字］迂,紆。二字同音,同有曲折的意義,實同一詞。但是引申義不同,“迂”重在道路的迂迴,引申爲迂闊、遥遠,“紆”重在絲帛的纏繞,引申爲縈繞、繫結。

达 1. dá 集韻陁葛切,音達,入,曷韻,定。月部。

㊀同“達”。通。説文:“达,達或从大。”今爲“達”的簡化字。

2. tì 他計切,去,霽韻,透。月部。

㊀滑。文選漢王褒洞簫賦:“其妙聲則清静厭瘱,順叙卑～,若孝子之事父也。”李善注引字林曰:“达,滑也。”

迆 yǐ 移爾切,上,紙韻,喻四。歌部。

㊀斜行。也作“迤”。説文:“迆,衺行也。”書禹貢:“東至于澧,過九江,至于東陵,東～,北會于匯。”引申爲斜,傾斜。周禮考工記輪人:“望而眡其輪,欲其幎爾而下～也。”賈公彦疏:“下迤者,謂輻轂上轂至,兩兩相當,正直不旁迆,故云下迆也。”清陶煒課業餘談武:“～戛,斜掛長矛也。”㊁［迆靡］叠韻聯緜字。連綿不斷的樣子。文選漢揚雄甘泉賦:“封巒石關,迆靡乎延屬。”一本作“施靡”。亦作“迆𨄛”。文選漢王褒洞簫賦:“徒觀其旁山側兮,則嶇嶔巋崎,倚巇迆𨄛,誠可悲乎其不安也。”㊂［迆邐］叠韻聯緜字。曲折連綿的樣子。宋柳永鳳棲梧詞之三:“玉樹瓊枝,迆邐相偎傍。”又形容時間的綿延不斷。宋賀鑄更漏子詞:“迆邐黄昏,景陽鐘動,臨風隱隱猶聞。”按,也作“邐迤”,見“邐”字條。

迉 qī。脂部。

“棲”的俗字。［迉迡］叠韻聯緜字。同“棲遲”。遊息。文選漢揚雄甘泉賦:“徘徊招摇,靈迉迡兮。”李善注:“迉迡,即棲遲也。毛萇詩傳曰:‘棲遲,遊息也。’招,必遥切;迉,音棲;迡,大夷反。”

按,説文無迉字。

迅 xùn 私閏切,去,稕韻,心。真部。

快,急速。説文:“迅,疾也。”論語鄉黨:“～雷風烈必變。”邢昺疏:“迅,急疾也。”楚辭戰國宋玉招魂:“九侯淑女,多～衆些。”王逸注:“迅,疾也。”

［辨］迅,速,快,疾。見“速”字條。

迄 qì 許訖切,入,迄韻,曉。今讀如契。物部。

㊀至,到。説文新附:“迄,至也。”詩大雅

生民:"庶無罪悔,以～于今。"毛傳:"迄,至也。"文選漢張衡東京賦:"～上林,結徒營。"李善注:"迄,至也。"㊁畢竟,終究(後起義)。後漢書孔融傳:"融負其高氣,志在靖難,而才疎意廣,～無成功。"李賢注:"迄,竟也。"宋岳珂桯史卷二:"荆公無以答,～不爲變。"㊂通"汔"。庶幾。漢書元帝紀:"詩不云虖?'民亦勞止,～可小康,惠此中國,以綏四方。'"今本詩大雅民勞作"汔可小康"。鄭箋:"汔,幾也。"

[同源字]訖,迄,汔,既。見"訖"字條。

按,說文無迄字,新附有之,云:"迄,至也。"

四　畫

迒 háng 胡郎切,音杭,平,唐韻,匣。陽部。

㊀野獸的脚印。說文:"迒,獸迹也。"漢揚雄太玄居:"見豕在堂,狗繫之～。"范望注:"迒,迹也。"漢許慎說文解字叙:"黄帝之史倉頡,見鳥獸蹏～之迹,知分理之可相别異也,初造書契。"引申指車輛經過留下的痕迹。文選漢張衡東京賦:"軌塵掩～,匪疾匪徐。"李善注引薛綜曰:"迒,迹也。謂車軌之塵,適自覆跡,言得遲疾之中也。"㊁野獸走出的路,小路。文選漢張衡西京賦:"結罝百里,～杜蹊塞。"劉良注:"迒、蹊,皆獸徑也。"

[辨]迹,跡,蹟,迒,踪,蹤。見"迹"字條。

迋 1. wàng 于放切,去,漾韻,喻三。陽部。

㊀往,前往。左傳襄公二十八年:"君使子展～勞於東門之外。"杜預注:"迋,往也。"新唐書逆臣傳安禄山:"(禄山)入朝,楊國忠兄弟姊弟～之新豐,給玉食;至湯,將校皆賜浴。"

2. guàng 俱往切,集韻古况切,去,漾韻,見。陽部。

㊁通"誑"。欺騙。說文通訓定聲壯部:"迋,叚借爲誑。"詩鄭風揚之水:"無信人之言,人實～女。"毛傳:"迋,誑也。"㊂通"恇"。驚嚇,恐嚇。說文通訓定聲壯部:"迋,叚借爲恇。"左傳昭公二十一年:"子無我～,不幸而後亡。"杜預注:"迋,恐也。"〔迋迋〕恐懼不安的樣子。文選漢司馬相如長門賦:"惕寤覺而無見兮,魂迋迋若有亡。"李善注:"迋迋,恐懼之貌。狂往切。楚辭曰:'魂迋迋而南行。'王逸曰:'迋迋,遑遽貌。'"楚辭九歎今本作"俇俇"。

迍 zhūn 陟綸切,平,諄韻,知。文部。

困頓,處境艱難。南朝梁劉勰滅惑論:"運～則蠍國,世平則蠹民。"唐白居易哭劉敦質詩:"愚者多貴壽,賢者獨賤～。"敦煌變文集捉季布傳文:"世路盡言君足計,今且如何免禍～。"〔迍邅〕雙聲聯緜字。行走艱難的樣子。漢蔡邕述行賦:"塗迍邅其蹇連,潦汙滯而爲災。"也指處境困難。晉左思咏史之七:"英雄有迍邅,由來自古昔。"〔迍迍〕行動遲緩的樣子(晚起義)。元王實甫西廂記第四本第三折:"馬兒迍迍的行,車兒快快的隨。"

按,說文無迍字,原本作屯。

迓 yà 吾駕切,去,禡韻,疑。魚部。

㊀迎上去,主動去迎接。書盤庚中:"予～續乃命于天。"左傳成公十三年:"～晉侯於新楚。"又爲迎頭出擊,抵御。書牧誓:"不～克奔,以役西土。"僞孔傳:"商衆能奔來降者,不迎擊之。"韓非子外儲說右上:"或令孺子懷錢挈壺罋而往酤,而狗～而齕之。"漢揚雄太玄親:"螟蛉不屬蜾蠃,取之不～侮。"司馬光集注:"迓侮,猶言御侮也。"㊁溜走(晚起義)。金董解元西廂記諸宫調卷二:"何曾敢與他和尚争鋒,望着直南下便～。"

[辨]①迓,逆,迎。見"迎"字條。

②訝,迓。見"訝"字條。

按,說文以迓爲訝的或體。

迕 wǔ 五故切,集韻阮古切,上,姥韻,疑。魚部。

㊀違背,抵觸。莊子天道:"倒道而言,～道而說者,人之所治也,安能治人?"管子君臣上:"國家有悖逆反～之行,有土主民者失其紀也。"㊁接觸,相遇。文選漢班固幽通賦:

"上聖～而後拔兮,雖羣黎之所禦。"李善注引曹大家曰:"迕,觸也…皆觸艱難,然後自拔。"後漢書陳蕃傳:"王甫時出,與蕃相～。"又爲交錯,夾雜。文選戰國宋玉風賦:"耾耾雷聲,迴穴錯～。"宋蘇軾喬太賦見和復次韻答之:"百年三萬日,老病常居半。其間～憂樂,歌笑雜悲歎。"

[同源字]迕,逜,啎,忤,逆。説文:"啎,逆也。"無"迕,逜、忤"三字,它們與"啎"同音,都有違背、觸遇義,實同一詞。釋名釋言語:"逆,遻也。遻,不從其理,則生殿遻,不順也。""逆"是反其道而行,與"迕"義近。二字古音同爲疑母字,韻部是魚鐸對轉,音近義通,是同源關係。

按,説文無迕字。

迎 1. yíng 語京切,平,庚韻,疑。陽部。

❶迎接。説文:"迎,逢也。"方言卷一:"逢、逆,迎也。自關而東曰逆,自關而西曰迎,或曰逢。"儀禮士昏禮:"主人如賓服,～于門外。"孟子盡心下:"望見馮婦,趨而～之。"引申爲迎致,薦舉。三國志蜀書楊洪傳:"洪～門下書佐何祇,有才策功幹,舉郡吏,數年爲廣漢太守。"梁書王規傳:"州舉秀才,郡～主簿。"特指迎擊,懷着敵意迎上去。孫子兵法行軍:"客絶水而來,勿～之於水内,令半濟而擊之,利。"❷逢迎,迎合(後起義)。孔子家語入官:"不因其情,則民嚴而不～。"王肅注:"迎,奉也。"新五代史皇后劉氏傳:"劉氏多智,善～意承旨。"❸面對着,逆着。銀雀山漢墓竹簡孫臏兵法地葆:"絶水、～陵、逆流、居殺地、～衆樹者,鈞舉也。五者皆不勝。"墨子魯問:"昔者,楚人與越人舟戰於江,楚人順流而進,～流而退,見利而進,見不利則其退難;越人～流而進,順流而退,見利而進,見不利則其退速。"

[備考]預測,推算。史記五帝本紀:"獲寶鼎,～日推筴。"裴駰集解:"瓚曰:'日月朔望未來而推之,故曰迎日。'"

2. yìng 魚敬切,去,映韻,疑。陽部。

❹往迎,常特指迎親。洪武正韻庚韻:"迎,凡物來而接之則平聲,物未來而往迓之使來則去聲。"詩大雅大明:"文定厥祥,親～于渭。"晉干寶搜神記卷一一:"昔縣人陳明,與梅氏爲婚,未成,而妖魅詐～婦去。"

[辨]迓,逆,迎。三個字都有迎接的意思,古音同屬疑母,分屬魚部、鐸部、陽部,乃陰、陽、入三聲對轉,音近義通,是同源字的關係。説文:"逆,迎也。關東曰逆,關西曰迎。"這説明"迎"和"逆"曾是不同地域的方言詞。但是後來有了分工,"迎"主要用作迎接義,與"送"相對;"逆"則發展了行走方向相反的意義,與"順"構成反義關係。"迓"則是主動往迓而使之來。

近 1. jìn 其謹切,上,隱韻,羣。文部。

❶近,與"遠"相對。説文:"近,附也。"桂馥義證:"附也者,當爲駙。本書'駙,近也'。俗作附。"墨子經説下:"行者必先～而後遠。"韓非子説林上:"遠水不救～火也。"國語楚語下:"遠不過三月,～不過浹日。"❷淺近,淺顯。孟子盡心下:"言～而指遠者,善言也。"新唐書叛臣傳下高駢:"或望空顧揖再拜,語言俚～。"又爲淺陋,平庸。漢徐幹中論爵禄:"功小者,其禄薄,德～者,其爵卑。"北史崔宏傳:"聖策獨發,非愚～所及,願陛下必行無疑。"

2. jìn 巨靳切,去,焮韻,羣。文部。

❸接近,親近。韓非子難二:"景公過晏子曰:'子宫小,～市,請徙子家豫章之圃。'"書五子之歌:"皇祖有訓,民可～,不可下。"引申爲寵愛,寵信。戰國策齊策三:"齊王夫人死,有七孺子皆～。"又趙策一:"以子之才而善事襄子,襄子必～幸子;子之得～而行所欲,此甚易而功必成。"用來指君主親近的人(後起義)。新唐書高適傳:"擢諫議大夫,負氣敢言,權～側目。"引申表抽象事物,爲切近,貼近。詩周南關雎序:"故正得失,動天地,感鬼神,莫～於詩。"禮記中庸:"好學～乎

知，力行～乎仁，知恥～乎勇。”

［備考］通“近(jì)”，語氣詞，略等於“矣”。詩大雅崧高：“往～王舅，南土是保。”毛傳：“近，己也。”鄭箋：“近，辭也。聲讀如‘彼記之子’之記。”清臧琳經義雜記一八謂“近”爲“近”之誤。

［辨］近，邇。說文：“邇，近也。”兩字都表示空間距離小、時間距離短、關係親近、情況相近，是同義詞。差別主要表現在使用的時代。“邇”多用於春秋以前的典籍中，如詩、書多用“邇”。春秋戰國以後多用“近”，用“邇”時往往帶有擬古的色彩。

返 fǎn府遠切，上，阮韻，非。元部。

❶還，回歸。說文：“返，還也。”孫子兵法行軍：“粟馬肉食，軍無懸缻，不～其舍者，窮寇也。”韓非子喻老：“及公子～晉邦，舉兵伐鄭。”引申爲回轉，折回來（後起義）。宋書武帝紀上：“二儀廓清，三光～照。”唐駱賓王靈泉頌：“俯就微班之列，將由～哺之情。”又引申爲歸還，退還（後起義）。晉干寶搜神記卷四：“俟汝至石頭城，～汝簪。”清蒲松齡聊齋志異喬女：“宰按之，果真，窮治諸無賴，盡～所取。”❷違反，違背。這個意義一般都寫作“反”。論衡案書：“言多怪，頗與孔子‘不語怪力’相違～也。”北魏賈思勰齊民要術種穀：“任情～道，勞而無穫。”

［備考］更換。吕氏春秋慎人：“孔子烈然～瑟而弦，子路抗然執干而舞。”高誘注：“返，更也。更取瑟而弦歌。”

［辨］返，還。說文：“返，還也。”兩字都表示往回走，意義相近；但是“還”重在表示沿着去路回來，“返”側重轉身往回走。

［同源字］反，返。二字同音。說文：“反，覆也。”是“翻轉”、“顛倒”的意思，引申爲相反，反復、違反；“回來”、“回歸”也是它的引申義，先秦典籍中這個意義也多寫作“反”，“返”是後起的分化字。

五　畫

迣 zhì征例切，音制，去，祭韻，照三。月部。

❶遮攔。說文：“迣，迾也。讀若寘。”廣雅釋詁二：“迣，遮也。”漢書鮑宣傳：“部落鼓鳴，男女遮～。”顏師古注：“言聞桴鼓之聲，皆當遮列而追捕。”新唐書百官志三：“凡市，日中擊鼓三百以會衆，日入前七刻，擊鉦三百而散。有果毅巡～。”❷越，超越。玉篇：“迣，超踰也。”廣韻祭韻：“迣，迾也，度也。”睡虎地秦墓竹簡爲吏之道：“吏有五失：一曰夸以～。”漢書禮樂志：“體容與，～萬里。”顏師古注引如淳曰：“迣，超踰也。”

述 shù食聿切，入，術韻，牀三。物部。

❶遵循，依照。說文：“述，循也。”書五子之歌：“～大禹之戒以作歌。”僞孔傳：“述，循也。”詩邶風日月：“胡能有定，報我不～。”毛傳：“述，循也。”鄭箋：“不循，不循禮也。”禮記中庸：“父作之，子～之。”❷記述，陳述。論語述而：“～而不作，信而好古。”漢司馬遷報任安書：“故～往事，思來者。”

［備考］通“鷸(yù)”。冠飾，以翠鳥羽制作。後漢書輿服制下：“通天冠…前有山，展筩爲～。”

［辨］敍，述，陳，說。四個字都有表示向人說話的意思，是一組同義詞。說文：“敍，次弟（第）也。”“述，循也。”“陳”本古“陣”字，表示排列、布陣。“說”和“悦”古本一字。說文：“說，說釋也。”段玉裁注：“說釋即悦懌…說釋者，開解之意。”作爲表示語言活動，都與它們的本義保有聯繫。“敍”是敘說事情的原委，重在次第；“述”是述說有過的事、說過的話，重在遵循陳跡；“陳”是陳述事實，重在一一羅列；“說”是解說事物或道理，重在解釋，使人相信。

［同源字］術，述，遂，隧。見“術”字條。

迪 dí徒歷切，音笛，入，錫韻，定。覺部。

㊁道路。説文："迪，道也。"段玉裁注："道兼道路引導二義。"引申爲道理，應該遵循的行爲準則。書大禹謨："惠～，吉；從逆，凶。"僞孔傳："迪，道也。順道，吉；從逆，凶。"楚辭戰國屈原九章懷沙："易初本～兮，君子所鄙。"蔣驥注："易初本迪，謂變易其初時本然之道也。"㊂行走，動作，實行。書微子："商其淪喪，我罔爲臣僕，詔王子出～。"孫星衍疏："迪者，行也。"宋洪适隸釋漢沛相楊統碑："直南蠻蠢～，王師出征。"書皋陶謨："允～厥德，謨明弼諧。"孔穎達疏："爲人君者當信實蹈行。"㊂引導，開導。書太甲上："旁求俊彦，啟～後人。"宋葉適湖州勝賞樓記："夫豈娛於耳目之狹者易徇，而～於心志之廣者難親耶？"㊃引進，進用。詩大雅桑柔："維此良人，弗求弗～。"毛傳："迪，進也。"書牧誓："昏棄厥遺王父母弟，不～。"清王引之經傳釋詞卷六："史記周本紀'不迪'作'不用'。"㊄跟從，遵循。漢書叙傳下："漢～於秦，有革有因。"宋陸佃鶡冠子序："其道踳駁，著書初本黄老，而末流～於刑名。"㊅句首句中語氣詞。書君奭："～惟前人光，施於我沖子。"又酒誥："又惟殷之～諸臣，惟工乃湎于酒。"

迥 jiǒng 户頂切，上，迥韻，匣。今讀如炯。耕部。

遥遠，僻遠。説文："迥，遠也。"史記司馬相如列傳封禪書："邇陜游原，～闊泳沫。"漢班彪北征賦："野蕭條以莽蕩，～千里而無家。"特指僻遠的地方。南朝宋鮑照蒜山被始興王命作："升嶠眺日軏，臨～望滄州。"引申形容差得遠，差别很大。宋沈括夢溪筆談卷一："其色清明，磨瑩之則黯黯然青且黑，與常鐵～異。"宋辛棄疾念奴嬌贈夏成玉："雪裏疏梅，霜頭寒菊，～與餘花别。"

[辨]遐，遠，迢，遥，遼，邈，迥。見"遠"字條。

[同源字]泂，迥，坰。見"泂"字條。

迨 dài 徒亥切，音待，上，海韻，定。之部。

㊀及，趕上，趁着。爾雅釋言："迨，及也。"方言卷三："迨，遝，及也。"詩召南摽有梅："求我庶士，～其吉兮。"鄭箋："迨，及也。"又豳風鴟鴞："～天之未陰雨，徹彼桑土，綢繆牖户。"㊁等到(後起義)。晉陸雲牛責季友："～良期於風柔，競悲飆於葉落。"明歸有光項脊軒志："先是庭中通南北爲一，～諸父異爨，内外多置小門，牆往往而是。"

按，説文無迨字。

迮 zé 側伯切，入，陌韻，照二。鐸部。

㊀倉猝，匆促。公羊傳襄公二十九年："今若是～而與季子國，季子猶不受也。"漢劉向説苑臣術："翟黄～然而慙曰：'觸失對於先生，請自修然後學。'"㊁逼迫，擠壓。漢陳琳檄吴將校部曲文："及諸將校孫權婚親，皆我國家良實利器，而並見驅～。"北魏賈思勰齊民要術炙法："以竹箸著上，以板覆上，重物～之。"㊂狹窄。楚辭漢王逸九思傷時："迫中國兮～陿，吾欲之兮九夷。"三國志蜀書張飛傳："山道～狹，前後不得相救。"

[備考]阻止，攔阻。陳書吴明徹傳："明徹令軍益脩治攻具，又～肥水以灌城。"

迭 1. dié 徒結切，音跌，入，屑韻，定。質部。

㊀更迭，輪流。説文："迭，更迭也。"詩邶風柏舟："日居月諸，胡～而微。"朱熹集傳："迭，更。"莊子天運："四時～起，萬物循生。"又爲接連，屢次。吕氏春秋知分："以處於晉，而～聞晉事。"元耶律楚材和張敏之詩七十韻："～出神兵速，無敵我武揚。"引申爲連上，够得上(晚起義)。元岳伯川鐵拐李第三折："那婆娘人材～七八分，年紀勾四十歲。"元馬致遠壽陽曲小令："金蓮肯分～半折，瘦厭厭柳腰一捻。"㊁通"疊"。堆積，重疊(晚起義)。宋周密癸辛雜識續集捕狸法："然狸性靈，每於穴中～土作臺以處，且可障烟，夏月則於臺下避暑，可謂巧矣。"清凌濛初二刻拍案驚奇卷三："又把年、月～起指頭算一算看。"

［備考］表示語氣或結構關係，相當於“的”（晚起義）。元關漢卿拜月亭第三折：“我又不風欠，不癡呆，要則甚～？”元無名氏爭報恩第二折：“只索便一刀兩段，倒大來～快。”

2. yì 集韻弋質切，入，質韻，喻四。質部。

㊂通“軼”。侵犯，襲擊。左傳成公十三年：“～我殽地，奸絶我好。”阮元校勘記：“迭者，軼之假借。”㊃通“逸”。奔逸，超越。文選漢張衡思玄賦：“爛漫麗靡，藐以～逿。”李善注：“迭，過也。”孔子家語顏回：“其馬將必～。”

迤 1. yǐ 集韻演爾切，上，紙韻，喻四。歌部。

㊀同“迆”。斜行，地勢斜着延伸。北魏酈道元水經注汾水：“汾水於縣左～爲鄔澤。”引申爲傾斜。周禮考工記：“戈柲六尺有六寸，既建而～，崇於軫四尺。”鄭玄注：“謂著戈於車，邪倚也。”文選漢張衡東京賦：“立戈～戛，農輿輅木。”張銑注：“戈短，故立於車上；矛長，故靡迤邪柱也。”又引申爲綿延（晚起義）。遼史食貨志下：“始得河間煮海之利，置榷鹽院於香河縣，於是燕、雲～北暫食滄鹽。”也指時間的延續（晚起義）。清馮班鈍吟雜録論歌行與葉祖德：“追及唐初，盧、駱、王、楊大篇詩賦，其文視陳、隋有加矣。～於天寶，其體漸變。”㊁〔迤迤〕綿延的樣子（後起義）。宋沈與求石壁寺詩：“迴廊迤迤穿危嶠，側澗涓涓露淺沙。”

2. yí 集韻余支切，平，戈韻，喻四。歌部。

㊂〔逶迤〕同“逶迆”。疊韻聯緜字。參見“逶”字條。

3. tuó 集韻唐何切，平，戈韻，定。

㊃〔迤迤〕相連貌（後起義）。唐杜牧赴京初入汴口曉景即事詩：“檣形櫛櫛斜，浪態迤迤好。”原注：“迤，徒何反。”㊄〔迤逗〕後起雙聲聯緜字。引誘，挑逗。金董解元西廂記諸宮調卷六：“你試尋思，早晚時分，迤逗得鶯鶯去，推探張生病。”

按，説文迤作迆。

迦 1. jiā 古牙切，音加，平，麻韻，見。

㊀梵文譯音字。文中子周公：“齋戒修而梁國亡，非釋～之罪也。”

2. xiè 集韻下買切，音蟹，上，蟹韻，匣。歌部。

㊁〔迦逅〕雙聲聯緜字。即“邂逅”，不期而會。漢揚雄太玄迎：“次七，遠之眠，近之掊，迎父迦逅。”

按，説文無迦字。

迢 tiáo 徒聊切，平，蕭韻，定。宵部。

㊀〔迢迢〕遥遠的樣子。古詩十九首之十：“迢迢牽牛星，皎皎河漢女。”晉潘岳内顧詩之一：“漫漫三千里，迢迢遠行客。”也形容事物高峻、深幽。晉陸機擬西北有高樓詩：“高樓一何峻，迢迢峻而安。”唐李涉六歎詩：“迢迢碧甃千餘尺，竟日倚闌空歎息。”還形容時間漫長。唐戴叔倫雨詩：“歷歷愁心亂，迢迢獨夜長。”㊁〔迢遞〕雙聲聯緜字。形容遥遠、高深。文選三國魏嵇康琴賦：“指蒼梧之迢遞，臨迴江之威夷。”晉陶潛讀山海經詩之三：“迢遞槐江嶺，是爲玄圃丘。”也作〔迢遰〕形容高遠。北魏酈道元水經注洛水：“迢遰層峻，流煙半垂。”

［辨］遐，遠，迢，遥，遼，邈，迥。見“遠”字條。

按，説文無迢字，新附有之。

迯 táo。

逃跑，逃避。字彙：“俗逃字。”唐李白李太白詩卷一〇贈僧崖公：“中夜卧山月，拂衣～人羣。”唐皮日休何武傳：“不意伏盜發於叢翳間，兵盡駭～，武獨鬬死。”

按，説文迯作逃。

迫 pò 博陌切，入，陌韻，幫。鐸部。

㊀逼近，靠近。説文：“迫，近也。”楚辭戰國屈原離騷：“吾令羲和弭節兮，望崦嵫而勿～。”王逸注：“迫，附也。…望日所入之山，且勿附近。”漢司馬遷報任安書：“今少卿抱不測

之罪,涉旬月,～季冬。”㊁逼迫,强迫。左傳襄公十四年:“昔秦人～逐乃祖吾離于瓜州。”禮記儒行:“儒有可親而不可刼也,可近而不可～也。”又爲催促。唐杜甫戲題王宰畫山水圖歌:“十日畫一水,五日畫一石,能事不受相促～,王宰始肯留真跡。”㊂窘迫,局促。左傳襄公十八年:“州綽門于東閭,左驂～,還于東門中,以枚數闔。”楊伯峻注:“迫,窘也,促也。”晉常璩華陽國志蜀志:“土地雖～,山水特美好。”㊃緊迫,急迫。史記項羽本紀:“此～矣!臣請入,與之同命。”元王實甫西廂記第五本第三折:“賊圍之甚～,夫人慌了。”

[辨]逼,迫。爾雅釋言:“逼,迫也。”兩字都有貼近、逼迫、局促等義。由于貼近,形成威脅强制,在强制的意義上,二者各有側重。“逼”是外在力量的威脅,使受逼者不得不從;“迫”是强迫受迫者接受,没有選擇餘地。所以“逼”可以構成“威逼”、“進逼”、“催逼”、“咄咄逼人”、“逼上梁山”等詞語;而“迫”則形成了“壓迫”、“强迫”、“迫害”、“迫不得已”等詞語。可以説,“逼”是間接的威脅,“迫”是直接的强制。

六　畫

迹 jī 資昔切,入,昔韻,精。錫部。

又作“跡”,“蹟”。㊀脚印。説文:“迹,步處也。”左傳襄公四年:“芒芒禹～,畫爲九州。”莊子天運:“夫～,履之所出,而～豈履哉!”引申爲痕迹,踪迹。楚辭戰國屈原九章悲回風:“望大河之洲渚兮,悲申徒之抗～。”王逸注:“迹,行也。”吕氏春秋必己:“不若相與追而殺之,以滅其～。”又引申爲業迹,遺迹。書武成:“至於大王,肇基王～。”宋歐陽修朋黨論:“治亂興亡之～,爲人君者,可以鑒矣。”㊁追踪。漢書季布傳:“漢求將軍急,～且至臣家。”引申爲探求踪迹,推究。墨子尚賢中:“然後聖人聽其言,～其行,察其所能而慎予官。”又引申爲遵循,倣效。宋葉適淮西論鐵錢五事狀:“而又新錢特大,形～舊錢。”

[備考]道,行爲規範。楚辭戰國屈原天問:“昏微遵～,有狄不寧。”王逸注:“迹,道也。”

[辨]迹,跡,蹟,迒,踪,蹤。這幾個字都和脚印有關。“跡”、“蹟”是“迹”的異體。據説文,“迹”本指人的脚印,“迒”本指野獸的脚印;但後來“迹”字廣泛使用,人獸不分,由此引申的各種痕迹,也都可稱“迹”,或寫作“跡”,惟業迹、事迹多寫作“蹟”。“迒”則少用,除獸的脚印外,偶爾可指車迹或野獸走出的小路。説文無蹤、踪二字,但漢代以後,蹤、踪也指脚印,“踪”、“迹”常可連用互文。不過“蹤”來源於從,本是動詞,釋名釋言語:“蹤,從也,人形(行)從之也。”由跟着别人的脚迹走叫“蹤”,然後動詞轉化爲名詞,前人的行踪也可以叫“蹤”。“蹤”、“迹”以此義近。後來“蹤”又寫作“踪”,今簡化作“踪”。

送 sòng 蘇弄切,去,送韻,心。東部。

㊀遣送,送行。説文:“送,遣也。”左傳文公六年:“賈季奔狄,宣子使臾駢～其帑。”詩秦風渭陽:“我～舅氏,曰至渭陽。”特指送親。詩邶風燕燕:“之子于歸,遠～于野。”荀子富國:“婚姻娉内～迎無禮。”楊倞注:“送,致女。”引申爲送走,陪伴着度過。禮記月令:“命有司,大難磔出土牛,以～寒氣。”唐杜甫秦州雜詩之十四:“何時一茅屋,～老白雲邊。”㊁輸送,傳送。史記平準書:“行者齎,居者～,中外騷擾而相奉。”唐李白古風五十九首之七:“去影忽不見,回風～天聲。”㊂饋贈,贈送。儀禮聘禮:“賓再拜稽首～幣。”史記孔子世家:“吾聞富貴者～人以財,仁人者～人以言。”引申爲斷送(晚起義)。朝野新聲太平樂府元張雲莊紅繡鞋:“才上馬齊聲兒喝道,只這的便是那～了人的根苗。”三國演義四八回:“你若説破我計,可惜江南八十一州百姓,皆是你～了也。”㊃指在後追趕。詩鄭風大叔于田:“抑磬控忌,抑縱～忌。”毛傳:

“發矢曰縱，從禽曰送。”銀雀山漢墓竹簡孫臏兵法十陣：“往者弗～，來者弗止，或擊其迂，或辱其鋭。”

［辨］遣，送。兩字都表示遣送人到外地去。“遣”是派遣，偏于上對下，是打發人走，還可以是驅遣，放逐；“送”與“迎”相對，是爲離去的人送行，陪着離人上路，往往還饋贈禮物，是送别、陪送，偏重于表達雙方的情誼。它們只在少數情况下可以互换，至于二者的引申義更是互不相通。

逆 nì 宜戟切，入，陌韻，疑。鐸部。

❶迎，迎接。説文：“逆，迎也。”書顧命：“虎賁百人，～子釗於南門之外。”左傳隱公四年：“衛人～公子晉于邢。”又指迎戰，懷着敵意迎上去。孫子兵法軍爭：“故用兵之法，高陵勿向，背邱勿～。”管子大匡：“（齊桓公）興師伐魯，造於長勺，魯莊公興師～之，大敗之。”引申爲迎受，接受。書吕刑：“爾尚敬～天命，以奉我一人。”儀禮聘禮：“衆介皆～命不辭。”鄭玄注：“逆，猶受也。”❷反，倒着。孟子滕文公下：“當堯之時，水～行，氾濫於中國。”韓非子説難：“夫龍之爲蟲也，柔可狎而騎也，然其喉下有～鱗徑尺，若人有嬰之者，則必殺人。”❸抵觸，違背，與“順”相對。書太甲下：“有言～於汝心，必求諸道。”史記留侯世家：“忠言～耳利于行。”引申爲叛逆，背叛。禮記仲尼燕居：“勇而不中禮，謂之～。”孔穎達疏：“逆謂逆亂。”三國魏曹操褒棗祗令：“摧滅羣～。”❹預先。三國蜀諸葛亮後出師表：“凡事如此，難可～見。”後漢書班超傳：“去兜題所居槃槖城九十里，～遣吏田慮先往降之。”

［備考］㊀指百姓向上寫信奏事。周禮天官宰夫：“叙羣吏之治，以待賓客之令、諸臣之復、萬民之～。”鄭玄注：“自下而上曰逆，謂上書。”㊁中醫指某些病症。素問通評虚實論：“所謂～者，手足寒也。”

［辨］迓，逆，迎。見“迎”字條。

［同源字］迕，遻，啎，忤，逆。見“迕”字條。

迷 mí 莫兮切，平，齊韻，明。脂部。

❶迷惑，迷亂，分辨不清。説文：“迷，或也。”徐鍇繫傳：“迷，惑也。”書君奭：“告君乃猷裕，我不以後人～。”孔穎達疏：“我不用使後世人迷惑，故欲教之也。”詩小雅節南山：“天子是毗，俾民不～。”鄭箋：“使民無迷惑之憂。”特指迷路。左傳哀公二年：“晉趙鞅納衛太子于戚，宵～。陽虎曰：‘右河而南，必至焉。’”楚辭戰國屈原離騷：“回朕車以復路兮，及行～之未遠。”引申爲昏迷。列子湯問：“扁鵲遂飲二人毒酒，～死三日。”三國魏嵇康養生論：“夜分而坐，則低～思寢；内懷殷憂，則達旦不瞑。”❷使迷惑，使迷亂；即使人分辨不清，或陶醉入迷。論語陽貨：“懷其寶而～其邦，可謂仁乎？”莊子盗跖：“摇脣鼓舌，擅生是非，以～天下之主。”文選戰國宋玉登徒子好色賦：“嫣然一笑，惑陽城，～下蔡。”❸迷戀，沉醉于某人或某事物。漢張衡思玄賦：“羡上都之赫戲兮，何～故而不忘。”唐李白夢遊天姥吟留别：“千巖萬轉路不定，～花倚石忽已瞑。”用作名詞，指沉醉于某一事物的人（晚起義）。宋陶穀清異録蕉迷：“趙純節性喜芭蕉，凡軒窗館宇咸種之，時稱爲蕉～。”❹通“彌”。充滿，彌漫。吕氏春秋下賢：“～乎其志氣之遠也。”俞樾平議：“迷當讀爲彌，古字通用。”唐杜甫送靈州李判官詩：“血戰乾坤赤，氛～日月黄。”

［備考］謎語，隱語（後起義）。這個意義後來寫作“謎”。宋戴侗六書故人九：“迷，俗以隱語爲～。别作謎。”

［同源字］迷，謎，眯。見“謎”字條。

迺 nǎi 奴亥切，上，海韻，泥。之部。

通“乃”。❶副詞，表示肯定；于是，就。詩大雅公劉：“～裹餱糧，于槖于囊。”史記酈生陸賈列傳：“夫敖倉，天下轉輸久矣，臣聞其下～有藏粟甚多。”❷指示代詞，相當于“彼”

或"是"。詩大雅公劉:"既景～岡,相其陰陽。"鄭箋:"既以日景定其經界於山之脊,相其陰陽寒煖所宜。"晏子春秋外篇上一一:"吾聞之:五子不滿隅,一子可滿朝,非～子耶?"清王引之經傳釋詞卷六:"迺子,是子也。"㊂人稱代詞,你,你的。史記酈生陸賈列傳:"高帝罵之曰:～公居馬上而得之,安事詩書?"漢書項籍傳:"吾翁即汝翁,必欲亨～翁,幸分我一盃羹。"顏師古注:"迺亦汝也。"

按,説文乃部:"迺,驚聲也。"段玉裁注:"驚聲者,驚訝之聲,與'乃'字音義俱別。詩書史漢發語多用此字作'迺',而流俗多改爲'乃'。"

迾 liè良薛切,音烈,入,薛韻,來。月部。

㊀遮,攔阻,多指列隊警衛。説文:"迾,遮也。"漢書武五子傳劉髆:"以王家錢取卒,～宫清中備盜賊。"顏師古注:"李奇曰:'迾,遮也。'鄧展曰:'令其宫中清靖,不得妄有異人也。'"後漢書輿服制上:"諸侯王法駕,官屬傅相以下,皆備鹵簿,似京都官騎,張弓帶鞬,遮～出入稱(課)促。"㊁通"列"。排列。漢書揚雄傳上:"窮冥極遠者,相與～虖高原之上。"陳書高祖紀上:"冀馬～於淮南,胡笳動於徐北。"

退 tuì他内切,去,隊韻,透。物部。

同"復"。㊀退卻,後退。説文:"復,卻也。"易乾:"進～無恒,非離羣也。"儀禮鄉飲酒禮:"介西階上,北面拜,主人少～;介進,北面受爵,復位。"用作使動,使後退。論語先進:"由也兼人,故～之。"墨子兼愛中:"越王擊金而～之。"又爲退走,退回。論語季氏:"鯉～而學詩。"易繫辭下:"日中爲市,致天下之民,聚天下之貨,交易而～,各得其所。"特指隱退,退出朝廷回家隱居。老子第八章:"功成名遂身～。"史記吴太伯世家:"子胥～而耕於野,以待專諸之事。"也指貶退,撤銷或降低職務。漢書武帝紀:"在上位而不能進賢者～,此所以勸善黜惡也。"㊁減退,消失。左傳昭公三年:"譬如火焉,火中,寒暑乃～。"世説新語文學:"桓自歎才思轉～。"又用作使動,使減退,使消失。呂氏春秋仲夏:"～嗜欲,定心氣。"高誘注:"退,止也。"㊂退縮,謙遜。論語先進:"求也～,故進之。"朱熹集注:"若冉求之資禀,失之弱。"國語楚語上:"夫子踐位則～。"韋昭注:"退,謙退也。"〔退然〕柔和的樣子。禮記檀弓下:"文子其中退然如不勝衣,其言吶吶然如不出其口。"鄭玄注:"中,身也。退,柔和貌。"㊃退還(晚起義)。明馮夢龍警世通言計押番金鰻産禍:"恭人若不要他時,只消～在牙家,轉變身錢便了。"又爲交卸,撤銷原定契約(晚起義)。樂府羣玉元鍾嗣成清江引令:"絶交鸚鵡杯,～佃鴛鴦被。"張相詩詞曲語辭匯釋卷三:"所謂退佃,猶云交卸。"

[備考]㈠改悔。國語晉語二:"雖欲有～,衆將責焉。"韋昭注:"退,謂改悔也。"㈡指器物陳舊,廢敗。宋蘇軾初到黄州詩"只慚無補絲毫事,尚費官家壓酒囊"自注:"檢校官例,折支多得～酒袋。"王十朋集注引陸錫熊曰:"退酒袋者,官法酒用餘之廢袋也。"宋范成大次韻李子永雪中長句詩:"手龜筆～不可捉,墨泓䶕齬冰生衣。"㈢天文學稱天體自東向西運行爲"退"。宋沈括夢溪筆談象數一:"交道每月～一度餘,凡二百四十九交而一朞。"

[辨]①退,卻。兩字都表示向後走,向後移動,但是分别却很明顯。"退"向後移動,可以是短距離後退,也可以是長距離,往往表示退回原出發地;"卻"後移的距離往往較短,不表示退回原地。"退"雖然也可以是被迫的,但更多的情况是主動後撤,"卻"則往往是不得已而後退。

②褪,退。見"褪"字條。

按,説文作復,在彳部。退爲古文重文。

迴 huí户恢切,平,灰韻,匣。微部。

也作"廻"。㊀旋轉,回旋。爾雅釋天:

"～風爲飄，日出而風爲暴。"郭璞注："旋風也。"文選漢司馬遷報任安書："是以腸一日而九～，居則忽忽若有所亡，出則不知其所往。"㊁掉轉，回轉。文選漢揚雄甘泉賦："於是事畢功弘，～車而歸。"唐王維終南山詩："白雲～望合，青靄入看無。"引申爲回來，回歸（後起義）。唐杜甫佳人詩："侍婢賣珠～，牽蘿補茅屋。"敦煌變文集秋胡變文："未及行至路傍，正見採桑而～。"又引申爲回避。晉書熊遠傳："時尚書刁協用事，衆皆憚之。尚書郎盧綝將入直，遇協於大司馬門外。協醉，使綝避之，綝不～。"㊂運轉、運行。吕氏春秋上德："故古之王者，德～乎天地，澹乎四海。"太玄玄攡："天日～行，剛柔接矣。"范望注："迴，猶運也。"㊃迂回，曲折。淮南子氾論："夫五行之山，固塞險阻之地也。使我德能覆之，則天下納其貢職者～也。"高誘注："迴，迂難也。"文選漢張衡東京賦："～行道乎伊闕，邪徑捷乎轘轅。"李善注引薛綜曰："迴，曲也。"㊄量詞，指事情、動作的次數（後起義）。唐杜甫贈花卿詩："此曲秪應天上有，人間能得幾～聞？"敦煌變文集伍子胥變文："水底將頭百過窺，波上玉腕千～舉。"

［辨］回，迴。"回"與"迴"同音同義，"迴"是後起字。所有各個能用"迴"的義項，既可寫作"迴"，又可寫作"回"。惟有表示奸邪意義時，只能用"回"，不能寫作"迴"。

按，説文無迴字。

迵 dòng 徒弄切，音洞，去，送韻，定。東部。

㊀洞徹，通達。説文："迵，迵迭也。"王筠句讀："迵迭即是洞達。"史記扁鵲倉公列傳："臣意診其脈曰～風。"裴駰集解："迵，音洞，言洞徹入四支。"〔迵迵〕通達的樣子。太玄達："中冥獨達，迵迵不屈。"范望注："迵，通也。"㊁通"同（tóng）"。相同。馬王堆漢墓帛書經法道原："古（故）无有刑（形），大～无名。"又十大經五政："男女畢～，何患于國？"

适 kuò 苦栝切，音闊，入，末韻，溪。月部。

又作"逜"。疾速。説文："逜，疾也。"玉篇："适，疾也。"多用於人名。論語憲問："夫子不答。南宫～出。"唐代有李适（即唐德宗），宋代有洪适。

按，今用作適（shì）的簡化字。

逄 1. páng 薄江切，音龐，平，江韻，並。東部。

同"逢"。逄的俗字，見干禄字書。㊀姓。孟子離婁下："逄蒙學射於羿。"孫奭音義、朱熹集注作～蒙。後漢書劉盆子傳："崇同郡人～安，東海人徐宣、謝禄、楊音，各起兵，合數萬人。"㊁〔逄逄〕鼓聲。唐韓愈病中寄張十八詩："不蹋曉鼓朝，安眠聽逄逄。"

2. féng 刊謬補缺切韻符容反，平，鍾韻，奉。

㊂同"逢"。遇。唐宋之問答李司户詩："美琴宜在夜，傾酒貴～春。"

按，説文無逄字。

迿 xùn 私閏切，音迅，去，稕韻，心。真部。

争先。公羊傳定公四年："朋友相衛而不相～。"何休注："迿，出表辭，猶先也。"徐彦疏："表者，謂其戰時旅進旅退之限約。迿者，謂不顧步武，勉力先往之意，故曰出表辭。"明趙南星祭馮蓋軒公文："子亦復拙宦，時俗之所～，然皆不爲意也。"

按，説文無迿字。

迻 yí 弋支切，音移，平，支韻，喻四。歌部。

遷徙，遷移。説文："迻，遷徙也。"段玉裁注："今人假禾相倚移之移爲遷迻字。"楚辭漢劉向九歎遠逝："悲余性之不可改兮，屢懲艾而不～。"洪興祖補注："迻，遷徙也。通作移。"

［辨］遷，徙，迻，移。見"遷"字條。

追 1. zhuī 陟隹切，平，脂韻，知。微部。

㊀追逐，追趕。説文："追，逐也。"左傳僖公二十五年："楚令尹子玉～秦師，弗及。"史記淮陰侯列傳："何聞信亡，不及以聞，自～之。"㊁追隨，追求。楚辭戰國屈原離騷："背

繩墨以～曲兮，競周容以爲度。”王逸注：“追，隨也。”韓非子外儲説右上：“臧獲之所願託其足於驥者，以驥之可以～利避害也。”引申爲追究，追索。論衡問孔：“苟有不曉之問，～難孔子，何傷於義？”唐司馬札䲰女：“妾家非豪門，官賦日相～。”特指拘捕（晚起義）。太平廣記卷四三四引皇甫氏原化記：“既而文子以牛身無驗，乃訟鄰人妄稱牛犢有字。縣～鄰人及牛至，則白毛復出，成字分明。”❸追溯，回溯。左傳成公十三年：“吾與女同好棄惡，復修舊德，以～念前勳。”論語學而：“慎終～遠，民德歸厚矣。”❹補救，事後補辦。論語微子：“往者不可諫，來者猶可～。”漢班固白虎通五經：“故～定五經，以行其道。”

［備考］㊀招引，召回。管子七臣七主：“馳車充國者，～寇之馬也。”尹知章注：“追，猶召也。言馳車所以召寇。”資治通鑑唐順宗永貞元年：“壬申，～忠州别駕陸贄、郴州别駕鄭餘慶、杭州刺史韓皋、道州刺史陽城赴京師。”㊁中醫指補益。素問調經論：“近氣不失，遠氣乃來，是謂～之。”王冰注：“追，言補也。”

2. duī 集韻都回切，音堆，平，灰韻，端。微部。

❺通“彫”。雕琢玉石。玉篇：“追，治玉名也。”詩大雅棫樸：“～琢其章，金玉其相。”毛傳：“追，彫也。”周禮天官追師：“掌王后之首服，爲副編次，～衡笄。”賈公彦疏：“追，治玉石之名，謂治玉爲衡笄也。”

［備考］㊀通“堆”。土堆。文選漢枚乘七發：“窮曲隨隈，踰岸出～。”李善注：“追，亦堆字。”㊁鐘鈕。孟子盡心下：“高子曰：‘禹之聲，尚文王之聲。’孟子曰：‘何以言之？’曰：‘以～蠡。’”趙岐注：“追，鐘鈕也。鈕擘齧處深矣。蠡，欲絶之貌也。”

［辨］追，逐。二字説文互訓，都是從後面追趕行進的目標，還常常“追逐”連用，是兩個同義詞。但是最初“追”是追趕軍隊，“逐”是追趕野獸；後代雖然不再作如此嚴格區分，而引申義卻往往與之有關。後代“追”、“逐”的不同主要表現在：“追”的雙方可以處於敵對關係或競争之中，也可以是友好關係；“逐”的雙方則一般只是處於敵對關係或角逐之中。“追”的雙方可以是雙方都在全速奔跑之中，也可以是被追者并不快速前進；“逐”則往往是全速競走或力量角逐。“追”的追究、追溯、補救等引申義是“逐”所没有的，“逐”的驅逐、競争、逐一等引申義也是“追”不具備的。

逃 táo 徒刀切，平，豪韻，定。宵部。

❶逃亡，逃走。説文：“逃，亡也。”左傳宣公二年：“華元～歸。立于門外，告而入。”孟子滕文公上：“益烈山澤而焚之，禽獸～匿。”❷逃避，避開。左傳襄公十年：“今我～楚，楚必驕，驕則可與戰矣。”孟子盡心下：“～墨必歸於楊，～楊必歸於墨。”趙岐注：“逃者，去也。”

［辨］逃，逋，逸，遁。四個字都表示逃避、逃走，即脱離所厭惡的境遇。“逃”的適用範圍最廣，可以是逃避一切肉體上的傷害或威脅，也可以是躲開一切不情願或違心的事情。行動可以是公開的，也可以是隱蔽的。“逋”本來是特指奴隸、農奴的逃亡，後代也指罪犯的逃亡。“逸”是側重於擺脱束縛羈絆而逃走。“遁”是突出了行動的隱蔽性。

逅 hòu 胡遘切，音候，去，候韻，匣。侯部。

❶不期而遇。晉皇甫謐高士傳披裘公：“負薪炎暑，吴有一翁，粗絺弗御，冒彼蒙茸。季札相～，遺拾不從。”❷〔邂逅〕雙聲聯緜字。參見“邂”字條。

按，説文無逅字，新附有之。

迸 1. bèng 北諍切，去，諍韻，幫。

同“迸”。❶散走，四散奔逃。三國志蜀書譙周傳：“及聞艾已入陰平，百姓擾擾，皆～山野，不可禁制。”❷由内向外突然地發出或破裂。文選晉潘岳寡婦賦：“口嗚咽以失聲兮，淚横～而霑衣。”❸通“屏（bǐng）”。排斥，屏棄。禮記大學:"唯仁人放流之,～諸四夷,不與同中國。"

2. pēng 集韻拔耕切,平,耕韻,滂。

㊃使,支使。晉干寶搜神記卷一八:"～從者還外,惟持一大刀,獨處亭中。"

按,說文無迸字。

七　畫

這 1. yàn 魚變切,音諺,去,線韻,疑。

㊀迎接。廣韻:"這,迎也。"正字通辵部:"這,周禮有掌訝,主迎訝。古作這。"

2. zhè 增韻止也切。

㊁指示代詞,與"那"相對,表近指(後起義)。唐盧仝送好約法師歸江南詩:"爲報江南三二日,～回應見雪中人。"敦煌變文集維摩詰經講經文之一:"～日阿難昇座現三十二相之身。"指代作用減弱,主要起襯音的作用(晚起義)。元關漢卿謝天香第三折:"待道是顛狂睡囈,兀的不青天～白日。"元無名氏凍蘇秦第三折:"他是箇祗候人的所爲,可有那孟嘗君的～度量。"

按,說文無這字。

逋 bū 博孤切,平,模韻,幫。魚部。

㊀逃亡,逃跑。說文:"逋,亡也。"左傳僖公十五年:"六年其～,逃歸其國而棄其家。"杜預注:"逋,亡也。"漢鼂錯賢良文學對策:"内外咸怨,離散～逃。"㊁拖欠。漢書昭帝紀:"三年以前,～更賦未入者,皆勿收。"顏師古注引如淳:"逋,未出更錢者也。"唐柳宗元零陵三亭記:"～租匿役,期月辦理。"又爲拖延。晉李密陳情表:"詔書切峻,責臣～慢。"晉書蔡謨傳:"謨頃以常疾,久～王命。"

[備考]通"膊(bó)"。暴露。漢揚雄法言先知:"病者獨,死者～。"俞樾平議:"逋乃膊之叚字…然則'死者逋',猶言暴露也。"

[辨]逃,逋,逸,遁。見"逃"字條。

逗 dòu 徒候切,去,候韻,定。侯部。

㊀停留。說文:"逗,止也。"漢張衡思玄賦:"亂弱水之潺湲兮,～華陰之湍渚。"晉書陸雲傳:"初,雲嘗行,～宿故人家,夜暗迷路,莫知所從。"引申指句中的停頓。也作"讀"或"投"。宋書樂志:"二代三京,襲而不變,雖詩章詞異,興廢隨時,至其韻～曲折,皆繫於舊,有由然也。"㊁投合(後起義)。南朝梁蕭琛詠鞞應詔詩:"抑揚應雅舞,擊節～和音。"宋釋道原景德傳燈録卷四嵩嶽安國禪師:"讓機緣不～,辭往曹谿。"引申爲逗引,招引。唐杜甫懷錦水居止詩:"朝朝巫峽水,遠～錦江波。"唐李賀李憑箜篌引:"女媧鍊石補天處,石破天驚～秋雨。"㊂臨,到(後起義)。唐張九齡彭蠡湖上詩:"決晨趨北渚,～浦已西日。"宋辛棄疾臨江仙詞:"～曉鶯啼聲昵昵。"又爲赶,趁(後起義)。唐陸龜蒙晚渡詩:"各樣蓮船～村去,笠簷蓑袂有殘聲。"宋楊萬里進賢初食白菜詩:"江西菜甲帶霜栽,～到炎天總不佳。"

[同源字]駐,住,逗。見"駐"字條。

逑 qiú 巨鳩切,音求,平,尤韻,羣。幽部。

㊀聚合。說文:"逑,斂聚也。"詩大雅民勞:"惠此中國,以爲民～。"毛傳:"逑,合也。"鄭箋:"合,聚也。"㊁配偶。說文:"怨匹曰逑。"段玉裁注:"逑爲怨匹,而詩多以爲美詞者,取匹不取怨也。"詩周南關雎:"窈窕淑女,君子好～。"毛傳:"逑,匹也。"又爲匹配,相匹敵的人。文選漢揚雄甘泉賦:"乃搜～索耦,皋伊之徒,冠倫魁能。"李善注引韋昭曰:"逑,匹也。"

連 1. lián 力延切,平,仙韻,來。元部。

㊀古代一種人拉的車。段注說文:"連,負車也。"管子海王:"行服～軺輂者,必有一斤一鋸一錐一鑿,若其事立。"尹知章注:"連,輦名,所以載任器,人挽者。"馬王堆漢墓帛書戰國縱横家書觸龍見趙太后章:"老婦持～而睘(還)。"㊁連接,連續。莊子駢拇:"是故駢於足者,～无用之肉也。"禮記曲禮上:"拾級

聚足,～步以上。”吕氏春秋審爲:“杖策而去,民相～而從之,遂成國於岐山之下。”又爲連絡,聯合。孟子離婁上:“故善戰者服上刑,～諸侯者次之。”史記留侯世家:“漢王乃遣隨何説九江王布,而使人～彭越。”用於貶義,牽連,連累。韓非子制分:“禁尚有～於己者,理(里)不得相闚,惟恐不得免。”特指牲畜交配。吕氏春秋明理:“馬牛乃言,犬彘乃～。”高誘注:“連,合。”〔連連〕連續不斷的樣子。詩大雅皇矣:“執訊連連,攸首或安安。”朱熹集傳:“連連,屬續狀。”莊子駢拇:“則仁義又奚連連如膠漆纆索,而遊乎道德之閒爲哉?”成玄英疏:“連連,猶接續也。”又作“連然”。戰國策齊策四:“管燕連然流涕曰:‘悲夫!士何其易得而難用也!’”㊂連獲,兼得。淮南子覽冥:“故蒲且子之～鳥於百仞之上,而詹何之鶩魚於大淵之中,此皆得清净之道,太浩之和也。”列子湯問:“一釣而～六鰲。”㊃指姻親關係。史記南越列傳:“吕嘉年長矣…男盡尚王女,女盡嫁王子兄弟宗室,及蒼梧秦王有～。”㊄古代一種行政區劃名。國語齊語:“五家爲軌,軌爲之長;十軌爲里,里有司;四里爲～,～爲之長;十～爲鄉,鄉有良人焉。”管子乘馬:“五家而伍,十家而～,五～而暴,五暴而長,命之曰某鄉,四鄉命之曰部。邑制也。”又爲諸侯國的一種組織形式。禮記王制:“千里之外設方伯,五國以爲屬,屬有長;十國以爲～,～有帥。”㊅介詞,表示包括或强調(晚起義)。王梵志詩校輯卷一福至生西方:“憨人～腦癡,買錦妻裝束。”朱子語類卷六九易五乾下:“乾卦～致知、格物、誠意、正心都説了,坤卦只是説持守。”㊆量詞,稱數成串的事物(晚起義)。遼史太宗本紀上:“丁未,阻卜貢海東青鶻三十～。”明徐光啟農政全書卷三七:“接工,必有用具:細齒截鋸　　,厚脊利刃小刀一把。”

[備考]㊀未煉的鉛,後作“鏈”。史記貨殖列傳:“江南出枏、梓、薑、桂、金、錫、～。”裴駰集解引徐廣曰:“鉛之未鍊者。”漢書食貨志:“鑄作錢布皆用銅,殽以～錫。”㊁横木闌柱,後作“槤”。楚辭戰國宋玉招魂:“網户朱綴,刻方～些。”王逸注:“横木闌柱爲連。言門户之楣,皆刻鏤綺文。”㊂通“璉”,古代盛黍稷的祭器。禮記明堂位:“有虞氏之兩敦,夏后氏之四～,殷之六瑚,周之八簋。”鄭玄注:“皆黍稷器。”釋文:“連,本又作璉,同。”

2. liǎn 集韻力展切,上,獮韻,來。元部。

㊇艱難。易蹇:“往蹇來～。”王弼注:“往則無應,來則乘剛,往來皆難,故曰往蹇來連。”孔穎達疏引馬融曰:“連,亦難也。”唐柳宗元植靈壽木詩:“蹇～易衰朽,方剛謝經營。”

[辨]連,聯,屬,綴。這四個字在連接相續的意義上有共同處。説文:“聯,連也。”段玉裁認爲“聯”、“連”是古今字,“周人用聯字,漢人用連字”。實際上先秦典籍只周禮用“聯”,其他典籍都作“連”,二字同源,實同一詞,看不出用法上的區别。後代逐漸加大了分工的趨勢,“連”側重于綫性的連接相續,“聯”則側重于兩兩聯合或向心性的連合。“屬”表連屬義特别重視起始者和相連事物的連屬關係。“綴”的本義是縫合,用于連接義往往帶有依附色彩。

速 sù 桑谷切,入,屋韻,心。屋部。

㊀快,迅速。説文:“速,疾也。”論語子路:“欲～則不達,見小利則大事不成。”左傳僖公七年:“我死,女必～行,無適小國,將不女容焉。”引申爲催促(後起義)。唐韓愈貞曜先生墓誌銘:“樊子使來～銘,曰:‘不則無以掩諸幽。’乃序而銘之。”㊁召,招致。詩召南行露:“誰謂女無家,何以～我獄?”毛傳:“速,召。”朱熹集傳:“速,召致。”左傳隱公三年:“去順效逆,所以～禍也。”又爲召請,邀請。易需:“有不～之客三人來。”釋文:“速,馬(融)云:‘召也’。”詩小雅伐木:“既有肥羜,以～諸父。”鄭箋:“速,召也。”㊂〔速速〕快速的樣子。古文苑石鼓文:“鹿鹿速速,君子之

求。"章樵注:"速速,疾行貌。"又爲粗疏的樣子。楚辭漢劉向九歎逢紛:"心懹慌其不我與兮,躬速速其不吾親。"王逸注:"速速,不親附貌也。"

[備考]通"束(shù)"。約束。國語晉語一:"驪姬請使申生處曲沃以～縣。"俞樾平議:"速,當讀爲束。'以速縣'者,以束縣也。使太子約束其所屬之縣大夫也。"

[辨]迅,速,快,疾。這四個字都有快速的意思。古代表示行進快速一般用"速","迅"往往指來勢猛烈急迫,速度一般比"速"快。"疾"表示速度快也附有緊迫、急切的色彩,一般也比"速"快一些。"快"在上古只作愉快講,魏晉以後才表示快速。

逝 shì 時制切,去,祭韻,禪。月部。

❶往,離去。説文:"逝,往也。"詩邶風谷風:"毋～我梁,毋發我笱。"朱熹集傳:"逝,之也。"論語子罕:"子在川上曰:'～者如斯夫,不舍晝夜。'"❷去世,死去。漢司馬遷報任安書:"是僕終已不得舒憤懣以曉左右,則長～者魂魄私恨無窮。"三國魏曹丕與吳質書:"徐陳應劉,一時俱～,痛可言邪!"❸句首語氣詞。表强調語氣。詩邶風日月:"乃如之人兮,～不古處。"朱熹集傳:"逝,發語辭。"又大雅桑柔:"誰能執熱,～不以濯。"三國魏曹植贈白馬王彪詩之一:"謁帝承明廬,～將歸舊疆。"

[備考]通"誓"。表示決心。詩魏風碩鼠:"～將去女,適彼樂土。"楊樹達小學述林卷一:"蓋三家詩有作誓字者。此詩本表示決絶之辭,三家作誓,用本字也。毛傳作逝,用假字也。"

逜 wǔ 五故切,集韻阮古切,上,姥韻,疑。魚部。

同"迕"。迕逆,抵觸。爾雅釋言:"逜,寤也。"郭璞注:"相干寤。"鶡冠子天則:"下之所～,上之可蔽,斯其離人情而失天節者也。"陸佃解:"逜之言干也。"

[同源字]迕,逜,牾,忤,逆。見"迕"字條。按,説文無逜字。

逐 1. zhú 直六切,入,屋韻,澄。覺部。

❶追趕,追逐。説文:"逐,追也。"孟子盡心下:"有衆～虎,虎負隅,莫之敢攖。"左傳莊公十年:"遂～齊師。"❷驅逐,趕走。公羊傳僖公二十八年:"文公～衛侯而立叔武。"史記萬石張叔列傳:"北～匈奴,西伐大宛。"特指放逐,流放。楚辭戰國屈原九章哀郢:"信非吾罪而棄～兮,何日夜而忘之。"唐李白九日龍山飲詩:"九日龍山飲,黄花笑～臣。"❸追隨,跟隨。楚辭戰國屈原九歌河伯:"靈何爲兮水中,乘白黿兮～文魚。"王逸注:"逐,從也。"史記匈奴列傳:"～水草遷徙,毋城郭常處耕田之業。"又爲追求,尋求。國語晉語四:"厭邇～遠,遠人入服。"韋昭注:"逐,求也。"唐李白贈江夏韋太守良宰詩:"誤～世間樂,頗窮理亂情。"❹競逐,競争。韓非子五蠹:"上古競於道德,中古～於智謀,當今争於氣力。"山海經海外北經:"夸父與日～走。"❺依次排列,挨着次序(後起義)。魏書藝術傳江式:"訓詁假借之誼,僉隨文而解;音讀楚夏之聲,並～字而注。"唐張喬秦原春望詩:"無窮名利塵,軒蓋～年新。"

[備考]流蕩。荀子儒效:"故風之所以爲不～者,取是以節之也。"楊倞注:"逐,流蕩也。國風所以不隨荒暴之君而流蕩者,取聖人之儒道以節之也。"

2. dí 集韻亭歷切,入,錫韻,定。覺部。

[備考][逐逐]急於得利的樣子。易頤:"虎視眈眈,其欲逐逐。"李鼎祚集解引虞翻曰:"逐逐,心煩貌。"釋文:"蘇林音迪。"

[辨]追,逐。見"追"字條。

逕 jìng 古定切,去,徑韻,見。耕部。

同"徑"。❶小路。莊子徐无鬼:"夫逃虚空者,藜藋柱乎鼪鼬之～。"釋文:"逕,本亦作徑。司馬(彪)云:'徑,道也。'"文選晉陶淵明歸去來兮辭:"三～就荒,松菊猶存。"❷徑直走，經過。文選漢王褒洞簫賦："翔風蕭蕭而～其末兮，迴江流川而溉其山。"李善注："言風蕭蕭徑過其末。"北魏酈道元水經注河水："屈而東南流，～中天竺國。"㊂直，直捷。南朝梁劉勰文心雕龍奏啟："李斯之奏驪山，事略而意～。"文選晉潘岳射雉賦："彼聆音而～進，忽交距以接壤。"㊃直徑。三國魏曹植承露盤銘序："上盤～四尺九寸，下盤～五尺。"

按，說文逕作徑。

通 tōng 他紅切，平，東韻，透。東部。

㊀到達，通到。說文："通，達也。"國語晉語二："道遠難～，望大難走。"列子湯問："吾與汝畢力平險，指～豫南，達乎漢陰，可乎？"引申爲通暢，没有堵塞。左傳成公十三年："東道之不～，則是康公絶我好也。"易繫辭上："一闔一闢謂之變，往來不窮謂之～。"特指仕途通暢，命運亨通。莊子讓王："古之得道者，窮亦樂，～亦樂。"荀子脩身："事亂君而～，不如事窮君而順焉。"㊁流通，交往。荀子儒效："～貨財，相美惡，辯貴賤，君子不如賈人。"左傳隱公元年："惠公之季年，敗宋師于黄。公立，而求成焉。九月，及宋人盟于宿，始～也。"史記魏其武安侯列傳："諸所與交～，無非豪桀大滑。"特指通姦。左傳成公十六年："宣伯～於穆姜。"㊂通報，傳達。穀梁傳僖公二十八年："曹伯襄復歸於曹…其曰復，～王命也。"莊子盗跖："謁者入～，盗跖聞之大怒。"又爲陳述，叙説。漢書夏侯勝傳："先生～正言，無懲前事。"顔師古注："通，謂陳道之也。"世説新語文學："謝看題，便各使四坐～。支道林先～，作七百許語。"㊃通曉，精通。易繫辭上："曲成萬物而不遺，～乎晝夜之道而知。"孔穎達疏："言通曉於幽明之道，而無事不知也。"漢書王吉傳："吉兼～五經。"又爲淹通，淵博。論衡超奇："博覽古今者爲～人。"漢許慎説文解字叙："不見～學，未嘗覩字例之條。"㊄通常的，共同的。墨子經上："君臣萌，～約也。"荀子仲尼："少事長，賤事貴，不肖事賢，是天下之～義也。"引申爲全，整個。孟子告子上："弈秋，～國之善弈者也。"史記貨殖列傳："是以富商大賈，周流天下，交易之物，莫不～得其所欲。"㊅量詞（後起義）。表動量，相當于"次"、"遍"。漢曹操步戰令："嚴鼓一～，步騎悉裝；再～，騎上馬，步結屯；三～，以次出之。"古詩爲焦仲卿妻作："著我繡裌裙，事事四五～。"表名量，相當于"篇"、"套"。三國魏曹植與楊德祖書："今往僕少小所著辭賦一～相與。"南齊書張融傳："今送一～故衣，意謂雖故，乃勝新也。"

［備考］㊀古代的一種土地面積單位。十井爲通。漢書刑法志："地方一里爲井，井十爲～，～十爲成，成方十里。"㊁指馬糞。後漢書獨行傳戴就："乃卧就覆船下，以馬～薰之。"㊂古代樂器名。隋書音樂志上："又立爲四器，名之爲～。"

［辨］通，達。"通"和"達"都表示道路暢通，可以通行無阻。但是"通"字多指通往、通向，是表道路的狀況，表可能性；而"達"字則多指達到、到達，是表行爲的結果，表現實性。"通"側重説明中間没有障礙，"達"是表示能貫串全部行程，到達行程終點。

逍 xiāo 相邀切，音消，平，宵韻，心。宵部。

〔逍遥〕叠韻聯緜字。自由自在、無拘無束的様子。詩小雅白駒："所謂伊人，於焉逍遥。"朱熹集傳："逍遥，游息也。"楚辭戰國屈原離騷："折若木以拂日兮，聊逍遥以相羊。"洪興祖補注："逍遥，猶翺翔也。"莊子逍遥遊："彷徨乎無爲其側，逍遥乎寢卧其下。"郭慶藩集釋："逍遥，自得之稱。"

按，説文無逍字，新附有之。

逌 1. yōu 玉篇余周切，音攸。幽部。

㊀通"攸"。用在動詞前，組成名詞性詞組，相當於"所"。漢書地理志上："漆沮既從，酆水～同。"顔師古注："逌，古攸字也。攸，所也。"㊁悠閑自得。三國魏阮籍大人先生傳："歷度重淵，跨青天，顧而～覽焉。"〔逌

然〕〔逌爾〕悠閑自得的樣子。史記趙世家："牛畜侍烈侯以仁義，約以王道，烈侯逌然。"張守節正義："逌音由，古字與'攸'同…攸攸，氣行貌，寬緩也。"文選班固答賓戲："主人逌爾而笑。"李善注引項岱曰："逌，寬舒顔色之貌也。"

2. yóu 玉篇余周切，音由。幽部。

㊀通"由"。原由。字彙補："逌，古由字。"漢劉向新序雜事二："國君驕士曰：'士非我無～富貴。'士驕君曰：'國非士無～安强。'"

按，説文無逌字。

逞 chěng 丑郢切，上，静韻，徹。耕部。

㊀滿，滿足。左傳隱公九年："後者不救，則無繼矣，乃可以～。"又襄公十年："故五族聚羣不～之人，因公子之徒以作亂。"又爲快意，稱心。左傳僖公二十三年："淫刑以～，誰則無罪？"㊁顯示，施展。論語鄉黨："～顔色，恰恰如也。"莊子山木："處勢不便，未足以～其能也。"㊂縱容，放任。左傳桓公六年："今民餒而君～欲。"唐柳宗元三戒序："吾恒惡世之人，不知推己之本，而乘物以～。"

〔備考〕㊀極，盡。左傳襄公二十五年："今陳忘周之大德，蔑我大惠，棄我姻親，介恃楚衆，以憑陵我敝邑，不可億～。"杜預注："億，度也；逞，盡也。"㊁速，快跑。漢揚雄方言卷二："～，疾也。東齊海岱之間曰速，燕之外鄙朝鮮洌水之間曰摇扇，楚曰～。"清顧山貞客滇述："山岸泥滑，馬不能～。"

途 tú 同都切，平，模韻，定。魚部。

道路。孫子兵法軍爭："故迂其～而誘之以利。"史記伍子胥列傳："吾日莫～遠，吾故倒行而逆施之。"引申爲途徑，門路。鹽鐵論本議："古之立國家者，開本末之～，通有無之用。"三國志蜀書彭羕傳："偃息於仁義之～，恬淡於浩然之域。"特指仕途，升官的路。韓非子三守："人臣有議當～之失、用事之過、舉臣之情。"

〔辨〕①途，涂，塗。"途"字古代多寫作涂、塗。"道路"一義，三字通用；"泥塗"一義只作"塗"；"涂抹"一義，可作"涂"，又可作"塗"。現在塗、涂合併爲"涂"，道路一義只作"途"。

②道，路，途。見"道"字條。

逡 qūn 七倫切，平，諄韻，清。文部。

㊀退却，退讓。漢書公孫弘傳："有功者上，無功者下，則羣臣～。"王先謙補注："逡，退也。"〔逡逡〕恭順退讓的樣子。史記游俠列傳："雖爲俠而逡逡有退讓君子之風。"〔逡巡〕〔逡循〕〔逡遁〕叠韻聯緜字。恭順退讓的樣子，徘徊猶豫的樣子。公羊傳宣公六年："趙盾逡巡北面再拜稽首，趨而出。"莊子秋水："東海之鼈，左足未入，而右膝已縶矣。於是逡巡而却。"晏子春秋問下一二："晏子逡循對曰：'嬰不肖，嬰之族又不若嬰。'"管子戒："桓公蹵然逡遁。"㊁通"駿(jùn)"。急速。禮記大傳："遂率天下諸侯，執豆籩，～奔走。"鄭玄注："逡，疾也…周頌曰：'逡奔走在廟。'"今本詩周頌清廟作"駿奔"。㊂通"㕙(jùn)"。狡兔名。戰國策齊策三："東郭～者，海内之狡兔也。"鮑彪注："逡㕙同，狡兔名。"

〔備考〕月亮在天空運行的軌迹。方言卷一二："日運爲躔，月運爲～。"錢繹箋疏："按，古今之言曆者，大率皆以周天爲三百六十五度四分度之一。日每日行一度，故一歲乃行一周天；月每月行十三度十九分度之七，故一月則行一周天。是月行較日爲疾。鄭注大傳云：'逡，疾也。'故月運爲逡也。"

〔辨〕踆，逡。見"踆"字條。

造 1. zào（舊讀 cào）七到切，去，号韻，清。覺部。

㊀前往，到。周禮地官司門："凡四方之賓客～焉，則以告。"鄭玄注："造，猶至也。"左傳哀公八年："景伯負載，～於萊門。"㊁成就，功績。詩大雅思齊："肆成人有德，小子有～。"鄭箋："子弟皆有所造成。"左傳成公十三

年:“文公恐懼,綏靜諸侯,秦師克還無害,則是我有大～于西也。”杜預注:“造,成也。言晉有成功於秦。”引申爲完善,吉祥。詩周頌閔予小子:“閔予小子,遭家不～。”鄭箋:“造,猶成也。”馬瑞辰通釋:“不造猶不善,不善猶不淑也…不淑猶云不祥,謂遭凶喪也。”㊂世代,時代。儀禮士冠禮:“公侯之有冠禮也,夏之末～也。”㊃倉猝,突然。禮記玉藻:“～受命於君前,則書於笏。”〔造然〕〔造次〕倉猝,急遽。淮南子道應:“孔子造然革容。”論語里仁:“君子無終食之間違仁,造次必於是,顛沛必於是。”何晏集解引馬融曰:“造次,急遽。”㊄訴訟的雙方稱爲“兩造”。書吕刑:“兩～具備,師聽五辭。”僞孔傳:“兩謂囚證。造,至也。”文選晉潘岳馬汧督誄:“兩～未具,儲隸葢尠。”吕向注:“兩造,謂兩囚相證也。”

[備考]㊀舊時星命術士稱人的生辰八字(晚起義)。元馬致遠陳摶高卧第一折:“有勞先生,將我兩人賤～看一看。”㊁通“蹙(cù)”。憂愁的樣子。韓非子忠孝:“舜見瞽瞍,其容～焉。”舊注:“造,愁貌也。”

2. zào 昨早切,上,晧韻,從。幽部。

㊅制造,創建。詩鄭風緇衣:“緇衣之好兮,敝,予又改～兮。”毛傳:“造,爲也。”吕氏春秋古樂:“故樂之所由來者尚矣,非獨爲一世之所～也。”又爲創作,寫作。論衡案書:“新語,陸賈所～,蓋董仲舒相被服焉。”後漢書王充傳:“年漸七十,志力衰耗,乃～養性書十六篇。”又指僞造,虚構。詩王風兔爰:“我生之初,尚無～。”毛傳:“造,僞也。”論衡對作:“用筆墨者,～生空文,爲虚妄之傳。”〔造化〕創造化育。漢書董仲舒傳:“今子大夫明於陰陽所以造化,習於先聖之道業。”抱扑子内篇對俗:“夫陶冶造化,莫靈於人。”亦指自然界的創造者或自然界本身。莊子大宗師:“今一以天地爲大鑪,以造化爲大冶。”晉張協七命:“功與造化争流,德與二儀比大。”又指幸運,運氣。元李文蔚燕青博魚第一折:“他如今不來尋你,就是你的造化了。”㊆起始,創始。書伊訓:“～攻自鳴條,朕哉自亳。”孔傳:“造、哉,皆始也。”漢曹操爲張范下令:“聞張子頗欲學之,吾恐～之者富,隨之者貧也。”㊇秦漢官爵名。睡虎地秦墓竹簡秦律傳食律:“上～以下到官佐、史毋(无)爵者。”史記商君列傳:“於是以鞅爲大良～。”

[備考]放進,納入。禮記喪大記:“君設大盤,～冰焉。”鄭玄注:“造,猶内也。”孔穎達疏:“造冰焉者,謂造内其冰於盤中也。”

[辨]造,適。兩字都有前往某處的意思。“適”只表示行走的方向和去處,所帶處所賓語比較廣泛;“造”所帶處所賓語往往是指尊貴者或畏敬者,去某處並非目的,去某處要見所見的人才是目的。這就是“造”與“適”的不同之處。

透

1. tòu 他候切,去,候韻,透。

㊀跳。説文新附:“透,跳也,過也。”南朝宋謝靈運山居賦:“植物既載,動類亦繁,飛泳騁～,胡可根源?”隋書音樂志下:“并二人戴竿,其上有舞,忽然騰～而换易之。”㊁通過,穿透。唐韓愈題木居士詩之一:“火～波穿不計春,根如頭面幹如身。”唐皮日休褱州春游詩:“映柳認人多錯誤,～花窺鳥最分明。”㊂透露,顯露(晚起義)。五代馮延巳賀聖朝詞:“輕顰輕笑,汗珠微～,柳沾花潤。”元無名氏小尉遲第一折:“你這般大驚小怪氣冲冲,早難道軍情不～風。”㊃透徹,達到極度或做得徹底(晚起義)。朱子語類卷九:“今人凡事所以説得恁地支離,只是見得不～。”元郝經青州山行:“酒散身逾困,饑～食有味。”水滸傳三一回:“却得施恩上下使錢～了,不曾受害。”

2. shū 式竹切,音叔,入,屋韻,審三。覺部。

㊄驚慌的樣子。方言卷二:“宋衛南楚凡相驚曰獡,或曰～。”郭璞注:“皆驚皃也。”晉左思吴都賦:“驚～沸亂,牢落翬散。”

逢

1. féng 符容切,平,鍾韻,奉。東部。

㊀遇到,遇見。説文:“逢,遇也。”詩邶風

柏舟:"薄言往愬,～彼之怒。"左傳哀公十四年:"子我夕。陳逆殺人,～之,遂執以入。"㊁迎接。方言卷一:"～、逆,迎也。自關而東曰逆,自關而西或曰迎,或曰～。"國語周語上:"道而得神,是謂～福。"韋昭注:"逢,迎也。"又爲逢迎,迎合。孟子告子下:"長君之惡其罪小,～君之惡其罪大。"宋岳珂桯史郭倪自比諸葛亮:"遂～當軸意,以興六月之師。"㊂大。書洪範:"身其康彊,子孫其～吉。"釋文引馬融曰:"逢,大也。"荀子非十二子:"士君子之容,其冠進,其衣～,其容良。"楊倞注:"逢,大也。"

[備考]㊀通"麷"。炒熟或煮熟的麥粒。周禮天官籩人:"朝事之籩,其實麷。"鄭玄注:"今河間以北煮穜麥賣之,名曰～。"㊁通"烽(fēng)"。烽火。漢書司馬相如傳下:"大漢之德,～涌原泉。"顔師古注:"逢讀曰烽,言如烽火之升,原泉之流也。"

2. péng 集韻蒲蒙切,平,東韻,並。東部。

㊃〔逢逢〕象聲詞。鼓聲。詩大雅靈臺:"鼉鼓逢逢,矇瞍奏公。"又爲盛多的樣子。墨子耕柱:"逢逢白雲,一南一北,一西一東。"孫詒讓閒詁:"逢、蓬通。"

3. páng 薄江切,音龐,平,江韻,並。東部。

㊄姓。古有逢丑父(見左傳成公二年)、逢蒙(見孟子離婁下)。在這個意義上後來寫作"逄"。

[辨]逢,遇,遭,遘。這組詞都表示在没有約定的情況下碰到了一起。"逢"和"遇"的用法很相似,遇見的可以是人,也可以是事,還可以是物。但是"逢"側重的是表示迎面碰見,"遇"强調的是會合。"遭"和"遘"的對象也可以是人或物,但常見的是碰到不利或不幸的事,如"遭難"、"遭殃"、"遘疾"。因而"遭"的後面還常常是動詞性的詞語;至于"遘"先秦以後比較少見。

逖 tì 他歷切,音惕,入,錫韻,透。錫部。

亦作"愓"。㊀遠。説文:"逖,遠也。"書牧誓:"～矣,西土之人。"僞孔傳:"逖,遠也。"隋書音樂志:"百蠻非衆,八荒非～。"用作使動,使遠。書多方:"我則致天之罰,離～爾土。"漢書谷永傳:"誅逐仁賢,離～骨肉。"㊁〔逖逖〕憂懼的樣子。本作"愓愓"。楚辭戰國屈原九章悲回風:"吾怨往昔之所冀兮,悼來者之逖逖。"王逸注:"逖逖,欲利貌也。"一本作"愁愁"。

迋 guàng 俱往切,集韻古況切,去,漾韻,見。

閑游,游覽。玉篇:"迋,走皃。"元佚名甑江亭第一折:"怕大姐愛～時都戴在頭上,壓破頭。"紅樓夢六回:"五六歲的孩子,聽見帶了他進城～去,喜歡的無不應承。"

按,説文無迋字。

八　畫

逯 lù 力玉切,音録,入,燭韻,來。屋部。

行步謹慎、局促的樣子。説文:"逯,行謹逯逯也。"清吴恒煒知新報緣起:"守者～焉、閔焉,相顧瘆瘆,相望枼枼,病莫能捄也。"〔逯逯〕物體運動局促的樣子。北周衛元嵩元包經孟陰:"上嫺嫺,下逯逯。"蘇源明傳:"下逯逯,運而動也。"〔逯然〕隨意行走的樣子。淮南子精神:"渾然而往,逯然而來。"高誘注:"逯,謂無所爲,忽然往來也。"

逭 huàn 胡玩切,音换,去,换韻,匣。元部。

㊀逃脱,避免。説文:"逭,逃也。"書太甲:"天作孽,猶可違;自作孽,不可～。"僞孔傳:"逭,逃也。"新唐書張説傳:"后～暑三陽宫,汔秋未還。"㊁免除,寬恕(晚起義)。明沈德符野獲編督撫巡撫久任:"願奪官以～其罪,如郭子儀之雪李白。"清蒲松齡聊齋志異真生:"如～我罪,施材百具,絮衣百領,肯之乎?"㊂通"换"。改换,更易(晚起義)。明徐霖繡襦記汧國流馨:"有惡必懲,不以貴而少

～;有害必勸,不以賤而或遺。”

迸 bèng 説文新附北諍切。耕部。

同“迸”。㊀散走,四散奔逃。説文新附:“迸,散走也。”宋洪适隸釋漢成陽令唐扶頌:“匯夷來降,寇賊～亡。”㊁由内向外突然地發出或破裂。世説新語方正:“桓彎彈彈劉枕,丸～碎牀褥間。”

按,説文無迸字,新附有之。

逵 kuí 渠追切,平,脂韻,羣。幽部。

四通八達的道路。也作“馗”。詩周南兔罝:“肅肅兔罝,施于中～。”毛傳:“逵,九達之道。”左傳隱公十一年:“潁考叔挾輈以走,子都拔棘以逐之,及大～,弗及。”指水中四通八達的穴道。山海經中山經:“多鰧魚,狀如鱖,居～。”郭璞注:“逵,水中之穴道交通者。”

按,説文以逵爲馗的或體,在九部。

遂 zhú 竹律切,入,術韻,知。月部。

〔遂律〕準叠韻聯緜字。散發和緩的樣子。文選漢王褒洞簫賦:“氣旁迕以飛射兮,馳散涣以遂律。”李善注:“遂律,出遲貌。”吕向注:“和貌也。”

按,説文無遂字。

逮 1. dài 徒耐切,去,代韻,定。質部。

㊀及,達到。論語里仁:“古者言之不出也,恥躬之不～也。”邢昺疏:“逮,及也。”荀子堯問:“魏武侯謀事而當,羣臣莫能～。”㊁趁,趁着。左傳定公四年:“～吴之未定,君其取分焉。”史記穰侯列傳:“願君～楚、趙之兵未至於梁,亟以少割收魏。”㊂捉拿,逮捕。史記五宗世家:“請～勃所與姦諸證左。”漢書王莽傳:“～治黨羽。”

2. dì 特計切,音棣,去,霽韻,定。質部。

㊃〔逮逮〕文雅安閑的樣子。亦作“棣棣”。禮記孔子閒居:“威儀逮逮,不可選也。”鄭玄注:“逮逮,安和之貌也。”單用義近。安閑,和緩。三國魏曹植愁霖賦:“迎朔風而爰邁兮,雨微微而～行。”

〔辨〕逮,捕,捉。“逮”和“捕”都用於抓人,“捕”還用於抓别的動物。“捉”在上古是持握的意思,漢魏以後才産生了捕捉義。

逴 chuō 敕角切,入,覺韻,徹。藥部。

㊀遠。説文:“逴,遠也。”楚辭戰國屈原遠遊:“舒并節目馳騖兮,～絶垠乎寒門。”洪興祖補注:“逴,遠也。”史記衛將軍列傳:“取食於敵,～行殊遠而糧不絶。”〔逴逴〕遥遠的樣子。楚辭戰國宋玉九辯:“春秋逴逴而日高兮,然惆悵而自悲。”㊁〔逴躒〕叠韻聯緜字。超越卓絶的樣子。也作“逴犖”。文選漢班固西都賦:“封畿之内,厥土千里,逴躒諸夏,兼其所有。”後漢書班彪傳附班固作“逴犖”。單用“逴”,義近。超越(後起義)。唐顔師古匡謬正俗卷六:“～者,謂超越不依次第。”清蔣湘南與田叔子論古文第二書:“惟弇州才力雄健,通史法,熟掌故,史料中本色文字,遠～歐、蘇之上。”㊂跳,騰躍。本作“踔”。宋梅堯臣時魚詩:“四月時魚～浪花,漁舟出没浪爲家。”

〔辨〕卓,踔,逴,趠。見“踔”字條。

〔同源字〕趠,逴,踔。見“趠”字條。

逷 tì 他歷切,音惕,錫韻,透。錫部。

同“逖”。㊀遠。詩大雅抑:“用戒戎作,用～蠻方。”毛傳:“逷,遠也。”左傳襄公十四年:“猶毅志也,豈敢離～。”㊁〔逷逷〕憂懼的樣子。本作“惕惕”。敦煌變文集大目乾連冥間救母變文:“夜叉聞語心逷逷,直言更亦無刑(形)迹。”

按,説文以逷爲逖的古文。

逶 wēi 於爲切,平,支韻,影。微部。

㊀彎曲的樣子。文選晉潘岳笙賦:“脩檛内辟,餘簫外～。”李善注:“逶,逶迤,漸邪之貌。”明何景明涪萬詩:“浮雲帶城邑,壯麗～且長。”㊁〔逶迤〕準叠韻聯緜字。也作“逶蛇”、“逶池”、“逶移”、“委蛇”、“委移”。彎曲連綿的樣子。説文:“逶,逶池,衺去之皃。”古

詩源四皓紫芝歌:“莫莫高山,深谷逶迤。”淮南子泰族:“河以逶蛇故能遠,山以陵遲故能高。”楚辭漢劉向九歎離世:“遵江曲之逶移兮,觸石碕而衡遊。”又形容曲折宛轉。楚辭戰國屈原遠遊:“駕八龍之婉婉兮,載雲旗之逶蛇。”王夫之通釋:“逶蛇,音威夷,曲折自如貌。”後漢書邊讓傳:“振華袂以逶迤,若遊龍之登雲。”又形容行動從容自得。詩召南羔羊:“退食自公,委蛇委蛇。”鄭箋:“委蛇,委曲自得之貌。”敦煌變文集維摩詰經講經文:“各裝美貌逞逶迤,盡出玉顔誇艷態。”

逸 yì 夷質切,入,質韻,喻四。質部。

❶逃跑,逃逸。説文:“逸,失也。”左傳桓公八年:“隨師敗績,隨侯～,鬭丹獲其戎車與其戎右少師。”杜預注:“逸,逃也。”韓非子外儲説右下:“彘～出於竇中。”又爲奔逸,挣脱羈絆奔跑。國語晉語五:“馬～不能止,三軍從之。”韋昭注:“逸,奔也。”吕氏春秋必己:“孔子行道而息,馬～,食人之稼,野人取其馬。”❷釋放。左傳成公十六年:“明日復戰。乃～楚囚。”杜預注:“逸,縱也。”又襄公二十六年:“行歸者而～楚囚,楚師宵潰。”❸閒適,安逸。書無逸:“生則～,不知稼穡之艱難。”國語吴語:“今大夫老,而又不自安恬～,而處以念惡。”韋昭注:“逸,樂也。”又爲逸樂,放縱。書大禹謨:“罔遊于～,罔淫于樂。”孔穎達疏:“逸謂縱體。”戰國策楚策四:“(君王)專淫～侈靡,不顧國政,郢都必危矣。”❹隱逸,隱退。論語堯曰:“興滅國,繼絶世,舉～民,天下之民歸心焉。”楚辭遠遊:“離人羣而遁～。”❺超絶,超過一般。也作“軼”。三國魏曹植玄暢賦:“～千載而流聲,超貴黎而度俗。”三國志蜀書諸葛亮傳:“亮少有～羣之才,英霸之器。”❻散失,亡失。也作“佚”。史記儒林列傳:“～書得十餘篇,蓋尚書滋多於是矣。”後漢書儒林傳序:“探求闕文,補綴漏～。”❼過失。書盤庚上:“子亦拙謀,作乃～。”僞孔傳:“逸,過也。”蔡沈集傳:“逸,過失也。”宋王安石本朝百年無事札子:“以至仁宗、英宗,無有～德。”

[辨]逃,逋,逸,遁。見“逃”字條。

[同源字]逸,佚,軼。三字同音。在逸樂、逃逸、喪失的意義上,“逸”、“佚”實同一詞;在超越的意義上,“逸”、“軼”同源。參見“趹”字條。

週 zhōu 玉篇職由切。

“周”的後起字。正字通:“週,俗周字。”

❶周圍。明徐宏祖徐霞客遊記粤西遊日記四:“潭四～皆石壁無隙。”❷環繞,繞一圈。清葉夢珠閲世編建設:“方廣百餘步,外～土垣,内列倉廩。”❸遍,全,滿。敦煌變文集廬山遠公話:“自從曠刧受深流,六道輪迴處處～。”全唐詩嵩嶽諸仙嫁女詩之四:“人間甲子～千歲,靈境杯觴初一巡。”特指周期,事物運動變化的一個循環時間。元關漢卿趙盼兒風月救風塵第一折:“娶到他家裏,多無半載～年相棄擲。”明歸有光同州通判許半齋壽序:“嘉靖丙辰月日,爲君之誕辰,蓋甲子一～矣。”

進 jìn 即刃切,去,震韻,精。真部。

❶向前、向上移動,與“退”相對。説文:“進,登也。”詩大雅桑柔:“人亦有言:～退維谷。”左傳昭公二十年:“齊侯田于沛,招虞人以弓,不～。”引申爲長進,進步。荀子天論:“君子敬其在己者而不慕其在天者,是以日～也。”論衡自紀:“充書日～,又無過失。”特指上朝做官。孟子公孫丑上:“治則～,亂則退,伯夷也。”荀子大略:“君子～則能益上之譽而損少之憂。”❷引進,推薦。周禮夏官大司馬:“～賢興功,以作邦國。”史記孫子吴起列傳:“於是忌～孫子於威王。”❸進獻,奉上。孟子離婁上:“問有餘,曰‘亡矣’,將以復～也。”戰國策齊策一:“令初下,羣臣～諫,門庭若市。”❹進入,從外面到裏面,跟“出”相對(後起義)。晉王嘉拾遺記秦始皇:“駕朱馬而至宫門,云欲見秦王嬰,閽者許～焉。”三國演

義九五回："今大開城門，必有埋伏，我兵若～，中其計也。"❺老式多排房屋的宅院的層次叫"進"(晚起義)。西遊記一回："一層層深閣瓊樓，一～～珠宮貝闕。"❻通"賮"。贈送的錢財。史記高祖本紀："蕭何爲主吏，主～。"裴駰集解引文穎曰："主賦斂禮進。"

[備考]㊀通"盡"。完。列子天瑞："終～乎？不知也。"張湛注："進，當爲盡。"㊁通"峻(jùn)"。高。荀子非十二子："士君子之容，其冠～，其衣逢。"俞樾平議："進，讀爲峻。峻，高也。言其冠高也。"

[辨]入，進。見"入"字條。

九　畫

遊 yóu 以周切，平，尤韻，喻四。幽部。

❶遊樂，遊覽。禮記學記："故君子之於學也，藏焉脩焉，息焉～焉。"鄭玄注："遊，謂閒暇無事之爲遊。"莊子秋水："莊子與惠子～於濠梁之上。"引申爲遊歷，外出求學或求官。論語里仁："子曰：'父母在，不遠～，～必有方。'"孟子盡心上："故觀於海者難爲水，～於聖人之門者難爲言。"❷交遊，來往。孟子離婁下："夫子與之～，又從而禮貌之。"荀子勸學："故君子居必擇鄉，～必就士。"用作名詞，指交游的人。莊子山木："辭其交～，去其弟子，逃於大澤。"❸飄浮，經常移動。易繫辭上："精氣爲物，～魂爲變。"孔穎達疏："浮遊精魂，去離物形而爲改變。"文選陸機赴洛詩之二："羈旅遠～宦，託身承華側。"❹縱，放縱。書大禹謨："罔～于逸，罔淫于樂。"孔穎達疏："無遊～於逸豫，無過耽於戲樂。"〔遊目〕縱目，放眼觀望。楚辭戰國屈原離騷："忽反顧以遊目兮，將往觀乎四荒。"

[辨]遊，游。二字同音，實同一詞。在游玩、游歷、交游等意義上，古代通用；只有關於水中的活動，一般用"游"，很少用"遊"。簡化字合併作"游"。

按，說文無遊字。

運 yùn 王問切，去，問韻，喻三。文部。

❶轉動，運行。說文："運，迻徙也。"易繫辭上："日月～行，一寒一暑。"孟子梁惠王上："老吾老以及人之老，幼吾幼以及人之幼，天下可～於掌。"用於使動，使運行。楚辭戰國屈原九章哀郢："將～舟而下浮兮，上洞庭而下江。"❷搬運，運輸(後起義)。三國志蜀書諸葛亮傳："亮復出祁山，以木牛～，糧盡退軍。"晉書陶侃傳："侃在州無事，輒朝～百甓於齋外，暮～於齋内。"❸運用。孫子兵法九地："～兵計謀，爲不可測。"史記高祖本紀："夫～籌策帷帳之中，決勝於千里之外，吾不如子房。"❹命運，運氣(後起義)。漢書高帝紀贊："漢承堯～，德祚已盛。"晉陶潛自祭文："自余爲人，逢～之貧。"

[備考]指空間的南北距離，縱向的長度。國語越語上："勾踐之地…廣～百里。"韋昭注："東西爲廣，南北爲運。"莊子山木："莊子遊乎雕陵之樊，覩一異鵲，自南方來者，翼廣七尺，目大～寸。"王先謙集解引王念孫云："運與廣對文，廣爲横則運爲從。目大運寸，猶言目大徑寸。"

[同源字]沄，囩，運，回。見"沄"字條。

遍 biàn 方見切，集韻卑見切，去，綫韻，幫。真部。

同"徧"。❶周遍，普遍。管子中匡："三者之屬，一足以削，～而有者，亡矣。"韓非子内儲說上："令下未～而火已救矣。"❷量詞，從頭到尾進行一次(後起義)。抱朴子内篇袪惑："又教之，但讀千～，自得其意。"南北朝陳庾信夢入堂内："畫眉千度拭，梳頭百～撩。"

[備考]曲調名(晚起義)。唐宋大曲系依一定順序連結若干小曲而成，又稱"大遍"。其中各小曲亦有稱"遍"者。唐元稹連昌宮詞："逡巡大～涼州徹，色色龜兹轟録續。"宋歐陽修減字木蘭花詞："畫堂雅宴，一抹朱絃初入～。"

按，説文遍作徧，在彳部。

道 1. dào 徒晧切，上，晧韻，定。幽部。

❶路，道路。説文："道，所行道也。"詩小雅大東："周～如砥，其直如矢。"論語泰伯："任重而～遠。"引申爲水流通行的途徑。左傳昭公十三年："晉侯會吴子于良，水～不可，吴子辭，乃還。"孔穎達疏："謂水路不通。"史記河渠書："異時關東漕粟從渭中上，度六月而罷，而漕水～九百餘里，時有難處。"泛指各種通路。管子君臣下："四肢六～，身之體也。"尹知章注："六道謂上有四竅，下有二竅也。"唐杜甫絶句六首之六："鳥棲知故～，帆過宿誰家？"特指棋局上的格道。史記吴王濞列傳："吴太子入見，得侍皇太子飲博…博，争～，不恭，皇太子引博局提吴太子，殺之。"三國志魏書王粲傳："觀人圍棋，局壞，粲爲覆之。棋者不信，以帊蓋局，使更以他局爲之。用相比較，不誤一～。"又指路程，行程。孫子兵法軍争："日夜不處，倍～兼行。"三國志吴書魯肅傳："到夏口，聞曹公已向荆州，晨夜兼～。"❷方法，途徑。商君書更法："治世不一～，便國不法古。"孟子梁惠王下："交鄰國有～乎？"又爲技藝，技巧。論語子張："雖小～，必有可觀者焉。"南史齊江夏王鋒傳："江夏王有才行，亦善能匿迹，以琴～授羊景之，景之著名。"❸道理，規律。論語里仁："朝聞～，夕死可以。"莊子養生主："臣之所好者～也，進乎技矣。"引申爲正當的手段，道義。論語里仁："不以其～得之，不處也。"孟子公孫丑下："得～者多助，失～者寡助。"又引申爲好的政治措施或政治局面。論語衛靈公："邦有～則仕，邦無～則可卷而懷之。"左傳成公十二年："天下有～，則公侯能爲民干城。"❹政治主張或思想體系。論語衛靈公："～不同，不相爲謀。"孟子滕文公上："從許子之～，則市賈不貳，國中無僞。"❺述説。詩鄘風牆有茨："中冓之言，不可～也。"孟子梁惠王上："仲尼之徒，無～桓文之事者。"❻先秦諸子有道家，魏晉以後有道教。簡稱"道"。史記太史公自序："～家無爲，又曰無不爲，其實易行，其辭難知。"明陶宗儀輟耕録三教："上問曰：'三教何者爲貴？'對曰：'釋如黄金，～如白璧，儒如五穀。'"又指道術，神仙術。漢書張良傳："乃學～，欲輕舉。"論衡無形："稱赤松王喬，好～爲仙，度世不死，是又虚也。"也可指佛教或佛教徒（後起義）。魏書釋老志："諸服其～者，則剃落鬚髮，釋累辭家。"南史梁武帝紀："冬十月己酉，又設四部無遮大會，～俗五萬餘人。"❼古代行政區劃名。漢代在少數民族聚居區設置的縣稱"道"，唐分全國爲十道，清代在省與州、府之間設道。史記司馬相如列傳："檄到，亟下縣～，使咸知陛下之意，唯毋忽也。"新唐書地理志一："太宗元年，始命併省，又因山川形便，分天下爲十～。"清史稿地理志七山西："雍正元年置歸化廳，二年增直隸州八，三年增府二，六年升蒲澤二州並爲府，置歸綏～。"❽量詞。用于長條形的事物（後起義）。晉法顯傳中天竺東天竺記遊毗舍離國："小夫人即以兩手搆兩乳，乳各作五百～，墮千子口中。"唐元稹望喜驛詩："子規驚覺燈又滅，一～月光横枕前。"

［備考］㊀祭名。古代諸侯外出時先祭路神。禮記曾子問："～而出，告者五日而徧。"孫希旦集解："道，祭行道之神於國城之外也。"㊁宇宙萬物的本原，本體。老子第二十五章："有物混成，先天地生…可以爲天下母。吾不知其名，字之曰～。"韓非子解老："～者，萬物之所然者，萬理之所稽也。"

2. dǎo（舊讀 dào）集韻大到切，去，号韻，定。幽部。

❾引導。後來寫作"導"。左傳僖公二十六年："臧孫見子玉，而～之伐齊宋，以其不臣也。"釋文："道音導。"楚辭戰國屈原離騷："乘騏驥以馳騁兮，來吾～夫先路。"用于抽象意義。論語學而："～千乘之國，敬事而信，節用而愛人，使民以時。"釋文："道，本或作導。"又轉爲疏導，疏通。書禹貢："九河既～，雷夏既

澤，灉沮會同。"左傳襄公三十一年："大決所犯，傷人必多，吾不克救也。不如小決使～。"杜預注："道，通也。"

[備考]諂媚。莊子天地："世俗之所謂然而然之，所謂善而善之，則不謂之～諛之人也？"郭慶藩集釋："道與諂同義。"

[辨]道，路，途。鄭玄在周禮地官遂人的注中説："涂容乘車一軌，道容二軌，路容三軌。"似乎它們的區别在于寬狹的不同，但是在古籍的實際應用中看不出這種區别來。從古籍中看，"道"和"路"的意義更接近，都是比較大的路。"道"比"路"用得更早，也使用得更廣泛，"道"的許多引申義是"路"所沒有的。"路"與"洛"同源，"洛"是來到的意思，所以"路"作爲道路，在意義上側重于通往來，旅行在外所走的道往往稱"路"，和旅途有關的"路"一般不能换成"道"。"途"古代多寫作"涂"或"塗"，是道路的泛稱，不論大道、小道，也不論是城市中的路還是鄉村田野中的路，都可以稱作"途"。"道"的各種引申義也是"途"所沒有的；"途"也多用于旅途義。

遒 qiú自秋切，音酋，平，尤韻，從。幽部。

㊀迫，迫近。説文："遒，迫也。遒，遒或从酋。"楚辭戰國宋玉招魂："分曹並進，～相迫些。"王逸注："遒，亦迫。"文選漢司馬相如上林賦："～孔鸞，促鵕鸃。"李善注引郭璞曰："遒、促，皆迫捕貌。"引申爲聚集。詩商頌長發："敷政優優，百禄是～。"毛傳："遒，聚也。"㊁剛勁，有力（後起義）。三國魏曹丕與吴質書："公幹有逸氣，但未～耳。"南北朝宋鮑照上潯陽還都道中詩："鱗鱗夕雲起，獵獵晚風～。"㊂盡，終竟。楚辭戰國宋玉九辯："歲忽忽而～盡兮，恐余壽之弗將。"文選漢班固答賓戲："説難既～，其身乃囚。"李善注："項岱曰：'韓非作説難之書，欲以爲天下法式，上書既終，而爲李斯所疾，乃囚而死。'"

[備考]堅固。詩豳風破斧："周公東征，四國是～。"毛傳："遒，固也。"鄭箋的看法不同，云："遒，斂也。"此斂聚、聚集也，乃一義"迫"的引申。

遂 suì徐醉切，去，至韻，邪。物部。

㊀前進，前往。易大壯："羝羊觸藩，不能退，不能～。"李鼎祚集解引虞翻曰："遂，進也。"文選南朝宋謝靈運九日從宋公戲馬臺集送孔令詩："歸客～海嵎，脱冠謝朝列。"唐李善注："廣雅曰：遂，往也。"引申爲進薦，舉薦。書仲虺之誥："佑賢輔德，顯忠～良。"僞孔傳："忠則顯之，良則進之。"禮記月令孟春之月："命太尉，贊桀俊，～賢良，舉長大。"鄭玄注："遂，猶進也。"㊁順遂，通達。國語周語下："節之鼓而行之，以～八風。"韋昭注："遂，順也。"淮南子精神："何往而不～？"又爲成功，完成。墨子脩身："功成名～，名譽不可虚假，反之身者也。"論語八佾："成事不説，～事不諫。"引申爲順利地成長。國語齊語："犧牲不略，則牛羊～。"韋昭注："遂，長也。"韓非子難二："六畜～，五穀殖。"又爲使成長，養育。國語齊語："～滋民，與無財，而敬百姓，則國安矣。"韋昭注："遂，育也。"㊂田間小水溝。周禮地官遂人："凡治野，夫間有～，～上有徑。"鄭玄注："遂，所以通水於川也，廣深各二尺。"清吴敬梓儒林外史四〇回："溝間有洫，洫間有～。"㊃水中的通道。荀子大略："迷者不問路，溺者不問～。"楊倞注："遂謂徑隧，水中可涉之徑也。"泛指通道。墨子號令："當～材木，不能盡内，即燒之，無令客得而用之。"孫詒讓閒詁："王（念孫）云：'遂與隧同。'道也。"宋蘇轍巫山賦："蹊～蕪滅而不可陟兮，玄猿黄鶴四顧而鳴悲。"按，這一意義，"遂"、"隧"實同一詞。㊄遠郊。書費誓："魯人三郊三～。"蔡沈傳："國外曰郊，郊外曰遂。"禮記王制："不變，移之～，如初禮。"鄭玄注："遠郊之外曰遂。"也指遠郊所設立的行政區劃。周禮秋官遂士："遂士掌四郊，各掌其～之民數，而糾其戒令。"鄭玄注："其地則距王城百里以外至二百里。"周禮地官遂人：

"五鄙爲縣,五縣爲～。"鄭玄注:"鄰里酇鄙縣遂猶郊内比閭族黨州鄉也。"❻副詞。表示動作行爲將貫徹到最後,相當於"竟然"、"終于"。左傳文公七年:"士季曰:'吾與之同罪,非義之也,將何見焉?'及歸,～不見。"孟子公孫丑下:"固將朝也,聞王命而～不果,宜與夫禮若不相似然。"又表示行爲動作有承接關係,相當於"于是"、"就"。左傳僖公四年:"春,齊侯以諸侯之師侵蔡,蔡潰,～伐楚。"韓非子和氏:"王乃使玉人理其璞而得寶焉,～命曰和氏之璧。"❼通"邃"。深遠。楚辭戰國屈原天問:"～古之初,誰傳道之?"王逸注:"遂,往也。"淮南子原道:"幽兮冥兮,應無形兮;～兮洞兮,不虚洞兮。"俞樾平議:"遂讀爲邃。"❽通"隊(zhuì)"。墜落,往下沉。易震:"震～泥。"釋文:"遂,荀本作隊。"史記扁鵲倉公列傳:"是以陽脈下～,陰脈上争。"裴駰集解引徐廣曰:"一作隊。"❾古代取火的器具。後來寫作"燧"。周禮秋官司烜氏:"掌以夫～取明火於日,以鑒取明水於月。"鄭玄注:"夫遂,陽遂也。"賈公彦疏:"取火於日,故名陽遂,取火於木爲木遂者也。"

[備考]㊀鐘體受擊處,亦作"隧"。周禮考工記鳧氏:"爲～,六分其厚,以其一爲之深而圜之。"阮元校勘記:"盧文弨曰:'通考遂作隧,與上文合。'戴震亦云:'遂,當作隧。'"賈公彦疏:"此遂謂所擊之處。"㊁射箭時穿的臂衣。儀禮鄉射禮:"司射適堂西,袒決～,取弓于階西。"鄭玄注:"遂,射韝也,以韋爲之,所以遂弦者也。"㊂因循。荀子王制:"若是,則大事殆乎弛,小事殆乎～。"楊倞注:"遂,因循也。"㊃舒展寬鬆的樣子。詩衛風芄蘭:"容兮～兮,垂帶悸兮。"毛傳:"容儀可觀,佩玉遂遂然。"朱熹集傳:"容、遂,舒緩放肆之貌。"

[同源字]術,述,遂,隧。見"術"字條。

達 1.dá 唐割切,入,曷韻,定。月部。

❶暢通。荀子君道:"然後明分職,序事業,材技官能,莫不治理,則公道～而私門塞矣,公義明而私事息矣。"吕氏春秋古樂:"民氣鬱閼而滯著,筋骨瑟縮不～,故作爲舞以宣導之。"引申爲通到,到達。書禹貢:"浮于濟漯,～于河。"論語子張:"欲速則不～。"用作使動,使到達,送到。國語吴語:"寡人～王於甬句東。"韋昭注:"達,致也。"周禮夏官懷方氏:"掌來遠方之民,致方貢,致遠物,而送逆之,～之以節。"❷通曉,通達事理。論語鄉黨:"丘未～,不敢嘗。"劉寶楠正義:"達,猶曉也。言不曉此藥治何疾,恐飲之反有害也。"又雍也:"賜也～,於從政乎何有?"何晏集解引孔安國曰:"達,謂通於物理。"引申爲胸懷寬廣,豁達(後起義)。世説新語德行:"昔孫叔敖殺兩頭蛇以爲後人,古之美談。效之,不亦～乎?"唐王勃滕王閣序:"所賴君子見幾,～人知命。"❸表達,傳達。史記滑稽列傳:"書以道事,詩以～意。"唐白居易新樂府采詩官:"欲開壅蔽～人情,先向歌詩求諷刺。"❹顯貴,顯達。孟子:"窮則獨善其身,～則兼善天下。"論衡自紀:"～者未必知,窮者未必愚。"用作使動,使顯達。論語雍也:"己欲立而立人,己欲達而～人。"漢書張安世傳:"嘗有所薦,其人來謝,安世大恨,以爲舉賢～能,豈有私謝邪?"❺通行的,共同的。孟子公孫丑下:"天下有～尊三:爵一,齒一,德一。"趙岐注:"三者,天下之所通尊。"禮記三年問:"夫三年之喪,天下之～喪也。"鄭玄注:"達,謂自天子至於庶人。"引申爲普遍地。書召誥:"周公朝至于洛,則～觀于新邑營。"僞孔傳:"周公通達觀新邑所營,謂周徧。"禮記禮器:"是故天時雨澤,君子～亹亹焉。"鄭玄注:"達,猶皆也。"❻幼苗冒出地面。詩周頌載芟:"驛驛其～,有厭其傑。"鄭箋:"達,出地也。"史記樂書:"草木茂,區萌～。"張守節正義:"達,猶出也。曲出曰區,菽豆之屬;直出曰萌,稻稷之屬。"❼夾室,放置食物的地方。禮記内則:"天子之閣,左～五,右～五。"鄭玄注:"達,夾室。"孔穎達疏:"天子尊,庖厨遠,故左夾室五閣,右夾室五閣。"又指窗户。文

選漢張衡東京賦:"複廟重屋,八～九房。"李善注:"大戴禮曰:明堂九室而有八牖。然九室則九房也;八牖,八達也。"

[備考]㊀指鐘形微大。周禮春官典同:"～,聲贏;微,聲韽。"鄭玄注:"達,謂其形微大也。"㊁穿透,洞穿。淮南子脩務:"蹷沙石,蹠～膝。"高誘注:"達,穿也。"

2. tà 他達切,音撻,入,曷韻,透。月部。

❽[挑達]雙聲聯緜字。獨自往來的樣子。說文:"達,行不相遇也…詩曰:'挑兮達兮。'"段注:"讀如撻,今俗說不相遇,尚有此言,乃古言也。讀徒葛切,訓通達者,今言也。"今湘方言"塌場"一語中的"塌"是"没趕上"、"誤了"的意思,即"行不相遇"。依說文,字當作"達"。詩鄭風子衿:"挑兮達兮,在城闕兮。"毛傳:"挑達,往來相見貌。"唐王維贈吳官詩:"不如儂家任挑達,草屩撈蝦富春渚。"後來多用爲輕薄義,亦作"佻健"。❾通"羍"。初生的小羊。詩大雅生民:"誕彌厥月,先生如～。"鄭箋:"達,羊子也。"孔穎達疏:"以羊子初生之易,故以比后稷生之易也。"

[備考]通"撻"。撻伐,征討。書顧命:"則肄肄不違,用克～殷集大命。"曾運乾正讀:"達,即古撻字,猶云撻伐也。"

[辨]通,達。見"通"字條。

逼 bī 彼側切,入,職韻,幫。職部。

又作"偪"。❶逼近。說文新附:"逼,近也。"尉繚子攻權:"男女數重,各～地形而攻要塞。"唐陳子昂渡峽口山詩:"遠望多衆容,～之無異色。"用於抽象意義,爲近似,逼似。北魏酈道元水經注卷二八沔水:"又有白馬山,山石似馬,望之～真。"唐段成式酉陽雜俎續集寺塔記下:"軫與吳道玄同時,吳以其藝～己,慕人殺之。"❷逼迫,威脅。孟子萬章上:"而居堯之宫,～堯之子,是篡也,非天與也。"韓非子揚權:"木枝外拒,將～主處。"又作"偪"。左傳僖公五年:"桓莊之族何罪?而以爲戮,不唯偪乎?"引申爲緊迫,急迫。晉潘岳馬汧督誄:"固守孤城,危～獲濟。"後漢書董卓傳:"糧食乏絶,進退～急。"又引申爲强迫索取(晚起義)。清曹溶憫荒詩之二:"無乃吏政苛,聊欲避所～。"❸狹窄。文選三國魏曹植七啟:"於是人稠網密,地～勢脅。"明徐宏祖徐霞客遊記粵西遊日記二:"初入,覺峽～無奇。"又作"偪"。荀子賦:"充盈大宇而不窕,入郄穴而不偪者與?"

[辨]逼,迫。見"迫"字條。

[同源字]楅,偪(逼)。見"楅"字條。

違 1. wéi 雨非切,平,微韻,喻三。微部。

❶離開,離别。說文:"違,離也。"論語里仁:"君子無終食之間～仁。"唐劉長卿送皇甫曾赴上都詩:"東游久與故人～,西去荒凉舊路微。"又爲避開。易乾:"樂則行之,憂則～之。"左傳定公四年:"～彊陵弱,非勇也。"也指距離。左傳哀公二十七年:"乃救鄭,及留舒,～穀七里,穀人不知。"杜預注:"違,去也。"❷違背。書堯典:"吁!静言庸～,象恭滔天。"僞孔傳:"言共工自爲謀言,起用行事而違背之。"孟子梁惠王上:"不～農時,穀不可勝食也。"又爲差異,乖異。漢袁康越絶書篇敘外傳記:"子胥死,范蠡去,二人行～,皆稱賢,何?"文選南朝宋沈約學省愁卧詩:"纓珮空爲忝,江海事多～。"李善注:"廣雅曰:違,異也。謂乖異也。"也指過失,錯誤。書益稷:"予～,汝弼。"蔡沈集傳:"違,戾也。"古詩爲焦仲卿妻作:"十七遣汝嫁,謂言無誓～。"余冠英注:"違,過失的意思。"❸邪惡。左傳桓公二年:"君人者,將昭德塞～,以臨照百官,猶懼或失之。"孔穎達疏:"塞違,謂閉塞違邪,使違命止息也。"國語周語上:"今虢公動匱百姓以逞其～,離民怒神而求利焉,不亦難乎?"韋昭注:"違,邪也。"❹通"韙"。是。管子水地:"是以水者萬物之準也,諸生之淡也,～非得失之質也。"俞樾平議:"違,當讀作韙。"

2. huí 集韻胡隈切,平,灰韻,匣。

㊄通"回"。掉轉,返回。三國魏曹植黄初五年令:"~顧左右,曠然無信。"唐韓愈讀瘧鬼詩:"贈汝以好辭,咄汝去莫~。"

[同源字]韋,違,回。見"韋"字條。

遐 xiá 胡加切,音霞,平,麻韻,匣。魚部。

❶遠。説文新附:"遐,遠也。"書太甲下:"若升高,必自下;若陟~,必自邇。"詩周南汝墳:"既見君子,不我~棄。"毛傳:"遐,遠也。"用作動詞,指遠去。文選漢張衡東京賦:"俟閶風而西~,致恭祀乎高祖。"李善注:"遐,逝也。"兼指時間,久遠。詩小雅鴛鴦:"君子萬年,宜其~福。"朱熹集傳:"遐,遠也,久也。"晉郭璞山海經海外南經圖讚:"稟此~齡,悠悠無竟。"❷通"胡"。何,爲什麽。詩小雅隰桑:"心乎愛矣,~不謂矣?"王引之釋詞:"遐,何也。"

[辨]遐,遠,迢,遥,遼,邈,迥。見"遠"字條。

按,説文無遐字,新附有之。

過 1. guò 古臥切,去,過韻,見。歌部。

❶走過,經過。説文:"過,度也。"書禹貢:"岷山之陽,至于衡山,~九江,至于敷淺原。"莊子知北遊:"若白駒之~隙。"引申指時間的過去(後起義)。漢曹操精列詩:"年之暮奈何,時~時來微。"唐杜甫阻雨不得歸瀼西甘林:"三伏適已~,驕陽化爲霖。"特指過世,婉言死(後起義)。三國魏曹植贈白馬王彪詩之五:"存者忽復~,亡没身自衰。"❷超過,勝過。論語公冶長:"由也好勇~我,無所取材。"三國魏曹植白馬篇詩:"狡捷~猴猿,勇剽若豹螭。"引申爲超過限度,過份。論語先進:"子貢問師與商也孰賢。子曰:'師也~,商也不及。'曰:'然則師愈與?'子曰:'~猶不及。'"荀子脩身:"怒不~奪,喜不~予。"也指極度,超過一般(後起義)。世説新語德行:"謝奕作剡令,有一老翁犯法,謝以醇酒罰之,乃至~醉而猶未已。"晉書張華傳:"園中茅積下得一白魚,質狀殊常,以作酢,~美,故以相獻。"❸過失,錯誤。左傳宣公二年:"人誰無~?~而能改,善莫大焉。"商君書開塞:"夫~有厚薄,則刑有輕重。"❹責備,怪罪,認爲錯誤。穀梁傳成公七年:"不言日,急辭也,~有司也。"楊士勛疏:"以責有司也。"楚辭戰國屈原九章惜往日:"信讒諛之溷濁兮,盛氣志而~之。"蔣驥注:"過,督責也。"❺過訪,探望。史記魏公子列傳:"臣有客在市屠中,願枉車騎~之。"世説新語賞譽:"兄子濟每來拜墓,略不~叔,叔亦不候濟。"❻量詞。表示行爲的次數(後起義)。素問玉版論要:"八風四時之勝,終而復始,逆行一~,不復可數。"北魏酈道元水經注卷三四江水:"余嘗往返十許~,正可再見遠峯耳。"❼用在動詞後面,表示動作完畢(晚起義)。唐李頻漢上逢同年崔八詩:"去歲曾遊帝里春,杏花開~各離秦。"朱子語類卷六九:"即是空道理,須是實見得,若徒將耳聽~,將口説~,濟甚事?"又用在動詞後面,表示某種行爲或變化曾經發生。大藏經筠州洞山悟本禪師語録:"老僧行脚時曾往~來。"朱子語類卷一〇:"看文字須仔細,雖是舊曾看~,重温亦須仔細。"

2. guō 古禾切,音鍋,平,戈韻,見。歌部。

❽古國名。左傳襄公四年:"處澆于~,處豷于戈。"杜預注:"過,國名,東萊掖縣北有過鄉。"又古地名。詩大雅公劉:"夾其皇澗,溯其~澗。"毛傳:"過,澗名也。"又用作姓。廣韻戈韻:"過,姓。風俗通云:'過國,夏諸侯,後因爲氏。漢有兖州刺史~栩。'"

[備考]㊀通"輠(huò)"。車的盛膏器。史記孟子荀卿列傳:"談天衍,雕龍奭,炙轂~髡。"裴駰集解引劉向别録:"過字作輠。輠者,車之盛膏器也。"㊁通"禍(huò)"。災禍。周禮天官大宰:"八曰誅,以馭其~。"俞樾平議:"此過字當讀爲禍,古禍、過通用。"睡虎地秦墓竹簡爲吏之道:"毋喜富,毋惡貧,正行脩身,~去福存。"

[辨]踰,逾,過,越,超。見“踰”字條。

遏 è烏葛切,入,曷韻,影。月部。

阻止,攔截。説文:“遏,微止也。”詩大雅民勞:“式～寇虐,憯不畏明。”鄭箋:“遏,止也。”孫子兵法軍爭:“餌兵勿食,歸師勿～。”引申爲斷絶,遏制。書武成:“敢祇承上帝,以～亂略。”僞孔傳:“言誅紂敬承天意,以絶亂路。”楚辭戰國屈原天問:“永～在羽山,夫何三年不施?”王逸注:“遏,絶也。”

[備考]通“害(hài)”。傷害。詩大雅文王:“命之不易,無～爾躬。”釋文引韓詩:“遏,病也。”毛傳:“遏,止也。”與釋文不同。

逿 1. dàng徒浪切,音宕,去,宕韻,定。陽部。

❶跌倒。漢書王式傳:“式恥之,陽醉～墜(地)。”顔師古注:“逿,失據而倒也。”清蒲松齡聊齋誌異神女:“生大醉～地,但覺有人以冷水灑面,恍然若寤。”

2. táng集韻徒郎切,音堂,平,唐韻,定。陽部。

❷摇盪,衝擊。史記扁鵲倉公列傳:“周身熱,脈盛者,爲重陽。重陽者,～心主。”裴駰集解引徐廣曰:“逿者,盪也。謂病盪心者,猶刺其心。”

[備考]突。文選漢張衡思玄賦:“爛漫麗靡,藐以迭～。”李善注:“迭,過也。逿,突也。逿,音唐。”按,“迭逿”應是雙聲聯緜詞,亦作“迭蕩”、“跌宕”,没有拘束的樣子。今音作“宕”。

按,説文無逿字。

遇 yù牛具切,去,遇韻,疑。侯部。

❶相逢,不期而遇。説文:“遇,逢也。”論語陽貨:“孔子時其亡也,而往拜之。～諸塗。”史記陳涉世家:“公等～雨,皆已失期。”引申爲遇到抽象的事物,遭遇,遭受。左傳襄公三年:“楚人以是咎子重。子重病之,遂～心疾而卒。”又,哀公十六年:“楚太子之～讒也,自城父奔宋。”又表示抽象事物的相遇、會合。莊子養生主:“方今之時,臣以神～,而不以目視。”❷對付,對待。荀子大略:“無用吾之所短,～人之所長。”楊倞注:“遇,當也。”商君書定分:“吏明知民知法令也,故吏不敢以非法～民。”又爲接待,禮遇。韓非子外儲説右上:“宋人有酤酒者,升概甚平,～客甚謹。”吕氏春秋音初:“禹行功,見塗山之女,禹未之～,而巡省南土。”高誘注:“遇,禮也。禹未之禮而巡狩南行也。”❸契合,投合。孟子公孫丑下:“千里而見王,是予所欲也;不～故去,豈予所欲哉?”孫奭疏:“不遇於齊王,不得行其道,故去。”史記儒林列傳:“世以混濁莫能用,是以仲尼干七十餘君無所～。”引申爲際遇,機遇。吕氏春秋長攻:“凡治亂存亡、安危彊弱,必有其～,然後可成,各一則不設。”三國吴韋昭博奕論:“設程式之科,垂金爵之賞;誠千載之嘉會,百世之良～也。”❹指諸侯冬季朝王。周禮春官大宗伯:“春見曰朝,夏見曰宗,秋見曰覲,冬見曰～,時見曰會,殷見曰同。”鄭玄注:“此六禮者,以諸侯見王爲文。六服之内,四方以時分來,或朝春,或宗夏,或覲秋,或遇冬,名殊禮異,更遞而徧。”❺通“偶(ǒu)”。相對。史記天官書:“氣相～者,卑勝高,兑勝方。”司馬貞索隱:“遇,音偶。漢書作‘偶’。”又爲偶然。樂府詩集相和歌辭孤兒行:“孤兒生,孤子～生,命獨當苦。”余冠英注:“遇,偶也。”❻通“愚(yú)”。愚笨。墨子非儒下:“盛爲聲樂,以淫～民。”孫詒讓閒詁:“晏子作‘以淫愚其民’,按‘遇’與‘愚’通。”

[辨]逢,遇,遭,遘。見“逢”字條。

遻 1. è五各切,音咢,入,鐸韻,疑。鐸部。

又作“逆”。❶抵觸(後起義)。文選漢馬融長笛賦:“犨距劫～,又足怪也。”李善注:“言聲之相逆遻也。”三國魏嵇康琴賦:“沛騰～而競趣,翕韡曄而繁縟。”李善注:“郭璞爾雅注曰:‘遻,相觸遻也。’”

2. wù玉篇吴故切。鐸部。

㊁遇。楚辭戰國屈原九章懷沙:“重華不可～兮,孰知余之從容。”洪興祖補注:“逕、遻,當作遻。音忤,與迕同。”

按,説文遻作遻。

遄 chuán 市緣切,平,仙韻,禪。元部。

快,迅速。説文:“遄,往來數也。”詩邶風泉水:“～臻于衛,不瑕有害。”毛傳:“遄,疾。臻,至。”易損:“已事～往,无咎,酌損之。”孔穎達疏:“遄,速也。”唐王勃滕王閣詩序:“遥襟俯暢,逸興～飛。”

[同源字]湍,灘,漱,遄。見“湍”字條。

逾 yú 羊朱切,平,虞韻,喻四。侯部。

㊀越過。多作“踰”。説文:“逾,𨒥進也。”書武成:“師～孟津。”釋文:“逾,亦作踰。”又禹貢:“至于荆山,～于河。”引申爲超過,勝過。墨子法儀:“巧者能中之,不巧者雖不能中,放依以從事,猶～己。”孫詒讓閒詁引畢沅云:“猶勝于己。”唐韓愈合江亭詩:“樹蘭盈九畹,栽竹～萬个。”㊁愈益,更加。墨子所染:“不能爲君者,傷形費神,愁心勞意,然國～危,身～辱。”孫詒讓閒詁:“逾,治要並作‘愈’,吕氏春秋當染同,高誘云:‘愈,益也。’”吕氏春秋務大:“此所以欲榮而～辱也,欲安而～危也。”高誘注:“逾,益也。”

[備考]通“偷(tōu)”。苟且,馬虎。墨子脩身:“故君子力事日彊,願欲日～,設壯日盛,君子之道也。”孫詒讓閒詁:“逾,當讀爲偷,同聲叚借字。”

[辨]踰,逾,過,越,超。見“踰”字條。

[同源字]覦,逾,踰。見“覦”字條。

遯 dùn 集韻杜本切,音遁,上,混韻,定。文部。

同“遯”。逃避。漢書匈奴傳贊:“如其後嗣～逃竄伏,使於中國不爲叛臣。”顏師古注:“遯,古遁字。”清毛奇齡聖德神功頌:“男悸～影,女孕墮殰。”

[同源字]遁,遯,遯,遂。見“遁”字條。

按,説文無遯字。

遑 huáng 胡光切,音皇,平,唐韻,匣。陽部。

㊀暇,閒暇。詩召南殷其靁:“何斯違斯,莫敢或～。”毛傳:“遑,暇也。”書無逸:“自朝至于日中昃,不～暇食,用咸和萬民。”孔穎達疏:“遑,亦暇也。重言之者,古人自有複語。”㊁通“惶”。驚慌,匆促不安。三國志吴書華覈傳:“長吏畏罪,晝夜催民,委舍佃事,～赴會日,定送到都,或藴積不用,而徒使百姓消力失時。”列子楊朱:“受屈於季氏,見辱於楊虎,戚戚然以至於死。此天民之～遽者也。”〔遑遑〕匆促不安,驚慌失措的樣子。楚辭戰國宋玉九辯:“衆鳥皆有所登棲兮,鳳獨遑遑而無所集。”洪興祖補注:“一作惶惶。五臣云:賢才竄逐,獨無所託。遑遑,不得所貌。”晉陶潛歸去來兮辭:“曷不委心任去留,胡爲遑遑欲何之?”

按,説文無遑字,新附有之。

遁 1. dùn 徒困切,去,慁韻,定。文部。

㊀逃走,逃避。説文:“遁,一曰逃也。”左傳莊公二十八年:“諸侯救鄭,楚師夜～。”吕氏春秋高義:“不復於王而～。至於郊,使人復於王曰:臣請死。”高誘注:“遁,走也。”引申爲回避,躲避。戰國策趙策二:“臣雖愚,願盡其忠,無～其死。”吕氏春秋序意:“上揆之天,下驗之地,中審之人。若此,則是非、可不可無所～矣。”又引申爲隱匿,隱居。楚辭戰國屈原離騷:“初既與余成言兮,後悔～而有他。”王逸注:“遁,隱也…言懷王中道悔恨,隱匿其情而有他志也。”後漢書郅惲傳:“會赦得出,乃與同郡鄭敬南～蒼梧。”李賢注:“遁,隱也。”㊁欺騙,欺蒙。淮南子繆稱:“世莫不舉賢,或以治,或以亂,非自～,求同乎己者也。”高誘注:“遁,欺。”漢書酷吏傳序:“昔天下之罔嘗密矣,然姦軌愈起,其極也,上下相～,至於不振。”王念孫讀書雜志:“遁者,欺也。言姦軌竝起,而上下相欺,猶左傳言上下相蒙

也。"

2. qūn 集韻七倫切，平，諄韻，清。文部。

㊁〔逌巡〕叠韻聯緜字。本作"逡巡"。徘徊猶豫的樣子。漢書陳勝項籍傳贊："九國之師，逌巡而不敢進。"顔師古注："逌巡，謂疑懼而卻退也。逌，音千旬反。"漢賈誼過秦論作"逡巡"。

［備考］〔逡逌（xún）〕叠韻聯緜字。徘徊猶豫的樣子。本作逡巡、逡循。以"逌"代"循"。管子戒："桓公蹵然逡逌。"漢書雋不疑疏廣等傳贊："平當逡逌有恥，彭宣見險而止。"顔師古注："逌讀與巡同。"

［辨］逃，逋，逸，逌。見"逃"字條。

［同源字］逌，遯，遂，遯。"逌"、"遯"、"遂"，三字同音。説文未收"遂"，"遂"是"遯"的異體，朱駿聲説文通訓定聲乾部彖："从彑从豕省，會意。故'遯'亦作'遂'。"説文分别"逌"、"遯"，釋曰："逌，遷也，一曰逃也。""遯，逃也。"實際上古籍中未見"逌"的遷徙義用例，均用於"逃走"及其引申義，三字實同一詞。説文："遯，逌也。""遯"、"逌"古音同在文部，"遯"是心母，"逌"是定母，音近義通，是同源關係。

十　畫

遡 sù 桑故切，去，暮韻，心。鐸部。

又作"泝"、"溯"。㊀逆流而上。詩秦風蒹葭："～洄從之，道阻且長。"毛傳："逆流而上曰遡洄。"漢書揚雄傳上："楚漢之興也，揚氏～江上，處巴江州。"引申爲迎着，面對着。詩大雅桑柔："如彼～風，亦孔之僾。"毛傳："遡，鄉（向）。"鄭箋："今王之爲政，見之使人唈然，如鄉疾風不能息也。"唐劉禹錫答容州竇中丞書："今夫挾弓注矢～空而發者，人自以爲皆羿可矣。"又引申爲追溯，往上推求或回想（後起義）。宋劉昌詩蘆浦筆記叙："凡先儒之訓傳、歷代之故實、文字之訛舛、地理之變遷，皆得～其源而循其流。"明宋濂贈梁建中序："搴英而咀華，～本而探源。"㊁通"愬"。訴説。戰國策齊策五："衛君跣行，告～於衛。"鮑彪注："遡、愬同。"

［同源字］訴，謭，愬，泝，溯，遡。見"訴"字條。

按，説文以遡爲泝的或體，在水部。

遘 gòu 古候切，音構，去，候韻，見。侯部。

㊀遇，遭遇。説文："遘，遇也。"書金縢："惟爾元孫某，～厲虐疾。"釋文："遘，遇也。"後漢書孔融傳："故鼂錯念國，～禍於袁盎；屈平悼楚，受譖於椒蘭。"㊁通"構"。造成，構成。文選三國魏王粲七哀詩之一："西京亂無象，豺虎方～患。"李善注："遘與構同，古字通也。"後漢書馮衍傳："忿戰國之～禍兮，憎權臣之擅彊。"

［辨］逢，遇，遭，遘。見"逢"字條。

［同源字］冓，遘，覯，構，篝。見"覯"字條。

遠 1. yuǎn 雲阮切，上，阮韻，喻三。元部。

㊀遥遠，指空間距離大。與"近"相對。説文："遠，遼也。"左傳襄公二十五年："言之無文，行而不～。"國語晉語四："吾不適齊楚，避其～也。"引申指時間距離大，久遠。詩大雅蕩："殷鑒不～，在夏后之世。"論語學而："慎終追～，民德歸厚矣。"邢昺疏："遠，謂親終既葬日月已遠也。"又引申指事物之間的差别距離大。戰國策齊策一："窺鏡而自視，又弗如～甚。"吕氏春秋審爲："韓之輕於天下～，今之所争者其輕於韓又～。"用作意動，認爲遠。孟子梁惠王上："王曰：'叟不～千里而來，亦將有以利吾國乎？'"又用作使動，使遠離，擴展。漢書韋賢傳："四垂無事，斥地～境，起十餘郡。"顔師古注："斥，開也。遠，廣也。"㊁關係疏遠，多指血統關係。詩小雅伐木："籩豆有踐，兄弟無～。"孔穎達疏："兄弟親戚，無有疏遠，皆使召之而與之燕也。"禮記檀弓上："有殯，聞～兄弟之喪，雖緦必往；非兄弟，雖鄰不往。"㊂深遠，深奥。易繫辭下：

“其旨～，其辭文，其言曲而中。”孔穎達疏：“其旨遠者，近道此事，遠明彼事，是其旨意深遠。”世説新語文學：“客主有不通處，張乃遥於末坐判之，言約旨～，足暢彼我之懷，一坐皆驚。”

2. yuǎn（舊讀yuàn）于願切，去，願韻，喻三。元部。

㊃疏遠，不接近。論語雍也：“務民之義，敬鬼神而～之，可謂知矣。”又顔淵：“舜有天下，選於衆，舉皋陶，不仁者～矣。”皇侃疏引蔡謨云：“遠，去也。”

［備考］違背，乖離。漢書公孫弘傳：“故法不～義，則民服而不離；和不～禮，則民親而不暴。”顔師古注：“遠，違也。”漢徐幹中論考僞：“文同而實違，貌合而情～。”

［辨］遐，遠，迢，遥，遼，邈，迥。這組詞都有時空距離大的意思。“遠”使用最頻繁廣泛，引申義多。“遠”和“遐”有時代的不同，“遐”使用得早，“遠”比較後起。“遐”常和古詞“邇”對舉，“遠”常和“近”搭配。後代“遐”有古老莊重的色彩，常用于指遐方異域，或祝禱高壽遐齡，没有“遠”的各種引申義。“迢”“遥”“遼”古音同在宵部，“邈”在藥部，宵藥是陰入對轉，這四個字很可能有同源關係。它們最初常常重叠使用，形容久遠的狀態。“迢”只用作叠音或雙聲叠韻的聯緜詞中，形容距離遥遠的狀態。“遥”據揚雄方言，最初可能是一個方言詞，可單用表示久遠的意義，又常用於“逍遥”一詞。“遼”“邈”在表示久遠的意思時，大體有個分工。“遼”側重表空間的廣闊空曠，“邈”偏重于形容時間的悠久邈茫。“迥”與“坰”同源，“坰”是遠郊，因此“迥”常是形容僻遠、深遠。

遜 xùn 蘇困切，去，慁韻，心。文部。

㊀逃避，躲開。説文：“遜，遁也。”書微子：“我其發出狂？吾家耄～于荒？”孔穎達疏：“欲遜遁出於荒野。”吕氏春秋貴直：“秦人襲我，～去絳七十，用此士也。”引申爲退讓，辭讓。書堯典序：“將～于位，讓于虞舜。”申鑒政體：“垂拱揖～而海内平矣。”㊁謙遜，恭順。書舜典：“百姓不親，五品不～。”僞孔傳：“遜，順也。”國語晉語三：“卜右，慶鄭吉。公曰：‘鄭也不～。’以家僕徒爲右。”㊂差一些，比不上（晚起義）。三國演義一回：“運籌決算有神功，二虎還須～一龍。”明徐宏祖徐霞客遊記粤西遊日記二：“北望山半，亦有洞南向，高少～北巔。”

［同源字］遁，遯，遂，遜。見“遁”字條。

遢 tā 吐盍切，入，盍韻，透。

㊀〔遢伎〕輕薄（晚起義）。明劉侗于奕正帝京景物略弘仁橋：“别有面粉墨，僧尼容，遢伎態。”清蒲松齡聊齋志異雲翠仙：“兒不能爲遢伎兒作婦。”㊁通“塌”。凹陷下去。明孫柚琴心記夜亡成都：“袍錦裙，紗帽壓，香羅攔束腰一捻，粉底靴兒根頭～。”㊂〔邋遢〕見“邋”字條。

按，説文無遢字。

遣 1. qiǎn 去演切，上，獮韻，溪。元部。

㊀打發走，放走。説文：“遣，縱也。”左傳僖公二十三年：“姜與子犯謀，醉而～之。”國語越語下：“令大夫種守於國，與范蠡入宦於吴。三年，而吴人～之。”又爲派遣，差遣。墨子非儒下：“乃～子貢之齊，因南郭惠子，以見田常。”引申爲放逐，發配。左傳哀公二十五年：“揮在朝，使吏～諸其室。”杜預注：“難面逐之，先逐其家。”唐韓愈柳子厚墓誌銘：“中山劉夢得禹錫亦在～中。”又特指休棄妻子。古詩爲焦仲卿妻作：“便可速～之，～之慎莫留。”㊁排遣，消除（後起義）。晉書王濬傳：“吾始懼鄧艾之事，畏禍及，不得無言，亦不能～諸胸中，是吾褊也。”唐杜甫白水崔少府十九翁高齋詩：“始知賢主人，贈此～愁寂。”㊂使，令（後起義）。北魏賈思勰齊民要術雜説：“禾秋收了，先耕蕎麥地，次耕餘地，務～深細，不得趁多。”唐李白勞勞亭詩：“春風知别苦，不～柳條青。”㊃運用，使用（後起義）。

晉陸機文賦:“譬猶舞者赴節以投袂,歌者應弦而～聲。”世説新語賞譽下:“康伯少自標置,居然是出羣器,及其發言～辭,往往有情致。”

［備考］雨止放晴(晚起義)。明徐光啟農政全書卷一一:“凡久雨至午少止,謂之～晝。在正午～,或可晴,午前～,則午後雨不可勝。”

2. qiàn 去戰切,去,線韻,溪。元部。

㊄古代隨葬的物品。儀禮既夕禮:“書～於策,乃代哭如初。”鄭玄注:“遣猶送也,謂所當藏物茵以下。”也指遣策,隨葬物的清單。儀禮既夕禮:“公史自西方東面,命毋哭,主人主婦皆不哭,讀～卒,命哭,滅燭出。”鄭玄注:“遣者,入壙之物。”

［備考］古代將葬時靈柩啟運前的祭奠。禮記檀弓下:“始死,脯醢之奠;將行,～而行之;既葬而食之。”鄭玄注:“葬有遣奠。”

［辨］遣,送。見“送”字條。

遝 tà 徒合切,入,合韻,定。緝部。

㊀及,達到。方言卷三:“遝,及也。東齊曰迨,關之東西曰遝,或曰及。”墨子迎敵祠:“城之外,矢之所～。”引申爲赶上,來得及。宋洪适隸釋卷一一漢太尉劉寬碑:“公卬覩見像,上遏其源,未～誅討,亂作不旋。”㊁通“沓”。形容紛繁重叠。漢書劉向傳:“及至周文,開基西郊,雜～衆賢,罔不肅和。”顔師古注:“雜遝,聚積之貌。”宋徐夢莘三朝北盟會編卷二〇〇:“諜者絡繹來,言虜騎～至,已渡渭河矣。”

遥 yáo 餘昭切,平,宵韻,喻四。宵部。

㊀遠。方言卷六:“遥,遠也。梁楚曰遥。”禮記王制:“自南河至於江,千里而近。自江至於衡山,千里而～。”史記鯨布列傳:“與布相望見,～謂布曰:‘何苦而反?’”引申指時間長。莊子秋水:“證曏今故,故～而不悶,掇而不跂,知時无止。”郭象注:“遥,長也。”楚辭戰國宋玉九辯:“靚杪秋之～夜兮,心繚悷而有哀。”［遥遥］遥遠的樣子。形容距離遠或時間久。左傳昭公二十五年:“鸜鵒之巢,遠哉遥遥。”南史何昌寓傳:“昌寓後爲吏部尚書,嘗有一客姓閔求官。昌寓謂曰:‘君是誰後?’答曰:‘子騫後。’昌寓團扇掩口而笑,謂坐客曰:‘遥遥華胄。’”㊁飄蕩。楚辭大招:“魂魄歸徠,無遠～只。”王逸注:“遥,猶漂遥,放流貌也。”㊂［逍遥］説文新附:“遥,逍遥也。”見“逍”字條。

［備考］方言指水流彎曲(晚起義)。清俞樾茶香室叢鈔七十二遥:“南人謂水一折爲～。故有七十二～之名。”

［辨］遐,遠,迢,遥,遼,邈,迥。見“遠”字條。

遞 1. dì 徒禮切,上,薺韻,定。支部。

㊀交替,順次更迭。説文:“遞,更易也。”荀子天論:“列星隨旋,日月～炤。”吕氏春秋先己:“巧謀竝行,詐術～用。”高誘注:“遞,代。”㊁傳遞,傳送(後起義)。唐柳宗元與崔策登西山詩:“馳景泛頹波,遥風～寒篠。”元史崔彧傳:“頃緣官括商船載～諸物,致販鬻者少,米價翔踴。”㊂指驛站(後起義)。唐佚名玉泉子:“李德裕在中書,嘗飲惠山泉,自毘陵至京置～鋪。”宋沈括夢溪筆談卷一一:“驛傳舊有三等,曰步～、馬～、急脚～。”也指驛車、驛馬。唐白居易縛戎人詩:“黄衣小使録姓名,領出長安乘～行。”

［備考］足病。管子八國:“凡國都皆有掌養疾。聾盲、喑啞、跛躄、偏枯、握～不耐自生者,上收而養之疾,官而衣食之,殊身而後止。”郭沫若集校:“握者手病,遞者足病,即手足拘攣之證。”

2. shì 集韻時制切,去,祭韻,禪。支部。

㊃通“逝”。往。文選南朝齊王儉褚淵碑文:“德猷靡嗣,儀形長～。”李善注:“遞,音逝…鄭玄春秋緯注曰:‘遞,去也。’”㊄通“適”。適宜。周禮地官稍人“若有會同師田行役之事”鄭玄注:“凡用役者,不必一時皆

徧，以人數調之，使勞逸～焉。”釋文：“遞，本又作適，音釋。”

3. dài 古今韻會舉要當蓋切，音帶。支部。

❻圍繞。漢書王莽傳上：“夫絳侯即因漢藩之固，杖朱虛之鯁，依諸將之～，據相扶之勢，其事雖醜，要不能遂。”顏師古注：“遞，繞也，謂相圍繞也…遞音帶。”

[辨]傳，遞。兩字都有“傳遞”的意思。“傳”使用得非常廣泛長久，它不僅可以是實物的傳遞，還可以是思想、學説、知識、消息的傳播、流傳；“遞”一般只限於具體事物的遞送。另一區别是“遞”一般表示同一時空的有次序的傳遞，而“傳”可以表示輾轉的流傳或異時的傳播。

十一畫

適 1. shì 施隻切，入，昔韻，審三。錫部。

❶往，到…去。説文：“適，之也。”詩魏風碩鼠：“逝將去女，～彼樂土。”論語子路：“子～衞。”引申爲歸向，指向。左傳昭公十五年：“好惡不愆，民知所～，事無不濟。”杜預注：“適，歸也。”管子弟子職：“拚前而退，聚於户内，坐板排之，以葉～己，實帚于箕。”尹知章注：“適己，猶向己也。”❷女子出嫁。左傳昭公元年：“子皙盛飾入，布幣而出。子南戎服入，左右射，超乘而出。女自房觀之，曰：‘子皙信美矣，抑子南，夫也。夫夫婦婦，所謂順也。’～子南氏。”世説新語任誕：“袁彦道有二妹，一～殷淵源，一～謝仁祖。”❸適合，適宜。詩鄭風野有蔓草：“邂逅相遇，～我願兮。”商君書畫策：“神農非高於黄帝也，然其名尊者，～於時也。”銀雀山漢墓竹簡孫臏兵法兵情：“矢雖輕重得，前後～，猶不中〔招也〕。”引申爲滿足，即使適合。戰國策魏策一：“夫虧楚而益魏，攻楚而～秦，内嫁禍安國，此善事也。”漢書賈山傳：“秦王貪狼暴虐，殘賊天下，窮困萬民，以～其欲也。”❹舒適，閒適。墨子辭過：“故聖人之爲衣服，～身體和肌膚而足矣。”楚辭戰國宋玉九辯：“堯舜皆有所舉任兮，故高枕而自～。”唐李商隱登樂游原詩：“向晚意不～，驅車登古原。”❺副詞。正巧，恰好。左傳昭公十七年：“我高祖少皞摯之立也，鳳鳥～至。”戰國策趙策三：“此時魯仲連～游趙。”又爲剛好，適才。韓非子内儲説下：“荆～有謀，侏儒常先聞之以告惠文君。”漢書賈誼傳：“陛下之臣雖有悍如馮敬者，～啟其口，匕首已陷其匈矣。”❻通“啻(chì)”。副詞。只，僅僅。孟子告子上：“飲食之人無有失也，則口腹豈～爲尺寸之膚哉？”趙岐注：“口腹豈但爲肥長尺寸之膚邪？”戰國策秦策二：“疑臣者不～三人，臣恐王爲臣之投杼也。”高誘注：“適音翅。”鮑彪注：“適啻同。”

[備考]㊀調節，節制。管子禁藏：“故聖人之制事也，能節宫室，～車輿以實藏，則國必富。”尹知章注：“不費於宫室車輿則庫藏自實也。”史記日者列傳：“四時不和不能調，歲穀不孰不能～。”司馬貞索隱：“適，猶調也。”㊁善，美好。荀子法行：“瑕～竝見，情也。”楊倞注：“適，玉之美澤調適之處也。”㊂齊等，弄匀稱。吕氏春秋處方：“至，舍。昭釐侯射鳥，其右攝其一靷，～之。”高誘注：“適，猶等也。”按：“適之，當爲使之適宜。”㊃辟領，古代喪服的領子。儀禮喪服：“負廣出於～寸，～博四寸，出於衰。”鄭玄注：“適，辟領也。”

2. dí 都歷切，音嫡，入，錫韻，端。錫部。

❼專主，作主。詩衛風伯兮：“豈無膏沐，誰～爲容？”毛傳：“適，主也。”韓非子心度：“故賢君之治國也，～於不亂之術。”❽通“嫡”。宗法制度下指家庭的正支，跟“庶”相對。清朱珔説文假借義證：“嫡庶字古衹作適。”詩大雅大明：“天位殷～，使不挾四方。”毛傳：“紂居天位而殷之正適也。”儀禮喪服：“有～子者無～孫。”鄭玄注：“周之道，適子死，則立適孫，是適孫將上爲祖後者也。長子在，則皆爲庶孫耳。”又指正妻或正妻所生的

兒子。左傳文公十八年："仲爲不道，殺～立庶。"漢書杜欽傳："其夜地震未央宫殿中，此必～妾將有争寵相害而爲患者，唯陛下深戒之。"顔師古注："適讀曰嫡。嫡謂正后也。"❾厚，重，親近。論語里仁："君子之於天下也，無～也，無莫也，義之與比。"邢昺疏："適，厚也。莫，薄也。"後漢書李固傳附李燮："時潁川荀爽賈彪，雖俱知名而不相能，燮並交二子，情無～莫，世稱其平正。"❿通"的"(後起用法)。目標，對象。後漢書何敞傳："奉憲之吏，莫～討捕，縱迹不顧，主名不立。"李賢注："適音的。謂無指的討捕也。"〔適適〕分明、清楚的樣子。晉干寶搜神記卷一六："雖云夢不足怪，此何太適適？亦何惜不一驗之？"

3. dí 集韻亭歷切，音敵，入，錫韻，定。錫部。

⓫通"敵"。匹敵，相當。禮記雜記上："大夫訃於同國，～者曰某不禄。"鄭玄注："適，讀爲匹敵之敵。謂爵同者也。"漢董仲舒春秋繁露王道："不得致天子之賦，不得～天子之貴。"凌曙注："適，與敵同。"又爲仇敵。銀雀山漢墓竹簡孫子兵法實虚："～不得與我戰者，膠其所之也。"按，通行本"適"作"敵"。墨子備城門："不然，則有深怨於～，而有大功於上。"又爲抵擋。史記李斯列傳："子嬰立三月，沛公兵從武關入，至咸陽，羣臣百官皆畔，不～。"裴駰集解引徐廣曰："適音敵。"

［備考］通"諦(dì)"。仔細，注意。韓非子解老："治鄉治邦莅天下者，各以此科～觀息耗，則萬不失一。"王先慎集解："用此程法，靜觀動止，自無不知者。"陳奇猷集釋引孫蜀丞曰："適與諦同。"

4. zhé 集韻陟革切，音謫，入，麥韻，知。錫部。

⓬通"謫"。譴責，懲罰。詩商頌殷武："歲事來辟，勿予禍～，稼穡匪解。"毛傳："適，過也。"王引之述聞："謫與適通。"史記酈生陸賈列傳："楚人拔滎陽，不堅守敖倉，迺引而東，令～卒分守成皋。"司馬貞索隱："通俗文云：'罰罪云謫'，即所謂謫戍。"又指天象變異，舊時視作天罰。禮記昏義："是故男教不脩，陽事不得，～見於天，日爲之食。"鄭玄注："適之言責也。"孔穎達疏："謫謂日之將食之氣，氣見於上，所以責人君也。"

5. tì 集韻他歷切，入，錫韻，透。錫部。

⓭通"惕"。〔適適〕驚恐的樣子。莊子秋水："於是埳井之鼃聞之，適適然驚，規規然自失也。"成玄英疏："適適，驚怖之容。"

［辨］①之，適，如，赴，往。見"之"字條。

②會，適。見"會"字條。

③造，適。見"造"字條。

遮 zhē 正奢切，平，麻韻，照三。魚部。

❶遏止，攔住。説文："遮，遏也。"吕氏春秋應同："子不～乎親，臣不～乎君。"高誘注："遮，後遏也。"史記陳涉世家："陳王出，～道而呼涉。"引申爲遮擋，遮掩(後起義)。北魏賈思勰齊民要術種麻子："凡五穀地畔近道者，多爲六畜所犯，宜種胡麻、麻子以～之。"唐柳宗元登柳州城樓寄漳汀封連四州刺史："嶺樹重～千里目，江流曲似九回腸。"❷代詞，這(後起義)。敦煌變文集韓擒虎話本："叵耐～賊，臨陣交鋒，識認親情，懷却阿奴社稷。"宋釋道原景德傳燈録卷二七："師在街衢立，有僧問：'和尚在～裏做什麽？'"

［備考］㊀通"庶(shù)"。衆多。管子侈靡："六畜～育，五穀～熟。"尹知章注："遮，猶兼也。"㊁指古代一種進行稽查偵察的部隊。墨子號令："各立其表，城上應之。候出越陳表，～坐郭門之外内。"孫詒讓閒詁："遮，雜守篇謂之斥。此候與～二者不同，候出郭十里迹知敵往來多少，遮則守郭門，不遠出。"

遨 áo 五勞切，平，豪韻，疑。宵部。

遊玩，遨遊。論衡刺孟："癡狂人之志不求食，～戲之人亦不求食。"後漢書劉盆子傳："乘軒車大馬，赤屏泥，絳襜絡，而猶從牧兒～。"

按，説文作敖，在放部。

遭 zāo 作曹切,平,豪韻,精。幽部。

❶遇到。説文:"遭,遇也。"詩齊風還:"子之茂兮,～我乎猛之道兮。"禮記曲禮上:"～先生於道,趨而進,正立拱手。"引申爲受到,遭受。左傳宣公十二年:"寡君少～閔凶,不能文。"唐杜甫羌村三首之一:"世亂～飄蕩,生理偶然遂。"用指遭遇、際遇(後起義)。唐柳宗元鈷鉧潭西小丘記:"書於石,所以賀兹丘之～也。"❷量詞。表行爲的數量(後起義)。唐孟郊寒地百姓吟詩:"華膏隔仙羅,虚遶千萬～。"朱子語類卷八七:"想當時識這道理者亦多,所以孔子亦要行一～問禮於老聃。"

[辨]逢,遇,遭,遘。見"逢"字條。

遬 sù 桑谷切,音速,入,屋韻,心。屋部。

❶快,迅速。説文:"速,疾也。"以"遬"爲"速"的籀文。管子侈靡:"水平而不流,無源則～竭。"吕氏春秋辯土:"莖生有行,故～長;弱不相害,故～大。"高誘注:"遬,疾也。"❷局促窘迫的樣子。禮記玉藻:"君子之容舒遲,見所尊者齊～。"鄭玄注:"遬,猶蹙蹙也。"❸通"數(shuò)"。密。管子小匡:"别苗秀,列疏～。"尹知章注:"遬,密也。謂苗之疏密應均列之。"

遰 1. dì 特計切,去,霽韻,定。月部。

❶離去,往。説文:"遰,去也。"大戴禮夏小正:"～鴻雁。～,往也。"李調元箋:"遰,去也。北來則曰嚮,南去則曰遰。"❷通"遞"。依次更迭。南朝梁江淹傷愛子賦:"～高行之美迹,弘盛業之清猷。"❸〔迢遰〕見"迢"字條。

[備考]形容深遠。南齊書州郡志上:"交州,鎮交阯,在海漲島中。楊雄箴曰:'交州荒～,水與天際。'"

2. shì 集韻征例切,去,祭韻,章。月部。

❹通"逝"。往。集韻:"逝,往也。"或作"遰"。史記屈原賈生列傳:"鳳漂漂其高～兮,夫固自縮而遠去。"司馬貞索隱:"遰音逝。"文選漢賈誼吊屈原賦作"逝"。❺刀鞘。禮記内則:"右佩玦、捍、管、～、大觿、木燧。"鄭玄注:"遰,刀鞞也。"陳澔集説:"遰,刀室也。音逝。"

莲 cuō 七戈切,平,戈韻,清。

❶脆弱。廣韻:"莲,脆也。"文選晉左思魏都賦:"宵貌蕞陋,稟質～脆。"李善注:"莲,亦脆也。"❷通"矬(cuó)"。短小。新唐書王伾傳:"伾本闒茸,皃～陋。"明楊慎俗言卷一:"莲子:京師里語曰,形容短矮曰莲。"

按,説文無莲字。

遙 yáo 集韻餘招切,平,宵韻,喻四。宵部。

同"遥"。遠。漢書郊祀志下:"及言世有僊人,服食不終之藥,～興輕舉,登遐倒景。"顔師古注:"遙,古遥字也。興,起也。遥興,謂起而遠去也。"

按,説文無遙字。

遯 dùn 徒困切,去,慁韻,定。文部。

❶逃避,退隱。説文:"遯,逃也。"書説命下:"台小子舊學于甘盤,既乃～于荒野。"易序卦:"物不可以終～,故受之以大壯。"〔遯辭〕支吾搪塞的話。後漢書戴良傳:"再辟司空府,彌年不到,州郡迫之,乃遯辭詣府,悉將妻子,既行在道,因逃入江夏山中。"❷欺騙,蒙騙。淮南子脩務:"審於形者,不可以～以狀。"高誘注:"遯,欺也。狀,貌也。"❸易卦名。易序卦:"物不可以久居其所,故受之以～。～者,退也。"

[同源字]遁,遯,遂,逐。見"遁"字條。

十 二 畫

遵 zūn 將倫切,平,諄韻,精。文部。

❶循,沿着。説文:"遵,循也。"詩豳風七月:"女執懿筐,～彼微行,爰求柔桑。"朱熹集傳:"遵,循也。"楚辭戰國屈原九章哀郢:"去故鄉而就遠兮,～江夏以流亡。"王逸注:

"遵,循也。"❷遵循,遵守。書洪範:"無有作好,～王之道。"史記曹相國世家:"參代何爲漢相國,舉事無所變更,一～蕭何約束。"

[備考]㊀通"俊(jùn)"。英俊,俊傑。儀禮鄉飲酒禮:"～者降席,席東南面。"鄭玄注:"遵者,謂此鄉之人仕至大夫者也。"㊁羊棗。爾雅釋木:"遵,羊棗。"郭璞注:"實小而員,紫黑色。今俗呼之爲羊矢棗。"

[辨]遵,循。兩字都表示沿着某種路綫行動或遵照某種準則行事。但是"遵"與"尊"同源,"循"與"巡"同源;因此在表示運動行進時,"遵"側重於尊尚原定目的而行動,"循"帶有習慣性巡行的意思;用於行事時,"循"也側重於按習慣行事,而"遵"却有對正義的堅守和對原則的堅持的色彩。

遴 1. lìn 良刃切,音藺,去,震韻,來。真部。

❶行路困難。說文:"遴,行難也。"引申泛指艱難。漢書杜周傳附杜欽:"爲漢家建無窮之基,誠難以忽,不可以～。"顔師古注引李奇曰:"遴,難也。"❷通"吝"。吝嗇。漢書魯恭王餘傳:"初好音樂輿馬,晚節～,唯恐不足於財。"顔師古注:"遴與丞(吝)同,猶言貪嗇也。"

[備考]審慎,不輕易。法言問明:"鷦明～集,得其所也。"汪榮寶義疏:"宋吴竝云:'遴,行難也。'義本說文…然則'遴集'者,審擇所止,不輕集也。"

2. lín 正字通離呈切(方音 iŋ,in 不分)。

❸選擇,挑選(後起義)。世說新語言語"陶公疾篤"南朝梁劉孝標注引王隱晉書所載陶侃臨終表:"伏願～選代人,使必得良才,足以奉宣王猷,遵成志業。"新唐書魏玄同傳:"太平多士,則～柬髦俊而使之。"

遶 rǎo 而沼切,上,小韻,日。

後起字。❶圍繞。多作"繞"。世說新語規箴:"(王衍)口未嘗言錢字。婦欲試之,令婢以錢～牀不得行。夷甫晨起,見錢閡行,呼婢曰:'舉卻阿堵物。'"❷〔遶遶〕盤旋縈繞的樣子。南朝宋鮑照擬行路難詩之一二:"朝悲慘慘遂成滴,暮思遶遶最傷心。"

遷 qiān 七然切,平,仙韻,清。元部。

❶遷移。遷徙。書盤庚:"盤庚～于殷,民不適有居。"詩小雅伐木:"出自幽谷,～于喬木。"鄭箋:"遷,徙也。"又爲搬運、移徙貨物。詩衛風氓:"以爾車來,以我賄～。"文選漢張衡西京賦:"五都貨殖,既～既引。"李善注:"遷謂徙之於彼,引謂納之於此。"❷變易,變更。左傳昭公五年:"吾子爲國政,未改禮而又～之。"杜預注:"遷,易也。"韓非子五蠹:"故主施賞不～,行誅無赦。"❸調動官職。一般指提升。管子禁藏:"夏賞五德,滿爵禄,～官位,禮孝弟,復賢力,所以勸功也。"史記曹相國世家:"攻爰戚,及亢父,先登。～爲五大夫。"也指貶謫,降職。漢書王尊傳:"有詔左～尊爲高陵令,數月,以病免。"❹放逐,流放。書臯陶謨:"何憂乎驩兜,何～乎有苗。"蔡忱集傳:"遷,竄。"史記白起王翦列傳:"於是免武安君爲士伍,～之陰密。"

[備考]㊀離散。國語晉語四:"義以導利,利以阜姓,姓利相更,成而不～。"韋昭注:"遷,離散也。"㊁指轉移退卻。國語吴語:"雖然,彼近其國,有～;我絶慮,無～。彼豈能與我行此危事也哉?"韋昭注:"遷,轉退也。"

[辨]遷,徙,迻,移。這組詞都表示處所的變動。"遷"和"徙"的意思最接近,兩者既可表示居處的遷移,又可用於物體的移徙,也可用於官職的調動,還可用於抽象事物的變動。兩者的區別是:"遷"帶有由下往上移動的意思,所以說文云:"遷,登也";而"徙"往往是平面的位移。因此,在使用中"遷"往往帶有莊重或上升的意義色彩,而"徙"則多表普通的移動、變易。"迻"的意義差别較大,它一般只限於物品的挪動;"移"本來是表示禾苗婀娜多姿的樣子,後來借用作"迻",於是也表事物的移動,而"迻"卻只作爲"迻録"、"迻譯"的專用字了。

遼 liáo 落蕭切,平,蕭韻,來。宵部。

❶遥遠。説文:"遼,遠也。"左傳襄公八年:"楚師～遠,糧食將盡,必將速歸。"晉潘岳登虎牢山賦:"眷故鄉之～隔,思紆軫以鬱陶。"引申爲寬闊,舒展。公羊傳桓公十一年:"少～緩之,則突可故出,而忽可故反。"唐白居易截樹詩:"開懷東南望,目遠心～然。"又引申指時間的久遠(後起義)。三國魏阮籍詠懷詩之八〇:"人生樂長久,百年自言～。"宋蘇軾詛楚文詩:"～哉千載後,發我一笑粲。"〔遼遼〕遥遠的樣子。楚辭漢劉向九歎憂苦:"山脩遠其遼遼兮,塗漫漫其無時。"王逸注:"遼遼,遠貌。"抱朴子内篇道意:"去道遼遼,不亦遠哉!"〔遼廓〕遼遠廣闊的樣子。淮南子俶真:"達人之學也,欲以通性於遼廓,而覺於寂漠也。"❷朝代名(公元907—1125年)。契丹族耶律阿保機所建,與北宋對峙,是統治中國北部的一個王朝,爲金所滅。

［辨］遐,遠,迢,遥,遼,邈,迥。見"遠"字條。

遯 téng 字彙補徒登切。

〔遯睒〕古地名。在今雲南省鄧川縣境。新唐書南蠻傳中遯睒詔:"遯睒詔,其王豐咩,初據遯睒,爲御史李知古所殺。"亦作"遯賧"。宋周煇清波别志卷五:"八詔者,隋時永昌姚州聞有蒙舍詔、蒙嶲詔、越析詔、浪穹詔、施浪詔、遯賧詔…。南方之夷,惟南詔最大。夷語謂王爲詔。"

按,説文無遯字。

遹 yù 餘律切,入,術韻,喻四。質部。

❶僻,邪僻。説文:"遹,回避也。"朱駿聲説文通訓定聲:"遹,猶衺行也。與僻略同。"詩小雅小旻:"謀猶回～,何日斯沮。"毛傳:"回,邪。遹,辟。"❷遵循。書康誥:"今民將在祗～乃文考,紹聞衣德言。"僞孔傳:"今治民將在敬循汝文德之父。"❸句首語氣詞。表提示語氣。詩大雅文王有聲:"文王有聲,～駿有聲。～求厥寧,～觀厥成。文王烝哉!"清王引之經傳釋詞云:"説文曰:'欥,詮詞也。'字或作'聿',或作'遹',或作'曰',其實一字也。"

遲 1. chí 直尼切,平,脂韻,澄。脂部。

❶行走緩慢。説文:"遲,徐行也。"莊子漁父:"走愈疾而影不離身,自以爲尚～,疾走不休,絶力而死。"吕氏春秋博志:"矢之速也,而不過二里,止也;步之～也,而百舍,不止也。"引申泛指行動緩慢。禮記三年問:"創鉅者其日久,痛甚者其愈～。"古詩爲焦仲卿妻作:"非爲織作～,君家婦難爲。"〔遲遲〕行走緩慢的樣子。詩邶風谷風:"行道遲遲,中心有違。"毛傳:"遲遲,舒行貌。"引申泛指從容舒緩的狀態。詩豳風七月:"春日遲遲,采蘩祁祁。"禮記孔子閒居:"無體之禮,威儀遲遲。"又引申爲晚,比預定的時間靠後。戰國策楚策四:"見兔而顧犬,未爲晚也;亡羊而補牢,未爲～也。"唐杜甫諸葛廟詩:"欻憶吟梁父,躬耕也未～。"❷遲鈍,反映慢。荀子修身:"卑溼重～貪利,則抗之以高志。"楊倞注:"重遲,寬緩也…寬緩常不及機事。"漢書杜周傳:"周少言重～,而内深次骨。"顔師古注:"遲謂性非敏速也。"❸遲疑,猶豫(後起義)。唐白居易琵琶行詩:"尋聲暗問彈者誰?琵琶聲停欲語～。"〔遲疑〕猶豫,拿不定主意。晉書孔坦傳:"況二三子無曩人之嫌,而遇天啟之會,當如影響,有何遲疑?"唐韓愈論淮西事宜狀:"遲疑不斷,未有能成其事者也。"❹久。禮記樂記:"敢問～之～,而又久,何也?"鄭玄注:"遲之遲,謂久立於綴。"唐杜甫已上人茅齋詩:"枕簟入林僻,茶瓜留客～。"❺姓。通志氏族略五:"～氏,商賢人～任,望出太原。"

2. zhì 直利切,音稚,去,至韻,澄。脂部。

❻等待。荀子修身:"～彼止而待我,我行而就之。"楊倞注:"遲,待也。"晉謝安與支遁書:"終日慼慼,觸事惆悵,唯～君來,以晤

言消之。"引申爲期待(後起義)。文選三國魏曹植責躬詩:"~奉聖顏,如渴如飢。"李善注:"遲,猶想也。"後漢書章帝紀:"朕思~直士,側席異聞。"李賢注:"遲,猶希望也。"

[備考]副詞。乃,正是,表前後兩事在情理上順承相因。史記春申君列傳:"壹舉事而樹怨於楚,~令韓、魏歸帝重於齊,是王失計也。"司馬貞索隱:"遲音值。值猶乃也。"

[辨]遲,徐。兩個字都表示行動緩慢,是同義詞。但是"遲"一般是與"速"相對,偏重表示行爲遲鈍,反映不敏捷;而"徐"則是與"疾"相對,正如説文所釋"安行也",表示行動安適,不急迫。

選 1. xuǎn 思兗切,上,獮韻,心。元部。

❶選擇,挑選。説文:"選,一曰選擇也。"左傳定公八年:"孟氏~圉人之壯者三百人,以爲公期築室於門外。"禮記禮運:"~賢與能,講信脩睦。"指被選中的人或物。禮記禮運:"禹、湯、文、武、成王、周公,由此其~也。"孔穎達疏:"用此禮義教化,其爲三王中之英選也。"清王士禛等師友詩傳録:"文之有~,自蕭維摩始也。"❷銓選,量才授官。漢曹操與王脩書:"在朝之士,每得一顯~,常舉君爲首。"唐韓愈河南少尹李公墓誌銘:"以明經~,主虢之弘農薄。"❸齊,齊整。詩齊風猗嗟:"舞則~兮,射則貫兮。"毛傳:"選,齊也。"荀子儒效:"遂~馬而進。"俞樾平議:"此選字亦當訓齊。"❹通"巽(xùn)"。柔弱,怯懦。史記律書:"南越朝鮮自全秦時内屬爲臣子,後且擁兵阻阸,~蠕觀望。"漢書西南夷傳:"恐議者~耎,復守和解。"顔師古注:"選,怯不前之意也。"

[備考]㈠遣送,放逐。説文:"選,遣也。"左傳昭公元年:"秦后子有寵於桓,如二君於景。其母曰:'弗去,懼~。'癸卯,鍼適晉,其車千乘。"段玉裁注引此云:"此選字正訓遣。"又爲派遣。文選漢揚雄甘泉賦:"~巫咸兮叫帝閽,開天庭兮延羣神。"李善注引服虔曰:"令巫祝叫呼天門也。"㈡通"僎(zhuàn)"。陳設,置備。墨子明鬼下:"春秋冬夏~失時。"孫詒讓閒詁:"選,當讀爲僎具之僎。"

2. suàn 集韻損管切,音算,上,緩韻,心。元部。

❺通"算"。數,計算。書盤庚上:"世~爾勞,予不掩爾善。"孔穎達疏:"選即算也。"詩邶風柏舟:"威儀棣棣,不可~也。"毛傳:"物有其容,不可數也。"

[備考]表示數目,等於"萬"。山海經海外東經:"自東極至于西極,五億十~九千八百步。"郭璞注:"選,萬也。"郝懿行疏:"選音同算,數也。數終於萬,故以選爲萬也。"

3. shuā 集韻數滑切,音刷,入,鎋韻,審二。月部。

❻古錢幣單位。史記平準書:"白金三品,其一曰重八兩,圜之,其文龍,名曰白~,直三千。"漢書蕭望之傳:"甫刑之法,小過赦,薄罪贖,有金~之品。"顔師古注:"應劭曰:選音刷,金銖兩名也。"按,"音刷",與 suàn 是陽入對轉。

[辨]選,擇。兩個詞都表示從衆多事物中進行挑選的意思,區别在於挑選的對象和目的有所不同。"選"是按一定標準從衆多事物中挑出好的來,挑選的對象主要是人;"擇"是根據挑選人的意願和需要進行選擇,挑選的對象固然也可以是人,但主要是選取者所需要的事物。

遺 1. yí 以追切,平,脂韻,喻四。微部。

❶丢失,遺失。説文:"遺,亡也。"詩小雅谷風:"將安將樂,棄予如~。"鄭箋:"如遺者,如人行道遺忘物,忽然不省存也。"莊子天地:"黄帝遊乎赤水之北,登乎崑崙之丘,而南望還歸,~其玄珠。"引申爲遺漏,遺忘。韓非子有度:"刑過不避大臣,賞善不~匹夫。"列子周穆王:"俄而~其所藏之處,遂以爲夢焉。"用作名詞,指遺失、遺漏的東西。荀子正論:"風俗之美,男女自不取於涂,而百姓羞拾

～。"漢書武帝紀："其令禮官勸學，講議洽聞，舉～興禮，以爲天下先。"顔師古注："舉遺逸之文而興禮學。"㊁拋棄，遺棄。漢賈誼治安策："商君～禮義，棄仁恩。"史記魯仲連鄒陽列傳："昔者管夷吾射桓公中其鉤，篡也；～公子糾不能死，怯也。"又爲離開，脱離。莊子田子方："向者先生形體拙若槁木，似～物離人而立於獨也。"抱朴子外篇博喻："是以墨翟以重繭怡顔，箕叟以～世得意。"㊂遺留。國語魯語上："臣聞聖王公之先封者，～後之人法，使無陷於惡。"史記項羽本紀："此所謂養虎自～患也。"特指前人遺留下來的。荀子勸學："不聞先王之～言，不知學問之大也。"引申爲剩下，剩餘。左傳昭公三年："鎮撫其社稷，則猶有先君之適，及～姑姊妹若而人。"杜預注："遺，餘也。"史記平原君虞卿列傳："秦不～餘力矣，必且欲破趙軍。"㊃排泄(大小便)。史記廉頗藺相如列傳："頃之三～矢。"漢書東方朔傳："朔嘗醉入殿中，小～殿上。"

[備考]墜落。楚辭漢劉向九歎思古："悲余心之悁悁兮，目眇眇而～泣。"王逸注："遺，墮也。"

2. wèi 以醉切，去，至韻，喻四。微部。

㊄給予，贈送。書大誥："寧王～我大寶龜，紹天明即命。"韓非子内儲説下："宋石～衛君書。"史記魏公子列傳："欲厚～之，不肯受。"

[備考]㊀通"匱(kuì)"。匱乏，不足。老子："衆人皆有餘，我獨若～。"朱謙之校釋："奚侗曰：遺借爲匱，不足之意。"㊁通"隨(suí)"。謙虛，順從。詩小雅角弓："莫肯下～，式居婁驕。"鄭箋："遺，讀曰隨。今王不以善政啟小人之心，則無肯謙虛以禮相卑下。"

[辨]遺，失。兩字都有丢失義。廣韻脂韻："遺，失也。"它們的區别是："遺"往往是指原來屬於自己的東西由於無意的遺忘而丢失，或者有意使之不存在而遺棄；"失"則一般表示曾經或可能屬於自己的東西因爲自己的疏忽或錯誤而喪失掉。"遺"往往與"存"相對，"失"多與"得"相對。

遻 1. è 集韻逆各切，音顎，入，鐸韻，疑。鐸部。

同"遌"。㊀驚愕。説文："遻，相遇驚也。"穆天子傳卷六："辛未，獮莅之獸，於是白鹿一～槃(乘)，逸出，走。"郭璞注："或曰，所駕鹿遻，猶驚也。"

2. wù 五故切，音誤，去，暮韻，疑。鐸部。

㊁遇，遇到。莊子達生："死生驚懼，不入乎其胸中，是故～物而不慴。"釋文："遻，音悟。郭音愕。"

十 三 畫

邅 zhān 張連切，平，仙韻，知。元部。

轉，改變方向。楚辭戰國屈原離騷："～吾道夫崑崙兮，路脩遠以周流。"王逸注："邅，轉也。楚人名轉曰邅。"又九歌湘君："駕飛龍兮北征，～吾道兮洞庭。"引申爲回繞盤旋。荀子賦："尾生而事起，尾～而事已。"楊倞注："尾邅迴盤結，則箴功畢也。"〔邅如〕〔邅回〕〔邅迴〕徘徊，盤旋不進的樣子。易屯："屯如邅如，乘馬班如。"孔穎達疏："屯是屯難，邅是邅迴，如是語辭也。"淮南子原道："邅回川谷之間，而滔騰大荒之野。"高誘注："邅回，猶委曲也。"引申形容困頓，不順利。唐劉禹錫洛中酬陳判官見贈詩："潦倒聲名擁腫材，一生多故苦邅迴。"

[同源字]轉，邅。見"轉"字條。

按，説文無邅字。

邁 mài 莫話切，去，夬韻，明。月部。

㊀提脚向前走，大步跨進。説文："邁，遠行也。"詩小雅小宛："我日斯～，而月斯征。"鄭箋："邁，征，皆行也。"魏書邢巒傳："前軍長～，已至梓潼。"特指帝王巡行。詩周頌時邁："時～其邦，昊天其子之。"鄭箋："時出行其邦國，謂巡守也。"引申指時光消逝。詩唐風蟋蟀："今我不樂，日月其～。"毛傳："邁，行

也。”朱熹集傳:“逝,邁,皆去也。”再引申指年老(後起義)。三國志魏書曹真傳附曹爽:“臣雖朽～,敢忘往言?”又引申指遠離,疏遠。楚辭戰國屈原九章哀郢:“衆踥蹀而日進兮,美超遠而逾～。”蔣驥注:“美,即指修美之君子。邁,往也…君子愈疏而愈遠也。”㊁超越,超過(後起義)。三國志魏書高堂隆傳:“則三王可～,五帝可越。”世説新語賞譽下:“王平子～世有儁才,少所推服。”㊂通“勱”。勤勉,努力。書大禹謨:“皋陶～種德,德乃降。”左傳莊公八年引文杜預注:“皋陶能勉種德。邁,勉也。”

[備考]〔邁邁〕不高興的樣子。詩小雅白華:“念子懆懆,視我邁邁。”毛傳:“邁邁,不説(悦)也。”

避 bì 毗義切,去,寘韻,並。錫部。

㊀躲開,回避。説文:“避,回也。”孫子兵法虚實:“兵之形,～實而擊虚。”孟子梁惠王上:“豈有它哉? ～水火也。”引申爲避免,防止。管子霸言:“折節事彊以～罪,小國之形也。”吕氏春秋介立:“脆弱者拜請以～死。”高誘注:“避,猶免也。”又引申指違背。國語周語下:“今吾執政無乃實有所～,而滑夫二川之神,使至於争明,以妨王宫。”韋昭注:“避,違也。”㊁亞於,不及。漢鼂錯論貴粟疏:“今海内爲一,土地人民之衆不～湯武。”漢劉向説苑正諫:“寡人之行,豈～堯舜哉!”

[辨]躲,避。兩字意義相同,應用範圍也大體一致。區别在於“避”的歷史長,“躲”是後起的,有古今之别;與之相聯,“避”的色彩較莊重,“躲”的口語性質較强。抽象事物多用“避”,具體事物多用“躲”。

遽 jù 其據切,去,御韻,羣。魚部。

㊀傳車,古代驛站快速傳遞信件的車馬。説文:“遽,傳也。”左傳昭公二年:“懼弗及,乘～而至。”杜預注:“遽,傳驛。”國語吴語:“吴晉争長未成,邊～乃至,以越亂告。”韋昭注:“遽,傳也。”㊁迅速,急忙。國語晉語四:“謁者以告,公～見之。”莊子天地:“厲之人夜半生其子,～取火而視之,汲汲然唯恐其似己也。”成玄英疏:“遽,速也。”又爲匆忙,倉促。晏子春秋内篇諫上:“夫子何爲～? 國家得無有故乎?”張純一校注:“遽,卒也。”禮記檀弓上:“故喪事雖～不陵節。”孔穎達疏:“喪事雖須促遽亦當有常不得陵越喪禮之節。”㊂惶恐,畏懼。左傳襄公三十一年:“不聞作威以防怨,豈不～止。”杜預注:“遽,畏懼也。”楚辭戰國屈原九章惜誦:“衆駭～以離心兮,又何以爲此伴也?”馬茂元注:“駭遽,驚慌。”㊃副詞。遂,就。墨子公孟:“雖子不得福,吾言何～不善? 而鬼神何～不明?”吕氏春秋察今:“其父雖善游,其子豈～善游哉?”㊄通“劇”。勞碌。淮南子詮言:“神勞於謀,智～於事。”俞樾平議:“遽讀爲劇。”

[備考]競争。楚辭大招:“春氣奮發,萬物～只。”王逸注:“遽,猶競也。”

還 1. huán 户關切,平,删韻,匣。元部。

㊀返回。説文:“還,復也。”詩小雅何人斯:“爾～而入,我心易也;～而不入,否難知也。”鄭箋:“還,行反也。”左傳宣公六年:“楚人伐鄭,取成而～。”引申爲還原,恢復。漢書史丹傳:“吾病寖加,恐不能自～。善輔道太子,毋違我意。”抱朴子内篇仙藥:“餌之一年,老者～少。”㊁交還,歸還。周禮秋官司儀:“致饔餼,～圭。”鄭玄注引鄭司農曰:“還圭,歸其玉也。”韓非子外儲説左上:“鄭人買其櫝而～其珠。”特指償還債務,交納賦税(後起義)。三國蜀諸葛亮便宜十六策斬斷:“取非其物,借貸不～,奪人頭首,以獲其功,此謂盗軍,盗軍者斬。”唐杜甫歲晏行詩:“况聞處處鬻男女,割慈忍愛～租庸。”㊂回報,回擊。老子第三十章:“以道佐人主者,不以兵强大下,其事好～。”朱謙之校釋:“案‘其事好還’,謂兵凶戰危,反自爲禍也。”南朝梁江淹恨賦:“裂帛繫書,誓～漢恩。”㊃環繞。字亦作“環”。左傳襄公十年:“諸侯之師,～鄭而南,

至於陽陵。"杜預注:"還,繞也。"戰國策燕策三:"荆軻逐秦王,秦王～柱而走。"

[備考]㊀顧,回頭。左傳昭公二十年:"肆行無度,無所～忌。"杜預注:"還,猶顧也。"漢書項籍傳:"是時,楊喜爲郎騎,追羽,羽～叱之,喜人馬俱驚,辟易數里。"㊁指後退。儀禮鄉飲酒禮:"主人速賓,賓拜辱;主人答拜,～賓拜辱。"鄭玄注:"還猶退。"漢書周昌傳:"昌嘗燕入奏事,高帝方擁戚姬,昌～走。"顔師古注:"還謂卻退也。"

2. hái(舊讀 huán)户關切,平,删韻,匣。元部。

❺副詞。表示現象繼續存在或動作繼續進行,相當於"仍舊"(後起義)。晉陶潛讀山海經詩:"既耕亦已種,且～讀我書。"唐杜甫泛江詩:"亂離～奏樂,飄泊且聽歌。"❻副詞。表示程度的增加或範圍的擴大,相當於"更"、"更加"(後起義)。後漢書皇后紀上光武郭皇后:"故天下復平,歲～豐穰。"西遊記三八回:"説我的手段比山～高,比海～深。"❼副詞。表示轉折,相當於"卻"、"反而"。漢書刑法志:"窮武極詐,士民不附,卒隸之徒,～爲敵仇,猋起雲合,果共軋之。"論衡定賢:"戰國獲其功,稱爲名將;世平能無所施,～入禍門矣。"

3. xuán 似宣切,音旋,平,仙韻,邪。元部。

通"旋"。❽旋轉,回旋。莊子庚桑楚:"夫尋常之溝,巨魚無所～其體。"釋文:"還,音旋,回也。"漢書鼂錯傳:"如此而勸以厚賞,威以重罰,則前死不～踵矣。"顔師古注:"還,讀曰旋。旋踵,回旋其足也。"❾迅速,立即。管子任法:"而失君則不然,法立而～廢之,令出而後反之。"漢書董仲舒傳:"此皆可使～至而立有效者也。"顔師古注:"還,讀曰旋。旋,速也。"引申爲輕快敏捷的樣子。詩齊風還:"子之～兮,遭我乎峱之間兮。"毛傳:"還,便捷之貌。"

[辨]還,返。見"返"字條。

[同源字]還,環,旋。"還","環"同音,都有回轉、環繞義,實同一詞。段玉裁在説文解字注中説:"還,今人還繞字用環,古經傳衹用還字。"二者是區别字,"環佩"只用環,"還歸"等義一般是用還。"旋"和"還"古音同在元部,"旋轉"同"回還"、"還繞"義亦相通,它們是同源關係。

邀 yāo 於霄切,平,宵韻,影。宵部。

❶半路迎候或攔截。莊子寓言:"陽子居南之沛,老聃西遊於秦,～於郊;至於梁,而遇老子。"釋文:"邀,要也,遇也。"漢書匈奴傳:"大將軍霍光欲發兵～擊之。"文選晉木華海賦:"則有海童～路,馬銜當蹊。"李善注:"爾雅:邀,遮也。"❷求取,希望得到。莊子在宥:"黄帝退,捐天下,築特室,席白茅,閒居三月,復往～之。"王先謙集解:"邀,求請也。"論衡自然:"舜禹承堯之安,堯則天而行,不作功～名。"❸邀請(後起義)。樂府詩集雜曲歌辭長干曲:"逆浪故相～,菱舟不怕摇。"唐李白月下獨酌詩之一:"舉杯～明月,對飲成三人。"

[辨]邀,要。"邀"與"要"同音。"要"是古"腰"字。"腰"在人體的中間,古人把中途攔截也稱作"要",攔截的對象如果不是敵人,就成了"迎候"。爲了區别,給"要截"義造了"邀"這個專用字。"要"的其他引申義是"邀"所没有的。

按,説文無邀字。

邂 xiè 胡懈切,去,卦韻,匣。錫部。

〔邂逅〕雙聲聯緜字。形容不期而遇,偶然。詩鄭風野有蔓草:"邂逅相遇,適我願兮。"毛傳:"邂逅,不期而會。"論衡定賢:"荆軻入秦之計,本欲刼秦王生致於燕,邂逅不偶,爲秦所擒。"指不期而遇的人。詩唐風綢繆:"今夕何夕?見此邂逅。"胡承珙後箋:"其實邂逅字,只當作解構,猶會合也。凡君臣、朋友、男女之遇合皆可言之。"又表示意外。後漢書杜根傳:"邂逅發露,禍及知親。"又用作動詞,偶然遇見(後起義)。南朝宋鮑照贈傅都曹别詩:"邂逅兩相親,緣念共無已。"清吴敬梓儒林外史三三回:"只道聞名不能見面,何圖今日邂逅高賢!"

按,説文無邂字,新附有之。

十四畫

邃 suì 雖遂切,音祟,去,至韻,心。物部。

㊀深遠。説文:"邃,深遠也。"楚辭戰國屈原離騷:"閨中既以~遠兮,哲王又不寤。"抱朴子内篇論仙:"~古之事,何可親見,皆賴記籍傳聞於往耳。"㊁精深,精通。漢書任敖傳:"蒼尤好書,無所不觀,無所不通,而尤~律曆。"顔師古注:"邃,深也。"晉書李胤傳:"容貌質素,頹然若不足者,而知度沉~,言必有則。"

邇 ěr 兒氏切,音尔,上,紙韻,日。脂部。

近。説文:"邇,近也。"詩鄭風東門之墠:"其室則~,其人甚遠。"史記屈原列傳:"其稱文小而其指極大,舉類~而見義遠。"用作動詞,接近。書仲虺之誥:"惟王不~聲色,不殖貨利。"穀梁傳莊公十八年:"以公之追之,不使戎~於我也。"范甯注:"邇,猶近也。不使戎得逼近於我。"引申爲淺近。詩小雅小旻:"維~言是聽,維~言是争。"孔穎達疏:"徒維淺近之言而同者。"禮記中庸:"舜好問,而好察~言。"朱熹集注:"邇言者,淺近之言。"

[辨]近,邇。見"近"字條。

邈 miǎo 莫角切,入,覺韻,明。藥部。

㊀遠,遥遠,久遠。楚辭戰國屈原九章懷沙:"湯禹久遠兮,~而不可慕。"漢蔡琰胡笳十八拍:"鴈高飛兮~難尋,空腸斷兮思愔愔。"〔邈邈〕遥遠的樣子。楚辭戰國屈原離騷:"抑志而弭節兮,神高馳之邈邈。"王逸注:"邈邈,遠貌。"㊁通"藐"。輕視。漢劉向戰國策序:"遂燔燒詩書,坑殺儒士,上小堯舜,下~三王。"晉左思詠史詩之六:"高眄~四海,豪右何足陳?"㊂通"描(miáo)"。描繪(後起義)。敦煌變文集漢將王陵變:"詔太史官~其夫人靈在金牌之上。"宋辛棄疾好事近西湖詞:"山色雖言如畫,想畫時難~。"按,"邈"通"描"當是某方音由入聲轉爲陰聲韻以後。

[辨]遐,遠,迢,遥,遼,邈,迥。見"遠"字條。

按,説文無邈字。

十五畫

邊 biān 布玄切,平,先韻,幫。元部。

㊀邊界,邊疆。玉篇:"邊,邊境也。"左傳昭公十三年:"鮮虞人聞晉師之悉起也,而不警~,且不脩備。"國語吴語:"句踐用帥二三之老,親委重罪,頓顙於~。"韋昭注:"邊,邊境。"用作動詞,靠近,連接。穀梁傳定公十二年:"何危爾? ~乎齊也。"范甯注:"邊,謂相接。"漢書淮南王長傳:"廬江王以~越,數使使相交。"顔師古注:"邊越者,邊界與越相接。"㊁邊緣,邊際,表示地域的界限或物體四周及其附近。禮記深衣:"短毋見膚,長毋被土,續衽鉤~,要縫半下。"史記大宛列傳:"昆莫之父,匈奴西~小國也。"世説新語雅量:"樹在道~而多子,此必苦李。"唐杜甫登高詩:"無~落木蕭蕭下,不盡長江滚滚來。"㊂指事物的部分,方面(後起義)。唐李咸用春日詩:"危城三面水,古樹一~春。"朱子語類卷六五:"先天圖一~本都是陽,一~本都是陰。"

[備考]偏側,偏倚。禮記檀弓上:"齊衰不以~坐,大功不以服勤。"鄭玄注:"邊,偏倚也。"

[同源字]濱,瀕,濆,墳,邊。見"濱"字條。

按,説文邊作邉。

邋 1. liè 良涉切,音獵,入,葉韻,來。葉部。

❶踰越，踐踏。多作“躐”。朱駿聲説文通訓定聲謙部：“邋，疑即躐字，踰越也。”銀雀山漢墓竹簡孫臏兵法官一：“～軍以索陣。”清毛奇齡復陸雅坪編修問降一等書：“夫闌階～級與堂上人通呼吸已屬怪事，而况限之在降階一等之内。”❷〔邋邋〕形容旌旗飄動的聲音。多作“獵獵”。古文苑石鼓文：“君子員員，邋邋員斿。”章樵注：“邋，鄭通作獵字…獵獵，旌旗搖動貌。”

2. lā 盧盍切，入，盍韻，來。

❸念，誦（晚起義）。明湯顯祖邯鄲記度世：“是不是口～着道詞，一路的做鬼妝狐。”❹〔邋遢〕叠韻聯緜字。行走拖拉、不爽利的樣子。元王子一誤入桃源第一折：“眼見得路迢遥，芒鞋邋遢，抵多少古道西風鞭瘦馬。”又指不整潔。綴白裘爛柯山癡夢：“只是我形齷齪，身邋遢，衣衫藍縷把人嚇殺。”

十六畫

邍 yuán 愚袁切，音原，平，元韻，疑。元部。

地之高平者。説文：“邍，高平之野，人所登。”段注：“邍字後人以水泉本之‘原’代之。”“原”行而“邍”廢。金石萃編石鼓文：“隮于～遊。”周禮夏官邍師：“邍師掌四方之地名。辨其丘陵墳衍～隰之名。”賈公彦疏：“高平曰原，平濕曰隰。”

十九畫

邐 lǐ 力紙切，上，紙韻，來。支部。

❶〔邐迤〕叠韻聯緜字。曲折緜延的樣子。文選三國魏吴質答東阿王書：“夫登東嶽者，然後知衆山之邐迤也。”按，也作迆邐，見“迆”字條。❷〔邐邐〕曲折緜延的樣子。南朝梁何遜送韋司馬别詩：“邐邐山蔽日，洶洶浪隱舟。”間有單用者，義同。明徐宏祖徐霞客遊記粵西遊日記：“東南即隘門嶺，北～而屏於東。”

邏 luó 郎佐切，集韻良何切，音羅，平，戈韻，來。歌部。

❶巡邏，巡察。説文新附：“邏，巡也。”三國志吴書陸遜傳：“遜遣親人韓扁賫表奉報，還，遇敵於沔中，鈔～得扁。”新唐書温庭筠傳：“丐錢揚子院，夜醉，爲～卒擊折其齒，訴於綯。”也用作名詞，指巡邏的士兵。新唐書李密傳：“密羸行入關，爲～所獲，與支黨護送帝所。”❷遮攔（後起義）。集韻戈韻：“邏，遮也。”宋黄庭堅演雅詩：“桑蠶作繭自纏裹，蛛蝥結網工遮～。”

［備考］山溪的邊緣（後起義）。唐許渾歲暮自廣江至新興往復中題峽山寺詩：“海虚争翡翠，溪～鬬芙蓉。”

邑　部

［邑部總論］

邑部和阜部都寫作阝，位置不同，邑在右，阜在左，組成的字義類也不同。阜部的字一般都與山陵、土阜有關，邑部的字則與城邑有聯繫。邑部的字最多是用作地名，即城邑之名，如鄢、郢、邳、郤；其次是國名，如邠、邶、鄒、鄭。國名經過演變，往往也成了縣邑地名，難於分開。只有少部份字是有關國邑或行政區劃的名稱，例如郭、邦、都、鄙、鄰、鄽、鄉、郊。

邑 1. yì 於汲切,入,緝韻,影。緝部。

❶人羣聚居的地方。論語公冶長:"十室之～,必有忠信如丘者焉。"左傳襄公二十七年:"公與免餘～六十。"引申指都邑,城市。左傳隱公元年:"制,巖～也,虢叔死焉。佗～唯命。"史記五帝紀:"一年而所居成聚,二年成～,三年成都。"又指京城。書盤庚上:"天其永我命于茲新～。"詩商頌殷武:"商～翼翼,四方之極。"毛傳:"商邑,京師也。"用作動詞。建築城邑聚居。左傳隱公十一年:"吾先君新～於此。"孟子梁惠王下:"去邠,踰梁山,～于岐山之下,居焉。"朱熹集注:"邑,作邑。"❷古代行政區劃名。周禮地官小司徒:"九夫爲井,四井爲～。"管子小匡:"制五家爲軌,軌有長;六軌爲～,～有司。"後來又用爲縣的别稱。淮南子時則:"循行國～,周視原野。"清蒲松齡聊齋誌異胭脂:"仰彼～令,作爾冰人。"❸通"悒"。憂鬱,愁悶不安。荀子解蔽:"不慕往,不閔來,無～憐之心。"楊倞注:"邑與悒同。悒,快也。"漢書杜鄴傳:"由後視前,忿～非之。"〔邑邑〕愁悶不安的樣子。史記商君列傳:"安能邑邑待數十百年以成帝王乎?"又爲微弱的樣子。楚辭漢劉向九歎遠逝:"張絳維以襜襜兮,風邑邑而蔽之。"

2. è 集韻遏合切,入,合韻,影。緝部。

❹〔阿邑〕雙聲聯緜字。奉承,曲從。漢書酷吏傳贊:"張湯以知阿邑人主,與俱上下。"清王念孫讀書雜志:"邑當音烏合反。阿邑人主,謂曲從人主之意也。阿邑雙聲,字或作阿匼。"

〔辨〕邑,都,國。三字都能指稱都市,城市。但是"邑"用得最早,"邑"本指人羣聚居的地方,可是在甲骨文中就已經可指稱王都。到了周代指稱都市時,諸侯國君的都城稱"國";國君的子弟或卿、大夫的封邑叫"邑",他們經常居留並設有祖廟的城市叫"都"。左傳莊公二十八年:"凡邑,有宗廟先君之主曰都,無曰邑。""國"和"都"除了等級上的區別外,築城的大小原來也是有規定的。戰國以後,"國"的意義擴大,一般不再用作國都義;"邑"也多用於郡邑義,"都"逐漸成爲城市的統稱,構成"都市"、"國都"、"京都"等複音詞。

三 畫

邙 máng 莫郎切,音忙,平,唐韻,明。陽部。

山名。即今河南省洛陽市北的北邙山。三國魏應璩與程文信書:"南臨洛水,北據～山。"新唐書陳子昂傳:"今景山崇秀,北對嵩～,右眄汝海。"山名原本作"亡"或"芒"。說文:"邙,河南洛陽北亡山上邑。"段玉裁注:"山本名芒,山上之邑則作'邙',後人但云北邙,尟知芒山矣。"王筠句讀:"山名亡山,故加邑爲邙,以名其邑矣。"

邗 hán 胡安切,音寒,平,寒韻,匣。元部。

❶古地名,在今江蘇省揚州市東北。左傳哀公九年:"秋,吴城～,溝通江淮。"❷〔邗溝〕古運河名。即今江蘇揚州市至淮安市之間的一段運河。宋秦觀秋日詩:"霜落邗溝積水清,寒星無數傍船明。"亦單稱"邗"或"邗江"。宋吴潛暗香詞:"正目斷古邗,暮靄凝積。"清冒襄寄吴梅村先生詩:"遥瞻吴苑鄉關隔,近接邗江涕淚多。"

邘 yú 羽俱切,音于,平,虞韻,喻三。魚部。

西周諸侯國名,春秋時爲鄭邑。故址在今河南沁陽縣西北邘臺鎮。說文:"邘,周武王子所封,在河南野王是也。"左傳僖公二十四年:"～、晉、應、韓,武之穆也。"杜預注:"四國皆武王子。"又,隱公十一年:"王取鄔、劉、蒍、～之田于鄭。"

邛 qióng 渠容切,平,鍾韻,羣。東部。

❶土堆,小土山。詩陳風防有鵲巢:"防有鵲巢,～有旨苕。"毛傳:"邛,丘也。"❷憂病。詩小雅巧言:"匪其止共,維王之～。"鄭箋:"邛,病也。"又,小旻:"我視謀猶,亦孔之～。"毛傳:"邛,病也。"❸漢代西南少數民族

國名。史記司馬相如列傳:“～、筰、冄、駹者近蜀,道亦易通。”後漢書公孫述傳:“～、筰君長,皆來貢獻。”㊃〔邛邛〕獸名。亦作“蛩蛩”。史記司馬相如列傳:“蟨邛邛,蹷距虛。”裴駰集解引郭璞曰:“邛邛,似馬而色青。”文選司馬相如子虛賦作“蹷蛩蛩,轔距虛”。

邔 qǐ 墟里切,音起,上,止韻,溪。之部。

古縣名。秦置,漢爲侯國。故治在今湖北宜城縣北。說文:“邔,南陽縣。”後漢書泗水王歙傳:“封長子杜爲～侯。”李賢注:“邔,縣,屬南郡,故城在今襄州。”南北朝北魏酈道元水經注沔水:“又南過～縣東北。”

邕 1. yōng 於容切,音雍,平,鍾韻,影。東部。

㊀四面被水環繞的都邑。說文:“邕,四方有水,自邕城池者。”段玉裁注:“自邕,當作自攤,轉寫之誤。攤者,抱也。池沼多由人工所爲,惟邑之四旁,有水來自擁抱,旋繞成池者,是爲邕。”清陳鱣對策卷一:“上古未有宫室,其或祭祀歆射,不過擇地之周水而中燥者,曰～。”㊁古州名。唐貞觀六年改南晉州置,以州西南邕江得名,在今廣西南部,舊治在今南寧市。唐韓愈黄家賊事宜狀:“邕容兩管,因此凋弊。”㊂通“雍”。和諧,和睦。漢書兒寬傳:“上元甲子,肅～永亨。”顏師古注:“邕,和也。”文選晉張協七命:“六合時～,巍巍蕩蕩。”劉良注:“邕,和也。”〔邕邕〕和諧的樣子,和睦的樣子。文選漢枚乘七發:“螭龍德牧,邕邕羣鳴。”李善注引爾雅曰:“邕邕,鳴聲和也。”三國魏嵇康遊仙詩:“臨觴奏九韶,雅歌何邕邕。”

2. yǒng 集韻委勇切,上,腫韻,影。東部。

㊃通“壅”。堵塞。漢書王莽傳中:“長平館西岸崩,～涇水不流,毁而北行。”顏師古注:“邕讀曰壅。”

按,說文邕字在川部。

四 畫

邡 fāng 府良切,音方,平,陽韻,非。陽部。

㊀地名用字。漢置什邡縣,屬廣漢郡。今屬四川德陽市,故縣在今什邡縣南。說文:“邡,什邡,廣漢縣。”㊁通“訪(fǎng)”。謀劃。穀梁傳昭公二十五年:“宋公佐卒于曲棘,～公也。”范甯注:“邡,當爲訪。訪,謀也。言宋公所以卒于曲棘者,欲謀納公。”

邟 kàng 苦浪切,音抗,去,宕韻,溪。陽部。

〔邟鄉〕古地名。故址在今河南汝州市臨汝鎮東。後漢書黄瓊傳:“復拜瓊爲太尉,以師傅之恩,而不阿梁氏,乃封爲邟鄉侯。”三國志魏書袁紹傳:“乃拜紹渤海太守,封邟鄉侯。”

邥 shěn 式荏切,音審,上,寑韻,審三。侵部。

〔邥垂〕古地名。故址在今河南洛陽市南。左傳文公十七年:“周甘歜敗戎于邥垂,乘其飲酒也。”杜預注:“邥垂,周地,河南新城縣北有垂亭。”

按,說文無邥字,廣韻以邥爲沈的古文。

邦 bāng 博江切,平,江韻,幫。東部。

㊀國家,一定人羣在一定區域組成的實體。說文:“邦,國也。”書盤庚上:“～之臧,惟汝衆;～之不臧,惟予一人有佚罰。”詩大雅文王:“周雖舊～,其命維新。”又指諸侯的封地。論語顏淵:“在～無怨,在家無怨。”何晏集解:“包曰:在邦爲諸侯,在家爲卿大夫。”韓非子喻老:“虞君欲屈産之乘與垂棘之璧,不聽宫之奇,故～亡身死。”引申泛指一定地域、地區。漢蔡邕劉鎮南碑:“窮山幽谷,於是爲～。”晉張華博物志卷一:“負海之～,交趾之土,謂之南裔。”㊁分封。書蔡仲之命:“叔卒,乃命諸王～之蔡。”墨子非攻下:“唐叔與吕尚～齊晉。”

[辨]邦,國。兩字都有國家一義,但是有

明顯的區别。“邦”和“封”同源,最先用於國家義。“國”最初只指諸侯在所分封的土地上築起的都城,“邦”則指諸侯以“國”爲中心的整個封地。後來“國”的詞義擴展,統稱所領轄的土地,於是與“邦”的意義相當。戰國以後,分封制瓦解,後起的“國”逐漸取代了傳統的“邦”,並且産生了“國家”這個雙音詞,“邦”的國家義就很少使用了。

邢 1. xíng 户經切,音形,平,青韻,匣。耕部。

㊀西周諸侯國名,春秋前期爲衛所滅。故址在今河北邢台市境。説文:“邢,周公子所封,地近河内懷。”左傳隱公五年:“以鄭人～人伐翼。”杜預注:“邢國在廣平襄國縣。”又,僖公十九年:“秋,衛人伐～。”後爲州名,隋置,唐宋幾經廢置。新唐書竇建德傳:“二年,陷～、趙、滄三州。”

2. gěng 集韻古幸切,上,耿韻,見,耕部。

㊁通“耿”。古地名。史記殷本紀:“祖乙遷于～。”司馬貞索隱:“邢音耿。近代。本亦作耿。今河東皮氏縣有耿鄉。”張守節正義:“括地志云:絳州龍門縣東南十二里耿城,故耿國也。”

邧 yún 王分切,音云,平,文韻,喻三。文部。

同“鄖”。周代諸侯國名。春秋時爲楚所滅。故地在今湖北安陸市。左傳宣公四年:“若敖娶於～。”釋文:“邧,本又作鄖。”

按,説文邧作鄖。

郉 fū 甫無切,平,虞韻,非。魚部。

㊀漢縣名,屬琅邪郡,後漢廢。故地在今山東膠州市。説文:“郉,琅邪縣。一名純德。”漢書地理志上:“～,膠水東至平度入海。莽曰純德。”㊁古水名。在今山東半島東南部。宋蘇軾送喬仝寄賀君詩之一:“隨師東游渡濰～,山頭見我兩輪朱。”自注:“濰郉,密州二水名。”

邧 yuán 愚袁切,音元,平,元韻,疑。元部。

古地名。春秋時秦邑。故地在今陝西澄城縣境。説文:“邧,鄭邑也。”徐鍇繫傳:“杜預云:秦地。此云鄭地,傳寫誤。”左傳文公四年:“秋,晉侯伐秦,圍～、新城,以報王官之役。”杜預注:“邧、新城,秦邑也。”

邪 1. yá 以遮切,平,麻韻,喻四。魚部

㊀〔琅邪〕古郡名。亦作“琅玡”、“瑯琊”。秦置,轄境相當今山東半島東南部。治所原在琅邪(今山東膠南縣境),後累遷東武(今山東諸城市)、開陽(今山東臨沂市)等地。隋廢。説文:“邪,琅邪郡。”史記李斯列傳:“出遊會稽,並海上,北抵琅邪。”世説新語尤悔:“王渾後妻,琅邪顔氏女。”

2. xié 似嗟切,音斜,平,麻韻,邪。魚部。

㊁不正當,邪惡。論語爲政:“詩三百,一言以蔽之,曰:思無～。”荀子大略:“此～行之所以起,刑罰之所以多也。”㊂中醫指引起疾病的環境因素。急就篇卷四:“灸刺和藥逐去～。”顔師古注:“凡人正氣不足則邪氣入體而病生焉。故叙攻病云‘逐去邪’也。”素問生氣通天論:“如是則内外調和,～不能害,耳目聰明,氣立如故。”㊃舊稱妖異怪誕爲“邪”(後起義)。抱朴子内篇金丹:“以丹書門户上,萬～衆精不敢前。”南史袁君正傳:“性不信巫～。”㊄通“斜”。歪斜,偏斜。詩小雅采菽:“赤芾在股,～幅在下。”鄭箋:“邪幅,如今行縢也。偪束其脛,自足至膝,故曰在下。”孔穎達疏:“然則邪纏於足,謂之邪幅。”文選漢司馬相如子虚賦:“～與肅慎爲隣,右以湯谷爲界。”

[備考]㊀私,陰私。吕氏春秋審分:“主亦有地,臣主同地,則臣有匿其～矣。”高誘注:“邪,私也。”㊁通“徐(xú)”。緩慢。詩邶風北風:“其虚其～,既極只且。”鄭箋:“邪,讀如徐。”馬瑞辰通釋:“虚者舒之同音假借,邪者徐之同音假借。”㊂〔歸邪(shé)〕星名。史記天官書:“如星非星,如雲非雲,命曰歸邪。”裴駰集解引李奇曰:“邪音蛇。”

3. yé 以遮切,音耶,平,麻韻,喻四。魚部。

❻句尾語氣詞。表探詢的疑問語氣。莊子逍遥遊:“天之蒼蒼,其正色～?”釋文:“邪,助句不定之辭。”墨子非儒下:“然則今之鮑函車匠,皆君子也;而羿、伃、奚仲、巧垂,皆小人～?”

[備考]通“餘(yú)”。剩餘。史記曆書:“舉正於中,歸～於終。”裴駰集解:“音餘。”又引韋昭曰:“邪,餘分也。終,閏月也。”按,左傳文公元年作“歸餘於終”。

[辨]邪,斜。見“斜”字條。

那 1. nuó 諾何切,平,歌韻,泥。歌部。

又作“𨚗”、“郍”。❶多。爾雅釋詁上:“那,多也。”詩小雅桑扈:“不戢不難,受福不～。”毛傳:“那,多也。”馬瑞辰通釋:“‘不’爲語詞,‘受福不那’猶云降福孔多。”❷美好,安適。詩小雅魚藻:“王在在鎬,有～其居。”鄭箋:“那,安貌。天下平安,王無四方之虞,故其居處那然安也。”國語楚語上:“使富都～豎贊焉。”韋昭注:“那,美也。”❸“奈何”的合音。左傳宣公二年:“牛則有皮,犀兕尚多,棄甲則～?”楊伯峻注:“那,奈何之合音。顧炎武日知録三二云:‘直言之曰“那”,長言之曰“奈何”,一也。’”唐李白長干行之二:“～作商人婦,愁水又愁風。”❹移動(晚起義)。後作“挪”。宋歐陽修論乞賑救饑民劄子:“只聞朝旨令～移近邊馬及於有官米處出糶。”元薛昂夫端正好高隱套曲:“花陰轉眼～,日光彈指過。”❺姓。明陳士元姓觿卷三引姓譜:“左傳莊公十八年,楚武王克權,遷權於～處,因氏。”

[備考]㊀古諸侯國名,春秋時爲楚地。説文:“那,西夷國。”左傳莊公十八年:“遷權於那處,使閻敖尹之。”杜預注:“那處,楚地。南郡編縣東南有那口城。”那處當爲古那國舊地,在今湖北荆門市東南。㊁對於。國語越語下:“吴人之～不穀,亦又甚焉。”韋昭注:“那,於也。”

2. nǎ (舊讀 nuǒ)奴可切,上,哿韻,泥。

❻疑問代詞。怎麽,哪裏(後起義)。今作“哪”。玉臺新詠古詩爲焦仲卿妻作:“處分適兄意,～得自任專?”元王實甫西廂記第五本第三折:“我若放起刁來,且看鶯鶯～去。”

3. nà (舊讀 nuò)奴箇切,去,箇韻,泥。

❼指示代詞,與“這”相對(後起義)。唐張鷟朝野僉載卷二:“尚書右丞陸餘慶轉洛州長史,其子嘲之,曰:‘陸餘慶,筆頭無力嘴頭硬,一朝受詞訟,十月不判竟。’送牀褥下。餘慶得而讀之,曰:‘必是～狗!’遂鞭之。”敦煌曲子詞集望江南:“我是曲江臨池柳,者人折去～人攀。”❽句尾語氣詞。表反詰(後起義)。後漢書韓康傳:“公是韓伯休～?乃不二價乎?”李賢注:“那,語餘聲也。”又表感歎(後起義)。晉書愍懷太子傳:“陳舞復傳語云:‘不孝～!天與汝酒飲,不肯飲,中有惡物邪?’”

4. né (舊讀 nuó)。

❾[那吒]佛教護法神名(後起義)。音譯詞。後作“哪吒”。唐鄭棨開天傳信記:“宣律遽問:‘弟子何人,中夜在此?’少年曰:‘某非常人,即毗沙王之子那吒太子也。護法之故,擁護和尚久矣。’”宋釋普濟五燈會元那吒太子:“那吒太子析肉還母,析骨還父。”

5. nā。

❿姓(晚起義)。清史稿那桐傳:“～桐,字琴軒,葉赫那拉氏,内務府滿洲鑲黄旗人。”此滿族姓氏,與前漢族“那(nuó)”姓讀音不同。

邠 bīn 府巾切,集韻悲巾切,音彬,平,真韻,幫。文部。

❶古國名。也作“豳”。故地在今陝西彬縣。周先人公劉遷都於此。説文:“邠,周太王國。”孟子梁惠王下:“昔者大王居～,狄人侵之。”莊子讓王:“大王亶父居～,狄人攻之。”唐置邠州,民國改州爲縣,今改稱彬縣。

唐杜甫北征詩:"～郊入地底,涇水中蕩潏。"唐柳宗元送邠寧獨孤書記赴辟命序:"僕聞歲驟遊～壃。"㊁通"彬"。〔邠如〕形容文雅。漢揚雄太玄文:"斐如邠如,虎豹文如。"

五 畫

邲 bì 毗必切,入,質韻,並。質部。

古地名。春秋鄭邑。地在今河南滎陽縣東北。説文:"邲,晉邑也。"王筠句讀:"邲,鄭邑也。"春秋宣公十二年:"晉荀林父帥師及楚子戰于～。"杜預注:"邲,鄭地。"左傳宣公十二年:"及昏,楚師軍於～,晉之餘師不能軍。"

邴 bǐng 兵永切,音丙,上,梗韻,幫。陽部。

㊀古地名。春秋鄭邑。地在今山東費縣境。説文:"邴,宋下邑。"桂馥義證:"宋當爲鄭。"穀梁傳隱公八年:"三月,鄭伯使宛來歸～。"范甯注:"邴,鄭邑。"㊁〔邴邴〕喜悦的樣子。莊子大宗師:"邴邴乎其似喜乎? 崔乎其不得已乎?"成玄英疏:"邴邴,喜貌也。"

邯 1. hán 胡安切,音寒,平,寒韻,匣母。談部。

㊀〔邯鄲〕地名。春秋時衛邑,後屬晉;戰國時爲趙都;秦置縣,歷代因之。故址在今河北邯鄲市。説文:"邯,趙邯鄲縣。"左傳定公十年:"衛侯伐邯鄲午於寒氏。"杜預注:"邯鄲,廣平縣也。"莊子秋水:"且子獨不聞壽陵餘子之學行於邯鄲與? 未得國能,又失其故行矣。"㊁古水名。有東西二水,自北南流,注入黄河。在今青海化隆回族自治縣西。後漢書馬武傳:"武復追擊到東西～,大破之。"李賢注:"酈元水經注曰:邯川城左右有水,自北出,南經邯亭注于河。"

2. hàn 集韻户感切,音菡,上,感韻,匣。談部。

㊂〔邯淡〕叠韻聯緜字。形容豐盛。漢書王莽傳下:"封都匠仇延爲邯淡里附城。"顔師古注:"邯音胡敢反,淡音大敢反。豐盛之義。"

邳 pī 符悲切,集韻貧悲切,平,脂韻,並。之部。

㊀地名。周以前爲邳國,春秋以前爲薛國地,戰國時爲齊邑,分爲上邳、下邳。上邳在今山東滕州市南,下邳在今江蘇邳縣。説文:"邳,奚仲之後,湯左相仲虺所封國。在魯薛縣。"左傳昭公元年:"商有姺、～。"杜預注:"二國,商諸侯。邳,今下邳縣。"又定公元年:"奚仲遷于～,仲虺居薛,以爲湯左相。"㊁通"丕"。大。文選三國魏何晏景福殿賦:"櫺檻～張,鉤錯矩成。"李善注:"邳,或爲丕。"

邶 bèi 蒲昧切,音背,去,隊韻,並。職部。

周諸侯國名。周武王克商,封紂子武庚於此,後併入衛國。其地約相當於今河南淇縣以北、湯陰縣東南一帶地方。説文:"邶,故商邑,自河内朝歌以北是也。"漢書地理志下:"河内本殷之舊都,周既滅殷,分其畿内爲三國,詩風～庸衛國是也。"漢鄭玄詩譜邶鄘衛譜:"自紂城而北謂之～,南謂之鄘,東謂之衛。"又指邶地之樂。左傳襄公二十九年:"請觀於周樂…爲之歌～鄘衛。曰:'美哉,淵乎!'"

邰 tái 土來切,音台,平,咍韻,透。之部。

㊀古國名。相傳周始祖后稷至公劉定居於此。其地在今陝西武功縣西南。説文:"邰,炎帝之後,姜姓所封,周棄外家國。右扶風斄縣是也。"段玉裁注:"周人作邰,漢人作斄,古今語小異,故古今字不同。"詩大雅生民:"實穎實栗,即有～家室。"毛傳:"邰,姜嫄之國也。堯見天因邰而生后稷,故國后稷於邰。"㊁古地名,也作"台"。在今山東費縣南。穀梁傳襄公十二年:"莒人伐我東鄙,圍～。"左傳公羊傳均作"台"。

邵 shào 寔照切,去,笑韻,禪。宵部。

㊀古地名。春秋晉邑。其地在今河南

濟源市西、山西垣曲縣東。後魏改爲邵郡，後周改爲邵州。説文："邵，晉邑也。"左傳襄公二十三年："齊侯遂伐晉，取朝歌…戍郫～。"杜預注："取晉邑而守之。"㊁通"劭"。美好。法言修身："公儀子、董仲舒之才之～也，使見善不明，用心不剛，儔克爾？"李軌注："此二子才德高美。"孔叢子居衛："伋徒患德之不～，不病毛鬢之不茂也。"

邸 dǐ 都禮切，音底，上，薺韻，端。脂部。

㊀戰國時諸國客館，漢諸郡王侯爲朝見而在京城設置的住所。説文："邸，屬國舍。"史記范雎(雎)蔡澤列傳："魏使須賈於秦。范雎聞之，爲微行，敝衣閒步之～，見須賈。"張守節正義："劉云：諸國客館。"又樊酈滕灌列傳："以天子法駕迎代王代～，與大臣共立爲孝文皇帝。"引申指侯王府第或高官、貴族居住或辦公的地方。漢書霍光傳："大將軍光送至昌邑～。"唐李商隱過伊仆射舊宅："朱～方酬力戰功，華筵俄歎逝波窮。"㊁旅舍，客店(後起義)。文選南朝齊陸厥奉答内兄希叔詩："出入平津～，一見孟嘗尊。"唐沈既濟枕中記："行邯鄲道中，息～舍。"泛指店鋪。梁書武帝紀上："淫酗酱肆，酣歌壚～。"新唐書德宗紀："禁百官置～販鬻。"㊂倉庫(後起義)。文選王融三月三日曲水詩序："盈衍儲～，充仞郊虞。"李善注："儲邸，猶府藏也。"唐律疏議卷四："居物之處爲～，沽賣之所爲店。"㊃通"抵"。至，抵達。史記河渠書："自中山西～瓠口爲渠。"又爲停止，使到達。楚辭戰國屈原九章涉江："步余馬兮山皋，～余車兮方林。"又爲觸及，觸動。文選戰國宋玉風賦："入於深宫，～華葉而振氣。"李善注："邸，觸也。邸與抵古字通。"㊄通"柢"。根柢，物的底部。周禮春官典瑞："四圭有～，以祀天旅上帝。"孫詒讓疏："四圭共著一璧爲柢。"

［備考］㊀屏風。周禮天官掌次："張氈案，設皇～。"賈公彦疏："邸謂以版爲屏風。"㊁量器名。周禮考工記弓人："絲三～，漆三斞。"孫詒讓疏："戴震云：邸，收絲之器…皆有數量可取則者。"

邱 qiū 去鳩切，平，尤韻，溪。之部。

㊀小土山。淮南子墬形："～陵爲牡，谿谷爲牝。"唐杜甫早起詩："一～藏曲折，緩步有躋攀。"也泛指山。淮南子墬形："昆侖之～，或上倍之，是謂涼風之山。"㊁墳墓。南朝梁劉勰文心雕龍檄移："發～摸金，誣過其虐。"唐杜甫壯遊詩："王謝風流遠，闔廬～墓荒。"㊂廢墟，荒地。唐杜甫五盤詩："故鄉有弟妹，流落隨～墟。"明夏完淳故宫行："故宫新雨動新愁，華屋參差成古～。"

［辨］邱，丘。依説文"邱"應是地名用字，土山義應作"丘"；但是今本先秦典籍一律作"丘"，後世文獻"邱"、"丘"常互通，唯孔子名只作"丘"。其實"丘"、"邱"音同義通，實同一詞。

六　畫

郊 jiāo 古肴切，平，肴韻，見。宵部。

㊀城市周圍的地方。爾雅釋地："邑外謂之郊。"郝懿行義疏："郊者，説文云：'距國百里爲郊。'此據王畿千里而言。設百里之國，則十里爲郊矣。郊有遠近，以國爲差。"儀禮聘禮："有司展羣幣以告，及～，又展如初。"鄭玄注："郊，遠郊也。周制：天子畿内千里，遠郊百里。以此差之，遠郊上公五十里，侯、伯三十里，子、男十里也。近郊各半之。"詩鄘風干旄："孑孑干旄，在浚之～。"按，周制的規定，在周初也許有一定的現實性，後來只是泛指城外周圍地區。㊁祭祀名。古代帝王在郊外祭祀天地。左傳桓公五年："凡祀，啟蟄而～。"杜預注："啟蟄，夏正建寅之月，祀天南郊。"禮記中庸："～社之禮，所以事上帝也。"㊂春秋晉地。在今山西運城市。左傳文公三年："秦伯伐晉，濟河焚舟，取王官及～。"杜預注："王官、郊，晉地。"㊃春秋周地，在今河

南鞏縣附近。左傳昭公十二年:"冬十月壬申朔,原輿人逐絞而立公子跪尋,絞奔～。"杜預注:"郊,周地。"又爲春秋曹地。在今山東菏澤市。左傳定公十二年:"夏,衛公孟彄伐曹,克～。"杜預注:"郊,曹邑。"

[備考]㊀通"狡(jiǎo)"。狡滑。淮南子主術:"孔子之通智,過於萇宏,勇服於孟賁,足躡～菟,力招城關,能亦多矣。"楊樹達證聞:"郊當讀爲狡。"㊁通"墝(qiāo)"。土地堅硬貧瘠。管子幼官:"刑則燒交疆～。"章炳麟餘義:"交借爲烄,與燒義相承。疆郊者,郊即墝之借。月令'美土疆'注:'强墝之地'是也。"

[辨]都,郊,野,鄙。見"都"字條。

郎 láng 魯當切,平,唐韻,來。陽部。

❶春秋魯地名。有離魯國都遠近不同的兩個郎邑。遠邑在今山東魚台縣東北。説文:"郎,魯亭也。"左傳隱公元年:"費伯帥師城～。"杜預注:"郎,魯邑。高平方與縣東南有郁郎亭。"近邑在今山東曲阜市郊區。春秋隱公九年:"夏,城～。"清江永春秋地理考實:"隱元年費伯已城郎,而此年又城郎,蓋魯有兩郎也。費伯城者爲魚台縣東北之郎,去魯遠。此年城者,蓋魯近郊之邑。"禮記檀弓下:"戰于～。"鄭玄注:"郎,魯近邑也。"❷帝王侍從官侍郎、中郎、郎中等的統稱。戰國始置,秦漢沿襲;東漢以尚書臺爲政務中樞,分曹任事者爲尚書郎。後代遂以侍郎、郎中、員外郎司各部要職。韓非子外儲説右下:"秦襄王病,百姓爲之禱;病愈,殺牛塞禱。～中閻遏、公孫衍出見之。"漢書蘇武傳:"少以父任,兄弟並爲～。"❸古代對男子的美稱,一般爲青少年(後起義)。三國志吴書周瑜傳:"瑜時年二十四,吴中皆呼爲周～。"世説新語雅量:"王家諸～亦皆可嘉,聞來覓婿,咸自矜持,唯有一～在東牀上坦腹卧,如不聞。"用來稱别人的兒子。世説新語傷逝:"郗嘉賓喪,左右白郗公:'～喪。'既聞,不悲…公往臨殯,一痛幾絶。"宋王讜唐語林卷七補遺:"景讓未旬,補劍南節度使。未幾,致仕。客有勸之曰:'僕射廉潔,縱薄於富貴,豈不爲諸～謀耶?'笑曰:'李景讓兒詎餓死乎?'"用來指稱女婿。資治通鑑後唐明宗天成元年:"吾奉詔召孟～,公若緩兵,自當得蜀。"胡三省注:"孟知祥妻,太祖弟克讓女也,故呼爲孟郎。俗謂壻爲郎也。"古本董解元西廂記卷六:"夫人曰:'願～遠業功名爲念,此寺非可久留。'"用作婦女對丈夫或情人的暱稱。世説新語賢媛:"郗嘉賓喪,婦兄弟欲迎妹還,終不肯歸。曰:'生縱不得與郗～同室,死寧不同穴。'"樂府詩集清商曲辭子夜歌:"天不奪人願,故使儂見～。"也用作奴僕對主人的稱呼。北魏酈道元水經注温水:"文爲奴時,山澗牧羊,於澗水中得兩鯉魚,隱藏挾歸,規欲私食。～知,檢求,文大慚懼。"熊會貞參疏:"僕稱主曰郎。"舊唐書宋璟傳:"鄭善果謂璟曰:'中丞奈何呼五郎爲卿?'璟曰:'以官言之,正當爲卿;若以親故,當爲張五。足下非易之家奴,何～之有?鄭善果一何懦哉!'"❹對從事某種職業者的稱呼(後起義)。唐許渾灞上逢元九處士東歸詩:"舊交已變新知少,卻伴漁～把釣竿。"明湯顯祖牡丹亭肅苑:"預唤花～,掃清花徑。"

[備考]北朝兒子稱呼父親爲郎(後起義)。北史節義傳汲固:"憲即爲固長育至十餘歲,恒呼固夫婦爲～、婆。"

[辨]郎,卿。"郎"和"卿"原本官名,又都用作男子的美稱。漢以前"卿"是朝廷的高官;"郎"原是侍從官,多爲權貴子弟,東漢以後才司各部的要職。"卿"用作男子的美稱早於"郎",並且不分年齡長幼,"郎"一般是指稱青年男子。用作暱稱時,"郎"只用於青年女子稱呼其所愛者,"卿"則可於男女老幼。

邿 shī 書之切,音詩,平,之韻,審三。之部。

❶古國名,春秋時爲魯所滅。故地在今山東濟寧市東南。説文:"邿,附庸國。在東

平亢父邿亭。"左傳襄公十三年:"夏,～亂,分爲三。師救～,遂取之。"杜預注:"邿,小國也。"㊁古地名。故地在今山東平陰縣西。左傳襄公十八年:"魏絳、欒盈以下軍克～。"杜預注:"平陰西有邿山。"

邽 guī 古攜切,音閨,平,齊韻,見。支部。

古地名。春秋秦邑,漢改爲上邽縣,故地在今甘肅天水市西南。又另置下邽縣,故地在今陝西渭南市境。説文:"邽,隴西上邽也。"史記秦本紀:"十年伐～、冀戎,初縣之。"裴駰集解:"地理志:隴西有上邽縣。應劭曰:'即邽戎邑也。'"後漢書西羌傳:"於是渭首有狄、獂、～、冀之戎。"李賢注:"邽即上邽縣。"

[備考]通"圭"。玉器名。左傳文公十二年:"郕伯卒,郕人立君。太子以夫鍾與郕～來奔。"楊伯峻注:"御覽一四六引服虔云:'郕邽亦邑名,一曰郕邦之寶圭,太子以其國寶與地夫鍾來奔也'…郕邽仍以解爲郕國之寶爲宜。邽即圭,疑本作圭,自杜注誤從'邑名'之解,而後世遂加邑作'邽'。"

郁 cún 徂尊切,音存,平,魂韻,從。文部。

〔郁鄢〕古縣名。漢置,屬犍爲郡。唐天實初改爲義賓縣,宋避太宗諱,改稱宜賓。故地在今四川宜賓市。漢書地理志上:"郁鄢,莽曰孱鄢。"

按,説文無郁字。

郁 yù 於六切,入,屋韻,影。職部。

㊀〔郁夷〕古地名。史記五帝本紀:"分命羲仲,居郁夷,曰暘谷。"書堯典、禹貢作嵎夷,今不可考。又爲漢縣名。故地在今陝西隴縣西。説文:"郁,右扶風郁夷也。"漢書地理志上:"郁夷:詩'周道郁夷'。有汧水祠,莽曰郁平。"顔師古注:"小雅四牡之詩曰'四牡騑騑,周道逶遲'。韓詩作郁夷字。"㊁通"彧"。形容事物的盛美、繁多。可以是富有文彩。文選晉張協七命:"羣萌反素,時文載～。"南朝梁劉勰文心雕龍徵聖:"近褒周代、則～哉可從。"又可以是香氣濃郁。文選漢司馬相如上林賦:"芬芳漚鬱,酷烈淑～。"李善注:"郭璞曰:香氣盛也。"南朝陳徐陵詠柑詩:"緑葉懷以布,素榮紛且～。"〔郁郁〕表示事物盛美、繁多的狀態。可以是富有文彩的樣子。論語八佾:"周監於二代,郁郁乎文哉!吾從周。"邢昺疏:"郁郁,文章貌。"漢揚雄劇秦美新:"郁郁乎焕哉,天下之事盛矣。"又可以是香氣濃烈的樣子。楚辭戰國屈原九章思美人:"紛郁郁其遠承兮,滿内而外揚。"文選漢司馬相如上林賦:"郁郁菲菲,衆香發越。"李善注:"郭璞曰:香氣射散也。"也可以是儀態盛美的樣子。史記五帝本紀:"其色郁郁,其德嶷嶷。"還可以是草木茂盛的樣子。晉陸雲爲顧彦先贈婦往返詩之三:"翩翩飛蓬征,郁郁寒木榮。"㊂通"燠"。温暖(後起義)。文選南朝梁劉峻廣絶交論:"叙温～則寒谷成暄,論嚴苦則春叢零葉。"李善注:"郁與燠,古字通也。"

[備考]㊀没有内核的果實。論衡量知:"物實無中核者謂之～,無刀斧之斲者謂之樸。"㊁通"薁"。山李,即郁李(後起義)。文選晉潘岳閒居賦:"梅、杏、～、棣之屬,繁榮麗藻之飾。"李善注:"郁,今之郁李。"

郅 zhì 之日切,音質,入,質韻,照三。質部。

㊀〔郁郅〕古縣名。在今甘肅慶陽縣境。説文:"郅,北地郁郅縣。"史記衛將軍驃騎列傳:"將軍李息,郁郅人。"後漢書西羌傳:"後八年,秦伐義渠,取郁郅。"㊁登陟。方言卷一:"躡、～、跂、狢、躋、蹫,登也…齊衛曰～。"㊂通"至"。大。史記司馬相如列傳:"文王改制,爰周～隆。"裴駰集解:"漢書音義云:'郅,至也。'"唐司馬貞索隱:"郅,大也。"㊃姓。漢有郅都。

郕 chéng 是征切,音成,平,清韻,禪。耕部。

古諸侯國名。周武王弟叔武的封國。故地在今山東寧陽縣北。左傳隱公五年:"～人侵衛,故衛師入～。"杜預注:"郕,國也。東平剛父縣西南有郰鄉。"又爲春秋魯邑。故地在今山東寧陽縣東北。説文："郰，魯孟氏邑。"左傳襄公十六年："秋，齊侯圍～。"杜預注："郰，魯孟氏邑。"

郄 xì 綺戟切，音隙，入，陌韻，溪。鐸部。

同"郤"。空隙，縫隙。荀子賦篇："此夫大而不塞者與？充盈大宇而不窕，入～穴而不偪者與？"史記張釋之馮唐列傳："使其中有可欲者，雖錮南山猶有～。"漢書作"隙"。引申爲嫌隙。韓非子六反："今上下之接，無子父之澤，而欲以行義禁下，則交必有～矣。"戰國策燕策二："將軍過聽，以與寡人有～，遂捐燕而歸趙。"一本作"隙"。又引申指缺陷、疲病。戰國策趙策四："竊自恕，而恐太后玉體之有所～也，故願望見太后。"鮑彪注："郄、郤同。"

［備考］開，初。鶡冠子泰鴻："～始窮初，得齊之所出。"陸佃注："郄者，開也。"

［辨］郤，郄，卻。見"郤"字條。

按，説文郄作郤。

郃 hé 侯閤切，音合，入，合韻，匣。緝部。

〔郃陽〕縣名。秦置合陽縣，漢改名郃陽縣，公元 1964 年復改稱合陽縣，今屬陝西。説文："郃，左馮翊郃陽縣。"北魏酈道元水經注卷四河水："河水又逕郃陽城東。周威烈王之十七年，魏文侯伐秦，至鄭還，築汾陰郃陽。"

邾 zhū 陟輸切，音蛛，平，虞韻，知。侯部。

㊀古國名。至周代爲魯國附庸，亦稱邾婁，後改稱鄒。戰國時爲楚國所滅。故地在今山東鄒縣東南。左傳隱公元年："三月，公及～儀父盟于蔑。"荀子仲尼："外事則詐～襲莒，併國三十五。"㊁古邑名。戰國楚地。楚宣王滅邾國，遷其君於此，故名。其地在今湖北黄岡縣境。史記項羽本紀："立芮爲衡山王，都～。"裴駰集解引文穎曰："邾音朱，縣名，屬江夏。"

郇 xún 相倫切，音荀，平，諄韻，心。真部。

古國名。周文王的庶子之一封於此。春秋時爲晉地。故址在今山西臨猗縣西南。説文："郇，周文王子所封國。"（依段玉裁注本）詩曹風下泉："四國有王，～伯勞之。"毛傳："郇伯，郇侯也。"鄭箋："郇侯，文王之子。"國語晉語四："秦伯使公子縶如師，師退，次于～。"韋昭注："郇，晉地。"

郋 xí 胡雞切，音奚，平，齊韻，匣。脂部。

古地名。汝南召陵里名。説文："郋，汝南邵陵里。"清朱駿聲説文通訓定聲："今河南許州郾城縣東四十五里有召陵城，召陵有～里，又有萬歲里。許叔重萬歲里人也。"

郈 hòu 胡口切，音后，上，厚韻，匣。侯部。

古地名。春秋魯叔孫氏邑。故地在今山東東平縣東南。説文："郈，東平無鹽鄉。"春秋定公十年："叔孫州仇、仲孫何忌帥師圍～。"杜預注："郈，叔孫氏邑。"韓非子外儲説右上："季孫相魯，子路爲～令。"

七　畫

郝 1. hǎo 呵各切，入，鐸韻，曉。鐸部。

㊀古鄉名。故址在今陝西周至縣。説文："郝，右扶風鄠盩厔鄉。"王筠句讀："小徐衍'鄠鄉'二字，大徐删之未盡耳。玉篇無'鄠'字。顔注急就篇曰：'～，京兆盩厔鄉名也。'"1964 年盩厔改爲周至。

2. shì 施隻切，音釋，入，昔韻，審三。鐸部。

㊁〔郝郝〕耕地翻土的聲音。爾雅釋訓："郝郝，耕也。"郭璞注："言土解。"郝懿行義疏："郝郝者，詩作澤澤，竝假借字也。載芟箋云：'耕之則澤澤然解散。'釋文：'澤澤音釋，注同。爾雅作郝，音同。'此音是也。釋、澤古字通。"

郙 fǔ 方矩切，音甫，上，麌韻，非。魚部。

㊀古亭名。故址在今河南上蔡縣西南。說文:"郙,汝南上蔡亭。"段玉裁注:"今河南汝寧府上蔡縣縣西南十里故蔡城是也。有亭名～。"㊁〔郙閣〕漢閣道名。故址在今陝西略陽縣西嘉陵江邊。宋洪适隸釋卷四漢李翕析里橋郙閣頌:"行理咨嗟,郡縣所苦,斯谿既然,郙閣尤甚。"

郖 dòu 徒候切,音豆,去,候韻,定。侯部。

古渡口名。故址在今河南靈寶縣西北。說文:"郖,弘農縣庾地。"段玉裁注:"庾當作渡,字之誤也。"三國志魏書杜畿傳:"遂詭道從～津度。"

郠 gěng 古杏切,音梗,上,梗韻,見。陽部。

古邑名。春秋莒邑,後屬魯。故地在今山東沂水縣境。說文:"郠,琅邪莒邑。"左傳昭公十年:"秋七月,平子伐莒,取～。"

郟 jiá 古洽切,入,洽韻,見。葉部。

㊀古地名。春秋時鄭邑,後屬楚。漢置郟縣。其地在今河南郟縣。說文:"郟,潁川縣。"左傳昭公元年:"楚公子圍使公子黑肱、伯州犁城犨、櫟、～。"杜預注:"郟縣屬襄城…三邑本鄭地。"國語鄭語:"唯謝、～之間,其冢君侈驕。"韋昭注:"郟,後屬鄭,鄭衰,楚取之。"㊁古地名。周朝的東都,即郟鄏。故地在今河南洛陽市西。左傳桓公七年:"秋,鄭人齊人衛人伐盟、向,王遷盟、向之民于～。"杜預注:"郟,王城。"國語晉語四:"王入于成周,遂定之于～。"韋昭注:"郟,王城。"㊂通"夾"。從兩旁夾住。宋洪适隸續卷一五成皋令任伯嗣碑:"衢路委蛇,～河阻山。"

郚 wú 五乎切,音吾,平,模韻,疑。魚部。

古邑名。一爲春秋紀邑,後屬齊。故地在今山東安丘縣西南。說文:"郚,東海縣,故紀侯之邑也。"春秋莊公元年:"齊師遷紀郱、鄑、～。"杜預注:"郚,在朱虛縣東南。"又爲春秋魯邑。故地在今山東泗水縣南。春秋文公七年:"三月,甲戌,取須句,遂城～。"杜預注:"郚,魯邑。"

郡 jùn 渠運切,去,問韻,羣。文部。

古代的行政區劃。周制縣大郡小,戰國郡漸大,秦以郡統縣,漢因之,隋唐以後,州郡互稱,宋元設州、府,郡名漸廢。左傳哀公二年:"克敵者,上大夫受縣,下大夫受～。"杜預注:"周書作雒篇:'千里百縣,縣有四郡。'"史記絳侯周勃世家:"定鴈門～十七縣,雲中～十二縣。"用作動詞,設置郡邑。史記樗里子甘茂列傳:"且王前嘗用召滑於越,而內行章義之難,越國亂,故楚南塞厲門而～江東。"張守節正義:"吴越之城皆爲楚之都邑。"

［備考］仍,屢屢。法言孝至:"龍堆以西,大漠以北,鳥夷獸夷,～勞王師,漢家不爲也。"清王念孫讀書雜志餘編上:"按,郡者,仍也。仍,重也,數也。言數勞王師於荒服之外,漢家不爲也。爾雅曰:'郡,仍,乃也。'乃與仍同。"

郢 yǐng 以整切,上,静韻,喻四。耕部。

春秋戰國時楚的國都。原址在今湖北江陵縣紀南城,春秋後期和戰國時楚都所遷至的地方也稱做郢。說文:"郢,故楚都。在南郡江陵北十里。"左傳僖公十二年:"黄人恃諸侯之睦于齊也,不共楚職,曰:'自～及我九百里,焉能害我?'夏,楚滅黄。"杜預注:"郢,楚都。"史記楚世家:"(考烈王)二十二年,與諸侯共伐秦,不利而去。楚東徙都壽春,命曰～。"

［備考］㊀通"盈(yíng)"。滿。管子幼官:"十二小～,至德。"郭沫若等集校:"何如璋云:'郢當作盈,以郢有盈音而誤。盈亦通嬴…盈,滿也;嬴亦滿也。今立夏後爲小滿,即本此。'"㊁通"程(chéng)"。〔畢郢〕古地名。故址在今陝西咸陽市東。孟子離婁下:"文王生於岐周,卒於畢郢。"趙岐注:"岐周、畢郢,地名也。岐山下周之舊邑。"段玉裁說文解字注云:"郢者,程字之假借也。"古音"郢"、"程"只有喻四和定母的微别,音十分接

近。

郘 lǚ 力舉切,音吕,上,語韻,來。魚部。

❶古邑名。也作“吕”。春秋晉邑。故址在今山西霍縣南。周器郘鐘銘:“余畢公之孫,~伯之子。”王國維跋:“前人多釋郘爲莒。然郘鐘十二枚,均出山西榮河縣漢后土祠旁河岸中,非莒器明甚。余謂郘即春秋左氏傳晉吕甥之吕也。”❷古亭名。玉篇:“郘,盩縣亭名。”清王闓運影山草堂銘:“~亭之山,建秀亭岧。”

按,說文無郘字。

郛 fú 芳無切,音俘,平,虞韻,敷。幽部。

❶外城。說文:“郛,郭也。”左傳隱公五年:“鄭人以王師會之,伐宋,入其~。”杜預注:“郛,郭也。”國語吴語:“越王勾踐乃率中軍,泝江以襲吴,入其~,焚其姑蘇。”韓非子難二:“趙簡子圍衛之~郭。”❷通“浮”。浮泛不切實際(晚起義)。明周宗建請斥大璫劉朝典兵行邊疏:“中禁之人,不習世務,耳目所及,輕信易疑,掇拾~言,恐滋虚僞。”清毛奇齡山陰陳母馬太君八十壽序:“故長久之道,唯在積之者不~,而後傳之者有永。”

[辨]城,郭,郛。見“郭”字條。

郗 1. chī 丑飢切,音絺,平,脂韻,徹。微部。

❶周邑名。故地在今河南沁陽縣。說文:“郗,周邑也,在河内。”也作“絺”。左傳隱公十一年:“王取鄔、劉、蔿、邘之田于鄭;而與鄭人蘇忿生之田:温、原、絺、樊、隰郕、欑茅、向、盟、州、陘、隤、懷。”杜預注:“在野王縣西南。”朱駿聲說文通訓定聲:“左隱十一年‘温、原、絺、樊’,以‘絺’爲之。”宋羅泌路史國名紀丙:“郗,己姓。說文云:‘周邑。’野王西北。”❷姓。止字通邑部:“郗,姓。郗與郄别。黄長睿曰:郗姓爲江左名族,讀如絺繡之絺,俗譌作郄,呼爲郄詵之郄,非也。郄詵晉大夫郤縠之後。郗鑒漢御史大夫郗慮之後。姓源既異,音讀各殊。”

2. xī 集韻香衣切,平,微韻,曉。

❸骨節間(晚起義)。明方以智東西均盡心:“入~穴而不傴。”❹姓。源出“郤”姓,由“郤”的異體“郄”而譌作“郗”,今讀 xī。

郤 xì 綺戟切,音隙,入,陌韻,溪。鐸部。

也作“郄”。❶古地名。故址在今山西沁河下游一帶。說文:“郤,晉大夫叔虎邑也。”宋羅泌路史國名紀戊上:“~,叔虎邑。俗作‘郄’。”❷通“隙”。空隙,間隙。莊子知北遊:“人生天地之間,若白駒之過~。”禮記曲禮下:“諸侯未及期相見曰遇,相見於~地曰會。”鄭玄注:“郤,間也。”引申爲嫌隙,感情上的裂痕。史記張耳陳餘列傳:“由此陳餘、張耳遂有~。”❸姓。春秋晉公族郤獻子之後,以食邑爲氏。左傳宣公十二年:“士會將上軍,~克佐之。”又作“郄”。韓非子内儲說下:“費無忌教郄宛而令尹誅。”

[辨]郤,郄,卻。“郄”是“郤”的異體字,“卻”和“郤”音義都不同。廣韻“卻”在藥韻,“郤”在陌韻,今音區别更大。“郤”本指縣邑,借爲間隙,所以从邑;“卻”表後退,退卻,所以从卩,“卩”實“人”的變體,簡化作“却”。楷書“阝”、“卩”形近,後世典籍“郤”、“卻”常互譌,今本尤甚。

郜 gào 古到切,音告,去,号韻,見。覺部。

❶古國名。春秋時爲宋所滅。故地在今山東成武縣東南。說文:“郜,周文王子所封國。”左傳桓公二年:“夏四月,取~大鼎于宋。”春秋時爲宋邑。春秋隱公十年:“六月壬戌,公敗宋師于菅。辛未,取~,辛巳,取防。”❷古地名,春秋晉邑。故地在今山西浮山縣。左傳成公十三年:“入我河縣,焚我箕、~。”

郔 yán 以然切,音延,平,仙韻,喻四。元部。

古地名。一爲春秋時鄭地。故地在今河南鄭州市南。說文:“郔,鄭地。”左傳宣公三年:“晉侯伐鄭,及~。”杜預注:“郔,鄭地。”又爲春秋時楚地。故地在今河南項城縣境。左傳宣公十一年:“楚左尹子重侵宋,王待諸~。”杜預注:“郔,楚地。”

八　畫

部 1. bù 蒲口切,上,厚韻,並。今讀如簿。之部。

❶統帥,總領。集韻厚韻:“説文:天水狄部。一曰:統也,界也。”史記項羽本紀:“春,漢王~五諸侯兵,凡五十六萬人,東伐楚。”宋史韓世忠傳:“世忠獨~敢死士殊死鬬,敵稍卻。”引申爲管轄,管理。鶡冠子天則:“列地而守之,分民而~之。”晉陶潛晉故征西大將軍長史孟府軍傳:“辟君~廬陵從事。”❷部份,類别。山海經西山經:“是神也,司天之九~及帝之囿時。”郭璞注:“主九域之部界、天帝苑圃之時節也。”説文解字敘:“分别~居,不相雜厠。”用指派别、門派(後起義)。漢曹操整齊風俗令:“父子異~,更相毁譽。”後漢書黨錮傳序:“二家賓客,互相譏揣,遂各樹朋徒,漸成尤隙,由是甘陵有南北~,黨人之議,自此始矣。”特指部落,由若干血緣相近的氏族結合而成的集體(後起義)。後漢書南匈奴傳:“八~大人共議立比爲呼韓邪單于。”晉書慕容廆載記:“曾祖慕護跋,魏初率其諸~入居遼西。”❸古時行政區域名。管子乘馬:“方六里命之曰暴,五暴命之曰~,五~命之曰聚。”漢代作監察區域名。漢書尹翁歸傳:“河東二十八縣,分爲兩~。”❹衙署,官署(後起義)。廣韻厚韻:“署也,又姓。”後漢書馬融傳:“召還郎署,復在講~。”玉臺新詠古詩爲焦仲卿妻作:“還~白府君:下官奉使節,言談大有緣。”舊制中央政府分吏、户、禮、兵、刑、工六部;今亦用作某些機關的名稱或機關企業中按業務劃分的部門。❺量詞,用於書籍、樂隊等(後起義)。魏書釋老志:“自魏有天下,佛經流通,大集中國,共有四百十五~。”世説新語棲逸:“聞上啃然有聲,如數~鼓吹,林谷傳響。”❻通“踣(bó)”。倒下,跌倒。墨子旗幟:“寇卻解,輒~幟,如進數。”王念孫雜志引王引之云:“部讀爲踣,謂仆其識也。”馬王堆漢墓帛書十大經正乱:“累而高之,部(踣)而弗救也。”

［備考］㊀車蓋的蓋斗。周禮考工記輪人:“信其桯圍以爲~廣,~廣六寸。”賈公彦疏:“此言蓋之斗四面鑿孔,内蓋弓者於上;部,高隆穹然謂之爲部。”㊁通“棓(fú)”。大杖。淮南子説山:“羿死桃~,不給射;慶忌死劍鋒,不給搏。”高誘注:“桃部,地名。”清莊逵吉按:“桃部即桃棓。詮言訓注云:‘桃棓,大杖,以桃木爲之。’”

2. bù 裴古切,上,姥韻,並。之部。

❼古代的軍事編制單位,後泛指部隊。廣韻姥韻:“部伍,又部曲。”墨子號令:“城上吏卒養,皆爲舍道内各當其隔~。”孫詒讓閒詁:“太白陰經:司馬穰苴云,五人爲伍,二伍爲部。部,隊也。”史記吴太伯世家:“遂以其~五千人襲冒楚,楚兵大敗。”

3. pòu 蒲口切,上,厚韻,並。之部。

❽小阜,小土山。本作“培”。漢應劭風俗通義山澤:“~者,阜之類也。今齊魯之間田中少高卬,名之爲~矣。”唐李紓唐德明興聖廟樂章送神:“高丘緬邈,涼~逶遲。”〔部婁〕叠韻聯緜詞,小土山。又作“培塿”。左傳襄公二十四年:“部婁無松柏。”杜預注:“部婁,小阜。”晏子春秋内篇雜下:“若部婁之未登,善,登之無蹊,維有焚棘而已。”

郭 guō 古博切,入,鐸韻,見。鐸部。

❶古國名。故地在今山東東北部。説文:“郭,齊之郭氏虚。”段玉裁注:“郭,本國名。郭國既亡,謂之郭氏虚。郭氏虚在齊境内。”公羊傳莊公二十四年:“赤者何?曹無赤者,蓋~公也。~公者何?失地之君也。”❷外城,在城的外圍加築的一道城牆。城郭字原作“𩫏”。説文𩫏部段玉裁注:“按城𩫏字今作郭,郭行而𩫏廢矣。”管子度地:“内爲之城,

外爲之～。”孟子公孫丑下：“三里之城，七里之～，環而攻之而不勝。”後泛指城郭。樂府詩集木蘭詩：“爺娘聞女來，出～相扶將。”唐李白送友人詩：“青山横北～，白水繞東城。”㊁外圍，外框。漢書尹賞傳：“修治長安獄，穿地方深各數丈，致令辟爲～，以大石覆其口，名爲虎穴。”顔師古注：“郭，謂四周之内也。”用作動詞，制作外框。史記平準書：“有司言三銖錢輕，易姦詐，乃更請諸郡國鑄五銖錢，周～其下，令不可磨取鋊焉。”

[備考]㊀擴張，擴大。靈樞經脹論：“排藏府而～胸脇。”㊁耳輪。醫宗金鑒正骨心法要旨耳：“耳門之名曰蔽，耳輪之名曰～。”㊂指外皮。素問湯液醪醴論：“津液充～。”王冰注：“郭，皮也。”㊃通“槨”。外棺。宋洪适隸釋楚相孫叔敖碑：“病甚，臨卒，將無棺～。”

[辨]城，郭，郛。“城”既指環繞一個地區用作防禦工事的城牆，也指包括城牆在内所環繞的地區。“郭”是爲保衛内城而修築的外圍工事，即外城。“郛”是郭的別稱。“郭”是從抵禦來犯的外圍屏障而得名的，與“廓”同源，釋名釋宫室：“郭，廓也，廓落在城外也。”“郛”源於孚，是從保護義得名的，就像保護種子的外殼稱“稃”，“郛”就是保護内城的工事。“城”與“郭”對舉時，一般分指内城、外城，“城郭”連用時，一般是泛指城。“郛郭”連用，一般指外城。

[同源字]郭，椁（槨），鞟（鞹），革。見“椁”字條。

邦 píng 薄經切，音瓶，平，青韻，並。耕部。

古邑名。春秋紀地，後屬齊。故地在今山東臨朐縣東南。説文：“邦，地名。”春秋莊公元年：“齊師遷紀～、鄑、郚。”宋羅泌路史國名紀己三：“～，本紀邑，有～故城，在青之臨朐東南。”

郯 tán 徒甘切，音談，平，談韻，定。談部。

古國名。相傳爲少皞的後裔，戰國初爲越國所滅。故地在今山東郯城縣北。説文：“郯，東海縣。帝少昊之後所封。”左傳宣公四年：“公及齊侯平莒及～。”漢置郯縣，唐置郯城縣。漢書陳勝傳：“陽城人鄧説將兵居～。”

都 1. dū 當孤切，平，模韻，端。魚部。

㊀諸侯子弟、卿、大夫設有祖廟、經常居留的城邑。説文：“都，有先君之舊宗廟曰都。”左傳隱公元年：“～城過百雉，國之害也。大～不過參國之一。”國語楚語上：“國有～鄙，古之制也。”引申指國都，首都。公羊傳僖公十六年：“是月，六鷁退飛過宋～。”文選漢班固西都賦：“漢之西～，在於雍州，實曰長安。”用作動詞，建都。史記秦本紀：“十二年，作爲咸陽，築冀闕，秦徙～之。”文選漢揚雄解嘲：“天下已定，金革已平，～於洛陽。”㊁古代行政區劃名。因時地不同而異。周禮地官小司徒：“九夫爲井，四井爲邑，四邑爲丘，四丘爲甸，四甸爲縣，四縣爲～，以任地事而令貢賦。”管子度地：“故百家爲里，里十爲術，術十爲州，州十爲～，～十爲霸國。”宋史袁燮傳：“合保爲～，合～爲鄉，合鄉爲縣。”㊂匯聚，匯總。史記夏本紀：“淮海維揚州，彭蠡既～，陽鳥所居。”司馬貞索隱：“都，古文尚書作‘豬’。孔安國云‘水所停曰豬’，鄭玄云‘南方謂都爲豬’，則是水聚會之義。”文選三國魏曹丕與吳質書：“頃撰其遺文，～爲一集。”㊃居，處在。文選漢東方朔答客難：“蘇秦張儀，壹當萬乘之主，而身～卿相之位。”李善注：“如淳曰：都謂居也。”隋王通中説立命：“子曰：氣爲上，形爲下，識～其中，而三才備矣。”阮逸注：“都，居也。”㊄閑雅，優美。詩鄭風有女同車：“彼美孟姜，洵美且～。”毛傳：“都，閑也。”三國志吳書孫韶傳：“身長八尺，儀貌～雅。”㊅歎詞。表示贊美。書皋陶謨：“皋陶曰：～！在知人，在安民。”又，大禹謨：“益曰：～！帝德廣運。”

[備考]㊀介詞。相當於“於”。文選漢司馬相如封禪文：“揆厥所元，終～攸卒。”李善注引張揖曰：“都，於也。”㊁唐宋軍隊的編制

單位(後起義)。宋王溥唐會要卷七二:"令孜召募新軍五十四～,每～千人。"㊂量詞。相當於"場"、"次"。唐封演封氏聞見記打毬:"景雲中,吐蕃遣使迎金城公主。中宗於梨園亭子賜觀打毬。吐蕃贊咄奏言:'臣部曲有善毬者,請與漢敵。'上令仗内試之。決數～,吐蕃皆勝。"㊃頭目,首腦。北齊書神武帝紀上:"麻祥時爲湯陰令,神武呼之曰'麻～!'祥慚而逃。"

2. dōu(舊讀 dū)當孤切,平,模韻,端。魚部。

㊆副詞。表示總括全部,總括的對象在"都"前,相當於"皆"。論衡講瑞:"然則鳳皇麒麟～與鳥獸同一類,體色詭耳,安得異種?"列子黄帝:心凝神釋,骨肉～融。"又總括的對象在後,相當於"完全"。晉法顯法顯傳:"室中朗然,～無幽暗。"世説新語文學:"玠見謝,甚説之,～不復顧王。"

[辨]①都,郊,野,鄙。這是一組與城市區劃有關的詞。"都"是城内;"郊"是城外,是城的周圍地區;"野"是郊以外的地區,是遠郊區;"鄙"更是"野"中偏遠的部份,是與鄰國接近的地區。後代"郊"、"野"的界限逐漸泯滅,形成"都邑"(城内)、"郊野"(城外)、"邊鄙"(邊境)三者的對立。"都"、"鄙"還同作行政區劃單位,"都"大"鄙"小。

②邑,都,國。見"邑"字條。

郰 zōu 側鳩切,音鄒,平,尤韻,照二。侯部。

春秋魯地,孔子鄉邑。又作"鄹"。故地在今山東曲阜市東南。説文:"郰,魯下邑,孔子之鄉。"左傳襄公十年:"縣門發,～人紇抉之,以出門者。"史記孔子世家:"～人輓父之母誨孔子父墓,然後往合葬於防焉。"

郪 qī 七稽切,音妻,平,齊韻,清。脂部。

㊀〔郪丘〕古地名。戰國魏地,漢改爲新郪縣。故地在今安徽界首縣東北茨河南岸。説文:"郪,新郪,汝南縣。"史記魏世家:"十一年,秦拔我郪丘。"張守節正義:"地理志云:汝南郡新郪縣。"㊁古縣名。漢置,晉廢,隋復置,唐爲梓州治所。故地在今四川三台縣南。三國志蜀書姜維傳:"於是引軍由廣漢～道以審虚實。"後漢書循吏傳王涣:"王涣字稚子,廣漢～人也。"

郲 lái 落哀切,音來,平,咍韻,來。之部。

㊀古國名。春秋時爲齊所滅,爲齊邑。故址在今山東昌邑縣東南。左傳襄公十四年:"齊人以～寄衛侯。"杜預注:"郲,齊所滅郲國。"㊁古地名。春秋鄭地。故址在今河南鄭州市西北。左傳隱公十一年:"夏,公會鄭伯于～。"杜預注:"郲,鄭地也。"

按,説文無郲字。

郴 chēn 丑林切,音琛,平,侵韻,徹。侵部。

地名。秦置縣,漢屬桂陽郡,隋置郴州。1913年改爲縣,屬湖南,今置郴州市。説文:"郴,桂陽縣。"史記黥布列傳:"其八月,布使將擊義帝,追殺之～縣。"隋書李子雄傳:"伐陳之邑,以功進位大將軍,歷～江二州刺史。"

[備考]大。方言卷一:"自關而西,秦晉之間,凡物之壯大者而愛偉之謂之夏,周鄭之間謂之椵。～,齊語也。"郭璞注:"郴,洛含反。"依注今音當作 lán。

郵 yóu 羽求切,音尤,平,尤韻,喻三。之部。

㊀古代傳遞文書、供應食宿、車馬的驛站。説文:"郵,境上行書舍。"孟子公孫丑上:"德之流行,速於置～而傳命。"孫奭疏:"郵,驛名。"漢書京房傳:"房意愈恐,去至新豐,因～上封事。"引申指送信的人(後起義)。世説新語任誕:"殷洪喬作豫章郡。臨去,都下人因附百許函書。既至石頭,悉擲水中。因祝曰:'沉者自沉,浮者自浮,殷洪喬不能作致書～。'"㊁郵遞,郵傳(後起義)。唐皇甫枚三水小牘卷下:"願捷善行,故常令～書入京。"清蒲松齡聊齋誌異甄后:"郎試作尺一書,我能～致之。"今天有關郵務的各義是近百年才從古代郵傳遞送義發展而來的。㊂通"尤"。過

失，罪過。詩小雅賓之初筵：“是曰既醉，不知其～。”鄭箋：“郵，過也。”國語晉語四：“遠人入服，不爲～矣。”韋昭注：“郵，過也。”又爲抱怨，怨恨。荀子議兵：“故刑一人而天下服，罪人不～其上，知罪之在己也。”楊倞注：“郵，怨也。”㊃通“尤”。最，突出的。列子周穆王：“而況魯之君子，迷之～者，焉能解人之迷哉？”殷敬順釋文：“郵，音尤。”又，楊朱：“伯夷非亡欲，矜清之～，以放餓死。”張湛注：“郵，音尤。”

［備考］指古代井田間田官督耕所處的房屋。禮記郊特牲：“饗農及～表畷。”鄭玄注：“郵表畷，謂田畯所以督約百姓於井間之處也。”孔穎達疏：“郵若郵亭屋宇處所。表，田畔。畷者，謂井畔相連畷。於此田畔相連畷之所，造此郵舍，田畯處焉。”

郫 pí 符支切，集韻頻彌切，音脾，平，支韻，並。支部。

㊀縣名。古郫邑，秦置縣。今四川成都市西北郫縣。説文：“郫，蜀縣也。”漢書揚雄傳上：“漢元鼎間避仇復遡江上，處岷山之陽曰～。”顔師古注：“郫，縣名也。”晉書何攀傳：“何攀字惠興，蜀郡～人也。”㊁古地名。春秋晉邑。故址在今河南濟源市西。左傳文公六年：“賈季亦使召公子樂于陳，趙孟使殺諸～。”杜預注：“郫，晉地。”

郳 ní 五稽切，音倪，平，齊韻，疑。支部。

周諸侯國名。戰國時滅於楚。故地在今山東滕州市東。説文：“郳，齊地。”春秋莊公五年：“～黎來來朝。”杜預注：“附庸國也。”

九 畫

郰 sōu 所鳩切，音搜，平，尤韻，審二。幽部。

同“鄹”。見“鄹”字條。

鄆 yùn 王問切，音運，去，問韻，喻三。文部。

古地名。説文：“鄆，河内沁水鄉。魯有鄆地。”春秋時魯國有二鄆邑：一爲東鄆，故址在今山東沂水縣北。春秋文公十二年：“季孫行父帥師城諸及～。”杜預注：“鄆，莒魯所争者。”一爲西鄆，故址在今山東鄆城縣東。左傳成公十六年：“晉人執季文子于苕丘，公還，待于～。”杜預注：“鄆，魯西邑。東郡廪丘縣東有鄆城。”

鄄 juàn 吉掾切，去，線韻，見。文部。

春秋衛邑，漢爲鄄城縣。故址在今山東鄄城縣北。説文：“鄄，衛地，今濟陰鄄城。”春秋莊公十四年：“冬，單伯會齊侯宋公衛侯鄭伯于～。”杜預注：“鄄，衛地。今東郡鄄城也。”史記秦本紀：“齊桓公伯於～。”

［備考］周邑。左傳成公十一年：“王使劉子復之，盟于～而入。”杜預注：“鄄，周邑。”

鄀 ruò 而灼切，音若，入，藥韻，日。鐸部。

古國名。有上鄀、下鄀。上鄀被楚滅後爲楚邑，春秋後期爲楚都。故地在今湖北宜城縣東南。左傳定公六年：“於是乎遷郢於～，而改紀其政，以定楚國。”史記吴太伯世家：“吴王使太子夫差伐楚，取番。楚恐而去郢徙～。”下鄀被晉滅後爲晉邑。故地在今河南淅川縣西南。左傳僖公二十五年：“秦晉伐～。”杜預注：“鄀，本在商密，秦楚界上小國。”

按，説文無鄀字。

鄢 yǎn 於幰切，音偃，上，阮韻，影。元部。

縣名。古鄢子國地，戰國屬魏，秦置鄢縣，隋改稱鄢城縣。故城在今河南鄢城縣南。説文：“鄢，潁川縣。”史記蘇秦列傳：“大王之地，南有鴻溝、陳、汝南、許、～、昆陽、召陵、舞陽、新都、新郪。”後漢書光武帝紀：“光武别與諸將徇昆陽、定陵、～，皆下之。”

［備考］古國名。燕國自稱鄢（yān）。楊樹達積微居金文説鄢侯庫彝跋：“燕國之‘燕’金文皆作‘鄢’。兵器有鄢王喜矛，即燕王喜。”

郼 yī 於希切，音衣，平，微韻，影。微部。

殷的封國名。吕氏春秋慎大:“湯立爲天子,夏民大説,如得慈親,朝不易位,農不去疇,商不變肆,親～如夏。”高誘注:“郼讀如衣,今兖州人謂殷氏皆曰衣。”又慎勢:“湯其無～,武其無岐,賢雖十全,不能成功。”高誘注:“郼、岐,湯、武之本國。”

按,説文無郼字。

郿 méi 武悲切,集韻旻悲切,音眉,平,脂韻,明。脂部。

❶地名。春秋周邑,秦置縣,今陝西眉縣。説文:“郿,左扶風縣。”詩大雅崧高:“申伯信邁,王餞于～。”孔穎達疏:“於漢屬右扶風,在鎬京之西也。”史記白起王翦列傳:“白起者,～人也。”❷古地名。春秋魯邑。故址在今山東東平縣西。春秋莊公二十八年:“冬,築～。”杜預注:“郿,魯下邑。”

郹 jú 古闃切,入,錫韻,見。錫部。

春秋蔡邑。又稱郹陽。故址在今河南新蔡縣境。説文:“郹,蔡邑也。”左傳昭公二十三年:“楚大子建之母在～。”杜預注:“郹,郹陽也。”〔郹陽〕春秋蔡邑,即郹。左傳昭公十九年:“楚子之在蔡也,郹陽封人之女奔之。”

鄂 è 五各切,音萼,入,鐸韻,疑。鐸部。

❶地名。春秋楚地;秦置鄂縣,屬南郡;漢爲江夏郡;三國吴改名武昌;隋改置鄂州,唐宋因之。今爲湖北鄂州市。説文:“鄂,江夏縣。”史記楚世家:“熊渠甚得江、漢間民和,乃興兵伐庸、楊粵,至於～。”三國志吴書吴主傳:“權自公安都～,改名武昌。”清以後,由於省會武昌以古鄂州而得名,故將鄂作爲湖北省的簡稱。清陳夔龍夢蕉亭雜記卷一:“中丞先德湖北布政使威恪公樹義,與某尚書父某巡撫同官～省。”❷春秋晋邑。故址在今山西鄉寧縣南。左傳隱公六年:“逆晋侯于隨,納諸～。”杜預注:“鄂,晋别邑。”❸通“堮”。邊際。漢書揚雄傳上:“攢并閭與茇苦兮,紛被麗其亡～。”漢徐幹齊都賦:“南顧無垠,北顧無～。”❹通“愕”。驚愕。史記五帝本紀:“象乃止舜宫居,鼓其琴。舜往見之。象～不懌。”漢書霍光傳:“羣臣皆驚～失色,莫敢發言,但唯唯而已。”顔師古注:“凡言鄂者,皆謂阻礙不依順也。後字作愕,其義亦同。”❺通“萼”。花萼,花托。詩小雅常棣:“常棣之華,～不韡韡。”鄭箋:“承華者曰鄂。”❻通“諤”。直言。文選馬融長笛賦:“蒯聵能退敵,不占成節～。”〔鄂鄂〕直言争辯的樣子。史記趙世家:“諸大夫朝,徒聞唯唯,不聞周舍之鄂鄂。”

〔備考〕捕獸器具。國語魯語上:“水虞於是乎禁罝罜,設穽～。”韋昭注:“鄂,柞格,所以誤獸也。”

鄃 shū 式朱切,音輸,平,虞韻,審三。侯部。

古縣名。漢置。故址在今山東夏津縣東北。説文:“鄃,清河縣。”史記河渠書:“～居河北,河決而南則～無水菑,邑收多。”清魏源秋興詩之一:“未祛～邑防封殖,遑説銀潢洗甲兵。”

鄅 yǔ 王矩切,音雨,上,麌韻,喻三。魚部。

古國名。故地在今山東臨沂市北。説文:“鄅,妘姓之國。”左傳昭公十八年:“六月,～人藉稻,邾人襲～。”杜預注:“鄅,妘姓國也。”又,昭公十九年:“～夫人,宋向戌之女也,故向寧請師。二月,宋公伐邾。”

鄋 sōu 集韻踈鳩切,音搜,平,尤韻,審二。幽部。

同“郰”。春秋時北方少數民族長狄一支所建的小國。爲齊所滅。説文:“郰,北方長狄國也。”左傳文公十一年:“～瞞侵齊,遂伐我。”杜預注:“鄋瞞,狄國名。防風之後,漆姓。”王筠句讀:“注云:‘郰瞞,狄國名。’非也。許君説‘郰’字云:‘北方長狄國也。’不冠以‘郰瞞’二字。然則郰者國,瞞者郰國君之名,夷狄之君,故直名之也。”

按，説文鄭作郊，今本典籍多作鄭。

郈 hóu 户鉤切，音侯，平，侯韻，匣。侯部。

又作"郈"。春秋地名。原屬周，後入晉。故址在今河南武陟縣西南。説文："郈，晉之温地。"左傳成公十一年："晉郤至與周争～田。"杜預注："郈，温别邑。"

鄉 1. xiāng 許良切，平，陽韻，曉。陽部。

❶古代地方基層組織之一，後指縣以下的農村行政單位。説文："鄉，國離邑，民所封鄉也。"王筠句讀："離邑者，猶言離宫别館。古國亦謂之邑，此則離於國之邑也。民所封鄉者，民自爲之封域，不似建國立城，出於上所相度也。"論語雍也："以與爾鄰里～黨乎！"何晏集解："鄭曰：五家爲鄰，五鄰爲里，萬二千五百家爲鄉，五百家爲黨。"國語齊語："五家爲軌，軌爲之長；十軌爲里，里有司；四里爲連，連爲之長；十連爲～，～有良人焉。"舊唐書食貨志上："百户爲里，五里爲～。"宋史袁燮傳："合保爲都，合都爲～，合～爲縣。"引申泛指城市以外的地區，鄉村。莊子胠篋："闔四竟之内，所以立宗廟社稷，治邑屋州閭～曲者，曷嘗不法聖人哉？"大戴禮記曾子立事："嗜酤酒，好謳歌，巷遊而～居者乎？"又引申爲故鄉，家鄉。漢鼂錯論貴粟疏："不農則不地著，不地著則離～輕家。"世説新語賢媛："臣之～人，臣所知也。"泛指地方，處所。詩商頌殷武："維女荆楚，居國南～。"毛傳："鄉，所也。"

2. xiàng 集韻許亮切，音向，去，漾韻，曉。陽部。

❷面對着，面向。這個意義又作"向"、"嚮"。左傳僖公三十三年："秦伯素服郊次，～師而哭。"荀子非相："～則不若，偝則謾之。"楊倞注："鄉讀爲向。"引申爲趨向，方向。國語周語上："阜其財求而利其器用，明利害之～。"韋昭注："鄉，方也。"荀子成相："武王怒，師牧野，紂卒易～啟乃下。"楊倞注："易鄉，回面也。謂前徒倒戈攻于後…鄉讀爲向。"又引申爲面臨，臨近。詩小雅庭燎："夜如何其？夜～晨。"朱熹注："鄉晨，近曉也。"❸通"向"。窗户。儀禮士虞禮："祝從，啟牖～如初。"鄭玄注："鄉牖一名也。"賈公彦疏："北牖名鄉，鄉亦是牖。故云牖一名也。"禮記明堂位："復廟，重檐，刮楹，達～。"鄭玄注："鄉，牖屬，謂夾户窗也，每室八窗爲四達。"❹從前，往時。這個意義又作"曏"、"向"、"嚮"。論語顔淵："～也，吾見夫子而問知。"釋文："鄉，又作曏，同。"荀子儒效："周公無天下矣。～有天下，今無天下，非擅也。"楊倞注："鄉，讀爲向。下同。擅與禪同，言非禪讓與成王也。"用在非真實的情况時，句子帶有假設的意味。漢書五行志下："～亡桓公，星遂至地，中國其良絶矣。"顔師古注："鄉讀曰嚮。"

3. xiǎng 正字通音享。

❺享用，享受。墨子尚賢中："以上事天，則天～其德。"孫詒讓閒詁："鄉當讀爲享。"漢書文帝紀："夫以朕之不德，而專～獨美其福，百姓不與焉，是重吾不德也。"按，"鄉"本"饗"字，分别字"饗"行，享用義一般不再作"鄉"。羅振玉增訂殷虚書契考釋："此字皆象饗時賓主相饗嚮之狀，即饗字也。古公卿之卿、鄉黨之鄉、饗食之饗，皆爲一字，後世析而爲三。"❻通"響"。回聲。漢書董仲舒傳："夫善惡之相從，如景～之應形聲也。"顔師古注："鄉讀曰響。"又爲聲響，聲音。漢書嚴助傳："故遣兩將屯於境上，震威武，揚聲～。"顔師古注："鄉讀曰響。"

［辨］鄰，里，鄉，閭。見"鄰"字條。

十　畫

鄗 1. hào 胡老切，音昊，上，晧韻，匣。宵部。

❶春秋晉邑，戰國屬趙。西漢爲侯國，東漢改名高邑。故址在今河北高邑縣、柏鄉縣一帶。説文："鄗，常山縣。世祖所即位，今爲高邑。"左傳哀公四年："國夏伐晉，取邢、任、

欒、～、逆時、陰人、盂、壺口。”杜預注：“鄗，即高邑縣也。”史記趙世家：“三年，城～。”㊁周武王的都城。又作“鎬”。故地在今陝西西安市西。國語周語上：“杜伯射王於～。”韋昭注：“鄗，鄗京也。”荀子王霸：“湯以亳，武王以～，皆百里之地也。”㊂春秋齊地。又作“蒿”。故地在今山東蒙陰縣西北。公羊傳桓公十五年：“公會齊侯于～。”釋文：“穀梁作蒿。”㊃通“郊(jiāo)”。春秋晉地。故地在今山西南部。史記秦本紀：“取王官及～，以報殽之役。”唐張守節正義：“鄗，音郊。左傳作郊。”㊄通“郊(jiāo)”。城外，城郊。馬王堆漢墓帛書戰國縱横家書朱己謂魏王章：“與趙兵決於邯鄲之～，氏(是)知伯之過也。”按，戰國策魏策三作“郊”。

2. qiāo 口交切，音敲，平，肴韻，溪。宵部。

㊅山名。在今河南滎陽縣境。左傳宣公十二年：“晉師在敖～之間。”杜預注：“敖、鄗二山在滎陽縣西北。”

鄐 chù 丑六切，入，屋韻，徹。覺部。

春秋晉邑。故地在今河南温縣附近。說文：“鄐，晉邢侯邑。”段玉裁注：“當云晉雍子邑，許筆誤也。”左傳襄公二十六年：“雍子奔晉，晉人與之～。”杜預注：“鄐，晉邑。”又，昭公十四年：“晉邢侯與雍子争～田。”

鄍 míng 莫經切，音冥，平，青韻，明。耕部。

春秋虞地，後屬晉。故地在今山西平陸縣東北。說文：“鄍，晉邑也。”左傳僖公二年：“冀爲不道，入自顛軨，伐～三門。”杜預注：“鄍，虞邑也。”

鄑 jìn 集韻即刃切，音晉，去，稕韻，精。真部。

㊀春秋魯地。故地在今山東汶上縣以南一帶。說文：“鄑，宋、魯間地。”春秋莊公十一年：“公敗宋師于～。”杜預注：“鄑，魯地。”㊁春秋紀邑，後屬齊。故地在今山東昌邑縣西北。春秋莊公元年：“齊師遷紀郱、～、郚。”杜預注：“齊欲滅紀，故徙其三邑之民而取其地。”

鄏 rù 而蜀切，入，燭韻，日。屋部。

〔郟鄏〕古地名。亦作“郟”，參見“郟”字條。周朝的東都，即雒邑。故地在今河南洛陽市西。說文：“鄏，河南縣直城門官陌地也。”段玉裁注：“是則漢之河南縣，左傳之郟鄏也。”左傳宣公三年：“成王定鼎于郟鄏。卜世三十，卜年七百。”杜預注：“郟鄏，今河南也。”唐太宗述聖賦序：“引洛浦之通波，連郟鄏之餘址。”

鄖 yún 王分切，音云，平，文韻，喻三。文部。

㊀周代諸侯國名，也作“䢵”。春秋時爲楚所滅。故地在今湖北安陸市。說文：“鄖，漢南之國。”左傳桓公十一年：“～人軍於蒲騷。”杜預注：“鄖國在江夏，雲杜縣東南有鄖城。”㊁春秋衛邑。故地在今河南北部湯陰縣以南淇縣、滑縣、濮陽市一帶。左傳哀公十一年：“衛莊公復之，使處巢，死焉。殯於～，葬於少禘。”杜預注：“巢、鄖、少禘，皆衛地。”㊂春秋吴地。故地在今江蘇如皋縣東。春秋哀公十二年：“公會衛侯、宋皇瑗于～。”杜預注：“鄖，發陽也。廣陵海陵縣東南有發繇亭。”

鄒 zōu 側鳩切，平，尤韻，照二。侯部。

古國名。周武王所封，稱邾，也稱邾婁；戰國時改稱鄒，後爲楚所滅。故地在今山東鄒縣、費縣、滕州市一帶。說文：“鄒，魯縣，古邾國，帝顓頊之後所封。”段玉裁注：“周時或云鄒，或云邾婁者，語言緩急之殊也；周時作鄒，漢時作騶，古今字之異也。”孟子梁惠王下：“～與魯閧。”戰國策齊策五：“今大王之所從十二諸侯，非宋、衛也，則～、魯、陳、蔡，此固大王之所以鞭箠使也，不足以王天下。”

〔備考〕〔顔濁鄒〕人名。“鄒”音 jù。史記孔子世家：“孔子以詩書禮樂教，弟子蓋三千焉，身通六藝者七十有二人。如顔濁鄒之徒，頗受業者甚衆。”張守節正義：“鄒，音聚。”

郋 xī 相即切，音息，入，職韻，心。職部。

㊀古國名。西周分封的諸侯國，姬姓，春秋時爲楚所滅。故址在今河南息縣西南。説文：“郋，姬姓之國，在淮北。”今典籍中多作“息”。左傳隱公十一年：“～侯伐鄭。鄭伯與戰于竟。”釋文作“郋”，云：“音息，一本作息。”㊁春秋齊地。故地在今山東境。左傳哀公十年：“公會吴子邾子郯子伐齊南鄙，師于～。”杜預注：“郋，齊地。”

鄔 wū 哀都切，音烏，平，模韻，影。魚部。

㊀春秋晉地。故地在今山西介休縣東北。説文：“鄔，太原縣。”左傳昭公二十八年：“司馬彌牟爲～大夫。”杜預注：“鄔，太原鄔縣。”史記曹相國世家：“因從韓信擊趙相國夏説軍於～東。”裴駰集解引徐廣曰：“鄔縣在太原。”㊁春秋鄭地。故地在今河南偃師縣西南。左傳隱公十一年：“王取～、劉、蔿、邘之田于鄭。”杜預注：“二邑（鄔、劉）在河南緱氏縣，西南有鄔聚，西北有劉亭。”

十一畫

鄣 zhāng 諸良切，音章，平，陽韻，照三。陽部。

㊀春秋紀國的邊邑。故地在今江蘇贛榆縣境。説文：“鄣，紀邑也。”春秋莊公三十年：“秋，七月，齊人降～。”楊伯峻注：“鄣，當即昭十九年傳之紀鄣。紀鄣者，本紀國之鄣邑也。”㊁古郡名。秦置，漢爲故鄣，屬丹陽郡。故地在今浙江長興縣西南。漢書高帝紀下：“韓王信等奏請以故東陽郡、～郡、吴郡五十三縣立劉賈爲荆王。”顔師古注：“韋昭曰：‘鄣郡，今故鄣縣也。後郡徙丹陽，轉以爲縣，故謂之故鄣也。’”㊂縣名。東漢置，屬涼州隴西郡。今甘肅有鄣縣。後漢書郡國志五：“隴西郡：狄道、安故…～、河關。”北魏酈道元水經注渭水三：“渭水又東，逕～縣西，蓋隴西郡之～徙也。”又，後魏孝文帝分萬年置鄣縣。故地在今陝西臨潼縣西北。北魏酈道元水經注渭水三：“（白渠）又東逕～縣故城北，東南入渭。”㊃通“障（zhàng）”。阻擋，遮隔。國語周語下：“陂～九澤，豐殖九藪。”韋昭注：“鄣，防也。”禮記祭法：“鯀～鴻水而殛死，禹能脩鯀之功。”又爲保障，遮蔽。史記孔子世家：“且成，孟氏之保～。無成，是無孟氏也。”論衡率性：“起屋築牆以自～蔽。”㊄通“障（zhàng）”。屏障，指遮蔽用的屏風、布帷或防禦用的城堡。史記白起王翦列傳：“陷趙軍，取二～四尉。”司馬貞索隱：“鄣，堡城。”梁書周捨傳：“以荻爲～，壞亦不營。”㊅通“瘴（zhàng）”。瘴氣。三國志魏書公孫瓚傳：“日南～氣，或恐不還。”文選南朝宋鮑照苦熱行：“～氣晝熏體，菵露夜沾衣。”

［同源字］障，墇，鄣，嶂。見“障”字條。

鄘 yōng 餘封切，音庸，平，鍾韻，喻四。東部。

㊀古國名。周武王滅商，把紂的京城分成邶、鄘、衛三國。鄘爲京城以南的地區。故地在今河南汲縣境。漢鄭玄詩譜邶鄘衛譜：“自紂城而北謂之邶，南謂之～，東謂之衛。”指詩經十五國風之一的鄘風。左傳襄公二十九年：“爲之歌邶、～、衛。曰：美哉，淵乎！”㊁通“墉”。城，城牆。左傳昭公二十一年：“六月，庚午，宋城舊～及桑林之門而守之。”杜預注：“舊鄘，故城也。”釋文：“本亦作墉。”

鄜 fū 芳無切，音孵，平，虞韻，敷。幽部。

地名。漢置縣，屬左馮翊，後魏改爲鄜州，公元 1913 年改州爲縣，1964 年改爲富縣，屬陝西。説文：“鄜，左馮翊縣。”史記封禪書：“文公夢黄蛇自天下屬地，其口止於～衍。”司馬貞索隱：“鄜，地名，後爲縣，屬左馮翊。”唐杜甫月夜詩：“今夜～州月，閨中只獨看。”

鄠 hù 侯古切，音户，上，姥韻，匣。魚部。

地名。本古扈國，秦置鄠邑，漢置縣，屬右扶風。歷代因之，公元1964年改名户縣，今屬陝西。説文："鄠，右扶風縣名。"文選漢班固西都賦："商洛緣其限，～杜濱其足。"李善注："扶風有鄠縣、杜陽縣。"唐韓愈河南少尹李公墓誌銘："以課遷尉京兆～。"

鄢 yān 於乾切，平，仙韻，影。元部。

❶古地名。春秋楚國别都，秦置縣，屬南郡。漢初改宜城縣。在今湖北宜城縣西南。説文："鄢，南郡縣。"左傳昭公四年："遷賴於～。"杜預注："鄢，楚邑。"韓非子難一："楚兩用昭、景而亡～、郢。"❷古水名。也作"鄢"。在古鄢縣注入漢水，故名。即今湖北的蠻河。左傳桓公十三年："莫敖使徇于師曰：'諫者有刑。'及～，亂次以濟。"杜預注："鄢水，在襄陽宜城縣入漢。"❸周國名，春秋時爲鄭邑，隨後改名鄢陵。故地在今河南鄢陵縣。國語周語中："昔～之亡也由仲任。"韋昭注："鄢，妘姓之國。"春秋隱公元年："夏，五月，鄭伯克段于～。"杜預注："鄢，今潁川鄢陵縣。"春秋成公十六年："晉侯及楚子鄭伯戰于～陵。"杜預注："鄢陵，鄭地，今屬潁川郡。"

鄚 mò 慕各切，音莫，入，鐸韻，明。鐸部。

古地名。戰國趙邑，漢置縣，唐置鄚州，又改"鄚"爲"莫"。宋廢入任丘。故地在今河北任丘市北。説文："鄚，涿郡縣。"史記趙世家："五年，與燕～、易。"裴駰集解引徐廣曰："皆屬涿郡。鄚音莫。"宋王溥唐會要卷七一："景雲二年六月十四日，分瀛州置～州。開元十三年十二月初二日，以鄚、鄭文相似，始單用莫字。"

鄞 yín 語巾切，音銀，平，真韻，疑。文部。

地名。春秋越邑，漢置縣。即今浙江鄞縣。説文："鄞，會稽縣。"國語越語上："句踐之地，南至於句無，北至於禦兒，東至於～。"韋昭注："今鄞縣是也。"晉書孫楚傳附孫統："性好山水，乃自求爲～令。"

郪 qī 親吉切，音漆，入，質韻，清。質部。

❶春秋齊地。故地在今山東鄒縣境。説文："郪，齊地也。"典籍多作"漆"。春秋襄公二十一年："邾庶其以漆、閭丘來奔。"杜預注："二邑在高平南，平陽縣東北有漆鄉，西北有顯閭亭。"❷通"膝(xī)"。膝蓋。"膝"又作"厀"，"郪"、"厀"形近而通。史記范睢(雎)蔡澤列傳："～行蒲伏，稽首肉袒。"世説新語德行："文若亦小，坐箸～前。"

鄟 zhuān 職緣切，音專，平，仙韻，照三。元部。

古國名。春秋時魯附庸國，初被邾滅，魯復取之。故地在今山東郯城縣東北。春秋成公六年："二月辛巳，立武宫，取～。"杜預注："附庸國也。"

按，説文無鄟字。

鄝 liǎo 盧鳥切，音蓼，上，篠韻，來。幽部。

〔舒鄝〕春秋國名。故地在今安徽舒城縣南。説文："鄝，地名。"穀梁傳宣公八年："楚人滅舒鄝。"范甯集解："舒鄝音了，本又作蓼，國名也。"

鄘 cuó 昨何切，平，歌韻，從。魚部。

古縣名。又作"酇"。故地在今河南永城縣西南。説文："鄘，沛國縣。今酇縣。"漢書地理志上："沛郡…縣三十七：相，龍亢…酇…"顔師古注："此縣本爲鄘…中古以來借'酇'字爲之耳，讀皆爲鄘。"章炳麟訄書儒法："仲舒之決事比，援附經讖，有事則有例，比於～侯九章，其文已冗，而其例已枝。"按，鄘侯即酇侯，指漢蕭何。

鄤 màn 集韻莫半切，音漫，去，换韻，明。元部。

春秋鄭地。故地在今河南滎陽縣境。左傳成公三年："鄭公子偃帥師禦之，使東鄙覆諸～，敗諸丘輿。"杜預注："鄤、丘輿，皆鄭地。”

按，説文無鄓字。

鄙 bǐ方美切，集韻補美切，上，旨韻，幫。之部。

❶周代行政區劃單位之一。説文：“鄙，五酇爲鄙。”周禮地官遂人：“五家爲鄰，五鄰爲里，四里爲酇，五酇爲～，五～爲縣，五縣爲遂。”吕氏春秋孟夏紀：“命司徒循行縣～。”高誘注：“縣，二千五百家也。鄙，五百家也。”引申爲采邑，諸侯分封給卿大夫、子弟的食邑。周禮天官大宰：“以八則治都～。”鄭玄注：“都之所居曰鄙…都鄙，公卿大夫之采邑，王子弟所食邑在畿内者。”又地官泉府：“都～從其主，國人郊人從其有司。”賈公彦疏：“云都鄙者可兼大小都及家邑。”又爲邊邑，邊遠地區。左傳隱公元年：“既而大叔命西～北～貳於己。”杜預注：“鄙，鄭邊邑。”公羊傳莊公十九年：“冬，齊人、宋人、陳人伐我西～。”何休注：“鄙者，邊垂之辭。”也指郊外，遠郊。國語齊語：“昔者聖王之治天下也，參其國而伍其～。”韋昭注：“鄙，郊以外也。”唐韓愈次鄧州界詩：“商顔暮雪逢人少，鄧～春泥見驛賒。”用作動詞。作爲邊邑。左傳僖公三十年：“越國以～遠，君知其難也。”杜預注：“設得鄭以爲秦邊邑，則越晉而難保。”又宣公十四年：“過我而不假道，～我也。～我，亡也。”杜預注：“以我比其邊鄙，是與亡國同。”❷質樸，鄙陋。左傳莊公十年：“肉食者～，未能遠謀。”論語子罕：“有～夫問於我，空空如也。”邢昺疏：“言設有鄙賤之夫來問於我，其意空空然。”又用作謙辭，謙稱自己。戰國策齊策一：“客曰：～臣不敢以死爲戲。”史記司馬相如列傳：“今割齊民以附夷狄，弊所恃以事無用，～人固陋，不識所謂。”❸輕視，看不起。書大誥：“天降威，知我國有疵，民不康，曰：‘予復！’反～我周邦。”周秉鈞易解：“鄙，鄙視。”左傳昭公十六年：“我皆有禮，夫猶～我。”杜預注：“鄙，賤也。”

［辨］①鄙，啚。説文分“啚”、“鄙”爲二，以“啚”爲啚嗇字，以“鄙”爲都鄙字。其實甲骨金文中都鄙字均作“啚”，“鄙”是“啚”的後起字。

②都，郊，野，鄙。見“都”字條。

鄘 1. pěng普等切，上，等韻，滂。蒸部。

❶古國名。故址在今内蒙古自治區呼和浩特市西。穆天子傳卷一：“天子西征，至于～人。”郭璞注：“鄘，國名。”

2. péi薄回切，音陪，平，灰韻，並。蒸部。

❷古地名。故址在今陝西户縣。説文：“鄘，右扶風鄠鄉…讀若陪。”宋羅泌路史國名紀己三：“～，蘇林、廣韻爲薄回切，云鄉名，在右扶風。”按，讀如“陪”是掉了鼻韻尾，由陽聲字轉化成陰聲字。

鄡 qiāo苦幺切，平，蕭韻，溪。宵部。

古縣名。漢置鄡縣，東漢改爲鄡縣。故址在今河北辛集市東南。説文：“鄡，鉅鹿縣。”後漢書光武紀：“光武擊銅馬於～。”李賢注：“縣名，屬鉅鹿郡。”

鄛 cháo鉏交切，音巢，平，肴韻，牀二。宵部。

〔鄛鄉〕古地名。故址在今河南新野縣。説文：“鄛，南陽棘陽鄉。”（依段玉裁注本）後漢書鄭衆傳：“帝念衆功美，封爲鄛鄉侯。”

十二畫

鄯 shàn常演切，音善，上，獮韻，禪。元部。

〔鄯善〕古西域國名。原名樓蘭，漢昭帝時改稱鄯善，魏晉因之。隋置鄯善郡，唐以後没入沙漠，清置鄯善縣。故址在今新疆鄯善縣東南。説文：“鄯，鄯善，西胡國也。”漢書西域傳上：“從鄯善傍南山北，波河西行至莎車，爲南道。”後漢書西域傳：“自敦煌西出玉門、陽關，涉鄯善，北通伊吾千餘里。”隋書地理志上：“鄯善郡，統縣二：顯武，濟遠。”清史稿地理志二三新疆：“吐魯番直隸廳…領縣一：鄯善。”

鄭 zhèng 直正切,去,勁韻,澄。耕部。

❶周代諸侯國名。周宣王封季弟友於西都畿内鄭邑,故址在今陝西華縣西北;平王東遷,鄭國徙於溱洧之上,是爲新鄭,即今河南新鄭縣。説文:“鄭,京兆縣,周厲王子友所封。宗周之滅,鄭徙溱洧之上,今新鄭是也。”左傳隱公三年:“故周～交質,王子狐爲質於～,～公子忽爲質於周。”戰國策西周策:“宛恃秦而輕晉,秦飢而宛亡。～恃魏而輕韓,魏攻蔡而～亡。”姚宏注:“韓哀侯滅亡鄭。”指春秋戰國時鄭國的詩歌音樂。左傳襄公二十九年:“爲之歌～,曰:‘美哉!其細已甚,民弗堪也。是其先亡乎?’”引申指與雅樂相反的“淫靡之音”。三國魏曹植當事君行詩:“朱紫更相奪色,雅～異音聲。”又用作謂詞,形容樂歌淫靡。南朝梁劉勰文心雕龍樂府:“詩聲俱～,自此階矣。”周振甫注:“詩聲俱鄭,詩歌和聲樂俱淫靡。”❷〔鄭重〕雙聲聯緜字。頻繁,反復多次。漢書王莽傳中:“改元初始,欲以承塞天命克厭上帝之心,然非皇天所以鄭重降符命之意。”北齊顔之推顔氏家訓勉學:“此事徧於經史,吾亦不能鄭重,聊舉近世切要,以啟寤汝爾。”引申爲殷勤,熱情周到(後起義)。唐白居易庾順之以紫霞綺遠贈以詩答之詩:“千里故人心鄭重,一端香綺紫氛氲。”又爲嚴肅認真(晚起義)。朱子語類卷九一:“大抵前輩禮數,極周詳鄭重。”

鄰 lín 力珍切,平,真韻,來。真部。

❶古代最基層的居民組織單位。時地不同,户數有多有少。説文:“鄰,五家爲鄰。”尚書大傳卷四:“古者處師,八家爲～,三～而爲朋。”舊唐書職官志二:“四家爲～,五～爲保。”❷鄰居,住處接近的人家。左傳昭公三年:“非宅是卜,唯～是卜。”吕氏春秋去尤:“他日復見其～之子,動作態度,無似竊鈇者。”泛指鄰近的事物。左傳僖公三十年:“焉用亡鄭以倍～?～之厚,君之薄也。”戰國策楚策四:“禍與福相貫,生與亡爲～。”❸靠近,鄰近。左傳襄公二十九年:“～於善,民之望也。”孔穎達疏:“鄰,近也。”文選漢班固東都賦:“殊方别區,界絶而不～。”❹通“燐”。燐火。列子天瑞:“羊肝化爲地臯,馬血之爲轉～也。”張湛注:“説文作粦,又作粦,皆鬼火也。”❺〔鄰鄰〕本作“轔轔”。形容許多車行進的聲音。詩秦風車鄰:“有車鄰鄰,有馬白顛。”

[備考]㊀指帝王的近臣。書益稷:“欽四～。”僞孔傳:“四近,前後左右之臣。”㊁堅實,緊密。管子水地:“夫玉,温潤以澤,仁也;～以理者,知也。”清王念孫讀書雜志引王引之曰:“鄰,堅貌也。聘義曰:‘縝密以栗,知也。’鄭注:‘栗,堅貌。’荀子法行篇曰:‘縝栗而理,知也。’栗與鄰,一聲之轉。”㊂通“吝(lìn)”。吝嗇。大戴禮記保傅:“賜與侈於近臣,～愛於疏遠卑賤。”孔廣森補注:“鄰,讀若孟氏易‘以往遴’,古字假借,以遴爲吝,又轉爲鄰。”

[辨]鄰,里,鄉,閭。這一組詞都與人羣聚居的區劃有關。“鄰”是最小的聚居點,比鄰而居,牆連屋接,一般稱“五家爲鄰”,其實户數可有多寡。“里”是比“鄰”高一級的居民組織單位,是自有牆垣、大門的封閉式住宅區,所謂“五鄰爲里”也只是一種説法,户數的伸縮比“鄰”更大。“鄉”是較大的聚居區,與“邑”相近,本指國都近郊的居民聚居區,後指縣以下的農村行政單位。“閭”本指聚居區“里”的大門,後也作爲“里”的代稱,所以“閭里”、“鄉閭”可以連用。

鄫 zēng (舊讀 céng)疾陵切,音繒,平,蒸韻,從。蒸部。

❶周諸侯國,春秋滅於莒,後屬齊。隋唐曾設鄫州。故址在今山東棗莊市東南。説文:“鄫,姒姓國,在東海。”春秋襄公六年:“莒人滅～。”又,僖公十四年:“夏,六月,季姬及～子遇于防,使～子來朝。”杜預注:“鄫國,今琅邪鄫縣。”❷春秋鄭附庸國。故址在今河

南睢縣東南。春秋襄公元年:"仲孫蔑會齊崔杼、曹人、邾人、杞人,次于～。"杜預注:"鄫,鄭地。在陳留襄邑縣東南。"

鄩 xún 徐林切,音尋,平,侵韻,邪。侵部。

㊀古地名。春秋周邑。故地在今河南鞏縣西南。說文:"鄩,周邑也。"左傳昭公二十三年:"二師圍郊。癸卯,郊、～潰。"杜預注:"河南鞏縣西南有地名鄩中。郊、鄩二邑,皆子朝所得。"㊁古國名。姒姓。故址在今山東濰坊市境。明張煌言懷古詩之二:"澆、浞既迭生,～、灌且並滅。"又作"斟鄩"。竹書紀年帝相:"二十七年,澆伐斟鄩,大戰于濰,覆其舟,滅之。"

鄪 bì 兵媚切,去,至韻,幫。物部。

春秋魯邑。也作"費"。在今山東費縣境。史記魯周公世家:"釐公元年,以汶陽～封季友。"司馬貞索隱:"鄪,或作'費'。同音祕。"春秋、論語都作"費"。

[備考]春秋國名。漢劉向説苑尊賢:"魯人攻～,曾子辭於～君曰:'請出,寇罷而後復來。'"向宗魯校證:"此鄪君或以爲即魯之季氏,或以爲即滑國。"

按,説文無鄪字。

鄧 dèng 徒亘切,去,嶝韻,定。蒸部。

㊀古諸侯國名。春秋時爲楚所滅,爲楚邑。秦置鄧縣。即今河南鄧縣。説文:"鄧,曼姓之國,今屬南陽。"左傳桓公七年:"春,穀伯、～侯來朝。"孔穎達疏:"以穀、鄧是南方諸侯,近楚小國,明以辟陋小國,故賤之也。"史記秦本紀:"大良造白起攻楚,取鄢～,赦罪人遷之。"張守節正義:"鄢、鄧二城並在襄州。"㊁春秋蔡地,後屬楚。故址在今河南郾城縣東南。春秋桓公二年:"蔡侯鄭伯會于～。"杜預注:"潁川召陵縣西南有鄧城。"㊂春秋魯地。故址在今山東汶河以南、運河以北地區。左傳隱公十年:"公會齊侯、鄭伯于中丘,癸丑,盟于～,爲師期。"杜預注:"鄧,魯地。"㊃戰國魏邑。故地在今河南孟縣西南。史記秦本紀:"十六年,左更錯取軹及～。"張守節正義引括地志:"故軹城在懷州濟源縣東南十三里,故鄧城在懷州河陽縣西三十一里,並六國時魏邑也。"

鄨 bì 必袂切,音蔽,去,祭韻,幫。月部。

古縣名。西漢爲犍爲郡治所,東漢屬牂牁郡。故地在今貴州遵義市西。説文:"鄨,牂牁縣。"漢書地理志上:"温水南至～入黚水,黚水亦南至～入江。"北魏酈道元水經注延江水:"延江水出犍爲南廣縣,東至牂牁～縣。"

鄲 dān 都寒切,音單,平,寒韻,端。元部。

㊀〔邯鄲〕見"邯"字條。㊁通"但(dàn)"。副詞,表範圍,只,僅。法言淵騫:"～聞以德詘人矣,未聞以德詘於人也。"

[備考]漢侯國名,屬沛郡。隋置鄲縣,屬淮陽郡。故址在今河南鄲城縣。史記高祖功臣侯者年表:"～,中元年,封緤子康侯應元年。"司馬貞索隱:"緤子紹封鄲。案:漢志屬沛郡,如淳引闞駰州志音多。"舊音"多"是掉了陽聲韻尾-n的緣故,是歌元對轉的例證。今"鄲城"仍音"單"。

鄱 pó 薄波切,音婆,平,戈韻,並。歌部。

〔鄱陽〕地名。春秋爲楚番邑,秦置番縣,漢改鄱陽縣。公元1957年改波陽縣。在今江西東北部。説文:"鄱,鄱陽,豫章縣。"史記高祖本紀:"漢將别擊布洮水南北,皆大破之,追得,斬布鄱陽。"又東越列傳:"及諸侯畔秦,無諸、摇率越歸鄱陽令吴芮,所謂鄱君者也,從諸侯滅秦。"也指鄱陽湖(後起義)。我國現在最大的淡水湖,古稱彭蠡、彭澤,隋改今名。在長江南岸江西北部。清史稿地理志一三江西:"饒州府…縣七:鄱陽…鄱陽湖西南,鄱江匯焉。"

[備考]漢縣名。讀pí。故址在今山東滕州市境。史記太史公自序:"鄉射鄒、嶧,戹困

～、薛、彭城，過梁、楚以歸。"裴駰集解引徐廣曰："鄱，音皮。鄒、鄱、薛三縣屬魯。"

鄬 wéi 薳支切，音爲，平，支韻，喻三。歌部。

古地名。春秋鄭邑。故址在今河南魯山縣境。說文："鄬，地名。"春秋襄公七年："公會晉侯、宋公、陳侯、衛侯、曹伯、莒子、邾子于～。"杜預注："鄬，鄭地。"唐劉元濟經廬嶽迴望江州想洛陽有作詩："雲霞散吴會，風波騰～都。"

鄦 xǔ 虚吕切，音許，上，語韻，曉。魚部。

周代諸侯國。後作"許"。故地在今河南許昌市東南。說文："鄦，炎帝太嶽之胤甫侯所封，在潁川。"史記鄭世家："悼公元年，～公惡鄭於楚。"裴駰集解引徐廣曰："鄦，音許。許公，靈公也。"左傳成公五年作"許靈公"。

鄮 mào 莫候切，音貿，去，候韻，明。幽部。

古縣名。秦置，隋廢。故址在今浙江鄞縣東。說文："鄮，會稽縣。"漢書地理志上："會稽郡…縣二十六：吴…～、富春、冶、回浦。"晉陸雲答車茂安書："（秦始皇）鄉東觀滄海，遂御六軍南巡狩，登稽嶽，刻文石，身在～縣三十餘日。"

十 三 畫

鄳 méng 武庚切，集韻眉耕切，音甿，平，庚韻，明。蒸部。

古縣名。本春秋楚之冥阸地，漢置鄳縣。故址在今河南羅山縣西南。說文："鄳，江夏縣。"三國志蜀書費禕傳："費禕，字文偉，江夏～人也。"晉書桓温傳附孟嘉："孟嘉，字萬年，江夏～人。"

鄵 cào 七到切，去，号韻，清。宵部。

春秋鄭地。故址在今河南新鄭縣至魯山縣之間。春秋襄公七年："鄭伯髡頑如會，未見諸侯。丙戌，卒于～。"杜預注："鄵，鄭地。"

按，說文無鄵字。

鄴 yè 魚怯切，音業，入，業韻，疑。葉部。

春秋齊邑，戰國魏都，秦置縣，歷代常作郡治或國都，北宋以後併入臨漳縣。故址在今河北臨漳縣西南。說文："鄴，魏郡縣。"戰國策魏策三："今大王收秦而攻魏，寡人請以～事大王。"韓非子外儲説左下："臣昔者不知所以治～，今臣得矣，願請璽，復以治～。"

鄶 kuài 古外切，音膾，去，泰韻，見。月部。

西周諸侯國。春秋初年被鄭武公所滅，爲鄭地。故城在今鄭州市南。說文："鄶，祝融之後，妘姓所封。潧、洧之間，鄭滅之。"國語鄭語："是其子男之國，虢、～爲大。"左傳僖公三十三年："文夫人斂而葬之～城之下。"杜預注："鄶城，故鄶國，在熒（滎）陽密縣東北。"

指詩經十五國風之一的檜風。左傳襄公二十九年："爲之歌陳。曰：'國無主，其能久乎？'自～以下，無譏焉。"杜預注："鄶第十三，曹第十四。言季子聞此二國歌不復譏論之，以其微也。"按，後以"鄶下無譏"、"鄶下"表示微不足道。

十 四 画

鄸 mèng 莫鳳切，音夢，去，送韻，明。蒸部。

古地名。春秋曹邑。故址在今山東菏澤市。春秋昭公二十年："夏，曹公孫會自～出奔宋。"杜預注："鄸，曹邑。"

按，說文無鄸字。

鄹 zōu 側鳩切，音鄒，平，尤韻，照二。侯部。

春秋魯地。孔子鄉邑。又作"郰"。故地在今山東曲阜縣東南。論語八佾："孰謂～人之子知禮乎？"何晏集解："孔曰：鄹，孔子父叔梁紇所治邑。"

按，說文鄹作郰。

十 五 画

鄺 kuàng（舊讀 guǎng）古晃切，上，蕩韻，

見。

姓。玉篇邑部："鄽，姓。出廬江縣。"明史鄽塈傳："～塈，字孟質，宜章人。"

按，説文無鄽字。

鄽 chán 直連切，音纏，平，仙韻，澄。元部。

同"廛"。居住的房舍，市肆的邸舍。管子五輔："闗幾而不征，市～而不税。"尹知章注："鄽，市中置物處。"文選南朝宋袁淑效曹子建樂府白馬篇："籍籍闗外來，車徒傾國～。"李善注："鄭玄禮記注曰：鄽，市物邸舍也。"

按，説文鄽作廛。

鄾 yōu 於求切，音憂，平，尤韻，影。幽部。

春秋鄧地，古鄾子國。後併於楚。故址在今湖北襄樊市北、河南鄧州市南。説文："鄾，鄧國地也。"左傳桓公九年："楚子使道朔將巴客以聘於鄧，鄧南鄙～人，攻而奪之幣。"杜預注："鄾在今鄧縣南、沔水之北。"又哀公十八年："巴人伐楚，圍～。"杜預注："鄾，楚邑。"

十七畫

酃 líng 郎丁切，音零，平，青韻，來。耕部。

㊀古縣名。漢置，屬長沙國。晉廢。故址在今湖南衡陽市東南。説文："酃，長沙縣。"漢書地理志上："桂陽郡…縣十一：郴…耒陽；舂山，舂水所出，北至～入湖。"三國志吴書吕蒙傳："近者破樊本屯，救～。"㊁縣名。南宋時析原茶陵縣地置。即今湖南酃縣，東面鄰接江西井岡山市。宋史地理志四："嘉定四年，析康樂、雲陽、常平三鄉置～縣。亦嘗隸衡州。"又曹彦約傳："彦約乃督諸將逼賊巢而屯，擊破李新於～、洣。"

十八畫

酅 xī 户圭切，音巂，平，齊韻，匣。支部。

㊀春秋紀邑，後屬齊。故地在今山東青州市西北。説文："酅，東海之邑。"段玉裁注："前志云'甾川國，後并北海'。疑許當云'北海之邑'。"春秋莊公三年："秋，紀季以～入于齊。"杜預注："酅，紀邑，在齊國東安平縣。"國語齊語："西至于濟，北至于河，東至于紀～。"韋昭注："紀，故紀侯之國。酅，紀季之邑，已入於齊也。"㊁春秋齊地。在今山東東阿縣南。春秋僖公二十六年："齊人侵我西鄙，公追齊師，至～。"杜預注："齊北穀城縣西有地，名酅下。"

［備考］春秋衛國丘陵名。故址當在今河南范縣南。左傳僖公二十八年："楚師背～而舍，晉侯患之。"杜預注："酅，丘陵險阻名。"孔穎達疏："蓋所舍之處有丘陵名酅，其處有險阻也。"

酆 fēng 敷隆切，音豐，平，東韻，敷。冬部。

㊀古地名。本商代崇侯虎邑，周文王滅崇曾都于此。後爲武王弟的封國。也作"豐"。故址在今陝西户縣東。説文："酆，周文王所都，在京兆杜陵西南。"左傳僖公二十四年："管、蔡、郕、霍…畢、原、～、郇，文之昭也。"杜預注："酆國在始平鄠縣東。"史記匈奴列傳："武王伐紂而營雒邑，復居于～、鄗。"又爲水名，也作"灃"。在今陝西户縣境。文選漢司馬相如上林賦："～、鎬、潦、潏，紆餘委蛇，經營乎其内。"李善注："張揖曰：酆水出鄠縣南山酆谷，北入渭。"㊁通"豐"。豐盛，豐富。論衡須頌："漢德～廣，日光海外也。"又明雩："轉穀賑贍，損～濟耗。"

十九畫

酈 1.lì 郎擊切，音歷，入，錫韻，來。錫部。

㊀春秋楚邑，秦置縣。故址在今河南南陽市西北。説文："酈，南陽縣。"史記楚世家："楚之故地漢中、析、～可得而復有也。"漢書高帝紀上："遇番君别將梅鋗，與偕攻析、～，皆降。"㊁姓。史記高祖本紀："乃以～食其爲廣野君，～商爲將。"

2. lí 呂支切,音鸝,平,支韻,來。支部。

㊂春秋魯地。春秋僖公元年:"冬十月,壬午,公子友帥師敗莒師于~,獲莒挐。"杜預注:"酈,魯地也。"按,公羊傳作"犂",穀梁傳作"麗"。今地無考。

酇 1. zàn 則旰切,音贊,去,翰韻,精。元部。

㊀周代的一種基層居民組織。説文:"酇,百家爲酇。"周禮地官遂人:"五家爲鄰,五鄰爲里,四里爲~,五~爲鄙。"又地官司徒:"~長,每~中士一人。"㊁古縣名。漢置,南朝梁廢。故址在今湖北老河口市西北。説文:"酇…南陽有酇縣。"史記蕭相國世家:"高祖以蕭何功最盛,封爲~侯,所食邑多。"裴駰集解:"文穎曰:'音贊。'瓚曰:'今南鄉酇縣也。孫檢曰"有二縣,音字多亂。其屬沛郡者音嵯,屬南陽者音讚"。按茂陵書,蕭何國在南陽,宜呼讚。今多呼嵯,嵯舊字作鄌,今皆作酇,所由亂也。'"三國志吴書吴主傳:"南陽陰、~、筑陽、山都、中廬五縣民五千家來附。"按,一説蕭何初封在沛,宜音 cuó。

2. cuó 集韻才何切,平,戈韻,從。歌部。

㊂古縣名。本作"鄌"。秦置縣,屬沛郡。故地在今河南永城縣西南。史記陳涉世家:"攻銍、~、苦、柘、譙,皆下之。"裴駰集解引徐廣曰:"苦、柘屬陳,餘皆在沛也。"

酉 部

[酉部總論]

西部的字,大都與酒有關。主要有三類:

(一)名詞。1. 有各種酒的名稱。例如:醴 醪 醽 醅 2. 有與酒相類似的飲料名。例如:酥 酪 醍醐 3. 還有與飲食相關的調味品。例如:醯 酢 醢 醬

(二)動詞。1. 有的表示嗜酒、飲酒的各種行動。例如:酖 酗 酌 醉

2. 有的表示製造酒醴的各種行爲。例如:醖 釀 酘 釃

(三)少數的形容詞,形容酒的味道或醉的狀態。例如:醇 醲 酩 酊

(四)只有少數幾個字與酒的關係比較遠。例如:醫 釁 醃 醭

(五)與酒完全無關的只有一個"醜"字,這是因爲"酉"是它的聲符,按文字學的部首"醜"本在鬼部,鬼部字少被取消,"醜"混雜到了酉部,自然與酒無關。

酉 yǒu 與久切,上,有韻,喻四。幽部。

㊀十二地支的第十位。與十天干相配,構成六十花甲,用以記日。漢代以後,又用以紀年。甲骨文合集一〇〇八五版:"辛~卜,穷貞:皋年于河。"左傳昭公二十二年:"十一月乙~,王子猛卒。"又爲十二時辰之一,相當于十七時至十九時。唐杜甫遭田父泥飲美嚴中丞詩:"朝來偶然出,自卯將及~。"唐白居易和寄問劉白詩:"吟哦不能散,自午將及~。"㊁成熟,老。説文:"酉,就也。八月黍成,可爲酎酒。"史記律書:"~者,萬物之老也。"釋名釋天:"酉,秀也。秀者,物皆成也。"㊂通"酒(jiǔ)"。睡虎地秦墓竹簡秦律田律:"百姓居田舍者毋敢醢~。"馬王堆漢墓帛書春秋事語:"縣鍾而長飲~。"

[備考]蓄水的池塘(後起義)。宋陳造房

陵詩之三:"詞壇歌舞雜嗟吁,下～猶濡上～枯。"

二　畫

酋 qiú 自秋切,平,尤韻,從。幽部。

❶陳酒。説文:"酋,繹酒也。禮有大酋,掌酒官也。"段玉裁注:"繹酒,謂日久之酒。"周禮天官酒正"昔酒"鄭玄注:"昔酒,今之酋。久白酒,所謂舊醳者也。"又指掌管酒的官。禮記月令仲冬之月:"乃命大～,秫稻必齊,麴蘖必時。"鄭玄注:"大酋,酒官之長也。"亦指掌酒的女奴。墨子天志下:"婦人以爲舂、～。"清王念孫讀書雜志:"據此,則酒官謂之酋者,以其掌酒也。然則女奴之掌酒者,亦得謂之酋矣。"❷酋長,部落的首領(後起義)。文選晉左思吴都賦:"儋耳黑齒之～,金鄰象郡之渠。"李善注引劉逵曰:"酋、渠,皆豪帥也。"文選南朝宋顔延年三月三日曲水詩序:"卉服之～,回面受吏。"❸終結,完成。詩大雅卷阿:"豈弟君子,俾爾彌爾性,似先公～矣。"毛傳:"酋,終也。"漢書叙傳上:"説難既～,其身乃囚。"❹通"遒"。近,短。周禮考工記廬人:"～矛常有四尺,夷矛三尋。"鄭玄注:"酋、夷,長短名。酋之言遒也,酋近夷長也。"

[備考]聚集。漢揚雄太玄玄圖:"陰～西北,陽尚東南。"范望注:"酋,聚也。"

酊 dǐng 都挺切,音頂,上,迥韻,端。耕部。

〔酩酊〕見"酩"字條。

按,説文無酊字,新附有之。

三　畫

酒 jiǔ 子酉切,上,有韻,精。幽部。

用糧食或水果發酵製成的飲料。詩大雅既醉:"既醉以～,既飽以德。"書酒誥:"罔敢湎于～。"用作動詞。喝酒。孟子離婁上:"今惡死亡而樂不仁,是猶惡醉而强～。"韓非子説林上:"常～者,天子失天下,匹夫失其身。"泛指酒席,酒筵。史記趙世家:"燕王命相栗腹約歡趙,以五百金爲趙王～。"清平山堂話本西湖三塔記:"兩個青衣女童,安排～來。少頃,水陸畢陳。"

酎 zhòu 直祐切,音宙,去,宥韻,澄。幽部。

反復多次釀成的醇酒。説文:"酎,三重醇酒也。"左傳襄公二十二年:"見於嘗～,以執燔焉。"杜預注:"酒之新熟重者爲酎。"禮記月令孟夏之月:"是月也,天子飲～,用禮樂。"鄭玄注:"酎之言醇也,謂重釀之酒也。"

[備考]㊀釀酒(後起義)。玉篇:"酎,釀也。"唐韓偓雪中過重湖信筆偶題詩:"旗亭臘～踰年熟,水國春寒向晚多。"㊁一種嘗酎的祭祀。史記孝文本紀:"高廟～,奏武德、文始、五行之舞。"裴駰集解引張晏曰:"正月旦作酒,八月成,名曰酎。酎之言純也。至武帝時,因八月嘗酎會諸侯廟中,出金助祭,所謂'酎金'也。"又平準書:"至～,少府省金,而列侯坐酎金失侯者百餘人。"裴駰集解引如淳曰:"或曰,至嘗酎飲宗廟時,少府視其金多少也。"

酏 yí 弋支切,音移,平,支韻,喻四。歌部。

❶古代一種米酒。説文:"酏,黍酒也。"吕氏春秋重己:"其爲飲食～醴也,足以適味充虚而已矣!"❷稀粥。周禮天官酒正:"辨四飲之物,一曰清,二曰醫,三曰漿,四曰～,掌其厚薄之齊。"鄭玄注:"酏,今之粥。"禮記内則:"饘～酒醴芼羹菽麥蕡稻黍粱秫,唯所欲。"釋文:"酏,薄粥也。"

配 pèi 滂佩切,去,隊韻,滂。微部。

❶匹配,配合。詩大雅文王:"殷之未喪師,克～上帝。"鄭箋:"殷自紂父之前,未喪天下之時,皆能配天行,故不忘也。"易繫辭上:"廣大～天地,變通～四時。"孔穎達疏:"以易道廣大配合天地,大以配天,廣以配地。"又爲匹敵,媲美。書君牙:"對揚文武之光命,追～于前人。"楚辭漢王逸九思:"～稷契兮恢

唐功，嗟英俊兮未爲雙。”特指婚配。左傳隱公八年：“陳鍼子送女，先～而後祖。”唐李白感興八首之六：“安得～君子，共乘雙飛鸞。”㊁配偶，指丈夫或妻子。後來多指妻子。詩大雅皇矣：“天立厥～，受命既固。”鄭箋：“天既顧文王，又爲之生賢妃。”宋梅堯臣元日詩：“豈意未幾年，中路苦失～。”㊂分配，分派（後起義）。晉書殷仲堪傳：“割此三郡，～隸益州。”宋書毛修之傳：“及父瑾爲譙縱所殺，高祖表爲龍驤將軍，～給兵力，遣令奔赴。”引申爲調配（晚起義）。元陶宗儀南村輟耕録黄道婆：“至於錯紗～色，綜綫挈花，各有其法。”㊃配享，祭祀時附帶被祭。公羊傳宣公三年：“郊則曷爲必祭稷？王者必以其祖～。”何休注：“配，配食也。”禮記明堂位：“祀帝于郊，～以后稷，天子之禮也。”引申爲陪伴，輔助。文選漢王延壽魯靈光殿賦：“乃立靈光之祕殿，～紫微而爲輔。”唐杜甫四松詩：“我生無根蒂，～爾亦茫茫。”仇兆鰲注：“言我身不能常伴此松。”㊄發配，充軍（後起義）。唐王昌齡箜篌引詩：“瘡病驅來～邊州，仍披漠北羔羊裘。”唐杜甫敬祭族弟唐十八使君詩：“除名～清江，厥土巫峽鄰。”㊅够得上，相當（晚起義）。紅樓夢四九回：“這一件衣裳也只～他穿；别人穿了，實在不～。”清文康兒女英雄傳一回：“也不是旗人必不～點那狀元、榜眼、探花。”

［同源字］配，妃。在上古二字雙聲兼叠韻，只有介音和聲調的區别；又都有匹配、配偶的意義，字可通假。它們是同源關係。説文：“配，酒色也。从酉，己聲。”段玉裁注：“己非聲也，當本是妃省聲，故叚爲妃字，又别其音。”段玉裁是對的。“己聲”音義都難通。

酌 zhuó 之若切，音灼，入，藥韻，照三。藥部。

㊀斟酒勸飲。説文：“酌，盛酒行觴也。”詩周南卷耳：“我姑～彼金罍，維以不永懷。”孟子告子上：“～則誰先？曰：先～鄉人。”泛指斟酒或飲酒（斟酒自飲）。禮記檀弓下：“杜蕢入寢，歷階而升，～，曰：‘曠飲斯。’又～，曰：‘調飲斯。’又～，堂上北面自飲之。”三國魏吴質答東阿王書：“對清酤而不～，抑嘉肴而不享。”又指代酒。禮記曲禮下：“酒曰清～。”唐李白陪族叔當塗宰遊化城寺升公清風亭詩：“茗～待幽客，珍盤薦彫梅。”也指代酒器，酒杯。儀禮有司徹：“宰夫洗觶以升，主人受～，降，酬長賓于西階南，北面。”鄭玄注：“古文酌爲爵。”楚辭戰國宋玉招魂：“華～既陳，有瓊漿些。”㊁舀取。詩大雅泂酌：“泂～彼行潦，挹彼注兹。”唐王勃滕王閣序：“～貪泉而覺爽，處涸轍以猶歡。”㊂斟酌，考慮取捨。左傳成公六年：“子爲大政，將～於民者也。”杜預注：“酌，取民心以爲政。”禮記坊記：“上～民言，則下天上施。”鄭玄注：“酌，猶取也。取衆民之言以爲政，則得民心。”

［備考］古代樂舞名。詩周頌酌序：“～，告成大武也，言能酌先祖之道以養天下也。”

［辨］斟，酌。“斟”、“酌”都是從一個容器中舀取酒注入另一容器。一般“斟”是用斗，“酌”是用勺；斗大勺小，“酌”一般是舀酒注入飲器，“斟”往往是舀酒注入貯酒器。“斟”的工具較大，舀取的不限於酒，也可以是羹湯等别的液體；“酌”的對象很少不是酒的。

［同源字］勺，酌。見“勺”字條。

四　畫

酖 1. dān 丁含切，音耽，平，覃韻，端。侵部。

㊀嗜酒。説文：“酖，樂酒也。”尉繚子治本：“焉有喧呼～酒以敗善類乎？”

2. zhèn 古今韻會舉要直禁切，音鴆。侵部。

㊁毒酒。也作“鴆”。左傳僖公三十年：“甯俞貨醫，使薄其～，不死。”史記吕不韋列傳：“吕不韋自度稍侵，恐誅，乃飲～而死。”用作動詞。用毒酒害人。左傳莊公三十二年：

“成季使以君命命僖叔,待于鍼巫氏,使鍼季～之。”史記吕太侯本紀:“王有所愛姬,王后使人～殺之。”

[辨]①酖,鴆。“酖”本來是嗜酒,迷戀酒,“鴆”是有毒的鳥。兩字音義俱異。傳説鴆羽有劇毒,古人用它浸製毒酒,也叫做“鴆”。因爲是酒,也有人寫作“酖”,讀作zhèn,於是“酖”、“鴆”相通了。但是表示嗜酒、迷戀義時,只能用“酖”,它與“耽”是同源字,可以互通;表示毒鳥義時只能用“鴆”。

②酗,酌,酖。見“酗”字條。

[同源字]耽,湛,媅,酖。見“耽”字條。

酓 1. yǎn 於琰切,上,琰韻,影。侵部。

㊀酒味苦。説文繫傳:“酓,酒味苦也。”㊁通“檿”。柞樹,即檿桑。史記夏本紀:“萊夷爲牧,其篚～絲。”司馬貞索隱:“是蠶食檿之絲也。”書禹貢作“厥篚檿絲”。

2. yǐn 集韻於錦切,上,寑韻,影。

㊂同“飲”。集韻:“歙,説文:‘歠也。’或从食,古作酓。”㊃窨,密閉。清方以智物理小識飲食:“(作酒麯法)麯和成甄,置～二七,暴之爲麯。”

酗 xù 香句切,音煦,去,遇韻,曉。侯部。

酗酒,没有節制地喝酒,喝醉後撒酒瘋。書微子:“我用沈～于酒,用亂敗厥德于下。”釋文:“以酒爲凶曰酗。”論衡語增:“賜尊者之前,三觴而退;過於三觴,醉～生亂。”

[辨]酗,酌,酖。“酗”和“酌”是異體字,説文作“酌”,但典籍中多作“酗”,今規範作“酗”。“酗”和“酖”都是嗜好酒,見了酒就要喝;但是“酖”只表示飲者對酒的態度,以飲酒爲樂,迷戀飲酒活動;“酗”卻重在表示飲者的行動,見了酒就没節制地喝,直到喝醉了撒酒瘋。

酕 máo 莫袍切,音毛,平,豪韻,明。

〔酕醄〕叠韻聯緜字。大醉的樣子。唐姚合閑居遣懷詩之六:“遇酒酕醄飲,逢花爛熳看。”西遊記五回:“吃勾了多時,酕醄醉了。”

按,説文無酕字。

酘 dòu 徒候切,音豆,去,候韻,定。

㊀酒再釀。抱朴子内篇金丹:“猶一～之酒,不可以方九醖之醇耳。”北魏賈思勰齊民要術造神麯并酒等:“冬釀,六七～;春釀,八九～。”㊁酒後不適,再飲以解宿酲(晚起義)。元曲選無名氏硃砂擔第一折:“前面有一個小酒務兒,再買幾碗～他一～。”又無名氏殺狗勸夫第二折:“咋日上墳處多吃了幾鍾酒,不自在。兩個兄弟,咱今日往謝家樓上再置酒席,與我～一～去來。”

五 畫

酡 tuó 徒河切,音駝,平,歌韻,定。歌部。

形容酒後臉紅。楚辭戰國宋玉招魂:“美人既醉,朱顔～些。”王逸注:“酡,著也。言美女飲啗醉飽,則面著赤色而鮮好也。”唐白居易與諸客空腹飲詩:“促膝纔飛白,～顔已渥丹。”後泛指臉紅(晚起義)。明湯顯祖紫釵記花朝合卺:“顔～春暈顯,花月好難眠。”水滸全傳五三回:“蒼然古貌,鶴髮～顔。”

按,説文無酡字。

酣 hān 胡甘切,平,談韻,匣。談部。

飲酒盡興,酒喝得很暢快。説文:“酣,酒樂也。”戰國策趙策三:“平原君乃置酒,酒～,起前以千金爲魯連壽。”吕氏春秋樂成:“魏襄王與羣臣飲,酒～,王爲羣臣祝,令羣臣皆得志。”泛指盡興,暢快,行動進入高潮。韓非子十過:“～戰之時,司馬子反渴而求飲,豎穀陽操觴酒而進之。”抱朴子外篇君道:“先～遊而後聽斷,數苦役而疎犒賜。”引申形容事物的狀態旺盛、濃烈(後起義)。唐皇甫湜傷獨孤賦:“何事業之始～,而志力之方剛。”宋陸游郫縣道中思故里詩:“江路灘聲壯,雲停雪意～。”

[辨]醉,酣,酲。見“醉”字條。

［同源字］甘，酣。見"甘"字條。

酤 1. gū 古胡切，音姑，平，模韻，見。魚部。

❶酒。説文："酤，一宿酒也。"詩商頌烈祖："既載清～，賚我思成。"毛傳："酤，酒。"唐李白大獵賦："於是享獵徒，封勞苦。軒行炰，騎酌～。"王琦注："酤，一宿酒也。"❷買酒。説文："一曰買酒也。"詩小雅伐木："有酒湑我，無酒～我。"鄭箋："酤，買也。"韓非子外儲説右上："或使僕往～莊氏之酒，其狗齕人，使者不敢往。"

2. gū 古暮切（舊讀 gù）去，暮韻，見。魚部。

❸賣酒。墨子迎敵祠："舉屠～者，置廚給事，弟之。"孫詒讓閒詁："蘇云：酤與沽通，賣酒也。"韓非子外儲説右上："宋人有～酒者，升概甚平，遇客甚謹，爲酒甚美。"

［同源字］沽，酤，賈。見"沽"字條。

酟 tiān 集韻他兼切，音添，平，沾韻，透。談部。

摻和，調味。論衡別通："甘酒醴不～飴蜜，未爲能知味也。"文選晉張協七命："燀以秋橙，～以春梅。"吕向注："酟，和也。"

按，説文無酟字。

䣢 cú 正字通叢無切，音徂。魚部。

［䣢䤁］叠韻聯緜字。味美的飲料。古文苑漢王褒僮約："沃不酪，住䣢䤁。"章樵注："䣢䤁，亦美漿醍醐之屬。"

按，説文無䣢字。

醠 àng 集韻於浪切，去，宕韻，影。陽部。

同"醠"。一種用糯米、黄米等釀制的酒。淮南子説林："清～之美，始於耒耜。"（據道藏本。諸子集成本作"醠"。）明朱有燉義勇辭金第一折："滿斟玉液葡萄釀，高擎春色珍珠～。"

按，説文醠作醠。

酢 1. cù 集韻蒼故切，音醋，去，莫韻，清。鐸部。

❶一種調味的酸味液體，後來寫作"醋"。説文："酢，醶也。"段玉裁注："酢，本截漿之名，引申之凡味酸者皆謂之酢…今俗皆用'醋'，以此爲醻酢字。"急就篇卷三："酸鹹～淡辨濁清。"顔師古注："大酸謂之酢。"隋書酷吏傳崔弘度："寧飲三升～，不見崔弘度。"

2. zuò 在各切，音作，入，鐸韻，從。鐸部。

❷客人向主人回敬酒。詩大雅行葦："或獻或～，洗爵奠斝。"鄭箋："進酒於客曰獻，客答之曰酢。"荀子樂論："至于衆賓，升受，坐祭，立飲，不～而降。"泛指回報，報答。詩小雅楚茨："報以介福，萬壽攸～。"毛傳："酢，報也。"宋陸游書感詩："對客輒坐睡，有問莫能～。"❸報祭，謝神的祭祀。書顧命："盥以異同，秉璋以～。"孔穎達疏："酢訓報也，故報祭曰酢。"

［辨］①醋，酢，醯，酸。見"醋"字條。

②酬，醻，醋，酢。見"酬"字條。

酥 sū 素姑切，音蘇，平，模韻，心。

❶酪類，用牛羊乳製成的食品。即酥油。北史真臘國傳："飲食多～酪沙糖，秔粟米餅。"唐韓愈早春呈水部張十八員外詩之一："天街小雨潤如～，草色遥看近卻無。"❷鬆脆的食品（晚起義）。宋蘇軾戲劉監倉求米粉餅詩之二："已傾潘子錯著水，更覓君家爲甚～。"❸酥軟，酥鬆（晚起義）。宋陸游病思詩之一："水碓舂粳滑勝珠，地爐燔芋軟始～。"西遊記二八回："小的們，都出去把那山上燒～了的碎石頭與我搬將起來堆著。"

［備考］酒的别名（晚起義）。宋竇苹酒譜異域酒："天竺國謂酒爲～，今北僧多云般若湯。"清魏源村居雜興呈筠谷從兄詩之十："明春娶兒婦，更釀百甕～。"

按，説文無酥字。

酗 xù 香句切，音煦，去，遇韻，曉。侯部。

同"酗"。酗酒，醉酒撒酒瘋。説文："酗，醉醬也。"漢書趙充國傳："湯數醉～羌人，羌人反畔。"顔師古注："酶，即醄字也。醉怒曰酶。"漢王延壽王孫賦："瑣陋～以迷醉，矇眠睡而無知。"

［辨］醄，酶，酖。見"醄"字條。

六　畫

截 zài 昨代切，音載，去，代韻，從。之部。

酢。説文："截，酢（cù）漿也。"漢書食貨志下："除米麴本價，計其利而什分之，以其七入官，其三及醩～灰炭給工器薪樵之費。"顔師古注："截，酢漿也。"

酭 yòu 于救切，音佑，去，宥韻，喻三。之部。

報答。又作"侑"。唐韓愈南山詩："斐然作歌詩，惟用贊報～。"

［備考］通"醢（hǎi）"。肉醬。馬王堆漢墓帛書十大經正亂："腐其骨肉，投之苦～。"

按，説文無酭字。

酬 chóu 市流切，平，尤韻，禪。幽部。

同"醻"，也作"酧"。㊀客人向主人祝酒後，主人再向客人進酒。説文："醻，主人進客也。酬，醻或从州。"儀禮鄉飲酒禮："主人實觶～賓。"賈公彦疏："恐賓不飲，示忠信之道，故先自飲，乃飲賓，爲酬也。"淮南子主術："觴酌俎豆～酢之禮，所以效善也。"㊁酬報，報答。左傳昭公二十七年："爲惠已甚，吾無以～之。"杜預注："酬，報獻。"唐李白走筆贈獨孤駙馬詩："長揖蒙垂國士恩，壯心剖出～知己。"引申爲償付，報酬。儀禮士冠禮："主人～賓，束帛儷皮。"鄭玄注："飲賓客而從之以財貨曰酬。"北史陽休之傳："監臨之官出行，不得過百姓飲食。有者，即數錢～之。"㊂酬對，贈答。漢張衡思玄賦："有無言而不～兮，又何往而不復。"三國魏嵇康與山巨源絶交書："素不便書，又不喜作書，而人間多事，堆案盈机，不相～答。"㊃實現志願（後起義）。三國魏曹丕典論奸讒："其言既～，福亦隨之。"唐李頻春日思歸詩："壯志未～三尺劍，故鄉空隔萬重山。"

［辨］酬，醻，醋，酢。"酬"、"醻"是異體字，説文以"酬"爲又體，但古籍中除詩經外，大多作"酬"，今規範作"酬"。"酬"、"酢"原本用作互相敬酒的專名。在宴會上，主人向客人敬第一杯酒叫"獻"，客人回敬主人時叫"醋（zuò）"，主人再回敬客人稱"酬"。據説文"客酌主人"本作"醋"，而"酢"本是指調味的酸味液體（醋 cù）；但是典籍中兩字卻易了位，"酢"多用作酬酢，而"醋"則多指酸的調味品。"醋"、"酢"古音很接近。

［同源字］詶，譸，酬，醻，酧。見"詶"字條。

酩 mǐng 莫迥切，上，迥韻，明。耕部。

〔酩酊〕叠韻聯緜字。形容大醉，醉得迷迷糊糊。説文新附："酩，酩酊，醉也。"漢焦贛易林井之師："醉客酩酊，披髮夜行。"晉書山簡傳："日夕倒載歸，酩酊無所知。"

按，説文無酩字，新附有之。

酪 lào（舊讀 luò）盧各切，入，鐸韻，來。鐸部。

㊀用牛、羊、馬的乳汁做成的半凝固的食品。説文新附："酪，乳漿也。"漢書西域傳下："穹廬爲室兮旃爲牆，以肉爲食兮～爲漿。"元薩都剌上京即事詩之三："牛羊散漫落日下，野草生香乳～甜。"也指用果實做成的糊狀食品。漢書食貨志上："又分遣大夫謁者教民煮木爲～。"顔師古注："如淳曰：作杏酪之屬也。"㊁醋。禮記禮運："以亨以炙，以爲醴～。"鄭玄注："酪，酢截。"楚辭大招："鮮蠵甘鷄，和楚～只。"王逸注："酪，酢截也。"

七　畫

酵 jiào 古孝切，去，效韻，見。

含有酵母的有機物，用來釀酒、製醬、發麵等。北魏賈思勰齊民要術養羊："若去城中遠，無熟酪作～者，急揄醋飧，研熟以爲～。"宋朱肱北山酒經上："用～四時不同，寒即多用，温即減之。"

按，説文無酵字。

酺 pú 薄胡切，音蒲，平，模韻，並。魚部。

❶古代官府特許的表示歡慶的聚會飲酒。説文："酺，王德布，大歙酒也。"史記秦始皇本紀："五月，天下大～。"張守節正義："天下歡樂大飲酒也。"漢書文帝紀："朕初即位，其赦天下，賜民爵一級，女子百户牛酒，～五日。"顔師古注："文穎曰：'漢律，三人以上無故羣飲酒，罰金四兩，今詔横賜得令會聚飲食五日也。'"❷古人認爲能給人災害的一種神。周禮地官族師："春秋祭～亦如之。"鄭玄注："酺者，爲人物烖害之神也。"

酲 chéng 直貞切，音程，平，清韻，澄。耕部。

病酒，醉酒後頭腦昏沉、身體困乏的狀態。説文："酲，病酒也。"詩小雅節南山："憂心如～，誰秉國成？"毛傳："病酒曰酲。"晏子春秋内篇諫上："景公飲酒，～，三日而後發。"

［辨］醉，酣，酲。見"醉"字條。

酹 lèi 盧對切，去，隊韻，來。月部。

把酒灑在地上表示祭奠。説文："酹，餟祭也。"漢書外戚傳下孝元傅昭儀："爲人有材略，善事人，下至宫人左右，飲酒～地，皆祝延之。"顔師古注："酹，以酒沃地也。"唐李白山人勸酒詩："舉觴～巢由，洗耳何獨清。"

酴 tú 同都切，音途，平，模韻，定。魚部。

❶酒麯。説文："酴，酒母也。"宋朱肱北山酒經："醞釀須～米偷酸。"❷酒名，俗稱酒釀。唐許渾天竺寺題葛洪井詩："仍聞釀仙酒，此水過瓊～。"❸〔酴醿〕準叠韻聯緜字。酒名。也作"酴醾"、"酴醿"。新唐書李絳傳："帝入謂左右曰：'絳言骨骾，真宰相也。'遣使者賜酴醿酒。"唐佚名輦下歲時記："新進士則于月燈閣置打毬之宴，或賜宰臣以下酴醾酒，即重釀酒也。"唐賈至春思詩之二："紅粉當爐弱柳垂，金花臘酒解酴醿。"又作花名，以其色似酴醿酒。宋司馬光三月三十日微雨偶成詩："實相錦鋪架，酴醿雪擁簷。"宋陸游東陽觀酴醿詩："福州正月把離杯，已見酴醿壓架開。"

酸 suān 素官切，平，桓韻，心。元部。

❶醋。説文："酸，酢也。關東謂酢曰酸。"楚辭戰國宋玉招魂："大苦鹹～，辛甘行些。"蔣驥注："酸，醋也。"❷像醋一樣的氣味或味道。書洪範："炎上作苦，曲直作～。"孔穎達疏："木生子實，其味多酸。"韓非子八説："～甘鹹淡，不以口斷，而決於宰尹，則廚人輕君而重於宰尹矣。"❸辛酸，悲痛（後起義）。晉陸機感時賦："矧余情之含瘁，恒覩物而增～。"唐韓愈八月十五夜贈張功曹詩："君歌聲～辭且苦，不能聽終淚如雨。"❹寒酸，迂腐（晚起義）。宋蘇軾約公擇飲詩："要當啖公八百里，豪氣一洗儒生～。"宋陸游客自鳳州來詩："會須一洗儒～態，獵罷南山夜下營。"❺酸痛，因疲勞或疾病引起的微痛無力的感覺。也作"痠"。素問長刺節論："病在骨，骨重不可舉，骨髓～痛。"樂府詩集隴頭流水歌辭："山高谷深，不覺脚～。"

［辨］醋，酢，醯，酸。見"醋"字條。

酷 kù 苦沃切，入，沃韻，溪。覺部。

❶酒味濃烈。説文："酷，酒厚味也。"文選三國魏曹植七啟："於是盛以翠樽，酌以彫觴，浮蟻鼎沸，～烈馨香。"宋吴文英夢窗詞西子粧："流水麴塵，艷陽～酒。"泛指氣味濃烈。文選漢司馬相如上林賦："芬芳漚鬱，～烈淑郁。"李善注引郭璞曰："香氣盛也。"唐温庭筠病中書懷呈友人詩："蘂多勞蝶翅，香～墜蜂鬚。"❷殘酷，暴虐。韓非子顯學："今上急耕田墾草，以厚民産也，而以上爲～。"漢鼂錯賢良文學對策："刑罰暴～，輕絶人命。"❸慘痛，悲苦（後起義）。三國志魏書鄧艾傳："昔秦民憐白起之無罪，吴人傷子胥之冤～，皆爲立祠。"魏書崔浩傳贊："何斯人而遭斯～，悲夫！"❹副詞。極，程度深的（後起義）。世説新語賢媛："陶公少有大志，家～貧，與母湛氏同居。"晉書何無忌傳："何無忌，劉牢之

之甥，～似其舅。”

醑 yìn 羊晉切，音胤，去，震韻，喻四。真部。

古代宴會時的一種禮節，食畢用酒漱口。禮記樂記：“天子袒而割牲，執醬而饋，執爵而～。”孔穎達疏：“謂食訖天子親執爵而醑口也。”漢書賈山傳：“親執醬而餽，執爵而～。”顏師古注：“醑者，少少飲酒，謂食已而蕩口也。”用作使動，獻酒使少飲或漱口。儀禮士昏禮：“贊洗爵，酌，～主人，主人拜受。”鄭玄注：“醑，漱也。”又，特牲饋食禮：“主人洗角升，酌～尸，尸拜受。”

按，説文無醑字。

八　畫

醇 chún 常倫切，音純，平，諄韻，禪。文部。

❶酒味濃厚。也作“醕”。説文：“醇，不澆酒也。”史記曹相國世家：“至者，參輒飲以～酒。”文選三國魏嵇康琴賦：“蘭肴兼御，旨酒清～。”李善注：“醇，厚也。”❷淳樸，質樸。也作“淳”。淮南子氾論：“古者人～工龐，商樸女重。”高誘注：“醇，厚，不虚華也。”宋蘇軾濁醪有妙理賦：“酒勿嫌濁，人當取～。”❸通“純”。純粹，不攙雜别的成份。書説命中：“惟厥攸居，政事惟～。”僞孔傳：“其所居行皆如所言，則王之政事醇粹。”漢書食貨志上：“自天子不能具～駟，而將相或乘牛車。”顏師古注：“醇，不雜也。無醇色之駟，謂四馬雜色也。”

[備考]味道淳正濃厚的酒（後起義）。唐段成式酉陽雜俎酒食：“酪、截、醇，漿也。”宋方岳别蒙侄詩：“老夫本無侶，嗜書如嗜～。”

[同源字]淳，醇，純。見“淳”字條。

醅 pēi 芳杯切，集韻鋪枚切，音胚，平，灰韻，滂。之部。

❶醉飽。見説文。❷未過濾的米酒（後起義）。唐杜甫客至詩：“盤飧市遠無兼味，樽酒家貧只舊～。”唐白居易問劉十九詩：“緑蟻新～酒，紅泥小火爐。”

醉 zuì 將遂切，去，至韻，精。物部。

❶飲酒過量，失去自持，直至神志不清。説文：“醉，卒也，卒其度量，不至於亂也。一曰潰也。”詩大雅既醉：“既～以酒，既飽以德。”左傳僖公二十三年：“姜與子犯謀，～而遣之。醒，以戈逐子犯。”❷沉迷，過份愛好。莊子應帝王：“列子見之而心～。”唐宋之問送趙六貞固詩：“目斷南浦雲，心～東郊柳。”❸用酒泡制的（晚起義）。清李漁閒情偶寄飲饌蟹：“甕中取～蟹，最忌用燈。”清吴敬梓儒林外史二八回：“季恬逸點了一賣肘子、一賣板鴨、一賣～白魚。”

[辨]醉，酣，酲。三字都表示飲酒的量和飲後的生理、心理狀態。“醉”是飲酒過量，喝到失去自持，甚至神志不清，失去知覺；“酣”則表示酒喝到盡興的時候，要醉未醉，恰到好處，身心感到很暢快；“酲”也是飲酒過量，但是它不是表示飲後的醉態，而是着重反映醉後的病態。

醋 1. zuò 集韻疾各切，音作，入，鐸韻，從。鐸部。

❶客人向主人回敬酒。説文：“醋，客酌主人也。”段玉裁注：“諸經多以酢爲醋，唯禮經尚仍其舊，後人醋酢互易。”儀禮士虞禮：“祝酌授尸，尸以～主人。”鄭玄注：“醋，報。”又有司徹：“賓受爵，易爵于篚，洗酌～于主人。”

2. cù 倉故切，去，暮韻，清。鐸部。

❶一種調味的酸味液體，本作“酢”。北魏賈思勰齊民要術作酢法：“酢，今醋也。”宋沈括夢溪筆談譏謔：“有一士人遺人～梅與燖鵝，作書云：‘～浸曹公一甏，湯燖右軍兩隻，聊備一饌。’”用作動詞，表示味道酸。北魏賈思勰齊民要術黄衣黄蒸及糵：“六月中，取小麥，淨淘訖，於甕中以水浸之令～。”唐白居易東院詩：“老去齒衰嫌橘～，病來肺渴覺茶香。”❸比喻忌妒（晚起義）。紅樓夢二一回：

"他防你使得,你～他使不得,他不籠絡着人,怎麽使唤呢?"

[辨]①醋,酢,醓,酸。這四個字都指稱調味的酸味液體,今稱"醋"。"醋"原爲酬酢的用字,讀 zuò;"酢"本酸醋的用字,讀 cù。後來互易,它們是同詞異字。"醓"在先秦常用,"醋"、"酢"多見於漢代以後。"酸"最初也指稱"醋",大概是個方言詞,後來泛指像醋一樣的味道、氣味。

②酬,醻,醋,酢。見"酬"字條。

醂 lǎn 盧感切,上,感韻,來。

把柿子放在熱水或石灰水中浸泡,除去澀味。玉篇:"醂,藏柹(柿)也。"明徐光啟農政全書樹藝果部上:"～柿:水一甕,置柿其中,數日即熟,但性冷。亦有鹽藏者,有毒。"

按,説文無醂字。

醃 yān 央炎切,音淹,平,鹽韻,影。

用鹽等調味品浸漬食物。北魏賈思勰齊民要術作魚鮓:"食經作蒲鮓法:取鯉魚二尺以上,削淨治之。用米三合,鹽二合,～一宿,厚與糝。"宋朱敦儒樵歌中朝中措詞:"自種畦中白菜,～成甕裏黄齏。"

[備考]用同"腌"。〔醃臢〕臟,不乾淨。西遊記四四回:"有些醃臢臭氣,你休惡心。"

[同源字]淹,腌,醃。見"淹"字條。

按,説文無醃字。

醆 zhǎn 阻限切,上,産韻,照二。元部。

㊀酒杯。又作"琖"、"盞"。説文:"醆,爵也。"禮記禮運:"～斝及尸君,非禮也,是謂僭君。"鄭玄注:"醆、斝,先王之爵也。"唐韓愈上巳日燕太學聽彈琴詩序:"罇俎既陳,肴羞惟時,～斝序行,獻酬有容。"㊁白色濁酒,微清的濁酒。説文:"醆,一曰酒濁而微清也。"禮記禮運:"玄酒在室,醴～在户。"孔穎達疏:"醴謂醴齊,醆謂盎齊。"

[同源字]醆,醆,琖,盞。見"醆"字條。

醊 zhuì 陟衛切,音綴,去,祭韻,知。月部。

㊀連續祭祀。史記封禪書:"其下四方地,爲～食羣神從者及北斗云。"張守節正義引劉伯莊云:"謂繞壇設諸神祭座相聯綴也。"後漢書祭祀志上:"八陛,陛五十八～,合四百六十四～。"㊁祭祀時把酒澆在地上。漢曹操告涿郡太守令:"敬遣丞椽,修墳墓,並致薄～,以彰厥德。"後漢書王涣傳:"男女老壯皆相與賦斂,至奠～以千數。"

按,説文無醊字。

醄 táo 集韻徒刀切,音陶,平,豪韻,定。

〔酕醄〕見"酕"字條。

按,説文無醄字。

醁 lù 力玉切,音緑,入,燭韻,來。

美酒名。南朝梁王僧孺在王晉安酒席數韻詩:"何因送款款,伴飲杯中～。"唐李白敍舊贈江陽宰陸調詩:"多酤新豐～,滿載剡溪船。"〔醁醽〕美酒名,亦泛指美酒。唐李賀示弟詩:"醁醽今夕酒,緗帙去時書。"明陳大聲水仙子嘲風月曲:"引魂幡半方羅帕,迷魂湯是三杯醁醽。"也作"醽醁",參見"醽"字條。

按,説文無醁字。

九 畫

醅 yìn 集韻於禁切,音窨,去,沁韻,影。

用密閉發酵的方法製作食品。正字通:"醅與醃音别義通。凡物漬藏揜覆不泄氣者謂之醅。醅猶窨也。"宋呂頤浩新酒金橘寄李德升詩:"稻～初熟鵝兒色,金橘方包彈子新。"明田汝成炎徼紀聞蠻夷:"飲食惡草以喬灰和秫粥,釀爲臭瀋以魚肉雜物投之曰～。"

按,説文無醅字。

醓 tǎn 集韻他感切,上,感韻,透。侵部。

肉醬的汁。本作"肬"。詩大雅行葦:"～醢以薦,或燔或炙。"孔穎達疏:"蓋用肉爲醢,特有多汁,故以醓爲名。"周禮天官醢人:"朝事之豆,其實韭菹、～醢。"鄭玄注:"醓,肉汁也。”

［同源字］醓，肬，䀋。三字同音。說文分別“肬”、“䀋”，云：“肬，肉汁滓也。”“䀋，血醓也。”未收“醓”字。其實三字都指肉醬的汁，實同一詞。

醐 hú 户吴切，音湖，平，模韻，匣。

〔醍醐〕見“醍”字條。

按，說文無醐字，新附有之。

醎 xián 胡讒切，音咸，平，咸韻，匣。侵部。

同“鹹”。鹽味，味不淡。楚辭戰國宋玉招魂：“大苦～酸，辛甘行些。”王逸注：“醎，一作鹹。”戰國策楚策四：“晝游乎茂樹，夕調乎酸～。”用作動詞。用鹽醃漬。北魏賈思勰齊民要術種竹：“糜熱，須令冷，内竹筍～糜中一日。”明徐宏祖徐霞客遊記滇遊日記：“有生雞大如鵝…余愛之，命顧僕～爲臘雞。”

［備考］通“鹻（jiǎn）”。鹽鹵。魏書勿吉傳：“水氣～凝，鹽生樹上，亦有鹽池。”

按，說文醎作鹹，在鹵部。

䤄 miǎn 集韻彌兗切，音緬，上，獮韻，明。元部。

同“湎”。沉迷於酒，飲酒過度。淮南子脩務：“沈～耽荒，不可教以道，不可喻以德。”

按，說文䤄作湎，在水部。

醔 mú 莫胡切，平，模韻，明。侯部。

〔醔䤛〕叠韻聯緜字。榆子醬。說文：“醔，醔䤛，榆醬也。”段玉裁注：“榆醬，用榆人爲之。榆人者，榆子中人也。”楚辭大招“吴酸蒿蔞”漢王逸注：“或曰吴酸醔䤛。醔䤛，榆醬也。”北魏賈思勰齊民要術種榆白楊：“二月榆莢成，及青收乾以爲旨蓄，色變白，將落，可作醔䤛。”

醑 xǔ 私吕切，上，語韻，心。魚部。

㊀美酒。初學記卷二六引說文曰：“醑，旨酒也。”文選南朝宋謝靈運石門新營所住詩：“芳塵凝瑶席，清～滿金尊。”唐李白送別詩：“惜別傾壺～，臨分贈馬鞭。”㊁濾酒去滓。今本說文作“湑”。詩小雅伐木“有酒湑我”釋文：“湑，本又作醑…謂以茅泲之而去其糟也。”唐皮日休九夏歌昭雅：“既～既酢，爰輮爰舞。”

按，今本說文無醑字。

醍 1. tǐ 他禮切，上，薺韻，透。支部。

㊀一種淺紅色的清酒。說文新附：“醍，清酒也。”禮記禮運：“粢～在堂，澄酒在下。”唐柳宗元嶺南節度饗軍堂記：“羽鱗狸互之物，沈泛～盎之齊。”

2. tí 杜奚切，音提，平，齊韻，定。

㊁〔醍醐〕西域借詞。從酥酪中提制的奶油。涅槃經聖行品：“譬如從牛出乳，從乳出酪，從酪出生酥，從生酥出熟酥，熟酥出醍醐，醍醐最上。”唐元稹酬樂天江樓夜吟稹詩因成三十韻：“甘蔗銷殘醉，醍醐醒早眠。”佛教用以喻指佛性、智慧（後起義）。敦煌變文集維摩詰經講經文：“聞名之如露入心，共語似醍醐灌頂。”唐顧況行路難詩之二：“豈知灌頂有醍醐，能使清涼頭不熱。”又指美酒（後起義）。唐白居易將歸一絶詩：“更憐家醞迎春熟，一瓮醍醐迎我歸。”明徐復祚投梭記救女：“但願杯行無數，開懷暢飲醍醐。”

醒 xǐng 蘇挺切，上，迥韻，心。耕部。

㊀醉解，酒醉後恢復正常狀態。說文新附：“醒，醉解也。”左傳僖公二十三年：“姜與子犯謀，醉而遣之；～，以戈逐子犯。”國語魯語下：“醉而怒，～而喜，庸何傷？君其入也。”也指未醉。楚辭戰國屈原漁父：“舉世皆濁我獨清，衆人皆醉我獨～。”唐王績過酒家詩之二：“眼看人盡醉，何忍獨爲～。”㊁睡眠狀態結束，也指未入睡（後起義）。唐杜甫早發詩：“煩促瘴豈侵，頽倚睡未～。”韓愈東都遇春詩：“朝曦入牖來，鳥唤昏不～。”宋梅堯臣永叔贈酒詩：“一日復一夕，～目常不眠。”㊂清醒，覺悟。漢賈誼新書先醒：“故昭然先寤乎所以存亡矣，故曰先～。”論衡佚文：“陸賈說

以漢德,懼以帝威,心覺～悟,蹶然起坐。"

酴 tú 同都切,平,模韻,定。侯部。

〔醟酴〕叠韻聯緜字,參見"醟"字條。

醯 xī 呼雞切,平,齊韻,曉。支部。

同"醯"。醋。廣韻齊韻:"酢,味也。俗作'醯'。"戰國策東周策:"夫鼎者,非效～壺醬甀耳。"一本作"醯壺"。

按,說文醯作醯。

醙 sōu 息有切,上,有韻,心。今讀如搜。幽部。

同"醙"。白酒。"醙"在廣韻平聲尤韻,作所鳩切,今音從之。儀禮聘禮:"～黍清皆兩壺。"鄭玄注:"醙,白酒也。"宋朱肱酒經:"酒白謂之～。醙者壞飯也,醙者老也,飯老即壞飯,不壞則酒不甜。"

[同源字]醙,餿。"醙"字廣韻尤韻、有韻平、上兩收,字形分作"醙"、"醙",都釋作"白酒",實乃一詞。"醙"與"餿"同音,"餿"指飯食經久變味,稱作"醙"的白酒也是由米飯經久變味釀造而成的,二者音同義通,是同源關係。

按,說文無醙字。

十 畫

醡 zhà 集韻側駕切,音詐,去,禡韻,照二。

也作"榨"。❶榨酒。宋歐陽修秋晚凝翠亭詩:"嘉客日可攜,寒醅美新～。"宋楊萬里夜飲詩:"酒新今晚～,燭短昨宵餘。"❷榨酒的器具,榨牀。宋黄庭堅次韻楊君全送酒詩:"～頭夜雨排簷滴,盃面春風繞鼻香。"宋楊萬里新酒歌:"松槽葛囊纔上～,老夫脱帽先嘗新。"

按,說文無醡字。

醝 cuó 昨何切,音嵯,平,歌韻,從。

❶色白的清酒。明李時珍本草綱目穀部造釀類:"飲膳標題云:酒之清者曰釀…紅曰醍,緑曰醽,白曰醝。"晉張華輕薄篇詩:"蒼梧竹葉清,宜城九醖～。"宋書王玄謨傳:"爬醬調秋菜,白～解冬寒。"❷通"鹺"。鹽。唐陸羽茶經略:"瓢盌筴札,熱盂～簋。"明馮夢龍古今譚概販鹽:"滿船都載相公～,雖然要做調羹用。"

按,說文無醝字。

醟 mì 彌畢切,音蜜,入,質韻,明。質部。

❶酒全喝完。說文:"醟,飲酒俱盡也。"❷醬名,即榆子醬。廣雅釋器:"醟,醬也。"清王念孫疏證:"醶,擣榆醬也。醶與醟同。"唐段成式酉陽雜俎酒食:"醟、醨、酴、醖、醬,醬也。"

[備考]濁酒。明馮時化酒史酒考:"濁者曰醟,亦曰～。"

醟 yòng 爲命切,去,映韻,喻三。耕部。

❶酗酒。無節制地喝酒,醉後撒酒瘋。說文:"醟,酗也。"漢書叙傳下:"趙敬險詖,中山淫～。"顏師古注:"醟,酗酒也。"明郎瑛七修類稿義理類酒:"使酒曰酗,甚亂曰～。"❷淫亂。魏書司馬昌明傳:"而昌明弟會稽王道子任居宰相,昏～尤甚,狎昵諂邪。"遼史室昉耶律賢適等傳論:"景宗之世,人望中興,豈其勤心庶績而然,蓋承穆宗～虐之餘,爲善易見。"

醢 hǎi 呼改切,音海,上,海韻,曉。之部。

❶肉醬。說文:"醢,肉醬也。"詩大雅行葦:"醓～以薦,或燔或炙。"孔穎達疏引李巡曰:"以肉作醬曰醢。"周禮冬官梓人:"祭侯之禮,以酒脯～。"泛指醬類食物(後起義)。魏書高允傳:"於是遣使備賜御膳珍羞,自酒米至於鹽～百有餘品,皆盡時味。"❷剁成肉醬。左傳昭公二十九年:"龍一雌死,潛～以食夏后。"特指古代的暴刑。將人剁成肉醬。左傳莊公十二年:"宋人請孟獲于衛…亦請南宫萬于陳以賂。陳人使婦人飲之酒,而以犀革裹之,比及宋,手足皆見。宋人皆～之。"呂

氏春秋行論:“昔者紂爲無道,殺梅伯而～之。”

[辨]醬,醢,醓。見“醬”字條。

醠 àng 烏浪切,音盎,去,宕韻,影。陽部。

又作“醠”。濁酒。説文:“醠,濁酒也。”淮南子説林:“清～之美,始於耒耜。”宋梅堯臣送渭州劉太保詩:“千蹄使稚牛,百甕令設～。”

醖 yùn 於問切,音藴,去,問韻,影。文部。

❶釀酒。説文:“醖,釀也。”文選漢張衡南都賦:“酒則九～甘醴,十旬兼清。”三國魏曹植酒賦:“或秋藏冬發,或春～夏成。”❷指酒(後起義)。隋書孫萬壽傳:“宜城～始熟,陽翟曲新調。”宋陸游幽居雜題上巳詩:“名花紅滿舫,美～緑盈甌。”❸形容事物逐漸形成(晚起義)。宋陳與義題唐希雅畫寒江圖詩:“江頭雲黄天～雪,樹枝慘慘凍欲折。”明凌義渠代賀吴雲麓榮封序:“公蓋～百家之精,兼六朝秀,而一稟之。”

[辨]醖,釀。“醖”、“釀”原本都指造酒,後來又都可泛指酒,還都引申比喻事物逐漸形成,並可連用互訓,是關係密切的同義詞。它們的差别主要是來源不同。“釀”與“囊”、“瓤”等同源,都含有包容義,把造酒的原料、酒麯放進容器中製酒叫“釀”。“醖”與“温”、“藴”等同源,有長期儲藏的意思,因此正字通説:“醖,久釀也。”多次釀製或把釀好的酒窖藏起來使它的酒味醇厚叫“醖”。

醜 chǒu 昌九切,上,有韻,穿三。幽部。

❶惡,不好。説文:“醜,可惡也。”詩小雅十月之交:“日有食之,亦孔之～。”毛傳:“醜,惡也。”戰國策魏策二:“又必謂王曰使王輕齊,齊、魏之交已～,又且收齊以更索於王。”漢書項籍傳:“今盡王故王於～地,而王羣臣諸將善地。”又,認爲醜惡,認爲不好。左傳昭公二十八年:“惡直～正,實蕃有徒。”孔穎達疏:“以直爲惡,以正爲醜。”荀子榮辱:“人之有鬬,何哉?我甚～之。”引申爲恥辱,羞恥。莊子外物:“惠以歡爲驁,終身之～。”吕氏春秋恃君:“吾將死之,以～後世人主之不知其臣者也。”❷相貌難看,與“美”相對。莊子天運:“故西施病心而矉其里,其里之～人見而美之,歸亦捧心而矉其里。”史記滑稽列傳:“呼河伯婦來,視其好～。”❸類,同類。國語楚語下:“官有十～,爲億～。”韋昭注:“醜,類也。”北魏賈思勰齊民要術竹:“竹之～有四,有青苦者、白苦者、紫苦者、黄苦者。”引申爲類似。孟子公孫丑下:“今天下地～德齊。”又爲類比。禮記學記:“古之學者,比物～類。”鄭玄注:“醜,猶比也。”❹指惡人,多指敵人。詩小雅出車:“執訊獲～,薄言還歸。”鄭箋:“醜,衆也。”晉書陶侃傳:“無征不克,羣～破滅。”

[備考]指動物的肛門。禮記内則:“魚去乙,鼈去～。”鄭玄注:“醜謂鼈竅也。”

[辨]醜,惡,丑。“醜”和“惡”都有醜惡、相貌難看的意義。“醜”字在先秦主要用作醜惡義,相貌難看義主要用“惡”字表示。漢代以後“惡”字主要用作善惡、憎惡義,相貌難看義逐漸由“醜”所取代,而“醜”的醜惡義也漸衰亡不用。“醜”字今簡化作“丑”,古代“醜”“丑”音義都有别,是無關的兩個字。“丑”是地支的第二位,聲母、介音也與“醜”有别。

十一畫

醨 lí 吕支切,音離,平,支韻,來。歌部。

❶薄酒,味道淡的酒。説文:“醨,薄酒也。”文選戰國屈原漁父:“衆人皆醉,何不餔其糟而歠其～?”楚辭作“釃”。宋歐陽修答聖俞詩:“蟬聲漸已變秋意,得酒安問醇與～?”❷酒味薄(後起義)。新唐書食貨志四:“二年,復禁民酤,以佐軍費,置肆釀酒,斛收直三千,州縣總領,～薄私養者論其罪。”宋沈括夢溪筆談辯證一:“今酒之至～者,每秫一斛不過成酒一斛五斗。”引申泛指淡薄,不淳厚。

唐韓愈訟風伯："風伯之怒兮誰使？雲屏屏兮吹使～之。"唐皮日休請韓文公配饗太學書："文中子之末，降及貞觀開元，其傳者～，其繼者淺。"

醩 zāo 作曹切，音遭，平，豪韻，精。幽部。

同"糟"。㊀酒糟，做酒剩下的渣子。漢書食貨志下："以其七入官，其三及～截灰炭給工器薪樵之費。"㊁浸漬，用含有某種物質的液體浸泡（晚起義）。明方以智物理小識卷八："凡製犀角器，初白久黄，有以㬱入鳳仙根～黄者。"

按，說文醩作糟。

䤈 mó 字彙莫胡切，音模。魚部。

〔酟䤈〕叠韻聯緜字，參見"酟"字條。

按，說文無䤈字。

醧 yù 依倨切，音飫，去，御韻，影。侯部。

私宴，正式禮儀結束後家族在夜間宴飲，形式比較隨便。說文："醧，私宴猷也。"文選晉左思魏都賦："愔愔～讌，酣湑無譁。"李善注："韓詩云：'賓爾籩豆，飲酒之醧。'能者飲，不能者已，謂之醧。"宋吴淑事類賦："禮成宴～，名稱聖賢。"

［同源字］饇，飫，醧。見"饇"字條。

醥 piǎo 敷沼切，集韻匹沼切，上，小韻，滂。

㊀清酒。文選晉左思蜀都賦："觴以清～，鮮以紫鱗。"李周翰注："醥，清酒。"唐杜甫聶耒陽以僕阻水書致酒肉療饑荒江詩："禮過宰肥羊，愁當置清～。"㊁形容酒清澈。宋歐陽修答吕公著見贈詩："醁醅寒且～，清唱婉而遲。"

按，說文無醥字。

醫 yī 於其切，平，之韻，影。之部。

㊀治病的人，醫生。也作"毉"。說文："醫，治病工也。"國語魯語上："晉人執衛成公歸之于周，使～鴆之，不死，～亦不誅。"禮記曲禮下："～不三世，不服其藥。"又指醫術，醫學。史記萬石張叔列傳："郎中令周文者，名仁，其先故任城人也，以～見。"宋范正敏遯齋閒覽人事醫巫："田嵓，閩人，以～著名，尤善治瘵疾。"㊁治病，醫療。墨子號令："傷甚者令歸治，病家善養，予～給藥。"史記扁鵲倉公列傳："後聞～灸之即篤，此論病之過也。"

［備考］㊀粥加麴蘖釀成的甜酒。周禮天官酒正："辨四飲之物，一曰清，二曰～，三曰漿，四曰酏。"賈公彦疏："二曰醫者，謂釀粥爲醴則爲醫。"㊁通"翳（yì）"。遮蔽。韓非子八經："～曰詭，詭曰易。"陳奇猷集釋引俞樾曰："醫字無義。趙本作緊，亦非也。醫當作翳。翳者，蔽也。"

醪 láo 魯刀切，音牢，平，豪韻，來。幽部。

濁酒，汁滓混合的酒。即醪糟，江米酒。說文："醪，汁滓酒也。"莊子盜跖："今富人耳營鐘鼓筦籥之聲，口嗛於芻豢～醴之味。"漢書李廣傳："大將軍使長史持糒～遺廣。"也泛指各種酒。史記扁鵲倉公列傳："其在腸胃，酒～之所及也。"

醬 jiàng 子亮切，去，漾韻，精。陽部。

㊀肉醬。說文："醬，醢也。"段玉裁注："醬，醢也。从肉者，醢無不用肉也。今俗作醬。"論語鄉黨："割不正，不食。不得其～，不食。"戰國策東周策："夫鼎者，非效醯壺～甀耳。"也統指醬醋等調味品。周禮天官膳夫："凡王之饋，食用六穀，膳用六牲…～用百有二十罋。"鄭玄注："醬謂醯醢也。王舉，則醢人共醢六十罋…醯人共齏菹醯物六十罋。"漢代以後，又指將豆、麥發酵後製成的糊狀調味品。史記西南夷列傳："獨蜀出枸醬，多持竊出市夜郎。"論衡調時："世諱作豆～惡聞雷。"㊁用醬或醬油腌制食物；用醬或醬油腌制的（晚起義）。元石德玉秋胡戲妻第三折："呀，倒吃了他一個～瓜兒。"

［辨］醬，醢，醓。三個字古代都指肉醬。肉醬有帶骨的，也有不帶骨的。"醢"既指帶骨的，也指不帶骨的；"醓"專指帶骨的肉醬。

“醬”一般等如“醢”，也泛指肉醬，但同時它又表示包括醋在内的各種調味品，這是“醢”不具備的。“醢”有動詞義，並特指古代的一種暴刑，這是“醬”、“醓”所没有的。漢代以後，“醢”“醓”漸趨消亡，醬類調味品和食品增多，一般只稱作“醬”。

十 二 畫

醯 xī 呼雞切，平，齊韻，曉。支部。

㊀醋。説文：“醯，酸也。”論語公冶長：“孰謂微生高直？或乞～焉，乞諸其鄰而與之。”邢昺疏：“醯，醋也。”左傳昭公二十年：“水火～醢鹽梅，以烹魚肉。”孔穎達疏：“醯，酢也。醢，肉醬也。”㊁〔醯雞〕叠韻聯緜字。小蟲名。莊子田子方：“丘之於道也，其猶醯雞與？”郭象注：“醯雞者，甕中之蠛蠓。”列子天瑞：“醯雞生乎酒。”

［備考］形容味道酸(後起義)。唐高彦休唐闕史藍田貢冰：“是年木奴之屬，既～且瘠。”

［辨］醋，酢，醯，酸。見“醋”字條。

醰 tán 徒紺切，集韻徒南切，音潭，平，覃韻，定。侵部。

酒味濃厚。説文：“醰，酒味長也。”(依段注本)引申爲醇厚，純美。文選晉左思魏都賦：“沐浴福應，宅心～粹。”李善注：“醰，美也。”明趙南星邑父母晉侯時義序：“余得而觀之，微乎其臻妙也，～乎其雋永也。”〔醰醰〕形容韻味醇厚。文選漢王褒洞簫賦：“哀悄悄之懷兮，良醰醰而有味。”劉良注：“醰醰，醇濃也。”清龔自珍己亥雜詩之三一：“本朝閩學自有派，文字醰醰多古情。”

醱 pō 集韻普活切，入，末韻，滂。

重釀，酒再釀。北周庾信春賦：“石榴聊泛，蒲桃～醅。”元薛昂夫端正好高隱套曲：“果然你無酒時渾醅再～。”字亦作“酦”，見廣韻。

按，説文無醱字。

醭 bú (舊讀 pú)普木切，入，屋韻，滂。

米酒、醋、醬等因腐敗或受潮所生的白霉。北魏賈思勰齊民要術作酢法：“必須以冷水澆之，不爾酢壞，其上有白～浮。”唐白居易卧疾來早晚詩：“酒甕全生～，歌筵半委塵。”

按，説文無醭字。

醮 1. jiào 子肖切，去，笑韻，精。宵部。

㊀古代冠禮、婚禮中的一種儀式，即尊者爲卑者酌酒，卑者接受敬酒後不需回敬。説文：“醮，冠娶禮祭。”段玉裁注：“詳經文不言祭也，蓋古本作：‘冠、娶妻禮也。一曰祭也。’轉寫有奪與？祭者别一義，不蒙冠婚。”儀禮士冠禮：“若不醴，則～，用酒。”鄭玄注：“酌而無酬酢曰醮。”禮記昏義：“父親～子，而命之迎。”㊁祭神。竹書紀年卷上：“(黄帝)遊于洛水之上，見大魚，殺五牲以～之。”文選戰國宋玉高唐賦：“～諸神，禮太一。”又指道士設壇祈禱(後起義)。北齊顔之推顔氏家訓治家：“符書章～，亦無祈焉。”唐李商隱天平公座中呈令狐令公詩：“罷執霓旌上～壇，慢妝嬌樹水晶盤。”㊂指女子出嫁(後起義)。南朝宋劉敬叔異苑卷五：“烏傷陳氏，有女未～，著屐徑上大楓樹顛，了無危懼。”宋孫光憲北夢瑣言卷五：“大凡士族女郎，無改～之禮。”

［備考］㊀竭，盡。荀子禮論：“利爵之不～也，成事之俎不嘗也。”楊倞注：“醮，盡也。”㊁通“蘸(zhàn)”。大概是形近而譌。往液體、粉末等物質中霑一下(晚起義)。清平山堂話本快嘴李翠蓮：“兩碗稀粥把鹽～，吃飯無茶將水泡。”

2. qiáo 集韻慈焦切，平，宵韻，從。宵部。

㊃通“憔”。憔悴，煩惱。莊子盜跖：“財積而无用，服膺而不舍，滿心戚～，求益而不止，可謂憂矣。”成玄英疏：“戚醮，煩惱也。”釋文：“在遥反。李云：‘顦悴也。’”

十 三 畫

醷 yì 於力切,音憶,入,職韻,影。職部。

梅漿,梅汁。禮記内則:"或以酏爲醴,黍酏、漿、水、～、濫。"鄭玄注:"醷,梅漿。"唐皮日休酒中十咏酒壚詩:"火作縹醪香,灰爲冬～氣。"

[備考]〔噫醷〕雙聲聯緜字。大氣聚集的樣子。莊子知北遊:"自本觀之,生者,喑醷物也。"成玄英疏:"喑醷,氣聚也。"釋文:"喑,李音飲。醷,李音意。"

按,説文無醷字。

醵 jù 其據切,音遽,去,御韻,羣。魚部。

湊錢聚飲。説文:"醵,會歙酒也。"禮記禮器:"周禮其猶～與?"鄭玄注:"合錢飲酒爲醵。"史記貨殖列傳:"若至家貧親老,妻子軟弱,歲時無以祭祀進～,飲食不足以自通。"裴駰集解引徐廣曰:"醵,會聚食。"引申泛指聚衆湊錢(後起義)。舊五代史晉書鄭阮傳:"有屬邑令,因科～拒命,密以束素募人陰求其過,後竟停其職,人甚非之。"宋陶穀清異録器具黑金社:"廬山白鹿洞遊士輻湊,每冬寒～金市烏薪爲御冬備,號黑金社。"

醴 lǐ 盧啟切,音禮,上,薺韻,來。脂部。

㊀甜酒。説文:"醴,酒一宿孰也。"段玉裁注引周禮酒正注曰:"醴,猶體也。成而汁滓相將,如今恬酒矣。"詩小雅吉日:"以御賓客,且以酌～。"漢書楚元王傳:"穆生不耆酒,元王每置酒,常爲穆生設～。"㊁甘甜的泉水。文選漢揚雄甘泉賦:"蔭西海與幽都兮,涌～汩以生川。"李善注:"涌醴,醴泉涌出也。"又,漢張衡思玄賦:"飲青岑之玉～兮,飡沆瀣以爲粻。"㊂通"澧"。水名,在今湖南。楚辭戰國屈原九歌湘夫人:"沅有茝兮～有蘭,思公子兮未敢言。"王逸注:"醴,一作澧。"吕氏春秋本味:"～水之魚,名曰朱鼈。"

醲 nóng 女容切,音濃,平,鍾韻,娘。冬部。

㊀味道濃厚的酒。説文:"醲,厚酒也。"淮南子主術:"肥～甘脆,非不美也。"文選漢枚乘七發:"飲食則温淳甘膬,脭～肥厚。"也表酒味濃厚(後起義)。唐許渾春醉詩:"酒～花一樹,何暇卓文君。"㊁濃厚,深重。韓非子難勢:"夫有盛雲～霧之勢而不能乘遊者,螾螘之材薄也。"後漢書馬援傳:"夫明主～於用賞,約於用刑。"

[備考]醖釀,熏陶(後起義)。唐裴延翰樊川文集序:"栽培教化,翻正治亂,變醨養瘠,堯～舜薰。"

[同源字]濃,醲,襛,穠,膿。見"濃"字條。

醳 yì 羊益切,音譯,入,昔韻,喻四。鐸部。

㊀古代的一種酒。文選晉左思魏都賦:"肴～順時,腠理則治。"李善注:"禮記注曰:'舊醳之酒,謂昔酒也。'"泛指酒。文選南朝宋顔延之三月三日曲水詩序:"有萩芬藉,觴～泛浮。"㊁賞賜酒食。史記淮陰侯列傳:"百里之内,牛酒日至,以饗士大夫,～兵。"司馬貞索隱:"謂以酒食養兵士也。"㊂〔醳醳〕酒清澈的樣子。西京雜記卷四引鄒陽酒賦:"流光醳醳,甘滋泥泥,醪釀既成,緑瓷既啟。"㊃通"釋(shì)"。釋放。史記張儀列傳:"共執張儀,掠笞數百,不服,～之。"裴駰集解:"音釋。"宋洪适隸釋漢北海相景君銘:"農夫～耒,商人空市。"洪适釋:"以醳爲釋。"

按,説文無醳字。

十 四 畫

醹 rú 人朱切,音儒,平,虞韻,日。侯部。

醇厚的酒。説文:"醹,厚酒也。"詩大雅行葦:"曾孫維主,酒醴維～。"孔穎達疏:"醹,厚,謂酒之醇者。"宋朱肱北山酒經卷上:"烏梅女䴵,甜～九投,澄清百品,酒之終也。"也指酒味醇厚。北堂書鈔卷一四八引漢徐幹齊都賦:"三酒既醇,五齊維～。"

醻 chóu 市流切,音酬,平,尤韻,禪。幽部。

同"酬",也作"酧"。客人向主人祝酒後,主人再向客人進酒。説文:"醻,主人敬客也。"詩小雅彤弓:"鐘鼓既設,一朝～之。"鄭箋:"飲酒之禮,主人獻賓,賓酢主人,主人又飲而酌賓謂之醻。"又楚茨:"爲賓爲客,獻～交錯。"引申爲酬報。梁書儒林傳序:"收士得人,實惟～獎。"

[辨]酬,醻,醋,酢。見"酬"字條。

[同源字]詶,譸,酬,醻,酧。見"詶"字條。

醺 xūn 許云切,音勛,平,文韻,曉。文部。

醉,酒喝得感到有點頭暈。説文:"醺,醉也。"唐杜甫撥悶詩:"聞道雲安麴米春,纔傾一盞即～人。"宋史邵雍傳:"旦則焚香燕坐,晡時酌酒三四甌,微～即止,常不及醉也。"〔醺醺〕酣醉的樣子。唐岑參送羽林長孫將軍赴歙州詩:"青門酒樓上,欲別醉醺醺。"

十六畫

醼 yàn 於甸切,音宴,去,霰韻,影。元部。

宴飲,聚會在一起吃酒飯。也作"宴"。文選漢枚乘七發:"往來游～,縱恣于曲房隱間之中。"後漢書郅惲傳:"淮南舊俗,十日饗會,百里内縣皆齎牛酒,到府～飲。"也指宴席,宴會。唐方干上杭州姚郎中詩:"春遊下馬皆成～,吏散看山即有詩。"唐李肱省試霓裳羽衣曲詩:"～罷水殿空,輦餘春草細。"

按,説文無醼字。

十七畫

釀 niàng 女亮切,去,漾韻,娘。陽部。

㊀釀造,原專指釀酒,後泛指利用發酵作用製造醋、醬油等。説文:"釀,醞也,作酒曰釀。"史記孟嘗君列傳:"得息錢十萬,酒多,爲酒,買肥牛。"宋歐陽修浣溪沙詞:"遊蜂～蜜竊香歸。"㊁指酒(後起義)。世説新語賞譽:"劉尹云:'見何次道飲酒,使人欲傾家～。'"宋蘇軾出峽詩:"亦到龍馬溪,茆屋沽村～。"㊂醞釀,比喻事物逐漸形成。論衡率性:"善以化渥,～其教令,變更爲善。"宋范成大過鄱陽湖次游子明韻詩:"春工～雪無端密,大塊囊風不肯收。"㊃雜拌,雜和。禮記内則:"鶉羹、雞羹、鴽,～之蓼。"孔穎達疏:"釀謂切雜和之。言鶉羹、雞羹及烝之等三者皆釀之以蓼。"又爲摻雜,雜湊。唐封演封氏聞見記聲韻:"爾後有孫愐之徒,更以字書中閑字～於切韻。"

[辨]醞,釀。見"醞"字條。

醿 mí 集韻忙皮切,音糜,平,支韻,明。

〔酴醿〕見"酴"字條。

按,説文無醿字。

醽 líng 郎丁切,音靈,平,青韻,來。

㊀美酒名。晉潘岳笙賦:"披黄包以授甘,傾縹瓷以酌～。"宋蘇軾洞庭春色詩:"瓶開香浮座,盞凸光照牖。方傾安仁～,莫遣公遠齅。"㊁〔醽醁〕雙聲聯緜字。美酒名。抱朴子内篇嘉遯:"藜藿喜於八珍,寒泉旨於醽醁。"元曾瑞醉太平曲:"蘇堤堤上尋芳樹,斷橋橋畔沽醽醁。"

按,説文無醽字。

十八畫

釁 xìn 許覲切,去,震韻,曉。文部。

同"衅"。㊀血祭,即殺牲並將它的血塗在新製器物的縫隙處。説文:"釁,血祭也。"周禮春官天府:"上春～寶鎮及寶器。"鄭玄注:"釁,謂殺牲以血血之。"孟子梁惠王上:"王見之。曰:'牛何之?'對曰:'將以～鐘。'"㊁塗抹。國語齊語:"比至,三～三浴之。"韋昭注:"以香塗身曰釁。"漢書賈誼傳:"豫讓～面吞炭。"顔師古注:"鄭氏曰:'釁,漆面以易貌。'"顔師古的意見不同,以爲"釁"是"以毒藥熏之"。㊂縫隙,裂痕,破綻。説文爨部"釁"段玉裁注:"凡坼罅謂之釁…以血血其坼罅亦曰釁。樂記作衅。"左傳宣公十二年:"會聞用師,觀～而動。"孔穎達疏:"釁是間隙之名。”國語晉語二：“寇知其～而歸圖焉。已自拔其本矣，何以能久？”韋昭注：“釁，隙也。”又爲過失，罪過。左傳莊公十四年：“人無～焉，妖不自作。”唐劉禹錫祭柳員外文：“顧余負～，營奉方重。”㊃争端，仇隙，禍難（後起義）。後漢書隗囂傳論：“夫功全則譽顯，業謝則～生。”遼史耶律合住等傳論：“六符啟～邀功，豈國家之利哉？”㊄徵兆，迹象。國語魯語上：“惡有～，雖貴，罰也。”韋昭注：“～，兆也。”三國志吴書陸遜傳：“近覽劉氏傾覆之～。”

［備考］衝動，興奮，奮起。左傳襄公二十六年：“夫小人之性，～於勇。”杜預注：“釁，動也。”

按，釁今簡化作衅。

十九畫

釃 1. shī 所宜切，平，支韻，審二。支部。

㊀濾酒，濾去酒糟。説文：“釃，下酒也。”桂馥義證引趙宧光曰：“下酒者，去糟取清也。”詩小雅伐木：“伐木許許，～酒有萸。”毛傳：“以筐曰釃。”後漢書馬援傳：“援乃擊牛～酒，勞饗軍士。”李賢注：“釃，猶濾也。”

2. shī 所綺切，上，紙韻，審二。支部。

㊁分流，疏導。廣韻紙韻：“釃，分也。”漢劉向説苑君道：“～五湖而定東海。”漢書溝洫志：“迺～二渠以引其河。”

3. shāi 所宜切，平，支韻，審二。

㊂斟酒或茶（方言，後起義）。晉書周處傳：“王渾登建鄴宫～酒。”元關漢卿狀元堂陳母教子：“似那搶風揚穀，你這等秕者先行；瓶内～茶，俺這濃者在後。”

4. lí 集韻鄰知切，音驪，平，支韻，來。支部。

㊃通“醨”。薄酒。楚辭戰國屈原漁父：“衆人皆醉，何不餔其糟而歠其～？”王逸注：“文選釃作醨。”洪興祖補注：“釃，以水𥂕糟也。醨，薄酒也。”

［同源字］湑，釃。見“湑”字條。

二十畫

釅 yàn 魚欠切，去，釅韻，疑。

汁濃，味厚。北魏賈思勰齊民要術種紅藍花梔子：“以湯淋取清汁，初汁純厚太～。”宋蘇轍次韻子瞻招隱亭詩：“送雪村酤～，迎陽鳥哢新。”又指顔色深。唐戴叔倫贈慧上人詩：“雲霞色～禪房衲，星月光涵古殿燈。”宋楊萬里謝張功父送牡丹詩：“淺紅～紫各新樣，雪白鵝黄非舊名。”也形容感情濃厚，動作猛烈。宋陸游齊天樂左綿道中詞：“市壚沽酒，酒薄怎當愁～。”元吕止庵翠裙腰纏令套曲：“更西風～，微雲斂，黄昏即漸。”

按，説文無釅字。

釆 部

釆 biàn 蒲莧切，去，襇韻，並。元部。

辨别。説文：“釆，辨别也。象獸指爪分别也。讀若辨。”王筠釋例：“釆字當以獸爪爲正義，辨别爲引申義，以其象形知之。”按，依反切當音 bàn，但是説文以“釆”讀若辨，又爲辨别義，今從之。

采 1. cǎi 倉宰切，上，海韻，清。之部。

㊀摘取。後來也作“採”。説文：“采，捋取也。”詩周南關雎：“參差荇菜，左右～之。”吕氏春秋本味：“有侁氏女子～桑，得嬰兒于空桑之中。”引申爲採集，收集。漢書藝文志：“故古有～詩之官。”論衡自紀：“玉隱石間，珠匿魚腹，非玉工珠師，莫能～得。”又爲選擇，

採取。史記秦始皇本紀:"～上古帝位號,號曰皇帝。"三國魏曹植與楊德祖書:"夫街談巷議,必有可～。"㊁開采。後來也作"採"。鹽鐵論復古:"豪强大家得管山海之利,～鐵石鼓鑄煮鹽。"宋蘇舜欽和菱磎石歌:"居民百户石爲業,日夜～琢山不貧。"㊂彩色。後來寫作"彩"。書益稷:"以五～彰施于五色,作服,汝明。"蔡沈集傳:"采者,青、黄、赤、白、黑也。"荀子正論:"衣被則服五～。"引申爲文彩,指文章詞藻華美。楚辭戰國屈原九章懷沙:"文質疏内兮,衆不知余之異～。"王逸注:"采,文采也。"南朝梁劉勰文心雕龍情采:"繁～寡情,味之必厭。"又引申爲神態,風彩。莊子人間世:"～色不定,常人之所不違。"成玄英疏:"神采氣色,曾無定準。"漢書霍光傳:"初輔幼主,政自己出,天下想聞其風～。"㊃彩色的絲織品。後來寫作"綵"。漢鼂錯論貴粟疏:"衣必文～,食必粱肉。"唐劉肅大唐新語極諫:"太宗曰:'善。'賜～三百疋。"㊄文飾,文過其實。荀子樂論:"其聲樂險,其文章匿而～。"梁啟雄簡釋:"言文章邪慝而多采飾。"漢書嚴安傳:"故養食而泰,樂失而淫,禮失而～,教失而僞。"顔師古注:"如淳曰:'采,飾也。'采者,文過其實也。"㊅理會,答理(後起義)。後來寫作"睬"。唐杜荀鶴登靈山水閣貽釣者詩:"未勝漁父閒垂釣,獨背斜陽不～人。"宋釋道原景德傳燈録七:"傾山覆海晏然静,地動安眠豈～伊?"㊆賭博時博具呈的花色(後起義)。也作"彩"。南朝梁元帝金樓子雜記下:"樓上博弈者争～而笑。"唐白居易就花枝詩:"醉翻衫袖抛小令,笑擲骰盤呼大～。"引申指彩頭,賭注,好運。元康進之李逵負荆四:"但得箇完全屍首,便是十分～。"水滸全傳一〇四回:"王慶一口氣贏了兩貫錢,得了～。"㊇[采采]茂盛的樣子。詩秦風蒹葭:"蒹葭采采,白露未已。"又爲鮮明的樣子。詩曹風蜉蝣:"蜉蝣之翼,采采衣服。"

[備考]㊀事。書堯典:"疇咨,若予～。"僞孔傳:"采,事也。復求誰能順我事者。"㊁通"棌"。柞木。韓非子五蠹:"堯之王天下也,茅茨不翦,～椽不斲。"

2. cài 集韻倉代切,音菜,去,代韻,清。之部。

㊈采邑,古代諸侯封給卿大夫的土地。也作"埰"。禮記禮運:"大夫有～,以處其子孫。"漢應劭風俗通皇霸六國:"而封熊繹於楚,食子男之～。"

五　　畫

釉 yòu 集韻余救切,去,宥韻,喻四。

塗在陶瓷表面的玻璃質薄層。殷墟就出土過塗有薄層黄色釉的陶片。清翟灝通俗編雜字:"～,今窑器所云～水是也。"清朱琰陶説陶冶圖説:"昔稱陶器曰:油色瑩澈,油水純粹,無油水曰骨。油即今之～也。"

按,説文無釉字。

十 三 畫

釋 shì 施隻切,入,昔韻,審三。鐸部。

㊀放下,放開。莊子養生主:"庖丁～刀對曰:'臣之所好者,道也,進乎技矣。'"韓非子五蠹:"宋人有耕田者,田中有株,兔走觸株,折頸而死,因～耒而守株,冀復得兔。"又爲釋放,放棄。書武成:"～箕子囚,封比干墓。"孔穎達疏:"紂囚其人而放釋之。"韓非子難勢:"無慶賞之勸,刑罰之威,～勢委法,堯舜户説而人辨之,不能治三家。"㊁消除,化解。戰國策趙策四:"爲人排患～難解紛亂而無所取也。"老子第十五章:"涣兮若冰之將～。"楚辭戰國宋玉招魂:"十日代出,流金鑠石些;彼皆習之,魂往必～些。"王逸注:"釋,解也。"王夫之通釋:"釋,銷鎔也。"㊂解釋,解説。左傳襄公二十九年:"公在楚,不朝正于廟也。"杜預注:"釋,解也。"孔穎達疏:"告云:'公在楚'者,解釋公所以不得親自朝正也。"吕氏春秋上德:"故誅太子,太子不肎自～。"㊃釋迦牟尼的簡稱,又泛指佛教或僧徒

(後起義)。周書武帝紀:“帝御大德殿,集百僚、道士、沙門等討論～老義。”晉書何充傳:“然所昵庸雜,信任不得其人,而性好～典,崇修佛寺。”世説新語雅量:“郗嘉賓欽崇～道安德問。”

2. yì 字彙補羊益切,音譯。鐸部。

㊄通“懌”。喜悦。文選三國魏嵇康琴賦:“其康樂者聞之,則欨愉懽～,抃舞踊溢。”〔釋然〕愉快的樣子。莊子齊物論:“故昔者堯問舜曰:我欲伐宗、膾、胥敖,南面而不釋然,其故何也?”

[備考]㊀淘米。詩大雅生民:“或舂或揄,或簸或蹂,～之叟叟,烝之浮浮。”毛傳:“釋,淅米也。”㊁浸漬。禮記内則:“欲濡肉,則～而煎之以醢。”孔穎達疏:“若欲得濡肉,則以水潤釋,而煎之以醢也。”

[辨]解,釋。“解”和“釋”都有分開、離散義。“解”是把連成一體的東西分解開,“釋”是把掌握的東西放開或捨棄。同是冰凍,“解”偏重于表述它的化解,“釋”則是表述它的消溶。同是用于對文辭語言的解説,“解”重在對内容的解剖分析,“釋”則偏于對疑難的詮釋、詞語的注疏。兩字的其他引申義是互不相通的。

里部

里

里 lǐ 良士切,上,止韻,來。之部。

㊀宅院,住宅區。説文:“里,居也。”詩鄭風將仲子:“將仲子兮,無踰我～。”毛傳:“里,居也。”俞樾平議:“里,猶廬也。”左傳襄公三十年:“豐卷奔晉,子産請其田、～。”楊伯峻注:“説文,里,居也。即住宅。”又爲古代一級居民組織單位。時地不同,户數多寡不一。周禮地官遂人:“五家爲鄰,五鄰爲～。”管子小匡:“制五家爲軌,軌有長;十軌爲～,～有司。”又指家鄉,故里。莊子庚桑楚:“～人有病,～人問之,病者能言其病。”文選南朝梁江淹别賦:“割慈忍愛,離邦去～。”㊁長度單位。古以三百步爲一里,也有以三百六十步爲一里的。左傳僖公三十二年:“且行千～,其誰不知?”戰國策秦策二:“儀固以小人,安得六百～?”㊂語氣詞。用在陳述句中,表示申辯誇張的語氣(後起義)。後代作“哩”。敦煌變文集維摩詰講經文:“幸有光嚴童子～,不交伊去唱將來。”清平山堂話本簡貼和尚:“未要去,還有人哩!”

[備考]㊀通“痤”。憂傷。詩小雅十月之交:“悠悠我～,亦孔之痗。”毛傳:“里,病也。”釋文:“里如字,本亦作痤,後人改也。”㊁用作動詞,計算里程。穆天子傳卷四:“庚辰,天子大朝于宗周之廟,乃～西土之數。”郭璞注:“里,謂計其道里也。”

[辨]鄰,里,鄉,閭。見“鄰”字條。

二　畫

重 1. zhòng 直隴切,上,腫韻,澄。東部。

㊀厚重。説文:“重,厚也。”多指分量重,重量大,與“輕”相對。左傳宣公三年:“楚子問鼎之大小輕～焉。”論語泰伯:“任～而道遠。”孟子梁惠王上:“權然後知輕～。”也指質地濃厚或行動莊重,與“薄”相對。吕氏春秋盡數:“凡食,無彊厚,無以烈味～酒。”高誘注:“重,酒厚也。”唐駱賓王在獄咏蟬:“露～飛難進,風多響易沉。”論語學而:“君子不～則不威,學則不固。”淮南子氾論:“古者人醇工龐,商樸女～。”高誘注:“女重,貞正無邪也。”引申爲重要,貴重。形容事物價值高或具有重大的意義、作用或影響。孟子告子下:

“色與禮孰～？曰：禮～。”戰國策趙策四：“位尊而無功，奉厚而無勞，而挾～器多也。”❷重視，崇尚。禮記緇衣：“臣儀行，不～辭。”鄭玄注：“重，猶尚也。”莊子刻意：“衆人～利，廉士～名。”引申爲慎重，謹慎。荀子議兵：“～用兵者强，輕用兵者弱。”漢司馬遷報任安書：“古人所以～施刑於大夫者，殆爲此也。”❸加重，增加。左傳宣公十二年：“今天或者大警晉也，而又殺林父以～楚勝，其無乃久不競乎？”楚辭戰國屈原離騷：“紛吾既有此内美兮，又～之以脩能。”清戴震屈原賦注：“重，猶加也。”❹副詞。表示程度深，相當于“極”、“甚”。戰國策楚策四：“今富摯能，而公～不相善也，是兩盡也。”鮑彪注：“重，猶甚。”吕氏春秋悔過：“今行數千里，又絶諸侯之地以襲國，臣不知其可也，君其～圖之。”

［備考］㊀指輜重，軍中裝載器物、糧食的車子。左傳宣公十二年：“楚～至於邲。”杜預注：“重，輜重也。”㊁通“湩”。乳汁。漢書匈奴傳上：“得漢食物者去之，以視不如～酪之便美也。”顔師古注：“重，乳汁也。”史記匈奴列傳作“湩”。

2. chóng 直容切，平，鍾韻，澄。東部。

❺重叠，重複。易繫辭下：“八卦成列，象在其中矣；因而～之，爻在其中矣。”宋陸游游山西村詩：“山～水複疑無路，柳暗花明又一村。”❻單位名詞。層。莊子列御寇：“夫千金之珠必在九～之淵。”史記項羽本紀：“項王軍壁垓下，兵少食盡，漢軍及諸侯兵圍之數～。”❼副詞。重新，再（後起義）。文選古詩十九首之一：“行行～行行，與君生别離。”唐杜甫贈衛八處士詩：“焉知二十載，～上君子堂。”

［備考］㊀通“穜（tóng）”。先種後熟的穀物。詩豳風七月：“黍稷～穋，禾麻菽麥。”毛傳：“後熟曰重，先熟曰穋。”㊁通“童（tóng）”。兒童。禮記檀弓下：“與其鄰～汪踦行，皆死焉。”鄭玄注：“重，皆當爲童。”

［辨］重，複。“重”和“複”都表示事物的一再出現。“複”的本義是指雙層的衣服，因此它往往表示雙重的重複或重叠；而“重”則表示多次重複或多層次的重叠。

四　畫

野 yě 羊者切，上，馬韻，喻四。魚部。

也作“埜”、“壄”。❶郊外，遠郊。説文：“野，郊外也。壄，古文野。”詩邶風燕燕：“之子于歸，遠送于～。”毛傳：“郊外曰野。”周禮天官司會：“掌國之官府郊、～、縣、都之百物財用。”鄭玄注：“郊，四郊。去國百里。野，甸、稍也。甸去國二百里，稍三百里。”泛指田野。左傳僖公二十六年：“室如縣罄，～無青草。”吕氏春秋審己：“稼生於～而藏於倉。”❷指民間，與“朝”相對。書大禹謨：“君子在～，小人在位。”孟子萬章下：“在國曰市井之臣，在～曰草莽之臣。”❸野生的，非人工飼養或培植的。禮記内則：“～豕爲軒，兔爲宛脾。”孔穎達疏：“野豕爲軒，是菹也。”漢賈誼鵩鳥賦：“～鳥入室兮，主人將去。”❹質樸，粗鄙。論語雍也：“質勝文則～，文勝質則史。”何晏集解引包咸曰：“鄙略也。”莊子寓言：“自吾聞子之言，一年而～，二年而從，三年而通。”成玄英疏：“野，質樸也。”又爲粗野，不合禮儀。論語子路：“～哉，由也！”禮記仲尼燕居：“敬而不中禮謂之～。”引申爲放浪不羈，不受約束（晚起義）。宋文同書緑帷亭壁：“閑居數月閑便～，渾忘簿書相聒時。”清凌濛初二刻拍案驚奇卷三八：“大凡女人心一～，自然七顛八倒，如癡如呆。”

［備考］㊀邊鄙，邊境。戰國策齊策三：“今又刼趙、魏，疏中國，封魏之東～。”又用作動詞，作爲邊鄙或邊境。公羊傳桓公十一年：“古者鄭國處於留，先鄭伯有善於鄶公者，通乎夫人以取其國而遷鄭焉，而～留。”何休注：“野，鄙也。”陳立義疏：“以留爲邊邑。”戰國策楚策一：“越亂，故楚南察瀨湖而～江東。”鮑彪注：“以江之東爲野。”㊁指分野。古人把天上的星宿分别指配地上的州國。隋李播天文

大象賦:"七宿畫～以分區。"唐玄宗過晉陽宫詩:"俯察伊晉～,仰觀乃參虚。"

[辨]都,郊,野,鄙。見"都"字條。

五 畫

量 1. liáng 吕張切,音良,平,陽韻,來。陽部。

❶用特定的標準工具測定事物的長短、輕重、多少或其他性質。多用於以量器計算容積。莊子胠篋:"爲之斗斛以～之,則並與斗斛而竊之。"漢書律曆志上:"龠、合、升、斗、斛也,所以～多少也。"也用於度量長短、大小、深淺。禮記王制:"～地遠近,興事任力。"荀子禮論:"～要而帶之。"還可以用於衡量輕重。説文:"量,稱輕重。"王筠句讀:"能改齋漫録引符子曰:或獻百二十年豕於燕昭王,王養之十五年,令衡官橋而～之,折十橋,豕不～。命水官浮舟而～之,其重千鈞。"左傳襄公九年:"備水器,～輕重。"引申爲估量,思量。墨子天志中:"今夫輪人操其規,將以～度天下之圜與不圜也。"宋朱熹有懷南軒老兄呈伯崇擇之二友詩:"惟應微密處,猶欲細商～。"

2. liàng 力讓切,音亮,去,漾韻,來。陽部。

❷測量東西多少的量器。書舜典:"協時月正日,同律度～衡。"釋文:"量,斗斛也。"論語堯曰:"謹權～,審法度。"包咸注:"權,秤也。量,斗、斛。"❸容量,能容納或禁受的限度。論語鄉黨:"唯酒無～,不及亂。"論衡實知:"所知同業,多少異～。"引申爲標準,法度。管子牧民:"上無～,則民乃妄。"禮記月令:"命工師,令百官,審五庫之～。"鄭玄注:"量,謂物善惡之舊法也。"❹氣量,氣度(後起義)。三國志蜀書諸葛亮傳:"劉備以亮有殊～,乃三顧亮於草廬之中。"世説新語雅量:"謝本輕戴,見但與論琴書,戴既無吝色,而談琴書愈妙,謝悠然知其～。"❺衡量,估計。左傳隱公十一年:"度德而處之,～力而行之。"古詩爲焦仲卿妻作:"自君别我後,人事不可～。"

[備考]㊀滿。吕氏春秋期賢:"流矢如雨,扶傷輿死,履腸涉血,無罪之民,其死者～於澤矣。"高誘注:"量,猶滿也。"㊁通"緉(liǎng)"。雙。世説新語雅量:"或有詣阮,見自吹火蠟屐,因歎曰:'未知一生當著幾～屐?'"

十一畫

釐 1. lí 集韻陵之切,音狸,平,之韻,來。之部。

廣韻作"釐"。❶治理,處理。朱駿聲説文通訓定聲頤部:"釐…本義當爲治邑理邑爲釐。"書堯典:"允～百工,庶績咸熙。"僞孔傳:"釐,治。"詩周頌臣工:"王～爾成,來咨來茹。"鄭箋:"釐,理。"❷更改,改正(後起義)。後漢書梁統傳:"施行日久,豈一朝所～。"李賢注:"釐,猶改也。"梁書賀琛傳:"今若～其風而正其失,易於反掌。"❸賜予。詩大雅江漢:"～爾圭瓚,秬鬯一卣。"毛傳:"釐,賜也。"釋文:"釐,力之反,沈又音賚。"書立政:"亦越成湯陟,丕～上帝之耿命。"孔穎達疏:"大賜受上天之光命,得王有天下。"❹長度面積或重量的小單位。史記太史公自序:"故易曰'失之豪～,差以千里。'"形容極小。宋書恩倖傳徐爰:"自少及長,奉公在事,～豪蔑聞,初無愧滿,常有闕進。"❺通"嫠"。寡婦。孔子家語好生:"魯人有獨處室者,鄰之～婦亦獨處一室。"王肅注:"釐,寡婦也。"文選晉張協七命:"甇～爲之擗摽,孀老爲之嗚咽。"李善注:"杜預曰:寡婦爲釐。"

[備考]通"來(lái)"。小麥。漢書劉向傳:"故周頌曰:'降福穰穰',又曰:'飴我～麰'。釐麰,麥也。"王先謙補注引王先慎曰:"毛詩作'貽我來牟'…'釐'、'來',文異而聲義同。"

2. xī 集韻虚其切，音僖，平，之韻，曉。之部。

❻福，吉祥。說文："釐，家福也。"朱駿聲說文通訓定聲："許以字从里，故曰家福。愚按，福者禧字之訓，古多借釐爲禧。"史記孝文本紀："今吾聞祠官祝～，皆歸福朕躬，不爲百姓，朕甚愧之。"文選漢揚雄甘泉賦："惟夫所以澄心清魂，儲精垂恩，感動天地，逆～三神者。"李善注："服虔曰：'釐，福也。'…釐，音熙。"❼通"僖"，古代謚號用字。史記齊太公世家："魯人更立～公。"裴駰集解："徐廣曰：史記'僖'字皆作'釐'。"

[備考]胙，祭祀用過的肉。史記屈原賈生列傳："孝文帝方受～，坐宣室。"司馬貞索隱引應劭云："釐，祭餘肉也。音僖。"

戌集

金部

［金部總論］

金部的字多爲名詞。

（一）金屬名稱。例如：　銀　銅　錫　鍇　鐵

（二）生産工具。例如：　釿　鉏　鉊　銍　銚

（三）生活用具。例如：　釜　鍘　錠　錡　鍑

（四）兵器和刑具。例如：　鉞　鈹　鋋　鑕

（五）樂器。例如：　鉦　鈸　錞　鐃　鐸

金 jīn 居吟切，平，侵韻，見。侵部。

❶銅。書禹貢："厥貢惟～三品。"鄭玄注："金三品者，銅三色也。"左傳僖公十八年："鄭伯始朝于楚，楚子賜之～，既而悔之，與之盟曰：無以鑄兵！"引申爲金屬的通稱。易繫辭上："二人同心，其利斷～。"史記平準書："～有三等，黄金爲上，白金爲中，赤金爲下。"專指黄金。韓非子内儲説上："采～之禁：得而輒辜磔於市，甚衆，壅離其水也，而人竊～不止。"世説新語德行："管寧、華歆共園中鋤菜，見地有片～。"唐劉禹錫浪淘沙九首之六："日照澄洲江霧開，淘～女伴滿江隈。"❷錢財，貨幣。墨子號令："錢～布帛財物各自守之。"孟子公孫丑下："前日於齊，王餽兼～一百而不受。"引申爲貨幣單位。墨子公輸："請獻十～。"史記貨殖列傳："十九年之中三致千～。"❸金屬製成的器物。如箭頭。孟子離婁下："抽矢扣輪去其～。"軍中用于指揮的工具，鉦鐃之類。管子兵法："～，所以坐也，所以退也，所以免也。"樂器。禮記樂記："～石絲竹，樂之器也。"鐘鼎。吕氏春秋求人："故功績銘乎～石。"❹金黄色。詩小雅車攻："赤帶～舄，會同有繹。"❺像金屬一樣堅固的。韓非子用人："不謹蕭牆之患而固～城於遠境。"❻五行之一。書洪範："五行：一曰水，二曰火，三曰木，四曰～，五曰土。"漢班固白虎通義五行："木生火，火生土，土生～，～生水，水生木。"

二　畫

針 zhēn 職深切，平，侵韻，照三。侵部。

字本作"鍼"。❶縫紉工具。淮南子説山："先～而後縷，可以成帷；先縷而後～，不可以成衣。"漢繁欽定情詩："何以結中心，素縷連雙～。"❷治病工具。三國志魏書華佗傳："應便拔～，病亦行差。"用作動詞。用針刺病處。又："佗～鬲，隨手而差。"按，用作動詞時，廣韻、集韻均讀去聲。集韻沁韻："針，職任切。縫也，刺也。"

［辨］針，鍼，箴。見"箴"字條。

按，説文針作鍼。

釘 1. dīng 當經切，平，青韻，端。耕部。

❶鉼金，又名金版。說文：“釘，鍊鉼黄金。”王筠句讀：“鉼版者，皆取其形以爲名也，今所謂錠，即此釘也。”❷釘子。三國志魏書王凌傳裴松之注引魚豢魏略：“凌自知罪重，試索棺～，以觀太傅意，太傅給之。”

2. dìng 丁定切，去，徑韻，端。

❸動詞。以釘釘物。晉書文苑傳顧愷之：“以棘針～其心。”

［備考］通“訂”。訂正。論衡自紀：“夫聖賢歿而大義分，蹉跎殊趨，各自開門；通人觀覽，不能～銓。”

［辨］鈑，釘。見“鈑”字條。

釕 liǎo 都了切，集韻朗鳥切，上，篠韻，來。

後起字。用金屬裝飾的馬帶。類篇：“鞮鞅謂之釕。”用作動詞。新唐書逆臣傳下黄巢：“使沙陀以五百騎～轡藻韉，望賊陣縱而遁，賊以爲怯。”（釕轡：把馬轡裝飾得很華麗。）

釗 zhāo 止遥切，平，宵韻，照三。宵部。

❶見。爾雅釋詁下：“釗，見也。”郭璞注：“逸書曰：～我周王。”❷周康王名。書顧命：“用敬保元子～。”❸遠。見方言七。

按，説文釗字在刀部，釋爲“刓也”。段玉裁注：“金有芒角，摩弄泯之。釋詁曰：‘釗，勉也。’其引伸之義也。又曰：‘釗，見也。’此假借釗爲昭也。孟子引書‘昭我周王’。”

釜 fǔ 扶雨切，上，麌韻，奉。魚部。

❶炊具。相當于現在的鍋。詩檜風匪風：“誰能亨魚，溉之～鬵。”❷容積單位與量具。左傳昭公三年：“齊舊四量，豆區～鍾。四升爲豆，各自其四，以登於～。～十則鍾。”管子樞言：“～鼓滿，則人概之；人滿，則天概之。”❸水名。淮南子墜形：“～出景。”高誘注：“景山在邯鄲西南，釜水所出。”

按，説文以釜爲鬴的或體，从金父聲。鬴在鬲部。

三　畫

釪 yú 羽俱切，平，虞韻，喻三。

後起字。❶〔錞釪〕樂器名。廣韻：“錞釪，形如鐘，以和鼓。”❷僧人所用的飯鉢。百喻經乘船失釪喻：“我先失～，今欲覓取。”

釬 hàn 侯旰切，去，翰韻，匣。元部。

❶臂鎧，戰鬥或射箭時兩臂所著之套袖。説文：“釬，臂鎧也。”管子戒：“桓公明日弋在廪。管仲隰朋朝，公望二子，弛弓脱～而迎之。”❷矛戟之柄端。方言九：“鐏謂之釬。”廣雅釋器：“鐓、釬，鐏也。”王念孫疏證：“釬之言榦也。”❸通“悍”。急躁。莊子列禦寇：“人者厚貌深情，故有貌愿而益，…有堅而縵，有緩而～。”❹同“銲”。見“銲”字條。

釫 1. huá 户花切，平，麻韻，匣。魚部。

❶同“鏵”。起土用的兩刃臿。墨子備蛾傅：“盧薄長八尺，廣七寸，徑一尺，數施一擊而下之，爲上下～而斲(同“斲”)之。”

2. wū 哀都切，平，模韻，影。

❷泥瓦匠粉牆壁用的工具。字亦作“杇”、“圬”。見廣韻模韻。

［辨］釫，鏝(槾)。在瓦刀這個意上二字同義。説文：“鏝，鐵杇也。”段玉裁注：“杇，所以涂也。秦謂之杇，關東謂之槾，从木。是則木爲者曰杇，金爲者曰鏝，許以从木从金别之也。”説文木部有“槾”字，也有“杇”字，二者爲方言的不同。鏝字有从金从木之别，杇字亦有从金从木之别。瓦刀本有這兩種質地的不同。

按，説文以釫爲苿之或體字，苿在木部。義項❶的釫與杇爲古今字。

釭 gāng 古雙切，平，江韻，見。東部。

車轂内外口的鐵圈，車軸衡貫其中。方言九：“車釭，齊燕海岱之間謂之鍋，或謂之錕，自關而西謂之釭，盛膏者乃謂之鍋。”錢繹箋疏：“釭之言空也，轂口之内以金嵌之曰釭。”釋名釋車：“釭，空也，其中空也。”引申爲宮室壁帶上的環狀金屬飾物。漢書外戚傳下孝成趙皇后傳：“壁帶往往爲黄金～。”顔師古注：“壁帶，壁之横木露出如帶者也。於壁帶之中，往往以金爲釭，若車釭之形也。”又引申爲油燈。段玉裁説文解字注“釭”字條：“俗謂膏燈爲釭，亦取凹處盛膏之意。”徐灝箋：“釭中空，貫軸塗膏以利轉，因之膏燈謂之釭。”又引申爲箭鏃名。釋名釋兵：“(矢鏃)關西曰釭。釭，鉸也，言有交刃也。”清孫詒讓札迻卷二：“竊謂此矢鏃名釭，當即豐本而别爲骹以冒稾者，與古矢鏃爲薄匕不同。此云‘釭，鉸也’，‘鉸’當爲‘骹’之誤。‘交刃’，初學記作‘鉸刃’，亦當爲‘骹刃’，言刃之本爲骹，别於薄匕之本爲鋌也。骹，中空以納稾，猶車釭之含軸故謂之釭，與釋車‘釭，空’之義正同。”

釱 1. dì 特計切，去，霽韻，定。月部。

㊀刑具。相當于後世的脚鐐。漢書陳萬年傳：“或私解脱鉗～，衣服不如法。”顔師古注：“鉗在頸，釱在足，皆以鐵爲之。釱音弟。”用作動詞。史記平準書：“敢私鑄鐵器煑鹽者，～左趾。”裴駰集解引張斐漢晉律序云：“狀如跟衣，著左足下，重六斤，以代臏，至魏武改以代刖也。”漢書食貨志：“敢私鑄鐵器鬻鹽者，～左趾。”

2. dài 徒蓋切，去，泰韻，定。月部。

㊁通“軑”。車轄。漢書揚雄傳甘泉賦：“陳衆車於東阬兮，肆玉～而下馳。”

鉈 shé 又音 shī。歌部。

兵器，矛的一種。荀子議兵：“宛鉅鐵～，慘如蠭蠆。”楊倞注：“鉈與鍦同，矛也。”

按，説文無鉈有鉇。徐灝説文解字注箋：“它與也篆體相似，故鉇誤爲鉈。荀子議兵篇：‘宛鉅鐵鉈’，鉈即鉇也。鉇字一誤而爲鉈，再誤而爲鍦，因又作鍦矣。廣雅‘秚’，曹憲音蛇，其爲它之變體無疑也。矛刃曲折宛延，故謂之蛇矛，而字从它。”依徐灝説鉈爲鉇之誤，當音食遮切，讀 shé。又誤爲“鍦”，集韻“鍦鉇”音商支切，故鉈又讀 shī。參見“鍦”字條。

釪 jié 居列切，入，薛韻，見。月部。

兵器。方言九：“凡戟而無刃，秦晉之間謂之釪。”又：“矛或謂之釪。”

按，説文無釪字。

鈔 qiǎo 親小切，上，小韻，清。宵部。

俏麗。方言二：“鈔、嫽，好也。青徐海岱之間曰鈔，或謂之嫽。”

按，説文無鈔字。

釦 kòu 苦后切，上，厚韻，溪。侯部。

㊀以金玉等裝飾器物。説文：“釦，金飾器口。”段玉裁注引漢舊儀：“大官尚食，用黄金～器；中官私官尚食，用白銀～器。”文選漢班固西都賦：“於是玄墀～砌，玉階彤庭。”李善注：“釦砌，以玉飾砌也。”㊁敲擊器物發出聲音。國語吴語：“三軍皆譁～以振旅，其聲動天地。”元戴侗六書故地理一：“譁釦之釦，猶叩也，攷也。”

釣 diào 多嘯切，去，嘯韻，端。宵部。

釣魚。説文：“釣，鉤魚也。”詩小雅采緑：“之子于～，言綸之繩。”用作名詞，釣鉤，釣具。淮南子説林：“無餌之～，不可以得魚。”唐杜甫送裴二虬作尉永嘉詩：“扁舟吾已就，把～待秋風。”引申爲用某種手段謀取。韓非子存韓：“辯説屬辭，飾非詐謀，以～利於秦。”引申爲以利誘人上當。淮南子主術：“虞君好寶，而晉獻以璧馬～之；胡王好音，而秦穆公以女樂誘之。”

釳 xì 許迄切，入，迄韻，曉。物部。

〔方釳〕〔防釳〕天子乘輿馬頭的金屬飾物。説文：“釳，乘輿馬頭上防釳，插以翟尾鐵翮，象角，所以防網羅釳去之。”段玉裁注：“防，古多作‘方’，方釳者其名。…蔡邕獨斷曰：‘方釳，鐵也，廣數寸，在馬騣後，有三孔，插翟尾其中。’”後漢書輿服志上李賢等注引顔延之幼誥曰:"釳,乘輿馬頭上防釳,角所以防罔羅,釳以翟尾鐵翮象之也。"

釩 fǎn 峯犯切,上,范韻,敷。

後起字。❶拂。見玉篇。❷器皿。見集韻。

釧 chuàn 尺絹切,去,線韻,穿三。

鐲子,套在手腕上的環狀裝飾品。唐杜甫喜聞官軍已臨賊寇二十韻:"家家賣釵～,只待獻春醪。"

按,説文無釧字,新附有之,云:"臂環也。"

釵 chāi 楚佳切,平,佳韻,穿二。歌部。

首飾,以金屬或玉制作,其形似叉。古文苑三漢司馬相如美人賦:"玉～挂臣冠,羅袖拂臣衣。"釋名釋首飾:"釵,叉也,象叉之形,因名之也。爵釵,釵頭施爵也。"王先謙釋名疏證補:"晉令:六品以下得服爵釵以蔽髻,三品以上服金釵。是爵釵男女得通服之矣。"文選三國魏曹植美女篇詩:"頭上金爵～,腰佩翠琅玕。"李善注:"釵頭施金爵(雀),故以名之。"

按,説文無釵字,新附有之,云:"笄屬。本只作叉,此字後人所加。"

釤 1. shàn 所鑑切,去,鑑韻,審二。

後起字。❶農具。大鐮刀。抱朴子外篇逸民:"推黄鉞以適～鎌之持,撓華旗以入林杞之下。"清倪倬農雅釋器:"大鎌謂之芟(據國語注),或謂之釤(據玉篇)。(元王禎)農書曰:'北方收麥,多用肝～,一日可收十餘畝。'"用作動詞。芟刈。抱朴子外篇博喻:"猶～禾以討蝗蟲,伐木以殺蠹蝎。"

2. xiān 集韻思廉切,平,鹽韻,心。

❷通"銛"。犀利。唐杜牧自宣州赴官入京路逢裴坦詩:"我初到此未三十,頭腦～利筋骨輕。"

[同源字]釤,芟。二字同源,聲母及韻相同,均有大鐮、芟刈義。國語齊語:"耒、耜、耞、芟。"韋昭注:"芟,大鐮,所以芟草也。"玉篇:"釤,大鐮也。"

四　畫

鈁 fāng 府良切,平,陽韻,非。陽部。

古代一種方形容器。説文:"鈁,方鐘也。"朱駿聲説文通訓定聲:"鐘當爲鍾,酒器之方者。"

鈇 1. fū 甫無切,平,虞韻,非。魚部。

❶切草器,即鍘(銡)刀。説文:"鈇,莝斫刀也"。段玉裁改爲"斫莝刀也"。注:"莝者,斬芻也,斬芻之刀,今之銡(zhá)刀。"急就篇:"鐵～鑽錐釜鍑鍪。"顔師古注:"鐵鈇,以鐵爲莝刃也,一曰以鐵爲椹也。"桂馥説:"'莝'當爲'剉'。"(見説文義證"鈇"字條)漢書尹翁歸傳:"豪强有論罪輸掌畜官,使斫莝,責以員程,不得取代;不中程,輒笞督;極者至以～自剄而死。"顔師古注:"鈇,斫莝刃也。使其斫莝,故因以莝刃自剄。"用作刑具。新唐書后妃傳則天武皇后:"宗姓侯王及它骨骾臣將相駢頸就～,血丹狴户。"

2. fǔ 集韻匪父切,上,麌韻,非。魚部。

❷通"斧"。列子説符:"人有亡～者,意其鄰之子。"殷敬順列子釋文:"鈇音斧,鉞也。"

鈍 dùn 徒困切,去,慁韻,定。文部。

指刀劍不鋒利。韓非子顯學:"夫視鍛錫而察青黄,區冶不能以必劍;水擊鵠雁,陸斷駒馬,則臧獲不疑～利。"引申爲人的資質愚笨。三國蜀諸葛亮出師表:"庶竭駑～,攘除姦凶。"引申爲遲鈍。漢書鮑宣傳:"臣宣吶～於辭,不勝惓惓,盡死節而已。"引申爲不明事理,無操守。淮南子俶真:"狡猾～惛,是非無端,孰知其所萌。"由不鋒利又引申爲事情不順利。三國蜀諸葛亮後出師表:"至于成敗利～,非臣之明所能逆睹也。"

鈀 1. bā 伯加切,平,麻韻,幫。魚部。

㊀兵車。用于觀察敵情。説文引司馬法:"晨夜内～車。"玉篇:"鈀,候車也。"

2. pā 普巴切,平,麻韻,滂。魚部。

㊁箭鏃。方言九:"凡箭鏃…其廣長而薄鐮謂之錍,或謂之鈀。"郭璞注:"音葩。"廣雅釋器:"鈀,鏑也。"

3. pá。

㊂農具(後起義)。用于除草平土。説郛卷七五引宋陸泳吴下田家志:"九九八十一,犂～一齊出。"

釿 yǐn 余忍切,上,軫韻,喻四。真部。

錫。爾雅釋器:"錫謂之釿。"玉篇:"釿,白錫也。"

鈕 niǔ 女久切,上,有韻,娘。幽部。

㊀印把子。按等級不同而形狀各異。初學記卷二六引漢衛宏漢舊儀曰:"諸侯王印,黄金橐駝～,文曰璽;列侯,黄金印龜～,文曰印;丞相、將軍,黄金印龜～,文曰章;…千石、六百石、四百石,銅印鼻～,文曰印。"用作印章的單位名詞。南齊書祥瑞志:"獲玉印一～。"㊁紐扣(晚起義)。㊂姓。清有鈕琇。

鈒 1. sè 色立切,入,緝韻,審二。緝部。

㊀兵器,短矛。急就篇:"～戟鈹鎔劍鐔鍭。"文選晉潘安仁藉田賦:"瓊～入蘂,雲罕晻藹。"吕向注:"瓊鈒,以玉飾鋋也。"(依六臣注)㊁戟。北史周宣帝紀下:"又令武賁持～馬上,稱警蹕。"㊂農具。晉陸雲答車茂安書:"舉～成雲,下～成雨,既浸既潤,隨時代序也。"

2. sà 蘇合切,入,合韻,心。

㊃鏤刻。廣韻:"鈒,鈒鏤。"宋吴曾能改齋漫録一三賜服帶:"侍郎直學士以上,服御仙花金帶,…匠者務爲新巧,遂以御仙花枝葉稍繁,改～荔枝,而葉極省。"

[辨]鈒,鋋,闟。三字在短矛這個意義上同義,鈒與闟音同。説文:"鈒,鋋也。"又:"鋋,小矛也。"史記商君列傳:"持矛而操闟戟者旁車而趨。"司馬貞索隱:"闟,亦作鈒,同所及反(sè)。"張守節正義引顧野王云:"鋋也。"文選漢張衡東京賦:"雲罕九斿,闟戟轇轕。"李善注引薛綜曰:"闟,鋋也。"

鈔 1. chāo 楚交切,平,肴韻,穿二。宵部。

㊀叉取。説文:"鈔,叉取也。"段玉裁注:"叉者,手指相遣也。手指突入其間而取之,是之謂鈔。"引申爲强取,掠奪。方言一二:"鈔,强也。"郭璞注:"强取物也。"三國志吴書周魴傳:"賊帥董嗣負阻劫～,豫章、臨川并受其害。"又魏書袁紹傳:"沮授説紹:'可遣將蔣奇别爲支軍於表,以斷曹公之～。'"㊁鈔寫。抱朴子内篇金丹:"余今略～金丹之都,較以示後之同志。"引申爲名詞,用作書名。宋晁公武郡齋讀書志後志卷二:"北堂書～一七三卷。"㊂鈔票,紙幣(後起義)。金史食貨志三:"貞元間既行～引法,遂設印造～引庫及交～庫。"

2. miǎo 音秒。宵部。

㊃通"眇"。深遠。管子幼官:"聽於～,故能聞未極;視于新,故能見未形。"

[辨]鈔,抄,勦(chāo)。段玉裁説文解字注"鈔"字下引曲禮上:"毋剿(勦)説",認爲"剿即鈔字之叚借也。今謂竊取人文字曰鈔,俗作抄。"鄭玄對"毋勦説"的注釋是:"勦,猶擥也。謂取人之説以爲己説。"在現代漢語中,鈔主要用于鈔票,抄主要用于抄寫,剿用于剿説。

鈚 pī 匹迷切,平,齊韻,滂。

箭的一種。唐杜甫七月三日…戲呈元二十一曹長詩:"長～逐狡兔,突羽當滿月。"

按,説文無鈚字。集韻齊韻以"錍鈚鈚䤵"四字爲重文。

鈐 qián 巨淹切,平,鹽韻,群。侵部。

㊀車轄。見玉篇。㊁鎖。晉郭璞爾雅序:"夫爾雅者,…誠九流之津涉,六藝之～鍵。"㊂祭器名。山海經西山經:"～而不糈。"

一説通"祈",意爲祈禱。㊃印,"鈐記"的簡稱(後起義)。清李寶嘉官場現形記四四回:"接～任事。"用作動詞。蓋印。清會典事例七五一刑部:"各部院稿案,有應行添改之處,俱用印～蓋。"

[備考]農具名,大犂。説文:"鈐,鈐鏥,大犂也。"

鈆 1. zhōng 職容切,平,鍾韻,照三。

㊀鐵。類篇:"鈆,鐵也。"

2. yán 與專切,平,仙韻,喻四。元部。

㊁通"沿"。因循。荀子榮辱:"慮之而可安也,反～察之而俞可好也。"楊倞注:"鈆與沿同,循也。"

3. qiān。元部。

㊂通"鉛"。金屬。管子地數:"有陵石者,下有～錫赤銅。"

按,説文無鈆字,朱駿聲説文通訓定聲屯部"鉛"字注云:"字亦誤作鈆。"類篇鈆、鉛二字形音義均不同。

鈞 jūn 居匀切,平,諄韻,見。真部。

㊀重量單位,三十斤爲一鈞。孟子告子下:"今日舉百～,則爲有力人矣。"小爾雅衡:"斤十謂之衡,衡有半謂之秤,秤二謂之～,～四謂之石。"引申爲動詞,校正,衡量,比較。禮記月令:"日夜分,則同度量,～衡石,角斗甬。"後漢書陳蕃傳:"～此二者,臣寧得禍,不敢欺天也。"引申爲名詞,衡量人才的標準。宋書謝莊傳:"提～懸衡,委之選部,一人之鑒易限,而天下之才難原。"㊁製作圓形陶器所用的轉輪。墨子非命中:"譬猶立朝夕於員～之上也,則雖有巧工必不能得正焉。"淮南子原道:"～旋轂轉,周而復币。"比喻國家政權。漢書律曆志:"詩云:'尹氏大師,秉國之～。'"比喻天工。漢書賈誼傳:"大～播物,坱圠無垠。"顔師古注引如淳曰:"陶者作器於鈞上,此以造化爲大鈞也。"㊂敬辭,多用于對上級和尊者的書札、口語中(後起義)。如～座、～旨、～安、～啓等。宋陳亮集與周丞相書:"倘略賜～覽,不勝幸甚。"㊃音樂器材,用于度量鐘音律度大小。國語周語下:"是故先王之制鍾也,大不出～,重不過石。"韋昭注:"鈞,所以鈞音之法也。以木長七尺者弦繫之以爲鈞法。"引申爲樂調。國語周語下:"細～有鍾無鎛,昭其大也;大～有鎛無鍾,甚大無鎛,鳴其細也。"韋昭注:"鈞,調也。"用作動詞,調理,調和。列子湯問篇:"柱指～弦,三年不成章。"又:"(師)文非弦之不能～,非章之不能成。"㊄均匀,符合標準。詩大雅行葦:"敦弓既堅,四鍭既～。"孟子滕文公上:"經界不正,井地不～。"㊅用作副詞,同樣。國語晉語一:"～之死也,無必假手于武王。"孟子告子上:"～是人也,或爲大人,或爲小人,何也?"

[辨]鈞,均。二字同義。説文:"均,平、徧也。"在均匀、均等、衡量等意義上二字同義通用。如"鈞之死也"與"均之死也"(管子大匡),"秉國之鈞"與"秉國之均"(詩小雅節南山)。"均"古代可以讀 yùn,與"韻"同義,而"鈞"無此音此義。

釿 1. jīn 舉欣切,平,欣韻,見。文部。

㊀砍平木料的工具,相當于現在的錛子。莊子在宥:"於是乎～鋸制焉,繩墨殺焉。"㊁古貨幣單位。清吴大澂説文古籀補第十四:"～,古量名。从全从斤,全古金字。古幣文有半釿、一釿、二釿。"李學勤東周與秦代文明第二四章:"魏圜跨布一般爲'半～'、'一～'、'二～'三等,大小重量均有等次。據若干標本測定,一～在12—13克左右。"

2. yín 集韻魚巾切,平,諄韻,疑。

㊂〔釿鍔〕器物上的線紋,凹處叫釿,凸處叫鍔。集韻:"釿,器之釿鍔。"

3. yǐn 宜引切,上,軫韻,疑。文部。

㊃剪刀。唐玄應一切經音義一四:"説文:'釿,劑也。'劑音子隨反,剪刀也。"清王筠説文句讀"釿"字注云:"案釋言:'劑、翦,齊也。'注:'南人呼翦刀爲劑刀',此即玄應所本也。然則～者剪刀之别名。"

[同源字]斤，斱。二字均見母文部，本義爲伐木工具。斱是斤的分别字。説文釋“斱”爲“劑斷也”，非本義。

按，説文斱字在斤部。

鈑 bǎn 布綰切，上，潸韻，幫。元部。

鉼狀金塊，楚國的黄金鑄幣。爾雅釋器：“鉼金謂之鈑。”

[備考]在鉼金這個意義上，鈑與版通。周禮秋官職金：“旅于上帝，則共其金版。”鄭玄注：“鉼金謂之版。”孫詒讓周禮正義：“金版蓋謂鍊冶金爲版，金當兼有金銀銅三品，説文金部云‘釘，鍊鉼黄金’是也。”

[辨]鈑，釘。二字在鉼金這個意義上相同，釘的其他意義鈑不具有。

按，説文無鈑字。

五　畫

鉒 zhù 中句切，去，遇韻，知。侯部。

㊀礦藏。管子地數：“上有鉛者，其下有～銀；上有丹沙者，其下有～金。”㊁賭注。淮南子説林：“以瓦～者全，以金～者跋，以玉～者發。”高誘注：“鉒者，提馬，雒家謂之投翩。”

[備考]“以瓦鉒者全”，莊子達生作“以瓦注者巧”，吕氏春秋去尤引莊子作“以瓦投者翔”，列子黄帝篇作“以瓦摳者巧”。鉒、注、投、摳音近。

按，説文無鉒字。

鉈 shé 視遮切，平，麻韻，禪。歌部。

短矛。見説文。參見“鉇”“鍦”字條。

鉉 1. xuàn 胡畎切，上，銑韻，匣。真部。

㊀舉鼎用的器具，横貫鼎之兩耳，兩人共舉。易鼎：“鼎玉～，大吉，無不利。”比喻三公。文選南朝梁任昉王文憲集序：“皇朝軫慟，儲～傷情。”李善注：“鄭玄尚書註曰：鼎，三公象也。”

2. xuán 字彙補讀作弦。真部。

㊁通“弦”。弓弦。戰國策齊策五：“軍之所出，矛戟折，鐶～絶。”按，鮑彪本作“鉉”，有的本子作“弦”。

[同源字]鉉，鼏。説文鼎部：“鼏，以木横貫鼎耳而舉之，从鼎冂聲。周禮：‘廟門容大鼏七箇。’即易‘玉鉉大吉’也。”段玉裁説文解字注鼎部：鼏，从鼎冂聲。音古熒切，十一部。鉉與鼏音近，見匣旁紐，耕真通轉。大小徐均誤以鼏、鼐(莫狄切)爲一字，非。詳説可參閲段玉裁此二字的注釋。

鉍 bì 兵媚切，去，至韻，幫。

㊀同“柲”。古代矛一類兵器的柄。玉篇：“鉍，矛柄也。”㊁通“䀣”。〔鉍鉍〕直視。宋范成大題請息齋六言十首之四：“見影蜮猶鉍鉍，聞聲虺尚狺狺。”

[備考]通“瑟”。樂器名。逸周書器服：“樂～璅，參笙一竽皆素獨。”孫詒讓周書斠補：“鉍當爲瑟之異文。”陳漢章周書後案：“鉍璅二字，皆説文所無，以偏旁求之，鉍當爲樂之金屬，璅當爲樂之石屬…孫謂鉍爲瑟，…於字書無考而臆測之。”按，依陳説“鉍”的古韻當歸質部。

按，説文無鉍字。

鈺 yù 玉篇五録切。

後起字。堅金。見玉篇。五音集韻燭韻：“鈺，寶也。”

鉅 jù 其吕切，上，語韻，群。魚部。

㊀鋼鐵。荀子議兵：“宛～鐵釶，慘如蠭蠆。”楊倞注：“言宛地出此剛鐵爲矛。”史記禮書：“宛之～鐵施，鑽如蠭蠆。”㊁通“巨”。大。禮記三年問：“創～者其日久，痛甚者其愈遲。”明徐宏祖徐霞客遊記遊黄山日記後：“山高風～，霧氣去來無定。”㊂鉤。文選晉潘岳西征賦：“於是弛青鯤於網(乃綱字之誤)～，解赬鯉於黏徽。”李善注：“孔安國論語注曰：‘網(綱)者爲大網(綱)，以繳繫鉤，羅屬著網(綱)。’鉅，鉤也。”㊃副詞。難道，怎麽。荀子正論：“今俳優、侏儒、狎徒詈侮而不鬭者，

是豈～知'見侮不辱'哉?"戰國策楚策一:"今王以用之於越矣,而忘之於秦,臣以爲王～速忘矣。"

[同源字]鉅,剛,鋼。剛、鋼爲見母陽部,與鉅爲見群旁紐,陽魚對轉。説文:"鉅,大剛也。"韻會引作"大鋼也"。清姚文田、嚴可均説文校議:"鋼即俗剛。"廣韻:"鋼,鋼鐵。"説文:"剛,彊斷也。"又:"鏤,剛鐵可以刻鏤。"文選晉劉琨重贈盧諶:"何意百鍊剛,化爲繞指柔。"

鉦 zhēng 諸盈切,平,清韻,照三。耕部。

❶古樂器。有兩種:一種有長柄,形似鐘而狹長,又名"丁寧"。古代作戰,以鉦鼓作爲進擊與退却的號令。擊鼓進軍,鳴鉦止兵。詩小雅采芑:"～人伐鼓,陳師鞠旅。"毛傳:"鉦以静之,鼓以動之。"後漢書光武帝紀:"～鼓之聲聞數百里。"文選漢張衡東京賦:"次和樹表,司鐸授～。"一種形圓如銅鑼。宋蘇軾新城道中二首之一:"嶺上晴雲披絮帽,樹頭初日挂銅～。"明方以智通雅樂器:"沙鑼、羯鼓皆外國樂器,而中國用之。鉦與鑼近,故用相代也。"❷鐘體的上段。周禮考工記鳧氏:"于上謂之鼓,鼓上謂之～,～上謂之舞。"(于:鐘唇;鼓:于上受擊之處;舞:鐘體頂端。)

鉔 zā 字彙作答切,音匝。葉部。

金屬製的球形薰香爐。古文苑三漢司馬相如美人賦:"金～熏香,黼帳低垂。"章樵注:"鉔,音匝。香毬,衽席間可旋轉者。"

按,説文無鉔字。

鉗 qián 巨淹切,平,鹽韻,群。談部。

❶古刑具。以鐵束頸。漢書刑法志:"髡～之罰,又不足以懲也。"後漢書光武帝紀:"徒皆弛解～,衣絲絮。"用作動詞,受鉗刑。漢書刑法志:"當黥者,髡～爲城旦舂。"文選漢司馬遷報任安書:"季布爲朱家～奴。"引申爲動詞。緘,閉。莊子田子方:"吾形解而不欲動,口～而不欲言。"又引申爲鉗制,束縛。淮南子精神:"～陰陽之和,而迫性命之情,故終身爲悲人。"引申爲鉗夾,夾東西的用具。唐柳宗元乞巧文:"膠如～夾,誓死無遷。"❷通"黚"。淺黄黑色。吕氏春秋審時:"短穗而厚糠,小米～而不香。"

[同源字]鉗,拑,箝,鈷。四字音同義近。朱駿聲説文通訓定聲"拑"字注:"以手曰拑,以竹籋拑曰箝,以鐵鈷曰鉗。"鈷作爲刑具與鉗同。參見"鈷"字條。又參見"詌"字條。

鈷 gǔ 公户切,上,姥韻,見。

後起字。〔鈷鏻〕〔鈷鉧〕叠韻聯縣字。①熨斗。宋范成大驂鸞録:"鈷鉧,熨斗也。"②鍋。大唐三藏取經詩話卷下:"家中有一鈷鏻,可令癡那入内坐上,將三十斤鐵蓋蓋定,下面燒起猛火燒煮,豈愁不死。"

鉥 1. shù 集韻食律切,入,術韻,床三。物部。

❶長針。説文:"鉥,綦鍼也。"管子輕重乙:"一女必有一刀、一錐、一箴、一～,然後成爲女。"睡虎地秦墓竹簡法律答問:"鬭以箴、～、錐,若箴、～、錐傷人,各可(何)論?"引申爲刺。唐韓愈貞曜先生墓誌銘:"及其爲詩,劌目～心。"

2. xù 集韻雪律切,入,術韻,心。物部。

❶通"訹"。引導。國語晉語二:"得國在亂,治民在擾,子盍入乎? 吾請爲子～。"韋昭注:"鉥,道也。"

鉢 bō 北末切,入,末韻,幫。

❶形狀像盆但較小的盛器。北魏楊衒之洛陽伽藍記四:"自餘酒器,有水晶～、瑪瑙盃、琉璃碗、赤玉巵數十枚。"❷梵語"鉢多羅"(patra)的略稱,僧人用的食器。南朝梁范縝神滅論:"廢俎豆,列瓶～。"晉法顯佛國記:"亦皆乞食,但不持～。"

按,説文無鉢字,新附皿部有"盋"字,徐鉉注:"或从金从本。"

鉟 pī 敷悲切,音丕,平,脂韻,滂。之部。

❶古兵器,其形如刀而有兩刃如劍。漢書高惠高后文功臣表:"隆慮克侯周竈以卒從起碭,以連敖入漢,以長～都尉擊項籍,侯。"❷溶化。大宋宣和遺事元集:"三月,日有眚,忽青黑無光,其中洶洶而動,若～金而沸湧狀。"

[辨]銔,鈹。二字本義不同,鈹爲大針,見説文。但在兵器這個意義上相同。史記高祖功臣侯者年表作"長鈹都尉"。司馬貞索隱:"漢表作'銔',音丕也。"

按,説文無銔字。銔與鉟同。左傳昭公十年有"靈姑鉟"。參見"鉟"字條。

鉞

yuè王伐切,入,月韻,喻三。月部。

❶古兵器,刑具。形似大斧,有穿,安裝長柄。用于砍殺,也用作儀仗,象徵王權。書顧命:"一人冕,執～,立于西堂。"國語魯語上:"大刑用甲兵,其次用斧～。"❷星名。史記天官書:"東井爲水事,其西曲星曰～。"❸〔鉞鉞〕象聲詞。車鈴聲。説文"鉞"字引詩曰:"鑾聲鉞鉞。"按,説文"鉞"的釋義爲"車鑾聲也"。"戉"的釋義爲"斧也"。段玉裁注:"以戉聲之字狀鸞聲,尤殊不類。…疑古毛詩泮水本作'鉞鉞',後乃變爲'鐬'字。説文'鉞'篆譌'鉞'。"

鈸

bó蒲撥切,入,末韻,並。

後起字。樂器。銅製,圓形,中部隆起爲半球狀,兩片爲一副,相擊發聲。晉法顯佛國記:"每日出後,精舍人則登高樓,擊大鼓,吹螺,敲銅～。"

鉆

qián巨淹切,平,鹽韻,群。談部。

❶冶器時所用鐵夾。説文:"鉆,鐵銸也。"急就篇:"釭鐧鍵～冶錮鐈。"引申爲夾持,緘束。周禮春官典同鄭玄注:"韽讀爲'飛～涅韽'之韽。"賈公彦疏鉆作鉗,今本鬼谷子作"飛箝"。陶宏景注:"飛,謂作聲譽以飛揚之;箝,謂牽持緘束令不得脱也。"❷刑具。後漢書陳寵傳:"其後遂詔有司,絶～鑽諸慘酷之科。"❸通"櫼"。楔子。戰國策趙策一:"吾所苦夫鐵～然,自入而出夫人者。"段玉裁説文解字注"櫼"字:"木工於鑿枘相入處有不固,則斫木札楔入固之,謂之櫼。櫼亦作鉆。…鉆自入而出,謂以大鐵鉆釘入大樹一邊,既析破,乃取樹之一邊爲用。夫人者,言此人冣所苦也。"清黄丕烈戰國策札記:"聞諸金壇段先生玉裁云:鉆與櫼同,説文楔也。其説得之矣。"

[備考]説文:"鉆,一曰膏車鐵鉆。"段玉裁注:"謂脂其車轂者,以器納輨,濡膏而染轂中也。其器曰鉆,鐵爲之。"在這個意義上,廣韻又敕淹切,讀chán。

[同源字]鉗,拑,箝,鉆。見"鉗"字條。

按,今鉆字爲鑽之簡化字,音zuān或zuàn。

鉏

1. chú士魚切,平,魚韻,牀二。魚部。

❶用于翻土及除草的農具。史記秦始皇本紀:"～櫌棘矜,非錟於句戟長鎩也。"漢書循吏傳龔遂傳:"悉罷逐捕盜賊吏,諸持～鉤田器者,皆爲良民。"用作動詞。鉏草。文選戰國屈原卜居:"寧誅～草茅以力耕乎?將遊大人以成名乎?"引申爲除掉。史記齊悼惠王世家:"非其種者,～而去之。"

2. jǔ牀吕切,上,語韻,牀二。魚部。

❷〔鉏鋙〕疊韻聯緜字。不相當,不能吻合。文選戰國宋玉九辯:"圜鑿而方枘兮,吾固知其鉏鋙而難入。"

3. chá集韻鋤加切,平,麻韻,牀二。魚部。

❸〔鉏牙〕疊韻聯緜字。參差不齊的樣子。周禮考工記玉人"牙璋、中璋七寸"鄭玄注:"二璋皆有鉏牙之飾於琰側。"孫詒讓正義云:"鉏牙,謂就其剡處刻之,若鋸齒然,不平正。"

4. xú集韻詳余切,平,魚韻,邪。魚部。

❹姓。左傳宣公二年:"公患之,使～麑賊之。"❺古國名,在今河南滑縣。左傳襄公

四年:"后羿自～遷于窮石。"

鈿 1. tián 徒年切,平,先韻,定。

㊀形狀如花朵的首飾,用金銀寶石等鑲成。唐杜甫秋日夔州詠懷寄鄭監李賓客一百韻:"囊虚把釵釧,米盡拆花～。"

2. diàn 堂練切,去,霰韻,定。

㊁用金銀珠寶貝殼等鑲嵌的器物。唐白居易潯陽春 春來詩:"金谷蹋花香騎入,曲江碾草～車行。"用作動詞。用金寶等鑲嵌。北史赤土國傳:"王榻後作一木龕,以金銀五香木雜～之。"

按,説文無鈿字,新附有之。鄭珍説文新附考:"按漢已前書無鈿。"

鉀 1. jiǎ 古狎切,入,狎韻,見。

㊀鎧甲。龍龕手鏡金部:"鉀,鎧屬。"晉書姚弋仲載記:"於是貫～跨馬于庭中,策馬南馳。"魏佚名元暐墓志:"王案～徐歸,抽戈後殿。"

2. gé 古盍切,入,盍韻,見。葉部。

㊁〔鉀鑪〕〔鑑鑪〕叠韻聯緜字。箭鏃的一種。方言卷九:"凡箭鏃…其小而長,中穿二孔者,謂之鉀鑪。"郭璞注:"今箭錍鑿空兩邊者也。"

按,説文無鉀字。

鉠 yāng 於良切,平,陽韻,影。陽部。

〔鉠鉠〕象聲詞。鈴聲。文選漢張衡東京賦:"鑾聲噦噦,和鈴鉠鉠。"

按,説文無鉠字。廣韻"鉠"字收陽、庚兩韻。庚韻音於驚切,内府本作"鍈"。集韻庚韻以鉠爲鍈之重文,注云:"鈴聲。或省。"

鉧 mǔ 音母。

後起字。〔鈷鉧〕見"鈷"字條。

鈴 líng 郎丁切,平,青韻,來。耕部。

㊀似鐘而小,内有舌或丸,振動發聲。懸于馬首、旂上、簷角等處。詩周頌載見:"龍旂揚揚,和～央央。"毛傳:"和在軾前,鈴在旂上。"唐白居易長恨歌:"行宫見月傷心色,夜雨聞～腸斷聲。"宋史禮志四:"門不設戟,殿角皆垂～。"引申爲像鈴一樣的事物。明徐渭牽牛花:"鳥來栖不響,朵朵巧垂～。"比喻聲音小。法言吾子:"好書而不要諸仲尼,書肆也;好説而不要諸仲尼,説～也。"李軌注:"鈴以諭小聲,猶小説不合大雅。"㊁〔鈴鈴〕象聲詞。①地震時發出的聲音。漢書天文志:"丙戌,地大動,鈴鈴然。"②錫杖發出的聲音。文選晉孫綽遊天台山賦:"被毛褐之森森,振金策之鈴鈴。"李善注:"金策,乃錫杖也;鈴鈴,策聲。"

[辨]鈴,鐸。二字義近,鐸大鈴小。周禮地官鼓人:"以金鐸通鼓。"鄭玄注:"鐸,大鈴也。"孫詒讓正義:"謂鐸即鈴而形制較大也。"

鈶 sì 詳里切,上,止韻,邪。之部。

古農具,耒端用于起土的部分。説文木部以鈶爲"枱"之重文。段玉裁注:"以其木也,故從木;以其屬于金也,故亦從金。"

[備考]枱與庛同。周禮考工記車人:"車人爲耒,庛長尺有一寸。"鄭玄注:"庛讀爲棘刺之刺。刺,耒下前曲接耜。"孫詒讓正義:"枱即此經之庛也。許義蓋與後鄭同,故云'耒耑木'。或體從金者,以其爲臿金所沓也。徐本説文'枱'字注捝'木'字,於義未備。"

鉄 zhì 集韻直質切,入,質韻,澄。

"紩"的古字。玉篇糸部:"紩,縫衣也。古作鉄。"

按,説文無鉄字。後代鉄爲鐵之簡體,見字彙。

鉛 1. qiān 與專切,平,仙韻,喻四。今讀如愆。元部。

㊀金屬名。書禹貢:"岱畎絲、枲、～、松、怪石。"史記屈原賈生列傳:"莫邪爲頓兮,～刀爲銛。"司馬貞索隱:"鉛者,錫也。"淮南子齊俗:"～不可以爲刀。"㊁〔鉛華〕燒鉛成粉,也叫胡粉,鉛粉,用于搽臉化妝。文選三國魏

曹植洛神賦:“芳澤無加,鉛華弗御。”李善注:“鉛華,粉也。”指代美人。抱朴子内篇暢玄:“冶容媚姿,鉛華素質,伐命者也。”按,古書中常將鉛字寫作鈆。如六臣註文選南都賦:“銅錫鈆鍇。”又洛神賦:“鈆華不御。”參見“鈆”字條。

2. yán 與專切,平,仙韻,喻四。元部。

㊂通“沿”。沿着,循着。荀子禮論:“今夫大鳥獸則失亡其群匹,越月踰時,則必反～。”楊倞注:“鉛與沿同,循也。”㊃〔鉛山〕地名,在江西。

鉊 zhāo 止遥切,平,宵韻,照三。宵部。

農具名。鐮刀。管子輕重己:“～銚叉橿,權渠繉(王念孫以爲乃“繩”之誤)絏,所以御春夏之事也。”方言五:“刈鉤,江淮陳楚之間謂之鉊。”

鉤 1. gōu 古侯切,平,侯韻,見。侯部。

字亦作“鈎”。㊀形狀彎曲的工具、器物、兵器等。如釣鉤。莊子胠篋:“～餌罔罟罾笱之知多,則魚亂於水矣。”鐮刀。方言五:“自關而西或謂之鉤,或謂之鐮。”急就篇:“鈐鏞～銍斧鑿鉏。”衣帶鉤。國語齊語:“夫管夷吾射寡人中～,是以濱於死。”挂鉤。樂府詩集陌上桑:“青絲爲籠繫,桂枝爲籠～。”似劍而曲的兵器。急就篇:“矛鋋鑲盾刃刀～。”顔師古注:“鉤亦鑲屬也,形曲如鉤而内利,所以拘牽而害人也。”㊁連結車廂和車軸的零件。周禮考工記車人:“凡爲轅,三其輪崇,參分其長,二在前,一在後,以鑿其～。”孫詒讓正義引黄以周云:“以鑿其鉤者,鑿謂鑿其納鉤之孔,鉤即其入鑿之木。…其所以連縛輿、軫、輈、軸,使四者不相分離,全恃鉤心之木。”㊂攻城的戰具。墨子備城門:“今之世常所以攻者,臨、～、衝、梯,…。”岑仲勉注:“六韜軍用篇有飛鉤長八寸,鉤芒長四寸,係用以鉤着城壁,援引而上,其爲用與梯同,故又稱鉤梯也,但與梯大異。”按,在這個意義上集韻音居候切,讀 gòu。㊃劍頭環。戰國策趙策三:“兼有是二者,無～、罕(竿)、鐔、蒙須之便,操其刃而刺,則未入而手斷。”㊄馬頷下的帶飾。韓非子外儲説右下:“馬欲進,則～飾禁之。”㊅通“鬮”。博具。慎子威德:“夫投～以分財,投策以分馬,非～策爲均也,…此所以塞願(怨)望也。”㊆取曲綫的工具。莊子徐无鬼:“木之曲直,必中～繩。”㊇動詞。鉤取。説文:“鉤,鉤魚也。”又爲鉤引、誘致。鬼谷子飛箝:“引～箝之辭,飛而箝之。”陶宏景注:“鉤,謂誘致其情。…内惑而得其情曰鉤,外譽而得其情曰飛。”清胡式鈺竇存卷四語竇:“引誘謂之～。鬼谷子飛箝云:以飛箝之辭,～其所好。”又爲鉤留,扣留。漢書鮑宣傳:“宣出逢之,使吏～止丞相掾史,没入其車馬。”顔師古注:“鉤,留也。”

2. qú 集韻權俱切,平,虞韻,群。侯部。

㊈〔鉤町〕漢代西南地區的一個少數民族政權。漢書食貨志上:“西南夷鉤町稱王。”

[同源字]句,鉤,軥,笱,朐,痀,曲,枸。見“枸”字條。

按,説文鉤字在句部。

鉋 1. bào 防教切,集韻皮教切,去,效韻,並。

後起字。㊀木工工具。刨子。玉篇:“鉋,平木器。”用作動詞。把木料鉋平。唐元稹江邊四十韻:“方礎荆山採,脩椽郢匠～。”

2. páo 薄交切,平,肴韻,並。

㊁刨,挖。元鄭廷玉看錢奴二折:“～出一石槽金銀來。”

鈹 pī 敷羈切,集韻攀糜切,平,支韻,滂。歌部。

㊀醫療器具。大針,下端似劍,破癰排膿。靈樞經九針論:“～針取法于劍鋒,廣二分半,長四寸,主大癰膿。”用作動詞,用鈹刺破腫瘤。劉子新論利害:“瘕疾填胸而不敢～。”㊁兵器。①用刀鞘裝着的劍。左傳昭公二十七年:“門階户席,皆王親也,夾之以～。”②大矛。方言九:“錟謂之鈹。”㊂通“披”。紛

亂。荀子成相:"君教出,行有律,吏謹將之無～滑。"楊倞注:"鈹與披同,滑與汩同,言不使紛披汩亂也。"

[辨]鉟,鈹。見"鉟"字條。

鉜 fú 縛謀切,平,尤韻,奉。

後起字。〔鉜鏂〕叠韻聯緜字。①鏡匣上的裝飾。見玉篇金部。②大釘。見廣韻尤韻。

鉑 bó 集韻白各切,入,鐸韻,並。

後起字。金薄。見集韻。俗稱烏金紙。

鉚 liǔ 集韻力九切,上,有韻,來。

後起字。美金。見集韻。

按,此字後又音 mǎo,如"鉚釘"。今簡化爲"铆"。

六　畫

銎 1. qiōng 曲恭切,平,鍾韻,溪。東部。

❶斧斤安裝木柄的孔,有方銎、圓銎。圓銎斧柄橫裝,長方形直銎斧柄直裝。詩豳風七月"取彼斧斨"毛傳:"斨,方～也。"又破斧"既破我斧"毛傳:"隋(橢)～曰斧。"

2. xiōng 許容切,平,鍾韻,曉。東部。

❷矛刃下口。方言九:"骹謂之銎。"郭璞注:"即矛刃下口。音凶。"❸通"兇"。恐懼。廣韻:"銎,懼也。"

[同源字]①空,孔,銎,腔。見"空"字條。②銎,銃。見"銃"字條。

銍 chá。

後起字。〔銍尾〕又作"撻尾"、"獺尾"。腰帶下插的垂頭,按官階不同,分别飾以金銀銅鐵等物。新唐書車服志:"腰帶者,搢垂頭於下,名曰銍尾,取順下之義。"明方以智通雅三七:"帶頭垂者曰銍尾。宋志以垂頭名銍尾,取順下之義,即魚尾也。遼史衮服有玉鵝七銍尾。元志用金打鈒水地龍鵝眼銍尾。今誇官帶曰撻尾,撻尾亦唐名也。…程大昌載黄幡綽取獺尾着腰。"

鉸 jiǎo 古巧切,上,巧韻,見。宵部。

❶剪刀。廣韻:"鉸,鉸刀。"用作動詞。用剪刀鉸。宋梅堯臣依韻和宣城張主簿見贈:"君方佐大邑,美錦同翦～。"❷〔鉸刀〕剪刀。釋名釋兵:"封刀,鉸刀,削刀,皆隨時用作名也。"王先謙釋名疏證補云:"亦作交刀,翦刀兩刀相交,故名交刀耳。"唐李賀五粒小松歌:"緑波浸葉滿濃光,細束龍髯鉸刀翦。"清王琦李長吉歌詩匯解説:"鉸,音絞。六書故:交刃刀也,利以翦,蓋今之翦刀也。"❸裝飾品。文選南朝宋顏延之赭白馬賦:"寶～星纏,鏤章霞布。"

按,説文無鉸字。

銃 chòng 充仲切,去,送韻,穿三。

後起字。❶斧斤安裝木柄的孔。廣雅釋器:"銃謂之銎。"❷火器。明邱濬大學衍義補一二二:"近世以藥實銅鐵器中,亦謂之礮,又謂之～。"

[同源字]銃,銎。二字音近同源。王念孫廣雅疏證卷八:"銎之言空也,其中空也。…銃銎聲亦相近。太平御覽引通俗文云:鑿充曰銃。"徐灝説文解字注箋"銎"字:"廣雅云:銃謂之銎。充有塞義,故以銃名,指其所實言之也。"

鉶 xíng 户經切,平,青韻,匣。耕部。

盛羹的器皿,形如小鼎。析城鄭氏家塾重校三禮圖卷一三:"～以盛羹,受一升。口徑六寸,有三足,足高一寸,有兩耳,有蓋。"禮記禮運:"體其犬豕牛羊,實其簠簋籩豆～羹。"韓非子説林上:"紂爲象箸而箕子怖,以爲象箸必不盛羹於土～。"引申爲肉菜羹。儀禮特牲饋食禮:"祭～嘗之,告旨。"鄭玄注:"鉶,肉味之有菜和者。"賈公彦疏:"以其盛之鉶器,因號羹爲鉶。"

銒 1. xíng 户經切,平,青韻,匣。耕部。

❶酒器。形似酒鍾而長頸。莊子徐无

鬼:"其求～鍾也以束縛,其求唐子也而未始出域。"㊁通"鉶"。羹器。唐陸德明經典釋文毛詩音義閟宮:"鈃羹,字又作鉶,音刑。"

2. jiān 集韻經天切,音堅,平,先韻,見。真部。

㊂人名。戰國時代齊宣王時有宋鈃。莊子天下篇:"宋～尹文聞其風而悦之。"釋文:"宋鈃,音形;徐胡泠反;郭音堅。"

銠 lǎo。

後起字。〔銠㓨〕唐代開元鐵錢的俗稱。宋洪遵泉志僞品下:"陶岳泉貨録曰:'閩王審知鑄大鐵錢,闊寸餘,甚麤重,亦以"開元通寶"爲文,仍以五百文爲貫,俗謂之銠㓨,與銅錢並行。'"清翟灝通俗編貨財:"今云老板者,似當爲銠㓨。"

鉺 ěr 玉篇如志切。

㊀鉤。見玉篇。㊁通"餌"。魚餌。晉左思吴都賦:"鉤～縱横。"本亦作"餌"。唐玄應一切經音義二:"鉤鉺,正字作蝌。服虔云:'鉤魚曰餌也。'"

按,説文無鉺字。鉺的今義爲金屬元素,讀 ěr。

鉷 hóng 户公切,平,東韻,匣。

後起字。弩牙。見玉篇。

鉟 pī 集韻攀悲切,平,脂韻,滂。之部。

〔靈姑鉟〕旗名。左傳昭公十年:"公卜使王黑以靈姑鉟率,吉,請斷三尺焉而用之。"釋文:"鉟,扶眉反,又音丕。"

按,説文無鉟字。鉟與鉟實爲異體字。段玉裁説文解字注"丕"字注云:"丕,隸書中直引長,故云'丕'之字'不十'。"三國志吴書闞澤傳裴松之注引吴録:"澤曰:'不及十年,丕其没矣,大王勿憂也。'權曰:'何以知之?'澤曰:'以字言之,不十爲丕,此其數也。'"由于丕寫作平,故鉟亦作鉟,駓亦作駍。

銙 kuǎ 苦瓦切,上,馬韻,溪。

後起字。腰帶上的飾物,即帶扣版,方形或橢圓等形,原用于受環懸物,後只用作裝飾。新唐書車服志:"一品、二品～以金,六品以上以犀,九品以上以銀,庶人以鐵。"宋沈括夢溪筆談故事一:"帶衣所垂蹀躞,蓋欲以佩帶弓劍、…刀礪之類。自後雖去蹀躞,而猶存其環,環所以銜蹀躞,如馬之鞦根,即今之帶～也。"引申爲銙茶,因形似帶銙而得名。宋歐陽修嘗新茶呈聖俞詩:"終朝采摘不盈掬,通犀～小圓復窊。"用作量詞。宋楊萬里答張功父寺丞書:"建茶五十～,聊伴空函,匪報也。"

銍 zhì 陟栗切,入,質韻,知。質部。

㊀鐮刀。管子輕重乙:"一農之事,必有一耜、一銚、…一～,然後成爲農。"急就篇:"鈐鏞鉤～斧鑿鉏。"顔師古注:"銍,刈黍短鐮也。"吕氏春秋上農:"禍因胥歲,不舉～艾。"又指收割的禾穗。書禹貢:"二百里納～。"鄭玄注:"銍,斷去藁也。"孔穎達疏:"禾穗用銍以刈,故以銍表禾穗也。"用作動詞,用鐮刀收割。詩周頌臣工:"命我衆人,庤乃錢鎛,奄觀～艾。"毛傳:"銍,穫也。"陳奂詩毛氏傳疏:"傳詁銍爲穫者,艾亦穫也。"㊁古縣名。在今安徽宿縣西南。史記陳涉世家:"攻～、酇、苦、柘、譙皆下之。"

銀 yín 語巾切,平,真韻,疑。文部。

㊀金屬。古稱白金,即白銀。管子地數:"上有鉛者,其下有～。"引申爲銀質貨幣。唐張籍送南遷客:"海國戰騎象,蠻州市用～。"宋李心傳建炎以來朝野雜記甲集卷一六:"其實吴蜀錢幣,不能相通,捨～帛無以致遠,故莫如之何。"指銀質器物,如酒器,印章。唐杜甫少行年二首之一:"傾～注玉驚人眼,共醉終同卧竹根。"趙彦材注:"銀、玉:皆盛酒之器。"漢書酷吏傳楊僕:"懷～黄,垂三組,夸鄉里,是三過也。"顔師古注:"銀,銀印也。黄,金印也。"引申爲像銀子一樣的白色事物。如"銀河"、"銀燭"等。㊁通"垠"。界限分明。

大戴禮記衛將軍文子:"學以深,厲以斷,送迎必敬,上友下交,~乎如斷。"盧辯注:"銀,廉鍔也。"孔廣森補注:"銀,猶斷斷也。如斷,有限制也。"荀子成相:"刑稱陳,守其~,下不得用輕私門。"楊倞注:"銀與垠同。"清王念孫讀書雜志一二"刑稱陳"條:"言刑之輕重,皆稱乎道,而各守其限也。"

銅 tóng 徒紅切,平,東韻,定。東部。

金屬。古亦稱赤金。管子地數:"出~之山,四百六十七山。"指銅質器物。墨子雜守:"寇近,亟收諸雜(離)鄉金器若~鐵及他可以左守事者。"指銅印。法言孝至:"由其德,舜禹受天下不爲泰;不由其德,五兩之綸,半通之~,亦泰矣。"李軌注:"五兩之綸,半通之銅,皆有秩嗇夫之印、綬。"指銅鏡。唐孟郊君子勿鬱鬱士有謗毀者作詩以贈之二首之二:"玄髮不知白,曉入寒~覺。"引申爲銅質貨幣。明凌濛初初刻拍案驚奇三三:"不致償命,只罰些~納贖。"比喻堅硬的東西。如"~牆鐵壁"、"鐵膽~心。"

銓 quán 此緣切,平,仙韻,清。元部。

❶衡量輕重的器具。漢書王莽傳:"考量以~。"顔師古注:"量,斗斛也。銓,權衡也。"文選晉陸機文賦:"苟~衡之所裁,固應繩其必當。"李善注:"聲類云,銓,所以稱物也。"❷用作動詞。衡量。國語吴語:"不智,則不知民之極,無以~度天下之衆寡。"引申爲品評,選擇。南朝梁劉勰文心雕龍序志:"夫~序一文爲易,彌綸群言爲難。"新唐書劉祥道傳:"林甫隨才~録,咸以爲宜。"

[辨]銓,稱。二字在"秤"這個意義上相同。説文:"銓,稱也。"段玉裁注:"'稱'各本作'衡',今正。木部:'稱,銓也。'與此爲轉注,乃全書之通例。稱即今秤字。"銓有銓序、銓選等義,稱有稱揚、稱號等義,這是二字不同之處。

銖 zhū 市朱切,平,虞韻,禪。侯部。

❶古代衡制單位。二十四銖爲一兩。小爾雅衡:"二十四~曰兩。"九章算術第二卷:"今有出錢一萬三千九百七十,買絲一石二鈞二十八斤三兩五~。"引申爲極微小的事物。禮記儒行:"雖分國,如錙~,不臣不仕。"❷不鋒利。淮南子齊俗:"其兵戈~而無刃。"高誘注:"楚人謂刃頓爲銖。"

[備考]銖的重量,可能因時因地不同,故古代文獻説法不一。如荀子富國楊倞注:"十黍之重爲銖。"文選文賦李善注:"百黍重一銖。"説苑辨物:"十六黍爲一豆,六豆爲一銖。"則九十六黍爲一銖。

銑 xiǎn 蘇典切,上,銑韻,心。文部。

❶非常有光澤的金屬。爾雅釋器:"絶澤謂之銑。"國語晉語一:"以尨衣純,而玦之以金~者,寒之甚矣,胡可恃也。"特指用美金裝飾的弓。爾雅釋器:"弓有緣者謂之弓,…以金者謂之銑。"郭璞注:"用金、蚌、玉飾弓兩頭,因取其類以爲名。"又特指鐘口兩角。周禮考工記鳧氏:"鳧氏爲鍾,兩欒謂之~。"孫詒讓正義引程瑶田云:"古鍾羨而不圜,故有兩欒在鍾旁,言其有棱欒欒然。兩欒謂之銑,鍾是以有兩銑也。"又:"兩欒通長生光澤,故謂之銑。"❷小鑿。見説文。❸〔銑鋧〕叠韻聯緜字。見"鋧"字條。

銛 1. xiān 息廉切,平,鹽韻,心。談部。

❶農具。臿屬。見説文。❷鋒利。史記屈原賈生列傳:"莫邪爲頓兮,鉛刀爲~。"

2. tiǎn 他玷切,上,忝韻,透。談部。

❸挑取。王念孫廣雅疏證云:"銛者,方言:'銛,取也。'注云:'謂挑取也。'孟子盡心篇:'是以言餂之也。'趙岐注:'餂,取也。'丁公著音義云:'字書及諸書並無此餂字',當作銛。"

銘 míng 莫經切,平,青韻,明。耕部。

❶刻在器皿上的文字。或用以自警,或頌揚功德。左傳昭公三年:"讒鼎之~曰:

‘昧旦丕顯，後世猶怠。’”禮記大學：“湯之盤～曰：‘苟日新，日日新，又日新。’”後漢書竇憲傳：“憲、秉遂登燕然山，去塞三千餘里，刻石勒功，紀漢威德，令班固作～。”用作動詞。銘記，銘刻。漢趙曄吴越春秋勾踐伐吴外傳：“且君王早朝晏罷，切齒～骨。”唐李白古風五十九首之三：“～功會稽嶺，騁望琅邪臺。”引申爲文體名。明徐師曾文體明辨序説：“考諸夏商鼎彝尊卣盤匜之屬，莫不有～。…其後作者寖繁，凡山川、宫室、門、井之類皆有～詞，蓋不但施之器物而已。然要其體不過有二：一曰警戒，二曰祝頌。”㊁銘旌。靈柩前的旗幡，上書死者官銜和姓名。禮記喪服小記：“復（指招魂之辭）與書～，自天子達於士，其辭一也。男子稱名，婦人書姓與伯仲，如不知姓則書氏。”

按，説文無銘字，新附有之。

銡 1. luò 盧各切，入，鐸韻，來。鐸部。

㊀鬣髮。説文：“銡，鬍也。”徐灝説文解字注箋：“今釋氏猶有銡髮之語。”

2. gé 古伯切，入，陌韻，見。

㊁兵器。鉤。龍龕手鏡金部：“銡，音格。陳公鉤也。”抱朴子外篇君道：“文則琳琅墮於筆端，武則鉤～摧於指掌。”

鈲 guǐ 過委切，上，紙韻，見。支部。

㊀農具。臿屬。見説文。㊁有光澤的鐵。見説文。

銋 1. rén 如林切，平，侵韻，日。侵部。

㊀軟弱，卷曲。廣雅釋詁一：“銋，弱也。”王念孫疏證：“卷四云：‘銋，韏也。’‘韏，詘也。’詘即耎弱之義。集韻引字林云：‘銋，濡也。’濡與弱義亦相近。”淮南子脩務：“今劍或絶側羸文，齧缺卷～，而稱以頃襄之劍，則貴人争帶之。”高誘注：“齧齒（缺）卷銋，鈍弊無比。”

2. rěn 如甚切，上，寑韻，日。侵部。

㊁〔鍖銋〕叠韻聯緜字。見“鍖”字條。

按，説文無銋字。

銚 1. yáo 餘昭切，平，宵韻，喻四。宵部。

㊀農具。大鋤。莊子外物：“春雨日時，草木怒生，～鎒於是乎始修。”戰國策齊策三：“而操～鎒與農夫居壠畝之中，則不若農夫。”吴師道補注：“銚與‘鍬’同。”鹽鐵論申韓篇：“非患～鉏之不利，患其舍草而去苗也。”㊁〔銚鋭〕雙聲聯緜字。盂。方言一三：“盂謂之銚鋭。”

2. tiáo 集韻田聊切，平，蕭韻，定。宵部。

㊂長矛。吕氏春秋簡選：“鋤櫌白梃，可以勝人之長～利兵。此不通乎兵者之論。”

3. diào 徒弔切，去，嘯韻，定。

㊃一種有柄有嘴的烹煮器。説文：“銚，温器也。”段玉裁注：“今煮物瓦器謂之銚子，讀徒弔切，是也。”

4. yào 集韻弋笑切，去，笑韻，喻四。宵部。

㊄〔銚弋〕雙聲聯緜字。羊桃。詩檜風隰有萇楚：“隰有萇楚。”毛傳：“萇楚，銚弋也。”孔穎達疏引郭璞曰：“今羊桃也。”

鈲 hóu 户鉤切，平，侯韻，匣。侯部。

〔鏂鈲〕叠韻聯緜字。見“鏂”字條。

按，説文無鈲字。

銢 pī 普擊切，入，錫韻，滂。錫部。

字亦作“釽”。㊀裁截木料爲器具。方言二：“銢，摫，裁也。梁益之間裁木爲器曰銢，裂帛爲衣曰摫。”郭璞注：“皆析破之名也。”用作名詞，裁木爲器的工作。文選晋左思蜀都賦：“藏鏹巨萬，～摫兼呈。”引申爲割裂，破壞。漢書藝文志：“及謷者爲之，則苟鉤～析亂而已。”㊁寶劍上的文彩。漢袁康越絶書卷一一外傳記寶劍：“欲知泰阿（寶劍名），觀其釽，巍巍翼翼，如流水之波；欲知工布（寶劍名），釽從文起，至脊而止，如珠不可衽，文若流水不絶。”又：“觀其釽，爛如列星之行。”

按，説文無銢字。

銜 xián 户監切,平,銜韻,匣。侵部。

❶馬嚼子。莊子人間世:"適有蚉寅僕緣,而拊之不時,則缺～毀首碎胸。"引申爲嘴中銜着、叼着。周禮夏官大司馬:"群司馬振鐸,車徒皆作,遂鼓行,徒～枚而進。"鄭玄注:"枚如箸,銜之,有繣結項中。軍法止語,爲相疑惑也。"唐杜甫燕子來舟中作詩:"湖南爲客動經春,燕子～泥兩度新。"引申爲心中懷着,隱含着。詩小雅蓼莪:"出則～恤,入則靡至。"三國志吴書孫策傳:"策昔曾詣(陸)康,康不見,使主簿接之。策常～恨。"❷接受。禮記檀弓上:"～君命而使。"❸怨恨。後漢書班固傳:"(种)兢大怒,畏(竇)憲不敢發,心～之。"❹感謝,感激。管子形勢解:"法立而民樂之,令出而民～之。"❺官階(後起義)。唐封演封氏聞見記卷五:"官～之名,蓋興近代,當是選曹補受,須存資歷,聞奏之時,先具舊官名品于前,次書擬官于後,使新舊相～不斷,故曰官～,亦曰頭～。所以名爲～者,如人口～物,取其連屬之意。又如馬之有～以制其首,前馬已進,後馬續來,相次不絶者,古人謂之'～尾相屬',即其義也。"

[辨]鑣,銜,勒。見"鑣"字條。

七　畫

鋈 wù 烏酷切,入,沃韻,影。藥部。

白銅之類的白色金屬。説文:"鋈,白金也。"廣雅釋器:"白銅謂之鋈。"用作動詞。以白金飾物。釋名釋車:"鋈,沃也。冶白金以沃灌靷環也。"詩秦風小戎:"游環脅驅,陰靷～續。"清王先謙釋名疏證補:"王船山謂:鋈乃白銅之名,從無沃灌之義,以鋈飾續環者,即今之嵌銅事件,鏨鐵作竅,以錬成銅片嵌入之,若以鋈爲沃灌,則生熟不相害洽。"張子高從鍍錫銅器談到鋈字本義:"所謂鋈灌靷環者,即以靷環鍍錫之意。鋈之本義即是鍍錫。"(考古學報總二十一册)

鋬 pàn 集韻普患切,去,諫韻,滂。

後起字。器皿上的提梁。集韻:"鋬,器系。"

鈔 shā 素何切。集韻師加切,平,麻韻,審二。

後起字。〔鈔鑼〕金屬器具。或作沙羅、砂鑼、廝鑼、篩鑼。龍龕手鏡金部:"鈔鑼,上音娑,下音羅。鈔鑼,金銅器也。"宋趙彦衛雲麓漫鈔卷九:"今人呼洗(盥洗器)爲砂鑼,又曰廝鑼,凡國朝賜契丹西夏使人,皆用此語。究其説,軍行不暇持洗,以鑼代之。又中原人以擊鑼爲篩鑼,今南方亦有言之者。篩沙音相近,篩之爲廝,又小轉也。書傳目養馬者爲廝,以所執之鑼爲洗曰廝鑼。軍中以鑼爲洗,正如秦漢用刁斗,可以警夜,又可以炊飯,取其便耳。"明方以智通雅樂器:"沙鑼、羯鼓皆外國器,而中國用之。宋志駕前皆棒斷鑼,元志作水礶鍘鑼,南宋市肆記亦言酒器沙鑼水盆,以金銀爲之。即如今之銅面盆也。"

銀 láng 魯當切,平,唐韻,來。陽部。

〔銀鐺〕〔琅當〕〔琅璫〕叠韻聯緜字。①瑣鏈。説文:"銀,銀鐺,瑣也。"段玉裁注:"瑣爲玉聲之小者,引申之彫玉爲連環不絶謂之瑣。"指鐵鏈,刑具。後漢書崔寔傳:"董卓以是收(崔)烈(崔寔之從兄)付郿獄,錮之銀鐺鐵鎖。"用作動詞。崔寔傳注引前書曰:"人犯鑄錢,以鐵鎖銀鐺其頸。"漢書王莽傳:"民犯鑄錢,…以鐵鎖琅當其頸。"②潦倒的樣子。清桂馥段注鈔案:"今按,銀鐺連緜不斷之意,形聲叠韻字也,俗因以爲潦倒之詞,如云'三郎琅當'是矣。琅當猶言潦倒。"③鐵鏈發出的響聲。宋邵博邵氏聞見後録卷三〇:"龐孝祖言:昔提舉成都茶馬,夏日坐後圃堂上,忽聞其後鐵鏁銀鐺之聲,遽窺窗外,一物自池中出,龍形,面如猫,曳其尾石砌上,鱗甲有聲。"形容鐘聲、鈴聲。廣韻:"銀,銀鐺。…一曰鍾聲。"唐杜甫大雲寺贊公房四首之三:"夜深殿突兀,風動金琅璫。"趙彦材注:"風動則所懸之金其聲琅璫。"浦起龍讀杜心解:"殿角懸鈴之聲。"

銻 tí 杜奚切,平,齊韻,定。脂部。

〔鏏銻〕雙聲聯緜字。見"鏏"字條。

鋭 1. ruì 以芮切,去,祭韻,喻四。月部。

㊀植物的尖端。説文:"鋭,芒也。"段玉裁注:"芒者,艸耑也,艸耑必鐵,故引申爲芒角字。"宋蘇軾乞桃花栽東坡詩:"春來凍地裂,紫筍森已~。"宋王明清揮麈後録卷二:"白雪照夜,則寒梅盛開;紅雲嬌春,則仙桃極目。恍如望千畝之~,非巖之秀。"引申爲物體的芒角。續資治通鑒元武宗至大元年:"流星起自句陳,南行,圓若車輪,微有~。"引申爲纖細,細小。左傳昭公十六年:"且吾以玉賈罪,不亦~乎!"杜預注:"鋭,細小也。"急就篇"葵韭葱䪥蓼蘇薑"顔師古注:"蓼有數種,葉長~而薄。"引申爲鋭利,鋒利。淮南子時則:"準之爲度也,…柔而不剛,~而不挫。"後漢書袁紹傳:"(公孫)瓚兵三萬,…其鋒甚~。"用作名詞,指鋭利的兵器。史記陳涉世家:"將軍身被堅執~,伐無道,誅暴秦。"引申爲精鋭。墨子雜守:"厲吾~卒,慎無使顧。"㊁疾速。孟子盡心上:"其進~者,其退速。"

2. duì 杜外切,去,泰韻,定。月部。

㊂兵器,矛屬。一説爲"鈗"之譌字。書顧命:"一人冕,執~,立于側階。"鄭玄注:"鋭,矛屬。"清孫星衍尚書今古文注疏卷二五:"鋭,譌字也,當從説文作'鈗',云:'侍臣所執兵也。周書曰:一人冕,執鈗。讀若允。'"

3. yuè 集韻欲雪切,入,薛韻,喻四。月部。

㊃〔銚鋭〕雙聲聯緜字。見"銚"字條。

[辨]鋌,鋭。見"鋌"字條。

銶 qiú 巨鳩切,平,尤韻,群。幽部。

木工工具。鑿柄。詩豳風破斧:"既破我斧,又缺我~。"管子輕重乙:"一車必有一斤、一鋸、一釭、一鑽、一鑿、一~。"尹知章注:"鑿屬。"

按,説文無銶字。朱駿聲説文通訓定聲孚部以爲即"梂"字:"此字當以'鑿首'爲本訓,字亦作銶。"段玉裁"梂"字注:"鑿所以穿木也。鑿首謂鑿柄,鑿柄必以木爲之,今木工尚然矣。故字從木,金部無銶,許所據詩然也。"

鋕 zhì 集韻職吏切,去,志韻,照三。

後起字。銘記。類篇金部:"鋕,銘也。"正字通:"鋕,俗字。經史通作志,或作誌,俗加金。"

鋪 1. pū 普胡切,平,模韻,滂。魚部。

㊀鋪首,門上用以銜環的底盤,作獸形,或飾以金銀。文選漢司馬相如長門賦:"擠玉户以撼金~兮,聲噌吰而似鍾音。"文選三國魏何晏景福殿賦:"青瑣銀~,是爲閨闥。"㊁鋪陳,陳列。詩大雅常武:"~敦淮濆,仍執醜虜。"鄭箋:"敦當作屯。陳屯其兵於淮水大防之上。"禮記樂記:"~筵席,陳尊俎。"引申爲普遍,遍。南朝梁劉勰文心雕龍明詩:"故~觀列代,而情變之數可監。"㊂通"痡"。痛苦,困病。詩小雅雨無正:"若此無罪,淪胥以~。"

[備考]古銅器名,豆屬。見宋王黼宣和博古圖録周劉公鋪銘。

2. pù 普故切,去,暮韻,滂。

㊃店鋪、商肆(後起義)。宋灌圃耐得翁都城紀勝鋪席:"自五間樓北,至官巷南御街,兩行多是上户金銀鈔引交易~,僅百餘家,…又有大小~席,皆是廣大物貨,如平津橋沿河,布~、扇~、温州漆器~、青白碗器~之類。"㊄驛站(後起義)。元史兵志四:"每十里或十五里、二十五里,則設一~。"清顧炎武日知録卷一〇驛傳條:"今時十里一~,設卒以遞公文。"原注:"金史,泰和六年,初置急遞~,腰鈴傳遞,日行三百里。"

[同源字]鋪,布,敷。三字聲母相近,均屬魚部,在布陳、敷陳這個意義上同源。"鋪敦淮濆",韓詩作"敷"。廣雅釋詁三:"鋪,布

也。"書禹貢:"禹敷土。"鄭注:"敷,布也。"

鋣 yé 集韻余遮切,平,麻韻,喻四。魚部。

同"釾"、"鎁"。見"鏌釾"字條。

按,説文鎁作釾。

鋩 máng 武方切,字彙謨郎切,音忙。

刀、劍的尖端。文選晉左思吴都賦:"羽毛揚蕤,雄戟耀～。"唐柳宗元與浩初上人同看山寄京華親故詩:"海畔尖山似劍～,秋水處處割愁腸。"引申爲其他物體的尖端部分。明徐宏祖徐霞客遊記粤西遊日記四:"重崖綴石,逆攀雖險,然石～競裂,似可援手以發足。"

[辨]鋩,鋭。二字在尖端這個意義上同義。鋭的其他義項,鋩不具有。"鋭"今只用作形容詞,"鋩"只用作名詞。

[同源字]芒,鋩,萌。見"芒"字條。

按,説文無鋩字。

鋏 jiá 古協切,入,怗韻,見。葉部。

㊀冶鍊時用的鐵鉗。説文:"鋏,可以持冶器鑄鎔者也。"引申爲一般的鐵夾。南朝梁簡文帝對燭賦:"宵深色麗,焰動風過。夜久唯煩～,天寒不畏蛾。"㊁劍把。戰國策齊策四:"長～歸來乎!食無魚。"指劍。楚辭戰國屈原九章涉江:"帶長～之陸離兮,冠切雲之崔嵬。"

鋙 1. yǔ 魚巨切,上,語韻,疑。魚部。

㊀〔鉏鋙〕叠韻聯緜字。見"鉏"字條。

2. wú 集韻訛胡切,平,模韻,疑。

㊁〔錕鋙〕雙聲聯緜字。見"錕"字條。

按,説文以鋙爲鉶的或體,云:"鉏鉶也。"

鋟 qǐn 七稔切,上,寢韻,清。侵部。

刻。公羊傳定公八年:"孟氏與叔孫氏迭而食之,睋而～其板,曰:某月某日將殺我于蒲圃,力能救我則於是。"徐彦疏:"謂以指爪刻其饋器之上斂藏衣物之板,謂蓋板也。"特指雕刻書板(後起義)。宋李心傳建炎以來繫年要録一二九紹興二年九月:"(吴)師古嘗得胡銓封事,～木而傳之。"清葉德輝書林清話總論刻書之益:"子晉生而篤謹,好書籍,自其垂髫時即好～書。"

按,説文無鋟字。

鋦 jū 居玉切,入,燭韻,見。

後起字。以鐵縛物。見玉篇。引申爲名詞,鋦子。清林則徐驗收寶山縣海塘工程摺:"補砌石塘,面面方整,並用鐵～、鐵錠逐層勾貫。"

銷 xiāo 相邀切,平,宵韻,心。宵部。

㊀動詞。熔化金屬。史記秦始皇本紀:"收天下兵,聚之咸陽,～以爲鍾鐻。"漢書食貨志:"今縣官～半兩錢,更鑄三銖錢。"引申爲消失。莊子天地:"致命盡情,天地樂而萬事～亡。"禮記樂記:"禮減而不進則～,樂盈而不反則放。"引申爲銷毁,銷蝕。史記張儀列傳:"衆口鑠金,積毁～骨。"唐杜牧赤壁詩:"折戟沉沙鐵未～,自將磨洗認前朝。"㊁刀的一種。淮南子脩務:"苗山之鋌(王念孫説:鋌當爲鋋,字之誤也),羊頭之～,雖水斷龍舟,陸剸兕甲,莫之服帶。"㊂生鐵。淮南子説林:"屠者棄～而鍛者拾之,所緩急異也。"文選七命李善注引淮南子許慎注:"銷,生鐵也。"㊃木工削木刀具。淮南子齊俗:"故剞劂～鋸陳,非良工不能以制木。"

[同源字]銷,消。二字音同義近。周禮考工記㮚氏:"改煎金錫則不秏。"鄭玄注:"消湅之精,不復減也。"消湅即銷鍊。消亦有消失、消毁等義。參見"消"字條。

銲 hàn 侯旰切,去,翰韻,匣。

後起字。銲接金屬等物。字亦作"釬"。見玉篇。龍龕手鏡金部:"銲,銲金銀令相著也。"宋沈括夢溪筆談卷二一:"就使～之,則其聲當銑塞;今扣之,其聲泠然纖遠。"

銑 xiàn 集韻胡典切,上,銑韻,匣。

後起字。〔銑銑〕叠韻聯緜字。小鑿。見

集韻。陳書蕭摩訶傳:"摩訶遥擲銑鋧,正中其額,應手而仆。"

鋤 chú 士魚切,平,魚韻,牀二。魚部。

字本作"鉏"。鋤頭。釋名釋器用:"鋤,助也。去穢助苗長也。"晉陶淵明歸園田居五首之三:"晨興理荒穢,帶月荷～歸。"用作動詞。用鋤頭鋤草鬆土。唐李紳憫農詩:"～禾日當午,汗滴禾下土。"引申爲剷除,除掉。宋史李綱傳:"誅～内奸,使君子之道長。"

按,説文無鋤有鉏。

鋗 1. xuān 火玄切,平,先韻,曉。元部。

❶與銚同類的烹煮器。急就篇:"銅鍾鼎鋞～鉇銚。"廣雅釋器:"鋗謂之銚。"

2. xuàn 集韻胡犬切,上,銑韻,匣。

❷玉聲。見集韻。漢書禮樂志:"展詩應律～玉鳴。"

3. juān 字彙圭淵切,音鐫。元部。

❸通"涓"。〔鋗人〕即"涓人"。宫中主清潔灑掃之人。史記楚世家:"王因枕其股而卧,鋗人又以土自代,逃去。"

[備考]音 juàn,集韻隨戀切。車鐶。見集韻。

鋘 1. huá 户花切,平,麻韻,匣。

❶同"鏵"。農具,用于翻土。龍龕手鏡金部:"鏵、鋘,鍫也。宋魏之間謂鍤(鍤)曰鏵。"後漢書戴就傳:"就慷慨直辭,色不變容。又燒～斧,使就挾於肘腋。"李賢注引何承天纂文曰:"臿,今之鋘也。"又引張揖字詁云:"臿,刃也。"

2. wú 五乎切,平,模韻,疑。

❷〔錕鋘〕雙聲聯緜字。山名。廣韻:"錕鋘,山名。出金,色赤如火,作刀,可切玉。出越絶書。"

[備考]以錕鋘金所作之刀名鋘。漢趙曄吴越春秋夫差内傳:"兩～植吾宫牆,流水湯湯,越吾宫堂。"徐天祜注:"鋘,音吴,刀名。錕鋘山出金,作刀,可切玉。"按,清人盧文弨云:"鋘,非刀也,乃臿耳,可以起土者。"二説不同。

3. hú 集韻洪孤切,平,模韻,匣。

❸同"杇"。泥瓦匠用的工具,抹子。集韻:"杇、鋘、釫、摴,泥鏝也,塗工之具。"類篇金部:"鋘、杇,泥鏝也,塗工之具。杇,又汪胡切。説文:'所以塗也。'(按,今本説文作杇。)"

按,説文無鋘字。

鋜 1. zhuó 士角切,入,覺韻,牀二。

後起字。❶拘鎖足部的器具。類篇:"鋜,足鈐。"用作動詞,足被鎖住。韓昌黎集納涼聯句:"青雲路難近,黄鶴足仍～。"引申爲套在脚腕的裝飾品。即鐲子。宋吴自牧夢粱録卷二〇嫁娶條:"且論聘禮,富貴之家當備三金送之,則金釧、金～、金帔墜者是也。"

2. chuò 集韻測角切,入,覺韻,穿二。

❷同"鏃"。鋤。類篇金部:"鋜,鋤也。諺曰:'欲得穀,馬耳鏃。'或从足。"

鋝 lüè 力輟切,入,薛韻,來。月部。

重量單位。六兩爲一鋝,或二十兩爲三鋝。小爾雅衡:"二十四銖曰兩,兩有半曰捷,倍捷曰舉,倍舉曰鋝。鋝謂之鍰。"這是以六兩爲鋝。説文:"周禮曰:'重三～。'北方以二十兩爲三鋝。"段玉裁注:"北方二十兩爲三鋝,正謂六兩大半兩爲一鋝也。"

[同源字]鋝,鍰。二字同源。説文:"鍰,鋝也。"周禮考工記冶氏鄭玄注引許叔重説文解字云:"鋝,鍰也。"清吴大澂説文古籀補第十四:"古文鋝鍰爲一字。"鋝,月部;鍰,元部。月元對轉。關於鋝鍰二字的關係,還可參閲戴震辨尚書考工記"鍰""鋝"二字,戴氏云:"'鍰'、'鋝'篆體易譌,説者合爲一,恐未然也。"

鋖 sī 息夷切,平,脂韻,心。

後起字。平木器的小鉋子。見玉篇。廣韻云:"亦作'鐁'。"

銼 cuò 麤卧切，去，過韻，清。歌部。

㊀〔銼鑹〕叠韻聯緜字。小釜，瓦鍋。廣雅釋器：“鍑鎢謂之銼鑹。”王念孫疏證：“太平御覽引纂文云：‘秦人以鈷鏻爲銼鑹。’案：物形之小而圓者，謂之銼鑹。單言之則曰銼。”唐杜甫聞斛斯六官未歸詩：“荆扉深蔓草，土銼冷疎烟。”㊁通“挫”。挫折。史記楚世家：“亡地漢中，兵～藍田。”

鋊 yù 余蜀切，入，燭韻，喻四。屋部。

㊀鼎耳鉤及炭鉤。説文：“鋊，可以句鼎耳及鑪炭也。”段玉裁注：“句，讀如鉤。鉤鼎耳舉之、鉤鑪炭出之之器也。”㊁銅屑。漢書食貨志下：“今半兩錢，法重四銖，而姦或盜摩錢質而取～。”顔師古注引如淳曰：“錢一面有文，一面幕。幕爲質，民盜摩漫面而取其鋊，以更鑄作錢也。”由磨錢取鋊引申爲器物磨損。明焦竑俗書刊誤俗用雜字：“金石久用無楞曰鋊。”

鋌 1. dìng 徒鼎切，上，迥韻，定。耕部。

㊀銅鐵等尚未成器的坯料。説文：“鋌，銅鐵樸也。”大藏音義二九引許注淮南子脩務云：“鋌者，金銀銅鐵等未成器，鑄作片，名曰鋌。”鹽鐵論殊路：“干越之～不厲，匹夫賤之；工人施巧，人主服而朝也。”論衡率性：“棠谿、魚腸之屬，龍泉、太阿之輩，其本～，山中之恒鐵也，冶工鍛錬，成爲銛利。”文選晉張協七命：“耶谿之～，赤山之精。”引申爲計量金銀的量詞。北齊書陳元康傳：“世宗於是親征，既至而剋，賞元康金百～。”金史食貨志：“舊例銀每～五十兩，其直百貫。”在這個意義上後來寫作錠。㊁通“莖”。箭足，箭頭鋒刃下端裝入箭幹中的部分。周禮考工記冶氏：“冶氏爲殺矢，刃長寸，圍寸，～十之。”

2. tǐng 集韻他頂切，上，迥韻，透。耕部。

㊂通“逞”。飛速奔跑的樣子。左傳文公十七年：“～而走險，急何能擇！”㊃盡。方言三：“鋌，盡也。物空盡者曰鋌。”又：“鋌，空也。”

［辨］鋌，磺（礦之古字）。二字義近。段玉裁説文解字注：“鋌與磺義同音别。”説文：“磺，銅鐵樸石也。”區别在：磺相當于今之礦石，鋌乃“五金鍛爲條樸者”。鋌雖爲“樸”，但已經過初步加工，已“鑄成片”，只是“未成器”而已。磺今讀 huáng，音義均與古别。

［同源字］梃，鋌，莛，筳，珽，脡，挺。七字均耕部，聲母多屬定母或透母。均有直義、條狀義。元戴侗六書故地理一：“鋌，五金鍛爲條樸者，金曰鋌，木曰梃，竹曰筳，皆取其長。”朱駿聲説文通訓定聲鼎部“梃”字注：“艸曰莛，木曰梃。小爾雅廣服：‘杖謂之梃。’公羊昭二十五傳：‘與四脡脯。’注：‘曲曰朐，申曰脡。’”周禮考工記弓人鄭玄注：“挺，直也。”左傳襄公五年：“周道挺挺。”杜預注：“挺挺，正直也。”禮記玉藻鄭玄注：“珽之言挺然無所屈也。”參見“梃”字條。

鋂 méi 莫杯切，平，灰韻，明。之部。

獵犬脖頸上的大連環。詩齊風盧令：“盧重～，其人美且偲。”毛傳：“一環貫二也。”

銹 xiù 集韻息救切，去，宥韻，心。

後起字。亦作“鏥”、作“鏽”。金屬表面所産生的氧化物。集韻：“鏥，鐵上衣也。或作銹、鏽。”

鋒 fēng 敷容切，平，鍾韻，敷。東部。

㊀兵器的尖端。吴子治兵：“～鋭甲堅，則人輕戰。”荀子議兵：“兑則若莫邪之利～，當之者潰。”論衡命義：“蹈死亡之地，當劍戟之～。”指兵器。淮南子主術：“昔孫叔敖恬卧，而郢人無所害（清俞樾：“害蓋容字之誤，容亦用也”）其～。”史記秦始皇本紀：“收天下之兵聚之咸陽，銷～鑄鐻，以爲金人十二。”引申爲器物的尖端。南朝宋鮑照擬古詩八首之二：“兩説窮舌端，五車摧筆～。”引申爲軍隊的前列。史記黥布列傳：“布常爲軍～。項王封諸將，立布爲九江王。”引申爲鋭氣、勢

頭。史記淮陰侯列傳:"此乘勝而去國遠鬭,其~不可當。"㊁農具名。其柄如耒,首如刃鋒。論衡幸偶:"等之金也,或爲劍戟,或爲~銛。"用作動詞,用鋒翻地。北魏賈思勰齊民要術卷一耕田:"凡秋收之后…即移羸速~之,地恒潤澤而不堅硬。"

按,説文鋒作鏠。段玉裁注:"俗作鋒。"

鋋 chán 市連切,音蟬,平,仙韻,禪。元部。

鐵把小矛。急就篇:"矛鋋鑲盾刃刀鉤。"顔師古注:"鋋,鐵把小矛也。"方言九:"矛,吴揚江淮南楚五湖之間謂之鍦,或謂之鋋。"史記匈奴列傳:"其長兵則弓矢,短兵則刀~。"後漢書馬融傳廣成頌:"然後飛~電激,流矢雨墜。"用作動詞,刺殺。史記司馬相如列傳上林賦:"格瑕蛤,~猛氏。"司馬貞索隱:"説文:'鋋,小矛也。'音蟬。"

[辨]鈠,鋋,鬮。見"鈠"字條。

鋚 tiáo 徒聊切,平,蕭韻,定。幽部。

轡首上的金屬裝飾物。説文:"鋚,鐵也。一曰轡首銅。"字亦作"鞗"。詩小雅蓼蕭:"既見君子,鞗革忡忡。"段玉裁説文解字注"鋚"字:"鋚即鞗字,詩本作攸,轉寫誤作鞗。攸革皆古文假借字也。古金石文字作'攸勒'或作'鋚勒'。轡首銅者,以銅飾轡首也。"

八　畫

錠 dìng 丁定切,去,徑韻,端。耕部。

㊀油燈。説文:"錠,鐙也。"段玉裁"主"字注:"釋器:'瓦豆謂之登。'郭曰:'即膏鐙也。'膏鐙,説文金部之'鐙錠'二字也。其形如豆,今之鐙盞是也。"㊁古代蒸食物的器皿。正字通金部:"錠,薦熟物器,上環以通氣之管,中置以烝飪之具,下致以水火之齊,用類甗。"㊂錫屬。龍龕手鏡金部:"錠,音定。錫屬也。"水滸全傳七二回:"盡用~器,擺一春檯。"㊃通"鋌"。金銀幣單位名稱(後起義)。清錢大昕十駕齋養新録卷一九:"古人稱金銀曰鋌,今用~字。…元時行鈔法,以一貫爲定,後移其名于銀,又加金旁。"清翟灝通俗編:"世俗計金銀以~,~爲鋌之訛,…古計墨亦曰幾鋌,今並訛爲~字。"敦煌變文集孔子項託相問書:"當時便欲酬倍價,每束黄金三~强。"

[辨]錠,鐙。見"鐙"字條。

[同源字]錠,鐙。二字同源,聲母均屬端母,耕蒸旁轉。説文錠鐙互訓。徐鉉"鐙"字注:"錠中置燭,故謂之鐙。"徐鍇繫傳"鐙"字注:"按爾雅'瓦桓謂之鐙'。注:即膏鐙也。"

錧 guǎn 古滿切,上,緩韻,見。元部。

㊀車轂端用金屬包的冒蓋。儀禮既夕禮:"木~,約綏約轡。"賈公彦疏:"其車錧常用金,喪用木。"㊁農具名。犂刃。爾雅釋樂邢昺疏:"字林云:錧,田器也。自江而南呼犁刃爲錧。"説文"琯"字徐鍇繫傳:"犁冠即犁鑱也。今字書作犁錧,音義同。"

按,説文無錧字,朱駿聲説文通訓定聲乾部"輨"字:以爲"錧"即"輨"字。

鉼 1. bǐng 必郢切,上,静韻,幫。耕部。

㊀餅狀金屬塊。爾雅釋器:"鉼金謂之鈑。"周禮秋官職金:"旅于上帝,則共其金版。"鄭玄注:"鉼金謂之版。"孫詒讓正義:"金版蓋謂鍊冶金爲版,金當兼有金銀銅三品,説文金部云'釘,鍊鉼黄金'是也。"初學記卷八嶺南道引南朝宋王韶之始興記:"林水源出磐石上,羅列十甕,皆蓋以青盆,中悉銀~。有人遇之,得開觀而不可取。"引申爲量詞。三國志魏書三少帝紀齊王芳:"賜銀千~,絹千匹,以光寵存亡,永垂來世焉。"

2. píng 集韻旁經切,平,青韻,並。耕部。

㊁漢侯國名,在今山東省臨朐縣東南。類篇金部:"鉼,漢侯國名。"史記惠景間侯者年表及漢書地理志作"缾"。

按,説文無鉼字。

錇 póu 集韻蒲侯切,平,侯韻,並。

後起字。〔錇錋〕叠韻聯緜字。釘名。見集韻。

錞 1. chún 常倫切,平,諄韻,禪。文部。

㊀軍樂器。又名"錞于"。周禮地官鼓人:"以金～和鼓。"鄭玄注:"錞,錞于也。圜如碓頭,大上小下。樂作,鳴之,與鼓相和。"國語晉語五:"是故伐備鍾鼓,聲其罪也;戰以錞于、丁寧,儆其民也。"淮南子兵略:"兩軍相當,鼓～相望。"㊁緣,依附。山海經西山經:"又西二百五十里曰騩山,是～于西海,無草木,多玉。"又中山經:"又北三十里曰嬰梁之山,上多蒼玉,～于玄石。"郭璞注:"言蒼玉依黑石而生也。"

2. duì 徒對切,去,隊韻,定。文部。

㊂矛戟柄端的平底金屬套。詩秦風小戎:"厹矛鋈～。"字亦作"鐓"。禮記曲禮上:"進戈者前其鐏,後其刃;進矛戟者前其鐓。"釋文:"本又作錞。"

[辨]錞,鐏。作爲戈矛柄端金屬套,二字同義,但形狀有别。錞爲平底,鐏爲尖底。禮記曲禮鄭玄注:"鋭底曰鐏,取其鐏地;平底曰鐓,取其鐓地。"廣雅釋器:"鐓,鐏也。"王念孫疏證:"鐓,或作錞。…鐓與鐏對文則異,散文則通。"參見"鐏"字條。

錥 yù 余六切,入,屋韻,喻四。

後起字。〔鴾錥〕見"鴾"字條。

錟 1. tán 徒甘切,平,談韻,定。談部。

㊀長矛。見説文。

2. xiān 集韻思廉切,平,鹽韻,心。談部。

㊁鋒利。史記蘇秦列傳:"彊弩在前,～戈在後。"張守節正義引劉伯莊云:"音四廉反,利也。"

錈 juan 集韻窘遠切,上,阮韻,群。元部。

刀劍鋒刃捲屈。類篇:"錈,驅圓切,屈鐵。又窘遠切,屈金也。"吕氏春秋别類:"又柔則～,堅則折,劍折且～,焉得爲利劍。"

按,説文無錈字。

錽 1. wǎn 亡范切,上,范韻,微。談部。

㊀馬冠,馬額上的裝飾物。西周時代的馬冠一般作獸面形。文選漢張衡東京賦:"龍輈華轙,金～鏤錫。"李善注引蔡邕曰:"金錽者,馬冠也。高廣各五寸,上如玉華形,在馬髦前。"古書多誤作"鍐"、"鑁"。後漢書輿服志上:"金(鍐)[錽]方釳,插翟尾。"南朝梁江淹袁太尉淑從駕:"金鍐(本亦作鑁)映秋山。"

2. jiǎn 字彙古斬切,音減。

㊁在鐵器上鑿陰文,捶入金銀絲。明李實蜀語:"鐵上鏤金銀曰～。"

[同源字]錽,㚲。二字音同義近。錽是㚲的分别字。説文夊部:"㚲,𡕥蓋也。"段玉裁注:"司馬彪輿服志乘輿'金錽'。劉昭引蔡邕獨斷曰:'金錽者,馬冠也。…在馬髦前。'按在馬髦前,則正在馬之𡕥蓋。其字本作'金㚲',或加金旁耳。馬融廣成頌:'揚金㚲而拖玉瓌。'字正作'㚲'可證。"又金部"釳"字段注:"錽取㚲字之義。"

按,説文無錽字。

鋹 chǎng 丑兩切,音昶,上,養韻,徹。

後起字。利。見玉篇金部。也指鋭勢。清王闓運桂陽州志序:"首建伐國,益兵踰領,乘～于踣,瑜清不染。"

錤 jī 居之切,平,之韻,見。之部。

〔鎡錤〕叠韻聯緜字。見"鎡"字條。

按,説文無錤字,許慎注"欘"字有"齊謂之鎡錤。"

錯 1. cuò 倉各切,入,鐸韻,清。鐸部。

㊀用金塗飾鑲嵌。鹽鐵論散不足:"今富者銀口黄耳,金罍玉鍾;中者舒玉紵器,金～蜀杯。"三國魏曹操上雜物疏:"御物有尺二寸金～鐵鏡一枚。"泛指裝飾繪畫文彩。詩小雅采芑:"約軧～衡,八鸞瑲瑲。"毛傳:"錯衡,文衡也。"陳奂詩毛氏傳疏:"'錯'詁'文'者,謂衡上束文也。"國語晉語八:"唯其功庸少也,而能金玉其車,文～其服。"韋昭注:"錯,

錯鏤。"㊁通"厝"。治玉用的厝石。詩小雅鶴鳴:"它山之石,可以爲~。"陳奐詩毛氏傳疏:"(錯)爲厝之假借,厝爲攻玉之石。"説文"厝"字引詩作"可以爲厝"。用作動詞,治玉。法言學行:"夫有刀者礲諸,有玉者~諸,不礲不~,焉攸用?"李軌注:"礲、錯,治玉名。"潛夫論讚學:"故夏后之璜,楚和之璧,雖有玉璞卞和之資,不琢不~,不離礫石。"引申爲錯摩,蕩擊。易説卦:"八卦相~。"李鼎祚周易集解:"錯摩則剛柔相摩,八卦相蕩也。"文選晉郭璞江賦:"潛湲之所汩淈,奔溜之所磢~。"引申爲治銅鐵骨角的工具。漢劉向列女傳卷三魯臧孫母:"~者所以治鋸,鋸者所以治木也。"㊂通"逪"。交錯。詩小雅楚茨:"獻醻交~。"毛傳:"東西爲交,邪行爲錯。"戰國策秦策三:"秦韓之地形相~如繡。"引申爲更迭。禮記中庸:"辟如四時之~行,如日月之代明。"由交錯又引申爲錯雜。詩周南漢廣:"翹翹~薪,言刈其楚。"由錯雜引申爲不合,不同。漢書五行志上:"劉向治穀梁春秋,數其旤福,傳以洪範,與仲舒~。"由不合引申爲乖謬,錯誤。漢書于定國傳:"何以~謬至是?"唐韓愈張中丞傳後叙:"盡卷不~一字。"

2. cuò(舊讀 cù)倉故切,去,暮韻,清。今讀如厝。鐸部。

㊃通"措"。措置。論語爲政:"舉直~諸枉,則民服。"引申爲實施。商君書錯法:"~法而民無邪。"㊄捨棄,停止。荀子天論:"故~人而思天,則失萬物之情。"史記張儀列傳:"且韓之南陽已舉矣,子何不少委焉以爲衍功,則秦魏之交可~矣。"

[備考]通"促"。倉卒。後漢書寒朗傳:"二人~愕不能對。"(愕,感到驚愕。)

錏 yā 於加切,平,麻韻,影。魚部。

〔錏鍜〕叠韻聯緜字。頸鎧。見説文。唐韓翃送劉將軍詩:"明光細甲照錏鍜,昨日承恩拜虎牙。"引申爲禁錮。明方以智東西均盡心:"錏鍜良知。"

錡 1. qí 渠羈切,平,支韻,群。歌部。

㊀鋸。説文金部:"錡,鉏鋼也。"徐灝説文解字注箋:"錡,蓋鋸齒之類。"王筠句讀:"豳風:'又缺我錡。'傳:'鑿屬曰錡。'韓詩:'木屬曰錡。'筠又疑錡即鋸。"㊁三足鍋。詩召南采蘋:"于以湘之,維~及釜。"形容山石嵌空如錡。漢司馬相如上林賦:"巖陁甗~,摧崣崛崎。"王先謙漢書補注司馬相如傳:"方言:'鍑,江淮陳楚之間謂之錡。'注:'錡,三脚釜也。'山之嵌空玲瓏,有若錡然。與甗對文,甑釜相類之物,故舉以爲喻。…或如甗而巖㠋,或如錡而嵌空也。"

2. yǐ 魚倚切,上,紙韻,疑。歌部。

㊂兵器架,用于懸挂弓弩。文選漢張衡西京賦:"武庫禁兵,設在蘭~。"李善注引魏都賦劉逵注:"受他兵曰蘭,受弩曰錡。"㊃姓。錡氏,見左傳定公四年。

錢 1. jiǎn 即淺切,上,獮韻,精。元部。

㊀農具名,用于除草劃土。詩周頌臣工:"命我衆人,庤乃~鎛。"

2. qián 昨仙切,平,仙韻,從。元部。

㊁金屬貨幣。國語周語下:"景王二十一年,將鑄大~。"墨子雜守:"民獻粟米布帛金~牛馬畜產。"比喻圓如銅錢的東西。宋楊萬里秋涼晚步詩:"綠池落盡紅蕖却,荷葉猶開最小~。"㊂重量單位。一兩爲十錢。清顧炎武日知録卷一一:"古算法,二十四銖爲兩,…近代算家不便,乃十分其兩,而有~之名。"劉世儒魏晉南北朝量詞研究:"'錢'是大於'銖'的衡制量詞(顧炎武日知録卷一一謂'一錢'重'二銖四絫',但這已是唐武德以後的事,南北朝一錢是多少銖,待考訂),一般少用,多只用於'藥劑',現代也仍是如此。"三國志魏書方技傳華佗:"與君散兩~,當吐二升餘膿血訖。"

鋸 jù 居御切,去,御韻,見。魚部。

㊀截斷解析木石的工具。墨子備城門："門者皆無得挾斧斤鑿～椎。"元戴侗六書故地理一："鋸，解器也，以鐵枼爲齟齬，其齒一左一右，以片解木石。"漢劉向列女傳卷三魯臧孫母："～者所以治木也。"管子輕重乙："一車必有一斤、一～、一釭、一鑽、一鑿、一銶、一軻，然后成爲車。"用作動詞，用鋸截斷。後漢書臧宮傳："宮夜使～斷城門限。"比喻像鋸一樣的東西。唐温庭筠公無渡河詩："下有狂蛟～爲尾，裂帆截櫂磨霜齒。"形容像拉鋸一樣的動作。宋羅大經鶴林玉露卷一〇："繩～木斷，水滴石穿。"㊁刑具。國語魯語上："大刑用甲兵，其次用斧鉞，中刑用刀～。"漢司馬遷報任安書："如今朝廷雖乏人，奈何令刀～之餘薦天下之豪俊哉！"㊂大鋤。廣雅釋器："鋸，鉏也。"管子小匡："惡金以鑄斤斧鉏夷～欘。"

錣 1. zhuì 陟衛切，去，祭韻，知。月部。

㊀馬鞭頂端的針刺，用于刺馬前進。韓非子外儲説右下："延陵卓子乘蒼龍與翟文之乘，前則有錯飾，後則有利～。"

2. chuò。

㊁籌碼。管子國蓄："且君引～量用，耕田發草，上得其數矣。"

按，説文無錣字。

鋼 gāng 古郎切，平，唐韻，見。

金屬。比生鐵堅韌，比熟鐵質硬。列子湯問："其劍長尺有咫，練～赤刃，用之切玉，如切泥焉。"〔鋼鐵〕宋沈括夢溪筆談辯證一："世間鐵所謂鋼鐵者，用柔鐵屈盤之。"

［同源字］鋼，剛，鉅。三字同源，見"鉅"字條。

按，説文無鋼字。

錁 1. guǒ 集韻古火切，上，果韻，見。

後起字。㊀鎌刀。龍龕手鏡金部："錁，音果，江淮云鎌也。"㊁同"輠"。盛潤滑油的器具。類篇金部："錁，車膏器曰輠，或從金。"

2. kuǎ 苦瓦切，上，馬韻，溪。

㊂同"銙"。帶具，即附于腰帶上的扣板。集韻："銙，帶具。或作錁。"

3. kè。

㊃小饅頭狀的金銀錠，重一二兩到三五兩不等。雍熙樂府朝天子救忙的忒多："萬櫃黄金，千箱銀～。"紅樓夢一八回："尤氏、李紈、鳳姐等皆金銀～四錠。"

錕 kūn 古渾切，平，魂韻，見。文部。

〔錕鋙〕〔昆吾〕〔琨珸〕〔錕鋘〕雙聲聯緜字。山名，也指錕鋙山所産之礦石及用此礦石所鑄之劍。史記司馬相如列傳子虚賦："其石則赤玉玫瑰，琳瑶琨珸。"裴駰集解引漢書音義曰："琨珸，山名也，出善金。"司馬貞索隱："琨珸，司馬彪云：'石之次玉者。'按，河圖云：'流州多積石，名昆吾石，鍊之成鐵，以作劍，光明昭如水精。'"列子湯問："周穆王大征西戎，西戎獻錕鋙之劍，…用之切玉如切泥焉。"參見"鋘"字條。

［備考］車釭。方言九："車釭，齊、燕、海、岱之間謂之鍋，或謂之錕。"廣韻混韻古本切，音 gǔn。

按，説文無錕字。

錫 1. xī 先擊切，入，錫韻，心。錫部。

㊀金屬名。周禮考工記築氏："六分其金而～居一，謂之鍾鼎之齊。"韓非子顯學："夫視鍛～而察青黄，區冶不能以必劍。"㊁通"緆"。細布。史記司馬相如列傳子虚賦："被阿～，揄紵縞。"裴駰集解引漢書音義："阿，細繒也。錫，布也。"㊂僧人所用錫杖（禪杖）的省稱。文選晋孫綽遊天台山賦："王喬控鶴以冲天，應真飛～以躡虚。"唐杜甫題元武禪師屋壁詩："～飛常近鶴，杯渡不驚鷗。"㊃姓。後漢書岑彭傳有錫光。

2. cì（舊讀 sì）集韻斯義切，去，寘韻，心。今讀如刺。錫部。

㊄通"賜"。賜給。書洪範："天乃～禹洪範九疇。"公羊傳宣公十二年："～之不毛之

地。"

3. tì 集韻他歷切,入,錫韻,透。錫部。

㊅通"鬄"。假髮。儀禮少牢饋食禮:"主婦被～衣侈袂。"鄭玄注:"被錫讀爲髲鬄。古者或剔賤者、刑者之髮,以被婦人之紒爲飾,因名髲鬄焉。"

錮 gù 古暮切,去,暮韻,見。魚部。

㊀用金鐵熔液填塞穴隙。漢書賈山傳:"死葬乎驪山,吏徒數十萬人,…合采金石,冶銅～其內。"左傳成公二年孔穎達正義:"説文云:'錮,鑄塞也。'鐵器穿穴者,鑄鐵以塞之,使不漏。"引申爲禁錮,不允許擔任官職。左傳成公二年:"子反請以重幣～之。"後漢書黨錮列傳:"帝意稍解,乃皆赦歸田里,禁～終身。"引申爲錮身,用刑具禁錮其身。後漢書崔寔傳:"董卓以是收(崔)烈(崔寔從兄)付郿獄,～之鋃鐺鐵鎖。"引申爲封閉。宋王安石太古:"禮樂不足～其情,刑政不足網其惡。"由鑄塞又引申爲堅固。六韜武韜:"七曰欲～其心,必厚賂之。"㊁獨占,專取。漢書貨殖傳:"上争王者之利,下～齊民之業。"顏師古注:"錮,亦謂專取之也。"㊂通"痁"(痼)。久病,頑症。管子度地:"有～病不可作者,疾之。"

鞜 tà 他合切,入,合韻,透。緝部。

用金屬包裹、套住。説文金部:"鞜,以金有所冒也。"桂馥義證:"玉篇:'鞜,器物踏頭也。'左昭二十五年傳:'郈氏爲之金距。'服(虔)注:'以金鞜距。'"急就篇"鬼薪白粲鉗釱髡"顏師古注:"以鐵～頭曰鉗,～足曰釱。"用作名詞,金屬套。如車軸頭之鐵套。説文車部:"輨,轂耑鞜也。"(依徐鍇繫傳)

[同源字]鞜,沓。二字均屬緝部,沓爲定母,與鞜爲旁紐。段玉裁説文"鞜"字注:"鞜取重沓之意,故多借沓爲之。漢外戚傳:'切皆銅沓黄金涂。'謂以銅冒門限,以黄金涂銅也。高注吕覽'郈氏金距'(按:原文見察微,爲"季氏爲之金距",與左傳不同。段氏引吕覽却從左傳)云:'以利鐵作鍛距,沓其距上。'即服注左傳'以金鞜距'也。"

錚 zhēng 楚耕切,平,耕韻,穿二。耕部。

㊀〔錚錚〕①象聲詞。金屬玉器相碰撞聲。説文金部:"錚,金聲也。"清沈濤説文古本考:"案後漢書劉盆子傳注引:'錚錚,金也。'蓋古本當作'錚錚,金聲也'。"唐白居易五弦彈詩:"五弦並奏君試聽,凄凄切切復錚錚。"也可單用,作動詞,發出聲音。漢劉向説苑雜言:"干將鏌鋣,拂鍾不錚,試物不知。"②形容金屬稍微剛利,比喻堅强。後漢書劉盆子傳:"卿所謂鐵中錚錚,傭中佼佼者也。"李賢注:"鐵之錚錚,言微有剛利也。"③比喻有聲名。世説新語賞譽:"洛中錚錚馮惠卿。"㊁通"鉦"。樂器名,狀似銅鑼。文獻通考樂考七:"鉦、～一也,特其名異耳。"

錜 niè 集韻諾叶切,入,怗韻,泥。緝部。

首飾,小釵。玉篇金部:"錜,小釵也。"北堂書鈔漢王粲七釋:"戴明中之羽雀,雜華～之葳蕤。"

[備考]小釘。見廣韻怗韻。

按,説文無錜字。

鉶 xíng。

同"鉶"。見"鉶"字條。

錘 chuí 直垂切,平,支韻,澄。歌部。

㊀重量單位。所表重量,説法不一。説文:"錘,八銖也。"一説"六兩曰錙,倍錙曰錘",見淮南子詮言高誘注。一説"銖六則錘",見慧琳一切經音義卷一〇〇引風俗通義。㊁兵器。急就篇:"鐵～檛杖棁柲杸。"顏師古注:"鐵錘,以鐵爲錘,若今之稱。錘亦可以擊人,故從兵器之例。張良所用擊秦副車,即此物也。"㊂秤砣。禮記月令:"正權概。"廣雅釋器:"錘謂之權。"㊃金屬捶打工具。論衡辨祟:"不動鑁～,不更居處。"水滸傳四九回:"莊客便將鐵～來敲開了鎖。"用作動詞,錘打。明于謙石灰吟:"千～萬擊出深山,烈火

焚燒若等閒。”㊄通“垂”。垂挂。漢揚雄太玄周：“帶其鉤鞶，～以玉環。”

錄 1. lù 力玉切，入，燭韻，來。屋部。

㊀金色，在青黄之間。說文金部：“錄，金色也。”段玉裁注：“錄與綠同音。”引申爲錄色劍名。荀子性惡：“桓公之蔥，大公之闕，文王之～。”楊倞注：“蔥，青色也。錄與綠同，二劍以色爲名。”㊁記載，鈔錄。穀梁傳莊公七年：“失變而～其時。”宋史李繼和傳：“手～唐李勣遺誡授繼和。”引申爲用作記載的簿籍。周禮天官職幣：“皆辨其物而奠其～。”鄭玄注：“定其錄籍。”晉陶淵明擬挽歌辭三首之一：“昨暮同爲人，今旦在鬼～。”唐杜甫别張十三建封詩：“舊讀唐實～，國家草昧初。”㊂采納，錄用。論衡別通：“或觀讀采取，或棄捐不～。”唐柳宗元爲裴中丞賀克東平赦表：“懷忠抱義者，無不甄～。”引申爲收集。世說新語政事：“官用竹，悉～厚頭，積之如山。”又爲收留。玉臺新詠古詩爲焦仲卿妻作：“君既若見～，不久望君來。”引申爲收捕，逮捕。世說新語政事：“王安期作東海郡，吏～一犯夜人來。”南齊書虞玩之傳：“路太后外親朱仁彌犯罪，依法～治。”㊃記功，獎賞。漢書霍光傳：“時光與金日磾、上官桀等共誅之，功未～。”又：“灼爛者在於上行，餘各以功次坐，而不～言曲突者。”隋書裴仁基傳：“時隋大亂，有功者不～。”㊄總領。後漢書百官志：“主簿～閤下事，省文書。”㊅次第。國語吴語：“今大國越～，而造于敝邑之軍壘。”㊆檢束。荀子脩身：“辟違而不慤，程役而不～。”楊倞注：“於功程及勞役之事，怠惰而不檢束。”

2. lǜ 集韻良據切，去，御韻，來。屋部。

㊇省視囚徒及其供辭。漢揚雄太玄窮：“蹛于狴獄，三歲見～。”後漢書百官志：“諸州常以八月巡行所部郡國，～囚徒，考殿最。”李賢注引胡廣曰：“縣邑囚徒，皆閱錄視，參考辭狀，實其真僞。有侵冤者，即時平理也。”

錐 zhuī 職追切，平，脂韻，照三。微部。

錐子，鑽孔的工具。戰國策秦策一：“（蘇秦）讀書欲睡，引～自刺其股。”用作動詞。用錐刺。劉子新論崇學：“蘇生患睡，親～其股。”

錦 jǐn 居飲切，上，寑韻，見。侵部。

有圖案花紋的絲織品。詩唐風葛生：“角枕粲兮，～衾爛兮。”引申爲色彩華美。宋范仲淹岳陽樓記：“沙鷗翔集，～鱗游泳。”

錍 1. pī 匹迷切，平，齊韻，滂。支部。

㊀箭鏃。方言九：“（箭鏃）其廣長而薄鐮謂之錍。”

2. bēi 府移切，集韻班糜切，平，支韻，幫。支部。

㊁斧之一種。說文：“錍，鈭錍也。”朱駿聲說文通訓定聲“錍”字云：“斧也。”

錙 zī 側持切，平，之韻，照二。之部。

重量單位。所表重量，說法不一，盖因時因地而異。說文金部：“錙，六銖也。”淮南子銓言高誘注：“六兩曰錙，倍錙曰錘。”禮記儒行鄭玄注：“八兩曰錙。”錙與銖或錘連用，引申爲少量、微小的意思。荀子富國：“割國之～銖以賂之，則割定而欲無猒。”吕氏春秋應言：“今割國之～錘矣，而因得大官，且何地以給之？”

九　畫

鍪 móu 莫浮切，平，尤韻，明。侯部。

㊀古器皿，類似鍋。字亦作“堥”。急就篇三：“鐵鈇鑽錐釜鍑～。”顔師古注：“鍪，似釜而反脣。一曰：鍪者小釜類，即今所謂鍋。”廣雅釋器：“鍪，釜也。”王念孫疏證云：“字或作堥。內則：‘敦、牟、卮、匜。’鄭注云：‘牟，讀曰堥。’正義：‘隱義曰：堥，土釜也，以木爲器，象土釜之形。’”㊁武士頭盔，因形似鍪而得名。戰國策韓策一：“甲、盾、鞮、～、鐵幕、革抉、㕮芮，無不畢具。”鮑彪注：“鍪，兜鍪。說文：‘鍪，鍑屬。’鍑，大口釜，蓋鍪如之。”引申

爲形似兜鍪的帽子。荀子禮論："薦器則冠有～而毋縰。"楊倞注："鍪，冠，捲如兜鍪也。"

［同源字］冒，冥，帽，鍪，霧，蒙，幪，雺，夢，瞢，冥，瞑，濛，朦，盲，矇，眊，瞀。見"冒"字條。

鎪 sōu 所鳩切，平，尤韻，審二。幽部。

同"鏤"。刻鏤。爾雅釋器："鏤，鎪也。"郭璞注："刻鏤物爲鎪。"宋石介上蔡副樞密書："聲律爲之本，雕～爲之飾。"

［辨］鎪，鏤，刻，彫。在刻鏤這個意義上四字同義。爾雅釋器："金謂之鏤，木謂之刻。"郝懿行義疏："彫即鏤也。此篇下云：'鏤，鎪也。'鎪亦彫矣。刻者，説文云'鏤也'。是刻鏤通名，爾雅對文，故别耳。"

按，説文無鎪字。

鍍 dù 徒故切，去，暮韻，定。

後起字。在器物上塗飾金屬。龍龕手鏡金部："鍍，以金飾物也。"唐李紳答章孝標詩："假金方用真金～，若是真金不～金。"

鍦 shī 式支切，平，支韻，審三。歌部。

矛。方言九："矛，吴、揚、江、淮、南楚、五湖之間謂之鍦。"錢繹箋疏："鍦，説文作鉈，云：'短矛也。'廣雅作施，矛也。玉篇：'釶，短矛也。'云'亦作鍦'。又：'䰐，短矛也。'字異聲義並同。荀子議兵篇：'宛鉅鐵鉈，慘如蠭蠆。'楊倞注云：'鉈，矛也。'…左思吴都賦：'藏鍦於人。'劉逵注：'鍦，矛也。'…又通作施。史記禮書云：'宛之鉅鐵施鑽如蠭蠆。'"

按，説文無鍦字，徐灝以爲鍦、鉈均鉈之誤。參見"鉈"字條。鍦，廣韻又音視遮切，讀shé。

鍥 qiè 苦結切，入，屑韻，溪。月部。

㊀刻，刻斷。左傳定公九年："(陽虎)盡借邑人之車，～其軸，麻約而歸之。"荀子勸學："～而舍之，朽木不折。"㊁鐮刀。説文："鍥，鎌也。"方言五："刈鉤…自關而西或謂之鉤，或謂之鎌，或謂之鍥。"錢繹箋疏："刈鉤謂之鍥，以刻斷得名也。"

［同源字］鍥，契，鍥，刻。四字同源。廣韻屑韻："鍥，刻也。"説文："栔(契)，刻也。"契刻雙聲，月職通轉。淮南子本經："鐫山石，鍥金玉。"高誘注："鍥刻金玉以爲器也。"

鍊 1. liàn 郎甸切，去，霰韻，來。元部。

㊀冶鍊金屬，使之精純。論衡率性："冶工鍛～，成爲銛利。"泛指冶鍊。淮南子覽冥："於是女媧～五色石以補蒼天。"文選南朝梁江淹雜體詩三十首之十七："道人讀丹經，方士～玉液。"引申爲修鍊。抱朴子内篇金丹："服此二物，～人身體，故能令人不老不死。"引申爲修治，促使物質轉化。淮南子墬形："是故～土生木，～木生火，～火生雲，～雲生水，～水反土。"高誘注："鍊，猶治也。"引申爲形容詞，精鍊。韓非子説林下："荆王…以～金百鎰遺晉。"又爲名詞，指金。文選漢王褒四子講德論："精～藏於鑛璞，庸人視之忽焉；巧冶鑄之，然後知其幹也。"(五臣本作"鍊"，李善作"練"。)李善注："精練，金也。金百練不耗，故曰精練也。"

2. jiàn 集韻居晏切，去，諫韻，見。元部。

㊁〔鍊鐗〕車轂端用金屬包的冒蓋。方言九："輨，軑，鍊鐗也。…趙魏之間曰鍊鐗。"錢繹箋疏："鍊與輨，鐗與軑，古聲並同，蓋彖言之則謂之鍊鐗矣。轂錔謂之鍊，猶軸錔謂之鐗也。"廣雅釋器："鍊鐗，釱、錧也。"

［同源字］鍊(煉)，湅，練。見"湅"字條。

錨 máo 玉篇眉遼切。

晚起字。鐵制的停船用具。正字通金部："錨，即今船首尾四角叉，用鐵索貫之，投水中，使船不動摇者。"明宋應星天工開物："凡舟行遇風難泊，則全身繫命于～。"

鍖 1. chěn 丑甚切，上，寑韻，徹。侵部。

㊀〔鍖銋〕叠韻聯緜字。聲音舒緩的樣子。集韻寑韻："鍖銋，聲不進皃。"文選漢王褒洞簫賦："啾咇喞而將吟兮，行鍖銋以龢

囉。"吕向注:"鍖銋,舒緩也。"

2. zhēn 集韻知林切,平,侵韻,知。

㊁同"椹"。砧板。集韻:"椹,斫木櫍也。或作枮、鍖。"漢書項籍傳"孰與身伏斧質"顔師古注:"質謂～也。古者斬人,加於～上而斫之也。"

3. kǎn。侵部。

㊂通"歁"。不自滿。晏子春秋内篇問下一二:"使齊外無諸侯之憂,内無國家之患,不伐功焉;～然不滿,退于族,晏子可謂仁人矣。"俞樾諸子平議卷七:"按鍖當爲歁。説文欠部:'歁,食不滿,从欠甚聲。'是歁之本義爲食不滿。引申之,凡不滿者皆得言歁,故曰'歁然不滿'。"

按,説文無鍖字。

鍱 yè 與涉切,入,葉韻,喻四。葉部。

金屬薄片。説文:"鍱,鏶也。"段玉裁注:"此謂金銅鐵椎薄成葉者。"引申爲動詞,用金屬薄片包裹。墨子備城門:"門植關必環錮,以錮金若鐵～之。門關再重,～之以鐵,必堅。"岑仲勉墨子城守各篇簡注:"鍱,包也,植關之木,須用五金包之。"

[同源字]鍱,鏶。二字同源。説文:"鏶,鍱也。"又:"鍱,鏶也。齊謂之鍱。"鍱鏶均指金銀銅鐵錫椎薄成葉者,韻亦相近(鏶屬緝部),只是方言之别。

鍼 1. zhēn 職深切,平,侵韻,照三。侵部。

㊀後作"針",縫紉工具。管子海王:"一女必有一～一刀,若其事立。"莊子人間世:"挫～治繲,足以餬口。"釋文:"司馬(彪)云:挫～,縫衣也。"用作動詞,用鍼刺。漢書廣川王傳:"笞問昭平,不服;以鐵鍼～之,彊服。"㊁醫療器具。後漢書趙壹傳:"然而糈脯出乎車軨,～石運乎手爪。"李賢注:"古者以砭石爲鍼。凡鍼之法,右手象天,左手法地,彈而怒之,搔而下之,此運手爪也。"引申爲糾正謬誤。後漢書鄭玄傳:"時任城何休…著公羊墨守、左氏膏肓、穀梁癈疾;玄乃發墨守,～膏肓,起癈疾。"

2. qián 巨淹切,平,鹽韻,群。侵部。

㊂古地名。春秋時衛邑。在今河南濮陽附近。左傳成公六年:"師于～,衛人不保。"㊃姓。左傳有鍼氏。如鍼季、鍼莊子。

[辨]箴,針,鍼。見"箴"字條。

[同源字]鍼,箴。二字同源,語音相同。説文:"箴,綴衣箴也。"又:"鍼,所以縫也。"二字實爲一詞,以竹爲之作"箴",以金屬爲之作"鍼"。

鍒 róu 耳由切,平,尤韻,日。幽部。

熟鐵。説文:"鍒,鐵之耎也。"桂馥義證:"鐵之耎也者,龍龕手鑑:鍒,謂耎鐵也。本草圖經:鐵再三銷拍可以作葉者,爲鑐鐵。"引申爲熟鐵造的利器,喻犀利的言辭。抱朴子外篇疾謬:"利口者扶强而黨勢,辯給者借～以刺瞂。"

[同源字]柔,鞣,煣,輮,鍒。五字音同,有柔軟或柔弱、柔曲義。參見"柔"字條。

鍵 jiàn 其偃切,上,阮韻,群。元部。

㊀門閂。禮記月令:"修～閉,慎管籥。"淮南子主術:"五寸之～,制開闔之門。"引申爲車軸兩端之轄鍵。説文:"鍵,一曰車轄。"徐灝説文解字注箋:"鍵者,門關之牡也。蓋以木横持門户,而納鍵於孔中,然後以管籥固之,管籥即今之鎖也。車軸耑鍵與此相類,故亦謂之鍵矣。"尸子:"文軒六駃題,無四寸之～,則車不行。"引申爲泛指閉結。漢揚雄太玄干:"菹～挈挈,匪貞。"葉子奇注:"菹,結。鍵,閉也。"㊁舉鼎用的横杠。説文:"鍵,鉉也。"段玉裁注:"謂鼎扃也。以木横關鼎耳而舉之。非是則既炊之鼎不可舉也。故謂之關鍵。"

鍘 zhá 字彙士戛切。

晚起字。鍘刀,用于鍘草,也用作刑具。元李直夫虎頭牌第二折:"將銅～來,切了你那驢頭。"字亦作"鐁"、"鍘"。類篇金部:"鐁,斷草刀也。”清倪倬農雅釋器：“案正韻：鍘，切草器。農器圖：先煅鐵爲鍘背，厚可指許，中嵌鍘刀，半月而長，下帶鐵袴，以插木柄，截木作碪，碪首置木簨，穿其中以置鍘。”

鍔 è五各切，入，鐸韻，疑。鐸部。

❶刀劍的刃。字亦作“咢”，見說文。莊子說劍：“諸侯之劍，以知勇士爲鋒，以清廉士爲～。”唐杜甫荆南兵馬使太常卿趙公大食刀歌：“鵜鵲碧罳鷿鵜膏，鋩～已瑩虚秋濤。”❷通“堮”。邊際。文選漢張衡西京賦：“在彼靈囿之中，前後無有垠～。”❸器物上的凸紋。見“釿鍔”條。❹〔鍔鍔〕高峻的樣子。文選漢張衡西京賦：“增桴重棼，鍔鍔列列。”

按，說文鍔作咢，在刀部。

鍝 yú遇俱切，平，虞韻，疑。

❶鋸。見玉篇金部。❷〔鏂鍝〕見“鏂”字條。

按，說文無鍝字。

鍉 1. dī都奚切，平，齊韻，端。支部。

❶通“鍉”。盆盎之類。古代歃血爲盟，以鍉盛血。後漢書隗囂傳：“～不濡血，歃不入口，是欺神明也。”參閱王念孫讀書雜志一六册。❷醫療器具，九針之一。靈樞經九針十二原：“九針之名，各不同形：…三曰～針，長三寸半。…～針者，鋒如黍粟之鋭，主按脉勿陷，以致其氣。”

2. dí集韻丁歷切，入，錫韻，端。錫部。

❸通“鏑”。箭簇。說文：“鏑，矢鏠也。”段玉裁注：“謂矢族之入物者，古亦作鍉。是聲、啻聲同部也。”泛指兵器。文選漢賈誼過秦論：“收天下之兵，聚之咸陽，銷鋒～，鑄以爲金人十二。”

3. chí集韻常支切，平，支韻，禪。

❹鑰匙(後起義)。集韻：“鍉，鑰。”

［辨］鏑，鍉，鏃。見“鏑”字條。

按，說文無鍉字。

鍚 yáng與章切，平，陽韻，喻四。陽部。

❶馬頭上的飾物，形式不一，以金銅爲之，俗謂之“當盧”。詩大雅韓奕：“鉤膺鏤～。”鄭箋：“眉上曰鍚，刻金飾之，今當盧也。”周禮春官巾車：“王之五路：一曰玉路，～，樊纓。”孫詒讓正義：“凡馬額上皆有革落，更以金飾之，則謂之鍚。”字亦作“鐊”。❷盾背上的金屬飾物。禮記郊特牲：“朱干設～，冕而舞大武。”鄭玄注：“干，盾也。鍚，傅其背如龜也。”

按，說文鍚作鐊。參見“鐊”字條。

鍋 guō古禾切，平，戈韻，見。歌部。

❶車釭，車轂口之内以金屬嵌之曰釭。方言九：“車釭，齊、燕、海、岱之間謂之鍋。”錢繹箋疏：“鍋，釋名作輠，云‘輠，裹也，裹軹頭也’。廣雅又作鐹，云‘鐹、錕，釭也’。輠鐹並與鍋同。”引申爲車上的盛膏器。方言九：“盛膏者乃謂之鍋。”錢繹箋疏：“軹有膏則滑澤利轉，…膏施於車釭，故釭亦得鍋名，而鍋自别有物，如今時御者亦系小油瓶於車也。”❷炊具(後起義)。廣韻：“鍋，温器。”

按，說文無鍋字。在“盛膏器”這個意義上，說文作“楇”，在木部。朱駿聲說文通訓定聲云：“今御者系小瓶于車旁，盛油以脂轂，此其具也。古宜以木爲之，故从木。字亦作輠、作鍋。”

鍇 kǎi苦駭切，上，駭韻，溪。脂部。

鐵。文選漢張衡南都賦：“銅鍚鉛～，赭堊流黄。”特指精鐵。徐鍇繫傳“鍇”字云：“字書曰：鐵好也。一曰：白鐵也。夫鐵精則白。”引申爲堅固。方言二：“鍇，堅也。自關而西秦晉之間曰鍇。”

鍰 huán户關切，平，删韻，匣。元部。

❶重量單位。具體重量說法不一。書吕刑：“墨辟疑赦，其罰百～，閲實其罪。”清孫星衍尚書今古文注疏：“古尚書說：‘百鍰。鍰者，率也。一率十一銖二十五分銖之十三也，百鍰爲三斤。’馬融曰：‘鍰，鋝也。鋝十一銖

二十五分銖之十三也。'賈逵說:'俗儒以鋝重六兩。'周官劍重九鋝,俗儒近是。…云'俗儒以鋝重六兩'者,馬以說今文者爲俗儒。云'近是'者,以六兩當云六兩太半兩也。"引申爲錢。唐柳宗元酬韶州裴曹長使君詩:"聖理高懸象,爰書降罰～。"注:"鍰,黄鐵也。一曰:錢也。"㊁通"環"。漢書外戚傳孝成趙皇后:"倉琅根,宫門銅～也。"顏師古注:"鍰,讀與環同。"

[同源字]鍰,鋝。見"鋝"字條。

鍮 tōu 託侯切,平,侯韻,透。

銅礦石。西京雜記卷二:"後得貳師天馬,(漢武)帝以玟瑰石爲鞍,鏤以金銀～石。"前秦王嘉拾遺記卷九:"又爲四時浴室,用～石珷玞爲堤岸,或以琥珀爲瓶杓。"

按,說文無鍮字。

鋔 wǎn。談部。

"錽"的誤文。馬額上的裝飾物。漢蔡邕獨斷卷下:"金～者,馬冠也。高廣各四寸,如玉華形,在馬騣前。"

按,說文無鋔字。鋔本錽之誤文,先誤其形,後誤其音。段玉裁說文解字注"叜"字注:"叜或誤作叟,錽或誤作鋔,玉篇又誤作金騣,皆音子公反,非也。"正字通認爲"鋔"、"錽"均"鋄"字之譌,"舊註改音宗"。龍龕手鏡作"鋄",注:"亡范反,馬首飾也。"參見"錽"字條。

鍾 zhōng 職容切,平,鍾韻,照三。東部。

㊀酒壺,酒盅。孔叢子儒服:"昔有遺諺:堯舜千～,孔子百觚,…古之賢聖無不能飲也。"㊁容量單位。左傳昭公三年:"齊舊四量:豆、區、釜、～。…釜十則鍾。"杜預注:"六斛四斗。"㊂聚集。國語周語:"澤,水之～也。"引申爲專注。世說新語傷逝:"情之所～,正在我輩。"引申爲全部賦予。正字通金部"鍾"字:"天所賦予亦曰鍾。"唐杜甫望嶽詩:"造化～神秀,陰陽割昏曉。"㊃當。文選晉劉琨勸進表:"方今～百王之季,當陽九之會。"㊄通"鐘"。樂器。左傳昭公二十年:"高臺深池,撞～舞女。"荀子非相:"聽人以言,樂於～鼓琴瑟。"

鍑 fù 方副切,去,宥韻,非。覺部。

似釜而大。方言五:"釜,自關而西或謂之釜,或謂之鍑。"一說釜大鍑小。急就篇:"鐵鈇鑽錐釜～鍪。"顏師古注:"釜,所以炊煑也。大者曰釜,小者曰鍑。"

鍤 chā 楚洽切,入,洽韻,穿二。葉部。

㊀縫衣用的長針。說文:"鍤,郭衣鍼也。"王筠句讀:"郭者匡郭也。製衣者,平鋪其衣,以長鍼週帀連綴之,然後可施功也。"朱駿聲說文通訓定聲謙部"鍤"字注:"廣雅釋器:鍤,鍼也。按今製衣裘用之,蘇俗謂之紉針,與箴微别。箴者聯衣使不散,以竹爲之;鍤者郭衣使平直,以鐵爲之。"㊁農具,用于挖土。釋名釋用器:"鍤,插也,插地起土也。"王先謙釋名疏證補:"葉德炯曰:武梁祠石室畫象弟一石,夏禹…持之器,似神農手持之耜,柄直而頭平,頭亦兩岐,即此～也。…鍤爲插地之用,故頭宜平。"漢書王莽傳:"父子兄弟負籠荷～,馳之南陽。"抱朴子内篇仙藥:"以～掘之,可得也。"

[同源字]鍤,臿,插,疀。四字同源。說文:"臿,舂去麥皮也。"段玉裁注:"引申爲凡刺入之稱,如農器刺地者曰鍫臿。"玉篇:"插,刺入也。"插與鍤爲動詞與名詞之别,插入土内爲插,用來插入土内的工具爲鍤。疀亦名詞。說文:"疀,斛也,古田器也。"爾雅釋器:"斛謂之疀。"郭璞注:"皆古鍬鍤字。"疀與鍤均楚洽切,音同。

鍬 qiāo 龍龕手鏡七遥反。

字亦作"鍫"、作"鐰",古字作"斛"。農具,用于挖土。龍龕手鏡金部:"鍫,臿也"或作"鍬、鐰"。類篇金部:"鐰、鍫,爾雅'斛謂之疀'。或作鐰、鍫。"文選南朝宋謝惠連祭古冢文:"捨畚悽愴,縱鍤漣而。"李善注引爾雅曰:"鍬謂之銛。"北魏賈思勰齊民要術卷四種桃柰:"以～合土掘移之。"

按,説文無鍬有銚、斛(𣁔),段玉裁"銚"字注:"銚、斛、喿(qiāo)三字同,即今鍫字也,七遥反,亦湯料反,今人俗語正切七遥。"

鍧 hōng 呼宏切,平,耕韻,曉。

〔鏗鍧〕象聲詞。見"鏗"字條。

按,説文無鍧字。

鍯 cōng 倉紅切,平,東韻,清。

"鏓"的俗體字。見"鏓"字條。

按,説文鍯作鏓。

鍠 huáng 户盲切,平,庚韻,匣。陽部。

㊀〔鍠鍠〕象聲詞,樂聲。説文:"鍠,鐘聲也。詩曰:鐘鼓鍠鍠。"今本詩作"喤喤"。亦可單用爲名詞,指鐘發出的聲音。南朝梁劉勰文心雕龍原道:"泉石激韻,和若球～。"㊁古兵器,似鉞。用作儀仗。晉崔豹古今注輿服:"秦改鐵鉞作～,秦制也。今乘輿諸侯王公妃主通建焉。"正字通金部:"鍠制自秦始,漢唐用之爲儀仗。"

鍛 duàn 丁貫切,去,换韻,端。元部。

㊀打鐵。説文:"鍛,小冶也。"徐鍇繫傳曰:"椎之而已,不銷,故曰小冶。"徐灝説文解字注箋:"以鐵入火,鑠而椎之,是謂小冶,異於鎔鑄也。"急就篇:"～鑄鉛錫鐙錠鐎。"顔師古注:"凡金鐵之屬椎打而成器者謂之鍛。"書費誓:"～乃戈矛。"引申爲捶擊。抱朴子内篇仙藥:"此獸…斫刺不入,打之如皮囊,以鐵鎚～其頭數千(原注:或作十)下,乃死。"引申爲名詞,捶擊金屬用的砧石。詩大雅公劉:"取厲取～。"在這個意義上也寫作"碫"。引申爲羅織罪名,陷人于罪,如同工匠鍛鐵,反復捶打,使之成熟。北史隋宗室諸王傳:"有人告集咒詛,憲司希旨,～成其獄。"㊁通"腶"。肉脯。穀梁傳莊公二十四年:"婦人之贄,棗栗～脩。"鍾文烝穀梁補注:"周禮注曰:'大物解肆乾之,謂之乾肉,薄析曰脯,捶之而施薑桂曰鍛脩。'"㊂〔鍛練〕〔鍛鍊〕羅織罪名。漢書路温舒傳:"則鍛練而周内之。"顔師古注引晉灼曰:"精熟周悉致之法中也。"後漢書韋彪傳:"忠孝之人,持心近厚;鍛鍊之吏,持心近薄。"李賢注:"鍛鍊猶成孰也。言深文之吏,入人之罪,猶工冶陶鑄鍛鍊,使之成孰也。"

〔同源字〕鍛,段,碫,腶。見"碫"字條。

鎪 sōu 集韻先侯切,平,侯韻,心。

㊀同"鋑"。刻鏤。文選晉嵇康琴賦:"～會裛厕,朗密調均。"李善注:"鎪會,謂鎪鏤其縫會也。"張銑注:"鎪,謂斤去木之中也。"引申爲侵蝕。唐胡令能王昭君詩:"胡風似劍～人骨,漢月如鉤釣胃腸。"宋陸游醉中步月湖上詩:"霜風～病骨,林月寫孤影。"㊁通"鏉"。鐵鏽。玉篇:"鋑,鏽也。鎪,同上。"

按,説文無鎪字。

鎚 chuí 直追切,平,脂韻,澄。

㊀鐵鎚。抱朴子内篇仙藥:"此獸…斫刺不入,打之如皮囊,以鐵～鍛其頭數千(原注:或作十)下,乃死。"引申爲動詞,以鎚捶擊。唐白居易東南行一百韻:"漂流隨大海,～鍛任洪爐。"㊁兵器。唐駱賓王詠懷:"寶劍思存楚,金～許報韓。"㊂通"錘"。秤砣。廣韻脂韻:"鎚,權也。"

按,説文無鎚字。朱駿聲説文通訓定聲以鎚爲錘之或體。

鍭 hóu 户鉤切,平,侯韻,匣。侯部。

㊀箭的一種。金屬箭頭,箭身鳥羽剪齊,前重後輕,用于近射及田獵。爾雅釋器:"金鏃翦羽謂之鍭。"周禮夏官司弓矢:"殺矢、～矢用諸近射、田獵。"鄭玄注:"鍭之言候也。二者皆可以司候射敵之近者及禽獸,前尤重,中深,而不可遠也。"孫詒讓正義:"近射田獵,志在必中,故宜司候而射之。…以其前尤重,故力鋭而中深,勢沈而不可遠也。"引申爲泛指箭。方言九:"箭,自關而東謂之矢,江淮之間謂之鍭。"特指箭鏃。文選漢班固西都賦:

“爾乃期門佽飛,列刃攢～。”❷通“翭”。單位名詞,羽本。後漢書南蠻西南夷列傳:“其民户出㡎布八丈二尺,雞羽三十～。”清王念孫讀書雜志餘編上:“鍭讀爲翭。方言:‘翭,本也。’(原注:廣雅同)。晉郭璞曰:‘今以鳥羽本爲翭。’説文曰:‘翭,羽本也。’九章算術粟米章:‘買羽二千一百翭。’劉徽曰:‘翭,羽本也。數羽稱其本,猶數草木稱其根株也。’義與此‘雞羽三十翭’同。作鍭者,借字耳。”

[備考]劍口。急就篇:“鈒戟鈹鎔劍鐔～。”

鍫

qiāo 七遥切,平,宵韻,清。

後起字。同“鍬”。玉篇金部:“鍫,臿也。”參閲“鍬”字條。

十 畫

鎏

liú 集韻力求切,平,尤韻,來。

❶美金。類篇金部:“美金謂之鎏。”❷〔鎏金〕今作“鎦金”。明劉侗、于奕正帝京景物略卷之四城隍廟市條:“(宣銅鑪)鎏金色者次本色,爲掩銅質也。”紀昀注:“鎏腹以下曰湧祥雲,鎏口以下曰覆祥雲。”

按,説文無鎏字。

鎋

xiá 胡瞎切,入,鎋韻,匣。月部。

同“舝”。❶車聲。類篇金部:“鎋,説文:‘車聲也。’”❷車鍵,車軸兩端用以控制車輪的鐵鍵。淮南子繆稱:“故終年爲車,無三寸之～,不可以驅馳。”

按,説文作舝,在車部。

鎔

róng 餘封切,平,鍾韻,喻四。東部。

❶鑄造器皿的模型。潛夫論德化:“猶鑠金之在鑪也,從篤變化,唯冶所爲;方圓薄厚,隨～制爾。”特指錢模。漢書食貨志下:“釋其耒耨,冶～炊炭,姦錢日多,五穀不爲多。”應劭注:“鎔,形容也,作錢模也。”用作動詞,鑄。隋書食貨志:“私家多～錢。”引申爲銷鎔。宋李清照永遇樂:“落日～金。”❷兵器,類似鈹,刀刃鏤刻爲道。急就篇:“鈒戟鈹～劍鐔鍭。”顔師古注:“鎔,謂刀之鏤刃爲道者也,亦取其創含容之義。”

[辨]鎔,模,法,型,笵。在模型這個意義上,這五個字義近。朱駿聲説文通訓定聲豐部“鎔”字云:“木曰模,水曰法,土曰型,竹曰笵,金曰鎔。”參見“笵”字條。

[同源字]融,冶,鎔。見“融”字條。

鎊

pāng 普郎切,平,唐韻,滂。

後起字。切削。玉篇金部:“鎊,削也。”宋歐陽修歸田録卷二:“諸藥中犀最難擣,必先～屑,乃入衆藥中擣之,衆藥篩羅已盡,而犀屑獨存。”

鎬

hào 胡老切,上,晧韻,匣。宵部。

❶温器。見説文。❷周初國都,在今陜西長安縣西南。詩小雅魚藻:“王在在～,豈樂飲酒。”唐柳宗元鈷鉧潭西小丘記:“以兹丘之勝,致之灃、～、鄠、杜,則貴游之士爭買者,日增千金而愈不可得。”❸古地名。在今寧夏靈武縣一帶。詩小雅六月:“侵～及方,至於涇陽。”❹水名。在長安縣西北。文選漢司馬相如上林賦:“酆～潦潏,紆餘委蛇,經營乎其内。”❺〔鎬鎬〕光明的樣子。文選三國魏何晏景福殿賦:“故其華表則鎬鎬鑠鑠,赫奕章灼。”

鎕

táng 徒郎切,平,唐韻,定。陽部。

〔鎕銻〕〔唐銻〕〔磄磃〕雙聲聯緜字。火齊珠,即玫瑰珠。説文:“鎕,鎕銻,火齊。”段玉裁注:“玉部曰:‘玫瑰,火齊也。’然則鎕銻即玫瑰也。”

鎌

lián 力鹽切,平,鹽韻,來。談部。

同“鐮”。鎌刀。墨子備城門:“十步一長～,柄長八尺。”方言五:“刈鉤,…自關而西或謂之鉤,或謂之鎌。”

鎰

yì 夷質切,入,質韻,喻四。錫部。

通“溢”。重量單位,二十兩爲一鎰。國

語晉語二:"黄金四十～,…請納之左右。"韋昭注:"二十兩爲鎰。"一説二十四兩爲鎰。孟子公孫丑下:"於宋,餽七十～而受。"趙岐注:"古者以一鎰爲一金,一鎰是爲二十四兩也。"按,清阮元、焦循、朱駿聲等都以二十四兩爲誤文。焦循孟子正義曰:"閩監毛三本誤作二十四兩。阮氏校勘記云:'廖本考文古本孔本韓本作鎰二十兩也。作二十兩乃與爲巨室章合。'"按,爲巨室章,見孟子梁惠王下。云"雖萬鎰,必使玉人彫琢之。"趙岐注:"二十兩爲鎰。"朱駿聲説文通訓定聲解部"溢"字云:"按二十四兩爲鎰,'二十四'乃涉鄭注禮經二十四分升而誤也。"

[備考]通"溢"。米一升二十四分之一。集韻質韻:"鎰,米謂二十四分升之一。"

[同源字]鎰,益,溢。三字同源。水過滿爲益,溢是益的後起分别字。漢書食貨志:"黄金以溢爲名。"孟康曰:"二十兩爲溢也。"顔師古曰:"改周一斤之制,更以溢爲斤之名數也。"漢書張良傳:"賜良金百溢。"服虔曰:"二十兩曰溢。"顔師古曰:"秦以溢名金,若漢之論斤也。"十三經注疏孟子梁惠王下阮元校勘記:"二十兩爲鎰。按,經、注中'鎰'字,皆俗字也。當依儀禮喪服作'溢',溢之言滿也,滿於十六兩爲一斤之外也。"朱駿聲説文通訓定聲"溢"字:"按過于一斤十六兩故曰溢。"溢量大于斤量,故名溢,後又專制從金旁的鎰字表重量,溢與鎰實爲古今字。

按,説文無鎰字。

鎡 zī 子之切,平,之韻,精。之部。

〔鎡錤〕〔鎡基〕〔兹基〕叠韻聯緜字。農具名,大鋤,用于除草平地。玉篇金部:"鎡,鎡錤,鉏也。"説文:"欘,斫也,齊謂之鎡錤。"孟子公孫丑上:"雖有智慧,不如乘勢;雖有鎡基,不如待時。"漢書樊酈滕傳贊作"兹基"。

按,説文以鎡爲鼒之俗體,在鼎部。

鎣 yīng 烏定切,去,徑韻,影。今讀如嬰。耕部。

摩鋥發亮的金屬器皿。説文:"鎣,器也。"段玉裁注:"謂摩鋥之器也,以金爲之。爾雅注曰:鷿鷉,膏中鎣刀。"用作動詞。廣雅釋詁:"鎣,磨也。"正字通金部:"鎣,磨金器令光澤也。"金石續編唐佚名周村卌餘家鐫像記:"方施藻～之工,載耿丹青之色。"

鍥 qiè 集韻詰結切,入,屑韻,溪。月部。

同"鍥"。刻。淮南子本經:"鐫山石,～金玉。"

[同源字]鍥,契,鍥,刻。見"鍥"字條。

按,説文無鍥有鍥。

鎛 bó 補各切,入,鐸韻,幫。鐸部。

㊀農具名。用于鋤草,與"鎒"同物異名。詩周頌臣工:"命我衆人,庤乃錢～。"㊁古代懸鐘横木上的裝飾物。説文:"鎛,鎛鱗也。鐘上横木上金華也。"段玉裁注:"横木刻爲龍,而以黄金涂之,光華爛然,是之謂鎛鱗。鎛之言薄也,迫也,以金傅著之也。"㊂通"鑮"。大鐘。周禮春官叙:"～師"。鄭玄注:"鎛,如鐘而大。"㊃以金飾物。漢蔡邕獨斷卷下:"金根(車名)箱輪,皆以金～正黄。"

鏈 lián 力延切,平,仙韻,來。元部。

㊀銅屬。見説文。㊁鉛礦石。廣雅釋器:"鉛鑛謂之鏈。"王念孫疏證:"鏈,通作'連'。史記貨殖傳:'江南出柟、梓、薑、桂、金、錫、連。'徐廣音義云:'連,鉛之未錬者。'漢書食貨志:'殽以連錫。'李奇注云:'鉛錫樸名曰連。'"漢書食貨志顔師古注云:"許慎云:'鏈,銅屬也。'然則以連及錫雜銅而爲錢也。此下又云'能采金、銀、銅、連、錫',益知連非錫矣。"

[備考]音 liàn,鎖鏈(後起義)。元戴侗六書故:"今人以銀鐺之類相連屬者爲鏈。"

鎝 1. sà 集韻悉合切,入,合韻,心。

後起字。㊀鏤刻。見集韻。

2. dā。

㊀農具名。鐵鎝,用于翻地。見正字通。

鎮 1. zhèn 陟刃切,去,震韻,知。真部。

㊀壓。後漢書班固傳西都賦:"禽相~厭,獸相枕藉。"用作名詞。壓物之器。楚辭戰國屈原九歌湘夫人:"白玉兮爲~。"引申爲壓抑,壓制。楚辭戰國楚屈原九章抽思:"願摇起而横奔兮,覽民尤以自~。"潛夫論愛日:"治訟若此爲務,助豪猾而~貧弱也,何冤之能治!"引申爲鎮服、安定。左傳昭公二十五年:"無民而能逞其志者,未之有也,國君是以~撫其民。"㊁最重要的東西。國語晉語五:"夫不忘恭敬,社稷之~也。"三國志魏書高堂隆傳:"然則士民者,乃國家之~也。"特指一方被認爲具有特殊重要地位的名山。周禮春官大司樂:"四~五嶽崩。"鄭玄注:"四鎮,山之重大者。"周禮夏官職方氏:"東南曰揚州,其山~曰會稽。"鄭玄注:"鎮,名山安地德者也。"又指險要的重地。唐杜甫夔州歌十絶句之四:"白帝高爲三峽~,瞿塘險過百牢關。"㊂古時九服(九畿)之一。周禮夏官大司馬:"又其外方五百里曰~畿。"賈公彥疏:"鎮者,去中國稍遠,理須鎮守。"引申爲邊鎮。北史太武五王傳廣陽王建附王深:"自定鼎伊洛,邊任益輕,唯底滯凡才,出爲~將。"㊃市鎮,集鎮。宋高承事物紀原庫務職局:"民聚不成縣而有税課者,則爲~,或以官監之。"㊄副詞。常,久。唐李商隱獨居有懷詩:"蠟花長遞淚,箏柱~移山。"㊅姓。

2. tián 集韻亭年切,平,先韻,定。真部。

㊆通"填"。塞。國語晉語二:"譬之如室,既~其甍矣,又何加焉。"

鎒 1. nòu 奴豆切,去,候韻,泥。屋部。

㊀農具。用于鋤草。字亦作"槈"、"耨"。説文:"槈,薅器也。鎒,或从金。"段玉裁注:"從木者主柄,從金者主刃。"管子輕重乙:"一農之事,必有一耜、一銚、一鎌、一~、一椎、一銍,然後成爲農。"戰國策齊策三:"而操銚~與農夫居壠畝之中,則不若農夫。"

2. hāo 集韻呼高切,平,豪韻,曉。侯部。

㊁通"薅"。除草。玉篇金部:"鎒,除草也。"淮南子説山:"治國者若~田,去害苗者而已。"

按,説文以鎒爲槈之或體,在木部。

鎲 tǎng。

晚起字。亦作"钂"。〔鎲鈀〕兵器名。可以刺擊,可以防禦,兼矛盾兩用。見明茅元儀武備志。

鎖 suǒ 蘇果切,上,果韻,心。歌部。

㊀鎖鍊。墨子備穴:"鐵~縣,正當寇穴口,鐵~長三丈,端環,一端鈎。"岑仲勉墨子城守各篇簡注:"前項車輪束以長三丈的鐵鎖,正對敵人來攻之穴口處懸之,端環者用鐵環相連扣而成,與今之鐵鎖(粤俗呼鎖鍊)無異。"唐劉禹錫西塞山懷古詩:"千尋鐵~沉江底,一片降幡出石頭。"特指刑具。漢書王莽傳:"以鐵~琅當其頸。"引申爲動詞。束縛,拘繫。漢書叙傳上:"貫仁義之羈絆,繫名聲之韁~。"㊁門鍵。唐盧仝玉川子集憶金鵝山沈山人之二:"夜叉喜歡動關~,~聲搔地生風雷。"用作動詞。鎖上。唐王建烏棲曲:"夜深宫殿門不~,白露滿山山葉墮。"

按,説文無鎖字,新附有之。

鎧 kǎi 苦亥切,上,海韻,溪。微部。

鐵甲,軍用護身衣。韓非子五蠹:"~甲不堅者傷乎體。"漢曹操蒿里行:"~甲生蟣蝨,萬姓以死亡。"

[辨]鎧,甲。二字同義,時代有先後。周禮夏官叙官:"司甲,下大夫二人。"鄭玄注:"甲,今之鎧也。"孫詒讓正義:"釋名釋兵云:'鎧猶塏也,塏,堅重之言也。或謂之甲,似物有孚甲以自禦也。'書費誓孔穎達疏:'經典皆言甲,秦世以來始有鎧之文。古之作甲用皮,秦漢以來用鐵。鎧字從金,蓋用鐵爲之,而因以作名也。'"

鎗 1. qiāng 集韻千羊切,平,陽韻,清。陽部。

㊀〔鎗鏓〕象聲詞。見"鏓"字條。㊁〔鎗鎗〕①象聲詞。指鐘聲或其他樂聲。後漢書馬融傳廣成頌:"鍠鍠鎗鎗,奏于農郊大路之衢。"也可單用。淮南子說山:"范氏之敗,有竊其鐘負而走者,~然有聲。"②通"蹌蹌"。有序列的樣子。荀子大略:"朝廷之美,濟濟鎗鎗。"楊倞注:"鎗與蹌同。蹌蹌,有行列貌。"㊂兵器(晚起義)。長柄,金屬尖頭。明茅元儀武備志鎗圖說:"~頭長共六寸,重三兩五錢,四兩止矣。"諸葛亮集將苑地勢(將苑乃後人僞作):"蘆葦相參,竹樹交映,此~矛之地也。"

2. chēng 楚庚切,平,庚韻,穿二。

㊃炊具,三足鬴(後起義)。南史孝義傳上陳遺:"初吴郡人陳遺,少爲郡吏,母好食~底飯。"㊄温酒器(後起義)。南史何尚之傳附何點:"子良欣悦無已,遺點、嵇叔夜酒盃,徐景山酒~。"按,在㊃㊄兩義上後來多寫作"鐺",但與說文之"鐺"(都郎切)音義均不同。段玉裁"鐺"字注:"今俗用爲酒鎗字,楚庚切。"

鎩 shā 所拜切,去,怪韻,審二。月部。

㊀長刃矛刀之類。史記秦始皇本紀:"鉏櫌棘矜,非錟於句戟長~也。"文選漢張衡西京賦:"植~懸㪍,用戒不虞。"㊁摧折,傷殘。淮南子覽冥:"飛鳥~翼,走獸廢脚。"南朝宋鮑照侍郎上疏:"~羽暴鱗,復見翻躍。"世說新語言語:"支意惜之,乃~其翮。"

鎽 fēng 集韻敷容切,平,鍾韻,敷。東部。

兵器的尖端部分。說文:"鎽,兵耑也。"用作狀語,像鎽刃一樣。漢書東方朔傳:"變詐~出,莫能窮者。"字亦作"鋒",參見"鋒"字條。

鎢 wū 哀都切,平,模韻,影。

〔鎢錥〕温器,小釜。俗稱湯罐。廣雅釋器:"鎢錥謂之銼鑹。"玉篇金部:"鎢錥,小釜也。"

按,說文無鎢字。

鎞 1. bī 邊兮切,平,齊韻,幫。

後起字。㊀首飾名,釵。玉篇金部:"鎞,鎞釵也。"全唐詩寒山詩之三五:"羅袖盛梅子,金~挑筍芽。"㊁治療眼疾的器械。宋魏慶之詩人玉屑卷一三引唐子西語録云:"二公(指謝靈運、謝玄暉)妙處,蓋在於鼻無堊,目無膜爾。…;目無膜,~將曷施?"

2. pī 集韻篇迷切,平,齊韻,滂。

㊂箭名。類篇金部:"鈚,一曰箭名。或作'鎞'、'錍'。方言:'箭鏃廣長而薄鐮,錍。'"

鏊 ào 五到切,去,号韻,疑。

後起字。炊器,如烙餅平鍋。王筠說文句讀"鏕"字:"鏊面圓而平,三足,高二寸許。廣韻:鏊,餅鏊。"唐段成式酉陽雜俎續集卷四:"嘗目一達官爲熱~上猢猻。"字亦作"鏉"。見龍龕手鏡金部。

十一畫

鏖 áo 於刀切,平,豪韻,影。宵部。

㊀熬煮用的炊具。"鏕"之或體。說文:"鏕,温器也。"段玉裁注:"與火部'以微火温肉'謂之'衮'義同。或作熝,或作鏖。"引申爲動詞,激烈戰鬥。漢書霍去病傳:"合短兵,~臯蘭下。"顔師古注引晉晉灼曰:"世俗謂盡死殺人爲鏖糟。"顔師古曰:"鏖,字本從金麀聲,轉寫訛耳。鏖,謂苦擊而多殺也。言苦戰於臯蘭下而多殺虜也。"引申爲喧擾。宋黄庭堅仁亭詩:"市聲~午枕,常以此心觀。"㊁銅盆。見龍龕手鏡金部。

按,說文無鏖有鏕。

鏨 zàn 藏濫切,去,闞韻,從。談部。

鑿金石的鏨子。說文:"鏨,小鑿也。"用作動詞,雕刻。明朱國禎湧幢小品卷二九石函:"殿有石函,…其上~鳥獸花草,文理纖妙,鄰於鬼工。"

鏡 jìng 居慶切，去，映韻，見。陽部。

鏡子。古代以磨光發亮的金屬或玉爲鏡，一般爲圓形銅鏡，清代逐漸以玻璃鏡取代銅鏡。大戴禮記保傅："明～者，所以察形也。"淮南子脩務："明～之始下型，矇然未見形容，及其粉（"扢"字之誤，扢，磨也）以玄錫，摩以白旃，鬢眉微豪，可得而察。"用作動詞。照鏡子。墨子非攻中："君子不～於水而～於人。"（第二個"鏡"字爲比喻義，借鑑）。唐李商隱無題詩："曉～但愁雲鬢改，夜吟應覺月光寒。"引申爲照耀。藝文類聚卷五七引三國魏劉邵七華："金光～野，旍旗曜天。"引申爲明察。淮南子齊俗："抱大聖之心，以～萬物之情。"

［同源字］鏡，景，鑑（監，鑒）。"鏡""景"雙聲兼疊韻，"鏡""鑑"雙聲兼陽談通轉。説文："鏡，景也。"段玉裁注："景者，光也。金有光可照物謂之鏡。"説文："鑑，大盆也。一曰鑑諸，可以取明水於月。"徐灝説文解字注箋曰："鑑，古祗作監，从皿以盛水也。其後範銅爲之，而用以照形者，亦謂之鑑，聲轉爲鏡。"鑒亦鑑之或體。詩邶風柏舟毛傳："鑒，所以察形也。""鏡"字雖已見説文，但十三經不用"鏡"字。

鏑 dí 都歷切，入，錫韻，端。錫部。

箭頭。説文："鏑，矢鏠也。"段玉裁注："謂矢族之入物者。古亦作鍉。"徐灝箋曰："廣雅曰：'鏃，鏑也。'按鏑之言適也，去此適彼也。"文選晉潘岳射雉賦："馥焉中～。"用作動詞，箭頭射中。史記蘇秦列傳："韓卒超足而射，百發不暇止，遠者括蔽洞胸，近者～弇心。"引申爲箭。列子黄帝篇："發之，～矢復沓。"釋名釋兵："矢，…又謂之鏑。鏑，敵也，言可以禦敵也。"引申爲兵器。史記秦楚之際月表："墮壞名城，銷鋒～。"文選晉左思魏都賦："鋒～縱横，化爲戰場。"

［辨］鏑，鍉，鏃。三字都有箭頭義。鏑鍉音近義通，但鍉是多音多義字，見"鍉"字條。

鏃有鋭利義，説文："鏃，利也。"許慎以鏃爲形容詞。引申爲名詞箭頭。説文以族爲箭頭，云："族，矢鋒也。"釋名釋兵："矢，…齊人謂之鏃。"鏑與鏃有方音之别。

鏟 chǎn 初限切，上，産韻，穿二。元部。

平木器。見玉篇。用作動詞，把木器削平。潛夫論浮侈："後世以楸梓槐柏（爲棺），…削除～靡，不見際會。"引申爲剷除。文選晉木華海賦："於是乎禹也，乃～臨崖之阜陸，決陂潢而相湲。"李善注引蒼頡篇曰："鏟，削平也。"唐杜甫收京三首之三："汗馬收宫闕，春城～賊壕。"

［備考］金屬薄片。説文："鏟，鏶也。"

［同源字］鏟，剗，翦。三字同源，均屬齒音元部。鏟、剗本爲一詞。一切經音義一四："剗，古文鏟同。"廣雅釋詁三："剗，削也。"爾雅釋言："翦，齊也。"左傳宣公十二年："其翦以賜諸侯。"杜預注："翦，削也。"

鏞 yōng 餘封切，平，鍾韻，喻四。東部。

樂器。大鐘。爾雅釋樂："大鐘謂之鏞。"郭璞注："書曰：'笙～以間。'亦名鏄。"

［辨］鏄，鏞。見"鏄"字條。

鏇 xuàn 辝戀切，去，線韻，邪。元部。

㊀圓鑪。見説文。㊁轉軸。唐杜甫畫鷹詩："絛～光堪摘，軒楹勢可呼。"清浦起龍讀杜心解："鏇，轉軸。朱注：以絛繫鷹足，而繫之於鏇。"㊂裁木器。見類篇金部。引申爲動詞，轉着圈地削成圓形。玉篇金部："鏇，轉軸裁（裁）器也。"一切經音義卷三九引張戩考聲云："鏇謂工匠轉軸鏇器也。"㊃温酒器（後起義）。元史輿服志一："酒器許用銀壺、瓶、…盂、～，餘並禁止。"用作動詞，用鏇子温酒（晚起義）。水滸全傳七二回："你自去與我～一杯熱酒來吃。"

鏃 zú 作木切，入，屋韻，精。屋部。

鋭利。説文："鏃，利也。"段玉裁注："今用爲矢鏠之族，與許不同，疑後所增字。"又朳部"族"字注:"今字用鏃,古字用族。金部曰:'鏃,利也。'則不以爲矢族字。"吕氏春秋貴卒:"所爲貴~矢者,爲其應聲而至。"引申爲箭頭。儀禮既夕禮:"骨~短衛。"

[辨]鏑,鍉,鏃。見"鏑"字條。

鏏 wèi 祥歲切,集韻于歲切,音衛,去,祭韻,喻三。月部。

小鼎。淮南子説林:"水火相憎,~在其間,五味以和。"

[同源字]鏏,槥,嘒。三字聲近韻同爲同源字,都有小的意思。王念孫讀書雜志一四淮南内篇第一六:"引之曰:'鏏,小貌也。小鼎謂之鏏,小棺謂之槥,小星貌謂之嘒,其義一也。'""鏏"亦作"鏏"。

鏩 1. jiàn 集韻疾染切,上,琰韻,從。談部。

㊀〔鏩鏩〕火炎上升的樣子。漢揚雄太玄上:"上其純心,挫厥鏩鏩。"范望注:"火性炎上,故曰鏩鏩也。以水克火,故曰挫也。"引申爲鋭進。漢揚雄太玄玄錯:"鋭,鏩鏩。"

2. zàn 集韻在敢切,上,敢韻,從。

㊁通"鏨"。鏨刻。集韻敢韻"鏨"字:"博雅鑴謂之鏨,或書作鏩。"

按,説文無鏩字。

鏗 kēng 口莖切,平,耕韻,溪。耕部。

㊀象聲詞。①鐘聲。禮記樂記:"鍾聲~。"引申爲動詞,撞鍾。楚辭戰國宋玉招魂:"~鍾摇簴。"②琴瑟聲。論語先進:"鼓瑟希,~爾,舍瑟而作。"何晏注:"鏗者,投瑟之聲。"③用作名詞。咳聲。素問五常政大論:"其動~禁瞀厥。"王冰注:"鏗,欬聲也。"張隱菴集注:"鏗禁者,聲不出也。"㊁〔鏗鎗〕象聲詞。形容鐘鼓相雜聲。文選漢班固東都賦:"鐘鼓鏗鎗,管弦曄煜。"㊂〔鏗鏘〕樂聲。漢書張禹傳:"優人筦弦鏗鏘極樂,昏夜乃罷。"㊃傳説中的人名。楚辭戰國屈原天問:"彭~斟雉帝何饗?"晉葛洪神仙傳卷一:"彭祖者,姓籛,名~。"

按,説文無鏗字。

鏢 biāo 撫招切,集韻紕招切,平,宵韻,滂。宵部。

㊀刀鞘末端的銅飾物。説文:"鏢,刀削末銅也。"桂馥義證:"廣韻:'鏢,刀劍鞘下飾也。'通作'標'。梁書侯景傳:景所帶劍水精標無故墮落。"㊁刀鋒。清朱駿聲説文通訓定聲"鏢"字引通俗文:"刀鋒曰鏢。"可參段玉裁"鏢"字注。㊂鏢槍(晚起義)。形如槍頭,以竹木爲柄,用于投擲。明徐宏祖徐霞客遊記黔遊日記:"忽有四人持~負弩,…自後奔突而至。"

鏂 ōu 烏侯切,平,侯韻,影。侯部。

㊀古容量單位。二斗爲一鏂。管子輕重丁:"齊東之粟,釜十泉,則~二錢也。"字亦作"區"。明方以智通雅卷四〇算數:"管子輕重丁:'百泉則鏂二十也。'智以爲即豆區之區,名同實異,猶今之各方斗斛同一名,而大小異也。"㊁〔鏂銗〕叠韻聯緜字。①頸甲。廣雅釋器:"鏂鍜謂之鏂銗。"王念孫疏證:"鏂鍜,頸鎧也。"②門鋪,在門上飾金。類篇金部:"鏂,門鋪謂之鏂銗。"

按,説文無鏂字。

鏌 mǔ 莫補切,上,姥韻,明。

〔鈷鏌〕見"鈷"字條。

鏌 mò 慕各切,入,鐸韻,明。鐸部。

〔鏌邪〕〔莫邪〕〔鏌釾〕〔鏌鋣〕〔鏌鎁〕叠韻聯緜字。寶劍,又大戟名。淮南子説山:"斷右臂而争一毛,折鏌邪而争錐刀,用智如此,豈足高乎!"又脩務:"服劍者,期於恬利,而不期於墨陽莫邪。"莊子大宗師:"金踊躍曰'我且必爲鏌鋣。'"又庚桑楚:"兵莫憯於志,鏌鋣爲下。"説文:"鏌,鏌釾也。"徐鍇繫傳作"鏌釾,大戟也。鍇曰:又劍名。"類篇金部:"釾,説文:'鏌釾也。'或從邪、從耶。"

[備考]〔莫邪〕傳説中的人名。漢趙曄吴越春秋卷四闔閭内傳:"莫邪,干將之妻也。"

干將作劍，…于是干將妻乃斷髮剪爪，投于爐中，…金鐵乃濡，遂以成劍。陽曰干將，陰曰莫邪。"

鏚 qī 倉歷切，入，錫韻，清。覺部。

"戚"的分别字，兵器名，斧屬。左傳昭公十二年："君王命剥圭以爲～柲。"杜預注："鏚，斧也。"

按，説文無鏚字。

鏐 liú 力求切，平，尤韻，來。幽部。

精金，紫磨金。爾雅釋器："黄金謂之璗，其美者謂之鏐。"郭璞注："鏐，即紫磨金。"史記夏本紀裴駰集解引鄭玄曰："黄金之美者謂之～。"

鏜 tāng 吐郎切，平，唐韻，透。陽部。

㊀象聲詞。鐘鼓聲。説文："鏜，鐘鼓之聲。"詩邶風擊鼓："擊鼓其～，踊躍用兵。"㊁〔鏜鞳〕〔闛鞈〕象聲詞。鐘鼓聲。類篇革部："鞳，鏜鞳，鐘鼓聲。"形容波濤拍擊物體的聲音。宋蘇軾石鐘山記："與風水相吞吐，有窾坎鏜鞳之聲。"參見"闛"字條。

鏤 1. lòu 盧候切，去，候韻，來。侯部。

㊀精煉的硬鐵，可以刻鏤。説文："鏤，剛鐵也，可以刻鏤。"清承培元説文引經證例："剛鐵可以鏤物者，故名曰鏤。"書禹貢："厥貢璆、鐵、銀、～、砮、磬。"引申爲動詞，刻鏤。左傳哀公元年："器不彤～。"墨子兼愛下："～於金石，琢於槃盂。"引申爲鑿通。漢書司馬相如傳下："徼牂牁，～靈山。"顔師古注："鏤，謂疏通以開道也。"㊁烹飪器皿。鍋。方言五："鍑，江、淮、陳、楚之間謂之錡，或謂之鏤。"㊂通"漏"。孔穴。宋書符瑞志上："(禹)虎鼻大口，兩耳參～。"

2. lǘ 力朱切，平，虞韻，來。侯部。

㊃〔屬鏤〕叠韻聯緜字。劍名。史記伍子胥列傳："乃使使賜伍子胥屬鏤之劍，曰：'子以此死。'"

［辨］鋑，鏤，刻，彫。見"鋑"字條。

鏝 màn 莫半切，去，换韻，明。元部。

㊀塗牆的工具。爾雅釋宫："鏝謂之杇。"郝懿行義疏："按，鏝古蓋用木，後世以鐵，今謂之泥匙。"説文："鏝，鐵杇也。"王筠釋例："鏝之器，以金作之，以木爲柄，其杇之時，則用木片盛泥，而以鏝塗之於壁，故槾、鏝同字。"特指塗牆這種技術。唐韓愈圬者王承福傳："喪其土田，手～衣食。"又："夫～，易能，可力焉。"用作動詞，塗牆。宋王安石新田詩："其來僕僕，～我新屋。"㊁銅錢的背面。明楊慎丹鉛雜録卷五："今按京師呼錢背曰～兒。"引申爲指錢。古今雜劇元李文蔚同樂院燕青博魚："憑着我六文家銅～，博的這三尺金鱗魚也。"

［辨］鋘，鏝。見"鋘"字條。

鏙 cuī 七罪切，玉篇七回切。

〔鏙錯〕〔崔錯〕〔璀錯〕雙聲聯緜字。形容衆多錯雜的樣子。文選晋郭璞江賦："鱗甲鏙錯，焕爛錦斑。"

按，説文無鏙字。

鏘 qiāng 七羊切，平，陽韻，清。陽部。

㊀象聲詞。①形容玉佩聲。禮記玉藻："進則揖之，退則揚之，然後玉～鳴也。"②形容挽歌聲。文選南朝宋謝莊宋孝武宣貴妃誄："～楚挽於槐風，喝邊簫於松霧。"李善注："鏘，鳴聲也。"吕向曰："鏘，喝，皆鳴也。"(見六臣註本)㊁〔鏘鏘〕①象聲詞。形容鈴聲。詩大雅烝民："四牡彭彭，八鸞鏘鏘。"形容鳳凰鳴叫聲。左傳莊公二十二年："是謂鳳皇于飛，和鳴鏘鏘。"形容樂聲。吕氏春秋古樂："其音若熙熙凄凄鏘鏘。"形容玉聲。唐杜甫殿中楊監見示張草書圖詩："鏘鏘鳴玉動，落落群松直。"②形容高峻的樣子。後漢書張衡傳思玄賦："命王良掌策駟兮，踰高閣之鏘鏘。"後漢書馬融傳廣成頌："峨峨磑磑，鏘鏘嶵嶵。"③形容儀態舒揚的樣子。顔氏家訓序致："鏘鏘翼翼，若朝嚴君焉。"

按，説文無鏘字。

鏓 cōng 倉紅切，平，東韻，清。東部。

㊀大鑿入木通其中。字亦作“𨪐”。文選漢馬融長笛賦：“～硐頹墜，程表朱裏。”李善注：“説文曰：‘鏓，大鑿中木也。’然則以木通其中皆曰鏓也。”李周翰曰：“鏓硐，謂以刀通節中也。”㊁〔鎗鏓〕象聲詞。形容鐘聲。説文：“鏓，鎗鏓也。”段玉裁注：“鎗鏓善狀鐘聲，今匙用此者。”

鏦 1. cōng 七恭切，平，鍾韻，清。東部。

㊀短矛。方言九：“矛，吴、揚、江、淮、南楚、五湖之間謂之鍦，或謂之鋋，或謂之鏦。”淮南子兵略：“修鎩短～。”用作動詞，撞刺。漢書南粤王傳：“太后怒，欲～嘉以矛。”後漢書馬融傳廣成頌：“絹猑㹮，～特肩。”㊁方形柄孔的斧子。廣雅釋器：“鏦謂之斨。”

2. chuāng 楚江切，平，江韻，穿二。東部。

㊂撞擊鐘鼓。廣韻：“鏦，打鐘鼓也。”唐慧琳一切經音義卷九九引漢司馬相如子虛賦：“～金鼓。”史記司馬相如列傳作“摐金鼓”。

鏁 suǒ 集韻損果切，音瑣，上，果韻，心。

“鎖”之俗體。鎖鏈。龍龕手鏡金部：“鏁(俗)鎖(正)，鐵鎖也。”類篇金部：“鎖，鋃鐺也。或作鏁。”文選晉潘岳馬汧督誄：“於是乎發梁棟而用之，咢(的)以鐵～機關，既縱礧而又升焉。”六臣本作“瑣”。

按，説文無鏁字，新附有之。

十 二 畫

鐋 1. tàng 他浪切，去，宕韻，透。

後起字。㊀打磨木石使之光滑的器具。字亦作“鐋”、“鋿”。類篇金部：“鐋，治木器。”禮記大學“如切如磋，如琢如磨”朱熹注：“磋以鑢～，磨以沙石，皆治物使其滑澤也。”

2. tāng。

㊁樂器，小銅鑼(晚起義)。清會典事例樂制樂器一：“十九曰～，範銅爲之，…上穿二孔，繫黄絨紃，以木片擊之。”

鐘 zhōng 職容切，平，鍾韻，照三。東部。

㊀樂器，供祭祀或宴飨時用。左傳昭公二十一年：“夫音，樂之輿也；而～，音之器也。”史記樂書：“故～鼓管磬羽籥干戚，樂之器也。”引申爲專指佛寺的鐘。宋蘇軾書雙竹湛師房詩：“暮鼓朝～自擊撞，閉門孤枕對殘缸。”㊁古容量單位。淮南子要略：“一朝用三千～贛。”許慎注：“鐘，十斛也。贛，賜也。一朝賜群臣之費三萬斛也。”本亦作“鍾”。

［同源字］鐘，撞，鐲。鐘撞叠韻，照定鄰紐，鐘撞爲名動之别。禮記學記：“善待問者如撞鐘。”説文：“鐘，樂鐘也。”楊樹達積微居小學述林釋韇曰：“鐘爲可撞之物。”鐘鐲照定鄰紐，東屋對轉。周禮地官鼓人：“以金鐲節鼓。”鄭玄注：“鐲，鉦也，形如小鐘。”廣雅釋器：“鐲，鉦，鍾，鈴也。”

鐓 1. duì 徒對切，音隊，去，隊韻，定。物部。

㊀同“錞”。矛戟柄端的平底金屬套。禮記曲禮：“進矛戟者前其～。”釋文：“本又作錞。”參見“錞”字條。

2. duī 集韻都回切，音堆，平，灰韻，端。微部。

㊁同“鎚”。集韻：“鐓，或作鎚。”打夯用的鐵錘。説文：“鎚，下垂也。一曰千斤椎。”北魏酈道元水經注渭水下：“秦始皇造橋，鐵～重不勝，故刻石作力士孟賁等像以祭之，～乃可移動也。”

3. dūn 集韻都昆切，平、魂韻，端。

㊂通“驐”。去畜勢。清郝懿行證俗文卷一七：“凡牡而去勢者曰淨猫、善狗、～雞。”

按，説文無鐓有錞。一切經音義卷二一引作“鐓”。説文另有“鎚”字，許慎説：“下垂也。一曰千斤椎。”段玉裁注：“按下垂、千斤椎二義，皆鐓之餘義，矛戟柲下銅鐏下垂而重，引申之爲此二義，蓋後人分别增一篆，改鐓篆爲錞耳，似删之無不可者。”集韻灰韻：

“鐓,説文:‘下垂也。一曰千斤椎。’或書作鐓。”可證錞、鐓、鐓原本爲一字。

鐏 zūn 徂悶切。集韻租昆切,平,魂韻,精。文部。

㊀戈矛柄端銅套,可以插入地中。釋名釋兵:“矛,…下頭曰鐏。”禮記曲禮上:“進戈者,前其～,後其刃。”鄭玄注:“鋭底曰鐏,取其鐏地。”孔穎達正義曰:“鐏在尾而鈍,鈍嚮人爲敬,所以前鐏後刃也。”㊁通“尊”。酒尊。唐白居易續古詩之八:“豈無盈～酒,非君誰與娱。”

[辨]鐏,錞。二字同義。説文:“錞,矛戟柲下銅鐏也。”又:“鐏,柲下銅也。”段玉裁注:“按‘鐏地’,可入地;‘鐓地’,著地而已。鄭析言之,許渾言不析者,蓋鋭鈍皆可爲,非必戈鋭而矛戟鈍也,曲禮或互文耳。”徐灝箋:“鐏之言蹲也;鐓者,敦也。皆踞地之義。”參見“錞”字條。

鏌 tián 集韻亭年切,音田,平,先韻,定。

同“鈿”。形狀如花朵的首飾。類篇金部:“鈿,金華飾,亦作鏌。”晉書輿服志:“夫人五～,世婦三～。”新唐書西域傳上高昌:“帝賜妻宇文華～一具。”

按,説文無鏌字,新附有鈿字。

鐩 suì 徐醉切,去,至韻,邪。物部。

字亦作“鐆”、“鐆”。古人向日取火的凹鏡。龍龕手鏡金部:“鐆(俗),鐩(或作),鐆(正)。陽鐆,可取火於日中也。”類篇金部:“鐩,説文:‘陽鐩也。’取火之鑑也。或作鐆。”經傳亦作“遂”、“燧”。

按,説文鐩作鐆。徐鍇繫傳作鐆。

鐞 kuǎn 苦管切,上,緩韻,溪。

後起字。〔鐞縫〕文書紙縫上的署記。唐顔師古匡謬正俗卷六:“古未有紙之時,所有簿領皆用簡牘,其編連之處,恐有改動,故於縫上刻記之。承前已來,呼爲鐞縫。今於紙縫上署名,猶取舊語,呼爲鐞縫耳。”

鐃 1. náo 女交切,平,肴韻,娘。宵部。

㊀軍樂器,類似鉦,軍隊退卻時擊鐃。周禮夏官大司馬:“辨鼓、鐸、鐲、～之用。…卒長執～。”後指打擊樂器,類似鈸。元史刑法志四:“諸俗人集衆鳴～作佛事者,禁之。”明方以智通雅樂器:“銅鈸,今之～鈸也。”

2. nào 集韻女教切,音鬧,去,效韻,娘。宵部。

㊁通“撓”。擾亂。莊子天道:“萬物無足以～心者,故静也。”

鐀 huì 胡桂切,去,霽韻,匣。

後起字。兵器名,三棱矛。廣韻霽韻:“鐀,三隅矛。”古書亦用“惠”字。書顧命:“二人雀弁,執～。”鄭玄曰:“惠狀蓋斜刃宜芟刈。”

鐔 xín 徐林切,平,侵韻,邪。侵部。

㊀劍柄末端與劍身連接處兩旁突出部分。狀如蕈類,中空,上有孔。亦稱劍口、劍珥、劍鼻、劍首。清程瑶田通藝録:“以其有孔曰口,視其旁如耳然曰珥,面之曰鼻,對末言之曰首。”戰國策趙策三:“夫吴干(指干將)之劍,…無鈞(鉤)罕～蒙須之便,操其刃而刺,則未入而手斷。”釋名釋兵:“劍…其旁鼻曰鐔。鐔,尋也,帶所貫尋也。”比喻險要的地形。文選漢張衡東京賦:“底柱輟流,～以大伾。”李善注:“韻集曰:‘鐔,劍口也。’言大伾之險同乎劍口也。”㊁似劍而小的兵器。漢書韓延壽傳:“延壽又取官銅物,候月蝕鑄作刀、劍、鉤、～。”㊂姓。後漢書循吏列傳有鐔顯。

鐁 sī 息移切,平,支韻,心。

刨平木料的工具。釋名釋用器:“鐁,鐁彌也。斤有高下之跡,以此鐁彌其上而平之也。”

按,説文無鐁字。畢沅釋名疏證:“此當止作‘斯’,加金旁俗字也。”

鐕 1. sǎn 蘇旱切,上,旱韻,心。

後起字。㊀弩牙鬆弛。集韻緩韻:"弩機緩謂之鐍。"

2. xiàn 篇海類編先諫切。

㊁閹割雄雞之勢(晚起義)。正字通金部:"今俗雄雞去勢謂之鐍,與宦牛、閹猪、騸馬義同。"

鎶 gū 古胡切,平,模韻,見。

〔鏷鎶〕古箭名。"鏷"亦作"鏷。"廣韻:"字林曰:鏷鎶,魯矢。左傳作僕姑。"

按,説文無鎶字。

鐐 liáo 落蕭切,平,蕭韻,來。宵部。

㊀上等白銀。爾雅釋器:"白金謂之銀,其美者謂之鐐。"詩小雅瞻彼落矣"鞞琫有珌"毛傳:"大夫~琫而鏐珌。"㊁加于脚的刑具(晚起義)。明方以智通雅事制刑法:"古之釱,今以鐐代之。…以木爲之,穿一足。"

鐍 jué 古穴切,音決,入,屑韻,見。質部。

字亦作"觼"。説文:"觼,環之有舌者。"徐灝説文解字注箋:"許云'環之有舌',服(虔)云'缺環曰~'(見通俗文),似異而實同。蓋此環一端曲折垂出於外爲♀形,就其下垂而言謂之舌,指其中缺處謂之缺耳。"古代用于固定馬轡之環,固定綬帶之環,固定篋匱之環,都可以叫做"鐍"(觼)。詩秦風小戎:"鋈以觼軜。"莊子胠篋:"將爲胠篋探囊發匱之盜而爲守備,則必攝緘縢,固扃~。"後漢書輿服志下:"紫綬以上,縌綬之間得施玉環~云。"徐灝説文解字注箋:"鐍即游環也,所以爲舌形者,蓋環既游移前卻,轡亦往來無定,今有舌以制之,使轡入其中,所繫乃定也。莊子所謂'固扃鐍',蓋以環舌入鑰,其形略同。"

按,説文以鐍爲觼的或體,在角部。

鐗 1. jiàn 古晏切,去,諫韻,見。元部。

字亦作"鐧"。㊀車軸鐵。見説文。段玉裁注:"車軸之在釭中者,以鐵鍱裹之謂之鐗。釋名曰:'鐗,閒也,閒釭軸之閒,使不相摩也。'按釭中亦以鐵鍱裹之,則鐵與鐵相摩,而轂軸之木皆不傷,乃名鐵之在軸者曰鐗,在轂者曰釭。"吴子治兵:"芻秣以時,則馬輕車;膏鐗有餘,則車輕人。"

2. jiǎn。

㊀鞭類兵器。有三棱或四棱(晚起義)。清吴敬梓儒林外史一二回:"鞭鐗鎚錘,刀槍劍戟,都還略有些講究。"

鏹 qiǎng 居兩切,音襁,上,養韻,見。

錢貫,引申爲錢。集韻養韻:"鏹,以繈貫錢。"文選晉左思蜀都賦:"藏~巨萬。"

按,説文鏹作繈,在糸部。廣韻養韻以鏹爲繈之俗體。

鐊 yáng 集韻余章切,平,陽韻,喻四。陽部。

字亦作"鍚"。馬頭上的飾物。説文:"鐊,馬頭飾也。詩曰:'鉤膺鏤~'。"按,今本詩經作"鍚"。説文段玉裁注:"韓奕傳曰:'鏤鍚,有金鏤其鍚也。'箋云:'眉上曰鍚,刻金飾之,今當盧也。'按人眉目間廣揚曰揚,故馬眉上飾曰鍚。"參見"鍚"字條。

鐙 1. dēng 集韻都騰切,平,登韻,端。蒸部。

㊀燈盞,油燈。説文:"鐙,錠也。"徐鉉等注:"錠中置燭,故謂之鐙。今俗别作燈,非是。"按,集韻以燈爲鐙之重文。楚辭戰國宋玉招魂:"蘭膏明燭,華~錯些。"㊁通"登"。食器,瓦豆。儀禮公食大夫禮:"大羹湆不和,實於~。"鄭玄注:"瓦豆謂之鐙。"字亦作"甑"。集韻登韻:"甑通作鐙。"又特指豆下之跗(fū,指底部,下端)。禮記祭統:"夫人薦豆執校(校,豆下面垂直部份),執醴授之執~(執醴者送豆給夫人時要托着豆的底部)。"鄭玄注:"執醴,授醴之人,授夫人以豆則執鐙。鐙,豆下跗也。"按,集韻、類篇在"瓦豆"這個意義上讀去聲(都鄧切或丁鄧切)。

2. dèng 都鄧切,音凳。去,嶝韻,端。

㊂馬鞍子兩旁的脚鐙(後起義)。南齊書武十七王傳:"純銀乘具,乃復可爾,何以作~亦是銀?"唐劉禹錫壯士行:"壯士走馬去,~

前彎玉弰。"

[辨]①鐙,錠。二字同義。説文金部:"錠,鐙也。"又:"鐙,錠也。"廣雅釋器:"錠謂之鐙。"王念孫疏證引急就篇"鐙"字顔師古注云:"鐙,所以盛膏夜然燎者也,其形若杅而中施釘,有柎(跗)者曰錠,無柎者曰鐙。柎,謂下施足也。"一説"無足曰錠,有足曰鐙。"(説文通訓定聲"錠"字注)王念孫廣雅疏證:"鐙之形狀,略如禮器之登,故爾雅'瓦豆謂之登',郭注云:即膏登也。"

②燈,鐙。見"燈"字條。

[同源字]①錠,鐙。見"錠"字條。

②鐙,蹬。在鞍鐙這個意義上,鐙又與蹬(登)同源。廣雅釋詁一:"蹬,履也。"王念孫疏證:"集韻'登'又音丁鄧切,履也,或作蹬(按,原文作'或从足')。今人猶謂足跐物爲蹬,又謂馬鞍兩旁足所跐爲鐙,其義一也。"

③登,蹬,隥,磴,嶝,鐙。見"蹬"字條。

鏺 pō 普活切,音潑,入,末韻,滂。月部。

類似鐮刀的割草農具,兩刃,木柄。見説文。引申爲動詞,刈,割。徐灝説文解字注箋引六韜龍韜農器云:"春～草木(按,原文作"棘"),夏耨田疇。"

鏷 pú 蒲沃切,入,沃韻,並。

㊀未經煉制的銅鐵。文選晉張協七命:"銷踰羊頭,～越鍛成。"李善注:"鏷,或謂爲'鏶'。廣雅:'鏶,鋌也。'"按,五臣本作"鏶"。㊁〔鏷鐞〕見"鐞"字條。

按,説文無鏷字。

鏵 huá 户花切,平,麻韻,匣。魚部。

農具。犁鏵。方言五:"臿,…宋衛之間謂之鏵。"錢繹箋疏:"今吴俗呼犁爲劃刀,劃即鏵聲之轉也。又按,鏵之言華也。鄭注曲禮云:華,中裂之也。中裂謂之華,故以臿入地,使土中裂,因即謂之鏵矣。"資治通鑑後晉齊王開運三年:"銅禁至嚴,民猶盗鑄,况家有鐺釜,野有～犁,犯法必多。"

按,説文無鏵字。木部有苿(huá)字。段玉裁注:"苿、鏵,古今字也。"

鐄 huáng 户盲切,平,庚韻,匣。陽部。

㊀大鐘。見廣韻。㊁同"鍠"。象聲詞,鐘聲。見玉篇。文選漢馬融長笛賦:"錚～謍嗃。"李善注:"錚、鐄,皆大聲也。鐄與鍠同。"㊂大鐮。元陳椿熬波圖樵斫柴薪:"長～瑩如雪,動手即披靡。"

按,説文無鐄字。

鐀 guì 集韻求位切,去,至韻,群。物部。

同"匱"。櫃子。漢書司馬遷傳:"卒三歲,而遷爲太史令,紬史記石室金～之書。"顔師古注:"鐀與匱同。"

按,説文鐀作匱,在匚部。

鏶 jí 七接切,入,葉韻,清。緝部。

金屬薄片。説文:"鏶,鍱也。"朱駿聲説文通訓定聲:"凡金銀銅鐵錫椎薄成葉者謂之鏶。"

[同源字]鍱,鏶。見"鍱"字條。

鐎 jiāo 即消切,平,宵韻,精。宵部。

鐎斗,即刁斗。廣韻:"鐎,刀斗也,温器,三足而有柄。"急就篇:"鍛鑄鉛錫鐙錠～。"顔師古注:"鐎謂鐎斗,温器也,似銚而無緣。"史記李將軍列傳"不擊刀斗以自衛"裴駰集解引孟康曰:"以銅作～器,受一斗,晝炊飯食,夜擊持行,名曰刀斗。"司馬貞索隱:"刀,音貂。"

鐖 1. jī 居依切,平,微韻,見。微部。

㊀魚鉤上的倒刺。類篇金部:"鐖,鉤逆鋩。"淮南子:'無～之鉤,不可以得魚。'"清錢繹方言箋疏五"鉤"字條:"鉤謂之鐖,猶鉤逆鋩謂之～,皆以纖鋭立名也。"㊁弩機關。淮南子齊俗:"若夫工匠之爲連～運開。"高誘注:"連鐖,鐖發也。"

2. qí 集韻渠希切,音祈。平,微韻,群。微部。

㊂大鐮。史記淮南衡山列傳:"今吾國雖

小,然而勝兵可得十餘萬,非直適戍之衆,～鑿棘矜也。”

[同源字]鐖,剴。説文:“剴,大鐮也。”朱駿聲説文通訓定聲以爲“剴”字亦作“鐖”。集韻咍韻也以“鐖”爲“剴”之或體,音魚開切。史記淮南衡山列傳裴駰集解引徐廣曰:“大鐮謂之剴,音五哀反,或是鐖乎?”集韻蓋據此傳疑之詞以“剴鐖”爲異體字。鐖、剴在大鐮這個意義上同義,二字韻同聲近,爲同源關係。

按,説文無鐖字。

十 三 畫

鐮 lián 力鹽切,平,鹽韻,來。

見“鎌”字條。

按,説文鐮作鎌。段玉裁注:“俗作鐮。”

鏖 āo 於刀切,音爊。平,豪韻,影。宵部。

温器。見説文。用作動詞。熬,煮。段玉裁注:“與火部‘以微火温肉’之‘衮’義同。或作爊,或作𪏮。”章炳麟新方言釋器:“今直隸謂温肉爲～肉,淮南謂煮菜爲～菜。”

鐳 léi 魯回切,平,灰韻,來。

瓶類器皿。文選晉潘岳馬汧督誄:“實壺～瓶甀以偵之。”張銑注:“壺、鐳、瓶、甀,並器名。”

按,説文無鐳字。

鐵 tiě 他結切,入,屑韻,透。質部。

㊀黑色金屬。管子地數:“山上有赭者,其下有～。”特指鐵製的農具。孟子滕文公上:“許子以釜甑爨,以～耕乎?”特指兵器。唐劉長卿從軍行:“手中無尺～,徒欲突重圍。”㊁比喻堅定。隋書敬肅傳:“心如～石,老而彌篤。”唐殷堯藩友人山中梅花:“～心自儗山中賦,玉笛誰將月下横。”㊂黑色。禮記月令:“乘玄路,駕～驪。”

[同源字]驖,鐵。見“驖”字條。

鑣 biāo 集韻卑遥切,音標。平,宵韻,幫。宵部。

同“鏢”。刀鞘的尖端部分,一説刀鋒爲鑣。類篇金部:“刀鋒曰鑣,或省鏢。”後漢書輿服志下:“皆以白珠鮫爲～口之飾。”

按,説文鑣作鏢,云:“刀削末銅。”即刀室末端飾以銅曰鏢。

鏽 xiù 集韻息救切,音秀。去,宥韻,心。覺部。

字亦作“鏥”、作“銹”。金屬生銹。元迺賢金臺集南城詠古鐵牛廟詩:“角斷苔花碧,蹄穿土～新。”明劉基雜詩之一七:“誰謂蚊蝱微,積～能銷鐵。”

[備考]同“肅”。肅静。墨子非樂上:“今大鍾鳴鼓琴瑟竽笙之聲既已具矣,大人～然奏而獨聽之。”于省吾雙劍誃諸子新證墨子:“鏽,即肅之繁文。…然大人肅静而獨聽之也。”

按,説文無鏽字。

鐺 1. dāng 都郎切,平,唐韻,端。陽部。

㊀〔鋃鐺〕見“鋃”字條。

2. chēng 楚庚切,平,庚韻,審二。

㊁通“鎗”。釜類炊具。世説新語德行:“吴郡陳遺,家至孝,母好食～底焦飯。”唐杜牧阿房宫賦:“鼎～玉石。”也用于温酒。宋高似孫緯略古鐺引述異記云:“卿無温～,安得飲酒。”

鐻 1. jù 其吕切,音巨。上,語韻,群。魚部。

字亦作“虡”、“虡”。㊀懸挂編鐘編磬的木架。周禮春官典庸器:“及祭祀,帥其屬而設筍虡。”鄭玄注引杜子春云:“横者爲筍,從者爲～。”孫詒讓正義引段玉裁云:“經作虡,注作鐻者,漢人多用鐻字。此亦經用古字,注用今字之一證。”㊁樂器。莊子達生:“梓慶削木爲～,～成,見者驚猶鬼神。”釋文:“鐻,音據。司馬云:樂器也,似夾鍾。”

2. qú 强魚切,音渠,平,魚韻,群。魚部。

㊂通“璩”。耳環。山海經中山經：“穿耳以～，其鳴如鳴玉。”㊃〔鐻鍝〕少數民族穿耳物。集韻虞韻：“鍝，一曰鐻鍝，蠻夷穿耳物。”後漢書杜篤傳：“椎結左衽鐻鍝之君。”李賢注：“山海經曰：‘神武羅穿耳以鐻。’…埤蒼曰：‘鍝，鋸也。’案，今夷狄好穿耳，以垂金寶等。”

按，説文以鐻爲虡之或體。虡在虍部。

鐸 duó 徒落切，入，鐸韻，定。鐸部。

㊀類似鈴的樂器。説文金部：“鐸，大鈴也。”段玉裁注：“説者謂軍法所用金鈴金舌，謂之金鐸；施令時所用金鈴木舌，則謂之木鐸。”論語八佾：“天將以夫子爲木～。”何晏集解：“木鐸，施政教時所振也。”㊁風鈴（後起義）。北魏楊衒之洛陽伽藍記城内永寧寺：“浮圖有九級，角角皆懸金～，合上下有一百二十鐸。”

［辨］鈴，鐸。見“鈴”字條。

鐶 huán 户關切，平，删韻，匣。元部。

圓形有孔可貫繫者皆稱鐶。如刀鐶、耳鐶、指鐶等。戰國策齊策五：“軍之所出，矛戟折，～弦絶。”鮑彪注：“鐶，刀鐶。”唐張籍蠻中詩：“玉～穿耳誰家女，自抱琵琶迎海神。”

按，説文無鐶字，朱駿聲説文通訓定聲以鐶爲環之異體字。

鐲 zhuó 直角切，音濁。入，覺韻，澄。屋部。

㊀軍樂器，形似小鐘，軍隊行進，鳴鐲以節鼓。周禮夏官大司馬：“公司馬執～。”又：“鼓行，鳴～，車徒皆行，及表乃止。”㊁手鐲（晚起義）。紅樓夢四九回：“平兒戴～子時，却少了一個。”

［同源字］鐘，撞，鐲。見“鐘”字條。

鐫 juān 子泉切，平，仙韻，精。元部。

字亦作“鋑”、“鐫”。用于穿木鑿石的鑿類工具。説文：“鐫，穿木（指挖槽穿孔）鐫也。一曰鑿石也。”廣雅釋器：“鐫謂之鏨。”用作動詞。琢，鑿。方言二：“鐫，椓也。晉趙謂之鐫。”漢書溝洫志：“患底柱隘，可～廣之。”用作比喻義，用言語琢磨人，使其行爲符合規範。漢劉向説苑反質：“（齊景公）喜奢而忘儉，幸有晏子以儉～之，然猶幾不能勝。”漢書薛宣傳：“欲遣吏考案，恐負舉者，耻辱儒士，故使掾平～令。”顔師古注：“晉灼曰：王常爲光武鐫説其將帥，此謂徐以微言鐫鑿遣之也。師古曰：平，掾之名。鐫，謂琢鑿也。”清錢繹方言箋疏卷二“鐫”字注：“以器琢鑿謂之鐫，以言鐫説人亦謂之鐫，義相通也。今吴俗謂以刀鏨物及以言説人，並有是語，音近籛，皆古之遺語也。”

［備考］削減（後起義）。宋趙彦衛雲麓漫鈔卷四：“富家巨室，竞造房廊，賃金日增。庚午、辛未年間，知江陰軍趙雋之稍～房金，民間樂之。”

十 四 畫

鑋 qīng 去盈切，音輕，平，清韻，溪。耕部。

㊀象聲詞，金聲。見説文。㊁一足跳着行走。左傳昭公二十六年：“苑子刜（斫也）林雍，斷其足，～而乘於他車以歸。”

鑒 jiàn 格懺切，去，鑑韻，見。談部。

同“鑑”。見“鑑”字條。

按，説文鑒作鑑。

鑌 bīn 必鄰切，平，真韻，幫。

後起字。精煉的鐵。類篇金部：“鑌，利鐵也。”龍龕手鏡金部：“鑌鐵出罽賓國，鐵中最利也。”清洪昇長生殿合圍：“三尺～刀耀雪光。”

鑐 1. xū 相俞切，音須，平，虞韻，心。

字亦作“鬚”。㊀鎖牡。廣韻：“鑐，鎖中鑐也。”黄侃論學雜著蘄春語：“案鑐俗字，正當作須髮之須，古者謂之牡。…吾鄉謂鎖之在簧中爲籥所施者，曰鎖須。”

2. rú 集韻汝朱切，平，虞韻，日。侯部。

㊁通“襦”。短衣。管子禁藏：“被蓑以當

鎧～。"

3. róu 集韻而由切，平，尤韻，日。

㊂通"鍒"。熟鐵。類篇金部："鐰，鐵之耎也。"

按，説文無鐰字。

鑄 zhù 之戍切，去，遇韻，照三。幽部。

熔煉金屬以成器物。墨子辭過："～金以爲鉤。"用作比喻義，培養人才。法言學行："或曰：'人可～與？'曰：'孔子～顏淵矣。'"

鑑 jiàn 格懺切，去，鑑韻，見。談部。

字亦作"鑒"。㊀大盆。用來盛水或盛冰。周禮天官凌人："祭祀，共冰～。"孫詒讓正義："冰用鑑者，爲置膳羞其中，久不失味。"㊁形似方鏡的陰鑑，承接露水以供祭祀。周禮考工記築氏："金錫半，謂之鑒燧之齊。"又秋官司烜氏："以鑒取明水於月。"孫詒讓正義："明水配齊，古祭祀所通用，必非虛妄。竊意取明水，止是用鑒承露。"㊂鏡子。左傳莊公二十一年："鄭伯之享王也，王以后之鞶～予之。"用作動詞。照看形象。莊子德充符："人莫～於流水，而～於止水。"用作比喻義。以…爲鏡子。國語吴語："王其盍亦～於人，無～於水。"㊃引爲教訓的事。詩大雅蕩："殷鑒不遠，在夏后之世。"墨子非命下："爲～不遠，在彼殷王。"

[辨]監，鑒，鑑。見"監"字條。

[同源字]鏡，景，鑑（監，鑒）。見"鏡"字條。

鐕 zān 作含切，音簪，平，覃韻，精。侵部。

無蓋釘，用于綴著物件。説文："鐕，可以綴著物者。"禮記喪大記："君裏棺用朱緑，用雜金～；大夫裏棺用玄緑，用牛骨～。"

鑊 huò 胡郭切，音穫，入，鐸韻，匣。鐸部。

煮食物的鼎鑊。吕氏春秋察今："嘗一脟肉，而知一～之味，一鼎之調。"用作動詞，用鑊煮。爾雅釋訓："是刈是～。鑊，煮之也。"郭璞注："煮葛爲絺綌。"〔鑊亨〕刑罰的一種。漢書刑法志："有鑿顛、抽脅、鑊亨之刑。"

[辨]鑊，鼎。淮南子説山高誘注："有足曰鼎，無足曰鑊。"漢書刑法志顏師古注："鼎大而無足曰鑊。"

十 五 畫

鑛 kuàng 古猛切，上，梗韻，見。今讀如曠。陽部。

㊀字亦作"礦"。礦石。文選漢王褒四子講德論："精練藏於～朴，庸人視之忽焉，巧冶鑄之，然後知其幹也。"李善注："説文曰：'鑛，銅鐵璞也。'礦與鑛同。"㊁通"壙"。墓穴。宋葉適蔡尚書挽詞之二："空山慘馬鬣，何意重爲～。"

按，説文無鑛字，石部有磺，許慎解爲"銅鐵璞石也。"（文選李善注引作"鑛"，並脱"石"字）

鑣 biāo 甫嬌切，集韻悲嬌切，平，宵韻，幫。宵部。

馬嚼子。説文："鑣，馬銜也。"段玉裁注："馬銜橫毌口中，其兩耑外出者，系以鑾鈴。"鹽鐵論散不足："及其後革鞍氂成，鐵～不飾。"〔鑣鑣〕亦作"儦儦"。馬飾繁盛的樣子。詩衛風碩人："四牡有驕，朱幩鑣鑣。"以鑣代馬。文選南朝宋謝靈運從游京口北固應詔詩："昔聞汾水游，今見塵外～。"李善注："言鑣以明馬。"

[辨]鑣，銜，勒。三物一體，銜在口中，鑣在口旁，勒繫于鑣。

鑢 lǜ 良倨切，去，御韻，來。魚部。

字亦作"鐧"、"鋁"。對金玉骨角等進行磋磨，使之平滑。詩大雅抑"白圭之玷"鄭箋："玉之缺，尚可磨～而平。"周禮考工記磬氏"已上則摩其旁"鄭司農云："磬聲大上，則摩～其旁。"又考工記總敘"秦無廬"鄭玄注："廬讀爲纑，…或曰摩鐧之器。"孫詒讓正義："鑢，鐧之正字，與廬聲近，故或以廬爲摩鑢之器。然摩鐧爲刮摩之事,此後文以廬人屬攻木之工。况廬人本職廬器,自爲矜秘,亦無取摩鐧之義,或説非也。"方言七"燕齊摩鋁謂之希"郭璞注:"鋁音慮。"按,鋁與鑢同。引申爲名詞。銼磨的工具。元戴侗六書故地理一:"鑢,錯之精者也。"又引申爲抽象意義上的琢磨,反省。漢揚雄太玄大:"大其慮,躬自～。"

鑼 1. bēi(今音讀 bà)集韻班縻切,平,支韻,幫。歌部。

㊀字亦作"鑼"(見廣韻支韻)、作"耙"、作"耙"。農具。用于破碎土塊和平整土地。説文:"鑼,相屬。"元戴侗六書故植物一:"耙,卧兩耓,著齒其下,人立其上,而牛輓之以摩田也。别作鑼。"正字通金部:"鑼,今耕者先以耜起土,次瀦水,用鑼平之。"清倪倬農雅釋器:"案札樸云:'摩田器曰鑼,音罷,蓋即耙也。'"

2. bà 集韻步化切,去,禡韻,並。

㊁動詞,耕。見廣雅釋地。

鑕 zhì 之日切,入,質韻,照三。質部。

鐵砧,常與"斧(鈇)"連用。公羊傳襄公二十七年:"夫負羈縶,執鈇～,…則是臣僕庶孽之事也。"又爲腰斬刑具,也指腰斬之罪。公羊傳昭公二十五年:"君不忍加之以鈇～,賜之以死。"何休注:"鈇鑕,腰斬之罪。"晏子春秋内篇問下第四:"晏子曰:'寡君之事畢矣,嬰無斧～之罪,請辭而行。'"孫星衍晏子春秋音義:"鑕當爲質。"史記張丞相列傳:"蒼坐法當斬,解衣伏質。"司馬貞索隱:"小顔云:'質,椹也。'"

按,説文無"鑕"字。朱駿聲説文通訓定聲履部"質"字:"此字當從所聲,所疑即椹質之質。"林義光文源:"按質從二斤,則專義當爲椹質之質,貝古作𠕄,象椹形,二斤並運于上也。"林説可從,鑕當是質的區别字。

鑠 shuò 書藥切,入,藥韻,審三。藥部。

字亦作"爍"。㊀銷熔。國語周語下:"衆口～金。"韋昭注:"鑠,銷也。"周禮考工記總叙:"爍金以爲刃。"釋文:"義當作'鑠'。"孫詒讓周禮正義:"案,爍即鑠之俗。"楚辭戰國宋玉招魂:"十日代出,流金～石些。"漢書天文志:"火與水合爲淬,與金合爲～。"引申爲削弱、毁損。戰國策秦策五:"楚先得齊,則魏氏～,魏氏～,則秦孤而受兵矣。"引申爲抽象意義的溶化,滲透。孟子告子下:"仁義禮智,非由外～我也,我固有之也。"㊁鮮明,光彩。唐韓愈晚秋郾城夜會聯句:"蹂野馬雲騰,映原旗火～。"〔鑠鑠〕形容鮮明的樣子。文選三國魏何晏景福殿賦:"故其華表則鎬鎬鑠鑠。"李善注:"鎬鎬、鑠鑠,皆光顯昭明也。"㊂輝煌,美盛。詩周頌酌:"於～王師。"形容黄金精美。史記李斯列傳:"～金百溢,盗跖不搏。"(原文出自韓非子五蠹)司馬貞索隱:"爾雅:'鑠,美也。'言百溢之美金在於地,雖有盗跖之行亦不取者,爲其財多而罪重也。"又特指眼睛美麗漂亮。方言二:"好目謂之順,驢瞳之子謂之矊。宋衛韓鄭之間曰鑠。"錢繹箋疏:"好目謂之鑠,美金謂之鑠,其義一也。"

[備考]㊀yuè 集韻弋灼切。燒。莊子胠篋:"～絶竽瑟。"釋文:"崔云:'燒斷之也。'"㊁lì 集韻狼狄切。通"鬲"。炊具。見集韻錫韻。

[同源字]消,潐,爍,銷,鑠。見"消"字條。

鑞 là 盧盍切,入,盍韻,來。葉部。

白鑞,焊錫。周禮夏官職方氏"其利金錫竹箭"鄭玄注:"錫,～也。"急就篇"鍛鑄鉛錫鐙錠鐎"顔師古注:"錫一名鈏,在銀鉛之間,即今白～也。"元王實甫西廂記四本二折:"呸!你是個銀樣～鎗頭。"字亦作"鑞",見類篇金部。

按,説文無鑞字。

十 六 畫

鑩 lì 郎擊切,入,錫韻,來。

同"鬲"、"歷"。鼎類炊具。漢趙曄吳越春秋夫差内傳:"夢入章明宫,見兩～蒸而不炊。"晉左思嬌女詩:"心爲茶荈劇,吹噓對鼎～。"

按,説文無鑩有鬲、歷。

鑪 lú 落胡切,平,模韻,來。魚部。

字亦作"爐"。㊀火鑪,用于冶煉、炊爨、取暖、燒香等,形制因事而異,大小不等。唐玄應一切經音義二:"凡盛火之器曰鑪。"左傳定公三年:"(邾莊公)自投于牀,廢于～炭。"這是取暖的鑪。史記屈原賈生列傳:"且夫天地爲～兮,造化爲工;陰陽爲炭兮,萬物爲銅。"這是指冶煉用的鑪。唐杜甫宣政殿退朝晚出左掖詩:"宫草微微承委珮,～烟細細駐遊絲。"這是指香鑪。㊁酒鑪。史記司馬相如列傳:"買一酒舍酤酒,而令文君當～。"後漢書孔融傳:"不念宋人待四海之客,大～不欲令酒酸也。"李賢注:"鑪,累土爲之,以居酒瓮,四邊隆起,一面高如鍛鑪,故名鑪。字或作'壚'。"字亦作"罏"。晉書阮籍傳:"鄰家少婦有美色,當罏沽酒。"又引申爲酒店。後漢書方術列傳左慈:"(曹)操怪之,使尋其故,行視諸～,悉亡其酒脯矣。"

鍘 zhá 集韻槎轄切,入,舝韻,牀二。

後起字。同"剿",亦作"鍘"。集韻:"剿,斷艸刀也。或作鍘。"參見"鍘"字條。

鑫 xīn 玉篇許金切,音歆。

後起字。多用作人名及店鋪名。玉篇、龍龕手鏡金部均收此字,有音無義。

十七畫

镾 mí 武移切,集韻民卑切,音彌,平,支韻,微。

後起字。農具。鐮刀。廣韻支韻:"镾,青州人云鐮。"

鑲 1. ráng 汝陽切,音瓤,平,陽韻,日。陽部。

㊀鑄造銅鐵器物的内模。説文:"鑲,作型中腸也。"徐鍇繫傳:"鑄鐘鏞屬使内空者,于型範中更作土模,所以後卻流銅也。又若果實之穰。"

2. xiāng 息良切,平,陽韻,心。

㊁鑲嵌、鑲邊(晚起義)。三國演義七回:"(璽)傍缺一角,以黄金～之。"

[備考]古兵器名。見釋名釋兵、急就篇。

[同源字]鑲,穰。二字音同義近。説文禾部:"穰,黍梨已治者。"徐灝説文解字注箋:"蓋穗在褎中謂之穰耳。"又"梨"字徐箋:"蓋禾穎謂之穰,如瓜之有瓤也。穰謂之梨,梨之言裂也,穎梨而穗出也。"按模型"中腸"亦如"瓜之有瓤",故二字同源。

鑮 bó 傍各切,入,鐸韻,並。鐸部。

樂器,不同于編鐘的大鐘,單獨懸挂,用于節樂。儀禮大射儀:"頌磬東面,其南鍾,其南～,皆南陳。"經傳多借"鎛"爲"鑮"。周禮春官叙官有"鎛師"。鄭玄注:"鎛,如鍾而大。"初學記樂部下:"三禮圖曰:凡鐘十六枚,同爲一簨虡爲編鐘,特懸者謂之鎛。"

[備考]通"鎛"。鋤田器。釋名釋用器:"鑮,鋤田器也。"畢沅疏證改"鑮"爲"鎛"。

[辨]鑮,鏞。異名同物。爾雅釋樂:"大鐘謂之鏞。"郭璞注:"亦名鑮。"孫詒讓周禮正義春官叙官鎛師:"(郭)以鏞鎛爲一,則塙不可易。此經及儀禮皆有鎛無鏞,詩及爾雅則皆有鏞無鎛,實一鍾明矣。"

鑰 yào(又讀 yuè)以灼切,音藥,入,藥韻,喻四。藥部。

㊀同"闟"。關閉門的直閂。説文作"闟"。云:"關下牡也。"王筠句讀云:"關,横設之;闟,直設之,而承關之下,關有孔以受闟,故曰關下牡也。以木爲之。"方言五:"户鑰,自關而東,陳楚之間謂之鍵,自關而西謂之鑰。"錢繹箋疏:"衆經音義卷二、卷四、卷六、卷十七凡四引作'闟'。"引申爲鑰匙。禮記檀弓下"管庫之士"鄭玄注:"管,鍵也。"釋

文:"鍵,鑰也。"孔穎達疏:"鍵,謂鎖之入内者,俗謂之鎖須,…今謂之鑰匙。"指開門鑰匙聲。唐杜甫春宿左省詩:"不寢聽金～,因風想玉珂。"趙彦材注:"兩句主下句有封事而欲上,故聽開門,且想朝馬之鳴珂也。"又爲鎖。五音集韻藥韻:"鑰,鏁(鎖)也。"用作動詞,鎖閉。劉子新論防慾:"耳目可關,而心意可～。"㊁喻關鍵、重要的地方。唐李嶠攀龍臺碑:"提六合之樞紐,扣二儀之鐍～。"

[同源字]鑰,籥。古代鑰匙形如管籥,故二字同源。古書多以"籥"爲"鑰"。國語越語下:"請委管籥國家,以身隨之。"韋昭注:"管籥,取鍵器也。"禮記月令:"脩鍵閉,慎管籥。"鄭玄注:"管籥,搏鍵器也。"孔穎達疏:"管籥…以鐵爲之,似樂器之管籥,搢於鏁内以搏取其鍵也。"

按,説文鑰作闟,在門部。

鍘 zhá 查鎋切,入,鎋韻,牀二。

後起字。鍘草器。廣韻:"鍘,秦人云切草。"亦用作刑具。明史李自成傳:"制銅～,官吏坐賕,即～斬。"字亦作"鍘","鍘"。參見"鍘"字條。

鑱 chán 鋤銜切,平,銜韻,牀二。談部。

㊀鋭利,用于形容治病的石鍼。素問湯液醪醴論:"必齊毒藥攻其中,～石鍼艾治其外也。"王冰注:"鑱,鋭也。"〔鑱針〕中醫"九針"之一。靈樞經九針十二原:"鑱針者,頭大末鋭,去瀉陽氣。"㊁動詞,用針刺。淮南子泰族:"刻肌膚,～皮革。"高誘注:"越人以箴刺皮爲龍文。"清桂馥説文義證引典論云:"劉表子弟設大鍼於坐端,客醉酒寢地,輒以～刺,驗其醒醉。"㊂掘土工具。唐杜甫乾元中寓居同谷縣作七首之二:"長～長～白木柄,我生託子以爲命。"郭知達注:"廣韻曰:'吴人云犂鐵。'又云土具。"龍龕手鏡金部:"鑱,犂鐵、土具,吴人呼也。"

[備考]通"鏨"。鏨刻。玉篇金部:"鑱,鏨也。"

十八畫

鑷 niè 尼輒切,音聶,入,葉韻,娘。葉部。

㊀拔去毛髮等的鑷子。南史齊鬱林王紀:"高帝笑謂左右曰:'豈有爲人作曾祖而拔白髮者乎?'即擲鏡、～。"用作動詞,拔去(白髮)。釋名釋首飾:"鑷,攝也,攝取髮也。"唐李白秋日錬藥院鑷白髮贈元六兄林宗詩:"長吁望青雲,～白坐相看。"唐杜甫秦州雜詩二十首之十五:"休～鬢毛班。"㊁古代簪釵上的飾物。後漢書輿服志下:"簪以瑇瑁爲擿,長一尺,…下有白珠,垂黄金～。"

[備考]古代絲織機上的提花裝置。西京雜記卷一:"綾出鉅鹿陳寶光家,寶光妻傳其法。…機用一百二十～,六十日成一匹。"

按,説文無鑷有籋,在竹部。徐鍇繫傳以爲"鑷"是"籋"的俗體字。朱駿聲説文通訓定聲履部"籋"字:"凡脅持物,以竹曰籋、曰箝,以鐵曰鑈、曰鉗、曰銸,蘇俗謂之鑷子。"

鑵 guàn 古玩切,去,换韻,見。

後起字,字亦作"罐"。汲水器。見廣韻。北魏賈思勰齊民要術種葵:"柳～,令受一石。"

鑴 xī(又讀 huī)户圭切,平,齊韻,匣。支部。

㊀盛水器。甇(dàng,大盆)。見説文。甇爲圓形,引申爲圍繞太陽的雲氣。周禮春官眡祲:"掌十煇之法,…一曰祲,二曰象,三曰～。"鄭司農云:"鑴,謂日旁四面反鄉如煇狀也。"孫詒讓正義:"此煇謂繞日之氣也。"徐灝説文解字注箋"鑴"字:"先鄭云:'鑴謂日旁氣四面反鄉如暈(煇)狀',則是圜形,故假借'鑴'字爲之。鑴訓爲甇,甇者大盆,亦圜形也。"㊁通"觿"。解結用的錐。廣雅釋器:"鑴,錐也。"禮記内則:"左佩小～。"釋文:"本或作鑴,音同,解結錐。"

[備考]鼎。廣雅釋器:"鑴,鼎也。"王念孫疏證:"(説文):'鑴,甇也。'甇俗作鐺,鐺形三足似鼎。…鐺又謂之鑴,鑴亦三足之名

也。”按，王釋“瓽”與段注不同。段以“瓽”爲盆類。

十九畫

鑼 luó 魯何切，平，歌韻，來。

後起字。樂器。銅鑼。紅樓夢一四回：“只聽一棒～鳴，諸樂齊奏。”〔鈔鑼〕見“鈔”字條。

鑽 1. zuàn 子筭切，去，换韻，精。元部。

㊀穿孔的工具。管子輕重乙：“一車必有一斤、一鋸、一釭、一～、…。”又爲鑽去臏骨的刑具。漢書刑法志：“中刑用刀鋸，其次用～鑿。”顔師古注：“鑽，鑽去其臏骨也。”

2. zuān 借官切，平，桓韻，精，元部。

㊁動詞。穿孔。孟子滕文公下：“～穴隙相見。”引申爲鑽研。論語子罕：“仰之彌高，～之彌堅。”㊂〔鑽燧〕古代取火法。論語陽貨：“鑽燧改火。”劉寶楠正義引清數學家揭子宣璇璣遺述云：“如榆剛取心一段爲～，柳剛取心方尺爲盤，中鑿眼，～頭大，旁開寸許，用繩力牽如車，～則火星飛爆出竇，薄煤成火矣。”依此説“鑽”既爲名詞又爲動詞。㊃鑽營。文選漢班固答賓戲：“商鞅挾三術以～孝公。”李周翰注：“鑽者，取必入之義也。”㊄鑽灼。荀子王制：“～龜陳卦。”楊倞注：“鑽龜，謂以火爇荆菙灼之也。”莊子外物：“知能七十二～而無遺筴，不能避刳腸之患。”

［備考］矛戟之刃。方言九：“鑽謂之鏅。”廣雅釋器：“鏅謂之鑽。”王念孫疏證：“此謂矛戟刃也。”史記禮書：“宛之鉅鐵施，～如蠭蠆。”司馬貞索隱：“鑽謂矛刃及矢鏃也。”

3. cuán。元部。

㊅通“攢”。聚。史記司馬相如列傳大人賦：“～羅列聚叢以蘢茸兮。”

鑾 luán 落官切，平，桓韻，來。元部。

古代人君馬車上的鑾鈴，裝在軛首或車衡上方，鈴中有彈丸，車行時發出聲音如鸞鳥和鳴。文選漢張衡東京賦：“～聲噦噦，和鈴鉠鉠。”李善注：“鑾在衡，和在軾，皆以金爲鈴也。”引申爲國君車駕。南齊書樂志：“蹕動端庭，～回嚴殿。”〔鑾駕〕後漢書荀彧傳：“今鑾駕旋軫，東京榛蕪。”〔鑾輿〕唐杜甫送韋十六評事充同谷郡防禦判官詩：“鑾輿駐鳳翔，同谷爲咽喉。”

二十畫

鑿 1. záo 在各切，入，鐸韻，從。藥部。

㊀木工工具，用于挖槽穿孔。墨子備城門：“門者皆無得挾斧斤～鋸椎。”論衡效力：“～所以入木者，槌叩之也。”用作動詞。挖掘。莊子應帝王：“猶涉海～河而使蚉負山也。”淮南子齊俗：“～井而飲。”又爲穿孔。莊子應帝王：“日～一竅，七日而渾沌死。”又爲動詞，開闢。漢書張騫傳：“然騫～空。”㊁刑具，用于黥刑。漢書刑法志：“中刑用刀鋸，其次用鑽～。”㊂穿鑿附會。孟子離婁下：“所惡於智者，爲其～也。”

2. zuò 集韻在到切，去，号韻，從。藥部。

㊃孔。莊子外物：“心無天遊，則六～相攘。”成玄英疏：“鑿，孔也。”荀子哀公：“五～爲正，心從而壞。”楊倞注：“鑿，竅也。五鑿，謂耳目鼻口及心之竅也。”又爲榫眼。周禮考工記輪人：“凡輻，量其～深以爲輻廣。”孫詒讓正義：“鑿本穿木之器，引申之凡穿物爲空亦謂之鑿。此～即輻菑所入之空。”文子上德：“三十輻共一轂，各直一～，不得相入，猶人臣各守其職也。”

3. zuò 則落切，入，鐸韻，精。藥部。

㊄通“糳”。精米。左傳桓公二年：“粢食不～。”〔鑿鑿〕鮮明的樣子。詩唐風揚之水：“揚之水，白石鑿鑿。”陳奂傳疏：“鑿讀爲糳。説文：‘糲米一斛，舂爲八斗曰糳’，‘爲米六斗大半斗曰粲’。故鮮明謂之粲，亦鮮明謂之鑿，重言之曰粲粲，亦曰鑿鑿，聲義皆相近。”引申爲真確。如“言之鑿鑿”、“鑿鑿有據”。

钀 1. yǐ 集韻語綺切,音蟻,上,紙韻,疑。歌部。

❶車軛上的大環,用于貫轡。見説文。

2. niè 魚列切,音孽,入,薛韻,疑。月部。

❷馬勒旁鐵。爾雅釋器:"鑣謂之钀。"

按,説文以钀爲轙的或體,在車部。

钁 jué 居縛切,入,藥韻,見。鐸部。

❶大鋤。六韜龍韜農器:"～鍤斧鋸杵臼,其攻城器也。"淮南子齊俗:"今之修干戚而笑～插。"許慎注:"钁,斫屬。"❷挖掘。後漢書杜篤傳:"鐇～株林。"李賢注:"謂以鐇钁去林木之株蘖也。"

二十一畫

钃 zhú 陟玉切,入,燭韻,知。屋部。

同"斸"。斫。廣韻云:"斸,斫也。"釋名釋用器:"斸,誅也,主以誅鉏根株也。"荀子榮辱:"是人也,所謂以狐父(地名)之戈～牛矢也。"

按,説文钃作斸,在斤部。

長　部

長 1. cháng 直良切,平,陽韻,澄。陽部。

❶表示時間空間有相當大的距離,與"短"相反。左傳文公十三年:"死之短～,時也。"墨子非命上:"古者湯封於亳,絶～繼短,方地百里。"指長度。墨子備城門:"長斧柄～八尺。"又爲長久。唐白居易長恨歌:"天～地久有時盡,此恨綿綿無絶期。"又爲遠。詩秦風蒹葭:"遡洄從之,道阻且～。"又爲身高。荀子非相:"盖帝堯～,帝舜短;文王～,周公短。"❷動詞。加長,延長。荀子勸學:"木莖非能～也,所立者然也。"❸動詞。擅長。孟子公孫丑上:"敢問夫子惡乎～?"❹副詞。經常,長期。論語述而:"君子坦蕩蕩,小人～戚戚。"左傳昭公二十八年:"魏子之舉也義,其命也忠,其～有後於晉國乎!"❺長處,優點。荀子大略:"言其所～而不稱其所短也。"成語有"揚～避短"。

2. zhǎng 知丈切,上,養韻,知。陽部。

❻成年人,年紀大的,與"幼"相反。論語微子:"～幼之節,不可廢也。"又爲成年,長大。論語憲問:"幼而不孫弟,～而無述焉。"荀子勸學:"生而同聲,～而異俗。"史記孔子世家:"及～,嘗爲季氏史。"又爲年紀比較大。論語先進:"以吾一日～乎爾,毋吾以也。"又爲年老。左傳襄公三十年:"絳縣人或年～矣。"國語晉語四:"齊侯～矣。"韋昭注:"長,老也。"❼長子。公羊傳隱公元年:"立適以～不以賢,立子以貴不以～。"左傳襄公三十一年:"大子死,有母弟,則立之;無,則立～。"引申爲居首位的。左傳昭公十二年:"元,善之～也。"引申爲首領。荀子王霸:"一匡天下,爲五伯～。"特指縣一級的長官。漢書百官公卿表:"縣令～皆秦官。"用作動詞。做首領。戰國策楚策一:"天地使我～百獸。"又爲領導,主管。左傳襄公二十四年:"僑聞君子～國家者,非無賄之患,而無令名之難。"墨子尚賢中:"可使～官者使～官。"❽動詞。尊敬(年長的人)。孟子告子上:"彼長而我～之。"荀子大略:"貴貴、尊尊、賢賢、老老、～長,義之倫也。"引申爲崇尚。漢書杜周傳附杜欽:"廢奢～儉,表實去僞。"顔師古注:"長,謂崇貴之也。"❾撫養,畜養。詩小雅蓼莪:"～我育我。"荀子王制:"故養～時則六畜育。"❿增長。漢賈誼論積貯疏:"淫侈之俗,日日以～。"唐劉禹錫酬樂天揚州初逢席上見贈詩:"今日聽君歌一曲,暫憑杯酒～精神。"

3. zhàng 直亮切，去，漾韻，澄。陽部。

㊃多。吕氏春秋觀世："此治世之所以短，而亂世之所以～也。"唐杜甫哀王孫詩："不敢～語臨交衢，且爲王孫立斯須。"〔長物〕多餘的東西。世説新語德行："恭作人無長物。"

二畫

镸 kūn 字彙補丘敦切，音坤。文部。

〔镸屯〕叠韻聯緜字。醜陋的樣子。淮南子説山："镸屯犂牛。"高誘注："镸屯，醜牛貌。"一作"髡屯"。

按，説文無镸字。

四畫

镺 ǎo 烏晧切，音襖，上，晧韻，影。宵部。

㊀〔镺䫜〕叠韻聯緜字。長貌。見廣韻晧韻。指正在成長之物。文子上仁："先王之法，不掩群而取镺䫜，不涸澤而漁。"㊁〔镺蔓〕草木盛長蔓延的樣子。文選晉左思吴都賦："卉木镺蔓。"

按，説文無镺字。

五畫

镻 dié 徒結切，音迭，入，屑韻，定。質部。

毒蛇。爾雅釋魚："镻，蝁(è)。"郭璞注："蝮屬，大(一作"火")眼，最有毒，今淮南人呼蝁子。"説文："镻，蛇惡毒長也。"

六畫

䫜 nǎo 奴晧切，音腦，上，晧韻，泥。宵部。

〔镺䫜〕見"镺"字條。

按，説文無䫜字。

八畫

镼 qū 正字通渠勿切，音屈。

同"裾"。婦女穿的無袖或半袖短衣。後漢書光武帝紀上："見諸將過，皆冠幘，而服婦人衣，諸于繡～，莫不笑之。"李賢注："前書音義曰：'諸于，大掖衣也，如婦人之袿衣。'字書無'镼'字，續漢書作'裾'，音其物反。揚雄方言曰：'襜褕，其短者，自關之西謂之裗裾。'郭璞注云：'俗名裾掖。'據此，即是諸于上加繡裾，如今之半臂也。"

〔同源字〕镼，裾，屈，崛，叕，黜(zhuō)，窶(zhuó)。此七字音近義亦近，均有短小義。裾、黜爲短衣。説文尾部："屈，無尾也。"段玉裁注："凡短尾曰屈。"淮南子詮言："聖人無屈奇之服。"許慎注："屈，短；奇，長也。"説文山部："崛，山短而高也。"淮南子人間："聖人之思脩，愚人之思叕。"高誘注："叕，短也。"方言一三："黜，短也。"説文女部："窶，短面也。"按，古屈聲在物部，叕聲在月部，二者爲旁轉。

按，説文無镼字。

十畫

镸差 jiē 子邪切，音嗟，平，麻韻，精。歌部。

㊀長歎。爾雅釋詁："嗟，咨，镸差也。"郭璞注："今河北人云～歎。"〔镸差資〕憂傷。漢揚雄太玄樂："極樂之幾，不移日而悲，則哭泣之镸差資。"葉子奇注："樂極，不能自反，故不移日而有哭泣嗟咨之悲也。"㊁〔镸差丘〕山名。見山海經海外東經。

按，説文無镸差有謎，在言部。云："咨也。一曰痛惜也。"

門 部

門 mén 莫奔切,平,魂韻,明。文部。

❶建築物的出入口。如房門、家門。左傳僖公二十二年:“婦人送迎不出～。”孟子離婁下:“禹稷當平世,三過其～而不入。”又爲城門。墨子備城門:“～植關必環錮,以錮金若鐵鍱之。”論語雍也:“將入～,策其馬。”用作動詞。守城門。左傳文公十五年:“一人～于戾丘。”又爲攻打城門。左傳僖公二十八年:“晉侯圍曹,～焉,多死。”❷喻事物的關鍵、門徑。老子第一章:“玄之又玄,衆妙之～。”莊子天下:“以德爲本,以道爲～。”❸家族,門第。韓非子孤憤:“故主上愈卑,私～益尊。”晉書劉毅傳:“是以上品無寒～,下品無勢族。”❹學派,宗派。論衡問孔篇:“孔～之徒,七十子之才,勝今之儒。”漢書劉歆傳:“黨同～,妒道真。”〔門人〕①學生。論語子張:“子夏之門人問交於子張。”②看門的人。韓非子内儲説下六微:“是以門人捐水而夷射誅。”③門客。戰國策齊策三:“見孟嘗君門人公孫戍曰:‘臣,郢之登徒也。’”❺門類。舊唐書杜佑傳:“書凡九～,計二百卷。”❻用在代詞和指人名詞的後面,表示多數(晚起義)。宋黄昇花庵中興詞選宋嚴次山訴衷情:“一聲水調解蘭舟,人～無此愁。”這種用法現在寫作“們”。

[辨]門,户。説文户字云:“半門曰户。”“門”字“從二户”。唐慧琳一切經音義一四引字書云:“一扇曰户,兩扉曰門。”

二 畫

閃 shǎn 失冉切,上,琰韻,審三。談部。

❶從門中探頭偷看。説文:“閃,闚頭門中也。”引申爲偷看。三國志魏書梁習傳:“然苛碎無大體。”裴松之注引魏略苛吏傳:“白日常自於牆壁間闚～。”❷動摇不定。漢崔寔政論:“心～意舛,不知所云。”〔閃閃〕閃鑠不定的樣子。世説新語容止:“雙眸閃閃,若巖下電。”〔閃屍〕雙聲聯緜字。突然出現的樣子。文選晉木華海賦:“天吴乍見而髣髴,蝄像暫曉而閃屍。”李善注:“閃屍,暫見之貌。”〔閃鑠〕雙聲聯緜字。光不定的樣子。南朝梁王僧孺中寺碑:“日流閃鑠,風度清鏘。”❸〔閃榆〕雙聲聯緜字。諂佞不正的樣子。漢趙壹刺世疾邪賦:“榮納由於閃榆。”❹拋撇(後起義)。元白樸唐明皇秋夜梧桐雨三:“妃子,～殺寡人也呵。”❺躲(晚起義)。水滸全傳一一回:“那漢子～過山坡去了。”

[同源字]覢,睒,閃。見“覢”字條。

三 畫

閈 hàn 侯旰切,音汗,去,翰韻,匣。元部。

❶里閭的門。管子立政:“審閭～,慎筦鍵。”引申爲里閭,鄉里。後漢書馬援傳:“援素與(公孫)述同里～,相善。”又泛指門。左傳襄公三十一年:“是以令吏人完客所館,高其～閎,厚其牆垣。”❷牆垣。文選漢張衡西京賦:“～庭詭異,門千户萬。”李善注引蒼頡篇:“閈,垣也。”❸防備(後起義)。唐韓愈汴州東西水門記:“乃作水門爲邦之郭,以固風氣,以～寇偷。”

閉 bì 博計切,去,霽韻,幫。質部。

❶關門。左傳定公十年:“公～門而泣之,目盡腫。”墨子備城門:“闔門兩扇,令可以各自～也。”用作名詞,指門閂的孔。禮記月令:“脩鍵～。”喻機密。韓非子主道:“不謹其～,不固其門,虎乃將存。”引申爲封鎖,阻塞。韓非子主道:“臣～其主曰壅。”漢書張騫傳:“其北方～氐、莋,南方～嶲、昆明。”又爲禁止

輸出。左傳僖公十五年："晉饑，秦輸之粟；秦饑，晉～之糴。"❷隱藏。史記吴王濞列傳："見責急，愈益～，恐上誅之。"❸指立秋、立冬。左傳僖公五年："凡分、至、啓、～，必書雲物。"❹通"柲"。正弓器。詩秦風小戎："竹～緄縢。"

[備考]連環結。吕氏春秋君守："魯鄙人遺宋元王～，元王號令于國，有巧者皆來解～，人莫之能解。"

[同源字]閟，閉。見"閟"字條。

四　畫

閔 1. mǐn 眉殞切，上，軫韻，明。文部。

❶憐憫，可憐。詩周頌閔予小子："～予小子，遭家不造。"又豳風鴟鴞："恩斯勤斯，鬻子之～斯。"朱熹集傳："鬻養此子，誠可憐憫。"漢書王褒傳："褒於道病死，上～惜之。"❷憂患。詩邶風柏舟："覯～既多，受侮不少。"引申爲憂慮，躭心。孟子公孫丑上："宋人有～其苗之不長而揠之者。"〔閔閔〕①憂愁的樣子。左傳昭公三十二年："閔閔焉如農夫之望歲，懼以待時。"②昏暗的樣子。老子第五十八章："其政閔閔。"❸病。荀子禮論："紸纊聽息之時，則夫忠臣孝子亦知其～已。"❹通"暋"(睯)。强横。孟子萬章下："康誥曰：'殺越人于貨，～不畏死。'"今本尚書康誥作"睯"。僞孔傳："睯，强也。自强爲惡而不畏死。"❺〔閔勉〕〔閔免〕〔黽勉〕雙聲聯緜字。勤勉。漢書五行志中之上："閔勉遯樂，晝夜在路。"顔師古注："閔勉，猶黽勉，言不息也。"漢書谷永傳作"閔免遁樂"。❻〔閔綿〕雙聲聯緜字。微小貌。漢揚雄太玄斂："閔綿之戒，不識微也。"

[備考]昏昧。史記范雎(睢)蔡澤列傳："竊～然不敏，敬執賓主之禮。"司馬貞索隱："鄒誕本作'惛然'，音昏。又云一作'閔'，音敏。閔猶昏闇也。"

2. mín 集韻眉貧切，平，真韻，明。

❼〔閔天〕泛指天。周禮春官大祝："六曰誄。"鄭玄注引春秋傳："孔子卒，哀公誄之曰：'閔天不淑。'"

[辨]閔，凶。在喪事這個意義上二字義近。説文："閔，弔者在門也。"周禮地官鄉師："比共吉凶二服，…鄉共吉凶禮樂之器。"鄭玄注："凶服者，弔服也。…凶器，若族喪器者也。""閔凶"二字連用。左傳宣公十二年："寡君少遭閔凶。"楊伯峻春秋左傳詞典："閔凶，憂痛也。"文選晉李密陳情表："臣以險釁，夙遭閔凶。"李善注："閔，憂也。憂謂父憂也。"

[同源字]閔，憫，愍。三字同源，聲母相同，愍爲真部，與文部之閔、憫爲旁轉關係。憫是閔的分别字。説文："愍，痛也。"王筠句讀云："字詁：'古文愍，今作閔。'詩載馳序：'閔衛之亡。'釋文：'閔，一本作愍。'魯閔公，史記漢書並作愍，或作慜。"廣雅釋詁："愍，憂也。"又："愍，痛也。"又："愍，傷也。"玉篇門部："閔，病也。傷痛爲閔。"王筠釋例："(愍)與閔義近音又同，或即一字。"

閌 kàng 苦浪切，音抗，去，宕韻，溪。陽部。

門高大的樣子。玉篇門部："閌，閌閬，高門皃。詩云：'高門有～。'本亦作伉。"文選晉左思魏都賦："古公草創，而高門有～。"引申爲高大。文選漢揚雄甘泉賦："～閬閬其寥廓兮，似紫宫之崢嶸。"

按，説文無閌字，新附有之。

閏 rùn 集韻儒順切，去，稕韻，日。真部。

我國農曆以月亮繞地球運轉的時間爲準，以月亮的圓缺周期爲一月，一年爲354天或355天，與地球公轉一周的時間365天5時48分46秒相比，一年約差十一天，故規定三年一閏，五年再閏，十九年閏七個月，成爲陰陽合曆。書堯典："以～月定四時成歲。"淮南子天文："以十二月爲歲，歲有餘十日九百四十分日之八百二十七，故十九歲而七～。"

[備考]〔閏位〕稱不符合正統的帝位。漢

書王莽傳贊："紫色䵷聲，餘分閏位。"顏師古注引服虔曰："言莽不得正王之命，如歲月之餘分爲閏也。"

按，說文閏字在王部。廣韻作閠，俗體。

開 kāi 苦哀切，平，咍韻，溪。微部。

❶把門打開。墨子號令："晨見掌大鼓縱行者，諸城門吏各入請籥，～門已，輒復上籥。"又爲打開，掘開。荀子脩身："厭其源，～其瀆，江河可竭。"又爲開闢，擴展。韓非子有度："荆莊王并國二十六，～地三千里。"又爲拆開。漢書王莽傳："吏民上封事書，宦官左右～發，尚書不得知。"又爲開放。唐白居易大林寺桃花詩："人間四月芳菲盡，山寺桃花始盛～。"❷開創。易師："大君有命，～國承家。"唐杜甫蜀相詩："三顧頻繁天下計，兩朝～濟老臣心。"❸啓發。禮記學記："故君子之教喻也，…～而弗達。…～而弗達則思。"❹開始。楚辭戰國屈原九章思美人："～春發歲兮，白日出之悠悠。"❺開設，設置。唐杜甫廣州段功曹到得楊五長史書詩："衛青～幕府，楊僕將樓船。"唐李白春夜宴從弟桃園序："～瓊筵以坐花，飛羽觴而醉月。"❻分開。晉阮籍大人先生歌："天地解兮六合～。"❼排遣，解除。唐杜甫春日戲題惱郝使君兄詩："通泉百里近梓州，請公一來～我愁。"❽開闊。晉陶淵明桃花源記："復行數十步，豁然～朗。"

［同源字］開，闓，啟。三字聲母相同，啟爲脂部字，與微部之開、闓旁轉。說文："開，張也。"（非本義）朱駿聲說文通訓定聲："字與闓、启皆略同。"開，启（啟）都是開門的意思，闓與開同。說文："闓，開也。"段玉裁注："本義爲開門。"方言六："開户…楚謂之闓。"郭璞注："亦開字也。"衆經音義一三引聲類云："闓亦開字。"

閑 xián 户閒切，平，山韻，匣。元部。

❶木栅欄，用于禁衛。周禮夏官虎賁氏："舍則守王～。"鄭玄注："閑，梐枑。"孫詒讓正義："盖梐枑所以遮闌行人，故亦謂之閑。"引申爲動詞，扞衛。穀梁傳莊公十二年："仇牧～也。"范甯注："仇牧扞衛其君，故見殺也。"穀梁傳桓公二年："於是乎先殺孔父，孔父～也。"范甯注："閑謂扞禦。"孟子滕文公下："～先王之道。"❷馬廄。周禮夏官校人："邦國六～，馬四種。"漢書百官公卿表："又龍馬、～駒，…五監長丞。"顏師古注："閑，闌，養馬之所也，故曰閑駒。"❸法度。論語子張："大德不踰～。"❹限制，防備。左傳昭公六年："是故～之以義。"❺大的樣子。詩商頌殷武："旅楹有～。"❻通"嫺"。嫺習，熟練。左傳莊公二十二年："赦其不～於教訓，而免於罪戾。"吕氏春秋勿躬："登降辭讓，進退～習。"❼通"閒"。暇。唐李紳古風二首之一："四海無～田，農夫猶餓死。"又爲悠閑。唐王勃滕王閣詩："～雲潭影日悠悠。"❽〔閑閑〕①從容自得的樣子。詩魏風十畝之閒："十畝之閒兮，桑者閑閑兮。"②動摇的樣子。詩大雅皇矣："臨衝閑閑。"③廣博的樣子。莊子齊物論："大知閑閑，小知閒閒。"

［同源字］闌，欄，攔，閑。見"闌"字條。

閎 hóng 户萌切，平，耕韻，匣。蒸部。

❶門。左傳襄公十一年："乃盟諸僖～。"❷通"宏"。大，寬廣。韓非子難言："～大廣博，妙遠不測。"唐韓愈進學解："先生之於文，可謂～其中而肆其外矣。"

［同源字］弘，泓，宏，閎，呟，谹。見"谹"字條。

間 1. jiàn 古莧切，去，襇韻，見。元部。

字本作"閒"。見"閒"字條。

2. jiān 類篇居閑切。

見"閒"字條。

按，說文無間字，間爲閒之俗體。

閒 1. jiàn 集韻居莧切，去，襇韻，見。元部。

亦作"間"。❶縫隙。說文："閒，隙（隙）也。"徐鍇繫傳："夫門當夜閉，閉而見月光，是有閒隙也。”段玉裁注：“(从門月)，會意也。門開而月入，門有縫而月光可入，皆其意也。”史記管晏列傳：“晏子爲相，其御之妻從門～而闚其夫。”由門縫引申爲空隙。莊子養生主：“彼節者有～。”這個意義舊讀 jiān。引申爲人與人之間有隔閡、嫌隙。左傳昭公十三年：“叔向曰：‘諸侯有閒矣。’”引申爲乘隙，乘閒。國語魯語下：“昔欒氏之亂，齊人閒晉之禍，伐取朝歌。”左傳僖公三十年：“狄～晉之有鄭虞也，夏，狄侵齊。”楊伯峻注：“閒，猶言乘隙，今曰鑽空子。武億義證謂爲‘閒諜之間’，恐誤。”用作副詞，秘密地。史記廉頗藺相如列傳：“故令人持璧歸，～至趙矣。”史記陳涉世家：“又～令吴廣之次所旁叢祠中，夜篝火。”漢書高帝紀上：“事急矣，臣請誑楚，可以～出。”顔師古注：“閒出，投閒隙私出，若言‘閒行’、‘微行’耳。”❷閒隔。漢書韋玄成傳：“～歲而祫。”又爲離閒。史記屈原賈生列傳：“讒人～之，可謂窮矣。”❸偵候，刺探。韓非子外儲説右上：“内～主之情以告外。”用作名詞，指偵探敵情的人。偵探、閒諜。孫子兵法用閒篇：“故用閒有五：有因閒，有内閒，有反閒，有死閒，有生閒。”❹參與，厠身其閒。左傳莊公十年：“肉食者謀之，又何閒焉？”❺交錯。書益稷：“笙鏞以閒。”❻異，不同。孟子盡心上：“欲知舜與蹠之分，無他，利與善之～也。”楊伯峻注：“閒，音諫(jiàn)。論語先進篇云：‘人不閒於其父母昆弟之言。’朱熹集注以‘異’字解之，異，不同也。”❼病痊愈或好轉。論語子罕：“病閒。”文選漢枚乘七發：“伏聞太子玉體不安，亦少閒乎？”❽副詞。閒或，偶或。戰國策齊策一：“數月之後，時時而閒進。”❾〔閒關〕雙聲兼叠韻聯緜字。①象聲詞。車輪轉動時車轄摩擦聲。詩小雅車舝：“閒關車之舝兮。”②鳥鳴聲。白居易集卷一二琵琶引：“閒關鶯語花底滑。”③指道路崎嶇展轉難行。宋胡銓戊午上高宗封事：“向者陛下閒關海道。”

2. jiān 古閑切，平，山韻，見。元部。

❿中閒。論語先進：“千乘之國，攝乎大國之閒。”⓫副詞。近來。文選三國魏嵇康與山巨源絶交書：“閒聞足下遷，惕然不喜。”吕向注：“閒，頃也。”⓬一會兒。莊子大宗師：“莫然有～而子桑户死，未葬。”列子黄帝篇：“立有～，不言而出。”殷敬順釋文：“閒，少時也。”⓭量詞，計算房屋的單位(後起義)。世説新語賞譽：“蔡司徒在洛，見陸機兄弟住參佐廨中，三閒瓦屋。”⓮〔閒閒〕分别是非的樣子。莊子齊物論：“大知閑閑，小知閒閒。”釋文：“閒閒，古閑反，有所閒别也。”

3. xián 集韻何閒切，平，山韻，匣。元部。

⓯閒暇。史記李斯列傳：“二世怒曰：‘吾常多～日，丞相不來。’”⓰無關緊要的(後起義)。如“～愁”、“～書”、“～話”。⓱通“嫺”。①高雅。史記司馬相如列傳：“相如之臨邛，從車騎，雍容～雅甚都。”②熟悉。荀子王制：“養六畜，～樹藝。”王念孫曰：“閒與閑同。爾雅：‘閑，習也。’謂習樹藝之事也。”按，閒是閒的俗體字。正字通“閒”字下云：“俗作間，非。”現在讀 jiān、jiàn 二音的寫作“間”(间)，讀 xián 音的作“閑”(闲)。

［辨］閒，諜。二字同義。左傳桓公十二年：“使伯嘉諜之。”孔穎達正義：“説文云：‘軍中反閒也。’謂詐爲敵國之人，入其軍中，伺候閒隙，反報其主，故此訓諜爲‘伺’，而兵書謂之反閒也。”六韜龍韜王翼：“遊士八人，主伺姦候變，開闔人情，觀敵之意，以爲閒諜。”朱駿聲説文通訓定聲“閒”字、“諜”字注均引大戴禮記千乘云：“以中情出，小曰閒，大曰諜。”今本作“大曰講”，清王聘珍解詁云：“本亦作‘構’，謂交構也。”當以朱引爲是。

［同源字］①閒(間)，隙，𡭴。閒隙二字爲見溪旁紐，元鐸通轉。在表示空間的空隙、時間的空閑、人際關係的嫌隙等意義上，二字同義。段玉裁“閒”字注：“隙者，壁際也。引申之凡有兩邊有中者皆謂之隙。隙謂之閒。閒者，門開則中爲際，凡罅縫皆曰閒，其爲有兩有中一也。”𡭴，隙爲古今字。説文：“𡭴，際見

之白也。"

②閒、澗。說文:"澗,山夾水也。"爾雅釋山:"山夾水,澗。"釋名釋水:"澗,閒也,言在兩山之閒也。"

五　畫

閟 bì 兵媚切,去,至韻,幫。質部。

❶閉門。左傳莊公三十二年:"公築臺,臨黨氏,見孟任,從之,~。"楊伯峻注:"閟音秘,閉門也。此謂莊公追孟任(黨氏之女),孟任閉門以拒之。"引申爲止息。詩鄘風載馳:"視爾不臧,我思不~。"朱熹集傳:"閟,閉也,止也。言思之不止也。"又爲隱蔽。漢書盧綰傳:"綰愈恐,~匿。"顏師古注:"閟,閉也。閉其蹤跡,藏匿其人也。閟音祕。"又爲掩埋。唐白居易唐太原白氏之殤墓銘:"埋魂~骨長夜臺,二十年後復一開。"又爲閉塞不通。左傳閔公二年:"今命以時卒,~其事也。"楊伯峻注:"閟其事,謂使其事不得通達也。"又爲埋没,不能發揚。唐杜甫哭台州鄭司户蘇少監詩:"從容詢舊學,慘淡~陰符。"唐韓愈岐山下詩:"自從公旦死,千載~其光。"❷慎重。書大誥:"天~毖我成功所,予不敢不極卒寧王圖事。"僞孔傳:"閟,慎也。"❸幽静。清王士禎聖安寺僧舍聯句:"肅肅僧寮清,穆穆禪宫~。"❹通"祕"。神祕。詩魯頌閟宫:"~宫有侐。"

[備考]病名。大便乾澀。素問五常政大論:"其病癃~,邪傷腎也。"

[同源字]閟,閉。二字音同。說文:"閟,閉門也。"又:"閉,闔門也。"古書常以閉訓閟。

閛 pēng 普耕切,音抨,平,耕韻,滂。

象聲詞。開關門聲。玉篇門部:"閛,門扉聲。"清蒲松齡聊齋志異青鳳:"聞樓後發扃,闢之~然。"

[備考]閉門。法言問道:"開之,廓然見四海;閉之,~然不覩牆之裏。"汪榮寶義疏云:"音義:'閛然,匹庚切,閉門也。俗本作闇然,誤。諸本皆作閛。'按:此承上文而言,開之謂開明,閉之謂閉明也,'閛'當爲'闇',闇然與廓然相反爲義。玉篇:'閛,門扉聲。'閛以聲言,與'不覩'云云意不相協。…音義所謂俗本者,乃舊本之僅存者耳。"

按,說文無閛字。

閜 1. xiǎ 許下切,上,馬韻,曉。歌部。

❶大開。見說文。❷〔豁閜〕雙聲兼叠韻聯緜字,形容大而空的樣子。史記司馬相如列傳上林賦:"谽呀豁閜,自陵别島。"司馬貞索隱引司馬彪云:"豁閜,空虚也。"❸大杯。說文:"大栝亦爲閜。"方言五:"閜,栝也。"

2. ě 集韻倚可切,音娿,上,哿韻,影。歌部。

❹〔閜砢〕〔閜砢〕叠韻聯緜字。形容樹木高大的樣子。玉篇門部:"閜,於可切。說文曰:'門傾也。'上林賦云:'坑衡閜砢。'"今本史記漢書司馬相如傳及文選上林賦均作"閜砢"。史記司馬貞索隱引郭璞云:"揭孽傾欹皃。"漢書顏師古注:"閜砢,相扶持也。閜,音烏可反;砢,音來可反。"王先謙補注:"閜砢亦開廣積累之意,總言其高耳。"

[辨]閜,杯。二字同義。藝文類聚引漢李尤杯銘云:"小之爲杯,大之爲閜。"

閘 1. zhá 烏甲切,入,狎韻,影。今讀如劄。葉部。

❶閘門。說文:"閘,開閉門也。"王筠釋例:"蓋即今蓄洩之石閘,時開時閉之門也。"宋陸游秋聲詩:"漲水雨餘晨放~,騎兵戰罷夜還營。"❷〔閘喋〕象聲詞。義同"唼喋"。昆蟲食物聲。論衡商蟲:"以蟲閘喋,准況衆蟲,温濕所生,明矣。"

2. chá 篇海類編直甲切。今讀如查。

❸通"查"。水滸傳二〇四:"便差人常常下牢裏來~看。"

閞 biàn 皮變切,音卞,去,線韻,並。元部。

門柱上的斗拱。亦名枅。說文:"閞,門

欂櫨也。”段玉裁注：“欂櫨，柱上枅也。枅，屋欂櫨也，開則門柱上枅之名。”字亦作“栟”。玉篇木部：“栟，門柱上欂櫨也。亦作閞。”

六　畫

閡 1.ài 五溉切，音礙，去，代韻，疑。之部。

㊀從外面把門關上。説文：“閡，外閉也。”

2.hé 集韻紇則切，音劾，入，德韻，匣。之部。

㊁阻礙。漢焦贛易林咸：“樹柱～車，失其正常。”列子黄帝篇：“和者大同於物，物無傷～者。”世説新語規箴：“夷甫晨起，見錢～行，呼婢曰：‘舉却阿堵物。’”用作名詞。障礙物。後漢書隗囂傳：“又多設支～。”引申爲隔塞不通。文選三國魏曹植求通親親表：“隔～之異，殊於胡越。”李善注：“閡亦隔也。”㊂界限。文選晉陸機文賦：“恢萬里使無～。”李善注引小爾雅曰：“閡，限也。”(見廣言)㊃〔拘閡〕限制。後漢書虞詡傳：“兵不猒權，願寬假轡策，勿令有所拘閡而已。”唐杜甫詠懷二首之二：“衣食相拘閡，朋知限流寓。”

3.hài 集韻下改切，音亥，上，海韻，匣。之部。

㊄藏，塞。見集韻。漢書律曆志上：“該～於亥。”

［備考］通“陔”。漢書禮樂志郊祀歌天門一一：“專精厲意逝九～。”如淳曰：“閡亦陔也。…陔，重也，謂九天之上也。”

［同源字］閡，礙。二字均疑母之部。段玉裁説文“閡”字注：“有外閉則爲礙。”玉篇門部：“閡，止也。與礙同。”説文：“礙，止也。”廣雅釋言：“礙，閡也。”王念孫疏證：“礙與閡同聲而通用。”

閨 guī 古攜切，平，齊韻，見。支部。

㊀上圓下方形似圭狀的小門。左傳襄公十年：“篳門～竇之人，而皆陵其上。”指宫中小門。公羊傳宣公六年：“勇士入其大門，則無人門焉者；入其～，則無人閨焉者。”(第二個閨用作動詞，看守閨門)又：“有人荷畚自～而出者”何休注：“宫中之門謂之闈，其小者謂之閨。”㊁内室。文選漢枚乘七發：“今夫貴人之子，必宫居而～處。”特指女子卧室(後起義)。唐白居易長恨歌：“楊家有女初長成，養在深～人未識。”

閩 1.mín 武巾切，集韻眉貧切，平，真韻，明。文部。

㊀古代越族居住在福建、浙江等地的一支。周禮夏官職方氏：“四夷、八蠻、七～。”文選晉左思吴都賦：“篙工楫師，選自～禺。”李善注：“閩，越名也。秦并天下，以其地爲閩中郡。”後世簡稱福建爲閩。㊁五代十國之一。公元909年王審知被后梁封爲閩王，933年其次子延鈞稱帝，建都長樂(今福建福州)，國號閩。公元946年爲南唐李璟所滅，共歷三世、六主，歷時37年。

［備考］通“湣”。史記田敬仲完世家：“田稺孟夷生湣孟莊。”司馬貞索隱引系本作“～孟克”。

2.wén 無分切，平，文韻，微。文部。

㊂通“蟁”，字亦作“蚊”。蚊子。大戴禮記夏小正：“白鳥，謂～蚋也。”論衡感虚：“蝗蟲，～虻之類也。”黄暉校釋：“字本作‘蟁’。又以聲轉作‘閩’也。漢書高帝紀注引應劭曰：‘閩音文飾之文。’”

閤 gé 古沓切，入，合韻，見。緝部。

㊀正門旁邊的小門。説文：“閤，門旁户也。”段玉裁注：“按漢人所謂閤者，皆門旁户也。皆於正門之外爲之。”玉臺新詠古詩八首上山采蘼蕪：“新人從門入，故人從～去。”特指宫中小門。爾雅釋宫：“小閨謂之閤。”郝懿行義疏本作“小閤謂之閣”。郝云：“閤當作閣。…古者‘閨閤’連言，多不分别。故楚辭逢尤篇注：‘閨，閤也。’漢書汲黯傳：‘卧閨閤内不出。’文翁傳：‘教令出入閨閤。’公孫宏傳：‘開東閤以延賢人。’集注：‘閤者，小門也，

東向開之。'是則閤有東西,隨所在以爲名,後世輔臣延登謂之入閤,或稱'閤下',義本於此。作'閣',非。"文選南朝齊劉孝標辨命論:"開東～,列五鼎。"❷〔閣閣〕象聲詞。蛙鳴。唐韓愈雜詩之四:"蛙黽鳴無謂,閣閣祇亂人。"

閦 chù 集韻初六切,入,屋韻,穿二。

後起字。衆多。龍龕手鏡門部:"衆也,正(指正體)從三人,如'衆'字下從三人是也。"類篇門部:"衆在門中。或書作閦。"北魏楊衒之洛陽伽藍記城北宋雲與惠生使西域:"有佛頂骨,…下有孔,受人手指,～然似仰蜂窠。"按,范祥雍洛陽伽藍記校注"閦"字誤作"閃"。

閣 gé 古落切,入,鐸韻,見。鐸部。

❶用于門開後防止自闔的長木橛。爾雅釋宮:"所以止扉謂之閣。"郭璞注:"門辟旁長橛也。"王筠句讀"閣"字注:"郭注云'門辟'者,辟即闢之省,謂門開也。'旁長橛'者,謂門開之後兩旁地下有孔,以橛通其中,以止其扉,使之不動,今都城各門皆然。"又釋例云:"凡門扇太大者,既開之後,無所附麗,…於是以木或石,鑿爲蹼頭形。一半卑處,承門之下;一半高處,倚門之面。是門庋閣在上,故謂之閣。"引申爲放置食物的木板。禮記內則:"大夫七十而有～。"鄭玄注:"閣,以板爲之,庋食物也。"孔穎達正義:"天子尊,庖廚遠,故左夾室五閣,右夾室五閣;諸侯卑,庖廚宜稍近,故於房中減降於天子,唯在一房之中而五閣也;大夫既卑無嫌,故亦於夾室而閣三也;士卑不得作閣,但於室中爲土坫庋食也。"由放置食物的閣板引申爲閣上的食物。禮記檀弓上:"始死之奠,其餘～也與?"(餘閣,指病中放在庋架上用剩的食物)由閣板引申爲一般的木架子。晉書庾翼傳:"此輩宜束之高～。"由"止扉"引申爲一般意義的止,放置。廣雅釋詁:"閣,止也。"三國志魏書王粲傳"精意覃思,亦不能加也"裴松之注:"鍾繇、王朗等雖各爲魏卿相,至于朝廷奏議,皆～筆不能措手。"唐白居易罷府歸舊居詩:"松枝～酒盃。"這個意義後來寫作"擱"。❷閣道。戰國策齊策六:"故爲棧道木～而迎王與后於城陽山中。"又爲連接樓與樓的空中通道。文選南朝梁王簡栖頭陀寺碑文:"飛～逶迤,下臨無地。"文選晉陸機擬古詩十二首之八:"飛～纓虹帶。"❸古代宮中的藏書室。段玉裁說文"閣"字注:"閣本訓直橛所以扞格者,引申之橫者可以庋物亦曰閣。…漢時天祿、石渠～皆所以閣書籍皆(疑爲"者"字)是也。"❹通"閤"。①古代中央官署。後漢書仲長統傳:"雖置三公,事歸臺～。"晉陸機答張士然詩:"絜身躋秘～,秘～峻且玄。"朱駿聲說文通訓定聲"閤"字引陸機此詩云:"(秘閣)即尚書省也。其字誤作'止扉'之'閣'。今'內閣'、'閣下'字皆誤作'閣'。"②內室,特指女子卧室。樂府詩集二五木蘭詩:"開我東～門,坐我西～床。"❺〔閣閣〕①用革細縛築版條理分明的樣子。詩小雅斯干:"約之閣閣。"毛傳:"閣閣,猶歷歷也。"陳奐詩毛氏傳疏:"言縮版之繩歷歷然也。說文:'輅,生革可以爲縷束也。'束曰輅,束之亦曰輅,重言之曰輅輅。毛詩作'閣閣',考工記匠人注引詩作'格格'。閣、格,皆即輅也。"②蛙聲。宋詩鈔韓維南陽集鈔奉和象之夜飲之什:"嗷嗷鶴群游,閣閣蛙亂鳴。"

閥 fá 房越切,入,月韻,奉。月部。

功勞等第。論衡程材:"儒生無～閱。"後漢書韋彪傳:"士宜以才行爲先,不可純以～閱。"特指旌表功績的柱子,柱上自序其功狀。玉篇門部:"在(門)左曰閥,在右曰閱。"唐杜甫奉贈盧五丈參謀琚詩:"丈人藉才地,門～冠雲霄。"也可"閥閱"運用。宋郭知達九家集注杜詩引營造法式曰:"唐六品以上通用烏頭大門,又曰表揭,又曰閥閱。"指巨室、世家。唐韓愈送文暢師北遊詩:"聲譽耀前～。"也可"閥閱"連用。潛夫論:"貢薦則必閥閱爲前。"

[同源字]伐,閥。二字音同義近。"閥閱"古書原本多作"伐閱"。史記高祖功臣侯者年表序:"明其等曰伐,積功曰閱。"論衡謝短:"吏上功曰伐閱。""伐"有"功"義。左傳莊公二十八年:"且旌君伐。"楊伯峻注:"伐,功也。"閥是伐的分别字。

按,說文無閥字,新附有之。

七 畫

閬 1. láng 魯當切,平,唐韻,來。陽部。

❶門高。見說文。〔閬閬〕高大的樣子。文選漢揚雄甘泉賦:"閌閬閬其寥廓兮,似紫宮之崢嶸。"❷空曠。莊子外物:"胞有重~,心有天遊。"

2. làng 來宕切,去,宕韻,來。陽部。

❸〔閬中〕地名。在今四川省。說文:"閬,巴郡有閬中縣。"

3. lǎng 集韻里黨切,上,蕩韻,來。陽部。

❹〔爣閬〕〔儻閬〕叠韻聯緜字。寬大明亮的樣子。文選漢王延壽魯靈光殿賦:"鴻爌炾以爣閬。"張載注:"爌炾、爣閬,皆寬明也。"

4. liǎng 集韻里養切,上,養韻,來。陽部。

❺〔罔閬〕〔魍魎〕叠韻聯緜字。古代傳說中的妖怪。史記孔子世家:"木石之怪夔、罔閬。"司馬貞索隱:"閬音兩。家語作'魍魎'。"

[備考]城壕。管子度地:"城外爲之郭,郭外爲之土~。"尹知章注:"閬謂隍。"

閱 yuè 弋雪切,入,薛韻,喻四。月部。

❶計數。說文:"閱,具數於門中也。"廣雅釋詁:"閱,數也。"左傳襄公九年:"商人~其禍敗之釁,必始於火。"杜預注:"閱猶數也。商人數所更歷,恒多火災。"引申爲考核,核實。書呂刑:"大辟疑赦,其罰千鍰,~實其罪。"❷檢閱。周禮夏官大司馬:"中冬,教大~。"公羊傳桓公六年:"大~者何?簡車徒也。"❸經歷,閱歷。史記孝文本紀:"楚王,季父也。春秋高,~天下之義理多矣。"又爲根據閱歷所確定的功勞等第。史記高祖功臣侯者年表:"古者人臣功有五品,…明其等曰伐,積日曰~。"又爲門外右邊自序功狀的柱子。玉篇門部:"閱,在左曰閥,在(門)右曰閱。""閥閱"連用,指貴宦人家。唐皮日休奉獻致政裴秘監詩:"既無閥閱門,常嫌冠冕累。"由閱歷引申爲閱讀,觀覽(後起義)。唐杜甫贈左僕射鄭國公嚴公武詩:"~書百紙盡,落筆四座驚。"❹搜索。左傳昭公七年:"周文王之法曰:'有亡'荒~。"楊伯峻注:"此'有亡',謂奴隸之有逃亡者。荒,大也。閱,今言搜索。"又爲匯集。晉陸機歎逝賦:"川~水以成川。"❺容納。詩邶風谷風:"我躬不~,遑恤我後。"毛傳:"閱,容也。"❻通"穴"。詩曹風蜉蝣:"蜉蝣掘~,麻衣如雪。"馬瑞辰通釋:"此詩'掘閱',亦當訓穿穴矣。"文選戰國宋玉風賦:"空穴來風。"李善注引莊子作"空~來風"。(按,今本莊子無此語。)

[備考]㊀長而方的椽子。爾雅釋宮:"桷直而遂謂之閱。"㊁出。文子道原:"萬物之總,皆~(一本作閞)一孔。"

[辨]閱,簡。二字在計數、檢閱的意義上相同。周禮天官小宰:"二曰聽師田以簡稽。"鄭司農云:"簡稽士卒、兵器、簿書。簡猶閱也。"周禮夏官大司馬:"簡稽鄉民以用邦國。"鄭玄注:"簡謂比數之。"孫詒讓正義:"廣雅釋詁云:'閱,數也。'是簡閱並爲比數之言。"論衡亂龍:"昆弟二人,性能執鬼,居東海度朔山上,立桃樹下,簡閱百鬼。"二字本義不同。"簡"的本意爲竹片。

閭 lǘ 力居切,平,魚韻,來。魚部。

❶里巷的大門。戰國策齊策六:"(王孫賈)母曰:'女朝出而晚來,吾倚門而望;女暮出而不還,則吾倚~而望。'"❷古代鄉村的基層組織。周制以二十五家爲閭。周禮地官大師徒:"令五家爲比,使之相保;五比爲~,使之相受。"〔閭閻〕泛指民間。史記蘇秦列

傳:"夫蘇秦起閭閻,連六國從親,此其智有過人者。"㊂軍事基層組織,百人爲閭。尉繚子伍制令一四:"～有干令犯禁者,揭之,免於罪;知而弗揭,全～有誅。"又爲軍陣名。逸周書武順:"左右一卒曰～。"㊃〔尾閭〕古代傳説中海水向外排泄之處。莊子秋水:"尾閭泄之,不知何時已而不虚。"文選三國魏嵇康養生論:"或益之以畎澮,而泄之以尾閭。"李善注引司馬彪云:"尾閭,水之從海水出者也。一名沃燋,在東大海之中。尾者,在百川之下,故稱尾;閭者,聚也,水聚族之處,故稱閭也。"㊄〔閭丘〕複姓。

[備考]獸名。山海經北山經:"縣雍之山,…其獸多～麋。"郭璞注:"閭即羭也,似驢而岐蹏,角如麢羊,一名山驢。周書曰:'北唐以閭。'"

[辨]鄰,里,鄉,閭。見"鄰"字條。

閫 kǔn 苦本切,上,混韻,溪。文部。

㊀門橛,門檻。文選漢揚雄甘泉賦:"天～決兮地垠開。"特指郭門,國門。尉繚子兵教下二二:"國車不出于～,組甲不出于橐。"㊁閨房,婦女住房。後漢書皇后紀上:"内無出～之言。"字亦作"梱"。禮記曲禮上:"外言不入於梱,内言不出於梱。"釋文:"梱,本又作閫,苦本反。"引申爲婦女(後起義)。文選南朝梁任昉劉先生夫人墓誌:"肇允才淑,～德斯諒。"指妻子(後起義)。京本通俗小説馮玉梅團圓:"足下既然别要,可攜新～同來。"

按,説文無閫有梱,梱在木部。朱駿聲説文通訓定聲屯部"梱"字云:"字亦作閫。"

八 畫

閼 1. è 烏葛切,音遏,入,曷韻,影。月部。

㊀阻塞,遏止。莊子逍遥遊:"背負青天而莫之夭～者,而後乃今將圖南。"漢趙曄吴越春秋越王無余外傳:"帝堯之時,遭洪水滔滔,…九州～塞,四瀆壅閉。"列子楊朱:"晏平仲問養生於管夷吾。管夷吾曰:'肆之而已,勿壅勿～。'"引申爲名詞,壅水的設施。漢書召信臣傳:"起水門提～凡數十處,以廣溉灌。"王先謙補注引錢大昕曰:"提閼即隄堰也。"

2. yè 於歇切,音謁,入,月韻,影。月部。

㊁〔單閼〕十二支中"卯"的别稱。爾雅釋天:"太歲在卯曰單閼。"

3. yù 集韻依據切,去,御韻,影。魚部。

㊂〔閼與〕叠韻聯緜字。舒緩的樣子。漢書揚雄傳校獵賦:"三軍芒然,窮尤閼與。"㊃通"淤"。淤泥。史記河渠書:"渠就,用注填～之水,溉澤鹵之地四萬餘頃,收皆畝一鐘。"漢書溝洫志:"渠成而用溉,注填～之水,溉舄鹵之地。"

4. yān 烏前切,音烟,平,先韻,影。元部。

㊄〔閼氏〕漢代匈奴王后的稱號。廣韻先韻:"閼氏,單于適妻也。氏,音支。"㊅〔閼逢〕〔閼蓬〕天干中"甲"的别稱。爾雅釋天:"太歲在甲曰閼逢。"史記曆書作"焉逢"。㊆〔閼與〕地名。在今山西和順縣境内。史記趙世家:"秦韓相攻,而圍閼與。"

闍 1. dū 當孤切,音都,平,模韻,端。魚部。

㊀門外兩邊累土爲臺,有門臺、城臺,用于望氣祥。詩鄭風出其東門:"出其闉～,有女如荼。"釋文:"孫炎云:'積土如水渚,所以望氣祥也。'"

2. shé 字彙補時遮切,音蛇。

㊁〔闍梨〕〔闍黎〕〔阿闍梨〕梵語 ācārya 的音譯,義譯爲軌範師,後常用作和尚尊稱。梁書侯景傳:"初言隱伏,久乃方驗,人並呼爲闍梨,景甚信敬之。"

閾 yù 況逼切,音域,入,職韻,曉。職部。

門限。國語魯語下:"康子仕焉,闖門與之言,皆不踰～。"禮記曲禮下:"大夫士出入君門,由闑右,不踐～。"引申爲門。文選晉潘岳西征賦:"庚飲馬之陽橋,踐宣平之清～。"(飲馬:橋名;宣平:長安東出北頭第一城門)

引申爲界限。文苑英華唐賈至虎牢關銘序:“宜其咽喉九州,閫～中夏。”

閹 yān 央炎切,平,鹽韻,影。談部。

㊀割去生殖器在宫中服役(看門等)的男人。字亦作“奄”。周禮天官叙官:“酒人,奄十人。”鄭玄注:“奄,精氣閉藏者,今謂之宦人。”文選漢班固西都賦:“虎賁贅衣,～尹閹寺。”張銑注:“閹寺,皆刑餘人,掌宫禁門户。”㊁〔閹然〕迎合别人意旨討好的樣子。孟子盡心下:“閹然媚於世者是鄉原也。”㊂〔閹茂〕地支中“戌”的别稱。爾雅釋天:“(太歲)在戌曰閹茂。”亦作“掩茂”、“淹茂”。

［辨］閹,豎。在宦官這個意義上二字同義,可以連用。後漢書荀韓鍾陳列傳論:“漢自中世以下,閹豎擅恣。”豎有“童子”義,故往往指年幼的宦者。

閶 1. chāng 尺良切,平,陽韻,穿三。陽部。

㊀〔閶闔〕神話中的天門。楚辭戰國屈原離騷:“吾令帝閽開關兮,倚閶闔而望予。”淮南子原道:“排閶闔,淪天門。”高誘注:“淪,入也。閶闔,始升天之門也。天門,上帝所居,紫微宫門也。”又楚人名門曰閶闔,見説文。特指宫門。唐王維和賈舍人早朝大明宫之作詩:“九天閶闔開宫殿,萬國衣冠朝至尊。”唐杜甫故秘書少監武功蘇公源明詩:“晨趨閶闔内,足踏宿昔趼。”㊁〔閶門〕古吴國姑蘇城西門。晉陸機吴趨行:“吴趨自有始,請從閶門起。閶門何峨峨,飛閣跨通波。”郝立權陸士衡詩註:“吴越春秋:‘大城立昌門者,象通天閶闔風,亦名破楚門也。’吴地記曰:‘昌門者,吴王闔閭所作也,名爲閶闔門。’”

2. tāng 集韻他郎切,平,唐韻,透。陽部。

㊂通“鼜”。鼓聲。周禮夏官大司馬“中軍以鼜令鼓”鄭玄注引司馬法:“鼓聲不過～,鼜聲不過閶。”

閿 wén 無分切,音文,平,文韻,微。文部。

〔閿鄉〕地名。漢京兆尹湖縣,今屬河南靈寶縣。漢書王莽傳下:“鄧曄將二萬餘人,從閿鄉南出棗街作姑。”顔師古注:“閿,讀與聞同。”

［備考］低目視。見説文。

按,説文閿作闅,在旻部。廣韻:“闅,俗作閿。”

閛 zhèng 音静。

晚起字。〔閛閛〕掙扎。明馮夢龍醒世恒言卷二七:“且閛閛起來,到我鋪上去睡睡。”黄粱夢二後庭花:“他如何敢閛閛,我其實無刣劃。”

閻 1. yán 余廉切,平,鹽韻,喻四。談部。

㊀里中門。見説文。後漢書班固傳:“閭内則街衢洞達,閭～且千。”

2. yàn 集韻以贍切,去,豔韻,喻四。談部。

㊁通“豔”。美麗。漢書谷永傳:“～妻驕扇,日以不臧。”

閵 lìn 良刃切,音吝,去,震韻,來。真部。

㊀〔令閵〕鳥名,似鵪鴿而黄。玉篇隹部作“含閵”。㊁通“躪”。踐踏。漢書司馬相如傳上林賦:“徒車之所～轢。”

按,説文閵字在隹部。

閽 hūn 呼昆切,平,魂韻,曉。文部。

宫中看門人。多由戰俘或刑人充當。左傳襄公二十九年:“吴人伐楚,獲俘焉,以爲～。”禮記内則:“深宫固門,～寺守之。”周禮天官有“～人”,掌管宫門昏晨啓閉。引申爲宫門。唐李商隱哭劉蕡詩:“上帝深宫閉九～,巫咸不下問銜冤。”

［辨］閽,寺。二字義近,均爲宫廷内服役的小臣。易説卦:“艮…爲閽寺。”王弼注:“爲閽寺,取其禁止人也。”二者的區别,禮記内則鄭玄注:“閽,掌守中門之禁也;寺,掌内人之禁令也。”

䦷 1. shài 所拜切,去,怪韻,審二。月部。

㊁削減，減殺(shài)。周禮考工記匠人："大防外～。"孫詒讓正義引江永云："大防宜殺其外，不殺其内也。外必殺者，使下厚而上不傾。"

2.shā 所八切，音殺，入，黠韻，審二。月部。

㊀同"殺"。殺死。周禮考工記梓人："凡攫～援簭之類，必深其爪，出其目。"

按，説文無閷字。周禮冬官矢人："殺矢七分。"釋文作"閷"。孫詒讓正義引錢大昕云："梓人、矢人篇皆有'閷'字。説文無杀部，从閃亦無義。此即籀文'殺'字，'𠁣'譌爲'門'，'又'譌爲'人'，非别有閷字也。"錢氏以"閷"爲"殺"之籀文(見徐鍇繫傳)，段玉裁"殺"字注也認爲"𢇛譌爲閃"。

九　畫

闊 kuò 苦括切，入，末韻，溪。月部。

㊀遠離。爾雅釋詁上："闊，遠也。"詩邶風擊鼓："于嗟～兮，不我活兮。"又爲向遠方(看)。列子黄帝篇："子華之門徒皆世族也，縞衣乘軒，緩步～視。"㊁寬廣。唐杜甫旅夜書懷詩："星垂平野～，月湧大江流。"又爲寬鬆、放寬。論衡辨祟："刑不上大夫，聖王于貴者～也。"漢書王莽傳下："～其租賦。"又爲廣博。唐杜甫送長孫九侍御武威判官詩："若人才思～，溟漲浸絶島。"㊂疏，缺。漢書外戚傳孝成趙皇后："皇后自知罪惡深大，朝請稀～。"㊃迂闊，遠于實際。史記孟軻列傳："梁惠王不果所言，則見以爲迂遠而～于事情。"

［辨］闊，寬。二字在寬廣、寬緩、寬大等意義上相同。但本義不同。説文："寬，屋寬大也。"闊的本義爲"疏也"，引申爲寬、廣、大等意義。

闇 1.àn 烏紺切，去，勘韻，影。侵部。

㊀閉門，見説文。梁書樂藹傳："王嶷爲荆州刺史，藹領州主簿，或譖藹廨門如市，嶷遣覘之，方見藹～閣讀書。"㊁蒙蔽。荀子不苟："不下比以～上，不上同以疾下。"又爲遮蓋。唐杜甫暮春詩："沙上草閣柳新～，城邊野池蓮欲紅。"㊂暗中，暗處。禮記曲禮上："孝子不服～，不登危。"孔穎達疏："服，事也，謂不行事於闇中也。"漢劉向新序雜事三："明月之珠，夜光之璧，以～投人於道路。"㊃昏暗，糊塗。荀子臣道："故明主好同，而～主好獨。"文選南朝齊劉孝標辨命論："～主衆，明主寡。"㊄黑暗。莊子讓王："今天下～，周德衰。"又爲日未出時。禮記祭義："夏后氏祭其～，殷人祭其陽。"

2.ān 集韻烏含切，平，覃韻，影。侵部。

㊅〔諒闇〕指帝王居父母之喪的凶廬。禮記喪服四制："書曰：'高宗諒闇，三年不言'，善之也。"今本書無逸作"亮陰"。禮記鄭玄注："闇，謂廬也。"文選晉潘岳西征賦："天子寢於諒闇兮。"

3.ǎn 集韻鄔感切，上，感韻，影。侵部。

㊆〔闇然〕隱晦皃。禮記中庸："故君子之道，闇然而日章。"孔穎達正義："闇，於感反，又如字。"

4.yǎn 音奄。侵部。

㊇很快的樣子。文選漢傅毅舞賦："翼爾悠往，～復輟已。"李善注："闇猶奄也。古人呼闇，殆與奄同。方言曰：奄，遽也。"

［同源字］闇，暗(陪)，晻。三字均屬影母，晻與闇爲侵談旁轉。説文："暗，日無光也。"爾雅釋言："陪，闇也。"釋文："陪，字林或作晻。"説文："晻，不明也。"

闌 lán 落干切，平，寒韻，來。元部。

㊀栅欄式的門檻檻。説文："闌，門遮也。"孝經鉤命訣："先立春七日，勑門～無關鑰，以迎春之精。"引申爲欄干。南唐李煜浪淘沙令："獨自莫憑～，無限江山，别時容易見時難。"〔闌干〕①同"欄杆"。唐李白清平調詞之三："解釋春風無限恨，沉香亭北倚闌干。"②縱横。唐岑參白雪歌送武判官歸京："瀚海闌干百丈冰，愁雲慘澹萬里凝。"㊁動詞，阻

攔。史記魏世家:"國去梁千里,有河山以～之。"㊂將盡、將止。如"酒～"、"夜～"、"～暑"、"～殘"。朱駿聲説文通訓定聲"闌"字云:"史記高祖紀'酒～'。集解言'希也,飲酒者半罷半在謂之闌。'謝靈運詩:'述職期～暑。'注:'猶盡也。'宋孝武宣貴妃誄:'白露凝兮歲將～。'注:'猶晚也。'琴賦:'曲引向～。'注:'半在半罷謂之闌。'按,皆止遏之意。"㊃無符傳擅自出入。漢書成帝紀:"走入橫城門,～入尚方掖門。"史記汲黯列傳:"愚民安知市買長安中物而文吏繩以爲～出財物于邊關乎?"

[同源字]闌,欄,攔,閑。四字同源,均屬元部。欄與攔爲後起字,欄爲名詞,攔爲動詞。説文:"閑,闌也。"廣雅釋言:"闌,閑也。"國語楚語下:"爲之關籥蕃籬而遠備閑之,猶恐其至也。"韋昭注:"閑,闌也。"

闉 yīn 於真切,音因,平,真韻,影。真部。

㊀城門外的護門小城,即瓮城。詩鄭風出其東門:"出其～闍,有女如荼。"毛傳:"闉,曲城也。"一説爲城門。陳奂詩毛氏傳疏:"蓋曲之言限也,城之限處謂之闉,闉即城門也。"宋孟元老東京夢華録卷六十六日:"阡陌縱橫,城～不禁。"這是指城門。南朝宋顔延年始安郡還都…登巴陵城樓詩:"經塗延舊軌,登～訪川陸。"這是指瓮城。〔闉闕〕宫廷。漢劉向新序雜事五:"天子居闉闕之中。"㊁蜷曲。莊子德充符:"～跂支離無脤説衛靈公。"成玄英疏:"闉,曲也,謂攣曲企踵而行。"㊂通"堙"。堵塞。淮南子兵略:"獵者逐禽,…無刑罰之威,而相爲斥～要遮者,同所利也。"高誘注:"闉,塞也。"㊃〔距闉〕戰爭中積土敵城之外,以觀城中虛實。孫子謀攻:"距闉又三月而後已。"曹操注:"距闉者,踊土積高而前,以附其城也。"杜佑注:"距闉者,踊土積高而前,以附於城也。積土爲山曰堙,以距敵城,觀其虛實。"

[同源字]湮,堙,陻,垔,闉。見"湮"字條。

闃 zhì 集韻直利切,音稚,去,至韻,澄。質部。

緻密。漢揚雄太玄闃:"次二,～無間。測曰,無間之～,一其二也。"范望注:"二,火也,而在其行。二火合會,闃密如一,故無間也。"司馬光注:"二爲思中而當晝,其合無間,二如一也。"

按,説文無闃字。

闈 wéi 雨非切,音違,平,微韻,喻三。微部。

㊀宫中小門。爾雅釋宫:"宫中之門謂之闈。"儀禮士虞禮"主婦亦拜賓"鄭玄注:"拜之於～門之內。～門,如今東西掖門。"特指后妃居處。後漢書皇后紀上序:"后正位宫～,同體天王。"又指父母所居之室。文選晉束晳補亡詩南陔:"眷戀庭～,心不遑安。"又爲婦女居室。文選古詩十九首凜凜歲云暮:"既來不須臾,又不處重～。"張銑注:"闈,閨門也。"㊁廟中門。周禮考工記匠人:"廟門容大扃七个,～門容小扃參个。"鄭玄注:"廟中門曰闈。"㊂科舉時代的考場(後起義)。鄉試稱"秋～",會試稱"春～",會試由中央王朝禮部主試,故又稱"禮～"。

闋 què 苦穴切,音缺去聲,入,屑韻,溪。質部。

㊀事情結束。説文:"闋,事已閉門也。"唐玄應一切經音義卷六引作"事已曰闋",無"閉門"二字。王筠句讀:"然則閉門二字,後人以字從門增之也。"引申爲盡。漢書王莽傳上:"物物卬市,日～亡儲。"顔師古注:"日闋,言當日即盡,不蓄積也。"又王莽傳下:"轉掠求食,日～而已。"又爲止息、平息。詩小雅節南山:"俾民心～。"又爲樂曲終止。史記留侯世家:"歌數～,戚夫人嘘唏流涕。"引申爲樂曲。漢馬融長笛賦:"曲終～盡,餘絃更興。"又引申爲量詞,如詞有"上闋"、"下闋"(後起義)。㊁空隙。莊子人間世:"瞻彼～

者,虛室生白。”❸通“缺”。空缺。特指官職的空額。潛夫論邊議:“官位職事者,群臣之所以寄其身也。…寄其身者,各取一～。”又爲缺點,錯誤。清戴名世汪武曹稿序:“於是正其～失,明其旨趣。”一九三三年啓智書局本戴南山集本作“闕失”。

闆 pǎn 玉篇匹限切。

後起字。門中視。見玉篇。按,此字現代音 bǎn,如“老闆”。

闟 yú 羊朱切,音愉,平,虞韻,喻四。侯部。

〔闚闟〕見“闚”字條。

按,説文無闟字。

闃 qù 苦鶪切,入,錫韻,溪。錫部。

寂静。易豐:“闚其户,～其無人。”

[備考]用作名詞,指寂静的地方。清王士禎仙人洞訪無用和尚:“老僧坐深～,猨鳥絶攀躋。”

按,説文無闃字,新附有之。

十 畫

闕 1. què 去月切,入,月韻,溪。月部。

❶宫門左右樓觀,中間闕然爲道。説文:“闕,門觀也。”徐鍇繫傳:“葢爲二臺於門外,人君作樓觀於上,上員下方。以其闕然爲道,謂之闕;以其上可遠觀,謂之觀;以其懸法,謂之象魏。”詩鄭風子衿:“挑兮達兮,在城～兮。”文選古詩十九首青青陵上柏:“兩宫遥相望,雙～百餘尺。”引申爲宫廷。漢書朱買臣傳:“詣～上書,書久不報。”〔天闕〕朝廷。宋岳飛滿江紅:“待從頭、收拾舊山河,朝天闕。”❷墓道前的牌樓。北魏酈道元水經注潁水:“冢前有石～,～前有二碑。”

2. quē 去月切,入,月韻,溪。月部。

❸空闕。左傳昭公二十年:“過齊氏,使華寅肉袒,執蓋以當其～。”用作動詞,留出空闕。孫子軍爭:“歸師勿遏,圍師必～。”引申爲殘缺。禮記禮運:“是以三五而盈,三五而～。”又爲短缺,缺乏。吕氏春秋任數:“其所以知識甚～,其所以聞見甚淺。”❹過失。詩大雅烝民:“衮職有～,維仲山甫補之。”朱熹集傳:“衮職,王職也。天子龍衮,不敢斥言王闕,故曰衮職有闕也。”北魏酈道元水經注穀水:“潁容又曰:～者,上有所失,下得書之於闕,所以求論譽於人,故謂之～矣。”按潁容的説法,“補闕”之“闕”乃由城闕義引申而來。❺〔闕疑〕對于有懷疑的地方則空闕(保留)而不言。論語爲政:“多聞闕疑,慎言其餘。”楊伯峻論語譯注論語詞典:“闕,動詞,空而不言,保留。”

3. jué 集韻其月切,入,月韻,群。月部。

❻通“掘”。挖掘。集韻:“掘,穿也。或作闕。”左傳隱公元年:“若～地及泉,隧而相見,其誰曰不然?”國語吴語:“～爲深溝,通於商魯之間。”

[辨]缺,闕。見“缺”字條。

[同源字]決,玦,缺,闕。四字同源。水缺爲決,玉缺爲玦,器缺爲缺,門缺爲闕。闕與掘亦爲同源關係。群母,月物旁轉。管子山權數:“北郭有掘闕而得龜者。”尹知章注:“穿地至泉曰闕。”廣雅釋詁三:“掘,穿也。”

闖 1. chèn 丑禁切,音琛去聲,去,沁韻,徹。侵部。

❶馬出門皃。見説文。引申爲突兀驚人的樣子。公羊傳哀公六年:“開之則～然公子陽生也。”❷窺視。唐韓愈孟郊同宿聯句:“儒門雖大啓,姦首不敢～。”

2. chuǎng 説文長箋初亮切。按,段玉裁説文解字注“闖”:“俗語轉若𢽲。”即初亮切,爲去聲漾韻。丁聲樹古今字音對照手册以“闖”與“搶”同音,初兩切,爲上聲養韻,讀 chuǎng。

❸奔走謀生(晚起義)。清吴敬梓儒林外史一回:“(王冕)見那～學堂的書客,就買幾本舊書。”又如“～江湖”、“～關東”。❹〔闖將〕①指猛打猛衝的將領。如明末農民起義

領袖號“闖將”。見明史李自成傳。②指市井地痞無賴。清翟灝通俗編卷八:“白頭閑話:都人或十五結黨,横行街市間,號爲闖將。”

闔 hé 胡臘切,入,盍韻,匣。葉部。

㊀門扉。禮記少儀:“排～説屨於户内者,一人而已矣。”(排闔,開門)左傳僖公二十年“凡啓塞從時”孔穎達正義引服虔云:“～扇所以開,鍵閉所以塞。月令:仲春修～扇,孟冬修鍵閉。”用作動詞。關閉。禮記玉藻:“閏月,則～門左扉,立於其中。”左傳定公八年:“築者～門。”㊁符合。戰國策秦策三:“意者臣愚而不～於王心耶?”㊂全。莊子胠篋:“～四境之内。”㊃副詞。表疑問,詢問原因,爲“何不”二字合音。可譯爲“爲什麽不”。莊子天地:“夫子～行邪?無落吾事!”又相當于“何”,可譯爲“爲什麽”。管子小稱:“～不起爲寡人壽乎?”

[備考]通“蓋”。草苫。周禮夏官圉師:“茨牆則翦～。”〔闔廬〕房屋。左傳襄公十七年:“吾儕小人皆有闔廬以辟燥濕寒暑。”

[辨]闔,扇,扉。三字同義,均爲門扉。禮記月令:“耕者少舍,乃脩闔扇。”鄭玄注:“用木曰闔,用竹葦曰扇。”吕氏春秋仲春紀:“耕者少舍,乃修闔扇。”高誘注:“闔扇,門扇也。”爾雅釋宫:“闔謂之扉。”説文:“扇,扉也。”又:“扉,户扇也。”集韻微韻:“扉,以木曰扉,以葦曰扇。”

闐 tián 徒年切,音田,平,先韻,定。真部。

㊀盛皃。見説文。引申爲充滿。韓詩外傳一:“精氣～溢。”㊁〔闐闐〕①象聲詞。形容聲音轟鳴。楚辭漢王褒九懷通路:“聞電兮闐闐。”(雷聲)又戰國宋玉九辯:“屬雷師之闐闐兮。”(鼓聲)文選晉左思蜀都賦:“車馬雷駭,轟轟闐闐。”(車馬)②形容隊伍衆盛。詩小雅采芑:“振旅闐闐。”

闒 tà 徒盍切,音蹋,入,盍韻,定。葉部。

㊀樓上户。見説文。一説門樓上屋,見廣韻。㊁〔闒茸〕喻地位卑下。章炳麟新方言釋言:“闒爲小户,茸爲小草,故並舉以狀微賤也。”文選漢司馬遷報任少卿書:“今已虧形爲掃除之隸,在闒茸之中。”又喻劣弱、駑頓。楚辭漢劉向九歎憂苦:“雜班駮與闒茸。”

[備考]通“鞈”(託合切,tà)。鼓聲。集韻合韻以“闒”爲鞈的異體字。

闓 kǎi 苦亥切,音凱,上,海韻,溪。微部。

㊀同“開”。説文:“闓,開也。”段玉裁注:“本義爲開門,引申爲凡启導之稱。”漢書兒寬傳:“登告岱宗,發祉～門。”顔師古注:“闓讀與開同。”後漢書蔡邕傳:“～閶闔,乘天衢。”㊁〔闓懌〕欣喜懌悦的樣子。漢書司馬相如傳封禪文:“昆蟲闓懌。”史記作“凱澤”。

[同源字]開,闓,啟。見“開”字條。

闑 niè 魚列切,音孽,入,薛韻,疑。月部。

㊀門橛。爾雅釋宫:“橛謂之闑。”郝懿行義疏云:“橛是豎木,設於門中,其旁曰棖,其中曰闑。…所以門必設棖與闑者,以爲尊卑出入中間及兩旁之節制。”禮記玉藻:“君入門,介拂～,大夫中棖與～之間。”禮記曲禮上:“大夫士出入君門,由～右,不踐閾。”一説古者門有二闑,二闑之間謂之中門,惟君行中門,臣出闑外。參閲賈公彦儀禮聘禮疏及段玉裁説文“闑”字注。㊁郭門。漢書馮唐傳:“～以内,寡人制之;～以外,將軍制之。”史記作“閫”。

十一畫

闚 kuī 去隨切,平,支韻,溪。支部。

㊀從門中窺視。説文:“闚,閃也。”桂馥義證“闚”字引字林云:“闚,傾頭門内視也。”史記管晏列傳:“晏子爲齊相,出,其御之妻從門間而～其夫。”泛指竊視。方言一〇:“闚,視也。凡相竊視,南楚謂之闚。”又爲望。楚辭漢劉向九歎憂苦:“望南郢而～之。”引

申爲探索。史記老子韓非列傳："其學無所不～，然其要本歸於老子之言。"❷〔闚闞〕窺伺時機有所動作。鹽鐵論力耕："商則長詐，工則飾罵，內懷闚闞，而心不作。"亦作"闚覦"、"窺窬"。

[同源字]闚，窺。見"窺"字條。

闛 1. táng 徒郎切，平，唐韻，定。陽部。

❶〔闛闛〕盛皃。見說文。桂馥義證："通作'堂'。論語：'堂堂乎張也。'"

2. tāng 集韻他郎切，平，唐韻，透。陽部。

❷鼓聲。集韻唐韻："鼞，說文：鼓聲也。引詩'擊鼓其鼞'。或作闛、𪔠、闣、闧、鞺。"〔闛鞈〕象聲詞。鼓音。文選漢司馬相如上林賦："金鼓迭起，鏗鎗闛鞈。"又作"闛閤"。

3. chāng 集韻出（一作蚩）良切，音昌，平，陽韻，穿三。陽部。

❸〔闛闔〕門名。集韻以"闛"爲"閶"之重文，云："說文：'天門也。楚人名門曰閶闔。'或作～。"漢書揚雄傳校獵賦："東延昆鄰，西馳闛闔。"顏師古注："闛闔，門名也。闛讀與閶同也。又音吐郎反（tāng）。"

關 1. guān 古還切，平，刪韻，見。元部。

❶門閂。左傳襄公二十三年："毋或如臧孫紇干國之紀，犯門斬～。"呂氏春秋慎大："孔子之勁，舉國門之～，而不肯以力聞。"用作動詞。關閉。方言一二："關，閉也。"由門閂引申爲器物的機關。後漢書張衡傳："中有都柱，傍行八道，施～發機。"又引申爲關口、關塞。墨子尚賢中："收斂～市山林澤梁之利，以實官府。"唐王昌齡出塞："秦時明月漢時～，萬里長征人未還。"又如函谷～、玉門～、山海～。❷指人體某些部位。淮南子主術："夫目妄視則淫，耳妄聽則惑，口妄言則亂，夫三者不可不慎。"中鑒俗嫌："鄰臍二寸謂之～。"❸關係，涉及。唐李白猛虎行："腸斷非～隴頭水，淚下不爲雍門琴。"京本通俗小說馮玉梅團圓："話須通俗方傳遠，語必～風始動人。"❹交接，關聯。後漢書西羌傳："通道玉關，隔絕羌胡，使南北不得交～。"❺經由。史記酷吏列傳減宣："其治米鹽，事大小皆～其手。"漢書霍光傳："上令吏民奏封事，不～尚書。"❻告知。漢書元后傳："上曰：'此小事，何須～大將軍？'"〔關白〕稟報。漢書霍光傳："上謙讓不受，諸事皆先關白光，然後奏御天子。"❼發放（後起義）。水滸傳五五回："三軍盡～了糧賞。"❽古代的一種公文。南朝梁劉勰文心雕龍書記："百官詢事，則有～、刺、解、牒。"黃叔琳注："唐百官志：諸司相質，其制有三：一曰關，二曰刺，三曰移。"

2. wān 集韻烏關切，平，刪韻，影。元部。

❾通"彎"。引滿弓，開弓。左傳昭公二十一年："將注（置矢于弓上），豹則～矣。"釋文："關，烏環反，本又作彎。"

3. guàn 音貫。元部。

❿通"貫"。穿。禮記雜記下："叔孫武叔朝，見輪人以其杖～轂而輠輪者。"大戴禮記子張問入官："情邇暢而及乎遠，察一而～於多。"王聘珍解詁："關，通也。"孔子家語入官作"察一物而貫乎多"。論衡程材："春秋五經，義相～穿。"黃暉校釋引錢大昕曰："'關穿'猶'貫穿'也。"

[同源字]①楗，關，管。見"楗"字條。
②貫，毌，慣，關。見"貫"字條。
③棺，關。見"棺"字條。

十二畫

闥 tà 他達切，入，曷韻，透。月部。

❶門內。詩齊風東方之日："彼姝者子，在我～兮。"釋文引韓詩云："門屏之間曰闥。"陳奐詩毛氏傳疏云："是毛意以寢門左右塾爲闥，韓以寢門內屏爲闥。"又："天子燕寢，有左右房，有左右夾室，是謂之闥；士燕寢，東房西室，其正寢亦左右房，無左右夾室；士二門，大門與寢門也，寢門之左右有塾，其內設簾帷之制。簾帷，亦屏也，是亦謂之闥。"又指宮中小門。漢書高后紀："高后女主制政，不出房～，

而天下晏然。"泛指門。宋王安石書湖陰先生壁詩:"一水護田將緑繞,兩山排～送青來。"㊂疾貌。文選三國魏嵇康琴賦:"～爾奮逸,風駭雲亂。"

闞 1. kàn 苦濫切,音瞰,去,闞韻,溪。談部。

㊀望也。見説文。段玉裁注:"望者,出亡在外,望其還也。望有倚門倚閭者,故从門。"文選三國魏嵇康琴賦:"俯～海湄。"㊁姓。

2. hǎn 火斬切,上,豏韻,曉。談部。

㊂〔闞如〕〔闞然〕①虎聲。詩大雅常武:"進厥虎臣,闞如虓(xiāo)虎。"陳奂傳疏:"闞如,闞然也。"②張口雄辯的樣子。莊子天道:"而口闞然,而狀義然。"

[同源字]闞,瞰,矙,看。四字均溪母,看爲元部,與闞等爲元談通轉。廣雅釋詁一:"闞、看、瞰,視也。"王念孫疏證:"闞,與下瞰字同,字亦作矙。"瞰與矙均闞之分别字。説文:"看,睎也。"又:"闞,望也。"朱駿聲説文通訓定聲謙部:"闞,望或倚門倚閭,故从門。字亦作瞰,作矙。"

闠 huì 胡對切,去,隊韻,匣。物部。

〔闤闠〕見"闤"字條。

闡 chǎn 昌善切,上,獮韻,穿三。元部。

㊀打開,翻開。文選漢班固東都賦:"於是聖皇乃握乾符,～坤珍。"吕延濟注:"闡,開也。坤珍,洛書也。"又爲開拓。史記秦始皇本紀:"禽滅六王,～併天下。"又爲擴充、恢弘。三國志魏書高柔傳:"高祖即位,遂～其業,興復辟雍。"㊁公開的。吕氏春秋决勝:"隱則勝～矣,微則勝顯矣。"

闝 1. wěi 韋委切,上,紙韻,喻三。歌部。

㊀開門。國語魯語下:"～門與之言,皆不踰閾。"

2. kuā 苦緺切,平,佳韻,溪。

㊁斜開門。見廣韻。宋梅堯臣送方進士遊廬山:"老僧避俗去足跡,野客就澗開門～。"

闟 1. xī 許及切,音吸,入,緝韻,曉。緝部。

㊀〔闟然〕①安定的樣子。史記匈奴列傳:"世世昌樂,闟然更始。"②忽然。管子小問:"闟然止,瞠然視。"㊁〔闟戟〕長戟。史記商君列傳:"君之出也,後車十數,…持矛而操闟戟者旁車而趨。"文選漢張衡東京賦:"雲罕九斿,闟戟轇輵。"

2. tà 集韻敵盍切,音蹋,入,盍韻,定。緝部。

㊂〔闟然〕物墮地聲。韓詩外傳二:"巫馬期喟然仰天而歎,闟然投鐮于地。"

3. sè 集韻色入切,入,緝韻,審二。

㊃通"鈒"。短矛。集韻緝韻:"鈒,鋋也。或作闟。"參見"鈒"字條。

[辨]鈒,鋋,闟。見"鈒"字條。

按,説文無闟字。

⿵門焦 jiāo 集韻兹消切,平,宵韻,精。

木名。見集韻。正字通謂"即今烏木"。

[備考]逸周書王會:"夷用闒采。"王應麟本"闒采"作"⿵門焦木",釋爲"烏文木"。

按,説文無⿵門焦字。

闏 xiàng 許亮切,去,漾韻,曉。陽部。

兩階之間。爾雅釋宫:"兩階間謂之鄉。"徐鍇繫傳及集韻漾韻"闏"字引爾雅均作"闏"。禮記明堂位:"刮楹達鄉",集韻引作"達闏"。

十 三 畫

闢 pì 房益切,集韻毗亦切,入,昔韻,並。錫部。

㊀打開。説文:"闢,開也。虞書曰:'～四門。'"左傳宣公二年:"晨往,寢門～矣。"引申爲開拓。吴子圖國:"～土四面,拓地千里,皆(吴)起之功也。"又爲開墾。史記田敬仲完世家:"田野～,人民給。"㊁開闊。文選晉潘

岳西征賦："蹈秦郊而始～，豁爽塏以宏壯。"李善注："言自於山川迫隘之路，至秦郊始開，豁然高明壯大。"㊂屏除。荀子解蔽："～耳目之欲，可謂能自彊矣。"㊃通"避"。回避。周禮天官閽人："凡外内命夫命婦出入，則爲之～。"釋文："闢，本又作辟。避也。"

闤 huán 户關切，音還，平，删韻，匣。元部。

〔闤闠〕古代商業市區，有垣有門，闤爲市垣，闠爲市門。廣雅釋宫："闤闠，道也。"王念孫疏證："案闤爲市垣，闠爲市門，而市道即在垣與門之内，故亦得闤闠之名。"文選漢張衡西京賦："爾乃廓開九市，通闤帶闠。"又晉左思蜀都賦："闤闠之裏，伎巧之家。"李善注："闤，市巷也。闠，市外内門也。"又吴都賦："開市朝而普納，横闤闠而流溢。"

按，説文無闤字，新附有之。

闥 yán 余廉切，平，鹽韻，喻四。談部。

廟門。見説文。

閻 yuè 以灼切，入，藥韻，喻四。藥部。

門閂，上端穿過横閂，下端插入地下。説文："閻，關下牡也。"

阜　部

［阜部總論］

阜字説文作𨸏，古文作𨸑。隸定作阜，作爲偏旁隸定作阝。阜部的字多與土山、丘陵、登降、高下有關；也有的字與建築物有關，如陛、除、階等。

阜 fù 房久切，上，有韻，奉。幽部。

㊀土山、丘陵。詩小雅吉日："升彼大～，從其群醜。"㊁肥大。詩小雅車弓："田車既好，四牡孔～。"引申爲繁盛、旺盛、豐富。文選漢張衡東京賦："草木蕃廡，鳥獸～滋。"詩鄭風大叔于田："叔在藪，火烈具～。"毛傳："阜，盛也。"法言孝至："君人者，務在殷民～財。"（阜財，使財物豐富）

［辨］陵，阜，阿，丘，山。見"陵"字條。

二　畫

阞 lè 盧則切，音肋，入，德韻，來。職部。

地脈，即地質水文條件、狀況。周禮考工記匠人："凡溝逆地～，謂之不行。"鄭玄注："溝謂造溝，阞謂脈理。"

［備考］通"仂"。餘數。周禮考工記輪人："以其圍之～捎其藪。"鄭玄注："阞，三分之一也。"孫詒讓正義引程瑶田云："阞，餘也，又分也，理也。王制'祭用數之仂，喪用三年之仂'，注以爲十分之一也。十分之一可曰仂，則三分之一當亦可曰阞。"

［同源字］阞，朸，泐，扐，肋。五字同源，其共同意義爲分、理。段玉裁"阞"字注："力者，筋也。筋有脈絡可尋，故凡有理之字皆从力。阞者，地理也；朸者，木理也；泐者，水理也；手部有'扐'，亦同意。"孫詒讓周禮正義冬官輪人引鄭珍云："阞者，分理之名，本無專字。言地理，即从𨸏作阞；言木理，即从木作朸；言指之分，即从手作扐；言骨之分，从月（肉）作肋。因从木，又可从艸作艻；因从手，又可从人作仂。"

三　畫

阢 wù 集韻五忽切，音兀，入，没韻，疑。物部。

㊀上面覆蓋土的石山。説文阜部："阢，石山戴土也。"㊁〔阢隉〕見"隉"字條。

阤 1. zhì 池爾切，音豸，上，紙韻，澄。歌部。

❶崩潰。漢劉向說苑談叢："江河大潰從蟻穴，山以小～而大崩。"❷坡，岸。周禮考工記輈人："是故大車平地既節軒摯之任，及其登～，不伏其轅，必縊其牛。"

2. yǐ 集韻演爾切，上，紙韻，喻四。歌部。

❸〔阤靡〕叠韻聯緜字，地勢傾斜綿延不斷的樣子。漢書司馬相如列傳子虛賦："其南則有平原廣澤，登降阤靡。"又作"陁靡"。

3. tuó 增修禮部韻略唐何切，音陀。歌部。

❹〔陂阤〕叠韻聯緜字。見"陂"字條。

［辨］阤，崩。二字義同，常連用。國語周語下："是故聚不阤崩，而物有所歸。"韋昭注："大曰崩，小曰阤。"說文："阤，小崩也。"

阡 qiān 蒼先切，平，先韻，清。真部。

❶〔阡陌〕田界。史記秦本紀："爲田開阡陌。"司馬貞索隱引風俗通曰："南北曰阡，東西曰陌。河東以東西爲阡，南北爲陌。"又爲田間小路。晉陶淵明桃花源記："阡陌交通，雞犬相聞。"❷墳墓，墓道。唐杜甫秋日夔府詠懷一百韻："共誰爭昔事，幾處有新～。"趙彥材注："新阡以言墳墓。前漢原涉名其母墓曰'南陽阡'是也。"又借仟爲阡。漢書游俠傳原涉："京兆尹曹氏葬茂陵，民謂其道爲京兆仟。涉慕之，迺買地開道，立表署曰南陽仟，人不肯從，謂之原氏阡。"❸〔阡眠〕〔阡綿〕叠韻聯緜字。茂密貌。文選南朝齊謝玄暉和王著作八公："阡眠起雜樹，檀欒蔭修竹。"李善注引楚辭："遠望兮阡眠。"唐釋道宣廣弘明集南朝梁宣帝遊七山寺詩："既嵳峩而蔭映，亦嶢岪而阡綿。"

按，說文無阡字，新附有之。

四　畫

阬 1. kēng 客庚切，平，庚韻，溪。陽部。

❶洼下去的地方。莊子天道："在谷滿谷，在～滿～。"漢書西域傳："畜隊，未半～谷盡靡碎。"用作動詞，以阬活埋人。史記趙世家："秦人圍趙括，趙括以軍降，卒四十餘萬皆～之。"又秦始皇本紀："乃自除犯禁者四百六十餘人，皆～之咸陽。"字亦作"坑"。唐章碣焚書坑詩："坑灰未冷山東亂，劉項原來不讀書。""坑"是名詞，指活埋儒生的坑。

2. kàng 苦浪切，去，宕韻，溪。陽部。

❷通"抗"。〔阬衡〕形容樹木相抗爭衡的樣子。史記司馬相如傳："阬衡閜砢。"漢書司馬相如傳作"坑衡"。王先謙補注云："坑即抗之同音借字，謂條幹支柱，相傾相敵，正抗衡之義。"

3. gāng 集韻居郎切，平，唐韻，見。陽部。

❸土山岡。漢書揚雄傳甘泉賦："陳衆車於東～兮，肆玉軑而下馳。"文選漢張衡西京賦："絶～踰斥。"李善注："阬同岡。"

［備考］門高大皃。引申爲空虛皃。說文阜部："阬，閬也。"段玉裁注："閬者，門高大之皃也。引申之凡孔穴深大皆曰閬阬。釋詁云'虛也'。地之孔穴虛處與門同，故曰閬也。"郝懿行爾雅義疏"阬"字云："阬者，說文云'閬也'。蓋阬閬猶閎閬，空虛貌也。"

防 fáng 符方切，平，陽韻，奉。陽部。

❶堤。詩陳風防有鵲巢："～有鵲巢，邛有旨苕。"史記秦始皇本紀："決通川～。"用作動詞，築堤防堵塞。左傳襄公三十一年："然猶～川。大決所犯，傷人必多。"國語周語上："～民之口，甚於～川。"第一個"防"字爲比喻義，可譯爲"堵塞"。又爲防止。禮記樂記："刑以～其姦。"❷戰爭中的防禦工事。墨子迎敵祠："凡守城之法，縣師受事，出葆，循溝～。"史記蘇秦列傳："長城鉅～，足以爲塞。"張守節正義引竹書紀年云："梁惠王二十年，齊閔王築～以爲長城。"❸相當。詩秦風黃鳥："維此仲行，百夫之～。"毛傳："防，比也。"鄭箋："防，猶當也，言此一人當百夫。"

[備考]小曲屏風。爾雅釋宫:"容謂之防。"邢昺疏:"容者射禮唱獲者蔽身之物也,一名防,言所以容身防矢也。"

[辨]防,坊,隄,堤,唐,隋,塘,墳,坋。九字在堤壩這個意義上同義。説文:"防,隄也。"又:"隄,唐也。"淮南子主術:"若發堿决唐。"高誘注:"堿,水堿也。唐,隄也。皆所以畜水。"字亦作"隋"。廣雅釋宫:"隋,隄也。"王念孫疏證:"隋,字亦作塘,通作唐。周語:'陂唐汚庳,以鍾其美。'韋昭注:'唐,隄也。'"爾雅釋邱:"墳,大防。"詩周南汝墳:"遵彼汝墳。"毛傳:"墳,大防。"説文土部:"坋,一曰大防也。"許慎"釋墳爲墓,然'汝墳'乃叚借字也"(段玉裁"坋"字注)。"防"後來引申爲備禦之稱,"唐"的本義説文釋爲"大言也","墳"主要用于"墳墓"義,只有"隄"字古今義未變。

阱 jǐng 疾郢切,上,静韻,從。耕部。

陷阱。在地面挖坑陷獸。禮記中庸:"驅而納諸罟擭陷~之中。"孟子梁惠王下:"則是方四十里爲~於國中。"這是把苑囿比作坑害老百姓的陷阱。引申爲拘囚人的處所。楚辭漢劉向九歎愍命:"慶忌囚於~室兮,陳不占戰而赴圍。"

按,説文阱字在井部。

阮 1. yuán 愚袁切,音元,平,元韻,疑。元部。

㊀〔五阮關〕地名,漢代屬代郡,今河北宣化縣西南。漢書地理志顔師古注作"五原關"。

2. ruǎn 虞遠切,上,阮韻,疑。元部。

㊁古諸侯國名,在今甘肅涇川縣。詩大雅皇矣:"敢距大邦,侵~徂共。"㊂姓。

阫 péi 集韻蒲枚切,音培,平,灰韻,並。之部。

屋後牆。莊子庚桑楚:"正晝爲盜,日中穴~。"郭慶藩集釋:"阫與培同。淮南子齊俗'鑿培而遁之'。高誘注曰:'培,屋後牆也。'"

按,説文無阫字。

阯 zhǐ 諸市切,上,止韻,照三。之部。

㊀事物的基阯部分。如牆基,山脚下。漢揚雄太玄大:"豐牆峭~,三歲不築,崩。"指山脚下。漢書郊祀志:"丙辰,禪泰山下~東北肅然山。"初學記卷五泰山:"故增泰山之高,以示報天;禪梁甫之~,以報地。"又:"黄河如帶,若在山~。"㊁通"趾"。古代交趾亦作交阯。㊂通"沚"。小渚。文選漢張衡西京賦:"迺有昆明靈沼,黑水玄~。"五臣本作"沚"。

[辨]趾,止,址,阯。見"趾"字條。

阰 pí 房脂切,集韻頻脂切,平,脂韻,並。脂部。

古代楚國山名。楚辭戰國屈原離騷:"朝搴~之木蘭兮,夕攬洲之宿莽。"

按,説文無阰字。

阸 1. è 集韻乙革切,入,麥韻,影。錫部。

㊀險要重地。漢賈誼新書過秦下:"秦雖小邑,伐并大城,得~塞而守之。"用作動詞。扼守。唐段文昌平淮西碑:"凡五軍,~固始之險。"㊁困厄。莊子盜跖:"約養以持生,則亦猶久病長~而不死者也。"

2. ài 集韻烏懈切,去,卦韻,影。錫部。

㊂通"隘"。狹小,狹隘。莊子列禦寇:"處窮閭~巷,困窘織屨。"漢賈誼新書道術:"優賢不逮謂之寬,反寬爲~。"

[同源字]隘,厄,阸。見"厄"字條。

按,説文阸作阨。朱駿聲説文通訓定聲履部"阨"字云:"字亦作阸。"參見"阨"字條。

阪 1. bǎn 扶板切,集韻部版切,上,潸韻,並。元部。

㊀斜坡。詩秦風車鄰:"~有桑,隰有楊。"吕氏春秋孟春:"善相丘陵~險原隰,土地所宜,五穀所殖。"㊁山腰小道。説文:"阪,一曰山脅也。"唐劉長卿奉和李大夫同吕評事太行苦熱行:"朝辭羊腸~,夕望貝丘郭。"

2. fǎn 府遠切,上,阮韻,非。元部。

㊂通"反"。相反。荀子成相:"患難哉,～爲先,聖知不用愚者謀。"楊倞注:"阪,與反同。"

五　畫

陀 1.tuó 徒河切,平,歌韻,定。歌部。

㊀〔陂陀〕叠韻聯緜字。見"陂"字條。

2.duò 集韻待可切,上,哿韻,定。歌部。

㊁坍塌。淮南子繆稱:"城峭者必崩,岸崝者必～。"劉文典集解:"陀,即阤字。説文作陊,落也。"

按,説文無陀字。集韻以"阤""陊"爲"陀"之或體。

陒 1.è 於革切,入,麥韻,影。錫部。

㊀險阻重地。後漢書文苑列傳杜篤:"觀～於崤、黽,圖險於隴、蜀。"㊁貧困,艱危。荀子議兵:"秦人,其生民也陿～,其使民也酷烈。"史記宋微子世家:"君子不困人於～,不鼓不成列。"字亦作"阸"。周禮地官鄉師:"以歲時巡國及野,而賙萬民之艱阸。"鄭玄注:"艱阸,饑乏也。"孫詒讓正義:"説文自部云:'陒,塞也。'…阸即陒之隸變。"又爲險惡。後漢書馮衍傳:"悲時俗之險～兮,哀好惡之無常。"又爲戹數,戹運。漢書食貨志上:"予遭陽九之～,百六之會。"

2.ài 烏懈切,去,卦韻,影。錫部。

㊂阻塞。見廣韻。集韻卦韻以"陒"爲"隘"之重文。史記律書:"南越、朝鮮自全秦時内屬爲臣子,後且擁兵阻～。"裴駰集解:"陒音戹賣反。"

陆 qū 去魚切,平,魚韻,溪。魚部。

依山谷爲牛馬圈。見説文。漢書司馬相如傳上林賦:"江河爲～,泰山爲櫓。"

阿 1.ē 烏何切,平,歌韻,影。歌部。

㊀大的山陵。爾雅釋地:"大陵曰阿。"説文:"阿,大陵。"詩大雅皇矣:"我陵我～。"史記司馬相如列傳上林賦:"順～而下,赴隘陜之口。"㊁山或水的彎曲處。穆天子傳卷一:"癸未,雨雪,天子獵于鈃山之西～。"又:"丙午,天子飲于河水之～。"顧實講疏:"河水之阿,當在山黛湖之西北,當黄河東南流之屈曲處。阿,曲隅也。山水通稱曰阿,則凡黄河之曲流成隅處,皆可曰阿也。"漢書禮樂志郊祀歌:"沛施祐,汾之～。"又指庭之曲處。文選漢班固西都賦:"珊瑚碧樹,周～而生。"由曲隅引申爲曲從,迎合。國語周語上:"大臣享其禄,弗諫而～之。"又爲循私、偏袒。荀子君道:"内不可以～子弟,外不可以隱遠人。"墨子兼愛下:"賞賢罰暴,勿有親戚弟兄之所～。"又爲親附。左傳昭公二十年:"寡君命下臣於朝曰:'～下執事。'"由卷曲謂之阿又引申爲房屋中脊卷曲之處。周禮考工記匠人:"王宫門～之制五雉。"孫詒讓正義引胡承珙云:"鄭以'棟'訓阿者,非謂棟有阿名,謂屋之中脊其當棟處名阿耳。阿之義訓爲曲。…其在宫室,則凡屋之中脊,其上穹然而起,其下必卷然而曲。其曲處謂之阿。棟隨中脊之勢,亦必有穹然卷然之形,故易於棟言隆,禮即以棟爲阿。屋有四注、兩下,必皆於中脊分之。考工記於四注者曰四阿,於兩下者曰門阿,然則阿爲中脊卷曲之處明矣。"又指屋檐下。國語晉語二:"有神人面白毛、虎爪、執鉞立於西～。"㊂柔美貌。詩小雅隰桑:"隰桑有～,其葉有難。"毛傳:"阿然,美貌。"段玉裁以爲乃曲義之引申,説文"阿"字注:"曲則易爲美,故隰桑傳曰:'阿然,美皃。'""阿難"本叠韻聯緜字,這裏"阿"字單用。㊃絲織品,細繒。史記司馬相如列傳:"被～錫,揄紵縞。"

2.hē 音嗬。歌部。

㊄通"訶"、"呵"。斥責。老子:"唯之與～,相去幾何?"

3.ā。

㊅名詞詞頭。用于稱謂之前,如"阿母"、"阿爺";用于人名之前,如"阿蒙"(三國吴吕蒙);又用于疑問代詞"誰"之前,"阿誰"。

［辨］陵,阜,阿,丘,山。見"陵"字條。

陂 1. bēi 彼爲切,平,支韻,幫。歌部。

❶斜坡地。爾雅釋地:“陂者曰阪。”史記酷吏列傳寧成:“乃貰貸～田千餘頃,假貧民,役使數千家。”❷堤岸。詩陳風澤陂:“彼澤之～,有蒲與荷。”由堤岸引申爲動詞,障,壅塞。書禹貢:“九澤既～。”國語周語中:“澤不～,川不梁。”又爲水之涯。國語越語下:“故濱於東海之～,黿鼉魚鱉與之處。”又爲湖泊池塘。説文:“陂,一曰池也。”段玉裁注:“陂得訓池者,陂言其外之障,池言其中所蓄之水。”後漢書黄憲傳:“叔度汪汪若千頃～,澄之不清,淆之不濁,不可量也。”〔陂池〕禮記月令:“毋漉陂池。”鄭玄注:“畜水曰陂,穿地通水曰池。”釋文:“陂,彼宜反。尚書傳云:‘澤障曰陂,停水曰池。’”❸旁邊。漢書禮樂志郊祀歌:“騰雨師,洒路～。”❹靠近。後漢書馮衍傳顯志賦:“～山谷而閒處兮,守寂寞而存神。”李賢注:“陂謂傍其邊側也。”

2. bì 彼義切,去,寘韻,幫。歌部。

❺傾斜。廣韻:“陂,傾也。易曰:‘無平不～。’”方言六:“陂,衺也。”又指行爲不正。書洪範:“無偏無～,遵王之義。”

3. pō 集韻蒲波切,平,戈韻,並。歌部。

❻〔陂陀〕〔陂陁〕〔陂陒〕叠韻聯緜字。地勢傾邪不平的樣子。廣雅釋詁二:“陂陀,衺也。”廣韻歌韻:“陀,陂陀,不平之皃。”唐李華含元殿賦:“靡迆秦山,陂陀漢陵。”史記司馬相如列傳:“登陂陁之長阪兮,坌入曾宫之嵯峨。”漢書作“陂陒”。

〔備考〕地名用字。湖北黄陂縣,音 pí。

阽 diàn 余廉切,集韻都念切,去,桥韻,端。談部。

瀕臨,臨近(危險)。漢書文帝紀:“吾百姓鰥寡孤獨窮困之人或～於死亡,而莫之有憂。”〔阽危〕臨危。宋書後廢帝紀:“七廟阽危。”又爲病危。小爾雅廣名:“疾甚謂之阽。”

阻 zǔ 側吕切,上,語韻,照二。魚部。

❶險阻之地。周禮夏官司險:“掌九州之圖,以周知其山林川澤之～,而達其道路。”鄭玄注:“山林之阻則開鑿之,川澤之阻則橋梁之。”文選漢張衡東京賦:“秦負～於二關,卒開項而受沛。”形容地勢阻隔、路難行。詩秦風蒹葭:“遡洄從之,道～且躋。”用作動詞。阻擊,阻攔。左傳僖公二十二年:“古之爲軍也,不以～隘也。”又爲拒絶。詩邶風谷風:“既～我德,賈用不售。”❷患難。詩邶風雄雉:“我之懷矣,自詒伊～。”❸仗恃。漢書婁敬傳:“凡居此者,欲令務以德致人,不欲～險。”左傳隱公四年:“～兵,無衆。”又爲依傍,靠近。文選漢張衡東京賦:“謻門曲榭,邪～城洫。”李善注:“阻,依也。”

〔備考〕疑惑。左傳閔公二年:“是服也,狂夫～之。”杜預注:“阻,疑也。”國語晉語一:“且是衣也,狂夫～之衣也。”韋昭注:“阻,古‘詛’字,將服是衣,必先詛之。”二説不同。楊伯峻春秋左傳注釋“阻”爲“難”,“謂狂夫亦難穿之。”與杜、韋均不同。

〔同源字〕沮,阻。見“沮”字條。

阼 zuò 昨誤切,音胙,去,暮韻,從。鐸部。

❶〔阼階〕古代殿前分東西兩階,中間無道,阼階即東階,主人所升之階;西階又叫賓階,爲賓客升降之階。書顧命:“大輅在賓階面,綴輅在阼階面。”禮記燕義:“君席阼階之上,居主位也。”❷〔踐阼〕登帝位。禮記文王世子:“昔者周公攝政,踐阼而治。”大戴禮記武王踐阼:“武王踐阼,三日,召士大夫而問焉。”禮記曲禮下:“踐阼,臨祭祀。”孔穎達正義:“踐,履也;阼,主人階也。天子祭祀升阼階,…履主階行事,故云踐阼也。”“踐阼”也叫“即阼”。史記孝文本紀:“辛亥,皇帝即阼。”張守節正義:“(阼)主人階也。”

〔備考〕主人。儀禮特牲饋食禮:“祝命徹～俎、豆籩。”鄭玄注:“阼俎,主人之俎。”朱駿聲説文通訓定聲豫部“阼”字,以此例中之“阼”乃“假借爲胙”,與鄭説不同。

陁 1. tuó 集韻唐何切,平,戈韻,定。歌部。

㊀〔陂陁〕叠韻聯緜字。地勢傾斜不平的樣子。釋名釋山:"山旁曰陂,言陂陁也。"參見"陂"字條。

2. yǐ 集韻演爾切,上,紙韻,喻四。歌部。

㊁〔陁靡〕叠韻聯緜字。邪長皃,即傾斜綿延的樣子。史記司馬相如列傳子虛賦:"平原廣澤,登降陁靡。"漢書作"阤靡"。見"阤"字條。

3. zhì 集韻丈爾切,上,紙韻,澄。歌部。

㊂墮,崩。後漢書蔡邕列傳:"天網縱,人紘弛,王塗壞,太極~。"李賢注引"賈逵注國語曰:'小崩曰陁。'"今國語周語下作"阤"。漢揚雄太玄鋭:"上九,陵崢岸峭,~。測曰:陵崢岸峭,鋭極必崩也。"〔陁陊〕崩壞。文選漢張衡西京賦:"北闕甲第,當道直啓,程巧致功,期不陁陊。"〔陁堵〕崩落。文選漢張衡西京賦:"河渭爲之波盪,吴嶽爲之陁堵。"

按,說文陁作阤。朱駿聲說文通訓定聲隨部"阤"字云:"字亦作陁,作陀。"集韻紙韻亦以"陁"爲"阤"之重文。

附 1. fù 符遇切,去,遇韻,奉。侯部。

㊀著。左傳襄公三十一年:"衣服~在吾身,我知而慎之。"又爲親近。漢書文三王傳:"以廣公族~疏之德。"(附疏:令宗族疏遠者親附。)又爲靠近。孫子行軍:"欲戰者,無~於水而迎客。"又爲歸附。孟子滕文公下:"紹我周王見休,惟臣~于大邑周。"㊁增加。論語先進:"季氏富於周公,而求也爲之聚斂而~益之。"孟子盡心上:"~之以韓魏之家,如其自視欿然,則過人遠矣。"㊂捎帶(後起義)。唐杜甫石壕吏詩:"一男~書至,二男新戰死。"

〔備考〕通"祔"。祔廟之禮。禮記雜記上:"大夫~於士,士不~於大夫,~於大夫之昆弟。"鄭玄注:"附讀皆爲祔。…祔者祔於先死者。"

2. bù 集韻薄口切,音部,上,厚韻,並。侯部。

㊃〔附婁〕〔部婁〕〔培塿〕叠韻聯緜字。小土山。說文:"附婁,小土山也。春秋傳曰:'附婁無松柏。'"今左傳襄公二十四年作"部婁",文選魏都賦李善注引作"培塿"。

阺 dǐ 直尼切,集韻典禮切,音底,上,薺韻,端。脂部。

㊀陵阪,山坡。說文:"秦謂陵阪曰阺。"文選戰國宋玉高唐賦:"登巉巖而下望兮,臨大~之稸水。"字亦作"坻"。廣韻薺韻有"坻"字,注云:"隴阪。"㊁山岸邊將隤墮的部分。漢書揚雄傳:"功若泰山,響若~隤。"

六　畫

陔 gāi 古哀切,平,咍韻,見。之部。

㊀臺階層級。說文:"陔,階次也。"又爲祭壇層級。漢書郊祀志上:"令祠官寬舒等,具泰一祠壇,祠壇放(仿效)亳忌(亳人,名忌)泰一壇三~。"顔師古注:"陔,重也。三陔,三重壇也。"㊁田隴,田埂。文選晉束晳補亡詩南陔:"循彼南~,言采其蘭。"

陋 lòu 篇海類編郎豆切,侯部。

同"陋"。㊀偏僻的邊遠地區。左傳成公八年:"莒子曰:'辟~在夷,其孰以我爲虞?'"論語子罕:"子欲居九夷。或曰:'~。'"引申爲見聞不廣,粗鄙無文。荀子脩身:"多見曰閑,少見曰~。"漢賈誼新書道術:"辭令就得謂之雅,反雅爲陋。"又爲狹小簡陋。論語雍也:"在~巷,人不堪其憂。"唐劉禹錫陋室銘:"斯是~室,唯吾德馨。"㊁粗劣。宋書孔覬傳:"衣裘器服,皆擇其~者。"又爲醜陋。東觀漢記周舉傳:"姿貌短~。"後漢書梁冀傳:"容貌甚~,不勝冠帶。"㊂以…爲陋,鄙薄。文選漢張衡東京賦:"宜其~今而榮古矣。"㊃隱匿。爾雅釋言:"陋,隱也。"書堯典:"明明揚側~。"孫星衍尚書今古文注疏:"側陋爲隱匿。"

按,說文陋作陋,玉篇、廣韻、集韻同。今經典多作陋。

陌 mò 莫白切,入陌韻,明。鐸部。

㊀田界。見"阡陌"條。㊁道路。文選南朝宋沈約學省愁卧一首:"秋風吹廣～,蕭瑟入南闈。"唐杜甫湖城東遇孟雲卿復歸劉顥宅宿宴飲散因爲醉歌:"天開地裂長安～,寒盡春生洛陽殿。"唐劉禹錫元和十年自朗州召至京,戲贈看花諸君子詩:"紫～紅塵拂面來,無人不道看花回。"㊂横越。清王念孫廣雅疏證卷七上:"陌,亦横度之名也。故釋名云'亢陌山谷草野而過'。"㊃量詞(後起義)。通"佰"。指錢一百文。宋沈括夢溪筆談辯證二:"百錢謂之～者,借'陌'字用之,其實只是'佰'字。"

[備考]〔陌頭〕①絡髮的頭巾。釋名釋首飾:"綃頭:綃,鈔也;鈔髮使上從也,或謂之陌頭,言其從後横陌而前也。"②路邊。唐王昌齡閨怨詩:"忽見陌頭楊柳色,悔教夫婿覓封侯。"

按,說文無陌字。許慎釋義中用"百"作"陌"。如田部"畂,一曰百也,趙魏謂百爲畂。"段玉裁注:"百今之陌字。"又:"畛,井田間百也。"(依段注)

陑 ér 如之切,平,之韻,日。之部。

山名。在今山西永濟縣。書湯誓:"伊尹相湯伐桀,升自～。"

按,說文無陑字。

陏 1. duò 字彙徒火切。音墮。

㊀瓜類植物的果實。宋黄善夫刻本史記貨殖列傳:"果～嬴蛤,不待賈而足。"今本史記作"隋",漢書地理志作"蓏"。

2. suí 玉篇辭規切。音隨。

㊁地名。原本玉篇殘卷三阜部:"陏,漢書南陽有縣也。"按,蓋即漢書地理志南陽郡之隨縣。

按,說文無陏字。

限 xiàn 胡簡切,上,産韻,匣。文部。

㊀險阻。韓非子初見秦:"齊之清濟濁河,足以爲～。"三國志吴書陸遜傳:"夷陵要害,國之關～。"引申爲界限、範圍以内。小爾雅廣詁:"限,界也。"南朝梁劉勰文心雕龍章句:"又詩人以'兮'字入于句～,楚辭用之,字出句外。"又爲限度。韓非子解老:"嗜慾無～,動静不節。"用作動詞。限制。荀子彊國:"夫義者所以～禁人之爲惡與姦者也。"唐杜甫奉贈李八丈判官曛詩:"篋書積諷諫,宫闕～奔走。"㊁門檻。後漢書臧宫傳:"宫夜使鋸斷城門～。"㊂腰。易艮:"艮其～,列其夤。"

陚 hóng 户公切,音紅,平,東韻,匣。東部。

〔從陚〕山名,在今雲南昆明市北。見廣韻。漢書地理志益州郡來唯縣有"從陚山"。

按,說文無陚字。

降 1. jiàng 古巷切,去,絳韻,見。冬部。

㊀由上走下來。論語鄉黨:"出,～一等。"韓非子外儲説左下:"登～肅讓,以明禮待賓,臣不如隰朋。"又爲降落,降予。左傳襄公十年:"水潦將～,懼不能歸,請班師。"書多士:"旻天大～喪于殷。"又爲降低。左傳僖公二十五年:"天子～心以逆公,不亦可乎?"論語微子:"不～其志,不辱其身。"㊁降生。楚辭戰國屈原離騷:"攝提貞于孟陬兮,惟庚寅吾以～。"㊂下嫁。書堯典:"釐～二女于嬀汭,嬪于虞。"後漢書荀爽傳:"～者,下也。嬪者婦也。言雖帝堯之女,下嫁於虞,猶屈體降下,勤修婦道。"㊃減,退。國語魯語上:"古者大寒～,土蟄發。"又指脱掉。左傳僖公二十三年:"公子懼,～服而囚。"杜預注:"去上服,自拘囚以謝之。"

2. xiáng 下江切,平,江韻,匣。冬部。

㊄投降。左傳襄公元年:"彭城～晉。"唐劉禹錫西塞山懷古詩:"千尋鐵鏁沉江底,一片～帆出石頭。"㊅歡悦。詩召南草蟲:"我

心則～。"

3. hóng 集韻乎攻切,平,冬韻,匣。冬部。

㊆通"洚"。洪水。書大禹謨:"～水儆予。"蔡沈集傳作"洚",注:"古文作降。"

4. xiàng 集韻胡洚切,去,絳韻,匣。冬部。

㊇[降婁]星次名。集韻:"星名。爾雅:'降婁,奎婁也。'"左傳襄公三十年:"於是歲在降婁。"

[辨]赤,朱,丹,絳,紅。見"赤"字條。

陒 guǐ 過委切,上,紙韻,見。支部。

同"垝"。毀壞。説文:"垝,毀垣也。陒,垝或從阜。"漢書杜周傳贊:"(杜)業因勢而抵～,稱朱博,毀師丹,愛憎之議,可不畏哉!"

按,説文以陒爲垝之或體,在土部。

陊 duò 徒可切,上,哿韻,定。歌部。

墜落。説文:"陊,落也。"段玉裁注:"今字假'墮'爲陊,而叚陊爲'阤',義雖略相近,而實本不同。"文選晉左思吴都賦:"精曜潛穎(五臣本作"頴"),硩～山谷。"劉良注:"言其如硩擿而陊落山谷者。"李周翰注:"硩,摘也。陊,落也。言寶玉生於山谷,爲人之所摘落也。"又爲敗壞。晉陸機豪士賦序:"衆心日～,危機將發。"又爲破損。唐韓愈衢州徐偃王廟碑:"又梁桷赤白,～剥不治。"

[備考]落入。宋書朱齡石傳:"如此必以重兵守涪城,以備内道,若向黄虎,正～其計。"

七 畫

院 yuàn 王眷切,去,線韻,喻三。元部。

圍牆。廣雅釋宫:"院,垣也。"王念孫疏證引墨子大取篇云:"其類在～下之鼠。"孫詒讓墨子閒詁以"院"爲"坑"之譌。睡虎地秦墓竹簡法律答問:"巷相直爲～,宇相直不爲～。"引申爲庭院。唐白居易宴散詩:"笙歌歸～落,燈火下樓臺。"唐杜甫落日詩:"啅雀爭枝墜,飛蟲滿～遊。"又爲有圍牆的宫室。隋杜寶大業雜記:"築西苑,周二百里,其内造十六～。"又爲官署名稱(晚起義)。如"翰林～"、"樞密～"等。

[備考]堅也。見説文。

按,説文𨸏部、宀部均有院字。宀部院爲"寏"(胡官切)之或體,云:"周垣也。"

陋 lòu 盧候切,去,候韻,來。侯部。

同"陋"。見"陋"字條。

陣 zhèn 直刃切,去,震韻,澄。真部。

字本作"陳"、作"敶"。㊀軍隊行列。唐楊巨源贈鄰家老將詩:"虎翼分營勢,魚鱗擁～行。"唐王維老將行:"賀蘭山下～如雲,羽檄交馳日夕聞。"文選晉張協雜詩十首之七:"出覩軍馬～,入聞鞞鼓聲。"又爲陣地,戰地。唐杜甫暮秋枉裴道州手札率爾遣興寄遞呈蘇涣侍御詩:"～前部曲終日死。"又爲陣法,作戰隊形。史記廉頗藺相如列傳:"將軍必厚集其～以待之。"北魏酈道元水經注江水:"因曰八～既成,自今行師,庶不覆敗。"㊁量詞(後起義)。如"一～風"、"一～雨"。

按,説文無陣有敶,在攴部。段玉裁注:"此本敶列字,後人假借'陳'爲之,陳行而敶廢矣。…後人别製無理之'陣'字,陣行而敶又廢矣。"其實敶爲陳之後起字,陣亦爲陳之後起字。周語晉語六、楚辭九歌國殤中的"陣"字乃後人所改。"陣"字當起于漢代。

陡 dǒu 當口切,音斗,上,厚韻,端。

後起字。峻峭。明徐宏祖徐霞客遊記遊雁宕山日記:"過常雲峰,則大剪刀峰介立澗旁,剪刀之北,重巖～起。"引申爲突然。唐段成式酉陽雜俎前集八雷:"有頃,雷電入室中,黑氣～暗。"

陝 shǎn 失冉切,上,琰韻,審三。談部。

古地名。説文:"陝,弘農陝也。古虢國王季之子所封也。"後漢書郡國志:"弘農郡,～本虢仲國。"李賢注引史記曰:"自陝以西,邵公主之;自陜以東,周公主之。"

陜 xiá 侯夾切,入,洽韻,匣。葉部。

狹窄,狹隘。説文:"陜,隘也。"朱駿聲説文通訓定聲謙部"陜"字云:"字亦作陿、作峽、作狹,與陝州之陝迴别。"史記司馬相如列傳上林賦:"順阿而下,赴隘~之口。"又孫子吴起列傳:"馬陵道~,而旁多阻隘,可伏兵。"漢書地理志"武威郡蒼松"注:"南山,松~水所出。"顔師古注:"陜,兩山之間也。松陜,陜名。"

[同源字]陜,峽,狹,㾜,陿。五字同音,均爲狹隘義。峽專用于山狹。説文:"㾜,辟也。"朱駿聲説文通訓定聲謙部"㾜"字云:"即陜之或體。"段玉裁"陜"字注:"俗作陿、峽、狹。"文選漢張衡西京賦:"促中堂之陿坐。"六臣註:"五臣本作狹字。"

陘 1. xíng 户經切,音刑,平,青韻,匣。耕部。

㊀山脈中斷處。爾雅釋山:"山絶,陘。"説文:"陘,山絶坎也。"桂馥義證引述征記曰:"太行山首始于河内,自河内北至幽州,凡有八~。"文選漢馬融長笛賦:"膺峭阤,腹~阻。"吕向注:"又以胸腹磨約於峭峻險阻之所也。陘,斷山也。"㊁地名。①春秋楚地。今河南郾城縣南。左傳僖公四年:"師進,次于~。"②戰國韓地。今山西曲沃縣境。史記韓世家:"秦拔我~。"③春秋周地。今河南沁陽縣。國語晉語四:"賜(晉文)公南陽陽樊、温、原、州、~…之田。"

[備考]竈邊承物之器。廣雅釋宫:"㾓謂之竈,其脣謂之陘。"

2. jìng 集韻古定切,去,徑韻,見。耕部。

㊂[海陘]春秋魯國隘道。左傳襄公十六年:"速遂塞海陘而還。"

陗 qiào 七肖切,音俏,去,笑韻,清。宵部。

"峭"的古體。山勢陡直。廣韻:"陗,山峻。亦作峭。"楚辭戰國屈原九章悲回風:"上高巖之峭岸兮,處雌蜺之標顛。"王逸注:"峭,一作陗。"泛指峻直。文選漢張衡西京賦:"上辮華以交紛,下刻~其若削。"引申爲嚴峻,嚴酷。史記袁盎鼂錯列傳:"錯爲人~直刻深。"裴駰集解引韋昭曰:"術岸高曰峭。"司馬貞索隱:"峭,峻也。"淮南子原道:"夫峭法刻誅者,非霸王之業也。"高誘注引陶方琦云:"文選西征賦注引'峭法刻誅'作'陗法刻刑'。"

[辨]陗(峭),陖。二字同義。説文:"陗,陖也。"又:"陖,陗高也。"段玉裁注:"謂斗直而高也,卑者雖直,不得云陖矣。專言高者或未必陗矣。"古書中陖、峻往往不分,陗亦寫作峭。丁福保文選類詁"峻"字條云:"凡高曰峻,凡斗直者曰陗,陖謂斗直而高也。峻或陖省,峻峭互訓,故同用。"鹽鐵論周秦:"趙高以峻文決罪於内,百官以峭法斷割於外。"峻峭對用。

陟 1. zhì 竹力切,入,職韻,知。職部。

㊀登。詩周南卷耳:"~彼崔嵬,我馬虺隤。"又爲上升。大戴禮記夏小正:"魚~負冰。陟,升也。負冰云者,言解蟄也。"又爲登程,上路。書太甲下:"若升高,必自下;若~遐,必自邇。"又爲晉升。書舜典:"三載考績,三考,黜~幽明。"文選漢張衡東京賦:"省幽明以黜~,乃反旆而迴復。"又爲升天,特指帝王之死。左傳昭公七年:"叔父~恪,在我先王之左右,以佐事上帝。"楊伯峻注:"陟恪猶言登假,同義詞連用,謂升天也。"唐韓愈黄陵廟碑:"今謂竹書紀年,帝王之没皆曰~。~,昇也,謂昇天也。"㊁山巒重叠。爾雅釋山:"山三襲,陟。"郭璞注:"襲亦重。"郝懿行義疏:"襲本重衣之名,故郭云'襲亦重'。陟者,㔾也,登也,故二重之山以登陟爲名。"

[備考]㊀通"騭"。牡馬。大戴禮記夏小正:"執~攻駒。"㊁登位。書立政:"亦越成湯~,丕釐上帝之耿命。"屈萬里尚書今註今譯:"陟,謂登天子之位。"孫星衍尚書今古文

注疏："陟，同'勑'。言亦于成湯能勑理天之光命。""陟"字後不逗斷。

2. dé 集韻的則切，入，德韻，端。職部。

㊂通"得"。得到。周禮春官大卜："掌三夢之法，一曰致夢，二曰觭夢，三曰咸～。"鄭玄注："陟之言得也，讀如'王德翟人'之德。言夢之皆得。"釋文："陟，或音得。"孫詒讓正義引段玉裁云："讀如德者，專擬其音也；言夢之皆得者，説其義也。陟、得、德三字古音同部。"

陛 bì 傍禮切，上，薺韻，並。脂部。

登高的階級。墨子備城門："～高二尺五寸，廣長各三尺。"特指天子殿堂前的臺階。漢賈誼新書階級："人主之尊辟無異堂～。～九級者，堂高大幾六尺矣；若堂無～級者，堂高殆不過尺矣。"〔陛下〕對帝王的尊稱。漢蔡邕獨斷上："陛下者：陛，階也，所由升堂也。天子必有近臣執兵陳于陛側，以戒不虞。謂之陛下者，群臣與天子言，不敢指斥天子，故呼在陛下者而告之，因卑達尊之意也。"

［辨］階，除，陛。見"階"字條。

除 1. chú 直魚切，平，魚韻，澄。魚部。

㊀臺階。文選漢張衡東京賦："乃羨公侯卿士，登自東～。"文選南朝宋謝莊月賦："連觀霜縞，周～冰淨。"㊁道。廣雅釋宫："除，道也。"九章算術商功章："往來負土七十步，其二十步上下棚～，棚～二，當平道五。"劉徽注："棚，閣；除，邪道。有上下之難，故使二當五也。"又爲隧道。九章算術商功章："今有羨(yán)～，下廣六尺，上廣一丈，深三尺。"劉徽注："羨除，實隧道也。"特指門屏之間的通道。漢書蘇建傳："扶輦下～，觸柱折轅。"㊂去掉。莊子山木："吾願去君之累，～君之憂，而獨與道遊於大莫之國。"唐杜甫五盤詩："東郊尚格鬬，巨猾何時～。"㊃修治。左傳昭公十三年："將爲子～館於西河。"後漢書盧植傳："亟遣丞掾～其墳墓，存其子孫。"㊄除地爲壇，諸侯盟會處。左傳昭公十三年："子産命外僕速張於～。"㊅任命官職。漢書田蚡傳："上迺曰：君～吏盡未？吾亦欲～吏。"顏師古注："凡言除者，除去故官就新官。"後漢書楊秉傳："頃者道路拜～，恩加豎隸，爵以貨成。"㊆數學計算方式之一。用一個數把另一個分爲若干等分。周髀算經卷下："置月行後天之數，以日後天之數～之，得一十三度十九分度之七，則月一日行天之度。"㊇〔除喪〕除去喪禮之服。左傳襄公十四年："吴子諸樊既除喪，將立季札。"禮記雜記下："其除父之喪也，服其除服。"

2. zhù 遲倨切，去，御韻，澄。魚部。

㊈賜予。詩小雅天保："俾爾單厚，何福不～。"馬瑞辰通釋："何福不除，猶云何福不予。予，與也。"

3. shū 集韻商居切，平，魚韻，審三。魚部。

㊉夏曆四月的别稱。集韻："四月爲除。"按，在這個意義上，集韻又音羊諸切。音余。

［辨］階，除，陛。見"階"字條。

陖 jùn 私閏切，去，稕韻，心。文部。

陡峭。史記司馬相如列傳上林賦："陘～赴險，越壑厲水。"文選漢張衡西京賦："襄岸夷塗，脩路～險。"引申爲嚴酷。史記禮書："是豈令不嚴，刑不～哉？其所以統之者非其道也。"

［辨］陗，陖。見"陗"字條。

按，説文有陖字，山部又有"陵"字，或體作"峻"。朱駿聲説文通訓定聲屯部"陖"字云："陵、峻皆此字(陖)之或體。"段玉裁"陖"字注："山部陵或作峻，高也；此陖，峭高也，是峻陖之别也，專言高者，或未必陗矣。"但"陵"字注又説："陵从陖，則義與陖同。"宜依朱説。

陞 shēng 識蒸切，平，蒸韻，審三。蒸部。

登。爾雅釋畜："騉蹄，趼，善～甗。"引申爲晉升。元史武宗紀二："鞫其獄者，並～秩二等。"又選舉志二："勸課農桑、克勤奉職者，從次～獎。"

按，説文無陞字。在升登、進升等意義上

古書多寫作“升”，今陞字簡化爲升。

八 畫

陪 péi 薄回切，平，灰韻，並。之部。

❶在土堆上加土。説文：“陪，重土也。”徐灝説文解字注箋：“重土爲陪，引申爲凡相重之稱。故‘士有陪乘’，卒有‘陪隸’，‘殆有陪鼎’。”〔陪臣〕臣子的臣子，如大夫爲諸侯之臣，對天子自稱曰陪臣；大夫之家臣亦曰陪臣。禮記曲禮下：“列國之大夫入天子之國曰某士，自稱曰陪臣某。”孔穎達疏：“其君已爲王臣，己今又爲己君之臣，故自稱對王曰重臣也。”論語季氏：“陪臣執國命，三世希不失矣。”劉寶楠正義：“諸侯大夫於天子爲陪臣，則諸侯大夫家臣，亦於諸侯爲陪臣矣。”又爲“陪屬”。國語楚語下：“五物之官，陪屬萬爲萬官。”韋昭注：“臣之臣爲陪屬。”❷增加。左傳僖公三十年：“焉用亡鄭以～鄰？”❸輔佐。詩大雅蕩：“爾德不明，以無～無卿。”左傳昭公三十二年：“物生有兩、有三、有五、有～貳。”用作動詞。史記孝文本紀：“淮南王弟也，秉德以～朕。”❹陪同。漢司馬遷報任安書：“鄉者僕常厠下大夫之列，～外廷末議。”唐杜甫哭王彭州掄詩：“頃壯戎麾出，叨～幕府要。”❺通“賠”（晚起義）。賠償。三國演義五五回：“周郎妙計安天下，～了夫人又折兵。”

［備考］〔陪敦〕附庸。左傳定公四年：“分之土田陪敦。”王國維遺書六毛公鼎銘考釋：“召伯虎敦之‘僕𩫏（墉）土田’，即詩魯頌之‘土田附庸’，左氏傳之‘土田陪敦’也。古僕、附、陪三字同音，附作僕、作陪者，聲之通；𩫏作敦者，字之誤也。”

陳 1. chén 直珍切，平，真韻，澄。真部。

❶陳列。周禮地官司市：“以～肆辨物而平市。”孫詒讓正義：“謂肆各從其物，陳列爲一處。”又爲排列。荀子王制：“鑽龜～卦。”又爲顯示。國語齊語：“相語以事，相示以巧，相～以功。”又爲施展，貢獻。論語季氏：“～力就列，不能者止。”❷陳述，述説。孟子公孫丑下：“我非堯舜之道，不敢以～於王前。”唐杜甫奉贈韋左丞丈二十二韻：“丈人試静聽，賤子請具～。”又爲宣揚。禮記表記：“事君欲諫不欲～。”鄭玄注：“陳，謂言其過於外也。”❸陳舊，與“新”相反。詩小雅甫田：“我取其～，食我農人。”毛傳：“尊者食新，農夫食陳。”朱熹集傳：“陳，舊粟也。”莊子天運：“夫六經，先王之～迹也。”❹堂下至庭院大門的過道。爾雅釋宫：“堂途謂之陳。”釋名釋宫室：“陳，堂塗也，言賓主相迎陳列之處也。”詩小雅何人斯：“彼何人斯，胡逝我～。”陳奂傳疏：“蓋室南有堂，堂下有階，東西階及門之涂，以甓甃之，是謂之堂涂，亦謂之陳。”〔下陳〕堂下，賓主相接陳列禮品之處，亦侍妾歌舞之所。戰國策齊策四：“狗馬實外廐，美人充下陳。”史記李斯列傳：“所以飾後宫充下陳娱心意説耳目者，必出於秦然後可。”❺古國名。姓嬀。在今河南省東部及安徽省北部一帶。周武王封舜後嬀滿於陳，春秋末爲楚所滅。❻朝代名。南朝之一。陳霸先于公元557年滅梁稱帝，國號陳，都建康（今江蘇南京市），公元589年爲隋所滅。

2. zhèn 直刃切，去，震韻，澄。真部。

❼陣法。左傳桓公五年：“原繁、高渠彌以中軍奉公，爲魚麗之～。”墨子脩身：“君子戰雖有～，而勇爲本焉。”用作動詞。布陣，擺開陣勢。左傳成公二年：“癸酉，師～於鞌。”在這個意義上後來作“陣”。

［辨］叙，述，陳，説。見“述”字條。

陸 lù 力竹切，入，屋韻，來。覺部。按，作爲“六”的大寫字“陸”讀 liù。

❶高而平的土山。詩衛風考槃：“考槃在～，碩人之軸。”陳奂詩毛氏傳疏：“在陸，猶在阿也。天保傳云：‘高平曰陸，大陸曰阜，大阜曰陵。’”易漸：“鴻漸于～。”釋文：“陸，高之頂也。馬（融）云：山上高平曰陸。”又爲陸地，

與水域相對。墨子節用上："以爲車以行陵～，舟以行川谷。"資治通鑑六五卷："劉備、周瑜水～並進，追操至南郡。"㊁道路。玉篇阜部："陸，道也。"文選漢張衡西京賦："複～重閣，轉石成雷。"薛綜注："複陸，複道閣也。"又爲日行之道。左傳昭公四年："古者日在北～而藏冰。"文選南朝宋謝莊月賦："于時斜漢左界，北～南躔。"李周漢注："謂日在北道，接虛危之次。"㊂〔陸梁〕雙聲聯緜字。①跳躍的樣子。文選漢揚雄甘泉賦："飛蒙茸而走陸梁。"李善注引晉灼曰："飛者蒙茸而亂，走者陸梁而跳，謂猛士之輩。"也可單用"陸"字。莊子馬蹄："翹足而～。"②猖獗。後漢書黄琬傳："時寇賊陸梁，州境彫殘。"㊃〔陸離〕雙聲聯緜字。①參差貌。楚辭戰國屈原離騷："紛總總其離合兮，斑陸離其上下。"②長貌。楚辭戰國屈原九章涉江："帶長鋏之陸離兮，冠切雲之崔嵬。"③分散貌。漢書司馬相如傳上林賦："先後陸離，離散别追。"④美玉。楚辭漢劉向九歎逢紛："薜荔飾而陸離薦兮，魚鱗衣而白蜺裳。"㊄西漢侯國名。今山東壽光縣東。史記建元以來王子侯者年表："國名，～。"

〔備考〕通"睦(mù)"。和睦。廣雅釋詁："陸，厚也。"王念孫疏證："坊記：'睦於父母之黨。'鄭注云：'睦，厚也。'睦與陸古亦同聲，故漢碑'和睦'字多通作'陸'。"宋洪适隸釋漢成陽令唐扶頌："內和～兮外奔起。"

陵 líng 力膺切，平，蒸韻，來。蒸部。

㊀大土山。詩小雅天保："如山如阜，如岡如～。"毛傳："大阜曰陵。"墨子辭過："古之民未爲宫室時，就～阜而居。"陵也是埋葬之所，故引申爲墳墓，秦以後指帝王的墳墓。國語齊語："定民之事，成民之居，～爲之終。"韋昭注："以爲葬也("也"乃"地"字之誤)。"董增齡正義："蓋自秦之興，而陵始專爲天子諸侯之名，在春秋時則士庶人之冢亦通稱陵也。"漢應劭風俗通山澤一〇："陵有天性自然者，今王公墳壟各稱～也。""丘""山"亦是埋葬之地，故陵與丘、山連用，亦與"墓"連用。荀子禮論："將舉措之，遷徙之，離宫室而歸丘～也。"潛夫論慎微："(漢文帝、明帝)不造廟，不起山～，～墓雖卑而聖高。"北魏酈道元水經注渭水："秦名天子冢曰山，漢曰陵，故通曰山～矣。"㊁登，上。左傳成公二年："齊侯親鼓，士～城。"文選三國魏曹植洛城賦："經通谷，～景山。"又爲踰越，超過。史記秦始皇本紀："匡飭異俗，～水經地。"文選南朝梁范雲古意贈王中書詩："逸翮～北海，摶飛出南皮。"又爲侵凌，凌駕。國語晉語五："襲侵之事，～也。"韓非子亡徵："羈旅起貴以～故常者，可亡也。"㊂戰慄。原本玉篇殘卷三阜部："爾雅：陵，傈(慄)也。"漢劉向説苑善説："登高臨危，而目不眴而足不～者，此工匠之勇悍也。"又爲嚴峻，嚴密。宋書夷蠻傳："苦節以要厲精之譽，護法以展～競之情。"荀子富國："其於禮義節奏也，～謹盡察。"又致士："節奏～而文，生民寬而安。"㊃〔陵夷〕〔陵遲〕〔夌遟〕説文夊部："夌，一曰夌遟也。"段玉裁注："凡言陵遲、陵夷，當作夌遟。今字陵遲、陵夷行而夌遟廢矣。"①形容山勢斜緩的樣子。荀子宥坐："三尺之岸，而虛車不能登也；百仞之山，任負車登焉。何則？陵遲故也。"王先謙集解引盧文弨曰："按淮南子泰族篇：'山以陵遲故能高。'陵遲，猶迤邐陂陀之謂。"鹽鐵論詔聖："嚴牆三刃(仞)，樓季難之；山高干雲，牧豎登之。故峻則樓季(難)三刃，陵夷則牧豎易山巔。"(樓季：戰國時魏國一位善於攀登跳躍的勇士)②衰落。史記高祖功臣侯者年表序："始未嘗不欲固其根本，而枝葉稍陵夷衰微也。"詩王風大車序："禮義陵遲，男女淫奔。"

〔備考〕磨礪。荀子君道："兵刃不待～而勁。"王先謙集解："陵，謂厲兵刃也。"

〔辨〕陵，阜，丘，阿，山。五字義近。爾雅釋地："大陸曰阜，大阜曰陵。"釋名釋山："土山曰阜，大阜曰陵。"周禮地官大司徒鄭玄

注："土高曰丘。"廣雅釋丘："小陵曰丘。"説文："阿，大陵也。一曰曲阜也。"爾雅釋地："大陵曰阿。"丘、阜、陵、阿，原本均指土山，因小大不同而異其名。山，説文云"有石而高"，周禮地官大司徒鄭玄注："積石曰山。"廣雅釋山："土高有石，山。"王念孫疏證："土高有石，對無石曰阜言之。"

陼 zhǔ 章與切，音煮，上，語韻，照三。魚部。

❶水中小洲。爾雅釋水："小洲曰陼。"説文："陼，如渚者陼丘，水中高者也。"漢書揚雄傳："鳳皇翔於蓬～兮，豈駕鵝之能捷。"應劭曰："蓬陼，蓬萊之陼，在海中。"❷水邊。國語越語下："黿鼉魚鼈之與處，而鼃黽之與同～。"韋昭注："水邊亦曰陼。"董增齡正義云："禮運釋文：陼，又作渚。"按，禮運原文爲"不使渚者居中原。"釋文未見此語。用作動詞。臨近(水邊)。文選漢司馬相如子虛賦："且齊東～鉅海，南有琅邪。"六臣本作"渚"。李善注引吕氏春秋："辛寬曰：'太公望封於營丘，渚海阻山也。'聲類曰：'陼，或作渚。'"文選南朝宋沈約齊故安陸昭王碑文："東～鉅海，南望秦稽。"❸〔陼丘〕形似水中高地之土丘。爾雅釋丘："如陼者，陼丘。"釋名釋丘："如陼者曰陼丘，形似水中之高地，隆高而廣也。"

［同源字］陼，渚。二字音同義亦同。古書常通用。爾雅"小洲曰陼"，説文水部"渚"字引作"渚"。楚辭戰國屈原九章涉江："朝發枉陼兮"，王逸注："一作渚。"在"陼丘"這個意義上不作"渚"。

陬 zōu 子侯切，平，侯韻，精。侯部。

❶山角落。管子地員："五沃之土，若在丘在山，在陵在岡，若在～。"文選晉束皙補亡詩白華："白華絳趺，在陵之～。"引申爲凡角落之稱。戰國策宋衛策："宋康王之時，有雀生䲨於城之～。"唐柳宗元永州龍興寺息壤記："永州龍興寺東北～有堂。"又爲偏遠地方。唐杜甫送韋十六評事充同谷郡防禦判官詩："西扼弱水道，南鎮枹罕～。"(枹罕，縣名。在今甘肅臨夏縣)。文選晉左思吴都賦："其荒～譎詭，則有龍穴内蒸。"吕向注："言其荒遠陬隅之所也。"唐柳宗元寄許京兆孟容書："荒～中少士人女子，無與爲婚。"❷水邊。唐韓愈别知賦："歲癸未而遷逐，侶蟲蛇於海～。"❸正月。楚辭戰國屈原離騷："攝提貞於孟～兮，惟庚寅吾以降。"❹地名。春秋魯邑。史記孔子世家："孔子生魯昌平鄉～邑。"❺村落。廣韻侯韻："陬，…又聚居。"文選晉左思魏都賦："蠻～夷落，譯道而通。"❻〔卑陬〕慚愧貌。莊子天地："子貢卑陬失色，頊頊然不自得。"

［辨］陬，隅。二字同義。説文："陬，阪隅也。"又："隅，陬也。""城陬"義同"城隅"，"海陬"義同"海隅"。陬隅叠韻，可以連用。吕氏春秋分職："陬隅有竈，是以不寒。""隅"有廉隅、方正義，"陬"無此義。"陬"的❸❺兩義項，爲"隅"所無。

陭 yī 於離切，音猗，平，支韻，影。歌部。

❶〔陭氏〕漢代縣名，屬上黨郡。見漢書地理志。❷歪斜，不正。漢劉向説苑建本："夫本不正者末必～，始不盛者終必衰。"❸通"攲(qí 崎)"。〔陭嶇〕雙聲聯緜字。不安貌。史記司馬相如列傳："民人登降移徙，陭嶇而不安。"漢書作"崎嶇"。參見"嶇"字條。

陫 fěi 浮鬼切，上，尾韻，奉。微部。

隱匿。楚辭戰國屈原九歌湘君："横流涕兮潺湲，隱思君兮～側。"王逸注："陫，陋也。言己雖見放棄，隱伏山中，猶從側陋之中思念君也。"六臣註文選卷三二湘君劉良注："陫，陋也。隱伏側陋，彌思君子。"

按，説文無陫字。

陰 1. yīn 於金切，平，侵韻，影。侵部。

❶山的北面。詩大雅公劉："既景迺岡，相其～陽。"史記貨殖列傳："故泰山之陽則魯，其～則齊。"唐杜甫望嶽詩："造化鍾神秀，～陽割昏曉。"又指水的南面。左傳成公十六

年:“楚子自武城使公子成以汝～之田求成于鄭。”指汝水之南。列子湯問:“自此,冀之南,漢之～,無隴斷焉。”指漢水之南。引申爲陰天,寒冷的氣候。詩小雅正月:“終其永懷,又窘～雨。”左傳昭公元年:“天有六氣,…六氣曰～、陽、風、雨、晦、明也。”素問氣交變大論篇:“～陽往復,寒暑迎隨。”又爲秋冬之氣。漢董仲舒春秋繁露天辨在人:“而春夏之陽,秋冬之～,不獨在天,亦在於人。”文選漢張衡西京賦:“夫人在陽時則舒,在～時則慘。”薛綜注:“陰謂秋冬。”❷幽暗。楚辭戰國屈原九歌大司命:“壹～兮壹陽,衆莫知兮余所爲。”文選三國魏曹植洛神賦:“神光離合,乍～乍陽。”李周翰注:“言神之光彩或明或闇。”又爲秘密、暗中。史記秦始皇本紀:“高乃與公子胡亥、丞相斯～謀破去始皇所封書賜公子扶蘇者。”戰國策秦策二:“張儀反秦,使人使齊,齊秦之交～合。”❸日景。左傳昭公元年:“趙孟視蔭曰:‘朝夕不相及,誰能待五?’”釋文:“本亦作陰。”淮南子兵略:“是故處於堂上之～,而知日月之次序。”引申爲光陰、時間。淮南子原道:“故聖人不貴尺之璧,而重寸之～,時難得而易失也。”❹月亮。易繫辭下:“～陽之義配日月。”又爲夜晚。禮記禮運:“～陽長短,終始相巡。”孔穎達正義:“陰謂夜也,陽謂晝也。夏則陽長而陰短,冬則陽短而陰長。”❺背陽的一面。周禮考工記輪人:“凡斬轂之道,必矩其～陽。”賈公彦疏:“此欲斬轂之時,先就樹刻之,記識其向日爲陽,背日爲陰之處。”又泛指背面。唐柳宗元先君石表陰先友記注引蘇東坡云:“柳子厚記其先友六十七人於其墓碑之～,考之於傳,卓然知名者蓋二十人。”清顧炎武日知録卷一一:“古者鑄金爲貨,其～則紀國號,如鏡～之有款識也。”又爲凹下的,指印章或器物上凹下的文字,與凸起的“陽文”相對而言。清吴敬梓儒林外史二一回:“一方～文圖書,刻‘牛浦之印’;一方陽文,刻‘布衣’二字。”❻人的生殖器。史記五宗世家:“端爲人賊戾,又～痿。”漢書景十三王傳廣川惠王:“望卿走,自投井死。昭信出之,椓杙其～中。”❼冰窖。古人認爲冰爲陰氣凝結而成,故藏冰之室稱爲“陰”。詩豳風七月:“三之日納于凌～。”❽古代哲學概念,與“陽”相對。易繫辭上:“一～一陽之謂道。”莊子天下:“易以道～陽。”

[備考]車軾前的擋板。詩秦風小戎:“～靷鋈續。”朱熹集傳:“陰,揜軌也。軌在軾前而以板横側揜之,以其陰映此軌,故謂之陰也。”

2. yìn 集韻於禁切,去,沁韻,影。侵部。

❾蔭庇。詩大雅桑柔:“既之～女,反予來赫。”陳奂詩毛氏傳疏:“言我欲是庇陰女衆民,乃當時執政者反予之志。”漢書敘傳下:“～妻之逆,至子而亡。”顔師古注:“陰,謂覆蔽之。”又爲覆蓋、掩埋。禮記祭義:“骨肉斃於下,～爲野土。”鄭玄注:“陰讀爲依蔭之蔭,言人之骨肉蔭於地土中爲土壤。”孔穎達正義:“俗本陰作‘蔭’字也。”在蔭庇、覆蓋這個意義上後來均作“蔭”。

3. ān 集韻烏寒切,平,覃韻,影。侵部。

❿〔諒陰〕見“闇”字條。

[同源字]陰,蔭(廕),霒,窨。四字同源。説文:“陰,闇也。”又:“蔭,艸陰也。”又:“霒,雲覆日也。”又:“窨,地室也。”蔭是陰的分别字,陰、霒實同一詞。大戴禮記文王官人:“生民有霒陽。”王聘珍解詁:“霒讀曰陰。”説文“窨”字段玉裁注:“今俗語以酒水等埋藏地下曰窨,讀陰去聲。”

陲

陲 chuí 是爲切,平,支韻,禪。歌部。

邊境。左傳成公十三年:“芟夷我農功,虔劉我邊～。”史記律書:“結和通使,休寧北～。”文選南朝梁任昉奏彈曹景宗:“竊尋獯獫侵軼,暫擾疆～。”引申爲邊緣、旁邊。唐孟浩然峴坐呈山南諸隱詩:“習公有遺坐,高在白雲～。”漢王粲咏史詩:“妻子當門泣,兄弟哭路～。”

[同源字]陲,垂。二字音同義近。説文:

"垂，遠邊也。"朱駿聲説文通訓定聲："書傳皆以陲爲之。"陲是垂的分别字。

陶 1.táo 徒刀切，平，豪韻，定。幽部。

㊀陶器。禮記郊特牲："三王作牢用～匏。"吕氏春秋君守："皋陶作刑，昆吾作～。"用作動詞。製作陶器。孟子告子下："萬室之國，一人～，則可乎？"韓非子難一："耕漁與～，非舜官也，而舜往爲之者，所以救敗也。"又爲名詞。製作陶器的人。莊子馬蹄："伯樂善治馬，而～匠善治埴木。"孟子滕文公上："以粟易械器者，不爲厲～冶。"比喻造就、培養。莊子逍遥遊："是其塵垢粃糠，將猶～鑄堯舜者也，孰肯以物爲本！"成玄英疏："鎔金曰鑄，範土曰陶。…將彼塵垢鍛鑄爲堯，用此粃糠埏埴作舜。"後漢書郅惲傳："含元包一，甄～品類。"李賢注："甄(也)者，陶人旋轉之輪也。言天地造化品物，如陶匠之成衆品者也。"文選晉張華女史箴："茫茫造化，二儀既分。散氣流形，既～既甄。"李周翰注："陶甄，謂陶人爲瓦器也。言天地散氣流而爲形，有似陶人爲器也。"㊁樂，喜悦。禮記檀弓下："人喜則斯～，～斯咏。"晉陶淵明己酉歲九月九日詩："何以稱我情，濁酒且自～。"㊂〔鬱陶〕思念，憂思。孟子萬章上："鬱陶思君爾。"楚辭戰國宋玉九辯："豈不鬱陶而思君兮，君之門以九重。"清黄生義府卷上："鬱陶"條云："陶者閉穴以熄火，氣鬱於内，則不復然，以比人憂思，則氣不得伸也。"

［備考］táo 掏，挖。詩大雅緜："～復～穴，未有家室。"毛傳："陶其土而復之，陶其土而穴之。"鄭箋與毛説不同。鄭謂"復者復於土上，鑿地曰穴，皆如陶然"。段玉裁説文"寝"字注云："毛之陶其土、陶其壤，蓋讀陶爲掏，鄭則云皆如窯然。"于省吾澤螺居詩經新證云："陶字應作動詞用，是説住穴與復穴的内部都用陶冶出來的紅燒土所築成，爲的質地堅固，以防潮濕。"

2.yáo 餘昭切，音窰，平，宵韻，喻四。幽部。

㊃〔陶陶〕①和樂貌。詩王風君子陽陽："君子陶陶。"法言先知："使之陶陶然之謂日新。"②隨行貌。禮記祭義："及祭之後，陶陶遂遂，如將復入然。"孔穎達疏："孝子思念親深，及至祭後，想像親來形貌，陶陶遂遂，如似親將復反更入然。"釋文："陶，音遥。"③漫長貌。楚辭漢王逸九思哀歲："冬夜兮陶陶，雨雪兮冥冥。"㊄〔臯陶〕人名。舜的臣子。書有臯陶謨。孫星衍尚書今古文注疏云："臯陶，顔師古注漢書、李賢注後漢書、李善注文選俱引作'咎繇'，是唐以前本，知此'臯陶'字後人所改。"

3.dào 集韻大到切，音盗，去，号韻，定。幽部。

㊅〔陶陶〕驅馳貌。詩鄭風清人："清人在軸，駟介陶陶。"陳奂詩毛氏傳疏："陶，即駋之假借。説文：'駋，馬行貌。'馬行謂之駋，重言'駋駋'。古聲匋、舀同。"

陮 duì 徒猥切，上，賄韻，定。微部。

〔陮隗〕叠韻聯緜字。高峻貌。説文："陮，陮隗，高也。"參見"隗"字條。

陷 xiàn 户韽切，去，陷韻，匣。談部。

㊀墜落，陷入。説文："陷，高下也。一曰陊也。"王筠句讀："謂高者忽陷而下也。"左傳成公十年："(晉景公)如厠，～而卒。"國語魯語上："若以邪臨民，～而不振。"莊子天下："問天地所以不墜不～，風雨雷霆之故。"荀子天論："水行者表深，表不明則～。"特指禽獸陷入坑穴中。周禮秋官雍氏鄭玄注："阱，穿地爲塹，所以禦禽獸，其或超踰，則～焉。"用作名詞。指捕捉野獸的陷穽，喻陷害人的法網。漢書鼂錯傳："其立法也，非以苦民傷衆而爲之機～也。"〔陷阱〕〔陷穽〕打獵或戰争中設置的坎穴。禮記中庸："驅而納諸罟擭陷阱之中，而莫之知辟也。"孔穎達正義："陷阱謂坑也，穿地爲坎，豎鋒刃於中，以陷獸也。"淮南子兵略："虎豹不動，不入陷阱。"三國志魏

書明帝紀:“將苛法猶存,爲之陷穽乎?”廣雅釋獸:“不群居,不旅行,不入陷穽。”又爲陷害。史記酷吏列傳杜周:“上所欲擠者,因而~之。”隋書刑法志:“其後無賴之徒,候富人子弟出路者而故遺物於其前,偶拾取則擒以送官而取其賞,大抵被~者甚衆。”〔陷害〕使其陷入法網而傷害之。漢書刑法志:“今治獄吏欲陷害人,亦猶此矣。”又蓋寬饒傳:“然深刻,喜陷害人。”㊁刺破。韓非子難一:“吾楯之堅,物莫能~也。”又爲攻克。管子輕重乙:“誰能~陣破衆者,賜之百金。”又爲被攻克,潰敗。三國志魏書臧洪傳:“比還,城已~,皆赴敵死。”唐韓愈張中丞傳後叙:“及城~,賊縛巡等數十人坐。”六韜犬韜戰騎:“明將之所以遠避,闇將之所以~敗也。”㊂空,缺。淮南子繆稱:“滿如~,實如虚。”㊃過失。國語魯語下:“今吾子之戒吏人曰:‘~而入於恭’,其滿之甚也。”㊄鑲嵌,嵌入(後起義)。唐白居易三謠之二素屏謠:“綴珠~鈿帖雲母,五金七寶相玲瓏。”宋沈括夢溪筆談辯證一:“世間鍛鐵所謂鋼鐵者,用柔鐵屈盤之,乃以生~其間,泥封煉之。”

[備考]通“含(hán)”。孫臏兵法勢備:“夫~齒戴角,前蚤後鋸。”淮南子兵略作“含牙帶角,前爪後距”。

[同源字]陷(臽)、坎(埳)。陷與坎旁紐叠韻。説文:“坎,陷也。”又:“臽,小阱也。”臽、陷實同一詞。易序卦:“坎者,陷也。”禮記檀弓下:“其坎深不至于泉。”字亦作“埳”。坎多用作名詞,陷常用作動詞。

陴 pí 符支切,集韻頻彌切,平,支韻,並。支部。

城上女牆。説文:“陴,城上女牆俾倪也。”段玉裁注:“凡小者謂之女,女牆即女垣也。俾倪叠韻字,或作睥睨,或作埤堄,皆俗字。城上爲小牆,作孔穴,可以窺外,謂之俾倪。”左傳哀公二十六年:“申開守~而納公,公不敢入。”又爲城牆。左傳成公十五年:“騁而從之,則決睢澨、閉門登~矣。”又昭公十八年:“火之作也,子産授兵登~。”

[備考]通“髀”。大腿。吕氏春秋明理:“有鬼投其~。”高誘注:“陴,脚也。音‘楊子愛骭一毛’之骭。”俞樾諸子平議卷二二:“陴不訓脚,亦不音骭,音訓均有可疑。…陴字仍當從‘城上女牆’之本義。”陳奇猷校釋疑“陴”字有誤,云:“若是‘陴’字,高誘當不訓脚音骭。以高注音義求之,當是‘限’字,形近之誤也。”陳説似不確。

九 畫

隊 1. zhuì 集韻直類切,去,至韻,澄。物部。

㊀墜落。説文:“隊,從高隊也。”段玉裁注:“隊、墜正俗字,古書多作‘隊’,今則墜行而隊廢矣。”左傳襄公十年:“主人縣布,堇父登之,及堞而絶之。~,則又縣之。”荀子天論:“星~木鳴,國人皆恐。”又爲覆没。左傳僖公二十八年:“俾~其師,無克祚國。”楊伯峻注:“隊同墜,隕也。金澤文庫本、敦煌初唐寫本殘卷皆作‘墜’。”漢書西域傳:“臨峥嶸不測之深,…畜~,未半阬谷盡靡碎。”

2. duì 徒對切,去,隊韻,定。物部。

㊁軍隊編制單位。墨子備城門:“十萬之衆,攻無過四~者。”六韜犬韜戰騎:“令我騎十而爲~,百而爲屯。”又爲隊列。六韜犬韜均兵:“易戰之法,五車爲列,相去四十步,左右十步,~間六十步。”

3. suì 集韻徐醉切,去,至韻,邪。物部。

㊂通“隧”。隧道。穆天子傳卷一:“天子獵于鈃山之西阿,于是得絶鈃山之~。”郭璞注:“隊,謂谷中險阻道也。音遂。”又爲戰争中人工挖掘的地道。墨子備城門:“穴~若衝~,必審如攻~之廣狹,令邪穿其穴,令其廣必夷客~。”岑仲勉墨子城守各篇簡注:“此言以隧道禦隧道之法,隊即隧道。言我所挖之隧,須求其與敵隧之廣度相應,但不作對衝而作斜出,使可以夷平敵隧。”

陻 yīn 於真切,音因,平,真韻,影。文部。

同“垔”。堵塞,填塞。書洪範:“鯀～洪水,汨陳其五行。”説文引此語作“垔”。字亦作“堙”。史記秦始皇本紀:“塹山堙谷,直通之。”

〔同源字〕湮,堙,陻,垔,闉。見“湮”字條。

按,説文無陻有陑,陑乃垔之或體,在土部。段玉裁“垔”字注:“此字古書多作堙,作陻,真字乃廢矣。”

隋 1. tuǒ 他果切,音妥,上,果韻,透。歌部。

❶祭名。禮記曾子問作“綏”,儀禮士虞禮作“墮”,又特牲饋食禮作“挼”,並聲近字通。隋祭所用祭品爲肺脊黍稷之類。隋是減省的意思,謂減裂牲肺等物而祭之于豆間。隋祭有尸隋祭和主人隋祭兩種。周禮春官小祝:“贊～,贊徹,贊奠。”鄭玄注:“隋,尸之祭也。”孫詒讓正義:“謂尸未食前之祭也。”周禮春官守祧:“既祭,則藏其～與其服。”鄭玄注:“隋,尸所祭肺脊黍稷之屬。”孫詒讓正義:“攷説文肉部云:‘隋,裂肉也。’又阜部云:‘隓,敗城阜曰隓,篆文作墮。’隋爲減裂牲肺等,與‘裂肉’之義相近。隋祭之禮,惟尸得行之,其次主人主婦亦閒行之。藏隋與藏服異,藏服者内之匰笥,藏隋者即埋之也。”集韻果韻:“隋(吐火切),埋祭餘也。”禮記曾子問:“不綏祭。”孔穎達疏:“謂欲食之時,先減黍稷牢肉而祭之於豆間,故曰綏祭。”王夢鷗禮記今注今譯:“‘綏’字或寫作‘墮’或‘挼’,是減省的意思。綏祭有二,一爲尸綏祭,是尸取黍稷肺羹,減去若干而置於俎。一爲主人綏祭,是尸於回敬(酢)主人之後,取黍稷等物授主人。此處指後者。”

2. duò 徒果切,上,果韻,定。歌部。

❷通“墮”。垂下。史記天官書:“廷藩西有～星五。”❸通“惰”。懶惰。淮南子時則:“焕風來至,民氣解～。”

3. huī 集韻翾規切,平,支韻,曉。歌部。

❹通“隳”。毁壞。國語晉語八:“若受君賜,是～其前言。”韋昭注:“隋,壞也。”馬王堆漢墓帛書經法國次:“～其城郭,棼(焚)其鐘鼓。”

4. tuǒ 洪武正韻吐火切。歌部。

❺通“橢”。橢圓形。詩豳風破斧“既破我斧”毛傳:“～銎曰斧。”禮記月令“穿竇窖”鄭玄注:“～曰竇。”

5. suí 旬爲切,平,支韻,邪。歌部。

❻通“隨”。①周代諸侯國。今湖北隨州市一帶。廣韻:“隋,國名,本作‘隨’,左傳曰:‘漢東之國隨爲大。’漢初爲縣,後魏爲郡,又改爲州,隋文帝去走。”唐杜甫酬郭十五判官詩:“只同燕石能星隕,自得～珠覺夜明。”②朝代名。公元581年北周大丞相楊堅(隋文帝)襲封隨國公,旋廢周稱帝,國號隋。公元618年亡國。

按,説文隋字在肉部。

陾 réng 集韻如蒸切,音仍,平,蒸韻,日。蒸部。

〔陾陾〕衆多。詩大雅綿:“捄之陾陾,度之薨薨。”毛傳:“陾陾,衆也。”説文引此詩釋爲“築牆聲也”,與毛傳不同。段玉裁注:“許謂‘築牆聲’,似非是。”

隅 yú 遇俱切,平,虞韻,疑。侯部。

❶山水邊角處。詩小雅綿蠻:“綿蠻黄鳥,止于丘～。”孟子滕文公下:“驅飛廉於海～而戮之。”唐杜甫有懷台州鄭十八司户詩:“海～微小吏,眼暗髮垂素。”又爲方,角。詩唐風綢繆:“綢繆束芻,三星在～。”毛傳:“隅,東南隅也。”陳奐傳疏:“參星在天,則自東而南,昏見於隅,故傳以爲東南隅。”論語述而:“舉一～,不以三～反,則不復也。”文選晉潘岳爲諡作贈陸機詩:“彊秦兼并,吞滅四～。”李善注:“淮南子曰‘經營四隅’。高誘曰:‘隅,猶方也。’”又爲城角。詩邶風静女:“静女其姝,俟我于城～。”墨子備城門:“城四面四～皆爲高磿𢵋,使重室子居其上候適。”

岑仲勉墨子城守各篇簡注:“四面謂正四方,再加上四角,即城之八面。這裏的高磨擨就是古代四隅設防樓的例子。”唐杜甫與任城許主簿遊南池詩:“秋水通溝洫,城～集小船。”㊁事物的一個側面,一個片段。荀子解蔽:“曲知之人,觀於道之一～,而未之能識也。”後漢書仲長統傳:“舉端自理,滯～則失。”李賢注:“滯隅,謂偏執一隅也。”㊂廉隅,棱角,喻爲人廉直方正。詩大雅抑:“抑抑威儀,維德之～。”孔穎達正義:“此以屋之外角喻人之外貌由内方而外正,故觀外而知内,故人能密審於威儀抑抑然,是其德必嚴正也。”

[辨]陬,隅。見“陬”字條。

隁

yàn 集韻於建切,去,願韻,影。

後起字。同“堰”、“隔”。攔水的低壩。參見“隔”字條。

陜

xiá 侯夾切,入,洽韻,匣。葉部。

㊀同“陝(狹)”。窄,小,與“闊”、“寬”相反。詩魏風葛屨序:“魏地～隘,其民機巧趨利。”漢書西域傳:“道～者尺六七寸,長者徑三十里。”淮南子本經:“故小而行大,則滔窕而不親;大而行小,則～隘而不容。”高誘注:“行小,則政陜隘,而不容包臣下。”又爲距離近。漢書天文志:“邪正存亡,虛實闊～。”顔師古注引孟康曰:“闊陜,若三台星相去遠近也。”又爲生活窘迫、貧窮。荀子議兵:“秦人其生民也～阸,其使民也酷烈。”㊁同“峽”。峽谷,山峽。文選漢司馬相如上林賦:“順阿而下,赴隘～之口。”楚辭漢劉向九歎思古:“聊浮遊於山～兮,步周流於江畔。”漢書周勃傳:“此知將軍且行,必置間人於殽黽阸～之間。”

[同源字]陝,峽,狹,灰,陜。見“陝”字條。

按,説文陜作陝。

隄

dī 都奚切,平,齊韻,端。支部。

㊀攔水的堤壩。荀子王制:“脩～梁,通溝澮。”漢書溝洫志:“齊地卑下,作～去河二十五里。”字亦作“堤”。管子度地:“歲高其堤,所以不没也。”用作動詞。築堤。管子度地:“地高則溝之,下則堤之。”〔隄防〕〔隄坊〕〔堤防〕“隄”與“防”二字同義連用,堤壩。商君書筭地:“藪澤隄防足以畜。”漢書溝洫志:“蓋隄防之作,近起戰國。雍防百川,各以自利。”禮記月令:“完隄坊,謹壅塞。”後漢書循吏列傳王景:“宜改脩堤防,以安百姓。”引申爲防範。漢書董仲舒傳:“夫萬民之從利也,如水之走下,不以教化隄防之,不能止也。”唐白居易自詠詩:“勾檢簿書多鹵莽,隄防官吏少機關。”㊁限制。漢書東方朔傳:“夫一日之樂不足以危無～之輿。”顔師古注:“蘇林曰:‘隄,限也。’張晏曰:‘無隄之輿,謂天子富貴無隄限也。’”

[備考]〔隄封〕〔提封〕〔堤封〕表示總括之辭。都凡,總共。集韻支韻:“隄、堤:博雅:‘隄封,都凡也。’或从土,通作提。”音常支切,chí。今本廣雅作“堤封”。廣韻支韻:“堤:‘堤封頃畝’,漢書作‘提’。顔師古曰:‘提封者,大舉其封疆也。提音題。’”原本玉篇殘卷阜部:“隄:都奚、徒奚二反。漢書:‘隄封萬井’。臣瓚曰:‘舊説冣凡也,或以爲無慮也。’”

[辨]防,坊,隄,堤,唐,隨,塘,墳,坋。見“防”字條。

陽

yáng 與章切,平,陽韻,喻四。陽部。

㊀太陽,陽光。詩小雅湛露:“湛湛露斯,匪～不晞。”孟子滕文公上:“秋～以暴之。”漢劉向説苑建本:“少而好學,如日出之～。”引申爲温暖。詩豳風七月:“春日載～,有鳴倉庚。”又爲春夏。文選漢張衡西京賦:“夫人在～則舒,在陰則慘。”又爲鮮明、明亮。詩豳風七月:“我朱孔～,爲公子裳。”文選三國魏曹植洛神賦:“神光離合,乍陰乍～。”㊁山的南面或水的北面。詩召南殷其靁:“殷其靁,在南山之～。”莊子盜跖:“盜跖乃方休卒徒大山之～。”穀梁傳僖公二十八年:“水北

爲～，山南爲～。温，河～也。"公羊傳僖公二十二年："宋公與楚人期，戰於泓之～。"何休注："泓，水名。水北曰陽。"又爲向陽的一面。周禮考工記輪人："凡斬轂之道，必矩其陰～。"賈公彦疏："此欲斬轂之時，先就樹刻之，記識其向日爲陽，背日爲陰之處。"文選晉木華海賦："～冰不冶，陰火潛然。"張銑注："言陽處雖有冰而不銷，陰處或有火而潛然。"又爲前面，外面。周禮春官卜師："凡卜，辨龜之上下左右陰～。"鄭玄注："陰，後弇也。陽，前弇也。"素問金匱真言論篇："夫言人之陰～，則外爲～，内爲陰。"又指器物或印章上凸起的文字。明陶宗儀輟耕録卷一七："蓋陰識難鑄，～識易決。"清吴敬梓儒林外史二一回："一方～文，刻'布衣'二字。"❸農曆十月。詩小雅采薇："曰歸曰歸，歲亦～止。"朱熹集傳："陽，十月也。時純陰用事，嫌於無陽，故名之曰陽月也。"又杕杜："日月～止，女心傷止。"朱熹集傳："陽，十月也。…至于十月，可以歸而猶不至，故女心悲傷。"後漢書馬融傳："至于～月，陰慝害作。"❹蘇，活。莊子齊物論："近死之心，莫使復～也。"❺假裝，表面上。大戴禮記保傅："紂殺王子比干，而箕子被髮～狂。"韓非子備内："陰相善而～相惡以示無私。"漢書高帝紀："～尊懷王爲義帝，實不用其命。"在這個意義上後代多寫作"佯"。❻男性生殖器（後起義）。唐文粹一一顧况囝詩："閩吏得之，乃絶其～。"❼古代哲學概念，與"陰"相對。易繫辭上："一陰一～之謂道。"莊子天下："易以道陰～。"

隈 wēi 烏恢切，平，灰韻，影。微部。

❶水流彎曲處。左傳僖公二十五年："秦人過析，～入而係輿人，以圍商密。"楊伯峻注："隈，水曲也。蓋秦人過析，從丹水曲過師，以避戍兵之路也。"列子黄帝篇："因復指河曲之淫～曰：'彼中有寶珠，泳可得也。'"淮南子原道："朞年，而漁者争處湍瀨，以曲～深潭相予。"又爲山的彎曲處。管子形勢："大山之～，奚有於深。"尹知章注："隈，山曲也。"文選三國魏曹植應詔詩："涉澗之濱，緣山之～。"喻内深隱曲之處。莊子徐无鬼："奎蹏曲～，乳間股脚，自以爲安室利處。"郭慶藩集釋："曲隈，胯内也。…言隈者，皆在内曲深之謂。"❷弓之彎曲處。儀禮大射："大射正執弓，以袂順左右～。"❸隅，角落。文選晉左思魏都賦："考之四～，則八埏之中。"唐杜甫秋盡詩："秋盡東行且未迴，茅齋寄在少城～。"

［辨］隈，隩。二字同義。爾雅釋丘："厓内爲隩，外爲隈。"説文："隈，水曲隩也。"又："隩，水隈厓也。"徐灝説文解字注箋："厓内爲隩，指厓之曲中而言；外爲隈，謂曲之兩畔也，故弓之兩畔亦謂之隈。"

階 jiē 古諧切，平，皆韻，見。脂部。

❶臺階。書顧命："大輅在賓～面，贅輅在阼～面。"禮記坊記："升自客～，受弔於賓位。"唐劉禹錫陋室銘："苔痕上～緑。"又爲階梯，梯子。孟子萬章上："父母使舜完廩，捐～。"禮記喪大記："復有林麓，則虞人設～。"鄭玄注："階，所乘以升屋者。"孔穎達正義："復謂升屋招魂，其死者所封内若有林麓，則所主林麓虞人，設階梯而升屋。"用作動詞。用階梯。論語子張："夫子之不可及也，猶天之不可～而升也。"喻事物漸進的根由。詩大雅瞻卬："婦有長舌，爲厲之～。"國語周語中："夫婚姻，禍福之～也。"用作動詞。成爲階梯，即成爲根由。左傳隱公三年："將立州吁，乃定之矣；若猶未也，～之爲禍。"楊伯峻注："階，階梯之意。此作動詞用，謂留作禍亂之階梯。"國語周語中："今王外利矣，其無乃～禍乎？"❷憑藉。漢書異姓諸侯王表："漢亡尺土之～，繇一劍之任，五載而成帝業。"後漢書史弼傳："昔周襄王恣甘昭公，孝景皇帝驕梁孝王，而二弟～寵，終用教慢。"明張燧千百年眼卷六："魏武因弱爲强，不～尺土，幾一海寓。"❸升，登。漢揚雄太玄上："鳴鶴升自深澤，～天不怍（同"怍"）。"晉陸雲答兄平原詩：

“漫漫長路，或降或～。”㈣官階。文選晉潘岳閑居賦：“八徙官而一進～。”宋史職官志：“自開府儀同三司至將仕郎，定爲二十四～。”

［辨］階，除，陛。三字均有臺階義。説文：“階，陛也。”又：“除，殿陛也。”又：“陛，升高階也。”桂馥義證“除”字條引摯虞決疑要注云：“凡大殿乃有陛，堂則有階無陛也。”王筠句讀“階”字條云：“蓋古名階，後名陛，因而專爲殿陛之名也，經文無‘陛’字，可見。”“階除”二字常連用。漢王粲登樓賦：“循階除而下降兮。”三國魏何晏景福殿賦：“階除連延。”

隃　1. shù 傷遇切。去，遇韻，審三。侯部。

㈠古山名。又稱雁門山。在今山西省代縣。穆天子傳卷一：“天子西征，乃絶～之關隥。”郭璞注：“隃，鴈門山也。”

2. yú 羊朱切，平，虞韻，喻四。侯部。

㈡通“踰”。超過，踰越。睡虎地秦墓竹簡秦律金布律：“其責（債）毋敢～歲，～歲而弗入及不如令者，皆以律論之。”漢書南粤王傳：“會暑濕，士卒大疫，兵不能～領。”史記作“踰嶺”。漢書外戚傳：“～越禮制，寖盛於前。”

3. yáo 集韻餘昭切，平，宵韻，喻四。宵部。

㈢通“遥”。遠遠地。漢書英布傳：“上惡之，與布相望見，～謂布‘何苦而反’？”史記作“遥”。漢書趙充國傳：“充國曰：‘百聞不如一見，兵難～度，臣願馳至金城，圖上方略。’”

隆　lóng 力中切，平，東韻，來。冬部。

㈠高。易大過：“棟～，吉。”史記高祖本紀：“高祖爲人，～準而龍顔。”文選漢張衡西京賦：“處甘泉而爽塏，乃～崇而弘敷。”用作動詞。增高。戰國策齊策一：“雖～薛之城到於天，猶之無益也。”又爲尊崇，重視。荀子脩身：“故君子～師而親友。”左傳襄公二十九年：“擇善而舉，則世～也。”杜預注：“世所高也。”〔隆穹〕〔穹隆〕高大貌。後漢書馬融傳：“隆穹槃回，峒峞錯崔。”漢揚雄太玄太玄告：“天穹隆而周乎下，地旁薄而向乎上。”㈡隆厚。與“殺（shài，降等，減等）”相反。莊子天道：“哭泣衰絰，～殺之服，哀之末也。”成玄英疏：“隆殺者，言禮有斬衰、齊衰、大功、小功、緦麻五等，哭泣衣裳，各有差降。”荀子樂論：“至于衆賓，升受，坐祭，立飲，不酢而降，～殺之義辨矣。”按，禮記鄉飲酒義亦有此文。鄭玄注：“尊者禮隆，卑者禮殺，尊卑别也。”史記禮書：“以～殺爲要。文貌繁，情欲省，禮之～也；文貌省，情欲繁，禮之殺也。”司馬貞索隱：“隆猶厚也；殺猶薄也。”㈢盛，興。禮記檀弓上：“道～則從而～，道污則從而污。”三國志蜀書郤正傳：“然而道有～窳，物有興廢。”用作動詞。使興盛。晉書江統傳：“亦能匡君濟俗，興國～家。”㈣形容氣候嚴寒或酷熱。韓非子定法：“大寒之～，不衣亦死。”三國志魏書王昶傳：“松柏之茂，～寒不衰。”漢劉向新序雜事二：“～冬烈寒，士短褐不完。”文選晉陸機樂府詩十七首之三從軍行：“～暑固已慘，涼風嚴且苛。”㈤成長。漢書王莽傳上：“臣莽夙夜養育，～就孺子。”顔師古注：“隆，長也，成就之使其長大也。”這裏用作使動。

［備考］雷聲。詩大雅雲漢：“旱既大盛，蘊～蟲蟲。”毛傳：“蘊蘊而暑，隆隆而雷。”朱熹集傳：“隆，盛也。”與毛説不同。

按，説文隆字在生部。

隍　huáng 胡光切，平，唐韻，匣。陽部。

無水的城壕。易泰：“城復于～，勿用師，自邑告命。”文選漢班固兩都賦序：“京師脩宫室，浚城～而起苑囿，以備制度。”唐王勃滕王閣序：“臺～枕夷夏之交。”

［辨］隍，池。在城壕這個意義上二字同義。説文：“隍，城池也。有水曰池，無水曰隍。”文選晉左思魏都賦：“繕其城隍。”劉良注：“城隍，池也。”

隉　niè 五結切，音臬，入，屑韻，疑。月部。

〔阢隉〕〔杌隉〕雙聲聯緜字。傾危不安的樣子。説文：“隉，危也。班固説：‘不安也。’

周書曰：‘邦之阢隉。”今本尚書秦誓作“杌隉”。

十　畫

隒 yǎn魚檢切，上，琰韻，疑。談部。

山崖。詩王風葛藟“在河之漘”毛傳：“漘，水～也。”孔穎達疏：“隒是山岸，漘是水岸，故云水隒。”文選晉左思魏都賦：“築曾宮以迴匝，比岡～而無陂。”李善注引說文曰：“隒，崖也。”李周翰注：“隒，小山而無草木者。言築宮迴匝，比之岡隒而無險也。”文選晉郭璞江賦：“厓～爲之泐嵃，碕嶺爲之喦崿。”吕延濟注：“厓隒，岸也。碕嶺，小山也。泐嵃、喦崿，皆坎穴，言水急激之所爲也。”這裏爲水邊的山崖，故吕釋爲“岸也”。

［備考］山形似重甑。爾雅釋山：“重甗，隒。”郭璞注：“謂山形如累兩甗。甗，甑也，山形狀似之，因以名云。”郝懿行義疏：“疑甗皆巘之叚借。玉篇引作‘重巘，隒’。孫、郭本作‘甗’，因望文生訓，始有甗甑之説，與‘隒’義遠，恐非也。”

隘 1.ài烏懈切，去，卦韻，影。錫部。

㊀兩山之間的通谷。孫子地形：“～形者，我先居之，必盈之以待敵。”曹操注：“隘形者，兩山間通谷也。”淮南子兵略：“一人守～，而千人弗敢過也。”宋吴曾能改齋漫録卷九：“蜀有劍門棧道之險，瞿唐三峽之～。”泛指險要之處。文選漢張衡東京賦：“守位以仁，不恃～害。”吕延濟注：“險隘要害之處也。”㊁窄，小。詩大雅生民：“誕寘之～巷，牛羊腓字之。”玉臺新詠卷一古樂府詩六首之二相逢狹路間(一作相逢行)：“相逢狹路間，道～不容車。”又爲心胸狹窄，辦事小氣。荀子脩身：“狹～褊小，則廓之以廣大。”禮記禮器：“晏平仲祀其先人，豚肩不掩豆，澣衣濯冠以朝，君子以爲～矣。”

2.è增韻乙革切，音厄。錫部。

㊂阻止，隔絶。戰國策楚策二：“懷王薨，太子辭於齊王而歸，齊王～之。”管子國蓄：“先王知其然，故塞民之養，～其利途。”㊃困阨。荀子大略：“君子～窮而不失，勞倦而不苟。”王先謙集解引盧文弨曰：“隘窮即阨窮。”漢劉向新序雜事四：“此言常思困～之時，必不驕矣。”

［同源字］隘，厄，阨。見“厄”字條。

按，説文隘是𨼦(䦨)的重文，在𨸏部。

隔 1.gé古核切，入，麥韻，見。錫部。

㊀阻塞，隔開。韓非子八經：“故明主之言～塞而不通，周密而不見。”文選晉左思魏都賦：“巖岡潭淵，限蠻～夷。”晉陶淵明桃花源記：“率妻子邑人來此絶境，不復出焉，遂與外人間～。”又爲别離，隔别。三國魏曹植離友詩二首之二：“感離～兮會無期，伊鬱悒兮情不怡。”三國魏嵇康嵇中散集卷一與阮德如一首：“不悟卒永離，念～悵憂歎。”文選漢禰衡鸚鵡賦：“痛母子之永～，哀伉儷之生離。”〔懸隔〕遠隔。文選梁任昉奏彈曹景宗：“而司部懸隔，斜臨寇境。”張銑注：“司部，司州也。懸隔，去都遠也。”唐劉知幾史通外篇漢書五行志錯誤第一〇：“尋昭之上去於宣，魯易四公；嚴(指楚莊王)之下至於靈，楚經五代。雖懸隔頓别，而混雜無分。”㊁不合，不同。南史張充傳：“實猶氣岸疏凝，情途狷～。獨師懷抱，不見許于俗人。”唐杜甫秋日夔州詠懷寄鄭監李賓客一百韻：“雖云～禮數，不敢墜周旋。”九家集注：“隔，猶不同也。”㊂窗格。唐李賀榮華樂詩：“瑶姬凝醉卧芳席，海素籠窗空下～。”宋周邦彦片玉詞六醜薔薇謝後作：“但蜂媒蝶使，時叩窗～。”㊃〔隔是〕〔格是〕已是。唐元稹古決絶詞：“天公隔是妒相憐，何不便教相決絶？”唐白居易聽夜箏有感詩：“如今格是頭成雪，彈到天明亦任君。”㊄通“膈”。横膈膜。管子水地：“脾生～，肺生骨，腎生腦。”

2.jī集韻古歷切，入，錫韻，見。錫部。

㊅通“擊”。一説通“鬲”。書皋陶謨“戛

擊嗚球"孫星衍尚書今古文注疏:"戛擊,文選揚雄長楊賦作'拮～',注引韋昭曰:'古文～爲擊。'疑韋本作'虩',後人譌爲'擊'。說文:"虩,虎聲也,讀若隔。'"

[備考]通"融(róng)"。融和。史記秦始皇本紀:"昭～内外,靡不清淨,施于後嗣。"裴駰集解引徐廣曰:"隔,一作'融'。"

隙 xì 綺戟切,入,陌韻,溪。鐸部。

㊀牆壁裂縫。左傳昭公元年:"牆之～壞,誰之咎也。"韓非子亡徵:"牆之壞也必通～。"淮南子說山:"受光於～照一隅,受光於牖照北壁。"又爲空隙,空間。左傳隱公五年:"皆於農～以講事也。"又哀公十二年:"宋、鄭之間有～地焉。"喻漏洞,空子。韓非子備内:"大臣比周,蔽上爲一,…相爲耳目以候主～。"又用人:"夫人主不塞～穴,而勞力於赭堊,暴雨疾風必壞。"漢書梅福傳:"方今布衣乃窺國家之～,見間而起者,蜀郡是也。"㊁指感情上、關係上産生隔閡,不滿。國語周語中:"若承命不違,守業不懈,寬於死而遠於憂,則可以上下無～矣。"史記衛康叔世家:"孔子來,禄之如魯。後有～,孔子去。"漢書曹參傳:"始參微時,與蕭何善;及爲宰相,有～。"㊂動詞,際,鄰接。漢書地理志下:"北～烏丸、夫餘。"

[辨]隙,際。二字同義。說文:"隙,壁際孔也。"(段注删"孔"字)又:"際,壁會也。"段玉裁注:"兩牆相合之縫也。引申之凡兩合皆曰際。"又"隙"字注:"際,自分而合言之;隙,自合而分言之,引申之凡坼裂皆曰隙,又引申之凡閒空皆曰隙。"

[同源字]閒(間),隙,𡧥。見"閒"字條。

隕 1. yǔn 于敏切,上,軫韻,喻三。文部。

㊀墜落。詩衛風氓:"桑之落矣,其黄而～。"春秋僖公十六年:"～石于宋五。"穀梁傳莊公七年:"著於上,見於下,謂之雨;著於下,不見於上,謂之～。"引申爲喪失、毁壞。詩大雅綿:"肆不殄厥愠,亦不～厥問。"荀子議兵:"王公由之,所以得天下也;不由,所以～社稷也。"晏子春秋内篇問上:"古者離散其民而～失其國者,其常行何如?"淮南子覽冥:"景公臺～。"㊁死。左傳成公十三年:"成王～命。"三國志吴書魯肅傳:"瑜～踣之日所懷盡矣。"這個意義後來寫作"殞"。㊂[隕穫]雙聲聯縣字。困迫失節的樣子。禮記儒行:"儒有不隕穫於貧賤,不充詘於富貴。"鄭玄注:"隕穫,困迫失志之貌也。"孔穎達疏:"言己雖遇貧賤,不隕穫失志也。"一說"憂悶不安之貌"。見孔子家語儒行解王肅注。

2. yuán 集韻于權切,音圓,平,仙韻,喻三。文部。

㊃通"圓"。周圍。詩商頌長發:"外大國是疆,幅～既長。"鄭箋:"隕,當作'圓',圓,謂周也。"

[同源字]隕,磒,霣,殞。四字音同義近。說文:"隕,從高下也。"又:"磒,落也。"段玉裁注:"磒與隕音義同。春秋經僖公十有六年:'隕石于宋五',左、穀作'霣',許所據左傳作'磒'。釋詁:'隕,磒,落也。'郭云:'磒猶隕也。'"說文無"殞"字,朱駿聲說文通訓定聲屯部"隕"字云:"(隕)與'磒'同,字亦作殞。"殞是隕的分别字。又"霣"字云:"霣叚借爲隕。左宣十五傳:'有死無霣。'注:'廢墜也。'公羊莊七傳:'星霣如雨。'上林賦:'瀺灂霣墜。'漢司馬季德碑:'不霣其功。'"

隑 1. qí 集韻渠希切,平,微韻,群。微部

㊀同"碕"。曲岸。史記司馬相如列傳:"臨曲江之～州兮,望南山之參差。"司馬貞索隱:"隑音祈。隑即碕,謂曲岸頭也。"

2. gāi 集韻柯開切,平,咍韻,見。微部。

㊁梯。方言一三:"隑,陭也。"郭璞注:"江南人呼梯爲隑,所以隑物而登者也。"

按,說文無隑字。

隖 wù 安古切。集韻烏故切,去,莫韻,影。魚部。

"塢"的本字。㊀修築在村落外圍的土

堡。北周庾信杏花詩："依稀暎村～，爛熳開山城。"唐錢起春郊詩："水透(一作"遶")冰渠漸有聲，氣融烟～晚來明。"又爲小城堡，營壘。説文："隖，小障也。一曰庳城也。"徐鍇繫傳："董卓爲郿～，隖，堡障也。"後漢書董卓列傳作"塢"。廣韻姥韻："隖，村隖，亦壁壘。"後漢書樊準傳："時羌復屢入郡界，準輒將兵討逐，修理～壁，威名大行。"三國志吴書吕蒙傳："又勸權夾水口立塢，所以御備甚精。"裴松之注引吴録曰："權欲作塢，諸將皆曰：'上岸擊賊，洗足入船，何用塢爲？'吕蒙曰：'…如有邂逅，敵步騎蹙人，不暇及水，其得入船乎？'"後代"船塢"義由此引申而來。㊁四面高中央低的山地。唐杜牧陪昭應盧郎中…成二十二韻用以投寄："送春經野塢，遲日上高樓。"又爲四圍有屏障的種植花木的地方。南朝梁武帝蕭衍子夜四時歌春歌四首之四："花～蝶雙飛，柳堤鳥百舌。"唐李商隱野菊詩："苦竹園南椒～邊，微香冉冉淚涓涓。"

隗 wěi 五罪切，上，賄韻，疑。微部。

㊀〔隓隗〕〔嵔隗〕叠韻聯緜字。高峻貌。説文："隗，隓隗也。"又："隓，隓隗，高也。"段玉裁注："隓隗，猶崔巍。"漢書揚雄傳甘泉賦："駢交錯而曼衍兮，峪嵔隗虖其相嬰。"顔師古注："嵔隗，猶崔嵬也。"文選甘泉賦李善注："嵔隗，高貌。"五臣本作"嵬巍"。㊁周代楚之附庸國。公羊傳僖公二十六年："秋，楚人滅～。"左傳、穀梁作"夔"。其地在今湖北秭歸縣東。㊂姓。國語周語中："狄，～姓也。"東漢有～囂。

十一畫

障 zhàng 之亮切，去，漾韻，照三。陽部。

㊀築堤防。國語周語中："澤不陂～，川無舟梁。"左傳昭公元年："宣汾、洮，～大澤。"用作名詞。堤防。吕氏春秋愛類："禹於是疏河決江，爲彭蠡之～。"高誘注："障，隄防也。"㊁阻塞。禮記祭法："鯀～洪水而殛死，禹能修鯀之功。"吕氏春秋貴直："人主之患，欲聞枉而惡直言。是～其源而欲其水也，水奚自至？"又爲遮蔽。淮南子兵略："風雨可～蔽，而寒暑不可開(王念孫云："開當爲關")閉，以其無形故也。"又精神："是猶決江河之源，而～之以手也。"又爲屏蔽、屏障。左傳定公十二年："且成，孟氏之保～也，無成，是無孟氏也。"唐書張巡傳："巡與許遠議，以睢陽江淮保～也。"㊂邊境險要處戍守的堡塞。史記秦始皇本紀："築亭～以逐戎人。"又酷吏列傳："居一～閒？"張守節正義："障謂塞上要險之處别築城，置吏士守之，以扞寇盗也。"字亦作"鄣"。漢書李陵傳："詔陵以九月發，出遮虜鄣。"顔師古注："鄣者，塞上險要之處，往往修築，别置候望之人，所以自鄣蔽而伺敵也。"㊃帷障。世説新語汰侈："君夫(王愷)作紫絲布步～碧綾裏四十里，石崇作錦步～五十里以敵之。"唐韋應物金谷園歌："當時豪右争驕侈，錦爲步～四十里。"㊄幛子，用整幅綢布題字、作畫，用于裝飾(後起義)。唐李肇唐國史補卷下："李益詩名早著，有征人歌且行一篇，好事者畫爲圖～。"唐高適同鮮于洛陽於畢員外宅觀畫馬歌："主人娱賓畫～開，只言騏驥西極來。"㊅指山峰。宋范成大念奴嬌："雙峰叠～，過天風海雨，無邊空碧。"這個意義亦作"嶂"。㊆瘴氣。文選晉左思魏都賦："宅土熇暑，封疆～厲。"李善注："吴蜀皆暑濕，其南皆有瘴氣。"字亦作"鄣"。文選南朝齊劉孝標廣絶交論："流離大海之南，寄命鄣癘之地。"吕向注："鄣，山癘惡氣也。"這個意義後來寫作"瘴"。

［同源字］障，墇，鄣，嶂。四字音同義近。説文："障，隔也。"又土部："墇，擁也。"段玉裁注："此與障音同義小異。"朱駿聲説文通訓定聲壯部"墇"字云："經傳多以鄣、以障爲之。"障、墇實同一詞。障與鄣多通用。禮記祭法"鯀障洪水"，國語魯語上作"鯀鄣洪水"。嶂是後起字。廣韻："嶂，峰嶂。"增韻："嶂，山峰如屏障也。"

隁 1. yàn 集韻於建切，去，願韻，影。元部。

㊀同"堰"、"㮇"。水壩。類篇阜部："隁，障水也。"後漢書董卓傳："(卓)乃於所度水中僞立～，以爲捕魚，而潛從～下過軍。"李賢注："續漢書'隁'字作'堰'，其字義則同，但異體耳。"灌縣金石録："秦蜀守李冰六字碑'深淘潬(古灘字)，淺包～'。"

2. yān 音焉。元部。

㊁通"鄢"。周代國名。其地在今河南省鄢陵縣。國語周語中："昔～之亡也由仲任。"韋昭注："隁，妘姓之國，取仲任氏之女爲隁夫人。"本亦作"鄢"。

按，説文無隁字。

隬 qū 豈俱切，平，虞韻，溪。侯部。

〔鼓隬〕〔踦䠿〕〔陭隬〕〔崎嶇〕雙聲聯緜字。傾危不安貌。説文："隬，鼓隬也"(依段注本)。段玉裁注："鼓隬以雙聲成文，謂傾側不安，不能久立也。"北周庾信小園賦："鼓隬兮狹室，穿漏兮茅茨。"亦可單用。漢書諸侯王表："自幽、平之後，日以陵夷，至虖阸～河洛之間。"顔師古注引應劭曰："阸者，狹也。隬者，踦䠿也。西迫强秦，東有韓魏，數見侵暴，踦䠿不安也。"參見"陭"字條。

際 jì 子例切，去，祭韻，精。月部。

㊀牆縫。説文："際，壁會也。"朱駿聲説文通訓定聲泰部"際"字云："凡兩牆相合之縫曰際。"引申爲泛指縫隙。墨子備穴："偃一、覆一，善塗其竇～，勿令泄。"(據岑仲勉墨子城守各篇簡注)岑注："竇用上下兩片合成，則中間必有縫，烟易旁泄，'善塗其竇際勿令泄'即在補救此種缺陷。"潛夫論浮侈："膠漆分致，釘細要(腰)削除鏟靡，不見～會。"後漢書張衡傳："其牙機巧制，皆隱在尊中，覆蓋周密無～。"㊁間，表示地域之間或人事之間。左傳定公十年："居齊魯之～而無事，必不可矣。"韓非子難一："君臣之～，非父子之親也。"史記外戚世家："夫婦之～，人道之大倫也。"漢司馬遷報任安書："亦欲以究天人之～，通古今之變。"又爲邊際，邊緣。楚辭戰國屈原天問："九天之～，安放安屬？"洪興祖補注："際，邊也。"南朝宋鮑照登大雷岸與妹書："東則砥原遠隰，亡端靡～。"㊂交際，會合。莊子則陽："田獵畢弋，不應諸侯之～。"成玄英疏："會盟交～，不赴諸侯。"淮南子精神："與道爲～，與德爲鄰。"㊃時期。論語泰伯："唐虞之～，於斯爲盛。"三國蜀諸葛亮前出師表："受任於敗軍之～，奉命於危難之間。"㊄機會，機遇。晉書楊佺期傳："恒慷慨切齒，欲因事～以逞其志。"㊅至，接近。莊子刻意："上～於天，下蟠於地。"淮南子原道："高不可～，深不可測。"唐杜甫自京赴奉先縣詠懷五百字："憂端～(一作'齊')終南，澒洞不可掇。"

［辨］隙，際。見"隙"字條。

隝 dǎo 集韻覩老切，上，晧韻，端。幽部。

同"㠀"、"島"。海島。集韻："㠀、隝：説文'海中往往有山可依止曰㠀。'或从𨸏。"漢書田儋傳："(田)横懼誅，而與其徒屬五百餘人，入海居～中。"顔師古注引韋昭曰："海中山曰～。"漢書叙傳："横雖雄材，伏于海嶋。"

按，説文隝作㠀，在山部。古書多省作"島"。"隝"爲"㠀"之異體，亦作"嶹"、作"隯"，見集韻晧韻。

十二畫

隧 1. suì 徐醉切，音穗，去，至韻，邪。物部。

㊀道路。左傳襄公十八年："沙夙衛連大車以塞～而殿。"又二十五年："陳侯會楚子伐鄭，當陳～者，井堙木刊。"莊子馬蹄："山無蹊～，澤無舟梁。"禮記曲禮上："升降不由阼階，出入不當門～。"又爲地道。左傳隱公元年："大～之中，其樂也融融。"用作動詞。挖地道。又："若闕地及泉，～而相見。"墨子兼愛中："昔者武王將事泰山～。"孫詒讓閒詁："玉篇云：'(隧)掘地通路也'。"按，掘地爲隧，以

事泰山之神。又爲天子墓之地下道。左傳僖公二十五年:“晉侯朝王,王享醴,命之宥。請～,弗許。”楊伯峻注:“古代天子葬禮有隧,諸侯以下有羡道。隧有負土,即全係地下道;羡道無負土,雖是地道,猶露出地面。請隧者,晉文請天子允許於其死後得以天子禮葬已耳。”國語周語中:“晉文公既定襄王於郟,王勞之以地。辭,請～焉。”後代一般墓道也稱隧。後漢書陳蕃傳:“民有趙宣葬親不閉埏～,因居其中,行服二十餘年。”李賢注:“埏～,今人墓道也。”初學記卷一四葬九引謝綽宋拾遺録曰:“桓温葬姑孰之青山,平墳不爲封域,於墓傍開～,亡碑。故謬其處,令後代人不知所在。”南朝陳陰鏗行經古墓詩:“迴(一作‘迴’)墳由路毁,荒～受田侵。”❷通“遂”。郊外的基層組織,大致上相當于郊内的鄉。左傳襄公七年:“叔仲昭伯爲～正。”孔穎達疏:“隧正,官名。五縣爲隧,則隧正當周禮之‘遂人’也。”又指遠郊地。史記魯周公世家:“魯人三郊三～。”裴駰集解引王肅曰:“郊外曰隧。”❸通“邃”。深邃。周禮考工記輿人:“參分車廣去一以爲～。”鄭司農云:“隧謂車輿深也。”孫詒讓正義:“深謂從度,對廣爲横度也。…此隧亦謂車深邃之處。”❹〔夫隧〕即“夫遂”,又名“陽燧”。古代日下取火的凹形銅鏡。周禮考工記㮚氏:“于上之攠謂之隧。”鄭玄注:“隧在鼓中,窐而生光,有似夫隧。”孫詒讓正義引程瑶田云:“鼓所擊之處,在于之上,攠弊焉,窐下生光,如夫隧,謂之隧。”單用“隧”字,喻鐘上因敲擊磨損發光處。周禮考工記㮚氏:“于上之攠謂之～。”林尹周禮今註今譯:“攠,摩之假字,謂因敲擊磨損而發光處,亦謂之隧。俞樾謂隧當爲遂。按遂爲凹鏡,以其光滑如鏡也。”❺通“燧”。烽火亭,邊塞用于守望的軍事設施。漢書匈奴傳:“建塞徼,起亭～。”顔師古注:“隧,謂深開小道而行,避敵鈔寇也。”又西域傳:“今請遠田輪臺,欲起亭～。”顔師古注:“隧者,依深險之處開通行道也。”按,依顔説則爲戰壕。本亦作“燧”。

[備考]迅疾貌。詩大雅桑柔:“大風有～,有空大谷。”清王引之經義述聞七:“隧之言迅疾也。有隧,形容其迅疾也。”毛傳曰:“隧,道也。”王説與毛傳不同。

2. zhuì 集韻直類切,去,至韻,澄。物部。

❻通“墜”。崩,墜落。荀子儒效:“至氾而汎,至懷而壞,至共頭而山～。”楊倞注:“隧,謂山石崩摧也。隧讀爲墜。”漢書王莽傳上:“危亡之禍,不～如髮。”

[同源字]隧,遂,術,述。見“術”字條。

按,説文無隧有䢔,在䢅部。

隫 fén 集韻符分切,平,文韻,奉。文部。

❶同“濆”。水邊高地。管子地員:“五粟之土,若在陵,在山,在～,在衍。”❷通“墳”。墓。集韻文韻:“墳,説文:‘墓也。’亦作隫。”

按,説文無隫字。

隨 1. suí 旬爲切,平,支韻,邪。歌部。

❶跟隨。莊子人間世:“自吾執斧斤以～夫子,未嘗見材如此其美也。”韓非子存韓:“秦特出鋭師取地而韓～之,怨懸於天下,功歸於强秦。”後漢書鄭玄傳:“(玄)家貧,客耕東萊,學徒相～已數百千人。”成語有“夫倡婦～”。又爲順着,隨着。書禹貢:“禹敷土,～山刊木。”晉王胡之贈庾翼詩八章之五:“友以淡合,理～道泰。”唐杜甫春夜喜雨詩:“～風潛入夜,潤物細無聲。”成語有“～心所欲”,“～機應變”,“～遇而安”。❷聽任。莊子在宥:“尸居而龍見,淵默而雷聲,神動而天～。”(天隨,即隨天,聽任天然)史記魏世家:“聽使者之惡之,～安陵氏而亡之。”張守節正義:“隨猶聽也。”又爲隨隨便便。唐韓愈進學解:“業精于勤而荒于嬉,行成于思而毁于～。”❸副詞。隨即。史記留侯世家:“(張)良殊大驚,～目之。”漢司馬遷報任安書:“今舉事壹不當,而全軀保妻子之臣～而媒孽其短。”❹追逐。廣雅釋詁:“隨,逐也。”易隨:“九四,～有獲。”高亨周易古經今注:“隨,逐也,逐而

有獲。"晉阮籍咏懷之五十六:"婉孌佞邪子,～利來相欺。"黄節注:"隨利猶趨利也。"㊄卦名。周易六十四卦之一。㊅周代國名。其地在今湖北隨縣。左傳桓公六年:"漢東之國,隨爲大。隨張,必棄小國。"㊆姓。漢代有～何。十六國春秋前趙劉淵:"吾每觀書傳,常鄙～陸之無武,絳灌之無文。"㊇腿。易咸:"九三,咸其股,執其～。"俞樾群經平議:"竊疑隨乃骽(tuǐ)之叚字。古無骽字,故以隨爲之。"漢賈誼新書容經跪容:"拜以磬折之容,…～前以舉,項衡以下。"俞樾諸子平議:"言拜之時,其骽必前以舉,其項必衡以下也,益知隨之爲骽叚字矣。"

[備考]〔詭隨〕叠韻聯緜字。不顧是非而妄隨人者。詩大雅民勞:"無縱詭隨,以謹無良。"毛傳:"詭隨,詭人之善,隨人之惡者也。"廣雅釋訓:"詭隨,小惡也。"王念孫疏證:"此毛詩義也。按詭隨叠韻字,不得分訓'詭人之善,隨人之惡',詭隨即無良之人,亦無大惡小惡之分。詭隨謂謠詐謾欺之人也。詭古讀若果,隨古讀若譪。譪,音土禾反。"王説與毛異。左傳昭公二十年及後漢書陳忠傳均引此詩,舊注均與毛説大同小異。

2. tuǒ。歌部。

㊈通"橢"。橢圓形。史記天官書:"前列直斗口三星,～北端兑。"司馬貞索隱作:"隋斗端兑。隋音湯果反。劉氏云'斗',一作'北'。"

3. duò。歌部。

㊉通"惰"。懈怠。管子形勢解:"臣下～而不忠。"

按,説文隨字在辵部。

隤 tuí 杜回切,平,灰韻,定。微部。

㊀崩塌,墜落。説文:"隤,下隊也。"文選戰國宋玉高唐賦:"磐石險峻,傾崎崖～。"又漢馬融長笛賦:"𨭖硐～(一作"頽")墜,程表朱裏。"又爲敗壞。漢司馬遷報任安書:"李陵既生降,～其家聲。"漢書蘇武傳:"路窮絶兮矢刃摧,士衆滅兮名已～。"又爲降下。漢書揚雄傳:"發祥～祉,欽若神明者,盛哉鑠乎,越不可載已。"顔師古注:"隤,降也。"又爲跌倒,倒下。淮南子原道:"先者～陷,則後者以謀。"唐韓愈憶昨行和張十一:"陽山鳥路出臨武,驛馬拒地驅頻～。"注:"山路險惡,故羸馬拒地不進,被驅而屢至傾隤耳。"㊁〔虺隤〕叠韻聯緜字。馬罷不能升高之病。詩周南卷耳:"陟彼崔嵬,我馬虺隤。"漢蔡邕述行賦:"僕夫疲而劬瘁兮,我馬虺隤以玄黄。"㊂〔隤然〕柔順貌。易繫辭下:"夫坤隤然示人簡矣。"後漢書黄憲傳論:"余曾祖穆侯以爲憲隤然其處順,淵乎其似道。"

隥 dèng 都鄧切,去,嶝韻,端。蒸部。

登山的石級,山阪。穆天子傳卷四:"癸亥,天子南征,升于髭之～。"顧實穆天子傳西征講疏:"凡曰長松之隥,曰髭之隥,曰鈃隥,曰大北之隥,曰薄山寘軨之隥,皆各隨其隥道之狀况而名之,絶非獨立之山名也。"北魏酈道元水經注卷六汾水:"北有長嶺,嶺上東西有通道,即鈃～也。"又:"山有羊腸坂,在晉陽西北,石～縈行若羊腸焉。"字亦作"磴"。北魏楊衒之洛陽伽藍記卷四城西:"入其後園,見溝瀆蹇産,石磴礁嶢。"

[同源字]登,蹬,隥,磴,嶝,鐙。見"蹬"字條。

十 三 畫

險 1. xiǎn 虚檢切,上,琰韻,曉。談部。

㊀險阻。詩小雅正月:"終踰絶～,曾是不意。"史記禮書:"汝潁以爲～,江漢以爲池。"列子湯問:"吾與汝畢力平～。"又爲險峻,地勢不平坦。孫子地形篇:"(地形)有～者,有遠者。"宋王安石遊褒禪山記:"夫夷以近,則遊者衆;～以遠,則至者少。"㊁危險。國語周語上:"夫事君者～而不懟。"韋昭注:"在危險之中不當懟。"韓非子六反:"赴～殉誠。"後漢書劉虞傳:"蒙～閒行,奉使長安。"

又爲陰險，險惡。荀子脩身："加惕(與"蕩"同)悍而不順，～賊而不弟焉，則可謂不詳少者矣。"晉阮籍大人先生傳："假廉以成貪，內～而外仁。"元史許衡傳："奸邪之人，其爲心也～，其用術也巧。"㊂〔險易〕〔易險〕二字義相反，相對成文。①地勢險阻與平坦。鬼谷子揣："辨地形之險易，孰利孰害。"六韜犬韜戰車："前易後險者，車之困地也。"②危險與平安。國語周語下："君子將險哀之不暇，而何易樂之有焉？"韋昭注："險，危也。"荀子榮辱："安利者常樂易，危害者常憂險。"王先謙集解引王念孫曰："憂險謂憂危，謂中心憂危之也，故與'樂易'對文。"③猶言惡與善。易繫辭上："是故卦有小大，辭有險易。"釋文引京房曰："險，惡也；易，善也。"唐韓愈唐故國子司業竇公墓誌銘："六府從事，幾且百人，有愿姦易險賢不肖不同。"㊃驚人的，使人吃驚的。韓非子三守："～言禍福得失之形，以阿人主之好惡。"唐韓愈醉贈張秘書詩："～語破鬼膽，高詞媲皇墳。"宋史李淑傳："制作誥命，爲世所稱，其他文多裁取古語，務爲奇～，時人不許也。"又爲怪異(晚起義)。南史周弘正傳："(劉)顯懸帛十四，約曰：'～衣來者以賞之。'"新唐書車服志："禁高髻、～妝、去眉、開額及吳越高頭草履。"㊄副詞。險些(後起義)。清翟灝通俗編境遇："險，今凡作事，幾致喪敗，輒曰～些。"宋侯寘滿江紅老矣何堪："失意～爲湘岸鬼，浩歌又作長安客。"

2. jiǎn 集韻巨險切，上，琰韻，群。談部。

㊅通"儉"。光秃。荀子致士："川淵枯則龍魚去之，山林～則鳥獸去之。"王先謙集解引郝懿行曰："險當爲儉。儉與險古通用。儉，如山之童，林木之濯濯皆是。"又爲節儉。左傳襄公二十九年："大而婉，～而易行。"杜預注："險當爲儉，字之誤也。大而約則儉節易行。"又爲瘦薄。周禮考工記弓人："老牛之角紾而昔，疢疾～中。"清洪頤煊讀書叢録卷三二："險當作儉，古字通用。儉謂瘦省也。"爾雅釋魚："蜠，大而～。"郭璞注："險者，汙薄。"郝懿行義疏："郭訓險爲薄，則讀與儉同。"

3. yán 集韻魚銜切，平，銜韻，疑。談部。

㊆通"巖"。山巖。史記殷本紀："於是迺使百工營求之野，得説於傅～中。"司馬貞索隱："舊本作'險'，亦作'巖'也。"

隩 1. yù 於六切，音郁，入，屋韻，影。覺部。

㊀水岸彎曲處。説文："隩，水隈厓也。"段玉裁注："厓，山邊也。引申之爲水邊。隈厓，謂曲邊也。"爾雅釋丘："隩隈，厓內爲隩，外爲隈。"文選南朝宋謝靈運從斤竹澗越嶺溪行詩："逶迤傍隈～，苕遞陟陘峴。"唐劉禹錫武陵觀火詩："餘勢下隈～，長熛烘舳艫。"㊁通"燠"。取暖。書堯典："厥民～，鳥獸氄毛。"史記作"其民燠"。

2. ào 烏到切，音奥，去，号韻，影。覺部。

㊂可居住的邊遠地區。國語周語下："汩越九原，宅居九～，合通四海。"書禹貢："九州攸同，四～既宅。"屈萬里尚書今註今譯："隩，水涯，謂四海之邊涯。"字亦作"墺"。説文土部："墺，四方土可居也。"㊃通"奥"。室內西南隅。太平御覽卷一八〇引風俗通云："爾雅曰：'西南隅謂之隩。'尊長之處也。"今爾雅釋宮作"奥"。郭璞注："室中隱奥之處。"釋文："奥，本或作隩。"泛指室內。南朝宋鮑照觀漏賦："歷玫階而升～，訪金壺之盈闕。"文選南朝齊劉孝標廣絶交論："蹈其閫閾，若升闕里之堂；入其～隅，謂登龍門之阪。"吕延濟注："西南隅謂之隩。"隩爲尊長者所居，亦爲神位所在。漢書郊祀志："自古以雍州積高，神明之～，故立畤郊上帝，諸神祠皆聚云。"由室中隱奥之處引申爲地形深險隱奥或深險隱奥之地。文選漢班固西都賦："防禦之阻，則天地之～區焉。"吕延濟注："言四塞之險，易爲備禦。隩，猶深險也。"文選晉潘岳西征賦："班述陸海珍藏，張叙神皐～區。"(張衡西京賦作"奥區神皐")南朝宋鮑照蕪城賦："重江複關之～，四會五達之莊。"(此言廣陵爲重重

複複的江河關口所環繞,乃深險隱奥之地)又爲深奥幽微。莊子天下:"弱於德,强於物,其塗～矣。"申鑒雜言下:"聖人以文,其～也有五:曰元,曰妙,曰包,曰要,曰文。"又用作狀語,深深地。國語鄭語:"申呂方彊,其～愛太子,亦必可知也。"

[辨]限,隩。見"限"字條。

[同源字]隩,澳,墺,奥。四字音同義近。説文宀部:"奥,宛也,室之西南隅。"段玉裁注:"宛奥雙聲。宛者,委曲也,室之西南隅宛然深藏,室之尊處也。"隩、澳、墺皆從奥聲,古書常與"奥"通用。王筠釋例:"(澳、隩)似與奥無涉,然衛風'瞻彼淇奥',大學引作'澳'。釋文:'澳,本亦作奥,本又作隩。'蓋奥,宛也,在内之意。故厓之内取以爲名,而澳、隩皆其分别文也。墺與澳隩亦同字。"

十四畫

隮 jī 祖稽切,平,齊韻,精。脂部。

㊀登,升。書顧命:"王麻冕黼裳,由賓階～。"又爲雲氣上升。詩鄘風蝃蝀:"朝～于西,崇朝其雨。"朱熹集傳:"隮,升也。周禮'十煇:…九曰隮,'注以爲'虹',蓋忽然而見,如自下而升也。"按,周禮春官眡祲"九曰隮",鄭玄注:"隮,虹也",鄭司農注:"隮者,升氣也。"孫詒讓正義:"毛詩曹風候人篇'南山朝隮',傳云:'隮,升雲也。'升氣亦即升雲。先鄭'升氣'之詁,與後鄭詩鄘風蝃蝀箋同,則亦以隮爲虹,其異於'彌'者,長不必竟天耳。"段玉裁説文"躋"字注:"顧命'由賓階隮',毛詩'朝隮于西','南山朝隮',周禮'九曰隮',皆訓'升'。"㊁降,墜落。與"升"義相反。書微子:"今爾無指告予,顛～若之何其?"

按,説文隮作躋,在足部,段玉裁注:"俗作隮。"

隰 1. xí 似入切,音習,入,緝韻,邪。緝部。

㊀低濕的地方。詩小雅皇皇者華:"皇皇者華,于彼原～。"管子形勢:"平原之～,奚有於高?"尹知章注:"言平隰之澤,雖有小封,不成於高。"公羊傳昭公元年:"原者何?上平曰原,下平曰～。"㊁新墾的田地。詩周頌載芟:"徂～徂畛。"鄭箋:"隰,謂新發田也。"㊂姓。春秋時有齊大夫隰朋。

2. xiè 集韻悉協切,入,怗韻,心。緝部。

㊃通"濕"。人名用字。穀梁傳襄公八年:"鄭人侵蔡,獲公子濕。"釋文:"公子濕,本又作'～'。"

[同源字]隰,濕(溼)。二字叠韻,邪審鄰紐。説文:"隰,阪下溼也。"又水部:"溼,幽溼也。"段玉裁注:"今字作濕。"桂馥義證"隰"字引尚書大傳云:"下而平者謂之隰,隰之猶言溼也。"又引春秋説題辭云:"下溼曰隰,隰者溼也,下而澤也。"

隱 1. yǐn 於謹切,上,隱韻,影。文部。

㊀短牆。左傳襄公二十三年:"踰～而待之。"㊁隱蔽,潛藏。説文:"隱,蔽也。"徐灝説文解字注箋:"隱之本義,蓋謂隔阜不相見,引申爲凡隱蔽之稱。"左傳成公二年:"下臣不幸,屬當戎行,無所逃～。"韓詩外傳五:"彼大儒者,雖～居窮巷陋室,無置錐之地,而王公不能與争名矣。"史記汲鄭列傳:"黯坐小法,會赦免官。於是黯～於田園。"又爲隱瞞。論語述而:"二三子以我爲～乎?吾亦無～乎爾。"漢書趙廣漢傳:"吏見者皆輸寫心腹,無所～匿。"禮記檀弓上:"事親有～而無犯,事君有犯而無～。"又爲精妙、幽微。易繫辭上:"探賾索～,鉤深致遠。"宋邢昺爾雅疏叙:"夫爾雅者,先儒授教之術,後進索～之方。"又爲隱語,謎語。韓非子難三:"人有設桓公～者,…桓公不能射。"漢劉向説苑正諫:"臣不能爲樂,臣善～。"〔隱蔽〕①猶屏障。戰國策齊策二:"且趙之於燕齊,隱蔽也。"注:"隱蔽,蕃蔽也。"②隱藏。淮南子主術:"人主不正,則邪人得志,忠者隱蔽矣。"吕氏春秋決勝:"諸搏攫柢噬之獸,其用齒角爪牙也,必托于卑微隱蔽,此所以成勝。"③隱瞞。漢書翟方進傳:

“懷姦朋黨，相爲隱蔽，皆亡忠慮。”後漢書廉范傳：“（成都）舊制，禁民夜作，以防火災，而更相隱蔽，燒者日屬。”又梁冀傳：“冀廉問知其詐，陰求得，笞殺之，隱蔽其事。”㊂窮困。左傳昭公二十五年：“政自之出久矣，～民多取食焉，爲之徒者衆矣。”杜預注：“隱，約，窮困。”荀子宥坐：“故居不～者思不遠，身不佚者志不廣。”又爲痛苦。國語周語上：“是先生非務武也，勤恤民～而除其害也。”韋昭注：“隱，痛也。”又爲哀痛。禮記檀弓下：“拜稽顙，哀戚之至～也。稽顙，～之甚也。”孔穎達正義：“孝子拜賓之時，先爲稽顙而後拜者，哀戚之至痛。就拜與稽顙二事之中，稽顙爲痛之甚。”用作動詞。爲某種情况而表示哀痛。孟子梁惠王上：“王若～其無罪而就死地，則牛羊何擇焉。”焦循正義：“逸周書謚法解云：‘隱，哀之方也。’隱哀一聲之轉。”㊃審度。廣雅釋詁：“隱，度也。”王念孫疏證：“隱之言意也。禮運云：‘聖人耐以天下爲一家，以中國爲一人者，非意之也。’意隱古同聲。”書盤庚下：“邦伯師長，百執事之人，尚皆～哉。”孫星衍尚書今古文注疏：“言當計度之，亦猶云隱度也。”文選漢崔子玉座右銘：“～心而後動，謗議庸何傷。”李周翰注：“隱，度。言能度心而動，謗議常理何能傷人乎！”㊄安穩。楚辭戰國屈原九章抽思：“超回志度，行～進兮。”洪興祖補注：“說文：‘隱，安也。’”唐杜甫投簡梓州幕府兼簡韋十郎官詩：“幕下郎官安穩無？從來不奉一行書。”㊅威重貌。後漢書吴漢傳：“吴公差彊人意，～若一敵國矣。”李賢注：“隱，威重之貌。”㊆通“殷”。震動。史記司馬相如列傳：“車騎靁起，～天動地。”㊇〔隱隱〕①象聲詞。後漢書天文志上：“須臾有聲，隱隱如雷。”玉臺新詠古詩爲焦仲卿妻作：“府吏馬在前，新婦車在後，隱隱何甸甸，俱會大道口。”②憂戚貌。荀子儒效：“隱隱兮其恐人之不當也。”楚辭漢劉向九歎遠逝：“志隱隱而鬱怫兮，愁獨哀而冤結。”③隱約，不分明的樣子。南朝宋鮑照還都道中詩之二：“隱隱日没岫，瑟瑟風發谷。”唐杜牧寄揚州韓綽判官詩：“青山隱隱水迢迢，秋盡江南草木（一作“未”）凋。”

2. yìn 於靳切，去，焮韻，影。文部。

㊈凭倚，靠着。莊子秋水：“公子牟～机大息，仰天而笑。”又徐无鬼：“南伯子綦～几而坐，仰天而嘘。”禮記檀弓下：“既葬封，廣輪揜坎，其高可～也。”鄭玄注：“隱，據也。封可手據，謂高四尺。”㊉築。漢書賈山傳：“～以金椎，樹以青松。”顔師古注引服虔曰：“隱，築也。以鐵椎築之。”

［同源字］①隱，蔓（薆）。二字同源，均屬影母，蔓爲物部，文物對轉。爾雅釋言：“蔓，隱也。”郭璞注：“謂隱蔽。”郝懿行義疏：“隱者，釋詁云：‘微也。’玉篇云：‘不見也，匿也。’皆藏伏翳蔽之義也。蔓者，説文作‘薆’，云：‘蔽不見也。’玉篇云：‘隱也，蔽也。亦作蔓。’”

②讔，隱。見“讔”字條。

十五畫

隳 1. huī 許規切，平，支韻，曉。歌部。

㊀毁壞。吕氏春秋順説：“～人之城郭，刑人之父子也。”管子霸形：“自此而北，至於河者，鄭自城之，而楚不敢～也。”楚辭漢東方朔七諫沈江：“成功～而不卒兮，子胥死而不葬。”孔子家語相魯：“乃使季氏宰仲由～三都。”

2. duò。歌部。

㊁通“惰”。懶惰。韓非子六反：“凡人之生也，財用足則～于用力。”

按，説文無隳有陊。段玉裁注：“小篆陊作墒，隸變作墮，俗作隳。用墮爲崩落之義，用隳爲傾壞之義。”

十六畫

隴 lǒng 力踵切，上，腫韻，來。東部。

㊀山名。隴山，在今陝西甘肅交界處。

史記留侯世家:“夫關中左殽、函,右~、蜀,沃野千里。”漢書武帝紀:“行幸雍,祠五畤,遂踰~,登空同。”顔師古注“應劭曰:‘隴,隴阺坂也。’師古曰:‘即今之隴山。’”❷隆盛。靈樞經卷四營衛生會:“日中而陽~爲重陽,夜半而陰~爲重陰。”❸通“壟”。田壟,田埂。史記項羽本紀:“然羽非有尺寸,乘執起~畝之中。”三國志蜀書諸葛亮傳:“亮躬畊~畝,好爲梁父吟。”唐白居易觀刈麥詩:“夜來南風起,小麥覆~黄。”又爲丘墓。楚辭漢東方朔七諫沈江:“封比干之丘壟。”王逸注:“小曰丘,大曰壟。壟,一作~。”又爲高丘。南朝齊孔稚珪北山移文:“及其鳴騶入谷,鶴書赴~。”宋真山民山居詩:“想無書赴~,林鶴莫驚猜。”❹〔隴種〕叠韻聯緜字。潰敗貌。荀子議兵:“圜居而方止,則若盤石然,觸之者角摧,案角鹿埵隴種東籠而退耳。”王先謙集解引郝懿行曰:“鹿埵、隴種、東籠,蓋皆摧敗披靡之貌。”漢劉向新序雜事三:“若盤石然,觸之者隴種而退耳。”❺〔隴嵸〕叠韻聯緜字。雲氣貌。文選漢劉安招隱士之一:“山氣隴嵸兮石嵯峨。”

隶 部

隶 dài 羊至切,集韻待戴切,去,代韻,定。物部。

同“逮”。及。説文隶部:“隶,及也。”段玉裁注:“此與辵部逮音義皆同,逮專行而隶廢矣。”孔廣居説文疑疑:“隶隸逮三字音義皆同,意隶即隸逮之古文,加枲加辵,後人贅也。”

九 畫

隸 1. lì 郎計切,去,霽韻,來。質部。

❶奴隸,古之賤役。左傳隱公五年:“皁~之事,官司之守,非君所及也。”又襄公二十三年:“斐豹,~也,著於丹書。”用作動詞。役使。荀子議兵:“五甲首而~五家。”楊倞注:“獲得五甲首,則役隸鄉里之五家也。”❷附屬。後漢書馮異傳:“及破邯鄲,乃更部分諸將,各有配~。”晉書殷仲堪傳:“割此三郡,配~益州。”❸隸書。北史江式傳:“式撰集字書號曰古今文字,凡四十卷。大體依許氏説文爲本,上篆下~。”用作狀語。用隸書。論衡正説:“後更~寫以傳誦。”唐陸德明經典釋文條例:“既是~寫古文,則不全爲古字。”❹稽察。史記酷吏列傳:“闗東吏~郡國出入闗者。”裴駰集解引漢書音義曰:“隸,閲也。”

2. yì。質部。

❺通“肄”。學習。朱駿聲説文通訓定聲“隸”字引史記劉敬叔孫通傳:“羣臣習~。”司馬貞索隱:“隸,亦習也。”今本史記作“肄”。明湯顯祖李十郎紫簫記審音:“俺將此詞送到杜秋娘别院,~習一番。”

隸 dài 徒亥切,音待,上,海韻,定。之部。

介詞。及,趁…時。説文隶部:“隸,及也。詩曰:‘~天之未陰雨。’”今詩作“迨”。

隹 部

[隹部總論]

隹部的字大多和鳥有關。其中多數是名詞,也有少數與鳥有關的動詞和形容詞。

(一)名詞。例如: 隹 隼 雀 雁 雉 雕 雞

(二)動詞。例如: 集 雊

(三)形容詞。例如: 雋 雄 雌

隹 1. zhuī 職追切,平,脂韻,照三。微部。

❶短尾鳥的總名。説文:"隹,鳥之短尾總名也。"

2. wéi 六書正譌夷追切,音惟。微部。

❷同"惟"。句首語氣詞。墨子明鬼下:"古者有夏,方未有禍之時,百獸貞蟲,允及飛鳥,莫不比方。矧~人面,胡敢異心?"畢沅注:"隹,古惟字。"

二 畫

隺 1. hú 胡沃切,入,沃韻,匣。藥部。

❶極高。説文:"隺,高至也。易曰:'夫乾隺然。'"按,今本易繫辭下作"夫乾確然"。

2. hè 集韻曷各切,入,鐸韻,匣。藥部。

❷同"鶴"。宋洪适隸釋漢酸棗令劉熊碑:"~鳴一震。"晉干寶搜神記卷一二:"~之爲麞也,蛬之爲蝦也。"

按,説文隺字在冂部。

隼 sǔn 思尹切,音筍,上,準韻,心。文部。

猛禽。詩小雅采芑:"鴥彼飛~,其飛戾天。"孔穎達疏:"説文曰:'隼,鷙鳥也。'"易解:"公用射~于高墉之上。"

按,今本説文隼是鵻的重文,清徐灝説文解字注箋以爲誤。

隻 1. zhī 之石切,入,昔韻,照三。鐸部。

❶鳥一隻。説文:"隻,鳥一枚也。"晉潘岳悼亡詩三首之一:"如彼翰林鳥,雙栖一朝~。"引申爲一個。公羊傳僖公三十三年:"晉人與姜戎要之殽而擊之,匹馬~輪無反者。"又爲單。唐李德裕文章論:"意盡而止,成篇不拘於~耦。"❷量詞。後漢書方術傳:"候鳧至,舉羅張之,但得一~舃焉。"

2. shuāng 音雙。東部。

❸通"雙"。一對。史記龜策列傳:"玉櫝~雞,出於昆山。"裴駰集解引徐廣曰:"隻,一作雙。"穆天子傳卷二:"於是載玉萬~。"郭璞注:"雙玉爲瑴。"陳逢衡補注:"萬隻之隻,即古省雙字。玉必以雙獻。"

三 畫

雀 què 即略切,入,藥韻,精。藥部。

❶麻雀。説文:"雀,依人小鳥也。"段玉裁注:"今俗云麻雀者是也。"詩召南行露:"誰謂~無角,何以穿我屋?"吕氏春秋貴生:"以隨侯之珠彈千仞之~。"泛指小鳥。文選戰國宋玉高唐賦:"衆~嗷嗷,雌雄相失,哀鳴相號。"李善注:"雀,鳥之通稱。"❷赤黑色。書顧命:"二人~弁執惠,立于畢門之內。"孔穎達疏引鄭玄云:"赤黑曰雀,言如雀頭色也。"

四 畫

雇 1. hù 侯古切,音户,上,姥韻,匣。魚部。

❶鳥名。説文:"雇,九雇,農桑候鳥。"爾雅釋鳥作"鳸"。

2. gù 古暮切,去,暮韻,見。

❷雇傭,出錢讓人替自己辦事。後漢書虞詡傳:"開漕船道,以人僦直~借傭者。"❸通"顧"。顧盼。明鄭之珍目蓮救母勸善戲文花園捉魂:"雀啄常四~,燕寢無疑心。"又照顧。明鄭之珍目蓮救母勸善戲文過滑油山:"不~兄來不~嫂。"

雉 zhì 章移切,音支,平,支韻,照三。支部。

鳥名。説文:"雉,鳥也。"〔雉鵲觀〕漢武帝所建宫名。

[備考]説文:"雉,一曰雉度。"徐鍇繫傳:"雉度,猶今言度支也。"清桂馥以爲即晉"度支尚書"之"度支"。雉度或度支,規劃的意思。

雅 1. yā 五下切,集韻於加切,音丫,平,麻韻,影。魚部。

❶烏鴉。説文:"雅,楚烏也。一名鸒,一名卑居,秦謂之雅。"元白無咎百字折桂令一段:"千點萬點老樹昏~。"

2. yǎ 五下切,上,馬韻,疑。魚部。

❷正確,規範。論語述而:"子所~言,詩、書、執禮,皆~言也。"〔爾雅〕我國最早的訓詁書。後代的訓詁書也多以"雅"名,如廣雅、通雅。❸高雅,美好。荀子富國:"所以説之者,必將~文辯慧之君子也。"史記司馬相如列傳:"從車騎,雍容閑~甚都。"❹詩經六義之一。周禮春官大師:"教六詩:曰風,曰賦,曰比,曰興,曰~,曰頌。"❺副詞。平素。史記蒙恬列傳:"(趙)高~得幸於胡亥,欲立之。"引申爲平素的交情。漢書谷永傳:"頁薄學朽,無一日之~。"❻副詞。極,甚。南朝梁劉勰文心雕龍時序:"觀其時文,~好慷慨。"❼樂器名。周禮春官笙師:"掌教龡竽、笙、塤、籥、簫、篪、篴、管、舂牘、應、~,以教祴樂。"❽酒器名。三國魏曹丕典論酒誨:"(劉表)子弟驕貴,竝好酒,爲三爵:大曰伯~,次曰中~,小曰季~。"

[同源字]烏,雅。兩字均爲魚部疑母。小爾雅廣鳥:"純黑反哺者謂之烏,小而腹下白、不反哺者謂之雅。"朱駿聲説文通訓定聲:"雅即烏之轉聲。"

雄 xióng 羽弓切,平,東韻,喻三。蒸部。

❶公(鳥)。説文:"雄,鳥父也。"詩小雅正月:"誰知烏之雌~?"吕氏春秋明理:"馬有生角,~雞五足。"引申爲公的其他動物。詩齊風南山:"南山崔崔,~狐綏綏。"❷傑出的人物。左傳襄公二十一年:"齊莊公朝,指殖綽、郭最曰:'是寡人之~也!'"又爲形容詞,傑出的,勇武的。漢書武帝紀贊:"如武帝之~才大略。"唐劉禹錫送裴司徒令公自東都留守再命太原詩:"行色旌旗動,軍聲鼓角~。"又爲動詞,稱雄。漢書叙傳上:"(班壹)當孝惠高后時,以財~邊。"

雁 yàn 五晏切,去,諫韻,疑。元部。

字又作"鴈"。❶鴻雁。詩小雅鴻雁:"鴻~于飛,肅肅其羽。"毛傳:"大曰鴻,小曰雁。"❷僞造的,假的。宋王明清揮麈後録卷八:"浸漬數日,漆絮敗潰,~迹盡露。"這個意義多寫作"贋"。

[同源字]鴈,鵝(䳘),鴻,雁。見"鴈"字條。

雂 qián 巨淹切,平,鹽韻,羣。侵部。

鳥名。説文:"雂,鳥也。"字亦作"鳹"。爾雅釋鳥"鵮,鶌老"郭璞注:"鳹鵮也。"釋文引字林:"句喙鳥。"參見"鳹"字條。

集 jí 秦入切,入,緝韻,從。緝部。

❶羣鳥棲息樹上。本作雧。説文:"雧,羣鳥在木上也。"詩唐風鴇羽:"肅肅鴇羽,~于苞栩。"引申爲停止。楚辭戰國屈原離騷:"欲遠~而無所止兮,聊浮游以逍遥。"❷聚集,集合。晉王羲之蘭亭集序:"羣賢畢至,少長咸~。"❸彙集單篇作品的書。三國魏曹丕與吴質書:"頃撰其遺文,都爲一~。"❹成,成就。左傳襄公二十六年:"今日之事幸而~,晉國賴之。"杜預注:"集,成。"❺和睦,安定。漢書荆燕吴傳贊:"由漢初定,天下未~。"顔師古注:"集,和也。"

[同源字]集,雜,輯,萃。四字同爲從母,"集"和"雜"、"輯"同屬緝部,"萃"物部,緝物對轉。四字均有聚合義。廣雅釋詁三:"集,聚也。"又"雜,聚也。"國語周語上:"和協輯睦於是争興。"韋昭注:"輯,聚也。"易序卦:"萃者,聚也。"

按，說文集字在雥部。

五 畫

雍 1. yōng 於容切，平，鍾韻，影。東部。

❶和諧。書無逸："作其即位，乃或亮陰，三年不言。其惟不言，言乃～。"❷樂名，天子撤饍時所奏。論語八佾："三家者以～撤。"❸通"壅"，閉塞。穀梁傳僖公九年："毋～泉。"釋文："雍，塞也。"❹通"擁"，擁有。戰國策秦策五："～天下之國。"❺通"饔"，烹調。儀禮少牢饋食禮："～人摡鼎匕俎于雍爨。"鄭玄注："雍人，掌割亨之事者。"❻通"廱"。〔辟雍〕周朝所設的大學。禮王制："大學在郊，天子曰辟雍，諸侯曰泮宮。"

2. yōng 於用切，去，用韻，影。東部。

❼古九州之一。書禹貢："黑水西河惟～州。"

按，說文雍作雝。雍字由雝演變而成。

睢 jū 七余切，平，魚韻，清。魚部。

❶〔睢鳩〕水鳥名。詩周南關雎："關關睢鳩，在河之洲。"毛傳："睢鳩，王睢也。鳥摯而有別。"字又作"鴡"。❷通"疽"。瘫疽。管子法法："故赦者，犇馬之委轡；毋赦者，痤～之礦石也。"戴望校正："睢與疽同。"

雋 1. juàn 徂兗切，上，獮韻，從。元部。

❶鳥肉肥美。說文："雋，肥肉也。"玉篇："雋，鳥肥也。"〔雋永〕書名。漢書蒯通傳："通論戰國時説士權變，亦自序其説，凡八十一首，號曰雋永。"顏師古注："雋，肥肉也。永，長也。言其所論甘美，而義深長也。"又指詩文意味深長。宋陸游午枕詩："書中至味人不知，雋永無窮勝粱肉。"

2. jùn 字彙即慎切，音俊。文部。

❷通"儁"、"俊"。才智出衆。國語鄭語："秦仲、齊侯，姜、嬴之～也。"

3. zuì 集韻將遂切，去，至韻，精。支部。

❸通"檇"。地名用字。〔雋李〕集韻至韻："雋，地名。春秋傳越敗吴於檇李。或作雋。"在今浙江省嘉興西南。

雉 zhì 直几切，上，旨韻，澄。脂部。

❶野雞。莊子養生主："澤～十步一啄，百步一飲。"❷古時計算城牆面積的單位。左傳隱公元年："都城過百～，國之害也。"杜預注："方丈曰堵，三堵曰～，一雉之牆長三丈，高一丈。"引申爲城牆。文選南朝齊謝朓和王著作八公山詩："出没眺樓～，遠近送春目。"❸博戲中的采名。晉書劉毅傳："後於東府聚樗蒱大擲，…毅次擲得～，大喜。"❹通"紖"。牛鼻繩。禮記檀弓上："申生受賜而死，再拜稽首乃卒"鄭玄注："既告狐突，乃～經。"孔穎達疏："雉，牛鼻繩也。"

［備考］方言卷六："雉，理也。"

雊 gòu 古候切，音構，去，候韻，見。侯部。

雉鳴。禮記月令："雉～雞乳。"鄭玄注："雊，雉鳴也。"

按，說文："雊，雄雌鳴也。"姚文田、嚴可均校議："當作'雄雉鳴'也。"

六 畫

雌 cí 此移切，平，支韻，清。支部。

❶母(鳥)。說文："雌，鳥母也。"詩小雅小弁："雉之朝雊，尚求其～。"引申爲雌性的其他動物。樂府詩集木蘭詩二首之一："雄兔脚撲朔，～兔眼迷離。"❷柔弱。老子第二十八章："知其雄，守其～。"唐韓愈病中贈張十八詩："～聲吐款要，酒壺綴羊腔。"

雃 yuè 字彙補余略切，音躍。藥部。

圍棋術語，棋心及四面據中之子。古文苑漢馬融圍棋賦："横行陣亂兮，敵心駭惶；迫兼碁～兮，頗棄其装。"宋章樵注："雃音義與岳同。棊心并四面各據中一子謂之五岳，言不可動摇也。"

雒 luò 盧各切，音洛，入，鐸韻，來。鐸部。

❶鳥名，鴟中較小的一種。即“鵅”。說文：“雒，鵋鶀也。”段注：“(爾雅)釋鳥曰：‘鵅，鵋鶀。’…‘鵅’即‘雒’字，各家音‘格’。但今江蘇此鳥尚呼‘鉤雒鴟’，‘雒’音同‘洛’，則音‘格’者南北語異耳。”❷白鬃黑馬。詩魯頌駉：“有駵有～。”毛傳：“黑身白鬣曰雒。”❸水名。發源於今陝西雒南縣，流經河南，在鞏縣流入黃河。左傳昭公元年：“館于～汭。”後代也寫作“洛”，但實與流入渭河之洛水有別。❹古都邑名，即洛陽。左傳桓公二年：“武王克商，遷九鼎于～邑。”

[備考]通“絡”。套上籠頭。莊子馬蹄：“燒之，剔之，刻之，～之。”成玄英疏：“雒，謂著籠頭也。”一說通“烙”。郭慶藩集釋引郭嵩燾云：“雒，謂印烙。”

八　畫

誰 què 七雀切，入，藥韻，清。鐸部。

同“鵲”。喜鵲。墨子魯問：“公輸子削竹木以爲～，成而飛之，三日不下。”

雕 diāo 都聊切，平，蕭韻，端。幽部。

❶一種猛禽。史記李將軍列傳：“是必射～者也。”說文：“雕，鷻也。”引申爲剽悍。史記貨殖列傳：“(燕)大與趙代俗相類，而民～捍少慮。”司馬貞索隱：“言如雕性之捷捍也。”❷通“彫”，雕刻。書顧命：“～玉仍几。”僞孔傳：“雕，刻鏤。”引申爲有花紋。後漢書張衡傳：“執～虎而試象兮。”李賢注：“雕虎，有文也。”❸通“凋”。零落。呂氏春秋辨土：“寒則～，熱則脩。”高誘注：“雕，不實也。”❹〔雕雕〕猶“昭昭”，明顯貌。荀子議兵：“雕雕焉，縣貴爵重賞於其前，縣明刑大辱於其後，雖欲無化能乎哉！”楊倞注：“雕雕，章明之貌。”

[辨]雕，彫，凋，琱。見“彫”字條。

雔 chóu 市流切，音酬，平，尤韻，禪。幽部。

❶成對的鳥。說文：“雔，雙鳥也。”引申爲讎敵、讎答。降魔變文：“遂向須達大臣，索此難～之價。”❷〔雔由〕疊韻聯緜字。野蠶名。爾雅釋蟲：“雔由，樗繭。”郭璞注：“食樗葉。”

[同源字]儔，疇，雔，讎，讐。見“讎”字條。

九　畫

雖 1. suī 息遺切，平，脂韻，心。微部。

❶蟲名。說文：“雖，似蜥易而大。”❷副詞。①相當於“縱使”、“即使”。孟子告子下：“～與之天下，不能一朝居也。”②相當於“雖然”。詩大雅文王：“周～舊邦，其命維新。”❸通“唯”。只有。管子君臣下：“故民迂則流之，民流通則迂之。決之則行，塞之則止。雖有明君能決之，又能塞之。”王引之經傳釋詞卷三引管子文，云：“言惟有明君能如此也。”

2. wéi 音唯。微部。

❹通“惟”。獨，僅僅。詩大雅抑：“女～湛樂從，弗念厥紹。”清王引之經傳釋詞謂“言女惟湛樂之從也”。

十　畫

雜 zá 徂合切，入，合韻，從。緝部。

❶五彩相合。說文：“雜，五彩相會。”周禮考工記畫繢：“畫繢之事～五色。”❷聚集，會集。易繫辭下：“若夫～物撰德，辨是與非，則非其中爻不備。”孔穎達疏：“雜聚天下之物，撰數衆人之德，辨定是之與非。”❸攙雜，混合。國語鄭語：“先王以土與金、木、水、火～，以成百物。”呂氏春秋別類：“黃白～則堅且牣，良劍也。”又爲交錯。漢書鼂錯傳：“堅甲利刃，長短相～。”❹不純。韓非子初見秦：“趙氏，中央之國也，～民所居也。”❺都，共。國語越語下：“其事是以不成，～受其刑。”韋昭注：“雜，猶俱也。”❻通“帀”。圓周。淮南子詮言：“以數～之壽，憂天下之亂。”高誘注：“雜，帀也。從子至亥爲一帀。”

[同源字]集，雜，輯，萃。見“集”字條。

按,説文雜字在衣部,从衣,集聲。

翰 hàn 侯旰切,音翰,去,翰韻,匣。元部。

山鵲。説文:"翰,翰鷽也。"字亦作"鳱"。

雚 1. guàn 古玩切,音灌,去,换韻,見。元部。

❶水鳥名。説文:"雚,小爵也。…詩曰:'雚鳴于垤。'"清鈕樹玉校録:"'小'當是'水'。玉篇訓'水鳥'。"今詩豳風東山作"鸛鳴于垤"。❷芄蘭。爾雅釋草:"雚,芄蘭。"

2. huán 胡官切,平,桓韻,匣。元部。

❸同"萑",荻。廣韻:"萑,萑葦,易亦作萑,俗作雚。"墨子旗幟:"凡守城之法,石有積…～葦有積。"

按,説文雚字在萑(huán)部。

雞 jī 古奚切,平,齊韻,見。支部。

一種家禽。説文:"雞,知時畜也。鷄,籀文雞从鳥。"詩鄭風風雨:"風雨淒淒,～鳴喈喈。"老子第八十章:"～犬之聲相聞。"

臒 huò 烏郭切(舊讀 wò),入,鐸韻,影。鐸部。

赤石脂之類,可作顔料。書梓材:"若作梓材,既勤樸斲,惟其塗丹～。"山海經南山經:"雞山,其上多金,其下多丹～。"郭璞注:"臒,赤色者。或曰:臒,美丹也。"文選南朝宋顔延年和謝監靈運:"雖慙丹～施,未謂玄素睽。"

按,説文臒字在丹部,云:"善丹也。"

雛 1. chú 仕于切,平,虞韻,牀二。侯部。

❶幼雞。説文:"雛,雞子也。"禮記内則:"～尾不盈握不食。"引申爲鳥類或其他動物之幼者。唐白居易晚燕詩:"百鳥乳～畢,秋燕獨蹉跎。"唐李商隱送東川弘農尚書幕詩:"～虎如憑怒,漦龍性漫馴。"又引申爲幼兒。唐杜甫徐卿二子歌:"丈夫生兒有如此二～者,名位豈肯卑微休!"❷〔鵷雛〕鳳凰的一種。見"鵷"字條。

2. jù 集韻從遇切,去,遇韻,從。侯部。

❸人名用字。漢書古今人表有"顔燭～",顔師古注:"即顔涿聚子也。"王先謙補注:"梁玉繩曰:顔注'子'字衍。"

雙 shuāng 所江切,平,江韻,審二。東部。

❶兩隻鳥。説文:"雙,隹二枚也。"禮記少儀:"其禽加於一～,則執一～以將命,委其餘。"❷一對。史記項羽本紀:"我持白璧一～,欲獻項王,玉斗一～,欲與亞父。"❸匹敵。史記淮陰侯列傳:"諸將易得耳,至如信者,國士無～。"論衡自紀:"行與孔子比窮,文與揚雄爲～。"

按,説文雙字在雔部。

雝 yōng 於容切,平,鍾韻,影。東部。

❶〔雝渠〕一種水鳥。説文:"雝,雝渠也。"朱駿聲説文通訓定聲:"此鳥喜飛鳴作聲,其音邕邕而和。"❷〔雝雝〕鳥和鳴聲。詩邶風匏有苦葉:"雝雝鳴雁,旭日始旦。"❸和諧。詩召南何彼襛矣:"曷不肅～,王姬之車。"

〔備考〕通"壅"。堵塞。荀子法行:"詩曰:'涓涓源水,不～不塞。'"楊倞注:"雝讀爲壅。"又爲遮蔽。詩小雅無將大車:"無將大車,維塵雍兮。"鄭箋:"雍猶蔽也。"一本"雍"作"雝"。

十一畫

離 1. lí 吕支切,平,支韻,來。歌部。

❶鳥名。説文:"離,離黄,倉庚也。"段玉裁注:"各本無'離',依爾雅音義、廣韻補。"❷分别,分散。楚辭戰國屈原離騷:"余既不難夫～别兮,傷靈脩之數化。"論語李氏:"邦分崩～析而不能守也。"❸羅列,陳列。方言卷七:"羅謂之離,離謂之羅。"左傳昭公元年:"楚公子圍設服～衛。"杜預注:"設君服,二人執戈陳於前以自衛。離,陳也。"❹相並。禮

記曲禮上:"～坐～立,勿往參焉。"❺通"罹"。遭逢。詩王風兔爰:"有兔爰爰,雉～于羅。"❻通"蘺"。香草。楚辭戰國屈原離騷:"扈江～與辟芷兮,紉秋蘭以爲佩。"❼通"縭"。衣帶。漢書班倢伃傳:"每寤寐而絫息兮,申佩～以自思。"❽〔離披〕叠韻聯緜字。散亂貌。楚辭戰國宋玉九辯:"白露既下降百草兮,奄離披此梧楸。"

2. lì 郎計切,去,霽韻,來。歌部。

❾附著。漢書揚雄傳下:"丁傅、董賢用事,諸附～之者,或起家至二千石。"顔師古注:"離,著也。"

3. chī 集韻抽知切,平,支韻,徹。歌部。

❿"离"的異體字。猛獸。説文:"离,山神,獸形。…歐陽喬説:离,猛獸也。"段玉裁注:"此葢説今文牧誓,史記作'如豺如離'可證。离離古通用。"史記周本紀:"如虎如羆,如豺如～。"裴駰集解引徐廣曰:"此訓與'螭'同。"字亦作"螭"。參見"螭"字條。

[同源字]離,麗。兩字雙聲叠韻,僅聲調不同。都有"相並"、"附著"之義。公羊傳桓公五年:"離不言會。"何休注:"二國會曰離。"王念孫曰:"謂麗也。離麗古同聲而通用。"後來在"附著"義上,"離"亦讀同"麗"。

難 1. nán 那干切,平,寒韻,泥。元部。

❶鳥名。説文:"䳲,鳥也。難,䳲或从隹。"段玉裁注:"今難易字。"❷困難。論語子路:"爲君～,爲臣不易。"

2. nàn 奴案切,去,翰韻,泥。元部。

❸灾難,灾禍。左傳莊公三十年:"自毁其家以紓楚國之～。"特指兵亂、戰争。韓非子五蠹:"堅甲厲兵以備～。"❹仇敵。戰國策秦策一:"昔者紂爲天子,帥天下將甲百萬,…以與周武爲～。"❺拒斥。書舜典:"惇德允元,而～任人。"❻詰問。孟子離婁下:"於禽獸又何～焉?"又爲反駁。史記廉頗藺相如列傳:"嘗與其父言兵事,奢不能～。"

3. nuó 集韻囊何切,平,歌韻,泥。歌部。

❼盛貌。詩小雅隰桑:"隰桑有阿,其葉有～。"毛傳:"難然盛貌。"❽驅除疫鬼。周禮春官占夢:"遂令始～歐疫。"

十六畫

雥 zá 徂合切,入,合韻,從。緝部。

❶羣鳥。説文:"雥,羣鳥也。"❷聚集。隋書許善心傳神雀頌:"莫不景福氤氳,嘉貺～集。"

按,説文雥字在雥部。

雨部

[雨部總論]

雨部的字大多和雲、雨等天象有關。其中包括:

(一)名詞。例如: 雨 雲 雪 霜 霧 雷 電 霞

(二)形容詞。例如: 霈 霄 霏

(三)動詞。例如: 震 霑 霽 雩(求雨之祭)

雨 1. yǔ 王矩切,上,麌韻,喻三。魚部。

❶從雲層降落到地面的水。詩小雅黍苗:"芃芃黍苗,陰～膏之。"

2. yù 王遇切,去,遇韻,喻三。魚部。

㊁下雨。荀子天論:"雩而～,何也?曰:無何也。猶不雩而～也。"引申爲雪及其他小顆粒的降落。詩小雅采薇:"今我來思,～雪霏霏。"淮南子本經:"昔者蒼頡作書,而天～粟,鬼夜哭。"又比喻潤澤。漢劉向説苑貴德:"吾不能以春風風人,吾不能以夏雨～人。"

[同源字]雨,雩。兩字同爲魚部。"雨"匣母,"雩"曉母。求雨爲雩。廣韻虞韻:"雩,請雨祭。"

三　畫

雩 1. yú 羽俱切,平,虞韻,喻三。魚部。

㊀求雨之祭。禮記月令仲夏之月:"命有司爲民祈山川百源,大～帝。"鄭玄注:"雩,吁嗟求雨之祭也。"

2. yù 集韻王遇切,去,遇韻,喻三。魚部。

㊁虹。爾雅釋天:"螮蝀謂之雩。螮蝀,虹也。"郭璞注:"俗名爲美人虹,江東呼雩。"

3. xū 況于切,平,虞韻,曉。魚部。

㊂〔雩婁〕古地名,在今河南商城縣東。左傳襄公二十六年:"楚子秦人侵吳,及雩婁。"

[同源字]雨,雩。見"雨"字條。

雪 xuě 相絶切,入,薛韻,心。月部。

㊀空中降落的水蒸氣凝成的白色晶體。詩小雅頍弁:"如彼雨～,先集維霰。"又爲下雪。唐白居易問劉十九詩:"晚來天欲～,能飲一杯無?"㊁洗滌。莊子知北遊:"汝齊戒疏瀹而心,澡～而精神。"引申爲滌除恥辱。戰國策燕策一:"然得賢士與共國,以～先王之恥,孤之願也。"又爲昭雪沉冤。周書崔彥穆傳:"彥穆疑荆州總管獨孤永業有異志,遂攻而戮之。…頃之,永業家自理得～。"

[同源字]雪,霰。兩字均爲心母,"雪"月部,"霰"元部,月元對轉。爾雅釋天:"雨寬爲霄雪。"郭璞注:"寬,水雪雜下者,謂之消雪。"邢昺疏:"寬與霰音義同。"

四　畫

雯 wén 無分切,音文,平,文韻,明。

後起字。雲形成的文采。廣韻:"雯,雲文。"三墳形墳爻卦大象:"日雲赤曇,月雲素～。"

[同源字]文,紋,雯。三字同音。雲的文采叫"雯",錦繡的文采叫"紋"。康熙字典引篇海:"凡錦綺黼繡之文皆曰紋。"

雱 pāng 普郎切,平,唐韻,滂。陽部。

雪盛貌。詩邶風北風:"北風其涼,雨雪其～。"

按,説文雱爲旁字籀文,在上部。

雲 yún 王分切,平,文韻,喻三。文部。

在空中懸浮的由水滴、冰晶聚集形成的物體。孟子梁惠王上:"天油然作～,沛然下雨。"〔雲孫〕八代後之孫。爾雅釋親:"昆孫之子爲仍孫,仍孫之子爲雲孫。"郭璞注:"雲,言輕遠如浮雲。"

按,説文雲字在雲部。

雰 fēn 府文切,平,文韻,非。文部。

霧氣。玉篇雨部:"雰,霧氣也。"素問六元正紀大論:"川澤嚴凝,寒～結爲霜雪。"〔雰雰〕霜雪紛降貌。詩小雅信南山:"上天同雲,雨雪雰雰。"

按,説文以雰爲气部氛的或體。云:"氛,祥雲也。雰,氛或从雨。"段玉裁注:"雰與祥氣之氛各物,似不當混而一之。"

五　畫

雷 1. léi 魯回切,平,灰韻,來。微部。

㊀雲層放電時發出的響聲。論語鄉黨:"迅～烈風必變。"

2. lèi 集韻盧對切,去,隊韻,來。微部。

㊁古代作戰時用以擊敵的大石。後來寫

作"礧"。周禮秋官職金"凡國有大故而用金石,則掌其令"鄭玄注:"用金石者,作槍～椎椁之屬。"㊂擊鼓。後來寫作"擂"。三國志吴書周瑜傳裴松之注引江表傳:"瑜等率輕鋭尋繼其後,～鼓大進。"

[備考]通"罍"。古酒器名。清顧藹吉隸辨灰韻:"韓勑造孔廟禮器碑:'～、洗、觴、觚。'"

[同源字]雷,罍。兩字同音。刻有雲雷圖象的酒杯叫罍。説文:"櫑,龜目酒尊,刻作雲雷象,象施不窮也。…罍,櫑或从缶。"

按,説文雷作靁。

電 diàn 堂練切,去,霰韻,定。真部。

閃電。詩小雅十月之交:"爗爗震～,不寧不令。"

[同源字]電,霆。兩字均爲定母,電爲真部,霆爲耕部。真耕通轉。清桂馥説文解字義證引許慎五經通義:"電,雷之光也。"霆爲疾雷,有時也可指電光。

零 1. líng 郎丁切,平,青韻,來。耕部。

㊀餘雨。説文:"零,餘雨也。"㊁(雨、霜、露等)降落。詩鄘風定之方中:"靈雨既～,命彼倌人。"又小雅蓼蕭:"蓼彼蕭斯,～露湑兮。"㊂凋落。楚辭戰國屈原離騷:"惟草木之～落兮,恐美人之遲暮。"㊃〔零丁〕叠韻聯緜字。孤單貌。文選晉李密陳情表:"臣少多疾病,九歲不行,零丁孤苦,至於成立。"㊄零碎,零散(後起義)。唐李白月下獨酌詩:"我歌月徘徊,我舞影～亂。"

2. lián 落賢切,平,先韻,來。真部。

㊅〔先零〕古代西北少數民族名,羌族的一支。在今甘肅、青海一帶。漢書趙充國傳:"先零豪言願時渡湟水北,逐民所不田處畜牧。"

雺 1. wù 集韻亡遇切,去,遇韻,微。侯部。

㊀同"霧"。説文:"霚,地氣發,天不應。…雺,籀文省。"唐劉禹錫楚望賦:"天濡而～,土洩而泥。"

2. méng 莫紅切,平,東韻,明。東部。

㊁通"霿"。晦,天氣昏暗。爾雅釋天:"天氣下地不應曰雺。"郭璞注:"雺,言蒙昧。"説文作"霿"。新唐書李宗閔傳:"人人駭栗,連月～晦。"

[同源字]冒,帽,鍪,霧,蒙,幪,雺,夢,瞢,冥,瞑,濛,朦,盲,矇,眊,瞀。見"冒"字條。

雹 báo 蒲角切,入,覺韻,並。覺部。

冰雹。左傳昭公四年:"～之爲菑,誰能禦之?"

六　畫

需 1. xū 相俞切,平,虞韻,心。侯部。

㊀等待。説文:"需,䇓也。"莊子大宗師:"聶許聞之～役。"釋文引王叔之義疏注:"需,待也。"㊁遲疑。左傳哀公十四年:"子行抽劍曰:'～,事之賊也。'"杜預注:"言需疑則害事。"㊂六十四卦之一。易需:"需,有孚。象曰:雲上於天,需。"㊃需要(後起義)。劉子新論薦賢:"國之～賢,譬車之恃輪,猶舟之倚檝也。"

2. ruǎn 集韻乳兖切,上,獮韻,日。元部。

㊄同"耎"。柔軟。周禮考工記鮑人:"欲其柔滑,而腥脂之,則～。"

3. nuò 集韻奴亂切,字彙補乃个切,音懦。元部。

㊅懦弱。集韻换韻:"偄,説文:'弱也。'或从心,亦作需、懦、燸、耎。"周禮考工記輈人:"馬不契～。"鄭玄注:"鄭司農云:'需讀爲畏需之需。'"

[同源字]需,須,胥。需須同音,均爲心母侯部。胥爲心母魚部,是"須"的音轉。三字均有"等待"義。説文:"需,䇓也。"又:"䇓,待也。"史記廉頗藺相如列傳:"胥後令。"裴駰集解:"胥猶須也。"

霂 diào 字彙徒弔切。宵部。

〔睄霓〕〔睄窕〕〔霄霓〕叠韻聯緜字。虛無幽冥貌。字彙:"睄霓,幽冥也。"楚辭漢王逸九思疾世:"日陰曀兮未光,閴睄窕兮靡睹。"自注:"閴,窺也。睄窕,幽冥也。一作闃睄霓。"又作"霄霓"。淮南子原道:"上游於霄霓之野,下出於無垠之門。"清王念孫讀書雜志一二:"念孫案:霄霓者虛無寂漠之意。俶真篇:'虛無寂寞,蕭條霄霓'是也。"

按,說文無霓字。

七 畫

霂 mù 莫卜切,入,屋韻,明。屋部。

〔霢霂〕雙聲聯緜字。小雨。見"霢"字條。也單用"霂"。魏書樓毅傳:"夏~冬霰,四時恒節。"

霈 pèi 普蓋切,去,泰韻,滂。

後起字。❶雨盛貌。初學記卷二引孟子:"油然作雲,~然下雨。"按,今本孟子梁惠王上作"沛然下雨"。❷大雨。玉篇:"霈,大雨。"唐韓愈等秋雨聯句:"禽情初嘯儔,礎色微收~。"比喻恩澤。宋蘇軾聞正輔將至詩:"我亦露~渥,漸解鍾儀囚。"❸〔霈然〕自滿貌。孔叢子答問:"霈然自得而不設備,臣竊惑焉。"

[同源字]沛,霈。見"沛"字條。

霅 1. zhá 丈甲切,入,狎韻,澄。葉部。

❶〔霅霅〕雷電貌。說文:"霅,霅霅,震電貌。"宋梅堯臣明月樓詩:"霅霅前溪白,蒼蒼後嶺巍。"❷衆言聲。說文:"霅,一曰衆言也。"明田汝成西湖游覽志餘版蕩淒涼:"聞者莫不~然稱快。"

2. shà 集韻色甲切,入,狎韻,審二。葉部。

❸散開貌。集韻:"散也。"文選漢揚雄甘泉賦:"帥爾陰閉,~然陽開。"李善注引晉灼:"霅,散也。"

3. sà 蘇合切,入,合韻,心。葉部。

❹〔霅霅〕雨下貌。廣雅釋訓:"霅霅,雨也。"王念孫疏證:"馬融廣成頌:'霅爾雹落。'霅者,雹下之貌。故雨下亦謂之霅,重言之則曰霅霅也。"

震 1. zhèn 章刃切,去,震韻,照三。文部。

❶疾雷。說文:"震,劈歷振物者。"段玉裁注:"劈歷,疾雷之名。釋天曰:'疾靁爲霆。'倉頡篇曰:'霆,霹靂也。'然則古謂之霆,許謂之震。"左傳昭公四年:"春無淒風,秋無苦雨,雷出不~。"杜預注:"震,霆也。"孔穎達疏:"言有雷而不爲霹靂也。"又爲雷擊。春秋僖公十五年:"己卯晦,~夷伯之廟。"杜預注:"震者,雷電擊之。"❷震動。書舜典:"~驚朕師。"僞孔傳:"震,動也。"❸威嚴。國語周語中:"君之武~,無乃玩而頓乎?"韋昭注:"震,威也。"又爲氣盛。文選晉左思詠史詩八首之六:"荆軻飲燕市,酒酣氣益~。"❹八卦之一,☳,雷之象。

2. shēn 集韻升人切,平,真韻,審三。文部。

❺通"娠"。懷孕。左傳昭公元年:"邑姜方~大叔。"杜預注:"懷胎爲震。"

[同源字]振,震,娠。三字古音均爲照母、文部。說文:"震,劈歷振物者。"又:"娠,女妊身動也。"廣雅釋詁一:"振,動也。"三字均有動義,同出一源。但用法上又有差別。"振"的本義是振動,所以人揮動他物和由此產生的引申義寫作"振",如"振作"、"振興"、"振衣"等。"震"的本義是雷震,所以物體或人本身的顫動寫作"震",如"地震"、"震驚"等。"娠"只用於妊娠。"震"表示妊娠是同源字的通假。

霄 xiāo 相邀切,平,宵韻,心。宵部。

❶雨雪雜下。說文:"雨霓爲霄。齊語也。"爾雅釋天:"雨霓爲~雪。"郭璞注:"水雪雜下者,謂之消雪。"宋王安石和吴冲卿雪詩:"雲連晝已昏,風助~仍洶。"❷雲氣。淮南子人間:"凌乎浮雲,背負青天,膺摩赤~。"又爲

天空。晉陸機演連珠:"臣聞披雲看~則天文清,澄風觀水則川流平。"㊂通"宵"。夜。呂氏春秋明理:"有晝盲,有~見。"高誘注:"霄,夜。"㊃通"消"。消失。墨子經説上:"~,盡,蕩也。"畢沅注:"霄與消同。"

霆 tíng 特丁切,平,青韻,定。耕部。

㊀疾雷。詩小雅采芑:"戎車嘽嘽,嘽嘽焞焞,如~如雷。"漢書賈山傳:"雷~之所擊,無不摧折者。"顔師古注:"霆,疾雷也。"㊁電。玉篇:"霆,電也。"淮南子兵略:"疾雷不及塞耳,疾~不暇掩目。"

[同源字]電,霆。見"電"字條。

霉 méi 正字通莫裴切,音枚。

晚起字。同"黴"。衣物因潮濕而變質。宋周密大聖樂次施中山蒲節韻詞:"虹雨~風,翠縈蘋渚,錦翻葵徑。"

八　畫

霔 zhù 之戍切,去,遇韻,照三。

"注"的分别字。大雨灌注。南朝梁蕭繹金樓子志怪:"喪還之日,復大雨~,車軸折壞,不復得前。"特指時雨灌注。唐慧琳一切經音義卷一二引集訓:"霔,時雨所灌,普生萬物。"唐李紳拜三川守:"大雨膏澤,連~浹日。"又爲名詞。灌注的時雨。宋曾鞏諸廟謝雨文:"獲玆嘉~,尚滋秋物之榮。"

按,説文無霔字。

霑 zhān 張廉切,平,鹽韻,知。談部。

亦作"沾"。沾濕。楚辭戰國屈原離騷:"~余襟之浪浪。"比喻受恩澤。韓非子詭使:"今戰勝攻取之士勞而賞不~,而卜筮視手理狐蠱爲順辭於前者日賜。"

[辨]沾,霑。見"沾"字條。

[同源字]浸,漸,霑,瀸。見"浸"字條。

霎 shà 山洽切,入,洽韻。審二。

㊀小雨。見説文新附。㊁[霎霎]雨聲。唐韓偓夏夜詩:"猛風飄電黑雲生,霎霎高林簇雨聲。"㊂片刻。篇海類編天文類雨部:"霎,片時也。"多用於"一霎"或"霎時"。唐孟郊春雨後詩:"昨夜一~雨,天意蘇羣物。"宋辛棄疾行香子三山作:"天心肯後,費甚心情。放~時陰,~時雨,~時晴。"

按,説文無霎字。段玉裁注以爲"今俗語云'霎時間','霎'即'霅'之俗字。"

霒 yīn 於金切,平,侵韻,影。侵部。

雲遮日。説文:"霒,雲覆日。"大戴禮記文王官人:"生民有~陽。"

[同源字]陰,霒,蔭,窨。見"陰"字條。

霖 lín 力尋切,平,侵韻,來。侵部。

久雨。説文:"霖,雨三日已往。"左傳隱公九年:"癸酉,大雨~以震。"

[同源字]淫,霪,霖。見"淫"字條。

霏 fēi 芳非切,平,微韻,敷。微部。

㊀雨雪盛貌。詩邶風北風:"北風其喈,雨雪其~。"多叠用。詩小雅采薇:"今我來思,雨雪~~。"又爲雲氣盛貌。楚辭戰國屈原九章涉江:"霰雪紛其無垠兮,雲~~而承宇。"㊁雲氣。南朝梁劉孝綽侍宴同劉公幹應令詩:"置酒陪朝日,淹留望夕~。"

按,説文無"霏"字,新附有之,云:"霏,雨雪貌。"

霍 1. huò 虚郭切,入,鐸韻,曉。鐸部。

㊀鳥飛聲。説文:"飛聲也。雨而雙飛者其聲霍然。"㊁[霍然]疾速貌。文選漢枚乘七發:"涊然汗出,霍然病已。"又作"霍焉"。荀子議兵:"霍焉離耳,下反制其上。"㊂通"藿"。豆葉。漢書鮑宣傳:"使奴從賓客漿酒~肉。"顔師古注:"劉德曰:'視酒如漿,視肉如霍也。'霍,豆葉也,貧人茹之也。"㊃[霍繹]叠韻聯緜字。飛走貌。文選漢張衡西京賦:"起彼集此,霍繹紛泊。"㊄古國名。在今山西霍縣。

2. suǒ 字彙補蘇果切,音鎖。歌部。

㊅[霍人]地名。即"葰人",春秋晉邑。

在今山西繁峙縣東。左傳襄公十年:"選其族嗣,納諸霍人。"杜預注:"晉邑。"孔穎達疏:"此霍邑,或稱霍人。"

[備考]爾雅釋山:"大山宫小山,霍。"郭璞注:"宫,謂圍繞之。"

按,説文霍作靃,在雔部。

霓 ní 五稽切,平,齊韻,疑。支部。

❶副虹。楚辭戰國屈原離騷:"飄風屯其相離兮,帥雲~而來御。"❷天邊雲氣。文選漢張衡東京賦:"龍輅充庭,雲旗拂~。"薛綜注:"霓,天邊氣也。"

九　畫

霙 yīng 於驚切,平,庚韻,影。

後起字。❶雪花。藝文類聚卷二引韓詩外傳:"雪花曰~。"南朝梁簡文帝雪朝:"落梅飛四注,翻~舞三襲。"❷雪珠。集韻庚韻:"霙,霰也。"南朝齊謝朓等阻雪聯句:"珠~條間響,玉霤檐下垂。"❸雨雪雜下。見玉篇。

霜 shuāng 色莊切,平,陽韻,審二。陽部。

❶天冷時地面物體上的水汽凝成的白色冰晶。易坤:"履~堅冰至。"引申爲白色的粉末。宋黄庭堅又答寄糖霜頌:"遠寄蔗~知有味,勝於崔浩水精鹽。"❷指年。南朝宋吴邁遠長相思:"檐隱千~樹,庭枯十載蘭。"唐杜牧秋夜與友人宿:"楚國同遊過十~,萬重心事幾堪傷。"

霚 wù 亡遇切,去,遇韻,微。侯部。

即"霧"字。説文:"霚,地氣發天不應。从雨,敄聲。"段玉裁注:"霚,今之霧字。"見"霧"字條。

霝 líng 玉篇魯丁切。

"靈"的異體。前秦王嘉拾遺記秦始皇:"録曰:'燕昭能延禮羣神,百~響集。'"見"靈"字條。

按,説文無霝字。

霞 xiá 胡加切,平,麻韻,匣。魚部。

❶日出、日落前後的彩雲。楚辭戰國屈原遠遊:"餐六氣而飲沆瀣兮,漱正陽而含朝~。"❷通"遐"。遠。宋王讜唐語林文學:"(李白)軒然~舉,上不覺忘萬乘之尊,與之如知友焉。"

[同源字]瑕,椵,霞,騢。見"椵"字條。

按,説文無霞字。新附有之,注云:"赤雲氣也。"

霭 ǎi 集韻於蓋切,去,泰韻,影。

同"靄"。雲霧。文選南朝宋謝惠連雪賦:"連氛累~,揜日韜霞。"李善注:"文字集略曰:'靄,雲狀。'又曰:'霭,亦靄也。'一大切。"

按,説文無霭字。

十　畫

霣 yǔn 于敏切,上,軫韻,喻三。文部。

❶通"隕"。墜落。公羊傳莊公七年:"夜中,星~如雨。"文選漢司馬相如上林賦:"臨坻注壑,瀺灂~墜。"引申爲廢墜。左傳宣公十五年:"受命以出,有死無~,又可賂乎?"唐韓愈秋懷詩之九:"謂是夜氣滅,望舒~其圓。"❷通"殞"。死亡。史記太史公自序:"惠之早~,諸吕不台。"

[備考]説文:"霣,雨也。齊人謂雷爲霣。…一曰雲轉起也。"

[同源字]隕,磒,霣,殞。見"隕"字條。

霢 mài 莫獲切,入,麥韻,明。錫部。

〔霢霂〕雙聲聯緜字。小雨。説文:"霢,霢霂,小雨也。"詩小雅信南山:"益之以霢霂,既優既渥。"唐白居易喜雨詩:"十日澆灌功,不如一霢霂。"又形容汗多。唐白居易香山寺石樓潭夜浴詩:"摇扇風甚微,褰裳汗霢霂。"

霤 liù 力救切,去,宥韻,來。幽部。

㊀屋檐的流水。説文：“霤，屋水流也。”文選晉潘岳寡婦賦：“～泠泠以夜下兮，水溓溓以微凝。”又指下流的水。文選漢枚乘上書諫吴王：“泰山之～穿石，殫極之紞斷幹。”㊁承霤，屋檐下接水之器。禮記檀弓上：“池視重～。”鄭玄注：“承霤以木爲之，用行水，亦宫之飾也。”引申爲屋檐。文選晉左思魏都賦：“上累棟而重～。”又爲檐下滴水處。韓非子外儲説右上：“於是太子入朝，馬蹏踐～，廷理斬其輈，戮其御。”

〔同源字〕流，屚，溜，霤，廇，漏，餾。見“流”字條。

十一畫

霪 yín 餘針切，平，侵韻，喻四。侵部。

久雨。見玉篇。淮南子脩務：“禹沐浴～雨，櫛扶風。”高誘注：“禹勞力天下，不避風雨，以久雨爲沐浴也。”宋范仲淹岳陽樓記：“若夫～雨霏霏，連月不開。”

〔同源字〕淫，霪，霖。見“淫”字條。

按，説文無霪字。水部有“淫”字，云：“淫，…一曰久雨爲淫。”“霪”是“淫”的後起分别字。

霩 kuò 虚郭切，集韻闊鑊切，入，鐸韻，溪。鐸部。

雨止雲散貌。説文：“霩，雨止雲罷貌。”引申爲空曠。淮南子天文：“道始于虚～，虚～生宇宙。”這個意義後來寫作“廓”。

雺 wù 亡遇切，去，遇韻，微。幽部。

霧氣。莊子秋水：“子不見夫唾者乎？噴則大者如珠，小者如～。”

〔辨〕霿，雺。見“霿”字條。

〔同源字〕冒，帽，鍪，雺，蒙，幪，雺，夢，瞢，冥，瞑，濛，朦，盲，矇，眊，瞀。見“冒”字條。

按，説文雺作霚，云：“地氣發天不應。”

霫 xí 似入切，音習，入，緝韻，邪。

㊀〔霫霫〕雨貌。廣雅釋訓：“霫霫，雨也。”宋趙長卿臨江仙：“晚凉如有意，霫霫到山家。”㊁我國古代東北少數民族名。舊唐書北狄傳：“～，匈奴之别種也。居于潢水北。…其國在京師東北五千里。”

按，説文無霫字。

十二畫

霮 dàn 集韻徒感切，上，感韻，定。侵部。

〔霮䨴〕雙聲聯緜字。①雲多貌。文選漢王延壽魯靈光殿賦：“歇欻幽藹，雲覆霮䨴，洞杳冥兮。”吕延濟注：“霮䨴，繁雲貌。”②露重貌。文選晉左思吴都賦：“宵露霮䨴，旭日晻時。”吕向注：“霮䨴，露重貌。”

按，説文無霮字。

䨏 zhōng 改併四聲篇海引搜真玉鏡音中。東部。

〔䨏䨏〕氣往來貌。素問陰陽離合論：“陰陽䨏䨏，積傳爲一周，氣裏形表而爲相成也。”王冰注：“䨏䨏，言氣之往來也。”林億注：“按，别本‘䨏䨏’作‘衝衝’。”

按，説文無䨏字。

霰 xiàn 蘇佃切，去，霰韻，心。元部。

雪珠。説文：“霰，稷雪也。”段玉裁注：“謂雪之如稷者。…俗謂米雪或謂粒雪皆是也。”詩小雅頍弁：“如彼雨雪，先集維～。”楚辭戰國屈原九章涉江：“～雪紛其無垠兮，雲霏霏而承宇。”

〔同源字〕雪，霰。見“雪”字條。

霱 yù 餘律切，入，術韻，喻四。

瑞雲。廣韻：“霱，霱雲，瑞雲。本亦作矞。”明倪元璐壽華賦：“泰階上平，黄～四列。”

按，説文無霱字。

十三畫

雱 pāng 普郎切，平，唐韻，滂。

同"滂"。水大貌。集韻唐韻:"滂,説文:'沛也。'或作雱、霶。"唐獨孤及招北客文:"靡日不雨,四時～然。"〔霶霈〕大雨貌。唐劉禹錫客有爲余話登天壇遇雨之狀因以賦之詩:"山頂自晶明,人間已霶霈。"

按,説文無霶字。

霮 dàn 集韻徒感切,上,感韻,定。侵部。

雲多貌。同"靆"。集韻感韻:"靆,靆䨴,繁雲。亦作霮。"文選漢張衡思玄賦:"雲師～以交集兮,涷雨沛其灑塗。"參看"靆䨴"。

按,説文無霮字。

霸 1. pò 集韻匹陌切,入,陌韻,滂。鐸部。

㊀陰曆每月初始見的月亮。説文:"霸,月始生霸然也,承大月二日,承小月三日。周書曰:'哉生～。'"今本書康誥作"惟三月哉生魄"。段玉裁注:"霸魄叠韻。鄉飲酒義曰:'月者三日則成魄。'正義云:'前月大則月二日生魄,前月小則三日始生魄。'馬注康誥云:'魄,朏也。謂月三日始生兆朏,名曰魄。'白虎通曰:'月三日成魄,八日成光。'按已上皆謂月初生明爲霸,而律曆志曰:'死霸,朔也。生霸,望也。'孟康曰:'月二日以往明生魄死,故言死魄。魄,月質也。'三統説是,則前説非矣。"照後一説法,則"霸"爲月之黑體。據王國維考定,後一説非。又指月光。法言五百:"月未望則載～於西,既望則終～於東。"李軌注:"魄,光也。"

2. bà 必駕切,去,禡韻,幫。鐸部。

㊁古代諸侯之長。也寫作"伯"。孟子告子下:"五～者三王之罪人也。"又爲動詞,做諸侯之長。左傳昭公三年:"昔文襄之～也,其務不煩諸侯。"引申爲勝於他人。南朝梁劉勰文心雕龍事類:"主佐合德,文采必～。"

〔同源字〕霸,伯。兩字古音均爲幫母鐸部。"霸"本讀入聲,音轉爲去聲。在"諸侯之長"的意義上,"伯"、"霸"實同一詞。漢書高帝本紀:"伯者莫高於齊桓。"顔師古注:"伯,讀曰霸。"

按,説文霸字在月部。

䨴 wàn 無販切,音萬,去,願韻,明。

姓。廣韻:"姓。梁公子䨴杰之後。"

〔辨〕䨴,䨴。"䨴"和"䨴"形音義都不同,參見"䨴"字條。

按,説文無䨴字。

霿 1. méng 莫紅切,音蒙,平,東韻,明。東部。

㊀天氣昏蒙。説文:"霿,天氣下地不應曰霿。霿,晦也。"素問六元正紀大論:"天氣下降,地氣上騰,原野昏～。"

2. mào 集韻莫候切,音冒,去,候韻,明。侯部。

㊁昏昧。尚書大傳洪範五行傳:"思心之不容,是謂不聖,厥咎～。"鄭玄注:"霿,冒也。君臣心有不明則相蒙冒矣。"

3. wù 玉篇武賦切。

㊂同"霧"。唐柳宗元唐鐃歌鼓吹曲奔鯨沛:"手援天矛,截脩鱗。披攘蒙～,開海門。"

〔辨〕霿,霧。段玉裁説文解字注:"霿,…開元占經作'濛'。…開元占經引郗萌曰:'在天爲濛,在人爲霧。日月不見爲濛,前後人不相見爲霧。'按,霚與霿之别以郗所言爲確。許以霿系天氣,以霚系地氣,亦分别井然。大氐霚下霿上,霚濕霿乾,霚讀如務,霿讀如蒙,霚之或體作霧,霿之或體作蒙,不可亂也。"但古書上有時"霿"和"霧"相混,如上引柳宗元例。

霹 pī 普擊切,入,錫韻,滂。錫部。

㊀〔霹靂〕叠韻聯緜字。疾雷。文選漢揚雄羽猎賦:"霹靂烈缺,吐火施鞭。"李善注引應劭:"霹靂,雷也。"也單用"霹"。宋張君房雲笈七籤一一二神仙感遇傳葉遷韶:"遷韶於階下大呼雷王一聲,時中旱,日光猛熾,便震～一聲,人皆顛沛。"㊁雷擊。唐杜甫敬寄族弟唐十八使君詩:"雷霆～長松,骨大却生

筋。”

按,説文無霹字。

露 lù 洛故切,去,暮韻,來。鐸部。

❶露水。詩秦風蒹葭:“蒹葭凄凄,白~未晞。”❷潤澤。漢書鼂錯傳:“覆~萬民。”顔師古注:“膏澤也。”❸露天。韓非子外儲説右上:“於是太子乃還走,避舍~宿三日,北面再拜,請死罪。”❹顯露。論衡對作:“文~而旨直,辭姦而情實。”又爲敗露。後漢書皇甫嵩傳:“角等知事已~,晨夜馳勑諸方,一時俱起。”❺破敗。莊子漁父:“故田荒室~,衣食不足。”❻羸弱。左傳昭公元年:“於是乎節宣其氣,勿使有所壅閉湫底,以~其體。”杜預注:“露,羸也。”❼酒名(晚起義)。宋陸游老學庵筆記:“壽皇時,禁中供御酒,名薔薇~。”❽通“輅”。車。史記楚世家:“昔我先王熊繹辟在荆山,蓽~藍蔞以處草莽。”裴駰集解引服虔:“蓽露,柴車素木輅也。”

[同源字]裸,羸,贏,倮,露。見“裸”字條。

霵 jí 阻立切,音戢,入,緝韻,照二。

❶雨下。玉篇:“霵,雨下也。”❷[霵霵]雨聲。宋歐陽修別後奉寄聖俞二十五兄詩:“空窗語青燈,雨夜聽霵霵。”

按,説文無霵字。

十四畫

𩅸 1. mán 集韻謨官切,平,桓韻,明。

❶雨露濃貌。集韻:“𩅸,雨露濃貌。”宋蘇軾次韻毛滂法曹感雨:“興雨自有時,膚寸便𩅸~。”

2. màn 集韻莫半切,去,换韻,明。

❷雲貌。集韻:“𩅸,雲貌。”

按,説文無𩅸字。

霽 jì 子計切,去,霽韻,精。脂部。

雨止。説文:“霽,雨止也。”漢書安帝紀:“連雨未~。”顔師古注:“霽,雨止也。”又爲霜雪止。淮南子本經:“氛霧霜雪不~,而萬物燋夭。”引申爲威、怒止息。漢書魏相傳:“相心善其言,爲~威嚴。”

䨟 xì 許既切,去,未韻,曉。

[𩆷(yǐ)䨟]見“𩆷”字條。

按,説文無䨟字。

䨲 nóu 奴鉤切,平,侯韻,泥。

小兔。字亦作“𪁊”。廣韻:“䨲,兔子。”魏書術藝傳江式:“小兔爲~,神虫爲蠶。”

[辨]䨲,䨲。見“䨲”字條。

按,説文無䨲字。

䨴 duì 徒對切,音隊,去,隊韻,定。

❶雲急度貌。文選晉郭璞江賦:“~如晨霞孤征,眇若雲翼絶嶺。”李周翰注:“䨴,雲急度貌。”❷[靉䨴]見“靉”字條。

按,説文無䨴字,新附有之,云:“䨴,黮䨴,雲黑貌。”

霾 mái 莫皆切,音埋,平,皆韻,明。之部。

❶大風揚塵土而下。説文:“霾,風雨土也。”詩邶風終風:“終風且~,惠然肯來。”引申爲雲霧遮掩。宋蘇軾生日王郎以詩見慶次其韻:“不嫌霧谷~松柏,終恐虹梁荷棟桴。”❷通“埋”,埋住。楚辭戰國屈原九歌國殤:“~兩輪兮縶四馬,援玉枹兮擊鳴鼓。”洪興祖補注:“霾讀若埋。”

十五畫

靆 dài 徒耐切,音逮,去,代韻,定。

[靉靆]見“靉”字條。

按,説文無靆字。段玉裁認爲説文日部“曖,埃曖,日無光也”之“埃曖”即“靉靆”。

靁 léi 集韻盧回切,平,灰韻,來。微部。

“雷”的古字。説文:“靁,陰陽薄動靁雨生物者也。”詩召南殷其靁:“殷其~,在南山之陽。”陳奂傳疏:“靁,古雷字。”

十六畫

靄 ǎi 於蓋切，去，泰韻，影。今讀如矮。

雲貌。〔靄靄〕雲盛貌。晉陶淵明停雲詩："靄靄停雲，濛濛時雨。"引申爲雲氣。南朝宋謝惠連雪賦："於是河海生雲，朔漠飛沙，連氛氛～，掩日韜霞。"

〔同源字〕靄，藹。兩字同音。"藹"爲草木之盛，"靄"爲雲氣之盛。

按，説文無靄字，新附有之，云："雲貌。"

靂 lì 郎擊切，入，錫韻，來。錫部。

〔霹靂〕叠韻聯緜字。見"霹"字條。

按，説文無靂字。

靈 líng 郎丁切，平，青韻，來。耕部。

❶巫。説文："霝，霝巫，以玉事神。靈，霝或从巫。"楚辭戰國屈原九歌雲中君："～連蜷兮既留。"王逸注："靈，巫也。楚人名巫爲靈子。"❷神靈。楚辭漢劉向九歎遠逝："合五嶽與八～兮，訊九魁與六神。"王逸注："八靈，八方之神也。"❸靈魂。楚辭戰國屈原九章抽思："愁歎苦神，～遥思兮。"王夫之通釋："靈，魂也。"❹威靈，福祐。左傳僖公二十三年："若以君之～得反晉國，晉楚治兵於中原，其辟君三舍。"左傳哀公二十四年："寡君欲徼福於周公，願乞～於臧氏。"❺神異，聰慧。史記龜策列傳："以爲龜藏則不～，蓍久則不神。"莊子天地："大惑者終身不解，大愚者終身不～。"❻善，美。詩鄘風定之方中："～雨既零，命彼倌人。"鄭箋："靈，善也。"❼通"軨"。車廂的木格子。左傳定公九年："載葱～，寢於其中而逃。"孔穎達疏："賈逵云：'葱靈，衣車也，有葱有靈。'然則此車前後有蔽，兩旁開葱，可以觀望，葱中豎木謂之靈，今人猶名葱木爲靈子。"

按，説文靈爲霝之異體，在玉部。

靃 1. huò 虚郭切，音霍，入，鐸韻，曉。鐸部。

❶鳥飛聲。説文："靃，飛聲也。雨而雙飛者其聲靃然。"後寫作"霍"。

2. suǐ 息委切，音髓，上，紙韻，心。歌部。

❷〔靃靡〕叠韻聯緜字。草木隨風披散貌。楚辭漢淮南小山招隱士："青莎雜樹兮，薠草靃靡。"❸〔靃靃〕細小貌。南朝齊謝朓思歸賦："睇微莖之靃靃，望水葉之田田。"

按，説文靃字在雔部。

十七畫

靉 1. ài 烏代切，音愛，去，代韻，影。

❶〔靉靆〕①雲盛貌。宋黄庭堅醉蓬萊詞："對朝雲靉靆，暮雨霏微，亂峰相依。"也單用"靉"。明湯顯祖紫簫記納聘："銀花錦燭香雲～。"引申爲昏暗不明。唐馬總意林一晏子："星之昭昭，不如日月之靉靆。"又爲煙氣濃重貌。唐崔泰之同光禄弟冬日述懷詩："窮陰方靉靆，殺氣正蒼茫。"②一種器物，類似今天的眼鏡。明田藝蘅留青日札摘抄二："提學副使潮陽林公有二物，如大錢形，質薄而透明，如硝子石，如琉璃，色如雲母，每看文章，目力昏倦，不辨細書，以此掩目，精神不散，筆畫倍明。中用綾絹聯之，縛於腦後。人皆不識，舉以問余。余曰：此靉靆也。"❷〔靉靅〕昏暗貌。文選晉木華海賦："氣似天霄，靉靅雲布。"李善注："昏闇貌。"

2. yǐ 於豈切，上，尾韻，影。

❸〔靉霼〕雲貌。玉篇："霼，靉霼，雲貌。"又爲不明貌。文選晉木華海賦："故可仿像其色，靉霼其形。"張銑注："靉霼，不明貌。"

按，説文無靉字。段玉裁以爲説文之"埃䨜"即"靉靆"，見"靆"字條。

十九畫

靇 shū 集韻式竹切，音叔，入，屋韻，審三。

〔靇昱〕疾貌。文選晉木華海賦："靇昱絶電，百色妖露。"李善注："靇昱，疾貌。"

按，説文無靇字。

青 部

青 1. qīng 倉經切,平,青韻,清。耕部。

❶青色。荀子勸學:"～取之於藍而～於藍。"古人以青色配東方,又以青色配春天,故又以青指東方或春天。宋書符瑞志:"有景雲之瑞,有赤方氣與～方氣相連。"南朝梁江淹別賦:"鏡朱塵之照爛,襲～氣之烟熅。"❷黑色。書禹貢:"厥土～黎,厥田惟下土。"孔穎達疏:"王肅曰:'青,黑色。'"南朝梁劉勰文心雕龍知音:"白日垂其照,～眸寫其形。"

2. jīng 集韻子丁切,平,青韻,精。耕部。

❸〔青青〕通"菁菁"。茂盛貌。詩衛風淇奥:"瞻彼淇奥,緑竹青青。"毛傳:"青青,茂盛貌。"釋文:"青,本或作菁。"

[辨]青,緑,藍。"藍"本指藍草,後來纔表示藍色。"青"通常指現在所説的藍色,但有時也表示緑色,如"青草"。

按,説文青字在丹部。

五 畫

靖 1. jìng 疾郢切,上,静韻,從。耕部。

❶安,安定。書盤庚上:"則惟汝衆,自作弗～,非予有咎。"❷止息,平定。左傳昭公十三年:"諸侯～兵,好以爲事。"後漢書孔融傳:"融負其高氣,志在～難。"❸謙恭。管子大匡:"士處～,敬老與貴。"尹知章注:"靖,卑敬貌。"❹謀議。詩大雅召旻:"昏椓靡共,潰潰回遹,實～夷我邦。"毛傳:"靖,謀也。"❺細小。説文:"靖,…一曰細貌。"山海經大荒東經:"有小人國名～人。"

[備考]治。爾雅釋詁上:"靖,治也。"詩小雅菀柳:"俾予～之,後予極焉。"毛傳:"靖,治。"鄭箋:"靖,謀。"

2. jīng。

❻通"旌"。表彰。左傳昭公元年:"魯叔孫豹可謂能矣,請免之以～能者。"王引之經義述聞一九:"靖,當讀爲旌。旌,表也。"

[同源字]静,靖,竫。見"静"字條。

按,説文靖字在立部。

六 畫

艶 1. qìng 千定切,去,徑韻,清。

❶〔艶𪒹〕青黑色,見玉篇。也作"𪒹艶"。又單作"艶"。明宋應星天工開物甘嗜:"色至于～,味至于甘。"

2. jìng 字彙疾正切,音浄。

❷同"靚"。妝飾艷麗。宋管鑑好事近:"～妝清唱兩無塵,蓮步繡鞋窄。"

按,説文無艶字。

七 畫

靚 jìng 疾政切,音浄,去,勁韻,從。耕部。

❶召見。説文:"靚,召也。"段玉裁注:"廣韻曰:'古奉朝請亦作此字。'按,史記漢書皆作'朝請'。"❷妝飾艷麗。漢書司馬相如傳:"～莊刻飾。"❸嫻静。集韻:"靚,女容徐靚。"宋楊澤民側犯:"九衢艷質,看來怎比他閒～。"

按,説文靚字在見部。

八 畫

靛 diàn 集韻堂練切,去,霰韻,定。

晚起字。靛青。用蓼藍葉之汁和水、石灰沉澱而成的一種染料。又指深藍色。明陸亮輔桃源憶故人舟次瓜步懷徐姬石蓮:"桃花碎影江如～。"

靜 jìng 疾郢切,上,静韻,從。耕部。

❶安静。論語雍也:"知者動,仁者～。"又爲静止。莊子天道:"水～則明燭鬚眉,平中準。"❷寂静。楚辭戰國宋玉招魂:"像設君室,～閒安些。"王逸注:"無聲曰静。"又爲静默,不作聲。禮記玉藻:"目容端,口容止,聲容～。"鄭玄注:"不噦咳也。"❸貞静,嫻静。詩邶風静女:"～女其姝,俟我於城隅。"毛傳:"静,貞静也。"引申爲善。藝文類聚卷八七引韓詩:"'東門之栗,有～家室。'静,善也。"❹通"瀞"(浄)。潔浄。詩大雅既醉:"其告維何?籩豆静嘉。"鄭箋:"籩豆之物,絜清而美。"❺通"靖"。謀議。書堯典:"～言庸違。"僞孔傳:"静,謀。"

[同源字]静,靖,竫。三字同音,均有安静義。詩邶風柏舟:"静言思之。"毛傳:"静,安也。"説文:"靖,立竫也。"段玉裁注:"謂立容安静也。"説文:"竫,亭安也。"朱駿聲説文通訓定聲:"凡動竫字,經傳皆以'静'爲之。"

按,説文:"静,寀(審)也。"段玉裁注:"采色詳寀得其宜謂之静。…安静本字當从立部之'竫'。"

十四畫

頀 hù 胡誤切,音護,去,暮韻,匣。鐸部。

石青之類的顔料。山海經南山經:"青丘之山,其陽多玉,其陰多青～。"

按,説文無頀字。

非部

非 1. fēi 甫微切,平,微韻,非。微部。

❶過失,錯誤。書説命中:"無啓寵納侮,無恥過作～。"莊子齊物論:"既使我與若辯矣,若勝我,我不勝若,若果是也,我果～也邪?"❷責難,詆毁。荀子非相:"爲上則不能愛民,爲下則好～其上。"漢書金日磾傳:"～聖誣法,大亂之殃。"❸不是。論語憲問:"子貢問:'管仲～仁者與?'"又爲不。史記吴王濞列傳:"寡人金錢在天下者往往而有,～必取於吴。"又可放在句尾構成反復問句。漢書終軍傳:"今魯國之鼓,當先具其備,至秋乃能舉火。此言與實反者～?"又爲"無"。史記孔子世家:"夫子則～罪。"

2. fěi 集韻妃尾切,上,尾韻,敷。微部。

❹誹謗。漢書鼂錯傳:"～謗不治,鑄錢者除。"顔師古注:"非讀曰誹。"

[同源字]①非,匪,微。三字均爲微部,"非"、"匪"古音同爲幫母,"微"字古音在明母,幫明旁紐。三字都可用作否定副詞。玉篇:"非,不是也。"詩衛風氓:"匪來貿絲。"鄭箋:"匪,非也。"禮記檀弓下:"雖微晉而已。"鄭玄注:"微,猶非也。"

②誹,非。見"誹"字條。

七畫

靠 kào 苦到切,去,号韻,溪。宵部。

❶倚靠。説文:"靠,相違也。"段玉裁注:"今俗謂相依曰靠,古人謂相背曰靠,其義一也。"宋林逋和陳湜贈希社師:"瘦～欄干搭梵襟,緑荷階面雨花深。"❷接近,靠近。唐曹松宿溪僧院:"煎茶留静者,～月坐蒼山。"宣和遺事前集:"是那～午時分,押往市曹。"❸依靠。宋史彌寧丁丑歲中秋日劭農於城南得五絶句之三:"人事當先莫～天,蚤修陂堰貯清泉。"

十一畫

靡 1. mǐ 文彼切,集韻母被切,上,紙韻,明。歌部。

❶倒下。左傳莊公十年:"吾視其轍亂,望其旗~,故逐之。"❷細膩。楚辭戰國宋玉招魂:"~顏膩理,遺視矊些。"❸美好。漢書韓信傳:"衆庶莫不輟作怠惰,~衣媮食,傾耳以待命者。"顏師古注:"靡,輕麗也。"❹邊,崖。史記司馬相如列傳:"明月珠子,玓瓅江~,蜀石黄碝,水玉磊砢。"索隱引應劭曰:"靡,邊也。"❺積累。荀子性惡:"身日進於仁義而不自知者,~使然也。"王引之謂"靡"爲"積貫"之意,見讀書雜志一〇。❻無。詩大雅蕩:"~不有初,鮮克有終。"

2. mí 集韻忙皮切,平,支韻,明。歌部。

❼分散。易中孚:"我有好爵,吾與爾~之。"孔穎達疏:"靡,散也。"❽損害。國語越語下:"王若行之,將妨於國,~王躬身。"韋昭注:"靡,損也。"❾碎,爛。莊子胠篋:"昔者龍逢斬,比干剖,萇弘胣,子胥~。"釋文:"靡,崔云:'爛之於江中也。'"❿浪費,奢侈。漢賈誼論積貯疏:"生之者甚少,而~之者甚衆。"戰國策楚策四:"專淫逸侈~,不顧國政。"

3. mó 音摩。歌部。

⓫通"摩"。擦,蹭。莊子馬蹄:"喜則交頸相~。"釋文:"靡,李云:摩也。一云,愛也。"

[備考]集韻戈韻:"靡,眉波切,散也。"

[同源字]末,蔑,靡,無。見"末"字條。

面　部

面

面 miàn 彌箭切,去,線韻,明。元部。

❶臉。左傳哀公十六年:"子西以袂掩~而死。"用作狀語,表示"當面"。書益稷:"汝無~從,退有後言。"❷前面。書顧命:"大輅,在賓階~;綴輅,在阼階~。"僞孔傳:"面,前。"又爲方面。史記殷本紀:"湯出,見野張網四~,祝曰:'自天下四方,皆入吾網!'湯曰:'嘻,盡之矣!'乃去其三~。"❸物體的表面(後起義)。唐韓愈南山詩:"微瀾動水~,踊躍躁猱狖。"❹向。列子湯問:"北山愚公者,年且九十,~山而居。"又爲背着。漢書張歐傳:"不可者,不得已,爲涕泣,~而封之。"顏師古注:"面謂偝之也。"❺見面,見。宋蘇軾與任德翁:"半月不~,思企深劇。"❻量詞。宋書何承天傳:"承天又能彈箏,上又賜銀裝箏一~。"

[同源字]面,偭。兩字僅聲調不同。"面"是名詞,"面孔","偭"是動詞,"面向"或"背面"。説文:"偭,鄉也。少儀曰:'尊壺者偭其鼻。'"今本禮記少儀作"面"。參見"偭"字條。

五　畫

靤 bào 防教切,集韻皮教切,去,效韻,並。

面瘡。南朝宋劉義慶幽明録:"夜夢有一人,面齇~,甚多須,大鼻瞯目。"

按,説文靤作皰,在皮部。

七　畫

䩉 fǔ 扶雨切,音輔,上,麌韻,奉。魚部。

面頰。説文:"䩉,頰也。"淮南子脩務:"奇牙出,𪑿~摇。"高誘注:"𪑿䩉,頰邊文,婦女之媚也。"宋梅堯臣紅梅篇:"南庭梅花如杏花,東家殘朱塗頰~。"

靦 1. tiǎn 他典切,上,銑韻,透。元部。

❶人面之貌。詩小雅何人斯:"爲鬼爲蜮,則不可得,有~面目,視人罔極。"毛傳:"靦,姡也。"馬瑞辰通釋:"靦與姡皆人面之貌。"❷羞慚。宋書徐湛之傳:"~然視息,忍此餘生。"又爲不知羞慚。唐慧琳一切經音義卷八八:"靦,考聲云:'謂不知慙也。'"文選南

朝梁丘遲與陳伯之書：“將軍獨～顏借命，驅馳氈裘之長，寧不哀哉！”

2. miǎn 音緬。

㊂〔靦覥〕叠韻聯緜字。害羞貌。元王實甫西厢記一本一折：“未語人前先靦覥，櫻桃紅綻，玉粳白露，半晌恰方言。”或作“靦腆”。

十 一 畫

䩋 mǒ 集韻母果切，上，果韻，明。

後起字。〔䩋𩉦〕叠韻聯緜字。①羞恥。集韻果韻：“懡㦬，慙也。或作𩉦、䩋、䩋。”敦煌變文集廬山遠公話：“於是道安被數，䩋𩉦非常，恥見相公。”②青色。五代和凝宫詞之二八：“貢橘香匀䩋𩉦容。”

十 二 畫

𩈹 yè 音靨。葉部。

同“靨”。〔𩈹䩉〕面頰上的小酒窩。淮南子說林：“𩈹䩉在頰則好，在顙則醜。”高誘注：“𩈹䩉，箸頰上窐也。”

按，說文無𩈹字。

靧 huì 荒内切，去，隊韻，曉。物部。

洗臉。禮記內則：“其間面垢，燂潘請～。”也寫作“頮”。

按，說文靧作沬，在水部。

十 四 畫

靨 1. yè 於葉切，入，葉韻，影。葉部。

㊀〔靨輔〕面頰上的小酒窩。楚辭大招：“靨輔奇牙，宜笑嗎只。”也單用“靨”。漢班婕予擣素賦：“兩～如點，雙眉如張，頺肥柔液，音性閑良。”㊁婦女頰上的妝飾物。唐杜甫琴臺詩：“野花留寶～，蔓草見羅裙。”

2. yǎn 集韻於琰切，上，琰韻，影。

㊂通“黶”。黑痣。宋朱彧萍洲可談：“視面多土色～，耳不潤澤。”㊃〔靨靨〕星不明貌。唐温庭筠曉仙謠：“銀河欲轉星靨靨，碧浪疊山埋早紅。”

十 九 畫

𩉦 luǒ 集韻朗可切，上，哿韻，來。

〔䩋𩉦〕見“䩋”字條。

革 部

〔革部總論〕

革部的字大多與皮革有關。多數是皮革的製品，如“鞅”、“鞠”、“鞮”等；“鞋”、“韈”等古代也多用革製，故字从“革”。另一類是各種不同的皮革。如“靬”、“靼”、“鞹”。還有少數字表示革的性狀或與革有關的動作。如“韌”、“鞏”。有些字本不屬革部，如“鞂”、“鞫”。

革 1. gé 古核切，入，麥韻，見。職部。

㊀去毛並經過加工的獸皮。說文：“獸皮治去其毛曰革。”（依段注本）周禮天官掌皮：“掌秋斂皮，冬斂～。”又指皮。詩召南羔羊：“羔羊之～，素絲五緎。”毛傳：“革猶皮也。”㊁人的皮膚。禮記禮運：“四體既正，膚～充盈。”㊂甲胄。史記禮書：“故堅～利兵不足以爲勝，高城深池不足以爲固。”又指士兵。三國志彭羕傳：“老～荒悖，可復道邪！”裴松之注：“老革，猶言老兵也。”〔革車〕兵車。孫子

作戰:"凡用兵之法,馳車千駟,革車千乘,帶甲十萬。"也簡稱"革"。史記留侯世家:"殷事已畢,偃~爲軒。"司馬貞索隱引蘇林曰:"革者兵車也。"㊃八音之一,指鼓類樂器。周禮春官大師:"皆播之以八音,金、石、土、~、絲、木、匏、竹。"鄭玄注:"革,鼓、鼗也。"㊄馬籠頭。爾雅釋器:"轡首謂之革。"詩小雅蓼蕭:"既見君子,鞗~忡忡。"毛傳:"革,轡首也。忡忡,垂飾貌。"説文"鋚"段玉裁注:"小雅:'鞗革沖沖。'…詩本作'攸',轉寫誤作'鞗'。'攸''革'皆古文叚借字也。古金石文字作'攸勒',或作'鋚勒'。…革部'勒'下云:'馬頭絡銜也。'即毛傳所謂轡首也。"又指繮繩。韓非子外儲説右:"使王良操左~而叱咤之,使造父操右~而鞭笞之。"㊅改變。易革:"天地~而四時成。"又爲除去。易雜卦:"革,去故也。"魏書食貨志:"今~舊從新,爲里黨之法,在所牧守,宜以喻民,使知去煩即簡之要。"㊆通"翱"。鳥翼。詩小雅斯干:"如鳥斯~,如翼斯飛。"毛傳:"革,翼也。"釋文:"革,韓詩作翱,云:'翅也。'"

2. jí 集韻訖力切,入,職韻,見。職部。

㊇通"亟"。急。禮記檀弓:"夫子之病~矣。"鄭玄注:"革,急也。"

[辨]革,皮,韋。去毛的叫革,有毛的叫皮,但"革"也可以指皮。所以段玉裁説這兩個字"對文則分别","散文則通用"。生皮叫革,熟皮叫韋。參見"韋"字條及"膚"字條。

[同源字]①改,革,更。見"更"條字。

②棘,亟,恆,革,急。見"棘"字條。

③郭,椁(槨),鞹(鞟),革。見"椁"字條。

三　畫

靬 1. jiān 居言切,平,元韻,見。元部。

㊀乾皮革。説文:"靬,乾革也。"

2. qián 居言切,集韻渠焉切,平,仙韻,羣。元部。

㊁〔麗靬〕亦作"驪靬"、"驪軒",古縣名。故址在今甘肅永昌縣南。説文:"靬,武威有麗靬縣。"王筠句讀:"驪靬本西域國,漢以其降人置縣。"

3. jiān 古閑切,平,山韻,見。元部。

㊂〔黎靬〕也作"犂靬"。漢西域古國名,即大秦。漢書西域傳上:"以大鳥卵及犂靬眩人獻於漢,天子大説。"

靫 chā 初牙切,平,麻韻,穿二。

盛箭器。北魏賈思勰齊民要術煮膠:"破皮履鞋底…破鞕~,但是生皮,無問年歲久遠,不腐爛者,悉皆中煮。"唐元稹痁卧聞幕中諸公徵樂會飲因有戲贈三十韻:"蛇蠱迷弓影,雕翎落箭~。"

按,説文無靫字。

靮 dí 都歷切,音嫡,入,錫韻,端。藥部。

馬繮繩。禮記少儀:"牛則執紖,馬則執~。"

按,説文無靮字,新附有之,云:"馬羈也。"

靭 rèn 集韻而振切,去,震韻,日。

同"韌"。堅而柔。見集韻。

按,説文無靭字。

四　畫

靷 yǐn 余忍切,上,軫韻,喻四。真部。

㊀引車前行的皮帶,一端繫於馬頸的皮套上,一端繫於車軸上。説文:"靷,引軸也。"荀子禮論:"金革轡~而不入,明不用也。"㊁通"紖"。牛鼻繩。宋孔平仲續世説賞譽:"李密乘一黄牛,被以蒲韉,將漢書一帙掛於角上,一手捉牛~,一手翻漢書。"

靶 1. bà 必駕切,去,禡韻,幫。魚部。

㊀馬籠頭。説文:"靶,轡革也。"文選晉左思吴都賦:"迴~乎行邪睨。"劉良注:"靶,轡革也。"又爲繮繩。漢書王褒傳聖主得賢臣頌:"王良執~,韓哀附輿。"㊁柄。北魏賈

思勰齊民要術種桑柘:“栽截碎木,中作錐刀～。”又爲弓正中手執持處。唐王維出塞作:“玉～角弓珠勒馬,漢家將賜霍嫖姚。”

2. bǎ 音把。

㊀靶子,射箭的目標(晚起義)。元王實甫四丞相高會麗春堂一折:“伸猿臂攬銀鬃,～內先知箭有功。”

靲 qín 巨金切,音琴,平,侵韻,羣。侵部。

束物的韋帶。類篇:“靲,鞮帶也,束物韋也。”儀禮士喪禮:“冪用疏布,久之,繫用～;縣於重,冪用葦席,北面左衽;帶用靲,賀之,結于後。”鄭玄注:“靲,竹䈴也。”清朱駿聲説文通訓定聲:“靲當訓韋。鬲與重以韋繫,鄭以喪禮用䈴耳。”

[備考]説文:“靲,鞮也。”徐灝説文解字注箋:“靲蓋屨之有系者。”王筠句讀:“靲乃繫鞮之革。”

靸 sǎ 蘇合切,入,合韻,心。緝部。

㊀小兒所穿的鞋。説文:“靸,小兒履也。”急就篇二:“～鞮卬角褐韤巾。”顔師古注:“靸謂韋履,頭深而兑,平底者也。今俗呼謂之跣子。”㊁拖着鞋。元方回秋夜聽雨詩:“質明～破鞋,滿砌落葉温。”㊂輕舉。漢書司馬相如傳哀二世賦:“汩淢～以永逝兮,注平皋之廣衍。”顔師古注:“靸然,輕舉意也。”唐薛能舞者詩:“慢～輕裾行欲近,待調諸曲起來遲。”

靴 xuē 許肥切,平,戈韻,曉。

長筒鞋。本作“鞾”。隋書禮儀志七:“惟褶服以～。靴,胡履也,取便於事,施於戎服。”唐白居易東城晚歸詩:“晚入東城誰識我,短～低帽白蕉衫。”

按,説文無靴字。

靮 1. áng 五剛切,音卬,平,唐韻,疑。陽部。

㊀〔靮角〕古代的一種鞋。説文:“靮,靮角,鞮屬。”方言四:“絲作之者謂之履,麻作之者謂之不借,粗者謂之屩,東北朝鮮洌水之間謂之靮角。…徐土邳圻之間大麤謂之靮角。”郭璞注:“今漆履有齒者。”又作“仰角”。釋名釋衣服:“仰角,屐上施履之名也。行不得蹶,當仰履角,舉足乃行也。”又作“卬角”。急就篇:“靸鞮卬角褐韤巾。”顔師古注:“卬角,屐上施也。形若今之木履而下有齒焉,欲其下不蹶,當卬其角,舉足乃行,因爲名也。”

2. yìng 龍龕手鑑五孟反。

㊀通“硬”。堅硬。唐慧琳一切經音義卷一三:“鞕,韻英云:‘堅也。’俗作硬,或作靮。”正法念處經卷六:“其身堅～,猶如金剛。”

靳 jìn 居焮切,去,焮韻,見。文部。

㊀服馬當胸的套革。説文:“靳,當膺也。”左傳定公九年:“吾從子,如驂之～。”孔穎達疏:“古人車駕四馬,夾轅二馬謂之服,兩首齊。其外二馬謂之驂,首差退。靳是當胸之皮也,驂馬首,當服馬之胸,胸上有靳。”㊁吝惜。後漢書崔寔傳:“烈時因傅母入錢五百萬,得爲司徒。…帝顧謂親倖者曰:‘悔不小～,可至千萬。’”李賢注:“靳,固惜之也。”㊂嘲弄。左傳莊公十一年:“乘丘之役,公以金僕姑射南宫長萬,公右顓孫生搏之。宋人請之,宋公～之。”杜預注:“戲而相愧曰靳。”新唐書酷吏傳:“侍御史霍獻可數嘲～之。”

五　畫

靽 bàn 博漫切,音半,去,换韻,幫。元部。

套在牲口後部的皮帶,一説爲拴馬足的繩。左傳僖公二十八年:“晉車七百乘,韅、靷、鞅、～。”杜預注:“在後曰靽。”釋文:“靽音半,一曰縶也。”

按,説文無靽字。

靺 1. mò 莫撥切,音末,入,末韻,明。

㊀〔靺鞨〕①古代民族名。隋書東夷傳:“靺鞨,在高麗之北,邑落俱有酋長,不相總一。”隋書高祖紀:“開皇三年八月丁丑,靺鞨

貢方物。”②寶石名。舊唐書肅宗紀：“建巳月庚戌朔，壬子，楚州刺史崔侁獻定國寶玉十三枚。…七曰紅靺鞨，大如巨栗，赤如櫻桃。”㊁同“韎”。①赤黄色。唐韓愈陸渾山火和皇甫湜詩：“緹顔～股豹兩鞬，霞車虹靷日轂轓。”②東夷樂名。唐韓愈等雨中寄孟刑部幾道聯句：“祥鳳遺蒿鷃，雲韶掩夷～。”

2. wà 龍龕手鑑亡發切。

㊂同“韤”。襪子。隋書禮儀志六：“赤舃，絳～。”

按，説文無靺字。赤黄色之“靺”作“韎”。

鞃 hóng 胡肱切，音弘，平聲，登韻，匣。蒸部。

用革纏束的車軾中央人所憑依之處。詩大雅韓奕：“鞹～淺幭。”毛傳：“鞃，軾中也。”孔穎達疏：“言以去毛之皮施於軾之中央持車使牢固也。”

鞁 bèi 平義切，去，寘韻，並。歌部。

㊀車駕具，即鞍轡等。國語晉語九：“吾兩～將絶，吾能止之。”韋昭注：“鞁，靷也。”説文：“鞁，車駕具也。”段玉裁注：“晉語：‘吾兩鞁將絶，吾能止之。’韋曰：‘鞁，靷也。’按，韋以左傳作‘靷’，故以靷釋之。其實鞁所包者多，靷其大者。”㊁給馬套上轡鞍。唐崔涯嘲李端端詩：“覓得黄騮～繡鞍，善和坊裏取端端。”

［備考］bì 匕吉切。皮。見玉篇。大戴禮記少間：“凡草木根～傷，則枝葉必偏枯。”

靼 dá 當割切，入，曷韻，端。月部。

㊀柔革。見説文。隋書刑法志：“制鞭，生革廉成；法鞭，生革去廉；常鞭，熟～不去廉。”㊁〔韃靼〕見“韃”字條。

鞇 zhòu 集韻直祐切，去，宥韻，澄。幽部。

同“胄”，頭盔。荀子議兵：“冠～帶劍。”楊倞注：“鞇與胄同。”

按，説文鞇作胄。

鞅 1. yāng（舊讀 yǎng）於兩切，上，養韻，影。陽部。

㊀套在馬頸上用以負軛的皮帶。説文：“鞅，頸靼也。”段玉裁注：“釋名：‘鞅，嬰也，喉下稱嬰，言嬰絡之也。’按劉與許合。杜云：‘在腹曰鞅。’恐未然也。”左傳僖公二十八年：“晉車七百乘，韅、靷、～、靽。”又指車駕。文選南朝齊謝朓京路夜發：“行矣倦路長，無由税歸～。”㊁〔鞅掌〕叠韻聯緜字。煩勞。詩小雅北山：“或棲遲偃息，或王事鞅掌。”孔穎達疏：“言事煩鞅掌然，不暇爲容儀也。”

2. yàng 集韻於亮切，去，漾韻，影。陽部。

㊂〔鞅鞅〕通“怏怏”。不服氣，不滿意。漢書高帝紀：“諸將故與帝爲編户民，北面爲臣，心常鞅鞅。”史記高祖本紀作“怏怏”。

［同源字］賏，嬰，瓔，纓，紻，鞅。見“嬰”字條。

鞂 jiē 古黠切，入，黠韻，見。

同“秸”。〔稾鞂〕用禾稈編成的草席，用以祭天。禮記郊特牲：“莞簟之安而蒲越稾鞂之尚，明之也。”鄭玄注：“蒲越稾鞂，藉神席也。”

按，説文無鞂字。

鞄 páo 薄交切，音庖，平，肴韻，並。幽部。

製革工人。説文：“柔革工也。从革，包聲。讀若朴。周禮曰：‘柔皮之工鮑氏。’鞄即鮑也。”段玉裁注：“考工記：‘攻皮之工五：函、鮑、韗、韋、裘。’先鄭曰：‘鮑讀如鮑魚之鮑，書或爲鞄。蒼頡篇有“鞄甕”。’”周禮考工記：“鮑人之事。”鄭玄注：“‘鮑’故書或作‘鞄’。”

［備考］通“枹(fú)”。鼓槌。馬王堆漢墓帛書十大經五政：“黄帝于是出其鏘鉞，奮其戎兵，身提鼓～，以禺(遇)之(蚩)尤，因而禽之。”

鞀 táo 徒刀切，音桃，平，豪韻，定。宵部。

有柄的小鼓。吕氏春秋自知：“湯有司過之士，武王有戒慎之～。”漢書揚雄傳：“鳴～磬之和。”顔師古注：“鞀，古鼗字。鞀，小鼓也。”

按,説文:"鞀,鞀遼也。从革,召聲。鞉,鞀或从兆;鼗,鞀或从鼓从兆;磬,籀文鞀从殸召。"

靿 yào於教切,去,效韻,影。

後起字。靴筒。隋書禮儀志七:"長~靴,畋獵豫遊則服之。"又爲襪筒。五代馬縞中華古今注:"至隋煬帝宫人織成五色立鳳朱錦襪~。"

按,説文無靿字。

六畫

鞌 ān烏寒切,平,寒韻,影。元部。

❶馬鞍。也寫作"鞍"。説文:"鞌,馬鞁具也。"公羊傳昭公二十五年:"既哭,以人爲菑,以幦爲席,以~爲几,以遇禮相見。"❷古地名。①春秋齊地。左傳成公二年:"師陳於~。"②春秋宋地。左傳哀公十四年:"魋先謀公,請以~易薄。"

鞏 gǒng居悚切,上,腫韻,見。東部。

❶用皮革束物。説文:"鞏,以韋束也。"❷牢固。易革:"~用黄牛之革。"王弼注:"鞏,固也。"詩大雅瞻卬:"藐藐昊天,無不克~。"毛傳:"鞏,固也。"❸恐懼。荀子君道:"故君子恭而不難,敬而不~。"〔鞏鞏〕憂懼貌。楚辭漢劉向九嘆離世:"顧屈節以從流兮,心鞏鞏而不夷。"❹烘焙。方言卷七:"鞏,火乾也。凡有汁而乾謂之煎,東齊謂之鞏。"❺地名。國語周語下:"田於~。"韋昭注:"鞏,北山,今河南縣也。"❻姓。

[備考]勤勞。漢班固典引:"乃始虔~勞謙,兢兢業業。"蔡邕注:"鞏亦勞也。"

鞍 ān集韻於寒切,平,寒韻,影。元部。

❶馬鞍。管子山國軌:"被~之馬千乘,齊之戰車之具具於此。"唐杜甫壯遊詩:"蘇侯據~喜,忽如攜葛强。"❷地名。春秋齊地。漢劉向説苑敬慎:"二國怒,歸求黨與助,得衛及曹,四國相輔,期戰於~,大敗齊師。"

按,説文鞍作鞌。

鞋 xié户佳切,平,佳韻,匣。

鞋子。本作"鞵"。顔氏家訓治家:"麻~一屋,弊衣數庫。"

[辨]屨,履,鞋。見"屨"字條。

按,説文鞋作鞵。

鞇 yīn於真切,平,真韻,影。真部。

同"茵"。車上的墊褥。急就篇卷三:"~靯韉鞍鑣鍚。"顔師古注:"鞇,車中所坐蓐也。"韓詩外傳卷六:"齊君重~而坐,吾君單~而坐。"

按,説文鞇是茵的重文,在艸部。

䩵 hén户恩切,平,痕韻,匣。文部。

車箱前皮革遮蔽物。見説文。爾雅釋器:"輿革前謂之䩵,後謂之笰。"詩齊風載驅"簟茀朱鞹"孔穎達疏引漢李巡曰:"輿革前,謂輿前以革爲車飾曰~,茀,車後户也。"

鞈 1. gé古沓切,入,合韻,見。緝部。

❶護胸的革甲。管子小匡:"輕罪入以蘭盾~革二戟。"尹知章注:"鞈革,重革。當心著之,可以禦矢。"❷堅貌。荀子議兵:"楚人鮫革犀兕以爲甲,~如金石。"楊倞注:"鞈,堅貌。"史記禮書作"堅如金石"。

2. tà集韻託合切,入,合韻,透。緝部。

❸通"鼛"。鼓聲。淮南子兵略:"若聲之與響,若鏜之與~。"高誘注:"鞈,鼓鞞聲。"❹〔鞈匝〕疊韻聯緜字。重繞貌。西京雜記四引漢羊勝屏風賦:"屏風鞈匝,蔽我君王。"

[備考]説文:"鞈,防汗也。"段玉裁注以爲"此當作所以防捍也,轉寫奪誤。"王筠句讀以爲即障泥。

鞜 luò盧各切,入,鐸韻,來。鐸部。

生革縷。説文:"鞜,生革可以爲縷束也。"引申爲生革。吕氏春秋古樂:"乃以麋~置缶而鼓之。"

鞦 fú房六切,入,屋韻,奉。職部。

同“絥”。車中韋囊,人所憑伏。急就篇卷三:“靷～靯䩬鞍鑣鍚。”顔師古注:“鞦,韋囊,在車中,人所憑伏也,今謂之隱囊。”漢劉向列女傳霍夫人顯:“又治第宅,作乘輿輦,畫繡絪～,黄金塗,爲薦輪。”

按,説文無鞦字。

鞉 táo 徒刀切,音桃,平,豪韻,定。宵部。

同“鞀”。有柄的小鼓。詩周頌有瞽:“～磬柷圉。”荀子樂論:“竽笙簫和筦籥似星辰日月,～柷拊鞷椌楬似萬物。”字亦作“鼗”。

按,説文鞉是鞀的重文。

七　畫

鞘 1. qiào 私妙切,去,笑韻,心。今讀如俏。

㊀刀劍套。西京雜記卷一:“開匣拔～,輒有風氣,光彩射人。”㊁貯銀的空心木筒,用以轉運(晚起義)。清吴敬梓儒林外史三四回:“只聽得門外騾鈴亂響,來了一起銀～,有百十個牲口。”

2. shāo 所交切,平,肴韻,審二。

㊂鞭梢。晉書苻堅載記下:“又爲謡曰:‘長～馬鞭擊左股,太歲南行當復虜。’”

按,説文無鞘字,新附有之,云:“刀室也。”

鞓 tīng 他丁切,音聽,平,青韻,透。

皮帶。唐杜牧分司東部寓居履道四十韻:“脛細摧新履,腰羸減舊～。”泛指帶子。明湯顯祖牡丹亭遇母:“不載香車穩,踧的鞋～斷。”

按,説文無鞓字。

鞙 xuàn 胡畎切,上,銑韻,匣。元部。

㊀大車上縛軛的皮帶。見説文。㊁懸掛。晉成公綏蜘蛛賦:“挂翼繞足,～絲置圍。”㊂〔鞙鞙〕佩玉貌。詩小雅大東:“鞙鞙佩玉,不以其長。”釋文:“鞙,…字或作琄。”

鞔 1. mán 母官切,音瞞,平,桓韻,明。元部。

㊀鞋幫。説文:“鞔,履空也。”段玉裁注:“空腔古今字,履腔,如今人言鞵幫也。”引申爲鞋子。吕氏春秋召類:“南家工人也,爲～者也。”高誘注:“鞔,履也,作履之工也。”㊁用革蒙上。周禮考工記輿人“飾車欲侈”鄭玄注:“飾車,謂革～輿也。”賈公彦疏:“以革鞔輿,不畏拆壞,故欲得向外侈也。”又指把革繃緊固定在鼓框周圍,做成鼓面。唐段成式酉陽雜俎語資:“寧王嘗夏中揮汗～鼓。”〔鞔鞮〕革製的鞋。鹽鐵論散不足:“及其後則綦下不借,鞔鞮革舄。”

2. mèn 集韻母本切,上,混韻,明。元部。

㊂通“懣”。悶脹。吕氏春秋重己:“味衆珍則胃充,胃充則中大～,中大～而氣不達。”高誘注:“鞔讀曰懣。不勝食氣爲懣病也。”

鞗 tiáo 徒聊切,平,蕭韻,定。幽部。

馬轡首的銅飾。詩小雅蓼蕭:“既見君子,～革忡忡。”毛傳:“鞗,轡也。”説文:“鋚,轡首銅。”段玉裁注:“按,‘鞗,轡也’當作‘鞗,轡首飾也’,轉寫奪去二字耳。…許釋‘鋚’爲‘轡首銅’,鋚即鞗字。…轡首銅者,以銅飾轡首也。”

按,説文鞗作鋚,在金部。

八　畫

鞚 kòng 苦貢切,音控,去,送韻,溪。

㊀馬勒。晉傅玄良馬賦:“縱鞍則行,攬～則止。”又指馬。南朝宋鮑照擬古詩:“獸肥春草短,飛～越平陸。”宋陸游長安道詩:“中使傳宣騎飛～,逵官候見車擊轂。”㊁駕馭馬。宋蘇軾虢國夫人夜遊圖詩:“佳人自～玉花驄,翩如驚燕踏飛龍。”

按,説文無鞚字。

鞛 běng 玉篇必孔切。東部。

同“琫”。佩刀刀鞘飾物。左傳桓公二年:“藻率、鞞～、鞶厲、游纓,昭其數也。”

按，説文無鞜字。

鞟 kuò 集韻闊鑊切，入，鐸韻，溪。鐸部。

同"鞹"。去毛的皮。論語顔淵："虎豹之～，猶犬羊之～。"引申爲製革。漢劉向新序雜事一："其猶～革者也。"

［同源字］郭，椁（槨），鞟（鞹），革。見"椁"字條。

按，説文鞟作鞹，云："去毛皮也。論語曰：'虎豹之鞹。'"今傳本論語作"鞟"。

鞜 1. tà 他合切，入，合韻，透。緝部。

㊀革履。漢書揚雄傳長楊賦："綈衣不敝，革～不穿。"

2. tà 集韻達合切，入，合韻，定。

㊁同"鞳"。鼓聲。梁書武帝紀："獨夫昏很，憑城靡懼。鼓鐘鞳～，慠若有餘。"

按，説文無鞜字。

鞠 1. jū 居六切，入，屋韻，見。覺部。

㊀一種革製的皮球。史記蘇秦列傳："其民無不吹竽鼓瑟，彈琴擊筑，鬬鷄走狗，六博蹋～者。"㊁彎曲。史記滑稽列傳："若親有嚴客，髡帣韝～曕，侍酒於前。"裴駰集解："鞠，曲也。"㊂〔鞠躬〕雙聲聯緜字。恭敬貌。論語鄉黨："入公門，鞠躬如也，如不容。"㊃撫養。詩小雅蓼莪："父兮生我，母兮～我。"㊄幼小。書康誥："兄亦不念～子哀，大不友于弟。"㊅困窮。楚辭戰國屈原九章懷沙："鬱結紆軫兮，離慜而長～。"王逸注："鞠，窮也。"㊆高貌。文選漢張衡南都賦："～巍巍其隱天，俯而觀乎雲霓。"李善注："鞠，高貌。"㊇告誡。詩小雅采芑："陳師～旅。"毛傳："鞠，告也。"㊈通"鞫"。審問。史記李斯列傳："於是羣臣諸公子有罪，輒下高，令～治之。"

2. qiōng 集韻丘弓切，平，東韻，溪。冬部。

㊉〔鞠窮〕即芎藭。一種植物，可入藥。左傳宣公十二年："叔展曰：'有麥麴乎？'曰：'無。''有山鞠窮乎？'曰：'無。'"釋文："鞠，起弓反。"

［備考］詩小雅節南山："昊天不傭，降此～訩。"毛傳："鞠，盈也。"朱熹集傳："鞠，窮。"

鞞 1. bǐng 補鼎切，音餅，上，迥韻，幫。耕部。

㊀刀劍鞘。説文："鞞，刀室也。"詩大雅公劉："維玉及瑶，～琫容刀。"

2. pí 部迷切，平，齊韻，並。支部。

㊁〔鞞鼓〕①古代祀神之鼓。禮記月令："是月也，命樂師脩鞀鞞鼓。"②同"鼙鼓"。軍中之鼓。樂府詩集漢蔡琰胡笳十八拍："鞞鼓喧兮，從夜達明。"也單用"鞞"。南朝宋鮑照王昭君詩："霜～旦夕驚，邊笳中夜咽。"

3. bēi 必移切，平，支韻，幫。支部。

㊂〔牛鞞〕漢縣名，故城在今四川簡陽縣東。見漢書地理志上。

九　畫

鞧 qiū 七由切，音秋，平，尤韻，清。幽部。

絡於牛馬股後的革帶。釋名釋車："鞧，遒也。在後遒迫使車不得却縮也。"晉書潘岳傳："時尚書僕射山濤領吏部，王濟、裴楷等並爲帝所親遇，岳内非之，乃題閣道爲謡曰：'閣道東，有大牛，王濟鞅，裴楷～。'"也寫作"鞦"。參見"鞦"字條。

按，説文鞧作緧。朱駿聲説文通訓定聲"緧"下注："字亦作鞧、作緅、作鍬、作鞦。"

鞬 1. jiān 居言切，平，元韻，見。元部。

㊀藏弓箭之器。一曰弓袋。説文："鞬，所以戢弓矢。"左傳僖公二十三年："左執鞭弭，右屬櫜～，以與君周旋。"杜預注："櫜以受箭，鞬以受弓。"漢書韓延壽傳："騎士從者帶弓～羅後。"顔師古注："鞬，弓衣也。"

2. jiàn 古今韻會舉要巨展切，音件。

㊁約束。後漢書崔寔傳："方將柑勒～輈以救之。豈暇鳴和鑾清節奏哉！"李賢注："鞬，猶束也。"

鞮 dī 都奚切,音堤,平,齊韻,端。支部。

㊀革履。見説文。急就篇二:"靸~卬角褐韤巾。"㊁知。禮記王制:"五方之民,言語不通,嗜欲不同,達其志,通其欲,東方曰寄,南方曰象,西方曰狄~,北方曰譯。"孔穎達疏:"鞮,知也,謂通傳夷狄之語與中國相知。"引申爲譯。文選南朝齊王融曲水詩序:"匭牘相尋,~譯無曠。"㊂〔鞮鞻〕周樂官名。周禮春官鞮鞻氏:"鞮鞻氏掌四夷之樂與其聲歌。"

鞨 1. hé 胡葛切,音曷,入,曷韻,匣。

㊀〔靺鞨〕見"靺"字條。

2. mò 洪武正韻莫轄切。

㊁〔鞨巾〕束髮的巾。列子湯問:"北國之人,鞨巾而裘。"張湛注:"鞨音末。方言:'俗人帕頭'是也。"

按,説文無鞨字。

鞣 róu 耳由切,平,尤韻,日。幽部。

㊀熟皮。見廣韻。㊁通"蹂"。蹂躪。唐韓愈曹成王碑:"大~長平。"

[同源字]柔,弱,煣,輮,鞣,鍒,睬,揉,擾。見"柔"字條。

鞦 qiū 七由切,平,尤韻,清。

㊀絡於牛馬股後的革帶。世説新語政事:"(山濤)貴勝年少,若和裴王之徒,並共言詠。有署閣柱曰:'閣東有大牛,和嶠鞅,裴楷~,王濟剔嬲不得休。'"晉書潘岳傳作"鞧"。㊁〔鞦韆〕一種戲具。宋蘇軾蝶戀花:"牆裏鞦韆牆外道。牆外行人,牆裏佳人笑。"

按,説文無鞦有緧,朱駿聲説文通訓定聲:"緧,字亦作鞧、作鞦。"

鞫 jū 居六切,音鞠,入,屋韻,見。覺部。

㊀審訊,查問。史記酷吏列傳:"湯掘窟得盜鼠及餘肉,劾鼠掠治,傳爰書,訊~論報。"㊁困窮。詩大雅雲漢:"~哉庶正,疚哉冢宰。"鄭箋:"鞫,窮也。"㊂阻塞不通。詩小雅小弁:"踧踧周道,~爲茂草。"毛傳:"鞫,窮也。"陳奂傳疏:"窮猶塞也。"㊃水邊向外凸處。詩大雅公劉:"止旅迺密,芮~之即。"

按,説文無鞫有𥷔。"㚔"部"𥷔,窮理罪人也。"段玉裁注:"按此字隸作鞫。"

鞭 biān 卑連切,平,仙韻,幫。元部。

㊀鞭子。左傳宣公十五年:"雖~之長,不及馬腹。"周禮秋官條狼氏:"掌執~以趨避。"㊁鞭打。説文:"鞭,驅也。"王筠句讀:"驅當作毆。尚書'鞭作官刑',則鞭以抶(chì,擊)罪人。"左傳莊公八年:"誅屨於徒人費,弗得,~之見血。"㊂古代兵器。容與堂本水滸傳五四回:"使兩條銅~,有萬夫不當之勇。"㊃竹根。宋蘇軾東坡八首:"好竹不難栽,但恐~橫逸。"

鞪 1. mù 莫卜切,音木,入,屋韻,明。屋部。

㊀束在車轅上用以加固的皮帶。玉篇:"鞪,車轅束也。"

2. móu 莫浮切,平,尤韻,明。侯部。

㊁〔鞮鞪〕即"兜鍪",頭盔。漢書韓延壽傳:"令騎士兵車四面營陣,被甲鞮鞪居馬上,抱弩負蘭。"顔師古注:"鞮鞪即兜鍪也。"

[備考]説文:"鞪,車軸束也。"徐鍇繫傳:"以革束車軸,製(制)其裂也。"王筠句讀:"軸當作輈,軸用直木,無事于束。"段玉裁則云:"玉篇亦曰:'鞪亦作楘,曲轅束也。'疑本一字,許書有'楘'無'鞪',後人補之,又改'輈'爲'軸'。"

十畫

韝 gōu 玉篇古侯切,音溝。

㊀皮的臂套。唐元稹酬翰林白學士代書一百韻:"逸驥初翻步,~鷹暫脱羈。"㊁"鞴"的誤字。"鞴"音 bài,鼓風吹火的皮囊。明馮夢龍智囊補兵智孟宗政:"穿穽纔透,即施毒煙烈火,鼓~以熏之。"按,宋史孟宗政傳作"即施毒煙烈火,鼓鞴以熏之。"

按，說文韛作韛，在韋部。

鞣 suǒ 蘇各切，入，鐸韻，心。鐸部。

〔鞣釋〕叠韻聯緜字。古代少數民族所穿的一種鞋。急就篇卷二："旃裘鞣釋蠻夷民。"顔師古注："鞣釋，胡履之缺前壅者也。"新唐書西域傳東女："王服青毛綾裙…足曳鞣釋。鞣釋，履也。"

按，說文無鞣字。

鞴 1. fú 房六切，入，屋韻，奉。

㊀同"紱"。車中韋囊，人所憑伏。見廣韻。

2. bèi 平祕切，去，至韻，並。

㊁通"精"。給馬套轡鞍。五代薛昭藴離別難："寶馬曉～雕鞍，羅幃乍別情難。"

3. bù 薄故切，去，暮韻，並。

㊂〔鞴靫〕盛箭器。宋劉祁征婦詞："恨妾不爲金鞴靫，在君腰下隨風埃。"

4. bài 龍龕手鑑薄拜反。

㊃皮鼓風囊。也作"韛"。新五代史王彦章傳："令甲士六百人皆持巨斧，載冶者，具～炭，乘流而下。"

按，說文無鞴字。

鞳 tà 吐盍切，入，盍韻，透。

〔鏜鞳〕雙聲聯緜字，象聲詞。鐘鼓聲。見廣韻。宋蘇軾石鐘山記："有窾坎鏜鞳之聲，與向之噌吰者相應，如樂作焉。"

按，說文無鞳字。

鞵 xié 户佳切，平，佳韻，匣。支部。

生革做的鞋。說文："鞵，生革鞮也。"(依段注本)泛指一般的鞋。唐譚峭大言詩："線作長江扇作天，靸～拋向海東邊。"後作"鞋"。

鞶 pán 薄官切，音盤，平，桓韻，並。元部。

㊀束衣的大帶。說文："鞶，大帶也。"左傳桓公二年："～厲游纓，昭其數也。"杜預注："鞶，紳帶也，一名大帶。"㊁指鞶囊。儀禮士昏禮："夙夜無愆，視諸衿～。"鄭玄注："鞶，鞶囊也。男鞶革，女鞶絲，所以盛帨巾之屬。"

［同源字］般，鞶，磐。三字同音。三字均有"大"義，廣雅釋詁一："般，大也。"說文："鞶，大帶也。"廣韻："磐，大石。"

十一畫

鞹 kuò 苦郭切，音廓，入，鐸韻，溪。鐸部。

去毛的皮。說文："鞹，去毛皮也。"詩大雅韓奕："～鞃淺幭，鞗革金厄。"毛傳："鞹，革也。"引申爲以革包裹。吕氏春秋贊能："魯君許諾，乃使吏～其拳，膠其目，盛之以鴟夷。"高誘注："鞹，革也。以革囊其手也。"字亦作"鞟"，參見"鞟"字條。

［同源字］郭，椁（槨），鞟（鞹），革。見"椁"字條。

鞺 tāng 集韻他郎切，音湯，平，唐韻，透。

〔鞺鞳〕雙聲聯緜字，象聲詞。鐘鼓聲。見集韻。也單指鼓聲。唐皮日休任詩："衮衣競璀璨，鼓吹争鞺鞳。"

按，說文鞺作鼞，在鼓部。

鞻 lóu 落侯切，音樓，平，侯韻，來。侯部。

〔鞮鞻〕見"鞮"字條。

按，說文無鞻字。

十二畫

鞾 xuē 許肥切，平，戈韻，曉。魚部。

靴子。釋名釋衣服："鞾，跨也。兩足各以一跨騎也。"漢曹操與太尉楊彪書："並遺足下貴室綵錯羅縠裘一領，織成～一量。"後寫作"靴"。

按，說文無鞾字，新附有之，云："鞮屬。"

韃 1. tà 龍龕手鑑他達反。

㊀同"撻"。用鞭棍等打人。龍龕手鑑："韃，正作𢶍(撻)，打也。"

2. dá 音達。

㊁〔韃靼〕蒙古的别稱。也單作"韃"。宋

彭大雅黑韃事略:“黑韃之國,號大蒙古。…韃語謂銀曰蒙古,女真名其國曰大金,故韃名其國曰大銀。”又爲我國北方少數民族的總稱。篇海類編:“韃,韃靼,北狄總名。”

按,説文無韃字。

鞼 guì 求位切,音櫃,去,至韻,羣。物部。

㊀有文采的革。説文:“鞼,韋繡也。”國語齊語:“輕罪贖以~盾一戟。”韋昭注:“鞼盾,綴革有文如繢。”㊁折。淮南子原道:“筋力勁强,耳目聰明,疏達而不悖,堅强而不~。”高誘注:“鞼,折。”

鞿 jī 居依切,平,微韻,見。微部。

韁在馬口中的部分。楚辭戰國屈原離騷:“余雖好脩姱以~羈兮,謇朝誶而夕替。”王逸注:“繮在口曰鞿,革絡頭曰羈。”引申爲束縛。唐韓愈山石詩:“人生如此自可樂,何必局束爲人~。”

按,説文無鞿字。

十 三 畫

韁 jiāng 居良切,平,陽韻,見。陽部。

馬韁繩。漢書叙傳上:“今吾子已貫仁誼之羈絆,繫名聲之~鎖。”宋秦觀水龍吟:“名~利鎖,天還知道,和天也瘦。”

按,説文韁作繮,在糸部。

韣 shú 集韻殊玉切,入,燭韻,禪。屋部。

同“韥”。弓套。戰國策齊策六:“因罷兵倒~而去。”

按,説文韣作韥,在韋部。

十 四 畫

韆 qiān 七然切,平,仙韻,清。

見〔鞦韆〕。

按,説文無韆字。

韄 hù 胡誤切,音護,去,暮韻,匣。鐸部。

纏在佩刀把上的皮革。引申爲束縛。莊子庚桑楚:“夫外~者不可繁而捉,將内揵。”釋文引三蒼:“韄,佩刀靶韋也。”成玄英疏:“韄者繫縛之名。”

按,説文:“韄,佩刀絲也。”段玉裁注改爲“佩刀系也”,王筠句讀謂:“絲當作飾。”

韅 xiǎn 呼典切,音顯,上,銑韻,曉。元部。

馬兩腋的革帶。一説馬背的革帶。左傳僖公二十八年:“晉車七百乘,~靷鞅靽。”杜預注:“在背曰韅。”釋文:“韅,説文作㬎,云:‘著掖皮。’”

按,説文韅作㬎,云:“著掖鞥也。”

十 五 畫

韇 dú 徒谷切,入,屋韻,定。屋部。

㊀古代卜筮用的蓍草筒。儀禮士冠禮:“筮人執筴抽上~。”鄭玄注:“韇,藏筴之器也。今時藏弓矢者謂之韇丸也。”㊁藏箭之器。説文:“韇,弓矢韇也。”段玉裁注:“象呼之曰韇丸,單呼之曰韇。”亦作“韥”。後漢書南匈奴列傳:“弓鞬~丸一。”李賢注:“方言云:‘藏弓爲鞬,藏箭爲韇。’”

韈 wà 望發切,入,月韻,微。月部。

襪子。韓非子外儲説左下:“文王伐崇,至鳳黄虚,~繫解,因自結。”

按,説文韈作韤,在韋部。

十 七 畫

韉 jiān 則前切,平,先韻,精。

馬鞍的墊子。樂府詩集木蘭詩:“東市買駿馬,西市買鞍~。”唐岑參衛節度赤驃馬歌:“紅纓紫韁珊瑚鞭,玉鞍錦~黄金勒。”

按,説文無韉字,新附有之,云:“馬鞁具也。”

二十一畫

韊 lán 字彙離閑切。元部。

箙筒。史記魏公子列傳："趙王及平原君自迎公子於界，平原君負～矢爲公子先引。"裴駰集解引呂忱："韊，盛弩矢。"司馬貞索隱："韊，音蘭，謂以盛矢，如今之胡簏而短也。"

按，説文韊作籣，在竹部。廣韻作"韊"。落干切。

韋 部

韋 wéi 雨非切，平，微韻，喻三。微部。

㊀違背。説文："韋，相背也。"漢書禮樂志："五音六律，依～饗昭。"顔師古注："依韋，諧和不相乖離也。"後來寫作"違"。㊁熟皮。禮記玉藻："韠，君朱，大夫素，士爵～。"㊂量詞。圍。計算圓周的單位。漢書成帝紀："是日大風，拔甘泉畤中大木十～以上。"

[辨]革，皮，韋。見"革"字條。

[同源字]韋，違，回。三字均爲匣母微部。"韋"的本義是違背，説文："韋，相背也。"字通作"違"。廣雅釋詁二："違，偝也。""回邪"的"回"是違背正道的意思。詩大雅大明："厥德不回。"毛傳："回，違也。"

三 畫

韌 rèn 而振切，去，震韻，日。文部。

柔而固。見説文新附。詩鄭風將仲子"無折我樹檀"毛傳："檀，彊～之木。"孔穎達疏："檀材可以爲木，故云彊～之木。"阮元校勘記謂毛傳"韌"本作"忍"，作"韌"爲後人所改。孔疏作"韌"不誤；"忍"、"韌"爲古今字。

五 畫

韠 bì 兵媚切，去，至韻，幫。質部。

護弓器。用竹木製成，弓卸弦時縛在弓裏，發弦時縛在弓背，以防弓損傷。周禮考工記弓人"辟如終紲"鄭玄注："紲，弓～。…弓有～者，爲發弦時備頻（頓）傷。"賈公彦疏："發弦時褌於弓之背上，又繩橫繫之使相著，韠與弓爲力備頓傷也。"

按，説文無韠字。

韎 1. mèi 莫拜切，去，怪韻，明。微部。

㊀染皮革所成的赤黄色。禮記玉藻"一命緼韍幽衡"鄭玄注："緼，赤黄之間色，所謂～也。"㊁茜草，根可作紅色染料。詩小雅瞻彼洛矣："～韐有奭。"孔穎達疏引鄭玄駁異義："韎，草名。齊魯之間言韎韐聲如茅蒐，字當作韎，陳留人謂之蒨也。"晉書輿服志："韋弁，制似皮弁。頂上尖，～草染之，色如淺絳。"㊂我國古代東方少數民族的樂名。周禮春官鞮鞻氏"鞮鞻氏掌四夷之樂"鄭玄注："四夷之樂，東方曰～，南方曰任，西方曰朱離，北方曰禁。"文選晉左思吴都賦："登東歌，操南音，胤陽阿，詠～任。"

2. wà 集韻勿發切，入，月韻，微。

㊃同"韤"。襪子。宋書沈慶之傳："慶之戎服履～縛袴入。"

[備考]"韎"説文从"末"，據此則當爲古韻月部。鄭玄駁異義謂"字當作韎"，从"未"則爲古韻微部。

韍 fú 分勿切，入，物韻，非。月部。

同"市"。俗作"紱"。㊀古代祭祀時用的蔽膝，以熟皮爲之。禮記玉藻："一命緼～幽衡，再命赤～幽衡，三命赤～葱衡。"孔穎達疏："他服稱韠，祭服稱韍，是異其名。韍、韠皆言爲蔽，取蔽障之義也。"㊁繫璽印的帶子。漢書王莽傳："莽帥公侯卿士奉皇太后璽～，上太皇太后。"顔師古注："韍，謂之璽之組，音弗。"

[同源字]蔽，韍，韠。三字均爲幫母，"蔽"、"韍"爲月部，"韠"爲質部，月質旁轉。

“韍”、“韠”同義，均爲蔽膝。説文：“市，韠也。上古衣蔽前而已。韍，篆文市从韋从犮。”又：“韠，韍也，所以蔽前。”

按，説文韍是市的重文，在市部。

韐 diē 集韻的協切，入，怗韻，端。

〔韐韘〕叠韻聯緜字。帶具。舊唐書輿服志：“景雲中又制…武官五品以上佩韐韘七事，七謂佩刀、刀子、礪石、契苾真、噦厥、針筒、火石袋等也。至開元初復罷之。”

按，説文無韐字。

六畫

韏 quàn 去願切，音勸，去，願韻，溪。元部。

細皮條。爾雅釋器：“革中絶謂之辨。革中辨謂之韏。”郭璞注：“復平分也。”説文：“韏，革中辨謂之韏。”王筠句讀：“許意與郭注同，乃細皮條也。”一説爲皮革的皺褶。段玉裁注：“今按：當云‘革辨謂之韏’，‘中’乃衍文。衣部‘襞’下云‘韏衣也’。衣襵古曰韏，亦曰襞積，亦曰緛。然則皮之縐文蹙蹙者曰韏何疑？”

韐 gé 古沓切，音蛤，入，合韻，見。緝部。

士所用的蔽膝。形制、顔色與韍略有不同，通常用茅蒐染成黄赤色，故稱“韎韐”。詩小雅瞻彼洛矣：“韎～有奭，以作六師。”

按，説文韐是㫁的重文，在市部，云：“㫁，士無市有㫁，制如榼，缺四角，爵弁服，其色韎，賤不得與裳同。”

七畫

鞘 qiào 私妙切，去，笑韻，心。

同“鞘”。刀劍套。敦煌寫本漢將王陵變：“寶劍利拔長離～，彫弓每每换三弦。”

按，説文無鞘字，新附有之，云：“刀室也。”

八畫

韓 hán 胡安切，平，寒韻，匣。元部。

㊀井上木欄。説文：“韓，井垣也。”俗作韓。㊁古國名。①周分封的諸侯國，後爲晉所滅。②戰國七雄之一。㊂1897—1910年朝鮮的國號。

按，説文韓作韓，从韋，倝聲。

韔 chàng 丑亮切，音悵，去，漾韻，徹。陽部。

弓袋。説文：“韔，弓衣也。”禮記檀弓：“赴車不載櫜～。”鄭玄注：“韔，弓衣。”論衡死僞：“杜伯起於道左，執彤弓而射宣王，宣王伏～而死。”又爲動詞，藏弓於弓袋。詩小雅采緑：“之子于狩，言～其弓。”

九畫

韗 yùn 王問切，音運，去，問韻，喻三。文部。

製鼓的工匠。説文：“韗，攻皮治鼓工也。”周禮考工記韗人：“～人爲皋陶。”鄭玄注引鄭衆：“皋陶，鼓木也。”

韘 shè 書涉切，音攝，入，葉韻，審三。葉部。

㊀扳指，古代射者套在右手大拇指上用以鉤弦，用象骨製成。説文：“韘，射决也，所以拘弦。以象骨，韋系，著右巨指。”詩衛風芄蘭：“芄蘭之葉，童子佩～。”㊁〔韐韘〕見“韐”字條。

［備考］通“渫(xiè)”。疏浚。管子輕重戊：“夏人之王，外鑿二十宝，～十七湛。”章炳麟餘義：“韘借爲渫。”

韎 xiá 胡加切，音霞，平，麻韻，匣。魚部。

鞋。説文：“韎，履也。”唐李賀秦宫詩：“禿衿小袖調鸚鵡，紫繡麻～踏哮虎。”

按，説文大徐本有“韎”“鍜”二篆，云：“韎，履也。”“鍜，履後帖也。”段玉裁疑“韎”篆爲後人妄增，乃删之。

韞 yùn 於粉切，上，吻韻，影。文部。

藏。論語子罕：“有美玉於斯，～匵而藏諸？求善賈而沽諸？”唐駱賓王在江南贈宋五之問詩：“～珠澄積潤，讓璧動浮光。”

按,説文無韞字。

韙 wěi 于鬼切,上,尾韻,喻三。微部。

❶是。説文:"韙,是也。"左傳隱公十一年:"犯五不～而以伐人,其喪師也,不亦宜乎?"釋文:"韙,是也。"又用作動詞。左傳昭公二十年:"仲尼曰:'守道不如守官。'君子～之。"❷善,美。文選漢張衡東京賦:"京室密清,罔有不～。"李善注引薛綜:"韙,善也。"李周翰注:"韙,美也。"

按,説文韙字在是部。

十　畫

韝 gōu 古侯切,音溝,平,侯韻,見。侯部。

革製的臂套。射箭、架鷹時套在左臂,或套於兩臂。也作"鞲"。史記滑稽列傳:"髠帣～鞠䠊,侍酒於前。"唐李白贈新平少年:"摧殘檻中虎,羈紲～上鷹。"又用作動詞,架鷹。隋書列女傳劉昶女:"每～鷹紲犬,連騎道中。"

按,説文云:"韝,射臂決也。"段玉裁注據文選漢李陵答蘇武書注引説文改爲"臂衣也"。

韛 bài 蒲拜切,去,怪韻,並。

皮鼓風囊。也作"鞴"。宋釋普濟五燈會元聖賢:"鑪～之所多鈍鐵,良醫之門足病人。"

[備考]fú 房六切。同"箙"。盛箭器。集韻屋韻:"箙,説文:'弩矢箙也。'周禮:'仲秋獻矢箙。'或作韛。"

按,説文無韛字。

韜 1. tāo 土刀切,平,豪韻,透。幽部。

❶弓套。詩小雅彤弓"彤弓弨兮,受言櫜之"毛傳:"櫜,～也。"釋文:"韜,本又作弢,弓衣也。"又爲動詞,納弓於韜。詩周頌時邁"載櫜弓矢"孔穎達疏:"櫜者弓衣,一名韜。故内弓於衣謂之～弓。"❷掩蓋,隱藏。後漢書姜肱傳:"肱卧於幽闇,以被～面。"唐杜甫九日寄岑參詩:"大明～日月,曠野號禽獸。"❸"六韜"的簡稱。據説太公兵法有六韜:文韜、武韜、龍韜、虎韜、豹韜、犬韜。唐李德裕寒食日三殿侍宴奉進詩:"不勞孫子法,自得太公～。"引申爲謀略。周書王悦傳:"韞～略之秘,總熊羆之旅。"❹寬緩,優長。資治通鑑梁元帝承聖三年:"(梁元帝)常言:'我～於文士,愧於武夫。'"

2. tào 集韻叨号切,去,号韻,透。

❺臂套。集韻:"韜,臂衣。"唐元稹陰山道:"從騎愛奴絲布衫,臂鷹小兒雲錦～。"

按,説文:"韜,劍衣也。"段玉裁注:"引伸爲凡包藏之偁。"

十 一 畫

韠 bì 卑吉切,入,質韻,幫。質部。

蔽膝。説文:"韠,韍也。"王筠句讀:"隨所施而異其名,其體制則同,故通之也。祭服謂之韍,…他物謂之韠。"詩檜風素冠:"庶見素～兮,我心藴結兮。"

[同源字]蔽,韍,韠。見"韍"字條。

十 二 畫

韡 wěi 于鬼切,上,尾韻,喻三。微部。

〔韡韡〕明盛貌。詩小雅常棣:"常棣之華,鄂不韡韡。"三國魏曹植芙蓉賦:"焜焜韡韡,爛若龍燭。"

按,説文韡字在華部。

十 三 畫

韣 dú 徒谷切,音讀,入,屋韻,定。屋部。

弓套。説文:"韣,弓衣也。"禮記少儀:"弓則以左手屈～執拊。"吕氏春秋仲春:"乃禮天子所御,帶以弓～,授以弓矢,于高禖之前。"

十 五 畫

韤 wà 望發切,入,月韻,微。月部。

“襪”的本字。説文:“韤,足衣也。”史記張釋之傳:“王生老人,曰:‘吾～解,’顧謂張廷尉:‘爲我結～。’”又爲動詞,穿着襪子。左傳哀公二十五年:“褚師聲子～而登席。”

十 六 畫

䪰 yù 集韻紆勿切,入,迄韻,影。物部。

同“鬱”。香草名。集韻迄韻:“鬱,説文:‘芳艸也。’或作䪰。”管子地員:“葉下于～。”尹知章注:“葉亦草名,唯生葉無莖,在䪰之下。䪰,即鬱也。”

按,説文無䪰字。

十 八 畫

䪷 jiū 集韻將由切,平,尤韻,精。幽部。

收斂。説文:“䪷,收束也。”漢書律曆志:“秋,～也。物～斂,乃成孰。”

韭 部

韭 jiǔ 舉有切,上,有韻,見。幽部。

韭菜。詩豳風七月:“四之日其蚤,獻羔祭～。”史記貨殖列傳:“千畝卮茜,千畦薑～,此其人皆與千户侯等。”

[同源字]韭,久。兩字同爲見母,“韭”幽部,“久”之部,幽之旁轉。説文:“韭,菜名。一種而久者,故謂之韭。”

七 畫

韰 xiè 胡介切,去,怪韻,匣。

㊀褊狹。集韻怪韻:“㒠,韰。博雅:‘陿也。’”〔韰果〕褊狹而勇敢。文選晉左思魏都賦:“風俗以韰果爲嫿,人物以戕害爲藝。”李善注:“應劭曰:韰,狹也。下介切。方言曰:‘惈,勇也。’果與惈古字通。”㊁同“薤”。藠頭。

按,説文韰作䪥,在韭部。六書故植物二:“䪥、～,葷菜也,似韭而葉大,别作薤。”

八 畫

韱 xiān 息廉切,音纖,平,鹽韻,心。談部。

㊀山韭。見説文。㊁通“纖”。細,少。睡虎地秦墓竹簡爲吏之道:“凡爲吏之道,必精絜正直,慎謹堅固,審悉毋私,微密～察。”漢揚雄太玄少:“次三,動～其得主人之式。”范望注:“韱,少也。”

韯 sà 私盍切,入,盍韻,心。

以木墊支物,使平。廣韻:“韯,韯韯,起也。”清梁同書直語補正:“韯、韯,起也。…即今以木支物也。”徐珂清稗類鈔物品:“几案四足有不平者,以小木墊之,謂之～子。”

按,説文無韯字。

十 畫

齏 jī 祖稽切,平,齊韻,精。脂部。

亦作“齑”、“韲”、“虀”、“齍”。㊀切成細末的薑、葱、蒜等。楚辭戰國屈原九章惜誦:“懲於羹而吹齏兮,何不變此志也。”㊁搗碎。莊子大宗師:“齏萬物而不爲義,澤及萬世而不爲仁。”釋文引司馬云:“齏,碎也。”㊂調和。莊子知北遊:“君子之人,若儒墨者師,故以是非相齏也,而況今之人乎?”郭象注:“齏,和也。”

按,説文:“齏,墜也。𩐁,𩐁或从齊。”徐鍇繫傳本“墜”作““墬”。説文:墬,𩐁也。”兩字互訓。

十二畫

韛 fán 附袁切,音煩,平,元韻,奉。元部。

亦作"䪤"。小蒜。見説文。徐鍇繫傳:"中國蒜也。今之大蒜,胡蒜也。"文選漢張衡南都賦:"若其園圃則有…藷蔗薑～。"李善注引字書:"韛,小蒜也。"

[備考]廣韻元韻:"䪤,百合蒜也。"

十四畫

韰 xiè 胡介切,去,怪韻,匣。月部。

亦作"薤"、"䪥"。❶藠頭。説文:"韰,菜也,葉似韭。"山海經北山經:"丹熏之山,其上多樗柏,其草多韭～。"❷褊狹。漢書揚雄傳上:"素初貯厥麗服兮,何文肆而質～。"顏師古注引應劭曰:"韰,狹也。"

音部

音 yīn 於金切,平,侵韻,影。侵部。

❶樂音。説文:"音,聲也。生於心有節於外謂之音。宫商角徵羽,聲;絲竹金石匏土革木,音也。"書舜典:"八～克諧。"泛指聲音。淮南子墬形:"清水～小,濁水～大。"又指語音。顏氏家訓音辭:"南方水土和柔,其～清舉而切詣。"❷音樂。書五子之歌:"甘酒嗜～,峻宇彫牆。"❸言辭。詩邶風谷風:"德～莫違,及爾同死。"鄭箋:"夫婦之言無相違者,則可與女長相與處至死。"❹音訊。詩鄭風子衿:"縱我不往,子寧不嗣～?"朱熹集傳:"嗣音,繼續其聲問也。"❺聲譽。詩魯頌泮水:"其馬蹻蹻,其～昭昭。"鄭箋:"其音昭昭,僖公之德音也。"❻通"蔭"。樹蔭。左傳文公十七年:"鹿死不擇～。"杜預注:"音,所茠蔭之處。古字聲同皆相假借。"

[辨]聲,音。見"聲"字條。

四畫

韵 yùn 集韻王問切,去,焮韻,喻三。

同"韻"。見"韻"字條。晉書王羲之傳:"以君邁往不屑之～,而俯同羣辟,誠難爲意也。"

五畫

韶 sháo 市昭切,平,宵韻,禪。宵部。

❶舜樂名。説文:"韶,虞舜樂也。"論語述而:"子在齊聞～,三月不知肉味。"史記司馬相如列傳:"荆吴鄭衛之聲,～濩武象之樂。"❷美好。南朝宋鮑照發後渚詩:"華志分馳年,～顏慘驚節。"

七畫

韸 péng 薄紅切,音蓬,平,東韻,並。

〔韸韸〕同"逢逢"。鼓聲。詩大雅靈臺"鼉鼓逢逢"釋文:"逢,薄紅反,埤倉云:'鼓聲也。'字作'韸'。"元鮮于樞仙呂八聲甘州:"山城欲閉,時聽戍鼓韸韸。"

九畫

韺 yīng 於驚切,平,庚韻,影。

帝嚳樂名。亦作"英"。玉篇音部:"韺,帝嚳樂名六韺。亦作英。"晉張華正德舞歌:"軼武超濩,取節六～。"

按,説文無韺字。

十畫

韻 yùn 王問切,去,問韻,喻三。文部。

❶和諧的聲音。漢蔡邕琴賦:"繁絃既抑,雅～復揚。"南朝梁吴均與朱元思書:"好鳥相鳴,嚶嚶成～。"❷字的除去聲母的部分。

南朝梁沈約謝靈運傳論："一簡之内，音～盡殊。"又指詩賦中押韻的字。唐王勃滕王閣序："一言均賦，四～俱成。"㊂指文章。晉陸機文賦："收百世之闕文，採千載之遺～。"㊃風度，情趣。晉陶淵明歸園田居六首之一："少無適俗～，性本愛丘山。"世説新語任誕："阮渾長成，風氣～度似父。"又指藝術品的風格。顔氏家訓名實："東萊王韓晉明篤好文學，疑彼製作多非機杼，遂設讌言，面相討試。竟日歡諧，辭人滿席，屬音賦韻，命筆爲詩，彼造次即成，了非向～。"㊄風雅。世説新語言語："或言道人畜馬不～，支曰：'貧道重其神駿。'"㊅美。宋辛棄疾小重山茉莉："莫將他去比荼蘼。分明是，他更～些兒。"宋周煇清波雜志卷六："王黼奉敕撰明節和文貴妃墓志云：'六宫稱之曰～。'蓋時以婦人有標致者爲～。"

[辨]聲，韻。見"聲"字條。

按，説文無韻字，新附有之，云："韻，和也。"古作"均"。清鈕樹玉説文新附考："文選成公子安嘯賦：'音均不恒，曲無定制。'李(善)注：'均，古韻字也。'引鶡冠子曰'五聲不同均，然其可喜一也。'古但言聲音而不言韻。李登尚名聲類，吕静始名韻集耳。"

十一畫

韽 ān 烏含切，音諳，平，覃韻，影。侵部。

聲音微弱。説文："韽，下徹聲。"朱駿聲説文通訓定聲："謂其聲下達。"周禮春官典同："微聲～。"鄭玄注："韽，聲小不成也。"明劉基大熱遣懷詩："樹木首咸俯，鳥獸聲盡～。"

十三畫

響 xiǎng 許兩切，上，養韻，曉。陽部。

㊀回聲。書大禹謨："惠迪吉，從逆凶，惟影～。"僞孔傳："吉凶之報，若影之隨形，響之應聲。"㊁大的聲音。文選漢揚雄劇秦美新："震聲日景，炎光飛～，盈塞天淵之間。"李善注："飛響，震聲也。"又爲發出聲音。南朝梁吴均與顧章書："蟬吟鶴唳，水～猿啼。"又爲聲音洪亮。唐劉長卿湘中紀行詩浮石瀨："衆嶺猿嘯重，空江人語～。"㊂音訊。三國志蜀書後主傳"艾得書大喜，即報書"裴松之注引蜀記："艾報書云：'銜命來征，思聞嘉～。'"

[同源字]蠁，響。見"蠁"字條。

按，説文："響，聲也。"段玉裁注："渾言之也。"

十四畫

頀 hù 胡誤切，音護，去，暮韻，匣。鐸部。

同"濩"。大頀，湯樂名。漢董仲舒春秋繁露楚莊王："湯之時民樂其救之於患害也。故～。頀者，救也。"五代崔棁晉朝飨樂章羣臣酒行歌："渥恩頒美禄，咸～聽和音。"宋柳永永遇樂："三殿稱觴，九儀就列，韶～鏘金奏。"

按，説文無頀字。

頁 部

[頁部總論]

"頁(xié)"的本義是頭，"頁"部的字大多與頭有關。如：

1. 頭上或與頭相連的部份。例如： 額 頞 顔 題 項 頸 須 顱。
2. 頭的樣子或容貌。例如： 頃 頒 頽 顛 頻 頏 顑 顓。
3. 頭的動作。例如： 頓 顧 頷 頫。

頁 1.xié 胡結切,入,屑韻,匣。質部。

❶人頭。説文:“頁,頭也。从百从儿。古文䭫、首如此。”段玉裁注:“字本與䭫同音,康禮切,…今音轉爲胡結切。”

2.yè 音葉。

❶書册的一張。也作“葉”。朱駿聲説文通訓定聲:“葉,按小兒所書寫每一笘謂之一葉,字亦可以葉爲之,俗用‘頁’。”

二 畫

頂 dǐng 都挺切,上,迥韻,端。耕部。

❶頭頂。説文:“頂,顛也。”易大過:“過涉滅～。”史記孔子世家:“(孔子)生而首上圩～。”引申爲物的頂端。淮南子脩務:“今不稱九天之～,則言黄泉之底,是兩末之端議,何可以公論乎?”❷以頭承戴(後起義)。宋汪莘行香子:“擁漁簑,～漁笠,作漁翁。”引申爲支撑。西遊記四十四回:“我家裏燒火的也是他,掃地的也是他,～門的也是他。”❸極大(晚起義)。明李翊戒庵漫筆五:“今人以物之極大者爲～,…如稱大瓜爲～瓜也。”

[同源字]頂,巔,顛,槙,天,定(頞),題。見“巔”字條。

頃 1.qīng 去營切,平,清韻,溪,耕部。

❶頭不正。見説文。引申爲傾斜。詩周南卷耳:“采采卷耳,不盈～筐。”這個意義後來寫作“傾”。

2.qǐng 去潁切,上,静韻,溪。耕部。

❷土地面積單位。百畝爲頃。史記外戚世家:“公田百～。”漢楊惲報孫會宗書:“種一～豆,落而爲萁。”❸少時,片刻。莊子秋水:“夫不爲～久推移,不以多少進退者,此亦東海之大樂也。”成玄英疏:“頃,少時也。”❹往時,近來。後漢書光武帝紀:“～者師旅未解,用度不足,故行十一之税。今軍士屯田,糧儲差積。”三國志吴書吴主傳:“～聞諸將出入,各尚謙約。”

3.kuǐ 集韻犬蘂切,上,紙韻,溪。支部。

❺同“跬”。半步。禮記祭義:“故君子～步而弗敢忘孝也。”釋文:“頃,讀爲跬。…一舉足爲跬,再舉足爲步。”

按,説文頃字在匕部。

頄 kuí 渠追切,音葵,平,脂韻,羣。幽部。

顴骨。易夬:“壯于～,有凶。”釋文:“頄,顴也。翟云:‘面顴,頰間骨也。’鄭作‘頯’。”

按,説文無頄字。

三 畫

頇 1.hān 許干切,音頇,平,寒韻,曉。

❶〔顢頇〕叠韻聯緜字。見“顢”字條。

2.àn 五旰切,去,翰韻,疑。

❷頭無髮。見廣韻及玉篇。

項 xiàng 胡講切,上,講韻,匣。東部。

❶脖子的後部。説文:“項,頭後也。”段玉裁注:“頭後者,在頭之後。”史記魏其武安侯列傳:“籍福起爲謝,案灌夫～令謝。”又爲脖子。文選漢張衡西京賦:“修額短～。”❷冠的後部。儀禮士冠禮:“賓右手執～,左手執前進客。”賈公彦疏:“謂冠後爲項。”❸大。詩小雅節南山:“駕彼四牡,四牡～領。”毛傳:“項,大也。”❹種類,條目(後起義)。宋王明清揮麈録:“此～虜寇,人數不多,又是歸師,在今日無甚利害。”宋史兵志七:“願應募爲部領人者,依逐～名目,權攝部領。”

[辨]項,頸,領。“領”是脖子。“項”是脖子後部,但也可以指脖子。“頸”也是脖子,但有時特指脖子前部。

頊 duó 徒落切,音鐸,入,鐸韻,定。鐸部。

頭骨。説文:“頊,顱也。”王筠句讀改爲“頊,頊顱也”,云:“玉篇引如此,是也。”廣雅:“～顱謂之髑髏。”

順 shùn 食閏切，去，稕韻，牀三。文部。

❶順應，依順。易說卦："昔者聖人之作卦也，將以～性命之理。"詩大雅皇矣："不識不知，～帝之則。"又，合於理爲順，與"逆"相反。左傳隱公三年："君義、臣行、父慈、子孝、兄愛、弟敬，所謂六～也。"特指和順。詩鄭風女曰鷄鳴："知子之～之，雜佩以問之。"鄭箋："順，謂與己和順。"❷沿着。荀子勸學："～風而呼，聲非加疾也，而聞者彰。"❸通順。唐韓愈南陽樊紹述墓志銘："文從字～各識職。"

［備考］㊀通"訓"。朱駿聲說文通訓定聲："順，叚借爲'訓'。孝經：'先王有至德要道以～天下。'又：'以～則逆。'又'～民如此其大。'"㊁通"慎"。朱駿聲說文通訓定聲："順，叚借爲'慎'。易坤：'蓋言～也。'禮記禮器：'順之至也。'"段玉裁說文解字注："'順'、'慎'互用者字之譌。"

［同源字］順，馴。兩字均爲文部，"順"爲牀三，"馴"爲邪母，禽獸及人順從叫"馴"。漢書公孫弘傳："夫虎豹馬牛，禽獸之不可制者也，及其教馴服習之，至可牽持駕服，唯人之從。"顏師古注："馴，順也。"漢書石奮傳："皆以馴行孝謹，官至二千石。"顏師古注："馴，順也。"

按，說文："順，理也。"王筠句讀："釋名：'順，循也，循其理也。'"朱駿聲說文通訓定聲："按本訓謂人面文理之順。"

須 xū 相俞切，平，虞韻，心。侯部。

❶鬍鬚。說文："須，面毛也。"易賁："賁其～，與上興也。"左傳昭公二十六年："有君子白皙，鬒～眉。"釋文作"須眉"。今傳本作"鬚眉"。這個意義後來寫作"鬚"。❷等待。詩邶風匏有苦葉："人涉卬否，卬～我友。"毛傳："人皆涉，我友未至，我獨待之而不涉。"這個意義後來也寫作"頿"。❸需要。論衡效力："化民～禮義，禮義～文章。"南朝梁鍾嶸詩品中："辭不貴奇，競～新事。"❹遲緩。荀子禮論："故天子七月，諸侯五月，大夫三月，皆使其～足以容事。"王先謙集解引王引之云："須者，遲也。"❺必須。漢書馮奉世傳："奉世上言：'願得其衆，不～煩大將。'"❻須臾，片刻。荀子王制："罷不能不待～而廢。"楊倞注："須，須臾也。"［須臾］叠韻聯緜字。①片刻。楚辭戰國屈原九章哀郢："羌靈魂之欲歸兮，何須臾而忘反？"②從容，延年。漢書賈山傳："願少須臾毋死，思見德化之成也。"王先謙補注："須臾猶從容，延年之意也。"③古代陰陽家的一種占卜術。後漢書方術傳序："其流又有風角、遁甲…須臾、孤虛之術。"李賢注："須臾，陰陽吉凶立成之法也。"❼植物名，即蕪菁。爾雅釋草："須，葑蓯。"朱駿聲說文通訓定聲："即蔓菁也。"❽草名。爾雅釋草："須，蕵蕪。"郭璞注："蕵蕪，似羊蹄，葉細，味酢，可食。"❾古邑名。春秋衛邑。詩邶風泉水："思～與漕，我心悠悠。"

［同源字］需，須，胥。見"需"字條。

四　畫

頏 1. gāng 集韻居郎切，平，唐韻，見。陽部。

❶同"亢"。頸項。說文："亢，人頸也。…頏，亢或从頁。"

2. háng 胡郎切，平，唐韻，匣。陽部。

❷［頡頏］雙聲聯緜字。見"頡"字條。也有單用"頏"字，爲下飛之義。宋梅堯臣依韻和昭亭山廣教院文鑒大士喜予往還："飛鼠時過擲，飢禽或下～。"❸咽（喉嚨）。見集韻。字亦作"吭"、"亢"。

按，說文以頏爲亢的重文，在亢部。

煩 zhěn 章荏切，音枕，上，寑韻，照三。侵部。

枕骨。說文："煩，項枕也。"段玉裁注："沈氏彤詳考内經甲乙經作釋骨曰：'頏之後横起者曰頭横骨，曰枕骨，其兩旁尤起者曰玉枕骨，玉枕骨即偃卧著枕之處，單呼曰煩。'"

項 xū 許玉切，入，燭韻，曉。屋部。

〔項項〕自失貌。莊子天地："子貢卑陬失色，項項然不自得，行三十里而後愈。"

〔備考〕說文："項，頭項項，謹貌。"

頩 rán 集韻如占切，平，鹽韻，日。談部。

同"頷"，"髯"。頰上長鬚。史記趙世家："龍面而鳥嘴，鬢麋髭～。"

按，說文頩作頷。

頑 wán 五還切，平，删韻，疑。元部。

❶渾淪。說文："頑，棞頭也。"段玉裁注："木部曰：'棞，梡木未析也。''梡，棞木薪也。'凡物渾淪未破者皆得曰棞，凡物之頭渾全者皆曰棞頭。棞頑雙聲。析者鋭，棞者鈍，故以爲愚魯之偁。"唐元稹畫松："纖枝無蕭灑，～幹空突兀。"宋梅堯臣讀月石屏詩："徒爲～璞一片圓，温潤又不似圭璧。"❷愚魯。書堯典："父～，母嚚，象傲。"僞孔傳："心不則德義之經爲頑。"又爲無廉隅，貪婪。孟子萬章下："故聞伯夷之風者，～夫廉，懦夫有立志。"趙岐注："頑貪之夫更思廉潔。"史記陳丞相世家："士之～鈍嗜利無恥者亦多歸漢。"裴駰集解："如淳曰：'猶無廉隅。'"❸堅硬。清朱彝尊日下舊聞卷四一引宋張師正倦游雜録："石質堅～，類今人爲碓磑者。"❹通"翫"。玩賞，嬉戲。唐姚合酬盧汀諫議："杯觴引滿從衣溼，牆壁書多任手～。"

頍 kuǐ 丘弭切，音跬，上，紙韻，溪。支部。

古代用以固冠的髮飾。詩小雅頍弁："有～者弁，實維在首。"儀禮士冠禮"緇布冠缺項青組，纓屬於缺"鄭玄注："缺讀如'有～者弁'之'～'。緇布冠無笄者著頍，圍髮際，結項中，隅爲四綴，以固冠也。"

按，說文："頍，舉頭也。"段玉裁注："此頍之本義也。…如鄭説則頍所以支冠，舉頭之義之引申也。"

頓 1. dùn 都困切，去，慁韻，端，文部。

❶以頭叩地。說文："頓，下首也。"左傳文公七年："出朝則抱以適趙氏，～首於宣子。"又爲以脚叩地。後漢書夏馥傳："馥乃～足而嘆。"❷往下拉。荀子勸學："若挈裘領，詘五指而～之，順者不可勝數也。"王念孫讀書雜志一〇："頓者引也。言挈裘領者，詘五指而引之，則全裘之毛皆順也。廣雅曰：'扽，引也。'曹憲音頓。古無扽字，假'頓'爲之。"又爲整理。文選晉陸機演連珠五十首之七："臣聞～網探淵，不能招龍；振綱羅雲，不必招鳳。"李善注："頓猶整也。"❸停留，止息。史記淮陰侯列傳："今將軍欲舉倦獘之兵，～之燕堅城之下，欲戰恐久力不能拔。"又爲食宿之所。隋書煬帝紀："每之一所，輒數道置～。"也指食宿所需之物。唐元稹連昌宫詞："御路猶存禄山過，驅令供～不敢藏。"❹困頓。荀子仲尼："～窮則從之，疾力以申重之。"楊倞注："頓，謂困躓也。"❺廢壞，倒塌。左傳襄公四年："師徒不勤，甲兵不～。"杜預注："頓，壞也。"論衡幸偶："魯城門久朽欲～，孔子過之，趨而疾行。"❻副詞。立刻，頓時。列子天瑞："凡一氣不～進，一形不～虧。"❼量詞。世説新語任誕："聞卿祠，欲乞一～食耳。"舊唐書姜謩傳流姜皎嶺外制："念兹舊勳，免此殊死，宜決一～，配流欽州。"❽通"鈍"。不鋒利。史記屈原賈生列傳："莫邪爲～兮鉛刀爲銛。"漢書賈誼傳作"鈍"。又爲遲鈍。漢書翟方進傳："號遲～不及事，數爲掾史所詈辱。"❾春秋國名。左傳定公十四年："楚滅～。"

2. dú 古今韻會舉要當没切。

❿〔冒(mò)頓〕漢初匈奴的單于。漢書匈奴傳上："單于有太子，名曰冒頓。"王先謙補注引宋祁曰："冒音墨，頓音毒。"

3. zhūn 音諄。

⓫〔頓頓〕誠懇親厚貌。荀子王制："我今將頓頓焉，日日相親愛也，以是待其敵。"

預 yù 羊洳切，去，御韻，喻四。魚部。

㊀事先。戰國策燕策三:“於是太子～求天下之利匕首。”史記刺客列傳作“豫”。㊁參與,干涉。漢班固白虎通聖人:“舜禹之有天下而不～焉。”論衡書解:“司馬長卿不～公卿之事,故能作子虚之賦。”三國志吴書陸遜傳:“時何定弄權,閹官～政。”

按,説文無預字,新附有之,云:“預,安也。”

頌 1. róng 餘封切,音容,平,鍾韻,喻四。東部。

㊀儀容。説文:“頌,皃(貌)也。”漢書王式傳:“摳衣登堂,～禮甚嚴。”顔師古注:“頌讀與容同。”㊁寬容。漢書刑法志三:“年八十以上,八歲以下,及孕者未乳、師、朱儒當鞠繫者,～繫之。”顔師古注:“頌讀曰容。容,寬容之,不桎梏。”

2. sòng 似用切,去,用韻,邪。東部。

㊂頌揚。左傳宣公十五年:“什一行而～聲作矣。”㊃詩六義之一。論語子罕:“雅～各得其所。”㊄文體的一種,用以頌揚。南朝梁劉勰文心雕龍頌贊:“原夫～惟典雅,辭必清鑠。”㊅通“誦”。誦讀。孟子萬章下:“～其詩,讀其書,不知其人,可乎?”㊆卜兆的占辭。周禮春官大卜:“其經兆之體皆百有二十,其～皆千有二百。”鄭玄注:“頌謂繇也。”

[辨]訟,頌,誦。見“訟”字條。

頒 1. fén 符分切,音汾,平,文韻,奉。文部。

㊀大頭貌。説文:“頒,大頭也。”詩小雅魚藻:“魚在在藻,有～其首。”

2. bān 布還切,平,删韻,幫。文部。

㊁通“斑”。鬢髮半白。孟子梁惠王上:“～白者不負戴於道路矣。”㊂分賜。周禮春官小宗伯:“若大甸,則帥有司而饁獸于郊,遂～禽。”鄭玄注:“頒禽,謂以予羣臣。”又爲分。書洛誥:“乃惟孺子,～朕不暇。”僞孔傳:“我爲政常若不暇,汝爲小子,當分取我之不暇而行之。”㊃發布,頒布。周禮春官大史:“正歲年以序事,～之于官府及都鄙。”

[備考]説文:“頒,一曰鬢也。”

[同源字]班,頒。見“班”字條。

頎 1. qí 渠希切,平,微韻,羣。微部。

㊀修長貌。類篇引説文:“頎,一曰長貌。”詩衛風碩人:“碩人其～,衣錦褧衣。”

2. kěn 集韻口很切,上,很韻,溪。文部。

㊁哀痛。禮記檀弓上:“稽顙而後拜,～乎其至也。”釋文:“頎音懇,惻隱之貌。”㊂〔頎典〕叠韻聯緜字。堅韌貌。周禮考工記輈人:“是故輈欲頎典。”鄭玄注:“頎典,堅刃貌。鄭司農云:‘頎,讀爲懇;典,讀爲殄。’”

按,今大徐本説文無頎字,徐鍇繫傳作“頎,頭佳也。”

五　畫

頖 pàn 普半切,去,换韻,滂。元部。

〔頖宫〕也作“泮宫”。西周時諸侯所設的學宫。禮記王制:“大學在郊,天子曰辟廱,諸侯曰頖宫。”鄭玄注:“頖之言班也,所以班政教也。”

按,説文無頖字。

頗 1. pō 滂禾切,平,戈韻,滂。歌部。

㊀偏。説文:“頗,頭偏也。”段玉裁注:“引申爲凡偏之稱。”書洪範:“無偏無～,遵王之義。”㊁副詞。略微。史記儒林列傳:“襄,其天姿善爲容,不能通禮經;延～能,未善也。”又表示程度較高。史記河渠書:“其後漕稍多,而渠下之民～得以溉田矣。”又爲甚。論衡明雩:“雨～留,湛之兆也。暘～久,旱之漸也。”

2. pǒ 普火切,上,果韻,滂。

㊂通“叵”。不可。唐盧仝哭玉碑子詩:“～奈窮相驢,行動如跛鼈。”㊃姓。

[同源字]頗,偏。兩字均爲滂母,“頗”歌部,“偏”真部。歌真旁對轉。頭偏曰頗。“偏”亦訓“頗”。説文:“偏,頗也。”

頓 rán 集韻而銜切,平,銜韻,日。談部。

同“䫇”。頰上長鬚。莊子田子方:“昔者

寡人夢見良人,黑色而～。”

按,説文頔作顐。

頔 zhuō 職悦切,入,薛韻,照三。物部。

顴骨。素問至真要大論:“齒痛～腫,惡寒發熱。”

[備考]説文:“頔,頭頡頔也。”王筠句讀:“頡頔蓋亦直項也。”朱駿聲説文通訓定聲:“頡頔叠韻連語,猶詰詘也。”

領 lǐng 良郢切,上,静韻,來。耕部。

㊀脖子。説文:“領,項也。”段玉裁注:“項當作頸。”國語楚語下:“縕然引～南望曰:‘庶幾赦我罪。’”㊁衣領。荀子勸學:“若挈裘～,詘五指而頓之,順者不可勝數也。”㊂治理。禮記仲尼燕居:“敢問禮也者,～惡而全好者與?”孔穎達疏:“領,治也。治去惡事而留全善事。”㊃統率。後漢書耿弇傳:“光武見弇等…乃皆以爲偏將軍,使還～其兵。”又爲帶領。唐元結宿洄溪翁宅詩:“老翁八十猶能行,將～兒孫行拾稼。”㊄宋代稱兼任較低的官職爲領。宋史職官志九:“宣和以後,官高而仍舊職者謂之～,官卑而職高者謂之視。”㊅瞭解,領會(後起義)。晉陶淵明飲酒之一三:“醒醉還相笑,發言各不～。”㊆受取(後起義)。晉書桓伊傳:“謹奉輸馬具裝百具,鎧五百領,並在尋陽,請勒所屬～受。”㊇量詞。荀子正論:“太古薄葬,棺厚三寸,衣衾三～。”史記仲尼弟子列傳:“因越賤臣種奉先人藏器,甲二十～,鈇屈盧之矛,步光之劍,以賀軍吏。”㊈山嶺。晉書吴隱之傳:“朝廷欲革～南之弊。”這個意義後來寫作“嶺”。

[備考]通“令”。美好。法言序:“君子純終～聞。”李軌注:“領,令也。”漢書揚雄傳下顔師古注引李奇曰:“領理所聞也。”

[辨]項,頸,領。見“項”字條。

六　畫

頞 1.è 烏葛切,入,曷韻,影。月部。

㊀鼻梁。説文:“頞,鼻莖也。”孟子梁惠王下:“舉疾首蹙～而相告。”吕氏春秋遇合:“文王嗜菖蒲菹,孔子聞而服之,縮～而食之。”

2.àn 字彙補烏漢切,音案。元部。

㊁〔常頞〕人名。史記西南夷列傳:“秦時常頞略通五尺道,諸此國頗置吏焉。”

頩 1.pīng 普丁切,平,青韻,滂。耕部。

㊀面色光澤。楚辭戰國屈原遠遊:“玉色～以脕顔兮,精醇粹而始壯。”洪興祖補注:“頩,美貌。”

2.pǐng 匹迥切,上,迥韻,滂。耕部。

㊁斂容。文選戰國宋玉神女賦:“～薄怒以自持兮,曾不可乎犯干。”李善注:“方言曰:‘頩,怒色青貌。’切韻:‘斂容也。’”

按,説文無頩字。

頦 1.hái 户來切,平,咍韻,匣。之部。

㊀醜。見説文。

2.kē 户來切,平,咍韻,匣。今讀如顆。

㊁下巴(後起義)。玉篇:“頦,頤下。”唐韓愈記夢詩:“石壇坡陀可坐卧,我手承～肘拄座。”

頡 1.xié 胡結切,入,屑韻,匣。質部。

㊀直項。見説文。㊁〔頡頏〕雙聲聯緜字。①鳥飛上下貌。詩邶風燕燕:“燕燕于飛,頡之頏之。”毛傳:“飛而上曰頡,飛而下曰頏。”文選漢張衡歸田賦:“王雎鼓翼,鶬鶊哀鳴,交頸頡頏,關關嚶嚶。”引申爲不相上下。晉書文苑傳序:“藩夏連輝,頡頏名輩。”又引申爲怪誕的言辭。文選漢揚雄解嘲:“是故鄒衍以頡頏而取世資。”李善注引蘇林:“頡頏,奇怪之辭也。”文選晉夏侯湛東方朔畫贊:“苟出不可以直道也,故頡頏以傲世;傲世不可以垂訓也,故正諫以明節。”②倔强貌。淮南子脩務:“王公大人有嚴志頡頏之行者,無不憚悇癢心而悦其色矣。”段玉裁説文解字注引此例曰:“此頡頏正謂强項也。”

［備考］獸名。山海經中山經："其中多人魚，多蛟，多～。"郭璞注："如青狗。"

2. jiā 古黠切，入，黠韻，見。質部。

㊂戛，刮。史記楚元王世家："始高祖微時，嘗辟事，時時與賓客過巨嫂食。嫂厭叔，叔與客來，嫂詳爲羹盡，櫟釜，賓客以故去。…及高祖爲帝，…於是乃封其子信爲羹～侯。"司馬貞索隱："以其櫟釜故也。"㊃剋扣。新唐書高仙芝傳："我退，罪也，死不敢辭。然以我爲盜～資糧，誣也。"

3. jié 胡結切，入，屑韻，匣。今讀如潔。

㊄［倉頡］人名。漢許慎説文解字叙："黄帝之史倉頡。"

頣 yí 與之切，平，之韻，喻四。之部。

㊀面頰和下巴的統稱。易噬嗑："～中有物曰噬嗑。"莊子漁父："左手據膝，右手持～以聽。"㊁保養。後漢書梁冀傳："宜遵懸車之禮，高枕～神。"㊂易六十四卦之一，䷚，震下艮上。

按，説文以頣爲𦣝的篆文重文，在𦣝部。云："𦣝，顄也。"

頟 é 五陌切，入，陌韻，疑。鐸部。

㊀"額"的本字，前額。説文："頟，顙也。"漢書趙皇后傳："～上有壯髮，類孝元皇帝。"㊁［頟頟］①不休止貌。書益稷："傲虐是作，罔晝夜頟頟。"僞孔傳："肆惡無休息。"②高峻貌。唐韓愈平淮西碑："頟頟蔡城，其壃千里。"也作"峉頟"。三國吴楊泉五湖賦："峉頟崔巍，穹窿紆曲。"

［同源字］頟（額），顔。見"顔"字條。

頠 wěi 五罪切，上，賄韻，疑。歌部。

嫻静貌。説文："頠，頭閑習也。"段玉裁注："閑當作嫻，字之誤也。引申爲凡嫻習之稱。釋詁曰：'頠，静也。'頠與女部之媉義略同。"元周伯琦天馬行應制作："聳身直欲凌雲霄，盤辟丹墀却閑～。"

頫 fǔ 方矩切，音府，上，麌韻，非。侯部。

低頭。説文："頫，低頭也。…俛，頫或从人免。"漢書項籍傳："百粤之君～首係頸。委命下吏。"顔師古注："頫，古俯字。"

［備考］爾雅釋詁下："監、瞻、臨、涖、頫、相，視也。"阮元校勘記："頫，閩本、監本、毛本同。釋文、唐石經、單疏本、雪牕本、元本作覜，當據以訂正。"廣韻又音他弔切，讀（tiào），引薛綜云："低頭聽。"

七　畫

頳 chēng 丑貞切，音撑，平，清韻，徹。

"赬"的俗體。赤色。廣韻清韻："赬，赤色，俗作頳。"文選南朝宋鮑照蕪城賦："製磁石以禦衝，糊～壤以飛文。"

按，説文無頳有赬，赬的重文作赬，在赤部。

頭 tóu 度侯切，平，侯韻，定。侯部。

㊀頭。説文："頭，首也。"禮記曲禮："～有創則沐。"又指髮。後漢書岑彭傳："每一發兵，～鬚爲白。"㊁物體的頂端。世説新語任誕："阮宣子常步行，以百錢掛杖～。"㊂首領。唐韓愈論淮西事宜狀："或被分割隊伍，隸屬諸～。"㊃初始。唐齊己庚午歲九日作詩："亂離偷過九月九，～尾筭來三十三。"㊄量詞。史記貨殖列傳："唯橋姚已致馬千匹，牛倍之，羊萬～。"㊅名詞詞尾。北魏酈道元水經注泗水："水中有物如三四歲小兒，…常没水中，出膝～。"

［同源字］頭，首。"頭"定母侯部，"首"審三幽部。定審三鄰紐，侯幽旁轉。"頭"是"首"的音轉。説文："頭，首也。"廣雅釋親："首謂之頭。"兩字互訓。

頰 jiá 古協切，入，怗韻，見。葉部。

面頰。説文："頰，面旁也。"易咸："咸其輔、～、舌。"吕氏春秋觀表："麻朝相～。"又指口腔内兩側　。世説新語德行："公於是獨食，輒含飯著兩～邊，還，吐與二兒。"

[備考]通“愿”。快意。莊子漁父：“不擇善否，兩容～適。”朱駿聲說文通訓定聲謂“頰”假借爲“愿”。

[同源字]頰，胠，脅，夾。四字均爲葉部。“頰”、“夾”爲見母，“胠”爲溪母，“脅”爲曉母。見溪旁紐，溪曉鄰紐。說文：“夾，持也。”徐鍇繫傳：“引申爲凡物在左右之偁。”面兩旁爲頰，胸兩旁爲胠，爲脅。說文：“胠，亦(腋)下也。”又：“脅，兩膀也。”

頸 jǐng 居郢切，上，静韻，見。耕部。

❶脖子。說文：“頸，頭莖也。”荀子榮辱：“小人莫不延～舉踵而願曰。”特指脖子前面部份。唐慧琳一切經音義卷四引倉頡篇：“前曰頸，後曰項。”史記魯仲連鄒陽列傳：“刎～而死。”❷物體象頸的部位。禮記投壺：“壺～修七寸。”

[辨]項，頸，領。見“項”字條。

[同源字]頸，剄。見“剄”字條。

頻 1. pín 符真切，集韻毗賓切，平，真韻，並。真部。

❶頻繁。列子黃帝：“列子曰：‘汝何去來之～？’”引申爲副詞。屢次，連續。後漢書李雲傳：“是時，地數震裂，衆灾～降。”❷危急。詩大雅桑柔：“於乎有哀，國步斯～。”❸並列。國語楚語下：“百嘉備舍，羣神～行。”❹皺眉。又寫作“顰”。孟子滕文公下：“己～顣曰：‘惡用是鶃鶃者爲哉！’”

2. bīn 篇海類編卑民切，音濱。真部。

❺水邊。詩大雅召旻：“池之竭矣，不云自～。”這個意義後來寫作“濱”。❻鄰近。晉潘岳馬汧督誄：“俾百姓流亡，～於塗炭。”這個意義後來寫作“瀕”。

[同源字]①頻，比。“頻”並母真部，“比”幫母脂部。並幫旁紐，真脂對轉。兩字都有“頻數”之意。廣雅釋詁三：“頻，比也。”禮記投壺：“比投不釋。”釋文：“比，頻也。”兩字互訓。

②濱，頻，瀕，濆，墳，邊。見“濱”字條。

按，說文頻字在瀕部，云：“水厓人所賓附頻蹙不前而止。”

頮 huì 荒内切，去，隊韻，曉。微部。

洗臉。書顧命：“甲子，王乃洮～水。”

按，說文無頮有沬，在水部。“沬”之古文作“湏”，段玉裁認爲湏當作“頮”。

頯 kuí 渠追切，平，脂韻，羣。幽部。

❶顴骨。說文：“頯，權也。”段玉裁注：“權者，今之顴字。”睡虎地秦墓竹簡法律答問：“人奴妾治(笞)子，子以貼死，黥顔～，畀主。”❷質樸貌。莊子大宗師：“其容寂，其顙～。”郭象注：“頯，大朴之皃。”❸中央廣兩頭尖。爾雅釋魚：“蚆，博而～。”郭璞注：“頯者，中央廣兩頭鋭。”

[備考]高露發美之貌。莊子天道：“而目衝然，而顙～然，而口闞然。”郭象注：“(頯)高露發美之貌。”成玄英疏：“顙額高亢，顯露華飾。”

頾 mào 莫教切，去，效韻，明。宵部。

同“皃(貌)”。形貌。荀子禮論：“故壙壠其～象室屋也。”破魔變文：“不念此是邪神～，比並天中大聖蹤。”

按，說文：“皃，頌儀也。頾，皃或从頁，豹省聲。貌，籀文皃从豹省。”

頷 hàn 胡感切，上，感韻，匣。侵部。

❶下巴。莊子列禦寇：“夫千金之珠，必在九重之淵而驪龍～下。”❷點頭。左傳襄公二十六年：“逆於門者，～之而已。”❸〔顑頷〕見“顑”字條。說文：“頷，面黃也。”

[備考]同“頜(ǎn)”。集韻感韻：“頜，五感切。說文：低頭也。引春秋傳：迎于門頜之而已。或作頷，頜。”文選晉郭璞遊仙詩：“洪崖～其頤。”李善注：“廣雅曰：頷，動也。五感切。”說文“頜”段玉裁注云：“頷皆頜之譌，故云五感反，若本頷字，則當云胡感反也。”

[同源字]頷，顄。兩字均爲匣母，“頷”爲侵部，“顄”爲談部。侵談對轉。兩字均有“下巴”之意。說文：“顄，頤也。”方言卷一〇：“頷，頤，頜也。南楚謂之頷，秦晉謂之頜；

頤，其通語也。"

頲 tǐng 他鼎切，上，迥韻，透。耕部。

頭正直貌。爾雅釋詁下："頲，直也。"説文："頲，狹頭頲也。"段玉裁注："疑當作'頲頲也'。假借爲挺直之挺。"清徐鼒小腆紀年附考卷一一："(張煌言)神骨清～，豪邁不羈。"

頹 tuí 杜回切，平，灰韻，定。微部。

㊀下墜，落下。楚辭戰國屈原九章悲回風："歲曶曶其若～兮，時亦冉冉其將至。"洪興祖補注："頹，下墜也。"文選漢馬融長笛賦："巔根跱之槷刖兮，感迴飇而將～。"李善注："頹，落也。"又爲崩塌。禮記檀弓上："泰山其～乎！梁木其壞乎！"㊁衰敗，破敗。三國蜀諸葛亮出師表："親小人，遠賢臣，此後漢所以傾～也。"唐杜甫暮秋枉裴道州手札率爾遣興詩："授鉞築壇聞意旨，～綱漏網期彌綸。"〔頹唐〕雙聲聯緜字。隕墜貌。文選漢王褒洞簫賦："頹唐遂往，長辭遠逝，漂不還兮。"李善注："頹唐，隕墜貌。"吕向注："頹唐，聲微貌。"引申爲精神萎靡不振。清龔自珍己亥雜詩之一四一："少年哀豔雜雄奇，暮氣頹唐不自知。"㊂從上而下的暴風。爾雅釋天："焚輪謂之頹。"詩小雅谷風："習習谷風，維風及～。"毛傳："頹，風之焚輪者也。"孔穎達疏："頹，風從上而下之名。"㊃恭順。禮記檀弓上："釋而後稽顙，～乎其順也。"鄭玄注："頹，順也。"

按，説文無頹有穨，云："穨，秃貌。"段玉裁注："今俗作頹。"

八　畫

頳 dìng 丁定切，音訂，去，徑韻，端。耕部。

額。爾雅釋言："頳，題也。"郭璞注："題，額也。詩曰：'麟之定。'"詩周南麟之趾"麟之定，振振公姓"釋文："定，字書作～。"

[同源字]頂，顛，巔，槙，天，定(頳)，題。見"巔"字條。

按，説文無頳字。

頪 cuì 秦醉切，去，至韻，從。微部。

㊀〔顦頪〕雙聲聯緜字。見"顦"字條。説文："頪，顦頪也。"㊁病，困。爾雅釋詁上："頪，病也。"漢書王莽傳："詩云：'人之云亡，邦國殄～。'公之謂也。"顔師古注："大雅瞻卬之詩也。殄，盡也。頪，病也。"按，阮刻十三經注疏本詩經作"瘁"。北齊顔之推還冤記："亡後，家便貧～。"㊂憂愁。北齊書儒林傳："綽所爲猖蹶，靈暉唯默默憂～，不能諫止。"

䫏 qī 去其切，音欺，平，之韻，溪。之部。

醜。説文："䫏，醜也。今逐疫有䫏頭。"淮南子精神："視毛嬙、西施猶～醜也。"高誘注："䫏，䫏頭也。方相氏黄金四目衣頳，稀世之～，貌非生人也，但像其耳目。䫏頭言極醜也。"

顄 hàn 胡感切，上，感韻，匣。談部。

㊀下巴。漢書王莽傳中："莽爲人侈口蹷～。"㊁〔顄淡〕叠韻聯緜字。水摇蕩貌。文選漢馬融長笛賦："顄淡滂流，碓投瀺穴。"

[同源字]頷，顄。見"頷"字條。

按，説文顄作顄。

顆 1. kē 苦果切，上，果韻，溪。今讀如科。歌部。

㊀土塊。漢書賈山傳："爲葬薶之侈至於此，使後世曾不得蓬～蔽冢而託葬焉。"顔師古注："顆，謂土塊。蓬顆，言塊上生蓬者耳。"㊁顆粒狀物。説文："顆，小頭也。"徐鍇繫傳："今言物一顆猶一頭也。"唐杜甫解悶十二首之十："京中舊見君顔色，紅～酸甜只自知。"又爲量詞。唐李紳憫農二首之一："春種一粒粟，秋收萬～子。"

2. kuǎn 集韻苦緩切，音款，上，緩韻，溪。元部。

㊂〔顆涷〕草名。爾雅釋草："菟奚顆涷。"郝懿行義疏："本草：款冬，一名顆涷。"

頃 1. qiǒng 口迥切，上，迥韻，溪。耕部。

㊀一種似苧麻的草。也指潁織的布。禮記雜記："如三年之喪，既用～，其練祥皆行。"鄭玄注："潁，草名。無葛之鄉，去麻則用潁。"

2. jiǒng 口迥切，上，迥韻，溪。耕部。

㊁通"褧"。麻布單衣。儀禮士昏禮："女從者畢袗玄，纚笄被～黼，在其後。"

按，說文無潁字。

頷 1. ǎn 五感切，上，感韻，疑。侵部。

㊀點頭。說文："低頭也。…春秋傳曰：'迎于門，～之而已。'"徐鍇繫傳："點頭以應也。"按，左傳襄公二十六年作"頷"。釋文："本又作頷。"㊁搖。列子湯問："～其頤則歌合律，捧其手則舞應節。"殷敬順釋文："五感反。頷，搖頭也。"唐韓愈送無本師歸范陽詩："天陽熙四海，注視頭不頷（一作～）。鯨鵬相摩窣，兩舉快一瞰。"

2. qīn 去金切，平，侵韻，溪。侵部。

㊂下巴上曲貌。漢書揚雄傳下："～頤折頞，涕涶流沫。"顏師古注："頷，曲頤也。"

頧 chuí 直追切，平，脂韻，澄。微部。

㊀額頭突出。說文："頧，出額也。"段玉裁注："謂額朕出向前也。"㊁脊椎骨。靈樞經經別："足少陰之正，至膕中，別走太陽而合上至腎，當十四～，出屬帶脉。"後寫作"椎"。

九 畫

額 é 五陌切，入，陌韻，疑。鐸部。

㊀顙。說文作"頟"。史記滑稽列傳："叩頭且破，～血流地。"漢荀悅漢紀宣帝記："曲突徙薪反無恩澤，燋頭爛～復爲上客邪?"㊁匾額。南朝宋羊欣筆陣圖："前漢蕭何善篆籀，爲前殿成，覃思三月，以題其～。"㊂規定的數目。舊唐書崔衍傳："舊～賦租，特望蠲減。"

［同源字］額（頟），顏。見"顏"字條。

顏 1. yán 五姦切，平，删韻，疑。元部。

㊀額。詩鄘風君子偕老："子之清揚，揚且之～也。"毛傳："清，視清明也。揚，廣揚。而顏角豐滿。"左傳僖公九年："天威不違～咫尺，小白余敢貪天子之命無下拜!"孔穎達疏："顏，謂額也。"一說爲眉目之間。見說文。國語齊語："天威不違～咫尺，小白余敢承天子之命曰爾無下拜。"韋昭注："顏，眉目之間。"㊁面容，臉色。詩鄭風有女同車："有女同車，～如舜華。"漢書韓王信傳："爲人寬和自守，以温～遜辭承上接下，無所失意。"引申爲色彩。淮南子泰族："宋人有以象（高誘注：象，象牙也。）爲其君爲楮葉者，三年而成。莖柯豪芒，鋒殺～澤，亂之楮華之中而不可知也。"㊂匾額。新唐書馬燧傳："勒石起義堂，帝榜其～以寵之。"引申爲題寫匾額等。明郎瑛七修類稿詩文張天錫："家嘗有竹數竿，作亭其間，名曰'醫俗'，因記之以～於亭。"

2. yá 集韻宜佳切，平，佳韻，疑。

㊃通"崖"。集韻佳韻："厓，說文：'山邊也。'或作崖、顏。"唐陸龜蒙漁具詩序："天隨子歔於海山之～有年矣。"

［同源字］額（頟），顏。兩字均爲疑母，"頟"鐸部，"顏"元部。鐸元通轉。方言一〇："顏，頟也。中夏謂之頟，東齊謂之顙，汝潁淮泗之間謂之顏。"

顐 1. wèn 五困切，去，慁韻，疑。

㊀頭禿。廣韻："顐，禿也。"

2. hùn 篇海類編胡困切。

㊁通"諢"。諧謔之言。新唐書元結傳："諧臣～官，怡愉天顏。"

按，說文無顐字。

顑 kǎn 苦感切，上，感韻，溪。侵部。

㊀〔顑頷〕叠韻聯緜字。食不飽而面黄肌瘦。楚辭戰國屈原離騷："苟余情其信姱以練要兮，長顑頷亦何傷!"洪興祖補注："顑頷，食不飽面黄貌。"㊁面頰。靈樞經癲狂："骨癲疾者，～齒諸腧分肉皆滿。"

題 1. tí 杜奚切，平，齊韻，定。支部。

㊀額。説文:“題,頟也。”戰國策趙策二:“黑齒雕～,鯷冠秫縫,大吴之國也。”㊁物體的一端。孟子盡心下:“高堂數仞,榱～數尺,我得志,弗爲也。”㊂標誌。左傳襄公十年:“舞師～以旌夏。”杜預注:“題,識也。以大旌表識其行列。”㊃書籤。廣韻:“題,書題。”唐李白感興八首之三:“委之在深篋,蠹魚壞其～。”王琦注:“古人謂書籤爲題。”㊄題目。世説新語文學:“謝看～,便各使四座通。”又爲定題目。論衡對作:“言不納用,退～記草,名曰備乏。”㊅書寫。前秦王嘉拾遺記六:“觀書有合意者,～其衣裳以記其事。”㊆品評。唐李白上韓荆州書:“一經品～,便作佳士。”㊇説,提起(晚起義)。元關漢卿救風塵一折:“一來去望媽兒,二來就～這門親事。”這個意義後來寫作“提”。

2. dì 特計切,去,霽韻,定。支部。

㊈通“睇”。視。詩小雅小宛:“～彼脊令,載飛載鳴。”鄭箋:“題之爲言視睇也。”

[同源字]頂,巔,顛,槙,天,定(頷),題。見“巔”字條。

顋 sāi 蘇來切,平,咍韻,心。

同“腮”。兩頰的下半部。梁蕭統錦帶書十二月啓蕤賓五月:“蓮花泛水,豔如越女之～;蘋葉漂風,影亂秦臺之鏡。”唐温庭筠菩薩蠻:“小山重叠金明滅,鬢雲欲度香～雪。”

[同源字]鰓,鰓,顋,腮。見“鰓”字條。

按,説文無顋字。

顒 1. yóng 魚容切,平,鍾韻,疑。東部。

㊀大頭,見説文。引申爲大。詩小雅六月:“四牡修廣,其大有～。”毛傳:“顒,大貌。”㊁嚴正貌。易觀:“盥而不薦,有孚～若。”孔穎達疏:“顒是嚴正之貌。”㊂景仰,企盼。廣韻:“顒,仰也。”晉劉琨勸進書:“蒼生～然,莫不欣戴。”宋柳永八聲甘州:“想佳人、妝樓～望,誤幾回、天際識歸舟。”〔顒顒〕①温順貌。詩大雅卷阿:“顒顒卬卬,如圭如璋,令聞令望。”毛傳:“顒顒,温貌。”②仰慕貌。三國志蜀書許靖傳:“自華及夷,顒顒注望。”

2. yú 字彙補五閭切。侯部。

㊃通“鵑”。傳説中的怪鳥。山海經南山經:“有鳥焉…其名曰～。”今人袁珂校注:“郭璞云:‘音娛。’郝懿行云:‘玉篇、廣韻並作鵑。’”

顎 è 五各切,入,鐸韻,疑。

㊀面高貌。見玉篇。㊁嚴肅恭敬。廣韻:“顎,嚴敬曰顎。”

按,説文無顎字。古代“顎”無“下顎”之意。

顓 zhuān 職緣切,音專,平,仙韻,照三。元部。

㊀謹貌。説文:“顓,頭顓顓,謹皃。”又爲愚昧。漢揚雄太玄童:“初一,～童不寤,會我蒙昏。”㊁善良。淮南子覽冥:“猛獸食～民,鷙鳥攫老弱。”高誘注:“顓,善。”㊂通“專”。專擅。漢書貨殖傳:“其餘郡國富民兼業～利,以貨賂自行,取重於鄉里者,不可勝數。”顔師古注:“顓與專同。”又爲副詞,總是。史記陳涉世家:“客愚無知,～妄言,輕威。”

顟 āo 於交切,平,肴韻,影。

頭凹。見玉篇。引申爲目凹。初學記卷一九引劉思真醜婦賦:“兩眼～如臼。”又泛指凹。唐皮日休新秋言懷寄魯望:“檜身渾箇矮,石面得能～。”

按,説文無顟字。

頿 zī 即移切,平,支韻,精。支部。

嘴上邊的鬍子。左傳昭公二十六年:“至于靈王,生而有～。”後作“髭”。

按,説文頿字在須部。

十　畫

類 1. lèi 力遂切,去,至韻,來。微部。

㊀種類。荀子勸學:“草木疇生,禽獸羣焉,物各從其～也。”㊁相似,好像。左傳莊公

八年:“殺孟陽于牀,曰:‘非君也,不~。’”國語吴語:“臣觀吴王之色,~有大憂。”韋昭注:“類,似也。”㊂法式,榜樣。楚辭戰國屈原九章懷沙:“明告君子,吾將以爲~兮。”王逸注:“類,法也。”㊃善。詩大雅皇矣:“克明克~,克長克君。”鄭箋:“類,善也。”㊄副詞。大都。史記伯夷列傳:“巖穴之士,趣舍有時若此,~名湮滅而不稱,悲夫!”㊅傳説中的獸名。山海經南山經:“(亶爰之山)有獸焉,其狀如貍,而有髦,其名曰~。”㊆古祭名,祭天。又寫作“禷”。書舜典:“肆~于上帝。”孔穎達疏:“類,祭於上帝。”

2. lèi 集韻盧對切,去,隊韻,來。微部。

㊇通“纇”。不平,偏頗。左傳昭公十六年:“發命之不衷,出令之不信,刑之頗~。”孔穎達疏:“服虔讀‘類’爲‘纇’,解云:‘頗,偏也;類,不平也。’”

[同源字]類,倫。兩字均爲來母,“類”物部,“倫”文部。物文對轉。“倫”有“類”義。禮記曲禮下:“儗人必於其倫。”鄭玄注:“倫,猶類也。”

按,説文類字在犬部,云:“類,種類相似,唯犬爲甚。”

顜 jiǎng 集韻古項切,上,講韻,見。陽部。

又 jiào 集韻訖岳切,入,覺韻,見。屋部。

㊀直,明。史記曹相國世家:“蕭何爲法,~若畫一;曹參代之,守而勿失。”裴駰集解引徐廣:“顜音古項反,一音較。”司馬貞索隱:“顜,訓直,又訓明,言法明直若畫一也。”明徐承宗貴州府志序:“不獨五十餘年間~若列眉。”㊁和協。集韻講韻:“顜,和也。”清魏源海運全案序:“僚屬輯力,文武~心。”

按,説文無顜字。

顛 1. diān 都年切,平,先韻,端。真部。

㊀頭頂。説文:“顛,頂也。”國語齊語:“班序~毛,以爲民紀統。”韋昭注:“顛,頂也。毛,髮也。…言次列頂髮之白黑,使長幼有等,以爲治民之經紀。”引申爲物之頂端。史記武帝本紀:“乃令人上石立泰山之~。”又引申爲本,始。文選晉陸機文賦:“如失機而後會,恒操末以續~。”㊁墜落。左傳隱公十一年:“潁考叔取鄭伯之旗蝥弧以先登,子都自下射之,~。”杜預注:“顛,顛隊而死。”㊂倒下。論語季氏:“危而不持,~而不扶,則將焉用彼相矣?”㊃顛倒。楚辭漢劉向九歎愍命:“今反表以爲裏兮,~裳以爲衣。”㊄瘋顛(後起義)。唐白居易感櫻桃花因招飲客:“漸覺花前成老醜,何曾酒後更~狂。”這個意義後來寫作“癲”。㊅〔顛顛〕專一貌。莊子馬蹄:“故至德之世,其行填填,其視顛顛。”釋文:“顛顛,丁田反。崔云:專一也。”

2. tián 集韻亭年切,平,先韻,定。直部。

㊆通“闐”。充滿,填塞。禮記玉藻:“頭頸必中,山立時行,盛氣~實揚休。”鄭玄注:“顛,讀爲闐,盛聲中之氣使之闐滿其息,若陽氣之躰物也。”㊇〔顛顛〕憂思貌。禮記玉藻:“喪容纍纍,色容顛顛。”鄭玄注:“憂思貌也。”釋文:“音田。”

[同源字]頂,顛,巔,槙,天,定(頲),題。見“巔”字條。

願 yuàn 魚怨切,去,願韻,疑。元部。

㊀願望,心願。詩鄭風野有蔓草:“邂逅相遇,適我~兮。”㊁願意,希望。孟子梁惠王上:“寡人~安承教。”莊子山木:“吾~君刳形去皮,洒心去欲。”㊂思念。詩邶風終風:“寤言不寐,~言則嚏。”鄭箋:“願,思也。”㊃羡慕。荀子榮辱:“小人莫不延頸舉踵而~曰:‘知慮材性,固有以賢人矣。’夫不知其與己無以異也。”楊倞注:“願,猶慕也。賢人,謂賢過於人也。”㊄祈禱神佛所許下的酬謝(晚起義)。水滸傳四五回:“只説要還~,也還了好。”

[備考]㊀説文:“願,大頭也。”㊁詩邶風二子乘舟:“~言思子,中心養養。”毛傳:“願,每也。”鄭箋:“願,念也。”

顄 hán 胡男切,平,覃韻,匣。談部。

下巴。同"頣"。説文:"頣,頤也。"桂馥義證:"漢書王莽傳:'莽爲人侈口蹷～。'"今本漢書王莽傳中作"頣"。也寫作"頷"。

顙 sǎng 蘇朗切,上,蕩韻,心。陽部。

❶額頭。説文:"顙,頟也。"孟子滕文公上:"其～有泚,睨而不視。"史記孔子世家:"東門有人,其～似堯,其項類皋陶。"又指頭。唐杜甫義鶻詩:"修鱗脱遠枝,巨～拆老拳。"仇兆鰲注:"巨顙,蛇首。"❷叩頭稱"稽顙",簡稱爲"顙"。公羊傳昭公二十五年:"再拜～。"何休注:"顙者,猶今叩頭矣。"❸嗓子,喉嚨(晚起義)。宋沈括夢溪筆談權智:"世人以竹木牙管之類爲叫子。置人喉中吹之,能作人言,謂之～叫子。嘗有病瘖者,爲人所苦,煩冤無以自言,聽訟者試取叫子,令～子作聲如傀儡子,粗能辨其一二,其冤獲申。"後來寫作"嗓"。

顗 yǐ 魚豈切,上,尾韻,疑。微部。

❶安静。爾雅釋詁上:"顗,静也。"❷謹莊貌。見説文。

顖 xìn 息晉切,音信,去,震韻,心。

同"囟"。嬰兒頭頂骨未合縫的地方。隋巢元方諸病源候論解顱候:"～應合而不合,頭縫開解是也。"

按,説文無顖字。

十一畫

顠 piǎo 敷沼切,集韻匹沼切,上,小韻,滂。宵部。

頭髮斑白。楚辭漢王逸九思憫上:"鬚髮薴顇兮～鬢白,思靈澤兮一膏沐。"自注:"顠,雜白也。"

[備考]髮亂貌。見集韻。

按,説文無顠字。

顢 mán 母官切,音瞞,平,桓韻,明。

〔顢頇〕叠韻聯緜字。①大面貌。玉篇:"顢,顢頇,大面。"引申爲廣大貌。唐和凝宫詞百首之一二:"顢頇冰面瑩池心,風刮瑶階臘雪深。"②糊塗,宋沈瀛擣練子:"休儱侗,莫顢頇,含元殿上問長安。"

按,説文無顢字。

顣 cù 子六切,入,屋韻,精。覺部。

同"蹙"。皺眉。孟子滕文公下:"他日歸,則有饋其兄生鵝者,己頻～曰:'惡用是鶃鶃者爲哉。'"

按,説文無顣字。

十二畫

顧 gù 古暮切,去,暮韻,見。魚部。

❶回頭看。説文:"顧,還視也。"左傳宣公十二年:"逢大夫與其二子乘,謂其二子無～。～曰:'趙傁在後。'"又泛指看。莊子養生主:"爲之四～。"❷關心,照顧。詩魏風碩鼠:"三歲貫女,莫我肯～。"❸眷念。禮記大學:"大甲曰:'～諟天之明命。'"鄭玄注:"顧,念也。諟,正也。"孔穎達疏:"伊尹戒大甲云:'爾爲君當顧念奉正天之顯明之命不邪僻也。'"❹詢問,訪問。國語晉語八:"訾祏死,范宣子謂獻子曰:'鞅乎!昔者吾有訾祏也,吾朝夕～焉。'"三國志蜀書諸葛亮傳:"先帝不以臣卑鄙,猥自枉屈,三～臣於草廬之中。"❺返回。韓非子外儲説左上:"曾子之妻之市,其子隨之而泣。其母曰:'女還,～反爲女殺彘。'"❻副詞。表轉折,反而,却。戰國策秦策一:"今三川周室,天下之市朝也,而王不争焉,～争於戎狄,去王業遠矣。"高誘注:"顧,反也。"吕氏春秋必己:"船人怒,而以楫虓其頭,～不知其孟賁也!"❼副詞。表反問,相當於"豈"。漢書季布傳:"且僕與足下俱楚人,使僕游揚足下名於天下,～不美哉!"❽連詞。表示轉折,相當於"但是"。戰國策燕策三:"吾每念,常痛於骨髓,～計不知所出耳。"❾通"雇"。僱賃。漢書鼂錯傳:"斂民財以～其功。"顔師古注:"顧,讎也,若今言雇賃也。"

［辨］顧，眷。説文："眷，顧也。"兩字都有"回頭看"之義，也都有"眷念"義。但同中又有别，段玉裁注："眷者，顧之深也。顧止於側而已，眷則至於反。"

顨 xùn 蘇困切，音遜，去，慁韻，心。文部。

"巽"的古字。説文："顨，巽也。"

按，説文顨字在丌部。

顥 hào 胡老切，上，晧韻，匣。宵部。

❶白貌。説文："顥，白皃。楚詞曰：'天白顥顥。'南山四顥，白首人也。"後漢書班彪傳："軼埃壒之混濁，鮮～氣之清英。"李賢注："顥，白貌。"❷大。漢書敘傳上："合風雲，超忽荒，而躆～蒼也。"

［同源字］顥，皎，皦，皠，晧。"顥"、"皠"、"晧"匣母，"皎"，"皦"見母，匣見旁紐。"顥"、"皎"、"皦"宵部，"皠"藥部，"晧"幽部，幽宵旁轉，宵藥對轉。説文："顥，白皃。"又："皎，月之白也。"又："皦，玉石之白也。"又："皠，鳥之白也。"又："晧，日出皃。"文選漢班固幽通賦："晧爾太素。"曹大家注："晧，白也。"五字均有"白"義。

顦 qiáo 昨焦切，音憔，平，宵韻，從。宵部。

〔顦顇〕雙聲聯緜字。枯槁瘦弱。鹽鐵論鹽鐵取下："不知老母之顦顇，匹婦之悲恨也。"引申爲困苦，困乏。宋歐陽修時論塞垣："伺吾人之顦顇，乘邊境之間隙，出乎不意，因肆猖獗。"

十三畫

顫 1. zhàn 之膳切，去，線韻，照三。元部。

❶頭搖。説文："顫，頭不正也。"桂馥義證："掉動故不正。"引申爲身體發抖。淮南子説山："故寒者～，懼者亦～。此同名而異實。"又爲物體抖動。宋周邦彦六醜詞："一朵釵頭～裊，向人欹側。"

2. shān 集韻尸連切，平，仙韻，審三。元部。

❶鼻子通能辨氣味。集韻仙韻："顫，鼻徹爲～，謂審於氣臭也。"莊子外物："鼻徹爲～，口徹爲甘。"

顪 huì 許穢切，音喙，去，廢韻，曉。月部。

❶頤下鬚。莊子外物："接其鬢，壓其～。"司馬彪注："顪，頤下毛。"❷面頰。見廣韻。

按，説文無顪字。

十四畫

顬 rú 人朱切，音儒，平，虞韻，日。

〔顳顬〕見"顳"字條。

按，説文無顬字。

顯 xiǎn 呼典切，上，銑韻，曉。元部。

❶明顯，顯著。詩大雅抑："無曰不～，莫予云覯。"鄭箋："顯，明也。"❷顯貴，顯赫。戰國策齊策四："千金，重幣也；百乘，～使也。"❸顯露。唐柳宗元鈷鉧潭西小丘記："美竹露，奇石～。"❹顯揚，傳揚。孟子公孫丑上："管仲以其君霸，晏子以其君～。"史記孫子吴起列傳："孫臏以此名～天下，世傳其兵法。"❺子孫尊先人之稱。書康誥："惟乃丕～考文王克明德慎罰。"

［備考］説文："顯，頭明飾也。"

［同源字］顯，見(xiàn)。兩字均爲元部。"顯"曉母，"見"匣母，曉匣旁紐。兩字均有顯露之義。爾雅釋詁："顯，見也。"漢書鄒陽傳："鄉使濟北見情實。"顔師古注："見，謂顯也。"

十五畫

顰 pín 符真切，集韻毗賓切，平，真韻，並。真部。

皺眉。顔氏家訓治家："嘗寄人宅，奴婢徹屋爲薪，略盡。聞之～蹙，卒無一言。"唐李白古風三五："醜女來效～，還家驚四鄰。"

按，説文顰字在瀕部，云："涉水顰蹙也。"

十六畫

顱 lú 落胡切，平，模韻，來。魚部。

❶頭骨。說文："顱，頊顱，首骨也。"淮南子說林："牛蹶彘～亦骨也。"又爲頭。文選晉潘岳射雉賦："儗余志之精鋭，擬青～而點項。"李善注："顱，頭也。"❷額。後漢書馬融傳："役殳狂擊，頭陷～碎，獸不得猭，禽不得瞥。"李賢注："顱，額也。"

［同源字］顱，髏。兩字均爲來母，"顱"魚部，"髏"侯部，魚侯旁轉。說文："顱，頊顱，首骨也。"又："髏，髑髏也。"兩字同義。

十八畫

顳 niè 而涉切，入，葉韻，日。葉部。

頭骨的一部分，在耳前。玉篇："顳，在耳前曰顳。"〔顳顬〕雙聲聯緜字。①即顳骨。廣韻："顳，顳顬，鬢骨。"②口動時面部肌筋牽動貌。集韻葉韻："顳，顳顬，耳前動也。"靈樞經熱病："熱病頭痛，顳顬目瘈。"

按，說文無顳字。

顴 quán 巨員切，平，仙韻，羣。元部。

顴骨。素問内經："包榮～骨熱病也。"王冰注："顴骨，謂目下當外眥也。"

按，說文無顴字。

風　部

風 1. fēng 方戎切，平，東韻，非。侵部。

❶空氣流動而形成的自然現象。詩鄭風蘀兮："蘀兮蘀兮，～其吹女。"比喻聲勢。史記司馬相如列傳："於是乃命使西征，隨流而攘，～之所被，罔不披靡。"❷教化。書説命下："王曰：'嗚呼！說，四海之内，咸仰朕德，時乃～。'"僞孔傳：'風，教也，使天下皆仰我德，是汝教。'"❸風俗，風氣。荀子樂論："移～易俗，天下皆寧。"❹作風，風度。魏書杜銓傳："銓學涉，有長者～。"世說新語雅量："庾太尉～儀偉長，不輕舉止。"❺詩經中的國風。左傳隱公三年："～有采蘩采蘋，雅有行葦泂酌。"又指一般民歌。漢書藝文志："於是有代趙之謳，秦楚之～。"❻奔逸，走失。書費誓："馬牛其～，臣妾逋逃，勿敢越逐。"僞孔傳："馬牛其有風佚。"❼中醫術語，指"六淫"（風、寒、暑、濕、燥、火）之一。素問風論："～之傷人也，或爲寒熱，或爲熱中，或爲寒中，或爲癘風，或爲偏枯，或爲風也。"❽顛狂。宋張世南游宦紀聞："凝式雖仕歷五代，以心疾閑居，故時人目以～子。"這個意義後來寫作"瘋"。

2. fèng 方鳳切，去，送韻，非。侵部。

❾吹。漢劉向說苑貴德："吾不能以春風～人，吾不能以夏雨雨人。"❿教育，感化。漢書武帝紀："導民以禮，～之以樂。"

3. fěng（舊讀 fèng）方鳳切，去，送韻，非。今讀上聲。侵部。

同"諷"。⓫微言勸告。詩小雅北山："或出入～議，或靡事不爲。"釋文："風，音諷。"⓬諷誦。宋嚴羽滄浪詩話詩辯："先須熟讀楚辭，朝夕～詠，以爲之本。"

［備考］牝牡相誘。左傳僖公四年："君處北海，寡人處南海，唯是～馬牛不相及也。"孔穎達疏引服虔："風，放也，牝牡相誘謂之風。"

四　畫

颬 xiā 許加切，平，麻韻，曉。魚部。

〔颬颬〕吐氣貌。廣韻："颬，吐氣。"文選漢張衡西京賦："含利颬颬，化爲仙車。"吕延濟注："颬颬，開口貌。"

［備考］廣韻："颬，又風貌。"

按，說文無颬字。

颵 yù 于筆切，入，質韻，喻三。質部。

㊀大風。見説文。藝文類聚卷八引晉庾闡海賦:"迴～泱漭,聳散穹隆。"㊁〔颸颸〕叠韻聯緜字。見"颸"字條。

五 畫

颯 1. sà 蘇合切,入,合韻,心。緝部。

㊀風聲。也作"颭"。説文:"颯,翔風也。"桂馥義證:"翔風者,李善注風賦引作'風聲'。廣韻:'颯,風聲。'"文選戰國宋玉風賦:"有風颭然而至。"李善注:"説文曰:'颭,風聲。'"〔颯颯〕①風聲。楚辭戰國屈原九歌山鬼:"風颯颯兮木蕭蕭,思公子兮徒離憂。"南朝梁劉勰文心雕龍物色:"春日遲遲,秋風颯颯。"又爲雨聲。唐杜甫乾元中寓居同谷縣作歌之五:"四山多風溪水急,寒雨颯颯枯樹濕。"②形容疾速。唐杜甫石龕詩:"奈何漁陽騎,颯颯驚烝黎。"㊁凋零,衰朽。南朝梁陸倕思田賦:"歲聿忽其云暮,庭草～以萎黄。"南朝齊謝朓落日同何儀曹煦詩:"一賞桂尊前,寧傷蓬鬢～。"㊂〔颯沓〕叠韻聯緜字。衆盛貌。文選南朝宋鮑照咏史詩:"賓御紛颯沓,鞍馬光照地。"㊃〔颯爽〕雙聲聯緜字。勁捷貌。唐杜甫畫鶻行:"高堂見生鶻,颯爽動秋骨。"

2. lì 集韻力入切,入,緝韻,來。

㊄〔颯飁(xī)〕叠韻聯緜字。大風。廣韻:"飁,颯飁,大風。"唐杜甫贈崔十三評事公輔詩:"颯飁寒山桂,低徊風雨枝。"

颭 zhǎn 占琰切,上,琰韻,照三。談部。

㊀風吹使物動。唐柳宗元登柳州城樓寄漳汀封連四州詩:"驚風亂～芙蓉水,密雨斜侵薜荔牆。"又爲物受風摇曳。唐韓愈陪杜侍御遊湘西兩寺獨宿有題一首:"夜風一何喧,杉松屢磨～。"引申爲飄動。唐韓愈郴口又贈二首之二:"雪～霜翻看不分,雷驚電激語難聞。"或推物使動。唐劉禹錫浪淘沙:"鸚鵡洲頭浪～沙,青樓春望日正斜。"〔颭颭〕摇曳貌。漢劉歆遂初賦:"迴風育其飄忽兮,迴颭颭之泠泠。"㊁〔颭灩〕叠韻聯緜字。水波蕩漾貌。唐杜牧題池州弄水亭詩:"弄水亭前溪,颭灩翠綃舞。"

按,説文無颭字,新附有之,云:"颭,風吹浪動也。"

颮 1. biāo 集韻卑遥切,平,宵韻,幫。宵部。

㊀同"飆"。暴風。説文:"飆,扶摇風也。…颮,飆或从包。"

2. páo 薄交切,平,肴韻,並。宵部。

㊁風急起。文選漢班固答賓戲:"遊説之徒,風～電激,并起而救之。"李善注:"韋昭曰:'颮,風之聚猥者也。音庖。'"㊂風聲。見廣韻。

3. páo 匹角切,入,覺韻,滂。藥部。

㊃〔颮颮〕衆多貌。文選漢班固西都賦:"矢不單殺,中必疊雙。颮颮紛紛,矰繳相纏,風毛雨血,灑野蔽天。"

按,説文以颮爲飆的或體。

颵 yǒu 於糾切,音黝,上,黝韻,影。

〔颵飂〕叠韻聯緜字。風聲。文選晉左思吴都賦:"颵飂颼飀,鳴條律暢。"李善注:"颵飂,風聲也。"

按,説文無颵字。

六 畫

颲 liè 良薛切,入,薛韻,來。月部。

烈風。見説文。初學記卷一:"風俗通:'猛風曰烈。'"〔颲颲〕風烈貌。南朝梁武帝孝思賦:"旅雁鳴而哀哀,朔風鼓而颲颲。"

[同源字]烈,颲。見"烈"字條。

颹 lì 玉篇力郎計切,去,霽韻,來。葉部。

急風。山海經北山經:"雞號之山,其風如～。"文選晉郭璞江賦:"長風颹以增扇,廣莫～而氣整。"

按,説文無颹字。

八 畫

颶 jù 集韻衢遇切,去,遇韻,羣。

颸風。唐韓愈赴江陵途中寄三學士詩："～起最可畏，訇哮簸陵邱。"〔颸母〕颸風起前出現的彩雲。唐李肇國史補卷下："颸風將至，則多虹蜺，名曰颸母。"唐劉禹錫送僧方及南謁柳員外詩："海雲懸颸母，山果屬狙公。"

按，説文無颸字。

䬐 ruí 人垂切，平，支韻，日。

風緌貌。文選晉郭璞江賦："徐而不～，疾而不猛。"李善注："埤蒼曰：'䬐，風遲也。'"

按，説文無䬐字。

九　畫

䬍 wěi 于鬼切，音偉，上，尾韻，喻三。

大風貌。也作"颹"。文選晉郭璞江賦："長風颹以增扇，廣莫颸而氣整。"李善注："颹，大風貌。"龍龕手鏡風部："颹、䬍，二同。"

按，説文無䬍（颹）字。

䬓 àn 字彙烏紺切，音暗。

〔䬓䬔〕颸風。唐沈佺期夜泊越州逢北使詩："䬓䬔縈海若，霹靂耿天吴。"

按，説文無䬓字。

颸 sī 楚持切，平，之韻，穿二。今讀如思。之部。

❶涼風。見説文新附。唐劉禹錫和河南裴尹侍郎宿齋天平寺詣九龍祠祈雨二十韻："玉簫何時絶，碧樹空涼～。"又爲（風）涼。宋書樂志四有所思："秋風肅肅晨風～，東方須臾高知之。"❷疾風。三國魏曹植盤石篇："一舉必千里，乘～舉帆幢。"〔颸風〕疾風。後漢書馬融傳："靡颸風，陵迅流。"文選晉左思吴都賦："汩乘流以砰宕，翼颸風之飀飀。"

按，説文無颸字，新附有之，云："涼風也。"

颺 yáng 與章切，平，陽韻，喻四。陽部。

❶飛揚。説文："颺，風所飛揚也。"楚辭戰國宋玉九辯："何曾華之無實兮，從風雨而飛～。"又爲水波蕩漾。戰國宋玉釣賦："下觸清泥，上則波～。"❷高飛。後漢書吕布傳："譬如養鷹，飢即爲用，飽則～去。"❸顯揚。書益稷："工以納言，時而～之。"又爲顯示。文選漢張衡西京賦："要紹脩態，麗服～菁。"特指容貌出衆。左傳昭公二十八年："今子少不～，子若無言，吾幾失子矣。"杜預注："顏貌不顯揚。"❹簸揚。晉書孫綽傳："簸之～之，穅秕在前。"❺舟徐行。晉陶淵明歸去來辭："舟遥遥以輕～，風飄飄而吹衣。"

［辨］颺，揚。兩字同源，但意義有同有異。在"颺"的❶、❷、❸、❹義上，兩字同義；但"舟徐行"義不作"揚"，而"揚"的"舉起"、"鉞"等義爲"颺"所不具備。參見"揚"字條。

䬔 yú 字彙雲俱切。

見〔䬓䬔〕。

按，説文無䬔字。

颼 sōu 集韻所救切，去，宥韻，審二。今讀如搜。幽部。

又作"颼"。見"颼"字條。

按，説文無颼字，新附有之，云："颼飀也。"

颼 sōu。

同"颼"。❶小風。初學記卷一："風俗通：'…小風曰颼。'"❷〔颼颼〕①象聲詞。形容風聲或雨聲。漢趙壹迅風賦："啾啾颼颼，吟嘯相求。"唐杜甫秋雨嘆三首之三："雨聲颼颼催早寒，胡雁翅濕高飛難。"②形容詞後綴，放在"寒"或"冷"後面。唐杜牧洛中送冀處士東遊詩："論今星燦燦，考古寒颼颼。"❸〔颼飀〕叠韻聯緜字，風聲。文選晉左思吴都賦："與風颻颺，颲瀏颼飀。"唐劉禹錫始聞秋風詩："五夜颼飀枕前覺，一年顏狀鏡中來。"

十　畫

颿 fán 符芝切，平，凡韻，並。侵部。

❶〔颿颿〕馬飛馳貌。漢趙曄吴越春秋

勾踐入臣外傳:“颿颿獨兮西往,孰知返兮何年!”㊁同“帆”。船帆。文選晉左思吴都賦:“樓船舉～而過肆,果布輻湊而常然。”李善注引劉逵曰:“颿者,船帳也。”世説新語排調:“行人安穩,布～無恙。”這個意義舊讀 fán,今讀 fān。

按,説文颿字在馬部,云:“馬行疾步皃(貌)。”徐鉉云:“舟船之颿本用此字,今別作帆。”

䫲 kǎi 苦亥切,音凱,上,海韻,溪。微部。

〔䫲風〕即“凱風”,南風。文選漢班固幽通賦:“䫻䫲風而蟬蜕兮,雄朔野以颺聲。”文選漢王褒洞簫賦:“其仁聲則若～風,紛披容與而施惠。”

按,説文無䫲字。

䫻 yáo 餘昭切,平,宵韻,喻四。宵部。

㊀〔飄䫻〕叠韻聯緜字。隨風飄蕩。也寫作“飃飖”。後漢書張衡傳:“超踰騰躍絶世俗,飃䫻神舉逞所欲。”也單用“䫻”。文選漢班固幽通賦:“～䫲風而蟬蜕兮,雄朔野以颺聲。”李善注引曹大家曰:“䫻,飄䫻也。”㊁〔䫻颺〕雙聲聯緜字。①摇蕩貌。文選晉左思吴都賦:“與風䫻颺,颮瀏颼飀。”②飛翔貌。唐韋應物答李博士詩:“簷鵲已䫻颺,荷露方蕭颯。”

按,説文無䫻字。

颾 sāo 蘇遭切,平,豪韻,心。

〔颾颾〕象聲詞,風聲。唐柳宗元遊南亭夜還叙志七十韻:“淹泊遂所止,野風自颾颾。”又用作形容詞後綴。唐白居易司徒令公分守東洛移鎮北都詩:“汾雲晴漠漠,朔吹冷颾颾。豹尾交衙戟,虯髯捧佩刀。”

按,説文無颾字。

飀 liú 力求切,平,尤韻,來。

㊀〔飀飀〕微風吹拂貌。藝文類聚卷一引晉湛方生風賦:“亦有飄泠之氣,不疾不徐,飀飀微扇,豐豐清舒。”㊁〔颼飀〕見“颼”字條。

按,説文無飀字。

十 一 畫

飃 1. piāo 符霄切,五音集韻蒲嬌切,平,宵韻,並。今讀如漂浮之漂。宵部。

㊀旋風,暴風。説文:“飃,回風也。”老子:“～風不崇朝。”

2. piāo 撫招切,集韻紕招切,平,宵韻,滂。宵部。

㊁吹。楚辭戰國屈原九歌山鬼:“東風～兮神靈雨。”㊂飛揚,飄動。世説新語容止:“時人目王右軍～如游雲,矯若驚龍。”唐白居易長恨歌:“驪宫高處入青雲,仙樂風～處處聞。”〔飃摇〕叠韻聯緜字。飄動貌。戰國策楚策四:“飃摇乎高翔。自以爲無患,與人無爭也。”也作“飃䫻”。後漢書邊讓傳:“羅衣飃䫻,組綺繽紛。”㊃落。莊子達生:“雖有忮心者不怨～瓦。”郭象注:“飄落之瓦,雖復中人,人莫之怨者,由其無情。”

〔同源字〕飃,飆,漂。三字均爲宵部。“飆”幫母,“飃”、“漂”滂母,幫滂旁紐。“飆”、“飃”均爲暴風,説文:“飃,回風也。”又:“飆,扶摇風也。”“飃”、“漂”均有“吹”義。詩鄭風蘀:“風其漂女。”毛傳:“漂,猶吹也。”三字同源。參見“覭”字條。

飂 1. liú 力求切,音流,平,尤韻,來。幽部。

㊀高風。見説文。一説爲西風。吕氏春秋有始:“西方曰～風。”

2. liù 力救切,音遛。去,宥韻,來。幽部。

㊁古國名。在今河南唐河縣南。左傳昭公二十九年:“昔有～叔安。”杜預注:“飂,古國也。”

3. liáo 集韻憐蕭切,平,蕭韻,來。幽部。

㊂〔飂飂〕①風聲。晉阮籍清思賦:“聲飂飂以洋洋,若登崑崙而臨西海。”②虚無貌。淮南子覽冥:“故至陰飂飂,至陽赫赫,兩者交接成和而萬物生焉。”㊃〔飂戾〕雙聲聯緜字。

①疾貌。也作"飅淚"。文選漢張衡思玄賦："鹹汩飉淚，沛以罔象兮。"李善注："皆疾貌。"②風聲。文選晉潘岳西征賦："吐清風之飉戾，納歸雲之鬱蓊。"

［備考］初學記卷一引風俗通："微風曰飉。"

十 二 畫

飆 biāo 甫遥切，集韻卑遥切，平，宵韻，幫。宵部。

本作"猋"，亦作"飈"、"飇"、"颷"，暴風。爾雅釋天："扶摇謂之猋。"郭璞注："暴風從下上。"説文："飆，扶摇風也。"史記司馬相如列傳上林賦："然後揚節而上浮，陵驚風，歷駭～。"三國魏曹植雜詩六首之二："何意迴～舉，吹我入雲中。"泛指風。南朝齊謝朓紀功曹中園聯句："傾葉順清飈，脩莖佇高鶴。"

［同源字］飄，飆，漂。見"飄"字條。

䫹 hóng 户盲切，平，庚韻，匣。

暴風。見玉篇。唐韓愈等城南聯句："靈燔望高冏，龍駕聞敲～。"孫汝聽注："敲䫹，駕相擊聲。䫹，暴風也。"字亦作"䫺"。

按，説文無䫹字。

飉 liáo 落蕭切，平，蕭韻，來。宵部。

微風。見初學記卷一引漢應劭風俗通。亦作"飂"。〔飉飉〕微風吹拂貌。晉陸機羽扇賦："翩姍姍以微振，風飉飉以垂婉。"

按，説文無飉字。

颷 yù 集韻允律切，入，術韻，喻四。

疾風。文選晉木華海賦："䬑沙礐石，蕩～島濱。"李善注："颷，風疾貌。"

按，説文無颷字。廣韻術韻作"飅"。

十 三 畫

颾 sè 所櫛切，入，櫛韻，審二。質部。

㊀風涼貌。文選漢王延壽魯靈光殿賦："鴻爌炾以爣閬，～蕭條而清泠。"李善注："颾，蕭條，清涼之貌。"〔颾颾〕風涼貌。唐王周西山晚景詩："半引彎彎月，微生颾颾風。"㊁〔颾飀〕叠韻聯緜字。風吹貌。唐張鷟遊仙窟："婀娜蓊茸，清泠颾飀。"

［備考］廣韻："颾，颾飀，風也。"

按，説文無颾字。

十 五 畫

飀 liú 力求切，平，尤韻，來。

㊀同"飂"。高風。集韻："飂，説文：'高風也。'或从劉。"㊁〔飀飀〕風聲。文選晉左思吳都賦："汩乘流以砰岩，翼飀風之飀飀。"

按，説文無飀字。

十 八 畫

䴬 fēng 方戎切，平，東韻，非。侵部。

同"風"。〔䴬師〕即"風師"。傳説中的風神。周禮春官大宗伯："以槱燎祀司中、司命、䴬師、雨師。"

按，説文無䴬字。

飍 xiū 香幽切，音休，平，幽韻，曉。

驚走貌。見玉篇。文選晉左思吳都賦："飍駴～矞，靸霅驚捷。"李善注："飍駴飍矞，衆馬走貌。"唐韋應物擬古詩十二首之二："世人不自悟，馳謝如驚～。"

［備考］集韻："飍，風也。"

飛 部

飛 fēi 甫微切,平,微韻,非。微部。

❶鳥、蟲等鼓翅在空中活動。説文:"飛,鳥翥也。"詩周南葛覃:"黄鳥于~,集于灌木。"引申爲在空中飄動。漢武帝秋風辭:"秋風起兮白雲~,草木黄落兮雁南歸。"❷形容快速,急促。唐李白自巴東舟行經瞿塘峽登巫山最高峰詩:"~步凌絶頂,極目無纖烟。"❸形容高或凌空。北魏酈道元水經注河水引秦州記:"義熙中乞佛于此河上作~橋,橋高五十丈,三年乃就。"唐王勃滕王閣序:"~閣流丹,下臨無地。"❹無因而至的。漢書灌夫傳:"迺有~語爲惡言聞上,故以十二月晦論棄市渭城。"史記作"蜚語"。後漢書周榮傳:"若卒遇~禍,無得殯葬,冀以區區腐身覺悟朝廷。"❺形容上揚的。文選漢張衡西京賦:"反宇業業,~檐⿰車獻⿰車獻。"特指聲調上揚。南朝梁劉勰文心雕龍聲律:"凡聲有~沈,響有動静。…沈則響發而斷,~則聲颺不還。"❻中藥研成細末,置于水中,以漂去浮於水面的粗屑。宋唐慎微政和證類本草伏龍肝引雷公炮炙論:"取得後,細研,以滑石水~過兩遍,令乾。"

[辨]飛,蜚。"蜚"的本義是一種小飛蟲,假借爲"飛"。"飛"和"蜚"一般能通用,但也各有習慣用法,如"飛閣"一般不作"蜚閣","蜚聲"一般不作"飛聲"。

八 畫

⿱雨飛 fēi 芳非切,平,微韻,敷。微部。

同"霏"。〔⿱雨飛⿱雨飛〕雨雪或雲氣盛密貌。漢書揚雄傳上河東賦:"雲⿱雨飛⿱雨飛而來迎兮,澤滲灕而下降。"顔師古注:"⿱雨飛,古'霏'字。"

按,説文無⿱雨飛字。

十 二 畫

飜 fān 孚袁切,平,元韻,敷。元部。

同"翻"。❶飛。三國魏曹植臨觀賦:"俯無鱗以遊觀,仰無翼以~飛。"❷翻轉,翻覆。南朝宋鮑照擬古詩之三:"漢虜方未和,邊城屢~覆。"又爲副詞,反而。梁書武帝紀上:"整兵訓卒,蒐狩有序,俾我危城,~爲强鎮。"

按,説文無飜字,新附有"翻"字,注云:"翻,或从飛。"

食 部

[食部總論]

食部的字大都和食物或飲食有關。

(一)食物的名稱。例如: 飧 餗 餈 餌

(二)與飲食或食物有關的動作。例如: 餔 餉 飪 餴

(三)與飲食或食物有關的性狀。例如: 饞 飽 飢 飶

(四)有些字不專指食物或飲食,但其本義與食物或飲食有關。例如: 饒 餘 館 養

個别字按説文不應在“食”部。例如：飾 飭

食 1. shí 乘力切，入，職韻，牀三。職部。

❶吃。詩陳風東門之枌：“豈其～魚，必河之魴？”引申爲受納。漢書谷永傳：“不～膚受之愬。”顔師古注：“食猶受納也。”又爲享用。漢書叙傳下：“～厥舊德。”顔師古注：“食猶饗也。”❷吃的東西，食物。論語鄉黨：“君賜～，必正席先嘗之。”特指飯（舊讀 sì）。論語雍也：“一簞～，一瓢飲。”引申爲俸禄。周禮天官醫師：“歲終則稽其醫事以制其～。”鄭玄注：“食，禄也。”❸日月虧蝕。詩小雅十月之交：“日有～之。”易豐：“日中則昃，月盈則～。”這個意義後來寫作“蝕”。

2. sì 集韻祥吏切，去，志韻，邪。職部。

❹給…吃。也寫作“飤”。吕氏春秋報更：“其食足以～天下之賢者。”漢書韓信傳：“解衣衣我，推食～我。”顔師古注：“下‘食’讀曰‘飤’也。”又爲供養。詩豳風七月：“采荼薪樗，～我農夫。”又爲喂養動物。漢劉向新序刺奢：“鄒穆公有令，～鳬雁必以粃，無得以粟。”這個意義後來寫作“飼”。

3. yì 羊吏切，去，志韻，喻。職部。

❺用於人名。如酈～其，審～其。

二　畫

飣 dìng 丁定切，去，徑韻，端。

堆叠果蔬於器皿中，供陳設之用。玉篇食部：“飣，貯食也。”唐韓愈贈劉師服詩：“妻兒悲我生悵望，盤中不～栗與梨。”宋范成大苦雨詩之三：“折筍肥梅～坐，涎蝸鬭蟻上梁。”〔飣餖〕堆叠果蔬於器皿中，供陳設之用。也作“餖飣”。唐慧琳一切經音義卷七六：“飣餖，顧野王：‘飣謂置肴饌於盤槅之中也。’考聲：‘施食於器也。’”唐韓愈南山詩：“或如臨食案，肴核紛飣餖。”引申爲堆砌。宋楊萬里歸塗觀劉寺新叠石山：“細看分明非飣餖，如何彫得許玲瓏。”清魏源默觚集治篇一：“彼錢穀簿書，不可言學問矣。浮藻飣餖，可爲聖學乎？”

按，説文無飣字。

飢 jī 居夷切，平，脂韻，見。脂部。

❶吃不飽。孟子公孫丑上：“～者易爲食，渴者易爲飲。”❷通“饑”。灾荒。墨子七患：“五穀不收謂之～。”

［辨］飢，餓，饑，饉。“飢”和“餓”程度不同，“飢”是吃不飽，“餓”是嚴重的“飢”。韓非子飾邪：“家有常業，雖飢不餓。”可以看出“飢”和“餓”的區别。“飢”和“饑”上古不同音，“飢”爲脂部，“饑”爲微部。意義也不同，“飢”是吃不飽，“饑”是灾荒。但兩字經常通用。“饑”和“饉”都指灾荒，渾言無别，析言之，則“饉”比“饑”嚴重。爾雅釋天：“穀不熟爲饑，蔬不熟爲饉。”穀梁傳襄公二十四年：“二穀不升謂之饑，三穀不升謂之饉。”

飤 sì 祥吏切，去，志韻，邪。之部。

拿食物給人吃。説文：“飤，糧也。从人食。”段玉裁注：“或作‘飼’。”唐玄應一切經音義卷一四引蒼頡訓詁：“飤，飽也。謂以食與人曰飤。”楚辭漢東方朔七諫怨思：“子推自割而～君兮，德日忘而怨深。”

三　畫

飦 zhān 集韻諸延切，平，仙韻，照三。元部。

稠粥。説文：“鬻，鬻也。飦，鬻或从食，干聲。”徐鍇繫傳：“鬻，此今饘字。”孟子滕文公上：“三年之喪，齊疏之服，～粥之食，自天子達於庶人，三代共之。”趙岐注：“飦，糜粥也。”

［備考］gān 燥飯。見集韻寒韻。

按，説文以飦爲鬻的或體，鬻在鬲部。

飥 tuō 他各切，入，鐸韻，透。鐸部。

❶餅。方言卷一三：“餅謂之飥。”北魏賈思勰齊民要術大小麥：“（青稞麥）麵堪作飯及

餅～。”㊁〔飥飪〕見“飥”字條。

飧 sūn 思渾切，平，魂韻，心。文部。

㊀夕食。國語晉語二：“里克辟奠，不～而寢。”孟子滕文公上：“賢者與民並耕而食，饔～而治。”趙岐注：“朝曰饔，夕曰飧。”㊁熟食。六書故工事四：“飧，夕食也。古者夕則餕朝膳之餘，故孰食曰飧。饌之鮮薄不備禮者因亦曰飧。”左傳僖公二十三年：“(僖負羈)乃饋盤～，寘璧焉。公子受～反璧。”又爲便宴。周禮秋官司儀：“致～如致積之禮。”鄭玄注：“小禮曰飧，大禮曰饔餼。”㊂用水澆飯。玉篇食部：“飧，水和飯也。”禮記玉藻：“君未覆手，不敢～。”孔穎達疏：“飧謂用飲澆飯於器中也。”

〔辨〕餐，飧，湌，飡。見“餐”字條。

按，說文飧作飱。

四　畫

飩 tún 徒渾切，平，魂韻，定。文部。

〔餛飩〕見“餛”字條。

飥 bó。

〔飥飪〕也作“餺飥”、“不托”。一種麵或米粉製成的食品。明方以智通雅飲食：“五代史李茂貞傳：‘朕與宫人一日食粥，一日食不托。’不托，當時語也，後加飥飪，又作餺飥。”宋孫光憲北夢瑣言卷三：“食飥飪麵不過十八片。”

飪 rèn 如甚切，上，寑韻，日。侵部。

煮熟。說文：“飪，大熟也。从食，壬聲。”易鼎卦：“鼎，象也。以木巽火，亨～也。”論語鄉黨：“失～不食。”何晏注：“孔曰：‘失飪，失生熟之節也。’”

〔同源字〕腍，稔，飪。見“腍”字條。

飭 1.chì 恥力切，入，職韻，徹。職部。

㊀整治，整頓。說文：“飭，致堅也。”段玉裁注：“致之於堅，是之謂飭。”詩小雅六月：“戎車既～。”毛傳：“飭，正也。”國語吴語：“周軍～壘。”韋昭注：“周，繞也。飭，治也。”引申爲教導。國語齊語：“旦暮從事施於四方，以～其子弟，相語以事，相示以巧，相陳以功。”韋昭注：“飭，教也。”㊁謹慎，端正。吕氏春秋季秋：“藏帝籍之收於神倉，祗敬必～。”漢書高惠高后文功臣表：“愛敬～盡，命賜備厚。”顏師古注：“飭，謹也。”㊂通“勅”。告誡。史記五帝本紀：“信～百官，衆功皆興。”裴駰集解引徐廣：“飭，古敕字。”漢書楊惲傳：“欲令戒～富平侯。”

2.shì 五音集韻賞職切。職部。

“飾”之譌字。段玉裁說文解字注：“其字形與‘飾’相似，故古書多有互譌者。”㊃修飾，裝飾。吕氏春秋先己：“子女不～。”高誘注：“不文飾也。”畢沅校正：“飭與飾通。太平御覽二百七十九作‘飾’。”㊄巧僞。戰國策秦策一：“文士並～，諸侯惑亂，萬端俱起。不可勝理。”高誘注：“飭，巧也。”

按，說文飭字在力部。

飫 yù 依倨切，去，御韻，影。侯部。

㊀私宴。爾雅釋言：“飫，私也。”邢昺疏：“孫炎曰：‘飫非公朝，私飲酒也。’”詩小雅常棣：“儐爾籩豆，飲酒之～。”毛傳：“飫，私也。不脱屨升堂謂之飫。”(段玉裁以爲“不”字衍。)㊁站着舉行的宴會。國語周語：“王公立～則有房烝，親戚宴饗則有殽烝。”韋昭注：“禮之立成者爲飫。”㊂泛指宴食。漢書游俠傳：“遵知飲酒～宴有節，禮不入寡婦之門，而湛酒溷肴，亂男女之别，輕辱爵位，羞汙印韍，惡不可忍聞。”顏師古注：“宴食曰飫。”㊃飽食。玉篇食部：“飫，食過多。”左傳襄公二十六年：“將賞爲之加膳，加膳則～賜。”杜預注：“飫，饜也。酒食賜下，无不饜足，所謂加膳也。”唐杜甫麗人行：“犀筯厭～久未下，鸞刀縷切空紛綸。”

〔同源字〕饇，醧，飫。見“饇”字條。

按，說文飫作𩛂，云：“燕食也。詩曰：‘飲酒之𩛂’。”今詩小雅常棣作“飲酒之飫”。廣韻:"飫,説文本作餀。"

飲 1. yǐn 於錦切,上,寢韻,影。侵部。

❶喝。論語述而:"飯疏食,～水,曲肱而枕之,樂亦在其中矣。"❷喝的東西,飲料。論語雍也:"一簞食,一瓢～。"周禮天官漿人:"掌共王之六～:水、漿、醴、涼、醫、酏。"❸隱没。漢書朱家傳:"然終不伐其能,～其德。"顔師古注:"飲,没也。謂不稱顯。"漢劉向新序雜事四:"昔者楚熊渠子夜行,見寢石,以爲伏虎,關弓射之,滅矢～羽。"❹中醫學病証名。漢張機金匱要略痰飲咳嗽病脈証并治第十二:"問曰:'夫～有四,何謂也?'師曰:'有痰～,有懸～,有溢～,有支～。'"

2. yìn 於禁切,去,沁韻,影。侵部。

❺給人或畜喝。詩小雅緜蠻:"～之食之,教以誨之。"左傳宣公十二年:"將～馬於河而歸。"引申爲浸潤。莊子則陽:"故或不言而～人以和,與人並立而使人化。"

按,説文飲作㱃,爲部首。

飯 1. fàn 扶晚切,上,阮韻,奉。元部。

❶吃飯。説文:"飯,食也。"段玉裁注:"云'食也'者,謂食之也。此飯之本義也。引申之所食爲飯。今人於本義讀上聲,於引申之義讀去聲,古無是分别也。"論語述而:"～疏食,飲水,曲肱而枕之。"孟子盡心下:"舜之～糗茹草也,若將終身焉。"❷以食飼人或喂牲口。莊子田子方:"百里奚爵禄不入于心,故～牛而牛肥。"史記淮陰侯列傳:"諸母漂,有一母見信飢,～信。"❸將米貝珠玉之類放入死者口中。禮記檀弓下:"～用米貝,弗忍虚也。"❹大拇指的最下處。儀禮士喪禮:"設決,麗於掔,自～持之。"鄭玄注:"飯,大擘指本也。"

2. fàn 符万切,去,願韻,奉。元部。

❺煮熟的穀類食物。禮記曲禮上:"毋摶～。"莊子大宗師:"裹～而往食之。"

五　畫

餅 bǎn 博管切,上,緩韻。幫。

用米粉或麥粉做成的餅。玉篇食部:"餅,屑米餅。"明方以智通雅飲食:"六朝人呼餅爲～。南史:'郭原平感文帝,文帝崩,月食麥～一枚。'"南史齊宗室傳衡陽王道度附蕭鈞:"年五歲,所生區貴人病,便加慘悴,左右依常以五色～飴之,不肯食。"

按,説文無餅字。

飶 bì 毗必切,入,質韻,並。質部。

香的食物。説文:"飶,食之香也。"詩周頌載芟:"有～其香。"毛傳:"飶,芳香也。"

餗 mò 莫撥切,入,末韻,明。月部。

喂馬。説文:"餗,食馬穀也。"段玉裁注:"以穀飤馬也…秣同餗。"王筠句讀:"經典作'秣'。"唐白居易馴犀:"～以瑶蒭鎖以金,故鄉迢遞君門深。"("餗"一本作"秣"。)

飼 sì 祥吏切,去,志韻,邪。之部。

同"飤"。拿食物給人或畜吃。漢趙曄吴越春秋闔閭内傳:"乞食於一女子,女子～我。"唐韓愈叉魚招張功曹詩:"盈車欺故事,～犬驗今朝。"舊唐書陸贄傳:"屈指計歸,張頤待～。"

按,説文飼作飤。

飿 duò 字彙補當没切。

〔餶飿〕見"餶"字條。

按,説文無飿字。

飴 1. yí 與之切,平,之韻,喻四。之部。

❶用米、麥芽熬成的糖漿。説文:"米蘗煎也。"戰國策楚策:"不知夫五尺童子方將調～膠絲,加己乎四仞之上。"引申爲甜。周禮天官鹽人:"王之膳羞共～鹽。"鄭玄注:"飴鹽,鹽之恬者。"❷美味之食。漢揚雄太玄干:"蚩蚩干于丘～。"范望注:"飴,美食也。"❸通"貽"。贈送。漢書楚元王傳附劉向:"故周頌曰:'降福穰穰。'又曰:'～我釐麰。'"顔師古注:"飴,遺也,讀與貽同。"今詩周頌思文作"貽我來牟"。

2. sì 集韻祥吏切,去,志韻,邪。

❹通"飼"。拿食物喂人或畜。世說新語德行:"(郗公)甚窮餒,鄉人以公名德,傳共~之。"

[辨]飴,餳。飴稀,餳稠。急就篇:"棗杏瓜棣饊飴餳。"顔師古注:"以蘗消米取汁而煎之,渜弱者爲飴,言其形怡怡然也。厚强者爲餳,餳之爲言洋也,取其洋洋然也。"但渾言餳即飴。

飾 1. shì 賞職切,入,職韻,審三。職部。

❶刷拭。説文:"飾,刷也。"段玉裁注:"飾拭古今字。"周禮地官封人:"凡祭祀,~其牛牲。"鄭玄注:"飾,謂刷治潔清之也。"❷裝飾,修飾。大戴禮記勸學:"遠而有光者~也。"左傳昭公元年:"子皙盛~入。"又爲飾物。論語鄉黨:"君子不以紺緅~。"鄭玄注:"謂純緣也。"又引申爲掩飾。莊子盜跖:"强足以拒敵,辯足以~非。"

2. chì 集韻蓄力切,入,職韻,徹。職部。

"飭"之譌字。參見"飭"字條。❸整治。穀梁傳襄公二十五年:"古者大國過小邑,小邑必~城而請罪。"范甯注:"飾城者,脩守備。"引申爲謹慎,端正。吕氏春秋舉難:"自責以義則難爲非,難爲非則行~。"高誘注:"飾讀曰敕。敕,正也。"❹告誡。唐杜牧戰論:"是六郡之師,嚴~護疆。"

按,説文飾字在巾部。

飽 bǎo 博巧切,上,巧韻,幫。幽部。

吃足。説文:"飽,猒也。"論語述而:"子食於有喪者之側,未嘗~也。"引申爲足,充足。詩大雅既醉:"既醉以酒,既~以德。"南朝梁劉勰文心雕龍事類:"有學~而才餒,有才富而學貧。"

六　畫

餈 cí 疾資切,平,脂韻,從。脂部。

稻餅。説文:"餈,稻餅也。"亦作"饝"、"粢"。周禮天官籩人:"羞籩之實,糗餌,粉~。"鄭玄注:"此二物皆粉稻米黍米所爲也。合蒸曰餌,餅之曰餈。"明方以智通雅飲食:"禮記'餈'即糍。"

養 1. yǎng 餘兩切,上,養韻,喻四。陽部。

❶養育,長養。説文:"養,供養也。"禮記大學:"未有學~子而後嫁者也。"荀子臣道:"若馭樸馬,若~赤子。"❷飼養。莊子人間世:"汝不知夫~虎者乎?"又爲培植。管子牧民:"藏於不竭之府者,~桑麻,育六畜也。"❸教育。周禮地官保氏:"而~國子以道,乃教之六藝。"禮記文王世子:"立太傅少傅以~之,欲其知父子君臣之道也。"鄭玄注:"養,教也。"❹修養。孟子公孫丑上:"我善~吾浩然之氣。"❺養護,保持。莊子養生主:"吾聞庖丁之言,得~生焉。"又爲調養。周禮天官疾醫:"以五味五穀五藥~其病。"❻生育(晚起義)。紅樓夢二〇回:"都欺負我不是太太~的。"❼任炊烹之人。公羊傳宣公十二年:"厮役扈~死者數百人。"何休注:"炊亨者曰養。"❽癢。荀子正名:"疾~滄熱滑鈹輕重以形體異。"楊倞注:"養與癢同。"❾隱。大戴禮記曾子事父母:"兄之行若不中道則~之。"盧辯注:"養,猶隱也。"❿長(cháng)。大戴禮記夏小正:"(五月)時有~日。養,長也。"⓫〔養養〕憂心不定貌。詩邶風二子乘舟:"願言思子,中心養養。"毛傳:"養養然憂不知所定。"

2. yǎng (舊讀 yàng)餘亮切,去,漾韻,喻四。陽部。

⓬供養,事奉。孟子梁惠王上:"彼奪其民時,使不得耕耨以~其父母。"孟子萬章下:"敢問國君欲~君子,如何斯可爲~矣?"

餥 cí 疾移切,平,支韻,從。支部。

厭食,嫌食。玉篇食部:"餥,嫌食貌。"管子形勢解:"~者,多所惡也。…人~食則不肥。"引申爲厭惡。明趙南星范長公詩集序:"嗜善如飴,~惡如薊。"

按,説文無餥字。

餃 1. jiào 集韻居效切，去，效韻，見。

㊀飴。見集韻。

2. jiǎo。

㊀湯元一類的食物（晚起義）。正字通："餃：…今俗餃餌，屑米麵和飴爲之，乾濕大小不一。水餃餌即段成式食品湯中牢丸，或謂之粉角。北人讀角如矯，因呼餃餌，譌爲餃兒。"按，今之"餃子"爲有餡的半圓形麵食。

餅 bǐng 必郢切，上，静韻，幫。耕部。

㊀用麵粉或米粉製成的食品。急就篇："～餌麥飯甘豆羹。"顔師古注："餅，溲麵而蒸熟之則爲餅。"墨子耕柱："見人之作～，則還然竊之。"㊁餅狀物。宋徽宗大觀茶論序："龍團鳳～，名冠天下。"㊂量詞，用於餅狀物。後漢書列女傳樂羊子妻："羊子嘗行路，得遺金一～，還以與妻。"

餌 ěr 仍吏切，集韻忍止切，上，止韻，日。之部。

㊀米粉做的糕餅。説文作"鬻"，云："鬻，粉餅也。"段玉裁注："餈者，不粉之稻米爲餅；餌者，稻米粉之爲餅。"周禮天官籩人："羞籩之實，糗～，粉餈。"又指藥物。唐柳宗元捕蛇者説："得而腊之以爲～，可以已大風、攣踠、瘻癘。"㊁吃。文選三國魏嵇康與山巨源絶交書："～术黄精，令人久壽。"又爲使…吃。戰國策中山策："臣有父嘗餓且死，君下壺飡～之。"㊂魚餌。莊子外物："任公子爲大鉤巨緇，五十犗以爲～。"南朝梁劉勰文心雕龍情采："翠綸桂～，反所以失魚。"㊃引誘。孫子軍爭："鋭卒勿攻，～兵勿食。"㊄牲畜的筋腱。禮記内則："每物與牛若一，捶反側之，去其～。"鄭玄注："餌，筋腱也。"

按，説文餌是鬻的重文。鬻在䰜部。

餂 1. tiǎn 集韻他點切，上，忝韻，透。談部。

㊀取，誘取。孟子盡心下："士未可以言而言，是以言～之也；可以言而不言，是以不言～之也。"趙岐注："餂，取也。"㊁用舌頭取物（晚起義）。後寫作"舔"。元鄭廷玉冤家債主三折："被箇狗～了我一箇指頭。"

2. tián 集韻徒兼切，平，添韻，定。

㊀古"甜"字。見玉篇食部。

按，説文無餂字。

飷 xùn 字彙思晉切，音迅。

〔青飷飯〕又稱"青飷"，即青精飯，又名烏飯。道家的一種飯，以南燭枝葉之汁浸米，蒸飯曬乾，飯粒青色。正字通食部："飷，烏飯也，一曰青精飯。蘇頌曰：'陶隱居登真隱訣青精飷飯法，謂以藥草蜜溲曝之也。'"明方以智通雅飲食："青飷飯，烏飯也。…登真隱訣'飷飯'，方始創'飷'字。"唐張賁以青飷飯分送襲美魯望因成一絶："誰屑瓊瑶事青～，舊傳名品出華陽。"

按，説文無飷字。

餉 xiàng 式亮切，去，漾韻，審三。陽部。

㊀送食物給人。説文："餉，饋也。"孟子滕文公下："有童子以黍肉～，殺而奪之。"引申爲贈送。三國志魏書文帝紀"凡千餘篇，號曰皇覽"裴松之注引胡冲吴曆："帝以素書所著典論及詩賦～孫權。"㊁運送軍糧。漢書高帝紀上："丁壯苦軍旅，老弱罷轉～。"顔師古注："轉，運；餉，饋也。"也指軍隊的糧食或俸給。漢書高帝紀下："填國家，撫百姓，給～饋，吾不如蕭何。"清蒲松齡聊齋志異王者："湖南巡撫某公遣州佐押解～六十萬赴京。"今讀上聲。㊂食物。漢趙曄吴越春秋王僚使公子光傳："吾見子有飢色，爲子取～，子何嫌哉？"㊃〔一餉〕或〔半餉〕表示片時。唐韓愈醉贈張秘書詩："雖得一餉樂，有如聚飛蚊。"宋柳永鶴冲天："青春都一餉，忍把浮名，換了淺斟低唱。"宋周邦彦霜葉飛："又透入，清暉半餉，特地留照。"

七　畫

餐 1. cān 七安切，平，寒韻，清。元部。

㊀吞，吃。説文："餐，吞也。"楚辭戰國屈原離騷："夕～秋菊之落英。"比喻愉快地看或聽。文選南朝齊王儉褚淵碑文："仰南風之高詠，～東野之秘寶。"又："～輿誦於丘里，瞻雅詠於京國。"㊁飯食。唐李紳憫農二首之二："誰知盤中～，粒粒皆辛苦。"㊂量詞。一頓飯叫一餐。唐白居易閑眠詩："晝日一～茶兩椀，更無所要到明朝。"

2. sūn 集韻蘇昆切，平，魂韻，心。文部。

㊃通"飧"。熟食。韓非子外儲説左下："晉文公出亡，箕鄭挈壺～而從。"王先謙集解："餐，御覽八百五十引作飱，四百六十二、二百六十六引作飧。"

［辨］餐，飧，湌，飡。據説文"餐"訓"吞"，"湌"爲"餐"之重文；"飧"訓"餔"（夕食）。"飡"是"湌"的俗字。但"湌"、"飡"和"飧"常混用，桂馥、俞樾等謂"湌"當爲"飧"之重文；而"餐"和"飧"亦有混用。如左傳僖公二十五年："昔趙衰以壺飧從徑。"閩本、監本、毛本作"餐"。上引韓非子例亦然。

餑 bō 蒲没切，入，没韻，並。

㊀麵餅。見玉篇。〔餑餑〕麵餅之類的食品。清高静亭正音撮要："餑餑，大酥餅之類。"紅樓夢七一回："我也不餓了，纔吃了幾個餑餑。"㊁茶上浮沫。唐陸羽茶經五之煮："沫～，湯之華也。華之薄者曰沫，厚者曰～。"㊂沸水溢出。卷子本玉篇食部："餑，字書亦䰭字也。䰭，炊釜溢也。"説文"䰭"字段玉裁注云："今江蘇俗謂火盛水沸溢出爲'鋪出'，'䰭'之轉語也。正當作䰭字。"

按，説文無餑字。

餔 1. bū 博孤切，平，模韻，幫。魚部。

㊀傍晚時吃。説文："餔，日加申時食也。"王筠句讀："日加某者，古語也。"莊子盜跖："盜跖乃方休卒徒大山之陽，膾人肝而～之。"泛指吃。楚辭戰國屈原漁父："衆人皆醉，何不～其糟而歠其醨？"吕氏春秋介立："爰旌目三～之而後能視。"又爲使…吃。史記高祖本紀："有一老父過請飲，吕后因～之。"張守節正義："必捕反，以食飼人也。"㊁申時。後漢書王符傳："百姓廢農桑而趨府廷者，相續道路，非朝～不得通，非意氣不得見。"

2. bù 薄故切，去，暮韻，並。

㊂〔餹餔〕一種糕點。切韻暮韻："餔，餹餔。"集韻暮韻："餔，餹餔，餌也。"㊃餳之濁者。釋名釋飲食："餔，哺也。如餳而濁可哺也。"北魏賈思勰齊民要術餳餔："煮～法，用黑餳，糵米一斗六升，殺米一石，臥煮如法。"

餖 dòu 田候切，去，候韻，定。

〔飣餖〕器皿中堆疊果蔬花卉以爲陳設。見"飣"字條。也可單用"餖"。元喬吉賣花聲和黄子常韻："侵曉園丁，報道嬌紅嫩紫。巧工夫，攢枝～蕊。"

按，説文無餖字。

餗 sù 桑谷切，入，屋韻，心。屋部。

鼎中的食物。易鼎："鼎折足，覆公～。"孔穎達疏："餗，糝也，八珍之膳，鼎之實也。"泛指精美的食物。宋王令古廟詩："民德且恐報之時，～肴豐鮮牲魚肥。"

按，説文餗作䉤，在䰜部。

餒 něi 奴罪切，上，賄韻，泥。微部。

㊀飢餓。孟子盡心上："文王之民無凍～之老者。"比喻氣或才不足。孟子公孫丑上："其爲氣也，配道與義。無是，～也。"南朝梁劉勰文心雕龍事類："有飽學而才～者。"㊁魚腐爛。爾雅釋器："肉謂之敗，魚謂之餒。"論語鄉黨："魚～而肉敗，不食。"

按，説文無餒有餧，云："飢也。…一曰魚敗曰餧。"

餘 yú 以諸切，平，魚韻，喻四。魚部。

㊀豐足。説文："餘，饒也。"戰國策秦策五："今力田疾作，不得煖衣～食。"㊁多餘，剩餘。論語學而："行有～力，則以學文。"孟子滕文公下："子不通功易事，以羨補不足，則農

有～粟，女有～布。”又爲遺留的。書畢命：“～風未殄，公其念哉！”㊂其他的，以外的。史記高祖本紀：“與父老約，法三章耳：殺人者死，傷人及盜抵罪，～悉除去秦法。”㊃零數。荀子堯問：“欲言而請畢事者千有～人。”㊄末。吕氏春秋貴生：“帝王之功，聖人之～事也。”漢何休公羊傳序：“此世之～事。”徐彦疏：“餘，末也。”

［備考］㊀久。廣雅釋詁三：“餘，久也。”㊁鹽。越絶書越絶外傳紀地傳：“越人謂鹽曰～。”

［辨］餘，余。古代兩字有别，只是偶爾相通。如史記屈原賈生列傳：“定心廣志，餘何畏懼兮？”以“餘”爲“余”。周禮地官委人：“凡其余聚以待頒賜。”以“余”爲“餘”。

［同源字］餘，羡。兩字喻邪鄰紐，魚元通轉。意義相通。如上引孟子滕文公下：“以羡補不足。”趙岐注：“羡，餘也。”周禮地官小司徒：“大故致餘子。”鄭衆注：“餘子，謂羡也。”

餕 1. jùn 子峻切，音俊，去，稕韻，精。文部。

㊀吃剩的食物。説文新附：“餕，食之餘也。”又爲吃剩餘的食物。禮記祭統：“臣～君之餘也。…賤～貴之餘也。…下～上之餘也。”

2. sūn。文部。

㊁通“飧”。熟食。漢揚雄太玄劇：“食于劇，父母采～若。”范望注：“餕，熟食也。”廣雅釋器：“熟食謂之～饔。”王念孫疏證：“餕，讀若飧，熟食也。飧、餕古通用。”

按，説文無餕字，新附有之，云：“餕，食之餘也。”

餓 è 五个切，去，箇韻，疑。歌部。

飢餓。“餓”的程度比“飢”嚴重。論語季氏：“伯夷叔齊～于首陽之下。”淮南子説山：“寧一月饑，無一旬～。”

［辨］飢，餓，饑，饉。見“飢”字條。

八　畫

館 guǎn 古玩切，集韻古緩切，上，緩韻，見。元部。

㊀客舍。見説文。左傳襄公三十一年：“乃築諸侯之～。”唐宋時又指驛站。通典：“三十里置一～。”㊁住客舍。左傳僖公五年：“師還，～于虞。”又爲使…住客舍。孟子萬章下：“舜尚見帝，帝～甥於貳室。”趙岐注：“舜上見堯，堯舍之於貳室。”㊂華美的房舍。史記司馬相如列傳上林賦：“於是離宫别～，彌山跨谷。”唐王勃滕王閣序：“臨帝子之長洲，得仙人之舊～。”唐宋時又爲官署名，如“集賢～”、“昭文～”等。

餢 bù 集韻薄口切，上，厚韻，並。

同“䬳”。〔餢飳〕發麵餅。晉束皙餅賦：“劍帶案盛，餢飳隨燭。”

按，説文無餢字。

餅 bǐng。

同“餠”。見“餠”字條。

餤 1. tán 徒甘切，平，談韻，定。談部。

㊀進，增加。爾雅釋詁上：“餤，進也。”詩小雅巧言：“盜言孔甘，亂用是～。”毛傳：“餤，進也。”

2. dàn 集韻杜覽切，上，敢韻，定。談部。

㊁同“啖”。吃。集韻：“説文：‘噍，啖也。’或作啗、噉、餤、嚪。”唐杜牧罪言：“至於有圍急，食盡，～屍以戰。”引申爲引誘。史記趙世家：“秦非愛趙而憎齊也，欲亡韓而吞二周，故以齊～天下。”㊂餅類。正字通食部：“餤，餅屬。”唐馮贄雲仙雜記洛陽歲節：“臘日造脂花～。”明方以智通雅飲食：“唐進士有紅綾餅～。”

按，説文無餤字。

餦 zhāng 陟良切，平，陽韻，知。陽部。

㊀〔餦餭〕叠韻聯緜字。①飴糖。方言卷

一三："餳謂之餦餭。"楚辭戰國宋玉招魂："粔籹蜜餌，有餦餭些。"王逸注："餦餭，餳也。"②一種米或粉做的食物。即"饊"。參見"饊"字條。又明方以智通雅："餦餭則粉和餳者，古所謂餈餌也。"㊁〔餦餛(kūn)〕餅類。方言卷一三："餅謂之飥，或謂之餦餛。"

按，説文無餦字。

餴 fēn 府文切，平，文韻，幫。文部。

同"饙"。蒸飯。詩大雅泂酌："泂酌彼行潦，挹彼注兹，可以～饎。"毛傳："餴，餾也。"釋文引孫炎："蒸之曰餴，均之曰餾。"

按，説文餴作"饙"或"饙"。

餞 jiàn 才線切，去，線韻，從。元部。

以酒食送行。説文："餞，送去也。"詩大雅崧高："王～于郿。"鄭箋："餞，送行飲酒也。"引申爲送。書堯典："寅～納日，平秩西成。"僞孔傳："餞，送也。日出曰導，日入言送。"

餟 1. zhuì 陟衛切，去，祭韻，知。月部。

㊀連續而祭。説文："餟，祭酹也。"王筠句讀依唐玄應作"餟，酹，祭也"，云："餟，酹轉注，廣二名也。申之以祭，核其實也。"史記武帝本紀："其下四方地，爲～食羣神從者及北斗云。"司馬貞索隱："餟，謂聯續而祭之。"

2. chuò。月部。

㊁同"啜"。飲，喝。漢荀悦漢紀孝文皇帝紀下："吾每～食，意未嘗不在鉅鹿下也。"

［同源字］餟，綴，叕。三字同音。説文："叕，綴連也。"又："綴，合箸也。"徐灝曰："合箸，猶綴聯也。叕綴疑本一字。""餟"爲聯續而祭。三字同源。

餛 1. hún 户昆切，平，魂韻，匣。

㊀〔餛飩〕後起詞。又作"渾屯"、"餫飩"。用薄麪片包餡做成的食品。唐段成式酉陽雜俎酒食："今衣冠家名食，有蕭家餛飩，漉去湯肥，可以瀹茗。"

2. kūn 集韻公渾切，平，魂韻，見。文部。

㊁〔餦餛〕餅類。見"餦"字條。

按，説文無餛字。

餬 hú 集韻洪孤切，平，模韻，匣。

㊀餅類。玉篇食部："餬，餅也。"宋孟元老東京夢華録清明節："尋常京師以冬至後一百五日爲大寒食，前一日謂之炊熟，用麪造棗～飛燕，柳條串之，插於門楣，謂之'子推燕'。"㊁通"餬"。稠粥。集韻模韻："鬻，説文：'鍵也。'或作餬，通作餬。"

按，説文無餬字。

餘 1. rěn 如甚切，上，寑韻，日。

㊀熟食。廣韻："餘，同飪。"孔子家語致思："吾聞惜其腐～而欲以務施者，仁人之偶也。"

2. niè 集韻諾叶切，入，怗韻，泥。

㊁餅。集韻："餘，餅也。"〔餘頭〕餅屬。唐李日新題仙娥驛詩："商山食店大悠悠，陳鶡餢鑼(按：當作"饠")古餘頭。"

按，説文無餘字。

餚 yáo（舊讀 xiáo）胡茅切，平，肴韻，匣。宵部。

同"肴"。熟的肉類食物。國語周語中："親戚宴饗，則有～烝。"韋昭注："餚烝，升體解節折之俎也。"

按，説文餚作肴，在肉部。

餕 è 愛黑切，入，德韻，影。

噎。見玉篇。又爲噎聲。見廣韻。〔餕餕〕打嗝聲。唐元稹寄吴士矩端公五十韻："醉眼漸紛紛，酒聲頻餕餕。"

按，説文無餕字。

餒 1. něi 奴罪切，上，賄韻，泥。微部。

同"餧"。㊀飢餓。説文："餒，飢也。"國語齊語："君加惠於臣，使不凍～。"㊁魚臭壞。説文："餒，…一曰魚敗曰餒。"南史傅昭傳："或有暑月薦昭魚者，昭既不納，又不欲拒，遂～于門側。"

2. wèi 於僞切，去，寘韻，影。微部。

以食物給人或畜吃。後作"餵"。呂氏春秋季春："～獸之藥，無出九門。"漢書張耳陳餘傳："今俱死，如以肉～虎，何益？"唐白居易與沈楊二舍人同食勅賜櫻桃詩："最慚恩未報，飽～不才身。"

餡 xiàn 五音集韻户韽切，音陷。

後起字。包在米麪所製的食品中的心子。五音集韻陷韻："餡，餅中裹肉也。俗用昌黎子作。"金董解元西厢記諸宮調："送齋時做一頓饅頭～。"〔餡草〕菜餡。比喻包藏在裹面的東西。唐王梵志城外土饅頭詩："城外土饅頭，餡草在城裏。一人吃一箇，莫嫌没滋味。"

餢 yē 集韻一結切，入，屑韻，影。質部。

同"噎"。食物堵住喉嚨。靈樞經刺節真邪："病惡埃煙，～不得息。"漢書賈山傳："祝～在前，祝鯁在後。"〔餢結〕氣結。楚辭漢王逸九思逢尤："仰長歎兮氣餢結，悒殟絶兮咶復蘇。"

［備考］同"饐(yì)"。飯食餿臭。洪武正韻寘韻："餢，古饐字。於計切。"

按，說文無餢字。

九　畫

餮 tiè 他結切，入，屑韻，透。月部。

貪食。見廣韻。〔饕餮〕見"饕"字條。

按，說文餮作飻，云："貪也。从食，殄省聲。"

餫 1. yùn 王問切，去，問韻，喻三。文部。

㊀運糧。說文："餫，野饋曰餫。"左傳成公五年："晉荀息如齊逆女，故宣伯～諸穀。"杜預注："野饋曰餫。運糧饋之，敬大國也。"泛指運輸。唐柳宗元興州江運記："～夫畢力，守卒延頸。"

2. hún 户昆切，平，魂韻，匣。

㊁〔餫飩〕即"餛飩"，用薄麪片包餡做成的食品。明李時珍本草綱目百病主治藥上："水穀痢，小兒疳痢，(樗白皮)並水和作餫飩煮食。"

餬 hú 户吴切，平，模韻，匣。魚部。

稠粥。爾雅釋言："餬，饘也。"郭璞注："餬，糜也。"邢昺疏："餬、饘、鬻、糜，相類之物。稠者曰糜，淖者曰鬻。餬，饘是其别名。"〔餬口〕以粥供口食。莊子人間世："挫鍼治繲，足以餬口。"也可以說"餬…口"。左傳昭公七年："饘於是，鬻於是，以～余口。"史記范睢(雎)蔡澤列傳："伍子胥橐載而出昭關，夜行晝伏，至於陵水，無以～其口。"

［備考］說文："餬，寄食也。"左傳隱公十一年："寡人有弟，不能和協，而使餬其口于四方。"杜預注："餬，鬻也。"孔穎達疏："說文云：'餬，寄食也。'…釋言云：'餬，饘也。'"按：杜注釋"餬"爲"鬻"，而孔疏兼存兩說。

餪 nuǎn 乃管切，上，緩韻，泥。

女嫁三日送食曰餪。見廣韻。宋邵博邵氏聞見後録卷二七："子退檢字書，博雅中'餪'字，注云：'女嫁三日餉食爲～女。'始知俗聞～女云者，自有本字。"

按，說文無餪字。

餲 1. ài 於犗切，去，夬韻，影。月部。

㊀食物經久而變味。論語鄉黨："食饐而～，魚餒而肉敗，不食。"論衡商蟲："温濕饐～，蟲生不禁。"

2. hé 胡葛切，入，曷韻，匣。月部。

㊁一種用糯米和麪粉製成的食品，即饊子，又名寒具。太平御覽卷八六〇引漢服虔通俗文："寒具謂之～。"

［辨］餲，饐。說文："餲，飯餲也。""饐，飯傷濕也。"爾雅釋器："食饐謂之餲。"段玉裁云："據論語及許說饐餲是二事，析言之也。釋器云：'食饐謂之餲。'則統言之。"

餳 1. xíng 徐盈切，平，清韻，邪。陽部。

㊀飴糖加上糯米做成的食品。說文：

"餳,飴和饊也。"(依段注本)説文"饊"字段玉裁注:"飴者熬米成液爲之,米謂禾黍之米也。饊者謂乾煎稻米之張皇爲之。兩者一濡一小乾相盇合則曰餳。"急就篇:"棗杏瓜棣饊飴~。"又指飴。唐劉禹錫歷陽書事詩:"湖魚香勝肉,官酒重於~。"㊁眼半開半閉。西遊記二三回:"只見那婦人出廳迎接,八戒~眼偷看。"

2. táng 集韻徒郎切,平,唐韻,定。陽部。

㊂同"餹"、"糖"。蔗糖。集韻唐韻:"餹,方言:'餳謂之餹。'或作糖,糛餳。"釋名:"餳,洋也。"三國志吴書孫亮傳"亮曰:吾立此軍,欲與之俱長"裴松之注引晉虞溥江表傳:"亮使黄門以銀椀并蓋就中藏吏取交州所獻甘蔗~。"

[辨]飴,餳。見"飴"字條。

[同源字]餹,餳。見"餹"字條。

按,此字説文大徐本作"餳",段注本改爲"餳"。讀音釋文作"辭盈反","夕清反",唐韻作"徐盈切",玉篇作"徒當切"。其形其音諸家説法不一。王筠句讀云:"衆經音義卷一三'蜜餳'下云:'似盈'、'徒當'二反。…筠案:玄應以兩音屬之一字,後人分爲兩體,以隸庚陽二部。"

餵 wèi,音喂。

同"餧"。拿食物給人或畜吃。北魏賈思勰齊民要術雜説:"(牛)經冬加料~。"唐白居易南陽小將張彦硤口鎮税人場射虎歌:"天生天殺豈天怒,忍使朝朝~猛虎。"

按,説文無餵字。

鍮 tōu 龍龕手鏡天口切。

〔餢鍮〕見"餢"字條。

餿 sōu 所鳩切,平,尤韻,審二。

後起字。飯物經久變味。廣韻尤韻:"餿,飯壞。凡從叜者作叟同。"明圓極居頂續傳燈録一二廣慧實琳禪師:"舉古提今,殘羹~飯。"

[同源字]醙,餿。見"醙"字條。

餭 huáng 胡光切,平,唐韻,匣。陽部。

〔餦餭〕見"餦"字條。

按,説文無餭字。

餱 hóu 户鉤切,平,侯韻,匣。侯部。

乾糧。説文:"餱,乾食也。"詩大雅公劉:"迺積迺倉,迺裹~糧。"左傳宣公十一年:"略基趾,具~糧。"泛指糧食。唐白居易采地黄者詩:"采之將何用? 持以易~糧。"

䭔 duī 都回切,平,灰韻,端。

餅。玉篇食部:"䭔,蜀人呼蒸餅爲䭔。"北齊書陸法和傳:"於是設供養,具大~薄餅。"

按,説文無䭔字。

飬 zhān 諸延切,平,仙韻,照三。元部。

同"饘",也作"餰"。稠粥。荀子禮論:"芻豢稻粱酒醴餰鬻,魚肉菽藿酒漿。"唐柳宗元乞巧文:"~餌馨香,蔬果交羅。"

按,説文飬是鬻的重文。鬻字在䰜部。説文"鬻"段玉裁注云:"此當去虔切。'鬻'或作'餰',猶'愆'作'諐'也。淺人謂即'饘'字不分,故同切諸延耳。"

十　畫

餹 táng 徒郎切,平,唐韻,定。陽部。

本指餳;後指蔗糖之類,也寫作"糖"。方言一三:"餳謂之餹。"郭璞注:"江東皆言餹。"詩周頌有瞽"簫管備舉"鄭箋:"簫編小竹管如今賣餳者所吹也。"釋文:"餳…即乾~也。"唐慧琳一切經音義卷五二:"蔗餹,又作糖,以甘蔗爲餹也,今糖是也。"

[同源字]餹,餳。"餹"定母,"餳"邪母,定邪鄰紐。兩字皆爲陽部。據方言郭璞注"餳"、"餹"本是方言的不同。正字通"餹"字注云:"同餳。"又"餳"字注云:"台郎切,音唐。飴别名。…舊註徐盈切,次徒郎切,分二音,

非。"段玉裁說文解字注:"餳糖一字。…餳,古音如洋,語之轉如唐。"

按,說文無餹字。

餻 gāo 古勞切,平,豪韻,見。宵部。

用米麥粉製成的食物,今作"糕"。方言一三:"餌謂之餻。"北史綦連猛傳:"七月刈禾太早,九月噉～未好。"唐白居易九日登西原宴望詩:"移座向菊叢,～酒前羅列。"宋邵博邵氏聞見後録卷一九引宋祁詩:"劉郎不敢題～字,虛負詩中一世豪。"

按,說文無餻字,新附有之,云:"餌屬"。

饁 yè 筠輒切,入,葉韻,喻三。葉部。

給耕作者送食。說文:"饁,餉田也。"詩周頌載芟:"有嗿其～,思媚其婦。"鄭箋:"饁,饋饟也。"國語晉語五:"冀缺耨,其妻～之。"〔饁獸〕以猎獲之獸祭四方之神。周禮夏官大司馬:"致禽饁獸于郊。"鄭注:"聚所獲禽,因以祭四方神於郊。"

餺 bō 補各切,入,鐸韻,幫。

〔餺飥〕叠韻聯緜字。也作"不托"、"飫飥"。用麵或米粉製成的食品。玉篇食部:"餺,餺飥,米食也。"北魏賈思勰齊民要術餅法:"餺飥,挼如大指許,二寸一斷,著水盆中浸。宜以手向盆邊挼使極薄,皆急火逐沸熟煮。"宋王闢之澠水燕談録:"此中羊麵,無異北方,每日湌餺飥,不知身之在遠。"

按,說文無餺字。

餶 gǔ 字彙補古忽切。

後起字。〔餶飿〕一種麵食。宋孟元老東京夢華録是月巷陌雜賣:"細料餶飿兒。"明洪楩清平山堂話本簡貼和尚:"賣鵪鶉餶飿兒。"

饐 èn 五根切,去,恨韻,疑。文部。

㊀〔饐饐〕見"饐"字條。㊁飽。見廣韻。

餼 xì 許既切,去,未韻,曉。微部。

㊀贈送給人的糧食、草、牛羊豕。說文:"氣,饋客芻米也。餼,氣或从食。"段玉裁注:"餼有牛羊豕黍粱稻稷禾薪芻等。不言牛羊豕者,以其字从米也。言芻米不言禾者,舉芻米可以該禾也。"國語周語:"廩人獻～。"韋昭注:"生曰餼,禾米也。"儀禮聘禮:"君使卿韋弁歸饔～五牢。"鄭玄注:"牲殺曰饔,生曰餼。"㊁送人糧食、草、牛羊豕。左傳僖公十五年:"是歲晉又饑。秦伯～之粟。"又哀公二十四年:"晉師乃還,～臧石牛。"㊂俸禄(後起義)。唐慧琳一切經音義八八:"餼猶廩給也。"明徐宏祖徐霞客遊記滇遊日記:"猶有奉祀子孫,歲給八十五金之～焉。"㊃飽。方言一二:"餼,飽也。"

按,說文餼作氣,在米部。

餽 kuì 求位切,去,至韻,羣。微部。

㊀祭祀鬼神。說文:"餽,吴人謂祭曰餽。"戰國策中山策:"秦民之死者厚葬,傷者厚養,勞者相饗,飲食餔～,以靡其財。"高誘注:"吴謂食爲餽,祭鬼亦爲餽。"㊁通"饋"。給人食物。孟子萬章下:"繆公之於子思也,亟問,亟～鼎肉。"又爲運送糧食。史記高祖本紀:"鎮國家,撫百姓,給～饟,不絶糧道,吾不如蕭何。"又爲贈送財物。孟子公孫丑下:"前日于齊,王～兼金一百而不受。"㊂通"匱"。缺乏。墨子七患:"四穀不收謂之～。"

餾 liù 力救切,去,宥韻,來。幽部。

蒸飯。說文:"餾,飯氣蒸也。"世說新語夙惠:"太丘問:'炊何不～?'元方、季方長跪曰:'大人與客語,乃俱竊聽,炊忘箸箄,飯今成糜。'"北魏賈思勰齊民要術造酒法:"初下釀用黍米四斗再～弱炊,必令均熟。"

[辨]餾,饙。餾饙都是蒸飯,"饙"是半熟,"餾"是全熟。徐灝說文解字注箋:"詩釋文引孫炎云:'蒸之曰饙,均之曰餾。'蓋饙者半熟,餾則全熟矣。"

[同源字]流,扁,漏,霤,溜,瘤,餾。見"流"字條。

十一畫

饗 jiāng 即良切,平,陽韻,精。陽部。

同"漿"。古代一種帶酸味的飲料,用來代酒。莊子列御寇:"吾嘗食於十～,而五～先饋。"釋文引司馬彪云:"饗讀曰漿。十家並賣漿也。"

按,説文無饗字。

饈 xiū 集韻思留切,平,尤韻,心。

本作"羞"。㊀精美的食品。宋佚名沁園春:"助當年太液,調鼎和～。"㊁進獻食物。類篇食部:"饈,進獻也。一曰致滋味。"

按,説文無饈字。

饇 yù 衣遇切,去,遇韻,影。侯部。

㊀私宴。集韻御韻:"饫,説文:'燕食也。'引詩'飲酒之饫'。或作飫、饇、歈。古作秋。"㊁飽。詩小雅角弓:"如食宜～,如酌孔取。"毛傳:"饇,飽也。"鄭箋:"王如食老者,則宜令之飽。"

[同源字]饇,醧,饫。三字均爲影母。"饇"、"醧"同音,"饫"與"饇"、"醧"雙聲,"饇"、"醧"古韻侯部,"饫"古韻宵部,後轉入侯部。説文:"醧,宴私飲也。""饫,燕食也。""饇"、"醧"、"饫"實同一詞。

按,説文無饇字。

饉 jǐn(舊又讀 jìn)渠遴切,去,震韻,羣。文部。

㊀饑荒。蔬菜和野菜都吃不上。爾雅釋天:"蔬不熟爲饉。"郭璞注:"凡草菜可食者通名爲蔬。"詩小雅雨無正:"降喪饑～。"韓非子顯學:"征賦錢粟以實倉庫,且以救饑～、備軍旅也。"㊁通"殣"。餓死的人。文選漢班彪王命論:"夫餓～流隸,飢寒道路。"李善注:"饉,或爲殣。荀悦曰:'道瘞謂之殣也。'"

[辨]飢,餓,饑,饉。見"飢"字條。

饅 mán 母官切,平,桓韻,明。

後起字。〔饅頭〕一種麵製的食品。宋高承事物紀原卷九:"(諸葛武侯)因雜用羊豕之肉,而包之以麵,象人頭以祠,神以饗焉,而爲出兵,後人由此爲饅頭。"宋吴自牧夢粱録卷一六:"且如蒸作行賣四色饅頭…生餡饅頭。"

饆 bì 卑吉切,入,質韻,幫。

〔饆饠〕古代一種食物。玉篇食部:"饆,饆饠,餌也。"唐段成式酉陽雜俎酒食:"韓約能作櫻桃饆饠,其色不變。"

按,説文無饆字。

十二畫

饐 1. yì 乙冀切,去,至韻,影。質部。

㊀食物經久而變味。論語鄉黨:"食～而餲,魚餒而肉敗,不食。"皇侃疏:"饐謂食物經久而腐臭也。"論衡商蟲:"粟米～熱生蟲。"

2. yē 集韻一結切,入,屑韻,影。質部。

㊁通"噎"。食物等堵塞喉嚨。吕氏春秋蕩兵:"夫有以～死者,欲禁天下之食,悖。"㊂通"咽"。氣結。楚辭漢王逸九思遭厄:"思哽～兮詰詘,涕流瀾兮如雨。"

[備考]説文"饐"字段玉裁注:"魚部曰:'鮑,饐魚也。'是引申之,凡淹漬皆曰饐也。"徐灝説文解字注箋:"饐从壹聲,壹有鬱蒸閉塞之義,凡食經久因蓋藏而致變味,故用壹爲聲。鮑魚謂之饐魚,亦以其淹漬蓋藏而名之。"

[辨]餲,饐。見"餲"字條。

饒 ráo 如招切,平,宵韻,日。宵部。

㊀豐足,多。史記陳丞相世家:"平既娶張氏女,齎用益～。"漢書趙充國傳:"今虜馬肥,糧食方～。"又爲剩餘。三國蜀諸葛亮自表後主:"今成都有桑八百株,薄田十五頃,子弟衣食自有餘～。"㊁肥沃。孫子九地:"掠於～野,三軍足食。"㊂安逸。淮南子脩務:"沃地之民多不才者,～也。"高誘注:"饒,逸也。"

㊃寬恕。南朝宋鮑照擬行路難十八首之十七:"日月流邁不相～,令我愁思怨恨多。"㊄遜,不如(後起義)。唐李白上皇西巡南京歌:"柳色未～秦地緑,花光不減上陽紅。"㊅美(後起義)。唐李嶠人日侍宴大明宫應制:"鳳城景色已含韶,人日風光倍覺～。"㊆連詞。任憑,儘管(後起義)。唐白居易戲答諸少年:"顧我長年頭似雪,～君壯歲氣如雲。"

[備考]飽。説文:"饒,飽也。"按,文選三國魏王粲從軍行李善注引説文作"饒,餘也"。

饎 chì 昌志切,去,志韻,穿三。之部。

又作"饌"、"糦"。㊀酒食。見説文。詩小雅天保:"吉蠲爲～,是用孝享。"漢蔡邕王子喬碑詞:"饋～進,甘旨陳。"㊁炊,爨。儀禮特牲饋食禮:"主婦視～爨于西堂下。"宋王安石永嘉縣君墓志:"盡其資以助賓祭,補紉澣濯～爨。"㊂黍稷。詩商頌玄鳥:"龍旂十乘,大糦是承。"鄭箋:"糦,黍稷也。"玉篇零卷食部引作"大～是承"。

饙 fēn 府文切,平,文,非。文部。

同"餴"。蒸飯。宋黄庭堅寄師載詩:"齊地穀翔貴,排門無爨～。"〔饙餾〕①蒸飯。唐韓愈南山詩:"或若火熺焰,或若氣饙餾。"②飯食。宋歐陽修哭聖俞:"釜甑過午無饙餾,良時易失不早收。"

[辨]餾,饙。見"餾"字條。

按,説文饙是餴的重文,云:"餴,滫飯也。…或从賁。"

饊 sǎn 蘇旱切,上,旱韻,心。元部。

一種用米做的食品。説文:"饊,熬稻粻程也。"段玉裁注改"程"爲"餭",云:"熬,乾煎也。稻,稌也。稌者,今之稉米,米之黏者。鬻稻米爲張皇,張皇者肥美之意也。既又乾煎之,若今煎粢飯然。是曰饊。"徐灝箋:"以餹熬粳米謂之饊,亦謂之粻餭。"太平御覽八五三引晉盧諶祭法:"四時皆用～。"

饌 1. zhuàn 士戀切,去,線韻,牀二。元部。

㊀陳設飲食。儀禮士虞禮:"～于西坫上。"又爲準備飲食。唐杜甫病後遇王倚飲贈歌:"遣人向市賒香粳,唤婦出房親自～。"㊁飯食。儀禮士冠禮:"具～于西塾。"論衡知實:"必教親徹～退膳,不得飲食。"南齊書虞悰傳:"豫章王嶷盛～享賓。"㊂食用。論語爲政:"有酒食,先生～。"

2. xuǎn 洪武正韻須兖切。

㊃通"鍰"。古錢幣單位,金六兩。尚書大傳甫刑:"夏后氏不殺不刑,死罪罰兩千～。"

[同源字]饌,膳。"饌"、"膳"均爲元部。"饌"牀二,"膳"禪母,禪牀二鄰紐。説文:"籑,具食也。饌,字或从巽。"又:"膳,具食也。"兩字同訓。

按,説文饌是籑的重文。

饋 kuì 求位切,去,至韻,羣。微部。

㊀進食於人。周禮天官膳夫:"凡王之～,食用六穀,膳用六牲。"鄭玄注:"進物于尊者曰～。"又爲贈食物於人。左傳桓公六年:"齊人～之餼。"又爲贈送他物。史記封禪書:"人聞其能使物及不死,更～遺之,常餘金錢衣食。"㊁運送糧食。孫子作戰:"帶甲十萬,千里～糧。"㊂食用。淮南子氾論:"當此之時,一～而十起,一沐而三捉髮,以勞天下之民。"

[備考]tuí 集韻灰韻:"饋,餹饋。餌名,屑米和蜜蒸之。"徒回切。

[同源字]饋,歸。兩字均在微部,"饋"羣母,"歸"見母,見羣鄰紐。説文"饋"段玉裁注:"饋之言歸也。"論語陽貨:"歸孔子豚。"鄭玄注:"魯讀饋爲歸。"

饑 jī 居依切,平,微韻,見。微部。

㊀災荒,年成不好。商君書墾令:"～歲無裕利。"戰國策西周策:"秦～而宛亡。"㊁通"飢"。飢餓。墨子辭過:"是以其民～寒並

至。”

[辨]飢,餓,饑,饉。見“飢”字條。

饗 xiǎng 許兩切,上,養韻,曉。陽部。

❶鄉人相聚飲酒。説文:“饗,鄉人飲酒也。从食从鄉,鄉亦聲。”詩豳風七月:“朋酒斯~,曰殺羔羊。”又爲設酒大宴賓客。詩小雅彤弓:“鐘鼓既設,一朝~之。”鄭箋:“大飲賓曰饗。”❷設酒食祭祀。禮記月令:“大~帝。”❸接受宴飲。國語晉語四:“楚成王以周禮享之。…公子欲辭,子犯曰:‘天命也,君其~也。’”韋昭注:“天使之饗食之也。”神鬼接受祭祀也叫饗。詩周頌我將:“伊嘏文王,既右~之。”孔穎達疏:“既佑助而歆饗之。”引申爲享有,享用。國語晉語八:“賴二三子之功,而~其禄位。”

[同源字]獻,享,饗。見“獻”字條。

十 三 畫

饔 yōng 於容切,平,鍾韻,影。東部。

❶熟食。詩小雅祈父:“胡轉予于恤?有母之尸~。”毛傳:“熟食曰饔。”儀禮聘禮:“君使卿韋弁歸~餼五牢。”鄭玄注:“牲殺曰饔,生曰餼。”又爲烹調 。周禮天官冢宰:“内~,中士四人。”鄭玄注:“饔,割亨煎和之稱。”❷朝食。孟子滕文公上:“賢者與民並耕而食,~飧而治。”趙岐注:“饔飧,熟食也。朝曰饔,夕曰飧。”

按,説文饔作饗。

饕 tāo 土刀切,平,豪韻,透。宵部。

❶食。見説文。莊子駢拇:“不仁之人,決性命之情而~貴富。”❷〔饕餮〕雙聲聯緜字。貪殘。左傳文公十八年:“縉雲氏有不才子,貪于飲食,冒于貨賄,侵欲崇侈。…天下之民以比三凶,謂之饕餮。”淮南子兵略:“貪昧饕餮之人殘賊天下,萬人搔動。”也可單用“饕”。宋王邁簡同年刁時中俊卿詩:“吏~鷹隼如,攫拏何顧惜。”

饘 zhān 諸延切,平,仙韻,照三。元部。

稠粥。説文:“饘,糜也。”左傳昭公七年正考父鼎銘:“~於是,鬻於是,以餬余口。”禮記内則:“~、酏、酒、醴…唯所欲。”鄭玄注:“饘,粥也。”

十 四 畫

饎 xī。

同“饎”。酒食。周禮地官饎人:“~人掌凡祭祀共盛。”孫詒讓正義:“饎、饎字同。”

按,説文饎作饎,爲饎的重文。廣韻志韻亦作饎,昌志切。

饜 yàn 於豔切,去,豔韻,影。談部。

“猒”的後起字。❶飽。孟子離婁下:“其良人出,則必~酒肉而後反。”宋蘇轍宿净土寺詩:“不知禪味深,但取饑腸~。”❷滿足。孟子梁惠王上:“苟爲後義先利,不奪不~。”史記太史公自序:“天下患衡秦毋~。”

[備考]厭惡。漢書叔孫通傳:“羣臣飲,争功;醉或妄呼,拔劍擊柱,上患之。通知上益~之。”史記劉敬叔孫通列傳作“厭”。

饛 méng 莫紅切,平,東韻,明。東部。

盛器滿貌。見説文。詩小雅大東:“有~簋飧,有捄棘匕。”毛傳:“饛,滿簋貌。”

饐 wèn 烏困切,去,慁韻,影。文部。

〔饐餶〕叠韻聯緜字。①用麥飯待客。説文:“饐,秦人謂相謁食麥曰饐餶。”②晉時關西方言,飽。方言一“陳楚之内相謁而食麥饘謂之養,…秦晉之際,河陰之間曰饐餶,此秦語也”郭璞注:“今關西人呼食欲飽爲饐餶。”

十 六 畫

饝 mó。

晚起字。〔饝饝〕饅頭。西遊記五五回:“兩個丫鬟,捧兩盤饝饝。”也寫作“饃饃”。元楊顯之酷寒亭二折:"我買饠饠你吃。"

十七畫

饟 xiǎng 式亮切,去,漾韻,審三。陽部。

同"餉"。説文:"饟,周人謂餉曰饟。"❶送食物給人。詩周頌良耜:"或來瞻女,載筐及筥。其~伊黍,其笠伊糾。"❷運送糧食。史記高祖本紀:"丁壯苦軍旅,老弱罷轉~。"也指軍隊的糧食。新唐書兵志:"時邊兵衣~多不贍,而戍卒屯防,藥茗蔬醬之給最厚。"今讀上聲。

饞 chán 士咸切,平,咸韻,牀二。談部。

貪吃。漢焦贛易林需之解:"染其鼎鼐,舌~於腹。"唐孟郊寒溪詩:"朔凍哀徹底,獠~詠潛鯉。"引申爲貪婪。唐韓愈酬司門盧四兄雲夫院長望秋作詩:"馳坑跨谷終未悔,爲利而止真貪~。"

按,説文無饞字。

十九畫

饠 luō 魯何切,平,歌韻,來。

見〔饆饠〕。

饡 zàn 則旰切,去,翰韻,精。元部。

❶以羹澆飯。見説文。宋陸游冬夜與溥庵主説川食戲作詩:"未論索餅與~飯,最愛紅糟並焦粥。"比喻混亂。楚辭漢王逸九思傷時:"時混混兮澆~,哀當世兮莫知。"自注:"饡,餐也。混混,濁也。言如澆饡之亂也。"❷用油煎稻米做成的粥。集韻换韻:"饡,以膏煎稻爲䭣也。古作餍。"説文"饡"段玉裁注:"内則注曰:'狼臅膏,臆中膏也,以煎稻米。則似今膏餍矣。'…以羹澆飯者,饡之本義。膏饡者,漢人所爲。"

首部

首 1. shǒu 書九切,上,有韻,審三。幽部。

❶頭。楚辭戰國屈原離騷:"澆身被服强圉兮,縱欲而不忍。日康娱而自忘兮,厥~用夫顛隕。"又爲器物的頂端。周禮考工記玉人:"大圭長三尺,杼上終葵~。"鄭玄注:"終葵,椎也。"賈公彦疏:"使已上爲椎頭。"劍、殳頂端的環、套也叫"首"。禮記曲禮上:"進劍者左~。"孔穎達疏:"首,劍拊環也。"周禮考工記廬人:"凡爲殳,…五分其晉圍,去一以爲~圍。"鄭玄注:"首,殳上鐏也。"❷首領。禮記檀弓下:"毋爲戎~,不亦善乎?"❸初始,開端。莊子知北遊:"禮者道之華而亂之~也。"又爲第一。戰國策齊策六:"(齊桓公)一匡天下,九合諸侯,五伯之~。"左傳昭公元年:"賦大明之~章。"又爲首先。國語晉語九:"段規反,~難而殺智伯于師,遂滅智氏。"❹要領。書秦誓:"予誓告汝羣言之~。"僞孔傳:"衆言之本要。"❺古代綬、組的計數單位。北堂書鈔卷一三一引漢官儀:"凡先合單紡爲一絲,四絲爲一扶,五扶爲一~,五~成一文。"❻量詞(後起義)。多用於詩、文。唐白居易與元九書:"陳子昂有感遇詩二十~,鮑防有感興詩十五~。"

2. shǒu 舒救切,去,宥韻,審三。今亦讀如守。幽部。

❼朝,向。楚辭戰國屈原九章哀郢:"鳥飛返故鄉兮,狐死必~丘。"❽服從,服罪。後漢書西域傳:"雖有降~,曾莫懲革。"李賢注:"首,猶服也。"南史范泰傳:"詔收綜等,並皆款服,唯曄不~。"❾自首,自陳其罪。廣韻:"首,自首前罪。"宋蘇軾策别六:"夫律有罪而得以~免者,所以開盜賊小人自新之塗。"

[同源字]頭,首。見"頭"字條。

二　畫

馗 1. kuí 渠追切，平，脂韻，羣。幽部。

㊀四通八達的路。又寫作“逵”。説文：“馗，九達道也。”漢王粲從軍詩五首之二：“館宅充鄽里，士女滿莊～。”清黄景仁出都過蘆溝橋詩：“九～車馬暮騤騤，幾曲渾河落日陰。”

2. qiú 巨鳩切，平，尤韻，羣。幽部。

㊁〔中馗〕大菌。爾雅釋草：“中馗，菌。”廣韻尤韻：“爾雅曰：‘中馗，菌。’今土菌，可食。又音逵。”

按，説文馗字在九部。

六　畫

䭫 qǐ 康禮切，上，薺韻，溪。脂部。

古“稽”字。叩頭至地。説文：“䭫，下首也。”也寫作“䭫”、“䭫”。穆天子傳卷三：“奔戎再拜～首。”周禮春官大祝：“辨九拜，一曰稽首。”釋文作“䭫首”。

八　畫

馘 1. guó 古獲切，入，麥韻，見。職部。

㊀同“聝”。戰爭中割敵人的左耳以獻功。説文：“聝，軍戰斷耳也。”詩大雅皇矣：“執訊連連，攸～安安。”毛傳：“馘，獲也。不服者殺而獻其左耳曰馘。”又指所割之耳。左傳僖公二十二年：“楚子使師縉示之俘～。”杜預注：“俘，所得囚，馘，所截耳。”

2. xù 集韻況壁切，入，錫韻，曉。職部。

㊁臉。莊子列禦寇：“夫處窮閭阨巷，困窘織屨，槁項黄～者，商之所短也。”釋文引司馬彪曰：“黄馘，謂面黄熟也。”

按，説文馘是聝的重文，在耳部。

香　部

香 xiāng 許良切，平，陽韻，曉。陽部。

㊀氣味芬芳。説文：“香，芳也。”詩周頌載芟：“有飶其～，邦家之光。”荀子正名：“～臭芬鬱腥臊洒酸奇臭以鼻異。”引申爲味美。吕氏春秋審時：“摶米而薄糠，舂之易而食之不噮而～。”高誘注：“香，美也。”又引申爲稱美之詞。唐王維少年行：“孰知不向邊庭苦，縱死猶聞俠骨～。”㊁有香味或香料製成的物品。南朝梁任昉述異記：“日南有～市，商人交易諸～處。”

〔辨〕香，芳。説文：“香，芳也。”在“氣味芬芳”這一意義上，兩字同義，但“芳”只指花草的香，食物的香不叫“芳”。此外，“香”的第二義項“芳”不具備。

〔同源字〕馨，香。見“馨”字條。

五　畫

馝 bì 毗必切，入，質韻，並。

同“苾”。濃香。唐張説迎俎入用雍和：“俎豆有～，粢粢豐盛。”

按，説文無馝字。

七　畫

馞 bó 蒲没切，入，没韻，並。

香氣盛貌。見玉篇。藝文類聚卷八九引晉郭璞爾雅圖贊椒贊：“薰林烈薄，～其芬辛。”〔馞馞〕香盛貌。唐鄭還古博異志崔玄微：“滿坐芳香，馞馞襲人。”

按，説文無馞字。

八 畫

馢 jiān 集韻將先切,平,先韻,精。

❶香木名。亦作"櫼"。宋范成大桂海香志序:"南方火行,其氣炎上。藥物所賦,皆味辛而嗅香,如沉~之屬。"❷香氣。宋洪芻香譜述香:"香之氣曰~。"

按,説文無馢字。

馡 1. fēi 甫微切,平,微韻,非。

❶〔馡馡〕香盛貌。宋陸游獨坐詩:"茶鼎松風吹謖謖,香奩雲縷散馡馡。"

2. fēi 集韻芳微切,平,微韻,敷。

❷通"霏"。雲。宋高似孫憇昌化民家詩:"重巖吐清溜,澄陰布殘~。"

按,説文無馡字。

九 畫

馤 ài 於蓋切,去,泰韻,影。

香。見玉篇。唐韓愈孟郊秋雨聯句:"援菊茂新芳,逕蘭銷晚~。"

按,説文無馤字。

馧 yūn 於云切,平,文韻,影。

〔馩馧〕見"馩"字條。

按,説文無馧字。

馥 1. fù 房六切,入,屋韻,奉。覺部。

❶香氣盛。説文新附:"馥,香氣芬馥也。"宋洪适隸釋漢冀州從事張表碑:"遂播芳譽,有~其馨。"文選漢蘇武詩四首之四:"燭燭晨明月,~~我蘭芳。"李善注:"韓詩曰:'馥芬孝祀。'薛君曰:'馥,香貌也。'"按,今詩小雅楚茨作"苾芬孝祀"。又用作動詞。使…香。南朝宋謝靈運入彭蠡湖口:"乘月聽哀狖,浥露~芳蓀。"

2. bì 文選被逼切(徐爰注)。

❷象聲詞。箭射中獵物時的聲音。文選晉潘岳射雉賦:"彳亍中輟,~焉中鏑。"徐爰注:"馥,中鏃聲也。…馥,被逼切。"

按,説文無馥字,新附有之,云:"香氣芬馥也。"

十 一 畫

馨 xīn 呼刑切(舊讀 xīng),平,青韻,曉。今讀如欣。耕部。

❶香氣遠聞。説文:"馨,香之遠聞者。"詩小雅鳧鷖:"爾酒既清,爾殽既~。"毛傳:"馨,香之遠聞也。"書君陳:"黍稷非~,明德惟~。"比喻流芳後世的聲譽。晉書苻堅載記:"化盛隆周,垂~千祀。"❷香。三國魏嵇康答二郭詩三首之一:"二子贈嘉詩,馥如幽蘭~。"❸語助詞。世説新語忿狷:"冷如鬼手~,强來捉人臂。"唐張鷟遊仙窟:"婀娜腰支細細許,𥈭䀹眼子長長~。"

〔同源字〕馨,香。二字均爲曉母,"馨"爲耕韻,"香"爲陽韻,耕陽旁轉。香之遠聞者爲馨。二字同源。

十 二 畫

馩 1. fén 符分切,平,文韻,奉。

❶〔馩馧〕叠韻聯緜字。香氣。見廣韻文韻。

2. wén。

❷同"聞"。以鼻嗅香。元孔齊至正直記四:"諺云:'~(原注:俗音聞,齅也)香、吸髓、倚闌干。'言三險也。花心有小蟲,齅之或作鼻痔,惟臘梅最不可~。"

按,説文無馩字。

亥集

馬部

［馬部總論］

馬部的字，絶大部分跟馬有關，有關馬的名詞居多，其次是馬的動作及人對馬的動作，有關馬的形容詞極少。與馬毫無關係的字很少，一般是獸名。有些字看來與馬無關，細分析還是有些關係。

(一)有關馬的名詞。例如：馬 駔 駒 駱 駢 騋 騅 駿 騏 驥

(二)有關馬本身動作的動詞。例如：駭 驚 騰

(三)有關人對馬的動作的動詞。例如：馭 駕 騎 馳 驅

(四)有關馬的形容詞。例如：駁

(五)與馬有間接關係的詞。例如：騾 騂

(六)與馬無關的詞。例如：駝 駏

馬 mǎ 莫下切，上，馬韻，明。魚部。

❶畜名，馬。詩周南卷耳："陟彼高岡，我～玄黄。"❷籌碼。禮記投壺："勝飲不勝者，正爵既行，請爲勝者立～。"鄭玄注："馬，勝筭也。"

［備考］大。爾雅釋蟲："蝒，馬蜩。"郭璞注："蜩中最大者爲馬蜩。"

二畫

馮 1. píng 扶冰切，集韻皮冰切，平，蒸韻，並。蒸部。

❶盛，大。左傳昭公五年："今君奮焉，震電～盛。"杜預注："馮，盛也。"楚辭戰國屈原天問："康回～怒，地何故以東南傾。"❷憤悶，煩悶。楚辭戰國屈原九章思美人："獨歷年而離愍兮，羌～心猶未化。"王逸注："憤懣守節，不易性也。"❸登。荀子宥坐："百仞之山，而豎子～而游焉。"楚辭戰國屈原九章悲回風："～崑崙以瞰霧兮，隱岷山以清江。"❹欺淩。周禮夏官大司馬："～弱犯寡則眚之，賊賢害民則伐之。"左傳襄公十三年："小人伐其技以～君子。"杜預注："馮，陵也。"❺徒步過河。詩小雅小旻："不敢暴虎，不敢～河。"論語述而："暴虎～河，死而無悔者，吾不與也。"❻依靠，依仗。左傳僖公二十八年："請與君之士戲，君～軾而觀之。"又哀公七年："魯弱晉而遠吴，～恃其衆，而背君之盟。"

［備考］馬行疾。見説文。

2. féng 房戎切，平，東韻，奉。

❼姓。廣韻："馮，姓。畢公高之後，食采於馮城，因而命氏。"

［辨］馮，據。二字都有依靠、依附的意思。"馮軾"又可説成"據軾"。莊子盜跖："據軾低頭。"其他意義則不相同。

馭 yù 牛倨切，去，御韻，疑。魚部。

㊁駕御車馬。書五子之歌:“予臨兆民,懍乎若朽索之～六馬。”荀子王霸:“王良、造父者,善服～者也。”亦指駕車的人。莊子盜跖:“顔回爲～,子貢爲右,往見盜跖。”㊂控制,統治。周禮天官大宰:“以八柄詔王～羣臣。”荀子君道:“欲治國～民,調壹上下,將内以固城,外以拒難。”

[辨]馭,御。二字在駕御車馬的意義上是一個詞,但御的引申義如防禦、御用等意義不能寫作馭。

按,説文馭爲御之古文,在彳部。

三　畫

馯 1. hàn 侯旰切,去,翰韻,匣。元部。

㊀同“駻”。馬凶悍。淮南子氾論:“欲以樸重之法,治既弊之民,是猶無鏑銜橛策錣而御～馬也。”

2. qiān 丘姦切,平,删韻,溪。元部。

㊁姓。史記仲尼弟子列傳:“孔子傳易於瞿,瞿傳楚人～臂、子弘。”在這個意義上,集韻又讀河干切,即 hàn。

按,説文無馯有駻。段玉裁注:“淮南書作‘馯’。”

馵 zhù 之戍切,去,遇韻,照三。屋部。

左足白色的馬。詩秦風小戎:“文茵暢轂,駕我騏～。”毛傳:“左足白曰馵。”又指膝以上皆白的馬。爾雅釋畜:“(馬)膝上皆白惟馵。”

按,説文無馵字。

馱 1. tuó 徒河切,平,歌韻,定。

㊀用牲口負物。北齊書彭城景思王浟傳:“又有一人從幽州來,驢～鹿脯。”唐李白對酒詩:“蒲萄酒,金叵羅,吴姬十五細馬～。”

2. duò 集韻唐佐切,去,箇韻,定。

㊁負載之畜或所負之物。前蜀貫休長安道詩:“千車萬～,半宿關月。”又用作量詞。唐薛調無雙傳:“乃裝金銀羅錦二十～。”

[辨]跎,駝,馱。見“跎”字條。

[同源字]馱,駝。二字同音。説文新附:“馱,負物也。”漢書司馬相如傳上:“騊駼槖駝。”顔師古注:“槖駝者,言其可負槖囊而駝物,故以名云。”

按,説文無馱字,新附有之。

馳 chí 直離切,平,支韻,澄。歌部。

㊀趕馬快跑。詩唐風山有樞:“子有車馬,弗～弗驅。”禮記曲禮上:“入國不～,入里必式。”又特指驅馬進擊。左傳莊公十年:“齊師敗績,公將～之。”引申爲馬快跑。莊子秋水:“騏驥驊騮一日而～千里。”再引申爲一般的疾行。三國蜀諸葛亮誡子書:“年與時～,意與日去,遂成枯落。”㊁向往。楚辭戰國屈原離騷:“抑志而弭節兮,神高～之邈邈。”隋書史祥傳:“身在邊隅,情～魏闕。”㊂傳播,傳揚。韓詩外傳卷八:“然其名聲～於後世,豈非學問之所致乎?”孔叢子陳士義:“貲擬王公,～名天下。”

[辨]馳,驅。此二字都是趕馬的意思,只是馳比驅詞義更重,是使勁趕馬。後來,馳也指馬快跑。這樣就從人的行爲,轉爲馬的動作了。

馲 1. tuō 他各切,入,鐸韻,透。鐸部。

㊀〔馲駝〕即“槖駝”、“駱駝”。方言七:“凡以驢馬馲駝載物者謂之負佗。”唐杜甫冬狩行:“幕前生致九青兕,馲駝㟴峗垂元熊。”

2. zhé 陟格切,入,陌韻,知。

㊁〔馲馰〕叠韻聯緜字。騾子。玉篇:“馲,馲馰,驢父牛母。”按,清吴錦章六書類纂補遺作“驢父馬母”,當是。

按,説文無馲字。

馴 1. xún 詳遵切,平,諄韻,邪。文部。

㊀馬順服。説文:“馴,馬順也。”淮南子説林:“馬先～而後求良。”鹽鐵論疾貧:“馴馬不～,御者之過也。”引申爲鳥獸順服。列子黄帝:“雖虎狼鵰鶚之類,無不柔～者。”史記秦本紀:“大費拜受,佐舜調馴鳥獸,鳥獸多～

服。"又用作使動,使鳥獸順服。史記秦本紀:"佐舜調～鳥獸。"㊁善良。廣雅釋詁一:"馴,善也。"史記管蔡世家:"冄季、康叔皆有～行。"司馬貞索隱:"馴,善也。"㊂漸進。宋史譚世勣傳:"童貫輩初亦甚微,小惡不懲,將～至大患。"

2. xùn。文部。

㊃通"訓"。教導,訓誡。史記孝文本紀:"吏卒給輸費苦,而列侯亦無由教～其民。"張守節正義:"馴,古訓字。"

[同源字]馴,順。見"順"字條。

四　畫

駃 1. jué 古穴切,入,屑韻,見。月部。

㊀[駃騠]我國古代北方的良馬,公馬母驢所生。說文:"駃,駃騠,馬父蠃子也。"段玉裁注:"謂馬父之騾也。言馬父者,以別於驢父騾也。今人謂馬父驢母者爲馬騾,驢父馬母者爲驢騾。不言驢母者,疑奪。蓋當作'馬父驢母蠃也'六字。"淮南子齊俗:"故六騏驥、駟駃騠以濟江河,不若窾木便也,處勢然也。"許慎注:"駃騠,北翟之良馬也。"史記魯仲連鄒陽列傳:"蘇秦相燕,燕人惡之於王。王按劍而怒,食以駃騠。"司馬貞索隱引字林云:"北狄之良馬也,馬父蠃母。"按,此蠃疑當作驢。

2. kuài 苦夬切,去,夬韻,溪。

㊁快。晉崔豹古今注雜注:"曹真有～馬,名爲驚帆,言其馳驟如烈風之舉帆疾也。"北魏賈思勰齊民要術養牛馬驢騾:"眼去角近,行～。眼中有白脉貫瞳子,最快。"又爲急。金元好問乙酉六月十一日雨詩:"今日復何日,～雨東南來。"

馺 sà 蘇合切,入,合韻,心。緝部。

馬疾行。方言一三:"馺,馬馳也。"引申爲迅疾貌。楚辭漢劉向九歎遠遊:"澇湲轇轕,雷動電發,～高舉兮。"文選漢揚雄甘泉賦:"聲駍隱以陸離兮,輕先疾雷而～遺風。"李善注引郭璞曰:"馺,疾也。"

[備考]馬行相及也。見說文。

馹 rì 人質切,入,質韻,日。質部。

古代驛站所用的傳車、驛馬。說文:"馹,驛傳也。"爾雅釋言:"馹、遽,傳也。"郭璞注:"皆傳車、驛馬之名。"左傳文公十六年:"楚子乘～,會師于臨品。"杜預注:"馹,傳車也。"唐元稹酬樂天東南行詩:"～騎來千里,天書下九衢。"

馽 zhí 陟立切,音縶,入,緝韻,知。緝部。

絆住馬足。莊子馬蹄:"連之以羈～,編之以皁棧。"釋文引崔云:"絆前兩足也。"引申爲絆住其他動物的足或束縛住人的手脚。文選漢張衡西京賦:"搤水豹,～潛牛。"宋歐陽修別後奉寄聖俞二十五兄:"惜哉方壯時,千里足常～。"

按,說文馽作𠧟,云:"絆馬也。"段注本"馬"下補"足"字。

駁 bó 北角切,入,覺韻,幫。藥部。

㊀馬毛色不純。說文:"駁,馬色不純。"詩豳風東山:"之子于歸,皇～其馬。"毛傳:"騂白曰駁。"引申爲混雜,不純。莊子天下:"惠施多方,其書五車,其道舛～,其言也不中。"成玄英疏:"駁,雜揉也。"㊁駁斥,反駁。舊唐書王世充傳:"或有～難之者,世充利口飾非,辭議鋒起。"宋史刑法志三:"許刑部舉～,重行朝典。"

[備考]樹名。爾雅釋木:"駁,赤李。"

馻 jiè 古拜切,去,怪韻,見。月部。

馬尾結。說文:"馻,系馬尾也。"漢揚雄太玄文:"車軨馬～,可以周天下。"范望注:"馻,尾結也。"宋史路振傳:"名駒大～,銜尾入塞。"

[同源字]馻,紒,結,髻。見"紒"字條。

䭾 bǎo 博抱切,音保,上,皓韻,幫。幽部。

黑白雜毛的馬。爾雅釋畜:"驪白雜毛,

䮀。"郭璞注:"今之烏驄。"

按,説文無䮀字。

五　畫

駝 tuó 徒河切,平,歌韻,定。歌部。

❶駱駝。後漢書耿恭傳:"獲生口三千餘人,～、驢、馬、牛、羊三萬七千頭。"〔橐駝〕駱駝。山海經北山經:"其獸多橐駝。"郭璞注:"有肉鞍,善行流沙中,日行三百里,其負千斤,知水泉所在也。"漢書西域傳:"(大月氏國)出一封橐駝。"顔師古注:"脊上有一封也。封言其隆高若封土也。"❷用牲畜馱物。漢書司馬相如傳"橐駝"顔師古注:"言其可負橐囊而駝物,故以名云。"

[辨]跎,駝,馱。見"跎"字條。

[同源字]駝,馱。見"馱"字條。

駐 zhù 中句切,去,遇韻,知。侯部。

❶車馬停住。説文:"駐,馬立也。"漢書韓延壽傳:"今旦明府早駕,久～未出。"三國志蜀書先主傳:"乃～馬呼琮。"引申爲暫時停留,停留。古詩爲焦仲卿妻作:"行人～足聽,寡婦起徬徨。"❷駐扎,駐守。三國志蜀書諸葛亮傳:"五年,率諸軍北～漢中。"

[同源字]駐,住,逗。三字皆爲侯部,住、逗定母雙聲,駐與住、逗端定旁紐。説文:"逗,止也。"後漢書張衡傳:"逗華陰之湍渚。"李賢注:"逗,止也。"説文:"侸,立也。"(侸,俗作住。)廣韻:"住,止也。"説文:"駐,馬立也。"段玉裁注:"人立曰侸,俗作住;馬立曰駐。"

駜 bì 毗必切,入,質韻,並。質部。

馬肥壯貌。説文:"駜,馬飽也。"按,桂馥、王筠皆認爲"飽"當作"肥",是。玉篇:"駜,馬肥壯皃。"詩魯頌有駜:"有～有～,彼乘黄。"毛傳:"駜,馬肥彊貌。"

駍 pēng 集韻披耕切,平,耕韻,滂。耕部。

❶象聲詞,多指車馬聲。文選漢揚雄甘泉賦:"敦萬騎於中營兮,方玉車之千乘。聲～隱以陸離兮,輕先疾雷而馺遺風。"❷〔驞駍〕見"驞"字條。

按,説文無駍字。

駏 jù 其吕切,上,語韻,羣。魚部。

獸名。晉崔豹古今注鳥獸:"騾爲牝,馬爲牡,生～。"〔駏驉〕疊韻聯緜字。獸名,似騾而小。淮南子道應:"蹷有患害,蛩蛩駏驉必負而走。"爾雅釋地作"岠虚",吕氏春秋不廣作"距虚",漢劉向説苑復恩作"巨虚"。

按,説文無駏字。

駓 pī 敷悲切,集韻攀悲切,平,脂韻,滂。之部。

❶毛色黄白相雜的馬。爾雅釋畜:"黄白雜毛,駓。"詩魯頌駉:"有騅有～,有騂有騏。"毛傳:"黄白雜毛曰駓。"❷〔駓駓〕疾走貌。楚辭戰國宋玉招魂:"敦脄血拇,逐人駓駓些。"王逸注:"駓駓,走貌也。"

⿰馬犮 bá 蒲撥切,音跋,入,末韻,並。

〔⿰馬犮騟〕馬名。出産于西域的良馬。玉篇:"⿰馬犮,⿰馬犮騟,蕃中馬也。"唐白居易武丘寺路宴留别諸妓詩:"清管曲終鸚鵡語,紅旗影動⿰馬犮騟嘶。"

按,説文無⿰馬犮字。

駊 pǒ 普火切,上,果韻,滂。歌部。

〔駊騀〕疊韻聯緜字。①馬摇頭貌。説文:"駊,駊騀也。"段注本補"馬摇頭"三字。玉篇:"駊,駊騀,馬摇頭。"唐杜甫揚旗詩:"庭空六馬入,駊騀揚旗旌。"②高大貌。文選漢揚雄甘泉賦:"崇丘陵之駊騀兮,深溝嶔巖而爲谷。"李善注:"駊騀,高大貌也。"

駔 1. zǎng 子朗切,上,蕩韻,精。陽部。

❶壯馬。説文:"駔,壯馬也。"(依段注本)文選晉左思魏都賦:"燕弧盈庫而委勁,冀馬填廐而～駿。"李善注:"説文曰:駔,壯馬也。子朗反。"❷牲畜交易的經紀人,亦泛指市場經紀人。吕氏春秋尊師:"段干木,晉之大～也。"高誘注:"駔,儈人也。"史記貨殖列

傳:"子貸金錢千貫,節～會。"裴駰集解引徐廣曰:"駔,馬儈也。"今有雙音詞"駔儈"。㊂粗大。爾雅釋言:"奘,駔也。"郭璞注:"今江東呼大爲駔,駔猶麤也。"㊃平庸。論衡率性:"此則～工庸師服馴技能,何奇而世稱之。"

2. zù 徂古切,上,姥韻,從。魚部。

㊄駿馬。廣韻:"駔,駿馬。"楚辭漢劉向九歎憂苦:"以駑贏與乘～兮,雜斑駁與闒茸。"

3. zū 洪武正韻揔五切。魚部。

㊅通"組"。絲帶。周禮春官典瑞:"～圭璋璧琮琥璜之渠眉。"鄭玄注:"駔,讀爲組。"又考工記玉人:"～琮五寸。"鄭玄注:"駔,讀爲組,以組繫之,因名焉。"㊆通"阻"。止。墨子非命上:"上以說王公大人,下以～百姓之從事。"

〔備考〕驕。呂氏春秋審應:"戰者,不習也;使人戰者,嚴～也。"高誘注:"駔,驕。"

駎

zhòu 直祐切,去,宥韻,澄。幽部。

賽馬。淮南子詮言:"善～者不貪最先,不恐獨後。"許慎注:"駎,競驅也。"

按,說文無駎字。

駉

jiōng 古螢切,平,青韻,見。耕部。

㊀牧馬苑。說文:"駉,牧馬苑也。詩曰:'在～之野。'"按,今本詩魯頌駉作"坰"。㊁〔駉駉〕馬肥壯貌。詩魯頌駉:"駉駉牡馬,在坰之野。"毛傳:"駉駉,良馬腹幹肥張也。"

駛

shǐ 疎士切,上,止韻,審二。之部。

㊀馬行疾速。尉繚子制談:"天下諸國助我戰,猶良驥騄耳之～。"一本作"駃"。唐慧琳一切經音義六六引蒼頡篇:"駛,馬行疾也。"南朝梁簡文帝春日想上林詩:"香車雲母幰,～馬黃金羈。"又泛指迅疾。北史竇泰傳:"初,泰母夢風雷暴起,若有雨狀,出庭觀之,見電光奪目,～雨霑灑。"唐王維贈從弟司庫員外絿詩:"欲緩攜手朝,流年一何～。"㊁行駛。宋梅堯臣送新安張尉乞侍養歸淮甸詩:"任意歸舟～,風煙亦自如。"

按,說文無駛字。

駚

yǎng 於兩切,上,養韻,影。陽部。

㊀〔駚牢〕獸跳躍自撲。山海經中山經:"有獸焉,其狀如犬,虎爪有甲,其名曰獜,善駚牢。"郭璞注:"跳躍自撲也。"㊁〔駚𩦺〕叠韻聯緜字。馬的容貌、形狀。宋崔伯易感山賦:"奇毛異骨,駉駾駚𩦺。"

按,說文無駚字。

駟

sì 息利切,去,至韻,心。質部。

㊀古代一車駕四馬,因以稱駕四馬的車或一車所駕的四馬。說文:"駟,一乘也。"段玉裁注:"四馬爲一乘。"左傳僖公二十八年:"丁未,獻楚俘于王,～介百乘,徒兵千。"孫子作戰:"凡用兵之法,馳車千～,革車千乘,帶甲十萬。"又泛指馬。史記孫子吴起列傳:"今以君之下～與彼上～,取君上～與彼中～,取君中～與彼下～。"㊁駕,乘。楚辭戰國屈原離騷:"～玉虬以乘鷖兮,溘埃風余上征。"文選戰國宋玉高唐賦:"王乃乘玉輿,～倉螭。"㊂星名。爾雅釋天:"天駟,房也。"國語周語中:"～見而隕霜。"韋昭注:"駟,天駟,房星也。"㊃通"四"。銀雀山漢墓竹簡孫臏兵法十問:"～鼓同舉,五遂俱傳。"

〔同源字〕四,駟,牭。三字同音。說文:"駟,一乘也。"徐鍇云:"四馬也。"說文:"牭,四歲牛。"皆源於四。

駖

líng 郎丁切,平,青韻,來。耕部。

〔駖磕〕聲響衆盛貌。漢書揚雄傳上:"猋泣雷厲,驞駍駖磕。"顔師古注:"驞駍駖磕,皆聲響衆盛也。"

按,說文無駖字。

駘

1. tái 徒哀切,平,咍韻,定。之部。

㊀馬嚼子脱落。說文:"駘,馬銜脱也。"後漢書崔寔傳:"馭委其轡,馬～其銜。"㊁劣馬。呂氏春秋貴卒:"所爲貴驥者,爲其一日千里也,旬日取之,與駑～同。"比喻庸才。南

朝宋王韶之贈潘綜吴逵舉孝廉詩:"伊余朽～,竊服懼盜。"㊂踐踏。史記天官書:"三十年之間,兵相～藉,不可勝數。"裴駰集解引蘇林曰:"駘,音臺,登躡也。"

2. dài 徒亥切,上,海韻,定。之部。

㊃〔駘蕩〕雙聲聯緜字。舒緩放縱。莊子天下:"惜乎惠施之才,駘蕩而不得,逐萬物而不反。"成玄英疏:"駘,放也。"釋文:"駘者,放也,放蕩不得也。"㊄疲鈍。北史王思政傳論:"率疲～之兵,當勁勇之卒。"

3. tāi 集韻湯來切,平,咍韻,透。之部。

㊅古國名。在今陝西省武功縣西南。左傳昭公九年:"我自夏以后稷,魏、～、芮、岐、畢,吾西土也。"

駃 yì 夷質切,音逸,入,質韻,喻四。質部。

馬快跑。說文:"駃,馬有疾足。"段玉裁注:"奔軼絶塵字當作駃,今人用俊駃字當作駃。"玉篇:"駃,馬疾走也。"唐柳宗元晉問:"騰倒～越,委泊涯涘。"

[同源字]駃,軼,逸。三字同音。文選漢傅毅舞賦:"良駿逸足。"李善注:"逸,疾也。"廣韻:"駃,馬行疾也。"廣雅釋詁:"軼,過也。"莊子徐无鬼:"超軼絶塵。"成玄英疏:"軼,過也。"參見"逸"字條。

駒 jū 舉朱切,平,虞韻,見。侯部。

少壯的馬。說文:"駒,馬二歲曰駒。"詩小雅皇皇者華:"我馬維～,六轡如濡。"又泛指幼獸。尸子下:"虎豹之～,未成文而有食牛之氣。"又比喻少年。漢書楚元王傳:"少時數言事,召見甘泉宫,武帝謂之千里～。"顔師古注:"年齒幼少,故謂之駒。"宋程節齋沁園春賀新冠:"人都羡,是君家～子,天上麟兒。"

[同源字]駒,狗,豿,犳,羔。見"狗"字條。

駙 fù 符遇切,去,遇韻,奉。侯部。

㊀駕副車的馬。說文:"駙,副馬也。"文選漢張衡東京賦:"～承華之蒲梢,飛流蘇之騷殺。"薛綜注:"駙,副馬也。"㊁車箱外的立木,即夾車木。史記司馬穰苴列傳:"乃斬其僕,車之左～,馬之左驂,以徇三軍。"張守節正義引劉伯莊云:"駙者,箱外之立木,承重校者。"

[備考]㊀近。說文:"駙,一曰近也。"王筠句讀:"今人皆作附近。"㊁疾。說文:"駙,一曰疾也。"段玉裁注:"與赴音義皆相近。"

駕 1. jià 古訝切,去,禡韻,見。歌部。

㊀把車套在馬身上。說文:"駕,馬在軛中。"段玉裁注:"駕之言以車加於馬也。"詩小雅采薇:"～彼四牡,四牡騤騤。"禮記曲禮上:"君車將～,則僕執策立於馬前。"引申爲駕車,駕駛。吕氏春秋權勳:"龔王～而往視之。"淮南子脩務:"馬不可化,其可～御,教之爲也。"又引申爲控制,支配。三國志吴書張昭傳:"～御英雄,驅使羣賢。"㊁車乘。淮南子道應:"盧敖仰而視之,弗見,乃止～。"許慎注:"止其所駕之車。"後專指皇帝的車駕,又特指皇帝。後漢書郭憲傳:"建武七年,代張堪爲光禄勳,從～南郊。"㊂陵駕。左傳昭公元年:"子木之信,稱於諸侯,猶詐晉而～焉。"杜預注:"駕,猶陵也。"㊃傳布。法言學行:"仲尼～説者也,不在茲儒乎!"李軌注:"駕,傳也。"㊄同"架"。搭設。淮南子本經:"大構～,興宫室。"高誘注:"駕,材木相乘駕也。"唐杜甫桔柏渡詩:"青冥寒江渡,～竹爲長橋。"㊅量詞。馬行一日的路程爲一駕。荀子勸學:"駑馬十～,功在不舍。"

2. jiā 集韻居牙切,平,麻韻,見。歌部。

㊆通"加"。增加。吕氏春秋貴因:"其辭至矣,不可以～矣。"高誘注:"駕,加也。"

[同源字]駕,架,枷,加。此四字雙聲兼叠韻。爾雅釋詁:"加,重也。"玉篇:"加,蓋也。"釋名釋器用:"枷,加也。"廣韻:"架,架屋。"說文:"駕,馬在軛中。"段玉裁注:"駕之言以車加於馬也。"

駑 nú 乃都切,平,模韻,泥。魚部。

劣馬。荀子勸學："～馬十駕，功在不舍。"楚辭漢東方朔七諫謬諫："～駿雜而不分兮，服罷牛而驂驥。"也指其他牲畜低劣。戰國策秦策四："此猶兩虎相鬬，而～犬受其弊。"世説新語品藻："～牛可以負重致遠。"又比喻人的才能低下。戰國策燕策三："此國之大事，臣～下，恐不足任使。"史記廉頗藺相如列傳："相如雖～，獨畏廉將軍哉！"

按，説文無駑字。

六 畫

駭 hài 侯楷切，上，駭韻，匣。之部。

㊀馬受驚。説文："駭，驚也。"左傳哀公二十三年："知伯視齊師，馬～，遂驅之。"引申爲一般的驚駭。左傳定公十年："齊師至矣，郈人大～。"㊁驚擾，驚動。吕氏春秋審應："凡鳥之舉也，去～從不～。"高誘注："駭，擾也。"漢書揚雄傳上："回猋肆其碭～兮。"顔師古注："駭，動也。"㊂起。廣雅釋言："駭，起也。"文選戰國宋玉風賦："～溷濁，揚腐餘。"李善注："廣雅曰：'駭，起也。'言風之來，既起溷濁之處，又舉揚腐臭之餘。"又晉陸機辨亡論上："于是羣雄蜂～，義兵四合。"

駮 bó 北角切，入，覺韻，幫。藥部。

㊀傳説中獸名。説文："駮，獸，如馬，倨牙，食虎豹。"山海經西山經："有獸焉，其狀如馬，而白身黑尾，一角，虎牙爪，音如鼓音，其名曰～，是食虎豹。"㊁顔色不純。漢書梅福傳："白黑雜合謂之～。"管子小問："意者君乘～馬而盤桓迎日而馳乎？"又泛指混雜。荀子王霸："粹而王，～而霸，無一焉而亡。"楊倞注："駮，雜也。"㊂駁斥，反駁。唐柳宗元有駮復讎議。

駢 pián 部田切，平，先韻，並。耕部。

㊀兩馬並駕一車。説文："駢，駕二馬也。"尚書大傳卷一："命於其君，然後得乘飾車～馬。"文選三國魏嵇康琴賦："雙美並進，～馳翼驅。"引申爲並列。文選漢班固東都賦："～部曲，列校隊。"李善注："駢，猶併也。"北魏酈道元水經注滱水："池之四周，居民～比。"又指文句對偶。唐柳宗元乞巧文："～四儷六，錦心繡口。"㊁連接，接合。左傳僖公二十三年："曹共公聞其～脅，欲觀其裸，薄而觀之。"莊子駢拇："～拇枝指，出乎性哉！"成玄英疏："駢，合也。謂足大拇指與第二指相連合爲一指也。"

[同源字]駢，骿。二字並母雙聲，耕部叠韻。説文："骿，并脅也。"國語晉語四："聞其骿脅。"左傳僖公二十三年："曹共公聞其駢脅。"杜預注："駢脅，合幹也。"

駛 shǐ 疎吏切，去，志韻，審二。

疾，迅速。説文新附："駛，疾也。"抱朴子内篇仙藥："(天門冬)服之百日，皆丁壯，倍～於术及黄精也。"

駬 ěr 而止切，上，止韻，日。之部。

良馬。韓非子難勢："是猶乘驥、～而分馳也，相去亦遠矣。"

按，説文無駬字。

駤 zhì 陟利切，去，至韻，知。質部。

㊀馬止不前。廣雅："駤，止也。"㊁蠻横不通達。淮南子脩務："胡人有知利者，而人謂之～。"高誘注："駤，忿戾惡理不通達。"

按，説文無駤字。

駰 yīn 於真切，平，真韻，影。真部。

淺黑雜白的馬。爾雅釋畜："陰白雜毛，駰。"邢昺疏："陰，淺黑色也。毛淺黑而白兼雜毛者名駰。"詩小雅皇皇者華："我馬維～，六轡既均。"

駪 shēn 所臻切，平，臻韻，審二。文部。

馬衆多貌。説文："駪，馬衆多貌。"[駪駪]衆多貌。詩小雅皇皇者華："駪駪征夫，每懷靡及。"

[同源字]駪，詵，蓁，溱，莘，甡。駪、詵文

部，蓁、溱、莘、甡爲真部，文真旁轉。蓁溱爲照二，詵莘駪甡爲審二，二者爲旁紐。說文："蓁，艸盛皃。"詩周南桃夭："其葉蓁蓁。"毛傳："蓁蓁，至盛貌。"詩小雅無羊："室家溱溱。"毛傳："溱溱，衆也。"後漢書班彪傳下："百穀溱溱。"李賢注："溱溱，盛貌。"詩周南螽斯："螽斯羽，詵詵兮。"毛傳："詵詵，衆多也。"國語晉語四："莘莘征夫。"韋昭注："莘莘，衆多。"詩小雅皇皇者華："駪駪征夫。"毛傳："駪駪，衆多之貌。"說文："駪，馬衆多也。"詩大雅桑柔："甡甡其鹿。"毛傳："甡甡，衆多也。"說文："甡，衆生竝立之貌。"

駱 luò 盧各切，入，鐸韻，來。鐸部。

❶白身黑鬣的馬。爾雅釋畜："白馬黑鬣，駱。"詩小雅皇皇者華："我馬維～，六轡沃若。"吕氏春秋孟秋："乘戎路，駕白～。"❷〔駱駞〕亦作駱駝。新語道基："夫驢、騾、駱駞、犀、象…擇地而居。"後漢書梁慬傳："凡斬首萬餘級，獲生口數千人，駱駝、畜産數萬頭。"❸部族名，即駱越，百越的一種。史記南越列傳："佗因此以兵威邊，財物賂遺閩越、西甌、～。"❹〔駱漠〕奔馳貌。文選漢傅毅舞賦："駱漠而歸，雲散城邑。"李善注："駱漠，奔馳之貌。"

駚 fú 房六切，入，屋韻，奉。

馬名。文選南朝宋顔延之赭白馬賦序："豈不以國尚威容，軍～趫迅而已。"

按，說文無駚字。

駣 táo 徒刀切，平，豪韻，定。宵部。

三歲馬。周禮夏官廋人："教～，攻駒。"鄭玄注引鄭司農曰："馬三歲曰駣。"一說四歲馬。玉篇："駣，馬四歲也。"

按，說文無駣篆，但於"駒"字下云："馬三歲曰駣。"

七　畫

騂 xīng 息營切，平，清韻，心。真部。

赤色馬。詩魯頌駉："有～有騏。"毛傳："赤黄曰騂。"孔穎達疏："騂爲純赤色。言赤黄者，謂赤而微黄，其色鮮明者也。"亦指赤色牛。書洛誥："文王～牛一，武王～牛一。"論語雍也："犂牛之子～且角。"又泛指赤色。周禮地官草人："凡糞種，～剛用牛。"鄭玄注："騂，謂地色赤而土剛强也。"楚辭漢王褒九懷通路："紅采兮～衣，翠縹兮爲裳。"洪興祖補注："騂，赤色。"

按，說文無騂字。

駾 tuì 他外切，去，泰韻，透。月部。

馬行疾速。說文："駾，馬行疾來皃。"引申爲奔突。詩大雅緜："混夷～矣，維其喙矣。"毛傳："駾，突也。"

騂 bó 蒲没切，入，没韻，並。物部。

〔騂馬〕獸名。山海經北山經："其中多騂馬，牛尾而白身，一角，其音如呼。"文選晉郭璞江賦："騂馬騰波以噓蹀，水兕雷呴乎陽侯。"

按，說文無騂字。

騋 sǒng 息拱切，上，腫韻，心。東部。

摇動馬嚼子使馬快跑。公羊傳定公八年："陽越下取策，臨南～馬，而由乎孟氏。"新唐書王難得傳："難得怒，挾矛～馬馳。"

按，說文無騋字。

駭 hài 侯楷切，音駭，上，駭韻，匣。職部。

擂擊。周禮夏官大司馬："鼓皆～，車徒皆譟。"鄭玄注："疾雷擊鼓曰駭。"引申爲驚駭。墨子號令："讙囂～衆，其罪殺。"莊子外物："聖人之所以～天下，神人未嘗過而問焉。"

按，說文無駭字。

騮 liú 力求切，平，尤韻，來。幽部。

赤體黑鬣的馬。詩魯頌駉："有～有雒，以車繹繹。"毛傳："赤身黑鬣曰騮。"吕氏春秋孟夏："乘朱輅，駕赤～。"高誘注："騂馬黑尾曰騂。"

按，說文字作"騽"，段注本改作騂，並注云："邘各本作𤱶，篆體作騽，大誤。"

駹 máng 莫江切，平，江韻，明。東部。

㊀面額白色的馬。說文："駹，馬面顙皆白也。"又指青色馬。漢書匈奴傳："匈奴騎，其西方盡白，東方盡～，北方盡驪，南方盡騂馬。"顔師古注："駹，青馬也。"㊁雜色牲畜。周禮秋官犬人："凡幾珥沈辜，用～可也。"鄭玄注引鄭司農云："駹，謂不純色也。"賈公彦疏："駹謂雜色牲。"又泛指雜色。周禮春官巾車："～車萑蔽，然複髤飾。"鄭玄注："駹車，邊側有漆飾也。"孫詒讓曰："駹爲雜色。"唐柳宗元晉問："或赤或黃，或玄或蒼，或醇或～。"

［同源字］牻，庬，尨，駹，哤。見"牻"字條。

駸 qīn 七林切，平，侵韻，清。侵部。

〔駸駸〕①馬行疾貌。說文："駸，馬行疾也。"段注本改"也"爲"皃"，並注云："'馬行'上當本有'駸駸'二字。"詩小雅四牡："駕彼四駱，載驟駸駸。"毛傳："駸駸，驟貌。"引申爲疾速。南朝梁簡文帝如影詩："朝光照皎皎，夕漏轉駸駸。"宋陸游沁園春："歎山川冉冉，歲月駸駸。"②漸進貌。宋蘇洵審勢："秦自孝公，其勢固已駸駸焉日趨於强大。"

駶 jú 渠玉切，入，燭韻，羣。屋部。

〔駶跳〕馬立不定。廣韻："駶，馬立不定。"楚辭戰國宋玉九辯："見執轡者非其人兮，故駶跳而遠去。"洪興祖補注："馬立不常謂之駶。"

按，說文無駶字。

騂 hàn 侯旰切，去，翰韻，匣。元部。

馬凶悍，奔突。說文："騂，馬突也。"韓非子外儲說右下："馬～而走，轡不能止也。"又五蠹："如欲以寬緩之政，治急世之民，猶無轡策而御～馬。"又指凶悍的馬。漢書刑法志："是猶以鞿而御～突，違救時之宜矣。"顔師古注引如淳曰："突，惡馬也。"新唐書王志愔傳："故捨銜策于奔踶，則王良不能御～。"又泛指凶悍。史記衛將軍驃騎列傳："誅獟～，獲首虜八千餘級。"

［同源字］騂，悍。二字同音。說文："悍，勇也。"漢書賈誼傳："雖有悍如馮敬者。"顔師古注："悍，勇也。"說文："騂，馬突也。"段玉裁注："騂之言悍也。"

騁 chěng 丑郢切，上，静韻，徹。耕部。

㊀縱馬奔馳。左傳宣公十二年："潘黨望其塵，使～而告。"又定公八年："林楚怒馬，及衢而～。"㊁盡情施展，放任無約束。荀子天論："因物而多之，孰與～能而化之。"楚辭戰國屈原九歌湘夫人："白薠兮～望，與佳期兮夕張。"

［備考］詩小雅節南山："我瞻四方，蹙蹙靡所～。"毛傳："騁，極也。"鄭箋："蹙蹙然雖欲馳騁，無所之也。"

駽 xuān 火玄切，平，先韻，曉。元部。

青黑色的馬，即鐵青馬。說文："駽，青驪馬。"詩魯頌有駜："有駜有駜，駜彼乘～。"毛傳："青驪曰駽。"

駼 tú 同都切，音徒，平，模韻，定。魚部。

說文："駼，騊駼也。"〔騊駼〕見"騊"字條。

騀 ě 五可切，上，哿韻，疑。歌部。

㊀馬摇頭。說文："騀，馬摇頭也。"又見〔駊騀〕。㊁〔騀鹿〕馬名。見廣雅釋獸。

駿 jùn 子峻切，去，稕韻，精。文部。

㊀良馬。說文："駿，馬之良材者。"穆天子傳卷一："天子之～。"郭璞注："駿者，馬之美稱。"淮南子人間："居數月，其馬將胡～馬而歸。"引申爲人的才智過人。史記屈原賈生列傳："誹～疑桀兮，固庸態也。"㊁迅速。爾雅釋詁上："駿，速也。"詩周頌清廟："對越在天，～奔走在廟。"管子弟子職："若有賓客，弟子～作。"尹知章注："迅起也。"㊂大，高。爾

雅釋詁上:"駿,大也。"詩大雅文王:"宜鑒于殷,~命不易。"毛傳:"駿,大也。"又崧高:"崧高維嶽,~極于天。"引申爲挺拔。南史蕭子雲傳:"筆力勁~,心手相應。"㊃嚴厲。史記商君列傳:"殘傷民以~刑,是積怨畜禍也。"

[同源字]駿,俊,峻。三字同音。説文:"峻,高也。"書五子之歌:"峻宇雕墻。"僞孔傳:"峻,高大也。"説文:"駿,馬之良材也。"説文:"俊,材千人也。"書堯典:"克明俊德。"按,山高出衆山爲峻,人高出衆人爲俊,馬良出衆馬爲駿。

騃 1. sì 牀史切,音俟,上,止韻,牀二。之部。

㊀馬行勇壯貌。説文:"騃,馬行仡仡也。"段玉裁注:"人部曰:'仡,勇壯也。'"㊁〔駓(bī)騃〕獸趨行的樣子。文選張衡西京賦:"衆鳥翩翩,群獸駓騃。"

2. ái 五駭切,上,駭韻,疑。之部。

㊂愚,呆。漢書息夫躬傳:"外有直項之名,内實~不曉政事。"顔師古注:"騃,愚也。"潛夫論邊議:"百姓被害,迄今不止,而癡兒~子尚云不當救助,且待天時。"

八 畫

騏 qí 渠之切,平,之韻,羣。之部。

㊀有青黑色花紋的馬。説文:"騏,馬青驪文如綦也。"(依段注本)詩秦風小戎:"文茵暢轂,駕我~馵。"毛傳:"騏,騏文也。"孔穎達疏:"色之青黑者爲綦,馬名爲騏,知其色作綦文。"又泛指青黑色。上引毛傳"騏文"之"騏"即是。㊁〔騏驥〕良馬名。荀子勸學:"騏驥一躍,不能十步。"〔騏驎〕良馬名。商君書畫策:"騏驎騄駬,日走千里。"㊂獸名。爾雅釋獸:"驨,如馬,一角。不角者騏。"文選漢司馬相如子虛賦:"乘遺風,射游~。"

騎 1. qí 渠羈切,平,支韻,羣。歌部。

㊀跨馬,騎馬。説文:"騎,跨馬也。"戰國策趙策二:"今吾將胡服~射,以教百姓。"亦指兩腿跨坐其他東西。莊子大宗師:"乘東維,~箕尾,而比於列星。"史記袁盎鼂錯列傳:"百金之子不~衡。"司馬貞索隱引韋昭曰:"衡,車衡也;騎,謂跨之。"文選漢揚雄羽獵賦:"乘巨鱗,~京魚。"

2. jì 奇寄切,去,寘韻,羣。歌部。

㊁乘坐的馬。戰國策趙策二:"趙地方二千里,帶甲數十萬,車千乘,~萬匹。"㊂騎兵。史記項羽本紀:"沛公旦日從百餘~來見項王。"也指一人一馬。文選漢班固東都賦:"千乘雷起,萬~紛紜。"

騋 lái 落哀切,平,咍韻,來。之部。

七尺以上的馬。説文:"騋,馬七尺爲騋。"詩鄘風定之方中:"~牝三千。"毛傳:"馬七尺以上曰騋。"周禮夏官廋人:"馬八尺以上爲龍,七尺以上爲~。"

騉 kūn 古渾切,平,魂韻,見。文部。

馬名。爾雅釋畜:"騉,蹄趼,善陞甗。"邢昺疏:"李云:騉者,其蹄正堅而平似趼也。"郭璞注讀作"騉蹄",云:"騉蹄,蹄如趼而健上山,秦時有騉蹄苑。"

騍 kè 正字通苦臥切,音課。

後起字。母馬。正字通:"騍,俗呼牝馬,即草馬。"宋何薳春渚紀聞卷一:"劉貢父初入館,乃乘一~馬而出。"

騑 fēi 甫微切,平,微韻,非。微部。

㊀駕在兩旁的馬,亦稱爲驂。説文:"騑,驂,旁馬。"墨子七患:"徹驂~,塗不芸。"後漢書章帝紀:"~馬可輟解,輟解之。"又泛指馬。文選漢班彪北征賦:"紛吾去此舊都兮,~遲遲以歷茲。"㊁〔騑騑〕馬行不止貌。詩小雅四牡:"四牡騑騑,周道倭遲。"毛傳:"騑騑,行不止之貌。"

騊 táo 徒刀切,平,豪韻,定。幽部。

〔騊駼〕雙聲聯緜字。馬名。説文:"騊,騊駼,北野之良馬。"山海經海外北經:"北海内有獸,其狀如馬,名曰騊駼。"淮南子主術:"伊尹,賢相也,而不能與胡人騎騵馬而服騊駼。"

騅 zhuī 職追切,平,脂韻,照三。微部。

黑白相間的馬。爾雅釋畜:"蒼白雜毛,騅。"詩魯頌駉:"有～有駓。"毛傳:"蒼白雜毛曰騅。"史記項羽本紀:"時不利兮～不逝。"

[備考]蘆葦的幼芽。爾雅釋言:"菼,騅也。"

騄 lù 力玉切,入,燭韻,來。屋部。

〔騄駬〕良馬名。商君書畫策:"騏驎騄駬,日走千里。"淮南子主術:"騏驥騄駬,天下之疾馬也。"字亦作緑耳、騄耳。吕氏春秋別類:"驥驁緑耳背日而西走,至乎夕則日在其前矣。"戰國策齊策四:"君子厩馬百乘,無不被繡衣而食菽粟者,豈有騏驎騄耳哉!"

按,説文無騄字。

九　畫

騗 piàn 集韻匹羡切,去,線韻,滂。

後起字。㊀躍上馬。字本作"䮁"。集韻:"䮁,躍而乘馬也,或書作騗。"唐張鷟朝野僉載四張元一嘲武懿宗:"長弓短度箭,蜀馬臨堦～。"全唐詩作"䮁"。引申爲跨,越。元馬致遠任風子二折:"我～土墻騰的跳過來。"㊁誆騙,欺騙。宋劉克莊庚申召對:"輔聖天子而行霸政,爲天下宰而設～局。"元王實甫西厢記五本四折:"你這厮怎麽要駆～人的妻子。"

[辨]諞,騗。見"諞"字條。

騉 hún 户昆切,音魂,平,魂韻,匣。文部。

獸名。山海經北山經:"(歸山)有獸焉,其狀如麢羊而四角,馬尾而有距,其名曰～。"

按,説文無騉字。

𩦡 huō 集韻霍虢切,入,陌韻,曉。錫部。

解牛聲。莊子養生主:"庖丁爲文惠君解牛…砉然嚮然,奏刀～然,莫不中音。"亦指一般的破裂聲。唐沈佺期霹靂引:"始戛羽以～砉,終扣宫而砰駖。"

按,説文無𩦡字。

騕 yǎo 烏皎切,上,篠韻,影。宵部。

〔騕褭〕良馬名。淮南子齊俗:"夫待騕褭飛兔而駕之,則世莫乘車。"文選漢司馬相如上林賦:"羂騕褭,射封豕。"

按,説文無騕字。

騢 xiá 胡加切,平,麻韻,匣。魚部。

赤白色相雜的馬。説文:"騢,馬赤白雜毛。"詩魯頌駉:"有駰有～。"

[同源字]鰕,霞,騢,瑕。見"鰕"字條。

騤 kuí 渠追切,平,脂韻,羣。脂部。

㊀〔騤騤〕馬行雄壯貌。説文:"騤,馬行威儀也。"段玉裁注:"'馬行'上當有'騤騤'二字。"詩小雅采薇:"駕彼四牡,四牡騤騤。"毛傳:"騤騤,彊也。"㊁〔騤瞿〕雙聲聯緜字。驚惶奔走貌。文選漢張衡西京賦:"百獸㥄遽,騤瞿奔觸。"薛綜注:"騤瞿,走貌。"

騠 tí 杜奚切,音題,平,齊韻,定。支部。

説文:"騠,駃騠也。"〔駃騠〕見"駃"字條。

騟 yú 羊朱切,平,虞韻,喻四。

㊀紫色馬。見玉篇。㊁〔騊騟〕見"騊"字條。

按,説文無騟字。

騣 zōng 子紅切,平,東韻,精。

馬頭上的長毛。説文新附:"騣,馬鬣也。"南朝梁簡文帝豔歌行之一:"金鞍隨繫尾,銜璅映纏～。"

騜 huáng 胡光切,平,唐韻,匣。陽部。

黄白色相間的馬。爾雅釋畜:"黄白,騜。"郭璞注:"詩曰:騜駁其馬。"今詩豳風東山作"皇",毛傳:"黄白曰皇。"

按,説文無騜字。

騖 wù 亡遇切,去,遇韻,微。侯部。

❶奔馳。説文:"騖,亂馳也。"韓非子外儲説右下:"代御執轡持筴,則馬咸~矣。"楚辭戰國宋玉招魂:"步及驟處兮誘騁先,抑~若通兮引車右還。"王逸注:"騖,馳也。"引申爲急速。素問大奇論:"肝脈~暴,有所驚駭。"王冰注:"騖謂馳騖,言其迅急也。"❷力求,追求。宋史程顥傳:"病學者厭卑近而~高遠,卒無成焉。"

騧 guā 古華切,音瓜,平,麻韻,見。歌部。

❶黑嘴黄毛的馬。説文:"騧,黄毛黑喙。"詩秦風小戎:"~驪是驂。"毛傳:"黄馬黑喙曰騧。"❷〔騧騟〕良馬名。晉張華博物志四:"周穆王八駿,赤驥、飛黄…騧騟…。"❸通"蝸(wō)"。文選三國魏何晏景福殿賦:"~徙增錯,轉縣成郛。"李善注:"騧或爲蝸。"

十 畫

騫 qiān 去乾切,平,仙韻,溪。元部。

❶腹部低陷。周禮考工記梓人:"鋭喙、決吻、數目、顧脰、小體、~腹,若是者謂之羽屬。"❷虧缺,損傷。詩小雅天保:"如南山之壽,不~不崩。"毛傳:"騫,虧也。"後漢書李杜傳論:"夫專爲義則傷生,專爲生則~義。"❸仰首貌。楚辭大招:"鰅鳙短狐,王虺~只。"王逸注:"騫,仰頭貌也。"❹驚懼。文選南朝宋顔延之車駕幸京口三月三日侍遊曲阿後湖作詩:"人靈~都野,鱗翰聳淵丘。"李善注:"騫,聳,皆驚懼之意也。"❺通"愆"。過失,延誤。荀子正名:"長夜漫兮,永思~兮。"文選晉劉琨扶風歌:"惟昔李~期,寄在匈奴庭。"❻通"搴"。拔取。漢書楊僕傳:"將軍之功,獨有先破石門尋陿,非有斬將~旗之實也。"顔師古注:"騫,與搴同,搴,拔取之。"❼通"鶱"。飛。文選漢張衡西京賦:"鳳~翥於甍標,咸溯風而欲翔。"唐杜甫贈崔十三評事公輔詩:"~騰坐可致,九萬起於斯。"

[備考]説文:"騫,馬腹縶也。"徐鍇繫傳作"馬腹熱"。

騸 shàn 字彙式戰切。

後起字。❶閹割牲畜。舊五代史唐書郭崇韜傳:"~馬不可復乘。"❷用割去主根的方法培植果樹。元魯明善農桑衣食撮要正月:"~諸色果木樹,樹芽未生之時,於根旁掘土,須要寬深,尋纂心釘地根截去,留四邊亂根勿動,却用土覆蓋,築令實,則結果肥大,勝插接者,謂之~樹。"

騲 cǎo 采老切,上,晧韻,清。

後起字。牝馬。顔氏家訓書證:"良馬,天子以駕玉輅,諸侯以充朝聘郊祀,必無~也。"引申爲泛指母畜。正字通:"騲,牝畜之通稱。"

騵 yuán 愚袁切,平,元韻,疑。元部。

赤毛白腹的馬。詩大雅大明:"駟~彭彭。"毛傳:"騮馬白腹曰騵。"

按,説文無騵字。

騷 1. sāo 蘇遭切,平,豪韻,心。幽部。

❶騷動,騷擾。爾雅釋詁下:"騷,動也。"説文:"騷,擾也。"詩大雅常武:"徐方繹~。"毛傳:"騷,動也。"孫子用間:"内外~動,怠于道路。"❷憂愁。國語楚語上:"德義不行,則邇者~離而遠者距違。"韋昭注:"騷,愁也。"史記屈原賈生列傳:"離~者,猶離憂也。"❸屈原離騷的省稱。南朝梁劉勰文心雕龍辨騷:"昔漢武愛騷,淮南作傳。"後因以仿效離騷的詩體爲騷體,詩人爲騷人。❹腥臭。山海經北山經"食之不驕"郭璞注:"或作騷,騷,臭也。"

2. sǎo 集韻先到切,去,号韻,心。幽部。

❺通"掃"。掃除。集韻:"埽,拚除也。或作掃、騷。"史記黥布列傳:"大王宜~淮南之兵渡淮,日夜會戰彭城下。"

[備考]摩馬。説文:"騷,一曰摩馬也。"段玉裁注:"摩馬,如今人之刷馬。"

3. xiāo 集韻先彫切,平,蕭韻,心。幽部。

㊅地名用字。左傳桓公十一年:"鄖人軍於蒲騷。"釋文:"騷,音蕭。"蒲騷在今湖北應城市西北。

[同源字]騷,慅,愁,懆。騷、慅同音,騷、慅與愁爲心牀鄰紐,幽部叠韻;與懆爲心清旁紐,幽宵旁轉。説文:"懆,愁不安也。"説文:"愁,憂也。"楚辭離騷序:"騷,愁也。"廣雅釋詁四:"慅,愁也。"詩陳風月出:"勞心慅兮。"釋文:"慅,憂也。"

驏 zhàn 陟扇切,去,線韻,知。元部。

馬卧土中打滚。玉篇:"驏,馬轉卧土中也。"廣韻:"驏,馬土浴。"韓詩外傳二:"其馬佚而～吾園,而食吾園之葵。"宋蘇軾次韻子由浴罷詩:"倦馬～風沙,奮鬣一噴玉。"後也指其他動物打滚。宋梅堯臣江畔詩:"江畔菱蒲碧無主,吴牛夜～江干歸。"

按,説文無驏字。

驥 jì 几利切,音冀,去,至韻,見。微部。

㊀企望,希望。禮記文王世子"反養老幼于東序,終之以仁也"鄭玄注:"大夫勤於朝,州里～於邑。"宋洪适隸釋漢魯相韓敕造孔廟禮器碑:"自天王以下,至于初學,莫不～思嘆卬。"㊁同"驥"。見玉篇。

按,説文無驥字。

騬 chéng 食陵切,平,蒸韻,牀三。蒸部。

馬被閹割,也指被閹割的馬。説文:"騬,犗馬也。"周禮夏官校人"頒馬攻特"鄭玄注引鄭司農曰:"攻特謂～之。"資治通鑑五代後唐莊宗同光三年:"～馬亦不可乘,況任宦官!"

騶 1. zōu 側鳩切,平,尤韻,照二。侯部。

㊀主管養馬及駕車的人。説文:"騶,廄御也。"左傳成公十八年:"程鄭爲乘馬御,六～屬焉,使訓羣～知禮。"杜預注:"六騶,六閑之騶。"孔穎達疏:"騶是主駕之官也。"韓非子説林下:"有欲以御見荆王者,衆～妒之。"㊁騎士,侍從。後漢書羊續傳:"令中使督之,名爲左～。"李賢注:"騶,騎士也。"晉書輿服志:"大使車,立乘,駕四,赤帷裳,～騎導從。"㊂通"菆"。好箭。漢書鼂錯傳:"材官～發,矢道同的。"顔師古注:"騶,謂矢之善者也。"

2. zhòu 集韻鉏救切,去,宥,牀二。侯部。

㊃通"驟"。馬疾行。禮記曲禮上:"車驅而～,至于大門。"鄭玄注:"騶,音驟。"

3. qū 集韻逡須切,平,虞韻,清。侯部。

㊄通"趨"。快走。荀子正論:"和鸞之聲,步中武、象,～中韶、護以養耳。"楊倞注:"騶,當爲趨。"

騩 guī 居追切,平,脂韻,見。微部。

淺黑色馬。説文:"馬淺黑色。"急就篇三:"騂～騅駮驪騵驢。"顔師古注:"騩,淺黑色也。"

騮 liú 力求切,平,尤韻,來。幽部。

字本作駵。黑鬃黑尾的紅色馬。淮南子時則:"天子衣赤衣,乘赤～。"北魏賈思勰齊民要術養牛馬驢騾:"～馬、驪肩、…駱馬,皆善馬也。"又見〔驊騮〕。

騿 1. hàn 侯旰切,音翰,去,翰韻,匣。元部。

㊀長毛馬。説文:"騿,馬毛長也。"段注本作"馬長毛者也"。宋蘇軾書韓幹牧馬圖:"騅駓駰駱驪騮騵,白魚赤兔騂皇～。"

2. hán 胡安切,音寒,平,寒韻,匣。

㊁〔駮騿〕見"駮"字條。

騭 zhì 之日切,入,質韻,照三。職部。

㊀公馬。説文:"騭,牡馬也。"顔氏家訓書證:"鄴下博士見難云:駉頌既美僖公牧於坰野之事,何限騲～乎?"㊁安定。書洪範:"惟天陰～下民,相協厥居。"僞孔傳:"騭,定也。天不言而默定下民,是助合其居,使有常生之資。"㊂升,登。爾雅釋詁:"騭,陞也。"郭璞注:"魯、衛之間曰騭。"

騰 téng 徒登切,平,登韻,定。蒸部。

❶傳，傳遞。説文："騰，傳也。"淮南子繆稱："子產～辭，獄繁而無邪。"許慎注："騰，傳也。"又指傳播。宋王禹偁揚州謝上表："冀聖心之察微，免衆口之～謗。"❷跳躍。莊子山木："王獨不見夫～猿乎。"漢書李廣傳："虎～，傷廣，廣亦射殺之。"又指水翻騰。詩小雅十月之交："百川沸～。"又指飛騰。楚辭戰國屈原離騷："吾令鳳鳥飛～兮，繼之以日夜。"又指奔騰。楚辭大招："～駕步遊。"❸上升，登上。吕氏春秋孟春："天氣下降，地氣上～。"引申爲物價上漲。後漢書光武帝紀："往歲水旱蝗蟲爲災，穀價～躍。"❹乘，騎。楚辭漢劉向九歎愍命："却騏驥以轉運兮，～驢贏以馳逐。"❺過，超過。楚辭戰國屈原離騷："路脩遠以多艱兮，～衆車使徑待。"王逸注："騰，過也。"❻挪移。唐王建貧居："蠹生～藥篋，字暗換書籤。"

［同源字］騰，登，乘，升。四字同爲蒸部。騰，定母；登，端母；定端旁紐。乘，神母；升，審母，神審旁紐。聲音相近，四字都有升起，登上的意思，所以同源。詩魯頌閟宮："不震不騰。"毛傳："騰，乘也。"爾雅釋詁："登，升也。"詩豳風七月："亟其乘屋。"毛傳："乘，升也。"易坎："天險不可升。"

十一畫

騼 lù 盧谷切，入，屋韻，來。

〔騼騾〕叠韻聯緜字。野馬。廣韻："騼騾，野馬。"亦指旗上繪有的騼騾形象。宋史儀衛志："每隊旗上，角觿，赤熊，…騼騾…。"

騹 qí 音其。

〔騹驥〕良馬。荀子性惡："驊騮、騹驥、纖離、緑耳，此皆古之良馬也。"楊倞注："皆周穆王八駿名。騹讀爲騏。"

驃 1. biāo 毗召切，去，笑韻，並。今讀如飇。宵部。

❶有白色斑紋的黃馬。説文："驃，黃馬發白色。"又泛指馬。唐杜甫徒步歸行詩："妻子山中向天哭，須公櫪上追風～。"

2. piào 毗召切，去，笑韻，並。今讀如票。

❷馬疾行貌。唐杜甫天育驃騎歌，仇兆鰲注："驃，疾走也。"❸驍勇。見玉篇。

驅 qū 豈俱切，平，虞韻，溪。侯部。

❶策馬前進。説文："驅，驅馬也。"（依段注本）段玉裁注："驅馬，自人策馬言之。"詩唐風山有樞："子有車馬，弗馳弗～。"孔穎達疏："走馬謂之馳，策馬謂之驅。"引申爲驅逐，驅趕。左傳桓公十二年："～楚役徒於山中。"禮記月令："～獸，毋害五穀。"又爲驅使。孟子梁惠王上："然後～而之善，故民之從之也輕。"❷奔馳。玉篇："驅，奔馳也。"晉書王濬傳："順説長～，威名已著。"

［辨］驅，馳。見"馳"字條。

騻 shuāng 色莊切，平，陽韻，審二。陽部。

同"驦"。見〔驌騻〕。

按，説文無騻字。

騾 luó 落戈切，平，戈韻，來。歌部。

家畜名。公驢與母馬所生。吕氏春秋愛士："趙簡子有兩白～而甚愛之。"

按，説文騾作驘。

驂 cān 倉含切，平，覃韻，清。侵部。

❶一車所駕的三匹馬。説文："驂，駕三馬也。"詩小雅采菽："載～載駟，君子所屆。"❷駕車時轅馬兩旁的馬。詩鄭風大叔于田："執轡如組，兩～如舞。"鄭箋："在旁曰驂。"左傳成公二年："將及華泉，～絓於木而止。"

驄 cōng 倉紅切，平，東韻，清。東部。

青白雜毛的馬。説文："驄，馬青白雜毛也。"古詩爲焦仲卿妻作："金車玉作輪，躑躅青～馬。"

騺 zhì 陟利切，去，至韻，知。緝部。

馬負重難行貌。説文："騺，馬重皃。"史記晉世家："惠公馬～不行。"司馬貞索隱：

“驁,謂馬重而陷之於泥。”

驁 ào 五到切,去,号韻,疑。宵部。

❶駿馬名。吕氏春秋察今:“良馬期乎千里,不期乎驥~。”高誘注:“驁,千里馬名也。”引申爲才能出衆。唐韓愈薦士:“有窮者孟郊,受材實雄~。”❷通“傲”。傲慢,輕視。莊子外物:“夫不忍一世之傷而~萬世之患,抑固窶邪?亡其略弗及邪?”吕氏春秋下賢:“士~禄爵者,固輕其上。”❸通“謷(áo)”。詆毁,誹謗。商君書更法:“有獨知之慮者,必見~於民。”

〔備考〕古樂章名。儀禮大射儀:“卿大夫皆出,公不送,公入,~。”

按,説文驁作驐。

驀 mò 莫白切,入,陌韻,明。鐸部。

❶上馬。説文:“驀,上馬也。”文選晉左思吴都賦:“~六駮,追飛生。”李周翰注:“驀,騎也。”❷超越。唐李賀送沈亞之歌:“雄光寶礦獻春卿,烟底~波乘一葉。”❸忽然。宋辛棄疾青玉案元夕:“衆裏尋他千百度,~然迴首,那人却在,燈火闌珊處。”

十二畫

驎 lín 力珍切,平,真韻,來。真部。

〔騏驎〕見“騏”字條。

按,説文無驎字。

驍 xiāo 古堯切,音梟,平,蕭韻,見。宵部。

❶良馬。説文:“驍,良馬也。”文選南朝宋顔延之赭白馬賦:“臨廣望,坐百層,料武藝,品~騰。”❷勇猛。六韜敵武:“敵人甚衆且武,武車~騎,繞我左右,吾三軍皆震走。”後漢書隗囂傳:“今車駕大衆,已在道路;吴耿~將,雲集四境。”❸投壺游戲的術語。顔氏家訓雜藝:“投壺之禮,…今則唯欲其~,益多益喜。”

驔 diàn 徒玷切,音簟,上,忝韻,定。侵部。

❶黄色脊毛的黑馬。説文:“驔,驪馬黄脊。”❷脚脛長有長毛的馬。詩魯頌駉:“有~有魚,以車祛祛。”毛傳:“豪骭曰驔。”孔穎達疏:“蓋謂豪毛在骭而白長,名爲驔也。”

驊 huá 户花切,平,麻韻,匣。魚部。

〔驊騮〕駿馬。莊子秋水:“騏驥驊騮,一日而馳千里。”

按,説文無驊字。

驈 yù 餘律切,音聿,入,術韻,喻四。質部。

股間白色的黑馬。説文:“驈,驪馬白跨也。”詩魯頌駉:“薄言駉者,有~有皇。”毛傳:“驪馬白跨曰驈。”

驏 zhàn 字彙鉏版切。

後起字。馬不加鞍轡而騎。字彙:“驏,馬不施鞍轡爲驏。”唐令狐楚少年行之一:“少小邊州慣放狂,~騎蕃馬射黄羊。”

驉 xū 朽居切,平,魚韻,曉。魚部。

〔駏驉〕見“駏”字條。

按,説文無驉字。

驒 1. tuó 徒河切,音駝,平,歌韻,定。歌部。

❶有鱗狀斑紋的青馬。説文:“驒,一曰青驪白鱗,文如鼉魚。”詩魯頌駉:“薄言駉者,有~有駱。”

2. diān 都年切,音顛,平,先韻,端。元部。

❷〔驒騱〕野馬名。説文:“驒,驒騱,野馬也。”文選漢司馬相如上林賦:“蛩蛩驒騱,駃騠驢羸。”

3. tān 集韻他干切,平,寒韻,透。元部。

❸〔驒驒〕喘息貌。漢書叙傳下:“王師驒驒,致誅大宛。”顔師古注:“驒驒,喘息之貌。”

驕 jiāo 舉喬切,平,宵韻,見。宵部。

❶馬高六尺。説文:“驕,馬高六尺爲驕。”❷馬高大健壯貌。詩衛風碩人:“四牡有~。”亦泛指雄壯。唐高適贈别王七十管記

詩:"星高漢將～,月盛胡兵鋭。"㊂高傲,傲慢。詩魏風園有桃:"不知我者,謂我士也～。"商君書戰法:"王者之兵,勝而不～,敗而不怨。"㊃寵愛。孫子地形:"譬若～子,不可用也。"漢書匈奴傳:"胡者,天之～子也。"㊄〔驕驁〕叠韻聯緜字。馬行恣縱貌。史記司馬相如列傳上:"低卬夭蟜據以驕驁兮,詘折隆窮蠼以連卷。"司馬貞索隱引張揖曰:"驕驁,縱恣也。"㊅〔驕驕〕草高大茂盛貌。詩齊風甫田:"無田甫田,維莠驕驕。"

[辨]驕,傲。此二字都有驕傲的意思,但也有細微差别,驕指自滿,是一種心理活動,傲指傲慢,是一種行爲表現。

[同源字]高,喬,嶠,蹻,驕。見"高"字條。

十三畫

驘 luó 落戈切,平,戈韻,來。歌部。

同"騾"。説文:"驘,驢父馬母。"楚辭漢劉向九歎憂苦:"同駑～與乘駔兮,雜斑駮與闒茸。"王逸注:"馬母驢父生子曰驘。"

驖 tiě 他結切,入,屑韻,透。質部。

赤黑色馬。説文:"驖,馬赤黑色。"詩秦風駟驖:"駟～孔阜,六轡在手。"

[同源字]驖,鐵。二字同音。説文:"鐵,黑金也。"玉篇:"驖,馬如鐵,赤黑色。"

驌 sù 息逐切,入,屋韻,心。覺部。

〔驌騻〕準雙聲聯緜字。良馬名。玉篇:"驌騻,古之良馬。"後漢書馬融傳:"登于疏鏤之金路,六驌騻之玄龍。"李賢注:"驌騻,馬名。左傳云:'唐成公有兩驌騻馬。'"今本左傳作"肅爽"。字亦作"驌驦"。文選晉張協七命:"駕紅陽之飛燕,驂唐公之驌驦。"

按,説文無驌字。

驛 yì 羊益切,入,昔韻,喻四。鐸部。

㊀傳遞官方文書的馬及車。説文:"驛,置騎也。"史記汲鄭列傳:"孝景時,爲太子舍人,每五日洗沐,常置～馬長安諸郊。"漢書昭帝紀:"左將軍安陽侯桀…與燕王通謀,置～往來相約結。"㊁驛站。新唐書百官志一:"凡三十里有～,～有長。"

[備考]卜筮的一種徵兆。書洪範:"乃命卜筮,曰雨,曰霽,曰蒙,曰～,曰克。"

驗 yàn 魚窆切,去,豔韻,疑。談部。

㊀憑證,證據。史記商君列傳:"商君之法,舍人無～者坐之。"㊁檢驗,查驗。吕氏春秋知度:"有職者安其職,不聽其議;無職者責其實以～其辭。"㊂效果,效驗。淮南子主術:"～在近而求之遠,故弗得也。"三國志吴書吴主傳:"表説水旱小事,往往有～。"

驚 jīng 舉卿切,平,庚韻,見。耕部。

㊀馬因受到突然刺激而驚駭。説文:"驚,馬駭也。"戰國策趙策一:"襄子至橋而馬～。"史記袁盎鼂錯列傳:"如有馬～車敗,陛下縱自輕,奈高廟、太后何?"又泛指驚駭,震驚。詩大雅常武:"如雷如霆,徐方震～。"史記淮陰侯列傳:"一軍皆～。"㊁驚動,震動。莊子達生:"今汝飾智以～愚,脩身以明汙。"成玄英疏:"汝光飾心智,驚動愚俗。"唐李白猛虎行:"戰鼓～山欲顛倒。"㊂警戒。詩小雅車攻:"徒御不～,大庖不盈。"孔穎達疏:"言相警戒也。"墨子號令:"卒有～事,中軍疾擊鼓者三。"

[備考]亂貌。吕氏春秋慎大:"衆庶泯泯,皆有遠志,莫敢直言,其生若～。"高誘注:"驚,亂貌。"

[同源字]驚,警,譤,儌,憼,憿,敬。見"警"字條。

十四畫

驞 pīn 集韻紕民切,平,真韻,滂。真部。

〔驞駍〕雙聲聯緜字。聲響衆盛。漢書揚雄傳上:"猋泣雷厲,驞駍駖磕。"顔師古注:"驞駍、駖磕,皆聲響衆盛也。"

按，説文無驞字。

驝 méng 莫紅切，平，東韻，明。

“騴”之俗字。驢之子。集韻東韻：“騴，説文：‘驢子也。’或从蒙。”唐韓愈祭河南張員外文：“僕來告言，虎入廄處，無敢驚逐，以我～去。”

按，説文無驝有騴。

騬 zhòu 鋤祐切，去，宥韻，牀二。侯部。

㊀馬奔。説文：“騬，馬疾步也。”詩小雅四牡：“駕彼四駱，載～駸駸。”唐韓愈南山詩：“或翩若船遊，或決若馬～。”又泛指奔馳。莊子齊物論：“鳥見之高飛，麋鹿見之決～。”㊁疾，急。左傳莊公二十七年：“若～得勝於我，必棄其民。”老子第二十三章：“故飄風不終朝，～雨不終日。”㊂屢次。左傳宣公元年：“於是晉侯侈，趙宣子爲政，～諫而不入。”吕氏春秋不苟：“由余～諫而不聽。”

十 六 畫

驡 1. lóng 力鍾切，平，鍾韻，來。

㊀野馬。見玉篇。

2. zǎng 子朗切，上，蕩韻，精。

㊁〔駚驡〕見“駚”字條。

按，説文無驡字。

驢 lǘ 力居切，平，魚韻，來。魚部。

家畜名。説文：“驢，似馬，長耳。”文選漢司馬相如上林賦：“蛩蛩驒騱，駃騠～贏。”

驥 jì 几利切，去，至韻，見。脂部。

千里馬。説文：“驥，千里馬也。”論語憲問：“～不稱其力，稱其德也。”吕氏春秋博志：“～一日千里，車輕也。”又比喻傑出人才。晉書虞預傳：“十室之邑，必有忠信，世不乏～，求則可致。”

十 七 畫

驤 xiāng 息良切，平，陽韻，心。陽部。

㊀右後足白的馬。爾雅釋畜：“後右足白，驤。”㊁馬頭俯仰。説文：“驤，馬之低仰也。”段玉裁注：“馬之或俯或仰謂之驤。”㊂昂首，高舉。文選漢鄒陽上書吴王：“臣聞蛟龍～首奮翼，則浮雲出流，霧雨咸集。”又班固西都賦：“列棼橑以布翼，荷棟桴而高～。”㊃奔馳。文選漢張衡西京賦：“負筍業而餘怒，乃奮翅而騰～。”薛綜注：“驤，馳也。”

驦 shuāng 色莊切，平，陽韻，審二。

見〔驌驦〕條之“驌驦”。

按，説文無驦字。

十 八 畫

驨 niè 集韻昵輒切，入，葉韻，泥。

馬迅跑。晉書劉曜載記：“～驄父馬鐵瑕鞍。”何超音義：“驨，字或作䮧。女輒反。馬行疾也。”

驩 huān 呼官切，平，桓韻，曉。元部。

㊀馬名。説文：“驩，馬名。”㊁歡樂，歡心。孟子盡心上：“霸者之民，～虞如也。”史記廉頗藺相如列傳：“且以一璧之故，逆彊秦之～，不可。”

驨 xí 户圭切，平，齊韻，匣。支部。

獸名。爾雅釋獸：“驨，如馬，一角。”郭璞注：“元康八年，九真郡獵得一獸，大如馬，一角，角如鹿茸，此即驨也。”

十 九 畫

驪 lí 吕支切，平，支韻，來。支部。

㊀深黑色馬。説文：“驪，馬深黑色。”詩魯頌駉：“有～有黄，以車彭彭。”毛傳：“純黑曰驪。”吕氏春秋孟冬：“乘玄輅，駕鐵～。”引申爲黑色。爾雅釋畜：“～馬白跨，驈。”郭璞注：“驪，黑色。”史記龜策列傳：“乃刑白雉，及與～羊。”㊁並列。漢書王莽傳上：“驪馬，並駕也。”文選漢張衡西京賦：“～駕四鹿，芝蓋

九葩。"李善注:"驪,猶羅列駢駕之也。"

[同源字]驪,儷,麗。三字都是來母支部,雙聲兼疊韻;且三字都有並列、成對的意義。小爾雅廣言:"麗,兩也。"周禮夏官校人:"麗馬一圉。"鄭玄注:"麗,耦也。"朱駿聲說文通訓定聲謂儷即麗之或體。儀禮士昏禮:"玄纁束帛儷皮。"鄭玄注:"儷,兩也。"淮南子精神:"鳳皇不能與之儷。"高誘注:"儷,偕也。"

二十畫

驫 biāo 甫遥切,集韻卑遥切,音標,平,宵韻,幫。幽部。

衆馬奔馳貌。說文:"驫,衆馬也。"王筠句讀謂"馬"下挩"行"字。文選晉左思吴都賦:"～駥飍矞,靸霅驚捷。"李善注:"驫駥飍矞,衆馬走皃。"

骨部

[骨部總論]

骨部的字,絶大多數與骨骼或身體部位有關,極個别的字與骨骼等無關。

(一)關於骨骼的名詞。例如: 骶 髈 骴 骼 髃 髑 髎 髕 髖 髗

(二)與骨骼有關的動詞。例如: 骿 骾

(三)關於身體部位的名詞。例如: 骹 髋 髀 髈 體

(四)與骨骼有間接關係的詞。例如: 骰 骲 髓

(五)與骨骼幾乎無關的詞。例如: 蝟 骳 髇 骫

骨 gǔ 古忽切,入,没韻,見。物部。

❶人及動物的骨頭、骨骼。說文:"骨,肉之覈也。"孟子告子下:"故天將降大任於斯人也,必先苦其心志,勞其筋～,餓其體膚,空乏其身。"又指屍骨、骸骨。國語越語下:"寡人不知其力之不足也,而又與大國執讎,以暴露百姓之～於中原,此則寡人之罪也。"❷人的氣概,品格。宋書武帝紀上:"及長,身長七尺六寸,風～奇特。"❸喻文學作品的體幹、風格或書法的筆力。南朝梁劉勰文心雕龍風骨:"結言端直,則文～成焉。"晉衛夫人筆陣圖:"善筆力者多～。"

二畫

肌 jī 篇海類編堅溪切。

同"肌"。肌肉。列子黄帝:"形若飛鳥,揚於地,～骨無礙。"

按,說文無肌字。

三畫

骭 gàn 古案切,去,翰韻,見。元部。

❶脛骨,也指小腿。說文:"骭,骹也。"淮南子俶真:"雖以天下之大,易～之一毛,無所概於志也。"唐段成式酉陽雜俎蟲篇:"申王有肉疾,腹垂至～,每出則白練束之。"❷肋骨。北齊劉晝新論命相:"帝嚳戴肩,顓頊骿～。"

骬 yú 羽俱切,平,虞韻,喻三。魚部。

〔髃骬〕見"髃"字條。

按,說文無骬字。

骫 wěi 於詭切,上,紙韻,影。歌部。

❶骨彎曲不正。説文：“骫，骨耑骫奊也。”段玉裁注：“骫奊者，謂屈曲之狀。”又泛指彎曲。吕氏春秋必己：“尊則虧，直則～。”高誘注：“骫，曲也。”又指枉曲。漢書淮南厲王傳：“皇帝～天下正法而許大王甚厚。”❷枯萎。吕氏春秋報更：“臣～桑之下餓人也。”❸聚集。漢揚雄太玄積：“小人積非，禍所～也。”

［同源字］骫，委，萎，翳。四字同爲影母。骫爲歌部，委、萎爲微部，翳爲脂部，歌微脂旁轉。吕氏春秋報更“骫桑”，淮南子人間“委桑”，左傳宣公二年“翳桑”，皆枯萎之義，指枯桑。詩大雅皇矣：“其菑其翳。”毛傳：“木自斃爲翳。”後漢書趙壹傳李賢注引吕氏春秋“骫桑”後云：“骫，古委字。”楚辭戰國屈原離騷：“雖萎絶其亦何傷兮！”王逸注：“萎，病也。”禮記檀弓上：“哲人其萎乎！”釋文：“委，本又作萎。”

四　　畫

骯 kǎng 口朗切，上，蕩韻，溪。陽部。

〔骯髒〕叠韻聯緜字。①體胖。北周庾信擬連珠：“骯髒之馬，無復千金之價。”②剛直貌。漢趙壹刺世疾邪賦：“伊優北堂上，骯髒倚門邊。”唐李白魯郡堯祠送張十四遊河北詩：“有如張公子，骯髒在風塵。”按，今骯又讀āng，骯髒爲不潔貌。

按，説文無骯字。

骰 tóu 度侯切，平，侯韻，定。

賭具名，即色子。唐白居易就花枝詩：“醉翻衫袖抛小令，笑擲～盤呼大采。”按，古人骰取投義，多作投字，唐人始作骰。

五　　畫

骷 kū 集韻空胡切，平，模韻，溪。

晚起字。〔骷髏〕死人的骨頭。西遊記二七回：“這個人才死了，怎麽就化作一堆骷髏。”

骲 bào 薄巧切，上，巧韻，並。

骨製的箭頭。爾雅釋器“骨鏃不翦羽謂之志”郭璞注：“今之骨骲是也。”資治通鑑宋順帝昇明元年：“帝乃更以～箭射，正中其齊。”

按，説文無骲字。

骳 mǐ 文彼切，集韻母被切，音靡，上，紙韻，明。歌部。

〔骫骳〕叠韻聯緜字。①屈曲。漢書枚乘傳：“其文骫骳，曲隨其事，皆得其意。”顔師古注：“骫骳，猶言屈曲也。”②精神萎靡。宋宗澤遺事：“太平日久，人亦惰驕骫骳不武。”

按，説文無骳字。

骶 dǐ 都計切，集韻典禮切，音抵，上，薺韻，端。脂部。

❶尾椎骨。素問刺熱：“七椎下間主腎熱，榮在～也。”王冰注：“脊節之謂椎，脊窮之謂骶。”❷臀。玉篇：“骶，臀也。”

［備考］背，後。廣雅釋親：“背謂之～。”王念孫疏證：“骶之言邸也，邸者後也。”

䯍 kū 集韻苦骨切，入，没韻，溪。物部。

同“窟”。洞。漢書揚雄傳下長楊賦：“西厭月～，東震日域。”顔師古注引服虔曰：“䯍，音窟，穴。月䯍，月所生也。”

按，説文無䯍字。

六　　畫

骴 zé 音澤。

偏轉。唐皮日休公齋四咏鶴屏：“～耳側似聽，赤精曠如望。”

骹 1. qiao 口交切，音敲，平，肴韻，溪。宵部。

❶小腿。説文：“骹，脛也。”爾雅釋畜：“四～皆白贈。”郭璞注：“骹，膝下也。”文選漢張衡西京賦：“青～摯於韝下，韓盧噬於緤

末。"薛綜注:"青骹,鷹青脛者。"引申指脛骨近脚而細的部位,也指脚。宋梅堯臣潘歙州話廬山詩:"坐石浸兩～,炎膚起芒粟。"又泛指器物的脚。南史王亮傳:"當作無～尊傍犬,爲犬傍無～尊?"❷肋骨與胸骨及胸椎下部相交處。靈樞經本藏:"廣胸反～者肝高,合腸兔～者肝下。"❸車輻較細同輪牙相接者。周禮考工記輪人:"參分其股圍,去一以爲～圍。"鄭玄注引鄭司農曰:"股謂近轂者也,骹謂近牙者也。方言股以喻其豐,故言骹以喻其細。"❹〔骹𩩲〕雙聲聯緜字。骨著齒縫中取不出。唐柳宗元解祟賦:"獨凄己而燠物,愈騰沸而骹𩩲。"

2. xiāo 集韻虚交切,音哮,平,肴韻,曉。

❺響箭。集韻:"髇,鳴鏑,或作骹。"唐元稹江邊四十韻:"隱錐雷震蟄,破竹箭鳴～。"

骸

hái 户皆切,平,皆韻,匣。之部。

❶脛骨。説文:"骸,脛骨也。"素問骨空論:"～下爲輔,輔上爲膕。"❷骨頭,骨骼。左傳宣公十五年:"敝邑易子而食,析～以爨。"❸身體,形體。莊子德充符:"直寓六～。"釋文:"崔云:手足首身也。"吕氏春秋重己:"其爲輿馬衣裘也,足以逸身煖～而已矣。"

[同源字]骸,核。二字見母雙聲,之職對轉,音相近。義亦相近。爾雅釋木:"桃李醜,核。"朱駿聲曰:"如人之有骨也。"廣雅釋器:"骸,骨也。"王念孫疏證:"骸之言亦核也。"人骨爲皮肉所包裹,如桃李爲皮肉所包裹,故二字同源。

骿

pián 部田切,平,先韻,並。耕部。

❶肋骨連成一片。説文:"骿,駢脅,并榦也。"(依段注本)國語晉語四:"(曹共公)聞其～脅,欲觀其狀。"劉子新論命相:"帝嚳戴肩,顓頊～骭。"❷同"胼"。手脚上的老繭。漢書司馬相如傳下:"躬傶～胝無胈,膚不生毛。"

[同源字]駢,骿。見"駢"字條。

骻

kuà 苦化切,去,禡韻,溪。

腰胯骨。梁書武帝紀上:"兩～骿骨,頂上隆起。"又指兩股之間。新唐書車服志:"開～者,名曰缺～衫。"

[同源字]袴,絝,胯,骻,跨。見"袴"字條。

按,説文無骻字。

骴

cī 疾移切,平,支韻,從。支部。

鳥獸殘骨。説文:"骴,鳥獸殘骨曰骴。"也指肉未爛盡的死人骨。周禮秋官蜡氏:"蜡氏掌除～。"鄭玄注:"謂死人骨也。"淮南子時則:"毋聚衆置城郭,掩骼薶～。"

骼

gé 古伯切,入,陌韻,見。鐸部。

禽獸的骨,又泛指骨。説文:"骼,禽獸之骨曰骼。"吕氏春秋孟春:"揜～霾髊。"高誘注:"白骨曰骼。"儀禮少牢饋食禮:"肩臂臑,膊～。"鄭玄注:"膊、骼,股骨。"

骱

héng 户庚切,音衡,平,庚韻,匣。陽部。

❶脚脛。素問脈要精微:"當病足～腫,若水狀也。"❷牛脊後骨。見廣韻。

按,説文無骱字。

七　畫

髇

xiāo 集韻虚交切,平,爻韻,曉。

響箭。晉陸翽鄴中記:"虎乃登臺射～箭一發,五千騎一時奔走。"新唐書地理志三:"嬀州嬀川郡…土貢:樺皮、胡禄、甲榆、～矢、麝香。"

按,説文無髇字。

骾

gěng 古杏切,上,梗韻,見。陽部。

❶骨頭卡在喉嚨裏。説文:"骾,食骨留咽中也。"❷耿直。漢書杜周傳:"王氏世權日久,朝無骨～之臣。"清段玉裁説文解字注:"忠言逆耳,如食骨在喉,故云骨～之臣。"

[同源字]梗,骾,哽。見"梗"字條。

骽

tuǐ 吐猥切,上,賄韻,透。

"腿"的本字。玉篇:"骽,骽股也。"説郛卷二引唐張鷟朝野僉載:“(諸葛昂)先令愛妾行酒,妾無故笑。昂叱下。須臾蒸此妾,坐銀盤…遂擘～肉以啖。”

䯚 yǎo 集韻以紹切,上,小韻,喻四。宵部。

腰部左右虚肉處。集韻:“䯚,水膁也。”詩小雅車攻“大庖不盈”毛傳:“射左髀達於右䯚爲下殺。”

按,説文無䯚字。

八　畫

䯘 wàn 篇海類編烏貫切。

同“腕”。手腕。新唐書孝友傳序:“張進昭母患狐刺,左手墮而終。及殯,進昭截左～廬於墓。”

按,説文無䯘字。

髁 kē 苦卧切,去,過韻,溪。歌部。

㊀股骨。説文:“髁,髀骨也。”段玉裁注:“髀骨,猶言股骨也。”㊁〔谿髁〕見“谿”字條。

髀 bì 傍禮切,上,薺韻,並。支部。

㊀大腿。説文:“髀,股也。”禮記深衣:“帶,下毋厭～。”史記李斯列傳:“夫擊甕叩缶,彈箏搏～而歌呼嗚嗚快耳者,真秦之聲也。”又指大腿骨。禮記祭統:“骨有貴賤,殷人貴～,周人貴肩。”㊁測定日影的表。周髀算經上:“周～長八尺,夏至之日,晷一尺六寸,～者,股也。正晷之句也。”晉書天文志:“～,股也;股者,表也。”

九　畫

髂 1. qià 枯駕切,去,禡韻,溪。鐸部。

㊀腰部下面腹部兩側的骨。素問長刺節論:“刺兩～髎季脅肋間。”王冰注:“髂爲腰骨。”

2. gé 篇海類編各額切,音格。鐸部。

㊁同“骼”。漢書揚雄傳下:“范雎,魏之亡命也,折脅拉～,免於徽索。”顔師古注:“髂,骨也。髂音格。”

按,説文無髂字。

髃 yú 遇俱切,平,虞韻,疑。侯部。

同“腢”。肩前骨。説文:“髃,肩前也。”急就篇:“肿胦脊脇喉咽～。”顔師古注:“髃,肩前也。”

髆 hé 胡葛切,入,曷韻,匣。月部。

〔髆骭〕雙聲聯緜字。胸骨。靈樞經本藏:“髆骭長者,心下堅;髆骭小者,心脆。”

按,説文無髆字。

十　畫

髊 cī 疾智切,集韻才支切,音疵,平,支韻,從。歌部。

同“骴”。腐骨,肉未爛盡的屍骨。集韻:“骴,鳥獸殘骨。或作‘髊’,亦書作‘胔’。”吕氏春秋孟春:“揜骼霾～。”高誘注:“白骨曰骼,有肉曰髊。”

按,説文無髊有骴。段玉裁注:“吕氏春秋作‘髊’,亦或字也。”

髈 1. páng 步光切,平,唐韻,並。陽部。

㊀“膀”的或體。脅。説文:“膀,脅也。髈,膀或从骨。”隋巢元方諸病源候論:“丹發兩～,不過一日便赤黑,謂之神火丹也。”

2. pǎng 匹朗切,上,蕩韻,滂。

㊁大腿。玉篇:“髈,股也。”

3. bǎng 音榜。

㊂肩膀。元佚名劉弘嫁婢一折:“兩箇肩～擡着箇口。”

髇 xiāo 許交切,音哓,平,肴韻,曉。

字亦作“骹”。響箭。集韻:“髇,鳴鏑也。”唐李白行行且游獵詩:“弓彎滿月不虚發,雙鶬迸落連飛～。”宋蘇軾人日獵城南詩:“忽發兩鳴～,相趁飛蟲小。”

按,説文無髇字。

髆 bó 補各切,入,鐸韻,幫。鐸部。

肩胛,也指肩膀。説文:"髆,甲也。"素問骨空論:"循肩~内俠脊抵腰中。"隋巢元方諸病源候論:"其狀咳而胸滿而氣逆,~脊痛,汗出。"

十 一 畫

䯬 mó 莫婆切,平,戈韻,明。歌部。

偏癱,即半身不遂。廣韻:"䯬,偏病。"漢書叙傳上:"又況幺~,尚不及數子,而欲闇奸天位者虖!"顏師古注引晉灼曰:"此骨偏䯬之䯬也。"

按,説文䯬作𤸰,云"㾓病也"。

𩪓 áo 五勞切,平,豪韻,疑。

同"螯"。蝌類第一對大脚。玉篇:"𩪓,蟹鈐也。"顏氏家訓文章:"異物志云:擁劍狀如蟹,但一~偏大爾。"

按,説文無𩪓字。

髎 liáo 落蕭切,平,蕭韻,來。幽部。

髖骨。玉篇:"髎,髖也。"亦指骶骨。集韻:"髎,尻骨謂之髎。"又指腰尻間的穴位。素問骨空論:"腰痛不可以轉摇,急引陰卵,刺八~與痛上,八~在腰尻分間。"

按,説文無髎字。

髏 lóu 落侯切,平,侯韻,來。侯部。

説文:"髏,髑髏也。"〔髑髏〕見"髑"字條。

[同源字]顱,髏。見"顱"字條。

十 二 畫

髐 xiāo 集韻虚交切,平,肴韻,曉。宵部。

❶枯骨暴露貌。莊子至樂:"莊子之楚,見空髑髏,~然有形。"釋文:"髐,白骨貌。"唐柳宗元掩役夫張進骸:"~然暴百骸,散亂不復支。"❷響箭。玉篇:"髐,髐箭也。"漢書匈奴傳上"冒頓乃作鳴鏑",顏師古注引應劭曰:"髐箭也。"

按,説文無髐字。

髓 suǐ 息委切,上,紙韻,心。歌部。

同"䯝"。骨髓。吕氏春秋過理:"截涉者脛而視其~。"素問解精微論:"~者,骨之充也。"引申爲類似骨髓的東西。北周庾信道士步虚詞:"石~香如飯,芝房脆似蓮。"又比喻事物的精華。唐李咸用讀修睦上人歌篇:"意下紛紛造化機,筆頭滴滴文章~。"

按,説文髓作䯝,隸變作髓。

十 三 畫

髑 dú 徒谷切,音獨,入,屋韻,定。屋部。

〔髑髏〕頭骨。説文:"髑,髑髏,頂也。"特指死人的頭骨。莊子至樂:"莊子之楚,見空髑髏,髐然有形。"宋蘇軾髑髏贊:"黄沙枯髑髏,本是桃李面。"

髒 zǎng 子朗切,上,蕩韻,精。

〔骯髒〕見"骯"字條。

按,説文無髒字。

䯝 suǐ 集韻選委切,上,紙韻,心。歌部。

骨髓。説文:"䯝,骨中脂也。"段玉裁注:"䯝,隸作髓。"漢書郊祀志下:"先鸞鶴~、毒冒、犀玉二十餘物漬種。"顏師古注:"䯝,古髓字也。"

體 tǐ 他禮切,上,薺韻,透。脂部。

❶肢體,身體的一部分。論語微子:"四~不勤,五穀不分。"史記項羽本紀:"郎中騎楊喜、騎司馬吕馬童、郎中吕勝、楊武各得其一~。"又泛指身體。莊子秋水:"此其比萬物也,不似豪末之在於馬~乎?"禮記祭義:"身也者,父母之遺~也。"又引申爲親身。後漢書班固傳:"~行德本,正性也。"李賢注:"體行,躬行也。"❷事物的本體、實體。吕氏春秋情欲:"萬物之形雖異,其情一~也。"漢書賈誼傳:"曰安且治者,非愚則諛,皆非事實知治亂之~者也。"南朝梁范縝神滅論:"名殊而~一也。"❸卦體,占卜的卦兆。詩衛風氓:"爾卜爾筮,~無咎言。"❹文章或書法的體裁或風格。許慎説文解字叙:"自爾秦書有八

～。”南朝梁劉勰文心雕龍辨騷：“揚雄諷味，亦言～同詩雅。”❺領悟，體現。莊子刻意：“能～純素，謂之真人。”易繫辭下：“以～天地之撰。”孔穎達疏：“體象天地之數也。”❻依照，效法。管子君臣上：“衣服緷絻，盡有法度，則君～法而立矣。”尹知章注：“體，猶依也。”淮南子本經：“帝者～太一。”❼親近，連接。禮記學記：“就賢～遠，足以動衆，未足以化民。”鄭玄注：“體，猶親也。”又文王世子：“外朝以官，～異姓也。”鄭玄注：“體，猶連結也。”❽實行，實踐。荀子修身：“好法而行，士也；篤志而～，君子也。”淮南子氾論：“故聖人以身～之。”高誘注：“體，行。”❾體諒，設身處地爲他人着想。禮記中庸：“敬大臣也，～羣臣也。”朱熹集注：“體，謂設以身處其地而察其心也。”北齊書神武紀下：“前持心血，遠以示王，深冀彼此共相～悉。”

髓 guài 古外切，去，泰韻，見。月部。

古人束髮用的骨器。説文：“髓，骨擿之可會髮者。詩曰：‘髓弁如星。’”按，今詩衛風淇奧作“會”。又指束髮。周禮夏官弁師“王之皮弁，會五采玉璂”鄭玄注：“故書會作～。鄭司農曰：‘讀如馬會之會，謂以五采束髮也。’”

十四畫

髕 bìn 毗忍切，上，軫韻，並。真部。

髕骨，即膝蓋骨。説文：“髕，厀耑也。”素問刺禁論：“刺膝～出液爲跛。”又指去掉膝蓋骨的酷刑。史記魯仲連鄒陽列傳：“昔者司馬喜～脚於宋，卒相中山。”漢書刑法志：“～罰之屬五百。”顔師古注：“髕罰，去膝頭骨。”

十五畫

髖 kuān 苦官切，平，桓韻，溪。元部。

髖骨，即胯骨。説文：“髖，髀上也。”素問氣交變大論：“甚則屈不能伸，～髀如别。”漢書賈誼傳：“至於～髀之所，非斤則斧。”顔師古注：“髀，股骨也。髖，髀上也。”

十六畫

髗 lú 落胡切，平，模韻，來。

同“顱”。頭髗。新唐書張九齡傳：“于時族夷將相，～足旁午，仲方皆密使識其尸。”

按，説文髗作顱。

高　部

高 gāo 古勞切，平，豪韻，見。宵部。

❶高。與“下”相對。詩大雅卷阿：“鳳皇鳴矣，于彼～岡。”國語楚語上：“地有～下，天有晦明。”又指高度。墨子備城門：“五十步一井屏，周垣之，～八尺。”列子湯問：“太行、王屋二山，方七百里，～萬仞。”❷等級或程度高。戰國策秦策五：“王年～矣。”此指年歲高。左傳昭公十五年：“且昔而～祖孫伯黶，司晉之典籍。”此指輩份高。漢書鼂錯傳：“對策者百餘人，唯錯爲～第。”此指對策成績高。文選漢傅毅舞賦：“亢音～歌爲樂方。”此指聲音高。❸高尚，高超。韓非子五蠹：“輕辭天子，非～也，勢薄也。”漢書鼂錯傳：“臣竊觀太子材智～奇。”又用作意動，認爲高尚，即崇敬、崇尚。吕氏春秋離俗：“雖死，天下愈～之。”

［備考］㈠通“郊”。郊外。吕氏春秋仲春：“是月也，玄鳥至。至之日，以太牢祀於～禖。”㈡通“膏”。油脂。素問生氣：“～梁之變，足生大丁，受如持虚。”

[同源字]高，喬，嶠，蹻，驕。此五字都有高的意思，又同爲宵部，高、驕爲見母，蹻爲溪母，喬、嶠爲羣母，見溪羣旁紐。説文："高，崇也。"詩小雅伐木："遷于喬木。"毛傳："喬，高也。"爾雅釋山："山鋭而高曰嶠。"説文："蹻，舉足行高也。"説文："驕，馬高六尺爲驕。"

髟　部

[髟部總論]

髟部字，一般都與毛髮有關，僅個别字無關。

(一)關於毛髮的名詞。例如：　髹　髦　髯　髻　髭　鬚　鬢

(二)關於毛髮的動詞。例如：　髡　鬃　髾　髻

(三)描繪毛髮形貌的詞。例如：　髧　鬈　髿　鬑　鬅

(四)與毛髮無關的詞。例如：　髹　鬃　鬛

髟 1. biāo 甫遥切，集韻卑遥切，音彪，平，宵，幫。幽部。

㊀髮長貌。説文："髟，長髮猋猋也。"文選晉潘岳秋興賦："斑鬢～以承弁兮，素髮颯以垂領。"㊁[髟鼬]叠韻聯緜字。飄摇飛揚貌。後漢書馬融傳："羽毛紛其髟鼬，揚金翣而拕玉瓖。"李賢注："髟鼬，羽旄飛揚貌也。"

2. piào 集韻匹妙切，去，笑韻，滂。幽部。

㊂動物頸上的長毛。文選漢馬融長笛賦："寒熊振頷，特麡昏～。"李善注："髟，萇髦也。"胡克家考異："萇當作長。"

三　畫

髡 kūn 苦昆切，音坤，平，魂韻，溪。文部。

㊀剃去頭髮。説文："髡，鬄髮也。"左傳哀公十七年："公自城上見己氏之妻髮美，使～之以爲吕姜髢。"楚辭戰國屈原九章涉江："接輿～首兮，桑扈臝行。"又指剃光頭髮的刑罰。周禮秋官掌戮："～者使守積。"又指剃光頭髮的僧人。唐孫樵復佛寺奏："臣以爲殘蠹於理者，羣～最大。"㊁剪去樹木枝條。北魏賈思勰齊民要術種槐柳楸梓梧柞："種柳千樹則足柴，十年以後～一樹，得一載；歲～二百樹，五年一周。"

髢 dì 特計切，音地，去，霽韻，定。歌部。

裝襯的假髮。詩鄘風君子偕老："鬒髮如雲，不屑～也。"鄭箋："髢，髲也。"孔穎達疏："説文云：'髲，益髮也。'言己髮少，聚他人髮益之。"左傳哀公十七年："公自城上見己氏之妻髮美，使髡之以爲吕姜～。"

按，説文以髢爲鬄的或體。

四　畫

髣 fǎng 妃兩切，上，養韻，敷。陽部。

〔髣髴〕雙聲聯緜字。①好像。楚辭戰國屈原遠遊："時髣髴以遥見兮，精晈晈以往來。"晉陶潛桃花源記："林盡水源，便得一山，山有小口，髣髴若有光。"②類似。三國志蜀書諸葛亮傳"於是以亮爲右將軍"裴松之注引漢晉春秋："曹操智計，殊絶於人，其用兵也，髣髴孫吴。"

按，説文無髣字。

髧 dàn 徒感切，上，感韻，定。侵部。

髮垂貌。詩鄘風柏舟："～彼兩髦，實維我特。"毛傳："髧，兩髦之貌。"引申爲泛指垂

貌。文選晉左思魏都賦："～若玄雲舒蜺以高垂。"李善注："髧，垂貌也。"

按，説文無髧字。

髤 xiū 許尤切，音休，平，尤韻，曉。幽部。

同"髹"。赤黑漆。儀禮鄉射禮："楅～横而拳之。"鄭玄注："髤，赤黑漆也。"又用作動詞，以漆漆物。史記貨殖列傳："木器～者千枚。"張守節正義："顔云：以漆漆物謂之髤。"

按，説文無髤字。

髩 bìn 音臏。

後起字。同"鬢"。鬢角。宋范成大次韻嚴子文旅中見贈詩："海浦寸心空共月，京華雙～各凋年。"宋晁補之摸魚兒："君視覷，滿青鏡，星星～影今如許。"

𩬅 jiè 古拜切，去，怪韻，見。月部。

髮髻。説文："𩬅，簪結也。"段玉裁注："簪結者，既簪之髻也。"又云："曹憲注廣雅曰，按説文𩬅即籀文髻字也。"廣雅釋詁四："𩬅，髻也。"晉書藝術傳："頭悉縮入肩中，惟冠～髣髴微出。"南史夷貊傳下："男女皆露～，富貴者以錦繡雜采爲帽，似中國胡公頭。"

髦 1. máo 莫袍切，平，豪韻，明。宵部。

㊀髮中長毫。説文："髦，髦髮也。"(依段注本)段玉裁注："髮中之秀出者謂之髦髮。漢書謂之壯髮。馬鬣偁髦亦其意也。"又指馬頭上的長毛。儀禮既夕禮下："馬不齊～。"北魏賈思勰齊民要術養牛馬驢騾："白馬黑～不利人。"㊁傑俊。爾雅釋言："髦，俊也。"郭璞注："士中之俊，如毛中之髦。"詩小雅甫田："攸介攸止，烝我～士。"毛傳："髦，俊也。"又指選拔俊傑。爾雅釋言："髦，選也。"詩大雅思齊："古之人無斁，譽～斯士。"㊂草名，即天門冬。爾雅釋草："髦，顛棘。"郝懿行義疏："本草云：'天門冬一名顛勒。'勒即棘也。"㊃蟲名，即螳螂。方言一一："螳蜋謂之髦。"

2. máo 集韻迷浮切，平，侯韻，明。宵部。

㊄兒童下垂至眉的短髮。詩鄘風柏舟："髧彼兩～，實維我儀。"毛傳："髦者，髮至眉，子事父母之飾。"㊅古代西南少數民族名。字也作"髳"。詩小雅角弓："如蠻如～，我是用憂。"鄭箋："髦，西夷别名。"

3. máo 集韻謨交切，平，爻韻，明。宵部。

㊆牦牛。史記西南夷列傳："取其筰馬、僰僮、～牛，以此巴蜀殷富。"也指用牦牛尾裝飾的旗子。文選晉張協七命："建雲～，啓雄芒。"李善注："雲髦，雲旆竿上施髦也。"

五　畫

髬 pī 敷悲切，集韻攀悲切，平，脂韻，滂。之部。

〔髬髵〕疊韻聯緜字。猛獸鬃毛豎起貌。廣韻："髬，髬髵，猛獸奮鬣貌。"文選漢張衡西京賦："及其猛毅髬髵，隅目高匡。"也代指猛獸。宋蘇軾十八大阿羅漢頌："一念之差，墮此髬髵。"

按，説文無髬字。

髮 fà 方伐切，入，月韻，非。月部。

㊀頭髮。詩小雅采緑："予～曲局，薄言歸沐。"吕氏春秋必己："孟賁瞋目而視船人，～植，目裂，鬢指，舟中之人盡揚播入於河。"㊁古代長度單位。漢賈誼新書六術："十毫爲～，十～爲氂，十氂爲分，十分爲寸。"

髳 1. máo 莫浮切，音矛，平，尤，明。幽部。

同"鬏"。㊀頭髮至眉的髮型。説文："鬏，髮至眉也。詩曰：'紞彼兩鬏。'髳，鬏或省。"㊁古代西南少數民族名。書牧誓："及庸、蜀、羌、～、微、盧、彭、濮人。"僞孔傳："髳、微在巴蜀。"

2. méng 莫紅切，平，東韻，明。東部。

㊂〔䰒髳〕雙聲聯緜字。草木叢茸朦朧貌。爾雅釋詁下："䰒髳，茀離也。"郭璞注："草木之叢茸翳薈也。茀離，即彌離。彌離，猶蒙籠也。"

髴 1. fú 敷物切，入，物韻，敷。物部。

㊀説文："髴，髴若似也。"段玉裁謂下

“髴”字當删。〔髣髴〕見“髣”字條。

2. fú 分勿切，入，物韻，非。物部。

㊁婦女首飾。易既濟“婦喪其茀”釋文：“茀，首飾也。子夏作髴。”宋歐陽修班班林間鳩寄内詩：“又云子亦病，蓬首不加～。”

3. fèi。物部。

㊂通“狒”。〔髴髴〕動物名，即“狒狒”。尚書大傳五：“髴髴，周成王時州靡國獻之。”

髲 bì 平義切，去，寘韻，並。歌部。

假髮。説文：“髲，鬄也。”三國志吴書薛綜傳：“珠崖之廢，起於長吏覩其好髮，髡取爲～。”世説新語賢媛：“頭髮委地，下爲二～，賣得數斛米。”

髯 rán 汝鹽切，平，鹽韻，日。談部。

㊀兩頰的鬍鬚，也泛指鬍鬚。漢書高帝紀：“高祖…美須～。”顔師古注：“在頤曰須，在頰曰髯。”亦代指鬍鬚多而長者。三國志蜀書關羽傳：“羽美鬚髯，故亮謂之～。”㊁動物的須。山海經西山經：“其鳥多當扈，其狀如雉，以其～飛。”郭璞注：“髯，咽下須也。”

按，説文無髯字。

髫 tiáo 徒聊切，平，蕭韻，定。宵部。

兒童下垂的頭髮。唐慧琳一切經音義卷八九引蒼頡篇：“髫，髦也。”因亦指稱兒童。後漢書邊讓傳：“～亂夙孤，不盡家訓，及就學廬，便受大典。”晉陶潛桃花源記：“黄髮垂～，並怡然自得。”

按，説文無髫字，新附有之。

六　畫

髻 1. jì 古詣切，去，霽韻，見。質部。

㊀挽在頭頂或腦後的頭髮。論衡恢國：“周時被髮椎～，今戴皮弁。”唐白居易吾雛詩：“我頭髮盡落，汝頂～初成。”

2. jié 集韻吉屑切，入，屑韻，見。質部。

㊁竈神。莊子達生：“沈有履，竈有～。”釋文引司馬彪云：“髻，竈神，著赤衣，狀如美女。”

［同源字］①髻，結。二字同音，結爲繫束，髻爲繫束在頭上的頭髮，所以二字同源。髻本只作結，後改作髻。釋名釋姿容：“結，束也。”漢書西南夷傳：“此皆椎結。”顔師古注：“結讀爲髻，爲髻如椎之形也。”參見“紒”字條。

②笄，髻。見“笄”字條。

按，説文無髻字，新附有之。

髶 1. róng 而容切，音茸，平，鍾韻，日。東部。

㊀亂髮。説文：“髶，亂髮也。”

2. èr 而至切，去，至韻，日。之部。

㊁〔髶毦〕披散着頭髮，也指披散着頭髮的騎士。文選漢張衡東京賦：“髶毦被繡，虎夫戴鶡。”

髭 zī 即移切，平，支韻，精。支部。

同“頾”。脣上邊的鬍鬚。廣韻：“頾，説文云：‘口上須。’俗作髭。”釋名釋形體：“口上曰髭。”樂府詩集陌上桑：“行者見羅敷，下擔捋～鬚。”也指馬須。吕氏春秋觀表：“古之善相馬者：寒風是相口齒，…衛忌相～。”

按，説文有頾，在須部。段玉裁注：“或作‘髭’。”

髺 1. kuò 古活切，入，末韻，見。今讀如闊。月部。

㊀束髮。儀禮士喪禮：“主人～髮。”

2. yuè 字彙補魚厥切。月部。

通“朗”。㊁器物歪斜。周禮考工記旊人：“凡陶旊之事，～墾薜暴不入市。”賈公彦疏：“玄謂髺讀爲朗。朗謂器不正欹邪者也。”

按，説文篆作髺，隸作髺。

髹 xiū 許尤切，平，尤韻，曉。幽部。

赤黑漆，亦指涂漆。玉篇：“髹，赤黑漆也。”韓非子外儲説左上：“君觀之，與～筴者同狀。”

按，説文無髹字。

七　畫

髿 shā 所加切，平，麻韻，審二。

頭髮散亂貌。見〔鬖髿〕。亦指頭髮下垂貌。宋陸游園中觀草木有感詩："午睡或至暮，亂髮垂～～。"

按，説文無髿字。

鬀 tì 他計切，音涕，去，霽韻，透。脂部。

"剃"的本字。説文："鬀，鬄髮也。大人曰髡，小人曰鬀，盡及身毛曰鬄。"段玉裁注："此又析言三字之不同也，上文則渾言之。"桂馥義證："小兒曰鬀者，鄭注周禮薙氏云：'薙讀如鬀小兒頭之鬀。'"

髾 shāo 所交切，音梢，平，肴韻，審二。宵部。

❶頭髮梢。唐玄奘大唐西域記婆羅痆斯國："肉髻之上，特出～髮。"宋史占城國傳："撮髮爲髻，散垂餘～於其後。"❷婦女衣服上的形如燕尾的裝飾。漢書司馬相如傳："於是鄭女曼姬，被阿錫，…揚衪戌削，蜚襳垂～。"顏師古注："髾謂燕尾之屬，皆衣上假飾。"❸旌旗所垂的羽毛。後漢書馬融傳："曳長庚之飛～，載日月之太常。"李賢注："髾，即旌旗所垂之羽毛也。"

按，説文無髾字。

⿱髟妥 wǒ 字彙烏果切，裔上聲。

後起字。同"⿱髟委"。〔⿱髟妥鬌〕叠韻聯緜字。美好的髮髻。唐李賀美人梳頭歌："粧成⿱髟妥鬌欹不斜，雲裾數步踏雁沙。"

髽 zhuā 莊華切，平，麻韻，照二。歌部。

❶婦女的喪髻，用麻束髮。左傳襄公四年："國人逆喪者皆～。魯於是乎始　。"也泛指用麻束髮。淮南子齊俗："三苗～首，羌人括領，中國冠笄，越人劗髮，其於服一也。"❷梳在頭頂兩側的髻（後起義）。唐沈顏象刑解："夫九人冠而一人～。"明朱權獨步大羅天："把兩綹頭髮，打兩箇歪～。"

鬅 péng 薄紅切，平，東韻，並。

〔鬅鬆〕叠韻聯緜字。髮亂貌。玉篇："鬅，髮亂皃。"宋趙叔向肯綮録："謂人髮亂曰鬅鬆。"宋方岳趙尉送菜詩："虚老空山學圃翁，荷鉏頭白雪鬅鬆。"

按，説文無鬅字。

⿱髟狄 dí 音笛。

晚起字。〔⿱髟狄髻〕婦女作裝飾用的假髮。元關漢卿竇娥冤一折："梳着箇霜雪般白⿱髟狄髻，怎戴那銷金蓋頭？"元王實甫西廂記第四本一折："雲鬟彷彿墜金釵，偏宜⿱髟狄髻兒歪。"

八　畫

鬃 zōng 藏宗切，平，冬韻，從。

❶高髻。玉篇："鬃，高髻也。"宋張君房雲笈七籤卷一一三下："瞪山栖求道，無巾裹～角，布衣事道士。"❷馬、猪等獸類頸上的毛。樂府詩集瑯琊王歌："懀馬高纏～，遥知身是龍。"前蜀韋莊代書寄馬詩："～白似披梁苑雪，頸肥如撲杏園花。"

按，説文無鬃字。

鬈 quán 巨員切，平，仙韻，羣。元部。

❶頭髮美好貌。説文："鬈，髮好也。"段玉裁注："本義爲髮好，引申爲凡好之稱。"泛指美好。詩齊風盧令："盧重環，其人美且～。"毛傳："鬈，好貌。"❷婦女平時束髮爲結，分垂兩側。禮記雜記下："女雖未許嫁，年二十而笄，禮之，婦人執其禮，燕則～首。"孔穎達疏："燕則鬈首者，謂既笄之後，尋常在家燕居，則去其笄而鬈首，謂分髮爲鬌紒也。"❸頭髮彎曲。唐李賀龍夜吟："～髮胡兒眼睛緑，高樓夜静吹横竹。"

［同源字］蜷，卷，捲，拳，鬈，踡，齤。見"踡"字條。

鬆 sōng 私宗切，平，冬韻，心。

❶髮亂貌。玉篇："鬆，亂髮皃。"唐陸龜蒙自憐賦："首蓬～以半散，支棘瘠而枯疎。"宋韓滮采桑子："柳淺梅深鬢影～。"❷物品疏鬆，鬆散。唐王建宮詞之四二："蜂鬢蟬翅薄～～，浮動搔頭似有風。"宋陸游春晚出遊之一："土～香草出瑶簪。"❸〔鬔鬆〕見"鬔"字條。

⿱髟屈 jué 音掘。

同"⿰衤屈"。半臂衣。後漢書五行志一："更始諸將軍過雒陽者數十輩，皆幘而衣婦人衣繡擁～。"

［備考］正字通髟部："⿱髟屈，與'⿰衤屈'同。"又長部："⿰衤屈，渠勿切，音屈。"

按，説文無⿱髟屈字。

鬄 1. dì 思積切，集韻大計切，去，霽韻，定。錫部。

❶假髮。説文："鬄，髲也。"儀禮少牢饋食禮"主婦被錫"鄭玄注："被錫讀爲髲～，古者或剔賤者刑者之髮，以被婦人之紒爲飾，因名髲～焉。"

2. tì 集韻他計切，去，霽韻，透。錫部。

❶同"鬀"。剃髮。素問繆刺："～其左角之髮。"宋史張浚傳："兀术僅以身免，亟～其鬚髯遁歸。"❷支解牲體。儀禮士喪禮："其實特豚，四～去蹄。"鄭玄注："鬄，解也。"

⿱髟采 cǎi 倉宰切，上，海韻，清。之部。

❶髮結。方言四："絡頭…或謂之⿱髟采帶。"郭璞注："⿱髟采，亦結也。"❷覆頭巾。見集韻。

按，説文無⿱髟采字。

鬇 zhēng 助庚切，平，庚韻，牀二。

〔鬇鬡〕叠韻聯緜字。①毛髮亂貌。玉篇："鬇，鬇鬡，髮亂。"唐韓愈等征蜀聯句："怒鬚猶鬇鬡，斷臂仍䫝䚰。"宋朱輔溪蠻叢笑椎結："胎髮不薙除，長大而無櫛篦，不裹巾，蓬垢鬇鬡。"②醜惡，兇惡。唐元稹酬獨孤二十六送歸通州詩："下觀鬇鬡輩，一掃冀不存。"

按，説文無鬇字。

鬅 péng 步崩切，平，登韻，並。

〔鬅鬙〕叠韻聯緜字。髮亂貌。宋曾鞏看花詩："但知抖藪紅塵去，莫問鬅鬙白髮催。"亦指事物散亂貌。宋范成大元夕詩："兒女强修元夕供，玉蛾先避雪鬅鬙。"

按，説文無鬅字。

⿱髟委 wǒ 集韻鄔果切，上，果韻，影。

〔⿱髟委鬌〕叠韻聯緜字。髮髻美好貌。唐顧況宣城放琴客歌："頭髻⿱髟委鬌手爪長，善撫琴瑟有文章。"

按，説文無⿱髟委字。

九　畫

鬋 jiǎn 即淺切，上，獮韻，精。元部。

❶婦女鬢髮下垂貌。説文："鬋，女鬢垂皃。"楚辭戰國宋玉招魂："長髮曼～，豔陸離些。"❷剪斷，除去。淮南子兵略："乃爪～，設明衣也，鑿凶門而出。"許慎注："鬋爪，送終之禮，去手足爪。"漢書韋賢傳："爰戾于鄒，～茅作堂。"

［同源字］鬋，翦，劗。三字均爲元部。鬋、翦（剪）精母雙聲，劗從母，精從旁紐。三字皆有剪斷、剪掉之義，所以同源。詩魯頌閟宫："實始翦商。"鄭箋："翦，斷也。"淮南子主術："是猶以斧劗毛。"高誘注："劗，翦也。"

⿱髟並 péng 薄庚切，音彭，平，庚韻，並。

〔⿱髟並鬤〕叠韻聯緜字。①亂髮貌。廣韻："⿱髟並，⿱髟並鬤，亂髮皃。"②怒貌。唐韓愈城南聯句："折足去踸踔，蹩謷怒⿱髟並鬤。"注："⿱髟並鬤，言魚中鈎怒貌。"

按，説文無⿱髟並字。

鬊 shùn 舒閏切，音舜，去，稕韻，審三。文部。

散亂的頭髮。儀禮士喪禮："巾柶～蚤埋于坎。"釋文："亂髮也。"漢書天文志："日出時有黑雲，狀如猋風亂～。"清徐灝説文解字注箋:"散髮曰髺。"

按,説文云"鬌髮也",徐鍇繫傳作"髺髮也"。

髺 1. chuí 直垂切,音錘,平,支韻,澄。歌部。

❶頭髮脱落。説文:"髺,髮隋也。"

2. duǒ 丁果切,音朵,上,果韻,端。歌部。

❷小兒剪髮時留下的頭髮。禮記内則:"三月之末,擇日翦髮爲～。"鄭玄注:"髺,所遺髮也。"孔穎達疏:"三月翦髮,所留不翦者謂之髺。"❸〔鬌髺〕見"鬌"字條。

髳 máo 莫浮切,音矛,平,尤韻,明。幽部。

亦作"髦"。兒童下垂至眉的頭髮。説文:"髳,髮至眉也。詩曰:'紞彼兩～。'"按,今詩鄘風柏舟作"髦"。廣韻:"髳,髮至眉。或作'髦'。"

鬍 hú 音胡。

晚起字。俗稱鬚爲鬍子。明黄溥閒中今古録摘抄:"爲官不用好文章,只要～鬚及胖長。"

鬉 zōng 子紅切,平,東韻,精。

❶毛髮亂。玉篇:"鬉,毛亂也。"❷獸頸部長毛。晉書愍懷太子傳:"東宫馬子莫聾空,前至臘月纏汝～。"

十　畫

鬑 lián 力鹽切,平,鹽韻,來。談部。

❶鬢髮下垂貌。説文:"鬑,鬋也。"又指髮長。説文:"鬑,一曰長皃。"段玉裁注:"謂鬚髮之長。"❷〔鬑鬑〕鬚髮稀疏貌。樂府詩集陌上桑:"爲人潔白皙,鬑鬑頗有鬚。"清蒲松齡聊齋志異姊妹易嫁:"私以細君髮鬑鬑,慮爲顯者笑。"

鬒 zhěn 章忍切,上,軫韻,照三。真部。

髮黑而稠密。玉篇:"鬒,稠髮也。"詩鄘風君子偕老:"～髮如雲,不屑髢也。"毛傳:"鬒,黑髮也。"文選漢張衡西京賦:"衛后興於～髮,飛燕寵於體輕。"

[同源字]稹,縝,槙,鬒。見"稹"字條。

按,説文以鬒爲㐱的或體,在彡部。

鬐 qí 渠脂切,平,脂韻,羣。脂部。

❶動物頸上的長毛。玉篇:"鬐,鬣也。"尉繚子制談:"猶良驥騄駬之駛,彼駑馬～與角逐,何能紹吾氣哉!"唐李公佐古嶽瀆經:"鑠之末見一獸,狀有如猿,白首長～,雪牙金爪。"❷魚脊鰭。莊子外物:"揚而奮～。"成玄英疏:"揚其頭尾,奮其鱗鬐。"文選晉木華海賦:"巨鱗插雲,～鬣刺天。"

按,説文無鬐字,新附有之。

鬔 péng 集韻蒲蒙切,平,東韻,並。

〔鬔鬆〕叠韻聯緜字。字亦作"髼鬆"。頭髮散亂貌。宋黄機菩薩蠻:"雙鬟緑鬔鬆,一簾花信風。"宋柴望念奴嬌:"鬔鬆雲鬢,不忺鸞鏡梳洗。"也喻指植物枝葉、花穗等散亂貌。宋趙彦衛雲麓漫鈔二:"黍毬妥帖而密,稷毬髼鬆而疎。"

按,説文無鬔字。

鬅 1. pán 薄官切,音盤,平,桓韻,並。元部。

❶盤起的髮髻。説文:"鬅,卧結也。"徐灝注箋:"卧,非寢之謂也,但盤結而不爲高髻,斯謂之卧髻耳。"

2. bān 布還切,平,删韻,幫。

❷頭髮半白。廣韻:"鬅,髮半白。"唐柳宗元酬韶州裴曹長使君二十韻:"賈傅辭寧切,虞童髮未～。"

十一畫

鬕 mà 莫駕切,音罵,去,禡韻,明。魚部。

以帶繞髻。説文:"鬕,帶結飾也。"又指飾頭巾帛。文選漢張衡西京賦:"朱～鬣髽,植髮如竿。"薛綜注:"絳帕額。"

鬗 mán 母官切，平，桓韻，明。元部。

髮長。説文："鬗，髮長也。"引申爲一般的長貌。漢書禮樂志："掩回轅，～長馳。"顏師古注引如淳曰："鬗，鬗鬗，長貌也。"

鬘 mán 莫還切，平，删韻，明。

❶髮美貌。集韻："鬘，髮美皃。"❷梵語sumanā譯音，纓絡之類的裝飾物。唐白居易遊悟真寺詩："疊霜爲袈裟，貫雹爲華～。"

按，説文無鬘字。

鬖 sān 蘇甘切，音三，平，談韻，心。

〔鬖髿〕雙聲聯緜字。①髮亂貌。也泛指亂。玉篇："鬖，亂髮也。"文選晉郭璞江賦："紫菜熒曄以叢被，緑苔鬖髿乎研上。"②髮垂貌。也泛指下垂。唐韓愈辛卯年雪詩："白帝盛羽衛，鬖髿振裳衣。"宋黄巨澄登四明山詩："玉女四五人，緑鬢垂鬖髿。"

按，説文無鬖字。

十 二 畫

鬙 sēng 蘇增切，平，登韻，心。

〔鬅鬙〕見"鬅"字條。

鬝 qiān 苦閑切，音慳，平，山韻，溪。元部。

鬢秃。説文："鬝，鬢秃也。"周禮考工記梓人"數目、顅脰"鄭玄注："故書顅或作牼。鄭司農云：牼讀爲～頭無髮之～。"引申爲山石光秃無草木。唐韓愈南山詩："或赤若秃～，或燻若柴槱。"宋蔣之奇瀸巖詩："石角秃～如遭髡。"

鬒 kuì 丘愧切，去，至韻，溪。物部。

盤髮。説文："鬒，屈髮也。"朱駿聲説文通訓定聲："斂其髮曰髻，盤其髮曰鬒。"

鬚 xū 相俞切，平，虞韻，心。侯部。

鬍鬚。説文："鬚，面毛也。"左傳昭公二十六年："有君子白皙鬒～眉，甚口。"韓非子觀行："目失鏡則無以正～眉。"又指形狀像鬍鬚的。漢焦贛易林師："齎貝贖狸，不聽我辭，繫於虎～，牽不得來。"宋劉宰發紹興詩："柔條桑着眼，短穗麥生～。"

十 三 畫

鬟 huán 户關切，平，删韻，匣。元部。

❶婦女梳的環形髮髻。説文新附："鬟，總髮也。"漢辛延年羽林郎詩："兩～何窈窕，一世良所無。"北周庾信和詠舞詩："頓履隨疎節，低～逐上聲。"唐杜甫月夜詩："香霧雲～濕，清輝玉臂寒。"❷婢女。宋梅堯臣聽文都知吹簫詩："欲買小～試教之，教坊供奉誰知者？"

〔備考〕同"環"。環繞。漢賈誼新書修政語上："故～河而導之九牧，鑿江而道之九路。"盧文弨校："鬟與環同。"

鬠 kuò 户括切，入，末韻，匣。今讀如闊。月部。

同"髻"。束髮。儀禮士喪禮："～笄用桑，長四寸，纋中。"

按，説文無鬠字。

十 四 畫

鬡 níng 女耕切，平，耕韻，泥。

〔鬇鬡〕見"鬇"字條。

按，説文無鬡字。

鬢 bìn 必刃切，平，震韻，幫。真部。

臉邊靠近耳朵的頭髮。説文："鬢，頰髮也。"段玉裁注："謂髮之在面旁者也。"國語晉語九："美～長大則賢。"韋昭注："鬢，髮穎也。"吕氏春秋必己："孟賁瞋目而視船人，髮植，目裂，～指。"

鬣 lán 魯甘切，音藍，平，談韻，來。談部。

❶頭髮長。説文："鬣，髮長也。"〔鬣鬖〕疊韻聯緜字。①髮長貌。集韻："鬣，鬣鬖，髮長貌。"元趙顯宏晝夜樂春："想從前枉將風月

擔,空贏得鬢髮鬡鬡。”②毛髮垂貌。廣韻:“鬡鬡,毛垂。”宋韓維孔先生以僊長老山水略録見約同游作詩答之詩:“仰窺陰洞看懸乳,白龍垂鬚正鬡鬡。”㊁毛髮多。玉篇:“鬡,髮多。”

鬣 1.jié 子結切,入,屑韻,精。月部。

亦作“鬣”。㊀束髮少。説文:“鬣,束髮少也。”段注本作“束髮尐小也”。

2.jì 子例切,去,祭韻,精。月部。

㊁露髻。字亦作“鬣”。文選漢張衡西京賦:“朱鬘鬣髽,植髮如竿。”李善注引通俗文曰:“露髻曰鬣。”清段玉裁説文解字注云:“露髻,漢人語,謂不用韜髮之縰,露髮爲髻也。今乃婦人無不露髻者矣。”

鬡 méng 莫紅切,平,東韻,明。

〔鬡鬆〕叠韻聯緜字。①霧凇。宋蘇軾送曾仲錫通判如京師詩:“斷蓬飛葉卷黄沙,衹有千村鬡鬆花。”②朦朧,模糊不清。宋楊萬里午睡聞子規詩:“睡眼鬡鬆未爽時,一聲杜宇頓開眉。”

按,説文無鬡字。

十五畫

鬣 liè 良涉切,入,葉韻,來。葉部。

㊀鬍鬚。左傳昭公七年:“楚子享公于新臺,使長～者相。”杜預注:“鬣,鬚也。”㊁馬頸上的長毛。左傳定公十年:“公取而朱其尾、～以與之。”釋文引爾雅舍人注:“鬣,馬鬉也。”又泛指動物頭頸上的毛。莊子徐无鬼:“濡需者,豕蝨是也,擇疏～自以爲廣宫大囿。”文選漢枚乘七發:“鵷鶵鵁鶄,翠～紫纓。”李善注:“鬣,首毛也。”㊂魚龍之類頷旁的鬐。文選晉木華海賦:“巨鱗插雲,鬐～刺天。”唐韓愈答張徹詩:“魚～欲脱背,虬光先照硎。”㊃掃帚。禮記少儀:“氾掃曰埽,埽席前曰拚,拚席不以～。”

［備考］頭髮上指貌。説文:“鬣,髮鬣鬣也。”段玉裁注:“鬣鬣,動而直上皃,所謂頭髮上指,髮上衝冠也。”

十七畫

鬤 ráng 汝陽切,平,陽韻,日。陽部。

頭髮亂貌。楚辭大招:“豕首縱目,被髮～只。”唐柳宗元哀溺文:“髮披～以舞瀾兮,魂倀倀而焉遊。”

按,説文無鬤字。

鬥　部

鬥 dòu 都豆切,去,候韻,端。侯部。

争鬥,戰鬥。説文:“鬥,兩士相對,兵杖在後,象鬥之形。”孫子虚實:“敵雖衆可使無～。”按,羅振玉增訂殷墟書契考釋云:“卜辭鬥字皆象二人相搏無兵杖也,許君殆誤。”

五畫

鬧 nào 奴教切,去,效韻,泥。

㊀嘈雜,喧鬧。唐韓愈潭州泊船呈諸公詩:“夜寒眠半覺,鼓笛～嘈嘈。”唐柳宗元答韋中立論師道書:“而誰敢衒怪於羣目,以召～取怒乎?”㊁繁盛。宋宋祁玉樓春詞:“緑楊烟外曉寒輕,紅杏枝頭春意～。”

按,説文無鬧字,新附有之。

六畫

鬨 hòng 胡貢切,去,送韻,匣。東部。

❶争鬥,戰鬥。説文:“鬨,鬬也。”孟子梁惠王下:“鄒與魯～。”❷喧鬧。宋王之道鵲橋仙:“十年湖海～樵歌。”按,字俗作“閧”,廣韻、集韻皆作“閧”,周祖謨廣韻校本改作“鬨”,是。

[同源字]訌,鬨。見“訌”字條。

八　畫

鬨 hòng 胡貢切,去,送韻,匣。東部。

争鬥,“鬨”的俗體。吕氏春秋慎行:“崔杼之子相與私～。”高誘注:“鬨,鬬也。”

鬩 xì 許激切,入,錫韻,曉。錫部。

相争,争鬥。説文:“鬩,恒訟也。”詩小雅常棣:“兄弟～于墻,外禦其務。”隋書李士謙傳:“有兄弟分財不均,互相～訟。”

十二畫

鬫 hǎn 字彙虎覽切,音喊。談部。

今字皆作“闞”,周祖謨廣韻校本云:“當从門作鬫。”古今韻會舉要感韻:“鬫,聲大貌。詩:‘鬫如虓虎。’又前叙傳:‘七雄虓鬫。’…本从鬥,俗今从門。”

十四畫

鬬 dòu 都豆切,去,候韻,端。侯部。

❶遇合。説文:“鬬,遇也。”國語周語下:“穀、洛～,將毁王宫。”又特指星相擊。史記天官書:“歲星入月,其野有逐相;與太白～,其野有破軍。”裴駰集解引韋昭曰:“星相擊爲鬬。”❷争鬥,戰鬥。孟子離婁下:“今有同室之人～者,救之,雖被髮纓冠而救之,可也。”吕氏春秋蕩兵:“争～之所自來者久矣,不可禁,不可止,故古之賢王有義兵而無有偃兵。”引申爲競賽,比賽。史記項羽本紀:“吾寧～智,不能～力。”宋晏殊漁家傲:“人貌與花相～艷。”

十六畫

鬮 jiū 居求切,平,尤韻,見。之部。

抓鬮,抓取物具以決勝負或卜凶吉,亦指抓取的物具。説文:“鬮,鬬取也。”唐唐彦謙遊南明山詩:“～令促傳觴,投壺更聯句。”宋梅堯臣依韻和偈書相留詩:“出奇吴國將能戰,探隱漢宫人戲～。”

鬯　部

鬯 chàng 丑亮切,去,漾韻,徹。陽部。

❶祭祀用的香酒。説文:“鬯,以秬釀鬱艸,芬芳攸服,以降神也。”段玉裁注:“攸服當作條暢。”詩大雅江漢:“釐爾圭瓚,秬～一卣。”鄭箋:“秬鬯,黑黍酒也。”漢書宣帝紀:“薦～之夕。”❷〔鬯草〕鬱金香。論衡儒增:“食白雉,服鬯草。”❸通“韔”。盛弓的器具。詩鄭風大叔于田:“抑～弓忌。”孔穎達疏:“鬯者,盛弓之器。鬯弓,謂弢弓而納之鬯中。”清朱駿聲説文通訓定聲:“鬯,假借爲韔。”❹通“暢”。①茂盛。漢書郊祀志上:“草木～茂。”②通達。文選漢揚雄羽獵賦:“於是醇洪～之德,豐茂世之規。”李善注:“鬯,與暢同。暢,通也。”

十五畫

鬱 yù 紆物切,入,物部,影。物部。

❶草木茂盛貌。詩秦風晨風:“鴥彼晨風,～彼北林。”又指雲氣濃盛貌。三國志吴書薛綜傳:“加以～霧冥其上,咸水蒸其下。”❷果名。詩豳風七月:“六月食～及薁。”毛傳:“鬱,棣屬。”❸香草名,即鬱金香草。説文

作"鬱",云:"芳艸也。"周禮春官鬱人鄭玄注引鄭司農云:"鬱爲草,若蘭。"㊃阻滯,蘊結。左傳昭公二十九年:"若泯弃之物,乃坻伏,~堙不育。"吕氏春秋盡數:"形不動則精不流,精不流則氣~。"㊄〔鬱邑〕雙聲聯緜字。憂愁貌。楚辭戰國屈原離騷:"忳鬱邑余侘傺兮,吾獨窮困乎此時也。"字亦作鬱悒。文選漢司馬遷報任安書:"動而見尤,欲益反損,是以獨鬱悒而誰與語。"〔鬱鬱〕①愁悶貌。史記淮陰侯列傳:"吾亦欲東耳,安能鬱鬱久居此乎?"②茂盛貌。文選古詩十九首之二:"青青河畔草,鬱鬱園中柳。"

〔同源字〕煴,燠,温,鬱。見"煴"字條。

鬲 部

〔鬲部總論〕

鬲部字,幾乎都與炊具、飲食有關,極個别的字關係不大。

(一)關於炊具的名詞。例如: 鬲 鬷 鬵 鬸

(二)關於飲食的名詞。例如: 鬻

(三)關於飲食的動詞。例如: 鬺 鬻

(四)與炊具、飲食關係不大的詞。例如: 鬻 鬴

鬲 1. lì 郎擊切,音歷,入,錫韻,來。錫部。

㊀古代炊具。爾雅釋器:"(鼎)款足者謂之鬲。"説文:"鬲,鼎屬。"周禮考工記陶人:"~實五觳,厚半寸,脣寸。"漢書郊祀志:"禹收九牧之金,鑄九鼎,其空足曰~。"顔師古注引蘇林曰:"足中空不實者名曰鬲也。"㊁古喪禮用的一種瓦瓶。禮記喪大記:"陶人出重~,管人受沐。"孔穎達疏:"重鬲者謂縣重之罌也,是瓦瓶,受三升。"

2. gé 古核切,入,麥韻,見。錫部。

㊂阻隔。管子明法:"法令不得至於民,疏遠~閉而不得聞。"漢書五行志中之下:"請皇后就宫,~閉門户,毋得擅上。"顔師古注:"鬲與隔同。"㊃膈膜。素問五藏生成論:"心煩頭痛,病在~中。"

3. è 集韻乙革切,入,麥韻,影。錫部。

㊄車軛。周禮考工記車人:"徹廣六尺,~長六尺。"鄭玄注引鄭司農云:"鬲,謂轅端厭牛領者。"㊅把,握住。儀禮士喪禮:"苴絰大~。"鄭玄注:"鬲,搤也。"

七 畫

鬴 fǔ 扶雨切,上,麌韻,奉。魚部。

古量器。説文:"鬴,鍑屬也。"段玉裁注:"升四曰豆,豆四曰區,區四曰鬴。"周禮考工記㮚氏:"量之以爲~。"

八 畫

鬻 fèi 方味切,音沸,去,未韻,非。物部。

水沸。説文:"鬻,涫也。"段玉裁注:"今俗字涫作滾,鬻作沸。非也。"楚辭漢嚴忌哀時命:"氣涫~其若波。"

鬵 qín 昨淫切,平,侵韻,從。侵部。

㊀大釜。説文:"鬵,大鬴也。"詩檜風匪風:"誰能亨魚,溉之釜~。"毛傳:"鬵,釜屬。"楚辭漢劉向九歎憂苦:"滘周鼎於江淮兮,爨土~於中宇。"王逸注:"鬵,釜也。"㊁鼎屬。爾雅釋器:"鬵,鉹也。"説文:"鉹,鬵鼎。"又:"鬵,一曰鼎大上小下若甑曰鬵。"

九畫

鬷 zōng 子紅切，音蹤，平，東韻，精。東部。

❶鍋的一種。說文："鬷，鬴屬。"❷會聚。詩陳風東門之枌："穀旦于逝，越以～邁。"鄭箋："鬷，揔也。"孔穎達疏："謂男女揔集而合行也。"

[備考]奏。詩商頌烈祖："～假無言，時靡有爭。"毛傳："鬷，總也。假，大也。"朱熹集傳："鬷，中庸作奏，正與上篇義同。"

十一畫

鬺 shāng 式羊切，平，陽韻，審三。陽部。

烹煮。史記封禪書："禹收九牧之金，鑄九鼎，皆嘗亨～上帝鬼神。"裴駰集解引徐廣曰："亨，煮也。鬺音觴，皆嘗以亨牲牢而祭祀。"

按，說文鬺作䰜。

十二畫

鬸 zèng 子孕切，去，證韻，精。蒸部。

炊具。說文："鬸，鬵屬。"爾雅釋器："鬸謂之鬵。"

鬻 1. zhōu 集韻之六切，入，屋韻，照三。覺部。

❶粥。說文："鬻，鍵也。"左傳襄公十七年："食～，居倚廬。"又用作動詞。左傳昭公七年："饘於是，～於是，以餬余口。"孔穎達疏："稠者曰糜，淖者曰鬻。"

2. yù 余六切，音育，入，屋韻，喻四。覺部。

❶賣。左傳昭公三年："有～踊者，故對曰'踊貴，屨賤'。"吕氏春秋慎人："百里奚之未遇時也，亡虢而虜晉，飯牛於秦，傳～以五羊之皮。"❷養育。莊子德充符："四者天～也，天～者，天食也。"釋文："鬻，養也。"禮記樂記："羽者嫗伏，毛者孕～。"鄭玄注："鬻，生也。"❸幼稚。詩豳風鴟鴞："恩斯勤斯，～子之閔斯。"毛傳："鬻，稚。"

[備考]水流溪谷間。文選漢司馬相如上林賦："陂波辨豸，沇溶淫～。"李善注引張揖曰："水流溪谷之間也。"

[辨]售，賣，鬻。見"售"字條。

按，說文鬻字在䰜部。

十四畫

鬻 zhǔ 章與切，上，語韻，照三。魚部。

同"煮"。說文："鬻，孚也。"周禮天官鹽人："凡齊事，～鹽以待戒令。"

按，說文鬻字在䰜部。

鬼部

鬼 guǐ 居偉切，上，尾韻，見。微部。

❶迷信稱人死靈魂爲鬼。說文："鬼，人所歸爲鬼。"禮記祭義："衆生必死，死必歸土，此之謂～。"亦指萬物的精靈。詩小雅何人斯："爲～爲蜮，則不可得。"❷隱密，不可捉摸。韓非子八經："故明主之行制也天，其用人也～。"❸機智，狡詐。方言一："虔、儇，慧也。…自關而東趙、魏之間謂之黠，或謂之～。"

三畫

鬽 mèi 明祕切，音妹，去，至韻，明。物部。

百物之精靈。說文："鬽，老精物也。"周禮春官神仕："以夏日至，致地示物～。"鄭玄

注:“百物之神曰彪。”

四　畫

魂 hún 户昆切,平,魂韻,匣。文部。

❶陽氣,附於體則生,離於體則死。説文:“魂,陽氣也。”左傳昭公七年:“人生始化曰魄,既生魄,陽曰～。”淮南子説山:“魄問於～曰:‘道何以爲體?’”高誘注:“魄,人陰神也;魂,人陽神也。”❷人的精神,意念。吕氏春秋禁塞:“自今單脣乾肺,費神傷～。”唐白居易夢裴相公詩:“五年生死隔,一夕～夢通。”❸物類的精靈。宋蘇軾再用松風亭下韻:“羅浮山下梅花村,玉雪爲骨冰爲～。”

魁 1. kuí 苦回切,平,灰韻,溪。微部。

❶湯勺。説文:“魁,羹斗也。”北魏賈思勰齊民要術種榆:“十年之後,～、椀、瓶、榼、器皿,無所不任。”❷高大,雄偉。史記孟嘗君列傳:“始以薛公爲～然也,今視之,乃眇小丈夫耳。”漢書江充傳:“充爲人～岸,容貌甚壯。”❸首領。書胤征:“殲厥渠～,脅從罔治。”僞孔傳:“魁,帥也。”漢書游俠傳序:“閭里之俠,原涉爲～。”亦指傑出的。吕氏春秋勸學:“不疾學而能爲～士名人者,未之嘗有也。”後科舉考試稱進士第一名爲魁。宋史選舉志二:“乃更擢應辰爲～,遂爲定制。”❹小土丘。國語周語下:“夫周,高山、廣川、大藪也…而幽王蕩以爲～陵、糞土、溝瀆。”❺星名。指北斗第一至第四星,或説指第一星。史記天官書:“北斗七星…～枕參首。”司馬貞索隱引春秋運斗樞云:“第一至第四爲魁。”張守節正義:“魁,斗第一星也。”❻蜃蛤。儀禮士冠禮:“素積白屨,以～柎之。”鄭玄注:“魁,蜃蛤。”

2. kuǐ 集韻苦猥切,上,賄韻,溪。微部。

❼藏。漢揚雄太玄告:“玄者神之～也。”范望注:“魁,藏也。”❽盤結貌。爾雅釋木:“枹遒木,～瘣。”郭璞注:“謂樹木叢生,根枝節目盤結磈磊。”邢昺疏:“魁瘣,讀若磈磊,謂根節盤結處也。”

3. kuài 集韻苦會切,去,泰韻,溪。微部。

❾通“塊”。孤獨。漢書東方朔傳:“今世之處士,～然無徒,廓然獨居。”顔師古注:“魁,讀曰塊。”

鬾 qí 集韻渠希切,音其,平,微韻,羣。微部。

❶星名。玉篇:“鬾,星名。”楚辭漢劉向九歎遠逝:“合五嶽與八靈兮,訊九～與六神。”洪興祖補注:“北斗七星,輔一星在第六星旁,又招摇一星在北斗杓端。”❷〔鬾雀〕傳説中的惡鳥。山海經東山經:“有鳥焉,其狀如雞而白首,鼠足而虎爪,其名曰鬾雀。”

按,説文無鬾字。

五　畫

魄 1. pò 普伯切,入,陌韻,滂。鐸部。

❶陰神,古人認爲它可以離開形體而獨立存在。説文:“魄,陰神也。”左傳昭公七年:“人生始化曰～。”淮南子説山:“～問於魂曰:‘道何以爲體?’”高誘注:“魄,人陰神也。”❷通“霸”。月亮初出或將没時的微光。書康誥:“惟三月哉生～。”論衡調時:“月三日～,八日弦,十五日望。”又泛指月光。唐盧仝月蝕詩:“初露半個璧,漸吐滿輪～。”❸樹名。爾雅釋木:“魄,榽橀。”郭璞注:“魄,大木,細葉,似檀。”❹間隙。爾雅釋詁下:“魄,間也。”郭璞注:“魄,間隙。”❺同“粕”。糟粕。莊子天道:“然則君之所讀者,古人之糟～已夫。”釋文:“魄,本又作粕。”

2. bó 集韻白各切,入,鐸韻,並。鐸部。

❻〔旁魄〕雙聲聯緜字。廣大無邊際。荀子性惡:“雜能旁魄而無用。”❼象聲詞。史記周本紀:“有火自上復于下,至于王屋,流爲烏,其色赤,其聲～云。”

3. tuò 他各切,入,鐸韻,透。鐸部。

❽〔落魄〕叠韻聯緜字。窮困不得志。史記酈生陸賈列傳:“好讀書,家貧落魄,無以爲

衣食業，爲里監門吏。”字亦作“落拓”、“落托”、“落泊”等。

魅 mèi 明祕切，去，至韻，明。物部。

❶迷信認爲物老而變成的精怪。左傳宣公三年：“螭～罔兩，莫能逢之。”杜預注：“魅，怪物。”又泛指鬼怪。荀子解蔽：“明月而宵行，俯見其影，以爲伏鬼也，卬視其髮，以爲立～也。”❷惑亂。孔叢子陳士義：“然内懷容媚諂～，非大丈夫之節也。”南朝宋劉敬叔異苑卷八：“晉有士人，買得鮮卑女名懷順，自說其姑女爲赤莧所～。”

按，說文以魅爲鬽的或體。

魃 bá 蒲撥切，音跋，入，末韻，並。月部。

旱魃，傳說中引起旱災的鬼怪。說文：“魃，旱鬼也。”詩大雅雲漢：“旱～爲虐，如惔如焚。”宋蘇軾冬至雪詩：“旱久～不死，連陰未成雪。”

魆 xū 字彙補許屈切。

晚起字。暗暗，悄悄。元鄭光祖㑳梅香一折：“驀的聞聲，～的潛行，猛的凝睛。”明葉憲祖鸞鎞記途逅：“誰家一俊豪，將奴～地瞧。”

七 畫

魈 xiāo 相邀切，平，宵韻，心。

山林之怪。抱朴子登涉：“山精形如小兒，獨步向後，夜喜犯人，名曰～。”唐白居易送人貶信州判官詩：“溪畔毒沙藏水弩，城頭枯樹下山～。”

按，說文無魈字。

八 畫

魏 1. wèi 魚貴切，去，未韻，疑。微部。

❶宫門的臺觀。文選漢班固典引：“是以來儀，集羽族於觀～。”〔魏闕〕宫門外的闕門，亦代指宫廷。莊子讓王：“身在江海之上，心居乎魏闕之下。”❷國名。①西周時諸侯國。②戰國七雄之一。❸朝代名。①三國時之曹丕所建。②南北朝時拓跋氏所建。

2. wéi 集韻語韋切，平，微韻，疑。微部。

❹獨立不動貌。莊子天下：“舍是與非，苟可以免，不師知慮，不知前後，～然而已矣。”❺通“巍”。高大貌。史記晉世家：“～，大名也。”裴駰集解引服虔曰：“魏喻巍，巍，高大也。”〔魏魏〕高大貌。莊子知北游：“魏魏乎其終則復始也。”釋文：“魏魏，魚威反，讀作巍巍。”

魎 liǎng 良獎切，上，養韻，來。陽部。

〔魍魎〕見“魍”字條。

按，說文無魎字。

魌 qī 去其切，音欺，平，之韻，溪。之部。

〔魌頭〕狀貌醜惡的面具。周禮夏官方相氏“方相氏掌蒙熊皮…以索室歐疫”鄭玄注：“冒熊皮者，以驚歐疫癘之鬼，如今魌頭也。”按，說文“䫏”字云：“今逐疫有䫏頭。”字作“䫏頭”，同。

按，說文無魌字。

魍 wǎng 文兩切，上，養韻，微。陽部。

〔魍魎〕叠韻聯緜字。①傳說中的山川精怪。文選漢張衡西京賦：“螭魅魍魎，莫能逢旃。”按，說文作“蛧蜽”，云：“山川之精物也。”字亦作罔兩。②影子外層的淡影。文選漢班固幽通賦：“恐魍魎之責景兮，羌未得其云已。”李周翰注：“魍魎，影外微陰也。”字亦作罔兩，罔浪等。③飄忽無依貌。淮南子覽冥：“浮游不知所求，魍魎不知所往。”

按，說文無魍字。

魋 1. tuí 杜回切，音頽，平，灰韻，定。微部。

❶獸名。爾雅釋獸：“魋，如小熊，竊毛而黄。”郭璞注：“今建平山中有此獸，狀如熊而小，毛麆淺赤黄色，俗呼爲赤熊，即魋也。”

〔備考〕神獸。說文：“魋，神獸也。”段玉裁注本改作“魋，如小熊，赤毛而黄”。

2. chuí 集韻傳追切,平,脂韻,澄。微部。

㊁椎形的髮結。史記西南夷列傳:"自滇以北君長以什數,邛都最大:此皆～結,耕田,有邑聚。"又酈生陸賈列傳:"尉他～結箕倨見陸生。"㊂突出,高大。史記范雎(睢)蔡澤列傳:"先生曷鼻、巨肩、～顔、蹙齃、膝攣。"司馬貞索隱:"魋顔,謂顔貌魋回,若魋梧然也。"晉陸雲贈顧尚書詩:"麗容～翕,孔好已張。"

十一畫

魔 mó 莫婆切,平,戈韻,明。

㊀音譯詞。梵語"魔羅(māra)"的簡稱,意爲擾亂、破壞、障礙等。唐玄應一切經音義卷二一:"書無此字,譯人義作梵言魔羅。"大智度論卷五:"問曰:'何以名～?'答曰:'奪慧命,壞道法、功德、善本,是故名爲～。'"又指邪惡的神怪。北史景穆十二王傳上:"新佛出世,除去衆～。"㊁愛好入迷。唐白居易醉吟之二:"酒狂又引詩～發,日午悲吟到日西。"又白髮詩:"書～昏兩眼,酒病沉四肢。"

按,説文無魔字,新附有之,云:"魔,鬼也。"

魑 chī 丑知切,平,支韻,徹。歌部。

傳説中的山神。漢書王莽傳中:"投諸四裔,以禦～魅。"顔師古注:"魑,山神也。"文選晉孫綽遊天台山賦:"始經～魅之塗,卒踐無人之境。"

按,説文無魑字,而"离"字訓"山神",蓋即魑之本字。新附有"魑"字,云:"鬼屬。"

十二畫

魖 xū 朽居切,平,魚韻,曉。魚部。

古人謂使人耗財的鬼。説文:"魖,耗神也。"文選漢揚雄甘泉賦:"捎夔～而抶獝狂。"李善注引孟康曰:"魖,耗鬼也。"

十四畫

魗 chóu 市流切,音酬,平,尤韻,禪。幽部。

拋棄。詩鄭風遵大路:"無我～兮,不寁好也。"毛傳:"魗,棄也。"按,鄭箋:"魗,亦惡也。"與毛傳不同。孔穎達疏:"魗,與醜,古今字。醜惡可棄之物,故傳以爲棄。"

按,説文無魗字。

魘 yǎn 於琰切,上,琰韻,影。

㊀夢中驚駭,惡夢。此義本作厭。唐韓愈陪杜侍御遊湘西兩寺獨宿有題因獻楊常侍詩:"猶疑在波濤,怵惕夢成～。"唐段成式酉陽雜俎物異:"江淮有士人莊居,其子年二十餘,常病～。"㊁妖邪。太平廣記卷三六九引廣異記:"其婢女求術者行～蠱之法。"

按,説文無魘字,新附有之,云:"魘,瘳驚也。"

魚　部

[魚部總論]

魚部字絶大部分都與魚有關,而其中又絶大部分爲魚的名稱。

(一)有關魚的名詞。例如:　魚　魴　鮭　鮪　鮓　鮑　鮨　鯁　鰾　鯤　鰥

(二)有關其他水生動物的名詞。例如:　鮚　鰝　鱷

(三)有關魚的動詞。例如:　魰

(四)與魚無關的詞。例如:　魯

魚 yú 語居切，平，魚韻，疑。魚部。

❶魚。説文："魚，水蟲也。"詩邶風新臺："～网之設，鴻則離之。"又用作動詞。捕魚。左傳隱公五年："公將如棠觀～者。"此義後寫作漁、敏等。又指變成魚。左傳昭公元年："微禹，吾其～乎！"❷兩眼毛色白的馬。詩魯頌駉："有驔有～，以車祛祛。"毛傳："二目白曰魚。"❸穴位名。靈樞經經筋："手太陰之筋，起於大指之上，循指上行，結於～後。"❹星名。屬尾宿。漢書五行志中之下："其在天文，～星中河而處，車騎滿野。"

［同源字］魚，漁。二字同音，魚是名詞，漁是動詞，捕魚，所以同源。漁本作魚。左傳隱公五年："公將如棠觀魚者。"釋文："觀魚者，本亦作漁者。"孔穎達疏："説文云：'漁，捕魚也。'然則捕魚謂之魚。"

一　畫

魛 yà 烏黠切，入，黠韻，影。

〔鱡魛〕見"鱡"字條。

二　畫

魜 rén 玉篇而真切。

後起字。魚名，即所謂人魚。南齊書張融傳："横門産魚，何則鱷鰤鮨，䱐～鰜鮹。"

三　畫

魟 hóng 户公切，平，東韻，匣。

魚名，即海鰩魚。玉篇："魟，魚名。"元戴侗六書故動物四："魟，海魚，無鱗，狀如蝙蝠，大者如車輪。"

按，説文無魟字。

魡 xiǎo 私兆切，上，小韻，心。

魚名。玉篇："魡，魚名。"宋劉子翬食蠣房詩："鱅庸而～小，瑣冗難盡述。"

按，説文無魡字。

魠 tuò 他各切，入，鐸韻，透。鐸部。

開口大的魚。説文："魠，哆口魚也。"史記司馬相如列傳："鰅鰫鰬～。"裴駰集解引徐廣曰："魠，哆口魚。"

魡 diào 集韻多嘯切，去，嘯韻，端。藥部。

同"釣"。釣魚。玉篇："魡，亦作釣，餌取魚也。"墨子魯問："～者之恭，非爲魚賜也。"

按，説文無魡字。

四　畫

魧 háng 胡郎切，平，唐韻，匣。陽部。

❶大貝。爾雅釋魚："貝大者魧，小者鰿。"説文："魧，大貝也。"❷魚膏。説文："魧，一曰魚膏。"

魴 fáng 符方切，平，陽韻，奉。陽部。

魚名，一名鯿魚。爾雅釋魚："魴，魾。"郭璞注："江東呼魴魚爲鯿。"詩齊風敝笱："敝笱在梁，其魚～鰥。"唐杜甫觀打魚歌："～魚肥美知第一。"

按，説文："魴，赤尾魚。"段玉裁注："周南曰：'魴魚赬尾。'傳曰：'魚勞則尾赤。'按，以魴勞赤尾興如燬，非謂魴必赬尾也。許以赤尾魚釋魴，殆失之。"

魫 1. shěn 式荏切，上，寢韻，審三。

❶魚子。廣韻寢韻："魫，魚子。"清李斗揚州畫舫録草河録上："取～爲脯曰膹，以鹽冰之曰醃魚子。"

2. zhěn 集韻章荏切，上，寢韻，章。

❷魚腦骨，可作裝飾品。正字通魚部："魫，魚腦骨曰枕。爾雅：'魚枕謂之丁。'俗作魫。"宋張先玉樹後庭花上元："寶林香重春眠覺，～窗難曉。"宋周密武林舊事燈品："外此有～燈，則刻鏤金珀玳瑁以飾之。"

魭 1. yuán 集韻愚袁切，平，元韻，疑。元部。

㊀同"黿"。鼈類。孟子盡心下"簞食豆羹見於色"趙岐注:"鄭公子染指～羹之類。"按,左傳宣公四年作"黿"。㊁魚名。集韻:"鯇,魚名。"

2. wǎn 集韻五管切,上,緩韻,疑。元部。

㊂〔鯇斷〕叠韻聯緜字。無棱角貌。莊子天下:"常反人,不見觀,而不免於鯇斷。"成玄英疏:"鯇斷,無圭角貌也。"

按,說文無鯇字。

鲄 bèi 博蓋切,去,泰韻,幫。月部。

魚名,即河豚。又名"鲄鲄"。說文:"鲄,魚名,出樂浪潘國。"廣韻:"鲄,魚名,食之殺人。"〔鲄鲄〕山海經北山經:"敦水出焉,東流注于鴈門之水,其中多鲄鲄之魚,食之殺人。"

魨 tún 玉篇音豚。

魚名,即河豚。玉篇:"魨,魚名。"宋梅堯臣范饒州坐中客語食河魨魚詩:"河～於此時,貴不數魚蝦。"

按,說文無魨字。

鲊 hú 户吴切,平,模韻,匣。魚部。

〔當鲊〕魚名。爾雅釋魚:"鰹,當鲊。"郭璞注:"海魚也,似鯿而大鱗,肥美多鯁,今江東呼其最大長三尺者爲當鲊。"

按,說文無鲊字。

魦 shā 所加切,音沙,平,麻韻,審二。歌部。

㊀海中鯊魚。說文:"魦,魚名,出樂浪潘國。"徐鍇繫傳:"今沙魚。皮有珠文,可飾刀劍靶。"宋王禹偁仲咸借予海圖觀罷有詩因和:"鰛蚱脚多垂似帶,鋸～齒密利如刀。"㊁吹沙小魚。後漢書馬融傳:"鰋鯉鱨～,樂我純德,騰踊相隨。"李賢注:"魦音沙,或作鯊。郭義恭廣志曰:'吹沙魚,大如指,沙中行。'"唐柳宗元設漁者對智伯:"始臣之漁於河,有～鱮鱣者,不能自食,以好臣之餌,日收者百焉。"

魯 lǔ 郎古切,上,姥韻,來。魚部。

㊀遲鈍。說文:"魯,鈍詞也。"論語先進:"參也～。"何晏集解引孔曰:"魯,鈍也。曾子性遲鈍。"晉書皇甫謐傳:"豈我居不卜鄰,教有所闕,何爾～鈍之甚也?"㊁周代諸侯國名。史記周本紀:"封弟周公旦於曲阜,曰～。"秦漢以後襲稱此一地區爲魯。唐杜甫望嶽詩:"岱宗夫何如,齊～青未了。"

〔備考〕嘉美。阮元曰:"魯本義蓋爲嘉,从魚入口,嘉美也。"

2. lǚ 集韻兩舉切,上,語韻,來。魚部。

㊂同"旅"。旅途。文選南朝宋謝靈運初發石首城詩:"出宿薄京畿,晨裝摶～飈。"㊃陳述。史記周本紀:"周公受禾東土,～天子之命。"

魶 nà 奴盍切,入,盍韻,泥。緝部。

魚名,即鯢魚。史記司馬相如列傳:"禺禺鱋～。"明李時珍本草綱目鱗部鯢魚:"蜀人名～,秦人名鰨。"

按,說文無魶字。

魮 pí 房脂切,集韻頻脂切,音枇,平,脂韻,並。脂部。

珠母貝,又稱作文魮。說文新附:"魮,文魮。"又稱絮魮。見〔絮魮〕。

按,說文無魮字。

魪 jiè 古拜切,去,怪韻,見。

魚名,即比目魚。玉篇:"魪,兩魪,即比目魚也。"文選晉左思吴都賦:"罩兩～,罺鰝鰕。"李善注引劉逵曰:"魪,左右魪,一目,所謂比目魚也。"又泛指鱗介類。南朝梁沈約懺悔文:"毛羣～品,事允庖厨。"

按,說文無魪字。

魵 fén 符分切,音焚,平,文韻,奉。文部。

魚名,即斑文魚,又稱斑魚。說文:"魵,魚名,出薉邪頭國。"宋書謝靈運傳:"羨輕～之涵泳,觀翔鷗之落啄。"

鮁 fù。

〔吐鮁〕魚名，又稱杜父或黄鰍，俗稱船矴魚。宋陳克陽羨春歌："石亭梅花落如積，吐鮁斕斑竹茹赤。"

按，説文無鮁字。

魰 yú語居切，音漁，平，魚韻，疑。魚部。

同漁、漁。捕魚。文選漢張衡西京賦："逞欲畋～，效獲麑麇。"李善注引薛綜曰："説文曰：'魰，捕魚也。'"

按，説文無魰字。

魬 bǎn扶板切，集韻部板切，上，潸韻，並。

魚名，即比目魚。新唐書地理志五："土貢：…鯔皮、～、䱹、鴨胞。"

按，説文無魬字。

五　畫

鮀 tuó徒河切，平，歌韻，定。歌部。

㊀魚名，吹沙小魚。爾雅釋魚："鯊，鮀。"郭璞注："今吹沙小魚，體圓而有點文。"㊁魚名，即鮎魚。説文："鮀，鮎也。"㊂動物名，即鼉。重修政和證類本草卷二一："圖經曰：～，生南海池澤，今江湖極多，即鼉也。形似守宫陵鯉輩而長一二丈，背尾俱有鱗甲，善攻碕岸，夜則鳴吼，舟人甚畏之。"

鮌 gǔn古本切，音衮，上，混韻，見。文部。

亦作"鯀"。人名，禹之父。楚辭戰國屈原離騷："～婞直以亡身兮，終然夭乎羽之野。"

按，説文無鮌字。

鮇 wèi無沸切，去，未韻，微。

魚名，又名嘉魚。山海經東山經"諸鉤之山無草木，多沙石，是山也，廣員百里，多寐魚"郭璞注："即～魚也。"明李時珍本草綱目鱗部嘉魚："河陽呼爲～魚，言味美也。"

按，説文無鮇字。

鮎 1. qū去魚切，音袪，平，魚韻，溪。魚部。

㊀魚名，即比目魚。文選漢司馬相如上林賦："鰅鰫鰬魠，禺禺～鰨。"李善注引郭璞曰："鮎，比目魚。"

2. xié集韻迄業切，音協，入，業韻，曉。葉部。

㊁魚的肋骨。山海經南山經："有魚焉，其狀如牛，陵居，蛇尾，有翼，其羽在～下。"郭璞注："亦作脅。"

鮎 nián奴兼切，平，添韻，泥。談部。

鮎魚。説文："鮎，鰋也。"楚辭漢王逸九思哀歲："黿鼉兮欣欣，鱣～兮延延。"北魏賈思勰齊民要術炙法："用生魚白魚最好，～鱧不中用。"明李時珍本草綱目鱗部："～乃無鱗之魚，大首偃額，大口大腹，鮠身鱧尾，有齒有胃有鬚。生流水者色青白，生止水者色青黄，大者亦至三四十斤。"

鮐 shàn集韻上演切，音善，上，獮韻，禪。元部。

亦作"鱓"，"鱔"。魚名，即黄鱔。山海經北山經："湖灌之水焉，而東流注于海，其中多～。"郭璞注："亦鱓魚字。"南齊書周禺傳："後何胤言斷食生，猶欲食白魚、～脯、糖蟹，以爲非見生物。"

按，説文鮐作鱓。

鮓 xiā集韻迄甲切，入，狎韻，曉。

〔鮓鰈〕鱗次重叠貌。文選晉潘岳笙賦："駢田獦攡，鮓鰈參差。"李善注："鮓鰈，裝飾重叠貌。"

按，説文無鮓字。

鮋 1. chóu直由切，平，尤韻，澄。幽部。

㊀魚名，似鱓。文選漢張衡西京賦："釣魴鱧，纚鰋～。"又晉郭璞江賦："鯖鰊鰺～。"李善注引郭璞曰："舊説曰鮋似鱓。"

2. yóu以周切，平，尤韻，喻四。

㊁小魚。抱朴子明本："侶～鰕於跡水之

中者,不識四海之浩汗。"

按,説文無鮋字。

鴦 yāng 集韻於良切,平,陽韻,影。

〔鴦軋〕魚名,又名黄鱨魚、黄顙魚。明李時珍本草綱目鱗部:"黄鱨魚,鴦軋,黄顙,無鱗魚也。身尾俱似小鮎,腹小黄,背上青黄,腮下有二横骨,兩鬚,有胃,羣游作聲如軋軋。"

按,説文無鴦字。

鮐 tái 土來切,平,咍韻,透。之部。

❶魚名,也稱鯖。説文:"鮐,海魚名。"史記貨殖列傳:"~鮆千斤,鯫千石。"鹽鐵論通有:"江湖之魚,萊黄之~,不可勝食。"❷〔鮐背〕代指老人。爾雅釋詁上:"鮐背,壽也。"郭璞注:"鮐背,背皮如鮐魚。"唐柳宗元愈膏肓賦:"善養命者,鮐背鶴髮成童兒。"亦單用鮐。宋書謝靈運傳:"驅~稚於淮曲,暴鰥寡於泗濱。"❸〔鮧鮐〕見"鮧"字條。

鮓 1. zhǎ 側下切,上,馬韻,照二。鐸部。

❶用鹽、米粉腌制的魚。釋名釋飲食:"鮓,菹也,以鹽米釀魚以爲菹,熟而食之也。"晉書列女傳:"侃少爲尋陽縣吏,嘗監魚粱,以一坩~遺母。"又泛指腌制品。神異經南荒經:"南方有獸,…其肉惟可作~。"北魏賈思勰齊民要術作魚鮓:"凡作~,春秋爲時,冬夏不佳。"

2. zhà 集韻助駕切,去,禡韻,牀二。

❷海蜇。晉張華博物志卷三:"東海有物,狀如凝血,從廣數尺方員,名曰~魚。無頭目處所,内無臟,其所處,衆蝦附之,隨其東西。"

按,説文無鮓字。

鮑 1. bào 薄巧切,上,巧韻,並。幽部。

❶鹽漬魚。説文:"鮑,饐魚也。"段玉裁注:"鹽魚溼者爲饐魚。"史記貨殖列傳:"~千鈞。"司馬貞索隱:"魚漬云鮑。"孔子家語六本:"與不善人居,如入~魚之肆,久而不聞其臭。"又指乾魚。周禮天官籩人:"朝事之籩,其實麷、蕡、白、黑、形鹽、膴、~魚、鱐。"鄭玄注:"鮑者,於糗室中糗乾之。"❷通"鞄"。柔製皮革的工匠。周禮考工記:"攻皮之工:函、~、韗、韋、裘。"鄭玄注引鄭司農云:"鮑,書或爲鞄。"説文革部:"鞄,柔革工也。周禮曰:'柔皮之工鮑氏。'鮑,即鞄也。"段玉裁注:"鞄,正字;鮑,假借。"❸姓。

2. bāo 集韻班交切,平,爻韻,幫。幽部。

❹人名用字。集韻:"鮑,楚有申鮑胥。通作'包'。"史記楚世家:"昭王之出郢也,使申~胥請救於秦。"

鮒 fù 符遇切,去,遇韻,奉。侯部。

❶蝦蟆。易井:"九二,井谷射~。"釋文:"子夏傳謂蝦蟆。"❷魚名,即鯽魚。説文:"鮒,魚名。"埤雅釋魚:"鮒,小魚也,即今之鯽魚。"墨子公輸:"江漢魚鼈黿鼉爲天下富,宋所爲無雉兔~魚者也。"

鮍 pī 敷羈切,集韻攀糜切,平,支韻,滂。歌部。

❶魚名。説文:"鮍,魚名。"❷剖成兩片的魚。北魏賈思勰齊民要術脯腊:"去直鰓,破腹作~,净疏洗,不須鱗。"繆啓愉校釋:"去直,疑'直去'錯倒,是説只去鰓,和下文'不須鱗'相應。"

鮣 yìn 於刃切,去,震韻,影。

魚名。頭有吸盤,常吸附于大魚體下或船底下,生活于海洋。文選晉左思吴都賦:"~龜鱕鯌。"李善注引劉逵云:"鮣魚長三尺許,無鱗,身中正,四方如印。"

按,説文無鮣字。

鮋 yǒu 於柳切,上,有韻,影。幽部。

魚名,又名黄鮋魚。説文:"鮋,魚名。"

六 畫

鯗 xiǎng 類篇寫兩切,音想。

同"鮺"。乾魚。晉王羲之雜帖五:"石首～,食之消瓜成水。"明李時珍本草綱目鱗部鮑魚:"～,亦乾魚之總稱也。"

鮆 zī 即移切,音貲,平,支韻,精。支部。

㊀魚名,即刀魚。説文:"鮆,飲而不食,刀魚也,九江有之。"山海經南山經:"苕水出于其陰,北流注于具區,其中多～魚。"郭璞注:"鮆魚狹薄而長,頭大者尺餘,太湖中今饒之,一名刀魚。"史記貨殖列傳:"鮐～千斤。"張守節正義:"鮆,刀魚也。"㊁通"呰"。短。鹽鐵論通有:"～窳偷生,好衣甘食。"漢書地理志作"呰",顔師古注引如淳曰:"呰,或作鮆。"

鮫 jiāo 古肴切,平,肴韻,見。宵部。

㊀海中鯊魚。説文:"鮫,海魚,皮可飾刀。"段玉裁注:"今所謂沙魚。"山海經中山經:"漳水出焉,而東南流注於睢,其中多黄金,多～魚。"㊁蛟龍。禮記中庸:"黿鼉～龍魚鼈生焉。"釋文:"鮫,本又作蛟。"

鮮 1. xiān 相然切,平,仙韻,心。元部。

㊀活魚,鮮魚。老子第六十章:"治大國若烹小～。"河上公注:"鮮,魚。"禮記内則:"冬宜～、羽。"㊁新宰殺的鳥獸。書益稷:"奏庶～食。"僞孔傳:"鳥獸新殺曰鮮。"㊂新鮮,鮮明。易説卦傳:"震…爲蕃～。"孔穎達疏:"鮮,明也。取其春時草木蕃育而鮮明。"漢書廣川惠王越傳:"與我無禮,衣服常～於我。"顔師古注:"鮮,謂新華也。"㊃嘉善,美好。詩邶風新臺:"燕婉之求,籧篨不～。"鄭箋:"鮮,善也。"㊄夭折。左傳昭公五年:"葬～者自西門。"杜預注:"不以壽終爲鮮。"

2. xiǎn 息淺切,上,獮韻,心。元部。

㊅少。詩鄭風揚之水:"終～兄弟,維予與女。"鄭箋:"鮮,寡也。"論語學而:"其爲人也孝弟,而好犯上者,～矣。"㊆通"巘(yǎn)"。不與大山相連的小山。詩大雅皇矣:"度其～原,居岐之陽。"毛傳:"小山别大山曰鮮。"

[備考]㊀進獻。禮記月令:"天子乃～羔開冰。"鄭玄注:"鮮,當爲獻,聲之誤也。"按,吕氏春秋仲春作"獻"。此義讀 xiàn。廣韻私箭切。㊁鱔魚。同鱓、鱔。説文虫部:"蠏有二敖八足,旁行,非蛇～之穴無所庇。"段玉裁注:"鮮者,今之鱓字。"此義讀 shàn。

鮭 1. guī 古攜切,平,齊韻,見。支部。

㊀河豚,也稱"鯸鮐"。山海經北山經:"敦薨之水出焉,而西流注於昆侖之東北隅,實爲河原,其中多赤～。"郭璞注:"今名鯸鮐爲鮭魚。"論衡言毒:"毒螫渥者…在魚則爲～與鮗鮁,故人食～肝而死。"

2. xié 户佳切,平,佳韻,匣。支部。

㊁魚類菜肴的總稱。玉臺新詠古詩爲焦仲卿妻作:"雜綵三百疋,交廣市～珍。"宋陸游北窗即事之二:"粗餐豈復須～菜,蓬户何曾設扊扅。"

3. wā 集韻烏蝸切,平,佳韻,影。支部。

㊂〔鮭蠪〕鬼怪名。莊子達生:"東北方之下者,倍阿鮭蠪躍之。"釋文引司馬彪云:"鮭蠪,狀如小兒,長一尺四寸,黑衣赤幘大冠,帶劍持戟。"

4. kuī 苦圭切,平,齊韻,溪。支部。

㊃〔鮭陽〕複姓。漢有博士鮭陽鴻。

按,説文無鮭字。

鮚 jié 巨乙切,音結,入,質韻,羣。質部。

蚌。説文:"鮚,蚌也。漢律會稽郡獻～醬。"漢書地理志上:"(會稽郡)有～埼亭。"顔師古注:"鮚,音結,蚌也,…埼,曲岸也,其中多鮚,故以名亭。"

鮧 1. yí 以脂切,平,脂韻,喻四。

㊀〔鯷鮧〕見"鯷"字條。

2. tí 杜奚切,平,齊韻,定。

㊁鮎魚。廣韻:"鮧,鮎也。"爾雅翼釋魚:"鮧魚,偃額,兩目上陳,頭大尾小,身滑無鱗,謂之鮎魚,言黏滑也。"

鮐 yí 與之切,音怡,平,之韻,喻四。

〔鮟鮀〕見"鮟"字條。

鮪 wěi 榮美切,上,旨韻,喻三。之部。

鱘、鰉之類。説文:"鮪,鮥也。"周禮'春獻王鮪'。"詩衛風碩人:"施罛濊濊,鱣～發發。"毛傳:"鮪,鮥也。"吕氏春秋季春:"薦～于寢廟,乃爲麥祈實。"高誘注:"鮪魚似鱣而小。"

鮞 ér 如之切,平,之韻,日。之部。

❶魚苗,小魚。説文:"鮞,魚子也。"國語魯語上:"魚禁鯤～。"韋昭注:"鯤,魚子也;鮞,未成魚也。"文選漢張衡西京賦:"摷昆～,殄水族。"薛綜注:"鮞,細魚。"❷魚名。説文:"鮞,一曰魚之美者,東海之鮞。"吕氏春秋本味:"魚之美者,洞庭之鱄,東海之～。"

鮬 kū 苦胡切,音枯,平,模韻,溪。魚部。

魚名,又名鱖歸,妾魚,鰟鮍。玉篇:"鮬,鱖歸。"明楊慎異魚圖贊卷三:"～惟妾魚,厥形如瓜。"參見〔鱊鮬〕。

鮔 gèng 古鄧切,去,嶝韻,見。蒸部。

字亦作䱴,鮔,鮔。〔鮔䲅〕叠韻聯緜字。魚名,鱘鰉類。玉篇:"鮔,鮔䲅,鮪也。"史記司馬相如列傳:"蛟龍赤螭,鮔䲅螹離。"裴駰集解引郭璞曰:"鮔䲅,鮪也。"漢書作"䱴"。

按,説文鮔作䱴。

鮦 tóng 徒紅切,平,東韻,定。東部。

魚名,即鱧魚。説文:"鮦,魚名。"玉篇:"鮦,鱧魚也。"文選漢張衡西京賦:"其中則有黿鼉巨鼈,鱣鯉鱮～。"

鮨 1. qí 渠脂切,音耆,平,脂韻,羣。脂部。

❶魚醬。説文:"鮨,魚䏚醬也。"爾雅釋器:"肉謂之羹,魚謂之鮨。"❷切細的肉。儀禮公食大夫禮:"牛胾醢牛～。"鄭玄注:"内則謂鮨爲膾。"

2. yì 集韻研計切,去,霽韻,疑。脂部。

❸魚名。山海經北山經:"諸懷之水出焉,而西流注于囂水,其中多～魚,魚身而犬首,其音如嬰兒,食之已狂。"

鮯 gé 古沓切,入,合韻,見。緝部。

魚名。廣雅釋地:"東方有魚焉,如鯉,六足,鳥尾,其名曰鮯。"〔鮯鮯〕魚名。即"鮯"。山海經東山經:"有魚焉,其狀如鯉,而六足鳥尾,名曰鮯鮯之魚。"

鮥 luò 盧各切,音洛,入,鐸韻,來。鐸部。

魚名,即小鱘魚。説文:"鮥,叔鮪也。"爾雅釋魚:"鮥,鮛鮪。"郭璞注:"鮪,鱣屬也,大者爲王鮪,小者爲鮛鮪。今宜都郡,自京門以上,江中通出鱏鱣之魚,有一魚狀似鱣而小,建平人呼鮥子,即此魚也。"

鮠 wéi 五灰切,平,灰韻,疑。

魚名,又名鮰魚、鱯魚。廣韻:"鮠,魚名,似鮎。"明李時珍本草綱目鱗部:"北人呼鱯,南人呼～。"

絮 rú 字彙補人盧切,音如。魚部。

〔絮魮〕傳説中魚名。山海經西山經:"濫水出于其西,西流注于漢水,多絮魮之魚,其狀如覆銚,鳥首而魚翼魚尾。"

七　畫

鯊 shā 所加切,平,麻韻,審二。歌部。

❶吹沙小魚。亦名鮀。爾雅釋魚:"鯊,鮀。"郭璞注:"今吹沙小魚,體員而有點文。"明李時珍本草綱目鱗部:"此非海中沙魚,乃南方溪澗中小魚也。居沙溝中,吹沙而游,咂沙而食。"❷海鯊。正字通:"鯊,海鯊,青目赤頰,背上有鬣,腹下有翅,味肥美。六書故曰:'海中所産,以其皮如沙得名。'"

按,説文鯊作魦。

鯊 cān 集韻千安切,音餐,平,寒韻,清。

魚名,即白鰷。集韻:"鯊,魚。"正字通:"鯊,白鰷别名。"參見"鰷"字條。

按,説文無鯊字。

鯇 huàn 户板切,上,潸韻,匣。元部。

魚名，即草魚。説文："鯇，魚名。"明李時珍本草綱目鱗部："～，…其性舒緩，故曰～，曰鰀，俗名草魚，因其食草也。"

鮷 tí 杜奚切，平，齊韻，定。脂部。

魚名，大鮎魚。説文："鮷，大鮎也。"文選晉左思蜀都賦："鱣鮪鱒魴，～鱧魦鱨。"南齊書張融傳："照天容於～渚，鏡河色於魦潯。"字亦作鮧或鯷。

鯆 1. pū 普胡切，平，模韻，滂。

㊀〔鯆鮃〕江豚。埤蒼："鯆鮃，一名江豚，多膏少肉。"晉書隱逸傳："折旋中流，初作鰌鰛躍，後作鯆鮃引。"唐皮日休奉和魯望漁具十五咏滬："濤頭倏爾過，數頃跳鯆鮃。"

2. bū 集韻奔模切，平，模韻，幫。

㊁〔鯆魮〕魚名，即海鷂魚，尾有毒。見集韻，又見本草綱目鱗部"海鷂魚"。

按，説文無鯆字。

鯁 gěng 古杏切，上，梗韻，見。陽部。

㊀魚骨，魚刺。説文："鯁，魚骨也。"亦指骨、刺卡咽喉中。漢書賈山傳："祝餲在前，祝～在後。"顔師古注："以老人好饐～，故爲備祝以祝之。"引申爲梗塞，阻塞。南朝梁庾肩吾亂後行經吴御亭詩："獯戎～伊洛，雜種亂轘轅。"㊁害，禍患。國語晉語六："今治政而内亂，不可謂德；除～而避彊，不可謂刑。"韋昭注："鯁，害也。"後漢書段熲傳："昔先零作寇，趙充國徙令居内，煎當亂邊，馬援遷之三輔，始服終叛，至今爲～。"㊂正直。後漢書黄琬傳："在朝有～直節，出爲魯東海二郡相。"隋書陰壽傳："性剛～，有不可奪之志。"㊃通"哽"。哽咽。後漢書何皇后紀："扶弘農王下殿，北面稱臣，太后～涕，羣臣含悲莫敢言。"

䱲 zhé 陟葉切，入，葉韻，知。葉部。

㊀乾魚。漢書貨殖傳："～鮑千鈞。"顔師古注："䱲，膊魚也，即今之不著鹽而乾者也。"又爲鹽漬魚。見玉篇。㊁魚名，即婢䱲魚，又名青衣魚。見廣韻。

按，説文無䱲字。

鮹 1. shāo 所交切，平，肴韻，審二。

㊀魚名。玉篇："鮹，魚名。"廣韻肴韻："鮹，海魚，形如鞭鞘。"

2. xiāo 相邀切，平，宵韻，心。

㊁通"綃"。〔鮫鮹〕即"鮫綃"。傳説中鮫人所織的綃。唐温庭筠張静婉采蓮曲："掌中無力舞衣輕，剪斷鮫鮹破春碧。"

按，説文無鮹字。

鯉 lǐ 良士切，上，止韻，來。之部。

㊀魚名，即鯉魚。詩周頌潛："有鱣有鮪，鰷鱨鰋～。"淮南子俶真："夫牛蹏之涔，無尺之～。"㊁書信的代稱。古樂府飲馬長城窟行："客從遠方來，遺我雙鯉魚，呼兒烹～魚，中有尺素書。"後因以鯉魚代稱書信。宋劉才邵清夜曲："門前溪水空粼粼，～素不傳嬌翠顰。"

䲜 yè 於業切，入，業韻，影。

鹽漬魚。玉篇："䲜，鹽漬魚也。"漢書貨殖傳"䱲鮑千鈞"顔師古注："鮑，今之～魚也。"南齊書武陵昭王傳："曅留儉設食，柈中菘菜～魚而已。"

鮲 fū 芳無切，平，虞韻，敷。

〔鮲鰤〕江豚，又名"鯆鮃"。太平御覽九三九引漢曹操四時食制："鮲鰤魚，黑色，大如百斤猪。"

按，説文無鮲字。

鮸 miǎn 亡辨切，集韻美辨切，上，獮韻，明。元部。

魚名。説文："鮸，魚名，出薉邪頭國。"太平御覽八六二引隋杜寶大業拾遺録："六年，吴郡獻海～乾膾四瓶。"明馮時可雨航雜録下："～魚狀似鱸而肉粗。"

鯀 gǔn 古本切，上，混韻，見。文部。

㊀魚名。説文："鯀，魚也。"㊁人名，禹之父。書堯典："於，～哉！"僞孔傳："鯀，崇伯之

名。"史記夏本紀:"禹之父曰～。"

鯈 chóu 直由切,平,尤韻,澄。幽部。

魚名,即小白魚。説文:"鯈,魚名。"淮南子覽冥:"不得其道若觀～魚。"高誘注:"鯈魚,小魚也。"唐王維山中與裴秀才迪書:"輕～出水,白鷗矯翼。"

八 畫

鯗 xiǎng 息兩切,音想,上,養韻,心。

乾腊魚。宋王應麟困學紀聞四:"(唐)陸廣微吴地記云:闔閭思海魚而難於生致,治生魚鹽漬而日乾之,故名曰～。"吴郡志雜志引唐陸廣微吴地記:"吴王回軍,…思海中所食魚,問所餘何在,所司奏云:並曝乾。吴王索之,其味美,因書'美'下着'魚',是爲'鯗'字。"一本作"鮝"。

鯯 zhì 征例切,去,祭韻,照三。

魚名。世説新語紕漏:"天時尚煩,～魚蝦鱃未可致。"宋陸游秋日雜詠詩:"白蟹～魚初上市,輕舟無數去乘潮。"

按,説文無鯯字。

鯬 lí 郎奚切,音梨,平,齊韻,來。脂部。

魚名。爾雅釋魚:"鯬,鯠。"郭璞注:"未詳。"正字通謂爲鰣魚别稱。

按,説文無鯬字。

鯨 jīng (舊讀 qíng)渠京切,平,庚韻,羣。陽部。

鯨魚。左傳宣公十三年:"取其～鯢而封之。"杜預注:"鯨、鯢,大魚名。"文選晉木華海賦:"魚則橫海之～,突扤孤遊,戛巖嶅,偃高濤。"

[備考]通"擎"。舉起。文選晉潘岳射雉賦:"～牙低鏃,心平望審。"李善注引徐爰曰:"鯨,當作擎,舉也。"

[同源字]京,鯨(鱷),麖(麠)。京、麖(麠)同音,與鯨(鱷)見羣旁紐,陽部叠韻。三字都有"大"義。所以同源。説文:"京,大也。"詩大雅文王:"祼將于京。"毛傳:"京,大也。"説文:"麠,大鹿也,麠,或从京。"山海經中山經:"尸山多蒼玉,其獸多麖。"説文:"鱷,海大魚也,鱷,或从京。"淮南子覽冥:"鯨魚死而彗星出。"高誘注:"鯨魚,大魚長數里。"

按,説文以鯨爲鱷的或體。

鯖 1. zhēng 諸盈切,音征,平,清韻,照三。

㊀魚肉合烹成的食物。西京雜記二:"婁護豐辯,傳食五侯間,各得其懽心,競致奇膳,護乃合以爲～,世稱五侯鯖,以爲奇味焉。"唐王維贈吴官詩:"江鄉～鮓不寄來,秦人湯餅那堪許。"

2. qīng 倉經切,平,青韻,清。

㊁魚名。玉篇:"鯖,魚名。"明李時珍本草綱目鱗部:"青亦作～,以色名也。"

按,説文無鯖字。

鯥 lù 力竹切,入,屋韻,來。覺部。

傳説中的怪魚。山海經南山經:"有魚焉,其狀如牛,陵居,蛇尾,有翼,其羽在魼下,其音如留牛,其名曰～,冬死而夏生,食之無腫疾。"

按,説文無鯥字。

鯪 líng 力膺切,平,蒸韻,來。蒸部。

㊀傳説中的一種怪魚。楚辭戰國屈原天問:"～魚何所?"唐柳宗元天對:"～魚人貌,邇列姑射。"㊁〔鯪鯉〕雙聲聯緜字。獸名,亦名龍鯉,陵鯉,俗稱穿山甲。魏書高祐傳:"東郡吏獲一異獸,獻之京師,時人咸無識者。詔以問祐,祐曰:'此是三吴所出,厥名鯪鯉,餘域率無。'"明李時珍本草綱目鱗部:"鯪鯉,其形肖鯉,穴陵而居,故曰鯪鯉,而俗稱爲穿山甲。"

按,説文無鯪字。

鯌 cuò 倉各切,音錯,入,鐸韻,清。

魚名。皮粗可製刀劍鞘。唐李白醉後贈從甥高鎮詩:"匣中盤劍裝～魚,閑在腰間未用渠。"明楊慎異魚圖贊:"南越勁～,揚鬐排流,鱗皮斑駁,可飾削綵。"

按,説文無鯌字。

鯠 lái 落哀切,平,咍韻,來。之部。

鰣魚别名。見"鯬"字條。

按,説文無鯠字。

鯞 zhōu 之九切,上,有韻,照三。幽部。

〔鱖鯞〕見"鱖"字條。

按,説文無鯞字。

鯧 chāng 尺良切,平,陽韻,穿三。

魚名。玉篇:"鯧,魚名。"明李時珍本草綱目鱗部引藏器曰:"～魚生南海,狀如鯽,身正圓,無硬骨,作炙食至美。"

按,説文無鯧字。

鯤 kūn 古渾切,平,魂韻,見。今讀如坤。文部。

㊀魚苗。爾雅釋魚:"鯤,魚子。"郭璞注:"凡魚之子,總名鯤。"國語魯語上:"魚禁～鮞。"韋昭注:"鯤,魚子也。"㊁大魚名。莊子逍遥遊:"北冥有魚,其名爲～,～之大,不知其幾千里也。"文選戰國宋玉對楚王問:"～魚朝發崑崙之墟,暴鬐於碣石,暮宿於孟諸。"

按,説文無鯤字。

鯝 gù 古暮切,去,暮韻,見。

後起字。㊀魚腸。廣韻:"鯝,魚肚中腸。"明李時珍本草綱目鱗部:"魚腸曰～。"㊁魚名,即黄鯝魚。正字通:"鯝,黄鯝,狀似白魚,長不近尺,闊不踰寸,扁身細鱗,腸腹多脂,南人譌名黄姑,北人譌名黄骨魚。"

鯩 lún 力迍切,平,諄韻,來。文部。

魚名。玉篇:"鯩,魚名。"山海經中山經:"(半石之山)來需之水出于其陽,而西流注于伊水,其中多～魚,黑文,其狀如鮒,食者不睡。"

按,説文無鯩字。

鯛 diāo 都聊切,音雕,平,蕭韻,端。幽部。

魚名。玉篇:"鯛,魚名。"

按,説文云:"鯛,骨耑脆也。"桂馥義證:"魚名鯛,其骨耑脆。本書脱魚字。"徐鍇繫傳:"鯛,小魚也。"

鮥 xiàn 户韽切,去,陷韻,匣。談部。

㊀魚名,亦稱鮥父之魚。山海經北山經:"留水出焉,而南流注于河,其中有～父之魚,其狀如鮒魚,魚首而彘身,食之已嘔。"㊁魚名,即鰔魚。明李時珍本草綱目鱗部:"～魚,鰔魚。"

鯢 ní 五稽切,音倪,平,齊韻,疑。支部。

㊀魚名,又稱人魚,娃娃魚。説文:"鯢,刺魚也。"(依段注本)段玉裁注:"刺魚者,乖刺之魚。謂其如小兒,能緣木。史漢謂之人魚。"爾雅釋魚:"鯢大者謂之鰕。"郭璞注:"今鯢魚似鮎,四脚。"㊁雌鯨。左傳宣公十二年:"取得鯨～而封之。"杜預注:"鯨、鯢,大魚也。"文選晉左思吴都賦:"長鯨吞航,修～吐浪。"李善注引劉逵曰:"鯨魚長者數十里,小者數十丈,雄曰鯨,雌曰鯢。"㊂小魚。莊子庚桑楚:"夫尋常之溝,巨魚無所還其體,而～鰌爲之制。"文選戰國宋玉對楚王問:"夫尺澤之～,豈能與之量江海之大哉!"㊃〔鯢齒〕老人齒落後更生之齒,喻指老人。文選漢張衡南都賦:"於是乎鯢齒、眉壽、鮐背之叟,皤皤然被黄髮者,喟然相與歌。"李善注引爾雅曰:"鯢齒,壽也。"今本爾雅作"齯"。

[同源字]兒,麑,鯢,齯,麛。見"齯"字條。

鯔 zī 側持切,平,之韻,照二。

魚名。文選晉左思吴都賦:"躍龍騰蛇,鮫～琵琶。"李善注引劉逵曰:"鯔魚,形如鯢,長七尺,吴會稽臨海皆有之。"北魏賈思勰齊民要術作醬法:"取石首魚、魦魚、～魚三種腸、肚、胞,齊洗净。"

按,説文無鯔字。

九 畫

鯑 tí 杜奚切,音題,平,齊韻,定。支部。

❶鯢魚,娃娃魚。山海經中山經:"休水出焉,而北流注於洛,其中多～魚,狀如盩蜼而長距,足白而對。"明李時珍本草綱目鱗部:"鯢,聲如小兒,故名。即～魚之能上樹者。"❷鮎魚。正字通:"鯑,鮎别名。"山海經北山經郭璞注:"今亦呼鮎爲～。"

按,説文無鯑字。

鯿 biān 卑連切,平,仙韻,幫。元部。

魚名。古多指魴魚。古文苑戰國宋玉釣賦:"精不離乎魚喙,思不出乎鮒～。"後漢書馬融傳:"魴鱮鱏～。"

按,説文以鯿爲鯾的或體。

鯁 gèng 集韻居鄧切,去,隥韻,見。蒸部。

字亦作"鮔"、作"鮔"。見〔鮔䲛〕。

鰌 1. qiū 七由切,音秋,平,尤韻,清。幽部。

❶魚名,即泥鰍。爾雅釋魚:"鰼,鰌。"郭璞注:"今泥鰌。"説文:"鰌,鰼也。"莊子齊物論:"民溼寢則腰疾偏死,～然乎哉?"亦有指海鰍者。爾雅翼釋魚:"海中～長數千里,穴居海底,入穴則海溢爲潮,出穴則潮退。"

2. qiú 自秋切,平,尤韻,從。幽部。

❷通"遒(踏)"。蹴踏,逼迫。莊子秋水:"然而指我則勝我,～我亦勝我。"釋文:"鰌,李云:籍也。"荀子彊國:"巨楚縣吾前,大燕～吾後。"楊倞注:"鰌,蹴也,籍也。如蹴踏於後。"

鯶 hùn 胡本切,音諢,上,混韻,匣。

魚名,鯇魚,即草魚。爾雅釋魚郭璞注:"今鯶魚,似鱒而人。"宋司馬光題絳州鼓椎祠記:"溶爲深淵,中多魚鼈蟹～。"

按,説文無鯶字。

鰈 dié 吐盍切,集韻達協切,入,怗韻,定。葉部。

魚名,即比目魚。説文:"鰈,比目魚也。"爾雅釋地:"東方有比目魚焉,不比不行,其名謂之鰈。"南朝梁劉勰文心雕龍封禪:"然則西鶼東～,南茅北黍。"

鰋 yǎn 於幰切,上,阮韻,影。元部。

魚名,即鮎魚。詩小雅魚麗:"魚麗于罶,～鯉。"毛傳:"鰋,鮎也。"文選漢張衡西京賦:"釣魴鱧,纚～鮋。"明李時珍本草綱目鱗部:"古曰～,今曰鮎;北人曰～,南人曰鮎。"

按,説文以鰋爲鰻的或體。

鰕 xiā 胡加切,集韻虚加切,平,麻韻,曉。魚部。

❶魚名,即魵魚。説文:"鰕,魵也。"文選三國魏曹植名都篇:"膾鯉臇胎～,寒鼈炙熊蹯。"❷大鯢。爾雅釋魚:"鯢,大者謂之鰕。"明楊慎異魚圖贊:"～實四足,而有魚名,頭尾類鯷,岐岐而行,長生山澗,出入沉浮。"❸蝦。玉篇:"鰕,長須蟲也。"爾雅釋魚:"鰝,鰕也。"郭璞注:"鰕大者。"文選晉左思吳都賦:"罩兩魪,罺鰝～。"明李時珍本草綱目鱗部:"～音霞,俗作蝦,入湯則紅色如霞也。"

[同源字]瑕,霞,騢,鰕。四字同音。説文:"瑕,玉小赤也。"説文新附:"霞,赤雲氣也。"説文:"騢,馬赤白雜色,謂色如鰕魚也。"本草綱目:"鰕,…入湯則紅色如霞也。"按,從叚字一般有赤紅義。

鰂 zé 昨則切,入,德韻,從。職部。

〔烏鰂〕魚名,俗稱烏賊,墨斗魚。説文:"鰂,烏鰂,魚名。"

鯷 tí 杜奚切,音題,平,齊韻,定。支部。

❶大鮎。字亦作鮧、鮷。戰國策趙策二:"黑齒雕題,～冠秫縫。"鮑彪注:"鯷,大鮎,以其皮爲冠。"❷古代東海部族名。漢書地理志下:"會稽海外有東～人,分爲二十餘國。"

按,説文無鯷字。

鰓 1. sāi 蘇來切,平,咍韻,心。

㊀魚鰓。文選晉潘岳西征賦:"貫～罥尾,掣三牽兩。"

2. xǐ 音葸。之部。

㊁難,懼。漢揚雄太玄密:"密有口,小～。"范望注:"鰓,難也。"〔鰓鰓〕懼貌。漢書刑法志:"(秦)故雖地廣兵彊,鰓鰓常恐天下之一合而共軋己也。"顏師古注引蘇林曰:"鰓,音'慎而無禮則葸'之葸。鰓,懼貌也。"

［同源字］顋,鰓,頋,腮。見"顋"字條。

按,説文無鰓字。

鰅 yú 遇俱切,平,虞韻,疑。侯部。

魚名。説文:"鰅,魚名,皮有文,出樂浪、東暆。"文選漢司馬相如上林賦:"～鰫鰬魠。"李善注引郭璞曰:"鰅,魚有文采。"

鰐 è 五各切,入,鐸韻,疑。

鰐魚。字亦作鱷。文選晉左思吴都賦:"黿鼉鯖～,涵泳乎其中。"李善注引劉逵曰:"鰐魚,長二丈餘,有四足,似鼉,喙長三尺,甚利齒。"

按,説文無鰐字。

鯼 zōng 子紅切,音騣,平,東韻,精。

魚名,又名石首魚。文選晉郭璞江賦:"～鮆順時而往還。"李善注引字林曰:"鯼魚出南海,頭中有石,一名石首。"

按,説文無鯼字。

鰒 fù 房六切,入,屋韻,奉。覺部。

一種海生軟體動物。説文:"鰒,海魚名。"漢書王莽傳下:"莽憂懣不能食,亶飲酒,啗～魚。"顏師古注:"鰒,海魚也。"後漢書伏隆傳:"張步遣使隨隆,詣闕上書,獻～魚。"李賢注:"郭璞注三蒼云:'鰒似蛤,偏著石。'廣志曰:'鰒無鱗有殼,一面附石,細孔雜雜,或七或九。'本草云:'石決明,一名鰒魚。'"

鰍 qiū 七由切,平,尤韻,清。

同"鰌"。泥鰍。宋辛棄疾鵲橋仙鷺鷥:"白沙遠浦,青泥别渚,剩有鰕跳～舞。"

鰉 huáng 集韻胡光切,平,唐韻,匣。

〔鱘鰉〕見"鱘"字條。

鰂 1. jì 資昔切,入,昔韻,精。

㊀通"鰿"。魚名,即鯽魚,説文作"鰿"。段玉裁注:"或作鰂,非是。"北魏楊衒之洛陽伽藍記報德寺:"肅初入國,不食羊肉及酪漿等物,常飯～魚羹,渴飲茗汁。"北周庾信謝趙王賚乾魚啓:"洞庭鮮鮒,温湖美～。"

2. zéi 集韻疾則切,入,德韻,從。職部。

㊁同"鰂"。烏賊。見説文。段玉裁注:"此乃俗鰂字。…今人用爲鰿魚字。"

按,説文以鰂爲鰂的或體。

鯸 hóu 户鉤切,平,侯韻,匣。侯部。

魚名。説文:"鯸,魚名。"〔鯸鮐〕河豚。文選晉左思吴都賦:"王鮪鯸鮐。"李善注引劉逵曰:"鯸鮐,魚,狀如科斗,大者尺餘,腹下白,背下青黑,有黄文,性有毒。"又作"鯸鮧"、"鯸鮔"。

十　畫

䱷 yú 語居切,音漁,平,魚韻,疑。魚部。

同"漁"。捕魚。周禮天官䱷人:"掌以時～爲梁。"賈公彦疏:"一歲三時取魚,皆爲梁,以時取之,故云以時漁爲梁。"唐柳宗元武岡銘:"山畋澤～,輸賦于都。"

按,説文無䱷字。

鰧 téng 徒登切,音騰,平,登韻,定。蒸部。

魚名。山海經中山經:"合水出于其陰,而北流注于洛,多～魚,狀如鱖,居逵,蒼文赤尾,食之不癰,可以爲瘻。"

按,説文無鰧字。

鰫 yōng 集韻餘封切,平,鍾韻,喻四。東部。

魚名,即鱅魚。説文:"鰫,魚也。"文選漢司馬相如上林賦:"鰅～鰬魠。"李善注引郭璞曰:"鰫,似鰱而黑。"

鰟 1. fáng 集韻符方切,音房,平,陽韻,奉。

陽部。

㊀同"魴"。魚名。

按，説文鰟爲魴之或體。

2. páng 音旁。

㊁〔鰟魮〕雙聲聯緜字。魚名。明李時珍本草綱目鱗部："鰤魚，即爾雅所謂鱖歸，郭璞所謂妾魚、婢魚，崔豹所謂青衣魚，世俗所謂鰟魮鯽也。"

鰝 hào 胡老切，音浩，上，晧韻，匣。宵部。

大海蝦。説文："鰝，大鰕也。"爾雅釋魚："鰝，大鰕。"郭璞注："鰕大者，出海中，長二三丈，鬚長數尺。今青州呼鰕魚爲鰝。"文選晉左思吴都賦："罩兩魪，罺～鰕。"

鮺 zhǎ 集韻側下切，音鮓，上，馬韻，照二。

醃魚。周禮天官庖人"共祭祀之好羞"鄭玄注："謂四時所爲膳食，若荆州之鮺魚，揚州之蟹胥。"世説新語賢媛："陶公少時作魚梁吏，嘗以坩～餉母，母封～付使反書責侃。"

按，説文無鮺字。

鰜 1. qiàn 集韻詰念切，音歉，去，桥韻，溪。談部。

㊀魚名，即大青魚。説文："鰜，魚名。"段玉裁改作"鰜魚也"，注云："當作鰱魚也。玉篇曰：'鰱，大青魚。'類篇曰：'鰜魚大而青。'是爲一物也。廣韻云'比目魚'，因鳥有鶼而皮傅耳。"徐鍇繫傳："鰜，鰱也。"

2. jiān 古甜切，平，添韻，見。

㊁比目魚。廣韻："鰜，比目魚。"

鰱 lián 力延切，平，仙韻，來。元部。

魚名，即白鰱魚。説文："鰱，魚名。"文選晉郭璞江賦："鮫鰩鯩～。"

鰭 qí 渠脂切，平，脂韻，羣。脂部。

魚鰭。禮記少儀："冬右腴，夏右～。"孔穎達疏："鰭，謂魚脊。"文選漢司馬相如上林賦："揵～掉尾，振鱗奮翼。"李善注引郭璞曰："鰭，背上鬣也。"

按，説文無鰭字。

鱁 zhú 直六切，入，屋韻，澄。覺部。

㊀魚名。爾雅釋魚："鱀，是鱁。"明楊慎異魚圖贊卷三："鱀一名～，喙鋭大腹，長齒羅生，上下相覆。"㊁〔鱁鮧〕魚腸醬。南史宋明帝紀："以密漬鱁鮧，一食數升。"字本作"逐夷"。北魏賈思勰齊民要術脯腊："至二月三月，魚成，生刳取五臟，酸醋浸食之，儁美乃勝逐夷。"又作醬法作鱁鮧法："昔漢武帝逐夷至於海濱，聞有香氣而不見物。令人推求，乃是漁父造魚腸於坑中，以至土覆之，香氣上達。取而食之，以爲滋味。逐夷得此物，因名之。蓋魚腸醬也。"

按，説文無鱁字。

鰬 qián 渠焉切，平，仙韻，羣。元部。

魚名。文選漢司馬相如上林賦："鰅鰫～魠。"李善注引郭璞曰："鰬似鱓。"鱓音善。廣雅釋魚："大鰈謂之鰬。"王念孫疏證："鰈爲鱓魚，鰬爲鰻鱺魚。鰬似鰈而大，故云大鰈謂之鰬。"

按，説文無鰬字。

鰣 shí 市之切，平，之韻，禪。

魚名，即鰣魚。爲名貴食用魚。廣韻："鰣，魚名，似魴，肥美，江東四月有之。"宋王安石後元豐行詩："～魚出網蔽江渚，荻筍肥甘勝牛乳。"

鰨 tǎ 吐盍切，入，盍韻，透。葉部。

㊀魚名，即鯢魚。文選漢司馬相如上林賦："鰅鰫鰬魠，禺禺魼～。"李善注引郭璞曰："鰨，鯢魚也，似鮎，有四足，聲如嬰兒。"㊁比目魚。爾雅釋地："東方有比目魚焉，不比不行，其名謂之鰈。"釋文："鰈，本或作鰨。"

鰫 huá 户八切，音滑，入，黠韻，匣。物部。

魚名。山海經東山經："子桐之水出焉，而西流注于餘如之澤，其中多～魚，其狀如魚而鳥翼，出入有光，其音如鴛鴦，見則天下大旱。"文選晉郭璞江賦："～鰊鰺鮋。"

按，説文無鰑字。

鰥 1. guān 古頑切，平，山韻，見。文部。

㊀一種大魚。説文："鰥，魚也。"詩齊風敝笱："敝笱在梁，其魚魴～。"毛傳："鰥，大魚。"㊁老而無妻。詩小雅鴻雁："爰及矜人，哀此～寡。"毛傳："老而無妻曰鰥。"書康誥："不敢侮～寡。"㊂同"瘝"。病。見爾雅釋詁。

2. gǔn 集韻古本切，上，混韻，見。

㊃通"鯀"。夏禹父名。見集韻。

鰩 yáo 餘昭切，音遥，平，宵韻，喻四。宵部。

魚名，即文鰩魚。説文新附："鰩，文鰩，魚名。"吕氏春秋本味："雚水之魚，名曰～，其狀若鯉而有翼。"山海經西山經："泰器之山，觀水出焉，西流注于流沙，是多文～魚，狀如鯉魚，魚身而鳥翼，蒼文而白首，赤喙。"

十一畫

鰲 áo 五勞切，平，豪韻，疑。

"鼇"的俗字。玉篇："鰲，魚名。"唐李白猛虎行："巨～未斬海水動，魚龍奔走安得寧。"

鰵 mǐn 眉殞切，上，軫韻，明。

海魚名，即鮸。廣韻："鰵，海魚。"明屠本畯閩中海錯疏鱗上："～，形似鱸，口闊，肉粗，腦腴，骨脆而味美。"

按，説文無鰵字。

鱅 yóng 餘封切，平，鍾韻，喻四。東部。

㊀鱅魚，亦名黑鰱，花鰱。説文："鱅，鱅魚也。"（依段注本）史記司馬相如列傳："鰅～鰬魠。"文選漢張衡南都賦："鱏鱣鰅～。"李善注引郭璞上林賦注："鱅，似鰱而黑。"㊁〔鱅鱅〕一種怪魚。山海經東山經："食水出焉，而東北流注于海，其中多鱅鱅之魚，其狀如犂牛，其音如彘鳴。"

鰿 jì 資昔切，音鯽，入，昔韻，精。錫部。

㊀小貝。爾雅釋魚："貝…大者魧，小者鰿。"㊁魚名，即鯽魚。楚辭大招："煎～臛雀，遽爽存只。"王逸注："鰿，鮒。"

按，説文無鰿字。

鱄 1. zhuān 職緣切，平，仙韻，照三。元部。

㊀魚名。吕氏春秋本味："魚之美者，洞庭之～，東海之鮞。"段玉裁説文解字注："今本作鱄，非也。"

2. tuán 集韻徒官切，平，桓韻，定。元部。

㊁傳説中的魚。山海經南山經："黑水出焉，而南流注于海，其中有～魚，其狀如鮒而彘毛，其音如豚，見則天下大旱。"郭璞注："音團扇之團。"

鰹 jiān 古賢切，平，先韻，見。真部。

魚名，即大鮦。爾雅釋魚："鰹，大鮦，小者鮵。"明宋濂燕書三〇："王鮪出入海中…逢鮂鰼～魾必吞。"

按，説文無鰹字。

鰾 biào 符少切，集韻婢小切，上，小韻，並。

魚鰾。廣韻："鰾，魚鰾，可作膠。"宋沈括夢溪補筆談二："朝廷調發軍器，有弩椿箭幹之類。海州素無此物，民甚苦之，請以～膠充折。"

鰳 lè 篇海類編歷得切。

魚名，出東南海中。正字通："鰳，鰳魚以四月至海上，漁人聽水聲取之，狀如鰣魚，小首細鱗，腹下有硬刺。"

按，説文無鰳字。

鰼 1. xí 似入切，入，緝韻，邪。緝部。

㊀泥鰍。説文："鰼，鰌也。"爾雅釋魚："鰼，鰌。"郭璞注："今泥鰌。"

2. zhě 音褶。

㊁〔鰼鰼〕傳説中的魚名。山海經北山經："涿光之山，嚻水出焉，而西流注于河，其中多鰼鰼之魚，其狀如鵲而十翼，鱗皆在羽端，其音如鵲，可以禦火，食之不癉。"郭璞注：

"(鰼)音袴褶之褶。"

鰻 mán 母官切,平,桓韻,明。元部。

魚名,即鰻鱺魚。説文:"鰻,魚名。"朱駿聲説文通訓定聲:"鰻,今俗曰鰻鱺是也。"

鰷 tiáo 徒聊切,平,蕭韻,定。幽部。

魚名,即白鰷。詩周頌潛:"有鱣有鮪,～鱨鰋鯉。"鄭箋:"鰷,白鰷也。"明李時珍本草綱目鱗部三:"～,生江湖中,小魚也。長僅數寸,形狹而扁,狀如柳葉,鱗細而整,潔白可愛,性好羣游。"

按,説文無鰷字。

鱀 jì 其冀切,去,至韻,羣。物部。

魚名,即江豚。爾雅釋魚:"鱀,是鱁。"郭璞注:"大腹,喙小鋭而長,齒羅生,上下相銜,鼻在額上,能作聲,少肉多膏。胎生,健啖細魚。大者長丈餘,江中多有之。"

徽 huī 許歸切,音輝,平,微韻,曉。微部。

大而多力的魚。爾雅釋魚:"魚有力者徽。"郭璞注:"强大多力。"〔徽鯨〕大而多力的魚。文選晉左思吴都賦:"徽鯨輩中於羣犗。"李善注引劉逵曰:"魚大者莫若鯨也,故曰徽鯨也。"

按,説文無徽字。

十 二 畫

鱔 shàn 集韻上演切,上,獮韻,禪。

後起字。魚名,即黄鱔。龍龕手鑑:"鱔,蛇形魚。"唐元稹酬樂天東南行詩一百韻:"雜尊多剖～,和黍半蒸菰。"宋程垓滿江紅:"卧後從教鰍～舞,醉來一任乾坤窄。"

鱒 zūn (舊讀 zùn)才本切,上,混韻,從。文部。

魚名,即赤眼鱒。説文:"鱒,赤目魚。"爾雅釋魚:"鮅,鱒。"郭璞注:"似鯶子,赤眼。"詩豳風九罭:"九罭之魚,～魴。"朱熹集傳:"鱒,似鯶而鱗細眼赤。"文選晉左思蜀都賦:"鱣鮪～魴。"

鱗 lín 力珍切,平,真韻,來。真部。

魚類及某些爬行類體表的鱗甲。説文:"鱗,魚甲也。"楚辭戰國屈原九章悲回風:"魚葺～以自别兮,蛟龍隱其文章。"韓非子説難:"夫龍之爲蟲也,柔可狎而騎;然其喉下有逆～徑尺,若人有嬰之者,則必殺人。"用作動詞。去掉魚的鱗。北魏賈思勰齊民要術脏腤煎消法:"用鯽魚,治腹中,不～。"又泛指有鱗甲的動物。吕氏春秋孟春:"其蟲～。"高誘注:"鱗,魚屬也,龍爲之長。"文選漢揚雄羽獵賦:"乘巨～,騎京魚。"又喻指鱗狀物。宋蘇軾李氏園詩:"林中百尺松,歲久蒼～蹙。"

鱉 biē 并列切,入,薛韻,幫。月部。

㊀甲魚。莊子秋水:"東海之～左足未入,而右膝已縶矣。"字亦作"鼈"。㊁蕨菜。爾雅釋草:"蕨,虌。"釋文:"虌,字亦作鱉。案:此即今蕨菜也。葉初出鱉蔽,因以名云。"詩召南草蟲:"言采其蕨。"毛傳:"蕨,鱉也。"

按,説文無鱉字,字作鼈。

鱏 xún 徐林切,音尋,平,侵韻,邪。侵部。

魚名,即鱘魚。説文:"鱏,魚名。傳曰:伯牙鼓琴,鱏魚出聽。"史記屈原賈生列傳:"横江湖之鱣～兮,固將制於蟻螻。"文選漢張衡南都賦:"～鱣鰅鰫。"

鱖 1. guì 居衛切,去,祭韻,見。月部。

㊀魚名,俗稱桂魚。説文:"鱖,魚名。"段玉裁注:"即今人所食之鱖魚也。"唐張志和漁父歌:"西塞山前白鷺飛,桃花流水～魚肥。"明李時珍本草綱目鱗部:"～魚,石桂魚。"

2. jué 居月切,入,月韻,見。月部。

㊁〔鱖鯞〕魚名。爾雅釋魚:"鱊鮬,鱖鯞。"郭璞注:"小魚也。似鮒子而黑,俗呼爲魚婢,江東呼爲妾魚。"

鱊 yù 餘律切,入,術韻,喻四。質部。

小魚名,又稱鱊鮬,春魚等。爾雅釋魚:

“鱎鰝,鱖鳊。”郭璞注:“小魚也。”明李時珍本草綱目鱗部:“～魚,春魚,作腊名鵝毛脡。”唐段公路北户録二:“恩州出鵝毛脡,乃鹽藏～魚,其味絶美,其細如鰕。”

按,説文無鱎字。

鱘 xún 音尋。

晚起字。魚名。明李時珍本草綱目鱗部:“～生江中,背如龍,長一二丈。”亦名“鱘鰉”。宋吴自牧夢粱録肉鋪:“大魚鮓,鱘鰉魚鮓等類。”

鱍 bō 北末切,入,末韻,幫。月部。

〔鱍鱍〕魚游擺尾貌。唐杜甫觀打魚歌:“綿州江水之東津,魴魚鱍鱍色勝銀。”按,詩衛風碩人作“發發”,釋文云:“韓詩作鱍。”

按,説文無鱍字。

鱋 qū 集韻丘於切,音袪,平,魚韻,溪。魚部。

同“魼”。魚名,即比目魚。史記司馬相如列傳:“鰅鰫鰬魠,禺禺～鰨。”漢書、文選作“魼”。

按,説文無鱋字。

鱓 1. shàn 常演切,上,獮韻,禪。元部。

❶鱔魚。山海經北山經:“其中多滑魚,其狀如～。”郭璞注:“鱓魚似蛇,音善。”淮南子説林:“今～之與蛇,蠶之與蠋,狀相類而愛憎異。”

2. tuó 集韻唐何切,平,戈韻,定。歌部。

❷同“鼉”。鰐類爬行動物。吕氏春秋古樂:“乃令～先爲樂倡,～乃偃寢,以其尾鼓其腹,其音英英。”史記太史公自序:“少康之子,實賓南海,文身斷髮,黿～與處。”

鱕 fān 甫煩切,平,元韻,非。

〔鱕鯌〕魚名。文選晉左思吴都賦:“鮣、龜、鱕鯌。”李善注引劉逵曰:“鱕鯌,有横骨在鼻前如斤斧。東人謂斧斤之斤爲鱕,故謂之鱕鯌。”

按,説文無鱕字。

鱎 jiǎo 居夭切,音矯,上,小韻,見。

魚名,即鮊魚,白魚。玉篇:“鱎,白魚也。”明李時珍本草綱目鱗部:“白魚,～魚。白亦作鮊。白者,色也;～者,頭尾向上也。”

十三畫

鱣 1. zhān 張連切,平,仙韻,知。元部。

❶魚名,即鯉魚。説文:“鱣,鯉也。”詩衛風碩人:“～鮪發發。”毛傳:“鱣,鯉也。”❷魚名,即鱘鰉魚。爾雅釋魚“鱣”郭璞注:“鱣,大魚,似鱏而短,鼻口在頷下,體有邪行甲,無鱗,肉黄,大者長二三丈,今江東呼爲黄魚。”文選漢賈誼弔屈原文:“横江湖之～鯨兮,固將制於螻蟻。”

2. shàn 集韻上演切,音善,上,獮韻,禪。元部。

❸鱔魚。韓非子説林下:“～似蛇,蠶似蠋。”後漢書楊震傳:“後有冠雀銜三～魚,飛集講堂前。”

鱯 hù 胡誤切,去,暮韻,匣。鐸部。

魚名,似鮎魚。説文:“鱯,魚名。”爾雅釋魚:“魾,大鱯,小者鮡。”郭璞注:“鱯似鮎而大,白色。”山海經北山經:“洧水出焉,而東流注于河,其中有～、黽。”北魏賈思勰齊民要術脯腊:“凡生魚悉中用,唯除鮎、～耳。”

鱷 jīng (舊讀 qíng)渠京切,平,庚韻,羣。陽部。

同“鯨”。海洋中外形似魚的哺乳動物,俗稱鯨魚。説文:“鱷,海大魚也。…鯨,鱷或从京。”漢書翟方進傳:“蓋聞古者伐不敬,取其～鯢築武軍。”

鱤 gǎn 古禫切,上,感韻,見。侵部。

魚名。山海經東山經:“減水出焉,北流注于海,其中多～魚。”郭璞注:“一名黄頰。”

按,説文無鱤字。

鱐 sù 息逐切,入,屋韻,心。覺部。

乾魚。周禮天官庖人:“春行羔豚,膳膏香;夏行腒～,膳膏臊。”鄭玄注引鄭司農云:“鱐,乾魚。”宋歐陽修東陵縣至喜堂記:“販夫所售,不過～魚腐鮑,民所嗜而已。”

按,説文無鱐字。

鱢 sāo 蘇遭切,音臊,平,豪韻,心。宵部。

同“臊”。腥味。説文:“鱢,鮏臭也。”晏子春秋内篇雜上:“食魚無反,則惡其～也。”

鱧 lǐ 盧啓切,上,薺韻,來。脂部。

魚名,又名鮦魚,俗稱黑魚。詩小雅魚麗:“魚麗于罶,魴～。”毛傳:“鱧,鮦也。”文選漢張衡西京賦:“釣魴～,纚鰋鮋。”

[備考]説文:“鱧,鱯也。”

鱠 kuài 古外切,去,泰韻,見。月部。

細切的魚肉。漢趙曄吴越春秋闔閭内傳:“吴王聞三師將至,治魚爲～。”文選漢枚乘七發:“薄耆之炙,鮮鯉之～。”又指細切魚肉。唐柳宗元設漁者對智伯:“脱其鱗,～其肉,刳其腸,斷其首而弃之。”唐白居易輕肥詩:“果擘洞庭橘,～切天池鱗。”

按,説文無鱠字。

鱭 jié 子結切,入,屑韻,精。

魚名,即鮆鱎,鰟魮。明李時珍本草綱目鱗部:“～魚,即爾雅所謂鮆鱎,郭璞所謂妾魚,婢魚,崔豹所謂青衣魚,世俗所謂鰟魮鯽也。似鯽而小且薄,黑而揚赤。”

鱮 xù 徐吕切,音序,上,語韻,邪。魚部。

魚名,即鰱魚。見説文。詩齊風敝笱:“敝笱在梁,其魚魴～。”文選漢張衡西京賦:“鱣鯉～鮦。”明李時珍本草綱目鱗部:“～魚,鰱魚。鱮魚處處有文,狀如鱅而頭小,形扁,細鱗,肥腹,其色最白。”

鱟 hòu 胡遘切,音候,去,候韻,匣。

介貝類。文選晉左思吴都賦:“乘～黿鼉,同罛共羅。”李善注引劉逵曰:“鱟,形如惠文冠,青黑色,十二足,似蟹,足悉在腹下,長五六寸,雌常負雄行,漁者取之,必得其雙,故曰乘鱟。南海朱崖、合浦諸郡皆有之。”

[備考]吴方言,虹。明徐光啓農政全書占候:“諺云:東～晴,西～雨。”

十 四 畫

鱭 jì 徂禮切,音薺,上,薺韻,從。

同“鮆(鱭)”。魚名。廣韻:“鱭,同鮆。”北魏賈思勰齊民要術作醬法:“六月、七月,取乾～魚,盆中水浸,置屋裏。”元貢師泰送東流葉縣尹:“荻笋洲青鷗鳥狎,楊花浪白～魚鮮。”

按,説文無鱭字。

鱨 cháng 市羊切,平,陽韻,禪。陽部。

魚名,即黄鱨魚,又名黄頰魚,又名“揚”。説文:“鱨,揚也。”正字通魚部:“鱨,黄頰魚。…有力能飛,徐州人謂之揚。”詩周頌潛:“有鱣有鮪,鰷～鰋鯉。”三國吴陸璣毛詩草木鳥獸蟲魚疏:“鱨,今江東呼黄鱨魚,亦名黄頰魚。尾微黄,大者長尺七八寸許。”文選漢張衡西京賦:“鮪鯢～魦。”

鱩 biān 集韻卑眠切,平,先韻,幫。

同“鯿”。魚名。集韻先韻:“鯿,魚名,似魴。或从賓。”北魏賈思勰齊民要術蒸缹:“毛蒸魚菜,白魚,～魚最上。”唐段成式酉陽雜俎酒食:“炙肉,～魚第一。”

按,説文無鱩字。

十 五 畫

鱴 miè 莫結切,入,屑韻,明。月部。

〔鱴刀〕魚名,鮆魚别名。爾雅釋魚:“鮤,鱴刀。”郭璞注:“今之鮆魚也。”亦作“鱴魛”。

見廣韻。

按，説文無鱥字。

鱵 zhēn 職深切，音針，平，侵韻，照三。

魚名，又名針魚。玉篇：“鱵，魚名。”明李時珍本草綱目鱗部：“～魚，生江湖中，大小形狀並同鱠殘，但喙尖有一細黑骨如鍼爲異耳。”

十 六 畫

鱍 mèng 武亘切，集韻母亘切，去，登韻，明。蒸部。

〔魱(鮔)鱍〕見“魱”字條。

按，説文無鱍字。

鱷 è 集韻逆各切，入，鐸韻，泥。

同“鰐”。鰐魚。唐韓愈祭鱷魚文：“～魚之涵淹卵育于此，亦固其所。”

鱸 lú 落胡切，平，模韻，來。

魚名。後漢書左慈傳：“今日高會，珍羞略備，所少吴松江～魚耳。”世説新語識鑒：“見秋風起，因思吴中菰菜羹，～魚膾。”

十 八 畫

鱹 guàn 集韻古玩切，去，换韻，見。元部。

人名用字。左傳文公十六年：“鱗～爲司徒。”

按，説文無鱹字。

十 九 畫

鱺 1. lǐ 盧啓切，上，薺韻，來。支部。

㊀同“鱧”。黑魚。廣雅釋魚：“鱺，鮦也。”韓詩外傳卷七：“南假子過程本，本爲之烹～魚。南假子曰：‘吾聞君子不食～魚。’”

2. lí 集韻憐題切，平，齊韻，來。支部。

㊁魚名，即鰻鱺。説文：“鱺，魚名。”段玉裁注：“此即今人謂鰻爲鰻鱺之字也。與鱧鱯鯉皆不同。”

二十二畫

鱻 1. xiān 相然切，平，仙韻，心。元部。

㊀新鮮的魚或牲肉。周禮天官庖人：“凡其死生～薨之物，以共王之膳。”鄭玄注引鄭司農云：“鮮，謂生肉。”賈公彦疏：“新殺爲鱻。”又：“冬行～羽，膳膏羶。”鄭玄注引杜子春云：“鮮，魚也。”按，清段玉裁説文解字注云：“自漢始以鮮代鱻，如周禮經作鱻，注作鮮，是其證。”

〔備考〕説文：“鱻，新魚精也。从三魚不變魚。”

2. xiǎn 集韻息淺切，上，獮韻，心。元部。

㊁同“鮮”。少。漢書叙傳上：“惟天墬之無窮兮，～生民之脢在。”顔師古注引晉灼曰：“鱻，古鮮字也。”

鳥　部

〔鳥部總論〕

鳥部字基本上爲鳥名，如鳦，鳳，鵲，鶴，鷗，鵂鶹，鶗鴂等等；有些字指鳥的行爲，如鳴，鴥，鶱，鷩，鷽等。

鳥 1. niǎo 都了切，字彙尼了切。宵部。

㊀飛禽。說文："鳥，長尾禽總名也。"段玉裁注："短尾曰隹，長尾名鳥，析言則然，渾言則不別也。"書舜典："疇若予上下草木～獸？"論語陽貨："邇之事父，遠之事君，多識於～獸草木之名。"引申亦指有翼的昆蟲。大戴禮記夏小正："白～者，謂蚊蚋也。…有翼者爲鳥。"㊁星宿名。書堯典："日中星～，以殷仲春。"僞孔傳："鳥，南方朱鳥七宿。"

2. diǎo 都了切，上，篠韻，端。

㊂男性生殖器。詈駡之詞。元王實甫西廂記："赫赫，那～來了。"水滸傳七一回："招安，招安，招甚～安。"

一　畫

鳦 yǐ 於筆切，入，質韻，影。質部。

燕子。詩邶風燕燕毛傳："燕燕，～也。"孔穎達疏："此燕燕即今之燕也。"史記秦本紀司馬貞索隱："女脩吞～子而生大業。"

按，說文以鳦爲乙的或體。云："乙，玄鳥也。鳦，乙或从鳥。"段玉裁注："乙本與甲乙字異，俗人恐與甲乙字亂，加鳥旁爲鳦。"

二　畫

鳪 bǔ 博木切，入，屋韻，幫。屋部。

雉類。爾雅釋鳥："鳪，雉。"郭璞注："黄色，鳴自呼。"

按，說文無鳪字。

鳩 jiū 居求切，平，尤韻，見。幽部。

㊀鳥名。詩召南鵲巢："維鵲有巢，維～居之。"又衛風氓："于嗟～兮，無食桑葚。"㊁聚集。爾雅釋詁下："鳩，聚也。"書堯典："共工方～僝功。"史記五帝本紀作"旁聚布功"。三國志魏書王朗傳："～集兆民，于兹魏土。"㊂安定。左傳定公四年："若～楚竟，敢不聽命？"國語晉語九："庶曰可以鑑而～趙宗乎？"韋昭注："鳩，安也。"㊃一種行於沙中的器具。吕氏春秋慎勢："水用舟，陸用車，塗用輴，沙用～，山用樏。"字亦作"䢮"。見"䢮"字條。

［備考］左傳襄公二十五年："度山林，～藪澤。"賈逵注："藪澤之地，九夫爲鳩，八鳩而當一井也。"杜預注："鳩，聚也。"王引之曰："度山林，鳩藪澤，皆取相度之意。鳩當讀爲究。究藪澤者，度其出賦之多寡。"

鳧 fú 防無切，平，虞韻，奉。魚部。

野鴨子。詩大雅鳧鷖："～鷖在涇，公尸來燕來寧。"又鄭風女曰雞鳴："將翺將翔，弋～與鴈。"楚辭戰國屈原卜居："寧昂昂若千里之駒乎，將氾氾若水中之～與波上下，媮以全吾軀乎？"又戰國宋玉九辯："～鴈皆唼夫粱藻兮，鳳愈飄翔而高舉。"

［辨］鳧，鶩。見"鶩"字條。

按，說文鳧字在几部。

三　畫

鳱 1. gān 古寒切，平，寒韻，見。元部。

㊀〔鳱鵲〕喜鵲。論衡實知："狌狌知往，鳱鵲知來。"淮南子氾論作"乾鵲知來"。

2. hàn 集韻侯旰切，去，翰韻，匣。元部。

㊁〔鳱鴠〕叠韻聯緜字。鳥名。淮南子時則："仲冬之月，…鳱鴠不鳴。"高注："鳱鴠，山鳥，陽。是月陰盛，故不鳴也。"吕氏春秋仲冬作"鶡鴠"，禮記月令作"鶡旦"。文選漢枚乘七發："朝則鸝黄鳱鴠鳴焉，暮則羈雌迷鳥宿焉。"

按，說文無鳱字。

鳿 hóng 集韻胡公切，平，東韻，匣。東部。

大雁。漢書司馬相如傳上林賦："～鷫鵠鴇。"顔師古注："鳿，古鴻字。"引張揖曰："鳿，大鳥也。"史記、文選作"鴻"。

按，說文以鳿爲琟的或體。云："琟，鳥肥大琟琟也。"段玉裁注："謂雁之肥大者也。"

鳶 yuān 與專切，平，仙韻，喻四。元部。

鷂鷹。詩小雅四月："匪鶉匪～，翰飛戾

天。”釋文：“鳶，鴟也。”又大雅旱麓：“～飛戾天，魚躍于淵。”

按，説文鳶作蔦，云：“鷙鳥也。”

鳲 shī 式之切，平，脂韻，審三。脂部。

〔鳲鳩〕鳥名，即布穀鳥。爾雅釋鳥：“鳲鳩，鴶鵴。”郭璞注：“今之布穀也。”詩曹風鳲鳩：“鳲鳩在桑，其子七兮。”字亦作“尸鳩”。山海經西山經：“獸多猛豹，鳥多尸鳩。”

按，説文無鳲字。

鳴 míng 武兵切，集韻眉兵切，平，庚韻，明。耕部。

㊀鳥叫。詩齊風雞鳴：“雞既～矣，朝既盈矣。”吕氏春秋古樂：“聽鳳皇之～，以別十二律。”又泛指獸類昆蟲叫及其他發聲。詩小雅鹿鳴：“呦呦鹿～，食野之苹。”又豳風七月：“五月～蜩。”國語楚語下：“趙簡子～玉以相。”韋昭注：“鳴玉，鳴其佩玉。”又晉語五：“治兵振旅，～鐘鼓，以至于宋。”㊁呼唤。文選三國魏曹植名都篇：“～儔嘯匹旅，列坐竟長筵。”列子黄帝：“飲則相攜，食則～羣。”㊂聞名，著稱。金趙衍重刊李長吉詩集序：“雙溪中書君詩～於世，得賀最深。”元史楊載傳：“其甥李桓…亦以文～江東。”

鳳 fèng 馮貢切，去，送韻，奉。侵部。

傳説中的神瑞之鳥，雄的叫鳳，雌的叫皇(凰)。説文：“鳳，神鳥也。”詩大雅卷阿：“～皇于飛，翽翽其羽。”毛傳：“鳳皇，靈鳥，仁瑞也。雄曰鳳，雌曰皇。”論語子罕：“～鳥不至，河不出圖，吾已矣乎！”禮記禮運：“麟、～、龜、龍，謂之四靈。”

四畫

鳼 wén 無分切，平，文韻，微。文部。

雛鶉。爾雅釋鳥：“鶉子，鳼。”郭璞注：“別鴽鶉雛之名。”邢昺疏：“鶉之子雛名鳼。”

按，説文無鳼字。

鳶 wén 集韻無分切，平，文韻，微。文部。

傳説中鳥名。山海經大荒西經：“(玄丹之山)爰有青～，黄鷔。”

按，説文無鳶字。

鴆 zhèn 直禁切，去，沁韻，澄。侵部。

毒鳥。雄的叫運日，雌的叫陰諧，喜食蛇，羽有劇毒，泡酒可殺人。説文：“鴆，毒鳥也。”楚辭戰國屈原離騷：“吾令～爲媒兮，～告余以不好。”山海經中山經：“(女几之山)其鳥多白鷮，多翟，多～。”郭璞注：“鴆大如鵰，…食蝮蛇頭，雄名運日，雌名陰諧也。”引申指鴆羽泡過的毒酒。史記魯周公世家：“(季友)使鍼季劫飲叔牙以～，…牙遂飲～而死。”又引申爲以毒酒害殺人。國語魯語上：“温之會，晉人執衛成公歸之于周，使醫～之，不死。”晉書張禕傳：“(劉裕)封藥酒一甖付禕，密令～帝。”

［備考］食蜚蟲之鳥。山海經中山經：“(瑶碧之山)有鳥焉，其狀如雉，恒食蜚，名曰～。”郭璞注：“此更一種鳥，非食蛇之鴆也。”

［辨］酖，鴆。見“酖”字條。

鳸 hù 侯古切，上，姥韻，匣。魚部。

農桑候鳥的通稱。説文作雇，云：“雇，九雇，農桑候鳥。鳸，籀文雇从鳥。”爾雅釋鳥：“春～鳻鶞，夏～竊玄，秋～竊藍，冬～竊黄，桑～竊脂，棘～竊丹，行～唶唶，宵～嘖嘖。”郭璞注：“諸鳸皆因其毛色音聲以爲名。”唐劉肅大唐新語極諫：“方今九～時忙，三農並作，田夫擁耒，蠶婦持桑。”一説爲鴳。説文：“鴳，雇也。”爾雅釋鳥：“鳸，鴳。”郭璞注：“今鴳雀。”

鳿 yù 魚欲切，入，燭韻，疑。屋部。

〔鸑鳿〕見“鸑”字條。

鳺 1. fū 甫無切，平，虞韻，非。魚部。

〔鳺鴀〕雙聲聯緜字。鳥名。爾雅釋鳥：“隹其，鳺鴀。”郭璞注：“今鵓鳩。”釋文：“鳺，本亦作夫;鴀,本亦作不。夫不,楚鳩也。”詩小雅四牡“翩翩者鵻”毛傳:“鵻,夫不也。”參見〔夫不〕。

2.guī 集韻均窺切,音規,平,支韻,見。支部。

〔秭鳺〕鳥名,即子規。史記曆書:“於時冰泮發蟄,百草奮興,秭鳺先滜。”裴駰集解引徐廣云:“秭音姊,鳺音規。子鳺鳥也,一名鷤鴂。”

按,説文無鳺字。

鳷 zhī 章移切,平,支韻,照三。支部。

〔鳷鵲〕①漢章帝時,條支國所貢異鳥名。前秦王嘉拾遺記後漢:“章帝永寧元年,條支國來貢異端,有鳥名鳷鵲,形高七尺,解人語。”②漢宮觀名。在長安甘泉宮外。文選漢司馬相如上林賦:“過鳷鵲,望露寒。”③南朝樓閣名。在南京。南朝梁吴均與柳惲相贈答詩:“日映昆明水,春生鳷鵲樓。”

按,説文鳷作雉,在隹部。

鴀 fǒu 方久切,上,有韻,非。之部。

〔鳺鴀〕見“鳺”字條。

按,説文無鴀字。

鴉 yā 於加切,平,麻韻,影。魚部。

烏鴉。莊子齊物論:“鴟~耆鼠。”宋辛棄疾鷓鴣天代人賦:“平岡細草鳴黄犢,斜日寒林點暮~。”鴉色黑,因以指黑色(後起義)。宋吴激人月圓:“仙肌勝雪,宫髻堆~。”

[辨]烏,鴉,雅。見“烏”字條。

按,説文鴉作雅,在隹部。

鴈 yàn 五晏切,去,諫韻,疑。元部。

❶鵝。説文:“鴈,鵝也。”吕氏春秋必己:“故人喜,具酒肉,命豎子爲殺~饗之。”漢書翟方進傳:“有狗從外入,齧其中庭羣~數十。”❷同“雁”。鴻雁。吕氏春秋仲秋:“候~來,玄鳥歸。”淮南子時則:“候~來,賓雀入大水爲蛤。”清段玉裁説文解字注“鴈”字下云:“許意隹部雁爲鴻雁,鳥部鴈爲鵝。…今字雁、鴈不分久矣。”❸假的,僞造的。後作“贋”。韓非子説林下:“齊伐魯,索讒鼎,魯人以其~往。齊人曰:‘鴈也。’魯人曰:‘真也。’”

[辨]鴈,雁,鵝(鵝),鴻。説文:“鴈,鵝也。”“雁,鳥也。”依説文,鴈指鵝,雁指鴻雁。詩小雅鴻雁:“鴻雁于飛。”毛傳:“大曰鴻,小曰雁。”爾雅釋鳥:“舒鴈,鵝。”李注:“野曰鴈,家曰鵝。”然鴈、雁二字已混用。

鴂 jué 古穴切,入,屑韻,見。月部。

❶鳥名,鸋鴂。説文:“鴂,寧鴂也。”參見“鸋”字條。❷通“鶪”。伯勞。大戴禮記夏小正:“~則鳴。~者,百鷯也。”百鷯即伯勞。❸〔鴂舌〕形容言語難懂。孟子滕文公上:“今也南蠻鴂舌之人,非先王之道。”唐柳宗元與蕭翰林俛書:“楚、越間聲音特異,鴂舌啅譟,今聽之怡然不怪,已與爲類矣。”

鴇 bǎo 博抱切,上,晧韻,幫。幽部。

❶鳥名。詩唐風鴇羽:“肅肅~羽,集于苞栩。”釋文:“鴇,似雁而大,無後指。”❷黑白雜色的馬。詩鄭風大叔于田:“叔于田,乘乘~。”毛傳:“驪白雜毛曰鴇。”❸妓女之老者爲鴇(晚起義)。明朱權丹丘先生曲論:“妓女之老者曰~。”明馮夢龍警世通言杜十娘怒沉百寶箱:“十娘因見~兒貪財無義,久有從良之志。”

鳻 1. fén 符分切,平,文韻,奉。文部。

❶〔鳻鶞〕叠韻聯緜字。候鳥春扈的别稱。爾雅釋鳥:“春扈,鳻鶞。”

2. bān 布還切,平,删韻,幫。文部。

❷〔鳻鳩〕大鳩,即斑鳩。方言八:“鳩,自關而西,秦、漢之間謂之鵴鳩,其大者謂之鳻鳩。”

按,説文鳻作鴍,云:“鳥聚皃。一曰飛皃。”

鴅 huān 呼官切,平,桓韻,曉。

❶鳥名。玉篇:“鴅,人面鳥喙。”❷〔鴅

吺〕即驩兜。唐韓愈遠遊聯句:"繫石沈靳尚,開弓射鵃吺。"

按,説文無鵃字。

五 畫

鴗 lì 力入切,入,緝韻,來。緝部。

鳥名,天狗。又名魚狗,水狗,魚虎等。説文:"鴗,天狗也。"爾雅釋鳥:"鴗,天狗。"郭璞注:"小鳥也,青似翠,食魚,江東呼爲水狗。"

鴣 gū 古胡切,平,模韻,見。魚部。

〔鴣鸐〕鳥名。山海經北山經:"(小侯之山)有鳥,其狀如烏而白文,名曰鴣鸐。"又見〔鷓鴣〕、〔鵏鴣〕。

按,説文無鴣字,新附有之。

鴚 pí 符悲切,集韻貧悲切,平,脂韻,並。之部。

㊀鳥名,俗稱魚鷹。廣韻:"鴚,鶚也。"㊁〔欽鴚〕傳説中的大鳥。山海經西山經:"欽鴚,化爲大鶚,其狀如鵰而黑文白首,赤喙而虎爪,其音如晨鵠。"

按,説文無鴚字。

鴡 jū 集韻千余切,平,魚韻,清。魚部。

王鴡。説文:"鴡,王鴡也。"〔鴡鳩〕王鴡,即魚鷹。爾雅釋鳥:"鴡鳩,王鴡。"郭璞注:"鵰類,今江東呼之爲鶚,好在江渚山邊食魚。"文選漢張衡思玄賦:"鳴鶴交頸,鴡鳩相和。"字又作"雎",參見"雎"字條。

鴠 dàn 得按切,去,翰韻,端。元部。

〔鶡鴠〕〔鴇鴠〕見"鶡"、"鴇"字條。

鴨 yā 烏甲切,入,狎韻,影。

㊀鴨子。爾雅釋鳥"舒鳧,鶩"郭璞注:"鴨也。"三國志吴書陸遜傳:"時建昌侯慮於堂前作鬭~欄,頗施小巧。"宋蘇軾惠崇春江晚景詩其一:"竹外桃花三兩枝,春江水暖~先知。"㊁方言,駡詈之詞。相當於烏龜、王八。水滸傳二五回:"我的老婆又不偷漢子,我如何是~?"

〔辨〕烏,鵶,雅。見"烏"字條。

按,説文無鴨字,新附有之。

鴞 xiāo 于嬌切,平,宵韻,喻三。宵部。

㊀鳥名,即鵩鳥。詩陳風墓門:"墓門有梅,有~萃止。"毛傳:"鴞,惡聲之鳥也。"又魯頌泮水:"翩彼飛~,集于泮林。"莊子齊物論:"見卵而求時夜,見彈而求~炙。"史記屈原賈生列傳:"賈生爲長沙王太傅三年,有~飛入賈生舍,止于坐隅。"㊁〔鴟鴞〕見"鴟"字條。

鴦 yāng 於良切,平,陽韻,影。陽部。

〔鴛鴦〕見"鴛"字條。

鴒 líng 郎丁切,平,青韻,來。耕部。

㊀鳥名。北齊書李繪傳:"~有六翮,飛則沖天。"一般稱作"鶺鴒",見該條。㊁〔鴒鶈〕傳説中的鳥名。山海經中山經:"有鳥焉,狀如山雞而長尾,赤如丹火而青喙,名曰鴒鶈。"

按,説文無鴒字。

鴘 biǎn 方免切,集韻邦免切,上,獮韻,幫。

㊀鷹鷂二年色。見玉篇。㊁蒼鷹。禽經張華注:"鷹色蒼黄謂之~。"

按,説文無鴘字。

鴝 1. qú 其俱切,平,虞韻,羣。侯部。

㊀〔鴝鵒〕準叠韻聯緜字。鳥名。説文:"鴝,鴝鵒也。"俗稱八哥。淮南子原道:"雊鵒不過濟,貈渡汶而死。"楚辭漢王逸九思疾世:"鴳雀列兮譁讙,鴝鵒鳴兮聒余。"㊁〔鴝掇〕蟲名。莊子至樂:"胡蝶胥也化而爲蟲,生於竈下,其狀若脱,其名爲鴝掇。"

2. gōu 古侯切,平,侯韻,見。

㊂〔鴝鵅〕雙聲聯緜字。貓頭鷹,又名鵋鵙,鵂鶹。爾雅釋鳥"鵅,鵋鵙"郭璞注:"今江東呼鵂鶹爲鵋鵙,亦謂之鴝鵅。"

3. gòu 集韻居候切，去，候韻，見。侯部。

㊃同"雊"。雉鳴。逸周書時則："小寒之日，鴈北向。又五日，鵲始巢。又五日，雉始～。"

鴛 yuān 於袁切，平，元韻，影。元部。

㊀〔鴛鴦〕雙聲聯緜字。鳥名。體小於鴨，雌雄偶居不離。説文："鴛，鴛鴦也。"詩小雅鴛鴦："鴛鴦于飛，畢之羅之。"毛傳："鴛鴦，匹鳥。"文選漢張衡南都賦："其鳥則有鴛鴦鵠鷖。"㊁同"鵷"。鳳類。史記司馬相如列傳上林賦："捷～雛，掩焦明。"漢書、文選作"鵷"。文選晉郭璞江賦："～雛弄翮乎山東。"北魏楊衒之洛陽伽藍記追光寺："～鸞接翼，杞梓成陰。"范祥雍注："鴛與鵷通，鴛鸞皆鳳族。"

鴐 jiā 古牙切，平，麻韻，見。歌部。

〔鴐鵝〕疊韻聯緜字。野鵝，也作"駕鵝"。漢書司馬相如傳子虛賦："弋白鵠，連鴐鵞，雙鶬下，玄鶴加。"顏師古注："鴐鵞，野鵞也。"楚辭漢東方朔七諫："畜鳧鴐鵝。"洪興祖補注引郭璞云："鴐鵝，野鵝也。"唐杜甫乾元中寓居同谷縣作歌之三："東飛鴐鵝後鶖鶬，安得送我置汝傍。"

按，説文無鴐字。

𩾐 fū 甫無切，平，虞韻，非。侯部。

〔鵂𩾐〕見"鵂"字條。

按，説文無𩾐字。

鴟 chī 處脂切，平，脂韻，穿三。脂部。

㊀鷂鷹。詩大雅瞻卬："懿厥哲婦，爲梟爲～。"莊子齊物論："～鴉耆鼠。"又秋水："於是～得腐鼠。"㊁貓頭鷹的一種。又名角鴟、鴟鵂等。莊子徐无鬼："～目有所適，鶴脛有所節。"成玄英疏："鴟目晝闇而夜開。"淮南子主術："～夜撮蚤蚊，察分秋毫，晝日顛越不能見丘山，形性詭也。"〔鴟鵂〕貓頭鷹類，即鴟。莊子秋水："鴟鵂夜撮蚤，察毫末，晝出瞋目而不見丘山。"〔鴟鳩〕貓頭鷹類。漢揚雄太玄聚："鴟鳩在林，咙彼衆禽。"范望注："鴟鳩，惡鳥。"㊂〔鴟鴞〕鳥名。①即鷦鳩。爾雅釋鳥："鴟鴞，鸋鴂。"詩豳風鴟鴞："鴟鴞鴟鴞，既取我子，無毁我室。"毛傳："鴟鴞，鸋鴂也。"孔穎達疏引陸璣疏云："鴟鴞，似黄雀而小，其喙尖如錐，取茅莠爲巢，以麻紩之，如刺襪然，縣著樹枝，或一房，或二房。幽州人謂之鸋鴂，或曰巧婦…。"②貪惡之鳥。楚辭漢劉向九歎憂苦："葛藟虆於桂樹兮，鴟鴞集於木蘭。"王逸注："鴟鴞，貪鳥也。"㊃傳説中怪鳥名。山海經西山經："(三危之山)有鳥焉，一首而三身，其狀如鸈，其名曰～。"㊄盛酒器。宋蘇軾和陶贈羊長史："不特兩～酒，肯借一車書。"宋秦觀觀易元吉獐猨圖歌："金錢百萬酒千～，荆南將軍欣得之。"

按，説文鴟作雖，在隹部，籀文作鴟。

鴕 tuó 集韻唐何切，平，戈韻，定。

後起字。鳥名，生活在沙漠地區的大鳥，俗稱鴕鳥，見集韻。

鴥 yù 類篇允律切，音聿。質部。

疾飛貌。説文："鴥，鸇飛皃。"詩秦風晨風："～彼晨風，鬱彼北林。"毛傳："鴥，疾飛皃。晨風，鸇也。"又小雅采芑："～彼飛隼，其飛戾天。"字又作"鴪"。文選晉左思蜀都賦："熊羆咆其陽，鵰鶚鴪其陰。"劉逵注："鴪，疾貌。"

鴲 zhǐ 諸氏切，上，紙韻，照三。支部。

〔鴲鵌〕鳥名。山海經中山經："(丑陽之山)有鳥焉，其狀如烏而赤足，名曰鴲鵌。"

按，説文無鴲字。

鴮 wǔ 文甫切，上，麌韻，微。之部。

〔鸚鴮〕見"鸚"字條。

鴢 yǎo 烏皎切，上，篠韻，影。幽部。

鳥名。即魚鮫。爾雅釋鳥："鴢，頭鵁。"郭璞注："似鳧，脚近尾，略不能行。江東謂之魚鮫。"山海經中山經："(青要之山)其中有鳥焉,名曰~,其狀如梟,青身而朱目赤尾。”文選晉郭璞江賦:“其羽族也,則有晨鵠天雞,~鶖鷗䳓。”

按,說文無鴋字。

六畫

鴻 1. hóng 户公切,平,東韻,匣。東部。

㊀大雁。詩小雅鴻鴈:“~鴈于飛,肅肅其羽。”毛傳:“大曰鴻,小曰鴈。”易漸:“~漸于干。”虞翻注:“鴻,大雁也。”楚辭戰國宋玉招魂:“煎~鶬些。”王逸注:“鴻,鴻鴈也。”因鴻雁可傳書,故又代指書信(晚起義)。元王實甫西厢記三本一折:“自别顏範,~稀鱗絶,悲愴不勝。”㊁〔鴻鵠〕雙聲聯緜字。鳥名,天鵝。孟子告子上:“一心以爲鴻鵠將至,思援弓繳而射之。”三國吳陸璣毛詩鳥獸草木蟲魚疏:“鴻鵠,羽毛光澤純白,似鶴而大,長頸,肉美如雁。”㊂通“洪”。大。吕氏春秋愛類:“昔上古龍門未開,吕梁未發,河出孟門,大溢逆流,無有丘陵沃衍平原高阜盡皆滅之,名曰~水。”淮南子要略:“此~烈之泰族也。”許慎注:“鴻,大也。”鴻水也單稱鴻。荀子成相:“禹有功,抑下~。”㊃强盛。周禮考工記矢人:“橈之以眡其~殺之稱也。”吕氏春秋執一:“五帝以昭,神農以~。”高誘注:“鴻,盛。”

2. hòng 胡孔切,上,董韻,匣。東部。

㊄〔鴻洞〕叠韻聯緜字。①虚空混沌貌。淮南子精神:“古未有天地之時,惟像無形,窈窈冥冥,芒芠漠閔,澒濛鴻洞,莫知其門。”②融通、連續貌。淮南子原道:“(水)靡濫振蕩,與天地鴻洞。”文選漢王褒洞簫賦:“風鴻洞而不絶兮,優嬈嬈以婆娑。”字又作澒洞、虹洞、鴻同等。㊅〔鴻濛〕叠韻聯緜字。①東方之野,日所出。淮南子俶真:“提挈天地而委萬物,以鴻濛爲景柱,而浮揚乎無畛崖之際。”高誘注:“鴻蒙,東方之野,日所出。”又道應:“西窮窅冥之黨,東開鴻濛之光。”②廣大貌。漢書揚雄傳上校獵賦:“外則正南極海,邪界虞淵,鴻濛沆茫,碣以崇山。”顏師古注:“鴻濛沆茫,廣大貌。”③元氣未分貌。西遊記一回:“自從盤古破鴻濛,開闢從兹清濁辨。”

〔辨〕鴈,雁,鵝,鴻。見“鴈”字條。

鴳 1. yàn 烏澗切,去,諫韻,影。元部。

㊀鳥名,鶉類一種,又名鴳雀、斥鴳等。國語晉語八:“平公射~不死,使豎襄搏之。”韋昭注:“鴳,鳸,小鳥。”吕氏春秋明理:“有菟生雉,雉亦生~。”高誘注:“鴳,亦名冠爵。”楚辭漢王褒九懷通路:“痛鳳兮遠逝,畜~兮近處。”

2. è 音遏。月部。

㊁〔幽鴳〕古代傳説中的怪獸名。山海經北山經:“有獸焉,其狀如禺而文身,善笑,見人則卧,名曰幽鴳。”郭璞注:“鴳音遏。”

鵁 jiāo 古肴切,平,肴韻,見。宵部。

㊀〔鵁鶄〕水鳥名。爾雅釋鳥:“鳽,鵁鶄。”文選漢枚乘七發:“鵷鶵鵁鶄,翠鬣紫纓。”又晉左思吴都賦:“虞機發,留鵁鶄。”字亦作“鮫鯖”。説文:“鮫,鮫鯖也。”史記司馬相如列傳上林賦:“鮫鯖鷃目,煩鶩鷛鷞。”㊁鳥名。山海經北山經:“(蔓聯之山)有鳥焉,羣居而朋飛,其毛如雌雉,名曰~。其鳴自呼,食之已風。”

鴂 guì 古惠切,音桂,去,霽韻,見。支部。

〔鸋鴂〕見“鸋”字條。

按,説文無鴂字。

鴶 jiē 古黠切,音秸,入,黠韻,見。質部。

〔鴶鵴〕雙聲聯緜字。鳥名,即布穀鳥。爾雅釋鳥:“鳲鳩,鴶鵴。”郭璞注:“今之布穀也。”詩曹風鳲鳩毛傳作“秸鞠”,漢書鮑宣傳顏師古注作“拮掬”。

按,説文無鴶字。

鴟 chī 處脂切,音鴟,平,脂韻,穿三。

同“鴟”。鷂鷹。晉書涼武昭王李玄盛傳:“穢~鳶之籠嚇,欽飛鳳于太清。”

按,説文無鵄字。

鳶 yuān 集韻余專切,平,仙韻,喻四。元部。

同"鳶"。鷂鷹。漢書五行志中之下:"泰山山桑谷有~焚其巢。"唐元稹生春二十章:"鵲巢移舊歲,~羽旋高風。"

按,説文無鳶字。

鴷 liè 良薛切,音列,入,薛韻,來。月部。

啄木鳥。爾雅釋鳥:"鴷,斲木。"唐張鷟朝野僉載一:"凱廳前樹上有~窠。鴷,啄木也。"宋歐陽修啄木辭:"彼~鳥兮善啄木,利汝喙兮飢汝腹。"

按,説文無鴷字。

鴻 tóng 徒冬切,音彤,平,冬韻,定。冬部。

〔鴻渠〕鳥名。山海經西山經:"(松果之山)有鳥焉,其名曰鴻渠,其狀如山雞,黑身赤足。"

按,説文無鴻字。

鴿 gē 古沓切,入,合韻,見。緝部。

鳥名,鴿屬通稱。楚辭大招:"内鶬~鵠,味豺羹只。"王逸注:"鴿,似鳩而小,青色。"急就篇四:"鳩~鶉鴳中網死。"唐段成式酉陽雜俎羽篇:"波斯泊上多養~,~能飛行數千里。"

鴾 móu 莫浮切,音謀,平,尤韻,明。幽部。

〔鴾母〕雙聲聯緜字。鳥名,鵪鶉類小鳥,又名鴽。爾雅釋鳥:"鴽,鴾母。"郭璞注:"鵨也,青州呼鴾母。"字亦作"牟母"。説文隹部:"雓,牟母也。"

按,説文無鴾字。

鴸 zhū 章俱切,音朱,平,虞韻,照三。侯部。

傳説中鳥名。山海經南山經:"(柜山)有鳥焉,其狀如鴟而人手,其音如痺,其名曰~,其鳴自號也,見則其縣多(放)士。"明楊慎戎旅賦:"咏清人之介駟兮,感(放)士之鳴~。"

按,説文無鴸字。

鴰 guā 古頞切,音刮,入,鎋韻,見。月部。

鳥名。又名鶬鴰、麋鴰、鶬雞等。楚辭大招:"炙~烝鳧。"文選漢張衡西京賦:"鳥則鸕鷀~鴇。"

鵅 1. luò 盧各切,音落,入,鐸韻,來。鐸部。

㊀水鳥名。爾雅釋鳥:"鵅,烏鸔。"郭璞注:"水鳥也。似鶂而短,頸、腹、翅紫白,背上緑色。江東呼爲烏鸔。"

2. gé 古伯切,音格,入,陌韻,見。鐸部。

㊁鳥名,貓頭鷹的一種。爾雅釋鳥:"鵅,鵋鵙。"唐韓愈城南聯句:"猛斃牛馬樂,妖殘梟~惸。"〔鵋鵅〕見"鵋"字條。

鵂 xiū 許尤切,平,尤韻,曉。幽部。

〔鵂鶹〕叠韻聯緜字。貓頭鷹。晉張華博物志逸文:"鵂鶹鳥一名鵋鵂,晝目無所見,夜則至明。"唐韓愈赴江陵途中寄贈三學士詩:"白日屋簷下,雙鳴鬭鵂鶹。"

按,説文以鵂爲舊的或體。

鵀 rèn 汝鴆切,去,沁韻,日。侵部。

〔戴鵀〕鳥名,也稱"戴勝"。淮南子時則:"戴鵀降于桑。"

按,説文無鵀字。

鴽 rú 人諸切,音如,平,魚韻,日。魚部。

鳥名,鵪鶉類小鳥。爾雅釋鳥:"鴽,鴾母。"儀禮公食大夫禮:"加於下大夫以雉兔鶉~。"吕氏春秋季春:"桐始華,田鼠化爲~。"

按,説文鴽作雓,在隹部,或體作鴽。

七　畫

鵜 1. tí 杜奚切,音啼,平,齊韻,定。脂部。

㊀水鳥名,即鵜鶘。詩曹風候人:"維~在梁,不濡其翼。"毛傳:"鵜,洿澤鳥也。"爾雅釋鳥:"鵜,鴮鸅。"南朝梁劉孝綽太子洑落日望水:"寒鳥逐查漾,饑~拂浪翔。"〔鵜鶘〕水鳥名,又名鴮鸅、淘河等。爾雅釋鳥郭璞注:"今之鵜鶘也,好羣飛,沈水食魚,故名洿澤,

俗呼之爲淘河。”漢書五行志中之下：“昭帝時有鵜鶘，或曰禿鶖，集昌邑王殿下。”顏師古注：“鵜鶘即汙澤也，一名淘河。”三國志魏書文帝紀：“夏五月，有鵜鶘鳥集靈芝池。”㊁〔鵜鴂〕鳥名，即杜鵑。楚辭戰國屈原離騷：“恐鵜鴂之先鳴兮，使夫百草爲之不芳。”

2. tī 正字通天低切，音梯。

㊂〔鷺(鸕)鵜〕見“鷺”字條。

按，説文鵜作鴺，或體作鵜。

鵓 bó 蒲没切，音勃，入，没韻，並。

〔鵓鳩〕鳥名，又名鵓鴣。三國吴陸璣毛詩草木鳥獸蟲魚疏下宛彼鳴鳩：“鵓鳩，灰色，無繡項，陰則屏逐其匹，晴則呼之。”宋范成大陳侍御園坐上詩：“花梢蝴蝶作團去，竹里鵓鳩相對鳴。”〔鵓鴣〕即鵓鳩。宋陸游東園晚興詩：“竹雞羣號似知雨，鵓鴣相喚還疑晴。”

按，説文無鵓字。

鵊 jiā 古洽切，入，洽韻，見。

〔鶇鵊〕見“鶇”字條。

鵛 jīng 古靈切，音經，平，青韻，見。耕部。

［備考］通“頸”。脖頸。漢應劭風俗通聲音：“有玄鶴二八，從南方來，進於廊門之扈，再奏之而成列，三奏之則延～而鳴，舒翼而舞。”

按，説文無鵛字。

鵙 jú 龍龕手鏡古覓反。錫部。

鳥名，又名伯勞、子規。詩豳風七月：“七月鳴～，八月載績。”毛傳：“鵙，伯勞也。”淮南子時則：“～始鳴。”楚辭漢王逸九思悼亂：“左見兮鳴～，右睹兮呼梟。”

按，説文鵙作鶪。

鵇 kàn 苦旰切，音看，去，翰韻，溪。元部。

〔鵇鴠〕叠韻聯緜字。鳥名。方言八：“鵇鴠，周魏齊宋楚之間謂之定甲，或謂之獨春；自關而東謂之城旦，或謂之倒懸，或謂之鵇鴠；自關而西，秦隴之内謂之鶡鴠。”郭璞注：“鵇鴠，鳥似雞，五色，冬無毛，赤倮，晝夜鳴。”

按，説文無鵇字。

鵑 juān 古玄切，平，先韻，見。

〔杜鵑〕①鳥名。又名子規，杜宇。南朝宋鮑照擬行路難十九首之七：“中有一鳥名杜鵑，言是古時蜀帝魂。”②花名。又名映山紅。唐李白宣城見杜鵑花詩：“蜀國曾聞子規鳥，宣城還見杜鵑花。”宋蘇軾菩薩寺南漪堂杜鵑花詩：“南漪杜鵑天下無，披香殿上紅氍毹。”

按，説文無鵑字。

鵒 yù 余蜀切，音欲，入，燭韻，喻四。屋部。

〔鴝鵒〕見“鴝”字條。

鵔 jùn 私閏切，音峻，去，稕韻，心。文部。

㊀〔鵔鸃〕有文彩的赤雉，即錦雞。史記司馬相如列傳子虚賦：“揜翡翠，射鵔鸃。”楚辭漢劉向九歎遠逝：“曳彗星之皓旰兮，撫朱爵與鵔鸃。”字又作“駿䮊”。説文：“駿，駿䮊，鷩也。”文選漢司馬相如子虚賦作“駿䮊”。㊁〔鵔翿〕冠名。淮南子主術：“趙武靈王貝帶鵔翿而朝。”字亦作“鵔鸃”，義同。史記佞幸列傳：“故孝惠時，郎、侍中皆冠鵔鸃、貝帶。”司馬貞索隱引淮南子亦作“鵔鸃”。㊂傳説中鳥名。山海經西山經：“鼓亦化爲～鳥，其狀如鴟，赤足而直喙，黄文而白首。”

鵠 1. hú 胡沃切，入，沃韻，匣。覺部。

㊀天鵝。也叫鴻鵠，黄鵠。像鵝而大，全身白色，生活在水邊，善飛。莊子天運：“夫～不日浴而白。”文選漢司馬相如子虚賦：“弋白～，連駕鵝。”淮南子氾論：“牛蹏之涔不能生鱣鮪，而蜂房不能容～卵。”因鵠色白，故引申爲白色。周禮春官巾車：“前樊～纓。”鄭玄注：“鵠色飾韋爲纓。”孫詒讓云：“此鵠色亦即謂白色。”後漢書吴良傳贊：“大儀～髮，見表憲王。”李賢注：“鵠髮，白髮。”㊁古地名。詩唐風揚之水：“素衣朱繡，從子于～。”毛傳：“鵠，曲沃邑也。”

2. gū 集韻姑沃切,入,沃韻,見。覺部。

㊁箭靶的中心。禮記射義:"故射者各射己之~。"戰國策齊策五:"今夫~的,非咎罪於人也,便弓引弩而射之,中者則善,不中則愧。"後喻指目標。清龔自珍送欽差大臣侯官林公序:"我之言,公之~矣。"

[備考]通"浩"。大。吕氏春秋下賢:"~乎其羞用智慮也。"高誘注:"鵠,讀如浩浩昊天之浩,大也。"

鵝 é 五何切,平,歌韻,疑。歌部。

㊀家禽名。爾雅釋鳥:"舒鴈,鵝。"邢昺疏引李巡曰:"野曰鴈,家曰鵝。"戰國策齊策四:"士三日不得饜,而君~鶩有餘食。"管子輕重甲:"~鶩之舍近,鵾雞鵠鴇之通遠。"説文字作䳘,云:"䲰䳘也。"同。孟子滕文公下:"他日歸,則有饋其兄生䳘者。"㊁戰陣名。文選漢張衡東京賦:"~鸛魚麗,箕張翼舒。"李善注引薛綜曰:"鵝、鸛、魚麗,並陣名也。"字又作鵞。左傳昭公二十一年:"鄭翩願爲鸛,其御願爲鵞。"杜預注:"鸛、鵞皆陳名。"

[辨]鴈,雁,鵝,鴻。見"鴈"字條。

鵌 tú 同都切,音途,平,模韻,定。魚部。

鳥名,傳説與鼠同穴。爾雅釋鳥:"鳥鼠同穴,其鳥爲鵌,其鼠爲鼵。"郭璞注:"鵌似鵽而小,黄黑色。入地三四尺,鼠在内,鳥在外。"

按,説文無鵌字。

鵋 jì 渠記切,音忌,去,志韻,羣。之部。

〔鵋鵙〕叠韻聯緜字。貓頭鷹,又名鵂鶹。爾雅釋鳥:"鴟,鵋鵙。"郭璞注:"今江東呼鵂鶹爲鵋鵙。"明劉基郁離子蛇蝎:"吴王夫差與羣臣夜飲,有鵋鵙鳴于庭。"

八　畫

鵷 yuān 於袁切,音冤,平,元韻,影。元部。

〔鵷鶵〕鳳凰一類的鳥。莊子秋水:"南方有鳥,其名鵷鶵,子知之乎?夫鵷鶵,發於南海而飛於北海,非梧桐不止,非練實不食,非醴泉不飲。"山海經南山經:"(南禺之山)佐水出焉,而東南流注于海,有鳳皇、鵷鶵。"郭璞注:"亦鳳屬。"文選漢司馬相如上林賦:"拂翳鳥,捎鳳凰,捷鵷鶵,揜焦明。"

按,説文無鵷字。

鶉 1. chún 常倫切,音純,平,諄韻,襌。文部。

㊀鳥名,俗稱鵪鶉。詩鄘風鶉之奔奔:"~之奔奔,鵲之彊彊。"又魏風伐檀:"不狩不獵,胡瞻爾庭有縣~兮!"㊁星次名,十二次中有鶉首,鶉火,鶉尾,此三次包括南方朱鳥七宿井、鬼、柳、星、張、翼、軫。左傳僖公五年:"~之賁賁,天策焞焞。"杜預注:"鶉火星也。"國語周語下:"昔武王伐殷,歲在~火,月在天駟。"韋昭注:"鶉火,次名。從柳九度至張十六度爲鶉火。"文選漢張衡西京賦:"錫用此土,而翦諸~首。"李善注:"漢書曰:'自井至柳謂之鶉首之次。'"

2. tuán 集韻徒官切,平,桓韻,定。文部。

㊂同"鷻"。雕類猛禽。詩小雅四月:"匪~匪鳶,翰飛戾天。"毛傳:"鶉,雕也。"

[備考]通"醇"。純美。法言寡見:"春木之芚兮,援我手之~兮。"李軌注:"言其純美也。"

按,説文鶉作䳺,在隹部。

鶊 gēng 古行切,音庚,平,庚韻,見。陽部。

〔鶬鶊〕見"鶬"字條。

鶄 1. jīng 子盈切,音精,平,清韻,精。耕部。

㊀〔鵁鶄〕見"鵁"字條。

2. qīng 倉經切,音青,平,青韻,清。

㊁〔鶄鶬〕水鳥名。文選晉左思吴都賦:"鶄鶬、鶖鶬、鸛鷗、鷁鶋,氾濫乎其上。"劉逵注:"鶄鶬,出南海、桂陽諸郡。"

按,説文鶄作鵏。

鵡 wǔ 文甫切,上,麌韻,微。

〔鸚鵡〕見"鸚"字條。

按，説文䳭作鵡。

鵲 què 七雀切，入，藥韻，清。鐸部。

鳥名，即喜鵲。詩召南鵲巢："維～有巢，維鳩居之。"淮南子人間："夫～先識歲之多風也，去高木而巢扶枝。"

〔備考〕犬名。孔叢子執節："申叔問曰：'犬馬之名，皆因其形色而名焉，唯韓盧宋～獨否，何也？'子順答曰：'盧，黑色；～，白黑色。非色而何？'"

按，説文鵲作舄，在隹部。

鴉 yā 於加切，平，麻韻，影。

同"鵶"。烏鴉。莊子齊物論"鴟鴉耆鼠"釋文："鵶，本亦作鴉。"南史侯景傳："或走馬遨遊，彈射～烏。"

按，説文鴉作雅，在隹部。鵶、鴉，均雅之俗體。

鵸 qí 渠羈切，平，支韻，羣。歌部。

〔鵸䳜〕傳説中鳥名。①山海經西山經："（翼望之山）有鳥焉，其狀如烏，三首六尾而善笑，名曰鵸䳜，服之使人不厭，又可以禦凶。"②山海經北山經："（帶山）有鳥焉，其狀如烏，五采而赤文，名曰鵸䳜，是自爲牝牡，食之不疽。"

按，説文無鵸字。

鵪 ān 龍龕手鑑烏含切。

後起字。同"鶕"。〔鵪鶉〕明李時珍本草綱目禽部："鵪與鶉爲兩物也，形狀相似，俱黑色，但無斑者爲鵪，今人總以鵪鶉名之。"清潘榮陛帝京歲時紀勝："膏粱弟子好鬥鵪鶉，千金角勝。"

鶋 jū 九魚切，平，魚韻，見。魚部。

〔鶌鶋〕、〔鵯鶋〕、〔鶢鶋〕分別見"鶌"、"鵯"、"鶢"字條。

鶌 1. jué 九勿切，音厥，入，物韻，見。物部。

㊀〔鶌鳩〕雙聲聯緜字。鳥名。爾雅釋鳥："鶌鳩，鶻鵃。"郭璞注："似山鵲而小，短尾，青黑色，多聲。今江東亦呼爲鶻鵃。"説文："鶌，鶌鳩，鶻鵃也。"

2. qū 集韻曲勿切，入，勿韻，溪。物部。

㊁〔鶌鶋〕雙聲聯緜字。鳥名。山海經北山經："（馬成之山）有鳥焉，其狀如烏，首白而身青足黄，是名曰鶌鶋。"

鵽 duò 丁括切，入，末韻，端。月部。

鳥名，即鵽鳩，見説文。亦名寇雉、突厥雀。文選漢張衡南都賦："歸雁鳴～，黄稻鱻魚。"新唐書突厥上："始虜未至，鳴～羣飛入塞，吏曰：'所謂突厥雀者南飛，胡必至。'"〔鵽鳩〕即鵽。爾雅釋鳥："鵽鳩，寇雉。"郭璞注："鵽鳩，大如鴿，似雌雉，鼠脚，無後指，歧尾，爲鳥憨急，羣飛，出北方沙漠地。"

鶂 biē 并列切，音鱉，入，薛韻，幫。月部。

㊀〔鶂鵂〕雙聲聯緜字。傳説中鳥名。山海經南山經："（基山）有鳥焉，其狀如雞而三首六目，六足三翼，其名曰鶂鵂，食之無卧。"㊁即鵂鶹。廣韻："鶂，鵂鶹。"

按，説文無鶂字。

鶆 míng 武兵切，集韻眉兵切，平，庚韻，明。

傳説中鳥名，即鶬鶆。唐韓愈等城南聯句："蔭庾森嶺檜，啄場翽祥～。"參見〔鶬鶆〕。

按，説文無鶆字。

鶤 kūn 古渾切，平，魂韻，見。文部。

〔鶤雞〕①鳥名。楚辭戰國宋玉九辯："鴈廱廱而南遊兮，鶤雞啁哳而悲鳴。"洪興祖補注："鶤雞，似鶴，黄白色。"文選漢班彪北征賦："鴈邕邕以羣翔兮，鶤雞鳴以嚌嚌。"字亦作昆雞。文選漢司馬相如上林賦："躪玄鶴，亂昆雞。"②琴曲名。文選漢張衡南都賦："寡婦悲吟，鶤雞哀鳴。"李善注："寡婦曲未詳，古相和歌有鶤雞之曲。"唐李白夜泛洞庭詩："抱琴出深竹，爲我彈鶤雞。"

按，説文無鶤字。

鸝 lí 吕支切，音離，平，支韻，來。脂部。

㊀〔鶖黄〕鳥名，即黄鸝，黄鶯。又名楚雀，倉庚。爾雅釋鳥："鵹黄，楚雀。"郭璞注："即倉庚也。"㊁〔鶖鵹〕傳説中鳥名。山海經東山經："沙水出焉，南流注于涔水，其中多鶖鵹，其狀如鴛鴦而人足，其鳴自訆。"

按，説文無鶖字。

鵴 jū 居六切，音菊，入，屋韻，見。覺部。

〔鳲鵴〕見"鳲"字條。

按，説文無鵴字。

鵩 fú 房六切，音服，入，屋韻，奉。職部。

鳥名，又名山鴞。文選漢賈誼鵩鳥賦："庚子日斜兮，～集予舍。"其序云："～似鴞，不祥鳥也。"唐張謂長沙土風碑銘并序："～鳥似鴞，但聞於詞賦。"字又作服，史記、漢書服鳥賦作"服"。

按，説文無鵩字。

鵬 1. fèng 説文徐鉉注馮貢切。蒸部。

古文鳳字。説文："鵬，亦古文鳳。"

2. péng 步崩切，平，登韻，並。蒸部。

傳説中的大鳥。莊子逍遥遊："化而爲鳥，其名爲～。～之背，不知其幾千里也。"文選晉左思吴都賦："大～繽翻，翼若垂天。"

鵰 diāo 都聊切，平，蕭韻，端。幽部。

猛禽名。穆天子傳二："爰有白馬、青～。"淮南子原道："鷹～搏鷙，昆蟲蟄藏。"文選晉左思蜀都賦："熊羆咆其陽，～鶚鴥其陰。"

按，説文鵰作雕，在隹部，籀文作鵰。

鶀 1. qí 渠之切，音其，平，之韻，羣。之部。

㊀小雁。字又作騏。史記楚世家："小臣之好射騏鴈，羅鸗。"司馬貞索隱："騏音其，小鴈也。"

2. qī 去其切，音欺，平，之韻，溪。之部。

㊁〔鵋鶀〕見"鵋"字條。

按，説文無鶀字。

鵻 zhuī 職追切，音錐，平，脂部，照三。微部。

鳥名，即鵓鴣，又名鶏鳩、鵓鳩。詩小雅四牡："翩翩者～，載飛載下，集于苞栩。"毛傳："鵻，夫不也。"夫不即鵓鴣。説文："鵻，祝鳩也。"

［備考］草名，即益母草。詩王風中谷有蓷"中谷有蓷"毛傳："蓷，鵻也。"朱熹集傳："即今益母草也。"

鶂 yì 五歷切，音鷁，入，錫韻，疑。錫部。

㊀水鳥名。穀梁傳僖公十六年："六～退飛過宋都。"文選漢班固西都賦："鶬鴰鴇～，鳧鷖鴻鴈。"㊁〔鶂鶂〕鵝叫聲，亦指鵝。宋蘇軾喬將行烹鵝鹿詩："破匣哀鳴出素虯，倦看鶂鶂聽呦呦。"字亦作鶃鶃。孟子滕文公下："則有饋其兄生鵝者。己頻顣曰：'惡用是鶃鶃者爲哉？'他日，其母殺是鵝也，與之食之。其兄自外至，曰：'是鶃鶃之肉也。'出而哇之。"

按，説文鶂作鶃。

鵯 bēi 府移切，集韻賓彌切，音卑，平，支韻，幫。支部。

㊀〔鵯鶋〕鳥名，鴉屬，又名鸒斯、雅烏、鵯烏。爾雅釋鳥："鸒斯，鵯鶋。"郭璞注："鴉烏也。小而多羣，腹下白，江東亦呼爲鵯烏。"文選漢張衡東京賦："鵯鶋秋棲。"㊁〔鵯鵊〕鳥名，俗稱催明鳥。宋歐陽修鵯鵊詞效王建作詩："紅紗蠟燭愁夜短，緑窗鵯鵊催天明。"

按，説文無鵯字。

九 畫

鶣 piān 集韻紕延切，音篇，平，僊韻，滂。真部。

〔鶣鷅〕雙聲聯緜字。輕貌。文選漢傅毅舞賦："鶣鷅燕居，拉揩鵠驚。"李善注："鶣鷅，輕貌。"字亦作翩飄。文選漢張衡思玄賦："迅焱潚其媵我兮，鶩翩飄而不禁。"舊注："翩飄，疾貌。"

按，説文無鶣字。

鶤 kūn 古渾切，音昆，平，魂韻，見。文部。

❶同“鵾”。鵾雞。説文：“鶤，鶤鷄也。”文選漢枚乘七發：“溷章白鷺，孔鳥～鵠。”文選漢張衡西京賦：“翔～仰而不逮，況青鳥與黄雀?”李善注引郭璞曰：“鶤即鵾雞也。”❷〔鶤雞〕雙聲聯緜字。①鳳凰的别名。淮南子覽冥：“過歸鴈於碣石，軼鶤雞於姑餘。”高誘注：“鶤雞，鳳凰之别名也。”②即鵾雞。漢揚雄太玄裝：“次四，鶤雞朝飛踤於北，嚶嚶相和不輟食。”

鶝 fú 方六切，音福，入，屋韻，非。職部。

〔鶝鶔〕鳥名。爾雅釋鳥：“鸛鷒，鶝鶔，如鵲，短尾，射之，銜矢射人。”郝懿行義疏：“俗説鶔鳥，一名大觜鳥。順天人呼寒雅。”明劉基郁離子千里馬：“雖委羽于海濱，鶝鶔遇而射之，中脰幾死。”

按，説文無鶝字。

鶒 chì 篇海類編昌石切，音敕。

〔鸂鶒〕見“鸂”字條。

按，説文無鶒字。

鶘 hú 户吴切，平，模韻，匣。魚部。

〔鵜鶘〕、〔鶖鶘〕分别見“鵜”、“鶖”字條。

按，説文無鶘字。

鶠 yǎn 於幰切，音偃，上，阮韻，影。元部。

鳳的别名。爾雅釋鳥：“鶠，鳳，其雌皇。”宋俞德鄰佩韋齋輯聞：“唐徐彦白爲文，率易新語，如以鳳閣爲～閣，龍門爲虬户。”

鶩 wù 亡遇切，音務，去，遇韻，微。侯部。

❶家鴨。説文：“鶩，舒鳧也。”段玉裁注引左傳疏云：“謂之舒鳧者，家養馴不畏人，故飛行遲。”左傳襄公二十八年：“公膳日雙雞，饔人竊更之以～。”孔穎達疏引舍人曰：“鳧，野名也；鶩，家名也。”楚辭戰國屈原懷沙：“鳳皇在笯兮，雞～翔舞。”漢董仲舒春秋繁露郊事對：“祀宗廟或以～當鳧。”有時亦指野鴨。唐王勃滕王閣序：“落霞與孤～齊飛，秋水共長天一色。”❷通“騖”。馳，疾。穆天子傳一：“天子西征，～行至于陽紆之山。”郭璞注：“鶩，猶馳也。”淮南子主術：“猨得木而捷，魚得水而～。”高誘注：“鶩，疾也。”

〔辨〕鶩，鳧。鶩明母幽部，鳧並母侯部，明並旁紐，幽侯旁轉。爾雅釋鳥：“舒鳧，鶩。”邢昺疏引李巡曰：“野曰鳧，家曰鶩。”二字音近，義均爲水鴨，衹家野之分。

鶔 róu 耳由切，平，尤韻，日。幽部。

〔鶝鶔〕見“鶝”字條。

按，説文無鶔字。

鶪 jú 古闃切，入，錫韻，見。錫部。

鳥名，即伯勞。説文：“鶪，伯勞也。”吕氏春秋仲夏：“小暑至，螳蜋生，～始鳴。”高誘注：“鶪，伯勞也。”

鶗 tí 集韻田黎切，音啼，齊韻，定。支部。

〔鶗鴂〕鳥名，即杜鵑。文選漢張衡思玄賦：“恃己知而華予兮，鶗鴂鳴而不芳。”李善注引臨海異物志曰：“鶗鴂，一名杜鵑，至三月鳴，晝夜不止，夏末乃止。”文選三國魏阮籍詠懷詩：“鳴鴈飛南征，鶗鴂發哀音。”字亦作“鵜鴂”，詳該條。

鶡 1. hé 胡葛切，音曷，入，曷韻，匣。月部。

❶鳥名，又名鶡雞。説文：“鶡，似雉，出上黨。”山海經中山經：“(煇諸之山)其鳥多～。”郭璞注：“似雉而大，青色有毛，勇健鬭，死乃止。”漢曹操鶡雞賦序：“～雞猛氣，其鬭終無負，期於必死。”古人常以鶡尾羽作冠飾，故鶡有時亦指鶡冠。文選漢張衡東京賦：“虎夫戴～。”❷〔鶡鴠〕鳥名。吕氏春秋仲冬：“冰益壯，地始坼，鶡鴠不鳴。”高誘注：“鶡鴠，山鳥，陽物也。是月陰盛，故不鳴也。”禮記月令作“鶡旦”。

2. jiè。月部。

❸〔鶡雀〕鳥名。漢書循吏傳黄霸：“時京兆尹張敞舍鶡雀飛集丞相府，霸以爲神雀，議欲以聞。”宋祁宋景文公筆記考古引顔師古注

曰：“此鶡音介，字當作鴧，此通用耳。”按，正字通以“鶡”“鴧”本一物。正字通鳥部“鴧”字云：“或曰：鶡之青色者曰鴧。鶡善鬭，故从介，說文分爲二。”

鶚 è 五各切，音噩，入，鐸韻，疑。鐸部。

鳥名，鵰屬，性凶猛，棲於江河湖海，捕食魚類，又稱魚鷹。文選戰國宋玉高唐賦：“雕～鷹鷂，飛翔伏竄。”又晉左思蜀都賦：“熊羆咆其陽，鵰～鴆其陰。”

按，說文無鶚字。

鶢 yuán 雨元切，音援，平，元韻，喻三。

〔鶢鶋〕鳥名，海鳥。文選晉左思吳都賦：“鶢鶋避風，候鴈造江。”又晉張華鷦鷯賦：“海鳥鶢鶋，避風而至。”爾雅釋鳥作“爰居”。

按，說文無鶢字。

鶖 qiū 七由切，音秋，平，尤韻，清。幽部。

水鳥名，秃鶖，黑色，性極貪惡，食魚、蛇及鳥雛。詩小雅白華：“有～在梁，有鶴在林。”毛傳：“鶖，秃鶖也。”唐杜甫天邊行詩：“洪濤滔天風拔木，前飛秃～後鴻鵠。”〔鶖鶬〕鳥名，即秃鶖。鶖又作鵚。楚辭大招：“鵾鴻羣晨，雜鵚鶬只。”王逸注：“鶖鶬，鵚鶖也。”文選晉左思吳都賦：“鶄鶴鵚鶬。”唐杜甫壯遊詩：“射飛曾縱鞚，引臂落鵚鶬。”

按，說文作鵚字，以鶖爲鵚的或體。

鷬 huáng 集韻胡光切，平，唐韻，匣。陽部。

同“凰”。古文苑漢揚雄蜀都賦：“鸞鶬鴝～，風胎雨轂。”資治通鑑晉愍帝建興元年：“三月，漢主聰立貴嬪劉娥爲皇后，爲之起～儀殿。”

按，說文無鷬字。

鶞 chūn 丑倫切，音椿，平，諄韻，徹。文部。

〔鴧鶞〕見“鴧”字條。

鷶 mò 集韻莫獲切，入，麥韻，明。

鳥驚視貌。文選晉潘岳射雉賦：“靡聞而驚，無見自～。”〔鷶鷶〕驚疑貌。清謝階樹大風洞記：“在前在後，心鷶鷶不敢久留。”

按，說文無鷶字。

十　畫

鶺 jí 集韻資昔切，音脊，入，昔韻，精。錫部。

〔鶺鴒〕鳥名，體小如鷚雀，常於水邊食昆蟲。文選漢東方朔答客難：“譬若鶺鴒，飛且鳴矣。”南朝梁劉孝綽校書秘書省對雪咏懷：“鶺鴒摇羽至，鶤鶋拂翅歸。”字本作脊令。詩小雅常棣：“脊令在原，兄弟急難。”因常棣詩句，後喻指兄弟。文選晉袁宏三國名臣序贊：“豈無鶺鴒，固慎名器。”

按，說文無鶺字。

鶱 xiān 虚言切，音掀，平，元韻，曉。元部。

鳥飛貌。說文：“鶱，飛皃。”藝文類聚引南朝梁沈約天淵水鳥應詔賦：“將～復斂翮，迴首望驚雌。”

鶷 xiá 胡瞎切，音轄，入，鎋韻，匣。月部。

❶鳥名。反舌鳥，又名百舌。宋書謝靈運傳山居賦：“雞鵲繡質，～鸛綬章。”❷〔鶷鶡〕疊韻聯緜字。白頭鳥。初學記卷三〇引漢服虔通俗文：“白頭鳥謂之鶷鶡。”

按，說文無鶷字。

鶼 jiān 古甜切，平，添韻，見。談部。

〔鶼鶼〕鳥名，即比翼鳥。爾雅釋地：“南方有比翼鳥焉，不比不飛，其名謂之鶼鶼。”郭璞注：“似鳧，青赤色，一目一翼，相得乃飛。”宋楊澤民還京樂：“待學鶼鶼翼，從他名利榮悴。”

按，說文無鶼字。

鷁 yì 五歷切，入，錫部，疑。錫部。

❶水鳥名。春秋僖公十年：“六～退飛過宋都。”文選南朝梁江淹雜體詩三十首：“鸛～在幽草，客子淚已零。”李善注：“鷁，亦水鳥。”❷畫有鷁鳥的船，後泛指船。漢書司馬

相如傳上林賦："西馳宣曲，濯～牛首。"顔師古注："鷁，即鷁首之舟也。"

按，説文鷁作鶂，或體作鷁。

鶯 yīng 烏莖切，平，耕韻，影。耕部。

㊀鳥羽毛有文彩貌。詩小雅桑扈："交交桑扈，有～其羽。"毛傳："鶯然有文章。"㊁鳥名，又名倉庚，黄鸝，黄鶯。舊題師曠禽經"倉鶊、黧黄，黄鳥也"晉張華注："今謂之黄～、黄鸝是也。"晉孫綽蘭亭集詩之二："～語吟修竹，游鱗戲瀾濤。"唐杜甫憶幼子詩："驥子春猶隔，～歌煖正繁。"

鶴 hè 下各切，入，鐸韻，匣。藥部。

㊀鳥名。頭小頸長，嘴長而直，腿長而細，常在水邊啄食魚類及昆蟲，有白鶴、灰鶴等。詩小雅鶴鳴："～鳴于九皋，聲聞于野。"左傳閔公二年："衛懿公好～，～有乘軒者。"論衡變動："夜及半而～唳，晨將旦而雞鳴。"㊁〔鶴鶴〕同"翯翯"。潔白貌。孟子梁惠王上："詩云：麀鹿濯濯，白鳥鶴鶴。"朱熹集注："鶴鶴，潔白貌。"今本詩大雅靈臺作"翯翯"。

鷇 kòu 苦候切，音扣，去，候韻，溪。屋部。

待母哺食的幼鳥。爾雅釋鳥："生哺，鷇。"郭璞注："鳥子須母食之。"説文："鷇，鳥子生哺者。"國語魯語上："鳥翼～卵，蟲舍蚳蝝。"韋昭注："生哺曰鷇。"莊子天地："夫聖人鶉居而～食。"成玄英疏："鷇者，鳥之子，食必仰母而足。"史記趙世家："主父欲出不得，又不得食，探爵～而食之。"

鷁 yì 五歷切，音鷁，入，錫韻，疑。錫部。

㊀同"鶂"。水鳥名。説文："鶂，鳥也，鷁，鶂或从鬲。"㊁草名，綬草。詩陳風防有鵲巢："中唐有甓，邛有旨～。"毛傳："鷁，綬草也。"爾雅釋草字作虉，云："虉，綬。"郭璞注："小草有雜色似綬。"

鷅 lì 力質切，音栗，入，質韻，來。質部。

㊀〔鷅鶹〕雙聲聯緜字。鳥名，即黄鶯。唐丘光庭補茅鴟詩："茅鴟茅鴟，無搏鷅鶹。"㊁〔鶹鷅〕見"鶹"字條。

按，説文無鷅字。

鶾 hán 胡安切，音寒，平，寒韻，匣。元部。

鳥名，又名山雞、天雞。爾雅釋鳥："鶾，天雞。"郭璞注："鶾雞，赤羽。"

［備考］雞肥貌。説文："鶾，雉肥鶾音者也。"段注本改雉爲雞，云："鶾音之雞謂之鶾，鶾，雞肥貌。"

鷀 cí 疾之切，音慈，平，之韻，從。之部。

説文："鷀，鸕鷀也。"〔鸕鷀〕見"鸕"字條。

鷃 yàn 烏澗切，去，諫韻，影。元部。

同"鴳"。鳥名，即鴳雀。文選戰國宋玉對楚王問："夫蕃籬之～，豈能與之料天地之高哉！"文選三國魏曹植七啓："山鵽斥～，珠翠之珍。"

按，説文無鷃字。

鶻 1. gǔ 古忽切，音骨，入，没韻，見。物部。

㊀〔鶻鵃〕鳥名，一種小鳩。爾雅釋鳥："鵰鳩，鶻鵃。"郭璞注："似山鵲而小，短尾，青黑色，多聲。今江東亦呼爲鶻鵃。"説文："鶻，鶻鵃也。"文選漢張衡東京賦："鵯鶋秋棲，鶻鵃春鳴。"

2. hú 户骨切，入，没韻，匣。

㊁鷙鳥，鷹屬。唐釋貫休少年行："錦衣鮮華手擎～，閒行氣貌多輕忽。"㊂〔鶻崙〕、〔鶻淪〕、〔鶻圇〕猶囫圇，整個兒，渾然一體。宋楊萬里題李子立知縣問月臺詩："初頭混沌鶻崙樣，阿誰鑿開一爲兩？"朱子語類易一："這事物雖大，然無間斷，只是鶻淪一箇大的事物。"宋朱熹答楊至之書："聖人之言固渾融，然其中自有條理，毫髮不可差，非如今人鶻圇儱侗無分別也。"㊃〔鶻突〕叠韻聯緜字。糊塗。宋曾布曾公遺録七："此固不敢避，但恐三省鶻突更甚爾。"宋朱熹答余國秀書："此説是，但須實識得其裏面義理之體用，乃爲有以明之，不可只鶻突説過也。"

鷂 1. yào 弋照切，去，笑韻，喻四。宵部。

㊀猛禽名，似鷹而小，通稱鷂鷹、鷂子。說文："鷂，鷙鳥也。"文選戰國宋玉高唐賦："雕鶚鷹～，飛揚伏竄。"楚辭漢王逸九思悼亂："鸇～兮軒軒，鶉鷂兮甄甄。"

2. yáo 餘昭切，音摇，平，宵韻，喻四。宵部。

㊁鳥名，雉的一種。爾雅釋鳥："雉，江淮而南，青質五彩皆備成章曰鷂。"郭璞注："即鷂雞也。"

［同源字］鷂，摇。二字喻母雙聲，宵部叠韻。廣雅釋鳥："鵽鳩、鷂子、籠脱，鷂也。"王念孫疏證："鷂之言摇，急疾之名。"廣雅釋詁："摇，疾也。"方言二："摇，扇，疾也。"二字音近，義亦相因，所以同源。

鷄 jī 古奚切，平，齊韻，見。支部。

同"雞"。家禽。楚辭大招："鮮蠵甘～，和楚酪只。"禮記内則："男女未冠笄者，～初鳴，咸盥漱。"

按，說文鷄作雞，鷄爲籀文。

鶬 1. cāng 七岡切，平，唐韻，清。陽部。

㊀鳥名，又名鶬鴰、麋鴰，大如鶴，體蒼青色。淮南子覽冥："當此之時，鴻鵠～鶴，莫不憚驚。"文選漢司馬相如子虚賦："雙～下，玄鶴加。"［鶬鴰］即鶬。說文："鶬，麋鴰。"爾雅釋鳥："鶬，麋鴰。"郭璞注："今呼鶬鴰。"文選漢班固西都賦："鳥則…鶬鴰鴇鴇。"㊁［鶬鶊］叠韻聯緜字。鳥名，即黄鸝。方言八："驪黄，自關而東謂之鶬鶊，自關而西謂之驪黄，或謂之黄鳥。"文選戰國宋玉登徒子好色賦："鶬鶊喈喈，羣女出桑。"又漢張衡歸田賦："王雎鼓翼，鶬鶊哀鳴。"楚辭漢王逸九思悼亂："鶬鶊兮喈喈，山鵲兮嚶嚶。"字也作倉庚、蒼庚。㊂傳説中怪鳥名。文選晉郭璞江賦："若乃龍鯉一角，奇～九頭。"李善注引劉騊駼玄根賦云："一足之夔，九頭之鶬。"

2. qiāng 字彙千羊切，音槍。陽部。

㊃金飾貌。詩周頌載見："鞗革有～，休有烈光。"鄭箋："鶬，金飾貌。"㊄［鶬鶬］同"鏘鏘"。金飾鸞鈴聲。詩商頌烈祖："約軧錯衡，八鸞鶬鶬。"鄭箋："其鸞鶬鶬然聲和。"

鷉 tī 集韻天黎切，音梯，平，齊韻，透。支部。

［鷿鷉］見"鷿"字條。

按，說文鷉作鷈。

鷚 liú 力求切，音留，平，尤韻，來。幽部。

㊀［鷚鷅］雙聲聯緜字。鳥名，即梟。爾雅釋鳥："鳥少美長醜爲鷚鷅。"郭璞注："鷚鷅猶留離。詩所謂'留離之子'。"今詩邶風旄丘作"流離之子"。三國吴陸璣毛詩草木鳥獸蟲魚疏："流離，梟也。自關而西，謂梟爲流離。張奂云：'鷚鷅食母。'"㊁［鵂鷚］見"鵂"字條。

按，說文無鷚字。

鶵 chú 仕于切，平，虞韻，牀二。侯部。

㊀同"雛"。說文以鶵爲雛之籀文。㊁［鵷鶵］見"鵷"字條。

十一畫

鷓 zhè 之夜切，音蔗，去，禡韻，照三。

［鷓鴣］①鳥名。晉崔豹古今注中："南山有鳥，名鷓鴣，自呼其名，常向日而飛。"文選晉左思吴都賦："鷓鴣南翥而中留。"劉逵注："鷓鴣，如雞，黑色，其鳴自呼。或言此鳥常南飛不北。"唐李白醉題王漢陽廳："我似鷓鴣鳥，南遷懶北飛。"②曲調名。唐鄭谷遷客："離夜聞横笛，可堪吹鷓鴣。"

按，說文無鷓字，新附有之。

鷟 zhuó 士角切，音鐲，入，覺韻，牀二。屋部。

鳥名，鳳屬。說文："鷟，鸑鷟也。"唐柳宗元自衡陽移桂："傾筐壅故壤，棲息期鸑～。"參見［鸑鷟］。

鷛 yōng 餘封切,音庸,平,鍾韻,喻四。東部。

鳥名。説文:"鷛,鳥也。"〔鷛鶏〕水鳥名。字亦作庸渠,鵬鶏,鵬鷄等。史記司馬相如列傳上林賦:"烦鶩鵬鶏。"裴駰集解引漢書音義曰:"鵬鶏,似鶩,灰色而雞足。"漢書、文選作"庸渠"。文選晉左思吴都賦:"鸂鶒鵬鷄。"

鷙 1. zhì 脂利切,去,至韻,照三。質部。

㊀凶猛的鳥。説文:"鷙,擊殺鳥也。"楚辭戰國屈原離騷:"～鳥之不羣兮,自前世而固然。"吕氏春秋決勝:"若～鳥之擊也,搏攫則殪,中木則碎。"淮南子覽冥:"虎狼不妄噬,～鳥不妄搏。"引申爲凶猛,凶狠。商君書畫策:"虎豹熊羆,～而無敵。"漢書匈奴傳下:"外國天性忿～。"顔師古注:"鷙,佷也。"文選晉張華鷦鷯賦:"蒼鷹～而受緤,鸚鵡惠而入籠。"

2. zhé 集韻之列切,音折,入,薛韻,照三。質部。

㊁攻擊。吕氏春秋季夏:"行冬令,則寒氣不時,鷹隼早～,四鄙入保。"淮南子主術:"鷹鵰搏～,昆蟲蟄藏。"

〔備考〕疑。管子小問:"夫牧民,不知其疾則民疾,…止之以力,則往者不返,來者～距。"尹知章注:"鷙,疑也。"

鷒 tuán 度官切,平,桓韻,定。元部。

〔鸛鷒〕見"鸛"字條。

鷗 ōu 烏侯切,平,侯韻,影。侯部。

字亦作"鷗"。水鳥名。又名水鴞等。山海經海外東經:"玄股之國在其北,其爲人衣魚食,鷗。"後漢書馬融傳廣成頌:"水禽鴻鵠鴛鴦,～鷖鶬鵁。"李賢注:"鷗,白鷗也。"文選晉左思吴都賦:"鶄鶴鶖鶬,鸛～鷁鸕,氾濫乎其上。"李善注引蒼頡篇曰:"鷗,大如鳩。"又引山海經郭璞注曰:"鷗,水鴞也。"

按,説文鷗作鷗。

鷖 1. yī 烏奚切,平,齊韻,影。脂部。

㊀水鳥名,即鷗。説文:"鷖,鳧屬。"詩大雅鳧鷖:"鳧～在涇,公尸來燕來寧。"釋文引蒼頡解詁曰:"鷖,鷗也。一名水鴞。"文選漢揚雄羽獵賦:"鳧～振鷺,上下砰磕,聲若雷霆。"又漢班固西都賦:"鳥則…鳧～鴻鴈,朝發河海,夕宿江漢。"李善注引鄭箋曰:"鷖,鳧屬也。"

2. yì 集韻壹計切,去,霽韻,影。脂部。

㊁鳥名,鳳凰之類。楚辭戰國屈原離騷:"駟玉虬以乘～兮,溘埃風余上征。"王逸注:"鷖,鳳皇别名也。"文選漢張衡思玄賦:"感鸞～之特棲兮,悲淑人之希合。"李善注引廣雅曰:"鷖,鳳屬。"㊂〔鷖彌〕叠韻聯緜字。人初生,嬰兒。字又作嫛婗。禮記雜記下"中路嬰兒失其母焉"鄭玄注:"嬰,猶鷖彌也。"

〔備考〕青黑色。周禮春官巾車:"安車,彫面～總。"鄭玄注:"鷖總者,青黑色,以繒爲之。"此義念 yì。集韻引劉昌宗讀,壹計切。

鷞 shuāng 色莊切,音霜,平,陽韻,審二。陽部。

鳥名,即鷫鷞。説文:"鷞,鷫鷞也。"參見〔鷫鷞〕。

鷚 liù 力救切,音溜,去,宥韻,來。幽部。

㊀鳥名,即天鷚,雲雀。又名天鷚等。爾雅釋鳥:"鷚,天鸙。"郭璞注:"大如鷃雀,色似鶉,好高飛作聲,今江東名之天鷚。"㊁野雞雛,雞雛。爾雅釋鳥:"雉之暮子爲鷚。"郭璞注:"晚生者,今呼少雞爲鷚。"吕氏春秋仲夏"天子以雛嘗黍"高誘注:"雛,春鷚也。"文選晉左思吴都賦:"巖穴無豜豵,翳薈無鷹～。"劉逵注:"鷚,鳥大鶵也。"

按,説文鷚作鷚。

鷕 1. yǎo 以沼切,音舀,上,小韻,喻四。微部。

㊀野雞叫聲。詩邶風匏有苦葉:"有瀰濟盈,有～雉鳴。"文選晉潘岳射雉賦:"麥漸漸以擢芒,雉～～而朝鴝。"徐爰注:"鷕鷕,雉

聲也。"又泛指鳥叫聲。南朝梁范雲貽何秀才詩："有～驚蘋芰，綿蠻弄藤蘿。"

2. xiào 集韻胡了切，上，筱韻，匣。微部。

㊁野雞。漢揚雄太玄逃："次五，見～踤于林，獺入于淵，征。"

按，說文鷕作鳴。

䳺 ān 烏含切，平，覃韻，影。侵部。

同"鵪"。鶉類鳥名。爾雅釋鳥"鴽，䳺母"郭璞注："䳺也。"楚辭漢王逸九思悼亂："鶉～兮甄甄。"宋蘇軾鳳翔八觀東湖詩："綵羽無復見，上有鸇搏～。"

按，說文䳺作䧞，在隹部，䳺爲籀文。

十 二 畫

鷲 jiù 疾僦切，音就，去，宥韻，從。覺部。

鷲鳥名，即鵰。廣雅釋鳥："鷲，雕也。"漢劉向說苑談叢："鷹～以山爲卑，而增巢其上。"文選晉張華鷦鷯賦："彼～鶚鶡鴻，孔雀翡翠，或淩赤霄之際，或託絶垠之外。"唐韓愈南山詩："或蜿若藏龍，或翼若搏～。"

按，說文鷲作鷲，云："鳥黑色多子。"

鷣 yín 餘針切，音淫，平，侵韻，喻四。侵部。

鳥名，即鷂，又名負雀。善捕雀。爾雅釋鳥："鷣，負雀。"郭璞注："鷣，鷂也。江南呼之爲鷣，善捉雀，因名云。"唐元稹巴蛇詩序："驗方云：攻巨蟒用雄黄煙，被其腦則裂，而～鳥能食其小者。"

按，說文無鷣字。

鷰 yàn 於甸切，去，霰韻，影。元部。

同"燕"。燕子。韓非子喻老："甲胄生蟣蝨，～雀處帷幄。"文選漢張衡西京賦："衝狹～濯，胷突銛鋒。"

按，說文無鷰字。

鷯 liáo 落蕭切，音遼，平，蕭韻，來。宵部。

㊀鳥名。說文："鷯，刀鷯，剖葦，食其中蟲。"爾雅釋鳥作鳭鷯。㊁鶉屬鳥名。爾雅釋鳥："鷯，鶉，其雄鶛，牝痺。"㊂〔鷦鷯〕見"鷦"字條。

鷸 yù 餘律切，入，術韻，喻四。質部。

㊀水鳥名。說文："鷸，知天將雨鳥也。"戰國策燕策二："蚌方出曝，而～啄其肉。"高誘注："鷸，知天將雨鳥。"㊁疾貌。韓詩外傳八："～彼晨風，鬱彼北林。"文選晉木華海賦："～如驚鳧之失侣。"

鷳 xián 集韻何間切，音閑，平，山韻，匣。元部。

字亦作鷴。㊀鷂鷹。說文："鷳，鴟也。"段玉裁注："今之鷂鷹也。"㊁鳥名。文選漢班固西都賦："招白鷳，下雙鵠。"李善注："西京雜記曰：閩越王獻高帝白鷳黑鷳各一雙。"

鷩 bì 必袂切，音蔽，去，祭韻，幫。月部。

鳥名，雉的一種，即錦雞。又名鵕鸃、赤雉等。說文："鷩，赤雉也。"爾雅釋鳥"鷩雉"郭璞注："似山雞而小冠，背毛黄，腹下赤，項緑色鮮明。"山海經中山經："（夸父之山）其鳥多～。"又："（岷山）其鳥多翰～。"郭璞注："白翰，赤鷩。"文選晉潘岳射雉賦："山～悍害，猋迅已甚。"又西征賦："～雉雊於臺陂，狐兔窟於殿傍。"

鷤 1. tí 杜奚切，音啼，平，齊韻，定。支部。

㊀〔鷤鴂〕疊韻聯緜字。鳥名，即杜鵑，也作鵜鴂、鶗鴂。漢書揚雄傳反離騷："徒恐鷤鴂之將鳴兮，顧先百草而不芳。"顔師古注："鷤鴂鳥，…一名子規，一名杜鵑。"宋歐陽修鷤鴂詩："鷤鴂枉緣催節物，年華不信有傷春。"〔鷤鳺〕即鵜鳺，杜鵑。文選戰國屈原離騷："恐鷤鳺之先鳴兮，使百草爲之不芳。"楚辭作"鵜鴂"，王逸注云："鵜，一作鷤。"

2. tán 徒干切，音壇，平，寒韻，定。元部。

㊁〔鸛鷤〕見"鸛"字條。

按，說文無鷤字。

鷮 jiāo 舉喬切，音驕，平，宵韻，見。宵部。

鳥名,雉的一種。説文:"鷮,走鳴長尾雉也。"詩小雅車舝:"依彼平林,有集維～。"文選漢張衡西京賦:"若夫游～高翬,絶阬踰斥。"薛綜注:"雉之健者爲鷮,尾長六尺。"

鷦 jiāo 即消切,音焦,平,宵韻,精。宵部。

㊀〔鷦鷯〕叠韻聯緜字。鳥名,羽毛赤褐色,略有斑點,善爲巢,以昆蟲爲食。又名鷦鷚、桃蟲、工雀、巧婦等。莊子逍遥遊:"鷦鷯巢于深林,不過一枝。"文選晉張華鷦鷯賦:"惟鷦鷯之微禽兮,亦攝生而受氣。"㊁〔鷦鵬〕傳説中的神鳥,鳳類。楚辭漢王褒九懷株昭:"鷦鵬開路兮,後屬青蛇。"文選晉左思吴都賦:"弋磻放,稽鷦鵬。"字又作"鷦明"。史記司馬相如列傳難蜀父老:"觀者未睹指,聽者未聞音,猶鷦明已翔乎寥廓,而羅者猶視乎藪澤。"字又作焦明,見上林賦。

按,説文鷦作雧,云:"雧鷚,桃蟲也。"

鷥 sī 集韻新兹切,平,之韻,心。

後起字。〔鷺鷥〕見"鷺"字條。

十三畫

鸂 xī(舊讀 qī)苦奚切,音溪,平,齊韻,溪。支部。

〔鸂鶒〕水鳥名。似鴛鴦,紫色,常偶游。俗稱紫鴛鴦。字又作溪鶒。文選晉左思吴都賦:"鸂鶒鷛鷞,鶄鶴鶖鶬。"唐杜甫卜居詩:"無數蜻蜓齊上下,一雙鸂鶒對沈浮。"

〔備考〕水名。吕氏春秋用民:"宋人有取道者,其馬不進,倒而投之～水。"

鷾 yì 於記切,音意,去,志韻,影。職部。

〔鷾鴯〕叠韻聯緜字。燕子。莊子山木:"鳥莫知於鷾鴯。"成玄英疏:"鷾鴯,燕也。"宋王安石和陳輔秀才金陵舊事詩:"南郭先生比鷾鴯,年年過我未愆期。"

按,説文無鷾字。

鸇 zhān 諸延切,音氈,平,仙韻,照三。元部。

鷹鷂類猛禽。又名鷐風,見説文。左傳文公十八年:"見無禮於其君者誅之,如鷹～之逐鳥雀也。"淮南子主術:"聖人得志而在上位,讒佞姦邪而欲犯主者,譬猶雀之見～而鼠之遇狸也。"楚辭漢王逸九思悼亂:"～鷂兮軒軒,鶉鴿兮甄甄。"

鷹 yīng 於陵切,平,蒸韻,影。蒸部。

猛禽。亦稱蒼鷹。嘴鋭有鉤,四趾有鉤爪,善飛,性凶猛,捕食小動物。詩大雅大明:"維師尚父,時維～揚。"吕氏春秋孟秋:"～乃祭鳥。"淮南子原道:"～鵰搏鷙,昆蟲蟄藏。"

按,説文無鷹字。

鷫 sù 息逐切,音肅,入,屋韻,心。覺部。

〔鷫鷞〕準雙聲聯緜字。①鳥名,雁的一種。楚辭大招:"鴻鵠代遊,曼鷫鷞只。"淮南子本經:"鴻鵠鷫鷞,稻粱饒餘。"高誘注:"鷫鷞,鴈類也。"文選三國魏曹植七啓:"捎鷫鷞,拂振鷺。"亦單言鷫。史記司馬相如列傳上林賦:"鴻鵠鷫鴇。"②傳説中西方神鳥。説文:"鷫,鷫鷞也。五方神鳥也,東方發明,南方焦明,西方鷫鷞,北方幽昌,中央鳳皇。"

鷿 pì 扶歷切,集韻蒲歷切,入,錫韻,並。錫部。

字又作鸊、䴙。〔鷿鷈〕準叠韻聯緜字。水鳥名,似野鴨而略小。又作鷿鵜、䴙鷉、鸊鷉等。説文:"鸊,鸊鷉也。"文選漢張衡南都賦:"其鳥則有…鶙鵜䴙鷉。"後漢書馬融傳廣成頌:"鷺雁鷿鷈。"漢蔡邕短人賦:"雄荆雞兮鶩鷿鶙。"唐張蠙龜山寺晚望詩:"䴙鷉飛起暮鐘時。"

鷺 lù 洛故切,去,暮韻,來。鐸部。

水鳥名。白色,嘴尖直,棲息水邊。又名白鷺,俗稱鷺鷥。説文:"鷺,白鷺也。"詩周頌振鷺:"振～于飛,于彼西雝。"文選漢揚雄羽獵賦:"鳧鷖振～,上下砰礚,聲若雷霆。"〔鷺鷥〕即鷺。唐李紳姑蘇臺雜句:“江浦迴看鷗鳥没,碧峯斜見鷺鷥飛。”

䴉 huán 集韻胡關切,音還,平,删韻,匣。元部。

〔䴉目〕水鳥名。史記司馬相如列傳上林賦:“鵁鶄䴉目。”司馬貞索隱引顏師古注:“荆郢間有水鳥,大如鷺而短尾,其色紅白,深目,目旁毛皆長而旋。”字亦作鵍目,旋目。

按,説文無䴉(鵍)字。

鸀 1. zhuó 直角切,音濁,入,覺韻,澄。屋部。

❶鳥名,即山烏。爾雅釋鳥:“鸀,山烏。”郭璞注:“似烏而小,赤嘴,穴乳,出西方。”

2. zhú 之欲切,音燭,入,燭韻,照三。屋部。

❷〔鸀鳿〕叠韻聯緜字。水鳥名。史記司馬相如列傳上林賦:“鴐鵝鸀鳿。”張守節正義:“鸀鳿,郭云:似鴨而大,長頸赤目,紫紺色,辟水毒,生子在深谷澗中。…江東呼爲燭玉。”文選晉左思吳都賦:“鳥則鶤雞鸀鳿。”劉逵注:“鸀鳿,水鳥也。”

3. chù 集韻樞玉切,音觸,入,燭韻,穿三。屋部。

❸字又作鸀。傳説中鳥名。山海經大荒西經:“有青鳥,身黄,赤足,六首,名曰鸀鳥。”郭璞注:“音觸。”

按,説文無鸀字。

鸃 yí 魚羈切,音儀,平,支韻,疑。歌部。

字亦作“鸃”。説文:“鸃,鵔鸃也。”參見〔鵔鸃〕。

鷽 xué 胡覺切,音學,入,覺韻,匣。覺部。

❶鳥名,即山鵲。説文:“鷽,雗鷽,山鵲,知來事鳥也。”爾雅釋鳥:“鷽,山鵲。”郭璞注:“似鵲而有文采,長尾,觜、脚赤。”❷〔鷽鳩〕字亦作學鳩。鳥名,即班鳩。莊子逍遥遊:“蜩與學鳩笑之。”釋文:“學,本又作鷽。”成玄英疏作鷽鳩。三國魏阮籍詠懷詩:“鷽鳩飛桑榆,海鳥運天池。”

十 四 畫

鸋 níng 奴丁切,平,青韻,泥。耕部。

〔鸋鴂〕鳥名,即鷦鷯。詩豳風鴟鴞毛傳:“鴟鴞,鸋鴂也。”釋文:“鸋鴂,似黄雀而小,俗呼之巧婦。”孔穎達疏引方言云:“自關而東謂桑飛曰鸋鴂。”文選三國魏陳琳檄吴將校部曲文:“鸋鴂之鳥,巢於葦苕,苕折子破,下愚之惑也。”荀子勸學之“蒙鳩”,當即“鸋鴂”。

按,説文無鸋字。

鸏 méng 集韻謨蓬切,音蒙,平,東韻,明。東部。

水鳥名。説文:“鸏,水鳥也。”〔鸏鶋〕叠韻聯緜字。水鳥名。正字通引晉劉欣期交州記曰:“鸏鶋即越王鳥,出九真交趾,大如孔雀,喙長尺餘,南人以爲酒器。”

鸐 dí 直角切,集韻亭歷切,音狄,入,錫韻,定。藥部。

鳥名,長尾野雞。爾雅釋鳥:“鸐,山雉。”郭璞注:“尾長者。”晉張華博物志四:“～雉,長尾,雨雪,惜其尾,栖高樹杪,不敢下食。”南朝宋謝靈運山居賦:“雞鵠繡質,鸐～綬章。”

按,説文無鸐字。

鸎 yīng 烏莖切,音鶯,平,耕韻,影。

❶鳥名,即黄鸝,黄鶯。吕氏春秋仲夏“羞以含桃”高誘注:“含桃,～桃,～鳥所含食,故言含桃。”南史陳伯之傳:“雜花生樹,羣～亂飛。”❷通“鶯”。鳥羽毛有文彩貌。文選晉潘岳射雉賦:“～綺翼而䞓撾,灼繡頸而衮背。”徐爰注:“鸎,文章貌。詩云:‘有鸎其羽。’”(説文“鶯”字下引詩作“鶯”。)

按,説文無鸎有鶯。鸎、鶯本二字。段玉裁注“鶯”字云:“淺人謂鶯即鸎字。”

鸒 yù 羊洳切,音預,去,御韻,喻四。魚部。

鳥名，又名鵯鶋、雅烏。詩小雅小弁："弁彼～斯，歸飛提提。"毛傳："鸒，卑居。卑居，雅烏也。"孔穎達疏："此鳥名鸒，而云斯者，語辭。"宋蘇軾聞子瞻將如終南詩："溪魚鯉與魴，山鳥～與鳩。"〔鸒斯〕也作鷽斯，即鸒。爾雅釋鳥："鸒斯，鵯鶋。"郭璞注："雅烏也。小而多羣，腹下白，江東亦呼爲鵯鶋。"法言學行："頻頻之黨，甚於鷽斯，亦賊夫糧食而已矣。"〔鸒鵛〕鳥名。見廣韻。

按，説文鸒作鷽。

鸑 yuè 五角切，音岳，入，覺韻，疑。屋部。

鳳屬鳥名。説文："鸑，鸑鷟，鳳屬神鳥也。"文選漢張衡南都賦："鸑～鵷鶵翔其上。"〔鸑鷟〕叠韻聯緜字。①鳥名，鳳屬。國語周語上："周之興也，鸑鷟鳴於岐山。"韋昭注："鸑鷟，鳳之别名。"文選晉左思吴都賦："鸑鷟食其實，鵷鶵擾其間。"又三國魏嵇康琴賦："舞鸑鷟於庭階，游女飄焉而來萃。"②水鳥名。説文："江中有鸑鷟，似鳧而大，赤目。"明李時珍本草綱目又名曰"鸀鳿"。

十五畫

鸓 lěi 力軌切，音壘，上，旨韻，來。微部。

㊀字亦作"鼺"。獸名，似鼯鼠，青灰色，前後肢之間有飛膜，能在樹枝間滑翔。説文："鼺，鼠形，飛走且乳之鳥也。"史記司馬相如列傳上林賦："蜼玃飛～。"唐皮日休孤園寺詩："樹杪多飛～。"㊁傳説中鳥名。山海經西山經："(翠山)其鳥多～，其狀如鵲，赤黑而兩首四足，可以禦火。"

按，説文鸓作鼺。

十六畫

龒 lóng 力鍾切，音龍，平，鍾韻，來。東部。

鳥名。史記楚世家："小臣之好射鶀鴈，羅～。"裴駰集解引吕静集韻云："龒，野鳥也。"

〔備考〕鴨。廣雅釋鳥："龒，䳭也。"

按，説文無龒字。

鸖 hè 龍龕手鏡何各反。鐸部。

同"鶴"。墨子非攻下："～鳴十夕餘。"淮南子覽冥："鴻鵠鶬～，莫不憚驚伏竄。"

按，説文無鸖字。

鸕 lú 落胡切，平，模韻，來。魚部。

水鳥名，即鸕鷀。史記司馬相如列傳上林賦："鷫䴋鴰～。"裴駰集解引郭璞曰："鸕，鸕鷀也。"文選漢張衡南都賦："鷫鵝鶂～。"楚辭漢王逸九思悼亂："鴻～兮振翅，歸鴈兮于征。"注："鸕，鸕鶿也。"〔鸕鷀〕水鳥名，又名魚鷹，形似鴉而大，色黑，潛水捕食魚類。唐杜甫三絶句之二："門外鸕鷀久不來，沙頭忽見眼相猜。"宋沈括夢溪筆談藝文三："蜀人臨水者，皆養鸕鷀，繩繫其頸，使之捕魚，得魚則倒提出之，至今如此。"

按，説文鸕作鱸，云："鱸鷀也。"

十七畫

鸚 yīng 烏莖切，平，耕韻，影。耕部。

〔鸚䳇〕〔鸚鴞〕鳥名。羽毛多彩色，嘴勾狀，舌柔軟，經訓練能模仿人發音。説文："鸚，鸚䳇，能言鳥也。"山海經西山經："(黄山)有鳥焉，其狀如鴞，青羽赤喙，人舌能言，名曰鸚䳇。"又："(數歷之山)其鳥多鸚䳇。"禮記曲禮上："鸚鴞能言，不離飛鳥。"文選漢禰衡鸚鴞賦序："時黄祖太子射賓客大會，有獻鸚鴞者。"

十八畫

鸛 1. guàn 古玩切，音灌，去，换韻，見。元部。

㊀水鳥名，形似鶴，嘴長而直，生活在水邊，捕食魚蝦。詩豳風東山："～鳴于垤，婦嘆于室。"鄭箋："鸛，水鳥也。"文選漢班固西都賦："玄鶴白鷺，黄鵠鵁～。"㊁戰陣名。左

傳昭公二十一年："與華氏戰于赭丘，鄭翩願爲～，其御願爲鵞。"杜預注："鸛、鵞皆陳名。"

2. huān 呼官切，音歡，平，桓韻，曉。元部。

廣韻作"鸛"。㊂〔鸛鷒〕叠韻聯緜字。傳説中鳥名。爾雅釋鳥："鸛鷒，鶝鶔，如鵲，短尾，射之，銜矢射人。"也作"鸛鶝"。見廣韻。

按，説文古玩切作雚，在雈部；呼官切作鸛，在鳥部。

鸜 qú 其俱切，音衢，平，虞韻，羣。魚部。

〔鸜鵒〕同"鴝鵒"。鳥名。春秋昭公二十五年："有鸜鵒來巢。"周禮冬官考工記："橘踰淮而北爲枳，鸜鵒不踰濟。"山海經中山經："（又原之山）其鳥多鸜鵒。"郭璞注："鴝鵒也。"

按，説文無鸜字。

十九畫

鸝 lí 吕支切，平，支韻，來。支部。

〔鸝黄〕鳥名，又名黄鸝，黄鶯，楚雀，倉庚等。楚辭戰國宋玉高唐賦："王睢鸝黄，正冥楚鳩。"

按，説文鸝作雜、離，在隹部。

鸞 luán 落官切，平，桓韻，來。元部。

㊀鳳類鳥名。説文："鸞，赤神靈之精也。赤色，五采，雞形，鳴中五音，頌聲作則至。"山海經海外西經："此諸夭之野，～鳥自歌，鳳鳥自舞。"史記司馬相如列傳子虚賦："其上則有赤猨蠷蝚，鵷鶵孔～。"裴駰集解引郭璞曰："孔，孔雀；鸞，鸞鳥。"㊁鈴。詩小雅采芑："約軝錯衡，八～瑲瑲。"文選漢司馬相如上林賦："建華旗，鳴玉～。"郭璞注："鸞，鈴也。"又指有鸞鈴的車。漢書郊祀志下："王命尸臣，官此栒邑，賜爾旂～黼黻琱戈。"顔師古注："鸞，謂鸞之車也。"

鹵　部

鹵 lǔ 郎古切，音魯，上，姥韻，來。魚部。

㊀鹽鹼地。説文："鹵，西方鹹地也。"段玉裁注："鹹地僅産鹽。"左傳襄公二十五年："辨京陵，表淳～。"吕氏春秋樂成："決漳水，灌鄴旁，終古斥～，生之稻粱。"引申指鹹地所産的鹽，也稱鹽鹵。史記貨殖列傳："山東食海鹽，山西食鹽～。"㊁〔鹵莽〕①粗疏，輕率。莊子則陽："君爲政焉勿鹵莽，治民焉勿滅裂。"釋文引司馬曰："鹵莽，猶麄粗也。"唐杜甫空囊："世人共鹵莽，吾道屬艱難。"②荒草。文選漢揚雄長楊賦："夷阬谷，拔鹵莽，刊山石。"也指長滿荒草，荒蕪。宋蘇軾渚宫："二王臺閣已鹵莽，何況遠問縱横時。"③隱約，依稀。唐段成式酉陽雜俎物異："衣紅紫者，影中鹵莽可辨。"㊂通"櫓"。大盾。戰國策中山策："大破二國之軍，流血漂～。"鮑彪注："鹵、櫓同，大盾也。"文選晉左思吴都賦："干～殳鋋，暘夷勃盧之旅。"劉逵注："干、鹵，皆楯也。"㊃通"擄"。掠奪，虜掠。史記吴王濞列傳："今卬等又重逆無道，燒宗廟，～御物。"漢書高帝紀："所過毋得～掠，秦民喜。"㊄通"魯"。遲鈍。漢應劭風俗通過譽："遼叔太子名舊，才操～鈍。"文選三國魏劉楨贈五官中郎將："小臣信頑～，僶俛安能追。"

四　畫

鹹 gǎng 各朗切，上，蕩韻，見。

鹽澤。北史楊義臣傳:"入豆子～,討賊格謙,禽之。"

按,説文無䶜字。

九　畫

鹹 xián 胡讒切,平,咸韻,匣。侵部。

❶像鹽那樣的味道。説文:"鹹,銜也,北方味也。"書洪範:"潤下作～。"荀子正名:"甘苦～淡,辛酸奇味,以口異。"吕氏春秋孟冬:"其味～,其臭朽。"❷〔鹹鹺〕祭祀時用的鹽。禮記曲禮下:"凡祭宗廟之禮,鹽曰鹹鹺。"北魏酈道元水經注涑水:"畦水秏竭,土自成鹽,即所謂鹹鹺也。"

十　畫

鹺 cuó 昨何切,平,歌韻,從。歌部。

鹽。見〔鹹鹺〕。也指鹹味。藝文類聚五七引漢崔駰七依:"～以大夏之鹽,酢以越裳之梅。"

按,説文無鹺字。

鹻 jiǎn 古斬切,上,豏韻,見。

同"鹼"。鹵塊。新唐書食貨志四:"盜刮～土一斗,比鹽一升。"宋林逋出曹川:"雨濼生新～,茅叢夾舊槎。"

按,説文無鹻有鹼。

十 三 畫

鹽 1. yán 余廉切,平,鹽韻,喻四。談部。

❶食鹽。書説命下:"若作和羹,爾唯～梅。"戰國策楚策四:"夫驥之齒至矣,服～車而上大行。"管子山國軌:"～鐵之策,足以立軌官。"

2. yàn 以贍切,去,豔韻,喻四。談部。

❷用鹽醃漬食物。禮記内則:"布牛肉焉,屑桂與薑,以洒諸上而～之。"北魏賈思勰齊民要術炙法:"除骨取肉,～之,適口取足。"❸古曲調常稱鹽,如昔昔鹽、神雀鹽等。宋洪邁容齋續筆卷七:"唐詩'媚賴吴娘唱是～','更奏新聲刮骨～'。然則歌詩謂之～者,如行、吟、曲、引之類云。"

[備考]欣羡、羡慕。禮記郊特牲:"而流示之禽,而～諸利,以觀其不犯命也。"鄭玄注:"鹽,讀爲豔,行田示之以禽,使歆豔之。"

鹼 jiǎn 古斬切,上,豏韻,見。談部。

鹵塊。説文:"鹼,鹵也。"桂馥義證:"鹼地之人,於日未出,看地上有白若霜者,掃而煎之,便成鹼矣。"

鹿　部

[鹿部總論]

鹿部的字,大部分都是鹿或鹿之類動物的名稱,很少量與鹿無關。

(一)關於鹿或鹿之類名稱的詞。例如:　鹿　麀　麈　麆　麛　麚　麇

(二)非鹿類動物名稱的詞。例如:　麢　麐　麒　麟

(三)與鹿或其他動物無關的名詞。例如:　麄　麓

(四)與鹿或其他動物無關的形容詞、動詞。例如:　麤　麁　麗

鹿 lù 盧谷切,入,屋韻,來。屋部。

❶獸名。説文:"鹿,獸也。象頭角四足之形。"詩小雅鹿鳴:"呦呦～鳴,食野之苹。"

孟子盡心上："舜之居深山之中，與木石居，與～豕遊。"喻指政權或在位者。史記淮陰侯列傳："秦失其～，天下共逐之。"裴駰集解引張晏曰："以鹿喻帝位也。"文選漢揚雄解嘲："往昔周網解結，羣～争逸。"李善注引服虔曰："鹿，喻在爵位者。"㊁粗，粗劣。吕氏春秋貴生："顔闔守閭，～布之衣，而自飯牛。"鹽鐵論散不足："古者庶人～菲草芰，縮絲尚韋而已。"㊂糧倉。國語吴語："市無赤米，而囷～空虚。"韋昭注："員曰囷，方曰鹿。"㊃通"麓"。山脚。左傳僖公十四年："秋，八月，辛卯，沙～崩。"孔穎達疏引服虔曰："鹿，山足，林屬於山曰鹿。"説文引作"麓"。

二 畫

麀 yōu 於求切，音憂，平，尤韻，影。幽部。

母鹿。説文："麀，牝鹿也。"詩大雅靈臺："～鹿濯濯，白鳥翯翯。"文選漢張衡西京賦："～鹿麌麌，駢田偪仄。"薛綜注："鹿牝曰麀。"又泛指雌獸。左傳襄公四年："在帝夷羿，冒于原獸，忘其國恤，而思其～牡。"

麂 jǐ 居履切，上，旨韻，見。脂部。

獸名，鹿屬。山海經中山經："(女几之山)其獸多豹虎，多閭麋、麖、～。"郭璞注："麂似獐而大，猥毛狗脚。"宋書符瑞志："孝武帝大明元年二月己亥，白～見會稽諸暨縣，獲以獻。"

按，説文以麂爲䴢的或體。

麄 cū 倉胡切，音粗，平，模韻，清。魚部。

同"麤"。粗暴，粗疏。戰國策趙策一："夫知伯爲人也，～中而少親。"金史世戚列傳："元忠素貴，性～豪而内深忌。"

按，説文無麄字。

三 畫

麀 sì 詳里切，音似，上，止韻，邪。之部。

幼鹿，二歲曰麀。古文苑漢揚雄蜀都賦："羅米肥賭，麀～不行。"

按，説文無麀字。

四 畫

麃 1. páo 薄交切，音庖，平，肴韻，並。宵部。

㊀獸名，鹿屬。説文："麃，麠屬。"逸周書王會："發人～，～者，若鹿，迅走。"史記武帝紀："其明年郊雍，獲一角獸，若～然。"裴駰集解引韋昭曰："楚人謂麋爲麃。"㊁獸名。遼史國語解："祭～鹿神：遼俗好射～鹿，每出獵，必祭其神以祈多獲。"

2. biāo 集韻悲嬌切，平，宵韻，幫。宵部。

㊂〔麃麃〕①威武貌。詩鄭風清人："清人在消，駟介麃麃。"毛傳："麃麃，武貌。"②盛大貌。漢書楚元王傳劉向："詩又云'雨雪麃麃，見晛聿消'。"顔師古注："麃麃，盛也。"今小雅角弓作"瀌瀌"。㊃耘田。詩周頌載芟："厭厭其苗，緜緜其～。"毛傳："麃，耘也。"㊄莓的一種。爾雅釋草："藨，麃。"郭璞注："麃，即莓也。今江東呼爲藨莓，子似覆盆而大赤，酢甜可啖。"

3. piǎo 滂表切，上，小韻，滂。宵部。

㊅鳥羽變色。字亦作"皫"。廣韻："麃，蒼頡篇云：'鳥毛變色。'本作皫。"禮記内則："鳥皫色而沙鳴。鬱。"釋文本作"麃"，云："麃，本又作皫。"

麇 yǎo 烏晧切，集韻於兆切，上，小韻，影。宵部。

幼麋。國語魯語上："魚禁鯤鮞，獸長麑～。"韋昭注："麋子曰麇。"文選漢張衡西京賦："逞欲畋敹，效獲麑～。"薛綜注："麋子曰麇。"

按，説文無麇字。

麁 cū 集韻聰徂切，音粗，平，模韻，清。

麤的後起俗字。㊀粗劣，粗疏。前秦王嘉拾遺記："得～亡精，代代不絶。"元佚名包龍圖智賺合同文字三折："俺一生精細一時～。"㊁粗大。北魏賈思勰齊民要術種榆白楊："諺曰：'不剝不沐，十年成轂。'言易～也。"㊂粗魯。遼史天祚紀一："～人不知禮義，無大過而殺之，恐傷向化之心。"

五 畫

麈 zhǔ之庾切，音主，上，麌韻，照三。侯部。

㊀獸名，鹿屬。説文："麈，麋屬。"山海經中山經："(風雨之山)其獸多閭麋，多～豹虎。"逸周書王會："正北方稷慎大～。"文選漢司馬相如上林賦："其獸則㺎旄貘犛，沈牛～麋。"張揖注："麈似鹿而大。"㊁〔麈尾〕拂塵，因以麈尾作成，故名。世説新語容止："王夷甫…恒捉白玉柄麈尾。"也單稱麈。唐盧照鄰行路難："金貂有時换美酒，玉～但搖莫計錢。"宋歐陽修和聖俞聚蚊："抱琴不暇揮，揮～無由停。"

麆 1. zhù 牀據切，音助，去，御韻，牀二。魚部。

㊀幼獐。爾雅釋獸："麕，其子麆。"

2. cū 集韻聰徂切，音粗，平，模韻，清。魚部。

㊁同"麤"。粗大。廣韻："麆，大也。"集韻："粗或作麆。"又粗略。清趙懷玉故武進縣知縣孫公祠堂碑："雖規模～備，而俎豆聿新。"

按，説文無麆字。

麇 1. jūn 居筠切，平，真韻，見。文部。

㊀獐鹿。説文："麇，麞也。"左傳哀公十四年："逢澤有介～焉。"釋文："麇，麞也。"

2. qún 集韻衢云切，平，文韻，羣。文部。

㊁羣，成羣。左傳昭公五年："求諸侯而～至，求婚而薦女。"杜預注："麇，羣也。"

3. kǔn 字彙苦允切。文部。

㊂通"稛"。綑綁。左傳哀公二年："羅無勇，～之。"杜預注："麇，束縛也。"

麃 páo 集韻蒲交切，平，肴韻，並。

後起字。同"麃"。清楊賓柳邊紀略八："柳條邊外，山野江河産珠，人葠，…鹿、～、鱘鰉魚諸物。"

麚 jiā 古牙切，音加，平，麻韻，見。歌部。

同"麚"。公鹿。西京雜記六引漢劉勝文木賦："～宗驥旅，雞族雉羣。"魏書靈徵志下："世祖神麚元年二月，定州獲白～，白～鹿又見於欒陵。"

按，説文無麚字。

六 畫

麊 mí 武移切，集韻忙皮切，音糜，平，支韻，明。脂部。

〔麊泠〕古地名。漢書地理志下："(交阯郡)縣十：麊泠，都尉治。"唐司空圖復安南碑："營開憝石，陣壓麊泠。"

按，説文無麊字。

麋 1. mí 武悲切，集韻旻悲切，平，脂韻，明。脂部。

㊀麋鹿。春秋莊公十七年："冬，多～。"孟子梁惠王上："王立於沼上，顧鴻鴈～鹿。"吕氏春秋仲冬："蚯蚓結，～角解。"㊁通"糜"。爛，碎。素問氣厥論："膀～移熱於小腸，鬲腸不便，上爲口～。"王冰注："麋，謂爛也。"唐李白比干碑："～軀非仁，蹈難非智。"㊂通"糜"。粥。淮南子兵略："攻城略地，莫不降下，天下爲之～沸蟻動。"文選漢揚雄長楊賦："豪俊～沸雲擾，羣黎爲之不康。"李善注："如麋之沸，若雲之擾，言亂之甚也。"㊃通"蘪"。草名。漢揚雄太玄去："攓其衣之庭，有～。"

2. méi 音眉。脂部。

㊄通"湄"。水邊。詩小雅巧言："彼何人斯，居河之～？"毛傳："水草交謂之麋。"左傳僖公二十八年："余賜女孟諸之～。"杜預注："水草之交曰麋。"㊅通"眉"。眉毛。荀子非相："伊尹之相，面無須～。"睡虎地秦墓竹

簡法律答問："或與人鬥，縛而盡拔其須～。"

麉 jiān 古賢切，音肩，平，先韻，見。元部。

力量極大的鹿。爾雅釋獸："鹿…絶有力，麉。"清呂星垣薙草説："麈當～，虒當彪，虺蛟當龍。"

按，説文麉作麗，云："鹿之絶有力者。"

麂 jǐ 居履切，音几，上，旨韻，見。脂部。

同"麂"。獸名。爾雅釋獸："麂，大麕。旄尾，狗足。"山海經中山經："(暴山)其獸多麋鹿～就。"

七　畫

麐 lín 力珍切，音鄰，平，真韻，來。文部。

牝麒，雌麒麟。爾雅釋獸："麐，麕身、牛尾、一角。"説文："麐，牝麒也。"明管紹寧徐養齋山堂萃稾序："景其摽動，見鳳儀～瑞。"

按，説文麐與麟爲二字，義各不同。

麏 jūn 居筠切，平，真韻，見。文部。

同"麇"。❶獐鹿。楚辭漢淮南小山招隱士："白鹿～麚兮，或騰或倚。"洪興祖補注："麏，麞也。"文選南朝宋鮑照蕪城賦："壇羅虺蜮，階鬬～鼯。"❷羣，成羣。唐沈迥武侯廟碑銘："是營是葺，衆工～至。"

按，説文無麏字。

麌 yǔ 虞矩切，上，麌韻，疑。魚部。

❶雄性獐鹿。爾雅釋獸："麕，牡麌。"❷〔麌麌〕獸羣聚集貌。詩小雅吉日："獸之所同，麀鹿麌麌。"毛傳："麌麌，衆多也。"三國魏何晏瑞頌："鹿之麌麌，載素其色。"

按，説文無麌字。

八　畫

麖 jīng 舉卿切，平，庚韻，見。陽部。

水鹿，也稱馬鹿。山海經中山經："(女几之山)其獸多豹虎，多閭麋～鹿。"文選晉左思吳都賦："頴麋～，蘮六駮。"

[同源字]麖，京，鯨。見"鯨"字條。

按，説文以麖爲麠的或體。

麒 qí 渠之切，平，之韻，羣。之部。

〔麒麟〕傳説中神瑞之獸，雄的叫麒，雌的叫麟，亦泛稱爲麒麟。説文："麒，麒麟，仁獸也。"(依段注本)孟子公孫丑上："麒麟之於走獸，鳳凰之於飛鳥…出乎其類，拔乎其萃。"吕氏春秋應同："刳獸食胎，則麒麟不來。"淮南子覽冥："鳳凰翔於庭，麒麟游於郊。"又喻指傑出的人物(後起義)。晉書顧和傳："此吾家麒麟，興吾宗者，必此子也。"

麕 1. jūn 居筠切，平，真韻，見。文部。

❶同"麇"。即獐鹿。詩召南野有死麕："野有死～，白茅包之。"公羊傳哀公十四年："有以告者曰，有～而角者。"論衡遭虎："～入府中，其後遷丹陽太守。"

2. qún 音羣。

❷通"羣"。成羣。文選南朝宋顏延年皇太子釋奠會作："懷仁憬集，抱智～至。"

按，説文麕作麇，麕爲籀文。

麑 ní 五稽切，音倪，平，齊韻，疑。支部。

❶〔狻麑〕獸名。爾雅釋獸："麑，狻麑。如虦貓，食虎豹。"郭璞注："即獅子也。"説文："麑，狻麑獸也。"❷同"麛"。幼鹿。論語鄉黨："素衣，～裘。"國語魯語上："獸長～麌。"韋昭注："鹿子曰麑。"韓非子説林上："孟孫獵得～，使秦西巴載之持歸。"

[同源字]麑，兒，麛，鯢，齯。見"齯"字條。

麓 lù 盧谷切，入，屋韻，來。屋部。

❶生長在山脚下的林木。説文："麓，林屬於山爲麓。"周禮地官序："林衡每大林～。"鄭玄注："竹木生平地曰林，山足曰麓。"文選漢班固西都賦："西郊則有上囿禁苑，林～藪澤，陂池連乎蜀漢。"❷山脚。詩大雅旱麓："瞻彼旱～，榛楛濟濟。"毛傳："麓，山足也。"論衡亂龍："舜以聖德，入大～之野，虎狼不

犯,虫蛇不害。”❸看守山林苑囿的官。説文:“麓,守山林吏也。”國語晉語九:“主將適螻而～不聞。”韋昭注:“麓,主君苑囿之官。”

按,説文麓字在林部。

麗 1.lì 郎計切,去,霽韻,來。支部。

❶成對,並駕。周禮夏官校人:“～馬一圉,人～一師。”鄭玄注:“麗,耦也。”南朝梁劉勰文心雕龍麗辭:“故～辭之體,凡有四對。”漢書揚雄傳河東賦:“～鉤芒與驂蓐收兮,服玄冥及祝融。”❷附着。易離:“日月～乎天,百穀草木～乎土。”王弼注:“麗,猶著也。”後漢書張衡傳:“夫戰國交争,戎車競驅,君若綴旒,人無所～。”李賢注:“麗,附也。”引申爲射着。左傳宣公十二年:“麋興於前,射麋～龜。”杜預注:“麗,著也。”又爲繫,連結。禮記祭義:“祭之日,君牽牲,穆答君,卿大夫序從,既入廟門,～於碑。”鄭玄注:“麗,猶繫也。”易兑:“～澤兑,君子以朋友講習。”王弼注:“麗,猶連也。”❸施加。儀禮士喪禮:“設決,～于掔。”鄭玄注:“麗,施也。”吕氏春秋貴卒:“荆國之法,～兵王尸者,盡加重罪,逮三族。”❹華麗,美好。書畢命:“敝化奢～,萬世同流。”孔穎達疏:“敝俗相化,奢侈華麗。”楚辭戰國宋玉招魂:“被文服纖,～而不奇些。”戰國策齊策四:“顔先生與寡人游,食必太牢,出必乘車,妻子衣服～都。”❺同“欐”。椽柱之類。莊子秋水:“梁～可以衝城,而不可以窒穴。”成玄英疏:“麗,屋棟也。”❻同“歷”。經過,跨過。淮南子俶真:“夫貴賤之於身也,猶條風之時～也。”高誘注:“麗,過也。”論衡薄葬:“魯人將以璵璠斂,孔子聞之,徑庭～級而諫。”吕氏春秋安死作“歷級”。

2.lí 吕支切,平,支韻,來。支部。

❼通“罹”。遭遇。詩小雅魚麗:“魚～於罶,鱨鯊。”論衡辨祟:“涉患～禍,不在觸歲犯月。”

[備考]數目。詩大雅文王:“商之孫子,其～不億。”毛傳:“麗,數也。”鄭箋:“商之孫子,其數不徒億。”

[同源字]①麗,離。見“離”字條。

②驪,儷,麗。見“驪”字條。

九　畫

麙 1. xián 集韻胡讒切,音咸,平,咸韻,匣。侵部。

❶大羊。字又作“羬”。説文:“麙,山羊而大者,細角。”爾雅釋獸:“羊六尺爲羬。”釋文:“羬本亦作麙。”古文苑漢揚雄蜀都賦:“獸則～羊野麋。”

2. yán 五咸切,音喦,平,咸韻,疑。侵部。

❷指力氣極大的熊虎類野獸。爾雅釋獸:“熊虎醜,其子,狗;絶有力,麙。”字亦作“虤”。廣韻麙同虤,注云:“熊虎絶有力也。”

麚 jiā 古牙切,平,麻韻,見。魚部。

雄鹿。説文:“麚,牡鹿。”楚辭漢淮南小山招隱士:“白鹿麏～兮,或騰或倚。”文選漢馬融長笛賦:“寒熊振頷,特～昏髟。”

[同源字]麚,豭,豭,牯。見“牯”字條。

麛 mí 莫兮切,平,齊韻,明。支部。

幼鹿。説文:“麛,鹿子也。”吕氏春秋樂成:“～裘而鞞,投之無戾。”禮記内則:“秋宜犢～,膳膏腥。”釋文:“麛,鹿子也。”也泛指幼獸。禮記曲禮下:“國君春田不圍澤,大夫不掩羣,士不取～卵。”孔穎達疏:“麛乃是鹿子之稱,而凡獸子亦得通名也。”三國魏劉劭七華:“煮丹穴之卵,…鸞麒麟之～。”

[同源字]兒,麑,鯢,齯,麛。見“齯”字條。

十　畫

麝 shè 神夜切,去,禡韻,牀三。鐸部。

獸名,又稱香獐。其腹下香腺分泌麝香。説文作麝,云:“似小麋,臍有香。”山海經中山經:“(陽帝之山)其獸多麢～。”又西山經:

“(翠山)其陰多旄牛、麢、～。”郭璞注:“麝,似獐而小,有香。”也指麝香。南齊書竟陵文宣王子良傳附子昭胄:“吏於～膝中得其事迹。”元周達觀真蠟風土記:“男女身上常塗香藥,以檀、～等合成。”

十一畫

麞 zhāng 諸良切,音章,平,陽韻,照三。陽部。

獸名,即獐子。説文:“麞,麋屬。”論衡講瑞:“魯人得戴角之～,謂之麒麟。”唐李商隱行次西郊:“廷臣例～怯,諸將加羸奔。”

十二畫

麟 lín 力珍切,平,真韻,來。真部。

㊀傳説中的仁瑞之獸,麒麟。詩周南麟之趾:“～之趾,振振公子,于嗟～兮。”左傳哀公十四年:“春,西狩獲～。”杜預注:“麟者,仁獸,聖王之嘉瑞也。”淮南子原道:“～以之游,鳳以之翔。”又見〔麒麟〕。㊁大雄鹿。南唐徐鍇説文解字繫傳:“麟,大牡鹿也。”史記司馬相如列傳子虛賦:“掩兔轔鹿,射麋脚～。”文選漢張衡東京賦:“解罘放～。”薛綜注:“大鹿曰麟。”㊂〔麟麟〕光明貌。文選漢揚雄劇秦美新:“炳炳麟麟,豈不懿哉。”李善注:“麟麟,光明也。麟,與燐古字同用。”㊃通“鱗”。鱗甲。山海經北山經:“(晉水)其中多鮆魚,其狀如儵而赤～。”郝懿行箋疏:“麟、鱗聲同。”

十三畫

麌 yú 以諸切,平,魚韻,喻四。魚部。

獸名,似鹿而大。説文:“麌,似鹿而大。”古文苑漢揚雄蜀都賦:“獸則麙羊野麞,罷犛貘貒,麢～鹿射。”

十四畫

麡 qí 徂奚切,音齊,平,齊韻,從。脂部。

〔麡狼〕獸名。文選晉左思吴都賦:“其下則有梟羊麡狼,猰貐䝞象。”初學記二五引漢楊孚異物志:“麡狼,形似鹿而角觸向前。入林則挂角,故恒在平淺草中。”也單稱麡。後漢書冉駹傳:“地有鹹土,煮以爲鹽,～羊牛馬食之皆肥。”

按,説文無麡字。

十七畫

麢 líng 郎丁切,音鈴,平,青韻,來。耕部。

獸名,即羚羊。説文:“大羊而細角。”爾雅釋獸:“麢,大羊。”郭璞注:“麢羊,似羊而大,角圓鋭,好在山崖間。”山海經中山經:“(陽帝之山)其獸多～、麝。”〔麢羊〕即羚羊。山海經西山經:“(大次之山)其獸多㸲牛、麢羊。”

二十二畫

麤 cū 倉胡切,音粗,平,模韻,清。魚部。

㊀粗糙,不精。禮記王制:“布帛精～不中數,幅寬狹不中量,不粥於市。”南朝梁吴均城上烏:“質微知慮少,體賤毛衣～。”又特指粗糧。左傳哀公十三年:“吴申叔儀乞糧於公孫有山氏,…對曰:‘粱則無矣,～則有之。’”又特指粗布。荀子禮論:“資～,衰絰,菲繐,菅屨。”楊倞注:“麤,麤布也。”㊁粗大,粗壯。史記樂書:“其怒心感者,其聲～以厲。”唐姚合劍器詞:“破虜行千里,三軍意氣～。”㊂粗暴。韓非子十過:“知伯之爲人也,～中而少親。”世説新語忿狷:“謝無奕性～彊,以事不相得,自往數王藍田,肆言極罵。”㊃粗略,大略。禮記儒行:“～而翹之,又不急爲也。”世説新語言語:“阿鄙故～有才具。”㊄指長形物體直徑大的。北魏賈思勰齊民要術餅法:“挼餅～細如小指大。”㊅履,鞋。方言四:“扉、屨、～,履也…南楚江沔之間總謂之麤。”

〔備考〕行超遠。説文:“麤,行超遠也。”

［辨］麤，觕，粗。見“觕”字條。

按，說文麤字在麤部。

麥部

麥 mài 莫獲切，入，麥韻，明。職部。

❶糧食作物名，麥子。說文：“麥，芒穀，秋穜厚薶，故曰麥。”詩豳風七月：“九月築場圃，十月納禾稼，黍稷重穋，禾麻菽～。”吕氏春秋孟春：“食～與羊，其器疏以達。”❷〔麥蛰〕小蟬。方言一一：“蟬，其小者謂之麥蛰。”郭璞注：“如蟬而小，青色。”

三畫

麧 hé 下没切，集韻恨竭切，入，没韻，匣。物部。

麥糠裏的粗屑。多泛指粗食。說文：“麧，堅麥也。”唐元結漫酬賈沔州：“豈欲皂櫪中，争食～與蘱。”

四畫

麩 fū 芳無切，平，虞韻，敷。魚部。

麥麩。說文：“麩，小麥屑皮也。”北魏賈思勰齊民要術大小麥：“青稞麥，石八九斗麪，磨盡無～。”引申指如麥麩的薄片物。唐張鷟朝野僉載二：“於舍後山足下，因鑿有～金，銷得數十斤。”此指碎金。

［同源字］麩，柎，稃，膚。見“稃”字條。

麪 miàn 莫甸切，去，霰韻，明。元部。

麥子磨成的粉，麪粉。說文：“麪，麥屑末也。”北堂書鈔一四四引晉束皙餅賦：“重羅之～，壁飛雪白。”又指用麪粉作成的食品，後亦特指麪（後起義）。唐馮贄雲仙雜記五：“楊琎遊王鉷家，食一物如棗而中空，其實～也。”清李汝珍鏡花緣七九回：“用過早～，仍在園中各處步散。”亦泛指一般的粉末。晉常璩華陽國志南中志：“少穀有桄榔木可以作～。”

麨 chǎo 尺沼切，上，小韻，穿。

後起字。用米麥炒熟後磨成粉製的乾糧。晉干寶搜神記一九：“先將數石米飡，用蜜～灌之，以置穴口，蛇便出。”宋范成大刈麥行：“犂田待雨插晚稻，朝出移秧夜食～。”

五畫

麰 tǒu 天口切，上，厚韻，透。

後起字。〔麰麰〕見“麰”字條。

麮 qǔ 羌舉切，上，語韻，溪。魚部。

麥粥。說文：“麮，麥甘鬻也。”段玉裁注：“麥甘鬻者，以麥爲粥，其味甜也。”荀子富國：“冬日則爲之饘粥，夏日則與之瓜～。”楊倞注：“麮，煮麥飯也。”急就篇：“甘～殊美奏諸君。”顔師古注：“甘麮者，煮麥爲甘粥也。”

六畫

麲 bǐng 必郢切，上，静韻，幫。

餅。世説新語雅量：“令有酒色，因遥問：‘傖父欲食～不？’”南史蔡廓傳附蔡撙：“帝常設大臣～，撙在坐。帝頻呼姓名，撙竟不答，食～如故。”

按，說文無麲字。

麯 qū 集韻丘六切，入，屋韻，溪。

後起字。酒母。宋陸游秋懷十首以竹藥閑深院琴樽開小軒爲韻：“更招竹林人，枕藉糟與～。”

麰 móu 莫浮切，音眸，平，尤韻，明。幽部。

大麥。說文：“麰，來麰，麥也。”孟子告子上：“今夫～麥，播種而耰之。”北魏賈思勰齊民要術大小麥引陶隱居本草云：“大麥，一名

～麥。"亦指大麥麴。方言一三:"麰,麴也。"郭璞注:"麰,大麥麴。"錢繹箋疏:"大麥謂之麰,大麥之麴即謂之麰,義相因也。"

七 畫

麲 hùn 户昆切,平,魂韻,匣。元部。

小麥製的麥麴。太平御覽卷八五三引漢服虔通俗文:"掴麥麴,曰麲。"方言一三"麳,麴也"郭璞注:"小麥麴爲麳,即麲也。"北魏賈思勰齊民要術作菹藏生菜法:"擣麥～作末,絹篩。"宋朱肱酒經:"烏梅女～,甜醹九投,澄清百品,酒之終也。"

按,説文無麲字。

䴭 juān 集韻圭玄切,平,先韻,見。

麥稈。北魏賈思勰齊民要術七造神麴并酒:"臥麴法:先以麥～布地,然後著麴,訖,又以麥～覆之。"新唐書地理志:"土貢:氈、～扇、龍骨、棗、鳳棲梨。"

按,説文䴭作稍,在禾部。

麱 luò 集韻盧臥切,去,過韻,來。

〔麱麮〕叠韻聯緜字。①粟粥,麥粥。集韻:"麱麮,粟粥。"字彙麥部:"麱麮,麥粥。"②一種麪食品,類似北京的餎餷。北魏賈思勰齊民要術九餅法:"麱麮:以粟飯饙,水浸,即漉著麪中。以手向簸箕痛挼,令均如胡豆。揀取均者,熟蒸,曝乾。須即湯煮,笊籬漉出,别作臛澆。甚滑美,得一月日停。"

按,説文無麱字。

麬 fū 集韻芳無切,平,虞韻,敷。幽部。

小麥皮屑。漢焦贛易林損之泰:"夏麥～䴬,霜擊其芒。"宋書五行志二:"百姓謡云:'昔年食白飯,今年食麥～。'"説文作"麩"。

按,説文無麬字。

八 畫

䴯 bù 蒲口切,音部,上,厚韻,並。

〔䴯䴰〕叠韻聯緜字。餅類食品。唐皇甫枚三水小牘下:"乃令溲麪煎油作䴯䴰者,移時不成。"〔䴯麷〕叠韻聯緜字。餅類食品。全唐詩寒山:"只爲著破裙,喫他殘䴯麷。"

按,説文無䴯字。

麳 1. huǒ 胡瓦切,上,馬韻,匣。歌部。

㊀小麥製的麥麴。方言一三:"麳,麴也。"郭璞注:"小麥麴爲麳。"

2. guǒ 古火切,上,果韻,見。

㊁餅類食品。清姚燮兵巡街:"爾無妻與兒,爾身隨我敲梆執火,使爾朝朝飽餅～。"

按,説文無麳字。

麴 qū 驅匊切,入,屋韻,溪。覺部。

㊀酒母。書説命下:"若作酒醴,爾惟～糵。"吕氏春秋仲冬:"乃命大酋,秫稻必齊,～糵必時。"北魏賈思勰齊民要術笨麴并酒:"作春酒法:治～欲浄,剉～欲細,曝～欲乾。"也指酒。唐元稹解秋十首:"親烹園内葵,憑買家家～。"㊁〔麴塵〕指淡黄色。唐白居易山石榴寄元九詩:"千芳萬葉一時新,嫩紫殷紅鮮麴塵。"

按,説文無麴字。

九 畫

麵 miàn 莫甸切,去,霰韻,明。

後起字。同"麪"。南史夷貊下西域傳:"(高昌國)寒暑與益州相似,備種九穀,人多噉～及牛羊肉。"唐白居易寄胡餅與楊萬州詩:"胡麻餅樣學京都,～脆油香新出爐。"

麰 móu 集韻迷浮切,音謀,平,侯韻,明。侯部。

同"麰"。大麥。後漢書班彪傳附班固典引:"昔姬有素雉、朱烏、玄秬、黄～之事耳。"

按,説文無麰字。

麮 suò 集韻蘇臥切,去,過韻,心。

〔麱麮〕見"麱"字條。

按，説文無𪌭字。

十 一 畫

𪎊 lōu 郎斗切，上，厚韻，來。

後起字。〔麱𪎊〕見"麱"字條。

十 二 畫

麱 lián 落賢切，平，先韻，來。

後起字。〔麱𪎊〕雙聲聯緜字。一種油炸麪食。宋吴坰五總志："干寶司徒儀曰：'祭用麱𪎊。'晉制呼擐餅，又曰寒具，今曰饊子。"

𪎓 kuàng 古猛切，音鑛，上，梗韻，見。

後起字。❶同"𪎲"。大麥的一種。宋賀鑄宿芥塘佛祠："青青～麥欲抽芒，浩蕩東風晚更狂。"❷麥麩。晉書皇甫謐傳上武帝疏："君子小人，禮不同器，況臣糠～，糅之彫胡？"注："𪎓，麥麩也。"

十 五 畫

𪎲 kuàng 古猛切，音鑛，上，梗韻，見。

𪎲麥，大麥的一種。北魏賈思勰齊民要術二旱稻："故宜五六月暵之，以擬～麥。"

十 八 畫

䴶 fēng 敷隆切，音豐，平，東韻，敷。冬部。

炒麥。周禮天官籩人："朝事之籩，其實～、蕡…。"賈公彦疏："䴶爲熬麥。"孫詒讓正義："古所謂熬，即今所謂炒也。"

〔備考〕蒲草。荀子富國："午其軍，取其將，若撥～。"楊倞注引鄭玄周禮注："䴶，熬麥。"俞樾平議荀子二云："豐者蒲也。蒲之爲物至脆弱，故以手撥之至易也。字本宜作豐，從麥旁作䴶，乃古文假借字。"

麻 部

〔麻部總論〕

麻部字，一般是與麻有關的名詞，例如：麻，𪎭，黂；有些與麻無關，例如：麽，麾。

麻 má 莫霞切，平，麻韻，明。歌部。

❶大麻，古爲五穀之一。詩豳風七月："十月納禾稼，黍稷重穋，禾～菽麥。"吕氏春秋審時："得時之～，必芒以長。"又指麻的莖皮纖維。詩陳風東門之枌："不績其～，市也婆娑。"漢劉向説苑辨物："～也者，何也？曰：所以爲衣也。"又指麻的可食子實。吕氏春秋仲秋："以犬嘗～，先薦寢廟。"❷麻布喪服。禮記雜記下："～不加於采。"又奔喪："免～于序東。"鄭玄注："麻，亦絰帶也。"❸唐宋時用黄、白麻紙書寫詔書，因稱詔書爲麻。舊唐書韋弘景傳："弘景草～，漏叙光榮之功。"新唐書李栖筠傳："始，栖筠見帝，敷奏明辯，不阿附，帝心善之，故制～自中以授，朝庭莫知也。"❹〔麻茶〕叠韻聯緜字。模糊，迷蒙貌。唐李涉題宇文秀才櫻桃："今日顛狂任君笑，趁愁得醉眼麻茶。"字也作麻嗏、麻查等。宋劉克莊左目痛六言詩："昏花廢干禄書，麻嗏類辟瘟符。"元陳草庵山坡羊："笑談譁，醉麻查，悶來閒訪漁樵話。"❺麻木，感覺不靈活或喪失知覺(晚起義)。元秦簡夫孝義士趙禮讓肥："壓得我這雙肩苦痛，走的我這兩腿酸～。"水滸傳三二回："那三四個村漢看了，手顫脚～，那裏敢上前來。"❻臉上痘瘢，

麻子(晚起義)。水滸傳五四回:"李逵看那大漢時,七尺以上身材,面皮有～。"清蒲松齡聊齋志異呂無病:"衣服樸潔,而微黑多～。"

[備考]古樂器名。爾雅釋樂:"大鼗謂之麻。"

三 畫

麽 1.mó 集韻眉波切,平,戈韻,明。歌部。

㊀細小。文選漢班彪王命論:"又況幺～不及數子,而欲闇干天位者也。"李善注引通俗文曰:"不長曰幺,細小曰麽。"列子湯問:"江浦之間生～蟲,其名曰焦螟。"張湛注:"麽,細也。"〔麽眇〕雙聲聯緜字。細小。唐柳宗元答問:"卓詭倜儻之士之遇明世也,用智能,顯功烈,而麽眇連蹇,顛頓披靡,固其所也,客又何怪哉!"㊁代詞,猶這麽、那麽。宋黄庭堅南鄉子:"萬水千山還～去,悠哉!"

2.ma。

㊂語氣詞,表疑問。唐王建宫詞:"衆中遺却金釵子,拾得從他要贖～?"唐賈島王侍御南原莊:"南齋宿雨後,仍許重來～?"紅樓夢一八回:"唐朝韓翊詠芭蕉詩頭一句'冷燭無烟緑蠟乾',都忘了～?"

按,説文無麽字,新附有之,作"麽"。

四 畫

麾 huī 許爲切,平,支韻,曉。歌部。

㊀指揮用的旌旗。周禮春官巾車:"建大～以田,以封蕃國。"左傳成公十六年:"欒鍼見子重之旌,請曰:'楚人謂夫旌,子重之～也,彼其子重也。'"史記淮陰侯列傳:"張耳、韓信未起,即其卧内上奪其印符,以～召諸將,易置之。"㊁指揮,揮手。書牧誓:"王左杖黄鉞,右秉白旄以～。"韓非子外儲説右下:"救火者,令吏挈壺甕而走火,則一人之用也,操鞭箠指～而趣使人,則制萬夫。"又外儲説左上:"衛人有佐弋者,鳥至,因先以其裷～之。"楚辭戰國屈原離騷:"～蛟龍使梁津兮,招西皇使涉予。"王逸注:"舉手曰麾。"㊂〔麾下〕①指將帥的旌旗之下。史記魏其武安侯列傳:"馳入吴軍,至吴將麾下。"②部下。史記李廣傳:"廣廉,得賞賜,輒分其麾下。"③指將帥。三國志吴書張紘傳:"願麾下重天授之姿,副四海之望。"

[備考]快。禮記禮器:"祭祀不祈,不～蚤。"鄭玄注:"麾之言快也。"

按,説文麾作摩,在手部。

八 畫

黀 zōu 側鳩切,音鄒,平,尤韻,照二。侯部。

麻稭,去皮的麻桿。説文:"黀,麻藍也。"楚辭漢東方朔七諫謬諫:"菎蕗雜於～蒸兮,機蓬矢以射革。"

九 畫

黁 nún 奴昆切,平,魂韻,泥。

後起字。香氣。唐皮日休奉和魯望玩金鸂鶒戲贈:"鏤羽彫毛迴出羣,温～飄出麝臍熏。"

十 二 畫

黂 fén 扶涕切,集韻符分切,音墳,平,文韻,奉。文部。

麻的果實。爾雅釋草:"黂,枲實。"指有子的麻,粗麻。淮南子説林:"～不類布,而可以爲布。"高誘注:"黂,麻之有實者。"又説山:"見～而求成布。"又指麻絮,亂麻。列子楊朱:"昔者宋國有田夫,常衣緼黂,僅以過冬。"

按,説文黂作萉,爲萉字異文,在艸部。

黄 部

黄 huáng 胡光切,平,唐韻,匣。陽部。

❶五色之一,中央土色。説文:"黄,地之色也。"易坤:"天玄而地~。"詩邶風緑衣:"緑兮衣兮,緑衣~裏。"特指玉金等黄色之物。詩齊風著:"俟我於堂乎而,充耳以~乎而。"毛傳:"黄,黄玉。"史記平準書:"虞夏之幣,金爲三品,或~,或白,或赤。"司馬貞索隱:"黄,黄金也。"吕氏春秋别類:"相劍者曰:'白所以爲堅也,~所以爲牣也,~白雜則堅且牣,良劍也。'"此指黄銅。❷草木枯黄。詩衛風氓:"桑之落矣,其~而隕。"又小雅何草不黄:"何草不~,何日不行。"吕氏春秋季秋:"是月也,草木~落,乃伐薪爲炭。"❸〔黄口〕幼兒。淮南子氾論:"古之伐國不殺黄口,不獲二毛。"高誘注:"黄口,幼也。"也指雛鳥。淮南子天文:"鷙鳥不搏黄口。"隋唐之際稱三歲以下及始生兒爲黄。通志食貨略:"隋文帝頒新令,男女三歲以下爲黄,十歲以下爲小。"新唐書食貨志:"凡民始生爲黄,四歲爲小。"❹〔黄耇〕老人。詩小雅南山有臺:"樂只君子,遐不黄耇。"❺事情失敗或落空(晚起義)。紅樓夢八〇回:"薛蟠聽了這話,又怕鬧~了寶蟾之事,忙又趕來駡秋菱。"

〔備考〕美。吕氏春秋功名:"缶醯~,蜹聚之,有酸。"高誘注:"黄,美也。"吴承仕曰:"齊民要術作酢有下黄衣法,此黄即所謂黄衣也。"

四 畫

䵼 guāng 字彙姑黄切。陽部。

〔䵼䵼〕武勇貌。古文苑漢班固十八侯銘舞陽侯樊噲銘:"䵼䵼將軍,威蓋不當。"

按,説文無䵼字。正字通黄部"䵼"字注云:"(後)漢書郭憲傳'䑥䑥',剛直貌。䑥本作䑥,䵼即䑥之譌。既訓武勇,从尢从黄無義。班氏銘本作'桓桓將軍'。"

五 畫

黈 tǒu 天口切,上,厚韻,透。侯部。

❶黄色。穀梁傳莊公二十三年:"禮,天子諸侯黝堊,大夫倉,士~。"范寧注:"黈,黄色。"亢倉子全道:"夫瞀眂者,以黈爲赤,以蒼爲玄。"❷〔黈纊〕懸於冕,垂耳兩旁的黄綿。淮南子主術:"故古之王者,冕而前旒所以蔽明也,黈纊塞耳所以掩聰。"文選漢張衡東京賦:"夫君人者,黈纊塞耳,車中不内顧。"薛綜注:"黈纊,言以黄綿大如丸,懸冠兩邊,當耳,不欲妄聞不急之言也。"

〔備考〕增益。文選漢馬融長笛賦:"六器者,猶以二皇聖哲~益。"李善注:"黈,猶演也。"張銑注:"黈,猶增益也。"

按,説文無黈字。

九 畫

黗 tuān 他端切,音湍,平,桓韻,透。元部。

❶黄黑色。説文:"黗,黄黑色也。"清阮葵生茶餘客話二〇:"狐之族七,…身~而膁黑,曰獨刀。"❷明亮。商君書禁使:"清朝日~,則上别飛鳥,下察秋毫。"

十 三 畫

黉 hóng 户盲切,平,庚韻,匣。

古代學校名。後漢書仇覽傳:"農事既畢,乃令子弟羣居,還就~學。"又儒林傳:"順帝感翟酺之言,乃更脩~宇。"宋書文帝紀:"闕里往經寇亂,~校殘毁。"

按,説文無黉字。

黍 部

黍 shǔ 舒吕切,上,語韻,審。魚部。

❶穀物名,子粒性黏,可供食物及釀酒。説文:"黍,禾屬而黏者也。"詩王風黍離:"彼~離離,彼稷之苗。"吕氏春秋審時:"得時之~,芒莖而徼下,穗芒以長,摶米而薄糠。"淮南子主術:"大火中則種~菽。"❷古代度量衡的基準。漢書律曆志上:"以子穀秬~中者…一爲一分,十分爲寸,十寸爲尺。"又云:"以子穀秬~中者,千有二百實其龠,…合龠爲合,十合爲升,十升爲斗。"又云:"一龠容千二百~,重十二銖,兩之爲兩。"孫子算經上:"稱之所起,起于~,十~爲一絫,十絫爲一銖。"

[備考]㊀古酒器的一種。吕氏春秋權勳:"臨戰,司馬子反渴而求飲,豎陽穀操~酒而進之。"高誘注:"酒器受三升曰黍。"㊁糯米。晉崔豹古今注草木:"稻之黏者爲~。"

三 畫

黎 lí 郎溪切,平,齊韻,來。脂部。

❶衆多。爾雅釋詁下:"黎,衆也。"詩大雅桑柔:"民靡有~,具禍以燼。"孔穎達疏:"黎,衆也。"書堯典:"百姓昭明,協和萬邦,~民於變時雍。"淮南子主術:"人主急兹無用之功,百姓~民顦顇於天下。"❷黑色。書禹貢:"厥土青~。"僞孔傳:"色青黑而沃壤。"荀子堯問:"顔色~黑,而不失其所。"❸〔黎老〕老人。國語吴語:"今王播棄黎老,而孩童焉比謀。"韋昭注:"鮐背之耇稱黎老。"方言一二:"黎,老也。"❹〔黎明〕天將亮。史記高祖本紀:"於是沛公乃夜引兵從他道還,更旗幟,黎明,圍宛城三帀。"司馬貞索隱:"黎,猶比也,謂比到天明也。"

[備考]用黍米糊黏鞋。説文:"黎,履黏也。"

[同源字]黎,黧,梨。見"梨"字條。

䵒 nì 尼質切,入,質韻,泥。質部。

黏。爾雅釋言:"䵒,膠也。"郭璞注:"膠,黏䵒。"方言二:"䵒,黏也,齊魯青徐,自關而東,或曰䵒。"戰國策趙策三:"夫膠漆,至~也,而不能合遠;鴻毛,至輕也,而不能自舉。"

按,説文以䵒爲黏的或體。

四 畫

黏 nì 尼質切,入,質韻,泥。質部。

黏。説文:"黏,黏也。"引申爲親近。説文引春秋傳曰:"不義不黏。"乾坤正氣集:"季壯歿,未幾,而叔開隨之,此皆余之少而相~甚歡者。"

五 畫

黏 nián 女廉切,平,鹽韻,娘。談部。

❶粘合。説文:"黏,相著也。"淮南子説山:"孔子之見~蟬者。"又説林:"盜跖見飴曰:'可以~牡。'"引申爲貼近(後起義)。明徐宏祖徐霞客遊記滇遊日記八:"兩崖相~,中止通一線。"❷膠性,可以黏合的性質(後起義)。唐韓愈苦寒詩:"雪霜頓銷釋,土脉膏且~。"

十 一 畫

䵏 méi 靡爲切,音縻,平,支韻,明。歌部。

黍類而子實不黏者,俗稱穈子。説文:"䵏,穄也。"吕氏春秋本味"陽山之穄"高誘注:"穄,關西謂之~。"

䵑 chī 丑支切,音螭,平,支韻,徹。

木膠,以苦木皮擣汁製成,可以粘鳥。唐

韓愈寄崔二十六立之詩:"敦敦凭書案,譬彼鳥黏~。"唐賈島翫月詩:"立久病足折,兀然~膠粘。"

按,説文無黐字。

黑　部

[黑部總論]

黑部的字,一般與黑色及黑色物有關,也有些是與黑色無關的。

(一)表示黑色的名詞。例如:黑　黓　黔　黝　黤　黧

(二)表示黑色之物的名詞。例如:皯　點　黶　黬

(三)與黑色無關的名詞。例如:黨

(四)與黑色無關的動詞或形容詞。例如:黜　黷

黑 hēi 呼北切,入,德韻,曉。職部。

㊀黑色。説文:"黑,火所熏之色也。"詩邶風北風:"莫赤匪狐,莫~匪烏。"書禹貢:"厥土~墳。"吕氏春秋應同:"水氣勝,故其色尚~。"亦特指黑色之物。詩小雅大田:"來方禋祀,以其騂~。"毛傳:"黑,羊豕也。"此指黑色猪羊。左傳僖公三十年:"冬,王使周公閲來聘,饗有昌歜,白、~,形鹽。"杜預注:"黑,熬黍。"此指黑色黍米。㊁昏暗無光。漢書五行志下引京房易傳:"厥異日~,大風起,天無雲,日光晻。"㊂壞,狠毒(晚起義)。元佚名抱粧盒三折:"劉皇后,你左使這一片~心腸做甚麽!"㊃隱秘的,非法的(晚起義)。西遊記八四回:"八戒在旁賣嘴道:'媽媽兒莫説~話,我們都是會飛的。'"

一　畫

黓 yì 於記切,音意,去,志韻,影。

深黑色。唐韓愈衢州徐偃王廟碑:"圖像之威,~昧就滅。"清黄宗羲天嶽禪師詩集序:"余於近日釋氏之詩,極喜澹歸,及偏行集出,粉墨~雜矣。"

按,説文無黓字。

三　畫

皯 gǎn 古旱切,上,旱韻,見。

面部黑斑。唐孫思邈千金要方穀米:"去黑痣面~,潤澤皮毛。"宋魏泰東軒筆録一二:"公面有~,用園荽洗之,當去。"

按,説文無皯字。

四　畫

黕 dǎn 都感切,上,感韻,端。侵部。

㊀黑斑,污垢。説文:"黕,滓垢也。"楚辭戰國宋玉九辯:"竊不自聊而願忠兮,或~點而汙之。"唐元稹閑二首:"青衫經夏~,白髮望鄉稠。"㊁黑貌。文選晉潘岳藉田賦:"青壇蔚其嶽立兮,翠幕~以雲布。"李善注:"黕,黑貌也。"

默 mò 莫北切,入,德韻,明。職部。

㊀静默,不言。書説命上:"恭~思道,夢帝賚予良弼。"論語述而:"~而識之。"易繫辭上:"君子之道,或出或處,或~或語。"韓非子南面:"則人臣莫敢妄言矣,又不敢~然矣,言、~則皆有責也。"㊁〔默默〕①虚空,寂静。莊子在宥:"至道之精,窈窈冥冥;至道之極,昏昏默默。"郭象注:"窈冥昏默,皆了無也。"

楚辭戰國屈原悲回風："登石巒以遠望兮，路眇眇之默默。"洪興祖補注："默默，寂無人聲也。"②失意貌。漢書賈誼傳弔屈原賦："于嗟默默，生之亡故兮！"顔師古注引應劭曰："默默，不得意也。"史記魏其武安侯列傳："魏其日默默不得志。"㊂昏暗（後起義）。唐鄭還古博異志張遵言："遵言與僕等隱大樹下，於時昏晦，～無所睹。"㊃通"墨"。腐敗，不廉潔。孔子家語正論："貪以敗官爲～，殺人不忌爲賊。"左傳昭公十四年作"墨"。

［備考］犬暫逐人。説文："默，犬暫逐人也。"徐鍇繫傳："犬默無聲逐人。"

黖 xì 許既切，音餼，去，未韻，曉。

〔黖黖〕不明貌。文選晉左思吴都賦："魚鳥聱耴，萬物蠢生。芒芒黖黖，慌罔奄欻。"李善注："黖黖，不明貌。"

按，説文無黖字。

黚 qián 巨淹切，平，鹽韻，羣。侵部。

㊀黑色。説文："黚，黎也。从黑，今聲。秦謂民爲黚首，謂黑色也。"左傳襄公十七年："澤門之皙，實興我役；邑中之～，實慰我心。"杜預注："子罕色黑而居邑中。"淮南子脩務："孔子無～突，墨子無暖席。"高誘注："言其突竈不至於黑。"又用作動詞，指染黑等。莊子天運："夫鵠不日浴而白，烏不日～而黑。"成玄英疏："染緇曰黚。黚，黑也。鵠白烏黑，稟之自然，豈須日日浴染，方得如是！"〔黚首〕指平民百姓。吕氏春秋振亂："當今之世濁甚矣，黚首之苦不可以加矣。"史記秦始皇本紀："二十六年…更民名曰黚首。"㊁今貴州一帶的簡稱。唐柳宗元三戒黚之驢："～無驢，有好事者船載以入。"

五　畫

點 diǎn 多忝切，上，忝韻，端。談部。

㊀小黑點。説文："點，小黑也。"孔子有學生名曾點，即取此義。論語先進："點，爾何如？"引申爲玷污，污辱。楚辭戰國宋玉九辯："竊不自聊而願忠兮，或黕～而汙之。"文選漢司馬遷報任少卿書："適足以見笑而自～耳。"李善注："點，辱也。"㊁漢字的筆畫，丶稱作點。漢蔡邕九勢："畫點勢盡，力收之。"晉王羲之題衛夫人筆陣圖後："每作一～，常隱鋒而爲之。"引申爲塗改文字。爾雅釋器："滅謂之點。"郭璞注："以筆滅字爲點。"三國志魏書武帝紀："公又與遂書，多所～竄。"㊂液體小點。法華經三化城喻品："假使有人磨以爲墨，過於東方千國土，乃下一～，大如微塵；又過千國土，復下一～，如是展轉，盡地種墨。"宋陸游雨詩："風聲如翻濤，雨～如撒菽。"引申爲滴注。唐孫思邈千金寶要瘡疽癧腫："艾蒿一擔，燒作灰，于竹筒中淋取汁，以一二合和石灰如麪漿，以針刺瘡中，至痛，即～之，～三遍，其根自拔。"㊃核檢，指派。樂府詩集木蘭詩："昨夜見軍帖，可汗大～兵。"元劉時中端正好耍孩兒十三煞："廉能州吏從新～，貪濫軍官合減除。"㊄一觸即離或向下微動的動作。唐杜甫曲江二首："穿花蛺蝶深深見，～水蜻蜓款款飛。"宋劉過送劉從周教授："還鄉若有過從便，會盡人間只～頭。"㊅燃火。唐皮日休釣侣詩："烟浪濺蓬寒不睡，更將枯蚌～漁燈。"唐岑參自潘陵尖還少室居止秋夕凭眺詩："火～伊陽村。"㊆更點。古一夜分五更，一更分五點。唐杜甫至日遣興奉寄兩院遺補詩："去歲兹辰捧御林，五更三～入鵷行。"㊇節拍。唐南卓羯鼓録："上洞曉音律，製作曲調，隨意即成，應指散聲，皆中～拍。"

［同源字］點，玷，耇。三字同源。點爲小黑點，玷爲玉上的瑕點，耇爲老人面部的黑點。三字又同音，故爲同源。

黜 chù 丑律切，入，術韻，徹。物部。

㊀貶斥，廢除。説文："黜，貶下也。"書堯典："三載考績，三考，～陟幽明。"僞孔傳："黜退其幽者，升進其明者。"左傳文公十八年："莒紀公生大子僕，又生季佗，愛季佗而～

僕。”國語周語中：“十八年，王～狄后。”韋昭注：“黜，廢也。”引申爲擯棄。莊子大宗師：“墮肢體，～聰明，離形去知，同於大通。”又徐无鬼：“君將～嗜欲，擥好恶，則耳目病矣。”又引申爲消除。三國志魏書武帝紀：“韓暹、楊奉專用威命，君則致討，克～其難，遂遷許都，造我京畿。”㊁減損。左傳襄公十年：“子駟與尉止有争，將禦諸侯之師而～其車。”

［同源字］黜，絀，屈，詘。見“絀”字條。

黝 1. yǒu 於糾切，上，黝韻，影。幽部。

㊀微青黑色。説文：“黝，微青黑色。”周禮地官牧人：“凡陽祀，用騂牲毛之；陰祀，用～牲毛之。”論衡自紀：“使面～而黑醜，垢重襲而覆部，占射之者，十失八九。”引申爲塗飾黑色。爾雅釋宫：“地謂之黝。”邢昺疏：“以黑飾地謂之黝。”禮記喪服大記：“既祥，～堊。”孔穎達疏：“黝，黑也，平治其地令黑也。堊，白也，新塗堊於墻壁令白。”㊁〔黝黝〕黑盛貌。文選晉左思魏都賦：“黝黝桑柘，油油麻紵。”宋書樂志韶夏樂：“閟宫黝黝，復殿微微。”㊂〔黝糾〕叠韻聯緜字。連綿貌。文選漢王延壽魯靈光殿賦：“傍夭蟜以横出，互黝糾而搏負。”

2. yī 於脂切，音伊，平，脂韻，影。

㊃通“黟”。縣名，即黟縣，在今安徽省。廣韻：“黝，縣名，屬歙州。”漢書地理志上：“～，漸江水出南蠻夷中，東入海。”顏師古注：“黝，音伊，字本作黟。”

黛 dài 徒耐切，去，代韻，定。職部。

古時婦女用以畫眉的青黑色顔料。楚辭大招：“粉白～黑，施芳澤只。”晉陶潛閑情賦：“願在眉而爲～，隨瞻視以閑揚。”又用以指代婦女的眉毛。南朝梁元帝代舊姬有怨詩：“怨～舒還斂，啼紅拭復垂。”泛指青黑色。南朝梁江淹齊太祖誄：“寶珪～壤，俾王于東。”唐杜甫古柏行：“霜皮溜雨四十圍，～色參天二千尺。”

按，説文無黛字。

六　畫

黠 xiá 胡八切，入，黠韻，匣。質部。

㊀狡猾，姦詐。戰國策楚策三：“今山澤之獸，無～於麋。”史記貨殖列傳：“桀～奴，人之所患也。”漢書薛宣傳：“桀～無所畏忌，萬衆讙譁，流聞四方。”後漢書明帝紀：“人冤不能理，吏～不能禁。”㊁聰慧。方言一：“虔、儇，慧也，…自關而東，趙魏之間謂之黠。”晉書顧愷之傳：“愷之體中癡～各半。”顏氏家訓教子：“齊武成帝子琅琊王，太子母弟也，生而聰慧…帝每面稱之曰：‘此～兒也，當有所成。’”

［備考］堅黑。説文：“黠，堅黑也。”

黟 yī 烏奚切，平，齊韻，影。歌部。

㊀黑木。説文：“黟，黑木也。”引申爲黑色。宋歐陽修秋聲賦：“宜其渥然丹者爲槁木，～然黑者爲星星。”宋張世南游宦紀聞六：“惟端有谿，孕石惟～。”㊁縣名。説文：“黟，丹陽有黟縣。”在今安徽省。

七　畫

黣 méi 字彙補米水切。今讀如霉。

同“黴”。膚色晦黑。列子黄帝：“焦然肌色皯～，昏然五情爽惑。”清王連瑛隋堤行：“堤上老人向客言，手足皯～皮肉死。”

按，説文無黣字。

八　畫

黨 1. dǎng 多朗切，上，蕩韻，端。陽部。

㊀古代居民户籍編制，五百家爲黨。論語雍也：“以與爾鄰里鄉～乎？”周禮地官大司徒：“五族爲～。”鄭玄注：“族，百家；黨，五百家。”禮記學記：“古之教者，家有塾，～有庠。”㊁親族。禮記坊記：“子云：睦於父母之～，可謂孝矣！”又雜記：“其～也食之，非其～弗食也。”鄭玄注：“黨，猶親也。”引申爲等類。

論語里仁:"人之過也,各於其～。"孔曰:"黨,黨類。"禮記仲尼燕居:"辨説得其～。"鄭玄注:"黨,類也。"淮南子繆稱:"人以義愛,以～羣。"又引申爲同伙的人。論語公冶長:"子在陳,曰:'歸與!歸與!吾～之小子狂簡,斐然成章,不知所以裁之!'"左傳僖公十年:"遂殺丕鄭、祁舉及七輿大夫…,皆里、丕之～也。"又特指朋黨,爲私利而勾結在一起的。楚辭戰國屈原離騷:"惟夫～人之偷樂兮,路幽昧以險隘。"鹽鐵論禁耕:"衆邪羣聚,私門成～。"❸偏私,偏袒。書洪範:"無偏無～,王道蕩蕩。"左傳襄公三年:"舉其偏,不爲～。"❹處所。左傳哀公五年:"師乎!師乎!何～之乎!"杜預注:"黨,所也。"❺美善,正直。後寫作讜。逸周書祭公:"王拜手稽首讜言。"荀子非相:"文而致實,博而～正,是士君子之辯者也。"楊倞注:"黨與讜同,謂直言也。"

[備考]㊀不鮮。説文:"黨,不鮮也。"㊁知曉。方言一:"黨,知也,楚謂之黨。"㊂時。公羊傳文公十三年:"反～,鄭伯會公于斐。"何休注:"黨,所也,所猶時,齊人語也。"

2. tǎng 集韻坦朗切,上,蕩韻,透。陽部。

❻偶然,或者。荀子天論:"夫日月之有蝕,風雨之不時,怪星之～見,是無世而不常有之。"史記淮陰侯列傳:"吕后欲召,恐其～不就,乃與蕭相國謀。"

3. zhǎng 集韻止兩切,音掌,上,養韻,照三。陽部。

❼姓。集韻:"黨,姓也。"左傳定公七年:"王入于王城,館于公族黨氏。"釋文:"黨,音掌。"

黦 1. yuè 於月切,入,月韻,影。

❶黄黑色。後蜀毛熙震後庭花鶯啼燕語芳菲節:"自從陵谷追遊歇,畫梁塵～。"❷玷污。宋陸游月夕詩:"呼童净掃地,勿使～月明。"

2. yè 於歇切,入,月韻,影。

❸顏色敗壞。晉周處風土記:"夏至之雨,名爲黄梅雨,沾衣服,皆敗～。"北魏賈思勰齊民要術種紅藍花梔子:"七月中摘,深色鮮明,耐久不～,勝春種者。"

按,説文無黦字。

黥 qíng 渠京切,平,庚韻,羣。陽部。

❶古代刑法,在面額刺字,並塗以墨。説文:"黥,墨刑在面也。"書吕刑:"爰始淫爲劓、刵、椓、～。"戰國策秦策一:"罰不諱强大,賞不私親近,法及太子,～劓其傅。"高誘注:"刻其顙,以墨實其中,曰黥。"史記黥布列傳:"黥布者,六人也,姓英氏。…及壯,坐法～。"❷文身,即在身體上刺字、花紋或圖案,並塗以顏色。後漢書東夷傳:"男子皆～面文身,以其文左右大小别尊卑之差。"

黤 yǎn 於檻切,上,檻韻,影。談部。

青黑色。説文:"黤,青黑也。"引申爲烏雲陰暗。漢蔡邕述行賦:"玄雲～以凝結兮,集零雨之溱溱。"宋梅堯臣張太素之邠幕詩:"悠悠關戍遥,～～煙雲屬。"〔黤黮〕叠韻聯緜字。昏暗不明。唐韓愈爲河南令上留守鄭相公啓:"必諸從事與諸將吏未能去朋黨心,蓋覆黤黮,不以真情狀白露左右。"

黧 lí 郎奚切,平,齊韻,來。脂部。

黑黄色。韓非子外儲説左上:"手足胼胝,面目～黑,勞有功者也。"楚辭漢王褒九懷蓄英:"葤蘊兮黴～,思君兮無聊。"洪興祖補注:"黧,黑黄。"

[同源字]黧,黎,梨。見"梨"字條。

按,説文無黧字。

九畫

黯 àn 乙減切,上,豏韻,影。侵部。

❶黑色。説文:"黯,深黑也。"史記孔子世家:"丘得其爲人,～然而黑,幾然而長。"裴駰集解引王肅曰:"黯,黑貌。"❷昏暗,無光澤。論衡無形:"人少則膚白,老則膚黑,黑久則～,若有垢矣。"文選南朝宋謝莊宋孝武宣

貴妃誄:“重扃閟兮燈已～,中泉寂兮此夜深。”〔黯慘〕叠韻聯緜字。陰沉昏暗貌。唐徐夤過驪山賦:“但見愁雲黯慘,叠嶂嶙峋。”〔黯黮〕叠韻聯緜字。昏暗不明貌。楚辭戰國宋玉九辯:“彼日月之照明兮,尚黯黮而有瑕。”

黫 yān 烏閑切,平,山韻,影。文部。

黑貌。史記天官書:“以十二月與尾、箕晨出,曰天晧,～然黑色甚明。”

按,説文無黫字。

黮 1. tǎn 他感切,上,感韻,透。侵部。

❶黑色。説文:“黮,桑葚之黑也。”淮南子主術:“問瞽師曰:‘白素何如?’曰:‘縞然。’曰:‘黑何若?’曰:‘～然。’”〔黮䨴〕雙聲聯緜字。黑貌。文選三國魏何晏景福殿賦:“緜蠻黮䨴,隨雲融泄。”〔黮䨴〕雙聲聯緜字。黑貌。文選晉左思魏都賦:“榱題黮䨴,階隨嶙峋。”❷不明貌。唐柳宗元弔萇弘文:“版上帝以飛精兮,～寥廓而殄絶。”舊注:“黮,不明貌。”〔黮闇〕叠韻聯緜字。不明貌。莊子齊物論:“我與若不能相知也,則人固受其黮闇,吾誰使正之。”釋文引李頤曰:“黮闇,不明貌。”〔黮黮〕①黑貌。靈樞經通天:“太陰之人,其狀黮黮然黑色。”文選晉束晳補亡詩:“黮黮重雲,輯輯和風。”②猶昏昏,不明。漢董仲舒春秋繁露深察名號:“故凡百譏有黮黮者,各反其真,則黮黮者還昭昭耳。”

2. shèn 六書故石荏切。

❸通“葚”。桑葚。詩魯頌泮水:“食我桑～,懷我好音。”毛傳:“黮,桑實也。”釋文:“黮,説文、字林皆作葚,時審反。”

黬 1. yǎn 集韻於琰切,上,琰韻,影。侵部。

❶黑痣。莊子庚桑楚:“有生,～也。”成玄英疏:“黬,疵也。”

2. yán 集韻魚咸切,平,咸韻,疑。

❷黑色霉點。唐元稹送侍御之嶺南二十韻詩:“茅蒸連蟒氣,衣漬度梅～。”

按,説文無黬字。

黭 yǎn 烏感切,集韻衣檢切,上,琰韻,影。談部。

❶黑色。説文:“黭,果實黭黯,黑也。”引申爲陰黑,昏暗。唐柳宗元夢歸賦:“類曛黄之～漠兮,欲周流而無所極。”又引申作昏昧不明。文選漢王褒四子講德論:“鄙人～淺,不能究識。”〔黭黮〕叠韻聯緜字。雲黑貌。唐獨孤授斬蛟奪寶劍賦:“衝黭黮以天暝,蹙嵯峨而浪高。”又指昏暗。唐張説喜雨賦:“氣蓊靄以黭黮,聲颯灑以蕭條。”❷通“奄”。突然。荀子彊國:“～然而雷擊之。”楊倞注:“黭然,卒至之貌。”

十　畫

黰 zhěn 章忍切,上,軫韻,照三。真部。

❶美髮。左傳昭公二十八年:“昔有仍氏生女,～黑而甚美,光可以鑑,名曰玄妻。”杜預注:“美髮曰黰。”明陶宗儀輟耕録:“～髮雲散,怡然無咨嗟之色。”❷黑色。太平廣記四六二引唐張讀宣室志:“妾平生時無狀,今爲異類,生於鄭之東野叢木中,～其翼,嗷其鳴者,當是也。”清毛奇齡蠻司合誌八:“有黑泉如～漆,漲時,飛鳥過之輒墜。”

按,説文無黰字。

黱 dài 徒耐切,去,代韻,定。蒸部。

畫眉。説文:“黱,畫眉也,从黑,朕聲。”漢賈誼新書勸學:“嘗試傅白～黑,榆鋏陂,雜芷若。”

十一畫

黳 yī 烏奚切,平,齊韻,影。脂部。

小黑子,即黑痣。説文:“黳,小黑子。”朱駿聲説文通訓定聲:“今謂之痣。”引申爲黑色。唐元稹答姨兄胡靈之見寄五十韻:“我鬒～數寸,君髮白千莖。”唐白居易和新樓北園偶集詩:“十指纖若笋,雙鬟～若鵶。”又特指黑色玉石。漢書郊祀志下:“隕石二,黑如

～。”

黰 duì 集韻徒對切，去，隊韻，定。

〔黮黰〕見“黮”字條。

按，說文無黰字。

黲 cǎn 七感切，音慘，上，感韻，清。侵部。

淺青黑色。說文：“黲，淺青黑也。”宋沈括夢溪筆談故事二：“近歲京師士人朝服乘馬，以～衣蒙之，謂之涼衫。”〔黲黷〕陰暗污濁。唐杜甫三川觀水漲二十韻：“何時通舟車，陰氣不黲黷。”

黴 méi 集韻旻悲切，音眉，平，脂韻，明。微部。

㊀面垢黑色。淮南子脩務：“神農憔悴，堯瘦臞，舜～黑，禹胼胝。”又：“(申包胥)晝吟宵哭，面若死灰，顏色～黑，涕流交集，以見秦王。”楚辭漢王褒九懷蓄英：“失志兮悠悠，蒶蘊兮～黧。”王逸注：“言愁思蓄積，面垢黑也。”㊁衣物受潮而產生的黑斑。說文：“黴，中久雨青黑。”宋蘇軾格物麤談服飾：“梅葉煎湯洗夏衣～點，即去。”

［同源字］煤，黴，墨。見“煤”字條。

十 二 畫

黵 àn 六書故烏減切。

同“黯”。深黑色。元戴侗六書故天文下：“黯，深黑也。別作黵。”南史王奂傳：“見興祖頸下有傷，肩胛烏～。”

［備考］忘而息。說文：“黵，黵者，忘而息也。”朱駿聲說文通訓定聲：“或曰即譈字之誤，故譈俗而忘，所謂忘而息也。”

十 三 畫

黶 yìng 以證切，音媵，去，證韻，喻四。

臉上黑斑。重修政和證類本草獸部：“麝香，味辛温，…去面～、目中膚翳。”

按，說文無黶字。

黵 dǎn 都敢切，上，敢韻，端。談部。

㊀大污垢黑。說文：“黵，大污也。”引申泛指黑色，蒼黑色。唐李德裕劍門銘：“翠嶺中橫，～然黛色。”㊁〔黵面〕古代刑法，南朝梁律，死刑遇赦免死者，於面部刺“劫”字，塗以墨。隋書刑法志：“遇赦降死者，黵面爲‘劫’字。”㊂塗改。南朝齊王琰冥祥記袁廓：“就案上取一文書拘～之。”宋黄伯思東觀餘論下跋昌谷别集後：“某盡記賀篇詠，然～改多處。”

十 四 畫

黶 yǎn 於琰切，上，琰韻，影。談部。

㊀黑痣。一切經音義九引說文：“黶，面中黑子也。”抱朴子外篇接疏：“豈肯稱薪而爨，數粒乃炊，并瑕弃璧，披毛索～哉！”史記高祖本紀“左股有七十二黑子”張守節正義：“許北人呼爲～子，吴楚謂之誌。誌，記也。”漢書高帝紀顏師古注云：“今中國通呼爲～子，吴楚俗謂之誌。”㊁黑。宋書顏延之傳：“貧之病也，不惟形色粗～，或亦神心沮廢。”北齊顏之推還冤志徐鐵臼：“鬼屢打之，打處青～，月餘而死。”㊂〔黶翳〕雙聲聯緜字。昏暗隱蔽貌。文選漢王延壽魯靈光殿賦：“屹鏗瞑以勿罔，屑黶翳以懿濞。”

十 五 畫

黷 dú 徒谷切，入，屋韻，定。屋部。

㊀污濁，污穢。文選晉陸機漢高祖功臣頌：“茫茫宇宙，上墋下～。”又南朝齊孔稚珪北山移文：“乍迴跡以心染，或先貞而後～。”引申爲黑色。文選晉左思吴都賦：“碕岸爲之不枯，林木爲之潤～。”㊁褻瀆，輕慢。國語晉語四：“同志雖遠，男女不相及，畏～敬也。”韋昭注：“畏褻黷其類。”公羊傳桓公八年：“亟則～，～則不敬。”何休注：“黷，渫黷也。”抱朴子外篇尚博：“世俗率神貴古昔，而～賤同時。”

㊂〔黷武〕濫用武力。後漢書劉虞傳:"瓚既累爲紹所敗,而猶攻之不已,虞患其黷武。"三國志蜀書張翼傳:"維議復出兵,唯翼庭争,以爲國小不宜黷武。"㊃貪求。南史劉懷珍傳附劉善明:"累爲州郡,頗～財貨。"唐柳宗元封建論:"列侯驕盈,～貨事戎。"

黹部

黹 zhǐ 豬几切,上,旨韻,知。脂部。

縫紉,刺繡。爾雅釋言:"黹,紩也。"郭璞注:"今人呼縫紩衣爲黹。"邢昺疏:"謂縫刺也。"清段玉裁説文解字注:"以鍼貫縷紩衣曰黹。"

[同源字]黹,紩,緻。三字同源。説文:"紩,縫也。"玉篇:"緻,縫補舊衣也。"三字都爲縫紉之義,且語音相近,故爲同源。

五畫

黻 fú 分勿切,入,物韻,非。月部。

㊀古代禮服上繡的黑色與青色相間的象亞形的花紋。説文:"黻,黑與青相次文。"書益稷:"藻、火、粉米、黼、～、絺繡。"孔穎達疏:"黻謂兩已相背,謂刺繡爲已字,兩已字相背也。"詩秦風終南:"君子至止,～衣繡裳。"毛傳:"黑與青謂之黻。"周禮考工記畫繢:"畫繢之事,…黑與青謂之～。"㊁古代祭祀時戴的蔽膝,用熟皮或繒帛製成。論語泰伯:"惡衣服,而致美乎～冕。"邢昺疏:"黻,蔽膝也。"左傳桓公二年:"衮,冕、～、珽、帶、裳、幅、舄,昭其度也。"杜預注:"黻,韋韠,以蔽膝也。"㊂通"紱"。繫印章或佩玉的絲帶。文選南朝梁江淹謝光禄郊遊詩:"雲裝信解～,煙駕可辭金。"李善注:"黻,與紱通。"

七畫

黼 fǔ 方矩切,上,麌韻,非。魚部。

古代禮服上繡的黑白相間的斧形花紋。説文:"黼,白與黑相次文。"書益稷:"黻、～、絺繡。"孔穎達疏:"蓋半白半黑似斧。"周禮考工記畫繢:"白與黑謂之～。"禮記玉藻:"唯君有～裘以誓省。"鄭玄注:"黼裘,以羔與狐白雜爲黼文也。"〔黼黻〕①古代禮服上的花紋。荀子富國:"故爲之雕琢刻鏤,黼黻文章以藩飾之。"②指有文彩。南朝梁劉勰文心雕龍情采:"五色雜而成黼黻。"

[同源字]黼,斧。二字同音。斧爲斧子,黼爲黑白相間的斧形花紋,故得同源。

[備考]繡。文選晉潘岳射雉賦:"首葯緑素,身拕～繪。"徐爰注:"黼,繡也。"

黽部

黽 1. měng 武幸切,集韻母耿切,上,耿韻,明。陽部。

㊀蛙的一種。説文:"黽,鼃黽也。"爾雅釋魚:"鼁䵺,蟾諸。在水者黽。"郭璞注:"耿黽也,似青蛙,大腹。"周禮秋官蟈氏:"蟈氏掌去鼃～。"國語越語下:"鼃黽魚鼈之與處,而鼃～之與同渚。"

2. mǐn 武盡切,集韻弭盡切,上,軫韻,明。陽部。

㊁勉力,努力。詩邶風谷風:"～勉同

心，不宜有怒。”又小雅十月之交：“～勉從事，不敢告勞。”

3. miǎn 彌兖切，上，獮韻，明。元部。

㊂古地名，在今河南澠池縣。史記留侯世家：“雒陽東有城皋，西有殽、～。”也稱黽池。戰國策齊策一：“韓獻宜陽，魏效河外，趙入朝～池，割河間以事秦。”

4. méng 集韻眉耕切，平，庚韻，明。陽部。

㊃〔黽塞〕古要塞名。又稱鄳阨、黽阨、黽隘、冥阨。在今河南信陽西南平靖關。戰國策楚策四：“不知夫穰侯方受命乎秦王，填黽塞之内，而投己乎黽塞之外。”史記春申君列傳：“秦踰黽隘之塞而攻楚。”張守節正義：“黽隘之塞在申州。黽音盲也。”

［同源字］黽，勉，忞。三字同源。說文：“忞，彊也。”“勉，彊也。”公羊傳宣公十五年“勉之矣”何休注：“勉，猶努力也。”三字都有勤勉、努力義，音也相近，故同源。

四　畫

黿 yuán 愚袁切，平，元韻，疑。元部。

大鼈。說文：“黿，大鼈也。”左傳宣公四年：“楚人獻～於鄭靈公。”吕氏春秋季夏：“是月也，令漁師伐蛟取鼉，升龜取～。”楚辭戰國屈原九歌河伯：“乘白～兮逐文魚，與女遊兮河之渚。”史記司馬相如列傳子虚賦：“其中則有神龜蛟鼉，瑇瑁鼈～。”

［備考］通“蚖”。蜥蜴。國語鄭語：“王使婦人幃而譟之，化爲玄～，以入于王府。”韋昭注：“黿，或爲蚖，蚖，蚔蜴，象龍。”

五　畫

鼂 1. cháo 直遥切，音潮，平，宵韻，澄。宵部。

㊀動物名。說文：“鼂，匽鼂也。揚雄説匽鼂，蟲名。”㊁姓。漢代有鼂錯。

2. zhāo 陟遥切，平，宵韻，知。宵部。

㊂通“朝”。早晨。楚辭戰國屈原九章哀郢：“出國門而軫懷兮，甲之～吾以行。”又九歌湘君：“～騁騖兮江皋，夕弭節兮北渚。”洪興祖補注：“鼂，陟遥切，早也。”

鼆 yāng 集韻於良切，平，陽韻，影。

龜類動物。文選晉郭璞江賦：“鱝～鼂鼊。”李善注引臨海水土物志：“初寧縣多鼆龜，形薄，頭喙似鵝指爪。”字亦作鼅。

按，說文無鼆字。

鼅 1. qú 集韻權俱切，平，虞韻，羣。侯部。

㊀同“鼄”。水生動物名。說文作䵹，云：“䵹屬，頭有兩角，出遼東。”又見玉篇、廣韻。字亦作鼩。

2. gōu 古侯切，平，侯韻，見。

㊁〔鼅鼊〕龜類動物。文選晉左思吴都賦：“鼅鼊鯖鰐，涵泳乎其中。”劉逵注：“鼅鼊，龜屬也。其形如笠，四足縵胡無指，其甲有黑珠，文采如瑇瑁，可以飾物，肉如龜肉，肥美可食。”字亦作䵹。

六　畫

鼃 wā 烏媧切，平，佳韻，影。支部。

字又作䵷。㊀蛙類動物，如田雞。說文：“鼃，蝦蟇也。”莊子秋水：“子獨不聞乎埳井之～乎？”釋文：“本又作蛙。…鼃，水蟲，形似蝦蟇。”漢書武帝紀：“秋，～、蝦蟆鬭。”顔師古注：“鼃，黽也，似蝦蟆而長脚，其色青。”又東方朔傳：“土宜薑芋，水多䵷魚。”顔師古注：“䵷，即蛙字也。”〔鼃黽〕蛙。國語越語下：“黿鼉魚鼈之與處，而鼃黽之與同渚。”韋昭注：“鼃黽，蝦蟇也。”㊁非雅正的淫邪的樂曲。說文“哇，諂聲也”桂馥義證：“哇，或借～字。”段玉裁注：“王莽傳又假䵷爲哇。”漢書王莽傳贊：“紫色䵷聲，餘分閏位。”顔師古注：“䵷者，樂之淫聲，非正曲也。”又叙傳上：“淫䵷而不可聽者，非韶、夏之樂也。”漢曹操與王脩書：“孤懼有此空聲冒實，淫～亂耳。”

鼄 zhū 陟輸切,平,虞韻,知。侯部。

古"蛛"字。說文:"鼄,⿱⿰知于黽鼄也。"〔鼅鼄〕見"鼅"字條。

八　畫

鼅 zhī 陟離切,平,支韻,知。支部。

〔鼅鼄〕雙聲聯緜字。即蜘蛛。方言一一:"鼅,鼅鼄,鼄蝥也。"清王士禎漁洋詩話下:"鼅鼄結網三江口,水推不斷是真絲。"

按,說文鼅作⿱⿰知于黽。

⿱冞黽 mí 莫兮切,平,齊韻,明。

〔⿱冞黽⿸麻黽〕雙聲聯緜字。龜類動物名。文選晉郭璞江賦:"鱝⿱奄黽⿱冞黽⿸麻黽。"李善注引臨海水土物志曰:"⿱冞黽⿸麻黽,與⿱⺈黽辟相似,形大如蘧,…生乳海邊沙中,肉極好,中啖。"

按,說文無⿱冞黽字。

十　畫

鼆 1. méng 集韻眉耕切,音虻,平,庚韻,明。陽部。

❶夜。說文:"鼆,冥也。"

2. měng 武幸切,集韻母耿切,上,耿韻,明。陽部。

❷〔句鼆〕地名,春秋魯邑名。左傳文公十五年:"一人門于句鼆,一人門于戾丘,皆死。"杜預注:"句鼆、戾丘,魯邑。"

十 一 畫

⿸麻黽 má 莫霞切,平,麻韻,明。

〔⿱冞黽⿸麻黽〕見"⿱冞黽"字條。

按,說文無⿸麻黽字。

鼇 áo 五勞切,平,豪韻,疑。宵部。

海中大龜。楚辭戰國屈原天問:"～戴抃之,何以安之?"淮南子覽冥:"煉五色石以補蒼天,斷～足以立四極。"文選晉木華海賦:"爾其水府之內,極深之庭,則有崇島巨～,峌峴孤亭。"

按,說文無鼇字,新附有之。

⿱⿰知于黽 zhī 陟離切,平,支韻,知。支部。

〔⿱⿰知于黽鼄〕蜘蛛,又作鼅鼄。說文:"⿱⿰知于黽,⿱⿰知于黽鼄,鼄蟊也。"爾雅釋蟲:"⿱⿰知于黽,⿱⿰知于黽鼄,鼄蝥。"三國志魏書管輅傳:"原自起取燕卵、蠭窠、⿱⿰知于黽鼄著器中,使射覆。"

十 二 畫

鼈 biē 并列切,入,薛韻,幫。月部。

❶甲魚。俗作"鱉"。說文:"鼈,甲蟲也。"周禮天官鼈人:"鼈人掌取互物,以時簎魚～龜蜃凡貍物。"山海經中山經:"豪水出焉,…其中多旋龜,其狀鳥首而～尾。"莊子庚桑楚:"故鳥獸不厭高,魚～不厭深。"❷蕨菜的别名。說文:"蕨,鼈也。"詩召南草蟲"言采其蕨"毛傳:"蕨,～也。"釋文:"俗云其初生似鼈脚,故名焉。"三國吳陸璣疏:"蕨,～也,山菜也。周、秦曰蕨,齊、魯曰～。"❸盛酒器,其形似鼈(晚起義)。宋林洪山家清事:"扁提,猶今酒～,長可尺五而匾(扁),容斗餘。"

鼉 tuó 徒河切,音駝,平,歌韻,定。歌部。

揚子鰐。又稱鼉龍,猪婆龍。說文:"鼉,水蟲,似蜥易,長大。"詩大雅靈臺:"～鼓逢逢,矇瞍奏功。"山海經中山經:"岷山,江水出焉,東北流注于海,其中多良龜,多～。"郭璞注:"似蜥易,大者長二丈,有鱗彩,皮可以冒鼓。"吕氏春秋諭大:"水大則有蛟龍黿～鱣鮪。"

十 三 畫

鼊 bì 北激切,入,錫部,幫。

龜類動物。新唐書地理志:"廣州南海郡,…土貢:…荔支、～皮。"宋周去非嶺外代答鼊瑇瑁:"欽海有介屬曰～,大如車輪,皮裏有薄骨十三,如瑇瑁。"〔⿱⺈黽鼊〕見"⿱⺈黽"字條。

按,說文無鼊字。

鼎 部

鼎 1. dǐng 都挺切,上,迥韻,端。耕部。

❶古代器物名,常見者爲三足兩耳,用于烹煮食物,或銘記功績。說文:"鼎,三足兩耳,和五味之寶器也。"周禮天官亨人:"亨人共掌～鑊,以給水火之齊。"吕氏春秋察今:"嘗一脟肉,而知一鑊之味,一～之調。"比喻三方並立。史記淮陰侯列傳:"參分天下,～足而居。"三國志吴書吴主傳:"近者漢之衰末,三家～立。"❷相傳禹鑄九鼎,爲傳國寶器,後因以稱王位或政權。戰國策東周策:"昔周之代殷,得九～。"左傳宣公三年:"桀有昏德,～遷於商,載祀六百,商紂暴虐,～遷於周。"宋書武帝紀下:"魏武直以兵威服衆,故能坐移天曆,～運雖改,而民未忘漢。"又用以比喻三公、宰輔等重臣。後漢書陳球傳:"公出自宗室,位登台～。"又朱浮傳:"(陛下)即位以來,不用舊典,信刺舉之官,黜～輔之任。"❸顯赫,大。文選晉左思吴都賦:"其居則高門～貴,魁岸豪傑。"梁書元帝紀:"諸君或世樹忠貞,身荷寵爵,羽儀～族,書勳王府。"❹副詞,正。漢書賈誼傳:"天子春秋～盛,行儀未過,德澤有加焉。"又匡衡傳:"無說詩,匡～來。"顔師古注引應劭曰:"鼎,方也。"❺〔鼎新〕更新,取新。易雜:"革,去故也;鼎,取新也。"資治通鑑後唐莊宗同光二年:"陛下革故鼎新,爲人除害。"❻〔鼎鼎〕①懶散貌。禮記檀弓上:"故騷騷爾則野,鼎鼎爾則小人,君子蓋猶猶爾。"孔穎達疏:"吉事雖有行止住之時,不得怠惰寬慢,…若吉事鼎鼎爾不自嚴敬,則如小人然形體寬慢也。"引申爲蹉跎。晉陶潛飲酒詩:"鼎鼎百年内,持此欲何成。"②盛貌。宋陸游歲晚書懷詩:"殘歲堂堂去,新春鼎鼎來。"

2. zhēn 音貞。耕部。

❼貞,問卜。說文:"鼎,籀文以鼎爲貞字。"甲骨刻辭多以鼎爲貞。

[備考]繫船的器具。方言九:"所以刺船謂之檔,維之謂之鼎。"

[辨]鑊,鼎。見"鑊"字條。

二 畫

鼏 mì 莫狄切,入,錫韻,明。錫部。

❶鼎蓋。儀禮公食大夫禮:"甸人陳鼎七,當門南面西上,設扃～,～若束若編。"鄭玄注:"凡鼎鼏,蓋以茅爲之,長則束本,短則編其中央。"又士喪禮:"右人左執匕,抽扃予左手兼執之,取～委于鼎北,加扃不坐。"❷蓋酒樽的布巾。禮記禮器:"犧尊疏布～。"孔穎達疏:"鼏,覆也。謂郊天時以粗布爲巾以覆尊也。"

[同源字]鼏,冪(幂),幎,幦。五字同源。儀禮大射禮鄭玄注:"冪,覆尊巾也。"玉篇:"冪,蓋食巾。"儀禮士喪禮鄭注:"幎,覆面者。"廣雅釋器:"覆笭謂之幦。"鼏字爲覆鼎者。此五字均有覆蓋之義,且又同音,故得同源。

按,大徐本說文鼏字云:"以木橫貫鼎耳而舉之。从鼎,冖聲。"段玉裁說文解字注分鼏爲二字,一爲大徐本釋爲"以木橫鼎耳而舉之"之字,作鼏,音古熒切;一爲段氏釋爲鼎覆之字,作鼏,音莫狄切。在鼏字下,段玉裁注云:"大、小徐篆皆作鼏,解作冖聲,莫狄切,以鼎蓋字之音,加諸橫貫鼎耳之義,誤矣。"

鼐 nài 奴代切,去,代韻,泥。之部。

大鼎。說文:"鼐,鼎之絶大者。"爾雅釋器:"鼎絶大謂之鼐。"詩周頌絲衣:"～鼎及鼒,兕觥其觩。"毛傳:"大鼎謂之鼐。"

[備考]小鼎。說文:"鼐,魯詩說,鼐,小鼎。"

三 畫

鼒 zī 子之切,平,之韻,精。之部。

口小的鼎。説文:"鼎之圜掩上者。"爾雅釋器:"鼎圜弇上謂之鼒。"郭璞注:"鼎斂上而小口。"詩周頌絲衣:"鼐鼎及～。"毛傳:"小鼎謂之鼒。"南朝梁沈約需雅一:"或鼎或～宜九沸,楚桂胡鹽芼芳卉。"

十一畫

鼒 huì 祥歲切,音彗,去,祭韻,邪。月部。

小鼎。廣韻:"鼒,小鼎。"淮南子説林:"水火相憎,～在其間,五味以和。"高誘注:"鐕,小鼎。一曰鼎無耳曰鐕。"按,清莊逵吉本鼒作鐕,今依道藏本。明劉績補注本注鐕亦皆作鼒。鼒、鐕當爲異體,或从鼎,或从金。

[同源字]鼒,鐕,槥,嘒。見"鐕"字條。

按,説文無鼒字。

鼓部

鼓 gǔ 公户切,上,姥韻,見。魚部。

㊀一種打擊樂器。書胤征:"瞽奏～。"詩陳風宛丘:"坎其擊～,宛丘之下。"論語先進:"小子鳴～而攻之可也。"泛指樂器。詩商頌那:"奏～簡簡,衎我烈祖。"鄭箋:"奏鼓,奏堂下之樂也。"吕氏春秋音初:"有娀氏有二佚女,爲之九成之臺,飲食必以～。"高誘注:"鼓,樂。"㊁擊鼓。詩周南關雎:"窈窕淑女,鍾～樂之。"又陳風山有樞:"子有鍾鼓,弗～弗考。"又特指擊鼓進軍。左傳莊公十年:"戰于長勺,公將～之。"又僖公二十二年:"不～不成列。"戰國策秦策二:"明日～之,拔宜陽。"又泛指敲擊彈奏樂器。易離:"日昃之離,不～缶而歌。"詩小雅白華:"～鍾于宫,聲聞于外。"又鹿鳴:"我有嘉賓,～瑟吹笙。"吕氏春秋本味:"伯牙～琴,鍾子期聽之。"引申爲一般的敲擊。莊子至樂:"莊子則方箕踞～盆而歌。"楚辭戰國屈原離騷:"吕望之～刀兮,遭周文而得舉。"吕氏春秋古樂:"鱓乃偃寢,以其尾～其腹,其音英英。"㊂振動,摇動。易繫辭上:"～之以雷霆,潤之以風雨。"莊子盜跖:"摇脣～舌,擅生是非。"宋書後廢帝紀:"飛鏃～劍。"又特指鼓風冶鐵。史記貨殖列傳:"即鐵山～鑄,運籌策,傾滇蜀之民,富至僮千人。"三國志魏書王粲傳附陳琳:"今將軍總皇威,握兵要,龍驤虎步,高下在心,以此行事,無異於～洪爐以燎毛髮。"㊃凸出,隆起。素問痺論:"心痺者脉不通,煩則心下～。"王冰注:"煩則心下鼓滿。"㊄古代夜間計時單位。東觀漢記顯宗孝明皇帝:"甲夜讀衆書,乙更盡乃寐,先五～起,常率如此。"晉書良吏傳鄧攸:"紞如打五～,雞鳴天欲曙。"㊅古代量器名。四鈞爲石,四石爲鼓。禮記曲禮上:"獻米者操量～。"管子地數:"民自有百～之粟者不行。"

五畫

鼕 dōng 徒冬切,平,冬韻,定。

〔鼕鼕〕象聲詞,鼓聲。唐劉禹錫同白二十二贈王山人詩:"笑聽鼕鼕朝暮鼓,只能催得市朝人。"宋陸游舍北晚步詩:"漠漠炊煙村遠近,鼕鼕儺鼓埭西東。"

按,説文無鼕字。

鼖 fén 符分切,音墳,平,文韻,奉。文部。

大鼓。説文:"鼖,大鼓謂之鼖,鼖八尺而兩面,以鼓軍事。"書顧命:"胤之舞衣,大貝、～鼓在西房。"周禮考工記鼓人:"以～鼓鼓軍事。"鄭玄注:"大鼓謂之鼖,鼖鼓,長八尺。"南齊書高帝紀上:"～鼓宵聞,元戎旦警。"

鼗 1. fú 集韻馮無切,平,虞韻,奉。

㊀鼓聲。集韻虞韻:"鼗,鼓聲。"

2. fū 集韻斐父切,上,噳韻,敷。侯部。

㊁軍鼓聲喧。集韻噳韻:"鼖,軍鼓聲喧也。"清王芑孫秋懷詩:"苗蠻戡定又萑苻,三楚連年震鼓～。"㊂〔鼖譟〕同"拊躁"。拍手歡呼。尚書大傳三:"惟丙午,王逮師,前師乃鼓,鼖譟,師乃慆,前歌後舞。"清孫星衍曰:"字書無鼖字,當爲拊。文選馬季長長笛賦云'拊譟踴躍',即用此文。"

按,説文無鼖字。

六　畫

鼗 táo 徒刀切,平,豪韻,定。宵部。

樂器名。長柄小摇鼓。書益稷:"下管～鼓,合止柷敔。"周禮春官小師:"掌教鼓、～、柷、敔、塤、簫、管、弦、歌。"鄭玄注:"鼗,如鼓而小,持其柄摇之,旁耳還自擊。"隋書音樂志下:"二人執～,二人執鐸。"

按,説文無鼗字,以鞀爲鞀的或體。

八　畫

鼚 chāng 褚羊切,平,陽韻,徹。陽部。

擊鼓聲。尚書大傳一:"～乎鼓之,軒乎舞之。"又:"儀伯之樂,舞～哉,其歌聲比大謡,名曰南陽。"鄭玄注:"鼚,動貌。"

按,説文無鼚字。

鼛 gāo 古勞切,音高,平,豪韻,見。幽部。

用于役事的大鼓。説文:"鼛,大鼓也。詩曰:'鼛鼓不勝。'"詩大雅緜:"百堵皆興,～鼓弗勝。"毛傳:"鼛,大鼓也,長一丈二尺。或鼛或鼓,言勸事樂功也。"鄭箋:"百堵同時起,鼛鼓不能止之使休息也。"周禮地官鼓人:"以～鼓鼓役事。"鄭玄注:"鼛鼓長丈二尺。"又泛指樂鼓。淮南子主術:"當此之時,～鼓而食,奏雍而徹。"高誘注:"鼛鼓,王者之食樂也。"

鼙 pí 部迷切,平,齊韻,並。支部。

一種軍用小鼓。説文:"鼙,騎鼓也。"周禮夏官大司馬:"中軍以～令鼓。"禮記樂記:"君子聽鼓～之聲,則思將帥之臣。"六韜虎韜軍略:"擊雷鼓,振～鐸。"又表示戰事。唐杜甫出郭詩:"故國猶兵馬,他鄉亦鼓～。"宋陸游書悲二首:"萬里掃塵烟,三邊無鼓～。"也泛指小鼓。儀禮大射:"應～在其東。"鄭玄注:"鼙,小鼓也。"吕氏春秋古樂:"帝嚳乃令人抃,或鼓～,擊鐘磬。"淮南子時則:"命樂師修鞀～、琴瑟、管簫。"

九　畫

鼘 yuān 烏玄切,音淵,平,先韻,影。真部。

鼓聲。説文:"鼘,鼓聲也。詩曰:'鼗鼓鼘鼘。'"今詩商頌那作"淵淵"。〔鼘鼘〕象聲詞,鼓聲。唐白居易敢諫鼓賦:"鼘鼘不已,聲以發之。"宋黄公紹瀟湘神端午競渡棹歌:"望湖天,望湖天,緑楊深處鼓鼘鼘。"字也作鼝鼝。文選漢張衡東京賦:"雷鼓鼝鼝,六變既畢。"

十　畫

鼜 qì 倉歷切,音戚,入,錫韻,清。覺部。

㊀守夜的警鼓。周禮地官鼓人:"凡軍旅,夜鼓～。"鄭玄注:"鼜,夜戒守鼓也。"

2. cào 集韻七到切,去,号韻,清。覺部。

㊁擊鼓巡夜戒守。周禮夏官掌固:"夜三～以號戒。"鄭玄注引杜子春曰:"讀鼜爲造次之造,謂擊鼓行夜戒守。"

按,説文無鼜字。

鼠　部

鼠 shū 舒吕切,上,語韻,審三。魚部。

❶鼠類動物的總稱。説文:“鼠,穴蟲之總名也。”又專指老鼠。詩召南行露:“誰謂~無牙,何以穿我墉?”莊子大宗師:“以汝爲~肝乎?以汝爲蟲臂乎?”淮南子説林:“魚食巴菽而死,~食之而肥。”❷病名。淮南子説山:“狸頭愈~,雞頭已瘻。”高誘注:“鼠齧人創,狸愈之。”字亦作“癙”。

[備考]㊀憂。詩小雅雨無正:“~思泣血,無言不疾。”鄭箋:“鼠,憂也。”朱熹集傳:“鼠思,猶言癙憂也。”㊁通“予”。給予。睡虎地秦墓竹簡秦律金布律:“都官佐、史不盈十五人者,七人以上~車牛、仆;不盈七人者,三人以上鼠養一人。”

四　畫

鼢 fén 符分切,音汾,平,文韻,奉。文部。

鼠的一種,又叫鼴鼠。説文:“鼢,地行鼠,一曰偃鼠。”爾雅釋獸“鼢鼠”郭璞注:“地中行者。”明李時珍本草綱目獸部鼴鼠:“别録曰:鼴鼠在土中行。弘景曰此即~鼠也。”

五　畫

鼧 tuó 徒何切,平,歌韻,定。

〔鼧鼥〕獸名,俗稱土撥鼠,又名旱獺。正字通:“鼧鼥鼠,生西番山澤中,穴土爲窠,形似獺。”明李時珍本草綱目獸部土撥鼠:“唐書有鼧鼥鼠,即此也。”

按,説文無鼧字。

鼫 shí 常隻切,入,昔韻,禪。鐸部。

❶五技鼠。説文:“鼫,五技鼠也。能飛不能過屋,能緣不能窮木,能游不能渡谷,能穴不能掩身,能走不能先人。”大戴禮記勸學:“騰蛇無足而騰,~鼠五伎而窮。”❷鼠的一種,又名鼩鼠,雀鼠,䶅鼠。爾雅釋獸“鼫鼠”郭璞注:“形大如鼠,頭似兔,尾有毛,青黄色,好在田中食粟豆,關西呼爲鼩鼠。”參見清郝懿行義疏。明李時珍本草綱目獸部鼫鼠:“似鼠而大也,關西方音轉鼫爲鼩,訛鼩爲雀,蜀人謂之䶅鼠,取其毛作筆。”❸螻蛄的别稱。易晉:“九四,晉如~鼠。”孔穎達疏:“本草經云螻蛄一名鼫鼠,謂此也。”

鼥 bá 集韻蒲撥切,入,末韻,並。

〔鼧鼥〕見“鼧”字條。

按,説文無鼥字。

鼬 yòu 余救切,去,宥韻,喻四。幽部。

黄鼠狼,又名黄鼬。説文:“鼬,如鼠,赤黄而大,食鼠者。”莊子徐无鬼:“夫逃虚空者,藜藋柱乎鼪~之逕。”唐韓愈南山詩:“崢嶸躋冢頂,倏閃雜鼯~。”

䶂 jiōng 古螢切,音扃,平,青韻,見。

〔䶂䶄〕叠韻聯緜字。班鼠,又名鼤鼠。唐白居易遊悟真寺詩:“䶂䶄上不得,豈我能攀援。”唐皮日休縹緲峰詩:“時驚䶂䶄鼠,飛上千丈松。”

按,説文無䶂字。

䶄 líng 郎丁切,平,青韻,來。

〔䶂䶄〕見“䶂”字條。

按,説文無䶄字。

鼪 shēng 所庚切,平,庚韻,審二。耕部。

鼬,黄鼠狼。爾雅釋獸“鼬鼠”郭璞注:“江東呼爲~。”莊子徐无鬼:“藜藋柱乎~鼬之逕。”宋歐陽修祭石曼卿文:“更千秋而萬歲兮,安知其不藏狐貉與鼯~。”

按,説文無鼪字。

鼨 zhōng 職戎切,平,東韻,照三。冬部。

豹文鼠。説文:“鼨,豹文鼠也。”新唐書盧藏用傳:“弟若虚,多才博物。隴西辛怡諫爲職方,有獲異鼠者,豹首虎臆,大如拳。怡諫謂之鼮鼠而賦之。若虚曰:‘非也,此許慎所謂~鼠,豹文而形小。’”

按,爾雅釋獸“鼨鼠豹文鼮鼠”,歷來有不同理解,許慎以“豹文”釋“鼨鼠”,故説文云然。唐盧若虚宗説文而謂辛怡諫鼮鼠之説爲非。郭璞以“豹文”釋“鼮鼠”,故注之云:“鼠文彩如豹者,漢武帝時得此鼠,孝廉郎終軍知之,賜絹百匹。”太平御覽引竇氏家傳謂知此鼠者乃漢光武時孝廉郎竇攸。其記如下:“竇攸治爾雅,舉孝廉,爲郎。世祖與百僚大會於靈臺,得鼠,身如豹文,熒熒有光輝。問羣臣,莫有知者,唯攸對曰:‘此名鼮鼠。’詔:‘何以知之?’攸曰:‘見爾雅。’詔案視書,果如攸言,賜帛百匹。”郝懿行謂:“或者鼨鼮二鼠皆具豹文,故可通歟?”

鼦 diāo 集韻丁聊切,平,蕭韻,端。宵部。

古文“貂”字。玉篇鼠部:“鼦,古文貂字,鼠也,毛可爲裘。”史記貨殖列傳:“狐~裘千皮。”漢揚雄太玄視:“翡翠于飛離其翼,狐~之毛躬之賊。”

按,説文無鼦字。

鼩 qú 其俱切,平,虞韻,羣。侯部。

鼠名。説文:“鼩,精鼩鼠也。”明宋濂燕書之二四:“~之在田也,彈丸欲擊,盧犬欲磔,山狸欲啖,~苦之。”參見〔鼱鼩〕。

六　畫

𪕒 hé 下各切,入,鐸韻,匣。鐸部。

鼠名。説文:“𪕒,鼠,出胡地,皮可作裘。”鹽鐵論散不足:“今富者鼲鼦狐白鳧翥,中者罽衣金縷,燕~代黄。”

七　畫

𪕰 liú 力求切,音留,平,尤韻,來。幽部。

竹鼠。説文:“𪕰,竹鼠也,如犬,从鼠,留省聲。”段玉裁注:“即後世所謂竹𪕰也。”漢揚雄蜀都賦:“春羔秋~,膾鮻龜肴。”宋蘇軾竹𪕰詩:“野人獻竹~,腰腹大如盎。”王十朋注引趙次公:“竹𪕰,食竹根之鼠也。”字亦作䶉,新唐書地理志四:“房州房陵郡…土貢:蠟、蒼礬、…石膏、竹䶉。”

鼯 wú 五乎切,平,模韻,疑。魚部。

㊀鼠名,又稱由夷、飛鼠。爾雅釋鳥:“鼯鼠,夷由。”郭璞注:“狀如小狐,似蝙蝠,肉翅。”文選晉左思吴都賦:“狖~猓然,騰趠飛超。”劉逵注:“鼯,肉翅若蝙蝠,其飛善從高集下,聲如人號,一名飛生。”唐李嶠早發苦竹舘詩:“棲~抱寒木,流螢飛暗篠。”㊁五技鼠,即鼫鼠。顔氏家訓省事:“~鼠五能,不成伎術。”荀子勸學作“梧鼠”。

按,説文無鼯字。

鼮 tíng 特丁切,平,青韻,定。耕部。

豹文鼠。爾雅釋獸:“豹文鼮鼠。”郭璞注:“鼠文彩如豹者。”文選南朝梁任昉爲蕭揚州薦士表:“豈直~鼠有必對之辯,竹書無落簡之謬。”

按,説文無鼮字。

八　畫

鼱 jīng 子盈切,音精,平,清韻,精。耕部。

〔鼱鼩〕鼠名,又稱地鼠,奚鼠。爾雅釋獸“鼩鼠”郭璞注:“小鼱鼩也。”漢書東方朔傳答客難:“譬猶鼱鼩之襲狗,孤豚之咋虎,至則靡耳,何功之有?”宋劉弇莆田雜詩十首:“鵖鴔青春晏,鼱鼩白社驕。”

按,説文無鼱字。

九　畫

鼵 tū (舊讀 tú)陀骨切,入,没韻,定。物部。

鼠名。爾雅釋鳥:“鳥鼠同穴,其鳥爲鵌,其鼠爲鼵。”郭璞注:“鼵,如人家鼠而短尾。”

按,説文無鼵字。

鼲 hún 户昆切,音渾,平,魂韻,匣。文部。

鼠名,又稱鼲子,灰鼠。説文:"鼲,鼠,出丁零胡。皮可作裘。"鹽鐵論力耕:"～貂狐貉,采旃文罽,充於内府。"漢劉楨答魏文帝啓:"～鼯之尾,綴侍臣之幘。"三國志魏書任城陳蕭王傳:"蚌蛤浮翔於淮泗,～鼬讙譁於林木。"

按,説文無鼲字。

鼴 yǎn 於幰切,上,阮韻,影。

❶鼠名,即鼢鼠。唐韋莊又玄集序:"自慙乎～腸易盈,非嗜其熊蹯獨美。"宋劉守滿江紅劉守解任:"榮對辱,飲河～鼠,無過滿腹。"字也作鼹,見集韻。也作偃,見莊子逍遥遊。❷獸名。太平廣記四四〇引杜光庭録異記:"～鼠首尾如鼠,色青黑,形大,重千餘斤,出零陵郡界。"明李時珍本草綱目獸部隱鼠引蘇頌:"～鼠出滄州及胡中,似牛而鼠首黑足,大者千斤。"

按,説文無鼴字。

鼳 1. jú 古闃切,入,錫韻,見。錫部。

❶獸名。爾雅釋獸:"鼳,鼠身長須而賊,秦人謂之小驢。"郭璞注:"鼳似鼠而馬蹄,一歲千斤,爲物殘賊。"邢昺疏:"鼳,獸名也,身如鼠,有長須,而賊害於物。"

2. xí 集韻刑狄切,音檄,入,錫韻,匣。錫部。

❷松鼠。爾雅釋獸:"鼳鼠。"郭璞注:"今江東山中有鼳鼠,狀如鼠而大,蒼色,在樹上。"

按,説文無鼳字。

十　畫

鼸 xiàn 胡忝切,上,忝韻,匣。談部。

田鼠的一種,也名香鼠。爾雅釋獸:"鼸鼠,鼠屬。"郭璞注:"以頰裹藏食。"郝懿行義疏:"鼸鼠即今香鼠,頰中藏食如獮猴然,灰色短尾而香,人亦蓄之。"吕氏春秋季春"田鼠化爲鴽"高誘注:"田鼠,鼸鼠也。"字也作䶎。墨子非儒下:"䶎鼠藏,而羝羊視。"

鼹 yǎn 音偃。

同"鼴"。鼢鼠,地老鼠。唐張祜少年樂:"帶盤紅～鼠,袍砑紫犀牛。"明李時珍本草綱目獸部鼹鼠:"别録曰:'～鼠在土中行。'弘景曰:此即鼢鼠也。"

按,説文無鼹字。

鼷 xī 胡雞切,平,齊韻,匣。支部。

鼠名,小鼠。説文:"鼷,小鼠也。"春秋成公七年:"王正月,～鼠食郊牛角,改卜牛。"莊子應帝王:"～鼠深穴乎神丘之下,以避熏鑿之患。"又達生:"今休款啓寡聞之民也,吾告以至人之德,譬之若載～以車馬,樂鴳以鐘鼓也。"〔鼷穴〕小洞。淮南子人間:"唐漏若鼷穴,一墣之所能塞也。"

鼶 sī 息移切,音斯,平,支韻,心。支部。

大田鼠。字也作䶅。爾雅釋獸:"鼶鼠。"郭璞注:"夏小正曰:'～鼬則穴。'"郝懿行義疏:"蓋田鼠之大者。"淮南子時則"田鼠化爲鴽"高誘注:"田鼠,鼢䶅鼠也。"清毛際盛説文述誼:"䶅,即鼶鼠也。"

十五畫

鼺 léi 集韻倫爲切,平,支韻,來。

鼯鼠的别名。晉書索靖傳草書狀:"玄螭狡獸嬉其間,騰猨飛～相奔趣。"字又作蠝。漢書司馬相如傳上林賦:"玄猨素雌,蜼玃飛蠝。"顔師古注引張揖曰:"飛蠝,飛鼠也,其狀如兔而鼠首,以其頾飛。"引郭璞曰:"蠝,鼯鼠也,毛紫赤色,飛且生,一名飛生。"史記作"鸓"。

按,説文無鼺字。

鼻部

鼻 bí 毗至切,去,至韻,並。質部。

❶鼻子。孟子離婁下:"西子蒙不潔,則人皆掩～而過之。"呂氏春秋貴生:"～雖欲芬香,口雖欲滋味,害於生則止。"素問陰陽應象大論:"在竅爲～。"王冰注:"鼻所以司嗅呼吸。"用作動詞,指獵人穿獸鼻。文選漢張衡西京賦:"～赤象,圈巨狿。"❷孔,特指能穿東西的孔。北周庾信七夕賦:"縷條緊而貫矩,針～細而穿空。"❸器物隆起或凸出的部分。廣雅釋器:"印謂之璽,紐謂之鼻。"王念孫疏證:"紐,印鼻也。"周禮考工記玉人:"駔琮七寸,～寸有半寸,天子以爲權。"隋書禮儀志六:"三命已上,銅印銅～。"此指印鼻。抱朴子外篇博喻:"壺耳不能理音,屩～不能識氣。"清俞正燮癸巳類稿一三:"北夢瑣言云:'王迪車轍輾靴～逾寸而不傷脚指。'…是男武靴亦弓而鋭也,其弓向上者謂之～。"此指靴鼻。❹始,開端。方言一三:"鼻,始也。"漢書揚雄傳反離騷:"有周氏之嬋嫣兮,或～祖于汾隅。"顔師古注:"雄自言系出周氏,而食采於揚,故云始祖於汾隅也。"

按,説文有自、鼻二字,云:"自,鼻也。象鼻形。""鼻,引气自畀也,从自、畀。"實自、鼻爲古今字,自爲象形,鼻爲後起形聲字,从自畀聲。

二畫

鼽 qiú 巨鳩切,音求,平,尤韻,羣。幽部。

❶氣鬱引起的鼻塞不通。説文:"鼽,病寒鼻窒也。"呂氏春秋盡數:"精不流則氣鬱,鬱…處鼻則爲～爲窒。"高誘注:"鼽,齆鼻。"淮南子時則:"季秋行夏令,則其國大水,冬藏殃敗,民多～窒。"高誘注:"火金相干,故民鼽窒,鼻不通利也。"又指鼻流清涕。素問氣交變大論:"欬而～。"王冰注:"鼽,謂鼻中水出。"❷通"頄"。顴骨。素問氣府論:"手太陽脉氣所發者三十六穴,…～骨下各一。"王冰注:"鼽,頄也。頄,面顴也。"

三畫

鼾 hān 許干切,平,寒韻,曉。元部。

睡熟時粗重的呼吸聲,俗稱呼嚕。説文:"鼾,卧息也。"晉王叔和傷寒論辨太陽病脉證並治法上:"身重,多眠睡,息必～。"世説新語雅量:"許(璪)上牀便咍臺大～。"

五畫

⿰鼻包 pào 集韻皮教切,去,效韻,並。

後起字。同"皰"。疱瘡。唐崔令欽教坊記:"北齊有人姓蘇,～鼻,實不仕而自號爲郎中。"

齁 hōu 呼侯切,平,侯韻,曉。侯部。

❶鼻息聲,鼾聲。古文苑漢王延壽王孫賦:"有王孫之狡獸,…鼻⿰鼻圭～以⿰鼻叚⿰鼻夾。"章樵注:"⿰鼻圭、齁、⿰鼻叚、⿰鼻夾,皆鼻息聲。"〔齁齁〕鼻息聲,鼾聲。宋蘇軾歐陽晦夫惠琴枕詩:"孤鸞别鵠誰復聞,鼻息齁齁自成曲。"〔齁⿰鼻合〕雙聲聯緜字。鼾聲。唐皮日休背篷詩:"深擁竟無言,空成睡齁⿰鼻合。"❷病名。見本草綱目三百病主治藥。

按,説文無齁字。

六畫

⿰鼻圭 kuī 字彙枯回切。支部。

鼻息聲。古文苑漢王延壽王孫賦:"鼻～齁以⿰鼻叚⿰鼻夾,耳聿役以嘀知。"章樵注:"⿰鼻圭齁⿰鼻叚⿰鼻夾,皆鼻息聲。"

按,説文無鼪字。

鼢 xiā 呼洽切,入,洽韻,曉。

〔齁鼢〕見“齁”字條。

按,説文無鼢字。

九 畫

鼻曷 è 烏葛切,入,曷韻,影。月部。

同“頞”。鼻梁。史記范睢(雎)蔡澤列傳:“唐舉熟視而笑曰:‘先生曷鼻,巨肩,魋顔,蹙～,膝攣,吾聞聖人不相,殆先生乎?’”司馬貞索隱:“蹙鼻曷,謂鼻蹙眉。”宋晁補之南華真人畫贊:“乾顴坤頤,口海～岳。”

按,説文以鼻曷爲頁部頞的或體。

十 畫

齅 xiù 許救切,去,宥韻,曉。幽部。

聞味。説文:“齅,以鼻就臭也。”漢書敘傳上:“不絓聖人之網,不～驕君之餌。”唐韓愈苦寒詩:“氣寒鼻莫～,血凍指不拈。”

〔辨〕臭,齅,殠,嗅。見“臭”字條。

齆 wèng 玉篇烏貢切。

鼻塞。吕氏春秋盡數“處鼻則爲鼽爲窒”高誘注:“鼽,～鼻。”北魏崔鴻十六國春秋後趙録:“(王謨)～鼻,言不清暢。”字又作齃。廣韻送韻:“齃,鼻塞曰齃。”

按,説文無齆字。

十 一 畫

鼵 liào 集韻力弔切,去,嘯韻,來。

〔鼵鼽〕叠韻聯緜字。鼻仰貌。晉書王沈傳釋時論:“眼罔嚮而遠視,鼻鼵鼽而刺天。”

按,説文無鼵字。

齇 zhā 集韻莊加切,平,麻韻,照二。

鼻上的紅色皰點,俗稱酒糟鼻。魏書王慧龍傳:“王氏世～鼻,江東謂之～王。”

按,説文無齇字。

十 三 畫

齈 nòng 奴凍切,去,送韻,泥。

後起字。鼻疾,多涕。廣韻:“齈,多涕,鼻疾。”元曲選佚名氣英布三折:“他是個～鼻子,一些香臭也不懂的。”

齊 部

齊 1. qí 徂奚切,平,齊韻,從。脂部。

㊀整齊,一致。易説:“(萬物)～乎巽。”莊子天運:“變化～一,不主故常。”三國志吳書吳主傳:“曹公望權軍,嘆其～肅。”用作使動,使整齊、一致。書洛誥:“予～百工,伻從王于周。”論語爲政:“道之以政,～之以刑。”吕氏春秋仲秋:“日月分,則一度量,平權衡,正鈞石,～斗甬。”引申爲相同,相等。孟子滕文公上:“夫物之不～,物之情也。”吕氏春秋觀世:“與我～者,吾不與處,無益我者也。”㊁全,齊全。荀子王制:“天下爲一,諸侯爲臣,通達之屬,莫不服從,無它故焉,四者～也。”吕氏春秋仲冬:“乃命大酋,秫稻必～,麴櫱必時。”史記平準書:“陛下損膳省用,出禁錢以振元元,寬貸賦,而民不～出於南畝,商賈滋衆。”唐韓翃送客之潞府:“佳期别在春山裏,應是人參五葉～。”㊂列,並列。淮南子原道:“耳聽朝歌北鄙靡靡之樂,～靡曼之色。”高誘注:“齊,列也。”文選漢張衡西京賦:“～栧女,縱櫂歌。”㊃疾,敏捷。商君書弱民:“～疾而均,速若飄風。”荀子性惡:“～給便敏而無類。”楊倞注:“齊,疾也。”史記五帝本紀:“黄帝者…幼而徇～,長而敦敏。”裴駰集解:“齊,

速也。”❺肚臍。左傳莊公六年：“若不早圖，後君噬～，其及圖之乎？”杜預注：“若齧腹臍，喻不可及。”莊子大宗師：“頤隱於～，肩高於頂。”成玄英疏：“頭低則頤隱於臍，膊聳則肩高於頂。”此義後寫作“臍”。❻周代諸侯國名，春秋五霸之一。❼朝代名。南朝蕭道成稱帝，國號齊，史稱南齊；北朝高洋稱帝，國號齊，史稱北齊。

2. jī 集韻牋西切，平，齊韻，精。脂部。

❽通“躋”。升，登。荀子禮論：“祭，～大羹而飽庶羞，貴本而親用也。”禮記樂記：“地氣上～，天氣下降。”鄭玄注：“齊讀爲躋。躋，升也。”❾醬菜、腌菜之類。周禮天官醢人：“掌共五～七菹。”鄭玄注：“齊，菹醬屬。”禮記曲禮上：“卒食，客自前跪，徹飯～，以授相者。”鄭玄注：“齊，醬屬也。”孔穎達疏：“齊，醬菹通名耳。”

3. jì 在詣切，去，霽韻，從。脂部。

❿調配，調劑。韓非子定法：“夫匠者，手巧也；而醫者，～藥也。”禮記少儀：“凡羞有湆者，不以～。”鄭玄注：“齊，和也。”引申爲份量，劑量。周禮天官亨人：“掌共鼎鑊，以給水火之～。”鄭玄注：“齊，多少之量。”吕氏春秋本味：“調和之事，必以甘酸苦辛鹹，先後多少，其～甚微。”高誘注：“齊，和分也。”此義後寫作“劑”。

[備考]界限。列子楊朱：“百年，壽之大～，得百年者，千無一焉。”張湛注：“齊，限也。”

4. zī 集韻津私切，平，脂韻，精。脂部。

⓫衣的下擺。論語鄉黨：“攝～升堂，鞠躬如也。”何晏注引孔安國曰：“衣下曰齊。攝齊者，摳衣也。”〔齊衰〕喪服名，以粗麻布製成，因緝邊縫齊，故稱齊衰。禮記檀弓上：“滕伯文爲孟虎齊衰，其叔父也。”⓬通“粢”。古代用於祭祀的穀物。詩小雅甫田：“以我～明，與我犧羊。”毛傳：“器實曰齊。”禮記祭統：“是故天子親耕於南郊，以共～盛。”鄭玄注：“齊，或爲粢。”

5. zhāi 集韻莊皆切，平，皆韻，照二。脂部。

⓭齋戒。祭祀前潔浄身心以示虔敬。論語鄉黨：“～必變食，居必遷坐。”易繫辭上：“聖人以此～戒，以神明其德夫。”此義後寫作“齋”。

[備考]翦，斷。集韻子淺切。儀禮既夕禮：“馬不～髦。”鄭玄注：“齊，翦也。”

①[同源字]齊，齌，疾。此三字均有疾速之意。説文：“齌，炊餔疾也。”引申爲一般的疾。楚辭戰國屈原離騷：“反信讒而齌怒。”王逸注：“齌，疾也。”國語齊語：“深耕而疾櫌之。”韋昭注：“疾，速也。”此三字讀音也相近，均爲從母，齊齌爲脂部，疾爲質部，脂質陰入對轉。參見“疾”字條。

②臍，齊。見“臍”字條。

三 畫

齋 zhāi 側皆切，平，皆韻，照二。脂部。

❶祭祀前潔浄身心，以示虔敬。國語周語上：“先時五日，瞽告有協風至，王即～宫。”吕氏春秋孟春：“天子乃～。”〔齋戒〕祭祀前整潔身心，以示虔敬。孟子離婁下：“雖有恶人，齋戒沐浴，則可以祀上帝。”吕氏春秋季春：“后妃齋戒，親東鄉躬桑。”❷信佛教的人以素食爲齋。北周釋道宣叙任通林辨周武帝除佛法詔：“頭陀蔬食，至好長～。”唐杜甫飲中八仙歌：“蘇晉長～繡佛前。”又指施舍給僧尼道士的食物等爲齋。唐六典四：“凡國忌日，兩京定大觀寺各二，散～，諸道士、女道士及僧尼皆集于齋所。”舊唐書德宗紀下：“右神策中尉霍僊鳴病，賜馬十匹，令於諸寺～僧。”又指供奉神佛的食品。唐釋明槩決對傅奕廢佛僧事：“寺塔宏壯，～供充盈。”❸房舍，多指書房、學舍。晉書陶侃傳：“侃在州無事，輒朝運百甓於～外，暮運於～内。”世説新語言語：“～前種一株松，恒自手壅治之。”宋史選舉志三：“太學置八十～，～各五楹，容三十人。”

按，説文齋字在示部。

四 畫

齌 jì 在詣切，去，霽韻，從。脂部。

猛火煮飯。說文:"齌,炊餔疾也。"引申爲疾,盛。楚辭戰國屈原離騷:"荃不察余之中情兮,反信讒而～怒。"王逸注:"齌,疾也。"

[同源字]齌,齊,疾。見"齊"字條。

按,說文齌字在火部。

五　畫

齍 zī 即夷切,音資,平,脂韻,精。脂部。

㊀盛穀物的祭器。周禮天官九嬪:"凡祭祀,贊玉～。"鄭玄注:"玉齍、玉敦,受黍稷器。"㊁通"粢"。穀物的總稱。周禮春官小宗伯:"辨六～之名物與其用,使六宮之人共奉之。"鄭玄注:"齍,讀爲粢。六粢謂六穀:黍稷稻粱麥苽。"

[備考]通"資"。錢財。馬王堆漢墓帛書經法國次:"兼人之國,修其國郭,處其郎廟,聽其鐘鼓,利其～財,妻其子女。"

按,說文齍字在皿部。

六　畫

齎 zī 即夷切,音資,平,脂韻,精。脂部。

㊀長衣的下縫。漢書朱雲傳:"有薦雲者召入,攝～登堂,抗首而請。"㊁喪服名。荀子大略:"父母之喪,三年不事;～衰大功,三月不事。"新唐書盧履冰傳:"母～父斬,不易之道也。"

按,說文齎字在衣部。

七　畫

齎 1. jī 即夷切,平,脂韻,精。脂部。

㊀付與,送給。儀禮聘禮:"又～皮焉。"鄭玄注:"齎,猶付也。"荀子大略:"非其人而教之,～盜糧,借賊兵也。"㊁持,攜帶。史記秦始皇本紀:"乃令入海者～捕巨魚具。"又李斯列傳:"秦王乃拜斯爲長史,聽其計,陰遣謀士,～持金玉以游說諸侯。"引申爲懷抱。後漢書馮衍傳顯志賦:"傷誠善之無辜兮,～此恨而入冥。"南朝梁江淹恨賦:"～志没地,長懷無已。"㊂備,充當。玉篇:"齎,備也。"淮南子道應:"聞君求技道之士,臣偷也,願以技～一卒。"許慎注:"齎,備。"㊃〔齎咨〕感嘆之辭。易萃:"齎咨涕洟。"王弼注:"齎咨,嗟歎之辭也。"

2. zī 字彙津私切,音咨。脂部。

㊄通"資"。錢財,資用。周禮天官掌皮:"歲終,則會其財～。"史記陳丞相世家:"平既娶張氏女,～用益饒,游道日廣。"

按,說文齎字在貝部。

九　畫

齏 jī 祖稽切,平,齊韻,精。脂部。

切碎的醬菜及肉等。周禮天官醢人"以五齊七醢七菹三臡實之"鄭玄注:"齊當爲齏,…凡醯醬所和,細切爲齏。"唐韓愈崔十六少府攝伊陽以詩及書見投因酬三十韻:"冬惟茹寒～,秋始識瓜瓣。"〔齏粉〕細粉,粉末,常喻粉身碎骨。梁書武帝紀上:"宜其慶溢當年,祚隆後裔,而一朝齏粉,孩稚無遺。"新五代史蘇逢吉傳:"史公一處分,吾齏粉矣。"

按,說文以齏爲韲的或體,在韭部。

齒　部

[齒部總論]

齒部字,大都與牙齒有關,個别的與牙齒無關。

(一)與牙齒有關的名詞。例如:　齒　齗　齯　齵　齻

(二)與牙齒有關的動詞。例如：　齕　齗　齩
(三)與牙齒有關的形容詞。例如：　齷　齸
(四)與牙齒無關的詞。例如：　齣　齷齪

齒 chǐ 昌里切，上，止韻，穿三。之部。

❶門牙。左傳僖公五年："諺所謂'輔車相依，脣亡～寒'者，其虞虢之謂也。"又泛指牙齒。孟子盡心上："放飯流歠，而問無～決，是之謂不知務。"淮南子原道："～堅於舌而先之弊。"又特指象牙。書禹貢："～革羽毛惟木。"僞孔傳："齒，象牙。"引申爲排列如齒狀的物品。釋名釋道："齊、魯謂四～杷爲欋。"抱朴子外篇博喻："故鋸～不能咀嚼，箕舌不能别味。"北魏賈思勰齊民要術耕田："耕荒畢，以鐵～鎇楱再遍杷之。"❷牛馬的年歲，牛馬幼小時，年生一齒，故以齒數計其年歲。韓非子十過："荀息牽馬操璧而報獻公，獻公説曰：'璧則猶是也；雖然，馬～亦益長矣。'"也指人的年齡。左傳文公元年："子上曰：'君之～未也，而又多愛，黜乃亂也。'"杜預注："齒，年也。"吕氏春秋上農："～年未長，不敢爲園囿。"❸並列，排列。左傳隱公十一年："周之宗盟，異姓爲後，寡人若朝于薛，不敢與諸任～。"莊子天下："百官以此相～。"成玄英疏："置立百官，用此四法更相齒次。"❹録用。書蔡仲之命："降霍叔于庶人，三年不～。"僞孔傳："三年之後乃齒録。"禮記王制："屏之遠方，終身不～。"鄭玄注："齒，猶録也。"三國志蜀書諸葛亮傳："循名責實，虚僞不～。"❺〔齒劍〕觸刃。漢書枚乘傳上書重諫吴王："夫舉吴兵以訾於漢，譬猶蠅蚋之附羣牛，腐肉之齒利劍，鋒接必無事矣。"顔師古注："齒，謂當之也。"後謂被殺或自刎。南朝梁劉峻東陽金華山栖志："浩蕩天地之間，心無怵惕之警，豈與嵇生齒劍，揚子墜閣較其優劣者哉？"

[備考]殿堂的臺階。文選漢張衡西京賦"右平左墄，青瑣丹墀"薛綜注："墄，限也，謂階～也，天子殿高九尺，階九～，各爲九級。"

[辨]齒，牙。見"牙"字條。

一　畫

齓 chèn 初覲切，去，震韻，穿二。真部。

同"齔"。廣韻："齔，俗作齓。"兒童换牙。即乳齒脱落，長出恒齒。國語鄭語："府之童妾，未既～而遭之，既笄而孕，當宣王時而生。"韋昭注："毁齒曰齓。"宋岳珂桯史犉牧相衡："鄰之二兒甫～，戲于旁。"〔齓髫〕指童年。文選晉潘岳楊仲武誄："子之遘閔，曾未齓髫。"

按，説文無齓字。

二　畫

齔 chèn 初覲切，去，震韻，穿二。真部。

兒童换牙。説文："齔，毁齒也，男八月生齒，八歲而齔，女七月生齒，七歲而齔。"管子小問："昔者吴干戰，未～不得入軍門。"列子湯問："鄰人京城氏之孀妻，有遺男，始～，跳往助之。"引申指年幼。後漢書皇后紀下："顯、景諸子年皆童～，並爲黄門侍郎。"

三　畫

齕 hé 下没切，入，没韻，匣。物部。

❶咬。説文："齕，齧也。"莊子馬蹄："蹄可以踐霜雪，毛可以禦風寒，～草飲水，翹足而陸，此馬之真性也。"荀子正論："彼乃將食其肉而～其骨也。"❷〔齕疣〕雙聲聯緜字。也作齕肬。螳螂的别名。廣雅釋蟲："齕肬，螗蜋也。"吕氏春秋仲夏"小暑至，螳蜋生"高誘注："螳蜋一曰天馬，一曰齕疣。"

四　　畫

䶕 bā 集韻邦加切，平，麻韻，幫。

後起字。牙齒外露。集韻："䶕，䶕齖，齒出也。"明馮夢龍醒世恒言兩縣令競義婚孤女："蕭雅一臉麻子，眼皉齒～，好似飛天夜叉模樣。"

齘 xiè 胡介切，去，怪韻，匣。月部。

❶牙齒相摩切。説文："齘，齒相切也。"漢張機金匱要略痓濕暍："痓爲病，胸滿口噤，卧不着席，脚攣急，必～齒。"也指牙齒摩切發出的響聲。唐玄應一切經音義一四引三倉云："齘，鳴齒也。"❷怒。方言二："齘，怒也，小怒曰齘。"明黄道周楊文正公制義序："今無端發～，豈非夢魇乎？"

齗 1. yín 語斤切，平，欣韻，疑。文部。

❶牙根肉。説文："齗，齒本也。"急就篇："鼻口脣舌～牙齒。"顏師古注："齗，齒根肉也。"漢劉楨魯都賦："頒首華尾，豐顱重～。"唐柳宗元憎王孫文："跳踉叫囂兮，衝目宣～。"❷〔齗齗〕①露齒貌。文選漢王延壽魯靈光殿賦："玄熊眈談以齗齗，却負載而蹲跠。"李周翰注："齗齗，齒出貌。"②争辯貌。史記魯周公世家："甚矣，魯道之衰也，洙泗之間齗齗如也。"裴駰集解引徐廣："齗，魚斤反，東州語也。齗齗争辭，所以爲道衰也。"一説同"誾誾"。司馬貞索隱："讀如論語'誾誾如也'。言魯道雖微，而洙泗之間尚誾誾如也。鄒誕生亦音銀。"③忿嫉。漢書劉向傳："朝臣齗齗不可光禄勳，何邪？"顏師古注："齗齗，忿嫉之意也。"

2. yǎn 集韻語蹇切，上，獮韻，疑。

❸同"齴"。笑貌。藝文類聚卷一九引晋戴逵竹林七賢論："籍因對之長嘯。有頃，彼乃～然笑曰：'可更作。'籍又嘯。"

3. yǐn 宜引切，上，軫韻，疑。

❹犬争貌。見廣韻。唐柳宗元天對："犬～于德，終不克以噬。"

五　　畫

䶗 1. qiā 苦加切，平，麻韻，溪。

❶大齧。見廣韻。

2. qià 正字通苦甲切，音恰。

❷骨著齒縫中取不出。正字通引六書故云："骨著齒間不出也。"參見〔骹䶗〕。

齛 1. xiè 私列切，入，薛韻，心。月部。

❶羊反芻。説文："齛，羊粻也。"唐陸德明經典釋文爾雅音義釋獸引張揖曰："齛，羊食已，吐而更嚼之。"

2. shì 經典釋文常世反。月部。

❷咬。禮記曲禮上"效犬者左牽之"鄭玄注："犬～齧人，右手當禁備之。"

齟 1. zhā 集韻莊加切，平，麻韻，照二。魚部。

❶牙齒不正、不齊。漢書東方朔傳："朔曰：'令者，命也；壺者，所以盛也；～者，齒不正也。'"顏師古注引張晏曰："齟音樝梨之樝。"

2. jǔ 牀吕切，集韻在吕切，上，語韻，從。魚部。

❷〔齟齬〕叠韻聯緜字。牙齒參差，上下不對合。喻指抵觸不合。漢揚雄太玄親："親非其膚，其志齟齬。"范望注："齟齬，相惡也。"唐韓愈答竇秀才書："又不通時事，而與世多齟齬。"又指不正，不平。淮南子俶真"挾依於跂躍之術"高誘注："跂躍猶齟齬，不正之道也。"明徐宏祖徐霞客遊記滇遊日記三："於是皆車道平拓，無齟齬之慮也。"

按，説文齟作齷。齟乃齷之省寫。

齞 yǎn 研峴切，上，銑韻，疑。真部。

張口露齒。説文："齞，口張齒見。"文選戰國宋玉登徒子好色賦："登徒子則不然，其妻蓬頭攣耳，～脣歷齒。"劉良注："齞脣，謂語而露齒也。"

齡 líng 郎丁切，平，青韻，來。耕部。

年歲，年數。禮記文王世子："夢帝與我九～。"又："古者謂年～，齒亦～也。"論衡感類："古者謂年爲～，已得九～，猶人夢得爵也。"唐楊炯王勃集序："嗟乎促～，材氣未盡，歿而不朽，君子貴焉。"宋王安石送鄆州知府宋諫議："盛世千～合，宗工四海瞻。"

按，説文無齡字，新附有之，云："齡，年也。"清鄭珍新附考謂："九齡"字古當止作"令"，漢碑齡皆作聆，熹平二年魯峻碑已作齡，知是漢人所加。

齝 chī 丑之切，音笞，平，之韻，徹。之部。

牛反芻。説文："齝，吐而噍也。"爾雅釋獸："牛曰齝。"郭璞注："食之已久，復出嚼之。"世説新語汰侈劉孝標注引甯戚相牛經："大膁疎肋難～，龍頭突目好跳。"

齚 zé 鋤陌切，入，陌韻，牀二。鐸部。

同"齰"。咬。唐孟郊偷詩："餓犬～枯骨，自喫饞飢涎。"〔齚舌〕咬舌。陳書徐陵傳："忠孝之言，皆應齚舌。"

按，説文以齚爲齰的或體。

齣 chū 音出。

後起字。傳奇一回，戲一部爲一齣。清吳敬梓儒林外史三〇回："把這一百幾十班做旦角的都叫了來，一個人做一～戲。"紅樓夢五八回："也不過是會兩～戲，倒象殺了賊王，擒過反叛來的！"

齠 tiáo 集韻田聊切，平，蕭韻，定。宵部。

㊀小孩換牙。韓詩外傳一："男八月生齒，八歲而～齒。"引申指童幼。漢蔡邕議部胡公夫人哀讚："嚴考殞没，我在～年，母氏鞠育，載矜載憐。"唐白居易送毛仙翁："紺髮絲並緻，～容花共妍。"㊁同"髫"。小孩下垂的頭髮。三國志魏書毛玠傳："臣垂～執簡，累勤取官。"文選晉張協七命："玄～巷歌，黄髮擊壤。"李善注："埤蒼曰：'髫，髮也。'髫與齠，古字通也。"

按，説文無齠字。

六　畫

齤 quán 巨員切，音權，平，仙韻，羣。元部。

㊀缺齒，又曲齒。説文："齤，缺齒也。一曰曲齒。"㊁笑而露齒貌。淮南子道應："若士者～然而笑。"

齧 niè 五結切，入，屑韻，疑。月部。

㊀咬，啃。説文："齧，噬也。"莊子天運："今取猨狙而衣以周公之服，彼必齕～挽裂，盡去而後慊。"管子戒："東郭有狗嘊嘊，旦暮欲～我猳而不使也。"引申爲侵蝕。吕氏春秋開春："昔王季歷葬於渦山之尾，欒水～其墓，見棺之和。"宋陸游秋日出遊戲作之二："薄雲韜日未成雨，野水～沙争赴溪。"㊁缺口。淮南子人間："夫墻之壞也於隙，劍之折必有～。"許慎注："齧，缺。"又脩務："今劍或絶側羸文，～缺卷銋，而稱以頃襄之劍，則貴人争帶之。"㊂植物名。①彫蓬，蓬蒿的一種。爾雅釋草："齧，彫蓬。"郭璞注："别蓬種類。"②苦堇，一種野菜。爾雅釋草："齧，苦堇。"郭璞注："今堇葵也。"

齩 yǎo 五巧切，上，巧韻，疑。宵部。

咬。説文："齩，齧骨也。"漢書食貨志上："罷夫羸老，易子而～其骨。"文選晉張協七命："口～霜刃，足撥飛鋒。"

齦 1. yín 語斤切，平，欣韻，疑。文部。

㊀齒根肉，即牙齦。漢揚雄太玄密："琢齒依～，三歲無君。"司馬光注："齒之與齦，相親者也。"宋文天祥滿江紅代王夫人作："想男兒慷慨，嚼穿～血。"〔齦齶〕牙牀，喻物之根基。唐盧肇海潮賦："呀焉若天地之有齦齶。"宋葉適送鄭景元詩："歲月歷悠長，根株見齦齶。"㊁〔齦齦〕争辯貌。漢揚雄太玄争："争射齦齦。"范望注："齦齦，戲笑之貌也。"

2. kěn 康很切，上，很韻，溪。文部。

㊂咬，啃。説文：“齦，齧也。”晉郭璞山海經圖讚狍鴞：“食人未盡，還自～割。”

［同源字］狠，齦，啃。見“狠”字條。

七　畫

齬 1. yǔ 魚巨切，上，語韻，疑。魚部。

㊀牙齒參差不齊。説文：“齬，齒不相值也。”漢焦贛易林比之既濟：“精華消落，形體醜惡，～齚挫頓，枯槁腐蠹。”宋蘇轍和子瞻鳳翔八觀石鼓：“亦如老人遭暴横，頤下髭秃口齒～。”又參見〔齟齬〕。

2. é 字彙牛何切，音俄。歌部。

㊁〔峊齬〕雙聲聯緜字。形容山勢險峻。文選漢張衡西京賦：“上林岑以壘崋，下嶃巖以峊齬。”

齪 chuò 測角切，入，覺韻，穿二。屋部。

㊀〔齪齪〕拘謹、謹小慎微貌。史記貨殖列傳：“鄒魯濱洙泗，猶有周公遺風，俗好儒，備於禮，故其民齪齪。”新唐書杜佑傳附杜牧：“牧剛直有奇節，不爲齪齪小謹。”㊁參見〔齷齪〕。㊂整齊，整治。宋史禮志二四：“重鼓三，馬軍下馬，步人～落旗槍，皆應規矩。”宋岳飛奏目疾乞解軍務劄子：“已整～在寨軍馬，止候兑請錢糧。”

按，説文無齪字。

八　畫

䶔 pián 集韻蒲眠切，平，先韻，並。耕部。

叠齒。二齒前後重生。初學記九引春秋元命苞：“武王～齒，是謂剛强。”劉子新論命相：“文王四乳，武王～齒。”

按，説文無䶔字。

齺 1. zōu 側鳩切，平，尤韻，照二。侯部。

㊀〔齺齵〕叠韻聯緜字。齒不正。説文：“齺，齺齵，齒不正也。”(依段注本)廣韻：“齺齵，齒偏。”也指參差不齊。唐盧仝月蝕詩：“汝若蝕開齺齵輪，御轡執索相爬鉤。”

2. chuò 測角切，入，覺韻，穿二。

㊁同“齪”。集韻覺韻：“齪，齷齪，迫也。或作齺。”〔齷齺〕拘謹局促。晉書張茂傳：“遐方異境窺我之齷齺也，必有乘人之規。”

齰 zé 鋤陌切，入，陌韻，牀二。鐸部。

㊀咬。説文：“齰，齧也。”文選戰國宋玉風賦：“啗～嗽獲，死生不卒。”漢書鄧通傳：“上使太子～癰，太子～癰而色難之。”顔師古注：“齰，齧也，齧出其膿血。”〔齰舌〕咬舌，表示内愧或忍氣吞聲。史記魏其武安侯列傳：“魏其必内愧，杜門齰舌自殺。”唐李賀出城别張又新酬李漢：“没没暗齰舌，涕血不敢論。”㊁〔齰然〕确乎，确實。墨子公孟：“貧富壽夭，齰然在天。”

齮 yǐ 魚倚切，上，紙韻，疑。歌部。

咬。説文：“齮，齧也。”宋王令謝李常伯詩：“喁哦夜不休，～嚼午忘機。”引申爲毁傷。史記田儋列傳：“且秦復得志於天下，側～齕用事者墳墓矣。”又引申爲侵犯。宋王安石祭范潁州仲淹文：“戎孽猘狂，敢～我疆。”

齯 ní 五稽切，平，齊韻，疑。支部。

老人再生的小齒。説文：“齯，老人齒。”爾雅釋詁“齯齒”郭璞注：“齯齒，齒落更生細者。”釋名釋長幼：“齯，大齒落盡更生細者，如小兒齒也。”唐柳宗元永州萬石亭記：“吾儕生是州，蓺是野，眉尨齒～，未嘗知此。”原注：“齯，齒落更生細者。”引申指長壽或長壽之人。爾雅釋詁：“黄髮、～齒…壽也。”郭璞注：“皆壽考之通稱。”唐盧肇漢隄詩：“斯隄已崇，兹民獲祐，～童相慶，室以完富。”字亦作“兒”。詩魯頌閟宫：“既多接祉，黄髮兒齒。”釋文：“兒，字書作齯。”

［同源字］兒，麑，鯢，齯，麛。兒日母，麑、鯢、齯疑母，麛，明母，日疑明鄰紐，五字皆支部，音相近，又皆與幼小、小兒義有關。説文：“兒，孺子也。”説文鯢字段玉裁注：“謂其如小兒能緣木。”國語魯語上韋昭注：“鹿子曰麑。”

説文:"麛,鹿子也。"齯爲老人再生的小齒,如小兒的牙齒,亦源於兒。故五字同源。

齭 chǔ 創舉切,上,語韻,穿二。魚部。

牙齒發酸。説文:"齭,齒傷酢也。"段玉裁注:"亦作齼,凡言痛楚,楚澀意皆同。"玉篇:"齭,同齼。"

九畫

齴 1. yǎn 魚蹇切,上,獮韻,疑。元部。

㊀齒外露貌。漢王延壽王孫賦:"齒崖崖以～～,嚼咀嚓而囁唲。"南史王玄謨傳:"孝武狎侮羣臣,各有稱目,…顏師伯齞齒,號之曰～。"

2. yǎn 集韻語限切,上,産韻,疑。元部。

㊁〔棧齴〕叠韻聯緜字。高峻貌。見集韻。文選漢張衡西京賦:"棧齴巉嶮。"

按,説文無齴字。

齳 yǔn 魚吻切,上,吻韻,疑。文部。

無齒貌。説文:"齳,無齒也。"韓詩外傳四:"以爲姣好耶?則太公年七十二,～然而齒墮矣。"清厲鶚齒落詩:"但憂即漸墮,～然無復餘。"

齷 wò 於角切,入,覺韻,影。屋部。

〔齷齪〕叠韻聯緜字。①拘於小節,氣度局狹貌。文選漢張衡西京賦:"獨儉嗇以齷齪,忘蟋蟀之謂何。"薛綜注:"漢書注曰:'齷齪,小節也。'"又晉左思吴都賦:"齷齪而筭,顧亦曲士之所歎也。"劉逵注:"齷齪,好苛局小之貌。"也指事物狹小、局促。唐李白大獵賦序:"當時以爲窮極壯麗,迨今觀之,何齷齪之甚也。"②骯髒(後起義)。元曲選高文秀黑旋風一折:"他見我風吹得齷齪,是這鼻凹裏黑。"

按,説文無齷字。

齶 è 五各切,入,鐸韻,疑。

㊀口腔的頂壁,即上齶。明徐宏祖徐霞客遊記滇遊日記一〇:"東北開一穴,如仰口而張其上～。"字亦作腭。㊁齒齦。玉篇齒部:"齶,齗也。"唐韓愈陸渾山火一首和皇甫湜:"當公擊山海水翻,齒牙嚼齧舌～反。"祝充注:"齶,音咢,口中齗也。"

按,説文無齶字。

齵 óu 五婁切,平,侯韻,疑。侯部。

牙齒參差不齊。説文:"齵,齒不正也。"引申指事物參差不齊。周禮考工記輪人:"察其菑蚤不～,則輪雖敝不匡。"〔齵差〕參差不齊。荀子君道:"天下之變,境内之事,有弛易齵差者矣。"王先謙集解:"齵差,參差不齊。"

齲 qǔ 驅雨切,上,麌韻,溪。魚部。

蛀牙,俗稱蟲牙。釋名釋疾病:"齲,齒朽也。蟲齧之,齒缺朽也。"淮南子説山:"壞塘以取龜,發屋而求狸,掘室而求鼠,割脣而治～,桀、跖之徒,君子不與。"又:"狸頭愈鼠,雞頭已瘻,蝱散積血,斲木愈～,此類之推也。"史記扁鵲倉公列傳:"齊中大夫病～齒。"

按,説文以齲爲𤘅的或體,𤘅字在牙部。

十畫

齸 yì 伊昔切,入,昔韻,影。錫部。

麋鹿反芻。説文:"齸,麋鹿粻。"段玉裁注:"言其自喉出復嚼。"爾雅釋獸:"麋鹿曰齸。"

齻 diān 都年切,音顛,平,先韻,端。真部。

牙齒最裏邊的臼齒,亦稱智齒。儀禮既夕禮:"左～右～。"孔穎達疏:"謂牙兩畔最長者。"北齊書徐之才傳:"武成生～牙,…問之才,拜賀曰:'此是智牙,生智牙者聰明長壽。'"

按,説文無齻字。

齺 zōu 士角切,集韻甾尤切,平,尤韻,照二。侯部。

㊀齒折。説文:"齺,齒擠也。"段玉裁注:"謂齒折也。"㊁牙齒相咬,喻事物上下相向而交。荀子王霸:"～然上下相信,而天下莫之敢當。"楊倞注:"齺,齒相迎也。齺然,上下相向之貌。"字亦作鬗。管子輕重戊:"連轂鬗騎,連伍而行。"

[備考]馬嚼子。説文:"齺,一曰馬中口糜〔槧〕也。"玉篇:"齺,馬口中槧也。"

十 一 畫

齇 1. zhā 鉏加切,平,麻韻,牀二。魚部。

㊀牙齒不齊,不正。説文:"齇,齬齒也。"玉篇:"齇,齒不正也。"〔齇齖〕叠韻聯緜字。牙齒不齊,不正。廣韻麻韻:"齖,齇齖,齒不平正。"比喻高低不平。清黄景仁望泗州舊城詩:"城雉齇齖出波尺,高谷深陵感疇昔。"

2. jǔ 集韻牀所切,上,語韻,牀二。

㊁〔齇齬〕同"齟齬"。比喻抵觸不合。明高攀龍山西布政司右布政司中嵩王公行狀:"公之齇齬于時,偃蹇除目者以此。"

十 三 畫

齽 jìn 巨禁切,去,沁韻,羣。

㊀齒內向。廣韻:"齽,齒向裏。"㊁〔齽齘〕咬牙切齒。新唐書南詔傳下:"州縣繕甲厲兵,掎角相從皆蠻之深讎,雖女子能齽齘薄賊,況彊夫烈士哉!"

按,説文無齽字。

齼 chǔ 創舉切,上,語韻,穿二。

同"齭"。㊀牙齒遇到酸味而產生的感覺。玉篇:"齼,齒傷醋也。"宋蘇軾格物麤談果品:"食梅齒～,嚼胡桃肉解。"宋曾幾曾宏甫分餉洞庭柑詩:"莫向君家樊素口,瓠犀微～遠山顰。"引申爲膽怯(晚起義)。明楊慎藝林伐山一八:"齼字,音楚去聲,今京師語謂怯皆曰～,不獨齒怯也。"清潘榮陛帝京歲時紀勝清明:"以柳條穿祭餘蒸點,至立夏日油煎與小兒食之,謂不～夏。"此義今北京話中仍用,然字寫作"憷",讀 chù。㊁凄楚,悲傷。明夏完淳滿江紅惆悵:"想雕欄不墜却沾泥,言還～。"

按,説文無齼有齭,云:"齭,齒傷酢也。"

鹼 zhān 字彙側咸切。談部。

〔鹼齺〕雙聲聯緜字。無牙而咀嚼之狀。古文苑漢王延壽王孫賦:"口嗛呥以鹼齺,脣皺嘐以觖䚡。"

按,説文無鹼字。

十 四 畫

齹 chá 集韻初戛切,音察,入,黠韻,穿二。

牙齒鋒利。集韻:"齹,齒利。"引申爲一般的鋒利。唐韓愈征蜀聯句:"竹兵破皴脆,鐵刃我槍～。"字亦作鑯,見玉篇。

按,説文無齹字。

二 十 畫

齾 1. yà 集韻牛鍺切,入,舝韻,疑。月部。

亦作"𪘏"。㊀缺齒。説文:"齾,缺齒也。"引申爲一般的缺損,缺漏。唐韓愈征蜀聯句:"更呼相簸蕩,交斫雙缺～。"唐皇甫湜韓文公墓銘:"還拜京兆尹,斂禁軍,帖旱羅,～倖臣之鋩。"宋梅堯臣奉和子華持國玉汝來飲西軒:"其間常有言,但未見疵～。"㊁〔齾齾〕①消融缺損貌。宋梅堯臣和臘日:"臘鼓逢逢奏,寒冰齾齾消。"②参差起伏貌。宋蘇軾九日黄樓作詩:"煙消日出見漁村,遠水鱗鱗山齾齾。"

2. è 龍龕手鏡五葛反。

㊂獸食之剩餘。龍龕手鏡:"齾,獸食之餘曰齾。"

龍 部

龍 1. lóng 力鍾切,平,鍾韻,來。東部。

❶傳説中的神異動物,能興雲降雨。説文:"龍,鱗蟲之長,能幽能明,能細能巨,能短能長,春分而登天,秋分而潛淵。"禮記禮運:"麟、鳳、龜、～,謂之四靈。"喻指君王。吕氏春秋介立:"晉文公反國,介子推不敢受賞,自爲賦詩曰:'有～于飛,周徧天下,…～反其鄉,得其處所。'"高誘注:"龍,君也,以喻文公。"❷星宿名。指東方蒼龍七宿(角、亢、氐、房、心、尾、箕)。左傳桓公五年:"凡祀,啓蟄而郊,～見而雩。"孔穎達疏:"天官東方之星,盡爲蒼龍之宿。"又僖公五年:"丙之辰,～尾伏辰。"杜預注:"龍尾,尾星也。"又指歲星。左傳襄公二十八年:"蛇乘～。"杜預注:"龍,歲星。"❸指駿馬。周禮夏官庾人:"馬八尺以上爲～。"吕氏春秋孟春:"天子居青陽左个,乘鸞輅,駕蒼～。"❹〔龍鍾〕叠韻聯緜字。①衰老、疲憊貌。唐王維夏日過青龍寺謁操禪師詩:"龍鍾一老翁,徐步謁禪宫。"唐杜甫寄彭州高適虢州岑參詩:"何太龍鍾極,于今出處妨。"②潦倒,不得意貌。唐白居易别微之於澧上詩:"莫問龍鍾惡官職,且聽清脆好文篇。"③淚流縱横貌。漢蔡邕琴操下:"空山歔欷,涕龍鍾兮。"唐岑參逢入京使詩:"故園東望路漫漫,雙袖龍鍾淚不乾。"④躑躅難行貌。唐蘇頲早發方騫驛詩:"傳置遠山蹊,龍鍾蹴澗泥。"

2. chǒng 音寵。東部。

❺榮耀。詩小雅蓼蕭:"既見君子,爲～爲光。"毛傳:"龍,寵也。"又商頌長發:"何天之～。"鄭箋:"龍,當作寵,寵,榮名之謂。"馬王堆漢墓帛書老子甲本道經:"～之爲下,得之若驚,失〔之〕若驚,是胃～辱若驚。"今本老子第十三章龍作寵。

3. lǒng 集韻魯勇切,上,腫韻,來。東部。

❻〔龍斷〕岡壟之斷而高者。孟子公孫丑下:"有賤丈夫焉,必求龍斷而登之,以左右望,而罔市利。"引申作網羅獨占利益之意。明楊慎藝林伐山一三:"私富貴之龍斷,豈止使子弟爲卿;奪造化之鑪錘,大不許人主除吏。"

4. máng 集韻莫江切,平,江韻,明。東部。

❼通"尨"。黑白雜色。周禮考工記玉人:"天子用全,上公用～。"鄭玄注:"鄭司農云:'全,純色也,龍當爲尨,尨謂雜色。'"

三 畫

龐 1. páng 薄江切,平,江韻,並。東部。

❶高屋。説文:"龐,高屋也。"引申爲高大。國語周語上:"敦～純固,於是乎成。"韋昭注:"龐,大也。"唐柳宗元黔之驢:"虎見之,～然大物也。"❷堅緻,厚實。淮南子氾論:"古者,人醇,工～,商樸,女重。"高誘注:"器堅緻也。"❸雜,混雜。唐杜甫戲爲韋偃雙松圖歌:"～眉皓首無住著。"舊唐書李勉傳:"汴州水陸所湊,邑居～雜。"❹臉龐(晚起義)。金董解元西廂記諸宫調一:"不惟道,生得箇～兒美,那堪更小字兒㥦人意。"元王實甫西廂記二本二折:"衣冠濟楚～兒俊。"

2. lóng 集韻盧東切,平,東韻,來。東部。

❺〔龐龐〕壯實貌。詩小雅車攻:"四牡龐龐,駕言徂東。"毛傳:"龐,充實也。"

按,説文龐字在广部。

六 畫

龔 gōng 九容切,平,鍾韻,見。東部。

❶供給。説文:"龔,給也。"段玉裁注:

"此與'供'音義同。"唐柳宗元武岡銘:"進比𦎫人,無敢不~。"㊁通"恭"。恭敬。吕氏春秋先己高誘注引書曰:"今予惟~行天之罰。"今本尚書甘誓龔作恭。睡虎地秦墓竹簡爲吏之道:"吏有五善:…五曰~敬多讓。"文選漢班固東都賦:"~行天罰,應天順人。"㊂姓。

[備考]通"用"。墨子非命上:"帝伐之惡,~喪厥師。"清畢沅曰:"孔書作'用爽厥師',龔、用音同。"

按,説文龔字在共部。

龓 lóng 説文讀若聾,徐鉉盧紅切。東部。

兼有,籠絡。説文:"龓,兼有也。"段玉裁注:"今牢籠字當作此。"王筠句讀:"今言籠絡,即兼有之義。"文選晉左思吴都賦:"沈虎潛鹿,馽~僒束。"龓即籠馬頭,後所謂籠頭,當即此字。

按,説文龓字在有部。

龕 kān 口含切,平,覃韻,溪。侵部。

㊀容納。方言四:"龕,受也,揚、越曰龕。受,盛也,猶秦晉言容盛也。"㊁佛塔,特指葬僧人遺體的塔。唐許渾送僧南歸詩:"繞~藤葉蓋禪牀。"五代貫休送人歸夏口詩:"倘經三祖寺,一爲禮~墳。"㊂供奉神佛或神位的石室或小閣。南朝陳江總攝山棲霞寺碑:"莊嚴~像,首於西峰石壁。"唐杜甫石龕詩:"驅車石~下,仲冬見虹蜺。"㊃攻取,平定。法言重黎:"或問義帝初矯,劉~南陽,項救河北。"文選南朝齊謝朓和伏武昌登孫權故城詩:"北拒溺驂鑣,西~收組練。"李善注:"龕與堪音義同。"

〔備考〕龍貌。説文:"龕,龍皃。"

龜　部

龜 1. guī 居追切,平,脂韻,見。之部。

㊀烏龜。説文:"龜,舊也,外骨内肉也。"禮記禮運:"麟、鳳、~、龍,謂之四靈。"吕氏春秋季夏:"令漁師伐蛟取鼉,升~取黿。"因以烏龜爲靈物,故取其甲以占卜。詩大雅緜:"爰始爰謀,爰契我~。"左傳僖公四年:"筮短~長,不如從長。"㊁用作貨幣的龜甲。易損:"或益之十朋之~弗克違,元吉。"史記平準書:"虞夏之幣,…或錢,或布,或刀,或~貝。"㊂動物背部隆起處。左傳宣公十二年:"麋興於前,射麋麗龜。"孔穎達疏:"龜之形背高而前後下,此射麋麗~,謂著其高處。"㊃駡人的話(晚起義)。明陶宗儀輟耕録二八:"宅眷皆爲撑目兔,舍人總作縮頭~。"

2. jūn 集韻俱倫切,平,諄韻,見。

㊄通"皸"。皮膚因寒冷或乾燥而坼裂。莊子逍遥遊:"宋人有善爲不~手之藥者。"唐李白溧陽瀨水貞女碑銘:"手柔荑而不~,身擊漂以自業。"

3. qiū 集韻祛尤切,平,尤韻,溪。之部。

㊅〔龜兹〕叠韻聯緜字。漢代西域國名,在今新疆庫車縣一帶。漢書西域傳上:"龜兹國,王治延城,去長安七千四百八十里。"

四　畫

䶬 rán 集韻如占切,音髯,平,鹽韻,日。談部。

龜甲的邊。説文:"䶬,龜甲邊也。天子巨䶬尺有二寸,諸侯尺,大夫八寸,士六寸。"唐王勃採蓮賦:"棲碧羽之神雀,負青~之寶龜。"

龠部

龠 yuè 以灼切，入，藥韻，喻四。藥部。

❶管樂器名。説文："龠，樂之竹管，三孔，以和衆聲也。"字亦作籥，參見"籥"字條。❷量器名，亦爲容量單位。漢書律曆志："量者，龠、合、升、斗、斛也，所以量多少也。"又："合～爲合，十合爲升，十升爲斗，十斗爲斛。"

五畫

龢 hé 户戈切，平，戈韻，匣。歌部。

古"和"字。調和，和諧。説文："龢，調也。讀與和同。"國語周語下："其終也，廣厚其心，以固～之。"吕氏春秋孝行："正六律，～五聲，雜八音，養耳之道也。"

［同源字］龢，盉，和。見"盉"字條。

八畫

龣 jué 古岳切，入，覺韻，見。

同"角"。五音之一。北魏江式求撰集古今文字表："忱弟静，别放故左校令李登聲類之法，作韻集五卷，宫商～徵羽各爲一篇。"

按，説文無龣字。

九畫

龤 xié 户皆切，平，皆韻，匣。脂部。

古"諧"字。和諧。説文："龤，樂和龤也。虞書曰：'八音克～。'"今尚書舜典作"諧"。明葉盛水東日記摘抄四："左絲右竹，已～宫商。"

十畫

龥 chí 直離切，平，支韻，澄。支部。

同"篪"。一種横吹的管樂器。説文："龥，管樂也。"楚辭戰國屈原九歌東君："鳴～兮吹竽，思靈保兮賢姱。"王逸注："龥、竽，樂器名也。"明夏完淳湘巫賦："進絙瑟以鳴～兮，舞吴娃與越姬。"

附　　録

中國歷代紀元表

1. 本表從夏開始,到1949年中華人民共和國成立為止。
2. 公元前841年(西周共和元年)以前的古史年代,本表只列總紀年及各帝王名號。
3. 較小的王朝,如“十六國”、“十國”、“西夏”等不列表。
4. 各個時代或王朝,詳列帝王名號(“帝號”或“廟號”,採習用者),年號,元年的干支和公元紀年,以資對照。(年號後用括號附列使用年數,年中改元時在干支後用數字注出改元的月份。)

干支次序表

1.甲子	2.乙丑	3.丙寅	4.丁卯	5.戊辰	6.己巳	7.庚午	8.辛未
9.壬申	10.癸酉	11.甲戌	12.乙亥	13.丙子	14.丁丑	15.戊寅	16.己卯
17.庚辰	18.辛巳	19.壬午	20.癸未	21.甲申	22.乙酉	23.丙戌	24.丁亥
25.戊子	26.己丑	27.庚寅	28.辛卯	29.壬辰	30.癸巳	31.甲午	32.乙未
33.丙申	34.丁酉	35.戊戌	36.己亥	37.庚子	38.辛丑	39.壬寅	40.癸卯
41.甲辰	42.乙巳	43.丙午	44.丁未	45.戊申	46.己酉	47.庚戌	48.辛亥
49.壬子	50.癸丑	51.甲寅	52.乙卯	53.丙辰	54.丁巳	55.戊午	56.己未
57.庚申	58.辛酉	59.壬戌	60.癸亥				

夏 (約前21世紀—約前16世紀)

禹				泄			
啟				不降			
太康				扃[jiōng]			
仲康				廑[jǐn]			
相				孔甲			
少康				皋			
杼[zhù]				發			
槐				履癸(桀)			
芒							

商　(約前 16 世紀—約前 11 世紀)

湯				祖丁			
外丙				南庚			
仲壬				陽甲			
太甲				盤庚			
沃丁				小辛			
太庚				小乙			
小甲				武丁			
雍己				祖庚			
太戊				祖甲			
仲丁				廩辛			
外壬				庚丁			
河亶[dǎn]甲				武乙			
祖乙				太丁(文丁)			
祖辛				帝乙			
沃甲				帝辛(紂)			

周　(約前 11 世紀—前 256)

西周　(約前 11 世紀—前 771)

武王(姬發)				孝王(～辟方)			
成王(～誦)				夷王(～燮[xiè])			
康王(～釗)				厲王(～胡)			
昭王(～瑕)				[共和]	(14)	庚申	前 841
穆王(～滿)				宣王(～静)	(46)	甲戌	前 827
共[gōng]王(～繄[yī]扈)				幽王(～宮涅)	(11)	庚申	前 781
懿[yì]王(～囏[jiān])							

東周　(前 770—前 256)

平王(姬宜臼)	(51)	辛未	前 770	襄[xiāng]王(姬鄭)	(33)	庚午	前 651
桓王(～林)	(23)	壬戌	前 719				
莊王(～佗[tuó])	(15)	乙酉	前 696	頃王(～壬臣)	(6)	癸卯	前 618
				匡王(～班)	(6)	己酉	前 612
釐[xī]王(～胡齊)	(5)	庚子	前 681	定王(～瑜[yú])	(21)	乙卯	前 606
惠王(～閬[làng])	(25)	乙巳	前 676	簡王(～夷)	(14)	丙子	前 585
				靈王(～泄心)	(27)	庚寅	前 571

景王(～貴)	(25)	丁巳	前 544	安王(～驕)	(26)	庚辰	前 401
敬王(～匄[gài])	(44)	壬午	前 519	烈王(～喜)	(7)	丙午	前 375
				顯王(～扁)	(48)	癸丑	前 368
元王(～仁)	(7)	丙寅	前 475	慎靚[jìng]王(～定)	(6)	辛丑	前 320
貞定王(～介)	(28)	癸酉	前 468				
考王(～嵬[wéi])	(15)	辛丑	前 440	赧[nǎn]王(～延)	(59)	丁未	前 314
威烈王(～午)	(24)	丙辰	前 425				

秦　(前 221—前 206)

周赧王 59 年(前 256),秦滅周。自次年(秦昭襄王 52 年,前 255)起至秦王政 25 年(前 222),史家以秦王紀年。秦王政 26 年(前 221)稱始皇帝。

昭襄王(嬴則,又名稷)	(56)	乙卯	前 306	始皇帝(～政)	(37)	乙卯	前 246
				二世皇帝(～胡亥)	(3)	壬辰	前 209
孝文王(～柱)	(1)	辛亥	前 250				
莊襄王(～子楚)	(3)	壬子	前 249				

漢　(前 206—公元 220)

西漢　(前 206—公元 25)

包括王莽(9—23)和更始帝(23—25)

高帝(劉邦)	(12)	乙未	前 206		太始(4)	乙酉	前 96
惠帝(～盈)	(7)	丁未	前 194		征和(4)	己丑	前 92
高后(吕雉)	(8)	甲寅	前 187		後元(2)	癸巳	前 88
文帝(劉恒)	(16)	壬戌	前 179	昭帝(～弗陵)	始元(7)	乙未	前 86
	(后元)(7)	戊寅	前 163		元鳳(6)	辛丑八	前 80
景帝(～啟)	(7)	乙酉	前 156		元平(1)	丁未	前 74
	(中元)(6)	壬辰	前 149	宣帝(～詢)	本始(4)	戊申	前 73
	(后元)(3)	戊戌	前 143		地節(4)	壬子	前 69
武帝(～徹)	建元(6)	辛丑	前 140		元康(5)	丙辰	前 65
	元光(6)	丁未	前 134		神爵(4)	庚申三	前 61
	元朔(6)	癸丑	前 128		五鳳(4)	甲子	前 57
	元狩(6)	己未	前 122		甘露(4)	戊辰	前 53
	元鼎(6)	乙丑	前 116		黄龍(1)	壬申	前 49
	元封(6)	辛未	前 110	元帝(劉奭[shì])	初元(5)	癸酉	前 48
	太初(4)	丁丑	前 104				
	天漢(4)	辛巳	前 100		永光(5)	戊寅	前 43

	建昭(5)	癸未	前38		元壽(2)	己未	前2
	竟寧(1)	戊子	前33	平帝(～衎[kàn])	元始(5)	辛酉	公元1
成帝(～驁[ào])	建始(5)	己丑	前32				
				孺子嬰(王莽攝政)	居攝(3)	丙寅	6
	河平(4)	癸巳	前28				
	陽朔(4)	丁酉	前24		初始(1)	戊辰十一	8
	鴻嘉(4)	辛丑	前20	[新]王莽	始建國(5)	己巳	9
	永始(4)	乙巳	前16		天鳳(6)	甲戌	14
	元延(4)	己酉	前12		地皇(4)	庚辰	20
	綏和(2)	癸丑	前8	更始帝(劉玄)	更始(3)	癸未二	23
哀帝(～欣)	建平(4)	乙卯	前6				

東漢 (25—220)

光武帝(劉秀)	建武(32)	乙酉六	25		建康(1)	甲申四	144
	建武中元(2)	丙辰四	56	冲帝(～炳)	永嘉(1)	乙酉	145
				質帝(～纘[zuǎn])	本初(1)	丙戌	146
明帝(～莊)	永平(18)	戊午	58				
章帝(～炟[dá])	建初(9)	丙子	76	桓帝(～志)	建和(3)	丁亥	147
					和平(1)	庚寅	150
	元和(4)	甲申八	84		元嘉(3)	辛卯	151
	章和(2)	丁亥七	87		永興(2)	癸巳五	153
和帝(～肇[zhào])	永元(17)	己丑	89		永壽(4)	乙未	155
					延熹(10)	戊戌六	158
	元興(1)	乙巳四	105		永康(1)	丁未六	167
殤[shāng]帝(～隆)	延平(1)	丙午	106	靈帝(～宏)	建寧(5)	戊申	168
					熹平(7)	壬子五	172
安帝(～祜[hù])	永初(7)	丁未	107		光和(7)	戊午三	178
					中平(6)	甲子十二	184
	元初(7)	甲寅	114	少帝(劉辯)	光熹昭寧(1)	己巳	189
	永寧(2)	庚申四	120	獻帝(～協)	永漢(1)	己巳	189
	建光(2)	辛酉七	121		中平(1)	己巳	189
	延光(4)	壬戌三	122		初平(4)	庚午	190
順帝(～保)	永建(7)	丙寅	126		興平(2)	甲戌	194
	陽嘉(4)	壬申三	132		建安(25)	丙子	196
	永和(6)	丙子	136		延康(1)	庚子三	220
	漢安(3)	壬午	142				

三國 (220—280)

魏 (220—265)

文帝(曹丕)	黄初(7)	庚子十	220	高貴鄉公(~髦[máo])	正元(3)	甲戌十	254
明帝(~叡[ruì])	太和(7)	丁未	227		甘露(5)	丙子六	256
	青龍(5)	癸丑二	233	元帝(~奂[huàn])	景元(5)	庚辰六	260
	景初(3)	丁巳三	237		咸熙(2)	甲申五	264
齊王(~芳)	正始(10)	庚申	240				
	嘉平(6)	己巳四	249				

蜀漢 (221—263)

昭烈帝(劉備)	章武(3)	辛丑四	221		景耀(6)	戊寅	258
後主(~禪)	建興(15)	癸卯五	223		炎興(1)	癸未八	263
	延熙(20)	戊午	238				

吴 (222—280)

大帝(孫權)	黄武(8)	壬寅十	222	末帝(~皓[hào])	元興(2)	甲申七	264
	黄龍(3)	己酉四	229		甘露(2)	乙酉四	265
	嘉禾(7)	壬子	232		寶鼎(4)	丙戌八	266
	赤烏(14)	戊午八	238		建衡(3)	己丑十	269
	太元(2)	辛未五	251		鳳凰(3)	壬辰	272
	神鳳(1)	壬申二	252		天册(2)	乙未	275
會稽王(~亮)	建興(2)	壬申四	252		天璽(1)	丙申七	276
	五鳳(3)	甲戌	254		天紀(4)	丁酉	277
	太平(3)	丙子十	256				
景帝(~休)	永安(7)	戊寅十	258				

晉 (265—420)

西晉 (265—317)

武帝(司馬炎)	泰始(10)	乙酉十二	265		永康(2)	庚申	300
	咸寧(6)	乙未	275		永寧(2)	辛酉四	301
	太康(10)	庚子四	280		太安(2)	壬戌十二	302
	太熙(1)	庚戌	290		永安(1)	甲子	304
惠帝(~衷)	永熙(1)	庚戌四	290		建武(1)	甲子七	304
	永平(1)	辛亥	291		永安(1)	甲子十一	304
	元康(9)	辛亥三	291		永興(3)	甲子十二	304

懷帝(～熾[chì])	光熙(1) 永嘉(7)	丙寅六 丁卯	306 307	愍[mǐn]帝(～鄴)	建興(5)	癸酉四	313

東晉 (317—420)

元帝(司馬睿[ruì])	建武(2)	丁丑三	317	哀帝(～丕)	隆和(2)	壬戌	362
					興寧(3)	癸亥二	363
	大興(4)	戊寅三	318	海西公(～奕[yì])	太和(6)	丙寅	366
	永昌(2)	壬午	322				
明帝(～紹)	永昌	壬午閏十一	322	簡文帝(～昱[yù])	咸安(2)	辛未十一	371
	太寧(4)	癸未三	323				
成帝(～衍[yǎn])	太寧	乙酉閏七	325	孝武帝(～曜[yào])	寧康(3)	癸酉	373
	咸和(9)	丙戌二	326		太元(21)	丙子	376
	咸康(8)	乙未	335	安帝(～德宗)	隆安(5)	丁酉	397
康帝(～岳)	建元(2)	癸卯	343		元興(3)	壬寅	402
穆帝(～聃[dān])	永和(12)	乙巳	345		義熙(14)	乙巳	405
				恭帝(～德文)	元熙(2)	己未	419
	升平(5)	丁巳	357				

南北朝 (420—589)

南朝 宋 (420—479)

武帝(劉裕)	永初(3)	庚申六	420		景和(1)	乙巳八	465
少帝(～義符)	景平(2)	癸亥	423	明帝(劉彧[yù])	泰始(7)	乙巳十二	465
文帝(～義隆)	元嘉(30)	甲子八	424				
孝武帝(～駿)	孝建(3)	甲午	454		泰豫(1)	壬子	472
	大明(8)	丁酉	457	後廢帝(～昱)	元徽(5)	癸丑	473
前廢帝(～子業)	永光(1)	乙巳	465	順帝(～準)	昇明(3)	丁巳七	477

齊 (479—502)

高帝(蕭道成)	建元(4)	己未四	479	明帝(～鸞)	建武(5)	甲戌十	494
武帝(～賾[zé])	永明(11)	癸亥	483		永泰(1)	戊寅四	498
				東昏侯(～寶卷)	永元(3)	己卯	499
鬱林王(～昭業)	隆昌(1)	甲戌	494				
				和帝(～寶融)	中興(2)	辛巳三	501
海陵王(～昭文)	延興(1)	甲戌七	494				

梁　(502—557)

武帝(蕭衍)	天監(18)	壬午四	502		太清(3)*	丁卯四	547
	普通(8)	庚子	520	簡文帝(～綱)	大寶(2)**	庚午	550
	大通(3)	丁未三	527	元帝(～繹)	承聖(4)	壬申十一	552
	中大通(6)	己酉十	529	敬帝(～方智)	紹泰(2)	乙亥十	555
	大同(12)	乙卯	535		太平(2)	丙子九	556
	中大同(2)	丙寅四	546				

*　有的地區用至6年。　　**　有的地區用至3年。

陳　(557—589)

武帝(陳霸先)	永定(3)	丁丑十	557	宣帝(～頊)	太建(14)	己丑	569
文帝(～蒨[qiàn])	天嘉(7)	庚辰	560	後主(～叔寶)	至德(4)	癸卯	583
					禎明(3)	丁未	587
	天康(1)	丙戌二	566				
廢帝(～伯宗)	光大(2)	丁亥	567				

北朝　北魏　(386—534)

北魏建國於386年正月，初稱代國，同年四月改國號爲魏，439年統一北方。

道武帝(拓跋珪[guī])	登國(11)	丙戌	386	文成帝(～濬[jùn])	興安(3)	壬辰十	452
	皇始(3)	丙申七	396		興光(2)	甲午七	454
	天興(7)	戊戌十二	398		太安(5)	乙未六	455
	天賜(6)	甲辰十	404		和平(6)	庚子	460
明元帝(～嗣)	永興(5)	己酉十	409	獻文帝(～弘)	天安(2)	丙午	466
	神瑞(3)	甲寅	414		皇興(5)	丁未八	467
	泰常(8)	丙辰四	416	孝文帝(元宏)	延興(6)	辛亥八	471
太武帝(拓跋燾[tāo])	始光(5)	甲子	424		承明(1)	丙辰六	476
					太和(23)	丁巳	477
	神䴥[jiā](4)	戊辰二	428	宣武帝(～恪[kè])	景明(4)	庚辰	500
	延和(3)	壬申	432		正始(5)	甲申	504
	太延(6)	乙亥	435		永平(5)	戊子八	508
	太平真君(12)	庚辰六	440		延昌(4)	壬辰四	512
				孝明帝(～詡[xǔ])	熙平(3)	丙申	516
	正平(2)	辛卯六	451				
南安王(～余)	承平(1)	壬辰二	452		神龜(3)	戊戌二	518

	正光(6)	庚子七	520	長廣王(～曄[yè])	建明(2)	庚戌十	530
	孝昌(3)	乙巳六	525	節閔帝(～恭)	普泰(2)	辛亥二	531
	武泰(1)	戊申	528	安定王(～朗)	中興(2)	辛亥十	531
孝莊帝(～子攸[yōu])	建義(1)	戊申四	528	孝武帝(～脩)	太昌(1)	壬子四	532
	永安(3)	戊申九	528		永興(1)	壬子十二	532
					永熙(3)	壬子十二	532

東魏 (534—550)

孝静帝(元善見)	天平(4)	甲寅十	534		興和(4)	己未十	539
					武定(8)	癸亥	543
	元象(2)	戊午	538				

北齊 (550—577)

文宣帝(高洋)	天保(10)	庚午五	550		河清(4)	壬午四	562
廢帝(～殷)	乾明(1)	庚辰	560	後主(～緯)	天統(5)	乙酉四	565
孝昭帝(～演)	皇建(2)	庚辰八	560		武平(7)	庚寅	570
武成帝(～湛[zhàn])	太寧(2)	辛巳十一	561		隆化(1)	丙申十二	576
				幼主(～恒)	承光(1)	丁酉	577

西魏 (535—556)

文帝(元寶炬)	大統(17)	乙卯	535	恭帝(～廓)	——(3)	甲戌一	554
廢帝(～欽)	——(3)	壬申	552				

北周 (557—581)

孝閔帝(宇文覺)	——(1)	丁丑	557		建德(7)	壬辰三	572
					宣政(1)	戊戌三	578
明帝(～毓[yù])	——(3)	丁丑九	557	宣帝(～贇[yūn])	大成(1)	己亥	579
	武成(2)	己卯八	559	静帝(～闡)	大象(3)	己亥二	579
武帝(～邕[yōng])	保定(5)	辛巳	561		大定(1)	辛丑一	581
	天和(7)	丙戌	566				

隋 (581—618)

隋建國于 581 年,589 年滅陳,完成統一。

文帝(楊堅)	開皇(20)	辛丑二	581	恭帝(～侑[yòu])	義寧(2)	丁丑十一	617
	仁壽(4)	辛酉	601				
煬[yáng]帝(～廣)	大業(14)	乙丑	605				

唐 (618—907)

高祖(李淵)	武德(9)	戊寅五	618
太宗(～世民)	貞觀(23)	丁亥	627
高宗(～治)	永徽(6)	庚戌	650
	顯慶(6)	丙辰	656
	龍朔(3)	辛酉二	661
	麟德(2)	甲子	664
	乾封(3)	丙寅	666
	總章(3)	戊辰三	668
	咸亨(5)	庚午三	670
	上元(3)	甲戌八	674
	儀鳳(4)	丙子十一	676
	調露(2)	己卯六	679
	永隆(2)	庚辰八	680
	開耀(2)	辛巳九	681
	永淳(2)	壬午二	682
	弘道(1)	癸未十二	683
中宗(～顯)	嗣聖(1)	甲申	684
睿宗(～旦)	文明(1)	甲申二	684
武后(武曌[zhào])	光宅(1)	甲申九	684
	垂拱(4)	乙酉	685
	永昌(1)	己丑	689
	載初*(1)	己丑	689
武后稱帝,改國號爲周	天授(3)	庚寅九	690
	如意(1)	壬辰四	692
	長壽(3)	壬辰九	692
	延載(1)	甲午五	694
	證聖(1)	乙未	695
	天册萬歲(2)	乙未九	695
	萬歲登封(1)	丙申臘	696
	萬歲通天(2)	丙申三	696
	神功(1)	丁酉九	697
	聖曆(3)	戊戌	698
	久視(1)	庚子五	700
	大足(1)	辛丑	701
	長安(4)	辛丑十	701
中宗(李顯,又名哲),恢復唐國號	神龍(3)	乙巳	705
	景龍(4)	丁未九	707
殤帝(～重茂)	唐隆(1)	庚戌	710
睿宗(～旦)	景雲(2)	庚戌七	710
	太極(1)	壬子	712
	延和(1)	壬子五	712
玄宗(～隆基)	先天(2)	壬子八	712
	開元(29)	癸丑十二	713
	天寶(15)	壬午	742
肅宗(～亨)	至德(3)	丙申七	756
	乾元(3)	戊戌二	758
	上元(2)	庚子閏四	760
	——(1)**	辛丑九	761
代宗(～豫)	寶應(2)	壬寅四	762
	廣德(2)	癸卯七	763
	永泰(2)	乙巳	765
	大曆(14)	丙午十一	766
德宗(～适[kuò])	建中(4)	庚申	780
	興元(1)	甲子	784
	貞元(21)	乙丑	785
順宗(～誦)	永貞(1)	乙酉八	805
憲宗(～純)	元和(15)	丙戌	806
穆宗(～恒)	長慶(4)	辛丑	821
敬宗(～湛)	寶曆(3)	乙巳	825
文宗(～昂)	寶曆	丙午十二	826
	太和(9)	丁未二	827
	開成(5)	丙辰	836
武宗(～炎)	會昌(6)	辛酉	841
宣宗(～忱)	大中(14)	丁卯	847

懿宗(～漼[cuǐ])	大中	己卯八	859	昭宗(李曄)	龍紀(1)	己酉	889
					大順(2)	庚戌	890
	咸通(15)***	庚辰十一	860		景福(3)	壬子	892
					乾寧(5)	甲寅	894
僖[xī]宗(～儇[xuān])	乾符(6)****	甲午十一	874		光化(4)	戊午八	898
					天復(4)	辛酉四	901
	廣明(2)	庚子	880		天祐(4)	甲子閏四	904
	中和(5)	辛丑七	881	哀帝(～柷[chù])	天祐*****	甲子	904
	光啓(4)	乙巳三	885				
	文德(1)	戊申二	888				

* 始用周正,以永昌元年十一月爲載初元年正月,十二月爲臘月,夏正月爲一月。久視元年十月復用夏正,以正月爲十一月,臘月爲十二月,一月爲正月。

** 此年九月以後去年號,但稱元年,以建子月爲歲首。次年建巳月(即四月)改元寶應,復寅正。

*** 懿宗 859 年 8 月即位,仍稱大中十三年。860 年稱大中十四年,十一月改元咸通。

**** 僖宗 873 年 7 月即位,仍稱咸通十四年。874 年稱咸通十五年,十一月改元乾符。

***** 哀帝即位未改元。

五代 (907—960)

後梁 (907—923)

太祖(朱晃,又名温、全忠)	開平(5)	丁卯四	907		貞明(7)	乙亥十一	915
					龍德(3)	辛巳五	921
	乾化(5)	辛未五	911				
末帝(～瑱[zhè])	乾化	癸酉	913				

後唐 (923—936)

莊宗(李存勖[xù])	同光(4)	癸未四	923	閔帝(～從厚)	應順(1)	甲午	934
				末帝(～從珂)	清泰(3)	甲午四	934
明宗(～亶[dǎn])	天成(5)	丙戌四	926				
	長興(4)	庚寅二	930				

後晉 (936—946)

高祖(石敬瑭)	天福(9)	丙申十一	936		開運(4)	甲辰七	944
出帝(～重貴)	天福	癸卯	943				

後漢 (947—950)

高祖(劉暠[gǎo],本名知遠)	天福＊	丁未二	947	隱帝(～承祐)	乾祐(3)	戊申	948
					乾祐＊＊	己酉	949

後周 (951—960)

太祖(郭威)	廣順(3)	辛亥	951	世宗(柴榮)	顯德＊＊＊	乙卯	955
	顯德(7)	甲寅	954	恭帝(～宗訓)	顯德	庚申	960

＊ 後漢高祖即位,仍用後晋高祖年號,稱天福十二年。

＊＊ 隱帝即位未改元。

＊＊＊ 世宗、恭帝都未改元。

宋 (960—1279)

北宋 (960—1127)

太祖(趙匡胤[yìn])	建隆(4)	庚申一	960		康定(2)	庚辰二	1040
					慶曆(8)	辛巳十一	1041
	乾德(6)	癸亥十一	963		皇祐(6)	己丑	1049
	開寶(9)	戊辰十一	968		至和(3)	甲午三	1054
太宗(～炅[jiǒng],初名匡乂、賜名光義)	太平興國(9)	丙子十二	976		嘉祐(8)	丙申九	1056
				英宗(～曙)	治平(4)	甲辰	1064
				神宗(～頊[xū])	熙寧(10)	戊申	1068
	雍熙(4)	甲申十一	984				
	端拱(2)	戊子	988		元豐(8)	戊午	1078
	淳化(5)	庚寅	990	哲宗(～煦[xù])	元祐(9)	丙寅	1086
	至道(3)	乙未	995				
真宗(～恒)	咸平(6)	戊戌	998		紹聖(5)	甲戌四	1094
	景德(4)	甲辰	1004		元符(3)	戊寅六	1098
	大中祥符(9)	戊申	1008	徽宗(～佶[jí])	建中靖國(1)	辛巳	1101
					崇寧(5)	壬午	1102
	天禧[xī](5)	丁巳	1017		大觀(4)	丁亥	1107
					政和(8)	辛卯	1111
	乾興(1)	壬戌	1022		重和(2)	戊戌十一	1118
仁宗(～禎)	天聖(10)	癸亥	1023		宣和(7)	己亥二	1119
	明道(2)	壬申十一	1032	欽宗(～桓)	靖康(2)	丙午	1126
	景祐(5)	甲戌	1034				
	寶元(3)	戊寅十一	1038				

南宋 (1127—1279)

高宗(趙構)	建炎(4)	丁未五	1127		端平(3)	甲午	1234
	紹興(32)	辛亥	1131		嘉熙(4)	丁酉	1237
孝宗(～昚[shèn])	隆興(2)	癸未	1163		淳祐(12)	辛丑	1241
					寶祐(6)	癸丑	1253
	乾道(9)	乙酉	1165		開慶(1)	己未	1259
	淳熙(16)	甲午	1174		景定(5)	庚申	1260
光宗(～惇[dūn])	紹熙(5)	庚戌	1190	度宗(趙禥[qí])	咸淳(10)	乙丑	1265
寧宗(～擴)	慶元(6)	乙卯	1195	恭帝(～㬎[xiǎn])	德祐(2)	乙亥	1275
	嘉泰(4)	辛酉	1201				
	開禧(3)	乙丑	1205	端宗(～昰[shì])	景炎(3)	丙子五	1276
	嘉定(17)	戊辰	1208				
理宗(～昀)	寶慶(3)	乙酉	1225	帝昺(～昺[bǐng])	祥興(2)	戊寅五	1278
	紹定(6)	戊子	1228				

遼 (907—1125)

遼建國於 907 年,國號契丹,916 年始建年號,938 年(一説 947 年)改國號爲遼,983 年復稱契丹,1066 年仍稱遼。

太祖(耶律阿保機)	——(10)	丁卯	907		開泰(10)	壬子十一	1012
					太平(11)	辛酉十一	1021
	神册(7)	丙子十二	916	興宗(～宗真)	景福(2)	辛未六	1031
	天贊(5)	壬午二	922		重熙(24)	壬申十一	1032
	天顯(13)	丙戌二	926	道宗(～洪基)	清寧(10)	乙未八	1055
太宗(～德光)	天顯	丁亥十一	927		咸雍(10)	乙巳	1065
	會同(10)	戊戌十一	938		大康(10)	乙卯	1075
	大同(1)	丁未二	947		大安(10)	乙丑	1085
世宗(～阮)	天禄(5)	丁未九	947		壽昌(7)	乙亥	1095
穆宗(～璟)	應曆(19)	辛亥九	951	天祚帝(～延禧)	乾統(10)	辛巳二	1101
景宗(～賢)	保寧(11)	己巳二	969				
	乾亨(5)	己卯十一	979		天慶(10)	辛卯	1111
聖宗(～隆緒)	乾亨	壬午九	982		保大(5)	辛丑	1121
	統和(30)	癸未六	983				

金 (1115—1234)

太祖(完顏旻[mín],	收國(2)	乙未	1115	本名阿骨打)			
					天輔(7)	丁酉	1117

太宗(～晟[shèng])	天會(15)	癸卯九	1123	衛紹王(～永濟)	大安(3)	己巳	1209
熙宗(～亶)	天會	乙卯	1135		崇慶(2)	壬申	1212
	天眷(3)	戊午	1138		至寧(1)	癸酉五	1213
	皇統(9)	辛酉	1141	宣宗(～珣)	貞祐(5)	癸酉九	1213
海陵王(～亮)	天德(5)	己巳十二	1149		興定(6)	丁丑九	1217
	貞元(4)	癸酉三	1153		元光(2)	壬午八	1222
	正隆(6)	丙子二	1156	哀宗(完顔守緒)	正大(9)	甲申	1224
世宗(～雍)	大定(29)	辛巳十	1161				
章宗(～璟)	明昌(7)	庚戌	1190		開興(1)	壬辰一	1232
	承安(5)	丙辰十一	1196		天興(3)	壬辰三	1232
	泰和(8)	辛酉	1201	末帝(～承麟)	天興	甲午	1234

元 (1206—1368)

蒙古孛兒只斤鐵木真(成吉思汗)於 1206 年稱帝。1271 年忽必烈定國號爲元,1279 年滅南宋。

太祖(孛兒只斤鐵木真)	——(22)	丙寅	1206		延祐(7)	甲寅	1314
拖雷(監國)	——(1)	戊子	1228	英宗(～碩[shuò]德八剌)	至治(3)	辛酉	1321
太宗(～窩闊臺)	——(13)	己丑	1229	泰定帝(～也孫鐵木兒)	泰定(5)	甲子	1324
乃馬真后(稱制)	——(5)	壬寅	1242		致和(1)	戊辰二	1328
定宗(～貴由)	——(3)	丙午七	1246	天順帝(～阿速吉八)	天順(1)	戊辰九	1328
海迷失后(稱制)	——(3)	己酉	1249	文宗(～圖帖睦爾)	天曆(3)	戊辰九	1328
憲宗(～蒙哥)	——(9)	辛亥六	1251	明宗(～和世琜[là]) *	天曆	己巳	1329
世祖(～忽必烈)	中統(5)	庚申五	1260		至順(4)	庚午五	1330
	至元(31)	甲子八	1264	寧宗(～懿璘質班)	至順	壬申	1332
成宗(～鐵穆耳)	元貞(3)	乙未	1295	順帝(～妥懽帖睦爾)	元統(3)	癸酉十	1333
	大德(11)	丁酉一	1297		至元(6)	乙亥十一	1335
武宗(～海山)	至大(4)	戊申	1308		至正(28)	辛巳	1341
仁宗(～愛育黎拔力八達)	皇慶(2)	壬子	1312				

* 明宗于己巳(1329)正月即位,以文宗爲皇太子。八月明宗暴死,文宗復位。

明 (1368—1644)

太祖(朱元璋)	洪武(31)	戊申	1368	武宗(～厚照)	正德(16)	丙寅	1506
惠帝(～允炆[wén])	建文(4)*	己卯	1399	世宗(～厚熜[cōng])	嘉靖(45)	壬午	1522
成祖(～棣)	永樂(22)	癸未	1403	穆宗(～載垕[hòu])	隆慶(6)	丁卯	1567
仁宗(～高熾)	洪熙(1)	乙巳	1425				
宣宗(～瞻基)	宣德(10)	丙午	1426	神宗(～翊[yì]鈞)	萬曆(48)	癸酉	1573
英宗(～祁鎮)	正統(14)	丙辰	1436				
代宗(～祁鈺)	景泰(8)	庚午	1450	光宗(～常洛)	泰昌(1)	庚申八	1620
英宗(～祁鎮)	天順(8)	丁丑一	1457	熹宗(～由校)	天啟(7)	辛酉	1621
憲宗(～見深)	成化(23)	乙酉	1465	思宗(～由檢)	崇禎(17)	戊辰	1628
孝宗(～祐樘[chēng])	弘治(18)	戊申	1488				

* 建文 4 年時成祖廢除建文年號,改爲洪武 35 年。

清 (1616—1911)

努爾哈赤於 1616 年,定國號爲金(歷史上稱“後金”),1636 年改爲清,1644 年入關。

太祖(愛新覺羅努爾哈赤)	天命(11)	丙辰	1616	仁宗(～顒[yóng]琰)	嘉慶(25)	丙辰	1796
太宗(～皇太極)	天聰(10)	丁卯	1627	宣宗(～旻寧)	道光(30)	辛巳	1821
	崇德(8)	丙子四	1636	文宗(～奕詝[zhǔ])	咸豐(11)	辛亥	1851
世祖(～福臨)	順治(18)	甲申	1644	穆宗(～載淳)	同治(13)	壬戌	1862
聖祖(～玄燁[yè])	康熙(61)	壬寅	1662	德宗(～載湉[tián])	光緒(34)	乙亥	1875
世宗(～胤禛[zhēn])	雍正(13)	癸卯	1723	～溥儀	宣統(3)	己酉	1909
高宗(～弘曆)	乾隆(60)	丙辰	1736				

中華民國 (1912—1949)

中華民國(38)	壬子	1912					

中華人民共和國 1949 年 10 月 1 日成立

中國歷代度量衡制演變簡表

中國歷代度制演變簡表

時代	度制	文獻記載長度 （尺＝厘米）		出土實物實測長度 （尺＝厘米）		統一換算 （厘米）
商	1尺＝10寸 1寸＝10分			傳河南安陽殷墟出土牙尺	15.8	1尺＝15.8 1寸＝1.58
戰國	1丈＝10尺 1尺＝10寸 1寸＝10分	傳世《商鞅銅方升》："爰積十六尊（寸）五分尊（寸）壹爲升。"	23.1	傳河南洛陽金村戰國墓出土銅尺	23.1	1丈＝231 1尺＝23.1 1寸＝2.31 1分＝0.231
秦	1引＝10丈 1丈＝10尺 1尺＝10寸 1寸＝10分	傳世《商鞅銅方升》："爰積十六尊（寸）五分尊（寸）壹爲升。"	23.1	1986年甘肅天水黨川林場出土木尺	24	1引＝2310 1丈＝231 1尺＝23.1 1寸＝2.31 1分＝0.231
漢	1引＝10丈 1丈＝10尺 1尺＝10寸 1寸＝10分			1968年河北滿城中山王墓出土錯金鐵尺 1987年北京徵集新莽始建國銅卡尺 1988年陝西鳳翔唐志莊漢墓出土骨尺	23.2 23.1 23	1引＝2310 1丈＝231 1尺＝23.1 1寸＝2.31 1分＝0.231
三國	1丈＝10尺 1尺＝10寸 1寸＝10分	《隋書·律曆志》："魏尺，杜夔所用調律，比晉前尺一尺四分七厘。"	24.2	1979年江西南昌高榮墓出土吴銀乳釘竹尺 1972年甘肅嘉峪關新城2號墓出土魏骨尺	24.2 23.8	1丈＝242 1尺＝24.2 1寸＝2.42 1分＝0.242
西晉	1丈－10尺 1尺＝10寸 1寸＝10分	《晉書·律曆志》載泰始九年荀勖依《周禮》做"古尺"，與王莽銅斛尺同長。泰始十年中書以此尺校"今尺"（西晉普通尺），"長四分半。"	24.2	1965年北京八寶山西晉墓出土永嘉元年牙尺 1960年河南洛陽西晉墓出土鐵尺	24.15 24.5	1丈＝242 1尺－24.2 1寸＝2.42 1分＝0.242

東晉及十六國	1丈＝10尺 1尺＝10寸 1寸＝10分	《隋書·律曆志》："晉後尺，實比晉前尺一尺六分二厘。"	24.5	1975年甘肅敦煌出土後涼骨尺	24.2	1丈＝245 1尺＝24.5 1寸＝2.45 1分＝0.245
		《隋書·律曆志》："趙劉曜渾天儀土圭尺……，實比晉前尺一尺五分。"	24.3			
南北朝	1丈＝10尺 1尺＝10寸 1寸＝10分	《隋書·律曆志》："宋氏尺，實比晉前尺一尺六分四厘。"	24.6	中國歷史博物館藏南朝鎏金銅尺	25.2	
				日本神户白鶴美術館藏南朝梁鎏金雕鳳銅矩尺	24.9	1丈＝245 1尺＝24.5 1寸＝2.45 1分＝0.245
		《隋書·律曆志》："梁表尺，實比晉前尺一尺二分二厘一毫有奇。"	24.7			
		《隋書·律曆志》："後魏前尺，實比晉前尺一尺二寸七厘。"	27.9	中國歷史博物館藏北魏銅尺	30.9	
		"中尺，實比晉前尺一尺二寸一分一厘。"	28.6			
		"後尺，實比晉前尺一尺二寸八分一厘。"	29.6			
		《隋書·律曆志》："東後魏尺，實比晉前尺一尺五寸八毫。"	30.1			1丈＝296 1尺＝29.6 1寸＝2.96 1分＝0.296
		《隋書·律曆志》："後周玉尺，實比晉前尺一尺一寸五分八厘。"	26.7			
		"後周市尺，比玉尺一尺九分三厘。"	29.6			

隋	1丈=10尺 1尺=10寸 1寸=10分	《隋書·律曆志》:“及開皇初,著令以(後周市尺)爲官尺,百司用之。”	29.6	故宫博物院藏隋人物花卉銅尺	29.67	1丈=296 1尺=29.6 1寸=2.96 1分=0.296
唐	1丈=10尺 1尺=10寸 1寸=10分	《唐六典》卷三:“凡度,以北方秬黍中者一黍之廣爲分,十分爲寸,十寸爲尺,一尺二寸爲大尺,十尺爲丈。		中國歷史博物館藏唐鎏金刻花銅尺 1956年陝西西安韓森寨出土唐刻花銅尺 1964年河南洛陽澗西出土唐鎏金刻花銅尺	30.4 31 30.81	小尺: 1丈=300 1尺=30 1寸=3 1分=0.3 大尺: 1丈=360 1尺=36 1寸=3.6 1分=0.36
宋元	1丈=10尺 1尺=10寸 1寸=10分	蔡元定《律吕新書》:“太府布帛尺,比晉前尺一尺三寸五分。”沈括《夢溪筆談·辯證一》:“周尺一尺,當今七寸三分少强。”	31.2	1964年南京孝陵衛街北宋墓出土木尺 中國歷史博物館藏北宋鎏金鳥獸紋銅尺	31.4 31.74	1丈=312 1尺=31.2 1寸=3.12 1分=0.312
		《續文獻通考》卷一百八《樂考八》引唐順之曰:“今欽天監表尺,乃元郭守敬所造,比市尺止得八寸强。”	31.2	1975年福建福州黄升墓出土南宋黑漆雕花木尺 1974年福建泉州宋代沉船内發現南宋竹尺	28.3 27	
明	1丈=10尺 1尺=10寸 1寸=10分	朱載堉《樂律全書·律學新説》圖繪3尺: 鈔尺(裁衣尺), 銅尺(量地尺), 曲尺(營造尺)。	34 32.7 32	1956年山東梁山沉船内發現明骨尺 故宫博物院藏明嘉靖牙尺 中國歷史博物館藏明牙尺	31.78 32 35.8	裁衣尺: 1尺=34 1寸=3.4 量地尺: 1尺=32.7 1寸-3.27 營造尺: 1尺=32 1寸=3.2

清	1丈=10尺 1尺=10寸 1寸=10分	《清會典·户部五》:“俗用裁衣一尺,營造尺一尺一寸一分一厘一毫,律尺一尺三寸七分一厘七毫。營造尺一尺,裁尺九寸,律尺一尺二寸三分四厘六毫。律尺一尺,裁尺七寸二分九厘,營造尺八寸一分。”	中國歷史博物館藏康熙牙尺 故宫博物院藏清牙嵌木尺 吉林省博物館藏清銅尺	32 32 35.4	裁衣尺: 1丈=355 1尺=35.5 1寸=3.55 量地尺: 1丈=345 1尺=34.5 1寸=3.45 營造尺: 1丈=320 1尺=32 1寸=3.2

中國歷代量制演變簡表

時　代	量　制	文獻記載容量（毫升）	出土實物實測容量（毫升）		統一换算（毫升）
戰國	齊: 1鍾=10釜 1釜=4區 1區=4豆 1豆=4升	《左傳·昭公三年》:“齊舊四量,豆、區、釜、鍾。四升爲豆,各自其四,以登於釜,釜十則鍾。”			
	秦: 1斛=10斗 1斗=10升		陝西博物館藏廿五年銅瓿,自銘“一斗八升” 商鞅量方升	3741 200	
	楚: 1筩=5升	《説文》:“筩,……容五升。”	1976年安徽鳳臺出土“郢大𢋚之筲(筩)”	1110	
	三晉: 1齍=? 1斛=10斗 1斗=10升		1966年陝西咸陽出土魏安邑下官銅鍾,頸部刻“大斛斗一益少半益。” 上海博物館藏長陵銅盉,自銘“容一斗二益”。 故宫博物院藏上樂銅鼎,自銘“容三分(齍)。”	25090 2325 2480	
秦	1斛=10斗 1斗=10升		中國歷史博物館藏始皇詔銅方升 1982年陝西禮泉出土北私府銅橢量,自銘“半斗”。	210 980	1斛=20000 1斗=2000 1升=200

漢	1斛=10斗 1斗=10升 1升=10合 1合=2龠 1龠=5撮 1撮=4圭	《漢書·律曆志》:“量者,龠、合、升、斗、斛也。……合龠爲合,十合爲升,十升爲斗,十斗爲斛,而五量嘉矣。”		天津藝術博物館藏上林共府銅升 臺北故宮博物院藏新莽銅嘉量 中國歷史博物館藏東漢銅合 1968年山東濟寧出土東漢銅斛	200 斛 200975.5 斗 2012.5 升 191.8 合 21.1 龠 10.6 20 2000	1斛=20000 1斗=2000 1升=200 1合=20 1龠=10 1撮=2 1圭=0.5
三國兩晉	1斛=10斗 1斗=10升 1升=10合	《晉書·律曆志》:“魏陳留王景元四年,劉徽注《九章·商功》曰:當今大司農斛,…積一千四百四十一寸十分寸之三。王莽銅斛,…於今斛爲容九斗七升四合有奇。”	20450	故宮博物院藏西晉太康銅釜,自銘“一斗”。	2526	1斛=20450 1斗=2045 1升=204.5 1合=20.45
南北朝	1斛=10斗 1斗=10升 1升=10合	《隋書·律曆志》:“齊以古升〔一斗〕五升爲一斗。”		中國歷史博物館藏晉壽銅釜,自銘“容一升”。	535	1斛=30000 1斗=3000 1升=300 1合=30
隋	1斛=10斗 1斗=10升 1升=10合	《隋書·律曆志》:“開皇以古斗三升爲一升。大業初,依復古斗”。		日本山下泰藏大業銅合	19.9	開皇: 1斛=60000 1斗=6000 1升=600 1合=60 大業: 1斛=20000 1斗=2000 1升=200 1合=20

唐	1斛＝10斗 1斗＝10升 1升＝10合	《唐六典》卷三："三斗爲大斗，十斗爲斛。" 杜佑《通典》卷五："六朝量三升當今一升。"				大： 1斛＝60000 1斗＝6000 1升＝600 1合＝60 小： 1斛＝20000 1斗＝2000 1升＝200 1合＝20
宋	1石＝2斛 1斛＝5斗 1斗＝10升 1升＝10合	沈括《夢溪筆談·辯證一》："予考樂律及受詔改鑄渾儀，求秦漢以前度量斗升，計六斗當今一斗七升九合。"				1石＝67000 1斛＝33500 1斗＝6700 1升＝670 1合＝67
元	1石＝2斛 1斛＝5斗 1斗＝10升 1升＝10合	《元史·世祖紀》："世祖取江南，以輸米者止用宋斛，以宋一石當今七斗。"				1石＝95000 1斛＝47500 1斗＝9500 1升＝950 1合＝95
明	1石＝2斛 1斛＝5斗 1斗＝10升 1升＝10合	朱載堉《樂律全書律學新説》載成化鐵斛"依古横黍度尺，斛口外方一尺二寸八分，内方一尺一寸五分有奇，底外方二尺零五分，内方一尺九寸二分，深一尺二寸八分。"	1073	中國歷史博物館藏成化兵子銅斗	9600	1石＝100000 1斛＝50000 1斗＝1000 1升＝1000 1合＝100
清	1石＝2斛 1斛＝5斗 1斗＝10升 1升＝10合	《清會典·户部五》"户部量鑄鐵爲式，形方，升積三十一寸六百分，面底方四寸，深一寸九分七厘五毫。"	1034	故宫博物院藏户部鐵方升 中國歷史博物館藏盛德門木斗 甘肅酒泉市宣傳站藏部頒京斛	1043 11530 56000	1石＝100000 1斛＝50000 1斗＝1000 1升＝1000 1合＝100

中國歷代衡制演變簡表

時代	衡制	文獻記載重量 （斤＝克）		出土實物實測重量 （斤＝克）		統一換算 （克）
戰國	楚： 1斤＝16兩 1兩＝24銖			1954年湖南長沙左家公山出土銅環權	250	1斤＝250 1兩＝15.6 1銖＝0.65
	趙： 1石＝120斤 1斤＝16兩 1兩＝24銖			1979年内蒙伊克昭盟出土虎頭銀節約，自銘“二兩十四銖”	226	1石＝30000 1斤＝250 1兩＝15.6 1銖＝0.65
	魏： 1鎰＝10釿 1釿＝20兩			1979年陝西武功出土信安君銅鼎，鼎蓋銘重“二益六釿”。	252.6	1鎰＝315 1釿＝31.5
	秦： 1石＝4鈞 1鈞＝30斤 1斤＝16兩 1兩＝24銖			1979年内蒙伊克昭盟出土金飾牌，自銘“一斤五兩四銖少半”	249	1石＝30360 1鈞＝7590 1斤＝253 1兩＝15.8 1銖＝0.69
秦	1石＝4鈞 1鈞＝30斤 1斤＝16兩 1兩＝24銖			中國歷史博物館藏始皇詔八斤銅權 上海博物館藏咸陽亭半兩銅權	258 242	1石＝30360 1鈞＝7590 1斤＝253 1兩＝15.8 1銖＝0.69
漢	1石＝4鈞 1鈞＝30斤 1斤＝16兩 1兩＝24銖			1968年河北滿城出土西漢三鈞鐵權 中國歷史博物館藏西漢官累銅權，自刻“重斤十兩”	250 248	1石＝29760 1鈞＝7440 1斤＝248 1兩＝15.5 1銖＝0.65
	1石＝4鈞 1鈞＝30斤 1斤＝16兩 1兩＝24銖			中國歷史博物館藏東漢“一斤八兩”銅權 1977年陝西扶風出土東漢鐵權	222 220	1石＝26400 1鈞＝6600 1斤＝220 1兩＝13.8 1銖＝0.57
三國	1石＝4鈞 1鈞＝30斤 1斤＝16兩 1兩＝24銖			1964年四川郫縣出土三國魏景耀銅弩機，自銘“重三斤十二兩”	393	1石＝26400 1鈞＝6600 1斤＝220 1兩＝13.8 1銖＝0.57

兩晉	1石＝4鈞 1鈞＝30斤 1斤＝16兩 1兩＝24銖			故宫博物館藏西晉太康八年銅升,自銘“重四兩” 故宫博物館藏西晉太康三年銅釜,自銘“重九斤七兩”	217 234	1石＝26400 1鈞＝6600 1斤＝220 1兩＝13.8 1銖＝0.57
南北朝	1石＝4鈞 1鈞＝30斤 1斤＝16兩 1兩＝24銖	《隋書·律曆志》:“梁、陳依古稱。齊以古稱一斤八兩爲一斤。周玉稱四兩,當古稱四兩半。” 《左傳·定公八年》孔穎達疏“魏齊斗稱於古二而爲一”,“周隋斗稱於古三而爲一”				梁、陳: 1斤＝220 南齊: 1斤＝330 北魏 北齊: 1斤＝440 北周: 1斤＝660
隋	1石＝4鈞 1鈞＝30斤 1斤＝16兩 1兩＝24銖	《隋書·律曆志》:“開皇以古稱三斤爲一斤。大業中,依復古秤。”				大: 1石＝79320 1鈞＝19830 1斤＝661 1兩＝41.3 小: 1石＝26400 1鈞＝6600 1斤＝220 1兩＝13.8
唐	1石＝4鈞 1鈞＝30斤 1斤＝16兩 1兩＝24銖			故宫博物院藏銀鋌,刻銘“五兩” 1970年陝西西安出土銀鋌,刻銘“十兩”	666 672	1石＝79320 1斤＝661 1兩＝41.3 1錢＝4.13 1分＝0.41
宋	1石＝120斤 1斤＝16兩 1兩＝10錢 1錢＝10分			1975年湖南湘潭出土嘉祐銅則,刻“重壹百斤” 1978年北京出土金壹佰兩銅砝碼 1985年吉林琿春出土西夏貳斤銅砝碼	640 634 631	1石＝75960 1斤＝633 1兩＝40 1錢＝4 1分＝0.4

元	1石=120斤 1斤=16兩 1兩=10錢 1錢=10分			天津文管會藏元銀鋌，自銘“伍拾兩” 1967年河北平泉出土元銀鋌，自銘“伍拾兩叁錢”	632 636	1石=75960 1斤=633 1兩=40 1錢=4 1分=0.4
明	1石=120斤 1斤=16兩 1兩=10錢 1錢=10分			1982年四川什邡出土布政司銅砝碼六枚，分别刻“四兩”“柒兩”“叁拾兩”“陸拾兩”“捌拾兩”“壹佰兩” 中國歷史博物館藏洪武十六年銀鋌，自銘“花銀壹拾兩”	593 590	1石=70800 1斤=590 1兩=36.9 1錢=3.69 1分=0.37
清	1石=120斤 1斤=16兩 1兩=10錢 1錢=10分			中國歷史博物館藏康熙二十四年伍拾兩銅砝碼 故宫博物院藏萬國權度局造清高宗欽定銅砝碼 中國計量科學研究院藏1909年國際權度局製造鎳鋼合金五十兩原器	595.8 597 596.96	1石=70800 1斤=590 1兩=36.9 1錢=3.69 1分=0.37

後　記

王力先生是中國現代語言學的奠基人之一，他在漢語研究的很多領域都作出了卓越的貢獻。在詞典編纂學方面，他也有一個完整的理論體系，有許多精辟的見解。如：强調詞義的概括性，重視本義和引申義的聯繫，注意詞義的時代性，强調書證的重要性，以及主張審慎地根據有關資料正確地確定字的形音義等。這體現在他四十年代撰寫的理想的字典和了一小字典初稿以及後來的許多論著、講話中，也在他對康熙字典、辭源（修訂本）等字典的批評、訂正中反映出來。到1984年初，王力先生和中華書局約定，開始撰寫古漢語字典，按地支分十二集，打算四年完成。王力先生每天工作七八個小時，到1985年春已寫完了子丑寅三集，卯集也寫了一大半；他還寫了一篇古漢語字典序，概括了這本字典的八個特點。這八個特點正是他一貫的詞典編纂思想的具體體現。不難看出，王力先生要撰寫的不是一本普通的字典，而是一部有極高學術價值的著作。如果王力先生能親手寫完這部著作，這將是中國詞典編纂史上的一座豐碑。

但是，王力先生在着手撰寫古漢語字典時已是八十四歲的高齡。在撰寫過程中他逐漸感到體質和精力在不斷下降。1985年初，他患了腦動脈硬化症，預感到這部字典難於如期完成，於是在1985年9月26日，約了我們六個在他身邊工作的學生，希望協助他完成編寫工作。我們深感責任重大，當即做了分工：張雙棣負責辰集，蔣紹愚負責巳集，何九盈負責午集，曹先擢負責未集，唐作藩負責申集，郭錫良負責酉集，餘下戌集何九盈負責金部至隶部，蔣紹愚負責隹部至香部，亥集由王先生自己繼續撰寫。分工以後，部分同志立即試寫出部分條目文稿，請王先生過目。

1986年元旦以後，王先生的病情逐漸惡化，於1986年5月3日溘然辭世。這樣，完成這部字典的重任就全部落在我們身上了。我們按原定的分工繼續編寫，王先生剛着手寫的亥集由張雙棣繼續完成。

王先生去世後,先後由郭錫良、唐作藩負責和中華書局聯繫,召集編寫組交換審閱部分稿件,分工校閱王先生寫的前四集鉛字清樣,並討論一些有關問題。編寫組還就一些問題作出決議。到1996年,全稿陸續完成。後八集由唐作藩、何九盈負責審音,由曹先擢、張雙棣負責部分稿件的審義。審音、審義中提出的意見都由編寫者最後酌定。

我們各自寫的文稿,雖然已部分傳閱過,相互提過意見,但各有自己的風格、特色,對一些較少見的音和義的取捨可能有所不同,義項的分列、書證的多少、引書的版本,亦不盡相同,均不强求一致,大家都同意文責自負。在編撰過程中,我們除查閱古代的各種字書韵書外,還參考了辭源(修訂本)、漢語大字典、漢語大詞典等,在此一併説明。

中華書局的領導和語言文字編輯室的負責同志十分關注這部字典的編撰工作,特别是責任編輯劉尚慈先生自始至終主動和編寫組聯繫,並在認真審閱部分稿件的基礎上對編撰工作提出不少實貴的意見和建議。王師母夏蔚霞先生不但關心這部字典的編撰,而且關心我們編寫組的每一個人。我們在此一併致以衷心的感謝。

這部字典,雖然王力先生未能全部寫完,但我們接着撰寫的八集,從指導思想到編寫體例都是遵循王力先生的。爲了充分體現王力先生在字典編撰方面的貢獻,我們商定,並得到王師母夏蔚霞先生的同意,將這本字典定名爲王力古漢語字典。當然,這後八集中如有錯誤,是應該由我們幾個人各自負責的。

我們雖盡了自己最大的努力以完成先師的囑托,但由於教學繁忙,科研任務重,還有各種社會工作,各人所分擔的部分都是擠出時間斷斷續續完成的;更主要的是限於水平,難以完全達到王先生原來預期的要求,疏誤之處在所難免。敬祈學術界和廣大讀者批評指正,希望再版時能不斷訂正。

王力古漢語字典編寫組

一九九八·三·三